共创平安

www.chinapeace.org.cn
www.zgpaw.org.cn
www.中国平安网.cn

年

中国
社会治安综合治理
年鉴
2006

鉴

中国长安出版社

图书在版编目(CIP)数据

中国社会治安综合治理年鉴.2006 / 中央社会治安综合治理委员会办公室编.—北京:中国长安出版社,2007.8
ISBN 978-7-80175-700-5

Ⅰ.中… Ⅱ.中… Ⅲ.治安管理-综合治理-中国-2006-年鉴
Ⅳ.D631.4-54

中国版本图书馆 CIP 数据核字(2007)第 141604 号

中国社会治安综合治理年鉴(2006)

中央社会治安综合治理委员会办公室编

出版:中国长安出版社
社址:北京市东城区北池子大街 14 号(100006)
网址:http://www.ccapress.com
邮箱:ccapress@yahoo.com.cn
发行:中国长安出版社
电话:(010) 65281919
印刷:三河市紫恒印装有限公司
开本:787mm×1092mm 16 开
印张:65.5 插页:46 页
字数:1850 千字
版本:2007 年 11 月第 1 版 2007 年 11 月第 1 次印刷
印数:1—32000
广告经营许可证号:京东工商广字第 0366 号

书号:ISBN 978-7-80175-700-5
定价:120.00 元(精装)

2006年4月28日至29日，全国社会治安综合治理工作会议在江苏省苏州市召开。中共中央政治局常委、中央综治委主任罗干出席会议并作重要讲话。中共中央政治局委员、中央综治委副主任周永康作总结讲话。

2006年1月13日，中央综治委召开2006第一次全体会议。中央政治局委员、中央综治委副主任周永康同志主持会议，中央政治局常委、中央综治委主任罗干同志出席会议并发表重要讲话。

2006年11月6日，中央综治委召开2006年第二次全体全议。中央政治局常委、中央综治委主任罗干同志出席会议并作重要讲话。

2006年3月9日至10日，全国政法综治宣传工作会议在安徽省合肥市召开。中央综治委副主任、中央政法委副秘书长、中央综治办主任陈冀平同志出席会议并讲话。

2006年8月23日至30日，中央政法委、中央综治委在山东省烟台市举办全国平安建设研讨培训班。中共中央政治局委员、中央综治委副主任周永康同志亲切接见全体学员。

2006年8月23日至30日，全国平安建设研讨培训班在山东省烟台市举办。

2006年8月25日，中共中央政治局委员、中央综治委副主任周永康等领导同志与全国平安建设研讨培训班全体学员座谈。

2006年10月19日，由中央政法委、中央综治委和新华社共同主办的“中国平安网”在北京人民大会堂举行开通仪式。全国人大常委会副委员长、中央综治委副主任顾秀莲同志出席并讲话。

全国人大常委会副委员长、中央综治委副主任顾秀莲，中央综治委副主任、中央政法委秘书长王胜俊，新华社社长田聪明开通“中国平安网”。

2006年11月9日，中央综治办在福建省泉州市召开全国非公有制经济组织综治工作座谈会。

中央综治委副主任、中央综治办主任陈冀平同志出席会议并讲话。

与会代表认真座谈讨论。

2006年12月13日，中央综治办召开2006年社会治安综合治理检查工作汇报会。各检查组分别就各地开展平安建设和社会治安综合治理工作的情况进行了汇报。中央综治委副主任、中央综治办主任陈冀平同志主持会议，中央综治委副主任、中央政法委秘书长王胜俊同志出席并讲话。

摄影：徐龙刚　刘军纳

前言

2006年，在党中央、国务院和各级党委、政府的正确领导下，社会治安综合治理工作以邓小平理论和“三个代表”重要思想为指引，认真贯彻党的十六大和十六大以来历次中央全会精神，全面贯彻落实科学发展观，按照构建社会主义和谐社会的要求，以深化平安建设为载体，继续加大矛盾纠纷排查调处工作力度，坚持不懈地抓好严打整治和专项斗争，大力推进社会治安防控体系建设，切实加强基层基础建设，进一步完善齐抓共管工作机制，促进了社会治安综合治理工作，确保了社会治安大局的持续稳定。

2006年，是平安建设深入推进的重要一年。《国民经济和社会发展第十一个五年规划纲要》、《中共中央关于构建社会主义和谐社会若干重大问题的决定》等一系列中央重要文件，均写入平安建设工作内容，为推进平安建设指明了发展方向，提供了强大动力。4月，中央综治委召开全国社会治安综合治理工作会议，对在全国广泛深入地开展平安建设、扎实推进社会治安综合治理进行全面部署。8月，中央政法委、中央综治办举办全国平安建设研讨培训班，进一步交流各地开展平安建设的经验、做法，研究探讨深入推进平安建设的有效措施和具体办法，提高各地推进平安建设的能力和水平。11月，中央综治委紧紧抓住建设社会主义新农村契机，制定印发《关于深入开展农村平安建设的若干意见》，对农村平安建设的基本原则、目标任务和主要措施等提出明确要求，有力地推动了平安建设向纵深发展。

各地认真抓好中央关于平安建设重要部署的贯彻落实，把平安建设摆上更加突出的位置，列入当地国民经济和社会发展的第十一个五年规划，进一步明确目标任务和具体措施，进一步健全领导体系和工作机制，进一步加大投入和保障力度，切实把平安建设引向深入。各地高度重视矛盾纠纷排查调处工作，探索建立人民调解、行政调解和司法调解相互衔接配合的大调解工作体系，重点抓好基层工作网络建设，充分发挥维护社会稳定第一道屏障作用；继续坚持“严打”方针，重点开展打黑除恶专项斗争，严厉打击黑恶势力犯罪和杀人、爆炸、抢劫等严重暴力犯罪，刑事案件高发的势头基本得到遏制；坚持滚动排查、整治治安混乱地区和突出治安问题，层层落实重点整治工作领导责任制，明确各有关部门的整治责任，集中整治了一批治安乱点；大力推进社会治安防控体系建设，加强各种形式的群防群治组织建设，落实人防、技防和物防措施，进一步健全完善了街道社区、乡村、单位、公共场所等全方位、立体化的治安防控网络，人民群众的安全感不断提高。

中央综治委各专门工作领导小组，各司其职，通力协作，着力解决平安建设中的重点难点问题。开展“全国服刑人员未成年子女关爱行动”，出台《关于加强流浪未成年人工作的意见》，全面推进“为了明天——预防青少年违法犯罪工程”；总结经验，加强调研，积极加强和改进新形势新任务下的流动人口管理服务工作；以信息化建设和刑释解教人员排查摸底工作为重点，进一步加强刑释解教人员安置帮教工作；以“平安铁路示范路段创建活动”为抓手，全面落实护路联防各项措施，维护铁路治安秩序持续稳定；制定下发《关于深入开展安全文明校园建设工作的意见》和《关于在全国中小学开展创建和谐校园的意见》，努力创造平安、健康、文明的和谐校园。中央综治委各成员单位充分发挥职能作用，积极参与平安建设。截止到2006年年底，中组部、教育部、公安部、民政部、建设部、铁道部、交通部、国家人口和计生委、国家质检总局、国家安监总局、解放军总政治部和总参谋部、全国总工会、共青团中央、全国妇联、中国保监会等部门专门下发文件，就本部门、本系统、本行业开展平安建设作出了专门部署。

本卷《中国社会治安综合治理年鉴》收载了2006年全国社会治安综合治理工作的主要内容，比较全面地反映了中央社会治安综合治理委员会有关成员单位参与社会治安综合治理工作和各地开展社会治安综合治理工作的情况。在编写过程中，得到了中央社会治安综合治理委员会成员单位和各省、自治区、直辖市党委政法委、综治委（办）的大力支持，在此，谨表诚挚谢意。

2007年8月

《中国社会治安综合治理年鉴》编辑部编辑人员

主　　编　陈冀平

副 主 编　胡增印　李宝柱　陈小军

执行主编　李宝柱

副 主 编　田大忠

编　　辑　（按姓氏笔画排列）

丁后盾　王雪鹏　田大忠

叶晓蕾　李　多　李　明

李　炜　李子顺　李宝柱

张恒斌　季　勤　胡增印

徐龙刚　黄少平　崔红星

窦朝晖　翟惠敏

《中国社会治安综合治理年鉴》
编辑部特约编辑

目　录

七、社会治安综合治理宣传工作

八、预防青少年违法犯罪工作

九、铁路护路联防工作

十、刑释解教人员安置帮教工作

十一、学校及周边治安综合治理工作

十二、流动人口治安管理工作

十三、打黑除恶专项斗争

十四、中央社会治安综合治理委员会成员单位参与社会治安综合治理工作情况

河北省

山西省

内蒙古自治区

辽宁省

吉林省

黑龙江省

上海市

江苏省

浙江省

安徽省

福建省

江西省

山东省

河南省

湖北省

湖南省

广东省

广西壮族自治区

海南省

重庆市

四川省

贵州省

云南省

西藏自治区

陕西省

甘肃省

青海省

宁夏回族自治区

新疆维吾尔自治区

新疆生产建设兵团

一、2006 年全国社会治安综合治理工作概况

2006 年全国社会治安综合治理工作概况

2006 年，在各级党委和政府的领导下，社会治安综合治理工作以邓小平理论和“三个代表”重要思想为指导，认真贯彻党的十六大和十六大以来历次中央全会精神，全面贯彻落实科学发展观，按照构建社会主义和谐社会的要求，以广泛深入地开展平安建设为载体，进一步完善矛盾纠纷排查调处机制，坚持不懈地开展严打整治斗争，大力推进社会治安防控体系建设，切实加强基层基础建设，促进了社会治安综合治理各项措施的落实，确保了社会治安大局的持续稳定。2006 年 11 月，中央综治办委托国家统计局在全国 31 个省（区、市）组织进行了第六次全国群众安全感抽样调查，结果显示，群众对当前社会治安感到“安全”和“基本安全”的比重合计为 92%，比 2005 年上升了 0.1 个百分点。

一、全面部署，整体推进平安建设

各地认真学习贯彻中共中央办公厅、国务院办公厅转发的《中央政法委员会、中央社会治安综合治理委员会关于深入开展平安建设的意见》，结合实际，研究制定具体实施意见。在总结各地好经验、好做法的基础上，中央综治委于 4 月下旬在江苏苏州市召开了全国社会治安综合治理工作会议，对在全国广泛深入地开展平安建设、扎实推进社会治安综合治理作出了全面部署。8 月下旬，中央政法委、中央综治办在山东烟台市举办了全国平安建设研讨培训班，各省（区、市）、副省级市、地（市）、新疆生产建设兵团师级综治办主任和解放军保卫干部共 400 多人参加了研讨培训班，进一步交流了各地开展平安建设的经验，研究探讨了深入推进平安建设的有效措施和具体办法。中央国家机关综治办对中央国家机关各部门和中央在京企业的综治干部也进行了培训，各地层层举办了综治干部培训班，进一步提高了各级综治干部的综合素质和工作水平，促进了平安建设和综合治理各项措施的落实。

各地结合实际，全面贯彻落实全国社会治安综合治理工作会议精神和平安建设各项工作部署。各省（区、市）分别召开常委会议或专门工作会议，党政主要领导同志亲自研究部署，提出具体要求，帮助解决工作中的困难和问题，对深入开展平安建设进行再动员、再部署。各地区党委和政府分别出台或完善贯彻《意见》，把加强社会治安综合治理、深入开展平安建设摆上更加突出的位置，列入当地国民经济和社会发展的第十一个五年规划，作为社会主义新农村建设和构建社会主义和谐社会的重要内容，进一步明确目标任务和具体措施。许多地方进一步建立健全平安建设组织领导体系和工作机制，加大平安建设的投入力度，为深入推进平安建设提供组织保障和经费保障。

各有关部门积极参与平安建设。司法部、交通部等一些中央国家机关分别召开部长办公会议或部党组会议传达贯彻全国社会治安综合治理工作会议精神和平安建设各项工作部署。6 月中旬，中央综治办在京召开了中央综治委五个专门工作领导小组办公室及有关部门联席会议，对综治委成员单位进一步贯彻全国社会治安综合治理工作会议精神，推动本部门、本系统参与平安建设

提出要求。截至年底，已有中组部、教育部、公安部、民政部、建设部、铁道部、交通部、国家人口和计生委、国家质检总局、国家安监总局、解放军总政治部和总参谋部、全国总工会、共青团中央、全国妇联、中国保监会等部门下发文件，就本部门、本系统、本行业开展平安建设作出了专门部署。最高人民法院就全国各级人民法院参与平安建设活动的基本情况和深入推进平安建设进行了专题调研。卫生部、水利部、国家工商总局等中央国家机关有关部门和中石油、中石化、中国网通、中国建设银行等中央企业和单位，就开展平安医院、平安边界、平安行业、平安油区、平安银行创建活动等，研究提出切实有效的措施。黑龙江、山东、湖北和新疆等地重视发动综治委成员单位参与平安建设，大多数成员单位制定了本系统、本行业参与平安建设的规划和方案，开展了各具特色的平安行业创建活动，取得良好效果。

为扩大平安建设的覆盖面、把社会治安综合治理工作不断引向深入，各地、各部门加强分类指导，因地制宜开展"平安社区"、"平安乡村"、"平安家庭"、"平安校园"、"平安企业"、"平安大道"、"平安市场"、"平安工地"、"平安景区"、"平安寺庙"、"平安铁路示范路段"等各种形式的基层平安创建活动。5月下旬，中央综治办与中央维稳办在江苏徐州市和山东济宁市联合召开全国创建平安边界现场会，总结推广省际边界微山湖地区维护社会稳定的经验，对深入开展"平安边界"创建活动、维护边界地区和谐稳定提出了具体要求。西藏、青海、甘肃、云南、贵州、四川、重庆和新疆等八省(区、市)联合召开了共建平安边界座谈会，签定治安联防协议，加强行政边界地区社会治安综合治理协作。9月初，全国妇联会同中央综治办等有关部门在山东济南市召开全国"平安家庭"创建活动现场会，总结交流经验，表彰先进典型，进一步部署了"平安家庭"创建工作。11月上旬，中央综治办在福建泉州市召开加强非公有制经济组织社会治安综合治理工作座谈会，交流工作经验，研究探讨进一步加强非公有制经济组织社会治安综合治理，深入开展平安企业、平安行业等创建活动的意见。在开展调查研究、总结经验的基础上，11月中旬，中央综治委制定印发了《关于深入开展农村平安建设的若干意见》，对当前在农村深入开展平安建设的基本原则、目标任务和主要措施等提出了明确要求，作出了具体部署。

二、健全基层工作网络，着力排查调处矛盾纠纷

加强基层综治组织建设，整合基层力量，建立健全工作网络。浙江省大力创新和发展"枫桥经验"，在乡镇、街道整合基层政法组织和信访、民政、国土、农业、工商等基层维护稳定力量，本着精干高效、方便群众的原则，普遍成立综治工作中心，在社区、村组、企业成立综治工作站，重点做好各类矛盾纠纷的预防和化解工作。辽宁省加强乡镇、街道"一办(综治办)、两所、一庭"标准化建设，配备了综治专干。湖南全省2491个乡镇、街道全部建立了综治委、办，配强了主任、副主任和综治专干，保证了基层综治工作有人抓、有人干。江苏省大力推广南通市"大调解"经验，从地市到村组建立健全六级排查调处工作网络，构建党委和政府统一领导、政法综治牵头协调、调处中心具体负责、司法部门业务指导、职能部门共同参与、社会各方整体联动的社会矛盾纠纷大调解工作机制。黑龙江省在全省基层建立"调访一体化"工作机制，即把人民调解、行政调解和信访工作职能结合在一起，全省每个乡镇综治办核定1—2名专职人员，司法所增加1—2个编制，成立乡镇调访中心，由县级财政统一核拨办公经费，调处化解矛盾纠纷。山东省所有县(市、区)都成立了由党委、政府分管领导任主任和副主任，由综治办、法院、司法局、公安局、信访局等有关部门负责同志任成员的人民调解指导委员会，建立完善了矛盾纠纷排查调处联席会议制度。全国许多乡镇、街道建立起党委和政府统一领导，综治部门牵头组织协调，有关部门参与的综治工作中心或社会矛盾纠纷调处服务中心，对矛盾纠纷采取"一站式"受理、"一条龙"调处。江西、河北、河南、四川、陕西等许多地方在社区、农村和企事业单位设立调解室，主要由社区和企业领导、农村党支部和村委会、治保会及调解会来排查调处矛盾纠纷，充分发挥综治特派员、综治信息员、治安中心户长等群防群治队伍的作用，尽早掌握信息，及时调处矛盾。上海市由政府出资在社区组织社工参与矛盾纠纷排查调处，福建省在农村建立综治协管员，政府出资给予一定补助，都取得了较好成效。

加强制度建设，拓宽群众利益诉求表达渠道。山西省省委办公厅、省政府办公厅转发省委政法委、省综治委《关于开展"矛盾纠纷调解年"活动的意见》，在全省开展"矛盾纠纷调解年"活动，推进了矛盾纠纷排查调处制度建设，建立了联动调解、协调会议、挂牌督办、重大案件包调包处、信息反馈、定期通报、督促检查和"零报告"等制度。江苏省为确保群众诉求渠道畅通，把听证对话制度引入大调解机制，使一些涉及群众利益的政策和群众关心的难点热点问题都能通过这一平台与群众沟通和交流，从源头上减少了一些矛盾纠纷的产生。各级信访工作联席会议加强了对信访工作的协调，浙江等地开展"信访工作基层基础建设年"活动，不少地方实施领导干部接访制度，对人民群众关心的重大问题和疑难案件实行领导干部包案制度。全国公安机关实施"抓基层、打基础、苦练基本功"工程，继续开展"公安局长大接访"活动，倾听群众反映，处理和解决了大量信访问题。司法部和最高人民法院就加强人民调解和司法调解作出了相应的规定，规范了工作程序。劳动和社会保障部、全国总工会等部门有效化解劳动争议，维护职工和群众的合法权益。

在解决突出问题和薄弱环节上下功夫，把大量矛盾纠纷化解在基层。河北省在省综治办内成立矛盾纠纷排查调处办公室，加强对这项工作的组织协调，并针对行政行为不当最容易引发群体性事件，而行政调解又最为薄弱的工作实际，大力加强"三位一体"大调解工作体系建设，初步形成了党委领导，综治部门牵头协调，以人民调解为基础，人民调解、司法调解和行政调解相互衔接、相互补充的社会矛盾纠纷排查调处工作体系，强化了各级行政部门的调解意识。江苏省探索"公调对接"、"诉调对接"、"检调对接"、"纪调对接"，使公安、法院、检察院、纪检、监察部门与调处中心对接，把矛盾纠纷合理分流，防止了矛盾激化。贵州省一些地市实行党政领导开门接访、约访、下访和相关职能部门负责人陪访制度，由信访、国土、城建、交通、公安等相关部门负责人陪同党政领导接访，及时解决矛盾纠纷和信访突出问题，形成"源头控访、服务减访、责任化访、综合治访"的信访工作格局。安徽省集中整治非正常上访和信访老户问题，使信访总量大幅下降。各地注重加强日常信息的沟通和反馈，努力获取预警性、内幕性、深层次的情报信息，积极预防和妥善处置群体性事件，严防因处置不当激化矛盾。

三、针对突出治安问题，开展"严打"整治专项斗争，完善社会治安防控体系

打黑除恶专项斗争取得了阶段性成效。2月下旬，中央政法委在京召开全国打黑除恶专项斗争电视电话会议，部署在全国范围内有重点地开展打黑除恶专项斗争。随后成立了由政法、纪检和监察、宣传、工商等中央有关部门负责同志组成的全国打黑除恶专项斗争协调小组。各省、自治区、直辖市成立了由党委、政府主管领导任组长的打黑除恶专项斗争领导小组，加强对专项斗争的组织领导和督促检查。各地、各部门在党委和政府统一领导下，以政法机关特别是公安机关为主体，政法、纪检、监察、组织和工商等各有关部门密切配合、齐抓共管，发动广大群众积极参与，实行综合治理。中纪委和监察部下发了《关于积极支持和配合全国打黑除恶专项斗争严肃查处黑恶势力"保护伞"的通知》，要求结合党风廉政建设和反腐败工作实际，严肃查处党员干部涉黑涉恶案件。8月，中央政法委又下发了《关于进一步深化全国打黑除恶专项斗争的工作意见》，指导和推动各地、各部门把打黑除恶专项斗争向纵深推进。各地、各部门通过深入摸排黑恶势力违法犯罪线索，扎实开展破案攻坚，依法快诉快审，打击处理了一批黑社会性质组织和恶势力团伙，摧毁了其经济依托，打掉了其后台和"保护伞"。1月1日至12月20日，全国公安机关共侦办涉黑案件346起，其中移送起诉黑社会性质组织案件296起，检察机关以黑社会性质组织罪名起诉167起案件，法院以黑社会性质组织罪名判决61起，此外还打掉恶势力团伙1347个。一大批黑恶势力被打掉后，一些地方的治安秩序明显好转，群众安全感增强。

在开展打黑除恶专项斗争的同时，全国政法部门坚持"严打"方针，依法严厉打击杀人和爆炸等严重暴力犯罪，刑事案件高发的势头基本得到遏制。1至11月，全国公安机关共立刑事案件418.5万起，同比下降0.8%；破获各类刑事犯罪案件194.7万起，同比上升4.3%；放火、爆炸、劫持、杀人、伤害、强奸、绑架、抢劫等八类严重刑事案件共立48.4万起，同比下降4.3%。辽宁、黑龙江等地继续有针对性地开展凶杀案件专项治理工作，进一步保持了凶杀案件连续下降的良好局面，带动了整个治安局势的好转。公安机关深入开展打击“两抢一盗”犯罪专项斗争，1至11月全国公安机关共破获“两抢一盗”犯罪案件131.4万起，同比上升4.3%；全国检察机关共起诉“两抢一盗”犯罪嫌疑人40余万名，同比上升1.0%。公安机关开展的禁毒、禁赌斗争取得丰硕成果。广东、湖南等地对“六合彩”赌博严重的县市区进行挂牌整治，云南、贵州、海南等地大力开展禁毒人民战争，严厉打击制毒、贩毒活动，对吸毒的强制收戒，从根源上遏制刑事案件上升的势头。新疆维吾尔自治区和新疆生产建设兵团本着“主动进攻、露头就打、先发制敌”的方针，始终保持了对“三股势力”和非法宗教活动的高压态势。

各地坚持滚动排查、整治治安混乱地区和突出治安问题。对排查确定的治安乱点，层层落实重点整治工作领导责任制，明确各有关部门的整治责任，采取派驻工作组、挂牌督办等措施，确保领导到位、责任到人、整治到底。江西省各地坚持定期排查整治与集中排查整治相结合、常规排查整治与专项排查整治相结合，加大对治安混乱地区和突出治安问题的整治力度。上海市成立社会治安市民巡防团，发动群众加强对重点地区、路段、娱乐服务场所、集贸市场等治安复杂地区情况的调查，及时发现突出治安问题，组织有关部门共同开展重点整治。北京市每年初在全市排查确定50个市级高发案地区，并在媒体上公布，通过高发案地区党政领导和公安机关双向挂牌督战进行重点整治，限期改变治安面貌。云南省下发《关于规范和做好治安混乱地区和突出治安问题排查整治工作的通知》，对排查工作的主要范围、整治工作的重点内容和排查整治工作程序、目标、责任、要求等作了具体规定，以巩固重点整治的成果，防止反复。甘肃省制定《省综治委重点检查整治的乡镇（街道）验收标准》，严格对重点整治情况进行检查验收，确保重点整治取得实效。公安机关部署开展集中整治爆炸物品、枪支弹药和管制刀具工作，整治、消除了一大批涉爆涉枪涉刀安全隐患，预防和控制爆炸、杀人等严重暴力犯罪。交通部部署打击水运物流犯罪工作，开展渡口、渡船专项整治，消除安全隐患，维护港航治安稳定。全国整治油气田及输油气管道生产治安秩序部际联席会议部署开展专项整治行动，加强对重大涉油案件督办和重点地区涉油突出问题整治工作的调查督导，严厉打击、查处打孔盗油等违法犯罪，清理违章占压管道建筑物，取缔土炼油点等非法涉油厂点。

各地、各部门深入开展“扫黄打非”集中行动和专项治理。7至10月，全国“扫黄打非”工作领导小组办公室、中央宣传部、中央政法委、文化部、新闻出版总署、国家版权局、工商总局、公安部、建设部、监察部等十部门联合开展了“反盗版百日行动”，使音像和计算机软件市场得到明显净化。各地坚持排查整治，始终保持对出版领域各种违法犯罪活动的高压态势，破获了一批大案要案，抓获了一批犯罪嫌疑人，收缴了大批淫秽音像制品和非法出版物，确保了出版物市场的健康发展，有力维护了我国的政治安定、社会稳定和文化安全。

中央综治办与公安部联合下发了《关于防范和打击利用集装箱偷渡活动的工作意见》，推动了反偷渡综合治理各项措施的落实，偷渡活动大幅减少。

各地、各部门大力推进社会治安防控体系建设，进一步健全完善了街道社区、乡村、单位、公共场所等全方位、立体化的治安防控网络。各地实施警务机制改革，整合公安巡警、交警和派出所民警力量，积极推进警力下沉、推进社区警务室和农村警务室建设，实施“网格化”布警、巡逻。一些地方继续从下岗职工和低保对象中选聘人员组建巡逻队伍，加强社区和街面治安防控，大大提高了一线防范能力。黑龙江、山东等地继续推进农村治安防范承包制、保安驻村制等做法，促进了农村治安防范各项措施的落实。2006年，各地突出抓了以安装视频监控为主的技防建设，有效地提高了治安防范水平。天津市人大常委会第31次会议通过了《天津市安全技术防范管理条例》，市政府出台了具体实施意见，促进了全市技防建设和管理。河北省委办公厅、省政府办公厅印发《河北省社会治安科技防范五年规划（2006—2010）》，加大全省实施科技防范的力度，提高了预防和打击犯罪的能力。广东省按照“谁受益，谁出资建设”的原则，多渠道解决社会治安视频监控系统建设经费，在交通要道、城区要害部位、商业繁华地区和公共复杂场所普遍安装视频监控。广西全区把科技防范作为推动平安建设工作上新台阶的重要手段，在县城以上的城市，逐步安装电子视频监控系统，有效减少了可防性案件的发生。陕西、甘肃、吉林等许多地方针对农村治安特点，推广使用“警铃入户”、“绳索报警器”等经济实用的物防和小技防设施，对入室盗窃、偷牛盗马等多发性侵财案件起到了较好的防范效果。

四、加强协作配合，落实管理教育服务措施，解决重点难点问题

全面推进“为了明天——预防青少年违法犯罪工程”。针对流浪未成年人问题，年初，中央综治委预防青少年违法犯罪工作领导小组、中央综治办、民政部、公安部、团中央等部门在四川成都市联合召开了“全国保护流浪未成年人工作会议”，民政部等19个部门制定出台了《关于加强流浪未成年人工作的意见》；7月底，民政部下发了《关于印发〈救助管理机构基本规范〉和〈流浪未成年人救助保护机构基本规范〉的通知》，积极推动各地建设流浪未成年人救助保护中心；8月下旬，中央综治办、公安部、民政部、团中央联合在山东烟台市召开“为了明天——全国强迫诱骗未成年人流浪乞讨整治工作会议”；11月，中央综治办、公安部、民政部、全国残联、团中央共同下发《关于开展“为了明天——全国强迫诱骗未成年人流浪乞讨整治工作”的通知》，集中解救和救助保护被黑恶势力等违法犯罪分子操纵、控制的流浪未成年人。针对服刑人员未成年子女问题，年初，中央综治委预防青少年违法犯罪工作领导小组、中央综治办、民政部、司法部、团中央、全国妇联等六部门联合在四川成都市举行了“全国服刑人员未成年子女关爱行动”启动仪式，联合下发了《关于开展“为了明天——服刑劳教人员未成年子女关爱行动”的通知》，各级综治办、民政、司法、共青团、妇联组织认真履行职责，制定、落实各项救助措施，切实为服刑人员未成年子女解决学习、生活中的实际困难。各地、各部门以学习“八荣八耻”社会主义荣辱观为主题，深入开展未成年人思想道德教育和法制教育。团中央下发了《关于落实“五五”普法规划，加强青少年法制宣传教育工作的通知》，并在第三届全国青少年法制宣传周期间，开展了“进城务工青年法制宣传服务活动”。各地依托青年中心搞好社区预防站点建设，逐步建立专职社工和志愿者相结合的工作队伍，推广建立社区闲散青少年管理信息系统，深入开展“未成年人零犯罪社区”和“为了明天工程示范县市”创建活动。全国扫黄打非工作小组办公室、教育部、团中央、新闻出版总署、国家版权局联合开展了“从我做起，远离盗版，拒绝有害出版物，保护知识产权”活动，查获了一批淫秽色情出版物和网络色情案件。文化部组织开展了网吧长效管理机制建设，开展第四批违法网络游戏产品查处行动，向社会推荐了10款适合未成年人的网络游戏。各地关工委积极组织“五老”担任网吧义务监督员。团中央等十几个部委组织开展了第五届全国优秀“青少年维权岗”命名表彰活动和第五届中国杰出（优秀）青年卫士评选表彰活动，推动维护青少年合法权益。国家禁毒办、中央综治办、教育部、团中央等有关部门联合召开“中小学生毒品预防专题教育工作座谈会”，开展“社区青少年远离毒品活动”，广泛开展多种形式的禁毒宣传教育。中宣部、广电总局、教育部、新闻出版总署等部门继续加强少儿传媒、青少年文化产品和教育活动阵地建设，为青少年健康成长提供有利条件。十届全国人大常委会第二十五次会议审议通过新修订的《未成年人保护法》，为保护未成年人健康成长、预防青少年违法犯罪提供了有力的法律保障。

加强和改进流动人口的管理服务工作。中央综治委流动人口治安管理工作领导小组认真总结十多年的工作经验，加强调研，研究提出了新形势下进一步加强和改进流动人口管理服务工作的意见和建议。劳动保障部指导各地进一步清理了针对农民进城就业的限制性规定和不合理收费，会同建设部、公安部、全国总工会继续开展了农民工工资拖欠问题的专项检查，推动各地建立工资保证金制度和工资支付监控制度，并会同公安部、人事部、国家工商行政管理总局等部门组织开展了清理整顿劳动力市场秩序专项行动，改善农民进城就业环境。劳动保障部、国家发改委、财政部和农业部联合印发了《关于统筹城乡就业试点工作的指导意见》，各地深入实施农村劳动力转移培训"阳光工程",全国妇联积极搭建农村妇女转移就业平台,推动了城乡一体化劳动力市场建设,促进了农村富余劳动力有序转移。教育部成立了"农民工子女义务教育工作领导小组",加强了对各地农民工子女义务教育工作的指导。国家人口计生委召开了全国流动人口计划生育工作座谈会,研究制定了《关于进一步加强和改进流动人口计划生育管理和服务工作的意见》,明确提出了今后一个时期的工作思路和具体措施。全国妇联牵头有关部门指导各地开展了"农村留守儿童关爱工程"、"留守儿童代理爸爸妈妈"等系列活动,推动解决农村留守儿童问题。上海、重庆等地进一步完善了流动人口居住证制度,对办理居住证的人员实行市民待遇。各地公安机关与有关部门通力合作,严厉打击侵害农民工人身财产安全的违法犯罪活动,维护流动人口合法权益;按照"谁出租,谁负责"的原则,会同有关部门加强对出租房屋的治安管理和流动人口协管员队伍建设,开展了流动人口和出租房屋清理整顿工作。公安部在总结浙江、江西、贵州等地经验的基础上,制定下发了《关于试行人口流出地公安机关派驻民警协管流动人口警务模式的通知》,在经济比较发达地区和流动人口数量较多的地区开展由人口流出地公安机关派驻民警到流入地公安机关协管本地流动人口的试点工作,积极开展警务协作。公安部制定下发了《关于加强中部地区流动人口管理与服务网络建设促进中部地区崛起的意见》,加快流动人口管理信息系统建设,提高了流动人口治安管理工作的效率。

进一步加强刑释解教人员安置帮教工作。各级司法行政机关加强安置帮教工作机构建设,将司法所开展安置帮教工作经费纳入了地方财政预算,大力推动基层司法所在安置帮教工作中积极发挥作用。加快实现刑释解教人员管理信息化,开展刑释解教人员安置帮教信息管理软件的试运行和修改完善工作,使该软件在保留原有的评估、衔接、帮教、管理功能基础上,实现与公安人口、治安管理衔接,成为社会管理信息化的一项基础工程。配合打黑除恶专项斗争,各地积极开展对刑满释放5年内、解除劳教3年内不知去向人员的排查工作,了解掌握其流出去向和现实表现情况,突出管控重点,落实管控措施,发现和查证涉黑涉恶线索。推广安徽祁门县对刑释解教人员"衔接好、引导好、扶持好、服务好"、山东青岛市安置帮教一体化以及上海市静安区工商局开展刑释解教人员安置帮教工作的经验,推动各地、各有关部门创新工作方法,共同做好刑释解教人员安置帮教工作。

深入开展铁路护路联防工作。各地、各有关部门以开展平安铁路示范路段创建活动为抓手,全面落实护路联防各项措施,维护铁路治安秩序持续稳定,确保了铁路运输安全畅通。为了确保举世瞩目的青藏铁路开通后的运输安全,中央护路办组成专门调研组对青藏铁路进行了实地勘察,与青海、西藏两省区及有关部门研究制定了切实可行的青藏铁路护路联防工作方案,成立青藏铁路护路联防工作省部际联席会议,协调解决有关护路联防工作经费保障、队伍建设等问题。9月,中央综治办、铁道部有关部门在湖北武汉市召开"压伤亡事故,保行车安全,创建和谐平安铁路工作会议",部署开展了为期3个月的专项整顿工作,通过整顿,铁路路外伤亡事故出现了大幅度下降的势头。12月,中央综治委铁路护路联防工作领导小组在山西太原市召开"全国平安铁路示范路段创建工作经验交流会议",研究提出深入推进平安铁路示范路段创建工作的措施和要求,部署对大秦铁路开展为期3个月的治安专项整治,依法严打盗窃铁路运输煤炭、拆盗铁路设施器材等违法犯罪活动,迅速扭转大秦铁路的治安局面。全国大中城市火车站地区综合管理研究会以"建设城市名片,擦亮城市窗口"为主题,不断探索和实践对大中城市火车站地区治安秩序进行综合管理的新途径,完善路地联防联控机制。

加强学校及周边治安综合治理工作。教育部制定下发了《关于深入开展安全文明校园建设工作的意见》和《关于在全国中小学开展创建和谐校园的意见》,以解决事关师生安全、卫生等突出问题为重点,指导和推动各地抓好安全卫生设施建设、规章制度建设和校园文化建设,努力为师生创造平安、健康、文明的和谐校园。加强高校公共应急管理工作,提高高校处置突发公共事件的能力,增强了高校师生公共安全意识和防险避灾、自救互救的能力。组织编写《学校及周边治安综合治理工作手册》,推进学校及周边治安综合治理工作机制建设，教育、文化、工商、公安等有关部门密切配合，加大了学校及周边治安秩序的整治力度。教育部召开全国加强中小学管理工作电视电话会议，并与公安部联合召开深入推广“德阳经验”、进一步加强学校安全工作电视电话会议，研究部署积极开展平安和谐校园创建活动，进一步落实公安机关维护校园及周边治安秩序“八条措施”。教育部出台了《中小学幼儿园安全管理办法》，加强中小学安全工作制度建设；举办中小学幼儿园安全管理工作研讨会，组织开展第十一个全国中小学安全教育日活动，推动了中小学安全工作各项措施的落实，维护了各级各类学校的安全、稳定。

五、加强和改进检查考评工作，进一步落实社会治安综合治理责任制

中央综治办在总结近两年对各省、自治区、直辖市社会治安综合治理进行考核评比工作的基础上，进一步修订完善了2006年考核评比实施细则，量化工作标准，增强考核评比工作的科学性和可操作性。根据深入开展平安建设的工作实际，扩大了有关部门参与考核评比工作的范围，增加了对反邪教工作、发生重大安全生产事故和重大食品质量安全事故及解决法院执行难问题等考评内容。中央综治委各专门工作小组和有关部门也制订了相应的考核评比标准。通过考评，促进了综治工作机构设置、人员编制和经费保障等困难和问题的解决。

11月中下旬，中央综治办从成员单位和部分省、区、市综治委抽调35名厅局级干部、22名县处级干部，组成10个检查组，分别对河北、辽宁、黑龙江、安徽、湖南、广西、海南、贵州、陕西、新疆和新疆生产建设兵团等地2006年度社会治安综合治理工作情况进行了检查，推动了这些地区社会治安综合治理工作的开展。

各地结合本地实际修改完善检查考核办法，不断加大社会治安综合治理工作检查考核的力度。各省、市、县、乡逐级签订综治工作责任状，不少地方还延伸到村居委会和具体责任人，加强督促检查，层层落实责任，兑现奖惩。按照中组部下发的《体现科学发展观要求的地方党政领导班子和领导干部综合考核评价试行办法》，各地进一步落实党政领导班子和领导干部抓社会治安综合治理的责任，纳入当地经济社会综合考核和民意测验重要内容，加大考核和奖惩力度。一些地方建立健全五部门联席会议制度，加大对相关领导干部履行综治职责情况的考察和监督，研究制定具体操作程序，把综治工作情况同干部的考察、选拔、任用、奖惩结合起来。贵州省遵义市对领导干部建立实绩档案制度，由市五部委联合发文要求各县区党政主要领导每季度报送一次抓平安建设工作的具体情况，市直机关各部门每半年报送一次，年终由五部委根据报表和平安建设目标管理责任制检查考核结果作出评议，进入档案，作为领导干部提拔使用的重要依据。各省区普遍建立了综治工作和平安建设考评机制，制定“平安县（市、区）”考核命名标准和办法，命名表彰了一大批“平安县（市、区）”，有力推动了各项工作开展。上海市和湖南省建立社会治安状况讲评制度，帮助治安工作落后的地区分析存在的突出问题及其原因，查找工作中的薄弱环节，研究采取有针对性的整改措施，推动工作。福建省组织各市开展互查互学活动，辽宁省综治委印发《社会治安综合治理工作考评体系》，加大明察暗访力度，实行动态考评，取得了较好的检查考评效果。

六、加强宣传和理论研究工作，为社会治安综合治理提供舆论氛围和理论支持

3月，召开了全国政法综治宣传工作会议，对2006年和今后一个时期的政法综治宣传工作进行了部署，对政法综治宣传工作的队伍建设、制度建设和业务建设提出了明确要求。中央宣传部和中央各大媒体对社会治安综合治理宣传工作高度重视，给予了有力的支持和指导。中央宣传部和中央政法委联合下发了《关于做好打黑除恶专项斗争宣传工作的意见》，指导和推动各地、各部门加大打黑除恶专项斗争宣传力度。人民日报在头版头条刊发了反映农村平安建设的报道，并将《关于深入开展农村平安建设的若干意见》全文予以发表，收到了很好的宣传效果。法制日报、长安杂志等政法媒体开展了“综治先锋”征文活动，宣传了基层综治工作、平安建设的经验和做法。中央综治办与中央电视台组织策划了《平安2006系列宣传活动》，《平安家园》节目通过电视专题片展播的形式，立足全国综治先进县、区，挖掘记录了基层平安建设中的真实人物和典型事例，有

12个城市的党政主要领导作为节目主嘉宾接受了采访，有力推动了基层平安建设工作的开展，营造了良好的舆论氛围。12月，中央综治办与中央电视台又联合举办了大型专题节目《平安中国媒体行动》专题节目，通过讲述精心挑选的平安建设的故事，展示了以政法综治系统为骨干、人民群众为主体、各有关部门共同参与的平安建设画卷。为大力弘扬见义勇为精神，中央综治办会同中央宣传部、公安部、教育部、解放军总政治部、共青团中央和中华见义勇为基金会组织见义勇为英模报告团在7个省市15所高校举行专场巡回报告会。中央政法委员会、中央社会治安综合治理委员会与新华社共同创办开通了大型综合新闻网站"中国平安网"，上海、广西等地也开办了综治和平安建设网站，利用互联网方便、快捷的优势促进平安建设和综治宣传工作的开展。中央综治办组织各地开展了2005年度全国社会治安综合治理优秀新闻作品评选活动，向中国好新闻奖评选办公室推荐12篇新闻作品，有2个作品获奖，调动了新闻工作者宣传报道综治工作的积极性。各地结合实际广泛开展了综治宣传月活动，组织机关干部进社区、下乡村，走上街头，采取多种形式宣传发动群众参与社会治安综合治理和平安建设。

加强调研和理论研究工作。中央综治办与解放军总政保卫部对山东、重庆等地开展军地联防共建的做法进行了调研，推广了他们的经验。中央综治办组织各地、各有关部门就农村平安建设、非公企业综治工作等开展了调研，特别是就完善矛盾纠纷排查调处机制问题进行深入调研，并向中共中央提交了调研报告。10月，在安徽合肥市召开了第十六届全国部分大中城市社会治安综合治理理论研讨会，围绕"基层平安创建"等主题进行了深入的研讨和交流。4月上旬，中央综治办、最高人民法院、最高人民检察院、公安部、司法部、团中央在北京联合召开少年司法制度研讨会，围绕我国少年司法制度的现状、遇到的问题以及对策进行探讨。首都综治办会同北京市社科院成立了首都社会治安综合治理研究所和研究会，加强社会治安综合治理实践和理论研究。

2006年的社会治安综合治理工作取得了一定成绩。但是，一些地方刑事和治安案件还在高位徘徊，矛盾纠纷和群体性事件总量还很大，维护稳定的形势不容乐观；社会治安综合治理责任制有待进一步落实，少数地方的党政领导对平安建设和社会治安综合治理重视不够，没有作为全局性工作来抓，许多措施难以落实；一些地方的平安建设局限于"小平安"，仍然是政法机关唱"独角戏"，有关部门参与的积极性没有完全调动起来，广大群众没有充分发动起来，平安建设的力度、深度和广度不够；一些地方综合治理基础工作相对薄弱，社会管理的方法需进一步改进，治安防范与管理上还存在一些漏洞；一些地方在乡镇机构改革中，综治办及工作人员被撤并，基层综治组织网络和工作队伍建设受到一定影响；综合治理的工作机制还需进一步健全和完善。这些问题有待在今后的工作中进一步予以解决。

二、2006年全国社会治安综合治理工作要点

2006年全国社会治安综合治理工作要点

2006年全国社会治安综合治理工作的主要任务是，以邓小平理论和“三个代表”重要思想为指导，深入贯彻党的十六大和十六届三中、四中、五中全会精神，全面贯彻落实科学发展观，按照构建社会主义和谐社会的要求，坚持打防结合、预防为主，专群结合、依靠群众，以深入开展平安建设为载体，以加强基层基础建设为重点，着力排查调处矛盾纠纷和预防青少年违法犯罪，全面推进社会治安防控体系建设，进一步健全和完善社会治安综合治理长效工作机制，推动社会治安综合治理各项措施的落实，确保治安秩序和社会大局持续稳定。

一、广泛深入地开展平安建设

认真贯彻《中共中央办公厅、国务院办公厅转发〈中央政法委员会、中央社会治安综合治理委员会关于深入开展平安建设的意见〉的通知》（中办发[2005]25号）精神，进一步统一思想、提高认识，加强领导、精心部署。在党委和政府的领导下，充分发挥组织协调作用，明确各部门、各单位在平安建设中的职责，建立健全各项工作机制和制度，加强协作配合，形成条块结合、专群结合、各方联动、齐抓共建的工作局面。

重点做好县以下平安建设工作，广泛开展平安县（市、区）、平安乡镇（街道）、平安村（社区）、平安校园、平安企业和平安家庭等基层安全创建活动，把“平安村”'创建活动作为社会主义新农村建设的一项重要内容，进一步强化社会治安综合治理的基层基础工作，推进社会治安防控体系建设。认真做好平安建设的宣传发动工作，形成全民参与、共创平安的良好社会氛围。

上半年，中央社会治安综合治理委员会召开工作会议，总结推广各地、各部门平安建设的经验。

二、全面实施“为了明天——预防青少年违法犯罪工程”

做好重点青少年群体的教育和管理工作。推进流浪儿童救助保护中心和管理信息网络平台的建设，办好现有的流浪儿童救助中心，尚未建立救助中心的地级市都要尽快建立。严厉打击幕后控制、操纵流浪儿童乞讨和教唆流浪儿童犯罪的团伙及黑恶势力。加强工读学校建设和管理，对有严重不良行为的未成年人进行教育、矫治和挽救。加强闲散青少年教育和管理，建立闲散未成年人信息管理系统，成立专兼职相结合的社会工作者队伍，以社区和村为单位，对孤儿、辍学生、无业在家的闲散青少年、无人照料的外出务工人员留守在家的未成年子女、服刑在教人员的未成年子女等进行摸底排查，建档立卡，制订和完善对这些重点青少年群体在教育、管理、抚养、监护和救助等方面的政策、措施。加强对中小学校兼职法制副校长和法制辅导员工作的指导，规范工作方式和内容，提高工作水平。推进家长学校和青少年法律学校建设，提高家长对未成年子女的监护管理和法制教育能力。

继续开展“青少年维权岗在行动”活动，持续开展打击制售不良“口袋本”图书、有害卡通画册及不良游戏软件行动，查处“黑网吧”和违法违规经营的网站，净化荧屏和声屏，加强校园及周边治

安环境的综合治理。

发展和完善有中国特色的少年司法制度,研究制定公安、检察、法院和司法行政机关办理未成年人案件相互衔接的工作机制,对未成年犯加强教育和矫治,维护他们的合法权益。

三、大力开展矛盾纠纷排查调处工作

本着精干高效、整合力量、服务群众的原则,建立健全矛盾纠纷排查调处工作机制、工作制度和工作网络,重点抓好县(市、区)以下基层矛盾纠纷排查调处工作体系建设。大力在社区、村组开展民事调解工作,及时了解群众关注的热点和难点问题,抓早、抓小、抓苗头,及时发现和化解各种矛盾纠纷,积极预防和妥善处置群体性事件。出台政策和行政管理措施之前要充分听取群众意见,进行影响稳定的风险评估,坚决防止和纠正各种损害人民群众利益的行为,从源头上预防和减少矛盾纠纷的发生。加强组织协调,完善工作机制,综合运用人民调解、行政调解、司法调解等手段疏导化解矛盾纠纷,明确各部门的责任,形成相互衔接、配合的大调解工作格局。进一步完善工作制度,抓好督促落实。贯彻落实《信访条例》,建立健全信访工作机制和依法有序的信访秩序,切实维护社会稳定。

四、依法严厉打击各种严重刑事犯罪活动

排查治安混乱地区和突出治安问题,加强组织协调,及时开展治理整顿,限期改变面貌。严厉打击有组织犯罪、黑恶势力犯罪、杀人和爆炸等严重暴力犯罪,继续深入开展“打黑除恶”和打击“两抢一盗”犯罪专项斗争,重点治理机动车违法违章上牌照问题,从源头上打击盗抢机动车犯罪活动。深入开展“扫黄打非”和禁毒、禁赌斗争,扫除社会丑恶现象。预防和打击“法轮功”等邪教组织的破坏活动和利用宗教名义进行的非法活动,严防恐怖势力、境内外敌对势力和敌对分子的破坏活动。严密防范和打击经济领域的违法犯罪活动,维护正常的社会主义市场经济秩序。

五、加强治安防范工作和各种形式的群防群治组织建设

建立健全党委领导、政府负责、社会协同、公众参与的社会管理格局。重点做好城乡结合部、公共场所等治安问题复杂地区的治安防范工作,加强包括非公有制经济组织在内的各种所有制企事业单位的综合治理和内部防范。有条件的地方,要在城市主要街道、繁华商业区、重点要害部位和治安复杂场所广泛实行以视频监控为主的技术防范,并把技术防范措施逐步推广到社区、企事业单位和学校。加强农村基层党组织和村委会、治保、调解等村民自治组织建设,推广综治工作站、农村治安中心户长、十户联防、治安承包等经验,加强农村治安防范工作。大力加强各种形式的群防群治组织规范化建设,明确工作职责和纪律要求,加强教育、管理和培训。积极发展保安服务业,进一步加强保安服务市场管理和规范化建设。完善社区警务工作,加强社区治保、调解组织建设,推动社区法制宣传教育,落实社会治安综合治理的各项措施。

六、着力解决社会治安综合治理工作中的突出问题

进一步贯彻落实中央综治委、司法部等八部门联合下发的《关于进一步做好刑满释放、解除劳教人员促进就业和社会保障工作的意见》,做好刑释解教人员的就业指导和职业培训工作,总结办好过渡性安置企业和基地的经验,树立典型,宣传先进人物的优秀事迹。做好刑释解教人员信息管理软件的启用和推广工作,加强衔接和管理。继续做好社区矫正试点工作。

加强对流动人口的管理与服务,创新和完善工作机制。搞好宏观调控和信息交流,引导流动人口合理有序流动。加强对流动人口的服务工作,继续做好“千校百万”进城务工青年培训工作,重点抓好法制教育和技能培训。大力加强流动人口日常登记管理工作,完善出租房屋管理协作机制,强化协管员队伍的教育和管理。加快暂住人口信息系统和出租房屋信息系统建设,提高工作效率。认真贯彻执行《中华人民共和国治安管理处罚法》和有关法律法规,依法严格管理,加大对流窜作案的打击力度。适时召开全国流动人口管理服务工作经验交流会。

深入开展创建安全文明铁道线活动,大力整治铁路治安重点区段,维护经济大动脉的畅通。开展安全文明校园创建和企地共建活动,做好校园周边和国有大中型企业周边地区的治安整治工作。继续开展全国整治油气田及输油气管道生产治安秩序专项行动。加强对互联网和手机短信息的监控和管理。加强反偷渡综合治理工作。加强安全生产监管,加大对安全生产违法行为的查处力度。

七、进一步建立和完善社会治安综合治理长效工作机制

建立和完善责任机制和奖惩激励机制。认真贯彻执行中央综治委和中央组织部联合下发的《关于党委组织部门在参与社会治安综合治理工作中进一步发挥好职能作用的意见》,研究制订有关工作程序。进一步完善综治、纪检、组织、人事、监察部门联席会议制度和情况通报制度,兑现奖惩,加强督查。认真落实部门责任制,加大责任查究的力度,增强部门特别是各级社会治安综合治理委员会成员单位参与社会治安综合治理的责任感。加强对各省(区、市)社会治安综合治理工作的评估和考核力度,制定和完善科学的评估体系和考核标准,严格考评。健全和完善社会治安综合治理工作运行机制。进一步贯彻落实中央综治委和中央编办下发的《关于加强乡镇、街道社会治安综合治理基层组织建设的若干意见》,加强基层力量,提高工作水平。建立和完善保障机制,将应由政府承担的经费纳入同级财政预算,并随着经济的发展逐步增加投入,积极建立适应社会主义市场经济要求的群防群治经费保障机制。加强社会治安综合治理工作规范化建设,抓好教育和培训,中央综治办举办由地市以上综治办负责人参加的平安建设研讨班。

八、加强社会治安综合治理宣传和理论研究工作

加强与政法各部门宣传部门的联系沟通,加强对各地政法委、综治办宣传工作的指导,组织开展政法、综治宣传的舆情研判,加强对舆论的正面引导。研究利用互联网进行宣传的措施。召开政法、综治宣传工作会议,研究部署进一步加强政法、综治宣传工作的措施。进一步密切与各大新闻媒体的合作,适时组织记者深入基层重点采访报道平安建设的经验,推动平安建设深入开展。开展国家安全和保密宣传教育,增强国家安全意识和保密观念。大力宣传见义勇为先进典型,弘扬社会正气。进一步加强对长安杂志、法制日报、中国长安出版社和长安法制电视制作中心的指导。配合中央电视台办好"社会与法"频道,形成长效合作机制,继续共同组织平安建设的系列宣传活动。编好《中国社会治安综合治理年鉴》。继续开展社会治安综合治理宣传月活动,加强集中宣传。认真组织参评中国新闻奖的社会治安综合治理优秀新闻作品评选活动,鼓励新闻工作者积极宣传社会治安综合治理工作。

以纪念中共中央、国务院和全国人大常委会《关于加强社会治安综合治理的决定》颁布十五周年,中共中央、国务院《关于进一步加强社会治安综合治理的意见》颁布五周年为契机,在总结经验的基础上,进一步加强社会治安综合治理理论研究。重点研究社会治安综合治理在构建社会主义和谐社会中的地位、作用和主要任务,平安建设长远规划,社会治安综合治理法制化和规范化建设等课题,着力研究新情况,解决新问题。研究和考察国外治安管理制度,学习借鉴国外加强社会治安管理的做法和经验。

三、中央社会治安综合治理委员会文件

中央社会治安综合治理委员会关于王胜俊、陈冀平同志任职的通知

（2006 年 1 月 4 日）

各省、自治区、直辖市社会治安综合治理委员会，新疆生产建设兵团社会治安综合治理委员会，中央社会治安综合治理委员会各成员单位：

2005 年 12 月 29 日，中国共产党中央委员会发出《关于王胜俊、陈冀平同志任职的通知》，中央批准：王胜俊同志任中央社会治安综合治理委员会副主任；陈冀平同志任中央社会治安综合治理委员会副主任，正部长级。

中央社会治安综合治理委员会关于调整中央综治委委员和部分中央综治委专门工作领导小组成员的通知

（2006 年 1 月 24 日）

各省、自治区、直辖市社会治安综合治理委员会，新疆生产建设兵团社会治安综合治理委员会，中央社会治安综合治理委员会各成员单位，中央和中央国家机关有关部门：

2006 年 1 月 13 日，中共中央通知：中央批准李盛霖（交通部部长）、龙新民（新闻出版总署署长）、欧阳坚（中宣部副部长）、李卫红（教育部副部长）、陈啸宏（卫生部副部长）任中央社会治安综合治理委员会委员，免去张春贤、石宗源、胡振民、袁贵仁、王陇德同志的中央社会治安综合治理委员会委员职务。

因工作变动或分工调整，经中央社会治安综合治理委员会领导同志同意，对部分专门工作领导小组成员作以下调整：

一、吴爱英（中央综治委委员、司法部部长）接替张福森担任中央综治委刑释解教人员安置帮教工作领导小组组长。李立国（民政部副部长）接替李宝库，项俊波（中央综治委委员、人民银行

副行长)接替李若谷,廖晓军(财政部副部长)接替李勇,王东峰(国家工商行政管理总局副局长)接替杨树德,王力(国家税务总局副局长)接替郝昭成,杨岳(共青团中央书记处常务书记)接替赵勇担任中央综治委刑释解教人员安置帮教工作领导小组成员。

二、赵建中(中央综治委委员、总参动员部部长)接替范晓光担任中央综治委铁路护路联防工作领导小组成员。

三、欧阳坚接替胡振民、陈小娅(教育部副部长)接替王湛担任中央综治委预防青少年违法犯罪工作领导小组副组长。朱孝清(最高人民检察院副检察长)接替孙谦,张苏军(司法部副部长)接替胡泽君,李立国接替李宝库,廖晓军接替李勇,姚兵(建设部党组成员、中纪委驻建设部纪检组组长)接替刘志峰,王东峰接替杨树德,柳斌杰(新闻出版总署副署长)接替桂晓风,胡怀邦(中国银监会副主席)接替何界生,陈新权(中国保监会纪委书记)接替冯晓增担任中央综治委预防青少年违法犯罪工作领导小组成员。

四、增补陈小娅为中央综治委流动人口治安管理工作领导小组成员。

中央社会治安综合治理委员会
关于李长江、王德学同志任
中央社会治安综合治理委员会委员的通知

(2006年5月10日)

各省、自治区、直辖市社会治安综合治理委员会、新疆生产建设兵团社会治安综合治理委员会,中央社会治安综合治理委员会各成员单位:

2006年4月23日,中国共产党中央委员会发出《关于李长江、王德学同志任职的通知》:中央批准,李长江(国家质量监督检验检疫总局局长)、王德学(国家安全生产监督管理总局党组成员、副局长)任中央社会治安综合治理委员会委员。

为加强质量监督和安全生产领域的社会治安综合治理工作,增加国家质量监督检验检疫总局、国家安全生产监督管理总局为成员单位。

中央社会治安综合治理委员会
关于印发《2005年全国社会
治安形势分析报告》的通知

(2006年3月1日)

各省、自治区、直辖市社会治安综合治理委员会,新疆生产建设兵团社会治安综合治理委员会,中央社会治安综合治理委员会各成员单位:

最近,中央社会治安综合治理委员会办公室

起草了《2005 年全国社会治安形势分析报告》，呈报中央综治委领导同志。2 月 25 日，中共中央政治局常委、中央综治委主任罗干同志在《关于2005 年全国社会治安形势分析报告》上批示："同意下一步的工作意见和建议。"2 月 27 日，中共中央政治局委员、中央书记处书记、中央综治委副主任周永康同志在《关于 2005 年全国社会治安形势分析报告》上批示："近几年综治工作，依靠社会力量并发挥专门队伍的作用，取得了显著成效，人民群众基本是满意的。随着社会结构的变化，社会矛盾的增多，社会治安综合治理面临的任务也十分繁重，总体上还要靠各级党政组织的重视，动员社会各种力量、各类组织齐抓共管才能根本上取得长治久安的效果。"

各地、各有关部门要认真贯彻落实罗干、永康同志的重要批示，认真分析研究当前治安形势，动员社会各种力量、各类组织对社会治安和社会稳定工作齐抓共管，认真组织开展打黑除恶和打击"两抢一盗"专项斗争，进一步提高群众的安全感，全力维护社会稳定。

现将《2005 年全国社会治安形势分析报告》印发给你们，请结合实际情况，贯彻落实。

2005 年全国社会治安形势分析报告

2005 年，在党中央、国务院的正确领导下，各地、各部门坚持以邓小平理论、"三个代表"重要思想和科学发展观为指导，以开展保持共产党员先进性教育活动为动力，坚持"打防结合、预防为主，专群结合、依靠群众"的方针，以平安建设为载体，深入开展"严打"整治斗争，狠抓基层基础工作，大力加强社会治安防控体系建设，全面推进社会治安综合治理各项工作，努力增强人民群众的安全感，刑事犯罪大幅度上升的势头得到了有效遏制，保持了社会治安形势基本平稳，维护了社会大局的基本稳定。

一、"严打"整治斗争成效显著，社会治安秩序持续平稳，人民群众安全感有所增强

（一）深入开展"严打"整治斗争，确保了社会治安秩序的持续平稳。各地、各部门建立健全了社会治安分析评估机制，排查治安混乱地区和突出治安问题，准确掌握治安动态，适时组织开展了打击"两抢一盗"等严打整治行动，破获刑事案件和逮捕、起诉、判决人数均有上升。2005 年，全国公安机关共破获各类刑事案件 209.72 万起，同比上升 4.6%。全国检察机关共受理公安、国家安全机关提请审查批捕刑事案件 638453 件、976281 人，经审查，批准逮捕 581448 件、876419 人，件数和人数分别比上年上升 7%、8%；提起公诉 654871 件、981009 人，同比分别上升 11.5% 和 13.1%。人民法院共审结刑事一审案件 68.4 万件，同比上升 6.17%，判决发生法律效力的各类犯罪分子 84.47 万人，同比上升 10%。全国监狱在押罪犯 156.29 万人，与上年相比基本持平，其中新收押罪犯 35.84 万人，同比上升 2.8%；新收劳教人员 15.46 万人，同比上升7.4%。监狱劳教场所的脱逃（逃跑）率、非正常死亡率、发案率均创历史最低水平。

（二）全国刑事案件总量自 2002 年以来首次回落，有 20 个省区市刑事发案有所减少。2005 年，全国公安机关共立刑事案件 464.8 万起，比 2004 年减少 7 万起，下降 1.5%。青海、河南、吉林、陕西、辽宁、四川、甘肃、广西、重庆、河北、广东、贵州、黑龙江、内蒙古、宁夏、山东、海南、江苏、福建、江西等 20 个省（区、市）刑事案件立案数下降，其中，河南、青海、吉林三省下降幅度在 10% 以上。

（三）严重影响群众安全感的杀人、放火、爆炸、抢夺、入室盗窃、扒窃等案件大幅度下降，刑事犯罪被害人数趋于减少。2005 年，全国公安机关共立杀人案件 20770 起，比上年减少 3941 起，同比下降 15.9%，造成 1.9 万人死亡，下降 14%；放火案件 7680 起，同比下降 23.9%；爆炸案件 980 起，下降 13.7%；抢夺案件 212112 起，下降 9.5%；入室盗窃案件 112.7 万起，下降 10.4%；扒窃案件184499起，下降9.7%；共立抢劫案件332185起，下降2.8%，近几年来抢劫案件多发、上升幅度大的势头得到了有效的遏制。2005年，除交通肇事外，刑事犯罪共造成3.6万人死亡，同比下降10.2%。放火、爆炸、抢劫、杀人、伤害、强奸、绑架、抢劫八类暴力犯罪致死3.1万人，同比减少2873人，下降8.6%。

（四）加大重点整治力度，一批治安混乱地区和突出治安问题得到整治。2005年，各地加大对重点人员聚集场所、公共娱乐场所、大型集贸市场、金融网点、铁路沿线、校园周边等治安复杂地区和影响治安稳定的突出问题进行了滚动排查整治，采取组织工作队进驻、领导包案、挂牌督办整治等手段，迅速扭转了这些地区的治安面貌。各地共排查治安混乱的地区和突出的治安问题23248个，已整治好21166个，占91%。

（五）着力排查调处矛盾纠纷，妥善处理因人民内部矛盾引发的群体性事件，及时消除了一些不稳定因素。2005年，各地先后组织开展了群体性事件苗头大排查，在建和拟建工程项目清理、城市搬迁安置、劳动保障纠纷、农村征地补偿、山林矿产权属引发纠纷、企业改组改制、环境资源纠纷等专项矛盾纠纷集中排查活动，对排查出的问题，各地坚持人民调解、行政调解、司法调解相结合，按照"分级负责、归口管理"的原则，及时落实调处部门和责任人，限期调处，把大部分矛盾纠纷化解在当地和基层。2005年，各地共排查矛盾纠纷343.9万件，调处329.1万件。全国群体性事件起数和参与人数比2004年分别下降60.5%、47.1%。其中，百人以上参与群体性事件的下降幅度比较大的省、市有：山东（87.8%）、江西（80.5%）、安徽（80.1%）、浙江（75.5%）、北京（72%）、河南（70.6%）、黑龙江（62.6%）。群体性事件十几年来首次出现下降，并创近年来新低。

（六）加强社会治安防控体系建设，营造良好的社会治安环境。各地、各部门深入开展平安建设，加大社会治安防控体系建设。在城市，强化了社区及街面治安防控网络，推广安装报警网络系统、监控系统等技防设施。在农村，建立健全由乡镇综治办牵头的综合治理协调联动工作机制和群防群治工作网络，提高了农村社会治安防控能力。通过争创"平安乡镇"、"平安村（居）"、"平安企业"、"平安社区"、"平安家庭"等形式多样的平安建设活动，涌现出一大批"无刑事案件、无重大治安事故、无群体性上访事件"的"三无"地区和单位。

（七）进一步落实社会治安综合治理领导责任制，查究了一批单位和个人的治安责任。2005年，各地共查究了2981个单位，查究了2913人。2005年，各地对9175个单位进行了督查，共一票否决了2145个单位，其中县处级单位338个，促使这些单位加强整治和防范，堵塞漏洞，改变治安面貌。

（八）绝大多数群众对社会治安状况基本满意，全国公众安全感有所增强。2005年底，中央综治委委托国家统计局组织开展"2005年全国群众安全感抽样调查"，结果显示，群众认为目前社会治安环境"安全"和"基本安全"的占91.9%，比2004年上升了1个百分点。在影响群众安全感受的问题中，"刑事犯罪"占30.9%，与2004年相比，下降了2.1个百分点；群众认为所在地社会治安状况"好"的，比2004年上升了2.9个百分点；认为当地治安状况"有明显好转"的占45.3%，同比上升了4.6个百分点。公众认为，目前对违法犯罪活动打击力度"有力"的占42.5%，同比上升3.4个百分点。调查表明，社会治安形势总体趋好，公众安全感有所增强。

二、当前社会治安和治安管理工作存在的主要问题

（一）敌对势力不断变换手法加紧进行颠覆、渗透活动，对敌斗争形势尖锐复杂。西方敌对势力在继续利用"三股势力"、"法轮功"等邪教组织和"民运"分子，以及民族、宗教、人权等问题对我进行捣乱破坏的同时，把渗透破坏的重点转移到利用我社会热点问题与我争夺群众上来。他们以"关心民众"、"帮助困难群众"维权为名，插手利用群体性事件，与我争夺群众；利用互联网和手机短信，恶意炒作社会热点难点问题和司法个案，与我争夺现代传媒和现代通信阵地，丑化我党和政府形象，诋毁我政治法律制度。

（二）影响社会治安稳定的因素增多，因人民内部矛盾引发的群体性事件仍是影响社会稳定的突出问题。2005年，群体性事件总数和参与人数虽然有所下降，但仍有一些地区百人以上群体性事件上升幅度比较大，并呈现出起因复杂、参与人数多、组织性强、突发偶发并存、蔓延迅速、行为方式激烈、持续时间长、化解和处置难度加大等特点，有的群体性事件极易被敌对分子插手和利用，形成新的事端，社会影响恶劣。

（三）影响恶劣的严重暴力犯罪时有发生，特别是经济相对较发达、人口数量大、外来流动人口多的省份刑事案件发案相对较多。2005 年，虽然刑事发案总量稳中有降，但刑事案件发案总体处于高发期，特别是影响恶劣的严重暴力犯罪时有发生，一些黑恶势力犯罪有所抬头，少数脱逃的犯罪分子和陆续释放的黑恶势力成员相互勾结，形成新的涉黑涉恶组织，继续从事违法犯罪活动，作案手段更加隐蔽，反侦查意识和能力更强。有些团伙在境外黑恶势力的支持下，逐步向经济领域渗透。当前，一些犯罪方式和手段趋于智能化，特别是计算机网络犯罪、证券犯罪、信用卡犯罪等新型犯罪智能化程度高，跨地区流动犯罪越来越突出，打击犯罪的难度增加。

2005 年，全国检察机关批捕人数超过 10 万人的省份有 1 个：广东省 107838 人，占批捕总人数的 12.3%；超过 5 万人的省份有 3 个：浙江省 67447 人，河南省 53954 人，江苏省 50533 人；超过 4 万人的省份有 2 个：山东省 45213 人，湖南省 40668 人；批捕人数在 2 万至 4 万人之间的省份依次从多到少为：四川、广西、河北、辽宁、福建、湖北、贵州、黑龙江、安徽、北京、上海。这些数据情况表明，经济相对较发达、人口数量大、外来流动人口多的省份刑事案件发案相对较多，处于犯罪高发阶段。

（四）共同犯罪、集团犯罪趋于活跃，犯罪活动日趋猖獗。2005 年，公安机关破获的刑事案件中，涉及共同犯罪的危害公共安全案件 2.1 万起，同比上升 29.5%；侵犯公民人身民主权利案件 3.8 万起，上升 4.5%；妨害社会管理秩序案件 7.9 万起，上升 3.6%。2005 年，全国公安机关共查获各种犯罪集团 6.3 万个，抓获集团成员 24.9 万名，涉及刑事案件 31.8 万起，分别比 2004 年上升 8%、8.9% 和 9.7%。

从各地的实际情况来看，侵财性案件上升主要是入室盗窃、盗窃机动车、扒窃等犯罪活动，多数由犯罪集团实施。如山西省抓获了贵州籍掌握专门的开锁技术专撬盗保险柜的犯罪团伙，江西籍采用勾撬宾馆电子门锁入室盗窃的犯罪团伙，四川省彝族专爬阳台入室盗窃的团伙，安徽枞阳籍专门盗窃酒店宾馆住宿客人的盗窃团伙，以及河南籍拍、砸机动车玻璃实施盗窃的犯罪团伙等，这些犯罪团伙地缘特征明显、组织严密、分工明确、掌握一定的犯罪技能、有固定的销赃渠道，有的规模不断发展壮大，逐渐形成盗窃、抢劫、抢夺犯罪“专业村”、“专业乡”。随着刑事犯罪组织化程度的不断提高，一些犯罪集团有可能逐渐发展成为危害一方的黑恶势力。

（五）市场监管失控，有的地方、有些场所成为“两抢一盗”等多发性侵财犯罪的销赃点和藏污纳垢之地。近几年，随着国家行政审批制度改革的发展，一些地方由于一些主管部门监管不力，大量的赃物隐藏在二手市场和维修点销赃渠道十分畅通。有的地方销赃市场半公开，有的已形成庞大的规模，买卖被盗汽车、被盗抢手机和电脑、金银首饰等情况非常突出，庞大旺盛的市场需求和畅通无阻的销赃渠道，进一步刺激了侵财犯罪活动，造成此类犯罪屡打不绝、恶性循环。

（六）重点人群违法犯罪比重上升，一些社会问题影响治安秩序因素增多，网络违法犯罪活动日益增多。2005 年，各地共抓获 14 至 25 岁青少年作案人员 69.8 万人，同比上升 4.81%。各级人民法院生效判决的未成年罪犯 82692 人，占生效判决总数的 9.79%，同比上升 17.9%。未成年人犯罪主要集中在抢劫、盗窃、故意伤害、强奸、寻衅滋事等 5 类犯罪。一些地区青少年犯罪幅度增长较快，其中，上升幅度较大的省有河南（24.6%）、安徽（20.6%）、山东（13.6%）、陕西（9.7%）、四川（9.5%）。当前，未成年人违法犯罪向低龄化发展，犯罪的手段向成人化、智能化、多样化发展。

2005 年，各地共抓获外来流动作案嫌疑人员 53.5 万人，同比上升 0.79%。2005 年，刑事判决生效人数中，农民 39 万人，占罪犯总数的 46.31%，同比上升 7.93%；无业人员 21.24 万人，占罪犯总数的 25.22%，同比上升 14.9%；学生 18224 人，占罪犯总数的 2.16%，同比上升 24.39%。随着互联网的日益普及，犯罪分子利用网络实施违法犯罪也日益增多，网络传播有害信息、网络赌博、“视频裸聊”、网上贩卖窃听器材和淫秽物品等违法犯罪活动比较突出。一些色情网站组织青年妇女利用网络从事色情活动，并通过采取会员制、短信注册等手段牟取暴利，逃避打击。非法网吧、色情陪侍、街头算命、封建迷信、非法传销等影响治安秩序因素增多，由此引发的刑事犯罪活动时有发生。当前，农民、外来流动人口、无业人员、未成年人等群体犯罪和网络犯罪问题，应引起高度重视。

（七）经济犯罪和经济秩序问题对社会稳定的影响越来越大，维护经济安全的任务更加艰巨。经济犯罪智能化、组织化倾向明显，新型犯罪不断增多。集资诈骗、非法吸收公众存款、传销以及在企业改制中侵吞国有资产等违法犯罪活动，直接侵害广大人民群众，尤其是社会弱势群体和低收入阶层的切身利益，容易引发群体性事件，对社会稳定构成严重影响。

（八）公众对一些违法犯罪和社会问题反映突出。2005 年全国群众安全感调查结果显示，公众认为当前“公共秩序、刑事犯罪”是人们公认的最不安全因素，其中有 31.9% 的公众认为“公共秩序混乱”，有31%的公众认为“刑事犯罪最影响安全感”，有 10.2% 的群众认为“拦路抢劫”危害严重，有 8.2% 的群众认为“流氓黑恶势力违法犯罪”现象严重。一些群众认为，制黄贩黄、卖淫嫖娼、赌博、盗窃犯罪活动依然比较突出，吸毒贩毒、制假贩假、流动人口违法犯罪、入室盗窃、未成年人犯罪等违法犯罪严重。其中，认为赌博、外来人员违法犯罪、入室盗窃、未成年人违法犯罪、拦路抢劫违法犯罪“严重”的超过了 10%。群众认为青少年违法犯罪、流动人口、流浪乞讨人员及出租房屋等出现的治安问题与工作疏于管理、教育不够、措施不力、管理不到位相关，这些问题是治安问题突出的根源。有 18.9% 群众认为目前最急需解决的问题是“加强青少年教育”，排在首位；其次是“加强巡逻”和“公正执法”，所占比重分别为 18.6%、17%。公众认为政法机关打击违法犯罪活动“有力”的为 42.5%，普遍希望进一步加大对违法犯罪活动的打击力度。

（九）社会治安管理还存在不适应的问题。在经济大发展、社会大开放、人员大流动的新形势下，职工下岗、高校毕业生就业困难、失业待业、失地农民无着落以及流动人口、街头流浪、乞讨等闲散人员增多，加之群体性事件、集体上访事件等情况复杂多样，治安防范机制尚未完全健全，防范和打击手段滞后于违法犯罪手段的发展；一些地方基层基础工作薄弱，农村群防群治力量不足，许多地方治安防控网络建设经费严重缺口，技防措施难落实，群防群治组织难坚持，综治措施在一些地方和单位落实得还不够好；部分政法综治队伍还存在着素质不高、战斗力不强、打击犯罪不力、效率不高、执法不公等问题，造成滋生和诱发违法犯罪的消极因素大量存在，一些社会治安问题突出，许多治安问题没有得到有效解决。

三、下步工作意见和建议

今年是中共中央、国务院和全国人大常委会关于加强社会治安综合治理两个《决定》颁布十五周年，中共中央、国务院《关于进一步加强社会治安综合治理的意见》颁布五周年。去年中办、国办又转发了《中央政法委员会、中央社会治安综合治理委员会关于深入开展平安建设的意见》，平安建设是新形势下社会治安综合治理工作的深化和发展。各地、各有关部门要认真总结十五年来社会治安综合治理的经验，充分发挥社会治安综合治理的优势，通过广泛深入地开展平安建设，加强和改进社会管理，落实社会治安综合治理的各项措施，着力解决社会治安和治安管理工作中存在的突出问题。当前要重点做好以下几方面工作：

一是加强对敌斗争，切实维护国家安全和社会政治稳定。各级党委、政府要加强同敌对势力利用我人民内部矛盾、插手“维权”问题的斗争，警惕西方敌对势力利用非政府组织对我进行渗透颠覆活动，切实加强网上斗争，加强网上舆情和敏感信息的分析、掌握和研判工作，有效防范和打击利用网络信息进行的各种危害社会稳定的活动。进一步健全维护稳定的工作机制，建立健全社会利益协调机制和社会稳定风险评估机制，加强情报信息工作，及时掌握敌对势力的新动向和影响国家安全、社会政治稳定的苗头性、倾向性问题，把握对敌斗争的主动权。

二是继续贯彻“严打”方针，进一步加大对违法犯罪活动的打击力度。继续深入开展打击“两抢一盗”犯罪专项斗争，强化社会面的巡逻控制，特别是对发生在街头的现行抢劫、抢夺案件，力争当场破案并抓获犯罪分子，进一步提升打击效能。加强对二手机动车市场、汽车维修厂（点）等场所和行业的阵地控制，坚决查处、取缔买赃销赃犯罪窝点，进一步提高对这些市场中违法犯罪线索的发现能力。对一些地方党政机关、政府官员买卖使用赃车以及为赃车上牌等问题，要加大查处力度，重点督办，发现一起，严肃查处一起。要认真贯彻中央政法委的工作部署，组织开展“打黑除恶”专项斗争，重点开展摧毁现行黑恶势力犯罪活动，狠狠打击黑恶势力的“保护伞”，建立健全打黑除恶的长效工作机制。要把打黑除恶专项斗争纳入平安建设和社会治安综合治理总体工作格局中，从源头抓起，从基层抓起，深入发动人民群众积极参与，以打黑除恶带动对各类突出社会治安问题的解决。要进一步加强对公共娱乐场所、出租房屋等流窜犯罪分子易于涉足的地方，车站、码头等流动人口多、治安复杂的场所，以及重点路段和部位治安清查行动，力争查获一批逃犯和流窜犯，查处一批从事“黄赌毒”活动的不法人员，消除一批治安隐患。对案件多发、治安秩序混乱的地区和领域，要找出问题症结，实行重点整治，挂牌督办，限期解决。

三是进一步加强矛盾纠纷排查调处工作，努力把不安定因素化解在萌芽状态。不断建立和完善有效的矛盾纠纷排查调处工作机制，进一步加强基层矛盾纠纷排查调处工作网络建设，充分发挥乡镇矛盾纠纷调处中心等基层政法综治网络作用，组织动员广大干部和调解员带着深厚的感情做好群众思想教育工作，从人民群众最关心、最直接、最现实的利益问题入手，综合运用经济、教育、行政、法律、政策等多种手段，着力解决农民负担、征地拆迁、土地水利、山林权属等矛盾纠纷；部分职工困难以及下岗人员再就业等引发的矛盾纠纷；困难居民最低生活保障和拆迁补偿等问题引发的矛盾纠纷，努力把矛盾纠纷化解在基层和萌芽状态，预防和减少“民转型”案件的发生。要进一步深化对新时期各种社会矛盾普遍性和特殊性的认识，切实加强预防和处置群体性事件工作的领导，认真分析研究群体性事件的规律和特点，及时掌握新出现的情况和问题，健全预警机制和应急处置机制。特别对境内外敌对势力在互联网上组织串联、蛊惑煽动、造谣传谣或插手群体性事件，要搜集固定证据，依法及时有效地打击违法犯罪，确保实现对群体性事件“发现得早、化解得了、控制得住、处置得好”的总体目标。

四是构建城乡一体化的社会治安防控体系，努力提高预防、发现和控制犯罪的能力和水平。建立和完善治安防控网络，重点做好城乡结合部、公共场所等治安问题复杂地区的治安防范工作，加强包括非公有制经济组织在内的各种所有制企事业单位的社会治安综合治理和内部防范，扩大覆盖面。特别要进一步加大技防建设的力度，要在城市主要街道、繁华商业区、重点要害部位和治安复杂场所，下大力开展科技防范工作，广泛推广和安装电子监控、信息技术、图像传输技术、远程监控技术等现代科学技术在治安防范工作中的应用，全面提升治安防控能力和水平。要加强基层综治组织和群防群治组织建设，管好用好专兼职治安巡防队伍，提高基层预防、发现、控制和打击违法犯罪的能力。

五是切实加强对青少年等重点群体的教育和管理，努力减少影响社会稳定的不安定因素。认真实施“为了明天——预防青少年违法犯罪工程”，加大青少年法制教育工作力度，改进法制教育的方式和方法，增强教育的针对性和实效性。大力推进流浪儿童救助保护中心和管理闲散青少年信息网络平台建设，进一步研究和加强工读学校建设。进一步理顺管理体制，制订和完善对重点青少年群体在教育、管理、抚养、监护和救助等方面的政策、措施，突出抓好特殊群体的管理、教育和服务工作。积极探索社会化安置帮教等社会管理工作的新途径、新办法，做好刑释解教人员的就业指导和职业培训工作，办好过渡性安置企业和基地，继续做好社区矫正试点工作。加强对流动人口的管理与服务，加强流动人口日常登记管理，完善出租房屋管理协作机制，强化协管员队伍的教育和管理。进一步加大对流窜作案的打击力度，强化对社会闲散和轻微违法犯罪青少年、流动人口、吸毒人员、流浪乞讨人员等重点群体帮教管理的有效措施。

中央社会治安综合治理委员会关于印发《关于深入开展农村平安建设的若干意见》的通知

（2006年11月18日）

各省、自治区、直辖市社会治安综合治理委员会，新疆生产建设兵团社会治安综合治理委员会，中央社会治安综合治理委员会各成员单位：

《关于深入开展农村平安建设的若干意见》已经中央社会治安综合治理委员会2006年第二次全体会议审议通过，现印发给你们，请结合实际，认真贯彻落实。

关于深入开展农村平安建设的若干意见

为深入贯彻落实《中共中央、国务院关于推进社会主义新农村建设的若干意见》和中办、国办转发的《中央政法委员会、中央社会治安综合治理委员会关于深入开展平安建设的意见》精神，维护农村社会和谐稳定，推进社会主义新农村建设，现就深入开展农村平安建设提出以下意见。

一、充分认识深入开展农村平安建设的重要意义

党的十六届五中全会作出了建设社会主义新农村的重大战略部署，党的十六届六中全会要求把建设社会主义新农村作为构建社会主义和谐社会的一项重要任务。建设社会主义新农村，推动农村经济社会全面协调发展与和谐进步，必须有一个安全稳定的社会环境。当前，农村总的形势是好的，但因征地拆迁、土地承包等引发的矛盾比较突出，农民上访和农村群体性事件也时有发生；一些地方盗窃、破坏农电、水利设施、农业生产资料和盗砍滥伐林木等案件多发，吸毒贩毒、赌博、封建迷信、邪教和非法宗教活动屡禁不止，个别地方农村黑恶势力横行，严重影响农村地区广大群众的安全；一些地方农村基层政权力量薄弱，政府管理缺位，警力不足，治安防范基础设施条件差，群防群治组织和经费不落实，农村治保会、调解会和治安巡逻队等社会治安防范队伍没有充分发挥其应有作用，农村社会稳定的形势依然严峻。开展平安建设是构建社会主义和谐社会、建设社会主义新农村的必然要求和重要内容。保持农村经济发展与社会稳定之间的相互协调，使农村安定有序、充满活力，使农民群众安居乐业、和睦相处，是建设社会主义新农村的关键。必须从贯彻落实科学发展观、构建社会主义和谐社会的战略高度，重视农村平安建设，通过深入开展农村平安建设，着力化解农村各类矛盾纠纷，减少不和谐、不稳定因素，完善农村治安防控体系，预防和减少违法犯罪，保护农民合法权益，为社会主义新农村建设创造和谐稳定的社会环境。

二、开展农村平安建设的基本原则和目标任务

在农村深入开展平安建设，要坚持与实施“十一五”规划、农村经济建设、民主法制建设、精神文明建设、和谐社会建设和社会主义新农村建设相结合，立足当前，着眼长远，统筹规划，综合推进；坚持从实际出发，因地制宜，注重实效，着力解决影响农村稳定和农民生命财产安全的最迫切的实际问题，不搞形式主义，不搞“一刀切”，不强迫命令，不增加农民负担，坚持以农民群众为主体，以农民群众满意为目标，把依靠和发动农民群众贯穿农村平安建设工作始终。

要通过在农村开展平安建设，使农村矛盾纠纷排查调处机制更加健全，农民的合法权益得到保护，农村各类突出矛盾得到化解，邪教和非法宗教发展蔓延势头得到有效遏制；农村治安防范体系更加完善，突出治安问题和治安乱点得到有效整治，治安状况进一步好转，群众安全感进一步增强；农村民主法制建设更加深入，农村社会管理和公共服务进一步加强，农民法律意识明显增强，遵纪守法、诚实守信、相信科学、反对迷信、反对邪教的自觉性提高；农村社会和谐稳定，农民群众安居乐业，社会主义新农村建设顺利进行。

三、深入开展农村“严打”整治斗争

健全完善农村社会治安形势分析评估机制、“严打”长效工作机制、治安混乱地区和突出治安问题排查整治工作机制。要重点打击各类危害农村经济发展、损害农民合法权益的违法犯罪活动，特别是农民群众反映强烈的农村黑恶势力犯罪、杀人和爆炸等严重暴力犯罪，坚决铲除横行乡里、甚至“操纵”基层政权的村霸、乡霸等黑恶势力，依法严厉打击非法集资、侵占集体财产等经济犯罪，加大打击盗窃牲畜、农电、水利设施、农机具等生产资料和抢劫、抢夺等多发性侵财犯罪的力度。依法打击盗窃破坏油气田及输油气管道、能源、铁路、交通、通信等设施的违法犯罪和盗伐林木、非法狩猎、非法采矿、非法占用农田等破坏农村环境资源保护的犯罪。加强农村社会治安管理，依法打击卖淫嫖娼、赌博、吸毒和强买强卖、欺行霸市等违法犯罪行为，及时处理涉农违法案件，大力开展农资市场整治，加强农副产品生产、流通过程的监督和管理，依法打击制假、售假等坑农害农的犯罪和危害人民群众身体健康与生命财产安全的非法生产经营活动，维护良好的农村市场经济秩序，确保农副产品质量安全。积极防范和坚决打击境内外敌对势力对农村的渗透破坏活动，深入开展同“法轮功”等邪教组织的斗争，坚决取缔非法宗教和封建迷信活动，严防危害国家安全和政治稳定的重大事件和暴力恐怖事件的发生，全力维护农村社会政治稳定和治安稳定。

四、切实抓好农村矛盾纠纷排查调处工作

进一步健全完善矛盾纠纷预防、排查、调处工作机制，整合力量、整合资源，加强乡（镇）、村（组）矛盾纠纷排查调处中心、站点等工作网络建设，把人民调解、行政调解和司法调解结合起来，完善农村多渠道解决争端的机制。要严格落实矛盾纠纷排查调处工作例会、情况报告、归口调处等制度。高度重视和解决农村因干群关系、农民负担、土地承包、土地征用、环境污染、移民搬迁、拖欠农民工工资、集体资产处置、村务公开、邻里纠纷和宗族问题等引发的矛盾纠纷，依法保护农民的合法权益，妥善处理好农民群众最关心的各种利益关系。建立和推行重大决策和重大项目风险评估制度，从源头上预防和减少各类矛盾的发生。加强和改进信访工作，变群众上访为干部下访，理顺农民群众情绪，努力把社会不稳定因素解决在萌芽状态，有效预防和减少因矛盾纠纷激化而引发越级上访事件、群体性事件和“民转刑”案件。建立边界地区矛盾纠纷排查调处协作机制，维护农村接边地区稳定。

五、加强农村治安防控体系建设

建立健全适合农村治安特点的治安防控网络体系，积极实施农村警务战略，充实基层警务力量，建立适应社会主义新农村建设要求的农村警务工作机制。因地制宜推广普及铁门、铁窗、铁柜、报警器等经济适用、防范效果好的物防设施，在有条件的地方逐步推广科技含量高、适应农村特点的电子监控等技防设施。加强农村集镇治安防范工作，在农村集贸市场、庙会、商业网点、文化娱乐场所、车站码头、旅游景点等重点地区和部位，设立治安室和报警点，增加巡逻警力，确保安全。切实加强对农村易燃易爆物品、有毒有害物品、放射性物品和枪支弹药等的管理，消除安全隐患。建立流动人口综合信息管理服务系统，特别要加强对镇村出租房屋和重点场所、部位等流动人口落脚点及活动场所的管理，依法打击藏匿其中的违法犯罪人员，维护当地农民和流动人口的合法权益。进一步整合农村治安资源，充分发挥村委会、治保会、治安巡逻队等农村群防群治组织和民兵连(营)的作用,积极探索建立由政府出资的乡镇专职治安巡防队伍,组建护村队、党员干部义务巡逻队和治安巡逻志愿者队伍,开展形式多样的治安巡逻和邻里守望活动。逐步推行民警包村、保安驻村和治安联防联治等做法,实现乡与乡、村与村联户联防、联片联保、十户联防、联防联调、联打联治,构建专群结合、警民联防的农村治安防控网络,强化农村社会面的控制。积极探索治安防范承包责任制,建立治安与保险的互动工作机制,逐步扩大治安保险在农村的覆盖面,多渠道解决治安防范经费保障问题,充分调动农民群众参与维护治安工作的积极性,大力开展自防自治活动。

六、加强农村留守老人、儿童等服务管理教育工作

随着农村大量青壮年劳动力外出,老人、妇女、儿童成为部分农村主要的留守人员,对由此引发的治安管理和防范上的问题,要采取有效措施加以应对。要加强对留守在农村的老人、妇女、儿童服务与管理工作,提高其自我防范意识和能力,确保其人身和财产安全;特别是对那些无人照顾或有不良行为的未成年人,要完善有关政策,加大政府投入,强化家庭和社会责任,落实义务教育,强化帮教、救助措施。加强对刑释解教人员、吸毒人员的教育管理。

七、加强农村法制建设和思想道德建设

认真搞好普法宣传教育,重点做好村民委员会组织法、义务教育法、治安管理处罚法和信访条例等法律法规的宣传教育工作,重点抓好乡村干部、司法和行政执法人员及青少年学生的法制教育。努力培养和增强农民参与村民自治活动和其他社会管理的能力,引导农民通过法律途径和正当渠道与方式解决矛盾纠纷、维护自身合法权益。落实《公民道德建设实施纲要》,推进社会主义荣辱观教育,开展村民道德文化建设和反邪教警示教育,坚持不懈地做好"扫黄打非"工作。认真组织实施"依法治村"、"法律进乡村"、"村民自治示范村"、"民主法治示范村"等创建活动,健全各项规章制度,完善村规民约,实行村务公开、财务公开、政务公开,积极推行民主选举、民主决策、民主管理和民主监督。

八、加强农村公共安全防范工作

认真做好农村公共安全教育,积极预防火灾、一氧化碳中毒、食物中毒、电力安全事故、环境污染与生态破坏事件和传染病等事件。加强对农用车、船等的管理和对农村建房、用电、用水、卫生等安全防范工作的指导、监督与管理。进一步落实乡镇和村办企业的安全生产责任,把安全生产各项要求和措施落实到生产经营每个环节,预防和减少安全生产事故特别是群死群伤事故发生。加强对各类自然灾害和突发事件的监测预警,高度重视生态安全和人口安全。

九、加强农村治安综合治理基层组织建设

高度重视农村政法、综合治理基层组织建设,认真贯彻落实中央综治委和中央编办《关于加强乡镇、街道社会治安综合治理基层组织建设的若干意见》,在乡镇机构改革中基层政法、综合治理的力量只能加强、不能削弱。要大力加强农村基层党组织建设,充分发挥其在农村平安创建活动中的领导核心作用和共产党员的先锋模范作用。加强农村村委会和治保会、调解会建设以及村级综治办(综治工作站、综治中心)、综治联调联动中心等基层综合治理组织建设,落实办公场所、健全工作制度,做到有人抓、有人管。要按照权责利相统一的原则,进一步加强和规范治安中心户长、综治特派员、综治协管员、综治信息员、人民调解员、治安巡防员等基层综治队伍建设,通过财政支持、有条件的集体资助和村民在"一事一议"范围内自筹等方式解决群防群治组织运行所需的资金。县(市、区)和乡(镇)、街道要选一些得力干部,派驻治安管理相对薄弱的农村,指导和协助这些地方开展农村平安创建活动。

十、建立齐抓共建机制

各部门要紧紧围绕开展农村平安建设的目标任务,制定实施参与农村平安建设的具体措施,充分发挥职能作用,加强协作配合,共同推动农村平安建设深入开展。公安机关要充分履行打击和预防犯罪的职能,大力加强农村治安管理和防范,加强农村警务室、警务点、报警点、治安卡点建设,推动农村警务前移。人民法院要加强涉农案件的立案、审判、执行工作和涉诉信访工作,加强对人民调解组织的指导和支持。人民检察院要加强涉农案件的法律监督,坚决查办涉农职务犯罪。司法行政部门要认真做好农村矛盾纠纷排查调处工作，搞好法制宣传、法律援助、法律服务工作和农村刑释解教人员安置帮教工作。组织部门要大力加强农村基层组织建设。民政部门要强化农村社区建设和社区管理，认真做好农村的自然灾害应急救助和困难群众救助工作。农业部门要积极会同有关部门进一步建立和完善农产品质量安全监督检验制度，稳定和完善农村土地承包制度，建立新形势下的农民负担监督管理新机制。劳动保障部门要积极探索和推动农村社会保障体系建设。林业部门要加强组织、指导森林资源管理，组织协调、指导监督森林防火防盗工作。水利、电力部门要指导农村安全用水、用电，采取有效措施保护水利、电力设施。国土资源部门要依法查处、打击毁坏耕地等各类违法违规行为，进一步规范农村矿产资源开发管理。建设部门要加强对农村规划、农民住宅、农村公用基础设施建设与管理的指导，认真解决拖欠工程款问题。交通部门要加强对农村道路交通、渡口建设和管理工作的指导，预防和减少重特大事故的发生。工商行政管理部门要加强农村市场监管，切实维护农村市场经济秩序和广大农民的合法权益。宣传部门和新闻单位要采取多种有效形式，广泛深入开展农村平安建设宣传活动，引导农民投身于共创美好和谐稳定平安家园建设。人武部门要加强农村民兵建设并充分发挥其在维护农村治安和社会稳定中的重要作用，驻农村各部队要积极开展创建平安驻地、平安基层单位活动，参与军警民治安联防共建。教育、文化、卫生、人口计生、海关、环保、质检、安监等有关部门要按照各自承担的工作任务，认真履职尽责，开展对口服务，进行具体指导，形成全社会关注、各方面参与的农村平安建设局面。要建立党政机关结对促建制度，积极引导企事业单位和社会知名人士、志愿者对农村平安建设进行结对帮建，充分发挥共青团、妇联等人民团体的作用，调动广大青少年和妇女力量参与农村平安建设。

十一、加强对农村平安建设工作的组织领导

各级党委、政府要把农村平安建设纳入社会主义新农村建设和各地平安建设的总体规划。各级领导干部要深入农村调查研究，总结实践经验，加强分类指导，帮助解决农村平安建设工作中遇到的困难和问题。要增加对农村平安建设投入，安排筹集一定资金支持农村平安建设，努力缩小城乡差距和地区差距。要将农村平安建设纳入党政主要领导任期目标，列入干部考核评价的重要内容，与晋职晋级和奖惩使用直接挂钩。对工作突出的县(市、区)、乡(镇)、村的单位和个人，要予以表彰鼓励；对因重视不够、工作不力，导致发生严重危害社会稳定、造成恶劣影响的重大刑事案件、治安灾害事故和重大群体性事件的地方和单位，严格实行社会治安综合治理领导责任制和一票否决权制，严肃追究有关责任人的责任。

各级党委政法委、综治委(办)特别是县级党委政法委、综治委(办)要加强对农村平安建设的组织协调和督促检查，加强调查研究，总结推广典型经验，查找薄弱环节，落实工作责任，制定平安创建工作检查考核表彰奖励办法，对工作开展情况进行经常性检查和定期考核，使农村平安建设工作的各项措施真正落到实处。

四、中央社会治安综合治理委员会的重要会议

（一）全国社会治安综合治理工作会议

中央社会治安综合治理委员会关于印发罗干、周永康同志在全国社会治安综合治理工作会议上的讲话的通知

（2006年5月29日）

各省、自治区、直辖市社会治安综合治理委员会，新疆生产建设兵团社会治安综合治理委员会，中央社会治安综合治理委员会各成员单位：

经党中央批准，2006年4月28日至29日，全国社会治安综合治理工作会议在江苏省苏州市召开。现将罗干、周永康同志在会议上的讲话印发给你们，请结合实际情况，认真贯彻落实。

罗干同志在全国社会治安综合治理工作会议上的讲话

（2006年4月28日）

这次全国社会治安综合治理工作会议，主要任务是总结推广平安建设经验，研究部署进一步开展平安建设工作，全面推进社会治安综合治理。下面我讲四点意见。

一、提高认识，统一思想，切实增强做好平安建设工作的责任感和紧迫感

本世纪头20年是我国必须紧紧抓住并且可以大有作为的重要战略机遇期。抓住和用

好重要战略机遇期,促进我国经济社会又快又好发展,必须保持稳定的社会环境。深入开展平安建设,不断推动社会治安综合治理工作的发展和创新,全面落实社会治安综合治理各项措施,对于维护我国社会治安大局稳定,为顺利实施"十一五"规划、全面建设小康社会创造良好的社会环境,具有十分重要的意义。

第一,深入开展平安建设,是党中央、国务院对社会治安综合治理工作提出的明确要求。党中央、国务院十分重视平安建设工作。党的十六大把社会秩序良好、人民安居乐业作为全面建设小康社会的奋斗目标之一。党的十六届四中全会进一步明确提出,要坚持打防结合、预防为主,专群结合、依靠群众的方针,加强和完善社会治安综合治理工作机制,把抓稳定、保平安作为执政能力建设的重要任务,把提高维护社会稳定、驾驭社会治安局势的能力作为执政能力建设的重要方面。2005 年 10 月,中共中央办公厅、国务院办公厅转发了《中央政法委员会、中央社会治安综合治理委员会关于深入开展平安建设的意见》,对平安建设工作进行了具体部署。党的十六届五中全会通过的《中共中央关于制定国民经济和社会发展第十一个五年规划的建议》和十届全国人大四次会议批准的《国民经济和社会发展第十一个五年规划纲要》,都对深入开展平安建设提出了明确要求。各级党委和政府要认真学习领会党中央、国务院关于平安建设的一系列指示精神,进一步统一思想认识,真正把平安建设摆上重要位置,切实抓紧抓好。

第二,深入开展平安建设,是我国经济社会发展的迫切需要。当前,我国经济平稳较快增长,人民生活水平不断提高,社会政治和治安大局保持稳定。但是要清醒地认识到,我国正处于改革和发展的关键时期,在当前和今后相当长一段时间内,经济社会发展面临的矛盾和问题可能更复杂、更突出,人民内部矛盾增多,刑事犯罪高发,对敌斗争复杂。在这种形势下,要完成改革和发展的繁重任务,顺利实施"十一五"规划,实现全面建设小康社会的宏伟目标,必须妥善协调各方面的利益关系,正确处理各种社会矛盾,促进社会和谐稳定。这就要求我们深入开展平安建设,进一步提高工作水平,从更广的范围、更高的层次加强社会治安防范,落实社会治安综合治理措施,为经济社会发展创造良好的治安环境。

第三,深入开展平安建设,是构建社会主义和谐社会的基础工作。党的十六大和十六届三中、四中全会从全面建设小康社会、开创中国特色社会主义事业新局面的全局出发,提出了构建社会主义和谐社会的重大任务。这一重大任务的提出,适应了我国改革发展进入关键时期的客观要求,体现了广大人民群众的根本利益和共同愿望。平安是和谐的前提和基础,没有平安就没有和谐。深入开展平安建设,在打击、防范、教育、管理、建设和改造等环节上进一步深化社会治安综合治理工作,全面落实各项工作措施,有利于解决影响社会和谐的一些深层次问题,营造团结和谐的政治环境、安全稳定的治安环境、公平竞争的经济环境、规范有序的法制环境和安居乐业的生活环境,为构建社会主义和谐社会打下良好基础。

第四,深入开展平安建设,是广大人民群众的殷切期盼。随着我国经济社会的发展,广大人民群众求富裕、求平安的愿望十分迫切,对生产生活环境安全的要求越来越高。深入开展平安建设,有效化解各种矛盾纠纷,防范和打击各种违法犯罪活动,维护良好的社会治安秩序和市场经济秩序,维护公平正义,维护广大人民群众的切身利益,是广大人民群众的基本要求。党中央、国务院决定在全国深入开展平安建设,体现了我们党立党为公、执政为民的根本要求,必然会得到广大人民群众的衷心拥护和大力支持。广大人民群众的积极参与,也是推进平安建设、确保取得良好社会效果的根本保证。

各级党委和政府要充分认识平安建设的极端重要性,切实增强责任感和紧迫感,采取有力措施,认真解决平安建设工作中存在的困难和突出问题,真正使平安建设成为构建社会主义和谐社会、促进经济社会协调发展的保障工程,成为维护广大人民群众根本利益、为人民群众所期盼的民心工程,成为提高党的执政能力、巩固党的执政地位的基础工程。

二、总结经验，开拓创新，推动平安建设深入开展

近年来，各地在总结社会治安综合治理工作经验的基础上，广泛开展平安建设，全面推进社会治安综合治理，取得了明显成效。各地在平安建设方面的经验主要有以下几个特点：

（一）坚持党委和政府统一领导，把平安建设作为党政“一把手”工程。各级党委和政府高度重视平安建设，坚持科学发展观和正确政绩观，正确处理改革发展稳定的关系，牢固树立“加快发展是政绩，维护稳定同样是政绩”的思想，把平安建设工作摆上了重要位置。各地普遍把开展平安建设、加强社会治安综合治理纳入本地经济和社会发展的总体规划。有的党政主要领导作批示、听汇报、提要求，一级抓一级，层层抓落实；有的亲自研究工作措施，亲自动员部署；有的深入基层调查研究，进行检查督促，亲自过问和解决工作中的困难和问题，真正把平安建设作为党政“一把手”工程紧紧抓在手上，确保了这项工作顺利开展。

（二）进一步整合力量，加强协作配合，充分发挥社会治安综合治理的优势。各地进一步明确了社会治安综合治理委员会成员单位和有关部门在平安建设中的职能和责任。各有关部门密切配合、齐抓共管，认真解决影响社会稳定的难点、热点问题。不断健全综合治理工作网络，扩大工作覆盖面，整合基层力量，加强和完善社会治安综合治理工作机制。如把人民调解、行政调解和司法调解结合起来，建立健全矛盾纠纷调处机制，动员全社会力量来化解社会矛盾、维护社会稳定；在乡镇（街道）整合力量，开展联调、联防、联勤、联治和联创等，取得了很好的社会效果。

（三）抓好基层，夯实基础。各地认真总结基层安全创建活动的经验，加强社会治安综合治理基层组织建设，建立和完善保障机制，强化基层基础工作。在乡镇（街道）机构改革中，许多地方将机关分流人员充实到基层综合治理组织，既缓解了人员分流的压力，又增强了综合治理队伍的力量。各地普遍加强了群防群治队伍规范化建设，加大了经费投入，建立了群防群治经费保障机制，各种形式的群防群治队伍日益壮大。坚持把工作重点放在基层，广泛开展平安乡镇（街道）、平安社区（村）、平安校园、平安企业（单位）、平安家庭以及平安大道等基层安全创建活动，有力推动了平安建设深入开展。

（四）狠抓社会治安防控体系建设，认真解决重点和难点问题。各地把社会治安防控体系建设作为平安建设的重点，加大了治安防范工作力度。认真排查治安混乱地区和突出治安问题，开展了形式多样的专项斗争和集中整治行动，及时解决了一大批群众反映强烈的突出治安问题，改变了一些地方治安落后的面貌。各地从实际出发，在治安防范上重点加强了三个方面的工作：加强社区治安防范，落实人防、物防和技防措施，努力减少在社区发生的刑事案件；加强枪支弹药、爆炸物品和剧毒危险品管理，努力减少涉枪、涉爆和投毒等恶性案件的发生；加强对流动人口、刑释解教人员、闲散青少年以及吸毒人员的教育、管理和服务，落实管控和帮教措施。

（五）科学考评，明确责任，完善奖惩激励机制。各地加强了工作考评，制定了科学的考评办法，加大了落实责任制的力度，扎实有效地推进了社会治安综合治理工作。一些地方长期困扰社会治安综合治理工作的困难和问题得到了解决。不少地方建立了领导干部抓社会治安综合治理工作实绩档案制度，明确划分了党政领导班子的责任、党政一把手的责任、分管领导的责任，详细规定了考核内容、考核方法、考核结果应用和各部门协调衔接办法等，使社会治安综合治理领导责任制更加具体化、更具有操作性，促进了工作措施的落实。

（六）加强宣传、教育，提高队伍素质和工作水平。各地普遍加强了社会治安综合治理宣传工作，坚持正面宣传和舆论引导。各种宣传活动内容丰富、形式多样、生动活泼，形成了良好的舆论氛围，提高了广大人民群众参与平安建设的积极性。各级综合治理机构加强了干部培训工作，举办各种形式的教育培训活动，提高了队伍的思想政治素质和工作水平。

这些宝贵经验，为深入开展平安建设打下了坚实基础，必须很好地坚持和发展。同时，我们还要看到，各地平安建设工作还不平衡，有的地方工作不够深入，基层基础工作薄弱，综合治理的优势没有充分发挥出来。在一些地方，影响社会稳定和社会治安的问题仍很突出。要进一步提高认识,统一思想,开拓创新,解决问题,认真落实各项工作措施,扎实推进平安建设。

三、突出重点,狠抓落实,着力解决平安建设中的重点和难点问题

中共中央办公厅、国务院办公厅转发的《中央政法委员会、中央社会治安综合治理委员会关于深入开展平安建设的意见》,对平安建设的目标任务和主要措施提出了明确要求,各地区和有关部门要认真抓好贯彻落实。在这里,我着重强调以下几方面工作。

(一)积极预防和有效化解各种社会矛盾,努力维护社会大局稳定。正确处理和有效化解各种社会矛盾,是维护社会稳定、进一步深化改革开放的需要,是维护广大人民群众根本利益的需要。如何准确把握新形势下人民内部矛盾的规律和特点,依靠人民群众,发挥各部门的作用,有效预防和化解人民内部矛盾,是平安建设面临的一项重要而紧迫的任务。

化解社会矛盾、维护社会稳定,必须注重从源头上预防和减少矛盾纠纷的发生。在出台政策、决定采取重大措施时,要充分考虑广大人民群众的根本利益,把实现和维护好人民群众的利益作为出发点和落脚点,把让人民群众共享改革发展成果作为制定政策、出台措施的重要依据。要讲究工作方法,改进工作作风,特别是在城镇改造拆迁、国有企业改制、农村土地征用等过程中,一定要充分听取群众的意见,设身处地为群众着想,千方百计为他们排忧解难,尽量避免因决策失误和工作不当引起群众的不满。

要认真构建人民调解、行政调解和司法调解联动的社会矛盾纠纷调解工作体系。在加强人民调解、司法调解的同时,强化行政调解,摒弃重管理、轻服务,重裁决、轻调解,重处罚、轻教育的错误观念,增强调解意识,充分发挥人民调解、行政调解和司法调解的作用,并使它们相互衔接配合,及时有效地解决各种矛盾纠纷。下大力气整合基层各种社会资源,建立县、乡、村三级矛盾纠纷排查调处工作网络。健全和完善矛盾纠纷排查调处工作制度,把可能引发群体性事件的重点人群、重点问题搞清楚。对排查出的问题要明确责任,依靠当地党委、政府和基层组织,实行社会联动调处。排查调处矛盾纠纷的过程,实际是做群众工作的过程。要带着对人民群众的深厚感情去开展工作,把排查调处矛盾纠纷的过程,变成密切联系群众的过程、疏导群众情绪的过程、为群众解决实际问题的过程,真正把矛盾纠纷化解在基层。

要切实提高处置群体性事件的能力和水平,增强政治敏锐性和洞察力,注意防范和打击境内外敌对势力插手利用我人民内部矛盾,特别要警惕敌对势力打着"维权"的幌子插手群体性事件,严防他们对我进行渗透破坏活动。切实加强情报信息工作,掌握斗争的主动权。坚持"三个慎用",坚持领导干部到一线指挥,面对面地做群众工作,把握先机,争取主动,依法果断处置。

(二)大力推进社会治安防控体系建设,努力提高驾驭社会治安局势的能力。依法严厉打击严重刑事犯罪,是惩治犯罪、保护人民、维护社会稳定的重要方针,必须长期坚持。各地要从实际出发,依法严厉打击影响当地治安的各种严重刑事犯罪活动。要严密防范和严厉打击"两抢一盗"等严重影响群众生命财产安全的多发性犯罪。认真贯彻宽严相济的刑事政策,在有力打击和震慑犯罪的同时,充分重视依法从宽的一面,尽量减少社会对立面,化消极因素为积极因素。对中央政法委部署的打黑除恶专项斗争,各地各部门十分重视,进行了周密部署,已排查出一批案件线索。要抓紧梳理,对重点黑恶势力案件尽快侦破。对已侦破的案件要提高办案质量和效率,依法稳、准、狠地进行打击。同时坚决查处黑恶势力的"保护伞",铲除其赖以生存和发展的经济依托,确保专项斗争取得实效。

在坚持打击违法犯罪的同时,必须加强治安防范工作,建立和完善社会治安防控体系,把治安防范措施落到实处。要把社区治安防控体系建设和城市建设、社区建设结合起来,将治安防范设施建设纳入城市基础设施建设和民用建筑建设的总体规划。健全社区基层组织,整合社区治安资源,深入推进社区警务战略,提高社区治安防范水平。建立和完善治安防控网络,特别要重点做好城市繁华街区、城乡结合部、"城中村"等公共复杂场所、治安复杂地区的治安防范工作，构筑社会面、企事业单位、重点部位、社区等全方位的治安防控网络。大力推进技防建设，有重点地扩大技防覆盖面，确保对重要目标、治安卡口、交通要道、公共复杂场所等重点部位实行全面监控，并把技术防范措施逐步推广落实到社区、企事业单位。积极推进治安防范社会化、市场化和职业化，强化治安防范措施，预防和减少违法犯罪。

要抓住建设社会主义新农村的契机，全面加强农村治安防范工作。广泛深入开展创建“平安村”等活动，推进社会主义新农村建设。通过当前在农村地区开展的保持共产党员先进性教育活动，进一步加强农村基层党组织建设，切实发挥基层党组织在维护农村社会稳定中的主导作用。加强农村治保、调解、民兵和治安联防等组织建设，推广“治安中心户长”和“十户联防”等行之有效的经验，因地制宜地落实治安防范措施。加强农村法制宣传教育，提高广大农民学法、守法的自觉性和运用法律维护自身合法权益的意识。

（三）加强基层基础建设，努力筑牢维护社会治安的第一道防线。深入开展平安建设，要整合基层维护社会治安和社会稳定的力量，形成以基层党组织为核心，基层群众自治组织为基础，基层政法综合治理组织为骨干的社会治安综合治理工作网络，筑牢维护社会治安的第一道防线。

切实加强乡镇、街道社会治安综合治理机构建设，充分发挥其组织协调的职能作用。在乡镇、街道机构改革中，社会治安综合治理力量只能加强，不能削弱。充分发挥基层政法综合治理组织在平安建设中的骨干作用，加大对基层政法综合治理干部的教育和培训力度，努力提高他们的政治素质、业务水平和工作能力。深入开展社会主义法治理念教育，加强基层政法综合治理队伍思想政治建设，进一步牢固树立执法为民的思想，更好地发挥职能作用，维护社会治安和社会稳定。扎实开展“规范执法行为，促进执法公正”专项整改活动，确保各项政策措施得到进一步落实。

大力加强党的基层组织建设，充分发挥党的基层组织的领导核心作用，有效协调利益关系、化解矛盾纠纷、为群众排忧解难，带领广大人民群众搞好平安建设。加强村（居）委会等基层群众自治组织建设，通过深入开展平安乡镇（街道）、平安社区（村）、平安单位、平安学校、平安家庭等基层创建活动，推动各项工作措施在城乡基层单位的落实。加强群防群治队伍规范化建设，完善适应社会主义市场经济要求的群防群治经费保障机制。加强群防群治队伍的管理和培训工作，明确职责，严明纪律，确保各种群防群治队伍充分发挥作用。

（四）加强和改进社会管理，努力解决影响社会治安的突出问题。随着我国改革开放的不断深化，社会管理方面的新情况新问题不断出现，社会管理的任务更加繁重。要深入研究社会管理规律，加强社会管理体制建设和创新，把社会管理提高到一个新水平。在治安管理工作中，必须坚持以人为本，把管理和服务结合起来，在管理中体现服务，在服务中强化管理。更加注重对犯罪多发群体的教育和管理，最大限度地预防和减少违法犯罪。

要以实施“为了明天——预防青少年违法犯罪工程”为载体，大力加强青少年法制教育和以“八荣八耻”为主要内容的社会主义荣辱观教育，重点加强对闲散青少年、流浪未成年人、吸毒和服刑人员未成年子女的教育和管理工作。针对吸毒人员建立和完善戒毒社会帮教机制，努力降低复吸率，遏制涉毒违法犯罪的蔓延势头。积极探索适应新形势的流动人口管理服务的新路子，重点抓好流动人口的社会服务、法制教育和技能培训，完善出租房屋管理协作机制，加强协管员队伍的教育和管理。加强和改进刑释解教人员安置帮教工作，进一步强化刑释解教人员回归社会的衔接管理，做好刑释解教人员的就业指导和职业培训工作，总结推广办好过渡性安置企业和基地的经验，增强安置帮教的效果。大力推进人口管理信息系统建设。认真总结试点地方的经验，完善社区矫正组织体系，不断提高社区矫正质量，深入推进社区矫正工作。

按照属地管理原则，切实加强非公有制经济组织的管理。认真总结“综治进民企”的经验，研究制定把非公有制经济组织纳入社会治安综合治理的有效办法，督促非公有制经济组织落实治安责任制。通过开展创建平安企业和维权岗活动，加强安全生产监管，预防和减少重特大安全生产事故的发生。加强对网络信息和移动通信不良信息的监控和管理，坚决查处色情和违法网站，封堵有害信息，提高信息安全防护水平。加快构建公共应急体系，制定和完善全方位、多层次的各类预警预案，积极预防和妥善处置各类公共突发事件，提高保障公共安全的能力。

四、加强领导，落实责任，确保平安建设取得实效

搞好平安建设，关键是各级党委和政府要以科学发展观为指导，在加快发展经济的同时，高度重视社会稳定和平安建设工作，切实加强对平安建设的组织领导，明确责任，完善工作机制，把各项工作措施落到实处。

（一）要切实把平安建设作为“一把手”工程，进一步加强组织领导。各级党委和政府要按照“十一五”规划纲要的要求，把平安建设纳入本地经济和社会发展总体规划，纳入党政主要领导任期目标，确定具体目标任务，制定切合实际的措施，统筹协调，科学布局，合理安排，进一步加强和完善社会治安综合治理工作机制，把平安建设扎实推向前进。各级党政主要领导要切实把平安建设作为“一把手”工程来抓，定期听取工作汇报，及时研究解决工作中的重大问题，在人、财、物等方面提供必要的支持，加大经费保障力度，确保平安建设扎实有效开展。要通过开展平安建设，努力减少和防止发生严重危害国家安全和政治稳定的事件；努力减少和防止发生严重危害社会稳定的重大群体性事件；努力减少和防止发生严重危害人民群众生命财产安全的重大治安问题和重特大安全生产事故。

（二）要充分发挥各部门的职能作用，进一步形成齐抓共建的工作局面。各级社会治安综合治理委员会成员单位和有关部门要进一步增强政治意识、责任意识和大局意识，进一步明确本部门本系统在平安建设中的职责任务，并纳入本部门本系统总体工作规划，制定具体实施意见，与其他各项业务工作同部署、同检查、同考核，积极主动地承担起预防和减少违法犯罪、维护社会治安和社会稳定的任务。各级政法部门要充分发挥主力军作用，把深入开展平安建设作为当前和今后一个时期的重点工作抓紧抓好。各级社会治安综合治理委员会及其办公室要充分发挥组织协调作用，进一步建立健全各部门协作配合、齐抓共建的工作机制，加强联系沟通、分类指导和督促检查，不断总结和推广典型经验，共同推动平安建设各项措施的落实。要发挥好各级社会治安综合治理委员会专门工作领导小组及其办公室的作用，认真解决影响社会治安和社会稳定的重点、难点问题。

（三）要进一步明确责任、严格奖惩。各地区各部门要严格实行社会治安综合治理责任制，层层建立领导责任制、部门责任制和单位责任制。围绕平安建设的目标任务，完善社会治安综合治理责任状，真正把平安建设的各项任务落实到基层、落实到部门（单位）、落实到责任人。进一步健全和完善督查督办制度，有针对性、有重点地对社会治安综合治理工作不力、治安问题较多的地方、部门和单位加强督促和检查。认真总结近几年社会治安综合治理考评的经验，进一步完善考评标准，使之更加科学、合理、简便易行，建立健全平安建设绩效考评和奖惩激励机制。

（四）要及时总结和推广经验，加大平安建设宣传力度。这次会议将总结交流各地平安建设中的好做法、好经验。各地要结合实际，学习和借鉴这些好做法、好经验，同时从实际出发，开拓创新，创造出更好的经验。要充分发挥各新闻媒体主渠道和主阵地的作用，加强正面宣传和舆论引导，及时宣传推广江苏等地平安建设的有效做法、成功经验和先进典型，广泛动员广大人民群众和社会各界大力支持、积极参与平安建设，形成良好的社会氛围。

（五）要加强调查研究，进一步健全和完善平安建设长效工作机制。要深入实际、深入基层，进一步加强调查研究，不断研究新情况、解决新问题，不断创新工作思路和工作方法，不断推进平安建设深入开展。比如，在市场经济条件下，如何把治安防范有偿服务与志愿服务结合起来，如何推动群防群治工作市场化、社会化，如何把越来越多的“社会人”纳入有组织的社会管理中，如何把企业特别是非公有制经济组织纳入平安建设工作中；在就业压力大、社会保障机制尚不健全的情况下，如何引导农村富余劳动力有序流动，如何做好刑释解教人员的安置帮教工作；在信息化快速发展和科学技术日新月异的新形势下，如何加强信息管理、利用先进科技手段强化治安管理和防范，如何加强对公共安全和突发事件的预警、预测和处置，等等，都需要在实践中积极探索有效的解决办法。平安建设要取得长足发展，必须在建立长效机制上狠下功夫。对过去提出的社会治安综合治理工作措施和工作机制，要认真研究总结。对实践证明确实行之有效的，要坚持和发展；对不适应改革和发展要求的，要坚持解放思想、实事求是，不断改进并勇于探索创新，在实践中不断健全和完善平安建设的领导机制、工作运行机制、保障机制和奖惩激励机制，进一步提高平安建设的水平和实效。

同志们，深入开展平安建设、扎实推进社会治安综合治理意义重大，任务光荣而艰巨。让我们紧密团结在以胡锦涛同志为总书记的党中央周围，高举邓小平理论和“三个代表”重要思想伟大旗帜，全面落实科学发展观，坚定信心，振奋精神，开拓创新，扎实工作，努力创造和谐稳定的社会环境，为全面建设小康社会、构建社会主义和谐社会作出新的更大的贡献！

周永康同志在全国社会治安综合治理工作会议上的总结讲话

（2006年4月29日）

这次全国社会治安综合治理工作会议，是总结推广平安建设的经验，深入推进社会治安综合治理的重要会议。罗干同志在会上所作的讲话，以邓小平理论和“三个代表”重要思想为指导，从贯彻落实科学发展观、构建社会主义和谐社会的战略高度，深刻阐述了平安建设的重要意义，系统总结了前一阶段的工作经验，全面部署了推进平安建设的各项工作。各地区各部门一定要认真学习，深刻领会，坚决贯彻落实。

昨天，江苏省和苏州市介绍了平安建设的进展情况和取得的成效，充分体现了江苏省委和省政府对综合治理工作的高度重视，体现了平安建设在保障经济社会发展中的重大作用。会上还有山东、湖北、浙江、福建、北京、天津、河北、辽宁、黑龙江、上海、河南、广西、陕西等13个省（自治区、直辖市）和吉林延边自治州、江西赣州市、湖南株洲市、宁夏银川市等4个市（州）及济南军区介绍了经验，刚才9个部门的同志发了言，讲得都很好。这次会议时间不长，但主题鲜明，内容丰富，收获不小，主要有以下四点。

一是增强了平安建设的责任感和紧迫感。罗干同志从四个方面阐述了平安建设的重要性和紧迫性，站位很高，着眼深远，进一步揭示了平安建设面临的形势、针对的问题和承载的使命，充分体现了党中央对平安建设的高度重视。大家在发言中表示，在目前我国改革和发展的关键时期，没有平安，就没有发展；没有平安，就没有和谐；没有平安，就会失掉民心，失去党执政的社会基础。搞好平安建设，责任重大，时不我待，我们一定要深入领会罗干同志的讲话精神，把中央的部署坚决落实下去，把平安建设的责任主动承担起来，积极为平安建设作出新贡献。

二是总结交流了平安建设的经验。罗干同志在讲话中系统归纳了近年来平安建设经验的主要特点，为进一步推进平安建设理清了思路。会议还印发了平安建设经验交流材料和《全国社会治安综合治理经验汇编》，其中不少做法富有特色，值得借鉴和推广。比如，充分利用综合治理网络和责任制抓好平安建设；构建人民调解、司法调解和行政调解三位一体的矛盾纠纷调解体系及人防、物防和技防相结合的治安防范体系;在乡镇(街道)设立综治工作中心,整合基层维护社会稳定力量;在农村建立治安中心户长、综治协管员、治安信息员等队伍,在城市组建专职社工队伍、治安志愿者队伍,构建基层群防群治网络;开展综合治理进企业、进学校等扩大平安建设的覆盖面等做法和经验。大家表示,要结合本地区本部门的实际,认真加以学习借鉴,推动平安建设向纵深发展。

三是明确了平安建设的工作重点和措施。当前平安建设头绪多、任务重,有些工作难度大,罗干同志在讲话中有针对性地提出了四项重点工作和五项措施。这些部署重点突出,目标明确,要求具体,切合实际,为推进平安建设指明了方向。大家表示,回去后要认真贯彻罗干同志的讲话精神,按照"十一五"规划纲要的要求,把平安建设摆上位置、纳入规划,制定方案、狠抓落实。要坚持从实际出发,因地制宜,根据当地特点,开展各种形式的平安建设活动,全面落实社会治安综合治理的各项措施。

四是坚定了平安建设的信心。前一段,各地在推进平安建设中进行了有益探索,取得了令人鼓舞的成绩,打下了良好的工作基础。通过会议交流,大家感到心劲更足了,决心更大了。我们相信,在党中央和国务院的坚强领导下,有各级党委和政府的高度重视,有各有关部门的协同配合,有广大人民群众的积极参与,平安建设一定会不断取得新的成绩,为构建社会主义和谐社会发挥更大的作用。

下面,我就贯彻罗干同志讲话和这次会议精神,深入开展平安建设、扎实推进社会治安综合治理,强调几点意见。

一要切实提高思想认识。罗干同志的讲话,既深刻阐述了平安建设的时代背景、重大意义,又明确指出了平安建设的工作定位、重大措施和努力方向。开展平安建设,是中央关于抓稳定、保平安、增强党的执政能力的重要决策,是社会治安综合治理拓展范围、提高层次、明确载体、增强实效的新举措。在实际工作中,思想认识还有待进一步提高,工作措施还有待进一步落实。各地区各部门一定要从各自实际出发,认真分析平安建设面临的形势,深刻认识平安建设的重大意义,牢牢把握平安建设的目标任务,科学谋划平安建设的工作布局,积极推进平安建设对综合治理的创新和发展,真正把思想和行动统一到中央的部署上来,采取扎实有力的措施,保障平安建设健康顺利推进。

二要切实解决突出问题。开展平安建设,要着眼于解决影响社会和谐稳定的突出问题。这是平安建设有没有生命力的关键。当前,社会稳定形势总的是好的,但影响和谐稳定的问题还不少,有些问题还比较严重。一些地方人民内部矛盾纠纷还没有得到及时排查和有效化解,由此引发的群体性事件时有发生;一些地方涉法上访问题仍然突出,到省进京上访的数量居高不下;一些地方黑恶势力还在滋生蔓延,抢劫、抢夺、盗窃等多发性侵财犯罪猖獗,黄赌毒等社会丑恶现象屡禁不止;一些地方重特大爆炸、火灾、交通、安全事故不断发生,等等。这些问题不解决,群众就没有平安,社会就没有稳定。各地区各部门在平安建设中,要按照罗干同志关于抓好重点工作的要求,扎实开展矛盾纠纷排查调处工作,紧密联系实际,认真梳理本地区本部门面临的突出问题,分析原因,拿出措施,明确责任,逐一解决。对群众的利益诉求,一定要怀着深厚感情去做工作。改革发展的举措绝不能损害群众的当前利益,而且要能给群众带来可以实现的预期利益,要从源头上防止产生不和谐、不稳定的因素。

三要切实加强基层基础。基层安,则社会安;基层稳,则全局稳。平安建设,重点是基层基础建设。抓基层,就是要抓好县以下基层单位的平安创建活动,不断提高平安社区、平安村寨、平安企业、平安家庭、平安校园、平安大道等创建水平和覆盖范围,积小安为大安。抓基础,就是要抓好矛盾纠纷排查调处、治安防控体系建设、社情民意的信息化管理及人口管理等事关平安稳定的基本工作。罗干同志在讲话中明确部署了这几个方面的工作措施,各地区各部门要一项一项作出安排,一件一件抓好落实。随着经济转轨和社会转型,市场经济条件下社会组织和社会管理对象发生了很大变化,基层平安建设面临许多新情况新问题。比如,大量"单位人"向"社会人"转变,社会管理责任如何落实,社会管理措施如何覆盖和跟进;农村大量青壮年劳动力向城市流动,留在农村的老弱病幼人员多,如何有效实行农村社会治安管理;随着城镇化和人口大流动,如何加强出租屋、“城中村”的治安管理;闲散青少年、刑释解教人员、吸毒人员违法犯罪和重新犯罪问题突出,如何加强教育和管理;在社会组织多样化、群众思想独立性和选择性日益增强的情况下,如何增强普法教育的针对性和实效性,引导群众依法合理地表达诉求,警惕别有用心的人插手利用,等等。抓好基层平安建设,就是要研究社会的这些新变化、出现的这些新情况,加强对基层的方针政策指导,加强基层党政组织、政法综合治理组织和群众自治组织的建设,加强基层的人力物力保障,做实做细各项基础性工作,真正使“问题解决在基层、解决在萌芽状态”变成现实,而不是停留在口头上、文件中。

四要切实做到专群结合。平安建设能否做到专群结合,要看各级党委和政府的重视程度,要看政法等专门机关的职能发挥得怎么样,各参与部门协调配合得怎么样,群众发动、组织和参与得怎么样。政法部门是平安建设的主力军。要通过社会主义法治理念教育和规范执法行为专项整改活动,通过岗位练兵,提高干警的政治业务素质,提高执法水平,尤其要提高干警在新形势下做群众工作的能力,充分发挥政法部门在平安建设中的作用。综合治理成员单位是平安建设的骨干。要在当地党委和政府的统一领导下,进一步明确分工,落实责任,调动各成员单位的积极性和主动性,完善齐抓共建的工作机制,形成各部门齐心联手创平安的局面。人民群众是平安建设的主体。政法综合治理等部门要牢固树立平安建设为人民的思想观念,把人民群众的需要作为平安建设的出发点,把人民群众的满意程度作为平安建设成效的评价标准,把人民群众的安危时刻放在心上。不搞花架子,不做表面文章,为群众办实事、做好事、解难事,以创安为民的实际行动赢得人民群众的支持和参与。要充分运用多种宣传形式和手段,加大平安建设的宣传力度,提高平安建设的知晓率、参与率,真正把群众发动起来。努力探索新形势下组织群众参与治安防范的适宜方式,不断完善专群结合的工作制度。要按照责权利相统一、专兼职相结合的原则,进一步发展壮大群防群治队伍;要按照使用、管理、培训并重的要求,进一步加强群防群治队伍的建设,充分发挥其维护社会治安的积极作用。

根据工作安排,今年中央社会治安综合治理委员会办公室还要针对平安建设的重点和难点问题,组织开展调查研究。下半年,还要举办全国地市级综治办主任平安建设专题研讨班,希望各地区各有关部门早做准备,研究提出推进工作的好做法、好建议。

同志们,深入开展平安建设、推进社会治安综合治理的任务十分重要而又艰巨。让我们在以胡锦涛同志为总书记的党中央坚强领导下,扎实工作,奋发有为,努力把平安建设推向新阶段,不断开创社会治安综合治理工作的新局面。

中央社会治安综合治理委员会关于印发刘金国等同志在全国社会治安综合治理工作会议上的发言摘要的通知

(2006年5月18日)

各省、自治区、直辖市社会治安综合治理委员会,新疆生产建设兵团社会治安综合治理委员会，中央社会治安综合治理委员会各成员单位：

现将中央综治委委员、公安部副部长刘金国，民政部副部长姜力，中央综治委委员、教育部副部长李卫红，建设部党组成员、中央纪委驻建设部纪检组组长姚兵，中央综治委委员、共青团中央书记处第一书记周强，中央综治委委员、全国妇联副主席、书记处书记莫文秀，中央综治委委员、中国保监会主席吴定富，国家质检总局副局长支树平，中央综治委委员、国家安全生产监管总局副局长王德学同志在全国社会治安综合治理工作会议上的发言摘要印发给你们，请结合实际，认真学习贯彻。

刘金国同志的发言

（摘要）

一、大力加强公安基层基础建设

2006年是全国公安机关的“基层基础建设年”，要坚持不懈地抓基层、打基础、苦练基本功，并一抓三年，全面提升基层基础建设水平，筑牢维护稳定的第一道防线，建好服务群众的第一个平台。狠抓派出所等基层所队建设，进一步增强基层实力，激发基层活力，提高基层战斗力。深入实施社区和农村警务战略，建立完善与新型社区管理体制、新农村建设相适应的社区、农村警务机制，科学布置调派警力，推动警力下沉，推动广大社区、农村警务室民警深入社区、扎根农村、融入群众，大力强化情报信息、人口管理、治安管理、安全防范和服务群众等工作，有效维护社区、农村的和谐稳定。

二、切实加强对敌斗争

进一步增强政权意识、国家安全意识，始终保持主动进攻态势，针对敌情、社情变化的新特点，积极探索新思路、新方法，着力增强发现能力、控制能力和处置能力，决不允许危害国家安全和社会稳定的人员形成组织，决不允许危害国家安全和社会稳定的活动形成气候，确保国家安全和社会政治稳定。切实加强同境内外敌对势力插手所谓“维权”问题的斗争，坚决挫败其政治图谋。有效利用广泛的政府和社会资源，善于运用法律武器，讲求政策策略，不断提高对敌斗争的艺术。

三、进一步提高预防和处置群体性事件的水平

认真贯彻周永康部长关于预防和处置群体性事件要做到“三个坚决”、“八个必须”的工作要求，在党委、政府的统一领导下，带着对人民群众的深厚感情做工作，最大限度地把不稳定因素解决在当地，解决在基层，解决在萌芽状态。大力加强公安特警队等专门力量建设，强化实战演练，提高特殊状态下做群众工作的能力。深入研究群体性事件的发生、发展规律，不断提高领导指挥水平，讲究处置艺术，加强舆论引导，依法妥善处置各类群体性事件，坚决遏制大规模群体性事件接连发生的势头，坚决维护人民群众的合法权益，坚决维护安定团结的政治局面。

四、深入开展严打整治斗争

坚持严打方针不动摇，对突出治安问题、治安混乱地区，因地制宜、积极主动地组织开展打击整治行动，始终保持对刑事犯罪的高压态势。要以开展打黑除恶专项斗争为龙头，严厉打击黑恶势力犯罪、严重暴力犯罪、毒品犯罪、经济犯罪等违法犯罪活动；以关系国计民生的食品、药品、农资等领域为重点，严厉打击制假售假违法犯罪活动，大力整治校园及周边、油气田、输油气管道、铁路、电网沿线等地区、部位的治安秩序，为经济社会发展和群众生产生活创造良好的治安环境。要针对违法犯罪活动的规律和特点，改进打击方式,增强打击实效。同时,要认真贯彻执行宽严相济的刑事政策,实现法律效果与社会效果的统一。

五、不断强化治安管理和防范控制工作

积极推行勤务机制改革,科学调整警力布局,构建覆盖街面、社区和单位内部的治安防控网络,推进治安防控体系建设。以人口管理为重点,着力加强对高危人群、高危物品和高危场所、部位的治安管理,实现对违法犯罪的有效防范。紧紧依靠基层党政组织、群众组织和社区等,充分利用各种社会资源,实现对“社会人”和流动人口的有效管理。积极探索新形势下群防群治工作的新途径,改革发展保安服务业、发展壮大保安队伍,推广安装技术防范设施,会同有关部门深入开展“平安社区”、“平安单位”、“平安校园”、“无毒社区”等多种形式的平安创建活动。正确处理好维护社会秩序与服务经济社会发展的关系,进一步加强和改进消防、交通管理等公安行政管理工作,深入开展治安防范和消防、交通安全宣传进农村、进社区、进单位、进学校、进家庭活动,提高群众的自防自护能力,努力预防重特大治安灾害事故的发生,确保公共安全。

六、大力提高公安队伍的整体素质和执法水平

深入开展社会主义法治理念教育活动和社会主义荣辱观教育活动,狠抓经常性练兵活动,全面推进公安队伍正规化建设。继续深入开展“规范执法行为,促进执法公正”专项整改活动,进一步推进执法规范化建设,切实提高执法质量和水平,真正做到严格、公正、文明执法。

姜力同志的发言

(摘要)

一、着力完善流浪未成年人保护措施,在预防未成年人违法犯罪中发挥职能作用

一是认真贯彻落实《关于加强流浪未成年人保护工作的意见》。民政部于今年1月份会同国务院19个部门出台了我国流浪未成年人救助保护工作的首个专门政策性文件《关于加强流浪未成年人保护工作的意见》,明确了各有关部门在保护流浪未成年人工作中的职责,从七个方面强化了流浪未成年人保护措施。目前,各级民政部门正在积极落实这一文件精神。二是加快流浪未成年人救助保护设施建设。截至2004年底,民政部累计投入部本级福利彩票公益金5000多万元、地方民政部门投入上亿元,支持流浪未成年人救助保护设施建设,现已建成130多家流浪未成年人救助保护中心。此外,全国1026家社会救助管理站也承担部分流浪未成年人救助保护工作,保证了流浪未成年人保护工作的正常开展。三是努力提高流浪未成年人救助保护工作的规范化水平。目前,民政部正在研究制定的国家推荐性服务标准《流浪未成年人救助保护中心基本规范》。在此基础上,民政部还将研究制定流浪未成年人救助保护机构国家等级创建标准,开展创建活动。四是继续创新流浪未成年人救助保护工作方式。近年来,各地适应新形势创造了许多好做法、好经验,例如,成都市建成了市中心、区(县)分中心、社区救助点相衔接的流浪未成年人救助保护网络;郑州市创造了以“类家庭”、全天候救助点、街头流动救助、职业技能培训、家庭寄养、救助小学为主要内容的“郑州模式”;广东省少年儿童救助保护中心创造了“类学校”教育模式。目前,各地民政部门还在继续加强探索。五是不断提高流浪未成年人救助保护工作队伍的专业化水平。民政部已从2005年下半年开始举办社会救助管理专业证书班，各地也在通过多种途径加强对流浪未成年人救助保护机构工作人员的业务培训。同时，探索引入社会工作专业制度，为流浪未成年人提供心理咨询、行为矫治等专业服务。此外还聘用专职教师提供文化教育和职业技能培训。六是积极鼓励、支持社会力量参与流浪未成年人救助保护工作。包括引导社会慈善团体募集资金开展形式多样的救助活动，组织志愿者提供关爱服务，进一步营造全社会共同关爱流浪未成年人的良好氛围。

二、着力深化城乡基层民主政治建设，在夯实平安建设基础中发挥职能作用

在城市，坚持把构建和谐社区与推进平安建设相结合。一是适时启动和谐社区建设行动，部署建设平安社区任务。目前，民政部正在牵头制订《建设和谐社区实施纲要》，平安建设已成为和谐社区建设的必要内容。二是切实加强社区管理，不断提高基层治理水平。各地着力加强基层组织建设、加大社区基础设施投入力度，充分发挥居民会议、居民委员会、居民小组在社区管理中的主体作用，完善各项工作机制，培养扩大社区专业工作者、志愿者队伍，增强社区居民自治组织的凝聚力。各地还高度重视解决城乡结合部、房改小区、新建小区居民自治组织的缺位问题，努力实现社区居民自治组织的全覆盖。三是健全社区预警机制，抓好矛盾排查调处工作。各地广泛开展了社区减灾平安行活动，促进创建安全社区，推动建立健全传染病、公共卫生、食品安全紧急事件社区反应机制，不断提高社区应对突发性公共事件的能力。

在农村，民政部门坚持按照“建设社会主义新农村”的要求，紧扣“管理民主”，扎实推进村民自治。一是正确指导村委会换届选举。着力引导农民群众正确行使民主权利，理性表达利益诉求，自觉维护社会安定。各地还进一步加大了对违法选举问题的查处力度，坚决制止不正当和非法竞选行为。二是积极开展村务公开、民主管理示范单位创建活动。民政部与有关部门配合，在全国范围组织开展了村干部违法违纪专项督查调研活动和村民自治状况抽样问卷调查，起草下发了《关于开展“村务公开民主管理示范单位”创建活动的意见》，重点完善财务管理、民主理财、村干部离任和任期审计、责任追究等制度，全面深化了村务公开、民主管理。三是认真做好“撤村设居”工作。民政部与农业部、国土资源部等部门多次调研和研讨，完成了国务院领导同志交办的关于“撤村建居”问题的调研和文件起草任务。

三、依法加强专项社会行政事务管理，在预防和化解社会不安定因素中发挥职能作用

一是妥善解决部分退役军人上访问题。当前复员退役军人上访情况较多。针对这一问题，民政部门按照中央的要求，加强与相关部门的配合，一方面全力做好信访接待工作，同时加强政策研究，适时、科学地调整有关政策，切实维护退役军人合法权益，一些群体性信访事件得到了妥善处理。二是设法调解部分地区行政区域界线纠纷。一方面，不断完善行政区域界线管理的法规政策。2005年，国务院办公厅转发了民政部等12部(委、局)《关于加强行政区域界线管理工作的意见》和《民政部门关于加强行政区域界线管理工作意见的通知》，民政部公布了《省级行政区域界线联合检查实施办法》，对于从源头上预防界线纠纷起到重要作用。同时，大力开展界线检查，及时妥善处理边界纠纷。三是加大对非法民间组织和民间组织非法行为的查处力度。一方面抓紧完善民间组织管理政策法规，进一步推动登记管理体制创新，建立健全民间组织管理的预警机制，同时，加大查处力度，对违法违规和不接受年检的民间组织进行行政处罚。目前，民政部门正在着手开展涉外民间组织的登记管理工作。

李卫红同志的发言

（摘要）

一、按照中央要求，坚持把安全文明校园建设作为学校及周边治安综合治理的一项重要工作来抓

一是围绕加强青少年思想道德建设，推动落实安全文明校园建设工作。围绕培养社会主义合格建设者和可靠接班人的根本任务，把安全文明校园建设作为贯彻落实中央8号和16号文件精神的一项重要任务。专门研究制订《中小学幼儿园安全管理办法》，对中小学生、幼儿园儿童的安全教育的职责提出了明确要求。在制定加强和改进大学生思想政治教育专项工作的系列配套文件中，把维护校园安全稳定、校园文化建设、大学生安全文明教育等作为重要内容认真督促落实。

二是加强校园安全基础设施和防护体系建设。各级各类学校按照《中央综治委、教育部、公安部关于深入开展安全文明校园创建活动的实施意见》要求，加大安全设施改造力度，逐步构建现代化的安全技术防范体系。特别是高校以校园110指挥中心为枢纽，集人防、物防和技防于一体的校园治安防控体系建设取得了显著成效。

三是加强校园安全管理制度和工作队伍建设。进一步完善了一系列学校安全管理规章制度，规范了校园安全管理工作，建立了一支教育与管理、专职与兼职、学生与教师相结合共同维护学校稳定的队伍。目前，学校普遍建立了治安信息员、法制宣传员、学生文明纠察员、消防检查员、矛盾调处和心理健康咨询等工作队伍，一些学校还建立了安全联络员制度。

四是持续开展学校及周边治安综合治理工作。发挥学校及周边治安综合治理工作作用，每年组织开展专项治理和集中整治，严厉打击和惩处了一批危害师生生命与财产安全的违法犯罪活动和犯罪分子，清理了一批校园及周边地区的非法娱乐场所和不法摊点，拆除了一批违章建筑，消除了一批治安隐患，学校及周边地区的治安秩序逐步得到改善，师生安全感逐渐增强。

二、高度重视，突出重点，认真贯彻落实中办文件精神

一是从深入贯彻落实党的十六届五中全会精神，推动教育事业全面协调可持续发展的高度出发，把安全文明校园建设纳入教育事业发展“十一五”规划，作为“十一五”期间维护学校安全稳定、创造良好育人环境的一项重要工作进行了部署和规划。

二是按照地方政府平安建设的统一要求，充分发挥学校作为传播社会主义先进文化和精神文明重要阵地的作用和优势，大力开展教育创安、科技创安、文化创安等一系列活动，为改善校园周边环境打下了良好的基础。

三是以《教育系统突发公共事件应急预案》下发实施为契机，切实推动了各地教育工作部门和高校在应急体系建设。目前，已有25个省、区、市教育行政部门完成预案编制和印发实施工作，各直属高校预案编制工作也已基本完成。

四是研究起草了《安全文明校园创建评估指标体系》、《全国安全文明校园创建评选办法》，细化了安全文明校园创建指标，规范了全国安全文明校园评选，推动了安全文明校园创建活动深入开展。

三、以积极营造良好育人环境为目标，扎实推进安全文明校园建设工作

一是进一步加强领导、明确责任，严格实行学校安全工作责任制和责任追究制。督促学校建立和完善安全责任制和安全管理工作制度，坚决克服相互推诿、扯皮现象。加强宣传教育工作，把安全文明校园建设的客观要求内化为广大师生的自觉行动。进一步落实责任追究制，把安全文明校园建设与其他各项工作一同布置、一同检查、一同考核、一同总结。

二是推进和深化法制教育，提高广大师生的法律意识和法律素质，有效预防违法违纪行为。加大法制教育的内容，切实做到“计划、教材、课时、师资”四落实。结合国家“五五”普法计划，在中小学校积极推行法制副校长和辅导员工作。充分发挥高校公共基础课、法学专业课以及相关法制教育专题讲座、论坛等作用，加强大学生民主法制教育。充分发挥青少年学生校外活动场所和各类法制教育基地的作用，努力形成家庭、学校、社会“三位一体”的教育管理机制。

三是加强学校安全防范体系和长效工作机制建设，切实提高学校安全防范水平和能力。加强校园安全基层基础设施建设，组建安全管理工作机构和专门队伍，建立健全矛盾纠纷排查调处机制，努力构建现代化的学校治安防控体系。建立科学的安全文明校园创建评估指标体系和评选办法，深入开展安全文明校园创建活动。分级分批对中小学校长、幼儿园园长进行系统的安全管理培训，全面提高学校管理人员的安全意识和管理水平。督促学校制定完善预防和处置突发性事件的工作预案，把工作重心放到事前预防和事中控制上来，避免各类事件的发生。

四是充分发挥学校及周边治安综合治理的作用和优势，持续开展学校及周边环境整治工作。各级教育行政部门要主动加强与公安、文化、工商、司法、建设、新闻出版、信息、共青团等有关部门和单位的联系和配合，充分发挥各级领导小组办公室的组织协调作用，完善各项制度，落实各项措施，认真做好各成员单位工作的督查，推动齐抓共管工作局面的形成。加强对考核工作的领导，健全考核机制，细化考核要求，认真搞好各级学校及周边治安综合治理工作年度考核。

姚兵同志的发言

（摘要）

一、进一步加强房地产市场宏观调控，完善住房保障制度

贯彻落实党中央、国务院关于房地产市场调控的部署，综合应用各种调控手段，加强分类指导，继续解决部分城市房地产投资规模过大和房价上涨过快问题。着力调整住房供应结构，严格控制高档房地产开发，重点发展普通商品住宅和经济适用住房。加快廉租住房制度建设，规范申请审批程序，督促落实廉租住房资金来源，扩大廉租住房制度覆盖面。进一步提高住房公积金制度覆盖面，增强对中低收入家庭改善住房条件的支持力度。积极推进旧住宅区环境整治。研究建立改善进城务工人员住房问题的机制。加强房屋租赁管理，规范发展城乡房屋租赁市场。

二、进一步做好城镇房屋拆迁工作

合理控制城镇房屋拆迁规模，严格依法拆迁，完善有关法规政策。进一步规范拆迁行为，加强市场监管，不断推进城镇房屋拆迁管理规范化，落实拆迁公示、听证、许可、承诺、资金监管、投诉举报、行政裁决和责任追究等各项制度。督促地方贯彻落实《城市房屋拆迁工作规程》。继续开展对重点地区、重点案例的督查督办工作，严肃查处违法违规行为，维护拆迁市场秩序，保护被拆迁人合法权益，推动拆迁工作健康发展。

三、进一步解决拖欠工程款和农民工工资问题，加快长效机制建设

在前两年清欠工作基础上，进一步采取有力措施，全面实现国务院确定的清欠工作目标。坚持政府带头，巩固政府投资项目清欠工作成果，完成政府投资项目剩余拖欠的偿付任务；确保社会投资项目拖欠工程款基本偿付。加强预防拖欠工程款长效机制建设，防止在建和新建项目形成新的拖欠。配合有关部门抓紧修订有关法律法规，补充完善建设资金、工程款支付和农民工工资支付、工程担保等内容。大力发展成建制劳务企业，杜绝以“包工头”方式承接业务。配合劳动保障部门进一步完善农民工工资支付保障制度。

四、进一步做好出租汽车行业的稳定工作

会同有关部门继续组织开展出租汽车行业清理整顿，加强出租汽车行业管理专项整治，严格清理出租汽车经营权有偿出让行为，严格清理针对出租汽车的各项收费，严肃查处各种乱收费行为，严格规范出租车行业管理部门及其工作人员的行为，规范出租汽车企业经营行为，切实保障出租汽车司机的合法权益。采取综合措施，化解油价上涨对出租汽车行业的影响，切实维护出租汽车行业与社会稳定，确保国家石油综合配套调价方案的顺利实施。

五、进一步加强质量安全和城市建设综合防灾工作

进一步加强村镇建设工程、住宅工程和市政桥梁工程的质量监管力度，建立健全建设工程各方责任主体质量诚信体系，从制度上确保建设工程的质量安全和综合防灾水平的提高，从源头上控制重大事故的发生。建立健全安全生产长效机制，落实各项安全措施，保证建筑施工安全生产。加强城市轨道交通、城市燃气、城市供水等市政公用事业安全管理，全面落实城市地铁、燃气、供水、桥梁、建设工程事故应急预案，提高城市综合防灾能力与应急能力。

六、进一步加强对物业管理行业的规范管理

落实《物业管理条例》及其相关配套措施，积极防范和化解物业管理纠纷。加强执法监督，严肃查处物业管理活动中的违法违规行为。加强物业管理企业资质动态管理，及时清理、整顿管理水平低、经营不规范、服务质量差和收费高、社会形象差的企业。实施物业管理职业资格制度，提高物业管理从业人员业务素质和职业道德。完善物业管理企业信用档案系统，将企业纳入社会的综合监督，有效解决群众投诉。

七、进一步加强对市政公用市场和住房公积金监管

加强市政公用市场监管，分行业制定服务标准和评价标准，保证社会公众利益和公共安全；严格特许经营程序，规范特许经营活动，维护市政公用事业市场秩序。不断完善社会公众参与的市政公用事业监督机制。加强住房公积金监管，建立健全监督体系，完善决策、管理、监督制度，加大监督力度，加强对住房公积金管理全过程的监督，严肃查处违法违纪行为。加强公积金中心内控制度建设，切实保障资金安全。

八、进一步加强对进城务工人员的教育、服务和管理

组织实施建设行业农村劳动力转移培训，增加农民工基本权益、城市生活常识等方面的培训，促进农村劳动力有序转移。加强建设职业技能岗位培训和安全生产教育，提高农民工技能水平和安全素质。开展农民工法律知识宣传教育，引导农民工通过合法渠道维护自身权益。做好农民工服务与管理工作，改善农民工的工作环境与生活条件。

九、进一步加强思想道德建设，积极参与实施“为了明天——预防青少年违法犯罪工程”

进一步加强以诚信为重点的职业道德建设，在全系统开展共铸诚信活动。完善施工企业、房地产企业信用档案和市场监控体系，健全信用约束和失信惩戒机制。在全国住宅装饰装修行业开展规范化服务达标活动。配合有关部门，实施“为了明天——预防青少年违法犯罪工程”，加强学校及周边治安综合治理、中小学幼儿园安全整治、社区未成年人活动场所规划建设管理工作。

十、积极开展基层安全创建活动

深入开展城市综合整治，加快城市管理机制创新和体制改革，组织推动“12319”建设事业服务热线和数字化城市管理模式相结合的试点工作。积极参与文明城市、文明村镇创建，继续组织开展创建平安工地、平安景区、平安住宅小区等项活动。

周强同志的发言

（摘要）

今后一个时期，各级团组织要继续贯彻落实中办、国办转发的《中央政法委员会、中央社会治安综合治理委员会关于深入开展平安建设的意见》，动员组织团员青年积极参与平安建设，进一步落实好各项工作措施。

第一，开展以社会主义荣辱观为重点的主题教育活动，打牢青少年参与平安建设的思想基础。坚持用邓小平理论、"三个代表"重要思想和科学发展观教育引导青少年，以社会主义荣辱观为重点，广泛深入地开展爱国主义、集体主义、社会主义和艰苦创业精神教育。发挥好青少年宫、社区青年中心、活动营地、法制教育基地以及社区青少年法律学校等阵地的作用，组织开展社会主义荣辱观进社区、雏鹰争章、十八岁成人仪式等内容鲜活、形式新颖的教育活动，引导青少年知荣辱，明是非。深入开展"我与祖国共奋进"主题教育实践活动，通过开展理论学习、经验交流、实地考察和实践锻炼等活动，引导广大青年增强使命感和责任感，坚定地跟党走中国特色社会主义道路。

第二，大力开展弘扬社会正气的主题宣传教育活动，积极营造平安建设的良好社会氛围。广泛开展主题团队日等丰富多彩的活动，运用中国青年报、中青网、血铸中华、雏鹰网等团属媒体、网站，深入宣传平安建设的意义、目标、任务和措施，让"参与平安建设、构建和谐社会"的观念深入人心，为平安建设营造良好的舆论氛围。联合有关部门开展好杰出青年卫士、杰出青年法官、杰出进城务工青年、优秀保安员等评选表彰活动，广泛宣传他们的先进事迹，在青年中大力弘扬恪尽职守、英勇无畏、无私奉献的精神，激励引导广大团员青年积极参与社会治安综合治理。

第三，搭建工作平台，动员组织团员青年投身平安建设。充分发挥团干部和青年骨干的作用，广泛收集信息，掌握社会敏感问题的舆情动态，认真做好青少年信访工作，积极参与基层矛盾纠纷的排查调处，对苗头性问题、大规模群体事件和突发事件及时报告并协助有关部门处理。深入开展"维护社会治安青年志愿者筑城行动"，动员组织青年与各类犯罪活动、敌对势力和"法轮功"等邪教组织作坚决斗争，积极参与社会治安群防群治，在"打黑除恶"等专项整治行动中发挥生力军和突击队作用。

第四，为困难青少年提供有效服务，及时化解社会不稳定因素。以12355青少年服务平台为基础，加强热线电话、网站和青少年服务信息系统的建设，及时掌握青少年思想状况和现实需求，通过青少年维权服务中心、志愿者服务站、青少年维权岗等服务实体为青少年提供心理疏导、法律援助、就业指导、生活扶助、应急救助等服务。同时，深化"千校百万"培训计划、大学生就业见习行动、工岗快递、希望工程助学计划、社区志愿服务和谐行动等活动，不断扩大活动规模和服务范围，为进城务工青年、未就业大学毕业生、下岗青工和经济困难青少年等群体提供有针对性的帮助和服务。

第五，以"为了明天工程"为统揽，扎实做好预防青少年违法犯罪工作。一是抓重点群体。会同有关部门，加强对流浪未成年人、服刑人员未成年子女、闲散未成年人、有不良行为学生的教育、管理和服务，推进救助保护中心、工读学校的建设，推动各地建立青少年事务专职社工队伍，贯彻落实好各项救助保护政策。二是抓活动载体。深入开展"青少年违法犯罪社区预防计划"、"未成年人零犯罪社区"和"为了明天工程示范县、市"创建活动，针对教唆未成年人违法犯罪行为以及影响青少年健康成长的突出问题，开展集中专项整治行动。三是抓长效机制。积极参与未成年人保护法的修改,促进各地制定预防未成年人犯罪法实施办法,配合司法机关进一步完善我国少年司法制度,推动预防青少年违法犯罪工作深入开展。

莫文秀同志的发言

（摘要）

2006年是实施“十一五”规划的开局之年。“平安家庭”创建活动要坚持以科学发展观为指导,认真贯彻胡锦涛总书记关于树立社会主义荣辱观的重要论述,全面落实中办文件和这次全国社会治安综合治理工作会议精神,努力做好以下工作。

一是进一步提高认识,切实增强做好“平安家庭”创建活动的自觉性和责任感。去年10月,中共中央办公厅、国务院办公厅转发了《中央政法委员会、中央社会治安综合治理委员会关于深入开展平安建设的意见》,提出了平安建设的指导思想、目标任务、工作重点和主要措施,为进一步开展“平安家庭”创建活动指明了方向,明确了任务和要求。各级妇联要从维护广大群众利益,做好新形势下群众工作的高度,从提高党的执政能力和巩固党的执政基础的高度,从维护社会稳定和促进经济社会协调发展的高度,深刻认识开展“平安家庭”创建活动的重要性和必要性,切实增强做好创建活动的自觉性和责任感。要进一步树立大局意识,围绕平安建设,服务改革发展稳定大局,广泛动员家庭成员特别是广大妇女参与“平安家庭”创建活动,以千千万万个家庭的平安促进社会的稳定与和谐。要进一步增强责任意识,通过建立目标责任制,加强领导、分解任务、落实责任,做到一级抓一级,层层抓落实,确保创建活动深入开展。

二是进一步创新思路,不断提高“平安家庭”创建活动的层次和水平。思路创新是“平安家庭”创建活动上层次、上水平的重要前提。各级妇联要抓住机遇、联系实际、创新思路,做到三个结合。一要将“平安家庭”创建活动与开展社会主义荣辱观宣传教育相结合,加大对广大青少年和家庭成员的思想道德宣传教育力度,切实提高广大青少年和家庭成员的思想道德素质。二要进一步将“平安家庭”创建活动与“五五”普法教育结合起来,宣传普及新修改的《妇女权益保障法》、《治安处罚法》等一系列法律法规,全面提高家庭成员的法律素质。三要将“平安家庭”创建活动与普及安全防范知识相结合,针对不同地区、不同行业、不同人群、不同家庭开展安全教育活动,切实增强广大群众防拐卖、防毒品、防盗窃、防抢劫、防隐患的意识和能力。

三是进一步加强调查研究,不断增强创建活动的针对性和实效性。要针对各地域、各地区的特点,加强调查研究,掌握基本情况,做好分类指导。要深入了解农民工、流动妇女儿童、服刑人员子女、留守儿童、老龄妇女等人群的生活状况和迫切需求,有针对性地开展“平安家庭”创建活动。要积极探索预防和有效化解各种家庭、社会矛盾的方法和途径,努力防控和杜绝不安全、不稳定、不和谐的各种隐患。要广泛调研各地开展“平安家庭”创建活动的新情况、新问题,采取切实可行的方法和措施,不断增强活动的针对性和实效性。

四是进一步整合资源,努力形成全社会齐抓共管的良好局面。“平安家庭”创建活动是一项系统工程,涉及内容多,工作面宽,参与部门广。要进一步发挥各成员单位的职能优势,加强协调、形成合力,扎实推进创建活动深入开展。要围绕“平安家庭”创建活动的主要任务和重点工作,整合各类活动资源,努力做到互相促进、相得益彰。要充分发挥基层在创建活动中的重要作用,利用基层组织优势,创造性地开展“平安家庭”创建活动。要加大志愿者队伍建设,通过扩大队伍、加强培训、推广典型，进一步发挥志愿者在创建活动中的作用。要广泛开展公益慈善活动，团结动员社会各界爱心人士，在“平安家庭”创建活动中为贫困妇女儿童和家庭办好事、办实事。

五是进一步发挥典型示范作用，不断扩大“平安家庭”创建活动成果。要进一步建立健全激励机制，完善考核标准，定期总结评比，大力宣传推广活动中的好经验、好做法、好典型。要在现有“平安家庭”示范点的基础上，以示范带动全面，努力形成人人讲平安、家家创平安的社会氛围。拟适时召开一次全国“平安家庭”创建活动现场推广会，认真总结各地开展创建活动的工作经验，大力宣传典型事迹，全面推广先进经验，不断将创建活动引向深入。

吴定富同志的发言

（摘要）

一、参与平安建设是保险业义不容辞的责任

积极参与平安建设是保险业自身发展的需要，更是保险业服务经济社会的必然要求。保险业参与平安建设是保持经济社会稳定发展的需要。经济社会发展的同时也会导致社会风险总量增多，风险结构更加复杂，要保持经济社会稳定发展，离不开完善的风险管理体系。发挥保险业的经济补偿功能，建立和完善灾害救助体系，有助于恢复正常的生产生活秩序；发挥保险业风险管理的专长，可以有效预防各类安全生产事故和群体突发事件，提高应对社会风险的能力。保险业参与平安建设是构建社会主义和谐社会的需要。保险业参与平安建设，有助于完善社会保障体系，满足人们“老有所养、病有所医”的需要；有助于促进城乡就业，减轻政府压力；有助于加强社会管理，缓解社会矛盾，对于构建社会主义和谐社会具有积极作用。保险业参与平安建设是建设社会主义新农村的需要。2005 年全国农作物受灾面积达 5 亿亩，农村人口有 2 亿多人次不同程度受到灾害的影响。通过发展农业和农村保险，可以提高农业和农村抵御自然灾害的能力；通过为广大农民提供养老和医疗保险，有利于建立多层次的农村保险保障体系，为建设社会主义新农村提供有力保障。

二、参与平安建设，保险业大有可为

（一）促进生产平安。保险作为一种市场化的风险管理方式，通过参与防灾、减灾和灾后补偿，能够保障经济平稳运行，维护正常的生产秩序。发挥保险的防灾减灾作用，预防和减少重特大安全生产事故。近年来，面对重大安全生产事故频发的严峻形势，保险业努力发挥专业优势，指导督促投保企业排查风险隐患，完善防灾防损设施，帮助企业针对重大风险隐患进行专项整改，促进企业安全生产水平的提高。发挥保险的灾后补偿作用，帮助企业恢复灾后再生产。在一些特大意外和灾害事故的善后处理中，保险业发挥了积极作用，成为国家灾害救助体系的重要组成部分。近三年来，保险业累计赔款和给付达到 2838 亿元，帮助数以万计的企业起死回生，有力地支持了社会生产。

（二）促进生活平安。保险业积极参与平安建设，可以帮助人们有效规避生活中的各种风险，保障人民安居乐业，生活幸福。建立治安与保险的工作互动机制，维护城乡治安秩序。将保险业发展与加强社会治安共同筹划，有利于形成适应社会主义市场经济要求的群防群治工作新机制。2003 年下半年，山东聊城在农村推行契约式保险联防，在社区实施治安保险，较好地解决了试点社区和村庄群防群治的经费问题，调动了当地群众参与社会治安综合治理和平安建设的积极性，减少了治安案件的发生。群众高兴地说，“一天一角钱，天天保平安”。以聊城市东昌府区为例，实行契约式保险联防后，全区60%以上的村实现了零发案。参与社会保障体系建设，防范养老和医疗风险。我国人口老龄化和家庭小型化趋势不断发展，社会保障压力加大，建立商业保险参与的多层次社会保障体系是必然选择。鼓励和引导人民群众参加商业养老、医疗保险，有利于减轻企业压力和政府负担，使人们有能力从容应对养老和疾病带来的风险。

（三）促进社会平安。保险业参与平安建设，可以对社会平安起到推动作用，具体表现在三个方面。一是化解社会矛盾。通过发展责任保险，用商业手段解决责任赔偿等方面的法律纠纷，用市场化手段化解社会矛盾，有利于减少社会不安定因素。二是加强社会管理。保险是运用市场机制进行社会管理的重要方式，可以在平安建设中发挥独特的作用。如上海保险业和上海市公安局建立了保险与治安的信息共享和协作平台，将机动车辆保险费率与驾驶员道路交通违规违章行为挂钩，违规次数越多，违规行为越严重，保险费率就越高，反之，则给予相应的优惠。自从机动车辆保险费率与违章记录挂钩以来，交通事故、交通违规和交通死亡人数明显下降。三是促进社会稳定。保险有利于稳定社会预期、增强社会信心，可以在平安建设中发挥“社会稳定器”的作用。2003年抗击非典斗争中，保险业充分发挥行业优势，及时开发非典险种，向313例非典患者赔付500多万元，向医护人员捐赠保险保额2亿多元，增强了全社会战胜非典的信心。此外，保险业具有就业容量较大的特点，可以在缓解就业压力、维护社会稳定方面发挥重要作用。目前保险从业人员有180多万，占金融业的40%。而且，按照发达国家保险从业人员占总人口1%左右的标准看，我国保险业在增加就业方面还有很大的潜力。

三、保险业进一步参与平安建设的基本思路

（一）增强参与平安建设的服务意识。保险业将把参与平安建设作为实践“三个代表”重要思想，落实科学发展观，为构建社会主义和谐社会服务的重要举措。在参与平安建设中牢固树立政治意识、大局意识、责任意识和服务意识，积极配合各级党委政府的工作，努力为平安建设提供高水平、专业化、可持续的保险服务。

（二）提高参与平安建设的服务能力。提高产品创新能力，大力发展养老、健康、责任保险和“三农”保险；提高风险管理能力，加强对灾害事故等风险因素演变规律的研究，提升风险分析、评估、预警和化解的专业化水平；提高应对突发事件能力，进一步建立健全针对突发性事件的快速反应机制和协同政府工作机制。

（三）建立参与平安建设的长效机制。加强制度建设，抓紧贯彻落实与中央综治办联合下发的保险业参与平安建设的指导意见；建立健全责任制，将保险业参与平安建设作为对保监局工作考评的重要内容；建立和完善与各级综合治理部门的沟通协调机制，加大协作配合力度，共同推动平安建设深入开展。

支树平同志的发言

（摘要）

质检工作关系到人民群众的切身利益，关系到市场经济秩序的维护和社会的稳定，关系到国家安全，与平安建设息息相关。在党中央和国务院的领导下，质检部门在推进平安建设方面主要做了以下几方面的工作：

一是坚持从源头抓质量，严把厂门。各级质检部门认真实施以质取胜战略，坚持从源头抓质量，坚持从基层抓落实，严格把关，提高质量。产品质量监督抽查的权威性进一步增强，特别是针对突发事件组织了一系列专项抽查，充分发挥了扶优治劣、引导消费、促进发展、维护稳定的作用。

二是高度重视口岸公共安全，严把国门。近几年来，我国先后遭遇了非典、禽流感、鼠传疫病、苏丹红、红火蚁、猪链球菌、孔雀石绿、甲醛啤酒、PVC保鲜膜、输韩泡菜等一系列突发性事件。质检部门迅速掌握动态，积极采取措施，有效予以应对，为有效防堵疫病疫情和有毒有害物质传入传出，保障国家经济社会安全做出了积极贡献。

三是打好食品质量安全攻坚战，确保人民群众身体健康。全国质检系统全面实施食品质量安全市场准入制度，在完成米、面、油等老五类和肉制品等新10类食品市场准入工作的基础上，全面启动了茶叶等13类食品的市场准入工作，颁发食品生产许可证52000张，28大类食品中已有370种纳入市场准入体系，占食品种类的70%。同时，以严厉查处无证生产为重点，实施了食品安全专项整治“百千万工程”，有力地整顿了食品生产经营秩序。

四是加强特种设备安全监管，确保人民生命财产安全。各级质检部门大力强化特种设备安全监察责任制，不断推进特种设备动态监管体系建设，建立健全安全监察组织网络和信息化网络，基本实现了特种设备设计、制造、安装、使用、报废全过程监管。同时，组织开展特种设备专项整治，加大了依法处理的力度，加强对重大隐患的查处和整改，重点打击非法设计、制造、使用特种设备行为。

这次会后，我们将从六个方面加大工作力度：

一是加大抓质量、保平安的宣传力度。将质量平安宣传纳入全国平安建设宣传之中，既要搞好经常性宣传教育，又要利用每年的“3.15”消费者权益日、9月质量月和重大节假日搞好集中宣传；既要组织好质检系统自己的宣传教育，又要组织好对广大干部群众的宣传教育，使质量意识、平安意识深入人心，形成从源头抓质量、保平安的整体合力。

二是加大食品质量安全监管工作的力度。集中力量开展食品安全专项整治，严把市场准入关，严格许可准入，严格许可责任，严格证后监管，严格无证查处，尤其要加强对城乡结合部、农村小食品企业、小作坊的生产监管。要以乡村、街道为基础，将基层食品质量安全监管与社会治安综合治理紧密结合起来，实行食品质量安全专业监督员、政府协管员与基层社会治安群防群治队伍协同监管的综合治理机制，努力让人民群众吃上安全、放心的食品。

三是加大特种设备安全监察工作的力度。全面落实企业的主体责任、检验机构的把关责任、政府部门的监管责任，形成安全责任体系。努力推进特种设备动态监管网络和社会治安群防群治组织网络的有机结合，形成全社会齐抓共管的联动机制。主动争取公安、卫生、安全生产等部门支持，联手构建特种设备事故等突发事件应急救援体系。不断提高特种设备全过程监管的科学性、高效性，降低事故率，确保经济安全发展，确保人民群众生命财产平安。

四是加大口岸公共卫生安全监管工作的力度。积极应对进出口商品总量迅速扩大、出入境人员大幅增加、国(境)外疫病疫情日益复杂的新形势，大力改进和加强口岸检验检疫工作，特别是强化风险预警和快速反应机制，坚决防止疫病疫情和有毒有害物质传入传出，防范核、生、化等恐怖事件发生。要与海关、边防、铁路、交通、航空等部门密切配合，构筑陆港、海港、空港联合防线，严把国门，关爱人生，坚决维护国家利益，保护人民群众健康安全。

五是加大产品质量监督和执法打假工作的力度。着手建立区域产品质量安全监管长效机制，加大对关系人民群众生命健康安全、关系公共和生产安全、关系地方经济发展等重点产品的监管力度，从生产加工源头确保产品质量安全。严厉打击以非食用原料生产加工食品、滥用食品添加剂等人民群众反映强烈、社会危害严重的食品制假售假违法行为。同时，深入开展化肥、农药等农资打假下乡、进村、入户活动。在执行跨省市打假任务和查处重大制假案件时，请公安等相关部门与质检部门联合执法，确保打假取得实效。

六是加大质量平安责任制考核追究的力度。层层建立领导责任制、企业责任制。按照“谁主管谁负责，谁经营谁负责”的原则，把质量平安建设的各项任务落实到各级政府及质检部门，落实到企业，落实到责任人。要请县级以上综治机构与质检部门联手对下级政府和质检部门进行质量平安建设目标考核，对质量平安建设搞得好、业绩优秀的单位和个人进行表彰奖励；对没有达到质量平安综合治理目标的，予以处罚直至一票否决；对不负责任、玩忽职守，造成重大质量安全事故，影响社会平安的，要坚决追究、严肃处理。

王德学同志的发言

（摘要）

今后一段时期，全国安全生产的主要目标任务是："十一五"期间，安全生产状况进一步好转。到2010年，初步形成规范完善的安全生产法治秩序，全国安全生产状况明显好转，重特大事故得到有效遏制，各类安全生产事故和死亡人数有较大幅度的下降。亿元国内生产总值生产安全事故死亡率比2005年下降35%以上，工矿商贸从业人员10万人生产安全事故死亡率比2005年下降25%以上，一次死亡10人以上特大事故起数比2005年下降20%以上，职业危害严重的局面得到有效控制。到2020年，我国安全生产状况实现根本性好转，亿元国内生产总值死亡率、10万人死亡率等指标达到或接近世界中等发达国家水平。这一目标是"平安建设"工作目标在安全生产领域的体现。围绕上述目标要求，要突出抓好以下重点工作：

一、加强安全文化建设，实施全民"安全素质工程"

在中小学开设安全知识课程，在广大厂矿、社区大力宣传普及安全知识，增强全民安全意识和安全生产法制观念。坚持正确的舆论导向，加强舆论监督和社会监督。以"安全发展、国泰民安"为主题，在全社会唱响"安全发展"。鼓励各地、各企业建设具有特色的安全文化。加强安全教育培训，提高从业人员安全素质。发挥工会等群众团体的作用，依法维护职工的安全权益。

二、加强安全生产法制建设，强化安全监督执法力度

针对经济体制、执法主体、法律适用对象和范围已发生变化的实际情况，加快安全生产立法进程，抓好现行法律法规的修订完善。严格安全执法，综合运用经济的、行政的和法律手段，严惩事故责任者，严厉查处事故背后的各种腐败现象。建立健全党委、政府统一领导、相关职能部门和公检法、纪检监察机关共同参与的联合执法机制，有效打击非法违法行为。

三、落实政府和企业两个责任制，完善安全生产工作体系

要按照温家宝总理的要求，切实强化各级地方政府行政首长负责制。省、市、县、乡镇政府主要负责人是本地区安全生产第一责任者，对安全生产工作负总责。要在各级党委和政府的领导下，加强和规范地方安全监管机构建设，县级以上政府要依法建立健全能够独立履行《安全生产法》执法主体责任的安全监管机构，建立执法队伍，保障所需要的装备和经费。要加快安全生产应急救援体系建设，提高应急处置能力。与此同时，要强化企业法定代表人负责制。认真履行企业安全生产的主体责任，切实加强企业安全基础管理，建立健全并严格执行各项规章制度。各地区、各行业、各企业都要建立安全生产考核指标体系，把安全指标作为考核领导干部政绩和经营业绩的一项重要内容。

四、实施科技兴安战略，推进安全科技创新

尽快启动"十一五"安全生产科技项目，组织实施煤矿瓦斯灾害防治、非煤矿山开采重大灾害预防与控制、危化品安全监测预警和事故应急、重大危险源监测监控等重大科研项目。抓紧开展宏观经济运行与安全生产关系等基础理论和国家重大事故宏观预警系统研究。推广应用安全生产科技成果，组织修订安全技术规程、标准，淘汰不符合安全生产要求的落后技术、工艺和设备。

五、深入开展煤矿瓦斯治理和整顿关闭两个攻坚战，遏制煤矿重特大事故

认真贯彻国家关于煤矿瓦斯抽采利用的政策规定，强力推进“先抽后采”。加强对现有瓦斯监控设施设备和联网系统的维护检查，做好煤矿通风和生产能力核定，防止超能力、超强度、超定员生产。继续关闭非法生产、破坏资源、污染环境和不具备安全生产条件的煤矿。规范和推动煤矿资源整合工作，严格煤矿建设项目管理，加强对各类煤矿特别是国有重点煤矿的安全基础工作。

六、严格安全生产许可制度，深化重点行业和领域的安全专项整治

在煤矿、非煤矿山、危险化学品、煤花爆竹等高危行业严格实施安全生产许可，抬高安全准入门槛。坚持安全第一、预防为主、综合治理的方针，加强与有关部门的配合与联系，突出重点地区、重点矿种、重点行业，深化安全整治，整顿和关闭不符合安全生产条件的各类生产企业；强化企业提取安全费用、提高事故赔偿标准和安全生产风险抵押等经济政策的激励导向作用，保证实效。

（二）中央社会治安综合治理委员会全体会议

中央社会治安综合治理委员会关于印发罗干、周永康同志在中央社会治安综合治理委员会2006年第一次全体会议上的讲话的通知

（2006年1月18日）

各省、自治区、直辖市社会治安综合治理委员会，新疆生产建设兵团社会治安综合治理委员会，中央社会治安综合治理委员会各成员单位：

现将罗干、周永康同志在2006年1月13日召开的中央社会治安综合治理委员会2006年第一次全体会议上的讲话印发给你们，请结合实际情况，认真贯彻落实。

罗干同志的讲话

刚才，冀平同志代表办公室汇报了去年社会治安综合治理工作情况，公安部介绍了当前社会治安和社会稳定的形势，建设部和团中央汇报了本部门参与社会治安综合治理情况和今年工作的打算，讲得很好，我都赞成。今年的工作要点，办公室在会前征求了各位委员的意见，大家认真进行了审议，办公室要根据大家的意见抓紧修改，尽快下发执行。

刚刚过去的2005年，社会治安综合治理部门在党中央、国务院和各级党委、政府的领导下，按照全面落实科学发展观和构建社会主义和谐社会的要求，广泛开展平安建设，进一步加强和完善社会治安综合治理工作机制，狠抓各项工作措施在基层的落实，维护了全国治安局势平稳和社会大局稳定。从公安部的统计数据看，2005年，全国刑事案件立案数下降1.5%，群体性事件数和参与人数分别下降60.5%、47.1%。据国家统计局第五次全国群众安全感抽样调查显示，对于目前的社会治安环境，群众认为安全和基本安全的占到91.9%，比2004年上升了1个百分点，人民群众安全感进一步增强。

但是，要清醒地看到，当前，敌对势力继续加紧对我实施西化、分化，国内也处于改革发展的关键时期，协调社会利益关系的难度加大，滋生和诱发违法犯罪的消极因素大量存在。当前和今后一个时期，仍然是人民内部矛盾凸显、刑事犯罪高发、对敌斗争复杂的时期，而且这三个方面的因素相互交织，相互作用，人民内部矛盾的增多和敌对势力的插手利用已经成为影响社会稳定的主要因素。这些都给我们搞好社会治安、维护社会稳定

提出了新的更高的要求。我们一定要认清形势，居安思危，进一步增强忧患意识和责任感，以邓小平理论和“三个代表”重要思想为指导，深入贯彻党的十六大和十六届三中、四中、五中全会精神，用科学发展观统领社会治安综合治理工作，抓重点、求实效，扎扎实实地落实社会治安综合治理各项措施，为顺利实施“十一五”规划、构建社会主义和谐社会创造良好的社会治安环境。

关于今年的工作，我再强调几点意见：

一、深入开展平安建设，扎实推进社会治安综合治理工作

开展平安建设，是中央落实科学发展观的一项重大决策，是构建社会主义和谐社会的保障工程、民心工程和基础工程，是社会治安综合治理工作的深化和发展。中共中央办公厅、国务院办公厅转发中央政法委员会、中央社会治安综合治理委员会《关于深入开展平安建设的意见》以后，各地各部门十分重视，认真学习贯彻。不少地方把平安建设纳入了本地经济社会发展总体规划，制定了具体的工作目标和工作措施。各地各部门要按照这个文件的要求，把平安建设作为今年和今后一个时期的重点工作，组织发动社会各方面力量广泛参与，建立健全长效工作机制，落实平安建设措施，实现平安建设目标，完成各项工作任务。通过深入开展平安建设，促进社会治安综合治理措施的落实，推动社会治安综合治理工作再上新台阶。

社会治安综合治理委员会成员单位及有关部门，要进一步明确在平安建设中的职责，制定本部门、本系统参与平安建设的具体方案和措施，充分发挥职能作用，抓好贯彻落实。要进一步健全完善各负其责、密切配合、齐抓共管的工作机制，充分发挥综合治理的优势，共同完成各项工作任务。在今年的全国社会治安综合治理工作会议上，将总结各地各部门开展平安建设的典型经验，进一步研究部署平安建设工作，推动平安建设深入开展。

二、突出工作重点，切实维护社会治安稳定

要大力开展矛盾纠纷排查调处工作，注重从源头上预防和减少矛盾纠纷。重点抓好基层矛盾纠纷排查调处工作体系建设，推动各部门、各单位建立健全内部矛盾纠纷排查调处机制，提高发现和解决矛盾纠纷的能力。要以高度的政治责任感，以严谨、细致、耐心的工作作风来排查化解不安定因素，防止矛盾激化，努力预防和减少“民转刑”案件的发生，防止极少数人铤而走险，采取极端手段报复社会。要关心群众生活，带着对人民群众的深厚感情，深入基层，深入群众，体察社情民意，了解群众疾苦，解决群众困难，维护好群众的合法权益。要分析研究群体性事件的规律和特点，加强对大规模群体性事件、突发事件的风险评估和预测，建立健全应急处置机制，积极预防和妥善处置群体性事件，切实维护社会稳定。

要大力加强社会治安防控体系建设。坚持排查整治治安混乱地区和突出治安问题，继续深入开展“打黑除恶”和打击“两抢一盗”犯罪专项斗争，开展“扫黄打非”和禁毒、禁赌斗争，维护社会治安，扫除社会丑恶现象，净化社会环境。依法严厉打击杀人、爆炸等严重暴力犯罪，切实增强人民群众的安全感。要认真贯彻“打防结合、预防为主，专群结合、依靠群众”的方针，加强治安防范工作，深入开展平安县(市、区)、平安乡镇(街道)、平安村(社区)、平安校园、平安企业、平安家庭等基层安全创建活动。要从实际出发，采取有效措施，加强各种形式的群防群治组织建设，最大程度地把群众组织起来，形成人人参与治安防范的工作格局。要下力气开展好农村地区的平安建设工作，通过广泛深入开展“平安村”创建活动，促进社会主义新农村建设。

要认真做好刑释解教人员安置帮教、流动人口治安管理与服务、闲散青少年和流浪儿童教育管理、吸毒人员戒毒帮教等工作。坚持以人为本，正确处理好教育、管理与服务的关系，在教育和管理中体现服务，在服务中强化教育和管理。今年的工作要点在这方面提出了一些具体措施，务必抓好抓实。

为解决影响社会治安的重点和难点问题，各级综治委都成立了相关的专门工作领导小组和办公室，加强了协作配合，也调动了有关部门的积极性。要认真总结经验，进一步加强和完善这一工作机制，充分发挥其优势，在解决社会治安难点问题方面取得实效。

三、求真务实，改进作风，狠抓各项工作措施的落实

搞好社会治安综合治理和平安建设，关键是

狠抓落实,特别是各项措施在基层的落实。要结合保持共产党员先进性教育活动,进一步加强基层组织建设,充分发挥基层组织的作用,把平安建设的措施落到实处。各地各部门在工作中要大兴调查研究之风,深入实际,深入群众,提出的工作措施要切合实际,得到群众拥护和支持。要求真务实,力戒形式主义,不搞"花架子"。

要严格实行社会治安综合治理责任制。进一步完善综合治理的奖惩激励机制,健全和完善督查督办制度,按照"属地管理"和"谁主管谁负责、谁经营谁负责"的原则,层层建立领导责任制、部门责任制和单位责任制,把各项任务落实到基层,落实到部门(单位),落实到责任人。

各级政法和社会治安综合治理部门要加强对基层工作的指导,推动基层进一步健全机构,完善制度,落实各项工作措施。加强干部队伍建设,配齐配强基层政法和社会治安综合治理干部,加强教育和培训,提高他们的政治素质、法律素质和业务素质,提高他们的组织协调能力和做群众工作的能力,努力提高工作水平。

同志们,新春佳节将至,全国"两会"也即将召开。各级党委和政府要高度重视春节和"两会"期间的社会稳定工作,认真抓好各项工作措施的落实。要关心群众生活,切实帮助群众排忧解难。强化社会管理,加强治安防范和安全保卫工作。严厉打击盗窃、抢劫、抢夺等严重侵害人民群众人身和财产安全的多发性犯罪,防范和打击邪教组织的破坏活动和利用宗教名义进行的非法活动,严防恐怖势力、境内外敌对势力和敌对分子的捣乱破坏。要组织开展安全大检查,落实安全防范措施,及时发现和整改安全隐患。要对生产、贮存、运输、使用枪支弹药、易燃易爆物品、剧毒物品的单位进行全面检查,严防发生涉爆涉枪案件和爆炸等事故。要集中排查火灾隐患,落实防范措施,最大限度地防止重特大火灾事故。要切实做好春运工作,加强交通秩序管理,有效防范重大交通事故。切实维护好各种大型文化娱乐活动秩序,防止发生群死群伤的重特大事故,确保广大人民群众过一个平安、喜庆、祥和的春节。

最后,借此机会,我向一年来积极参与社会治安综合治理的同志们,向辛勤工作在社会治安综合治理第一线的广大公安政法干警、武警官兵和综治干部,致以节日的问候,祝大家新春愉快,工作顺利,阖家幸福!

周永康同志的讲话

刚才,罗干同志从落实科学发展观的高度,深刻阐述了新时期社会治安综合治理工作的重要性,以及今年社会治安综合治理的重点工作,并对各地各部门提出了要求。希望大家认真学习,深刻领会,认真贯彻落实。下面,我就落实罗干同志讲话精神强调几点。

一、要在进一步形成齐抓共管的局面上狠下功夫

按照罗干同志讲话要求,综治委各成员单位在综合治理工作中既要各负其责,又要密切配合。当前,各成员单位要按照中办文件精神,在调查研究的基础上,尽快细化本部门、本系统参与平安建设的具体职责任务,进一步形成齐抓共管的局面。同时,各成员单位都要对每年参与社会治安综合治理工作的情况进行总结,并对做好新的一年的社会治安综合治理工作提出方案。

二、要在加强调查研究,解决综合治理的重点、难点问题上狠下功夫

罗干同志在讲话中要求,要着力解决社会治安综合治理的重点和难点问题,对做好刑释解教人员的安置帮教、流动人口的治安管理与服务、闲散青少年和流浪未成年人的教育管理、吸毒人员的戒毒帮教等重点、难点问题提出了具体要求。要解决好这些重点、难点问题,我们必须认真进行调查研究,查找我们工作中的薄弱环节,采取有针对性的工作措施。只有如此,才能使社会治安综合治理在维护社会稳定和社会治安方面的作用得到充分发挥。

三、要在排查矛盾，及时解决问题上狠下功夫

各级党委、政府和综治各部门要高度重视基层矛盾纠纷的排查和化解工作，进一步加强矛盾纠纷排查调处工作网络和各项制度建设，对各种不稳定因素尤其是可能引发群体性事件的苗头、事端，要真正做到底数清、情况明。同时要严格落实责任，强化督促检查，按照“责任不落实不放过、工作不到位不放过、隐患不排除不放过”的要求，努力把矛盾和问题解决在初始阶段，化解在萌芽状态，预防和减少群体性事件和“民转刑”案件的发生，切实维护社会稳定。

四、要在各项工作的落实上狠下功夫

今年社会治安综合治理的工作任务已经十分明确，只有狠抓落实，才能取得成效。各级党委、政府和政法、综治部门要按照今年工作要点和《关于深入开展平安建设的意见》的要求，认真分解各项工作任务，明确工作责任，加强工作考核，推动社会治安综合治理各项工作措施的落实。

2006 年春节即将来临，各级党委政府要切实增强责任感，居安思危，分析研究本地区、本部门的不安定因素，落实各项防范工作措施，减少治安隐患，全力做好春节期间的社会安全保卫工作，确保人民群众度过一个平安、祥和的春节。

中央社会治安综合治理委员会关于印发罗干、周永康同志在中央社会治安综合治理委员会2006 年第二次全体会议上的讲话的通知

（2006 年 11 月 7 日）

各省、自治区、直辖市社会治安综合治理委员会，新疆生产建设兵团社会治安综合治理委员会，中央社会治安综合治理委员会各成员单位：

现将罗干、周永康同志在 2006 年 11 月 6 日召开的中央社会治安综合治理委员会 2006 年第二次全体会议上的讲话印发给你们，请结合实际情况，认真贯彻落实。

罗干同志的讲话

这次中央综治委全体会议，主要任务是贯彻落实党的十六届六中全会精神，研究如何围绕构建社会主义和谐社会的总目标，推动社会治安综合治理工作取得新的发展，重点研究如何抓好农村平安建设工作，维护农村和谐稳定。刚才，山东、陕西、福建介绍了在农村地区开展平安建设的做法，中组部、公安部、民政部和司法部介绍了开展平安建设工作情况和下步工作打算，大家讲得

都很好。下面我讲三点意见。

一、认真学习贯彻党的十六届六中全会精神，推动社会治安综合治理工作取得新发展

前不久召开的党的十六届六中全会，从中国特色社会主义事业总体布局和全面建设小康社会全局出发，作出了《关于构建社会主义和谐社会若干重大问题的决定》，明确了构建社会主义和谐社会的指导思想、目标任务、工作原则和重大部署。胡锦涛总书记在六中全会上的讲话，全面分析了当前的形势和任务，对当前党和国家的重点工作提出了具体要求。要认真贯彻落实党的十六届六中全会精神，深刻认识我国发展的阶段性特征，深刻认识构建社会主义和谐社会的重要性和紧迫性，既要看到前所未有的发展机遇，又要看到前所未有的各种挑战，始终保持清醒头脑，扎扎实实做好各方面工作，最大限度地增加和谐因素，最大限度地减少不和谐因素，不断促进社会和谐。

构建社会主义和谐社会，对社会治安综合治理工作提出了新的更高的要求。各级党委和政府、各级政法和社会治安综合治理部门，要紧密结合实际，把社会治安综合治理工作放在构建社会主义和谐社会的总目标中来研究、来部署，努力使思想观念、工作部署、工作方式更加适应构建社会主义和谐社会的要求。当前正在全国深入开展的平安建设，是新时期加强社会治安综合治理的重要举措，符合构建社会主义和谐社会的要求，深受广大人民群众的欢迎，是政法和社会治安综合治理部门服务社会主义经济建设、政治建设、文化建设和社会建设大局，构建社会主义和谐社会的一个重要载体。各级政法和社会治安综合治理部门要按照党的十六届六中全会的要求，深入开展平安建设，充分发挥综合治理的优势，坚持打防结合、预防为主，专群结合、依靠群众的方针，抓好矛盾纠纷排查调处工作，完善社会治安防控体系，加强社会管理，把社会治安综合治理措施落实到基层，全面推进社会治安综合治理工作。

二、提高认识，周密部署，推动农村平安建设深入开展

党的十六届五中全会提出了建设社会主义新农村的重大历史任务。全面建设小康社会，最艰巨最繁重的任务在农村。构建社会主义和谐社会，实现全面建设小康社会的宏伟目标，必须加强社会主义新农村建设，促进农村经济社会全面进步。扎实推进社会主义新农村建设，必须有一个安全稳定的农村社会环境。当前，农村总体形势是好的，农业生产丰收，农民普遍增收，社会也是稳定的。同时，我们也要清醒地看到，农村社会治安和社会稳定还存在不少问题，盗窃、抢劫等侵财性案件频发，杀人、爆炸、投毒等恶性案件时有发生，赌博、封建迷信、非法宗教活动和“法轮功”邪教组织活动屡禁不止，个别地方农村黑恶势力横行乡里，严重影响广大农民群众的安全感；在一些农村，基层组织力量薄弱，因征地拆迁、土地承包等引发的矛盾纠纷和群体性事件增多，影响农村社会稳定的因素还比较多。我国农村地域广阔、人口众多、治安情况复杂，必须把农村作为平安建设的重点来抓。农村稳则社会安，没有农村的和谐稳定，就不可能有整个社会的和谐稳定。在农村地区广泛开展平安建设，有利于提高广大农民群众的法治观念，有利于加强基层组织建设、政权建设和社会管理，有利于维护农村的和谐稳定从而促进全社会的和谐稳定。各地区和有关部门要采取有力措施，进一步加强农村平安建设，为建设社会主义新农村创造和谐稳定的社会环境。

抓好农村平安建设，要妥善处理农村各种社会矛盾，维护农村社会大局稳定。要建立健全农村矛盾纠纷排查调处工作网络，建立健全工作机制和各项工作制度，坚持人民调解、行政调解、司法调解相结合，认真预防、排查、疏导和化解农村各种矛盾，有效预防群体性事件，减少民转刑案件的发生。要充分认识到在基层化解矛盾纠纷，实质是为人民群众办实事、办好事，维护广大群众切身利益的有效途径，是我们党联系群众，进一步密切党群、干群关系很重要的一项工作。要带着对农民群众的深厚感情去做工作，提高工作能力，改进工作作风，把各项工作做深、做细、做扎实。要拓宽社情民意表达的渠道，真正解决农民群众反映强烈的突出问题，切实维护农民群众的合法权益。

加强农村社会治安防控体系建设。一方面要加大打击犯罪的力度。对农村黑恶势力违法犯罪问题要高度重视，认真研究，严厉打击，不能任由黑恶势力横行乡里、欺行霸市，任由其依仗后台为非作歹。要通过打黑除恶专项斗争，打掉“保护伞”，彻底铲除黑恶势力赖以生存的土壤，提高广大农民群众的安全感。针对农村地区多发性侵财犯罪,要制定对策和措施,提高打击的针对性和实效性。要加大对农村经济犯罪的打击力度,维护农村经济秩序。另一方面,要加强农村人防、物防、技防建设。在加强人防、物防的基础上,要因地制宜,加大技防方面的投入,探索一些投资少、效果好、简便易行的防范手段,落实符合本地实际的治安防范措施,有效预防和减少违法犯罪。加强农村警务建设,不断创新农村警务工作机制,维护农村良好的治安秩序。

加强农村法制建设和思想道德建设,强化重点群体的管理和服务工作。要在农村地区认真落实"五五"普法规划,提高农村干部和农民群众的法律素质。落实《公民道德建设实施纲要》,推进社会主义荣辱观教育,加强村民道德文化建设,提高农村文明建设水平。要教育引导农民群众以合法方式表达自己的诉求,维护自身的权益。要认真做好刑释解教人员安置帮教工作,做好外出务工人员留守在家未成年子女的监护和服务工作,加强对农村吸毒人员、闲散青少年的教育和管理,有效减少违法犯罪人员。

三、加强领导,明确责任,狠抓农村平安建设的落实

大家刚刚审议了《关于深入开展农村平安建设的若干意见(审议稿)》,办公室要抓紧修改,尽快下发这个文件。文件下发后,各地区和有关部门要按照文件要求,细化各项措施,认真抓好落实。

党的十六届六中全会明确要求广泛开展平安创建活动,把社会治安综合治理措施落实到基层,确保社会治安大局稳定。各级党委和政府、各有关部门要按照党的十六届六中全会要求,高度重视农村平安建设工作,把农村平安建设工作列入社会主义新农村建设的总体规划,切实加强领导,明确任务,落实责任,确保农村平安建设取得扎扎实实的成效。

农村平安建设涉及许多部门,需要各级党委和政府、各有关部门和社会各方面共同参与。各级社会治安综合治理委员会成员单位和有关部门,要按照《关于深入开展农村平安建设的若干意见》要求,充分发挥职能作用,认真抓好农村平安建设工作,形成齐抓共建的工作局面。要通过抓农村平安建设,进一步明确各部门在平安建设中的职责和任务。目前,已经有中组部、教育部、公安部、民政部、建设部、交通部、国家人口和计生委、国家质检总局、国家安监总局、解放军总政治部、全国总工会、共青团中央、全国妇联、中国保监会等部门下发文件,就本部门、本系统、本行业开展平安建设作出了部署。各部门要高度重视这项工作,抓好部署和落实,推动本部门、本系统、本行业平安建设工作全面开展。各级综治委、办要加强组织协调,建立健全相关制度,推动各成员单位和专门工作小组在平安建设中更好地发挥职能作用。要进一步发动和依靠群众,最大程度地把人民群众组织起来,形成人人参与、共创平安的工作局面。

抓好农村平安建设,县乡两级的政法、综治组织是关键。各地在县、乡换届选举和乡镇机构改革中,要加强县级政法委和综治办建设,配齐配强领导班子,充分发挥县级政法委和综治办在平安建设中组织协调各方的作用。加强乡镇、街道综治委、办和公安派出所、司法所、人民法庭建设,切实加强领导,整合基层维护稳定力量,确保社会治安综合治理各项工作措施在基层得到落实。大力加强以党支部为核心的基层组织建设,切实解决一些地方基层党组织软弱涣散的问题,充分发挥农村基层党组织在平安创建中的领导核心作用。加强村委会等群众自治组织建设,加强治保会、调解会和群防群治队伍建设,进一步建立健全基层综合治理组织网络。要抓好矛盾纠纷排查调处、治安混乱地区和突出治安问题排查整治、流动人口管理服务、闲散青少年教育管理、刑释解教人员安置帮教等基础性工作,夯实基层平安创建的基础。

要着力解决农民群众最关心、最直接、最现实的利益问题,使农村平安建设的成果真正惠及广大农民群众。要深入开展调查研究,查找影响本地区社会稳定的突出问题,以群众利益为工作的着眼点和切入点,注重从源头上采取切实有效的措施加以解决。要通过农村平安建设,进一步整合社会管理资源,加强社会管理,保持社会安定有序,推进社会主义新农村建设。

同志们,构建社会主义和谐社会,社会治安综合治理工作面临着十分艰巨的任务。我们要以邓小平理论、"三个代表"重要思想和科学发展观为指导,认真贯彻落实党的十六届六中全会精神,锐意进取,扎实工作,切实抓好农村平安建设,为维护社会稳定、促进社会和谐作出新的更大的贡献。

周永康同志的讲话

刚才罗干同志的讲话，明确要求各级政法和社会治安综合治理委员会各成员单位，要认真学习、全面贯彻党的十六届六中全会精神，紧密结合实际，把社会治安综合治理工作放在构建社会主义和谐社会的总目标中来研究和部署。罗干同志深刻阐述了当前形势下深入开展农村平安建设的重要性和紧迫性，并作出工作部署，提出了工作要求。各地区和各成员单位要按照罗干同志的讲话精神，积极主动地开展工作，狠抓各项措施的落实。

要着力解决影响社会治安和社会稳定的突出问题，排查整治治安混乱地区，深入推进打黑除恶和打击“两抢一盗”等专项斗争，依法严厉打击当地突出的违法犯罪活动，强化矛盾纠纷的排查和化解工作，有效地预防和减少“民转刑”案件，预防和减少重大群体性事件的发生；要进一步加强和改进社会管理，坚持标本兼治、重在治本，加强对“社会人”的管理，加强流动人口的管理，加强犯罪高发群体的管理，加强对互联网的管理，着力增加社会和谐因素、减少不和谐因素；要进一步完善齐抓共管的工作机制，总结交流各地各部门的好经验、好做法，充分发挥综治成员单位的作用，各司其职、协作配合、齐抓共管；要进一步夯实基层基础，以创建“平安县（市、区）”为重点，抓好农村平安建设，广泛深入地开展基层平安创建活动，确保社会治安综合治理工作在基层有人抓，确保平安建设的各项工作措施在基层得到落实。

中央社会治安综合治理委员会
关于印发欧阳淞、刘金国、李学举、吴爱英
同志在中央社会治安综合治理委员会2006年
第二次全体会议上的发言的通知

（2006年11月16日）

各省、自治区、直辖市社会治安综合治理委员会，新疆生产建设兵团社会治安综合治理委员会，中央社会治安综合治理委员会各成员单位：

2006年11月6日，中央社会治安综合治理委员会召开第二次全体会议，中央综治委委员、中组部副部长欧阳淞，中央综治委委员、公安部副部长刘金国，中央综治委委员、民政部部长李学举和中央综治委委员、司法部部长吴爱英等同志在会上作了发言。现将发言内容摘要印发，请各地各部门结合实际情况，学习贯彻。

欧阳淞同志的发言

(摘要)

一、不断增强基层党组织在农村平安建设中的领导核心作用

深入开展农村平安建设,关键是把农村基层党组织建设好。近年来,农村基层党组织总体状况是好的,特别是通过保持共产党员先进性教育活动,农村基层党组织的凝聚力和战斗力进一步提高。据统计,在先进性教育活动中,各地共整顿农村基层党组织3.7万多个,调整充实村党组织负责人9.2万多名,培训村党组织负责人101.7万多名,联系流动党员179.6万名。按照中央的部署,中央财政和中央党费今明两年拿出专款,地方配套资金总计48亿多元,用于解决农村基层组织活动场所建设问题,将新建村级组织活动场所近10万个。下一步,党委组织部门将继续采取有力措施,围绕加强社会主义新农村建设和农村平安建设,进一步加强和改进农村基层组织建设。一是大力开展以"领导班子好、党员干部队伍好、工作机制好、小康建设业绩好、农民群众反映好"为主要内容的"五个好"村党组织、"五个好"乡镇党委和农村基层组织建设先进县(市)"三级联创"活动。11月份,中央组织部将召开全国农村基层组织建设"三级联创"活动工作会议,对进一步做好这方面的工作作出部署。基本要求是,农村基层党组织要按照全面建设小康社会和构建社会主义和谐社会的要求,紧紧围绕党在农村的中心任务,以社会主义新农村建设为主题,把农村党的建设与农村改革发展稳定和农村平安建设更加紧密地结合起来,不断深化"三级联创"活动内容,提升创建活动的整体水平。二是要着力加强乡、村两级党组织建设。各级党委组织部门将不断巩固和扩大先进性教育活动成果,切实把组织整顿和思想整顿结合起来,在加强农村基层党组织建设方面狠下功夫。对在农村平安建设中软弱涣散、不起作用的党组织要及时进行整顿。三是将通过进一步加强农村基层党组织建设,带动和促进农村基层政权组织建设及基层群众自治组织、群防群治组织建设,形成更为强大的以村党组织为核心的村级组织抓治安、保稳定的合力,共同推动农村平安建设。

二、充分发挥农村党员和基层干部在平安建设中的模范带头作用

各级党委组织部门将积极探索农村党员和基层干部发挥作用的有效途径,引导党员把这次先进性教育活动的思想收获和激发出来的政治热情转化为服务群众、促进发展和推动农村平安建设的实际行动。一是要在农村大力推广"党员承诺制",深入开展"设岗定责"、"结对帮扶"等活动,进一步组织引导党员根据自身实际为群众办实事,帮助群众解决生产、生活中的实际困难,履行党员义务,充分发挥党员在平安建设中的作用。二是要强化对农村党员的教育。利用乡镇基层党校,进一步做好对农村党员的培训工作,把构建社会主义和谐社会和加强农村平安建设作为培训的重要内容。教育引导农村广大党员认真践行"三个代表"重要思想,落实科学发展观,牢固树立群众观点,不断强化民主法制意识,提高政策水平和依法办事能力,自觉做服务群众的先锋、遵纪守法的模范、维护稳定的骨干。三是要教育引导广大农村基层干部转变思想作风和工作作风,学会运用说服教育、示范引导和提供服务等方法,做好新形势下的群众工作,努力化解矛盾,维护社会稳定。

三、进一步抓好地方各级领导班子和领导干部农村平安建设责任制的落实

搞好农村平安建设,重心在基层,关键在领

导。通过严格执行责任制形成齐抓共管的工作机制,是加强社会治安综合治理、搞好平安建设的重要保证,也是近年来加强社会治安综合治理工作取得的一条基本经验。2003 年,中组部与中央综治委联合下发了《关于党委组织部门在参与社会治安综合治理工作中进一步发挥好职能作用的意见》,2006 年 3 月,中组部又专门下发了《关于充分发挥党委组织部门职能作用大力促进平安建设的通知》。总的来说,各级组织部门对履行职责,督促地方各级领导干部落实社会治安综合治理和平安建设责任制方面,思想上是重视的。下一步,各级党委组织部门将根据即将下发的《关于深入开展农村平安建设的若干意见》的精神,结合加强领导班子建设工作,不断强化各级领导班子和领导干部抓好农村平安建设的责任意识,进一步加大抓落实的力度。在具体工作中,要把地方各级领导班子和领导干部抓好农村平安建设的能力和实绩,列为考核党政领导干部的重要内容。2006 年下半年和 2007 年上半年,省、市、县、乡四级党委都将陆续进行换届,有不少干部将走上新的领导岗位。组织部门在进行换届考察和干部个别调整时,在注意掌握干部的全面情况的同时,要注意考察了解党政领导干部抓农村平安建设工作的情况,并把考核结果作为向党委提出干部任免奖惩建议的重要依据。对于那些开展农村平安建设工作不到位、治安秩序混乱的地方,组织部门要及时对相关领导班子进行考核,对于确属领导不力的,要及时向党委提出调整、充实领导力量的建议。对抓农村平安建设不力的领导干部,在本地面貌未改变前,取消干部本人评先受奖的资格。

刘金国同志的发言

（摘要）

一、当前农村社会治安形势总体平稳,但仍然存在一些突出的治安问题

2006 年以来,全国公安机关紧紧围绕“三基”工程建设,坚持不懈地抓基层、打基础、苦练基本功,大力加强各项基层基础工作,有力地推进了社会治安综合治理各项措施的落实,保持了社会治安大局的持续稳定。一是积极预防、妥善处置了一大批群体性事件。二是集中侦破了一大批刑事犯罪案件。以开展“打黑除恶”和打击“两抢一盗”专项斗争为重点,不断加大对刑事犯罪活动的打击力度。三是及时整治了一大批突出的治安问题。组织开展了集中整治爆炸物品、枪支弹药、管制刀具专项行动,落实公安机关维护校园及周边治安秩序的“八条措施”,涉校案件同比下降明显。四是大力加强治安防范工作。1 至 9 月,全国可防性案件全面走低,其中入室盗窃、抢劫、抢夺案件同比均下降,全国道路交通事故、火灾事故四项指数也出现了较大幅度的下降。

当前,全国农村地区治安形势总体平稳。但是,治安稳定的基础还不牢固。随着我国城市化进程的加快和农村经济社会的发展,城市和农村的治安问题相互影响,在一些城乡结合部和经济比较发达的农村地区,刑事犯罪和治安问题还比较突出。当前农村治安问题呈现出以下特点:一是农民参与的群体性事件居高不下。二是犯罪案件日趋突出,特别是杀人、伤害等暴力犯罪案件高于城市。三是盗窃、抢劫等侵财犯罪多发。四是部分地区社会丑恶现象蔓延。一些赌博活动特别是“六合彩”赌博蔓延迅速,小发廊、小歌厅等场所卖淫嫖娼活动猖獗,由此滋生不少社会问题。五是制贩危险物品等治安问题严重。六是宗族势力、非法宗教活动突出。一些地方宗族势力干涉农村基层选举,甚至与流氓恶势力沆瀣一气,把持农村基层组织。一些农村地下教会活动频繁。此外,一些农村地区因父母进城务工而产生的大量流浪儿童、留守儿童问题,已成为社会关注的热点问题。

二、发挥职能作用,落实农村平安建设的各项措施

一是深入开展农村不稳定因素排查活动。组织广大民警深入农村,走村串户,了解农村社会动态,及时掌握社情民意,做好基础调查工作。对发现的农村各类矛盾纠纷,要在党委、政府的领导下,与有关部门密切配合,及时做好调处工作,有效防范"民转刑"案件的发生;对调处不了的,及时报告党委、政府,并通报有关部门尽快予以解决,防止引发群体性事件;对已经发生的群体性事件,要依法进行处置,坚决防止激化矛盾、扩大事态。二是大力整治农村突出治安问题。结合农村治安特点,重点打击农村地痞、村霸、市霸、水霸、菜霸等流氓恶势力,做到打掉一伙,震慑一批,稳定一方。集中整治农村矿山、集贸市场、风景旅游区、养殖场等最易发生问题的地区和部位,切实维护农村治安秩序。坚决查处制假售假等坑农害农问题,坚决扫除黄赌毒等社会丑恶现象。对邪教和非法宗教活动,要始终保持高度警惕,一经发现,准确把握政策,充分运用法律武器,及时予以查处。三是大力加强农村治安管理工作。切实加强对农村实有人口的调查登记,重点管控有劣迹人员,掌握外出务工返乡人员动态,做到底数清、情况明、信息灵。加强对农村地区危险物品储存和使用单位的治安检查,严格管理,消除隐患。四是积极探索农村治安防范工作的新办法。紧紧依靠基层党政组织,充分利用社会资源,因地制宜发展保安队伍,逐步探索市场经济条件下群防群治工作的有效途径。大力开展安全教育和法制宣传工作,充分调动农村群众维护治安的积极性、主动性,进一步巩固和壮大群防群治力量,开展多种形式的安全防范活动,积极依靠广大农民群众搞好农村社会治安。

三、深入实施农村警务战略,积极服务农村发展和稳定大局

实施农村警务战略,是维护农村社会治安稳定、服务新农村建设的重大举措。2006 年 9 月,公安部作出了《关于实施社区和农村警务战略的决定》,要求各地公安机关以实现"发案少、秩序好、社会稳定、群众满意"为目标,认真贯彻落实专门工作与群众路线相结合的方针,立足辖区,依靠群众,积极实施农村警务战略,逐步建立起与社会主义新农村建设相适应的农村警务工作新机制。一是推动警力下沉。大力推进市县公安机关机构改革,进一步精简机关,充实基层一线,尤其要把农村派出所警力充实到警务区。二是推进警务前移。按照地域大小、人口多少、治安状况和警力数量等实际情况,合理划分警务区,实行一区一警或一区多警,建立农村警务室。三是规范驻村民警职责任务。驻村民警要通过走访调查、宣传发动、巡逻守护、实地检查、警情通报等方式,承担起开展群众工作、掌握社情民意、管理实有人口、组织安全防范、维护治安秩序等五项职责任务。四是予以政策倾斜,采取优惠政策,稳定一线警力。对于地处边远的农村警务室,民警可携带家属协助工作,并给家属以适当的补贴。五是强化考核监督。以情况熟悉率、治安状况、群众满意率等为基本内容,强化对驻村民警的日常考核,并将考核结果与其政治、经济待遇直接挂钩。通过实施农村警务战略,真正使农村警务室成为维护稳定的第一道防线、服务群众的第一个平台、巩固基层政权的第一层基石。

李学举同志的发言

（摘要）

一、加强村委会班子建设，为农村平安建设提供组织保障

结合农村平安建设的要求，一是要依法搞好民主选举。1988年以来，绝大多数村委会依法进行了六次以上换届选举。总的来看，选举程序一次比一次规范，民主选举出的村委会成员素质一届比一届提高，因选举程序违法而引发农民上访的案例逐年下降。但是，换届选举中出现的矛盾不能忽视。以往引发村民上访的原因，除个别地方宗族势力干扰、个别人采取不正当竞选问题外，主要是选举程序不规范、尊重民意不够、选举工作指导不力。加大对村委会换届选举中新问题的研究，加大对换届选举工作的指导，通过行政立法等必要手段，完善选举制度，规范选举程序，落实村民在村委会选举中的提名权、投票权、监督权，让村民依法自主选好自己的"当家人"。同时要及时查处、纠正选举中的违规、违纪问题。二是要大力加强村委会自身能力建设。要指导各地加强村委会成员培训工作，增强村委会为村民服务的意识和能力。同时也要注意健全村治安保卫委员会、人民调解委员会等内部组织机构，重视诸如红白喜事理事会及各类服务农业、农民等民间组织的建设，培育提高村民自我管理、自我服务、自我教育的水平。三是要改进村委会的工作方式。通过各种方式，启发引导村委会成员转变思维方法和工作方式，学会提高做思想政治工作的本领，学会掌握依靠群众、尊重民意、民主管理的方法，发挥村民会议和村民代表会议决策村中重大事务的作用，不断拓宽村民参与决策、管理村务的途径，科学构建新形势下农民利益诉求机制、矛盾调处机制和权益维护机制。

二、建立健全村务公开等各项民主制度，为农村平安建设营造良好的制度环境

目前，全国村委会普遍建立的村务公开制度，对加强民主监督，加强反腐倡廉起到了重要作用，也使因村务管理问题而造成群众上访的现象，呈现逐年减少的态势，仍有15%的村没有建立村务公开制度，也存在村务公开流于形式、甚至搞假公开的现象。结合农村平安建设要求，一是要加大推进村务公开力度。把实行村务公开等作为推进农村基层民主政治建设和平安建设的重要抓手，研究解决村务公开中的问题，在公开内容、形式、时间上进行规范，力戒形式主义，将民主监督落到实处。特别是计划生育指标、土地承包、财务收支、批地建房、公共资产处置等群众关心的事项，加大透明度，落实群众的知情权、决策权、管理权和监督权。二是要建立各种配套制度。要依据《村委会组织法》规定，完善以《村民自治章程》为核心的诸如民主决策、民主管理、民主监督、民主理财、离任审计、换届移交、民主评议等各项规章制度，并加强对制度执行情况的监督检查。三是要加强对村委会工作和村委会成员行为的监督。这是农村民主监督的重点。要通过村民会议、村民代表会议表达群众意见，通过村务公开监督小组、民主理财小组监督村委会的工作，通过民主听证会、民主评议活动等约束村委会成员的行为。特别要重视对集体经济较发达村的民主监督工作，力求使监督工作制度化、规范化。

三、大力推进农村社区建设，为农村平安建设夯实社会基础

根据十六届六中全会精神，民政部已对推进农村社区建设做出了初步安排和工作部署，结合农村平安建设要求，一是要搭建农村基础管理平台。要把推进农村社区建设作为今后工作重点，加强调查研究，总结现有经验，探索推进思路。要依托村党组织和村民自治组织，整合农村社区资源，加强农村社区基础设施建设、民主政治建设、群众文化建设。以服务管理为核心，健全新型社区管理和服务体制，以管理有序、服务完善、文明祥和为目标，把农村社区建设成为民服务和基层管理的平台。二是要完善农村社会救助体系建设。逐步建立农村最低生活保障制度，推进农村医疗救助工作，完善自然灾害应急救济机制，加强对流浪乞讨人员救助管理。发展扶老、助残、救孤、济困的农村社会福利事业，保障孤寡老人、孤儿、残疾人、特困家庭的基本生活。三是要创新活动载体。要在已开展的创建“民主法制示范村”、“村务公开民主管理示范单位”的基础上，会同有关部门开展“和谐社区”、“和谐家庭”的创建活动。通过这些载体，加强对农民的法律知识教育、社会主义荣辱观教育，弘扬孝道、慈善等传统美德，提高村民道德水准，促进家庭和睦、邻里和谐。

我国的边界纠纷往往是事发一个点、牵动一条线、影响一大片的群体性事件，是影响稳定的重大社会问题。1995 年至 2002 年，国务院组织勘定了省、县两级行政区域界线，基本解决了界线不清引发的边界纠纷。但还存在一些问题，民政部将要求地方各级民政部门在各级党委政府的统一领导下，扎实工作，发挥职能作用。建立健全地方党委领导、政府负责、有关部门各司其职、密切配合、边界地区干部群众参与的管理体制，以及各种行之有效的协调处理机制。宣传教育引导界线两侧干部群众守界经营、守望相助、和睦相处，从源头上防止、减少新的边界纠纷的发生。同时要及时调解处置跨界纠纷事件，把边界地区的矛盾解决在基层、解决在萌芽状态，实现边界地区长期平安、稳定、和谐。

吴爱英同志的发言

（摘要）

一、全面加强乡镇司法所建设，大力推进农村平安建设

一是抓好司法所基础设施建设。根据国务院常务会议审议通过的中西部地区“两所一庭”《建设规划》，抓紧调整完善规划，精心组织实施，确保完成 2005—2006 年度国债资金建设项目，到 2008 年基本解决全国乡镇司法所无房和危房问题，全国司法所基础设施建设、装备水平和业务经费保障能力明显提升，司法所服务经济社会发展、维护社会稳定、服务人民群众的能力和水平进一步增强。二是进一步加强司法所组织建设。健全完善司法所组织机构，切实解决司法所人员编制问题。三是进一步加强司法所队伍建设。把思想政治建设放在首位，坚持“凡进必考、省级统考”原则，选好配齐司法所人员。四是进一步加强司法所业务建设。努力提高服务大局、依法行政、服务群众和创造性开展工作的能力。五是进一步加强司法所管理工作。建立完善司法所内部管理的各项规章制度，做到用制度管人、管事，实现司法所执法、服务工作的规范化、制度化。六是全面活跃司法所工作。坚持围绕中心、服务大局，为发展农民专业合作组织、发展农业产业化经营和农村招商引资等，提供优质高效的法律服务和保障，当好基层党委、政府的法律参谋和助手。认真做好刑释解教人员帮教安置工作，加强和改进回乡刑释解教人员的衔接管理，积极推进社区矫正试点工作，有效预防和减少重新违法犯罪，最大限度地消除和化解农村社会不和谐、不稳定因素。

二、切实加强农村人民调解工作，全力维护和促进农村社会和谐稳定

党的十六届六中全会对人民调解工作提出了明确要求。要认真贯彻落实党的十六届六中全会精神，紧紧围绕农村平安建设，进一步加强农村人民调解工作，充分发挥人民调解维护社会稳定的第一道防线作用。进一步健全、规范农村人民调解组织，调整、充实、巩固乡镇和村人民调解组织，发展区域性、行业性人民调解组织，完善人民调解的组织网络，提高人民调解组织的规范化水平。进一步提高人民调解员队伍素质，切实加强人民调解员的教育培训，更多地吸收有较高法律专业知识的人员从事人民调解工作，提高人民调解的质量和水平，增强人民调解的社会公信力。进一步拓展人民调解领域，在继续开展婚姻、家庭、邻里等传统民间纠纷调解工作的同时，积极介入农村因农民负担、土地承包征用、环境污染、水库移民、拖欠农民工工资、集体资产处理等引发的矛盾纠纷的调解，促进农村社会和谐稳定。进一步建立健全矛盾纠纷排查调处机制，坚持抓早、抓小、抓苗头，把矛盾纠纷化解在基层、解决在萌芽状态，最大限度地防止矛盾激化，防止"民转刑"案件的发生。积极推进人民调解与行政调解、司法调解的有机结合，综合运用多种手段和办法，调解社会矛盾纠纷，积极预防和妥善处置由人民内部矛盾引发的群体性事件，努力维护农村社会和谐稳定。

三、深入开展农村法制宣传教育，努力营造农村平安建设的法治环境

适应深入开展农村平安建设、大力推进社会主义新农村建设的要求，坚持法制教育与法治实践相结合，进一步深化和拓展农村法制宣传教育。立足农村、面向农民，广泛开展宪法宣传教育，开展与农村经济社会发展密切相关的法律法规宣传教育，不断提高广大农民的宪法和法律意识，引导广大农民依法参与村民自治活动和其他社会管理，了解和掌握维护自身合法权益、解决矛盾纠纷的法律途径和法律知识。重点加强对农村"两委"干部和基层管理人员的法制宣传教育，提高他们依法管理、依法办事和为农民服务的能力和水平。广泛开展"学法律、讲权利、讲义务、讲责任"主题教育活动，引导群众以理性、合法的形式表达利益诉求。大力推进"法律进乡村"活动，把法律知识送到农村千家万户。深入开展依法治乡（镇）、依法治村活动，积极推进"民主法治村"创建工作，不断提高农村法治化管理水平。坚持法治教育与道德教育相结合，深入开展社会主义荣辱观教育，推动农村形成知荣辱、守法纪、促和谐的文明风尚。

中央社会治安综合治理委员会关于印发阎启俊、董雷、王三运同志在中央社会治安综合治理委员会2006年第二次全体会议上的发言的通知

（2006年11月16日）

各省、自治区、直辖市社会治安综合治理委员会，新疆生产建设兵团社会治安综合治理委员会，中央社会治安综合治理委员会各成员单位：

2006年11月6日，中央社会治安综合治理委员会召开第二次全体会议，山东省委常委、政法委书记阎启俊，陕西省委副书记、省综治委主任董雷和福建省委副书记、省综治委常务副主任王三运等同志分别在会上作了发言。现将发言内容摘要印发，供各地各部门结合实际情况学习参考。

加强农村平安建设　促进社会和谐稳定

阎启俊

开展“平安山东”建设以来，山东省既坚持农村、城市切块抓，又坚持城乡一体、整体推进，农村平安建设取得了阶段性成果。

一、加强组织领导

在指导思想上，坚持把农村平安建设作为构建社会主义和谐社会的重要组成部分，作为社会主义新农村建设的重要内容，纳入农村经济社会发展总体布局，与农村经济、政治、文化、社会建设和党的建设同步推进。在工作重点上，坚持重心下移，强化基层，标本兼治，重在治本，着力解决农民群众普遍关心、影响农村社会稳定的突出问题，努力提高管理和服务农村社会的能力。在方式方法上，坚持党政统一领导、综治委（办）组织协调、涉农部门齐抓共管、发动群众广泛参与，真正形成全党、全民、全社会共建平安农村的强大合力。在措施保障上，建立健全决策目标、执行责任、监督考核三个体系。

二、维护农民利益

一是加大对农村经济发展的扶持力度，最大限度地促进农民增收。2006 年全省投入 6.4 亿元用于农业综合开发，投入 18.3 亿元用于粮农直补，共为农民人均减负 102 元，新增农村劳动力转移就业 131.9 万人。二是加快社会保障和社会救助体系建设，切实解决农民的实际困难。2006 年全省投入 4.35 亿元用于农村义务教育；投入 3.6 亿元用于新型农村合作医疗试点工作，参合农民 3981.06 万人。三是坚决纠正各种侵害农民利益的行为，努力维护农民合法权益。2006 年清欠农民工程款 8.7 亿元、农民工工资 6810 万元，农民工工资基本得到及时足额发放；全省征用农村土地 15.1 万亩，全部按政策规定对农民实行了补偿和安置。四是加强农村民主法制建设，深入开展“民主法制示范村”创建活动，不断完善村务公开和民主议事制度。凡是涉及旧村改造、宅基地审批、土地承包、集体资产处置、干部报酬、重大开支等农民关注的事项，都让村民知情，请村民参与研究，接受村民监督，切实维护了农民的民主权利。

三、解决突出问题

一是深入开展矛盾纠纷排查调处工作。全省所有县（市）都建立了联席会议制度，所有乡镇都成立了调解中心，所有行政村都健全了调委会。90%以上的矛盾纠纷化解在基层、内部和萌芽状态。二是深入开展信访专项治理。严格落实信访工作责任制，积极开展无越级、无异常上访和无信访积案活动，加大涉法涉诉上访案件集中处理力度。三是深入开展严打斗争。在农村重点打击杀人、爆炸、抢劫等严重暴力犯罪，乡霸、村霸等黑恶势力犯罪，纵火、投毒等报复性犯罪，盗窃牲畜、农机具等侵财性犯罪和制假贩假等坑农害农违法犯罪。四是深入开展对突出治安问题的集中整治。近三年来，先后在全省农村组织开展道路交通、石油产区、烟草专卖、非法传销、铁路沿线、复杂场所、边界地区治安秩序整治等专项行动 10 多个，并针对 80%左右的治安问题发生在 10%左右的后进村的实际，采取党政统一领导、相关部门参加、组织工作组进驻的办法，班子、经济、治安一起抓。

四、完善防控体系

针对农村实际，在农村治安防控中逐步走出了一条社会化、市场化、职业化相结合的路子。一是县、乡两级组建政府出资、公安机关管理指导的新型治安巡防队。目前，这类巡防队已发展到 14825 支，总人数达到 13.1 万人。二是治安防范承包责任制。将农村治安防范通过公开竞标承包给个人，承包人待遇从村集体积累中支付或通过提供储备耕地等办法解决。目前,全省已有80%多的农村实行了这一做法。三是民警包村、保安驻村。乡镇下设若干警务区,每名警务区民警承包管理几个村庄,每个村庄由保安服务公司至少派驻1名保安队员,在包村民警带领下负责驻村治安工作。四是推广治安保险。党政统一领导,综治部门组织协调,以村为单位发动群众参加家庭财产保险,村委会提取部分保险金聘请保安或巡逻队员维护村内治安,居民财产发生被盗由保险公司按规定赔付损失。中国保监会已将这一险种正式定名为“平安家园险”。五是选派综治特派员。进驻治安薄弱村庄,指导、协助抓好治安工作。六是乡镇下设综治联管区。联管区由包村干部牵头,采取富村多出钱、穷村多出人的办法组建治安巡逻队,负责各村庄的社会治安。七是依法登记成立平安协会。在政府引导下,由企事业单位、个体工商户自愿组织起来,定期研究交流成员单位自身的治安防范工作,并拿出一定数量的会费搞好治安防范。

五、强化“双基”建设

一是配强力量,解决好有能人干事问题。目前,全省所有乡镇全部设有综治办,配备了综治办专职副主任和1—2名专职工作人员;乡、村两级调解、治保、巡逻、帮教、普法等各种形式的专职综治队伍达到23万人,兼职队伍达到45万人。二是落实报酬,解决好愿意干事问题。全省所有农村“两委”成员、专职综治干部和职业化治安队伍,全部落实了报酬。其中59%的村综治干部、26%的乡、村巡防队员的工资实行了县、乡两级财政统筹;30%的群防群治组织人员通过市场运作落实了报酬;对多数义务工作人员也给予了适当补贴。三是加强培训,解决好会干事问题。坚持每年对乡、村两级综治办主任和村“两委”成员集中培训一次;职业化治安防范队伍先统一培训再上岗;其他人员也都通过集中培训、以会代训等方式加强了教育。四是规范建设,解决好有章理事、有序工作问题。以网络健全、力量充实、人员优化、保障有力和制度完善、工作规范、运转高效为目标,以机构设置、队伍管理、工作制度、办事程序、基础设施“五规范”为重点,在全省4076个村庄开展了规范化建设试点。

不断完善农村社会治安防控体系
建设平安和谐的社会主义新农村

董　雷

陕西省坚持把农村基层平安创建活动作为创建“平安陕西”的重中之重,不断完善农村社会治安防控体系,全省农村平安创建工作呈现出健康有序发展的良好态势,有力推动了社会主义新农村建设。

一、狠抓“三支队伍”

一是抓好以公安机关为主的专业防范队伍建设,加强对“面”上的治安防控。以县(区)公安交警、巡警为骨干,基层派出所民警紧密配合,组成专职巡逻队。二是抓好以乡镇干部为主的治安防范队伍建设,加强对“线”上的治安防控。从乡镇机关抽调专人组建专职治安巡逻队。小乡镇抽调5至7人,大乡镇抽调7至10人,在基层派出所民警的指导下,主要负责乡镇政府所在地及辖区重点部位的治安巡逻;由乡镇机关干部和驻乡镇单位人员组建乡镇治安巡逻督察队轮流巡逻。各乡镇治安巡逻督察队由乡镇政法书记、派出所所长、乡镇武装部部长分别担任指导员和正、副队长,由派出所所长或民警带队,主要负责乡镇内支、干道及重点部位的巡逻,检查督促各村的治安防范工作。三是抓好以治安中心户长为主的群防群治队伍建设,加强对“点”上的治安防控。在经济条件较差、农民居住分散偏僻的村组，以毗邻十户为一个责任区域，推选一名中心户长；十户家庭轮流开展巡逻防范，每户值3天，每月轮一圈，中心户长督促指导联防户按值班牌和值班记录轮流值班。

二、力求“三个突破”

一是在落实技防措施上求突破。一些经济条件较好的县（区），在县城的主要街道、重点部位、路段、场所、单位安装视频监控系统，把人防、物防、技防有机地结合起来。在农村总结高陵县“警铃入户”的做法和经验，有计划、有步骤地推广“警铃入户”、“家无忧”、“红外线报警”等技术防范工程。使农村入室盗窃及盗窃农机具、电力设施和牛羊家畜等案件明显减少，增强了广大农民群众的安全感。二是在矛盾纠纷调处上求突破。宝鸡市眉县和延安市吴起县等，整合各方面力量，构建“四位一体”的矛盾纠纷排查调处工作机制。在乡镇实行综治、司法、信访、安检四个部门合署办公，一个窗口对外，对辖区的矛盾纠纷、信访以及维护稳定的相关问题，实行统一受理、集中梳理、依法调处。三是在创新工作方法上求突破。第一个创新，是在全省大力推广城固县的家庭治安代表人制度。家庭治安代表人就是从每个家庭中，推举一名敢管事、善管事、能管事的家庭治安总代表，发挥其管理人、教育人的作用。认真组织家庭成员学习相关法律法规，组织家庭成员搞好自身的治安防范，协调处理家庭成员之间的矛盾纠纷，代表家庭处理家庭成员与邻里、单位及社区的矛盾纠纷，有效防止乱口当家、无人做主的现象，解决了一些久调不结的矛盾纠纷。第二个创新，是在经济条件较好的村组，逐步推广西安市未央区的治安承包制度。以每年3000元至15000元的标准，通过公开招标、村民代表大会讨论通过的方式，将一个村的治安防范工作承包给以治安中心户长为主的村民个人，由其负责全村的治安防范工作。村委会与治安承包人签订治安承包合同，明确责任主体、责任范围、责任指标、权利义务、考核办法和奖惩标准，并由乡镇、街道办监督执行。治安承包费由各村委会统一交乡镇、街道办专户管理，由村两委会、乡镇（街道）综治办、派出所综合考核后按季度发放。第三个创新，是铜川市一些乡镇总结了“群众代表提议、人代会决定、社区负责收取、辖区单位出钱、乡镇综治办管理使用”的筹集群防群治工作经费的经验。

三、实现“三个结合”

一是把平安乡村建设与社会主义新农村建设相结合。把平安乡村建设纳入了《陕西省推进社会主义新农村建设规划》，制定了与全省第十一个五年规划相适应的平安乡村建设规划，对平安乡村建设的目标、任务、措施和实施步骤等提出了要求。二是把平安乡村建设与农村基层组织建设相结合。加强以农村党支部为核心的村委会、治保会、调委会等群众自治组织建设，结合保持共产党员先进性教育活动，对村级班子分类排队，坚持治瘫、治乱、治穷三管齐下，提高基层组织的管理控制能力；加强对村级干部的教育培训，提高村级干部的素质；发扬民主，健全法制，实行政务、村务公开，解决广大农民群众关心的热点和难点问题，提高村级组织的公信力。三是把平安乡村建设与农村社会主义精神文明建设相结合。结合开展农村形势政策、社会公德、家庭美德教育，深入开展法制宣传教育。结合开展文明村镇建设，深入开展“平安乡镇”、“平安村”、“平安校园”、“平安家庭”、“平安景区”和“平安企业”等各种形式的平安创建活动。

四、创新“三项机制”

一是健全了平安创建的工作责任机制和领导责任追究机制。各级党委、政府按照《陕西省社会治安综合治理领导责任制实施办法》，层层建立了目标管理责任制，明确了责任人的责任。普遍实行了县级领导及综治委成员单位包抓乡镇、乡镇领导包抓村组制度，把平安乡村建设责任落实到了工作部门、基层单位和具体责任人。把平安乡村建设列入各级党政领导任期目标和年度考核，把考核结果作为干部政绩评定、晋职晋级和奖惩的重要依据。同时，层层建立了社会治安综合治理警示制度，对平安创建工作措施不力、社会治安状况不好、公众安全感较低的地方，给予“黄牌警告”，限期整改。二是健全了平安创建工作的保障机制。按照小乡镇1至2人、大乡镇2至3人的标准，落实了乡镇综治办的编制和人员，完善了各种制度。解决了基层综治工作有人抓、有人管的问题。各级党委、政府普遍加大了对平安创建工作的经费投入，按照人均不低于0.15元的标准,将综治经费列入财政预算,做到专款专用。经济条件好的县(区)综治经费达到了人均1元以上,有的市、县(区)还为平安创建办划拨了专项经费,为创建工作提供了有力的财力支持。三是健全了平安创建工作的考评机制。省及各市县分别修订完善了平安县(区)、平安乡镇(街道)、平安村(社区)标准及考核办法。每年自上而下逐级对创建活动进行考核评比,一级考核一级。对在创建工作中作出突出贡献的县(区)、乡镇(街道)、村(社区)给予表彰奖励。

扎实推进海峡西岸新农村平安建设

王三运

2004年开展"平安福建"建设以来,福建省坚持以农村为重点,着力在"责任、政策、基层、机制"上下功夫,扎实推进海峡西岸新农村平安建设。

一、强化责任抓落实

各级党政一把手担任综治委正、副主任,定期研究部署平安综治工作。省、市、县、乡四级党委政府已连续两年把平安建设纳入"为民办实事"项目。通过实施"一把手工程"和层层签订综治责任书促领导责任到位,通过开展"为民办实事"项目促领导责任履行,通过推行"高位嫁接"和挂钩督导促领导责任落实,推动农村平安建设上新水平。省委书记、省长连续八年与设区市市委书记、市长签订综治领导责任书,市、县、乡、村也逐级签订,村里签订到村民小组,以村规民约的形式联结到农户。在具体实践中,注意把农村平安建设列入党委政府的重要工作之中,同步部署、一起落实,把工作绩效作为干部晋级晋职的重要依据,捆绑考核、赏罚分明。推行"高位嫁接",从省、市、县三级选派了4134名优秀党员干部到后进村党支部任第一书记,每期任职3年,帮助农村抓发展促稳定。省综治委还建立挂钩督导制度和领导干部抓综治工作实绩档案,副主任分别挂钩各设区市,委员各联系一个县(市、区),市、县两级党政领导挂点包片,形成了各负其责、狠抓落实、推动工作的良好态势。

二、把握政策抓源头

从解决农民最关心、最直接、最现实的利益问题入手,认真贯彻多予、少取、放活的方针,不断强化支农惠农政策,努力从源头上化解不稳定因素。一是在全国率先实行农村低保制度,建立农村社会"稳定器"。着力解决因残、因病、因灾、因缺乏劳动力等原因导致贫穷的农民生活保障问题,促进社会和谐。2005年,全省共向家庭人均年收入低于1000元的74.1万农村低收入居民发放最低生活保障金7.12亿元,基本实现了应保尽保。二是深化农村税费改革,形成化解干群矛盾的"减压阀"。2003年在全省推行农村税费改革,并在全国率先取消了除烟叶及原木收购环节特产税外的其他农业特产税,去年开始又全面免征农业税及其附加,使全省农民减负27亿元,人均103元,实现村村减负、户户受益。三是在全国率先推进集体林权制度改革,开辟农民增收的"增长点"。针对福建森林覆盖率居全国第一的特点,从2003年开始实施集体林权制度改革,加速发展林业产业化,做到"山定权、树定根、人定心",大大减少林权纷争和涉林案件,直接为林农增收15亿元。

三、夯实基层抓队伍

坚持力量下沉、重心下移、保障下倾,最大限度地将各种资源投放到基层第一线,下气力抓好农村三支队伍,努力壮大基层综治力量。一是整合乡镇政法综治队伍。目前,全省所有乡镇(街道)均设立综治办,配备综治专抓副职和专职干部,专职干部净增926名。落实派出所不少于5人、法庭不少于4人、司法所不少于2人的规定,公安派出所警力净增1678名。通过合署办公、设立综治党组织、建立联席会议制度等,有效整合了乡镇(街道)综治力量。二是建立村级综治协管员等农村“六大员”队伍。2003年以来,省委、省政府每年安排补助津贴9893万元,市县两级适当配套,先后在农村建立了11万多人的“六大员”队伍,即计生管理员、农民技术员、国土资源和规划建设环保协管员、社会治安综合治理协管员、乡村医生、文化协管员,形成了专职化、长期性、针对性强的农村新型公共服务体系。农村综治协管员是在试点工作基础上逐步推开的,他们专抓维稳、综治和平安建设,全省农村80%左右的矛盾纠纷靠他们在一线得到化解。目前已聘综治协管员15471名,省财政安排1000万元,按照每人每月50元的补贴标准发放,市、县二级财政配套发放。农村“六大员”相辅相成、协同配合,为维护农村和谐稳定发挥了重要作用。

四、完善机制抓长效

坚持“重在持续、重在提升、重在运作、重在实效”的工作要求,着力建立完善“三抓三带”的基层创建机制、提高“三率”的宣传教育机制、预防和化解矛盾的维稳工作机制、打防控一体化的治安工作机制。“三抓三带”的基层创建机制,就是通过抓乡镇带村居、抓街道带社区、抓系统带单位,实现条块结合、互动联动,积“小安”为“大安”。提高“三率”的宣传教育机制,就是围绕提高群众对平安建设的知晓率、参与率和满意率,开展适合农村的“平安福建·惠泽八闽”系列主题活动以及“平安家庭”创建活动,评选出示范村居275个,“平安家庭”95.19万户,使“平安建设”成为深入民心的“知名品牌”。预防和化解矛盾的维稳工作机制,就是层层成立调解工作协调领导小组,定期组织排查调处工作。建立健全预防、排查、调处、预警、信息报送、定期研判。应急处置、挂牌督办、督导检查等机制,更加有效地预防和化解了各种矛盾纠纷。打防控一体化的治安工作机制,就是坚持把定期重点整治作为推进农村平安建设的一项重要措施,每年都排查确定一批农村乱点集中开展整治。

五、全国平安建设研讨培训班

中央社会治安综合治理委员会关于印发周永康同志在全国平安建设研讨培训班上的讲话的通知

（2006年9月7日）

各省、自治区、直辖市社会治安综合治理委员会，新疆生产建设兵团社会治安综合治理委员会，中央社会治安综合治理委员会各成员单位：

2006年8月25日，周永康同志参加全国平安建设研讨培训班并与全体学员座谈。现将周永康同志在座谈会上的讲话印发给你们，请结合实际情况，认真贯彻落实。

周永康同志在全国平安建设研讨培训班上的讲话

受罗干同志委托，很高兴参加这次平安建设研讨培训班并与大家座谈。刚才，焉荣竹同志、沈何同志和几位学员代表的发言，介绍了深入开展平安建设、扎实推进社会治安综合治理的经验做法，既总结了成绩，也分析了工作中存在的薄弱环节和突出问题，并就如何解决这些问题提出了很好的意见和建议，我听后很受启发。近两年来，在党中央、国务院和地方各级党委、政府的领导下，各地高度重视社会治安综合治理工作，全力开展平安建设，思路清晰，措施得力，成效明显。通过开展平安建设，许多地方社会治安防控体系建设进一步加强，刑事犯罪和群体性事件高发的势头得到有效遏制，一些矛盾纠纷得到疏导和化解，社会管理和公共服务体系得到进一步强化，社会治安秩序持续平稳，人民群众的安全感普遍增强。这些成绩的取得，是与各级政法综治干部辛勤工作、艰苦努力分不开的。借此机会，我代表党中央、国务院，代表罗干同志，向大家表示亲切的慰问和衷心的感谢。下面，我就如何进一步深化平安建设，再强调四点意见。

一、要充分认识新形势下深入开展平安建设的重要性

当前，在以胡锦涛同志为总书记的党中央坚强领导下，全国各地各部门以科学发展观为指导，认真贯彻落实构建社会主义和谐社会等一系列重大战略部署，我国经济持续快速增长，各项社会事业全面发展，社会大局保持稳定，人民群众安居乐业，总的形势是好的。“十五”期间，我国财政收入由2000年的1.3万亿元增加到2005年的3.2万亿元。2005年国内生产总值达到18万亿元，与2000年相比，增长57.3%，平均每年递增9.5%；2005年城镇居民人均可支配收入达到10493元，比2000年增长67.1%，年均实际增长9%，农村居民人均纯收入达到3255元，比上年增长6.2%，是改革开放以来各个五年计划时期增长速度最快的。但是，我们必须清醒地看到，国际形势正在发生深刻复杂的变化，不稳定、不确定的因素增多，中美关系、中日关系和朝鲜等问题都存在着一些不确定因素，这些不确定因素都可能对我国发展和稳定带来一定的影响；我国正处于改革和发展的关键时期，在社会转型、经济转轨的过程中，人民群众的物质文化需要不断增长并日趋多样化，社会利益关系更趋复杂，统筹兼顾各方面利益的难度加大；人民群众的民主法制意识不断增强，政治参与的积极性不断提高，对发展社会主义民主政治和落实依法治国基本方略提出了新的要求；各种思想文化相互激荡，人们思想活动的独立性、选择性、多变性、差异性不断增强。与此同时，各种社会问题和矛盾也开始显现出来：城乡差距、地区差距、居民收入差距扩大，由于工业化、城镇化进程加快而引起的失地农民问题，国有企业改制而产生的下岗职工问题、早期离退休老职工的福利待遇问题，部分军队退伍人员的就业、生活还有不少困难；就业和社会保障压力增加，教育、卫生、文化等社会事业发展相对滞后，人口增长、经济发展同生态环境、能源资源之间的矛盾加剧；腐败问题、分配不公问题等引起的社会矛盾进一步凸显；人财物流动加剧，信息传播飞速发展，滋生和诱发违法犯罪的社会消极因素大量存在，越来越多的社会成员由“单位人”变为“社会人”，大量的农村富余人员、大量的下岗职工和离退休人员涌入社会，农村留守儿童的问题、互联网的问题、“黄赌毒”的问题日益突出。在这样一个经济体制、政治体制、文化体制和社会管理体制逐步完善的重要过渡期，许多传统的管理方式已经难以适应形势发展的需要，社会管理缺位、不到位的现象突出，加之一些地方党政基层组织软弱涣散，社会管理基础工作薄弱，防范和管理还存在不少漏洞，由此造成的群体性事件和社会治安问题严重影响社会稳定。

所有这些情况都表明，我国经济社会发展已经进入一个非常关键的时期。同当前维护社会治安和社会稳定的繁重任务相比，我们政法综治工作和政法综治队伍还有许多不适应的地方。只有适应形势的发展变化，不断提高贯彻落实科学发展观的能力，不断提高整合社会各方面力量的能力，不断提高协调各种利益关系、正确处理新形势下人民内部矛盾的能力，不断提高有效管理社会事务的能力，才能保持社会和谐稳定，促进经济社会的全面进步和人的全面发展，顺利实现全面建设小康社会的宏伟目标，不断把有中国特色的社会主义事业推向前进。党中央、国务院适应形势发展的要求，提出了构建社会主义和谐社会的宏伟目标。中央政法委、中央综治委为了充分发挥政法综治部门在构建社会主义和谐社会中的作用，努力维护社会稳定，及时总结了各地开展平安建设的经验，适时地提出在全国广泛开展平安建设。平安建设是构建和谐社会的基础和保障，是在新形势下加强社会建设和社会管理的有效手段，是新形势下加强社会治安综合治理工作的新举措，是促进经济社会协调发展的保障工程，维护广大人民群众根本利益的民心工程，提高党的执政能力、巩固党的执政地位的基础工程。

去年10月，中央办公厅、国务院办公厅转发的《中央政法委员会、中央社会治安综合治理委员会关于深入开展平安建设的意见》，对平安建设的指导思想、目标任务、主要措施等提出了明确要求。今年4月，在全国社会治安综合治理工作会议上，罗干同志从贯彻落实科学发展观、构建社会主义和谐社会的战略高度，深刻阐述了平安建设的重要意义，系统总结了前一阶段的工作经验，对在全国深入开展平安建设作出了全面部署。我们一定要认真学习、深刻领会两办《意见》精神和罗干同志的讲话要求，坚决贯彻落实中央关于深入开展平安建设和加强社会治安综合治理的一系列方针、政策和工作部署，从实践“三个代表”重要思想、全面贯彻落实科学发展观、构建社会主义和谐社会的战略高度，从贯彻十六届五中全会精神和保障“十一五”规划顺利实施的战略全局出发，进一步增强责任感和紧迫感，坚定信心，迎接挑战，与时俱进，开拓创新，抓好平安建设各项措施的落实，确保平安建设健康稳步推进。

二、要切实抓好平安建设各项措施的落实

平安建设的目标任务已经明确，关键是要加强领导。党政主要领导不重视平安建设，不用心抓平安建设，平安建设是搞不好的。搞不好平安建设，就没有社会稳定，改革发展就不可能顺利推进，已经取得的成果也可能丧失。各级党政领导必须带着对人民群众的深厚感情抓平安建设，通过平安建设来解决人民群众关注的热点和难点问题。

要落实平安建设的各项措施，必须坚持齐抓共管。平安建设靠一个部门和一个单位是搞不好的，必须党政领导高度重视，党政各有关部门、各人民团体和社会各界一起来抓，才能取得实效。

各地各部门要坚持从实际出发，有针对性地加强工作措施。我国幅员辽阔，各地经济社会发展很不平衡，情况不尽相同。只有深入研究本地经济社会发展状况，认真分析治安形势和社会稳定形势，紧密结合本地社会治安综合治理工作发展情况，才能制定切合实际的目标任务，有针对性地强化平安建设各项工作措施，把平安建设不断引向深入。

平安建设要重实效、办实事，切实解决当地的突出问题。要加强矛盾纠纷排查调处工作，有针对性地把各种矛盾纠纷化解在萌芽状态、化解在基层，防止发生重大群体性事件和“民转刑”案件，不断巩固安定团结的政治局面。化解矛盾纠纷要从中国国情出发，综合运用经济、行政、法律等多种手段，依法依情依理来化解矛盾纠纷，减少社会对立。要带着对人民群众的深厚感情来做工作，把人民群众最关心、最现实、最直接的利益真正放在心上，实现好、保护好、发展好人民群众的根本利益，让广大人民群众共享改革发展的成果。要认真排查治安混乱地区和突出的治安问题，分析找准存在问题的原因，有针对性地开展“严打”整治工作，确保“打黑除恶”、“缉枪治爆”和打击“两抢一盗”犯罪等专项斗争扎实稳步推进并取得实效。要严厉打击危害人民群众身体健康和生命财产安全的非法生产经营活动。要加强社会治安防范，落实人防、物防、技防措施，消除死角，堵塞漏洞。大力发展和合理配置群防群治力量，多渠道筹措解决群防群治经费，加强动态巡逻，全方位、全天候地控制好社会面的治安局势。

要主动适应经济社会发展的新变化，按照构建社会主义和谐社会的要求，强化公共服务和社会管理职能，改革社会管理体制，整合社会管理资源，加强和改进社会管理工作，形成党委领导、政府负责、社会协同、公众参与的社会管理格局，既增强社会活力，又维护社会安定有序。要坚持以人为本，充分依靠社区、基层组织、群众性自治组织，加强对“社会人”的服务和管理，使他们依法表达诉求、规范行为、参与社会生活。要创新流动人口管理方式，以落脚点和居住地管理为基础，推行“人户一致”的落地定位管理机制，既促进人口的合理有序流动，又有效防范、打击违法犯罪活动。要加强对刑释解教人员、吸毒人员、闲散青少年、流浪儿童的教育管理和服务，增强其融入社会的能力。要认真研究违法犯罪活动的规律特点，从违法犯罪分子作案指向目标和“吃住行消乐”活动轨迹入手，充分依托信息网络，强化对重点地区、部位、场所、行业的管理，确保对违法犯罪活动发现得了、控制得住。要加强对易燃易爆危险物品、违禁物品的监管工作，加强消防、道路交通安全工作，防范、减少各类案件、事故的发生。要依法加强对互联网、移动通讯工具的运用、管理，防范、打击利用和针对信息网络的违法犯罪活动，防范在互联网上的炒作和错误舆论导向。要坚持培育发展和管理监督并重，依法加强对各类社会组织、境外非政府组织的有效管理，趋利避害、为我所用。要进一步健全和完善社会保险、社会救助、社会福利等社会保障体系，完善安全生产监督管理机制，完善对各类自然灾害的预测和预警机制，加强构建自然灾害综合防御体系和疾病预防控制体系，建立健全社会安全网络。

要认真学习借鉴兄弟地区的好做法、好经验，努力扩大平安建设的成果。在今年社会治安综合治理工作会议上，中央综治办印发了《社会治安综合治理经验汇编》，这次参加培训的学员也带来了各自的经验材料，其中许多经验很有特点。如一些地方构建“大调解”、“大防控”工作格局，推广建立乡镇、街道综治工作中心，推广建立乡镇、街道矛盾纠纷联动调处中心，组织综治特派员或信息员等。大家要认真学习、充分运用好兄弟地区的有益做法和成功经验，有针对性地加强和改进本地区的工作，使平安建设在实践中不断创新发展。

三、要始终坚定不移地抓好基层基础建设

平安建设的重点在基层，难点也在基层。加强基层基础建设，必须贯穿平安建设的始终。平安建设是在广泛开展基层安全创建活动的基础上发展起来的，是更高层次上、更广范围内的创建活动。要通过平安建设，推动和深化基层安全创建活动，广泛开展平安社区、平安乡村、平安学校、平安企业、平安家庭、平安大道、平安铁道线、平安寺庙等创建活动，夯实社会治安综合治理的基层基础工作，把维护社会稳定、社会治安和社会公共安全的各项工作做好。平安建设只有深深扎根千家万户，深深扎根人民群众，才能真正实现平安。这次培训班印发了关于深入开展平安乡村、平安企业创建活动意见征求意见稿，希望大家能认真研讨，把文件修改好。

平安建设必须调动全社会的力量。要充分发挥各部门、各行业的作用，细化、量化各部门、各行业的目标任务，明确责任。要进一步健全和完善社会治安综合治理领导责任制和目标管理责任制。认真落实中组部下发的《体现科学发展观要求的地方党政领导班子和领导干部综合考核评价试行办法》，进一步落实党政领导班子和领导干部抓社会治安综合治理的责任，加大考核和奖惩力度。

要进一步建立健全基层综合治理组织网络。大力加强党的基层组织建设，充分发挥党组织在平安建设中的领导核心作用。加强乡镇、街道综治委、办建设，配齐配强领导干部和专职工作人员，落实经费保障，充分发挥其组织协调各方的作用。加强基层公安派出所、司法所和人民法庭建设，充分发挥政法部门在平安建设中的主力军作用。要因地制宜，努力发展群防群治队伍，形成长效工作机制，打牢平安建设的群众基础。

四、要牢牢抓住队伍建设这个根本

近日，胡锦涛总书记为第二批全国干部学习培训教材作序，就加强干部教育培训工作提出明确要求。他强调，干部教育培训工作要坚持以马克思列宁主义、毛泽东思想、邓小平理论和“三个代表”重要思想为指导，全面落实科学发展观，认真贯彻联系实际创新路、加强培训求实效的要求，更好地为全面建设小康社会、加快推进社会主义现代化服务，更好地为加强党的执政能力建设和先进性建设服务。我们举办这次研讨培训班，正是贯彻落实胡锦涛总书记重要指示和中央关于大规模培训干部、大幅度提高干部素质战略部署的需要，是适应新形势和新任务要求，建设一支高素质的政法综治干部队伍，开创政法和社会治安综合治理工作新局面的需要。

当前，各级政法、综治部门要结合全党认真学习《江泽民文选》，保持共产党员先进性教育，在政法战线深入开展社会主义荣辱观教育和社会主义法治理念教育，“规范执法行为，促进执法公正”等活动，加强调查研究，加强政治理论学习、法律法规学习和政法综治业务学习，认真研究政法综治工作面临的新形势、新任务和新课题，切实提高政治理论素质、思想素质和业务素质，不断创新工作思路和工作方法，努力提高对敌斗争、维护国家安全的能力，打击预防犯罪、驾驭治安局势的能力，加强基层基础工作、化解矛盾纠纷的能力，严格公正执法、保障社会公平正义的能力，服务经济建设、促进改革发展的能力，为全面建设小康社会创造和谐稳定的社会环境、公正高效的法治环境。

各级政法、综治部门要建立健全干部教育培训制度，建立起经常化、制度化、规范化的教育培训体系。要重视加强培训教材建设。中央综治办正在编写综合治理工作的培训教材，这次也把教材的纲要发给大家征求意见。要集中大家的智慧把教材编好。在教育培训工作中，地市级政法委和综治办担负着承上启下的重要任务，要提高思想认识，加强组织领导，健全完善首任培训、定期轮训等制度，切实抓好干部培训工作。

最后，希望参加平安建设研讨培训班的全体学员珍惜这次难得的学习机会，认真学习、深入思考，加强交流、共同提高，圆满完成学习培训任务，努力取得实实在在的成果，回到工作岗位上继续勤奋工作、开拓创新，为深入开展平安建设、扎实推进社会治安综合治理，为全面建设小康社会、构建社会主义和谐社会做出新的更大的贡献！

中央社会治安综合治理委员会办公室关于全国平安建设研讨培训班的总结报告

(2006年9月12日)

中央综治办于2006年8月23日至30日在山东省烟台市举办了全国平安建设研讨培训班。全国各省(区、市)、市(州、盟、地区)综治办主任和解放军保卫干部近480人参加了培训。

培训班安排了关于国家安全和社会政治稳定形势、和谐社会与法制建设、社会主义法治理念教育等3场形势政策报告。中央有关部门负责同志、部分省综治委负责同志围绕矛盾纠纷排查调处工作、社会治安防控体系建设、加强社会建设和社会管理、预防青少年违法犯罪、平安企业和平安校园创建、夯实社会治安综合治理基层基础等内容作了10场专题讲座。8月25日,受罗干同志委托,永康同志专程到烟台看望全体学员并与大家座谈,使全体学员深受鼓舞。永康同志在座谈会上的重要讲话,从国际环境大背景、国内环境大背景、信息时代大背景和各地各单位工作实际等四个方面,深刻分析了开展平安建设的重要意义,强调了推进平安建设要重点解决的几个问题,站位高,立意深,针对性强,使大家深切感受到了党中央、国务院对平安建设的高度重视,切实增强了抓好平安建设、维护社会稳定的责任感和紧迫感,在学员中产生深刻反响。培训期间,中央综治办编印了学习资料,包括《江泽民文选》中关于维护社会治安和社会稳定方面的论述,中央领导同志关于平安建设的论述,罗干、永康同志在全国政法工作会议和全国综治工作会议上的讲话,以及中办、国办转发《中央政法委员会、中央社会治安综合治理委员会关于深入开展平安建设的意见》等内容,学员们认真、系统地学习了这些资料。培训期间,学员们广泛交流了各地开展平安建设的有益做法和成功经验,实地考察了烟台市的平安建设工作。通过学习、研讨和考察,大家对平安建设的工作重点和措施有了更深刻的认识,进一步明确了推进平安建设的工作思路,进一步坚定了深入开展平安建设、扎实推进社会治安综合治理工作的信心和决心。

这次研讨培训班主要有以下几点收获:

(一)进一步提高了认识,统一了思想,增强了深入开展平安建设的责任感和紧迫感。通过认真学习中央关于平安建设的一系列重要指示精神,特别是听了永康同志在座谈会上的重要讲话,大家增强了深入开展平安建设的责任感和紧迫感。大家深刻体会到,在目前十分复杂的国际国内环境下,我们既要看到开展平安建设有利的条件,紧紧抓住重要机遇,趁势而上,又要看到平安建设的艰巨性和复杂性,增强政治意识、大局意识、忧患意识和责任意识,从更高的站位去认识和把握平安建设,立足现实,从长计议,采取更具针对性、更加切实有效的措施推进平安建设,真正把社会治安综合治理各项措施落到实处。

(二)交流了经验,开阔了视野。大家反映,这次研讨培训班实际也是一次平安建设的经验交流会和现场推进会。山东、江苏、浙江、河北、福建等省综治委领导的讲座,烟台市的经验介绍,学员的大会交流和分组讨论,交流了许多好经验,使大家学到许多好做法,开阔了视野,拓宽了思路。学员提交的近500份论文和培训班印发的《全国社会治安综合治理经验汇编》,都有许多特点鲜明、别具特色的好经验、好做法,值得借鉴和推广。大家表示,要结合本地本部门实际,认真学习借鉴,把这些做法经验本地化、具体化,并不断探索创造新经验,推动平安建设更加广泛深入地开展。

(三)明确了思路,坚定了信心。大家表示,在当前平安建设头绪多、任务重、难度大的情况下,要认真贯彻落实中央的精神,坚持从实际出发,因地制宜,突出重点,制定切合实际的目标任务,采取切实可行的具体措施,真正把平安建设的各项目标任务和措施落到实处。大家普遍反映,目前平安建设工作发展势头很好,各级党委政府高度重视,各有关部门积极参与,广大群众衷心拥护和支持,各地在前一段平安建设中取得了一定的成效,探索了一些有效的经验做法,为深入开展平安建设打下了良好的工作基础。通过这次研讨培训,大家感到进一步明确了推进平安建设的工作思路,进一步坚定了深入开展平安建设、推进社会治安综合治理的信心和决心。大家表示,回去后要原原本本地向本地党政主要领导汇报传达这次研讨培训班情况特别是永康同志的重要讲话精神,并拿出具体的贯彻意见,把这次研讨培训学习的成果转化为推进平安建设的工作动力和实际效果。

培训期间,学员们集思广益,畅所欲言,就今后如何扎实推进平安建设,解决社会治安综合治理重点和难点问题,提出不少意见和建议。大家在以下几方面达成共识:

(一)加强矛盾纠纷排查调处工作,维护社会大局稳定,是平安建设的首要任务。开展平安建设,必须解决党委和政府关注、人民群众迫切需要解决的问题。当前,人民内部矛盾凸显,群体性事件大量增多,已经成为影响社会稳定的最突出问题。因此,加强矛盾纠纷排查调处工作,正确处理和有效化解各种社会矛盾,维护广大人民群众根本利益,有效维护社会大局稳定,不断巩固安定团结的政治局面,是各地开展平安建设必须紧紧抓住的首要任务。排查调处矛盾纠纷,是社会治安综合治理长期坚持的一项基础性工作,综治队伍承担这项工作有许多优势,也积累了许多宝贵经验。要建立健全基层矛盾纠纷排查调处网络,推广建立人民调解、行政调解、司法调解三位一体的工作体系,建立完善各项制度,确保排查化解工作见到实效。各地综治办要重点抓好排查工作,事情排查出来了,要充分发挥组织协调作用,督促有关部门限期解决问题。要通过开展平安建设,真正解决涉及群众切身利益的问题,真正让党委和政府尽早掌握信息,及时化解矛盾,从而预防和减少群体性事件的发生。

(二)加强社会建设和社会管理,维护公共秩序和公共安全,是平安建设应有之义。当前,在社会管理方面缺位、不到位的现象比较严重,“社会人”管理的问题、互联网管理的问题、假冒伪劣产品的问题、食品和药品安全等问题越来越被全社会所关注。加强社会管理,维护公共秩序和公共安全,既事关广大人民群众的生命财产安全,也事关党和政府的执政能力和形象,各级党委和政府必须解决好。开展平安建设,是强化社会建设和社会管理各项措施的有效载体。要通过平安建设,强化对“社会人”的管理和服务,加强对非政府组织的有效监管;加强对易燃易爆危险物品、违禁物品的监管工作,加强消防、道路交通安全工作;依法加强对互联网、移动通讯工具的运用、管理,防范、打击利用和针对信息网络的违法犯罪活动,确保信息网络安全;进一步健全和完善社会保险、社会救助、社会福利等社会保障体系,完善安全生产监督管理机制,完善对各类自然灾害的预测和预警机制,加速构建自然灾害综合防御体系和疾病预防控制体系,建立健全社会安全网络。

(三)深入开展平安县(市、区)创建活动,是当前推进平安建设的重要措施。当前要重点开展好建设平安县(市、区)活动,从各地实际出发,因地制宜地抓好县以下基层单位的平安建设工作,抓好各种形式的基层平安创建活动,做到不留空白、不留死角,不断提高街道社区、乡镇村寨、厂矿企业、学校和家庭等基层安全创建水平,扩大基层安全创建的覆盖范围,积小安为大安,切实增强人民群众的安全感。

(四)落实社会治安综合治理责任制,是搞好平安建设的关键环节。平安建设工作千头万绪,面广量大,要真正抓好,关键在领导,核心在责任,重点在落实。前不久,中组部下发了《体现科学发展观要求的地方党政领导班子和领导干部综合考核评价试行办法》,就进一步落实党政领导班子和领导干部抓社会治安综合治理的责任,加大考核和奖惩力度作出了原则性规定。我们一定要抓住机会,协同组织部门在内容上、程序上细化相关规定。齐抓共管是综合治理工作的核心,要按照“属地管理”和“谁主管谁负责、谁经营谁负责”的原则,层层建立领导责任制、部门责任制和单位责任制。要发挥专门工作小组的作用,协调指导他们开展工作。围绕平安建设的目标任务，完善社会治安综合治理责任状，真正把平安建设的各项任务落实到基层，落实到部门（单位），落实到责任人。要健全完善齐抓共建的工作机制，动员更多社会力量参与平安建设，要从权责利相统一入手，进一步规范群防群治队伍建设，充分发挥其维护社会治安的积极作用。要健全完善考核奖惩机制，通过考评解决综治工作中的重点难点问题，促进各项工作措施进一步落实。

（五）夯实社会治安综合治理基层基础，是平安建设取得实效的根本保障。基层基础薄弱是长期以来影响和制约社会治安综合治理工作扎实推进的一个突出问题。加强基层基础建设是深入开展平安建设的长期任务和永恒课题。要因地制宜，广泛开展基层平安创建活动，切实加强基层基础建设。要加强基层党政组织、政法综治组织和群众自治组织建设，特别是在乡镇（街道）机构改革中，要整合基层维护稳定的力量，确保乡镇（街道）综治机构充分发挥作用。要突出重点，力求实效，把平安建设各项措施落实到基层。要注重抓重点、解难点，办实事、求实效，着力解决本地区本部门影响稳定、影响群众安全感的突出问题，在解决治安问题、化解矛盾纠纷、预防青少年违法犯罪、流动人口管理等方面下大功夫。要加大对科技防范的投入，提高技防水平，消除治安和安全隐患，维护广大人民群众生产生活安全，增强人民群众的安全感。要充分利用报刊、电视、网络等媒体做好宣传工作，发挥好法制日报、长安杂志、长安出版社等政法综治宣传主渠道的作用，通过宣传动员社会各种力量和广大群众参与社会治安综合治理和平安建设。

学员普遍反映，这次研讨培训班举办得非常适时和必要，对于推动全国政法综治干部教育培训工作、提高政法综治干部队伍整体素质，对于研究解决社会治安综合治理重点和难点问题、推动各地平安建设更加广泛深入地开展，必将发挥重要作用。

六、中央社会治安综合治理委员会办公室文件

中央社会治安综合治理委员会办公室关于进一步将防范和处理邪教问题纳入基层社会治安综合治理工作的意见

（2006年7月28日）

各省、自治区、直辖市和新疆生产建设兵团社会治安综合治理委员会办公室，各省、自治区、直辖市和新疆生产建设兵团防范和处理邪教问题办公室：

根据《中央办公厅、国务院办公厅转发〈中央政法委员会、中央社会治安综合治理委员会关于深入开展平安建设的意见〉的通知》精神，结合贯彻落实中央关于"进一步加强基础建设，推进工作创新，完善长效机制，提高工作水平"和"加强宣传教育和综合治理，不断完善防范和处理邪教工作的长效机制"的指示精神，为使各地进一步将防范和处理邪教工作与平安建设及社会治安综合治理工作紧密结合起来，做到专群结合，打防并举，群防群治，切实承担起确保一方平安的政治责任，现提出以下意见：

一、进一步提高对防范和处理邪教工作重要意义的认识

在党中央的正确领导下，我们开展了同"法轮功"邪教组织的斗争，加强了对其他邪教组织的防范和处理工作。经过各地各部门几年来艰苦细致、卓有成效的工作，斗争取得了重大胜利，有力地维护了社会政治稳定，促进了经济发展和社会进步。但是，由于邪教的顽固性、反复性，特别是由于境外敌对势力的支持、利用，目前防范和处理邪教工作形势仍很严峻。近两年，境内"法轮功"分子书写、喷涂、悬挂、张贴大幅反动标语案件和大面积散发反动宣传品案件时有发生，非法串联、聚集活动重新抬头。一些其他邪教组织和有害气功组织也变换策略，企图恢复组织，重新活动。"法轮功"等邪教组织的种种活动严重扰乱社会治安，影响社会稳定，危害人民群众正常的生产生活秩序，必须高度重视，严加防范。

近几年的工作实践表明，反邪教工作重在预防，重在基层。抓好基层基础工作，是做好防范和处理邪教工作的关键所在。因此，在新的斗争形势下，进一步将防范和处理邪教工作纳入基层平安建设及社会治安综合治理工作是加强反邪教基础工作的重要举措，对防范邪教组织的宣传渗透和捣乱破坏等非法活动，切实保护人民群众身心健康和生命财产安全，维护社会政治稳定，巩固党的执政地位，构建社会主义和谐社会，具有重要意义。

二、加强组织保障，将防范和处理邪教问题纳入基层平安建设及社会治安综合治理工作范围

各级防范和处理邪教问题办公室要增强工作的紧迫感和责任感，积极主动地大力加强基层基础工作。各级社会治安综合治理委员会及办公室要进一步提高对防范和处理邪教工作重要意义的

认识，加强对基层防范和处理邪教工作的组织协调，将这项工作纳入重要议事日程，作为一项重要工作进行部署和检查。

为加强组织保障，在未设防范和处理邪教问题办公室的区、县和街道、乡镇，当地综治部门要明确一位主要负责同志分管防范和处理邪教工作，并配备专职或兼职工作人员，做到主要领导亲自抓，具体工作专人负责。要将防范和处理邪教工作纳入平安建设及社会治安综合治理的日常工作中，认真贯彻落实关于防范和处理邪教工作的方针政策、要求，组织、协调相关部门、单位，充分发挥综治工作组织、信息网络的作用，做好辖区内的防范和处理邪教工作。要结合本地区实际，认真制定防范和处理邪教工作计划，明确职责任务，层层分解目标，责任落实到人。

各地要结合当地实际，将防范和处理邪教问题纳入社会治安综合治理基层基础工作。一是将防范和处理邪教问题纳入当前正在开展的平安建设和基层安全创建活动。各地在组织开展平安乡村、平安社区、平安企业、平安家庭、平安学校等基层平安创建活动中，要充分发挥基层党政组织和居委会、治保会、调委会等基层组织的作用，将防范和处理邪教任务和责任落实到基层。二是将防范和处理邪教问题纳入对治安混乱地区和突出治安问题的排查整治。充分发挥群防群治网络和治安信息员的作用，将防范和处理邪教工作的触角延伸到街道社区、乡村，加大对基层邪教问题的排查整治力度，形成严密的防范控制网络。三是将防范和处理邪教问题纳入“为了明天——预防青少年违法犯罪工程”。加强对青少年的反邪教教育，提高抵御邪教侵袭的能力，挫败“法轮功”等邪教组织向青少年和大、中、小学校渗透的图谋。四是将防范和处理邪教工作纳入对出租房屋、网吧等特种行业的管理工作，依法查处制作、传播各种邪教非法宣传品和有害信息的活动。

三、加强领导，切实把防范和处理邪教问题纳入综治工作的各项措施落到实处

各级防范和处理邪教问题办公室和各级社会治安综合治理委员会及办公室要进一步加强协作，密切配合。各级防范和处理邪教问题办公室要根据基层实际情况，加强对基层综治工作人员防范和处理邪教知识与政策法规的培训，加强对具体防范处置工作的业务指导。各级综治部门要将防范和处理邪教工作作为一项重要内容，列入社会治安综合治理工作目标管理责任书和年度综治考核，与其他各项工作同部署、同检查、同考核。要定期向当地党政领导汇报有关工作情况，使其及时了解需要关注和解决的问题。各地要根据当地实际情况，制定关于实施社会治安综合治理一票否决的具体实施意见，对因工作不力或措施不落实而导致邪教活动猖獗、造成恶劣影响的地区和单位及其责任人，要严肃追究责任，实行社会治安综合治理责任追究和一票否决。对将防范和处理邪教问题纳入综治工作成绩突出的，及时予以总结表彰奖励，对典型经验和做法要进行适当宣传和推广。

中央社会治安综合治理委员会办公室
关于印发《反偷渡综合治理工作
考评细则》的通知

（2006 年 8 月 14 日）

各省、自治区、直辖市社会治安综合治理委员会办公室，新疆生产建设兵团社会治安综合治理委员会办公室：

2004年7月，中央综治办下发了《关于进一步加强反偷渡工作的通知》，将反偷渡工作纳入社会治安综合治理工作，列为年度社会治安综合治理工作考评内容。为进一步贯彻综治办通知精神，推动反偷渡综合治理工作各项措施的落实，公安部边防局制定了《反偷渡综合治理工作考评细则》（试行），现印发给你们，请协助边防部门遵照执行。

反偷渡综合治理工作考评细则
（试行）

为贯彻落实中央综治办《关于进一步加强反偷渡工作的通知》文件精神，进一步推动反偷渡综合治理各项措施的落实，根据中央综治办《省、自治区、直辖市社会治安综合治理工作考核评比标准》的有关规定，结合工作实际，制定本细则。

一、工作机制建设情况（5项，共40分）

（一）省（区、市）和市（地）、县（市、区）党委、政府和综治委反偷渡工作领导机构设立情况、工作部署和开展情况；主管领导同志深入一线，检查指导工作情况。酌情得分，最高10分。

（二）各级党委、政府及其相关部门对反偷渡综合治理目标管理责任制和领导责任制建立完善情况；重点地区签订反偷渡工作责任状、实行一票否决制及责任倒查追究制度等的制定情况。酌情得分，最高10分。

（三）协调有关部门定期召开联席会议，研究制定反偷渡综合治理措施和方案情况。酌情得分，最高5分。

（四）相关职能部门积极配合公安机关，建立的反偷渡长效工作机制情况，在专项打击、联合行动中的相互配合、协作情况。酌情得分，最高10分。

（五）市（县）及乡（镇）、村将反偷渡工作纳入平安县（市、区）、平安小区、平安乡镇村等基层安全创建和平安建设活动中，并配备人员、建立工作制度情况。酌情得分，最高5分。

二、打击整治工作情况（4项；30分）

（一）根据偷渡活动形势，积极部署反偷渡专项斗争和集中整治工作情况及成效。酌情得分，最高10分。

（二）根据实际，对重点地段、重点部位实行集中排查、检查情况。酌情得分，最高5分。

（三）打击处理“蛇头”情况、组织堵截、破获偷渡案件情况、侦破上级交办的挂牌督办案件情况。酌情得分，最高10分。

（四）偷渡高发地区，适时组织专项行动，遏制高发势头情况。酌情得分，最高5分。

三、基础防范工作情况（4项，30分）

（一）反偷渡情报信息工作情况、社会面控制情况、偷渡活动发展形势分析和发现情况。酌情得分，最高10分。

（二）重点地区开展形式多样的反偷渡宣传教育情况及效果。酌情得分，最高10分。

（三）户籍管理特别是外来人口管理情况。酌情得分，最高5分。

（四）基层治保组织、治安联防等群防群治组织在反偷渡综合治理工作中发挥作用情况。酌情得分，最高5分。

四、其他

（一）加分情形

1. 各级反偷渡综治机构以及基层治保组织、治安联防等群防群治组织健全，发挥作用明显。酌情加分，最高5分。

2. 基层公安、边防派出所的管理控制严密，对部、省挂牌督办的重大偷渡案件破案率、追逃率提高。酌情加分，最高5分。

3. 各有关职能部门协作配合制度完善，整体作战能力加强。酌情加分,最高5分。

4. 重点地区整治措施有力,偷渡案件发案同比下降,效果明显。酌情加分,最高5分。

5. 财政支持、多渠道保障资金落实及时,物防、技防措施到位。酌情加分,最高5分。

6. 宣传教育工作到位,群众自觉抵制偷渡活动意识增强。酌情加分,最高5分。

(二)减分情形

1. 党委、政府及综治委对反偷渡工作不重视,有以下情况的,酌情减分,最高20分:

——年内,没有召集会议或联席会议,听取情况汇报,分析工作形势,研究落实反偷渡综合治理工作措施;

——反偷渡领导机构和制度不健全,没有建立反偷渡工作领导责任制,对发生严重危害社会稳定、造成恶劣影响的一些重大案件,没有严格落实领导责任追究或实行一票否决的。

——对重点地区的反偷渡综合治理工作没有进行实地检查、指导,情况不详、底数不清;

——没有建立偷渡情报信息搜集、研判机制,不能及时上报预警信息的;

——反偷渡综合治理各项措施不到位,与既定目标和上级要求差距较大。

2. 发生以下案件的,酌情减分,最高30分:

——发生20人以上的从本辖区偷渡、或由本辖区船只运送、或本辖区人员成批到异地偷渡未发现的案件;

——境外通报、遣返一次10人以上从本辖区偷渡、由本辖区船只运送、本辖区人员成批到异地偷渡得逞案件的;

——境内外发现、查获的一次10人以上非法入境外国人经我境有组织偷渡其他国家(地区)案件;

——发现本地人员10人以上持伪造涂改证件、他人证件或逃避口岸边防检查,利用偷登、藏匿交通工具或混入口岸限定区域等方式或持非法获取的由内地公安机关签发的证件从口岸偷渡得逞案件;

——发生利用集装箱偷渡得逞案件或年内未能结案的;

——发生不属上述范围但影响恶劣、形成热点的偷渡案件。

3. 重点地区整治措施不力,有以下情形的酌情减分,最高20分:

——偷渡案件发案率有增无减,限期整改效果不大;

——破案率低于30%以下,对上级挂牌督办的案件未能及时侦破、案件倒查不下去或不了了之的;

——连续发生3起以上本细则中减分情形的第2条所列案件,没有采取具体措施,无明显改观。

(三)考核办法

1. 中央综治办会同公安部边防局对各省、自治区、直辖市每年对反偷渡综合治理工作进行一次考核。

2. 各省、区、市综治办于每年12月10日前将本年度反偷渡综治工作总结及对照上述考核内容自行考核打分情况以书面告公安部边防局,公安部边防局将与中央综治办对考核情况进行综合打分,并根据分值,确定考评结果。

3. 考核分值与考评结果具体为:90分以上的为“优秀”,在中央综治办对各省、自治区、直辖市社会治安综合治理关于反偷渡工作的考核中不扣分(即1分);89至70分为“良好”,扣0.2分;69至60分为“及格”,扣0.5分;60分以下为“不及格”,扣1分。

4. 中央综治办将考评结果通报各地。

中央综治办　中央维稳办
关于印发《全国创建平安边界
现场会会议纪要》的通知

（2006 年 6 月 8 日）

各省、自治区、直辖市和新疆生产建设兵团社会治安综合治理委员会办公室，中央社会治安综合治理委员会各成员单位，各省、自治区、直辖市委维护稳定工作领导小组办公室：

现将《全国创建平安边界现场会会议纪要》印发给你们，请结合实际情况，认真贯彻落实。

全国创建平安边界现场会会议纪要

2006 年 5 月 23 日，中央社会治安综合治理委员会办公室和中央维护稳定工作领导小组办公室在山东省济宁市和江苏省徐州市联合召开了全国创建平安边界现场会。会议的主要任务是贯彻落实中央领导同志关于做好边界地区稳定工作的重要批示和全国社会治安综合治理工作会议精神，总结交流平安边界创建工作经验，推动平安建设深入开展。会上，济宁市和徐州市分别介绍了共同做好省际边界微山湖地区维护稳定工作的经验，四川、青海省介绍了开展平安边界创建活动的做法，民政部、公安部有关部门负责同志结合本部门职责提出了具体工作意见。各省、自治区、直辖市和新疆生产建设兵团综治办主任，各省、自治区、直辖市维稳办负责同志，公安部、司法部、民政部、国土资源部、农业部、水利部、国家林业局有关部门负责同志参加会议；中央综治委副主任、中央综治办主任陈冀平同志出席会议并讲话，中央维稳办副主任、公安部部长助理陈智敏同志主持会议并作总结讲话。纪要如下：

会议传达学习了罗干、周永康同志对山东济宁和江苏徐州共同做好省际边界微山湖地区维护稳定工作的重要批示，分析了边界地区稳定形势，总结交流了创建平安边界、维护边界地区稳定的经验。会议指出，长期以来，由于历史与现实、主观与客观等多方面复杂原因，边界地区因地界、田产、山林、草场、水利、矿产资源等引发的矛盾纠纷接连不断，边界地区械斗、群体性事件时有发生；一些犯罪分子利用边界地区管理上的漏洞和空当，跨区域流窜作案，使边界地区刑事犯罪率居高不下，治安乱点较多，严重危害人民群众生命财产安全，影响边界地区社会稳定和经济发展，社会各界反映强烈。党中央、国务院高度重视边界地区稳定问题，采取了一系列政策措施，中央领导同志作出了许多重要指示，为各地针对工作中的薄弱环节和突出问题，深入推进平安建设和维护稳定工作，指明了方向。各地区、各有关部门认真贯彻落实中央的精神，坚持从实际出发，积极探索，为维护边界地区稳定做了大量艰苦细致、扎实有效的工作，取得了明显成效，积累了不少好做法、好经验。这次会议总结交流的经验，特别是省际边界微山湖地区维护稳定的经验，突出体现了以下几个特点：一是边界地区各级党委、政府牢固树立大局意识、全局观念，突破传统地域观念，坚持“一盘棋”，立足高境界，发扬高风格，做到互谅互让、互信互助，切实把维护边界地区稳定工作摆上重要位置，切实加强平安边界创建工作的组织领导。二是边界地区各方、各有关部门加强沟通联系，坚持协作配合，共保稳定，共创平安。三是坚持从维护广大人民群众的根本利益出发，切实解决好群众最关心、最直接、最现实的利益问题，从源头上预防和化解边界纠纷。四是建立健全边界地区维护稳定工作长效机制，确保边界地区长治久安。这些宝贵经验，为深入开展平安边界创建活动、维护边界地区长期稳定打下了坚实基础。但是，由于边界纠纷往往由来已久、原因复杂，加之各地工作发展不平衡，一些地方基层基础工作薄弱，综合治理的优势没有充分发挥出来，当前边界地区影响社会稳定和社会治安的问题仍很突出。因此，会议强调，各地区、各部门要进一步提高认识，统一思想，从各自实际出发，认真分析平安建设和维护稳定工作面临的形势，认真学习和贯彻落实中央领导同志关于做好边界地区稳定工作的重要批示精神，进一步增强做好平安边界创建工作的责任感和紧迫感，真正把思想和行动统一到中央的部署和要求上来，采取更加扎实有力的措施，推动平安边界创建工作深入开展，维护边界地区的长期和谐稳定。

会议对创建平安边界、维护边界地区长期稳定作出了具体部署，要求各地区、各有关部门切实按照中央领导同志的批示精神，抓住贯彻落实中办、国办转发的《中央政法委员会、中央社会治安综合治理委员会关于深入开展平安建设的意见》的契机，把这项工作作为平安建设的重要内容，纳入总体规划和部署，制订具体目标任务，在边界地区各级党委政府统一领导下，充分发挥社会治安综合治理的优势，部门联动、齐抓共管，专群结合、依靠群众，多措并举、综合施治。

一是要把创建平安边界、维护边界地区稳定，作为社会治安综合治理和维护稳定领导责任制的重要内容，实施“一把手”工程，切实增强党政主要领导维护边界地区稳定的政治意识和大局意识。要立足全局，从维护边界地区群众利益出发，抓好平安边界创建工作。要加强联系和沟通，把矛盾解决在萌芽状态，做到“干部多握手，群众少动手”。要层层分解任务、落实责任，严格检查考核、兑现奖惩，真正把解决边界纠纷、创建平安边界工作开展情况和实际效果与责任人的政绩、晋职晋级和奖惩等紧密挂钩。对工作得力、成绩显著的，要予以大力表彰奖励，并记入干部政绩档案，作为干部考察、选拔和使用的重要材料；对因工作不力，导致械斗和发生严重危害社会稳定的群体性事件的，要坚决行使社会治安综合治理一票否决权，严格实行领导责任查究。会议要求，凡曾有边界纠纷的地方，近期要认真组织开展集中排查，对排查出来的问题，严格按照责任制的要求，限期解决。中央综治办、中央维稳办将于今年下半年对曾经发生边界纠纷的重点地区进行督导检查。

二是要充分发挥边界各方有关部门的职能作用，做到“联防、联治、联控、联管、联调、联打”，联手共创、齐抓共管。政法、综治和维稳部门是维护边界地区稳定、创建平安边界的主力军，要充分发挥排查调处矛盾纠纷、排查整治治安混乱地区和突出治安问题、强化治安防范和管理、打击违法犯罪、预防和处置群体性事件等方面工作的骨干作用。各级综治办和维稳办既要充分发挥各自职能优势，又要努力做到优势互补，加强联系沟通和协作配合，互通情报信息，互相支持，加大对有关部门维护稳定工作的组织协调和检查指导的力度，促进预防、调解、教育、管理和服务等各项维护边界稳定工作措施的落实。综治部门要充分发挥职能作用，组织协调有关部门深入开展各种形式的平安边界创建活动。维稳部门要在掌握情报信息、协调处置跨界的不稳定问题等方面切实做好工作。民政部门要全面、科学勘界，依法加强行政区域界线管理。其他各有关部门也都要积极履行职责，主动开展工作，形成维护边界地区稳定工作合力。在总结经验的基础上，中央综治办、中央维稳办将与有关部门就创建平安边界工作提出具体意见。

三是要坚持专群结合、依靠群众，充分发挥群防群治队伍的作用。人民群众是维护边界地区稳定、创建平安边界的主体。边界地区各级党委政府和有关部门要适应广大群众盼稳定、求平安的需要，深入到群众中去，带着对群众的深厚感情做工作，努力为群众办实事、做好事、解难事，帮助群众解决生产、生活中遇到的实际问题和困难，维护群众切身利益；积极宣传群众、发动群众、组织群众，认真做好群众思想政治工作和法制宣传工作，不断提高群众的思想认识水平，增强群众法制观念，引导群众依法反映合理诉求，通过法律渠道解决纠纷，调动群众参与平安建设、维护边界地区稳定的积极性。要努力探索新形势下组织群众参与社会治安综合治理、维护社会稳定的有效方式，进一步健全群防群治组织网络，充分发挥治安信息员、民间纠纷调解员、综治协管员、治安巡防员等各种群防群治队伍维护社会治安和社会稳定的积极作用。

四是要建立健全长效机制，维护边界地区长期和谐稳定。由于边界纠纷和边界地区治安问题的复杂性，工作难度较大，解决边界纠纷、维护边界地区稳定不能满足于一时一事、一劳永逸。各地区、各有关部门要坚持开拓创新，与时俱进，深入实际开展调研，不断研究新情况、解决新问题，坚持不懈、持之以恒，逐步建立健全长效机制，巩固和扩大平安边界创建成果，维护边界地区长期和谐稳定。要在坚持"属地管理"和"谁主管谁负责"原则，积极主动预防和化解各自矛盾纠纷，做到不护短、不推诿、不扩大事态、不上交矛盾的基础上，进一步健全边界地区各级党委政府和有关部门之间的协作机制，完善治安稳定形势联合预警、矛盾纠纷联合排查调处、治安乱点联合排查整治、治安问题联合巡逻防范、违法犯罪联合侦防打击、群体性事件联合预防处置等机制，健全联谊互访、联席会议、信息资源共享、互签协作协议等制度，坚持抓基层、打基础，整合资源、整合力量，形成区域联动、跨区域联动和整体联动的良好局面，确保边界地区长治久安。

中央社会治安综合治理委员会办公室关于印发《中央综治委专门工作领导小组办公室及有关部门联席会议纪要》的通知

（2006年6月22日）

各省、自治区、直辖市社会治安综合治理委员会，新疆生产建设兵团社会治安综合治理委员会，中央社会治安综合治理委员会各成员单位：

2006年6月16日，中央社会治安综合治理委员会办公室召开中央综治委五个专门工作领导小组办公室及有关部门联席会议。现将会议纪要印发给你们，请结合实际认真贯彻落实。

中央综治委专门工作领导小组办公室及有关部门联席会议纪要

2006年6月16日，中央综治办在北京召开了中央综治委专门工作领导小组办公室及有关部门联席会议。中央综治委预防青少年违法犯罪工作领导小组办公室、流动人口治安管理工作领导小组办公室、刑释解教人员安置帮教工作领导小组办公室、铁路护路联防工作领导小组办公室、学校及周边治安综合治理工作领导小组办公室的负责同志,中央综治委成员单位联络员及参加社会治安综合治理工作考评的有关单位负责同志参加了会议。

各专门工作领导小组办公室总结了上半年工作情况,并对下半年工作作出安排,全国妇联、国家质量监督检验检疫总局、国家安全生产监督管理总局、国家工商行政管理总局、全国总工会等有关部门负责同志结合本部门工作职能,对下一步参与平安建设提出了具体工作意见。最高人民法院执行办、公安部刑侦局、禁毒局、边防局和国家广电总局宣传管理司等有关负责同志还就2005年社会治安综合治理专项考评工作进行了总结,对制订2006年全国社会治安综合治理工作考评实施细则提出了建议。中央综治委副主任、中央综治办主任陈冀平出席会议并讲话。纪要如下:

一、会议认为,今年以来,中央综治委五个专门工作领导小组办公室按照中办文件的要求,围绕平安建设,狠抓社会治安综合治理各项措施的落实。一是加大对青少年重点群体的教育管理,推动"为了明天——预防青少年违法犯罪工程"的实施。中央综治委预防青少年违法犯罪工作领导小组会同民政部、中央综治办、公安部、团中央等部门在四川成都联合召开"全国保护流浪未成年人工作会议",民政部等十九个部门制定下发了《关于加强流浪未成年人工作的意见》;会同中央六部门举行了"全国服刑人员未成年子女关爱行动"启动仪式,联合下发了"为了明天——全国服刑人员未成年子女关爱行动"的通知;会同中央十二个部委开展了第五届中国杰出(优秀)青年卫士评选表彰活动。二是加强对流动人口的管理和服务工作。中央综治委流动人口治安管理工作领导小组积极贯彻《国务院关于解决农民工问题的若干意见》,会同有关部门建立国务院农民工工作联席会议制度,在劳动保障部设立了办事机构。部署开展劳动力市场秩序清理整顿专项行动,指导各地认真开展出租房屋清理整顿工作。针对新形势下流动人口新情况、新变化,认真组织调研,总结一些地方聘请流出地民警协助管理流动人口的经验。三是进一步加强和改进刑释解教人员安置帮教工作。中央综治委刑释解教人员安置帮教工作领导小组采取有效措施,加强基层组织建设,特别是加强基层司法所的建设,夯实安置帮教工作的组织基础;加快推进安置帮教信息管理软件的试运行,促进衔接工作信息化、规范化;对安置帮教实体(基地)建设开展调研,为下一步工作提出意见和建议。四是深入开展创建安全文明铁道线活动。中央综治委铁路护路联防工作领导小组印发了《全国铁路沿线开展"平安铁路示范路段"创建活动三年规划》。建立大秦线护路联防联席会议制度,继续抓好大秦线的治安稳定工作。组织五部委对青藏铁路进行实地调研,为中央对青藏铁路护路联防工作决策提供依据。五是积极维护学校及周边治安秩序,切实做好学校安全稳定工作。以创建安全文明校园为载体,健全学校安全责任制,在教育系统落实平安建设的各项措施。教育部会同公安部等九部委研究制定了《中小学幼儿园安全工作管理办法》,联合召开了"保护生命平安出行交通安全宣传教育工程"会议,在全国开展"珍爱生命,安全第一"的主题安全教育活动,切实做好"两会"、"五一"期间和"六四"敏感时期的学校稳定工作。

会议认为,中办文件下发后,中央综治委有关成员单位积极行动,结合部门职能制定贯彻落实的意见。目前已有中组部、教育部、建设部、国家计生委、中国保监会、国家质量监督检验检疫总局、国家安全生产监督管理总局、全国总工会、共青团中央、全国妇联等10个部门出台了贯彻意见。为了在全国广泛开展"平安家庭"创建活动,全国妇联成立了全国平安家庭创建工作领导小组。解放军总政治部总结和推广了济南军区和成都军区"军地共建平安"的经验和做法。

会上,对各地区开展平安建设工作情况也进行了通报,认为中办文件下发后,特别是在苏州召开全国社会治安综合治理工作会议以后,各地迅速行动起来,各省(区、市)党委、政府都召开不同形式的会议,研究贯彻落实的具体措施,宣传平安,创建平安,绝大部分省(市、区)都提出了创建平安省(区、市)的目标和任务。许多省(区、市)的党政一把手亲自动员部署,亲自解决平安建设中存在的突出问题,亲自了解平安建设的进展情况,真正把平安建设作为"党政一把手工程"来抓。当前平安建设不仅在省(区、市)一级得到重视,而且逐步向地(市)、县、乡镇、村(社区)推进,"平安社区"、"平安村居"、"平安企业"、"平安边界"、"平安校园"、"平安家庭"等各种形式的基层安全创建活动,正在全国各地广泛开展起来。

与会同志认为,上半年,各地、各有关部门按照中办文件的精神,从维护社会治安和社会稳定的大局出发,相互配合,齐抓共管,为深入推进平安建设,促进社会治安综合治理工作措施在基层的落实,发挥了重要的作用。

二、会议对中央综治委各成员单位如何进一步齐抓共管,形成合力提出了要求。会议认为,针对影响社会稳定、社会治安的突出问题,组织有关部门成立专门工作领导小组,齐抓共管是综合治理的有效机制。中央综治委专门工作领导小组要进一步发挥组织协调作用,使有关部门形成创建平安的合力,有效地解决具体问题。各部门要统一思想,提高部门参与平安建设的认识,增强责任感,本着"谁主管,谁负责"的原则,明确本部门在平安建设中的职责任务,并采取切实措施认真落实;要增强配合协作意识,部门之间做到相互补台,相互支持,切实发挥综合治理的综合优势;各部门出台涉及社会治安和社会稳定的重大政策时,要建立相互通报制度,加强联系沟通。各专门工作领导小组既要发挥自身的组织协调作用,又要与其他部门之间加强配合,定期召开工作会议,沟通信息、指导工作、检查督促、总结经验。加大对重点工作特别是群众反映的突出问题的督导力度,推动各项工作制度化、规范化建设,促进基层各项工作措施的全面落实。中央综治办要加强与中央综治委五个专门工作领导小组办公室和各成员单位之间的联系,定期召开联席会议,研究解决影响社会治安和社会稳定的重点、难点问题,部署阶段性工作,帮助有关部门解决工作中的困难和问题,推动各部门深入开展平安建设。

三、会议研究了社会治安综合治理考评工作,提出中央综治办和参与全国社会治安综合治理考评的有关部门,要在总结2005年全国社会治安综合治理工作考评的基础上,继续做好2006年全国社会治安综合治理工作考评的准备工作。根据2006年社会治安综合治理工作的重点,适当调整考评的项目和分值,并将某些部门的职能纳入社会治安综合治理考评范围。凡是纳入中央综治委考核范围的单位,要制定科学的考核细则,围绕平安建设的具体内容,明确职能和任务,细化评分标准,减少印象分值,逐步形成考评工作长效机制。会议之后,迅速将考评结果通报各地和各有关部门。

中央社会治安综合治理委员会办公室
关于中央综治委检查组赴河北等地
检查社会治安综合治理工作情况的报告

(2006年12月26日)

根据《2006年全国社会治安综合治理工作要点》安排,11月中下旬,中央综治办从成员单位和部分省、区、市综治委抽调35名厅局级干部、22名县处级干部,组成10个检查组,分别对河北、辽宁、黑龙江、安徽、湖南、广西、海南、贵州、陕西、新疆和新疆生产建设兵团等地社会治安综合治理工作情况进行了检查。现将检查情况汇报如下。

一、各级党政主要领导认识提高,工作力度进一步加大

一是把平安建设和综治工作摆上了更加重要的位置。各级党政主要领导普遍认识到,"发展是第一要务,稳定是第一责任",切实加强了对平安建设和社会治安综合治理工作的组织领导。今年以来,辽宁省先后召开7次省委常委会议,专题研究综治工作,省委书记李克强明确提出要把综治工作作为构建和谐辽宁的重要内容,作为"一把手工程"来抓,倡导在全省开展"争创全国综治工作先进省"活动。河北省今年4次召开省委常委会议,专题研究和解决平安建设中的突出问题,省委书记白克明多次强调,要用建设"平安河北"、构建"和谐河北"的要求统揽全省维护稳定工作全局。海南省委书记汪啸风、陕西省委书记李建国等亲自动员部署平安建设工作,经常过问平安建设进展情况并及时解决综治工作中存在的困难和问题。大多数地方都把深入开展平安建设、全面加强综治工作纳入了本地国民经济和社会发展总体规划,党政主要领导都能够把综治工作紧紧抓在手上,亲自调查研究,亲自动员部署,亲自解决工作中重点难点问题。形式多样的平安创建活动在基层广泛开展,综治各项措施进一步深化和落实,平安建设在各地呈现整体推进的态势,效果在进一步显现。

二是奖惩考核力度加大,综治责任制进一步落实。各地加强督促检查,层层落实责任,省、市、县、乡逐级签订综治工作责任状,不少地方还延伸到村居委会和具体责任人。一些地方建立健全五部门联席会议制度,加大对相关领导干部履行综治职责情况的考察和监督,研究制定具体操作程序,把综治工作情况同干部的考察、选拔、任用、奖惩结合起来。贵州省遵义市对领导干部建立实绩档案制度,由市五部委联合发文要求各县区党政主要领导每季度报送一次抓平安建设工作的具体情况,市直机关各部门每半年报送一次,年终由五部委根据报表和平安建设目标管理责任制检查考核结果作出评议,进入档案,作为领导干部提拔使用的重要依据。各省区普遍建立综治工作和平安建设考评机制,制定"平安县(市、区)"考核命名标准和办法,命名表彰了一大批"平安县(市、区)",有力推动了各项工作开展。从2004年起,湖南省将考评结果排序通报,并在每年全省经济工作会议上进行表彰奖励,对排在最后5名的县(市、区)实行黄牌警告,对连续两年黄牌警告及出现重大问题的县(市、区)实行一票否决,对该地区党政一把手,由省委领导对其进行诫勉谈话。近年来年,全省一票否决5个县(市、区),黄牌警告18个县(市、区),省委、省政府领导先后对21个县(市、区)党政一把手进行了诫勉谈话。

三是各个部门参与意识增强,工作合力进一步形成。平安建设开展以来,各级综治委大都根据工作需要调整充实了成员单位,进一步明确任务,落实责任,健全完善综治委全会、五部委联席会议等工作机制,落实成员单位述职、联系点等制度,强化综治委各专门工作小组的作用,加大了齐抓共管的力度。各个部门综治参与意识明显增强。黑龙江和新疆等地综治委成员单位大多数制定了本系统、本行业参与平安建设的规划和方案,开展了各具特色的平安行业创建活动,取得良好效果。

二、工作重点更加明确,工作措施进一步落实

一是健全完善工作机制和网络,有效排查调处矛盾纠纷。河北省构建"三位一体"调解工作体系,初步形成了覆盖社会各领域、遍及广大城乡的调解工作网络体系,目前全省建立人民调解组织6万多个,人民调解员达到46万余人,同时在劳动、土地等行政纠纷突出的部门设立专门的调解机构,强化行政调解职能,落实民情分析、信访接待、领导包案、挂账督办、检查考核等各项工作制度,全省矛盾纠纷频发、越级上访高发的势头得到有效遏制。黑龙江省在全省基层建立"调访一体化"工作机制,即把人民调解、行政调解和信访工作职能结合在一起,全省每个乡镇综治办核定1—2名专职人员,司法所增加1—2个编制,成立乡镇调访中心,由县级财政统一核拨办公经费。贵州省安顺市实行党政领导开门接访、约访、下访和相关职能部门负责人陪访制度,由信访、国土、城建、交通、公安等相关部门负责人陪同党政领导接访,形成"源头控访、服务减访、责任化访、综合治访"的信访工作格局。陕西省把"一控制、两下降"(即控制群体性事件上升势头,确保群体性事件包括集体访数量下降,确保进京访数量下降)作为硬指标、硬任务,下大力气抓好落实。今年以来陕西省群体性上访和进京赴省上访数量都有比较明显的下降。各地加强了群体性事件的预防和处置工作。2005年12月,广西境内国家重点工程龙滩电站库区发生跨省区移民大规模集体上访事件,由于处置及时,方法得当,很快平息了事态,受到党中央和国务院的充分肯定。

二是加大打击整治力度，着力解决基层突出的治安问题。各地坚持“严打”方针，先后组织开展了命案侦破、打击赌博、打击“两抢一盗”、打黑除恶等一系列专项斗争和整治行动，社会治安形势继续向好的方向发展。辽宁、黑龙江两省有针对性地开展凶杀案件专项治理工作，列出重点县区，采取专项督察、个案剖析、专家会诊等方式，进一步保持了凶杀案件连续下降的良好局面，带动了整个治安局势的好转。湖南省着力开展打黑除恶专项斗争，各级财政筹集1500余万元专项经费支持打黑除恶工作，目前已摧毁涉黑犯罪团伙29个，涉恶犯罪团伙317个，抓获涉黑涉恶犯罪嫌疑人4608名。海南省大力开展禁毒人民战争，严厉打击制毒、贩毒活动，对吸毒的一律强制收戒，戒毒后复吸的一律劳教，从根源上遏制刑事案件上升的势头。新疆自治区和新疆生产建设兵团本着“主动进攻、露头就打、先发制敌”的方针，对可能滋生的暴力恐怖团伙和“法轮功”等邪教组织发现一个，打掉一个，始终保持了对“三股势力”和非法宗教活动的高压态势。

三是全力推进社会治安防控体系建设，不断提升防范工作水平。一是大力整合治安防范力量，提高一线防控能力。各地实施警务机制改革，整合公安巡警、交警和派出所民警力量，积极推进警力下沉，实施“网格化”布警。一些地方从下岗职工和低保对象中选聘人员组建巡逻队伍，加强了街面治安防控，大大提高了一线防范能力。二是大力加强技防建设，提高治安防范水平。河北省委办公厅、省政府办公厅印发《河北省社会治安科技防范五年规划(2006—2010)》，加大全省实施科技防范的力度，提高了预防和打击犯罪的能力。广西实施“三十百千”工程，全区把科技防范作为推动平安建设工作上新台阶的重要手段，大力推动全区县城以上城市安装电子视频监控系统。三是构建农村治安防控体系，提高农村治安防范能力。陕西省以村治保会、调委会及治安中心户长为骨干，构筑了多层面的农村治安防控体系。全省共有30多万名治安中心户长，成为农村治安防范的一支有生力量。

四是坚持治本堵源，加强对重点人群的教育、管理和服务工作。各地在严格各项教育、管理措施的同时，坚持在管理中体现服务，在服务中实施教育和管理。湖南省把管好流动人口、刑释解教人员、闲散青少年、吸毒人员等重点人群的基础性工作，作为平安创建的重要任务。贵州省贵阳市成立了以外来务工人员为特定对象的街道工会组织，维护外来务工人员合法权益。黑龙江省今年初发生了系列杀害未成年人案件，针对案件暴露出的问题，省综治委组织在全省开展未成年人保护“丙戌行动”，加大对社会不安全因素的管理力度。河北省石家庄市在全省建立了首家流浪儿童救助保护中心，在加强对流浪儿童这一特殊群体的教育、管理和保护方面取得了很大成效。石家庄市还成立了免费为刑释解教人员提供就业技能培训的石家庄市蓝天职业培训中心，参加培训的刑释解教人员毕业后就业率高达90%以上。针对废品收购市场混乱无序、引发大量治安隐患的严重问题，陕西省延安市加强源头治理，整合社会资源，在全市集中建设4个废品收购市场，实行规范化和法制化管理，堵塞了治安管理上的漏洞，有效预防了犯罪。

三、基层基础得到巩固，各项工作进一步规范化

一是加强基层综治组织建设。河北省通过实施“三所一庭”三年建设规划，基层政法综治组织建设明显加强，特别是乡镇、街道综治办建设得到加强，全省2317个乡镇、街道都配备了1—3名干部。辽宁省铁岭市110个乡镇、街道都配备了副科级实职政法工作委员会书记，并由其兼任综治办主任，同时配备了综治专干。湖南全省2491个乡镇、街道全部建立了综治委、办，配强了主任、副主任和综治专干，保证了基层综治工作有人抓、有人干。

二是强化基层综治工作经费保障机制。各地普遍加强基层综治经费保障力度，以政府财政为主，加大了对群防群治队伍建设的经费投入，逐步建立起与市场经济相适应的经费保障机制。

三是加强基层综治工作制度化和规范化建设。辽宁省加强乡镇、街道“一办、两所、一庭”标准化建设，组织省直政法部门分别制定规范标准，将这项工作纳入“争创全国综治工作先进省”考评体系并严格进行考评督察，目前全省基层综治办、公安派出所、司法所和人民法庭标准化建设的达标率分别为75%、79%、64%和51%。安徽省六安市综治委出台《六安市各级综治办规范化建设意见》,进一步明确各级综治办的职责任务、工作制度、队伍建设、办公设施及经费保障等内容。新疆维吾尔自治区建章立制,统一平安建设标准,先后制定下发了《自治区平安县(市、区)考核办法(试行)》、《自治区平安县(市、区)考核评分标准(试行)》、《自治区平安建设重大事项界定(试行)》、《自治区平安乡(镇、街道)基本标准》、《自治区平安社区基本标准》、《自治区平安村基本标准》、《自治区平安单位基本标准》等一系列文件,确保平安建设在基层有章可循,指标明确。

四、工作思路和办法不断创新,工作更具特色

黑龙江省推行农村治安防范承包试点,由县财政出资在各行政村招聘专职治保主任,在自然村屯招聘治安协管员,落实承包责任,实现农村治安有人抓、有人管、有人干。贵州省遵义县与浙江省诸暨市共同探索并实施"外警协管外口"警务协作模式,遵义县公安局向诸暨市公安局派驻民警,协助管理在诸暨务工的遵义籍流动人口,效果良好。安徽省黄山市着力优化发展环境,将300多个省、市、县级重点工程纳入平安建设范畴,开展共创共建活动,保障重点工程项目的顺利实施。在城市物防、技防建设中,哈尔滨市开展了以"点亮居民楼道、门前两盏灯,安装防盗安全门"为内容的"两亮一安全工程",共安装电子门1万扇,维修电子门5千扇,安灯5万盏,有100万居民受益。哈尔滨市还在社区推进"六小"工程(电子门禁系统、可视对讲门铃、红外线报警、电话定位报警、楼道庭院电子监控、车库智能防盗系统),提高社区防范水平。在农村治安防范中,陕西省农村地区实行的"警铃入户"、给牲畜安装"电子防盗绳"等做法,经济实用,简便易行,这些做法和经验都很值得推广。

五、舆论宣传有声有色,工作氛围进一步浓厚

广西开通了"平安广西网",已发布平安建设工作信息1200多条,并实现了与"中国平安网"的链接。海南省委宣传部、省委政法委联合下发《建设平安海南活动宣传方案》,组织策划"平安海南行——与市县委书记面对面系列访谈节目",为推进平安建设营造了浓厚的舆论氛围。陕西省委政法委、省综治办组织创建"平安陕西"三秦行新闻采访团,历时21天,行程8000多公里,对全省11个市(区)、58个县(区)的200多个基层单位平安创建情况进行实地采访报道,为创建"平安陕西"营造了良好的舆论氛围。各地通过宣传,广大干部群众对平安建设的认知程度和认同感大大增强,真正使得平安建设深入人心。

六、存在的问题和建议

少数地方党政主要领导对本地治安形势和社会稳定形势盲目乐观,对维护稳定的重要性认识不足,仍然把平安建设和社会治安综合治理作为一项部门工作,没有作为全局性工作来抓,领导不力,投入不多,工作进展缓慢,许多措施难以落实;一些地方刑事和治安案件还在高位徘徊,矛盾纠纷和群体性事件总量还很大,维护社会稳定的任务还相当艰巨;一些地方的平安建设局限于"小平安",仍然是政法机关唱"独角戏",有关部门参与的积极性没有调动起来,广大群众没有发动起来,平安建设的力度、深度和广度不够;一些地方在乡镇机构改革中,基层综治办被削弱,综合治理基础工作还比较薄弱,治安防范和管理方面还存在许多漏洞。

建议下一步社会治安综合治理工作重点在五个方面下功夫。一要在化解矛盾纠纷上下功夫,必须把积极预防和有效化解各种社会矛盾,作为平安建设的首要任务抓紧抓好,抓出成效。二要在动员人民群众广泛参与上下功夫,一方面要继承和发扬走群众路线的优良传统,另一方面要建立健全市场经济条件下发动群众参与社会治安综合治理的保障机制。三要在总结推广经验上下功夫,对各地创造出来的好做法、好经验,要认真总结,及时推广,通过总结推广典型,树立样板,推动综治工作再上新台阶。四要在建立健全长效工作机制上下功夫,建章立制,推进社会治安综合治理法律法规建设。五要在狠抓落实上下功夫,进一步推动各部门发挥职能作用,协作配合,齐抓共管,把综合治理各项工作措施真正落实到基层。

专此报告。

中央社会治安综合治理委员会办公室关于各地、各部门传达贯彻全国社会治安综合治理工作会议精神情况报告

（2006年6月22日）

全国社会治安综合治理工作会议结束后，各地、各部门结合实际，迅速贯彻落实会议精神和各项工作部署。现将有关情况报告如下：

一、分别召开常委会议或专门工作会议进行传达学习

北京、天津、辽宁、吉林、江苏、上海、浙江、山东、河南、广东、海南等地分别召开省（区、市）委常委会议传达全国社会治安综合治理工作会议精神。中央政治局委员、北京市委书记**刘淇**，中央政治局委员、天津市委书记**张立昌**，中央政治局委员、广东省委书记**张德江**，辽宁省委书记**李克强**，吉林省委书记**王云坤**，江苏省委书记**李源潮**，福建省委书记**卢展工**，山东省委书记、省人大常委会主任**张高丽**，河南省委书记**徐光春**，海南省委书记**汪啸风**，宁夏回族自治区党委书记**陈建国**等党政主要领导同志分别在常委会议上，就贯彻落实全国社会治安综合治理工作会议精神、全面开展平安建设提出意见和要求。司法部召开部长办公会议，**吴爱英**同志就全国司法行政系统贯彻落实全国社会治安综合治理工作会议精神提出五点要求。交通部召开部党组会议，**李盛霖**同志对交通系统开展平安建设，以确保交通运输安全、生产安全，落实各项工作措施等方面提出具体的工作要求。中央综治办与中央维稳办在江苏省徐州市和山东省济宁市联合召开全国创建平安边界现场会，总结推广省际边界微山湖地区维护社会稳定的经验，对深入开展平安边界创建活动、维护边界地区和谐稳定提出了具体要求。中央综治办又召开了五个专门工作领导小组办公室主任及成员单位联络员座谈会，对综治委成员单位进一步贯彻全国社会治安综合治理工作会议精神，推动本部门、本系统参与平安建设提出要求。

一些地方还专门召开工作会议进行部署。**浙江、江西、广西、陕西、云南**等地分别召开全省（区）社会治安综合治理工作会议或平安建设工作现场会，总结平安建设的做法和经验，研究和部署今后一个时期的平安建设工作。

二、提出一些具有操作性的贯彻意见、措施和工作目标

江苏省提出，要全面落实罗干同志、周永康同志提出的最新要求，认真研究平安建设遇到的新情况新问题，努力保持平安建设在全国的领先地位，在新的起点上深入推进平安江苏建设，在“四个进一步”上狠下功夫：进一步完善矛盾纠纷大调解机制，努力把各类矛盾纠纷化解在基层和萌芽状态；进一步完善社会治安“大防控”体系，保障人民群众生命财产安全；进一步强化基层基础工作，筑牢维护社会稳定的第一道防线；进一步在建立健全长效机制上下功夫，靠制度维护稳定、保证平安、促进和谐。**上海**市提出，当前要以化解不稳定因素为重点，狠抓三个环节，扎实推进平安建设。一要加强领导，真正把平安建设作为各级党政“一把手”工程，作为一个地区、一个部门党的执政能力的具体体现，强化工作责任制，强化监督考核，坚决克服少数地方存在的小事不解决、大事解决不了、平时敷衍了事，关键时刻简单盲目的工作状态和工作作风。二要完善以基层党组织为核心、基层政法实战单位为骨干、基层群防群治组织为依托的工作体系。三要讲究策略，善于借势发力，用好中央精神，顺应群众要求，利用一切可以利用的力量，形成强大声势，力求打一仗胜一仗。**福建**省决定从六个方面全力推进平安建设各

项措施的落实:一是进一步加大平安创建的宣传力度,二是进一步加大矛盾纠纷源头预防和排查调处力度,三是进一步加大社会治安防控体系建设力度,四是进一步加大基层基础建设力度。五是进一步加大社会管理体制建设和创新力度。六是进一步加大平安建设调研工作力度。**辽宁**省提出重点抓住"三个防止"、"三个减少":一是防止或减少大规模群体性事件的发生,二是防止或减少重特大刑事案件的发生。三是防止或减少重特大安全生产事故,从更广的范围、更高的层次上加强社会治安防范,全面构建和谐辽宁。**宁夏**自治区提出,到2008年自治区成立50周年大庆时,使全区90%以上的县(市、区)达到平安创建的标准。

三、加强领导,健全组织,把平安建设引向深入

为加强对平安建设工作的领导,一些地方建立健全组织领导体系和平安建设工作机制。一是成立组织领导机构和办事机构。**广东**省委、省政府成立建设"平安广东"工作领导小组,由省委副书记王华元同志任组长,省委常委、政法委书记梁国聚,副省长李容根同志任副组长。领导小组下设办公室,设在省综治办。要求各市、县(区、市)和乡镇(街道)及各部门也要层层建立创建活动领导机构和办事机构,切实加强对创建工作的组织领导。**内蒙古**自治区要求各级综治委(办)要在党委和政府的领导下,充分发挥牵头和组织协调作用,有计划、有步骤地组织推动平安建设和安全稳定创建活动。二是建立健全齐抓共建工作机制。**内蒙古**、**广东**等地要求各部门各系统紧紧围绕平安建设和安全稳定创建的目标要求和职责任务,制定具体实施意见,充分发挥各自的职能作用,把平安建设和安全稳定创建的目标任务落实到各地区、各系统,落实到具体责任人。三是继续对严重刑事犯罪活动始终保持严打高压态势,尤其是对有组织犯罪、黑恶势力犯罪以及"两抢一盗"等侵财性犯罪,一定要严厉打击,切实保障人民群众的生命财产安全。**吉林**、**辽宁**、**广东**、**海南**等地提出,要根据不同时期的社会治安热点、难点问题,适时排查整治治安复杂地区和突出治安问题,全面提高保障安全生产和公共安全的能力,遏制重特大刑事案件和恶性安全生产事故的发生,积极预防和妥善处置各类突发公共事件,不断增强平安建设工作的针对性和实效性。四是着力强化维护稳定和社会治安综合治理的基层基础工作。**天津**、**辽宁**、**上海**、**江苏**、**福建**、**山东**等地提出,在平安建设工作中,充分发挥党的基层组织在平安建设和安全稳定创建活动中的领导核心和战斗堡垒作用,重视和加强乡镇(街道)综治委(办)和公安派出所、司法所、人民法庭和社区警务室建设,广泛开展平安乡镇(街道)、村(社区)、学校、企事业单位和"平安家庭"等创建工作。五是加大平安建设的投入力度。**天津**、**河南**、**广西**等地要求各级政府及财政部门对平安建设和安全稳定活动经费要给予保障,加大对防控体系、基本装备、科技强警等经费的投入力度,把平安建设经费列入本级财政预算,并随着经济发展逐步增加。同时,本着"谁受益谁出资"和"取之于民用之于民"的原则,加大市场化资金运作力度,多渠道筹集群防群治经费。六是抓好舆论宣传,推广典型经验。**辽宁**、**河南**等许多地方提出要广泛动员社会各界和广大人民群众,共同参与平安建设和安全稳定创建活动。要充分利用各种舆论媒体,大张旗鼓地宣传创建活动,推广平安建设的成功经验和先进典型。**北京**市提出要认真总结朝阳区平安建设的模式和经验,以"六创建一整合"为基础,广泛开展"平安区县"创建活动。中央综治办与中央电视台社会与法频道共同组织,以2005年受到表彰的全国社会治安综合治理先进集体中的50多个县和部分省(区、市)命名的平安县(区)为对象,组织拍摄"平安中国"特别宣传节目"平安家园",集中报道其典型经验和做法。平安家园节目已于6月5日在中央电视台社会与法频道开播。法制日报设《平安周刊》栏目,介绍中央综治委成员单位和各地开展平安建设情况。

七、社会治安综合治理宣传工作

中央社会治安综合治理委员会关于印发顾秀莲同志在中国平安网开通仪式上讲话的通知

（2006年10月25）

各省、自治区、直辖市社会治安综合治理委员会，新疆生产建设兵团社会治安综合治理委员会，中央社会治安综合治理委员会各成员单位：

现将顾秀莲同志在中国平安网开通仪式上讲话印发给你们，请结合实际情况，认真贯彻落实。

在中国平安网开通仪式上的讲话

顾秀莲

（2006年10月19日）

同志们：

刚结束的党的十六届六中全会作出了关于构建社会主义和谐社会若干重大问题的决定，这是以胡锦涛同志为总书记的党中央，从全面建设小康社会、加快推进社会主义现代化全局作出的战略举措。平安建设是构建社会主义和谐社会的基础工程，是政法、综治部门贯彻十六届六中全会精神的重大措施。为进一步推进平安建设，加强政法和社会治安综合治理工作，今天我们在这里举行了中国平安网的开通仪式，这是我们政法综治战线的一件可喜可贺的大事。在此，我代表罗干同志、周永康同志对中国平安网的正式开通表示热烈的祝贺！向为中国平安网顺利开通而给予大力支持并做出辛勤努力的新华社、新华网的所有同志表示衷心的感谢！

当前，我们已进入信息化社会，网络正在以它传播时间的自由性、传播空间的无限性和传播方式的多样性对社会生活各个领域产生着广泛而深刻的影响，因此，对政法综治工作而言，网络不仅是一个媒介,更是一个必须占领的宣传阵地和必不可少的工作平台,也是联系广大人民群众的重要桥梁。中国平安网的开通,就是要有效地利用互联网在舆论宣传方面的独特优势,提高广大人民群众对平安建设重要性的认识,调动社会各方面力量参与社会治安综合治理的积极性,加强社会监督和舆论引导,促进政法综治干部队伍的建设,密切政法工作与人民群众的联系,更好地体察民情、反映民意、集中民智,宣传党和国家关于维护社会稳定的方针、政策和部署,交流反映各地各部门的工作情况和好经验、好做法,推动平安建设深入开展,开创政法和社会治安综合治理工作的新局面。

中国平安网的开通仅仅是一个新的起点,今后要做的工作还很多。下面,我就中国平安网的建设谈几点意见。

一、切实做到信息的权威性和准确性

中国平安网由中央政法委员会、中央社会治安综合治理委员会和新华社主办,是反映政法综治工作的权威网站,因此,中国平安网上发布的信息的权威性和准确性尤为重要。希望政法和中央综治委各成员单位和各地政法委、综治办一定要高度重视,充分认识中国平安网对政法综治工作的重要作用,加强与中国平安网的沟通和联系,积极主动地提供权威准确的工作信息,从而使中国平安网成为广大人民群众了解政法综治工作的网上权威信息渠道。

同时,中国平安网也是政法综治工作对外宣传的窗口,在网上发布政务信息,要遵守国家互联网管理条例和有关规定,严格审核把关,加强制度建设,以制度规范网络的运行管理。

二、努力增强网站的服务性和贴近性

中国平安网依托新华网的技术和信息平台,使网站建设有了一个良好的开端,今后要在这个基础上,进一步挖掘潜力,创出品牌,提高自己的知名度,增加吸引力,使中国平安网的点击率逐步得到提高,影响不断扩大。

当前,在以胡锦涛同志为总书记的党中央领导下,全国各地各部门以科学发展观为指导,认真贯彻落实构建社会主义和谐社会等一系列重大战略部署,各项社会事业全面发展,人民群众的民主法制意识不断增强,政治参与的积极性不断提高,对发展社会主义民主政治和落实依法治国基本方略提出了新的要求。因此,中国平安网的建设要紧紧围绕党和国家工作大局,紧紧把握时代脉搏,服务中心工作,及时了解社会公众的需求,从栏目设置、内容发布等各个方面努力满足群众最关心、最现实、最直接的需要,贴近工作实际,使之真正成为政法综治部门密切联系人民群众的桥梁。

三、高度重视对网上舆情的把握和引导

在当前,科技的发展使信息通过网络媒体快速传播,其中不可避免的有一些是不正确的、甚至是别有用心的信息和言论,直接影响到社会的和谐与稳定。因此,中国平安网的一个重要职责就是要坚持正确的舆论导向,把握宣传主旋律,增强主动性,通过大量快捷、权威、准确的信息,占领制高点,引导社会公众正确看待当前存在的社会问题,正确看待我们的政法综治工作,共同维护社会稳定,构建社会主义和谐社会。中国平安网要完成这个重要职责,就需要各方通力配合,切实做好信息的保障工作。

同志们,中国平安网的开通意义深远,责任重大。我相信,有各部门以至全社会的关心、支持与协助,中国平安网一定会在发展中不断地完善与提高,真正成为权威准确、内容丰富、信息及时的有影响力的网站,为推进民主法制建设,促进政法综治工作的深入开展不断作出新贡献。

全国政法综治宣传工作会议纪要

（2006 年 3 月 24 日）

2006 年 3 月 9 日，全国政法综治宣传工作会议在安徽合肥市召开。各省、自治区、直辖市及新疆生产建设兵团政法委分管宣传工作的副书记、宣传处处长，中宣部、中央外宣办、广电总局有关部门的负责同志、中央政法各部门宣传部（局、司）长，中央综治委各成员单位的通讯员及中央主要新闻单位的代表出席了会议。中央综治委副主任、中央政法委副秘书长、中央综治办主任陈冀平到会并讲话。会议对今年和今后一个时期的政法综治宣传工作提出了具体要求。纪要如下：

会议认为，在过去的一年里，按照中央宣传思想工作会议的部署和全国政法综治宣传工作会议的要求，各地、各有关部门和新闻宣传部门从服务于全党全国工作大局出发，精心组织开展政法综治宣传，为推动各项政法工作的顺利进行，推动社会治安综合治理和平安建设的深入开展，促进社会治安综合治理工作措施的落实，发挥了重要的作用。

会议指出，党的十六届五中全会提出了“十一五”时期经济社会发展的宏伟蓝图。今后五年，是全面建设小康社会的关键时期，是加快发展、深化改革、扩大开放的关键时期，也是维护社会稳定、促进和谐社会建设的关键时期。政法综治工作面临的任务十分繁重，因此政法综治宣传工作也面临着十分繁重的任务。

会议指出，要充分认识政法综治宣传工作的重要意义，努力为政法综治各项工作服务。加强政法综治宣传工作，是维护稳定和构建社会主义和谐社会的需要。要很好地完成政法工作和社会治安综合治理工作在构建社会主义和谐社会中所承担的任务，必须大力开展宣传工作，着力营造有利于工作的舆论氛围。加强政法综治宣传工作，是新时期加强政法工作的需要。通过宣传，为政法战线完成所承担的艰巨任务提供强有力的舆论支持，促进党关于加强和改进对政法工作领导的一系列路线、方针、政策的贯彻落实。加强政法综治宣传工作，是动员全社会支持政法工作、参与社会治安综合治理的需要。通过宣传，动员社会各个方面和广大人民群众齐抓共管、共同参与社会治安综合治理工作。加强政法综治宣传工作，是加强队伍建设，树立司法权威，促进司法公正的需要。通过宣传，让人民群众了解政法机关转变工作作风，促进公正执法所付出的努力，将政法工作和各项执法活动置于人民群众的监督之下，进一步密切警民关系。

会议要求，加强和改善对政法综治宣传工作的领导，是做好政法综治宣传工作的关键。各级政法综治部门的主要负责同志，要高度重视宣传工作，摆上重要位置，做到有人管、有人抓。对宣传工作中存在的问题要及时分析研究，对遇到的困难要及时解决。负责宣传的同志要加强学习，不断提高自身的工作能力，经常分析政法综治工作的形势任务和方针政策，掌握和了解政法综治工作大局，认真研究如何围绕政法综治的中心工作开展宣传。要加强宣传工作的制度建设，做到制度规范、机构健全，努力形成长效工作机制。

会议要求，要牢牢把握正确舆论导向，始终坚持正面宣传为主的方针，进一步增强政法综治宣传工作的效果。构建社会主义和谐社会是我们党从全面建设小康社会、开创中国特色社会主义事业新局面的全局提出的一项战略任务。社会和谐的基础是社会稳定，宣传工作必须为维护社会稳定服务，为政法综治各项工作服务。必须牢牢把握正确的舆论导向，牢固树立政治意识、大局意识、责任意识，始终坚持团结稳定鼓劲、正面宣传为主的方针，努力营造聚精会神搞建设、一心一意谋发展的良好氛围，营造倍加顾全大局、倍加珍视团结、倍加维护稳定的良好氛围，形成积极健康向上的强大精神力量。各级政法委、综治委（办）要积极做好政法综治宣传工作的组织、协调，围绕政法综治工作的重点制定切实可行的宣传计划，确定工作目标，明确任务责任，加强督促检查，及时研究解决工作中的问题。要进一步加强与新闻媒体的联系沟通与协作配合，采取形式多样的方法，全方位加强宣传，壮大政法综治宣传的声势，切实增强宣传效果。

会议强调，政法综治宣传工作必须坚持党性原则，遵守宣传纪律，把握正确的舆论导向；必须坚持实事求是的基本准则，做到新闻报道客观公正；必须坚持弘扬主旋律，维护政法队伍的良好形象。政法综治宣传工作必须做到有利于党和国家的工作大局，有利于维护人民群众切身利益，有利于树立党和政府的良好形象，有利于维护社会稳定和人心安定，有利于重大敏感事件的妥善处理，有利于执法活动的正常进行，坚决杜绝过分炒作渲染、激化矛盾、诱发不稳定因素的报道。要认真落实中央宣传部、中央政法委联合下发的《关于加强和改进案件报道工作的通知》和中央政法委《关于正确引导司法案件和群体性事件报道工作的通知》精神，切实加强司法案件和群体性事件报道的管理工作。对违反规定的责任人和分管领导要进行严肃查处，对违反规定的有关媒体也要通报宣传部门进行严肃处理。政法各部门、各地要加强对所属报社、杂志社、出版社、影视中心的管理，确保办报、办刊、办社指导思想正确。不能为单纯追求可读性而放弃宣传宗旨，更不能为追求经济利益而忽视宣传纪律。

会议指出，今年和今后一个时期要重点做好平安建设、预防青少年违法犯罪、规范执法行为、社会主义法治理念教育、打黑除恶专项斗争、司法体制改革等工作的宣传，努力为各项政法综治工作服务。要进一步加强舆情研判，正确引导司法案件和群体性事件的宣传报道工作；要教育群众正确认识自身现实利益与国家集体长远利益的关系，自觉维护改革发展稳定的大局；要教育群众学法、守法、用法，维护自身的合法权益，履行法律规定的义务，自觉用法律规范自己的言行。

中央宣传部、中央外宣办、广电总局有关部门的负责同志通报了有关情况，法制日报、长安杂志、长安出版社、长安法制电视制作中心、中央电视台等有关单位负责同志介绍了今年的宣传工作安排，公安部宣传局、北京、天津、河北、吉林、上海、安徽、山东、陕西、黑龙江、河南等省（市）党委政法委主管宣传的负责同志作了大会交流。

中央社会治安综合治理委员会办公室关于开展2005年度全国社会治安综合治理优秀新闻作品评选活动和报送中国新闻奖优秀新闻作品的通知

（2006年2月17日）

各省、自治区、直辖市社会治安综合治理委员会办公室、新疆生产建设兵团社会治安综合治理委员会办公室、中央社会治安综合治理委员会各成员单位，中央有关新闻单位：

按照中央办公厅、国务院办公厅关于印发《全国性文艺新闻出版评奖管理办法》的通知精神，全国社会治安综合治理好新闻奖从2005年起合并到中国新闻奖，为此，中央社会治安综合治理委员会将继续开展社会治安综合治理优秀新闻作品评选活动，并经初评、复评后报送中国新闻奖评选办公室参评中国新闻奖。

2005年度全国社会治安综合治理优秀新闻

作品征集工作即将开始，请各地综治委会同新闻工作者协会和有关单位，严格按照“2005 年度全国社会治安综合治理优秀新闻作品评选办法”和中国新闻奖评选有关规定的要求，认真组织好初评工作，按时将高质量的参评作品寄送指定地点。请各中央新闻单位积极组织本单位开展社会治安综合治理优秀新闻作品评选活动的初评、选送工作。请各地新闻工作者协会给予大力支持、配合，共同完成评选活动。

附件：1. 2005 年度全国社会治安综合治理优秀新闻作品评选办法

2. 2005 年度全国社会治安综合治理优秀新闻作品评选参评数额分配方案

3. 2005 年度全国社会治安综合治理优秀新闻作品参评选送须知

4. 2005 年度全国社会治安综合治理优秀新闻作品评选细则

附件 1：

2005 年度全国社会治安综合治理优秀新闻作品评选办法

一、评奖宗旨

全国社会治安综合治理优秀新闻作品评选活动由中央社会治安综合治理委员会主办，每年评选一次，旨在推动社会治安综合治理及其宣传工作的深入开展，为中国新闻奖推荐优秀新闻作品。

二、参评资格

下列新闻单位 2005 年刊播的有关社会治安综合治理的新闻作品均可参评：

1. 有全国统一刊号、公开发行的报刊；

2. 通讯社；

3. 经正式批准的广播电台、电视台、有线电视台。

三、评选项目

全国社会治安综合治理优秀新闻作品评选活动设 13 个评选项目。

（一）报纸、期刊、通讯社：

1. 消息（字数限制在 1000 字以内）。

2. 评论（包括社论、评论员文章、署名时评、述评、短评等，字数限制在 2000 字以内）。

3. 通讯（包括新闻特写、新闻综述、新闻调查等，字数限制在 3000 字以内）。

4. 系列报道和连续报道（系列报道是指围绕某一主题或已经发生的某一新闻所做的多角度、多侧面、多层次、多方式报道；连续报道是指围绕正在发生的重大新闻进行的“追踪式”报道。不包括系列评论、专栏）。

5. 新闻摄影。

（二）广播电台：

1. 消息（时间限制在 4 分钟以内）。

2. 评论（包括以评论为主的述评性节目，时间限制在 15 分钟以内）。

3. 新闻专题节目（时间限制在 30 分钟以内）。

4. 系列报道、连续报道（定义同报纸、通讯社作品）。

（三）电视台：

1. 消息（时间限制在 4 分钟以内）。

2. 评论（包括以评论为主的述评性节目，时间限制在 15 分钟以内）。

3. 新闻专题节目（时间限制在 30 分钟以内）。

4. 系列报道、连续报道（定义同报纸、通讯社作品）。

四、评奖标准

1. 作品应紧紧围绕 2005 年社会治安综合治理的各项工作，着重反映各地、各有关部门坚持

"打防结合、预防为主,专群结合、依靠群众"的方针,贯彻落实中央办公厅、国务院办公厅关于转发《中央政法委员会、中央社会治安综合治理委员会关于深入开展平安建设的意见》的工作情况及其成效,反映各地及基层单位社会治安综合治理和平安建设的典型经验。

2. 内容真实,报道及时,主题鲜明,特色突出,语言生动,制作精良,感染力强,为人民群众所喜闻乐见。

3. 重视现场采制的短新闻。

4. 系列报道和连续报道要求题材重大,新闻性强,有深度,反响大,正确引导舆论。

5. 新闻摄影作品内容真实,新闻价值高,现场抓拍,表现力强,图像清晰,说明简洁,制作精良。

6. 对个别超过规定长度的作品,参评单位要从严掌握,须填写特别推荐意见,方可参评。

7. 2005 年度将评出 168 个优秀新闻作品,其中,报刊 80 个,电视 46 个,广播 32 个,摄影 10 个,从中向中国新闻奖评选办公室推荐 12 个优秀作品。

五、参评程序和分工

1. 各省(区、市)综治委、新闻工作者协会及中央有关单位负责进行社会治安综合治理优秀新闻作品的初评,并按"附件 2"规定的分配数额,将入选作品报送全国社会治安综合治理优秀新闻作品评选办公室。

2. 2005 年度全国社会治安综合治理优秀新闻作品评选办公室聘请有关专家组成复评专家组,负责进行复评,并将候选篇目交定评委员会。

3. 2005 年度全国社会治安综合治理优秀新闻作品定评委员会负责进行本年度优秀新闻作品的定评工作,并向中国新闻奖评选办公室推荐作品。

4. 2005 年度全国社会治安综合治理优秀新闻作品评委由中央社会治安综合治理委员会办公室聘请有关专家担任。

附件 2:

2005 年度全国社会治安综合治理优秀新闻作品评选参评作品数额分配方案

一、全国 31 个省、自治区、直辖市及新疆生产建设兵团综治办各推荐作品篇(件):

报刊 5　摄影 2　电视 2　广播 2

二、各推荐作品 4 篇(件)、摄影 4 幅(组)的单位:

人民日报、新华社、中央电视台、中央人民广播电台、法制日报、长安杂志

三、各推荐作品 3 篇(件)、摄影 3 幅(组)的单位:

光明日报、经济日报、人民法院报、检察日报、人民公安报

四、各推荐作品 2 篇(件)、摄影 2 幅(组)的单位:

解放军报、中国国际广播电台、科技日报、中国日报、工人日报、农民日报、中国青年报、中国妇女报、中国新闻社

五、中央综治委各成员单位各推荐作品篇(件):

报刊 3　摄影 2　电视 2　广播 2

附件3：

2005年度全国社会治安综合治理优秀新闻作品评选参评作品选送须知

2005年度全国社会治安综合治理优秀新闻作品评选参评作品选送工作的具体要求如下：

一、各省（区、市）及有关单位选送参评作品中，报刊、广播、电视、摄影作品数额要按"附件2"的规定报送，超过参评数额的其余部分，将不予评定。

二、报刊、通讯社作品：参评作品和推荐表一式20套，每套由一份作品和一份推荐表组成，并装订在一起。参评作品须有一套是原件剪报，其他19份为清晰的复印件。

三、广播作品：要录制在普通盒式录音带上，每盒录音带只录一个节目，附作品文字稿，推荐表一式20套。每套由一份作品和一份推荐表组成，并装订在一起，打印或复印一律用A4复印纸。

四、电视作品：要录在SP贝特康母专业录像带上，每盒只录一个节目，每个节目首尾需有30秒彩条。须附作品文字稿、推荐表一式20套，每套由一份作品文字稿和一份推荐表组成，并装订在一起，打印或复印一律用A4复印纸。

五、广播、电视参评作品必须是原播出版，不得为参加评选重新修改、编排、制作，评选中一经发现，即取消参评资格。

六、参评的系列报道和连续报道须在开始、中间、结尾三部分中各选1篇代表作，同时报送一套完整的文字作品。并附1000字以内报道内容简介。

七、摄影作品：单幅或组照均要发表原件1份，原底片洗印件1份（一律为8英寸，用硬卡纸装裱，规格见摄影作品推荐表）。每套由一份作品和一份推荐表组成。

八、各地区、各单位选送作品时，须填写一份2005年度全国社会治安综合治理优秀新闻作品评选推荐目录。

（样式附后）

九、外文和少数民族文字作品，除送原报刊、原音像带外，须译成汉文稿，然后按上述要求送样。

十、所有参评作品推荐表均须加盖推荐单位公章，作者姓名一栏均须按原刊播作者署名顺序填写完全、准确。

十一、各省、自治区、直辖市综治办将组织评选工作的情况写成文字材料（一式二份）与参评作品一同报送。

十二、寄送时间、地址（略）

附件4：

2005年度全国社会治安综合治理优秀新闻作品评选细则

一、各省（区、市）综治办、新疆生产建设兵团综治办会同新闻工作者协会，中央新闻单位，中央综治委成员单位分别进行初评。

二、初评后按分配的数额报送评选办公室。

三、评选办公室聘请有关方面的专业人士及新闻单位的部门领导组成复评专家组。

四、复评专家分4个小组进行评选，即报刊组、广播组、电视组、摄影组。

五、复评专家将评出的候选篇目交定评委员会。

六、定评委员会分报刊组和广播电视组，分别审评。主任、副主任看全部的稿件。

七、全体定评委集中评选，由评委会主任主持，最后确定获奖的篇目，并确定向中国新闻奖评选委员会报送的篇目。

中央社会治安综合治理委员会办公室关于通报全国社会治安综合治理优秀新闻作品评选情况和中国新闻奖综治系统获奖作品的通知

（2006年9月19日）

各省、自治区、直辖市社会治安综合治理委员会办公室，新疆生产建设兵团社会治安综合治理委员会办公室，中央综治委各成员单位，中央新闻单位：

2005年度全国社会治安综合治理优秀新闻作品评选工作已经结束，第十六届中国新闻奖评选结果也已揭晓，现将有关情况和评选结果通报给你们，请结合实际认真总结经验，进一步做好政法综治宣传工作。

2005年度全国社会治安综合治理优秀新闻作品评选工作情况

全国社会治安综合治理优秀新闻作品评选办公室

2006年2月，中央社会治安综合治理委员会办公室下发了《关于开展2005年度全国社会治安综合治理优秀新闻作品评选活动的通知》。各地和中央新闻单位及中央综治委成员单位按照《通知》要求，高度重视，精心组织评选工作，推荐了一大批质量较高的参评作品。据统计，共收到全国31个省、自治区、直辖市和新疆生产建设兵团、15家中央新闻单位及中央综治委成员单位报送的参评作品629件，其中报刊作品314件，电视作品121件，广播作品98件，摄影作品96件。

4月27日，全国社会治安综合治理优秀新闻作品评选办公室组织专家对作品进行了复评和定评，向中国好新闻奖评选办公室推荐12篇新闻作品，其中报刊作品6篇，电视作品3个，广播作品3个。同时评出优秀新闻作品174个，其中报刊86个、电视作品45个、广播作品33个、摄影作品10个。8月6日，2005年度中国新闻奖评选结果揭晓，由中央综治委推荐的2个作品获三等奖，分别由工人日报、中央电视台选送。

这次评选工作和参评作品主要有以下特点：

一、各地、各有关部门高度重视，评选组织工作规范有序

各地、各有关部门对评选活动高度重视，普遍成立了评选工作领导小组和办公室，及时下发了通知，对评选工作提出了明确的要求，将评选活动纳入社会治安综合治理工作年度考核范畴，有力促进了评选工作的有序开展。北京、河北、山东、河南、上海、浙江、江苏、广东、湖北、福建、甘肃、四川、陕西等地成立了由综治办、党委宣传部、新闻工作者协会和主要新闻单位的负责同志、专家组成的评委会，设置了专门的评选办公室，对评选活动的组织领导、参评标准、方法步骤作出了明确的规定；天津、内蒙、吉林、辽宁、安徽、宁夏等地把评选活动与日常综治宣传工作紧密结合起来，进行广泛的宣传发动和作品征集工作；山东、广东、黑龙江、吉林等地积极与新闻单位沟通，从年初开始就对重点选题进行策划，从而使作品能够紧密联系政法综治各项工作的实际，确保了稿件质量和报道深度；广西壮族自治区综治委（办）领导亲自参与评选工作，与区新闻工作者协会联合组成了评选活动办公室，聘请区属有关单位的专家组成评选组，专门拨出5万元评选专项经费，并把这项经费列入年度财政预算。中央新闻单位和各综治委成员单位也非常重视评选工作，新华社、人民日报、中央人民广播电台、中央电视台、法制日报、工人日报等新闻单位和最高人民法院、最高人民检察院、公安部、铁道部、教育部、海关总署、解放军总政治部、团中央等综治委成员单位也积极选送了作品。浙江省、福建省评出的作品较多，有7个作品获奖，评出6个作品的有北京、江苏、湖北、广东、贵州，评出5个作品的有河北、上海、山东、广西、新疆。

二、贴近主题，重点突出，形式多样，有较强的新闻性和艺术性

（一）贴近主题，重点突出。参评和获奖的作品都紧紧围绕2005年度政法综治工作的中心和广大群众关注的治安难点和热点问题进行宣传。各地各部门紧密联系工作实际，认真宣传党中央、国务院关于加强社会治安综合治理工作的重大决策和部署，宣传各地认真贯彻落实中央办公厅、国务院办公厅转发的《中央政法委员会、中央社会治安综合治理委员会关于深入开展平安建设的意见》的情况，报道了各地、各部门开展社会治安综合治理和平安建设的好经验、好做法，宣传了广大人民群众积极参与社会治安综合治理和平安建设工作的事迹。如首都综治办选送的报刊作品《双项承诺带来和谐稳定》，报道了北京市怀柔区桥梓镇开展双向承诺的情况，反映了北京市在开展基层平安创建中的典型经验，具有较强的示范作用。如报刊作品《诚心感化最不稳定的心》，报道了上海市评选优秀社会工作者的情况。此报道内容充实，事迹感人，是上海市社会工作者的大检阅，既报道了典型人物的事迹，又推出了一批成功经验。如系列报道《放手，她是我妹妹》，报道了维吾尔族青年面对邪恶挺身而出，见义勇为，为救助汉族女大学生与歹徒英勇搏斗的事迹。此文不仅奏响了见义勇为的凯歌，也是民族团结的真实记录，被许多地方传为佳话，在社会上产生了积极的影响。去年10月，中央电视台社会与法频道推出了《平安中国》系列宣传活动，报道了受到中央综治委表彰的102个地市的事迹，许多电视台把自己采编，在社会与法频道播出的节目作为优秀节目选送，在参评中都取得了较好的名次。实践证明，选准主题，组织大兵团作战是强化舆论引导，增强宣传效果的重要的途径。

（二）追求新闻性与艺术性的统一，体现创新性。许多作品深入实际、现场报道，编排新颖、制作精良，力求达到新闻与艺术的统一。电视作品《救人之后》，以吉林市中百商厦的特大火灾为背景，讲述了在火灾现场一名普通的外来进城务工者胡茂东，冒着生命危险勇救11名群众的过程。以及在救人之后生病、失业，无钱医治，流浪街头，其11岁的女儿跪街乞讨为父治病，众多好心人知情后慷慨解囊，对救火英雄展开救助活动的感人故事。全片以翔实的资料，流畅的剪辑以及当事人生动全面的讲述，展现了在社会转型期人们在利益、责任、勇气、互助等方面所表现出来的构建与缺失，在事实表述中给人以启发。电视作品《少年之殇》用细腻的手法、形象化的电视语言，刻画了一个父亲在痴迷网络游戏的儿子自杀后的复杂心态。在非法网吧以及非法网络游戏成为毒害青少年重要途径的今天，此节目无论是对亿万期待孩子健康成长的父母，还是对从事青少年教育研究工作的专家、学者，都具有极强的震撼力，给人以沉重的思索。节目播出后，在社会上引起了强烈的反响，并引起相关部门的广泛关注，取得了较好的社会效果。

（三）题材更加广泛，内容更加贴近基层、贴近群众。如评论《2005：立法与民意同行》抓住了2005年立法工作的主要特点作了有较强说服力的时评。人大立法不再是立法起草部门一家或几家的事，而是广大人民群众可以直接或间接参与的事情，即所谓“立法民主化”。此文对我国立法工作的进步和法制工作存在的问题都作了比较深入的分析。此文发表后产生了广泛的影响，被多家媒体、网络转载。刑释解教人员帮教和就业问题一直是政府和社会高度关注的问题，为了使他们融入社会这个大家庭，避免他们重新犯罪，有关部门做了大量的工作。报刊作品《常州监狱近百名服刑人员成为市场“抢手货”》，反映了常州监狱不但注重改造犯人，而且为他们回归社会就业进行技能培训，使他们解除了后顾之忧，从而减轻了给社会带来的巨大压力。此文主题鲜明、角度新颖，有较强的针对性、可读性。

三、评选工作及参评作品存在的主要问题

（一）个别地区和单位对评选工作不够重视，没有成立专门的工作班子，没有专人负责。

（二）有的地方评选工作不规范，参评作品质量不高。有些报刊作品文字过长，有的电视、广播作品时间超长；有的录像带、光盘、录音带制作粗糙，模糊不清；有的报刊作品没有刊发报样，电视作品没有播出台标，没有注明刊登、播出日期；有的推荐单位不认真填写作品推荐表，填写内容简单、字体潦草。

针对评选和作品中存在的问题，评选委员会建议在今后的评选中，要进一步严格报送程序和标准，切实做到严谨规范；在评选中进一步增加新闻消息的比重，鼓励短小精悍的作品参评。

根据各地和有关新闻单位组织开展本届优秀新闻作品评选活动和日常开展政法综治宣传工作的情况，并结合所报参评作品的质量、优秀作品的数量和获中国新闻奖的情况，特对福建、浙江、北京、江苏、湖北、广东、贵州、河北、上海、山东、广西、新疆等省（区、市）综治办和人民日报国内部、中央人民广播电台研究室、中央电视台研究室、人民公安报、检察日报5个单位的评选工作提出表扬。

附件：优秀作品名单

附件：

优秀作品名单

第十六届(2005年度)中国新闻奖综治系统获奖作品

等级	评选项目	题目	作者	编辑	刊播单位	推荐单位
三等奖	评论	2005:立法与民意同行	陈明	杨军	工人日报	工人日报社
三等奖	专题	救人之后	刘俊廷	刘志珍	中央电视台	中央电视台

2005年度全国社会治安综合治理优秀新闻作品

报刊类(86件)

体裁	题目	作者	刊播单位	推荐单位
评论	2005:立法与民意同行	陈明	工人日报	工人日报社
言论	佘祥林案让我们期待什么	裴智勇	人民日报	人民日报社
消息	常州监狱近百名服刑人员成市场"抢手货"	朱毅真　周逸民	常州日报	江苏省综治办
系列报道	放手　她是我妹妹	王　蓓　乔选路 刘东莱　李建华	新疆日报	新疆区综治办
通讯	诚心感化最不稳定的心	简工博	解放日报	上海市综治办
消息	辖区案件高发,50家派出所曝光	侯莎莎	北京日报	首都综治办
通讯	共和国之盾	沈路涛　田雨	新华社	新华社
通讯	尊重保障人权防止权力滥用	沈路涛　邹声文 张宗堂	新华社	新华社
通讯	穿越心灵沼泽	张玉光	人民公安报	人民公安报社
评论	民本之举更需要领导悉心践行	邵清滢	人民公安报	人民公安报社
系列报道	从流动人口管理看"东风效应"	翟永太	人民公安报	人民公安报社
消息	检察建议保"的士司机平安"	张仁平　黄小川 陈伟菁	检察日报	检察日报社
评论	法治社会公民需要高"法商"	王彦钊	检察日报	检察日报社
评论	法制副校长不仅要走进课堂	王松苗	检察日报	检察日报社
通讯	浙江:让平安融进每一个角落	周玉林	中国妇女报	中国妇女报社
通讯	社区自治:寻找权利支撑点	龙平川　吴建丽	方圆法治杂志	方圆法治杂志社
通讯	把公正视为生命(三篇)	崔　丽	中国青年报	中国青年报社
评论	莫让道口成虎口	李铁柱	人民铁道报	铁道部综治办
通讯	赵家忠:天堂里还要办案吗	李忠好　周瑞平	人民法院报	人民法院报社
系列报道	黑土地上的女法官	刘　岚　吕爱哲	人民法院报	人民法院报社
通讯	芜湖警方:数字化协同作战	杨朝晖	科技日报	科技日报社
通讯	千辛万苦只为"零"	党涤寰　徐　超	经济日报	经济日报社
通讯	零距离倾听民意　面对面解决难题	祁　馨　武乃强	中国监察杂志	中国监察杂志社

通讯	规范执法　让百姓看的见摸的着	孙春英	法制日报	法制日报社
通讯	网络黄毒“永久删除”后的再思考	翟惠敏	法制日报	法制日报社
系列报道	携起手别让花朵过早凋零	于呐洋	法制日报	法制日报社
通讯	陕西30万农村治安中心户长广布深植治安防范根须	台建林	法制日报	法制日报社
通讯	巡逻队　维愿鹤壁长安宁	杜文娟	人民日报	人民日报社
消息	政法系统开展3年执法大整改	吴　兢	人民日报	人民日报社
通讯	四张网:力保首都平安	毛　磊	人民日报	人民日报社
通讯	聚焦深圳出租屋:谁对漏管负责	范蔚萱　陈劲松	长安杂志	长安杂志社
通讯	抓好“龙头”扬起帆	要建春	长安杂志	长安杂志社
通讯	实在的汉子实干的人	范蔚萱　宝　华	长安杂志	长安杂志社
通讯	长治:综治进“民企”的和谐乐章	姜　楠	长安杂志	长安杂志社
通讯	陵川有支老年治安队	王　勤　杨珠保　苏金松	山西日报	山西省综治办
连续报道	大鹏展翅树丰碑	党艳红　蒋宏宁　谭　磊	银川晚报	宁夏区综治办
消息	法制夜市为民“纳凉”	姜进元	宁夏日报	宁夏区综治办
通讯	企业走进大墙给服刑人员一张社会入场券	张　敬　刘　莉	每日新报	天津市综治办
消息	“三老”看家护院队构建平安十三师	李　瑞　李　荣　吐尔迪	哈密开发报	新疆兵团综治办
特写	副省长三次向群众道歉	阙爱民　张建新	河南日报	河南省综治办
消息	综治考核力克执行难题	侯永胜　薛　华	今日安报	河南省综治办
通讯	执法告知制度系列报道	周　刚	新华日报	江苏省综治办
通讯	社区矫正让“神偷王”浪子回头	沈思新　许尽义	江南时报	江苏省综治办
消息	一超市上演现实版“天下无贼”	姚永东　李　彬　周　毅	扬州晚报	江苏省综治办
消息	解开百余疙瘩事	潘国利	宝鸡日报	陕西省综治办
通讯	直面“禁毒防艾”人民战争	李　辉	云南日报	云南省综治办
消息	自购防盗锁为大意车主锁车	秦新平　王　勇	西江日报	广东省综治办
通讯	有贼有难　阿公阿婆猛“吹鸡”	成小珍　巢　晓　王　峥　丘旭东	信息时报	广东省综治办
通讯	冒充银行发短信“套”存款	戎明昌	南方日报	广东省综治办
通讯	朋僚模式:乡村民间禁毒新观	吴建韬　林小军　林德邦	湛江日报	广东省综治办
通讯	六载春秋　一个花甲老人和854户人家的故事	洪文洁　谢怡	安顺日报	贵州省综治办
通讯	孟凡书在侦破的前线　活着、工作着	龙昭珩　石云华	贵州都市报	贵州省综治办
系列报道	失足女子新生路	郑志方　叶明蓉	楚天金报	湖北省综治办
通讯	让大动脉不再哭泣	梅华峰　刘　平	湖北日报	湖北省综治办

通讯	“平安青岛”看亮点	戴　谦	青岛日报	山东省综治办
消息	将军士兵飞车擒贼	张子扬　田可新	大众日报	山东省综治办
消息	“平安理事会”破解农村综治难题	郭宏鹏	法制日报	福建省综治办
消息	厦门首用综治“一票否决”处罚企业	吴在平	福建日报	福建省综治办
通讯	共建“平安抚松”	魏茂义　王博凡 叶剑波	吉林日报	吉林省综治办
通讯	平安社会的“靓丽名片”	张大伟	沈阳日报	辽宁省综治办
消息	两道简单算式显现警民鱼水情深	邓天文　刘汉金	德阳日报	四川省综治办
通讯	真情在QQ短信中传递	刘德华	四川工人报	四川省综治办
通讯	13小时的较量	夏合琴	呼和浩特日报	内蒙古区综治办
通讯	关注辍学少年违法犯罪问题系列报道	王玉朝　刘洪峰	河北法制报	河北省综治办
通讯	鹿泉为百姓平安请“保姆”	郭立新　孙英明 东志新　梁勇强	石家庄日报	河北省综治办
言论	促进长治久安的重大决策	李峻峰　黄奇向	法治快报	广西区综治办
通讯	奏响平安和谐之歌	陈　强　余艳萍 陶彩忠	桂林日报	广西区综治办
通讯	矫治青少年的司法绿洲	李　飞　韦庆禄 任泺璇	广西日报	广西区综治办
消息	“110”搬上了列车	赵　乐	鹤城晚报	黑龙江省综治办
消息	民警名字冠名警务站	田舍郎　陈　吉	浙江法制报	浙江省综治办
通讯	力邦村:外来民工的和谐社区	王校美	奉化日报	浙江省综治办
通讯	请“娘家人”管“婆家事”	顾　春　孙陈超	人民日报	浙江省综治办
系列报道	平安浙江千里行	金立鹏	都市快报	浙江省综治办
通讯	治保“闲人”闲不住	裴玉霞　李慰军	青海法制报	青海省综治办
通讯	“姜霸”霸市愁了姜农	吴　彬	铜陵日报	安徽省综治办
通讯	破解难题促和谐	李　军　范春晓	安徽日报	安徽省综治办
消息	众志成城夺回33万元	黄武平	湘潭晚报	湖南省综治办
消息	宜章书写湘粤边界平安长卷	李黎明　谢初忠	湖南日报	湖南省综治办
通讯	万安有个农民“道德法庭”	张　晶	井冈山报	江西省综治办
通讯	爱到深处情愈浓	肖承明　陈志明	赣南日报	江西省综治办
通讯	首批社区治安协管员上岗了	胡伟华	克拉玛依日报	新疆区综治办
通讯	从少年犯到首席小号手	倪国和	文汇报	上海市综治办
通讯	爱心,渗透在法庭内外	张光宇　茶　莹 区鸿雁	人民法院报	云南省综治办
消息	民情日记为民解千难	王海燕	北京日报	首都综治办
通讯	双项承诺带来和谐稳定	王　锋　任奕葳	法制日报	首都综治办
通讯	天柱建立治安防控体系有效维护城区社会稳定	唐平安　杨仁海 杨志刚	贵州日报	贵州省综治办

电视类(45)				
专题	救人之后	刘俊廷	中央电视台	中央电视台
专题	少年之殇	吴　闯　王　丹 周丽萍　陈　峥	中央电视台	中央电视台
专题	莽撞少年冲动扎人　求助徐滔迷途知返	徐　滔　高　远 边　缘	北京电视台	首都综治办
专题	噩梦	詹　军　贾　苇 丁高波　庞海森 郑忠营	中央电视台	中央电视台
专题访谈	编织绿色网络空间	杨　剑	中国教育电视台	中国教育电视台
专题	孩子　你在那里	林小莉	中央电视台	交通部综治办
专题	从“上访”到“下访”	中国方正出版社电子传媒中心	黑龙江电视台	中纪委宣教室
专题	春运“蓝盾行动”	徐志群　孙　薇	铁路电视台	铁道部综治办
专题	斩断跨国贩毒通道	范立新　冯利敬	中央电视台	海关总署办公厅
专题	特殊的较量	赵　越　刘朝辉	中央电视台	中央电视台
系列报道	平安河南　系列报道	石建川　魏青峰 张　振	河南电视台	河南省综治办
消息	公安部悬赏通缉的特大毒枭刘招华在福安落网	刘　毅　周君贤 曾超群	福建电视台	福建省综治办
专题	民安重于山	马翠琳　曾东进	中央电视台	福建省综治办
消息	通贵乡聘请40多位宗教人士担任义务调解员	马　军　章文静	银川电视台	宁夏区综治办
专题	雷霆行动——江苏南京警方破获公安部督办特大网络赌球案	毕　成　韩文杰	中央电视台	江苏省综治办
专题	袁崇发:永不言悔	高　扬　石利萍 贾保军　赵文卿 荆莉娜	阳泉电视台	山西省综治办
专题	揭开“神医”诈骗的黑幕	张　辉　丁　一 杜汉成　赫元嘉 孙青峰　朱思雨	青海电视台	青海省综治办
专题	平安行动	惠　毅　任晓冰 商云鄂　赵政绪	中央电视台	陕西省综治办
专题	八封敲诈信	刘汝君　商　乐	天津电视台	天津市综治办
专题	打击网络黄色毒瘤	武　鹏　章黎明 王海军　莫　平	中央电视台	黑龙江省综治办
消息	农民“十兄弟”乡亲保护神	王大伟　李　玫 潘善庆	防城港电视台	广西区综治办
专题	帮助	曹　莉　谭　宏 马　琴　向　明	泸州电视台	四川省综治办
专题	变迁	蔡志和　郑子灿 宋莉荣	河北电视台	河北省综治办

系列报道	记者调查:撕开非法倒油黑网	孙鹏飞　邹德兵	吉林电视台	吉林省综治办
专题	平安中国——平安盘锦	宗　志	中央电视台	辽宁省综治办
消息	老父乞讨为儿还毒债	乔　歌	娄底电视台	湖南省综治办
专题	启明新生	徐志坚　吉　潇	江西电视台	江西省综治办
评论	发财岂能靠诈骗	王　娟　李升荣 李维维	甘肃电视台	甘肃省综治办
专题	讨薪之路	苏小雁　刘时宇	中央电视台	广东省综治办
专题	携手同心育蓓蕾	贵州省委政法委	贵州电视台	贵州省综治办
评论	校园岂能开网吧	张锐敏　张丽蓉 宿传义　肖洪斌	新疆电视台	新疆区综治办
专题	归乡	李　辉　张加强 冯都成	乌鲁木齐电视台	新疆区综治办
专题	天台对峙	李广生　李　斌 周　虎　胡平峰 张泉伟	中央电视台	湖南省综治办
系列报道	战毒	王晓芬　顾海东 胡　钊　阎　彪	东方电视台	上海市综治办
评论	“流动隐患”的管理困局	张艳艳　任　静 刘桂强　刘伟城 戴伟琦	上海文广传媒集团	上海市综治办
专题	草原上的法庭	李爱国　武　平 方　晔　高晓菲 石　磊　何文龙	赤峰电视台	内蒙古区综治办
专题	平安绍兴	茹学农　宋志杰 金春明	中央电视台	浙江省综治办
专题	抢夺团伙覆灭记	刘　杉　刘云山 许小海	湖北电视台	湖北省综治办
专题	老“信访区”的新“平安表”	高　峰　侯洪强 王建明　姚伟峰 马元明	山东电视台	山东省综治办
消息	吴美丽有12万个弟妹	李　浔　沈勤建 姬诚诚　余丽华 何　敏	湖州电视台	浙江省综治办
专题	夜鹰在行动	陆　磊　懂　是 武晋洲	北京电视台	首都综治办
专题	回家	陈　婷　扬　牧 欧阳文杰	云南电视台	云南省综治办
专题	保定村变了	梁　健　陈英才 陈海清　陈秋瑜	海南广播电视台	海南省综治办
专题	带血的刀鞘	顾　松　杨丕勇	中央电视台	贵州省综治办
专题	民警有驾照也未必能开警车	张运修　孟　雄	中央电视台	贵州省综治办
广播类(32件)				
系列报道	走近少年犯	李文刚　刘　哲 国　玲	天津人民广播电台	天津市综治办

专题	民调化解百万赔偿　京承高速顺利开工	丹　青	北京人民广播电台	首都综治办
专题	迟到的公正	董廷燕　张　昊	中央人民广播电台	中央人民广播电台
消息	中越青少年共建边关无毒路	花艺丹	广西龙州县人民广播站	广西区综治办
消息	没有围墙的派出所	王海安　杜江峰	陕西人民广播电台	陕西省综治办
专题	昌吉市百名市民勇斗歹徒	樊莉莉　王　琦 杨世燕	昌吉人民广播电台	新疆区综治办
专题	取消宁0专用号牌,向行车特权说不	贾大力　甘　露 冯兴华	宁夏人民广播电台	宁夏区综治办
专题	安帮并举　铺就新生创业路	钟志荣　高　颖 施　婵	江西人民广播电台	江西省综治办
系列报道	"打造平安"蚌埠系列报道	陈　艳　江志杰 陈咏梅	蚌埠人民广播电台	安徽省综治办
消息	宁波消防整治出奇招——12家市级重大火灾隐患单位被挂牌公示	汪　蓉	宁波人民广播电台	浙江省综治办
系列报道	为了失足孩子的明天(1—3)	于志红　承明欣 马　乐	河南人民广播电台	河南省综治办
专题	构建平安社区、铸就福州平安	邱伟军	福州人民广播电台	福建省综治办
专题	流浪儿童:回家的路有多远	何金宝	河北人民广播电台	河北省综治办
专题	威海有个"心理防范"工程	王　健　史　军 党培哲　徐世杰	山东人民广播电台	山东省综治办
专题	在沟通中化解的警民误会	徐　扬　赵艳娟	黑龙江人民广播电台	黑龙江省综治办
专题	禁毒在行动	戴　琦　阿　丁	上海人民广播电台	上海市综治办
专题	转机,从被处罚开始	张丽燕　张洪军 史东洋　李德春	吉林人民广播电台	吉林省综治办
消息	从农民工到全国劳模	康熙如	山西人民广播电台	山西省综治办
消息	粤澳跨境吸毒人员移交出境经常性工作机制今天正式启动	张　涛	珠海人民广播电台	广东省综治办
消息	扎实推进平安青海建设	韩晓红　关玉玲	青海人民广播电台	青海省综治办
专题	关注留守儿童的身心健康	孙晓兰　王　盛	江苏人民广播电台	江苏省综治办
消息	省公安厅一把手大接访真情感言"还情还公正"	王　辉	兰州人民广播电台	甘肃省综治办
专题	6·26禁毒志愿者在行动	杨　波	昭通人民广播电台	云南省综治办
专题	人民调解员为社会播撒安宁	韩　远	锦州人民广播电台	辽宁省综治办

专题	大山里的铁脚民警	牟鲜菊　夏泽威 陈永东　孙　民 吴兴华	宣汉人民广播电台	四川省综治办
专题	血祭暴力游戏——少年网下 PK 丧命敲响警钟	饶　迅	湖北人民广播电台	湖北省综治办
专题	法眼看天下——暗战五小时	夏风华　刘　巍	楚天人民广播电台	湖北省综治办
专题	高墙内外　真情永在	汪碧芬　李　筠 吴文英	楚天人民广播电台	湖北省综治办
消息	民警上路严打两抢一盗,倾力打造平安长沙	彭　超	长沙人民广播电台	湖南省综治办
消息	新疆石河子市人民法院首次买施“社会服务令”制度	张　敏	新疆石河子人民广播电台	新疆兵团综治办
消息	中国公安机关2005年将加大维护社会治安力度	吴　倩	中国国际广播电台	中国国际广播电台
系列报道	20年,我们与法同行	李子顺　朱卫东 董廷燕　孙　莹 徐锦华　彭玉冰 张昊等	中央人民广播电台	中央人民广播电台
消息	胡锦涛强调要做好社会治安综合治理工作保证广大人民群众安居乐业	李　涛	中央人民广播电台	中央人民广播电台
		图片类(10)		
摄影	建平安社区我们出一份力	祝敏松	福建日报	福建省综治办
摄影	警民接力大营救	钱　程	大众日报	山东省综治办
摄影	长沙市天心区群策群力创平安	刘军纳	长安杂志	长安杂志社
摄影	成功解救人质	唐　林	都市日报	云南省综治办
摄影	警务室设在单车上	张凤周	邢台牛城晚报	河北省综治办
摄影	第一堂刑法课	肖　杰　曾精明 何　成	检察日报	检察日报社
摄影	查处非法诊所　村民缘和求情	杨婀娜	人民日报	福建省综治办
摄影	抓网赌	张大巍	哈尔滨新晚报	黑龙江省综治办
摄影	黑老大的最后一滴眼泪	音卫东	安徽法制报	安徽省综治办
摄影	回家	于志刚　郝　帆	人民公安报	人民公安报社

2006年中国平安网宣传工作情况

2006年10月19日,由中央政法委员会、中央社会治安综合治理委员会、新华通讯社主办,新华网承办的中国平安网正式开通。网站开通以来,始终以构建社会主义和谐社会为目标,以社会需求和人民群众关注的问题为重点,始终坚持正确的舆论导向,不断开拓创新,确保了信息发布及时准确、技术运行通畅安全,已逐步成为全国政法综治工作互动交流的平台和人民群众了解政法综治工作的网上权威信息渠道。

一、及时发布政法综治权威信息，积极宣传平安建设的成效举措，营造良好的舆论氛围

中国平安网紧紧围绕中央政法委、中央综治委的工作重点，及时发布权威信息，大力宣传政法综治工作。在中央综治办的指导下，中国平安网开通以来先后直播了罗干同志、周永康同志在中央综治委2006年第二次全体会议、全国政法工作会议等重要会议上的讲话，及时发布了《中央社会治安综合治理委员会关于深入开展农村平安建设的若干意见》等重要文件，通过网络把中央政法委、中央综治委的工作部署及时传达到各级政法综治部门和广大网民。同时，这些内容被国内各大新闻网站和门户网站转载，广泛宣传了政法部门、综治系统的工作成效和重要举措，树立了中央政法委、中央综治委的良好形象，收到了良好的传播效果，产生了较大的社会影响。网民评价说：中国平安网是联系群众与政法机关、综治系统的纽带和桥梁，通过中国平安网不但了解到许多政法综治工作情况，而且拉近了与政法部门、综治系统的距离，消除了以往对这些部门工作的隔膜感、生疏感。

二、积极策划组织网上访谈，产生了良好的社会反响

中国平安网紧紧围绕各地政法、综治工作取得的成效，在中央综治办的指导下，推出了嘉宾在线访谈栏目，结合“社会主义法治理念教育”、“深入开展平安建设”、“规范执法行为促进执法公正”、“全国公安机关集中整治爆炸物品等专项行动”等工作重点、热点问题，中国平安网联合新华网先后邀请有关部门的负责同志进行在线访谈。这些访谈由于紧跟新闻热点，引起强烈的社会反响，其中一些精彩的访谈内容被人民网、新浪、搜狐等数十家网站转载并在要闻突出展示，《法制日报》等报纸也在重要版面直接采用。

三、精心制作专题，加强报道策划，指导性、服务性不断增强

在做好日常报道前提下，中国平安网逐步加大报道的策划力度，对重要报道及时通过专题的形式进行汇总，先后制作了“社会主义法治理念教育”、“深入开展平安建设”、“聚焦司法体制改革”、“打黑除恶”、“参与禁毒斗争，构建和谐社会”等报道专题，对相关稿件突出主题集中进行展示，网民对这些专题纷纷给予了好评。

四、做好日常更新和维护，确保网站平稳运行

围绕政法综治中心工作，中国平安网及时转发新华社、人民日报、法制日报、检察日报等媒体和公安部、最高人民法院、最高人民检察院、司法部等政法机关网站的文章，日均更新图片、文字、视频稿件近百条。重要稿件通过添加图片、新闻链接等进行包装丰富并在首页突出展示，部分稿件推荐到新华网首页进行展示，增加了新闻报道的影响力，扩大了中国平安网的受众面。

八、预防青少年违法犯罪工作

2006年全国预防青少年违法犯罪工作情况

2006年，在中央综治委的领导下，各地、各部门以邓小平理论和“三个代表”重要思想为指导，认真落实科学发展观，按照构建社会主义和谐社会的要求，深入贯彻中央综治委预防青少年违法犯罪工作领导小组2006年第一次全体会议精神，突出重点，狠抓落实，全国预防青少年违法犯罪工作呈现出良好的发展势头。

一、进一步加强对特殊青少年群体的教育、管理和服务

动员社会力量关爱救助特殊青少年群体，是促进社会和谐的重要保障。今年年初，中央综治委预防青少年违法犯罪工作领导小组、民政部、中央综治办、公安部、团中央等部门在四川成都联合召开了“全国保护流浪未成年人工作会议”，民政部等19个部门制定出台了《关于加强流浪未成年人工作的意见》，明确了相关部门职责。7月底，民政部下发了《关于印发〈救助管理机构基本规范〉和〈流浪未成年人救助保护机构基本规范〉的通知》，积极推动各地建设流浪未成年人救助保护中心，并将流浪未成年人的救助保护和成年人的救助工作分开进行。同时，民政部与联合国儿童基金会合作建立了“民政部/联合国儿童基金会和流浪未成年人保护发展培训基地”，先后组织开展了多期培训，积极推进流浪未成年人救助保护工作专业化、科学化、规范化。针对服刑人员未成年子女，年初，中央综治委预防青少年违法犯罪工作领导小组等六部门联合在成都举行了“全国服刑人员未成年子女关爱行动”启动仪式，联合下发了《关于开展“为了明天——服刑劳教人员未成年子女关爱行动”的通知》，各级综治办、民政、司法、共青团、妇联组织认真履行职责，抓紧制定、落实各项救助措施，切实为服刑人员未成年子女解决学习、生活中的实际困难。公安部针对部分地区聋哑学生被教唆犯罪的情况开展了调研。劳动保障部以“进城求职，帮你解难”为主题开展了“春风行动”，积极为进城务工青年提供就业服务。中国银监会督促各地加快落实国家助学贷款新政策，确保国家助学贷款及时足额发放，避免学生因贫困失学辍学。团中央在元旦、春节期间，开展了“真情助困进万家”活动，为困难青少年群体送去党和政府关爱，使他们感受到社会主义大家庭的温暖。

二、扎实推进未成年人思想道德和法制教育

今年以来，各地、各部门以学习“八荣八耻”主题，积极贯彻《公民道德建设纲要》和《中共中央国务院关于进一步加强和改进未成年人思想道德建设的若干意见》，深入开展未成年人思想道德教育和法制教育。4月上旬，中央文明办、教育部、民政部、建设部在浙江宁波召开了全国城市社区未成年人思想道德建设经验交流会。团中央面向社区闲散青少年、进城务工青年、流浪未成年人、服刑人员未成年子女、特殊学生等重点群体，启动了“明辨荣辱，自强奋进”社区青少年系列教育活动。教育部下发了《关于大力加强中小学校园文化建设的通知》，把校园文化建设作为加强和改进未成年人思想道德建设的重要抓手。中央文明办、广电总局、新闻出版署组织开展了以构建社会主义和谐社会、未成年人思想道德和诚信为主题的全国思想道德公益广告征集比赛活动。关工委积极组建青少年法制教育、帮教工作"关爱团"和宣讲团。团中央、教育部、司法部联合开展了第三届全国青少年网上普法教育大赛。司法部于"12.4"全国法制宣传日期间与国务院新闻办联合开展了"百家网站普法知识大赛"活动。中宣部、司法部在全国法制宣传教育的第五个五年规划中,继续把青少年作为"五五"普法的重点对象。团中央专门出台《共青团组织积极参与平安建设的意见》,动员组织团员青年积极参与社会治安综合治理。下发了《关于落实"五五"普法规划,加强青少年法制宣传教育工作的通知》,并在第三届全国青少年法制宣传周期间,以进城务工青年为重点,开展了"进城务工青年法制宣传服务活动",为在青少年中进一步开展法制宣传教育,建立预防青少年违法犯罪工作长效机制创造了条件。

三、深入开展"未成年人零犯罪社区"和"为了明天工程示范县市"创建活动

各地以创建"未成年人零犯罪社区"和"为了明天工程示范县市"为抓手,依托青年中心搞好社区预防站点建设,逐步建立专职社工和志愿者相结合的工作队伍,举办社区闲散青少年管理信息系统培训班,免费为6000多个街道推广建立社区闲散青少年管理信息系统。坚持工作重心下移,鼓励基层单位结合实际,创新工作方法。上海、江苏、湖北、云南等地采用政府购买服务的方式,聘用青少年事务专职社工为社区闲散青少年提供专业化的服务;江苏南通以预防在校生的违法犯罪为工作重点,建立学校监管体系、心理干预体系和帮教矫正体系,使在校学生违法犯罪发案数持续下降;江西瑞昌以中小学生和毕业三年以内的青少年为重点,建立家庭、学校、社会三位一体的教育网络,有效减少青少年违法犯罪;山东青岛市积极探索"红黄绿"青少年违法犯罪社区预警机制,组成群众监督员队伍,加强了对示范创建工作的检查和监督;天津分阶段、分层次推进预防工作,在社区实现了未成年人违法犯罪有人抓、有人管,工作推进有措施、有制度,社区活动有阵地、有载体的良好局面。由于各项工作措施落实到了基层,从而使一大批地区率先有效控制了青少年违法犯罪。

四、大力开展整治不良环境专项行动

公安部、教育部、文化部、新闻出版总署、全国扫黄办、国家工商行政管理总局等部门继续针对非法网吧、不良网络信息、淫秽色情网站及书刊、"黄赌毒"、校园周边不良环境等群众反映强烈的社会问题,开展集中专项整治,落实长效监管措施,铲除诱发青少年犯罪的各种不良诱因,净化了青少年健康成长的社会环境。4月下旬,全国扫黄打非工作小组办公室、教育部、团中央、新闻出版总署、国家版权局联合开展了"从我做起,远离盗版,拒绝有害出版物,保护知识产权"活动,查获了一批淫秽色情出版物和网络色情案件。4月26日,全国各省会城市、计划单列市、副省级城市同时开展"从我做起,远离盗版,拒绝有害出版物,保护知识产权"万名青少年签名活动。文化部组织开展了网吧长效管理机制建设,并对网吧接纳未成年人等违规行为坚持严管重惩;组织开展了以净化音像市场、维护未成年人合法权益为主要内容的"阳光1号行动",严厉打击非法音像制品;开展第四批违法网络游戏产品查处行动,重点打击含有淫秽、色情、赌博、暴力、迷信、交易敛财和危害国家安全等违法内容的网络游戏产品及相关经营行为;向社会推荐了10款适合未成年人的网络游戏,合理引导未成年人娱乐需求,引导家长教育、监护孩子健康上网;7-9月,文化部还在全国范围内开展了以网吧和音像市场为重点的文化市场"集中执法季"行动,针对网吧市场解决违规接纳未成年人的问题。公安部继续深入推动"公安机关维护校园周边秩序八条措施"的贯彻落实,并在四川德阳召开了"全国公安机关贯彻落实八条措施现场会",宣传、推广典型经验,对贯彻落实"八条措施"进行再推动、再部署。建设部专门召开了安全生产会议,将6月份确定为"安全生产月"。各地关工委积极组织"五老"担任网吧义务监督员。针对流浪未成年人乞讨问题,今年8月,中央综治办、公安部、民政部、团中央联合在山东烟台召开"为了明天——全国强迫诱骗未成年人流浪乞讨整治工作会议",11月,中央综治办、公安部、民政部、全国残联、团中央共同下发《关于开展"为了明天——全国强迫诱骗未成年人流浪乞讨整治工作"的通知》,集中解救和救助保护被黑恶势力操纵的流浪未成年人。为净化校园周边以及社区等青少年成长环境，国家工商行政管理总局、财政部等联合制定《关于制止彩票入侵校园有关问题的意见》，团中央联合国家禁毒办、中央综治办开展“社区青少年远离毒品活动”。中宣部、广电总局、教育部继续加强少儿传媒、青少年文化产品和教育活动阵地建设，在中宣部、国家广电总局、新闻出版总署等部门的推动下，全国90%以上的爱国主义教育基地和公益性文化设施对未成年人免费开放，中央电视台少儿频道在296个省辖市和大部分县(市)实现落地，28个地方电视台少儿频道开播，4个地方电视台动画频道开播，为青少年健康成长提供有利条件。

五、积极强化工作保障机制

一是立法和司法保障得到加强。团中央积极参与《未成年人保护法》修改工作。湖南、安徽先后出台《湖南省实施〈中华人民共和国预防未成年人犯罪法〉办法》、《安徽省预防未成年人犯罪条例》，有效促进了基层立法和完善司法保障。4月下旬，中央综治办、最高人民法院、最高人民检察院、公安部、司法部、团中央在北京联合召开少年司法制度研讨会，与会人员围绕我国少年司法制度的现状、遇到的问题以及对策进行了深入的探讨。8月，中央综治委预防办联合中国青少年犯罪研究会、英国救助儿童会在云南省昆明市召开“为了明天——未成年人保护与违法犯罪综合预防研讨会”，就未成年人保护和少年司法制度建设问题进行了研讨。最高人民法院、最高人民检察院、司法部积极探索适合未成年人特点的办案制度和方法，积极推进预防、减少未成年人犯罪的长效机制。二是经费保障得到加强。财政部积极落实预防工作经费预算，进一步加大对“为了明天工程”的支持力度。中国保监会中国人寿合肥市分公司专门设计开办见义勇为人身意外伤害保险，为与犯罪分子斗争中见义勇为而受伤致残及牺牲的英雄们提供保险保障。三是强化了考评机制。去年12月到今年3月，预防办根据《2005年预防青少年违法犯罪工作考核办法》，对各地工作进行了全面的考核督导，并制定下发了《2006年预防青少年违法犯罪工作考核办法》。各地预防办将预防工作作为当地社会治安综合治理考评的重要内容，对基层预防工作进行督导，推动了工作的有效开展。四是加强调研。中央综治委预防办、教育部与中国青少年研究中心和中国青少年犯罪研究会等机构合作，围绕城市流浪未成年人现象的发展趋势、工读教育的现状和改革方向等课题，以北京、上海、广州、深圳等重点城市为主开展实地调查研究，并编著出版了研究成果，为进一步研究制定城市流浪未成年人和工读学校发展规划，推进工作的深入开展提供了参考依据。

六、加大预防工作宣传力度，进一步扩大“为了明天工程”的社会影响

今年预防办以“为了明天”为主题，分两个阶段(3月至4月，11月至明年2月)对“为了明天——预防青少年违法犯罪工程”开展集中宣传，共投放城市候车亭灯箱公益广告牌2000块，遍布全国40余个省会城市和副省级城市，时间达4个月。制作折页、手册、海报、公益宣传笔、标识伞等公益宣传品10万余件，发放至地级以上城市所辖区团委，有效配合了预防青少年违法犯罪工作的开展。为加大典型宣传，团中央等11部委组织开展了第五届中国杰出(优秀)青年卫士评选表彰活动，并举办先进事迹报告会。今年以来，预防办还先后组织记者采访团赴广东、湖北、上海、江苏等地，采写到大量预防青少年违法犯罪工作一手资料和先进典型。中央电视台、新华社、人民日报等中央媒体刊发播发了一系列报道，营造了全社会认同、关注、参与、支持预防青少年违法犯罪工作的良好氛围，进一步扩大了“为了明天工程”的良好社会影响。

中央社会治安综合治理委员会关于印发顾秀莲同志在中央综治委预防青少年违法犯罪工作领导小组2006年第一次全体会议上的讲话和在“为了明天——全国保护流浪未成年人工作会议”上的讲话的通知

（2006年1月26日）

各省、自治区、直辖市社会治安综合治理委员会，新疆生产建设兵团社会治安综合治理委员会，中央社会治安综合治理委员会各成员单位：

现将顾秀莲同志在2006年1月20日召开的中央综治委预防青少年违法犯罪工作领导小组2006年第一次全体会议上的讲话，以及1月21日召开的“为了明天——全国保护流浪未成年人工作会议”上的讲话，印发给你们，请结合实际情况，认真贯彻落实。

在中央综治委预防青少年违法犯罪工作领导小组2006年第一次全体会议上的讲话

顾秀莲

（2006年1月20日）

我们在春节之前，在成都召开中央综治委预防青少年违法犯罪工作领导小组2006年第一次全体会议，同时举行“为了明天——全国保护流浪未成年人工作会议”、启动“服刑人员未成年子女关爱行动”，主要是为了进一步落实中央领导同志的重要批示精神，贯彻中央综治委第一次全体会议精神，大力推进预防青少年违法犯罪的重点工作项目，保持一年来预防工作的良好势头，对今年的工作进行研究部署，力争在新的一年能够开好头，起好步。

刚才，杨岳同志代表中央综治委预防青少年违法犯罪工作领导小组办公室对2005年的工作进行了总结，对2006年的工作要点做了说明，大家也都发表了很好的意见。下面，我就进一步做好预防青少年违法犯罪工作讲几点意见：

一、2005年预防青少年违法犯罪工作取得了积极进展

过去的一年，预防青少年违法犯罪工作有以下几个特点：

一是党中央高度重视预防青少年违法犯罪工作。去年6月，胡锦涛总书记就未成年人犯罪问题作出重要批示：“要从国家和民族的未来的高度，重视未成年人犯罪问题。要明确责任、大力协同，综合防治，通过教育和法制相结合，使未成年人犯罪问题得到明显好转。”罗干同志、永康同志就落实胡锦涛总书记的重要批示精神，分别作出了明确的指示。日前，罗干同志再次强调要将初中毕业后未就业升学的未成年人群体作为工作的重点。中央领导同志的重要批示，充分体现了党中央对广大青少年健康成长的亲切关怀和对预防青少年违法犯罪工作的高度重视，为我们下一步的工作增强了信心、指明了方向。

二是工作重点进一步明确。经过几年的探索和实践，预防工作逐步梳理出一套系统明确的工作思路，《关于贯彻落实中央领导同志批示精神、进一步深入推进预防未成年人违法犯罪重点工作的方案》把流浪未成年人、服刑人员未成年子女、失学辍学学生、闲散未成年人等群体作为工作重点，分别制订出具有针对性的工作方案。各成员单位各司其职、密切配合，从政策制订、教育管理、保护救助、帮教矫治等多方面入手，相继出台了一系列有力措施，制订了《关于加强流浪未成年人工作的意见》、启动了“为了明天——服刑人员未成年子女关爱行动”、推进建立区域性闲散未成年人信息管理系统，针对非法网吧、淫秽色情网站等危害青少年成长的突出社会问题开展了治理整顿，工作成效初步显现。

三是工作基础得到加强。通过开展“为了明天工程”标识评选、举行大型文艺晚会、组织大规模公益宣传等工作，预防青少年违法犯罪工作的社会氛围进一步优化。社会各界参与的积极性不断提高，基层专兼职相结合的工作队伍日益壮大，特别是青少年事务专职社工的做法逐步推广。通过社会化筹资成立了“为了明天基金”；通过举行论坛和课题研究，形成了一批有价值的研究成果；通过强化考核和督导，有力地推动了工作措施的落实。

四是一些地区工作成效明显。在“未成年人零犯罪社区”和“为了明天工程示范县市”的创建中，各地创造性地开展工作，探索了很多卓有成效的做法。有的地区通过建立学校监管体系、心理干预体系和帮教矫正体系，使在校学生违法犯罪发案数持续下降；有的地区采取分级评估管理的办法，探索建立青少年违法犯罪社区预警机制；有的地区贴近青少年实际，深入开展18岁成人仪式、社区青少年法律学校等形式多样的教育活动；有的地区建立救助保护中心、儿童村等服务机构，开展“代理妈妈”等活动，组织动员各方力量参与流浪未成年人等弱势群体的救助保护。通过综合施策，很多地区未成年人违法犯罪的势头得到有效控制。

但是，目前预防青少年犯罪工作面临的形势仍很严峻，引发青少年违法犯罪的因素大量存在，不少地方工作机制还需完善，工作措施也要进一步落实，青少年违法犯罪特别是未成年人违法犯罪仍呈上升趋势。因此，我们既要认真总结经验，巩固成绩；又要找差距，找问题，找薄弱环节。各成员单位要总结一下去年的工作情况，围绕今年的工作要点制定出切实可行的工作措施。

二、突出重点，狠抓落实，增强预防青少年违法犯罪工作的针对性和实效性

当前各地、各部门都在认真落实中共中央办公厅、国务院办公厅转发的《中央政法委员会、中央社会治安综合治理委员会关于深入开展平安建设的意见》，“为了明天工程”是平安建设的重点工作。我们要抓住契机，按照“两办”《意见》和2005年确定的工作重点，扎实推动各项措施的落实。

第一，加强对重点青少年群体的教育、管理和服务。一是认真贯彻落实《关于加强流浪未成年人工作的意见》，明确主要任务，推动在基层建立配套的工作制度，将其纳入社会发展总体规划。要重点抓好城市流浪未成年人救助保护中心建设，已有救助保护中心的要充分发挥作用，未建立的要尽快建立，推动流浪未成年人的管理、保护和救助等工作落到实处。二是全面开展“为了明天——服刑人员未成年子女关爱行动”，积极动员社会各界力量，以志愿服务等形式，多渠道开展帮扶救助工作。推动尽快制定服刑人员未成年子女的帮扶政策，建立完善对其养育、监护、教育、管理的工作体系，切实保障他们基本生活。三是针对闲散未成年人特别是初中毕业后未升学就业的未成年人，深入开展青少年违法犯罪社区预防计划，在现有基础上进一步完善区域性闲散未成年人信息管理系统，掌握其基本情况。推动组建专业社团和专职社工队伍，建立社区预防未成年人违法犯罪工作站点，开展“一对一”、“多对一”的学习辅导、就业培训和生活帮扶。

第二,加强对重点工作的调查研究,制定相应的政策、措施。一是防止和减少中小学生辍学、失学,围绕边缘学生群体制定有效措施,强化义务教育法在基层的贯彻落实。进一步开展对工读学校的调研,制定加强和改进工读教育的有关政策,切实把工读学校办成教育、矫治、挽救有不良行为的未成年人和预防青少年违法犯罪的工作阵地。二是进一步完善我国的少年司法制度,推动制定预防未成年人犯罪法的地方性实施办法,为预防工作提供有力的法律保障。制定办理未成年人刑事案件的配套工作机制,改革不适应未成年人特点的司法程序和司法观念。三是从各地实际出发,努力清除影响未成年人健康成长的不良诱因。坚决打击制售淫秽"口袋本"图书、有害卡通画册及不良游戏软件的违法犯罪行为,查处"黑网吧"和违规接纳未成年人的网吧,整治传播淫秽色情的网站,净化荧屏和声屏,加强校园及周边治安环境的综合治理,逐步建立和完善长效监管机制。

第三,积极探索预防青少年违法犯罪工作的有效方法。一是组织有关部门,针对在预防青少年违法犯罪工作中出现的新情况、新问题,开展调查研究,提出工作措施。二是加大协调力度,进一步完善有关部门齐抓共管、地区之间相互协作的工作机制。明确部门责任,量化工作指标,有效地督促各地、各部门落实好各项工作措施。三是探索社区预防犯罪的有效模式。以"未成年人零犯罪社区"和"为了明天工程示范县市"创建工作为抓手,创新工作方法,及时总结推广典型经验,积极探索具有示范意义的工作模式。

三、求真务实,开拓创新,推动预防青少年违法犯罪工作取得新进展

一是切实发挥预防青少年违法犯罪工作领导小组的牵头作用。在今年第一次综治委全体会议上,罗干同志充分肯定了综治委专门工作领导小组及办公室的作用,提出"要认真总结经验,进一步加强和完善这一工作机制,充分发挥其优势,在解决社会治安难点问题方面取得实效。"今天,大家在工作十分繁忙的情况下,参加领导小组会议,说明了各部门对预防青少年犯罪工作的重视和支持。各级预防青少年违法犯罪工作机构也要加强与综治办的配合,认真组织协调各部门和社会各方面参与预防青少年违法犯罪工作。针对工作中的重点和难点问题,积极谋划,精心组织,寻找突破口,不断增强预防工作的针对性和实效性。各成员单位要把预防青少年违法犯罪工作纳入常规工作,加强调查研究和对本部门工作的督导检查,及时总结推广经验,发现并解决存在的问题。

二是狠抓基层基础建设,大力推动预防青少年违法犯罪工作各项措施的落实。着力加强各项基础工作,努力把社会教育、学校教育、家庭教育结合起来,要把工作措施落实到社区、村组、学校和家庭。在加强教育的同时,要认真加强管理与服务。要切实发挥各级政府公共服务的职能,把服务弱势未成年人作为政府为民办实事的内容,在充分用好现有工作阵地的基础上,加快建立服务于弱势未成年人的多种形式的工作阵地和工作设施,并整合和配备相应的工作力量,为弱势未成年人提供长期稳定的帮助,减少他们违法犯罪的经济诱因,改变他们走上歧途的生活环境。要推动各级政府把预防青少年违法犯罪工作作为政府管理青少年事务职能的重要内容,列入政府工作计划,按照费随事走的原则给予必要的工作保障,使预防青少年违法犯罪工作持久深入地开展。

三是进一步动员全社会参与预防青少年违法犯罪工作。预防青少年违法犯罪工作涉及千家万户,是一项民心过程,只有我们认真做好宣传发动工作才能得到全社会广大人民群众的参与和支持。要充分发挥媒体的作用,采取多种形式,大力宣传"为了明天——预防青少年违法犯罪工程",不断扩大其社会影响。要建立起预防青少年违法犯罪工作的社会化网络,只要把群众真正发动起来,我们的工作就能取得实效。

同志们,预防青少年违法犯罪工作任重而道远。让我们紧密团结在以胡锦涛同志为总书记的党中央周围,以邓小平理论和"三个代表"重要思想为指导,齐心协力,求真务实,扎实工作,开拓创新,把预防青少年违法犯罪工作进一步引向深入,为构建社会主义和谐社会做出应有的贡献!

在“为了明天——全国保护流浪未成年人工作会议”上的讲话

顾秀莲

(2006年1月21日)

这次会议是在全党全国各族人民深入学习贯彻党的十六届五中全会精神,开始实施“十一五”规划的形势下召开的。刚才,民政部、公安部、国家发改委、共青团中央的有关负责同志从自身的职能出发,围绕流浪未成年人的救助、保护和教育工作进行了部署,四川、郑州、广州、石家庄等省市介绍了本地区保护流浪未成年人的工作和经验。大家讲得都很好。下面,我就进一步做好流浪未成年人保护工作讲几点意见。

一、充分认识保护流浪未成年人工作的重要意义

保护流浪未成年人工作是全面落实科学发展观的必然要求。科学发展观不仅强调经济的快速发展,更强调经济社会的协调、可持续发展和社会的全面进步,其根本就是要坚持以人为本,促进人的根本利益的最大化和全面发展。流浪未成年人流落街头,居无定所,脱离了主流社会,已成为当前社会发展中亟待解决的突出社会问题。流浪未成年人处于社会底层,处境艰难,各项权益极易受到侵害,已成为亟待全社会保护和关爱的特殊弱势群体。做好流浪未成年人保护工作,帮助他们解决实际困难,切实维护流浪未成年人的合法权益,促进他们的健康成长,是雪中送炭的工作,是当前推动社会发展、促进社会进步的迫切需要,是全面落实科学发展观的内在要求和具体体现。

保护流浪未成年人工作是构建社会主义和谐社会的重要内容。社会主义和谐社会,是民主法治、公平正义、诚信友爱、充满活力、安定有序、人与自然和谐统一的社会。做好流浪未成年人保护工作,让流浪未成年人这一特困群体同样可以享受改革开放和社会进步的成果,关注、尊重和保障他们生存、发展的权利,体现了公平、正义和人道的原则。同时,流浪未成年人受到排斥和歧视,心理得不到健康发展,容易形成社会的不稳定因素。最大限度地帮助他们摆脱困境,回归社会,使他们感受到全社会的关爱,有利于减少社会矛盾,优化社会环境,维护社会稳定,促进社会和谐。

保护流浪未成年人工作是落实中央领导同志重要批示的实际举措。去年6月,胡锦涛总书记就未成年人犯罪问题作出重要批示。罗干同志、周永康同志就落实胡锦涛总书记的重要批示精神,分别作出了明确的指示,要求进一步做好预防未成年人违法犯罪工作。中央领导同志的重要批示,体现了党中央对广大青少年健康成长的殷切关怀,体现了对预防未成年人违法犯罪工作的高度重视,为今后的工作指明了方向。流浪未成年人是未成年人违法犯罪的重点群体,加强流浪未成年人的保护、救助和教育,是预防未成年人违法犯罪工作的重中之重。我们要深入学习领会中央领导同志的重要批示,认真抓好贯彻落实,采取更加有力的措施切实抓好流浪未成年人保护工作。

二、认清形势,增强做好流浪未成年人保护工作的紧迫感和责任感

党和政府历来高度重视流浪未成年人保护工作,采取了一系列重要举措。全国人大常委会先后颁布了未成年人保护法、预防未成年人犯罪法,对保护流浪未成年人权益,预防流浪未成年人违法犯罪做出了明确规定。中共中央办公厅、国务院办公厅转发的《中央社会治安综合治理委员会关于加强流动人口管理工作的意见》、国务院制定的《中国儿童发展纲要(2001—2010)》、中共中央、国务院下发的《关于进一步加强和改进未成年人思想道德建设的若干意见》,以及中央综治委下发的《关于深化预防青少年违法犯罪工作的意见》等,都对流浪未成年人保护工作作出了部署,要求各有关部门立足自身职责,采取切实有效的措施做好流浪未成年人保护工作。

经过多年的努力,我国的流浪未成年人保护工作取得了显著的成绩。一是流浪未成年人保护政策日趋完善。特别是民政部等19个部门制定的《关于加强流浪未成年人工作的意见》,作为我国保护流浪未成年人工作的第一个专门的政策性文件,明确了有关部门在保护流浪未成年人工作中的责任,制定了保护流浪未成年人的一系列政策措施,具有较强的前瞻性和方向性,对于做好我国流浪未成年人保护工作具有重要的指导意义。二是保护流浪未成年人工作机制初步形成。各地初步建立起党政负责、民政部门牵头、有关部门配合、社会力量参与的齐抓共管、通力合作的保护流浪未成年人工作机制。三是保护流浪未成年人服务体系初步建立。目前,全国有救助管理站1026家,附设或独立设置的流浪未成年人救助保护中心130家。各地以流浪未成年人救助保护中心和救助管理站为载体,为流浪未成年人提供了全方位的关爱服务。四是流浪未成年人救助保护模式初步形成。以郑州模式为代表的多渠道、多形式、多功能、专业化救助保护流浪未成年人的创新模式正在涌现,我国流浪未成年人保护工作正在蓬勃开展。

在看到成绩的同时,我们也要清醒地看到,我国流浪未成年人保护工作的形势依然十分严峻,据民政部不完全统计,全国每年有15万人次流浪未成年人得到救助。流浪未成年人群体数量大,涉及面广,生存状况恶劣,基本权益难以保障,易于走上违法犯罪的道路,这些因素决定了流浪未成年人保护工作艰巨而复杂,任重而道远。为切实维护流浪未成年人的基本权益,预防未成年人违法犯罪,确保社会长治久安,我们必须以高度的责任感和使命感,把流浪未成年人保护工作抓紧抓好。

三、把握关键环节,切实做好流浪未成年人保护工作

流浪未成年人是一个复杂的社会问题,需要我们深刻认识内在规律,牢牢把握关键环节,创造性地开展各项工作,确保流浪未成年人保护工作取得实效。

第一,抓早期预防,立足源头,防止未成年人外出流浪。家庭破裂、教育不当、经济贫困是流浪未成年人现象产生的主要原因,必须着眼于上述原因有针对性地开展早期预防工作。一要强化法定监护人的监护责任。地方政府、社区基层组织要针对法定监护人做好相关法规政策和家庭伦理道德的宣传教育工作,促使其履行抚养义务;对于拒不履行监护责任的,要按照有关规定提请司法部门依法处理,追究其法律责任。二要改进家庭和学校教育方式。教育、妇联等部门要通过宣传科学教育子女的知识、建立家长学校、开展争当合格家长活动等多种形式帮助家长学习与子女平等、真诚沟通交流的正确方法,使未成人在充满爱的氛围中健康成长。教育行政部门要指导学校改进课业负担过重、追求升学率、教育方式单一等做法,按照爱生学校的理念,提供合作性、参与性的学习环境,提升未成年人的自尊和自信。三要发挥社会救助体系的作用。各地要采取有力措施,通过多种救助渠道、救助方式帮助贫困家庭解决实际困难。特别对因经济困难无法就学的未成年人,要提供教育救助,避免未成年人因经济原因而外出流浪。共青团和妇联组织要积极配合民政部门做好相关工作,把经济困难未成年人和流浪未成年人纳入“希望工程”和“春蕾计划”的资助范围,予以资助。

第二,抓救助保护,立足实际,维护流浪未成年人基本权益。各有关部门要认真落实《关于加强流浪未成年人工作的意见》,切实维护流浪未成年人生存权、发展权等基本生活权利,结合流浪未成年人的群体特点,有针对性地开展救助保护工作。一要加强救助保护机构建设和管理。发展改革委要将流浪未成年人救助保护设施建设纳入国民经济和社会发展规划,予以重点支持;财政部门要加大流浪未成年人救助保护机构经费投入;编制部门要做好流浪未成年人救助保护机构设置和编制审核工作。根据2006年的综治工作要点,地级以上城市尚未建立流浪儿童救助保护中心的要尽快建立,各地要真正落实好。二要开展主动救助,使流浪未成年人尽早脱离街头生活。公安机关在执行任务时发现流浪未成年人，要及时将他们引导、护送到流浪未成年人救助保护机构接受救助。民政部门要通过多种救助方式，帮助流浪未成年人到救助保护机构接受救助。三要运用社会工作方法，为流浪未成年人提供心理咨询和行为矫治。要加强社会工作者队伍建设，根据流浪未成年人的心理特点，有针对性地开展心理咨询和行为矫治，帮助他们实现心理康复和人格矫正。四要开展集中打击行动，解救被黑恶势力控制、操纵、教唆的流浪未成年人。公安机关要依法严厉打击诱骗、拐卖、残害、组织、操纵和教唆未成年人特别是残疾未成年人流浪、乞讨等违法犯罪行为。民政部门要对解救的流浪未成年人及时提供救助保护。对涉及法律事务符合救助条件的流浪未成年人，司法行政部门要提供法律援助，法院要提供司法救助。

第三，抓回归社会，立足长远，确保流浪未成年人健康成长。让流浪未成年人回归社会，成为健康的社会人，是开展流浪未成年人工作的最终目标。一方面要做好流浪未成年人安置工作，确保流浪未成年人及时分流安置。要帮助查找到家庭的流浪未成年人及时返回家庭，并联系当地政府、社区基层组织解决他们的生活实际困难。对于确实无法查找到家庭、无家可归的流浪未成年人，要采取送流浪未成年人进入救助教育机构、家庭寄养等办法予以妥善安置。另一方面要加强流浪未成年人教育，使流浪未成年人做好回归社会的知识准备。要加强对流浪未成年人的思想道德、文化知识和法制教育，提高他们的思想认识水平。对于返乡安置的流浪未成年人，要帮助他们尽快返回学校接受正规教育。通过流浪未成年人救助教育机构、家庭寄养等办法安置的流浪未成年人，符合接受正规教育条件的，也要帮助他们入学接受教育。对于无法接受学校正规教育的流浪未成年人，民政部门和劳动保障部门要为他们提供短期的职业技能培训，使他们掌握回归社会的一技之长。

四、加强组织领导，健全齐抓共管的工作机制

流浪未成年人保护工作是一项系统工程，必须在各级党委政府的统一领导下，全社会共同参与，齐抓共管。

党委、政府要加强统一领导。各级党委、政府要从实践“三个代表”重要思想、全面落实科学发展观的战略高度，充分认识做好流浪未成年人保护工作的重要性，切实加强领导，及时听取有关部门的工作汇报，制定相应的政策、措施。要进一步推动流浪未成年人保护工作的领导机制和工作机制建设，将流浪未成年人保护工作纳入党政工作总体规划和年度计划，摆上更加重要的位置，帮助解决工作中的困难和问题。要认真落实保护流浪未成年人的政府责任，加大对流浪未成年人工作的投入，落实人员编制和专项工作经费，确保工作的顺利开展。

各部门要各司其职，齐抓共管。各级社会治安综合治理委员会要当好党委、政府的参谋和助手，积极组织协调各部门和社会各方面参与流浪未成年人救助、保护和教育工作，不断推动工作的深入开展。各有关部门要找准各自在流浪未成年人保护工作中的位置，明确职责任务，把这项工作纳入本部门工作的总体安排，充分发挥自身的职能作用，切实加强对本系统基层单位开展流浪未成年人保护工作的指导、检查和督促。

要动员全社会广泛关注、大力支持这项工作。要充分发挥影视、报刊、互联网等媒体的作用，通过多种途径大力宣传流浪未成年人工作的重要性和紧迫性，扩大社会影响，开辟多种渠道，争取和整合各种社会资源。要广泛调动公民、家庭、学校、企业、社区以及社会团体和其他非政府组织参与的积极性，特别是要注重发挥志愿者和社会工作者的作用，努力构建学校、家庭、社区三位一体的流浪未成年人保护工作网络。

同志们，加强保护流浪未成年人工作，促进青少年的健康成长，是一件功在当代、利在千秋的大事，是党委政府和全社会的共同责任。让我们紧密团结在以胡锦涛同志为总书记的党中央周围，高举邓小平理论和“三个代表”重要思想的伟大旗帜，全面落实科学发展观，齐心协力，扎实工作，开拓创新，奋发进取，为推动中国保护流浪儿童工作事业、构建社会主义和谐社会做出新的更大的贡献。

陈冀平同志在“为了明天——全国服刑人员未成年子女关爱行动”启动仪式上的讲话

（2006年1月19日）

同志们、小朋友们，各位服刑人员：

今天，非常高兴参加“为了明天——全国服刑人员未成年子女关爱行动启动仪式”，这项活动很有意义，也很及时。服刑人员未成年子女是一个特殊的弱势群体，他们缺乏家庭的温暖，很多人生活困苦、缺乏关心，幼小的心灵常常受到伤害。所有的未成年人一样，他们也是祖国的未来和民族的希望，是中国特色社会主义的建设者和接班人。保护服刑人员未成年子女健康成长，是预防青少年违法犯罪工作的一项重要内容，对于构建社会主义和谐社会具有十分重要的意义。

党和政府历来重视和关心未成年人的健康成长，先后就未成年人保护工作作出了一系列重大决策和具体部署。去年6月，胡锦涛总书记专门在做好服刑人员未成年子女帮扶工作的材料上作出重要批示。各地区、各部门对服刑人员未成年子女问题非常重视，北京、陕西、福建等很多地区建立了“太阳村”、“回归儿童村”、“善恩园”等服刑人员未成年子女专门救助机构，将他们纳入“希望工程”、“春蕾计划”资助范围，采取“代理妈妈”、志愿者“一助一”和“多助一”等方式进行帮扶，取得了一定成效。近期，中央综治委预防青少年违法犯罪工作领导小组、中央综治办、民政部、司法部、共青团中央和全国妇联专门下发了《关于开展“为了明天——全国服刑人员未成年子女关爱行动”的通知》，就是要动员全社会的力量关爱服刑人员未成年子女，保护他们健康成长。

各级党委和政府要提高认识，加强领导。从实践“三个代表”重要思想、树立和落实科学发展观的战略高度，充分认识做好服刑人员未成年子女工作的重要性，增强责任感和使命感，将其纳入党政工作总体规划，定期听取工作汇报，及时掌握工作动态，帮助解决工作中的困难和问题，积极推动有关政策和措施的落实。

各部门要各司其职，齐抓共管。各级综治委预防青少年违法犯罪工作领导小组和综治办要切实履行组织、协调、指导职能，对工作进展情况督促和检查，推进各项措施落实到基层；民政部门要制定和落实相应的救助政策，为他们提供必需的学习和生活保障；司法行政部门要摸清服刑人员未成年子女的底数，与民政等部门做好衔接，配合做好救助服务工作；共青团和妇联组织要将服刑人员未成年子女作为重点服务对象，为他们的学习和生活提供实实在在的帮助。

社会各界要广泛关注，积极参与。家庭、学校、企业、社区以及社会团体和其他非政府组织要增强责任意识，充分发挥自身优势，积极参与关爱服刑人员未成年子女行动。各类影视、广播、报刊、互联网等新闻媒体要广泛宣传这项活动，深入报道各地区各部门好的做法和经验，不断扩大社会影响，提高全社会的责任意识和参与意识。

各位服刑人员，尽管你们因为犯罪而服刑，但社会希望你们改过自新，家人盼望你们早日回家团聚，你们的孩子盼望你们能给他们一个温暖的家。希望你们要珍惜机会，认真改过，通过多种方式多给子女一些关爱，早日成为一个对社会有用的人，对家庭负责的人。

各位服刑人员未成年子女监护人，你们肩负着养育孩子，培养他们成长成材的重任，很辛苦也很不容易，希望你们能够用正确的思想教育引导孩子，给孩子们创造尽可能好的学习生活条件，多给他们一些家庭的温暖，帮助他们健康成长。

小朋友们，你们的亲人虽然因为犯了罪正在服刑，但我们不能因他们的过去而否定他们的未来，要支持他们积极改造，让他们早日回到你们的身边；要自立自强，好好学习，正确对待生活中的困难和问题，做一个对社会有用的人。

中央综治委预防青少年违法犯罪工作领导小组 中央综治办　民政部　司法部　共青团中央 全国妇联关于开展“为了明天——服刑劳教人员未成年子女关爱行动”的通知

（2006 年 1 月）

各省、自治区、直辖市综治委预防青少年违法犯罪工作领导小组，在社会治安综合治理委员会办公室，民政厅（局），司法厅（局），团委，妇联；新疆生产建设兵团社会治安综合治理委员会办公室，民政局，司法局，团委，妇联：

为贯彻落实中央领导同志关于做好预防未成年人违法犯罪工作的重要批示精神，切实加强服刑劳教人员未成年子女帮扶工作，形成全社会关爱服刑劳教人员未成年子女的良好氛围，中央综治委预防青少年违法犯罪工作领导小组、中央综治办、民政部、司法部、共青团中央、全国妇联决定共同开展“为了明天——服刑和劳教人员未成年子女关爱行动”。现将有关事宜通知如下：

一、充分认识开展“为了明天——服刑劳教人员未成年子女关爱行动”的重要意义

服刑劳教人员未成年子女是因为父母犯罪被判刑或劳教而形成的一个特殊弱势群体。父母犯罪被判刑或劳教后，他们大多生活艰难窘迫、心灵扭曲伤害，被迫失学辍学，流浪街头，易于受到社会不良环境的影响，有的甚至重走父母的老路，走向违法犯罪的深渊。因此，做好服刑劳教人员未成年子女帮扶工作，全方位关爱服刑劳教人员未成年子女，对于保护未成年人权益、预防未成年人违法犯罪、促进服刑和劳教人员改造、维护社会稳定、促进社会和谐具有十分重大的意义。

二、主要内容

（一）各级综治办、民政部门、司法行政部门、共青团、妇联组织要把服刑劳教人员未成年子女列为每年元旦春节期间开展的送温暖献爱心活动的重点群体，在节日期间进行走访慰问，向服刑劳教人员未成年子女赠送生活、学习用品，及时了解服刑劳教人员未成年子女的实际困难，积极协调有关部门予以妥善解决。

（二）各级综治办要切实履行组织、协调、指导的职能，积极协调有关部门开展服刑劳教人员未成年子女帮扶工作并检查落实，并将服刑劳教人员未成年子女帮扶工作纳入社会治安综合治理工作的考核内容。

（三）各级民政部门要在服刑劳教人员未成年子女的抚养、监护、教育、管理等方面制定救助政策，有效调动社会各方面的力量，根据不同情况，采取提供最低生活保障、纳入特困户救助、家庭寄养等多种方式开展帮扶救助工作。对监护人无法履行职责的服刑劳教人员未成年子女可以由民政部门所属的流浪未成年人救助教育安置中心提供生活照料。

（四）各级司法行政部门要加强《中华人民共和国未成年人保护法》、《中华人民共和国预防未成年人犯罪法》等与服刑劳教人员未成年子女帮扶工作相关法律法规的普法宣传工作，为未成年当事人提供法律援助或司法救助，协助民政部门做好监护人无法履行职责的服刑劳教人员未成年子女帮扶工作。

（五）共青团和妇联组织要积极配合民政部门做好服刑劳教人员未成年子女帮扶工作，把服刑劳教人员未成年子女纳入“希望工程”和“春蕾计划”的资助范围，动员组织青少年事务专职社会工作者和青年志愿者参与帮扶工作，深入开展志愿者“一助一”、“多助一”和“巾帼志愿者行动”等活动，推动社会热心人士照顾和家庭寄养等安置措施的落实，为服刑劳教人员未成年子女提供稳定、有效的支持。

（六）各级综治办、民政部门、司法行政部门、共青团、妇联组织要鼓励、支持社会组织和个人帮扶服刑劳教人员未成年子女，引导社会慈善团体募集资金开展形式多样的关爱活动；同时要加强对社会组织和个人帮扶服刑劳教人员未成年子女相关活动的监督检查指导。

三、工作要求

（一）高度重视，加强领导。各级综治办、民政部门、司法行政部门、共青团、妇联组织要高度重视，切实加强领导，统筹规划，周密部署，扎实有效地开展“为了明天——服刑劳教人员未成年子女关爱行动”。

（二）精心组织，务求实效。各级综治办、民政部门、司法行政部门、共青团、妇联组织要强化工作主动性，增强工作针对性，精心组织实施，在统筹安排下功夫，在狠抓落实上作文章，真正将“为了明天——服刑劳教人员未成年子女关爱行动”这件好事办好。

（三）密切配合，分工协作。“为了明天——服刑劳教人员未成年子女关爱行动”涉及面广，具有一定实施难度。各级综治办、民政部门、司法行政部门、共青团、妇联组织在实际工作中既要切实履行自身职责，在各自职责范围内做好相关工作；又要加强协作配合，真正形成合力，发挥综合效益，从而为最终建立服刑劳教人员未成年子女帮扶工作的长效机制奠定坚实的基础。

（四）总结经验，加强宣传。各级综治办、民政部门、司法行政部门、共青团、妇联组织要认真总结开展“为了明天——服刑劳教人员未成年子女关爱行动”的好做法、好经验，及时树立典型，推广先进经验，典型示范，以点带面。要广泛利用各种新闻媒体，采用人民群众喜闻乐见的形式，创造性地做好宣传工作，从而使“为了明天——服刑劳教人员未成年子女关爱行动”家喻户晓，深入人心。

中央综治委预防青少年违法犯罪工作领导小组 中央综治办 公安部 民政部 共青团中央 中国残疾人联合会 关于开展“为了明天——全国强迫诱骗未成年人流浪乞讨和强迫拐骗聋哑青少年违法犯罪整治工作”的通知

（2006年11月24日）

各省、自治区、直辖市综治委预防青少年违法犯罪工作领导小组、综治办、公安厅（局）、民政厅

(局)、团委、残联,新疆生产建设兵团预防青少年违法犯罪工作领导小组、综治办、公安局、民政厅、团委、残联:

为深入贯彻《中华人民共和国未成年人保护法》、《中华人民共和国预防未成年人犯罪法》、《中华人民共和国残疾人保障法》,贯彻落实中央综治委《关于深化预防青少年违法犯罪工作的意见》,严厉打击强迫、诱骗未成年人流浪乞讨和拐骗、强迫聋哑青少年实施违法犯罪等违法犯罪行为,做好流浪乞讨未成年人、被拐骗聋哑青少年的救助保护工作,中央综治委预防青少年违法犯罪工作领导小组、中央综治办、公安部、民政部、共青团中央、中国残联决定开展了"为了明天——全国强迫诱骗未成年人流浪乞讨和强迫拐骗聋哑青少年违法犯罪整治工作"。现将有关事宜通知如下:

一、工作目标

严厉打击强迫诱骗未成年人流浪乞讨和强迫拐骗聋哑青少年违法犯罪等违法犯罪行为,及时有效救助和保护流浪乞讨未成年人和被拐骗聋哑青少年,加强对流浪乞讨未成年人监护人的法制道德教育,建立综治部门牵头负责,综治委预防青少年违法犯罪工作领导小组办公室协调组织,公安、民政、共青团、残联分工负责,社会各界积极参与的工作格局,在大中城市建立强迫诱骗未成年人流浪乞讨和强迫拐骗聋哑青少年违法犯罪等问题的举报监测和整治工作机制。

二、工作内容

(一)严厉打击操纵、强迫、诱骗未成年人流浪乞讨和强迫、拐骗聋哑青少年实施违法犯罪等违法犯罪行为,解救受到操纵和控制的未成年人和聋哑青少年,建立经常性打击整治的工作制度,对虐待和故意伤害流浪未成年人、利用流浪未成年人乞讨谋利或进行其他违法犯罪活动以及强迫拐骗聋哑青少年实施违法犯罪的违法犯罪分子以及组织操纵未成年人流浪乞讨或违法犯罪的团伙依法从重从快打击。

(二)及时救助和保护流浪乞讨未成年人及被拐骗聋哑青少年。解救的流浪乞讨未成年人和聋哑青少年全部送事发地的救助保护中心或救助管理站,予以妥善的临时性保护,妥善安置,对残疾、智障、受到伤害或有心理问题的,积极进行救治和医护。对有家可归的,帮助其返回家庭并强化家庭监护;无法查明家庭住址的,送儿童福利机构安置;对孤儿采取亲友监护收养和家庭寄养等安置措施。

(三)加强对流浪未成年人和聋哑青少年的家庭监护。对生活确有困难的流浪未成年人和聋哑青少年,按照有关规定给予救济;对教育不当、家庭暴力等原因导致未成年人流浪乞讨和聋哑青少年违法犯罪的,依法追究其监护人的责任;对以牟利为目的,将未成年人、聋哑青少年尤其是残疾智障未成年人交由他人带领外出流浪的,依法追究其监护人的责任。

(四)积极做好流浪乞讨未成年人和聋哑青少年的法制宣传教育工作。选派民警到流浪未成年人救助保护中心和特殊教育学校担任法制辅导员,开展法制宣传教育,增强他们遵纪守法和依法维护自身合法权益的意识。各地区、各部门要将流浪未成年人和聋哑青少年的法制宣传教育工作纳入工作计划,加大宣传力度,丰富宣传内容,拓展宣传形式。要利用"全国法制宣传日"、"全国助残日"、"国际残疾人日"、"聋人节"等契机,集中开展宣传教育活动。

(五)加强对有不良行为的流浪未成年人和聋哑青少年的帮教工作。依托居(村)委会、学校等基层组织和单位,坚持教育、感化、挽救的方针,建立社会、学校、家庭和民警"四位一体"的帮教小组,帮助有不良行为的流浪未成年人和聋哑青少年树立正确的世界观、人生观和价值观,促其改正不良行为。

(六)依托12355青少年服务台,建立对强迫诱骗未成年人流浪乞讨和强迫拐骗聋哑青少年违法犯罪问题的监测处理机制。把12355电话作为群众举报热线电话。根据12355青少年服务台、有关单位和社会热心人士提供的线索,综治部门、综治委预防青少年违法犯罪工作领导小组办公室、公安、民政、共青团、残联等部门及时进行联合整治。

三、工作职责

(一)综治部门:协调联系各职能部门落实各项措施,推动相关单位密切合作,齐抓共管,整体推进整治工作,建立完善长效工作机制;加强对强迫诱骗未成年人流浪乞讨和强迫拐骗聋哑青少年违法犯罪整治工作的督导检查,将其作为社会治安综合治理的考核内容。

(二)公安机关:对强迫诱骗未成年人流浪乞讨和强迫拐骗聋哑青少年违法犯罪等问题进行调查摸底和取证,根据统一部署采取集中整治行动,解救被控制的流浪未成年人和聋哑青少年,对涉案的犯罪嫌疑人依法采取强制措施并进入刑事司法程序处理。特别要注意打击为强迫诱骗未成年人流浪乞讨或违法犯罪而致伤、致残、致死未成年人的犯罪分子。

(三)民政部门:对公安机关解救的未成年人和聋哑青少年,送入流浪未成年人救助保护中心或救助管理站进行救助保护,并依据《关于加强流浪未成年人工作的意见》加强管理;未成年人流出地的民政部门要主动协助流入地做好返乡未成年人的接送工作,同时认真调查当地的未成年人和聋哑青少年生存状况,对困难未成年人家庭加大帮扶力度,积极开展教育和救助工作,防患于未然。

(四)共青团组织、综治委预防青少年违法犯罪办公室:制定打击整治工作方案,建立有关部门和12355青少年服务台相互配合的监测与整治工作机制;在未成年人流出地配合民政部门对困难未成年人家庭开展经济帮扶和法制教育;联系媒体适时开展宣传,大力营造全社会共同关爱未成年人的氛围。

(五)残联:积极发挥残疾人代表组织的作用,组织开展有益于聋哑青少年身心健康的活动。配合公安机关及有关部门共同做好法制宣传教育工作。加强对聋哑青少年的职业技能培训。积极向政府和有关部门反映聋哑青少年的困难与需求,呼吁加大安置聋哑人就业和救助聋哑人工作力度。倡导社会关注聋哑青少年,加强与他们的沟通与交流。

四、推进步骤

(一)调查摸底阶段(2006年11月下旬—2007年1月)。对强迫诱骗未成年人流浪乞讨和强迫拐骗聋哑青少年违法犯罪等状况进行调查摸底,对本地区强迫诱骗未成年人流浪乞讨和强迫拐骗聋哑青少年违法犯罪的高发区域、乞讨群体及活动规律、流浪未成年人和聋哑青少年违法犯罪情况、操纵控制未成年人幕后团伙、未成年人的重点流出地和流出途径等问题实现全面、细致的了解和掌握,对重要的犯罪嫌疑人加以监控并对情况危急的未成年人及时采取措施加以保护。

(二)集中整治阶段(2007年2月—6月)。对先期确定的重点群体开展集中打击和整治,在大中城市有效清除强迫诱骗未成年人流浪乞讨和强迫拐骗聋哑青少年违法犯罪现象,解救被操纵控制的未成年人和聋哑青少年,对有组织犯罪和恶性案件的犯罪嫌疑人实施重点打击。运用多种形式开展宣传,为整治工作营造良好的舆论氛围。对获得解救的未成年人和聋哑青少年妥善安置。

(三)建立长效机制(2007年7月—8月)。认真总结打击和整治的工作经验,探索建立各部门分工负责的日常监管制度。着力解决各部门之间、流入地和流出地之间的协同配合等问题。将强迫诱骗流浪未成年人乞讨和从事违法犯罪活动整治工作成效作为综治工作以及综治委预防青少年违法犯罪工作的考核内容。

五、工作要求

(一)高度重视,加强领导。各地区、各部门要从贯彻落实科学发展观,构建社会主义和谐社会的战略高度,充分认识这项工作的重要意义,切实加强领导。重点城市应当成立整治工作领导小组,根据推进步骤制定详细的实施方案,迅速采取行动,为打击和救助工作提供充分的人力、物力和财力保障。

(二)各司其职,密切合作。强迫诱骗未成年人流浪乞讨和强迫拐骗聋哑青少年违法犯罪的违法犯罪人员流动性强,取证困难,彻底根治具有一定难度。各部门既要根据职责分工,认真抓好调查取证、整治打击和救助保护等关键环节,又要加强协作配合,形成综合治理、整体推进的工作格局,特别是流出地的相关部门要积极配合流入地做好调查取证和对流浪未成年人家庭和监护人的教育、救助等工作。

(三)依法整治,务求实效。各地区、各部门要依据有关法律法规开展整治工作,严格依法行政。针对案件的具体情况,既要严厉打击违法犯罪分子,形成高压态势,力求除恶务尽,又要对流浪未成年人和被拐骗聋哑青少年采取有效的救助和保护手段,妥善处理。

(四)加强监管,常抓不懈。今后一个时期,强迫诱骗未成年人流浪乞讨和强迫拐骗聋哑青少年违法犯罪等丑恶现象在经济发达地区还将存在。流入地要建立和完善监测和整治工作机制,把集中整治和日常监管相结合,对此类案件及时发现,及时整治;重点流出地要深入调查,全面掌握情况,从源头上预防和减少强迫诱骗未成年人外出流浪乞讨和强迫拐骗聋哑青少年违法犯罪的行为。

共青团中央　中央社会治安综合治理委员会办公室 中央综治委预防青少年违法犯罪工作领导小组 最高人民法院　最高人民检察院　教育部　公安部 民政部　司法部　劳动和社会保障部　建设部 国家工商行政管理总局　国家质量监督检验检疫总局 国家广播电影电视总局　新闻出版总署 关于深化创建优秀"青少年维权岗"活动的意见

(2006年9月6日)

为深入贯彻《中华人民共和国未成年人保护法》和《中华人民共和国预防未成年人犯罪法》,落实中共中央国务院《关于进一步加强和改进未成年人思想道德建设的若干意见》和中央综治委《关于深化预防青少年违法犯罪工作的意见》,做好新形势下的青少年权益保护和预防青少年违法犯罪工作,共青团中央、中央综治办、中央综治委预防青少年违法犯罪工作领导小组、最高人民法院、最高人民检察院、教育部、公安部、民政部、司法部、劳动和社会保障部、建设部、国家工商行政管理总局、国家质量监督检验检疫总局、国家广播电影电视总局、新闻出版总署,对深化创建优秀"青少年维权岗"活动提出如下意见。

一、充分认识深化创建优秀"青少年维权岗"活动的必要性

创建优秀"青少年维权岗"活动自1998年开展以来,各地区、各部门积极支持,广泛参与。各系统的基层单位充分发挥与青少年联系密切的优势,认真履行职责,拓展服务范围,创新工作方式,扎扎实实为青少年办实事、办好事,对于促进青少年健康成长,预防和减少违法犯罪,化解社会矛盾,密切党和人民群众的血肉联系发挥了积极作用,得到了社会各界的普遍认可和广大青少年的热烈欢迎。同时,也要看到,由于我国正在体制转轨、社会转型中,处于发展机遇期和矛盾多发期,各种影响青少年成长的社会问题不断出现,青少年弱势群体增加、维权诉求明显增长,青少年违法犯罪形势还比较严峻,社会各界对青少年特别是未成年人权益保护和预防犯罪工作越来越关注。创建优秀"青少年维权岗"活动作为各部门依法履行保护青少年职责的重要载体,还存在着工作机制不够完善、服务力度和服务手段有限,特别是与共青团组织、未成年人保护工作机构、综治委预防青少年违法犯罪工作领导小组办公室等单位正在建设的12355青少年服务台缺乏有效的合作等一系列问题。各地区、各部门要从贯彻落实科学发展观,构建社会主义和谐社会

的高度，充分认识深化创建优秀“青少年维权岗”活动的必要性，增强责任感和紧迫感，认真履行职责，加强与12355青少年服务台的协作配合，推动创建优秀“青少年维权岗”活动深入开展。

二、明确创建优秀“青少年维权岗”活动的基本定位

（一）创建优秀“青少年维权岗”活动是各部门履行青少年事务特别是未成年人保护和预防青少年违法犯罪工作职能的体现。根据《联合国儿童权利公约》、《中华人民共和国未成年人保护法》和《中华人民共和国预防未成年人犯罪法》以及其他法规和政策性文件的有关规定，政府有关部门和司法机关担负着未成年人保护和预防未成年人违法犯罪的工作职能，在涉及未成年人的司法和行政行为中，采取适合未成年人身心特点的方式方法和工作制度，是尊重和保护未成年人权利的必然要求。创建优秀“青少年维权岗”活动正是政府有关部门和司法机关动员其基层单位在各自的具体行政和司法活动中，对所涉及的未成年人，创造、推广和适用符合他们身心特点的特殊制度和工作方法，从而最大限度地保护未成年人的一种工作形式。这是司法机关和政府有关部门履行国际公约、法律、法规、政策相关规定，做好未成年人保护和预防青少年违法犯罪工作的具体表现。

（二）创建优秀“青少年维权岗”活动是全国和各地区开展青少年工作特别是未成年人保护和预防青少年违法犯罪工作的有效机制。首先，是重要的评价和激励机制。通过授予荣誉称号的形式，对各系统的基层单位为未成年人权益保护和预防犯罪工作作出的突出贡献进行表彰和奖励，达到树立典型、推广经验、形成导向的目的。其次，是未成年人权益保护和预防青少年违法犯罪工作有效的动员机制和组织形式。通过创建活动，不仅可以调动各系统基层单位认真履行职责，帮助青少年解决实际问题的积极性，而且可以围绕突出问题，依托12355青少年服务台，建立政府有关部门和司法机关关于办理未成年人问题的合作机制，形成各地区、各部门对未成年人权益保护和预防青少年违法犯罪工作齐抓共管的工作格局。

三、把握创建优秀“青少年维权岗”活动的工作思路和工作内容

（一）工作思路：进一步明确各系统基层单位在未成年人保护和预防青少年违法犯罪方面的工作职责，探索适合未成年人身心特点的工作方法和工作制度，完善创建优秀“青少年维权岗”的各项工作机制，构建以12355青少年服务台为中枢，以各级优秀“青少年维权岗”为终端的青少年维权工作网络，切实维护青少年合法权益，有效预防青少年违法犯罪。

（二）工作内容

1. 积极探索中国特色少年司法制度和未成年人行政执法及相关的工作制度。优秀“青少年维权岗”是与未成年人保护和预防青少年违法犯罪工作密切相关的单位。在新的历史条件下，未成年人保护和预防青少年违法犯罪工作有很多亟待解决的新情况新问题。优秀“青少年维权岗”要立足于把本职工作做好，针对工作中涉及青少年的重要问题和人民群众及青少年反映强烈的青少年维权的突出问题，创新工作方法，改进工作方式，探索和尝试具有时代特点的，适应青少年需求的工作模式，为推进中国特色少年司法制度和未成年人行政执法及相关工作制度作贡献。

2. 结合本职工作内容，认真做好日常青少年维权工作。创建活动的目的是为青少年解决实际问题，其实际效果是衡量青少年权益保护工作的重要标准。优秀“青少年维权岗”要紧密结合工作实际，改进工作作风，持之以恒、扎扎实实地做好青少年维权工作。

3. 认真解决12355青少年服务台转送的青少年维权个案。优秀“青少年维权岗”处于基层一线，要着眼于实现青少年求助和服务青少年两个便利化，努力畅通求助和服务渠道，积极参与12355青少年服务台的建设，依法解决好12355青少年服务台转送的青少年维权个案并接受其监督，在以12355青少年服务台为中枢的青少年维权工作网络中发挥维权实体作用。

4. 注重总结提炼工作经验，为制定法律、政策和其他工作制度提供依据。优秀“青少年维权岗”要把好经验、好做法认真加以归纳和提炼，把具体做法上升到制度层面进行推广，通过更多的实践进行检验，争取在本系统中形成有各自特点的青少年维权服务形式和维权工作机制，积极为制定法律、政策和其他青少年工作制度提供参考。

四、广泛开展评选表彰活动，强化优秀“青少年维权岗”能力建设

（一）积极做好各级优秀“青少年维权岗”命名表彰工作。按照《优秀“青少年维权岗”评选表彰和管理办法》，坚持做好每两年一届的评选表彰工作。各地区可以根据工作需要，扩大创建活动的参与部门，可考虑将留守儿童中心等民办青少年服务机构列入评选表彰序列，对无主管部门的单位，可由共青团组织负责申报。积极推进地级城市和西部地区创建活动的开展，适时开展创建优秀“青少年维权岗”活动先进地区等评选活动。

（二）切实提高优秀“青少年维权岗”的服务能力。围绕青少年维权工作的主要问题，对各部门负责创建活动的工作人员、优秀“青少年维权岗”单位负责人以及工作人员，采取组织调研、业务培训、考察交流等形式，使青少年维权工作人员进一步树立依法维权的观念，不断提高工作水平。

五、加强合作，建立 12355 青少年维权工作网络

（一）构建以 12355 青少年服务台为中枢的维权网络。12355 是信息产业部确定的全国统一的青少年公共服务电话号码，12355 青少年服务台是面向广大青少年提供咨询、实际帮助等公共服务的工作系统。优秀“青少年维权岗”是 12355 青少年服务台的志愿合作伙伴和服务实体。各地 12355 青少年服务台要对青少年侵权个案建立案件分转、信息反馈和绩效考核的工作制度。各级优秀“青少年维权岗”要发挥作用，积极承办 12355 青少年服务台转接的属于自己职能范围的个案。优秀“青少年维权岗”单位的工作人员要积极参与 12355 青少年服务台的咨询服务和专家顾问等工作。在评选表彰活动中，要将创建单位参与 12355 青少年服务台建设和承办个案情况作为参评的重要内容。

（二）探索建立解决青少年侵权问题的快速联动机制。以 12355 青少年服务台和优秀“青少年维权岗”为信息采集点，建立青少年成长监测机制。对于危害青少年健康成长的突出问题，及时召开创建单位或优秀“青少年维权岗”联席会议，启动联动机制，采取整治打击等措施应对。对于涉及多个部门的青少年个案，由 12355 青少年服务台通报情况，建立主管单位牵头负责，有关部门配合的工作模式，及时有效解决问题，并由 12355 青少年服务台将进展情况向社会公布。

六、经常组织开展优秀“青少年维权岗”系列活动

（一）不断深化“青少年维权岗在行动”活动。集中统一行动是解决突出问题，扩大“青少年维权岗”社会影响的有效形式。要针对不良“口袋本”图书和玩具、非法网吧、教唆青少年犯罪、摇头丸等危害青少年健康成长的突出问题，利用 4·26 版权日、6·26 国际禁毒日以及暑假、寒假等时机，通过开展“维权岗行动月”和“维权岗行动日”等集中活动，动员组织各系统的优秀“青少年维权岗”及争创单位进行联合治理，同时，切实加强日常监管、严格执法、做到措施到位、标本兼治。

（二）积极开展青少年自护和法制教育。“青少年维权岗”面向青少年宣讲与自身职责密切相关的法律、政策和有关知识，能够提高青少年维权意识和能力。各级优秀“青少年维权岗”及争创单位要发挥本单位工作场所和人员的优势，依托“为了明天青春自护”、社区青少年法律学校、青少年法制宣传周、青少年禁毒宣传月等活动载体，采取知识竞赛、主题活动、知识讲座、专题课堂和模拟演练等形式，广泛开展青少年喜闻乐见的自我保护和法制教育活动。

（三）组织开展“青少年维权岗进社区”活动。发挥贴近青少年的优势，依托社区开展工作是“青少年维权岗”的一大特点。各级优秀“青少年维权岗”及争创单位要依托城市青年中心、家长学校等阵地，开展“青少年维权岗进社区”、“青少年维权岗进家庭”等活动，就近就便解决青少年的问题，特别是针对社区中的弱势青少年和问题青少年开展工作，例如，面向闲散青少年的“一助一”、“多助一”帮教工作等，帮助他们克服困难，远离不良诱惑，健康成长发展。

七、完善考核管理制度，推动创建活动长远发展

（一）建立和完善优秀“青少年维权岗”考核奖励办法。认真落实共青团与法院、检察、公安、司法行政等部门制定的优秀“青少年维权岗”表彰奖励和管理办法，其他部门也要制定表彰奖励和管理办法，将对优秀“青少年维权岗”的命名表彰纳入各自系统对基层单位的考核奖励内容，推动基层党委政府制定对优秀“青少年维权岗”单位的考核和奖励制度，促进获得表彰的单位更好地履行职责。

（二）建立和完善优秀“青少年维权岗”动态管理机制。引入社会化的监督机制，实行优秀“青少年维权岗”公示制度，邀请人大代表、政协委员和社会知名人士组成监察员队伍，对优秀“青少年维权岗”单位进行检查督导。发挥12355青少年服务台的社会监督功能，把12355青少年服务台作为优秀“青少年维权岗”的投诉举报点，对违纪违法、不履行青少年维权责任、无正当理由拒绝承接12355青少年服务台转送个案的单位取消称号。

八、加大宣传力度，积极营造良好的社会氛围

（一）及时总结和推广各地的先进经验和做法。在创建活动中，各地区、各部门要及时发现和总结优势“青少年维权岗”有特色、有实效的先进经验和做法，特别是与12355青少年服务台的有效合作，利用简报、新闻媒体广泛开展宣传，充分发挥典型的示范引导作用，对一些具有普遍意义的做法和经验，要及时进行研究和推广，带动工作的整体发展。

（二）积极扩大优秀“青少年维权岗”的社会影响力。各地区各部门要着力培育优秀“青少年维权岗”品牌，通过加强内部建设，努力办实事、求实效，培育良好的品牌形象。利用各种手段，宣传优秀“青少年维权岗”的做法和成效，提高青少年和社会各界对优秀“青少年维权岗”的认同度，为进一步凝聚工作力量、争取社会支持创造良好的条件。

九、进一步加强对创建活动的组织领导

（一）各级共青团组织、综治部门、综治委预防青少年违法犯罪工作领导小组要积极协调有关部门参与创建“青少年维权岗”活动，成立创建活动领导小组和办公室，落实工作措施，扩大创建活动的覆盖面。要把创建工作纳入社会治安综合治理和预防青少年违法犯罪工作的考核体系，有条件的地方，可把优秀“青少年维权岗”评选表彰、“青少年维权岗在行动”等创建活动经费列入预防青少年违法犯罪工作预算。

（二）创建活动领导小组各成员单位要结合本系统工作职能，加强对创建活动的指导，把优秀“青少年维权岗”纳入本系统的表彰奖励体系并抓好落实，推动其认真承办12355青少年服务台转接的个案，及时研究解决青少年维权工作中的新情况新问题，逐步形成具有行业特点的青少年维权服务形式和维权工作机制。

（三）各级创建活动领导小组办公室要积极做好协调服务工作，完善优秀“青少年维权岗”的动态管理制度、监督考核制度，特别是与12355青少年服务台合作机制等，加强对各系统、各部门工作资源的整合，不断提高青少年维权工作的水平。要围绕创建活动中的重点难点问题，加强对青少年维权工作的理论研究和实践探索，把创建活动逐步引向深入。

共青团中央　中央综治委预防青少年违法犯罪工作领导小组办公室国家禁毒委员会办公室关于开展2006年“社区青少年远离毒品行动”的通知

（2006年5月15日）

各省、自治区、直辖市团委，综治委预防青少年违法犯罪工作领导小组办公室，禁毒委员会办公室：

为深入贯彻《全民禁毒教育实施意见》，全面加强社区青少年禁毒教育，不断提高青少年识毒、防毒和拒毒能力，进一步提高青少年禁毒教育工作，共青团中央、中央综治委预防青少年违法犯罪工作领导小组办公室、国家禁毒委员会办公室决定2006年继续开展"社区青少年远离毒品行动"。现将有关事宜通知如下。

一、时间

自2006年5月30日开始，至11月底结束，在全国禁毒宣传月(6月3日至26日)期间形成高潮。

二、主题

参与禁毒斗争　构建和谐社会

三、活动内容

(一)深入开展"为了明天——青少年远离毒品宣传月"活动

团中央确定今年6月为"为了明天——青少年远离毒品宣传月"，以6月3日虎门销烟纪念日、6月26日国际禁毒日等为契机，开展集中性的宣传教育活动。各地共青团组织要统一行动，积极做好青少年禁毒宣传工作，要深入学校、社区、乡镇、街道，通过设置宣传栏、张贴主题宣传画、专题咨询、散发宣传品、文艺演出、知识竞赛、宣誓签名等形式，向广大青少年宣传新型毒品的危害，引导青少年自觉做到远离毒品。集中性的宣传教育要在6月形成高潮。

(二)大力推进禁毒青年志愿者行动

各地共青团组织要继续推进禁毒青年志愿者行动，以《中国禁毒志愿者手册》为教材广泛开展禁毒青年志愿者队伍培训活动。进一步动员社区志愿者组成宣传小分队，面向社区、面向未成年人、面向群众，宣传禁毒工作和有关知识，开展新型毒品危害宣传，引导青少年自觉抵制毒品诱惑。通过招募教师、医生、律师、新闻和传媒工作者、社会工作者等有专业特长的青年志愿者，以"多助一"或"一助一"等形式，开展关心生活、帮助学习、心理辅导等帮教活动，让涉毒青少年、有不良行为的青少年和生活困难的青少年充分认识到毒品的危害，感受到社会的温暖，自觉远离毒品。

(三)积极开展征文比赛、知识竞赛等青少年喜闻乐见的禁毒宣传教育活动

各级团组织要针对青少年特点，积极组织开展禁毒警示教育电影《黑白记忆》、《死亡之吻》等影视剧观后征文比赛、青少年防范新型毒品危害知识竞赛等活动，进一步增强青少年的禁毒意识，普及青少年禁毒知识，吸引广大青少年自觉参与禁毒宣传教育，让青少年在活动中接受禁毒教育，增长禁毒知识，远离毒品诱惑。

(四)依托青少年工作阵地开展禁毒宣传教育活动

各地要充分依托青年中心、青少年法律学校、青少年宫、知心家庭学校、进城务工青年培训学校、12355青少年综合服务平台、青少年维权服务站等，作为常年开展禁毒宣传、培训的阵地，向青少年普及拒毒、防毒知识，教育他们自觉远离毒品，提高青少年自我保护意识和能力，增强青少年对毒品的免疫力。要在社区青少年法律学校开设青少年禁毒教育课程，重点为长期从事青少年禁毒教育的社区教师举办"禁毒知识培训班"，提高禁毒教师队伍的教学水平。

四、工作要求

(一)各地相关部门要高度重视，充分认识搞好青少年禁毒教育的重要性和必要性。积极协调社会资源参与，建立相应领导机构，由相关负责同志挂帅，精心设计，周密组织，力求活动形式新颖，内容贴近实际，为广大青少年所喜闻乐见，切实保证禁毒教育工作落到实处。

(二)要围绕全面深化防范新型毒品集中宣传教育的重点，以"社区青少年远离毒品行动"为载体，广泛发动，加强社区内青少年对新型毒品危害的了解，增强青少年防范新型毒品侵害的能力。针对经济发达地区人口密集、人员流动快特点，根据实际情况重点面向进城务工青年、闲散青少年等，做好新型毒品预防和宣传教育工作。

(三)各地要结合《全民禁毒教育实施意见》，突出地方特色，扩大宣传，发挥主动性、创造性，开展生动具体，形式多样的主题教育活动。充分利用电视、广播、报刊、互联网等媒体和网络的优势，讲求实效，及时宣传报道本地开展"社区青少年远离毒品"宣传教育活动的情况，大张旗鼓地宣传禁毒知识，使广大青少年在实践中受到教育，不断扩大青少年禁毒宣

传教育的声势和影响，积极营造全社会密切关注青少年禁毒工作、共同参与禁毒斗争的良好氛围。

各地要及时上报活动情况，活动结束后，要对本地禁毒工作情况进行评估。团中央、中央综治委预防青少年违法犯罪工作领导小组办公室、国家禁毒办将对工作开展扎实、工作方式有所创新的地方进行集中宣传，并对各省（区、市）活动开展情况进行考核、验收。

九、铁路护路联防工作

2006年全国铁路护路联防工作情况

2006年全国铁路护路联防工作,在中央综治委的正确领导下,在地方各级党委、政府及综治委、办部门的大力支持下,按照中央关于构建社会主义和谐社会的要求,以创建平安铁路示范路段工作为主线,进一步推动铁路护路联防各项工作措施的落实,有力地维护了铁路沿线治安的持续稳定,确保了铁路运输的安全畅通。

一、平安铁路示范路段创建工作开局良好,成效明显

各级铁路护路联防组织认真贯彻中央综治委铁路护路联防工作领导小组《2006年全国铁路护路联防工作要点》,深入扎实地开展了平安铁路示范路段创建工作,取得了明显成效。

(一)领导重视,创建工作格局基本形成。中央综治委铁路护路联防工作领导小组关于在全国开展平安铁路示范路段创建工作的决定,得到了全国各级党委、政府的大力支持。新疆、辽宁、山西、广西等省区的党政"一把手"分别批示,要求结合当地平安和谐建设抓好平安铁路示范路段创建工作。各省(区、市)普遍把平安铁路示范路段创建工作纳入当地平安建设的整体规划,纳入社会治安综合治理的目标责任考核,列为各级综治办的日常工作。

各省(区、市)护路办按照《全国铁路沿线开展平安铁路示范路段创建活动三年规划》的要求,在充分调查研究的基础上,在省(区、市)内干线以上铁路中,确定年内拟创建"全国平安铁路示范路段"共56段,总长6422.64公里;省(自治区、直辖市)级示范路段124段,总长9046.9公里,并明确了任务、标准、时间、责任和奖惩条件,使创建工作在铁路沿线的省辖市(地、州、盟)、县(区、市、旗)、乡(镇、街道)中,层层有任务、个个有指标。为了确保创建工作进度和质量,山西省护路办实行了机关处室承包制,组织机关干部到拟创建路段百日蹲点,指导创建。山东省护路办狠抓德州示范样板的推广拉动作用,以点带面推动全省的平安创建工作。黑龙江、宁夏、河南、广西等省区,及时调整专职护路队伍布局,大力加强拟创建路段的巡逻守护力量,确保干线以上铁路平安创建工作扎实推进。江西、山东在管内大面积施工的情况下,组织护路人员全员上岗,科学协调,狠抓重点,干部包保,确保了施工、行车两不误。

(二)齐抓共管,综合治理特色更加突出。在创建平安铁路示范路段工作中,各有关成员单位按照当地护路联防领导小组的总体安排,积极参与,主动工作,密切配合,初步形成了系统抓、抓系统的良好局面。各级公安机关认真贯彻公安部《关于进一步加强铁路护路联防工作的通知》精神,不断加强路地公安机关的联劳协作,充分发挥了主力军作用。各级军事部门把落实民兵参与护路联防工作作为新时期加强民兵建设的一项重要工作来抓。河南、内蒙古、新疆等省区的军区领导,特别是新疆生产建设兵团的政委亲自率领百名师、团干部深入护路民兵执勤点检查指导工作,帮助解决困难。各级共青团组织积极响应共青团中央、全国少年儿童工作委员会和全国铁道团委联合发起的"中国少年儿童铁路平安行动",在中小学生中广泛深入地开展了以“知路·爱路·护路”为主要内容的宣传教育活动，进一步提高了青少年自身防护意识和爱路护路的自觉性。各铁路局把平安铁路示范路段创建工作与地方的平安建设和内部的安全生产有机结合，投入大量人力、物力、财力对地方的平安创建工作予以支持配合。铁路局主要党政领导坚持每月添乘机车，对影响平安铁路示范路段创建工作的治安隐患和环境问题现场办公，及时指导、督促各有关方面和部门采取措施进行整治。

（三）因地制宜，创建工作特色更加明显。在创建工作中，各地普遍能够按照中央综治委铁路护路联防工作领导小组的要求，结合本地实际，创新发展，形成了百花齐放、各具特色的创建工作新格局。山西省在铁路治安基本实现社会化管理的基础上，继续走群众化的道路，让护路联防工作深深扎根于铁路沿线广大群众之中。各级护路组织分别组建了“老妈妈、老党员、低保人员、巾帼、红领巾”等不同类型的义务护路队、宣传队，建成了群众性铁路治安防范体系；广西壮族自治区以创建护路安全村为基础，陆续创建了玉林“玉贵经济走廊平安路段”、“桂林旅游平安路段”、“百色老区绿色平安路段”、“民族同心平安路段”和“中越跨国联防平安路段”等不同特色的平安路段；河北省结合暑期警卫通道建设，开展了创建“京秦绿色通道”活动；江西省九江市下力气抓好铁路护栏管理体系建设，使铁路行车安全又上了一个新台阶；上海市针对管内铁路线路短、单条线路难以达到100公里的实际，提出了创建“京沪、沪杭繁忙干线平安铁路示范路段”的设想，为直辖市创建全国级示范路段提供了新思路。云南省和南昌铁路局在创建工作中注重发挥共青团和少先队组织的作用，按照“小手拉大手”的要求，突出青少年的主体地位，注重发挥他们宣传员、安全员、信息员的辐射带动作用，为全社会提高爱路护路意识作出了贡献。河南省和内蒙古自治区注重加强新时期民兵组织建设，以铁路护路联防哨所为阵地，把平时与战时民兵工作紧密结合起来，加强演练，组织抢险救灾，把平时的民兵基础工作做得更加扎实。江苏和四川省公安厅、西安铁路公安局注重发挥综合治理工作中公安机关的主力军作用，在整顿沿线突出治安问题、整治沿线废旧金属收购站点、整治季节性突出治安问题中，组织有关部门人员，各司其职、各负其责，认真落实各项防范措施，保证了平安铁路示范路段创建工作的健康发展。全国大中城市火车站地区综合管理研究会以建设“城市名片”，擦亮“城市窗口”为主题，在平安铁路示范路段创建工作中，不断探索对大中城市火车站地区治安秩序进行综合管理的新途径。

由于深入开展了创建平安铁路示范路段工作，全国铁路治安秩序在总体稳定的基础上继续好转。据铁路公安部门统计，2006年全国铁路发生刑事案件同比下降了16.5%；其中货盗案件同比下降16.2%；拆盗案件同比下降31.43%；破坏铁路设施案件同比下降36.06%；破坏通讯设备案件同比下降13.48%；危害铁路行车安全的各种案（事）件同比下降30.9%。聚众冲击铁路、卧轨拦车事件同比下降11.5%。

二、大力整治突出治安问题，努力压减路外伤亡事故

为贯彻落实国家安全生产监督管理总局和中央综治办联合下发的《关于在安全生产领域深入开展平安创建活动的意见》，中央护路办会同铁道部公安局及安全监察司，于9月19日在武汉市联合召开了“压伤亡事故，保行车安全，创建和谐平安铁路工作会议”。会议分析了形势，明确了任务，制定了措施，提出了要求，部署了为期3个月的治安专项整顿工作。会后，各省（区、市）迅速行动，全国形成了一个以宣传教育为先导、以重点整治为中心的压减伤亡事故的高潮。黑龙江省为了确保哈长线的运输安全，将4个每队8人的联防队，分别增加到21人，实行24小时不间断的巡逻守护；对拟提速区段的护栏网通行口，全部由护路队员看护，对全省1300多个无人看守道口实行聘用专人有偿看护。年内，省内主要干线路外伤亡事故下降了93%。四川省广安市开展争创“零伤亡事故”单位竞赛活动，明确责任、目标、标准和奖惩，并加强检查、指导、监督，狠抓各项措施的落实。年内，全市路外伤亡事故由上年的13起下降为1起，下降幅度全国领先。云南省充分发挥铁路、地方的两个积极性，每月通报公布各省辖市（州）路外伤亡事故起数，要求有关部门采取针对性的措施。经过2个月的艰苦奋战，路外伤亡事故同比下降了27.3%。昆明铁路公安局对全局1—9月发生的路外伤亡事故认真分析研究，确定重点防范区段，加强指导和监督。各铁路派出所做到人人有任务，天天下沿线，每周有重点、工作有专报，经过2个月的专项整治，有12个派出所（占全局派出所的39%）消灭了路外伤亡事故、大牲畜上道和道口交通肇事。

3个月的"压伤亡事故，保行车安全"的专项整顿工作开展以来，铁路路外伤亡事故出现了大幅度下降的良好势头。据铁道部安全监察司统计，2006年4季度，全国共发生路外伤亡事故××起，死亡××人。与去年同期相比，事故起数和死亡人数分别下降了27.5%和30.7%，成效十分显著。

三、认真组织落实大秦铁路和青藏铁路护路联防工作，确保运输安全畅通

2006年，中央护路办遵照中央领导同志的批示，进一步加强了大秦铁路和青藏铁路护路联防工作的组织协调和督促落实。4月25日，中央护路办在北京召开了大秦铁路护路联防联席会议，通报了大秦铁路的治安情况，部署了年度重点工作，审查批准了年度经费预算。会后，北京、天津、河北、山西4省市迅速行动，对大秦铁路的突出治安问题进行了治理。山西省护路办确定一名副主任蹲点大同，专司大秦铁路治安整治的指导检查工作。北京市解决了潮白河特大桥群体性挖沙，危及大桥安全的问题。天津市较好地解决了因涵洞积水、取土等问题引发的矛盾纠纷10起。河北省对违规建设并严重威胁大秦铁路安全的抚宁县台营镇北方加油城给予了停业并搬迁的处理，调解涉路矛盾纠纷78件，对38名重点监护对象落实了监控措施，查处盗扒煤炭的违法人员2名。6月份，大秦护路办组织两省两市联合督导检查组，对大秦铁路上半年的护路联防措施落实情况进行了督导检查。目前，大秦铁路沿线共组建"共青团义务宣传队"69支，"红领巾义务宣传队"102支，印发各种宣传材料70余万份，出动宣传车200余台次，办宣传板报268期，张贴标语8600余条，为中小学生上法制教育课162节，集中清理铁路沿线垃圾360吨，拆除违章建筑328处3154平方米。10月份以来，大秦铁路个别路段治安出现反复，季节性团伙盗煤、扒车偷盗、拆盗铁路器材等违法犯罪行为时有发生，对大秦铁路运输安全构成威胁。去年11月，新华社《国内动态清样》（第4060期），刊登了"大秦铁路盗窃案频发带来安全隐患"的文章。对此，温家宝总理、周永康国务委员、陈冀平副主任等中央领导同志分别做了重要批示。12月6日，中央综治委铁路护路联防工作领导小组在太原召开的"全国平安铁路示范路段创建工作经验交流会议"上，专门传达了中央领导同志的批示，要求大秦铁路沿线各级党委、政府自即日起，对大秦铁路开展为期3个月的治安专项整治，坚决打击和依法严惩盗窃铁路运输煤炭、拆盗铁路设施设备等违法犯罪活动，全力解决影响运输安全的突出问题，迅速扭转大秦铁路治安的被动局面。河北省专门召开了"大秦铁路严打整治工作会议"，全面部署了整治工作。北京、天津、山西等省市也分别做出了部署。12月中旬，河北省秦皇岛市教育局组织10万名大学生，开展了以"爱护铁路——我们共同的责任"为主题的签名暨宣传月活动；大秦护路办组织秦皇岛市有关部门和大同铁路公安处共同开展专项整治行动，目前已查处各类积案35起，打掉团伙2个，抓获违法犯罪嫌疑人57人。缴获被盗煤炭4吨，运赃机动车辆3辆。各项整治工作正在深入进行中。

为了确保青藏铁路开通后的运输安全，中央护路办认真落实罗干、周永康等中央领导同志的批示精神，组成专门调研组对青藏铁路进行了实地踏勘，与青海、西藏两省区领导及有关部门充分交换了意见，对青藏铁路开通后的铁路护路联防工作制定了切实可行的工作方案。在中央综治办、铁道、财政、国家发改委等部委和青海、西藏两省区的支持配合下，目前，青藏铁路护路联防今冬明春应急设施建设的经费已经全部到位，两省区民兵护路工作正在顺利开展；武警部队在预定目标上岗执勤和在青藏铁路无人区的武装巡逻已经就绪，铁路沿线民兵执勤设施建设和日常工作经费申报工作正在进行中。

四、充分发挥职能作用，做好各项护路工作

（一）积极参与解决影响铁路治安的问题。据不完全统计，各级铁路护路联防组织共参与排查和化解矛盾纠纷5992起，拆除非法铁路道口160余个，修补护栏672处，发现和排除各种严重危及运输安全的自然灾害隐患416起。在日常巡逻执勤工作中，发现和防止拆盗铁路器材、割盗电线电缆1547件，发现和清除铁路上摆放的障碍721起，防止挖毁铁路路基57件。同时，协助公安部门抓获逃犯648人，抓获现行违法犯罪分子1900余名，协助公安机关破获各种刑事案件1472起，为公安机关打击违法犯罪提供各种线索2163件。

（二）大力开展宣传教育工作。各级护路联防组织参加各有关部门组织的路外宣传教育活动21000多场次，散发各种宣传资料600余万份，张贴各种宣传画近90万份。同时，加强了护路联防工作的新闻宣传力度，有381篇稿件被中央媒体采用，1799篇被地市级媒体刊登，县级媒体刊载6593篇，刊稿总数与去年同比增加了81%。

（三）主动参与线路施工安全保卫工作。针对一些铁路干线在扩能改造施工中发生问题较多的情况，1月份，中央护路办召集9省市护路办主任和电气化工程部门参加的专题会议，部署加强施工保卫，严厉打击、防范割盗、偷盗等违法犯罪行为的专项行动。山东省护路办及时协调铁路公安机关派出警力，调整专职护路联防队布局，增加工程专职保卫力量，实行昼夜看护。协调铁路职工落实“一岗双责”，上线职工成为线路巡视员，站内工作的职工成为治安环境监管员，各级到一线检查指导工作的干部成为流动检查员，促进了对施工安全的全面检查监督，确保了施工、行车双安全。浙江省杭州市加大对施工区段新入住流动人口的调查摸排，增派护路队员加强巡逻守护，对重点目标和区段，安排警犬巡逻看守，对发现的设备设施隐患，及时责成有关部门进行整改。杭州铁路公安处组织优势警力，对发生的割盗、偷盗电气化设备的案件进行侦破。期间，共破获案件11起，抓获违法犯罪嫌疑人12名，有效地保证了既有线路施工的安全。江西省针对浙赣线提速改造工程征地多、拆迁多、全封闭、全立交的特点，从宣传教育入手，采取调整护路联防专职工作队伍布局、强化防护栏看护、入户解决突出矛盾、加强耕牛管理、严打拆盗偷盗等措施，有效保证了施工的正常进行，确保了施工期间的运输安全。

（四）加强对流动人口的治安管理工作。四川省在平安铁路示范路段创建工作中，加强铁路沿线流动人口管理，认真落实村民自治，切断外来人口非法迁入渠道，规范铁路沿线县外人员土地承包、购建和租赁房屋，仅彭山县就清退259户1032人，收回转包土地1500亩，退回转包土地款10.8万元。河南省许昌市公安局认真开展清理整治出租屋和外来人口工作，魏都分局在清理中发现在高庄居住的几名外地人无固定工作，昼伏夜出，经常深夜到铁路边上拉运东西，便架网布控，将以王军伟为首的货盗团伙一网打尽。天津市组织综治办、护路办、港务局、街道办事处、路地公安机关对塘沽区流动人口聚集区进行整治，拆除违章建筑72间，清运垃圾200余吨，取缔违规设立的废旧物品收购站点2个，打掉一个长期危害铁路及周边地区安全的不法人员窝点。同时，采取驻街道城管和居委会定期巡查和不定期巡查的方式，落实责任、兑现奖惩，严防回潮，并建立了长效管理措施。

（五）大力加强护路联防队伍建设。各地出台了一系列行之有效的规章制度，进一步加强了对护路队伍的管理和教育工作。新疆维吾尔自治区护路办针对护路民兵铁路安全知识学习掌握不扎实的情况，采取四项措施，对护路民兵进行“大补课”。他们建立了护路民兵“应知应会”题库，确定了护路民兵安全常识教育月，建立了考核考试与责任追究制度，通过“制度化”不断提高广大民兵的自身素质。宁夏自治区护路办结合平安铁路示范路段创建工作，制定下发了《预防和处置群体性冲击铁路事件工作预案》、《全区各市铁路护路联防工作考核标准》、《执勤制度改革及（队细）制订工作方案》、《公用物品、被装备品管理办法》、等一系列规章制度，并在全体护路联防队员和管理人员中挑选后备管理人员，挖掘专业人才，加强了护路岗位的竞争，提高了护路联防人员竞争向上的积极性，对提高队伍素质、加强队伍建设起到了极大的促进作用。河南省护路办从强化地铁互动入手，加强护路联防治安防控体系建设。他们制定了《强化地铁互动护路联防工作机制规定》，从联席会议制度、信息反馈制度、矛盾纠纷排查调处制度、重点区段整治制度、工作责任追究制度5个方面，打破行业分工和行政管理界限，实现了铁路和地方综合治理工作的有机结合，落实了综合治理工作“属地管理”格局。焦作市通过建立四项制度、延伸四个网络、发挥四种职能，充分发挥各级铁路护路组织机构的职能作用，形成了路地同心、同动、同考核、同奖惩的工作格局，使铁路护路联防治安防控体系建设更加完善，地方平安建设更加和谐。全年各级铁路护路联防组织共举办各类业务培训班3600余期，培训68000余人次。

（六）管好、用好铁路护路联防经费。中央护路办和铁道部审计中心针对2年来发现的问题，9月份专门召开会议，通报了全国铁路护路联防经费审计情况，并部署整改工作。年底，又会同铁道部财务司、审计中心共同修订下发了新的《全国铁路护路联防经费管理办法》。

五、完成全国铁路护路联防组织架构

2006年7月1日，随着青藏铁路格拉段的开通试运营，西藏自治区综治委铁路护路联防工作领导小组及其办公室正式组建，标志着全国除港澳台地区以外的31个省、自治区、直辖市综治委铁路护路联防工作组织机构已经全部成立并开展工作。

中央综治委铁路护路联防工作领导小组关于印发《中央社会治安综合治理委员会铁路护路联防工作领导小组会议纪要》和《2006年全国铁路护路联防工作要点》的通知

（2006年4月5日）

各省、自治区、直辖市综治委铁路护路联防工作领导小组，大秦铁路护路联防联席会议：

现将《中央社会治安综合治理委员会铁路护路联防工作领导小组会议纪要》和《2006年全国铁路护路联防工作要点》印发给你们，请结合实际，认真贯彻落实。

中央社会治安综合治理委员会铁路护路联防工作领导小组会议纪要

（2006年4月1日）

2006年3月15日，中央社会治安综合治理委员会铁路护路联防工作领导小组召开全体会议。会议听取了办公室关于2005年全国铁路护路联防情况和下步工作设想的汇报，分析了当前铁路治安形势，审议了开展创建“平安铁路示范路段”三年规划和加强青藏铁路护路联防工作的意见，研究提出了进一步加强和改进铁路护路联防工作的措施。纪要如下。

一、铁路护路联防工作取得明显成效

会议认为，2005年的铁路护路联防工作在党中央、国务院的正确领导和中央综治委的直接指导下，采取了一系列扎实有效的措施，维护了铁路沿线治安的持续稳定，发挥了不可替代的重要作用。各级铁路护路联防组织认真贯彻落实罗干同志关于铁路护路联防工作的重要批示精神，紧紧依靠各级党委、政府和综治委，积极会同有关部门，以深入开展创建"安全文明铁道线"活动为载体，大力整治铁路沿线治安秩序，深入排查调处涉路矛盾纠纷，在以下几个方面取得了突出成绩：一是大力开展了铁路沿线废旧金属收购站点专项整治，清理整顿废旧收购站、冶炼点14405个，破获刑事案件699起，查处治安案件2227起，有力地净化了铁路沿线治安秩序。二是扎实进行了火车站及周边地区治安秩序整治，破获刑事案件385起，抓获犯罪嫌疑人3374人，查获了大量易燃易爆危险品和各类管制刀具，清理了一批盲流乞讨、扒乘货车、扛包、拉客等闲杂人员，使火车站及周边地区治安秩序得到明显改观。三是深入开展了涉路矛盾纠纷排查调处工作，使铁路沿线地区一大批涉路矛盾纠纷得到了及时化解，全国各地共预先发现和劝阻制止群体性拦车断道苗头790起，影响铁路行车安全的问题明显减少。四是进一步加强了大秦铁路护路联防工作，建立健全了机构，理顺了工作关系，提供了经费保障，有力地促进了各项工作措施的落实，确保了大秦铁路的安全畅通。此外，各级铁路护路联防组织和专职护路队伍继续推进规范化建设，工作制度更加健全，执勤行为更加规范，更好地发挥了职能作用。

二、铁路治安形势仍然严峻

会议指出，当前铁路治安形势总体稳定，但治安问题和安全隐患还大量存在。突出的：一是涉路矛盾纠纷仍然比较多，在一些地方可能会引发群体性卧轨拦车事件。二是盗窃铁路运输物资的违法犯罪活动团伙化明显，打击和预防工作难度增大。三是一些区段危害铁路行车安全的问题比较多，治安秩序还不够稳定。四是新线建设中，路材路料被盗问题多有发生，治安防范工作薄弱。五是青藏铁路护路联防工作任务十分艰巨。境内外分裂势力不断刺探、收集有关青藏铁路重要桥梁、隧道等设施的情况，正在加紧准备实施破坏；青藏铁路沿线一些牧民法律意识和安全意识淡薄，损坏铁路设施，偷盗铁路设备的案件时有发生，随意在铁道上行走和牛羊上道问题严重。而且青藏铁路沿线有500多公里的无人区，高寒缺氧，不具备人类生存条件，护路工作难度很大。

会议认为，2006年是铁路实现跨越式发展的重要一年，铁路建设和铁路体制改革任务十分繁重，要确保实现预期的工作目标，必须有一个安全稳定的治安环境，必须进一步加强铁路护路联防工作。各级党委政府、铁道部门和铁路护路联防组织，要进一步提高对维护铁路治安重要性的认识，增强做好工作的责任感和自觉性，认真贯彻落实社会治安综合治理工作方针，更加积极主动地做好铁路护路联防工作，确保铁路的安全畅通，促进铁路沿线的和谐稳定，为社会主义现代化建设和构建社会主义和谐社会做出应有的贡献。

三、进一步加强和改进铁路护路联防工作

会议强调：

（一）各级铁路护路联防机构必须紧紧依靠地方党委、政府，在当地综治委直接领导下开展工作。特别是在铁路体制改革过程中撤销铁路分局和新建铁路局的地方，铁路护路联防机构的领导关系要理顺，职能定位要准确，工作思路要开阔。

（二）在构建社会主义和谐社会新形势下，铁路护路联防组织要充分利用综合治理的优势，进一步发挥职能作用。不仅要维护好铁路沿线治安，而且要参与组织推动火车站及周边地区综合治理工作；不仅要维护好现有铁路的安全，而且要关注和参与新建铁路施工中的治安防范工作；不仅要解决铁路治安问题，而且要积极参与其他涉路矛盾纠纷的预防和化解工作。

（三）平安铁路创建活动要与平安建设紧密结合，注重实效。要把平安铁路创建工作纳入当地平安建设规划，同步进行；要从实际出发，务求实效，既要积极进取，又要实事求是，制定的目标、提出的要求一定是经过努力能够实现的。

（四）要进一步做好铁路沿线爱路护路宣传教育工作，特别要注意充分发挥共青团组织的作用，深入开展对中小学生的教育。

（五）要认真做好青藏铁路护路联防工作。青藏铁路是一条政治线，确保这条铁路安全畅通，对于加强西藏与内地的联系，反对民族分裂，维护国家统一具有十分重要的意义。要学习借鉴其他地方铁路护路联防工作的成功经验，从青藏铁路沿线实际情况出发，以高度的政治责任感，扎扎实实地做好青藏铁路护路联防工作。中央护路办要积极主动地协调有关地方和部门，迅速开展调研和筹备工作。

2006年全国铁路护路联防工作要点

2006年全国铁路护路联防工作要以“三个代表”重要思想和党的十六届五中全会精神为指导，认真贯彻落实以人为本的科学发展观，按照构建社会主义和谐社会的要求，深入开展平安铁路创建活动，扎实推进铁路沿线治安防控体系建设，扎实推进铁路护路联防工作规范化建设，进一步打牢工作基础，进一步密切路地关系，促进铁路沿线和谐稳定，确保铁路运输安全畅通。

一、深入开展平安铁路创建活动

平安铁路创建活动是“安全文明铁道线”创建活动的继续和深化。要认真总结创建“安全文明铁道线”活动的经验，进一步扩大覆盖范围，突出工作重点，增强实际成效。要把平安铁路创建活动作为当地平安建设的一项主要内容，同部署、同检查、同奖惩，在各级社会治安综合治理委员会的领导下，进一步加强与有关方面的协作配合，进一步推动各项工作措施的落实。各省（区、市）护路办至少要选择一条重要铁路干线，开展创建“平安铁路示范路段”活动。中央护路办要重点督促大秦、成昆、青藏三条铁路沿线地区做好创建工作。通过深入开展平安铁路创建活动，要使铁路沿线地区涉路矛盾纠纷得到及时化解，危害铁路运输安全的违法犯罪行为明显减少，路地关系更加和谐，治安秩序更加稳定。中央综治委铁路护路领导小组将适时召开会议，总结推广创建工作经验，表彰先进单位。

二、扎实推进铁路沿线治安防控体系建设

要重点抓好铁路沿线治安预警机制、涉路矛盾纠纷排查调解机制、打击处理违法犯罪活动协作配合机制的建设，进一步建立健全制度，理顺工作关系。要坚持预防为主的方针，把工作的立足点牢牢放在防范和控制上。在铁路沿线地区大力推行铁路治安目标管理责任制，在重点区段加强人防物防技防措施，对沿线群众特别是中小学生要深入开展爱路护路教育。同时，进一步落实对重点对象的帮教措施。要密切关注铁路新线建设中出现的治安问题，与有关部门一起，及时做好有关矛盾纠纷排查化解工作，维护好施工期间的治安秩序。

三、继续抓好重点治理工作

一是巩固铁路沿线废旧金属收购站点整顿治理成果，及时解决出现的问题，防止反弹。二是组织有关方面清理整顿铁路沿线治安混乱的流动人口聚居区，加强管理和教育工作，落实治安防范措施。三是积极协调有关部门，深入开展火车站周边地区治安秩序整顿。各级护路办要充分发挥路地协作、综合治理的工作优势，积极会同综治办，共同组织火车站地区管委会和有关部门，采取有力措施，切实解决突出的治安问题，维护好车站及周边地区的治安秩序。

四、继续加强铁路护路联防工作规范化建设

一是进一步规范领导体制，健全工作机制。铁路护路联防工作必须置于各级社会治安综合治理委员会的直接领导之下，重点工作部署、重要人事安排和重大经费开支都要及时请示报告。二是进一步规范专职护路队伍建设，规范选拔程序，规范教育培训，规范职责任务，规范执勤行为，规范工作条件和生活待遇。三是进一步规范护路经费管理工作，健全、完善并严格实行各项管理制度，严格遵守财务工作纪律。四是进一步规范护路办自身建设，重点是贯彻落实工作信息报告制度、工作情况检查考评制度。各省（区、市）护路办要根据上述要求，制定具体措施，认真抓好落实，这方面的工作情况年底之前向中央护路办写出专门报告。

五、进一步密切路地关系

和谐的路地关系是保持铁路沿线治安持续稳定的关键。各级铁路护路联防组织要充分发挥桥梁和纽带作用，积极做好路地双方的沟通、协调工作。一要进一步明确工作指导思想。开展铁路护路联防工作的目的,不仅仅是打击和防范违法犯罪,而且要调解涉路矛盾纠纷,消除安全隐患,营造铁路沿线和谐稳定的良好氛围,促进国家利益和群众利益的高度统一。二要进一步调整工作思路。在坚持对铁路沿线治安问题严打、严治、严防的同时,更多地从保护、方便、造福铁路沿线人民群众的角度考虑问题,把亲民、爱民、为民原则充分体现在实际工作中。三要进一步健全沟通、协作机制。各级护路办要与铁路有关部门建立信息通报制度,及时反映人民群众有关铁路方面的意见和建议,积极协助做好有关工作。同时,要向铁路沿线人民群众通报有关铁路建设的新情况,提出维护铁路治安的新要求。

中央综治委铁路护路联防工作领导小组办公室关于印发《全国铁路沿线开展“平安铁路示范路段”创建活动三年规划》的通知

(2006 年 5 月 31 日)

各省、自治区、直辖市社会治安综合治理委员会铁路护路联防工作领导小组办公室,大秦铁路护路联防联席会议办公室:

现将《全国铁路沿线开展“平安铁路示范路段”创建活动三年规划》印发给你们,请结合实际,认真贯彻执行。

全国铁路沿线开展“平安铁路示范路段”创建活动三年规划

为了深入贯彻《中共中央办公厅、国务院办公厅转发〈中央政法委员会、中央社会治安综合治理委员会关于深入开展平安建设的意见〉的通知》(中办发[2005]25 号)精神,进一步深化全国创建安全文明铁道线工作,不断推动铁路沿线平安建设向更高的层次、更广的区域发展,经中央综治委铁路护路联防工作领导小组研究决定,自 2006 年至 2008 年,在全国铁路沿线开展为期三年的“平安铁路示范路段”创建活动,特制定如下规划:

一、指导思想

以邓小平理论和“三个代表”重要思想为指导,坚持科学发展观,以服务构建社会主义和谐社会为宗旨,以确保铁路运输安全畅通为目标,始终坚持“打防结合、预防为主”的工作方针,坚持“属地管理”和“谁主管谁负责”的原则,通过开展“平安铁路示范路段”创建活动,进一步落实维护铁路治安稳定责任制,进一步健全铁路沿线治安综合治理的工作机制,确保铁路运输安全畅通和沿线社会治安稳定。

二、工作范围和重点

开展“平安铁路示范路段”创建活动的范围:城市为铁路沿线两侧各 500 米,农村为铁路沿线两侧各1000米。

开展“平安铁路示范路段”创建活动的重点线路：重点线路是京哈、京沪、京九、京广、陇海、浙赣六大繁忙干线（以下简称“六大繁忙干线”）和大秦线；其他有专职护路联防队员或民兵守护的铁路干线（以下简称“铁路干线”）。

三、目标任务

“平安铁路示范路段”创建活动的主要任务是：在沿线各级党委、政府和综治委的领导下，各级护路联防组织牵头协调，充分发挥铁路、公安、军队等成员单位的职能和骨干作用，紧紧依靠铁路沿线基层单位和人民群众，在铁路沿线全面落实社会治安综合治理的各项措施，使“平安铁路示范路段”创建活动范围内的乡镇（街道）、村庄（社区）、车站（货场）、单位（学校）等率先达到当地平安建设的标准，通过一方平安确保一线平安，为铁路跨越式发展和第六次提速调图创造良好的治安环境，确保铁路运输安全畅通；通过一线平安促进一方平安，为铁路沿线的长治久安奠定坚实的基础，努力推动铁路沿线平安建设工作深入发展。

“平安铁路示范路段”创建活动的总体目标是：铁路沿线维护稳定机制健全，治安秩序持续稳定，社会环境整洁有序，基层基础工作扎实规范，铁路运输安全畅通，沿线地区和谐稳定。

“平安铁路示范路段”创建活动的基本目标是：

（一）能够做到对敌对势力、恐怖分子针对铁路的爆炸、颠覆列车等破坏活动发现得早、控制得住、处置得好。

（二）不发生因治安问题导致的铁路行车重大事故；牲畜上道、击打列车、摆放障碍等危及行车安全案件同比明显减少。

（三）路外伤亡事故数量少，杜绝群死群伤等重大事故。

（四）能够及时发现和妥善处置涉路矛盾纠纷，杜绝冲击铁路、拦车断道等群体性事件。

（五）因治安问题造成的货赔绝对数有所减少。

（六）铁路站场周边无黄赌毒、封建迷信等社会丑恶现象，无挂牌督办整治的重大治安问题。

（七）铁路沿线社会环境整洁良好。在铁路安全保护区内，没有威胁行车安全的违章建筑，没有挖沙采石的违规行为，没有影响市容的垃圾堆积，没有新增的严重威胁铁路安全的危险品站点。

（八）铁路沿线治安稳定，不发生重大治安事件、重大火灾和重大交通事故。

（九）社会各界对该路段的平安建设成果比较满意。

四、总体规划

（一）2006年底，六大繁忙干线和大秦线建成“平安铁路示范路段”的长度不低于线路总长度的20%；其他重点铁路干线建成“平安铁路示范路段”的长度不低于线路总长度的10%。

2006年创建工作的原则是：大力整治、严格考核、重点达标。管内有六大繁忙干线和大秦线的省区市首创的“平安铁路示范路段”应在这7条线路中确定；没有上述线路的，在管内干线中确定1—2条。

（二）2007年底，六大繁忙干线和大秦线及其他铁路干线建成“平安铁路示范路段”的累计长度分别不低于各线总长度的40%和20%。

2007年创建工作的原则是：以点带面，全面推进，实事求是，严格考核。各省区市在巩固重点区段创建的基础上，创建工作要全面铺开。在创建工作中，要发挥好典型引路的作用，及时交流创建经验，抓好年中的预考核工作，同时辅以具体的帮助、指导。在年末考核中，要保证标准不降、宁缺毋滥、动态管理、名副其实。

（三）2008年底，六大繁忙干线和大秦线及其他铁路干线建成“平安铁路示范路段”的累计长度分别达到各线总长度的60%和40%以上。

2008年的创建原则是：高点运行、精确指导、全面提高、确保质量。年内的创建工作，要求对已经命名的中央、省（区市）两级“平安铁路示范路段”进行一次全面“回头看”，在充实提高的基础上，力争再有创新；对距离“平安铁路示范路段”标准较大的区段，要逐段进行分析研究，具体帮助指导，必要时由省（区市）办、市护路办领导亲自驻点包保，争取尽快扭转被动局面。

五、工作要求

（一）超前防范，加强涉路矛盾纠纷的排查调处工作。要坚持“预防为主、教育疏导、依法处理、防止激化”的原则，把矛盾纠纷排查调处的工作重心放在基层，建立起扎实有效的矛盾排查调处工作机制；把矛盾纠纷排查调处工作重点放在排查工作、信息报告和维持秩序上；把排查调处涉路矛盾纠纷与为群众办好事、办实事结合起来，增强工作的针对性和实效性。

（二）坚持严打，巩固铁路“严打”整治成果。要继续坚持“严打”方针，坚持什么犯罪突出就重点打击什么犯罪，始终保持打击涉路严重刑事犯罪的高压态势，把握铁路治安的主动权。尤其是对群体性哄抢铁路运输物资和严重拆盗、破坏铁路设施的犯罪活动要坚持露头就打，毫不手软。要继续坚持什么问题突出就整治和解决什么问题，针对本地区重点区段铁路治安的突出问题，适时开展区域性专项整治行动，解决突出问题，净化铁路治安环境；对整治后已见成效的，要制定措施、完善机制、巩固整治成果、防止反复；对整治后时有反复的，要加大力度抓反复、反复抓、争取彻底解决；对群众反映强烈的治安难点、乱点、热点问题要挂牌督办，派驻工作组，限期解决。

（三）建章立制，强化铁路沿线经常性的治安管理工作。要督促主管部门进一步加强铁路沿线爆炸、危险物品的管理，严格监控，不断强化储、运、销及使用等环节的管理，消除隐患；要进一步加强铁路沿线流动人口、刑释解教人员和社会闲散青少年的教育管理；要进一步巩固废旧金属收购站点专项清理整治成果，尤其是对流动收购户要建立长效管理办法。

（四）注重实效，深化爱路护路宣传教育。要继续加强以《铁路运输安全保护条例》为主要内容的爱路护路宣传教育工作，突出抓好对铁路沿线中小学生、放牧户、废旧金属收购从业人员、流动人口以及辍学青少年的法制教育，把铁路安全教育纳入交通安全宣传教育整体计划；要继续开展爱路护路宣传月和法制宣传日等集中宣传活动，建立爱路护路宣传教育阵地，探索新时期开展宣传教育的有效办法，不断增强宣传教育的针对性和实效性。

（五）立足长效，加强铁路沿线基层基础工作。要继续加强基层护路组织建设，使铁路沿线乡镇做到护路组织、人员双落实，责任区民警、工作两到位，保证护路联防工作有人抓、有人管。做到组织、人员、工作、报酬四落实。

六、考核命名

“平安铁路示范路段”创建活动工作实行中央和省（区、市）二级管理考核、模式。考核、验收、命名采取逐级推荐、申报、分层审核、命名的办法。省（区、市）级的“平安铁路示范路段”每段的长度不低于50公里，由各市（地、州、盟）综治委铁路护路联防工作领导小组推荐、申报，省（区、市）综治委铁路护路联防工作领导小组审核、命名，报中央综治委铁路护路联防工作领导小组备案；全国级“平安铁路示范路段”每段的长度不低于100公里，由各省（区、市）综治委铁路护路联防工作领导小组推荐、申报，中央综治委铁路护路联防工作领导小组审核、命名。

“平安铁路示范路段”创建活动实行年审制。对已经命名和申报命名的“平安铁路示范路段”，年底前分别由中央护路办和各省（区、市）护路办按照标准，进行考核、审议。对已命名的路段，经审查达不到标准的，应撤销命名。

中央综治委铁路护路联防工作领导小组关于印发《全国铁路护路联防经费管理办法》的通知

（2006年12月28日）

各省、自治区、直辖市铁路护路联防工作领导小组：

现将《全国铁路护路联防经费管理办法》印发给你们，请结合实际，认真贯彻落实。

全国铁路护路联防经费管理办法

第一章　总　则

第一条　为了维护铁路治安稳定，确保铁路运输安全畅通，保障全国铁路护路联防工作的健康发展，切实提高铁路护路联防经费的使用效益，预防违反财经纪律问题发生，根据《中华人民共和国会计法》、《中华人民共和国预算法》和《国务院关于加强预算外资金管理的决定》及国家有关法律法规，制定本规定。

第二条　铁路护路联防经费是根据中共中央、国务院《关于加强社会治安综合治理的决定》和《关于进一步加强社会治安综合治理的意见》中的有关规定，省(自治区、直辖市)级人民政府依据铁路护路联防工作实际需要，通过预算审批程序安排在辖区范围内专门用于铁路护路联防工作的财政性补助经费。

第三条　铁路护路联防经费管理的基本原则是，执行国家有关法律法规和财务规章制度，预算管理，专款专用，量入为出，分级负责。

第四条　铁路护路联防经费实行两级管理。省(自治区、直辖市)综治委铁路护路联防工作领导小组办公室(下称省护路办)、省辖市(地、州、盟)综治委铁路护路联防工作领导小组办公室(下称市护路办)应分别设立财务处(科)和财务室(不少于3人，可兼职)，开设专门银行账号。中央综治委铁路护路联防工作领导小组办公室负责监督、指导全国铁路护路联防经费的管理、使用工作。

第五条　各级护路办应加强铁路护路联防经费管理，制定收支管理办法实施细则和内部工作制度，并经同级财政主管部门审批或备案。财务部门负责本单位经费收支管理和会计核算工作，自觉接受、积极配合有关部门的审计、监督、检查。

第六条　各铁路局应按照省(自治区、直辖市)有关文件规定收取铁路护路联防费，并及时入账，收费票据按所在地财政部门有关规定办理。铁路护路联防费严格实行收支两条线管理，铁路局(省护路办)应将代收的铁路护路联防费及其他收入按收取区域定期、及时、足额分别汇划省(自治区、直辖市)财政资金专户，纳入财政管理，严禁截留、坐支、挪用或以各种理由收取管理费。

第七条　铁路护路联防经费系财政性资金，不应计入纳税和统筹基金范围。

第二章　预算管理

第八条　省(自治区、直辖市)护路办按省财政预算编制程序，根据实际工作需要编制本级铁路护路联防经费收支预算，对市护路办上报的铁路护路联防经费收支预算建议计划，予以审核，汇总编制年度经费收支预算，经省(自治区、直辖市)综治委铁路护路联防工作领导小组审定后，报省财政厅审核批准。

第九条　铁路护路联防经费收支预算一经省财政厅审核批准，各级护路办必须严格执行，不得突破预算或擅自改变；如需调整，须按规定程序报批。

第十条　当年经费结余应结转下年继续使用，并纳入年度经费预算。

第十一条　铁路护路联防经费是各级护路办的日常经费和护路联防工作所发生的相关费用，省(自治区、直辖市)、市财政部门应依照预算按时拨付省、市护路办，用于开展铁路护路联防工作。

第三章　支出管理

第十二条　铁路护路联防经费必须专款专

用。各级护路办应认真学习、严格执行国家有关财会法规和护路联防经费管理办法,严格各项经费的审批、报销关,控制超预算、超范围的支出。按照中央护路办"关于护路联防一线经费支出不得低于经费总支出的70%"的规定,不断提高护路联防经费的使用效益。

第十三条 在严格实行护路办主任(专职、常务副主任)"一支笔"审批制度的基础上,建立大额资金联签制度。大额资金支出由护路办主任(常务副主任)、财务处(室)负责人和经办人联合签署方可支出(大额资金是指,预算2000万以上为10万元,预算2000万以下为5万元)。

第十四条 铁路护路联防一线经费支出的范围是:

(一)专职铁路护路联防队员(民兵)的人员经费:1. 劳务补贴费;2. 服装、劳保、装备费;3. 人身和社会保险费(养老、医疗、失业、意外伤害等);4. 铁路护路联防专职人员的节、假日及重大活动加班补贴等。

(二)公用经费:1. 岗房办公、水电、暖气、交通、通讯费;2. 教育培训费;3. 慰问费(执勤中致伤致残和因公牺牲人员家属的生活补贴);4. 铁路护路联防基层组织和政法、综治、公安、武装、铁路等部门直接参与铁路护路联防工作人员的补贴和通讯费;5. 宣传费、会议费。

(三)交通、通讯、办公等工具的购置和维修费。

(四)铁路护路联防基础设施建设费:1. 铁路护路岗房建设和设备购置、修缮费;2. 技防、物防等防范设施的建设、维修费。

(五)表彰奖励费:1. 铁路护路联防组织和人员完成护路联防责任书各项考核指标的兑现奖;2. 优秀护路人员奖;3. 为铁路护路联防工作作出突出贡献人员奖。

第十五条 省辖市以上护路办经费支出的范围:

(一)公用经费:办公费、差旅费、维修费、劳保费、接待费、慰问费等。

(二)设施设备购置和维修费等。

(三)表彰奖励费。

(四)培训费。

(五)其他支出。

第十六条 对参与铁路护路联防工作的综治、政法、铁路、军队、公安等部门,根据承担的任务量,可以给予一定的经费补贴。补贴的标准和数量,由省(自治区、直辖市)综治委铁路护路联防工作领导小组或其办公室决定。

第十七条 铁路护路联防经费的各项支出必须取得合法的报销单据,不得以拨代支。

第十八条 各级铁路护路联防组织和机构不准用铁路护路联防经费开办公司和对外投资、借款;不准对外赞助和提供担保、抵押。

第四章 资产管理

第十九条 各级护路办使用铁路护路联防经费购置固定资产须经省综治委铁路护路联防工作领导小组审核,列入年度预算;对因紧急情况必须临时购置固定资产的,由省综治委铁路护路联防工作领导小组审核,报省财政申请调整预算。购置物品单价20万元以上的,应报中央综治委铁路护路联防工作领导小组办公室核准。以上均按政府采购方式办理。

第二十条 各级护路办都要建立固定资产管理制度,购置、调入、获赠的固定资产都要按规定办理组固手续。由财务部门统一建账、加强固定资产核算,由资产管理部门统一登记、管理,并做到责任明确,账账相符、账卡相符、账实相符。

第二十一条 固定资产的更新、调拨、封存、报废,须经省护路办审定,报同级财政部门批准并办理资产变更手续;单价20万元以上物品的报废和更新,应报中央综治委铁路护路联防工作领导小组办公室备案。

第五章 决 算

第二十二条 各省护路办每年应向省综治委铁路护路联防工作领导小组、省财政部门报送财务决算报告。

第六章 监督检查

第二十二条 各级护路办的财务部门要自觉接受财政、物价部门的监督和检查;按照机构设置的隶属关系，接受审计部门的审计。省或铁路局审计部门每年对上年度护路联防经费收支情况进行一次审计，审计结果按隶属关系报上级综治委铁路护路联防工作领导小组和同级财政部门。铁路局审计部门的审计结果报铁道部审计中心和中央综治委铁路护路联防工作领导小组办公室。各级护路办要按审计决定进行整改。

第二十四条 中央综治委铁路护路联防工作领导小组办公室和各省（自治区、直辖市）综治委要把铁路护路联防经费管理工作纳入省（自治区、直辖市）护路办及其主任（专职常务副主任）的年度工作考核。对铁路护路联防经费管理规范的单位和个人应予以表彰；对违反本规定、发生违纪行为的单位和个人，应予以通报批评，或提请有关部门作出经济、行政处罚；触犯刑律的，移交司法部门处理。

第七章 附 则

第二十五条 各级护路办执行《事业单位会计制度》。

第二十六条 本规定由中央综治委铁路护路联防工作领导小组办公室负责解释。

第二十七条 本规定自2007年1月1日起施行。

十、刑释解教人员安置帮教工作

2006年刑释解教人员安置帮教工作情况

2006年,在中央综治委的领导下,各地、各有关部门认真贯彻安置帮教工作领导小组会议精神,按照《2006年刑释解教人员安置帮教工作要点》的要求,扎实有效地开展了安置帮教的各项工作,取得较好的成效。

一、各成员单位在发挥职能作用,创新工作方法,齐抓共管方面有新举措、新局面

去年,司法部监狱局按照《2006年刑释解教人员安置帮教工作要点》要求,与劳动和社会保障部中国就业培训技术指导中心在服刑人员中开展了服装加工岗位技能培训和创业培训,合格者可分别获得劳动和社会保障部颁发的职业培训合格证书或者是国际劳工组织和中国就业培训中心联合颁发的培训合格证书,提高了服刑人员释放后的就业谋生能力。劳教局首次向全国劳教系统转发了《2006年刑释解教人员安置帮教工作要点》,要求各地劳教机关加强对在教人员的技能培训;按照《劳教人员教育矫治质量评价实行办法》,深入开展教育矫治质量评价试点工作,对出所解教人员做出终结性评价结论,及时向安置帮教部门反馈。劳教局还与民盟中央探索建立长期的帮教工作机制。劳动和社会保障部把对刑释解教人员的培训工作列入了2006年培训就业工作要点,要求各地努力做好刑释解教人员职业指导、职业介绍和职业培训工作,并将其列入就业困难群体,重点予以就业服务和援助;对符合条件的释解人员纳入免费技能培训、职业介绍和职业指导范围;指导街道劳动保障机构和社区劳动保障工作人员,对辖区内失业的刑释解教人员走访摸底,建立重点扶助和跟踪服务档案,切实帮助他们解决求职就业中的困难和问题;同时积极配合与监狱、劳教所开展职业技能培训,并及时向监狱、劳教所提供市场职业需求信息。公安部要求各级公安机关通过联系基层组织、走访居民群众、开展入户调查等多种方式,摸清刑释解教人员的底数及其基本情况。对"见档不见人"的,及时向司法行政机关反馈;对"见人不见档"的,及时了解核实;对人户分离和暂住人口的刑释解教人员,户籍地派出所和现住地派出所加强联系沟通,落实"两头包,双列管"。加强管控措施,建立民警责任制,明确任务、制度、措施和要求,对刑释解教人员违法活动做到发现得了、控制得住、提供得出。同时,围绕刑释解教人员的居住点、活动点、交往点等环节建立落实管控制机制,对长期混迹在特种行业、娱乐场所的,采取人头控制与阵地控制、公开管理与秘密控制相结合的动态管控措施;对有重新违法犯罪嫌疑的,严格管理和控制;对有现实危害活动的,加强查证、侦控,及时准确地予以揭露、打击。建立落实案前管控情况倒查和责任追究制度,对因漏管失控而导致重新违法犯罪的,逐一倒查,严肃追究有关人员的责任。民政部及时将符合条件的生活困难的刑释解教人员纳入城市低保,并通过医疗救助等措施帮助其解决就医看病问题。国家工商管理总局根据《2006年安置帮教工作要点》要求,召开了工商行政管理与社会治安综合治理经验交流会,推广了上海市静安区工商局开展安置帮教工作的经验,要求各地向静安区工商局学习,在企业和个体工商户登记中,为刑释解教人员设置窗口、提供相关政策、简化手续。发挥个协作用,组织有经验的会员进行传、帮、带,帮助解决实际困难与问题。共青团中央按照《关于开展“为了明天——服刑劳教人员未成年子女关爱行动”的通知》精神,结合“青少年违法犯罪社区预防计划”和《关于实施“社区志愿服务和谐行动”的意见》,加强了对刑释解教青少年的安置帮教工作。全国各级团组织积极响应,广泛开展了与劳教服务人员未成年子女“一助一”结对帮扶活动,向他们进行法制宣传、心理辅导、学习辅导、生活扶助,为他们解决实际困难,用爱心关爱他们的成长。团中央在元旦、春节期间,开展“真情助困进万家”活动,为服刑人员未成年子女送去了党和政府的关爱,起到榜样作用。团中央还要求各级团组织建立社区闲散青少年和刑释解教青少年档案,重点加强对刑释解教青少年的跟踪教育,积极创造条件帮助就业,避免刑释解教青少年重新走上违法犯罪的道路。全国妇联把禁毒人民战争、“平安家庭”创建活动、巾帼志愿者行动与安置帮教工作紧密结合起来,通过妇女热线重点加强对刑释解教人员的思想教育工作,调解疏导矛盾纠纷;通过妇女维权周活动,引导普法宣传和帮教工作向监狱和劳教所延伸;通过建立女性被收教人员再教育培训基地和特困服刑人员子女帮扶爱心驿站,对女性人员、特困服刑人员子女进行帮助。全国妇联还把不违法、不犯罪、不吸毒、不涉黑纳入“平安家庭”建设活动,发动各级妇联组织志愿者82万多人,帮助涉毒家庭解决实际困难的户数达12万多户,仅海南省就有1281个村(居)委会成立了妇女禁毒会,基层妇联组织与2万多户家庭签订了家庭禁毒承诺书。

二、配合打黑除恶专项斗争,对“三无”释解人员进行查找

结合全国开展的打黑除恶专项斗争,办公室下发通知,要求各地安帮办积极配合公安机关共同开展对刑满释放5年内、解除劳教人员三年内不知去向的刑释解教人员进行查找工作。各地按照工作部署,组织全国司法所从三方面开展工作:一是集中时间、大张旗鼓地开展法制宣传,为打黑除恶专项斗争营造高压态势和法治氛围;二是发动村、居委会逐门逐户排查,对期限内的刑释解教人员登记造册,了解流出去向和现实表现情况,突出管控重点,落实管控措施;三是发动群众揭发、检举涉嫌黑恶势力的刑释解教人员,动员家属、亲友做好分化瓦解工作,劝促他们主动投案自首。据不完全统计,在打黑除恶专项斗争期间,全国31个省(区、市)和新疆生产建设兵团共开展法制宣传189389场次,受教育人员155400669人次,开展涉黑线索排查10050次,查找、登记刑释解教人员1005418人,向公安部机关提供涉黑恶势力线索4328件,涉及25639人,劝投案自首2085人。

三、安置帮教工作的基层基础建设进一步加强

按照《2006年刑释解教人员安置帮教工作要点》要求,各级司法行政机关加强安置帮教工作机构建设,使安置帮教办公室的力量得到加强。北京、上海、吉林、黑龙江、湖北、四川司法厅(局)设立了专门的安置帮教工作机构,河北、山东、江苏、贵州等省(市、区)司法厅(局)调整充实了专职人员,配齐配强领导干部。承担安置帮教具体工作的司法所,在国债项目和中央政法专项资金的支持下基础建设设施明显改善,6000多个建设标准、功能齐全、设备先进的司法所已经建成,国债2期、3期项目的1万多个司法所正在抓紧建设,中央政法专款1个亿资金为司法所配备了微机、传真机、摩托车、汽车等,安置帮教一线工作条件有了很大改变。安置帮教工作经费纳入财政保障体制,财政部在2007年政府收支科目改革中,已将安置帮教经费明确列入“司法行政”支出的“基层司法业务”科目开支范围,并下发了《政政部司法部关于制定基层司法行政机关专用经费保障标准的意见》,将司法所开展安置帮教工作经费纳入了地方财政预算。

四、初步实现安置帮教工作管理的信息化

充分发挥现代信息技术,加强对刑释解教人员的管理是去年工作重点。为了实现管理的信息化,办公室组织三个省(市)开展安置帮教信息管理软件的试运行工作,并根据试运行的结果对软件进一步修改。修改后的软件除了保留原有的评估、衔接、帮教、管理功能外,还注意与公安人口、治安管理衔接,各省可以直接将刑释解教人员信息提供给公安机关,相关部门可以随时了解释解人员的流向、表现、帮教、就业等情况,同时还可以通过比对、查找、甄别犯罪线索和“三假”人员，有针对性地加强重点人口管理，使该软件成为社会治安信息化管理的一项基础工程。目前，北京、天津、山西、上海、江苏、浙江、福建、山东、广西、重庆、江西、宁夏等省（区、市）的所有监狱、劳教所、看守所，各级安置帮教办公室直至基层司法所已经配齐该软件，形成上下贯通的安置帮教工作的网络信息链，其他各省（区、市）也正在按照要求，组织软件运行的各项准备工作：配备电脑、征订软件、增添传输设备、开展专业人员培训工作。2007年，全国所有的监狱、劳教所、看守所、各级安帮办和全国绝大多数司法所将安装使用该软件，释解人员信息将在释解前的一个月，从监狱、劳教所、看守所5天之内传至司法所，衔接率低的问题将得到缓解，有针对性地帮教管控措施将进一步加强。

五、对各省（市、自治区）安置帮教工作开展情况进行了认真考核

去年7月，办公室下发了2006年安置帮教工作考核办法。按照领导小组作用发挥、日常工作管理和重点工作完成情况三部分共25项，把去年部署的工作逐项分解，确定分值，由各省在自行总结的基础上，自己打分，办公室根据掌握情况综合评定，实行量化考核。从各省（区、市）总结和自查自检情况看，去年，广西、福建、贵州等省（市、区）调整充实了领导小组；北京、山西等省建立领导小组分工责任制度；湖北省出台加强安置帮教工作的政府规章；北京市制定下发了《安置帮教档案管理规定》；上海市建立“监所内必访”、“出监所必接”的工作制度；天津监狱管理局与劳动和社会保障局共同制定整体规划，把服刑人员全部纳入再就业培训范畴，不仅弥补了监狱师资不足的问题，还解决了培训与社会就业需求脱钩问题。四川省司法厅与公安厅联合下发文件，建立司法所与派出所安置帮教工作交流通报制度，并与省总工会组织改好典型深入到214个企业开展287次现身说法，律师现场点评开展法律咨询341次。甘肃建立安置帮教示范点。江西省召开了刑释解教人员安置帮教基地建设现场会。贵州省从去年起每年安排50万元安置帮教工作经费。山东青岛市实施安置帮教“一体化”工程。江西宜春市人民政府对刑满释放、解除劳教人员实施“扬帆工程”等等。四川、广西、甘肃等省（区、市）和新疆生产建设兵团召开安置帮教工作会议，总结交流开展安置帮教工作经验，表彰了在安置帮教工作中作出突出贡献的集体和个人。去年，全国司法所共衔接刑释解教人员353182人，落实帮教措施329420人，帮教率为93.3%；安置321245人，安置率91%；重新违法犯罪6112人，重现违法犯罪率为1.9%。北京、天津、上海、江苏、安徽、福建、山东等26个省（区、市）考核在95分以上。

六、推广各地、各部门做好安置帮教工作经验，加强信息交流

重点推广了安徽省祁门县的经验。安徽省祁门县坚持“衔接好、引导好、扶持好、服务好”的工作思路，积极组织有关部门，扩大安置能力，深化帮教措施，走出了一条“用足政策、因人施教、就地安置”的新路子，取得了良好的社会效果，得到了周永康等中央领导同志的充分肯定。办公室按照中央领导同志的批示，对祁门的经验进行总结提炼，转发全国，同时组织法制日报记者赴祁门进行了专题采访报道，号召全国各地学习祁门根据刑释解教人员的表现情况、劳动技能、就业意向、特长，发动党员干部、农村技术人员与刑释解教人员结成“一助一”，“多助一”的帮教对子，既帮助其思想转化，又帮助其劳动致富，解决了帮教力量不足，刑释解教人员缺乏劳动技能、安置难的做法，把安置帮教工作做具体、做扎实。

办公室还精选、编辑下发了8期工作简报，重点推广了各地和各有关部门开展安置帮教的新做法、新经验。如广东省民政厅要求各级民政部门加强与有关部门的联系沟通，解决服刑人员未成年子女的生活、医疗困难，及时将生活困难、符合低保条件的服刑人员家庭纳入低保，解决好他们的生活、医疗困难；对没有监护人的服刑人员未成年子女，可暂时纳入五保供养范围；有条件的地方，要送当地敬老、福利院集中供养的做法。深圳市组织5个帮教团，召开了9场帮教会，对深圳籍服刑在教人员开展“献爱心、送温暖”帮教活动，82人次领导干部参加帮教活动，帮教人数达到全市服刑在教人数的80%的做法。上海市对上海籍的刑释解教人员建立“监所内必访”、“出监所必接”的工作制度和重点管控、重点必控的工作制度。甘肃省制定《关于做好刑释解教人员安置帮教工作示范点培育方案》，从党员包户帮教、减少重新犯罪措施、过渡性安置实体的建设以及城镇刑释解教人员的安置等四方面开展示范培育。青海省监狱局依托监狱企业建立全国第一家省级安置帮教基地。广西女子监狱加强释前保护，做好出监教育，主动要求社会企业进监狱招聘的做法；广西劳教局针对劳教期限短、设备差、师资少、培训难的现状，改变各自为营独行单干的培训模式，成立职业技术培训中心，统一规划、统一布局、统一配备师资，统一考试考核，因材施教、介绍就业的经验。江西省宜春市人民政府下发《关于实施扬帆工程的意见》，将刑释解教人员职业培训和促进就业工作职能延伸到乡镇（街道），取消各种歧视性政策，保证其平等享受求职、应聘、取得劳动报酬和享受社会保险待遇，建立健全刑释解教人员职业培训和促进就业工作网络和服务管理体系。山东省莱西市把高新科技农业技术推广到监狱，邀了发明这项技术的专家主讲，使服刑人员深受教育和感动。办公室还利用"中国平安网"宣传了各地区的好经验、好做法等。

七、加强安置帮教工作理论研究

去年中国监狱学会回归社会专业委员会召开了构建和谐社会与刑释解教人员安置帮教工作理论研讨会，14个省（区、市）派人参加了会议，20多篇论文在会上进行了交流，提出了许多有价值新观点：如尽可能回原籍服刑，有利于刑满释放后的衔接。减少减刑的适用，扩大假释的适用，使服刑人员先进入社区矫正，增加考验期，有利于管控和顺利回归社会。狱内专门设立出监教育中心，犯人在出监前的三个月系统接受出监教育，并适当允许他们与家人、社会联系。劳动与社会保障部门进入狱所开展职业技能培训。对犯人进行科学全面的危险性评估，确定必管和必控对象，有针对性地开展安置帮教工作等。

2006年的安置帮教工作扎实而富有成效。但也存在一些问题：如有些地方对安置帮教工作认识不足，重视不够，措施不力，在强化安置帮教工作基础建设上动作不快，力度不大，没人干事、没钱办事、没方法做事的情况在不少地方依然存在。衔接率低，特别是异地服刑的人员释解后绝大多数不回原籍，直接流入社会，无法衔接，难以管控。安置帮教信息化管理与实践存在一定差距，安置帮教实体与基地建设缓慢，难以有效地对高风险的释解人员进行过渡性的安置、教育、管控等等。

2006年刑释解教人员安置帮教工作要点

2006年，全国刑满释放、解除劳教人员安置帮教工作要认真贯彻中央办公厅、国务院办公厅转发的《中央政法委员会、中央社会治安综合治理委员会关于深入开展平安建设的意见》精神，以进一步加强安置帮教工作机构建设、队伍建设、制度建设、工作机制建设和财政保障机制建设为重点，以实现信息化管理、强化重点人员管控、丰富帮教措施、落实帮教责任为主线，全面扎实做好各项工作，有效预防和减少重新违法犯罪，为深入开展平安建设作出更大贡献。

一、采取有效措施，加强安置帮教工作基层基础建设

做好对刑满释放、解除劳教人员的安置帮教工作，预防和减少重新违法犯罪是平安建设的重要任务，也是构建社会主义和谐社会的基本要求。各地要把加强安置帮教工作的基层基础建设列入当地平安建设的总体规划中，按照平安建设的总体要求，调整充实安置帮教工作领导小组及办公室，健全领导小组办公室成员单位责任制，充分发挥各有关部门的职能作用，把安置帮教各项工作落到实处。各级司法行政机关有条件设立专门工作机构的，要积极争取设立专门的工作机构；没有条件建立工作机构的，要配齐配强专职工作人员。要建立和完善例会、培训、衔接、考核、奖惩、档案、对外协调、信息通报等各项工作制度，推进安置帮教工作向规范化发展。要进一步加强乡镇、街道司法所建设，理顺管理体制，增加人员编制，加大设施装备投入力度。要建立并完善安置帮教工作经费保障机制，加大财政支持力度，合理测算经费需求，纳入同级政府财政预算，确保经费按时足额拨付，专款专用，为安置帮教工作的各项任务和措施落到实处提供财政保障。

二、启用刑释解教人员管理软件，实现管理信息化

刑释解教人员信息管理软件是实现刑释解教人员管理信息化的重要手段与途径。各地要按照安帮领字[2005]4号文件精神，做好刑释解教人员信息管理软件的使用运行、设备配置、数据传输、人员培训工作。监狱、劳教所、看守所、拘役所是该软件相关数据录入的源头单位，要及时、准确录入数据并按系统分别上报给本省（区、市）公安厅（局）、监狱局、劳教局，汇总后报本省（区、市）刑释解教人员安置帮教工作领导小组办公室。各省（区、市）刑释解教人员安置帮教工作领导小组办公室要按规定做好数据的上传下达工作。

各地要积极创造条件，充分利用好财政部关于派出所、司法所装备专项资金，争取各级党委、政府的支持和财政部门的扶持，落实配套资金，配置设备，尽快解决软件的运行和数据传输问题。公安、监狱、劳教、司法等软件使用单位要加强协调配合，安帮办对软件试运行中反映出来的问题及时收集反馈给中央刑释解教人员安置帮教工作领导小组办公室。

三、加大对刑释解教人员的查找力度，配合开展打黑除恶专项斗争

黑恶势力的骨干成员、组成人员中有相当部分是刑满释放、解除劳教人员。为了配合在全国开展的“打黑除恶”专项斗争，各地安帮办要与公安机关共同开展对刑满释放五年内、解除劳教人员三年内不知去向的刑释解教人员的查找。要发动村、居委会逐门逐户排查，对期限内的刑释解教人员登记造册，了解流出去向和现实表现情况，突出管控重点，落实管控措施；要发动群众揭发、检举涉嫌黑恶势力的刑释解教人员，动员家属、亲友做好分化瓦解工作，劝促他们主动投案自首。

四、加强安置帮教实体（基地）建设，增强安置能力

中央综治委刑释解教人员安置帮教工作领导小组办公室将组织劳动与社会保障部、国家工商行政管理总局、国家税务总局等相关成员单位对实体、基地建设开展调查，对前一阶段优惠政策的实施情况进行绩效评估。在此基础上，根据国务院《关于进一步加强就业再就业工作的通知》精神，研究、制定新的促进就业政策，并制定出台实体、基地认证考评办法。各地要组织开展对现有实体、基地的认证工作，落实优惠政策，研究、解决实体、基地建设发展中存在的问题，加大扶持力度，促进其发展。监狱、劳教所要按照国务院《关于大力开展职业教育的决定》的要求，采取有力措施，加大对服刑在教人员职业技能培训和就业指导力度，各地财政、劳动部门在安排职业教育经费时，要根据监狱、劳教所培训需要安排适当比例，帮助监狱、劳教所解决培训经费困难问题。劳动和社会保障部门要对失业登记的刑释解教人员免费提供职业指导和职业介绍。司法行政部门、劳动和社会保障部门要积极创造条件，创办安置实体，广泛动员社会企业作为安置基地，力争在地（市）以上城市都能建立一个有一定规模的安置实体或基地，重点安置那些改造不彻底，有重新违法犯罪倾向的和“三无”（无家可归、无业可就、无处可去）的刑释解教人员。财政、工商、税务、银行等部门要继续对安置帮教实体、基地和从事个体生产经营的刑释解教人员给予政策性扶持，鼓励他们吸纳、接收刑释解教人员，帮助刑释解教人员自谋职业。民政部门要加强社区便民服务设施建设，促进安置刑释解教人员就地安置就业，对符合城市低保或农村救助条件的，要及时纳入范围，落实政策，保障他们的基本生活。

五、组织社会力量，积极参与安置帮教工作

各级司法行政部门要整合社会资源，动员组织社会力量参与帮教工作，引导帮教工作向监狱、劳教所内延伸。监狱、劳教所要广泛联系、动员社会企业为狱所内培训提供师资、设备、实习器材，支持志愿者深入狱所开展帮教活动。工会、共青团、妇联、个协、老龄委、关工委等人民团体和社会组织应充分发挥各自的优势，组建帮教志愿者队伍，通过开展多种形式的专项活动开展帮教工作。司法所要把帮教工作与平安建设、预防青少年违法犯罪、精神文明创建等结合起来，组织发动党员干部、离退休人员及其他志愿者与刑释解教人员结成“一助一”,“多助一”的帮教对子,对服刑在教人员、刑释解教人员及他们未成年子女开展教育、救助活动。民政部门要发动村民委员会、居民委员会积极参与安置帮教工作,鼓励社会有识之士通过社会捐赠和赞助等多种渠道募集资金,对服刑在教人员未成年子女生活无着落或流落街头的给予及时救助。妇联组织要把不违法、不犯罪、不吸毒、不涉黑纳入“平安家庭”建设活动。要推广和倡导建立专职社会工作者,组建专职社会工作者队伍的做法,使社会帮教工作进一步实现规范化发展。帮教活动要创新形式,注重实效,不断总结好的经验做法,逐步建立起社会帮教机制。

六、树立典型,扩大宣传,加强研究,推进安置帮教工作的发展

为了鼓励做好安置帮教工作,推动安置帮教工作的发展,中央综治委刑释解教人员安置帮教工作领导小组将在各有关部门、系统树立安置帮教工作典型;各地要加大表彰和宣传力度,大力表彰在安置帮教工作中作出突出成绩和贡献的先进集体、先进个人和走上正路、勤劳致富、作出贡献的刑释解教人员典型,事迹特别突出的,可向中央综治委刑释解教人员安置帮教工作领导小组办公室推荐。同时要充分运用报刊、电视、广播、网络等大众传播媒介,通过文艺表演、影视制作等多种形式广泛宣传,扩大安置帮教工作社会影响力,引导广大干部、群众正确对待刑释解教人员,消除社会偏见和歧视,营造全社会关注、理解和支持安置帮教工作的良好氛围。要加强安置帮教工作的理论研究,充分发挥安置帮教工作协会、研究会和专家学者的作用,针对理论研究和实践中的难点选择课题,为安置帮教工作科学发展提供理论支持。要积极开展安置帮教工作的对外交流,加强国际间合作,学习、借鉴国外的有益经验与做法,积极宣传我国对刑满释放、解除劳教人员的扶持、救助制度,促进安置帮教工作的深入发展。

十一、学校及周边治安综合治理工作

2006年学校及周边治安综合治理工作情况

2006年，在中央综治委的领导下，中央综治委学校及周边治安综合治理工作领导小组以邓小平理论和“三个代表”重要思想为指导，全面落实科学发展观和构建社会主义和谐社会的重大战略思想，扎实推进学校及周边治安综合治理，各项工作取得了新的进展，为教育的改革发展和维护学校稳定提供了良好的学校及周边治安环境。根据2006年11月中央综治委委托国家统计局进行的2006年全国群众安全感抽样调查数据显示，被调查人认为“学校周围”治安秩序状况“好”的占47.2%，比2005年上升了2.9个百分点；认为“一般”的占39.6%，下降了0.4个百分点；认为“差”的占5.0%，下降了1.7个百分点；“不了解”的占8.2%，下降了0.8个百分点。反映出学校及周边治安综合治理不断取得新进展，校园安全和育人环境进一步改善。

一、部门各司其职，加强工作指导，推动了工作全面深入开展

2006年，领导小组各成员单位切实履行部门职责，结合各自系统的工作深入推进学校及周边治安综合治理。公安部结合公安系统“三基”工程建设狠抓维护校园及周边治安秩序“八条措施”的落实，严打侵害师生生命财产安全的违法犯罪活动，着力加强校园及周边治安防控、消防安全和交通安全管理。建设部把学校周边不良经营场所等作为查处的重点，加大整治拆除非法建筑的力度，加强包括学校建筑在内的民用建筑工程质量的监督管理，开展对中小学燃气系统、燃气燃烧器具和防范煤气中毒的安全监督工作。司法部认真贯彻落实“五五”普法规划，积极开展“中国校园健康行动”和青少年网上普法教育，加强对未成年罪犯、未成年劳动教养人员以及由政府收容教养的未成年人的教育挽救工作。文化部开展以网吧和音像市场为重点的“集中执法季”行动，着力解决网吧接纳未成年人的问题，加强对黑网吧的取缔查处力度。组织开展音像市场整治“阳光”行动，打击违法音像制品，净化校园周边的文化环境。信息产业部加强对网吧超时营业和接入服务的监督，加强互联网站登记备案管理，开展互联网接入服务市场和手机短信违法犯罪的专项治理。国家工商行政管理总局加强对学校周边经营单位的监管，持续查处取缔学校及周边无照经营的流动商贩、商业网点、娱乐服务场所，加大政治性非法出版物、淫秽色情出版物“口袋本”等封堵查处力度，开展了“反盗版百日行动”、“打击非法出版物天天行动”等专项行动。国家新闻出版总署大力开展对青少年有害的出版物专项治理和集中行动，查缴宣扬淫秽色情、凶杀暴力、封建迷信及伪科学内容的音像制品、电子出版物、游戏软件和“口袋本”图书等非法出版物。面向学校学生开展远离盗版，拒绝有害出版物，保护知识产权的宣传教育活动。共青团中央发挥团组织的教育引导职能，面向广大青少年开展禁毒宣传教育活动，开展“为了明天——青春自护”暑期活动，加强青少年自我保护教育。广泛动员社会力量开展青少年维权服务工作。教育部在各有关部门的支持下，会同10个部委制定印发了《中小学幼儿园安全管理办法》,会同公安部召开了"深入推广'德阳经验'进一步加强学校安全工作电视电话会议",积极推广"警校共育,和谐校园"的德阳经验,对中小学校校车开展集中排查整治,对校园管理刀具进行集中收缴,加强各级各类学校学生安全教育,着力建立健全校园安全防控体系。在各部门的共同努力下,学校及周边治安综合治理工作扎实推进,成效明显。

二、加强组织领导,统筹协调配合,齐抓共管的工作合力进一步增强

各地学校及周边综治领导小组根据各地党委、政府的统一部署,切实加强对校园及周边环境综合治理的组织领导,初步形成了党委、政府统一领导,综治、教育、公安等部门牵头,各相关部门和学校紧密协作,校内校外互动、社会广泛参与的工作格局。截止2006年底,共有26个省(区、市)的教育部门根据教育部组建成立思政司的机构设置调整方案,相应调整和设立专门处室、专门人员负责学校及周边治安综合治理,增加了专项工作经费。各地普遍将学校及周边治安综合治理工作纳入地方平安建设、精神文明建设、社会治安综合治理考评工作中,形成与政府各有关部门工作同布置、同检查、同考核的考评机制。在加强学校及周边治安综合治理工作领导、整合工作力量、拓展工作渠道、增强工作实效等方面创新了大量工作方法,积累了一批成功经验。上海市探索建立职能部门与社会力量互动机制,组建学校周边治安义务监督员队伍,全市共有1045名教职工、社区干部、青保干部、社区居民成为义务监督员。甘肃、新疆等地教育厅与各高校、厅直属单位签订了学校及周边治安综合治理责任书,进一步落实了各单位综合治理的工作责任。实践证明,各地注重明确职责,协同作战,充分发挥有关部门作用,落实整治学校及周边治安秩序的措施力度就大,效果就好。

三、突出工作重点,开展集中整治,一大批影响学校安全稳定的治安隐患和问题得到及时整改和有效解决

各地学校及周边治安综治部门认真排查梳理治安隐患,突出工作重点,严打侵害师生生命财产安全的违法犯罪活动,集中对学校周边交通秩序、违规经营的文化娱乐场所、占道经营摊点等师生反映强烈的问题进行专项整治。2006年,全国公安机关共破获侵害师生生命财产安全的的刑事案件1.3万余起,查处治安案件2万余起,使全国中小学校发生的案件数2005年同比下降19.7%。北京市共查破涉及师生的刑事案件435起、治安案件581起,抓获各类违法犯罪嫌疑人1328人,打掉在校园周边针对师生的犯罪团伙91个。湖南省共摸排学校25713所,整治网吧3577家、三室两厅2640家、各类店铺5743家,取缔游商摊点10146个、非法出租屋2759家,拆除违章建筑987处,调处矛盾纠纷2202起,查处治安刑事案件3148起,处理违法人员2628人。天津市针对"校车安全问题"和"校园周边流动人口问题",出动警力11000余人次,治理学校门前乱停车辆1300余部,处理非法"黑校车"96部,设立停车点和临时停车区域88处,交警值勤点146处,清理查处校园周边外来人口3600余人。通过集中专项整治,及时整改和有效解决了一大批影响学校安全稳定的治安隐患和问题,维护了校园周边良好的治安秩序。

四、加强宣传教育,强化安全管理,安全文明校园创建工作不断深化

按照中央关于平安建设的部署和要求,各地教育部门和学校在学校及周边治安综合治理各有关部门的支持下,把安全文明校园建设作为教育系统平安建设的重要抓手,紧密结合教育系统的具体实际,把平安建设的总体要求落实到安全文明校园建设中,大力开展教育创安、科技创安、文化创安等一系列活动,评选出606所安全文明校园学校。通过建设安全文明校园,辐射学校周边和社会,进一步创造了良好的育人环境。江苏省在安全文明校园建设活动中,各级各类学校投入经费5770万元,制定各类安全应急预案396种,组织预案演练1796场次,设立安全宣传栏1228个,举办安全知识讲座7713场次,排查整改安全隐患1980处,调处化解矛盾532起,增设物防技防设施745处,关闭不合格中小学、幼儿园260所,审查辞退不合格中小学、幼儿园工作人员189人,聘任法制副校长及辅导员1773名,837所学校增设保卫机构和保卫人员,871所学校设置治安岗或警务室。海南省把安全文明校园创建活动作为平安海南建设的重要抓手,作为生态省建设的一项重要工作，作为该省精神文明建设的一个有效载体，大力改善办学条件，消除学校安全隐患，在开展创建活动中授予153所学校“安全文明生态学校”称号。山东省将安全文明校园创建活动作为平安校园建设的重要载体，对达到标准的47所高校授予“平安校园”称号。各地深入推进安全文明校园创建和评选活动，为进一步加强学校及周边治安综合治理奠定了坚实的工作基础。

五、加强督导检查，巩固工作成果，学校及周边治安综治工作的针对性、实效性普遍增强

为确保学校及周边治安综合治理工作取得实效，各地和学校进一步加强督导检查，对一些整治工作难度大、回潮率较高、社情民情比较复杂的地区实行重点督查，落实治理整顿工作成果。去年1月，教育部、公安部等部门联合开展学校安全大检查，对湖南、湖北、广东、广西、山东、安徽、甘肃、宁夏、云南、贵州等十省区的17个地市的高校和中小学及周边进行检查，督促整改安全隐患。去年9月，在京、辽、吉、鲁、豫、沪、苏、浙、鄂、粤、滇、川、陕、新等14个省（区、市）开展了青少年思想道德建设的工作督查，并把学校及周边治安工作作为督查的重要内容。教育部就贯彻落实大学生思想政治教育工作先后在北京和华东、华北、中南、华南、西南、东北等7个地区召开工作片会，对26个省（区、市）教育部门和80余所高校的安全稳定工作进行督导检查。各地各部门和学校在学校及周边治安综合治理督导检查工作中，坚持有法可依、依法治理，坚决取缔影响校园治安的各种非法经营场所和流动摊点，注意保护合法经营者的利益，防止引发新的不安定因素。湖北省组织对全省85所普通高校周边治安环境问题开展排查，共有51所高校报送排查发现的问题269个，下发了12份督办通知书督促落实整治工作。为集中清理武汉高校周边存在的赌博机问题，及时组织高校进行排查，并督促公安局成立工作专班，开展集中调查和整治，打击处理了存在于6所高校周边的31处赌博场所，收缴赌博机50余台。广西壮族自治区针对南宁市学校周边治安环境复杂，学生受伤害事故频繁，师生和家长反映强烈的地方，进行了现场勘察和重点督办，重点对广西大学农院路等长期影响学校交通、治安、卫生安全的隐患进行了及时有效的整治，得到了群众和师生的一致好评。

六、加强工作研究，努力开拓创新，积极探索学校及周边治安综治工作的新思路、新方法和新途径

校园及周边治安综合治理工作是一项长期、复杂的系统工程。各级综治部门和各高校结合各地实际，着眼于学校及周边治安出现新情况和新问题，积极加强工作研究，不断拓展工作视野，探索工作规律，推动工作创新，走出了适合各地特色的综治工作路子。新疆自治区结合本地区民族、区域特点，整合全区各方面力量，设置专项研究经费，开展专题研究，着力在打击抢劫师生财物、侵害师生人身安全的各类违法犯罪行为和流氓团伙、黑恶势力，整治工作重点突出，针对性强，成效显著。南京航空航天大学结合新校区和大学城建设的实际，积极探索学校及周边治安综合治理工作的新路子，加强与新校区驻地政府的联系与沟通，积极开展警校共建活动，依靠政府的力量加强综合治理的执法力度，建立新校区治安保卫联建、联防、联动网络，逐步建立起棋盘式的安全防范体系。教育部在“2006年教育部哲学社会科学重大课题委托攻关项目”中，把“维护高校安全稳定工作体制机制建设”作为其中一个重大项目进行招标立项，把建立高校校园及周边治安综合治理长效工作机制作为一项子课题进行研究，给予国家研究经费支持，为加强学校及周边治安综治工作提供理论支持和工作指导。

中央社会治安综合治理委员会关于印发王胜俊同志在中央综治委学校及周边治安综合治理工作领导小组 2006 年第一次全体会议上的讲话的通知

（2006 年 1 月 25 日）

各省、自治区、直辖市社会治安综合治理委员会，新疆生产建设兵团社会治安综合治理委员会，中央社会治安综合治理委员会各成员单位：

1 月 17 日，中央综治委学校及周边治安综合治理工作领导小组 2006 年第一次全体会议在北京召开。会议以邓小平理论和“三个代表”重要思想为指导，深入贯彻党的十六届五中全会和中央综治委 2006 年第一次全体会议精神，认真总结去年工作，研究部署今年工作，并审议通过了《2006 年全国学校及周边治安综合治理工作要点》。中央综治委副主任、领导小组组长、中央政法委秘书长王胜俊同志出席会议并讲话。现将王胜俊同志的讲话印发给你们，请结合本地本部门实际，认真贯彻落实。

王胜俊同志在中央综治委学校及周边治安综合治理工作领导小组 2006 年第一次全体会议上的讲话

（2006 年 1 月 17 日）

这次会议是中央综治委学校及周边治安综合治理工作领导小组本年度召开的第一次会议，主要任务是，深入贯彻党的十六届五中全会和中央综治委 2006 年第一次全体会议精神，全面落实科学发展观，按照构建社会主义和谐社会的总体要求，总结去年工作，分析当前形势，研究部署今后工作，深入开展安全文明校园创建活动，加大学校及周边治安秩序的整治力度，进一步建立和完善长效工作机制，维护学校及周边治安秩序，为广大师生创造一个安全、文明、和谐的环境。

新年伊始，召开这次会议非常重要。刚才，一些同志通报了情况，对今后的工作提出了很多好的意见和建议，我们相信学校及周边治安综合治理工作一定会出现新的局面。《2005 年全国学校及周边治安综合治理工作要点》，简明扼要，全面反映了今年学校及周边治安综合治理工作需要解决的重点问题。希望各地各部门按照要求，加强各方面的沟通，抓好各项工作的落实，切实做好学校及周边治安综合治理工作。下面，我强调几点意见。

一、认清形势，统一思想，切实增强学校及周边治安综合治理工作的政治责任感和现实紧迫感

近几年来，在中央综治委的统一部署下，各级党委、政府高度重视学校及周边治安综合治理工作，切实加强学校安全稳定工作的领导；各级综治委牵头协调，各相关部门各负其责，密切配合；各级领导小组明确指导思想、任务目标、推进步骤和要求，建立健全工作机构和工作机制，认真组织开展各项工作。基本实现了校园及周边治安环境有明显改观、师生安全感有明显增强的目标，保持了学校及周边治安形势的持续稳定，对推动教育事业全面协调可持续发展起到了十分重要的作用。

目前，我国学校及周边地区治安大局是稳定的，总的形势是好的。但是，由于有些部门工作力度还不够大，有些地方党委、政府的领导和协调还不够好，有些基层没有按照要求落实到位，以及社会大环境对学校及周边的影响等原因，学校及周边治安形势不容乐观，存在的问题还相当突出，摆在我们面前的任务依然艰巨。一是学校及周边刑事案件发案比率较高，特别是针对师生的敲诈勒索、抢劫、伤害、强奸、绑架等刑事案件时有发生，部分地区甚至出现恶性暴力犯罪案件，直接威胁和伤害师生的人身财产安全；二是学校及周边交通安全设施不健全，交通秩序管理不到位，交通伤亡事故频频发生，特别是去年中小学生的恶性交通事故急剧增加；三是部分地区学校周边网吧和各种文化娱乐场所无证经营、违规经营者还比较多，“黄、赌、毒”混入其中，周边秩序比较混乱，严重威胁师生身心健康；四是一些学校安全措施不到位，因危房、设备老化、管理不善而导致房屋倒塌、火灾、中毒等伤亡事件时有发生。必须看到，当前全国学校及周边地区治安大局的稳定是脆弱的，基础是不牢固的，问题时刻都可能发生。如果我们的工作稍有懈怠，各种治安问题就会出现反弹。特别需要指出的是，在当前经济社会快速发展，各种矛盾凸现的特殊时期，学校及周边治安问题的敏感性、关联性不断增强，如果我们重视不够、处理不妥，一起普普通通的刑事案件就可能迅速转变为社会关注的热点问题，甚至可能转化为影响社会稳定的重大事件。

胡锦涛总书记在党的十六届五中全会上发表重要讲话时指出，“要加强社会治安综合治理，依法严厉打击各种犯罪活动，保障人民群众生命财产安全，维护国家和社会稳定，保障人民群众安居乐业。”这为新形势下加强学校及周边治安综合治理工作提出了新的更高的要求。我们必须用科学发展观统领学校及周边治安综合治理工作，牢固树立以人为本的观念，切实做好学校及周边地区治安防范工作，为青少年学生健康成长成才创造良好的社会环境。各级党委、政府和各部门要科学判断、准确把握当前和今后一个时期学校及周边治安综合治理工作面临的形势，必须全面认识大好形势和有利条件，增强工作的信心和决心；必须清醒看到存在问题的严重程度和所造成的影响，增强工作的责任感和紧迫感。要把维护学校及周边良好秩序，作为检验执政能力和执政水平的重要标志；要把解决学校及周边突出问题，作为维护人民群众切身利益的大事抓紧抓好。

二、突出重点，破解难题，切实增强学校及周边治安综合治理工作的针对性和实效性

影响学校及周边治安秩序的因素很多，需要从各方面做好工作，我就当前需要着力抓好的工作强调以下四个方面。

（一）切实加强打击针对师生的刑事犯罪工作。打击刑事犯罪是社会治安综合治理工作的首要环节，只有充分运用法律武器惩治犯罪分子，才能形成有效的社会阵势，才能广泛充分发动群众，才能给人民以鼓舞和信心。针对学校师生的刑事案件主要有：一是“两抢一盗”。多年来，学校及周边地区“两抢一盗”案高发，严重影响师生的财产安全。二是敲诈勒索。一些社会闲散人员或地痞流氓进入校园，或在学校周边寻衅滋事，敲诈勒索，严重影响师生的安全感。三是暴力犯罪。校园暴力犯罪呈上升趋势，严重威胁和伤害师生的人身安全，给社会、学校、家庭带来极大的危害。因此，我们要始终保持对刑事犯罪的高压态势，组织开展学校及周边刑事犯罪打击整治行动。各级公安机关、检察机关、审判机关要互相配合，互相支持，对发生在学校及周边的刑事案件要快侦快破快审快判，有的要按照严打方针的要求依法从重从快严厉打击刑事犯罪活动。同时，各级综治部门要加强学校周边治安防控网络建设，加强学校周边的治安巡逻；各级各类学校要加强学校治安防控网络建设，加强学校内部的保卫巡逻。只有切实落实治安防范的人员、组织、经费、制度，才能构筑起立体化的学校及周边治安防控体系，才能切实维护学校师生生命财产安全，不断增强人民群众的安全感。

（二）切实加强学校及周边交通安全管理工作。据统计，2004年全国因交通事故造成中小学生死亡4423人，受伤20917人。平均每天有12名中小学生死于交通事故，57名中小学生因交通事故伤残。交通事故已成为造成中小学生伤亡的主要原因之一，加强学校及周边交通安全管理是仍然是学校及周边治安综合治理工作的一项重要任务。前不久，公安部、教育部联合发出《关于进一步加强中小学校交通安全工作的通知》，各地要高度重视学校学生的交通安全工作，牢固树立“安全第一，预防为主”的思想。要加强学校学生的交通安全法律法规和交通安全常识的宣传教育，切实提高学生的交通安全意识。要加强校园及周边道路交通安全设施建设，加强校门出入口交通秩序管理，切实维护上放学高峰期交通秩序。要加强对接送学生的校车及驾驶人员的安全管理。

（三）切实加强学校周边网吧清理整顿工作。近年来，网吧等互联网上网服务营业场所和网络文化市场经过有关职能部门的整治和管理，已取得明显成效。但我们必须看到，由于一些地方管理不严、执法不力，违法接纳未成年人等现象比较普遍，暴力游戏、沉湎聊天、淫秽色情三大社会公害，严重影响青少年学生身心健康，网吧问题依然是社会普遍关注的热点问题之一。目前，针对网吧的各项管理规定比较明确，职能部门的职责比较清楚，现在关键问题是要真正落实到位。要坚决清理整顿和取缔校园及周边地区非法经营的互联网上网服务营业场所、电子游戏厅。坚决落实中小学周边200米内不得开设营业性网吧和互联网上网服务营业场所的规定。坚决整顿以电脑学校、劳动职业技术培训班、电子阅览室、计算机房等名义变相经营网吧的行为。严厉查处网吧违规接纳未成年人进入的行为，严厉打击在网上传播有害信息的行为等等。

（四）切实加强学校周边文化卫生管理工作。现在，学校周边美发厅、歌舞厅、录像厅、TV吧、成人用品店、按摩房等各种无证经营、违规经营文化娱乐场所比较多，造成学校周边环境卫生脏、乱、差，严重危害青少年学生身心健康，干扰广大师生正常工作、学习、生活秩序，加强学校周边文化卫生管理也是今后工作的重要任务。各地要适时地开展专项整治行动，加强学校周边地区的文化、娱乐场所的监管，坚决取缔各种涉及反动、淫秽、色情、暴力内容的文化经营活动，坚决取缔各类非法出版物，为学校师生创造良好的文化氛围。要加大学校周边环境卫生的治理力度，严禁校门50米内摆设摊点，加强学校周边经营场所的管理，保持店铺门前的整洁卫生，净化校园周边环境。

三、认真总结，乘势而上，切实推进安全文明校园创建活动深入开展

安全文明校园创建是维护广大师生根本利益的重要举措，是营造良好育人环境的重要工程，也是学校及周边治安综合治理工作的重要内容。自从2004年启动这项工作以来，各地深入开展安全文明校园创建活动，已经取得了阶段性的进展。各地各部门要进一步总结经验，乘势而上，稳步推进安全文明校园创建活动深入开展。

（一）统一规范，整合资源。学校是传播和发展先进文化的主阵地，安全是学校各项工作的底线，实现校园文明程度的显著提高是学校的一项重要任务。因此，安全文明校园创建活动的实施，符合教育系统的实际和学校的特点，也是平安建设在学校的具体表现。目前，各学校创建的提法各种各样，“和谐校园”、“安全校园”、“安全示范学校”等等，表面上看来，这是名称之乱，实际上，这包涵一个多头上路，多重标准、无所适从、资源浪费等问题。各地各部门应主动将有关工作纳入其中，整合资源，在提法上、内容上、形式上进一步统一和规范，使安全文明校园创建工作健康有序地进行，并随着形势的发展不断丰富和完善，真正把它做成育人工程、民心工程。

（二）坚持标准，严格把关。建立科学的创建指标体系是做好安全文明校园创建工作的重要依据。目前，办公室已初步拟定了《安全文明校园创建评估指标体系》、《全国安全文明校园创建评选办法》，并在去年广州会议上征求了意见。总体看来，内容比较全面，具有较强的操作性。但是，针对高校和中小学情况差异，应该坚持因地制宜，分类指导，办公室要尽快完善有关内容，认真做好全国安全文明校园评选工作。各地要根据即将出台的《安全文明校园创建评估指标体系》，结合本地实际情况，制定适合本地的创建指标体系和评选办法，认真做好省级安全文明校园评选工作。各级安全文明校园推荐评选工作，必须坚持实事求是，坚持标准，严格把关，逐级审核。对推荐的学校要征求社会意见，真正做到创建工作的独立性、客观性、公正性和科学性。

(三)加强研究，动态管理。安全文明校园创建是一项长期性的系统工程，要想取得实效，必须加强安全文明校园创建工作难点、焦点问题的调查研究，及时把握创建工作中出现的新变化，提出针对性的创建措施。必须在加强校内建设与管理的同时，积极争取地方党委、政府和有关部门的支持、配合与帮助，坚持不懈地整治学校周边环境。安全文明校园创建必须和促进学校改革发展相结合，并随着学校的发展不断丰富其创建内容，使这项活动成为一项外延不断拓展、内涵不断深化的经常性工作。对被评为安全文明校园的学校，要实行动态管理，定期进行资格再认定评估，出现不合格情况的，应当取消安全文明校园的称号。

四、改进作风，求真务实，切实落实学校及周边治安综合治理工作的各项措施

学校及周边治安综合治理工作取得实效，关键是要坚持一切从实际出发，切实改进工作作风，切实将各项措施落到实处。

一是领导责任要落实。要建立健全领导责任制，切实落实领导岗位责任，定期听取专题汇报，帮助解决工作中的困难和问题，及时做出相应的工作部署，检查工作的落实情况。领导责任落实的关键在于责任追究，要按照“谁主管、谁负责”的原则，建立健全领导责任追究机制，对由于责任制不落实，引发重大安全事故和群体性事件，造成严重后果的，一定要按责任制严肃追究责任。

二是齐抓共管要落实。各级学校及周边办要加强与成员单位的沟通协调，真正建立地方各级党委、政府统一指挥，综合治理部门组织协调，有关部门各负其责、密切配合的工作机制。各级领导小组和办公室要适时召开会议，交流情况，分析形势，查找问题，有针对性地部署工作，及时推广地方好的经验和好的做法，批评行动不力的单位和部门。

三是基层建设要落实。学校及周边治安综合治理各项工作措施的落实，关键在于基层。只有各项工作落实到每个学校、每个学校周边、每个社区、每个单位，才能切实做好学校及周边治安综合治理工作，否则，一切都是空谈。各地要认真研究解决基层存在的困难，加强基层组织建设。各级各类学校要有专人负责这项工作，并不断提高工作人员的业务素质和工作能力。要建立引导和鼓励人下基层的激励机制，解决学校及周边综治工作在基层无人抓、无人管的问题，切实做到上面有人抓、中间有人管、下面有人干。

四是监督检查要落实。基层工作是否落实，要靠下去检查和发现，而不只是靠听取汇报。因此，各级领导要改变作风，克服官僚主义，克服形式主义，真正发现问题，实事求是解决问题。要建立健全督促检查机制，切实做到每项工作都有落实，有检查，有反馈。各级领导小组办公室要充分发挥综合协调作用，每年认真组织 1 到 2 次专项检查。对确定的重点整治单位和重点整治问题实行跟踪督查，对整治不力的重点地区和重大问题，要加大督办力度，限期整改，直至问题得到彻底解决。

春节即将到来，各级学校及周边治安综合治理工作领导小组及办公室，要会同有关部门做好节日期间的学校治安综合治理和安全保卫工作，确保各项安全防范措施落到实处，坚决防止节假日期间发生重大案件、出现大的事故。寒假期间，学校和有关部门要认真排查和解决好学校及周边存在的治安问题，迎接新学期的到来。

十二、流动人口治安管理工作

中央综治委流动人口治安管理工作领导小组关于印发《2006年流动人口管理服务工作要点》的通知

（2006年3月23日）

各省、自治区、直辖市社会治安综合治理委员会流动人口治安管理工作领导（协调）小组，新疆生产建设兵团社会治安综合治理委员会流动人口治安管理工作领导小组：

《2006年流动人口管理服务工作要点》已经2006年中央综治委流动人口治安管理工作领导小组第一次全体会议审议通过，现印发给你们，请结合本地实际认真贯彻落实。

2006年流动人口管理服务工作要点

2006年，各地各有关部门要深入贯彻党的十六大和十六届三中、四中、五中全会精神，认真落实党中央、国务院关于推进社会主义新农村和解决农民工问题的有关意见要求，坚持以人为本和科学发展观，按照“公平对待，合理引导，完善管理，搞好服务”的原则，进一步创新管理方式，完善工作机制，积极做好流动人口管理服务工作，为服务经济社会发展、维护社会稳定作出新贡献。

一、引导农村富余劳动力向非农产业和城镇有序转移

按照党中央、国务院关于建设社会主义新农村的总体要求，发展壮大县域经济，加快小城镇建设，引导乡镇企业合理聚集，不断扩大县城和中心建制镇人口就业容量。加强对农村富余劳动力跨地区流动就业的管理和服务，促进劳务输出由自发型向组织型转变，提高劳动力跨地区流动的组织化、有序化程度。大力完善县、乡、村三级劳务输出服务网络，推动劳务基地、订单培养等劳务协作机制建设。进一步完善劳动力市场供需信息的采集、分析和发布制度。建立健全县乡公共就业服务网络，为农民转移就业提供服务，城市公共职业介绍机构要向进城就业农民开放，免费提供政策咨询、就业信息、就业指导和职业介绍。积极稳妥地改革户籍管理制度，逐步放宽城市户口迁移条件限制。

二、深化流动人口各项服务措施

适应工业化、城市化和农村劳动力转移就业的需要，进一步做好职业培训工作，不断提高进城就业农民的就业能力。根据其特点和就业需求，开展有较强针对性、实用性的培训并提供职业技能鉴定服务。组织实施农村劳动力技能就业计划，加大农村劳动力转移培训力度，广泛调动社会各方面力量参与职业技能培训的积极性。在吸纳进城务工农民较多的重点行业和组织劳务输出的贫困地区，组织实施国家培训项目。继续深化“千校百万”进城务工青年培训活动，鼓励各地开展优秀进城务工青年和开展进城务工青年培训工作评选表彰工作。加强进城务工青年文化建设，丰富进城务工青年业余文化生活。探索、推进城市“流动妇女平安之家”建设，为流动妇女提供提高素质、权益维护、促进发展等服务。积极探索解决进城就业农民的居住问题。鼓励各地根据本地实际，由政府出台土地、建筑等优惠政策，由用工单位出资或利用民间资本建设进城就业农民居住用房，并实行产业化经营、市场化运作，尽全力解决进城就业农民的住房问题。坚持以流入地政府管理为主、以全日制公办中小学为主的方针，把进城就业农民的子女入学工作纳入流入地普及九年义务教育总体规划统筹安排，做到收费与当地学生一视同仁。大力推广流动人口计划生育“属地化管理、市民化服务”的成功经验，认真落实国家规定的对实行计划生育流动育龄夫妇的免费计划生育服务和奖励、优惠、扶持等政策。

三、进一步做好流动人口权益保护工作

进一步清理和取消针对农民进城就业的歧视性政策和不合理限制。继续开展全国劳动力市场秩序清理整治专项行动，取缔非法劳务中介组织，依法严厉打击职业介绍领域中的违法犯罪活动，特别是以职业介绍或招工为名拐卖妇女、儿童的违法犯罪活动。加大进城就业农民劳动合同监督管理力度，重点督促使用进城就业农民较为集中的建筑、餐饮、加工等行业的用人单位与进城就业农民签订劳动合同，提高劳动合同签订率。切实解决进城就业农民劳动条件差、劳动安全和职业病防护没有保障等问题。逐步建立农民工工伤、医疗、养老等社会保障制度，将农民工纳入城市公共服务体系。建立健全进城就业农民工资支付信用制度和监控制度。解决农民工工资偏低问题，对恶意拖欠、克扣其工资的企业，依据有关法规实施法律、行政和经济处罚。利用多种有效方式积极主动做好城市生活无着的流浪乞讨人员救助管理工作特别是流浪儿童的救助保护工作，切实解决他们的临时生存困难。科学合理设置救助机构，加强救助机构的内部管理。依法严厉打击侵犯流动人口人身、财产安全的各类违法犯罪活动。严肃查处跨省设站孕检或者强迫已婚育龄妇女回原籍孕检的行为，维护流动人口计划生育合法权益。在流动人口聚居地普遍建立法律援助中心、维权中心、人民调解组织等服务机构，推进法律服务进社区活动，探索为流动人口提供法律服务、法律援助和化解纠纷的有效途径和方法。

四、大力推动流动人口社会化管理

加强城市社区管理体系建设，依托社区完善流动人口和出租房屋管理机构，强化社区流动人口综合管理职能。鼓励社区开展丰富多彩的公益活动，促进流动人口参与社区管理和服务，形成有利于流动人口融入社区的良好氛围。积极开展“安全社区”、“安全村居”、“安全单位”创建活动，积极发挥乡、镇和街道等基层政权组织和城乡治保会、单位保卫组织、调委会、治安联防队等群防群治组织的作用，动员社会力量做好流动人口管理服务工作。进一步发挥流入地基层党、团组织的作用，加强对流动党员、团员的管理。要在流动人口聚居地和具备条件的用工单位建立健全党、团组织或流动党员、团员服务站，把党员和团员组织起来，充分发挥党员、团员在流动人口管理服务中的模范带头作用。鼓励、支持流动人口参加工会、妇联等群团组织，在流动人口聚居区和用工单位建立各种服务协会，充分发挥这些组织和团体在提供服务、反映诉求、规范行为、化解矛盾和扶危济困方面的积极作用，增强流动人口自我教育、自我管理、自我服务的能力。继续在流动人口中有针对性地开展政策宣传、法制教育，适时对流动人口中的优秀人员进行表彰奖励。深入开展流动人口维护社会治安志愿者筑城行动，发挥流动人口参与流入地治安管理的积极性。及时总结推广各地在流动人口管理中的成功经验和做法，适时召开流动人口管理工作经验交流会。

五、强化流动人口治安管理

公安机关要以"基层基础年"建设为契机,推动派出所民警走进社区,融入群众,全面加强流动人口治安管理基础建设。强化暂住户口登记和暂住证件的办理、查验工作,及时掌握暂住人员的底数和动态情况。加强流动人口中可能危害社会治安的高危人群的管理和控制。完善基层公安机关流动人口治安管理考核机制,把流动人口信息采集率、准确率,重点高危人群管控率以及通过日常管理打击处理率作为考核派出所和社区民警的重要内容。以贯彻实施《中华人民共和国治安处罚法》为契机,加大出租房屋治安管理力度。按照"谁出租,谁负责"的原则,全面实行出租房屋登记备案和租住人员登记制度,严格落实出租房主的治安管理责任。健全完善相关部门房屋租赁协作管理机制,加强信息沟通,形成管理合力。鼓励各地根据辖区出租房屋分布情况和治安状况,实行出租房屋委托式、旅馆式、小区式等分类管理以及治安重点户和放心户等分层次管理模式,不断提高管理效能。加强对流动人口聚居区和"城中村"的综合规划和治理,组织开展对治安秩序混乱、环境卫生脏乱、违章建筑问题突出、刑事案件高发的流动人口聚居区的清理整治,并落实长效管理机制,巩固治理成果。推动各地建设完善暂住人口、出租房屋信息系统,做好与旅馆业、在逃人员等公安业务信息系统的接口兼容,实现信息远程查询和自动比对,提高服务现实斗争水平。完善警务协作机制,在人口流出地相对集中、流动人口违法犯罪人员地域化特征明显的地区,探索推行浙江省诸暨市"聘请外地民警协助管理外来人口"的经验做法。

六、依法严厉打击流动人口违法犯罪活动

始终保持对流动人口违法犯罪活动的高压态势,结合开展"打黑除恶"专项斗争,严厉打击隐藏在建筑、运输、餐饮服务等行业的流动人口黑恶势力。进一步加强对流动人口违法犯罪活动规律和特点的研究,及时掌握其发展变化的最新动向,不断提高打击的针对性、有效性。切实加强流动人口情报信息建设,拓宽流动人口情报信息搜集渠道,努力获取流动人口中预警性、深层次、内幕性的情报信息。完善流动人口违法犯罪活动协查通报制度,加强串案、并案侦查工作,加大对跨区域犯罪的打击力度。

中央社会治安综合治理委员会关于印发陈冀平同志在中央综治委流动人口治安管理工作领导小组2006年第一次全体会议上讲话的通知

(2006年4月11日)

各省、自治区、直辖市社会治安综合治理委员会,新疆生产建设兵团社会治安综合治理委员会,中央社会治安综合治理委员会各成员单位:

现将陈冀平同志在中央综治委流动人口治安管理工作领导小组2006年第一次全体会议上的讲话印发给你们,请结合实际情况,认真贯彻落实。

陈冀平同志在中央综治委流动人口治安管理工作领导小组2006年第一次全体会议上的讲话

这次会议是中央综治委流动人口治安管理工作领导小组今年召开的第一次会议。主要任务是:深入贯彻落实党的十六届五中全会和中央综治委2006年第一次全体会议精神,全面贯彻落实科学发展观,坚持以人为本,按照党中央、国务院关于建设社会主义新农村和解决农民工问题的有关要求,总结2005年工作,分析当前形势,研究部署2006年工作,进一步提高流动人口管理服务水平,为服务经济社会发展和维护社会稳定作出新贡献。

刚才领导小组办公室汇报了2005年流动人口管理和服务工作情况及对2005年各地工作的考评情况,并就《2006年流动人口管理服务工作要点》作了说明,各部门的同志对今后工作提出了很好的意见和建议。《要点》全面反映了今年流动人口管理服务工作的重点问题,具有很强的针对性。希望各地各部门按照要求,抓好落实,认真完成今年流动人口管理服务工作的各项任务。

下面,我强调几点意见。

一、认清形势,切实增强做好流动人口管理服务工作的责任感和使命感

2005年,在党中央、国务院和各级党委、政府的领导下,各级综治委牵头协调,各有关部门各负其责,密切合作,全面落实流动人口管理服务各项措施,在引导农村富余劳动力合理有序转移,完善流动人口治安管理,提高流动人口服务水平,保护流动人口合法权益等方面取得了很大成绩,为促进城乡经济发展和社会和谐稳定发挥了积极作用。

当前,我国经济社会发展已经步入新的阶段,产业结构调整和城镇化进程加快,市场经济体制逐步完善,社会政治保持长期稳定,为我国经济社会的进一步发展提供了有利条件,也为做好今后的流动人口管理服务工作奠定了坚实基础。但是,由于近年来我国人口流动的速度不断加快,流动的规模逐步扩大,相关的管理服务措施没有及时跟上,当前流动人口管理服务工作中存在的问题还比较突出,任务仍很艰巨。一是由于现阶段农村教育水平偏低,后期培训工作不足,不少进城农民的就业技能不高,就业能力不强,增加了城市管理的难度和压力;二是尽管近年来中央对维护农民工合法权益三令五申,有关部门加大了工作力度,但流动人口特别是农民工合法权益遭受侵害的问题在一些地方和行业仍然比较突出,由此引发的社会不稳定因素增多;三是流动人口违法犯罪高发势头尚未得到有效遏制,一些地方在流动人口聚居区和"城中村"形成了带有明显地域特点的违法犯罪团伙,严重影响了当地的社会稳定。

在新的形势和任务面前,一些地方和部门的工作也还存在一些不适应:一是一些地方不能正确处理管理与服务的关系,在管理上存在不愿为、不敢为的问题;二是有的部门对新形势、新任务不能积极面对,缺乏改革意识和创新精神,在新问题面前有针对性的应对措施不多;三是一些地方基层基础工作薄弱,许多措施没有得到很好落实,影响了当地的发展和稳定;四是一些地方部门之间缺乏有效的协作配合,没有形成齐抓共管的局面。

今年以来,党中央、国务院先后印发了《中共中央国务院关于推进社会主义新农村建设的若干意见》(中发[2006]1号)和《国务院关于解决农民工问题的若干意见》(国发[2006]5号),明确提出了一系列进一步做好农民工工作,推进社会主义新农村建设的意见和措施。刚刚闭幕的十届全国人大四次会议,通过了今年的政府工作报告和《国民经济和社会发展第十一个五年规划纲要》,中央的这些意见和措施为我们做好流动人口管理和服务工作指明了方向,也提出了新的更高的要求。今年是落实"十一五"规划纲要的第一年,做好流动人口管理服务工作,对促进"十一五"规划开好局、起好步很有意义。希望各地各相关部门切实按照中央的有关要求,把流动人口管理服务的各项工作抓紧、抓实、抓出成效。

二、千方百计,切实维护好以农民工为主体的流动人口的合法权益

改革开放二十多年来,我国跨地区流动人口数量逐年增多,其中农民工队伍日益庞大,已经成为我国产业工人的重要组成部分,成为国民财富的重要创造者。能否公平对待农民工这支流动人口大军,依法维护其合法权益,关系到城乡经济的协调发展和社会稳定,关系到构建社会主义和谐社会和全面建设小康社会宏伟目标的顺利实现。对此,党中央、国务院高度重视,近年来制定了一系列保障农民工合法权益的政策措施,各有关部门也按照中央的要求,结合实际,做了大量工作。一方面,在全国范围内连续开展了清理整治劳动力市场秩序等多项不同内容、不同形式的专项行动,严肃查处了各类侵害农民工合法权益的违法行为;另一方面,也加强了管理服务工作长效机制的建设,注重从源头上和制度上规范各部门和用人单位的日常行为,探索建立农民工合法权益的保障机制。总的看,经过各部门的不懈努力,目前,以农民工为主体的流动人口的权益保护工作在一些方面取得了明显进步,得到了社会各界的一致肯定。但是,与以人为本、构建社会主义和谐社会的内在要求相比,同广大流动人口的热切期望相比,流动人口权益保护方面仍有大量艰苦细致的工作要做。对此,各地各部门要有清醒的认识,切实把涉及流动人口合法权益保护问题纳入自身的重要职责,明确目标、任务和措施,扎扎实实地做好以农民工为主体的流动人口合法权益保护的各项工作。当前,要按照《国务院关于解决农民工问题的若干意见》要求,尽快妥善解决农民工反映迫切的劳动保护、医疗卫生、子女上学和生活居住等方面的困难和问题,努力减少由此引发的社会矛盾和纠纷,引导和发挥农民工在城乡建设中的积极作用。

三、强化综合治理,共同做好流动人口管理服务工作

流动人口管理工作涉及方方面面,做好这项工作,必须由党委、政府统一领导,综治部门协调指导,有关部门充分履行职责,密切配合,社会各界积极参与,实行综合治理。当前,需要适应新形势的客观要求,赋予流动人口综合治理新的内涵,进一步健全和完善流动人口综合治理机制。各级综治委要积极协助同级党委、政府,协调各部门和社会各方面参与流动人口管理服务工作,不断推动工作深入开展。要定期分析、研究流动人口管理和服务工作中存在的问题,针对存在的问题有针对性地加强工作措施,并指导、监督各部门、各单位落实流动人口管理服务各项措施。各级综治办和综治委流动人口治安管理工作领导小组办公室更要充分发挥作用,加强调查研究和督促检查,不断强化齐抓共管的工作机制。各相关部门也要结合本部门职责,按照"谁主管谁负责"的原则,办好自己的事,切实承担起自身在流动人口管理服务方面的任务。各类企事业单位在流动人口管理服务工作中,要按照"属地管理"、"谁经营谁负责"的原则,自觉服从所在地党委、政府和综治委流动人口管理领导小组及办公室的领导、监督和协调,加强内部的流动人口治安管理和安全防范工作,同时积极参与所在地区的流动人口管理和服务工作。

四、加强基层基础建设,不断打牢流动人口管理服务工作的根基

"基础不牢,地动山摇",流动人口管理服务工作的重心在基层,支撑也在基层。没有深厚扎实的基层基础工作,落实好流动人口管理服务工作也是一句空话。各地各部门要以改革强化基层、以创新建设基层、以发展服务基层为目标,花大力气、下真功夫研究解决基层基础工作中的重大问题,从政策导向、力量配置、经费保障、技术装备等方面向基层倾斜,增强基层实力,激发基层活力,提高基层效率,切实推动流动人口管理服务工作各项措施的落实。当前,要认真贯彻落实《中央办公厅、国务院办公厅转发〈中央政法委员会、中央社会治安综合治理委员会关于深入开展平安建设的意见〉的通知》精神,以平安建设为载体,强化基层基础工作,积极发挥乡(镇)、街道和村、居等基层政权组织和城乡治保会、调委会、单位保卫组织、治安联防队，特别是暂住人口协管员等群防群治组织和队伍的作用，开展形式多样的群众性平安建设活动，进一步提高流动人口管理与服务水平。要充分发挥社区在城市管理体系中的重要作用，紧紧依靠和利用社区资源，使社区成为政府各部门对流动人口提供公共管理和服务的平台，成为农民工融入城市生活的桥梁。各地民政、人口计生、劳动保障、教育、文化、卫生、公安等部门的公共管理和服务措施都要依托社区，覆盖到包括流动人口在内的每一个社区成员。浙江省探索的依托城市社区，整合劳动、公安、人口计生等部门的管理队伍，对流动人口实行统一管理、统一服务、统一培训、统一收费、统一办证的“五统一”服务模式，值得各地学习借鉴。要鼓励和支持流动人口参与社区的管理和服务，深入开展流动人口“维护社会治安志愿者筑城行动”，激发流动人口投身社区的意识和活力，提高他们自我管理、自我服务的能力，努力培育互信互助、共存发展、团结合作的社区精神。要鼓励、支持流动人口加入流入地基层党、团组织和工会、妇联等群众组织，在流动人口聚居区和用工单位积极建立各种服务协会。充分发挥这些组织、团体在推动流动人口教育、管理和服务方面的积极作用。

五、进一步强化流动人口治安管理工作

当前，要以贯彻实施《中华人民共和国治安处罚法》为契机，切实加强对出租房屋等流动人口落脚点和主要活动场所的治安管理，按照“谁用工谁负责、谁出租谁负责、谁留宿谁负责”的原则，依法落实用工单位和建筑工地负责人、出租房主、旅店业主的治安管理责任。对那些不依法履行治安责任的出租房主、业主及用工单位，要严格按照有关规定予以处罚，对构成犯罪的坚决追究其刑事责任。要切实加强对辖区中小旅店、建筑工地、集贸市场、文化娱乐场所及城乡结合部、城中村等流动人口聚集的场所和部位的治安检查，消除治安隐患。同时，本着“什么治安问题突出就重点整治什么问题，哪里治安问题严重就重点整治哪里”的原则，定期组织开展清理整顿，扭转一些地区治安状况混乱的局面。加强人口流出地与流入地的协作配合，重点打击流窜作案，保证人民群众的安全感不断增强。

六、深入调查研究，推动流动人口管理服务

改革创新流动人口管理服务工作是一项全局性、复杂性、长期性的系统工程，必须加强对其中难点、焦点问题的调查研究，及时把握工作中的新情况、新变化，提出针对性的工作措施，才能取得实效。近年来，各地各有关部门通过加强流动人口管理和服务工作，在诸多方面都进行了研究和探索，积累了一些宝贵经验，值得今后继续坚持和大力推广。为此，领导小组将在今年召开一次流动人口管理工作经验交流会。通过这次经验交流会，达到分析形势、总结经验、指导下一步工作的目的。希望各部门的同志尽早安排、积极做好会议的各项准备工作，办公室更要积极做好沟通、协调和会务的具体工作。与此同时，我们也应清醒地认识到，在当前经济大发展、社会大开放、人员大流动的新形势下，流动人口管理工作还存在不少不适应的问题，对加强“社会人”管理，预防和减少流动人口高危人群违法犯罪等诸多问题，研究得不深、不细，缺乏有效应对、切实可行的解决办法。所有这些问题，都需要我们各地各部门高度重视，积极面对，立足我国国情和各地实际，适应新形势、新任务，以与时俱进的精神，用改革的办法和创新的举措，不断加强和改进工作。

十三、打黑除恶专项斗争

全国打黑除恶专项斗争协调小组第一次全体会议纪要

（2006 年 3 月 1 日）

2006 年 3 月 1 日，全国打黑除恶专项斗争协调小组召开第一次全体会议。中央政法委副秘书长、中央综治办主任、全国打黑除恶专项斗争协调小组组长陈冀平主持会议并讲话，协调小组各成员及协调小组办公室成员和有关成员单位联络员出席会议。会议听取了协调小组办公室关于打黑除恶专项斗争的进展情况和下一步工作安排及各成员单位关于参与打黑除恶专项斗争的工作打算，研究提出了协调小组下一步工作意见。纪要如下：

一、统一思想，提高认识，加强领导

会议认为，全国打黑除恶专项斗争电视电话会议召开以来，各地、各部门高度重视，认真贯彻会议精神，迅速行动，打黑除恶专项斗争开局良好，进展顺利。目前，天津、河北、辽宁、黑龙江、上海、江苏、浙江、福建、河南、湖南、广东、云南、甘肃、青海、宁夏、新疆等省、自治区、直辖市已经成立了由党委、政府主管领导任组长的打黑除恶专项斗争领导小组，召开了动员部署会议，对本地开展打黑除恶专项斗争作了专门部署。公安部在京召开了全国公安机关打黑除恶工作会议，对开展专项斗争进行了专门部署，提出了具体措施和要求；同时迅速成立了全国打黑除恶专项斗争协调小组办公室，并对外公布了全国打黑除恶举报电话。最高人民法院在全国部分省区市刑事审判工作会议上传达贯彻了全国打黑除恶专项斗争电视电话会议精神，成立打黑除恶审判工作指导小组，完善协调指导和联系协作机制。最高人民检察院召开院内有关部门负责人会议，研究落实全国检察机关打黑除恶专项斗争的具体工作措施。司法部也成立了打黑除恶工作领导小组及办公室，拟于近期召开部分省区市司法厅（局）负责人会议对开展打黑除恶工作进行部署，研究制定服刑、劳教人员检举揭发黑恶势力犯罪的具体办法，协调律师刑事辩护工作，推动基层司法行政机关积极参与专项斗争。国家工商总局党组专门传达学习了全国打黑除恶专项斗争电视电话会议精神，研究了贯彻意见，要求各级工商行政机关把积极参与打黑除恶专项斗争，作为整顿市场经济秩序、提高执法能力的重要工作抓紧抓实，从严格资格审查、加强前置审批、强化监管等方面，配合政法部门严厉打击黑恶势力非法经营活动，摧毁其经济依托。中纪委、监察部和中组部、中宣部拟分别就坚决打击黑恶势力背后的腐败分子，完善干部政绩考核体系、加强基层组织建设，正确把握舆论导向、加强打黑除恶宣传工作等，制定具体意见。

协调小组着重做好有关部门参与打黑除恶专项斗争的组织协调工作，掌握各地工作的进展情况，及时研究分析专项斗争中一些突出问题，适时组织力量对重点地区、重大疑难案件进行督查督办，确保专项斗争健康平稳地开展并取得预期效果。

会议强调，罗干、永康同志在全国打黑除恶专项斗争电视电话会议上的重要讲话，明确指出了开展这场斗争的重大意义、目标任务、基本原则和工作措施，集中体现了中央对这项工作的方针政策和总体要求。各地各部门要认真学习领会，真正把思想认识统一到中央的部署上来，切实把各项工作措施落到实处。要按照罗干同志讲话的要求，迅速成立由政法机关、纪检监察、工商等有关部门参加的打黑除恶领导小组，在党委、政府的领导下，统筹协调各方，形成打击和预防黑恶势力犯罪的合力。

二、认真履行职责，加强协调配合

会议指出，打黑除恶专项斗争是一项难度大、涉及众多方面的工作，仅靠政法部门是难以奏效的，必须在党委政府统一领导下，以政法机关特别是公安机关为主体，政法、纪检监察、组织和工商等各有关部门各司其职、各负其责，密切配合、齐抓共管，广大群众积极参与，实行综合治理。政法机关是打黑除恶工作的主力军，要认真履行法律赋予的打击和遏制黑恶势力犯罪的职责，对黑恶势力犯罪案件快侦快破，提高破案效率和办案质量；对黑恶势力犯罪分子依法快捕、快诉、快审、快判，坚决打掉其嚣张气焰；同时，各政法部门之间要加强联系和沟通，该提前介入的要及时提前介入，并加强协作配合，增强打击合力。纪检监察、组织、检察部门要把打黑除恶与反腐败斗争结合起来，对黑恶势力的后台和“保护伞”要深挖细查，对于党政干部充当黑恶势力的后台和“保护伞”的，要坚决严肃查处。组织部门要把及时发现、及时打掉黑恶势力，作为干部政绩考核的重要内容，加大考核奖惩力度；要整顿软弱涣散的基层组织，大力加强基层政权和基层组织建设。宣传部门要商政法等部门，及时研究制定关于打黑除恶专项斗争宣传报道的方案，对媒体提出明确要求，严格宣传纪律，把握好舆论导向。工商部门要严厉查处黑恶势力的非法经营活动，配合政法等部门坚决摧毁黑恶势力的经济依托。交通、金融、财政、税务、海关、文化、旅游、建设、城管等部门也要积极参与打黑除恶专项斗争，完善工作联系制度，支持配合政法部门的工作。各级党委政法委要加强对政法各部门的协调，统一打黑除恶的思想和行动，提高办案质量和效率，依法稳、准、狠地打击黑恶势力犯罪。各级综治部门要把打黑除恶纳入社会治安综合治理总体规划，严格实行社会治安综合治理责任制，充分发挥基层综治组织和群防群治网络的作用，发动群众，依靠群众，抓源头，抓基层，加大对治安混乱地区和突出治安问题的排查整治力度，加强对重点地区、场所、部位和人群的防范、管理，推进社会治安防控体系建设，同时以打黑除恶带动各类突出治安问题的解决，推动平安建设深入开展。

三、加强调研督办，健全长效机制

会议要求，各级打黑除恶工作组织领导机构及其办事机构，要加强调查研究，深入基层，深入群众，及时剖析典型案例，认真分析黑恶势力滋生蔓延的原因、特点和规律，总结经验教训，研究解决制约打黑除恶斗争深入开展的突出问题和工作中遇到的困难，加强工作督促、检查和指导。要采取部门督办、联合督办等各种有效形式，加强案件督办和工作督查，对重大黑恶势力犯罪案件，要及时组织督查组，实施挂牌督办、实地督查督办。要健全完善打黑除恶考核奖惩机制，制定科学的考核标准，严格实行社会治安综合治理领导责任制、目标管理责任制和一票否决权制。要健全完善各有关部门和有关地区之间的协作配合机制，及时沟通情况，加强工作联系，定期召开联席会议。各级政法、综治部门要在打黑除恶专项斗争中加强队伍建设，大力开展社会主义法治理念教育，规范执法行为，促进执法公正。要及时协调有关方面研究涉及黑恶势力犯罪的政策法律问题，加快完善有关法律法规。

全国打黑除恶专项斗争协调小组第二次全体会议纪要

（2006年6月15日）

2006年6月15日，全国打黑除恶专项斗争协调小组召开第二次全体会议。中央政法委副秘书长、中央综治办主任、全国打黑除恶专项斗争协调小组组长陈冀平主持会议并讲话，协调小组成员、协调小组办公室负责同志和有关成员单位联络员出席会议。会议听取了协调小组办公室关于前一阶段打黑除恶专项斗争进展情况的汇报，分析了工作中存在的突出问题，研究提出了协调小组下一步工作意见。会议纪要如下：

一、打黑除恶专项斗争取得阶段性成果

会议认为，全国打黑除恶专项斗争部署、发动和调查摸底阶段至五月底已经结束。总的看，经过全国打黑除恶专项斗争协调小组各成员单位和全国各地共同努力，此阶段工作进展顺利，达到预期目标，取得了阶段性成果。各地摸排出一大批涉黑涉恶犯罪线索，并摧毁一批黑恶势力。

各地加强对专项斗争的组织领导，成立专项斗争领导小组，并召开专门会议作出部署。许多省、自治区、直辖市党政主要领导就本地打黑除恶专项斗争做出重要指示和批示。各地划拨专项经费用于专项斗争，进一步建立完善打黑除恶工作责任制度，各级公安机关层层签订了打黑除恶专项斗争责任书。一些地方在报纸上开辟“打黑除恶专栏”，公开悬赏重大涉黑涉恶犯罪嫌疑人。一些地方设立专项举报奖励经费。各地还积极调配警力，加快打黑除恶专业力量建设。在这一阶段的工作中，大多数省、自治区、直辖市工作抓得紧、抓得实，阶段性成效比较突出。

全国打黑除恶专项斗争协调小组各成员单位积极投入专项斗争。中纪委、监察部下发《关于积极支持和配合全国打黑除恶专项斗争严肃查处黑恶势力“保护伞”的通知》，要求结合当前党风廉政建设和反腐败工作实际，严肃查处党员干部涉黑涉恶案件。中宣部、中政委下发《关于做好打黑除恶专项斗争宣传工作的意见》，进一步规范、细化专项斗争宣传工作。中央综治委、中央政法委召开的全国社会治安综合治理工作会议和全国政法综治宣传工作会议，把专项斗争纳入平安建设，加大宣传力度，调动广大群众和社会各方面力量参与专项斗争的积极性。最高人民法院下发了《关于贯彻落实全国打黑除恶专项斗争电视电话会议精神的通知》、《关于做好打黑除恶专项斗争宣传工作的通知》和《关于通报公安部挂牌督办涉黑案件和报送相关案件材料的通知》，提出对公安部挂牌督办涉黑案件的审理工作进行全程指导和监督。最高人民检察院和一些省级检察院挂牌督办了一批重大涉黑案件。司法部下发《关于深入开展打黑除恶专项斗争的通知》，会同最高人民检察院下发《关于进一步加强配合做好监狱劳教场所打黑除恶专项斗争的通知》。各地司法行政机关积极做好收押收容工作，在罪犯劳教人员中开展深挖余罪和坦白检举活动。国家工商总局下发通知，要求各级工商行政管理部门认真履行职责，严格资质审查，把好市场准入关，积极配合有关部门做好打黑除恶工作。

全国“打黑办”认真做好日常工作，每周定期召开办公室主任例会，分析专项斗争进展情况和存在问题，通过抓督导检查、抓挂牌督办案件、抓群众举报线索核查、抓问题个案督办，加强调查研究、业务培训和宣传发动，有力推动了专项斗争深入开展。

二、工作中存在的突出问题

会议认为，从全国范围看，专项斗争发展不平衡的问题比较突出，一些工作难点问题亟待解决。

一是少数地方和部门思想认识不到位。个别地方党政主要领导思想认识有偏差，对黑恶势力违法犯罪活动不愿承认，怕影响政绩，影响发展，有的甚至出现抵触情绪，致使这些地方工作不够主动，措施不力、动作不大、打黑除恶氛围不浓。二是一些地方工作不够深入。个别省、自治区至今仍停留在工作动员部署阶段，实招不多，成效不明显。不少地方“打黑办”力量组织不够、部门之间协调差。三是有关法律规定滞后，法律适用不统一，影响打击效果。如“恶势力”团伙犯罪是打黑除恶的工作概念，在刑法中没有罪名，实践中往往以聚众斗殴、寻衅滋事等个罪处理，从严打击、从重处罚缺乏法律支撑；有关立法解释和司法解释在“保护伞”问题上的规定不统一，致使不少地方公、检、法机关在适用法律上产生分歧，影响打击效果。四是一些涉黑案件久拖不决，深挖“保护伞”工作力度不大。

三、解决突出问题，推动专项斗争深入开展

当前，专项斗争已进入攻坚阶段。会议要求各地各部门必须以个案攻坚为核心，以举报线索核查为抓手，以落实政法各部门和相关部门责任为基础，以督导检查为保障，解决突出问题，推动专项斗争深入开展。

（一）加强协作配合，进一步形成工作合力。各级公安、检察院和法院要统一思想，分工协作，提高办案质量和效率。纪检、监察和组织部门要参与对群众举报线索的梳理工作，对不构成犯罪但可能违犯党纪、政纪的，积极开展调查，及时做出处理，给群众一个满意的交代。对于重大涉黑涉恶案件，纪检、监察和组织部门要积极配合，及时查处黑恶团伙背后的“保护伞”，排除办案阻力，解除一线办案干警的后顾之忧。各级综治部门在排查治安混乱地区和突出治安问题工作中，要把排查涉黑涉恶线索作为工作重点，并把打黑除恶工作成效作为社会治安综合治理考评的重要内容。各级宣传主管部门要进一步加强打黑除恶专项斗争的宣传工作，既要突出专项斗争的阶段性特点，又要注意宣传报道的连续性，加大对典型案件的宣传，把握好宣传尺度。各级工商管理部门要进一步严格资质审查，加强市场管理，协助做好打黑除恶各项工作。

（二）加强督导检查，进一步落实工作责任。全国打黑除恶专项斗争协调小组拟成立若干督导组，赴专项斗争进展比较缓慢的重点地区，了解全国打黑除恶电视电话会议精神落实情况，督导各地打黑除恶专业队建设工作，了解掌握各地侦查、起诉、审判的黑社会性质组织案件情况，检查各地核查全国“打黑办”交办线索的情况，了解发现各地存在的问题，有针对性地加强指导。

（三）加强个案督办力度，进一步强化调查摸底工作。各地“打黑办”要以公安为主力，检察院、法院相关工作人员必须真正到位，切实做到专人跟案指导。狠抓挂牌督办案件，紧紧盯住一批久拖不决的涉黑案件，加紧起诉、审判工作。对举报线索比较多，核查工作相对薄弱的地方，派工作组明查暗访，抽查一些线索的核查情况。

（四）加强对恶势力的打击力度，进一步统一办案标准。各省、自治区、直辖市公安机关对于群众反映强烈的恶势力尤其是农村恶势力，要直接组织调查，也可以比照打击涉黑犯罪组织一样，采取异地用警、异地关押等超常措施寻找突破口。各地政法机关在案件移送、证据认定等方面要依法统一标准。

（五）加强对黑恶团伙罪犯的监管，进一步严格落实监管措施。对正在服刑的黑恶势力罪犯采取减刑、假释、暂予监外执行等措施必须从严掌握，如有特殊情况确需采取上述措施的，监狱管理部门要征求办案单位意见后，再送法院审理裁定。对今年以来被判处有期徒刑 10 年以上的黑社会性质组织头目，要异地执行监管。对其中有减刑、假释、暂予监外执行等特殊情况的，必须报司法部批准，并通报最高法、最高检和公安部。

（六）加强调查研究，进一步在建立长效机制上下功夫。着手我国打击有组织犯罪立法调研工作，积极推进解决打黑除恶工作中的诸多法律障碍。积极研究新情况、解决新问题，分析黑恶势力犯罪的特点和规律，探索建立长效工作机制，使打黑除恶工作步入规范化、制度化轨道。

中央政法委员会关于进一步深化全国打黑除恶专项斗争的工作意见

（2006 年 8 月 2 日）

各省、自治区、直辖市党委政法委，新疆生产建设兵团党委政法委，中央政法各部门党组（党委）：

自今年 2 月全国打黑除恶专项斗争电视电话会议以来，各地、各部门对打黑除恶工作高度重视，周密部署，精心组织，摸排出一大批涉黑涉恶犯罪线索，摧毁了一批黑恶势力。全国打黑除恶专项斗争开局良好，进展顺利，取得了阶段性成果。

从打掉和摸排出来的黑恶势力情况看，当前黑恶势力违法犯罪滋生和发展速度加快，犯罪涉及领域、犯罪组织形式都有新变化，逃避打击能力提高，对经济社会和有的基层政权建设的危害进一步加剧。人民群众要求铲除黑恶势力的呼声高涨，对打黑除恶专项斗争寄予厚望。与形势和任务相比，目前打黑除恶专项斗争发展不平衡的问题还比较突出，一些工作难点问题亟待解决：一些地方尤其是部分市、县党委、政府和政法机关对本地黑恶势力犯罪形势分析研究不够，对其严重危害性认识不足，担心黑恶势力打多了会影响本地形象，致使这些地方工作不够主动，措施不够有力，打黑除恶工作氛围不浓；一些地方和部门工作不够深入，有的地方至今仍停留在工作动员部署阶段，实招不多，成效不明显；不少地方打黑除恶专业力量薄弱，督办线索走过场，调查摸底不深入，相关部门之间协调配合比较差；一些地方和部门对有关法律适用认识模糊，一批重大涉黑案件久拖不决，深挖“保护伞”工作力度不大，影响了打击效果。

当前，全国打黑除恶专项斗争已进入攻坚阶段。为解决突出问题，依法稳、准、狠地严惩黑恶势力违法犯罪活动，维护良好的治安秩序和社会稳定，现就进一步深化全国打黑除恶专项斗争提出以下工作意见。

一、进一步提高认识，加强领导，落实责任

各级党委和政府要进一步提高认识，切实加强对打黑除恶工作的领导。各级打黑除恶专项斗争领导小组近期要专门听取本地专项斗争进展情况的汇报，总结经验，找出不足，切实解决斗争中存在的困难和问题，推动本地打黑除恶专项斗争深入健康开展。对打黑除恶专项斗争进展比较缓慢的重点地区，要加强督促、检查和指导。对于黑恶势力横行而又不打击、不报告的地方和部门，要严格实行社会治安综合治理领导责任制，严肃追究有关领导的责任。各级政法机关在办理黑恶势力犯罪案件时要严格实行办案责任制，逐案落实责任人，落实专门力量，明确办案纪律，明确办结时限。对群众举报有具体线索的黑恶势力犯罪案件不调查或者查处不认真甚至放纵犯罪的，要坚决依法依纪严肃追究有关人员的责任。

二、加强专业队伍建设，加大调查摸底和案件督办力度

各地要根据专项斗争的实际需要，进一步加强打黑除恶侦查队伍和公诉、审判队伍建设，抽调精干力量，加强业务培训，提高装备和保障水平，切实增强打击能力。严格按照核定编制和时限要求，配齐配强公安机关打黑除恶专业侦查队。各地要进一步强化涉黑涉恶线索的调查摸底工作，对举报线索比较多，核查工作相对薄弱的地方，要派工作组明查暗访，切实掌握对举报线索的核查情况。各省、自治区、直辖市公安机关、检察院和法院都要挂牌督办一批重大黑恶势力犯罪案件。对于重大案件，各级检察、审判机关要提前介入，切实做到专人跟案指导，紧紧盯住一批久拖不决的涉黑案件，加紧起诉、审判工作。

三、统一执法标准，加大对黑恶势力的打击力度

各级政法机关要严格按照《中华人民共和国刑法》第294条和全国人大常委会相关立法解释，坚持以事实为根据，以法律为准绳，统一执法标准。对于符合黑社会性质组织犯罪要件的，要坚决依法定罪量刑，防止降格处理。各级公安机关对于群众反映强烈的恶势力犯罪要认真组织调查，有的要视情采取异地用警、异地羁押等措施，排除干扰，尽快侦破。对恶势力犯罪，要根据每个案件的具体事实情况，依法定罪，严厉打击。对正在服刑的黑恶势力罪犯采取减刑、假释、暂予监外执行等措施，必须从严掌握。

四、深挖并铲除黑恶势力的"保护伞"及经济依托，做到除恶务尽、不留隐患

黑恶势力能够滋生坐大，往往与利用国家工作人员作为"保护伞"有关。彻底摧毁黑恶势力，必须同时查清、彻底摧毁其利用的"保护伞"，这是打黑除恶专项斗争能否深入和取得实效的重要标志。各级政法机关在办理黑恶势力犯罪案件时要重视发现、收集涉案"保护伞"的线索和证据，并与纪检、监察和组织部门建立配套工作机制，及时发现、甄别、查处涉案的"保护伞"，对构成犯罪的要依法追究刑事责任，对违犯党纪、政纪的要由有关部门给予党纪、政纪处分。在侦查案件中，要查清黑恶势力资产状况，依法及时采取强制措施，彻底取缔其用于非法敛财的经济实体，没收其非法所得，摧毁其滋生蔓延的经济依托，防止其死灰复燃。

五、加强协作配合，建立长效工作机制

各级公安机关、检察院、法院和司法行政机关既要各司其职、各负其责，又要密切配合，形成整体合力，提高黑恶势力犯罪案件的办案质量和效率。各级党委政法委要加强对政法各部门的协调，统一打黑除恶的思想和行动，督促政法部门不折不扣地落实中央部署。特别是对政法各部门的分歧意见，要及时进行协调。各级社会治安综合治理部门在排查整治治安混乱地区和突出治安问题工作中，要把排查涉黑涉恶犯罪线索作为工作重点，并把打黑除恶工作成效作为社会治安综合治理考评的重要内容。对群众举报的线索，纪检、监察和组织部门要认真参与梳理工作，对不构成犯罪但可能违犯党纪、政纪的，积极开展调查，及时做出处理。对于重大涉黑涉恶案件，纪检、监察和组织部门要积极配合，及时查处涉案"保护伞"，排除办案阻力。各级宣传主管部门要进一步加强打黑除恶专项斗争的宣传工作，发动和依靠群众，调动广大人民群众参与专项斗争的积极性。既要突出专项斗争的阶段性特点，又要注意宣传报道的连续性，加大对典型案件的宣传，把握好宣传尺度。工商、文化、交通、建设等部门要进一步加强市场和行业管理，严格资质审查，加大行政处罚力度，积极发现违法犯罪线索，协助做好打黑除恶各项工作。各地、各部门在打黑除恶工作中要积极研究新情况、解决新问题，分析黑恶势力犯罪的特点和规律，探索建立长效工作机制，推动打黑除恶工作步入规范化、制度化轨道。

十四、中央社会治安综合治理委员会成员单位参与社会治安综合治理工作情况

中央纪委　监察部

2006年纪检监察机关参与社会治安综合治理工作情况

2006年,中央纪委监察部和各级纪检监察机关作为社会治安综合治理委员会的成员单位,按照参与综合治理的职责任务,认真贯彻社会治安综合治理工作的重大决策和部署,充分发挥纪检监察职能作用,积极参与社会治安综合治理工作,推动了社会治安综合治理各项措施的落实,促进了平安建设与社会和谐稳定。

一、认真做好群众来信来访工作,化解社会矛盾和纠纷

2006年,中央纪委监察部收到信访举报316015件(次),其中,群众来信164936件(次),来访21277人(次),举报电话84223个,网上举报45579件(次)。认真查核信访件,妥善处理了一些信访突出问题和群体性事件;对到中央纪委监察部机关的重大集体访、上访老户等,及时派人到现场疏导,并协调有关驻京办事机构或驻京工作组进行处理。加强对地方纪检监察机关信访工作的指导,重点督办排查出来的案件线索。对反映领导干部违法违纪和土地征收征用、城镇房屋拆迁、企业重组改制、教育医疗收费等方面群众反映强烈的问题,及时转送有关地方和部门处理,许多案件线索和信访信息受到各级领导的高度重视,推动了信访问题的解决。中央纪委监察部发函要求查报结果的案件中,很多成为地方纪检监察机关查办的大案要案,一些典型案件的查处在当地产生了良好的社会效果。加强信访工作机构和制度建设,有的地方设立基层信访服务中心,积极探索信访工作首访责任制,健全领导接访制度和干部下访制度,及时把矛盾解决在基层。

二、深入开展纠风专项治理,认真解决损害群众利益的突出问题

会同有关部门开展了治理教育乱收费、纠正医药购销和医疗服务中不正之风、强化农民负担监管等多项专项治理工作。农村义务教育经费保障机制改革实施后,全国共有5200多万农村中小学生享受到免费义务教育;各地共纠正、废止违反教育收费政策的文件382件,清理违规收费项目1448个;查处教育乱收费问题涉及金额5.72亿元,清退违规资金3.49亿元。进一步规范了医疗机构的诊疗、用药和收费行为,各地集中招标采购药品总金额1040.24亿元,可让利患者131亿元;政府定价药品价格降价约200亿元;不少地方还推行了医疗机构间大型设备检查和化验“一单通”、医院院务公开、不正当处方公示和点评以及

医德医风考评档案制度，探索单病种费用最高限价等办法。规范出租汽车行业管理、清理和规范评比达标表彰活动工作取得初步成效，各地停止出台出租汽车经营权有偿出让政策，取消收费项目涉及金额13.11亿元，取缔“黑车”25.98万辆，查处了一批公务人员私养“黑车”、充当“保护伞”的问题。监察部、国务院纠风办会同有关部门就开展清理评比达标表彰活动工作作出全面部署，河北、湖北、广东、甘肃等省已经削减了一批评比达标表彰项目。中央纪委监察部还就解决群众反映的坑农害农、制售假劣药品等5个突出问题专门作出部署，各地区和有关部门查处了36259起哄抬农资价格、制售假劣农资坑农害农问题。据国家统计局问卷调查，2006年群众对纠风工作满意度比2005年提高5.4个百分点，比2002年提高11.5个百分点。

三、始终保持查办案件强劲势头，努力消除因违纪违法行为带来的社会不稳定因素

2006年，全国纪检监察机关共立案123489件，结案122777件，给予党纪处分97260人，给予政纪处分37775人。中央纪委监察部和各级纪检监察机关把参加事故调查处理作为维护社会稳定的一项重要工作，以认真负责的精神，及时赶赴现场，分清责任，对有关责任人进行严肃处理。查结了中石油吉林石化分公司双苯厂“11·13”爆炸事故及松花江水污染事件、山西左云县新井煤矿“5·18”透水事故和中国东方航空包头“11·21”空难事故等11起特别重大事故，对事故涉及的283名责任人员作出了处理，给予纪律处分166人，移送司法机关处理117人。据不完全统计，2006年全国地方各级纪检监察机关参与调查处理一次死亡10人以上的生产安全责任事故86起，已办结52起，给予党纪政纪处分394人，移送司法机关处理115人。另外，近年来召开的中央纪委全会将领导干部和执法人员为黑恶势力充当“保护伞”的案件，作为纪检监察机关查办案件工作的重点进行部署。各级纪检监察机关积极参加“打黑除恶”专项斗争，组织力量深挖黑恶势力背后的“保护伞”，查处了一批这方面的案件，收到了好的效果。

四、加强监督检查，促进社会治安综合治理各项措施的落实

各级纪检监察机关积极参加党委、政府和综治委组织的社会治安综合治理专项检查，及时纠正贯彻执行社会治安综合治理方针、政策和工作部署中存在的有令不行、有禁不止等问题。按照《关于实行社会治安综合治理领导责任制的若干规定》的要求，会同有关部门严格执行社会治安综合治理领导责任制，对因严重失职导致治安秩序长期混乱或发生影响当地社会稳定的重大治安事件的地方、部门和单位的党政领导干部，按照规定严肃追究责任。对被综治委实施督查通知或黄牌警告的地区、部门和单位，配合综治委督促其整改，并视情况对有关负责人进行诫勉谈话，进一步增强了党政领导干部抓好平安建设的责任感和主动性，促进了社会治安综合治理工作措施的落实。

最高人民法院

2006年各级人民法院参与社会治安综合治理工作情况

2006年,最高人民法院和地方各级人民法院在以胡锦涛同志为总书记的党中央领导下,在全国人大和地方各级人大及其常委会的监督下,以邓小平理论和"三个代表"重要思想为指导,全面落实科学发展观,深入贯彻中共中央《关于进一步加强人民法院、人民检察院工作的决定》,切实履行宪法和法律赋予的职责,高度重视社会治安综合治理工作,认真学习贯彻关于社会治安综合治理的一系列重要文件精神,始终坚持全面发挥审判职能、依法履行审判职责,采取有力措施,全面参与社会治安综合治理,为构建社会主义和谐社会,维护社会稳定做出应有的贡献。

一、提高认识,立足审判,充分发挥审判职能作用,维护社会和谐与稳定

最高人民法院和地方各级人民法院高度重视社会治安综合治理工作,立足审判,维护公平正义,注重法律效果和社会效果相统一的原则,发挥审判职能,加强审判工作,积极参与社会治安综合治理,为构建社会主义和谐社会提供了有力的司法保障。

2006年,最高人民法院共办结各类案件3668件(含审查申诉和申请再审案件),结案数同比上升14.77%。地方各级人民法院共办结各类案件8105007件,结案数同比上升2.07%。

(一)依法严惩严重刑事犯罪,维护国家安全和社会稳定。最高人民法院根据社会治安形势,指导地方各级人民法院依法严惩黑社会性质组织犯罪,杀人、爆炸、绑架等严重暴力犯罪,抢劫、抢夺、盗窃等影响群众安全感的多发性侵财犯罪等。2006年,全国法院共审结爆炸、故意杀人、抢劫、抢夺、强奸等危害社会治安犯罪案件245254件,判处罪犯340715人。

依法加大惩治腐败力度,积极参加治理商业贿赂等专项治理活动。共审结贪污贿赂、渎职犯罪等案件23733件。其中,公司企业人员贿赂犯罪案件359件,国家工作人员贿赂犯罪案件8310件。判处县处级以上国家工作人员825人,其中地厅级92人,省部级9人。

规范死刑案件审判,完善死刑核准制度。最高人民法院会同最高人民检察院制定了《关于死刑第二审案件开庭审理程序若干问题的规定》,实现了死刑第二审案件全面开庭审理。贯彻宽严相济刑事政策,减少社会对立面,促进社会和谐与稳定。

依法办理减刑、假释案件,积极促进罪犯改造。一是规范减刑、假释工作。最高人民法院制定了《关于办理减刑、假释案件具体应用法律若干问题的规定》,办理减刑、假释案件实行公示制、听证制,力求公平、公正、公开。二是依法严格掌握减刑、假释条件。对监狱部门上报的减刑、假释材料进行认真深入核查,严格依照规定作出裁定。依法办理减刑429852人,假释20254人,促进罪犯改过自新。

(二)加强民商事、行政审判和对人民调解委员会的业务指导,化解社会各种矛盾纠纷。

认真审理各类民商事、行政案件,高度重视审理国企改制、破产、房地产开发经营等群体性纠纷和矛盾易激化案件,在办案中注重法律效果和社会效果的统一。抓调解,促协调,重疏导,防止矛盾激化,防止民事案件转化为刑事案件,防止非对抗性矛盾转化为对抗性矛盾,千方百计摸索调解工作新举措,完善预防和化解矛盾纠纷的长效机制。2006年,各级人民法院共审结婚姻家庭、遗产继承纠纷案件1159437件;审结权属、侵权纠纷案件986082件;审结劳动争议案件179637件,诉讼标的额31.89亿元;审结国有企业兼并、破产、产权转让等纠纷案件4755件；审结金融纠纷案件717526件；审结各类合同纠纷案件2236888件，诉讼标的额4757亿元。

确立司法调解工作新目标，进一步贯彻落实"能调则调、当判则判、调判结合、案结事了"的民事司法原则。加强对人民调解工作的指导力度，适时对调解组织及人员进行业务培训，提高他们调处纠纷的能力。全国法院审结的民事案件中，有30.41%的案件以调解方式结案，其中一审民事案件调解和撤诉率达到55.06%。

（三）加大执行力度，实现债权人的合法权益；完善申诉、再审工作机制，减少社会不安定因素。

进一步加大执行力度，努力创新工作机制，切实维护法律权威。积极探索建立以威慑机制、联动机制、基层协助机制、多元化解决纠纷机制为内容的综合治理执行难工作机制。2006年上半年，最高人民法院为解决人民群众反映强烈的执行难问题，开展了为期半年的集中清理执行积案活动，通过充实执行力量，摸清积案底数，逐案分析原因，依法惩处拒不执行判决裁定和暴力抗拒执行的违法犯罪行为，共执结78万件积案，执行到位金额2160亿元。

搞好告诉申诉审判工作，依法纠正错案，减少社会不安定因素。高度重视并积极参与集中处理涉诉信访工作，坚持有信必复、有访必接，有诉必理，防止由信转访，防止上访人串访；坚持法院院长开门接访、带案下访、预约接访，及时化解上访积案；梳理长期上访、越级上访案件，落实"定时间、定人员、定领导"包案处理责任制，加大上访老户处理。经过努力，全国法院涉诉信访总量下降，集体访、初访、越级访均呈现下降趋势，最高人民法院全年办理的涉诉信访件比例同比下降4.71%，地方各级人民法院办理的涉诉信访件同比下降11.18%。

认真审理再审案件。对申诉、申请再审理由充分、裁判确有错误的，依法提起审判监督程序予以纠正，及时保护当事人的合法权益；对申诉和申请再审无理的，在驳回再审请求的同时进行判后答疑，最大限度地止争息访。2006年，各级人民法院共依法审理48286件再审案件。

二、积极参与立法，出台司法解释，完善未成年人司法制度，预防青少年违法犯罪

2006年，最高人民法院积极参与立法工作，专门派出有经验的高级法官继续参加对未成年人保护法的修订工作，修订后的未成年人保护法已于2006年12月份通过。并参与刑事诉讼法修改，对其中涉及的"未成年人刑事案件程序"部分提出修改建议。

制定出台审理未成年人刑事案件适用刑法的司法解释，加强对少年法庭审判工作指导。在充分调研、广泛征求各级法院及相关部门意见基础上，最高人民法院于2006年1月制定下发了《关于审理未成年人刑事案件具体应用法律若干问题的解释》。这是继2001年4月最高人民法院制发审理未成年人刑事案件程序司法解释以来，最高人民法院就审理未成年人刑事案件适用实体法问题所作出的解释。该解释严格依据刑法，立足审判实践，充分体现对未成年人慎重定罪、依法从轻或者减轻处罚以及尽量多适用非监禁刑罚等理念，从而使我们党和国家对未成年人犯罪实行的"教育、感化、挽救"方针和"教育为主、惩罚为辅"法律原则的精神，得到了切实贯彻执行。该解释下发后，对强化树立未成年人特殊刑事司法理念、准确、规范执行刑法，有效教育、矫治未成年人犯罪，预防未成年人重新犯罪等，都发挥了积极作用。

2006年2月最高人民法院在广州市召开"全国法院第五次少年法庭工作会议"。会议对1998年以来少年法庭工作经验、成绩、问题进行了全面回顾总结，对今后一个时期如何以科学发展观为指导开展少年法庭工作作出部署。会议还组织全国31个高级法院开展了少年法庭工作成果展示活动。3个高级法院、8个中级法院、4个基层法院少年法庭先进典型经验在大会做了交流。会议推动了我国少年法庭工作健康有序发展。

为完善未成年人司法制度做了大量工作。"改革和完善未成年人司法制度"是中央确定的由最高法院负责牵头实施的改革任务之一。围绕这项改革任务，最高法院经过认真研究，精心确定改革方案并采取有力措施，积极组织落实。具体做了三方面工作：

第一、在部分中级人民法院开展设立独立建

制的未成年人案件综合审判庭试点工作，以落实中央提出的完善未成年人审判机构体系方面的改革要求，进一步推动我国未成年人案件专门审判机构体系的建立和完善。2006年7月最高法院在哈尔滨市召开试点工作座谈会，对开展试点工作进行了动员和部署，统一了思想认识。2006年8月下发了《关于在部分中级人民法院开展设立未成年人案件综合审判庭试点工作的通知》，在全国选择了11个省、自治区、直辖市未成年人审判工作基础好且具有一定代表性的17个中级人民法院作为试点单位。11月最高法院在成都市又召开了一个试点工作座谈会，检查、督促各地的试点筹备工作。12月最高法院下发了批准各地试点方案的批复。少年法庭指导小组办公室同志还分赴广州、北京等地参加试点单位成立独立建制少年审判庭的挂牌仪式。上述工作，保证了各地试点工作的顺利开展。第二、推动公、检、法、司机关在办理未成年人刑事案件中建立并完善相互配合的工作制度。最高法院以修改"两高"、"两部"1991年制发的《关于办理少年刑事案件建立相互配套工作体系的通知》为切入点，积极配合中央综治委预防办开展相关文件修改工作。包括从上海法院系统选调了一名高素质法官到综治委预防办专门负责文件起草工作；最高法院少年法庭指导小组办公室派员参加各相关部门组成的联合调查组，并基本完成了修改文件前期调研准备工作。第三、推动未成年人案件专门审判机构职能的改革。要求有条件的法院设立既审理未成年人刑事案件，又审理未成年人权益保护民事、行政案件的未成年人案件审判机构，以利于对未成年人实行全面维权。

举办了一期全国少年法庭法官培训班，进一步提高少年法庭审判水平。2006最高人民法院在呼和浩特市举办了一期"全国少年法庭法官培训班"。31个高级法院、55个中级法院及部分基层法院共124名少年法庭法官参加了培训。培训重点是最高法院作出的未成年人刑事案件程序和实体司法解释的适用。此次培训班结束后，各高级法院按照最高法院的要求，陆续在本地区举办了少年法庭法官培训班。上述培训工作有利于提高少年法庭法官执法水平，推动少年法庭工作规范化建设。

加强对最高人民法院负责的"青少年违法犯罪社区预防计划试点工作"的指导。2006年7月最高人民法院领导亲自带队赴哈尔滨市道里区经纬街道办事处，实地考察了该试点社区开展的青少年违法犯罪社区预防工作，并提出了具体指导意见。8月最高人民法院又在新疆石河子市召开哈尔滨、青岛和石河子等三地的三个试点单位参加的"预防青少年违法犯罪社区计划试点工作"座谈会，三个试点单位互相交流了工作经验，我院对试点工作提出了进一步要求，保证了试点工作顺利开展。

与共青团中央权益部联合开展"2004－2005年度国家级优秀青少年维权岗"表彰活动。此次活动对全国法院系统75个先进单位进行了表彰，进一步推动少年法庭的青少年维权工作。此外，各级人民法院对未成年犯罪人实行教育、感化、挽救方针，寓教于审，惩教结合，使83697名失足青少年及时得到矫治。

三、加强法律援助和司法救助，完善司法为民工作机制

各级人民法院积极参与社会治安综合治理，参与社会治安防控体系建设和平安创建活动，在刑事审判的各个环节加强犯罪预防工作，促进打击、防范、教育、管理、改造等各项工作全面提高。依法保障被告人行使各项诉讼权利，共为17221名符合法律援助条件的刑事被告人指定了辩护人，依法宣告1713名刑事被告人无罪。积极探索刑事案件被害人救助方法。据开展工作试点的10个高级人民法院统计，全年共为378名刑事案件被害人及其亲属发放救助金780.24万元，努力减少被害人的损失。对经济上确有困难的当事人及时提供司法救助，全年救助282581人次，缓、减、免交诉讼费12.11亿元。

各级人民法院努力改进和完善便民诉讼措施，推行人民法庭直接立案制度，有6520个人民法庭具备直接立案条件，有328个中级法院和2307个基层法院建立了"一站式"立案大厅，方便群众诉讼。

四、参与社会治安综合治理的主要经验

（一）加强党的领导，是人民法院参与社会治安综合治理的根本保证。最高人民法院和各级地方人民法院将参与社会治安综合治理作为法院工作的重要内容,只有在党委的领导下,在各级人大的监督下、各级政府的重视和大力支持下,人民法院才能在参与社会治安综合治理工作中不断取得进展。

(二)结合工作实际,充分发挥审判职能,是人民法院参与社会治安综合治理的基本途径。人民法院参与社会治安综合治理最基本的途径,是充分发挥审判职能作用,打击犯罪活动,化解矛盾纠纷,维护社会稳定,促进经济社会和谐发展。

(三)加强司法能力,抓好队伍建设,是人民法院参与社会治安综合治理的关键所在。人民法院必须牢固树立社会主义法治理念,加强司法能力建设,抓好队伍建设,才能全面提高公正司法能力,提高依法执行能力,全面增强为综合治理服务的本领和水平,切实树立司法权威。

(四)坚持综合治理是解决社会治安问题的根本出路。采取法律强制的办法解决社会治安问题,只能治标不能治本,根本出路在于发展经济,加强社会主义物质文明、政治文明和精神文明建设,从源头上预防和减少社会矛盾纠纷,建立疏导机制,打防结合,预防为主,专群结合,依靠群众,对社会治安实行综合治理。

最高人民检察院

2006年全国检察机关参与社会治安综合治理工作情况

2006年，在党中央的正确领导下，全国检察机关以邓小平理论和“三个代表”重要思想为指导，紧紧围绕党和国家工作大局，全面落实科学发展观，认真贯彻党的十六大和十六届五中、六中全会精神及中央综治委有关工作部署，按照构建社会主义和谐社会的要求，认真履行法律监督职责，坚持立检为公、执法为民，深入实践“强化法律监督，维护公平正义”的工作主题，不断加大社会治安综合治理工作力度，积极参与平安建设，依法严厉打击各种严重刑事犯罪活动，致力于维护社会稳定、保障公平正义、促进社会和谐，为经济社会发展创造良好的社会治安环境和法治环境。

一、依法严厉打击刑事犯罪，全力维护社会稳定

各级检察机关始终把维护稳定、促进社会和谐作为首要任务，依法严厉打击各类刑事犯罪和敌对势力渗透活动，以高度的政治责任感和使命感，维护国家安全与社会和谐稳定。2006年，共受理公安、国家安全机关提请批准逮捕的各类犯罪嫌疑人1001760人，经审查，批准逮捕891620人，提起公诉999086人；介入重特大案件侦查51785件次。

依法严厉打击杀人、爆炸、抢劫等严重刑事犯罪活动。对杀人、爆炸、绑架、抢劫等严重暴力犯罪、黑恶势力犯罪，盗窃、抢夺等影响群众安全感的侵财犯罪，从重打击，从快批捕。积极配合有关部门开展禁毒、禁赌等专项斗争和集中行动。全年共依法批准逮捕爆炸、杀人、重伤害、放火、投毒、抢劫、强奸等暴力犯罪嫌疑人283511人。根据中央的统一部署，积极投入打黑除恶专项斗争，对重大案件适时介入侦查活动，批准逮捕黑恶势力犯罪嫌疑人18446人，提起公诉8343人，查办了一批国家工作人员充当黑恶势力“保护伞”的职务犯罪案件，有力地打击了黑恶势力犯罪。

依法严厉打击破坏市场经济秩序的犯罪。重点打击金融、财税、证券期货等事关国家经济安全的严重经济犯罪；非法集资等事关群众切身利益、影响社会稳定的严重经济犯罪；生产、销售伪劣商品、走私、商业欺诈、侵犯知识产权等破坏市场经济秩序的严重犯罪。共依法批准逮捕涉嫌破坏市场经济秩序犯罪嫌疑24211人，提起公诉27728人。加强对知识产权和环境资源的司法保护，批准逮捕制假售假和侵犯商标权、著作权、商业秘密犯罪嫌疑人3729人，提起公诉3634人；批准逮捕造成重大环境污染事故、非法采矿等破坏环境资源犯罪嫌疑人7974人，提起公诉12240人。同时，继续深入开展查办破坏市场经济秩序渎职犯罪专项工作，立案侦查在市场监管中失职渎职、包庇放纵经济违法犯罪的国家机关工作人员295人。

二、深入查办和预防职务犯罪，推动反腐败斗争深入开展

坚决贯彻中央关于反腐败斗争的总体部署，依法履行查办职务犯罪职责，全年共立案侦查贪污贿赂、渎职侵权等职务犯罪案件33668件40041人，提起公诉29966人。

集中力量查办大案要案。强化上级检察院对办案工作的组织指挥，加强跨地域侦查的协作配合，提高发现和突破大案要案的能力。立案侦查职务犯罪大案18241件，其中贪污、受贿百万元以上的案件623件。会同公安机关开展追逃专项行动，抓获在逃职务犯罪嫌疑人1670人。

严肃查办侵害人民群众切身利益的案件。立案侦查贪污、挪用国家支农资金、征地补偿金和扶贫、救灾、救济等款物的农村基层组织人员3878人，私分、侵吞、挪用国有资产或出卖国企利益的国有企业人员10742人,利用职权非法拘禁、刑讯逼供等侵犯公民人身权利和民主权利的国家机关工作人员930人。对重大安全生产事故,同步介入有关主管(监管)部门的调查,注意发现和查办事故背后的职务犯罪,立案侦查玩忽职守、纵容违法违规生产,造成重大损失的国家机关工作人员629人。最高人民检察院直接介入了8起特大事故的调查,立案侦查涉嫌渎职等犯罪的国家机关工作人员50人。

积极参加治理商业贿赂专项工作。最高人民检察院认真贯彻中央关于治理商业贿赂的重大决策,及时制定检察机关的工作方案,在全国范围组织开展专题举报宣传,建立和完善与有关主管(监管)部门的案件协查机制和移送受理机制,对45件重大典型案件挂牌督办,并直接指挥查办了国家食品药品监督管理局有关人员在药品注册、审批中收受贿赂和严重渎职等重大案件。各级检察机关以工程建设、土地出让、产权交易、医药购销、政府采购、资源开发和经销等领域为重点,积极排查线索,深挖窝案串案,共立案侦查涉及国家工作人员的商业贿赂犯罪案件9582件,涉案金额15亿多元。一批涉案地域广、涉案人员多、涉案金额大的商业贿赂大案要案受到严肃查处,震慑了违法犯罪,遏制了商业贿赂蔓延的势头。

立足检察职能做好预防职务犯罪工作。结合办案,加强对典型案件发案原因、特点和职务犯罪易发多发行业、领域犯罪态势的分析,及时建议有关部门健全制度、堵塞漏洞,共提出检察建议13662件。开展以案说法,进行预防警示教育33000多次,228万多人接受了教育。在工程建设、政府采购等领域建立行贿犯罪档案,向社会提供查询。

三、强化对诉讼活动的法律监督,维护司法公正

全面履行对立案、侦查、审判和刑罚执行活动的法律监督职责,突出监督重点,加大监督力度,增强监督实效。

依法监督执法不严、打击不力的问题。对应当立案而不立案的,督促侦查机关立案16662件。对应当逮捕而未提请逮捕、应当起诉而未移送起诉的,决定追加逮捕14858人、追加起诉10703人。对违法减刑、假释、暂予监外执行的,提出纠正意见2846人次。最高人民检察院在部分地区组织开展了监外执行罪犯脱管漏管专项检查,监督纠正6074名监外执行罪犯的脱管漏管问题,对不再具备监外执行条件的207名罪犯督促有关部门予以收监执行。

督促行政执法机关及时向司法机关移送涉嫌犯罪案件,加大对刑事犯罪特别是经济犯罪的打击力度,最高人民检察院会同有关部门下发了《关于在行政执法中及时移送涉嫌犯罪案件的意见》,明确了检察机关对行政执法机关移送涉嫌犯罪案件进行监督的具体程序,拓宽了监督渠道,完善了监督手段。2006年,全国检察机关建议行政执法机关移送涉嫌犯罪案件857件,查办徇私舞弊不移交刑事案件的行政执法人员130人。

依法监督侵犯诉讼参与人合法权益的问题。对违法动用刑事手段插手民事经济纠纷等不应当立案而立案的,督促侦查机关撤案4569件。对不符合逮捕条件的,决定不批准逮捕96382人;对依法不应当追究刑事责任或证据不足的,决定不起诉7204人。对侦查活动中的违法情况提出纠正意见11368件次。巩固集中清理超期羁押的成果,监督纠正超期羁押233人次,检察环节继续保持无超期羁押。最高人民检察院会同公安部组织开展了逮捕工作专项检查,全国检察机关共抽查10万多件近年来办理的逮捕案件,针对存在的掌握逮捕条件过宽或过严、批捕后未及时执行等问题进行整改和纠正,促进了逮捕措施的依法正确适用。

依法进行审判监督。加强对有罪判无罪、无罪判有罪、量刑畸轻畸重案件的监督,对认为确有错误的刑事判决、裁定提出抗诉3161件;对刑事审判活动中的违法情况提出纠正意见2200件次。加强民事审判和行政诉讼监督,及时受理和审查当事人不服人民法院生效裁判的申诉,提出民事、行政抗诉12669件,提出再审检察建议5949件。对不服正确裁判的37524件申诉,认真做好当事人的息诉工作。

在依法进行诉讼监督的同时,严肃查办司法工作人员职务犯罪。注意在诉讼活动监督中发现执法、司法不公背后的职务犯罪线索,完善查办司法工作人员职务犯罪工作机制,立案侦查涉嫌滥用职权、徇私枉法、索贿受贿等犯罪的司法工作人员2987人。

四、加强控告申诉检察工作，积极化解矛盾纠纷

从促进社会和谐出发，把依法化解社会矛盾放到更加突出的位置，共依法处理群众来信来访477596件次。

进一步完善信访工作机制。畅通信访渠道，推行上下级检察院联合接访，探索带案下访、定期巡访，全年联合接访739人次，下访、巡访6435人次。坚持检察长接待日制度，完善首办责任制。严格执行责任追究制度，对存在执法过错的信访案件进行了责任倒查，追究责任63人。

认真解决群众涉检信访问题。实行“四定”、“两见面”制度，定领导、定专人、定方案、定时限，在立案和结案后分别当面听取申诉人意见，依法妥善处理涉检信访2942件。对信访案件中反映检察机关违法扣押、冻结款物的问题进行了集中纠正，返还当事人款物折合人民币3300多万元。对近年来检察机关已作赔偿决定尚未执行的549件案件组织了全面清理。

积极探索在执法办案中做好群众工作的有效方式。不少地方检察机关实行了不批捕、不起诉等工作环节的答疑说理制度，在增强法律文书说理性的同时，针对当事人的疑问和异议耐心释法说理，力求以法、以理服人，既依法对案件作出了处理，又解决了与案件相关的矛盾和问题。2006年，全国申诉检察部门把息诉作为办理刑事申诉案件的必经程序，认真落实“首办责任制”，坚持公开审查、“两见面”制度及其他有效措施，共使申诉人息诉罢访3030件，最大限度地减少影响社会和谐稳定的上访事件的发生，有效地维护了社会和谐稳定。

五、积极参加社会治安防控体系建设，认真做好其他社会治安综合治理工作

积极参加社会治安防控体系建设、涉法案件处理和社区矫正试点工作，注意发现治安防范工作的漏洞，及时发出检察建议，督促有关单位健全规章制度，完善治安防范机制。全年共发出检察建议书5702件。积极探索未成年人犯罪检察工作新经验，预防和减少未成年人犯罪，最高人民检察院侦查监督厅会同团中央权益部继续开展了创建优秀“青少年维权岗”活动，2006年高检院和团中央对基层检察机关的75家优秀“青少年维权岗”进行了表彰。

公 安 部

2006年公安机关参与社会治安综合治理工作情况

2006年,全国公安机关在党中央、国务院和各级党委、政府的领导下,以邓小平理论和"三个代表"重要思想为指导,牢固树立并落实科学发展观和执法为民思想,紧紧围绕构建社会主义和谐社会重大战略部署,全面贯彻落实党的十六届五中、六中全会精神,按照《中央政法委员会、中央社会治安综合治理委员会关于深入开展平安建设的意见》和《公安部关于公安机关积极参与平安建设的通知》(公通字[2006]56号)的要求,充分发挥社会治安综合治理主力军作用,狠抓平安建设各项措施的落实,为维护"两个前所未有"重要战略机遇期的国家安全和社会稳定,促进经济社会和谐发展作出了积极贡献。

一、大力开展"三基"工程建设,公安基层基础工作得到加强

各级公安机关积极争取党委、政府的重视和支持,扎扎实实地抓基层、打基础,组织广大民警苦练基本功。经过努力,"三基"工程建设取得明显成效,基层一线警力有所充实,基层基础设施建设和经费、装备保障条件有所改善,信息化建设和应用取得新进展,人口管理、阵地控制、治安防范等基础工作水平进一步提高,公安机关维护国家安全和社会稳定的能力进一步提升,公安队伍的整体形象进一步好转。

二、积极开展预防和处置群体性事件工作,有力地维护了社会和谐稳定

全国公安机关在各级党委、政府的领导下,扎实开展矛盾纠纷排查调处工作,及时缓解、化解了一批影响社会和谐稳定的苗头和事端。加强了以36个城市为重点的公安特警队建设,并与有关部门密切配合,依法妥善处置了一大批由人民内部矛盾引发的群体性事件,有力地维护了社会政治稳定。全国公安机关按照党中央和部党委的决策部署,充分发挥职能作用,有效处置了冒用宗教名义邪教及有害气功组织的违法犯罪活动。通过贯彻宽严相济的刑事司法政策,最大限度地教育争取了受蒙蔽的邪教人员,消除了一批影响社会政治稳定的不利因素。

三、深入组织开展严打整治行动,保持了社会治安大局的平稳

(一)持续开展了一系列严打专项斗争。公安机关继续坚持严打方针不动摇,深入开展打黑除恶、侦破命案、打击"两抢一盗"等严打专项斗争,始终保持对刑事犯罪活动的高压态势,有力地维护了社会治安稳定,增强了人民群众的安全感。2006年,全国公安机关共破获刑事案件221.2万起,比2005年上升5.5%。破获现行命案26342起、"两抢一盗"犯罪案件150.1万余起,同比分别上升3.2%和5.4%。

(二)严厉打击经济犯罪,积极参与整顿和规范市场经济秩序。按照国务院的部署,公安部会同有关部门组织开展了打击侵犯商标权犯罪"山鹰二号"行动、打击涉税犯罪"雷霆一号"和"利剑二号"行动、打击和整治假币犯罪、打击传销、打击地下钱庄、打击非法经营证券业务、打击商业贿赂等专项整治行动,深入开展了食品药品、农资、烟草领域打假工作。2006年,全国公安机关共破获破坏社会主义市场经济秩序犯罪案件6.5万起,挽回经济损失190.5亿元,有力地维护了国家经济安全和社会主义市场经济秩序。

(三)深入开展禁毒斗争。全国公安机关按照国家禁毒委员会的统一部署,以禁毒预防、禁吸戒毒、堵源截流、禁毒严打、禁毒严管五个战役为重点,精心组织开展了禁毒人民战争,有效遏制了毒品问题的发展蔓延。2006 年，全国共破获毒品犯罪案件 4.6 万多起，抓获毒品犯罪嫌疑人 5.6 万余名，缴获海洛因近 5.8 吨、鸦片近 1.7 吨、冰毒近 6 吨、摇头丸 45.4 万余粒、氯胺酮近 1.8 吨。

（四）坚决整治各类突出社会治安问题。全国公安机关积极会同有关部门，深入开展“扫黄打非”工作，部署开展了“反盗版百日行动”，行动期间，全国公安机关共收缴盗版音像制品、计算机软件等各类非法出版物 2831.6 万余件；破获各类侵权盗版案件 2300 余起，查处涉案人员 3095 名；2006 年，公安机关共收缴非法光盘生产线 14 条。不断健全禁赌工作长效机制，严厉打击六合彩赌博、境外赌场招揽我公民出境参赌、网络赌博、聚众赌博以及党员干部参赌涉赌等违法犯罪活动。2006 年，公安机关共查破赌博案件 38.1 万余起，查获涉案人员 125.6 万余人，收缴赌资 48 亿元。继续深化油气田及输油气管道生产治安秩序专项整治工作，部署辽吉黑、晋冀鲁、鲁豫、陕甘宁四大油区组织开展了“能源利剑”联合会战。2006 年，中石油所属油田和管道企业发生的打孔盗油、开井盗油次数比 2005 年分别下降了 20.6%、25.9%，中石化所属油田和管道企业发生的涉油案件下降了 21.4%。深入开展集中整治爆炸物品、枪支弹药、管制刀具专项行动，在宣传、收缴、整治、查处四条战线上强力攻坚，有力维护了社会治安的总体稳定，2006 年，全国爆炸、持枪犯罪案件比上年分别下降了 20.3%、12.4%，火炸药爆炸事故比上年下降了 8.3%。认真贯彻中央领导同志的重要批示精神，采取有力措施规范城市限养犬工作，组织开展调查清理私人调查机构和打击整治非法制造销售窃听窃照器材专项整治工作，会同有关部门部署开展强迫未成年人流浪乞讨整治工作，各类社会治安突出问题得到有效整治。

四、大力加强治安管理与防范工作，切实提高治安防范控制能力

（一）大力推进治安防控网络建设。全国公安机关大力推进派出所、巡警队勤务改革，在巡警队和有条件的城市派出所积极推行弹性工作制、错时工作制等灵活多样的勤务制度，提高动态环境下维护辖区治安的能力。同时坚持“警力跟着警情走”，强化对高发案时段、高发案地区和高发案部位的巡逻防控，提高街面见警率，有力地提高了社会面治安防范控制能力。深入贯彻实施社区和农村警务战略，广大社区和驻村民警大力开展群众工作，积极组织形式多样的治安巡逻、邻里守望、安全防范活动，构建专群结合、警民联防的社区、农村治安防控网络，有效预防和减少了辖区的可防性、多发性案件。2006 年，全国发生在居民区的入室盗窃、入室抢劫案件分别比 2005 年下降 3.8%、14.1%，盗窃机动车案件同比下降 7.8%。公安机关认真贯彻《企事业单位内部治安保卫条例》，内保工作“单位负责、政府监管”的新机制和“突出重点、保障安全”的新格局进一步建立。

（二）狠抓学校安全工作。全国公安机关密切会同有关部门推动各地深入贯彻落实公安机关维护校园及周边治安秩序“八条措施”，积极推广“德阳经验”，投入警力强化对校园周边地区的巡逻防范，整治了一大批治安乱点，切实提高了校园及周边地区的治安管理防范水平，有效净化了校园及周边治安环境，得到师生及家长的高度好评。2006 年，全国发生的涉校刑事案件比 2005 年下降 19.7%。各地公安机关还会同教育部门开展了运输学生车辆集中排查整治行动，涉及师生的交通事故起数和死亡、受伤人数分别比 2005 年下降 13.7%、12% 和 20%。群众对学校治安的满意率达到 95%，比 2005 年提高 2.9%。

（三）认真做好各项治安保卫工作。各级公安机关始终把各项安全保卫工作放在重要位置来抓，切实加强监督和指导各项治安防范保卫措施的落实。根据各级党委、政府的统一部署，各级公安机关采取有力措施认真做好各类文化体育活动的安全保卫工作，配合部队和军工单位完成国防科研大型试验和运输安全保卫任务 26 次。会同有关部门部署开展了金融安全大检查、铁路护路联防、电力和通讯设施安全保护工作，开展了加强保安押运公司内部管理和守押队伍教育整顿活动，各地共排查整顿各类隐患 3800 余起。2006 年，全国盗抢银行案件发生起数和死亡人数与上年相比分别下降 38%、67%。

五、加强和改革公安行政管理工作，更好地服务经济社会发展和城乡百姓

（一）加强消防管理工作。全国公安消防部队强力推进消防工作社会化，社会防控火灾能力明显增强；全力推进公安消防"三基"工程建设，部队正规化建设水平、消防监督执法水平和灭火救援战斗力进一步提高。在经济社会快速发展、各类致灾因素不断增加的情况下，2006年全国保持了火灾形势持续稳定的良好局面。一是坚持"人民生命至上、火灾隐患必除"，不间断地开展了"三合一"建筑、"城中村"、出租屋、人员密集场所、易燃易爆单位消防安全专项整治和打击假冒伪劣消防产品专项行动。先后组成35个督察组，在全国范围内对244个地（市）、542个区（县）的数千家单位进行预防重特大火灾事故专项督察，整改了一大批严重威胁消防安全的"老大难"火灾隐患，有效地预防和遏制了重特大火灾特别是群死群伤火灾。2006年，各级公安机关和消防部门共检查单位79.1万家单位，发现火灾隐患77.9万处，督促整改70.5万处，依法责令停产停业、停止使用1.8万家，取缔1.6万家。二是大力推进消防工作体制、机制和科技创新，在攻克制约消防工作发展的"瓶颈"性障碍上实现了新的突破。进一步提升消防工作社会化水平，"政府统一领导、部门依法监管、单位全面负责、群众积极参与"的消防工作格局初步形成。推进"科技强警"战略，完成了国家级重点科技攻关项目"地铁消防安全技术研究"和"大型公共建筑火灾防治关键技术"等一批重点课题研究，消防科技创新能力明显增强。推进城镇公共消防设施和消防装备达标工作，颁布了《城市消防站建设标准》、《消防特勤队（站）装备配备要求》和《消防员个人防护装备配备要求》，推动开展达标活动，城市抗御火灾能力显著增强。加强消防法制建设，完成了《消防法》修订草案，修订了建设工程消防监督审核等4部规章，制修订了消防产品监督管理等80部国家和行业标准、技术规范。2006年，全国火灾起数、死亡人数、受伤人数和直接财产损失分别比2005年下降5.6%、39.3%、43.5%和42.6%。

（二）加强道路交通管理。一是全面贯彻落实"五整顿""三加强"工作措施，进一步明确部门职责，强化协作配合，落实创建措施，不断推动"平安畅通县区"活动向纵深发展。二是加强对交通事故规律和特点的研究。确定预防重特大交通事故重点省（区），建立特大交通事故案例剖析制度，推动建立健全事故预防工作长效机制建设。三是集中整治交通安全隐患，开展了道路交通事故预防"百日竞赛"活动、公路危险路段排查专项行动、公路客运车辆集中排查专项行动、全国预防重特大道路交通事故专项行动、高速公路交通秩序整治统一行动等8次全国性专项行动。四是会同有关部门联合部署了"保护生命、平安出行"全国交通安全宣传工程，集中开展了节假日交通安全提示活动，强化对公众的交通安全宣传教育，取得了良好效果。五是全面启动交警队信息平台应用工作，继续推进交通违法业务系统推广应用，不断加大酒精测试仪、雷达测速仪等执法装备的投入，切实提高了道路交通科技化管理水平。六是下发了《临时入境机动车和驾驶人管理规定》和《机动车驾驶证申领和使用规定》，进一步严格对驾驶人的管理工作，努力消除交通安全隐患。2006年，全国道路交通事故起数、死亡人数、受伤人数和直接财产损失与上年同比分别下降了15.9%、9.4%、8.3%和20.9%，特大交通事故明显减少。

（三）加强边防和出入境管理工作。针对跨境犯罪和偷渡、贩毒等突出治安问题，全国公安机关开展了清理"三非"外国人专项整治行动，针对重点地区和突出问题，分别对重点地区的中小旅店、出租房屋、涉外聚居区、交通枢纽地区和娱乐场所进行了全面清查，进一步加强了出境检查和边境管理，有效防范和查处外国人非法入出境活动。部署北京、内蒙古等9地公安机关集中开展了打击组织我公民偷渡活动专项行动，破获了一批偷渡案件，抓获了一批偷渡犯罪嫌疑人，初步建立健全了"打、防、控"为一体的打击非法移民活动长效机制。以群防、维稳、爱民、执法为重点，部署开展了爱民固边活动，及时化解了一批社会矛盾，群防群治工作得到明显加强，有力维护了边海防地区的社会稳定。内蒙古、新疆、甘肃等省（区）公安边防部门在当地党委、政府的统一领导下，进一步加强了草原110基础设施建设，通过草原110报警破获案件139起，抓获违法人员111名；服务群众1.4万次，抢救病重边民18人次；扑救火灾21起，找回牧民失散牲畜4204头（匹、只),为群众挽回直接经济损失2267.7万元,为构建和谐稳定的边境地区发挥了重要作用。

(四)进一步加强流动人口管理与服务工作。各级公安机关深入贯彻落实《国务院关于解决农民工问题的若干意见》和《中共中央国务院关于促进中部地区崛起的若干意见》、《国务院办公厅关于落实中共中央国务院关于促进中部地区崛起若干意见有关政策措施的通知》,依法保障流动人口合法权益,加强流动人口管理与服务工作。积极构建以社区为依托的流动人口服务和管理平台,将治安管理方面的公共服务落实到包括流动人口在内的每一个社区成员。会同有关部门部署开展了劳动力市场秩序清理整顿专项行动和农民工工资支付情况专项检查活动,各地共检查职业介绍机构和用人单位7.4万余家,查处职业介绍违法案件1.7万余起,责令退赔求职费用573万余元,取缔非法中介6000余家。开展出租房屋清理整顿工作并修改完善了《租赁房屋治安管理规定》,组织流动人口参与"维护社会治安志愿者筑城行动",积极推动浙江诸暨"外警协管外口"工作模式的试行推广。积极改革暂住证制度,上海、重庆、辽宁沈阳、四川成都等地探索实行居住证制度,保证领取居住证的流动人口与当地居民在纳税等方面履行同等义务的同时,在求职务工、司法援助、社会保险、住房贷款、购车挂牌、汽车驾照、子女接受义务教育等方面享有市民待遇。

公安部关于贯彻落实《国务院关于解决农民工问题的若干意见》有关问题的通知

(2006年5月9日)

各省、自治区、直辖市公安厅、局,新疆生产建设兵团公安局:

2006年1月,国务院下发了《国务院关于解决农民工问题的若干意见》(国发[2006]5号,以下简称《意见》)。《意见》以邓小平理论和"三个代表"重要思想为指导,全面落实科学发展观和构建社会主义和谐社会的要求,深刻阐述了解决好农民工问题的重大意义,提出了做好农民工工作的指导思想、基本原则和工作要求,是当前和今后一个时期做好农民工工作的重要指导性文件。为推动《意见》的贯彻落实工作,国务院批准建立了农民工工作联席会议制度,制定了联席会议成员单位工作分工方案。为做好公安机关贯彻落实《意见》的相关工作,根据公安机关承担的职责任务和工作分工,现就有关要求通知如下:

一、认真学习领会《意见》精神,切实增强做好有关农民工工作的责任感和紧迫感

农民工是我国改革开放和工业化、城镇化进程中涌现的一支新型劳动大军,是推动我国经济社会发展的重要力量。做好农民工工作,切实保障农民工合法权益,改善农民工就业环境,引导农村富余劳动力合理有序转移,对于改革发展稳定的全局和顺利推进工业化、城镇化、现代化都具有重大意义。《意见》的颁布实施,充分体现了党中央、国务院对农民工工作的高度重视,为公安机关充分发挥职能作用,做好农民工工作指明了方向,明确了任务,提供了有力的政策保障。各地公安机关要认真学习、深刻领会《意见》的精神实质,站在建设中国特色社会主义事业全局和战略的高度,充分认识做好农民工工作的重大意义,切实增强工作的责任感和紧迫感。要从落实科学发展观、推进社会主义新农村建设和构建社会主义和谐社会出发,紧密结合公安工作的实际,认真分析研究本地区当前农民工工作中存在的突出问题,会同有关部门,采取有力措施切实解决,并逐步建立和完善解决农民工问题的长效工作机制。

二、认真履行职责,严厉打击各种侵害农民工合法权益的违法犯罪活动

尊重和维护农民工合法权益,是坚持以人为本、促进社会公平和正义的具体体现,也是现代社会文明进步的重要标志。近年来,在党中央、国务院的高度重视和各地、各部门的共同努力下,农民工权益保障工作取得了长足进展,但是,侵害农民工合法权益的问题在一些地区和部分行业仍然比较突出。各地公安机关要按照《意见》的要求,进一步加大工作力度,积极会同有关部门严厉查处各类侵害农民工合法权益的违法犯罪活动。要配合劳动保障、建设、工商行政管理等部门,继续开展对拖欠农民工工资问题的专项检查和集中打击,依法严厉追究恶意欠薪相关责任人的法律责任。要配合当地劳动保障部门加强对用人单位执行国家有关规定、保护女工及未成年工特殊权益情况的监督,适时开展贯彻落实《禁止使用童工规定》和未成年工特殊劳动保护制度的专项检查活动,严厉查处介绍和使用童工的违法行为。要配合劳动保障、人事、工商行政管理部门持续开展清理整顿非法职业介绍专项行动,形成常规性工作制度,及时查处以职业介绍或招工为名坑害农民工的违法犯罪活动。要切实保障农民工依法享有的平等民主政治权利,严肃查处采取打骂、侮辱等各种形式侵犯农民工人身自由和人格尊严的违法犯罪活动。

三、紧密结合本地实际,积极稳妥地推进户籍管理制度改革

进一步改革户籍管理制度,逐步调整城市户口迁移政策,积极解决包括广大农民工在内的广大群众在城市的落户需求,是适应经济社会发展和民主法制建设要求,维护农民工合法权益,促进社会主义和谐社会建设的一项重要举措。各地公安机关要根据本地经济社会发展水平和综合承受能力,积极稳妥地推进户籍管理制度改革,允许符合条件的进城就业农民本人及直系亲属,在其经常居住地落户。要按照《意见》的要求,对于农民工中的劳动模范、先进工作者和高级技工、技师以及其他有突出贡献者,优先予以落户。要以贯彻落实《意见》为契机,密切配合有关部门,对进一步改革户籍管理制度的相关政策问题深入进行调查研究,认真妥善解决改革进程中遇到的问题和困难,确保户籍管理制度改革稳步推进,取得实效。

四、加大工作力度,切实做好对农民工的服务工作

各地公安机关要按照《意见》的要求,结合本地实际,不断提高对农民工的服务工作水平。要会同当地共青团、劳动保障等部门,深入开展“千校百万”外来务工青年培训活动,适时开展优秀进城务工青年和开展进城务工青年培训工作评选表彰活动。要积极配合当地有关部门积极帮助解决农民工在城市居住生活、子女教育等方面遇到的困难和问题。要结合“平安社区”创建活动,指导社区强化对以农民工为主体的流动人口综合管理服务职能,鼓励社区开展丰富多彩的公益活动,促进流动人口参与社区管理和服务,形成有利于流动人口融入社区的良好氛围。要认真落实公安部、共青团中央和中央社会治安综合治理办公室2005年印发的《关于组织流动人口参与“维护社会治安志愿者筑城行动”的通知》(公通字[2005]56号)精神,深入开展以农民工为主体的流动人口维护社会治安自愿者筑城行动,发挥流动人口参与流入地治安管理的积极性,增强其自我管理、自我服务的自觉性。要会同当地统计、农业、劳动保障等部门加强和改进农民工统计管理工作,配合做好农民工情况抽样调查和全国第二次农业普查工作。

各地贯彻落实《意见》的情况,请及时报部。

公安部　国家发展改革委
财政部　劳动保障部　交通部
关于印发《关于加强多种形式消防队伍建设发展的意见》的通知

(2006年9月8日)

各省、自治区、直辖市公安厅、局,发展改革委,财政厅、局,劳动保障厅、局,交通厅、局,新疆生产建设兵团公安局、发展改革委、财务局、劳动保障局、交通局:

现将《关于加强多种形式消防队伍建设发展的意见》印发你们,请结合实际,认真贯彻落实。

关于加强多种形式消防队伍建设发展的意见

(2006年9月8日)

近年来,我国多种形式消防队伍建设得到了长足发展,为保障经济建设和社会稳定作出了积极贡献。但是,随着工业化、城镇化进程加快,人民群众日益增长的消防安全需求与消防力量严重不足的矛盾日益凸显。特别是全国还有690多个县城尚未建立公安消防队,全国3.7万多个乡镇95%以上没有建立政府专职消防队,而60%以上的火灾发生在农村地区和城乡结合部,很多小火因扑救不及时酿成大灾,人民群众生命财产安全得不到有效保障。为全面贯彻党的十六届五中全会关于落实科学发展观、建设社会主义新农村、推进社会主义和谐社会建设的战略部署,提高全社会防控火灾能力和公共消防安全水平,现就加强多种形式消防队伍建设发展提出以下意见:

一、指导思想

(一)建设发展多种形式消防队伍的指导思想。以邓小平理论和“三个代表”重要思想为指导,深入贯彻落实《国务院关于进一步加强消防工作的意见》,坚持以人为本,全面落实科学发展观,努力构建以公安消防队为主体,政府专职消防队、企业事业单位专职消防队、群众义务消防队和志愿消防队、保安消防队等多种形式消防队伍为基础,能全面覆盖城乡,有效控制各类火灾的中国特色的消防力量体系。贯彻“统筹规划、合理布局、因地制宜、配套建设”的方针,明确工作目标,落实保障措施,建立长效机制,全面协调发展。

二、工作目标

(二)填补县城及以上城市消防力量空白。地方各级人民政府要根据经济社会发展需要,大力发展以公安消防队为主体的多种形式消防队伍。到2009年,未设立公安消防队的城市人民政府应当按照国家规定的消防站建设标准,建成公安消防队、专职消防队。

(三)建设乡镇专(兼)职消防队伍。乡镇人民政府可以根据当地经济社会发展和消防工作需要,建立政府专(兼)职消防队。到2008年,人口超过10万、年GDP超过5亿元的建制镇,以及东部地区的全国重点镇,建成政府专职消防队;到2009年,人口5万至10万、年GDP1亿元至5亿元的建制镇,以及中西部和东北地区的全国重点镇,建成政府专职消防队;到2010年,其他建制镇、集镇和乡镇工业区、开发区根据实际需要,建成政府专(兼)职消防队。

(四)发展企业事业单位专职消防队和群众义务、志愿、保安消防力量。依法应当建立专职消防队的企业事业单位,在2009年前建成单位专职消防队;地方人民政府要将多种形式消防队伍建设纳入社会治安防控体系、防灾减灾和突发公共事件应急机制综合建设,到2010年,每个城镇社区、农村村庄建立一支群众义务消防队或者治安、消防合一的治安联防消防队。倡导建立民间志愿消防队,积极发展消防保安力量。

(五)加强城乡公共消防设施建设。地方各级人民政府应当将消防规划纳入城镇总体规划,编制年度实施计划,负责组织实施。要加快城乡消防站、消防水源、消防装备、消防车通道等公共消防设施建设。农村公共消防设施要纳入社会主义新农村建设,根据需要,应与村庄整治和人居环境改造等配套建设、同步实施。

三、基本原则

(六)政府负责,齐抓共管。建设多种形式消防队伍是《消防法》赋予地方各级人民政府的职责,是政府履行公共服务职能的重要内容。地方各级人民政府要按照《消防法》和《国务院关于进一步加强消防工作的意见》,将多种形式消防队伍建设纳入"十一五"国民经济和社会发展总体规划,列入政府任期目标,认真组织实施;公安、发展改革、财政、劳动保障、交通等部门要按照各自职能,制定引导和扶持多种形式消防队伍发展的政策,加强协调配合,落实工作措施,推进健康发展。

(七)统筹规划,分步实施。地方各级人民政府要按照多种形式消防队伍建设发展工作目标,根据本地区情况制定建设发展计划,配套建设。经济发展较快的东部地区要率先完成建设任务;中西部和东北欠发达地区,要采取典型引路、重点突破、分步实施等措施,按期完成建设任务。

(八)因地制宜,注重实效。多种形式消防队伍建设发展要坚持一切从实际出发的原则,注重实效,杜绝脱离实际、形式主义和"一刀切"。政府专职消防队可以单独建设,也可以采取政府、企业联建等方式建设,营房设施和装备配备参照国家《城市消防站建设标准》执行;经济欠发达地区的专职消防队,要达到有人员、有营房、有车辆、有执勤的基本要求。

(九)规范管理,一队多能。地方人民政府要加强多种形式消防队伍的领导和管理,建立健全政府专职消防队员招聘录用、执勤训练、考评奖惩等制度。政府专职消防队和企业事业单位专职消防队要参照公安消防队管理要求,实行统一管理、称谓、标识、服装,积极参与火灾扑救、开展消防知识宣传和消防安全检查,接受公安消防部门的业务指导和统一指挥。

四、保障措施

(十)落实经费保障。地方各级人民政府要将消防工作所需经费列入财政预算予以保障。省级人民政府可根据情况加大对困难地区的经费扶持力度。企业事业单位要保证本单位专职消防队所需经费。

(十一)落实人员保障。地方人民政府要根据消防工作需要,编配政府专职消防队的消防人员,切实保障他们的合法权益。要按照国家有关规定落实政府专职消防队员的工资、社会保险和福利;落实义务、志愿消防队员的经济补助。多种形式消防队伍的消防人员因执行灭火救援任务受伤、致残或者死亡的,要按照国家有关规定解决医疗、工伤待遇和申报烈士等问题。

(十二)落实执勤保障。多种形式消防队伍要配置与其任务相适应的装备和个人安全防护器材;消防车(艇)纳入特种车(艇)管理范围,按特种车辆(艇)上牌,可以安装、使用警报器和标志灯具。参加责任区以外的火灾扑救,所损耗的燃料、灭火剂和器材装备等,起火单位应当补偿,无能力补偿的,由火灾发生地政府给予适当补偿。

(十三)促进健康发展。各地区、各部门要制定和落实多种形式消防队伍建设税费优惠政策。按照《收费公路管理条例》的规定，经省级人民政府核定并批准执行灭火救援任务的消防车往返途中免缴车辆通行费。鼓励社会单位和公民捐赠支持多种形式消防队伍建设。

（十四）落实考核验收。各级人民政府要严格按照多种形式消防队伍建设发展工作目标，加强督促检查，定期组织考核验收。要将多种形式消防队伍建设作为政府领导干部政绩考核的重要内容，纳入社会治安综合治理、创建文明城市（乡镇、社区）、平安县（市、区、旗）考评。对作出突出成绩的，给予表彰和奖励；对未按期完成任务的，予以通报批评；对未落实建设、管理要求，致使火灾发生后得不到有效扑救，造成重特大火灾事故的，依法追究行政责任、刑事责任。

公安部关于印发《公安部关于加强中部地区流动人口管理与服务网络建设促进中部地区崛起的意见》的通知

（2006 年 9 月 19 日）

山西、安徽、江西、河南、湖北、湖南省公安厅：

为贯彻落实《中共中央国务院关于促进中部地区崛起的若干意见》（中发［2006］10 号）和《国务院办公厅关于落实中共中央国务院关于促进中部地区崛起若干意见有关政策措施的通知》（国办函［2006］38 号）精神，加强中部地区流动人口管理与服务网络建设，服务和促进中部地区崛起战略的实施，公安部制定了《公安部关于加强中部地区流动人口管理与服务网络建设促进中部地区崛起的意见》，现印发给你们。请结合本地实际，认真抓好贯彻落实。工作情况，请及时报部。

公安部关于加强中部地区流动人口管理与服务网络建设促进中部地区崛起的意见

根据《中共中央国务院关于促进中部地区崛起的若干意见》（中发［2006］10 号，以下简称《意见》）和《国务院办公厅关于落实中共中央国务院关于促进中部地区崛起若干意见有关政策措施的通知》（国办函［2006］38 号，以下简称《通知》）精神，为加强中部地区（山西、安徽、江西、河南、湖北、湖南六省）流动人口管理与服务网络建设，服务和促进中部地区崛起战略的实施，结合中部地区六省人口流动状况和公安工作实际，提出如下意见。

一、提高认识，切实把流动人口管理服务工作摆到更加突出的位置来抓

人口在城乡区域间大量流动是建立完善社会主义市场经济和工业化、城镇化的必然趋势，也是社会主义市场经济条件下劳动力资源重新配置的必然要求。中部地区六省人口较多，是人口流出的主要省份。加强中部地区的流动人口管理与服务网络建设，提升区域流动人口管理服务水平，引导流动人口合理有序转移，对于加快实现中央提出的中部地区崛起的奋斗目标，带动和促进全国流动人口管理服务工作，推动我国工业化、城镇化、现代化整体进程具有十分重要的意义。六省公安机关要认真学习、深刻领会《意见》和《通知》精神，站在落实科学发展观、构建社会主义和谐社会和推进社会主义新农村建设的高度，充分认识做好流动人口管理服务工作的重要意义，把此项工作作为维护社会稳定、服务经济社会发展的重要任务来抓。要进一步加强组织领导和研究部署，加强同有关地区、有关部门的协作配合，积极构建以属地化管理为主的流动人口管理服务网络，不断提高流动人口管理服务的能力和水平。

二、认真履行职责，狠抓流动人口治安管理

六省公安机关要按照公安部关于加强基层基础建设的总要求，以实施社区和农村警务战略为载体，切实强化基层民警暂住户口登记和暂住证件的办理、查验工作，及时掌握暂住人员的底数和动态情况，加强对流动人口中可能危害社会治安的高危人群的管理和控制。以贯彻实施《治安管理处罚法》为契机，加大出租房屋治安管理力度。根据辖区出租房屋分布情况和治安状况，推行出租房屋委托式、旅馆式、小区式等管理模式，不断提高管理效能。坚持“谁出租、谁负责”的原则，严格落实出租房主治安管理责任，完善出租房屋备案和与出租房主签订治安责任保证书制度，督促出租房主配合做好相关管理工作。加强对中小旅店、建筑工地、集贸市场、文化娱乐场所及城乡结合部等流动人口聚集的场所和部位的治安检查，消除治安隐患，及时发现和打击各类违法犯罪活动。本着“什么治安问题突出就重点整治什么问题，哪里治安问题严重就重点整治哪里”的原则，定期组织开展清理整顿，扭转一些地区治安状况混乱的局面。要紧密结合实际，探索建立流入地、流出地警务协作机制。流动人口来源地相对集中、外来人口违法犯罪人员地域化特征明显的地区，可以积极会同人口流出地公安机关开展“外警协管外口”试点工作(具体办法另行制定)，加强对流动人口的动态跟踪管理。建立健全人口流入地和流出地公安机关信息通报制度，做到对列管的重点人口、掌握的重点高危人群流动信息随时通报。

三、坚持综合治理，推进流动人口社会化管理

按照综合治理的要求，加强与流动人口管理相关部门的协作配合，共同做好流动人口培训就业、计划生育、子女教育、社会保障、治安管理等各项工作，逐步建立和完善部门间的长效协作机制。以开展“平安社区”、“平安村居”、“平安单位”创建活动为依托，紧紧依靠乡镇、街道等基层政权组织，充分发挥城乡治保会、调委会、治安联防队等群防群治组织的作用，协助做好流动人口治安管理工作。积极争取地方党委、政府支持，依托社区完善流动人口和出租房屋管理机构，加强暂住人口协管员队伍建设。进一步加强与基层党、团组织和工会、妇联等群众团体的沟通联系，调动和发挥这些组织、团体在服务流动人口和维护流动人口合法权益方面的积极作用。鼓励、支持流动人口在流动人口聚居区和用工单位建立各种服务协会，提高流动人口自我教育、自我管理、自我服务的能力。深入开展流动人口维护社会治安志愿者筑城行动，积极调动流动人口参与流入地治安管理防范工作的积极性。

四、适应新形势，加快流动人口管理信息化建设步伐

适应流动人口管理面临的新形势，不断提高管理基础工作的科技含量，提升管理工作的信息化水平。在健全暂住人口和出租房屋信息登记制度的同时，加快派出所综合信息系统建设，进一步提高暂住人口出租房屋等人员、场所信息采集、管理、共享和使用的效率。已完成暂住人口、出租房屋信息管理系统建设的省、市，要做好与旅馆业、在逃人员等相关公安业务信息系统的接口兼容，尽快实现信息远程查询和自动比对，发挥公安信息系统建设的整体效益，提高服务现实斗争的水平。紧密结合实际，从促进流动人口管理与服务工作的整体需要出发，积极与有关部门协商，逐步实现流动人口相关信息的共享。条件允许的地方，可以按照“统一规划，统一标准，联合共建，数据共享”的原则，在省、市两级逐步建立包括信息采集、整理传递、分析预测、定期发布在内的流动人口综合动态信息管理系统建设，实现跨部门、跨系统的资源共享，切实提高管理效能。

公安部关于做好留守儿童有关工作的通知

（2006年8月28日）

各省、自治区、直辖市公安厅、局，新疆生产建设兵团公安局：

国务院领导同志对解决农村留守儿童问题高度重视，近期多次作出重要批示，要求加强对农村留守儿童的保护和维权工作，为他们创造一个健康成长的环境。为认真贯彻落实国务院领导同志的重要批示精神，现就公安机关做好留守儿童工作有关要求通知如下：

一、充分认识做好留守儿童工作的重要意义

近年来，随着我国经济社会的快速发展，流动人口特别是进城务工就业农民的规模不断扩大，农村留守儿童的数量也随之大量增加，留守儿童在生活环境、身心健康、道德养成、人身安全等方面的问题逐渐显现，已经成为社会广泛关注的焦点和热点。留守儿童的生存状况和他们的发展趋势，是关系国家和民族未来的大事，保障留守儿童健康、茁壮成长是全社会的重大历史责任。各级公安机关要站在实践"三个代表"重要思想、落实科学发展观的高度，从构建社会主义和谐社会、推进社会主义新农村建设的大局出发，深入认识做好留守儿童工作的重要意义，把这项工作摆上重要议事日程，切实加强组织领导，加大工作力度，努力为留守儿童的健康成长创造良好的环境，提供有力的保障。

二、密切会同有关部门做好留守儿童的有关工作

各级公安机关特别是公安派出所要结合开展户口调查和日常管理工作，注意了解掌握辖区内留守儿童的底数和有关情况，并及时通报有关部门。要积极配合教育等部门做好留守儿童入学工作，为他们接受并完成规定年限义务教育创造条件。要积极会同司法、教育等部门做好有违法和轻微犯罪行为的留守儿童的帮助、教育和转化工作，帮助其树立正确的世界观、人生观和价值观，促使其改过自新。要积极配合教育、妇联等部门，加大《义务教育法》和《未成年人保护法》等法律、法规的宣传力度，在全社会形成关爱留守儿童的良好社会氛围。

三、严密防范、严厉打击侵害留守儿童人身安全的违法犯罪活动

各级公安机关要针对留守儿童监护权的缺失导致合法权益特别是人身安全易于受到侵害的实际状况，加大对留守儿童安全保护的力度，严密防范、严厉打击侵害留守儿童合法权益的违法犯罪活动，切实保障他们的人身安全。要结合开展"平安校园"建设和落实"八条措施"工作，将配合有关部门开展留守儿童相关工作纳入社区和驻村民警的工作职责，深入开展对留守儿童的法制、安全宣传教育，增强其自觉守法意识，提高其自我防范能力。要依法严厉打击残害、虐待留守儿童以及利用、教唆、胁迫、引诱留守儿童进行违法犯罪的行为，通过发动群众举报、日常治安管理、查破案件等方式，深挖幕后的组织者和操纵者，拐卖儿童犯罪活动突出的地区要建立和完善被拐卖留守儿童信息档案，及时发现和打击拐卖留守儿童犯罪活动。要积极协调检察院、法院，对侵害留守儿童合法权益的违法犯罪活动快审快结，依法从重从严惩治犯罪分子。

四、积极稳妥地推进户籍管理制度改革

进一步改革户籍管理制度，逐步调整城市户口迁移政策，积极解决包括农民工在内的广大群众在城市的落户需求，是适应经济社会发展和民主法制建设要求，维护农民工及其子女合法权益，促进社会主义和谐社会建设的一项重要举措。各级公安机关要根据本地经济社会发展水平和综合承受能力，积极稳妥地推进户籍管理制度改革，逐步实行以具有合法固定住所为基本条件的户口迁移准入制度，允许符合条件的进城就业农民本人及直系亲属在其经常居住地落户，为保障其子女在入学等方面与当地原有居民享有同等权利创造条件。

各地开展有关留守儿童工作的情况，请及时报部。

公安部关于传发《公安机关开展强迫诱骗未成年人流浪乞讨和强迫拐骗聋哑青少年违法犯罪专项整治工作方案》的通知

（2006年12月20日）

各省、自治区、直辖市公安厅、局，新疆生产建设兵团公安局：

按照中央综治委预防青少年违法犯罪工作领导小组等6部门《关于开展为了明天—全国强迫诱骗未成年人流浪乞讨和强迫拐骗聋哑青少年违法犯罪整治工作的通知》的统一部署，根据公安机关承担的职责任务，公安部决定自2006年12月下旬至2007年8月，在全国开展打击强迫诱骗未成年人流浪乞讨和强迫拐骗聋哑青少年违法犯罪专项整治工作。现将《公安机关开展强迫诱骗未成年人流浪乞讨和强迫拐骗聋哑青少年违法犯罪专项整治工作方案》传发给你们，请结合本地实际，认真贯彻落实。

各地工作进展情况请分别于2007年1月31日、6月30日、9月15日前报公安部治安管理局，重要情况请及时上报。

公安机关开展强迫诱骗未成年人流浪乞讨和强迫拐骗聋哑青少年违法犯罪专项整治工作方案

按照中央综治委预防青少年违法犯罪工作领导小组等6部门《关于开展为了明天—全国强迫诱骗未成年人流浪乞讨和强迫拐骗聋哑青少年违法犯罪整治工作的通知》（以下简称《通知》）的统一部署，根据公安机关承担的职责任务，公安部决定自2006年12月下旬至2007年8月，在全国开展打击强迫诱骗未成年人流浪乞讨和强迫拐骗聋哑青少年违法犯罪专项整治工作。

一、指导思想和工作目标

以“三个代表”重要思想为指导，以保护未成年人合法权益，打击侵害未成年人违法犯罪，维护社会治安稳定、促进社会和谐为目标，按照中央综治办、最高人民法院、最高人民检察院、民政部、公安部等19部门《关于加强流浪未成年人工作的意见》（民发[2006]11号）和中央综治委预防青少年违法犯罪工作领导小组等6部门《通知》等文件精神，在各级党委、政府的领导下，与民政、共青团等部门密切配合，结合本地实际情况，充分发挥职能作用，认真组织开展本地区的专项整治工作。

二、工作重点

严厉打击强迫、诱骗未成年人流浪乞讨和强迫、拐骗聋哑青少年违法犯罪的犯罪团伙，严惩在强迫、诱骗未成年人流浪乞讨或违法犯罪过程中致伤、致残、致死未成年人的犯罪分子。积极配合民政等部门做好被解救未成年人和聋哑青少年的救助和遣返工作。

三、时间安排

（一）准备部署阶段（2006 年 12 月下旬至 2007 年 1 月）。

各省级公安机关以及省会市、计划单列市和安徽省阜阳市等重点城市公安机关要对本地区未成年人流浪乞讨和聋哑青少年违法犯罪情况进行一次专题调研，摸清流浪儿童的底数、来源流向、活动情况、生存状态，以及操控团伙的人员构成、组织结构、违法犯罪事实等。在此基础上，确定一批重点侦办案件、重点打击对象和重点整治区域。流出地公安机关要从源头上摸清本地未成年人外流去向，搞清团伙情况，及时通报流入地公安机关。各地请于 2007 年 1 月 31 日之前，将确定的重点打击对象、重点整治区域、挂牌督办案件情况报公安部治安管理局。

（二）集中整治阶段（2007 年 2 月至 6 月）。对前期确定的重点整治区域、重点打击对象和挂牌督办大案要案开展集中打击整治，严厉打击胁迫、诱骗、拐卖、残害未成年人特别是聋哑青少年违法犯罪和流浪行乞的不法活动。要综合运用多种侦查措施，集中破获一批强迫、拐骗、操纵未成年人流浪乞讨和聋哑青少年违法犯罪案件，依法严惩一批犯罪分子，解救一批被操控的未成年人，摧毁一批幕后犯罪团伙。

（三）总结验收阶段（2007 年 7 月至 8 月）。各地对本地区开展专项整治工作情况进行自查验收。认真总结专项整治工作中的经验成果，建立打击组织、操纵未成年人流浪乞讨和违法犯罪等违法犯罪行为，解救、遣返被控制未成年人的协作机制。

四、工作要求

（一）加强领导，认真组织部署。各地公安机关要把此次专项整治工作作为公安机关落实执法为民思想、促进社会稳定和谐的一项重要任务，纳入重要议事日程，切实加强组织领导。要成立由主要负责人为组长，治安、刑侦等部门一把手为成员的专项整治工作领导小组，指定专人负责联络协调工作，结合实际，制定工作方案，并精心组织实施，确保取得实效。

（二）突出重点，强化工作措施。公安部将对整治工作中发现的涉及多个省市区的大案要案进行挂牌督办。各地对确定的重点城市、重点区域和重点案件，要集中优势警力，落实破案责任，本着抓源头、打幕后、挖团伙的原则，力争尽快破案。要通过实施社区和农村警务战略，运用多种手段，加强流动人口登记管理工作，注意在日常工作中发现流浪行乞未成年人、聋哑违法犯罪青少年及其幕后操纵控制人员的活动轨迹和案件线索，并有针对性地开展打击整治工作。

（三）密切配合，形成整治合力。一是要加强公安机关内部的协作配合。治安、刑侦等职能部门要树立一盘棋的思想，互相配合，精心筹划，形成打击合力。流出地公安机关和流入地公安机关要加强信息交流和案件协作工作，加强串并案侦查，打击流窜作案、系列作案犯罪团伙。二是要密切与有关部门的联系沟通。各地公安机关要加强与民政部门的配合，注意从救助的流浪乞讨人员中掌握胁迫、操纵未成年人流浪乞讨和违法犯罪活动的线索，及时予以打击。同时，要加强与综治、民政、共青团等关部门的沟通协作，共同做好流浪未成年人和聋哑青少年的解救、遣返、救助和教育、救治等工作。

司 法 部

2006 年全国司法行政机关参与社会治安综合治理工作情况

2006 年,在党中央、国务院的正确领导下,全国各级司法行政机关按照中央综治委的工作部署,围绕构建社会主义和谐社会的目标要求,认真履行职能,积极参加平安建设和社会治安综合治理,在维护社会和谐稳定中发挥了重要作用。

一、以确保监狱劳教场所安全稳定为重点,大力坚强监狱劳教工作,切实维护社会稳定

司法部和各省(区、市)司法厅(局)坚持把安全稳定放在监狱劳教工作首位,狠抓安全稳定防控、排查、应急处置、领导责任等四项机制的建立和落实,着力解决影响安全稳定的突出问题。监狱系统在押犯构成复杂、改造难度增大的情况下确保了监狱持续安全稳定。全国监狱狱内发案、罪犯脱逃和工伤伤亡事故等均比上年同期大幅度下降,没有发生重大公共卫生事故;全国劳教场所共收容劳教人员 122243 人,逃跑人数、非正常死亡人数和生产事故同比均大幅度下降,有 24 个省(区、市)和新疆生产建设兵团实现"四无",所内发案率为零,均创历史最好水平。积极参与"打黑除恶"专项斗争,对部分涉黑涉恶罪犯实施了异地关押。全国监狱、劳教系统分别完成了对 120 万名罪犯和 20 万名劳教人员的艾滋病病情检测工作,劳教系统逐步将艾滋病筛查纳入常规体检。为了解决部分地区押犯爆满的突出问题,组织和协调跨省调犯 16000 名。针对新疆地区危安犯的特殊情况,与武警总部、新疆维吾尔自治区联合组织了"防暴狱、防劫狱、防脱逃"演练活动。劳教系统大力推进封闭式、半封闭式、开放式三种管理模式,及时总结经验,扩大实施范围。全国 93% 的劳教所实现了不同管理模式在建制、区域、处遇、警力配备上的区别。

各监狱、劳教所努力提高罪犯和劳教人员教育改造质量,罪犯、劳教人员改造质量评估试点进一步深化,心理咨询与矫治工作进一步开展。劳教戒毒和对"法轮功"罪犯、劳教人员的教育转化工作取得显著成效。针对沉淀的"法轮功"罪犯难以转化的特殊情况,全国监狱系统组织跨省帮教和采取"一人一策"的措施,提高了转化率;劳教系统在 4—8 月开展了代号为"春雨"的攻坚行动,集中转化了 1082 名"法轮功"顽固人员。积极参与禁毒人民战争,继续完善相对封闭、分期管理、综合矫治、后续照管的劳教戒毒基本模式,建立对吸毒人员的动态管控机制,不断提高劳教戒毒效果。根据中央领导同志指示精神,积极开展依托劳教场所建立戒毒康复中心试点工作,司法部制定了《关于依托劳教场所建立戒毒康复中心试点的意见》,确定了北京市天堂河劳教所等 8 个试点单位并落实了相关措施。

二、深入开展法制宣传教育,为维护社会和谐稳定创造良好的法治环境

各级司法行政机关积极做好维护社会和谐稳定和社会治安综合治理方面的法律法规的宣传教育工作。积极配合禁毒斗争和"打黑除恶"专项斗争,运用多种形式,开展了声势强大的法制宣传教育活动,为禁毒斗争和"打黑除恶"专项斗争及落实社会治安综合治理各项措施营造了浓厚的法治氛围。

2006 年是"五五"普法规划实施的第一年,司法部会同有关部门组织编写了公务员、青少年、企业经营管理人员、农民、社区居民等普法重点对象的学法读本。落实国务院关于解决农民工问题的有关精神,编写了《农民工法律知识读本》和《农民工外出务工法律指南》，印制数万册，发放到广大农民工手中，对提高广大农民工法律意识和维权意识发挥了重要作用。围绕保护妇女儿童权益、消费者权益和维护道路交通安全等群众关心的热点问题，司法部与有关部门联合开展了"三八妇女维权周"、"第三届青少年网上法律知识大赛"、"保护生命、平安出行"等宣传教育工程。司法部与中宣部、全国普法办举行了法律进机关、进乡村、进社区、进学校、进企业、进单位的"法律六进"活动启动仪式，有利促进了各地、各部门这项活动的开展，法制宣传教育的覆盖面和渗透力进一步提高。"民主法治村"创建活动广泛开展，多形式、多层次的依法治理工作深入推进，提高了社会法治化管理水平。

三、充分发挥人民调解第一道防线的作用，深入开展矛盾纠纷排查调处工作，促进基层稳定

司法部十分重视发挥人民调解工作在社会治安综合治理及维护社会和谐稳定中的基础性作用，通过大力加强基层司法所建设、建立人民调解与司法调解、行政调解有效衔接的工作机制以及积极推动人民调解地方立法工作等措施，促进人民调解工作的发展。各级司法行政机关大力加强人民调解组织建设，着力抓好乡镇（街道）、村（居）调委会建设，积极探索建立区域性、行业性调解组织。同时，大力加强调解队伍建设，选配好调解员。全国建立人民调解委员会85万个，人民调解员500多万人，为化解各类矛盾纠纷奠定了坚实的组织基础。各地建立健全矛盾纠纷排查调处机制、重大社情报告制度、社会矛盾纠纷信息反馈机制和群体性事件快速反应机制，对社会矛盾纠纷做到了早发现、早调处、早解决。全国各级人民调解组织调解民间纠纷400多万件，调解成功率达96%，大量的矛盾纠纷被化解在基层、解决在萌芽状态，有效防止了许多因矛盾纠纷激化而引发的恶性案件。

四、积极稳妥推进社区矫正试点工作，切实发挥其在社会治安综合治理中的重要作用

司法部认真贯彻落实罗干同志在全国社会治安综合治理工作会议上提出的要求，扎实推进社区矫正试点工作。第一批6个省（市）试点工作继续深化，第二批12个省（市）扩大试点工作全面展开。各地按照司法部"积极稳妥、依法规范、协调配合、质量为本"的原则，建立工作机构，强化管理措施，加强对矫正对象的衔接管控；建立健全各项工作制度，使社区矫正工作规范运行。同时，努力探索矫正的方式和方法，特别是在农村地区开展社区矫正的措施，不断提高矫正质量，促进社区服刑人员顺利回归社会。社区矫正试点工作已在18个省（区、市）的85个地市、375个县（市、区）、3142个街道（乡镇）展开。试点地区累计接收矫正对象72070人，累计解除矫正对象20278人，重新违法犯罪率不到1%，收到了明显的社会效果和法律效果。

五、加强和改进刑释解教人员帮教安置工作，预防和减少重新违法犯罪

一是加强和改进了刑释解教人员的衔接工作。组织力量对安置帮教管理软件进行了改进，有效发挥了该软件在社会治安管理中的基础性作用。二是广泛开展了对"三无"释解人员的查找工作。积极配合公安机关对刑满释放5年内、解除劳教3年内不知去向人员集中进行查找摸排，突出管控重点，落实管控措施。三是认真贯彻国务院"促进再就业政策"精神，牵头起草了《〈关于进一步做好刑满释放、解除劳教人员促进就业和社会保障工作的意见〉的补充修改意见》，与八部委共同印发。认真贯彻中央新疆维稳办的要求，积极配合有关部门进一步加强了对新疆危安犯的刑后安置工作。各级司法行政机关不断健全完善工作机制，加强与有关部门的沟通协调，切实做好对刑释解教人员的衔接管理，防止其脱管漏管。同时，积极探索建立过渡性经济实体，努力安置此类人员就业，为他们顺利回归社会创造条件。

六、大力开展法律援助工作，促进司法公正

各级司法行政机关认真贯彻《法律援助条例》，进一步加大法律援助工作力度。一是主动介入社会热点难点问题，维护社会稳定。各地法律援助机构组织律师等法律服务人员积极参与政府信访工作，解决群众信访问题，努力化解各种社会矛盾。二是积极为经济困难群众提供法律援助。各地结合本地实际，不断扩大法律援助覆盖面，努力使所有困难群众得到方便、快捷、满意的服务。全国共办理法律援助案件318514件，同比增加25.6%；接受法律援助咨询达3193801人次，同比增加19.9%。三是认真落实国务院关于解决农民工问题的决策部署，采取积极措施，切实加大为农民工服务的力度。各地法律援助机构为125290名农民工提供了诉讼法律援助服务，同比增加65%，维护了农民工的合法权益。四是切实做好死刑二审案件开庭审理的有关工作。各级司法行政机关按照死刑二审案件全部开庭审理的要求，不断完善法律援助办案程序和工作规范，进一步提高办案质量，促进司法公正。

此外，各级司法行政机关积极参加涉法涉诉非正常上访集中整治行动，引导广大律师积极参与涉法信访和群体性事件的处置工作，同时加强对律师代理群体性事件、敏感案件的指导和管理，有效维护了社会稳定。

司法部关于2006年维护社会稳定工作的意见

（2006年3月8日）

各省、自治区、直辖市司法厅（局），新疆生产建设兵团司法局、监狱管理局：

根据《中共中央转发〈中央维护稳定工作领导小组、中央政法委员会关于2006年维护社会稳定工作的意见〉的通知》精神，现就全国司法行政系统2006年维护社会稳定工作提出如下意见：

一、充分认识做好2006年维护社会稳定工作的重要性

2005年，在以胡锦涛同志为总书记的党中央坚强领导下，我国成功应对各种困难和风险的挑战，维护稳定工作取得了巨大成绩。当前我国经济发展、政治稳定、社会和谐、民族团结，综合国力明显增强，国际地位日益提高，为实现社会持续稳定奠定了坚实基础。当前，从国际上看，和平、发展、合作是时代的主题，有利于我国的改革发展稳定。同时，必须清醒看到，国际上霸权主义和强权政治依然存在，国际关系格局正在发生深刻变化，不稳定、不确定因素增多。从国内看，经济转轨、社会转型形势下滋生和诱发的违法犯罪因素增多，特别是刑事发案在高位徘徊。人民内部矛盾已成为影响社会稳定的突出问题，由此引发的各类群体性事件增多，且处置难度加大。西方敌对势力对我进行西化、分化的图谋一直没有改变，与我争夺民心、争夺群众的斗争日趋激烈。总的看，当前和今后一个时期仍然是人民内部矛盾凸显、刑事犯罪高发、对敌斗争复杂的时期，维护社会稳定的任务十分艰巨。

2006年是实施“十一五”规划的开局之年，做好维护社会稳定工作具有十分重要的意义。各级司法行政机关要以坚持以邓小平理论和“三个代表”重要思想为指导，深入贯彻党的十六大和十六届三中、四中、五中全会精神，全面落实科学发展观，切实增强政治意识、大局意识、忧患意识和责任意识，清醒看到维护社会稳定面临的复杂情况和突出问题，增强工作的前瞻性和针对性，居安思危、未雨绸缪，以坚定的决心和信心，采取扎实有力措施，切实做好维护社会稳定的各项工作，为“十一五”规划的顺利实施，为构建社会主义和谐社会和全面建设小康社会创造良好的法治和社会环境。

二、全面落实科学发展观，为从源头上化解和减少社会不稳定因素提供法律保障和服务

按照科学发展观的要求，充分发挥司法行政机关和法律服务工作者的职能优势，为全面推进经济建设、政治建设、文化建设和社会建设服务。积极为各级党委、政府当好法律参谋和助手，为统筹经济社会发展、统筹协调各方面利益关系，特别为解决好劳动就业、社会保障、医疗卫生、教育收费、收入分配、环境整治、安全生产和社会治安等突出问题献计献策。积极为党委、政府科学、民主、依法决策服务，认真把好法律关，防止因决策不当、政策措施不合理造成影响社会稳定的问题。大力开展律师、公证和基层法律服务，坚持把促进经济发展与维护社会稳定结合起来，特别在为重大经济项目和重点工程建设服务中，既注意维护人民群众的整体利益和长远利益，又切实维护好人民群众的切身利益和当前利益。教育引导广大律师等坚持面向基层、面向社会、面向群众开展法律服务，本着对法律负责、对当事人负责、对社会负责、对职业操守负责的态度，切实维护当事人的合法权益，维护国家法律的正确实施，维护社会公平正义。积极开展法律援助，增加投入，扩大受援面，提高法律援助办案质量，努力解决困难群众打官司难问题，维护困难群体的合法权益，使全体人民共享改革发展的成果。

三、把正确处理人民内部矛盾作为一项经常性工作，切实抓紧抓好

针对新时期人民内部矛盾的新动向新特点，充分发挥人民调解平等协商、互谅互让、不伤感情、成本低、效率高的特点和优势，进一步发挥维护社会稳定第一道防线的作用。大力开展婚姻、家庭、邻里等传统民间纠纷的调解工作，促进社会团结和睦。加强对各种群体性纠纷和热点难点纠纷的调处，预防矛盾激化，防止各种群体性事件和过激行为的发生。积极拓展调解领域，依法积极化解企业改制、农村征地、城市拆迁、水库移民、城市管理、重点工程建设、劳资关系等新型矛盾纠纷。加强对矛盾纠纷的预防和排查，坚持抓早、抓小、抓苗头，努力把矛盾纠纷解决在基层、解决在初发状态，防止矛盾激化。加强人民调解组织建设，调整、充实、巩固乡镇（街道）、村（居）委会调解组织，发展区域性、行业性人民调解组织，规范和加强企事业单位人民调解组织，加强在集贸市场、经济开发区等建立调解组织，探索建立面向社会服务的专业化、职业化调解机构。大力提高人民调解组织规范化建设水平和调解员队伍整体素质，增强人民调解的社会公信力。认真研究社会生活的新变化和群众工作的新特点，努力理顺群众情绪、化解群众怨气，引导群众以理性、合法的形式表达利益要求。充分发挥律师在化解矛盾纠纷中的专业优势，组织引导律师、基层法律服务工作者和法律援助人员参与涉法信访和处置群体性事件工作，为党委、政府分忧，为人民群众解难。

四、积极参加打黑除恶专项斗争，严厉打击刑事犯罪

认真贯彻落实中央关于开展打黑除恶专项斗争重大部署，及时做好监狱收押和劳教所收容工作，保证法院判多少、公安机关送多少，依法及时收多少。切实树立安全稳定首位意识，严格各项监管制度，认真落实安全防范措施，防止黑恶势力狱内犯罪和其他各种重大监管安全案件或事故的发生。依法及时调整不适宜在某一监狱或者某一地区关押的黑恶势力罪犯，依法从严掌握对正在服刑的黑恶势力罪犯采取减刑、假释、暂予监外执行等措施。加强狱所内侦查，在罪犯、劳教人员中深入开展深挖余罪和坦白检举活动，有效揭露和打击隐藏在罪犯、劳教人员中的黑恶势力分子，为有关部门及时破获刑事犯罪案件提供有价值的线索。严格直接管理，及时破获狱内预谋案件。坚持不懈地在改造教育上下功夫，加强对各种罪犯、劳教人员教育改造规律的研究，加强分类教育和有针对性的个别教育，掌握思想动态，对重新犯罪倾向做到超前防范，及时化解。通过切实有效的法制、道德、形势、政策、前途等教育，不断提高教育改造和挽救的质量，提高改好率，降低刑释解教后的重新违法犯罪率。强化对社区服刑人员的监管教育，加强规范化管理，不断提高教育改造质量，最大限度地减少社会对立面，努力取得好的社会效果。

认真做好打黑除恶专项斗争中的刑事辩护工作。严格要求广大律师从讲政治的高度，尽职尽责，全力配合司法机关开展刑事辩护，坚持以事实为依据、以法律为准绳，注意从案件的事实、证据、程序和运用法律等方面准确提出意见，努力提高办案质量和效率，为把每起案件办成铁案服务。切实加强律师职业道德和执业纪律教育，加强对辩护工作的指导和管理，确保律师遵守职业道德和执业纪律，坚持对法律负责，对社会负责，对当事人负责，做到刑事辩护的政治效果、法律效果和社会效果的统一。

五、大力开展法制宣传教育，为维护社会稳定创造广泛的社会基础

认真贯彻中共中央、国务院转发中宣部、司法部关于在公民中开展法制宣传教育第五个五年规划的通知和全国人大常委会的决议。今年是实施“五五”普法规划的第一年,要认真做好开局起步工作,大力宣传宪法和维护社会稳定、促进社会公平正义的相关法律法规,提高公民的宪法观念和维护社会稳定意识。大力开展“一学三讲”(学法律、讲权利、讲义务、讲责任)主题教育,促进公民依法行使权利、履行义务,自觉用法律规范行为,形成遵守法律、崇尚法律、依法办事的社会风尚。大力开展法律“六进”(进机关、进乡村、进社区、进学校、进企业、进单位)活动,在活动中重点加强民法、刑法、刑事诉讼法等法律法规的宣传教育,加强有关打击黄、赌、毒等法律法规宣传教育,加强有关惩治严重危害社会秩序和公共安全法律法规的宣传教育,使公民懂得运用法律的手段与合法程序,维护自己的合法权益,解决矛盾纠纷,自觉维护社会稳定。加强对重点对象的法制宣传教育,特别是加强对青少年的法制宣传教育,预防和减少未成年人违法犯罪。加强对广大农民包括农民工的法制宣传教育,培养他们的权利义务观念、遵纪守法意识、社会责任意识和依法维权观念。大力开展各种形式的依法治理,提高社会法治化水平。深化“民主法治村”创建工作,推进基层民主法制建设,促进农村和谐稳定。积极探索“民主法治社区”创建工作,引导居民学法、用法,开展社区依法治理,努力建设文明、法治、平安、和谐社区。

六、努力加强安置帮教工作,预防和减少重新违法犯罪

加强刑释解教人员回归社会时的衔接,及时建立管理档案,认真落实帮教措施。有针对性地组织开展清理排查,集中力量加强对主观恶性程度高、没有改造好、有重新违法犯罪倾向的刑释解教人员的管控和帮教。认真推广各地加强刑释解教人员安置工作的好做法,帮助农村籍刑释解教人员落实责任田。对城市籍刑释解教人员要作为特殊困难群体加以扶持,积极提供就业等指导服务。加强安置帮教实体(基地)建设,在省(区、市)、地(市)、县(市、区)都建立有一定规模的安置实体或基地,重点安置改造不彻底、有重新违法犯罪倾向和“三无”(无家可归、无业可就、无处可去)的刑释解教人员。广泛动员组织社会力量参与安置帮教工作,努力形成良好的安置帮教工作社会氛围,巩固教育、改造、挽救工作成果,最大限度地防止和减少重新违法犯罪,促进社会治安秩序良性循环。

七、认真做好本系统安全生产和信访工作,确保生产和工作秩序稳定

深入贯彻国务院关于安全生产的一系列重要规定,高标准、严要求地做好监狱劳教企业安全生产工作。进一步完善管理制度和隐患排查整治机制,规范现场隐患排查、整治、验收、考核的全过程管理。经常开展安全生产大检查,及时发现和纠正问题,消除生产安全隐患。加大安全生产投入,强化培训,提高安全事故防范能力。建立健全责任体系,严格责任追究制度,加强基层基础管理,构建安全生产的长效机制,切实减少一般生产安全事故,努力消除重大责任事故,坚决杜绝特大以上安全事故的发生。

认真执行中央关于处理信访突出问题及群体性事件的有关文件精神,按照《信访条例》规定,切实做好司法行政系统信访工作,加大处理信访突出问题和群体性事件的力度,务求早办结案件,早解决问题,减少当事人不必要的负担,对于确有困难的上访群众要尽量提供帮助。进一步完善重大信访案件协调机制、信访信息沟通机制、督查督办机制,分析总结每一时期的信访特点,研究把握信访热点、难点问题的产生原因及解决办法,努力把不稳定因素化解在萌芽状态。

八、切实加强组织领导,确保维护社会稳定各项工作落到实处

各级司法行政机关要切实承担起维护社会稳定的政治责任,把维护稳定工作摆上重要位置,认真研究,周密部署,狠抓落实。要定期分析本系统面临的稳定工作形势,及时发现和解决影响稳定的突出问题,建立健全维护稳定的工作机制,动员和组织本单位本系统力量扎实做好维护稳定的各项工作。不断加强司法行政队伍建设,提高队伍整体素质和维护社会稳定的主人翁责任感。大力推进以司法所、监区分监区、劳教所大中队为重点的基层基础建设,为维护稳定提供可靠机构、人员、物质技术设施保障。坚决落实领导责任制,把维护稳定的各项工作分解到具体部门、具体领导身上,确保每项工作有人管,形成层层负责、环环相扣的落实机制。严格实行责任追究制度,对责任不落实，工作失职，造成严重影响社会稳定问题的，要按照中央和各级党委政府的有关规定，严肃查究领导责任。各级领导干部要进一步转变作风，深入基层，认真调查研究，加强检查指导，狠抓工作落实，为全面实现中央关于维护社会稳定的工作部署和构建社会主义和谐社会作出应有的贡献。

中央宣传部　司法部　全国普法办关于开展“法律六进”活动的通知

（2006 年 7 月 26 日）

各省、自治区、直辖市党委宣传部、司法厅（局）、普法依法治理办公室，中央和国家机关各部、委、办、局普法办公室，新疆生产建设兵团党委宣传部、司法局、普法依法治理办公室：

为深入贯彻中共中央、国务院转发的《中央宣传部、司法部关于在公民中开展法制宣传教育的第五个五年规划》和十届全国人大常委会通过的《关于加强法制宣传教育的决议》，贯彻落实第六次全国法制宣传教育工作会议精神，推动法制宣传教育工作进一步贴近基层、贴近群众，中央宣传部、司法部、全国普法办决定，广泛开展法律进机关、进乡村、进社区、进学校、进企业、进单位活动（以下简称“法律六进”活动），通过开展形式多样、群众喜闻乐见的法制宣传教育活动，在全社会掀起学法用法的新高潮。现将有关事项通知如下：

一、指导思想

以邓小平理论和“三个代表”重要思想为指导，全面落实科学发展观，落实“五五”普法规划和人大常委会决议，以“弘扬法治精神，普及法律知识，共建和谐社会”为主题，大力开展“法律六进”活动，教育广大干部群众自觉学法律、讲权利、讲义务、讲责任，进一步增强公民宪法和法律意识，权利与义务、责任相一致意识；引导广大机关、乡村、社区、学校、企业和单位依法管理、依法办事，进一步提高全社会法治化管理水平，努力维护改革发展稳定大局，为实施依法治国基本方略、建设社会主义法治国家、构建社会主义和谐社会、全面建设小康社会营造良好的法治环境。

二、总体要求和主要内容

“法律六进”活动的总体要求：一是要大力开展宪法的学习宣传和社会主义法治理念教育，努力提高公民的宪法意识和法治观念，推进社会主义法治理念深入人心。二是要大力开展促进经济社会发展、维护社会和谐稳定方面的法律法规宣传教育，突出宣传社会主义市场经济和社会治安方面的基本法律原则、法律制度，努力服务改革发展稳定大局，促进和保障社会和谐。三是要大力开展以“学法律、讲权利、讲义务、讲责任”为主要内容的法制主题教育活动，教育引导广大干部群众依法维权，自觉履行义务，切实保障人民群众的切身利益。四是要大力开展法治文化建设，努力创造符合我国国情、体现时代特色的法治文化，为建设社会主义法治国家营造良好的社会环境。

（一）开展“法律进机关”活动，不断提高依法管理和服务社会的水平。要突出落实五项措施：各级机关要加强社会主义法治理念教育，使广大公务员牢固树立依法治国、执法为民、公平正义、服务大局、党的领导的理念，带头学习法律、自觉遵守法律、忠实执行法律、维护法律权威的观念；要加强机关公职人员学法制度建设，把法律知识纳入日常学习计划，定期开展法律知识培训、轮训和考核工作，逐步实现机关公职人员法律知识考试考核工作规范化；要依托党校、行政学院、机关学习园地等阵地，进一步加强机关公职人员学法阵地建设，为公务员学法提供便利条件；“五五”

普法期间，每个省（区、市）要积极开展评选100名“学法用法模范公务员”，建立100个“学法用法示范机关”的“双百”工程；要加大对各级机关执法水平的考核力度，把执法水平和执法效果作为“法律进机关”工作的重要考核内容，进一步健全执法责任制、执法公示制和过错责任追究制，促进各级机关严格执法，热情服务。

（二）开展“法律进乡村”活动，努力促进社会主义新农村建设。重点抓好五项工作：要加强农村法制教育阵地建设，每个乡镇要设立一个法制辅导站，每个行政村要建立一个法律图书角，每个居民小组要建立一个法制宣传栏。各地、各部门要加大向农村地区赠送普法资料的力度，力争用五年的时间，在农村地区普遍建立起“农民法律图书角”；要加强农村“两委”干部的法律知识培训工作，培养农村基层兼职法制干部。“五五”普法期间，普遍轮训农村“两委”主要负责人；要积极组织专业文艺团体、法制宣传志愿者队伍，深入农村田间、地头，演出农民群众喜闻乐见的法制文艺节目，使广大农民群众在潜移默化中掌握法律知识；要深入开展法律服务进村入户活动，进一步发挥基层法律工作者和法律服务工作者的作用，每年定期开展针对农民群众的义务法律咨询活动；要加大农村法制宣传阵地建设，县级以上电视台、农村广播网、农民夜校要开辟学法专栏，结合实际向农民群众普及法律知识，提高农民的法律素质。

（三）开展“法律进社区”活动，促进和谐社区建设。要认真总结“法律进社区”的经验，积极探索社区法制宣传教育新途径，逐步实现“六个一”：即每个社区应建立一个法制宣传橱窗，建立一个法律图书角，建设一支专兼职人员相结合的法制宣传教育队伍，建立一套居民学法制度，每季度开展一次义务法制宣传活动，每个地（市）建立一个普法广场或法制公园。要加强城市法制宣传志愿者队伍建设，鼓励并支持志愿者经常深入街道、深入社区，结合各个时期的热点、难点问题和发生在居民身边的典型案例，有针对性地为居民开展公益性法制讲座、居民法治论坛活动，为居民提供方便快捷的法律服务。

（四）开展“法律进学校”活动，进一步推进青少年学生法律素质教育。要从五个方面加强青少年学生法制宣传教育：要坚持法制教育与道德教育相结合，结合以“八荣八耻”为主要内容的社会主义荣辱观教育活动，教育广大青少年学生学法律、知荣辱、明是非，使广大青少年从小懂得应该遵循的基本行为准则，养成学法守法的行为习惯；要坚持发挥学校第一课堂的作用，继续推进学校法制教育计划、教材、课时、师资的“四落实”；加强家庭、学校、社会“三位一体”的青少年法制教育网络建设，依托家庭、社区、村落开展青少年法制教育，营造有利于青少年健康成长的社会环境；要依托法院、检察院、监狱、劳教所等机构，积极开辟第二课堂，开展生动活泼的青少年学法用法实践活动。全国将适时开展“青少年法制教育示范基地”评比活动；要加强对学校法制教育师资的培训，进一步规范法制副校长、法制辅导员工作，力争在“五五”普法期间，实现100%的城镇中小学校、95%以上的农村中小学校配备兼职法制副校长。

（五）开展“法律进企业”活动，大力促进企业依法经营、诚信经营。要在以下五个方面取得明显成效：各类企业要制定年度法制宣传教育工作计划，建立健全企业经营管理人员的法律学习制度，不断提高企业经营管理人员依法经营、依法管理的能力，正确处理企业发展与维护职工权益关系。国有企业中层以上管理人员和民营企业主每年应定期或不定期参加法律知识学习；加强维护职工的合法权益的法制宣传教育，通过各种宣传日、宣传周、宣传月等形式，大力宣传社会保障、安全生产等与职工切身利益相关的法律法规知识，不断提高企业职工的法律素质和依法维权能力；加强企业职工学法阵地建设，“五五”普法期间，要在全国建立5000个企业职工法制学校；要开通“职工维权热线”，积极为企业职工提供法律咨询和法律救助，维护职工合法权益；要积极推进公司律师试点工作，进一步加强企业法律顾问队伍建设，为提高企业法治化管理水平，增强企业市场竞争力提供保证。“五五”普法期间，力求国有大中型企业都建立起法律顾问制度。

（六）开展“法律进单位”活动，逐步提高法治化管理水平。各单位要积极开展“五五”法制宣传教育工作，做到“五有”，即有组织、有计划、有教材、有阵地、有考核。要建立健全领导干部学法制度，把单位领导干部学法用法与业绩考核相结合，进一步提高各单位领导干部的依法决策、依法管理能力。要积极引导单位职工开展学法用法活动，定期组织职工参加法律知识培训、轮训，增强广大职工依法维权、依法履行义务、依法承担责任的意识。要加强单位内部管理，建立健全规章制度，实现依法建制、依法管理。各单位应通过公示牌、宣传册、触摸屏、开放日等形式，积极向社会宣传与本单位业务相关的专业法律法规知识。“五五”普法期间，在全国开展“依法办事示范单位”创建活动，并表彰命名一批“依法办事示范单位”。公园、车站、机场、港口等公共活动场所管理单位，应在人员流动密集的地点设立固定法制宣传栏。

三、时间安排及活动要求

（一）“法律六进”活动为期5年。2006年8月起，各地、各部门要结合实际，全面部署开展“法律六进”活动，制定本地区、本部门“法律六进”活动实施方案，并认真组织落实。对各地、各部门开展“法律六进”活动进展情况，全国普法办公室将适时组织专项检查，并对活动中成绩突出、表现优异的机关、乡村、社区、学校、企业、单位和个人予以表彰。

（二）各地、各部门要高度重视“法律六进”活动，按照本通知精神，结合实际，大胆探索，积极实践，创造性地开展“法律六进”活动。要坚持求真务实，注重实效，采取量化目标考核，使“法律六进”活动成为“五五”普法期间，引导和促进公民学习法律知识、增强法制观念的重要载体。

（三）各级党委宣传部门、司法行政部门要充分发挥职能作用，加强对“法律六进”活动的工作指导，落实分工负责和各项保证措施。要注重加强法治文化建设，组织、协调好法制音像、书刊、宣传画等资料的创作，不断推动法律知识的普及和法治文化的创新。要注意发挥好基层法制宣传员、法制宣传志愿者在“法律六进”活动中的作用，探索完善激励机制，确保基层法制宣传员、法制宣传志愿者队伍的稳定和健康发展。要不断总结、推广“法律六进”活动中的好经验、好做法和好典型，加大督促检查力度，确保“五五”普法各项任务的顺利完成。

（四）要充分发挥新闻媒体的作用，加大宣传力度，全面做好“法律六进”的宣传报道工作。充分利用广播电视、报纸杂志、网络等媒体，及时宣传“法律六进”活动的进展情况和典型经验，吸引更多的机关、乡村、社区、学校、企业、单位和公民参与到活动中来，创造有利于“法律六进”活动不断深入的舆论氛围。

各地、各部门开展“法律六进”活动的有关情况要及时报送全国普法办，全国普法办也将及时通报各地、各部门的进展情况。

教 育 部

2006年教育系统参与社会治安综合治理工作情况

2006年，教育系统以深入开展安全文明校园创建活动为统揽，认真落实社会治安综合治理工作措施，加大学校及周边治安秩序的整治力度，着力排查调处学校及周边地区矛盾纠纷，进一步建立和完善学校及周边治安综合治理长效工作机制，全力维护学校及周边治安秩序，卓有成效地开展了大量工作。广大师生的安全感进一步增强，学校及周边的治安秩序进一步改观，为促进教育事业持续协调健康发展创造了良好环境，为维护社会稳定、促进社会和谐做出了积极贡献。

一、教育系统参与社会治安综合治理工作概况

（一）加强组织领导，统筹协调配合，齐抓共管的工作合力进一步增强

各地学校及周边综治领导小组根据各地党委、政府的统一部署，切实加强对校园及周边环境综合治理的组织领导，初步形成了党委、政府统一领导，综治、教育、公安等部门牵头，各相关部门和学校紧密协作，校内校外互动、社会广泛参与的工作格局。截至2006年底，共有26个省（区、市）的教育部门根据教育部组建成立思政司的机构设置调整方案，相应调整和设立专门处室、专门人员负责学校及周边治安综合治理，增加了专项工作经费。各地普遍将学校及周边治安综合治理工作纳入地方平安建设、精神文明建设、社会治安综合治理考评工作中，形成与政府各有关部门工作同布置、同检查、同考核的考评机制。在加强学校及周边治安综合治理工作领导、整合工作力量、拓展工作渠道、增强工作实效等方面创新了大量工作方法，积累了一批成功经验。上海市探索建立职能部门与社会力量互动机制，组建学校周边治安义务监督员队伍，全市共有1045名教职工、社区干部、青保干部、社区居民成为义务监督员。甘肃、新疆等地教育厅与各高校、厅直属单位签订了学校及周边治安综合治理责任书，进一步落实了各单位综合治理的工作责任。

（二）突出工作重点，开展集中整治，一大批影响学校安全稳定的治安隐患和问题得到及时整改和有效解决

各地学校及周边治安综治部门认真排查梳理治安隐患，突出工作重点，严打侵害师生生命财产安全的违法犯罪活动，集中对学校周边交通秩序、违规经营的文化娱乐场所、占道经营摊点等师生反映强烈的问题进行专项整治。2006年，全国公安机关共破获侵害师生生命财产安全的刑事案件1.3万余起，查处治安案件2万余起。2006年11月至12月开展的全国中小学校车集中排查整治工作，共排查中小学20多万所，校车8.7万辆，查出不合格校车1.03万辆，校车驾驶员接受教育人数达8.88万，禁止3337名资格审查不合格的驾驶员驾驶校车。2006年12月开展的校园管制刀具收缴行动，共收缴管制刀具54787件，水果刀等其他刀具2765把，仿真枪（火药枪）384把，棍棒2781根，总计60717件（把、根）管制刀具、枪械和棍棒。北京市查破涉及师生的刑事案件435起、治安案件581起，抓获各类违法犯罪嫌疑人1328人，打掉在校园周边针对师生的犯罪团伙91个。湖南省摸排学校25713所，整治网吧3577家、三室两厅2640家、各类店铺5743家，取缔游商摊点10146个、非法出租屋2759家，拆除违章建筑987处，调处矛盾纠纷2202起，查处治安刑事案件3148起，处理违法人员2628人。天津市针对"校车安全问题"和"校园周边流动人口问题"，出动警力11000余人次，治理学校门前乱停车辆1300余部，处理非法"黑校车"96部，设立停车点和临时停车区域88处，交警值勤点146处，清理查处

校园周边外来人3600余人。通过集中专项整治，及时整改和有效解决了一大批影响学校安全稳定的治安隐患和问题，维护了校园周边良好的治安秩序。

（三）加强宣传教育，强化安全管理，安全文明校园创建工作不断深化

按照中央关于平安建设的部署和要求，各地教育部门和学校在学校及周边治安综合治理各有关部门的支持下，把安全文明校园建设作为教育系统平安建设的重要抓手，紧密结合教育系统的具体实际，把平安建设的总体要求落实到安全文明校园建设中，大力开展教育创安、科技创安、文化创安等一系列活动，评选出606所安全文明校园学校。通过建设安全文明校园，辐射学校周边和社会，进一步创造了良好的育人环境。2006年3月，以“珍爱生命，安全第一”为主题，组织开展了第十一个全国中小学生安全教育日宣传教育活动。2006年9月，举行了教育部第14次记者招待会，集中宣传表扬了2005年以来为救护学生而牺牲或受伤的教师。2006年秋季供应的中小学《品德与生活》、《品德与社会》和《思想品德》等学科教材的封二、封三中印入了中小学安全知识宣传插图。2006年7月、11月，先后举办了中小学幼儿园安全管理工作研讨会，“全国中小学‘校园安全’专题培训班”，安排专家对与会人员进行培训。组织制作中小学安全教育系列电视节目，在中国教育电视台专题栏目播放。江苏省在安全文明校园建设活动中，各级各类学校投入经费5770万元，制订各类安全应急预案396种，组织预案演练1796场次，设立安全宣传栏1228个，举办安全知识讲座7713场次，排查整改安全隐患1980处，调处化解矛盾532起，增设物防技防设施745处，关闭不合格中小学、幼儿园260所，辞退不合格中小学、幼儿园工作人员189人，聘任法制副校长、辅导员1773名，837所学校增设保卫机构和保卫人员，871所学校设置治安岗或警务室。海南省把安全文明校园创建活动作为平安海南建设的重要抓手，作为生态省建设的一项重要工作，作为该省精神文明建设的一个有效载体，大力改善办学条件，消除学校安全隐患，在开展创建活动中授予153所学校“安全文明生态学校”称号。山东省将安全文明校园创建活动作为平安校园建设的重要载体，对达到标准的47所高校授予“平安校园”称号。各地深入推进安全文明校园创建和评选活动，为进一步加强学校及周边治安综合治理奠定了坚实的工作基础。

（四）加强督导检查，巩固工作成果，学校及周边治安综治工作的针对性、实效性普遍增强

为确保学校及周边治安综合治理工作取得实效，各地和学校进一步加强督导检查，对一些整治工作难度大、回潮率较高、社情民情比较复杂的地区实行重点督查，落实治理整顿工作成果。2006年1月，教育部、公安部等部门联合开展学校安全大检查，对湖南、湖北、广东、广西、山东、安徽、甘肃、宁夏、云南、贵州等10省区的17个地市的高校和中小学及周边进行检查，督促整改安全隐患。2006年9月，在京、辽、吉、鲁、豫、沪、苏、浙、鄂、粤、滇、川、陕、新等14个省（区、市）开展了青少年思想道德建设的工作督查，把学校及周边治安工作作为督查的重要内容。教育部就贯彻落实大学生思想政治教育工作先后在北京和华东、华北、中南、华南、西南、东北等7个地区召开工作片会，对26个省（区、市）教育部门和80余所高校的安全稳定工作进行督导检查。各地各部门和学校在学校及周边治安综合治理督导检查工作中，坚持有法可依、依法治理，坚决取缔影响校园治安的各种非法经营场所和流动摊点，注意保护合法经营者的利益，防止引发新的不安定因素。湖北省组织对全省85所普通高校周边治安环境问题开展排查，共有51所高校报送排查发现的问题269个，下发了12份督办通知书督促落实整治工作。为集中清理武汉高校周边存在的赌博机问题，及时组织高校进行排查，并督促公安局成立工作专班，开展集中调查和整治，打击处理了存在于6所高校周边的31处赌博场所，收缴赌博机50余台。广西壮族自治区针对南宁市学校周边治安环境复杂，学生受伤害事故频繁，师生和家长反映强烈的地方，进行了现场勘察和重点督办，重点对广西大学农院路等长期影响学校交通、治安、卫生安全的隐患进行了及时有效的整治，得到了群众和师生的一致好评。

（五）加强工作研究，努力开拓创新，积极探索学校及周边治安综治工作的新思路、新方法和新途径

校园及周边治安综合治理工作是一项长期、复杂的系统工程。各级综治部门和各高校结合各地实际,着眼于学校及周边治安出现新情况和新问题,积极加强工作研究,不断拓展工作视野,探索工作规律,推动工作创新,走出了适合各地特色的综治工作路子。新疆维吾尔自治区结合本地区民族、区域特点,整合全区各方面力量,设置专项研究经费,开展专题研究,着力在打击抢劫师生财物、侵害师生人身安全的各类违法犯罪行为和流氓团伙、黑恶势力,坚持开展"反分裂斗争"再教育,整治工作重点突出,针对性强,成效显著。南京航空航天大学结合新校区和大学城建设的实际,积极探索学校及周边治安综合治理工作的新路子,加强与新校区驻地政府的联系与沟通,积极开展警校共建活动,依靠政府的力量加强综合治理的执法力度,建立新校区治安保卫联建、联防、联动网络,逐步建立起棋盘式的安全防范体系。教育部在"2006年教育部哲学社会科学重大课题委托攻关项目"中,把"维护高校安全稳定工作体制机制建设"作为其中一个重大项目进行招标立项,把建立高校校园及周边治安综合治理长效工作机制作为一项子课题进行研究,给予国家研究经费支持,为加强学校及周边治安综治工作提供理论支持和工作指导。

二、制定的有关社会治安综合治理工作的规范性文件

2006年4月,中共教育部党组印发《关于贯彻落实中办发[2005]25号文件精神深入开展安全文明校园建设工作的意见》。要求各地教育工作部门和各级各类学校从维护社会稳定和办好让人民满意的教育的高度出发,充分认识深入开展安全文明校园建设的必要性和重要性,切实增强参与平安建设工作的责任感和紧迫感;要把安全文明校园建设与学生思想道德教育紧密结合,为学生全面发展和健康成长营造良好环境;广泛开展形式多样,内容丰富的宣传教育工作,把安全文明校园建设的客观要求内化为广大师生的自觉行动;推进和深化法制教育,提高广大师生的法律意识和法律素质,有效预防违法违纪行为;加强学校安全防范体系和长效工作机制建设,切实提高学校安全防范水平和能力;加强矛盾纠纷的排查和调处,切实维护师生切身利益;加强安全文明校园的基层基础工作,形成群防群治、齐抓共管的工作格局;积极发挥教师和学生思想政治工作队伍的作用,构建全员负责、人人参与的安全文明校园建设工作体系;充分发挥学校及周边治安综合治理的作用和优势,持续开展学校及周边环境整治工作;加强组织领导、健全保障机制,切实把安全文明校园建设的各项措施落到实处。

2006年6月,以教育部、公安部、交通部、卫生部等10部门令第23号,印发《中小学幼儿园安全管理办法》,并于9月1日起正式实施。为配合《办法》的贯彻实施,印发了《教育部办公厅关于学习宣传和贯彻实施〈中小学幼儿园安全管理办法〉的通知》,组织各地开展针对《办法》的宣传、培训工作。

此外,针对溺水、交通、踩踏、治安等安全事故,为指导各地和中小学校做好安全工作,积极预防各类安全事故,2006年,印发《教育部办公厅关于进一步加强中小学幼儿园安全保卫和管理工作的紧急通知》、《教育部办公厅关于近期发生一起中小学生拥挤踩踏事故的紧急通报》等22个文件,及时指导地方针对突出问题加强管理,预防各类学生安全事故的发生。

三、召开有关社会治安综合治理的工作会议及领导同志在会上发表讲话的情况

2006年1月,召开中央综治委学校及周边治安综合治理工作领导小组2006年第一次全体会议。会议总结了2005年全国学校及周边治安综合治理工作情况,分析了当前学校及周边治安综合治理面临的新形势,审议了2006年学校及周边治安综合治理工作要点,研究部署了2006年全国学校及周边治安综合治理工作。中央综治委副主任、领导小组组长、中央政法委秘书长王胜俊出席会议并讲话。会议由中央综治委副主任、领导小组副组长、中央政法委副秘书长陈冀平主持。会上,领导小组副组长、教育部副部长李卫红通报了2005年全国学校及周边治安综合治理工作情况。领导小组副组长、公安部副部长刘金国通报了"八条措施"的落实情况。司法部副部长张苏军,建设部党组成员、中央纪委驻建设部纪检组组长姚兵,新闻出版总署副署长柳斌杰,国家工商行政管理总局副局长钟攸平,共青团中央书记处书记卢雍政及文化部、信息产业部有关部门负责同志出席会议并发言。

2006年4月，中宣部、公安部、教育部、司法部和国家安全生产监督管理总局联合召开“保护生命、平安出行”交通宣传教育工程电视电话会议，教育部副部长陈小娅出席会议并讲话。提出，要切实提高认识，把保护中小学生生命安全和健康成长工作摆到更加突出的位置。要认真落实好交通安全教育进学校、进课堂的要求，教育学生认真执行交通法规，自觉遵守交通规则；切实加强接送学生车辆的管理工作；在中小学校建立交通安全宣传的长效机制，将交通安全宣传和遵守交通法规作为安全文明校园创建活的重要内容。

2006年4月，全国社会治安综合治理工作会议召开，教育部副部长李卫红参加会议并发言，介绍了教育部贯彻《中共中央办公厅、国务院办公厅转发〈中央政法委员会、中央社会治安综合治理委员会关于深入开展平安建设的意见〉的通知》（中办发[2005]25号）精神，落实社会治安综合治理的各项措施，深化安全文明校园创建活动的工作情况。指出，按照中央要求，教育系统坚持把安全文明校园建设作为学校及周边治安综合治理的一项重要工作来抓，高度重视、突出重点，认真贯彻落实中办发[2005]25号文件精神，以积极营造良好育人环境为目标，扎实推进安全文明校园建设工作。

2006年8月，全国平安建设研讨班举行，教育部副部长李卫红参加研讨班并发言，介绍了教育系统大力加强学校及周边治安综合治理，积极构建安全文明和谐校园的情况。指出，多年来，中央综治委加强社会治安综合治理，为推动教育事业全面协调可持续发展营造了良好的社会环境。要深刻认识新形势下深入开展平安建设，加强学校及周边治安综合治理，维护学校安全稳定的重要意义。要针对当前学校及周边治安综合治理工作存在的主要问题以及安全文明校园建设面临的形势与任务，妥善处理好领导重视与广泛参与、全局与局部、地方和学校、集中建设与长效机制建设这四个关系，加强安全文明校园建设，着力构建和谐平安校园。

2006年10月，教育部、公安部联合召开“深入推广德阳经验，进一步加强中小学安全工作”电视电话会议，教育部副部长陈小娅出席会议并讲话。指出，要把思想和行动统一到贯彻落实党的十六届六中全会精神上来，像德阳一样，把开展和谐校园创建活动放在突出位置，抓好落实。要贯彻落实《义务教育法》和《中小学幼儿园安全管理办法》，依法做好中小学安全工作。认真研究当前安全工作的新情况，重点抓好以下几项工作，即重点加强农村地区中小学幼儿园安全工作、切实做好中小学安全事故预防工作、切实加强学校卫生防疫与食品卫生安全工作。

2006年11月，国务院召开“全国加强中小学管理工作电视电话会议”。国务委员陈至立出席会议并讲话。教育部部长周济出席会议并就有关工作进行了部署，提出要切实加强对学校安全管理工作的领导，实行严格的校长负责制和各种岗位责任制；进一步加强和规范中小学校长和教师管理；大力加强学生的法制教育、安全教育和心理健康教育；加强校园文化建设，提高校园文明水平；加强领导，密切配合，营造一个安全、健康、文明的育人环境。

民 政 部

2006年民政部门参与社会治安综合治理工作情况

2006年,民政部认真贯彻落实中办、国办转发《中央政法委员会、中央社会综合治理委员会关于深入开展平安建设的意见》精神和中央综治委的工作部署,充分发挥民政部门的职能作用,积极参与社会治安综合治理工作,与相关部门密切配合,在社会治安综合治理中发挥了应有作用,推进了平安社区和平安乡村建设,维护了社会稳定。

一、完善基层社会管理体制,积极参与平安建设,夯实社会治安综合治理基层基础工作

(一)积极开展平安社区建设

民政部门将构建和谐社区与推进平安建设有机结合起来,努力使社区在密切党和政府同人民群众的关系上发挥桥梁作用,在维护社会稳定、为群众创造安居乐业的良好环境上发挥积极作用。截至2006年底,全国共有社区居委会8.1万个。2006年,民政部门围绕建设平安社区开展了以下工作:

一是积极配合政法、综治、公安等部门,指导社区组织做好社区群防群治工作,构筑社区居民安居大环境。民政部门通过指导社区组织积极配合社会治安综合治理部门落实社会治安综合治理责任制,逐步构筑起以社区民警为主导,社区治保会和物业保安为依托,社区居民积极参与的群防群治网络,建设安全的社区环境。社区居委会积极开展"无毒社区"、"平安社区"、"安全社区"、"法律进社区"等创建活动,将社区警务室的建设作为社区建设示范城区考核的重要标准之一,密切配合派驻社区的民警、行政司法部门做好安置、帮教刑释解教人员的工作,配合信访部门及时了解居民群众的愿望,帮助解决实际困难,配合宣传部门,加强法制和安全防范宣传教育,提高群众的法律意识和自防能力。二是着力解决社区组织工作用房以及社区服务设施,为平安社区建设提供阵地保障。2006年,各地认真落实民政部、中组部、中央文明办等部门联合下发的《关于进一步做好社区组织的工作用房、居民公益性服务设施建设和管理工作的意见》的要求,因地制宜,整合资源,逐步建设布局合理、规模适当、功能配套的工作用房和公益性服务设施,包括社区警务用房在内的社区组织工作用房等问题得到逐步解决。三是将社区安全服务纳入社区服务的总体布局,进一步推进社区安全服务。2006年4月,国务院印发了《关于加强和改进社区服务工作的意见》。各地积极进行工作部署,出台了有关加强和改进社区工作的意见,拓展社区服务领域,拓宽社区再就业渠道,帮助低保对象和下岗、失业人员实现就业和再就业,解决他们的生活困难。民政部牵头与国家发改委共同编制了"社区服务十一五发展规划"和"社区服务基础设施建设标准"。四是壮大平安社区建设的群众基础,发展社区志愿服务工作队伍,为建设平安社区提供人力资源。民政部门将壮大社区治安志愿者队伍作为发展社区志愿者队伍的重要组成部分。2005年10月,民政部等九部委印发了《关于进一步做好新形势下社区志愿服务工作的意见》,提出了社区志愿服务的总体要求、发展目标。召开了全国社区志愿者注册登记制度会议,全面推行志愿者注册登记制度,组织动员志愿者参与群防群治和平安社区建设活动,为推进平安社区建设奠定更为坚实的群众基础。

(二)积极开展平安乡村建设

各级民政部门通过完善农村基层民主选举、民主决策、民主管理、民主监督制度,发展和推进村民自治,为创建平安乡村提供良好的社会条件。

一是抓好村委会选举,加强村级自治组织建设。2006年,全国有9个省、自治区、直辖市举行村委会换届选举，民政部门充分发挥职能作用，在各级党委、政府的领导下，按照《中共中央办公厅国务院办公厅关于进一步做好村民委员会换届选举工作的通知》要求，认真进行调查研究，精心制定工作方案，指导各地在选举过程中依法办事，严格执行村委会换届选举工作的法律法规和政策，规范选举程序，选出群众信任的村委会班子，加强村委会和下属治安保卫委员会建设，为开展农村社会治安综合治理工作提供有力的组织保障。农村村委会发挥自身熟悉村情、联系群众，服务群众的优势，积极开展农村人民调解、社会治安群防群治等工作，把农村治保、调解、民兵和治安联防宣传教育，作为村民自治、村务公开的重要内容。

二是开展“民主法治示范村”和“村务公开民主管理示范单位”创建活动，推动创建平安乡村深入发展。在开展“民主法治示范村”创建活动中，村委会及其下属委员会充分发挥组织动员作用，积极协助有关部门，把创建“平安村”工作纳入村民自治示范活动，与“民主法治示范村”、“村务公开民主管理示范单位”创建工作结合推进。2006 年，民政部联合司法部命名表彰了 310 个“民主法治示范村”。全国村务公开协调小组在各地创建活动的基础上也命名表彰了第一批 31 个全国村务公开民主管理示范单位，收到了较好的效果。

二、推进城乡社会救助体系建设，保障困难群众基本生活，维护社会稳定

一是及时有效地做好自然灾害应急救助工作。2006 年是 1998 年以来的第二个重灾年。民政部积极发挥全国抗灾救灾综合协调职能，扎实有效地实施了台风、洪涝、干旱等各种自然灾害的应急救助，积极做好春荒期间灾区群众的救助、旱灾地区受灾群众救助和冬令期间受灾群众救助工作。共启动灾害救助应急响应 40 次，向灾区派出工作组 60 个，紧急转移安置人口 1408. 2 万人，保障了灾区受灾群众的基本生活，维护了灾区稳定。

二是社会救助体系框架基本建立，城乡特殊困难群众的基本生活得到了有效保障。继续完善城市低保制度，巩固动态管理下的应保尽保，推进分类施保，强化制度完善，加强与再就业衔接，保障城市困难群众的基本生活。农村五保供养实现了由农民互助共济向财政保障为主的转变。全国大部分地区开展了农村低保制度，未建立农村低保制度的地区，进一步完善农村特困户救助制度，保障了老年人、残疾人、孤儿和“五保户”等特殊困难群体的基本生活。稳步开展城市医疗救助试点工作，全国所有含农业人口的县(市、区)基本都建立了农村医疗救助制度，在一定程度上缓解了困难群众因病致贫、因病返贫的问题。加强城市生活无着的流浪乞讨人员救助管理工作，救助站对符合救助标准的求助人员及时提供救助，保障其基本生活权益，劝导受助人员返回其住所所在地或者所在单位，减少城市治安的隐患。截至 2006 年底，全国城市低保对象共有 1029. 7 万户，2240. 1 万人；全国农村最低生活保障对象共有 777. 2 万户，1593. 1 万人；全国纳入五保供养的对象 503. 3 万人；全国共救助流浪乞讨人员 71 万人次。

三是全面落实优抚安置政策。民政部、财政部下发了《关于调整部分优抚对象等人员抚恤和生活补助标准的通知》，再次提高重点优抚对象抚恤补助标准。联合有关部门出台了残疾军人医疗保障办法，制订了解决军人有关生活困难问题的政策。妥善解决部分退役军人上访问题，加强与相关部门的配合，全力做好信访接待工作，加大对各项政策落实情况的督促检查力度，督促各地落实年度退役士兵接收安置任务和解决遗留问题。

三、加强对流浪未成年人救助保护工作，保护流浪未成年人的合法权益

一是完善流浪未成年人救助保护政策。2006 年，民政部与有关部门联合印发了《关于加强流浪未成年人工作的意见》，明确了各有关部门在保护流浪未成年人工作中的职责，强化了流浪未成年人保护措施。联合有关部门先后印发了《“为了明天——全国服刑人员未成年子女关爱行动”的通知》和《关于开展为了明天——全国强迫诱骗未成年人流浪乞讨和强迫拐骗聋哑青少年违法犯罪整治工作的通知》，加强流浪未成年人保护工作。启动了《流浪未成年人救助保护办法》立法工作调研，明确了对特殊困难未成年人救助保护的指导思想，初步建立起预防未成年人违法犯罪特别是流浪未成年人救助保护的政策构架。

二是提高管理水平。2006年,民政部印发了《流浪未成年人救助保护机构基本规范》,对救助保护机构在设施设备、服务内容、内部管理和人员队伍上所要达到的基本标准作出详细规定。初步建立了流动人口救助工作考评办法,对各地开展救助保护工作情况进行客观、真实考评。各地流浪未成年人救助保护机构根据民政部的总体要求,采取有效措施,加强了规范化建设,完善工作制度,强化队伍建设,开展对救助机构的业务骨干培训工作。

三是探索创新救助模式。各地民政部门加强探索,就流浪未成年人的早期预防、社区干预、权利保护以及安置方式等进行大胆创新。郑州市创造了以"类家庭"、全天候救助点、街头流动救助、职业技能培训、家庭寄养、救助小学为主要内容的多渠道、多形式、多功能救助流浪未成年人的"郑州模式",在开阔眼界,拓展思路,开拓新的工作领域方面,发挥出很好的引导示范作用。广东省少年儿童救助保护中心创造了"类学校"教育模式。

四是加快流浪未成年人救助保护设施建设。截至2006年底,我国共有1121家救助管理站,其中有130余家机构设有流浪未成年人救助保护中心,每年为超过10万人次的流浪未成年人提供临时性生活保护和心理咨询、行为偏差矫治等专业救助。2006年,全国各种类型的救助机构直接救助了10.5万人次的流浪未成年人。利用"全国流浪乞讨人员救助管理信息系统",为17800名受救助未成年人建立了电子档案。针对部分地区救助保护机构数量少、设施差、区位分布不合理等问题,"十一五"期间,民政部将实施流浪未成年人救助保护项目,统筹规划建设一批规模合理、功能完善、环境适宜的未成年人救助保护工作设施,进一步提高流浪未成年人救助保护工作水平。

四、加强民间组织管理,规范引导民间组织有序发展

坚持培育发展和管理监督并重,进一步加强分类指导。继续加大农村专业经济协会、行业协会、社区民间组织和公益性民间组织的培育发展力度,积极支持和引导民办非企业单位健康发展。启动了民间组织服务社会主义新农村建设活动,引导民间组织发挥服务和谐社会的作用。推进民间组织自律与诚信建设,制定了民间组织评估指标体系。总体上看,民间组织布局得到调整,结构不断优化,质量有所提高,在经济社会发展中的作用日益显现。

五、加强对行政区域边界线的管理,积极参与平安边界建设,促进边界地区社会稳定

不断完善行政区域界线管理法规,2005年国务院办公厅转发了民政部等12部(委、局)《关于加强行政区域界线管理工作的意见》和《民政部门关于加强行政区域界线管理工作意见的通知》,民政部公布了《省级行政区域界线联合检查实施办法》,这对提高域界线管理的法制化、规范化、科学化水平,从源头上预防界线纠纷起到重要作用。2006年,组织开展了11条省界线、1500余条县界线的联检工作,进一步健全和落实边界纠纷应急处理机制、难点排查机制、界线管理联席会议制度,及时调处了界线纠纷。

六、做好民政信访工作,预防和化解社会矛盾

一是继续做实做细群众的来信来访工作。坚持原则性与灵活性相结合,竭尽全力解决群众反应的各种问题。2006年民政部信访办共接待人民来访8377人次,其中集体访189批,2008人次;处理人民来信9240件次,办理网上来访9000余件,答复电话访12000余次。二是强化基层民政信访工作。积极推进县(市、区)、乡(镇、街道)、村(居委会)三级民政信访网络建设;下发了民政部《关于进行矛盾纠纷问题排查的通知》,建立矛盾定期排查制度,加强对群体性上访的预测、排查力度,预防、控制群体性事件的发生。三是加强对信访事项的督查督办工作。对来访反映的问题采取每月通报,限期处理,按时反馈;对重点疑难信访事项由部信访办或省民政厅派人实地督办;重点督办村务公开和退伍兵安置不到位所反应的信访问题。四是全力做好敏感时期的信访工作。加强信息报送工作,落实紧急重大信访信息报告制度,坚持24小时专人值班制度,确保及时有效化解矛盾,维护稳定。

民政部印发《关于充分发挥民政部门职能作用积极参与平安建设的意见》的通知

（2006年10月25日）

各省、自治区、直辖市民政厅（局），计划单列市民政局，新疆生产建设兵团民政局：

根据中央社会治安综合治理委员会的要求，我部研究提出了《关于充分发挥民政部门职能作用积极参与平安建设的意见》。现将这个意见印发给你们，请结合当地民政工作实际贯彻落实。

关于充分发挥民政部门职能作用积极参与平安建设的意见

为进一步贯彻落实中共中央办公厅、国务院办公厅转发的《中央政法委员会中央社会治安综合治理委员会关于深入开展平安建设的意见》，充分发挥民政部门的职能作用，紧紧围绕平安建设的目标要求，积极参与平安建设，现结合民政工作实际，提出以下贯彻意见。

一、充分认识积极参与平安建设的重大意义

平安建设作为新形势下加强社会治安综合治理工作的新举措，是构建社会主义和谐社会、促进经济社会协调发展的重要保障，是维护广大人民群众根本利益、为人民群众所期盼的民心工程，是提高党的执政能力、巩固党的执政地位的基础工程，也是贯彻党的十六届六中全会精神，促进社会主义和谐社会建设的实际行动。深入开展平安建设，对于社会治安综合治理工作拓宽领域、充实内容、提高层次、完善机制、取得实效具有重要作用。

民政部门是主管有关社会行政事务的政府职能部门，民政工作是社会治安综合治理工作的重要组成部分。民政部门所负责的自然灾害紧急救助、城乡特殊困难群众的社会救助与人民群众的利益息息相关；所负责的拥军优抚安置工作，服务于国防和军队建设；所负责的民间组织管理、村民自治和社区建设、行政区划、界线管理等，都是社会建设和社会管理的重要组成部分。民政部门积极参与平安建设，进一步做好各项工作，有利于保障城乡特殊困难群众的基本生活，维护社会稳定，促进社会和谐；有利于充分发挥城乡基层群众自治组织协调利益、化解矛盾、排忧解难的作用，发挥民间组织提供服务、反映诉求、规范行为的作用，形成社会管理和社会服务的合力；有利于巩固群防群治的社会治安综合治理基层网络，夯实社会治安综合治理基础，促进社会稳定和国家长治久安。

近年来，各级民政部门在当地党委、政府的正确领导下，结合民政工作实际，采取有效措施，积极参与社会治安综合治理工作，充分发挥了民政部门的职能作用，为维护社会和谐稳定做出了应有的贡献。当前，我国既处于发展机遇期，也是矛盾凸显期，协调社会利益的难度明显加大。这些对做好社会治安、维护社会稳定提出了新的更高的要求。因此，各级民政部门要从实践“三个代表”重要思想，坚持立党为公、执政为民，全面落实科学发展观，维护改革发展稳定大局的高度，深入分析国际国内形势，充分认识在新形势下深入开展平安建设的重要意义，增强做好平安建设的责任感和紧迫感，紧密结合民政工作实际，制定完善民政部门参与平安建设的各项措施，努力为缓解社会矛盾促进社会和谐作出新的贡献。

二、充分履行民政部门职能，积极参与平安建设活动

（一）加强和谐社区建设，夯实社会治安综合治理基层基础工作。

在城市，积极开展和谐社区创建活动，大力建设“平安社区”。按照建设“居民自治、管理有序、服务完善、治安良好、环境优美、文明祥和”新型社区的要求，坚持把构建和谐社区与推进平安建设有机结合起来，努力使社区在密切党和政府同人民群众的关系上发挥桥梁作用。协助有关部门做好社区规划，加大社区基础设施投入力度，改善社区办公条件和服务设施，为群众创造安居乐业的良好环境。完善社区居民的自治功能，健全社区党组织和社区群众自治组织、居民会议、社区协商议事会制度，吸纳社区居民参与社区管理，不断提高基层治理水平。指导社区加强管理，进一步推动社区居委会干部专业化、职业化，培育各类社区民间组织、志愿者组织，形成社区管理的合力。整合社区治安资源，健全社区预警机制，配合公安等有关部门搞好社区警务建设，抓好矛盾排查调处工作。充分发挥社区组织的功能，加强对缺乏监护、具有不良习性青少年和吸毒人员、刑释解教人员等重点群体的教育、管理和服务工作，积极开展社区矫正试点，加强对流浪儿童、服刑人员未成年子女的关心教育和管理服务，预防和减少违法犯罪发生。广泛开展“社区减灾平安行”活动，配合有关部门，推动建立健全传染病、公共卫生、食品安全紧急事件社区反应机制，提高社区应对突发性公共事件的能力，提高社区整体防范水平。积极推进“万家社区读书活动”，利用现有社区资源，实现社区与驻地单位资源共享，创建社区学校和社区图书馆，有条件的地方要面向青少年尤其是流浪儿童和问题儿童创建“青少年法律学校”，加强社区法制宣传教育，积极增强群众的法制观念。在社区内开展形式多样的健康娱乐活动，特别是积极组织社区内的闲散人员参与社区活动，增强社区的凝聚力，营造治安良好、文明和谐的社会氛围。

在农村，积极推进农村社区建设，健全村党组织领导的充满活力的村民自治机制，为“平安乡村”建设创造条件。指导做好村委会换届选举工作，严格执行村委会换届选举工作的法律法规和政策，规范选举程序，着力引导农民群众正确行使民主权利，理性表达利益诉求，自觉维护社会安定。进一步加大对违法选举问题的查处力度，严防宗族、宗派、宗教势力甚至农村恶势力对村级民主选举的非法干预，坚决制止不正当和非法竞选行为。积极开展村务公开民主管理示范单位创建活动。认真贯彻落实全国村务公开协调小组《民政部关于开展“村务公开民主管理示范单位”创建活动的意见》，健全各项民主制度，重点完善财务管理、民主理财、民主评议村干部、村干部离任和任期审计、责任追究等制度，丰富民主形式，拓宽村民参与村务管理的渠道，全面深化村务公开民主管理，切实保障农民群众的民主权利。农村村委会要在地方党委领导下，积极协助县、乡人民政府及有关部门，落实做好农村社会治安综合治理工作的各项措施。把创建“平安村”工作与“民主法治示范村”、“村务公开民主管理示范单位”创建工作结合推进，加强农村治保、调解、民兵和治安联防等组织建设，积极开展人民调解、社会治安群防群治等工作，广泛利用村务公开栏、黑板报、有线广播、有线电视等途径，使广大农民群众认识到农村社会治安工作重要性，使民主法制知识深入千家万户。

（二）做好行政区域界线管理工作，开展“和谐平安边界”创建活动。

扎实做好界线管理各项工作。有计划地开展省、县两级行政区域界线联检，重点抓好联检规范和发现问题处理工作；及时出面处理因行政区域界线实地位置认定不一致引发的边界纠纷，协助有关部门处理好界线附近地区的资源管理使用纠纷；完善行政区域界线管理法规，提高管理的法制化、规范化、科学化水平；加强界线管理宣传、信息化建设和档案管理，推动地方各级政府依法定界线行政，教育界线附近地区群众自觉遵守法定界线和有关管理规定，加强沟通和部门配合，共同维护界线附近地区的稳定。

积极开展“和谐平安边界”创建活动。在各级党委政府的统一领导下，把和谐平安边界建设工作作为平安建设工程的重要组成部分，纳入总体规划，制定具体目标，明确相关任务，定期考核表彰。通过建立健全地方党委领导，政府负责，民政等有关部门各司其职、密切配合，界线附近地区广大干部群众广泛参与的管理体制，以及各种行之有效的协调处理机制，采取积极预防、区分性质、快速处置的方法，从源头上防止、减少新的边界纠纷的发生，把界线附近地区的矛盾纠纷解决在基层、解决在萌芽状态，实现界线附近地区长期和谐稳定，促进界线附近地区经济社会稳步发展。

（三）推进城乡社会救助体系建设，保障困难群众基本生活，维护社会稳定，促进社会和谐。

推进城乡社会救助体系建设，完善各项社会救助制度。进一步做好城市居民最低生活保障工作，完善农村五保供养制度，落实五保供养政策，逐步建立农村最低生活保障制度，保障城乡困难群体的基本生活。进一步推进城乡医疗救助工作，切实缓解城乡贫困人口因病致贫、因病返贫的问题。进一步完善自然灾害紧急救援机制，进一步健全和完善自然灾害应急预案体系，全面加强灾情信息系统建设，提高灾情的监测、预警、预报水平。加强救灾物资储备，妥善安排转移安置受灾群众的基本生活，及时指导地方开展恢复重建工作，确保灾区群众的基本生活。加强城市生活无着的流浪乞讨人员的救助管理，认真贯彻落实《城市生活无着的流浪乞讨人员救助管理办法》，进一步完善救助管理工作机制，加强救助站建设，对漂泊在城市街头的流浪乞讨人员及时进行告知、引导和救助。

完善流浪未成年人保护措施。认真贯彻落实民政部等19部门《关于加强流浪未成年人保护工作的意见》，充分履行民政部门在流浪未成年人保护工作中的职责。加强流浪未成年人救助保护机构设施建设，积极争取将流浪未成年人救助保护机构设施建设项目纳入当地“十一五”规划，力争在地级以上城市和个别大县（区）建设一批设施完善、功能健全的流浪未成年人救助保护中心。认真落实流浪未成年人救助保护机构规范要求，推进流浪未成年人救助保护工作在科学管理、队伍建设和设施建设等方面规范发展。继续创新流浪未成年人救助保护工作方式，就流浪未成年人的早期预防、社区干预、权利保护以及安置方式等方面进行大胆创新。加强对流浪未成年人救助保护机构工作人员的业务培训，不断提高流浪未成年人工作队伍的专业化水平。研究出台相关政策规定，积极鼓励、支持社会力量参与流浪未成年人工作，进一步营造全社会共同关爱流浪未成年人的良好氛围。

（四）引导民间组织积极参与和服务和谐社会建设，发挥民间组织提供服务、反映诉求、规范行为的作用。

坚持培育发展和管理监督并重，积极培育发展行业协会、农村专业经济协会、公益性民间组织和社区民间组织，发挥民间组织提供服务、反映诉求、规范行为的作用。引导民间组织加强自身建设，深入开展民办非企业单位自律与诚信建设活动，提高民间组织自律能力。发展和规范各类基金会，促进公益事业发展。积极开展民间组织服务于新农村建设活动，发挥民间组织在人才、技术、信息、资金、项目等方面的优势，开发民间组织的社会资源，培育、规范农村专业经济协会发展，为农村、农业、农民办实事、做好事、解难事，努力形成民间组织参与、服务新农村建设的长效机制。进一步加强和改进对民间组织活动的依法监管，加大对非法和违法、违纪民间组织的查处力度，严密防范和严厉打击非法组织和敌对势力利用民间组织破坏国家安全和社会稳定的各种苗头和各类活动，保证民间组织的健康发展。

（五）加快建立社会工作者职业水平评价制度，充分发挥职业社工化解社会矛盾，解决社会问题，维护社会稳定的积极作用。

加快建立社会工作者职业水平评价制度，抓紧开发社会工作岗位，全面启动社会工作专业教育培训，创新社会服务方式，增强社会服务的专业性，切实提高专业化社会服务水平，提高社会服务的质量和效果，充分发挥社会工作在落实社会政策、化解社会矛盾、解决社会问题、维护社会稳定、促进社会公平、推进平安建设中的积极作用。

（六）做好民政信访工作，积极防范和有效化解社会矛盾。

认真贯彻《信访条例》，结合民政信访工作实际情况，健全信访工作机制，制定符合本地情况的工作办法，建立顺畅、有序、合法的民意表达渠道，切实维护信访人的合法权益。充实各级民政信访工作力量，建立县(市、区)、乡(镇、街道)、村(居委会)三级民政信访网络，做实做细信访人的接谈、解释工作，切实解决信访人的实际困难，把矛盾化解在基层。加强对群体性上访的预测、排查力度，在积极解决问题的同时做好细致的说服劝阻工作，必要时可采取由工作人员带领上访代表到上级咨询、反映问题的方法，杜绝大规模进京访和群体性事件的发生。全面落实优抚安置政策，民政部门要积极主动地与军队协调解决退伍安置中的遗留问题，与地方有关部门研究解决复员退伍军人反映的实际问题。加强情报信息工作，落实紧急重大信访事项及时上报制度；建立主要领导指挥、信访部门协调，相关业务处室配合，运转高效的应急处理机制。

三、切实加强对平安建设的领导和指导

各级民政部门要提高认识，加强领导，把积极参与平安建设作为民政工作的一项重要内容，抓实抓好。要按照党委、政府的工作部署，积极配合有关部门，加强调查研究和督促检查，不断总结推广典型经验，查找薄弱环节，有计划、有步骤地组织推动平安建设的深入开展。各级民政部门要进一步健全和落实民政系统内社会治安综合治理目标管理责任制，完善单位内部的各项规章制度，建立健全工作领导责任制和责任追究机制，抓好各项综合治理措施的落实。要加强政务值班工作和重大事项报告制度，对本部门工作领域持续的重大治安隐患和重大治安事件以及其他群体性事件，及时向党委、政府及综治委报告，不得漏报、迟报甚至瞒报。对不关心群众疾苦，官僚主义、失职、渎职等，引发影响稳定重大问题的，要严肃查处，追究有关领导和相关人员的责任。

新闻出版总署

2006年新闻出版管理机关参与社会治安综合治理工作情况

2006年,在党中央、国务院的正确领导下,各级新闻出版行政管理部门以党的十六大和十六届三中、四中、五中、六中全会精神为指导,认真贯彻落实中央"两办"转发的《2006年"扫黄打非"行动方案》和中央领导同志重要指示精神,紧紧围绕落实科学发展观和构建和谐社会的要求,把"扫黄打非"作为社会治安综合治理工作的重要内容切实抓紧抓好,坚持日常监管与集中行动相结合,坚持打防并举、标本兼治、综合治理,会同宣传、政法、公安、工商等有关部门,开展了声势浩大的"扫黄打非"行动,在封堵查缴非法出版物、扫除淫秽色情等有害文化垃圾、打击侵权盗版行为、查处取缔非法报刊制售活动、屏蔽查处互联网有害信息等项重点工作方面取得了显著成效;在开展专项治理、查处大案要案、营造舆论氛围、完善部门联动机制等方面取得了新的进展,积累了宝贵的经验。尤其是"反盗版百日行动",有效遏制了音像和计算机软件市场销售盗版的猖獗势头,在国内外产生积极反响,使我国保护知识产权的国际形象得到进一步提升。据统计,2006年全国共收缴各类非法出版物1.5亿件,其中淫秽色情出版物246.7万件,盗版出版物1.4亿件;破获非法光盘生产线14条,至此我国境内查获非法光盘生产线总数已达231条;全国共查办制黄贩黄、非法出版案件3万余起,行政处罚案件2.9万起,刑事处理案件605起,刑事审结案件225起,刑事处罚626人。始终保持了对非法出版、制黄贩黄和侵权盗版行为等各种违法犯罪活动的高压态势,确保了出版物市场的健康发展,为构建社会主义和谐社会,维护我国的政治稳定、社会安定和文化安全,营造有利于青少年健康成长的文化环境,发挥了重要的作用。

一、2006年"扫黄打非"重点工作和专项治理有了新进展

根据中央关于开展"扫黄打非"工作的总体要求,以及中央宣传部、中央政法委、新闻出版总署联合制定下发的《2006年"扫黄打非"行动方案》,各级新闻出版部门紧密结合本地区和本部门的工作实际,采取切实有效的措施,狠抓工作落实。

(一)加大对出版物市场的清查力度,依法查禁各类非法出版物。2006年始终将封堵打击非法出版物作为"扫黄打非"工作的重中之重。各级新闻出版行政执法部门在公安、文化、工商等部门配合下,加大对书报刊批发市场、音像市场、电子软件市场的监管,采取事前预警、有效布控、重点堵截、精确打击等积极有效的应对策略和办法,进一步完善防范和打击非法出版物的工作机制。在坚决打击兜售非法出版物和盗版出版物、淫秽音像制品的违法犯罪活动;严密封堵查处利用互联网传播的非法出版物及其相关信息,切实加大对互联网网络出版和网络游戏内容的监管,严禁境内网站登载非法出版物的相关信息、传播淫秽色情等有害信息等方面做了大量工作,保障了出版物市场的正常经营秩序。

(二)结合实施"为了明天"工程,着力营造有益于青少年健康成长的文化环境。2006年全国新闻出版局长会议和全国"扫黄打非"电视电话会议,都切实把净化青少年成长环境、预防青少年违法犯罪作为"扫黄打非"重点工作加以安排部署。

1. 开展校园周边出版物市场环境的综合治理,大力扫除淫秽色情和有害出版物。各级新闻出版和"扫黄打非"部门按照要求重点治理了学校周边书刊和音像制品、网络服务场所、电脑刻录等零售租赁摊店等,坚决查缴宣扬淫秽色情、凶杀暴力、封建迷信及伪科学内容的音像制品、电子出版物、游戏软件和以未成年人为主要读者对象的各类非法出版物;彻底清除淫秽色情有害信息、有害读物及网上有害信息,严厉打击利用互联网等传播文化垃圾、有害信息的行为。在2006年查处的3万起"扫黄打非"案件中,制售淫秽色情出版物案就有3704起,共查缴淫秽色情出版物246.7万件。针对网上传播淫秽色情问题日渐严重的趋势,新闻出版总署和全国"扫黄打非"办把网上"扫黄打非"列入"扫黄打非"工作总体布局,组织开展了"健康上网"、"网上忠告"等活动,同时把及时协调、通报有关部门删除或屏蔽网上有害信息,作为全年重点任务常抓不懈。2006年,全国新闻出版部门共查办网络"扫黄打非"案件1712起,其中网上传播淫秽色情等有害信息案件577起,网上非法出版、经营案件374起,网上侵权盗版、"私服""外挂"案件761起;处罚违规网站6251家,取缔关闭非法网站3614家。

2. 开展"从我做起,远离盗版,拒绝有害出版物,保护知识产权"活动,提高广大未成年人版权保护意识,增强对拒绝使用盗版、拒绝阅读有害出版物,保护民族创新能力重大意义的认识。2006年4月25日至6月10日,新闻出版总署会同全国"扫黄打非"办、中央综治委预防办、国家版权局、教育部等部门联合开展"从我做起,远离盗版,拒绝有害出版物,保护知识产权"活动。此项活动由四部分组成。一是"4.26"世界知识产权日全国百万中学生签名活动。2006年4月25日,在全国各省会城市、计划单列市、副省级城市同时开展了"从我做起,远离盗版,拒绝有害出版物,保护知识产权"万名青少年签名活动。二是学校教育活动。2006年5月上旬,各学校利用黑板报、广播、网站等载体,同时通过专家讲座、主题班会、主题团队会等形式开展远离盗版,拒绝有害出版物,保护知识产权的宣传教育活动。三是社区教育活动。全国"扫黄打非"办配合相关部门,继续深化创建优秀"青少年维权岗"活动。2006年,新闻出版系统共有36个单位被评为全国优秀"青少年维权岗"。5月中旬,新闻出版系统的优秀"青少年维权岗"单位利用社区青少年法律学校、青少年法制教育基地等阵地,通过设立宣传栏、张贴宣传画、组织讲座等形式,集中开展宣传教育活动。四是集中整治活动。2006年5月中旬到6月上旬,开展"为了明天——青少年维权岗在行动"活动,对盗版和淫秽色情、迷信出版物进行集中整治,在"六一"国际儿童节前形成高潮并取得阶段性成果。

(三)"反盗版百日行动"工作到位、成效显著,在国内外产生了积极反响。2006年7月15日至10月25日由全国"扫黄打非"办、新闻出版总署等中央十部门联合开展的"反盗版百日行动"与历次专项行动相比,规模大、声势大、力度大,动员群众广泛、组织工作严密、政策要求明确,实现了严打和教育相结合,使音像和计算机软件市场销售盗版制品猖獗的势头得到有力遏制,市场秩序明显好转。"反盗版百日行动"期间,处罚违规店档摊点2.1万个、印刷复制企业5065家、网站3003家,取缔关闭店档摊点1.5万个、印刷复制企业717家、非法网站1142家;全国共收缴各类非法出版物7284.8万件。打击盗版为正版产品发展打开了市场空间,正版生产回升,销售总量提高。据广东调查,音像复制业的产量增加了10%至12%,销售量增长了20%以上。"反盗版百日行动"还取得了其他四个明显效果:一是经营者守法经营意识明显提高。通过向社会发布《公告》以及广泛的宣传教育,100多万名业者中绝大多数对"反盗版百日行动"表示理解和拥护,向行政主管部门主动上缴的盗版音像和计算机软件制品达1000万件。一些地方经营场所的主办单位和经营者还分别与新闻出版、文化、版权、工商行政等部门签订承诺书,承诺不制造、不经营盗版制品。二是全社会抵制盗版制品的意识和舆论氛围明显增强。各级党委、政府领导亲自出面安排、部署"反盗版百日行动",全国有15万人次参加执法检查,检查出版物市场19.7万个次,检查店档摊点61万个次,检查印刷复制企业14.7万家次。这些行动、举措,使全社会感受到了党和政府打击侵权盗版、保护知识产权的立场、决心和能力。各界群众的认同感和广泛参与度都是过去没有的。三是查办大要案的力度明显加大。"反盗版百日行动"期间,共查办案件1.3万起,向司法机关移送刑事案件313起,刑事审结案件80起,刑事处罚177人,对犯罪分子形成了高压态势。

四是我国保护知识产权的国际形象明显转好。美国、欧盟的文化、版权官员,美国电影协会驻华代表,对“反盗版百日行动”给予了积极评价,认为很有震撼力,显示出中国政府打击侵权盗版、保护知识产权的决心。

(四)加强协作配合,加大侦破和查办大案要案的力度。2006年,新闻出版部门与公安等部门密切配合,加大了行政处罚和刑事打击力度,连续破获一批从事走私、制作、印刷、复制、销售非法出版物活动的犯罪团伙,端掉其制作储藏窝点,摧毁其地下发行网络。广西柳州“3.13”网络制作贩卖淫秽光盘案,查获淫秽母盘400张,内存淫秽色情影片1800余部。哈尔滨“炮兵俱乐部”网络淫秽色情案,组织面向会员的网络视频色情表演,6个月时间发展会员48555人,主犯被判有期徒刑11年。11月22日山西破获的“情色六月天”特大淫秽色情网站案,半年时间会员发展到60万人,遍及20多个省区市,多为在校学生,累计点击数达1110万次,主犯陈辉被判无期徒刑,其他8名案犯被判有期徒刑1年1个月至10年。这些大案要案的判决,有力地震慑了犯罪分子的嚣张气焰。

二、齐抓共管的“扫黄打非”综治格局显出威力

“扫黄打非”是在改革开放和市场经济条件下出现的一种特殊斗争形式,事关社会主义意识形态的巩固、国家文化安全和人民群众文化利益问题,是和平时代“没有硝烟的战场”。2006年,各级新闻出版部门进一步提高对“扫黄打非”工作的认识,将“扫黄打非”工作与平安建设同部署、同落实、同检查,坚持“打防结合、预防为主、专群结合、依靠群众”的方针,努力完善“扫黄打非”工作的长效机制。

(一)强化部门联动和综合治理,增强“扫黄打非”合力。2006年,全国“扫黄打非”工作小组新增了4家成员单位,即监察部、财政部、民政部和建设部,全国“扫黄打非”工作小组的成员单位已达22家。已经形成部门各负其责、密切配合、综合治理的“扫黄打非”新格局。“反盗版百日行动”,就极其鲜明、生动地证明了部门合力的效果。每有重要集中行动,遇到重要问题,有关部门分工把关又不失配合,联动机制进一步完善,工作效率进一步提高。中央宣传部在协调行动和加强宣传上发挥了领导作用,及时安排部署和检查指导,调动了“扫黄打非”的力量。中央政法委在社会治安综合治理工作中加大了“扫黄打非”力度,提出了五个“纳入”,加大了案件移交、审结工作协调力度。新闻出版总署大力整顿规范印刷复制企业及出版物发行市场,关停复制企业14家,查处出版社8家。利用“扫黄打非”平台,安排部署专项治理和加强市场长效监管机制建设。公安部创新工作方式和措施,实行重奖举报和暗访侦察并举、挖窝点与断网络并举、打团伙与抓逃犯并举,加大刑事打击力度。高检、高法及各地检察院、法院高度重视“扫黄打非”案件,认真受理,及时协调,抓紧审结重判,对疑难问题能够适时作出司法解释,增强法治的威力。海关系统运用行政执法、刑事执法和综合治理三种手段,加大现场监管和案件查处力度,加强与各级“扫黄打非”办的密切配合,坚决遏制盗版、淫秽光盘、反动宣传品及其他非法出版物的走私势头,取得了显著成绩。信息产业部在封堵网络非法出版物和遏制网上淫秽色情信息传播方面,取得重要成果。工商总局严把市场准入关,坚决取缔无照经营行为。正是由于“扫黄打非”成员单位间通力合作,“扫黄打非”工作才有齐抓共管的良好局面。

(二)行政处罚、刑事打击、强势舆论三者结合形成“扫黄打非”的高压态势,震慑犯罪、教育从业者。2006年,行政处罚力度加大,刑事打击力度也加大,行政处罚到位,依法查处及时,不仅办案数量增多,而且案值比往年都大,连破多起大案要案。进入9月份,出现破案高峰期,如广州“9.26”非法光盘贮存案469万张;深圳“9.17”非法光盘贮存案299万张;北京“9.7”特大盗版图书连环案,品种达1297种计200余万册。进入“反盗版天天行动”,更是捷报频传:11月11日,江西民航警方一举端掉一个地下非法生产光盘团伙,查获两条非法生产线。12月13日这一天,东、西部连破两个大案。在西部的重庆,一举破获迄今为止我国最大的刻录盗版光盘案,端掉集印刷、刻录、包装、销售为一体的盗版窝点和两个发货点,收缴144台刻录机;在东部广东中山市,一举破获集策划、接单、复制、贮运、批发、销售一体的特大盗版光盘团伙,专案组兵分五路,同一时间抓捕37名嫌疑人，收缴两条非法光盘生产线及若干设备、运输工具。新闻出版和公安部门联手，加大对正规音像复制厂家违法违规复制盗版光盘的打击力度，于12月分别在内蒙古和江西查获两个违法生产盗版光盘的复制企业，行政上已作吊销营业执照处理，司法上接手刑事立案查处，嫌疑人已被分别拘留。宣传上，积极构建立体化的宣传网络。中央宣传部领导精心指导，周密策划，全国“扫黄打非”办定期召开新闻发布会，中央主要新闻媒体和主流网站及时发布有关重要信息及评论文章，形成强大的舆论力量。在宣传方式上不断创新，在充分发挥报纸、广播、电视等传统媒体作用的同时，努力加强与国内新闻网站的联系，发挥网络覆盖广、传播快的优势，做好“扫黄打非”宣传。一个时期以来“扫黄打非”、“反盗版”成为网上点击率最高的关键词之一。全国“扫黄打非”办还加强了“扫黄打非”公益宣传，在4月26日“知识产权日”，利用中国移动、中国联通、中国网通三家公司的北京分公司手机短信平台同时进行“扫黄打非”、保护知识产权公益宣传；继续与公交公司合作，在北京14条线路的22辆公交车上利用公交车身开展“扫黄打非”公益广告宣传等。

（三）坚持“三主动”，认真抓落实，不断提升全国“扫黄打非”工作效能。各级新闻出版部门和“扫黄打非”办按照“发挥主动性，掌握主动权，打好主动仗”的工作原则，把重点放在早知情、早预防、早行动上，转变了“扫黄打非”的基本态势，也收到预期效果。全国“扫黄打非”办（新闻出版总署市场监管局）从2006年3月1日起设立的电话值班室，24小时受理举报，节假日也不休息，全年共受理举报1500余件，成为全国“扫黄打非”办了解信息、联系群众、指导案件查处的重要窗口。指导文件月月都有，协调会议每周至少一次，督查工作不间断，执行中央领导交办事项从不过夜，保持了精干、高效、特别能战斗的风格和旺盛的斗志。

海关总署

海关机构参与综治工作典型经验

——福建省反走私综合治理工作情况

由于所处的区位特点，福建是全国反走私的重点省份之一。面对海西发展中反走私工作的新形势、新特点，福建省委、省政府态度鲜明，坚决拥护中央的决策。省委、省政府始终旗帜鲜明反走私，理直气壮抓发展，以发展凝聚人心，用发展解决前进中的问题。各级、各部门在贯彻落实党中央、国务院和省委、省政府关于反走私的工作部署中，积极调整思路，创新举措，探索开展反走私综合治理工作新路子，努力完善“责任、督查、保障”三个机制，进一步处理好“依法把关与优质服务、严格管理和工作创新、堵与疏”三个关系，积极部署开展反走私综合治理重点整治工作和联合专项行动，持续保持反走私高压态势，努力为福建的外向型经济发展和推进海峡西岸经济区建设创造一个良好的经济环境。2006 年，全省共查获走贩私案件 361 宗、案值 255818 万元（其中含海关总署缉私局直接查办的“5319”香烟走私大要案历年累计案值 247490 万元，实际查获当年发生的案值是 8328 万元），查获的主要物品有成品油 2248 吨，洋酒 4286 瓶，香烟 1993 箱，手机 5646 台，海洛因 4363.4 克，冰毒 135145 克，濒危动植物及制品 5502 件等。

一、构建全省反走私综合治理工作领导责任制

近几年省委常委会、省政府常务会都召开专题会议，专门听取、研究、部署反走私工作，在制定实施建设海峡西岸经济区战略中把反走私工作作为一项很重要的内容。省打击走私领导小组每年至少召开一次领导小组全体成员会议或扩大会议，认真研究和部署反走私工作。为进一步强化对反走私工作的领导，出台了《福建省反走私工作综合治理领导责任制》，明确各级党政主要领导对反走私工作负总责。从“领导重视、机构健全、经费保障、落实责任、调研部署、综合治理、履行职能、案件查处”等方面对各级党政领导进行量化考评，并把反走私综合治理工作纳入社会治安综合治理的年度考评工作统一实施。在反走私工作综合治理责任体系建设上，着力推动“六个融入”，以形成齐抓共管的反走私工作综合治理格局和有效的合力机制：(1)融入党委政府工作责任制中；(2)融入各部门的工作机制中；(3)融入社会治安综合治理建设中；(4)融入社会主义新农村的建设宣传教育中；(5)融入海峡西岸经济区建设的保障机制中；(6)融入泛珠三角区域反走私合作机制中。省综治办把反走私工作纳入全省首批创建 36 个县(市、区)“平安建设”和社会治安综合治理的考评工作中，作为省委、省政府与各设区市委、市政府党政一把手签订责任状考核政绩的依据。各地按照省委、省政府关于反走私工作常抓不懈的精神，认真做到“四个纳入”，即把打击走私工作纳入党委、政府的工作目标；纳入对领导班子的政绩考评；纳入基层组织建设的重要范畴；纳入对群众进行法制教育的内容之中，有文件规定、有量化标准，有检查、有落实、有考评。真正做到守土有责，保一方平安。各部门按照自己的职责、职能分工，在党委、政府的统一领导下充分发挥作用，形成立体式的、网络化的反走私综合治理工作合力。福建认真组织有关部门针对打击走私工作情况进行经常性的检查、调研、指导，持续保持打击走私的高压态势，防范走私回潮和形成热点问题。同时对领导责任制建立和实施情况进行专项督查。

二、创新疏堵结合的反走私综合治理工作机制

一是抓宣传,从思想上构筑“疏堵”理念。一些沿海地区如泉州、漳州等市通过举办反走私图片展、街头法制宣传活动及村民座谈会等形式,强化提高沿海镇、村干部群众的反走私斗争认识。各执法职能部门不断深入基层、企业开展法律法规宣传讲座及诚信建设专题讲座,引导企业走合法经营之路。通过广泛的宣传教育,树立“勤劳致富、合法经营”的思想。二是开正门,发展为先,认真做好疏的工作。(1)针对台货走私的特点,从有利于发展、有利于祖国和平统一、有利于做好台湾人民的工作出发。开展海上台货快运试点的前期调研工作,及时提出建议与意见。省政府办公会议专题研究确定在全省6个沿海对台小额贸易点,作为开展台货海上快运工作,并积极向中央及相关部委争取优惠政策,解决台胞及台资企业的生活用品和生产急需的少量辅助产品问题,促进对台经贸的健康运作,有效遏制台货走私。(2)树立科学发展观,大力开展社会主义新农村建设,积极开展劳动力转移培训、对台渔工劳务输出,出台优惠政策,积极鼓励渔船民发展养殖、海运等生产活动,引导村民走合法致富道路。(3)针对加工贸易渠道和进出口渠道存在的逃税、骗税、避税违规违法行为,在坚持严厉打击和大力整顿、规范进出口秩序的同时,主动与进出口企业沟通联系,实施定期、不定期的检查和跟踪管理,进一步规范进出口企业依法经营行为,净化进出口秩序。在口岸通关上,积极采取有力的措施,强化依法把关意识、努力规范通关环境,口岸通关效率明显提高。2006年全省海港口岸与2005年比较,均实现两位数以上的增长。三是加强监管堵“邪门”,始终保持高压态势。针对不同时期反走私工作重点,省打击走私领导小组认真部署专项行动,强化打击合力。针对沿海局部地区香烟走贩私动态,先后三次在沿海地区组织开展成品油、香烟、台货等重点敏感商品走私的专项打击行动。

各缉私执法部门充分依靠当地党委、政府的统一领导,积极履行职能作用,不断创新机制,坚持打防结合、疏堵结合,主动融入反走私综合治理工作中。福州海关以开展反走私长效机制建设试点工作为契机,在关区全面推行反走私工作隶属海关关长责任制和反走私绩效评估考核机制。厦门海关在坚持反走私工作关长负责制的同时,把打击与治理、整顿与规范相结合,实行“科镇挂钩”。省边防总队充分发挥治边管边职能作用,加强对走私活动重点地区、重点海域、重点物品的严密布控,构筑了严密的管防阵地。省工商部门把打私工作列入年度效能考核标准中,做到有检查、有标准、有奖惩。省烟草部门结合基层专卖管理所建设,将卷烟打私工作与市场净化率挂钩,作为年终考评的重要指标。各部门之间还建立了相互沟通联系的协作机制,互通情报,密切配合,形成合力,不断提升对重点区域、重点渠道、重点商品的走贩私违法犯罪活动打击力度。各部门在地方党委政府的领导下,充分发挥自身优势,积极开展部门间、区域间合作、开展联合打击走私行动,形成打击走私的整体合力,始终保持打击走私的高压态势,确保海峡西岸经济区建设的经济环境和社会治安安定。

三、“科镇挂钩”——职能部门反走私综合治理探索

厦门海关缉私局认真贯彻“联合缉私、统一处理、综合治理”的缉私工作体制,紧紧依靠地方党委政府,坚持“打防结合、综合治理、突出重点、坚持不懈”的方针,在全国海关系统率先开创“科镇挂钩”工作机制,在石狮、晋江沿海乡镇开展以明确责任、宣传教育、加强整治、促进经济发展为主要内容的反走私综合治理,实行“科镇挂钩”,取得明显成效。

(一)科室与乡镇挂钩,人到村开展工作。厦门海关缉私局下属的石狮分局4个业务科室与石狮、晋江沿海走私活动相对突出的4个乡镇结成反走私工作对子,双方单位互设联络员,结合当地实际开展工作,落实反走私责任。并将该机制由“科到镇”推进到“人到村”,设立5个反走私联络站,5个业务科室的20名民警直接挂钩到5个镇的20多个重点村,在“走得出去、找得到人、办得成事”的基础上,初步实现该机制为“情报经营、现场查缉、法制宣传”服务的目标。2006年,“科镇挂钩”范围增加到6个,分别为石狮市的锦尚镇、祥芝镇、蚶江镇和晋江市的金井镇、深沪镇、英林镇等六个乡镇。还适时将“科镇挂钩”的职能进行新定位，在发挥原有目标基础上着重在“扶持、促进、推动挂钩乡镇经济发展”上下功夫，不断丰富“科镇挂钩”内涵。

（二）建立反走私联络站。在深入基层乡镇开展工作的基础上，反走私工作阵线不断前移，民警直接挂钩村庄开展工作，同时在挂钩乡镇支持、配合下选择重点（或基础条件好）村庄建立反走私综合治理联络站。在掌握社情、民情、地情基础上，在挂钩村物色一些为人正派、群众威信高、有一定活动联系能力的村民，建立为基本群众户，通过他们搭建与普通村民联系的桥梁。在联络站的设置上，主要考虑工作需要与当地实际。

（三）实行“民警到镇村挂职”制度。根据反走私新形势需要，推动建立“缉私民警挂职乡镇”机制，派出专职科级干部在走私易发地区石狮市锦尚镇、晋江市金井镇、南安市石井镇挂职党委副书记，主管打私工作；同时，根据“科镇挂钩”工作需要，又推出“民警到村挂职”制度，即选派分局民警到部分挂钩村担任党支部副书记或村长助理，将反走私工作纳入村两委日常工作，推动反走私综合治理深入开展。同时，在沿海各村庄相继聘请了一批群众基础好，法制观念强的村干部为反走私综合治理法制宣传员、联络员，以进一步扩大宣传面，加大反走私法制宣传力度，努力提高关区群众的法制观念，筑强筑牢反走私的钢铁长城。

（四）分析评估，制订绩效考评办法。各挂钩科室在活动中根据目标和任务进行阶段性评估分析，如民警对挂钩镇、村的熟悉程度，构建工作关系或特情的数量和质量，群众举报走私线索的数量和质量，查获走私案件的数量等，不断总结经验，完善工作方式、方法，充分体现各挂钩乡镇在开展活动中的成效与特色。石狮分局制定了“科镇挂钩”绩效考评办法，每个季度对挂钩科室工作情况进行考核，考核指标分基础、提高、奖励、扣分4个部分，当季度考核得分80分以上的科室为优秀，考核60—80分的为合格，60分以下的为不合格。对季度考核不合格的科室，不具备年终评功授奖的资格，并且当季度该科室民警不具备参评岗位绩效考评优秀资格；全年优秀次数多的科室优先参评集体项目奖励情况，科室民警优先参评口岸部门、反走私综合治理项目的奖励项目。

四、警民联防——基层反走私综合治理探索

漳州边防支队浯屿边防派出所立足海岛实际，认真贯彻落实有关打私工作的决策部署和指示精神，按照“边防部门牵头、党委政府领导、部门各尽其职、社会力量参与，警民共建共享”的总体工作思路，抓住服务保障社会主义新农村建设中心不动摇，最大限度的发挥基层组织堡垒作用，动员沿海群众广泛参与，整合浯屿岛军警民多方力量，积极构建反走私联防体系，在联防中打击走私等违法犯罪，在联防中密织防控网络，在联防中保障海岛经济发展，实现了辖区村民不参与走私活动，船只不被利用于走私活动，港沃口不发生走私活动的“三不”目标，浯屿村先后被省政府授予“渔业十强村”、“安全生产先进单位”，被漳州市委、市政府评为“五星级”村党支部、“文明村”。成为我省反走私综合治理工作的一面旗帜，受到省政府领导的高度肯定。

（一）构建反走私群防群治联防网络

1. 主动牵头，边防导防。边防派出所领导主动走访驻地龙海市综治委、海防办和港尾镇党委等单位，协助港尾镇镇政府成立由镇综治领导任组长，由厦门警备区浯屿海防营、浯屿边防所、浯屿渔监及浯屿学校、村两委会、民兵营等单位负责人为副组长的军警民联防联动领导小组，领导小组成立后，在浯屿边防所设了联防办公室，在警地的共同努力下，联防领导小组结合海岛特色，明确职责分工，建立健全联防机制，畅通信息交流渠道，制定了具有海岛特色的军警民联防联动方案，扎实推进军警民联防联动体系建设。

2. 编队作业，渔船联防。针对出海船只无序作业和管理监控难的问题，该所结合实际，通过联防领导小组与村委会联合推出海上船只编队作业，在港区划线、定区域停泊等新型管理举措，并借鉴部队管理模式，按照自愿组合的原则，将467艘出海作业船只划分为支队、大队、中队等三级单位（设2个支队，每个支队管辖5个大队、每个大队管辖3个中队），实行编队航行、结伴作业。在浯屿边防派出所的积极推动下，浯屿村投入了十几万元资金在村部设立海上联动指挥中心，购置办公用具，配备计算机及其它设施，对船舶实行微机管理，准确掌握出海作业人员的数量、构成、分布、变化及活动区域等情况；指挥中心实行24小

时专人值班制度，利用船载半球对讲机与出海船只保持联系，对出海船只进行日常跟踪，规范船只出海及入港、科学地对船只实施不间断跟踪管理，发现异常情况迅速报告浯屿边防所、渔监和海事局等职能部门，有效防止了出海渔船民从事走私等违法犯罪活动。

3. 广泛发动，警民联防。由当地党委政府、公安机关和职能部门牵头，每月定期召开反走私联席会议，及时交流信息，相互配合协作，建立起军警民三级联防网络。由边防派出所依托两艘公边艇，加强海上巡逻检查力度；海防部队使用先进的侦观设施，及时提供海面动态；村两委充分调动群众力量，在港沃口严查走私活动。通过军警民联动联防，在浯屿海域构筑了"横向到边，纵向到底"的反走私人民网络。借助边防派出所管船管人职能优势，充分发挥海上治安信息员、船舶管理员、法制宣传员、人民调解员、治安巡逻员等作用，联防工作创新了以"群防、自防、专防"专群结合联动防范网络、"人防、物防、技防"物化结合互动防范网络和"分治、法治、自治"管防结合协动防范网络为主要内容的"三防联动、三位互动、三治协动"警务模式，大大提升了沿海治安管防效果。

（二）推动反走私联防工作责任落实

1. 推行警官任村官，保证领导到位。在总队、支队的统一部署下，积极争取港尾镇党委支持，由镇党委任命派出所警官为村党支部副书记，协管反走私等综治工作。任命"村官"积极履行"一岗双责"制，始终将反走私工作纳入村党支部重要议事日程，积极调动村（居）资源加大反走私联防人力、物力、财力投入，夯实缉私联防基础工作；定期以村委会名义向驻地镇党委政府汇报联防动态及管控成效，反走私联防工作被镇党委政府纳入"平安建设"总体规划，推动警地领导"经常抓、经常议、经常查"反走私联防工作格局的有效形成。

2. 深化大走访活动，保证组织到位。结合公安部边防局部署的"爱民固边"战略，深入开展群防、维稳、爱民、执法战役，高密度、大范围"走农家、登渔船、访码头、上渔排"，全方位地开展入户访查活动，在走访中梳理、整顿、规范群防组织，共成立法律服务协作机构3个、帮教小组11个，组建治安巡逻队3个、治保会2个，设立"治安中心户"62个。组织村治保会、联防队、船管站定期不定期巡逻守护，采取张贴宣传标语、散发宣传单、举办宣传栏、利用广播等多种方式，积极开展反走私宣传教育。

3. 实行一票否决制，保证责任到位。把反走私联防工作纳入社会治安综合治理考核评比重要内容，根据岛上军警地力量情况，结合海上治安形势，分解任务，明确分工，细化责任，并规定对辖区联防不到位的警官、村干部取消评先评优资格，对打击整治工作组织不力的警长、村干部予以"一票否决"，坚决撤换，切实将反走私联防工作责任落实到位、落实到具体人。联防领导小组把签订责任书的工作作为反走私联防工作重要措施，及时组织出海作业渔船渔民签订责任书，按反走私工作的要求指定船舶反走私综合治理联络员，《责任书》签订率达到了100%。

五、诚信守法——船舶行业反走私综合治理探索

宁德市政府打私办在认真调研的基础上，根据宁德市船舶修造业的发展现状，努力探索行业诚信建设新路子，积极开展船舶修造行业反走私诚信建设整治活动，取得了明显成效。

（一）抓领导，加强组织协调。为抓好整治活动，抓出成效，省打私办对整治活动作了统一部署，由宁德市打私办牵头组织实施。为加强领导，成立了宁德市船舶修造行业反走私诚信建设整治活动领导小组和省检查督导组。宁德海关缉私分局、宁德海事局、宁德边检站、市边防支队、市工商局、福安市政府打私办、福安市工商局、福安市边防大队、福安市船舶协会参与实施。进一步明确了"打防结合、综合治理、突出重点、坚持不懈"的反走私工作方针，以发展企业生产，落实"开正门、堵邪门"指示精神为主线，精心制定实施方案，明确按四个阶段开展整治活动：第一阶段：调查摸底和宣传发动。第二阶段：学习培训。组织培训、定制宣传牌、发放宣传册和宣传单，签定责任状。第三阶段：建章立制。第四阶段：总结验收。

（二）抓培训，培养骨干力量。2006年11月20日，宁德市船舶修造行业反走私诚信建设整治活动培训班在福安市下白石镇举行，除在建7家外的24家船舶修造企业人员和福安市5个沿海乡镇分管领导参加了培训班的学习。培训主要以船舶修造行业有关反走私政策、法律、法规和业务知识为主要内容，结合典型案例进行分析、讲解，为做好船舶修造行业反走私诚信建设整治活动培养骨干。

（三）抓宣传，提高思想认识。精心编定了“打击走私，利国利民”、“争做诚信企业，共建诚信行业”等30多条宣传标语，制作了2面大型铁架宣传牌和48面中型铁架宣传牌，分别安放在船舶修造企业密集的“下甘”线两旁和24家重点企业内。深入企业指导诚信档案的建立，和企业座谈交流，听取意见，得到企业的支持和拥护，积极参与到反走私诚信建设整治活动中来。

（四）抓制度，建立长效机制。一是联络员制度。将24家企业的业务骨干和有关部门人员作为整治活动的联络员，及时反馈企业生产经营情况，接受政府部门的政策指导，规范经营行为。二是举报制度。公开举报电话，发动群众及时举报走贩私行为，发现苗头及时纠正。三是红、黄、蓝牌制度。市打私办和宁德海关缉私分局、市工商局、市边防支队将根据企业的诚信状况用红、黄、蓝牌来表示，并挂牌公告。同时，建立诚信档案，每年根据企业的诚信状况给予批评、通报、表扬、奖励。四是巡查制度。市打私办将组织有关部门开展定期不定期的检查工作，保证反走私诚信建设工作责任的落实。五是学习制度。开展形式多样的学习，使企业和职能部门之间、企业和企业之间相互沟通，及时了解和掌握各种动态情况，促进企业的规范经营。

（五）抓落实，明确目标责任。福安市政府和24家船舶修造企业签订了反走私诚信建设工作责任书，明确了整治活动中的责任人、责任内容、责任考核和责任追究，要求企业领导要高度重视，把责任落到实处；福安市船舶协会发出加强反走私诚信教育倡议书，并按反走私综合治理要求纳入行业自律，要求企业负起责任，共同发展；船舶企业要自觉学习和遵守法律、法规，不断提高企业员工的反走私意识，建立各项制度，加强内部管理。从而做到政府、协会、企业三者联动，各司其职，确保整治活动取得成效。

国家人口和计划生育委员会

2006 年人口计生部门参与社会治安综合治理工作情况

2006 年,人口和计划生育部门按照中央综治委工作要点的要求,以“三个代表”重要思想和科学发展观为指导,认真履行社会治安综合治理成员单位职责,以锐意进取、改革创新的精神,坚持议全局、抓大事,树立执政为民,文明执法,依法维权的执政理念,积极参与社会治安综合治理工作,将平安建设作为人口计生部门的重大政治任务,摆上议事日程,结合本部门工作实际,不断加强自身依法行政能力建设和制度建设,认真研究解决流动人口计划生育管理和服务工作中存在的难点问题,从源头上预防和减少人口和计划生育工作中出现的矛盾纠纷,化解不和谐因素,工作取得了积极进展和成效。

一、统一思想,提高对参与平安建设、加强流动人口计划生育工作紧迫性和重要性的认识

为指导各级人口计生部门正确认识加强和改进流动人口计划生育工作对于平安建设的重要意义,我委及时制发了《关于在人口计生系统深入开展参与平安建设工作的意见》,提出了工作的指导思想和政策措施。要求各级人口和计划生育部门从实践“三个代表”重要思想,坚持立党为公、执政为民,落实科学发展观,维护改革发展稳定大局的高度,充分认识深入开展参与平安建设工作的重要意义,增强责任感和紧迫感。将各级人口和计划生育部门参与平安建设与行风建设、信访工作和依法行政结合起来,作为考核评估的重要内容,加大对参与平安建设各项工作落实情况的督促检查力度。一是加快人口计生行政部门职能转变,加快实现工作思路和工作方法的“两个转变”,切实做好流动人口计划生育管理和服务工作。二是坚持依法行政,率先实现部门工作法治化。三是抓好人口计生行风建设,坚决杜绝违反“七个不准”的行为,切实维护群众实行计划生育的合法权益。四是创新工作方法,加大利益导向的力度,积极推进农村部分计划生育家庭奖励扶助制度工作,做好贫困地区“少生快富”扶贫工程工作,解决好实行计划生育个人和家庭的实际困难和问题。五是建立群众投诉调节和矛盾排查机制,密切人口和计划生育部门与人民群众之间的血肉联系。要求各级人口计生部门要建立健全工作机制,加强对参与平安建设工作的领导。实行“一把手”责任制,主要领导同志是参与平安建设的第一责任人,分管领导是直接责任人,其他领导承担分管工作范围内平安建设的责任,把参与平安建设的成效作为领导班子和领导干部考核评价的重要内容,做到认识到位、决策到位、保障到位、检查监督到位,切实维护流动人口计划生育和生殖健康的合法权益,建立健全流动人口计划生育工作长效机制,引导人口计生系统参与平安建设工作的稳步、健康开展。

二、总结经验,不断完善流动人口管理服务体系

2006 年各级人口计生部门认真按照有关文件精神,以联建、共建、参建等多种方式,积极支持、主动参与各地社会治安综合治理工作。各级人口计生部门,特别是流动人口集中地区政府和人口计生部门积极采取措施,以创新流动人口计划生育管理和服务工作机制为着力点,下大力气改变以往重管理、轻服务的思维方式,使“以现居住地管理为主”的原则在工作实践中得到进一步落实和深化。2006 年 10 月国家人口计生委召开了全国流动人口计划生育工作座谈会,会议总结了 2004 年以来人口计生系统创新流动人口计划生育工作机制的成功验,分析了流动人口计划生育工作面临的机遇和挑战,提出了解决相关问题的基本思路和对策。2006 年 12 月 17 日颁发的

《中共中央国务院关于全面加强人口和计划生育工作统筹解决人口问题的决定》(以下简称中央《决定》),将流动人口计划生育工作列为统筹解决人口问题的五大任务之一,并提出了明确的政策措施,为今后加强和改进流动人口管理服务体系指明了方向。2006年,人口计生部门在做好本职工作的同时,积极配合相关部门开展流动人口综合治理工作,成效显著,主要体现在以下几方面:

(一)统筹规划,各级党政领导更加重视和支持流动人口计划生育工作。随着各级党政领导重视程度的加强,将流动人口计划生育工作纳入区域经济社会发展全局中统筹规划,纳入政府目标管理责任制,强化保障条件已成为多数地方的自觉行为。据统计,截止2006年底,北京、山西、辽宁、吉林、上海、江苏、安徽、山东、河南、湖北、广东、广西、海南、云南、西藏、陕西、甘肃、新疆等17个省(区、市)人口计生委成立了专门的流动人口工作机构;天津、辽宁、上海、江苏、福建、大连等省(区、市)成立了农民工计划生育工作协调小组。安徽、甘肃等省把流动人口计划生育工作与发展劳务经经济相结合;山西、河南省委省政府把流动人口计划生育工作作为2006年全省人口和计划生育工作重点;北京、山西、吉林、安徽、山东、湖北、湖南、海南、贵州、云南、陕西、青海等省(市)还召开了流动人口计划生育工作会议,总结推广经验,推进整体工作。

(二)以"现居住地管理为主"的工作原则得到不断落实和深化。2006年,各级人口计生部门,特别是流动人口集中地区政府和人口计生部门积极采取措施,将流动人口计划生育工作纳入流入地计划生育经常性管理和服务范围,做到"三有四同",即有机构、有人员、有经费、健全基层基础工作规范和制度,落实各项管理职责和便民服务措施,为流动人口提供计划生育技术服务和宣传教育,帮助解决生育、生产、生活上的困难,实行流动人口与户籍人口计划生育同宣传、同服务、同管理、同考核。各省(区、市)逐步加大了将流动人口计划生育服务纳入城市公共管理服务体系的力度,基层流动人口管理服务资源得到有效整合,免费提供国家规定的基本项目的计划生育技术服务,以及生殖健康和计划生育知识宣传咨询等服务能力和工作效果得到明显提高。很多城市建立流入育龄妇女在现居住地定点服务制度,设立流动人口避孕药具免费发放点,发放服务卡、爱心卡,通过多种形式开展便民维权服务。各地明令严禁和坚决治理强迫流动育龄妇女返乡孕检、跨地设站孕检和搭车收费等违法行政行为,为流动人口提供便捷、通畅的计划生育投诉渠道。江苏开通农民工维权热线,实施"十一五"流动人口维权计划;辽宁从2006年起每年4月为"流动人口计划生育维权服务活动月";北京对全市18个区县的流动人口免费技术服务进行执法检查,山东省开展流动人口便民维权服务承诺活动。据统计,2006年,流动人口计划生育免费服务落实率为78%,其中上海、江苏、福建、山东、河南、湖北、湖南、广东等省(市)免费服务落实率高于全国平均水平。

(三)流动人口计划生育信息化建设得到进一步深化和发展。2003年,国家人口计生委为解决流动人口信息沟通难、时效低等问题,建立了全国流动人口计划生育信息交换平台(以下简称信息交换平台)。三年来,国家人口计生委按照"以需求促发展,以信息引导服务"的发展思路,不断完善信息交换平台功能,目前信息交换平台工作在全国80%以上的县得到推广应用,应用效果显著,信息反馈率达到73%左右,初步实现了流动育龄妇女婚育信息的异地查询和实时交换,提高了工作效率。近年来,各地以信息交换平台为切入点,主动将流动人口信息交换工作纳入人口和计划生育信息化发展规划,列入目标管理考核,极大地促进了各地流动人口计划生育信息化建设。上海、福建、安徽、山东、广东等省(市)建立了本省(市)流动人口育龄妇女管理服务信息系统;河南、湖北等省开展省内流动育龄妇女信息交换试点工作。广东顺德落实信息化管理责任,对流动人口治安、计生、卫生等综合信息加强监控。山东滨州市搭建起人口计生与公安、卫生、工商、民政等部门互联互通的人口信息交换平台,坚持每日通报、每周汇总、每月分析以及重大情况通报制度,形成了流动人口相关基础信息共享机制,为政府实施科学决策、职能部门齐抓共管提供了强有力的信息支持,提高了防范和打击的针对性,极大地促进了当地的平安建设工作。2006年8月,国家人口计生委指导、协调广东、湖南两个流入与流出相对集中的省，依托信息交换平台，开展信息交换“点对点”试点工作，力争通过两省试点探索跨省区域信息数据共享与交换“直通车”的方法和手段，提高流动育龄妇女计划生育信息动态监测和管理水平，推进全国流动人口计划生育信息化的深入发展。

（四）基层管理和服务工作模式得到进一步创新。各级人口计生部门依托社区，积极参与“平安社区”创建工作，大力发挥城市社区和村委会的“自治”管理和服务功能，依靠群众自治组织和其他非政府组织提升管理服务质量。高度关注发挥流动人口党支部、流动人口计划生育协会作用，拓宽信息、管理和服务渠道，引导流动育龄群众正确行使生育权利，推进流动人口计划生育自我教育、自我管理、自我服务。2006年，国家人口计生委总结推广了10省（市）城市封闭住宅区计划生育管理与服务试点工作，为充实完善城市社区计划生育工作机制提供了可借鉴的实践经验，目前资源互补、信息互通、服务互动多方“共赢”的格局已在各试点地区形成。福建省人口计生委把人口计生工作作为农村基层组织建设和“小康村”、“文明村”、“五好文明家庭”建设的重要内容，切实把计划生育工作的重心下移到基层，广泛开展创建计划生育合格村、合格村协会和一流村协会活动，建立起村（社区）两委负总责，会员当骨干，家庭为中心，居民做主人的村（社区）计划生育工作新机制。河南安阳市龙安区人口计生部门通过推行居民自治，促进了平安社区建设；通过把平安社区建设纳入居民自治工作，丰富了自治内涵，吸引了更多群众关心、支持、参与计划生育工作。江苏各地在依法落实免费避孕节育措施的基础上，开展优质服务“六大工程”，推广“世代服务”这一江苏品牌的生殖健康服务阵地，努力提高计划生育技术服务水平，从源头上减少计划生育手术并发症的发生。山西、辽宁、安徽、河南、湖北、湖南、重庆等省（市）制定了全省流动人口计划生育基层工作规范。河南、湖北、湖南、海南、四川、甘肃、青海等省开展流动人口计划生育试点工作。河北、吉林、山西、贵州、陕西、南京等省、市开展了创建流动人口计划生育管理和服务示范县（社区）活动，创新管理模式，强化优质服务。

（五）流动人口计划生育部门配合协作机制得到不断完善和加强。绝大多数省（区、市）都建立了流动人口计划生育综合治理的协调机制，明确各相关部门的职责，将流动人口计划生育工作纳入政府目标管理责任制，各地人口计生部门在工作中树立资源共享、优势互补、服务于民的工作理念，强化部门配合意识，找准工作结合点，构建流动人口工作平台，认真指导街道计生部门充分动员辖区内单位和社会力量广泛参与，最大限度地实现社区资源的共有、共享，着力为社区群众提供“一站式”的便民服务，“一体化”的技术服务，“共建式”的教育服务，“共享式”的信息服务，采取多种措施落实各项便民惠民政策，部门间管理互补、服务互动、信息互通、多方共赢的流动人口综合管理服务的新思路和新格局正在各地逐步形成。广东省人口计生部门，根据本省实际，积极发展社区医疗卫生计生服务，加强社区卫生计生服务站建设，开展上门诊疗、卫生保健、健康咨询、计划生育等服务，同时与综治、公安等部门配合加强出租屋管理，取得了流动人口计生管理和平安社区（村）建设双赢的效果。甘肃、安徽等省人口计生委与当地劳动保障部门配合加强劳务输出人员的管理；北京、青海等省（市）人口计生委与当地卫生部门协作建立流动人口出生监测制度；青岛市联合14个部门共同开展面向流动人口的“关爱加盟连锁服务”活动。2006年国家人口计生委和全军联合推广了军地计划生育“双管双助”工作经验，并出台了指导意见。

（六）区域合作推动建立流动人口计划生育统一管理、优质服务新体制。随着跨省流动人口的大量增加，一些流入、流出相对集中的省（区、市）通过签订区域协作协议、召开联席工作会议等方式，将两地职责具体化，整合两地、多地资源，实行责任共负，服务共担，建立起两地或多地区相互协调、齐抓共管的长效区域协作机制，产生了积极的影响和成效。上海与江西、安徽、贵州等省，北京与河北，广东与广西等省（区）开展源头互动，有序管理及双向管理工作；苏鲁豫皖四省交界地区、西北五省区区域合作工作得到不断完善和深化；福建与广东、浙江、江西毗邻地区、渝川黔九区市等地的区域合作工作正在积极进行中，所有这些双边和多边的区域协作区，正在构成形式各异的“一盘棋”工作格局，为实现全国流动人口计划生育“一盘棋”积累了实践经验，打下了坚实的基础。

三、积极应对流动人口计划生育工作，不断完善综合治理工作机制

流动人口是一个长期、复杂的问题，也是社会治安综合治理工作的重点。近年来，各地人口计生部门解放思想，积极探索，用改革和创新的方法，解决了一些流动人口计划生育管理和服务中的新问题，为今后进一步做好流动人口工作奠定了良好的基础。为此，人口计生部门将按照中央《决定》精神和中央综治委的工作要求，坚持不懈地抓紧做好流动人口计划生育工作，通过不断完善相关法律法规、加强指导和督查、制定科学统一的考核评估办法、充分利用现代信息手段等方式，加强调查研究、坚持依法行政，努力解决群众关心的热点、难点和突出的问题，增强各级计生工作人员的责任感和服务意识，切实履行保障流动人口合法权益、服务流动人口生殖健康的职责，深化流动人口管理服务体制改革，建立流动人口计划生育统一管理、优质服务新体制，完善流动人口计划生育管理机构和服务网络，加强部门之间的信息沟通和协同配合，为社会治安综合治理工作，为“平安建设”创造良好的人口环境。

国家工商行政管理总局

2006年工商行政管理机关参与社会治安综合治理工作情况

2006年,全国工商行政管理机关坚持以邓小平理论和“三个代表”重要思想为指导,按照《2006年全国社会治安综合治理工作要点》要求,在中央综治委统一部署和国家工商行政管理总局党组的领导下,认真履行职责,充分发挥工商职能作用,与有关部门密切配合,积极参与社会治安综合治理工作,取得了显著成效。

一、高度重视,积极推动社会治安综合治理工作

国家工商总局充分认识在社会治安综合治理工作中肩负的重大责任,把开展社会治安综合治理工作摆在重要议事日程,要求各级工商行政管理机关从讲政治、讲稳定、讲大局的高度,把社会治安综合治理作为全面落实科学发展观、构建社会主义和谐社会的一项重要工作来抓。国家工商总局领导在部署2006年工作时特别要求各级工商行政管理机关要积极开展“扫黄打非”,加强对互联网上网服务营业场所和电子游戏场所的管理,加强对出租屋的管理,加大查处取缔黑网吧,加强校园周边环境整治等社会治安综合治理工作。为交流推广地方工商局开展社会治安综合治理工作经验,2006年3月,国家工商总局在广东省江门市专门召开了工商行政管理与社会治安综合治理工作座谈会,总结各地工作经验,部署安排各项工作任务。同时,为及时了解和掌握地方工作进展情况,国家工商总局选择了25个地方工商局作为社会治安综合治理工作联系点,要求定期报送材料,以便总结经验,推动全系统的社会治安综合治理工作。

二、深入开展“红盾护农”行动,促进农村平安建设

根据中央一号文件关于深入开展农村平安建设的精神,按照中央综治委《关于深入开展农村平安建设的若干意见》,国家工商总局2006年12月下发了《关于充分发挥工商行政管理职能作用,深入开展农村平安建设的通知》,要求各级工商行政管理机关以维护好、实现好和发展好广大农民群众的根本利益为落脚点,深入开展农村平安建设工作。各级工商行政管理机关把农资打假作为推进农村平安建设的重要内容,继续深入开展“红盾护农”行动,严厉打击制售假冒伪劣农资商品等违法行为,确保农民群众用上“放心种子”、“放心化肥”和“放心农药”。全年各级工商行政管理机关共整顿农资市场4万个(次),检查农资企业82.9万个(次),取缔无照经营1.5万户,查处农资违法案件4.2万件、案值7.31亿元;受理农资投诉1.7万件,为农民挽回经济损失4.5亿元;捣毁农资制假售假窝点934个。农资消费投诉率明显下降,农资商品市场秩序继续好转。

三、严厉查处取缔无照经营行为,规范市场经济秩序

查处取缔无照经营是整顿和规范市场经济秩序的重要内容。为维护正常的社会经济秩序,保护经营者和消费者的合法权益,工商行政管理机关根据《无照经营查处取缔办法》,加大查处取缔无照经营力度。2006年,全国共查处无照经营案件77万件,有力地维护了正常的经济秩序。在查处取缔无照经营工作中,工商行政管理机关根据无照经营的不同情况,实行查处与引导相结合,处罚与教育相结合,对于下岗失业人员或者经营条件、经营范围、经营项目符合法律、法规规定的,督促、引导其依法办理相应手续,合法经营;对危害人体健康、存在重大安全隐患、威胁公共安全、破坏环境资源的无照经营行为,坚决取缔。

四、深入开展“扫黄打非”,净化文化市场

2006年,国家工商总局按照全国第十九次

“扫黄打非”电视电话会议的部署要求，结合工商行政管理职能，从严把市场准入关和严格规范经营行为两方面入手，认真组织、指导各地工商行政管理机关开展“扫黄打非”工作。一年来，国家工商总局先后组织开展了以封堵、查缴政治性非法出版物、淫秽色情出版物、走私盗版光盘、盗版教材和教辅读物为重点的专项执法行动和“反盗版百日行动”、“打击非法出版物天天行动”等。各地工商行政管理机关按照总局的统一部署，把市场日常巡查和重点检查相结合，不断加大对重点区域和重点企业的监管力度，严格执法，为净化文化市场环境做出了应有的贡献。据不完全统计，2006 年，全国工商系统共查处制售、传播非法出版物案件 2728 件，查缴侵权盗版书刊 54494 本，非法音像制品 345745 张（盘）；移送司法机关处理案件 10 件。

五、积极开展网吧整治，严厉打击黑网吧

为进一步加强网吧管理和整治工作，2006 年 7 月，国家工商总局下发了《关于进一步做好网吧管理工作的通知》，对网吧管理工作做出了全面部署，要求各级工商行政管理机关充分发挥职能作用，严把市场准入关，严格执法，加大对黑网吧的打击力度。2006 年，全国工商系统累计出动工商执法人员 40.77 万人次，检查已登记的网吧 12.63 万户次，其中，查处违法经营 8648 户，罚款 1256.79 万元，吊销营业执照 812 户，向有关部门通报违法经营 6815 户；查处取缔无照经营网吧 19832 户，其中，没收违法所得 712.44 万元，罚款 2565.99 万元，查封违法经营场所 8326 处，没收专门用于无照经营的电脑等设备 13.16 万台（件），向司法机关移交案件 88 起。经过治理，网吧的经营秩序有了一定好转，黑网吧蔓延的势头得到了一定的遏制，网吧整治工作取得了阶段性成果。

六、认真贯彻中央 8 号文件精神，为青少年健康成长创造良好的社会环境

为认真贯彻落实中央 8 号文件精神，进一步推进未成年人思想道德建设，2006 年 12 月，国家工商总局制定并下发了《关于进一步推进未成年人思想道德建设工作的实施意见》，要求各级工商行政管理机关严把市场主体准入关，禁止在中小学校周围 200 米内开设网吧，对在学校周边申请开办的可能影响学校教学秩序的娱乐场所一律不批；加强对学校周边娱乐场所和经营单位的监管，督促其遵纪守法，文明经商，不得从事扰乱教学秩序和损害学生身心健康的经营活动，对违法经营，损害学生利益和经营者，依法进行严肃处理。配合卫生等部门加强对学校周边餐饮业和食品店的管理和规范，对违反食品卫生、掺杂使假，骗买骗卖以及出售变质食品等违法行为从严查处，以保障学生和教师的合法权益和消费安全。湖北省鄂州市工商局以“家长放心、学生放心、老师舒心”为目标，尽心竭力当好护“蕾”人，成立了学校及周边社会治安综合治理工作领导小组，每年召开一次专题会议，制定一个整治方案，层层（市局与分局、分局与工商所、工商所与监管人员）签订《学校周边环境综合治理责任书》，做到工作有目标、考核有标准、奖惩有依据，工作取得了明显成效，多次被省、市政府评为先进单位，2005 年 7 月被中央综治委学校及周边治安综合治理工作领导小组评为“全国学校及周边治安综合治理工作先进集体”。

2006 年 11 月，经国务院批准，国家工商总局与财政部、公安部、教育部联合下发了《关于制止彩票入侵校园的意见》，按照《意见》要求，工商行政管理部门与财政、公安、教育等部门协同配合，清理整顿校园周边环境，严厉打击针对学生的不正当有奖销售行为和“非法彩票”，制止彩票入侵校园，为青少年健康成长创造良好的社会环境。

七、加强流动人口管理与服务，保障流动人口的合法权益

通过大力发展个体私营经济，扩大流动人口就业空间。2006 年全国个体工商户达 2595.6 万户，私营企业达 498.6 万户，吸纳从业人员近 1.3 亿人，大量的农民工、下岗人员、高校毕业生等在个体私营经济领域创业、就业。

积极参与解决拖欠农民工工资问题，密切配合劳动部门开展清理整顿劳动力市场秩序专项行动，查处取缔“黑职介”，切实保障流动人口合法权益。2006 年工商行政管理部门共检查劳动职业介绍机构 7.4 万户次，查处违法案件 1.7 万件，责令退赔求职费用 574 万元，取缔黑职介 5867 户，吊销营业执照 131 户。

严格按照《关于进一步加强和改进出租房屋

管理工作的通知》的要求，积极配合公安部门，打击利用出租房屋从事违法经营活动行为，依法查处、取缔非法房屋中介机构。

充分发挥个体劳动者协会和私营企业协会的作用，采取多种形式对流动人口中的经商人员进行法律知识培训和职业道德教育，免费为其提供法律知识咨询业务，督促、教育广大私营企业主守法经营，充分尊重劳动者的合法权益。

八、认真履行职责，积极开展和参与刑释解教人员安置帮教工作

2006年，各级工商行政管理机关充分发挥职能作用，鼓励、支持和引导刑释解教人员投资办企业和从事个体经营。对刑释解教人员有意从事个体经营的，积极向他们宣传、讲解工商登记、消费维权等从事个体经营需要掌握的法律法规、市场信息、经营管理知识及国家对释解人员的优惠政策等，开辟专门窗口，对符合条件的，及时核发营业执照。充分发挥各级个体劳动者协会、私营企业协会的作用，鼓励、支持、引导私营企业增强社会责任感，尽可能地吸纳安置刑释解教人员到私营企业中就业；对无劳动技能和就业专长的刑释解教人员，鼓励其参加劳动部门举办的各类劳动技能培训班，提高自身素质，引导其就业，帮助解决经营中遇到的困难。

上海市静安工商分局在开展安置帮教工作中，通过建立健全机构，加强基础工作，开展结对帮教，创建安置基地，开展人性化教育等方式，促进被帮教者的转变，为构建和谐社会作出了积极贡献。在静安工商分局的支持下成立的上海洪智贸易有限公司，是上海市第一家专门安置刑释解教人员的基地，公司的全部营利用于接纳、培训、安置或过渡性安置刑释解教人员，几年来，共安置刑释解教人员58名，这些人中，至今没有一个重新犯罪的。

青岛工商局市北分局将安置帮教工作作为维护基层社会稳定的一项重要内容，纳入社会治安综合治理领导责任制，制定了《青岛市工商局市北分局“红盾安置帮教工程”实施方案》，并成立了由局长担任组长的“红盾安置帮教工程”领导小组，在11个工商所成立安置帮教工作接待站。通过建立“一送二建三帮”制度，即送法规；建立安置帮教基地、建立安置帮教实习基地；帮办照、帮安排、帮解困，打造安置帮教平台。2006年青岛市市北区共有刑释解教人员124名（刑释72人，解教52人），其中从事个体经营49名，推荐就业和外出务工71人，分局帮教率达到98%，就业安置率达到96%，收到了较好的社会效果。

九、积极配合有关部门做好禁毒防艾工作

2006年，国家工商总局在国务院防治艾滋病工作委员会和国家禁毒委员会的领导下，充分发挥职能作用，积极开展“禁毒人民战争”和“全国农民工预防艾滋病宣传教育工程”。配合有关部门加强了对娱乐场所经营活动的监督管理，集中整治娱乐场所吸毒贩毒问题。全国工商行政管理机关共出动8万余人次，参加禁毒防艾宣传和娱乐场所等易涉毒场所的检查，仅江苏、河南、广西、四川等省就查处非法倒卖麻醉药品、毒性药品、精神药品等案件35件。北京、天津、云南、浙江等地工商行政管理机关查获了一批涉毒案件，及时移交有关部门。

充分发挥个体劳动者协会和私营企业协会的作用，大力开展形式多样的禁毒防艾宣传活动。2006年7月，国家工商总局专项拨款40万元，印制了禁毒防艾宣传知识手册和宣传折页100万份。并于8月将宣传材料寄送各地，由各地个私协会负责发放到农民工和会员手中，取得了明显的宣传效果。

为做好第十九个世界艾滋病日宣传工作，2006年11月，国家工商总局下发了《关于做好2006年世界艾滋病日宣传工作的通知》，要求各地工商行政管理机关、个体劳动者协会，深入动员、积极参与，采取多种形式开展艾滋病防治知识的宣传教育，配合相关部门做好“艾滋病自愿咨询检测周”活动，促进防治艾滋病宣传活动深入开展。

国家工商行政管理总局关于进一步推进未成年人思想道德建设工作的实施意见

（2006 年 12 月 4 日）

各省、自治区、直辖市及计划单列市工商行政管理局：

2004 年 2 月 26 日，中共中央、国务院下发了《关于进一步加强和改进未成年人思想道德建设的若干意见》（中发［2004］8 号文件），各级工商行政管理机关按照《关于贯彻落实全国加强和改进未成年人思想道德建设工作会议精神的实施意见》（工商个字［2004］81 号文件）的要求，为加强和改进未成年人思想道德建设做了大量工作。今年 11 月 9 日，中央精神文明建设指导委员会印发了《关于进一步推进未成年人思想道德建设的任务分工》（文明委［2006］7 号文件）。为了落实中发［2004］8 号文件精神，按照文明委［2006］7 号文件分工，现就进一步推进未成年人思想道德建设工作，提出如下实施意见：

一、进一步提高思想认识，增强抓好未成年人思想道德建设的责任感

各级工商行政管理机关要认真学习、贯彻落实中发［2004］8 号文件精神和文明委［2006］7 号文件的任务分工，从构建社会主义和谐社会的高度，充分认识新形势下加强和改进未成年人思想道德建设的重要性和紧迫性，本着对国家前途和民族命运高度负责的态度，增强做好未成年人思想道德建设工作的自觉性和坚定性，充分发挥工商行政管理职能作用，为未成年人的健康成长创造良好的社会文化环境。要进一步细化工作措施，实行严格的工作责任制，把进一步推进未成年人思想道德建设工作做细做实。

二、继续加强网吧管理，坚决取缔黑网吧

（一）要继续严把市场准入关，严格依法确定互联网上网服务营业场所的市场主体资格。凡申请设立互联网上网服务营业场所的，必须提交文化部门核发的《网络文化经营许可证》，并符合工商行政管理登记条件，方可核发营业执照。对在中学、小学校园周围 200 米和居民住宅楼（院）内申请设立互联网上网服务营业场所的，一律不予核准。

（二）要强化市场巡查，坚决取缔黑网吧。各级工商行政管理机关要以“城中村”、城乡结合部和农村市镇为重点，增加巡查次数，加大巡查力度，做到发现一起、及时查处取缔一起。要利用各种媒体，面向广大群众广泛深入地宣传网吧对未成年人学习及身心健康的危害，公布查处取缔黑网吧的举报电话、举报信箱，一经接到举报，要立即调查核实，依法查处。对黑网吧的典型案件，要公开曝光，震慑违法经营者，教育社会群众。

（三）要强化执法力度，依法没收黑网吧开办者从事黑网吧违法经营活动的专用工具、设备，不留后患。要严厉打击变相黑网吧，对以学校网络教室、计算机房、图书馆电子阅览室、电子竞技俱乐部（馆）、娱乐中心和电脑服务部等名义变相经营的，依法予以查处。对明知是黑网吧而为其提供接入服务或租赁场所的行为，要依照《无照经营查处取缔办法》等有关法律法规的规定严肃查处。

三、加强与有关部门的沟通协调，建立长效机制，形成整体合力

各级工商行政管理机关要对近年来查处取缔黑网吧、净化网络游戏、推动“文明办网、文明上网”活动的工作进行总结，同时结合当前监管工作中出现的新情况新问题，认真研究治本之策，努力在当地党委、政府的统一领导下建立健全长效机制。要积极争取党委政府的重视，与文化、公安、通信等部门协调配合，加强信息通报，密切关注动向，齐抓共管，形成合力。要不断完善和落实市场巡查制和工作责任制，把市场巡查与日常监管结合起来，把责任落实到基层，确保工作收到实际效果。

各地在推进未成年人思想道德建设工作中，要把好的经验、做法（包括工作开展情况、总结及有关数据），以及新情况、新问题，及时报国家工商总局个体私营经济监管司。

国家工商行政管理总局
关于充分发挥工商行政管理职能作用
深入开展农村平安建设的通知

（2006年12月12日）

各省、自治区、直辖市及计划单列市工商行政管理局：

中央社会治安综合治理委员会于今年11月20日印发了《关于深入开展农村平安建设的若干意见》（综治委［2006］24号，以下简称《意见》），突出强调了农村平安建设的重要意义，指出了农村平安建设的基本原则和目标任务，提出了一系列开展农村平安建设的政策措施，是今后一个时期开展农村社会治安综合治理工作的一个十分重要的文件。现就工商行政管理机关贯彻《意见》精神，深入开展农村平安建设工作通知如下：

一、提高认识，立足职能，深入开展农村平安建设

工商行政管理机关作为政府市场监管和行政执法的职能部门，作为社会治安综合治理的成员单位，深入开展农村平安建设，是义不容辞的责任。各级工商行政管理机关一定要从实践“三个代表”重要思想和贯彻落实科学发展观、构建社会主义和谐社会的战略高度，充分认识深入开展农村平安建设的重要意义。要认真学习和宣传《意见》精神，加强组织领导，充分发挥工商行政管理职能作用，以维护好、实现好、发展好广大农民的根本利益为落脚点，深入开展农村平安建设工作。

二、加强农村市场监管，维护好农民的根本利益

（一）深入开展“红盾护农”行动，确保农民种粮安全。

各级工商行政管理机关要把深入开展“红盾护农”行动放在加强农村市场监管，规范农村市场经济秩序的突出位置，精心组织，周密部署，切实维护好农民消费者的合法权益。一是要认真清理农资经营主体资格，进一步完善市场准入和退出机制，对未取得相关行政许可证件的，责令停止相关经营活动，限期办理变更登记和注销登记。二是加大对大案、要案的查处力度。要做到突出重点季节、重点地区、重点市场、重点品种和重大案件，严厉打击制售假冒伪劣农资坑农害农等违法行为。同时，加大对农资行业无照经营的查处取缔力度。三是切实加强流通领域农资商品质量监测，及时发布市场预警，防止不合格商品流入农民手中。四是加强农资、种植、养殖等涉农广告的监管，确保广告内容真实、合法，严厉打击制作、发布虚假广告的行为。五是积极探索农资市场监管的长效机制。要建立健全农资企业和经营者的内部管理制度，实现农资商品的可追溯管理；要积极推行农资经营企业信用分类监管制度，促进农资企业诚信经营。六是支持建立农资连锁经营和农资放心店，引导鼓励信誉好、规模大的农资企业到农村开展农资连锁经营，构建农资商品流通“绿色通道”。

（二）加强农村消费品市场监管，确保农民消费安全。

各级工商行政管理机关要针对假冒伪劣商品

向农村市场转移的特点，将流通领域商品质量监管的重点和重心下移，加大对农村消费品市场的监管力度。一要加强对农村集市的监管，严厉、打击以“送货下乡”为名销售假冒伪劣商品的行为。二要加强农村食品安全工作，强化农村食品市场监管力度，探索适合农村食品市场特点的商品准入制度。三要加大对农村无照经营的查处取缔力度，维护农村市场经济秩序，保证农民消费安全。要充分发挥12315消费者申诉举报网络的作用，对涉农申诉和举报要及时处理。要扩大12315网络的农村覆盖面，在广大农村建立和完善消费者协会分会、消费者投诉站、12315联络站的“一会二站”机构，方便农民消费者就近解决消费纠纷，向农民普及消费维权知识和宣传消费方面的法律法规，增强广大农民群众的消费维权意识和防范假冒伪劣商品知识，不断提高依法维权能力。

（三）加大对传销活动的打击力度，扼制传销向农村蔓延。

各级工商行政管理机关要针对当前传销组织把目标瞄向农村富余劳动力的特点，加大对农村和城乡结合部的巡查力度，并充分发挥社会监督的作用，及时发现和打击诱骗农民参与传销活动的案件，维护农民群众的切身利益。要在农村广泛宣传和普及打击传销的法律法规知识、揭露传销的欺骗性和危害性，使广大农民群众能够自觉识别传销、抵制传销，进而声讨传销、反对传销和帮助工商部门打击传销，扼制传销活动向农村蔓延，维护农村的稳定。

三、强化服务职能，实现好农民的根本利益

（一）稳步推进订单农业，服务农村经济发展。

各级工商行政管理机关要按照中共中央、国务院《关于推进社会主义新农村建设的若干意见》中发展“订单农业”的精神，深入开展“涉农合同帮扶”活动。稳步推进订单农业，要向广大农民宣传合同方面的法律法规，提高农户和有关企业的合同法律意识；要结合本地实际情况，制定订单合同示范文本，规范签约行为；要加强涉农合同监管，及时调解合同纠纷；要在涉农企业、农户中开展“守合同重信用”公示活动，营造良好的诚信环境；要严厉打击利用订单和涉农合同坑农害农的欺诈违法行为，确保订单农业取得实效。

（二）规范和发展农村经纪人，促进农产品流通。

各级工商行政管理机关要按照中共中央、国务院《关于推进社会主义新农村建设的若干意见》中关于“培育和发展农村经纪人队伍”的精神，把规范和发展农村经纪人作为发挥职能，强化服务的一件大事来抓，一是要积极引导农村经纪人注册登记，取得合法市场主体资格。二是要做好对农村经纪人的培训工作，提高他们的法律意识和从业素质。三是要充分利用电视、电台、报纸等媒体，加大对农村经纪人的宣传力度，提高农民对农村经纪人的认识，扩大农村经纪人的社会影响。四是要规范农村经纪人的从业行为，在农村经纪人中开展“守合同、重信用”活动，引导农村经纪人健康发展。五是要加大对农村经纪人的监管力度，严厉查处利用虚假信息，诱导农民签订合同，坑害农民利益的违法行为。

（三）引导农民运用商标和地理标志，提高农产品市场竞争能力。

各级工商行政管理机关要把引导农民注册农产品商标和地理标志作为培育农村地方主导产业，提高农产品附加值，实现农民利益的一项重要工作，抓好做实。要加大宣传力度，提高地方政府、农民专业合作组织和农民注册商标和地理标志的法律意识。要加大执法力度，严厉查处侵犯农产品商标、集体商标和证明商标专用权案件，切实保护好农产品商标和地理标志。

四、扶持主体，培育市场，发展好农民的根本利益

（一）鼓励支持农村个体经济发展，促进农村早日实现小康目标。

各级工商行政管理机关要认真贯彻落实《国务院关于鼓励支持和引导个体私营等非公有制经济发展的若干意见》，把大力发展农村个体私营经济作为解决农村剩余劳动力转移，实现农民奔小康和深入开展农村平安建设的一项重要工作来抓。一要认真贯彻执行《农民专业合作社法》，鼓励支持和引导农民在家庭联产承包的基础上，按照自愿、民主的原则，发展多种形式的农民专业合作组织，促进农村经济发展。二要依托登记注册职能,为农村各类市场主体准入建立绿色通道。要全面推行个体工商户分层登记,把个体工商户的登记权委托给工商所,为农民就地申办个体工商户提供方便。三要积极支持农村个体工商户、私营企业向农产品加工、种植业以及向农业生产服务行业扩展。四要鼓励农村个体工商户、私营企业发展特色农业、生态农业、绿色农业。支持涉农龙头企业,特别是农业科技型企业做大做强,促进农村科技成果向农业产业化转化。五要按照中央关于"多予少取放活"的方针,在农村个体工商户管理费的核定上,实行按最低标准收取,杜绝对农村个体工商户、私营企业的各种乱收费、乱罚款、乱摊派。对农村流动小商小贩、农民在集贸市场或者地方人民政府指定的区域内销售自产农副产品的,免于工商登记和免收工商行政管理的各项收费。

(二)培育和规范农村市场,保障和支持农村经济发展。

各级工商行政管理机关要充分发挥职能作用,把培育和规范农村市场作为搞活农村流通,实现农村经济全面发展的一项重要工作,抓紧抓好。要积极支持地方政府改造和提升现有农副产品批发市场和集贸市场,改善市场设施和环境,增强和完善市场功能。要支持、鼓励农村依托当地农副产品和地区环境优势兴办集贸市场和开展绿色农家游,发展特色农业、绿色农业和生态农业。要鼓励、支持和引导农村各类企业发展连锁经营、物流配送等现代流通方式。要鼓励和引导农民和农业企业充分利用期货、拍卖市场,尝试开展网上交易和农产品拍卖等新型交易方式。要大力开展创建诚信农贸市场活动,提高农贸市场信誉和经营者素质。

五、强化农村基层工商所工作,确保深入开展农村平安建设

农村基层工商所贴近农村,处于开展农村平安建设、服务农村经济发展和加强农村市场监管的第一线。农村基层工商所的建设和工作,对于工商系统深入开展农村平安建设工作至关重要。各级工商行政管理机关要加大对农村基层工商所的投入,改善办公条件、交通工具和加强信息化建设,从物质条件上保证其所承担的农村平安建设工作的实施;要加强基层工商所队伍建设,抽调骨干力量充实到第一线;要加强对农村工商所干部的法律知识和"三农"知识培训,使他们既要掌握工商行政管理方面的法律法规,又要熟悉农村、农民和农业工作,更好地胜任农村平安建设工作,使农村工商所的农村平安建设工作有的放矢;要探索符合农村实际情况的监管方式、监管方法,提高基层农村工商所的监管效能;要把农村平安建设工作任务进行分解,分片到组,责任到人,并对工作开展情况进行经常性检查和定期考核,使各项工作真正落到实处。

六、履行职责、加强配合,共同推进农村平安建设深入开展

农村平安建设是一个系统工程,需要全社会参与和各部门的协同配合。各级工商行政管理机关要在当地党委和政府的领导下,讲大局、讲协调、讲配合,在农村平安建设中,既要当好主角,也要做好配角。

一要认真贯彻落实《国务院关于解决农民工问题的若干意见》,大力开展劳动力市场专项整治,坚决查处取缔黑职介,为农村剩余劳动力转移,农民工就业创造一个良好的社会环境。要加大对拖欠农民工工资用人单位的监管力度,建立健全防止拖欠农民工工资的长效工作机制,切实保障广大农民工的合法权益。

二要加大对农村黑网吧的查处取缔力度,为农村孩子学习创造一个良好的外部环境,消除家长的后顾之忧。同时,在日常巡查工作中,发现网吧超时经营、容纳未成年人进入和传播有害信息等违法行为,要及时向文化和公安部门通报。

三要配合公安加强对农村小歌厅、小发廊的监管,依法打击卖淫嫖娼、赌博、吸毒贩毒等违法犯罪行为;要加强对镇村出租房屋和重点场所、部位等流动人口落脚点及活动场所的管理,严厉查处利用出租房屋从事违法经营行为,维护当地农民和流动人口的合法权益;要加强集市、庙会、商业网点、旅游景点监管,严厉打击强买强卖,欺行霸市违法行为,防止侵害农民利益的各类恶性事件发生。

四要积极配合安全监督管理部门做好农村企业的安全生产工作,加强日常监管,保证农村企业的生产安全和农民生命财产安全。

五要配合、支持有关部门制作一批宣传农村平安建设的公益广告，利用媒体在广大农村进行广泛宣传，提高广大农民对农村平安建设重要意义的认识。

深入开展农村平安建设，是党中央构建社会主义和谐社会的战略举措，是建设社会主义新农村的重要保证。各级工商行政管理机关要坚持以邓小平理论和“三个代表”重要思想为指导，认真学习贯彻《意见》精神，立足职能，不辱使命，脚踏实地、求真务实地开展工作，为实现农村平安建设做出积极贡献。

国家质量监督检验检疫总局

2006年全国质检系统开展质量平安建设情况

为了认真贯彻落实《中共中央办公厅、国务院办公厅转发〈中央政法委、中央社会治安综合委员会关于深入开展平安建设的意见〉的通知》精神,2006年4月,中央社会治安综合治理委员会办公室和国家质检总局联合下发了《关于深入开展质量平安建设的意见》(以下简称《意见》)。一年来,全国质检系统积极开展质量平安建设。辽宁、陕西、湖北、江西、山西、福建、浙江省,宁夏回族自治区、天津市、重庆市等省(自治区、直辖市)质监局,天津、山西检验检疫局会同本省社会治安综合治理委员会办公室联合下发了“关于深入开展质量平安建设的实施意见”。从各地工作情况来看,《意见》的近期目标已基本实现。

一、推进以质取胜战略,为消费者创造放心购物环境

各地质检机构在当地党委、政府的领导下,大力实施“以质取胜”战略,以确保质量安全和提升企业、产业和产品竞争力为目标,加强质量监管和服务,加大对优质产品和优秀企业的扶优扶强力度,全社会的质量环境明显改善。

(一)深入推进名牌战略。全面部署“十一五”期间实施名牌战略工作的目标和任务,提出了名牌产品重点培育和发展方向,发布了《中国名牌产品评价通则》,公开了评比要求、入选企业名单、评价程序、评价结果,完善社会监督,确保了评比结果的信誉。2006年,共有4个产品被评为中国世界名牌产品,532家企业生产的556个产品为中国名牌产品,社会反响良好。

(二)切实加强质量安全监管。加强对日用消费品、工业生产资料、农业生产资料3大类66类、622种产品的监管。严格生产许可证发放的工作原则、发证程序和法律责任,强化生产许可后续监管。加大了对与人民群众生活最密切、广大消费者最关心的产品的国家监督抽查力度和处理力度。加大缺陷产品召回工作力度。汽车制造行业有22家制造厂进行了36次主动召回,涉及车型42种,召回车辆28万辆。

(三)扩大质量兴市范围。全国开展质量兴市活动的县市已达到1119个,占全国县级建制的39%。广东、山东、福建等10个省提出了在全省范围内开展质量兴市活动,2个省开展了质量兴省活动。15对市县政府签署了全国质量兴市活动对口交流协议,开展对口帮扶的市县达到23对。

(四)质量水平宏观评价工作取得突破。首次发布全国制造业质量竞争力指数,为全国各地和各行业提高质量竞争力提供了引导。

2006年,新批准66类1822家企业获得免验资格,批准对96个产品实施地理标志保护,批准出口免验企业54家,促进资本、技术、人才向优质产品和优势企业集中,以名牌、免验等产品标志引导消费,在促进扩大内需、为消费者创造放心购物的质量安全环境方面做出了积极贡献。

二、加强食品质量安全监管

食品生产环节的安全监管,是全国质检系统的重中之重。各地质检机构以维护人民群众生命健康安全为己任,在食品安全问题时有发生的严峻形势下,严格市场准入,突出抓好小作坊监管,监管工作走上了制度化、规范化轨道。

(一)严格实施食品质量安全市场准入制度。这项制度包括三个方面的主要内容:一是实行生产许可;二是强制检验;三是实行市场准入标志。截至2006年底,已经对国家标准规定的28大类525种食品全部纳入了市场准入管理;共发放了87497张食品生产许可证。食品质量安全市场准入制度的实施,有力地促进了食品生产加工行业整体水平的提高,食品质量安全合格率明显提高。

(二)全面加强食品生产加工小企业小作坊监管工作。一年来,全国质检系统在全面开展对所辖地区食品生产加工小企业小作坊普查和加强监管的基础上,又开展了为期4个月的专项整治工作,目前已经初见成效。经整治,1.6万余家小作坊停产或转产,8158家小作坊被强制停产,4272家小作坊实行联合、兼并,19万多家小作坊签订了食品质量安全承诺书;期间,查处的无证生产和存在其他违法违规行为的小作坊26726家。

(三)落实了食品安全区域监管责任制。各地质检部门按照质检总局建立全国"统一管理、分类监管、重心下移、层级负责"的食品安全监管新机制要求,已逐步建立以"三员四定、三进四图、两书一报告"为主要内容的食品安全区域监管责任制,全国31个省(自治区、直辖市)共建立食品安全监管责任区16030个,确定食品安全专职监督员25346人,聘请政府协管员72474人,聘请社会信息员106573人。进一步明确了监管责任制和责任追究制。

(四)妥善应对了一系列食品安全突发事件。面对食品安全突发事件,质检部门采取了积极的应对措施,实施应急检验、专项抽查、专项整治,遏制和平息了一些敏感问题。2006年共处理了婴幼儿奶粉中阪歧氏杆菌、方便面中丙烯酰胺、乳饮料中甘氨酸、美白祛斑霜汞含量超标、"红心"鸭蛋等10多起食品安全突发事件,直接组织了20余个专项国家监督抽查,并根据突发事件影响程度组织了含乳饮料中甘氨酸、蛋制品中苏丹红两次全国食品生产加工企业的专项检查工作。

(五)加大了食品的国家监督抽查力度。2006年质检部门共抽查了82类食品,涉及5459家食品生产企业的6313种产品,占全年全部抽查企业总数的36.8%。同时,针对与百姓生活直接相关的米、面、油、酱油、醋、酒类、食糖等产品,进行了连续跟踪抽查,抽样合格率呈稳定上升趋势。

(六)打击了一批食品制假售假违法行为。组织开展了食品质量安全专项整治"百千万工程",同时围绕重点产品,组织开展了白酒、婴幼儿奶粉、茶叶、蜂蜜、酱油、大米、春夏季食品、秋冬季食品、节日食品、儿童食品、食品包装容器等专项执法打假行动。在食品执法打假工作中,2006年全国质监系统共出动执法人员59.7万人次,立案查处食品违法案件4.9万余起,查获假冒伪劣食品货值金额4.5亿元,取缔食品制假窝点467个。

(七)全面强化进出口食品安全监管。严格执行进口食品质检准入制度,切实保证进口食品安全。2006年先后妥善处理了韩国进口饮料含苯事件、吉百利巧克力污染事件、松花江水污染事件、供港蔬菜农残超标事件及输韩水产品二氧化硫超标问题、国外炒作的花生、瓜子、开心果等食品二氧化硫超标问题、鸭蛋中含苏丹红问题、多宝鱼中兽药残留问题、出口大米及其制品转基因问题、二恶英问题,最大限度地减轻了对我国进出口食品贸易的影响,保证了进出口食品安全,维护了消费者信心。

三、预防重特大特种设备安全事故

本着保安全、促发展的精神,一年来,质检部门进一步加强了特种设备安全监察工作。2006年特种设备安全状况总体保持平稳态势,全国发生特种设备死亡事故299起,死亡334人;万台事故起数为0.83起,连续六年下降(2001年—2006年分别为1.21、1.19、0.95、0.92、0.87和0.83);万台死亡人数为0.94人,完成了国务院安委会下达的0.96人的控制指标。

(一)积极开展特种设备平安建设专项活动。全国各地在三个黄金周、"六一"、质量月和安全生产月等重大活动中,广泛深入地开展多种形式的社会化宣传活动,普及特种设备安全法律知识和安全常识。2006年总局会同教育部组织各级质检、教育部门,在全国开展了声势浩大的"特种设备安全进校园活动"。各地还结合实际开展各类活动。南京市质监局开展创建特种设备最安全城市活动,市民对特种设备安全的认知率达到98%;青岛市质监局开展为期三年的特种设备平安工程活动,受到市委市政府的高度重视;河南省质监局举办了全省特种设备生产使用单位《条例》知识电视竞赛;天津市质监局会同城建部门、基层政府率先在全国启动"特检进社区,安全系万家"活动;上海市质监局组织上海市滑稽剧团演出特种设备安全专场节目；广东省质监局在珠江卫视播放特种设备安全电视宣传片；山东、陕西省质监局在报纸上举办特种设备安全知识有奖问答。广泛的宣传工作和专项活动，提升了全社会特种设备安全法制意识，增强了特种设备安全监察工作的影响力。

（二）对特种设备使用环节实现了动态监管。全国31个省（区、市）的各级质检部门，健全特种设备安全监察组织网络，形成了一支由8286名安全监察员和7.2万名协管员组成的监察队伍；全部建立了特种设备信息化网络，基本实现了从网上对在用设备的监督检查情况、检验情况、隐患整改情况等进行跟踪监督，监管手段和有效性大大提高。

（三）落实企业安全主体责任和质检部门监管责任。按照国务院"安全生产十二项治本之策"的要求，各级质检部门采取发放告知书、承诺书、签订责任状等多种形式，着力落实企业"三落实、两有证、一检验"的安全主体责任，其中，海南省覆盖率达95%以上，湖南、江西等省（区、市）达80%以上。江西、河南、安徽、江苏等18个省级局制定了特种设备安全监察、检验责任制，严格实行量化考核。

（四）开展特种设备专项整治。压力管道专项整治工作完成预期目标，全国气瓶产权转移率已达80%以上，气瓶充装单位持证率基本达到100%，电站锅炉压力容器制造、安装监督检验全覆盖，定期检验率达到95%，使用登记率平均达到85%以上，取缔"土锅炉"8631台，查处未登记起重机械4828台。各级质检部门与安全生产监管部门联合开展危化品运输罐车整治，报废、停用汽车罐车920多辆、铁路罐车350多辆。

四、加强口岸公共安全监管

一年来，质检部门采取了一系列有效措施，严把国门，做好卫生检疫工作，确保人民群众健康安全。

（一）严密防范口岸生物和核辐射恐怖事件。建立了处置生物和核辐射恐怖袭击应急处理体系，组建了口岸应对突发公共卫生事件专家咨询组和核与辐射恐怖事件处置专家组。在辽宁（海港集装箱通道）试用通道式核辐射检测设备。北京、广东、新疆、内蒙古口岸正在准备购买核辐射检测设备。建立了口岸应急管理数据库，实现对全国口岸应急资源动态管理，为建立健全指挥统一、功能齐全、反应灵敏、运转高效的口岸应对突发公共卫生事件机制打下了良好的基础。

（二）积极应对口岸突发公共卫生事件。制定了口岸突发公共卫生报告细则，完善了处置程序，提高了应急处置能力。2006年5月和11月，分别妥善应对了天津口岸食物中毒事件和山东龙口港可疑食物中毒事件，及时应对了新疆阿拉山口口岸鼠间鼠疫等五起医学媒介生物疫情。

（三）加强口岸卫生突发事故应急救援体系建设。质检总局印发了《口岸卫生处理事故应急处置技术方案（试行）》。2006年11月在江苏太仓举办了口岸卫生处理规范操作规程和应对突发事故应急处置演练，为规范全国质检系统卫生处理操作和突发事故应急处置工作提供了示范，提高了应对卫生处理突发事故应急处置能力。

（四）严格防范动植物疫情疫病传入传出。2006年针对高致病性禽流感防控，建立了长效应急机制，实行24小时值班制度，密切关注世界各国的禽流感疫情。加强进口家禽的检验检疫管理，严防疫情传入传出。针对2006年我国四川、青海、西藏、安徽、山西、宁夏、贵州、新疆、内蒙等9个省区先后发生的15起禽流感疫情，按照预案采取措施，确保出口禽类及其产品的安全。2006年全国出入境检验检疫机构从进境植物及植物产品中共截获有害生物2471种10.4万次；有毒有害物质17种363次。从进境动物及产品中截获疫病疫情和有毒有害物质共131次，同比增长20%以上。同时，加强对进口种用动物和动物遗传物质等高风险产品和旅邮检工作的管理。2006年先后从加拿大、巴西、澳大利亚、荷兰、美国等国输华大豆、芒果、郁金香、活蟹、石斑鱼等产品中检出有毒有害物质，向相关国家进行了通报，并对内发布了15份警示通报，有效防止疫情传入，保护了我国生态安全和农业生产安全。

（五）加强对进口废物原料的监管。针对进口废物原料逐渐增加的情况，质检总局建立、完善了境外供货企业注册制度、装运前检验制度、加强到货口岸的检验检疫等制度。特别是注册制度的建立，强化了供货企业的自律意识，增强了供货企业对货物环保质量的控制能力，提高了对废物原料来源的可追溯性，有利于从源头上降低进口废物原料安全、卫生和环保风险。同时加强对进口废物原料境外注册供货企业的现场考核工作，严格执行进口废物原料环境控制标准。2006年在检验检疫发现的不合格废料中，因环保项目不合格的废料687批，占进口废料批次的0.258%，较2004年0.56%的环保项目不合格率，下降了54%。

五、加大执法打假力度

一年来，质检部门以食品等生活日用品质量安全为主线，以农村和城乡结合部为重点区域，以小作坊和无证照黑窝点为重点对象，以农村食品和儿童食品为重点产品，查找使用非食品原料生产加工食品、滥用食品添加剂、无生产许可证生产食品和假冒食品包装标识等违法行为，共出动执法人员177万人次，立案查处制假案件18万余起，查获假冒伪劣货值31亿元，移送公安机关111起，严厉打击了危害人民身体健康安全的制假违法行为。

（一）确保“元旦”“春节”和谐安全，部署开展“两节”“双打”专项行动。开展了严厉打击食品黑窝点和严厉打击使用非食用原料生产加工食品专项行动（简称“两打”），各地质检机构充分调动各方面的力量，加强与农业、工商、卫生、食药、公安等部门的联合，加大宣传力度，采取有力措施，努力达到“三个一批”：即严厉打击一批使用非食用原料生产加工食品的制假制劣窝点；关闭并取缔一批不具备保证产品质量安全必备条件的食品生产加工厂点；通过新闻媒体曝光一批制假制劣违法案件。截止2006年底，各级质监部门在“两打”行动中共出动执法人员35040人次，共检查食品生产企业19220家。共查处各类违法案件780起，各地共报告当地政府建议取缔食品生产厂点320家。

（二）针对食品等日用消费品，开展3.15专项打假行动。3.15前夕，各地质监部门使用质检总局推荐的现场快速辨假技术，重点查找白酒中甲醇超标、芝麻油中掺入其他植物油和美白祛斑化妆品中汞含量超标等制假行为，依法严厉查处，取得丰硕战果。据19个省（市）报告，10天集中统一行动共端掉制假窝点40个，立案查处445起违法案件，查获甲醇超标白酒100公斤，假冒白酒近2万瓶，散装白酒近千公斤，掺假芝麻油2270瓶，汞超标等假冒伪劣美白祛斑化妆品3.3万余瓶，假冒洗发水1.3万余瓶，曝光了一批制售假案件。

（三）开展农资打假专项整治。为充分发挥质检部门在推进社会主义新农村建设中的职能作用，各地质监部门以农资打假下乡为主要形式，开展了讲实效有声势的农资专项打假工作。全国质检系统在农资打假工作中，突出种子、化肥、农药、农机及其零配件等重点产品，以整治区域性质量问题、查办坑农害农违法案件、“农资打假下乡”为主要任务，着力创新执法手段，强化与公安等有关部门的配合，强化省际之间的区域配合，落实责任制，加快长效机制建设。据不完全统计，2006年全国质检系统出动执法人员21万余人次，查处制售假冒伪劣农资违法案件2.8万件，查获大案要案220起，移交公安机关12起，查获假冒农资货值2.9亿元。

（四）推进打假保名优工作，建立质量平安建设长效机制。各地质监部门抓住加工、制造、出口等环节，开展了打假保名优集中整治行动。针对保护知识产权行动工作涉及面广，具有长期性、艰巨性、复杂性的特点，各地质检部门积极探索，分别从工作机制、部门联动机制，政府与行业协会、政府与企业沟通机制，举报奖励机制、行政司法衔接机制等方面推进保护知识产权行动工作的深入开展。江苏省、浙江省、上海市质监局成立了江浙沪质监系统中外品牌保护联合打假协作网，建立了与中外企业开放式对话机制，定期沟通，加大了联合打击侵犯知识产权的力度。据统计，2006年，全国质检系统查处伪造、冒用他人厂名、厂址案件7千余起，生产印制假标识、假包装物案件500多起，查获假冒伪劣货值800多万元。

六、推进产品质量电子监管网建设

建设产品质量电子监管网，主要是通过对企业生产的产品进行编码，使其具有唯一的识别标志，并将产品编码信息存入数据库，消费者利用设在商场的终端，查询商品编码信息，掌握产品的生产企业、生产日期、质量数据和其他相关数据，从而判断产品真假优劣。通过这个网，可以使消费者直接获取产品生产企业、生产日期、质量参数等信息,自主地选真、选优,维护自身合法权益。同时,可以促使企业提高质量,维护诚信。企业要入网并获得编码,必须通过一系列审查,包括企业生产条件、产品质量状况、产品执行标准、企业信用情况等等,质量不稳定的产品不允许入网,以确保质量监管网的良好信誉。建设产品质量电子监管网,尤其方便了质检部门对产品质量的监管,可以及时识别假冒产品,使执法部门对假冒产品能及时发现、准确掌握,便于及时查处,更好地维护市场秩序。电子监管网是从源头抓质量的一个信息化新手段,也是从终端鉴别产品质量的一把利剑,对于保护自主知识产权,促进产品结构升级,鼓励企业争创名牌,都具有重大的影响。这一工作得到国务院信息办、工商总局的大力支持。

2006年,按照政府推动、企业自愿、社会参与、市场运作的总体原则和明确目标、重点突破、分步推进的工作方法,质检总局在全国范围进行了统一部署和大力推进,确立了从重点产品、重点企业和重点城市开始,逐步推进的工作步骤。明确了"十一五"期间电子监管网推广工作的分步实施目标,确定了143个电子监管网重点推广城市,发布了首批入网百种产品目录。实施了"百百万万工程",即在一百个城市、一百种重点食品、一万家商场、在每个省农村各设置一万台查询终端。截至2006年12月底,全国已有食品、建材、农资等100多种产品、10575家企业签约入网,在211家商场、超市设立查询终端。已经入网查询的商品销售量都大幅增长,有的增幅达5倍以上。

七、开通"12365"举报投诉电话热线

"12365"举报投诉电话,主要用于全国质量技术监督系统受理企业和消费者对质量违法行为的举报和产品质量的投诉,打击制假违法行为,受理对产品质量检验鉴定等业务。全国已有13个省(市)设立了"12365"投诉举报中心,开发了受理兼处理投诉举报信息的软件,基本实现了区域内联网;其余的省(区、市)局多数也开通了"12365"单机投诉举报电话。

2006年,全国质监系统12365举报投诉电话共受理有效打假举报业务5.6万件,处结率达91.6%。从受理的打假举报情况看,食品、建材、机电产品类存在的问题较多,分别占举报总数的22.8%、13.3%、11.3%。受理有效质量申诉2万件,处结率达93.3%。从受理的质量申诉情况看,机电产品、办公通讯产品、食品类排在申诉的前三位,分别占申诉总量的20.0 %、15.2%、12.1%。这些举报投诉电话,对质量技术监督部门依靠群众打假、为群众调解产品质量消费中的质量纠纷等问题,发挥了重要作用。

一年来,质量平安建设取得了明显的成效,但在具体工作中也存在不少问题。一是认识不高,有些同志没有充分认识到质检工作在社会治安综合治理中的作用;二是工作比较被动,有的没有主动与有关部门进行协调,工作衔接、配合不够;三是有些工作还不够落实,特别是食品质量安全仍有薄弱环节;四是工作进展不平衡,地区之间差距比较大。

质检工作在经济和社会发展中具有重要的技术基础和技术执法保障作用,与加强社会治安综合治理有密切联系。国家质检总局以及全国质检系统,将牢记"依法行政,严格把关,提高质量,维护安全,服务经济,促进发展"的宗旨,进一步履行好职责,积极参与社会治安综合治理的有关工作。今后将继续抓好五项重点工作:一是提高质量总水平,为广大群众创造放心的购物环境,为企业创造公平竞争环境;二是进一步做好维护好食品安全、国门安全、特种设备安全三大工作,维护人民群众健康安全;三是深入开展打假治劣,维护市场经济秩序,维护群众利益,尤其要通过农资打假,保护农民利益;四是加快建设"12365"质量违法举报电话系统,提高快速反应;五是全面推进中国产品质量电子监管网建设,坚持从源头提高质量,维护质量安全。

共青团中央

2006年共青团参与社会治安综合治理工作情况

2006年共青团以邓小平理论和"三个代表"重要思想为指导，树立和落实科学发展观，深入贯彻党的十六届五中全会精神，以"为了明天——预防青少年违法犯罪工程"、"进城务工青年发展计划"、"社区志愿服务和谐行动"为主要内容，同时深入开展青少年荣辱观、12355青少年服务台建设、创建优秀"青少年维权岗"以及法制、禁毒、自护、预防艾滋病、网络文明等方面的宣传教育活动，积极参与平安建设，努力为社会治安综合治理工作作贡献。

一、扎实做好维护青少年合法权益工作

（一）积极开展普法宣传教育活动

按照"五五普法规划"的要求，制定下发了《共青团中央关于贯彻实施"五五"普法规划在青少年中深入开展法制宣传教育的意见》，根据青少年特点精心选择教育内容，不断加强青少年法制宣传教育队伍建设，推动社区青少年法律学校等阵地建设，开展形式多样的主题教育活动为宣传教育，加强对闲散青少年、父母离异的青少年、流浪儿童、罪错青少年等的重点青少年群体的法制宣传教育，不断优化法制宣传教育的社会环境。重点开展了青少年法律学校暑期社区行活动，动员社区青少年法律学校广泛开展法制夏令营、普法课堂、青少年网上普法知识大赛等多种形式的参与式实践性法制教育活动，取得了良好教育效果；抓好"青少年法律学校"建设，调动社会各方面开展青少年法制教育的积极性；推动青少年法律的研究与实践，加强青少年法律调查研究。

（二）全面启动"12355青少年服务台"建设工作

12355青少年服务台是共青团组织以服务青少年的成长发展需求为导向，以整合服务青少年的社会资源为基础，以12355青少年服务热线、网站等信息化服务手段为依托，为青少年提供咨询服务和有特色的实际帮助的工作平台。其服务内容涵盖法律服务、心理疏导、成长指导、就业辅导、就学引导、应急救助、困难帮扶、志愿报名、受理募捐、团务工作等与青少年成长发展和青少年工作有关的问题，服务方式包括咨询服务和实际帮助两个方面。截止2006年底，全国100多个地市开通了12355热线电话，招募12355法律和心理专业志愿者6000多名，全年为青少年解答心理和法律来电、来信、来访咨询10万多人次，提供法律援助3500多人次。

（三）制定下发《关于深化创建优秀"青少年维权岗"活动的意见》

联合中央综治办、最高人民法院、最高人民检察院、教育部、公安部、民政部、司法部、劳动和社会保障部、建设部、国家工商行政管理总局、国家质量监督检验检疫总局、国家广播电影电视总局、新闻出版总署等13个部委共同下发了《关于深化创建优秀"青少年维权岗"活动的意见》，要求各级优秀"青少年维权岗"单位进一步深化创建工作，主动加强与12355青少年服务台的合作，加强日常监管，建立快速联动机制，切实提高服务能力，努力构建以12355青少年服务台为中枢的青少年维权网络。

（四）开展"社区青少年远离毒品行动"

共青团结合自身特点，积极加强对各地青少年禁毒工作的支持和指导。各地共青团组织以"社区青少年远离毒品行动"为载体，结合创建"青年文明社区"、创建"无毒社区"等活动，面向广大青少年大力开展禁毒宣传教育活动，取得了比较明显的成效。团中央、中央综治委预防青少年违法犯罪工作领导小组办公室、国家禁毒委员会办公室联合下发了《关于开展2006年"社区青少年远离毒品行动”的通知》，对全国青少年禁毒宣传教育工作进行了安排部署，把每年6月确定为“为了明天——青少年远离毒品宣传月”，结合“6·3”虎门销烟、“6·26”国际禁毒日等重要纪念日开展集中宣传，并努力形成青少年禁毒宣传教育的长效机制。各地结合实际开展了“为了明天”青少年禁毒教育夏令营、修订发放《毒品预防教育参与式培训手册》、开展了暑期社会实践禁毒宣传活动，还在城市街道社区注重多样化禁毒宣传，加深了青少年对毒品危害的认识，在街道、社区、学校营造起远离毒品、珍爱生命、共同参与禁毒斗争的良好氛围。

（五）开展警地“四联”活动“双十佳”评选表彰活动

共青团中央和武警部队于10月13日联合召开“四联”活动表彰大会，这是共青团中央和武警部队学习贯彻党的十六届六中全会精神，深入发动团员青年为构建社会主义和谐社会作贡献的一个重要举措。大会表彰了在开展“思想工作联抓、人才培养联手、公益事业联做、文体活动联谊”为主题的“四联”活动中，为构建和谐社会做出重要贡献的先进单位和先进个人。据统计，近3年来武警部队共有650个支队级团委和所属基层团组织，分别与552个地市级团委、2678个县级团委以及驻地企业、学校、社区、乡镇团组织开展了“四联”活动，推动了全国大中城市社会治安综合治理工作，形成了新形势下警民共建和谐社会的良好氛围。

二、积极推进“为了明天——预防青少年违法犯罪工程”

（一）对重点群体开展救助保护工作

1. 召开“为了明天——全国流浪儿童保护工作会议”。1月，联合民政部、中央综治办、公安部等部委在四川省成都市召开“为了明天——全国流浪儿童保护工作会议”，部署流浪未成年人救助保护中心建设、打击操纵控制流浪未成年人的组织或个人、加强流浪未成年人教育等工作，总结推广有关地区开展流浪未成年人救助、教育和保护工作的经验。与民政部等18家部委联系制定并下发了《关于加强保护流浪未成年人工作的意见》。联合中央综治办、民政部、司法部、全国妇联等部委共同开展“为了明天——全国服刑人员未成年子女关爱行动”。

2. 开展“为了明天——全国强迫诱骗未成年人流浪乞讨整治工作”。8月，联合中央综治办、公安部、民政部等部委在山东省烟台市召开“为了明天——全国强迫诱骗未成年人流浪乞讨整治工作会议”，对重点城市的强迫诱骗未成年人流浪乞讨现象进行调查取证，开展集中整治行动，解救和救助保护被黑恶势力操纵的流浪未成年人。11月，联合中央综治办、公安部、民政部、全国残联共同下发《关于开展“为了明天——全国强迫诱骗未成年人流浪乞讨整治工作”的通知》。

（二）大力加强预防青少年违法犯罪教育工作

1. 在全国范围内开展“为了明天——青春自护”暑期活动。以“青春拥抱和谐，自护伴我成长”为主题，动员各级团组织在暑期组织开展丰富多彩的活动项目。一是围绕12355青少年服务台开展青少年自护教育活动，教育和引导青少年学会使用12355青少年服务台来寻求帮助。二是依托自护教育基地开展青少年自护培训，通过青少年喜闻乐见的方式向他们教授自我保护的基础知识和技能。三是面向社区青少年开展“青春自护”讲师团进社区活动，结合“八荣八耻”教育的契机，为青少年集中宣讲社会主义荣辱观、青少年生理和心理保健等知识。四是广泛开展青少年自护知识技能学习竞赛活动，使青少年能够在轻松愉快的氛围中掌握必要的知识和方法，得到启迪和警示。

2. 采取多种措施加强青少年自护教育宣传工作。一是联系制作并发行“青少年教育宣传挂图”。围绕落实自护教材建设的要求，与法制出版社合作，根据不同年龄阶段学生的生理、心理特点，接受能力和现实生活中实际存在的问题，每两到三个月设计制作一批对青少年进行思想道德和自护知识教育的宣传挂图面向全国发行。二是监制大型消防系列动画故事片《消防大本营》。围绕加强对少年儿童消防安全教育的专题，与公安部消防局联合监制了119集大型消防系列动画故事片《消防大本营》，该片在中央电视台少儿频道播出。三是参与主办《中国骄傲》特别节目。为提高全民特别是青少年的安全意识和自救互救技能，参与主办了公安部与中央电视台联合制作的

《中国骄傲》特别节目，晚会录像在中央电视台播出。

（三）开展预防青少年犯罪基础性建设工作

1. 开展“为了明天——预防青少年违法犯罪工程”公益宣传。分两个阶段对“为了明天——预防青少年违法犯罪工程”开展集中宣传。共投放城市候车亭灯箱公益广告牌2000块，遍布全国40余个省会城市和副省级城市，时间前后长4个月。共制作折页、手册、海报、公益宣传笔、标识伞等公益宣传品10万余件，发放至地级以上城市所辖区，有效配合了预防青少年违法犯罪工作的开展。

2. 开展城市流浪未成年人和工读教育课题调研。与中国青少年研究中心和中国青少年犯罪研究会等机构合作，围绕城市流浪未成年人现象的发展趋势、工读教育的现状和改革方向等课题，以北京、上海、广州、深圳等重点城市为主开展实地调查研究，并撰写了调研报告。

3. 开展“未成年人零犯罪社区”创建和“为了明天示范县、市”创建活动。以创建活动作为工作抓手，大力推动基层达标争先、区域联动，形成群防群治的工作格局。积极推广基层经验，加强分类指导、评估跟进，调动基层开展预防未成年人违法犯罪工作的积极性，推动预防未成年人违法犯罪工作各项任务、措施和责任落实到城市、城区（县）、街道（乡镇）和社区。举办了“全国社区青少年信息管理系统培训班”，并对“全国社区青少年信息管理系统”进行升级。

三、扎实推进“进城务工青年发展计划”

（一）贯彻中央精神，明确工作部署

团中央根据《国务院农民工工作联系会议工作规则》和《贯彻落实国务院关于解决农民工问题的若干意见的分工方案》，结合共青团工作实际，制定了关于贯彻落实《国务院关于解决农民工问题的若干意见》的实施方案，明确了团组织进一步做好进城务工青年工作的主要任务、重点工作、推进步骤和保障措施。召开了全国进城务工青年工作会议。全面总结了服务进城务工青年工作成果，交流了开展进城务工青年培训、维权和文化活动的经验做法，对进一步深化进城务工青年发展计划进行安排部署。

（二）加强调查研究，提升工作水平

为深入了解基层青年农民工工作情况，全面掌握青年农民工工作典型经验和做法，团中央在北京、青岛、重庆、厦门等地基层工作联系点开展为进城务工青年送温暖活动中，通过随机访谈、对话交流、召开座谈会等方式，调查了解进城务工青年的工作、生活状况，撰写了调研报告。开展了青年农民工工作专题调研，涉及北京、重庆等8个省市，通过实地考察、听取汇报、座谈讨论、个别访谈等方式，对进城务工青年的生活工作状况、务工青年基层团组织建设情况、务工青年新型组织发展等有了比较全面的了解。结合权益工作实际，又赴江苏、山东、北京三省市进行了进城务工青年思想道德状况专题调研。通过调研，为有针对性地解决存在的问题提供了第一手的材料和依据。

（三）总结工作经验，理清工作思路

团中央编辑了《共青团服务进城务工青年十周年》画册，全面梳理了团组织服务进城务工青年十年来的工作，系统总结了十年来团组织协助党和政府做好青年农民工工作的经验、做法，在此基础上，明确了“培育新市民、服务新农村”共青团服务进城务工青年的工作理念；共青团中央联合中央综治办、公安部、司法部、劳动和社会保障部、教育部、建设部、民政部、文化部、国家安监总局、国家工商总局、国家计生委、中国关工委等12家部委下发了《关于深入实施“进城务工青年发展计划”，进一步加强青年农民工工作的意见》，明确了下一步进城务工青年工作的指导思想、工作内容、十项重点工作，提出了具体要求。

（四）深化教育培训，提高整体素质

针对企业发展和进城务工青年实际需求，重点加强了就业技能、职业道德、法律法规、禁毒防艾等方面的培训，不断完善培训内容，探索了新的培训方式。启动了“进城务工青年发展计划——强村实践活动”，联系华西村等经济强村支持，选拔优秀进城务工青年参加学习考察实践，学习建设新农村的做法和经验，开展返乡创业实用技术培训。开始实施“联校助学活动”，联系民办学校、职业院校和其他社会培训机构成为培训合作单位，发挥学校专业和师资优势，为进城务工青年提供短期实用的综合培训服务。争取德国杜塞尔多夫中国中心支持，设立“中德青年DCC培训基金”，实施中德青年DCC培训合作项目，选拔10

名优秀进城务工青年，资助其赴德进行为期2个月左右的教育培训，进一步推动进城务工青年增强职业技能，提高综合素质。

（五）加强文化建设，丰富文化生活

为丰富进城务工青年的精神文化生活，用先进文化和科学知识塑造、影响当代进城务工青年，根据进城务工青年的文化需求，从自身特点和优势出发，积极开展丰富多彩的文化活动和服务。由团中央编辑的《青春与梦想——首届全国进城务工青年鲲鹏文学奖获奖作品选集》出版发行；旨在教育和引导广大进城务工青年牢固树立社会主义荣辱观，激励广大进城务工青年立足本职"学习、创业、守法、致富"的有为务工青年实践活动正式启动；团中央和文化部、国家体育总局联合下发了《关于开展为进城务工青年"送文体进工地、进宿舍、进社区"活动的通知》，通过动员社会力量，向进城务工青年赠送文化体育用品，建设进城务工青年流动文化阵地，开展经常性文化体育活动，帮助广大进城务工青年开阔新视野，学习新知识，掌握新技能，倡导新风尚。

（六）营造良好氛围，加强维权服务

各级团组织积极引导进城务工青年自觉运用法律武器维护合法权益，营造全社会关爱农民工的良好氛围。团中央开展了"青春暖流，真情服务"为奥运工程进城务工青年建设者送温暖活动；各地结合实际开展了多种形式的送温暖活动，关心进城务工青年及其子女，切实帮助他们解决工作、生活中的实际困难。共青团中央、中华全国律师协会联合下发了《关于进一步加强进城务工青年维权工作的通知》，对加强进城务工青年维权工作作了部署安排，从建立"进城务工青年维权服务站（点）"，建设维权志愿服务人员队伍，开通免费咨询热线入手，积极做好进城务工青年的法制培训、法律援助、热线咨询、维护权益等工作。

四、开展"社区志愿服务和谐行动"

（一）统一认识，明确工作思路

为推动社区志愿服务向前发展，发挥志愿者在社区社会治安综合治理工作中的作用，团中央于5月召开了"全团社区志愿服务和谐行动电视电话会议"。各级团组织认真贯彻落实会议精神，迅速启动部署社区志愿服务和谐行动，及时成立相应领导小组和工作机构，明确了各部门和各战线的工作职责与分工，制定了工作规划和具体措施。团中央社区和权益部还举办了社区志愿服务和谐行动培训班，全国团地、市委书记和权益部门负责人接受了培训。

（二）加强制度建设，夯实社区志愿服务基础

在以往工作的基础上，汇编了《社区志愿服务手册》，包括修订后的《中国注册志愿者管理办法》和新制定的《关于大力发展社区志愿服务合作伙伴的通知》、《社区志愿服务团队管理办法》等文件，从制度层面规范和强化了社区志愿服务的基础，为社区志愿服务和谐行动的深化和发展创造了良好的条件。

（三）统筹工作项目，丰富社区志愿服务内容

各级团组织在过去工作的基础上进一步丰富社区志愿服务内容，整合社区志愿服务资源，利用节庆日广泛开展活动，按照"立体式、渗透式、全方位"的要求加大宣传引导和组织发动力度，在全国迅速掀起了社区志愿服务的热潮。在工作中，突出了为社区困难群体提供服务、积极倡导并组织社区互助、组织开展社区公共事务服务、服务社区应及突发事件和城市大型活动等重点领域，突出了强化社区注册、建立工作团队、大力发展社区志愿服务伙伴、拓展服务项目、加强站点和基地建设、完善机制建设等重点环节。

（四）组织主题活动，扩大社区志愿服务影响

10月30日至11月19日，团中央组织开展了"参与志愿服务，共建和谐社会"社区志愿服务和谐行动主题活动，引导广大青年和社会公众以更加饱满的热情投身社会主义和谐社会建设，推动社区志愿服务和谐行动深入开展，掀起社区志愿服务新高潮。各级团组织大力动员组织广大团员青年和社会公众，以社区志愿服务的形式，抓住社区志愿服务和谐行动的关键环节，在社区集中开展服务社区群众、志愿者注册和建立社区志愿服务合作伙伴等活动，形成社区志愿服务的强大声势。主题活动根据时间和主要内容分为服务周、注册周和共建周等，采取经常性服务与集中行动日相结合的办法，每周六为集中行动日。通过本次活动扎实深入开展，社区志愿服务的理念更加深入人心，全国社区注册志愿者的数量和质量明显提升，社区志愿服务合作伙伴的队伍进一步壮大，社区志愿服务的影响面、参与面和受益

面明显扩展。一是社区志愿服务参与面不断扩大。各地结合社区特点和青年需求，组织开展了声势浩大的集中活动，大力宣传志愿服务理念，开展社区志愿服务和志愿者招募工作。主题活动期间，海南参与社区志愿服务的注册志愿者达10万人，志愿服务团队上千支。上海志愿者注册数量和合作伙伴数量均增长了一倍多。二是社区志愿服务受益面进一步扩展。黑龙江省哈尔滨市社区志愿者深入企业、学校、敬老院等场所，为残疾人、孤寡老人、特困职工等困难群体开展各类社区志愿服务，与市孤困儿童帮扶中心的儿童结成帮扶对子。主题活动期间，上海市社区志愿服务人数累计达185万人次，累计服务时间17.5万小时。三是社区志愿服务不断向纵深发展。河南省焦作市50多支青年志愿者服务队、3000多名社区志愿者分布到城区主干道、社区、家属院等地，向社区困难群众提供了法律咨询、房屋维修、水电维修、为老助残、就业咨询、医疗服务等志愿服务项目，帮助社区居民解决了实际困难，为社会治安综合治理工作作出了贡献。

共青团中央
关于共青团组织积极参与平安建设工作的意见

（2006年3月20日）

为深入贯彻党的十六大和十六届三中、四中、五中全会精神，全面落实科学发展观，大力加强社会主义荣辱观教育，按照中央政法委、中央综治委《关于深入开展平安建设的意见》要求，进一步发挥共青团组织和广大团员青年在加强社会治安综合治理工作中的积极作用，切实为促进和谐社会建设和全面建设小康社会作贡献，现就共青团组织积极参与平安建设工作提出如下意见：

一、充分认识共青团组织参与平安建设工作的重要意义

本世纪头20年是我国改革发展的重要战略机遇期，要抓住机遇、深化改革、扩大开放、加快发展，实现全面建设小康社会的宏伟目标，需要和谐稳定的社会环境。平安建设作为新形势下加强社会治安综合治理工作的重要举措，是构建社会主义和谐社会、促进经济社会协调发展的保障工程，是维护广大人民群众根本利益、为人民群众所期盼的民心工程，是提高党的执政能力、巩固党的执政地位的基础工程。深入开展平安建设，对于社会治安综合治理工作拓宽领域、充实内容、提高层次、完善机制、取得实效具有十分重要的作用。

平安建设作为一项复杂的社会系统工程，需要社会各方面力量的共同参与。青年既是社会稳定的受益者，也是维护社会稳定的一支重要力量。良好的社会治安状况为青少年的健康成长提供了坚实的保障。同时，广大青少年的健康成长也将对平安建设起到积极的促进作用。因此，动员引导广大团员青年积极参与平安建设，是共青团服务大局、服务青年的需要，是今后的一项长期工作任务。

长期以来，各级共青团组织广泛参与社会治安综合治理工作，为实现社会治安进步、维护社会稳定做出了积极贡献。在今后工作中，各级共青团组织要进一步从实践“三个代表”重要思想，落实科学发展观，维护改革发展稳定大局的高度，充分认识深入开展平安建设的极端重要性，发挥青年的优势，积极投身平安建设，为促进社会治安综合治理、构建社会主义和谐社会发挥更大作用。

二、动员组织广大团员青年参与社会治安综合治理，在平安建设中充分发挥生力军和突击队作用

大力开展弘扬社会正气的主题宣传活动。各

级共青团组织要在党委政府的统一部署下，积极动员组织广大团员青年，广泛开展声势浩大的平安建设宣传教育活动。结合“我与祖国共奋进”主题教育实践，在团员青年中大力弘扬见义勇为精神，充分调动广大青年参与社会治安综合治理的积极性。联合有关部门开展好“杰出(优秀)青年卫士”、“杰出(优秀)进城务工青年”、“优秀保安员”等评选表彰活动，在青年中大力弘扬无私无畏、恪尽职守、无私奉献的精神，激励引导广大团员青年积极投身社会主义现代化建设，自觉维护改革发展稳定大局。充分发挥各级团属宣传阵地的作用，努力营造全社会特别是广大青少年齐心协力参与平安建设、维护社会秩序的浓厚氛围。

积极参与化解社会矛盾工作。发挥共青团密切联系青年的优势，动员组织团干部和团员青年从身边事情做起，参与基层矛盾纠纷的排查调处，配合做好人民调解等工作，把矛盾纠纷化解在萌芽状态。组织团干部和青年骨干当好信息采集员，掌握社会敏感问题的舆情动态，广泛收集网络信息，对苗头性问题、大规模群体事件和突发事件及时报告并协助有关部门处理。认真做好青少年信访工作，帮助他们采取理性、有序、合法的途径和方式解决困难和问题。

积极参与治安防范和打击犯罪。动员组织团员青年与各类犯罪活动、敌对势力和“法轮功”等邪教组织的渗透破坏作坚决斗争，积极维护国家安全和社会政治稳定。深入开展“维护社会治安青年志愿者筑城行动”，采取治安巡逻和看楼护院、邻里守望等形式维护社会治安秩序，在校园周边环境综合治理、“扫黄打非”等工作中积极发挥作用。针对缺乏监护、具有不良习性青少年和吸毒人员、刑释解教人员等重点群体，发挥青年中心、青年志愿者、优秀青少年维权岗等各类青年组织和工作品牌的作用，积极参与社会帮教。广泛开展“一助一”、“多助一”的结对帮教和服务，帮助本地违法犯罪青少年和刑释解教人员改过自新，防止重新违法犯罪。

三、认真抓好青少年的教育、维权和服务工作，促进青少年健康成长

加强青少年思想道德和法制教育。坚持用邓小平理论、“三个代表”重要思想和社会主义荣辱观教育引导青年，把广大团员青年的思想行动统一到党和政府指引的方向上来，引导帮助青少年树立远大理想，坚定政治信念。以未成年人和大学生为重点群体，深入开展青少年道德实践活动，引导他们自觉实践社会主义道德，弘扬社会文明新风。依托社区青少年法律学校、自护训练营等阵地，开展生动活泼的法制宣传教育、禁毒宣传和自护教育等活动，深入贯彻未成年人保护法和预防未成年人犯罪法，帮助青少年学法、懂法、守法、用法，不断增强法律意识和自护意识。

维护青少年合法权益。以“12355”青少年维权服务信息平台为基础，以热线电话、维权网站为载体，认真开展青少年维权和心理咨询服务，及时掌握青少年的思想状况和现实需求。继续完善以青少年维权服务中心为核心，以各级优秀“青少年维权岗”为终端的社会化维权服务网络，切实为他们提供法律援助、应急救助等服务，努力解决侵犯青少年权益问题。积极推动各创建单位建立和完善青少年维权工作制度，做到青少年的权益保护问题有人管、主动管、管得实，畅通青少年维权的渠道。

有效服务困难青少年。针对进城务工青年群体，继续深化“千校百万”培训计划，重点突出安全知识、法律常识和职业技能等方面培训，配合有关部门解决进城务工青年面临的突出困难和问题，为他们多办实事、办好事。针对大学毕业生、下岗失业青年等群体，深入实施“大学生就业见习行动”，逐步扩大“工岗快递”的覆盖区域和参与对象，加强技能培训，建立需求档案，帮助他们顺利就业。针对贫困家庭未成年子女、留守未成年人和进城务工人员未成年子女等弱势群体，深入开展“希望工程助学计划”、“真情助困进万家”、“手拉手”等活动，帮助他们解决实际困难，促进其健康成长。

四、以“为了明天工程”为载体，扎实推进预防青少年违法犯罪工作

强化对重点群体的管理和服务。配合有关部门，对流浪未成年人，认真落实各项救助保护政策，继续推进救助保护中心建设，打击操纵控制流浪未成年人的黑恶势力，逐步解决流浪未成年人的监护、学习和生活问题。对服刑人员的未成年子女，探索建立完善养育、监护、教育、管理的工作体系，动员社会力量多渠道开展救助。对闲散未成年人特别是初中毕业后未升学就业的未成年人，推动建立家庭、学校、社区“三位一体”的预防体系，有针对性地进行管理和服务。对特殊学生群体，努力防止和减少失学、辍学，拓宽未成年人就学渠道，加强工读教育，把工读学校办成教育、矫治、挽救有不良行为未成年人的阵地。

优化未成年人成长环境。针对非法网吧、淫秽色情网站及书刊、“黄赌毒”、校园周边不良环境等群众反映强烈的社会问题，继续配合有关部门开展集中专项整治，落实长效监管措施，净化青少年健康成长的社会环境，铲除诱发青少年犯罪的各种不良诱因。进一步加强少儿传媒、青少年文化产品和教育活动阵地建设，发挥青少年宫等文化科技体育设施的教育功能，积极开展青少年喜闻乐见的活动，为青少年健康成长提供良好的社会文化条件。

加强预防青少年违法犯罪的教育引导。会同有关部门，依托社区家长学校、知心家庭学校、广播父母学校等教育阵地，积极运用新闻媒体和互联网，广泛开展家庭教育宣传，帮助家庭成员掌握正确的教育方法，提高监护能力。积极配合与青少年事务有关的部门，针对青少年违法犯罪的突出问题，制定和落实好相关政策。以“为了明天”为主题，广泛开展宣传教育活动，调动引导公民、学校、企业、社会团体和其他非政府组织等社会力量，进一步关注和支持预防青少年违法犯罪工作。

夯实基层基础工作。积极推动未成年人保护法的修改工作，配合司法机关进一步完善我国的少年司法制度，指导支持各地制订预防未成年人犯罪法实施办法，为开展预防工作提供法律保障。深入开展“青少年违法犯罪社区预防计划”，坚持工作重心下移，建立专职社工和志愿者相结合的工作队伍，推动各项工作措施落实到基层。以创建“未成年人零犯罪社区”和“为了明天工程示范县市”为抓手，鼓励基层单位创新工作方法，解决突出问题，从而率先在一大批地区有效控制青少年违法犯罪。

五、加强领导，明确责任，切实把平安建设的各项措施落到实处

平安建设事关改革发展稳定大局，关系到千家万户的根本利益，各级共青团组织要高度重视，把参与平安建设作为共青团工作的一项重要内容，切实抓紧抓好。

要加强组织领导。各级团组织要在充分认识加强平安建设工作重要性的基础上，切实加强组织领导。要把这项工作纳入到青年工作的总体规划中，积极争取各级综治部门的支持，充分发挥团组织的优势和战斗力，创造性地开展工作，把各项措施落到实处。

要广泛宣传动员。进一步发挥青年在社会治安综合治理工作中的生力军作用，采取多种形式，广泛发动，在青年中大力宣传违法犯罪活动给群众财产和生命安全带来的危害，宣传参与群防群治、维护社会稳定和加强社会治安综合治理工作的重要意义，进一步激发青年参与平安建设的主动性和积极性。

要突出工作重点。各级团组织要在普遍开展各种青少年法制宣传教育活动的基础上，突出抓好重点工作项目。要把平安建设的要求与已开展的各项相关工作有机结合起来，切实集中力量解决突出问题。

要务求取得实效。各级团组织要在调查研究的基础上，准确掌握参与平安建设的突破口和着力点；要密切联系青年，到困难较多、矛盾尖锐的地方去解决问题；要深入基层提供服务，贴近青年开展活动，根据他们的需要多办实事好事，使他们真正从社会稳定中受益。

共青团中央　中央社会治安综合治理委员会办公室　最高人民法院　最高人民检察院　公安部　司法部　财政部　海关总署　国家税务总局　国家工商行政管理总局　中国银监会　中国人民武装警察部队　关于表彰第五届“中国杰出（优秀）青年卫士”的决定

（2006年4月14日）

近年来，在加强社会治安、行政执法和经济监督管理工作中涌现出一大批为维护社会稳定、保卫国家利益、保障人民群众生命财产安全作出突出贡献的先进典型。为表彰先进，弘扬正气，加强社会主义荣辱观教育，激励广大青年积极投身建设社会主义法治国家的伟大实践，共青团中央、中央社会治安综合治理委员会办公室、最高人民法院、最高人民检察院、公安部、司法部、财政部、海关总署、国家税务总局、国家工商行政管理总局、中国银监会、中国人民武装警察部队联合在全国开展了第五届“中国杰出（优秀）青年卫士”评选活动。经过严肃认真的评选，决定授予刘忠强等10名同志第五届“中国杰出青年卫士”称号，授予刘国长等111名同志第五届“中国优秀青年卫士”称号。

我们号召广大青年向杰出（优秀）青年卫士学习。学习他们热爱祖国、服务人民、无私奉献、不怕牺牲的崇高精神；学习他们忠于职守、秉公执法、不畏艰险、勇于创新的工作态度；学习他们清正廉洁、兢兢业业、大公无私、勤奋好学的优良品德。希望广大青年能够以杰出（优秀）青年卫士为榜样，认真学习邓小平理论和“三个代表”重要思想，全面落实科学发展观，深入贯彻党的十六大和十六届五中全会精神，全面提高自身素质，在构建社会主义和谐社会、全面建设小康社会的伟大实践中贡献青春、智慧和力量。希望受到表彰的青年卫士珍惜荣誉，再接再厉，开拓进取，努力奋斗，为祖国的安宁和人民的幸福再创佳绩、再立新功。

附件：1. 第五届“中国杰出青年卫士”名单

2. 第五届“中国优秀青年卫士”名单（略）

附件1：

第五届“中国杰出青年卫士”名单（10人）

刘忠强　河北省任丘市人民法院民事审判第三庭庭长

陈奇劲　广东省阳江市江城区人民检察院监所检察科科长

隋国峰　辽宁省东港市公安局椅圈派出所所长

蒋　春(女)　湖北省武汉女子监狱副政委

卢文斌　财政部驻广西壮族自治区专员办二处处长

郑　勇　上海浦东机场海关旅检处主任科员

卢伟雄　广东省国家税务局稽查局检查三科科长

杨传峰　河南省新乡县工商局局长

薛若卫　武警山东省总队直属支队一大队教导员

刘　国　河北省公安消防总队承德市支队特勤中队政治指导员

共青团中央　教育部　公安部　民政部　司法部　建设部　文化部　国家人口和计划生育委员会　国家工商行政管理总局　国家安全生产监督管理总局　中央社会治安综合治理委员会办公室　中国关心下一代工作委员会　关于深入实施“进城务工青年发展计划”进一步加强青年农民工工作的意见

(2006年9月26日)

近年来,各级共青团组织联合政府有关部门和社会力量,以推动进城务工青年发展进步为目的,大力实施“千校百万”进城务工青年培训计划,不断加强务工青年文化建设,积极维护进城务工青年的合法权益,帮助进城务工青年提高自身素质,增强就业创业本领,受到了广大进城务工青年的欢迎,得到了社会各界的充分肯定。进城务工青年作为一个日益庞大的新兴群体,为加快城市建设、繁荣农村经济、维护社会稳定做出了积极贡献,他们正逐步成为所务工城市的“新市民”,成为社会主义和谐社会和新农村建设不可或缺的一支重要力量。

为认真贯彻落实《国务院关于解决农民工问题的若干意见》,进一步做好进城务工青年工作,突出“培育新市民、服务新农村”的主题,更好地引导和带领广大进城务工青年在构建社会主义和谐社会和建设社会主义新农村的时代进程中建功立业,现就深入实施“进城务工青年发展计划”,进一步加强青年农民工工作制定如下意见。

一、指导思想

以邓小平理论和“三个代表”重要思想为指导,全面贯彻落实科学发展观,牢固树立社会主义荣辱观,按照构建社会主义和谐社会的要求,认真贯彻落实党中央、国务院关于解决农民工问题的有关政策,坚持服务经济社会发展大局与服务进城务工青年相结合,从进城务工青年的实际出发,围绕“培育新市民、服务新农村”的主题,着重在提高素质、维护权益、丰富生活三个方面加强教育、服务和引导，不断提高工作水平，切实把进城务工青年打造成工业化、城镇化和现代化的合格建设者与社会主义新农村建设的生力军。

二、工作内容

（一）深入推进“千校百万”进城务工青年培训计划。积极争取有关部门支持，进一步明确培训目标，完善培训内容，扩大培训规模，不断优化培训工作环境。针对企业发展和进城务工青年实际需求，重点加强就业技能、安全生产、职业道德、法律法规、禁毒防艾和计划生育等方面的培训，不断完善培训内容。依托民办高校、职校技校、大型企业、重点工程、经济强村和各种社会培训力量，大力推进“千校百万”进城务工青年培训基地建设。动员企业购买培训或社会力量资助，采取分批轮训方式，为进城务工青年提供免费或优惠的综合培训服务。鼓励和帮助进城务工青年参加职业技能鉴定，获取职业资格证书，推动培训机构与用工单位对接，促进培训与就业挂钩。

（二）大力加强进城务工青年文化建设。坚持文化育人、寓教于乐的原则，在进城务工青年中广泛开展社会主义荣辱观教育，不断丰富进城务工青年文化内涵，推动各地继续开展形式多样的文化活动，切实提高进城务工青年的综合素质。针对进城务工青年实际需求，推动企业、社区建设简便易行的阵地和载体，通过放映电影、借阅图书、播放录像、网上服务及开展体育比赛等方式，广泛开展送文体进工地、进宿舍、进社区活动，不断丰富进城务工青年业余文化生活。扶持进城务工青年创办兴趣爱好类社团组织和活动小组，支持创作反映务工青年工作生活的文艺作品。大力普及新型婚育观念，鼓励进城务工青年把务工过程中学到的知识、技能带回家乡，成为文明的传播者和建设者。

（三）进一步推动进城务工青年维权工作。经常深入进城务工青年之中，了解他们的工作、生活和思想状况，积极反映进城务工青年的意愿和呼声，帮助他们排忧解难。依托社会有关组织和法律服务机构，为进城务工青年就近就便开展法制宣传，提供法律服务和法律援助。加快12355青少年服务台建设，将维护进城务工青年权益作为12355青少年服务台一项重要内容抓紧抓实。积极探索进城务工青年维权队伍建设的有效形式，动员优秀“青少年维权岗”，针对进城务工青年面临的突出问题，积极维护进城务工青年的合法权益。动员社会开展经常性扶贫济困送温暖活动，关心进城务工青年及其子女，切实帮助他们解决工作、生活中的实际困难。

（四）积极创新进城务工青年服务平台。引导各级共青团组织加强工作探索，在进城务工青年集中地灵活设置团组织，积极发挥城市青年中心的作用，最大限度把流动分散的进城务工青年团结凝聚在团组织周围。推动企业、社会中介机构和基层团组织广泛建立进城务工青年人才库，结合服务进城务工青年网站建设，逐步形成集信息集散、就业指导、管理服务于一体的社会化服务体系，进一步搭建服务进城务工青年发展创业的工作平台。鼓励进城务工青年在合适的领域积极创业，引导帮助他们返乡创业、回报家乡。利用影视、广播、报刊、网络等媒体加大对优秀进城务工青年典型，特别是进城务工青年回乡创业典型的宣传，形成全社会关心关爱进城务工青年的良好氛围。

三、重点工作

（一）实施“联校助学活动”项目。由各级团组织分别联系当地民办学校、职业院校或其他社会培训机构，取得支持并成为培训合作单位，针对学校专业优势和进城务工青年实际需求，通过采取分批轮训方式，推动政府购买培训或企业委托培训，为进城务工青年提供免费或优惠的培训服务。培训以短期实用技术为主，结合提高综合素质的有关内容。鼓励获取职业资格证书，并推动培训学校与用工单位联合，努力为进城务工青年提供培训就业一体化服务。

（二）推出“助企培训活动”项目。推动建筑、采掘、纺织、服务等重点行业对进城务工青年制定培训规划，统一培训标准，印制培训手册，推动系统行业、用工单位开展系统化、规范化的岗位技能、安全知识等培训，增强职业技能水平。依托重点行业牵动，在各省（区、市）分别确定一些大型企业和重点工程，推动建设一批进城务工青年流动学校或“千校百万”进城务工青年培训基地，推动重点行业开展进城务工青年练兵比武作贡献活动。

（三）启动“强村实践活动”项目。积极争取经济强村的支持，选拔优秀进城务工青年、进城务工青年先进工作者作为主要培训对象，开展到经济强村学习考察实践活动，学习建设社会主义新农村的成功做法和经验；结合强村优势产业，开展返乡创业实用技术培训；依托强村企业进行职业技能培训，提高进城务工青年就业创业能力。通过强化经济强村的实践基地作用，大力引导进城务工青年发展进步和返乡创业。

（四）建立进城务工青年维权服务站（点）。依托青少年维权机构、法律服务机构、法律援助机构或协调高校团委、法律社团支持，推动建立一批“进城务工青年维权服务站（点）”。在专业法律工作者和法律专业大学生中招募志愿者，积极建立“律师+志愿者”的法律援助和维权服务队伍。通过开展法制宣传、法律咨询、法律援助等维权服务，结合发挥12355青少年服务台和青少年维权岗等工作载体的作用，切实加强进城务工青年维权服务体系建设，维护进城务工青年合法权益。

（五）开展为进城务工青年“送文体进工地、进宿舍、进社区”活动。针对进城务工青年的实际需求，发动企业、社区、基层团组织和其他社会力量为进城务工青年捐赠电视机、影碟机、光盘、球类、棋牌、乐器等文体用品，通过简便易行的方式组织篮球、乒乓球、棋牌等体育活动，以放映电影、借阅图书、播放录像、网上服务等方式，广泛开展为进城务工青年所喜闻乐见的文化娱乐活动，不断丰富进城务工青年的业余文化生活。

（六）建设进城务工青年文化阵地。在继续推动各地开展“大家乐”舞台、“流动文化驿站”、“进城务工青年文化节”等活动基础上，积极推动青少年宫、青年活动中心、青年中心阵地等活动场所向广大进城务工青年开放。推动企业、社会建设“流动文化车”等简易载体，在工地、宿舍区建立适合进城务工青年的活动设施和阵地，大力培养进城务工青年中的文化人才，切实提高进城务工青年的综合素质。

（七）开展多种形式的扶贫济困送温暖活动。动员社会力量关心进城务工青年及其子女，通过开展“希望工程助学进城计划”、“城市少年儿童与农民工子女手拉手”、“非留守儿童与留守儿童手拉手”、“关爱女孩行动”、开设“青春暖流——进城务工青年员工专列”等活动，切实帮助他们解决工作、生活中的实际困难。进一步开展进城务工青年防治艾滋病“面对面”宣传教育活动，帮助他们了解防艾有关知识，提高预防意识和防护能力。

（八）开展“学习、创业、守法、致富”有为务工青年教育实践活动。根据进城务工青年实际需求，教育和引导广大进城务工青年牢固树立社会主义荣辱观，帮助进城务工青年提高自身素质，增强就业创业能力，通过在进城务工青年中开展学习一门实用技术，增长一项创业本领，参加一次法制讲座，成为一个致富典型的“四个一”活动，激励广大进城务工青年立足本职，争当“学习的模范、创业的先锋、守法的公民、致富的骨干”。

（九）积极在进城务工青年中建立团组织。加强探索企业联合建团、社区公寓建团、警团联建或派设基层团组织联系点等在进城务工青年中建团的新模式，推动各级团组织在“两新”组织、工地、社区等务工青年集中地灵活设置团组织。加强与企业、社会中介机构和基层团组织联系，推动建立进城务工青年人才库，逐步形成集信息集散、就业指导、管理服务于一体的社会化服务体系，搭建服务进城务工青年发展创业的工作平台。

（十）大力选树优秀进城务工青年典型。继续开展“十杰百优”进城务工青年评选活动，抓住培养、凝聚、举荐、宣传等关键环节，树立一大批优秀进城务工青年典型，引导更多的进城务工青年成长进步。积极争取有关部门和社会的支持，以设立基金、小额贷款、项目援助、技术指导等方式，营造宽松有利的创业环境，鼓励进城务工青年在合适领域积极创业，引导帮助他们返乡创业、回报家乡。

四、工作要求

（一）高度重视，加强领导。各有关部门要从开发青年人力资源，促进经济发展和社会稳定的战略高度，把服务进城务工青年工作作为深入贯彻《国务院关于解决农民工问题的若干意见》、参与和谐社会建设、推动经济社会发展的一项重要任务，摆上重要日程。要形成由各部门主管领导牵头，相关部门积极参与的组织领导机构，明确专人具体负责，加强工作力量投入，切实为深入实施“进城务工青年发展计划”提供坚实的组织保证。

（二）明确任务，精心组织。要深入进城务工青年，了解进城务工青年，及时研究、解决进城务工青年工作中的新情况新问题，为不断加强进城务工青年工作提供理论支持和决策依据。要紧密结合实际，坚持从服务经济社会发展大局和进城务工青年根本需求出发，细化工作措施，明确目标任务，增强工作的针对性、实效性；要深入探索工作规律和方法，大力推广行之有效的做法和经验，不断创新进城务工青年工作的内容、形式、手段和载体。

（三）突出重点，建立机制。要抓住社会关注、青年需求的重点，把握关键环节，不断加大工作力度。要将进城务工青年工作与流动人口管理、预防青少年违法犯罪等工作考核结合起来，分解任务，落实责任，强化工作督查指导。要注意总结工作经验，加强交流研讨，不断探索工作规律，建立健全和完善工作推进机制，确保工作持续深入发展。

（四）整合资源，形成合力。要紧紧依靠各级党委政府的领导，主动同有关方面协调配合，广泛争取全社会的关心支持。要充分整合社会资源，形成工作合力，使各有关部门积极发挥优势和工作主动性，从不同方面共同推动进城务工青年工作。要加大宣传工作力度，完善社会动员机制，运用社会化手段创造服务进城务工青年工作的良好环境，推动全社会形成关爱青年农民工的良好氛围。

共青团中央
关于建设12355青少年服务台的意见

（2006年9月26日）

为全面贯彻落实科学发展观，积极参与构建社会主义和谐社会，切实加强团组织服务能力建设，进一步做好新形势下的青少年服务工作，共青团中央决定建设12355青少年服务台。现提出如下意见。

一、充分认识建设12355青少年服务台的重要意义

随着改革开放和社会主义市场经济的深入发展，共青团的工作对象和工作环境发生了深刻变化。共青团必须创新工作方式，提高服务能力，建立更加直接畅通的渠道了解和联系青少年，及时帮助解决和有效化解有关青少年的矛盾和问题，推动实现青少年寻求服务和团组织提供服务更加便利化。当前，全国电话用户总数达到7.98亿户，网民总数超过1.3亿人，固定电话、手机和互联网不仅成为青少年重要的信息交流工具，也是社会服务的重要手段和便利渠道。2004年，信息产业部批复团中央设立12355青少年维权和心理咨询服务热线电话，为青少年公共服务提供了宝贵的信息资源。

建设12355青少年服务台，有利于及时掌握青少年思想动态和现实需求，引导青少年依法反映诉求，有效化解社会不稳定因素，巩固党执政的青年群众基础，促进社会和谐；有利于改进服务青少年的途径和方式，及时为他们提供多方面的服务，动员社会力量帮助他们解决实际困难和问题，促进青少年健康成长；有利于延伸共青团工作手臂，创新社会动员和资源整合机制，完善自身组织形式和运作模式，增强团组织的凝聚力和影响力，推动共青团事业的进一步发展。

二、明确建设目标和基本框架

围绕构建全团统一的综合服务网络，准确把握12355青少年服务台的建设目标与基本框架。

（一）建设目标：以服务青少年的成长发展需求为导向，以争取党政机关支持、整合共享团内资源和社会资源为基础，以现有的12355青少年维权和心理咨询服务热线和信息技术为依托，广泛建立12355青少年服务台，实现青少年需求与社会服务资源供给的有效对接，促进服务青少年和青少年接受服务的便利化，使之成为共青团组织直接面向和服务青少年的综合性窗口和平台。

（二）基本框架：12355青少年服务台包括全

国、省(自治区)、市(直辖市、副省级城市和地级城市)三个层次,分别由同级团委作为业务主管单位。全国和各省、自治区12355青少年服务台的工作职责重在管理和指导;直辖市、副省级城市和地级城市的12355青少年服务台工作职责重在服务。

三、以城市为基础,为青少年提供有效服务

切实发挥直辖市、副省级城市和地级城市的12355青少年服务台的服务职能,为青少年提供及时便捷的服务。

(一)服务内容:围绕青少年的成长发展需求,重点是面向广大青少年的普遍性问题特别是困难青少年的需要,提供志愿性质的免费公益服务。受理范围是与青少年成长发展和青少年工作有关的问题,主要包括法律服务、心理疏导、成长指导、就业辅导、就学引导、应急救助、困难帮扶、志愿报名、受理募捐、团务工作等方面内容。

(二)服务方式:包括咨询服务和实际帮助。首先立足于做好咨询服务工作,在逐步探索、积累经验的基础上扩大实际帮助的内容和范围。咨询服务是指通过12355电话语音信箱、咨询员咨询和12355网站,采取通话、短信、书信、网络通讯等形式,为青少年答疑解惑或指明获得帮助的路径。实际帮助是指12355青少年服务台针对青少年的迫切需求,发挥服务单位和志愿合作伙伴的作用,提供力所能及的服务,帮助青少年解决实际问题。

四、广泛整合资源,不断延伸工作手臂

全国、省(自治区)、市(直辖市、副省级城市和地级城市)三级12355青少年服务台要积极争取和利用现有资源,广泛发展服务单位,建立各类志愿合作伙伴关系,为服务青少年提供坚实基础。

(一)积极争取党政机关和社会各界支持。同全国、省和地级与青少年事务有关的立法机构、司法机关、党政部门建立密切联系,争取支持,特别是充分争取未成年人保护委员会成员单位、综治委预防青少年违法犯罪工作领导小组成员单位、优秀"青少年维权岗"单位以及工会和妇联等群众团体权益保护机构的支持和帮助。

(二)充分利用团内资源。发挥团的各条战线服务青少年的先进典型、工作阵地、活动项目等方面优势,建立广泛的团内资源共享平台。例如,青年中心、青少年犯罪研究会、法学会青少年法律研究会、青年企业家协会等组织资源;青年文明号、优秀"青少年维权岗"等奖项资源;青少年宫、志愿者服务站等阵地资源;团属报刊、网站等媒体资源;希望工程、青年志愿者行动、"手拉手"、为了明天工程、"青春红丝带"行动等活动资源;各类团校及团属研究室、青少年研究中心等科研及教育资源等等。

(三)广泛整合社会资源。主要包括:一是招募心理、法律、医务、职业发展等方面的专业人士组成咨询员队伍;二是聘请有关方面的专家成立顾问团,为咨询服务提供智力支持;三是发展律师事务所、就业服务机构、婚姻介绍所、流浪未成年人救助保护中心、法律援助机构、服务热线等各类热心青少年公益事业的单位以及国际公益组织成为志愿合作伙伴。

五、建立工作机制,推动12355青少年服务台持续运转

(一)建立青少年诉求的咨询服务机制。设计青少年事务信息库并不断完善项目、更新内容,作为咨询服务的基础;通过热线电话、网站等为青少年提供咨询服务或将其转接到与12355链接合作的其他热线;对于青少年咨询的疑难问题,应取得专家顾问团或上级12355青少年服务台的支持。

(二)建立青少年个案的转接处理机制。对于需要而且能够给予实际帮助的青少年个案,协调联系团内外服务单位和志愿合作伙伴提供相应的服务,对涉及多个部门的复杂个案,动员有关单位齐抓共管,对涉及跨地市、跨省份或在本地难以解决的个案,应取得上级12355青少年服务台的支持。

(三)建立青少年研究和监测机制。通过受理青少年的各类诉求,积累相关数据和资料并加以分析研究,对青少年群体及其成长环境实施动态监测和评估。同时,定期将数据报送上级12355青少年服务台。

(四)建立工作人员和志愿者的管理机制。招募青年志愿者、"五老"(老干部、老战士、老专家、老教师、老模范)志愿者和其他社会热心人士担任工作人员,建立志愿咨询服务接力机制,定期对工作人员和咨询员进行培训。建立动态管理制度,定期对咨询员、工作人员和专家顾问团的服务进行考核,优秀者予以表彰和奖励,不合格的及时撤换。

（五）建立对12355青少年服务台绩效的考核机制。团组织建立对同级12355青少年服务台的考核制度，制定标准，量化考核。同时，把服务台建设和服务情况作为对下级团组织预防青少年违法犯罪工作和青少年相关工作的考核内容。

六、加大工作力度，把12355青少年服务台建设工作抓实抓好

各省（自治区、直辖市）和副省级、地级城市团组织要把建设12355青少年服务台作为当前共青团工作创新的一件大事来抓，切实加强领导，强化工作保障，提高服务青少年的针对性和实效性。

（一）高度重视，加强领导。团组织要切实承担起领导责任，成立12355青少年服务台建设工作领导小组，积极争取政策，整合资源，对同级和下级12355青少年服务台建设进行规划、指导和协调。领导小组应当包括同级团委有关职能部门和单位，并明确其工作职责。各级团委12355青少年服务台建设工作领导小组办公室设在权益工作部门。

（二）夯实基础，强化保障。团组织根据实际情况，向编办、人事或民政部门申请成立事业单位、民办非企业法人或其他非赢利性质的“12355青少年服务台管理中心”，由其负责12355青少年服务台的管理和运行。团组织要帮助服务台建立包括电话、呼叫中心和网站等线网相结合的12355信息系统，制定工作制度，落实专兼职工作人员、办公场所和工作经费，保障服务台的建设和发展。

（三）统一规划，分步实施。既要按照12355青少年服务台建设的统一标准、统一要求部署实施，又要结合经济社会发展情况和共青团工作实际，稳步推进。服务能力不足的地方可以从建设简单的咨询服务热线电话开始，采取渐进的方式拓展服务项目，逐步提高服务能力。

（四）面向基层，务求实效。直辖市、副省级城市和地级城市的12355青少年服务台是全国12355青少年服务台工作的基础。要把工作重心放在城市一级，把握当地青少年现实需求，积极整合社会资源。通过强化咨询服务，充分满足青少年的咨询需求，同时努力提供一些有针对性、有地方特色、有成效的实际帮助。

附件：团中央12355青少年服务台建设工作领导小组成员名单

附件：

团中央12355青少年服务台建设工作领导小组成员名单

组　长

杨　岳　团中央书记处常务书记

副组长

卢雍政　团中央书记处书记

成　员

唐显凯　团中央办公厅主任
倪邦文　团中央组织部部长
刘可为　团中央宣传部部长
徐绍川　团中央青工部部长
陶　宏　团中央青农部部长
周长奎　团中央学校部部长
张学军　团中央少年部部长
安桂武　团中央统战部部长
胡尹庐　团中央社区和维护青少年权益部部长
江广平　团中央国际联络部部长
于振国　团中央机关服务中心主任
王雪峰　团中央青年志愿者工作部部长
郗杰英　中国青少年研究中心党组书记
王宏猷　中国青年报社社长
涂　猛　中国青少年发展基金会秘书长
曹东新　团中央网络影视中心主任
王　路　团中央社区和维护青少年权益部副部长、中国青少年犯罪研究会秘书处负责人

办公室主任

胡尹庐（兼）

共青团中央　全国少工委
关于表彰2006年度“中国少年儿童平安行动”
优秀组织奖、示范学校、示范社区的决定

（2006年12月16日）

为进一步深化“中国少年儿童平安行动”，引导各级少先队组织更好地服务少年儿童的健康成长，服务社会主义和谐社会建设，根据《关于开展2006年“中国少年儿童平安行动”的通知》，经过层层推选和严格审核，共青团中央、全国少工委决定授予北京市少工委等50个团委、少工委“中国少年儿童平安行动优秀组织奖”，命名北京市西城区自忠小学等247所学校为“中国少年儿童平安行动示范学校”，命名北京市东城区东四街道五条社区等116个单位为“中国少年儿童平安行动示范社区”。

希望获得“优秀组织奖”的各级团委、少工委再接再厉，把“中国少年儿童平安行动”作为当地少先队组织参与少年儿童安全教育、服务少年儿童健康成长的重点项目，认真部署，狠抓落实，开拓创新，为社会的安定有序和少年儿童的健康成长作出新的贡献。希望命名为“示范学校”和“示范社区”的单位，要在不断深化活动的基础上，充分发挥示范带头作用，引导更多的学校和社区关注少年儿童安全教育，采取有力措施增强少年儿童的安全意识，提高少年儿童的自救自护本领，在全社会积极倡导建立预防未成年人意外伤害的社会干预机制，不断促进少年儿童健康成长。

附件：1. “中国少年儿童平安行动优秀组织奖”获奖名单（略）

2. “中国少年儿童平安行动示范学校”获奖名单（略）

3. “中国少年儿童平安行动示范社区”获奖名单（略）

中央文明办　共青团中央　新闻出版总署
信息产业部　文化部　中国民主同盟中央委员会
中国关心下一代工作委员会　光明日报社
关于深入推进“健康上网拒绝沉迷——帮助
未成年人戒除网瘾大行动”的通知

（2006年9月4日）

各省、自治区、直辖市委文明办，团委，新闻出版局，信息产业主管部门，通信管理局，文化厅

(局),关心下一代工作委员会,中国民主同盟各省、自治区、直辖市委员会:

为进一步贯彻落实《中共中央国务院关于进一步加强和改进未成年人思想道德建设的若干意见》精神,以及中央领导同志关于"大兴网络文明之风"的一系列重要指示精神,引导和帮助广大青少年正确使用互联网,树立健康上网理念,有效预防和戒除网瘾,中央文明办、共青团中央、新闻出版总署、信息产业部、文化部、中国民主同盟中央委员会、中国社会科学院、中国关心下一代工作委员会、光明日报社决定深入推进"健康上网拒绝沉迷——帮助未成年人戒除网瘾大行动"。现将有关事项通知如下。

一、活动宗旨

广泛动员各界力量,积极整合社会资源,有效预防和戒除网瘾,弘扬先进网络文化,创建绿色网络环境,促进未成年人健康成长和全面发展。

二、活动时间

本次活动于2006年8月启动,在全国范围内长期开展。

三、重点内容

(一)深化研究,强化引导,找寻变"网瘾少年"为"网创人才"的成长规律。继续发布《中国青少年网瘾报告(2006)》,适时发布《中国青少年网创报告(2006)》。要与香港青年协会等机构开展合作研究,注重借鉴国际经验,深入研究青少年网络使用状况,找准影响青少年网络沉溺的根源,找出推动青少年网络发展的途径,促进他们走出网络沉溺,引导他们走上健康发展的良性轨道。

(二)精心编撰,精当制作,努力把优秀的专题图书和主题影视作品奉献给青少年。向全国中小学生积极推荐《中小学生网络安全与道德读本》,并组织形式多样读书活动。要编撰《回来吧孩子－预防和戒除网瘾指南》、《破"网"重生－预防和戒除网瘾实战案例》、《让孩子赢在网络时代》、《中小学生家长健康上网读本》和《家庭心理导师》系列丛书,拍摄普及网络知识、规范网络道德、戒除网瘾方法和反映青少年网络生活的影视作品《青少年网络安全导航》、《健康上网大行动导教片》等,引导青少年树立网络安全与网络道德意识。要认真做好系列丛书和电视系列片《青少年网络安全导航》等的宣传发行工作,积极组织观看学习,切实开展青少年网络安全道德活动,引导青少年正确认识网络,科学运用网络。

(三)各方动员,多方组建,不断推进志愿者团巡讲和网络志愿服务活动。要在全国范围内继续深入开展"百万家庭健康上网大行动"和"戒除网瘾全国行'十百千万工程'",并组建100个由心理学、社会学、青少年工作者和法律专家参加的志愿者团,深入学校、社区和家庭,广泛开展以健康上网、绿色上网为主题的志愿者巡讲活动。要依托高校学生社团、家长交流中心和社会公益机构,开通健康成长168热线,开展中国家长网络素养提升计划、中国青少年网络素养指导计划和新农村青少年网络导航计划等活动,组织培训10000名以上的网络志愿者,为100万以上人次的家长、100万以上人次的青少年提供网络综合知识培训和指导,开设专题网站接受志愿者报名注册并为家长和青少年提供服务,切实开展"网络义工助成长"活动。

(四)同龄互动,亲子互动,深入开展以素质教育为核心的重点行动。要在寒暑假期间,组织青少年及其家长参加夏(冬)令营活动,请专家志愿者讲解健康上网的相关知识和预防网瘾的方法。要通过贴近自然、团队探险、军营体验、音乐表演、头脑比拼、技能展示及创意竞技比赛等活动,形成网络伙伴手拉手和亲子沟通心连心的良好氛围,提升青少年的身心素质。

(五)公益引领,文化引导,切实开展为青少年喜闻乐见的网络文化活动,适时举办中国青少年网络文化节。要通过向全社会征集绿色上网主题歌曲、编导儿童歌舞剧、小品等方式,树立推广绿色上网的理念。要针对青少年追求网络时尚的特点,在中国电信、中国网通等电信运营商的配合下,共同开通"青少专网",推出一批青少年喜爱的论坛版主、网络电台主播、网络玄幻写手、原创网络歌手和健康上网公益形象大使,举办中国青少年网络音乐盛典、健康上网知识大赛、网页设计大赛、网络读书征文等活动,集中展示先进网络文化塑造青少年和青少年推动先进网络文化发展的丰硕成果。

(六)重在健康,贵在益智,大力开发和积极推荐一批适合未成年人的绿色网络游戏。要把促进青少年健康成长、丰富青少年文化生活作为开发推荐绿色游戏的主旨,从优秀民族文化和改革创新的时代文化中发掘网络游戏题材,深入推动"中国民族网络游戏出版工程"和"民族游戏精品工程",促进有自主知识产权的原创游戏产业发展,用健康向上的网络产品占领网络文化阵地。要通过开展"知识中国"网络游戏闯关大赛、绿色游戏竞技、假期绿色游戏推荐等活动,把游戏变成青少年成长进步的阶梯和快乐生活的源泉。

(七)疏导为主,疏堵结合,充分运用技术手段帮助青少年预防和戒除网瘾,消除不良信息对他们的侵害。要积极推广和不断完善网络游戏实名制、"网络游戏防沉迷系统",帮助青少年远离暴力游戏并合理控制游戏时间。要根据青少年身心发展的特点和特定年龄段的网络需求,积极研发推荐绿色上网过滤软件,定期开展青少年绿色网络技能培训和认证工作,运用先进技术手段和有效引导方式,保护青少年的身心健康和合法权益。

(八)更新手段,创新方式,推动成立网瘾研究救治基地和网络创新实践基地,促进青少年人格健康发展。要在条件成熟的高等院校、科研机构成立网瘾研究基地,要依托医院、心理咨询机构建立网瘾救治基地,多方筹资设立网瘾救治基金。以戒除网瘾为重点,设立网络创新实践基地。适时成立中国青少年心理成长基地,集心理、教育、医疗、团队训练等手段为一体,有效促进青少年健康成长。同时成立中国青少年心理化教育中心,实施青少年心理化教育研究培训和规划发展计划。

(九)密切关注,热切支持,积极倡导建立游戏爱好者组织联盟,主动引领青少年健康的网络娱乐方向。要把目前网络游戏内各类组织管理起来,适时成立中国游戏爱好者俱乐部,维护他们的合法权益,并通过影响这些自发的群众组织的核心成员,充分发挥群体效应,积极倡导健康的娱乐方式和网络文化,使广大青少年自觉自愿地养成良好的网络道德和娱乐习惯。

(十)快速搜集,迅速处理,及时建立不良网络行为举报和处理中心。要依托有条件的大型门户网站,针对在网络聊天、网络游戏、网络交易里频频发生的网络辱骂、网络欺压、网络诈骗、网络盗窃等不良甚至犯罪行为,组织建立不良网络行为举报和处理中心,通过建立专题网站和接听热线,接受各方举报,汇集整理针对青少年的网络欺诈和网络犯罪特征,提出行之有效的对策,协调和配合国家有关部门净化网络环境,使互联网真正成为青少年学习成长的快乐家园。

四、表彰激励

通过申报、评选,对活动中表现突出的志愿者团体和个人进行表彰奖励,并授予"先进志愿者团"、"优秀志愿者"荣誉称号。对活动中组织得力、宣传广泛、社会效果显著的各级地方团委、网络企业进行表彰奖励,并授予"组织奖"、"贡献奖",以促进活动的开展。同时,要命名一批"中国青少年绿色上网研究基地"、"中国青少年绿色上网示范基地"和"中国家长网络素养培训基地"。

五、实施要求

(一)高度重视,加强领导。要从贯彻落实科学发展观、促进和谐社会建设和建设创新型国家高度,充分认识开展"健康上网拒绝沉迷——帮助未成年人戒除网瘾大行动"的重要意义,各地有关部门要把这项活动纳入本地区、本单位精神文明创建活动中来,与正在开展的"文民办网,文明上网"宣传教育活动结合起来,加强领导,大力支持。

此项活动,由中国青少年网络协会、中国出版工作者协会、光明日报社网络信息部、中央电视台社教中心、中国电信集团公司、中国网通集团宽带在线有限公司、中青网承办,主办单位成立"健康上网拒绝沉迷——帮助未成年人戒除网瘾大行动"组委会(名单附后),组委会办公室设在中国青少年网络协会。各省级团委要牵头转发文件,指定专门部门负责这项工作。组委会办公室建立专题网站及时反馈活动进展情况。

(二)周密安排,讲求实效。各地要按照本通知的要求,结合网络状况发展的实际,制定实施帮助未成年人戒除网瘾行动的规划,广泛凝聚社会资源,密切配合,科学管理,把帮助广大未成年人预防和戒除网瘾的工作落到实处。

（三）加强宣传、营造氛围。各地要充分调动宣传力量，利用报刊、广播、电视、互联网站，加大活动宣传力度，为“健康上网拒绝沉迷——帮助未成年人戒除网瘾大行动”营造良好的舆论环境，推动形成进一步关注青少年网络沉迷和帮助他们戒除网瘾的良好社会氛围。

（四）畅通信息，探索经验。帮助未成年人戒除网瘾行动是一项利国利民的系统工程，对于构建社会主义和谐社会具有重要意义。各地要大胆探索，求实创新，及时把工作实践中的新情况、新问题、新方法通报给组委会办公室。

全国妇联

2006年全国妇联参与社会治安综合治理工作情况

2006年,全国妇联以“平安家庭”创建活动为抓手,组织开展了一系列与社会治安综合治理工作相关的维稳工作和活动,各级妇联积极主动,认真贯彻落实,在服务大局、维护社会稳定、促进安定团结、构建社会主义和谐社会中发挥了重要作用,取得了较好的社会效果。

一、以“平安家庭”创建活动为重点,积极参与平安建设活动

为贯彻落实中央综治委关于开展平安建设活动的工作部署,自2005年7月全国妇联、中央综治办、共青团中央、公安部、司法部、国家广电总局六部委办启动“平安家庭”创建活动以来,全国妇联作为这一活动的牵头单位,态度坚决,工作积极,采取各种有力措施,积极推进活动的深入开展,2006年,在全国平安家庭创建活动推进会的基础上,全国妇联在深圳市召开研讨峰会,推进“平安家庭”创建活动从工作实践到理论的上升。各级妇联积极响应,结合地方工作实际做了大量工作,不少省份将“平安家庭”创建活动作为本年度工作重点,多部门团结协作,抓紧抓好抓落实,为地方平安建设夯实了基础。

二、开展面向广大妇女的普法宣传教育活动

2006年是“五五”普法的第一年,全国妇联和各地妇联组织结合妇联工作特点,制订了“五五”普法规划。全国妇联仍然将《妇女权益保障法》的宣传作为重要内容,并明确妇联领导干部、女性农民工是这次普法宣传的重点对象,有针对性地组织开展多种形式的宣传教育活动,全国人大常委会副委员长、全国妇联主席顾秀莲亲自为女性农民工讲课。2006年,全国妇联联合全国普法办表彰了在“四五”普法工作中作出贡献的先进集体200个,先进个人180名。并通过“三八”妇女维权周活动及相关活动,为“五五”普法教育开局打下了良好的工作基础。

三、进一步推进“不让毒品进我家”活动和“无毒家庭”创建活动。

为认真贯彻《国家禁毒委员会2004—2008年禁毒工作规划》和《全国妇联参与禁毒工作规划(2005—2008年)》,全国妇联联合国家禁毒办,为在全国开展禁毒试点开展了系列准备工作,包括文件的起草和经费的筹备。各级妇联组织利用“6·26”禁毒宣传日,围绕禁毒这一主题,开展了系列大型宣传教育活动。

四、积极组织开展预防青少年违法犯罪工作

一是强化对青少年的思想道德建设。为深入贯彻落实《进一步加强和改进未成年人思想道德建设的若干意见》等有关文件,2006年,全国妇联把促进未成年人思想道德建设作为参与维护社会稳定的重要内容和预防青少年违法犯罪的基础性工作,摆到了妇联工作更加突出的位置。二是以家庭教育为重点,继续推进“青少年违法犯罪社区预防计划”实施。三是深化重点人群的教育管理和违法犯罪青少年的帮教转化工作。各级妇联认真抓好对重点人群特别是外出务工女性的教育、管理和服务工作,加强了对劳务输出妇女的岗前培训,同时普遍建立了相应活动场所,不断扩大和完善已建立的工作载体,健全妇女就业网络,开展了关爱外来女工行动。各级妇联积极响应,建立健全了违法犯罪青少年的帮教工作体系,形成了帮教工作网络,加强了志愿者队伍建设,工作取得了明显成效。

五、进一步建立和完善信访各项制度,完善法律帮助工作

2006年,全国妇联和各级妇联进一步学习贯彻《信访条例》,健全各项工作制度,采取有效措施，建立信访工作信息网络，强化责任，加强绩效考核，不断提高工作成效。千方百计发挥全国妇联妇女维权热线——12338 和玫琳凯反家暴热线 16838198 为妇女群众服务的重要作用，进一步发挥全国妇联法律帮助中心对妇女进行法律帮助，维护社会稳定，畅通妇联组织反映问题的重要作用，加大矛盾排查和对个案处理的工作力度。

全国妇联关于组织动员妇女积极参与平安建设的意见

（2006 年 4 月 25 日）

2005 年 10 月，中共中央办公厅、国务院办公厅转发了中央政法委员会、中央社会治安综合治理委员会《关于深入开展平安建设的意见》（中办发[2005]25 号，以下简称《意见》）。《意见》阐述了平安建设的重大意义，提出了平安建设的指导思想、目标任务、工作重点和主要措施。为了认真贯彻落实《意见》精神，切实履行综治委成员单位职责，广泛组织动员妇女积极参与平安建设，全国妇联研究制定如下意见。

一、提高认识，广泛组织动员妇女参与平安建设，夯实促进社会稳定的群众基础

占全国人口半数的妇女，是推进改革开放和现代化建设的一支伟大力量，也是维护社会稳定，构建和谐社会的不可替代的生力军。平安建设作为新形势下加强社会治安综合治理工作的新举措，是实施“十一五”规划，构建社会主义和谐社会，促进经济社会协调发展的保障工程，体现了包括广大妇女在内的全国人民的根本利益和共同愿望。

各级妇联一定要高度重视平安建设工作，认真学习领会《意见》精神，将参与平安建设作为“一把手”工程，作为维护妇女权益的基础保障工程，切实加强领导和协调，纳入妇联工作规划，确保各项任务落到实处。要把参与平安建设的成效作为检验妇联领导班子和领导干部执政能力和执政水平的重要标准。要大张旗鼓地宣传平安建设的重大意义，宣传平安建设给广大妇女儿童带来的实惠，采取群众喜闻乐见的形式，号召广大妇女群众从我做起、从自身家庭做起，积极投身平安建设，为维护社会稳定作贡献。

二、广泛宣传，努力提高妇女的思想道德和法律素质，奠定促进社会稳定的思想基础

妇女的思想道德和法律素质高低，决定着她们参与平安建设的程度。为切实提高广大妇女参与平安建设的积极性、主动性，各级妇联必须采取措施着力提高妇女思想道德和法律素质。

一是要大力开展社会主义荣辱观宣传教育活动。要用社会主义荣辱观教育和引导广大妇女，大力倡扬爱国主义、集体主义和社会主义思想，使广大妇女在社会主义荣辱观的指引下，明辨是非、善恶、美丑，明确坚持什么、反对什么、倡导什么、抵制什么，不断提高自身的思想道德素质，争做社会主义道德建设的实践者和良好社会风气的促进者。

二是努力提高妇女的法律素质。各级妇联要结合 2006 年妇联系统“法制宣传年”的各项工作，通过开展主题鲜明、形式多样的法制宣传教育活动，进一步帮助广大妇女群众提高法律素质，增强依法维权的意识和能力，引导妇女合理有序地反映诉求，表达利益。年内，各地要制定出妇联系统“五五”普法规划，深入开展以“学法律、讲权利、讲义务、讲责任”为主要内容的妇女法制宣传教育，切实提高妇女的法律素质。

三、加大力度，全面推进“平安家庭”创建，巩固平安建设的基层基础

“平安家庭”创建活动是妇联组织参与平安

建设推出的一个新的工作载体。它以家庭的平安促进社会的稳定,积“小安”为“大安”,对于发动和依靠群众参与社会治安综合治理,共同维护社会稳定,构建社会主义和谐社会具有十分重要的意义。这项活动得到各地党委政府、综治部门的重视和支持,得到广大群众的肯定和拥护。《意见》及中央综治办有关文件已将“平安家庭”创建活动纳入平安建设的总体部署及考核指标体系。各级妇联要认真学习贯彻《意见》精神,全面推进“平安家庭”创建活动,努力提高创建的层次和水平,使之真正纳入大局、创出品牌、取得成效,成为妇联协同有关部门共同参与社会治安综合治理的特色工作。

一要加强协调,突出重点。各级“平安家庭”创建活动领导小组办公室要充分发挥组织协调作用,健全工作制度,制定“平安家庭”考核指标体系,加强对不同区域、不同层次、不同群体“平安家庭”创建活动的指导,鼓励各地各部门围绕平安建设大局,结合实际,发挥各自优势,形成合力,着力解决突出问题。

二要采取措施,提高创建水平。今年,全国“平安家庭”创建活动领导小组办公室将通过实现“四个一”,即编发一批宣传资料、征集一批优秀论文、树立一批示范点、宣传一批创建典型,激发公众参与“平安家庭”创建活动的热情,扩大创建活动的成果和社会影响。同时,全国及各地“平安家庭”创建活动领导小组办公室要对“平安家庭”创建情况进行调研,适时召开“平安家庭”创建活动经验推广会议。

四、深化维权服务,积极预防和有效化解社会矛盾

妇女权益问题不仅直接关系妇女切身利益,而且影响社会稳定。各级妇联要从维护社会稳定的高度,加强维权基层基础工作,深化维权服务,积极预防和有效化解社会矛盾。在维权服务重点上,当前要特别关注以下妇女群体问题:一是因企业改制、土地征用补偿、婚姻家庭等引发的妇女集体上访、越级上访及典型个案。要充分发挥妇联组织联系妇女的优势,做好思想政治工作,协助有关部门化解矛盾,防止激化,促进社会稳定。二是维护流动进城务工女性的权益,协助解决拖欠工资、女工特殊保护等突出问题。要认真贯彻国务院《关于解决农民工问题的若干意见》精神,大力开展“服务流动妇女、关爱流动妇女”等系列活动,为流动妇女的生存、发展创造良好氛围。三是配合做好刑释解教女性的帮教、安置工作,切实帮助解决实际困难,预防和减少重新犯罪。

在维权渠道上,要继续抓好以妇女法律服务中心、妇女维权站、家庭暴力投诉站(报警点)、心理咨询中心为重点的基层妇女维权阵地建设;加强和完善妇联信访网络和全国妇联维权公益服务热线“12338”、“16838198”反家暴热线的建设,形成快捷的妇女维权信息收集、综合分析和预警机制,认真做好矛盾纠纷排查,将问题解决在基层,解决在萌芽状态。

在维权机制上,要继续发展妇联干部担任人民陪审员、劳动保障法律监督员队伍和基层维权、法律帮助志愿者队伍;积极探索妇联干部参与司法调解、劳动仲裁的机制和方法,整合社会资源,共同推进妇女权益维护。

五、以家庭教育为重点,加强家庭预防青少年犯罪的能力建设

家庭教育对预防青少年违法犯罪有着至关重要的作用。各级妇联要切实担负起指导和推进家庭教育的责任,把促进未成年人思想道德建设,预防青少年违法犯罪列入家庭教育的主要内容,帮助和引导家长树立正确的教育观念,掌握科学的教育方法。今年,主要做好四项工作:一是分区域、分层次、分专题组织开展全国家庭教育状况调查,联合有关部门制定实施《全国家庭教育“十一五”规划》,促进家庭教育指导队伍和服务体系建设,积极发展流动人口子女、留守儿童家长学校等各类家长学校。二是大力推进以“为国教子、以德育人”为主题的“争做合格父母、培养合格人才”“双合格”家庭教育实践活动和小公民道德建设“四进”行动,抓宣传扩大影响,抓试点总结经验,抓示范引领带动,抓特色创新品牌,推动构建学校、家庭、社会“三位一体”的未成年人思想道德教育网络。三是深入调研,积极参与未成年人保护法的修订工作,力争在家庭保护、家庭教育等方面提出针对性和可操作性的建议、意见。四是加强对吸毒、服刑在教人员子女、有不良行为的闲散青少年、流浪儿童以及流动人口子女的教育救助工作;加强家庭、社区对失足青少年的矫正、帮教和转化工作,预防和减少青少年犯罪。

六、发挥公益平台优势,加强对困难弱势妇女儿童群体的帮助

近年来,全国妇联以妇女发展基金会、儿童少年发展基金会为依托,实施了"母亲水窖"、"母亲健康快车"、"春蕾计划"、"安康计划"等一批有影响、受欢迎的社会公益项目,为改变贫困地区妇女儿童的生存发展状况作出了积极贡献。全国妇联将继续募集社会资金,争取国内外资源,扩大公益活动覆盖面,切实为贫困弱势妇女儿童群体办实事办好事,为平安建设创造条件,提供支持。

一是创建一批"流动妇女平安之家"和"平安家园"。结合"平安家庭"创建,全国妇联将进一步加大城市"流动妇女平安之家"、农村"平安家园"创建工作力度和覆盖面,把它作为配合地方平安建设的工作载体和阵地,为流动妇女提供提高素质、维护权益、促进发展等服务。二是关心下岗失业、流动、农村贫困妇女群体,积极做好扶贫帮困工作。各级妇联要广泛开展为城镇妇女送政策、送岗位、送技能、送服务的"春风送岗位"活动,为妇女就业再就业,农村女性劳动力有序转移提供帮助和服务。三是把预防青少年违法犯罪与开展公益活动结合起来。进一步实施"春蕾计划"、"安康计划",扩大安康教育进校园、进高墙和"安康益家"进社区等活动的覆盖面,增加受益人群,使更多的未成年人远离失学、远离疾病、远离伤害、远离犯罪。

各级妇联组织要强化政治意识、责任意识,立足于维护社会稳定的大局,广泛组织动员妇女积极投身平安建设,为维护社会安定团结,构建社会主义和谐社会贡献力量;要结合实际,大胆创新,创造性地开展活动;要认真总结参与平安建设的好做法、好经验,并将参与平安建设的活动情况及时上报全国妇联。

全国妇联关于大力开展关爱农村留守儿童行动的意见

(2006 年 7 月 17 日)

各省、自治区、直辖市妇联:

2006 年 3 月,国务院下发了《关于解决农民工问题的若干意见》,要求解决好农民工托留在农村子女的教育问题,并专门召开农民工工作联席会议,强调要加强农村留守儿童的工作。近期,中央领导指示:"要高度重视农村留守儿童面临的各种问题,加强对留守儿童的保护、维权工作。全国妇联正在推进农民工子女、留守儿童家长学校、家庭教育指导中心的建立、健全。我们要全力支持,使其发展得更快更好。"这为我们做好农村留守儿童工作指明了方向。为了贯彻落实中央精神,对大力开展关爱农村留守儿童行动提出如下意见。

一、提高认识,进一步明确做好农村留守儿童工作的重要意义

农村未成年人是社会主义新农村建设的后备军,开展农村留守儿童工作是加强社会主义新农村建设,构建社会主义和谐社会的需要,是践行"三个代表"重要思想,树立和落实科学发展观的具体体现,是关系家庭和谐、社会稳定、民族发展的大事。各级妇联组织要站在推动经济社会发展和社会主义新农村建设的全局高度,充分认识做好农村留守儿童工作的重要性,增强责任感和使命感,把深化关爱农村留守儿童行动作为一项重要工作,摆上位置,列入议事日程,切实抓好落实。

深入开展关爱农村留守儿童行动的指导思想是:坚持以邓小平理论和"三个代表"重要思想为指导,全面落实科学发展观,深入贯彻中央关于加强和改进未成年人思想道德建设的意见精神及关于对农村留守儿童工作的批示精神,把做好农村留守儿童工作作为参与社会主义新农村建设的一个切入点和着力点，以推进农村未成年人思想道德建设为主线，以指导基层和服务农村留守儿童和家长为重点，以丰富多彩的特色活动为载体，促进农村未成年人全面健康成长。

二、采取措施，扎实有效推进关爱农村留守儿童各项工作

一是开展调查研究。在城市化进程中，留守儿童现象不仅会长期存在，而且其数量也会逐渐增加。要深入基层，认真开展调查研究，及时反映他们的呼声和意愿，推进解决一些实际困难和问题。深入学习和研究相关政策，积极争取资源，为留守儿童工作提供有效的指导和服务。从实际出发，在已开展的各项工作基础上，不断总结经验，推广典型，充分发挥典型的指导和示范作用。注重研究留守儿童成长中的问题，力争推出一批有分量的研究成果，提出有效的对策建议，争取相应的政策支持，为开展农村留守儿童工作提供理论依据和实践指导。全国妇联正在开展12省市农村留守儿童状况调查及对策分析，将联合有关部委开展农村留守儿童工作专项调研，召开推进农村留守儿童工作电视电话会议。各地也可结合实际，开展调查研究工作，不断增强做好农村留守儿童工作的针对性和实效性。

二是纳入家庭教育“十一五”规划。关爱农村留守儿童是一项长期而重要的工作。各地要从本地区的实际出发，根据留守儿童的发展需求和实际问题，制定关爱农村留守儿童行动计划，并将其纳入家庭教育“十一五”规划，作为开展农村儿童工作，发展农村家庭教育的重点内容之一。结合工作开展，制定切实可行的中长期目标、具体落实措施和监测评估办法，使这项工作目标明确、任务清晰、措施得力、富有成效。加强与有关部门协调，加大对这项工作的投入，加大力量，推动家庭教育“十一五”规划有效实施，推进关爱留守儿童行动取得实质性进展。

三是发展一批示范家长学校。家长学校是指导和服务家庭教育的主阵地，也是开展留守儿童工作的主要渠道。要进一步规范对家长学校的建设和管理，完善教学方法，创新活动载体，不断提高教学质量。组织编写适合农村家长和儿童特点的家庭教育辅导材料，培训一批家庭教育骨干。要通过家长学校积极向留守儿童家长或第二监护人宣传普及科学的家庭教育观念、知识和方法，使他们能真正承担起教养孩子的责任和义务。今年全国要建立1000所流动人口子女、农村留守儿童示范家长学校，并逐步扩大，使其发展得更快更好。各地也要不断建立并发展一批流动人口子女和农村留守儿童示范家长学校、新市民家长学校、家庭教育指导中心（站）、留守儿童指导服务站等，积极创建一批农村家庭教育工作示范县（乡、村）。

四是开展丰富多彩的主题活动。主题活动是普及家庭教育知识的有效载体。要以提高农村儿童和家长的道德素养为目标，以农村儿童和家长自主参与、自我教育、亲子互动、共同提高为特征，依托家庭、社区、家长学校、家庭教育指导中心和妇女儿童活动中心等阵地，精心组织实施内容丰富、形式新颖、吸引力强的关爱农村留守儿童的各项特色活动，并与全国妇联已开展的双合格、小公民道德建设、“知荣辱、树新风、促和谐”亲子携手同行实践活动、“喜迎奥运、放飞梦想”全国少年儿童迎奥运系列活动四项主题活动有机结合起来，不断地创新载体，打造品牌，广泛动员和组织留守儿童和家长积极参与到各项活动中，在整体联动中深化关爱留守儿童行动。

五是加强关爱留守儿童的社会宣传。要充分发挥报刊、广播、电视、互联网等大众传媒优势，利用宣传橱窗、标语画册、公益广告等宣传载体功能，精心组织开展关爱留守儿童行动宣传教育。紧紧围绕关爱留守儿童的主题，积极宣传“以人为本”、“儿童优先”、“尊重儿童、支持儿童”、“为国教子、以德育人”等新观念、新风尚，宣传国家保护儿童权益的法律法规和有关政策，宣传留守儿童及家长的先进典型事迹，宣传各地开展关爱留守儿童行动的好经验、好做法。通过广泛的宣传教育，在全社会形成关爱留守儿童、促进未成年人健康成长的良好社会环境。

六是为留守儿童办好事实事。要充分发挥妇联组织协调、维权职能，加强源头参与，推动出台解决农村留守儿童问题的相关政策和规定，不断优化农村留守儿童生存、保护和发展的法制环境。充分发挥社会化协调机制、法律服务机构和妇联五级信访网络的作用，帮助农村留守儿童依法维护自身权益。通过健康宝贝课堂热线、中英大龄女童技能培训和能力建设、家庭教育与性别平等、艾滋病防治社会动员等项目和“春蕾计划”、“安康计划”等公益性活动,为留守儿童办好事实事。抓住“六一”等契机,开展关爱留守儿童慰问活动,为农村留守儿童解决实际困难,使农村的家长和儿童充分感受到党和政府的关爱和温暖。不断探索和创新关爱行动的新途径,如建立留守儿童档案、推行“代理家长”制度、推动建立留守儿童社会服务机构,开展社会服务工作等,把关爱留守儿童工作做实做好。

三、加强领导,进一步将关爱农村留守儿童行动落到实处

留守儿童工作是妇联组织参与和推进社会主义新农村建设的重要内容之一,要把这项工作纳入妇联工作的全局,摆上重要位置,切实加强领导。从实际出发,制定行动计划,科学部署各项工作,认真抓好落实。积极发挥妇联协调、维护、教育和服务的职能及在家庭中的工作优势,组织开展好服务农村留守儿童,服务农村家庭的各项工作。注重及时总结好做法、好经验,善于用典型指导和推动工作。在调查研究的基础上,积极提出加强留守儿童工作的意见建议,推动党委政府加大投入力度。积极协调有关部门,整合资源,采取有效措施,建立和完善政策推动机制,促进形成学校、家庭、社会三结合的监护网络,充分显现关爱的力量和效应。

开展关爱农村留守儿童行动,促进未成年人思想道德建设,意义深远。各级妇联组织要努力推动这项工作不断取得新的进展。各省区市妇联要将开展关爱农村留守儿童的工作情况及时上报全国妇联。

全国妇联关于表彰全国“平安家庭”创建活动先进集体、先进市区县、优秀示范区的决定

(2006 年 8 月 28 日)

全国“平安家庭”创建活动开展以来,在中央、国务院有关部门和各级党委政府的高度重视、社会各界的大力支持下,各地各部门结合实际,围绕平安建设和维护社会稳定大局,面向家庭、面向基层,发挥优势,扎实有效开展了“平安家庭”创建活动,产生了广泛的社会影响,呈现蓬勃发展的良好景象,涌现出一大批创建活动先进典型。

为了表彰先进,树立榜样,全国“平安家庭”创建活动领导小组研究决定,授予北京市“平安家庭”创建活动领导小组等 100 个单位为全国“平安家庭”创建活动先进集体;授予北京市东城区等 100 个市区县为全国“平安家庭”创建活动先进市区县;授予北京市怀柔区泉河街道等 100 个单位为全国“平安家庭”创建活动优秀示范区荣誉称号。

希望受到表彰的各市区县、各单位珍惜荣誉,再接再厉,充分发挥带动、示范、辐射作用,在“平安家庭”创建活动中不断取得更加优异的成绩。希望各地各部门要以先进为榜样,进一步统一思想,提高认识,强化措施,深入开展“平安家庭”创建活动,不断提高创建的层次和水平,为夯实平安建设的基层基础工作,维护社会稳定,构建社会主义和谐社会做出新的更大贡献!

附件:1. 全国“平安家庭”创建活动先进集体名单

2. 全国“平安家庭”创建活动先进市区县名单

3. 全国“平安家庭”创建活动优秀示范区名单

附件1：

全国"平安家庭"创建活动先进集体名单
（100名）

北京市

北京市"平安家庭"创建活动领导小组

朝阳区"平安家庭"创建活动领导小组办公室

延庆县"平安家庭"创建活动领导小组办公室

天津市

天津市"平安家庭"创建活动领导小组

南开区"平安家庭"创建活动办公室

武清区妇联

河北省

河北省综治办

承德市妇联

衡水市"平安家庭"创建活动领导小组

山西省

山西省综治办

太原市"平安家庭"创建活动领导小组

阳泉市妇联

内蒙古自治区

巴彦淖尔市公安局

通辽市开鲁县妇联

呼伦贝尔市陈巴尔虎旗妇联

辽宁省

辽宁省综治办

辽宁省公安厅

辽宁省妇联

吉林省

吉林省司法厅

吉林省公安厅

吉林省妇联

黑龙江省

黑龙江省综治办

黑龙江省妇联

鸡西市妇联

上海市

上海市"平安家庭"创建活动工作小组

松江区"平安家庭"创建领导小组

青浦区重固镇"平安家庭"创建领导小组

江苏省

南通市"平安家庭"创建活动领导小组办公室

无锡市妇联

徐州市妇联

浙江省

浙江省综治办

杭州市妇联

安吉县妇联

安徽省

安徽省妇联

安徽省公安厅治安总队

铜陵市综治办

福建省

福建省"平安家庭"创建活动领导小组

龙海市"平安家庭"创建活动领导小组

长乐市妇联

江西省

九江市综治办

宜春市妇联

上饶市"平安家庭"创建活动领导小组

山东省

山东省"平安家庭"创建活动领导小组

日照市"平安家庭"创建活动领导小组

泰安市"平安家庭"创建活动领导小组

济南市妇联

河南省

郑州市妇联

焦作市妇联

洛阳市"平安家庭"创建活动领导小组

漯河市"平安家庭"创建活动领导小组办公室

湖北省

湖北省综治办

湖北省公安厅

湖北省妇联

湖南省

湖南省民政厅

湖南省公安厅禁毒总队

湖南省综治办

广东省

广东省妇联

广东省综治办

湛江市妇联

云浮市综治办

广西壮族自治区

广西区广播电影电视局

桂林市妇联

河池市妇联

海南省

海南省司法厅

定安县综治办

陵水黎族自治县"平安家庭"领导小组

重庆市

重庆市公安局

重庆市妇联

重庆市综治办综合协调处

四川省

四川省综治办

四川省妇联

成都市妇联

泸州市综治办

贵州省

黔南州公安局

遵义市余庆县妇联

毕节地区综治办

云南省

云南省妇联

玉溪市妇联

德宏州妇联

西藏自治区

拉萨市妇联

山南地区乃东县妇联

陕西省

陕西省公安厅

陕西省妇联

陕西省女子监狱

甘肃省

甘肃省公安厅

张掖市妇联

定西市妇联

青海省

海南藏族自治州综治办

西宁市妇联

宁夏回族自治区

宁夏回族自治区妇联

银川市"平安家庭"创建活动领导小组

新疆维吾尔自治区

新疆维吾尔自治区公安厅禁毒处

伊犁哈萨克自治州妇联

新疆生产建设兵团

新疆生产建设兵团妇联

计划单列市

大连市妇联

青岛市妇联

宁波市妇联

厦门市集美区妇联

深圳市罗湖区妇联

中直机关

中国少年儿童新闻出版总社

附件 2：

全国“平安家庭”创建活动先进市区县名单
（100 名）

北京市
东城区
海淀区
房山区
天津市
河西区
河北区
塘沽区
河北省
张家口市
平乡县
石家庄市裕华区
山西省
绛县
孝义市
临汾市尧都区
内蒙古自治区
呼和浩特市赛罕区
包头市昆都仑区
鄂尔多斯市东胜区
辽宁省
沈阳市
丹东凤城市
锦州北镇市
吉林省
长春市
白山市靖宇县
白城市洮北区
黑龙江省
哈尔滨市
大庆市
齐齐哈尔市克山县
上海市
闵行区
虹口区
普陀区
江苏省
常州市
溧水县
沭阳县
浙江省
嘉兴市
杭州市上城区
嵊州市
安徽省
合肥市
蚌埠市
马鞍山市
福建省
漳州市
三明市将乐县
龙岩市新罗区
江西省
新余市
上犹县
南昌市东湖区
山东省
济南市
临沂市
兖州市
博兴县
河南省
郑州市管城回族区
洛阳市栾川县
平顶山市汝州市
南阳市西峡县
湖北省
武汉市

恩施市
五峰县

湖南省

长沙市开福区
株洲市株洲县
常德市津市市

广东省

中山市
江门市
汕头市金平区
肇庆市德庆县

广西壮族自治区

钦州灵山县
柳州柳江县
南宁西乡塘区

海南省

海口市龙华区
昌江黎族自治县
琼中黎族苗族自治县

重庆市

北碚区
南岸区
巫山县

四川省

乐山市
资阳市
阿坝州马尔康县
广元市旺苍县

贵州省

黔东南丹寨县
六盘水盘县
铜仁地区玉屏县

云南省

楚雄彝族自治州双柏县
大理白族自治州祥云县
昭通市威信县

西藏自治区

山南地区隆子县
林芝地区贡布江达县

陕西省

潼关县
西乡县
商南县

甘肃省

甘南藏族自治州临潭县
天水市秦安县
陇南市宕昌县

青海省

西宁市城西区
海北州门源县

宁夏回族自治区

吴忠市红寺堡开发区
固原市隆德县

新疆维吾尔自治区

乌鲁木齐市
克拉玛依市克拉玛依区
塔城市
新疆生产建设兵团
策勒县

计划单列市

大连市
青岛市平度市
宁波市北仑区
厦门市湖里区
深圳市盐田区

附件3：

全国“平安家庭”创建活动优秀示范区名单
（100名）

北京市

怀柔区泉河街道
宣武区陶然亭街道
顺义区北务镇

天津市

河东区中山门街
宁河县板桥镇
汉沽区寨上街坨南里社区

河北省

唐山市路北区机场路街道祥富里社区
秦皇岛市北戴河区东山社区
保定国家高新技术产业开发区新世纪社区居委会

山西省

晋城市煤业集团凤凰山矿区居委会
和顺县平松乡平松村
朔州市府南小区

内蒙古自治区

赤峰市红山区铁南办事处站西社区
阿拉善盟阿左旗巴彦浩特镇
锡林郭勒盟锡林浩特市额尔敦街道振兴社区

辽宁省

本溪市平山区东明街道
阜新市细河区东苑街道牡丹社区
铁岭市银州区工人街心悦社区

吉林省

延吉市公园街道园辉社区
吉林市昌邑区孤店子镇
梅河口市李炉乡

黑龙江省

佳木斯市向阳区西南岗办事处宏胜社区
大兴安岭地区加格达奇区卫东社区
黑河市嫩江县嫩江镇邮政社区

上海市

徐汇区漕河泾街道
黄浦区人民广场街道
宝山区宝城新村居委会

江苏省

淮安市金湖县黎城镇西苑社区居委会
泰州市海陵区工人社区居委会
苏州市平江区平江路街道拙政园社区居委会

浙江省

温岭市城北街道
金华市婺城区城中街道后街社区
衢州市柯城区府山街道县学社区

安徽省

宣城市绩溪县华阳镇
淮北市铁路社区
黄山市屯溪区奕棋村

福建省

三明市大田县上京镇梅林村
南平市延平区来舟镇游地村
莆田市城厢区龙桥街道太平社区

江西省

萍乡市安源区安源镇十里村
吉安市吉州区文山街道西苑社区
宜黄县凤冈镇新斜村

山东省

淄博市淄川区
龙口市
广饶县花官乡
威海市环翠区环翠楼办事处

河南省

郑州市二七区蜜蜂张街道办事处西工房社区
濮阳市华龙区中原路街道办事处滨海社区
三门峡市卢氏县沙河乡
济源市双桥街道办事处

湖北省

武汉市口区丰竹园社区

安陆市棠棣镇李园村

襄樊市樊城区友谊街社区

湖南省

怀化市鹤城区湖天社区

湘潭市韶山市韶山村

邵阳市城步苗族自治县长安营乡大寨村

广东省

清远市清城区东城街道

广州市海珠区沙园街广重社区

珠海市香洲区拱北街道华平社区

河源市源城区新江街道办事处龙尾坝社区

广西壮族自治区

崇左市龙州县上金乡勤江新村

来宾市合山市岭南镇城中社区

贵港市平南县石子路小区

海南省

三亚市河西区儋州村社区居委会

文昌市东阁镇宝芳办事处

琼海市博鳌镇朝烈村委会南强村

重庆市

渝中区七星岗街道办事处

黔江区城南街道沙坝社区

永川市胜利路办事处胜利社区居委会

四川省

南充市高坪区永安镇

眉山市市级机关事务管理中心旭光小区

雅安市天全县紫石乡紫石关村

广安市广安区观塘镇双碑村

贵州省

贵阳市白云区艳山红街道办事处

安顺市西秀区东关办事处

黔西南兴仁县李关乡鹧鸪园村

云南省

文山壮族苗族自治州西畴县克广村

昆明市五华区虹山中路社区

思茅市镇沅县古城乡

西藏自治区

拉萨市河坝林居委会

昌都县城关镇昌庆街道

陕西省

西安市碑林区光荣社区

礼泉县城关镇东关村

平利县城关镇纸坊沟村

甘肃省

兰州市城关区临夏路街道付家巷社区

平凉市崆峒区中街街道新民路社区

临夏州西关街道办事处

青海省

海东地区互助县台子乡

海西蒙古族藏族自治州格尔木市西城区河西街道北郊社区

宁夏回族自治区

石嘴山市大武口区朝阳街道办事处

中卫市滨河镇

新疆维吾尔自治区

阿勒泰地区福海县阿尔达乡

和田市古江巴格乡

昌吉回族自治州呼图壁县园户村镇

新疆生产建设兵团

石河子市向阳街道二十三社区居委会

计划单列市

大连市长海县獐子岛镇

青岛市四方区海伦路街道

宁波市海曙区段塘街道华兴社区

厦门市思明区前埔社区

深圳市福田区福中社区工作站

顾秀莲同志在全国“平安家庭”创建活动现场推进会上的讲话

（2006年9月1日）

今年4月，中央综治委召开全国社会治安综合治理工作会议，总结推广平安建设的经验。罗干同志在会上做了重要讲话。他从贯彻落实科学发展观、构建社会主义和谐社会的战略高度，深刻阐述了平安建设的重要意义，全面部署了推进平安建设的各项工作。他特别指出，要通过深入开展“平安家庭”等基层创建活动，推动平安建设各项工作措施在城乡基层单位的落实。为了进一步贯彻落实中共中央办公厅、国务院办公厅转发的《中央政法委、中央综治委关于深入开展平安建设的意见》、全国社会治安综合治理工作会议和罗干同志重要讲话精神，我们在山东召开全国“平安家庭”创建活动现场推进会，推动“平安家庭”创建活动深入扎实地开展。

刚才，山东省委副书记高新亭同志发表了热情洋溢、内容丰富的致辞，介绍了山东经济发展、人民生活安康，听了以后令人鼓舞。全国“平安家庭”创建活动领导小组表彰了创建工作中的先进集体、先进市区县、优秀示范区，山东省妇联、临沂市综治委、章丘市委的代表介绍了他们的做法和经验，陈冀平同志对如何进一步做好“平安家庭”创建工作发表了很好、很有指导性的意见，听了十分高兴。

下面，我就全国“平安家庭”创建活动一年来的工作情况，以及如何进一步做好创建工作谈几点意见，与大家交流探讨。

一、“平安家庭”创建活动开局良好

去年7月，全国妇联会同中央综治办、公安部、司法部、共青团中央、国家广电总局六部委，总结多年来参与社会治安综合治理工作的经验，联合推出了“平安家庭”创建活动。一年来，在各有关部门的共同协作、推动下，各地结合实际，突出重点，组织开展了内容丰富、形式多样、各具特色的创建活动，初步形成党委政府重视、妇联协调、各成员单位共同推进、广大家庭积极参与的工作格局，涌现出一批先进典型，呈现出蓬勃发展的良好势头，主要表现在：

（一）明确目标，全面部署。在中央综治办及各部门的大力支持下，成立了全国“平安家庭”创建活动领导小组，下发了《关于开展“平安家庭”创建活动的意见》，并召开电视电话会议，明确提出创建“平安家庭”的总体目标和要求。之后，31个省区市相继成立组织协调机构，制定下发通知和实施方案，明确分工、落实责任，提出具体目标任务，使“平安家庭”创建活动在全国基层蓬勃开展起来。

（二）大力宣传，营造环境。各地各部门以“五五”普法启动为契机，积极开展法制宣传日、“三八”妇女维权周、“千万家庭学法用法”、“百万妇女普法维权”等活动，努力提高家庭成员遵纪守法的意识和依法维权的能力。结合社会主义荣辱观宣传教育，引导家庭成员特别是青少年辨是非、明荣辱、分善恶，提高家庭成员思想道德素质。发挥新闻媒体的宣传优势，通过开设“平安中国”、“平安家园”、“平安与我同行”专栏和频道，组织知识竞赛、摄影展、论文评选和治家格言征集等活动，提高家庭成员平安知识知晓率，增强家庭成员参与的自觉性，扩大创建活动的社会影响。广西等地的少数民族群众还自编自演文艺节目，用山歌对唱等形式，把“平安”送进了千家万户。

（三）突出特色，开展活动。各地各部门加强矛盾纠纷排查调处网络建设，及时化解婚姻、家庭、邻里等纠纷，防止矛盾激化，维护家庭平安和社会稳定。公安机关开展“开门大接访”活动，全国3000多名县市区公安局长亲自接待上访群众，使大量家庭、邻里等社会矛盾纠纷得到快速有效地解决。全国妇联开通了中国妇女维权与法律帮助网,设立了中国妇女维权与法律帮助专项基金,31个省(区、市)妇联开通了妇女维权公益服务热线和反家暴服务热线。针对家庭暴力这一影响家庭平安的突出问题,各级妇联与公安、司法等部门联合建立"110"反家庭暴力中心、投诉站、家暴伤残鉴定中心、庇护所、救助站及反家暴合议庭等机构,面向受害妇女开展法律帮助和社会救助。

各部门还针对特殊人群进行帮教感化工作,开展对弱势群体的关爱救助活动。江苏省在劳教所、看守所、戒毒所、监狱等特殊场所建立帮教基地近400处。海南省组织社区帮教队,在全国率先开展"妈妈训教团"活动,对收容和戒毒后回归社会的学员进行长期回访。全国妇联、中央综治办在北京等地联合创建了"流动妇女平安之家"、"流动妇女爱心服务之家"。广东省妇联争取社会各界支持,为43万多户单亲特困家庭提供援建母亲安居房、援助子女上学、支持发展生产、援助疾病救治等帮助。针对留守儿童、服刑人员子女,不少省区市开展了"关注未来·关爱孩子"的公益活动。

(四)齐抓共管,形成合力。各级综治部门将"平安家庭"创建活动纳入当地平安建设的总体规划,与平安建设工作同部署、同落实、同检查、同考核。公安部门注重提高公民安全防范意识,加大了对威胁家庭安全的犯罪行为和严重侵害妇女儿童权益恶性案件的打击力度。

司法行政部门开展了法制宣传教育活动,加强了人民调解、法律援助和安置帮教工作力度。各级团组织以"为了明天——预防青少年违法犯罪"工程为载体,创建"未成年人零犯罪社区"和"青少年维权岗",扎实推进预防青少年违法犯罪工作。广电部门充分发挥各类媒体优势,积极营造全民参与"平安家庭"创建活动的舆论氛围。各级妇联组织以家庭为载体,开展各类主题活动,为促进家庭平安,维护社会稳定作出了贡献。

志愿者是开展"平安家庭"创建活动的一支重要力量。全国妇联于2006年3月成立了全国妇联妇女维权与法律帮助志愿者服务团。各地也积极组建志愿者队伍,参与普法、纠纷调解、帮教、禁赌、禁毒、防艾滋病宣传和扶贫助困等活动。

(五)建立机制,提供保障。各省区市制定了具体的"平安家庭"创建活动考核标准,量化工作指标,一些地方还开展了签订"平安家庭"创建责任书、承诺书活动,实行五户联保承诺书和十户联防承诺书的联防制。各地及时评选表彰先进,注重典型示范,以点带面,目前,全国已有17个省区市确定了1500多个省、市、县三级"平安家庭"示范点。28个省区市划拨了专项资金,为创建活动开展提供了经费保障。总结一年来的各地"平安家庭"创建活动,有以下几个特点:一是纳入平安建设的总体规划。各地各部门在维护社会稳定大局中,找准定位,明确目标任务,使"平安家庭"创建活动得到了各级党委政府的高度重视,将其纳入平安建设的总体规划,列入社会治安综合治理目标管理考核体系。二是整合资源协同推进。各部门把"平安家庭"创建活动与本部门工作进行有机整合,不仅找到了本系统在创建活动中的切入点和工作优势,而且通过创建活动这一新的工作平台,探索建立协调联动的工作机制,共同推动解决突出问题,使创建工作逐步形成了一种整体效能。三是依靠群众服务群众。各地各部门始终坚持一切为了群众、一切依靠群众,通过调研,了解、把握群众反映强烈、影响家庭平安的主要问题,引导群众积极参与各种创建活动,通过群众的自我组织、自我管理、自我服务,将创建活动的着力点落到为群众服务上。四是立足家庭发挥优势。"平安家庭"创建活动将妇联在维护社会稳定和维护妇女儿童权益方面的家庭工作资源进行有效整合,创新了妇联的家庭工作载体,使妇联组织在家庭领域的工作优势进一步得到发挥,由此成为妇联组织带领妇女参与平安建设、维护社会稳定的主体活动和品牌工作。

当然,我们也要看到,"平安家庭"创建工作尚处于起步阶段,还存在进展不均衡,群众参与的积极性需要进一步发挥,活动的针对性需要进一步加强,工作制度还需要进一步完善等问题,还需要我们不断加以改进。

二、切实增强做好"平安家庭"创建工作的责任感和使命感

深入开展"平安家庭"创建活动,是构建社会主义和谐社会的内在要求。我国古代哲学家孟子曾经说过,"天下之本在国,国之本在家",深刻道出了家庭与社会之间的紧密联系。家庭是社会最基本的细胞组织,只有家庭与社会建立起良性的互动关系，才可能实现全面协调可持续的发展，没有家庭的和谐，整个社会的和谐就无从谈起。国际社会从人的全面发展的高度，将家庭发展作为衡量一个国家社会发展水平的重要指标，纳入了国际人发大会《行动纲领》和联合国千年发展目标。构建社会主义和谐社会，是我们党从中国特色社会主义事业的总体布局和全面建设小康社会的全局出发，提出的重大战略任务。社会建设与经济建设、政治建设、文化建设的协调发展，必将进一步优化我国家庭建设的社会环境，同时也对进一步发挥家庭在推动经济社会发展中的作用提出了新的要求。我们一定要充分认识家庭在构建和谐社会中的基础性地位和重要作用，认真贯彻落实党中央的重大战略决策，大力推动“平安家庭”创建工作的创新和发展。

深入开展“平安家庭”创建活动，是夯实平安建设基础的必然要求。开展平安建设，是党中央抓稳定、促平安、增强党的执政能力的重要决策，是社会治安综合治理工作在新形势下的创新与发展。在平安建设中，家庭可以发挥不可替代的特殊作用，为此，妇联等有关部门联合推出了“平安家庭”创建活动这一新的工作载体，它通过增强家庭成员的安全防范、懂法守法等意识，使家庭更加安全健康、和睦美满，从而以家庭的平安促进社会的稳定，积“小安”为“大安”，是平安建设的基础性工作，对于发动和依靠群众参与社会治安综合治理，共同维护社会稳定具有十分重要的意义。我们一定要把握好“平安家庭”创建活动与平安建设的关系，牢固树立没有千万家庭的小平安，就不会有整个社会的大平安意识，把“平安家庭”创建活动作为平安建设的切入点和突破口来抓。

深入开展“平安家庭”创建活动，是广大人民群众的基本要求。安全需求是人的基本需求，在人的安全需求没有得到满足之前，更高层次的社交、尊重、自我实现等需求也就无从谈起。特别是在我国经济社会迅速发展的今天，广大人民群众对平安的需求更为迫切，对生产、生活环境安全的要求越来越高。目前，我国社会总体上是和谐的，但也存在不少影响社会和谐的矛盾和问题，社会治安形势仍然比较严峻，人民内部矛盾引发的群体性事件增多，未成年人犯罪呈上升势头，毒品蔓延的势头尚未得到有效遏制，一些地方拐卖妇女儿童犯罪问题仍然比较突出，家庭暴力的投诉量呈较高的增长态势，大规模的人口流动使家庭面临不少新的问题。深入开展“平安家庭”创建活动，有效化解各种矛盾纠纷，防范和打击各种违法犯罪活动，维护社会公平正义，是广大人民群众的迫切要求。也正是因为这一点，“平安家庭”创建活动的开展，得到了广大人民群众的大力支持和积极参与。

希望同志们深刻理解“平安家庭”创建活动与平安建设和构建和谐社会的辩证关系，从提高党的执政能力和巩固党的执政基础的高度，从维护社会稳定和促进经济社会协调发展的高度，从维护广大群众根本利益的高度，深刻认识开展“平安家庭”创建活动的重要性和必要性，切实增强做好“平安家庭”创建工作的责任感和紧迫感，把“平安家庭”创建活动摆上重要议事日程，进一步加强领导，落实责任，确保创建活动深入开展。

三、努力提高“平安家庭”创建活动的针对性和时效性

开展“平安家庭”创建活动要着眼于解决影响社会和谐稳定和家庭平安的突出问题，这是“平安家庭”创建活动有没有生命力的关键。各地各部门一定要立足家庭，突出重点，从广大群众最关心、最直接、最现实的利益问题入手，面向重点人群，针对重点问题，有的放矢地开展创建活动。

一要围绕社会治安防范和矛盾纠纷排查调处，深入开展创建活动。要从家庭和社区入手，不断提高广大群众对重大事故和违法犯罪行为的安全防范意识，做好防拐卖、防盗窃、防抢劫、防隐患工作，努力消除火灾、交通、食品药品安全等各类事故隐患。要整合各种社会资源，不断健全矛盾纠纷排查调处的工作网络和工作制度，充分发挥广大家庭及其成员，在预防和化解矛盾纠纷特别是经常性家庭纠纷中的重要作用。

二要围绕保障广大群众的合法权益，深入开展创建活动。各地各部门要坚持以人为本，在出台政策、决定重大事项时，充分考虑人民群众特别是弱势群体的根本利益，注重从源头上预防和减少影响家庭平安的因素。要坚持依法行政、严格执法、公正司法，讲究工作方法、改进工作作风，坚决防止和纠正各种侵害人民群众利益的行为，切实维护他们的合法权益。要重视解决农村土地征用、城镇改造拆迁、国有企业改制中出现群众利益受损的问题，帮助群众解决在就业、医疗、社会保障、子女教育、婚姻家庭等方面面临的困难和问题，大力开展面向弱势群体和困难家庭的社会救助，使他们共享经济社会发展的成果。

三要围绕“五五”普法和社会主义荣辱观宣传教育深入开展创建活动。要将“平安家庭”创建活动与“五五”普法规划实施相结合，面向家庭广泛深入地开展法制宣传教育，不断提高广大家庭成员特别是妇女的法律素质，引导他们合理有序地表达利益诉求，运用法律武器维护自身合法权益。要针对影响青少年健康成长的突出问题，重点面向流浪儿童、吸毒和服刑在教人员子女、有不良行为的闲散青少年等群体，加强思想道德教育和普法宣传，帮助他们树立遵纪守法的观念，努力预防青少年违法犯罪。要将“平安家庭”创建活动与开展社会主义荣辱观宣传教育相结合，以家庭、社区为主阵地，积极开展“知荣辱、树新风”、“无毒家庭”创建、“预防艾滋病、健康全家人”、“不让黄赌毒进我家”、“零家庭暴力社区（村庄）”创建等宣传教育活动，引导广大家庭成员树立科学、文明、健康的生活方式，提高家庭的社会公德水平和现代文明程度。

四要围绕社会主义新农村建设深入开展创建活动。我国有3亿多家庭，农村家庭占了约三分之二。各地各部门要将农村家庭作为创建活动重点，及时了解广大农民和农民工关注的热点难点问题，教育引导广大农村家庭正确认识工业化、城镇化和人口流动等带来的各种冲击和问题，对农村留守妇女、儿童、老人和进城务工人员及其子女，给予高度关注和积极关怀，真心实意地帮助他们解决生产、生活中遇到的困难和问题，以家庭平安为建设“生产发展、生活宽裕、乡风文明、村容整洁、管理民主”的社会主义新农村创造条件。

四、不断完善“平安家庭”创建活动的工作机制

各级党委和政府要进一步加强对创建活动的组织领导。要按照罗干同志重要讲话精神，把“平安家庭”创建活动纳入本地平安建设的总体规划，使创建活动进大局、入主流，并根据平安建设的要求，不断拓宽“平安家庭”的创建范围，充实创建内容，提高创建层次和水平。各级党政领导要定期听取“平安家庭”创建活动的工作汇报，及时研究解决工作中的重大问题，在人、财、物等方面提供必要的支持，确保“平安家庭”创建活动扎实有效开展。

各成员单位是“平安家庭”创建活动的骨干，要进一步增强主体意识，在各自的职能工作中对影响家庭平安的问题给予高度关注，采取有力措施给予解决。综治部门要充分发挥组织协调作用，将“平安家庭”创建活动纳入平安建设大局一并推进。妇联组织要认真履行“代表和维护妇女权益”的基本职能，面向广大家庭和妇女开展法制宣传和法律帮助，带领妇女积极参与社会治安综合治理，实现维权与维稳结合。公安部门要不断加大对威胁家庭安全的违法犯罪和严重侵害妇女儿童权益的恶性案件的打击力度。司法行政部门要深入开展法制宣传教育活动，加大人民调解、法律援助和安置帮教的工作力度。共青团组织要将“平安家庭”创建活动与开展“为了明天——预防和制止未成年人犯罪”活动相结合，加强未成年人的思想道德建设和法制教育工作。质检部门要加强对食品质量安全的监管，确保家庭平安。广电部门要充分发挥各类媒体优势，积极营造开展“平安家庭”创建活动的良好舆论氛围。财政部门要为“平安家庭”创建活动提供经费保障。

“平安家庭”创建活动是一项社会系统工程，涉及内容多，工作面广，需要不断拓展社会参与途径，充分调动一切积极力量。要注重发挥各种社会团体和公益性组织的重要作用，探索借鉴用社会工作的方法和思路来开展创建活动，加大志愿者队伍建设，大力开展促进家庭平安的公益活动、志愿活动和宣传文化活动。要充分发挥基层社区、村庄在创建活动中的重要作用，发展活动阵地和队伍，丰富活动内容和载体，使社区成为平安家庭创建的重要依托。

要进一步引导、调动、发挥广大家庭的积极性、主动性和创造性，总结推广群众创造的鲜活经验，使亿万城乡家庭成员成为“平安家庭”创建活动的参与者、实践者和受益者。

要在工作实践中，不断建立完善信息交流、重点问题调研、舆论宣传、评比考核、表彰激励等各项工作制度。要进一步畅通信息渠道，及时总结推广地方的好经验、好模式，发挥典型的示范带动作用。要建立相应的舆论宣传机制，加大宣传力度，为创建活动开展营造良好的社会舆论氛围，奠定坚实的思想基础。要不断完善考核标准和评价体系，加强对各项工作落实情况的督促检查，对工作扎实、成效显著的地方和单位及时予以表彰激励，推动"平安家庭"创建活动健康持续发展。妇联要切实履行好办公室的职责，主动加强与各成员单位的协调沟通，明确分工，落实责任，各成员单位也要对办公室的工作给予有力支持。

同志们，"家和万事兴"。开展"平安家庭"创建活动，关系国家长治久安，关系人民安居乐业，责任重大，意义深远。让我们紧密团结在以胡锦涛同志为总书记的党中央周围，开拓进取，扎实工作，不断将"平安家庭"创建活动引向深入，为加强平安建设，维护社会稳定，为全面建设小康社会、构建社会主义和谐社会做出新的更大的贡献！

全国妇联副主席、书记处书记莫文秀在全国"平安家庭"创建活动现场推进会上的总结讲话

（2006 年 9 月 2 日）

为期两天的全国"平安家庭"创建活动现场推进会，在顾秀莲副委员长的高度重视下，在中央综治委的领导下，在山东省委、省政府的大力支持下，在全国"平安家庭"创建活动领导小组成员单位和各地综治办、妇联与会同志的共同努力下，圆满完成了既定的各项任务，很快要结束了。这次会议，是贯彻落实今年 4 月全国社会治安综合治理工作会议精神，全面推进全国"平安家庭"创建活动深入开展的一次重要会议。全国人大常委会副委员长、中央综治委副主任、全国妇联主席顾秀莲同志出席会议并作了重要讲话。中央综治委副主任、中央综治办主任陈冀平同志也到会并作重要讲话。全国妇联党组书记、副主席、书记处第一书记黄晴宜同志主持开幕大会并对如何贯彻落实顾秀莲副委员长的重要讲话和会议精神提出了明确要求。会议表彰了一批全国"平安家庭"创建活动先进集体、先进市区县和优秀示范区。会上，山东省妇联、山东省临沂市综治委、章丘市委市政府以及各地党委、政府、"平安家庭"创建活动成员单位系统和优秀示范区等各个方面的 14 位代表，介绍了开展创建活动的经验。与会人员还参观了山东省济南市妇联阳光大姐、燕子山社区、三涧溪村和桑园村"平安家庭"创建活动的现场，亲身感受到了山东省"平安家庭"创建活动的鲜活经验和明显成效，学习了不少值得借鉴的好做法、好经验。大家一致认为，这次会议规模大、规格高、主题鲜明、重点突出、经验鲜活、富有特色，是一次围绕大局、为"平安家庭"创建活动定位的会议，是一次解放思想、转变观念、提高认识的会议，是一次推动理论探讨、指导实践的会议，是一次创建活动各成员单位系统充分沟通融合、携手共进的会议，对于推动"平安家庭"创建活动的深入开展具有重要的意义，通过这次会议，大家进一步统一了思想，形成了共识，启迪了思路，凝聚了力量，增强了信心。主要有以下三点收获：

一是进一步认识了"平安家庭"创建活动的重要意义。秀莲副委员长在讲话中，深刻阐明了"平安家庭"创建活动是构建社会主义和谐社会的内在要求，是夯实平安建设基础的必然要求，是广大人民群众的基本要求，站位很高，着眼深远，

充分体现了党和国家对"平安家庭"创建活动的高度重视。大家一致认为,从提高党的执政能力和巩固党的执政基础的高度看,创建活动是各级党委政府落实"立党为公、执政为民"要求的基础工程;从维护社会稳定和促进经济发展的高度看,创建活动是建立良好的社会秩序、安全的社会环境的细胞工程;从维护广大人民根本利益的高度看,创建活动是群众"想平安、盼平安"的民心工程。大家表示,落实平安建设的具体部署,需要采取更加社会化、开放式的管理和服务模式,而"平安家庭"创建活动可以很好地激发家庭的主动性、自觉性和创造性,在充分发动群众、依靠群众方面,有着不可替代的优势,这也正是平安建设实现社会化、开放式的具体生动的体现。因此,要自觉在平安建设大局中牢固树立"平安家庭"创建活动的基础地位,把党委政府开展平安建设的重要决策向家庭延伸,最大限度激发亿万家庭的创新动力和创造活力,真正使广大群众成为创建活动的主力军和最大受益者,夯实平安建设的群众基础,更好地保持整个平安建设工作的生命力。

二是进一步总结交流了各地"平安家庭"创建活动的经验。秀莲副委员长在讲话中对各地各部门开展"平安家庭"创建活动的成绩,给予了充分肯定,总结了纳入平安建设总体规划,整合资源协同推进,服务群众依靠群众,立足家庭发挥优势的四大特点,认为"平安家庭"创建活动初步形成了党委政府重视、妇联协调、各成员单位共同推进、广大家庭积极参与的工作格局,呈现出蓬勃发展的良好势头,为进一步深入开展奠定了基础。会上交流了各地、各部门开展创建活动的经验,印发了全国"平安家庭"创建活动经验汇编,其中很多做法富于特色,值得进一步学习、借鉴和推广。

在创建活动的思路上,各地在围绕大局纳入主流、整合资源协同推进、立足家庭服务群众的基础上,坚持道德与法制并重、预防与治理并举、教育与服务齐抓,点面结合,分类推进,联创共建,以"领导重视程度、各界参与程度、投入保障程度、平安稳定程度、群众满意程度"为检验标准,以平安建设知晓率、群众治安满意率、降低刑事发案率为衡量指标,理念比较先进,思路非常清晰,既贴近家庭,又贴近实际,为创建活动提供了有力指导。特别是山东省以建设载体为基础,积极构建四个网络,建立五支队伍,打牢了创建活动的基层工作基础,使创建活动获得了群众的赞誉,有了很强的生命力。

在创建活动的具体目标任务上,各地着眼于影响家庭平安的重点因素和群众的实际需求,与平安建设的总体目标相结合,与普法宣传相结合,与未成年人思想道德建设相结合,与矛盾纠纷排查调处相结合,围绕"四防"、"四无"等重点工作制订创建目标,量化"平安家庭"标准,开展了各具特色的活动,对重点人群早关注,对苗头问题早介入,对困难家庭早帮助,形成了为流动人口、特困家庭、社会闲散青少年、刑释解教人员、艾滋病致孤儿童等特殊人群提供关爱服务的良好氛围,将创建活动落到了实处。

在创建活动机制上,各地普遍建立了自上而下的创建活动领导机构,列入社会治安综合治理目标管理考核体系,加强了组织领导。有的地方将"平安家庭"创建活动作为一把手工程,纳入党政领导综治责任状,建立完善了目标责任、创评激励、监督考核、示范带动、骨干培训、齐抓共创等工作机制,为创建活动的开展提供了保障,使各项工作逐步规范化、制度化,使创建活动得以有序、扎实地推进。

在创建活动方式上,各地从家庭、社区入手,从解决不平安问题入手,从维护妇女儿童合法权益入手,运用宣传、教育、法律、行政、心理辅导、帮扶等多种手段,通过多种形式开展活动。有的签订"平安家庭"创建责任书,有的开展"家庭社区双向承诺制"活动,增强了活动的互动性。有的抓主流媒体宣传,突出电视、广播、报纸等大众传媒宣传优势,有的深入街道、社区、农村和每户家庭,开展"把平安带回家"、"平安六进家"、建设"流动妇女活动之家"、"千万家庭三项行动"等,提高了群众对活动的知晓度和参与度,扩大了活动的覆盖面。有的为特困家庭排忧解难组织多种公益活动,有的发挥"巾帼文明队"、"巾帼调解队"、"巾帼巡逻队"、"巾帼帮教队"等妇女志愿者和社区群众自治组织的作用,体现了活动的群众性、社会性和广泛性。

大家表示,要在进一步加强组织保障的基础上,认真学习借鉴山东及各地的有益经验,努力探索符合本地区本部门实际的活动思路和模式,推动创建活动向纵深发展。

三是进一步明确了“平安家庭”创建活动的工作重点和措施。“平安家庭”创建活动刚刚起步，有许多工作正在进一步探索，秀莲副委员长在讲话中有针对性地提出了围绕社会治安防范和矛盾纠纷排查调处，围绕保障广大群众的合法权益，围绕“五五”普法和社会主义荣辱观宣传教育，围绕社会主义新农村建设开展创建活动四项重点工作，要求不断完善“平安家庭”创建活动的工作机制，目标明确，要求具体，为推进“平安家庭”创建活动指明了方向。大家表示，回去后要认真贯彻秀莲副委员长的讲话要求，坚持从实际出发，狠抓落实，突出重点，在找准活动着力点上下功夫；广泛发动群众参与，在加强社会宣传、社会动员上下功夫；强化家庭安全意识，努力消除不平安的因素，在提高活动实效性上下功夫，充分发挥家庭维护社会稳定的基础作用，切实提高“平安家庭”创建活动的层次和水平。

为全面贯彻落实秀莲副委员长重要讲话和陈冀平同志的讲话精神，进一步围绕平安建设，服务改革发展稳定大局，广泛动员家庭成员特别是广大妇女参与“平安家庭”创建活动，以千千万万个家庭的平安促进社会的稳定与和谐，我代表全国“平安家庭”创建活动领导小组，谈几点意见。

第一，认真做好会议精神的贯彻落实工作。开展“平安家庭”创建活动是落实中央关于抓稳定、保平安、增强党的执政能力这一重要决策的新载体，是新时期动员社会力量共同参与社会治安综合治理的新举措。全国开展这项工作已经有了一定的基础，但各地发展还不平衡，有的地方重视程度和思想认识还有待提高，对创建活动的定位还不十分准确、工作重点不突出、特色不鲜明，成效还不十分明显。因此，大家回去后，要很好地领会此次会议精神，将会议精神向本地区“平安家庭”创建活动领导小组传达、汇报。要借这次会议召开的机遇，进一步提高认识，增强开展“平安家庭”创建活动的自觉性和主动性，进一步加强领导，组织机构、骨干人员、活动经费要保证到位，进一步建立健全相关工作机制，完善工作计划，修订活动方案，一级抓一级，层层抓落实，确保创建活动深入开展。要加强与创建活动领导小组办公室的沟通联系，及时反馈本地、本部门的贯彻情况，特别是提供一些好的做法和经验在全国交流推广，为推进全国的创建活动提供依据，提出建议。

第二，进一步加强调查研究。调查研究是提高“平安家庭”创建活动针对性和实效性的前提。要围绕当地平安建设的大局和重点工作，从群众最关心、最直接、最现实的利益问题入手，加强对本地区基本情况、突出问题的调查研究，做好分类指导。要深入基层、深入群众开展社情民意调查，了解影响家庭平安的主要问题，分析造成这些问题的原因，探讨解决这些问题的措施，由此进一步明确开展“平安家庭”创建活动的具体目标任务和主要着力点，从而真正做到有的放矢地开展工作。要加强对“平安家庭”创建工作的调查研究，深入了解广大群众参与的广度和深度，了解家庭成员对创建工作的满意程度，从而对“平安家庭”创建活动的进展状况和所取得的成效进行评估，在此基础上适时进行调整完善，使创建工作始终紧紧围绕人民群众的平安需求进行。要加强对先进典型的调查研究，通过解剖麻雀，吃透典型经验，在更深的层次上进行总结，在更大的范围内加以推广，充分发挥先进典型的示范带动作用。要在科学调查的基础上开展理论研究，针对家庭领域在社会转型期的新变化、新特点，研究家庭对社会稳定发挥作用的规律，积极探索预防和有效化解各种家庭、社会矛盾的措施和途径，从法学、社会学、心理学等理论视角进行分析，为创建活动提供理论指导和科学依据。

第三，进一步整合工作资源，构建创建活动的工作体系。“平安家庭”创建活动是一项系统工程，涉及内容多，工作面广，各项工作任务要落到实处，必须进一步整合工作资源，建立健全工作网络、阵地和队伍，为创建活动的扎实开展提供有力保障。各地要立足当地实际，对于家庭、邻里间的经常性纠纷和人民内部矛盾，及时排查和有效化解，探索构建矛盾纠纷的排查调处网络；对遭受家庭暴力、拐卖等不法侵害的妇女儿童，探索构建维权服务网络；对广大家庭成员，深入开展法律法规知识和社会主义荣辱观的宣传教育，探索构建宣传教育网络；对于黄赌毒等社会丑恶现象、重大安全事故和违法犯罪活动，有针对性地开展宣传教育，探索构建安全防范网络；对流动人口，农村留守老人、妇女和儿童，单亲贫困家庭等弱势群体，积极为他们提供关怀帮助，探索构建社会救助网络；对吸毒人员、刑释解教人员等特殊人群，努力为他们回归社会提供温暖和支持，探索构建安置帮教网络。通过构建这些工作网络，更好地推动解决影响家庭平安的突出问题，服务于创建活动的深入开展。

要在基层创建活动中充分整合人、财、物等各种资源，大力发展妇女维权站、维权服务热线、法律帮助中心、家庭暴力投诉站、庇护所、家庭纠纷调解站、流动妇女平安之家等多种形式的工作阵地，并使之成为“平安家庭”创建的有效载体。要进一步发动群众、依靠群众，充分发挥人民群众在创建活动中的主体作用，加强群众群防群治组织建设，建立健全不同形式的志愿者队伍，为服务重点人群和困难家庭办好事、办实事，形成全社会共同参与、良性互动的局面。

第四，进一步强化品牌意识。要认真探索切实有效的工作机制和有力的工作措施，把“平安家庭”打造成平安建设的品牌，维护妇女儿童权益的品牌，服务社会稳定大局的品牌。要大力宣传“平安家庭”创建活动的目标、任务和重点内容，宣传这项活动对于维护群众合法权益，增进家庭、社区的安全和幸福，建立人与人之间和谐关系的重要作用，通过有声势、有规模、深入人心的宣传，扩大创建活动的覆盖面和群众知晓率，提升活动的品牌影响力，营造一个各方面力量参与、全社会共同创建“平安家庭”的良好氛围。要积极开展多种形式的创评活动，在基层通过创建和评比的过程，不断激发广大群众的荣誉感和参与热情，扩大创建活动的辐射效应，使“平安家庭”创建活动真正成为群众的满意工程、民心工程。

第五，进一步找准妇联组织定位，充分发挥优势。各级妇联在“平安家庭”创建活动中要准确把握两个定位。一是创建活动在妇联工作中的定位。要认识到“平安家庭”创建活动是妇联组织服务维护社会稳定大局的重要平台，是履行妇联职能、维护妇女儿童合法权益的有效载体，是妇联组织家庭工作载体的创新发展。各级妇联要将创建活动纳入重要议事日程，真正抓，切实抓，抓出成效。要充分发挥妇联组织联系妇女群众的桥梁纽带作用，了解社情民意，及时向党委政府反映带有普遍性、倾向性，容易引发家庭纠纷、社会矛盾的妇女权益问题，抓住地方立法和公关政策制定的契机，积极建言献策，保障妇女儿童合法权益；要充分利用已有的社会化维权机构、网络，在提高家庭成员的法律素质和自我维权能力，开展矛盾纠纷排查调处，提供法律服务，维护妇女儿童权益等方面发挥作用。今年是妇联系统的“法制宣传年”，各级妇联要将妇女权益保障法作为重点，在法制宣传教育方面有安排，有落实，真正抓出成效。二是妇联在创建活动中的定位。作为牵头协调单位，各级妇联要进一步加大协调力度，争取各级党委政府的大力支持，争取综治部门的有力指导，争取各成员单位的积极参与。各级妇联还承担了创建活动领导小组办公室的工作，要充分履行办公室的服务职能，完善会议、调查研究、检查、表彰、信息交流等各项工作制度，全国与各省区市的创建活动办公室要加强沟通，上下形成合力，不断总结各地各部门在创建活动中的经验做法，宣传他们的事迹，激发他们的工作热情，为“平安家庭”创建活动作出更大贡献。

在这次会议即将闭幕之际，我代表全国“平安家庭”创建活动领导小组，向各成员单位的积极配合、大力支持，向各地综治办领导对此次会议的高度重视和积极参与，再次表示感谢！特别要向山东省委省政府、济南市委市政府给予会议的鼎力支持和全力保障，向山东省妇联、济南市妇联的辛勤劳动和热情周到的安排，表示真诚的谢意！

同志们，“平安家庭”创建活动关系每一个家庭的幸福安康，我们任重而道远。让我们紧密团结在以胡锦涛同志为总书记的党中央周围，牢固树立科学发展观，开拓进取，不断创新，扎实工作，注重实效，激活最小平安细胞，夯实最大平安基础，为加强平安建设，维护社会稳定，构建社会主义和谐社会做出新的更大的贡献！

顾秀莲同志在全国维护妇女儿童权益协调组第五次全体会议暨“维权贡献奖”表彰会议上的讲话

(2006年2月10日)

今天,我们在这里召开全国维护妇女儿童权益协调组第五次全体会议暨“维权贡献奖”表彰会议,对获得全国“维权贡献奖”的集体和个人进行表彰,对2005年的主要工作进行总结,部署2006年的工作。首先,让我代表全国维权协调组向所有受表彰的集体和个人表示热烈的祝贺并致以崇高的敬意!你们以对党和广大妇女儿童高度负责的精神,以实际行动身体力行“三个代表”重要思想,全心全意为妇女儿童排忧解难,同侵害妇女儿童权益的现象做坚决斗争,在维护妇女儿童权益方面做出了突出贡献,不愧为人民利益的忠实代表,广大妇女儿童权益的忠诚卫士,是我们大家学习的榜样!

刚才,莫文秀同志汇报了全国维权协调组2005年的主要工作和对2006年工作的建议,最高人民法院、司法部、国务院法制办等单位领导就下一步如何结合各自工作实际开展维护妇女儿童权益工作做了发言,大家讲得都很好,我完全赞成。

下面,我讲三个问题。

一、发挥优势、突出重点,维护妇女儿童权益工作取得了显著的成绩

为适应新世纪、新阶段妇女儿童权益保护的要求,2001年底,全国维护妇女儿童权益协调组成立,2004年底,协调组成员单位增至19家。截至目前,全国29个省区市和大部分地市建立了维权协调组或联席会议,县级以上维权协调机构达到了2600多家,形成了自上而下的纵向维权协调体系。这些机构逐步完善,健康运行,并在实践过程中,不断巩固、发展和创新,成为行之有效的具有中国特色的维护妇女儿童权益工作协调机制。

各级维权协调机构及其成员单位以邓小平理论和“三个代表”重要思想为指导,认真贯彻党的十五大和十六大精神,树立和落实科学发展观,坚持以人为本,认真落实男女平等基本国策,切实维护妇女儿童权益,为推进男女平等,维护社会和谐稳定做出了积极贡献。主要开展了以下工作:

一是加大源头维权,推动完善保障妇女儿童权益的法规政策体系。协调组及其成员单位一直将推动完善保障妇女儿童权益的法规政策体系作为工作重点,参与制定和完善了一系列与妇女儿童权益保障密切相关的法律法规和政策,如农村土地承包法、人口与计划生育法、公务员法、治安管理处罚法、《劳动保障监察条例》、《使用有毒物品作业场所劳动保护条例》、婚姻法司法解释、《关于审理涉及农村土地承包及相关纠纷案件适用法律问题的解释》等,注重在其中充分体现男女平等的宪法原则和保护妇女儿童权益的原则。在地方维权协调机构的大力推动下,有24个省区市出台了预防和制止家庭暴力的地方法规或规范性文件,大部分省区市出台了生育保险方面的法规或政策性文件。妇女权益保障法的修改工作更是全国维权协调组源头参与的重中之重,在国务院法制办的直接指导下,在各成员单位的大力支持下,全国妇联具体承担了起草工作,经过深入调查研究、反复协调沟通、广泛征求意见,2005年8月28日,十届全国人大常委会第十七次会议审议通过了《关于修改〈中华人民共和国妇女权益保障法〉的决定》,于12月1日起施行。它标志着我国妇女人权保障法律体系的进一步完善,是维权协调机构源头维权实现突破性进展的重大成果。

二是强化机制建设，不断健全社会化维权工作网络。各级维权协调机构大力加强组织网络和工作机制建设，推动形成了多部门合作、齐抓共管的社会化维权工作格局。很多基层法院成立了妇女维权合议庭，一大批妇联干部依法定程序担任了人民陪审员；公检法司等部门相互配合，进一步完善预防、矫治未成年人违法犯罪的工作机制；各地公安机关建立家庭暴力（投诉）报警点；各级司法行政机关与工会、妇联合作建立相关法律援助/服务机构和维权站（点），为妇女提供法律援助和法律服务；劳动和社会保障部门与工会、妇联联合培训工会、妇联干部，担任劳动保障法律监督员；探索建立妇女权益纠纷的非诉讼解决机制，部分地区劳动仲裁和土地仲裁机构聘请妇联维权干部担任仲裁员，参与女工劳动纠纷和农村妇女土地承包权益案件的仲裁；积极构建妇女儿童救助机制，许多地方民政部门与妇联积极合作，成立妇女儿童救助/庇护中心，为遭受暴力侵害的妇女儿童提供临时庇护、健康检查、心理调适等服务。

三是突出工作重点，着力解决妇女儿童权益保护中的难点问题。各级维权协调机构及其成员单位针对妇女儿童权益保护中的难点问题，不断加大工作力度，切实加以解决。制定政策，大力促进妇女就业再就业，禁止就业中的性别歧视，强化女职工和未成年工的特殊劳动保护工作，加快生育保险制度的建设步伐。努力推进农村土地承包法的宣传、贯彻和落实，解决农村妇女土地承包中的突出问题。加大未成年人权益保护力度，采取措施，预防未成年人违法犯罪，严厉打击使用童工行为，加强对流浪儿童、艾滋孤儿等困境儿童的救助，净化未成年人健康成长的社会环境，实施中英大龄女童项目，面向失辍学贫困大龄女童开展生活技能、职业技能方面的培训。坚持预防为主、打防并举、标本兼治，继续加大对拐卖妇女儿童犯罪的打击力度，通过召开专题协调会议、开展国际项目合作等方式，积极探索建立政府主导、多方参与的工作机制。大力推进出生人口性别比的治理工作，不断深化“关爱女孩”行动，建立有利于女孩及其家庭发展的利益导向机制。强化对流动妇女儿童的权益保护。大力推进禁毒、预防艾滋病等工作的社会化，面向妇女儿童开展宣传教育和“不让毒品进我家”活动，加大对吸毒人员、刑释解教人员等特殊人群的宣传教育和管理服务工作等。注重发挥家庭在平安建设中的重要作用，全国妇联、中央综治办、公安部、司法部、国家广电总局等单位总结参与社会治安综合治理工作的经验，推出“平安家庭”创建活动，将妇女儿童权益保护工作的内容纳入了全国平安建设的总体框架中。各级维权协调机构充分利用协调机制，组织相关单位针对侵害妇女儿童权益的突出个案，进行研究协商，跟踪监督，推动问题妥善解决，很多领导同志亲自批示并督促解决了一批重大典型案件。

四是深入开展宣传，努力优化维护妇女儿童权益的社会环境。各有关部门采取切实措施，将有关妇女儿童权益保障的法律法规纳入“四五”普法规划，加大法制宣传和舆论宣传力度，营造全社会共同维护妇女儿童权益的良好氛围，舆论环境得到优化，政策环境更加有利。

全国妇联与司法部连续开展“三八”妇女维权周活动，不断提高妇女群众的法律意识和维权能力，为保障妇女权益办实事、做好事、解难事。婚姻法修改完成后，多部门协调联动，大力开展普及宣传活动，不断提高全社会自觉维护公民婚姻家庭权益的意识。全国妇联将2004年确定为男女平等基本国策宣传年，得到中宣部、文化部、广电总局等有关部门的高度重视和大力支持，男女平等国策意识逐步纳入决策主流。各级人民法院、检察院、公安机关、司法行政机关重点加强了对司法执法人员的社会性别意识和儿童优先原则的培训，不断提高他们维护妇女儿童权益的意识和能力。

总结四年多的维权工作，我认为主要有以下基本经验：

一是围绕大局抓维权。我们始终坚持服从服务于全党全国工作的大局，在国家经济社会发展的进程中找准维权工作的定位，根据中央的总体要求和部署来统筹规划、同步推进维权工作，使维权工作赢得了广阔的发展空间。

二是抓住关键强服务。为广大妇女儿童服务，是维权工作的根本宗旨。我们紧紧抓住关系妇女儿童切身利益的热点难点问题，积极反映群众诉求，不断强化责任意识，明确职责，出台具体的解决措施，通过切实有效的服务，满足妇女儿童的维权需求,夯实了维权工作的群众基础,赢得了广大群众的认可。

三是依法维权促落实。我们在国家民主法治建设进程中,将法制化作为维权的根本途径,依法开展维权工作,抓住立法、执法、司法、法制宣传和法律服务等主要环节,积极推动立法,深入开展普法,促进严格执法、公正司法,努力使妇女儿童的各项合法权益真正落到实处。

四是整合资源建机制。维护妇女儿童权益是一项社会系统工程,我们将工作的着力点放在充分发挥各有关部门的整体效应上,不断加大联动力度,拓宽合作领域,丰富工作手段和渠道,维权工作也由此逐渐形成了健全的长效机制,作用进一步发挥,影响进一步扩大。

二、围绕大局、服务群众,努力开创"十一五"期间维护妇女儿童权益工作的新局面

党的十六届五中全会突出强调,要坚持以科学发展观统领经济社会发展全局,把经济社会发展切实转入科学发展的轨道,并对制定和实施"十一五"规划作出了重大战略部署。这一切都为促进妇女儿童的全面发展,切实依法保障妇女儿童合法权益,带来了前所未有的机遇。我们一定要进一步增强创新意识,不断提升工作能力,切实履行服务职能,努力做好维护妇女儿童权益的各项工作。

(一)认真贯彻落实五中全会精神,根据"十一五"规划的要求思考和谋划维护妇女儿童权益工作党的十六届五中全会通过的《中共中央关于制定国民经济和社会发展第十一个五年规划的建议》,明确提出了"十一五"期间国民经济和社会发展的指导思想、大政方针、主要目标和任务,是今后五年我国改革开放和现代化建设的重要指导性文件。其中明确指出,在实施"十一五"规划中要"重视保障妇女儿童权益"。要按照以人为本的要求,从解决关系人民群众切身利益的现实问题入手,更加注重经济社会协调发展,加快发展社会事业,促进人的全面发展;更加注重社会公平,使全体人民共享改革发展成果;更加注重民主法制建设,正确处理改革发展稳定的关系,保持社会安定团结。它为"十一五"期间维护妇女儿童权益工作明确了指导思想和发展目标,我们一定要认真学习,努力贯彻,按照五中全会的要求,以加快推进和谐社会建设为主题,以解决关系妇女儿童切身利益的问题为着力点,在贯彻依法治国基本方略、尊重和保障妇女儿童权益上下大功夫,在维护社会稳定、保障妇女儿童安居乐业上下大力气,努力实现维权工作的新跨越。

(二)贯彻依法治国的基本方略,切实保障妇女儿童的合法权益

法治是社会和谐的基本保障。只有实行法治,经济、政治、文化和谐发展与社会全面进步才有基本的秩序保障,整个社会才能成为一个和谐的社会。五中全会明确指出,要贯彻依法治国的基本方略,全面推进法制建设,形成中国特色社会主义法律体系。要规范司法行为,加强司法监督,促进司法公正。要做好普法工作。为此,在全面建设小康社会、构建社会主义和谐社会、实现"十一五"规划的历史条件下,维权工作一定要紧紧围绕国家的大局,找准工作的着力点。

一要进一步加强立法工作,从源头上为维护妇女儿童权益提供依据。要进一步推动完善妇女儿童权益保障的法律体系,在法律的制定修改过程中,坚持男女平等的宪法原则,贯彻男女平等基本国策。妇女权益保障法已经实施,下一步要努力做好配套法规体系的建设工作。未成年人保护法的修改即将进入立法程序,我们要积极参与修法工作,为促进未成年人健康成长发挥应有的作用。对于列入立法计划的相关法律,要关注妇女儿童的特殊利益,充分考虑传统习俗和观念偏见可能带给妇女的不公平、不公正的影响。例如,社会保险法制定中,要对生育保险制度给予足够重视,充分论证;村民委员会组织法修订中,对于妇女在农村基层群众自治中的地位以及村民自治对妇女儿童权益的影响等问题需要进行深入调研。

二要进一步严格执法、公正司法,做好法律的贯彻实施工作。政府各部门要各司其责,依法行政,推进司法公正,使宪法和法律赋予妇女儿童的权益能够真正实现。工会、共青团、妇联等人民团体要切实反映法律实施中的问题,反映妇女群众的呼声与诉求,监督法律落实。新闻媒体要充分利用广泛覆盖的优势,大力开展社会监督,对侵犯妇女儿童权益的重大事件和各类丑恶现象进行抨击,倡扬正义,形成正确的舆论导向,营造良好的舆论监督环境。

三要进一步开展法制宣传教育,营造尊重妇女、保护儿童的社会环境。法制宣传教育是一项长期的基础工作,"五五"普法阶段,要进一步加大在全社会的普法宣传力度,不断提高法制宣传教育工作的针对性和实效性。对一般社会公众的宣传重在提高道德素养和法律意识,摒弃陈旧的性别观念和歧视妇女儿童的做法。对妇女儿童的宣传重在提高法律素质,使广大妇女儿童掌握依法维权的手段和救济途径,提高自我维权能力。要进一步教育广大妇女儿童自觉学习法律,引导妇女合理有序地反映诉求、表达利益,提高学法、守法、护法的自觉性。对公务人员的宣传重在强化他们依法决策、依法行政的自觉性和责任意识,使他们切实将男女平等基本国策贯彻到工作实践当中。对企事业单位经营管理者的宣传重在增强守法意识,使他们自觉遵守有关法律规定,依法保障妇女儿童权益,减少和杜绝侵害妇女儿童权益的现象发生。

(三)围绕维护社会稳定大局,做好化解矛盾、协调利益纠纷工作

当前,我国既处于发展机遇期,也是矛盾凸显的时期,协调社会利益关系的难度明显加大。五中全会明确指出,要正确处理新形势下的人民内部矛盾,畅通诉求渠道,完善社会利益协调和社会纠纷调处机制。要加强社会治安综合治理,继续推进社会治安防控体系建设,深入开展平安创建活动,依法严厉打击各种犯罪活动,维护国家安全和社会稳定,保障人民群众安居乐业。这就要求维权工作必须处理好维护社会稳定大局和维护妇女儿童权益的关系,做好矛盾纠纷排查调处工作,解决利益矛盾,在维护和实现社会公正的同时,维护社会安定团结。

一是要积极预防和有效化解各种涉及妇女儿童利益的社会矛盾。要围绕千方百计扩大就业和再就业,加快完善就业服务体系、社会保障体系和社会救助体系,大力发展教育和文化事业,努力提高广大人民群众的健康水平,着力解决关系妇女儿童切身利益的问题。要坚决防止和纠正各种损害妇女儿童利益的行为,从源头上预防、减少矛盾纠纷的发生。要进一步健全矛盾纠纷排查调处工作机制,及时了解妇女儿童关注的热点和难点问题,及时发现各种矛盾纠纷,强化社会联动调处,将人民调解、行政调解和司法调解结合起来,把各类矛盾纠纷解决在当地、解决在基层,解决在萌芽状态。要认真贯彻《信访条例》,建立健全信访工作机制,引导广大妇女群众理性、有序、合法信访,维护信访者的合法权益。

二是要努力解决突出社会治安问题,维护妇女儿童生命财产安全。要严厉打击严重暴力犯罪和抢劫、抢夺、盗窃等多发性犯罪,不断增强妇女儿童的安全感,加大对黄赌毒等社会丑恶现象的查禁和打击力度,净化社会环境。"平安家庭"创建活动是新形势下推进社会治安综合治理工作的一个重要载体,有关部门要与各自工作有机结合,发挥整体效能,不断将创建活动引向深入,夯实平安创建活动的基础。

三、开拓创新、务求实效,努力做好2006年的各项工作

2006年是实施"十一五"规划的开局之年,也是"十一五"期间推动维护妇女儿童权益工作实现新发展的关键一年,做好2006年的各项工作,具有十分重要的意义。这里,我就如何做好今年的各项工作强调几点:

一要注重调查研究,推动解决妇女儿童权益面临的突出问题。当前维权工作面临着很多新情况、新问题,一些重点人群的生存和权益保障状况需要引起我们高度关注,如流动人口中的妇女儿童,老年妇女等;一些热点难点问题也需要我们通过调研了解和掌握,如农村妇女土地承包权益和相关利益分配矛盾导致群体性事件频发,以及未成年人违法犯罪,城市单亲家庭贫困和子女教育、农村留守儿童问题等。各级维权协调机构都要重视妇女儿童热点难点问题调查,将调查研究作为促进工作的重要手段,抓住一两个重点问题,在深入调查的基础上,有针对性、有重点地研究问题,提出解决问题的思路,采取措施切实加以解决,不断提高工作的针对性和有效性。同时,这些年来基层维权协调机构有许多好的工作思路、制度、措施,对于这些经验、做法,我们要善于调查研究,总结提高,分类指导,分步推进,使维权工作更好地体现时代性、把握规律性、富于创造性。

二要突出重点,切实做好妇女权益保障法的宣传贯彻工作。宣传贯彻妇女权益保障法是2006年工作的主线,各级维权协调机构要抓住国

家实施“五五”普法规划的契机，面向广大群众、党政有关部门以及社会各界，大力宣传妇女权益保障法，不断提高全社会的法律意识，特别是广大妇女自觉依靠法律维护权益的素质和能力。要做好法律的实施工作，通过执法司法实践，将法律赋予妇女的各项权利落到实处。要进一步完善立法，做好其他法律法规与妇女权益保障法的衔接工作，特别是要积极推动各地实施办法的修订工作。

三要协调联动，进一步形成维权工作的整体合力。近年来，全国维权协调组和地方维权协调机构从实际出发，不断探索协调合作的形式，不断健全协调沟通的机制，不断增强协调解决问题的能力。2006年，各级维权协调机构成员单位要进一步发挥协调优势，形成工作合力，充分利用好维权协调组这个很好的研究和解决问题的平台，加强信息交流，对重点问题联合调研、联合督办，还要联合策划开展有益于妇女儿童的宣传和公益活动，多部门协调合作，共同推动维权工作的新发展。

四要狠抓落实，不断强化维护妇女儿童权益的基层基础工作。2006年维权工作的指导思想已经明确，工作任务已经清晰，关键是要发扬求真务实的精神，突出重点，狠抓落实。协调组各成员单位会后要结合各自工作实际，抓紧制定本系统、本单位的工作计划，推动实施。地方维权协调机构要立足当地实际，提出具体的工作目标和任务。要强化基层工作，夯实维权工作基础，多为基层争取政策、创造条件，加强基层维权工作机构和阵地实体建设，努力为广大妇女儿童提供更为便利、直接的维权服务，不断提高维权工作的实效性。

同志们，让我们紧密团结在以胡锦涛同志为总书记的党中央周围，坚持以邓小平理论和“三个代表”重要思想为指导，认真贯彻党的十六届五中全会精神，全面落实科学发展观，更加求真务实、开拓进取，努力做好维护妇女儿童权益工作，为构建社会主义和谐社会，实现“十一五”规划的宏伟目标，做出新的更大的贡献！

中华全国总工会

2006年全国工会组织参与社会治安综合治理工作情况

一、认真贯彻落实中办国办通知精神

为了贯彻落实中共中央办公厅、国务院办公厅转发的《中央政法委员会、中央社会治安综合治理委员会关于深入开展平安建设的意见》精神，充分发挥工会组织在开展平安建设工作中的作用，维护国家安全、社会稳定和职工群众利益，全国总工会下发了《中华全国总工会办公厅关于贯彻落实中办国办通知精神深入开展平安建设的意见》，对各级工会组织加强平安建设工作，进行了全面部署，并提出了具体要求和贯彻落实措施。

二、通过中央电视台宣传工会参与平安建设的措施

2006年3月，全国总工会书记处书记、中央社会治安综合治理委员会委员张鸣起同志接受中央电视台采访，针对工会在社会治安综合治理工作中发挥特有的作用，强调指出积极参与社会治安的综合治理，是全国各级工会的重要职责。要求各级工会统一思想、提高认识，按照当地社会治安综合治理委员会的统一安排和工会的部署，积极参加地方的群防群治，切实加强对工会参与社会治安综合治理工作的领导；广泛深入地对职工进行法制宣传教育；各级工会要建立劳动关系预警机制，进一步建立和完善劳动争议处理机制，及时发现和化解矛盾。对于可能诱发群体性事件的严重问题，要及时向政府有关部门和上级工会报告。要制定处理群体性事件的预案，对于已发生的群体性事件，工会组织应认真听取并向有关方面反映职工群众的合理要求，同时帮助做好稳定职工的工作，尽快恢复生产生活秩序；关心困难职工群体，切实帮助他们解决生产生活中的实际问题，为构建和谐社会奠定良好的基础环境。

三、进一步推进工会组建特别是外商投资企业工会组建工作

最大限度地把职工群众组织到工会中来，是工会开展平安建设、加强综合治理工作的基础。2006年，全国各级工会在外商投资企业和非公有制企业中组建工会工作取得突破。到2006年底，沃尔玛在华总部机关和分店全部建立工会组织，在国际上产生了很大影响。各级工会以农民工和非公有制经济单位为重点，创新工会组织形式和组建方式，加强国有改制企业工会组织整顿和重建工作。截至2006年9月底，全国基层工会数达到132.3万个，工会会员总数达到1.7亿人，其中，农民工会员达4097.8万人。在外商投资（含台港澳投资）企业中，已有6.1万个建立工会，覆盖单位8.3万家，会员达到1179.1万人，组建率和职工入会率分别为54.27%和55.5%。全国工会组建数和会员发展数创历史新高。

四、深入开展普法宣传工作

2006年，全国总工会专门成立了“五五”法制宣传教育领导小组，组长由全总副主席、书记处第一书记孙春兰同志担任，并制定下发了“五五”普法规划。

2006年12月3日，全总普法办与北京市总工会联合举办了以“落实‘五五’普法规划，维护职工合法权益，促进和谐社会建设”为主题的大型法制宣传咨询活动。专家、学者现场解答了600多名咨询者提出的工伤认定、工资支付、工会维权等方面的问题，免费发放了一千余本《职工劳动权益简明读本》、《工会法知识简明读本》等普法资料。孙春兰等全总领导亲临现场与职工交谈，解答他们提出的问题。地方各级工会也开展了大规模的街头宣传和法律咨询活动。仅四川、陕西等五省市，“12.4”法制宣传日期间，各级工会就发放法律宣传书籍、资料63万余本(份),悬挂宣传条幅、标语20多万条,开展知识竞赛一千多场,组织板报、宣传栏3786期,接待群众法律咨询近5万人次,举办法律讲座600多期,听讲人数5万余人。

五、广泛开展创建劳动关系和谐企业活动

建立规范有序、公正合理、互利共赢、和谐稳定的劳动关系,是构建和谐企业、促进和谐社会建设的重要内容和基础。2006年7月,全国总工会与劳动和社会保障部及中国企业家协会联合下发了《关于开展创建劳动关系和谐企业与工业园区活动的通知》,对广泛深入开展创建活动进行了动员部署。到2006年底,全国有30个省(区、市)开展了此项活动。一些地方创建活动覆盖企业达到60%以上,其中开展此项活动比较早的河北省国有、集体及其控股企业参加创建活动的覆盖面达90%以上,非公企业覆盖面也达70%以上。河北省衡水市通过开展创建活动,1659家国有、集体企业在改制中没有发生一起职工群访事件。山东威海市开展创建活动以来,全市涉及企业的集体上访下降43.5%,集体上访人次下降55.8%,受理劳动争议案件下降60.5%,劳动合同纠纷案件下降了86.05%,职工自动离职下降了71.3%。

六、加大劳动法律监督和劳动争议预防调处工作力度,切实维护职工合法权益

(一)加强劳动法律监督工作。各级工会进一步建立和完善工会劳动法律监督机制,健全工会劳动法律监督网络,认真开展工会劳动法律监督活动,促进《劳动法》、《工会法》等劳动法律法规的贯彻落实。2006年,全国企事业工会建立工会劳动法律监督组织19.5万个,比上年增加2.5万个;工会劳动法律监督员55.9万人,比上年增加6万人;劳动保障法律监督员42.3万人,比上年增加11.1万人;全国企事业工会劳动法律监督组织受理违法、违规案件2.5万件,比上年增加0.7万件。全国基层以上工会建立工会劳动法律监督组织11023个,比上年增加1537个;工会劳动法律监督员3.4万人,劳动保障法律监督员1.6万人;本年度全国基层以上工会劳动法律监督组织受理案件3.1万件。

(二)加强劳动争议调解工作。2006年,各级工会按照中华全国总工会2005年下发的《关于贯彻中央政法委通知精神,加强工会劳动争议处理工作的意见》,注重发挥企业和区域性、行业性劳动争议调解组织的作用,及时为基层工会和广大职工服务,努力把问题解决在基层和萌芽状态。截至2006年底,全国建立各级劳动争议调解组织268068个,其中区域性、行业性劳动争议调解组织10524个,劳动争议调解人员54177名;企业劳动争议调解委员会257544个,劳动争议调解人员948901名,其中工会和职工代表528528名,占56%。2006年,各级劳动争议调解组织受理劳动争议442655件,其中区域性、行业性劳动争议调解组织受理102462件,调解成功82857件,占81%;企业劳动争议调解委员会受理劳动争议340193件,调解成功63020件。此外,6593个基层以上工会建立劳动关系预警机制,比上年增加1505个。

(三)加强工会法律援助工作。到2006年底,全国基层以上工会建立法律援助机构5335个,从事法律援助的工作人员16695名;受理劳动争议案件31702起,提供法律援助的案件31291起,提供法律咨询、法律文书113074次。

(四)参与劳动争议仲裁工作。各级工会进一步落实劳动争议仲裁三方机制,努力提高办案质量和办案水平。2006年7月,全国总工会与劳动和社会保障部在北京联合举办了全国工会劳动争议兼职仲裁员资格培训班。截至2006年底,全国有5528名工会干部取得劳动争议仲裁员资格证书,3869名被各级劳动争议仲裁委员会聘为劳动仲裁员;工会劳动仲裁员参与处理案件2.3万件,占劳动仲裁委员会受理案件总数的5.1%。

(五)加强工会信访工作。为了发挥工会信访和工会“12351维权热线”在调解矛盾、化解纠纷和平安、和谐建设方面的作用,2006年11月,全国总工会在北京举办了全国工会信访(职工维权热线)干部培训班,来自全国各地的工会信访工作人员60多人参加了培训,全总书记处书记陈荣书同志在培训班上强调,各级工会要认真分析我国现阶段劳动关系矛盾的主要问题,切实增强工会信访工作的预见性和主动性,进一步做好工会信访工作,尤其是防止群体性突发性事件的发生。

七、加大安全生产的参与和监督力度，遏制重特大恶性安全事故的发生

全国总工会历来重视加强群众性劳动安全生产工作，充分发挥职工安全监督员在安全生产中的作用。2006年2月10日，全国总工会与国家安全生产监督管理总局联合下发了《关于2006年开展全国“安康杯”竞赛活动的通知》，要求深入贯彻“安全第一、预防为主、综合治理”的方针，广泛开展以培训教育为主要内容的竞赛活动。结合企业生产实际，组织开展职工安全卫生消防知识普及教育，举办各类职工喜闻乐见的安全生产知识学习竞赛及安全生产内容的演讲、征文、答题、书画、摄影等比赛，激发广大职工学习安全生产知识，掌握安全生产知识，杜绝违章作业和违反劳动纪律，抵制违章指挥的主动性、积极性。2006年，全国有2000万名以上的企业职工参加了各种安全生产教育活动，其中，有500万以上的农民工接受了基本的安全生产知识义务教育。到2006年底，全国参加“安康杯”竞赛的企业达18.4万个，参赛人数6700万人，为历年参赛面最广、人数最多。

八、开展农民工平安返乡行动

2006年11月，全国总工会、铁道部和交通部下发通知，决定在2007年春运期间联合开展农民工平安返乡行动。专门成立了“农民工平安返乡行动”领导小组，组长由铁道部副部长胡亚东同志、交通部副部长冯正霖同志和全国总工会副主席董力同志担任。2007年元旦、春节期间，组织了农民工专列187列，包专车65494辆，为农民工购团体票722.7万张，运送3029.6万农民工平安返乡。

九、继续开展困难职工帮扶和送温暖工作

2006年，各级工会积极协助有关方面抓好国务院《关于解决农民工问题的若干意见》的贯彻落实；集中力量为农民工办好十件实事，帮助和指导农民工签订劳动合同，与劳动和社会保障部等联合开展农民工工资支付情况专项检查活动，广泛开展为职工群众送温暖、送平安、送文化、送清凉、送健康、送法律、送安全、送岗位、送技能、送祝福等活动，叫响和做实“农民工有困难找工会”，农民工工作和生活条件进一步改善。全总增拨1000万元专款在全国建立了200多个流动电影放映队，成立了31所农民工业余学校，丰富农民工精神文化生活，帮助农民工提高素质，各级工会以不同形式对1000万人次农民工进行安全卫生知识教育培训。深入开展“金秋助学”活动，截至2006年9月底，共筹集资金5.3亿元，发放4.45亿元，帮助52万多名困难职工子女入学，其中8万余名农民工子女在工会的资助下走进校门。

十、开展全国维护职工权益杰出律师评选表彰活动

为加强维护职工合法权益及法律服务和援助工作，充分发挥律师在协调劳动关系、维护职工合法权益、维护社会公平与正义、构建和谐社会中的作用，2006年8月，中华全国总工会、司法部、全国律师协会共同开展了“全国维护职工权益杰出律师”评选表彰活动，决定评选10名“全国维护职工权益杰出律师”。全国27个省（自治区、直辖市）总工会、司法厅（局）和律师协会的推荐上报了70名人选；经过组织推选、确定候选人、公示和公众投票、评议审定等四个阶段，评选出了10名“全国维护职工权益杰出律师”。

中华全国总工会办公厅关于贯彻落实中办国办通知精神深入开展平安建设的意见

（2006年1月9日）

近日，中共中央办公厅、国务院办公厅转发了《中央政法委员会、中央社会治安综合治理委员会关于深入开展平安建设的意见》(以下简称《意见》),对今后一段时期的社会治安综合治理工作提出了明确的目标和要求。为了贯彻落实两办《通知》精神,充分发挥工会组织在开展平安建设工作中的作用,维护国家安全、社会稳定和职工群众利益,现就工会组织加强平安建设工作,提出如下意见。

一、充分认识深入开展平安建设工作的重要性。本世纪头二十年,是我国改革发展的重要战略机遇期。抓住机遇、深化改革、扩大开放、加快发展,实现全面建设小康社会的宏伟目标,需要一个和谐稳定的社会环境。平安建设作为新形势下加强社会治安综合治理工作的新举措,是构建社会主义和谐社会、促进经济社会协调发展的保障工程,是维护广大人民群众根本利益、为人民群众所期盼的民心工程,是提高党的执政能力、巩固党的执政地位的基础工程。深入开展平安建设,对于社会治安综合治理工作拓宽领域、充实内容、提高层次、完善机制、取得实效具有重要作用。各级工会组织要从实践"三个代表"重要思想、全面落实科学发展观、维护改革发展稳定大局的高度,充分认识深入开展平安建设的极端重要性,进一步完善各项措施,努力为实现全面建设小康社会宏伟目标创造和谐稳定的良好社会环境。

二、工会参与平安建设的指导思想是:坚持以邓小平理论和"三个代表"重要思想为指导,深入贯彻党的十六大和十六届三中、四中、五中全会精神,全面落实科学发展观,坚持走中国特色社会主义工会发展道路,按照全总十四届三次执委会提出的要求,主动维权、依法维权、科学维权,加强协调劳动关系,完善在工会组织领导下的维权机制,切实维护职工合法权益,促进和谐劳动关系、和谐企业、和谐社会建设,进一步维护职工队伍的团结和稳定,在平安建设中发挥积极作用,推动构建社会主义和谐社会。

三、突出维权工作重点,切实维护职工合法权益。要从实际出发,把党政重视、职工关注的热点难点问题,作为工会维权的重点,在解决职工最关心、最直接、最现实的问题上下功夫。在维权领域中以改制企业、破产企业和非公有制企业为重点;在维权对象上以进城务工人员、下岗失业人员和困难职工群体为重点;在维权内容上以职工群众的劳动就业、收入分配、社会保障、劳动安全卫生等劳动经济权益为重点,更加关注解决拖欠进城务工人员工资问题;在维权手段上以健全完善劳动合同、集体合同和职代会为重点,建立和完善保障职工合法权益的长效机制,切实维护职工群众合法权益。

四、不断加大劳动争议预防和调处工作力度,把各类矛盾纠纷解决在当地、解决在基层、解决在萌芽状态。一要坚持预防为主,努力推进劳动争议预防和劳动关系预警机制的建设。各级工会要切实发挥劳动争议调解组织的预防功能,更好发挥工会劳动法律监督组织和劳动法律监督员队伍的作用,逐步建立起自下而上的劳动关系预警机制,通过预测、预报和预防等措施,有效排查劳动争议和可能引发群体性突发事件的隐患。二要采取有力措施,进一步加强劳动争议调解工作。各级工会要采取有力措施,指导、督促企业和实行企业化管理的事业单位依法建立健全劳动争议调解委员会,研究完善区域性、行业性劳动争议调解工作的制度和机制,及时高效地开展调解工作。三要积极主动参与,不断加大劳动争议仲裁工作力度。地方工会要配强、配齐劳动争议仲裁委员会中的工会代表和工会劳动争议兼职仲裁员,积极参与仲裁委员会各项工作和仲裁庭办案工作。四要发挥信访部门和"12351"职工维权热线的作用,做好劳动争议预测、预报、预防工作。自觉抵御国内外敌对势力"西化"、"分化"我国工人阶级队伍和工会组织的图谋,防止其插手我职工队伍和工会事务,破坏我国职工队伍和社会政治稳定;决不允许在党领导下的中国工会之外,建立非法工会组织,确保我国职工队伍的稳定和工会组织的团结统一。

五、深入开展职工普法工作,进一步增强职工思想道德素质和民主法制观念。要认真总结工会系统"四五"普法的成功经验,制定工会系统"五五"普法规划,充分利用各种宣传媒体、教育阵地广泛开展法制宣传教育,切实提高广大职工群众的法律意识、法制观念和法律素质;正确引导职工群众通过理性合法的方式表达利益诉求,维护自身合法权益。进一步贯彻落实《公民道德建设实施纲要》,弘扬社会公德、职业道德、家庭美德,开展诚信教育,不断提高职工群众思想道德素养。

加强基层职工民主管理，坚持和完善厂务公开等办事制度，保障职工民主决策、民主管理、民主参与和民主监督权力的落实。要积极配合党委政府做好职工群众思想政治工作，密切关注和掌握职工群众的思想动态，及时反映职工群众的意见和要求。

六、加大安全生产的参与和监督力度，坚决遏制重特大恶性安全事故的发生。要认真贯彻执行劳动安全卫生法律法规以及党和政府关于安全生产的一系列方针政策，加大对安全生产违法行为的监督检查力度，以“安康杯”竞赛活动为载体，突出机制、制度建设，强化工会劳动保护基层组织和基础工作，落实“预防为主、群防群治、群专结合、依法监督”。全面推进工会劳动保护工作，切实维护职工在劳动生产过程中的安全健康权益。

七、继续开展困难职工帮扶和送温暖工作。要以困难职工帮扶中心和工会法律服务、法律援助机构为载体，努力构建法律政策咨询、就业服务、生活救助、医疗救助、子女就学援助及法律援助等一体化帮扶机制，深入实施送温暖工程，开展医疗互助、“金秋助学”、“姐妹献爱心”等活动，完善领导干部联系困难职工制度，加大对困难职工特别是单亲困难女职工、困难劳模的帮扶力度，进一步建立健全工会对困难职工的法律援助与服务制度。

中华全国总工会　司法部
关于开展“全国维护职工权益杰出律师”
评选表彰活动的通知

（2006 年 8 月 11 日）

各省、自治区、直辖市总工会，司法厅（局）：

为贯彻落实党中央提出的关于构建社会主义和谐社会建设的重大战略任务，促进劳动关系和谐稳定，增强社会和谐基础，加强维护职工合法权益的法律服务和援助工作，充分发挥律师在协调劳动关系、维护职工合法权益、维护社会公平与正义、建设和谐社会中的作用，中华全国总工会、司法部决定从 2006 年起，每两年开展一次“全国维护职工权益杰出律师”评选表彰活动。现将有关事项通知如下：

一、指导思想

以邓小平理论和“三个代表”重要思想为指导，全面贯彻落实科学发展观，深入贯彻党的十六大、十六届五中、六中全会精神，通过评选表彰活动，进一步展示我国律师心系职工、服务职工的时代风貌，弘扬他们扶弱助困、匡扶正义、奉献社会的职业风尚，激励更多的律师和工会法律工作者及社会有识之士参与维护职工合法权益工作，推动劳动关系和谐稳定，为全面建设小康社会、构建社会主义和谐社会作出贡献。

二、评选表彰的原则

推荐和评选工作要坚持公开、公平、公正、公认的原则，坚持条件，严格程序，接受群众监督。

三、评选表彰的组织领导机构

成立由全国总工会、司法部、全国律师协会领导同志组成的“全国维护职工权益杰出律师”评选表彰活动领导小组，决定评选表彰活动中的重大事项。领导小组下设组织委员会和评审委员会。建立由组织委员会成员以及专家、学者共 100 人组成的评委库。

组织委员会负责评选表彰活动的组织和宣传工作，协调处理评选表彰活动中的具体事项。全国总工会、司法部和全国律师协会为组织委员会成员单位。组织委员会下设办公室和宣传组。办公室设在全总法律工作部，具体负责评选表彰方案的实施；宣传组设在全总宣传教育部，具体负责评选表彰的宣传工作。

评审委员会负责候选人的审议和评选工作。每届评审委员会由评选表彰活动领导小组指定的评审委员会主任、副主任和在评委库中随机抽取的20人组成。

四、评选表彰的范围

(一)工会公职律师。

(二)工会系统兼职律师。

(三)受聘于工会法律服务和援助机构(含困难职工帮扶中心)的律师。

(四)承办维护职工、工会合法权益案件的律师。

五、评选表彰的条件

(一)忠于宪法和法律,拥护党的路线方针政策,自觉维护社会稳定。

(二)遵守律师职业道德,坚持以事实为根据,以法律为准绳,认真履行工作责任。

(三)敢于坚持原则,刚正不阿,在扶弱助困、奉献社会、维护职工合法权益方面取得突出成绩。

(四)从事维护职工权益工作三年以上(含三年),每年办理涉诉或非诉维权事项达到一定数量和较高质量;或者从事维护职工权益工作不足三年,但承办的维权事项有较大的社会影响。

(五)认真、及时、高效地完成所承办的维权案件或维权事项,在工会组织和职工中的认可度较高。

六、评选表彰的步骤

(一)组织推选

各省级总工会会同省级司法行政部门和律师协会,严格按照评选要求,于10月31日前,将1至3名候选人(按排序排列)的照片(包括反映工作情况的图片1至2张)、文字材料(3000字的详细事迹材料和千字内的主要事迹简介材料)、事迹影视资料(电视台专用的BETACAM录像带或DV带)报送组织委员会办公室。报送材料时间以当地邮戳为准,逾期未报的视为放弃。数码照片和文字材料电子版请同时发到组委会办公室邮箱:gxk@ acftu. org. cn.

(二)确定候选人

组织委员会办公室对报送人选的材料进行审核,将符合报送要求的人选提交组织委员会。报送材料不齐全或不符合要求的人选,视为不具备参选资格。组织委员会根据报送人选的事迹确定30名候选人,上报领导小组审定。

工人日报、法制日报、人民网网站、全国总工会和司法部、全国律协等网站于11月上旬开始刊登公众投票的预告。

(三)候选人公示

11月下旬组织委员会公布30名候选人名单及主要事迹,并通过工人日报、法制日报、人民网网站、全国总工会和司法部、全国律协等网站向社会公示。

工人日报、法制日报于11月下旬刊登候选人事迹和公众投票须知和选票;人民网网站、全国总工会和司法部、全国律协等网站于11月下旬(具体时间见报纸和网站11月上旬的预告)登载候选人事迹、公众投票须知和选票。各省级总工会和司法行政部门要做好相关的组织协调工作。

(四)公众投票

12月初全总新闻发布会公布公示结果及正式候选人名单,宣布公众投票开始。公众根据工人日报、法制日报刊登的公众投票须知,在两报登载的选票上进行投票(选票复印无效);网民根据人民网网站、全国总工会和司法部、全国律协等网站的投票要求进行投票。届时,各省级工会和司法行政部门要组织好投票工作。

(五)评议审定

评委会成员在听取组织委员会办公室对候选人情况的说明、对候选人公示和投票情况的报告后,对候选人进行无记名投票。评委会根据工人日报和法制日报的投票(25%)、网络投票(15%)、评委会投票(60%)的结果,确定"全国维护职工权益杰出律师"正式人选,并报领导小组审定。

(六)表彰宣传

2007年1月下旬,由全国总工会和司法部联合对"全国维护职工权益杰出律师"进行表彰,对当选者授予"全国维护职工权益杰出律师"称号,颁发荣誉证书。

通过各中央和首都新闻媒体对获得"全国维护职工权益杰出律师"称号的律师展开各种形式的宣传报道。组织其中2—3名律师通过互联网与广大职工交流,进行劳动法律咨询,扩大社会影响。

2007年1月中下旬,对当选的"全国维护职工权益杰出律师"按程序申报全国五一劳动奖章。

2007年"五一"节期间,通过全国五一劳动奖章的评选表彰活动,对被评选为全国五一劳动奖章的"全国维护职工权益杰出律师"进行集中宣传。

附件:1."全国维护职工权益杰出律师"评选表彰活动组织领导机构人员名单(略)

2. 全国维护职工权益杰出律师推荐审批表(略)

中华全国总工会 铁道部 交通部关于联合开展农民工平安返乡行动的通知

(2006年11月27日)

各省、自治区、直辖市总工会,交通厅(局、委),各铁路局,上海市港口管理局、长江航务管理局、珠江航务管理局,中海集团、长航集团:

为认真做好2007年春运期间农民工平安返乡工作,确保广大农民工在春运期间走的及时、走的有序、走的安全、走的满意,全国总工会、铁道部和交通部决定在2007年春运期间联合开展农民工平安返乡行动。现将有关事项通知如下:

一、各地铁路、公路、水运管理部门、客运企业和工会组织要认真贯彻落实《国务院关于解决农民工问题的若干意见》精神,高度重视帮助农民工春节返乡工作,切实加强春运期间农民工返乡工作的组织领导,统一部署、精心安排,密切协作、形成合力,制定切实可行的工作方案,为农民工顺利平安返乡提供便捷、安全、有序的服务,努力解决广大农民工返乡难问题。

二、各地铁路、公路、水运主管部门在春运开始前要根据历年本地农民工客流特点和疏运工作经验,对农民工的流量和分布情况进行详细科学地评估和预测,制定出切实可行的运力调配方案和紧急情况疏运预案。铁路运输春节前要以北京、广州地区,春节后以南昌、成都、阜阳、武汉地区为重点,搞好运力配置,使更多的农民工能够乘火车回家过年团聚和节后顺利返回务工地点。公路运输要做好与火车站、机场、码头疏运工作的衔接,防止出现因突发性客流变化引起农民工积压滞留。

三、各地铁路部门要深入农民工就业集中企业和主要输出地,了解农民工春节前返乡和春节后回城流量流向,及时准确地掌握农民工春运客流信息,建立农民工客流运输档案,为科学合理制订春运方案提供依据。要增开售票窗口,延长售票时间,组织售票人员到农民工务工集中地和输出地售票,提前办理农民工团体票,为农民工购票提供方便。要根据客流变化情况,开行农民工专列和加开临时客车。2007年春运铁路继续实行临客硬座票价不上浮的政策。

四、各地公路、水运主管部门要加强运力的组织协调,重点做好农民工集中省份、集中线路、集中行业和运力紧张地区的运力支援工作。要通过采取指导运输企业有计划地组织包车或增开加班车,组织旅游客车或部分企事业单位的非营运客车参加短途客运,增设售票窗口、延长售票时间,开展农民工团体票预订业务,实行上门售票、流动售票和送票,搞好售票服务工作,深入农民工集中的厂矿企业组织农民工包车、包船,开展"点对点"、"门对门"运输等措施,方便农民工从务工地平安顺利返回家乡。

五、各地工会要掌握本地返乡农民工流时、流向、流量的基本情况,及时提供给当地铁路、公路、水运主管部门，做好农民工返乡的组织协调和安全保障等工作。尤其要配合当地铁路、公路、水运主管部门做好重点地区、重点线路和重点行业农民工返乡工作。

六、农民工较集中的企业工会要积极与用人单位进行协商，提早确定息工时间，争取用人单位对农民工个体返乡购票给予一定的经济补贴，对包车集中返乡的承担部分或全部包车费用。要在春运开始前开展农民工返乡情况调查摸底，掌握农民工返乡的流向、流量和流时等情况，及时向当地总工会报告。

七、各级地方总工会或产业工会要在铁路、公路、水运系统职工中广泛开展以优质服务、安全运输为主题的劳动竞赛活动，通过“赛职业道德、赛服务质量、赛设施环境、赛安全运送”，努力做好扩大候车区域、增设服务设施、改善卫生条件、强化安全疏导等工作，为广大农民工平安返乡创造良好的条件，让广大农民工感受到党和政府及工会组织和全社会对他们的关爱。

八、各地铁路部门要以确保旅客列车安全运行为重点，落实安全措施，消除安全隐患，杜绝违章作业；各地公路、水运主管部门要强化对春运期间运营的监管力度，加强省际包车管理，全面落实包车运输安全责任，加强对重点时段和重点地点的监管，防止非客车载客，恶性超载和疲劳驾驶；各地工会要配合铁路、公路、水运主管部门大力加强安全宣传，广泛宣传旅途注意事项和乘坐超载车的危害，强化农民工自我保护和交通安全意识。

九、铁路公安部门要继续开展打击内外勾结、非法加价、倒卖车票等涉票违法犯罪活动，进一步净化售票环境。严厉打击盗窃农民工财物的违法犯罪活动，维护良好的秩序。铁路部门要做好农民工求助、问询和投诉受理等方面的工作，切实维护农民工切身利益。

十、要加大对农民工平安返乡工作的宣传报道，及时宣传各地在组织农民工返乡工作中的好经验、好做法及先进典型，在全社会营造关爱农民工的良好氛围。

十一、要做好农民工平安返乡行动总结统计上报工作。各铁路局，各省（区、市）交通厅（局），要按照本系统统计指标、统计标准和上报渠道的要求（铁道部、交通部另做部署），在规定的时间内将各地开展农民工平安返乡工作统计表和活动总结分别报送铁道部和交通部；铁路总工会、中国海员建设工会要加强与铁道部、交通部相关部门的联系，及时将阶段性统计数据报全国总工会保障工作部。各省（区、市）总工会要将各地工会开展此项行动的总结报告和统计表（见附件）在春运结束一周内报全国总工会保障工作部。

十二、成立“农民工平安返乡行动”领导小组。

领导小组下设办公室，负责协调日常工作。办公室设在全国总工会保障工作部。

各省（区、市）也要相应成立工作领导小组，统一领导和实施此项工作。

附件：农民工平安返乡行动统计表（略）

十五、2006 年社会治安综合治理工作大事记

2006 年社会治安综合治理工作大事记

▲1 月 13 日，中央社会治安综合治理委员会召开 2006 年第一次全体会议。会议由中共中央政治局委员、中央综治委副主任周永康主持，中共中央政治局常委、中央综治委主任罗干作重要讲话。陈冀平同志代表办公室总结 2005 年工作并就 2006 年工作要点作说明，公安部负责同志汇报全国治安形势，建设部、团中央负责同志汇报本部门参与社会治安综合治理工作情况。会议审议通过了《2006 年全国社会治安综合治理工作要点》。中央综治委副主任顾秀莲、肖扬、贾春旺、王胜俊、陈冀平和中央综治委委员出席了会议。

▲1 月 17 日，中央综治委学校及周边治安综合治理工作领导小组召开 2006 年第一次全体会议，总结 2005 年工作，安排部署 2006 年工作。会议由中央综治委副主任、中央综治办主任陈冀平主持，中央综治委副主任、中央综治委学校及周边治安综合治理工作领导小组组长王胜俊出席会议并讲话。

▲1 月 19 日，“为了明天——全国服刑劳教人员未成年人子女关爱行动”启动仪式在四川省成都市举行，全国人大常委会副委员长、中央综治委副主任、中央综治委预防青少年违法犯罪工作领导小组组长顾秀莲出席并讲话。

▲1 月 20 日，中央综治委预防青少年违法犯罪工作领导小组、中央综治办、民政部、团中央、公安部在四川省成都市召开“为了明天——全国保护流浪未成年人工作会议”。陈冀平同志主持会议，顾秀莲同志出席会议并讲话。

▲1 月 20 日，中央综治委预防青少年违法犯罪工作领导小组在四川省成都市召开 2006 年第一次全体会议，总结 2005 年工作，安排部署 2006 年工作。顾秀莲同志出席会议并讲话。

▲1 月 21 日，中央综治办在四川省成都市召开全国省（区、市）、省会市和计划单列市综治办负责同志座谈会，对 2006 年社会治安综合治理重点工作进行研究部署，陈冀平同志出席会议并讲话。

▲1 月 25 日，陈冀平同志出席由全国妇联、中央综治办联合举办的“维护流动妇女儿童权益送温暖献爱心活动”并讲话。

▲2 月 10 日，中央综治办召开中央综治委各专门工作领导小组办公室负责人会议，研究和总结 2005 年综治考评工作。

▲3 月 1 日，中央政法委召开全国打黑除恶专项斗争协调小组第一次会议，听取协调小组办公室及各成员单位打黑除恶专项斗争工作进展情况，研究分析工作形势，部署下一阶段工作，中央综治委副主任、中央政法委副秘书长、全国打黑除恶专项斗争协调小组组长陈冀平出席会议并讲话。

▲3 月 2 日，中央综治委刑释解教人员安置帮教工作领导小组召开 2006 年第一次全体会议，总结 2005 年工作，研究部署 2006 年工作。中央综治委刑释解教人员安置帮教工作领导小组组长、司法部部长吴爱英主持会议，陈冀平同志出席会议并讲话。

▲3 月 3 日，中央综治办在北京市召开全国部分省（市）综治办主任座谈会，研究讨论 2006

年全国社会治安综合治理工作会议有关工作。

▲3月9日至10日，全国政法综治宣传工作会议在安徽省合肥市召开，总结2005年政法综治宣传工作，部署2006年政法综治宣传工作。陈冀平同志出席会议并讲话。中宣部、中央外宣办、国家广电总局等部门有关负责同志，各省、自治区、直辖市和新疆生产建设兵团党委政法委分管宣传工作的负责同志，中央社会治安综合治理委员会成员单位通讯员等参加会议。

▲3月15日，中央综治委铁路护路联防工作领导小组召开2006年第一次全体会议，总结2005年工作，研究部署2006年工作。铁道部副部长胡亚东主持会议，铁道部部长刘志军出席会议，陈冀平同志出席会议并讲话。

▲3月17日，中央综治委流动人口治安管理工作领导小组召开2006年第一次全体会议，总结2005年工作，研究部署2006年工作。公安部副部长刘金国主持会议，陈冀平同志出席会议并讲话。

▲3月30日，全国油气田及输油气管道安全保护工作部际联席会议，召开2006年整治油气田及输油气管道生产治安秩序专项行动电视电话会议，国家发展改革委员会副主任欧新黔主持会议，陈冀平同志出席会议并讲话，公安部副部长刘金国代表部际联席会议对专项行动做动员部署。

▲4月24日，共青团中央、中央综治办、最高人民法院、最高人民检察院、公安部等12个部门联合举行第五届“中国杰出(优秀)青年卫士”表彰暨事迹报告会。

▲4月28—29日，全国社会治安综合治理工作会议在江苏省苏州市召开。会议主题是，总结推广各地、各部门开展平安建设的经验，对进一步开展平安建设，积极预防和有效化解社会矛盾，大力推进社会治安防控体系建设，加强基层基础建设，加强和改进社会管理，全面推进社会治安综合治理工作进行部署。罗干同志出席会议并作重要讲话，周永康同志出席会议并作总结讲话，顾秀莲、肖扬、贾春旺、王胜俊、陈冀平等同志出席会议，中央综治委委员、联络员，中央有关部门的负责同志，各省、自治区、直辖市及新疆生产建设兵团综治委主任、政法委书记、综治办主任等参加会议。

▲5月23日，中央综治办、中央维稳办在山东省济宁市和江苏省徐州市联合召开全国创建平安边界现场会，总结推广山东省济宁市、江苏省徐州市共同做好省际边界微山湖地区维护稳定工作的经验。中央维稳办副主任、公安部部长助理陈智敏主持会议，陈冀平同志出席会议并讲话。

▲6月15日，陈冀平同志主持召开全国打黑除恶专项斗争协调小组第二次会议，会议听取了协调小组办公室及各成员单位打黑除恶专项斗争工作进展情况，研究部署下一阶段工作。

▲6月16日，中央综治办召开中央综治委各专门工作领导小组办公室及有关部门联席会议，听取各专门工作领导小组办公室及有关部门关于上半年工作情况及下半年工作计划的汇报。

▲7月14日，陈冀平同志出席全国“扫黄打非”工作小组召开的“反盗版百日行动”电视电话会议并讲话。

▲8月23日至30日，中央政法委、中央综治委在山东省烟台市举办全国平安建设研讨培训班，贯彻落实全国社会治安综合治理工作会议精神，进一步推动平安建设和社会治安综合治理各项措施在基层的全面落实。各省、自治区、直辖市和新疆生产建设兵团综治办主任，副省级市(州)、计划单列市和地级市(州、盟、地区)综治办主任，直辖市各区综治办主任，新疆生产建设兵团各师综治办主任及解放军系统有关人员参加了研讨培训班。周永康同志接见了全体学员并与大家亲切座谈，作了重要讲话，王胜俊、陈冀平同志参加接见并出席座谈会。

▲8月26日，中央综治办、中央综治委预防青少年违法犯罪工作领导小组办公室、公安部、民政部、共青团中央在山东省烟台市召开座谈会，研究大力整治强迫诱骗未成年人流浪行乞工作。

▲9月1日，全国“平安家庭”创建活动领导小组在山东省济南市召开全国“平安家庭”创建活动现场推进会。全国人大常委会副委员长、中央综治委副主任、全国妇联主席顾秀莲出席开幕式并作重要讲话，全国“平安家庭”创建活动领导小组副组长、中央综治委副主任、中央综治办主任陈冀平出席会议并讲话。

▲9月8日，共青团中央等十三个部委共同召开2004—2005年度全国优秀“青少年维权岗”

表彰大会，陈冀平同志出席会议并宣读表彰决定。

▲10月19日，由中央政法委、中央综治委和新华社共同主办的中国平安网在人民大会堂举行开通仪式，顾秀莲同志出席并讲话，王胜俊、陈冀平同志和新华社社长田聪明、中央政法委副秘书长周本顺、新华社副社长鲁炜、共青团中央书记处书记卢雍政等出席开通仪式。

▲11月6日，中央综治委召开2006年第二次全体会议，中组部、民政部、公安部、司法部负责同志就充分发挥部门职能作用，积极推动农村平安建设工作情况作了汇报，山东省、陕西省、福建省负责同志汇报了本省在农村地区开展平安建设的经验做法。会议审议通过了《关于当前在农村深入开展平安建设的若干意见》。罗干同志作重要讲话，周永康同志主持会议并讲话。顾秀莲、肖扬、贾春旺、王胜俊、陈冀平等同志和中央综治委委员出席会议。

▲11月9日，中央综治办在福建省泉州市召开全国部分省（区、市）综治办主任座谈会，研讨健全矛盾纠纷排查调处机制和在非公有制经济组织中加强社会治安综合治理开展平安建设工作。

▲11月20日，中共中央宣传部、中央综治委、公安部、中华见义勇为基金会联合召开第十届全国见义勇为英雄、先进分子和第二届全国见义勇为先进单位、先进工作者表彰大会。会前，罗干同志，中共中央政治局委员、中宣部部长刘云山，周永康同志接见全体会议代表。会议由陈冀平同志主持，周永康同志代表党中央、国务院作重要讲话，中宣部副部长欧阳坚宣读了表彰决定。

▲11月26日，中央综治办召开全国部分省（区、市）综治办主任座谈会，研究2007年平安建设和社会治安综合治理主要工作。

▲11月27日，中央政法委、中央综治委、中央政法各部门、解放军总政治部、武警总部、中国法学会、中央电视台联合举办社会主义法治理念教育主题晚会《法铸方圆》，罗干、周永康、肖扬、贾春旺、王胜俊、孙忠同、吴爱英等同志，全国政法工作会议全体代表、北京市政法系统有关负责同志及特邀嘉宾观看了晚会。

▲11月17日至29日，中央综治委派出10个检查组，分别对河北、辽宁、黑龙江、安徽、湖南、广西、海南、贵州、陕西、新疆等省（自治区）和新疆生产建设兵团的平安建设和社会治安综合治理工作情况进行检查。

▲12月6日，全国平安铁路示范路段创建经验交流会在山西省太原市召开，陈冀平同志出席会议并讲话，公安部副部长刘金国、铁道部副部长胡亚东出席会议。

▲12月12日，中央综治办召开社会治安综合治理考评单位联席会议，研究部署2006年综治考评工作。

▲12月13日，中央综治办召开2006年社会治安综合治理检查工作汇报会，各检查组分别就各地开展平安建设和社会治安综合治理工作的总体情况、主要做法措施以及存在的问题进行了汇报。陈冀平同志主持会议，王胜俊同志出席并讲话。

▲12月20日，由中央综治办和中央电视台联合举办的大型专题节目《平安中国》录制完成，顾秀莲、王胜俊、陈冀平等同志及部分中央综治委委员出席了节目录制。

北京市

2006年11月17日，首都综治委举行首都社会治安综合治理研究所、研究会成立仪式，陈冀平、强卫同志为首都综治研究所（会）揭牌。

2006年4月6日至7日，北京市召开平安建设工作会议。

2006年9月4日至13日，北京市举办全市基层综治干部培训班。

“平安奥运、和谐北京”大型综治宣传活动现场。

天津市

温家宝总理视察天津开发区时，与社区居民畅谈和谐社会建设。

中央综治委副主任、中央综治办主任陈冀平来津视察。

天津开发区保税区工委领导检查平安企业创建工作。

天津保税区公安分局更新服务方式，深入企业开展治安工作座谈。

天津开发区检察院做预防职务犯罪专题报告。

天津开发区保税区综治办启动维护社会治安志愿者“筑城行动”。

天津开发区公安民警全力维护社会治安和交通秩序。

天津开发区保税区不断强化辅警巡逻队伍建设，织密巡控网。

在建筑工地，利用电影放映月活动，加强法制宣传教育。

河北省

2006年4月，河北省召开构建人民调解、行政调解、司法调解“三位一体”调解工作体系现场会。中央综治委副主任、中央政法委副秘书长、中央综治办主任陈冀平出席会议并讲话。

2006年4月，中央综治委副主任、中央政法委副秘书长、中央综治办主任陈冀平在省委常委、石家庄市委书记吴振华，省委常委、政法委书记、省综治委主任车俊等同志陪同下考察石家庄市平山县“三位一体”调解工作体系建设情况。

2006年5月，河北省综治办、石家庄市综治办联合在石家庄市文化广场举办了综治宣传日活动。省委常委、政法委书记、省综治委主任车俊，副省长、省综治委副主任柳宝全等参加宣传活动。

2006年8月，河北省综治办、省公安厅在廊坊市联合召开全省社会治安科技防范工作会议，安排部署全省落实省委、省政府《河北省社会治安科技防范五年规划（2006—2010）》，进一步加强科技防范工作。

2006年9月，省委政法委、省综治委组织全省设区市综治办主任、县级政法委书记培训班。全省11个设区市综治办主任和179个县（市、区）政法委书记参加了培训。

2006年11月，省委常委、政法委书记、省综治委主任王其江，副省长、省综治委副主任付双建到石家庄市就流动人口管理服务工作进行调研。

2006年底，中央综治委综治检查组对河北省社会治安综合治理工作进行了检查。通过检查，全省社会治安综合治理工作考评得分为93.021分，连续三年被评为社会治安综合治理优秀省。

河北省秦皇岛市

秦皇岛市地处河北省东北部，辖3区4县，总面积7812平方公里，人口280万，是全国著名旅游城市和首批14个沿海开放城市之一。全市社会治安综合治理工作以科学发展观为指导，以构建“和谐秦皇岛”为目标，以“平安建设”为载体，坚持“打防结合、预防为主、专群结合、依靠群众”的方针，大力加强治安防控体系建设，努力构建“三位一体”社会矛盾纠纷排查调处体系，全面落实社会治安综合治理各项措施，有效地维护了全市的治安稳定，为经济提速发展和社会进步创造了和谐稳定的社会环境，实现了“发案少、秩序好、社会治安稳定、群众满意”的目标，暑期安全保卫工作做到了万无一失。连续3届12年被评为“全国社会治安综合治理优秀地市”称号，赝获了“长安杯”。

市委书记王三堂深入社区向群众了解社会治安状况。

市委副书记、市长菅瑞亭，市委常委、政法委书记杨泰安陪同省委政法委副书记高金浩检查“三位一体”调解中心建设。

市委常委、政法委书记杨泰安走上街头宣传综治工作。

全市召开社区矫正现场观摩会。

治安监控指挥中心。

公正、规范地进行调解。

坚持“从住入手、以房管人”工作思路，加强流动人口管理与服务工作。

治安巡防车队整装待发。

唐山供电公司

唐山供电公司是隶属于华北电网有限公司的国有大型供电企业，承担着唐山地区经济发展、人民生活用电及向华北电网输电的任务。

唐山供电公司在华北电网有限公司和唐山市委、市政府的正确领导下，始终坚持“三抓一创”工作思路，全面推进“一强三优”现代供电公司的建设步伐。深入开展创建“诚信平安”单位，努力营造稳定和谐的内部环境，有力地促进了安全生产、经营管理、电网建设和优质服务等工作的开展，实现了社会效益和经济效益的稳步提高和快速发展，连续多年超额完成华北电网有限公司下达的各项技术经济指标。

唐山供电公司决心以安全、优质、可靠的电力供应，以崭新的精神风貌，努力为实现唐山经济的跨越式发展，为实现唐山走在全省最前列，全面建设和谐社会做出新的、更大的贡献。

唐山市将护电工作纳入市社会治安综合治理工作范围，市政法委副书记、市综治办主任陈鸿国同志在“三电”专项斗争工作会议上对护电工作提出要求。

召开电力行政执法会议，保障电力执法工作的开展。

公司总经理张勇平、副总经理张长久深入变电站检查指导工作。

唐山市政府领导重视护电工作，召开专项治理会议。

公司总经理张勇平亲自深入现场，查看电力线路安全情况。

每年定期召开消防工作会议和直属各单位签订消防责任状。

公司领导及员工走上街头，大力宣传有关电力法律、法规。

华北电网公司领导视察要害部位。

公司党委书记、综治委主任回敬同志在公司综治工作会议上对保稳定、综合治理工作提出要求。

山西省

2006年12月6日，全国平安铁路示范路段创建工作经验交流会议在太原市召开。中央综治委副主任、中央政法委副秘书长、中央综治办主任陈冀平，中央护路办主任徐伟华，中央综治办督导室主任胡增印在省综治办副主任秦文峰的陪同下视察工作。

省委副书记、省综治委副主任金银焕主持召开省综治委全会，研究平安创建工作。

为了最大限度地减少不和谐因素，努力维护社会稳定，山西省省委、省政府将2006年确定为“矛盾纠纷调解年”，加大对矛盾纠纷的调解力度。图为省委常委、政法委书记杜玉林在基层检查矛盾纠纷排查调处工作。

2006年11月14日至15日，山西省引深平安建设推进社会和谐现场会在晋中市、太原市召开，省综治委委员、各市分管书记、政法委书记、综治办主任及各县（市、区）政法委书记共约300人参加了会议。

2006年，山西省通过不断强化调解意识，整合调解资源，完善调解机制，将大量民间纠纷化解在当地，把大量不稳定因素消除在萌芽状态。图为全省各地综治干部实地学习晋中基层矛盾纠纷调处中心开展工作的情况。

内蒙古自治区

2006年9月，自治区党委常委、政法委书记罗啸天参加呼和浩特地区平安建设宣传月活动。

自治区党委政法委副书记、综治办主任宋喜德考察社区平安建设。

全国见义勇为十大英雄杨爱民载誉归来，自治区党委政法委常务副书记胡毅峰到车站迎接。

2006年5月，全区企业综治干部平安创建培训班在包头市开班。

呼和浩特市赛罕区综治暨平安建设宣传活动异彩纷呈。

辽宁省

省委常委、省综治委主任、省纪委书记王唯众，省委常委、政法委书记李峰，省委政法委副书记、省综治办主任唐俊杰与获得全省“三连冠”平安县（区）的代表合影留念。

省委常委、省综治委主任、省纪委书记王唯众与各市签订综治责任状。

省委常委、政法委书记李峰在全省综治工作会议上做报告。

省委常委、政法委书记李峰与省综治办副主任闫建成，沈阳市委常委、政法委书记常明研究综治工作。

省委政法委副书记、省综治办主任唐俊杰在省综治委专门工作领导小组会议上讲话。

辽宁省铁岭市

市委书记李文科在全市平安建设推进会议上提出要把铁岭建设成“政治安定、社会安稳、经济安全、企业安心、百姓安居”的全省最稳定地区。

市委副书记、市长张竞强在全市维护社会治安见义勇为先进分子表彰大会上为见义勇为英雄家属颁发证书。

市委副书记、市综治委主任周美英视察铁岭市工业园区治安防范工作。

市委书记李文科，市委常委、政法委书记张克江接受辽宁平安千里行记者采访。

市委副书记、市综治委主任周美英在全市综治工作会议上与县（市）区党政领导签订维护社会稳定与社会治安综合治理责任状。

市委常委、政法委书记、市综治委副主任张克江参加社会治安综合治理宣传月活动。

副市长、市综治委副主任、市公安局局长谷凤杰陪同市委书记李文科视察市公安局道路视频监控系统。

铁岭市第二次维护社会治安见义勇为表彰大会会场。

铁岭市“平安家庭”创建活动推进会议会场。

铁岭市召开农村平安建设工作经验交流会议。

辽宁省调兵山市

调兵山市隶属于辽宁省铁岭市，辖3个镇、2个街道办事处，区域面积263平方公里，总人口25万，居民城市化率达83.2%。1982年经国务院批准成立铁法市，2002年更名为调兵山市。（800多年前，金国四太子金兀术曾在此地调集兵马进兵中原，“调兵山”因此得名。）境内探明煤炭储量22.59亿吨，煤层气储量293.9亿立方米，全国500强企业铁法煤业（集团）公司坐落境内，为全国八大煤炭生产基地之一。

在“十一五”期间，调兵山市委、市政府以科学发展观为统领，带领全市广大干部群众发奋图强、拼搏进取，将调兵山市打造成为全省综合实力较强的县（市）。调兵山市连续被授予“全国卫生先进城市”、“国家畅通工程优秀管理城市”、“辽宁省文明城市建设标兵市”、“辽宁省园林城市”、“辽宁省十大最具魅力城区”荣誉称号。2007年在全省县级（市）中率先进入了国家级园林城市行列。并连续三年被评为“辽宁省平安县（市）”。

市委书记李德俊向省委书记李克强汇报棚改新区平安建设工作。

副省长闫丰视察调兵山市平安企业创建工作。

调兵山市委书记李德俊检查平安市场创建工作。

调兵山市委副书记杨立志在市综治委全体（扩大）会议上讲话。

市长刘中华为平安建设先进单位发放牌匾。

调兵山市委常委、政法委书记王净雪在平安建设推进会上讲话。

吉林省

2006年3月，省委书记王云坤接受中央电视台“省委书记面对面——平安访谈”并题词：“平安是百姓的福祉，和谐是建设的目标”。

2006年12月27日，在全省政法工作会议上，省委政法委副书记、省综治办主任马中力宣读关于表彰2006年度全省社会治安综合治理先进市、州的决定。

2006年5月29日，吉林省政府在长白朝鲜族自治县隆重召开爱民固边战略样板工程建设现场会。

省交通厅厅长张勇率厅直有关部门领导深入客运一线检查指导道路旅客运输安全工作。

2006年10月，在边境群众宣传教育月活动中，吉林省公安边防延边支队龙井大队明东边防派出所官兵利用“边境110”，深入到边境一线村屯开展边防政策法规宣传教育。

抚松县深入开展农村平安建设，实施了“五个一”工程，即：一杆、一灯、一部报警电话、一部警报器、一支巡逻队，取得了明显成效。

黑龙江省

2006年6月23日，省委、省政府召开全省深入开展“平安龙江”建设工作会议。省委书记钱运录，省委常委、省委政法委书记杨焕宁接见会议表彰的见义勇为先进分子。

省委常委、省委政法委书记杨焕宁视察“平安乡村”建设工作。

2006年11月24日，省综治委召开第24次全体委员会议，传达中央综治工作检查组对全省平安建设和社会治安综合治理工作情况检查的通报意见，对综治委年度工作进行总结交流，部署2007年的综治工作。

2006年4月21日，省综治委召开会议，在全省部署启动“保护未成年人‘丙戌行动’”。

2006年6月20日至9月30日，省综治委全面部署并大力开展了为期4个月的排查收缴整治危爆品、管制刀具专项行动。省委常委、省委政法委书记杨焕宁深入收缴展览现场，指导工作。

2006年10月16日，省军区、省综治委召开部队参与“平安龙江”建设电视电话会议，部署军地共建平安建设工作。

上海市

市委副书记、市综治委主任刘云耕带队检查上海平安建设实事项目。

市委常委、市综治委副主任吴志明网上接受群众咨询。

市综治办副主任乐伟中与市级见义勇为先进分子合影。

2006年2月27日，市综治办召开“十佳社会工作者”表彰大会。

2006年8月1日，市综治委召开整治部分蔬菜批发市场经营管理秩序座谈会。

上海市长宁区

长宁区位于上海市中心城区的西部，域内有“414”、“415”重要警卫驻地、世贸商城、外国驻沪领馆区以及数十家星级宾馆、数千幢外销花园别墅等。

2001—2004年，在市委、市政府的领导下，在市综治委的指导下，长宁区的社会治安秩序良好，社会稳定，没有发生影响社会稳定全局的重大案（事）件，人民群众对社会治安的满意程度不断提高，社会治安综合治理工作取得了明显的成效。从1996年至2003年，该区已经连续4届8年被评为“上海市社会治安综合治理先进区”。

长宁区将以加强和完善社会治安综合治理工作机制建设为重点，以构建和谐稳定社会为目标，继续切实落实社会治安综合治理工作的各项措施，推动和促进全区社会经济的发展。

2006年7月20日，长宁区委、区政府召开“平安长宁”建设动员部署大会。

中共长宁区委书记薛潮履行一名“平安志愿者”的职责，协助民警维持交通秩序。

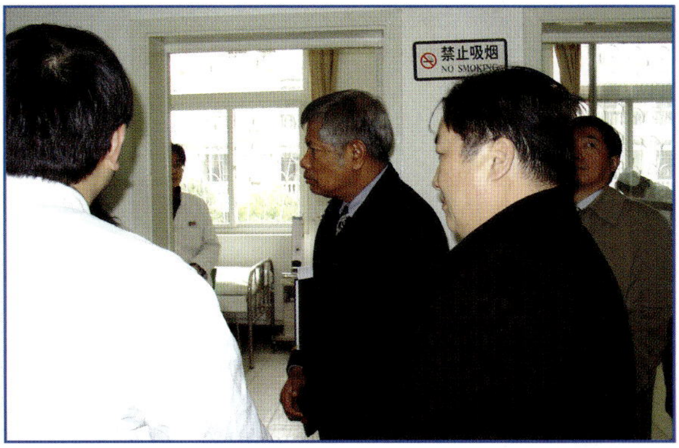

2006年2月17日，泰国肃毒委员会官员到长宁区参观考察“美沙酮维持治疗试点”门诊部。

全国模范人民调解员李琴和老人谈心。

长宁区新泾镇司法信访综合服务窗口。

长宁区虹桥街道安东居委会的“红袖章”治安巡逻队在巡逻。

江苏省

2006年4月全国社会治安综合治理工作会议期间，中共中央政治局常委、中央综治委主任罗干，中共中央政治局委员、中央综治委副主任周永康在常州市视察平安建设工作。

2006年9月30日晚，省委书记李源潮冒雨深入南京市工人新村警务室视察平安建设工作，慰问基层民警。

2006年3月，省委常委、政法委书记林祥国深入扬州市维扬区西湖镇金槐村村民家中，就平安建设与群众交谈。

2006年3月，省综治委在扬州市召开全省社会治安综合治理基层基础工作会议。

2006年9月，省委、省政府召开平安江苏建设总结表彰暨深入推进大会，省委书记李源潮，省长梁保华，省委副书记、省综治委主任王寿亭出席会议并讲话。

全省各级法院积极参与“大调解”工作。图为连云港市法官深入田间地头进行调解，受到群众欢迎。

浙江省

2006年3月，在全省建设“平安浙江”电视电话会议上，省委、省政府隆重表彰了4个“平安市”、67个平安县（市、区）。

2006年5月，中央综治委副主任、中央政法委副秘书长、中央综治办主任陈冀平在嘉兴市视察“综治进民企”工作情况。

在全省社会治安综合治理工作会议上，省委副书记、省综治委主任夏宝龙与各市党委、政府签订综治责任书。

省综治办、省总工会等共同举办“综治进民企”论坛，得到万向集团、奥康集团等50余家民营企业家的积极响应。

2006年12月，省平安办与“浙江在线”网站共同开设了“平安浙江网”。

在“综治宣传月”活动期间，杭州市综治委举办了大型宣传活动。

杭州市九堡镇综治工作中心发挥联合调解作用，切实解决拖欠民工工资问题。

2006年10月11—14日，第十六届全国社会治安综合治理工作研讨会在合肥召开，中央综治委副主任、中央政法委副秘书长、中央综治办主任陈冀平出席会议并作重要讲话。省委常委、政法委书记、省综治委主任徐立全出席会议并致辞。

安徽省

2006年11月25日，省委省政府召开全省平安建设工作会议，深入推进平安安徽建设。省委书记郭金龙、省长王金山出席会议并作重要讲话。省委常委、政法委书记徐立全作工作报告。

全省见义勇为第三届“安徽移动弘扬正气奖”表彰大会召开，省委常委、政法委书记、省综治委主任徐立全出席会议并讲话。

安徽省淮南市

市委常委、综治委主任、政法委书记黄爱华在市政法委常务副书记、综治委副主任、综治办主任吴剑华，市政法委副书记胡志刚，政法委纪检组长阮志强，市综治办副主任、市公安局副局长朱江禄，市综治办副主任常跃的陪同下检查市综治办工作。

市委常委、综治委主任、政法委书记黄爱华在听取综治工作汇报。

淮南市召开建设“平安淮南”工作会议，推进综治工作深入开展。

为了从源头上遏制、减少青少年违法犯罪，淮南市开展了“社区青少年阳光工程”，为每个街道和社区都配备了“阳光主任”，每年都进行检查考评和奖励。

潘集区地处黄淮平原南端，南濒淮河。境内拥有潘一、潘二、潘三3座现代化大型煤矿和被誉为“单机甲中华”的平圩发电有限公司；还有正在建设之中的潘北煤矿、朱集煤井、田集电厂和平圩第二电厂，是一个城乡交错、治安状况较为复杂的农业大区、能源新区。区委、区政府按照“打造平安潘集、构建和谐社会，治理投资环境、实施综合治理”的工作思路，强化社会治安综合治理，保证了潘集经济社会又好又快发展。2006年潘集区荣获全市“履行社会治安综合治理责任书第一名”，并被省委、省政府命名为“平安县区”。

潘集区委书记谌伟、区长赵期中暑期慰问一线武警官兵。

潘集区努力营造平安创建氛围。

潘集区不断加强平安社区建设。

潘集区定期开展综治宣传活动。

正在建设中的国家重点工程项目田集电厂。

福建省

2006年1月5日，省综治委举行2006年省、市党政领导综治责任书签订仪式，省委、省政府主要领导连续第八年与各设区市党政一把手签订综治责任书。

2006年11月9日，全国非公有制经济组织综治工作座谈会在泉州召开，中央综治委副主任、中央政法委副秘书长、中央综治办主任陈冀平，福建省委常委、政法委书记鲍绍坤等领导出席会议。

2006年9月20日，省委常委、政法委书记鲍绍坤接受中央电视台“平安家园·会客厅”栏目的访谈。

2006年6月14日，省委、省政府召开全省综治工作暨平安建设表彰会，33个县（市、区）被评为首批平安县（市、区）。

2006年8月19日，省综治办召开全省基层综治组织规范化建设座谈会。

江西省

省委常委、政法委书记舒晓琴，副省长熊盛文视察基层法庭。

舒晓琴亲切接见从全国见义勇为表彰大会载誉归来的先进个人。

鄱阳湖区三市十二县（区）坚持开展联谊联防活动，共同创建平安湖区，使过去这个治安问题的多发之地成为安宁繁荣的鱼米之乡。图为省委常委、政法委书记舒晓琴，省政协副主席、公安厅长曾页九出席鄱阳湖区联谊联防工作第四届年会。

舒晓琴在鄱阳县与村综治特派员亲切交谈。

江西省新余市

江西新余市地处赣西中部，沪昆铁路西线，位于庐山、井冈山两座名山之间，是连接我国东西部地区的重要走廊，沿海经济发达地区向中西部地区梯度转移的跳板和必经之路，全省最大的钢铁基地。工业经济占经济总量的80%以上，工业化、城市化率均达49%以上，是江西省工业化程度最高的城市。新余市连续3届荣获“全国社会治安综合治理优秀地市”，先后13次荣获“全省社会治安综合治理先进市”，2005年，被中央综治委授于全国社会治安综合治理“长安杯”荣誉称号。

江西省委书记孟建柱，省委常委、政法委书记舒晓琴在新余市委书记汪德和，市长王平，市委常委、政法委书记丛文景陪同下视察和谐平安建设工作。

举全市之力，建设和谐平安新余。

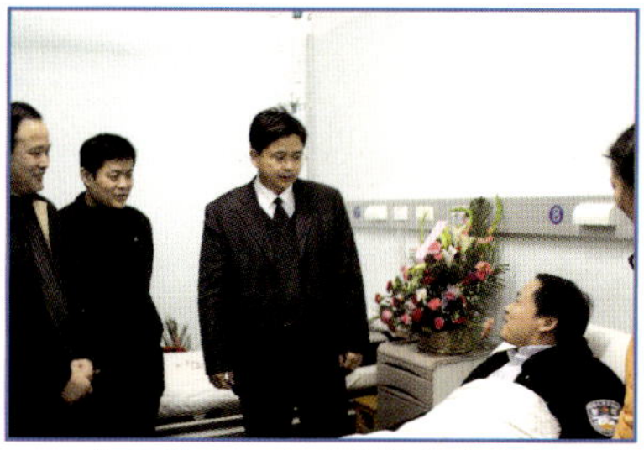

市委常委、政法委书记丛文景，市政府副市长、公安局局长王跃辉慰问见义勇为好市民。

加强技防建设，夯实和谐平安建设基础。

乡镇开展农民法律知识竞赛活动，提高群众知法、守法、用法能力。

送法下乡，共建和谐平安农村。

深入开展社区居民评议民警活动，让群众监督政法干警的执法。

政法干警深入社区为群众提供法律帮助。

广泛开展宣传教育，提高流动人口管理和服务水平。

山东省

省委、省政府召开平安山东建设大会，省委书记张高丽、省长韩寓群出席会议并讲话，推动了平安山东建设健康深入开展。

在平安山东建设大会上，全省社会治安综合治理和平安山东建设先进单位、先进个人受到表彰奖励。

2006年7月12日至13日，省委、省政府召开全省社会治安综合治理工作会议，传达中央的会议精神，部署全省的社会治安综合治理和平安建设。

2006年10月10日，省委、省政府召开军地共建平安山东经验交流会，军地双方共同交流经验，推进了全省平安建设再上新台阶。

2006年8月23日，全国地市级综治办主任平安建设研讨培训班在烟台市举办。

山东省护路办

2006年3月21日，全国铁路护路联防办公室主任会议在济南市召开。山东省护路办在大会上介绍了工作经验。

2006年3月3日，山东省纪念《铁路法》实施十五周年暨爱路护路宣传活动月启动仪式在邹城站广场隆重举行。

2006年7月27日，山东省在德州市召开全省“平安铁路示范路段”创建工作现场会。图为省护路办主任孙伟向省护路联防工作领导小组副组长刘日平、省综治办副主任窦广平介绍德州市进行布局调整情况。

2006年10月31日，山东省“全省护路办主任会议”在临沂市召开。

2006年11月13日，山东省综治委“平安山东”建设工作检查组对济南铁路局“平安铁路”建设和社会治安综合治理工作进行检查，充分肯定铁路护路联防工作为“平安山东”建设做出的积极贡献。

省护路办主任孙伟实地查看一线护路联防工作，慰问广大工作人员和战斗在一线的公安干警、护路队员。

广泛开展岗位大练兵，不断加强基层基础建设，护路员队伍素质全面提高。

护路队员和公安民警对电气化铁路沿线的重点要害部位进行巡查。

公安民警对铁路沿线村民进行爱路护路宣传教育。

山东省交通厅

山东省交通厅党组书记、厅长贾学英在全省交通社会治安综合治理座谈会上讲话。

胡志明副厅长在全省交通系统信访工作会议上讲话。

迟焕然副厅长深入基层检查指导平安交通工作。

山东省微山县

微山县以平安建设为总抓手，突出湖区、矿区、边区的区域特点，全力做好社会治安综合治理工作，被山东省委、省政府评为2006年度平安山东建设模范县。湖区边界稳定工作有了新的突破，全国创建平安边界现场会在微山召开，中央各大媒体分别予以宣传报道。严打斗争力度不断加大，保障了人民群众生命财产安全；基层基础工作进一步夯实，村居“三·三”平安工程发挥着重要作用；“人防、物防、技防”建设进一步巩固，治安防控体系日臻完善；政法综治队伍建设进一步加强，干警的政治素质和业务水平不断提高。

全国创建平安边界现场会在微山县召开。中央综治委副主任、中央政法委副秘书长、中央综治办主任陈冀平出席会议并讲话。

山东省济宁市鲁苏边界微山湖地区稳定工作调度会在微山县召开。

县委书记、县人大常委会主任罗心光视察110指挥调度系统。

中央维稳办调研室主任夏诚华，市委常委、政法委书记步士金，县委副书记、县长程大志及市县领导深入基层调研平安建设。

县委副书记周光全，县委常委、政法委书记蔡成全看望慰问基层一线干警。

副县长、公安局局长张旭东深入湖区发放宣传材料。

公安部赠予的“和谐号”巡逻艇进行湖上巡逻。

公安民警深入湖区为渔民办理身份证。

公安民警抓获犯罪嫌疑人。

河南省

2006年1月11日，召开全省政法工作会议，安排部署全年政法综治工作。

2006年5月11日，省委政法委召开全省法院系统思想作风整顿活动座谈会。省委常委、政法委书记李新民在会上讲话。

2006年1月11日，在全省政法工作会议上，对2005年度社会治安综合治理先进集体进行表彰。

湖北省

省委常委、武汉市委书记苗圩调研农村平安创建工作。

省委政法委副书记、省综治委副主任汪道胜到应城检查指导“平安创建”工作。

武汉市长李宪生调研社区平安创建工作。

十万人的“治安志愿者”队伍已经成为武汉市社会治安综合治理的重要辅助力量。

应城市委书记谢思芳，市长、市综治委主任朱高文检查指导企业周边环境整治工作。

十堰市“移动通信杯”社会治安综合治理知识有奖问答抽奖仪式。

十堰市“三警”进行街面巡逻。

2006年11月22日，湖北省商务厅为汉川市西江乡每村配备了一辆农村综治110专用摩托车，图为赠送仪式。

湖南省

2006年7月，湖南省启动“三调联动”工作机制以来，各地认真研究部署各项工作措施，使一大批矛盾纠纷得到有效化解。图为8月22日湘潭市召开全市“三调联动”工作动员大会，省委政法委、省司法厅及湘潭市委、市政府、市人大、市政协、军分区有关负责同志出席会议。

2006年，全省推广“流动人口和出租房屋管理服务中心（站）”组建工作，实行“一站式”、“旅馆式”管理模式，将治安、计划生育、税收、劳动保障等部门的相关职能有机结合起来，有效破解了流动人口和出租屋管理的难题。图为长沙市雨花区红花坡社区流动人口管理服务站工作人员在查阅有关资料。

近年来，全省不断强化治安防控体系建设，各地在强化人防、物防的基础上，重点加大技术防范力度，治安防控能力得到有效提升，推进了基层平安建设。图为长沙市雨花区砂子塘派出所电子监控室。

近年来，全省各级综治部门狠抓企业综治工作和平安建设，有效促进了各单位切实落实综治措施的力度。株洲电力机车厂近几年投入500多万元用于社会治安综合治理基础设施和技术防范设施建设，推行巡更电子系统，安装红外线监控报警系统等。图为2006年12月，省委政法委、省综治办和株洲市委政法委、市综治办负责同志陪同中央综治委检查组李宝柱等同志检查该厂的社会治安综合治理工作。

广东省

2006年7月3日，广东省召开全省社会治安综合治理工作会议，部署深入推进平安广东建设。省委副书记、省纪委书记、省综治委主任王华元在会上讲话。

2006年1月20日，省委常委、省委政法委书记梁国聚主持召开全省各地级以上市政法委书记会议，研究部署落实全省市委书记座谈会精神，大力加强维护社会稳定工作。

2006年4月7日，广东省社会治安综合治理工作委员会召开全体成员会议。

2006年，广东省推行乡镇（街道）综治工作中心试点工作。广州市在163个街道、镇全部建立了综治工作中心，并在居（村）委和企事业单位设立综治工作站。图为越秀区梅花村街对居委会和企事业单位综治工作站授牌。

东莞市城区建立的综治工作中心每天有大批流动人口前往咨询办事。

广州市越秀区矿泉街在综治工作中心建立的出租屋管理服务中心为流动人口提供“一站式”服务。

广州在全市建成1758间社区警务室，配备了2361名社区民警。图为社区警务室民警开展便民服务。

2006年9月20日，粤港两地禁毒工作经验交流座谈会在广州举行。

广东省珠海市

珠海市是全国首批综治工作先进单位。近年来该市精心打造“治安品牌”，维护稳定、严打整治、基层创安活动亮点纷呈，全市社会治安综合治理工作又上一个新台阶。

市委副书记、市长、市综治委主任钟世坚，市委常委、政法委书记、市综治委副主任、市公安局长杨金华深入一线检查指导综治工作。

市委副书记、市长、市综治委主任钟世坚，市委常委、政法委书记、市综治委副主任、市公安局长杨金华部署综治工作。

成立街镇社会治安综合治理工作中心，夯实基层基础工作。

打造了一支由财政供养的专职治安巡防队伍。

整合资源，改造老城区，逐一使之成为安全小区。全市目前安全小区覆盖率高达91.2%。

设立戒毒康复中心，有效解决患传染病吸毒者收戒难题。

独创口岸周边地区综合管理新模式，引进物业管理公司参与口岸周边地区管理，更加有效地维护口岸良好形象。

广东省中山市

中山市是孙中山先生的故乡，曾获“全国文明城市”、全国社会治安综合治理优秀城市“长安杯”、联合国“人居奖”等殊荣。“既适宜创业又适宜居住”是建市目标，以平安促和谐，全市各镇区建立综治工作中心，推进警务、法律调解、消防与安全生产、流动人口和出租屋管理、技防与社会视频监控进社区的“五进社区”工程，有效遏制了各类违法犯罪活动，成为珠江三角洲治安最稳定的城市。

市委书记、市人大常委会主任、市综治委主任陈根楷深入基层检查消防安全工作。

市委副书记、市长李启红深入厂企检查安全生产工作。

市委常委、市综治委副主任、政法委书记、公安局长黄树安率领市各级领导检查平安镇区试点创建工作。

动员全社会力量，进一步加快平安中山建设，在镇区推行建立综治工作中心，村（社区）建立综治工作站，创建“大综治”格局，全力维护稳定，全面促进中山和谐社会建设。

坚持全市综治干部全员培训，切实提高基层综治干部素质，夯实综治基层基础。

中山市保安服务总公司大胆开拓，创新思路，公司事业蓬勃发展，拥有保安22500多人，押运队伍人数达400人，专用防弹押运车50多辆，服务网点500个，遍及全市各大金融系统。

广西壮族自治区

自治区党委常委、政法委书记彭祖意深入基层慰问农村干部。

自治区党委政法委副书记、综治办主任黄克，自治区综治办副主任刘发敏在北海市检查指导平安建设工作。

自治区政法委机关组织开展法治宣传教育活动。

自治区党委常委、政法委书记彭祖意下基层慰问政法干警。

2006年3月，自治区综治办在北海市召开平安建设宣传工作现场会。

中央电视台在广西区举办“平安家园·广西篇”宣传活动。

海南省

2006年11月，海南省综治委向中央综治委检查组汇报全省开展综治工作情况。

2006年5月30日，全省社会治安综合治理工作会议在三亚市召开。

省委政法委副书记、秘书长，省综治办主任毕志强陪同中央综治委检查组组长胡增印在定安县检查基层综治工作情况。

五指山市积极开展禁毒宣传周活动。

重庆市

2006年9月24日，重庆市召开社会公共安全视频图像信息系统建设推进会。

市综治办听取开县2006年度平安建设暨社会治安综合治理工作汇报。

见义勇为人员迎春座谈会。

四川省

2006年6月23日，省委常委、政法委书记、省综治委主任欧泽高在全省平安创建现场会上讲话。

省委政法委副书记、省综治办主任王萍在全省综治干部培训会上作《狠抓落实、注重实效，推进平安创建活动深入发展》的专题报告。

2006年6月20日，省综治委召开综治干部培训会。

省综治委召开2006年第三次全委会。

全省平安创建现场会期间参会代表在成都市金牛区参观学习。

全省平安创建现场会期间参会代表实地参观。

成都市对确定的一批救助见义勇为者特约医院签约授牌。

基层专职治保会巡逻队。

贵州省

省委常委、政法委书记、公安厅长崔亚东在遵义市调研新农村建设。

省委政法委副书记、综治办主任栗先惠在遵义市检查农村平安建设工作开展情况。

金沙县加大技防工作力度，50%的乡镇安装了视频监控设施。

纳雍县强化基础工作，为重点企业保驾护航。

毕节市“电子眼”让犯罪分子无处藏身。

云南省

创建平安边境。

创建平安货场。

创建平安景区。

深入开展禁毒人民战争。

开展治爆缉枪工作。

中央综治委副主任、中央政法委副秘书长、中央综治办主任陈冀平同志听取全区综治工作情况汇报。

自治区主席向巴平措亲临铁路沿线检查指导护路联防工作。

召开专门工作领导小组专题会，安排部署各项工作。

西藏自治区

自治区党委书记张庆黎、自治区主席向巴平措在全区经济工作会议上与七地市党政一把手签订综治目标管理责任书。

自治区党委常委、政法委书记、区综治委主任王宾宜检查指导综治宣传工作。

2006年9月9日至10日，召开全区平安建设经验交流会，总结推广平安建设工作典型经验。

自治区党委副书记、自治区常务副主席、区综治委副主任杨松主持召开青藏铁路护路联防工作省部际协调会议。

陕西省

中央综治办陈冀平主任与省委副书记、省长袁纯清，省委常委、政法委书记、省综治委副主任宋洪武同志座谈。

全省社会治安综合治理会议在西安市曲江宾馆召开。

西安市公安局碑林分局启动了社区巡逻车。

受中央表彰的见义勇为先进个人与先进工作者交流。

中央综治委在陕西省调研“打黑除恶”工作。

省综治办副主任王永明在基层检查指导工作。

城固治安巡逻队。

2006年9月30日，三秦禁毒巡回宣传队在西安启动。

甘肃省

2006年11月17日，省委副书记、省长徐守盛在甘肃省第三次见义勇为英雄和先进分子表彰大会上接见与会代表。

2006年6月，甘肃省启动“千名大学生爱心传递暨禁毒帮教活动”，省委副书记、省综治委主任陈学亨，副省长、省综治委副主任罗笑虎等领导为大学生志愿者授旗。

2006年3月，省委常委、政法委书记、省综治委副主任洛桑灵智多杰视察指导“综治宣传月”活动开展情况。

2006年2月，副省长、省综治委副主任罗笑虎代表省委、省政府同各市州及省综治委成员单位签订社会治安综合治理责任书。

2006年11月20日，在庆阳市召开全省社会治安综合治理工作会议，交流经验，现场观摩，不断深化防控体系建设。

在甘肃省政法工作会议上，省综治委对平安建设工作成效明显，并达到省上制定的平安县（市、区）创建工作标准的9个县（区）命名表彰。

2006年12月7日，全省刑释解教人员安置帮教经验交流大会召开，表彰一批先进集体和先进工作者。

2006年3月29日，在全省平安铁道线创建活动中，兰州铁路民警在中小学校开展护路普法教育。

甘肃省护路办

副省长、省综治委副主任罗笑虎检查铁路护路联防工作。

全省护路办主任工作会议部署压减路外伤亡事故，创建平安示范路段等重点工作。

护路队员在公安民警带领下，认真进行铁路沿线治安巡逻。

组织开展爱路护路宣传教育系列活动。

护路队员在公安民警带领下清站查车。

公安民警、护路队员走村入户开展社情调查。

青海省

中央综治委副主任、中央政法委秘书长王胜俊慰问青藏铁路守卫武警官兵。

青海西藏两省区召开共建平安边界工作座谈会。

2006年12月，省政法委、综治委举办培训班，对全省州、县政法委书记、综治办主任进行培训。

省政法综治部门召开社会治安形势分析会。

西宁市公安局实行“三台合一”。

宁夏回族自治区

司法部部长吴爱英在自治区党委书记陈建国，自治区党委副书记、政府常务副主席王正伟陪同下视察宁夏区司法工作。

自治区党委政法委书记苏德良与政法各部门签订综治目标责任书。

自治区综治委召开五部委联席会议。

自治区综治委召开社会治安综合治理工作考评情况通报会。

2006年6月，全区社会治安综合治理工作会议在银川市召开。

新疆维吾尔自治区

2006年4月15日，乌鲁木齐市召开第16个社会治安综合治理宣传月暨创建平安首府宣传动员大会。自治区党委政法委副秘书长、综治办主任刘新胜，乌鲁木齐市委副书记、纪委书记殷宇霖，自治区综治办副主任戴和平参加宣传活动。

2006年12月，中央综治委检查组来自治区检查督导综治工作。图为检查组组长刘海发在克拉玛依市基层社区与社区维吾尔族联防队员亲切交谈。

博尔塔拉蒙古自治州党委常委、政法委书记诺明达拉主持召开会议，听取政法各部门开展社会主义法治理念教育情况汇报。

2006年6月，阿勒泰地区在农牧区组建了以摩托车队和马队为主的农牧区“110”联防巡逻队。通过流动巡逻、季节巡防、区域联防等方式，确保农牧区各类案件特别是牲畜盗窃案件的大幅度下降。图为哈巴河县农牧区“110”摩托车联防队在进行集中训练。

巴音郭楞蒙古自治州综治办、平安办积极整合各种宣传资源，以十大模式推进平安建设宣传工作。图为州、市两级综治办、平安办共同在库尔勒市孔雀河畔举办平安巴音郭楞文艺晚会。

新疆生产建设兵团

兵团党委常委、副政委、综治委主任王继亮，兵团党委、兵团副秘书长、政法委副书记孙振同在基层连队检查指导平安建设工作。

兵团党委常委、副政委、综治委主任王继亮，兵团党委政法委常务副书记李进广在政法部门调研。

兵团党委常委、副政委、综治委主任王继亮与基层三老看家护院队在一起。

2006年4月10召开兵团综治办主任座谈会。

2006年11月举办兵团综治干部培训班。

中国长安出版社

中国长安出版社是由中共中央政法委员会主管、中央社会治安综合治理委员会办公室主办的国家级出版社，2001年5月经国家新闻出版总署批准在北京成立。

建社以来，我们始终把不断满足广大读者阅读需求作为主要出版目标，共出版了政法类、文史类、励志类、青少年教育类等图书七百余种，品种丰富。经过六年多的发展，初步形成以政法综治及法律实务类图书为基础，以历史文化和心理自助类图书为支撑，系统市场和社会市场共同发展的出版特色和格局。

今后，我们将一如既往地立足于政法综治系统，发挥自身优势，并积极参与市场竞争，力争出版更多的有竞争力的精品图书。

罗干、周永康等领导视察中国长安出版社

用心做事　不断超越

十六、地　方　篇

北　京　市

2006年首都社会治安综合治理概况

2006年，在市委、市政府的正确领导下，首都综治系统和各部门认真贯彻党的十六届五中、六中全会和胡锦涛总书记视察北京时的重要讲话精神，以深入开展平安建设为载体，以组织实施"平安奥运"综治行动规划为重点，狠抓社会治安综合治理各项措施落实，使综治工作呈现出欣欣向荣、蒸蒸日上的崭新景象。

——平安建设工作取得新进步。为贯彻落实中央关于深入开展平安建设的意见，首都综治委组织召开全市平安建设工作会议，提出了以营造平安和谐社会环境、安全稳定政治环境、规范有序经济发展环境、祥和安宁城市环境为主要内容的《关于深入开展平安建设的意见》，推广朝阳区平安创建活动系列经验。各区县和各成员单位分别召开各种会议，专题研究贯彻落实方案，在全面开展"六创建一整合"的基础上，分别做出了开展平安区县创建工作的决定，进一步拓展平安建设内容，开展了"平安门楼院"、"平安胡同"、"和谐创安协会"、"平安企业"、"平安铁路线"等创建活动，促进了首都社会安全和持续稳定，基本实现发案减少、防范有效、秩序良好、安全感提高的工作目标。

——社会面控制工程建设开创新局面。启动了"平安奥运"综治行动的新规划。首都综治办按照北京奥运安保工作协调小组关于"奥运会期间社会面控制规划"要求，全面制定实施了《"平安奥运"综治行动规划》，初步形成的社会面治安防控整合运行方案，在"世青赛"和奥运测试赛演练中得到了检验；实现了流动人口和出租房屋管理的新突破。成立了全市流动人口和出租房屋管理委员会及其办公室，公安机关加大了出租房管理，登记办证的流动人口比例大幅上升，截至目前流动人口登记证数已近500万人。与此同时，各区县积极探索了流动人口与出租房屋管理和服务的新模式；推进了对重点人员管理和控制的新举措。积极开展刑释解教人员过渡性安置基地建设，至今全市已建安置基地22个，各区县均实现了零的突破。协调市民政局研究制定了《关于加强未成年人中特殊群体救助保护工作的若干意见》，为加强管理工作奠定了基础；创新了矛盾纠纷排查调处工作的新机制。推广了怀柔区建立的矛盾调处中心和五级矛盾调处网络工作经验。全市专兼职结合的人民调解体系基本形成，调处纠纷的成功率达90%，今年调解矛盾纠纷10万余件，防止矛盾激化3000余件。

——城市环境净化工程建设实现新突破。坚持不间断地开展高发案地区压发案工作。对50个高发案地区，实行党委政府和公安机关双向挂牌督战，保持了经常性的严打高压态势。全市社会治安状况总体平稳，1至10月，全市刑事发案增幅同比回落8.9%，破获各类刑事案件同比上升15.9%。坚持不间断地实施治安重点地区整治。21处治安重点地区整治工作取得阶段性成果,这些地区接警比去年同期下降了37.1%,发案比去年同期下降了40.1%。全市各执法部门坚持不懈地整治"七黑",消除了诸多治安和安全隐患;坚持不间断地解决城市管理中的突出问题。首都综治系统全面参与城市环境建设,在治理黑车、非法小广告等城市顽疾方面实现了历史性的突破。截止10月,全市共查处小广告14342起,收缴小广告1039万余张,移送通信部门实施停机的电话号码10074个,查处各类黑车66818辆;坚持不间断地抓好铁路护路和机动车停车管理工作。成立北京市铁路护路联防工作领导小组及其办公室,全市铁路护路工作正式纳入综治工作范围,通过采取一系列工作措施,截止10月份,全市铁路沿线发生各类路外伤亡、道口事故,比去年同期下降33.6%,死亡人数下降39.5%。为落实2006年第59件市政府为群众办实事的要求,制定出台了《关于在全市街道社区实行机动车停车规范管理的意见》,提前完成了市政府制定的"今年城八区要在50%以上的老旧小区实行机动车停车规范管理"的目标。

——力量整合工程建设得到新加强。有效整合了专职治安巡防队伍。2006年全市用于组建专职治安巡防队伍的资金达2.06亿元,整合专职巡防队人数达30504人,占全市实有人口1530余万人的1.99‰,超额完成首都综治委确定的工作目标;不断壮大治安巡逻志愿者队伍。成立了首都治安巡逻志愿者协会,各区县也相继成立了本地区治安巡逻志愿者分会。全市治安巡逻志愿者总数达到34万余人,比2005年末的20万新增14万余人,流动人口治安巡逻志愿者近3万名;加大了对各级综治干部骨干的培训。全市各级综治办共举办综治干部骨干培训班800余期,培训8万余人次。

——科技创安工程建设达到新要求。为落实《首都科技创安三年规划》,市、区县两级政府按照统一标准组织实施了图像信息采集系统建设。据统计,全市图像信息系统监控摄像头今年新增7118个,已达91555个;建立了56个"城市综合管理中心",占全市街道、乡、镇总数的18%,超额完成规划工作目标。同时,各区县还因地制宜加强了居民社区科技创安建设,逐步形成的科技创安网,有效地保护了居民财产安全,维护了社会稳定。

——综治调研和宣传工作再创新佳绩。首都综治办遵照中央和市委、市政府领导的批示精神,组织有关部门调研并制定了《关于加强在京境外人员管理工作的意见》;首都综治办组成两个专题调研组,形成了《关于在推进社会主义新农村建设中维护农村地区和谐稳定的工作意见》和《奥运安保社会面防控工作运行方案》;组织开展了《环境秩序综合治理中联合执法研究》、《城市环境秩序评价体系研究》,形成了一批高质量的调研报告,大部分正在实际工作中得到转化。为打造综治工作实践探索和理论研究同步发展的新平台,成立了首都社会治安综合治理研究所和研究会,标志着首都社会治安综合治理理论研究工作进入了全面加强和发展的新阶段。全年先后组织开展了首都综治宣传月、宣传周、宣传日活动,"和谐北京、平安奥运"成为2006年宣传工作的主题。

开展重点整治和专项行动情况

2006年,在首都综治委的组织协调下,首都政法、综治部门按照市委、市政府和中央综治委部署要求,深入贯彻关于开展打黑除恶专项斗争的部署要求和罗干、周永康等领导同志重要讲话精神,市委、市政府专门成立了打黑除恶专项斗争领导小组,进一步健全完善我市打黑除恶工作机制,形成了市区两级政法委、综治办统一组织、协调高效的领导机制,固化了市区两级公安机关快速反应、快速出击的打击审查机制，建立了市、分、区三级检法机关以及市区两级司法机关与律师协会上下呼应、左右配合的同步消化处理机制，以及动员群众、依靠群众的宣传发动机制，充分运用“治安案件少，刑事案件少；刑事案件少，重大案件少”的社会治安“沙堆效应”理论，坚持“铲小恶防大恶、打大恶防大黑”的工作原则，采用“打大除恶”这种“掐尖”的手段，进一步提升了对社会治安局势的动态掌控能力，取得了发案升幅下降和群众满意度提升的双赢效果。首都综治办会同市公安局坚持年初、年中排查确定50个高发案地区，实行党委政府和公安机关双向挂牌督战，落实高发案派出所与街乡综治部门共同落实治安防范责任机制和五项工作制度，保持了经常性的严打高压态势。全市社会治安状况总体平稳，2006年全市刑事发案增幅同比回落8.9%，破获各类刑事案件同比上升12.5%。同时，还积极组织各区县综治办、公安分县局排查确定了21处市级挂账的治安重点整治地区，列入各区县2006年度综治工作任务书中挂账督办，各区县和有关职能部门形成合力，经常进行清理整治。21处治安重点地区整治工作取得阶段性成果，这些地区接警比去年同期下降了44.7%，发案比去年同期下降了63.5%。全市各执法部门坚持不懈地对黑“歌舞厅、洗浴中心、美容美发室、废旧金属收购站”等七类治安复杂行业场所进行重点整治，取缔非法“七黑”店铺6636家，消除了很多治安和安全隐患。

在解决城市管理中的突出问题方面，首都综治系统全面参与城市环境建设，在治理黑车、非法小广告等城市顽疾方面实现了历史性的突破。2006年全市共查处小广告14342起，查抄小广告窝点804个，收缴小广告1114万余张，移送通信部门实施停机的电话号码16421个，治安拘留248人；共查处各类黑车9.9万辆，依法行政拘留3651人，罚款等其他处理44380余人。目前，黑车相对聚集地区数量明显减少，“摩的”非法运营空间受到严重挤压，非法张贴、散发、喷涂小广告行为得到有效遏制。

开展平安建设
加强社会治安防控体系建设情况

为全面贯彻落实中共中央关于深入开展平安建设《意见》，认真落实北京市委书记刘淇同志关于做好平安建设工作的重要批示，首都综治委在全面总结近年来全市开展基层平安创建的基础上，积极总结和推广朝阳区平安创建活动经验，总结提炼出首都平安建设六种模式，起草并提请市委市政府两办转发了市委政法委、首都综治委《关于深入开展平安建设的意见》，及时组织召开全市平安建设大会，进行全面动员部署，进一步掀起平安建设的新高潮，平安建设在深度、广度和高度上得到了进一步的延伸和扩展，成为各级党委政府的一项重点工作。各区县和各成员单位分别召开各种会议，专题研究贯彻落实方案，进行再动员再部署。北京卫戍区、共青团市委、市政管委、市委农工委和市公安局、消防局、人防办等10余个部门与首都综治委会签下发了本系统开展平安建设的《意见》。各成员单位也积极参与平安建设，市司法局专门在朝阳区召开了本系统平安建设现场会，市交管局组织了“平安畅通区县”创建活动，市妇联在全市开展了创建“流动妇女平安之家”活动等。许多部门还把平安建设延伸到帮扶联系点上，提供资金支持，帮助基层推进平安建设。各区县真抓实干，在全面开展“六创建一整合”的基础上，分别做出了开展平安区县创建工作的决定，同时结合本地区实际，进一步拓展平安建设内容，开展了“平安门楼院”、“平安胡同”、“和谐创安协会”、“平安企业”、“平安铁路线”等创建活动。

各区县和各部门在平安建设工作中争先创优,促进了首都社会安全和持续稳定。2006年全市刑事犯罪增长势头回落至近三年的最低水平,违法犯罪警情六年来首次下降,群众安全感呈上升趋势,认为社会安全和比较安全的为55.3%,比去年提高了1.3%。基本实现发案减少、防范有效、秩序良好、安全感提高的工作目标。

为进一步加强社会治安防控体系建设,全面落实《首都科技创安三年规划》,不断推动科技防范工作向纵深发展,市、区县两级政府按照统一标准组织实施了图像信息采集系统建设。据统计,全市图像信息系统监控摄像头今年新增7118个,已达91555个;建立了56个"城市综合管理中心",占全市街道、乡、镇总数的18%,超额完成规划工作目标。为建设全市技防设施分级联网、资源共享的综合科技防范网络创造了基础条件。同时,各区县还因地制宜加强了居民社区科技创安建设,崇文区投入850万元,从安装视频监控、楼宇对讲和防撬锁、平安院修装院门等入手,加强社区物技防建设;西城区和街道两级财政投资及多方筹资216.8万元,在居民社区47栋楼180个楼门安装了楼宇对讲等技防设施;朝阳区启动了为期三年的高发案老旧小区100栋居民楼的门禁系统建设工程;石景山区按照科技创安三年规划要求,今年投入1148万元用于居民社区技防建设;宣武区财政拨专项资金500万元,用于物技防建设,全区实现坚固完好平房院门达62%;昌平区投资185万元,对500台农用变压器安装了监控探头。逐步形成的科技创安网,有效地保护了居民财产安全,维护了社会稳定。

加强综治基层基础建设
开展矛盾纠纷排查调处工作情况

一是有效整合了专职治安巡防队伍。首都综治办与市公安局联合召开现场会,对整合专职治安巡防队伍进行了再动员再部署。各区县按照"五统一"的要求,进一步加大了对专职治安防范队伍的整合和管理力度。2006年,全市用于组建专职治安巡防队伍的资金达2.06亿元,整合专职巡防队人数达3.1万人,占全市实有人口1530余万人的1.99‰,超额完成首都综治委确定的工作目标。

二是不断壮大治安巡逻志愿者队伍。成立了首都治安巡逻志愿者协会,各区县也按要求相继成立了本地区治安巡逻志愿者分会。通过建立全市性协会组织,积极动员更多的社会各界人士参与社会治安防控工作。全市治安巡逻志愿者总数达到34万余人,比2005年末的20万新增14万余人,流动人口治安巡逻志愿者近3万名。广大治安巡逻志愿者在重大节日安全保卫、党的十六届六中全会、北京合作论坛北京峰会期间,发挥了重要的基础性作用,全市群防群治工作进入到一个新的阶段。

三是加大了对各级综治干部骨干的培训。根据《综治干部教育培训办法》,首都综治办对全市部分街道、乡镇综治办主任和首都综治委成员单位的联络员进行了集中培训。全市各级综治办共举办综治干部骨干培训班800余期,培训8万余人次。

四是创新了矛盾纠纷排查调处工作的新机制。推广了怀柔区建立了矛盾调处中心和五级矛盾调处网络工作经验。全市专兼职结合的人民调解体系基本形成,在城八区户籍派出所建立了134个人民调解与治安行政调解联合接待室,调处纠纷的成功率达90%;在广大农村地区依托人民调解委员会建立了500个法律服务室,解决了农村法律服务资源短缺的问题;今年调解矛盾纠纷10万余件,防止矛盾激化3000余件。

此外,首都综治办遵照中央和市委、市政府领导的批示精神,组织有关部门调研并制定了《关于加强在京境外人员管理工作的意见》;首都综治办组成两个专题调研组，分别就新农村治安稳定和奥运社会面防控工作进行了调研，形成了《关于在推进社会主义新农村建设中维护农村地区和谐稳定的工作意见》和《奥运安保社会面控制工作运行方案》；组织开展了《环境秩序综合治理中联合执法研究》、《城乡结合部管理研究》、《城市环境秩序评价体系研究》、《昌平区天通苑治安管理工作情况调研》，形成了一批高质量的调研报告，大部分正在实际工作中得到转化。为打造综治工作实践探索和理论研究同步发展的新平台，首都综治办会同北京市社科院，成立了首都社会治安综合治理研究所和研究会，创办了《首都综治研究》刊物，制定了课题规划并开展重点研究，首都社会治安综合治理理论研究工作进入了全面加强和发展的新阶段。

落实责任制开展综治评先表彰情况

进一步落实社会治安综合治理工作责任制，不断扩大社会治安综合治工作责任制的覆盖面，在2006年初，首都综治委扩大了下达任务书的成员单位范围，从2005年的30个增加到2006年的32个，进一步明确了相关部门的工作职责，完善了各部门齐抓共管的工作格局。继续坚持开展综治成员单位述职评议工作，制定出台了《关于实行区县综治委报告工作制度的规定》。按照首都综治委成员单位开展述职评议工作的相关规定，在2006年度第二次和第三次综治委全会上，市委教育工委及市教委、市人防办、市工商局、市总工会等成员单位结合自身职能对近三年来参与首都社会治安综合治理工作进行认真回顾和总结，进一步调动成员单位参与综治工作的主动性和自觉性。认真落实重大刑事案件责任倒查工作制度，按照首都综治委领导要求，首都综治办会同有关部门，分别对大兴区公安民警吴宝山执行公务牺牲案、清华大学副教授熊沈蜀被杀案、房山区红星炸药库雷管被盗案进行了责任倒查，督促有关地区和部门研究制定并落实了整改措施，追究责任单位和人员的责任，对相关涉案单位负责人和当事人做出了严肃处理。同时，坚持在重大活动和节假日期间对各区县开展社会治安综合治理工作情况的监督检查工作，根据职责任务对各成员单位参与综治工作情况进行督察督办，对群众反映强烈的热点问题、领导批示的重点工作等进行督察督办，收到了较好效果，进一步加强了综治工作的规范化建设。2006年，首都综治系统共督查督办事项62件，开展责任倒查和一票否决32件。通过落实综治工作责任查究机制，强化了各级领导的责任意识。

首都综治办会同市公安局、市民政局、市国资委、市教委、市工商局、团市委、市妇联、市旅游局、市园林局等部门，对获得2006年度“平安街道（乡镇）”、“平安社区（村）”、“平安单位”、“平安校园”、“平安商市场”、“平安旅游景区”、“平安家庭”称号的260个平安示范单位隆重进行命名授牌。2006年10月13日，首都综治办与北京市公安局联合下发《关于授予东城区交道口地区巡防队等10支巡防队“北京市优秀治安巡防队标兵”和西城区二龙路地区巡防队等11支巡防队“北京市优秀治安巡防队”荣誉称号的决定》，10月17日，首都综治办、北京市公安局隆重召开表彰大会，对东城区交道口地区巡防队等10支优秀治安巡防队标兵和西城区二龙路地区巡防队等11支优秀治安巡防队进行了表彰。市委副书记、政法委书记、首都综治委主任强卫，市委常委、首都综治委副主任、市公安局局长马振川等领导同志为获奖巡防队颁奖。2006年11月14日，首都综治办、北京市公安局联合召开大会，对在中非合作论坛北京峰会社会面安全保卫工作中成绩突出的东城区东华门等40个街道办事处和苏德贵等200名治安巡逻志愿者进行了表彰，并授予了东城分局东华门派出所东厂社区民警张晋等10名社区民警“中非合作论坛北京峰会社会面安全保卫工作标兵”的荣誉称号。市委常委、首都综治委副主任、市公安局局长马振川同志,公安部三局局长武冬立同志,市政府副秘书长李伟同志,市委政法委秘书长、首都综治办副主任李万钧同志等领导同志出席会议。2006 年 7 月,首都综治办、市公安局、市司法局、市民政局、市信访办、市委防范和处理邪教问题办、市维稳办、团市委等部门联合开展"首都十佳基层综治办主任"和"首都优秀基层综治办主任"评选活动,经认真评选,2006 年 11 月,首都综治委下发《关于授予贾京生等十名同志"首都十佳基层综治办主任"、贾慧莲等八名同志"首都优秀基层综治办主任"荣誉称号的决定》并召开大会进行了表彰。

中共北京市委办公厅 北京市人民政府办公厅 转发《市委政法委、首都综治委关于深入开展平安建设的意见》的通知

(2006 年 3 月 28 日)

各区县、委,各区、县政府,市委、市政府各部委办局,各总公司,各人民团体,各高等院校:

《市委政法委、首都综治委关于深入开展平安建设的意见》已经市委、市政府领导同志同意,现转发给你们,请结合实际认真贯彻执行。

中共北京市委政法委员会 首都社会治安综合治理委员会 关于深入开展平安建设的意见

为全面贯彻党的十六大和十六届三中、四中、五中全会精神,认真落实中共中央办公厅、国务院办公厅转发《中央政法委员会、中央社会治安综合治理委员会关于深入开展平安建设的意见》,努力实现"新北京、新奥运"战略构想和构建社会主义和谐社会首善之区,经市委、市政府研究同意,就深入开展首都平安建设提出如下意见:

一、充分认识深入开展平安建设的重要意义,进一步明确平安建设的指导思想和目标任务

深入开展平安建设,是以科学发展观统领首都工作的重要举措,是实现"新北京、新奥运"战略构想的迫切要求和重要保障,也是首都社会治安综合治理工作与时俱进、成功转型的必然要求和有利契机。平安稳定是关系人民群众切身利益的大事,是加快首都经济社会发展的重要前提,是构建和谐社会首善之区的重要内容。平安建设丰富发展了多年来基层安全创建的实践经验,涵盖了维护稳定、社会治安、城市建设和管理等各方面内容,是政法综治系统在构建和谐社会首善之区中充分发挥作用的重要载体,对于首都政法综治

工作拓宽领域、提高层次、创新机制具有重要的推动作用。“十一五”期间,北京将完成举办2008年奥运会这一历史重任,努力实现“平安奥运”,全面改善北京环境面貌,提升北京城市形象,是举办一届“有特色、高水平”奥运会的重要指标,也是首都平安建设的阶段性目标。社会治安综合治理工作必须适应新形势新任务的需要,在开展平安建设工作中要充分发挥综合协调和齐抓共管的工作优势,坚持重在建设、重在管理、重在基层、重在创新的工作原则,努力实现首都社会治安综合治理工作的成功转型和跨越式发展。全市各级党委政府要充分认识深入开展平安建设的重要意义,增强责任感和紧迫感,必须从科学发展观的高度来认识平安建设,用更高的标准和要求推进平安建设,真正把平安建设打造成优化首都经济社会发展环境、构建社会主义和谐社会首善之区的保障工程,维护广大人民群众根本利益、为人民群众所期盼的民心工程和提高党的执政能力、巩固党的执政地位的基础工程。

平安建设的指导思想是:以邓小平理论和“三个代表”重要思想为指导,以科学发展观为统领,以促进社会和谐为主题,以“平安奥运”为阶段性目标,坚持社会治安综合治理方针,在各级党委政府统一领导下,组织动员社会各方面力量,以建立健全长效工作机制为核心,以加强基层基础工作为重点,以落实社会治安综合治理各项措施为主线,提高社会治安防控能力,加强城市管理建设工作,确保首都社会稳定和人民群众安居乐业,为实现“新北京、新奥运”战略构想奠定良好基础。

平安建设的工作目标是:为首都经济发展、社会和谐、人民安康,为2008年奥运会创造平安和谐的社会环境、安全稳定的政治环境、规范有序的经济发展环境和祥和净化的城市环境,努力实现六个“明显提高”和三个“确保”。即:防止发生严重危害国家安全和政治稳定事件的能力明显提高;防止发生严重危害社会稳定重大群体性事件的能力明显提高;防止发生严重危害群众安全感的重大治安问题和重特大安全生产事故的能力明显提高;为首都经济社会发展提供司法保障的能力明显提高;维护城市良好运行秩序的能力明显提高;人民群众对社会治安和政法队伍的满意度明显提高。确保首都社会治安持续稳定,刑事发案特别是严重暴力犯罪和多发性侵财案件上升的势头得到有效遏制;确保“平安奥运”目标的实现,社会治安防控网络健全,社会面安全得到保障,奥运会各项安全保卫措施得到有效落实;确保三年内全市符合标准的“平安区县”、“平安街道(乡镇)”、“平安单位”、“平安市场”达到60%以上;“平安商场”达到70%以上;“平安家庭”、“平安社区(村)”、“平安校园”、“平安旅游景区”达到80%以上。

二、深入开展平安建设的主要措施

(一)努力营造平安和谐的社会环境

1. 采取多种手段化解矛盾纠纷,建立人民调解、治安调解、司法调解有效结合新的调解体系。各级党委政府要着力解决关系群众切身利益的问题,完善就业服务体系、社会保障体系和社会救助体系,出台政策和行政管理措施之前要充分听取群众意见,进行影响稳定的风险评估,坚决防止和纠正各种损害人民群众利益的行为,从源头上预防和减少矛盾纠纷的发生。建立多元化矛盾调解机制,全面推广人民调解、治安行政调解和司法调解相衔接的机制,积极创新工作方式,努力构建大排查大调处的工作格局。充分发挥司法调解对化解矛盾的积极作用,总结推广人民法院庭前调解、协助调解、委托调解等多种司法调解方式,做到当调则调、调判结合,最大限度地化解和减少社会矛盾。充分发挥人民调解平等协商、互谅互让、不伤感情和成本低、效率高的工作特色,引导干部群众把调解作为化解矛盾纠纷的主要选择。充分发挥治安调解的作用,有效化解各种治安案件,努力预防和减少“民转刑”案件的发生。

2. 坚持精确指导、精确打击,完善“严打”整治工作体系。建立完善治安形势评估预警和政法部门相互配合等工作机制,提高打击的针对性和实效性。要把严重暴力犯罪、黑恶势力犯罪、“两抢一盗”等多发性侵财犯罪和毒品犯罪作为打击的重点,把“严打”方针贯彻落实到侦查破案、批捕起诉、定罪量刑、监管改造等各个环节中去,确保刑事发案得到有效遏制。坚持排查整治治安重点地区和突出治安问题,建立基础档案实行挂账督办。坚决查禁和打击黄赌毒等社会丑恶现象,依法治理群众反映强烈的突出治安问题。狠抓社区压发案工作，坚持每年对全市高发案地区进行排查，实行党委政府和公安机关双向挂牌督战，坚决遏制可防性案件的高发势头。

3. 落实平安奥运各项安保措施，完善社会治安防控体系。形成党委政府统一领导、综治部门组织协调、以公安机关为骨干、以群防群治力量为依托，有效预防和打击违法犯罪的社会治安防控体系，实现对北京城区行政区划的全天候整体控制。一是全面实施"平安奥运"综治行动规划。建立和完善社会面防控整体化协调机制、基础化建设机制、网格化巡防机制、联合化整治机制、网络化责任机制和标准化督查机制，进一步提高全社会的治安防范能力。二是公安机关要运用综合信息系统、图像监控系统、通信网络系统等数字化管理手段，建立接警、调警、处警快速反应机制。加强巡逻防控网、社区防控网、治安防控网和内保防控网"四张网"建设，全面提高打防控整体合力。三是进一步整合基层群防群治力量。要根据实施网格化巡防的实际需要，组建专职治安巡防队、治安巡逻志愿者队伍以及流动人口和出租房屋管理员队伍，充分发挥他们在社会面治安防控中的基础作用。2007 年全市专职治安巡防队伍要达到 4 万人，治安巡逻志愿者队伍要发展到 20 万人以上，各种协警力量不低于实有人口的 3%。建立多渠道、多行业的治安信息员队伍，最大限度地把人民群众组织起来。四是加强基层治安防范配套设施建设。要加强全市居民小区封闭建设和管理，2007 年底以前各区县都要对辖区内能封闭尚未封闭的居民小区完成封闭管理建设，切实解决入室盗窃案件高发影响群众安全感问题。要加强居民区机动车规范停放设施建设，有效减少机动车被盗及其他可防性案件的发生。

4. 全面提升技术防范水平，完善首都科技创安工作体系。着眼于 2008 年奥运会，全面实施首都科技创安三年规划。实施城市图像信息管理系统建设整合工程，统一整合、全面规划全市监控摄像头布点建设，建成覆盖全市重点地区和重点部位、奥运场馆、主要交通道路和城市重要基础设施的图像信息管理系统。加强街道（镇）、社区技防设施建设和资源整合，全市要建成 80 个集治安防控、城市管理、公共服务为一体的街道（镇）"城市综合管理中心"和 1000 个科技创安达标社区。努力实现图像信息监控设施建设法制化和规范化，制定图像信息管理规定，完善科技创安建设和管理工作机制。通过科技创安三年规划的全面落实，使首都科技创安工作形成品牌和体系，构建具有国内一流水平的现代化、立体化、实用化的科技防范网络新格局，在"平安奥运"建设中发挥重要的保障作用。

5. 严格落实责任制，完善社会管理体系。一是整合社会管理资源。健全党委领导、政府负责、社会协同、公众参与的社会管理格局。二是按照"属地管理"、"谁审批谁负责"、"谁主管谁负责"、"谁经营谁负责"的原则，切实加强对"社会人"的管理，把各种"社会人"纳入各种组织之中，没有单位的要按照属地管理原则纳入社区组织管理。加强对散居社会境外人员的管理，落实"发现、登录、核销"三个环节工作。对于重点场所、出租房屋、特种行业经营实行业主负责制。三是认真贯彻市委、市政府《关于加强流动人口管理与服务的若干意见》，建立四级流动人口和出租房屋管理架构，完善流动人口和出租房屋综合管理体制。坚持以业控人、以房管人和以证管人的思路，从对居住场所的法制化管理和信息系统建设入手，结合城市环境整治和产业结构优化升级，全面治理低水平产业项目、低水平出租房屋和低水平基础管理，用经济杠杆优化流动人口结构，科学引导和控制流动人口规模。四是发挥社团、行业组织和社会中介组织提供服务、反映诉求、规范行为的作用，形成社会管理和社会服务的合力。综治部门要牵头组建综合治理各种行业协会，充分利用各种社会资源加强社会治安管理。五是加强闲散青少年、流浪儿童、吸毒人员和刑释解教人员的教育和管理，按照社会化管理方式逐步组建专业化、职业化的社工队伍，最大限度地减少违法犯罪人员。

（二）努力营造安全稳定的政治环境（略）

（三）努力营造规范有序的经济发展环境

1. 依法严厉打击严重经济犯罪。重点打击严重危害国家经济安全、影响首都社会稳定、破坏市场经济秩序的严重经济犯罪，着力抓好涉案金额大、涉及面广、危害严重案件的查处。加强对经济犯罪多发领域安全防范工作的对策研究，提高发现、预防、打击经济犯罪的综合能力。整顿和规范市场经济秩序，依法惩治走私贩私、制假售假、商业欺诈、非法传销以及虚开增值税发票等违法犯罪行为。适时开展专项整治，进一步加强产品生产和流通过程的监督管理，严厉打击危害人民群众身体健康和生命安全的非法生产经营活动，切实维护市场经济秩序和消费者的权益。

2. 重视和加强安全生产工作。加强对重点行业、重大危险源、公共聚集场所的安全监控和管理，做到安全隐患早发现、早报告、早控制、早解决。以地下管网、电网、道路桥梁为重点，认真排查和消除安全隐患，实施跟踪检查、限期排除和挂账督办，及时消除事故隐患，有效防止重特大安全事故发生。要落实法人主体责任，提高干部职工的安全意识和责任意识，确保安全责任真正到岗、到人。加强道路交通安全管理和消防管理，建立完善公共消防安全管理责任体系，加强公共消防基础设施建设，预防和减少重特大交通事故和火灾事故的发生。全面开展铁路护路联防工作，建立铁路护路联防组织体系和工作机制，整合铁路护路联防队伍，确保铁路运输的安全畅通。

3. 提高政法部门主动服务首都改革发展大局的能力。要把维护国家利益、维护市场经济秩序、维护人民群众切身利益作为立足点、出发点和归宿。更好地发挥调节经济关系的职能，促进各类市场主体公平竞争、共同发展。依法平等保护非公有制经济发展，维护各类市场主体的合法权益。依法调节企业的劳动关系，维护广大职工的合法权益和企业生产经营秩序。加大对知识产权的保护力度，着力营造有利于自主创新的法制环境。切实维护广大农民的利益，促进和保障社会主义新农村建设。加强司法救助工作，依法维护进城务工人员、低保失业人员等社会弱势群体的合法权益。进一步拓展法律服务领域，努力为首都经济社会发展提供优质高效的法律服务。

（四）努力营造祥和净化的城市环境

1. 加强城市环境秩序整治，营造优美的城市环境。坚持依法、科学、从严、有序管理城市，全面提升首都城市管理能力。按照市“2008”环境建设指挥部的总体部署，针对群众反映强烈的非法小广告、黑车揽客、强乞强讨、无照经营等城市管理顽症问题，组织开展专项整治行动。完善公安、工商、城管、文化、卫生等部门联合执法机制，组建专业联合执法队伍，划分联合执法区域，实行捆绑执法、网格管理，减少和消除城市管理的盲点。加大城市环境整治力度，依法清理拆除违法建设，重点整治城乡结合部、“城中村”、重要旅游景区和奥运场馆周边地区。持续开展学校及周边治安综合治理工作，以清理整治学校周边网吧、违法违规经营、乱设摊点和交通堵点为重点，维护治安和交通秩序，为青少年健康成长提供良好的环境。坚持对治安复杂行业的整治力度，落实管理责任，堵塞防范漏洞，净化首都城市环境。

2. 加强法制宣传教育，营造良好的法治环境。全面实施“五五”普法规划，深入开展形式多样的法治宣传教育活动，努力提高全体市民的法律素质，特别是增强各级领导干部和公职人员的法制观念和依法办事能力。加强青少年法制宣传教育，以实施“为了明天——预防青少年违法犯罪工程”为契机，建立并完善预防青少年违法犯罪长效工作机制，深入开展优秀“青少年维权岗”创建等活动。广泛开展法制宣传进学校、进社区、进农村、进企业等活动，不断增强广大群众的法制观念和治安防范意识，大力弘扬见义勇为精神，形成维护社会治安人人有责的社会氛围。

3. 倡导社会主义道德风尚，营造文明的道德环境。认真贯彻《公民道德建设实施纲要》，加强社会公德、职业道德和家庭美德教育，弘扬中华民族传统美德，促进家庭和睦、邻里友善和社会和谐。新闻媒体要围绕构建和谐社会首善之区，做好理顺情绪、化解矛盾、平衡心理、凝聚人心的宣传工作，引导群众理性地面对社会矛盾和问题，以合法形式表达利益诉求，妥善处理各种利益关系和矛盾。按照健全社会信用体系的要求，开展重信誉、守信用、讲信义的诚信宣传教育活动，推动以道德为支撑、产权为基础、法律为保障的社会诚信体系建设，为维护社会主义市场经济秩序营造浓厚的舆论氛围。

4. 普及“人文奥运”理念，营造一流的人文奥运环境。以提升市民文明素质和城市文明程度为核心，积极推进人文奥运工程，把普及奥林匹克精神、弘扬民族精神与加强公民道德建设结合起来，不断增强首都意识、首善意识和创新意识。在全市广泛开展“迎奥运、讲文明、树新风”活动，大力宣传文明风尚、社会公德、行业规范和奥林匹克精神,积极倡导崇尚文明、注重礼仪、遵守秩序、共建和谐的社会风尚,培养市民科学健康的生活方式和文明礼貌的行为习惯,促进广大市民文明素质和社会现代文明程度不断提高,为成功举办2008年北京奥运会创造文明和谐的人文环境。

三、切实加强对平安建设工作的领导

(一)强化领导责任。平安建设工作由各级党委政府统一组织实施,各级党政主要领导是平安建设第一责任人,分管领导是直接责任人。各级党政主要领导要切实把平安建设作为"一把手"工程来抓,纳入本地区经济社会发展总体规划,严格履行保一方平安、维护一方稳定的政治责任,定期研究解决本地区平安建设中的突出问题,推动平安建设深入开展。各级社会治安综合治理委员会要在党委政府的领导下,充分发挥组织协调作用,加强调查研究和督促检查,不断总结推广典型经验,狠抓工作措施的落实,有计划、有步骤组织推动平安建设深入开展。按照"属地管理"和"谁主管谁负责、谁经营谁负责"的原则,层层建立领导责任制、部门责任制和单位责任制,把平安建设的各项任务落实到基层,落实到部门(单位),落实到责任人。

(二)坚持齐抓共管。各级综治委专门工作领导小组及各成员单位,要紧紧围绕首都平安建设的目标要求,制定参与平安建设的具体实施意见,在平安建设中充分发挥职能作用,各负其责、互相配合,形成齐抓共管的合力。各级政法部门在平安建设中负有重要职责,要把提高执法能力和执法水平与深入开展平安建设有机结合起来,规范执法行为,促进执法公正,发挥好主力军作用,共同推动首都平安建设深入开展。

(三)加大保障力度。各级政府要加大对社会治安综合治理和平安建设人员和经费的保障力度,将应由政府承担的工作经费列入同级财政预算,并随着经济的发展逐步增加投入,保证平安建设工作顺利开展。同时,要逐步建立适应社会主义市场经济要求的群防群治经费保障机制。

(四)营造良好氛围。在全社会动员组织人民群众和各行各业、各部门参与平安建设工作,使之家喻户晓、人人皆知。正确把握社会敏感问题的舆论导向,加强舆情信息工作,建立完善相应的舆论引导机制。进一步加大平安建设宣传力度,树立和宣传先进典型,为首都平安建设营造浓厚的舆论氛围。

(五)加强考核督查。要把平安建设的成效作为检验各级党政领导干部执政能力的重要标准,列入干部考核评价的重要内容,并将考核结果作为对干部晋职晋级和实施奖惩的重要依据。各级综治部门要完善平安建设工作督查督办制度,将平安建设各项措施分解落实到对各级领导和各部门的任务书中。对工作扎实、成效显著的地区和单位予以表彰奖励,对因工作失职、渎职引发影响首都稳定重大问题的,实行责任倒查和一票否决,严肃追究有关领导和相关人员的责任。

首都社会治安综合治理委员会“平安奥运”综治行动规划(2006—2008年)

(2006年1月4日)

今后三年,是北京奥运安保工作和城市环境建设的关键时期,为充分发挥首都综治系统在维护社会稳定和加强社会面安全工作中的重要作用,圆满完成党中央和市委、市政府交给我们的重要任务,努力实现"平安奥运"工作目标,就首都综治系统全面参与奥运安保建设,提出以下行动规划。

一、指导思想

以"三个代表"重要思想和科学发展观为指导,认真落实市委、市政府、北京奥组委和奥运安保工作协调小组关于奥运安保工作的总体部署，按照“全面防控、重点整治、以面保点、条块结合、属地为主”的工作思路，充分运用首都综治系统完备的责任体系和上下贯通的组织协调机制，以广泛深入地开展平安建设为载体，以建立健全基层治安防控体系、强化社会面防控效果为重点，全面发动社会各个方面的力量，专群结合，群防群治，努力维护首都稳定，确保2008年北京奥运会期间社会面良好治安秩序，为举办一届“有特色、高水平”奥运会奠定基础。

二、工作目标

重点建成并完善六项工作机制：

（一）整体化的协调机制。在各级党委政府的统一领导下，各级政法委、综治委充分发挥组织协调作用，实现对辖区内维护稳定和治安防控工作的统一指挥，对各种动态信息的统一分析和使用，对各种防控措施的统一部署，对各种防控力量的统一调动，对部门间关系的统一协调。

（二）基础化的建设机制。按照“重在基层、重在建设”的原则，以推进基层平安建设为载体，努力实现基层组织机构和网络健全，责任机制完善，人员和保障到位，使首都综治工作根基牢固、工作有效。

（三）网格化的巡控机制。针对不同时期、不同时段及不同区域的治安形势和特点，将一个地区科学合理地划分成若干个治安巡防区域，实现每一个区域部署规定比例的专兼职治安巡防力量，通过强化形如网格的各个小区域的治安防范，形成治安防范的整体效应。

（四）联合化的整治机制。在各级综治部门的牵头组织下，建立健全执法部门联席会制度、联合执法督查制度等，并通过狠抓制度的落实，实现对重点问题、重点区域内的联合执法和各个执法部门工作的有效衔接和配合。

（五）网络化的责任机制。以综治工作领导责任制为龙头，通过层层明确各级党政主要领导、分管领导直至具体工作人员的职责任务，实现规章制度完善、责权统一、分工明确、彼此衔接、层层负责的责任制工作网络。

（六）标准化的督查机制。围绕实现“平安奥运”目标的要求，建立健全一整套程序严格、操作性强的监督检查和考核管理制度，将其纳入年度综治工作总体考核评价体系中，实现检查内容的标准化和检查过程的程序化。

三、工作阶段

“平安奥运”综治行动划分为四个阶段：

（一）研究部署阶段。时间为2005年年底前。由首都综治办组织起草《“平安奥运”综治行动规划（2006－2008年）》，经首都综治委会审议通过后正式下发。

（二）全面建设阶段。时间为2006年1月至2007年12月。2006年第一季度，首都综治委组织各成员单位、各区县综治委按照全市总体部署，结合自身任务分工，研究制定各项工作机制、配套工作措施和具体工作方案。在此基础上，各有关成员单位、各区县综治委按照全市行动规划和自身实施计划或方案，有计划、有步骤地落实奥运安保社会面防控工作的各项措施。在首都综治办的组织协调下，首都综治系统初步形成社会面治安防控的整体效应。

（三）运行演练和调整完善阶段。时间为2008年1月至3月底。首都综治办组织协调综治委成员单位、各区县综治委参与全市奥运安保的实战演练，全面检验首都综治系统的实战能力。针对实践中发现的问题，进行自我调整和完善，确保达到最佳工作状态。

（四）实战阶段。时间为2008年4月至奥运会结束。首都综治系统全面进入实战状态，按照工作机制要求，配合实施社会面安全防控工作。

四、工作措施

为确保奥运安保工作中综合治理各项措施的有效落实，努力实现“平安奥运”的总体目标，今后几年，首都综治系统将围绕“六项机制”建设，重点做好以下工作：

（一）围绕强化社会面控制，建立健全整体化的协调机制

1. 完善组织体系。一是在北京奥运安保工作协调小组和奥运安保指挥中心的领导下，由市委政法委和首都综治办牵头成立奥运安保指挥中心社会面安全工作指挥部，负责全市奥运安保社会面安全控制的统一规划、组织、调度，负责协调各部门、各区县落实工作部署和防控措施。二是各区县党委政府负责组织协调本区县各街道（乡镇）和有关部门大力开展基层平安建设活动，努

力夯实维护社会稳定和社会治安防控的基层基础;负责督促区县有关部门认真落实上级主管部门的工作部署,切实落实社会面治安防控工作的各项措施;负责在人力、物力上全力支持,在经费装备上全力保障,确保本地区社会面治安防控工作的顺利开展。各区县政法委、综治办负责牵头组织落实社会面防控工作具体措施。三是各级综治委成员单位都要明确专人负责,具体抓好本系统、本部门奥运会期间社会面安全防控工作的组织落实。四是有场馆外围保障任务的区县,要制定专门计划,组织协调各方力量开展周边秩序清理整顿,落实群防群治措施,确保良好的治安、交通秩序。奥运会期间分级制定工作预案,开通现场指挥部,重点做好人流、车流疏导和公交站点秩序维护工作,加强巡逻控制。同时,组织机动力量及时有效地处置非法示威游行和聚集滋事等群体性事件。

2. 建立联席会议制度和综合执法制度。联席会议负责部门、地区及北京周边地区的信息沟通、分析研判工作,统一思想,协调解决工作中的配合问题,形成社会面防控工作的合力,杜绝地界周边地区成为社会面控制的"真空区"和防范死角。综合执法主要是对突出治安和城市管理问题实行各部门联合执法,协调部署进行专项整治,扭转治安乱点和重点繁华场所治安混乱局面,加强行政执法机关的衔接和配合。

3. 积极参与城市环境建设工作。首都综治办和区县综治办分别参与市2008环境建设指挥部和区县分指挥部的工作。

(二)继续深化首都综治基层基础建设,建立健全基础化的建设机制

1. 加强安全稳定方面各类信息的排查研判工作,牢牢掌握维护稳定和治安防控工作的主动权。以奥运场馆、设施、住地周边以及行车、比赛路线沿线200米以内人、地、物、事作为摸排重点,把可能危及奥运安全和社会稳定的一切不安定因素纳入视线,坚决做到不漏管、不失控。在重点人群的排查上,要重点做好法轮功邪教组织骨干分子、各类国保重点人、有现实危害的严重不满人员、在以往重大政治活动期间挑头滋事并受过处理的人员、刑释解教人员及有轻微违法犯罪青少年、精神病和呆傻人员、散居社区内的境外人员、其他可能对奥运安全构成危害等人员的摸底调查工作。在重点部位和场所的排查上,要重点做好奥运会场馆、奥运官员和运动员住地、外国游客集中的饭店、参观游览点以及其他各种重点繁华地区、场所等的摸底调查工作。特别是对场馆周边400米范围内的制高点,要严格落实人员调查、看门护院、把口上锁、巡视看护、专人值守等措施,防范危及场馆安全的问题发生。在人民内部矛盾纠纷的排查上,要重点做好本市的重点矛盾纠纷和外地进京上访人员的调查摸底工作。在重点物品的排查上,要重点做好枪支弹药和易爆、剧毒、放射性、管制药品和病菌等的调查摸底工作。以上工作要在2006年底之前初步完成,并全部实行计算机建档管理,落实监控措施和责任人员,初步实现有效控制。

2. 加强基层治安防范的配套设施建设,为有效实施社会面治安防控提供有力支撑。一是加强居民区封闭建设和管理工作。2007年底之前,各区县都要对能够封闭但尚未实行封闭管理的居民区完成封闭建设,严格进出管理制度,切实解决居民区入室案件和机动车被盗问题;二是成立基层流动人口与出租房屋管理站。在全市各社区和流动人口较多的行政村建立流动人口和出租房屋管理工作站,将社区流动人口协管员、出租房屋协管员、计划生育协管员统一整合为流动人口和出租房屋管理员,协助社区民警负责辖区流动人口基本情况的调查摸底、信息上报等工作,负责出租房屋登记备案、暂住证申请受理、日常出租房屋检查等工作;三是加强居民区科技防范设施建设。全面推进城市社区监控系统建设,努力形成覆盖社区主要街巷、住宅周边的图像监控网络。2007年年底前,奥运场馆及重要设施、住地周边社区的科技创安社区覆盖率要达到100%。全面推进重点繁华地区、城乡结合部地区及农村地区监控系统建设,加强现有资源的整合,最大限度提升科技防范效能;四是加强机动车规范停放设施建设。在有条件的街巷胡同和社区、村镇周边的街道两侧施划停车泊位,为引进停车管理公司实行机动车有偿看护,减少机动车被盗案件及其他可防性案件奠定基础。

3. 加强奥运安保社会面防控的宣传发动工作,形成全民参与共保平安的整体合力和强烈氛

围。以“携手共建平安奥运”为主题，以平安建设为重点，通过大力宣传报道，为实现“新北京、新奥运”目标及构建和谐社会首善之区营造良好的舆论氛围。从2006年开始，以首都综治宣传月为载体，主动挖掘一批不同地区、不同类型、不同层次的奥运安保社会面控制工作先进典型，广泛运用广播、电视、绘画、演出等多种形式，宣传发动群众参与奥运安保社会面治安防控工作；将奥运安保社会面控制工作与首都综治好新闻奖评选活动结合起来，与北京电视台《法治进行时》合作编辑制作相关系列宣传片，在《法制晚报》上创办宣传专刊，在《首都综治网》上加大宣传信息量，扩大奥运安保社会面治安防控工作的影响力。

（三）加强社会治安防控网络建设，建立健全网格化的巡控机制

1. 完善公安机关“四张网”建设，为加强治安防控工作、提高驾驭社会治安复杂局面能力奠定坚实基础。公安机关要立足奥运期间社会面巡逻防控要求，一是要构建好巡逻网。形成点、线、面相结合，多种巡逻力量整体联动的巡逻防控网，提高快速反应能力和社会面动态控制整体功效；二是要构建好社区网。建立健全以社区民警为骨干，以社区居委会、治保会等群众性自治组织为依托，形成时间上相互衔接、空间上相互策应、方法上灵活机动的警民联防新框架；三是要构建好治安网。加强各类治安信息的了解掌握，加强重点行业场所治安管理，强化阵地控制；四是构建好内保网。以涉及奥运安全的水电气热等要害单位和部位为重点，建立健全内部单位专兼职保卫机构，落实守卫巡逻值班力量和各项物防、技防措施，有效防止发生任何重大案件或事故。

2. 加强基层群防群治组织和队伍建设，为实现全民参与搭建平台。在全市各社区成立综治委，将社区警务站、社区专职治安巡防队（含专职保安队）、治安巡逻志愿者队伍、社区物业公司及主要社区单位纳入综治委，充分发挥社区综治委在社区安全防范工作中的组织、协调和推动作用，形成维护社区治安的整体防范格局。组建专职社会治安巡防队，充实社会治安巡逻志愿者队伍。对基层各种治安防范力量进行整合，使专职社会治安巡防队伍、社会治安巡逻志愿者队伍及流动人口与出租房屋管理员队伍，在社会面治安防控工作中充分发挥基础性作用。

3. 组织开展网格化巡逻防控，强化社会面治安控制。将行政区域分成若干巡区，实行统一编号，网络布警，在奥运会期间，配置相当数量的值勤民警采取徒步或使用机动车辆等交通工具开展巡逻防控工作，实行统一指挥，确保诸警联动、快速反应、相互策应，对街面实施24小时全天候动态管理控制，从而保证对公安警力实行整体指挥。在实行网格化巡控方法的前提下，对警力及专业保安队、专职巡防队、治安巡逻志愿者队伍等辅警力量，实行“四班三运转”工作制，分别确定早、中、晚班和休息四个班次，轮流按照每天三个工作时段进行运作。通过以上措施方法，实现巡逻防控工作勤务化、专业化和高效化，提高巡逻防控密度，有效强化社会面治安控制。

（四）深入开展治安重点地区和突出问题的集中整治，建立健全联合化的整治机制

1. 开展社区压发案工作。从今年开始，每半年对全市各街道、乡镇发案情况进行一次排序，从中确定50个高发案地区实行双向挂牌督战，半年后检查验收，并对全市各街道、乡镇重新排序，再确定50个新的高发案地区继续挂牌督战，始终保持50个常量督促整改。

2. 开展治安重点地区集中整治工作。组织各区县对全市治安重点地区进行一次集中排查摸底，在此基础上按年度分解工作量，排出整治计划，确保到2007年年底前，全市所有市级治安重点地区整治工作全部达标，并做到整治一处、巩固一处。

3. 开展各类重点行业场所的集中整治工作。重点对歌舞厅、洗浴、发廊等治安复杂场所，网吧、典当、旧货收购、租赁、中介等新兴的复杂行业依法加强整治，严厉打击混迹其间的卖淫嫖娼、聚众赌博、买赃销赃、扒包扒窃等违法犯罪活动。加大对非法出租房屋的清理整顿和流动人口聚居区的摸排调查力度，严防恐怖暴力分子、法轮功顽固分子及流窜犯罪分子等重点人员藏身其中。

4. 开展城市管理中突出问题的集中整治工作。在认真调研的基础上，有计划地对“城中村”问题、黑出租车问题、乱发小广告问题、违法建设问题、城市地下空间安全隐患问题等进行集中整治，消除各种隐患，并积极探索长效管理途径。

（五）大力加强综治工作责任体系建设，建立健全网络化的责任机制

1. 全市行政区域内乡镇、街道以上的各级党委政府和各部门、各单位都要健全完善综合治理领导责任制。要把综治工作列入本地区、本部门社会经济发展总体规划和年度计划，把确保一方平安作为党政领导干部任期目标和述职报告的一项重要内容。各级党委政府对本地区安全稳定工作负全面领导责任，党政主要领导为维护稳定和社会治安防控工作第一责任人，对本地区安全稳定工作负总责；分管政法综治工作的副职领导为主要责任人，负直接领导责任；领导班子的其他成员根据分工，对职责范围内的奥运安保工作承担相应的领导责任。

2. 各系统、各部门在党委政府的统一领导下，对各自职能范围内的安全稳定工作负责。党政主要领导为第一责任人，对本系统、本部门安全稳定工作负总责；分管领导为主要责任人，对本系统、本单位安全稳定工作负直接领导责任。各企事业单位和社团的法定代表人或非法人单位的主要负责人是本单位安全稳定第一责任人，对单位内部治安保卫工作全面负责，并对本单位发生的社会治安问题依法承担相应的法律、经济和行政责任。社区组织加强对社会人的组织和管理。

3. 在逐级明确责任的基础上，各地区、各部门都要建立健全安全稳定工作目标管理责任制。要把社会治安综合治理工作任务、要求分解为若干具体目标，并建立严格的定量考核评比制度，制定易于执行检查的措施和科学的考核评比标准，逐级抓好责任落实。各级党委组织部门或上级主管部门要把党政领导干部、企事业单位主要领导或负责人抓安全稳定工作的能力和实绩列为干部考核的重要内容，把考核结果作为提出干部任免奖惩建议的重要依据，与晋职晋级和奖惩直接挂钩，与领导任期责任制和经济利益挂钩。通过以上措施，做到级级有责任、人人有责任、行行有责任，并通过抓好责任的落实，真正形成网络化的责任机制。

（六）不断完善综合治理制度法规体系，建立健全标准化的督查机制

为使领导责任制和各项职责任务在奥运安保工作中得到切实落实，今后几年，首都综治系统要继续加强各项督查督办制度的建设。要对已建立的《关于实行首都综治委成员单位述职评议的规定》、《关于重大刑事案件实行责任倒查的若干规定》、《关于实施社会治安综合治理重大问题领导责任的查究办法》、《首都社会治安综合治理警示制度》及综治工作一票否决制等工作制度不断进行补充完善，建立一整套相互配套、彼此衔接、具有首都特色、可操作性强及规范化的督查督办工作制度体系。同时，在日常工作中要严格执行这些制度。无论什么工作，在推动时严格按照程序进行指导和督办，不因领导变动、环境改变而放松要求或半途而废，保证其始终正常开展。制定督查工作具体内容和督查程序，确定督查部门。工作中一旦出现突出问题，就立即启动相应督查工作制度，严格按照督查标准实事求是地进行处理。通过严格的程式化举措，真正形成标准化的督查机制。

五、工作要求

（一）提高认识，高度重视。举办好2008年奥运会，是促进首都经济社会跨越式发展的一次历史性机遇，是提高我国国际形象、增强我国国际地位的重要举措，是加快首都构建和谐社会首善之区进程的基础性工作，办好这次奥运会对首都和全国都具有极其重要的意义。目前，奥运安保已进入全面建设阶段，时间紧、任务重，全市各地区、各部门要站在历史的高度、以发展的眼光，进一步统一思想，提高认识，高度重视并以只争朝夕的精神投入到奥运安保社会面防控工作中。要针对奥运安保进入全面建设阶段的实际，充分认识任务的艰巨性、形势的复杂性以及面临的有利条件和不利因素，多方设想、细致筹划，扎实深入地推进各项工作。要积极开展多种形式的宣传教育活动，不断增强各级领导和广大干部群众的政治责任感、使命感，主动认真履行职责任务，自我加压，迎难而上，确保各项工作措施的落实。

（二）加大投入，保障有力。当前，全市奥运安保社会面防控工作正处在建设的起步阶段，许多工作都离不开资金投入，特别是一些硬件建设等基础性工作更需要大量的经费开支，加强资金投入，确保各项工作经费充足，是奥运安保社会面防控工作建设阶段的重中之重，是各项工作按计划稳步推进并取得实效的基本前提。各区县、各

部门要采取有力措施，切实有效地解决奥运安保社会面防控工作的经费来源问题，形成稳定的经费投入机制。从2006年起，各区县要对居民区安全防范硬件建设、科技创安、治安巡防队办公经费和人员工资等开支进行认真测算，列入区县年度工作经费的“大盘子”并实行专款专用，确保奥运安保社会面防控工作不因经费问题被延误或受到其他不良影响。公安、民政、司法等主要相关部门也要在此项工作中设立综治工作专项经费，确保本系统在奥运会安保社会面防控工作中各项任务能按计划顺利完成。

（三）明确责任，狠抓落实。各地区、各部门要研究成立奥运安保社会面防控工作领导机构，确定分管领导，具体负责本地区、本部门工作的组织实施，形成层层有人负责，层层抓落实的工作格局。要对各阶段的工作项目和内容，分别确定主责单位、主管领导、责任人和完成时限，并加强检查督导，建立定期汇报通报制度，及时总结工作经验，查找问题，保证工作进度和质量。上级主管部门要采取定期检查、不定期抽查等形式，对各地区、各单位的工作情况进行检查，并纳入综治工作领导责任制考评工作中，对因领导不重视、措施不落实，对全市奥运安保社会面防控工作造成重大影响的，要严格追究主管领导和相关工作人员的责任。

（四）相互配合，齐抓共管。奥运安保工作时间跨度长、范围涉及广、工作内容多，需要各地区、各部门及社会各界的广泛参与、互相协作和密切配合。全市各地区、各部门既要分工负责，积极完成自身承担的任务，又要服从大局需要，积极配合相关部门的工作。要树立“全市一盘棋，上下一股劲”的观念，尤其是主责单位，要加强组织协调，积极主动地征求参与单位的意见；各参与单位也要主动出谋划策，协助主责单位按照任务分工，各负其责，充分发挥整体作战的优势。要始终坚持贯彻党委领导下的群众路线，走专群结合之路，充分发挥基层群防群治队伍的重要作用，形成全民参战共保奥运安全的良好局面。

首都社会治安综合治理委员会
关于实行区县综治委报告工作制度的规定

（2006年8月14日）

第一条 为全面加强全市各区县社会治安综合治理工作的组织领导和责任制落实，根据中央及首都综治委《关于实行社会治安综合治理工作领导责任制的若干规定》，首都综治委决定实行区县综治委报告工作制度。

第二条 区县综治委报告工作制度，是指区县综治委主要领导代表区县综治委，向首都综治委全会报告近两年来的社会治安综合治理工作情况，并由首都综治委全会对其综治工作情况进行评议的活动。

第三条 区县综治委报告工作和评议活动要依据客观公正、规范操作、务求实效的原则进行，报告工作及评议活动各项准备工作由首都综治办负责组织实施。

第四条 区县综治委报告工作分为会议报告和书面报告两种形式。

会议报告，是指首都综治委全会听取区县综治委的工作报告，并对区县综治工作情况进行评议。书面报告，是指以书面材料的方式向首都综治委报告综治工作情况。

首都综治办应在广泛听取有关方面意见的基础上，每年初对区县综治委报告工作做出计划和安排，并书面通知区县综治委。

第五条 区县综治委报告工作应重点围绕以下方面进行：

（一）社会治安综合治理领导责任制落实情

况；

（二）综治工作的规划决策和部署落实情况；

（三）重点综治任务的督查考核和各项工作制度落实情况；

（四）围绕综治重点和难点问题的调查研究和开拓创新情况；

（五）综治工作的主要成效；

（六）综治工作存在问题及下一步工作思路。

第六条 会议报告每年安排1至2次，每次安排1至2个区县进行。列入会议报告工作计划的区县综治委应于首都综治委全会召开之日前1个月向首都综治办提交工作报告。

第七条 首都综治办确定会议报告的区县名单及其报告方式后，应及时成立评议工作小组。评议工作小组主要由首都综治工作指导组、首都综治办工作人员组成。

第八条 评议工作小组对区县综治委工作情况考察可通过以下方式进行：

（一）组织召开有关部门或人员参加的座谈会；

（二）查阅区县及其基层地区综治工作记录或档案；

（三）明查暗访、个别访谈或实地考察；

（四）问卷调查或其他形式的测评活动。

第九条 会议报告及评议工作按照以下程序进行：

（一）区县综治委主要领导向首都综治委全会报告工作；

（二）首都综治办向全会报告评议意见；

（三）首都综治委全会审议其工作报告及评议意见，并按照好、较好、一般、较差四个档次对其工作情况进行评定；

（四）首都综治办汇总测评情况，确定测评等次并提出评议报告；

（五）评议报告交首都综治委五部门联席会议审定；

（六）首都综治委领导签发评定结果并通报。

第十条 对区县综治委工作情况的评定结果，应当作为首都综治委年终评先的重要依据，同时作为区县综治委领导班子和领导干部的考核依据。

第十一条 对首都综治委全会提出的评议意见，区县综治委应当结合工作实际提出整改方案并进行整改，在报告评议后的两个月内向首都综治办提交整改方案及整改情况的报告，经首都综治委领导同意，印发首都综治委各位委员。

第十二条 本规定自下发之日起施行。

深化和拓展综治工作发挥作用的空间和领域
全面参与首都社会建设和城市管理

北京作为首都，面临成功举办2008年奥运会的历史使命，面临建设现代化国际大都市和构建和谐社会首善之区的重大任务。面对新形势，我们紧紧抓住党委政府大力推进平安建设的重要契机，在拓展综治工作发挥作用的空间和领域，全面参与首都社会建设和城市管理方面有了一些新认识，做了一些新探索，也取得了一些新成效。

一、全面参与社会建设和城市管理是对新形势下综合治理工作在认识上的深化

多年来，在中央和市委市政府的正确领导下，首都综治系统积极组织协调各地区各部门，为维护首都的持续稳定作出了重要贡献。党的十六届四中、五中全会作出贯彻落实科学发展观和构建社会主义和谐社会的重大部署，为今后一个时期我国经济社会发展明确了新的奋斗目标和前进方向，同时也为首都综治工作提供了新的思想武器和理论指导。对照科学发展观和构建和谐社会的新要求，反思现实工作中的矛盾及困惑，我们感到综治工作同样面临着与时俱进、创新发展的问题。社会治安综合治理从提出到发展的二十多年的历程，本身就是一个不断创新发展的过程，现在的综合治理的理念、内涵和外延已远远超出当时提出的综合治理的范畴。当前，经济社会结构发生了很大变化，给社会建设和管理提出了新课题。在高度集中的计划经济条件下，经济结构、产业结构、社会结构相对单一，人们大多有固定的单位归属，管理好了单位就管理好了社会，社会控制力是强的。但是，随着市场经济的不断发展，经济成分、就业方式、组织形式、利益关系和分配方式多样化，特别是人员流动性大大增强，给社会建设和社会管理带来一系列新情况、新问题，也是摆在我们面前迫切需要解决的重大课题。面对新形势，综治工作必须积极主动地适应这种新形势，必须积极主动地参与到社会建设和社会管理中去，才能在实践中完善，在创新中发展。首先，科学发展观的提出和构建和谐社会重大历史任务迫切要求综治工作在理念上要有新转变，领域上要有新拓展；第二，长期以来忽视社会建设和管理带来的一些不稳定因素和治安问题迫切需要我们用综治工作机制去解决；第三，综治工作的组织优势、机制优势、队伍优势和社会动员优势在社会建设和社会管理中有着强大的生命力；第四，政府对社会的“条条”管理迫切需要横向的协调和工作机制加强整合，综合治理的机构设置适应了这一工作需要；第五，社会建设和管理中存在的问题，处理不好必然反映到社会治安上，贯彻预防为主方针，也要求综治工作必须全面参与社会建设和管理。也就是说，坚持与时俱进推进综治工作，我们不能把自已的职责范围局限和固化在治安领域里，能否主动参与社会建设和管理，主动消除潜在的影响稳定和治安的矛盾和问题，是新时期综治工作的生命力所在。

正是基于以上这种认识上的转变，首都综治委对当前综合治理工作进行了重新定位。在思想理念上，强调树立以人为本和平等保护的思想，把综合治理的理念引入到社会建设和管理上来，从传统的治安管理转变到强化社会服务和社会管理上来，把参与社会建设和城市管理纳入到综治工作范畴中；在工作手段上，由被动的打击和防范，转变到主动的超前介入、主动的解决问题上来，由运动式的集中整治转变到加强机制建设上来，由重专政、重打击逐步转变到重管理、重建设上来；在工作格局上，由发挥各地区各部门的积极性转变到发挥社会各方面积极性上来，充分发挥政府部门、社会团体、自治组织等各方面的作用。

总之，把综治工作的理念和方法手段引入到社会建设和管理中，符合预防为主的综治方针，体现了主动防范、重在治本的基本要求，是综治工作不断拓展领域和内涵、工作生命力不断延伸的重要表现，是我们综治系统对新形势下综治工作认识上的深化。

二、积极主动地参与首都社会建设和城市管理工作

近几年来，首都综治工作立足于突破社会建设和城市管理的症结性问题，立足于建设平安奥运的阶段目标，立足于首都综治工作的全面协调和可持续发展，以平安建设为载体，以综治工作机制作保障，以广大综治干部和各级综治组织为依靠，在参与首都社会建设和城市管理方面进行了有益探索，得到了各级党委政府的充分肯定。

（一）发挥综治工作宏观决策优势，为市委市政府加强社会建设和城市管理当好参谋助手。

随着经济和社会结构发生的新变化，以及工业化、城镇化的快速发展，特别是人员流动性的大大增强给社会建设和城市管理带来许多新问题。近年来，首都综治系统勇于接受挑战，围绕社会建设和城市管理存在的问题做了大量的调查研究工作，充分发挥综治部门作为党委政府工作部门的双重优势，提出了很多建设性意见，为市委市政府加强社会建设和城市管理当好参谋助手。去年，围绕流动人口管理工作，由首都综治办牵头，联合十几个政府部门和区县，开展了广泛的调查研究，形成了市委市政府关于加强流动人口和出租房屋管理与服务的若干意见，该调研报告被评为全市重点调研课题一等奖，促成了全市流动人口和出租房屋管理理念、管理体制、工作机制的重大调整；为减轻首都城市负担，有效控制人口高速增长，首都综治办总结基层工作经验，在调研基础上提出限制低级次产业、低档次出租房屋、治理低水平管理的工作建议，这项建议已纳入城市总体规划中；2004 年，为有效解决“都市里的村庄”——“城中村”问题，首都综治办进行了专项调研并将调研报告提交市政府办公会讨论，促成市政府投入 100 多亿元，用三年时间改造 200 多个“城市村”。此外，近年来我们先后组织了《城乡结合部管理研究》、《北京市城市环境秩序评价体系研究》、《城市管理立法研究》、《新农村建设中维护农村地区稳定研究》、《奥运期间社会面防控六项工作机制研究》等十几项重大调研课题，这些课题有的已经转化为市委市政府的工作文件，有的正在细化分析论证过程中。经过几年的努力，全市综治系统调查研究工作已经形成了完整体系和工作制度，每年完成的近百项调研课题，为市委市政府全面加强社会建设，提高城市管理水平发挥了重要作用。

（二）发挥综治工作组织协调优势，主动承担社会建设和城市管理的协调任务。

经过多年建设，综治工作已经形成了上下贯通、左右协调的工作优势，这些工作机制不仅对解决社会治安问题有效，而且与当前城市管理工作中提出的“条块结合、条专块统”的思路极为吻合。近年来，首都综治系统主动适应社会建设和城市管理的新形势、新要求，主动承担了很多社会建设和城市管理的协调任务。

举办一届“有特色、高水平”的奥运会，着力解决城市管理的痼疾顽症、快速提升城市管理水平是一项十分紧迫的任务，为此，市政府成立了2008环境建设指挥部及办公室，各级综治办主动迎接挑战，不仅各级综治办领导在办公室兼职，而且还承担了牵头组建环境秩序建设部，全面指挥、规划、协调组织全市环境秩序建设的任务。在首都综治办的协调下，在调查研究的基础上形成了治理“黑车”、非法小广告、无照经营、流浪乞讨等问题的一系列工作方案，协调公安、城管、法院、电信、工商、文化、民政等部门出台了一批如限制摩托车路权、对违法小广告停机、设立重点控制区、对未成年人实施保护救助等一系列工作措施和政府通告，使大量的城市管理的痼疾顽症得到根本性遏制；为全面加强依法治市进程，着眼于举办奥运会需要，首都综治办牵头成立了奥运立法协调组和奥运立法律师专家组，对全市城市管理立法和需求进行疏理和调研，目前已完成第一批60多项立法调研，其中有20多项列入奥运立法规划；为全面加强社会建设，充分发挥社团和社会自治组织的作用，由首都综治办协调市司法局等部门，对全市民办公益性法律服务社会团体、中介组织进行了深入调研，提出了一整套扶持民办公益性组织的工作对策；为全面加强流动人口和出租房屋管理，市委市政府作出了成立流动人口和出租房屋管理委员会的决定，办公室与首都综治办合署办公，其根本目的就是发挥综治工作的组织协调优势。

（三）发挥综治工作的机制和队伍优势，夯实社会建设和城市管理的基层基础。

近年来，首都综治办十分重视把综治工作机制引入到社会建设和城市管理中，经过调研提出的工作对策、工作措施，无一例外地：一是把职责分清；二是把问题找准；三是协调建立机制；四是坚持考核与奖惩、责任倒查和责任追究并用。其中建立完善的政府部门间协调配合机制最为重要，这是整合部门力量、形成工作合力的重要抓手。为此，首都综治办在全面参与社会建设和城市管理中十分注重机制建设，近几年逐步促成了联合执法工作机制、社会面防控机制、综治成员单位发挥作用工作机制、督查考核工作机制和一批评价指标体系，牵头和参与起草了《北京市人民防空工程和普通地下室安全使用管理办法》、《关于加强图像信息系统建设的意见》、《北京市住宅区及住宅安全技术防范设施建设和使用管理办法》等一批政府法规。工作机制的建立，理清了责任，明确了任务，避免了推诿扯皮、揽功推过，提高了政府部门的工作效率。近年来，我们还整合了全市群防群治力量，形成了4万名专业保安、3万名专职治安巡防队、20余万名治安巡逻志愿者等一批新型的群防群治队伍，这支队伍在社会建设和管理、城市管理、社会面防控工作中发挥了重要作用。同时，首都综治办已连续三年每年投入近百万元，举办大规模综治干部培训班和国内、境外考察，不断提高基层综治干部参与社会建设和城市管理的能力和水平。工作机制的建立和工作队伍的整合，进一步奠定了社会建设和城市管理的基层基础。

首都综治系统全面参与社会建设和城市管理工作得到了市委市政府的充分肯定：市委市政府每年总体工作部署中，必有综合治理工作；市政府和谐建设折子工程和每年的为群众办实事折子工程中，首都综治办都是唯一一个党委部门牵头的主责单位；北京奥运安保指挥中心下属21个指挥部的牵头单位中，首都综治办也是唯一的非政府职能部门；前不久胡锦涛总书记就居京外国人管理问题作出重要批示后，市委市政府领导又直接批示要求首都综治办牵头调研和落实。可以说，综治工作全面参与社会建设和城市管理，进一步拓展了综治工作领域，提高了综治工作地位，为首都各项综治工作的推进赢得了主动权。

三、参与社会建设和城市管理必须准确定位，讲究方法

综治办不是政府的职能部门，它的职责和优势在于组织协调、督促指导，因此，在参与社会建设和城市管理过程中必须定位准确，讲究方式方法。

一是不包办代替政府部门的工作。各级综治办人员少任务重，我们的综治办人员还没有政府部门一个科室的人员多，因此，综治办的工作绝不能陷身于具体的工作事务中。首都综治办多年来的体会是，各项工作可以牵头负责，可以组织协调，但具体工作必须由政府职能部门来落实，而不替代政府部门的工作。特别是对于一些难以突破、各部门望而却步或绕道而行的热点难点问题，我们通常主动进行调查研究，主动寻找解决对策，在此基础上向市委市政府提出意见和建议，通过市委市政府或首都综治委下发工作意见来明确有关部门的责任和任务，并督促他们进行落实。

二是把建立工作机制实现长效管理作为主要追求目标。大量的社会矛盾和突出问题仅靠简单化解、专项整治是不能达到理想效果的，必须始终把实现长效管理作为追求目标。要在明确各相关部门职责任务的前提下，从机制建设入手，通过形成工作机制或法律法规来实现管理的常态化。

三是要提高综治部门和综治干部自身的能力与水平。经过十多年的不断发展完善，目前社会治安综合治理工作已经具备一整套完整有效的措施方法，各级综治部门和综治干部参与社会建设和城市管理工作，首要的是提高自身的素质和参与工作水平。首先，要站得高、讲大局；其次，要能够抓大放小，抓住重点；此外，要能够灵活运用综治工作的机制和优势。只有这样才能充分发挥好综治部门的作用。

2006 年首都综治委、办组成人员情况

主　任	强　卫	市委副书记、政法委书记
副主任	马振川	市委常委、政法委书记
	吉　林	北京市副市长
委　员	杨金永	中央直属机关工委副书记
	邵旭军	中央国家机关工委副书记
	高　翔	国务院机关事务管理局副局长
	李宝柱	中央综治办协调室副主任
	鲍遂献	公安部治安管理局副局长
	蒋希伟	中央宣传部办公厅副主任
	陆春耕	解放军总政保卫部保卫和警卫局副局长
	刘　伟	市委副秘书长、市委政法委常务副书记
	卢　全	市政府副秘书长
	段桂青	市委政法委副书记
	刘大为	市委政法委副书记、首都综治办主任
	周继红	市委政法委副书记、市委防范和处理邪教问题办主任
	李万钧	市委政法委秘书长、首都综治办副主任
	孟秀勤	市委组织部常务副部长
	郭正平	市纪委常委、监察局副局长
	黄　强	市人事局副局长
	游广斌	市委办公厅副主任
	潘友生	市政府办公厅助理巡视员
	王德林	市人大内务司法办副主任
	杨文忠	市政协社法委副主任
	肖　培	市委宣传部副部长
	张建明	市委教育工委常务副书记
	安　钢	市委农工委副书记
	郭积勇	市委卫生工委副书记

萧有茂　市委防范和处理邪教问题办公室副主任
刘树年　市委市政府信访办副主任
李灵雁　市政府法制办副主任
张俊明　市国资委副主任、纪委书记
孙　卫　市规划委委员
王立臣　市建委副主任
陆海军　市市政管委副主任
周正宇　市交通委副主任
宗绪盛　市人防办副主任
王文杰　市财政局副局长
时纯利　市总工会副主席
王　粤　团市委副书记
杨秀珍　市妇联副主席
董吉顺　北京卫戍区副政委
杨天福　武警北京总队副总队长
王　明　市高级人民法院副院长
项　明　市人民检察院副检察长
于泓源　市公安局副局长
王津江　市国家安全局副局长
王友江　市司法局副局长
聂志达　市民政局副局长
郑振远　市监狱管理局局长
肖士明　市劳教局局长
李建华　市公安交通管理局局长
赵子新　市消防局局长
崔建立　市工商行政管理局副局长
宋丰景　市劳动和社会保障局副局长
王　珠　市文化局副局长
冯俊科　市新闻出版局副局长
刘　辉　市国土资源局党组副书记、副局长
刘亚力　国家统计局北京调查总队副总队长

首都综治办内设机构

首都综治办主任：刘大为

首都综治办副主任：李万钧

综治办下设两个处：联络处、区县指导处

北京市各区、县综治委、办主任名单

地　区	综治委主任	综治办主任	地　区	综治委主任	综治办主任
东城区	杨艺文	杨五一	顺义区	刘志远	赵士寅
西城区	张国玉	贾国平	昌平区	潘建新	贺德纯
崇文区	滕盛萍	谢　申	大兴区	孟令华	董　涛
宣武区	周开让	李　铁	房山区	孙新军	游来清
朝阳区	佟克克	刘印槐	门头沟区	张继增	陈　波
海淀区	黄　强	刘志平	怀柔区	李树江	宋长华
丰台区	阎满成	姚建国	平谷区	刘　军	李泉江
石景山区	李晓强	刘道东	密云县	刘福志	郑仲国
通州区	李玉君	王金成	延庆县	陈合安	李保民

（撰稿人：娄连军
审稿人：李万钧　李宝柱）

天　津　市

2006年社会治安综合治理工作概况

2006年，在中央和市委的领导下，天津市社会治安综合治理工作坚持“打防结合、预防为主，专群结合、依靠群众”的方针，围绕建设平安天津、构建和谐天津的总体目标，以社会治安综合治理领导责任制为龙头，以制定、落实综治目标责任书为载体，以深入开展基层平安创建活动为基础，以大力加强矛盾纠纷排查调处和社会治安防控体系建设为重点，全面推动社会治安综合治理工作的深化发展，取得了明显成效。全市政治稳定，社会安定，人民群众安全感增强，为天津“三步走”战略顺利实施，全市经济发展，创造了和谐稳定的社会环境。

一、完善责任机制，加强组织领导

市委办公厅、市政府办公厅转发了市委政法委、市综治委《关于深入开展“平安天津”建设的意见》，对全市平安建设的总体目标、措施任务、实施步骤提出了明确要求。市委书记张立昌，市长戴相龙代表市委、市政府与区县、系统党政一把手签订了《社会治安综合治理目标责任书》，从9个方面将平安天津建设的年度要求量化为具体指标，考核结果纳入党政领导班子和领导干部综合考核评价体系。按照综治、纪检、组织、人事、监察部门关于综治领导责任制的有关规定，严格落实综治一票否决和责任查究制度。市委召开常委扩大会议，专门听取关于全国社会治安综合治理工作会议情况和平安天津建设工作情况的汇报，对贯彻落实中央精神、推进平安天津建设提出明确要求。市综治委先后召开四次综治委会议，推动平安建设深入开展；并召开全市社会治安综合治理工作会议和基层平安建设经验交流会，进一步部署平安天津建设工作。市综治委、市纪检委、市委组织部、市人事局、市监察局召开五部门联席会议，对全市社会治安综合治理各项任务的完成情况，进行总结交流，就进一步抓好目标任务的落实进行安排部署。市综治委下发《关于加强基层平安建设的意见》，组织全市各区县、系统进一步开展基层平安建设。

二、突出工作重点，狠抓措施落实

根据当前形势和社会治安综合治理工作进程，狠抓了四方面重点工作的推进。一是把矛盾纠纷排查调处工作作为全年工作的重中之重，从5个方面进行机制整合：从源头预防，有效减少矛盾纠纷发生；从基层抓起，夯实维护社会稳定的基础；从苗头入手，把问题解决在萌芽状态；从方法上改进，有效化解各种矛盾；从能力上提高，妥善处置群体性事件。二是深入开展“严打”斗争和重点整治。全市有针对性地开展了“打黑除恶”、打击“两抢一盗”、禁毒人民战争、命案侦破等一系列专项行动，始终保持了对各种刑事犯罪的高压态势。三是大力推进社会治安防控体系建设。解决治安防范中存在的问题和薄弱环节，以健全完善警防、民防、技防“三张网建设”为重点，加快推进《天津市2004—2006年社会治安防控体系建设规划》落实。结合2006年综治目标责任书考核，对社会治安防控体系建设三年规划落实情况进行总结、验收。四是根据形势变化，以调整重点群体教育管理措施为突破点，加强和改进社会管理。推广了选派优秀教师进社区专职开展预防工作经验，制定并狠抓了《关于对有轻微违法犯罪行为的未成年人进行挽救帮教的意见》的落实，完善具有天津特色的“学校、家庭、社区三位一体”的预防工作模式。广泛开展为流动人口送温暖活动，困难帮扶，在全市流动人口中实施维护社会治安“筑城行动”。继续强化刑释解教人员安置帮教工作，着力抓好刑释解教人员工作衔接和再就业政策的落实。

三、深化基层创建，夯实工作基础

以落实市综治委《关于加强基层平安建设的意见》为主线，在全市范围深入开展基层平安建设。从强化基层组织建设入手，着力加强基层基础工作，形成以党政组织为龙头，以政法综治组织为骨干、以群防群治组织为基础的基层平安建设工作网络，为基层平安建设提供坚强的组织保障。大力发展新型群防群治力量，进一步调整群防群治队伍结构。全市发展专职治安员 50615 名，其中职业保安 4.1 万人、“4050”专职巡控人员 9 千余名；选派 904 名优秀教师到街道、社区任综治办副主任，专职抓预防青少年违法犯罪工作；组织党员在所居住的社区、村参加维护治安工作，其表现纳入所在单位党员评议内容；从流动人口中选聘 4000 余名治安志愿者，参与所在地区、单位的群防群治活动。在狠抓创建平安社区、平安村、平安单位活动深入开展的基础上，从本地区、本系统特点出发，开展了平安校园、平安工地、平安市场、平安楼栋院等形式多样的创建活动。全市共创建平安社区、平安村 4168 个，占社区、村总数的79.9％，创建平安单位 5661 个。

开展重点整治和专项行动情况

按照中央部署，结合天津实际，全市针对影响稳定和群众安全感的突出问题开展排查，有针对性地采取专项行动和重点整治，解决了一批突出治安问题，治安混乱地区面貌得到有效改善。

一、开展打黑除恶专项斗争

按照中央的总体部署，天津市成立了市委常委、市委政法委书记王文华同志任组长，公、检、法、司及其他相关部门主要负责人为成员的领导小组，专项斗争办公室设在市公安局。市委政法委制定下发了《关于进一步加强打黑除恶工作的意见》，公、检、法、司四部门对涉黑涉恶案件界定标准进行了研究，专门下发了《天津市关于办理涉黑涉恶案件有关问题的规定》，对办理涉黑涉恶案件和检察、审判机关适时提前介入等问题，进行了明确规定。建立市、区(县)两级由党委政法委牵头，纪检、组织、法院、检察、公安、司法以及工商、税务、金融、文化等部门参加的打黑除恶联席会议制度，及时沟通情况，研究解决工作中出现的问题。

各级公安机关深入居民社区、村、企事业单位、学校、市场，开展细致走访排查工作，动员社会各界力量，深入挖掘涉黑涉恶违法犯罪线索。从市公安局局长到公安派出所所长，层层签订了打黑除恶摸排工作责任状。2006 年，全市共深入摸排各类涉黑涉恶违法犯罪线索 223 条，筛选确定了 33 起社会危害和影响较为严重的重点犯罪线索，列为市公安局 A 级督办案件，限期侦破。摧毁了以和平区王松涛、河西区陈军为首的 2 个黑社会性质有组织犯罪团伙。摧毁了 8 个市公安局督办的恶势力犯罪团伙，打掉了公安部标准的恶势力犯罪团伙 106 个，市标准恶势力犯罪团伙 43 个。通过查处黑恶势力犯罪团伙，共计破案 920 起，抓获团伙成员 957 人，其中逮捕 762 人，缴获枪支 37 支。

二、开展打击“两抢一盗”专项斗争

严厉打击盗抢汽车犯罪活动，及时打掉一批危害严重的盗车团伙。严厉打击“两抢”犯罪活动，各级公安机关有针对性地加强对“两抢”等多发性案件的研究和串并，制定打击对策，通过抓现行、挖团伙，破一案、带一串。严厉打击盗窃系列犯罪案件，根据侵财案件重点发案部位、时段，强化对易发案部位和地区的巡逻控制，快速反应，严厉打击现行犯罪。针对各类突出违法犯罪问题，各级公安机关有针对性地组织开展了“铁拳”、“猎鹰”擒敌行动，以及打击盗窃非机动车、春季破案战役、侦破系列案件竞赛活动、夏季治安百日行动、打击盗窃破坏电力电信设施、打击盗窃违法犯罪等一系列集中打击和专项整治行动。

三、开展“命案必破”专项斗争

全市公安机关精心组织，明确责任，全面推动命案侦破工作的深入开展。市公安局将全市划分4个区域,有关领导分别负责区内各分局未破命案的督破工作,做到全程参与,跟班作业,对破案工作负总责,形成“案子不破,专班不撤、不破不休”的攻坚态势。每个区域专设一个推动组,具体负责命案侦破情况的掌握、推动和指导,并加大了奖励力度。积极加强侦破工作的组织协调,做到对每一起命案统一调度警力、技术装备、车辆、经费,在警力、装备、经费上对侦破命案重点倾斜。坚持疑难案件专家“会诊”制度,对于久侦未破的杀人案件,市公安刑侦局适时组织侦查、技术专家进行会诊,通过现场再现,发现新的潜在的痕迹物证等,寻找案件新突破点。2006年,全市共发命案335起,破297起,破案率为88.62%,较上年同期破案率增长9.94个百分点;列入网上追逃的命案逃犯175人,抓获169人,抓捕率96.57%;破获杀人积案6起。

四、开展打击毒品违法犯罪专项斗争

2006年,全市共破获毒品违法犯罪案件1457起;查获违法犯罪嫌疑人1651名,同比上升133%;缴获各类毒品17235克,其中海洛因10006克,冰毒4274克,摇头丸225克,氯胺酮700克,大麻2021克。全市共收戒吸毒人员1132名。年内主要活动是:2月22日,市禁毒委员会召开全体委员会议,对深化禁毒人民战争进行了部署。6月16日,市高级人民法院召开严厉打击毒品犯罪宣判大会,依法对犯有贩卖、运输、非法持有毒品等罪行的6案17名犯罪分子进行了公开宣判。6月22日,由市禁毒办、团市委联合在天津礼堂中剧场举办了2006年天津市禁毒专场文艺演出。6月26日,国家禁毒委召开深入推进禁毒人民战争电视电话会议后,天津市立即召开了深入推进禁毒人民战争电视电话会议。市委常委、市委政法委书记王文华出席会议并讲话。当日,王文华等领导同志及禁毒委委员参加了禁毒宣传活动。7月20日至9月20日,全市开展了为期两个月的打击零星贩毒和集中收戒吸毒成瘾人员专项行动。行动期间,共破获各类毒品违法犯罪案件570起,抓获违法犯罪嫌疑人596名;收戒吸毒人员322名,其中强制戒毒176名。劳教戒毒146名。市禁毒办、刑侦局、治安管理总队联合市工商局、文化局等部门,加大了对娱乐场所的禁毒宣传,遏制了歌舞娱乐场所吸贩新型毒品的蔓延。加大了农村地区的禁毒铲毒工作,保持了天津市毒品“零种植”。

五、铁路沿线治安秩序专项整治行动

市护路办与各区县护路办签订《天津市铁路护路联防工作目标管理责任书》,强调了领导精力、部门协调、人员组织、制度健全、经费到位等保障措施,把“平安铁路”和“平安铁路示范路段”的创建纳入责任书之中,形成了护路联防工作目标管理考核体系。各区县通过层层分解,把护路各项任务落实到铁路沿线各个街乡镇。年初,在京沪、京山沿线统一部署了以“确保铁路线路施工期间安全防范”为重点的专项整治活动。4月份组织了“加强安全防范措施,坚决扼制沿线危行案件上升”专项行动。10－12月,全市开展了为期三个月的“压伤亡事故、保行车安全、创建平安和谐铁路”专项活动。在“两会”、春运、暑运、“五一”、“十一”等重点时期开展专项整治行动,确保铁路沿线治安稳定。全市铁路沿线治安呈现了“四下降”即:拆盗铁路器材案件、线路摆障案件、石击列车案件和涉路刑事案件均比上年下降了40%以上,京秦铁路沿线29.58公里达到市级“平安铁路示范路段”标准,京沪铁路沿线65.58公里,达到市级“平安铁路”标准。

六、组织治安排查和重点整治情况

各区县、各系统和有关部门按照中央综治委的部署要求和天津市综治委《社会治安排查与整治工作制度》规定,在市综治委的统一组织协调下,认真分析治安形势和综合治理工作的薄弱环节,先后于1月份和7月份自上而下地组织了两次集中排查工作。在层层确定工作重点的基础上,市综治办会同市公安局等部门进行综合审定,以治理突出治安问题和治安混乱地区为重点,精心选定市级重点整治对象56个,区县、系统级对象122个,街乡镇级重点整治对象298个,专项整治和行业治理对象22个。逐一制定工作方案,明确目标要求和完成期限,层层派出工作组,实地指导推动。

重点整治中共查破刑事案件1039起,查处治安案件2410起,打掉犯罪团伙42个,逮捕、刑拘、劳教、少管3419人。重点整治地区、单位刑事案件、治安案件发案由治理前的2138起和4369起，下降至1145起和1393起，分别减少了46.4%和68.1%。

组织开展平安天津建设情况

市委、市政府对平安建设高度重视，1月25日，市委办公厅、市政府办公厅转发了市委政法委、市综治委《关于深入开展"平安天津"建设的意见》。《天津市社会治安综合治理目标责任书》对全面完成平安建设任务作出了具体的、量化的规定，有关指标要求纳入天津市经济社会发展年度规划和市委、市政府的年度工作计划。市委组织部下发文件，将责任书考核结果纳入党政领导班子和领导干部综合考核评价体系。5月12日，市委召开常委扩大会议，专门听取关于全国社会治安综合治理工作会议情况和"平安天津"建设工作情况的汇报，对贯彻落实中央精神、推进"平安天津"建设提出明确要求。年内，市综治委共召开四次全市性会议，推动平安建设深入开展。5月22日，市综治委召开全市社会治安综合治理工作会议，学习贯彻全国综治工作会议和市委常委扩大会议精神，进一步部署平安天津建设工作。9月29日，市综治委召开全体会议，讨论通过了市综治委《关于加强基层平安建设的意见》。11月15日，市综治委、市纪检委、市委组织部、市人事局、市监察局召开五部门联席会议，对全市社会治安综合治理各项任务的完成情况，进行总结交流，就进一步抓好目标任务的落实进行安排部署。王文华主持了以上三次会议并讲话。11月10日，全市召开基层平安建设经验交流会，塘沽区、和平区南市街、武清区高村乡牛四村、河西区解放南路物流区、中石化集团天津石油化工公司、城建集团等基层单位介绍了开展平安建设的经验，市委政法委副书记、市综治办主任王伟庄出席会议并讲话。

按照平安天津建设的总体部署，全市各地区、各部门结合自身实际，狠抓贯彻落实。全市18个区县，规划建设工委、交通工委、教卫工委、工业工委、金融工委、商务工委、农村工委、科技工委、开发区保税区工委等9个系统分别研究制定了平安建设的具体实施意见。市综治委分别与共青团、妇联、警备区、公安、司法、民政、质监等18个部门分别制定或会签了落实"平安天津"建设的具体实施文件。全市加大平安建设的资金投入，全年市、区县、街乡镇三级技防平台建设的资金投入达3684.5万元。全市社会治安综合治理工作经费市级财政投入254万元，区县级财政投入600余万元，街乡镇财政投入700余万元。在平安天津建设中，突出狠抓了矛盾纠纷排查调处工作和社会治安防控体系建设，在加强和改进社会管理特别是强化重点群体教育管理工作中取得新的突破。全市以基层基础建设为重点，突出抓好基层平安建设。按照市综治委《关于加强基层平安建设的意见》，各区县、各系统以社区、村、单位为重点，广泛开展基层平安创建活动，全市共创建平安社区、平安村4168个，占社区、村总数的79.9％，创建平安单位5661个。并针对地区、行业特点，开展了创建平安校园、平安工地、平安市场、平安楼栋院等活动，取得明显成效。在全国社会治安综合治理工作会议上，我市介绍了落实社会治安综合治理领导责任制和目标责任制，推进"平安天津"建设的经验。

社会治安防控体系建设情况

按照《天津市2004—2006年社会治安防控体系建设规划》,全市大力推进警防、民防、技防结合的治安防控网络。一是公安机关狠抓"三基"建设,年内派出所新增人员1200名;根据"警情主导警务"的原则,合理配置警力,进一步调整警防措施。以"110"指挥中心为龙头,整合巡警、派出所民警、交警、武警、职业辅警等力量,采取定点堵卡和游动巡逻相结合,机动车、自行车、步行巡控相结合等方式严密防控网络。单位时段巡警巡逻警力达到400名以上,其他区县中心城区单位时段巡警巡逻警力达到30名以上;全市夜后至少增加武警巡逻警力150名;二是整合新型群防群治队伍,全市发展专职治安员50615名,其中职业保安4.1万人、"4050"专职巡控人员9千余名。市劳动和社会保障局研究制定了下岗失业人员从事治安公益性岗位的具体实施办法。由市财政出资,从下岗失业人员中招聘组建从事治安辅警、交通协管的专职队伍,有效解决了专职治安防控队伍的工资保障问题。三是大力推进技防网建设,全市35个一级治安卡口全部安装了视频监控系统,主要交通路口建设监控、识别、报警点位290个,繁华地区、车站码头及其他重点单位、要害部位建设视频监控点位3万余个,居民社区建设视频监控点位3500余个,GSM + GPS机动车报警服务系统1.4万个。全市7000家企事业单位的门卫(值班)室经改建规范为保安室,健全完善保安室规章制度,实现与110报警台联网。市人大常委会审议通过了《天津市安全技术防范管理条例》,市政府批转了市公安局《关于加强我市技术防范网络体系建设的意见》,进一步加快了治安防控体系建设化、规范化的进程。

实施"为了明天——预防青少年违法犯罪工程"情况

全市18个区县全部成立了综治委预防青少年违法犯罪工作领导小组。全市234个街乡镇均设置了预防工作领导小组及办公室。全市推广了红桥区选聘优秀教师到社区,从事预防青少年违法犯罪工作的经验和做法。和平区、河西区、河东区、红桥区、南开区下派到社区专职从事预防工作的优秀教师达666名。

市综治办、市预防办联合制定下发了《天津市"为了明天工程示范区县"创建工作的意见和创建标准》,确定和平、南开、河西等7个区县为创建首批试点单位。各区县按照创建意见的要求,通过抓基层预防工作机构、预防工作人员专兼职队伍、法制教育阵地和活动载体建设,完善区、街、社区三级预防青少年违法犯罪工作管理体系。和平区、红桥区等六个区县被评为2006年度"为了明天工程"示范区县,通过推动地区达标争先,形成以点带面、整体推进的工作格局。年内,全市37个社区被命名为"未成年人零犯罪社区"。

市综治委、市高级人民法院、市人民检察院、市公安局、市司法局、市教委、团市委等七单位,联合制定下发了《关于对有轻微违法犯罪行为的未成年人进行挽救帮教的意见》,从适用对象、司法保护措施、挽救帮教的工作要求等方面对各职能部门作了明确规定,并立足于教育、保护和挽救,建立了综治、法院、检察、公安、司法行政机关探索办理未成年人刑事案件相互配套的工作机制。进一步加大对重点群体的教育、管理和服务工作。

对全市14792名闲散青少年的基本信息,全部录入“全国社区青少年信息管理系统”,并做到及时修改维护、正确归档。全市669名服刑人员未成年子女,各区县均设立服刑人员未成年子女档案,实行了区县、街乡镇、社区三级档案管理,按照因人施教、管理的原则,逐人建档立卡,通过一对一、多对一等学习辅导、生活帮扶等形式,有针对性地开展教育和服务工作。为200余名服刑人员未成年子女解决了生活费、住宿、探视父母等问题。

为有效防止在校生流失,严格学籍管理,严格执行对辍学生所在学校和监护人进行处罚的规定,运用多种方式动员辍学生复学,使中、小学生辍学率分别降至0.2%和0.04%以下。11月1日,由新华社主办的“国内动态清样”第3759期刊发了《天津创建“未成年人零犯罪社区”成效显著》一文。

社会治安综合治理基层基础建设情况

从强化基层组织建设入手,着力加强基层基础工作,为基层平安建设提供坚强的组织保障。结合全市进行的社区、村级组织换届选举工作,着力加强街乡镇、村(居委会)两级党组织建设。把政治上强、有工作能力、办事公道、群众拥护的人选进党支部和村委会,进一步密切党群、干群关系,夯实党的执政基础。结合重点整治,对软弱涣散致使治安混乱的29个党组织进行调整整顿,切实增强凝聚力和战斗力,带动和促进基层政权组织和群众自治组织建设,形成了保稳定、促发展的整体合力。

按照中央综治委、中央编办《关于加强乡镇、街道社会治安综合治理基层组织建设的若干意见》和市综治委与市编办《关于进一步加强街道、乡镇社会治安综合治理基层组织建设和管理工作的意见》,全市继续狠抓基层综治组织,特别是街乡镇一级综治组织建设,不断充实基层综治工作力量。全市234个街道、乡镇全部配齐了专抓社会治安综合治理工作的党委副书记或副乡镇长,街道、乡镇综治办主任为正科级,副主任为副科级。每个街乡镇综治专职工作人员达到4—5名(含专抓综治工作副职),全市共960名,基层综治办人员学历全部达到大专以上。为提高全市综治、维稳干部队伍政治、业务素质和工作水平,10月17日至19日,市综治办、市维稳办组织对全市区县和系统的100名综治、维稳专职干部进行了封闭式培训。邀请有关专家学者、部门负责人,围绕天津发展形势、治安形势、综合治理重点工作等方面进行了系统培训。市委政法委副书记刘琨、李新民分别出席了培训班的开班仪式和结业仪式并讲话。

不断加强基层政法部门组织建设、队伍建设。公安部门实行警力下沉,精简机关,充实基层,每年增加的编制全部充实到基层一线。年内为基层充实警力1200人。街乡镇普遍建立了司法所,基层人民法庭覆盖率达到100%。加强对基层政法干警的教育培训,提高执法能力,掌握做好群众工作的方法,把工作重心调整到落实基层平安建设工作措施上来。

加强群防群治队伍建设。全市选派904名优秀教师到街道、社区任综治办副主任,专职抓预防青少年违法犯罪工作;组织党员在所居住的社区、村参加维护治安工作,其表现纳入所在单位党员评议内容;从流动人口中选聘4000余名治安志愿者,参与所在地区、单位的群防群治活动。经过不懈努力,全市形成了以党组织为核心、政法综治组织为骨干、群众性自治组织和群防群治组织为基础的基层平安建设工作网络。

开展矛盾纠纷排查调处工作情况

2006年,全市各地区、各系统、各单位按照中央和市委的部署,坚持“预防为主、教育疏导、依法处理、防止激化”的原则,认真落实矛盾纠纷排查调处各项工作制度。按照“谁主管、谁负责”和“属地管理”的原则,对排查出的不稳定因素进行深入细致的梳理,加大排查调处工作力度。年内,全市共排查出各类矛盾纠纷30135件,调处解决28839件,调解成功率95.7%。其中,影响稳定的突出矛盾纠纷135件,经过工作实际解决108件。没有发生有重大影响的群体性事件。

一、建立健全工作机制

市综治委将矛盾纠纷排查调处制度建设和工作机制运行情况作为综治目标责任书考核的重点,对各区县、系统和部门落实情况进行检查督促。5月份,召开天津市社会治安综合治理工作会议,重点对新形势下正确处理人民内部矛盾工作进行部署,提出矛盾纠纷排查调处从5个方面进行机制整合:一是从源头预防,有效减少矛盾纠纷发生;二是从基层抓起,夯实维护社会稳定的基础;三是从苗头入手,把问题解决在萌芽状态;四是从方法上改进,有效化解各种矛盾;五是从能力上提高,妥善处置群体性事件。

二、健全矛盾纠纷排查工作网络

全市矛盾纠纷排查工作通过各级综治组织,采取条块结合,以块为主的方式进行。系统、部门自下而上,每半月排查1次,逐级上报汇总;街道、乡镇由党委政府领导,综治组织协调,基层政法发挥作用,治保会、调委会包社区(村),安全员包楼栋(片),日常每半月排查1次。政治敏感期、重要节假日开展集中排查。及时向各级党委、政府及有关责任部门提出工作建议。按照“谁主管、谁负责”和“属地管理”的原则,对排查出的不稳定因素进行深入细致的梳理。重点围绕基层两委班子换届、城市房屋拆迁、农村土地征用、企业改革改制过程中产生的各种不稳定因素,加大排查工作力度。

三、及时妥善解决矛盾纠纷,有效防止矛盾激化

围绕群众关注的热点问题和国际国内敏感事件,坚持事前预防,妥善处置,努力维护全市政治稳定。对发生的群体性事件积极疏导,耐心细致地做好群众工作。一是依法妥善处理了一批群体性事件,有效维护了全市稳定。二是在全国“两会”等党和国家重要政治活动及敏感时期,做好进京访人员的稳控工作。三是积极做好“涉军”人员的稳定工作。四是充分发挥首都门户和屏障作用,积极做好经天津进京集访人员的劝返工作。五是加强对群体性涉法涉诉案件及影响稳定的个案的督办工作。正确运用教育、经济、行政、法律、政策等手段,把矛盾纠纷解决在基层,解决在萌芽状态。加强对人民内部矛盾成因、表现形式、内在规律和工作对策研究,提高工作的主动性和针对性。不断加强基层人民调解、司法调解、行政调解工作,积极推进社会保障体系建设,认真做好优抚安置、法律援助等工作,从源头上减少不稳定因素的产生。

综治宣传工作情况

1月1日,市委政法委、市综治办、法制日报社天津记者站联合开办的“天津政法综治网”正式开通。1月13日，市综治办下发《2006年社会治安综合治理宣传工作要点》，对全年综治宣传工作进行部署。3月，市委宣传部、市综治委联合发文，以“创建平安天津，构建和谐社会”为主题，开展了第十五次社会治安综合治理宣传月活动。全市近20万名干部群众直接参加了综治宣传，走访了2038家企业、17538户居民，慰问了18910名治安积极分子。设立宣传站点1700多个，制作各种宣传展牌8200余块，悬挂宣传布标6700余幅，出动宣传车1710余辆次，印发宣传材料260多万份，组织法制文艺演出70多场，接待群众法律咨询近30000多人次，解决群众关注的治安热点问题400多个。3月26日，市委政法委秘书长王忠广在全国政法综治宣传工作会议上作了《深入开展综治宣传月活动，提升政法综治宣传工作水平》的大会发言。6月至11月，市综治办与《天津政法报》联合举办了“大秦杯”铁路护路有奖征文活动，重点宣传各地区、各系统、各部门开展铁路护路联防工作取得的成效和经验，收到来稿100多篇，刊发32篇，17篇作品分获一、二、三等奖。

年内，市综治委与市新闻工作者协会联合组织开展了2005年度天津市社会治安好新闻奖评选工作。共收到全市18个区县、24个市综治委成员单位、新闻单位、政法部门报送的参评作品206篇(幅)。经过初评、复评和评委会定评，评出获奖作品48篇(幅)；其中报刊类好新闻32篇，广播电视类好新闻12篇，摄影类作品4幅。从中推荐11篇优秀作品按照中央综治办的要求和规定的时间报送中央综治办，参加全国社会治安综合治理优秀新闻作品和中国新闻奖优秀新闻作品的评选，4篇作品获奖。

中共天津市委办公厅
天津市人民政府办公厅
转发市委政法委、市综治委关于深入
开展“平安天津”建设的意见

(2006年1月25日)

当前和今后一个时期，是我市全面落实科学发展观和构建社会主义和谐社会的关键时期，是加快推进滨海新区开发开放的关键时期，是完成“三步走”战略，基本实现现代化的关键时期，必须保持良好的社会环境和社会秩序。根据《中共中央办公厅、国务院办公厅转发〈中央政法委员会、中央社会治安综合治理委员会关于深入开展平安建设的意见〉的通知》(以下简称《通知》)精神，深入开展“平安天津”建设，是新形势下加强社会治安综合治理工作的新举措，各级党委和政府，要从实践“三个代表”重要思想，坚持立党为公、执政为民，落实科学发展观，维护改革发展稳定大局的高度，充分认识开展“平安天津”建设的重要意义，认真落实《通知》中提出的各项任务，确保人民群众安居乐业，确保社会稳定，为加快实施“三步走”战略创造和谐稳定的良好社会环境。现就深入开展“平安天津”建设提出以下意见。

一、指导思想和目标要求

(一)“平安天津”建设的指导思想是：坚持以邓小平理论和“三个代表”重要思想为指导，深入贯彻党的十六大和十六届三中、四中、五中全会精神，全面落实科学发展观，按照构建社会主义和谐社会的要求，认真落实市委八届八次、九次全会精神，在各级党委和政府的统一领导下，组织动员社会各方面力量以建立健全长效工作机制为核心，以加强基层基础工作为重点，以落实社会治安综

合治理各项措施为主线，以社会治安综合治理领导责任制为龙头，以落实综治目标责任书为抓手，广泛开展多种形式的平安创建活动，确保人民群众安居乐业，确保社会和谐稳定、长治久安。

（二）“平安天津”建设的目标是：对敌对势力的渗透破坏活动以及“法轮功”等邪教组织活动、非法宗教活动发现得早、控制得住、处置得好，防止严重危害国家安全和政治稳定的情况发生；从源头上预防和减少矛盾纠纷，努力化解不和谐因素，防止严重危害社会稳定的重大群体性事件发生；维护城乡社会治安秩序，使突出的治安问题和治安乱点得到有效整治，防止严重危害群众安全感的重大治安问题发生；预防和减少重特大安全生产事故，防止严重危害人民群众生命财产安全的群死群伤事故发生，努力把人员伤亡、财产损失和负面影响降到最低程度；依法查处经济犯罪案件，及时消除经济领域的不稳定因素，防止严重危害社会主义市场经济秩序的经济案件发生。

（三）“平安天津”建设的工作重点是：大力加强社会治安防控体系建设，坚持抓基层、抓基础，在继续抓好社区、村、企事业单位安全创建活动的基础上，深入开展平安乡镇（街）建设活动，逐步推进平安区县建设，进而全面实现建设“平安天津”的目标。

二、工作范围和主要任务

（四）积极预防和有效化解各种社会矛盾。各级党委和政府要着力解决关系群众切身利益的问题，完善就业服务体系、社会保障体系和社会救助体系，坚决防止和纠正各种损害人民群众利益的行为，出台政策和行政管理措施之前要进行影响稳定的风险评估，做到科学决策、民主决策、依法决策；在执行中要针对存在的突出问题，加大工作规范管理与政策落实的监管力度，从源头上预防和减少矛盾纠纷。健全正确处理新时期人民内部矛盾的工作机制和工作网络，进一步明确相关部门、有关单位的责任，理顺工作关系，完善工作制度，强化社会联动调处，妥善处理好各类矛盾纠纷。要进一步加强基层矛盾纠纷排查调处工作体系建设，整合基层维护稳定力量，发动广大人民群众积极参与矛盾纠纷排查调处工作。认真贯彻《信访条例》，建立健全信访工作机制，建立理性、有序、合法的信访秩序，维护信访者的合法权益。要认真分析研究群体性事件的规律特点，加强对大规模群体性事件、突发事件的风险评估和预测，强化情报信息工作，建立健全统一指挥、反应灵敏、协调有序、功能齐全、运转高效的应急处置机制，努力预防和减少“民转刑”案件的发生，防止矛盾激化，维护社会和谐稳定。

（五）建立严打经常性工作机制。加强对社会治安形势的分析和研究，把依法严厉打击严重刑事犯罪的方针贯彻落实到侦查破案、批捕起诉、定罪量刑、监管改造等各个环节。各级综治机构要认真落实《社会治安排查与重点整治工作制度》，定期排查突出治安问题和问题相对集中的地区、单位、行业，实施分级限期集中整治。要认真贯彻宽严相济的刑事政策，既要有力打击和震慑犯罪，维护法制的严肃性，又要尽可能减少对抗，化消极因素为积极因素，实现法律效果和社会效果的统一。坚持“什么犯罪突出就重点打击什么犯罪”的原则，严厉打击有组织犯罪、黑恶势力犯罪和杀人、爆炸等严重暴力犯罪，以及抢劫、抢夺、盗窃等影响群众安全感的多发性侵财犯罪；有效遏制严重影响社会治安的涉枪、投毒、爆炸等案件发生。加大对黄赌毒等社会丑恶现象的查禁和打击力度，整顿和规范出版物市场秩序，特别要防止境外政治性非法出版物流入境内。继续坚持依法从重从快打击严重经济犯罪，重点查处严重危害国家经济安全、严重破坏市场经济秩序、影响社会稳定的案件。进一步整顿和规范市场经济秩序，加强产品生产和流通过程的监督和管理，严厉打击非法生产经营活动。严密防范和严厉打击境内外敌对势力和敌对分子的渗透破坏活动、暴力恐怖活动、利用互联网等技术手段从事蛊惑煽动活动，以及利用人民内部矛盾制造事端等非法活动。有效防范和严厉打击“法轮功”等邪教组织的非法活动以及利用宗教进行的各种非法活动。从严惩处各种以恐怖暴力手段扰乱社会治安秩序、危害公共安全的违法犯罪案件。要加强对刑事诉讼活动的监督，防止和纠正有案不立、有罪不究、以罚代刑、重罪轻判等现象。

（六）大力加强社会治安防范工作。按照天津市社会治安防控体系建设规划，进一步完善不同类型的地域防控网络、治安管控网络和治安联防网络。城镇要针对物业小区、旧楼改造片及其他居民住宅区的不同特点,因地制宜强化治安防范措施。农村要根据生产经营的不同情况,建立与其相适应的防控模式。各类企事业单位要认真执行有关规定,加强内部治安保卫工作,全面建立单位负责、政府监管的工作机制,落实法定代表人(单位负责人)治安责任制。

要进一步提升技术防范水平,把治安防范设施建设纳入城市基础设施建设和民用建筑建设的总体规划,综合设计、同步规划、独立验收。积极推进治安防范社会化、职业化。各区县在城区和有条件的乡镇、村要组建专职治安防控队伍。探索实行治安承包责任制,逐步建立治安与保险互动工作机制。大力发展保安服务业,严格管理和规范保安服务。物业管理公司严格按照国家有关规定聘用保安人员,充分发挥协助做好治安防范工作的积极作用。

(七)加强社会管理。坚持以人为本,依法管理,依法行政,在继承以往行之有效管理办法的同时,不断探索适应新形势的管理办法和工作机制,提高管理工作成效。建立健全党委领导、政府负责、社会协同、公众参与的社会管理格局。整合社会管理和社会服务资源,运用科学、民主、法治的方式,扎实推进城市社区和农村建设、管理,切实加强对各类社团和新兴行业、新兴组织以及"社会人"的管理。发挥城乡基层自治组织协调利益、化解矛盾、排忧解难的作用,发挥社团、行业组织和社会中介组织提供服务、反映诉求、规范行为的作用,切实尊重和维护广大人民群众的合法权益和合理要求。更好地发挥政法部门调节经济关系的职能,平等保护各类市场经济主体的合法权益,促进各类市场主体公平竞争,共同发展;依法调节企业的劳动关系,维护广大职工的合法权益,维护企业的生产经营秩序;依法加大对知识产权的保护力度,严厉打击侵犯知识产权犯罪,着力营造有利于自主创新的法治环境。加强企业劳动用工管理,建立健全防止拖欠农民工工资的长效工作机制,切实维护他们的合法权益。坚持寓管理于服务之中,教育与维权并重,探索新形势下流动人口管理的新办法。认真落实中央有关要求,切实做好对社会闲散青少年、流浪儿童、服刑及吸毒人员子女的教育管理和对有轻微违法犯罪行为青少年的教育、感化、挽救工作。按照"帮教社会化、就业市场化、管理信息化、职责法制化"的思路,加强刑释解教人员安置帮教工作;加强对未成年犯的教育,维护他们的合法权益;提高罪犯和劳教人员改造教育质量,积极开展社区矫正工作,预防和减少违法犯罪发生。加强枪支弹药、爆炸物品、剧毒危险品和放射性物品的管理,消除安全隐患。加强特种行业管理,加大对网吧和娱乐场所的整治和管理力度。加强对互联网和移动通信不良信息的监控和管理,坚决查处色情等违法网站,封堵有害信息,提高信息安全防护水平。加强交通管理和消防管理,预防和减少重特大交通事故和火灾事故的发生。进一步调整举措、改进方法,发动群众做好护电、护线和铁路护路工作。加强安全生产监管,加大对安全生产违法行为的查禁力度,严肃查处安全责任事故背后的滥用职权、玩忽职守等职务犯罪,遏制重特大恶性生产事故的发生。按照统一领导、分级管理、条块结合、以块为主,反应灵敏、运转高效的思路,加快构建公共应急体系,有效预防和妥善处置各类突发公共事件,提高保障公共安全的能力。

(八)加强公民道德、法制宣传教育和民主法制建设工作。贯彻落实《公民道德建设实施纲要》,不断提高公民的道德素养。认真实施依法治国基本方略,落实普法规划,广泛深入开展法制宣传教育,提高公民法律素质。重点抓好领导干部、司法和行政执法人员、企业管理人员、农村基层干部和城市社区管理人员的法制教育。进一步加强青少年教育,以实施"为了明天——预防青少年违法犯罪工程"为契机,深入落实《青少年违法犯罪社区预防计划》,完善预防青少年违法犯罪的长效工作机制。根据农村居民职业结构变化,重新调整工作分工,细化责任,改进青少年教育管理工作。积极探索深化青年职工犯罪预防工作的新途径。广泛开展法律进学校、进社区、进农村、进企业等活动,拓展和规范法律服务,加强法律援助工作。坚持依法行政、公正执法,防止和纠正损害群众合法权益的行为。坚持和完善政务公开、厂务公开、村务公开等公开办事制度。健全民主制度,丰富民主形式,扩大公民有序的政治参与,保证人民依法实行民主选举、民主决策、民主管理和民主监督。通过扩大基层民主,不断巩固党的执政基础和群众基础。

（九）加强社会治安综合治理基层基础工作。整合基层维护治安和稳定力量，形成以基层党组织为核心，基层自治组织为基础，基层综治、政法组织为骨干的工作网络，筑牢维护社会治安和社会稳定的第一道防线。加强党的基层组织建设，发挥其在平安建设中的领导核心作用。大力加强各级社会治安综合治理委员会建设，保障平安建设的顺利进行。特别要加强乡镇、街道社会治安综合治理委员会及其办公室建设，充分发挥其职能作用。加强公安派出所、司法所、人民法庭和社区警务室建设，发挥他们在基层社会稳定工作中的骨干作用。加强基层群众自治组织和群防群治组织的建设。广泛组织党员、团员、民兵、青年志愿者、离退休人员和享受低保人员参与治安防范，建立多渠道、多行业的治安信息员队伍，组织发动社团和行业参与社会治安综合治理。各地区、各部门、各单位要根据“平安天津”建设的总体要求，进一步拓宽创建范围，充实创建内容，提高创建的层次和水平，积极探索新形势下依靠群众做好社会治安工作的新思路、新方法，大力开展创建平安楼栋院、平安家庭、平安医院、平安校园等活动，促进工作重心进一步下移。各级党委、政府和政法部门要从政策导向、力量配置、经费保障、技术装备等方面向基层倾斜，增强基层实力，激发基层活力，提高基层工作效率。

三、机制建设与保障措施

（十）平安建设工作由各级党委和政府统一组织实施，纳入本地经济社会发展规划。各级党政主要领导为第一责任人，分管领导为直接责任人，其他领导承担分管工作范围内的责任。各级社会治安综合治理委员会要在党委、政府的领导下，充分发挥组织协调作用，加强调查研究和检查督促，总结推广典型经验，查找薄弱环节，有计划、有步骤地推动平安建设深入开展。按照“属地管理”和“谁主管谁负责、谁经营谁负责”的原则，层层落实领导责任制、部门责任制和单位责任制，把平安建设的各项任务落实到各地区、各部门、各单位，落实到基层，落实到责任人。

（十一）坚持齐抓共管。各地区、各部门、各单位都要按照“平安天津”建设的总体要求，结合实际制定具体方案，自觉地抓好落实。要加强协作配合。各级政法部门在平安建设中负有重要职责，要把提高执法能力和执法水平与开展“平安天津”建设有机结合起来，规范执法行为，促进执法公正，发挥好主力军作用。

（十二）各级政府和财政部门要加大对社会治安综合治理和平安建设经费的保障力度。将应由政府承担的经费纳入同级财政预算，保证平安建设工作顺利进行，并随着经济发展逐步增加投入。按照有关规定多渠道筹措解决基层群防群治工作经费。对经济发展相对较慢地区的平安建设工作，在财力上给予必要的支持。

（十三）总结“平安天津”建设中调整社会法律关系的成功做法和经验，以地方性法规的形式固定下来，使“平安天津”建设在法制化轨道上健康运行。有关部门要积极研究起草相关的法规、规章，逐步形成我市社会治安防控体系法制建设的基本框架。各地区和有关部门要在此基础上，结合实际情况制定更具体、更有操作性的规章制度和细则。

（十四）新闻媒体、出版单位、互联网站、高等学校、社科研究机构等单位要加强管理，确保先进文化牢牢占领舆论阵地。要正确把握社会敏感问题的舆论导向，加强舆情信息工作，建立和完善相应的舆论引导机制。加大宣传力度，树立和宣传先进典型，为“平安天津”建设奠定坚实的思想基础，营造良好的舆论氛围。

（十五）各级党委、政府要把平安建设的各项任务纳入《社会治安综合治理目标责任书》考核，并把工作成效作为检验各级党政领导班子和领导干部执政能力和执政水平的重要内容，作为干部政绩评定、晋职晋级和奖惩实施的重要依据。根据综治责任书考核结果，对工作扎实、成效显著的地方和单位予以表彰奖励；对因工作严重失误、失职、渎职引发影响稳定重大问题的，实行责任查究和一票否决，严肃追究领导和相关人员的责任。

天津市社会治安综合治理委员会关于加强基层平安建设的意见

（2006 年 10 月 17 日）

多年来，在各级党委、政府的领导下，各地区、各系统、各部门广泛深入地开展安全创建活动，有力地促进了社会治安综合治理各项措施在基层的落实，调动了广大人民群众参与治安工作的积极性，为保持我市社会持续稳定、治安秩序良好起到了重要作用。根据市委办公厅、市政府办公厅《关于转发〈关于深入开展“平安天津”建设的意见〉的通知》的要求，就加强我市基层平安建设提出以下意见。

一、指导思想

基层平安建设，是“平安天津”建设的基础和重要组成部分。开展基层平安建设，要在市委、市政府的领导下，以邓小平理论和“三个代表”重要思想为指导，贯彻落实科学发展观和构建社会主义和谐社会的总要求，按照“平安天津”建设的部署，坚持党委政府领导、综治组织协调、多方参与、条块结合、依靠群众，以维护基层稳定、提高基层治安防控能力为主要目标，以落实目标责任制为保障，以创建平安社区、平安村、平安单位活动为基础，积极拓展基层平安建设的内容和形式，把维护稳定和社会治安综合治理各项措施落到实处，积“小平安”为“大平安”，为加快实施“三步走”战略和五大战略举措，加快推进滨海新区开发开放，创造和谐稳定的社会环境。

二、工作内容

基层平安建设，以创建平安社区、平安村、平安单位为基础，开展多种形式的平安创建活动。

（一）各区县和市经济技术开发区、保税区、高新技术产业园区在居民社区、行政村和辖区企事业单位，开展创建平安社区、平安村、平安单位活动。在以上创建活动的基础上，开展创建平安街道、乡镇活动。

（二）各系统、各部门根据行业特点，开展平安大道、平安铁道线、平安物业小区、平安企业、平安校园、平安医院、平安商场和其他形式的创建活动。

（三）街道、乡镇和其他基层单位结合本地区、本单位特点，开展平安家庭、平安楼院、平安商店、平安市场、平安车间（班组）等形式多样的创建活动。

（四）市社会治安综合治理委员会本着“好中选优”的原则，在全市组织开展平安示范创建活动。

三、评定方法

（一）每年第一季度，各区县按照全市统一制定的标准，评定平安社区、平安村、平安单位、平安街道、平安乡镇，评定结果报市综治委备案。

1. 对上年度工作自评达到平安标准的社区和行政村，由居委会和村委会填写《平安社区、村审批表》，经所在地公安派出所核查、街乡镇综治委审查后，报区县综治委审定命名。

2. 对上年度工作自评达到平安标准的机关学校、企事业单位，填写《平安单位审批表》，经所在地公安派出所核查、本单位上级主管部门审查（无上级主管部门的单位由街道、乡镇综治委审查），由区县综治委审定命名。

3. 各区县综治办参照上一年度《社会治安综合治理目标责任书》考核结果，提出拟命名平安街道、平安乡镇名单，填写《平安街道（乡镇）审批表》，经本区县公安分局核查，由区县综治委审定命名。

（二）市经济技术开发区、保税区、高新技术产业园区参照上述办法，评定平安社区、平安单位，评定结果报市综治委备案。

（三）各系统、各部门根据行业特点开展的各种形式平安创建活动，自行制定评定标准和办法，评定结果报市综治委备案。

（四）对已经获得各类平安称号的，由命名单位每年进行一次复核。符合标准的，不再重复命名；不符合标准的，及时撤销，重新达标后可以再次命名。复核情况每年 3 月底前书面报市综治委。

（五）平安示范称号每两年评定一次。各区县、各系统、各部门按照市综治委确定的名额，从已获得平安称号的地区、单位中，提出申报对象，填写《平安示范称号审批表》，报市综治委审定命名。

四、工作要求

（一）加强领导，精心组织。各级党委、政府要高度重视，切实加强对基层平安建设的领导，加大人、财、物投入。要把基层平安建设与加强社区建设和社会主义新农村建设结合起来，统筹考虑，通过基层平安建设带动地区整体环境的进步，营造社会和谐稳定、人民群众安居乐业的良好局面。各区县、各系统、各部门要结合全市统一要求，从各自实际出发，研究制定基层平安建设的具体意见和年度计划。要进一步加强对基层工作的指导、推动，加强调查研究和督促检查，及时总结推广基层平安建设中的先进经验和典型，注重解决工作中的实际困难和问题。积极探索、建立符合本地区、本行业特点的基层平安建设长效机制。

（二）密切协作，齐抓共管。各级社会治安综合治理机构要在党委、政府的领导下，充分发挥组织协调作用，调动、整合各方面力量投入基层平安建设，形成综合优势。综治委各成员单位要明确本部门在基层平安建设中的职责任务，指导本部门基层组织充分发挥社会管理职能，积极参与社会治安综合治理，努力解决人民群众关注的突出治安问题。各级公安机关要充分发挥主力军作用，不断加强基层基础建设，在警力配置、经费投入、机制改革、考核奖励等方面为基层提供保障。各系统要结合行业特点开展多种形式的基层创安活动，完善内部安全管理机制，加强监督考核，并按照"属地管理"原则，推动所属单位积极参与所在地区平安建设工作。

（三）严把尺度，表彰先进。各地区在平安社区、平安村、平安单位、平安街道、乡镇的评定过程中，要坚持实事求是、严肃认真的原则，按照全市确定的统一标准进行自查申报。负有核查责任的公安机关要严格把关，如实反映相关情况。各地区、各系统、各部门在开展多种形式的平安创建活动过程中，要结合实际科学制定评定标准，严格审查把关，既要防止标准过高，多数单位难以实现，又要防止标准过低，命名平安称号过多过滥。要坚持每年对平安称号进行复核的制度，确保平安称号的严肃性。要完善相应的奖励激励机制，把基层平安创建活动与社会治安综合治理先进评选结合起来，对基层平安建设工作开展好、治安秩序良好、群众满意的基层党政组织、政法综治部门和先进工作者及时给予表彰奖励。

（四）广泛发动，依靠群众。要把广大人民群众作为基层平安建设的重要基础和力量源泉，积极探索新形势下加强群防群治组织建设的有效方法和途径，充分发挥党员、团员、民兵、治安志愿者和享受低保人员等各种社会力量在基层平安建设中的作用，最大限度地把人民群众组织起来。要采取政府财政投入、企事业单位协作、居民适当出资等多种渠道解决群防群治经费问题，不断探索深化群防群治工作的新途径、新办法。要大力弘扬见义勇为精神，完善见义勇为的鼓励和保护机制。要畅通民情民意表达渠道，及时听取群众对平安建设的意见、建议，了解掌握影响群众安全感的各类治安问题，采取有针对性的措施加以解决。要把群众对社会治安的反映和客观评价作为检验基层平安建设工作成效的重要标准。对拟命名平安示范称号和平安称号的地区、单位要在一定范围内向群众公示，并将群众意见作为审定命名的重要依据。对已命名平安示范称号和平安称号的，要通过新闻媒体向群众公布，随时接受群众监督。

附件：1. 平安社区标准
2. 平安村标准
3. 平安单位标准
4. 平安街道、乡镇标准

附件：

1. 平安社区标准

1. 综治、治保、调解组织、制度健全，专职治安防控人员到位，工作开展有力，群众安全感强，治安满意程度高。

2. 入户盗窃、盗窃机动车案件不超过常住人口的2‰，无杀人、爆炸、放火、抢劫、强奸、绑架、投毒等恶性案件。

3. 常住人口被逮捕、劳教处理不超过1‰，放回不满5年的刑释解教人员无被逮捕、劳教处理，无未成年人犯罪。

4. 无黑恶势力活动，无赌博、吸毒贩毒、卖淫嫖娼、传销、黑网吧等非法活动场所和犯罪窝点，无非法存放易燃、易爆、剧毒、放射性物品的场所，无重特大安全事故及其他治安灾害事故。

5. 维护稳定各项措施落实，无群体性事件，达到"无邪教社区（村）"创建活动标准。

2. 平安村标准

1. 综治、治保、调解组织、制度健全，治安巡控人员到位，工作开展有力，群众安全感强，治安满意程度高。

2. 入户盗窃及盗窃、破坏水电设施案件不超过常住人口的1‰，无杀人、爆炸、放火、抢劫、强奸、绑架、投毒等恶性案件，无拐卖妇女儿童犯罪。

3. 常住人口被逮捕、劳教处理不超过1‰，放回不满5年的刑释解教人员无被逮捕、劳教处理，无未成年人犯罪。

4. 无黑恶势力活动，无赌博、吸毒贩毒、传销、制假贩假等非法活动场所，无收赃、销赃窝点，无非法存放易燃、易爆、剧毒、放射性物品的场所，无重特大安全事故及其他治安灾害事故。

5. 维护稳定各项措施落实，无群体性事件，达到"无邪教社区（村）"创建活动标准。

3. 平安单位标准

1. 认真落实《企业、事业单位内部治安保卫条例》，治安防范工作有人抓、有人管，制度健全，措施到位，职工安全感强。

2. 刑事案件发案率不超过本单位从业人员的2‰，不发生杀人、放火、爆炸、抢劫、强奸、绑架、投毒等恶性案件，本单位从业人员被逮捕、劳教不超过1‰，放回不满5年的刑释解教人员无被逮捕、劳教处理。

3. 无非法存放易燃、易爆、剧毒、放射性物品的场所，无重大以上交通事故（专业运输组织以行业交通指标为准），无重特大安全事故及其他治安灾害事故。

4. 维护稳定各项措施落实,无群体性事件,本单位从业人员无人参与邪教、会道门及非法宗教活动,生产、经营、教学、科研秩序良好。

4. 平安街道、乡镇标准

1. 社会治安综合治理组织机构健全,人员到位,规章制度完善,经费保障落实。

2. 各部门、各单位综治职责明确,工作协调,齐抓共管,形成合力。

3. 社会治安综合治理领导责任制和目标管理责任制落实,综治目标责任书考核在本区县名次位居前列。

4. 辖区内平安社区、平安村、平安单位达标率在本区县名列前茅。

5. 社会治安防控体系建设成效明显,刑事案件发案率、常住人口被逮捕、劳教比例低于本区县平均值,不发生在本区县有影响的刑事案件、治安案件,无黑社会性质团伙活动,无重特大安全事故及其他治安灾害事故。

6. 维护稳定各项措施落实,矛盾纠纷排查调处机制健全、工作有力,不发生群体性事件。

7. 社会秩序良好,群众安全感强、治安满意程度高。

天津市综治委预防青少年违法犯罪工作领导小组
天津市社会治安综合治理委员会办公室
共青团天津市委员会
关于开展"为了明天工程示范区县"创建工作的意见

(2006 年 10 月 10 日)

各区、县综治委预防青少年违法犯罪工作领导小组、综治办、团委,市综治委预防青少年违法犯罪工作领导小组各成员单位:

为进一步推动"为了明天——预防青少年违法犯罪工程"的实施,切实加强基层基础工作,建立综合防治体系,有效预防和减少青少年违法犯罪工作,积极参与构建社会主义和谐社会,市综治委预防青少年违法犯罪工作领导小组、市综治办、团市委决定在全市开展"为了明天工程示范区(县)"创建工作。现提出如下意见。

一、指导思想、工作任务及目标

(一)指导思想:以邓小平理论和"三个代表"重要思想为指导,贯彻落实科学发展观,树立社会主义荣辱观,紧密围绕构建社会主义和谐社会,按照中共中央、国务院《关于进一步加强和改进未成年人思想道德建设的若干意见》精神,贯彻中央综治委《关于深化预防青少年违法犯罪工作的意见》,落实市委、市政府关于深入开展"平安天津"建设的意见,动员社会各方面力量,共同做好预防青少年违法犯罪工作,推动地区达标争先,形成以点带面、整体推进的工作格局。

（二）工作任务：推动区、县落实预防青少年违法犯罪各项措施，通过政府牵头、社会团体和组织积极参与的方式，重点加强对社会闲散未成年人、有不良行为未成年人、流动未成年人、农村留守未成年人等重点群体的救助、教育、服务和管理，加强青少年思想道德和法制教育，大力优化青少年成长环境，保护广大未成年人健康成长，有效预防和减少未成年人违法犯罪。

（三）工作目标：建立区、县预防青少年违法犯罪的工作体系，青少年犯罪得到有效遏制，未成年人犯罪率有所下降。

二、创建范围

全市各区、县。

三、工作内容

（一）深入开展青少年教育和社会宣传引导。针对未成年人的特点，开展丰富多彩、形式多样的思想道德和法制教育活动，坚持学校教育与家庭教育、社会教育相结合，不断创新教育方式与教育载体，丰富教育资源与教育内容，进一步增强教育的针对性和实效性。以“为了明天”为主题，广泛开展宣传教育活动，发动公民、学校、企业、社会团体和组织各方面社会力量，进一步参与预防青少年违法犯罪工作。

（二）加强对重点群体的服务和管理。做好流动未成年人、农村留守未成年人、服刑劳教人员未成年子女、有不良行为和闲散未成年人的工作。对流浪未成年人，认真落实各项救助保护政策，逐步解决流浪未成年人的监护、学习和生活问题。对服刑人员的未成年子女，探索建立完善养育、监护、教育、管理的工作体系，动员社会力量多渠道开展救助。对闲散未成年人，推动建立家庭、学校、社区“三位一体”的预防体系，有针对性地进行管理和服务。探索服务进城务工人员未成年人的有效途径。

（三）大力优化青少年成长环境。针对非法网吧、不良网络信息、淫秽色情网站及书刊、“黄赌毒”、校园周边不良环境等群众反映强烈的社会问题，开展集中专项整治，落实长效监管措施，净化青少年健康成长的社会环境。同时，进一步加强少儿传媒、青少年文化产品和教育活动阵地建设，发挥青少年宫等文化科技体育设施的教育功能，积极开展青少年喜闻乐见的活动，为青少年健康成长提供良好的社会文化条件。

（四）加强预防青少年违法犯罪的基层基础工作。加强街道和社区预防青少年违法犯罪工作机构、工作制度、工作队伍和工作阵地的建设。深入开展“青少年违法犯罪社区预防计划”和“未成年人零犯罪社区”创建工作，坚持工作重心下移，鼓励基层单位结合实际，创新工作方法，解决突出问题，建立专职社工和志愿者相结合的工作队伍，推动各项工作措施落实到街道、社区。

四、评选表彰及管理办法

（一）评选办法

1. 市综治委预防青少年违法犯罪工作领导小组办公室下发不同年度的《“为了明天工程示范区（县）”创建标准》和《关于申报“为了明天工程示范区（县）”的通知》。

2. “为了明天工程示范区（县）”创建地区应填写《“为了明天工程示范区（县）”创建申请表》，加盖公章，报市综治委预防青少年违法犯罪工作领导小组办公室。

3. 市综治委预防青少年违法犯罪工作领导小组办公室对创建区、县进行认真筛选，对具备创建条件的区、县报中央综治委预防青少年违法犯罪工作领导小组办公室参与评选。

4. 中央综治委预防青少年违法犯罪工作领导小组、中央综治办、团中央组织评审委员会，进行认真考评、评选，确定受表彰名单。

5. “为了明天工程示范区（县）”的评比工作，原则上每两年进行一次，获得命名表彰的区（县）示范期为两年。已获得“为了明天工程示范区（县）”的地区不搞终身制，到示范期满，其“为了明天工程示范区（县）”称号自然终止，可以再次参评“为了明天工程示范区（县）”。

（二）表彰与奖励

1. 通过评选获得命名表彰的单位，由中央综治委预防青少年违法犯罪工作领导小组、中央综治办、共青团中央下发文件予以表彰，并授予“为了明天工程示范城市、县（区）”匾额。对于连续三次获得表彰命名区、县，授予“为了明天工程示范城市、县（区）特别奖”匾额。

2. “为了明天工程示范区（县）”的评选纳入对各区、县预防青少年违法犯罪工作的考核，对获得“为了明天工程示范城市、县（区）”称号的区县,市预防办将给予一定资金支持,并在当年的预防青少年违法犯罪工作考核中给予倾斜。

五、工作要求

(一)高度重视,加强领导。"为了明天工程示范区(县)"创建工作是"平安天津"建设和"为了明天——预防青少年违法犯罪工程"的重要内容。各区、县综治委预防青少年违法犯罪工作领导小组、综治办、团委要从构建社会主义和谐社会的高度,充分认识创建工作的重要性,主要领导要牵头负责,确定专人组织实施。示范创建区、县党委政府要经常听取预防工作汇报,帮助解决困难和问题,抓好各项工作措施的落实。

(二)明确责任,协同共建。"为了明天工程示范区(县)"创建工作涉及的部门和工作项目比较多,区、县综治委预防青少年违法犯罪工作领导小组、综治办、团委要切实抓好指导、协调工作。示范创建区、县党委政府要明确有关部门的工作任务,把示范创建的各项措施要求纳入党政工作的总体安排,加强对基层单位的指导和督促,采取行之有效的工作措施,确保示范创建工作抓出成效。

(三)加大投入,保障经费。必要的人力、物力和财力保障是保障"为了明天工程示范区(县)"创建工作深入开展、建立预防青少年违法犯罪工作长效机制的重要条件。区、县综治委预防青少年违法犯罪工作领导小组、综治办、团委要重视经费保障问题。示范创建区、县党委要筹措资金,针对该地区中青少年违法犯罪的突出问题和重点工作项目,加大投入,确保实施。

(四)稳步推进,务求实效。创建"为了明天工程示范区(县)"是预防青少年违法犯罪的一项基础性工作。区、县综治委预防青少年违法犯罪工作领导小组、综治办、团委要着眼建设,结合实际,稳步推进。示范创建区、县党委要从一件件具体事情抓起,杜绝形式主义和轰动效应,切实加强基层基础工作,解决青少年成长面临的突出问题,推动预防青少年违法犯罪工作持久深入开展。

附件:《2006、2007年度"为了明天工程示范区(县)"创建标准》

附件:

2006、2007年度"为了明天工程示范区(县)"创建标准

第一条　认真贯彻、执行《中华人民共和国宪法》、《中华人民共和国未成年人保护法》、《中华人民共和国预防未成年人犯罪法》及有关法律、法规中保护青少年合法权益的规定,保护青少年健康成长。

第二条　组织建设

(一)示范区(县)设立综治委预防青少年违法犯罪工作领导小组和办公室,配备专职或兼职工作人员,建立完善的工作制度。

(二)乡镇(街道)综治委预防青少年违法犯罪工作领导小组和办公室设置率达到100%,深入实施"青少年违法犯罪社区预防计划"。

(三)预防青少年违法犯罪工作作为本地社会治安综合治理考核内容,所占分值不低于5%;工作经费列入本级财政预算。

(四)建立青少年事务专职社工队伍和志愿者工作队伍,成立专门社团或协会,依托城市青年中心等阵地建立社区预防青少年违法犯罪工作站(点)。

第三条　青少年思想道德和法制教育

(一)创新青少年思想道德和法制教育的有效形式,具有较强的针对性和实效性。

(二)深入开展学校法制教育,把法制教育列入教学大纲,做到法制教育、教材、师资和课时的"四落实"。

(三)示范区(县)建立1所以上"有计划、有

场所、有教师、有教材、有对象”的示范性社区青少年法律学校，积极开展青少年喜闻乐见的活动。

（四）建有永久性青少年自我保护教育基地，能够经常性地开展青少年自我保护教育活动。

（五）中小学校全部配备法制副校长或辅导员，法制副校长或辅导员每学期至少对学生开展4次法制教育。

（六）推进家长学校建设，辖区内30%的社区至少建设1所综合性的家长学校，落实教学场所、师资、教材，建立培训制度。

第四条　青少年维权与服务工作

（一）示范区（县）设立12355青少年心理咨询服务热线电话，建立完善的工作机制，能够为青少年提供有效服务。

（二）积极开展创建优秀“青少年维权岗”活动，结合12355青少年服务平台建设，进一步完善青少年维权工作中投诉、受理、解决等工作机制，积极维护青少年合法权益。

（三）认真做好流浪未成年人和服刑人员未成年人子女的救助保护工作，动员社会力量多渠道开展救助，使之“有人养、有人管、有学上”，示范区（县）建有流浪儿童救助保护机构。

（四）对贫困中小学生实行多种形式的救助，严格规范中小学开除、劝退的相关措施，在控制中小学生失学辍学方面措施有力。

（五）抓好社区闲散青少年管理工作，建立社区闲散青少年管理档案，试点社区建立闲散青少年管理系统。

（六）做好进城务工青年教育管理工作，深化“千校百万”培训计划，倡导打工文化，着力解决工资拖欠、人身伤害等突出问题，保护进城务工青年的合法权益，示范区（县）应建立“千校百万”培训学校等阵地。

（七）做好进城务工人员随带未成年人和农村留守未成年人的教育和服务工作。

（八）做好青少年罪犯、劳教人员刑满释放解教时的衔接工作，加强刑满释放、解除劳教青少年的技能培训和就业指导。

（九）具备条件的地方，做好不良行为未成年人送工读教育的工作。

（十）政法机关认真贯彻落实少年司法制度的要求，做好涉及未成年人案件的侦查、审判、羁押、帮教等方面的工作。

第五条　优化青少年成长环境

（一）针对组织、强迫未成年人违法犯罪的黑恶势力，不良文化产品，黑网吧及违法违规网站等危害青少年健康成长的突出问题开展集中整治。

（二）建立区域性青少年成长环境监测预警体系和对危害青少年健康成长的突出社会问题的长效监管机制，建立举报受理、联合整治、督导考核等工作制度，及时有效地将突出问题消除在萌芽状态。

（三）深入实施中小学“校园净化工程”，在中小学生中开展“远离不良文化”教育活动，杜绝淫秽色情“口袋本”图书、学生彩票等不良文化产品进入校园。

（四）示范区（县）建有青少年宫等专门的青少年活动场所并经常性地组织开展公益活动；积极推荐或组织青少年收看、收听或阅读对青少年有益的广播电影电视节目和图书报刊。

第六条　其他

（一）每年针对本地区预防青少年违法犯罪工作重点问题深入调查研究，形成调研成果，准确掌握本地青少年违法犯罪状况；及时报送青少年违法犯罪动态和工作信息，确保上下级预防领导机构、成员单位与预防办之间信息畅通。

（二）在新闻媒体和内部简报上及时报道和刊发预防工作经验和做法，每年被各类新闻媒体报道不少于10次；典型经验和做法被上级《预防青少年违法犯罪工作》简报、杂志等选用。

（三）积极开展“未成年人零犯罪社区”创建工作，辖区内全年无杀人、投毒、绑架、强奸等团伙性青少年违法犯罪的恶性刑事案件，未成年人犯罪比例低于本地区前三年平均值。

天津市社会治安综合治理委员会组成人员情况

主　任：王文华　市委常委、市委政法委书记

副主任：孙海麟　市委常委、副市长

陈洪江　市人大副主任

曹秀荣　市政协副主席

张柏峰　市高级人民法院院长

委　员：刘　琨　市委政法委副书记

李新民　市委政法委副书记

武书昌　市人大内务司法委主任

武长顺　市委政法委副书记、市公安局党委书记、局长

王伟庄　市委政法委副书记、市综治办主任

梁文忠　市纪检委副书记、市监察局局长

齐二木　市委组织部副部长

于瀛沪　市委组织部副部长、市人事局局长

张占礼　市委宣传部副部长

张炳学　市委统战部副部长

孟宪锋　市委工业工委副书记

沈东海　市委规划建设工委书记

王海福　市委综合经济工委副书记

王世新　市委交通口岸工委书记

李国林　市委商务工委书记

杨希禄　市委教卫工委副书记

崔士光　市委农村工委书记

李　平　市委科技工委副书记

张小林　天津开发区保税区工委副书记

邢铁隆　市委、市政府信访办主任

李泮祥　市总工会副主席

王之球　市妇联主席

李　虹　团市委书记

吴延明　天津警备区政治部副主任

刘晓健　天津武警总队队长

罗　昭　市司法局局长

钟　卫　市国家安全局局长

董皓然　市民政局局长

黄新华　市第一中级人民法院院长

宁殿芳　市第二中级人民法院院长

李柏华　天津海事法院院长

马世民　市检察院二分院检察长

杨福刚　市财政局局长

唐延芹　市劳动和社会保障局局长

石　栋　市工商局局长

胡兴华　市广播电视电影局局长

成其圣　市文化局局长

张秉诚　市新闻出版局局长

黄胜强　天津海关关长

马炳超　中国人民保险公司天津分公司总经理

张铭德　市公安消防局局长

郭忠华　市监狱局局长

张志刚　市劳教局局长

张时善　市安全生产监督管理局局长

吴延龙　市国土资源和房屋管理局局长

张　华　市银监局党委书记、局长

蔡卫国　市保监局局长

吴　初　市质监局局长

黄全利　市交管局局长

藤锦然　市防范和处理邪教问题领导小组办公室主任

天津市综治办机构设置及人员情况

天津市社会治安综合治理委员会办公室主任王伟庄,副主任廉仡。下设2个职能处室:综合协调处、基层指导处,规格为处级。市综治办定编12人。

天津市各区、县综治委、办主任名单

地　区	综治委主任	综治办主任	地　区	综治委主任	综治办主任
和平区	李润兰	吴田娃	东丽区	尚德来	王　义
河东区	吕德林	赵洪岭	西青区	董景川	辛培起
河西区	沈家聪	苏天辰	津南区	杨国法	刘金友
南开区	许景胜	卢东泉	北辰区	郭连生	郭海洪
河北区	刘民选	刘月明	武清区	袁桐利	刘善国
红桥区	马广智	李卫东	宝坻区	孙宝华	王立新
塘沽区	冯宗英	翟连生	蓟　县	张　杰	王术华
汉沽区	刘子利	邸国荣	宁河县	刘建国	王庆龙
大港区	张志方	孙建华	静海县	倪福江	朱均和

（撰稿人:李长凯
审稿人:王伟庄　李宝柱）

河　北　省

2006 年社会治安综合治理工作概况

2006 年，是全省社会治安综合治理工作紧张繁忙并且取得显著成效的一年。在省委、省政府和各级党委、政府的正确领导下，全省政法机关和综治组织坚持科学发展观，紧紧围绕发展与和谐两大任务，充分发挥职能作用，着力构建“五大体系”，为维护全省和谐稳定做出了积极贡献。据省统计局群众安全感调查结果显示，群众认为“很安全”、“安全”和“基本安全”的占 90.56%，比上年高 2.5 个百分点。

一、积极构建“三位一体”矛盾纠纷调解工作体系，大量社会矛盾纠纷得到有效化解

大力推进“三位一体”调解体系建设，人民调解组织进一步健全，调解领域不断拓宽，大量的民间矛盾纠纷得到及时调解；各级政府及其行政部门调解意识明显增强，行政调解工作取得明显进步；各级法院普遍建立完善了调解制度，努力把调解贯穿诉讼的全过程；三种调解手段形成了化解矛盾纠纷的合力。2006 年，全省共排调各类矛盾纠纷 138672 件，成功化解 137027 件，成功率达 98%，防激化 2161 件，劝阻群众上访 2750 起。实现了民事案件、民转刑案件、越级上访和群体性事件“四下降”。先后在全国综合治理工作会议、全国平安建设研讨班和全国政法工作会议上介绍经验，得到罗干、周永康等中央领导同志和中央有关部门的充分肯定。

二、深入推进平安河北建设，社会治安大局持续平稳

广泛开展基层平安创建，积极构建社会治安防控体系，社会治安综合治理各项措施进一步落实。深入开展打黑除恶专项斗争，普及推广科技防范设施，加强流动人口管理和服务工作，认真落实刑释解教人员安置帮教措施，积极开展预防青少年违法犯罪工作，广泛深入进行普法宣传教育，提高了预防犯罪的能力。进一步加强监狱劳教工作，保持了监管秩序的稳定。切实加强安全保卫工作，确保了北戴河暑期和中非合作论坛北京峰会等重大国事活动的绝对安全。

三、加强执法规范化建设，解决了一些执法中的突出问题

以建立执法档案为基础，大力推进执法质量管理体系建设，初步建立了执法档案和执法质量考评制度。深入开展政法领导干部联合接访工作，建立健全处理涉法涉诉上访问题的经常性工作机制，解决了一大批群众反映强烈的问题。省委政法委挂账督办重点案件办结率达到 92.9%。认真落实执法责任追究制，严肃查处执法办案中的违法、违纪问题，对 15 起执法过错案件的 30 名责任人进行了严肃处理。以政法工作信息化促进执法规范化，执法过程录音录像、网上执法评查等得到广泛运用，促进了执法办案的规范、公开和透明。

四、积极构建维护国家安全工作体系，信息情报的主导作用越来越明显

强化对重要活动、重大事件的情报核查研判和危害等级预警评估工作，及时获取了一大批深层次、内幕性、预警性情报信息，掌握了对敌斗争主动权。破获了一批重大间谍案件，维护了国家安全和利益。依法严厉打击“法轮功”等邪教组织，遏制了邪教活动的反弹势头。高度警惕和严密防范境内外敌对势力和敌对分子的渗透破坏活动，挫败了他们挑起事端、制造混乱的图谋。

五、社会主义法治理念教育不断深化，政法队伍建设迈出新步伐

深入开展社会主义法治理念教育活动，依法治国、执法为民、公平正义、服务大局、党的领导的理念不断强化。加强政法机关领导班子建设，结合换届工作调整了省直政法部门领导班子,设区市公安局长全部按副地厅级配备。认真落实《中共中央加强和改进党对政法工作领导的意见》,在深入调研的基础上,出台了《关于进一步加强县级党委政法委建设的意见》,举办了设区市政法委书记、综治办主任和县级政法委书记培训班。深入开展业务技能培训,大力提高干警业务素质。坚持从严治警,严肃查处干警违法违纪案件113起156人。坚持从优待警,对19名牺牲干警家属和1000名特困干警给予了资助。政法队伍的战斗力和凝聚力进一步增强,68名同志和43个集体受到省部级以上的表彰奖励,涌现出了以“我最喜爱的十大人民警察”李新宝为代表的一大批模范人物。

平安建设工作情况

一、领导重视,认真部署

省委、省政府从全局的高度,从贯彻落实科学发展观,更好地完成河北省发展和稳定两大主要任务出发,高度重视平安河北建设工作。省委书记白克明同志一再强调,要用建设“平安河北”、构建“和谐河北”的要求,统揽全省维护稳定工作全局。各级党委、政府和部门特别是主要领导不断强化“发展是第一要务,稳定是第一责任”意识,牢牢把平安河北建设抓在手上,切实抓出成效。省委通过多次召开常委会,专题研究解决“平安河北”建设中的突出问题。2006年4月,省委、省政府批转了省委政法委、省综治委《关于构建人民调解、行政调解、司法调解“三位一体”社会矛盾纠纷调解工作体系的若干意见》(冀字[2006]5号),并召开了全省构建人民调解、行政调解、司法调解“三位一体”调解工作体系现场会,将其作为平安建设的基础性工作,强力推进。6月23日,省委、省政府召开各市、各部门党政一把手参加的全省推进“平安河北”建设电视电话会议,对平安建设再动员、再部署。并召开现场会进行部署,在全省推广了一批经验,推进了这项工作的有力开展。

二、多措并举,提高创建层次和水平

一是积极推进齐抓共管。省综治委制定了创建平安县(市区)、平安乡镇(街道)、平安社区(村)、平安学校、平安家庭、平安企事业单位和平安大道、平安铁道线的具体标准,提出了目标和要求。各地各部门按照要求,广泛开展了平安创建活动,不断提高创建活动的覆盖面。省综治委建立委员联系点制度,每名综治委员确定一个县(市、区)作为平安建设创建工作联系点,促进扩大覆盖面,提高创建质量。二是表彰先进,全面带动。全省表彰了79个先进县(市、区)和73438个基层平安建设先进单位。通过表彰先进,全面带动了创建工作的深入开展。省妇联加大平安家庭创建活动的力度,全省参与创建活动的市(县、区)达100%,参与创建活动的家庭达90%以上。全省共创建零家庭暴力社区558个,零家庭暴力村4480个。省综治办、承德市妇联、衡水市“平安家庭”创建活动领导小组获全国“平安家庭”创建活动先进集体荣誉称号。三是广泛宣传动员。各级注重抓好平安建设日常宣传工作,通过在新闻媒体上开辟专栏、创办文艺节目等形式,广泛宣传开展平安建设的重大意义,宣传在平安建设中涌现出的先进集体和先进人物。同时,还认真组织好集中宣传活动。省综治办与石家庄市综治办联合在省文化广场组织举办了平安建设宣传日活动,通过设置展牌、发放宣传单、开展咨询等方式,大力开展宣传,参与的社会各界人士、干部、广大群众近万人,达到了良好的宣传效果,提高了群众的认知率、参与率。

三、加强领导,强化责任

各级各部门领导尤其是各级党政“一把手”和部门主要负责同志都强化了发展是第一要务,稳定是第一责任的思想,成立了由主管领导为组长的平安建设工作领导小组,切实把平安建设纳入本地经济社会发展的总体规划,主要领导负总责，分管领导具体抓，其他领导配合抓。省委、省政府领导年初和各市各部门主要领导签订平安建设责任状，各市、各部门与县（市、区）和本系统、本单位主要领导层层签订了平安建设责任状，确定工作目标。省综治委制定下发了平安建设责任分解表，省综治委成员单位按照职责分工，制定了关于平安建设的实施方案或意见。坚持综治成员单位述职制度。同时，定期召开联席会议，研究平安建设工作，分析形势，提出进一步落实的工作措施。省综治委等五部门进一步完善和加强了领导责任查究制度，对综治措施不落实，发生影响社会治安稳定重大案（事）件的地方，严格进行责任查究，实施一票否决。全省共对71名责任人实施了责任查究，对119个地方、单位和部门实行了“一票否决”。

通过广泛开展平安创建活动，促进了社会治安明显好转，社区可防性案件明显减少，群众安全感进一步增强。省综治办委托省统计局开展的年度群众安全感满意率达90.56%；治安混乱地区和突出治安问题得到有效整治，预防、控制和打击违法犯罪的能力不断提高，全省刑事发案特别是严重暴力犯罪案件和多发性侵财案件上升势头得到有效遏制，社会大局持续平稳；排查调处矛盾纠纷能力提高，80%以上的矛盾纠纷解决在了县级以下；全省交通、火灾事故发生起数，死、伤及经济损失四项指标同比上年均保持了下降趋势。

构建“三位一体”
矛盾纠纷调解工作体系情况

全省积极构建人民调解、行政调解、司法调解“三位一体”调解工作体系，并作为“平安河北”建设的基础性工作来抓，把大量矛盾纠纷化解在基层，化解在萌芽状态。

一、认真谋划部署

按照省委、省政府要求，各地积极构建在党委领导下，社会治安综合治理机构协调，以人民群众和政府有关职能部门、司法机关为主体，以乡镇、街道为重点，以人民调解为基础，人民调解、行政调解和司法调解既各自发挥作用，又相互衔接相互配合的调解工作体系。为推动这项工作深入开展，先后召开了构建人民调解、行政调解、司法调解“三位一体”调解工作体系现场会，省综治委全会、全省设区市政法委书记、综治办主任和县级政法委书记培训班，全省设区市综治办主任、扩权县综治办主任座谈会进行部署推动。省综治办还组织有关部门认真编写了“三位一体”调解体系建设系列书籍，为各地更好地开展工作提供了理论支撑。省法院、省公安厅、省司法厅、省民政厅、省交通厅、省建设厅、省劳动和社会保障厅、省国土资源厅等部门制定了加强本系统“三位一体”调解工作的意见和措施。各级各部门认真贯彻落实中办、国办《关于预防和化解行政争议健全行政争议解决机制的意见》，大力推进行政调解工作取得新突破。通过大力推进“三位一体”调解体系建设，全省人民调解组织进一步健全，人民调解领域不断拓宽，大量的民间矛盾纠纷得到及时调解，充分发挥了基础作用；各级政府及其行政部门调解意识明显增强，行政调解工作取得明显进步；各级法院普遍建立完善了调解制度，努力把调解贯穿诉讼的全过程；三种调解手段形成了化解矛盾纠纷的合力。

二、健全工作机制和各项工作制度

省综治办、省排调办制定了《关于进一步加强排查调处工作的意见》，进一步健全和完善了信息报告制度、重点矛盾纠纷案件挂账督办、情况通报、领导包案、事后总结监督、重大疑难纠纷报告、移办、督办和矛盾纠纷激化过错责任、考核奖惩等一系列工作机制和制度，促进了工作的规范化、制度化。省综治办、省司法厅联合制定下发了《关于民间矛盾纠纷转化为刑事案件过错责任追究办法

(试行)》,完善和健全了权责明确、责任落实、行为规范、监督有效、保障有力的民间矛盾纠纷排查调处工作机制。在全省形成了在党委领导下,综治机构协调,以人民群众和政府有关职能部门、司法机关为主体,以乡镇、街道为重点,以人民调解为基础,人民调解、行政调解和司法调解既各自发挥作用,又相互衔接配合的调解工作体系。省综治办制定"三位一体"调解工作体系考核评价标准及平安县(市、区)、乡镇(街道)、村(居)、企事业单位和学校标准。

三、健全矛盾纠纷排查工作网络,各种矛盾纠纷得到及时发现

全省各县(市、区)、乡镇(街道)都建立了以综治办为协调牵总的"三位一体"调解工作中心,并加强工作网络建设,初步形成了覆盖社会各领域、遍及广大城乡的调解工作网络体系。人民调解工作网络方面,在加强乡镇(街道)和村(居)的传统调解委员会建设基础上,重点推进人民调解组织向社会组织、中介组织和行业组织的延伸。全省建立乡镇(街道)、村(居)和大中型企业、事业单位、学校、社会团体和行业协会人民调解组织6万多个,人民调解员达到46万余人。行政调解工作网络方面,在劳动、土地等行政纠纷突出的部门设立了专门的调解机构。司法调解工作网络方面,重点充实民事和行政审判机构,完善了邀请调解和委托调解制度。各地坚持定期排查和集中排查相结合,日常排查和重要时期排查相结合,及时掌握各类矛盾纠纷的情况,排查率达96%。全国、全省"两会"前后和国庆、党的十六届六中全会召开前,开展了两次矛盾纠纷集中排查活动,12月13日起又开展了为期3个月的全省安全稳定专项排查整治活动,取得良好效果。

社会治安综合治理基层基础工作情况

2006年,河北省把社会治安综合治理基层基础工作摆到突出位置,通过开展"基层基础工作年"活动,优先谋划、优先发展,在领导精力、经费保障、警力配置等方面向基层倾斜,坚持加强以党组织为核心的基层政权建设,努力实现基层综治组织及政法部门工作制度化、规范化,充分发动和依靠群众,确保社会治安综合治理工作措施在基层的落实。

一、进一步加强基层组织建设,强化社会管理、维护社会稳定工作职能

一是加强基层党组织建设,充分发挥维护社会稳定的作用。各级组织、民政部门组织进行了乡镇(街道)、村(居)班子换届选举,通过严格的考核、审查和选举程序,配齐配强了两级领导班子,基层党组织建设得到全面加强。通过开展保持共产党员先进性教育和社会主义新农村建设,引导基层党员干部树立科学发展观,正确处理改革发展稳定关系,强化开展社会治安综合治理、维护社会稳定责任,充分发挥基层组织在贯彻党和国家方针政策、协调利益关系、化解矛盾纠纷、为群众排忧解难、维护社会稳定的作用,为基层综治工作开展奠定了坚实的组织基础。二是大力推进基层综治办建设,促进综治工作开展。各地认真贯彻中央综治办、中央编办《关于加强乡镇、街道社会治安综合治理基层组织建设的若干意见》和省委、省政府《关于加强社会治安综合治理工作的若干意见》(冀发[2002]4号),把进一步完善乡镇、街道综治办建设作为基层综治工作的重中之重,进一步健全机构、落实编制、完善制度、解决了办公用房和经费,并明确要求由同级党委副职任综治办主任。全省2317乡镇、街道均建立了综治机构,普遍达到1—3人,并能有效开展工作。同时,各级加强综治干部培训,综治干部素质和工作能力得到进一步提高。三是加强基层政法组织建设,充分发挥其主力军作用。重点加强了以思想建设、组织建设、业务建设、作风建设为主要内容的软件建设。全省各级公安机关推行社区、农村警务战略,努力提高基层干警政治业务素质,公安基础工作得到全面加强,打击和防范能力进一步提高。省司法厅组织开展了优秀司法所、优秀司法所长评比表彰活动，今年全省共评选优秀司法所51个。各级人民法院组织开展了"五好法庭"创建活动。

二、以五大社会治安防控网络建设为抓手，不断提高社会面、社区、农村、内部单位、重点部位的治安防控能力

全省各地都把社会治安防控体系建设纳入经济社会发展总体规划，给予强有力的经费保障，积极构建社会面、居民区、公共复杂场所、重点要害部位、农村五大治安防控网络。为强化居民区的防控，全省公安机关积极推进社区和农村警务战略，全省建成社区警务室2140个、驻村警务室3098个，配备社区民警3163名，驻村民警5717名，全省公安机关基层一线警占县级警力的85%以上，防范、管理、服务等工作向社区和村街延伸，治安防范能力有了新的增强。为强化对社会面的防控，全省公安基层派出所队全面推行了执勤倒班和错时工作制、弹性工作制，民警工作方式向动态巡逻防控转变，初步建立起与全省经济社会发展相配套的警务机制。结合社会主义新农村建设，在抓试点的基础上，建立了由乡镇综治办牵头，驻地派出所、司法所、法庭为主体，各单位既履行各自职责又相互支持配合的综合治理协调联动机制；建立由派出所牵头，乡镇民兵分队、治安巡逻队、村治保会、院户联防组织履行职责的维护治安工作机制；建立由司法所牵头，基层法庭指导，人民调解组织充分发挥作用的矛盾纠纷排查调处工作机制，构建农村治安防控体系，提高农村社会治安防控能力。

三、充分发动和依靠群众，维护社会治安秩序

全省各地积极探索，建立与社会主义市场经济体制相适应的群防群治组织，不断壮大了群防群治力量。在广泛开展义务联防的基础上，石家庄、承德、唐山、沧州、邯郸等地采取政府出资购买服务岗位或谁受益谁出资的办法，建立了专门治安巡防组织，通过实行治安承包责任制和加入人身意外伤害、医疗保险，强化了治安承包人责任和巡防队员人身保障，大大提高了治安防范效果。同时，大力组织动员社会力量参与社会治安防范工作，组织律师、退休法律工作者为群众提供法律援助和法律服务，化解民间矛盾纠纷；秦皇岛、承德、邢台、廊坊、衡水等地在出租车司机、环卫工人、乡村医生、计划生育工作人员、退休干部教师中建立治安信息员，组织他们参与治安防范。全省有治保干部138208名，省公安厅批准组建保安服务公司103家，保安从业人员41000人，巡防队员78349名，单位内部治安保卫组织25106个，专、兼职治安保卫人员95407名，单位巡逻守护力量31311名，社会治安志愿者近百万人。各地不断加强对群防群治队伍的管理，完善工作制度，加强经费保障，充分发挥其在维护社会治安中的作用。各地大力宣传中央综治工作方针政策、《河北省社会治安综合治理条例》和《河北省奖励和保护见义勇为人员条例》，以及有关法律常识，广泛动员群众参与综合治理工作。

预防青少年违法犯罪、刑释解教人员安置帮教、流动人口管理和服务工作情况

一、突出抓好预防青少年违法犯罪工作

全省各级各部门认真贯彻《中华人民共和国未成年人保护法》和《中华人民共和国未成年人犯罪法》，2006年6月，全省召开了预防青少年违法犯罪工作会议，制定了《关于贯彻落实〈关于加强流浪未成年人工作的意见〉的实施方案》，要求2007年底前全省各设区市都要建立一所少年儿童教育保护中心。2006年底，石家庄、秦皇岛、唐山等市少保中心已建成并投入使用。认真开展服刑人员未成年子女关爱行动，下发了《关于在全省开展服刑人员未成年子女关爱行动的通知》，省司法厅、省妇联等单位在省女子监狱启动了全

省关爱行动，重点以社区为单位对困难家庭进行救助帮扶，确保未成年子女“有人养、有人管、有学上”。积极推广使用全国社区青少年信息管理系统，在全省安排部署了社会闲散青少年普查和调研活动，90%的街道社区完成了调查摸底工作，建立了社区闲散青少年管理档案。贯彻落实团中央“烟台会议”精神，召开工作会议，对全省各市的城市青少年中心建设工作进行部署。全省城市青少年中心建设率已超过80%，其中廊坊、衡水等市达到100%。集中开展“优秀青少年维权岗行动月”活动，加强维权岗、维权中心和12355热线的建设，举办两期全省“优秀青少年维权岗”创建工作培训班，省级创建领域已扩展到13个行业。邯郸市法院未成年人犯罪审判庭等单位荣获全国优秀“青少年维权岗”。深入实施“进城务工青年发展计划”，继续深化“千校百万”培训计划，在务工青年集中的地方和行业建立青年中心，并联合劳动监察、工商、建设等部门开展拖欠工资、工伤不赔等严重侵害进城务工青年合法权益的行为，收到了良好效果。在全省范围内展开了青少年“明辨荣辱，自强奋进”主题教育活动，组织开展了“家乡文化大搜索”、“未来在我手中”全省大中学生创新创业竞赛、第三届全省大中学生校园歌手大赛、校园电影月、以“传承五四报国志，落实科学发展观”为主题的暑期社会实践等活动，进一步丰富了广大青少年的业余文化生活，提升了他们的精神素养和思想境界。深入开展青少年“安全放心网吧”创建和“帮助青少年戒除网瘾行动”等有针对性的活动。2006年1月，团中央等中央五部委在石家庄市召开“全国帮助未成年人预防和戒除网瘾工作经验交流暨现场推进会”，推广了石家庄市开展“阳光网络计划、帮助青少年解除网瘾”的经验。切实加强青少年法制教育，把法制教育列入教学大纲，并且建立了河北省未成年犯管教所、河北省戒毒劳教所两所永久性青少年法制教育基地。省委政法委、省综治办与省委宣传部、省司法厅等部门还组织编写了一套3本的青少年法制教育读本，发放到全省部分中小学。

二、切实做好刑释解教人员的安置帮教工作

2006年，全省进一步加强安置帮教工作机构、队伍和制度建设，加大对刑释解教人员衔接管控和就业安置力度。全年共接收刑释解教人员7264名，帮教率和安置率分别为98.4%和97.6%，重新违法犯罪率为0.5%。不断加强安置帮教工作组织建设。全省共建立基层安置帮教机构60293个，基本形成了纵到底、横到边，上下贯通的四级帮教网络。全年对26万名基层安置帮教工作人员进行了培训，切实提高了素质。建立起安置帮教工作长效机制。各地建立健全安置帮教工作责任制度、定期排查制度、定期召开会议制度、档案管理制度、信息反馈制度、跟踪回访制度、定期培训制度，形成了统一规范的工作运行机制，帮教效果明显提高。进一步改进衔接管控工作。对全省50135名刑释解教人员进行登记造册。全省776个单位购置了安置帮教管理软件，对全省近五年回归的刑满释放、近三年回归的解除劳教人员的基本情况建立了信息数据库。切实做好刑释解教人员的安置帮教工作。全省建立过渡性安置基地65个，落实一系列帮教等工作制度，刑释解教人员就业率达98%。

三、加强流动人口管理和服务

全省各地进一步完善基层流管防控网络，健全派出所流动人口管理站和村（社区）、企业流动人口登记站两级基层管理组织。加强联防、治保组织和协管员队伍建设，全省2006年新招录协管员1846名，总数达14099人。大力推进暂住人口和出租房屋信息系统建设，全省共有1975个派出所安装了暂住人口信息系统，1966个派出所安装了出租房屋信息系统，其中1216个派出所加载了逃犯信息。全省已录入暂住人口信息110余万条，出租房屋23万余条。2006年，全省组织开展了为期6个月的出租房屋普查登记专项活动，共入户普查登记568万余户，新登暂住人口26.7万人、出租房屋9.2万户。

社区矫正试点工作情况

全省社区矫正试点工作，按照“积极探索、依法规范、密切配合、注重实效”的工作原则，认真谋划，精心组织，大胆实践，通过抓好各职能部门间的协调配合、建立完善各项规章制度、为矫正对象解决实际困难和问题等措施手段，取得了明显成效。截止2006年底，全省各试点单位共接收社区服刑人员900余名，通过各级各部门的共同努力，这些矫正对象改造积极，表现良好，无一重新违法犯罪，收到了良好的法律效果和社会效果，促进了社会和谐稳定。

一、各职能部门密切配合，形成了社区矫正试点工作合力

社区矫正试点工作启动后，省司法厅多次积极与省法院、省检察院、省公安厅、省财政厅、省人事厅、省劳动和社会保障厅、省民政厅、省编办、团省委、省妇联等10个相关职能部门进行协商沟通，研究探讨如何结合我省实际，深入开展社区矫正试点工作。各职能部门积极参与，并充分发挥自身优势，着力为社区服刑人员解决实际困难和问题。2006年度，在全省社区服刑人员中，民政部门落实低保的30人，劳动部门提供技能培训147人，指导就业160人，其他部门也各司其职，各负其责，为社区服刑人员提供各种帮教服务，在各部门的共同努力下，社区矫正试点工作形成了合力，取得良好的社会效果。

二、加强制度建设，依法规范试点工作

省社区矫正工作办公室下发了《关于开展社区矫正试点工作实施意见》、《社区矫正工作流程》（试行）和《社区矫正衔接工作若干规定》（试行），进一步规范了全省社区矫正工作。各地也依据全国和省里出台的有关文件，结合本地实际，健全了一系列规范具体工作的制度，尤其是在矫正对象的审查登记、思想教育、公益劳动、监管奖惩及衔接协调等方面作了更为详细具体、更具操作性的规定，使试点工作逐步纳入了程序化、规范化的轨道。

三、强化监督管理，立足帮教服务，巩固了社区矫正工作成果

各地矫正组织在加强对矫正对象行为监督的同时，立足于教育改造，立足于服务帮教，立足于人性化管理。如邯郸市成安县针对未成年的社区服刑人员，工作中采取个别教育、区别对待的措施，尽量控制影响，使其放下思想包袱，同时动员社会各方面力量，积极创造条件，为失足青少年营造健康、有益的生活学习环境，使其得到健康成长。衡水冀州市对于有就业愿望但无职业技能的矫正对象，免费提供职业技能培训，积极为老弱病残、无生活来源的矫正对象提供最低生活保障，安排困难补助。

四、广泛宣传，提高认识

为了进一步提高社会各界对社区矫正工作重要意义的认识，2006年5月，在全省范围内开展了社区矫正工作宣传月活动。各地成立了集中宣传活动领导小组，制定了具体实施方案，通过图片展览、社区板报、张贴标语、发放资料等多种形式，组织社区矫正工作者及社会志愿者进村镇、进社区，广泛宣传社区矫正工作的性质内容及社会矫正各职能部门的职责、社区服刑人员的典型事例。通过宣传，进一步扩大了社区矫正工作的社会影响，提高了全省各级各部门、各单位和广大人民群众对于社区矫正工作的认识，为全省社区矫正工作的开展营造了良好的社会氛围。

五、抓好典型，推动工作开展

泊头市作为河北省社区矫正工作试点地，工作中不断探索社区矫正工作的新型模式。一是创造了建立社区矫正协管员队伍的成功经验，即充分利用中央有关下岗职工再就业的有利政策，在下岗职工中选聘一批具有群众基础和基层工作经验，具有一定政策和法律知识的人员，建立社区矫正协管员队伍，既解决了下岗职工再就业问题，又解决了一线社区矫正工作人员缺乏问题，取得了良好的社会效果。二是注重规范化建设，从矫正对象的报到、管理,到教育、考核、奖惩、解除等各个环节都制定了严格的规章制度,使整个社区矫正工作严谨规范,有章可循。三是坚持严格管理和人性化服务相结合,实施“三见面,三必访”,即:每半个月要与社区服刑人员见面,每个月要与社区服刑人员家属见面,每个月要与社区服刑人员所在村(居)委会见面;发现社区服刑人员思想有波动时必访,社区服刑人员生活上有困难时必访,社区服刑人员社会交往有异常时必访。帮助矫正对象解决实际困难和问题,促其安心改造,自觉接受矫正。

实施“护城河工程”工作情况

一、各级党委、政府把实施“护城河工程”作为政治任务,一以贯之,常抓不懈

各级党委、政府始终从讲政治、讲大局的高度充分认识“护城河工程”的极端重要性,始终把实施“护城河工程”作为维护首都稳定的重中之重,把“护城河工程”纳入综合治理目标管理体系,作为维护稳定和综治领导责任制的重要内容,列入党政主要、主管领导年度考核目标。环京地区的各级党政领导都把“护城河工程”列入重要议事日程,作为维护社会稳定和社会治安综合治理工作的头等大事,全盘考虑,周密谋划,认真组织实施。广大干部群众自觉服从、服务大局,积极主动参加全国两会、重要节假日、敏感期、重大国事活动等期间的安全保卫工作,为维护首都的安全稳定做了大量富有成效的工作。京、冀毗邻的县、乡、村立足于共同维护首都安全稳定,不断加强协作,普遍建立了双边或多边联防联调组织,并通过落实联席会议、联合调解、排查治理、大事通报等制度,联合预防纠纷,化解矛盾,打击犯罪。

二、以实施“护城河工程”为载体,多措并举,保卫首都安全

一是大力加强矛盾纠纷排查调处,有效预防群体性事件。环京14县(市、区)大力开展矛盾纠纷排查调处和治安隐患排查整治、信访、群体性事件排查调处工作,进一步完善和落实信息报告、挂账督办、领导包案、事后监督、责任追究等工作制度。2006年,通过发挥“三位一体”调解工作机制的作用,把大量的矛盾纠纷解决在当地。重大国事活动期间派驻人员进京值班,劝阻了多批进京集体访,有效化解影响北京周边稳定的社会矛盾。一年来环京4市共化解各类矛盾纠纷2万多件,京、冀接边地区化解跨界矛盾纠纷6500多件,防止矛盾激化4000多件,有效维护了首都和全省社会政治稳定。二是严厉打击和预防违法犯罪。在重要时期、敏感时期,各地特别是环京市、县多次组织开展以环京周边地区、进京铁路公路沿线等为重点部位,以“命案必破”、“打黑除恶”、打击“两抢一盗”等为主要内容的专项行动和整治活动,有效净化了环京周边地区的治安环境,同时与北京积极建立联合打击机制,共协助北京破获案件5800多件。三是加强进京务工经商人员的教育管理,减轻首都社会治安压力。我省每年进京务工经商人员共有60万人,各地尤其是环京市、县(市)切实加强对进京务工经商人员的管理教育,通过对务工经商人员进行进京前法律教育、在京聚居区建立临时调解委员会、临时党支部、送法进京到工地、派专人驻京管理教育等一系列措施,预防和减少务工经商人员违法犯罪。2006年涿鹿县在京务工经商1000多人,无一人违法犯罪。承德市每年进京10万人中,违法犯罪率仅为0.1%。四是不断加大对危爆物品特别是民爆物品的管理力度。环京县(市)针对当地煤矿、铁矿多,涉爆单位多、炸药使用量大的特点,严格落实防控措施,集中建立炸药储存库、建立专管员队伍、规范管理使用程序,同时坚持日常清缴与不定期开展“治爆缉枪”等专项行动相结合,堵塞不安全漏洞,坚决防止爆炸物品流入北京。

三、以对进京各种通道、管线的管控为主要着力点,化解不安全因素,构筑维护首都安全稳定的坚强屏障

2006年,全省19个治安检查站,累计检查进京车辆30余万辆,人员80多万人,劝返车辆2.5

万辆，人员22万多人。环京各乡间通道，主要由基层组织负责，每逢重要时期发动群众设卡盘查，强化对重点人员、物品等的管控。铁路、通讯线缆、输电线路、陕京天然气输气管道沿线的当地党委、政府坚持以大局为重，在重要时段，组织大量人员，加强对这些设施的检查和看护，实行24小时巡逻，有效防止了敌对分子的恐怖破坏活动和安全生产事故的发生，加强铁路护路联防工作。以创建安全文明铁道线为目标，在全国“两会”、暑期和党的重要政治活动和重大节庆期间，投入资金、人力、物力开展护路联防，确保了全省铁路沿线治安状况继续保持平稳。同时，对高速公路、国道、省道沿线加大治安整治力度，公安、交通部门安排警力、人员加强巡逻、管理，对可疑人员、可疑车辆严格检查，严厉打击车匪路霸，确保了交通安全畅通。

综治宣传及理论研究工作情况

一、加强了与新闻单位的联系与沟通，加大了综治新闻宣传力度

省综治办先后四次与省各大主流媒体及中央新闻部位驻河北记者站召开联席会议，通报综治工作和平安建设情况，根据各时期工作重点，研究安排媒体宣传内容，得到了省各大新闻媒体的支持与配合。同时，在举办重大综治活动过程中，邀请媒体记者参加报道。2006年，河北省电视台、河北省人民广播电台、河北日报、河北法制报等媒体和中央新闻媒体报道宣传综治工作稿件达105篇，同比提高了12.5%。各市新闻媒体宣传报道数量较之2005年也有了大幅度提高，形成了良好的综治宣传氛围。

二、积极与省法宣办和省少儿出版社配合，出版了青少年法制教育读本

为配合“五五”普法活动，进一步推动全社会法制宣传教育，有效预防青少年违法犯罪，省委政法委、省综治办与省委宣传部、省司法厅、省法宣办、共青团、省预防办、省少儿出版社共同策划，针对不同年龄段青少年的特点，由省综治办出资26万元，编撰出版了《青少年法制教育读本》。该书用生动活泼的文字和图画，将社会主义荣辱观、道德观、法制观融为一体，引导青少年树立远大理想，培养他们的爱国主义、集体主义和为人民服务的思想及遵纪守法的意识。省委常委、原政法委书记、省综治委主任车俊同志为这套丛书专门作序，省委政法委、省综治办、省司法厅、团省委领导同志专门前往河北省未成年犯管教所和部分中小学赠书，深受失足青少年和广大在校中小学生的欢迎。

三、认真谋划，组织开展综治宣传月活动

省综治办2006年4月份，在全省范围内组织开展了以平安建设、构建“三位一体”调解工作和社会治安防控体系为主题的综治宣传月活动。各地普遍采取开设电视专栏、领导同志发表电视讲话、举办展览、开展街头法律宣传咨询等多种形式，进行了综治、法律宣传活动。各地共印发宣传资料200余万份，出动宣传车辆4000余台次，设置展板8700余块，悬挂宣传标语、条幅15万余条，组织专场文艺演出600多场，宣传群众近千万人。期间，各地为把宣传月活动推向高潮，专门组织开展了综治宣传周、宣传日活动，省委、省人大、省政府领导同志，以及各设区市有关领导走上街头，深入群众之中，参与宣传活动，向群众提供法律咨询。

四、积极组织综治优秀新闻作品评选，促进综治宣传工作开展

省综治办高度重视综治优秀新闻作品评选工作，会同省记协等部门，对各地报送的108件作品进行了认真筛选和初评，向中央综治办全国综治优秀新闻作品评选办公室报送11件，其中《关注辍学少年违法犯罪问题系列报道》等5个作品，被全国综治优秀新闻作品评选办公室评为优秀新闻作品。

五、组织开展综治理论研究，普及综治理论常识

8月份，组织11个设区市和22个扩权县综治办主任，举办了平安建设理论研讨班；9月份，组织全省县以上政法委书记、综治办主任进行了以构建“三位一体”调解工作体系为主要内容的培训班，聘请专家、学者以及专业骨干授课，对进一步普及专业知识，提高业务能力起到了积极的促进作用。为推动综治理论研究的开展，省综治办组织编写了《构建“三位一体”调解工作体系资料汇编》、《构建“三位一体”调解工作体系知识问答》等丛书，并指导石家庄、秦皇岛、唐山等市综治办编辑出版了综治工作理论书籍，为全省综治干部提供了理论指导。

落实综治责任制、开展综治评先表彰情况

一、签定责任状，明确责任

省综治委与各设区市、省综治委成员单位签订了综治责任状，明确了目标、任务和责任。省综治办及时修订下发了省综治委成员单位职责分工意见，明确了部门的综治责任。各成员单位充分发挥职能作用，认真抓好本部门、本单位的综治工作，同时积极参与综治委（办）部署各项工作。特别是在开展的“三位一体”调解工作体系建设、“平安河北”建设、社会治安防控体系建设、社会管理体系建设中，各级综治委成员单位紧密结合部门职能，制定了实施意见和方案，全面落实各项措施，推进各项综治工作的深入开展。落实述职制度。各级综治委委员坚持每年向综治委述职一次，并根据省综治委要求，提出下一步的工作安排，进一步发挥职能作用，做好综治工作。

二、认真开展综治评先表彰工作

省综治办下发《关于做好全省平安建设先进县（市区）和基层平安建设示范单位命名表彰工作的通知》，经层层推荐，严格评选，共评选表彰了79个平安建设先进县（市区）和73438个基层平安建设先进单位。

三、认真落实综治一票否决权制

省综治委认真落实综治工作激励约束机制，严格落实奖惩，激励先进，鞭策后进。省综治委先后对发生严重治安问题的永年、徐水、无极、蔚县、河北金能邯矿集团涿鹿矿业有限公司实行社会治安综合治理“一票否决”，查究了有关领导的责任。省公安厅对4个县公安局通报批评，并责令公安局长到省公安厅作检查，对案件发生地派出所所长就地免职。12月份，省综治委制定了《河北省社会治安综合治理一票否决警示制度实施办法（试行）》，对社会治安问题突出，尚不够实行社会治安综合治理一票否决的市、县（市、区）、乡镇（街道）、村（居）和机关、团体、学校、企业事业单位和其他单位、组织（含中央驻冀单位、省驻市以下单位）实行一票否决警示，变结果管理为过程管理，变事后处理为事前预防。省综治委对2006年度群众安全感低于60%的威县、安国市、任丘市等10个县（市、区）下发了一票否决警示通知书，要求限期改变治安面貌。一年来，全省各地共一票否决119个地方和单位，查究责任单位130个，查究责任人71名。

社会治安科技防范工作情况

一、制定规范，明确目标

省委办公厅、省政府办公厅印发的《河北省社会治安科技防范五年规划（2006—2010）》，明确目标、标准和任务，给予强有力的经费保障。各

级各部门积极构建社会面、居民区、公共复杂场所、重点要害部位、农村等治安科技防控网络，认真安排部署，相互配合，抓好落实，有力推进了社会治安科技防范体系建设。全省现已初步形成了党委、政府领导，综治部门协调，公安部门主导，相关部门配合，社会各界积极参与的社会治安科技防范格局。

二、认真部署，积极推动

2006年8月，省综治办、省公安厅在廊坊市联合召开全省社会治安科技防范工作会议，对这项工作进行了再动员、再部署，并交流了各地的先进经验，进一步推动治安科技防范工作的深入开展。各级各部门按照中央提出的"打防结合、预防为主"工作方针，站在建设"平安河北"、构建社会主义和谐社会的高度，切实转变社会治安理念，实现了由"重打击"向"打防结合、预防为主"转变。针对当前社会治安存在的社会管理难、落实责任难、调查取证难、打击处理难和警力不足等现实问题，全省各级各部门采取有效措施，突出抓好以视频监控为主的技术防范设施建设，不断加大经费投入和工作力度，努力破解社会治安难题。全省多数设区市城区公安分局都完成了基层派出所信息联网平台建设，实现"网上警务"、"数字警务"，并建成GPS卫星定位反劫盗指挥中心。石家庄市结合流动人口管理服务工作，与科技公司合作开发了"石家庄市流动人口和出租房屋管理信息系统"，有11大类86项功能，配合社会面大量的电子监控探头，既初步实现了对流动人口的动态管理，又落实了责任，方便了调查取证，还解决了警力不足的问题，从而充分提高了驾驭社会治安的能力。

三、加大投入，效果显著

一年来，全省共安装视频监控探头12.2万个，全省城市城区主要街道、繁华地段、出入市口、易发案部位安装视频监控系统的覆盖面达到41%，派出所、区县公安局、110报警系统实现联网覆盖达38.5%，全省重点单位、内部单位和城区学校、居民小区、公共复杂场所科技防范设施安装覆盖面分别达63%、51%、25%、48%。全省区域社会治安科技防范报警服务中心的普及率达到63%，入网和安装车载防盗设备的机动车达总数的15%，输油气管道，加油、加气站、公路收费站等科技防范设施安装率达到22%。2006年全省可防性案件明显下降，入室盗窃、盗窃机动车、扒窃、抢夺案件同比分别下降4.37%、12.21%、6.21%和8.61%。

开展重点整治和专项行动情况

一、积极开展专项斗争，有效维护社会治安秩序

一是认真开展"打黑除恶"专项斗争。紧紧扭住调查摸排、侦查破案、收网抓捕、提高办案质量等关键环节，实行提级侦办、专案专办、挂牌督办、异地用警等措施，深入开展了打黑除恶专项斗争，共打掉黑恶痞霸犯罪团伙601个，其中，黑社会性质团伙14个，恶势力团伙216个，破案4862起，抓获团伙成员3776名，受到公安部通报表扬。二是深入开展打击"两抢一盗"专项斗争。紧紧围绕地域性职业群体犯罪、团伙系列流窜犯罪、街头"两抢"犯罪、盗抢汽车犯罪"四大重点"，深入开展了打击"两抢一盗"犯罪专项斗争，实行领导包片，全警动员，多措并举，专项斗争取得了明显成效，共破获"两抢一盗"犯罪案件82121起，同比上升1.2%。三是开展侦破命案专项行动。全省组织开展了以打击故意杀人、故意伤害致死和以爆炸、投毒、放火为手段，以绑架、强奸、抢劫为目的的8类致人死亡案件为重点的专项行动。一年来，全省共发8类命案1413起，同比下降5.3个百分点，破获1286起，破案率达到91.01%，比公安部要求的85%高出6.01个百分点，在全国位居前列。四是开展了打击毒品违法犯罪专项斗争。组织开展了禁毒预防、禁毒严打、禁吸戒毒、禁种铲毒、禁毒严管"五大战役"，缴获了一批毒品，切断了多条贩毒通道，破获的刑事案件数、抓获的贩毒嫌疑人数、缴毒数、打团伙数比上年有数倍增长，打击毒品违法犯罪质量和成效不断提高。全省共破获毒品违法犯罪案件1228起，抓获毒品违法犯罪嫌疑人1509名，查获毒品违法犯罪团伙55个，涉及成员218名。五是开展了打击赌博违法犯罪专项斗争。受理赌博或为赌博提供条件的案件148起，涉案人员819人，查处团伙27个，成员168人，查处赌博场所7家，有力地震慑了赌博违法犯罪活动，维护了社会治安秩序的稳定。

二、强化治安混乱地区和突出治安问题重点整治，净化社会治安环境

一是大力整治治安混乱地区和突出治安问题。省综治办两次下发《关于开展排查整治治安混乱地区和突出治安问题的通知》，要求各地对治安混乱地区进行滚动排查整治，采取组织工作队进驻、领导包案、挂牌整治等手段，加大整治力度，迅速扭转了这些地区的治安面貌。全省共排查确定治安混乱地区993个，整治好964个，整好率达97%。二是积极开展油气田及输油气管道治安秩序专项整治行动。省综治办、省公安厅下发了《深入开展整治油气田专项行动的通知》，两次召开全省性工作会议进行部署，制定整治工作方案，重点打击了打孔盗油、盗气、暴力抢油、哄抢落地原油等犯罪；重点清理了违章占压输油气管道、危及管道安全运行的建筑物、障碍物；重点整治了涉油涉气违法犯罪活动猖獗的重点区域和涉油厂点。专项行动中，组成联合检查督导组，加强督导，整治成效明显。三是认真开展学校及周边治安秩序整治活动。制定印发了《全省2006年学校、幼儿园及周边治安秩序整治工作要点》，认真落实公安部、教育部制定的校园安全管理“八项措施”，两次召开电视电话会议安排部署学校及周边治安秩序综合治理工作。深入开展“安全文明校园”创建活动，制定了安全校园创建标准，向中小学和幼儿园派驻保安员9378名，选派民警担任法制副校长24737人，学校周边设立治安岗亭3769个。全省“平安校园”覆盖率达到25.3%。开展了学校安全督导检查专项活动，抽查了95所高校和60所中小学，下发《学校安全隐患整改通知书》，整改治安隐患4928处。一年来，全省学校没有发生重特大安全事故。2006年11月20日在国务院召开的强化学校安全管理工作电视电话会议上，河北省作为唯一发言的省份介绍了学校安全管理工作经验。四是开展了非法卫星电视接收设施整治。省综治办会同省广电局、工商、公安、国家安全等部门联合下发了《关于开展卫星电视传播秩序集中清理整治工作的通知》，对卫星电视传播秩序进行专项治理，对小商品市场、家用电器市场、电子科技市场等“三场”非法销售进行了严格治理，对农村个人非法安装和使用行为进行了严格整治，取得了明显成效。全省共收缴卫星地面接收设施4000余套，拆除卫星接收设备5000余座，清查非法经营销售窝点400余家，处理非法安装使用单位及个人1800家（户）。

三、积极开展反邪教斗争和“扫黄打非”行动

全年组织开展了以“打击处理、摸底排查和转化攻坚”为主要内容的“春雷行动”、“迅雷行动”、“06京北会战”、“06净网”等一系列反邪教专项行动和“天鹰计划”第二阶段工作，抓获并依法惩处了一批违法犯罪分子，建立了全省“法轮功”人员动态管理数据库。相继侦破了石家庄“11·11”、保定涿州“11·25”等一批大案要案。同时，加强宣传教育力度，对30余万基层党员干部进行了反邪教知识培训，组织宣讲团深入基层宣讲1.2万余批次，受教育党员、干部、群众近千万，组织各种形式的反邪教文艺演出5400余场（次），还成功举办了全省反邪教文艺汇演，推出了一批反邪教文艺作品，收到了良好的社会效果。认真开展了“扫黄打非”行动。制定了《2006年河北省扫黄打非行动方案》，在加强对出版物市场日常监管的同时，开展了封堵政治性非法出版物、反盗版百日行动、打击盗版教材教辅专项治理、打击非法报刊等行动。

铁路护路联防工作情况

一、强基固本，求实创新，全面开展“平安铁路示范路段”创建活动

省综治委铁路护路联防领导小组制定并以省综治委文件印发《关于2006年—2008年全省开展“平安铁路示范路段”创建活动的意见》。2006年在全面开展创建活动的基础上，本着抓典型、打基础为工作着力点，以“一线两段”（京秦线全线、京广线保定段、大秦线张家口段）带动全省的创建活动。一是抓任务分解，强化创建责任。省、市、县、乡四级和沿线中小学校均成立了“平安铁路示范路段”创建工作领导小组；省综治委护路联防领导小组重新修定明确各成员单位的职责任务；铁路沿线县（市、区）、乡（镇）综治办、护路办、公安局与辖区内村（居）委会、企业、厂矿签订参与“平安铁路示范路段”创建目标责任书、保证书。二是抓宣传教育，打牢创建基础。省护路办组织开展了以“依法护路、护路为民”为主题的爱路护路宣传月活动；与省教育厅联合在全省中小学校组织开展了“爱路护路宣传教育示范学校”创建活动。各地结合社会主义新农村建设，把宣传《铁路法》、《铁路运输安全保护条例》等法律法规，纳入“五五”法制宣传教育范围，大力营造创建活动的社会氛围。4月份，省委政法委、省综治委在省博物馆广场举办“建设平安河北，和谐河北”大型宣传活动，省护路办积极参与并以“关爱生命，关爱平安，关爱铁路”为主题，制作展板图片，印发“致沿线广大人民群众和中小学生的一封信”、爱护铁路宣传画册等宣传材料20000余份，并在全省进行了历时三个月的巡回宣传展出。三是抓排查整治，净化创建环境。先后在全国“两会”、暑期、党的十六届六中全会前，三次组织铁路沿线各市、县（市、区）护路组织和各级各部门，开展以防破坏、防拆盗、防危行和防群体性冲击铁路拦截列车为重点的集中排查整治活动。四是抓机制创新，增强创建活力。（1）建全铁路沿线治安信息预防机制。建立了以沿线乡镇综治办、路地公安派出所、司法所，村居治保会、民调会和治安积极分子组成的兼职铁路治安信息员队伍；以路地公安干警、专职护路队员为骨干的专职铁路治安信息员队伍。并注重畅通路地部门之间铁路治安信息互通渠道，增强工作的预见性和针对性。（2）建立涉路矛盾纠纷调处化解机制。省护路办把人民调解、行政调解、司法调解“三位一体”大调解机制引入铁路护路联防工作，有效地调处化解涉路矛盾纠纷。（3）建立打击处理涉路违法犯罪活动协作配合机制。在打击上，坚持“谁主管谁负责”的原则，以铁路公安为主，地方各部门紧密配合；在处理上，坚持“属地管理”，依靠各级党委、政府，配合铁路公安机关做好工作。（4）建立铁路与地方的预告机制。建立铁路部门工程建设规划预告、工期预告和涉及沿线群众利益的补助政策预告，最大限度地减少矛盾纠纷的形成。

二、全力做好重要时期的铁路护路工作，确保万无一失

全省各级党委、政府，各级各部门、各基层组织，把做好全国“两会”、暑期和重大节庆期间的铁路护路联防工作作为一项重大政治任务，高度重视，周密部署，加强领导，狠抓落实。全省各地共组织政法各部门干警、党政机关干部、沿线群众和专职护路队员3万多人参与护路，出动警力1960名、警车3120多辆次，做到“白天见警车，夜间见警灯”。省委、省政府领导同志，多次深入京秦、京广等线检查指导护路工作。

三、进一步推进大秦铁路护路工作规范化、制度化建设

一是进一步加强了大秦铁路护路联防基层基础工作规范化、制度化建设。沿线4市的14个县（市、区）和乡（镇）全部成立了铁路护路联防领导小组和县级护路办，使铁路护路联防工作在基层得到组织保障。县、乡、村三级普遍建立健全规范了护路职责任务、会议记录、治安情况、爱路护路宣传、涉路矛盾纠纷排调等基础工作台账。二是认真开展大秦铁路治安集中整治行动。特别是以国务院总理温家宝11月26日的重要批示为动力，省综治办、省护路办、省公安厅自2006年12月5日至2007年1月25日，联合组织开展了为期50天的大秦铁路治安集中严打整治活动。沿线秦、唐、廊、张4市及各县（市、区）政法、综治、护路、公安等部门与铁路公安同力配合，破获了一批案件，端掉了一批销赃窝点，拆盗铁路器材、扒盗运输煤炭现象得到有效遏制。

见义勇为工作情况

一、省委、省政府高度重视，大力支持见义勇为工作

从2006年开始，省政府每年向省见义勇为基金会拨100万元专项资金，给见义勇为工作提供了坚实的资金保障。10月27日，省政府召开第六次河北省见义勇为英雄表彰大会，对11名河北省见义勇为英雄进行表彰，省委、省政府、省政协领导同志出席了表彰大会，并为英雄和牺牲的英雄家属代表颁发奖牌、荣誉证书和5万元奖金。省领导同志多次就做好见义勇为工作做出重要批示，并积极参加见义勇为《条例》知识竞赛、专题文艺晚会、集中宣传日等活动，极大地推动了见义勇为工作的开展。各地各有关部门把见义勇为工作纳入综治工作的总体规划，与各项工作同部署、同要求、同落实、同考核，广大人民群众投身见义勇为、社会各界支持见义勇为的积极性明显提高，全省见义勇为先进事迹层出不穷。2006年，全省各地核实确认见义勇为事迹100余起。

二、大力学习宣传《条例》，积极推动《条例》贯彻落实

2006年，抓住《河北省奖励和保护见义勇为人员条例》（以下简称《条例》）颁布实施一周年之机，狠抓《条例》的深入学习宣传，积极推动《条例》的贯彻落实。1月13日，省见义勇为基金会在河北电视台举办了“纪念《条例》颁布实施一周年知识竞赛”，11市组织代表队参赛，唐山、沧州、秦皇岛市代表队分别获第一、二、三名，省委常委、原政法委书记车俊、省人大副主任白润璋和中华见义勇为基金会副秘书长于少林等领导同志出席竞赛活动并为获奖队伍颁发奖金和奖杯。为使各地见义勇为工作人员学好、用好《条例》，省见义勇为基金会举办了培训班。4月份举办的综治宣传周活动中，全省各地都把《条例》作为重点予以宣传。2006年，各市根据《条例》规定共表彰奖励见义勇为先进典型72人，慰问36人次，使大部分见义勇为人员得到了及时确认、表彰和奖励。

三、采取有效措施，切实加强对见义勇为人员的表彰、奖励和保护工作

省见义勇为基金会认真组织了第六次河北省见义勇为英雄的推荐评选工作。采取“百姓英雄百姓选”的方法，在省内各大媒体及网站刊登候选人事迹材料，让广大群众进行投票参与评选，推荐评选活动得到了广大群众热情参与和大力支持，全省各地群众投票554128张，把评选过程变为宣传过程，提升了见义勇为事业在社会上的知名度和支持度。根据群众投票和事迹情况，省见义勇为基金会理事会研究最终确定了11名英雄候选人，报省政府审批全部通过。省政府召开了表彰大会对11名英雄进行了表彰。2006年全省各级共发放慰问金、慰问品达12万余元。

四、加强宣传，营造浓厚的舆论氛围

通过媒体报道、各地上报、来信来访等渠道及时发现见义勇为先进典型，并通过举办集中宣传周活动、在电视台、电台开辟专栏、举办电视文艺晚会、举行巡回报告等多种形式加强对见义勇为先进典型和见义勇为工作的宣传报道，在社会上营造了崇尚见义勇为精神的浓厚舆论氛围。4月22日，在省会文化广场举办了见义勇为集中宣传日活动。之后，在石家庄市的城镇、农村、单位、集市巡回展览近三个月，扩大了见义勇为工作的影响。省委政法委、省综治委、省见义勇为基金会与河北电视台联合举办了见义勇为专题文艺晚会——燕赵正气歌，广泛深入宣传见义勇为英雄的先进事迹，收到了良好的宣传效果。为进一步宣传英雄的先进事迹，弘扬社会正气，省委政法委、省综治委、省见义勇为基金会组织11位省见义勇为英雄及支持见义勇为事业的企业代表，组成两个巡回报告团，赴各市作巡回报告。

五、积极指导、协调各地开展见义勇为工作

省见义勇为基金会多次组织召开理事会，研究解决工作中的具体问题和下步工作，较好发挥了理事会的领导作用。同时，省见义勇为基金会加强对各地工作的指导，积极帮助各地解决实际困难和问题，对没有严格按《条例》规定及时调查、核实、确认有关见义勇为行为，以及没有及时兑现各项奖励和保护措施的地方和部门，及时给予指导、督办；对多起有争议一时难以确认见义勇为行为的事件，及时召集有关部门和单位进行协调，按《条例》规定共同研究分析，提出解决的意见。省综治委下发了《关于在设区市成立见义勇为工作协会的通知》（冀综治委［2006］46号），要求11个设区市在2007年3月底前成立市级见义勇为工作协会，挂靠市综治办。有条件的县（市、区）也可成立见义勇为组织，挂靠同级综治办。全省11市的见义勇为工作已全部挂靠在综治办。

六、积极募集基金，管好用好基金

省见义勇为基金会严格执行国务院颁布的《基金会管理条例》及基金会管理的各项规章制度，坚持财务管理民主公开，自觉地接受理事监督，自觉服从主管部门的财务检查，自觉接受社团管理机关和业务主管单位的监督和业务指导，2006年3月，顺利通过了审计机关对基金会2005年财务情况的审计。2006年，以举办见义勇为专题文艺晚会为契机，向社会募集基金172万余元，进一步充实了省见义勇为基金，为工作的更好开展打下了良好的基础。

中共河北省委办公厅 河北省人民政府办公厅 关于印发《河北省社会治安科技防范五年规划（2006—2010年）》的通知

（2006年3月22日）

各市委，各市人民政府，省直各部门，各人民团体：

《河北省社会治安科技防范五年规划（2006—2010年）》已经省委、省政府领导同意，现印发你们。各地各部门要高度重视这项工作。要结合贯彻中共中央办公厅、国务院办公厅《转发〈中央政法委员会、中央社会治安综合治理委员会关于深入开展平安建设的意见〉的通知》（中办发［2005］25号）和省委、省政府《关于进一步实施“社会安全工程”的意见》（冀字［2005］15号）精神，加强组织领导，严格落实责任，加大督导检查力度，确保社会治安科技防范各项目标任务落到实处。

河北省社会治安科技防范五年规划(2006—2010年)

社会治安科技防范是运用科学技术的手段，提高预防、发现、制止违法犯罪行为和重大治安事故，维护公共安全能力的重要措施。近些年来，在省委、省政府的领导下，我省积极推进社会治安科技防范建设，在预防、发现、打击各种违法犯罪活动和服务经济社会发展中发挥了重要作用。但是，目前我省的社会治安科技防范水平还不能与经济社会更快更好发展、构建"和谐河北"及维护社会治安稳定的需要完全适应。为此，根据中共中央办公厅、国务院办公厅《转发〈中央政法委员会、中央综合治理委员会关于深入开展平安建设的意见〉的通知》(中办发[2005]25号)和省委、省政府《关于进一步实施"社会安全工程"的意见》(冀字[2005]15号)，特制定2006年至2010年社会治安科技防范五年规划。

一、指导思想和基本原则

社会治安科技防范工作要以邓小平理论、"三个代表"重要思想和科学发展观为指导，认真贯彻党中央、国务院和省委、省政府的有关要求，适应我省社会治安形势和人民群众安全感的实际需求，以科技为依托，以市场为导向，突出重点，整体推进，逐步形成符合我省经济社会发展的社会治安科技防范体系，有效预防和减少违法犯罪，不断增强广大人民群众的安全感，为全省的改革、发展和"平安河北"建设服务。

社会治安科技防范工作应遵循以下基本原则：

统一领导原则。在各级党委、政府的统一领导下，由社会治安综合治理部门协调、公安机关主导、相关部门配合、社会各界参与，将科技创安纳入当地经济社会发展规划，统一部署，统筹安排。

以人为本原则。在确需监控的区域、部位或场所安装科技防范设备，加强社会治安防范，依法维护公民人身和财产安全，防止侵害群众合法权益。

市场引导原则。积极培育和建立社会治安科技防范市场，充分引导、吸收和利用社会资源，参与社会治安科技防范。

资源整合原则。积极整合监控、报警资源，建立统一的监控、指挥、联动技术平台，实现资源共享。

科学实用原则。着眼发展，在注重先进技术与实际应用相结合的同时，根据当地经济发展水平和单位、居民的需求，从实际出发，因地制宜地安装技术防范设备。

二、目标和主要任务

(一)目标

通过五年规划的实施，建立起有效的社会治安科技防范政府监督管理机制和科学、合理、高效的检查、评估和监督体系；在公共复杂场所、重点单位、重要部位、社区、综合报警服务等方面，社会治安科技防范达到国内先进水平；完善全省报警服务行业的管理规范、技术规范和标准化体系，逐步形成社会治安科技防范法制化、社会治安科技防范产业规模化；建立起适应我省社会治安形势发展需要的社会治安科技防范长效机制，遏制发案上升的势头，使广大群众的安全感明显增强。

(二)主要任务

1. 社会面、公共复杂场所的科技防范

(1)城区主要街道、繁华地段、出入市口、易发案部位，设置安装点、线、面的街面视频监控设备，与公安机关联网。

(2)车站、码头、大型商场、超市、影剧院等公共复杂场所，设置安装入侵探测报警和视频监控设备，分别建立内部报警控制中心，并与辖区110报警系统联网。

(3)商住楼、医疗机构、歌舞厅等文化娱乐服务场所，停车场、公园、游乐场、运动场等公共场所，分别建立内部视频监控设备和报警控制中心，并与辖区110报警系统联网。

（4）宾馆饭店、典当行、汽车修理业，安装治安管理信息系统和视频监控设备，与公安机关联网。

（5）加油站、加气站、高速公路收费站安装科技防范设施和视频监控设备，与辖区110报警系统联网。

2. 社区、居民住宅小区的科技防范

（1）居民住宅小区应设置出入口监控、周界报警、楼宇对讲及视频监控设备，建立报警控制中心，并与辖区110报警系统联网。

（2）鼓励和提倡有条件的居民安装独立的报警装置，或安装住户报警系统，与社区报警控制中心联网。

（3）新建居民住宅小区要按照规划要求，设计安装完备的科技防范设施。

（4）农村地区有条件的乡镇企业及农电、农机等重点区域、易发案部位，安装防盗报警设施和视频监控设备，与当地公安机关联网。

3. 重点单位要害部位和企业事业单位、院校的科技防范

（1）各级党政机关，国家重点科研机构，陈列、存放重要文物、档案资料和贵重物品的馆所，水电气热系统、广电系统、电信系统等重点单位，设置周界报警、入侵探测报警、视频监控设备，并建立内部报警控制中心，与辖区110报警系统联网。

（2）企事业单位要根据内部治安保卫工作的需要，在重要部位设置必要的技术防范设施，设置内部报警控制中心，并与辖区110报警系统联网。有条件的建立区域报警服务中心，辐射周边的单位、场所、社区、街道。

（3）大中专院校、城区和有条件的农村中小学、幼儿园，安装视频监控和报警设备，并与辖区110报警系统联网。

4. 危险物品生产经营使用单位的科技防范

（1）枪支、弹药、民爆器材储存仓库，安装远程监控和报警设备，民爆器材生产、销售、储存、使用单位，建立民爆器材信息管理系统，并与110报警系统联网。

（2）易燃、易爆、易制毒化学品、剧毒、放射性物品、管制药品、致病毒菌等危险物品的集中存放场所，安装视频监控和报警设备，有条件的与110报警系统联网。探索和建立完善的危险物品销售、运输、使用环节人防、物防、技防的社会治安科技防范管理体系。

5. 金融系统单位的科技防范

（1）金库、货币、有价证券、票据的制造或者集中存放场所，票据、金融机构的营业和金融信息的运行、储存场所，同时设置出入口控制、周界报警、入侵探测报警、视频监控设备，设置内部报警控制中心，并与110报警系统联网。

（2）金融单位的营业厅门前及运钞车装卸款时停放区域，安装视频监控设备，并且能覆盖周边200米，并与金融系统报警控制中心联网。

（3）金融单位设置的自动柜员机，安装视频监控设备，并且能覆盖周边100米，并与金融系统报警控制中心联网。

6. 机动车辆的科技防范

（1）货币押运车辆安装符合规定要求的卫星定位和报警设备。

（2）运输危险物品必须使用符合国家标准的专用运输车辆，安装符合规定要求的GPS卫星定位设备。

（3）鼓励和提倡机动车辆安装技防设备，大力倡导汽车安装卫星定位防盗反劫联网设备。

7. 道路交通检查站的科技防范

（1）在高速公路出入口、治安卡点，安装视频监控设备，实现与公安机关联网联动，提高围堵、控制犯罪的能力。

（2）在我省环北京市主要出入口的检查站，安装视频监控设备，与公安机关联网。

三、时间和步骤

根据我省经济发展状况和社会治安形势，建立社会治安科技防范系统原则上分为三个阶段：

第一阶段为试点阶段。2006年，在全省完成金融系统、危险物品管理系统的安全防范工作；在设区市的主要街道、繁华地段、出入市口、易发案部位安装视频监控系统，覆盖面要达到30%以上。其他部位要在组织发动、确定方案的同时，积极主动地开展社会治安科技防范工作，大力开展社会治安科技防范宣传活动，增强单位和个人社

会治安科技防范理念。

第二阶段为普及阶段。2007 至 2009 年底，全省城市城区主要街道、繁华地段、出入市口、易发案部位安装视频监控系统，覆盖面要达到 80% 以上，派出所、区县公安局、110 报警系统实现联网，覆盖面要达到 90% 以上。在重点单位、内部单位、学校幼儿园的重要部位普及推广社会治安科技防范措施，建立报警控制中心，每年以 20% 的速度递增。新建居民小区应按标准设计、施工和验收，达标率 100%。已建成小区推广防盗、防抢报警设备的使用，开展城市居民小区（社区）的社会治安科技防范达标创建活动，覆盖面要以每年 20% 的速度递增。公共复杂场所安装社会治安科技防范设施要以 20% 的速度递增。输油、气管道，加油、加气站，公路收费站等社会治安科技防范设施安装率达到 100%。人口信息资源平台初具规模。

第三阶段为巩固阶段。2010 年，全省重点单位社会治安科技防范设施的覆盖面要达到 100%，入网率达到 80% 以上，内部单位、城区学校的重要部位社会治安科技防范设施安装率达到 100%。全省居民小区社会治安科技防范的覆盖面要达到 70% 以上。公共复杂场所安装社会治安科技防范设施要达到 80% 以上。全省区域社会治安科技防范报警服务中心的普及率达到 80%。入网和安装车载防盗报警设备的机动车达到总数的 30%。

以上所有报警、监控设施及系统，要互相整合，形成网络，实现整体联动，并随着社会治安形势和科学技术的发展不断完善和升级，使社会治安科技防范水平不断得到提升。所有场所的视频监控资料需保存 30 天以上。

四、相关部门的职责与分工

社会治安综合治理部门：组织协调社会治安科技防范的有关职能部门认真履行职责，督导检查政府部门开展社会治安科技防范工作，并列入社会治安综合治理目标考核。

公安部门：负责社会治安科技创安活动中技术防范的宣传、推广与应用，监督并指导规划的落实情况。规划、指导本辖区内社会治安科技防范的实施及报警控制中心和报警服务中心的建设，逐步建立以报警中心为主的社会联动信息网络系统，形成跨地区、跨部门的多级报警网络、紧急救助信息系统和指挥协调服务系统。协同有关部门对建设施工单位的技防工程进行设计、检查、验收。

发展和改革部门：负责对涉及公共利益、公共安全的基本建设项目的审查，对社会治安科技防范设施建设项目批准立项。

建设部门：负责对报建的工程项目是否有符合技防标准的社会治安科技防范设计进行审查，并对技防工程进行审批和验收。

财政部门：指导各市、各扩权县财政部门从维护稳定的高度出发，积极筹措应由政府承担的社会治安科技防范方面的资金，保证系统建设的顺利进行。

科技部门：组织开展科技防范科普宣传及社会治安科技防范关键技术攻关研究，为社会治安科技防范工作提供技术支撑。

物价部门：审核向受益用户收取合理的日常维护管理费，保障社会治安科技防范工作的正常运行。

质量技术监督部门：检查社会治安科技防范产品、设施的安全性能和达标度，检查科技防范质量。

通信管理部门：协调有关电信企业，为社会治安科技防范提供网络服务和支持。

无线电管理部门：根据《中华人民共和国无线电管理条例》的有关规定，为社会治安科技防范的相关工作给予大力支持。

五、保障措施

（一）加强组织领导，统筹规划。各级党委、政府和有关部门必须充分认识加强社会治安科技防范工作在平安建设中的地位和作用，不断增强工作的自觉性和紧迫性。要切实加强组织领导，将社会治安科技防范工作纳入本地经济社会发展的规划，统一部署，统筹安排。各级要结合实际情况，制定具体的实施细则。并成立社会治安科技防范工作领导小组及专门办事机构，一把手亲自抓，负总责，及时研究解决社会治安科技防范工作中遇到的实际问题，督导和落实社会治安科技防范工作的开展。

（二）加大投入，全面推进社会治安科技防范工作。各级政府应加大投资力度，公共区域和党政机关的科技防范投入由政府负责，列入财政专项预算。鼓励和支持单位、企业、技防公司，按照“谁主管、谁负责；谁受益，谁投资”的原则，参与社会治安科技防范，有效解决资金问题。进一步完善社会治安科技防范工作法规体系建设，通过立法或颁布政府令进行规范，保障社会治安科技防范工作健康顺利地开展。

（三）充分发动群众，提高群众对社会治安科技防范的认识。以科技创安为宣传主题，制定宣传计划，加大宣传投入，采取多种形式，向各级干部和广大群众宣传社会治安科技防范的必要性和重要性，增强他们的认知程度，使社会治安科技防范工作被广泛了解和接受，倡导、促使广大群众形成“安全也是商品、享受安全也是消费”的新理念，提高全社会的“安全商品”意识，大力调动社会各方面和群众投资治安科技防范的积极性，使社会治安科技防范的水平不断提高。

（四）强化考核，注重工作实效。大力推进社会治安科技防范工作，全面提高公共区域、复杂街面、内部单位、住宅小区等部位安全防范的科技含量，注重科技防范在预防、控制、发现违法犯罪中发挥实效。强化对社会治安科技创安工作的检查、考核，按照加强社会治安综合治理工作的有关规定，每年综治委组织综治成员单位，对全省各单位、各系统社会治安科技防范工作进行一次检查，年终进行考核，列入社会治安综合治理工作实绩。

中共河北省委
河北省人民政府
批转省委政法委、省综治委《关于构建人民调解、行政调解、司法调解“三位一体”社会矛盾纠纷调解工作体系的若干意见》的通知

（2006年4月20日）

各市、县（市、区）委，各市、县（市、区）人民政府，省直各部门，各人民团体：

为深入贯彻党的十六大、十六届四中、五中全会和全国政法工作会议精神，大力推进“平安河北”、“和谐河北”建设，适应当前社会矛盾纠纷多发、复杂性增强、处理难度加大的特点，省委政法委、省综治委在深入调研、充分论证的基础上，研究提出了《关于构建人民调解、行政调解、司法调解“三位一体”社会矛盾纠纷调解工作体系的若干意见》。现将此意见批转给你们，请各地认真抓好试点，总结经验，逐步推广，为改革和发展创造稳定、和谐的社会环境。重要问题和工作进展情况，请及时报告省委政法委、省综治办。

中共河北省委政法委员会
河北省社会治安综合治理委员会
关于构建人民调解、行政调解、司法调解“三位一体”社会矛盾纠纷调解工作体系的若干意见

（2006 年 4 月 20 日）

为构建人民调解、行政调解、司法调解“三位一体”社会矛盾纠纷调解工作体系（以下称“三位一体”调解工作体系），充分发挥调解工作在深入开展“平安河北”建设，维护社会稳定中的重要作用，努力化解和减少社会矛盾纠纷，落实科学发展观，促进我省经济发展与和谐社会建设，提出如下意见。

一、充分认识构建“三位一体”调解工作体系的重大意义

（一）构建“三位一体”调解工作体系，是巩固党的执政基础，提高党的执政能力的需要。巩固党的执政基础，关键是巩固党的社会基础、群众基础，根本是正确处理各种利益关系、解决社会矛盾，最终是维护好、实现好、发展好最广大人民的根本利益。构建“三位一体”调解体系，整合各种社会力量，用教育、协商、调解的办法，妥善协调各方面利益关系，把个人利益与集体利益、局部利益与整体利益、当前利益与长远利益有机统一起来，能够兼顾不同社会群体的利益要求，能够正确处理新形势下的人民内部矛盾，确保最广大人民的根本利益得到维护。构建“三位一体”调解体系，是加强社会管理的重大改革，能有效促进社会建设，巩固党的执政基础，提高党的执政能力。

（二）构建“三位一体”调解工作体系，是推进平安建设、构建和谐河北的需要。构建“三位一体”调解工作体系，综合发挥三种调解功能的整体优势，是从源头上缓解社会矛盾、减少社会对抗、化消极因素为积极因素的有效途径，符合和谐社会以人为本的理念，能有效促进人与人之间关系的融洽，促进人与社会关系的协调，预防和避免矛盾纠纷激化，减少群体性事件的发生，维护社会和谐稳定。

（三）构建“三位一体”调解工作体系，是顺利实施“十一五”规划，实现我省更快更好发展的需要。确保“十一五”规划顺利实施，需要稳定的社会局面和良好的改革发展环境。构建“三位一体”调解工作体系，要求各级各部门必须以科学发展观统领经济社会发展全局，及时化解企业改制、征地拆迁、工程建设、劳动关系、环境保护等工作中的矛盾纠纷，消除改革发展进程中的障碍，扎实推进各项改革和发展事业，实现我省更快更好的发展。

二、正确把握构建“三位一体”调解工作体系的基本要求

（四）构建“三位一体”调解工作体系的总体要求：以邓小平理论、“三个代表”重要思想和科学发展观为指导，紧紧围绕促进经济社会更快更好发展和构建“和谐河北”两大任务，以化解社会矛盾纠纷为目标，以创新调解机制为动力，以健全调解制度为保证，逐步建立和完善在党委领导下，社会治安综合治理机构协调，以人民群众和政府有关职能部门、司法机关为主体，以乡镇、街道为重点，以人民调解为基础，人民调解、行政调解和司法调解既各自发挥作用，又相互衔接相互配合的调解工作体系。

（五）构建“三位一体”调解工作体系的基本

原则:坚持党委领导下的协调配合原则。坚持党总揽全局、协调各方的核心作用,充分发挥党委领导的优势,积极组织人民政府及相关部门、司法机关和人民调解委员会,及时研究并统筹解决"三位一体"调解工作中的重大问题,依照法律、法规和政策独立负责、协调一致地开展工作,形成化解社会矛盾纠纷的合力。坚持维护人民群众根本利益与维护社会稳定相一致的原则。把最广大人民群众的根本利益作为调解工作的出发点和落脚点,正确反映和兼顾不同方面群众的利益,切实维护人民群众最现实、最关心、最直接的利益,引导群众以理性合法的形式表达利益诉求,妥善解决矛盾纠纷,自觉维护社会稳定。坚持依法调解的原则。在法律框架内开展调解,依据事实,依据法律,释法明理,分清是非,提高调解的公信力。坚持以德调解的原则。广泛运用社会主义道德观、价值观,按照社会主义荣辱观的要求,发扬我国的优良传统,尊重公序良俗,引导和启发当事人自觉达成和解。坚持群众自愿的原则。充分尊重群众的意愿,引导群众互谅互让,把调解作为解决矛盾纠纷的主要选择;充分尊重群众的诉讼权利,不强迫群众接受调解方式和调解结果。坚持公平效率的原则。严格调解工作纪律,完善监督机制,确保调解公正、公平、公开,防止久调不结。

(六)构建"三位一体"调解工作体系的目标任务:调解组织网络完善,遍及城乡、覆盖各级各部门各行业;调解人员运用法律、政策的能力和调解技能不断提高,调解质量和调解成功率不断提高;各种调解方式既发挥各自独特的作用,又有机衔接、紧密配合,运行机制科学规范高效;发展与和谐的观念深入人心,群众自觉把调解作为处理矛盾纠纷的主要选择;各级各部门各单位能够及时把矛盾纠纷解决在萌芽状态,化解在基层和系统内部,做到一般矛盾纠纷不出村、居和本单位,复杂矛盾纠纷不出乡镇、街道和系统,90%以上的矛盾纠纷在县级以下和系统内部得到妥善解决。

三、加强和改进人民调解、行政调解、司法调解

(七)发挥人民调解的基础作用。以人民调解委员会为主体,充分发挥适用范围广、形式灵活、便利及时的优势,遵循国家法律和社会主义道德,主动运用平等协商、说服教育、规劝疏导的办法,使群众互谅互让,自愿达成化解纷争的协议,实现群众自我管理、自我教育、自我服务,及时把大量的民间矛盾纠纷化解在基层。

(八)明确人民调解工作的重点。要把预防、化解矛盾纠纷作为人民调解工作的重点,坚持抓早、抓小、抓苗头,严防民间矛盾纠纷激化。积极调解婚姻、家庭、邻里、宅基地、赔偿等常见性、多发性矛盾纠纷,促进家庭、邻里和睦。紧紧围绕本地经济社会发展,积极参与改革发展过程中矛盾纠纷的调解。注意发现和调解跨区域、跨行业、复合型等新型民间矛盾纠纷。做好重点时期、重点区域民间矛盾纠纷的排查调解工作。加强我省与北京等地接边区域联合调解工作。

(九)发展多种形式的人民调解组织。进一步巩固、规范和加强乡镇、街道办事处人民调解委员会和村民委员会、居民委员会的人民调解委员会建设。机关、学校、企业、事业单位,特别是用人比较集中和与群众生产生活关系密切的企业和机构,必须建立健全人民调解组织。大力发展区域性、行业性的人民调解组织。总结推广村、居或司法所建立法官、律师、公证和法律援助机构人员联合接待群众的"法律超市",十户选一名调解员,矛盾纠纷信息员,法律工作志愿者等经验做法,建立一支扎根群众的调解队伍。培育和规范面向社会服务的合同纠纷、劳动争议、医患纠纷、土地承包经营、房地产物业、消费者权益等专业化、职业化调解机构,满足社会调处矛盾纠纷的需求。充分发挥城乡基层自治组织和社团、行业组织、社会中介组织,以及各类新型社会组织在调解矛盾纠纷中的积极作用。

(十)加强人民调解规范化建设。各级司法行政部门要大力加强对基层人民调解组织的指导。按照人民调解委员会标牌、徽章、制度、文书、程序和统计"六统一",人民调解机构、队伍、设施、经费和待遇"五落实"的要求,抓好人民调解规范化建设。不断完善人民调解工作制度,规范人民调解程序,通过开展典型调解案例、优秀调解协议书评选等活动,提高人民调解规范化建设水平。

(十一)鼓励和引导律师等法律服务人员积极参与诉讼外调解。司法行政部门要加强对律师工作的指导，切实发挥律师调解矛盾纠纷的职能优势。要探索建立民事案件律师主持庭外和解制度。街道、社区和有条件的乡镇、村，要聘请律师担任人民调解员，参与人民调解工作，提高调解工作质量。在社区和农村，要注意发挥基层法律服务人员贴近群众、了解民情的特点，积极支持他们参与诉讼外调解。

（十二）切实履行行政调解职能。行政调解的主体是各级人民政府及其行政机关（包括其他具有行政职权的组织，下同）。在履行行政职权过程中，对行政机关与公民、法人或其他组织之间，因行政管理产生的矛盾纠纷，对与其自身职能有直接或间接关系的民事纠纷，积极依法进行调解和疏导，尽最大努力把行政纠纷化解在诉讼之前。对有重大影响和涉及全局的矛盾纠纷，要在党委领导下，发挥人民政府的行政职能，组织有关部门协调解决。

（十三）努力提高行政调解水平。各级人民政府及其法制、公安、人事、民政、工商、水利、教育、环保、卫生、农业、林业、劳动和社会保障、国土资源、建设系统等有关部门，要重点解决好农村土地征收征用、城镇房屋拆迁、企业重组改制、库区移民安置、环境污染等突出矛盾纠纷，积极引入决策咨询、公开听证、领导接访、联合接访制度，从源头上化解矛盾纠纷。大力加强培训工作，切实增强各级人民政府及其有关部门的调解理念，提高调解重大矛盾纠纷的能力和水平。深入开展调查研究，完善和规范调解制度，加强对下级部门的指导，广泛运用调解的办法处理行政纠纷。

（十四）发挥仲裁机构的调解作用。各级各类仲裁机构在仲裁活动中，要积极依法对矛盾纠纷进行调解。不断探索仲裁调解的途径，通过企业调解、区域调解、行业调解、案前调解和庭审调解的方式，加大调解力度，提高调解成功率，发挥仲裁机构在化解矛盾纠纷中的重要作用。

（十五）全面贯彻司法调解原则。司法调解的主体是人民法院，重点在基层人民法院及其人民法庭。人民法院要坚持“能调则调，当判则判，调判结合，案结事了”的原则，不断强化调解意识，在审判和执行过程中，依法做好民事案件、告诉才处理的刑事案件、被害人有证据证明的轻微刑事案件、刑事附带民事诉讼案件，以及行政赔偿案件的调解和执行和解工作，努力提高调解结案率，实现法律效果与社会效果相统一。积极探索建立行政审判和非诉讼行政执行工作中的协调机制，不断加强行政审判的协调力度。但不允许以调解为由，剥夺群众的其他诉讼权利。

（十六）加强和改进司法调解方式。人民法院要根据《最高人民法院关于人民法院民事调解工作若干问题的规定》，建立适度社会化调解机制，以缓解审判力量不足，提高诉讼效率。实行邀请协助调解制度，人民法院可以邀请与当事人有特定关系或者与案件有一定联系的企业事业单位、社会团体或者其他组织，和具有专门知识、特定社会经验、与当事人有特定关系并有利于促成调解的个人协助调解工作。推行委托调解制度，经各方当事人同意，人民法院可以委托上述单位或者个人对案件进行调解，达成调解协议后，人民法院应当依法予以确认。基层人民法院要设立巡回审判调解点，就近调解，方便群众。人民法庭要积极探索调解进社区、进农村、进企业、进工地、进单位的有效途径，努力提高调解工作效率，降低诉讼成本。

（十七）努力提高司法调解水平。人民法院要积极总结和推广审前咨询、当事人自愿选择调解法官、当事人特邀案外人员参与调解、法官交叉调解等经验做法。针对个案特点和当事人心理，耐心做好说服教育，积极创造实现和解的氛围，动之以情、晓之以理、释之以法。既要着眼于解决当事人之间的现实纠纷，又要促进当事人以后的合作与和睦相处，坚决防止调解简单化和走过场，力争做到案结事了。

四、发展和创新人民调解、行政调解、司法调解衔接配合机制

（十八）有关部门和单位要切实负责。按照“属地管理”、“谁主管谁负责”的要求，党的机关、政府部门、人民法院和群众团体要切实履行调解社会矛盾纠纷的职责，认真组织开展矛盾纠纷排查调处活动，把矛盾纠纷及时解决在本部门、本单位。社会治安综合治理委员会成员单位、人民法院和有关行政部门，要有领导分工负责，并指定有关处室负责调解工作。调解矛盾纠纷任务较重的行政部门，要调整内部机构设置，设立专门的调解室，配备专人做调解工作。人民法院要充实和加强审判调解力量。

（十九）进一步创新工作协调配合机制。“三位一体”调解的工作重点在乡镇和街道。要由乡镇、街道办事处社会治安综合治理委员会办公室负责，吸收法庭、司法所、派出所、工商所、国土资源所、民政所、电管所、劳动保障所、计生办、财经办、城建办和农业、企业及文教广播等服务中心组成“三位一体”调解中心，健全和落实矛盾纠纷联席会议制度、情况通报制度、复杂疑难纠纷联调制度，及时排查掌握本地社会矛盾纠纷情况，分解矛盾纠纷调解任务，督导有关部门充分发挥各自职能，广泛运用调解的办法，妥善化解矛盾纠纷。县以上社会治安综合治理委员会办公室，要会同司法和行政执法部门，加强对乡镇、街道“三位一体”调解中心的指导，主动帮助乡镇、街道解决问题，形成预防和化解社会矛盾纠纷的合力。要建立行政调解、司法调解与人民调解互动交流、灵活多样的调解机制。人民法院要建立和完善人民调解指导员制度，切实加强对人民调解委员会的指导。可以应人民调解委员会的邀请，派员具体指导人民调解员调解案件，可以协助司法行政部门对人民调解员进行培训，可以安排人民调解员参与庭审前的辅助性工作，也可以聘任有经验的人民调解员担任人民陪审员。认真总结人民调解员应人民法院邀请，协助人民法院调解案件的做法，积极推广人民调解组织向基层行政机构派驻人民调解员的经验。

（二十）建立和完善矛盾纠纷处理衔接机制。各级各部门各单位在接到群众的矛盾纠纷申告时，要认真做好咨询、登记、分析、处理工作，对依法应由其他地方或部门受理的，要耐心细致地告知群众解决矛盾纠纷的渠道。对法律关系单一、一个职能部门能够解决的矛盾纠纷，由该职能部门负责解决；对法律关系复杂、涉及多个部门的复杂矛盾纠纷，由最初受理的部门邀请相关部门参与协调解决，协调不成的，可提请社会治安综合治理机构协调有关部门共同解决；对下级社会治安综合治理机构协调有困难的重大疑难矛盾纠纷，由上级社会治安综合治理机构指导解决，或由上级社会治安综合治理机构督促有关地方党委政府协调解决，确保此类矛盾纠纷得到彻底化解。人民法院要实行调解劝导制度。对民事案件和依法可以调解的刑事自诉案件，基层人民法院及其人民法庭，在立案前，要积极劝导当事人选择人民调解组织进行调解。对行政案件，法律、法规规定行政相对人应当先行申请行政复议而没有申请的，应当告知其先行行政复议解决；对法律、法规没有规定的，应当劝其通过行政调解解决。

（二十一）完善和加强信访部门协调工作。县级以上人民政府信访工作机构要认真贯彻国务院《信访条例》，切实履行职责，认真处理来信、接待来访，倾听人民群众的意见、建议和要求，协调处理重要信访事项，督促检查信访事项的处理。要广泛开展干部下访活动，带着感情帮助群众解决生产生活困难，帮助基层解决矛盾纠纷，特别是干群之间的矛盾纠纷。乡镇党委、政府要充分发挥社会治安综合治理委员会及其办公室的作用，综合协调司法所、公安派出所、法律服务所、信访办等相关职能部门，建立快速、便捷、高效处理群众来信来访机制，把矛盾纠纷消除在萌芽状态。

（二十二）依法确认调解协议的效力。人民调解组织和行政调解机构通过调解解决的矛盾纠纷，应当制作调解协议书，及时送达双方当事人签收。调解协议书必须符合相关的文书规范，不得违反法律法规、方针政策，不得违反社会公共利益，不得违反社会主义道德和公序良俗。人民法院及其派出的人民法庭，要认真贯彻执行《最高人民法院关于审理涉及人民调解协议的民事案件的若干规定》，及时受理涉及人民调解协议的民事案件，并按照法律的有关规定，准确认定人民调解协议的性质和效力。人民法院在案件审理中要依法对协商一致且内容符合法规的行政调解协议予以支持。

（二十三）深入开展矛盾纠纷排查工作。各级社会治安综合治理委员会及其办公室，要积极组织有关部门，深入开展矛盾纠纷排查活动。各级各部门要建立健全信息报告、信访接待、情报会商、明确专任、干部下访、领导包案、形势分析等工作制度，及时发现和处理矛盾纠纷。要突出加强重点地区、重点时段和重点群体矛盾纠纷的排查。根据形势需要，深入开展集中排查和专项排查活动。建立矛盾纠纷的报告、统计和挂账督办制度，督导各级各有关部门认真履行职责，积极化解矛盾纠纷。

(二十四)深入开展社会主义法制、道德和荣辱观教育。结合实施“五五”普法规划，深入开展法制宣传教育。以行政部门和领导干部、公务员为重点，提高他们依法决策意识和依法行政、公正司法意识。加强全民普法教育，培育全民法律素养，提高全民遵纪守法的自觉性和依法维权的能力。加强社会主义道德和精神文明建设，树立社会主义荣辱观。大力加强“八荣八耻”教育，弘扬中华民族传统美德，倡导追求和谐、注重和睦的价值观，提高群众妥善处理矛盾纠纷的能力。要创新宣传载体，采取送法进社区(农村)，建立乡镇法律宣传活动室，举办模拟道德法庭等措施，扎扎实实地开展法制道德宣传活动，增强教育效果。

五、加强对“三位一体”调解工作体系建设的领导

(二十五)党委、政府要加强对构建“三位一体”调解工作体系的领导。各级党委、政府特别是各市、县(市、区)党委、政府，要把构建“三位一体”调解工作体系摆上重要议程，党政主要领导要抓在手上，以此作为提高执政能力和领导水平的重要方面，加强对重大矛盾纠纷的调解力度。要结合本地实际，研究制定构建“三位一体”调解工作体系的具体实施方案和措施，并认真抓好落实。各市、县(市、区)党委，政府要勇于实践，大胆创新，积极开展调查研究，及时解决工作中的突出问题，注意发现和总结完善典型经验，加强试点工作，取得经验，逐步推开，防止流于形式。各级社会治安综合治理委员会是构建“三位一体”调解工作体系的领导机构，社会治安综合治理委员会办公室负责这项工作的具体组织、协调、指导和督促检查。不断加强基层党组织的建设，充分发挥基层党组织的领导核心作用，为构建“三位一体”调解工作体系提供坚强的政治和组织保障。要积极会同党委宣传部门，充分运用多种措施，加大宣传力度，营造推动“三位一体”调解工作体系建设的氛围。

(二十六)建立健全保障机制。各级党委、政府要为构建“三位一体”调解工作体系提供必要的保障，将调解工作专项经费列入财政预算，特别是要认真解决基层司法行政部门和人民调解组织、队伍、设施和待遇所需经费，确保人民调解工作正常开展。人民政府有关部门、人民法院，要精简上层，充实和加强承担调解职能的内部机构和基层单位人员。

(二十七)提高人民调解员、行政执法人员和审判人员的素质。人民调解员应该具有较高的思想道德水平，公道正派，热心人民调解工作，联系群众，在群众中有较高威信，并有一定的法律知识和政策水平。加强对人民调解员的培训工作，不断提高人民调解员的综合素质。各级人民政府要强化行政部门的调解意识，改进对行政调解人员的培训工作，提高调解水平。人民法院要加强对审判人员特别是人民法庭人员的教育、引导和培训工作，不断提高他们依法调解民事案件的能力。

(二十八)严格落实激励和查究制度。要把开展“三位一体”矛盾纠纷调解工作作为考核各级各部门领导班子和党政主要领导的重要内容。进一步健全和完善调解工作考核评价制度，严格落实矛盾纠纷调解工作责任制，对调解工作作出突出贡献的集体和人员要大力进行表彰奖励。认真贯彻落实中央社会治安综合治理委员会、中共中央纪律检查委员会、中共中央组织部、中华人民共和国监察部、中华人民共和国人事部《关于对发生严重危害社会稳定重大问题的地方实施领导责任查究的通知》和我省的有关规定，对由于组织领导不力，调解工作不落实，导致矛盾纠纷突出的地方、部门和单位，要严肃通报批评；对发生严重影响社会稳定重大案件和事件的，要坚决追究有关领导的责任；对发生恶性“民转刑”案件的地方和单位，要进行责任倒查，严肃追究。

河北省社会治安综合治理委员会关于印发《河北省社会治安综合治理一票否决警示制度实施办法（试行）》的通知

（2006 年 12 月 28 日）

各市、县（市、区）综治委，华北石油管理局综治委，省综治委成员单位，省直有关部门：

《河北省社会治安综合治理一票否决警示制度实施办法（试行）》已经省综治委 2006 年第三次全体会议审议通过，现印发你们，请遵照执行。执行中有什么问题，请及时向省综治办反映。

河北省社会治安综合治理一票否决警示制度实施办法（试行）

第一章　总　　则

第一条　为深入开展“平安河北”建设，推动社会治安综合治理各项措施的落实，根据中央综治委《关于实行社会治安综合治理一票否决权制的规定》、《河北省社会治安综合治理一票否决权制试行办法》和中央综治委、中纪委、中央组织部、监察部、人事部《关于对发生严重危害社会稳定重大问题的地方实施领导责任查究的通知》和省综治委、省纪委、省委组织部、省监察厅、省人事厅《关于对发生严重危害社会稳定重大问题的地方实施领导责任查究的通知》的规定，结合实际，制定本办法。

第二条　实行一票否决警示制度是社会治安综合治理一票否决权制的动态实施，旨在通过对发生社会治安突出问题的地方、部门和单位提出警示，督促该地方、该部门、该单位领导切实负起保一方平安的政治责任，在规定期限改变落后局面，防止影响社会稳定的重大案（事）件的发生。

第三条　实行一票否决警示制度应坚持“属地管理”、“谁主管，谁负责”和“及时、公正、公开”的原则。

第四条　一票否决警示由县级（含县及相当于县级的单位，下同）以上社会治安综合治理领导机构行使，乡镇、街道及各部门所属的县级以下单位的社会治安综合治理领导机构有建议权。

第二章　对象、内容

第五条　一票否决警示的对象是：社会治安问题突出，尚不够实行社会治安综合治理一票否决的市、县（市、区）、乡镇（街道）、村（居）和机关、团体、学校、企业事业单位和其他单位、组织（含中央驻冀单位、省驻市以下单位）。

第六条　有下列情形之一的应予以一票否决

警示：

（一）本地区、本部门、本单位治安秩序混乱，治安问题比较突出，群众意见较大的。

（二）发生影响较大的危害公共安全案（事）件、黑恶势力犯罪案件、邪教和有害气功组织犯罪案件及其他重大刑事案件的。

（三）对省以上有关部门挂账督办的重大矛盾纠纷、治安隐患和安全隐患整改措施不力，以致发生较大群体性事件和重大交通事故、重大火灾及其他重大安全事故的。

（四）因工作失职，处置不当，致使涉法涉诉进京赴省上访问题严重，或涉法涉诉进京赴省上访人员滋事、出丑等，造成恶劣社会影响的。

（五）政法队伍发生严重违法违纪问题，或因政法干警徇私枉法和不作为、乱作为，造成恶劣社会影响的。

（六）机关、团体、学校、企业事业单位治安防范措施不落实，内部管理混乱，人员犯罪和刑事、治安案件突出的。

（七）在国家和全省重大活动期间，发生影响安全稳定案（事）件的。

（八）发生影响安全稳定较大案（事）件，隐瞒不报或作虚假报告的。

（九）其他应予以一票否决警示的。

第七条 同一年度内，本地区、本部门、本单位被两次（含两次）以上一票否决警示，且在限期内不能改变治安落后局面的，对该地区、该部门、该单位实行一票否决。同时对被否决的有关部门的上级主管部门实行一票否决警示。

第八条 对被一票否决警示的地区、部门、单位进行内部通报，需要通过舆论引导视听的，报当地党委、政府领导把关，在新闻媒体刊发。

第三章 程　序

第九条 对村（居）、乡镇（街道）、县（市、区）部门、单位的一票否决警示，由县（市、区）综治办提出建议，县（市、区）综治委主任会议研究，作出决定；对县（市、区）和市直部门、单位的一票否决警示，由市综治办提出建议，市综治委主任会议研究，作出决定；对市和省直部门、单位的一票否决警示，由省综治办提出建议，省综治委主任会议研究，作出决定。

乡镇（街道）综治办及各部门所属的县级以下单位的社会治安综合治理机构认为需要对驻辖区的部门、单位实行一票否决警示的，可向上一级综治委提出一票否决警示建议。

上级综治委可责成下一级综治委对辖区地方、部门和单位实行一票否决警示。必要时，省综治委可直接行使一票否决警示。

第十条 一票否决警示决定以通知书的形式，发给被一票否决警示的地方综治委或部门、单位。对市、县（市、区）部门的一票否决警示通知书，应抄送同级党委、政府和上级主管部门。对单位的一票否决警示通知书，应抄送该单位的上级主管部门。同时，抄送同级纪检、组织、监察、人事部门，报上一级综治委备案。

第十一条 被一票否决警示的地方、部门、单位接到一票否决警示通知书后，要在十日内，制定整改措施，向作出一票否决警示决定的综治委报告。

县级以上综治办对被一票否决警示的单位，进行跟踪调查和复查，并将整改进展情况及时上报作出一票否决警示决定的综治委。

第四章 附　则

第十二条 本办法由河北省社会治安综合治理委员会负责解释。

第十三条 本办法自2007年1月1日起施行。

附件：河北省社会治安综合治理一票否决警示通知书（式样）

附件：

河北省社会治安综合治理一票否决警示通知书
（式样）

冀综治委警示字[　　]号

市社会治安综合治理委员会(　　部门、单位)：

你市(部门、单位)发生的　　案(事)件(严重问题)，已造成较为恶劣的社会影响，根据《河北省社会治安综合治理一票否决警示制度实施办法(试行)》，经省综治委主任会议研究决定，对你市(部门、单位)提出一票否决警示，请你们针对存在的严重问题，立即采取有效措施，限　　日改变落后局面。并将整改措施在十日内报省社会治安综合治理委员会办公室，将整改结果在规定时间内报省社会治安综合治理委员会办公室。

河北省社会治安综合治理委员会
年　月　日

省综治委、办内设机构情况和负责人名单

省综治委主任：

车　俊　省委常委、省委政法委书记、省综治委主任

省综治委副主任：

白润璋　省人大常委会副主任
柳宝全　省政府副省长
刘瑞川　省法院院长
王其江　省检察院检察长

省综治办：

傅剑仁　省委政法委副书记、省综治办主任
李德兴　省综治办常务副主任
王奎连　省委政法委副巡视员

省综治办配备主任1名(正厅)、常务副主任1名(副厅)、副巡视员1名(副厅)，内设综治办、排调办、护路办、见义勇为基金会秘书处4个处室。

河北省各市、县(市、区)综治委、办主任名单

地　区	综治委主任	综治办主任
石家庄市	栗进路	张平海
长安区	袁捷才	张树兴
桥东区	金先录	杨光林
桥西区	周雪军	聂希文
新华区	王瑞征	季　伟
裕华区	李文昌	张顺泽

地　区	综治委主任	综治办主任	地　区	综治委主任	综治办主任
矿　区	王金柱	杜俊敏	双桥区	李锦泉	劳晓东
辛集市	张书凯	傅胜连	双滦区	刘起明	张之东
藁城市	高国才	桑刚卫	营子区	刘科军	李晓静
晋州市	陈联记	周银素	承德县	刘广明	姜春虹
新乐市	郝国杰	李　捷	兴隆县	蔡福浩	张德儒
鹿泉市	王顺才	张星吉	平泉县	王庆林	刘亚辉
井陉县	张永振	刘春林	滦平县	马致文	张　荣
正定县	宋同原	吴恒振	隆化县	何庆奎	丁万成
栾城县	李雪辉	李锋海	丰宁县	王　学	张俊峰
行唐县	尹新民	张银虎	宽城县	张品川	宁玉杰
灵寿县	马国云	武银锡	围场县	齐建文	王振国
高邑县	李连平	张荣献	**秦皇岛市**	杨泰安	赵秀义
深泽县	孟建忠	李志英	海港区	王殿忠	夏洪考
赞皇县	陈印增	常文生	山海关区	王志杰	丁国来
无极县	张振江	孙宏志	北戴河区	赵国民	刘益深
平山县	赵同法	朱伟社	昌黎县	张士邦	杨大新
元氏县	吴晓云	魏庆文	抚宁县	唐家君	胡希才
赵　县	马立宁	郭来贤	卢龙县	赵　然	李占先
高新区	郄英林	刘根柱	青龙县	孟凡居	王占香
张家口市	乔登贵	李　密	开发区	田永生	何靖东
桥西区	安振兴	王战明	**唐山市**	杨永山	陈鸿国
桥东区	张怀宏	胡　杰	路北区	王正英	高德安
宣化区	薛宝林	袁志强	路南区	王雪增	王子臣
下花园区	孙　堂	张　胜	古冶区	石洪实	张　春
宣化县	王建兴	赵丙忠	开平区	何汇东	李海峰
张北县	孙　雨	陈宝林	丰润区	汤立祥	徐广诚
康保县	陈　录	李　全	丰南区	高树春	孙继兴
沽源县	张志清	孙海林	遵化市	张朝利	张德全
尚义县	赵永斌	刘世泉	迁安市	李再东	邹凌庭
蔚　县	薛继斌	王　瑞	滦　县	张印勤	张耀敏
阳原县	陈茂禾	李志斌	滦南县	王保国	张品龙
怀安县	余德洪	岳　虎	乐亭县	周恩海	
万全县	张振昌	张连裕	迁西县	苏铁成	郭武芝
怀来县	肖生龙	郭　斌	玉田县	么金宝	王玉平
涿鹿县	任　元	杨佃贵	唐海县	李秀存	郑宝明
赤城县	郭文奎	武志明	芦台开发区	宋槐春	张林发
崇礼县	杜　平	杨　成	汉沽管理区	王建辉	曹树平
高新区	辛春祥	吴学峰	**廊坊市**	栗建华	段上禾
察北管理区	斑　勇	王　爱	安次区	陈贵卿	陶连海
塞北管理区	乔亚平	王晓雨	广阳区	苏保健	孙妍智
承德市	张春明	季　刚	霸州市	陈国英	刘国正

地　区	综治委主任	综治办主任	地　区	综治委主任	综治办主任
三河市	周文臻	陈　玉	青　县	王培政	郭文柱
固安县	赵光安	邸宜鸥	东光县	郭志良	王树华
永清县	王路敏	李书润	海兴县	李玉增	张洪旺
香河县	张显强	古德利	盐山县	杨玉华	高俊红
大城县	郝锁来	梁树旗	肃宁县	刘全亮	邱祯祥
文安县	王洪光	刘国勇	南皮县	许志刚	杜学然
大厂县	杨庆华	陈　亮	吴桥县	高　峰	陈学君
保定市	王会平	时　群	献　县	杨增华	朱培宏
新市区	王文志		孟村县	张云波	阚万峰
北市区	李正伦	贾春武	**衡水市**	张增良	朱大勤
南市区	贾玉文	韩桂林	桃城区	张文学	赵环江
定州市	锁宝贵	王春龙	冀州市	刘振月	王广景
涿州市	刘铁英	丁　成	深州市	张建涛	郗文业
安国市	张怀明	平二更	枣强县	李汉元	马兰玲
高碑店市	陶德立	刘广川	武邑县	刘国友	吕新华
满城县	陈春霞	王卫东	武强县	刘振江	窦月峰
清苑县	董少卿	孟宪民	饶阳县	程雄宽	刘占江
易　县	张树林	宋桂荣	安平县	崔跃东	孙岩恒
徐水县	高　玉	王树生	故城县	闫文举	田少青
涞源县	汪树立	龙学军	景　县	卢援助	马俊杰
定兴县	王崇泽	王茂林	阜城县	邢洪文	吉　涛
顺平县	刘文力	马双俊	**邢台市**	戴占银	苗庭宽
唐　县	刘俊禹	刘文峰	桥东区	李国庆	孙国辉
望都县	朱子群	闫国杰	桥西区	陈铭臬	汪国权
涞水县	齐瑞飞	赵春晖	南宫市	李义和	于春林
高阳县	焦　龙	王兵杰	沙河市	王学良	高晓刚
安新县	肖宝元	王山明	邢台县	张洪泽	赫　平
雄　县	林振英	徐继来	临城县	刘　炳	冯爱国
容城县	王兰芬	阴会来	内丘县	张　彪	刘清双
曲阳县	李　勇	魏趁贤	柏乡县	杨栓军	吕胜波
阜平县	董国平	郑建林	隆尧县	邢占军	赵银平
博野县	宋天锁	张继波	任　县	耿　昉	孔宪岭
蠡　县	宁洪茂	刘建朴	南和县	李现民	赵喜英
沧州市	潘冬青	王景玉	宁晋县	李清辰	赵月芳
运河区	安伟华	张宝彦	巨鹿县	张晓东	张建峰
新华区	王彦珍	高凤田	新河县	解恭朝	王计广
泊头市	马德华	许桂智	广宗县	史志扬	段洪臣
任丘市	及锡路	李景瑜	平乡县	王明亮	赵贵爽
黄骅市	王元波	孔令杰	威　县	曹明印	刘根彪
河间市	朱志明	马国富	清河县	冯明跃	李智珍
沧　县	鲁志田	曹庆山	临西县	张树旗	杜明善

地　区	综治委主任	综治办主任	地　区	综治委主任	综治办主任
邯郸市	周国江	张绍辉	磁　县	赵文波	梁日魁
丛台区	张世强	李孟录	肥乡县	梁趁军	高英杰
邯山区	杜树杰	赵玉社	永年县	宋　海	刘印考
复兴区	郑树森	陈进军	邱　县	白景长	布俊海
峰峰矿区	张瑞生	张庆国	鸡泽县	冯士广	何彦修
武安市	崔志江	郭江贵	广平县	冯文书	班瑞锋
邯郸县	刘兴民	张岩红	馆陶县	赵瑞海	焦智中
临漳县	邓玉江		魏　县	王亚飞	郭天成
成安县	张建林	李振强	曲周县	魏吉平	杨树国
大名县	陈向阳	武文亮	马头工业城	陈东新	陈东富
涉　县	栾亚飞	李凤荣	高开区	张宝兴	刘永琪

（撰稿人：袁荣彪
审稿人：李德兴　季　勤）

山　西　省

2006年社会治安综合治理工作概况

2006年，在中央综治委和省委、省政府的正确领导下，全省各级综治部门以科学发展观为指导，以构建社会主义和谐社会为目标，紧紧围绕省委“夯实稳定基础，建设平安三晋”的要求，广泛动员社会力量，深入推进平安创建，全面开展“矛盾纠纷调解年”活动，大力构建治安防控体系，努力夯实基层基础，狠抓各项措施的落实，确保了治安秩序和社会大局的持续平稳。

一、强力推进“平安三晋”创建活动，平安建设水平全面提升

（一）创建外延进一步拓宽。省综治办与省安监局联合在全省安全生产领域开展了平安创建活动，与省质监局、省检验检疫局在全省范围联合开展质量平安建设活动，与省人口和计划生育委员会联合开展了流动人口计划生育清查验证工作，与省防范和处理邪教问题办公室共同出台了《关于进一步将防范和处理邪教问题纳入基层社会治安综合治理工作的意见》，与省国家安全厅共同发文，将国家安全人民防线建设工作纳入了综治工作范畴。太原、晋城、大同等市还在金融保险行业开展了平安创建工作。

（二）创建模式进一步多样。晋城市按系统组织开展“十大平安建设”；忻州市通过开展平安景区、平安旅社等“细胞工程”，让综治工作走进寺庙景点、矿山、民营企业、重点工程等领域。

（三）创建基础进一步夯实。各地把农村平安建设作为夯实基础工作的“重头戏”。同时，各地在基层的规范化建设取得了新进步。忻州、朔州、长治、临汾等市出台了《关于在新农村建设中深入开展平安建设的意见》。长治市召开了引深农村平安建设现场会，临汾市出台了《关于加强基层平安创建管理工作的办法》，在基层创建标准、考核验收、命名、管理及奖惩等方面做出了详细规定，要求把创建工作的重点放在基层，政策向基层倾斜、人往基层走、钱往基层花、劲往基层使。

（四）创建保障进一步强化。各地在组织、人员、经费方面不断加大力度。晋中等市提出建设“五位一体”的村级综治组织，以综治牵头，整合治保、民调、矛排、护路、帮教等方面的工作，提高了基层组织的活力。长治、晋城、晋中、阳泉、临汾等市积极主动协调组织部、编办，为每个乡镇（街道）配备了由党委委员兼任的综治办主任或政法书记，并按照2—3人的编制配备了综治专干。朔州市在要求每个乡镇（街道）党委副书记兼任综治办主任的同时配备一名专职副主任（享受副科级待遇），并为乡镇综治专干落实了每人每月56元的津贴，按每人每日1元的标准对农村“两会一队”人员给予补贴。太原、阳泉、长治、晋城、大同等市继续保留综治专干津贴，并按照总人口人均不低于1元的标准，将乡镇的综治经费列入财政预算。大同市全年用于平安建设的经费达3000万元。

在强力推进建设“平安三晋”过程中，各市涌现出一批平安创建先进县区，省综治委在考核验收的基础上，命名太原市小店区等11个县区为“全省平安建设先进县”。

二、认真开展“矛盾纠纷调解年”活动，维护稳定能力全面提高

省委、省政府将2006年确定为“矛盾纠纷调解年”，不断强化各级各部门的调解意识。1—12月，全省共排查调处矛盾纠纷2710起，调解率为85.5%，有力地维护了全省的社会稳定。

（一）高度重视，真抓实管。省委、省政府两办印发了《关于开展“矛盾纠纷调解年”活动的意见》（晋办发[2006]12号），并召开专门会议进行安排部署。省委书记张宝顺、副书记金银焕等领导多次批示，提出明确要求。省委政法委、省政法各部门领导带头包处了104起应由省里解决的案件。市、县两级党委、政府对这一活动高度重视，纷纷召开常委会专题研究，做到了层层动员部署，精心组织实施，并从人、财、物上给予支持，有力地推动了“调解年”活动的顺利开展。

（二）落实制度，搭建平台。各地积极整合力量，努力构建人民调解、行政调解、司法调解“三位一体”的大调解机制。太原市建立了司法信访案件听证调解制度，完善了调解工作协调联动机制、矛盾受理移交机制、调解人员互派机制、基层快速联处机制、律师定点进社区机制。长治市实行了人员、程序、效力“三对接”，信访与人民调解、行政与司法调解“两衔接”。晋城市建立了党员联户、村民小组、村级调委会、乡镇调处中心四级调解机制。

（三）整合资源，整体联动。省司法厅、省法院、省公安厅、省人民检察院结合职能，制定了诉调对接、公调对接、检调对接的意见。阳泉市实行了调解中心与信访部门、公安110、律师事务所“三联动”。运城市开展了“两所一庭”联调试点工作，将派出所、司法所、法庭的警力整合起来，成立联调工作机构，综合运用多种手段化解矛盾。晋城市在市县两级建立了人民信访大厅，抽调有关部门人员，集中处理信访问题，实行了“一站式”管理和服务。

（四）调解优先，创新方法。太原市在市县两级法院全面推行了“重调息诉”制度，将民事诉讼调解活动贯穿到审判工作全过程，基层法院民事一审案件的调撤率达到60%以上，中级法院民事一、二审案件调撤率达到30%以上。临汾市推广了亲情感化、案例提示、换位启发、冷却择机调解法，有效地提高了调解工作的质量。

（五）源头治理，预防为主。各地在化解矛盾的同时，注重从源头治理入手，坚持关口前移，超前预防。忻州市组建了矛盾纠纷化解宣传工作组，在一些特殊敏感时期和群众上访高峰期，深入重点地区进行宣传。大同市、朔州市注重解决群众关心的热点、难点问题，从源头上化解了大批矛盾，有效地减少了群体性上访。

三、坚持打击防范相结合原则，治安防控能力全面提高

（一）深入开展“打黑除恶”专项行动。全省共摸排出黑恶势力犯罪线索537条，打掉黑恶性质犯罪组织8个，摧毁犯罪团伙161个，破获黑恶势力案件1086起，抓获涉黑涉恶成员1060人，有力地震慑了犯罪，提高了公众安全感，维护了治安大局的平稳。

（二）大力推进科技防范。太原市实施社会治安视频监控系统“天眼”工程建设，社会化筹措资金1亿多元，安装视频监控系统2952套，摄像头20332个，形成点线面结合、全天候运转的立体化、动态化视频监控网络。长治市市县两级有1227个单位、247个小区投资1.3亿元安装电子监控和红外线装置，共安装探头9235个。晋城市被确立为全国十五个科技强警示范城市之一。吕梁孝义市投资800万元建立了110指挥中心，全市金融网点都安装了监控设备。

（三）健全完善治安防控体系。朔州市在建立完善社会面、重点部位、乡村、单位、边际治安联防五大网络的基础上，着力运行公安、保安、专职巡防队、110志愿者、义务巡防队五支队伍的治安防范机制，强化了社会面的治安防控。吕梁市根据农村经济条件实行分类防范，经济好的村由治保、调委会总承包，工资报酬与农村治安形势挂钩；经济差的村实行分类承包，谁承包谁拥有村办企业、土地、山林承包优先权；无集体经济收入的实行一事一议，计件报酬。大同市健全“两会”组织7538个2万余人，组建各类治安巡防队2840支1.6万人，组织2000余名“4050”人员和112名“的哥”信息员参与维护社会治安，使群防群治队伍得到进一步发展壮大。

四、大力整治治安突出问题，社会管理能力全面提高

（一）进一步强化重点治乱工作。太原市出台了《关于排查治理治安重点地区的若干规定》，对排查出来的87个整治重点，全部实施分级挂牌督办，并由各级综治委领导包案整治。运城市出台了《关于建立重点整治长效工作机制的意见》，要求建立起重点整治工作的长效机制。临汾市综治委确定了6个市级重点督办地区，由市综治委组织督查组，督促这些地区的治理工作。长治市从9月份开始在全市开展了“百日集中整治”活动，从8个方面进行集中整治，划拨经费100多万，保证了整治活动顺利开展。

（二）进一步加强民爆物品管理。省委省政府部署了全省民爆物品管理专项整治行动，省综治办专门下发了《关于切实加强民用爆炸物品安全管理工作的通知》。全省自上而下成立了专项行动领导组，制定了周密细致的方案，有重点、有步骤地开展了民爆物品清查整治行动。截至目前，全省共投资1300余万元购置了54台测爆仪，并收缴非法炸药899吨，雷管82万枚，导火索8万米，查处涉爆案件806起。

（三）进一步推进预防青少年违法犯罪工作。加强青少年法制宣传教育，新确定省级未成年人法制教育基地17个，新建社区青少年法律学校31个，组织学生参加法制教育基地活动19万人次。深化“青少年维权岗”创建活动，全省创建优秀维权岗1432个。省一级和11个市全部建立12355服务台，为青少年提供各种法律服务。举办了主题为“维权、关爱、阳光生活”的“未成年人维权关爱月”活动，重点实施了净化成长环境专项整治、维权关爱等行动。深入推进“进城务工青年发展计划”，在全省4市8县开展“共青团劳务输出大篷车”现场招聘活动，帮助进城务工青年解决就业问题。加大了流浪儿童救助保护机构建设，全省23所救助管理站建立了流浪儿童保护设施，并建立了11所市级流浪儿童救助保护中心。组织志愿者、临时监护人与服刑人员未成年子女和农村留守儿童开展“多帮一”活动，全年定点扶助儿童219名。加强了文化市场特别是网吧的监管，开展了“反盗版百日行动”等活动，努力为青少年健康成长营造良好的社会环境。

（四）进一步加强流动人口治安管理。开展了流动人口计划生育清查验证和管理服务工作，进一步摸清了底数（流动人口312万人，出租房屋40余万间），完善了各项证卡制度，严格了出租房屋登记备案管理，促进了流动人口治安管理工作的制度化、规范化。开展了流动人口、出租房屋清理整顿活动，为加强流动人口治安管理奠定了基础。深入推进小城镇户籍管理制度改革，积极引导农村富余劳动力向城镇合理转移，累计转移农村劳动力420万人，85%实现了在省内就地转移就业。努力创新管理模式，尝试“以房管人”、“电子地图”、“分类挂牌”等方法，积极提高管理水平。

（五）进一步强化刑释解教人员安置帮教工作。抓住“调解年”有利时机，加大刑释解教人员的排查工作，对43257名帮教对象进行了摸底和调查，做到了底清数明。强化刑释解教人员的衔接管控。省安帮办转发了中央综治委刑释解教人员安置帮教工作领导小组办公室《2006年省、自治区、直辖市刑释解教人员安置帮教工作考核办法》，有力地推动了安帮工作的规范化、标准化。加强了对韩雅琴、王猛等安置帮教先进典型的宣传力度，唤起并激励全社会对安帮工作的关注和支持。

（六）进一步深化校园及周边治安综合治理工作。坚持抓好学校安全教育工作，努力提高师生的安全意识和自防能力。认真贯彻公安部“八条措施”和教育部“六条措施”，严厉打击侵害师生人身权利的各类违法犯罪活动，严格排查校园及周边地区治安乱点，针对性地开展集中整治，清理整顿校园周边秩序，努力构建学校治安防控体系。深入推进“平安校园”创建活动，对符合申报省级平安校园的学校进行了考核验收。总结推广了中北大学、太原师范学院等校园科技创安经验，着力提升校园治安防范水平。

（七）进一步提高铁路护路联防工作水平。引深“平安三晋铁路示范带”创建活动，积极开展“百日蹲点督查”、“压路伤、保安全、促和谐”专项行动，重点推进“平安铁路示范路段”集中整治行动，排查化解了一批因新建线路征地拆迁、路外伤亡赔偿等问题引发的矛盾纠纷。实现连续8年无因治安问题引发的列车颠覆事件，连续3年无群体性哄抢铁路运输物资和拦堵列车事件、危及列车安全案（事）件，路外伤亡事故大幅下降的目标。2006年全省铁路百公里危行事件0.07起，大大低于全国0.79起的平均数，大秦铁路山西段成为创建全国平安铁路示范路段中治安最好的路段之一。12月初，中央护路办在山西省召开了全国“平安铁路示范路段”创建工作经验交流会。

五、加大考核奖惩力度，社会治安综合治理责任制全面落实

年初，省综治委组织考核组，对全省11个市2004—2005年度社会治安综合治理责任制落实情况进行了考核，并召开大规模的表彰会，对晋城、大同、晋中、朔州、阳泉、临汾、长治七个综治先进市进行了表彰，各奖励奖金8万元。各市县也对本辖区的社会治安综合治理工作进行了考核，对综治工作先进单位及个人进行了隆重表彰，其中大同市2006年用于表彰奖励的奖金多达100万元，极大地调动了各级各部门维护社会稳定、参与平安建设的积极性。

同时，各地进一步完善责任制考核奖惩机制，在对综治先进县区兑现奖金、对相关人员兑现奖励工资或记功表彰的基础上，对认识不到位、措施不落实、造成重大问题的地方实行一票否决，严肃追究有关责任人的责任。省综治委对忻州市轩煤公司医院家属楼"4·10"爆炸案、吕梁交口县腰庄村"5·15"爆炸案、宁武县东寨镇"7·7"爆炸案、襄汾县古城镇"4·22"爆炸案、蒲县克城镇"2·3"爆炸案、临汾尧都区"1·26"爆炸案下发了责任查究通知。据不完全统计，全省各级综治机构全年共"一票否决"176个单位，有力地促进了各级各部门领导抓综治工作的意识。

六、注重教育培训，综治队伍业务水平全面提高

为了提高广大综治干部业务素质，增强同志们维护社会稳定的能力，全省各级加大了对综治干部的培训指导力度。5月份，省综治办和省国家安全厅联合举办了为期三天的全省综治干部暨国家安全人民防线建设工作培训班，对各市县综治办主任、国家安全局站长约一百六十余人进行了培训。长治市建立了市、县、乡三级综治干部培训网络，采取派业务骨干深入县区，检查考核与培训相结合、当场找问题和现场讲评交流相结合、现场观摩和集中授课相结合的"走下去"和"三结合"方式，对全县所有乡镇综治干部进行业务培训。运城市组织市县乡三级综治干部赴常州全国政法综治干部培训中心举办了一期学习培训班。其他市也针对县乡换届后新调整的综治干部不熟悉工作的实际情况，纷纷加大对干部的培训力度，创新培训方式，提升了工作水平，为各项综治措施的落实提供了有力保障。

七、加强政法综治宣传，综治舆论氛围进一步浓厚

加大了新闻媒体对政法综治工作集中宣传的力度。大力宣传以建设平安三晋为重点的各项工作，做到报纸有专栏，电视有专题，电台有专段。省综治办与省广电厅组织开展了"全国综治优秀城市"电视展播活动。《山西日报》以《全省政法综治工作五年回眸》为题，分打击整治篇、矛盾排查篇、综合治理篇、规范执法篇和队伍建设篇，对山西省政法综治工作进行了全面报道。《山西法制报》开辟了《平安三晋》专栏。积极开展了综治好新闻奖评选活动。在全国综治工作好新闻评奖活动中，山西省有三篇获全国优秀新闻作品奖。进一步完善了政法综治宣传机制。省委政法委和省委宣传部、省公安厅联合出台了《关于加强和规范群体性事件、敏感事件和重大案件新闻报道管理工作的实施办法》、《关于严格控制对政法公安机关负面报道的通知》等，为政法综治宣传工作提供了依据。

开展重点整治和专项行动情况

2006年，全省各级党委、政府和政法综治部门对重点整治工作高度重视、精心组织、周密部署、积极行动、综合施治，全省共排查出治安混乱地区和突出治安问题374个，已整治344个，整治率为92%。

一、高度重视，明确三个认识

全省各级各部门对重点整治工作给予了高度的重视，从化解社会矛盾、提高定纷止争能力的高度认识做好重点整治工作的必要性，从维护社会稳定、提高预警防范能力的高度认识做好重点整治工作的重要性，从促进社会和谐、提高社会管理能力的高度认识做好重点整治工作的紧迫性。省委常委、太原市委书记申维辰要求，作为省会城市，太原市要毫不动摇地把重点整治作为维护省城社会治安的一项重要举措。长治市委书记郭海亮两次主持召开市委常委会，听取重点整治情况汇报。阳泉市委书记谢海要求各级综治机构要站在对人民负责的高度开展此项工作，切实把各项措施落到实处。吕梁市委书记聂春玉亲自听取了重点整治工作督查组工作汇报，并对这项工作作出批示。其他各市、县（市、区）领导也对重点整治工作提出明确要求，为这项工作顺利开展提供了支持和保障。

二、精心组织，做到三级联动

各市都根据省综治委10号《关于深入开展排查整治治安混乱地区和突出治安问题的通知》文件精神，制定方案，召开会议，成立专门的领导和工作机构，有的还抽调专门工作人员组成工作组，深入重点区域进行重点治理。在此基础上，上级对下级加强指导和督促，下级对上级及时报告和反映，在市、县（市、区）和乡镇（街道）之间形成了一条畅通的渠道，保证了重点整治工作三级联动。

三、认真排查，强调三个结合

根据省综治委的统一安排，全省对治安混乱地区和突出治安问题的排查以乡镇（街道）为单位进行，省综治委明确提出：在排查中要“做到三个结合、体现六字要求”。“三个结合”就是要结合中心工作开展排查，结合打黑除恶开展排查，结合平安建设开展排查。“六字要求”就是细致、及时、有效。细致，就是排查要“过筛子”，做到县不漏乡、乡不漏村、村不漏户、户不漏人。及时，就是排查要“滚动式”，多搞“回头看”，不搞“一劳永逸”。有效，就是排查要“唯效果”，多出务实之招，不搞“花架子”。通过对全省排查情况的汇总，治安混乱地区和突出治安问题主要表现为以下八个方面：一是民爆物品和其他化学危险品管理问题；二是因征地拆迁、村矿矛盾等引发群体性事件；三是城乡结合部和一些县城治安管理问题；四是学校、企业、车站以及旅游景点等周边治安管理问题；五是各类市场和娱乐场所治安管理问题；六是流动人口引发治安及刑事案件；七是公路、铁路沿线治安管理问题和路地纠纷问题；八是侵财性案件多发影响城乡居民居住和出行安全。

四、分类施治，突出三个步骤

一是明确责任。主要是“三明确”，即明确责任单位、明确责任人、明确整治时限。对于排查出来的每一个治安混乱地区和突出治安问题，都按照省综治委的要求，明确一个或几个主管单位负责整治，并由该单位分管领导承担整治责任，在指定的期限内整治完成。如果在整治过程中发生疏于管理或工作不力，导致不能按期完成整治任务，甚至发生重大治安灾害事故、群体性事件等情况，要严肃追究责任单位和责任人的责任。二是落实措施。主要是“三落实”，第一要落实规定措施，就是做好“规定动作”，以县为单位开展整治，把省综治委有关精神不折不扣地落实到位。第二要落实治理措施，就是做好“自选动作”，对一些治安乱点，要结合乱点具体情况，结合本地实际情况，结合市县综治委的更高要求，以见到整治效果、达到整治目标为标准，做好因地制宜、分类施治的工作。第三要落实保障措施，就是做到“三个到位”，即组织到位、人员到位、经费到位，保证整治顺利开展。三是严格验收。主要是“三严格”，即第一要严格督查，做到抽查与普查相结合、明查与暗访相结合、定期与不定期相结合。第二要严格审核，对于各地上报的整治情况和验收报告，市县综治委按照管辖权，在检查的基础上，严格按照要求，审核把关，既不否定整治成绩，也不漏掉突出问题。第三要严格善后，对于已经验收的治安乱点，在建立保证稳定的长效机制上下功夫，对于未通过验收的治安乱点，区别情况，属职责不清的，进一步明确职责，属措施不力的，进一步加大力度，属未尽职责的，追究相关责任人责任。

五、面向长远，建立三种机制

一是建立健全预警防范机制。各市采取多种措施，在发现问题苗头、超前处理隐患等方面，进行了一些探索性工作。有的与矛盾纠纷排查机制相衔接，有的将科技手段引入排查治安乱点工作，有的还整合基层力量、综合运用资源，进行前期防范，等等。二是建立健全管理控制机制。以“属地管理”和“谁主管谁负责”为原则，以看好自己的门、管好自己的人、办好自己的事为总要求，在加强区域控制、防范连锁反应等方面加大制度建设力度。三是建立健全共建联动机制。重点整治是一项系统工程，各市充分发挥了有关部门的职能作用，充分动员广大人民群众参与重点整治，形成了“党委政府领导、综治部门协调、成员单位各负其责、有关部门积极配合、人民群众广泛参与”的重点整治格局。稳定发挥好“防火墙”“护城河”作用。

建设平安三晋活动开展情况

一、"矛盾纠纷调解年"活动扎实开展，化解人民内部矛盾的能力明显提高

2006年，省综治委把化解矛盾作为平安建设的首要任务，在全省组织开展了"矛盾纠纷调解年"活动。省委、省政府两办转发了省委政法委、省综治委《关于开展"矛盾纠纷调解年"活动的意见》，并召开专门会议进行安排部署。对这项活动，各级党委、政府给予高度重视。省委常委、太原市委书记申维辰亲自主持会议，研究"调解年"活动的方案。晋中市委书记王雅安、大同市委书记郭良效、长治市委书记郭海亮、忻州市委书记张建欣多次主持召开会议，要求全力开展好"调解年"活动，打好维护稳定的主动仗。朔州市委书记高建民强调，要把化解矛盾的能力和水平作为考核使用干部的重要标准。阳泉、晋城、吕梁、临汾、运城等市主要领导也就这项活动作出重要批示，提出严格要求。各级各部门积极行动，采取有效措施，创新机制，完善制度，贯彻落实《意见》精神。长治市实行了人员、程序、效办"三对接"，信访与人民调解、行政与司法调解"两衔接"，构建了"三位一体"的大调解工作格局。太原市建立了司法信访案件听证调解制度，并以此为平台，完善了调解工作协调联动机制、矛盾纠纷受理移交机制、调解人员互派机制、基层快速联合调处机制、律师定点进社区工作机制。省司法厅、省法院、省公安厅、省检察院等部门都结合各自的职能，制定了诉调对接、公调对接、检调对接的工作意见。目前，全省初步建立了党委政府统一领导，政法综治部门组织协调，乡镇调解中心具体实施，人民调解、行政调解、司法调解"三位一体"，多种手段综合运用的矛盾纠纷大调解格局。"调解年"活动的深入开展，使调解机制进一步健全，调解能力进一步增强，大量的矛盾纠纷被化解在基层，消除在萌芽状态。2006年以来，全省排查出的2157起矛盾纠纷，1659起得到调解，调解率为77%，"矛盾纠纷调解年"活动收到了明显的成效。

二、打防控多策并举，治安防控体系建设水平明显提升

（一）开展了声势浩大的"打黑除恶"斗争。按照"黑恶必除、除恶务尽"的要求，全省各级党委、政府层层动员、加强领导，政法综治机关主动出击、密切配合，有关部门和人民群众大力支持、积极参与，经过半年多的深挖细查，强攻猛打，全省打掉黑恶犯罪团伙167个，破获黑恶犯罪案件702起，抓获黑恶成员1060人，取得了显著的战果。同时，按照省综治委的统一部署，各地以乡镇（街道）为单位，采取过筛子、卷地毯的办法，对治安混乱地区和突出治安问题进行排查，集中整治治安乱点241个。针对爆炸案件频发的问题，全省组织开展了民爆物品安全管理专项整治活动，三个月的时间，就收缴炸药810吨，雷管71万枚，有效地遏制了爆炸案件频发的势头。

（二）狠抓了科技创安。太原市投入7000万元实施"天眼工程"，晋中市筹措1400余万，在全市建起了街面、道路卡口、金融网点、内部单位、农电设施、网吧、厂矿企业、社区八大科技监控平台。晋城市实施了"平安晋城监控网络示范工程"，在三大社区、三条干道、三大公共场所、三个客流中心安装了视频监控设施，实现了网络联通和在线安全监控。长治市9个县在重点复杂场所和主要道口安装了视频监控系统。运城市制定了科技防控体系三年建设规划，有重点、按计划分步实施。据不完全统计，仅此一项，全省就投入资金达2.4亿。科技创安的实施，提升了防控水平，收到较好的社会效果。

三、基层平安创建活动广泛开展，综治基层基础建设明显加强

（一）拓宽了创建领域。省综治办、省安监局联合在全省安全生产领域开展了平安创建活动，省质监局、省检验检疫局在全省组织开展了质量平安创建活动，省防范和处理邪教问题办将防范和处理邪教纳入平安建设范畴。太原、晋城、大同等市还在金融保险行业开展了平安创建，平安建设覆盖面越来越广。

（二）丰富了创建内容。各市在广泛开展基层“十创”活动的基础上，不断延伸创建触角，充实创建内容。晋城市按系统组织开展“十大平安建设工程”；忻州市大力实施平安建设“细胞工程”，以家庭为单位，开展“四防”教育，争创“四无”家庭。晋中市在全市开展了创建零案村、零案小区、零案单位等“八大创建”活动，涌现出一大批“四无”社区、村庄。

（三）加强了基层基础。长治市、晋城市针对乡镇换届中，综治干部职数被缩减的实际，积极主动协调组织部、编办，为每个乡镇配备了由党委委员兼任的综治办主任，并按照2—3人的编制配备了综治专干。太原、阳泉、长治、晋城按照总人口人均不低于1元的标准，将乡镇的综治经费列入财政预算。朔州市由财政拿出15万元，每个县筹措30万元，为乡镇综治专干落实了每人每月56元的津贴，按每人每日1元的标准对农村“两会一队”人员给予补贴。同时，各市还采取多种形式开展干部培训工作，提高干部素质，推进规范化建设。

四、注重发挥齐抓共管的优势，综合协调的功能明显增强

（一）狠抓各专项领导组职能作用的发挥。省预防青少年违法犯罪工作领导组开展了“未成年人关爱月”、“青少年优秀维权岗”活动，学校治安综合治理领导组推行了“平安校园百分考核制”，流动人口治安管理领导组与计生等部门联合开展了流动人口计划生育集中清查验证工作，刑释解教人员安置帮教领导组制定了“刑释解教人员衔接帮教流程图”，铁路护路联防工作领导组启动了创建“平安铁路示范路段”活动。

（二）充分发挥各成员单位的职能作用。各级综治委先后与安全部门组织开展了国家安全人民防线建设工作，与保险部门组织开展了“平安保险”试点工作，与军区组织开展了民兵预备役参与平安建设活动，与统计部门组织开展了“公众安全感调查”，与广电部门组织开展了“全国综治优秀城市”电视展播，与组织部门联合对市县两级换届主要领导人选进行了审核把关等等。这些活动，丰富了平安创建的内容，拓宽了综治工作思路，充分体现了“社会治安社会治，综合治理综合抓”的要求。

五、政法综治宣传工作进一步加强，平安创建的氛围明显浓厚

（一）加大了新闻媒体的宣传力度。充分发挥新闻媒体主渠道作用。与省委宣传部共同组织新闻单位，以《全国政法综治工作五年回眸》为题，分打击整治篇、矛盾排查篇、综合治理篇、规范执法篇和队伍建设篇，对山西省五年来开展平安创建、建设和谐社会进行了全方位、多视角、立体化的系列报道，收到较好的社会效果。

（二）注重了宣传形式的多样性。各地采取集中宣传和日常宣传、广泛宣传和重点宣传、固定宣传和流动宣传相结合的办法，利用各种生动活泼的形式开展综治宣传工作，增进了广大群众对平安创建的了解，增强了参与创建的积极性和主动性。

（三）规范了宣传工作。进一步完善了政法综治宣传机制。省委政法委和省委宣传部、省公安厅联合出台了《关于加强和规范群体性事件、敏感事件和重大案件新闻报道管理工作的实施办法》、《关于严格控制对政法公安机关负面报道的通知》等，促进了政法综治宣传工作的规范化、制度化。

实施“为了明天工程”情况

2006年是山西省预防青少年违法犯罪工作深入推进、形成影响、成效显著的一年。按照

"创新实践求突破、强化整合促发展、突出重点创特色、打造品牌重实效"的思路,紧紧围绕建设"平安三晋"的总体目标,以"为了明天——预防青少年违法犯罪工程"为统揽,认真落实《未成年人保护法》、《预防未成年人犯罪法》和《山西省实施〈未成年人保护法〉办法》,开展了"未成年人维权关爱月"、"铁路护路"杯中小学生安全自护知识竞赛等大型活动,推出了2005—2006年度全省青少年犯罪课题研究成果,赢得了社会各界和青少年欢迎,得到了省委、省政府的充分肯定。

一、加强体系构建,完善工作机制,预防青少年违法犯罪工作基础扎实

(一)建立了完备的预防青少年违法犯罪和未成年人保护委员会相配套的工作机构。根据工作需要,省委、省政府分别以晋综治委[2006]14号、晋政办函[2006]76号文件调整了省综治委预防青少年违法犯罪工作领导小组、省未成年人保护委员会、"两办"的专职工作人员也由原来的3名增加到了5名。调整后的省未保委由省政府副省长胡苏平担任主任,成员单位由原来的14个厅局增加到了21个,下发了《山西省未成年人保护委员会成员单位工作职责》,对21个成员单位的具体工作职责作了细化分工,2006年8月份,经多方沟通,争取到了省财政对省"两办"专项支持经费20万元,地市一级"两办"2万元的工作经费,保证了工作的顺利推进。

(二)壮大了专兼职的工作队伍。注重充分动员和发挥各类青年志愿者及"五老"队伍的职能作用,组建起了庞大的专兼职相结合的工作队伍。截至目前,全省共有青年志愿者工作队伍15万人、"五老"队伍18万人,并以"帮教小组"、"文化市场监督员"、"校外辅导员"、"帮困服务团"等多种形式参与了青少年违法犯罪的基础性预防工作。

(三)充分发挥了青法协、研究会的专家人才和理论研究的积极作用。山西省青年法律工作者协会与省未教所进行法律援助共建,并招募了未成年人保护志愿服务律师230多名,轮流值班提供法律咨询,向弱势未成年人提供法律援助。公布了2005—2006年度研究课题,团省委为每项课题提供研究经费1000元,经过申报立项、成果研究、联合评审等程序,从67篇研究成果中,评选产生了10篇优秀研究论文成果,并集结成册,为深入推进工作提供了基础理论依据。

(四)不断健全完善机制制度建设,营造预防青少年违法犯罪工作的良好环境。省预防办每半年向省综治委汇报工作,提请研究解决工作中的重要问题,每年召开一次全体成员会议,建立了联动机制和工作情况通报告知制度。同时,在实践中积极探索长效机制,通过资源整合机制,推进项目化运作,如承办了10万元的全球基金务工青年预防艾滋病宣传干预项目;建立了工作考核奖惩机制,制定了《全省综治委预防青少年违法犯罪工作领导小组工作考评办法》,并与全省综治工作年度考评挂钩。

二、注重宣传教育,丰富工作内涵,青少年思想道德素质和法制意识不断增强

(一)青少年思想道德教育内容丰富。一是加强了对青少年爱国主义教育。全省有427个爱国主义教育基地全部实行对未成年人集体参观免费开放,建设了以八路军太行纪念馆为龙头形成了省、市、县三级青少年爱国主义教育基地梯次网络格局;组织了全省"弘扬太行精神——百万青少年革命老区行"等红色旅游主题教育活动。二是加大了未成年人优秀精神产品制作、生产、推介工作力度。团省委组织拍摄了18集电视连续剧《阿霞》,于6月7日在中央电视台八套黄金强档播出,反响强烈;联合省文明办推广了电影《暖春》、《暖情》和电视剧《八路军》、《吕梁英雄传》、《刘胡兰》、《黄河那道湾》等影片,开展了未成年人思想道德知识竞赛、少先儿童公益广告比赛活动。三是在省图书馆开设了"图书馆阅读与利用公益课堂"、"中学生暑假公益讲座"。全年共举办公益讲座100余场次,有万名小读者走进了公益讲堂。

(二)青少年普法宣传工作基础扎实。一是制定了《共青团山西省委关于在青少年中开展第五个五年法制宣传教育活动的意见》,并参与了《山西省2006—2010年依法治省工作规划》的制定,把青少年作为普法的重点对象,把"两法一办法"纳入了全省"五五"普法规划。二是深入推进了法制副校长(辅导员)工作。全省85%的中小学校都聘任了法制副校长和辅导员。同时,加强学校与未教所、戒毒所等机构的交流互助，截至目前，全省新确定省级未成年人法制教育基地17个，新建社区青少年法律学校31个，组织学生参加法制教育基地活动19万人次。三是加强少年司法制度建设。全省11个中级法院都在刑事庭设立了少年合议庭，设少年法庭或合议庭的法院战全省法院总数的41%。四是开展普及宣传活动。各级司法和教育部门加大对在校学生法制宣传教育，确保了"计划、课时、师资、教材"四落实，并通过主题班会、青少年模拟法庭、法制漫画展览、有奖征文等课外活动，有效地提高了青少年的法制观念和法律素养。

（三）青少年维权服务有序有效。在省一级和11个市建起了12355青少年服务台，全省共计接听热线咨询2120人（次），受理各类侵害未成年人合法权益的案件137起；深入开展创建优秀"青少年维权岗"活动，全省各级各类优秀"青少年维权岗"已达1432个，优秀"青少年维权岗"与12355青少年服务台相互配合，有效地服务了青少年维权的实际需求。

（四）青少年自护教育影响广泛。2006年3月31日—7月6日，联合省教育厅、省护路办成功举办了"铁路护路"杯全省中小学生安全自护知识竞赛，共向全省中小学校免费发放安全自护知识竞赛问卷12万份，全省共有172所中学、389所小学的52万多名学生通过开主题班会、团队会学习讨论、专题讲座、模拟演示等形式踊跃参与竞赛活动。中央综治委护路办向全国全文转发了《关于举办"铁路护路"杯山西省中小学生安全自护知识竞赛活动的通知》，推广了山西省的做法。

三、突出预防关爱，着力构建和谐，青少年合法权益得到有效维护

（一）"未成年人维权关爱月"活动声势浩大。2006年9月，举办了主题为维权·关爱·阳光生活的"未成年人维权关爱月"活动，重点实施了未成年人思想道德及普法宣传行动、净化未成年人成长环境的专项整治行动、未成年人维权关爱行动、弱势未成年人救助帮扶行动等四项行动，并细化为二｜项具体工作分别由省公安、民政、新闻出版、广播电视、文化等厅（局）牵动，全力实施推进。

（二）"进城务工青年发展计划"不断深化。由团省委牵头，先期在全省4市8县深入开展了"共青团劳务输出大篷车"现场招聘活动，累计解决务工青年就业岗位42多个，为务工青年开设技能培训班30余班次，编辑发放《山西省进城务工青年维权手册》2.3万余册，帮助进城务工青年掌握职业技能，了解相关法律法规和就业创业政策，提高自身的法律意识和维权能力。同时，还承接了香港中华基督教青年会总额为36万元的援助贫困农民工在校子女项目，每年为400多城乡结合部的农民工子女提供每人100元的学习生活费用资助。

（三）重点群体的教育管理和服务工作持久扎实。一是全省民政部门加大流浪儿童救助保护机构的建设力度，全省23所救助管理站已建立了相对独立的流浪儿童保护设施，并建立了11所市级流浪儿童救助保护中心，创建了救助管理信息网络，与民政部及全国各救助管理站信息系统联通，实现了信息资源共享。二是加强与司法、民政等部门的紧密合作，及时掌握了服刑人员的未成年人子女和农民留守儿童的状况。三是开展失足青少年帮教活动。四是重点联系了太原市工读学校，共同开展了工读教育理论的学习与研究，实行了"一校两牌"，既是工读学校，又是太原市第四职业学校，学生在学校重点矫正不良行为的同时，又能接受职业技术教育，实现了学生毕业后持"四证"（中专职校毕业证、技能等级证、职业资格证、汽车驾驶证）离校，使每个学生都能带技术择业。

四、立足综合治理，净化社会环境，为青少年健康成长营造良好的氛围

（一）加强了对青少年文化市场特别是网吧的监管。联合省文化厅和"扫黄打非"办公室对影响青少年健康成长的有害出版物进行了严厉打击，开展了"反盗版百日行动"，重点清理中小学周边书店、电子出版物市场等经营场所的有害出版物。全省出动3万余人次开展了对网吧等场所的专项整治行动，对700多家违法经营的网吧进行了严厉打击，并通过在新闻媒体公布全省文化市场监督举报电话96589，鼓励和发动群众参与网吧的监督与管理，面向社会公开招募了由人大代表、政协委员、学生家长、教师、记者、离退休职工等1500多人组成的网吧监督员队伍。

(二)组织开展了儿童用品专项检查活动。联合省质监局出动执法人员3229人次,重点对膨化食品、冷冻冷饮产品、儿童服装以及电动、机械类儿童玩具进行了执法检查,检查生产企业230个,超市、商店1755个,查获假冒伪劣食品6779件,玩具1506件。同时,在"六一"儿童节前,组织了对全省160余台大型儿童游乐设施进行了专项安全检查,从根本上遏制了重特大安全事故的发生。

(三)严格执行未成年工特殊劳动保护。按照《未成年人保护法》、《禁止使用童工规定》和《未成年工特殊保护规定》等法律、法规,联合全省劳动保障部门采取举报专查、日常巡检、重点监控、年度检查、专项检查等方式,对餐饮业、洗浴业、玻璃器皿和建筑,依法查处违反未成年工特殊保护案件60余起,行政处理45件,责令清退童工219人。配合省公安厅严打工作的开展,打掉了一批引诱、胁迫儿童从事乞讨、卖艺和盗窃等的犯罪团伙,救助受迫儿童67名。

(四)"青春红丝带"行动成效卓著。先后成功举办了"青春红丝带三晋爱心传递活动"、青少年防治艾滋病广播电台有奖竞答活动、华北地区"青春红丝带"青少年防治艾滋病知识竞赛,申报并成功实施了10万元的全球基金山西务工青年预防艾滋病宣传干预项目。同时,在各高校、企业团委(学生会)还举行了专题知识讲座、同伴教育、互动游戏、图片展览等形式多样的防治艾滋病宣传活动,山西中医学院百名大学生志愿者队伍还开展了自行车环城骑行宣传防治艾滋病活动,发放宣传品、解答防治知识,加大了宣传力度,形成了广泛影响。

(五)"青少年远离毒品"行动深入持久。2006年6—7月,在全省开展了禁毒志愿者"四进"(进社区、进农村、进厂矿、进学校)活动,全省共新吸纳禁毒志愿者2177名,各基层一线禁毒青年志愿者行动小组积极参与由派出所、村委干部、单位领导和家庭成员组成的"五位一体"帮教小组。同时,通过禁毒知识竞赛、设置宣传栏、专题咨询、散发宣传品、文艺演出、宣誓签名等形式,调动青少年学习禁毒知识的积极性,帮助青少年掌握禁毒基本常识,并聘请禁毒专业人员、中小学法制副校长和其他禁毒志愿者,对社会青年、在校学生和吸毒青少年进行禁毒集中宣传教育活动,增强拒毒、防毒的意识和能力。

五、抓紧基层基础,重在措施落实,青少年违法犯罪社区预防工作稳步发展

(一)社区预防工作思路清晰。加强了城市社区青年中心在街道一级的普及建设。以社区青年中心为依托,抓紧国家级和省级社区预防试点,围绕社区青少年信息管理系统建设、"为了明天工程"示范城市、区(县)和"未成年人零犯罪社区"的创建工作,深入推进青少年违法犯罪社区预防计划。全省有932个社区进行了社区青少年信息管理系统(对失学、失业、失管青少年进行详细登记备案)建设工作,并评选了一批"未成年人零犯罪社区"先进单位和省一级的"为了明天工程"示范城市、区(县)。

(二)社区预防工作机制逐步完善。针对基层专职工作力量的不足,争取由省财政专向拨款100万元实施"大学生志愿者服务晋西北计划",为国家级和31个省级社区预防工作试点分派大学生志愿者作为专职工作人员,每位志愿者每月享有省财政500元的生活补贴,500元的交通补贴以及400元的人身意外伤害住院医疗保险。2006年,又在全省开展了社区青少年事务社会工作者试点,选择100名大学生干部到社区挂职社区团支部副书记兼青年中心秘书长。

(三)社区志愿服务和谐行动主题活动有声有色。重点在全省推广了"三卡"(青年卡、红领巾卡、志愿服务卡)服务制度,对辖区内青年会员发放"青年卡"或"红领巾卡",享受书店、超市、展览馆、影院等加盟单位提供的优惠服务,"志愿服务卡"重点发放给社区孤老残弱、生活困难居民,由社区志愿服务者(点)招募和管理注册志愿者,提供"多对一"志愿帮扶,为刑释解教青年、无业青年免费举办技能培训班,帮助其就业;对残疾、贫困青少年采取一帮一结对子定期慰问救济;对单亲家庭子女重点放在家庭教育上,编制并发放《家庭教育新理念》、《家长如何指导孩子学习》等指导用书;对外来务工青年开通求助电话,释放心理压力,确保了志愿服务的全面细致。

六、加强宣传报道,创新工作方式,营造了预防青少年违法犯罪工作的强大声势

2006 年 3 月 31 日—7 月 6 日,历时三个多月,联合省教育厅、省护路办成功举办了“铁路护路”杯全省中小学生安全自护知识竞赛,共向全省中小学校免费发放安全自护知识竞赛问卷 12 万份,全省共有 172 所中学、389 所小学的 52 万多名学生参与了竞赛活动,引起了社会各界的广泛关注。中央综治委护路办转发了《关于举办“铁路护路”杯山西省中小学生安全自护知识竞赛活动的通知》。承办了由共青团中央主办的华北地区“青春红丝带”青少年防治艾滋病知识竞赛,并于 11 月 30 日在太原成功举办了颁奖仪式。

刑释解教人员安置帮教工作情况

一、全面落实对刑释解教人员的衔接工作

按照四部委《关于进一步做好服刑、在教人员释放解教时的衔接工作的意见》,要求各县区安置帮教办收到《刑满释放人员通知书》、《解除劳教人员通知书》后,在一周内通知刑释解教人员原籍所在地的乡镇(街道)安置帮教工作站,积极协调有关部站解决安置帮教工作中的具体问题。乡镇(街道)安置帮教工作站接到通知后,也能立即通知村(居)委会及刑释解教人员家属,动员家属尽可能将刑释解教人员接回。充分利用 2006 年全省开展的“人民调解年”活动有利时机,做好刑释解教人员的排查工作,2006 年以来对 43257 名帮教对象进行了摸底和排查,做到了底数清、情况明。

二、组织培训了市级安置帮教办工作人员

6 月下旬,省安帮办专门组织 11 个市司法局主管安置帮教工作的人员进行了一次业务培训,培训内容包括有关文件、信息排查系统有关内容的填写、工作技巧、与成员单位的协调、基地认证等有关内容,并进行了考试验收。大家还结合工作实际,提出了一些做好安置帮教工作的意见和建议,如:要建立畅通的现代化信息渠道;建立充备的经费保障渠道;进一步做好刑释解教人员的衔接工作;对刑释解教人员就业等方面给予优惠政策等。通过培训,进一步提高了各级安置帮教办工作人员的基础理论、业务知识。

三、落实了安置帮教管理软件专项经费

根据中央综治委《关于启用刑满释放解除劳教人员安置帮教工作管理软件的通知》和《关于刑满释放解除劳教人员安置帮教工作管理软件使用范围和数据传输有关问题的补充通知》精神,在省财政厅的大力支持下,为 122 个看守所、21 个监狱、12 个劳教所、1387 个乡镇司法所、130 个市、县(区)安置帮教机构购买了安置帮教管理软盘。

四、宣传报道了一批安置帮教工作先进典型

山西省刑释解教人员更生促进行会安置帮教刑释解教人员的情况在 11 月 17 日,由国务院新闻办公、中国人权研究会、中国人权发展基金会联合举办的中国人权展上,以图片形式进行了反映,进一步扩大了山西省安置帮教工作的影响。

分别联系、安排全国人大代表、全国安置帮教先进个人韩雅琴两次接受了凤凰卫视节目采访和山东卫视《天下父母》节目组的采访,节目的播出产生了良好的社会效应。同时,积极为韩雅琴解决工作中的困难,春节前为基地送去了米、面、油、煤等生活用品;“五一”参加了她为孩子们举行的集体婚礼,并送去贺礼;当她的安置帮教基地——沁源县大虎沟煤矿遇到资金困难时,主动与长治市委、市政府领导联系,为其解决贷款问题等。对那些回归社会后走向新生、勤劳致富的刑释解教人员的先进典型,继续加大宣传力度,不断提高各级党委政府、广大人民群众及社会各界对安置帮教工作重要性的认识,唤起并激励全社会对安置帮教工作给予更多的关注和支持。运城市刑释解教人员工猛投资 600 万元办企业,安排 20 多名刑释解教人员就业,还精心组织编排了“阳光新生之夜”文艺晚会,用自己的经历对服刑人员进行说服教育。

学校治安综合治理工作情况

一、加强组织领导，纳入工作议程

2006年，根据省委、省政府、省综治委关于加强校园周边治安综合治理工作的要求，各地因地制宜，相应的作了具体的安排部署，在当地党委、政府和综治委的领导下，从维护稳定、营造良好良人环境出发，明确指导思想、任务目标，突出重点，开展集中整治，在工作中，各级领导深入一线，现场办公，促使一些疑难问题得到迅速解决。各市委、市政府多次召开专门会议，研究部署学校及周边环境整治工作，极大地推动了全省学校及周边治安综合治理工作的深入开展。

二、强化安全教育，增强防范能力

本着“教育在先，预防在前”的原则，高度重视并坚持不懈地抓好学校安全教育工作，努力提高师生的安全意识和安全素质，做到了安全教育工作制度化、经常化。根据季节变化、学生年龄、认知能力和法律能力的不同，采取课堂教学、专题讲座、报告会、知识竞赛、模拟事故和自救互救演练等形式，广泛开展安全法制、消防安全、交通安全、食品卫生等安全教育。为避免学生交通事故和外出伤亡事故常发生，印发了《山西省“保护生命、平安出行”交通安全宣传教育工程实施方案》，强化对广大师生的道路交通安全知识教育。同时我们还积极组织各地开展了形式多样、丰富多彩的中小学生爱路护路教育，如2006年5月份，长治市教育局和护路办联合发文举办以铁路护路联防为主题的记叙文、议论文、散文、诗歌等形式的“全市中小学爱路护路有奖征文活动”；朔州市教育局与综治办、团市委、护路办组织开展铁路沿线中小学“爱护铁路，珍爱生命”为主题的爱路护路书画比赛和有奖征文活动，通过这次活动不仅对学生进行了有效的爱护国民经济大动脉的爱国主义教育，而且教育了学生的自护能力，有力地保障了铁路的运输安全畅通，取得了明显的效果。

三、引深平安创建，改善治安状况

在山西省综治委、教育厅、公安厅印发《关于在全省开展“平安校园”创建活动的实施意见》的基础上，下发了《关于申报“平安校园”工作的通知》和《关于开展省级“平安校园”验收工作的通知》以及《关于贯彻落实教育党组[2006]9号文件精神深入开展平安校园创建活动的意见》。2006年11月，山西省教育厅召开全省“平安校园”考核验收部署会议，并下发《关于做好“平安校园”考核验收工作的通知》(晋教后勤[2006]36号)文件，抽调各高校领导或各地教育局领导任组长、各高校保卫处(科)长和各地教育局分管安全的科长组成7个考核验收专家组，分赴各地各校对符合申报省级“平安校园”的学校进行考核验收。中北大学以“校园110”为龙头，不断提升保卫处综合服务体系建设新思路，总结推广经验，大力加强和完善校园治安防控体系建设，确保园区稳定。太原师范学院运用高科技手段助力“平安校园”建设，以提高安全防范措施的科技含量为重点，以技术防范为途径，以提高防范效果为目的，以预防损失和预防犯罪为宗旨的新型校园安全防范体系，有力推动校园科技创安的步伐，为学生创造一个文明有序的平安校园。

四、发挥综治优势，持续开展整治

为切实加强对山西省学校治安综合治理工作的领导，下发了《关于调整山西省综治委学校治安综合治理工作领导小组及办公室组成人员的通知》，进一步明确各成员单位工作职责任务，充分发挥领导小组的组织协调作用，建立和完善工作联席会议制度、整治项目台账制度、限期治理承诺制度、执法及时联动机制、社会参与监督机制。各级教育部门和学校主动配合当地公安部门，使公安部关于《公安机关维护校园及周边治安秩序八条措施》真正落到实处；积极配合卫生部门，加强了对学校食品卫生每一个环节的检查，从食品的采购、运输、储存、留验，到学校食堂是否符合卫生标准，从业人员是否符合卫生要求等每个环节实行完整的过程控制；与文化、工商、新闻出版等部门密切配合，集中治理好学校周边环境和净化校园文化环境；与共青团、妇联和各新闻媒体一道、积极营造全社会共同关心青少年健康成长的良好氛围。据不完全统计，全省校园及周边共新增治安岗亭2333个、派驻治安员5081名、选派法制副校长或法制辅导员15411名、设置交通标志和交通安全设施9855处、施划人行横道线4606处、设置人行横道信号灯872个、临时停车泊位7059个，开展各级各类消防检查20904次，整改消防隐患3033处。

铁路护路联防工作情况

2006年，按照全省铁路护路联防工作的整体安排，在各级综治委铁路护路联防领导小组的领导下，铁路、公安、教育等部门密切配合，全面引深营建“平安三晋铁路示范带”，进一步加大“平安铁路示范路段”创建活动，积极开展“百日蹲点督查”活动，大力开展“压路伤，保安全，促和谐”专项行动，重点推进“平安铁路示范路段”创建集中清理整治行动，不断加强铁路护路联防规范化建设，全省铁路护路联防工作呈现出了各项工作稳步推进、治安秩序持续稳定的良好局面。

一、加强领导，精心组织，“平安铁路示范路段”创建工作初显成效

（一）制定了科学合理的工作方案。为了加强全省创建“平安铁路示范路段”的组织协调，强化督查指导，狠抓措施落实，提高工作效率，确保全省创建“平安铁路示范路段”工作取得实效，确保铁路沿线平安建设顺利推进，确保在全省平安建设中率先发展，山西省综治委成立了“平安铁路示范路段”办公室，专门负责全省的“平安铁路示范路段”创建工作。3月31日省领导组安排部署创建“平安铁路示范路段”后，各市高度重视，层层召开领导小组会议研究部署，定规划、定目标、定任务、定措施。太原市以省城综治委1号文件出台了《关于深化营建平安省城铁路示范带，进一步强化“平安铁路示范路段”创建工作的实施方案》。

（二）深入调研，确定了“平安铁路示范路段”创建区段。为了把创建“平安铁路示范路段”规划好，各市按照省领导组突出重点、因地制宜、连段成线、注重衔接的总体原则，召开路地联席会议专题进行研究，组织人员深入实地专门进行排查，经路地双方共同确认，全省共确定2006年争创省级“平安铁路示范路段”1117公里。

（三）扎实行动，“平安铁路示范路段”创建工作效果初显。各市在“平安铁路示范路段”创建中创新思路和方法，不断引深营建平安三晋铁路示范带工作。晋中市因地制宜，提出了创建工作要落实“三个必须”、抓好“三个层次”的工作思路，制定并印发各类表、卡47种3万余份，对全市基层基础台账进行了统一规范；长治市提出了“平安铁路示范路段”创建“七新”的思路，与“平安县”创建融为一体；大同市对大秦铁路沿线所有乡镇（街道）、乡村（社区）、学校（单位）阵地建设、基础台账也都进行了统一规范。全省已实现连续8年无破坏铁路事件，无因治安问题引发的列车颠覆事件；连续3年无群体性哄抢铁路运输物资和拦堵列车事件，危及行车安全案（事）件，路外伤亡事故大幅下降。今年，全省铁路百公里危行事件0.07起，大大低于全国0.79起的平均数。

二、强化防范，保持声势，铁路沿线社会治安秩序持续稳定

各地以全省开展的“矛盾纠纷调解年”活动、“打黑除恶”专项斗争和“压路伤，保安全，促和谐”专项行动为契机，狠抓各项措施的落实，维护了铁路治安持续稳定。

（一）矛盾纠纷排查力度增强。各地把道口改造遗留问题、新建线路征地拆迁、路外伤亡赔偿问题等可能引发的矛盾纠纷作为重点，最大限度地把矛盾化解在基层，解决在萌芽状态。朔州市针对中煤公司修建专用铁路与周边村民发生的矛盾纠纷，主动介入，积极组织企地双方进行调处，使矛盾得以及时化解。

（二）严打整治持续深入。根据创建“平安铁路示范路段”排查出的问题，按照省领导组《关于开展“平安铁路示范路段”创建集中清理整治行动的通知》精神，各市积极协调有关部门和单位逐一进行清理整治，解决了一批影响创建工作的突出问题。全省共解决行人横穿铁路、近线放牧等治安问题12个，协议解决道口问题7个，清理侵线垃圾5600余立方米，拆除违章建筑360余平方米。朔州市针对神朔线264公里至265公里处偷盗煤炭问题，有关部门联手行动，标本兼治，迅速扭转了该区段治安混乱局面。太原市针对煤气化公司专用线偷扒焦炭反复问题，及时组织路地公安、企业保安大队联合行动2次，抓获违法人员10余名，打击了犯罪分子嚣张气焰。

（三）治安管理更加到位。各市把维护“两会两节”、“五一、十一”以及全省第九次党代会和全国平安铁路示范路段创建经验交流会议期间铁路安全畅通作为一项政治任务，把铁路安全保卫工作纳入当地整体安全保卫工作之中，把铁路沿线机动车驾驶员、大牲畜养殖户、流浪人口、五残人员以及中小学生作为治安防范和管理的重点人员，把铁路道口和易发、多发事故区段列入治安防范重点路段，超前考虑、周密安排，明确职责、严密防范，加强督查、狠抓落实，确保了安全保卫各项措施的落实。太原、阳泉、大同、忻州等市还专门召开领导小组会议专题研究部署，并采取“四包四定”的办法，即领导包区段、包人员、包巡逻、包效果，专兼职队员定岗位、定线路、定时间、定职责的包保工作责任制，把安全保卫工作责任实实在在地落实到具体责任人身上。

三、齐抓共管，合力共建，成员单位参与力度明显加大

（一）体制更加顺畅。按照中央护路办的要求，各地吸收共青团组织参加铁路护路联防领导小组，具体负责铁路沿线青少年的安全教育，预防和减少危害铁路违法犯罪行为的发生。在省护路办的协调下，解决了太原铁路局直管站段后管内10个市的铁路部门参与铁路护路联防领导小组的问题，各铁路公安处处长担任了管内市铁路护路联防领导组副组长，治安支队负责同志担任了治安信息联络员，铁路公安参与护路联防工作力度进一步加大。

（二）思路更加明确。省公安厅以《内部传真电报》转发了公安部《关于进一步加强铁路护路联防工作的通知》，并以晋公通字[2006]65号文件出台了《关于开展“平安铁路示范路段”创建活动实施方案》，明确要求把危害铁路的违法犯罪活动作为“打黑除恶”专项斗争的重点，把铁路沿线民爆物品作为治安管理的重点。省军区以司作[2006]19号文件出台了《山西省军区组织民兵参与山西省“平安铁路示范路段”创建的实施方案》，明确了11个军分区创建工作任务。省教育厅、省经委、省地方铁路集团有限公司也出台方案，明确了创建工作思路。尤其是阳泉市组织公安、教育、经贸、团市委、废旧金属收购站点办公室与单位出台方案，制定措施，明确任务，巩固了齐抓共管的良好局面。各市还注重调动成员单位及相关部门的积极性，充分发挥其职能作用，形成共建氛围的同时，主动拓宽思路，加强沟通，创新方法，强化市与市之间的协作，形成了边际共建的创建大格局。

（三）重视更加到位。省领导组各成员承包市联络铁路线，深入基层，现场指导，帮助解决问题。

四、突出重点，注重实际，爱路护路宣传教育活动迭起

（一）集中宣传声势大。3月17日，太原市护路办在省护路办和晋中市护路办支持和配合下，在太原火车站广场开展了题为“引深平安省城铁路示范带，建设创新型城市”万人签名宣传教育活动，受教育群众达上万人。6月份阳煤集团和阳泉市护路办开展以“强化护路宣传、深入平安创建、共建和谐社会”为主题的集中宣传高潮活动，共展出爱路护路书画30多幅，设立宣传站13个，展出图板80块，悬挂标语20条，散发宣传资料12000余份。7月份晋城市沁水县龙港镇举办了题为“爱护铁路，珍惜生命，共建平安和谐铁路示范路段”的全市“万人百题”爱路护路知识有奖问答活动，受教育群众达3万人之多。

（二）重点宣传形式多。省城综治委和太原铁路局举办了创建“平安铁路示范路段”爱路护路文艺汇演。阳泉市利用电视传播快、受众广的特点，在每晚8点《阳泉新闻联播》前黄金时段播出“创建平安铁路示范路段，保障铁路运输安全畅通”、“群防群治护铁路，群策群力保平安”等宣传口号，收到了良好效果。运城市护路办出动16台宣传车在铁路沿连续宣传20余天，途经9个县市、160个村庄，覆盖整个铁路线。晋中市狠抓爱路护路宣传标语的落实，做到每个铁路沿线县城至少刷写2条，每个村至少3条，社区至少2条，学校至少1条，旅游景区至少2条。

五、加强管理，立足整改，护路联防系统规范化建设步伐不断加大

（一）进一步加强了机关日常管理。加强了教育培训，4月7日至4月15日，在省委党校统一组织对省护路办机关、各市护路办工作人员、部分县市区专职干事进行了培训，特别是对公文材料写作基本知识进行了全面详细讲解，收到了良好效果；为全系统各类人员每人每月增加100元奖励经费，极大地调动了工作积极性。出台了《关于规范信息报送工作的通知》，对全系统信息报送主要内容、时间规定及考核考评进行了明确规定，各市报送文书材料更加及时规范。组织开展了省护路办机关工作人员“百日蹲点督查”活动。

（二）进一步加强了队伍管理。组织开展了社会主义法制理念教育和“增强团员意识主题教育活动”，加强了思想政治教育工作；在护路联防队伍中开展了社会主义荣辱观教育及《江泽民文选》学习；为部分专职队伍购置配发了服装，收集澄清了兼职队员基本底数。2006年以来，全省专、兼职护路联防队伍共预防和处置涉路违法犯罪活动64起，涌现出了在轩岗爆炸中勇救病人受到表彰的原平市二中队及指导员孙茂华等先进集体和个人。

（三）进一步加强了财务管理。改变了审计方法，由省审计厅委托，各市审计局对2005年度护路联防经费进行了审计，省审计厅给予充分肯定，对提出的整改意见，逐条逐款进行了整改和纠正；强化了固定资产管理，进一步规范了对全省系统的固定资产账目，为部分铁路沿线县区购置配发了护路联防专用车辆，交通保障能力进一步提高；强化了护路联防经费日常监管，科学合理地确定经费使用范围，加大了“平安铁路示范路段”创建和集中清理整治的投入，保证了各项工作的落实。

流动人口治安管理工作情况

一、强化机制，落实责任

一是强化目标责任制。把责任落实到各级领导的身上，严格考核，奖惩兑现，确实使“谁用工，谁负责”、“谁留宿，谁负责”、“谁介绍，谁负责”的原则落到了实处。二是强化岗位责任制。对管理站、管理小组人员及协管员、联络员，都制定了明确的工作职责和严格的工作制度，使他们在暂住流动人口管理中的作用得以充分发挥。三是强化督查工作机制。为了确保对暂住人口的有效管理，各市公安局普遍要求派出所要定期对各用工单位进行检查、走访，全面了解暂住人员的来源和去向。并实行责任倒查，派出所在流动人口管理方面出了问题同时要追究有关民警和分管所领导的责任。

二、强化配合，积极引导

全省各级公安机关在以前工作的基础上，继续深入推进小城镇户籍管理制度改革，全力配合有关部门积极引导农村富余劳动力向城镇合理转移。目前，全省已累计转移农村劳动力420万人，占到全省农村劳动力总数的38%。其中，85%实现了在省内就地转移就业。

三、强化意识，热情服务

全省各级公安机关进一步强化服务意识，在暂住人口管理工作人性化方面做了有益的探索。一些地方把服务贯穿于管理工作的始终，对初来乍到的暂住人员，有联络员帮助联系居住地，并引导他们熟悉环境，有协管员帮助办理暂住证。尤其是实施社区警务建设以来，社区警务室与居委会合署办公，一些派出所想尽办法为辖区内外来人口解决子女入学、入托等方面存在的困难，逐渐取得暂住人员的信任和支持，促进了工作的开展。

在不断提高服务质量，拓宽服务层面的基础上，各地还采取措施，加大对民警和协管员及暂住人口的教育培训力度。从2006年3月开始，由综治委牵头，综治、计生、公安、民政、劳动、卫生、城建等部门联合在全省开展了流动人口计划生育清查验证和管理服务工作。据统计，工作中共清查登记流动人口312万人（根据工作要求清查范围包含当地跨乡镇、跨城区流动人员），出租房屋40余万间。全省公安机关共有2个集体和10名个人受到了省综治委的通报表彰。此外，劳动部门大力开展农民工维权，重点清理拖欠农民工工资。教育部门进一步整合教育资源，充分利用各类职业学校开展农民工培训，并专门下发了保证农民工子女上学的通知。建设部门加强建设市场管理，突出化解建筑行业拖欠农民工工资问题。团委、农业部门共同做好农民工的培训工作。省妇联也积极配合做了大量工作。省政府建立了农民工工作联席会议制度，决定在年内集中精力为农民工办好10件实事。并决定在近期对全省各地开展农民工工作的情况尤其是10件实事的落实情况进行一次全面的督促检查。

四、强化创新，探索新路

全省各级公安机关把流动人口管理工作作为加强公安机关基础工作、强化实有人口管理的一项重要措施，纳入到社区警务之中，完善工作标准，健全管理制度，加强检查考核，切实落实工作责任，不断改革创新，积极探索流动人口管理的新路子。一是充分整合人力资源。二是加强对“社会人”的管理。许多地方实行“以房管人”的新模式，大大提高对实有人口的管理和服务能力。

五、强化管理，狠抓落实

2006年以来全省各级公安机关根据治安状况，紧密结合公安中心工作，针对日常管理中暴露出的问题，组织开展流动人口清理，对重点区域、部位和突出问题进行集中整治，进一步澄清暂住人口和出租房屋的底数，提高登记、办证率，提高民警对流动人口和出租房屋的知情率，以此促进日常管理工作的开展。

六、强化研究，加大考核

根据流动人口管理工作面临的新情况、新问题，深入开展调查研究，积极探索流动人口管理的新路子。逐级建立流动人口管理工作考核评估机制，制定科学的考评办法，加强对工作的考核和奖惩，促进工作的开展。山西省公安厅治安管理总队2006年初组织太原市公安局对太原市少数民族外来人口违法犯罪进行了调研，起草了《关于山西省太原市少数民族外来人口违法犯罪情况的调研报告》。

治安防控体系和基层基础建设情况

一、狠抓科技创安

太原市投入了7000万元实施“天眼工程”，晋中市筹措1400余万，在全市建起厂矿企业、社区八大科技监控平台。晋城市实施了“平安晋城监控网络示范工程”，在三大社区、三条干道、三大公共场所、三个客流中心安装了视频监控系统，实现了网络联通和在线安全监控。长治市9个县在重点复杂场所和主要道口安装了视频监控系统。运城市制定了科技防控体系三年建设规划，有重点、按计划分步实施。据不完全统计，仅此一项，全省就投入资金达2.4亿。科技创安的实施，提升了防控水平，收到较好的社会效果。

二、广泛开展基层平安创建活动

省综治办、省安监局联合在全省安全生产领域开展了平安创建活动，省质监局、省检验检疫局在全省组织开展了质量平安创建活动，省防范和处理邪教问题办将防范和处理邪教纳入平安建设范畴。太原、晋城、大同等市还在金融保险行业开展了平安创建，平安建设覆盖面越来越广。

各市在广泛开展基层“十创”活动的基础上，不断延伸创建触角，充实创建内容。晋城市按系统组织开展“十大平安建设工程”；忻州市大力实施平安建设“细胞工程”，以家庭为单位，开展“四防”教育，争创“四无”家庭。晋中在全市开展了创建零案村、零案小区、零案单位等“八大创建”活动，涌现出一大批“四无”社区、村庄。

三、加强了基层基础

长治、晋城针对乡镇换届中，综治干部职数被缩减的实际，积极主动协调组织部、编办，为每个乡镇配备了由党委委员兼任的综治办主任，并按照2—3人的编制配备了综治专干。太原、阳泉、长治、晋城等市在按照总人口人均不低于1元的标准，将乡镇的综治经费列入财政预算。朔州市由财政拿出15万元，每个县筹措30万元，为乡镇综治专干落实了每人每月56元的津贴，按每人每日1元的标准对农村“两会一队”人员给予补贴。同时，各市还采取多种形式开展干部培训工作，提高干部素质，推进规范化建设。

矛盾纠纷排查调处工作情况

2006年，山西省矛盾纠纷排查调处工作以“夯实稳定基础，建设平安三晋”为目标，以深入开展“矛盾纠纷调解年”活动为主线，通过整合资源、创建排查调处工作长效新机制，增加积极因素，增进社会关系协调，有效地化解了各类社会矛盾纠纷。1—12月，全省共排查出3169起重大矛盾纠纷，2710起得到调解，调解率为85.5%。全省调解民间纠纷14万件，调解办理民商事案件2.6万件，群体性事件同比下降了12.6个百分点。中央领导和省委领导对山西省开展调解年活动给予了充分肯定，作出了重要批示，罗干同志批示：“明年即将召开的党的十七大，需要我们政法战线的同志们努力创造和谐稳定的社会环境。开展‘调解年’活动，及早化解矛盾纠纷是一好的经验。2007年要继续坚持开展矛盾纠纷的调解工作，把这一活动不断引向深入，取得更好的社会效果。”周永康同志批示：“政法各部门要认真贯彻罗干同志重要批示，总结推广山西省委政法委及各地的经验，深入开展矛盾纠纷‘调解年’活动，以最大限度减少不和谐因素，促进社会和谐。”

一、全面安排部署“矛盾纠纷调解年”活动，加大矛盾纠纷调解工作力度

（一）健全组织机构，矛盾纠纷排查调处工作网络进一步完善。各级把加强基层基础工作作为矛盾纠纷排查调处工作的关键来抓，结合工作需要，从落实组织机构、完善工作网络入手，加强基层调解网络建设。晋中市形成了“四级建组、市组设办、乡级建庭、村级建点、基层有站、衔接有序、协调有力”的调解组织网络。在乡镇换届中，市编委、组织部、政法委联合发文，专门划出132个事业编制，为每个乡镇（街道）配备了综治专干，确保了调解工作任务在基层的落实。阳泉市在全市建立村、社区调委会1216个，覆盖率达到100%；在厂矿企业、民营企业、大中型集贸市场等建立了调解组织，大中型企业调委会覆盖率达到85%；在各级行政区划接边地区、城乡结合部等纠纷多发、易激化的敏感地带建立了25个联防调解组织。朔州市在80%以上的厂矿、企业建立调解委员会并规范了乡镇、街道人民调解委员会。长治市增加43名事业编制加强市、县两级矛排机构队伍，加大工作力度。目前，全省基本形成了多形式、全方位、布局合理的调解组织体系。

（二）强化领导责任制，矛盾纠纷排查调处工作效果进一步提高。按照“属地管理”和“谁主管、谁负责”的原则，长治市对开展矛盾纠纷调解年工作考核验收排位后三名的县（市、区）、市直单位，第一次对主要领导通报批评，连续两次的，对主要领导诫免谈话，连续三次，且信访流量没有下降的，调整主要领导职务。朔州市委提出，把化解矛盾的能力和水平作为考核使用干部的重要标准。晋城市委坚持每季度研究一次调解工作，并把“调解年”活动纳入了全市重要工作责任制。忻州市、县、乡、村一把手层层签订责任书，普遍实行了“四定一包”责任制。吕梁对各县赴省进京上访两月一排队，规定信访总量连续三次排在前三名的县，主要领导调离岗位；连续三次排在前三名的乡镇，免去党政一把手职务。

（三）工作日趋规范，矛盾纠纷排查调处工作能力进一步增强。一是进一步规范工作标准。晋中市加强了乡镇矛盾纠纷调解庭规范化建设水平,统一了调解庭建设标准:即有名称、印章和场所标识;编印了《乡镇"三位一体"矛盾纠纷排查调处工作机制等资料汇编》,统一印制台账、报表、预警通知书等整套工作资料。朔州市通过整顿、规范基层调解组织实施了"六统一"、"五有"、"四落实"。"六统一"即标牌、徽章、文书、统计、制度、程序统一;"五有"即有办公人员、办公场所、办公用具、公章、识牌;"四落实"即组织、制度、工作、报酬落实。二是加强培训提高人员素质。各级从工作实际出发对现职调解工作人员和新增人员分期分批有重点的进行了法律知识和业务知识的专业培训,阳泉市还实行了持证上岗制度。通过培训大大提高了调解人员的工作责任心和调解能力,为"矛盾纠纷调解年"在山西省深入开展奠定了基础。

二、创新机制,整合资源,逐步建立健全矛盾纠纷调解工作新格局

(一)扩宽思路,积极探讨新时期解决社会矛盾新对策。省矛盾纠纷排查调处工作领导组办公室组织8个市、11个县的政法委书记、矛排办主任赴江苏省进行了为期一周的考察学习。运城市矛排领导组组织市直属有关单位和各县(市、区)50余人,召开矛盾纠纷排查调处暨"矛盾纠纷调解年"活动研讨会,组织各县(市、区)矛排办主任,赴浙江省枫桥镇、江苏省苏州市吴忠区学习了两地矛排工作的先进经验,结合"矛盾纠纷调解年"活动,加强了调研力度。忻州市在全市范围内组织开展了矛盾纠纷排查调处大调研活动,对基层开展"矛盾纠纷调解年"活动以来的工作情况进行全面摸底、督促检查,认真总结和提炼基层尤其是乡镇一级矛调中心在开展调解矛盾纠纷过程中典型经验。

(二)以点带面,积极推广基层工作的新成果。全省在晋中、太原召开"引深平安建设,推进社会和谐"现场会,推广了晋中市按照"排查阶段零积案、调处阶段零激化、工作衔接零空隙,基层矛盾零上交"的四零目标,把矛盾纠纷排查调处工作作为平安建设的重要载体,以乡镇矛盾纠纷调解庭为平台,着力强化三级联动的运行机制,三位一体的整合机制,三环紧扣的保障机制,努力构筑起人民调解、行政调解、司法调解"三位一体"的大调解工作格局的先进经验。

(三)加强督导,确保调解年活动取得实效。一是通过编发简报、通报,开展督查。二是深入基层,现场督查。三是加大督办力度。一年以来,省矛盾纠纷排查领导组办公室先后对多起矛盾纠纷进行了督办,限期办理,保证效果。各市、县也普遍派出督查组,对基层矛盾纠纷调解工作开展了督查。

(四)搭建平台,建立健全调解大格局。省矛盾纠纷调解领导组办公室先后召集司法、公安、法院等部门召开三次座谈会,研究人民调解、行政调解、司法调解三大调解的衔接办法,全省出现了一大批典型经验。长治市实行了"三对接、两衔接"构建了"三位一体"的大调解工作格局。三对接就是人员对接,实行双向互聘;程序对接,实行诉前、诉内调解衔接;效力对接,依法确认人民调解协议的法律效力。两衔接是信访行政衔接与人民调解衔接、治安行政调解与人民调解衔接。太原市已初步建立了调解工作协调联动机制,包括纠纷案件受理移交机制,调解人员互派机制、纠纷信息互通机制,基层快速联合调处机制、律师定点进入社区工作机制。市政法委还牵头建立了司法信访案件听证调解制度。吕梁市在市、县两级建立了人民信访大厅,抽调有关部门工作人员入驻大厅,集中接待群众,集中处理信访问题,实行了登记、接访、督办、行政仲裁、行政复议、信访案件听证、信访工作联席会议等信访"一站式"管理和服务。阳泉市司法行政系统按照"矛盾纠纷调解年"活动的要求,在工作机制上全力构建了"三个联动",即建立与信访部门联动机制,与公安110联动机制,与律师事务所、基层法律服务所、法律援助中心联动机制。晋城市在市、县两级建立信访大厅,抽调有关部门工作人员进驻办公,集登记、接待、督办、仲裁、复议、听证于一体,集中处理矛盾纠纷。

三、源头治理,预防为主,切实提高维护稳定能力

(一)抓住重要时期大力开展矛盾纠纷排查调处活动。为了能做到矛盾纠纷早发现、早控制、早处置,各级党委、政府和矛盾纠纷排查调处组织针对重大节日、敏感时期及主要矛盾上升期深入排查，提前介入，及时化解了大量矛盾，消除不稳定因素，有力地维护了社会稳定。临汾市委、市政府多次召开稳定工作会议，加强法定节假日期间的值班工作，政法部门加大对安全保卫工作的监管力度，确保重要时期社会政治稳定。晋中市围绕县乡两级党委换届工作，开展了不稳定因素大排查，强化预案制度和信息排查制度。

（二）主动出击超前防范，有效防范和减少矛盾纠纷的发生。阳泉市把工作重心从事后处置转移到事前预防上，结合综治宣传月、铁路护路宣传月、法制宣传等活动，依托基层综治组织，在落实矛调制度的同时，运用点、线、面相结合的宣传教育网络广泛开展思想教育、法制教育、政策教育和素质教育宣传。忻州市组建了矛盾纠纷化解宣传工作组，坚持“法律下乡、政策到户、工作到人”，深入重点地区，耐心进行说服教育、化解工作、通过广泛开展思想教育、法制教育、政策教育和素质教育，形成了市、县、乡、村四级联动的态势，使广大群众的法制意识、政策意识、文明意识得到明显增强，为预防和减少矛盾纠纷的发生奠定了坚实的思想基础。晋城市建立老年人生活补助金制度、困难家庭青少年助学金制度、下岗困难职工生活保障制度、农村新型合作医疗制度等，解决群众最现实的问题。大同市注重解决历史遗留问题，注重解决群众关心的热点、难点问题，实施“村村通公路、户户吃甜水、学校无危房”三项民心工程，为群众办实事。朔州市抓住群众关心的土地、煤炭市场混乱的问题，由政法委牵头，组织工作队进驻，为群众追讨土地租金、规范土地承包合同，取缔非法收售煤点、制止强买强卖行为，化解了大批矛盾。

（三）抓住主要矛盾大力开展矛盾纠纷排查调处活动。忻州市成立了11个专项工作小组，对突出问题和可能引发群体性事件的隐患进行集中处置，较好地解决了原“四清”借干、乡镇电影放映员、文化员、卫生员、幼儿民办教师、企业军转干部、复退军人、大中专毕业生等串联上访问题。维护了改革、发展、稳定的大好局面。长治市领导带头，亲力亲为，市委副书记、市长杜善学在长治钢铁有限公司深入调研和群众进行对话，多次召开市政府联席会议解决各方矛盾，解决职工反映的问题。

开展综治评先表彰情况

2006年初，省综治委组织省综治办和各专项工作领导组办公室，采取条块结合的办法，对全省11个市2004—2005年度社会治安综合治理责任制落实情况进行了全面考核。同时，根据省委、省政府《关于在全省开展“平安县”创建活动的实施意见》（晋发［2004］17号）的要求，对2004年以来，全省涌现出的平安建设先进县进行了考核验收，经省综治委社会治安综合治理工作责任制考核领导组研究，省综治委2006年第三次全会议定，晋城、大同、晋中、朔州、阳泉、临汾、长治7个市被评为2004—2005年度全省社会治安综合治理工作先进市。太原市小店区、大同市南郊区、平定县、怀仁县、岢岚县、孝义市、祁县、潞城市、晋城市城区、曲沃县、绛县被评为“2004—2006年度全省平安建设先进县”。

为了进一步总结经验，树立典型，表彰先进，鼓舞士气，推动全省综治工作再上新台阶，省综治委决定：授予晋城、大同、晋中、朔州、阳泉、临汾、长治7个市2004—2005年度全省社会治安综合治理工作先进市荣誉称号，颁发奖牌，并各奖励人民币8万元。授予太原市小店区、大同市南郊区、平定县、怀仁县、岢岚县、孝义市、祁县、潞城市、晋城市城区、曲沃县、绛县为“全省平安建设先进县”荣誉称号，并颁发奖牌。

政法综治宣传工作情况

一、尽职尽责，精心组织，较好地完成了政法综治工作日常宣传报道任务

（一）2006年共配合各单位完成有关政法、综治工作的全国、全省性的大型会议16次，和各处室有关会议20余次的宣传报道任务。

（二）积极组织开展综治宣传月活动。下发了综治宣传月活动的通知，各市对综治宣传月活动做到有安排部署，有具体的重点内容、重点区域、重点对象；在宣传形式上，采取了在各新闻媒体开辟专栏宣传、利用挂图和展版广泛宣传、结合综治理论知识测试宣传和群众喜闻乐见的多种形式进行宣传。据不完全统计，全省在宣传月活动中共出动各类人员30余万人次，宣传车辆1200余台次、悬挂标语2万余条、散发宣传单等资料600余万份、接待群众咨询16万人次，仅市、县两级发表电视讲话达200余人次，街头（文艺队）宣传150余场，宣传版展示2000余块、编印宣传册15万册，通过开展活动，极大地激发了广大干部，职工群众参与综合治理工作的热情，使社会治安综合治理工作逐步深入人心，收到了良好的社会效果。

（三）认真组织开展了全省社会治安综合治理好新闻奖评选活动。按要求及时完成了向中央综治办推荐参加全国社会治安综合治理好新闻奖的参评作品。2006年报送的12件作品中有三篇获全国优秀新闻作品奖。7月份召开了2003年、2004年、2005年度第十届、十一届、十二届山西省社会治安综合治理好新闻颁奖晚会。

（四）配合省委宣传部圆满完成了为省第九次党代会在宣传政法综治工作成就策划的协调工作。

二、多方协调，积极探索，较好的促使主流媒体发挥了主导宣传作用

（一）不懈努力，多次协调出有关领导和部门出台了三个文件，进一步完善了政法、综治宣传工作机制。为扎实贯彻落实中办发[2005]25号关于“建立健全舆论宣传机制”的要求，2006年初我们转发了中央政法委《关于正确引导司法案件和群众性事件报道工作的通知》；为进一步加强和规范山西省新闻媒体的工作，充分发挥新闻媒体正确引导社会舆论的作用，改变部分新闻媒体为增大卖点，对公安机关批评性报道过多、过集中的问题，6月份，以省委政法委、省委宣传部、公安厅的名义联合出台了《关于严格控制对政法公安机关负面报道的通知》的文件。8月份，又以省委政法委和省委宣传部的名义联合出台了《关于加强和规范群体性事件、敏感事件和重大案件新闻报道管理工作的实施办法》的文件，使山西省政法、综治宣传工作逐步得到规范。

（二）山西日报2006年截止12月20号共新闻报道46条，其中仅一、二版就占了36条，占总数的78.26%，及时向全省广大人民群众报道了政法、综治工作。9月份，为了配合省第九次党代会的胜利召开，《山西日报》以《全省政法工作五年回眸》为主题，分打击整治篇、矛盾排查篇、综合治理篇、规范执法篇和队伍建设篇等，对山西省在牢固树立执法理念，正确行使人民赋予的权力，大力推进司法体制改革，严厉打击各种犯罪行为，广泛开展平安创建活动，不断提高队伍建设，统筹解决影响社会稳定问题，切实尊重和保障人权，为社会发展创造和谐稳定的社会环境和公正高效的法治环境等方面进行了深刻全面的报道。

（三）网络宣传初现规模。山西省依托“金盾工程”建设，《政法综合信息网》已经取得了突破性进展；《法制日报——法制网山西频道》自六月份开设以来对山西省政法综治工作每天进行不间断的全面宣传。各市也相继建立了自己的网站，并开辟了具有自己特色的专题栏目。

三、各市政法、综治宣传工作机制初步形成

（一）组织机构健全。全省大部分市委政法委相继都成立了政法、综治宣传工作领导组。都有一名领导分管政法综治宣传工作，机关均设有综合科(处),基本形成有人管事、有人干事,政法、综治宣传工作的格局。

(二)制度逐步完善。许多市委政法委、综治办都能把政法、综治宣传工作视为政法综治工作的重要组成部分,并把政法、综治宣传各项工作任务从安排部署、检查指导、考核评比、表彰奖励,给予相应的进行量化,纳入政法、综治年度考核内容,初步形成了一套比较完善的工作制度。

(三)阵地不断扩大。各市充分发挥市、县两级电台、电视台、报刊等主流媒体的作用,开设政法综治栏目,深化了政法、综治宣传力度。晋城市结合"平安和谐晋城"宣传,在频道资源非常紧张的情况下,市委书记亲自协调有关部门克服困难,开通了央视12频道社会与法。市电视台还开设了"平安晋城访谈录",对县(市、区)委书记和市综治委成员单位以及市级单位的主要领导进行采访。大力宣传"引深平安建设、推进社会和谐"的重要意义。长治市借助"长治综治网"、"长治铁路护路网"两网开辟了经验介绍、基层风采、调研集锦、学习园地等栏目,使政法、综治宣传更加快捷、更加深入、更加广泛。

严打整治斗争情况

一、以"打黑除恶"为龙头的严打专项斗争取得了显著战果

2006年1—11月,全省共破获刑事案件31442起,抓获各类刑事犯罪嫌疑人24908人,比2005年同期分别增加11.3%和10.5%;打掉各类犯罪团伙977个,涉及成员4289人,同比分别增加22.7%和25.7%。"打黑除恶"斗争取得阶段性成果。侦破命案专项行动取得了明显成绩,全省公安机关共立命案785起,破688起,破案率为87.64%,破获命案积案46起;抓获网上逃犯888名,其中外省逃犯476名,故意杀人逃犯175名,公安部督捕逃犯1名,B级逃犯10名。破获"两抢一盗"案件比2005年同期增加11%;破获盗抢汽车案件599起,打掉盗抢汽车犯罪团伙17个,抓获犯罪嫌疑人114人,追缴赃车516辆,有力地打击了犯罪分子的嚣张气焰。组织开展了打击商业贿赂、虚开用于抵扣税款发票和骗取出口退税制贩假发票为重点的涉税违法犯罪行动和侵犯知识产权犯罪的"山鹰二号"专项行动,有力地维护了山西省正常的市场经济秩序。2006年以来,全省公安机关共受理各类经济犯罪案件1864起,立案1014起,破案912起,抓获犯罪嫌疑人978人,挽回经济损失4.15亿元。深入开展禁毒人民战争,强化禁种铲毒工作,规范易制毒化学品和精神麻药品管理,大力推进禁毒严打战役,1—11月,全省共破获涉毒案件1235起,抓获涉毒人员2025人,并缴获了大量毒品及制贩运毒工具。

二、打击境内外敌对势力渗透破坏活动的能力得到了明显增强

大力加强情报信息研判、专案侦察和对重点人员的控制工作,有效阻止了危害社会政治稳定重点对象的各种捣乱破坏活动。坚决抵制境外宗教渗透活动,严厉打击各类宗教非法活动,依法查处了太原等地基督教地下势力在山西省高校学生中发展信徒的非法活动。开展防范打击"法轮功"专项行动,缴获了一大批"法轮功"反动宣传品和作案工具。查获冒用宗教名义邪教组织案件25起,破获有害气功组织案件2起。严密防范和严厉打击新疆"三股势力"的渗透破坏活动,取缔了"三股势力"地下学经点8个。

三、预防处置群体性事件工作取得了明显效果

各级公安机关在党委、政府的统一领导下,坚持"三个慎用"的原则,妥善处置了800起因人民内部矛盾引发的群体性事件。全省公安机关共受理群众来信来访10043件次,其中办信4973件,接访5070人次。全省赴京上访498起,同比减少108起,下降17.8%。省厅承办要结果信访案件71起,其中公安部交办27起,省委、省人大交办17起,省厅自立27件,现已报告60件,查结率达

84.9%。厅长接待日厅领导亲自接待并批办信访案件185起,报结率达60%以上。

四、社会治安管理和防范能力得到了明显提升

各级公安机关积极构建以派出所和巡警为骨干,以群防群治力量为补充,以社会面、居民区和内部单位、公共场所为基础,以可能影响社会治安的特殊人群、危险物品管理为重点,专群结合、人防物防技防结合、点线面结合的治安防控体系,积极推进警务机制改革,大力加强治安管理和防范工作。进一步加强110指挥中心规范化建设,积极稳妥推进市级公安机关110、119、122“三台合一”,巩固和完善县级公安机关“三台合一”后的工作运行机制。1—11月,全省公安机关共发现受理各类治安案件15.4万余起,查处14.2万余起15万余人,同比分别下降11%、10.1%和23.1%。从6月份开始,按照公安部的统一部署,开展了民爆物品枪支弹药管制刀具集中整治行动,消除了一大批治安隐患,有力地维护了全省社会治安稳定。全省投资1300余万元购置了54台测爆仪,在搜缴非法持有的民爆物品方面发挥了非常重要的作用。全省共收缴非法炸药899吨、雷管82万枚、导火索8万米,收缴爆炸物品占全国收缴总量的12.1%;收缴各类枪支3754支、子弹13480发,收缴枪支占全国收缴总量0.6%;收缴管制刀具12173把,收缴管制刀具占全国收缴总量0.6%;手榴弹1223枚,地雷12枚。查处涉爆案件806起,占全国查处涉爆案件总量的9.9%,抓获违法犯罪嫌疑人1575人,其中刑事拘留482人,治安拘留732人;打击处理涉枪违法犯罪人员255人,其中刑事拘留31人,治安拘留29人,行政罚款76人。不断强化对社会面的巡逻控制,各市在城市市区和城镇治安复杂地段、重点部位逐步增设视频探头,实行动态监控,对社会治安的驾驭能力进一步提高。各级公安消防部门认真开展消防安全大检查,努力消除火灾隐患,坚决防止重特大火灾事故的发生。1—11月,全省共发生火灾3618起,死9人,伤10人,直接财产损失1513万元,同比分别上升26.9%、下降81%、下降85%、下降28%。各级公安交管部门以“降事故、保畅通、保安全”为目标,大力实施创建“平安畅通县区”活动,继续深入开展“五整顿、三加强”和交通安全“双五进”宣传,持续整治公路“三乱”,全面推进农村道路交通管理网络建设,积极探索解决城市交通拥堵的问题,努力预防和减少交通事故特别是重特大恶性死亡交通事故的发生。1—11月份,全省发生交通事故10317起,死亡3160人、受伤11647人,直接财产损失5064万元,同比分别下降14.97%、8.56%、6.67%和3.16%,未发生死亡10人以上的特大交通事故。

平安家庭创建活动情况

一、进一步加强领导,统一思想,提高做好“平安家庭”创建工作的认识

山西省十分重视“平安家庭”创建活动,省妇联将平安家庭创建活动纳入妇联工作,2006年年初在妇联执委会上与其他工作一同进行了部署安排,年终与其他工作一同进行了总结检查。各级妇联、综治办、共青团、公安机关、司法行政部门、广播电视机构密切配合,联合组织实施,将“平安家庭”创建活动纳入严密的社会治安防控体系建设之中,多角度、多部门参与“平安家庭”创建活动。妇联积极配合公安、司法部门预防和制止家庭暴力,打击拐卖妇女儿童犯罪行为;努力做好受害妇女儿童的救助、安置帮教工作;深化“不让毒品进我家”活动,积极开展“无毒家庭”创建活动,为构建社会主义和谐社会营造了良好的社会治安环境。各成员单位齐抓共管,相互协调,着力解决一些影响社会治安和社会稳定的难点、热点问题,通过解决突出问题、办实事、办好事,积“小安”为“大安”,增强了“平安家庭”创建的实效,2006年山西省综治办、太原市平安家庭创建活动领导小组、阳泉市妇联等三个部门单位荣获全国“平安家庭”创建活动先进集体称号；绛县、孝义市、临汾市尧都区等三个县市区荣获先进市区县称号；晋城市凤凰山矿区居委会、和顺县平松村、朔州市府南小区荣获优秀示范区称号。

二、狠抓素质教育，夯实“平安家庭”建设的基础工作

作为建设“平安三晋”的细胞工程，山西省各级妇联在“平安家庭”创建过程中充分发挥自己的家庭工作优势，开展各具特色的活动，使家庭成员素质不断提高。太原市妇联以“三所学校”为阵地，努力提高家庭成员的法制观念和道德水准。太原市妇联与太原市中级人民法院共同创办的“为了下一代学校”，通过法官讲解离异家长对子女的义务、少管所孩子现身说法、案例分析和法庭调解等方式，使起诉离婚的家长从思想上受到教育，从而慎重地对待婚姻。该学校创办以来，已有2000多对起诉离婚夫妇和一万余名家长受到教育，离婚撤诉率达到20%以上。太原市妇联和关工委、教育部门创办的“家长学校”，帮助家长掌握正确的家庭教育方法，让他们针对孩子的特点进行针对性教育，使10万余名家长受到了教育。太原市妇联创办的“婚姻家庭学校”，对广大妇女进行婚育意识和法制意识教育，筑起了预防家庭成员犯罪的第一道防线。“婚姻家庭学校”5年来共举办培训班120期，参加人数上万人。

三、加强主题宣传，营造和谐的“平安家庭”建设外部环境

一年来，山西省各级妇联组织认真贯彻以德治国方针，加强公民思想道德建设，树立和落实以“八荣八耻”为主要内容的社会主义荣辱观，促进了家庭成员老祖宗间理解信任、关心爱护，邻里之间互帮互助、和睦团结良好社会风气的形成。阳泉市妇联通过认真的调查研究，把“我爱我家”确立为该市“平安家庭”创建活动的主题。该市“平安家庭”创建活动的工作思路是围绕创建平安、文明、和谐的家庭这一目标，搞好法制教育、美德教育、科学生活方式教育三项工作，在全社会倡导男女平等、民主和谐好家风，科学教子好方法，邻里互助好风气，杜绝家庭暴力、打架斗殴以及参与集体上访和盲目维权影响社会治安、秩序事件发生，创建一个稳定的社会环境。

四、加大维权力度，树立“平安家庭”建设的法律屏障

维护妇女、儿童合法权益，是妇联“一手抓发展、一手抓维权”工作方针的直接体现。各级妇联把“平安家庭”创建活动与“五好文明家庭”创建、“零家庭暴力社区（村）”创建和“不让毒品进我家”、“不让黄、赌、毒进我家”、“预防艾滋病，健康全家人”等活动紧密结合，使创建活动不断焕发出了新的生机和活力。临汾市妇联引申开展维权周活动，在大力宣传《妇女权益保障法》和男女平等基本国策的同时，也在全社会掀起了学习《未成年人保护法》、《老年人权益保障法》、《义务教育法》、《婚姻法》的热潮。“春蕾计划”在该市也蓬勃开展，建春蕾班7个，资助女童近万人。大同市妇联以“不让毒品进我家”活动为突破口，把“平安家庭”创建活动和“不让毒品进我家”活动、“预防艾滋病，健康全家人”等活动有机地结合起来。该市四级妇女组织层层签订了“不让毒品进我家”活动责任书，还参加了全市农民工预防艾滋病宣传教育工程。晋城市妇联充分发挥巾帼志愿者队伍的优势，根据志愿者自身的特长组织他们深入家庭，广泛开展结对帮扶、技术咨询、法律和卫生知识讲座等活动，为广大家庭成员排忧解难。晋中市妇联与市综治办、市公安局联合开展了创建零家庭暴力社区、村活动。目前全市建立110家庭暴力报警中心11个、家庭暴力救助站118个。长治市妇联把“助廉家庭”创建纳入“平安家庭”创建活动之中。实现了妇联工作和综治工作载体上的融合、资源上的整合、工作上的联合。另外，省、市、县各级妇联利用基层维权网络、维权热线和社会化维权机制，对弱势群体提供法律服务，为全省妇女在婚姻家庭、政治、经济等领域的依法维权提供了便利条件。

中共山西省委办公厅
山西省人民政府办公厅
转发《关于进一步引深全省平安建设的意见》的通知

（2006 年 11 月 9 日）

各市、县委，各市、县人民政府，省委各部委，省直各委、办、厅、局，各人民团体：

省委政法委、省综治委拟定的《关于进一步引深全省平安建设的意见》已经省委、省政府同意，现转发给你们，请认真组织实施。

关于进一步引深全省平安建设的意见

为了认真贯彻落实中共中央办公厅、国务院办公厅《转发〈中央政法委员会、中央社会治安综合治理委员会关于深入开展平安建设的意见〉的通知》（中办发[2005]25 号）精神，深入推进全省平安建设，为全面建设小康社会创造和谐稳定的社会环境，提出如下意见。

一、充分认识开展平安建设的重要性

当前，我国正处在全面建设小康社会、加快推进社会主义现代化的关键时期，同时也是人民内部矛盾的凸显期、刑事犯罪的高发期和对敌斗争的复杂期，维护稳定的任务十分艰巨。近年来，全省各级党委、政府一手抓经济发展，一手抓维护稳定，在确保经济持续快速健康发展的同时，围绕“建设平安三晋、构建和谐山西”的目标，深入开展了以“平安县”为主体的平安创建活动，不断加强矛盾纠纷排查调处，构建治安防控体系，强化基层基础建设，改进社会治安管理，全面落实社会治安综合治理各项措施，有力维护了社会和谐稳定。但不稳定因素仍然存在，部分人民内部矛盾没有得到及时排查和有效化解，由此引发群体性事件；一些地方治安问题突出，重大刑事犯罪时有发生；一些地方社会管理不到位，重大安全事故未能遏制等。各级各部门一定要从提高党的执政能力，巩固党的执政地位，维护人民群众根本利益，构建社会主义和谐社会的高度，充分认识开展平安建设的重要性和紧迫性，坚持稳定压倒一切的方针，进一步增强责任感和使命感，采取有力措施，确保全省政治更加安定，社会更加稳定，治安更加良好，法治更加公正，发展环境更加优化，为构建充满活力、富裕文明、和谐稳定、山川秀美的新山西创造良好的社会环境。

二、有效预防并及时化解各种社会矛盾

积极构建党委、政府统一领导，政法委和综治部门牵头协调，人民调解、司法调解、行政调解组织“三调合一”，有关部门齐抓共管，多种手段综合运用的矛盾纠纷大调解格局。重点抓好乡镇（街道）矛盾纠纷调解中心建设，由乡镇（街道）社会治安综合治理委员会办公室牵头，吸收法庭、司法所、派出所等部门参加，主要承担矛盾纠纷调处中的分流指派、协调调度、检查督办、责任追究建议等职能。建立基层人民调解、行政调解、司法调解的互动机制，健全和落实矛盾纠纷联合排调、情况通报、联席会议和复杂疑难纠纷综合会诊等制度，综合运用各种调解措施，力争使绝大多数矛盾纠纷在县级以下和系统内部得到妥善解决。

突出调解工作重点，努力解决好关系群众切身利益的问题，注重从源头上预防和减少人民内部矛盾。关心群众疾苦，进一步落实好下岗职工、城乡贫困居民群众的扶助措施，切实帮助他们解决生活、就业、就医、子女上学等方面遇到的实际困难。认真把握新形势下群众工作的特点和规律，积极调解婚姻、家庭、邻里等常见性、多发性矛盾纠纷，防止"民转刑"案件的发生。在改革发展过程中尽量避免产生新的矛盾纠纷，出台涉及城市拆迁改造、企业改制、新农村建设等重大改革措施时，要通过召开干群座谈会、职工和村民代表大会、社会公示、质询听证等多种形式，认真听取人民群众的意见，避免因决策失误、工作不当损害群众利益，引发矛盾纠纷。

进一步健全和完善省市县乡村五级矛盾纠纷排查调处工作体系。各级社会治安综合治理委员会办公室要组织有关部门深入排查各类矛盾纠纷，围绕重要会议、重大节庆活动、重大政策调整及群众关心的热点、难点问题，深入开展预警信息的收集工作，立足于早发现、抓苗头，切实把各类矛盾纠纷解决在基层，解决在当地，解决在萌芽阶段。建立和完善矛盾纠纷处理衔接机制，各单位在接到群众的纠纷申告时，要认真做好说服、登记、分析、处理工作，对依法应由其他地方或部门受理的要及时移送。对申告问题单一、一个职能部门能够解决的，由该职能部门负责解决。对申告理由复杂、涉及多个部门的，由矛盾纠纷排查调处办公室协调有关部门共同解决。建立矛盾纠纷的报告、统计和挂账督办制度，督导各级各部门认真履行排查调处职责。

建立健全统一指挥、反应灵敏、协调有序、运转高效的应急机制，严格重大情况报告制度。一旦发生群体性事件，所在地区、部门和单位的领导干部要亲临一线，靠前指挥，面对面地做好群众工作。坚持慎用警力、慎用强制措施、慎用武器警械原则，对危害公共安全、破坏公共秩序、冲击党政机关等极端行为要依法果断处置，对插手群体性事件的敌对分子、借机打砸抢的违法犯罪分子，要坚决严厉打击。

三、大力构建"打防控一体化"的社会治安防控体系

牢固树立政权意识和国家安全意识，扎实开展国家安全人民防线建设工作。严密防范和严厉打击境内外各种敌对势力及敌对分子的破坏活动、暴力恐怖活动和利用互联网等技术手段从事蛊惑煽动、利用人民内部矛盾制造事端等非法活动，坚决打击"法轮功"等邪教组织以及各种利用宗教名义进行的非法活动，决不允许危害国家安全和社会政治稳定的势力形成组织、形成气候。

严厉打击各类严重刑事犯罪活动。深入开展"打黑除恶"专项斗争，认真摸排黑恶线索，组织专门力量进行核查，集中侦破一批涉黑涉恶大案。在重点行业、重点地区、重点领域开展重点整治和专项治理，切实解决群众反映强烈的区域性治安问题。在城市，重点打击交通运输、建筑批发市场、集贸市场等领域的各类市霸、行霸、楼霸以及隐匿在娱乐行业的黑恶势力；在农村，重点打击宗族恶势力以及其他形式的乡霸、村霸；在城乡结合部，重点打击流动人口中的帮派黑恶势力；在矿区、车站，重点打击矿霸、车匪路霸。深挖黑恶势力保护伞，铲除黑恶势力滋生的土壤，坚决防止其向我政权内部渗透。继续加大对爆炸、绑架、杀人等严重暴力犯罪和抢劫、盗窃等多发性刑事犯罪的打击力度，完善"挂牌督办"、"领导包案"等措施，增强攻坚克难能力，力争"命案必破"、"枪案必破"、"爆案必破"。积极预防和依法打击严重经济犯罪活动，整顿和规范市场经济秩序。

大力加强治安防范工作。坚决克服"重打轻防"思想，把工作重点、力量配置、经费投入以及考核奖惩向防范工作倾斜，逐步建立起由党委、政府统一领导，综治委组织协调，公安机关为骨干，群防群治力量为依托，农村、社区、单位内部和公共场所防范工作为基础，以案件多发的人群、行业、区域、时段为重点，人防、物防、技防相结合的社会治安防范体系。大力推广行之有效的治安防范模式。城市居民小区全部实行物业管理和封闭式管理，按照管理物业化、经营企业化、运作市场化、防范队伍专职化、服务有偿化的要求，由物业公司负责组建小区护卫队，实行专人专职专防。单位内部大力推广治安防范保安服务化，有条件的单位要全部聘用保安队伍开展防范，推进包括非公有制经济组织等单位在内的治安防范工作的专职化、规范化。农村推行治安承包责任制，明确治安责任，落实治安承包人，实行责权利相统一，确保农村治安防范工作有专人负责。在城市抓紧组建和完善专职巡防队伍，负责城区治安巡逻、交通协助等工作，政府出资购买岗位，巡防队员从下岗人员、退伍人员、大中专毕业待分配人员中公开招录。

加大治安防范设施的科技含量，大力构建技防体系。加快人口信息管理系统、移动警务查询系统和违法犯罪信息库建设，提高治安防范的信息服务水平。大力加强技防设施建设，扩大技防的覆盖面，在公共复杂场所、要害部位推广电视监控系统；在单位内部特别是金融单位内部推广高科技防范监控系统；在居民区推广智能管理系统；在汽车特别是出租车推广防盗抢、自救装置和卫星定位系统；在农村水利、电力设施和大型农机具推广防盗报警装置，实现人防、物防、技防的有机结合。

四、努力提高社会治安管理水平

加强刑释解教人员就业安置基地建设，做好刑释解教人员过渡性就业安置，加强对管制、剥夺政治权利、缓刑、假释、暂予监外执行人员的社区矫正工作，重点做好有可能重新违法犯罪人员的帮教和管控工作，积极探索社会主义市场经济条件下安置帮教工作社会化、市场化、法制化的新途径、新方法。切实做好预防青少年违法犯罪工作，继续开展争创“青少年维权岗”活动，改进学校法制、道德教育的方式方法，继续抓好校园及周边治安秩序的整治工作，为青少年健康成长创造良好的社会环境。加强对流动人口的管理，把管理、教育、服务紧密结合起来，引导人口有序流动。抓好流浪、乞讨儿童救助中心建设，加强对生活无着落流浪乞讨人员的救助和管理。关心和重视农民工劳动保护问题，维护农民工的合法权益。

严格治安管理，重点管严、管好枪支弹药、爆炸物品、剧毒危险品和放射性物品，消除安全隐患。加强特种行业管理，加大对网吧、娱乐场所的整治和管理力度，加强对互联网和移动通信不良信息的监控和管理，坚决查处色情等违法网站，封堵有害信息，提高信息安全防护水平。加强道路交通安全管理和消防管理，预防和减少重特大交通事故和火灾事故的发生。

牢固树立安全第一的思想，坚决维护公共安全。建立健全防御自然灾害体系，加强公共卫生基础建设，切实做好“非典”、艾滋病、禽流感等重大传染性病疫的防治工作，逐步实现公共突发事件应急处置的规范化、制度化和法制化。认真贯彻中央综治办、国家安全生产监督管理局《关于在安全生产领域深入开展平安创建活动的意见》（安监总协调［2006］67号），加强安全生产宣传教育，充分利用社会治安综合治理现有工作机制和网络开展安全生产教育，努力提高广大职工群众的安全防范意识。加大安全生产监管力度，定期开展事故隐患排查和专项治理工作，及时消除隐患。严格落实安全生产工作责任制，把责任目标逐级分解到基层。强化安全生产检查，重点检查安全制度和责任制是否落实，安全措施是否到位，整改措施是否及时。加大对安全生产违法行为的查禁力度，严肃查处安全责任事故背后隐藏的滥用职权、玩忽职守、官煤勾结等职务犯罪，遏制重特大安全生产事故的发生。

五、强化基层社会治安综合治理

增强基层实力，激发基层活力。整合基层维护社会治安和社会稳定力量，形成以基层党组织为核心、基层自治组织为基础、基层公安和综治组织为骨干的社会治安综合治理工作网络，筑牢维护社会稳定的第一道防线。认真贯彻中央综治委、中央编办《关于印发〈关于加强乡镇、街道社会治安综合治理基层组织建设的若干意见〉的通知》（综治委［2003］20号），切实加强乡镇（街道）综治组织建设，明确一名党委或政府领导负责综合治理工作。加强乡镇（街道）社会治安综合治理委员会办公室建设，按照省综治委、省编办《关于印发（关于加强乡镇、街道社会治安综合治理基层组织建设的若干意见)的通知》(晋综治委[2004]1号)要求,配齐配强工作人员,确保正常工作所需经费。大力加强公安基层基础工作,市县两级公安机关要树立“重点防范、精兵破案”的观念,精简上层,充实基层,从工作指导、力量配置、经费保障等方面向基层和一线倾斜,把更多的警力摆到预防犯罪的前沿,一线警力要占到总警力的85%以上。大力实施社区警务战略,在城镇社区、农村联防区中心设立警务工作室。配齐配强社区(联防区)民警,严格实行社区(联防区)民警责任制,对防范有力、辖区内发案明显减少或实现零发案的责任区民警给予表彰。进一步加强乡镇(街道)人民法庭、司法所、派出所等基层政法组织建设,建立健全工作制度,加强督查考核,提高基层工作的整体水平。加强以党支部为核心的村级基层组织建设,配齐配强领导班子,增强基层党组织的凝聚力和战斗力。大力加强基层治保会、调委会和治安巡逻队伍建设,充分发挥其在维护社会稳定中的作用。广泛组织党员、团员、民兵、青年志愿者、离退休人员和享受低保人员参与治安防范,建立多渠道、多行业的治安信息员队伍,发动组织社团、行业参与社会治安综合治理,最大程度地把人民群众组织起来,形成人人参与治安防范的工作格局。

广泛开展基层平安创建活动,努力建设平安三晋。开展创建平安乡(镇)、社区、村、企业、学校、家庭等活动,明确内容,严格标准,确保实效。继续深入开展“平安县”创建活动,按照“政治安定,社会稳定,秩序良好,文化健康,法制公正,群众满意”的要求,进一步拓宽创建范围,充实创建内容,提高创建水平。

六、加强领导,健全机制,确保平安创建活动稳步推进

建立健全责任机制。各级党委和政府要切实加强对平安建设的领导,把其纳入本地经济社会发展总体规划,精心组织实施。各级党政主要负责同志是平安建设的主要责任人,分管负责同志是直接责任人,其他负责同志承担分管工作范围内平安建设的责任。要把平安建设作为党委、政府“一把手”工程来抓,定期研究情况,解决问题,推动平安建设深入开展。各级社会治安综合治理委员会要充分发挥组织协调作用,加强调查研究和督促检查,总结推广典型经验,不断改进工作。各级各部门要按照“属地管理”和“谁主管谁负责”的原则,层层建立责任制,落实平安建设的各项任务。建立健全齐抓共建工作机制。各级各部门要紧紧围绕平安建设的目标要求,认真履行职责,加强协作配合,共同推动平安建设的深入开展。各级政法部门在平安建设中负有重要责任,要结合社会主义法治理念教育活动,规范执法行为,促进执法公正,发挥好主力军作用。建立健全经费保障机制。各级政府及财政部门要加大对社会治安综合治理和平安建设经费的保障力度,将应由政府承担的经费纳入财政预算,保证平安建设顺利开展,并随着经济的发展逐步增加投入。建立健全舆论宣传工作机制。把维护社会稳定、开展平安建设作为当前和今后一个时期政法综治宣传工作的重点之一,加大宣传报道力度。充分利用各种宣传媒介,大力宣传平安创建活动的目标、意义和成就,努力营造人人关心、支持、参与平安创建的浓厚氛围。新闻媒体要正确引导社会舆论,坚持团结稳定鼓劲、正面宣传为主,大力做好理顺情绪、化解矛盾、平衡心理、凝聚人心的工作,引导人们客观全面地分析和认识社会现象,理性面对各种社会矛盾和问题。建立健全考核奖惩机制。把平安建设的成效作为检验各级党政领导班子和领导干部执政水平的重要标准、干部考核评价的重要内容。对工作扎实、成效显著的单位和个人,要予以表彰;对因工作失职、渎职引发影响社会稳定重大问题的,要实行责任倒查和一票否决,并按规定追究有关领导和责任人的责任。

中共山西省委办公厅　山西省人民政府办公厅转发《关于开展“矛盾纠纷调解年”活动的意见》的通知

（2006 年 11 月 9 日）

各市、县委，各市、县人民政府，省委各部委，省直各委、办、厅、局，各人民团体：

省委政法委、省综治委拟定的《关于开展“矛盾纠纷调解年”活动的意见》已经省委、省政府同意，现转发给你们，请结合实际，认真组织实施。

关于开展“矛盾纠纷调解年”活动的意见

为充分发挥调解工作在化解社会矛盾纠纷中的重要作用，构建人民调解、行政调解、司法调解“三位一体”的矛盾纠纷大调解格局，为山西省经济社会发展创造和谐稳定的环境，决定从现在起，用一年时间，在全省开展“矛盾纠纷调解年”活动。

一、充分认识开展“矛盾纠纷调解年”活动的重要性

（一）开展“矛盾纠纷调解年”活动，是推进平安建设、建设和谐山西的需要。当前，人民内部矛盾呈现出新的特点，影响到社会的和谐稳定。在全省开展“矛盾纠纷调解年”活动，有效发挥人民调解、行政调解、司法调解的整体功能，有利于及时发现矛盾、及早化解矛盾，缓解社会对立、减少社会对抗，转化消极因素、增加积极因素，促进人际关系融洽，增进社会关系协调，减少群体性事件和“民转刑”案件的发生。

（二）开展“矛盾纠纷调解年”活动，是维护群众利益、巩固执政基础的需要。开展“矛盾纠纷调解年”活动，动员社会各方面力量，运用教育、协商、调解的办法，理顺情绪、协调关系、平息冲突，把个人利益与集体利益、局部利益与整体利益、当前利益与长远利益有机统一起来，以兼顾不同社会群体的利益要求，正确处理人民内部矛盾，切实维护最广大人民的根本利益；有效挫败敌对势力与我争夺群众、争夺民心的图谋，巩固党的执政基础；促进社会建设，加强社会管理，提高党的执政能力。

（三）开展“矛盾纠纷调解年”活动，是创造良好环境、保障科学发展的需要。山西省正处在一个新的发展起点，既面临难得的发展机遇，也存在不少矛盾和问题。开展“矛盾纠纷调解年”活动，能够及时解决企业改制、征地拆迁、资源整合、工程建设、劳动保障、环境保护等方面影响社会稳定的突出问题，消除改革发展进程中的障碍，化解可能出现的社会矛盾和风险，为“十一五”规划的顺利实施提供稳定的社会局面和良好的发展环境。

二、总体要求、基本原则和目标任务

（一）总体要求：以科学发展观为统领，以化解社会矛盾纠纷为目标，以创新调解机制为动力，以健全调解制度为保证，针对新时期社会矛盾纠纷的特点规律，积极构建党委政府统一领导、政法综治部门牵头协调、调解中心具体实施、有关部门齐抓共管、多种手段综合运用的社会矛盾纠纷大调解格局，及时发现、控制、调解各类社会矛盾纠纷，推动平安建设深入扎实开展，为改革发展创造和谐稳定的社会环境。

（二）基本原则：坚持服务大局，着力解决影响改革发展稳定的热点、难点问题，努力消除不稳定因素；坚持调解为民，把维护群众利益作为调解工作的出发点和落脚点，切实维护人民群众最现实、最关心、最直接的利益；坚持依法调解，释法明理，分清是非，化解纷争；坚持群众自愿，充分尊重群众意愿，引导群众互谅互让，把调解作为解决矛盾纠纷的主要选择；坚持公平效率，严格调解工作纪律，完善监督机制，确保调解公正、公平、公开、高效进行。

（三）目标任务：调解网络进一步完善，各类调解组织健全，调解范围覆盖社会每个角落；调解能力进一步增强，运用政策法律的能力和调解技能不断提高；调解机制进一步健全，各种调解方式有机衔接，运作机制科学规范；调解观念进一步强化，群众自觉把调解作为处理矛盾纠纷的主要选择；调解效果进一步提高，矛盾纠纷及时解决在萌芽状态、化解在基层和系统内部，做到一般矛盾纠纷不出村、社区和单位，复杂矛盾纠纷不出乡（镇）、街道和系统，90%以上的矛盾纠纷在县（市、区）以下和系统内部得到妥善解决，赴省进京上访明显下降，群体性事件和“民转刑”案件得到有效控制，全省社会矛盾纠纷调解工作位于全国前列。

三、加强人民调解、行政调解和司法调解工作

（一）发挥人民调解的基础作用。以人民调解委员会为主体，充分发挥适用范围广、形式灵活、便利及时的优势，遵循国家法律和社会主义道德，主动运用平等协商、说服教育、规劝疏导的办法，使群众互谅互让，自愿达成化解纷争的协议，实现群众自我管理、自我教育、自我服务，及时把大量的民间矛盾纠纷化解在基层。

（二）明确人民调解工作的重点。以预防、化解矛盾纠纷为重点，坚持抓早、抓小、抓苗头，严防矛盾纠纷激化。积极调解婚姻、家庭、邻里、宅基地以及其他民事侵权等常见性、多发性矛盾纠纷，促进家庭、邻里和睦。紧紧围绕本地经济社会发展，积极参与改革发展过程中矛盾纠纷的调解。注意发现和调解跨区域、跨行业、复合型等新型民间矛盾纠纷。做好重点时期、重点区域民间矛盾纠纷的排查调解工作。

（三）发展多种形式的人民调解组织。进一步加强乡（镇）、街道办事处和村民委员会、居民委员会的人民调解委员会建设。企事业单位特别是用人比较集中、与群众生产生活关系密切的单位，应当建立健全人民调解组织。大力发展区域性、行业性的人民调解组织。培育和规范面向社会服务的合同纠纷、劳动争议、医患纠纷、土地承包经营、房地产物业、消费者权益等专业化、职业化调解机构，满足社会调处矛盾纠纷的需求。充分发挥城乡基层自治组织和社团、行业组织、社会中介组织以及各类新型社会组织在调解矛盾纠纷中的作用。

（四）加强人民调解规范化建设。各级司法行政部门要大力加强对基层人民调解组织的指导。按照人民调解委员会标牌、徽章、制度、文书、程序和统计“六统一”，人民调解机构、队伍、设施、经费和待遇“五落实”的要求，抓好人民调解规范化建设。不断完善人民调解工作制度，规范人民调解程序，通过开展典型调解案例、优秀调解协议书评选等活动，提高人民调解规范化建设水平。

（五）充分发挥工、青、妇等群众组织和各类社会组织在调解中的作用。各级工会、共青团、妇联等群众组织要充分发挥各自优势，主动开展调解工作，切实维护不同社会群体的合法权益。支持各类社会组织参与矛盾纠纷调解工作。依托行业协会组织行业性纠纷的调解。依托专业咨询机构组织专门类纠纷的调解。不断探索社会组织参与矛盾纠纷调解的有效形式。

（六）鼓励和引导律师等法律服务人员积极参与诉讼外调解。司法行政部门要加强对律师工作的指导，切实发挥律师调解矛盾纠纷的优势。探索建立民事案件律师主持庭外和解制度。街道、社区和有条件的乡（镇）、村，要聘请律师担任人民调解员，参与人民调解工作，提高调解工作质量。在社区和农村，要注意发挥基层法律服务人员贴近群众、了解民情的特点，积极支持他们参与诉讼外调解。

（七）切实履行行政调解职能。各级政府及

其行政部门在行使职权过程中，对行政机关与公民、法人或其他组织之间，因行政管理产生的矛盾纠纷，对与其自身职能有直接或间接关系的民事纠纷，积极依法进行调解和疏导，尽可能把行政纠纷化解在诉讼之前。对有重大影响和涉及全局的矛盾纠纷，要在党委领导下，发挥政府的行政职能，组织有关部门协调解决。

（八）努力提高行政调解水平。各级政府及其行政部门要增强调解理念，完善规范调解制度，提高调解重大矛盾纠纷的能力和水平，广泛运用调解办法处理行政纠纷。通过决策咨询、公开听证、领导接访、联合接访等途径，从源头上避免和化解矛盾纠纷。法制、公安、人事、民政、工商、水利、教育、环保、卫生、农业、林业、劳动保障、国土、建设等部门，要重点解决好农村土地征收征用、城镇房屋拆迁、企业重组改制及工资分配、资源整合、环境保护等方面影响社会稳定的突出矛盾纠纷。

（九）发挥仲裁机构在调解中的作用。仲裁机构要通过仲裁活动，积极依法对矛盾纠纷进行调解。不断探索仲裁调解的途径，完善企业调解、区域调解、行业调解、案前调解和庭审调解等各种方式，加大调解力度，有效化解矛盾纠纷。

（十）全面贯彻司法调解原则。各级人民法院要坚持“能调则调，当判则判，调判结合，案结事了”的原则，不断强化调解意识，在审判和执行过程中，依法做好民事案件、自诉刑事案件、被害人有证据证明的轻微刑事案件、刑事附带民事诉讼案件以及行政赔偿案件的调解与执行和解工作，努力提高调解结案率，实现法律效果与社会效果相统一。积极探索建立行政审判和非诉讼行政执行工作中的协调机制，不断加强行政审判的协调力度。防止以调解为由剥夺群众的其他诉讼权利。

（十一）加强和改进司法调解工作。各级人民法院要根据《最高人民法院关于人民法院民事调解工作若干问题的规定》，建立适度社会化调解机制，弥补审判力量的不足，提高诉讼效率。实行邀请协助调解制度，人民法院可以邀请与当事人有特定关系或与案件有一定联系的企事业单位、社会团体以及其他组织，或者邀请具有专门知识、具备特定社会经验、与当事人有特定关系并有利于促成调解的个人协助调解工作。推行委托调解制度，经各方当事人同意，人民法院可以委托上述单位或者个人对案件进行调解，达成调解协议后，人民法院应当依法予以确认。基层人民法院要设立巡回审判调解点，就近调解，方便群众。人民法庭要积极探索调解进社区、进农村、进企业、进工地、进单位的有效途径，努力提高调解工作效率，降低诉讼成本。

（十二）努力提高司法调解水平。人民法院要积极总结和推广审前咨询、审前调解、当事人特邀案外人员参与调解、法官交叉调解等经验做法，针对个案特点和当事人心理，耐心做好说服教育工作，积极创造和解氛围，动之以情、晓之以理、释之以法。既要着眼于解决当事人之间的现实纠纷，又要促进当事人以后的合作与和睦相处。坚决防止调解简单化和走过场，力争做到案结事了。

四、建立健全各种调解衔接配合的机制，提高调解成效

（一）创新协调配合机制。调解工作的重点是乡（镇）和街道。乡（镇）、街道办事处社会治安综合治理委员会办公室要吸收法庭、司法所、公安派出所等组成矛盾纠纷调解中心，健全矛盾纠纷联席会议、情况通报、复杂疑难纠纷联调等制度，及时排查掌握本地社会矛盾纠纷情况，分解矛盾纠纷调解任务，督促引导有关部门切实履行各自职能，广泛运用调解手段，妥善化解矛盾纠纷。县以上社会治安综合治理委员会办公室要加强对乡（镇）、街道矛盾纠纷调解中心的指导，形成预防和化解社会矛盾纠纷的合力。人民法院要建立和完善人民调解指导员制度，加强对人民调解委员会工作的指导，包括应人民调解委员会的邀请，派指导员具体指导人民调解员调解案件，协助司法行政部门对人民调解员进行培训，安排人民调解员参与庭审前的辅助性工作，聘任有经验的人民调解员担任人民陪审员等。认真总结人民调解员协助人民法院调解案件的做法，积极推广人民调解组织向基层行政机构派驻人民调解员的经验，建立行政调解、司法调解与人民调解互动交流、灵活多样的调解机制。

（二）建立和完善矛盾纠纷处理衔接机制。各级各部门各单位在接到群众的矛盾纠纷申告时，要认真做好咨询、登记、分析、处理工作。对调解成功的，应当制作调解协议书，及时送达双方当事人签收；对依法应由其他机关或部门受理的，要出具介绍信，畅通群众解决矛盾纠纷的渠道。对法律关系单一、一个职能部门能够解决的矛盾纠纷，由该职能部门负责解决；对法律关系复杂、涉及多个部门的复杂矛盾纠纷，可提请矛盾纠纷排查调处办公室协调有关部门共同解决；对本级矛盾纠纷排查调处办公室协调有困难的重大疑难矛盾纠纷，由上级矛盾纠纷排查调处办公室协调相关部门解决，确保彻底化解。人民法院实行调解劝导制度。对民事案件和依法可以调解的刑事自诉案件，基层人民法院及其人民法庭，要积极劝导当事人选择人民调解组织进行调解。对法律法规规定行政相对人应当先行申请行政复议而没有申请的行政案件，应当告知行政相对人先行行政复议解决，法律法规未规定的应当劝其通过行政调解解决。

（三）依法确认调解协议的效力。人民调解组织和行政调解机构通过调解解决的矛盾纠纷，应当制作调解协议书。调解协议书必须符合相关的文书规范，不得违反法律法规和有关政策，不得违反社会公共利益，不得违反社会主义道德和公序良俗。人民法院及其人民法庭要认真贯彻执行《最高人民法院关于审理涉及人民调解协议的民事案件的若干规定》，及时受理涉及人民调解协议的民事案件，并按照法律的有关规定，准确认定人民调解协议的性质和效力。人民法院在案件审理中要依法对协商一致且内容符合法律规定的行政调解协议予以支持。

（四）扎实开展矛盾纠纷排查工作。各级社会治安综合治理委员会办公室要组织有关部门深入开展矛盾纠纷排查活动。各级各部门要建立健全信息报告、干部下访、领导包案等工作制度，及时发现和处理矛盾纠纷。加强重点地区、重点时段和重点群体矛盾纠纷的排查。根据形势需要，深入开展集中排查和专项排查活动。建立矛盾纠纷的报告、统计和挂账督办制度，督导各级各部门认真履行职责，积极化解矛盾纠纷。

（五）深入开展社会主义法制、道德教育。结合实施“五五”普法规划，深入开展法制宣传教育。以行政部门和领导干部、公务员为重点，提高公职人员依法治理意识和依法行政、公正司法的能力。加强全民普法教育，以青少年和农民为重点，培育全民法律素养，提高全民遵纪守法的自觉性和依法维权的能力。加强社会主义道德和精神文明建设，加强社会主义荣辱观教育，弘扬中华民族传统美德，倡导追求和谐、注重和睦的价值观，提高群众自我处理矛盾纠纷的能力。

五、加强组织领导

（一）高度重视矛盾纠纷调解工作。各级党委、政府要树立提升经济水平必须提升稳定水平，优化经济环境必须优化社会环境的意识，把“矛盾纠纷调解年”活动摆上重要议程。党政主要领导要亲自抓，一级抓一级，层层抓落实。各地要结合实际制定开展“矛盾纠纷调解年”活动的实施方案，及时发现解决工作中的突出问题，总结推广典型经验。各级矛盾纠纷排查调处办公室要加强组织、协调、指导和督查，确保取得实效。

（二）建立健全经费保障机制。各级党委、政府要为开展“矛盾纠纷调解年”活动提供必需的经费和物质保障。加强矛盾纠纷调解中心建设，解决好经费、办公用房、交通、通讯等方面的实际问题。

（三）加强队伍建设。进一步加强基层综治办、人民法庭、司法所和公安派出所的建设，充分发挥其在化解矛盾纠纷中的骨干作用。广大政法干警要牢固树立执法为民意识，依法调解各类矛盾。注重选拔公道正派、热心人民调解工作、在群众中有较高威信，并有一定法律知识和政策水平的人员担任人民调解员。加强对人民调解员、行政调解人员的培训工作，提高他们的综合素质和调解水平。采取多种措施，解决好人民调解员的待遇问题。加强对审判人员特别是人民法庭人员的教育和培训，提高他们依法调解民事案件的能力。

（四）加大宣传力度。大力宣传社会矛盾纠纷调解工作的作用和成效，宣传人民调解员无私奉献的事迹和精神，为社会矛盾纠纷调解工作创造良好的社会氛围。

（五）严格落实激励和查究制度。建立健全调解工作考核评价制度，严格落实矛盾纠纷调解工作责任制，把开展“矛盾纠纷调解年”活动的情况作为社会治安综合治理考核的重要内容，对调解工作贡献突出的集体和个人给予表彰奖励。按照中央社会治安综合治理委员会等五部委《关于对发生严重危害社会稳定重大问题的地方实施领导责任查究的通知》（综治委［2000］17号）和省里的有关规定，对因组织领导不力，调解工作不落实，导致矛盾纠纷突出的地方、部门和单位，要通报批评；对发生严重影响社会稳定重大事件的，要追究有关领导的责任；对发生恶性“民转刑”案件的地方和单位，要进行责任倒查，严肃追究责任。

关于调整山西省社会治安综合治理委员会组成人员的通知

各市、县（市、区）委，省委各委、办、厅、局党组（党委），各人民团体党组，各大专院校党委，省管国有企业党委：

根据工作需要，对山西省社会治安综合治理委员会组成人员进行调整，由下列人员组成：

主　任：张宝顺（省委书记）

副主任：金银焕（省委副书记、省纪委书记）
杜玉林（省委常委、政法委书记）
杨安和（省委常委、省公安厅厅长）
曹馨仪（省人大副主任）
梁　滨（省政府副省长）
孙连元（省军区副政委）

委　员：李玉臻（省高级人民法院院长）
陈大豪（省人民检察院检察长）
宋广义（武警山西省委总队政委）
柴甫鼎（省委副秘书长，省委、省政府信访局局长）
王俊忠（省纪委副书记、省监委主任）
马　友（省委组织部常务副部长）
邢燕芬（省委组织部副部长、省人事厅厅长）
田惠爱（省委宣传部副部长）
武锦福（省委统战部副部长、省宗教事务局〈省民族事务委员会〉局长〈主任〉）
郑根堂（省委政法委常务副书记）
武先龙（省委政法委副书记、省综治办主任）
高彦斌（省委政法委副书记、秘书长）
齐玉生（省综治办副主任）
刘　巩（省直工委书记）
张　诚（省人大法制委主任）
宋秉文（省人大内务司法委副主任）
郭国太（省政协社会法制委主任）
刘俊谦（省政府省长助理）
洪发科（省经委主任）
李东福（省教育厅厅长、省高校工委书记）
王凤祥（省国家安全厅厅长）
李连琪（省公安厅常务副厅长）
郭有勤（省民政厅厅长）
张高宏（省司法厅厅长）
郑建国（省财政厅厅长）
李顺通（省劳动和社会保障厅厅长）
张建民（省建设厅厅长）
张　润（省交通厅副厅长）
成葆德（省文化厅厅长）
李俊峰（省卫生厅厅长）
李跃珍（省人口和计划生育委员会助理巡视员）
梁志祥（省广电局局长）
李宝卿（省统计局局长）
王旭明（省工商局副局长）
董晓阳（省新闻出版〈版权〉局局长）
刘银才（省国防科技工业党委书记、省国防科工办主任）
王守祯（省经委副主任、省煤炭工业局局长）
冯　征（省监狱管理局局长）
周培斌（省劳教局局长）
冀中时（省总工会副主席）
张九萍（团省委书记）

郑　红（省妇联副主席）
胡　果（山西日报报业集团副总编）
毛金明（人行太原中心支行行长）
王安保（太原海关关长）
董清秀（中国人民保险公司山西省分公司总经理）
李战志（民航山西少管局党委书记）
武　汛（太原铁路局局长）
秦文峰（省综治办副主任、省护路办主任）

省综治办下设处室及单位负责人：

省综治办副主任：秦文峰

省综治办内设：督促指导处、综合协调处、矛盾纠纷领导组办公室、省综治委铁路护路联防领导组办公室、山西政法杂志社

山西省各市、县（市、区）综治委、办主任名单

地　区	综治委主任	综治办主任
太原市	申维辰	杨万生
杏花岭区	毋青松	李彩霞
小店区	张金旺	李跃文
迎泽区	郝小军	宋衍立
尖草坪区	陈河才	张世才
万柏林区	赵伟东	沈雅芳
晋源区	张新伟	李保全
古交市	卫　国	李金锁
清徐县	孙　栗	侯淑燕
阳曲县	冯晋生	刘世亲
娄烦县	魏　民	段尚君
大同市	郭良孝	刘勇军
城　区	张志伟	马永泰
矿　区	郜向华	张　伟
南郊区	张建平	仝　让
新荣区	马　兵	赵志刚
阳高县	曹世平	许忠志
天镇县	雷雪峰	张全升
灵丘县	张小立	胡生伟
浑源县	李根田	石银才
左云县	王伟国	王　茂
大同县	刘俊雍	路喜才
同煤集团	刘随生	周　毅
朔州市	高建民	张天金
朔城区	张耀生	冀开宇
平鲁区	郭　健	郭和平
山阴县	陈晋才	郭东申
应　县	侯新生	冯玉宝
右玉县	赵向东	康秉玉
怀仁县	李　锦	董　谦
阳泉市	谢　海	吕誉耀
城　区	李春泽	苏作光
矿　区	董仙桃	籍林祥
郊　区	赵　峰	王存寿
平定县	马　骥	邵增成
盂　县	吕昌政	王建平
长治市	张兵生	吴永堂
城　区	王进军	贾雷鸣
郊　区	孙宏波	唐玲玲
潞城市	李进军	李志强
长治县	常光明	宋富堂
襄垣县	杜保和	刘九成
屯留县	王辅刚	王爱民
平顺县	陈鹏飞	马　飞
黎城县	崔建泰	武三良
壶关县	张红星	陈淑芳
长子县	桂正平	李卫星
武乡县	闫建书	贾中明
沁　县	赵春英	魏　瑛
沁源县	王玉圣	任　景
晋城市	李雁红	栗　强
城　区	焦光善	翟明太
高平市	王树新	苏新国
泽州县	刘予强	冯天明

地　区	综治委主任	综治办主任	地　区	综治委主任	综治办主任
沁水县	常国荣	李建国	古　县	张成梁	付连有
阳城县	刘爱军	上官新红	安泽县	梁若皓	胡长林
忻州市	张建欣	李德新	浮山县	亢海银	秦红举
忻府区	王志刚	胡雨明	吉　县	乔建军	强启家
原平市	梁　洁	郭新和	乡宁县	张效彪	郑中和
定襄县	邱维邦	宋秋芳	蒲　县	杨治平	乔福顺
五台县	刘银和	王连章	大宁县	张越铁	李宁蒲
代　县	丁文禄	高云飞	永和县	毛克明	靳永生
繁峙县	武德	崔连锁	隰　县	郑中夏	贾重新
宁武县	李树东	赵新元	汾西县	邓彩彪	马新民
静乐县	王书东	闫文生	**运城市**	黄有泉	师争平
神池县	范波涛	刘新荣	盐湖区	于　波	赵　洁
五寨县	刘祁杰	周　俊	永济市	武宏文	耿广林
岢岚县	陈义青	郝成奎	河津市	崔克信	李朝霞
河曲县	李永胜	李新田	芮城县	王正风	张灵霞
保德县	王继明	闫保祥	临猗县	刘建政	相宁荣
偏关县	郝钧藩	胡东明	万荣县	卫瑞牛	高绍祖
晋中市	王雅安	张春生	新绛县	李景发	樊万荣
榆次区	王建林	王铁栋	稷山县	李瑞山	兰　屹
介休市	杨建林	王家齐	闻喜县	裴良杰	李英元
榆社县	曹　煜	崔秀刚	夏　县	苏安乐	郭晓群
左权县	孙光堂	郝济明	绛　县	张　冠	史继业
和顺县	侯文禄	潘立新	平陆县	姚十宝	张文红
昔阳县	孟希雄	翟宏伟	垣曲县	高　峰	王国平
寿阳县	史景怡	李恒淳	**吕梁市**	郭海亮	王俊生
太谷县	郝耀平	张志刚	离石市	刘云晨	于海斌
祁　县	尚金华	王增耀	孝义市	李良森	任玉开
平遥县	李定武	郭凤瑞	汾阳市	徐　德	李进伟
灵石县	郭燕平	朱玉兴	文水县	王彤宇	段效东
开发区	申立康	闫兴逵	中阳县	成垦明	许志强
临汾市	张茂才	郭福才	兴　县	郭　颖	李全权
尧都区	乔成家	赵东权	临　县	陈国荣	薛青虎
侯马市	王醒安	赵星林	方山县	张国彪	苗春苟
霍州市	白建荣	薛根管	柳林县	李润林	张志坚
曲沃县	薛愿兵	刘新春	岚　县	刘泽峰	任志强
翼城县	原学义	段维龙	交城县	张交生	梁丽仙
襄汾县	陈玉士	李　宏			

（撰稿人：贺　芳　王延辉
审稿人：高彦斌　王雪鹏）

内蒙古自治区

2006年社会治安综合治理工作概况

2006年，内蒙古自治区各地各部门坚持打防结合、预防为主，专群结合、依靠群众的方针，深入开展平安建设和安全稳定创建活动，大力加强基层基础工作和社会治安防控体系建设，确保了全区社会政治稳定，治安秩序良好，人民群众安居乐业。1至12月，全区共立刑事案件52568起，同比上升4.3%。其中，立八类主要犯罪案件7528起，立案减少380起，同比下降4.8%。11月，全区各盟市开展公众安全感调查，认为很安全、安全、比较安全的占94.5%，比2005年提高1.6个百分点。

一、认真落实社会治安综合治理工作责任制

年初，完成了对12个盟市和52个自治区综治委成员单位2005年度社会治安综合治理检查考核工作，印发了对盟市和自治区综治委成员单位的反馈意见。自治区主席、综治委主任杨晶与各盟市综治委主任签订《2006年度盟市社会治安综合治理领导责任书》。自治区党委常委、政法委书记、综治委副主任罗啸天与综治委委员签订《2006年度自治区综治委成员单位参与社会治安综合治理责任书》。各地严格按照《内蒙古自治区领导干部抓社会治安综合治理工作实绩档案制度》要求，将各级党政领导干部抓社会治安综合治理工作的实绩纳入年度总体工作目标考评，同时按季度填报盟市、旗县（市区）、苏木乡镇（街道）党政主要领导、分管领导和综治委成员单位主要领导及综治委委员抓综治工作情况。自治区综治委组成检查组，对盟市和成员单位开展了半年检查和年终考核。2006年，全区共表彰综治先进集体1067个，先进个人867名。实施票否决34个地区（单位），黄牌警告73个单位，责任查究52人，限期整改62个单位，通报批评81个单位。

二、全面推进平安建设和安全稳定创建活动

各地认真贯彻落实中央政法委、中央综治委《关于深入开展平安建设的意见》，内蒙古自治区党委、政府《关于深入开展创建安全稳定地区，构筑祖国北疆安全稳定屏障活动的决定》，以及自治区党委政法委、自治区综治委《关于深入开展平安建设和安全稳定创建活动的实施意见》。4月，自治区召开推进平安建设和安全稳定创建活动电视电话会议。6月，自治区综治委下发《关于集中开展平安建设和安全稳定创建督查工作的通知》，对12个盟市和21个自治区综治委成员单位开展了平安建设和安全稳定创建集中督查工作。

三、大力开展矛盾纠纷排查调处和突出治安问题整治工作

全区各地各有关部门按照中央和自治区要求，深入落实《内蒙古自治区开展矛盾纠纷排查调处工作制度》，重点排查调处可能引发群体性事件和民转刑案件的矛盾纠纷，尽力把矛盾纠纷解决在基层，消除在萌芽状态。年初，围绕春节和全国全区"两会"期间社会稳定，有针对性地开展了矛盾纠纷和不稳定因素排查调处活动。1—12月，全区共排查矛盾纠纷48133件，调处46570件，调处成功率96.95%。

各地认真落实《内蒙古自治区治安复杂（混乱）地区和突出治安问题排查整治工作制度》，进一步完善治安复杂地区和突出治安问题排查整治工作机制，适时组织开展对城镇繁华街区、城乡结合部、学校及周边地区、企业及周边地区、边境地段、车站、交通沿线及公共复杂场所等排查，对排查出的治安复杂地区和突出治安问题，按照"谁的人谁负责、谁的事谁负责"的原则，协调相关单位组织专项整治行动。一年中，采取有力措施加大对黄、赌、毒的打击力度；开展爆炸物品、枪支弹

药、管制刀具等特种行业专项整治;清理整治校园周边、铁路沿线、油气田生产治安秩序等,均取得明显效果。1—12月,全区共排查重点地区(场所、部位)6132个,确定重点整治地区(场所、部位)1137个,通过整治效果良好的1066个,正在整治的71个,整改率达93.76%。

四、坚持不懈地开展严打整治斗争

以集中开展打黑除恶专项斗争为重点,从组织领导、工作协调和经费保障上进一步落实工作措施,增强针对性和实效性。3月初,自治区召开打黑除恶专项斗争电视电话会议,认真传达贯彻全国打黑除恶专项斗争电视电话会议精神,部署落实打黑除恶专项斗争任务。成立了打黑除恶工作领导小组,制定了《打黑除恶专项斗争实施方案》,下发了《关于办理黑社会性质组织犯罪案件若干问题的意见》,统一了公、检、法三机关办理涉嫌黑恶违法犯罪案件标准。自治区公安厅发布了《关于检举揭发黑恶势力犯罪的通告》,通过各种渠道宣传发动广大群众主动向"打黑办"提供涉黑犯罪线索。1—12月,全区共收集涉嫌黑恶违法犯罪线索353条,其中收集群众举报涉黑恶违法犯罪线索192条,均得到有效处理。各地共打掉涉嫌黑势力团伙5个,涉恶违法犯罪团伙69个,其中打掉呼和浩特市王苏和涉黑团伙被列入自治区十大法制案例。

针对校园及周边治安秩序出现反弹的实际情况,自治区综治委于8月28日至9月28日在全区范围内组织开展了集中整治校园及周边治安秩序专项行动。一是严厉打击针对师生的杀人、伤害、强奸、抢劫、敲诈、盗窃等各类违法犯罪活动,特别是侵害在校女学生的犯罪活动;二是坚决取缔和清理整顿校园及周边非法经营的"网吧"、电子游戏厅、录像厅、歌舞厅、音像书刊点和违章建筑、无证经营的饮食、生活日用摊点以及出租房屋等;三是大力整治校园及周边交通秩序,加强各类交通设施建设,减少交通事故和人员伤亡;四是对学校内部进行严格、细致的安全大检查,整改各类安全隐患,严防发生火灾、建筑物倒塌和食物中毒等恶性事故。

五、进一步做好政法综治宣传工作

各地各部门按照《2006年内蒙古自治区社会治安综合治理工作要点》和《2006年内蒙古自治区政法综治宣传工作要点》要求,认真组织开展政法综治和平安建设宣传工作。

一是搞好综合治理宣传月活动。2月份自治区下发了《2006年全区社会治安综合治理宣传月活动安排》,明确了宣传月活动主题和具体内容。内蒙古日报于3月6日发表自治区主席、综治委主任杨晶《深入推进平安建设和安全稳定创建活动》的署名文章。3月18日,自治区综治委与呼和浩特市综治委共同组织大型集中宣传活动,自治区党委常委、宣传部部长、综治委副主任莫建成等自治区和呼市有关领导亲临现场指导。全区各地在宣传月期间发传单150000余份,挂横幅标语12000余幅、彩旗7000余面,出板报20000多块,设立宣传咨询点800多个,出动宣传车500多辆次,组织宣传秧歌锣鼓队260多支,向群众解答咨询82000余人(次),直接受教育群众100多万人。

二是9月份组织开展全区第一个平安建设和安全稳定创建宣传月活动。自治区综治委与自治区党委宣传部联合下发《关于集中开展平安建设和安全稳定创建宣传月活动的通知》,明确了宣传月活动的主题、重点宣传内容和具体要求。9月20日和22日分别在内蒙古日报和内蒙古法制报刊登全区社会治安综合治理和平安建设知识竞赛试题,开展竞赛活动。内蒙古日报开设三个专版,内蒙古法制报开设四个专版,宣传平安稳定创建工作。9月23日,自治区综治委与呼和浩特市综治委组织开展了声势浩大的集中宣传活动,自治区党委常委、政法委书记、综治委副主任罗啸天等自治区和呼市的有关领导亲临现场指导。

三是各地各有关部门把集中宣传和日常宣传紧密结合起来,做到长流水、不断线。认真组织开展政法综治"好新闻"评选活动。自治区综治委制定了《内蒙古自治区政法综治宣传工作制度》,进一步规范了全区政法综治宣传工作。编印了《社会治安综合治理法律法规和文件选编》,汇集了1991年以来中央和自治区关于社会治安综合治理的法律法规和重要文件。积极做好《中国社会治安综合治理年鉴》和《长安》杂志等征订工作。在自治区党政新办公区附近设计制作了两块大型宣传牌,以"开展平安建设,构筑北疆屏障"和"加强社会治安综合治理,确保人民群众安居乐业"为题进行宣传。

六、积极开展综治干部教育培训活动

为提高企业综治干部的政治素质和业务水平，推动企业综治工作和平安建设的深入开展，为企业改革发展稳定和自治区经济腾飞保驾护航，5月16日至26日，自治区党委政法委、自治区综治办和中国政法大学在包头市举办了全区企业综治干部平安创建培训班，共有341人参加。此次培训班规模大、人数多，师资力量雄厚，组织培训规范，学员学习认真，效果非常明显，在自治区政法综治培训史上掀开了新的一页。

为提高盟市、旗县（市区）综治干部的综合素质，便于自治区和盟市、旗县（市区）综治工作上下沟通、互相交流、取长补短，自治区党委政法委、综治办继续选调盟市、旗县（市区）综治干部进行培训，截至年底，已调训盟市、旗县（市区）综治办干部8批15人，收到了很好效果。

七、大力推进见义勇为事业发展

2006年春节期间，各盟市和有关部门积极组织慰问见义勇为人员。11月，自治区综治委和见义勇为基金会对2005年4月1日至2006年3月30日期间涌现出来的37名全区维护社会治安见义勇为先进分子进行了表彰奖励。11月20日，第十届全国见义勇为英雄、先进分子和第二届全国见义勇为工作先进单位、先进工作者表彰大会在北京举行，呼和浩特市火车站职工杨爱民荣获“全国十大见义勇为英雄”称号，呼和浩特铁路局综治办被评为“全国见义勇为工作先进单位”，乌海市的罗俊英、包头市的陈芳荣获“全国见义勇为先进工作者”称号，受到了隆重的表彰。在2006年全区十大法制事件评选活动中，“杨爱民被授予‘全国见义勇为英雄’”高票入选。在第三届“昆仑润滑油奖”全国十大见义勇为好司机及见义勇为司机城市和单位评选活动中，包头市昌运出租汽车公司司机邢飞飞荣获“全国见义勇为好司机”称号，乌海市综治办获得“单位奖”，自治区见义勇为基金会获得组织奖。

开展严打整治斗争情况

按照中央和自治区的总体部署，各地以集中开展打黑除恶专项斗争为重点，从组织领导、工作协调和经费保障上进一步落实工作措施，增强针对性和实效性。3月初，自治区召开打黑除恶专项斗争电视电话会议，认真传达贯彻全国打黑除恶专项斗争电视电话会议精神，部署落实打黑除恶专项斗争任务。成立了打黑除恶工作领导小组，制定了《打黑除恶专项斗争实施方案》，下发了《关于办理黑社会性质组织犯罪案件若干问题的意见》，统一了公、检、法三机关办理涉嫌黑恶违法犯罪案件标准。各级财政部门加大了对打黑除恶专项斗争的经费支持力度，全区增拨500万元打黑除恶专项经费。自治区公安厅针对部督和厅督涉黑涉恶案件一次性下拨200万元专项补助，为基层150个责任区刑警中队配发了警务用车。全区各级公安机关普遍签订了《打黑除恶责任状》，明确目标，细化责任，把工作任务落实到部门、警种。同时开展了“三基”（抓基层、打基础、苦练基本功）工程建设，注重加强线索摸排工作。自治区公安厅发布了《关于检举揭发黑恶势力犯罪的通告》，通过各种渠道宣传发动广大群众主动向“打黑办”提供涉黑犯罪线索，并视情况对举报人奖励人民币1000元至10000元。1至12月，全区共收集涉嫌黑恶违法犯罪线索353条，其中收集群众举报涉嫌黑恶违法犯罪线索192条，均得到有效处理。各地共打掉涉嫌黑势力团伙5个，涉恶违法犯罪团伙69个。

各地各部门认真落实《内蒙古自治区治安复杂（混乱）地区和突出治安问题排查整治工作制度》，进一步完善治安复杂地区和突出治安问题排查整治工作机制，结合实际，本着“什么问题突出就整治什么问题，哪里问题突出就整治哪里”的原则，有针对性地开展治安复杂地区及突出治安问题排查整治。适时组织开展对城镇繁华街区、城乡结合部、学校及周边地区、企业及周边地区、边境地段、车站、交通沿线及公共复杂场所等排查，对排查出的治安复杂地区和突出治安问题，按照“谁的人谁负责、谁的事谁负责”的原则，协调相关单位组织开展专项整治行动。一年中，采取有力措施加大对黄、赌、毒的打击力度；开展爆炸物品、枪支弹药、管制刀具等特种行业专项整治；清理整治校园周边、铁路沿线、油气田生产治安秩序等，均取得明显效果。乌海市针对盗窃摩托车案件频发这一突出治安问题开展专项整治，采取摩托车安装防盗锁、堵卡、蹲坑守候、大清查等方式，摩托车被盗案件同比下降53.4%。赤峰市以全国集中整治爆炸物品、枪支弹药、管制刀具专项行动为契机，采取逐乡镇、逐村、逐场点拉网式检查，做到乡镇不漏村，村不漏组，组不漏户。锡林郭勒盟对2857个治安状况相对薄弱和复杂的地区、部位进行排查，集中对校园及周边治安环境，道路交通秩序，“网吧”、游戏厅、录像厅（影吧）、歌舞厅等进行专项整治，有效促进了治安复杂（混乱）地区和突出治安问题排查整治工作。

针对校园及周边治安秩序出现反弹的实际情况，自治区综治委于8月28日至9月28日在全区范围内组织开展了集中整治校园及周边治安秩序专项行动。这次专项整治行动的工作重点：一是严厉打击针对师生的杀人、伤害、强奸、抢劫、敲诈、盗窃等各类违法犯罪活动，特别是侵害在校女学生的犯罪活动；二是坚决取缔和清理整顿校园及周边非法经营的“网吧”、电子游戏厅、录像厅、歌舞厅、音像书刊点和违章建筑、无证经营的饮食、生活日用摊点以及出租房屋等；三是大力整治校园及周边交通秩序，加强各类交通设施建设，减少交通事故和人员伤亡；四是对学校内部进行严格、细致的安全大检查，整改各类安全隐患，严防发生火灾、建筑物倒塌和食物中毒等恶性事故。全区各地各有关部门精心组织，积极行动，在当地综治委的领导下，成立整治校园及周边治安秩序专项行动领导小组，各级公安、工商、文化、城建、卫生、通信管理、食品药品监督、环保等部门各司其职、各负其责、相互配合，本着“什么问题突出就整治什么问题，哪里问题突出就整治哪里”的原则，因地制宜地开展了集中整治专项行动。乌兰察布市将全市各类学校周围200米以内的“网吧”和游戏厅全部取缔。同时在主要街道边的中小学校增设了各类道路交通标志牌和斑马线，新划人行横道线42处。锡林郭勒盟对有住宿生的学校全部实行24小时专人负责和校领导带班、教职工夜间轮流值班、巡逻检查制度。对招住学生的租房户进行检查。要求80家条件稍差的租房户限期进行整改。呼和浩特市颁布实施《呼和浩特市中小学校安全管理办法》，促进中小学校安全管理工作进一步走向规范化、制度化轨道。9月25日至9月30日，自治区综治委组成两个督查组，对呼和浩特市、包头市、赤峰市、通辽市开展集中整治校园及周边治安秩序专项行动情况进行了重点督查。

平安建设和安全稳定创建活动情况

各地各部门从实际出发，认真贯彻落实中共中央办公厅、国务院办公厅转发《中央政法委员会、中央社会治安综合治理委员会关于深入开展平安建设的意见》，内蒙古自治区党委、政府《关于深入开展创建安全稳定地区，构筑祖国北疆安全稳定屏障活动的决定》，以及内蒙古自治区党委办公厅、政府办公厅转发《自治区党委政法委、自治区综治委关于深入开展平安建设和安全稳定创建活动的实施意见》。4月，自治区党委、政府召开全区推进平安建设和安全稳定创建活动电视电话会议暨综治委全体会议。6月，自治区综治委下发《关于集中开展平安建设和安全稳定创建督查工作的通知》，对12个盟市和21个自治区综治委成员单位开展了平安建设和安全稳定创建集中督查工作。总的看，全区平安建设和安全稳定创建活动体现出以下几个特点：一是普遍加强组织领导。各级党委、政府高度重视平安建设和安全稳定创建活动，把平安稳定创建作为“一把手”

工程，并纳入经济社会发展总体规划和年度工作要点。全区上下形成了党委、政府统一领导，政法、综治、维稳部门综合协调，各有关方面各负其责、齐抓共管，广大群众和社会各界积极参与的创建工作格局。二是全面加大宣传力度。各地区、各部门充分认识平安建设和安全稳定创建宣传工作的必要性和重要性，把宣传工作摆到了平安建设和安全稳定创建工作的重要位置，采取多种形式，利用多种方法，大张旗鼓地开展宣传活动，注重提高社会各界和广大人民群众对平安建设的知晓率和参与率。三是积极落实创建经费。全区90%以上的盟市、80%以上的旗县（市区）已将平安建设和安全稳定创建经费列入财政预算，部分地区的投入远远超出自治区的要求，确保了平安建设工作的顺利开展。四是重视基层组织建设。各地进一步加强基层派出所、司法所、人民法庭，以及城镇社区警务室和农村、牧区警务工作站等基层政法综治组织建设，在政策、物力、财力及建设用地等方面给予支持。各盟市按要求积极协调编制部门，机构改革后继续保留苏木乡镇综治办事机构，配备相应专职工作人员。有的盟市还专门建立了苏木乡镇综治工作中心。五是扎实开展基层创安活动。各地在深入推进平安建设和安全稳定创建工作中，注重因地制宜，突出特色，平安村屯、平安牧区、平安林区、平安边境、平安企业、平安校园等创建活动蓬勃开展。六是综治相关部门积极开展工作。明确职责任务，纳入总体工作规划，制定具体实施意见，与其他各项业务工作同部署、同检查、同考核，积极主动地承担起预防和减少违法犯罪、维护社会治安和社会稳定的任务。七是涌现出一大批先进集体和先进个人。自治区综治委、纪委、党委组织部、人事厅、监察厅作出决定，表彰全区平安稳定创建先进旗县（市、区）30个、先进厅局级单位20个和先进个人100名。

预防青少年违法犯罪工作情况

全区各地紧紧围绕“减少和预防青少年违法犯罪，促进青少年健康成长，参与平安建设服务社会和谐”这一主线，充分发挥预防青少年违法犯罪工作领导小组成员单位的职能，以抓普法宣传为基础、维权保护为重点、强化预防为根本，卓有成效地开展了预防青少年违法犯罪工作。1—12月，全区共抓获各类刑事犯罪嫌疑人20366人，其中青少年8459人，占总数的41.5%，同比下降6.6%。

一是进一步建立健全预防青少年违法犯罪工作机制。加强和各成员单位的紧密联系，形成“各司其职、各尽其能、运转协调、务实高效、齐抓共管”的工作机制。充分发挥共青团的组织优势，把预防青少年违法犯罪工作摆在重要位置，列入议事日程，制定切实可行的预防青少年违法犯罪计划和措施。

二是加大青少年思想道德教育和法制教育力度。深入开展邓小平理论和“三个代表”重要思想、科学发展观、社会主义荣辱观教育活动，帮助广大青少年牢固树立正确的世界观、人生观和价值观。五四、七一、国庆等重大纪念日成为团组织开展国史党史、国情区情和爱国主义、集体主义、社会主义和民族团结教育的重要时机。以各级各类青少年法制教育基地、青少年维权岗集体、青年法律志愿者，法制辅导员、副校长为主要工作力量，通过少年法庭、律师事务所、少年管教所、看守所、戒毒所、劳教所等单位观摩体验，组织青少年开展模拟法庭、法律讨论会、案例分析会、情景训练等活动。

三是选树青少年典型，塑可学可敬榜样。年内开展了“第五届内蒙古杰出（优秀）青年卫士评选表彰活动”，“第二届内蒙古十大外来创业青年英才”评选活动；表彰了优秀青年农牧民、优秀青年岗位能手、优秀青年教师、十佳大学生等。组织开展了“十大杰出青年”、“十佳（优秀）少先队员”、“十佳（优秀）少先队辅导员”评选表彰活动。

四是各成员单位充分发挥优势和职能作用。各级宣传、广播电视、新闻出版等部门加强媒体的规划管理，创办面向广大青少年的健康有益栏目。教育厅联合有关部门开展了校园周边环境治理工作，促使预防青少年违法犯罪教育进校园、进课堂、进宿舍；法院系统加强了对各级法院少年法庭审判工作的指导、检查与监督，为未成年违法者提供人性关怀；检察院系统严格执行办理未成年人刑事案件的有关规定，坚持挽救为主，争取更多有不良行为的青少年迷途知返；各级公安机关严厉打击侵害青少年权益的违法犯罪活动，选派优秀民警担任中小学法制副校长和法制辅导员，做好犯罪青少年的帮教工作；司法厅加强了青少年法制教育科学化、制度化、规范化建设，积极开展青少年法制教育活动；民政部门下大力气加强阵地建设，加大物质投入，壮大工作队伍，在救助流浪儿童方面做了大量有益的工作。

五是突出预防工作服务功能。构建社会化维权服务网络。自治区团委联合相关部门，按行业分别制定了创建优秀"青少年维权岗"活动实施细则、量化评比考核办法等。15家单位先后被命名为"2004—2005年度全国优秀青少年维权岗"。自治区团委与检察院系统开展了检察系统"优秀青少年维权岗"评选表彰活动；会同法院、公安、司法、工商、地税等十几家单位开展了行业系统优秀"青少年维权岗"评选表彰活动。加强青少年司法保护。检察系统把做好预防青少年违法犯罪工作作为一项重要任务落实到检察工作的各个环节。变静候保护为主动保护，对未成年人犯罪案件提前介入率达90%以上。关工委、团委、妇联等组织配合有关部门积极开展帮教活动，重点对有不良行为或严重不良行为青少年和家庭监护出现问题的青少年开展结对帮教工作。自治区民政部门联合团委、教育、公安等部门积极开展救助流浪儿童等工作，在全区开展了"为了明天——保护流浪未成年人"专项行动。

六是在社会关注的青少年违法犯罪热点上有所作为。开展青少年远离毒品行动。在包头、鄂尔多斯、赤峰等重点地区开展防毒拒毒宣传教育活动。各盟市和部分旗县区团委组建"青年志愿者"防毒、禁毒服务队。开展预防艾滋病宣传活动。4月初，自治区团委、卫生厅、公安厅等部门联合开展了"面对面青春红丝带——预防艾滋病"宣传教育活动。以建设"城市青年中心"、"青年文明社区"为重点，服务和谐社会建设。各级团组织普遍开展了青年文明社区"大家乐"、社区青年文化节、打工青年文化节、乡村青年文化节、大学生艺术节等活动。"青春草原"文化系列活动成为文化大区建设的重要内容。"新世纪读书计划"等活动在社区中掀起了青少年文化活动的热潮。乡村青年文化节已成为农村牧区青年文化活动的重要载体。

铁路护路联防工作情况

各地各有关部门坚持以"创建安全文明铁道线"为载体，以"确保铁路沿线治安稳定，确保铁路运输安全畅通"为目标，以"严格管理、严守职责、严肃纪律、严密防范"为主题，狠抓护路治安承包责任制的落实，深入开展爱路护路宣传活动，不断深化路地联防机制，提升护路工作整体水平。

一是加强铁路社会治安防范体系建设。以公安为骨干，以群防群治力量为依托，以单位内部、车站站区、旅客列车和重点区段的治安防范工作为基础，有重点地建立人防、物防、技防结合、专群结合的铁路治安防控体系。始终把主要运输生产设施，行车指挥中心，财经重地，贵重仪器、设备处所、物资仓库要害部位作为防火、防爆、防盗、防破坏和防治安灾害事故的重点。2006年，盗窃铁路运输物资的大案、要案得到有效遏制；拆盗铁路设施、设备和路材路料治安案件明显减少；内部刑事案件、治安灾害事故发生率控制在职工总数的0.6‰以下；职工犯罪率控制在职工总数的0.6‰以下；职工违法率控制在职工总数的3.5‰以下；重特大恶性案件得到有效遏制，站车治安秩序良好，旅客、货主有安全感，突发事件得到及时妥善处置。

二是深入开展创建平安旅客列车、平安站区工作。围绕铁路安全运输和稳定发展，相关单位的干部职工主动参与，尽职尽责，公安、护路人员较好地发挥了主力作用。创建活动开展以来，围随车叫卖、霸座卖座得到遏制，客运员作业逐步规范，站台上各种车辆的管理有所加强，盲流扒乘、拾拣乞讨等闲杂人员明显减少，危行案件呈下降趋势，旅客列车和站区的治安面貌得到了改善。包头乘警支队荣获二季度全局客车组路风评比第一名，包头至汉口的1484次列车被铁道部评为红旗列车，呼和乘警支队呼和浩特至海拉尔273/4次旅客列车实现138天刑事案件“零发案”。

三是护路联防队员、护路民兵积极配合公安机关开展专项行动。共立刑事案件970起，同比下降15.1%；破案587起，打击处理279人，打掉犯罪团伙25个。缴获赃款赃物折款541.8万元。成功侦破了“12·18”萨拉齐站前“玉园酒店”特大抢劫杀人案；包头东站旅客18万元特大诈骗案、“6·25”包头物资供应段特大钢材被盗案；苏集钢轨被盗案、“4·16”新贤城毓系列特大盗油案等一批专案。及时破获了“10·30”旅财被盗案，受到铁道部公安局通报表扬。编写的侦破“12·18”抢劫杀人案案例被评为全路优秀案件，受到通报表彰。全年立治安案件681起，同比下降78%。清理站区扒乘和闲杂人员30000余人次，同比下降47.3%。取得了历年打票行动最好成绩，是抓获票贩子人数最多的一年，战果最大的一年，赢得了社会各界的高度认可。

四是建立完善维稳工作机制。建立完善群体性事件预警、排查调处、应急处置等三项工作机制，发挥“护城河”作用，严把站车查堵防线，妥善处置、劝阻上访188起2618人次。防范查堵退伍军人进京群体访专项行动受到自治区维稳办和自治区公安厅的表扬肯定。“中非合作论坛北京峰会暨第三届部长级会议”安全保卫工作受到部公安局领导批示表扬。处置2000年协议解除劳动合同人员到路局机关缠访事件受到路局领导表扬。

五是加大宣传力度。全年举行9次大规模的路地联合爱路护路“大宣传”活动，发放各类爱路护路宣传品80000余份，张贴公告4000余张，受教育人数达150000余人次。截止12月底，全局未发生重特大火灾事故，取得了呼铁局建局以来连续23年无重特大火灾的好成绩。

六是各级护路办把货盗、拆盗和危行案件作为影响铁路治安稳定的突出问题进行整治。落实站车治安关键岗位卡控措施，组建内部联控组织174个，地方护路组织135个，雇用民兵453人，有17个线路派出所实现了“百日双无”。到11月底，全局“五类”危行案件发生17起，同比下降41.4%；发生铁路交通事故105起，同比下降36.4%；发生挡停列车事件128起。截至12月28日，实现无责任行车重大、大事故3000天，全年消灭了旅客列车事故和责任重大路外、旅客伤亡事故及火灾爆炸事故，居全国路局第二位。

见义勇为事业发展情况

根据中央和自治区下发的《关于在元旦春节期间开展慰问见义勇为先进人物及其家属活动的通知》，自治区综治办和见义勇为基金会及时下拨中华见义勇为基金会2006年春节期间慰问见义勇为人员的专项资金，各盟市和有关部门积极组织慰问见义勇为人员。11月，自治区综治委和见义勇为基金会印发了《关于表彰奖励维护社会治安见义勇为先进分子的决定》，对2005年4月1日至2006年3月30日期间涌现出来的37名全区见义勇为先进分子进行了表彰奖励。

为配合中华见义勇为基金会开展的第十届全国见义勇为英雄、先进分子和第二届全国见义勇为工作先进单位、先进工作者评选活动，自治区综治委和见义勇为基金会认真组织申报工作。同时下发了《关于做好“第十届全国见义勇为英雄、先进分子暨第二届全国见义勇为工作先进单位、先进工作者表彰大会"宣传报道工作的通知》,组织内蒙古日报、内蒙古法制报和北方新报报道了我区见义勇为候选人杨爱民、贾树华和邢飞飞同志的先进事迹。在中华见义勇为基金会和中央电视台联合开展的"2006年中华百姓英雄系列展播"活动中,自治区综治办和见义勇为基金会积极配合进行了实地采访录制。11月20日,第十届全国见义勇为英雄、先进分子和第二届全国见义勇为工作先进单位、先进工作者表彰大会在北京举行,呼和浩特市火车站职工杨爱民荣获"全国十大见义勇为英雄"称号,呼和浩特铁路局综治办被评为"全国见义勇为工作先进单位",乌海市的罗俊英、包头市的陈芳荣获"全国见义勇为先进工作者"称号,受到了隆重的表彰。自治区于11月18日晚和11月23日早分别举行了隆重的迎送仪式。自治区党委常委、宣传部部长莫建成,自治区党委常委、政法委书记罗啸天等领导同志到火车站迎送。在2006年全区十大法制事件评选活动中,"杨爱民被授予'全国见义勇为英雄'"高票入选。

为配合中华见义勇为基金会开展的第三届"昆仑润滑油奖"全国十大见义勇为好司机及见义勇为司机城市和单位评选活动,全区按要求将一名见义勇为司机和一个城市、一个单位向中华见义勇为基金会进行推荐,经过全国网上投票评选,包头市昌运出租汽车公司司机邢飞飞荣获"全国见义勇为好司机"称号,乌海市综治办获得"单位奖",自治区见义勇为基金会获得组织奖。

政法综治宣传工作情况

各地各部门按照《2006年内蒙古自治区社会治安综合治理工作要点》和《2006年内蒙古自治区政法综治宣传工作要点》要求,认真组织开展政法综治和平安建设宣传工作。

一是搞好综合治理宣传月活动。2月份自治区下发了《2006年全区社会治安综合治理宣传月活动安排》,明确了宣传月活动主题和具体内容。自治区综治办与自治区党委宣传部召开新闻单位协调会,就宣传月活动报道事宜进行了协调部署。3月18日,自治区综治委与呼和浩特市综治委共同组织了大型集中宣传活动,自治区党委常委、宣传部部长、综治委副主任莫建成,自治区党委政法委副书记胡毅峰亲临现场指导。内蒙古日报于3月6日发表自治区主席、综治委主任杨晶《深入推进平安建设和安全稳定创建活动》的署名文章。全区各地宣传月期间发传单150000余份,挂横幅标语12000余幅、彩旗7000余面,出板报20000多块,设立宣传咨询点800多个,出动宣传车500多辆次,组织宣传秧歌锣鼓队260多支,向群众解答咨询82000余人(次),直接受教育群众100多万人。

二是九月份组织开展全区第一个平安建设和安全稳定创建宣传月活动。自治区综治委与自治区党委宣传部联合下发《关于集中开展平安建设和安全稳定创建宣传月活动的通知》,明确了宣传月活动的主题、重点宣传内容和具体要求。组织召开由部分成员单位和自治区、呼和浩特市两级新闻媒体参加的会议,协调部署宣传月活动,提出相关工作要求。9月20日和22日分别在内蒙古日报和内蒙古法制报刊登全区社会治安综合治理和平安建设知识竞赛试题,首次在全区范围组织开展群众性有奖知识竞赛活动。这次竞赛共收到答题卡163012张,评出一等奖20名,各奖励人民币1000元;二等奖50名,各奖励人民币500元;三等奖100名,各奖励人民币200元;纪念奖300名,各奖励人民币50元;组织奖12名,各奖励人民币2000元。内蒙古日报开设三个专版,内蒙古法制报开设四个专版,宣传平安建设和安全稳定创建活动。9月23日,自治区综治委与呼和浩特市综治委组织开展了声势浩大的集中宣传活动,自治区党委常委、政法委书记、综治委副主任罗啸天,自治区党委政法委副书记胡毅峰等自治区和呼和浩特市的有关领导亲临现场指导。

三是各地各有关部门把集中宣传和日常宣传紧密结合起来,做到长流水、不断线。认真组织开展政法综治"好新闻"评选活动。自治区综治委下发《关于开展2005年度全区政法综治好新闻、优秀编辑、记者、通讯员评选活动的通知》，征集参评作品249件，其中报刊类作品189件，广播类作品20件，电视类作品40件。下发《关于推荐报送参加全国社会治安综合治理优秀新闻作品评选活动参评作品的通知》，向中央综治委推荐报送参评全国社会治安综合治理优秀新闻作品10件，向自治区新闻工作者协会推荐报送参评内蒙古好新闻奖作品12件。全区综治战线有两部作品获全国社会治安综合治理优秀新闻作品奖，一部作品获"内蒙古新闻奖"二等奖。自治区综治委（办）制定了《内蒙古自治区政法综治宣传工作制度》，进一步规范了全区政法综治宣传工作。编印了《社会治安综合治理法律法规和文件选编》，汇集了1991年以来中央和自治区关于社会治安综合治理的法律法规和重要文件。积极做好《中国社会治安综合治理年鉴》和《长安》杂志等征订工作。在自治区党政新办公区附近设计制作了两块大型宣传牌，以"开展平安建设，构筑北疆屏障"和"加强社会治安综合治理，确保人民群众安居乐业"为题进行宣传。

开展禁毒工作情况

全区禁毒部门按照国家禁毒委和公安部的统一部署，采取"严打、严控、严管、严治"多管齐下措施，继续推进禁毒人民战争。1—11月，全区破获各类涉毒案件1617起，打击处理2030人。同比分别下降37.1%和35.7%。全区共侦破毒品刑事案件438起，抓获728人，同比毒品刑事案件下降6%，查获人数增加17.4%。

一是大力推进全区禁毒人民战争持续深入开展。2月17日，自治区禁毒委召开全体委员会议。7月4日，召开第二次全体委员会议。自治区禁毒委组成"缉毒执法、预防教育、禁吸戒毒、禁毒管理和后勤保障"五个督导工作组，于8月份赴各地督促检查开展禁毒人民战争情况。相继制定了《关于对鄂伦春旗等国家备案的重点旗县区开展禁种铲毒工作的指导意见》、《内蒙古自治区人民政府2006年禁种铲毒工作责任状》、《全区中小学生毒品预防专题教育工作督导检查方案》、《内蒙古自治区禁毒人民战争考核评比方案》及《内蒙古自治区禁毒人民战争考核评比细则》等文件。呼和浩特、包头、乌兰察布、鄂尔多斯、赤峰、锡林郭勒盟等地的党政主要领导与所辖旗（县区）分管禁毒工作的党政领导签订了《2006年禁毒工作责任状》。

二是积极开展禁毒严打战役。打好破案攻坚仗。全区公安禁毒部门充分发挥打击毒品犯罪主力军作用，突出"打团伙、催网络、破大案、抓毒枭、缴毒资"的主攻方向，加强专案侦查，破获了一批有影响的大案要案。如公安厅禁毒总队与呼市公安局禁毒支队联手破获了"2·11"原呼市土左旗国土资源局党委书记云争气贩卖毒品案；乌海市破获"1·5"吴庭君等4人特大贩卖海洛因案；包头市破获"3·19"石青山等5人、"11·29"韩天兴等9人特大跨省制贩鸦片案等。打好歌舞娱乐场所禁毒仗。包头市、呼和浩特市、呼伦贝尔市、兴安盟、巴彦淖尔市先后破获了17起吸贩新型毒品案件，抓获79名犯罪嫌疑人。打好禁种铲毒仗。自治区将牙克石市、宁城县、凉城县、太仆寺旗等8个地区列为重点备案地区。全区共铲除非法种植罂粟302890株。全区共破获非法种植案件102起，抓获非法种植嫌疑人101人。打好堵源截流仗。打掉重大跨省区贩毒团伙13个，抓获69名贩毒嫌疑人。打好禁吸戒毒仗。包头市集中开展了收戒吸毒人员专项行动。巴彦淖尔市下发了《关于开展集中收押、医治、打击吞食异物吸毒人员专项整治活动的通知》，要求各旗县区政府全力解决病残人员吸贩毒这一顽症。打好易制毒化学品和麻醉药品、精神药物整顿仗。自治区禁毒办成立了"易制毒化学品管理办公室"，并组织召开了自治区商务厅、安监局、药监局、工商局、呼和浩特海关等部门参加的易制毒化学品管理工作联席会议。全区共摸排出易制毒化学品生产企业 27 家，销售单位 78 家，使用单位 997 家，进出口企业 1 家，处理违规企业 4 家；摸排出精麻药品经营企业 7 家，使用企业 162 家。

三是加强情报信息工作。各级公安禁毒部门坚持“禁毒工作、情报先行”的指导思想，按照人力、技术、计算机“三位一体”的情报模式，不断提高禁毒情报的搜集、研判和应用能力。加强缉毒特情建设。积极开展与外省区的缉毒情报交流与办案协作。年内先后与安徽、四川、广东、河北、山西、甘肃、宁夏等省区开展了侦破跨省区案件 12 起。召开了晋陕蒙部分旗县区缉毒刑侦协作会。7 月 23 日，应自治区公安厅的邀请，俄罗斯新西伯利亚州麻管局工作访问团与内蒙古公安厅禁毒总队在呼和浩特市举行工作会晤。双方签署了《中华人民共和国内蒙古自治区公安厅与俄罗斯赤塔州麻醉品监管局会议纪要》，确立了内蒙古自治区边境地区公安机关和新西伯利亚边境地区情报交流协作机制。

四是加大宣传教育力度。全区各级禁毒职能部门按照“走进厂矿、走进学校、走进家庭”的总体部署，开展了形式多样、成效明显的禁毒宣传教育活动，着力增强人民群众的禁毒意识。“6·26”自治区禁毒办投资 20 万元制作了“禁毒宣传版”发放到各盟市、旗县社区。各地印制禁毒书籍、手册 11 种，共 260 余万份，禁毒光盘 5 万余张。播放禁毒电影《黑白记忆》等影片 230 余场。全区共成立全民禁毒教育队伍 380 支，总人数达 9450 人。以青少年、无业人员、流动人口、歌舞娱乐场所从业人员为主，以在押、在戒吸毒人员等高危人群为重点，集中开展宣传教育工作。

五是加强禁毒基础建设。在公安部禁毒局的支持下，为各盟市下拨禁毒专项资金、购置禁毒专用器材和民警个人防护装备共 447 万元。积极做好内蒙古禁毒教育基地和戒毒康复中心两个项目的筹建工作。切实加强禁毒系统的基层基础建设，禁毒总队制定下发了《全区禁毒系统 2006—2008 年加强基层建设工作规划》及《加强禁毒大队基础工作建设指导意见》。把旗县区公安局（分局）禁毒部门基础建设作为工作重点，对警力机构配置、装备配备、制度建设、基础业务工作、教育训练、规范执法等方面提出了明确要求。

打击赌博违法犯罪专项斗争情况

认真贯彻落实中央领导批示精神以及公安部禁赌工作精神，深入开展打击赌博斗争。全区各级公安机关共查处赌博类治安案件 3640 起，同比下降 19.74%；立赌博类刑事案件 16 起，同比下降 38.46%，破案 17 起，同比下降 29.17%。

一是进一步加强禁赌工作的组织领导，严格落实责任。各级公安机关积极争取当地党委和政府的支持，与有关部门密切协作，相继成立了专门打击赌博工作机构。认真落实禁赌工作责任制，对禁赌工作开展不力或失职、失察导致赌博活动猖獗、泛滥或对群众举报不认真进行核查的地区，严肃追究该地区公安机关有关领导及民警的责任。同时要求以《娱乐服务场所管理条例》颁布实施为契机，加大对娱乐场所的清查、检查力度，建立落实责任倒查和责任追究制度。

二是突出工作重点，加大对赌博案件的查处力度。坚持以聚众赌博、开设赌场、六合彩赌博、党员干部参赌、涉赌以及境外赌场招揽我国公民出境参赌等危害严重、影响恶劣的赌博活动为重点打击对象。针对城乡结合部、城中村和出租房、茶艺馆、棋牌室等重点区域、场所赌博活动问题较为严重的情况，公安机关采取有针对性措施，突出工作重点，进行集中整治。成功查处了一批赌博案件，摧毁了一些赌博团伙和赌博窝点，打击了一批违法犯罪人员，有效制止了农村赌博活动的滋生和蔓延。3 月 12 日，鄂尔多斯市公安局东胜区警方，根据线索打掉了一个特大赌博团伙，当场收缴赌资 10 万元，涉案人员达 100 多人。3 月 15 日晚，包头市九原区公安分局根据特情提供线索，在九原区哈业脑包镇卜汗图村虎奔汉沟的一牧民家抓获了以崔军卫为首的聚众赌博团伙，查获涉赌人员18名，收缴赌资80余万元，查扣涉赌车辆8台，该案18名涉赌人员被全部采取刑事强制措施。

三是深入宣传，积极营造全民禁赌的舆论氛围。3月14日，自治区公安厅治安总队根据群众举报，查处了一起位于呼和浩特市民族商场后院的赌博案件，内蒙古电视台对该案进行了全程跟踪报道。3月27日，自治区公安厅刑侦总队与呼市新城区公安分局查获一起特大赌博案件，内蒙古电视台、《北方新报》等多家媒体对此案进行了报道。全区各级公安机关以宣传《中华人民共和国治安管理处罚法》和《娱乐场所管理条例》为契机，通过新闻媒体、发放传单、张贴展板等多种方式，大力宣传赌博的危害和对参与赌博活动应受的处罚，深入到每个乡镇、每个社区，形成人人关心、支持和参与禁赌工作的良好社会风气。

四是畅通举报渠道，广辟线索来源。全区各级公安机关纷纷向社会公布举报赌博电话，在互联网设立举报邮箱等，并对群众举报给予适当奖励。2006年，仅公安厅治安总队行动支队就接到群众举报赌博案件数十起，查处了一批赌博大案。6月27日，根据群众举报在包头市浴海湾商务会馆客房部包房内查处一起聚众赌博案件，抓获参赌人员26名，收缴罚没款20余万元。9月23日，根据群众举报，对乌海市世纪元大酒店聚众赌博案进行了查处，共查获涉赌人员38人，现场查获赌资百万元。

五是治理我国公民通过内蒙古自治区出国（境）赌博。按照公安部的部署，把边境地区赌博活动、我国公民通过内蒙古自治区出境赌博作为禁赌工作的重点。继续开展对二连浩特市、满洲里市及各个常年性、季节性开放口岸赌博活动的重点整治，通过采取各种有力措施，境外赌场招揽我国公民出境参赌等重点问题的整治工作取得了明显成效。

内蒙古社会治安综合治理委员会关于印发《内蒙古自治区加强非公有制经济组织社会治安综合治理工作意见》的通知

（2006年7月13日）

各盟市、旗县（市区）社会治安综合治理委员会，自治区社会治安综合治理委员会各成员单位：

现将《内蒙古自治区加强非公有制经济组织社会治安综合治理工作意见》印发你们，请结合本地区本部门实际认真贯彻执行。

内蒙古自治区加强非公有制经济组织社会治安综合治理工作意见

非公有制经济组织的社会治安综合治理工作，事关企业职工利益和安全生产，事关地区发展、稳定和社会进步。认真研究制定与非公有制企业情况相适应的综治工作政策、措施和办法，切实把非公有制经济组织的社会治安综合治理工作有效地开展起来，做到与生产经营活动同部署、同检查、同考核、同奖惩，从而为非公有制企业发展提供强有力的安全保障，是各级党委、政府和政法综治部门的重要职责和任务。

一、对非公有制经济组织的社会治安综合治理工作要切实加强组织领导

各地综治领导机构应吸收不同行业有影响力的民营企业家、股份制企业和外资企业经营者担任属地盟市、旗县(市区)、苏木乡镇(街道)综治委委员或村嘎查(社区)综治领导小组成员。充分调动非公有制经济组织经营者参与综治工作的积极性，提高各级综治委在非公有制经济组织中的影响力和号召力。在实际工作中应形成政府引导、行业自治、市场运作、社会监督的机制。

二、加强非公有制企业综治组织建设

各盟市、旗县(市区)综治委应根据非公有制经济组织的不同情况，按照国务院《企业事业单位内部治安保卫条例》的要求，对企业综治和保卫机构的设置、人员配备、工作制度、经费保障等分类提出指导性意见，使民营企业、股份制企业、外资企业与公有制企业一样，全面纳入社会治安综合治理范畴。由各级综治办负责，依托企业党组织，在从业人员50人以上的非公有制企业设立综治领导小组和综治办，统一组织治安防范和矛盾纠纷排查调处等工作。同时，实行综治与保卫一体化，原则要求在100人以下的企业设兼职保卫人员，100人以上、300人以下的企业设专职保卫人员，300人以上的企业设保卫科，与综治办合署办公。要与非公有制企业签订《社会治安综合治理目标管理责任书》，实行企业治安法人责任制和企业安全稳定经济担保制。

三、集中精力抓好非公有制企业安全生产和平安建设

认真落实《中华人民共和国安全生产法》和《内蒙古自治区安全生产条例》，严格遵守安全生产操作规程，加大指导、监督、检查力度，不断增强企业职工安全生产防范意识和水平。实现企业生产经营秩序良好，无各类安全生产事故发生。同时，深入贯彻中央、自治区关于平安建设和安全稳定创建的决策部署，积极打造“平安企业”。适时开展企业周边专项整治行动，打击破坏企业生产生活秩序的违法犯罪行为，确保企业安全稳定。

四、加强非公有制企业治安防范设施建设

坚持市场化运作的原则，采取谁经营谁投资、谁使用谁投资、谁受益谁投资、谁管辖谁投资、谁拥有谁投资、谁建设谁投资等多种投资渠道，大力推进非公有制经济组织物防技防设施建设。公安等部门可制定《易燃易爆物品生产经营单位技防建设标准》、《旅馆业技防建设标准》、《大型商场技防建设标准》、《公共娱乐场所技防建设标准》等，将技防设施建设作为易燃易爆物品生产经营企业和涉及公共安全的行业取得生产经营资格的必要条件，并从政策上鼓励有条件的外资企业、民营企业和其他企业积极安装闭路电视监控、自动报警等现代化技防设施。

五、重视非公有制企业矛盾纠纷防范化解工作

各级综治委要制定和完善非公有制经济组织矛盾纠纷排查调处工作制度。各级司法行政机关负责组织在民营企业、外资企业和大型集贸市场、工业园区等新兴经济组织中建立人民调解委员会，并在有条件的企业设立规范化调解室，排查调解企业内部矛盾纠纷，协助有关部门调处本单位职工与其他单位、驻地群众之间的矛盾纠纷。劳动和社会保障部门应制定加强劳动合同监督管理、城镇个体经济组织从业人员和自由职业者参加城镇职工基本医疗保险等政策性文件。工商、建设、环保、技术监督、卫生等有关部门对城市房屋拆迁、环境保护、土地管理、假冒伪劣商品查处、食品卫生等方面应作出专门规定并不断完善，为推进非公有制经济组织社会治安综合治理工作提供政策保障。

六、加强非公有制企业党建工作

党委组织部门可出台关于加强和改进非公有制经济组织党建工作的意见，采取凡有3名以上党员的企业单独组建、不足3名党员的企业联合组建、小型企业依托行业主管部门组建和由所在地统建等方式，指导帮助非公有制企业组建党组织。在此基础上，健全规范非公有制企业党组织工作职责，坚持以防范化解矛盾纠纷、维护企业安定团结为主要任务，通过党员大会、厂务公开等多种形式，实现党的政策、经营者思路和职工意愿的有机统一，保证党的路线、方针、政策和综治工作部署在企业贯彻执行。

七、充分发挥共青团组织作用

按照党建带团建和先组建、后规范、再提高的要求，采取独立建团、联合建团、依托建团、公寓建团、社区建团等多种方式，不断扩大团组织覆盖面。积极组织团员青年开展创新增效活动，促进企业改革发展。依托企业团组织设立青少年维权站，参与纠纷调解，维护青工权益，为青年职工成长成才提供服务。

八、按照《中华人民共和国工会法》的要求，加强非公有制企业工会工作

坚持做到"哪里有职工哪里就有工会"，不断加大工会组织建设力度，依托工会加强劳资双方的沟通与协调，及时调处和化解涉及职工切身利益的人身权益、劳动保护、劳动保障等方面的矛盾纠纷，特别是从根本上防止使用恶劣管理方式体罚工人、随意延长劳动时间、克扣工资等问题的发生。

九、做好警务进企业工作

公安机关可在较大的外资企业设立外管警务室，在从业人员2000人以上的民营企业设立单独警务室，在规模较小的外资企业和民营企业集中区域设立联合警务室，指导企业内部保卫组织建设。对企业保卫人员统一培训、统一管理、统一巡防、统一考核，并协调组织相关企业开展治安联防和企地共建等群防群治活动。

十、搞好法律服务

各级法院、检察院和司法行政机关要发挥各自优势，帮助企业建立法律顾问室。并组织律师、公证员、基层法律工作者进驻大企业，设立企业法律工作站，帮助企业办理法律事务，受理法律咨询，开展法律培训，参与调处纠纷，提高非公有制企业管理人员依法经营、安全防范和文明诚信的水平。

十一、重视情报信息组织建设

由各级公安机关和国家安全机关负责，有重点地在非公有制企业中物色联络员和兼职信息员，建立国家安全人民防线组织，及时收集上报各类情报信息，提高超前预警和快速反应能力。

十二、履行人大监督职权，加强法律监督

在各级人大分管政法工作的领导同志担任同级综治委副主任的基础上，把人大政法工作监督部门吸收为综治委成员单位。各级人大通过立法调研、执法检查和代表视察等多种方式，深入民营企业、股份制企业、个人独资企业和外资企业，有重点、有针对性地开展公司法、合同法、劳动法、妇女权益保障法、未成年人保护法和《内蒙古自治区社会治安综合治理条例》等法律法规实施情况的检查监督，不断促进非公有制经济组织依法运行和社会进步。

十三、发挥行政机关对企业的管理优势，强化行政监管

各级综治委每年应责成有行政管理职能的综治委成员单位加强对各类企业的日常监管、举报专查和年度普查。同时发挥综治委对行政机关考核监督的优势，实行联动惩处。按照"谁主管谁负责"的原则，各级综治委对发生影响社会稳定突出问题的非公有制经济组织实行"一票否决"，并对其行业管理部门进行责任追究。各行政主管部门依据被否决企业的违法行为和行政处罚法的规定，采取通报批评、停业整顿、取消市场准入资格等"联动惩处"措施。

十四、发挥各级政法综治部门的优势，开展配套服务

在对非公有制经济组织综治情况全面掌握和适时指导的基础上，政法综治部门要在非公有制经济组织中广泛开展维权、便企、解忧三大配套服务活动。围绕维护企业合法权益，组织开展打击窃取商业机密、侵吞企业财物、侵犯知识产权、破坏企业生产经营、危害企业境外人员人身财产安全等专项行动。

十五、自治区、盟市、旗县（市区）、苏木乡镇（街道）评选综治工作先进集体和先进个人，包括"长安杯"单位等，对非公有制企业应同公有制企业一样对待

各地各有关部门要采取各种方式和载体，经常开展争创"平安诚信单位和个体工商户"、"安全文明生产车间"、"五好职工"、"平安杯"、"安康杯"等生产竞赛和"优秀共产党员"、"优秀共青团员”、“先进工作者”等表彰活动,充分调动职工的积极性和创造性,为企业发展壮大和安全稳定作贡献。

内蒙古党委政法委员会
内蒙古社会治安综合治理委员会
关于印发《内蒙古自治区政法综治宣传工作制度》的通知

(2006年7月13日)

各盟市委政法委员会、社会治安综合治理委员会,自治区社会治安综合治理委员会各成员单位:

现将《内蒙古自治区政法综治宣传工作制度》印发你们,请结合本地区、本部门实际认真贯彻执行。

内蒙古自治区政法综治宣传工作制度

政法综治宣传工作是政法综治工作的重要组成部分,是推动政法综治工作深入开展的重要手段。做好政法综治宣传工作,是动员全社会支持政法工作、参与社会治安综合治理的需要,是增强政法综治工作透明度、确保严格执法和公正司法的需要,是推进政法综治队伍建设的需要。为进一步加强政法综治宣传工作,在认真总结各地各部门做法和经验的基础上,制定本制度。

一、政法综治宣传工作指导思想

坚持以邓小平理论和“三个代表”重要思想为指导,深入贯彻党的十六大和十六届三中、四中、五中全会精神,以落实科学发展观、社会主义荣辱观和构建社会主义和谐社会为目标,着眼于维护社会稳定大局,实行集中宣传与日常宣传、重点宣传与普遍宣传、会议宣传与有关活动宣传相结合,坚持以科学的理论武装人、以正确的舆论引导人、以高尚的精神塑造人、以优秀的作品鼓舞人,坚持贴近实际、贴近生活、贴近群众,引导和激励全社会共同支持并参与维护社会稳定和社会治安工作,努力营造稳定、和谐的社会氛围。

二、政法综治宣传工作基本原则

(一)正面宣传为主的原则。即坚持“团结、稳定、鼓劲、正面宣传为主”,引导政法综治宣传干部和新闻记者不断增强政治意识、大局意识和责任意识,注重宣传的社会效果,为推动政法综治工作的深入开展提供精神动力,努力营造出积极向上的社会舆论氛围。

(二)突出工作重点的原则。政法综治宣传工作一定要紧紧围绕中央、自治区改革发展稳定的大局和政法综治工作的重点、热点和难点问题,积极宣传政法综治工作的重大部署、重大活动和先进典型。深入宣传中央和自治区关于维护社会稳定,加强社会治安综合治理工作,关于开展平安建设和安全稳定创建活动的方针政策和重大工作部署;宣传党和国家领导人民,依靠自身力量,充分发挥社会主义制度的优越性,解决社会治安问题，切实维护社会稳定的举措和成果；宣传政法综治战线涌现出来的先进人物和典型事迹。

（三）实事求是的原则。结合本地区本部门本单位实际，适时搞好宣传工作。既要肯定成绩，宣传主流，也要本着客观、公正、适度、谨慎的精神，加强新闻舆论监督，以利于不断改进和加强政法综治工作。

（四）协调配合的原则。政法综治宣传工作是一项社会性的工作，必须各级重视，各有关方面联手，加强协调，密切配合。一方面，各级政法综治部门要加强与新闻媒体的联系和沟通，适时向新闻单位通报工作进展情况，积极提供宣传报道线索，为新闻记者深入基层、深入实际采访报道创造便利条件。另一方面，宣传部门要加强宏观指导和工作检查，各新闻媒体和记者同志要主动与政法综治部门联系和沟通，按照政法综治部门的工作部署和具体要求开展活动。各新闻单位内部要做到统筹兼顾，资料共享，最大限度地提高宣传资料的利用率。

（五）严守纪律的原则。政法综治宣传工作必须坚持党性原则，遵守宣传纪律，把握正确的舆论导向；必须坚持实事求是的基本准则，做到新闻报道客观公正；必须坚持弘扬主旋律，有利于维护社会稳定，既要维护政法综治干部的良好形象，更要维护党和政府的权威。不能为追求轰动效应而炒作渲染，坚决杜绝激化矛盾、诱发不稳定因素的宣传报道，特别是对突发事件、司法案件和群体性事件的宣传报道，要注意掌握分寸，严守纪律。

三、政法综治宣传工作方式方法

（一）切实发挥各级宣传部门和新闻媒体作用。各级宣传部门和政法综治部门要加大组织协调和指导力度，充分发挥报刊、广播、电视、互联网等媒体作用，切实担负起政法综治宣传的责任。要把政法综治宣传列入重要工作计划，适时开辟宣传专栏、专版，制作专题节目。对政法综治重大活动要统一安排，集中时间、集中版面、集中报道。各类新闻网站要不断充实宣传内容，改进形式，使互联网成为政法综治宣传的新阵地、新渠道。要充分运用小说、诗歌、戏剧、小品、绘画、摄影等形式，创作题材健康、内容丰富、图文并茂的文艺宣传作品。要有计划地选择重点题材，组织拍摄政法综治系列影视精品。

（二）广泛开展各种形式的政法综治宣传教育活动。各地各有关部门要结合实际和特点，组织人员深入基层、深入群众，开展有地区和部门特色的各种宣传教育活动，积极扩大社会影响。要大力发展社区文化、村镇文化、企业文化、校园文化、机关文化，寓政法综治宣传于各项群众性文体活动之中。要充分利用各类法制教育基地，举办培训班、法律讲座、展览、征文、知识竞赛、研讨会、座谈会等。同时编写宣传提纲，印发宣传手册，张贴标语口号，绘制宣传画，开辟宣传栏、墙报等。要办好城乡社区画廊、报栏和公益广告，在公路、铁路、城市交通路口、中心建筑物等悬挂宣传标语，设立长期性和永久性宣传标牌。要适时更新宣传内容，有关部门和方面应加强交流与合作，做到合理开发、资源共享，发挥最大的社会效益。

（三）充分发挥有关部门的职能作用。自治区、盟市、旗县（市区）政法综治和宣传部门，各级各类新闻媒体要充分发挥政法综治宣传工作主力军作用，精心组织宣传活动。文化部门要动员文艺工作者深入政法综治一线体验生活，积极投身文学艺术创作，组织文化队伍大力宣传政法综治工作的先进典型。广电部门要充分发挥广播电视覆盖面广、时效性强、信息量大的优势，着力提高政法综治专题、专栏节目制作播出质量。公安、法院、检察院、司法、教育、民政、交通、铁路、旅游、工会、共青团、妇联等部门和团体，要结合工作特点，发挥自身优势，积极组织各具特色的政法综治宣传活动，形成党政各部门、社会各方面齐抓共管、相互配合，共同开展政法综治宣传的良好局面。

（四）集中开展综治宣传月和平安建设宣传月活动。围绕中共中央、国务院和全国人大常委会《关于加强社会治安综合治理的决定》，中共中央办公厅、国务院办公厅转发《中央政法委员会、中央社会治安综合治理委员会关于深入开展平安建设的意见》，自治区党委、政府《关于深入开展创建安全稳定地区，构筑祖国北疆安全稳定屏障活动的决定》，自治区党委办公厅、政府办公厅转发《自治区党委政法委、自治区综治委关于深入开展平安建设和安全稳定创建活动的实施意见》，集中开展每年三月份的综治宣传和九月份的平安建设宣传活动。要提前做好安排部署，包括确定宣传主题、重点内容和具体要求，集中宣传日活动策划部署和具体组织等。各地各部门各单位应在两个宣传月期间分别举行各种类型的集中宣传活动3—4次。有关安排部署和活动组织要分期分阶段进行。既要有形式,又要有内容;既要造声势,更要求效果。

(五)组织开展政法综治“好新闻”奖评选活动。各级政法委、综治办既要积极参与中国新闻奖、内蒙古新闻奖和中央综治办举办的“好新闻”作品评奖活动,还要积极组织每年一次的政法综治“好新闻”组织奖、“好新闻”作品奖、优秀记者(编辑、通讯员)奖评选活动。

(六)做好《长安》、《法制日报》、《内蒙古法制报》和《社会治安综合治理年鉴》等政法综治报刊、书籍的征订发行工作。努力扩大征订范围和数量,增强政法综治宣传的社会效果。

四、建立和完善政法综治宣传工作长效机制

(一)构建政法综治宣传工作网络。各地各部门要明确政法综治宣传工作的组织机构和有关责任人,切实做到有人管、有人抓、有人干。各级党委政法委、综治办和政法各部门负责宣传工作的领导是本单位政法综治宣传工作的分管责任人;负责宣传工作的处(科)室负责人是政法综治宣传工作的联络员;各地各部门要结合实际确定一至几名专兼职搞宣传工作的人员担任政法综治宣传工作的通讯员,负责宣传工作的日常联络和信息报送工作。

(二)建立宣传工作季报制度和通报制度。政法综治宣传季报内容,包括政法综治重点工作宣传情况,在新闻媒体进行宣传报道的具体情况,下一阶段宣传工作计划安排等。对政法综治宣传工作,各级政法委、综治办要按季度、半年和年度进行通报,总结工作,肯定成绩,指出问题,提出改进和加强的意见。

(三)建立定期例会制度。加强与新闻宣传部门的联系,加大宣传工作力度。各级政法委、综治办一般每半年召开一次新闻通气会,提出政法综治宣传工作的主要内容和具体要求,向新闻宣传部门通报、提供有关信息和资料,对重大问题的宣传报道进行具体指导,增强政法综治工作的透明度,掌握新闻舆论的主动权。在重大活动和重要会议前可召开新闻协调会、新闻通气会,协商具体的宣传报道事宜。

(四)建立定期培训制度。政法综治和宣传部门要定期和不定期地举办政法综治宣传人员讲习班、研讨班、培训班,帮助政法综治宣传人员明确政法综治宣传工作的目标、要求和任务,了解政法综治宣传工作的特殊性和敏感性,认清政法综治新闻宣传在维护稳定中的重要性,不断提高政法综治宣传工作水平和宣传队伍的整体素质。

(五)建立重大敏感案(事)件宣传报道工作联动机制和宣传报道审批制度。各级政法部门要和宣传部门密切合作,建立重大敏感案(事)件宣传报道工作联动机制,对内加强信息沟通和工作交流,对外统一宣传口径。对突发事件和敏感的司法案件,在弄清事实的基础上,通过研判,在第一时间内向主流媒体发布消息,以澄清事实,防止炒作。对可能影响社会政治稳定和严重损害政法综治部门形象的重大案件,在宣传报道前要履行审核手续,认真把关。各级各部门的案件由各级各部门审核,涉及全局性的案件由各级党委政法委员会审核。

(六)建立宣传工作经费保障机制。各地各部门要视经济发展和财政状况,根据政法综治宣传工作的实际需要,设立政法综治宣传工作经费。自治区、盟市、旗县(市区)、苏木乡镇近年可从综治和平安建设业务费中划出一定数额,原则上按每年50万、20万、5万、0.2万元支出。经济条件较好的地方,财政可另安排专项经费。为了促进宣传工作的顺利开展,各地各部门应购置必要的宣传器材和有关书籍资料,组织相应的培训活动。

(七)建立政法综治宣传工作年终考核制度。要将政法综治宣传工作纳入对政法部门领导班子和领导干部的实绩目标考核,纳入各盟市、旗县(市区)、苏木乡镇(街道)综治工作实绩目标考核。各级政法委、综治办抓宣传工作的部门负责对下一级政法委、综治办和同级政法各部门宣传工作考核的日常监控。

(八)建立政法综治宣传工作激励监督机制。通过建立公正公平公开的奖励机制,把政法综治宣传工作者的积极性和创造性调动好、发挥好、保护好,促进多出优秀作品。有关部门要采取具体措施和办法,制定面向政法综治宣传工作者的专项激励政策,在职称、奖励等方面给予一定倾斜,以吸引更多的新闻工作者参与政法综治宣传,努力建立一支专群结合的人才队伍，培养一批从事政法综治宣传的名记者、名编辑、名主持人，为繁荣发展政法综治宣传事业提供人才资源。

内蒙古社会治安综合治理委员会
内蒙古党委宣传部
关于集中开展平安建设和安全稳定创建宣传月活动的通知

（2006年8月16日）

各盟市社会治安综合治理委员会、党委宣传部，自治区综治委各成员单位，各新闻单位：

今年是实施“十一五”规划的开局年，也是全面落实中央《关于深入开展平安建设的意见》和自治区党委、政府《关于深入开展创建安全稳定地区，构筑祖国北疆安全稳定屏障活动的决定》及《实施意见》的重要一年。切实做好平安建设和安全稳定创建宣传工作，动员社会各界和广大人民群众积极参与平安稳定创建活动，对于维护全区社会政治稳定，促进经济快速健康发展，保障人民群众安居乐业有着十分重要的意义。根据《2006年内蒙古自治区社会治安综合治理工作要点》和《2006年内蒙古自治区政法综治宣传工作要点》，自治区综治委决定从今年开始，将每年9月确定为平安建设和安全稳定创建宣传月。现将今年宣传月活动安排如下：

一、宣传活动主题

全区宣传月活动的主题是“深入开展平安建设和安全稳定创建活动，大力构筑祖国北疆安全稳定屏障”。在自治区总的宣传活动主题统揽下，各盟市各系统各部门可结合实际，抓住重点、突出特色，确定本地区本系统本部门宣传月活动主题。

二、重点宣传内容

（一）宣传中共中央办公厅、国务院办公厅转发《中央政法委员会、中央社会治安综合治理委员会关于深入开展平安建设的意见》，《内蒙古党委、政府关于深入开展创建安全稳定地区，构筑祖国北疆安全稳定屏障活动的决定》及内蒙古党委办公厅、政府办公厅转发《自治区党委政法委、自治区综治委关于深入开展平安建设和安全稳定创建活动的实施意见》。

（二）宣传中央、自治区加强社会治安综合治理工作的决定、条例；宣传《中华人民共和国治安管理处罚法》、国务院《企业事业单位内部治安保卫条例》、《信访条例》等法律法规；宣传《内蒙古自治区见义勇为人员奖励和保护条例》及《实施细则》；宣传综治工作责任目标、矛盾纠纷排查调处、治安复杂（混乱）地区和突出治安问题排查整治等有关工作制度。

（三）宣传各地各部门近年来在平安建设和安全稳定创建活动中的好做法、好经验，以及涌现出来的先进典型，包括见义勇为先进人物等。特别是基层工作经验和典型，要注意总结和宣传推广。

（四）宣传科技防范、安全生产、环境保护、防处突发公共事件、防灾救灾和社会保障等方面的政策、措施及相关经验、做法。

三、具体工作要求

（一）各地区各部门要高度重视，加强领导，切实增强宣传工作的主动性和创造性。要从实际出发，认真谋划，精心组织，制定具体宣传活动方案，落实好各项工作措施。各级领导和有关部门负责同志要率先垂范，带头宣传平安建设和安全稳定创建工作,亲自参与各种大型宣传活动。

(二)各盟市、旗县(市区)、苏木乡镇(街道)要制作以平安建设和安全稳定创建为主题的公益广告、宣传橱窗和画廊等,在公路、铁路等交通要道和主要路口、城市广场、中心建筑物悬挂宣传标语。各地要全面规划,加大投入,在一些显著位置设立长期性、永久性平安建设宣传牌,由各级综治办协调运作,建议每个盟市、旗县(市区)2—4块,每个苏木乡镇(街道办事处)1—3块。每个村(嘎查、社区)书写4—6条相对固定的墙体标语。

(三)各盟市、旗县(市区)综治办要协调宣传部门和新闻单位,以专题、专栏、访谈、系列报道和滚动字幕等形式,在当地电台、电视台、报刊等媒体对平安建设和安全稳定创建活动集中进行宣传报道。还可联合通信部门以手机短信形式进行宣传,扩大覆盖面。

(四)组织开展以平安建设和安全稳定创建为主题的各类文体娱乐活动,如知识竞赛、演讲比赛、书画展览、有奖征文、文艺汇演、体育比赛等。自治区拟在内蒙古日报刊登试题,开展群众性的社会治安综合治理和平安建设有奖知识竞赛活动。

(五)各级综治委成员单位和有关部门要结合实际,发挥各自职能,组织开展形式多样的宣传活动。在部门、单位的大门两侧和楼堂馆所等适当位置制作宣传牌,悬挂标语口号。各级宣传部门和新闻媒体要密切配合,主动捕捉平安建设和安全稳定创建活动中的亮点,及时加以宣传报道。

(六)各地区各部门要按照宣传工作的基本要求,举办各类宣传活动贴近实际、贴近生活、贴近群众,扎扎实实地为群众服务,真心诚意地请群众参与,千方百计地让群众受益。要紧紧依靠群众,广泛开展平安建设和安全稳定创建知识进农村(牧区)、进社区、进学校、进企业等活动,做到平安建设和安全稳定创建家喻户晓,人人皆知。

(七)各地区各部门要有计划地组织人员深入基层,对平安建设宣传月活动开展督查,及时总结经验、培育典型,发现问题、查找差距,提出改进和加强工作的具体措施。各盟市综治办、自治区综治委成员单位要于9月15日前将宣传月活动前期动态、10月15日前将宣传月活动工作总结报自治区综治办。宣传月期间的重要情况随时传报。

(八)对各盟市和自治区综治委成员单位开展平安建设和安全稳定创建宣传月活动情况,自治区将纳入下半年综治工作日常监控和年度考核的重要内容。

四、有关奖励事项

9、10月间,经申报和查验核实,各盟市和自治区综治委成员单位在原有宣传氛围的基础上,新设立平安建设和安全稳定创建长期性、永久性宣传牌,价值5万元至10万元的奖励0.1万元,10万元至15万元的奖励0.2万元,15万元至20万元的奖励0.5万元,20万元至25万元的奖励1万元,25万元至30万元的奖励1.5万元。自治区报纸刊登平安稳定创建专版奖励0.1万元至0.3万元,其中内蒙古日报0.3万元,内蒙古法制报0.2万元,北方新报0.1万元,开办专栏(20期以上)奖励0.1万元,设立通栏标题(10期以上)奖励0.05万元;自治区电台、电视台开设平安稳定专题节目或安排滚动字幕奖励0.1—0.2万元;中央、自治区新闻记者和其他人员发表平安建设文章、作品、消息等视情奖励0.01万元至0.1万元。各地各部门可根据实际情况推出相应奖励标准及办法。奖金从各地平安建设和综治经费中列支。

内蒙古自治区综治委、办机构设置情况

一、综治委:

主　任:杨　晶　自治区党委副书记、自治区主席

副主任:陈光林　自治区党委副书记

莫建成　自治区党委常委、宣传部部长

罗啸天　自治区党委常委、政法委书记

王凤岐　自治区人大常委会副主任

连　辑　自治区副主席

郅宝恒　自治区政协副主席

二、综治办：

内蒙古自治区综治办定编12人，其中，主任1名，由政法委副书记兼任（正厅级），副厅级专职副主任1名，内设盟市指导处和综合协调处。目前，现有干部7名，副厅级专职副主任1名，正处长2名，副处长2名，副处级干部2名。

综治办主任：宋喜德　自治区党委政法委副书记

综治办副主任：刘国君　副厅级

内蒙古自治区各盟市、旗县（市区）综治委、办主任名单

地　区	综治委主任	综治办主任	地　区	综治委主任	综治办主任
呼和浩特市	汤爱军	姜小平	红山区	毕国臣	郭学勤
回民区	云挨厚	虎文涛	元宝山区	邹德华	王世举
新城区	吴安俊	柳雅林	松山区	孟昭均	唐玉珠
玉泉区	云建东	李俊国	宁城县	李自学	康永跃
赛罕区	李博宏	王建国	林西县	关显峰	刘宝玉
托克托县	孙建国	董　享	阿鲁科尔沁旗	汪　洋	宝音达来
武川县	常志刚	浦喜万	巴林左旗	邱文博	付秀云
和林格尔县	刘文玉	浦喜万	巴林右旗	曹　熙	斯钦朝格图
清水河县	张　亮	刘　攀	克什克腾旗	周春义	冯树鑫
土左旗	王恒俊	郅少杰	翁牛特旗	汪国森	邹银成
包头市	呼尔查	乔变乡	喀喇沁旗	巴特尔	胥鹏飞
昆都仑区	郭卫新	孟宪敏	敖汉旗	黄国文	王国清
东河区	史文俊	虞　伟	**通辽市**	付铁钢	齐铁柱
青山区	王保申	杨应运	科尔沁区	严洪波	王国印
石拐区	姚卫华	江　涛	霍林郭勒市	官秉祥	付有玉
白云鄂博矿区	金满仓	张雨生	开鲁县	么永波	周振昌
九原区	李文秀	董　革	库伦旗	许亚林	吴景利
固阳县	杨占明	孙　卿	奈曼旗	王广权	刘　春
土右旗	卜文厚	郇凯明	扎鲁特旗	林文惠	崔宝泉
达茂旗	哈　斯	查干朝鲁	科尔沁左翼中旗	郭建伟	黄七十三
稀土高新区	刘俊华	闫　斌	科尔沁左翼后旗	吴国林	苏日格
乌海市	白向群	罗俊英	经济技术开发区	高　伟	陈宝文
海勃湾区	霍照良	张俊厚	**呼伦贝尔市**	罗志虎	梁　晨
海南区	陈文库	刘利雄	海拉尔区	张玉军	于广友
乌达区	丁欣亮	徐志诚	满洲里市	云光中	李典嘉
赤峰市	徐国元	张国力	扎兰屯市	任宇江	王丹虹

地　区	综治委主任	综治办主任	地　区	综治委主任	综治办主任
牙克石市	张宝泉	杨怀忠	临河区	邱进宝	冯黎彬
根河市	郑富旭	董庆林	五原县	贺福宝	孙振海
额尔古纳市	张凤喜	于维富	磴口县	丁凤玲(女)	梁金栋
阿荣旗	陈立新	刘世安	乌拉特前旗	张喜明	宗有春
新巴尔虎右旗	白爱军	布和哈达	乌拉特中旗	郭介中	燕飞云
新巴尔虎左旗	韩　军	苏　德	乌拉特后旗	杜占贵	王玉明
陈巴尔虎旗	高　升	特日格乐	杭锦后旗	额尔敦仓	华云锋
鄂伦春自治区旗	候言增	苗希雨	**兴安盟**	郭　健	于祥华
鄂温克族自治旗	达喜扎布	金竹胜	乌兰浩特市	刘剑夕	林景玉
莫力达瓦达斡尔族自治旗	孟智军	孟宝柱	阿尔山市	刘维东	吴玉宝
			突泉县	孙德敏	陈绍禹
鄂尔多斯市	杜　梓	董文亮	科尔沁右翼前旗	胡　春	陈好斯
东胜区	张占林	刘建华	科尔沁右翼中旗	佟布林	斯琴吐
达拉特旗	孟克都仁	王玉琪	扎赉特旗	刘振财	王会安
准格尔旗	阿　木	乔咏梅	**锡林郭勒盟**	荣天厚	朝　鲁
鄂托克前旗	于新芳	刘长岗	锡林浩特市	游晓阳	史富民
鄂托克旗	郝建君	王四清	二连浩特市	陈和平	侯向东
杭锦旗	包生荣	苏文革	多伦县	姚　东	王进国
乌审旗	张　平	王宏伟	阿巴嘎旗	哈　斯	胡日查
伊金霍洛旗	乌　宁	刘永昌	苏尼特左旗	哈斯朝鲁	张世斌
乌兰察布市	李万忠	张　胜	苏尼特右旗	朝洛蒙	苏雅拉图
集宁区	魏　毅	郝　荣	东乌珠穆沁旗	贺希格布仁	孟克巴特尔
丰镇市	张　智	侯雪莉	西乌珠穆沁旗	巴特尔	阿拉达尔图
卓资县	范　忠	李银贵	太仆寺旗	南中玉	吴仲启
化德县	付涌泉	王毅烨	镶黄旗	通拉嘎	诺日布
商都县	王国相	刘占元	正镶白旗	谢　军	崔国良
兴和县	张金亮	黄茂根	正蓝旗	巴根那	特木尔
凉城县	王晓平	郭德胜	乌拉盖开发区	邢文峰	王利民
察哈尔右翼前旗	张利平	刘　勇	**阿拉善盟**	陶　健	常德荣
察哈尔右翼中旗	王增强	巴　图	阿拉善左旗	彭家中	祁金花
察哈尔右翼后旗	朝克图	秦栋才	阿拉善右旗	吴忠岩	范永鸿
四子王旗	肖万寿	田晓东	额济纳旗	高世宏	杜金刚
巴彦淖尔市	王素毅	康旭明			

（撰稿人：森吉德玛
审稿人：刘国君　窦朝晖）

辽　宁　省

2006年社会治安综合治理工作概况

2006年，全省各级党委、政府紧紧围绕构建和谐辽宁、实现全面振兴这个大局，坚持把平安建设作为新时期综治工作主题，扎实工作、锐意进取，使“争创全国综治工作先进省”工作取得了重要进展。各地区、各部门充分发挥综合治理工作优势，妥善排查调处一大批矛盾纠纷，全力维护社会和谐稳定；以“三个防止”、“三个减少”和“两个提高”为目标，以基层为重点扎实推进平安建设，增强了人民群众的安居感、安全感和正义感；大力整治突出治安问题，加强社会治安防控体系建设，切实提高了社会治安动态防范水平；综合治理工作普遍被纳入到各级党委、政府的“一把手”工程，基层基础建设取得了长足发展，工作氛围空前浓厚。全省社会政治稳定，刑事发案稳中有降，社会治安秩序安定，综治工作和平安建设取得了明显进步。

一、各级党委、政府高度重视，“争创”活动氛围空前浓厚

2006年，是落实省委提出的争创“全国社会治安综合治理工作先进省”目标要求的第二年。全省各级党委、政府和全省人民以更加饱满的热情、更加扎实的工作，完善了“四级联创”的工作格局。全省各级党委、政府把综治工作和平安建设作为构建和谐辽宁的重要内容，作为促进经济社会发展、驾驭社会稳定大局的“一把手工程”，作为为百姓造福的“民生工程”，摆到了重要议事日程，纳入了各地区经济社会发展的总体规划。全年省委7次召开常委会议专题研究政法稳定和综治工作。省委书记李克强、省长张文岳同志做了一系列重要批示和指示。全省14个市普遍召开市委常委会、政府常务会议，研究部署综治工作和平安建设。各市市委书记、市长高度重视，亲自做动员部署，亲自过问亲自抓。一些市将综治工作和平安建设与“和谐城市建设”、“法制城市建设”、“文明城市建设”有机结合起来，融为一体。2006年，全省14个市和沈阳铁路局、辽河油田勘探局都达到了“争创全省综治工作先进市”活动的目标要求，其中有8个市被被评为争创全省综治工作先进市活动先进市；有71个县（市、区）被评为省级平安县（市、区），其中有14个县（市、区）获“三连冠”省级平安县（市、区）荣誉称号；有26个社区、14条繁华步行商业街、14个大型集贸市场被评为全省首批平安示范基层单位。

二、建立健全矛盾纠纷排查调处工作机制，有效化解社会矛盾纠纷

针对我省人民内部矛盾纠纷突出且大多发生在基层的特点，我们将化解基层的矛盾纠纷，确保基层稳定，作为综治工作的重中之重。各级综治组织努力将工作关口前移，由“事后处置”转变为“事前预防”，增强工作的主动性。按照省委办公厅、省政府办公厅转发的省综治委提出的《辽宁省矛盾纠纷排查调处工作暂行规则》，在全省重点推广“一站式”排查调处工作模式。各地将工作重点放在抓实人民调解、行政调解、法律调解，拓展法律援助和法律服务领域上，有效防止“民转刑”案件。县（市、区）普遍建立了“矛盾纠纷排查调处指导中心”，大部分乡镇、街道建立了“联合办公制度”。2006年，全省共排查出各类矛盾纠纷16万多件，采取“分级负责、解决在当地、化解在基层”的做法，97%的问题得到较好解决。同时，各级综治委积极协调有关部门多策并举，积极妥善处理企业破产转制、城市动回迁、农村征用土地、涉法涉诉和拖欠职工、农民工工资等问题，一大批事关稳定的矛盾和纠纷得到了有效解决，促进了全省社会政治稳定。省法院充分发挥民商事和行政审判工作对社会关系的调节职能，及时处理各种纠纷，防止矛盾激化，一年来，省法院一审民商事案件调解率达到50.96%，比上年提高16.18个百分点。省信访局不断探索创新和完善信访工作新模式，总结大连市以服务群众为主题的社区信访工作模式，被国家信访局作为城市社区信访工作模式向全国推广。沈阳市在城市的街道、社区、居民楼院建立了矛盾纠纷排查调处调解网，将矛盾纠纷排查调处的工作触角延伸到各个角落。锦州市的凌海市在每个街道、乡镇都建立了统一样式、统一格局的“一站式”矛盾纠纷排查调处中心，从接待、调处、化解实行“一条龙”服务。矛盾纠纷调处成功率达100%，全部解决在当地。抚顺市按照“属地管理”和“谁主管、谁负责”原则，建立了5个由职能部门牵头，按系统分层次的排查调处系统，做到综合排查、分流调处，全市各类矛盾纠纷明显下降。大连市旅顺口区从解决涉及群众切身利益的实际问题出发，把兼顾不同层面群众利益、搞好社会利益调节作为重点，通过完善社会保障机制、完善领导责任机制、完善社会联动机制，初步形成了“责任明确、程序规范、措施有效、保障有力”的矛盾纠纷排查调处工作体系。阜新市细河区在31个社区创立了“倾诉小屋”，以街道派出所、司法所为依托，以社区干部为骨干，聘请调解员110名，化解了大量矛盾纠纷。

三、牢牢把握两个“着力点”，集中力量解决突出社会治安问题和增强人民群众的安全感

2006年，全省综治工作和平安建设，始终坚持不提新口号、不下新指标，坚持扎扎实实从基层基础抓起，紧紧咬住省委提出的“三个防止”、“三个减少”和“两个提高”的刚性指标，把功夫和精力下在解决突出社会治安问题和增强人民群众安全感上。在省委的领导下，全省各级政法机关协同配合，广泛深入地开展“打黑除恶”斗争，取得了明显战果，受到公安部高度评价和肯定。全省共排查确定31处治安状况复杂重点地区，分别组织力量实施集中整治，80%的地区或单位的治安面貌有了明显改观。省综治委连续第3年对14个凶杀案件高发重点县（市、区）组织专项治理，全省凶杀案件高发的势头得到了遏制，取得了明显成效，更重要的是带动了其他社会治安问题的解决，推动了基层治安防范措施的落实，促进了打击预防犯罪观念的转变。在努力提高“破案率”同时，重点查找防范工作的薄弱环节，把工作的注意力、工作导向、对策措施等，切实转移到“预防为主”上来。全省公安机关组织开展打击“两抢一盗”斗争，针对元旦、春节、“五一”、“十一”等长假日是多发性犯罪的高发期，加强全天候的巡逻守候，把打击防范工作覆盖到大型商场、集贸市场、车站码头、公交线路、长途客运、繁华街道、餐饮行业和银行等重点场所，侵财性犯罪得到了有效遏制。建立了“跨市协同作战机制”，集中打击带有黑社会特征的赌博窝点、地下传销组织和涉枪爆炸等严重刑事犯罪，均取得了重大战果。据全省2006年社会治安状况评估结果表明，人民群众对社会治安的满意度，比2005年提高了近3.9个百分点。

四、组织实施“专项工程”，社会管理资源得到有效整合

2006年，在建立健全加强流动人口管理、预防青少年犯罪、学校及周边治安整治、刑释解教人员安置帮教和铁路护路联防等5个专门工作领导小组及其办事机构的同时，又把创建“平安家庭”作为综合治理的一个专项工作，形成了“5+1”工作模式，充分发挥综合治理的优势，推进社会管理与建设。一是流动人口管理逐步规范。随着振兴东北老工业基地的深入推进，辽宁成了国内外投资的热点地区，大批流动人口进入，大量出租房屋进入流通市场。为探索新形势下流动人口和出租房屋管理的新途径、新措施，在全省组织开展了出租房屋和流动人口清理整顿工作，重点是全面摸清底数、登记核实入户到人、落实动态管理制度、建立长效管理机制。去年，全省共登记暂住人口130余万人，《暂住证》办证率达到90%以上；共登记出租房屋近40万户，签订治安责任书近40万户，签订率达99%以上。二是学校及周边治安整治工作有了新的突破。省委、省政府对学校安全高度重视。2006年，省政府两次召开专题电视电话会议，部署学校安全稳定工作，并派出6个工作组进行全面督促检查。各级综治委把学校及周边治安整治工作作为综治工作的一项重要任务和考核指标，严格落实领导责任制和责任查究、“一票否决”制度。全省各级综治、公安、教育部门密切配合，紧紧围绕公安部“八条措施”，积极推进

“校园警务”建设，开展“平安校园”创建活动，校园及周边治安管理得到了加强，据统计，全省在校园及周边设立治安岗亭5000余个，设置交通标志和交通安全设施近6000处，向学校派驻保安人员5800余名。涉及校园刑事案件、治安案件、交通事故、火灾都大幅度下降。三是预防青少年违法犯罪工作顺利进行。按照中央综治委“为了明天——预防青少年犯罪工程”统一安排部署，全省各地建立健全了基层预防青少年违法犯罪的工作机制，推进了学校、家庭街道、社区预防青少年违法犯罪组织网络建设。在团省委、文明办的协调组织下，以“手拉手”、“民族精神代代传”、“雏鹰争章”等活动为载体，切实加强了青少年思想道德建设。不断深化优秀“青少年维权岗”创建活动，积极开展青少年法制宣传教育活动，设立青少年心理咨询服务热线等。目前，全省现有各级优秀“青少年维权岗”创建单位2200多个，涌现出优秀“青少年维权岗”800多个。全面贯彻“教育、转化、挽救”的方针，进一步加大了对失足青少年的帮教力度，加强对刑释解教和缓刑、假释青少年的跟踪帮教和提供技能培训等关爱保护，有效地预防了青少年违法犯罪的发生。四是刑释解教人员安置帮教工作取得重要成果。全省14个市、100个县区，1655个乡镇（街道）和2万多个村（社区）都建立了刑释解教人员安置帮教组织机构，有专兼职工作人员近3000余人。按照省九部门联合制定的刑释解教人员就业安置和社会保障政策，安置了一大批刑释解教人员，有效解决了这些人的生活出路问题，较好地落实了管理帮教措施。仅综治系统协调建立的过渡性就业基地达1600多处，安置刑释解教人员临时性就业达5万余人次得到了有效安置。全省回归社会的刑释解教人员，三年内重新犯罪率在3%以下。营口市老边区成立民营性安置帮教基地后，市委书记亲自协调有关部门解决土地征用、资金投入、项目选定、经营管理等方面实际问题。该企业已经安置刑释解教人员长期就业30多人，三年来无一人重新违法犯罪，企业年收入超千万元人民币。五是铁路护路实施“屏障工程”成效显著。在全省境内近3千公里延长线的铁路两旁的各5公里范围内，动员所在市、县、区和乡镇、村屯实施“屏障工程”和开展“平安铁路示范路段”创建活动。通过加强铁路沿线地方的综合治理工作，为铁路筑起维护安全稳定的屏障；通过开展“铁路平安示范段”创建活动，带动地方的平安建设。路地联防，相得益彰，切实保障了全省铁路大动脉的全线安全畅通。六是“平安家庭”创建活动产生广泛社会影响。从去年起，全省将“平安家庭”创建活动纳入社会治安综合治理重要内容，列为重要考核指标。各级妇联组织充分发挥联系妇女、联系家庭的优势，深入推进“千万家庭学法用法，防犯罪、促稳定，反暴力、讲平等”活动，推广了北宁市建立“千名家庭纠纷调解员志愿者”队伍、铁岭心悦社区创建“和谐邻里大家庭”等基层工作经验，把调解纠纷、安全防范、服务大局的工作延伸到家庭，落实到住户，促进家庭更加安全、健康、和谐、美满。2006年、省综治办、省妇联首次组织评选表彰省级示范“平安家庭”34个，在社会上营造了关爱家庭、男女平等、预防家庭暴力的舆论氛围，产生了良好而广泛的社会影响。

五、立足于预防和减少犯罪，全面强化基层治安防控体系建设

全省各级综治组织坚持将工作重心放在基层，把精力投向、力量配置、经费投入、考核奖惩等转移到“预防为主”上来，最大限度地预防和减少刑事犯罪。为了为基层治安防范体系建设提供组织保障，各地从基础抓起，组合力量、整合资源，切实加强基层政法、综治组织建设。省综治委决定将乡镇（街道）“一办、两所、一庭”基础设施建设，纳入“争创全省综治工作先进市”和创建“平安县（市、区）”活动考评体系。省直政法有关主管部门制定了考评标准，省综治办统一组织严格考核、整体推进。经过一年的努力，全省乡镇（街道）综治办、公安派出所、司法所、人民法庭的达标率均在65%以上。在城市，各地普遍建立人防、技防、物防“三位一体”的防控体系，大力度推进“网格化巡逻”、警务进社区以及以视频技术为主要手段的科技防范盖面。据不完全统计，2006年全省用于科技防范的资金投入达7亿多元。沈阳市政府把治安科技防范纳入城市建设总体规划，在全市治安重点地区和复杂场所、交通干道和出入城口、涉及国计民生的企事业单位和重点要害部位安装了近20万个视频监控装置，实现了与市、区两级网络平台对接。在城市出入口完成了一个中心、五个堵卡站、10个监控点智能侦控系统建设，基本具备了治安查控、紧急堵截、智能侦控和快速封闭“城门”的城区出入口控制能力。大连市政府将为2万余个开放式居民楼门栋安装楼宇防盗门列为为民办的18件实事之一，配套下发了《全市治安技术防范系统建设工作实施方案》，确定在全市27处繁华商业街、公共复杂区域安装整合视频监控系统，在城乡居民住宅安装窗磁报警器近20万个，整个“技防”系统由市、区（市、县）两级政府投入近7000万元。鞍山市政府决定实施“三个五千”工程，即投入5000万资金、安装5000个电子监视器、增加5000名治安协防员。各地由地方财力补贴资金，扶持和组织大龄下岗失业人员从事公益性岗位，建立治安协警巡逻队伍。有的成立了社区治安巡逻自愿者队伍，组织看楼护院、邻里守望。目前，全省共组建专职治安巡防队伍8.5余万人，群防群治“志愿者”队伍56余万人。辽阳市不断深化“三保”工作模式，“三保”人员已经发展到5000多人，防范范围由社区拓展到机关、企事业单位，由白天巡逻延伸到昼夜巡防。2006年，省综治委还在人口集中、流动量大的重点部位，组织开展了创建“平安社区”、“平安商业步行街”、“平安大型集贸市场”等活动，并在全省860多万平方米棚户改造区开展了创建“新型平安社区”活动，扩大了基层平安建设盖面，推动了重点部位治安防范工作，产生了良好社会影响。在农村，紧紧围绕社会主义新农村平安建设，着眼于发展县域经济，以创建平安县（市、区）为载体，广泛开展了农村基层平安创建活动。省综治委组织了《建设社会主义新农村条件下农村社会治安状况调查》，出台了《创建平安乡（镇）、平安村（屯）的标准及考核办法》。各地因地制宜，不断完善治安信息员制度，普遍推行“村屯治安中心户”工作模式，组织民兵快速反应小分队、乡村联防巡逻等活动，有效维护了农村治安秩序。

六、充分发挥综治委成员单位作用，切实形成齐抓共管的工作格局

全省各级综治委成员单位把综合治理纳入本部门、本系统的一项重要工作，在“看好自己的门、管好自己的人”的同时，承担社会责任，发挥主管部门的职能作用和优势，积极参与综合治理，努力完成各自所承担的职责任务，并支持解决综治工作中实际问题。2006年，省综治委组织实施“联系点制度”，由44个成员单位与44个县（市）进行“一对一、一帮一”的对口联系指导，更加有效地发挥省综治委成员单位的职能作用，密切与基层单位的联系，加大齐抓共管的力度。有20多个部门主要领导或分管领导深入联系点，帮助研究解决问题。有的出资或赠送电脑，解决联系点综治部门实际困难；有的发挥行业优势，为以发展县域经济提供支持。2006年，省综治委与省委宣传部联合印发了《关于进一步加强社会治安综合治理工作宣传的意见》；与省委组织部联合印发了《关于提拔、任用领导干部征求综治部门意见的通知》；与省财政厅联合印发了《关于加强综治工作专项经费管理的指导性意见》。这三个文件，把多年来的经验做法上升为制度，解决了综治工作在组织、宣传、财政方面的“老大难”问题，取得了突破性成效。省直5部、委对贯彻执行“一票否决”制度极为重视，定期或不定期进行会商研究，对上一年被否决的单位进行跟进调查指导，帮助总结教训，查找原因，改进工作措施。

七、加强综治宣传和理论研究，营造浓厚的社会舆论氛围

2006年，全省上下凭借“争创全国综治工作先进省”的大好时机，充分利用新闻宣传媒体，广泛依托群众性宣传阵地，大造舆论、营造声势，使全省综治工作和平安建设出现了前所未有的浓厚舆论氛围。省直新闻媒体积极配合，把综治工作和平安建设的宣传纳入构建和谐辽宁和全面振兴大局宣传报道，开设专题、开辟专栏，进行系列宣传。省委政法委、省综治办编辑出版了《辽宁省平安县区风采》大型画册、《综治金典——辽宁综治工作百项创新成果荟萃》一书，受到基层干部群众的欢迎和肯定。沈阳市在各大新闻媒体上开展了为期20天的平安建设和“争创综治工作先进市”专题宣传活动，在沈阳晚报《政法专刊》上开辟专版，发表党政领导的署名文章，不间断地报道平安建设和“争创”活动的典型经验。市综治办在编绘10万册《居民安全防范常识宣传挂图》的基础上，又印制了30万册《沈阳市民安全手册》，免费向市民发放。大连市摄制了反映全市11个区（市、县）开展平安建设的11集系列纪实专题片，在电视台播放，创造了全市7.98的高收视率。朝阳市编发了汇集上百种综治工作和平安建设知识的《综治之春宣传单》70万份，发放到千家万户，组织全市174个乡镇、街道的综治干部利用集市、休息日走家进户，开展"加强社会治安综合治理，构建和谐家庭万人签名"活动，全市有近200万群众参加签名活动，提升了公民对平安建设的知晓率和参与率。丹东市由市长决策，政府投资近30万元，在繁华地段、交通要道树立了一批永久性公益性的平安建设宣传标语牌。据统计部门抽样调查，2006年，全省群众对综治工作和平安建设主要内容的知晓率达到80%以上，比上年提高了6.17个百分点。有93%以上的受访群众，对开展"争创全国综治工作先进省"和创建"平安县(市、区)"活动给予很高评价和肯定。

在加强宣传工作的同时，还加强了工作研究。省综治办举办了各市综治办主任理论研讨班和县以上综治办主任培训班，集中学习研讨中办发[2005]25号文件，主要目的是提升理性思考能力和理论研究水平，从理论与实践的结合上促进综治工作的创新与发展。针对少数地区凶杀案件高发的实际，为了把握规律、找准原因、研究对策，省综治办协调有关方面开展了凶杀案件高发规律特点的新一轮调查研究，形成了研究报告，提出了工作意见与建议。从2006年5月开始，省委政法委、省综治办、省信访局、省法学会共同发起，组织省直机关19个主管部门，与社会科学院、法律院校的专家学者一道，启动了《关于影响社会稳定矛盾纠纷问题的专题调查研究》，主要任务是分析研究新形势下各种社会矛盾纠纷的成因、规律与特点，向省委、省政府提出对策意见。省综治办、省见义勇为基金会在进行充分调查研究，广泛听取各方面意见的基础上，提请省人大常委会审议修改通过了《辽宁省见义勇为条例》，扩大了见义勇为表彰范围，提高了见义勇为奖励标准，为保护见义勇为英雄人物、弘扬见义勇为精神提供了法律依据。

开展"四级联创"工作情况

在构建和谐辽宁、振兴辽宁老工业基地过程中，辽宁省按照中办文件的总体部署，坚持以争创"全国综治工作先进省"活动为龙头、以争创"全省综治工作先进市"为平台、以创建平安县(市、区)为重点、以创建基层平安单位为基础，广泛开展"四级联创"活动，形成了"四级联创"的工作链条，推动了综治工作和平安建设的深入开展，收到了明显社会效果。主要做法是：

一、以落实领导责任制为核心，重点推进各级党委、政府统一组织实施

在"四级联创"中，把平安建设作为党委、政府的"一把手工程"，纳入全省经济社会发展总体规划。2006年，省委召开7次常委会议、省政府召开9次常务会议专题研究社会稳定、综治工作和平安建设问题。省政府还把平安建设作为对各部门、各市年度目标考核之一，并加大了考核分值权重。中央关于深入开展平安建设的文件下发后，省委书记李克强、省长张文岳同志做了一系列重要批示和指示，李克强明确提出要把"争创全国综治工作先进省"活动作为构建和谐辽宁的重要载体和重要内容，着眼于为辽宁老工业基地的振兴创造平安和谐的社会环境、安定有序的治安环境和安居乐业的生活环境，给人民群众以安全感、安居感和正义感。2006年，省委、省政府批转了《省委政法委、省综治委全面推进平安建设的意见》。省综治委协调有关部门，分别制订下发了《关于进一步加强社会治安综合治理工作宣传的意见》、《关于提拔、任用领导干部征求综治部门意见的通知》、《关于加强综治工作专项经费管理的指导性意见》等三个文件，把多年来综治工作中探索实行的规定、做法上升为制度，解决了综治工作在组织、宣传、财政方面的"老大难"问题。根据新形势、新任务的要求，每年都要对省委、省政府与各市委、市政府签订的《社会治安综合治理领导责任书》进行修改和完善，增加当年要解决的突出治安问题的责任指标，强化党委、政府解决本地突出治安问题的责任意识,增强落实责任制的针对性。省综治委建立了“成员单位单项评分、统计部门调查评估、综治部门日常检查”相结合的“三维”考评体系,并组成由省级领导同志带队的督查组对落实领导责任制进行严格督促检查。通过层层建立领导责任制,各级党委、政府把综治工作和平安建设作为促进经济社会发展的基础工程,作为对外开放、招商引资源共享的一个品牌来抓,重视程度越来越高,在财力、人力、精力方面的投入前所未有,争创热情空前高涨。

二、以增强群众安全感为出发点,集中力量解决突出社会治安问题

开展“四级联创”活动,省委明确提出了“三个防止”、“三个减少”和“两个提高”的目标任务。(即:防止发生在全国、全省造成重大影响的重特大刑事案件;防止发生严重影响社会稳定的重大群体性事件;防止发生重特大治安灾害和特别重大安全生产责任事故。全省刑事发案减少;群体性事件减少;突出治安问题减少。社会治安状况评估结果和群众满意度明显提高)。工作中,始终扭住这一刚性指标不放,把功夫和精力下在解决突出社会治安问题和增强人民群众安全感上。一是加大突出治安问题治理力度。全省各级政法机关协同配合,广泛深入地开展“打黑除恶”斗争,取得了明显战果,受到公安部高度评价和肯定。省综治委连续3年对命案高发的重点县(市、区)组织实施专项治理,保持了全省凶杀案件连续逐年下降的良好势头。更重要的是带动了其他社会治安问题的解决,推动了基层治安防范措施的落实,特别是促进了打击预防犯罪观念的变化。现在,一些地方协调人民医院建立“绿色通道”,发生命案的第一反应是千方百计抢救人的生命。与此同时,在全省范围内开展了打击“两抢一盗”斗争,针对节假日和案件高发的重点场所,加强全天候的专兼职巡逻守候,“两抢一盗”案件得到了有效遏制。二是加大重点地区的治理力度。2006年,在全省排查确定了一大批治安状况复杂重点地区,通过实施集中整治,90%以上的地区或单位的治安面貌有了明显改观。同时,从加强社会管理与建设的角度,把人口流动大、财产密集的繁华商业步行街、大型集贸市场、车站码头等公共管理复杂场所作为工作重点,以创建“平安示范单位”为动力,加大对重点地区和场所的治理与管理。并在全省860多万平方米集中连片的棚户改造区,开展了创建“新型平安社区”活动,扩大了基层平安建设覆盖面,推动了重点部位治安防范工作。三是加大督查的力度。从2006年初开始,省综治委组织6个督查工作组,并建立44个成员单位与44个县(市)平安建设联系点制度,派出60批次督察调研组,分片实行全年全程跟踪,对落实“刚性指标”情况进行面对面地督促、检查、指导。省综治委对媒体曝光、群众关注的治安问题,及时向有关地区发出责任督查书,对产生重大社会影响的坚决的实行“一票否决”。2006年,经县以上综治委一票否决的单位有38个。

三、以化解社会矛盾纠纷为主线,最大限度减少不稳定因素

辽宁作为国家的老工业基地,由体制、机制和结构问题引发的矛盾较为突出,这些矛盾与深化改革进程中出现的一些新问题相互交织,构成了特殊省情。对此,省委强调全省政法综治工作要以化解矛盾纠纷为主线来展开,确立了变“事后处置”为“事前预防”的工作思路,力求最大限度把矛盾化解在基层,把问题解决在基层。一是实行领导带头包案下访。省委明确提出,要以解决问题为核心、以息诉止访为目标,把“领导包案下访”与“棚户区改造、解决零就业家庭”作为三件实事,严格落实领导责任制。李克强书记、张文岳省长亲自带头,省、市、县领导班子成员全体参与,解决了一大批群众关心的热点问题,信访问题得到了有效解决。二是建立和完善长效工作机制。省委、省政府批转了省综治委制定的《辽宁省矛盾纠纷排查调处工作暂行规则》,在县(市、区)全部建立了矛盾纠纷排查调处指导中心,在乡镇(街道)以及基层单位建立了由综治办、派出所、司法所、法庭、人民调解组织、仲裁机构联合办公的调解中心,推广了沈阳市沈河区实行“一站式”调处矛盾纠纷的做法,通过梳理分流、综合各种手段,积极协调有关部门妥善处理因城市动回迁、农村征用土地、企业破产转制等一大批事关稳定的矛盾和问题,将矛盾纠纷排查调处的工作触角延伸到各个领域。三是抓实人民调解、行政调解、法律调解工作。加强了对基层审判指导和法律适用的研究,制定了一系列指导性意见，扩大简易程序的适用和庭前调解覆盖面，既降低了审判成本，又有效化解了矛盾纠纷。进一步建立健全了行业性、区域性人民调解组织。2006年，共排查出各类矛盾纠纷16万多件，经过调解工作，绝大多数问题得到较好解决。四是下大力气解决涉法涉诉信访问题。省委政法委共分4批向各市和省政法部门交办案件，全省涉法涉诉信访案件占全部信访总量的比例明显回落。为了认真解决群众关心的执法突出问题，通过充分发挥党委政法委的组织协调作用，将其纳入综治领导责任制考核中，并积极争取人大、政府和社会各界支持，执结有条件执行积案上万件，执行标的额30余亿元。

四、以强化基层治安防范体系建设为目标，全面加强基层基础建设

一是进一步加强综治基层基础和“一办、两所、一庭”基础设施建设。始终坚持将工作重心放在基层，把精力投向、力量配置、经费投入、考核奖惩等转移到“预防为主”上来，突出抓好治安防范体系建设，夯实基层基础工作，最大限度地预防和减少刑事犯罪。目前，全省各级综治办已配备专职干部3205人，其中乡镇（街道）综治专干2561人。从省到市，积极落实各项保障措施，省本级综治工作专项经费600万元已全部到位，省政府每年列项300万元，保障省见义勇为基金会活动的正常运行。省财政还建立了公安机关经费保障机制，增加了法院、检察院的经费投入，拨款2亿元作为监狱管理体制改革的配套资金。据不完全统计，各地落实综治专项经费达12000余万元，其中县以上6000多万元，向乡镇（街道）投入6000多万元，综治工作实力得到了明显增强。同时，把乡镇（街道）“一办、两所、一庭”建设纳入平安创建活动的考评体系，由省综治委协调省直主管部门制定下发“标准化”建设的规定条件和时效限度，分级实施、分步达标、总体推进。经过一年的努力，全省乡镇（街道）综治办、派出所、司法所和人民法庭建设达标准率均在65%以上。二是加强基层防范力量建设。在城乡全面推行“网格化”巡逻防控工作机制，公安机关以深化基层警务运行机制和中小城市警务管理体制改革为重点，推动“三基工程”，使警力最大限度地摆在社会面、沉入社区、贴近群众，提高群众见警率和快速反应能力。由各级政府补贴资金，扶持和组织大龄下岗失业人员从事公益性岗位，建立社区治安巡逻队伍，加强社区治安防范。各地还建立了专业“社工”队伍，开展社区矫正和帮教工作。有的地区还成立了社区治安巡逻自愿者协会，加强社区义务巡逻，并组织看楼护院、邻里守望，完善治安信息员和“村屯治安中心户”等工作机制，充实了义务治安防范力量。目前，全省共组建专职治安巡防队伍8.5万余人，群防群治“志愿者”队伍56万余人。三是加大科技防范投入。全省大力度拓展以视频技术为主要手段的科技防范覆盖面，一些地区把城市的技防建设纳入城乡基础设施建设规划，形成“人防、物防、技防”三位一体的防范网络，一些城市在市区所有繁华街道、公共管理复杂场所，普遍安装了“电子监视仪”，建立集防范、打击、管理信息资源为一体的“指挥调度平台”，在控制犯罪、强化治安秩序管理方面发挥了非常重要的作用。据不完全统计，2006年全省用于科技防范的资金投入已达7亿多元。

学校及周边治安秩序整治工作情况

2006年，在省委、省政府领导下，进一步部署贯彻落实公安部“八条措施”和教育部“六条措施”。全省各级综治部门紧紧围绕公安部“八条措施”，积极推进“校园警务”建设，开展平安校园创建活动，组织“百场报告进校园”活动，重点落实防护措施，切实加强了校园及周边治安秩序整治工作，校园治安问题得到了有效解决。

一、切实把维护校园及周边治安秩序纳入维护社会稳定和综治领导责任制的考核内容

2006年是省委与各市签订维护社会稳定和综治工作领导责任书的第四年,几年来,各地始终抓住领导责任制不放,把综治工作任务层层落实到各级领导的肩上,把做好综治工作与政绩、评先、晋职晋级紧密挂钩。实践证明,落实领导责任制是综治工作的龙头工程,维护校园及周边治安秩序是各级党委、政府和有关部门的一项政治责任,因此,始终将这项工作纳入领导责任制考核范围,切实加强了组织领导。各级党委、政府普遍提高了对维护校园及周边治安秩序重要性的认识,按照"属地管理"和"谁主管、谁负责"的原则,层层建立领导责任制、部门责任制和单位责任制,把"八条措施"落实到领导、落实到部门、落实到责任人身上,确保了校园及周边整治工作取得预期效果。特别是学校所在地的县(市、区)、街道(乡镇)的党政领导,真正做到了承担起维护学校安全的责任。同时,严格落实责任查究制度,对发生扰校问题、群众意见大的地区,及时予以通报批评;对长期发生侵害师生利益、影响学校正常教学秩序的地区,追究街道(乡镇)党政一把手的责任。各级综治部门和有关部门密切配合,研究建立起了落实"八条措施"的长效工作机制,协助学校健全完善了有关规章制度,指导学校加强安全保卫工作力度,加强了经常性的监督管理工作。聘请政治觉悟高、业务精、宣讲能力强的政法干警到学校担任法制副校长或法制辅导员,积极发挥他们在维护校园及周边地区治安和安全、法制教育工作中的重要作用,为维护校园及周边治安秩序打下坚实基础。

二、切实把维护校园及周边治安秩序纳入"争创全国综治工作先进省"的重要内容

2006年,全省继续深入开展"争创全国综治工作先进省"活动,努力达到"三个防止"、"三个减少"和"两个提高"的工作目标,目的就是全力以赴确保全省不发生重大刑事犯罪案件、不发生有重大影响的群体性事件、不发生重大治安灾害责任事故。学校安全涉及千家万户,关系社会稳定,保障师生安全更是各级党委、政府和综治部门的职责所系,任务所在。特别是公安部"德阳会议"提出了"三下降三提高"的工作目标,各地普遍从实际出发,将省委和公安部提出的目标进行具体分解,找准各自的突出问题,然后针对每一个问题研究对策,把每一项措施真正落到实处。一是在打击的工作力度上有所突破。各地抓住影响学校安全的突出问题,认真研究问题症结,研究制定解决问题的方案,特别对那些侵害师生人身、财产权利案件制定重点解决方案。对影响较大的刑事案件,实行挂牌督办,限期破案。二是在预防各种不法侵害和意外事故上有所突破。进一步加大了治安整治力度,建立起经常性排查制度,找出问题缘由,组织有关部门共同进行整治,限期改变面貌。重点加强了对学校周边网吧的清理整顿,严厉查处违规接纳未成年人的行为,严厉查处网上传播有害信息的行为;加大了对学校周边歌舞厅、录像厅、游戏厅等场所的监管力度,铲除这些场所中存在的"黄赌毒"等社会丑恶现象;加强了学校火灾隐患、校园周边道路交通隐患的排查工作,防止重大事故的发生。三是在学校法制教育上有所突破。努力抓好小学法制启蒙、重学法律常识和大专院校的普法教育,进一步解决和落实好法制教育的计划、教材、课时、教师等问题,不断提高教育质量。进一步落实青少年法制教育基地建设,把对有不良行为和有严重不良行为学生的教育、管理、矫治作为考核学校和教师工作重要指标,针对辍学未成年人群体,强化了义务教育法在基层的贯彻落实,防止和减少未成年人辍学,针对闲散未成年人加强了教育管理工作,在探索逐步建立起了专兼职相结合的工作队伍。

三、切实把维护校园及周边治安秩序纳入平安建设的重点工作

2006年10月,中办、国办转发了《中央政法委、中央综治委关于深入开展平安建设的意见》,提出重点开展建设平安县(市、区)活动,通过深入开展平安乡镇(街道)、平安社区(村)、平安单位、平安学校、平安家庭等基层创建活动,推动综合治理各项工作措施在城乡基层单位的落实。这表明,维护校园及周边治安秩序,创建平安学校是平安建设的重要组成部分。全省综治部门充分发挥社会治安综合治理的优势,切实加强了组织领导,明确了部门职责分工,强化协作配合,形成合力,在齐抓共管上下功夫。各级综治组织把贯彻落实公安部"八条措施"和教育部"六条措施"作为社会治安综合治理工作的重要内容，切实加强了对重点地区的督查指导，大力推动创建平安校园活动，认真组织有关成员单位参与学校及周边治安秩序整治工作，加强沟通和协调，切实形成了党委、政府统一领导，部门各司其责，齐抓共管、综合治理、标本兼治的工作格局。在工作中，各级公安、检察、审判机关坚持依法从重从快的方针，加强联系，密切配合，对那些危害学校教学秩序及周边安全的各种违法犯罪活动，依法从重从快进行惩处。文化、卫生、建设、工商、新闻出版等部门加强了监督管理力度，从严查处了一批影响学校及周边秩序的违法违规行为。各地、各部门还充分利用报纸、电视、电台、网络等新闻媒体，加强了对校园及周边治安秩序整治工作的宣传，在宣传发动的广度、深度和方式方法上都有所突破，力争做到人人都能自觉与扰乱校园秩序的违法犯罪作坚决的斗争，营造了良好的社会氛围。

2006年，全省在校园及周边设立治安岗亭5229个，设置交通标志和交通安全设施5806处，向学校派驻保安人员5874名。涉及校园刑事案件、治安案件、交通事故、火灾都大幅度下降。全省的学校及周边治安整治工作取得了明显成果，维护了学校及周边地区的治安秩序，为学校创造了良好的教学、科研和生活环境。

打黑除恶专项斗争工作情况

一、党委、政府高度重视，迅速掀起打黑除恶高潮

2006年2月中央政法委召开全国打黑除恶专项斗争电视电话会议后，省委、省政府对贯彻落实中央会议精神十分重视。省委书记李克强专门作出批示，指出："中央决定在全国范围内有重点地开展打黑除恶专项斗争，这一是项重大决策。打黑除恶对营造良好的社会治安环境，对为实现辽宁振兴提供必要保障都具有重要意义，我省要结合实际认真贯彻中央电视电话会议精神，统一思想，精心部署，务求实效。"为强化专项斗争的组织领导，省委专门成立了全省打黑除恶专项斗争领导小组，并抽调纪检、宣传、政法委、检察院、法院、公安厅、司法厅等部门的精干人员，在公安厅设立了专门办公室，紧张有序地展开各项工作。各市、县（区）也参照省里的做法，成立了相应的领导机构。并以省委、省政府名义下发了《辽宁省打黑除恶专项斗争实施方案》，确立了指导思想，制定了工作措施，突出了工作重点，明确了工作目标，提出了考核要求，为打黑除恶专项斗争的深入开展提供了可靠保证。

3月3日，省委、省政府联合召开了全省打黑除恶专项斗争动员部署电视电话会议，全面迅速地打响了辽宁打黑除恶专项斗争的重大战役。4月21日，省委召开常委会，专题研究打黑除恶工作，在听取全省打黑除恶专项斗争工作情况汇报后，省委书记李克强指出，对打黑除恶专项斗争上的投入与保证困难群众基本生活的意义同等重要。7月20日，省长张文岳带领省政府有关人员，深入到公安机关调查研究，帮助解决专项斗争中遇到的实际问题。省打黑除恶专项斗争领导小组组长王唯众，副组长李峰、闫丰等领导同志，定期听取全省打黑除恶工作情况汇报，高度关注各地工作进展情况，帮助解决工作中的实际困难，适时对打黑除恶工作做出批示、提出要求。省委、省政府领导的高度重视和大力支持，确保了全省打黑除恶工作健康有序的发展。

各地党委、政府也相继召开党委常委会、政府办公会，认真研究打黑除恶各项工作，并通过电视电话会议、政法会议、各部门会议等，层层进行动员部署，把上级的会议精神和指示要求认真传达到每一个地区、每一个单位、每一名工作人员，切实增强了各级党委、政府和有关部门工作的紧迫感和使命感。沈阳、大连、鞍山、抚顺、辽阳等市委、市政府的主要领导同志，都作出了重要批示，提出了明确要求，对打黑除恶工作给予了坚强有力的领导。

二、各部门密切配合，切实形成工作合力

全省打黑除恶专项斗争领导小组各成员单位，认真贯彻中央和省委、省政府重大部署，精心组织，积极行动，充分发挥职能作用，相互支持，密切协作，形成了打黑除恶专项斗争的强大合力。各级政法、综治部门，切实担负起了打黑除恶的政治责任，充分发挥在打黑除恶中的牵头作用，旗帜鲜明地支持有关部门依法打击有组织犯罪，帮助有关部门排除阻力，及时解决工作中遇到的困难和问题。各级宣传部门，积极配合全省打黑除恶工作，有效组织新闻媒体，广泛宣传报道全省打黑除恶专项斗争的决策部署和工作成果，积极营造良好的舆论氛围。省委宣传部与省委政法委联合转发了中宣部、中央政法委《关于做好打黑除恶专项斗争宣传工作意见的通知》，正确引导舆论导向。省主流媒体在各新闻网站上组织刊发文章100余篇，新闻跟帖2000余条。各级公安机关，把打黑除恶作为2006年公安工作重点，认真组织，精心谋划，充分发挥在打黑除恶专项斗争中的主力军作用。省公安厅先后12次组织召开全省性的动员、部署、协调会议，及时制定了《全省公安机关打黑除恶专项斗争实施方案》和《辽宁省公安机关打黑除恶责任追究暂行规定》。各级公安机关"一把手"在打黑除恶工作中亲自挂帅、亲自组织、亲自部署，直接组织指挥涉黑或重大涉恶案件的侦办工作；并普遍建立了奖惩机制，签订了责任状，将打黑除恶的工作成果与领导干部的绩效考核挂起钩来，同时纳入单位和个人评先创优的重要条件，实行一票否决。各级检察机关，坚持"两个基本的原则"，对公安机关提请批准逮捕、移送起诉的有组织犯罪案件，依法快捕、快诉。及时将发现充当有组织犯罪"保护伞"的职务犯罪线索移送组侦查部门依法查处。对重大有组织犯罪案件特别是充当"保护伞"的职务犯罪案件，各级检察长亲自组织力量办理，有的亲自出庭公诉。截至目前，共受理公安机关提请批准逮捕黑社会性质犯罪案件27件，其中以组织、领导、参加黑社会性质组织罪批准逮捕的为14件。各级法院，重视强化对有组织犯罪案件的审判工作，对有组织犯罪严格定罪、严格程序、严格证据，宽严相济。省法院专门召开了全省法院系统打黑除恶座谈会，对专项斗争中可能遇到的法律适用等问题进行了研讨。各级司法部门，认真研究解决打黑除恶中遇到的新情况、新问题。省司法厅召开了全系统打黑除恶专项斗争动员大会，部署做好监狱、劳教及律师辩护指导等工作。在监狱、劳教场所广泛开展坦检活动，共提供社会违法犯罪线索40余条。对监狱系统有影响的有组织犯罪人员的减刑、假释，进行了认真把关，同时制定了《辽宁省司法厅关于组织律师做好刑事辩护工作，为打黑除恶专项斗争提供法律服务的通知》，加强律师队伍建设，搞好刑事辩护工作。各级信访部门，积极发挥信访工作优势，注意将接访和来信中发现的有组织犯罪线索，及时提供给有关部门认真查处。对有关案件进行认真督办，跟踪处理，做到了件件有着落，事事有回音。各级工商部门，严把市场准入关，加强对易滋生有组织犯罪行业和集贸市场的日常监管，积极维护商品交易市场秩序。2006年，全省工商部门共驳回特殊服务行业不符合要求的登记申请1600余个；共检查各类采矿点950余处，责令关停近300处，扣押挖掘机等采矿设备60余件。各级国土资源部门，重点整治了在矿区范围内抢矿、破坏性采矿、非法盗采、非法圈占、非法开发等行为，并将有组织犯罪线索及时移送公安机关。2006年，共查处矿产资源违法案件近千起，没收非法所得数千万元，吊销采矿许可证近百个。各级海洋与渔业部门，紧密结合工作实施，积极组织开展打黑除恶"五结合活动"，即：把打黑除恶专项斗争同查处海域、滩涂非法开发使用和破坏渔业资源等重大违法案件结合起来；同开展"文明渔港"创建活动结合起来；同清理整顿"三无渔船"结合起来；同打击越界捕捞结合起来；同打击非法捕杀水生野生动物结合起来。在"护渔"行动专项检查中，共检查渔船1万余艘，查处各类违规渔船几千艘，并将掌握的有组织犯罪线索，全部移交有关部门查处。各级财政部门，与当地打黑办共同研究在打黑除恶工作中涉及到的财产、收缴资金的处理等问题，为打黑除恶顺利进行提供有力保障。省财政厅按照省委常委会决定及领导批示精神，及时拨付打黑除恶专项经费1000万余元。各级地税部门，努力提高执法能力，与公安机关积极配合，不断加大对涉税违法犯罪的打击力度。各级安全、文化、交通等部门，也都从各自的职能出发,注意发现本系统涉及到的有组织犯罪线索,全力配合公安机关对有组织犯罪实施坚决打击。

三、广泛宣传发动,形成正确舆论导向

本着"内紧外松、多做少说、适当宣传"的原则,正确把握舆论导向,确保打黑除恶专项斗争取得最佳的社会效果。打黑除恶专项斗争的序幕刚刚拉开,省打黑办就召开了第一次新闻发布会,向新闻媒体通报了全省开展打黑除恶专项斗争的相关情况。为深挖有组织犯罪线索,省公安厅又召开了新闻发布会,向社会公布了全省有奖举报情况。全省各地也大力加强宣传工作,适时召开了新闻发布会,采取张贴标语、条幅,出板报、橱窗,设置举报信箱、公开举报电话等多种形式,大力开展宣传工作,充分调动社会各界和广大人民群众关心、支持打黑除恶专项斗争的积极性。沈阳市公安局开展了有奖举报宣传周活动,组织广大群众积极参加"有奖举报"活动;大连、抚顺市政府专门印发了致全市人民的一封信,号召广大市民踊跃提供有组织犯罪线索和证据。大连市公、检、法、司联合发布了《督促涉黑涉恶犯罪人员投案自首和坦白检举揭发的公告》,一些犯罪嫌疑人因此而投案自首。

四、深入调查摸排,准确掌握有组织犯罪线索

为全面深挖和准确掌握有组织犯罪线索,全省共建立省、市、县三级刑事犯罪举报中心80余个,公布举报电话,启动手机短信,开通电子邮件,实行有奖举报。同时省公安厅进一步明确,各市、县(区)公安局长是本地摸排工作的第一责任人,对不排查、不打击、不报告,或者排查不认真、不细致而没有发现有组织犯罪线索,被上级公安机关发现并打掉的,对负有责任的公安局长及刑侦、治安部门负责人、派出所长将追究责任,从机制和责任落实上强化了排查力度。全省先后对2000年至2005年被打击处理的有组织犯罪案件,对2006年的有组织犯罪线索,对易滋生有组织犯罪的重点行业、重点地区、重点部位,对羁押、服刑人员开展坦检攻势等,全面展开摸排工作,取得了明显效果。

五、强化全程督导,确保工作实效

全省各级打黑除恶专项斗争领导小组,积极发挥牵头管总作用,及时听取工作汇报,定期带队深入基层了解掌握案情,督促核查情况,积极协调解决专项斗争中遇到的重大现实问题。各级打黑力量充分发挥经常性指导和协调沟通作用,督促各地建立健全领导机构,不断完善工作机制,及时掌握工作进度,针对存在的问题及时提出意见和建议,特别是针对政法各部门对有组织犯罪认定标准不统一、执法尺度不一致的问题,通过沟通协调,较好地统一了思想认识和标准尺度,在督促工作落实、推动和促进专项斗争深入开展上,较好地发挥了参谋助手作用。

2006年,全省打掉一批有组织犯罪团伙,特别是成功侦办了全国打黑办挂牌督办的两个专案,打掉了一批危害一方的黑社会性质组织,得到了中央领导同志和省委、省政府以及全国打黑办的充分肯定,收到了良好的政治效果和广泛的社会效果。2006年11月份,全国打黑办在辽宁召开了全国打黑除恶工作片区会议,会上辽宁省作了典型经验发言。

社会主义新农村平安建设工作情况

一、领导高度重视,纳入综合治理工作总体规划

省委、省政府《关于推进社会主义新农村建设的实施意见》和《关于加快县域经济发展的若干意见》下发后,省委常委、政法委书记、省综治委副主任李峰同志,省委政法委副书记、省综治办主任唐俊杰同志分别作出批示,提出要围绕新农村建设和县域经济发展,加强综合治理各项措施的落实,并不断创新。省综治委领导亲自过问,并召集相关部门召开会议,学习文件精神,研究具体贯彻落实意见，并将这项工作纳入到2006年综治工作要点之中。省委政法委、省综治委起草的《关于贯彻落实中办发[2005]25号文件精神全面推进我省平安建设的意见》中，明确提出"把社会治安防范工作同建设社会主义新农村活动紧密结合起来，落实责任，完善制度"。6月9日，省综治委召开全体委员（扩大）会议，由省农委主任万福民同志对综治系统新农村建设进行了部署，明确了在平安建设中新农村建设的目标和任务。6月27日，省综治委举办了县以上综治办和综治委成员单位联络员培训班，对任务进一步进行了分解，李峰同志明确指出，要抓住建设社会主义新农村的契机，结合农村地区共产党员先进性教育活动，发挥农村基层党组织在综治工作和平安建设中的主导作用，加强农村派出所、司法所、法庭和综治办规范化建设，积极探索符合新农村建设的动态防范机制，因地制宜地落实防控措施，广泛开展创建"平安乡（镇）、村"活动。特别是围绕省委、省政府在建设社会主义新农村中实施发展县域经济的决策，要集中力量抓好创建"平安县"活动，为发展县域经济创造稳定和谐的社会环境。

二、着力推进平安新农村建设，增强人民群众安全感

在新农村建设的新形势下，把农村的综治工作重心放在基层，把工作指导、力量配置、经费投入、考核奖惩等转移到"预防为主"上来，突出抓好治安防范体系建设，最大限度地预防和减少刑事犯罪，着力增强人民群众的安全感。一是开展调查研究，制定工作对策。2006年6月，省委政法委、省综治委组成了新农村建设调研小组，对4个县（市）、7个乡镇的基层政法综治组织建设、平安建设情况进行了深入调查研究，形成了《关于在发展县域经济下推进平安建设的初步调查报告》，为领导决策提供依据。二是加强考核，促进工作落实。省综治委制定了《平安乡（镇）、村考核标准》，为基层开展平安新农村建设提出导向性工作意见。明确了指导思想、目标任务、具体措施和考核步骤。三是加强农村地区政法综治组织建设，打牢工作基础。认真贯彻落实省委常委会议精神，在乡镇普遍设立了综治机构、配备专职副主任和专职干部，不断壮大和发展农村基层群防群治组织。同时，把乡镇"一办、两所、一庭"（综治办、派出所、司法所、人民法庭）建设纳入到"争创全省综治工作先进市"和平安建设的考评体系之中，切实发挥基层政法组织在综治工作和平安建设中的主力军作用。四是发挥成员单位作用，重点指导县域平安建设。为了加强对县域平安建设的指导，省综治委建立了"联系点制度"，由43个成员单位与43个县（市）进行"一对一、一帮一"的对口联系指导，更加有效地发挥省综治委成员单位的职能作用，密切与基层单位的联系，加大齐抓共管的力度，全面提升全省平安新农村建设的水平。五是加强防范体系建设，维护农村地区治安秩序。积极探索农村治安防范工作新路子，进一步完善治安信息员和"村屯治安中心户"等工作机制，深入开展群众性联防工作。同时，加强技防投入力度，从增加技术含量、加大技术防范经费投入要警力，统筹人防、物防、技防的力量和资源，农村治安防范体系建设有了明显进步。推广了铁岭市在各县城安装"电子监视仪"的做法，推动各地建立集防范、打击、管理信息资源为一体的"调度指挥平台"，在控制犯罪、强化治安秩序管理方面发挥了非常重要的作用。六是总结经验，不断推进平安新农村建设。10月份以来，由省综治办主任唐俊杰同志带队对锦州的凌海市、丹东的东港市等县（市）的新农村建设进行了调研，总结了一批在新农村建设中推进平安建设的经验和做法。

三、开展矛盾纠纷排查调处，维护农村地区社会稳定

将化解农村的矛盾纠纷，确保农村稳定，作为综治工作的重中之重，努力将工作关口前移，由"事后处置"转变为"事前预防"，增强工作的主动性。根据省委办公厅、省政府办公厅转发省综治委起草的《辽宁省矛盾纠纷排查调处工作暂行规则》，在乡镇、村普遍推广建立了由综治办、治保会、公安派出所、人民法庭、司法所、人民调解组织、仲裁机构联合办公，有条件的成立调解中心，实行一站式矛盾纠纷调处工作机制，通过建立矛盾纠纷排查调处网络，尽最大努力把矛盾化解在乡镇、村，将工作重点放在抓实人民调解、行政调解、法律调解工作，拓展法律援助和法律服务领域上，有效防止了"民转刑"案件。同时，积极协调有关部门多策并举，积极妥善处理农村征用土地、涉法涉诉和拖欠农民工工资等问题，一大批事关稳定的矛盾和问题得到了有效解决，促进了全省社会政治稳定。各地也创造了很多经验，沈阳市普遍推行了康平县创造的“老年矛盾纠纷说和团”的经验，取得了较好的调处效果。锦州的凌海市在全市每个乡镇都建立了统一样式、统一格局的“一站式”矛盾纠纷排查调处中心，从接待、调处、化解实行一条龙服务，极大地减少了越级上访问题的发生。

重点整治命案高发　扎实推进平安建设

一、把遏制、减少凶杀犯罪作为平安建设要解决的突出治安问题

一是加强对凶杀案件的分析、评估，开展了专项调研。2003 年 6 月，按照永康同志要求，省委决定组织政法、综治部门精干力量和有关的专家、学者，就辽宁凶杀案件高发原因及对策，进行了深入调查研究和系统的科学论证。课题组通过阅卷、提审在押犯、实地调查等多种手段，对公安机关自 2000—2002 年 3 月立案的凶杀案件和全省法院 2000—2003 年 6 月审结的凶杀案件，进行了全面、深入的剖析。二是以解决突出治安问题为重点，开展了争创“全国综治工作先进省”活动。去年，省委在《构建和谐辽宁实施意见》中提出，广泛开展争创“全国综治工作先进省”活动，实现防止发生在全国、全省造成重大影响的重特大刑事案件；防止发生严重影响社会稳定的重大群体性事件；防止发生重特大治安灾害和特别重大安全生产责任事故。三是以平安县（市、区）创建活动为动力，开展凶杀案件高发重点地区专项整治。2003 年，排名靠前的 20 个县（市、区）的凶杀案件发案数占了全省发案总数的近 40%。从 2004 年开始，抓住这 20 个重点高发案的县（市、区）开展了凶杀案件高发重点地区专项整治，随后又在 05 年、06 年分别对 33 个凶杀案高发县区开展专项整治。把凶杀案件专项治理纳入到平安县（市、区）考核内容，决定凡是被列入凶杀案件高发地区的不得评为平安县（市、区），评上的要予以“摘牌”。这项决定引起了各地党委、政府的高度重视。四是加强了治安状况复杂地区排查，带动其他治安问题的解决。

二、切实加强基层平安建设，从源头上预防、减少凶杀犯罪

依据专项调研报告，在对 5000 余起凶杀案件发生的原因进行分析后发现，可防性案件占了很大的比重。从引发凶杀案件的直接原因看，因家庭矛盾、邻里纠纷、婚恋纠纷、经济纠纷引发杀人的占全部被调查案件的很大比例。从发案的时间和场所看，下午 19 时至深夜 0 时“前半夜”发生的案件也占较大比例。在社区居民住宅、出租房屋内发生的案件占相当大比例。从作案人与被害人的关系看，属于夫妻关系、邻里关系、同事关系的是主要因素。从作案人的居住地看，案犯在户口所在地作案的占相对多数，流动人口在相对稳定的居住地作案的占有一定比例。因此，预防、减少凶杀犯罪，必须要以加强基层平安建设为根本措施，着力解决当前社会治安中存在的突出问题。

一是认真做好化解矛盾纠纷工作。把化解矛盾纠纷作为遏制凶杀犯罪的第一道防线。重点抓住家庭矛盾、邻里纠纷、婚恋纠纷、债务纠纷等问题，及时做好排查分析，分清矛盾的性质，明确调解工作的重点，在重视做好事后调解的同时注重预防性超前调解。坚持面对疑难矛盾纠纷不退缩，化解重大事件不怕反复。公安机关对一般治安纠纷立足于“多调少罚”，人民法院对民商事案件立足于“多调少判”，人民调解对民间矛盾纠纷立足于“及时发现，主动调解”，尽最大可能保证调解成功率。各级综治组织通过建立“联席会议制度”等形式，将人民调解、司法调解、行政调解等结合起来，整合资源、组合力量，形成齐抓共管的长效排查调解机制。

二是从时间、空间两方面切实加强“阵地防

控”。集中调配警力,合理分布群防群治队伍,采用“网格化”巡逻格局,加大“前半夜”的巡逻密度。对发案高的重点时段、重点场所,加强“阵地控制”,必要时实行“死看死守”。各地以街道社区、乡镇村屯为重点,建立基层治安防控体系,实行公安警务、综合治理、法制宣传、平安创建等“四位一体”进社区(乡镇)。不间断地开展出租房屋、营业性娱乐场所的清理整顿,建立机制、健全制度、规范管理,铲除藏污纳垢滋生诱发凶杀犯罪的土壤和条件。同时,积极开展“不发案社区”评比活动,通过对防范效果突出、长期不发案、和谐平安的地区和责任人进行重奖,真正将基层工作重心引导到加强事先预防上来,为推进平安建设打下坚实的基础。

三是突出做好“重点群体”的管理教育工作。在刑释解教人员管理上,全省对近5年来回归社会的刑释解教人员进行了一次全面摸底排查,全部登记造册。协调监狱、劳教院与基层公安派出所、司法所、街道、社区、乡镇、村委会等有关方面明确衔接程序,采取多种方式、多种渠道、多种途径,千方百计做好刑释解教人员的就业安置。有条件的地方建立集中的临时就业安置基地。对于生活确实困难的,纳入城镇居民最低生活保障,体现社会人文关爱。在预防未成年人违法犯罪工作上,突出强调全面贯彻《预防未成年人犯罪法》和《未成年人保护法》,认真做好失足、有劣迹未成年人的帮教转化工作,采取家庭、学校、社会“三结合”的方法,既从严管理,又注重引导,把违法行为遏制在萌发阶段,把犯罪活动遏制在初始阶段。重视营造有利于未成年人健康成长的环境,抓紧归还、恢复、新建青少年宫等活动场所,并纳入城市和新农村建设规划。对有百名以上吸毒人员的37个县(区)组织了“专项治理”,查清毒品发展蔓延的原因,堵塞毒品来源。大力倡导创建“无毒县(区)”、“无毒社区”。在加强对流动人口的管理服务上,连续两年开展了出租房屋清理整顿工作,逐房、逐户、逐人登记,填装“住户图”,建立计算机信息管理系统,采取居住地登记方式全部纳入管理视线;在流动人口集中的地方,实施城镇建设规划统筹兴建外来务工人员公寓、幼儿园、学校等,为外来务工者创造良好的生活环境。

三、在平安建设中探索建立预防、减少凶杀犯罪的长效机制

一是建立健全领导责任制。要求各级党委、政府把平安建设作为“一把手”工程,纳入经济社会发展总体规划,定期研究工作,认真解决突出问题。去年,在与各地签订责任书时,有针对性地增加了当年要解决的维护社会稳定和社会治安突出问题的责任指标,与政绩、评先、晋职晋级紧密挂钩。二是启动建立社会治安状况评估分析体系。组织社会学专家以及政法、统计等相关部门,着手研究建立社会治安状况评估体系,从专业部门数据、公众安全感调查、信息点三个方面,制定全省社会治安状况评估的各项指标,建立数据库,为科学、准确地评估全省社会治安形势,有针对性地解决全省社会治安出现的带有苗头性和倾向性问题提供决策依据。三是建立健全矛盾纠纷排查调处工作机制。省委办公厅、省政府办公厅转发了省综治委制定的《辽宁省矛盾纠纷排查调处工作暂行规则》,对矛盾纠纷排查调处工作原则、工作范围、工作制度、工作程序和保障措施做出了具体规定。目前,省、市两级普遍建立了社会矛盾纠纷排查调处联席会议制度;县(市、区)成立了社会矛盾纠纷排查调处指导中心;乡镇、街道建立并实行了由综治办、公安派出所、人民法庭、司法所、信访接待室联合办公的“一站式”矛盾纠纷调处工作机制。四是建立健全督查奖惩工作机制。专项治理以来,组成了7个督查组,每组由一名省级领导负责,实行领导包片制,对各地凶杀犯罪整治情况进行督查指导。建立了每月对“专项治理”的进展情况、实现指标、存在的倾向性问题等进行一次通报的制度,该表扬的及时给予通报表扬,该批评的严肃给予通报批评。去年以来,省综治委对本溪、锦州、朝阳三市发生的一次死多人的恶性案件进行了责任查究。在年末召开的全省政法综治工作会议上,在表彰命名36个平安县(市、区)的同时,否决了因凶杀案件突出的3个2004年度省级平安县(市、区),予以“摘牌”。这些督查、奖惩活动弘扬了先进,激励了士气,督促了后进,极大地促进了平安建设深入开展。

推进民营企业平安建设情况

一、立足于服务辽宁全面振兴，把民营企业平安建设摆上综治工作全局重要位置

民营经济的蓬勃兴起，已经在辽宁省经济社会发展中处于举足轻重的地位。综治工作要服务大局，必须把民营企业的综治工作和平安建设纳入视线、摆上位置、作为重点工作来抓。为了摸清情况，增强工作的针对性，组织了两次大型调研活动。调查结果表明，广大民营企业在以“市场为导向、以效益为中心”潜心谋求自身发展的同时，社会责任感不断增强，涌现了一大批依法经营，为地区经济发展、社会稳定、平安建设作出贡献的民营企业和民营企业家典型。但是，当前影响民营企业发展的问题仍较突出，开展平安建设任务仍很繁重。主要表现在：一是民营企业的党团组织特别是综治机构不健全。大部分企业没有建立党团、工会组织，综治工作处于无人抓、无人管的状态。二是影响企业稳定的因素较多。近年来在占地、污染、交通等方面引起了很多矛盾，有的甚至引发了职工、企业周边群众上访。三是企业合法权益得不到保障。外来务工人员的合法权益得不到有效保护，企业拖欠员工工资的现象大量存在。企业内部刑事案件、法人受侵害问题时有发生。四是防范措施不到位。民营企业普遍存在重生产轻安全、重效益轻管理、重赔偿轻预防等模糊认识，“宁可出钱买教训，不肯花钱保平安”，安全生产保护设施和技术防范设施投入严重不足，对职工的教育和培训抓得不够，导致生产责任事故的发生。

民营经济是混合所有制经济的重要组成部分，民营企业的发展要靠自身的创新与奋斗，但更需要全社会为其营造良好的外部发展环境。为此，全省对进一步拓宽综治工作领域、把民营企业平安建设摆上更加突出重要的位置的问题形成了共识，进一步增强了加快民营企业平安建设的紧迫感和责任感。

二、抓住主要环节，积极探索民营企业平安建设的新途径

一是抓好试点，以点带面、逐步推开。在本溪、营口、丹东等非公有制经济比较发达的地区开展试点工作。突出抓了将综治工作领导责任制引入民营企业。根据生产规模，将民营企业的综治工作分为四级，分别纳入市、县（市、区）、乡镇（街道）、村（社区）综治工作责任体系，企业法人与当地党委、政府签订社会治安综合治理责任状；企业法人与行业主管部门签订责任状；明确企业法人为综治工作“第一责任人”，企业经理、车间主任（部门主管）、班组长、员工形成四级责任“链条”，一级对一级负责。依据党委政府、行业主管、民营企业三大责任制度的有关规定，实行地、企双向考核，双向奖惩。民营企业综治工作成绩突出的，既表彰该民营企业，又表彰所在地党委、政府和行业主管部门；民营企业治安或安全生产出现严重问题，既对民营企业实行“一票否决”，又扣减所在地区和行业主管部门综治工作考核分数。在沈阳、大连等成规模民企较多的大城市，采取“以大带小、典型引路”的方式，推进民企平安建设。大连市在开展争创“平安稳定单位”活动中，一批民营企业受到表彰，民企平安建设的质量和水平有了较大提高。在一些大型民营企业，通过“党建进民企”带动了“综治进民企”。有的把“保平安”与“创效益”看得同等重要，纳入日程，加大投入，确保平安。普兰店市拥有直属企业30家、员工9000多人的大杨集团，仅2005年以来就先后投入500万元用于集团各企业安装监控、报警、消防设施和组建80人的保安队伍，单位内部治安防范能力明显增强，近八年来该集团未发生一起刑事案件。

二是因情施策，多措并举，整体推进。针对民营企业外地员工较多的特点，一些地区把好招聘关，必须“三证”齐全，并委托当地公安派出所逐人核实，对未提请核实而出现外地逃犯混入员工队伍的，追究招工单位的责任；对核查不细出现问题的，追究公安派出所的责任。有的地区还建立了员工档案，对一些长期合法务工的外地员工享受房租、水电费减免待遇，并协调公安机关办理户口迁移。针对民营经济风险较多、依法维护权益能力较弱的特点，加强民营企业法律服务工作。一些企业聘请了法律顾问，法律援助单位主动为民营企业提供优惠待遇。经济实力较强的民营企业可联合聘请一个律师，按服务一户标准收费。有的地区组织民营企业法人及管理人员参加法律知识培训和考核，提高法律素质。针对民营企业与周边地区发生纠纷较多的特点，有的地区建立企、地密切配合的矛盾纠纷调处制度，及时发现和化解矛盾纠纷。针对建筑企业农民工多、安全隐患多、不稳定因素多的实际，有的从健全制度、搞好教育、化解矛盾、加强防范等方面入手，严格要求企业加强内部管理，从开发设计、建筑施工到物业管理等流程，牢固树立"以人为本、安全第一、配套平安"的理念，加大经费投入，奠定物质保障基础。

三是发挥综治委成员单位作用，构建为民营企业服务的综治工作体系。根据综治委成员单位的工作职责，确定为民营企业综治工作服务的任务和工作重点，并纳入综治委成员单位目标考核范围，作为评先创优的重要标准。在考核公安机关方面，把改善民营企业周边治安环境，提高民营企业自防能力，减少发案作为考核的刚性指标；在考核劳动和安监部门方面，把建立完善民营企业安全管理制度、及时清除安全隐患、减少生产安全事故作为重点；在考核审判机关方面，不仅看办理民营企业经济纠纷案件的效率和质量，更要看在帮助企业总结分析经济纠纷发生的原因，吸取经验教训，提高依法保护自身权益的能力等方面的工作成效；在考核司法行政机关方面，不仅看其代理诉讼帮助民营企业挽回多少经济损失，更要看在提高民营企业预防经济风险能力上做了哪些工作。通过各个部门齐抓共管，责任共担，把综治措施落实到民营企业。

三、努力提升民营企业平安建设的质量和水平

一是严格落实领导责任制。民营企业有其自身的特殊性，不能简单套用行政区划、国有企业落实领导责任制的模式。对此，重点强化三项措施：第一，贯彻落实"属地管理、行业主导"的原则。按企业规模、属性，分别与地方党委、政府，治安管理和行业主管部门双挂钩，共同督察、共同指导，督促民营企业建立综治机构、层层落实责任制。第二，实行法人负责制。将平安建设的责任落实到法人代表肩上，通过培训、发布综治信息、抄送有关综治文件，让法人了解掌握综治动态、工作要领，对在综治工作中取得成效的企业法人要给予奖励。第三，建立民营企业平安建设的工作实体。通过加强民营企业党、团、工会组织建设，健全综治工作机构，发挥工商联等经济组织和民间商会的桥梁纽带作用，理顺领导体制，建立适应民营企业自身发展规律的工作运行机制。

二是着眼于解决民营企业突出治安问题。首先，加强矛盾纠纷排查调处工作。针对职工关注和反映的热点、难点问题，充分利用市、县、乡三级矛盾纠纷排查调处"一站式"服务中心，重点解决拖欠农民工工资等侵害员工利益的问题，防止和减少群体性事件的发生。其次，强化企业内部治安防范及周边治安整治。全面落实国务院颁布的《企业事业单位内部治安保卫条例》，针对不同时期的治安防范重点，整合综治资源，最大限度地发挥整体防范优势。不断加大资金投入，建设企业防范设施，构建技防网络，把人防、物防、技防有机结合起来，防止和减少刑事案件的发生。第三，加大企业安全隐患排查和整改力度。实施以防范安全责任事故为主要内容的"清障工程"，对各大商场、市场、宾馆等人员密集场所和物资集散地、易燃易爆等单位开展安全防火大排查、大整改专项整治活动，加强市场监管，加大食品安全管理检查力度。矿山、烟花爆炸等高危企业定期排查事故隐患，及时提出整改意见，落实整改措施，防止和减少治安灾害、安全生产责任事故的发生。

三是深入推进"平安民营企业"创建活动。在巩固发展国有企业平安创建成果的基础上，把民营企业平安建设纳入省、市、县、乡镇"四级联创"之中，进一步明确和规范民营企业在维护社会治安的权利与义务，激发民营企业的创造活力，自觉参与创建活动。同时，在考核表奖方面，民营企业受奖名额要占有一定比例，以调动民营企业参与平安建设的积极性和创造性。在责任追究方面，对民营企业发生重特大刑事案件和安全生产、火灾及交通事故，群体性上访事件的，同样要严格实行"一票否决"制度，并执行体现民营企业属性的处罚政策措施。

辽宁省委办公厅　辽宁省政府办公厅转发《省委政法委、省综治委关于贯彻落实中办发[2005]25号文件精神全面推进我省平安建设的意见》的通知

（2006年3月8日）

各市委、市人民政府，省委各部委，省直各单位，各人民团体：

《省委政法委、省综治委关于贯彻落实中办发[2005]25号文件精神全面推进我省平安建设的意见》已经省委、省政府领导同志同意，现转发给你们，请结合本地区、本部门实际，认真贯彻落实。

省委政法委、省综治委关于贯彻落实中办发[2005]25号文件精神全面推进我省平安建设的意见

平安建设是社会治安综合治理工作的重要内容，是落实科学发展观，确保社会稳定和国家长治久安的重要举措，标志着社会治安综合治理工作进入了新的发展阶段。为全面推进我省平安建设，努力构建和谐辽宁，根据《中共中央办公厅　国务院办公厅转发〈中央政法委员会、中央社会治安综合治理委员会关于深入开展平安建设的意见〉的通知》（中办发[2005]25号，以下简称中办、国办《意见》）精神，结合我省实际，现提出如下具体贯彻落实意见。

一、充分认识平安建设的重要意义，明确我省平安建设的指导思想和目标任务

近年来，我省在深化改革开放和推进经济发展的同时，不断强化社会管理与建设，以创建"平安县（市、区）"为重点的平安建设取得了明显成效。通过开展争创"全国综治工作先进省"活动，解决了一大批突出治安问题；基层治安防范工作明显加强；解决社会治安综合治理工作中的实际问题取得了突破性进展；人民群众的安全感、安居感、正义感大幅增强，保持了全省社会政治大局的稳定。但是，我省目前正处于深入推进改革开放和经济社会快速发展的重要时期，随着产业结构的调整、市场经济体制的建立与完善，人们的价值观念、利益需求和生活方式都在发生重大变化，社会矛盾日趋复杂，许多社会问题凸显出来。开展平安建设，就是要着力解决当前影响稳定的突出社会问题，保持社会政治安定，维护社会治要秩序，创造稳定的发展环境；就是要坚持统筹兼顾和

全面协调可持续发展的思想,正确把握改革、发展、稳定三者之间的关系;就是要坚持以人为本,妥善处理不同社会群体之间的利益关系,切实增强广大人民群众的安全感、安居感和正义感。因此,平安建设作为新形势下加强社会治安综合治理工作的新举措,是构建社会主义和谐社会、促进经济社会协调发展的保障工程,是维护广大人民群众根本利益、为人民群众所期盼的民心工程,是提高党的执政能力、巩固党的执政地位的基础工程,是坚持科学发展观的具体体现。各级党委、政府和各部门、各单位要从实践"三个代表"重要思想、落实科学发展观的高度,坚持立党为公、执政为民,充分认识平安建设的重要意义,牢固确立促进经济发展是政绩,推进平安建设、维护社会稳定也是政绩的观念,既要有致富一方的本领,又要有稳定一方的能力,坚持在稳定中求和谐,在和谐中促发展,进一步完善和落实平安建设的各项措施,努力为实现老工业基地振兴、构建和谐辽宁创造稳定的社会环境。

我省平安建设的指导思想是:坚持以邓小平理论和"三个代表"重要思想为指导,深入贯彻党的十六大和十六届四中、五中全会及省委九届十一次全会精神,以科学发展观为统领,按照构建和谐辽宁的要求,紧紧围绕振兴辽宁老工业基地的中心任务,以争创"全国综治工作先进省"活动为载体,着力解决突出的社会治安问题,切实加强基层基础建设,不断提高社会治安管理建设水平,把社会治安综合治理各项措施落到实处,确保人民群众安居乐业和社会政治稳定。

我省平安建设的目标任务是:按照中办、国办《意见》的要求,立足于长远建设,着力达到"五个防止",即:对境内外敌对势力的渗透破坏活动和"法轮功"等邪教组织的非法活动发现得了、控制得住、处置得好,防止严重危害国家安全和政治稳定的情况发生;从源头上预防和减少矛盾纠纷,努力化解不和谐因素,防止严重危害社会稳定的重大群体性事件发生;维护城乡社会治安秩序,使突出治安问题和治安乱点得到有效整治,防止严重危害群众安全感的重大治安问题发生;全面加强生产安全管理,防止严重危害人民群众生命财产安全的群死群伤事故发生;依法查处经济犯罪案件,及时消除经济领域的不稳定因素,防止危害社会主义市场经济秩序的经济案件发生。通过开展争创"全国综治工作先进省"活动,近期我省平安建设要达到"三个防止"、"三个减少"和"两个提高"的目标,即:防止发生在全国、全省造成重大影响的重特大刑事案件,防止发生严重影响社会稳定的重大群体性事件,防止发生重特大治安灾害和特别重大安全生产责任事故;全省刑事发案减少,群体性事件减少,突出治安问题减少;社会治安状况评估结果和群众满意度明显提高。

二、立足基层,进一步落实好平安建设的各项措施

(一)突出重点,因地制宜,增强平安建设的针对性和实效性。平安建设要从人民群众反映最强烈的事情抓起,从基层基础工作薄弱的地方改起,从维护稳定最关键的环节做起。建立健全区域性社会治安形势的预警和公众安全感的评估机制,加强对社会治安形势的分析和研究,政法、综治、统计等部门要相互配合,互通信息,及时做出综合分析研究,针对突出治安问题,提出工作对策。政法部门要将依法严厉打击严重刑事犯罪的方针贯彻落实到侦查破案、批捕起诉、定罪量刑、监管改造等各个环节中去,确保刑事发案得到有效遏制。严厉打击严重影响群众安全感、安居感和威胁社会治安、危害公共安全的有组织犯罪、严重暴力犯罪、多发性侵财犯罪及严重经济犯罪,重点打击事关国家经济安全、影响社会稳定、破坏市场经济秩序的严重经济犯罪,着力抓好涉案金额大、涉及面广、危害严重案件的查处工作,提高打击的精确度。严密防范和严厉打击境内外敌对势力、敌对分子的渗透破坏活动、暴力恐怖活动以及利用人民内部矛盾制造事端等非法活动,有效防范和严厉打击"法轮功"等邪教组织的非法活动,对犯罪分子形成强有力的震慑。各级综治委要建立健全对治安混乱地区定期排查制度,加强对治安复杂地区的管理。对治安状况混乱的地区要分级负责,组织协调有关部门进行集中整治,限期改变面貌。坚持不懈地开展"凶杀案件高发地区专项治理"工作,进一步加强工作力度,从根本上遏制凶杀案件高发的势头。深入开展禁毒斗争,推进"无毒县(市、区)"创建活动。打击地下赌博和网络犯罪,大力整治社会丑恶现象。

(二)坚持预防为主,不断强化防范措施的落实。全面贯彻落实"打防结合、预防为主,专群结合、依靠群众"的方针,不断拓宽治安防范工作思路,大力推进社会治安防范体系建设。积极开展犯罪规律研究,对诱发犯罪的原因、作案特点、社会危害进行系统分析,指导预防犯罪工作实践。把思想认识、工作重点、力量配置、经费投入、考核奖惩等转移到"预防为主"上来,建立和完善治安防控网络。把社会治安防范工作同城镇建设、社区管理和建设社会主义新农村活动紧密结合起来,落实责任,完善制度。通过加强治安防范,不断减少城市、农村可防性案件的发生,不断增强人民群众的安全感。在专业队伍建设上,完善"网格化"巡防体系,不断提高社会面的动态控制能力,把社区警务真正融入社区建设;在群防群治力量建设上,继续开辟和扩大社会公益性岗位,规范、发展保安服务业,把服务延伸到社区、场所管理和企事业学校内部、重点行业、重大活动安全保卫等领域;在防范手段建设上,抓好技术防范的推广和应用,在城市重要商业繁华区、主要街道、重点要害部位和治安复杂场所,广泛实行以视频监控为主的技术防范,切实发挥人防、物防、技防相结合的作用。大力开展创建"不发案社区"活动,采取"以奖代补"的方式,对长期工作到位、不发案社区的社区干部、社区民警和治安积极分子进行奖励,鼓励并调动基层干部和广大群众的积极性,把功夫下在防范工作上,建立起严密的基层治安防范体系。

(三)建立矛盾纠纷排查调处工作机制,积极预防和有效化解各种社会矛盾。各级党委、政府要着力解决关系群众切身利益的问题,完善就业服务体系、社会保障体系和社会救助体系,坚决防止和纠正各种损害人民群众利益的行为,出台政策和行政管理措施之前要进行影响稳定的风险评估,做到科学决策、民主决策、'依法决策,从源头上预防、减少矛盾纠纷的发生。建立化解矛盾纠纷的工作机制,全面贯彻落实《中共辽宁省委办公厅　辽宁省人民政府办公厅关于转发〈辽宁省矛盾纠纷排查调处工作暂行规则〉的通知》(辽委办发[2005]4号)精神,省、市综治委建立"联席会议制度",县(市、区)综治委建立"指导中心",乡镇、街道建立"联合办公制度",全省上下建成以人民调解、司法调解、行政调解为主体的调解网络,形成以综合治理部门协调、司法所为中心,派出所、人民法庭和信访办等参与配合的大调解工作格局,确保准确、快速反映社情民意,做到在第一时间采取应对措施。积极协调有关部门及时解决经济领域和涉法涉诉等关系群众切身利益的矛盾纠纷,严格实行"领导包案责任制",积极妥善处理企业破产转制、城市动回迁、农村征用土地、涉法涉诉、拖欠职工或农民工工资等问题,力争使各类矛盾得到及时解决。切实解决执行难问题,将法院执行工作纳入县(市、区)、乡镇(街道)社会治安综合治理目标责任考核范围,建立基层协助执行工作网络,配合人民法院做好执行工作。认真贯彻《信访条例》,建立健全信访工作机制,维护信访者的合法权益。把群体性事件预警机制建设摆在重要位置,强化情报信息工作,畅通反映社情民意渠道。开展群体性事件规律研究,建立健全统一指挥、反应灵敏、协调有序、功能齐全、运转高效的应急处置机制。有效防止发生"民转刑"案件和"激情犯罪",劝阻、化解群体上访事件,最大限度地把矛盾纠纷化解在基层,解决在萌芽状态,切实做到"小事不出村(街)、大事不出县(区)、矛盾不上交",确保我省进京来省上访高发局面得到根本扭转。

(四)加强社会管理和建设,筑牢维护社会稳定的第一道防线。各级党委、政府要进一步加强对综合治理工作的支持力度,健全和加强基层组织,整合基层维护社会稳定的力量,完善基层工作网络,特别是加强基层综治办、派出所、司法所、人民法庭的建设,严格按照标准,配齐配强工作人员,建立经费保障机制。从2006年起,将基层政法组织建设工作纳入维护社会稳定和社会治安综合治理领导责任制、争创"全国综治工作先进省"活动的考评内容,进行经常性的督查、考核。扎实推进对农村和城市社区的建设与管理,切实加强对各类社团和新经济组织的管理。整合社会管理和社会服务资源,运用科学、民主、法治的方式,发挥社区警务室、综治工作室以及城乡基层自治组织协调利益、化解矛盾、排忧解难的作用;发挥社团、行业组织和社会中介组织提供服务、反映诉求、规范行为的作用,形成社会管理和社会服务的合力。加强市场经济条件下的"社会人"的组织管理。坚持寓管理于服务之中,教育与维权并重,探索新形势下流动人口管理的新办法，增强流动人口的主人感、归属感和成就感。以实施“为了明天——预防青少年违法犯罪工程”为契机，加强青少年法制教育，关心关爱青少年，继续强化学校及周边治安综合治理工作，认真落实预防青少年违法犯罪的各项措施。扎实做好对服刑人员子女、流浪儿童、闲散未成年人等群体的工作，切实帮助他们解决实际问题，促进他们健康成长。加强对刑释解教人员的管理、帮教和服务工作，广开就业渠道，建立安置过渡性基地，降低重新犯罪率。监狱和劳教场所要提高教育、改造质量，提高服刑、在教人员回归社会的基本生活技能。落实“宽严相济”的刑事政策，对轻微违法犯罪人员、失足青少年，继续坚持“教育、感化、挽救”方针，积极稳妥开展“社区矫正”试点工作，最大限度地减少社会对抗，化消极因素为积极因素。进一步严格消防、交通、安全生产管理，做好铁路护路工作，切实防止重特大治安灾害和生产责任事故的发生。

（五）狠抓制度落实，建立平安建设的长效机制。按照中办、国办《意见》要求，建立健全平安建设责任机制、齐抓共建工作机制、经费保障机制、舆论宣传工作机制和考核奖惩机制。完善和落实治安问题定期排查制度、突发事件应急处理机制、矛盾纠纷排查调处工作机制，切实加强社会治安评估与社会治安防控两大体系建设，在具体工作上抓好落实，使平安建设的各项工作步入制度化、规范化的轨道。同时广泛发动群众，紧紧依靠群众，形成“专群结合”的工作格局。贯彻落实《公民道德建设实施纲要》，弘扬社会公德、职业道德、家庭美德，开展诚信教育，不断提高公民道德素养；认真实施依法治国基本方略，落实普法规划，广泛深入开展法制宣传教育，传播法律知识，弘扬法治精神，提高公民法律素质；各地区、各部门在决定涉及群众利益的规划、决策和项目等方面，要建立和完善公众参与制度，充分听取群众意见；积极探索调动人民群众参与维护社会治安稳定的利益机制，创新在新形势下组织发动群众参与平安建设的方法和途径，既要积极建立和巩固有偿的、专业的治安防范队伍，又要扶持传统的、义务的治安防范力量，形成人人参与平安建设的工作局面。

三、加强领导，整合资源，进一步形成推进平安建设的合力

（一）加强组织领导，落实工作责任。平安建设工作由各级党委、政府统一组织实施。要切实加强对平安建设工作的领导，把平安建设作为“一把手”工程摆在重要位置，纳入经济社会发展总体规划，定期研究平安建设工作，认真解决面临的突出问题。各级党政主要领导是本地区平安建设的第一责任人，分管领导是直接责任人，其他领导承担分管范围内平安建设的责任。各级党委、政府和各部门要认真学习中办、国办《意见》精神，逐条领会、逐条落实，不断深化对社会治安综合治理和平安建设内在规律的认识和把握，结合实际创造性地开展工作，增强工作实效。要把平安建设的成效作为衡量各级党委、政府和领导干部执政能力的重要标准，列入干部政绩考核评价的重要内容，作为调整使用干部的重要依据。各级综治委要在党委、政府的领导下，充分发挥组织协调作用，有计划、有步骤地组织协调推动平安建设深入开展。要按照“属地管理”和“谁主管谁负责”的原则，严格落实维护社会稳定和社会治安综合治理领导责任制，严格执行“一票否决权”制度，切实加强调查研究和督促检查，不断总结推广典型经验，建立健全考核奖励机制，确保平安建设扎扎实实、富有成效地稳步深入推进。

（二）坚持分级负责，加强工作协调。平安建设是一项系统工程，各地区、各部门要各负其责、通力协作。各级综治委成员单位特别是经济、文化、教育、劳动、民政、组织、人事、行政监察、宣传和新闻出版等主管部门，要主动协调配合，在层层签订责任书的基础上，加强规范化、制度化建设，确保各职能部门在平安建设中充分发挥作用，形成齐抓共管的工作合力。要不断完善和组织实施好“省综治委成员与县建立联系点制度”，及时了解掌握“联系点”社会治安的信息与状况，强化督查指导，全面提升“联系点”综治工作的水平。各部门、各单位要强化主体责任意识、大局意识、协作意识，既要按照社会治安综合治理的职责分工，尽职尽责地完成好承担的平安建设任务，又要加强协调配合，与相关部门和单位搞好协作，在出台政策时相互衔接，在推进工作时相互配合，共同落实好综合治理的工作措施，有效推进平安建设。

（三）切实抓好各系统、各单位内部的平安建设。各部门、各单位要按照党委、政府的总体部署，发挥本部门的职能作用，特别是做好宣传发动、法制教育、安全生产监管、校园及周边治安整治、预防青少年违法犯罪、流动人口管理、刑释解教人员安置帮教、经费保障、组织保障等工作。同时，要在本系统、本单位广泛开展创建平安单位活动，"看好自己的门，管好自己的人"，解决好各种矛盾纠纷，把平安建设的各项措施落到实处，确保本系统、本单位不出问题，全面完成平安建设的目标任务。

（四）坚持整体推进，广泛开展"四级联创"活动。要按照《中共辽宁省委关于构建和谐辽宁的实施意见》（辽委发［2005］19 号）和《中共辽宁省委办公厅　辽宁省人民政府办公厅转发辽宁省社会治安综合治理委员会〈关于开展"争创全国综治工作先进省"活动的实施方案〉的通知》（辽委办发［2005］27 号）精神，把平安建设与构建和谐辽宁紧密结合起来，按照中央提出的平安建设的目标任务，从辽宁实际出发，把平安建设的重心放在抓落实、办实事、求实效上，让人民群众切实享受到平安建设带来的新变化。要以争创"全国综治工作先进省"为龙头、以"创建平安县（市、区）"为中心环节、以"基层平安建设"为基础，深入开展省、市、县（市、区）、基层单位"四级平安联创"活动，形成"四级联动、相互促进"的工作链条，造成更强大的声势，营造更浓厚的氛围。到 2006 年底，我省综治工作要进入全国先进行列，14 个市要达到"综治工作先进市"的标准，更多的县（市、区）成为"平安县（市、区）"，一大批基层单位成为"平安单位"。通过抓街道带社区，抓乡镇带村（屯），抓系统带单位，一级带一级，层层抓落实，不断提高全省平安建设的水平，大力推进平安辽宁、和谐辽宁建设，促进全省社会政治稳定和经济持续快速发展。

辽宁省财政厅
辽宁省社会治安综合治理委员会办公室
关于加强综治工作专项经费管理的指导性意见

（2006 年 10 月 17 日）

各市财政局、综治办：

按照党中央、国务院有关规定和省委办公厅、省政府办公厅"辽委办发［2005］27 号"文件精神，全省县级以上人民政府要建立社会治安综合治理工作专项经费（简称"综治工作专项经费"）保障机制。为加强对综治工作专项经费的管理，确保综治工作专项经费的合理使用，经省财政厅、省综治办共同研究，提出如下指导性意见：

一、建立综治工作专项经费保障机制

按照现行的"分级管理、分级负责"财政体制，省、市、县（市、区）由同级人民政府批准，分级建立综治工作专项经费保障机制。

省本级综治工作专项经费从 2006 年 1 月起，每年安排 600 万元，纳入省本级财政预算。

市级综治工作专项经费，每年按全市总人口数人均 0.5 元的比例核定，纳入市本级财政预算。

县（市、区）级综治工作专项经费，每年按全县（市、区）总人口数人均 1 元比例核定，纳入县（市、区）本级财政预算。

二、综治工作专项经费的使用范围

综治工作专项经费专项用于综治业务工作，不得用于与综治工作无关的其他活动。

使用范围包括：

（一）用于综治工作的表奖活动。兑现《社会稳定和社会治安综合治理领导责任》和综治工作“争创”活动的奖励政策，采取“以奖代补”的方式对综治工作取得突出成果和贡献的地区、单位和个人进行奖励。所设奖项及奖励金额，征求同级财政部门意见后，经同级综治委审议，报同级党委、政府批准。

（二）用于突出治安问题或重点地区的集中整治。组织开展突出治安问题、治安混乱重点地区、社会矛盾纠纷的摸底调查，协调有关部门实施专项集中综合治理。

（三）用于综治工作的宣传活动。根据实际工作需要，经审核批准后，购置必要的宣传器材；在报社、电视台、电台开办专栏或专题节目及组织相关的宣传活动。

（四）用于综治干部的培训。本着“下管一级、分级负责”的原则，每年对综治专职干部进行一次培训，定期组织综治委成员单位联络员培训。

（五）用于综治工作调查研究。针对一个时期突出的治安问题组织专题调研，或组织重大课题攻关；召开综治工作理论研讨会，编辑出版理论研究成果，用于指导实际工作。

（六）用于社会治安状况评估。会同政府统计部门进行社会治安数据、资料的综合统计分析；建立基层社会舆情调查点，印制《调查问卷》、编制《计算机核计程序》；举行公开听证，组织撰写《社会治安状况评估报告》。

（七）用于与综治工作有直接关系的其他工作。

三、综治工作专项经费的审批监督程序

每年度各级综治工作专项经费的使用，由同级综治办提出预算项目，经同级综治委领导同意后，报同级财政部门审核批准，由同级综治办负责管理使用。

按照“综治办与党委政法委机关合署办公”的体制，综治工作专项经费的使用接受同级党委政法委的管理监督。

每年年底分别由各级审计部门对同级综治工作专项经费的管理使用情况进行审计，严格执行审计制度和责任追究制度。

中共辽宁省委宣传部
辽宁省社会治安综合治理委员会
关于进一步加强社会治安综合治理
宣传工作的意见

（2006 年 11 月 15 日）

省直主要新闻单位，各市委宣传部、综治委：

根据省委、省政府《关于进一步加强社会治安综合治理的意见》和《开展“争创全国综治工作先进省”活动的实施方案》，进一步加强社会治安综合治理宣传工作，为社会治安综合治理工作、“争创”活动和平安建设营造良好舆论氛围，结合我省实际提出如下意见：

一、指导思想

以邓小平理论和“三个代表”重要思想为指导，全面落实科学发展观，认真贯彻落实党的十六届六中全会和省第十次党代会精神，紧紧围绕振兴老工业基地、构建和谐辽宁的中心任务，服从服务于全省社会稳定大局，以“争创全国综治工作先进省”和平安建设为主题，着眼于全省综治工作总体部署，引导社会各界、广大人民群众积极参与社会治安综合治理，为深入开展“争创”活动和平安建设，推动全省上下掀起“争创”活动和平安建设高潮，全面落实社会治安综合治理各项措施和实现构建和谐辽宁目标提供有力的精神动力和舆论支持。

二、宣传重点

（一）深入宣传党的十六届六中全会和省第十次党代会精神，全面推进和谐辽宁建设。加强社会治安综合治理，深入开展"争创"活动和平安建设是构建和谐辽宁的重要内容，要大力宣传中央关于构建社会主义和谐社会的指导思想、目标任务和原则，宣传省委关于构建和谐辽宁的基本方针、重要内容和主要措施。动员全党全社会各方面力量和广大人民群众共同参与，齐抓共建，把党和政府的决策、部署变为各有关部门和广大人民群众的自觉行动，有力推进和谐辽宁建设。

（二）深入宣传"争创"活动和平安建设在构建和谐辽宁进程中的重要作用。"争创"活动和平安建设是构建和谐辽宁的基础工作，要从全省工作大局出发，充分宣传开展社会治安综合治理各项工作的重要意义，从解决当前影响社会稳定的突出社会问题，化解社会矛盾纠纷，维护社会治安秩序等方面，宣传综治工作的重要性，特别是紧密联系全面振兴老工业基地，宣传综治工作的基础性保障作用；联系构建和谐辽宁，宣传综合治理工作对维护社会稳定和公平正义，提高公民素质和社会文明程度的促进作用。

（三）深入宣传当前社会治安综合治理工作的主要内容、措施和目标。围绕全面振兴老工业基地主题，结合《中共辽宁省委关于构建和谐辽宁的实施意见》的宣传，大力宣传当前综合治理各项工作的指导思想、基本原则、工作重点和工作目标，特别要加大对"争创"活动和平安建设的宣传力度，明确"三个防止"、"三个减少"和"两个提高"的工作目标，深入宣传平安建设对预防和打击犯罪、维护社会稳定的重大意义，大力宣传社会治安综合治理对解决社会深层次问题，推动构建和谐辽宁的重要作用，切实为"争创"活动和平安建设营造浓厚的舆论氛围。

（四）深入宣传各地各部门主要领导落实社会治安综合治理领导责任制，综合治理工作取得的实效。重点宣传各地各部门主要领导切实承担"保一方平安"的政治责任，落实"一把手"工程，对社会治安综合治理真抓实管的典型和成效。同时，准确、适时对那些社会治安综合治理措施不落实，治安问题严重的地区和单位，被实行社会治安综合治理一票否决的情况进行舆论监督，促进综治工作各项措施的有效落实。

（五）深入宣传社会治安综合治理工作取得的阶段性成果。全面反映综合治理工作所取得的显著社会效益；总结和宣传各地各部门在开展"争创"活动和平安建设中创造的好经验、好做法，大力宣传各地、各部门开展"争创"活动和平安建设的新思路、新实践和新成效，推动综合治理各项工作的全面落实。

（六）深入宣传社会治安综合治理工作先进典型。总结和宣传近年来特别是开展"争创"活动和平安建设以来，在综合治理工作中涌现出来的先进集体和先进个人；大力宣传综合治理工作在预防和打击犯罪、加强社会治安防范和矛盾纠纷排查调处等方面取得的重大成果；宣传综合治理战线艰苦奋斗、无私奉献和与时俱进的时代精神。

三、宣传方式

（一）搞好集中宣传。1. 每年3月份定为"综治工作宣传月"。要利用各种报道方式，集中开展对社会治安综合治理工作的宣传。2. 适时组织对各级、各部门领导以及专家学者进行专访，针对开展综合治理工作、"争创"活动和平安建设对构建和谐辽宁和加快老工业基地振兴的重要作用等方面内容进行报道。3. 适时组织新闻媒体宣传报道各地区、各部门在开展综合治理工作、"争创"活动和平安建设中取得的新进展和新成效，以点带面，激励和引导各地积极落实综合治理各项措施。

（二）加强动态宣传。1. 适时在新闻媒体开辟"综治"专栏、专版，全面宣传报道综合治理工作。2. 在新闻栏目中及时报道综合治理工作的新动态、新成果、新经验。3. 各级综治部门开设工作专刊，及时总结和宣传开展综合治理工作的经验和做法，以及各地开展"争创"活动和平安建设取得的经验和成效。

（三）坚持正面宣传。坚持团结稳定鼓劲、正面宣传为主的方针，把体现党的意志同反映人民群众心声统一起来，紧密联系各地实际，深入宣传我省振兴老工业基地面临的形势和任务，帮助干部群众增强构建和谐辽宁的紧迫感和必胜信心。

四、工作要求

(一)提高认识,加强领导。要切实提高认识,把社会治安综合治理宣传工作作为落实科学发展观,构建和谐辽宁的一项战略措施来抓。各级党委宣传部门要把社会治安综合治理的宣传工作纳入宣传工作计划。各级综合治理部门要会同党委宣传部门共同研究制定宣传计划,认真组织实施。

(二)解放思想,勇于创新。要紧密结合实际,研究新形势下社会治安综合治理宣传工作的新特点、新思路、新办法,在宣传内容、宣传形式、宣传手段上大胆创新,增强综合治理宣传的感染力,拓展综合治理宣传领域,充分发挥广大人民群众的创造精神和聪明才智,力求取得全省的整体效应,不断扩大综合治理工作的社会影响力。

(三)突出重点,加大力度。各级宣传、综合治理部门要根据宣传工作的重点和要求,紧紧围绕"争创"活动和平安建设实际,大张旗鼓地宣传综合治理工作先进典型,传播成功经验。要把宣传的着眼点放在广大人民群众积极参与"争创"活动和平安建设上,大力宣传综合治理工作取得的新进展、新成效,推动"争创"活动和平安建设顺利进行,为构建和谐辽宁营造良好的社会环境。

(四)把握尺度,正面引导。各级宣传、综合治理部门要全面领会中央和省委关于加强社会治安综合治理的精神,学习和掌握社会治安综合治理工作的基本方针、重要原则和主要内容。要严格遵守宣传纪律,特别是对反面典型进行公开曝光,要严格把握,注意社会效果。

辽宁省社会治安综合治理委员会组成人员情况

主　任:王唯众　省委常委、省纪委书记
副主任:李　峰　省委常委、省政法委书记
王　琼　省人大常委会副主任
闫　丰　副省长
张行湘　省政协副主席
肖　声　省高级人民法院院长
王振华　省人民检察院检察长
唐俊杰　省委政法委副书记
委　员:贾德茂　省委副秘书长
宋熙安　省人大内务司法委员会副主任
李　晋　省政协社会和法制委员会副主任
刘大民　省纪委副书记
朱　锦　省委政法委副书记
钱国梁　省委组织部副部长
周连科　省委宣传部副部长
李学政　省直机关工委副书记
李文喜　省公安厅厅长
张家成　省司法厅厅长
耿志杰　省国家安全厅厅长
闫庆文　省公安厅副厅长
闫建成　省综治办副主任
张耀军　省经贸委主任
仲跻权　省发展计划委员会主任
邴志刚　省财政厅厅长
赵国红　省人事厅厅长
薛　恒　省民政厅厅长
郑玉焯　省交通厅厅长
彭益民　省文化厅厅长
王正刚　省建设厅厅长
李铁民　省工商行政管理局局长
李秀君　省计划生育委员会主任
姜　潮　省卫生厅厅长
陈海波　省劳动厅厅长
张德祥　省教育厅厅长
万福民　省农业厅厅长
李厚朴　省广播电视局局长
张玉文　省地税局副局长
郭兴文　省新闻出版局局长
张荣胜　省通信管理局局长
陈铁新　省旅游局局长

张恩礼　沈阳铁路局党委常委、政法委书记
宋兴国　中国人民银行沈阳分行行长
张　征　省总工会副主席
孙国相　团省委书记
高　鹏　省妇联主席
姜凤羽　辽宁日报社社长
赵首先　省电力有限公司总经理
谭万庚　民航东北管理局局长
吴野亭　中国人民保险公司辽宁省分公司总经理
黄永贤　沈阳军区政治部保卫部部长
于广文　省军区副参谋长
许景刚　省武警总队副政委

办公室主任:唐俊杰(兼)

辽宁省综治办机构组成情况

省社会治安综合治理委员会办公室与省委政法委机关合署办公,省综治办主任由省委政法委副书记唐俊杰兼任,副主任由闫建成担任(副厅级),下设两个处,为综合治理协调处、综合治理督察处。

辽宁省各市、县(市、区)综治委、办主任名单

地　区	综治委主任	综治办主任
沈阳市	刘雅琴	于凌舜
沈河区	赵玉文	刘　丰
和平区	翟焕珍	田天福
大东区	白　石	邱祖安
皇姑区	王　东	于明海
铁西新区	周荣生	白维国
苏家屯区	李德平	靳景华
东陵区	王建英	谢洪臣
新城子区	佟树良	关文杰
于洪区	杜志刚	赵明利
新民市	吴志中	段成刚
辽中县	翟　克	李剑英
康平县	李兴文	李晓光
法库县	何忠良	闻喜巍
朝阳市	姚惠钧	李建威
双塔区	李德让	高文雅
龙城区	伊凤春	李　娇
北票市	周玉华	孙向东
凌源市	黄宝君	杨　军
朝阳县	张志军	李海英
建平县	魏景祥	张守范
喀左县	谷永舫	刘明清
阜新市	于言良	于　洋
海州区	王秋博	郑树新
新邱区	米春年	齐晓光
太平区	李建平	陈贵彬
清河门区	毕诗英	王志权
细河区	梁　凯	张殿荣
彰武县	张首山	王　占
阜蒙县	丁　洋	郝学全
经济技术开发区	杨国志	王玉莹

地　区	综治委主任	综治办主任	地　区	综治委主任	综治办主任
高新科技园区	钱志军	黄志杰	**丹东市**	杨　峰	李公昌
			振兴区	姜存彤	方　君
铁岭市	周美英	夏宝珍	元宝区	史晓明	董传红
银州区	黄永文	徐士联	振安区	杨相继	管恩杰
清河区	任凤燕	万世英	凤城市	常春梅	李宝忠
调兵山市	杨立志	王志振	东港市	刘　伟	王　忠
开原市	刘　杰	王　涛	宽甸县	赵清超	姜凤英
铁岭县	王赤光	尤经让	**大连市**	里景瑞	吕东辉
西丰县	杨其科	井维丰	西岗区	林　强	张　燕
昌图县	李彦君	张春青	中山区	宋国伟	艾　军
开发区	张铁军	付立启	沙河口区	单　义	刘德才
抚顺市	陈　雍	王献庭	甘井子区	刘维木	魏艾军
顺城区	王文晶	张祖华	旅顺口区	邹振松	夏翠萍
新抚区	商泽友	吴成刚	金州区	吕国斌	贾明琨
东洲区	王　超	时亨庆	瓦房店市	王明安	孙　敏
望花区	王　栋	王家玉	普兰店市	于临奎	王继晓
抚顺县	张志江	吴国英	庄河市	何　彤	赵旭奎
新宾县	张国枢	徐　杰	长海县	于景波	王　恒
清原县	黄宝华	张宝权	开发区	刘德成	姜庆志
本溪市	赵长愉	杨鸿印	**营口市**	王恩来	白金玉
平山区	李建国	郭成生	站前区	解志明	翟忠满
溪湖区	张绍军	孟宪奎	西市区	杨学丹	王　军
明山区	范大明	王　罡	老边区	黄兴利	刘玉平
南芬区	曾　凯	王玉友	大石桥市	王冠茹	胡伟光
本溪县	刘福全	李　强	盖州市	夏天成	王　平
桓仁县	侯玉若	韩立仁	开发区	曾凡忱	任怀军
辽阳市	高　军	贺绍磊	**盘锦市**	齐继慧	王永伟
文圣区	王太斌	张　军	兴隆台区	王德友	王　罡
宏伟区	刘玉庄	李凤山	双台子区	李大森	盛子明
辽阳县	李洪金	刘宪安	大洼县	马晓春	李洪海
弓长岭区	党　辉	杨丽莎	盘山县	杨　兵	刘亚明
太子河区	罗明浩	李来宇	**锦州市**	李玉霞	王丽萍
灯塔市	马文忠	陈雪松	古塔区	夏万福	张国华
鞍山市	张庆岩	周维成	凌河区	王立维	张桂林
铁东区	周忠武	马克尧	凌海市	郭耀宗	李益人
铁西区	黄　凯	王德成	北宁市	李印学	王铁林
立山区	杨晓安	孙俊杰	黑山县	王爱军	张建平
千山区	秦延清	佟铭江	义　县	陈学谦	李晓光
海城市	刘长彬	孟祥文	太和区	祁凤海	王　军
台安县	刘彦明	唐万东	开发区	梁立满	苗雅丽
岫岩县	杨晓春	赵立文	高新区	张志军	张玉志

地　区	综治委主任	综治办主任
葫芦岛市	闫　生	仲建国
龙港区	蔡益民	赵　博
连山区	傅维升	刘世富
南票区	石宝利	杨　懿
兴城市	王小峰	赵友谊
绥中县	程福顺	张文昌
建昌县	苏英生	于　昌
沈阳铁路局	张恩礼	杜承祺
辽河石油勘探局	黄　刚	汪忠德

（撰稿人：徐镇韬
审稿人：闫建成　徐龙刚）

吉 林 省

2006 年社会治安综合治理工作概况

2006 年,吉林省在社会治安综合治理和平安建设工作中,本着“根本抓领导、核心抓机制、基础抓投入、关键抓奖惩、长远抓保障、总体抓配合”的工作思路,始终坚持“发展是第一要务,稳定是第一责任”,做到了两手抓,两手硬,实现了工作的“六个到位”即:领导重视到位,思想统一到位,组织保障到位,宣传引导到位,目标明确到位,权责划分到位。保证了全省的社会和谐稳定,经济快速发展,人民群众的安全感得到提升,社会治安综合治理和平安建设工作成效显著。全省刑事发案同比下降 2.7%,杀人、绑架、强奸、抢劫等影响群众安全感的案件全部下降。国家统计局抽样调查显示,2006 年全省群众对社会治安满意度达 93.8%,创造了改革开放以来的新高。

一、夯实基础,狠抓落实,完善综治工作和平安建设机制

一是组织和人员保障机制。全省各地都成立了平安建设的领导机构和办事机构,各市州创建办公室的专职工作人员都达到 8 人以上,各县(市、区)创建办也达 5 人以上,乡镇街创建办大部分达 3 人以上。

二是平安创建奖惩激励机制。省里每年都要下发《全省市、州建设平安吉林及综合治理责任状完成情况检查考评办法》,全省各地也结合各自实际,制定下发了本地《平安创建活动考核评比办法》,把社会治安综合治理同领导责任、领导任期目标结合起来,将社会治安综合治理目标管理同责任人的政治荣誉、政绩考核和职级提升挂钩,同评选文明单位和企业晋级挂钩,严格实行社会治安综合治理一票否决权制。通过实施一票否决权制,切实增强了各地、各部门、单位保一方平安的政治责任感和使命感,调动了社会各方面全力维护社会治安的积极性,使综合治理工作一级抓一级,一级对一级负责,促进了齐抓共管局面的形成。

三是经费保障机制。各地在财力紧张的情况下,仍拿出相当一部分经费来从事平安建设和综合治理工作。延边州政府和省边防总队共同出资 254.7 万元,先后在全州 4 个主要边境县(市)一线村屯为 2326 户村民家中安装了 BF—01 型联动报警装置。松原市、县(区)两级社会治安综合治理的专项经费财政列支 105 万元,市县(区)两级为创建办拨付办公经费 90 多万元,市直政法部门共投入创建经费 870 万元。白城市仅为支持市公安局开展平安创建工作就投入了 2000 余万元。修建派出所 25 个;投资 100 多万元购买了 GSM 移动用户位置搜寻定位系统和 C 网 G 网行动技术阵地控制系统等科技装备;拨专款 80 多万元购买巡逻专用警车 20 台;投资 30 万元购买计算机 60 多台;投入 40 余万元为巡逻防控民警装备 350 兆无线集群通信系统。通化市政府投资 1000 万元,为安监局安装了远程瓦斯监测监控系统,解决了 9 名事业编制成立了监控中心,实现了市、县、矿三级远程监控。试运行以来,共接到瓦斯超限报警 128 次,自动断电 67 次,有效地避免了煤矿安全生产恶性事故的发生。通煤集团也投资 100 余万元安装了瓦斯电子监测监控系统。

二、立足实际,致力改革,创新综治工作和平安建设的新思路、新办法

全省各地在社会治安综合治理和平安建设工作中,从本地实际出发,因地制宜,大胆工作,创造出许多实用、有效的办法和经验。

吉林市积极构建防控“五张网”工程。社会面动态巡逻防控网,建立市区两级机动巡逻警区,实行 24 小时全天候巡逻。治安联防网建设,在市区重点易发部位建立了 100 个样式统一的治安岗亭，组织 8000 人治安联防队伍，依托治安岗亭开展社会面巡逻，各县（市）按此标准建立了 708 个治安岗亭。机动治安防控网建设，市综治办与都市 110 电台、出租车管理办公室密切配合，调动全市出租车司机协助打击现行违法犯罪。社区村屯防控网建设，将 3 万余名社会闲散居民和村民，组建成义务自防巡逻组织，依托村屯的 708 个治安岗亭、治安值班室，确保农村治安形势稳定。技防网络建设，重点加强企业内部、主要街路的技防设施及内部安全防范机制建设。

长春市建立了“三防联动网络管理平台”。以保洁大队义务巡逻治安员作为社区周边街、路第一道防线；把社区内部清扫员和保洁员纳入到综合治理工作当中，佩戴标志，在自己负责的地域和场所巡逻看护，从而建立社区内部第二道防线；以楼道长、组长、片长作为第三道防线，“三防联动网络管理平台”使可能发生的案件率降到最低。

白山市“两门两灯”和旧楼防护栏改造力度进一步加大。新装“两门一灯”42385 个，巷道路灯 2510 组，市区巷道路灯的安装率达到 100%。全市楼房防盗门、楼宇程控门安装率和外凸式防护栏改造率达到了 89%，楼道声控灯安装率达到 90%。

通化市开展树立 10 个乡（镇、街）、100 所学校、1000 个村屯（社区）为基层平安建设示范单位的“十百千”活动，活动开展以来，各县（市、区）分别在示范单位以现场会的形式推广经验，促进了“十百千”工程建设的落实。

三、部门配合，各尽其责，使综治工作和平安建设真正成为社会系统工程

省直各成员单位高度重视综治工作和平安吉林建设工作，认真贯彻落实省委省政府、省建设平安吉林领导小组及办公室的工作部署，使平安建设和本部门业务工作同步推进。

省公安厅严厉打击各种犯罪活动，全省现行命案破案率达到 90.8%，命案侦破率在全国排名第 8 位，命案攻坚工作被公安部推广经验。深入开展打黑除恶专项斗争。全省共搜集涉黑涉恶犯罪线索 1270 条，打掉涉黑涉恶犯罪团伙 331 个，破获刑事案件 1643 起，抓获犯罪嫌疑人 1388 人，缴获赃款赃物总价值 1 亿多元，挖出了一批涉案保护伞。全省检察机关积极开展创建“优秀青少年维权岗”活动，受到高检院的通报表扬。省法院深入开展维护国防利益和军人军属合法权益工作，加强“维军权”法庭（合议庭）建设，加强涉军案件审理，进一步完善军权工作常态机制，充分发挥了“维军权、解军难、稳军心”的重要作用。省司法厅开展的“三争”活动量化目标管理考评工作，得到省委、司法部的肯定。全省监狱系统无脱逃事故，劳教单位实现了“六个零”目标。省交通厅对交通系统下发了建设“平安交通”活动考评暂行办法，并将安全生产纳入“平安交通”评比之中。省劳动和社会保障厅通过做好就业和社会保障工作来推动建设“平安吉林”活动，由政府出资购买公益性岗位招聘专职治安员，较好地解决了专职治安员队伍建设经费不足的问题。团省委综合施策，全面强化青少年思想道德素质，组织各级团组织积极开展“青少年违法犯罪社区预防计划”、“未成年零犯罪社区”创建活动，促进了预防青少年违法犯罪工作的深入开展。省妇联将“平安家庭”创建活动纳入省及各地平安创建活动的整体规划之中。省教育厅积极推进“平安和谐校园”的创建工作，保证了全省校园的安全稳定。省安全生产监督管理局围绕平安建设，突出抓好重点行业和领域的专项整治，取得了明显成效。

社会治安防控体系建设情况

2006 年，全省坚持“打防结合、预防为主”的方针，结合创建平安吉林活动，狠抓人防，巩固物防，扩大技防，大力开展农村警务感，全省新增驻村民警 100 余人，新建农村警务室 80 个；制定了

《吉林省专职治安员招聘、管理、使用暂行规定》，加强专职治安员队伍的规范化建设，专职治安防范队伍已达到了25567人；采取财政投入和单位、居民筹资等多种形式，在城市社区、公共场所建立治安岗亭和警务室，省已建成989个社区警务室，全省城市社区覆盖率达到了73%；城区住宅楼普遍安装楼宇对讲电控防盗门、声控照明灯和居民防盗门，加大对旧有防护栏的改造力度，不断扩大了物防的覆盖面；在金融单位、大型商场、重要交通道口和条件好的物业小区，安装报警装置和闭路电视监视系统，并与公安机关"110"、公安派出所联网；结合社会主义新农村建设，召开了农村社会治安防控体系建设现场会，总结并在全省推广了梅河口市开展农村平安建设的经验。

长春市大力加强人防工作。强化全市保安员队伍建设，制定了《关于在全市招聘社区专职治安员工作实施意见》，使专职治安员招聘规范化。同时，针对万余名保洁员路面作业时间长、活动面广的优势，在全市实施保洁员一岗双责参与义务治安巡逻。此外，长春市还加大了物防投入，全市城区所有社区全部配备综治警务巡逻车，有效加强了基层机动防范力量。

吉林市加大社会面治安控制，构建社会面动态巡逻防控网。将市区划分为15个巡逻警区、33条主要街路，以巡警、武警为条，以基层派出所为块，开展三警合一的"网格化"巡逻，并建立了人车捆绑、轮网轮值的责任机制，确保警力常在、警车常巡、警灯常亮。在市区的主要街路、易发案部位、公共场所等地点建设了100个样式统一的治安岗亭，建立了1000个值班考勤打卡箱，利用吉化公司充实到社会公益岗位的人员、选聘6000人组建专职治安巡逻队，依托治安岗亭开展市区社会面的治安巡逻。

延边州针对边境社会治安的特点，继续完善党政军警民"五位一体"合力治边工作机制，在边境构建"点、线、面"立体防控体系。即"点"上抓联防。在全州边境一线村屯全部建立了联防队，配合解放军部队、公安边防部队、国家安全机关，开展执勤、巡逻、清查、堵截、宣传、走访等工作。"线"上抓监控。明确解放军、公安边防部队为主力，并贯彻"统一使用、合理集中"的原则，编成一线、二线管控群、机动支援群、综合保障群，各群均由若干个队（组）组成，合理分布于边境全线，强化边境一线堵、二线截、三线查措施。"面"上抓联动。充分发挥"边境110"作用。即边防派出所将辖区内村屯群众的户数、住宅、人口等自然情况纳入到警务管理系统中，并将接警电话与边民家中的联动报警装置联网，自安装联动报警装置以来，群众举报扭送朝方非法越境人员占总抓获人数的比例上升了9.5%。

白山市加大技防的覆盖范围，全市四个县市区全部安装了城区电子监控系统的任务，全市各类单位新装报警器7429个。同时，在社区建立了集"社区委员会、警务室、综治办、调委会、专职巡逻队、义务治安员"六位一体的社区治安防控体系，公安机关实施社区警务战略，全部实现了一区多警。在农村，通过采取有偿巡逻、治安承包、义务巡逻、治安十户联防和季节看护等形式，实现了村村都有治安防范组织。实现"三无村"（无违法犯罪人员、无刑事案件、无灾害事故）256个，占行政村总数的51%。

松原市构建了以公安民警为主力，专兼职治安员为骨干，义务巡逻队为补充的治安防控队伍。整合巡警、交警、辅警等巡防力量，网格化布警，形成了"市局—分（县）局—派出所"三级巡逻模式。建立治安防控运行机制。从点、线、面入手，以点串线，以线带面，守、巡、控并举，线上巡，点上守，面上控，通过加强巡逻防控，街头抢劫、斗殴等违法犯罪活动得到了有效遏制。同时，大力整治吉林油田等大型企业周边治安环境，开展了多种形式的企地联防工作。

白城市实施了全方位的社会治安巡逻防控工程。在市财政紧张情况下拨专款80万元为市局购置了20台巡逻专用车。制定下发了《白城市治安巡逻防控工作方案》，构建起了派出所民警、治安员进入居民区和商业网点巡点，交警沿街路巡线，机关民警沉入社区巡面，点、线、面相结合，车巡与步巡相结合，夜巡与日巡相结合的全天候、全方位、立体化、网络化的治安巡逻防控体系。强化了专职治安员队伍规范化管理，制定出台了《公安派出所专职治安员管理办法》。在农村，打破了原有单户单防的模式，逐渐向多户联防转变。农村相邻的经营大户共同安装防盗报警器，相邻住宅户安装"并网式"报警器，达到了一家有警，全邻相助的效果，构筑了覆盖农村的人防、物防、技防相结合的治安防控网络。在城市，小区的出入口建立门卫室，并将门卫室纳入到各警务区的值勤岗建设之中，使其成为警民联勤联防工作的联系点。在市区主要街路安装了32个可视监控器，对突发事件可及时调动警力，加大了对各类违法犯罪活动的打击力度，使城区主要街路的治安环境得到明显的改善。

矛盾纠纷排查调处工作情况

2006年，吉林省积极维护社会稳定，认真开展矛盾纠纷排查调处工作。做好因农村土地征用、国有企业改制、城镇房屋拆迁、城乡社会保障等引发的社会矛盾调处工作；集中处理信访突出问题和群体性事件，建立定期排查、重点排查和超前排查制度，实行领导包案责任制，建立健全维护稳定工作责任体系。2006年，全省县以上信访机关共接待群众来信来访44.4万件（人次），同比下降15.8%；发生群体性事件和参加人员同比分别下降16%和20.3%；全省没有发生在全国有重大影响的群体性事件。

一是党委政府高度重视矛盾纠纷排查调处工作，把维护社会稳定摆上全局工作重要位置。将矛盾纠纷排查调处工作纳入社会治安综合治理领导责任制，坚持"属地管理"和"谁主管、谁负责"、"谁经营、谁负责"的原则，实行分级负责、归口调处的制度，积极主动地加强组织协调和督促检查。

二是积极主动地开展矛盾纠纷排查调处工作。坚持全省性的定期排查和基层的经常性排查，在重大节日和敏感时期超前开展排查，对突出问题及时进行专项排查。长春市综治成员单位每季度开展一次集中排查调处，县（市）、区每两个月开展一次，乡（镇）、街每月开展一次。把排查结果梳理归纳，登记造册，建立档案，逐级确定重点，落实工作责任。定期召开排查调处工作协调会，逐级建立并坚持重大矛盾纠纷的督办制度，努力把矛盾纠纷化解在基层、化解在内部、化解在萌芽状态。延边州制定了《"矛盾纠纷调解年"专项活动实施意见》，动员全州各基层组织广泛开展了"矛盾纠纷调解年"专项活动。同时，针对林农矛盾突出的问题，积极化解林农矛盾，维护林区社会稳定。松原市每月都组织开展矛盾纠纷排查调处工作，实行"零报告"制度。增强排查的针对性，查矛盾隐患、查纠纷苗头、查突出问题，对排查出的影响全市稳定大局的不稳定因素进行认真分析，根据隐患存在部位，逐一落实了责任单位和责任人，使一些苗头性、突发性的问题得到了及时解决。

三是不断加强矛盾纠纷排查调处工作规范化、制度化建设。全省所有乡镇（街道）的综治机构和专兼职工作人员，都承担矛盾纠纷排查调处的职责，做到有机构、有人员、有经费、有办公地点。健全完善基层综治组织体系和网络，把矛盾纠纷排查调处作为其首要任务。长春市强化村（居）委会调委会的职能，大力发展区域性、行业性调解组织。强化乡镇、街道、社区民调网络规范化建设；强化人民调解工作业务建设，努力预防和减少"民转刑"案件和群体性矛盾纠纷事件的发生。辽源市加强乡镇街道司法所建设，全市投入50万元用于改善基层司法所办公装备条件，配齐了司法所工作人员；并由县区司法局统一组织，对乡镇街司法干部、村和社区调解主任全面进行了业务培训，提高了他们依法调解各种民间纠纷的能力。同时，推动乡镇街道综治维稳工作中心建设。全市44个乡镇街道全部建立起综治维稳工作中心，各县区统一规划，做到有机构，有人员，有办公室，有牌匾，有工作制度，整合了基层公安、司法、民政、信访、土地、劳动等部门的工作力量，共同化解矛盾，提高了解决复杂问题的能力。白山市制定了《白山市人民政府领导信访工作责任制》，建立了市县领导接待日和领导包案制度，市、县（市、区）、乡镇街、村（社区）成立了"人民来访中心"和"人民内部矛盾调处中心"，构建了四位一体的信访工作网络体系。

实施“为了明天工程”情况

一是召开了2006年吉林省“为了明天——预防青少年违法犯罪”论坛。长春、吉林相继开展预防工作领导小组的制度化与规范化建设，畅通成员单位之间的交流渠道，建成预防青少年违法犯罪工作网络。白城、松原等地开展预防青少年违法犯罪征文活动，吸引社会各界的关注和参与；并运用公益广告、集中宣传等多种形式，广泛宣传“为了明天工程”，增强青少年和广大群众预防犯罪的意识。

二是深化“未成年人零犯罪社区”和“为了明天工程示范县市”创建活动。深入实施“青少年违法犯罪社区预防计划”，推广全国社区闲散青少年信息管理系统在社区的应用。通过摸底排查、建档立卡等措施，掌握闲散青少年的底数，分析闲散青少年的成因，有针对性地采取措施。深入推进社区青少年学校工作。在工作对象上，加强对年龄在14—25周岁之间，不在学校读书、尚未就业或没有固定工作、缺乏或没有家长监管的闲散青少年管理、帮教和帮辅工作；在工作内容上，突出加强思想上疏导，生活上解困，学习上帮助，行为上纠偏，就业上扶持；在工作力量上，组织和充分发挥优秀“青少年维权岗”和社工志愿者等社会力量的作用，走进社区，开展对闲散青少年帮辅和问题青少年帮教工作，把违法犯罪的倾向和行为消除在萌芽状态。

三是深入实施未成年人“关爱行动”。加大打击操纵控制流浪儿童的组织或个人，打击非法使用童工、拐卖未成年人等犯罪活动，打击制售淫秽“口袋本”图书和有害卡通画册以及不良游戏软件。大力开展“扫黄打非”整治活动，针对“黄、赌、毒”、校园及周边环境混乱等问题，开展专项行动，净化了青少年健康成长的环境，预防和减少了青少年违法犯罪的发生。永吉、图们等地还开展了“青春红丝带”预防艾滋病活动，帮助青少年掌握艾滋病防治知识，提高自我保护意识，增强预防艾滋病的技能，促进青少年的健康发展。

四是进一步加强12355青少年维权和心理咨询服务热线和网站建设。依托“青少年法律援助中心”和“青少年心理健康咨询诊室”，加强了12355青少年维权和心理咨询服务热线和网站建设，从心理咨询、法律援助、维护权益等方面为青少年提供免费法律咨询和心理咨询服务。热线引起社会各方面的广泛关注，共接到在校大中学生、中小学生及家长、新闻媒体等咨询电话350多个，处理反馈了300余人次。

五是在青少年学生中广泛开展青少年网上健康行活动。大力普及网络知识和网络法制教育，通过组织青少年学生参加签字仪式等方式，教育他们自觉杜绝非法网络信息的不良影响。通化、白城针对非法网吧、不良网络信息和电子信息产品开展了专项打击行动，联合“优秀青少年维权岗”开展了“安全放心网吧”、校园“阳光网室”建设活动，对学校周围的网吧进行监督检查，肃清了非法网吧，整治了学校周边环境，最大限度地消除了网络带给青少年的负面影响。

六是在“国际禁毒日”期间，积极开展了“社区青少年远离毒品”行动。通过在校学生走上街头进行宣誓等活动，呼吁市民特别是青少年珍爱生命、自觉远离毒品危害，使广大市民和青少年受到了良好的禁毒知识教育。长春通过组织禁毒青年志愿者服务队，深入学校、社区、街道张贴禁毒宣传画，向广大市民宣传禁毒知识，共张贴宣传画50多张、发放宣传手册近1500份，增强了广大青少年的拒毒、防毒意识，得到社会和广大青年的认可。

开展重点整治和专项行动情况

2006年，全省公安机关坚持严打方针不动摇，全面落实严打整治各项措施，紧紧抓住影响社会治安稳定的突出问题，组织开展专项斗争和整治行动，有力地维护了治安大局稳定。全年共破获刑事案件65379起，与上年同比上升0.9%；其中破获年内案件41793起，同比上升2.3%；破获年前案件17383起，同比上升5.9%；共抓获犯罪嫌疑人27323名。

一、深入开展“打黑除恶”专项斗争

全省各级公安机关在深入摸排的基础上，全力进行攻坚，特别是加大异地用警、异地侦办力度，取得了较好的效果。2006年，全省共打掉涉黑涉恶团伙155个，其中省督团伙28个；抓获犯罪嫌疑人1078人，其中省督逃犯30人；移送起诉848人，劳动教养57人；共破案1183起，缴获枪支48支，收缴涉案财物总值近1.5亿元人民币。

二、继续深化侦破命案工作

各地认真贯彻落实公安部“郑州会议”精神，狠抓《吉林省公安厅关于进一步加强侦破命案工作的意见》的落实，取得了良好成效。2006年，全省共破获现行命案908起，破案率为93.2%，破获命案积案98起，抓获外省命案逃犯120名，协助外省破获命案58起。全省各市、州公安机关的现行命案破案率均达到90%以上，实现了“两降一升”和“两个确保”的目标。全省有35个县级立案单位实现命案全破，有11个县级立案单位年内未发生命案，比上年均有增加。特别是各级领导高度重视和社会各界广泛关注的桦甸“6·20”、通化市“6·22”、“9·24”、长岭县“7·09”、汪清县“7·29”等一批在全省甚至全国有影响的特大杀人案在短时间内迅速告破，9起一杀三人以上的命案全部破获，打出了吉林公安的威风和士气。

三、积极推进打击“两抢一盗”犯罪专项斗争

继续把多发性侵财犯罪作为打击重点，相继组织开展了侦破“两抢一盗”系列案件竞赛活动、“打击盗抢汽车犯罪区域联手行动”和打击盗窃汽车东北三省区域联手行动。2006年，全省破获“两抢一盗”犯罪案件46952起，抓获“两抢一盗”犯罪嫌疑人14088名，检察机关共起诉“两抢一盗”案件犯罪嫌疑人8806名，追缴赃车636辆。相继攻克了伊通“5·29”30万元现金被盗案、“12·01”珲春市紫金矿业公司120万元金沙被盗案、“12·29”长春67万现金被抢案等一批大案要案，有效遏制了刑事犯罪不断攀升的势头。2006年，全省“两抢一盗”案件立案同比下降5.8%，盗抢汽车案件立案同比下降19.7%，取得了长足的进步。

四、全面掀起禁毒人民战争

坚持禁吸、禁贩、禁种、禁制“四禁并举”的方针，全面开展禁毒预防、禁毒严打和堵源截流、禁吸戒毒、禁毒管理四大战役。全省公安机关共破获毒品犯罪刑事案件400余起，抓获毒品犯罪嫌疑人员500余人，打掉涉毒犯罪团伙30多个，收戒吸毒成瘾人员1200余人(次)，有力地震慑了毒品违法犯罪活动的嚣张气焰。

五、严厉打击经济犯罪，维护经济安全

认真分析经济犯罪规律特点，组织开展打击侵犯知识产权、非法传销、商业贿赂、假币犯罪、金融领域犯罪等专项行动，破获经济犯罪案件1480起，打处犯罪嫌疑人1485名，挽回经济损失9.3亿多元。特别是成功侦办了中纪委移交、涉案金额高达20亿元的“8·16”虚假出资、合同诈骗案，涉案金额12.6亿元的四平市“3·21”案等一批大要案件，受到中纪委和公安部的充分肯定。

六、各类专项整治扎实有效

认真贯彻落实公安部“八条措施”，积极开展校园及周边治安秩序整治工作，被教育部、公安部确定为全国两个先进省份之一。严肃查处各种“黄赌娼”违法犯罪活动，打击涉黄犯罪“劲风”行动得到公安部领导肯定。紧紧把握本省边境和出入境管理的特殊形势，高度重视并认真落实境外人员、境外组织管理措施，成功制止和化解了一批境外组织制造的敏感事件。大力开展清理“三非”外国人专项行动，查处“三非”外国人1200余名，破获偷渡等涉外刑事案件近140起。“边境110”工作在全国综治会上介绍经验。加大火灾、交通隐患整治力度，火灾事故起数、死亡人数、受伤人数同比分别下降6%、48.9%、70.7%；交通事故起数、死亡人数、经济损失同比分别下降23.2%、11.9%、17.1%，死亡人数同比减少290人，全省未发生死亡10人以上的特大交通事故。

2006年全省刑事发案同比下降2.7%，杀人、绑架、强奸、抢劫等影响群众安全感的案件全部下降。国家统计局抽样调查显示，2006年全省群众对社会治安满意度达93.8%，创造了改革开放以来的新高。

基层基础建设情况

一、基层组织建设情况

2006年，全省认真贯彻中央关于加强乡镇（街道）综治组织建设的文件精神，把乡镇（街道）综治机构设置、人员配备、经费保障等有关规定落实到位。全省877个乡镇（街道），全部成立了综治办，全部配备了专抓副职，共配备专职工作人员1172人，平均每个乡镇、街道有专职工作人员1.3人。各地采取抓试点等多种措施，因地制宜地在乡镇街道建立以综治办牵头，派出所、法庭、司法所、土地所等多个部门参加的工作中心，以集中办公、集中接待，分流处理的方式，解决群众上访等各种基层矛盾纠纷。公安机关开展了为期三年的“抓基层、打基础、苦练基本功”工程建设。全省已投入公安机关“三基”建设专项经费8亿多元。大力开展农村警务探索，全省新增驻村民警100余人，新建农村警务室80个。

二、基层队伍建设情况

2006年8月，省综治办在梅河口市举办了全省市（州）、县（市、区）综治办主任培训班。各地对于综治干部的业务培训工作也给予了足够重视，全省所有的市（州）和绝大多数县市区都举办了综治人员培训班。省综治办制定了《吉林省专职治安员招聘、管理、使用暂行规定》，加强专职治安员队伍的规范化建设，专职治安防范队伍已达到了25567人。

吉林省社会治安综合治理委员会关于实施“爱民固边”战略深入开展建设平安边境乡镇活动的意见

（2006年1月24日）

2005年，省委、省政府作出了建设“平安吉林”的决定。省综治委结合我省边境地区实际，组织开展了建设平安边境乡镇活动，各级党委、政府高度重视，自觉将建设平安边境乡镇作为建设平安吉林的一项重要内容，采取有效措施，进一步加强边境治安防控体系建设，广泛动员组织群众，开展群防群治，促进了边境地区安全稳定，群众安全感不断增强。去年8月，省委政法委、省综治委在延边州召开了建设平安边境乡镇现场会，对深入开展平安边境乡镇建设起到了积极的推动作用。为推进建设平安边境乡镇活动的深入开展，努力构筑边境地区维护安全稳定的战略屏障，为振兴吉林老工业基地和建设社会主义新农村创造平安和谐的边境治安环境，按照《中共中央办公厅、国务院办公厅转发的〈中央政法委员会、中央社会治安综合治理委员会关于深入开展平安建设的意见〉的通知》(中办发[2005]25号)和《吉林省2006—2020年社会主义新农村建设实施纲要》的要求，根据公安部关于实施"爱民固边"战略的部署，省综治委决定用三年时间，实施"爱民固边"战略，深入开展平安边境乡镇建设活动。

一、充分认识实施"爱民固边"战略的重大意义，将"爱民固边"战略纳入建设平安吉林整体规划

实施"爱民固边"战略，就是要关心、爱护和帮助群众，广泛宣传和发动群众，依靠群众，巩固边疆，维护边境稳定，维护边境治安秩序，共同筑牢铜墙铁壁，实质就是"以民为本、稳固边防"。实施这一战略符合党中央提出的打防结合、预防为主、专群结合、依靠群众的工作方针，符合构建和谐社会、振兴吉林老工业基地和建设社会主义新农村的总体要求，符合建设平安吉林、建设平安边境乡镇的具体部署。对此，各边境地区党委、政府要强化大局意识，充分认识实施"爱民固边"战略的重大意义，将实施"爱民固边"战略置于构建社会主义和谐社会的大背景下去谋划，纳入社会主义新农村建设和平安建设的总体规划，加强领导，精心组织，强化措施，加大支持公安边防工作的力度，及时研究解决边境基础建设中的困难和问题，确保"爱民固边"战略的实施，推动平安边境乡镇建设的健康发展。

二、全面加强边境治安防控体系建设，严厉打击边境地区各类违法犯罪活动，切实维护边境、口岸安全稳定

要在地方党委、政府领导下，将边境治安管理纳入社会治安综合治理体系，建立党委、政府牵头，职能部门齐抓共管，社会各界共同参与的边境治安综合治理机制，确保边境安全稳定，推动平安吉林建设深入开展。

要坚持"打防结合、预防为主、专群结合、依靠群众"的工作方针，进一步落实《吉林省社会治安综合治理防控体系建设实施规范》，推进治安防控体系建设走上群众化、社会化、市场化、科技化、专业化的路子，构建"大治安"、"大防控"的格局。要采取"政府引导、社会介入、出资人受益"的方式，加大对科技防范的投入，不断提高治安防范设施的科技含量，逐步扩大电视监控、无线报警等科技防范设施的覆盖面，在城镇主要街道、商业繁华区、重点部位、治安复杂场所和重点单位广泛实行技术防范，并逐步推广落实到社区、企业单位和家庭。今年，在边境一线农村逐步推广联防报警装置，在有条件的农村边防派出所推广"边境110"。通过设立警务室、执勤点等方式，探索警民互助、快速反应的边境治安管控模式，构建点线面有机结合、整体联动的边境防控网络。各级公安机关要严密边境地区社会面控制。严格对出租房屋、公共娱乐服务场所、特种行业的检查，整治校园周边秩序。要切实加强边境治安管理，适时开展专项行动，清理打击境外非法越境人员，杜绝和减少越界采集、捕捞等问题发生。加强与邻国边防机关的警务交流合作，共同防范打击各类跨境犯罪活动。要进一步加强口岸反偷渡和查控工作，防范境外敌对势力、恐怖分子和各类犯罪人员从口岸潜入潜出。要切实加强边境一线控制，从源头上减少境外人员非法越境和偷渡的发生。强化专案侦查，破大案、抓毒枭、摧网络、断通道，始终保持对毒品犯罪的高压态势。

三、切实维护边境地区人民群众利益，积极预防和有效化解各种社会矛盾，筑牢维护边境稳定的防线

实施"爱民固边"战略必须紧紧围绕建设和谐吉林的目标，关心人民群众疾苦，完善社会保障体系，积极预防和有效化解人民内部矛盾，保证改革开放的顺利进行，全力维护边境地区社会稳定，整体推进经济社会协调发展。要以建立健全长效工作机制为核心，以加强基层基础工作为重点，以落实社会治安综合治理各项措施为主线，突出抓好各类矛盾纠纷排查调处工作，筑牢维护边境稳定第一道防线。要整合基层维护稳定力量，进一步抓好边境乡镇（街道）综治中心和矛盾纠纷调处工作中心建设，进一步扩大覆盖面，并充分发挥其作用。通过基层社会治安综合治理工作网络，及时了解群众关注的热点、难点问题，明确和落实疏导化解责任，把矛盾纠纷化解在基层，化解在萌芽状态。要积极预防和妥善处置边境地区群体性事件，落实社会稳定预警机制、矛盾纠纷排查调处机制、应急处置机制和责任追究机制，确保一旦发生群体性事件能够发现得早、化解得了、控制得住、处置得好，切实维护边境地区社会和谐稳定。

四、明确“爱民固边”战略工作目标，切实抓好平安边境乡镇活动各项任务的落实

在边境地区实施“爱民固边”战略是一项系统工程，是建设平安边境乡镇活动的一项具体措施，其基本目标是：通过三年的努力，形成党委、政府统一领导，综治部门组织协调，公安边防机关发挥职能作用，有关部门积极配合，人民群众广泛参与的工作格局；边境、口岸安全稳定，辖区治安秩序良好；边境地区防范和打击境内外敌对势力、敌对分子破坏活动，处置边境突发事件的能力和水平有明显提高；社会治安防控体系建设不断完善，人民群众内部矛盾纠纷调处工作水平提高，人民群众安全感明显增强；政法队伍整体素质提高，公安边防机关基层基础工作扎实，执法执勤质量明显提高，战斗力明显增强；警政、警民关系和谐。各地要真正将这一战略纳入平安边境乡镇建设整体规划之中，明确工作目标，认真组织实施，切实抓好落实。省综治办和省公安边防总队将适时组织对各地实施“爱民固边”战略，深入开展平安边境乡镇建设活动情况进行检查考核，并纳入建设平安吉林考核体系之中，兑现奖惩。

吉林省综治办
吉林省公安厅
吉林省劳动和社会保障厅
吉林省专职治安员招聘、管理、使用暂行规定

（2006年3月28日）

第一章　总　则

第一条　为维护社会稳定，推动建设平安吉林活动的深入开展，提高维护社会长治久安的能力，根据《中共吉林省委、吉林省人民政府关于建设“平安吉林”的决定》（吉发[2005]9号）、《吉林省社会治安防控体系建设实施规范》（吉综治委发[2002]2号）、《吉林省人民政府办公厅转发省劳动保障厅等部门关于进一步做好开发公益性岗位安置就业困难人员就业工作意见的通知》（吉政办发[2005]45号）等文件精神，结合本省实际，制定本规定。

第二条　本规定所称专职治安员，是指由各级人民政府委托社会治安综合治理、公安、劳动保障等部门招聘、管理、使用的，有偿参与社会治安防范工作的专门人员。

第三条　本规定适用于全省专职治安员的招聘、管理及使用工作。

第二章　招　聘

第四条　根据省政府办公厅《关于进一步做好开发公益性岗位安置困难群体就业工作的通知》要求，按照城镇每200户居民配备1名专职治安员的标准，招聘专职治安员。

第五条　招聘工作遵循公开招聘、公平竞争、严格审查、择优录用的原则。主要从下岗失业人员中的“4050”人员、待安置的城镇退役士兵、低保对象和零就业家庭中有劳动能力人员以及其他下岗失业人员中聘用(“4050”人员和城镇退役军人原则上不得低于80%)。

第六条　招聘工作在各级劳动人力资源市场组织招聘活动,公布招聘信息,公开招聘条件,公开组织报名。

第七条　招聘工作由县(市、区)综治、公安和劳动保障部门共同组织实施。综治部门牵头,公安、劳动保障部门配合。

综治、公安部门负责对报名人员认真进行调查审核,并将实际招聘人员名单提供给当地劳动保障和财政部门以及社会保险公司,为被招聘人员接续社会保险关系,申请社会保险补贴和培训补贴。

省、市综治、公安、劳动保障部门负责对此项工作进行监督指导。

第八条　专职治安员的基本条件:

(一)拥护党的路线、方针、政策,遵守国家法律、法规,思想品德良好,作风正派,无前科劣迹;

(二)热爱治安保卫事业,自愿从事维护社会治安工作,责任心强;

(三)劳动年龄以内,身体健康。

第九条　在同等条件下优先聘用4050人员和城镇退役军人。

第十条　被聘用的专职治安员要填写《个人自然情况登记表》(样式各地自定),招聘机关应与被聘用的专职治安员签订用工合同,对工作内容、工作时间、工作纪律、待遇报酬等作出明确规定。

第三章　管　　理

第十一条　社会治安综合治理办公室和公安机关要建立专职治安员个人档案,主要存放个人自然情况登记表、招聘审批表、聘用合同、工作业绩材料、考核记录、奖惩材料等。

聘用和被解聘的专职治安员的档案应长期保存。

第十二条　建立治安员学习、会议、考勤、考核奖惩等各项规章制度和工作簿册。

第十三条　社会治安综合治理办公室和公安机关应当加强对专职治安员的思想政治教育和业务工作培训。使其熟知相关法律法规和政策;增强遵纪守法、爱岗敬业、为民服务和敢于斗争的观念;提高发现犯罪和巡逻、防范能力。

治安员的教育培训可以采取各种有效的方式进行,但集中统一教育培训时间每年不得少于两次,每次不得少于五天。

第十四条　专职治安员开展治安巡逻、防范工作由各级社会治安综合治理办公室和公安机关共同负责组织。同一个县(市、区)内的专职治安员应穿着规范统一的制式服装,佩戴统一的值勤证件、值勤标志和警械器材。

第十五条　专职治安员不得从事下列活动:

(一)侦查、审讯、搜查、取证、处罚等刑事和行政执法活动;

(二)代替民警值班;

(三)看管、押送违法犯罪嫌疑人;

(四)法律法规禁止的其他行为。

第十六条　各地招聘的专职治安员的工资不得低于当地最低工资水平,各地可根据具体情况适当上浮。省财政按照当地现行最低工资标准予以补助,上浮部分由各地按现行再就业资金渠道解决。治安员的工资由财政部门按照当地招聘使用治安员的数量按标准统一拨付给当地综治部门,再由综治部门拨付给使用治安员的派出所。

第四章　职　　责

第十七条　专职治安员由综治部门负责管理,协助公安机关维持社会治安秩序。

第十八条　专职治安员在综治部门和公安机关的领导下履行以下职责:

(一)负责辖区内的治安巡逻,维护治安秩序;

(二)预防、制止违反治安管理的行为和违法犯罪行为,发现并将违法犯罪嫌疑人扭送到公安机关;

(三)了解、发现辖区内治安防范隐患和漏洞,提示有关单位、居民做好安全防范工作,消除治安隐患；

（四）宣传、教育群众增强法制观念和安全防范意识；

（五）劝解民间纠纷；

（六）为群众提供治安救助，参加抢险救灾。

第五章 行为规范

第十九条 爱岗敬业，尽职尽责。理解治安巡防工作的重要意义，热爱治安巡防工作，树立敬业精神和服务意识，认真履行职责，努力完成巡防工作的各项任务。

第二十条 遵章守纪，依法办事。执勤中严格遵守纪律和各项规章制度，不准徇私枉法、包庇坏人。不准泄露警务工作秘密或为犯罪嫌疑人通风报信。不准侵犯群众利益、打人骂人、刁难当事人。学法懂法守法，严格按照法律的规定办事。

第二十一条 文明执勤，礼貌待人。在治安巡防工作中，衣帽整洁，举止端庄，用语文明，待人礼貌，态度和蔼，工作耐心，始终保持良好的执勤姿态和精神风貌。严禁耍特权，抖威风，粗暴蛮横，恶语伤人。

第二十二条 服从指挥，团结协作。自觉服从领导，听从公安机关指挥，树立全局观念，与公安民警和有关部门密切配合，协调一致，增强工作合力，共同搞好治安巡防工作。

第二十三条 扶危济困，见义勇为。努力为群众排忧解难，在国家利益和人民群众生命财产面临危险的情况下，做到无私无畏，见义勇为，积极参加救死扶伤、抢险救灾工作。

第六章 考核与奖惩

第二十四条 综治部门要制定科学合理的专职治安员工作考核细则，建立考核奖惩制度和竞争激励机制，调动专职治安员的工作积极性。

第二十五条 对专职治安员的考核实行年度考核与日常积累相结合；业务工作考核与个人日常表现考察相结合；个人总结与派出所考核鉴定相结合；考察工作业绩与辖区群众评议相结合的方式进行。

第二十六条 奖励可以设立年度先进奖和平时贡献奖，颁发奖金、证书、奖牌或奖状。

第二十七条 对违反纪律的治安员要给予相应的处分。根据违纪事实和情节轻重以及危害程度予以通报批评、减发工资报酬或辞退。

第二十八条 辞退与开除专职治安员，由其工作管理部门提出意见，报招聘机关审批，同时要将有关材料存入治安员个人档案。

第七章 附 则

第二十九条 各市州综治办、公安局、劳动保障局可根据本办法，结合本地实际制定专职治安员招聘、管理、使用细则。

第三十条 《吉林省专职治安员管理办法》与本规定不一致之处以本规定为准。

第三十一条 本规定由省社会治安综合治理办公室负责解释。

第三十二条 本规定自2006年4月20日起开始执行。

中共吉林省委 吉林省人民政府
关于表彰全省平安县（市、区）的决定

（2006年6月16日）

自2005年4月省委、省政府作出建设平安吉林的重大决定以来，全省各级党委、政府坚持以邓

小平理论和“三个代表”重要思想为指导，以促进经济发展、保障人民群众安居乐业、构建和谐社会为目标，坚持党委、政府统一领导、相关部门齐抓共管、全社会广泛参与的工作机制，加强领导，狠抓落实，突出重点，加大投入，强化措施，大力加强社会治安防控体系建设，建立健全安全生产和公共安全预防处理机制，着力解决人民群众反映强烈的突出问题，广泛开展多层次、多领域的平安创建活动，人民群众的安全感明显增强，较好地维护了全省社会的稳定，为促进县域经济社会协调发展营造了良好的社会环境，涌现出一批平安县（市、区）的先进典型。

为了表彰先进，鼓舞士气，激发干劲，进一步调动各县（市、区）开展建设平安吉林活动的积极性和创造性，推动这项活动的深入开展，省委、省政府决定，对在建设平安吉林活动中取得优异成绩的县（市、区）进行表彰。授予长春市朝阳区、长春市绿园区、磐石市、桦甸市、敦化市、珲春市、梅河口市、集安市、四平市铁西区、公主岭市、东丰县、抚松县、长白县、镇赉县、长岭县等15个县（市、区）“2005年度吉林省平安县（市、区）”称号，颁发奖牌和奖金5万元。希望受表彰的平安县（市、区）发扬成绩，再接再厉，在平安县（市、区）建设工作中再立新功。

省委、省政府号召，全省各地、各有关部门要以受表彰的平安县（市、区）为榜样，认真贯彻落实党的十六届五中全会和省委八届八次全会精神，牢固树立和落实科学发展观，以“权为民所用、情为民所系、利为民所谋”为宗旨，进一步强化领导责任制，加强基层基础工作，充分调动社会各方面的力量，开展平安吉林创建活动，着力构建平安吉林建设长效机制，开创平安吉林建设的新局面，为振兴吉林老工业基地、实现经济社会更快更好发展和全面建设小康社会作出新的更大的贡献。

吉林省社会治安综合治理委员会关于印发《吉林省开展平安铁路示范路段工作方案》的通知

（2006年9月6日）

各市（州）综治委：

按照中央综治委铁路护路联防工作领导小组的要求，为进一步深化铁路沿线平安建设，省综治委决定自2006年至2008年，在吉林省铁路沿线开展为期三年的“平安铁路示范路段”创建活动。现将《吉林省开展平安铁路示范路段工作方案》印发给你们，希望各地结合实际，尽快制定具体的工作方案，积极组织开展工作。

吉林省开展平安铁路示范路段工作方案

为了深入贯彻《中共中央办公厅、国务院办公厅转发〈中央政法委员会、中央社会治安综合治理委员会关于深入开展平安建设的意见〉的通知》（中办发［2005］25号）和《中共吉林省委、吉林省人民政府关于建设平安吉林的决定》(吉发[2005]9号)的精神,按照中央综治委铁路护路联防工作领导小组的要求,进一步深化创建安全文明铁道线工作,推动铁路沿线平安建设向更高的层次、更广的区域发展,为振兴吉林老工业基地营造良好的环境。省综治委决定,自2006年至2008年,在吉林省铁路沿线开展为期三年的"平安铁路示范路段"创建活动。工作方案如下:

一、指导思想

以"三个代表"重要思想和党的十六届五中全会精神为指导,按照落实科学发展观和构建社会主义和谐社会的要求,以确保铁路运输安全畅通为目标,坚持"打防结合,预防为主。专群结合,依靠群众"的方针,坚持条块结合、以块为主的"属地管理"和"谁主管、谁负责"的原则,通过在铁路沿线开展"平安铁路示范路段"创建活动,进一步落实维护铁路治安稳定责任制,建立加强铁路沿线社会治安综合治理的长效工作机制,确保铁路运输安全畅通和沿线社会治安稳定,为吉林"争先进位,富民强省"创造良好的环境。

二、对象范围

开展"平安铁路示范路段"创建活动的线路:重点线路是京哈线吉林省路段;长图线、长白线、沈吉线、平齐线、通让线、大郑线以及其他有专兼职护路联防队员或民兵守护的铁路线。

开展"平安铁路示范路段"创建活动的范围是:城市为铁路沿线两侧各500米,农村为铁路沿线两侧各1000米。

三、目标任务

"平安铁路示范路段"创建活动的主要任务是:在沿线各级党委,政府和综治委的领导下,由各级护路联防组织牵头协调,充分发挥铁路、公安、军队等成员单位的职能和骨干作用,紧紧依靠铁路沿线基层单位和人民群众,在铁路沿线全面落实社会治安综合治理的各项措施,使"平安铁路示范路段"创建活动范围内的乡镇(街道)、村庄(社区)、车站(货场)、单位(学校)等率先达到平安建设的标准,通过一方平安确保一线平安,确保铁路运输安全畅通;通过一线平安促进一方平安,为铁路沿线的长治久安奠定坚实的基础,努力推动铁路沿线平安建设工作深入发展。

"平安铁路示范路段"创建活动的总体目标是:

铁路沿线治安秩序持续稳定,维护稳定机制健全,基层基础规范扎实,运输环境秩序良好,铁路运输安全畅通,沿线社会和谐稳定。

"平安铁路示范路段"创建活动的基本目标是:

(一)维护铁路治安稳定工作严密有效,能够对敌对势力、恐怖分子针对铁路的爆炸、颠覆列车等破坏活动发现得早、控制得住、处置得好。

(二)不发生严重的盗窃铁路运输物资、拆卸器材设施违法犯罪活动;危害铁路运输安全的牲畜上道、击打列车、摆放障碍等多发性和可防性案件同比明显减少。

(三)路外伤亡事故明显下降,杜绝群死群伤等重大事故。

(四)可能危及铁路行车安全的各种矛盾纠纷排查调处制度化、规范化;能够及时发现和妥善处置涉路矛盾纠纷,不发生因治安问题造成的冲击铁路、拦车断道等群体性事件。

(五)因治安问题造成的货赔绝对数有所减少,企业和货主对铁路运输安全感明显增加。

(六)铁路沿线建立了多层次、全方位的巡护网路,重点时期、重点列车的铁路安全保卫工作责任落实、组织落实、措施落实。

(七)铁路站场周边治安管理措施落实,无黄赌毒、封建迷信等社会丑恶现象,无挂牌督办整治的重大治安问题。

(八)铁路沿线社会治安良好,重特大刑事案件有所下降,不发生影响铁路运输的重大治安问题。

(九)铁路沿线社情稳定,不发生扰乱社会秩序和重大火灾、交通事故。

(十)社会各界对铁路沿线的平安建设以及铁路护路联防工作比较满意。

四、总体规划

通过三年努力奋斗,在全省逐步建设一批"平安铁路示范路段"。

(一)2006年底,京哈线吉林省路段建成"平安铁路示范路段"的长度不低于京哈线吉林省路段的20%,长图线、长白线、沈吉线、平齐线、通让线、大郑线以及其他有专兼职护路联防队员或民兵守护的铁路线建成"平安铁路示范路段"的长度不低于各线总长度的10%。

(二)2007年底,京哈线吉林省路段建成"平安铁路示范路段"的累计长度不低于京哈线吉林省路段的40%,长图线、长白线、沈吉线、平齐线、通让线、大郑线以及其他有专兼职护路联防队员或民兵守护的铁路线建成"平安铁路示范路段"的累计长度不低于各线总长度的20%。

(三)2008年底,京哈线吉林省路段建成"平安铁路示范路段"的累计长度不低于京哈线吉林省路段的60%,长图线、长白线、沈吉线、平齐线、通让线、大郑线以及其他有专兼职护路联防队员或民兵守护的铁路线建成"平安铁路示范路段"的累计长度不低于总长度的40%。

五、基本措施

(一)超前防范,加强涉路矛盾纠纷的排查调处工作。要坚持"预防为主、教育疏导、依法处理、防止激化"的原则,把矛盾纠纷排查调处的工作重心放在基层,建立起具有铁路综治工作特色的矛盾排查调处工作机制;把排查调处涉路矛盾纠纷与为群众办好事、办实事结合起来,增强工作的针对性和实效性,将危害铁路安全的各种隐患和问题解决在萌芽状态。

(二)继续严打,巩固铁路"严打"整治成果。要继续坚持"严打"方针,始终保持打击涉路严重刑事犯罪的高压态势,把握铁路治安的主动权,尤其是对群体性哄抢铁路运输物资和严重拆盗、破坏铁路设施的犯罪活动坚持露头就打,毫不手软;抓住影响本地区铁路治安的突出区段,适时开展区域性集中整治,解决突出问题,净化铁路治安环境。

(三)建章立制,强化铁路沿线经常性治安管理工作。要进一步加强铁路沿线爆炸、危险物品的管理,严格监控,强化关键环节的管理,消除隐患;要进一步加强铁路沿线流动人口、暂住人口、刑释解教人员和社会闲散青少年的教育管理,预防和减少各种涉路问题。要进一步巩固废旧金属收购站点专项清理整治成果,尤其是对流动收购要建立长效管理办法。

(四)注重实效,深化爱路护路宣传教育。要继续加强以《铁路运输安全保护条例》为主要内容的爱路护路宣传教育工作,突出抓好对铁路沿线中小学生、放牧户、废旧金属收购从业人员、流动人口以及辍学青少年的法制教育;要继续加强开展爱路护路宣传月和法制宣传日等集中宣传活动,建立爱路护路宣传教育阵地。

(五)立足长效,加强铁路沿线基层基础工作。要继续加强乡镇护路组织建设,使铁路沿线乡镇做到护路组织、人员双落实,责任区民警、工作两到位,保证护路工作有人抓、有人管。做到组织、人员、工作、报酬四落实。

六、考核命名

"平安铁路示范路段"创建活动将实行省和市(州)二级管理模式。考核、验收、命名将采取逐级申报、层层审核、分级命名的办法。省级的"平安铁路示范路段"长度不低于50公里,由各市(州)综治委铁路护路工作领导小组申报、推荐,省综治委铁路护路工作领导小组审核、命名;中央级"平安铁路示范路段"(仅限干线)长度不低于100公里,由各市(州)综治委铁路护路工作领导小组申报、推荐,省综治委审核后报中央综治委铁路护路联防工作领导小组审核、命名。

"平安铁路示范路段"创建活动实行年审制。对已经被命名和申报命名的"平安铁路示范路段",年底前由省铁路护路工作领导小组办公室按照标准,进行考核、审议。对已命名的路段,经审查达不到标准的,撤销命名。

七、工作要求

(一)提高认识,加强领导。开展"平安铁路示范路段"创建活动,既是贯彻中办、国办转发中央政法委、中央综治委平安建设意见的实际行动,也是创建发展安全文明铁道线创建工作的具体步骤。各市(州)党委、政府、综治委要切实加强领导,把"平安铁路示范路段"的创建工作纳入当地平安建设的整体规划,纳入当地社会治安综合治理目标管理责任制。各市(州)要成立以综治委铁路护路工作领导小组组长负责的"平安铁路示范路段"创建工作领导组织,由铁路、军队、公安等成员单位共同参加,建立起坚强有力、高效运作的办事机构,全面负责创建工作。

(二)因地制宜,分步实施。各地各部门,要结合实际,制定有针对性和操作性的工作方案,明确工作标准;要根据所辖铁路的治安状况,确定工作目标,分步开展"平安铁路示范路段"创建工作。省综治委铁路护路工作领导小组将适时召开省"平安铁路示范路段"创建活动会议,组织各地交流经验,部署工作;在工作结束时,还要召开总结表彰大会。各地也要适时召开经验交流会和工作推进会,推动"平安铁路示范路段"创建工作深入发展。

(三)加强作,齐抓共管。各级综治委铁路护路工作领导小组及办公室要加强组织领导,积极协调铁路、地方公安、工商、部队、武警等有关部,按照职责分工,共同做好工作。铁路部门要把平安站区、平安列车的创建纳入"平安铁路示范路段"创建活动之中,实行一体化管理和考核。要重视发挥教育部门和共青团组织在中小学生爱路护路宣传教育工作中的重要作用,把"平安铁路示范路段"与平安校园创建有机结合,共同发展。

(四)加大投入,搞好保障。要努力争取各级党委、政府的大力支持,多方筹集经费,保障创建工作顺利开展。要加强护路工作中的物防、技防设施建设,走科技护路的道路,不断提高铁路沿线护路工作的科技含量。

吉林省社会治安综合治理委员会关于印发吉林省铁路护路联防工作有关制度和考核办法、评比标准的通知

(2006年11月6日)

各市(州)综治委:

现将《吉林省铁路护路联防工作联席会议制度》、《吉林省铁路护路联防工作报告制度》、《吉林省铁路护路联防工作信息通报制度》、《吉林省铁路护路联防工作考核办法》、《吉林省铁路护路联防工作考核评比标准》印发给你们,希望认真学习,结合实际抓好贯彻落实。

吉林省铁路护路联防工作联席会议制度

为了进一步规范铁路护路联防工作,促进和提高全省铁路护路联防工作,特建立省及市(州)、县(市、区)铁路护路联防工作联席会议制度。

1. 省级联席会议。在省铁路护路领导小组的领导下,由省综治办(护路办)、沈阳铁路局综治办(护路办)共同牵头,省公安厅、省经贸委(道口办)、省安监局、沈阳铁路公安局、沈阳铁路局道口办以及省内各铁路办事处主管综治(护路)工作的负责人和各铁路公安处负责同志参加。省级联席会议每半年召开一次,并下发会议纪要,遇有特殊情况,可随时召开。

联席会议主要内容:(1)传达中央护路办和省铁路护路领导小组有关会议和文件精神,提出贯彻落实的具体措施,部署开展有关铁路护路联防工作;(2)研究讨论需要路地双方密切配合抓好铁路沿线社会治安综合治理的具体措施;(3)各铁路办事处、铁路公安处汇报辖区内铁路车站、沿线治安及护路工作情况。

2. 各市(州)、县(市、区)联席会议。在各市

(州)铁路护路领导小组的领导下,由各市(州)、县(市、区)综治(护路)办牵头,公安、交通、工商等有关部门负责人,铁路车务、工务等站段负责人,所在地铁路公安处或派出所负责人参加,每季召开一次会议,并做好会议记录。

联席会议主要内容:通报管内治安情况,特别是危及铁路运输安全的治安问题,共同研究整治铁路沿线治安突出问题的措施,组织和依靠铁,路沿线基层单位和群众组织,协调有关部门预防和处置有关铁路治安问题。

吉林省铁路护路联防工作报告制度

为了进一步规范铁路护路联防工作,促进和提高全省铁路护路联防工作,特建立铁路护路联防工作报告制度。

1. 各市(州)综治(护路)办每半年向省综治(护路)办报告一次铁路护路联防工作情况。

2. 各县(市、区)综治(护路)办每季向市(州)综治(护路)办报告一次铁路护路联防工作情况。

3. 各乡(镇)综治(护路)办每月向各县(市、区)报告一次铁路护路联防工作情况。

吉林省铁路护路联防工作信息通报制度

为了进一步规范铁路护路联防工作,促进和提高全省铁路护路联防工作,特建立铁路护路联防工作信息通报制度。

1. 各铁路办事处、铁路公安处、铁路公安派出所要加强与地方综治(护路)、公安、工商等有关部门的日常联系,及时沟通铁路沿线治安情况。

2. 各铁路公安处、派出所每季向有关市(州)、县(市、区)通报一次铁路沿线治安情况。

3. 铁路沿线派出所每月向有关乡(镇)通报一次铁路沿线治安情况。

4. 发生涉及铁路安全的重特大治安事故、刑事案件、群体性事件等要及时向上级铁路护路部门报告。

吉林省铁路护路联防工作考核办法

为了进一步规范铁路护路联防工作,促进和提高全省铁路护路联防工作,全面准确地掌握各地开展铁路护路联防工作和“平安铁路示范路段”创建活动的情况,特制定本办法。

1. 检查考核时间。省对各市(州)每年检查考核一次;市(州)对各县(市、区)每半年进行一次检查考核,县(市、区)对各乡(镇)每半年进行一次检查考核。

2. 检查考核内容。按照吉林省铁路护路联防工作考核评比标准规定的内容,重点对工作机制建设、重点工作落实、报告制度执行、工作成效等方面的情况进行考核。

3. 检查考评方法。省护路办采取定期考核、日常考核和重点抽查相结合的方法，进行全面考核，并与社会治安综合治理工作检查考核一并进行。各地要按照《吉林省铁路护路联防工作考核评比标准》进行自检，并向省护路办写出自评报告。在自评的基础上，由省护路办和沈阳铁路局联合组织对各市（州）进行检查考评。

4. 检查考评结果。铁路护路联防工作检查考核的结果将纳入各地综治工作和平安建设年终考核之中，并占有一定的分值。

吉林省铁路护路联防工作考核评比标准

根据中央综治委《省、自治区、直辖市社会治安综合治理工作考核评比标准》和《省、自治区、直辖市铁路护路联防工作考核评比标准》的有关规定，制定本考核评比标准。

一、工作机制建设情况（30分）

（一）市（州）、县（市、区）综治委成立铁路护路联防工作领导小组，并配备专（兼）职工作人员（有文件）。（6分）

（二）建立路地联席会议制度。市（州）、县（市、区）铁路护路联防工作领导小组年度召开二次以上联席会议（有会议纪要）。（6分）

（三）各级综治委把铁路护路联防工作纳入到综合治理目标管理工作之中，实行同部署、同落实、同检查、同奖惩，年度工作计划、总结、考核包括铁路护路工作，并占有一定分值（有文件）。（6分）

（四）实行铁路护路联防工作领导责任制，逐级签订铁路护路承包责任状（有责任状，有兑现奖惩文件）。（6分）

（五）按时保质保量地完成省护路办交办的各项工作。（6分）

二、重点工作落实情况（30分）

（一）定期开展涉路矛盾纠纷排查调处（有记录、有成效）。（5分）

（二）成立专（兼）职护路队伍。（5分）

（三）开展爱路护路宣传活动（有制度、有记录、有内容、有对象）。（5分）

（四）对严重危害铁路治安的问题能及时整治（有记录、有成效）。（5分）

（五）对市（州）以上确定的重点区段，专项整治要有计划、有内容、有时限、有责任人、有专（兼）职护路队伍、有奖惩、有总结。（5分）

（六）对中央护路办和省护路办部署的统一行动，有计划、有安排、由检查、有总结。（5分）

三、报告制度执行情况（10分）

（一）按照铁路护路联防工作报告制度的规定，必报项目按时完成。（3分）

（二）按照铁路护路联防工作报告制度的规定，限时报告项目完成。（3分）

（三）报送有关工作情况、信息质量高。（4分）

四、工作成效情况（30分）

（一）拆盗铁路器材、破坏铁路设施、掀盗运输物资案（事）件数、影响行车情况、损失数，每百公里发生数低于全省平均数的，得10分；基本持平的，得5分；超过的，不得分。（10分）

（二）危及铁路行车安全的案（事）件，每百公里发生数低于全省平均数的，得10分；基本持平的，得5分；超过的，不得分。（10分）

（三）路外伤亡事故每百公里发生平均数、人员伤亡数和大牲畜挡道死亡数，低于全省平均数的，得10分；基本持平的，得5分。（10分）

五、加减分情况

（一）减分情况

1. 因治安问题导致发生铁路行车重大、大事故和险性事故的，每项次完全责任单位分别减30分、20分、10分；主要责任单位依次减20分、15分、7分；次要责任单位依次减10分、5分、3分。

2. 因本市（州）治安问题致使铁路运输中断，

繁忙干线15分钟、干线30分钟、其他线路60分钟，每次减5分（减分最高不超过15分）。

3. 年度发生路外伤亡事故，百公里发生平均数、人员伤亡数和大牲畜挡道死亡数，高于全省平均数的，减5分。

4. 情况报告制度不落实，每项（次）减2分。

5. 联席会议不定期召开，每次减4分。

（二）加分情况

1. 省护路办确定的重点区段整治成效明显并被确认的，酌情加1—3分；有所好转的，加1分。

2. 上报的情况信息，被中央护路办采用的每件（次）加5分，省护路办采用的每件（次）加2分。

六、考核结果

（一）省社会治安综合治理委员会铁路护路联防工作领导小组办公室每年组织一次对各市（州）铁路护路联防工作的考核。

（二）考核时根据上述标准打分。90分以上为达标，在市（州）社会治安综合治理关于"铁路护路联防工作"的考核中记满分；89—70分为合格，在综治考核中按50%的分值记；69分以下为不合格，在综治考核中不记分。

吉林省社会治安综合治理委员会关于印发《2006年全省市（州）建设平安吉林及综合治理责任状完成情况检查考评办法》的通知

（2006年11月22日）

各市（州）综治委，省综治委成员单位：

现将《2006年全省市（州）建设平安吉林及综合治理责任状完成情况检查考评办法》印发给你们，请抓好落实。

2006年全省市（州）建设平安吉林及综合治理责任状完成情况检查考评办法

为推动建设平安吉林活动的深入开展，全面落实社会治安综合治理的各项任务，根据《中共吉林省委、吉林省人民政府关于建设平安吉林的决定》、《吉林省社会治安综合治理委员会关于建设平安吉林的实施意见》和2006年省委、省政府与各市（州）签订的社会治安综合治理责任状的内容，制定本考评办法。

一、考评对象

本办法考评对象为全省9个市（州）党委、政府。

二、检查考评的主要内容、标准

（一）创建活动的组织领导和保障[120分]

1. 组织上加强领导。（此项共40分）

①党委、政府把建设平安吉林活动纳入"一

把手”工程,与本地经济和社会发展同部署、同落实,同检查(20分)。

②召开常委会或政府常务会研究部署平安创建活动,切实解决基层组织建设、防控体系建设、警力保障、经费保障等问题并形成决议,落实到位(10分)。

③不发生在全省造成影响的受到领导责任查究的重大失职渎职事故、事件和案件(10分)。

2. 各级党委、政府的创建活动组织机构健全,各部门、各单位有相应的主管办事部门及专(兼)职工作人员。(此项共20分)

①市(州)创建办工作人员(不含领导)5人以上(5分)。

②县(市、区)创建办工作人员(不含领导)5人以上(5分)。

③乡镇(街道)创建办不少于3人(10分)。

3. 制定创建活动年度实施方案,严格落实创建责任制和奖惩制(10分)。

4. 创建活动成员单位充分发挥作用,系统部门和单位成立创建活动机构,有工作计划,有工作人员,有成效地开展工作(10分)。

5. 组织人事部门将创建工作列入干部任期目标之一,考评结果作为衡量干部政绩的依据,并与奖惩挂钩(20分)。

6. 开展多种形式的宣传工作(10分)。

7. 加大创建活动的投入,保障创建活动有足够的经费和必要的交通、通讯工具(10分)。

(二)维护社会政治安定[40分]

1. 有效防控境内外敌对势力、敌对分子的渗透破坏活动,积极开展人民安全防线工作(20分)。

2. 加大对邪教组织的有效防控,无“法轮功”痴迷者进京滋事,无“法轮功”痴迷者外出串联,无“法轮功”聚众滋事,对“法轮功”痴迷者的教育转化工作有力有效(20分)。

(三)维护社会治安稳定[630分]

1. 人民内部矛盾妥善调处工作成效显著。(此项共50分)

①建立健全县(市、区)、乡镇(街道)、村(居委会、社区)三级矛盾纠纷排查调处组织网络(10分)。

②矛盾纠纷排查调处工作制度化、规范化、经常化。认真开展矛盾纠纷排查调处工作,各部门形成合力,控制并减少民转刑案件和群体性治安事件的发生(10分)。

③民转刑案件和群体性事件均较上年度未增加(10分)。

④不发生在全省造成影响的重大群体性事件和重大民转刑案件,不发生影响社会稳定、治安稳定的大规模群体性事件和重大事故(30分)。

2. 打击犯罪活动成效显著。(此项共110分)

①贯彻“严打”方针,认真部署开展打黑除恶专项斗争,严厉打击各种刑事犯罪活动,社会影响大、群众反映强烈、危害严重的黑恶势力犯罪、严重暴力犯罪和多发性犯罪活动得到及时有力的打击,社会治安形势稳定(40分)。

②完成省挂牌督办案件措施有力,成效大(10分)。

③如实立案,刑事案件发案率得到有效控制,案件升降比较平稳(20分)。

④刑事案件破案率、打处率、审结率在全省平均水平以上(10分)。

⑤无违法超审限办案及超期羁押案件(10分)。

⑥追捕逃犯成效明显(10分)。

⑦建立起贯彻“严打”方针的日常性工作机制,把“严打”方针体现在执法办案各环节,增强打击的针对性和实效性(10分)。

3. 治安防范工作积极有效。(此项共130分)

①贯彻落实《吉林省治安防控体系建设实施规范》,大力开展治安防控体系建设。对社会面、居民区、单位内部安全防范工作有整体规划,建立起点、线、面结合,人防、物防、技防结合,整体联动、快速反应的社会治安管理和防范控制网络(20分)。

②有处置突发事件的工作预案和快速反应的机动力量(10分)。

③按照《吉林省社会治安防控体系建设实施规范》的要求,在城镇和农村配备专门治安巡逻警力和治安巡逻车辆,组建专兼职群防群治工作队伍,开展治安巡逻(10分)。

④完成好以政府购买社会公益性岗位的方式

聘用专职治安员的任务，严格按照城区的标准每200户配一名专职治安员，做好招聘、使用、管理工作(20分)。

⑤从实际出发，建立治安岗亭和治安卡点(10分)。

⑥结合城市社区改革，推进社区警务战略，社会治安综合治理工作进社区，建立社区工作平台(10分)。

⑦加强人防、物防、技防工程建设，社会面、居民区和重点单位内部的各项安全保卫和防范措施严密，治安巡警、专兼职治安员队伍、保安队伍和单位内部保卫组织健全(10分)。

⑧积极开展基层平安创建活动，做到有规划、有措施、有载体，“平安乡镇(边境乡镇)、平安村屯、平安大道、平安校园、平安单位、平安家庭等基层平安创建活动取得实效，形成符合本地实际的平安创建模式和先进典型(40分)。

4. 管理和法制宣传教育到位。(此项共110分)

①建立健全治安管理责任制度，严密防范措施，建立健全各项规章制度，社会治安秩序和市场经济秩序良好。重点地区、要害部位、公共复杂场所、特种行业、枪支弹药和爆炸等物品的治安管理与防范措施落实到位，经常开展安全检查，治安管理利学化、制度化、规范化(20分)。

②坚持经常开展“扫黄打非”斗争，清理整顿特种行业和文化娱乐场所，查禁取缔“黄、赌、毒”等社会丑恶现象(10分)。

③综治部门和公安机关对机关、团体、企事业单位、居(村)民区内部治安防范工作开展经常性的检查与指导(10分)。

④加强监所、交通、消防安全管理，消除隐患，堵塞漏洞，落实人防、物防、技防措施(10分)。

⑤积极推进依法治省进程，认真贯彻实施“五五”普法规划(20分)。

⑥开展社会治安综合治理宣传活动，提高人民群众的法律意识和法律素质，弘扬社会正气，鼓励见义勇为，营造社会治安综合治理良好的社会氛围(10分)。

⑦流动人口和出租房屋管理科学有序，情况清、底数明(10分)。

⑧刑释解教安置帮教工作经常化，衔接、安置、帮教和管控工作见实效(10分)。

⑨加强预防青少年违法犯罪工作，建立青少年法制教育基地，在中小学校配齐兼职法制副校长和法制辅导员，切实发挥作用(10分)。

5. 充分发挥职能部门作用。(此项共60分)

①重视平安吉林建设工作，坚持“谁主管、谁负责”的原则，定期召开会议进行研究，对本系统、本部门参与平安吉林建设进行规划，加强领导，建立健全领导责任制和目标管理责任制，积极组织本系统与部门参与社会治安综合治理工作，开展平安创建活动(20分)。

②抓好系统、部门内部及家属区治安管理和防范，法制宣传教育，矛盾纠纷排查调处、贵重物品和危险物品管理、交通消防安全等各项工作；配合有关部门搞好流动人口管理、预防青少年违法犯罪、刑释解教人员安置帮教等工作，落实人防、物防、技防措施，不发生重大治安事故和群体性事件(20分)。

③部门综治工作联络员积极做好协调工作，综治具体实施部门切实发挥作用，经常进行检查和指导，督促各部门、各单位做好安全防范工作(10分)。

④各有关部门协调配合，齐抓共管，积极参与社会治安综合治理和创建工作，依法加强对社会事务的管理(10分)。

6. 基层基础建设得到加强。(此项共100分)

①按省综治办、编办、财政厅《关于社会治安综合治理工作经费列入财政预算和乡镇(街道)综治工作人员列入行政编制的通知》要求，在乡镇(街道)设立综治办，配备行政编制专职工作人员(10分)，地方财政按比例拨付综治专项工作经费(20分)。

②基层政权组织、综治组织、政法组织和群众自治组织健全，切实发挥作用。城市社区综治工作有专人抓，农村有专职治保主任；居(村)委会、治保会、调委会健全，做到组织、制度、工作、报酬四落实(10分)。

③按照省综治办、公安厅、财政厅、审计厅、物价局五部门《关于筹集社会治安群防群治经费有关问题的通知》要求，开展群防群治集资工作(20分)。

④各级社会治安综合治理工作机构各项制度健全,会议记录、簿册、档案齐全,工作条件和基础设施完善(10分)。

⑤市(州)综治办配备副主任(10分)。

⑥建立乡镇(街道)综治工作中心或矛盾纠纷排查调处中心,整合工作资源,充分发挥作用。综治工作中心建设达到乡镇(街道)总数的70%以上(20分)。

7. 有针对性地开展重点整治,治安混乱地区、部位的突出治安问题得到有效整治,面貌明显改观(20分)。

8. 开展铁路护路工作,完成好铁路沿线专项整治活动各项任务(10分)。

9. 积极开展执法监督(40分)。

(四)加强公共安全和安全生产监督管理[140分]

1. 形成对公共安全齐抓共管的工作格局,制度健全。枪支弹药、易燃易爆、剧毒和放射性等危险物品管理措施完善,不发生在全省有影响的事件(20分)。

2. 公共场所和关键公共设施管理到位,重大活动和重要节日的安全保卫措施完善,不发生死、伤人事件和重大财产、经济损失(10分)。

3. 不发生食品安全事件和重大传染性疫病等损害群众生活及利益的事件(20分)。

4. 建立健全安全生产目标责任制,完善安全生产指标控制体系。本辖区的重大危险源和重大事故隐患底数准确清楚。有针对性地开展安全生产专项整治,在规定时限内完成整治工作并通过验收。安全生产事故死亡人数不突破下达的控制指标(30分)。

5. 落实交通管理、事故预防责任制,辖区道路交通事故死亡人数不超过全省年度升幅平均值(10分,每超过一个百分点扣1分)。不发生群死群伤交通事故(10分)。

6. 社会抵御火灾能力增强,火灾隐患整改率高于本年度火灾隐患立案的平均值(5分),控制死伤人数不超过全省上一年度死伤人数的平均数(5分)。不发生在全省有影响的火灾事故(10分)。

7. 煤矿、化工、烟花爆竹等事故易发行业的安全生产管理监督措施健全完善(10分)。不发生在全省有影响的责任事故(10分)。

(五)群众评价及落实省创建办、综治办布置的其他工作[70分]

1. 社会各界和群众对当地社会治安状况和社会治安工作的评价及安全感。公众安全感达到90%以上(20分)。

2. 报送工作情况(10分)。

3. 参与社会治安综合治理好新闻评选活动情况(10分)。

4. 积极总结宣传平安建设、综合治理工作经验,报送编发工作简报等(20分)。

5. 做好《长安》杂志和《年鉴》征订发行工作,完成征订发行任务(10分)。

6. 有下列情形之一的,取消本年度评比资格:年内被上级综治委实施社会治安综合治理一票否决的。考核数据和情况弄虚作假或隐瞒重要情况信息,情节严重的。省建设平安吉林活动领导小组认定取消评比资格的其他情形。

三、检查考评办法

1. 检查、考核、评估工作由省建设平安吉林活动领导小组考评工作组赴各地进行检查考评。同时由相关部门按照职责分工进行系统考评打分。考评情况和结果提交省建设平安吉林领导小组讨论通过。

2. 检查考评实行千分制。按各项所给分值逐项评分。上述考评内容,前四个方面得分,由检查组根据到各地检查考核的情况评出,并依照系统评分情况综合考虑。第五个方面由省创建办、综治办根据平时记载的工作情况评出。考评各项分数综合相加为一个市(州)的总分数。

3. 年度考评共分为先进、合格、不合格三档。综合打分在900分以上的地区为先进;综合打分在800分以上的地区为合格;综合打分在800分以下(不含800分)的地区为不合格。省建设平安吉林领导小组、综治委对考评情况进行通报,并兑现奖励。对不合格单位,亮"黄牌"警告,提出整改意见,责令限期整改。

4. 对平安吉林建设、综合治理工作有较大突破,某一方面工作效果显著,取得典型经验,在全省乃至全国产生良好影响的,可在原分值的基础上另外加分,但最高不得超过50分。

5. 各市(州)年末要提供年度平安建设(综治

工作)总结。检查考评,要采取听当地党政领导汇报、抽查县(市、区)乡镇和部门工作、查看工作记录、召开座谈会、实地检查走访、暗访、民意测评等办法。坚持集中检查考核与平时调查研究、掌握情况相结合,听取工作汇报与实地检查走访、民意测评相结合,真实、全面地搞好年度平安创建、综治工作考评。

坚持以评促创　建立长效机制

吉林省社会治安综合治理委员会办公室

2006年,全省从实际出发,不断完善考评工作体系和机制,形成了一套行之有效的做法措施。

一是在考评对象上以建立健全责任制为龙头,力求大范围广覆盖。考评的目的在于调动各方面的积极性,因此考评对象就应该按平安建设的要求来确定,通过考评引导各地各部门强化薄弱环节,消除空白点,不断延伸创建领域,拓宽创安范围。为此,确定了三个方面的考评对象:9个市州党委政府、60个县市区党委政府、52个省直部门和单位,在省委省政府与市州党委政府和省直部门签定平安创建和综合治理责任状,市州党委政府与县(市、区)党委政府签订责任状的基础上,分别制定了考评办法,使每一个方向,每一个层次的考评都能自成体系,并相互补充,力求社会的各方面都纳入到平安创建考评体系中来。

二是在考评内容上既突出重点,又防止以偏概全。紧紧围绕省委省政府提出的建设平安吉林的奋斗目标,营造“五个环境”:稳定的社会政治环境;安定的社会治安环境;安全的生产生活环境;公正高效的法治环境;优良的经济发展环境。形成“五个机制”:严密的排调机制;有力的严打机制;完善的防控机制;有效的管理机制;坚强的保障机制。使全省80%的县(市、区)和85%的城乡基层单位达到平安创建标准。同时,围绕“全面强化社会治安综合治理;扎实推进依法治省进程;积极预防并及时排查化解各种社会矛盾;着力解决就业和社会保障问题;努力优化经济发展的法制环境;加强基层基础建设;切实加强公共安全和安全生产监管工作;加强政法队伍自身建设”等八个方面的重点内容进行考评,以此引导各地各部门找准立足点和突破口,分清轻重缓急,有所为有所不为。

三是在考评方法上纵横结合,上下联动。纵向以省创建领导小组进行考评为主,市、州和县(市、区)自检自评同时进行。与此相配合,横向上有关部门对下级部门的考评纳入省里考评的重要内容,占相应的分值。《2005年全省市、州建设平安吉林及综合治理责任状完成情况检查考评办法》规定实行千分制。分值由以下四部分构成。由检查组打分占950分;由省公安厅、省司法厅、省教育厅、团省委、安全生产监督管理局、安全厅、卫生厅、省新闻出版局、食品药品监督管理局、省委防范和处理邪教问题办公室等部门分别以严打整治、治安管理、刑事解教安置帮教、校园周边整治、预防青少年违法犯罪、安全生产、食品药品安全、人民安全防线、“扫黄打非”、处理法轮功等项工作对各市州进行考评打分,占445分。(与各检查组打分有交叉);省创建办根据日常工作打分,占50分;工作有创新或在全国经验交流及单项工作获奖的,给予奖励加分。并采取以扣分为主的打分办法,去掉扣分,加上奖励分,就是所得总分数。检查考评采取由省综治委委员带队,抽调市、州综治办干部和相关部门参加互检的方式。以听、看、查、谈、访为方法,即:听汇报,看典型,查档案,开座谈会,向群众暗访。对平安县(市、区)的考评则采取了由市州申报,省里组成考评组实地考评,按照《吉林省建设平安吉林考评暂行办法》,逐项打分、汇总,做出总体评价。

四是在考评结果上奖惩并举，增强考评的实效性。奖励划分三个层次。一是以省委省政府的名义对达标的县(市、区)进行表彰，授予“平安县(市、区)”荣誉称号。力争通过三年的努力使全省60个县(市、区)80%达到平安的标准，平均每年表彰命名16个左右，并一次性奖励5万元。二是以省综治委的名义对各市州进行年度考评表彰，将平安建设纳入社会治安综合治理责任制，一年一考评，一年一表彰，并兑现奖金。从2004年开始，已连续两年对市、州进行表彰。三是以平安建设领导小组名义对省直部门和单位进行表彰，通过考评确定为先进的，由平安建设领导小组授予“平安创建工作先进单位”荣誉称号。同时，为了持续推动平安创建的深入开展，省委、省政府决定，为期三年的创建活动结束后，省委、省政府将进行全面的总结验收和表彰奖励。对平安县(市、区)覆盖率达80%以上的市、州，由省委省政府授予“平安市、州”荣誉称号，奖励人民币10万元。对获得“平安市、州”和连续三年获得“平安县(市、区)”、“平安创建工作先进单位”称号的党政主要领导、分管领导，根据《国家公务员暂行条例》的有关规定，给予记功奖励。对在创建工作中做出突出贡献的部门、单位和个人进行表彰奖励。

严格执行中央综治委等五部门关于社会治安综合治理一票否决的有关规定，对出现重大的影响社会治安和稳定的事件(案件)的地方，坚决实行一票否决。

在考评上，将社会治安综合治理和平安建设纳入各级党政领导干部考核体系。2005年11月25日，省委组织部和省综治委联合下发的《关于将社会治安综合治理纳入党政领导班子和领导干部考核评价内容的意见》规定，各级党委在研究决定各地区、各部门党政领导干部的任免时，要把干部本人抓社会治安综合治理工作的能力和实绩作为一个重要条件。各级组织部门要把党政领导干部抓社会治安综合治理工作的能力和实绩列为干部考核的重要内容，并把考核结果作为向党委提出任免奖惩建议的依据，与晋职晋级和奖惩直接挂钩，办理他们晋职晋级工作时，须征求所在地区、部门社会治安综合治理领导机构的意见。

林农携手创平安　实现双赢促发展

延边朝鲜族自治州社会治安综合治理委员会办公室

延边朝鲜族自治州，是吉林省的主要林区，林区占全州辖区面积的80%以上，40万林业职工和职工家属与百万农民同在林区，你中有我，我中有你。特殊的林农聚居环境，决定了延边社会的和谐稳定与经济发展必须林农携手共同创造。为此，延边州在平安创建中，组织开展了“林地一体化，林农共创平安”活动，缓解了林农矛盾，密切了林农关系，保护了森林资源，维护了林区社会稳定，推动了新林区和社会主义新农村建设，取得了地方和林业，林业职工和农民双满意的效果。

一、认识奠定基础

林农矛盾是困扰地方各级党委政府和林业部门多年而又难以破解的问题。在延边，发生过农民为报复林业的处罚而放火烧山的事件，有的林业局一天经历过十几起，一个防火期，全延边林区人为森林火警数以百计；发生过农民为打红松籽和森林警察以及承包人发生械斗的事件；发生过多起农民不满沟系承包人不让进山抓蛙而在水中下药的事件；发生过无数次毁林开荒事件和提前几年剥断树皮让树枯死，然后再以风倒木之名盗伐林木的事件。因林农矛盾，伤了林业局与县市的和气，伤了乡镇和林场的和气，伤了县市部门与林业部门的和气，伤了林业职工与农民的和气，导致林区社会不稳定，严重影响林业的“二次创业”，也影响社会主义新农村建设。因此，化解林农矛盾,推动林农共同发展,实现林农共同富裕,这既是林农生存的需要,也是推动延边新林区、新农村和谐发展的需要,更是延边生态环境可持续发展的需要。上述认识,在开展平安创建过程中得到了不断深化,并使林地双方达成了共识。

二、机制落实责任

林农共创平安活动,需要林地双方共同负责,特别是林业局,作为林农共创活动的主力军,更要责任明晰、制度健全。为此,州委州政府与11个林业局签订了共创平安活动的责任状,把林业局视同县市一样看待、一样标准、一样奖罚。如有哪个林业局出了大事,其所在县(市)不能评为“平安县(市)”;如果林场出了大事,其所在乡镇和村屯不能评为“平安乡镇、村屯”。经过林地双方的共同努力,全州形成了“党委政府统一领导,林业部门积极主导,林区村屯密切配合”的林农共创平安工作运行机制。

三、感情搭建平台

为了架起林农双方的感情桥梁,各大林业局、地方政府想了许多办法,开展了丰富多彩的活动。

一是召开会议联络感情。各林场在每年春秋防火季节、冬采前、春节前等,都组织召开林农联谊会,把村屯的书记、村长、村委会成员请到林场,杀猪宰羊,在和谐热闹的氛围中,一方面协调了春秋防火、冬采等工作,一方面加深了感情。二是走访农民联络感情。如敦化林业局松江中心林场,在春节到来前,场领导拿上过年的鸡鸭鱼肉米面等年货,主动走进松江河村,给村民们拜年,这让只有不到半分田,主要靠林子吃饭的村里人受宠若惊,就像松江河村那位女村委会主任所说:“我们过去都是给林场送礼,就是想得到些活,好让村子里的老少能有口饭吃,现在搞平安场村共建,人家倒反过来敬我们,人心都是肉长的,人敬咱一尺,咱得敬人一丈,再做对不起林场的事,就太不应该了”。如今的两家,由原来的两家仇,变成了一家亲,你帮着我,我帮着你,大事小情互相照应,村民得了急病没有车,林场马上派车送往医院,职工家里有老人过世了,村里派来木匠给做棺材等等。三是相互协调联络感情。汪清县是个农业县,在其辖区内有汪清、大兴沟、天桥岭三个林业局。过去因办理一些刑事、治安、林政等案件,林业与地方产生过不少摩擦,多少年互不往来,自开展林农共创平安活动之后,林业局主动与汪清县委、县政府联系,商量平安创建工作。双方的政法委及政法部门相互沟通,相互协调,共同解决了不少涉林、涉农问题。四是互相帮助联络感情。一些林业局发挥长项努力帮助村里盖学校、修路、架桥,帮村里贫困户解决生活困难,帮助村里运化肥、送材料等等,农民也以自己的长项诸如教职工种地、养牛、养猪等帮助林场。

四、政策提供保障

林农共创平安活动,林业处于主导地位。因为,林业是森林资源的管理者,是强者;农民处于被管理的位置,是弱者。林业如果不转变观念,机械地执行国家的林业政策,那么,农民将寸步难行,林农矛盾会越来越大。所以,在林农共创平安的活动中,用活林业政策至关重要。

为此,全州各林业局都做了许多有益探索,概括起来有12个字。即:给予、解困、扶持、引导、教育、慎罚。

给予:一些林业局把采伐剩余物分给或贱卖给农民做烧柴,有的林业局还给农民提供清林的机会,清林剩余物让农民拉回去做烧柴,这样做既让农民挣了钱,有了烧柴,又使作业场干净利落了,一举数得。

解困:农民盖房、盖大棚、支架子等,许多林场或从采伐剩余物中给予解决,或以合适的方式、合适的价格帮助解决,农民的需求有了保证,他们就不会去盗伐了。

扶持:一些林场把机械集材改为畜力集材,这样做以后,机械集材损毁幼林严重的现象没了,又让冬闲农民和老黄牛派上了用场,有的农民一个冬采下来挣几万元。扶持农民,要发挥林业的强项,比如一些村屯修路、架桥、盖学校、修村委会办公场所之类的事,林场都能给予木材、车辆等支持。这样的事对林场来说是小事,对农民来说就是很大的事、很大的实惠。有的林场规定采伐用工,必须优先雇用当地的农民;有的林场规定,农民可以包号采伐;有的林场规定,农民可以联名或以村屯为单位集体承包沟系;有的林场还划出一片红松果林让农民定量多年采摘。

引导:各林业局注重正面引导,他们引导农民和承包者各自明确自己的权利义务,让他们知道什么可以做,什么不可以做,做什么违法,做什么不违法，引导农民规范自己的行为。又比如对退耕还林这项工作，一些农民想不通，他们觉得自己一下子少了那么多地，少了不少收入，吃大亏了。对此，林场就引导农民利用幼树生长的几年期间搞林农间作，这样一来，农民不仅维持了收入，而且又有了经济转项的充足准备时间，对国家的退耕还林政策也就从反感到最后热情支持。

教育：对违法的农民进行必要的教育，是减少林农矛盾的好办法。敦化林业局松江中心林场把烧荒的农民请到林场学习，不仅不罚款，而且还好饭好菜招待，一分钱不收，什么时候农民真正认识到了错误，什么时候让农民回去，而且用小车给送回去。受教育的农民深受感动，他们又成了教育者，教育别的人不要烧荒。对其他一些违反林业政策的行为，各林业单位也都坚持以人为本的原则注重教育，入情入理的教育，减少了林农矛盾和林政案件。

慎罚：林业有权罚农民的部门很多，可以罚农民的项目也很多。林农共创平安活动开展以来，人们认识到，绝大多数的林农矛盾是罚出来的，有些可罚可不罚的事情罚了以后，当事人与林业结成了仇，有的甚至酿成刑事案件。所以，减少林农矛盾，建立和谐的林农关系，慎罚是第一位的。为此，林业各部门通过林农共创平安活动，把握一条原则，即只要农民不是故意违反林业政策，损害不大的违规事情，一律不罚款处理；同时，对不打招呼违规罚款的部门和人员严肃处理。慎罚的政策极大地减少了林农矛盾。

林农共创平安活动以来，全州盗伐林木案件、林政案件大幅度减少，林区治安案件明显下降，人为火灾几近绝迹。有的林场一年没有案件、没有事故、没有犯罪。延边的林区社会，正呈现出平安、稳定、和谐、可持续发展的喜人局面。

吉林省及各市、县（市、区）综治委、办主任名单

地　区	综治委主任	综治办主任
吉林省	聂文权	马中力
长春市	李树国	鲁树忠
朝阳区	王德宇	孙景泰
南关区	华　岳	济一兵
宽城区	严　涛	张海林
二道区	杜　福	许　多
绿园区	王庭凯	杨顺田
双阳区	任志和	王舒寒
德惠市	李志斌	赵晓峰
九台市	曹　义	于文奇
榆树市	王海英	张树林
农安县	朱　峻	高广野
经济技术开发区	阚云忠	张春华
高新开发区	陈　多	丁　佳
净月开发区	刘英华	田　杰
汽车开发区	孙国武 李相国	李克海
白城市	杨亚杰	韩彦华
洮北区	梁振民	张毅刚
大安市	刘云华	范智勇
洮南市	苏永新	李　祥
镇赉县	王守臣	程德祥
通榆县	仲伟刚	陈玉春
松原市	刘秉生	路玉民
宁江区	夏远斌	赵健民
扶余县	王凤江	徐　波
长岭县	刘殿衡	刘明孚
乾安县	葛凤江	黄喜利
前郭县	张兴贵	书　贺
吉林市	刘培柱	焦方伯
船营区	李天林	刘淑芬（女）
龙潭区	苏相侠	郑邦蒉（女）
昌邑区	吴立疆	陶树君
丰满区	宋玉兰（女）	唐兴发
磐石市	盖东平（女）	王学杰

地　区	综治委主任	综治办主任	地　区	综治委主任	综治办主任
蛟河市	褚瑛环	赵文学	集安市	康宝生	杨大庆
桦甸市	李宝臻	于长彬	辉南县	李伟山	王　涛
舒兰市	徐春英	孙志富	柳河县	宋　强	佟业平
永吉县	陈　雁	杨树槐	通化县	陈　光	宋金城
四平市	田　野	蔡正华	**白山市**	李长明	杜青友
铁西区	杨树启	王永杰	八道江区	全洪宝	孙　梅(女)
铁东区	刘兴禹	廉贵昌	临江市	张铁明	姜贵文
双辽市	徐文超	王　栋	江源区	姜　波	李艳秋
公主岭市	王智青	李克全	抚松县	李鹏忠	李新森
梨树县	杜　好	高云玖	靖宇县	邓　燕	毛英良
伊通县	孙丽荣	刘中生	长白县	李圣范	卢成哲
辽源市	任剑波		**延边州**	王守坤	武裕民
龙山区	高玉波		延吉市	郭　毅	尹世建
西安区	王宪邦		图们市	冯　刚	方吉龙
东丰县	刘长林		敦化市	王阳立	张　猛
东辽县	贺诗俊		珲春市	蔡永一	蔡永一
通化市	齐晓光	王世谊	龙井市	郑永虎	许敦颐
东昌区	张万杰	吴海林	和龙市	郑俊浩	王成盛
二道江区	洪学海	代贵义	汪清县	李国平	张喜文
梅河口市	赵　文	郑军令	安图市	李千洙	张喜彦

（撰稿人：李文戈　张桂芳　屠铭钊　李春凯
审稿人：马中力　张恒斌）

黑龙江省

2006年社会治安综合治理工作概况

2006年，黑龙江省各级认真贯彻落实中央关于社会治安综合治理工作要求，深入推进"平安龙江"建设，取得了全省社会稳定和治安平稳的好成效。全年全省刑事发案起数同比下降3.1%，公众安全感达91.2%，同比增加1.1个百分点，保持了全省社会稳定，为全省经济社会持续发展创造了良好的社会环境。

一、严密防范、严厉打击严重刑事犯罪，预防、控制杀人犯罪工作取得新进展

以"打黑除恶"专项斗争和侦破命案工作为龙头，有力地带动了各项打击工作。打掉黑社会性质组织5个，打掉恶势力239个，按个案处理193起。全省挂牌督办黑恶案件55起，办结51起，办结率达92.7%。依法审结3起影响较大的黑社会性质组织案件。全年全省共立刑事案件111106起，同比下降3.1%。共立现行命案1157起，破获1033起，破案率为89.28%，立案同比下降13.85%，破案率同比上升3.95个百分点，实现了命案侦破"两降一升"的目标。其中杀人案件在2005年下降31.3%的基础上，同比又下降22.2%。全年共抓获违法犯罪人员55490名，查获犯罪集团671个。全省侦查监督检察部门共办理爆炸、杀人、放火、强奸、抢劫、绑架等严重危害社会治安的突发性暴力犯罪案件2898件4085人；办理盗窃、抢夺等多发性侵财犯罪案件3956件5537人；共受理各类移送审查起诉和不起诉案件21525件31030人，同比下降6.61%和4.73%；提起公诉故意杀人、故意伤害、绑架、抢劫、盗窃等严重暴力犯罪、侵犯人民群众生命财产安全的犯罪11008件15124人，同比下降8.76%和7.57%。审判机关共审结一审刑事案件21531件，判处发生法律效力的有罪人犯27181人。

二、积极预防和化解矛盾纠纷，维护社会稳定工作取得新成效

在全省推广"调访一体化"工作模式，坚持及时排查和采取司法调解、行政调解、人民调解相结合的方式化解社会矛盾，各乡镇建立的调访组织充分发挥作用，积极受理、答复、解决群众反映的问题。全年全省县、乡、村三级调访组织共调处化解民间矛盾纠纷7万件，群众满意率达90%以上。排查出一般性矛盾纠纷20951件，调处率91.6%。

三、认真组织开展平安建设，形成了覆盖面宽的创建载体

6月23日，省委召开"深入推进'平安龙江'建设工作会议"，省委、省人大、省政府、省政协和省军区领导参加会议，省委书记钱运录对开展平安建设亲自进行部署，推动了全省各级领导重视程度空前的提高。省委九届121次常委会议研究明确了将平安建设纳入对市地目标考核、将平安建设保障经费列入年度财政预算、将平安乡村纳入社会主义新农村建设内容实行治安承包、将安全技术防范建设纳入城市建设"十一五"总体建设一并规划等一系列政策支持。目前，全省已有67.1%的县（市、区、局）被省委、省政府命名为"平安县"（市、区、局）。

四、组织开展"未成年人保护'丙戌行动'"，社会管理能力有新提高

在全省范围内开展了对校园周边存在的安全隐患、网吧违规接纳未成年人、刑释解教人员及暂住人口漏管失控、一些流浪儿童得不到及时救助等问题进行专项排查治理，使校园周边环境和治安秩序大为改善，网吧违规经营得到有效控制，接受救助的流浪儿童基本得到救助，进一步摸清了刑释解教人员底数。

五、坚持开展对危害公安安全问题整治，公共安全形势有新好转

6月至9月省综治办、省公安厅组织了为期四个月的排查整治危爆品专项行动，对交通运输安全隐患、消防隐患进行排查整改，使影响社会不安全因素得到有效控制。全年交通事故起数、死亡人数、受伤人数和直接损失同比分别下降10.3%、持平、6.7%和6.6%；火灾事故起数、死亡人数、受伤人数和直接损失同比分别下降20.7%、40.8%、40.7%和18.1%；未发生有较大影响的危险品案件。

六、依法严厉打击破坏市场经济秩序的违法犯罪，经济发展法制环境有新改善

把改善经济发展的法制环境作为重要工作内容，继续开展“经济发展法治环境先进县（区）”创建活动，为全省经济社会提供优质法律服务和良好法制保障。全年全省公安机关破获破坏经济秩序案件2231起，挽回经济损失5.3亿元；检察机关受理破坏市场经济秩序犯罪案件382件585人，提起公诉341件522人，查办贪污贿赂、渎职侵权等职务犯罪案件1055件，挽回经济损失1.19亿元；审判机关共审结各种经济犯罪案件1518件，判处发生法律效力的有罪人犯1796人。

开展重点整治和专项行动情况

一、开展保护未成年人的“丙戌行动”

4月21日，省综治委召开会议，在全省部署启动“保护未成年人‘丙戌行动’”，并分别成立了有公安、司法、教育、文化、民政、工商、妇联、共青团等部门参加的五个专项工作办公室，对校园周边治安秩序以及网吧、游戏厅、录像厅进行集中整治，加强对接送学生车辆的安全管理，全面排查刑释解教人员、出租房屋、重点人口、失踪人口的情况，强化对流浪儿童的管护，开展对学生的安全知识教育，重点打击侵害未成年人的违法犯罪活动。行动期间，共筛选高危人口61567人，核查失控或下落不明的刑释解教人员3188人、解除劳动教养人员10780人，重新列管重点人口2.4万余人；登记出租房屋15万余户暂住人口42万余人；清理核实疑似未成年被侵害失踪人口162人，排查流浪儿童4421人，救助未成年人2700余人。检查“两厅一吧”及各类文化场所15170家，立案处理460余起，停业整顿网吧77家，取缔黑网吧129家。查处涉校治安案件654起，立刑事案件252起，取缔校园周边违法经营场所680处，查验送了车3286台，淘汰不合格车辆308台。

二、整治公共安全隐患

从6月20日至9月30日，全面部署并全力开展了为期4个月的排查收缴整治危爆品、管制刀具专项行动，召开鸡西、双鸭山、鹤岗、七台河四个煤城有关部门负责人参加的“平安矿区”建设座谈会，结合矿山生产安全落实工作措施。全省共检查涉爆单位2170家，收缴炸药114吨、雷管90余万枚、废旧炮炸弹4630枚；主动上交和收缴各类枪支57070支、子弹15万余发、管制刀具18万余把，打击处理涉枪违法犯罪人员1107人；查出非法制贩等涉爆案件186起，处理违法犯罪人员361人。省安监局组织三次安全大排查，重点预防和解决生产安全事故隐患。全年生产安全事故起数同比下降16.4%，死亡人数下降6.4%。全省各级消防、交通管理部门把服务与管理相结合，认真排查整改安全事故隐患，2006年全省火灾事故起数下降20.7%。死亡人数下降40.8%，直接财产损失下降18.1%；交通事故起数下降10.3%，直接损失下降6.6%。

三、集中整治大庆油田及周边治安秩序

省综治委协调大庆油田周边市、县，建立预防打击盗抢原油、盗窃破坏油田设施犯罪的工作机制，并在8月份召开专门会议进行部署，全年共破获涉油刑事案件734起，打掉犯罪团伙24个，收缴被盗原油1000余吨，侵害油田案件起数下降34.6%。

四、开展维稳创安“百日行动”

2006年底,省综治委安排部署在全省范围内开展“维稳创安百日行动”,旨在通过这次行动最大限度地消除影响社会稳定、影响社会治安、影响公共安全的各种矛盾、问题和隐患,保持社会的安定有序,巩固平安建设业已取得的成果,为两节、两会和党的十七大、省十次党代会胜利召开创造良好社会环境。各地积极响应,正在深入开展治安隐患、社会矛盾纠纷的排查,并相应进行了整治和处理。

开展平安建设情况

一、普遍以市地党委的名义开会部署,提升了平安建设工作地位

6月23日,省委召开“全省深入开展‘平安龙江’建设工作会议”,省委常委、省人大、省政府、省政协、省综治委委员和市地党委政府主要领导和政法委书记、综治办主任参加会议。省委书记钱运录同志作了重要讲话,省委常委、省委政法委书记杨焕宁做了工作部署。省委、省政府命名了第二批45个“平安县(市、区、局)”,从而使全省平安县(市、区、局)达到90个,占县(市、区、局)总数的51%。会后,各市地、县(市)区相继高规格召开会议,党政一把手讲话动员部署,贯彻落实全省会议精神。为落实中央和省委建设社会主义新农村的要求,省综治委及时制发了《全省开展“平安乡村”建设试点工作的实施方案》,明确到2006年底90%以上试点村实现“社会稳定、治安平稳、遵纪守法、村民和睦、乡风文明”的工作目标,并于9月26日在绥化市望奎县召开了“全省‘平安乡村’建设现场会”。到年底,全省试点的1058个乡村已有96%实现了“平安乡村”目标。

二、加大政策支持力度,增强平安建设后劲

2006年6月8日,省委召开九届121次常委会议,专题研究平安建设工作,制定了加强全省平安建设的相关政策。根据省委常委会议要求,省委、省政府办公厅发文要求在全省建立调访一体化工作机制,把人民调解、行政调解和信访工作职能结合在一起。增强基层矛盾纠纷化解工作力量,并明确了有关编制、经费政策。到去年年底,全省绝大多数乡镇建立了调访室,初步建立了“调访一体化”工作机制。为推动技术防范工作,省委办公厅、省政府办公厅印发了《黑龙江省安全技术防范三年规划》,省财政厅下发文件明确了技术防范的资金渠道。哈尔滨、大庆市专门安排资金启动了技防建设项目,其中哈尔滨市在市区56个路段、228个主要道口、596个居民住宅区出入口安装监控探头3万个、为1.2万台出租车安装报警装置。为了加强对青少年帮教力量建设,省综治委确定在哈尔滨、齐齐哈尔、大庆、佳木斯、鸡西、伊春市和大兴安岭地区开展试点,明确在大中城市确定一个街道,为社区聘2—3名“青少年服务工作者”,省财政厅专门下发文件,明确了专职社工的工资补助政策。这些市地共确定了49个社区试点,配了74名专职社工。

三、搭建更多的工作平台,平安建设工作和各部门的工作结合得更加紧密

各级、各部门积极参建,整体联动,齐抓共建,在全省开展了平安社区、平安乡村、平安校园、平安市场、平安工地、平安大道、平安家庭等多种形式、多层次的创建活动,使创建工作触角延伸到各领域。省教育厅牵头部署在全省开展“平安校园”创建活动,各大专院校成立了创建办公室,组织开展对学生的教育、管理,对校园及周边治安秩序整治。共有64所学校被命名为“平安校园”。省工商局牵头部署在全省开展“平安市场”创建活动,在双鸭山市召开现场会议推进,有65个单位被命名为“平安市场”。省妇联组织开展了“平安家庭”创建活动,受到全国妇联表彰;省建设厅组织开展了“平安工地”创建活动;省军区召开军队参与“平安龙江”会议,部署启动军队参与地方平安建设工作。

实施“为了明天工程”情况

2006年初，省综治委分别召开了省预防青少年违法犯罪工作领导小组成员单位会议和全省预防青少年违法犯罪工作暨保护未成年人“丙戌行动”启动大会，部署预防青少年违法犯罪有关工作。大力开展“为了明天—预防青少年违法犯罪工程”，扎实深入推进全省保护未成年人“丙戌行动”。据公安部统计，2006年全省公安机关抓获25岁以下刑事案件作案成员数量与上年同期相比下降了19.7%，下降幅度占全国第三位，黑龙江省青少年违法犯罪比例连续三年低于全国平均水平。

一、全面推进保护未成年人“丙戌行动”

综治、共青团、公安、民政、妇联等相关部门，对社区未成年人进行排查，排查出城市社区未成年人近170万人，其中外来人口中未成年人近10万人，并对排查出来的治安问题进行了重点整治。

二、开展创建“关爱基地”试点工作

省综治委、省预防办和省关工委在社区和企业中开展了建立“关爱基地”试点工作。目前，“关爱基地”试点建设已经在哈尔滨市、齐齐哈尔市、大庆市、鸡西市、伊春市全面启动。

三、努力提高青少年自我保护能力

组织开展了以“传播自护理念，呵护美好青春，共建平安龙江”为主题的“为了明天—青春自护行动”。在“6·26”国际禁毒日期间组织开展了一系列丰富多彩的禁毒宣传教育活动，使广大青少年的禁毒观念和防毒意识得到了进一步增强；在“世界艾滋病日”期间组织了以哈尔滨医科大学为主体、各相关学校共同参与的“青春红丝带”行动—大学生志愿者防治艾滋病“面对面”宣传教育活动队伍，深入社区、农村开展防治艾滋病宣教活动。

四、深化创建优秀“青少年维权岗”活动

不断拓宽创建领域，参与创建系统行业由7个增加到11个，2006年共有哈尔滨铁路运输检察院等13个单位被评为全国优秀“青少年维权岗”。青少年维权热线运行稳定，2006年共受理各类来电1300多个，处结率达到90%以上。

五、深入开展“青年文明社区”创建活动

建设了社区青年志愿者服务广场、青少年绿化园、青少年流动书库、社区青少年兴趣学校等一大批富有社区特色的活动阵地和设施。截至目前，我省已经有省级“青年文明社区”258个，国家级“青年文明社区”32个，国家级“青年文明社区”示范城区16个。

六、推进“进城务工青年发展计划”的实施

拓展和深化“千校百万”进城务工青年培训计划，动员引导社会培训实体为进城务工青年提供实用、低价的培训服务。共举办各类职业技能培训班500余场次，培训进城务工青年5万多人次。充分利用青少年维权热线，帮助进城务工青年解决工作生活中存在的突出问题，提高进城务工青年的维权意识和能力；争取教育部门的支持，为进城务工青年子女就学创造良好环境；组织卫生系统的青年志愿者为进城务工青年定期义务体检；严厉查处恶意拖欠、克扣进城务工青年工资等违法行为，2006年全省各级团组织帮助进城务工青年索要拖欠工资达30多万元。

社会治安防控体系建设情况

2006年，黑龙江省综治委把“人、技、物”三防有机结合，在更高的起点规划和用更高的标准不断推进防控体系建设，夯实了“平安龙江”建设的根基，是总体推进平安建设的基础。

首先是推进公安体制改革的深化，加强警务区建设，强化治安防范专门力量。推进群众自治组织整体素质提高，加强村（居）委会的治保会、调委会建设，发挥基层自治组织做好治安防范工作的职能。全省城镇设立2793个社区警务室，农村设置5105个警民联防区工作室，有2.2万余名公安干警在社区抓治安防范工作，占公安干警总警力的33%。全省共有村民委员会11000个，社区居民委员会3725个，治保会2.1万个，调委会2万个。调解民间纠纷7.3万余件，调解成功率达95.5%。

推进对城市治安安全技术防范建设。省委、省政府出台了《黑龙江省安全技术防范三年规划》，使技术防范建设在一个新的、更高的起点上得到深入发展。哈尔滨、佳木斯、七台河、牡丹江等地都迅速行动，将技术防范建设全面展开。同时，为切实加强物防技防设施建设，各地在城市改造和建设中一并考虑居民区治安防范工作。省综治委与省建设厅联合行文要求在建新建工程、居民住宅小区必须达到治安防范和居民安全的标准，否则不予验收；在旧区改造的建设中必须规划安全防范工程项目，否则不予审批。城市二、三类街道亮灯率达92.8%，居民区楼道灯亮率达86%，新建楼区安装报警装置和防盗门窗达98%。农村大牲畜入圈、大型农机具上锁达97%。省制定大中城市数字化技防建设平台正在调研论证，不久将提交省发改委立项。哈尔滨市在平安建设中从解决关系人民群众切身利益的热点问题入手，广泛发动群众，调动全社会力量共同参与，开展了为百姓安装单元电子防盗门，点亮楼道、门前两盏灯的“两亮一安全”工程建设，全市40万户、百万居民直接受益，各类可防性案件大幅下降。

全省各地从各自的实际出发，编织了各具特色的治安防范网络，严密了对全省的治安防范，提高了对治安局势的整体驾驭能力。牡丹江市“构筑六个防控网络，打造优良治安环境”的做法得到中央领导罗干同志的肯定。齐齐哈尔市建华区“构筑六道防线”，七台河市“筑牢五道关口”等经验和做法，都在实际工作中取得了很好的效果，也为全省整体治安平稳奠定了基础。

综合治理基层基础建设情况

全省各级认真贯彻专群结合方针，把加强基层基础作为综治工作重点，基层力量进一步加强，制度进一步完善。一是强化治安防范专门力量。在全省公安机关开展“三基”建设，精减机关，充实一线。2006年下沉警力6700人到派出所和警务室，使目前在派出所、社区警务室工作警力占总警力的80%。新建设76个派出所用房，维修改造派出所危房242个，全省派出所办公用房全部达标；全省城镇设立2793个社区警务室70%达到建设标准，农村设置5105个警民联防区工作室，全部实现了有办公地点、有通信联络手段。二是加强基层党政组织和群众自治组织建设。全省基本实现乡村、城市社区治保会、调委会“两会”组织健全，制度明确，措施落实。目前保安员队伍达3.4万余人，专职治安员4万余人，兼职治安员26万余人，民间纠纷调解员5.3万余人，信息员8000余人，较好地发挥了维护治安、调解矛盾纠纷、发现不稳定苗头、报告信息的作用。三是大力加强综治机构人员建设。黑龙江省综治委明确要求，乡镇、街道必须有综治办事机构。目前，全省1318个乡镇和城市街道办事处，全部设立综治委（办）或综治维稳中心。人员配备有三种形式。一些市地明确一名乡镇、街道党委副书记担任综办主任；一些市地采取乡镇、街道综治办主任由武装部部长（党委常委）或派出所所长任乡镇党委委员后担任；一些市地将乡镇、街道的司法所、综治办、武装部、党委办的力量整合在一起，成立了“综治调访中心”或“综治维稳中心”，由党委副书记担任中心主任。这三种形式中都配1—2名综治干事，解决了基层综治工作和平安建设有人抓有人干的问题。省综治办制定了乡镇、街道社会治安综合治理办事机构建设标准，明确规定乡镇、街道综治办的工作制度、工作内容、工作条件、工作保障、工作力量等方面要求。在基层派出所、司法所建设方面，省里都专门下发文件，加强了基层综治工作力量。四是强化培训教育。在人员素质提高方面，省、市、县分级负责，采取多种形式做好基层综治干部培训和素质提高工作。省综治委每年都安排一至二期政法（综治）干部的培训。2006年10月份，省综治办组织对省综治委成员单位联络员进行了平安建设方面的学习培训。五是落实经费保障。为保证综治工作和平安建设所需经费的落实，省委要求各级综治办办公经费和社会治安防范工作经费必须列入财政预算。到目前省、市（地）、县（区）三级都将综治平安建设经费列入年度财政预算。全省“平安社区”4781个，“平安村”15353个，“平安单位”22046个。

矛盾纠纷排查调处工作情况

各级党委、政府把化解矛盾纠纷作为维护社会稳定的重要内容，整合力量深入开展矛盾纠纷排查化解工作。一是积极化解各类人民内部矛盾纠纷。各乡镇建立的调访组织充分发挥作用，积极受理、答复、解决群众反映的问题。全年全省县、乡、村三级调访组织共调处化解民间矛盾纠纷7万件，群众满意率达90%以上。排查出一般性矛盾纠纷20951件，调处率91.6%。二是妥善处置各种群体性事件。省委办公厅、省政府办公厅转发了《中共黑龙江省委政法委关于有效预防和妥善处置重大群体性事件的工作意见》，加强对预防和处置群体性事件的规范指导，同时落实省、市、县三级领导包案调处责任，对涉及面广、情况复杂、反映突出的矛盾纠纷实施重点解决。省委多次召开会议专题研究解决社会稳定问题。杨焕宁等委领导同志亲自到发生较大规模的群体性事件的双河农场、华安公司、哈尔滨亚麻集团现场处置，平抑群众情绪，使这3起大规模的群体性事件得到化解平息。全年共排查出群体性矛盾（10人以上）1541件，调处化解893件，调处率为57.9%，全年群体性事件下降32.3%。

落实责任制、强化宣传、开展综治评先表彰情况

一、狠抓综治工作责任制落实

省、市（地）、县（区）、乡（镇）党政主要领导逐级签定社会治安综合治理责任状，省、市（地）、县（区）综治委主任与成员单位负责人签定综治责任状，强化了各级领导做好综治工作的政治责任和推进措施落实的力度。省综治委委员实行向省综治委述职报告制度。坚持对重大社会治安问题的责任查究。全年各市（地）、县（区）综治委发通报18件，各级共有26个综治委实施“一票否决”，否决32个单位。取消44人评先受奖、晋职晋级资格。坚持对基层工作进行督导检查。省综治委3次召开全体委员会议，研究平安建设和综治工作，对解决重大问题及时部署。省综治委3次组织工作组，由厅级领导带队到基层督促综治工作落实。省政协还会同省综治办、省妇联等单位对部分市地平安建设进行督查。省综治委

成员单位都结合各自职能和实际制定了联系点平安建设规划，并及时到联系点帮助指导基层工作落实。

二、加强舆论宣传

省综治委与省委宣传部联合制发了《开展平安建设宣传月实施方案》，省委政法委、省委宣传部、省综治办召开省直政法各部门、各市地党委政法委负责同志及新闻媒体负责同志参加的政法综治工作宣传会议，部署4月份在全省组织开展"平安龙江"建设宣传月活动。省委常委、省委政法委书记杨焕宁参加了哈尔滨市的宣传月启动仪式。全年省级以上媒体刊稿2000余篇报道全省平安建设情况。大兴安岭地区综治办编印"平安建设百题问答"，鹤岗市编印"平安建设市民宣传手册"，都起到了较好的宣传效果。8月18日《人民日报》头版头条报道了黑龙江省平安建设工作。

三、强化评先表彰

2006年6月23日，省委、省政府隆重召开"全省深入开展'平安龙江'建设工作会议"，命名哈尔滨市南岗区等45个县（市、区、局）为全省"平安县（市、区、局）"。省人事厅和省社会治安综合治理委员会决定授予哈尔滨市南岗区综治办等30个单位为全省社会治安综合治理先进集体称号；按照《黑龙江省社会治安综合治理条例》有关规定，由所在单位给予受表彰集体的领导及工作人员以相应物质奖励。授予田岚等25名同志为全省社会治安综合治理先进工作者称号，享受市（地）级劳动模范待遇。

中共黑龙江省委办公厅 黑龙江省人民政府办公厅 关于转发省信访办、省司法厅《关于在全省基层建立"调访一体化"工作机制的意见》的通知

（2006年3月25日）

各市（地）、县（市）委和人民政府（行署），省委各部委，省直各单位：

经省委、省政府同意，现将省信访办、省司法厅《关于在全省基层建立"调访一体化"工作机制的意见》转发给你们，请结合实际认真贯彻执行。

关于在全省基层建立"调访一体化"工作机制的意见

为建立信访工作长效机制，充分发挥新时期人民调解工作在化解社会矛盾纠纷、解决信访问题、维护社会稳定中的作用，切实从源头上解决信访问题，根据国务院《信访条例》及国家相关文件

精神，在认真总结有关地方信访工作经验的基础上，结合全省信访工作实际，现对全省基层建立“调访一体化”工作机制，提出如下意见：

一、充分认识在基层建立“调访一体化”工作机制对维护社会稳定的重要意义

当前，我省正处于改革发展的关键阶段，人民内部矛盾日益凸显，各种利益矛盾相互冲突，一些深层次矛盾不断显现。这些矛盾和问题，如果处理不当，将会影响社会稳定和经济发展。因此，解决和处理好基层信访问题显得尤为重要。在加强基层信访工作中，有的地方探索出一条在乡镇和村把人民调解工作和信访工作整合在一起，实行“调访一体化”工作机制的新路子。实践表明，建立“调访一体化”工作机制是当前解决基层信访问题的有效方式，有利于整合各方面的有效力量，切实加强基层信访工作。同时，在基层建立“调访一体化”工作机制，能够在乡（镇）和村两个层面上，把信访工作和人民调解工作紧密地结合在一起，全面承担辖区内信访和人民调解工作的职责，实现矛盾纠纷的排查、预防、接访、调解、处理的有机衔接和一条龙运作，解决一些基层单位信访工作缺位断档问题，化解当前社会矛盾，从源头上预防和减少信访问题，在维护基层稳定上形成优势互补，构成一道坚定的防线。对此，各级党委政府要给予高度重视，提高认识，切实抓好基层“调访一体化”工作机制的建立，真正把人民调解和信访工作的触角延伸到最基层，积极化解社会矛盾纠纷，就地解决好信访问题，为加强社会主义民主法制建设，促进全省经济发展，维护社会稳定做出积极的努力。

二、统一标准，建立规范的“调访一体化”工作网络

县（市、区）成立调访工作领导小组，由负责此项工作的党委、政府领导担任组长、副组长。领导小组下设调访中心，调访中心主任由信访办主任兼任，副主任由司法局副局长兼任，工作人员从司法局、信访办等有关职能部门抽调组成。

乡镇（街道）成立调访工作领导小组，由负责政法、信访工作的乡镇（街道）领导担任组长。在调访工作领导小组领导下，依托乡镇（街道）司法所设立调访办公室。司法所、人民调解委员会和调访工作领导小组的日常工作由调访办公室承担，调访办公室主任可由乡镇（街道）司法所所长兼任。乡镇（街道）调访办公室受乡镇（街道）党委、政府（街道办事处）和县（市、区）信访办、司法局的领导和业务指导，以司法局领导为主。人员不足的，可根据乡镇（街道）规模等实际情况，从所在乡镇（街道）的现有行政编制人员调剂解决。工作人员原则上不应少于3人。

村（社区）依托村级人民调解委员会设立调访室。主任由村（社区）人民调解委员会主任担任。村（社区）调访室在工作上受村（社区）党支部、村委会（社区委员会）和乡镇（街道）调访办公室的领导。村级至少设1名调访员，由村治保主任兼任。

村屯（居民组）每20户居民设1名调访信息员，由村民代表兼任。调访信息员在村（社区）调访室主任的领导下开展工作。

三、明确任务，充分发挥“调访一体化”工作机制的职能作用

县（市、区）调访中心在县（市、区）调访领导小组领导下开展工作，日常工作由县（市、区）信访办主任负责，工作时间既可以实行整日制也可实行定时制或约定制。按照“属地管理，分级负责，谁主管、谁负责，依法及时就地解决问题与疏导教育相结合”的原则，调处本地发生的矛盾纠纷和信访事项。主要职能是：负责承办县（市、区）领导批示的涉法信访事项和上级信访部门交办的重要信访事项的接待和处理；负责协调各有关部门解决跨乡镇、部门的疑难涉法信访事项；负责调处本地通过信访渠道反映出来的民事纠纷、经济纠纷和信访问题并出具书面答复意见和《调解协议书》；负责对来访群众有关法律、法规和政策的咨询服务工作。

乡镇（街道）调访办公室按照“能调则调、不能调则分、能处则处”的原则，负责本乡镇（街道）难度较大的民事、经济和跨村的矛盾纠纷的调解。主要职能是：负责接待、协调和处理本乡镇（街道）发生的矛盾纠纷和信访事项并出具《答复意见书》、《处理决定书》和《调解协议书》；负责承办乡镇（街道）领导批示和上级信访、司法部门交办的有关问题；负责组织定期排查苗头性、倾向性矛盾纠纷和信访苗头，及时向乡镇（街道）、县（市、区）有关领导和部门报告重要信访信息和信访动态。

村（社区）调访室主要职责是：负责接待、调解村里因政策落实不到位或落实有偏差引发的信访问题以及不复杂的民事经济纠纷，及时调查和调解本村（社区）发生的矛盾纠纷，并按有关规定进行登记备案，形成局面报告；负责及时上报在本职责范围内难以调解和处理的矛盾纠纷和信访事项，并协助乡镇（街道）调访组织搞好调查处理；负责组织调访信息员搞好矛盾纠纷的排查工作。

村屯（居民组）调访信息员主要职责是：负责调解家庭和邻里涉及伦理道德方面引发的矛盾纠纷；负责及时排查掌握村屯（居民组）里苗头性矛盾纠纷动态，了解社情民意，向村党支部和上级调访组织报告信访信息和动态。

在处理基层信访问题时，要积极实施“防、调、处”相结合的运行机制，充分发挥好人民调解第一道防线作用，把矛盾纠纷有效化解在初始阶段和萌芽状态。

四、落实责任，切实加强建立“调访一体化”工作机制建设的领导

各市（地）、县（市、区）党委、政府和省直有关部门要高度重视“调访一体化”工作机制建设工作，把这项工作纳入日程，加强领导，落实责任，抓好落实。要切实加强调访机构组织建设，配齐配强工作人员，在经费、办公条件等方面给予保证。乡镇（街道）调访人员享受信访岗位津贴，津贴标准由地方财政在县（市、区）现行信访津贴标准内确定；村（社区）调访员、调访信息员享受因公误工补贴报酬。健全县乡村屯四级调访工作网络，建立高效统一的调访体系，形成“调访一体化”新机制。明确调访工作职能，落实责任分工，发挥“调访一体化”调解矛盾、维护稳定的作用。

要落实“调访一体化”工作机制建设工作领导责任制。各级党政主要领导是“调访一体化”建设工作的第一责任人，分管领导是具体责任人。要严格执行《黑龙江省信访工作领导责任制》的有关规定，对富有成效的单位的党政领导及调访责任人，要给予奖励；对“调访一体化”工作抓得不力，导致矛盾纠纷激化，造成严重影响的，要依照有关规定，追究党政主要领导、主管领导和调访责任人责任。

要加强对乡村调访工作人员的管理，动态使用，权责到位。要严格选拔程序，通过民主推荐与聘任相结合的方式，不断优化调访工作人员结构。实行定职责、定任务、定奖惩的办法。各级党委和政府要认真学习贯彻国务院《信访条例》和国家、省人民调解的有关规定，加强调访工作人员培训，提高整体素质。推行矛盾排查制、首问负责制、信息反馈制、一站办结制、结案报告制，确保预防在先、调解为主、处理得当。从而，不断提高依法行政水平，将信访和人民调解工作逐步纳入法制轨道。

中共黑龙江省委政法委员会
黑龙江省社会治安综合治理委员会
关于印发《关于在全省社会主义新农村建设中开展“平安乡村”建设试点工作的实施方案》的通知

（2006年4月3日）

各市（地）、县（市）委政法委，社会治安综合治理委员会，省农垦总局、森工总局党委政法委，社会治安综合治理委员会：

为了认真贯彻落实省委办公厅、省政府办公厅印发的《黑龙江省新农村建设领导小组成员单位2006年工作任务分解》（黑办发［2006］10号）

精神，现将《关于在全省社会主义新农村建设中开展“平安乡村”建设试点工作的实施方案》印发给你们，请结合实际，认真抓好贯彻落实，确保年内省里确定试点的“百乡千村”有90%达到“平安乡村”标准。

请各市(地)委政法委将此件转至区委政法委，请农垦总局、森工总局党委政法委将此件转至相关机关基层单位。

关于在全省社会主义新农村建设中开展“平安乡村”建设试点工作的实施方案

按照《黑龙江省新农村建设规划(2006—2010年)》和《黑龙江省新农村建设领导小组成员单位2006年工作任务分解》要求精神，制定全省开展“平安乡村”建设试点工作实施方案。

一、指导思想

以党的十六届四中、五中全会和省委九届七次全会精神为指导，以科学发展观为统领，认真实施《黑龙江省新农村建设规划(2006—2010年)》，扎实推进“平安乡村”建设工作，为新农村建设营造稳定平安的发展环境。

二、工作目标

通过开展“平安乡村”试点建设，到2006年底，使90%以上的试点乡村实现社会稳定、治安平稳、遵纪守法、村民和睦、乡风文明的工作目标，为全省的“平安乡村”建设打下良好基础。“平安乡村”建设的具体标准是：

(一)基层政法和综治、治保会、调委会等组织健全，中心村设立警务室，群防群治队伍发挥作用，实行联防联动治安责任制，平安建设各项措施得到落实。

(二)及时排查调处矛盾纠纷，矛盾纠纷不出村，不发生影响农村稳定事件。

(三)不发生重大刑事、治安案件，盗窃、抢劫等一般刑事案件发案数少于前三年平均值，非法宗教、封建迷信活动和“黄赌毒”等社会丑恶现象得到有效遏制。

(四)群防群治网络严密，人、物、技防措施到位，帮教措施落实，无刑释解教人员重新犯罪。

(五)村民文明道德水平提高，法制教育坚持经常，村民学法、懂法、守法；落实《义务教育法》，防止中小学生流失辍学。

(六)村民关系和睦融洽，无因民间纠纷引发的治安、刑事案件。

(七)有效防止发生影响食品卫生安全、环境和农村生产安全等案(事)件的发生，恶意放火烧柴草垛和牲畜棚的事件得到有效遏制，不发生治安灾害事故，群众对公共安全满意率达到90%以上。

三、主要措施

(一)加强“平安乡村”建设的组织领导。各行政村都要成立综治(平安)办，主任由村党支部书记或村主任担任，下设治保、调解两支队伍，开展普法帮教等项工作，并做到组织、制度、措施、报酬“四落实”，组织村民参与“平安乡村”建设，不断提高建设“平安乡村”能力。

(二)建立健全矛盾纠纷排查调处网络。实行村、屯设立综治信息员，及时做好排查土地、林地、企地以及租用拖欠、合同纠纷、资产分配等容易引发群体性矛盾的问题，排查各类民事、邻里、宅基地等纠纷，确保不发生因矛盾纠纷激化而引发越级上访闹事事件和因调解不当发生“民转刑”案件。由村综治办主任召集，每周召开排查矛盾纠纷例会，及时发现和调处矛盾纠纷，并按时上报乡(镇)，做到小纠纷就地调处不出村、大矛盾纠纷乡(镇)村两级联合调处不出乡(镇)。同时，认真做好处置各种突发事件的预案，及时妥善处理集体越级上访事件、群体性治安事件、影响群众公共安全事件，确保农村平安稳定。

(三)构建治安防控体系。由村党支部和村委会牵头，组织基层综治组织定期分析治安状况，按照打防结合、预防为主的原则，坚持做好打击盗窃、抢劫和乡匪村霸等多发性犯罪，铲除农村恶势力，重点整治非法宗教、封建迷信和“黄赌毒”等社会丑恶现象，确保农村治安形势平稳。组织民兵治安巡逻队，实行对重点时段、重点区域进行巡逻；扎实开展“十户联防”，并在30至50户中选1名治安中心户长，实行农村治安“中心户长”制，形成农村治安防控中心户长网络。

（四）强化农村法制道德建设。认真实施“依法治村”，健全各项规章制度，完善村规民约，搞好普法宣传教育，重点搞好《义务教育法》、《信访条例》、《治安处罚法》等应用性法律法规和平安建设的宣传教育工作，定期开展农村法制培训，提高农民的法律知识，教育村民遵守国家法律法规。落实《全民道德建设纲要》，开展村民道德文化建设，提高乡村文明建设水平。同时，加大公共安全教育，积极预防食品中毒、卫生事故、电力安全事故、危害环境安全事件以及火灾、交通、生产事故等危害公共安全事件的发生。

四、考核命名

（一）“平安乡村”根据省综治委确定的标准，由市（地、局）、县（市、区、局）社会治安综合治理委员会办公室组织考核，由市级综治委命名。经考核后，命名“平安乡村”。

（二）将“平安乡村”建设纳入全省“平安县（市、区、局）”建设考核之中，对“平安乡村”建设工作不力的，取消其评选省级“平安县（市、区、局）”资格。

（三）各级综治委要参照省“平安乡村”建设标准细化创建方案和建设标准。

（四）省里统一确定的“百乡千村”试点乡、村中有2005年以前命名达到省和市（地）级“安全文明村”的（乡所在中心村），由各市（地）组织在2006年5月底前，按照重新修订的标准进行复核，通过复核的乡村要做好巩固提高工作，没有通过复核的乡村要参加试点创建工作。各地要在6月20日前，将复核情况（含名单）报省综治办。

（五）要严格考核纪律，讲求实事求是，反对弄虚作假，一经发现按照“社会治安综合治理领导责任制”有关规定处理。

附件：试点乡村中省综治委曾命名的“安全文明村”、“安全村”名单（略）

黑龙江省社会治安综合治理委员会 黑龙江省财政厅关于进一步加强社会治安综合治理经费保障工作的通知

（2006年7月18日）

各市（地）、县（市、区）社会治安综合治理委员会，财政局，省农垦总局、省森工总局、哈尔滨铁路局社会治安综合治理委员会，财政局：

为了深入贯彻《中共中央办公厅、国务院办公厅转发〈中央政法委员会、中央社会治安综合治理委员会关于深入开展平安建设的意见〉的通知》，认真落实2006省委9届第121次常委会议精神，保证社会治安综合治理各项工作任务的顺利完成，现就进一步加强社会治安综合治理经费保障工作通知如下：

一、进一步提高社会治安综合治理经费保障工作的认识

社会治安综合治理工作，是党中央落实科学发展观的一项重大决策，是构建社会主义和谐社会的保障工程、民心工程和基础工程，事关人民利益、经济发展和社会稳定的大局。随着我国经济社会发展进入关键时期，社会治安综合治理工作越来越重要，任务越来越繁重，各级财政部门要站在讲政治、讲大局的高度，认真落实党中央和省委、省政府的有关精神，按照公共财政的要求，充分发挥财政职能，重视和解决社会治安综合治理工作中的实际困难，将社会治安综合治理工作经费纳入预算管理，并随着经济的发展逐步增长，加大经费保障力度，不断完善经费保障机制，切实保证社会治安综合治理正常工作及重点任务的顺利开展。

二、切实保证社会治安综合治理和平安建设经费需要

一是切实保证各级综治机构的基本支出需要。各级政府及财政部门要将社会治安综合治理经费和社会治安防范经费纳入经济社会统筹发展规划之中，按照当地人口、规模与工作任务的需要，根据定员定额标准足额核定经费预算，重点解决好县、乡（镇）、街道综治办机构的工作经费、办公用房等设施建设问题，努力改善办公条件，保证工作运转。二是积极支持城区专职“社工”试点工作。在全省大中城市开展城区专职“社工”试点工作，是进一步加强社区青少年对口帮扶、轻微罪错人员和吸毒人员社区矫治、保护未成年人及“社会人”管理的一项重要措施，对按照规定聘用的专职“社工”人员补贴，由同级财政部门予以安排。三是积极支持“平安乡村”建设工作。“平安乡村”建设是建设社会主义新农村的一项重要活动，我省拟在1000个新农村建设试点村中，推行农村治安承包责任制。为扎实有效地开展工作，在坚持村民推选基础上，治安防范承包人由治保主任担任并负责调访信息员的工作任务，形成三位一体的工作机制。各级财政部门对治安防范承包人开展治安防范工作的报酬，原则上采取误工补贴的方式予以落实，有条件的地方也可按合同兑现固定的治安承包费。四是积极配合有关部门开展城市科技防范建设工作。对开展城市科技防范建设工作，要按照总体规划，分级负责，分类建设、分步实施、资源共享、多元投入的原则，在政府投入的基础上，引入市场机制，充分利用和整合社会资源，到2007年底，力争实现“对重要目标、治安卡口、交通要道、公共复杂场所等重点部位实行全面监控，并逐步推广落实到社区、企事业单位”的工作目标。

三、加强社会治安综合治理经费管理和监督检查

各级财政部门对社会治安综合治理工作经费，要切实纳入年度部门预算管理，2006年末列入预算的，要调整支出结构，积极筹措资金予以安排；要在保障社会治安综合治理经费的同时，加强对经费使用情况进行定期不定期的检查，了解经费需求，监督资金使用效果。各级社会治安综合治理部门要加强财务管理，实事求是地编制经费预算，建立健全财务管理制度，规范财务行为，树立勤俭节约的观念，科学合理地使用和配置工作经费；要严格执行财政部门预算，专项经费必须专款专用，不准挤占、挪用，并自觉接受审计和财政部门的检查和监督。各市（地）综治办和财政局，要定期联合将本地社会治安综合治理经费的保障和使用情况上报省综治办和省财政厅。

中共黑龙江省委政法委员会
黑龙江省社会治安综合治理委员会
关于印发《黑龙江省集中整治大庆油田及周边治安秩序专项行动方案》的通知

（2006年8月30日）

哈尔滨、齐齐哈尔、大庆、绥化市社会治安综合治理委员会，省农垦总局社会治安综合治理委员会，省公安厅、省检察院、省法院、省国土资源厅、省工商行政管理局、省质量技术监督局、省环保局、省安全生产监督管理局、省商务厅，大庆油田有限责任公司：

现将《黑龙江省集中整治大庆油田及周边治安秩序专项行动方案》印发给你们，请结合实际，认真贯彻落实。

黑龙江省集中整治大庆油田及周边治安秩序专项行动方案

按照2006年全国整治油气田及输油管道治安秩序专项行动实施方案要求，结合我省实际，省委政法委、省社会治安综合治理委员会决定，从9月1日至12月1日，开展为期三个月的集中整治大庆油田及周边治安秩序专项行动。具体方案如下：

一、指导思想

以"三个代表"重要思想和党的十六届五中全会、全国和全省平安建设工作会议精神为指导，深入开展"平安龙江"建设，坚持"打防结合，预防为主，专群结合，依靠群众"的方针，严厉打击盗抢原油、破坏油田设施的违法犯罪行为，整治油田周边治安秩序和突出治安问题，确保油田平安生产经营。

二、工作目标

（一）油田周边非法炼油点（炉）全部取缔；

（二）遏制油田周边地区开井放油、打孔盗油、栽阀盗油等案件上升势头，今年与去年同比有较大幅度下降。

（三）公安部挂牌督办的2起案件，省厅挂牌督办的2起案件，要全部侦破。盗窃原油的积案破掉三分之一，新发生的案件及时侦破。

（四）油田及油田周边非法收购原油和油田物资的废品收购站点及时取缔。

三、主要任务

（一）哈尔滨市，破获庆哈输油管线8起栽阀盗油案件。整治、取缔所属县区寄生和现存的非法炼油点。整治在输油管线栽阀盗油的突出问题，净化输油管道沿线治安环境。

（二）大庆市，取缔油田周边非法收购油田物资的废品收购站点。整治沿江地区非法炼油以及跨江运输被盗原油的突出问题。建立打击、防控非法炼油和运油的长效工作机制。

（三）齐齐哈尔市、绥化市、绥化农垦局，重点整治、取缔寄生在辖区的非法炼油点。绥化市重点打击位于安达市境内采油八厂二矿地区的开井放油和刨眼盗油违法犯罪行为，抓获在逃犯罪嫌疑人，破获肇东市境内发生的庆哈输油管线栽阀盗油案件。

（四）公安、检察、法院机关要形成对涉油案件快侦、快诉、快判的打击链条。公安机关要侦破一批涉油积案，抓获一批涉油逃犯；检察、法院机关要与公安机关密切配合，对重大涉油案件及时起诉、及时审理，使犯罪分子及时得到惩处。

（五）工商行政管理部门要加强废品收购站（点）的日常管理和监督检查，对违法收购油田生产物资的站点，依法进行整治取缔。

（六）综治部门要组织协调社会各方面力量参与集中整治，对问题突出、反复出现非法炼油点（炉）、开井放油、打孔（栽阀）盗油现象的地区实施社会治安综合治理一票否决，同时查究相关领导的责任。

（七）大庆油田有限责任公司要加强企业管理，提高油田自防、自管、自控能力，有效防止员工内外勾结作案，进一步强化、完善内部安全保卫工作。为专项打击整治行动提供经费保障。

四、时间步骤

自2006年9月1日开始至2006年12月1日结束，分3个阶段进行。

第一阶段:9月1日至9月5日为动员部署阶段。

第二阶段:9月6日至11月20日为集中打击整治阶段。

第三阶段:11月21日至12月1日为总结验收阶段。

五、工作措施

(一)组织精兵,攻坚破案。担负破案任务的地方公安机关要对辖区内发生的案件逐案排查,逐条线索梳理,抽调专人,组成专案组侦破。要采取领导包案,运用多种侦察手段等方式,多措并举,攻坚克难,力争破掉一批积案,抓获一批逃犯,遏制发生现案。对涉油重特大案件,公检法机关要密切配合,快侦、快捕、快判,鼓舞群众,震慑犯罪。

(二)路检路查,堵截原油外运。在集中整治专项行动期间,公安机关要在省内油田主要出路口及公路收费站口,加强对运输油品车的检查,对非法贩运油品的,没收贩运工具、油品,彻底查清油品来源和流向,对构成犯罪的追究刑事责任。对收缴的原油一律交大庆油田有限责任公司处理,任何地方、部门不得自行处理,一经发现要严肃处理,对数量较大、后果严重的,要追究行政、法律责任。肇源县要重点加强对非法运油车的防范工作,防止被盗窃的原油通过水、陆运往外省。省公安厅要加大同吉林省公安厅协作力度,联手解决涉油违法犯罪问题。

(三)落实责任,杜绝非法炼油滋生。油田周边市、县(区)、乡(镇)政府,要把集中整治专项行动纳入创建"平安县(市、区)"和"平安乡镇、村屯"之中,组织开展打击整治活动,层层落实责任,彻底取缔非法炼油点,确保当地不发生偷盗原油和非法炼油问题。

(四)强化整治,规范废旧行业行为。大庆及大庆周边的工商部门和公安机关要协同作战,联手整治废旧行业。对无照经营、非法收购、超范围经营的站点,要严格清理、严格整顿、依法取缔,铲除涉油、涉油田物资违法犯罪的诱因,堵塞销赃渠道。工商部门要严格废品收购站(点)市场准入条件,从严把关,合理布局,依法规范废品收购站(点)经营范围和经营行为。

(五)加强督导,落实奖惩。集中整治专项行动期间,省综治办、省级整治油田及输油气管道联席会议办公室将不定期对各地进行督导检查。对突出的盗油、运油问题没有得到有效解决,整治成果不明显的地方,实行媒体曝光、通报批评乃至一票否决,并追究领导责任。对纵容包庇涉油犯罪的,要依法追究刑事责任。对侦破省公安厅挂牌督办案件,取缔非法炼油点成效显著,整治重点地区、部位效果明显的单位,将按有关规定予以奖励。

(六)沟通情况,及时报告。集中整治专项行动日常工作由省级联席会议办公室负责。各地在集中整治中遇到政策性、法律性和疑难性问题,要及时报告省级整治油田及输油气管道治安秩序联席会议办公室(设在省公安厅经保总队),妥善处置。

黑龙江省社会治安综合治理委员会关于印发《黑龙江省未成年人保护"丙戌行动"实施方案》的通知

(2006年4月14日)

各市(地)社会治安综合治理委员会,省农垦总局、省森工总局、哈尔滨铁路局社会治安综合治理委员会，省综治委成员单位：

现将黑龙江省综治委第23次委员会议讨论通过的《黑龙江省未成年人保护“丙戌行动”实施方案》印发你们，请抓好各项要求落实，并认真组织实施。

黑龙江省未成年人保护“丙戌行动”实施方案

为切实加强对未成年人的管理教育和人身安全保护，严厉打击侵害未成年人人身安全的各种违法犯罪，深入推进“平安龙江”建设，省综治委决定在全省组织开展未成年人保护“丙戌行动”。现制定实施方案如下：

一、任务与目标

（一）认真排查影响未成年人安全和健康成长的社会管理方面的治安问题，摸清管理对象底数。全面排查实有人口，核查疑似被害失踪人口，调查高危重点人口，及早发现犯罪苗头和倾向性问题；全面排查出租房屋，摸清租赁者的基本情况，从中发现利用租住房屋违法犯罪的情况；排查网吧，摸清网络经营业主违规经营的问题，特别是违规接纳未成年人进入情况和黑网吧底数；排查校园周边治安秩序，发现影响教学和师生安全的问题；排查校园内部管理漏洞，发现火灾事故、食物中毒事故隐患等问题；排查刑释解教人员，摸清近三年来刑释解教人员的基本情况，从中发现漏管失控、重新犯罪问题；排查流浪乞讨和失踪未成年人，从中发现未成年人的权益保护和侵害未成年人违法犯罪问题。

（二）严厉打击各种侵害未成年人的刑事犯罪。重点打击影响未成年人身心健康的传播有害信息的网络犯罪、“黄、赌、毒”犯罪，教唆、引诱、胁迫流浪儿童犯罪的犯罪。对2005年以来发生的侵害未成年人刑事案件侦破率要达到70%以上。

（三）重点整治游戏厅、录像厅、网吧（“两厅一吧”）接纳未成年人、提供影响未成年人身心健康有害信息的违法违规行为；整治校园周边无照经营商贩、旅店（钟点房）、接送学生车辆管理混乱以及地痞流氓滋扰等影响学校教学环境和师生安全的问题。通过整治，使“两厅一吧”违规接纳未成年人的行为受到处罚，黑网吧和校园周边非法经营活动全部取缔，校园内的治安案件大幅度下降，校车交通安全隐患得到排除，校园周边秩序实现好转。

二、工作措施

（一）宣传发动。运用各种有效形式，动员各有关部门和广大人民群众积极参与“丙戌行动”。各级综治委和各有关部门要向居民、学生、未成年人家长等讲清“丙戌行动”的意义、目的，鼓励他们为公安和行政执法部门提供打击、整治线索。各行政执法部门要建立举报奖励制度，设立举报电话，对举报犯罪线索、黑网吧、接纳未成年人上网的一经查实给予奖励。

（二）搞好排查。采取条块结合、上下结合、普遍排查与重点排查相结合、集中排查与各单位自我排查相结合的办法，对打击整治的对象和问题进行拉网式、地毯式的突击排查。以县（市、区）、市（地）两级排查为主，自下而上进行，在县（市、区）排查的基础上，市（地）进行重点检查和复查，省在适当时候组织抽查。在复查、抽查中发现重大疏漏的，要追究初查（复查）单位的责任。通过排查发现侵害未成年人的违法犯罪线索，找出影响未成年人健康成长的深层次的问题，确定重点打击、取缔和处罚的对象。对排查出来的漏管刑释解教人员，及时纳入所在地重点人口管理范围；对排查出来的流浪未成年人，当地民政部门要及时予以救助。排查发现的异地刑释解教人员和流浪未成年人，当地公安、民政部门要及时通知其户籍所在地有关管理部门。

（三）实施打击。对排查出来的2005年以来侵害未成年人在逃犯罪嫌疑人，落实专门力量缉捕。对疑似被害失踪少年儿童线索集中分析串案，组织专门力量侦查。对侵害未成年人的犯罪案件，公安机关要及时侦破，检察、审判机关依法从快办案，从严惩处。对排查出来的黑网吧和校园周边无照、违规经营摊点、旅店，工商行政部门要依法坚决取缔并给予经济重罚。对排查出来接纳过未成年人上网、超时经营和存在消防安全隐患的网吧，文化、公安部门依法从重处罚，直至吊销《经营许可证》，工商行政部门要吊销其营业执照，给予经济处罚。对排查出来播放淫秽等有害内容的录像厅、网吧和设赌的游戏厅，要依法处罚，直至关闭。对排查出来的曾为犯罪嫌疑人提供场所、房屋的户主按照有关法律法规给予治安处罚。

（四）强化管理。在打击整治的基础上，进一步完善长效管理和教育机制建设。公安机关要进一步完善对流动人口、出租房屋的管理办法，加强各种场所的日常检查，及时发现其中的治安问题。司法行政部门要进一步加强出监、出所人员与原户籍地的公安机关和街道（乡镇）的衔接，协调有关部门落实有关安置政策，组织开展对刑释解教人员的安置帮教，减少重新犯罪。教育部门要对广大学生进行“八荣八耻”教育，协调社会各方面加强对少数沾染劣迹的学生进行重点帮助。文化部门要进一步严格网吧的监控管制，发现问题及时查处，并研究制定加强管理的有效措施。教育、共青团组织、妇联组织要紧密联系，形成合力，共同实施对未成年人的帮助教育和保护。上述部门在“丙戌行动”结束之前，都要针对本部门管理方面和部门之间职责不明、衔接不到位的漏洞和薄弱环节，制定一套操作性较强的管理措施。

三、实施步骤

“丙戌行动”在2006年二、三季度实施，分三个阶段进行。第一阶段为准备阶段。时间从4月20日起到5月10日，主要任务是各地、各有关部门细化工作《方案》，落实部门责任，确定组织机构，同时，开展宣传发动。第二阶段为组织实施阶段。时间从5月11日至9月10日。主要任务是全面实施清理排查、整治打击，落实各项行动措施。第三阶段为检查总结阶段。时间从9月11日至9月30日，在市地检查验收的基础上，省综治委组织检查，并将检查结果作为年终“平安龙江”建设考核的一项评分依据。

四、职责分工

各级职能部门要充分发挥排查、整治和打击的主力军作用，协同动作，形成合力。为做好排查整治工作，成立5个工作组。第1组，由公安机关牵头，建设、民政、教育、交通部门配合，负责开展对出租房屋、失踪未成年人和校车隐患的排查管理。第2组，由文化部门牵头，公安、工商、消防部门配合，负责检查“两厅一吧”违规经营情况，对存在的违规问题整改，依法取缔黑网吧。第3组，由司法行政部门牵头，公安、审判机关、民政部门配合，负责排查刑释解教人员的衔接管理，完善落实刑释解教人员安置帮教措施。第4组，由教育部门牵头，公安、检察机关、审判机关、共青团组织配合，负责校园周边管理，落实法制副校长配备，加强对学生进行安全防范知识教育，建立社会、学校、家庭相互衔接的保护未成年人网络。第5组，由民政部门牵头，公安、教育部门、共青团、妇联组织配合，共同实施对流浪儿童以及单亲家庭子女、服刑人员家庭子女和其他易受到侵害的家庭子女的救助和管理教育。

五、组织保障

（一）加强领导。各级党委（党组）、政府对此次行动负总责，各级综治委综合协调，各职能牵头部门组织实施。省综治委成立未成年人保护“丙戌行动”工作领导小组。省委常委、省政法委书记、省综治委主任杨焕宁任组长，省政府副省长、省委政法委副书记、省综治委副主任王东华为副组长。领导小组由省纪检委、省委组织部、省委宣传部、省委政法（综治）委、省法院、省检察院、公安厅、财政厅、教育厅、建设厅、民政厅、文化厅、司法厅、工商局、交通厅、团省委、省妇联组成。领导小组办公室设在省综治办。公安、文化、司法行政、教育、民政五个部门领导为专项工作组组长，4月15日前要完成小组的组建和具体行动方案的制定，并按要求分阶段抓好推进。各地都要建立由一名党委分管领导任组长的统一行动指挥机构，抽调精兵强将组成行动队伍，抓好工作推进和各项措施的具体落实。行动结束后，各组、各地都要向省综治委写出总结报告。

（二）落实责任。未成年人保护“丙戌行动”坚持“条块结合、以块为主”的原则。省直各部门、各单位要对本系统的工作做出专项部署，并加强对下指导。要严格落实领导责任制、目标管理责任制和一票否决制。对“丙戌行动”效果不明显年内取消评先资格，专项行动过后再发生类似问题的，实施一票否决。

（三）提供保障。各级宣传部门要结合开展平安建设“宣传月”活动，协调新闻媒体，运用多种形式加强对“丙戌行动”的意义、任务和措施的宣传，为专项行动创造舆论氛围。各地、各部门要制定出详细工作计划和经费预算，商同级财政给予保障。

黑龙江省社会治安综合治理委员会关于印发《黑龙江省“维稳创安百日行动”实施方案》的通知

（2006 年 12 月 19 日）

各市（地）综治委，省农垦总局、省森工总局、哈尔滨铁路局综治委，省综治委各成员单位，省维稳办、省国资委、省环保局、省食品药品监督管理局：

现将《黑龙江省“维稳创安百日行动”实施方案》印发你们，请结合本地、本部门实际，认真组织实施。

黑龙江省“维稳创安百日行动”实施方案

为认真贯彻落实全国、全省政法工作会议精神，为党的十七大和省第十次党代会胜利召开创造良好的社会环境，针对全省维稳、治安和公共安全形势，省综治委决定在全省开展“维稳创安百日行动”。具体实施方案如下。

一、指导思想

以党的十六届六中全会精神为统领，在党委政府统一领导下，协调整合社会力量，综合运用政治、经济、法律、思想教育等手段，深入开展对影响社会稳定、社会治安、公共安全因素的大排查、大整治、大调处、大防控，创造平安、和谐、稳定的社会环境，迎接党的十七大和省第十次党代会胜利召开。

二、目标任务

通过认真排查调处影响社会稳定问题，着力化解社会矛盾，防止围堵党政办公机关、铁路、公路等影响较大的群体性事件的发生。通过认真排查整治影响治安秩序问题，打击黑恶势力和杀人、绑架、爆炸、侵财等严重刑事犯罪，防止影响群众安全感特别是在全国、全省影响大、后果严重的刑事和治安案件的发生。通过认真排查整改公众安全问题的苗头和隐患，及时堵塞漏洞，对公共场所等实行严管、严控、严治，防止重特大火灾、交通、爆炸、生产安全和群死群伤等有重大影响的公共安全事故及事件的发生。

具体工作任务：

（一）排查解决影响社会稳定的突出问题（由省维稳办总牵头）。1. 由各级维稳机构会同各级信访、司法部门，协调政府相关职能部门，重点对农村土地承包、国企改制、城市建设拆迁、复转军人政策落实等热点问题进行排查梳理，从中发现易形成群体性事件的倾向性苗头，集中力量化解和解决。对确因历史原因在“百日行动”期限内难以解决的，要明确责任单位做好解释和稳控工作。2. 由各级劳动保障部门牵头，协调建设部门、工会组织对拖欠农民工工资和其他职工工资的用工单位下达限期发放指令，对不能在限期内解决问题的，按照有关法律法规追究责任。

（二）排查整治严重影响群众安全感的严重刑事犯罪隐患和治安问题隐患（由省公安厅总牵头）。1. 由公安机关牵头，重点打击严重影响群众安全感和社会稳定的刑事犯罪，力争将部、省挂牌的在逃犯罪嫌疑人尽快抓捕归案；组织力量防范打击杀人和抢劫、抢夺等侵财性犯罪，保证人民群众过一个祥和安全的春节。2. 由司法行政部门牵头，落实人员对三年来刑释解教人员逐一走访，了解和帮助其解决生活方面存在的困难，并从中发现不稳定倾向性苗头，有针对性地实施教育和管控。3. 由民政部门牵头，公安机关参与配合，摸排登记社会闲散人员和社会组织，落实管理服务措施，减少治安不稳定因素。

（三）排查整治影响公共安全的隐患（由省安监局总牵头，省公安厅配合）。1. 由公安机关牵头，交通、环保、安监部门配合，组织开展对危害公共安全的危险品、爆炸品、有毒有害物品、放射性物品等排查登记，建立严格的管理、看护、使用、运输等制度，严管严控，确保不发生问题。2. 由消防部门牵头，依法对防火防爆对象检查，及时消除隐患，减少火灾事故。3. 由公安机关牵头，交通、安监部门配合，严厉查处违法违规黑车、超期服役车辆、超载运营等问题，严惩犯罪，遏制交通事故。4. 由安监部门牵头，政府相关职能部门协助配合，重点对矿山生产、建筑生产、其他大型生产企业进行安全大检查，及时发现整改安全隐患，关停安全无保障的小煤矿，全面落实安全生产法规要求和制度，落实安全生产行政首长负责制和安全生产包保责任制，确保生产安全事故有所减少。5 由食品药品监督管理部门牵头，工商、质量技术监督等部门协助配合，排查发现危害人民群众健康安全的不合格食品、药品，依法严厉打击此类犯罪，确保食品、药品绝对安全，控制食物药物中毒等事件发生。

三、工作措施

（一）组织领导。省综治委成立“维稳创安百日行动”领导小组，由省政府副省长、省委政法委副书记、省综治委副主任王东华任组长，省委政法委副书记、省综治委副主任戴志强、王爱文任副组长；省维稳办、省综治办、省信访办、省法院、省检察院、省公安厅、省司法厅、省民政厅、省交通厅、省国资委、省工商局、省食品药品监督管理局、省安监局的负责同志为领导小组成员，办公室设在省综治办，办公室主任由王爱文兼任，领导小组下设维稳、治安、安全三个专项工作组，分别设在省维稳办、省公安厅、省安监局，由所在单位负责同志任组长。

（二）宣传发动。以元旦、春节安全保卫为契机，充分运用宣传媒体等各种有效的方式方法，动员全社会力量和广大人民群众积极参与“维稳创安百日行动”，鼓励人民群众为政府有关部门提供影响社会稳定、治安秩序、公共安全的问题线索和整治意见建议，各级政府牵头部门要对支持、参与提供有价值线索和建议的，给予必要的精神奖励和物质奖励。要将宣传教育与排查整治相结合，贯穿行动的全过程。提高全民的防范意识和维护治安的自觉性。

（三）强化排查。采取条块结合、上下结合、专群结合、普遍排查与重点排查相结合、集中排查与各单位自我排查相结合的办法，逐一进行拉网式、地毯式排查，迅速确定本地区、本部门、本单位影响社会稳定、突出的治安问题和安全隐患。发现有重大疏漏的，坚决追究初查（复查）单位的责任。

（四）及时整改。排查与整改同步进行，边查边整边改。对火灾隐患、交通隐患、场所部位安全隐患、生产安全隐患、危及人民群众生活的不安全因素发现后立即落实纠正措施，限定解决问题时限，在法定期限解决不了的，立即关停封闭，直至彻底解决后再行恢复生产和经营。

四、实施步骤

“百日行动”在2006年底实施，分三个阶段进行。第一阶段为部署发动阶段。时间从12月20日至2007年1月10日，各地、各有关部门制定本地区、本部门工作方案，落实部门责任，成立组织机构，开展宣传发动，全面启动工作。第二阶段为深入推进阶段。时间从2007年1月11日至3月30日，深入实施清理排查、整治，落实各项行动措施。第三阶段为检查总结阶段。时间从4月1日至4月20日，县(市)自查并总结，市地检查验收，省专项行动办公室组织检查验收，检查的结果列入年度平安建设考评。

各级党委(党组)、政府对此次专项行动负总责，各级综治委组织协调，各职能部门牵头具体实施。各级都要成立由党委、政府负责同志牵头的工作领导小组，建立例会和研究专项行动工作制度，为专项行动提供人力、物力、财力保障，及时分析和解决专项行动中发现的问题。各地区、各部门要结合实际，做出专门的安排部署。严格落实领导责任制、目标管理责任制。对出现严重影响社会稳定、治安秩序和公共安全的地方，要坚决追究党政主要领导责任，实施一票否决。追究上级业务部门领导指导不力的责任，视问题严重程度和影响大小给予处理。对专项行动效果不明显的，取消年内评先资格。

专项行动结束后，各地、各部门要向省综治委专题报告。专项行动期间，省综治委将不定期地对各地工作进行检查。

黑龙江省社会治安综合治理委员会组成人员名单

(2006年)

主　任：杨焕宁　省委常委、省委政法委书记

副主任：王东华　副省长、省公安厅厅长
南　英　省高级人民法院院长
姜　伟　省人民检察院检察长
戴志强　省委政法委副书记
王爱文　省委政法委副书记
马明武　省委政法委副书记

委　员：(按姓氏笔画排序)
马　菠　省质量技术监督局副局长
马良骏　黑龙江省保监局副局长
马玺波　省政府办公厅副主任
王　野　省交通厅纪检组长
王永生　省旅游局副局长
王进敏　省纪委副书记
王建成　省财政厅助理巡视员
孔祥君　哈尔滨海关关长
孙伟化　省委组织部副部长
孙伟汉　省信访办主任
孙晓强　省邮政局副局长
许　安　省政协社会和法制委员会主任
任纪善　哈尔滨铁路局局长
关九波　省人口和计划生育委员会纪检组长
刘玉臣　黑龙江银监局副局长
李　力　省纪委派驻省委政法委纪检组长
李　斌　省卫生厅副厅长
李己华　省新闻出版局副局长
李长春　省国家安全厅副厅长
李宗杰　省人事厅副厅长
李俊晞　省人保公司总经理
沙广华　共青团黑龙江省委副书记
来克勤　省工商局副局长
宋宏伟　省文化厅副厅长
林春贵　省司法厅副厅长
张　信　省教育厅副厅长
张永刚　省建设厅副厅长
张国峰　省人大内务司法委副主任委员

张爱民	省妇联副主席
国剑尘	省委防范和处理邪教办公室副主任
周兴海	省广播电视局副局长
庞光明	省经委副主任
段旭东	中国网通黑龙江省通信公司总经理
姜　魁	省电力公司总经理
赵勤义	省委宣传部副部长
侯纯禄	省工会副主席
陈长有	省委办公厅副主任
陈永芳	省委宣传部副部长、省精神文明办副主任
党保华	省军区司令部副参谋长
袁晓光	黑龙江日报社副总编
高志杰	省安全生产监管局副局长
梁席民	省劳动和社会保障厅副厅长
董　明	省武警总队副总队长
蔡炳华	省民政厅副厅长
滕晓光	省委政法委副秘书长

办公室主任:王爱文(兼)

办公室副主任:高　山　毛文清

省综治办内设机构:综合处

指导处

黑龙江省各市、县(市、区)综治委、办主任名单

地　区	综治委主任	综治办主任	地　区	综治委主任	综治办主任
哈尔滨市	邹新生	田　岚	龙沙区	李佳明	李向仁
松北区	韩春生	李　博	铁锋区	柴继国	汤治雄
道里区	宿举发	曲　斌	昂昂溪区	王　伟	颜承茂
南岗区	杨德利	李维克	富拉尔基区	吕和兴	赵利军
道外区	邢海峰	王　琦	碾子山区	刘晓东	刘景森
香坊区	刘英俊	董艳华	梅里斯区	胡绍春	李金龙
动力区	赵崇福	李延龙	讷河市	隋战峰	于宏雁
平房区	王基林	王　平	龙江县	徐洪胜	张海成
呼兰区	王瑞军	曾凡滨	依安县	宫贺廷	杜俊祥
双城市	郭景友	白树栋	泰来县	黄大庆	张新国
尚志市	王维发	孙凤祥	甘南县	沈会斌	梅连生
五常市	王晓春	怀忠诚	富裕县	翟志学	周铁成
阿城市	罗英杰	王明江	克山县	牛明杰	张忠瑜
依兰县	刘凤仁	姜春林	克东县	李　丹	杨志超
方正县	邓宏图	侯晓光	拜泉县	陈晓维	周　方
宾　县	刘跃民	张立平	**黑河市**	许百川	魏景新
巴彦县	高洪大	聂福轩	爱辉区	马福森	韩　杰
木兰县	李大庆	刘洗海	北安市	侯　明	
通河县	封殿辉	尹国志	五大连池市	丁爱辉	王书彬
延寿县	张志刚	解臣一	嫩江县	张崇义	李振生
齐齐哈尔市	沃岭生	窦长海	逊克县	陈营文	刘贵忠
建华区	孔子为	朱景成	孙吴县	郭华东	王　薇(女)

地　区	综治委主任	综治办主任	地　区	综治委主任	综治办主任
大庆市	阮殿龙		**佳木斯市**	贺旭武	王树壮
萨尔图区	张文才	周洪源	前进区	马德聪	阎向军
龙凤区	苗　齐	孙永玲	向阳区	孙格群	薛宝礼
让胡路区	曲连贵	郑彦鹏	东风区	周　雷	伦晓青
大同区	郑大泉	徐振民	郊　区	宁淑艳	白银杰
红岗区	曹　敏	刁国君	同江市	于广渊	袁晓娟
肇州县	李延国	张浩然	富锦市	宗　毅	王洪钧
肇源县	徐学阳	高明志	桦南县	姜　富	付　利
林甸县	王志华	张化祥	桦川县	黄金华	杨旭文
杜蒙县	张春姣	曹国辉	汤原县	王鹏飞	郭　光
伊春市	陈学平	王通达	抚远县	张庆艳	郭子峰
伊春区	霍明星	刘仁贵	**双鸭山市**	王凤春	李晓明
南岔区	马伟斌	尚有勤	尖山区	盖焕友	欧阳林友
友好区	范明学	刘安全	岭东区	李苍海	侯耀扬
西林区	刘锡慧	鄂文超	四方台区	贺大伟	史凤先
翠峦区	岳洪明	吕长海	宝山区	汝少华	李　辉
新青区	苏连合	刘洪玉	集贤县	魏树立	张士友
美溪区	张春鹰	张建平	友谊县	教传华	张东龙
金山屯区	赵延平	姚景双	宝清县	薛秀平	关　健
五营区	董亚光	宋国祥	饶河县	蔡存义	王树伟
乌马河区	王晓东	张经田	**七台河市**	韩振军	杨志杰
汤旺河区	王旭华	梁振超	桃山区	白景文	黄忠义
带岭区	屈慧斌	黄耀林		徐康义	
乌伊岭区	宋晓日	吕晨明	新兴区	毕淑荣	范广义
红星区	王铁良	陶　龙	茄子河区	赵振宇	吴均玲(女)
上甘岭区	焦丕太	任明强	勃利县	傅银桥	戴　林
铁力市	李庆生	栾耀华		尹传声	
嘉荫县	孙兆龙	朱世海	七煤集团公司	刘景录	徐　强
铁力林业局	刘福春	李振学	**鸡西市**	韩义德	龙雨洲
桃山林业局	肖亚英	刘维德	鸡冠区	李廷海	靳士良
朗乡林业局	刘劲松	张连江	恒山区	李洪绪	吴瑞星
双丰林业局	贺绍峰	葛君明	滴道区	孙学成	李广镇
鹤岗市	单增庆	邹奉玺	梨树区	吕铁铜	姜学成
兴山区	张忠学	刘　彬	城子河区	李敬堂	张书臣
向阳区	唐德宏	田　勇	麻山区	刘洪飞	顾国孝
工农区	杨国贤	黄秉伟	虎林市	魏凤兰	邱振华
南山区	张爱萍	刘树德	密山市	李连春	赵树贤
兴安区	孔令艳	杨世春	鸡东县	常　斌	马　威
东山区	应　博	郑忠悦	**牡丹江市**	田立军	连福德
萝北县	王启德	左传文	爱民区	孙书鹏	张玉洁(女)
绥滨县	王学科	谢志春	东安区	王友谊	丁东哲

地 区	综治委主任	综治办主任
阳明区	贾 林	柏树莉(女)
西安区	朱益民	刘国良
穆棱市	李晓光	潘文华
绥芬河市	曹玉希	张冯起
海林市	王凤林	吴万金
宁安市	李新平	刘海亭
东宁县	任 侃	朱忠新
林口县	孙振东	宁得福
绥化市	张文明	韩 利
北林区	倪继锋	杨建华
安达市	白坦然	李振连
肇东市	周 衔	金晔华
海伦市	顾春季	雍德厚
望奎县	盛 威	杨守国
兰西县	李树春	赵利民
青冈县	周广耀	杨旭久
庆安县	李松国	宿世和
明水县	范树林	齐志学
绥棱县	韦健璇	陈玉学
大兴安岭地区	朱洪祥	邢立平
呼玛县	孙洪波	张新战
塔河县	王业礼	梁淑娟(女)
漠河县	曹文华	王诺维
新林区	李加振	闫 林
呼中区	刘海森	裴 君
松岭区	王志军	罗德新
加格达奇区	张鹏华	刘春阳
阿木尔林业局	王文弟	陶小川
十八站林业局	李东伟	薄文学
韩家园林业局	李广才	梁子辉
加格达奇林业局	鲁 平	刘建军
图强林业有限公司	赵文贵	张德贵
省农垦总局	韩乃寅	
宝泉岭分局	王立明	郝文山
红兴隆分局	杜增杰	康岩君
建三江分局	王甲林	包 军
牡丹江分局	刘福生	高福东
北安分局	季世春	孙长军
九三分局	常绍锋	陈守范
齐齐哈尔分局	杨喻晓	蔡胜义
	周昊天	
绥化分局	张纪平	王忠武
哈尔滨分局	蔡柱良	万文义
	张玉良	
省森工总局	高金芳	吴英福
松花江林管局	刘宝臣	马桂英
通北林业局	周 生	范吉宝
亚布力林业局	戚延春	鲍怀林
清河林亚局	王 军	高洪琴(女)
沾河林业局	毕雪峰	陈绍明
山河屯林业局	蒋文德	刘延年
苇河林业局	张晓华	王金贵
绥棱林业局	秦旭光	袁 威
方正林业局	姜 峰	张幼海
兴隆林业局	杨继学	王静波
牡丹江林管局	关振武	闫培通
大海林林业局	王振廷	仲伟良
八面通林业局	谭国志	王榜杰
东京城林业局	张松林	王松江
绥阳林业局	刘书斌	王兴林
柴河林业局	马忠祥	高 平
穆棱林业局	温宏生	李连诚
海林林业局	张广兵	赵永泉
东方红林业局	朴忠禄	李 艳(女)
林口林业局	姜 君	谷庆伟
迎春林业局	张 伟	段林科
合江林管局	王敏学(女)	柏 义
鹤立林业局	于静波	阎长国
双鸭山林业局	荐国良	张淑爱(女)
鹤北林业局	马德第	唐一清
桦南林业局	韩建军	何春军
哈尔滨铁路局	任纪善	周梅华

(撰稿人:刘 钊
审稿人:王爱文 崔红星)

上 海 市

2006 年社会治安综合治理工作概况

2006 年,上海市社会治安综合治理工作坚持以"三个代表"重要思想和科学发展观为指导,围绕上海经济社会发展大局,以平安建设为载体,抓实事项目,促社会管理,认真组织疏导化解各类社会矛盾,严密社会治安防控体系,深化预防犯罪工作,确保了全市政治稳定、社会安定。

一、精心组织实施,全面推进上海平安建设工作

抓好规划部署,落实领导责任。市委、市政府把平安建设作为 2006 年八项重点工作之一,并列入了"十一五"规划。市委政法委、市综治委根据中央意见,在深入调研、系统总结工作经验、准确判断治安形势的基础上,制定了上海平安建设贯彻意见,市委、市政府召开了全市动员大会,明确了上海平安建设的目标任务和措施要求。各级党委、政府和部门主要领导亲自挂帅,把平安建设作为"一把手"工程,层层落实责任,形成了"主要领导负责、分管领导牵头、其他领导配合"的组织领导体系,切实发挥综治委成员单位的骨干作用,为平安建设提供了有力的组织保障。

推进实事项目,促进社会管理的完善。立足解决人民群众最关心的社会治安突出问题,提出上海平安建设实事项目,努力攻克治安"顽症",使平安建设真正成为群众满意的民心工程。制定了实事项目计划任务书,明确了牵头单位、组织实施单位、协办单位及其相关考核目标,并将各项工作分解量化,落实到具体责任人。建立了实事项目牵头单位例会制度,强化组织协调,密切工作联系,形成了各部门各尽其职、全社会齐抓共管的平安建设工作格局。市综治委正、副主任分头领军 1 至 2 项实事项目,加强检查督导。通过抓实事项目,治安混乱地区和治安突出问题得到了有效整治,出台各类相关政策规定、管理办法 25 个,长效管理机制逐步建立,促进了社会管理体系和政府公共政策的完善。

加强工作指导,推动基层平安创建活动。制定下发了《上海市平安建设考评管理办法》(试行),明确了平安小区、平安单位、平安校园、平安社区等基层平安建设的创建标准和工作规范。对全市街镇政法书记开展了业务培训,统一思想认识,拓宽工作视野,提升工作能力。组织人大代表、政协委员视察基层平安建设工作,推动了平安建设的深入开展。通过建立社会治安季度讲评制度,帮助基层找准问题、分析原因、共同研究针对性措施,推动各项工作的开展。不断总结基层平安建设的经验做法,通过"平安建设专辑"、"社会治安综合治理工作动态"等载体以及召开现场会、推进会等形式,树立典型,以点带面,发挥规模效应。

二、落实维稳工作责任制,全力维护政治稳定和社会安定

切实维护政治稳定。滚动排查、实时更新可能危害安全的重点人员、重点场所,牢牢掌握稳控人员动态,确保了"峰会"、中央查办社保基金案等敏感节点的社会稳定。

加强信访息诉工作。关心群众诉求中的合理因素,依法依理依情做好集体上访、久诉不息等信访案件的疏导、息诉工作,有效化解了一批突出矛盾。制定"三条线"工作预案,完善劝返进京上访人员的长效工作机制和接收处置工作网络,规范工作程序,推动了本市非正常进京上访总量明显回落。

探索构建多元化纠纷解决机制。大力推行庭前调解、委托调解、社会参与调解和人民调解等多种形式的调解工作,引导广大群众把调解作为解决矛盾纠纷的主要选择。建立了一系列规范性工作制度，有效保障了人民调解、诉讼调解及民事审判工作的合法衔接，化解和分流了一批案件，最大限度地减少社会不和谐因素。稳步推进“人民调解工作室”以及行业性、区域性调解委员会建设。认真推进“五五”普法，深入社区提供法律服务。

三、坚持“严打”，不断提高工作的针对性和实效性

保持“严打”高压态势，发挥政法综治部门平安建设的主力军作用。严厉打击严重影响人民群众生命财产安全的黑恶势力犯罪、严重暴力犯罪以及破坏社会主义市场经济秩序的金融犯罪，有针对性地开展了“侦破命案”、打击“两抢一盗”、“禁赌”、反扒窃等专项行动，侦破了一批大案、要案和积案，有效维护了本市社会治安的持续稳定。针对多发性案件高发等情况，公安、检察、法院等部门密切配合，及时制定和调整打击惩处的政策，有效遏止了案件的高发势头。监狱、劳教机关克服场所容量压力，积极配合“严打”工作，加快对象周转，加强监管措施，既有效解决了场所容量问题，又确保了场所的安全。

加强未成年人司法保护，最大限度地减少社会对立面。实施对违法犯罪情节较轻的未成年人实行考察教育制度，搭建教育挽救违法犯罪未成年人工作的政策平台，最大限度地给予有帮教条件的失足少年改过自新的机会。公安、检察、法院等部门在团组织、青少年社工和有关学校、家庭的支持下，分别采取缓处考察、诉前考察和判处非监禁刑等形式，对近千名违法犯罪未成年人实施帮教，进一步拓展了未成年人预防犯罪的工作空间。

强化治安问题发现机制，发挥人民群众平安建设的主体作用。健全完善公秘结合、专群协作、渠道畅通、流程规范、发现及时、反应迅速的社会治安问题发现机制。组建了一支159人“社会治安市民巡访团”队伍；建立了集宣传、引导、监督和查询等功能于一体的“上海综治”网站；开通了治安问题举报热线电话；建立与市人大、政协、信访办、工会、共青团、妇联、新闻媒体就社会治安问题沟通联系的会议制度。通过多方面、多角度、及时发现社会治安突出问题，提高了“严打”整治工作的针对性和有效性，发挥了人民群众在平安建设中的主体作用。

四、加强基层基础建设，健全社会治安防控体系

着力加强综治组织建设。建立市综治委主任定期例会制度，专题分析治安形势，研究决定重大问题。强化市综治办的组织协调能力，建立市综治办及相关工作办公室主任每月例会，通报情况，明确重点，形成合力。进一步明晰综治委各专门工作领导小组及其办公室的职责，强化了目标管理考核，推动校园周边、部队周边、安置帮教、铁路护路等综治专项工作的深入开展。结合基层机构改革试点和换届选举工作，开展了街镇分管政法综治工作领导设置情况的调研，及时向市委提出工作建议，确保基层综治工作的组织机构在改革过程中得到加强。

推动“两新”组织参与平安建设，拓宽综治工作覆盖面。通过平安单位创建活动，充分调动“两新”组织的积极性，在行业、市场、商业街、经济园区、群众团队、项目工地建立综合治理工作网络，中心城区商务楼宇的综合治理工作覆盖率达到了91.8%。举办“两新”组织高级人才研修班、行业协会秘书长培训班、新社会组织党务干部培训班，进一步加强了社会治安综合治理工作的宣传教育和业务培训，增强了安全防范工作意识和能力，深化“两新”组织综合治理工作。

提高社区防范工作水平。把社区技防设施建设作为2006年实事之一重点推进。按照“合理布局、经济实用、安全可靠”原则，大力推进社区图像监控系统建设。社区图像监控系统在道路交通管理、社会治安防控、处置突发事件、重大安全保卫等各项工作中得以广泛应用并发挥了重要作用。通过典型引路，推动老式小区楼宇防盗门安装，社区防范水平得到提高。整合扩建了一支3万人的社区保安队，调整扩大了工作职能，对综治社区保安队员分期分批集中培训，进一步明确职责任务和工作要求。

五、深化预防和减少犯罪体系建设，加强犯罪多发人群的教育和管理

严密工作网络。初步形成了专业管理服务工作的运作实体，社工中有70%以上的人取得了社会工作职业资格证书。调整充实了帮教志愿者，“专家督导委员会”、“大学生禁毒志愿者队伍”等，志愿者协助社工为服务对象提供教育、心理、法律、就业等方面的咨询和课业、技能、才艺等方面的辅导。

健全工作规范。逐步理顺了禁毒、社区矫正、社区青少年事务等专业管理机构的工作关系，协调有关职能部门积极为体系建设创造良好的工作环境。全面摸清了全市高危人群的情况，建立了工作档案，实现了工作对象的底数清、情况明。初步建立了高危人群的信息平台，并逐步向外来流动人口中的高危人群延伸。

完善运作机制。充分发挥社团自主运作和志愿者的作用。市有关部门和各社团分层次举行社工培训；广泛组织"十佳社工"评选。各区县积极挖掘、协调整合社区资源，支持和推进社团工作。

六、加强平安建设宣传和调研，营造社会治安综合治理良好氛围

加强舆论宣传。联合沪上各大新闻媒体，开展平安建设宣传语征集活动和"平安英雄"评比活动。围绕平安建设工作积极开展宣传报道，定期召开新闻发布会，通报平安建设进展情况。围绕"平安建设与百姓生活"、"政法工作与和谐社会"的主题，开展了市综治委主任、副主任网上与市民互动访谈活动。同时，各区县和有关综治委成员单位结合本部门、本地区实际，利用群众喜闻乐见的形式，积极开展丰富多彩的宣传活动，营造浓厚的平安建设舆论氛围。

及时评比表彰。表彰了2004—2005年度上海市社会治安综合治理10个优秀区、委办，147个先进集体，170名先进工作者；命名了700个上海市安全单位、1219个上海市安全小区、62个上海市安全社区。坚持每月开展"见义勇为表彰宣传日"活动。全年表彰各级见义勇为先进分子近500名，其中全国见义勇为先进分子5人，市级见义勇为先进分子153人。

开展实务调研。会同有关部门先后组织开展了对"农村平安建设"、"来沪人员管理"、"城市平安建设模式"以及"和谐社会与平安建设"等课题的调查研究。编发出版《综治研究》12期，刊发各类文章200余篇。通过一系列的调查研究和学习讨论，拓展了工作视野，提高了平安建设以及综治工作的理论研究水平，为今后的工作实践打下了扎实的理论基础。

平安建设实事项目工作情况

根据上海市委、市政府关于上海平安建设的总体部署和市委政法委、市综治委关于"办好实事项目，整治治安'顽症'"的具体要求，全市各部门、各地区紧紧围绕实事工作目标，围绕整治治安混乱地区和突出治安问题，加强领导，落实责任，齐抓共管，形成合力，切实加大"顽症"整治力度，不断规范管理制度，建立长效机制，有力地推动了社会管理体系和公共政策的完善。

一、基本成效

在市委、市政府的领导下，市综治委领导分头领军，各部门齐抓共管，全社会共同参与，上海平安建设实事项目各项数据指标全面完成，相关后续管理制度渐成体系，社会管理工作得到进一步加强。

——"顽症"整治取得成效。公安、工商、交通执法、城管等部门，围绕整治服务娱乐场所、非法营运车辆、蔬菜批发市场欺行霸市、零包贩毒交易点、中小学校周边治安环境、废旧金属收购站点等治安"顽症"，有计划、有组织地开展了声势浩大的专项整治。据不完全统计，在服务娱乐场所内查处"黄、赌、毒"案件6000多起，抓获各类犯罪嫌疑人12500多名，注销、吊销相关证照的"六类"场所达6100多户，发廊、足浴房"一条街"的现象明显减少；查处"黑车"22400多辆次、处罚暴力抗法对象147名；成功取缔年初挂牌的22个零包贩毒交易点，破获零包贩毒案件534件，抓获犯罪嫌疑人893人；摧毁蔬菜批发市场欺行霸市团伙16个、70人，12个蔬菜批发市场固定摊位有照率从70.54%上升到了100%，消费者和经营者对市场治安的满意率不断提升；取缔、停业整顿、责令限期整改的废旧金属收购站点累计1563家，总量规模由原来的4330家企业（经营户）压缩到939家，公安部门审核发放收购许可证747家，超额完成工作指标，生产性废旧金属收购点总量得到有效控制，布局趋于合理；完成了对133所中小学校周边乱停车、乱堆物、乱设摊“三乱”整治，学校师生和家长对周边治安环境的满意率进一步提高，全市学校治安案件同比下降27%，“恶少”敲诈现象得到有效遏制。

——社会管理逐步完善。通过抓实事项目，围绕解决治安“顽症”等，出台了各类相关政策规定、管理办法25个，进一步明确了相关事务的管理主体、职责任务、日常监管要求等，长效管理机制逐步建立，促进了社会管理体系和政府公共政策的完善。

——平安建设的工作基础不断巩固。通过抓好社区科技防范实事项目，全年，新增监控摄像头1496个，全市已有60个公安派出所建立了实时图像监控系统；在老式居民住宅楼安装电控防盗门30000余扇；整合组建了3万人的社区保安队伍，其中6000余名派驻居（村）委协助开展平安建设、综合治理基层基础工作。启动了市民举报电话，建立了上海综治网站，成立了有159人参加的市民巡访团队伍，加强了与人大、政协和妇联、新闻媒体等的沟通联系，建立了治安突出问题抄告制度，加强对突出问题的督查，社会治安问题发现机制渐成体系。累计巡访发现和受理市民举报的各类治安信息近2000条，职能部门处理并及时回复率达80%以上。通过一系列人防、物防、技防设施和力量的投入，平安建设的工作基础不断得到巩固。

二、主要做法

（一）加强领导，健全组织，完善工作网络

一是各级领导重视。市委、市政府始终把实事项目作为今年平安建设的重要抓手，切实加强了组织领导，抓好工作落实。市综治委主任、副主任分工“领军”实事项目，分别听取实事项目的进展工作情况汇报，分析形势，研究问题，制定措施，指导检查实事项目的落实。市建设交通委、市经委、市综治办、市整规办、市教委、市工商局、市禁毒办、市安全生产委员会办公室等实事项目牵头单位领导，分别围绕牵头的实事项目，建立健全组织，调整力量配置，深入调查研究，召开座谈会、现场会、推进会、理论研讨会等，确保实事项目效果。二是建立健全组织机构。各实事项目牵头单位针对项目组织实施单位、协办单位较多的情况，通过联席会议、工作小组等形式，切实加强了工作的组织保障。三是不断完善工作网络。打击整治零包贩毒活动实事项目，形成了由市禁毒办协调推动，市公安局主管实施，城管、工商、检察、法院、卫生、民政等部门配合的工作格局，全市形成了以条为主、条块结合的打击整治零包贩毒活动的组织网络体系。市交通局等部门也通过上门走访沟通、召开行业管理例会等形式，加强与整治非法营运车辆实事项目各部门、各区县的协同配合。相关区县普遍建立了由党委、政府领导挂帅的领导小组，统一协调区域内交通、公安、综治等力量，市和10个实行交通“两级管理”的区县都组建了交通执法机构，形成纵向结合、横向联合的工作网络。

（二）明确职责，细化方案，落实工作责任

一是明确相关部门和地区职责。十项实事不仅涉及牵头、组织实施和协办等市级单位89个，还涉及全市19个区县及所属街镇，点多、面广、线长，明确职责是首要环节。为此，市综治委在确立实事项目后，结合项目性质和部门职责，就项目牵头单位、组织实施单位以及协办单位的确定与相关职能部门进行了充分的沟通，并经综治委主任会议讨论通过，由市委、市政府办公厅转发了《2006年上海平安建设实事项目》，确定了市建设交通委、市工商局等9个部门为实事项目的牵头单位（市综治办牵头2项实事），明确了牵头单位的分管领导为具体责任人。同时，落实了与实事项目相关的区县分管领导的属地责任。二是细化推进工作方案。市综治办制定下发了《2006年上海平安建设实事项目计划进度和考核目标》任务书，进一步明确各实事项目总体目标、工作要求和阶段性任务，便于检查、考核和验收。实事项目牵头单位结合各自实际，在深入调研的基础上，分别制订了工作方案，并分解任务、落实责任、明确时间节点。三是严格落实实事项目责任制。市公安局、市交通执法总队、市城管局、市文广局、市卫生局等单位把实事项目作为“一把手”工程，层层落实工作责任，形成了一把手负责，分管领导牵头，其他领导配合的工作格局。特别是公安机关在所有的十项实事中,组织实施的有6项、协办的有4项。无论是组织实施项目,还是协办项目,公安部门都明确了责任部门、责任人,严格落实领导干部逐级负责制和民警岗位责任制,明确主要领导是本单位实事项目的第一责任人,分管领导是直接责任人。

(三)健全制度,加强协调,形成工作合力

一是健全制度,加强协调。为了确保实事项目的有序推进、健康发展,市综治办围绕"组织、协调、督导"三个工作重点,通过建立"一把手"(责任人)例会制度、总结讲评制度、信息报送制度、联络员制度等四项工作制度,定期听取实事项目推进工作情况,交流经验,汇总信息,查找问题,提出下一阶段工作目标。各实事项目牵头单位也分别通过定期会议等形式,加强部门之间的沟通,努力形成工作的合力。二是相互协作,齐抓共管。各相关部门在推进实事项目的同时,既认真履行职责,又相互协作,齐抓共管。力求做到"纵向到底、横向到边、上下联动",努力相成部门各尽其职,社会齐抓共管的平安建设工作格局。市综治办在建立社会治安突出问题发现机制工作中,在建立网站、巡访团队伍、举报电话的同时,还建立了治安突出问题信息抄告制度,把网站、热线电话等收集的各类信息抄告相关部门,并抓好督查。市整规办加强与各部门之间的协调,合力推进与治安相关娱乐服务行业整治工作。市公安局建立了与工商、文化等职能部门双向抄告、通告等制度,形成界面清晰、各司其职的良性互动机制。交通部门还加强了与交警、工商、经济、环保、教育等部门的配合和和信息互通,对"黑车"实行网上比对、整顿"二手车"交易市场、限制高污染车辆、查处高校周边地区"黑车"等,通过多种形式,挤压"黑车"的生存空间。

(四)典型引路,建立规范,推进长效管理

一是总结经验,典型引路。坚持边整治"顽症"、边总结经验、边查找不足、边改进措施,确保实事项目取得效果。由市综治办在推进社区科技防范设施建设实事项目中,试点先行,在闵行区平吉二村取得成功经验和实效的基础上,召开了现场推进会,及时推广,对实事项目的推进起到了较好的示范作用。工商、公安先后在江桥蔬菜批发市场召开了两次现场会,总结经验,推广做法,以点带面,整体推进蔬菜批发市场经营管理秩序的整顿工作。二是建立规范,推进长效管理。在实事项目推进过程中,各部门立足长效管理,着力研究制定各类政策措施,切实加强日常监管,防止顽症回潮反弹。对于整治"黑车"、生产性废旧金属收购、闲置厂房的出租管理,分别以"市政府令"的形式,出台了相应规章。对于整治治安相关娱乐服务行业工作中遇到的房屋使用性质改变的难点,市整规办会同有关部门研究制定了《关于擅自改变房屋使用性质用于娱乐服务行业经营场所的若干意见》。对于蔬菜批发市场的整治,市公安局、市工商局分别与市综治办制定了《关于进一步加强本市农副产品批发(零售)市场经营管理秩序的意见》、《上海市商品交易市场治安管理规定(试行)》。对于建立社会治安问题发现机制,市综治办和市公安局分别下发了《关于"上海综治"网站受理市民治安问题举报的通知》、《上海市治安信息员工作管理办法》。同时,针对来沪人员管理量大面广,涉及部门较多的情况,市人口办一方面强化各职能部门的管理职责,另一方面积极搭建来沪人员信息化管理平台。通过一年的努力,来沪人员信息管理(居住证)系统已经在12月26日投入使用,并将为来沪人员综合管理工作提供信息化支撑。

三、工作体会

(一)党委政府重视和责任落实,是办好实事、解决"顽症"的前提。2006年上海平安建设实事项目,之所以能有一个好的效果,得益于各级党委、政府的高度重视,自上而下,责任落实,强力推动。首先是市委、市政府领导亲抓直管,将平安建设列入上海"十一五"规划,列为2006年八项重点工作之一,并在年初专门召开全市党政负责干部大会,全面部署动员平安建设实事项目。其次是各级领导,特别是主要领导亲自挂帅,分头领军,市综治委的主任、副主任都负责一至两项实事,实地踏勘进展情况,现场协调各方力量,确保各项措施落实。三是落实了各级党政一把手的责任,各部门、各区县都形成了一级抓一级,层层抓落实的工作格局。

(二)职能部门跨前一步、主动作为,是办好实事、解决"顽症"的关键。在实事项目的推进过程中，有关职能部门和综治委成员单位跨前一步，主动作为，发挥了积极作用，为实事项目取得实效发挥了关键作用。平安建设是全社会、各部门、各地区的共同责任。2006 年平安建设确立实事项目为主要抓手，就是要聚积综治委成员单位、有关职能部门、各区县和全社会的力量，集中精力，齐抓共管，扎扎实实地把实事办好、办实、办出成效。2006 年的每一件实事，都有牵头单位、组织实施单位和协办单位，各部门、各区县在牵头单位的统一协调下，发挥职能作用和区县的综合管理优势，主动跨前一步，互相补位，切实形成了整体合力。

（三）完善政策、堵疏结合，是办好实事、解决“顽症”的有效途径。办好实事解决顽症的最终目的是让人民群众受益、满意。通过抓实事项目，整治治安混乱地区和突出治安问题。整治是一个起步，核心问题是要完善公共政策、抓源头治理，强化堵疏结合、抓长效机制。在今年“黑车”整治过程中，我们一手抓整治打击，一手抓公共交通设施的配套服务，通过完善新建住宅区公交配套和轨道交通车站与公交线路的营运衔接，优化、新辟、延伸公交线路 111 条，新增区域性出租车额度 390 辆，既打击了黑车，又方便了群众，取得较好效果。治安顽症是各类社会矛盾长期积累后的主要表现形式，是社会管理不完善的综合表现。因此，解决顽症必须立足公共政策的健全和完善，加强社会管理，加强源头治理，这也是办实事的工作目标。

（四）社会的普遍认同和群众的广泛参与，是办好实事、解决“顽症”的基础。人民群众既是平安建设的主体，又是其受益者。因此在实事项目中，加强宣传工作，营造良好的舆论氛围，争取社会的普遍认同和群众的广泛参与是办好实事、解决“顽症”的基础。我们积极拓展宣传阵地，构筑多层次宣传格局，多渠道、多角度、多方位地反映实事项目进展情况，切实发挥媒体的宣传推动作用、舆论的引导烘托作用，极大地提高了实事项目在全社会的影响力和在群众中的知晓度。同时也最大限度地调动了社会各界和人民群众关注和参与上海平安建设实事项目的积极性，使上海平安建设深入人心，成为广大人民群众的自觉行动。报名参加社会治安市民巡访团的群众至今络绎不绝就是一个很好的说明。

预防犯罪体系建设情况

2006 年，上海市预防犯罪体系建设，坚持“政府主导推动、社团自主运行、社会多方参与”的总体思路，充分发挥市禁毒办、市矫正办和市青少年事务办作为政府主管部门的主导推动作用，调动社团自主运作的积极性，确保体系建设稳步推进、扎实运行。

一、主要工作

一是加强政府支持、推动。在市级层面，逐步理顺禁毒、社区矫正、社区青少年事务等专业管理机构的工作关系，协调有关职能部门积极为体系建设创造良好的工作环境，相继出台了《上海市社区矫正社会工作者服务评估暂行办法》、《关于加强和规范社区服刑人员教育学习和个性化教育矫正的意见》等相关文件，形成政策支撑、有效保障的架构，推进预防和减少犯罪工作体系建设。在区县层面依托区县综治办，承担协调、支持和推进职能；街镇党政组织则为开展体系建设提供社区资源。

二是社团自主运作、成长。放手让禁毒、社区矫正和青少年事务等社团自主决策、自主运行，初步形成了专业管理服务工作的运作实体。工作初期，全市从政法系统选聘了一批干警支援社会工作，目前这批人员基本完成了历史使命，除了少数人员继续留用外，其余将按照计划逐步返回原单位。目前，全市基本建立了一支由社会招聘的专业人员组成的 1449 名专业社会工作者队伍。三个社团依靠区县、街镇各级党政组织和社会各方的支持帮助，在全市 19 个区县分别建立了 57 个社工工作站，在231个街道、乡镇设立了650余个社工工作点。

三是社会积极支持、参与。社会参与是预防和减少犯罪工作实现有效覆盖和争取社会资源的关键。许多热心于这项工作的企业管理人员、教师、在校大学生、政法干警都积极参与帮教工作。目前，三个社团共拥有2.2万余名志愿者，协助社工为服务对象提供教育、心理、法律、就业等方面的咨询和课程、技能、才艺等方面的辅导。如复旦大学团委成立了上海首支大学生禁毒志愿者队伍；浦东新区5000余名政法干警组成志愿者队伍，为工作对象提供一对一的帮教。

二、工作成效

一是进一步夯实了工作基础，全面实现了工作对象的底数清、情况明。在2005年基本摸清底数的情况下，2006年着重对人户分离、下落不明等特殊情况的对象进行排摸。通过广大社工深入的排摸，摸清了全市吸毒人员、社区服刑人员、刑释解教人员和社区闲散青少年等高危人群的情况。并建立了相应的工作档案，为领导决策提供了依据，有效改变了以往因信息不全、人户分离等原因造成的管理缺位现象，夯实了工作基础。同时，这项工作还向外来流动人员覆盖。

二是着力解决实际困难，让更多的工作对象通过社工的帮助逐渐融入社会。帮助高危人群建立自信、促进自立、远离犯罪是体系建设的目标。社会工作者在帮助对象改变行为偏差的同时，注重从就业、就学等方面为他们解决实际困难，改善生活环境，使其逐步融入正常的社会生活。目前，三个社团开展个案服务超过8万人次，协助3000余人办理了劳动手册，推荐2.6万人参加就业面试，帮助近2800人申请最低生活保障，成功推荐2500多人就业，成功推荐3000多人参加学历和技能培训。

三是社工专业水平不断提升，探索形成了一些行之有效的专业社会工作方法。通过实施社团发展规划和社工职业培训计划，1449名社工中有70%以上人员取得了社会工作职业资格证书。社工在工作中探索了多种有效的专业社会工作方法，如侧重与工作对象的沟通、疏导、实现认知回归的个案工作法，侧重互动、发现优点、相互支持鼓励，实现良性互动的小组工作法、团队工作法以及社区支持法等。青少年社团还成立了"上海市青少年事务社会工作专家督导委员会"，邀请了沪上知名高校和研究机构共计26名社会工作、社会学、心理学、法学中青年专家为中心督导，大力推动了青少年事务社会工作专业化发展，并为各区县青少年事务社工提供专业辅导。

三、主要做法

在2006年预防犯罪体系建设工作中，三个社团按照《政府购买服务合同》要求，结合各自特点，牢牢把握专业工作理念，不断探索新的工作方法。在体系建设过程中，三个社团还在总结往年经验的基础上，建立了较完善的行政管理和业务管理体系。

一是整合、优化业务管理体系。禁毒社团着重对服务项目进行整合和规划，建立了"预防教育"、"提前介入"、"社区康复"等三大部分内容组成的服务体系。矫正社团以指导社工站为重点，着重推进计划指导、合同指导、培训指导、信息指导、调查指导等业务工作。

二是将服务对象分类施教。青少年社团将服务对象分为三类，因人施教，对有"轻微罪错"的青少年重点帮教，对有"严重不良行为"的青少年主动帮教，对有"不良行为"的青少年随时关心，使服务对象尽快改变行为偏差、发挥自身潜能、提高参与社会、融入社会的意识和能力。矫正社团也在虹口区积极开展25岁以下青少年分类矫正的探索，取得一定效果。

三是运用小组工作模式建立中途宿舍。针对刚从监所回归社会暂时有困难的服务对象，禁毒社团于6月份在南汇建立了"中途宿舍"，为其提供一个心灵上的中转站，在心理层面实现从"特殊人"到普通人的转变。

四是发挥专业优势开展帮教服务。矫正社团运用心理测试等方法服务对象。在徐汇、虹口、长宁等区成立心理咨询室，由专业心理咨询师为对象会诊，开展心理健康教育活动，积极探索进行心理矫正，取得良好的矫正效果。

五是注重工作实效，完善工作考评制度。三个社团本着注重工作实效的原则，结合工作专业化和社会化的特点，制定了对社工站、社工的工作绩效考核标准。建立了社工站评估指标体系，对制度建设、组织结构、服务及运行机制等考核指标定性、定量。对社工,强调对服务对象接触人次、服务人次、个案开案数、小组开设数等数字进行量化考核,定期对社工进行工作评估和考核,考核的结果作为社工今后职业晋级和评定优秀社工的参考依据。

学校及周边治安综合治理工作情况

2006年,上海市"学校周边办"按照依法行政和职能转变要求,以构建和谐社会为总目标,以落实、聚焦、突破为工作基调,围绕"标准",抓达标、抓机制、抓评估,围绕"指标",抓完善、抓常态、抓提升,深入推进本市学校及周边环境建设工作全面、协调、可持续发展,切实维护学校师生的教育教学、科研和生活秩序,保障师生生命财产安全,营造稳定、文明、健康的育人环境。

一、开展评比表彰,完成平安建设实事项目

完成2003—2005年上海市安全文明校园创建、申报、验收和授牌工作。2006年2月,下发了《关于表彰2003—2005年度上海市"安全文明校园"的决定》,授予33所高校,567所中小学、中等职业学校"2003—2005年度上海市安全文明校园"荣誉称号,并颁发奖牌。市委、市人大、市政府、市政协主要领导出席颁奖大会。

完成2004—2005年度上海市学校及周边治安综合治理工作先进评选表彰工作。在各区县、各单位自下而上民主推荐基础上,经过公示和审核,上海市公安局黄浦分局等31个单位被评为2004—2005年度上海市学校及周边治安综合治理工作先进单位、熊源远等30位个人被评为先进个人。

2006年初,本市133所中小学、幼儿园周边环境整治作为市委、市政府平安建设十项实事之一,市"学校周边办"在实施过程中以根治、长治为目标,制定了详细的整治方案,明确了条块的目标任务,全面进行了布置、部署,认真抓好过程管理和推进,取得了明显成效。经过三个100%和抽查、公示等5个工作环节,即:对列入实事项目的学校周边环境整治情况100%予以随机暗访,100%进行公开复查,提出评估意见,100%听取学校意见;和市"学校周边办"组织的重点抽查,以及将上述结果进行为期5天的公示。今年市平安建设实事工作——学校周边环境整治项目完成情况为:实事目标中学校周边乱设摊、乱停车等市容、交通问题100%落实长效管理措施;学校门口交通标志、标线设立施划任务100%完成,达到根治目标;学校周边"恶少"敲诈现象得到有效遏制,落实了警校联动的快速反应和处置机制。133所学校满意和非常满意率96.4%,较满意率2.7%。

二、加强基础调研,开展学校周边环境普查

(一)对达标情况的普查。对照《上海市中小学、幼儿园周边环境建设标准(试行)》(以下简称《建设标准》),组织各区县对辖区内中小学、幼儿园周边环境普查,并建立台账制度。经过对2606所中小学、中职校和幼儿园周边环境的仔细排摸,尚有205所学校周边环境不符合《建设标准》,各区县均制定了具体改进方案,明确了责任部门、改进措施和完成期限。

(二)开展中小学、幼儿园周边文化娱乐经营场所基本情况调查。组织各区县对中小学、幼儿园周边200米范围内开设电子游戏机房、歌舞娱乐厅等经营性文化场所基本情况进行调查。据汇总,本市449所中小学周边共有电子游戏机房、歌舞厅、棋牌室、美容美发、足浴按摩、沐浴桑拿、休闲屋等1207家,其中无证照的169家;并及时将无证照情况及时反馈给工商部门,为开展整治工作奠定了基础。

(三)开展中小学校场地开设各类经营场所基本情况调查。组织各区县对行政区域内中小学、幼儿园、中等职业学校场地出租给他人开设经营性场所和学校利用场地自身开设经营性场所情况进行调查。据统计,截至6月30日,全市共有444所中小学、幼儿园、中等职业学校场地出租给他人开设了2983处经营性场所，约占学校总数的17%；有29所学校利用场地自身开设经营性场所32处，约占学校总数的1%。

三、加强互通互动，注重工作成效

（一）实行综治工作与精神文明建设互动。市“学校周边办”与市文明办联合下发文件，将学校周边环境建设纳入文明社区、文明镇创建工作范畴，同时建立市文明办与市“学校周边办”的互动机制。

（二）探索建立社会力量与职能部门的互动机制。按照年度计划和要求，至5月30日，各区县已完成学校周边环境义务监督员队伍组建任务，共有1045名教职工、社区干部、青保干部、社区居民成为义务监督员。由于义务监督员大都居住在学校附近，能及时发现问题，所以，职能部门和地区学校周边办能及时接到学校或义务监督员的举报，能及时采取措施将“三乱”等问题解决在萌芽状态。这支队伍的建立将进一步完善学校周边环境建设的快速反应和处置机制。

（三）实施三级周边办工作互动。按照市综治办要求，市学校周边办出台了《学校及周边治安综合治理工作评估指标体系》和考核办法，明确了考核原则、考核项目、考核程序、考核结果和考核组织领导，并列入对区县政府年度综治工作的考评范畴，以加强对区县工作的指导、督促、检查。通过评估指标体系的引导来完善市、区县、街道（乡镇）三级学校周边环境建设工作的互动机制，推动一级指导一级、上级示范下级、师生评价为主、各级齐心协力的工作格局形成。

四、落实长效管理措施，加强日常管理

（一）规范校外治安辅导员工作。一是印发《校园安全防范工作手册》。在原有校外治安辅导员工作基础上，市公安局统一印制新版《校园安全防范工作手册》4000册发放至各级治安部门，并于3月1日正式启用，作为日常工作记录和工作考核的主要依据；二是起草校外治安辅导员工作规范。明确治安辅导员的主要职责、日常工作要求、监督考核办法。

（二）落实学校周边市容环境属地化管理措施。市市容环卫局坚持管理重心下移，以街道（镇）为主体，以疏堵结合为原则，以落实长效为目标，共选派8000余名市容协管员，实施“定人、定岗、定责”网格化管理。此外，还将学校周边专项整治工作开展情况纳入全市市容环境卫生综合指标考核体系，通过动态巡察、季度监察、半年评估、年度考核、市民测评、定期公布检查、考核结果，向区县人民政府通报等措施，巩固整治实效，构建属地管理格局。

（三）加强网吧长效监管。市、区两级文化执法机构坚持专项治理和法制教育并重，全年网吧违规接纳未成年人比率控制在1.5%以下。工商部门按照“堵而有效、疏而有道、遏制蔓延、可控有序”的要求，加强排摸整治，针对无照经营网吧隐蔽性强、多在晚上经营等特点，调整检查方式，加强对学校周边无照经营网吧执法力度，共取缔无照网吧997户，收缴电脑2913台，立案查处案件67件，罚款35万余元。

五、结合实际，加强校内安全风险防范管理

（一）实施中小学、幼儿园风险勘查三年行动计划。制定并下发风险勘查文件，明确勘查目的、时间、内容及职责分工。协调区教育行政部门配合平安保险公司共同做好勘查工作，目前已完成农场局所属学校和卢湾、静安、黄浦、普陀、长宁5区共400多所中小学、幼儿园安全风险勘查工作，并以市教委名义将勘查结果和整改建议告知相关区教育局。

（二）加强校车管理。一是两次开展专题调研。分别于4月和11月调研各区县中小学、幼托园所校车使用情况，目前，全市共有406所学校使用校车1470余辆，其中自有校车370辆，每天乘坐学生近5万人。二是开展专项治理。认真落实教育部、公安部有关文件精神，会同市公安局在11月29日至12月1日，对全市中小学校、幼托园所、农民工子女学校接送学生上下学的自有校车、租用校车进行逐一排查、逐一检验、逐一建档、逐一签订安全责任书；三是会同市公安局、市交管局等部门，在征求学校、幼儿园、公交企业负责人、高校专家、区县教育局长意见，和听取市人大、政协相关领导意见的基础上，制定了《上海市中小学、幼儿园校车管理若干规定》。

（三）进一步规范民工子女学校安全管理工作。继续推进普陀、嘉定、闵行、南汇4区民工子女学校安全管理试点工作基础上，出台了《关于进一步加强民工子女学校安全管理工作的意见》,明确了条块、职能部门职责和评估考核要求,强调了学校及举办人的安全责任;采取了以服务与管理并举的方式推进民工子女学校安全工作。普陀区教育局根据出台的管理意见,坚决取缔了1所有严重安全隐患的民工子女学校,并合理分流民工子女,维护了1200多名民工子女的生命安全和受教育权。

刑释解教人员安置帮教工作情况

2006年,上海市刑释解教人员安置帮教工作在各级领导重视、成员单位支持和社会各方参与配合下,以构建和谐社会为宗旨,以安置帮教"六必"工作为抓手,注重更新观念,突出重点,破解难题。传统"粗放"的工作方式逐步得到转变,重点人员的个案帮教稳步推进,制度建设初现成效,基本形成了强化基础工作与探索新课题并重的局面,较好地完成了年度工作计划。

一、找准突破口,大力推进重点对象管控帮教工作,应对重新违法犯罪

继2005年底,由市公安局、市司法局和市安帮办联合下发《关于进一步加强刑释解教人员中重点对象管控和帮教工作的意见》,明确提出了重点对象的范围及公安、司法管控和帮教的职责及工作程序后,2006年3月,市安帮办在多次征求市公安局、监狱局和劳教局等单位意见的基础上,又下发了《关于开展刑释解教人员重点对象管控和帮教试点工作的通知》,在原列为重点对象的"八种人"基础上,着重现实表现,依据重犯可能性,提出了重点必控对象的管控和帮教的具体要求。试点工作首先在浦东、长宁、徐汇、普陀等6个区进行。有些试点区根据本区的工作特点,引用了"预测量表"、"风险评估"等方法排摸重点对象,进一步加强了可操作性,提高了准确性;同时整合公安、司法两家力量建立了一致认同的工作台账,改变了过去"各干各"的状况。

2006年6月,上海合作组织峰会召开前夕,试点区得益于重点对象数据库,很快列出一批有不稳定倾向的重点对象,普陀、长宁、浦东等区安帮办迅速将掌握的包括刑释解教人员在内不稳定对象实施管控帮教,做到动态清楚,措施得当,责任到人。浦东新区司法局根据区委政法委《关于新区政法干警参与社会工作志愿者队伍的通知》精神,72名机关干部对应72名帮教对象,组成"一对一"帮教对子。

二、抓住切入点,大力化解安置帮教工作疑难问题,提高帮教工作实效

《关于处置刑释解教人员安置帮教工作中疑难问题的意见》下发后,市综治委安帮领导小组各成员单位和区县安帮机构积极行动,依法妥善地处置了大量疑难问题。有的区安帮办已经会同相关单位通过制定政策性文件进行调节,取得比较好的效果。

区县安帮办充分运用各种资源,化解矛盾,并注重在政策层面上予以化解。宝山区司法局联合公安、劳动等部门出台《关于建立吸毒、刑释解教人员就业基地,促进就业工作的暂行办法》,闸北区司法局会同劳动部门下发文件,将解决刑释解教人员就业岗位指标落实到各街镇;长宁区安帮办实施24小时上报制,层层设防,将问题解决在第一时间;徐汇区安帮办率先开通回归热线,半年接听求助电话百余起,并通过区法律援助中心的律师和专家解疑释难;虹口区安帮办率先在社工站成立虹口区心理咨询中心,如"心灵家园"、"心语轩"等心理咨询工作室,利用社区矫正资源对部分有心理偏差的刑释解教人员开展有针对性的帮教活动;奉贤区安帮办开展必访工作以书面形式了解临近刑释解教人员的思想动态和存在问题,并组织集中必访,为帮教工作衔接寻找最佳"切入点"。

2006年初,市综治委安帮领导小组下发《关于进一步做好"监所内必访"和"出监所必接"工作的意见》,要求做好大墙内外的衔接,开展有针对性的"必访"和有重点的"必接",通过监所的预报工作,使有些问题的解决有了一定的提前量。10月,市安帮办发文,启用《服刑/劳教人员走访情况表》,进一步规范了"必访"工作。"必访"工作实效性有了明显的提高。虹口、普陀和徐汇等区在监所内设立安置基地,组织民营企业家与即将刑释的服刑人员签约,提供就业岗位;组织律师进大墙,为他们提供定时的法律服务。

三、注重实效性,全面推进区县"双过渡"建设,缓解"入户难"和"就业难"

刑释解教人员的过渡性集体户口和过渡性安置基地,在维护社会稳定工作中发挥着不可替代的作用,成为现阶段安置帮教工作的重要抓手,并引起了各级政府的高度重视。

截至2006年底,全市有15个区县共设立过渡性集体户口127个,有95名刑释解教人员入户,并解决了与此相关的就业、低保问题。另有8名入户的刑释解教人员因住房、入户的解决而迁出。全市刑释解教人员的入户率较同期相比上升了1.43%,其中,长宁、杨浦、黄浦、静安、金山和崇明等区县已在辖区街镇全部设立了过渡性集体户口。但是,部分领导对集体户口的管理,有较大的顾虑。

全市19个区县建立各种形式的过渡性安置基地(点)279个,安置刑释解教人员3981人次,较去年同期分别上升22%和75.8%。政府托底的公益型岗位和民营企业仍占大头,分别为34.7%和25%左右。2006年9月,市政府下发《上海市人民政府关于进一步加强本市促进就业工作的通知》,市劳动和社会保障局最近出台了《关于贯彻落实市政府〈关于进一步加强本市促进就业工作的通知〉若干问题的意见》,对接纳困难家庭和就业困难的"双困"对象的企业给予政策扶助,包括刑释解教人员在内的"双困"对象的就业机会得到增加。浦东新区南码头街道司法所和劳动服务社积极配合,创立3个过渡性安置基地,6年来安置了103名刑释解教人员,其中1人获得"上海市再就业优秀个人"称号。

四、重视基础性,着力推进安置帮教工作的信息化建设,完善信息管理网络

一是全面推进信息化建设和应用。在做好中央综治委安帮办的安置帮教工作管理软件准备工作的同时,继续推进《上海市刑释解教人员信息管理系统》的应用,在市司法局信息办的支持下,动员和服务并举,有16个区县司法局和205个街镇司法所应用了该系统,提高了工作效率,完善了基础台账,增强了比对手段,为考核提供了依据。崇明、南汇、青浦和松江等区县克服了路远人少等困难,积极响应,落实措施,相继完成了人员培训和软件安装调试任务。5月,市安帮办已实现了与监狱局、劳教局的公务网数据连接。

二是改进数据统计考核指标。刑释解教人员的重犯率考核指标一直沿用的是5年内的刑释解教人员在5年内的重新违法(劳教)和重新犯罪,由于时间跨度大,人员变化大,制约了数据的准确性。市安帮办通过调研,经市综治委领导同意,下发了《关于做好刑释解教人员重点对象等有关数据统计工作的通知》,改为考核5年内的刑释解教人员在当年的重新违法(劳教)和重新犯罪,并将重新违法(劳教)和重新犯罪分别考核。此举调动了基层积极性,有利于提高数据的客观性。

三是来沪释解人员帮教试点工作进入启动阶段。继年初完成《关于闵行区外来人口中刑释解教人员排查情况的报告》,并提出逐步探索以服务实现帮教,在帮教中体现管理的工作思路后,8月15日,市综治办召开有关单位会议,明确了"综治部门牵头协调,司法行政部门组织实施,公安和人口调控办指导,相关单位和社团配合,街镇层面管理,村居委层面落实"的工作格局。闸北区和闵行区安帮办分别上报了工作方案,建立相应机构、明确工作职责。女子监狱和未成年人管教所已试行向试点区安帮办寄送来沪刑释人员预报通知,为建立健全来沪释解人员信息库,开展帮教试点工作提供了有力的支持。

五、着力前瞻性,积极开展安置帮教理论研究工作,努力提升理论含量

一是启动《安置帮教工作地方性立法研究》课题。委托上海社会治安综合治理研究所,进行课题的调研。调研报告将包含三个附件,即国外及境外服刑人员出狱后社会保护状况;本市刑释解教人员生存、重新违法犯罪具体状况、社会保护及教育管理现状;本市刑释解教人员安置帮教立法具体意见。目前课题进展比较顺利。

二是布置专项试点课题。年初发文,就刑释

解教人员重点对象、“监所内必访”和“出监所必接”工作、“双过渡”建设和公益型岗位安排、刑释解教人员恶意出售住房及有条件地使用“污点消灭”等课题布置有关区县安帮办作专题研究和试行。在10月24日召开的“2006年安置帮教工作重点课题交流会”上，闸北、黄浦、静安、奉贤、闵行和杨浦等单位作了交流。杨浦区安帮办完成的《杨浦区探索建立服刑人员动迁安置预防式工作机制的研究》，以该区平凉西块基地动迁为实例，结合“必访”工作进行专项调查，将动拆迁政策带进大墙，通过公证提存，购房款专用等方法，既维护了服刑人员的合法权益，又减少了可能产生的矛盾，同时也提出了制约因素和问题。

三是组织参与回归理论课题研究。根据中国监狱学会回归专业委员会的要求，组织部分区县安帮办撰写《构建和谐社会与刑释人员安置帮教工作》专题论文。《新时期开展流动人口刑释解教人员管控和帮教的实践与思考》、《保障合法权益促进社会和谐》和《积极推进社会帮教建立社会稳定缓冲机制努力构建和谐社会》入选大会交流并获奖。

六、加强协调性，充分发挥机制作用，推进安置帮教工作，形成通力合作局面

一是提高了安置帮教工作考核的意识。无论是司法行政系统的考核还是社会治安综合治理的考核，都将安置帮教工作放在重要的位置，由主要负责人对工作开展情况作汇报，同时检查基础工作台账，通过“听、查、看、议”的形式，考核其工作质量，促进了各级政府和部门对安置帮教工作的重视。并根据中央综治委安帮办有关文件的精神，形成了本市的安帮领导小组成员单位安置帮教工作考核意见，使之制度化、规范化。

二是提高了安置帮教工作协调能力。各成员单位和地区安帮部门，加强协调，增强了协同的力度。在制定文件，出台政策等方面，为安置帮教工作提供帮助，减少和预防可能影响刑释解教人员生存的不利因素。如：监狱部门继续推进“帮教邀约书”制度，服刑人员经过技能培训，获得国家劳动部门以及社会认可的职业技术证书人员达94.1%；劳教部门在有关单位的支持下，建立技能培训基地，全年开办21个培训种类，参训人员达2245人，获证率达90%。

铁路护路联防工作情况

2006年，上海市铁路护路联防工作，在中央护路办和上海市综治委的领导下，坚持以“三个代表”重要思想为指导，坚持“打防结合、预防为主”的方针，深入开展“平安铁路示范路段”创建活动，巩固和深化严打整治斗争的成果，推动各项工作措施的进一步落实。年内，境内铁路杜绝了爆炸、火灾、中毒、行车和重大人身伤亡事故，没有发生涉枪、涉黑、涉外等重大恶性案件，没有发生群体性拦车断道事件，没有因治安问题形成社会热点。主要情况如下：

一、加强组织领导，健全工作机制

（一）调整领导小组成员。我市铁路护路联防工作领导小组于2003年7月成立以来，切实加强对铁路护路联防工作的领导，落实责任制，各成员单位积极履行职责，促进了我市铁路护路联防工作的开展。中央综治委护路办2005年度对我市铁路护路联防工作检查考核后，给予了肯定。几年来，因机构和人事调整，部分组成单位的分管领导同志已有工作变动。为此，按照中央综治委的要求，年内，对护路联防领导小组进行了调整充实，市铁路护路联防领导小组组长由副市长、市综治委副主任周太彤同志担任，下有成员单位22个。市铁路护路联防领导小组办公室主任由市综治办副主任兼任，市综治办指定干部负责工作联络，市护路办也配备了专门工作人员，承办各项日常事务。铁路沿线12个区按照机构和人事变动的情况，调整充实了区铁路护路联防工作领导小组及其成员单位，明确由一名分管副区长担任组长，护路办设在区综治办，落实专（兼）职工作人员。铁路沿线61个街镇也相应成立了铁路护路联防领导小组，护路办设在街镇综治办，按照社会治安综合治理工作“属地管理”的原则，开展铁路护路联防工作。进一步加强了全市铁路护路联防组织，形成了有人管事、有人议事、有人办事的三级工作网络，较好地发挥了作用，有效推动了我市铁路护路联防工作的展开。

（二）坚持定期排查制度。年内，各级铁路护路联防组织坚持不懈地调研和排查铁路治安重点区段和突出治安问题，沿线各区、街镇都能坚持铁路治安情况通报制度，及时发现和通报影响铁路治安稳定的突出问题和重点区段，找出工作中的薄弱环节，采取有针对性的措施，对治安复杂的铁路区段进行治理；严格执行铁路沿线涉路矛盾纠纷和治安问题的排查调解制度，了解社会动向，及时掌握涉路矛盾纠纷和影响铁路治安、行车安全的问题及隐患，认真及时调解、处理、化解矛盾纠纷，年内全市未发生冲击铁路、拦车断道的重大事件。发生铁路一般路外伤亡事故27起，发生拆盗铁路器材情况案件9起，发生割盗电缆案件5起，摆放障碍情况发生5起，击打列车2起。

（三）完善资料台账，坚持检查考核。根据铁路护路联防工作的内容和中央护路办《省、自治区、直辖市铁路护路联防工作考核评比实施细则（试行）》的要求，结合中央护路办关于开展“平安铁路示范路段”创建活动的标准和我市铁路护路联防工作的实际情况，年内及时对《上海市铁路沿线区和街道、乡镇铁路护路联防工作考核办法》进行了修改，将“平安铁路路段”创建活动的要求细化、量化后列入其中，同时对《铁路护路联防工作资料台账》进行充实完善，印制下发。另外，为切实加强铁路护路联防工作，保障铁路安全畅通，根据《上海市铁路护路联防工作目标责任书》第二、五项目标及铁路护路联防工作年度考核的要求，对2006年度各区应重点整治的铁路突出治安问题和伤亡事故控制数以文件的形式公布。对区、街镇两级护路联防工作情况和“平安铁路路段”创建工作情况的考核检查，已按《方案》计划于12月中旬结束。

二、突出工作重点，推进护路工作

（一）部署和推进“平安铁路示范路段”创建活动。按照中央综治委铁路护路联防工作领导小组《全国铁路沿线开展“平安铁路示范路段”创建活动三年规划》的要求，市综治委铁路护路联防领导小组研究制定了《上海市铁路沿线开展“平安铁路路段”创建活动方案》。及时召开市“第五次铁路护路联防工作会议”落实中央护路办“济南工作”会议精神，对开展“平安铁路示范路段”创建活动进行了专门部署。确定了沪宁、沪杭干线穿越的闸北、普陀、嘉定、闵行、松江5区创建平安铁路路段工作，接受中央级检查验收，其余7区境内的枢纽铁路为市级检查验收路段。明确了创建活动的要求和标准，提出了结合我市铁路治安的实际情况开展“平安铁路路段”创建活动的具体措施。“武汉会议”后，领导小组专门发文贯彻落实会议精神，把“压伤亡事故，保行车安全”，与创建“和谐平安铁路”紧密结合，并就实现“路伤死亡人数控制指标同比下降3%的目标”提出明确具体的工作要求。

（二）广泛开展爱路护路宣传活动。在4月、9月和10月铁路安全宣传月活动中，市护路办共组织了八大类、共23400件宣传物品下发到沿线各宣传活动点。各级护路组织充分发挥指导、协调作用，广泛动员各有关职能部门共同参与，在铁路沿线深入开展“整治安问题、降伤亡事故、保安全畅通”宣传教育活动。通过各区护路办的积极行动，认真部署，在年内的二次路外安全宣传月活动中，各部门全力抓好组织动员、协调配合，营造了维护铁路安全的浓烈氛围。

为贯彻落实“武汉会议”精神，结合铁路第六次大面积提速工作，组织展开了从10月1日至年底的年内第三次“铁路安全宣传”活动。

（三）认真整治突出治安问题。年内继续保持了强劲的整治工作力度，有效解决了一批突出治安问题，保证了铁路治安大局的稳定。今年一季度，嘉定区境内铁路伤亡事故发生9起。不但严重威胁了人民群众的生命财产安全，也给铁路运输的安全畅通造成了很大影响。市护路办将情况予以通报后，该区副区长、区铁路护路联防领导小组组长贝晓曦率区府办、区护路办的同志深入事故多发地，实地踏看了铁路沿线的实际情况，徒步检查了铁路安全防护设施，共同分析查找发生事故的主要原因，制定了有针对性的工作措施和具体的工作目标，积极与区市政局等相关部门联系，督促“半拉子”工地的安全监管工作；对分析确定的重点区段，区护路办协调沿线有关单位，落实义务力量进行监护。

三、加强队伍建设，及时表彰先进

(一)开展教育培训。护路联防队伍的教育、管理制度健全。按照中央护路办关于"务必把铁路护路联防工作人员和专兼职护路队员、护路民兵轮训一遍"的要求，年内由市综治办牵头分两批共8天举办了全市区综治办主任及街镇政法书记培训班，市护路办对市内铁路沿线12个区综治办主任和61个街镇的政法书记，就铁路护路联防工作的由来，它的工作对象、方法以及《铁路运输安全保护条例》、《中华人民共和国铁路法》等内容进行了专题授课培训。

(二)表彰奖励先进。我市开展铁路护路联防工作两年多来，在各级党委、政府的领导下，各级综治部门的认真组织协调下，铁路、地方相关部门相互配合，铁路护路联防工作取得了显著成效。去年中央综治委铁路护路联防工作检查组，对我市铁路护路联防工作进行检查考核，给予了充分肯定。为进一步推动工作，经市综治委铁路护路联防领导小组研究，年内对我市铁路沿线10区推选出的16个区、街(镇)护路先进集体，2名市、区优秀组织者，30名区、街(镇)及铁路部门的先进个人给予表彰奖励，以资鼓励。

四、加强情况报告，畅通信息渠道

坚持每月定期通报铁路治安情况，分析影响铁路安全的突出治安问题，市护路办定期向铁路沿线各区领导、区护路办及有关职能部门通报当月铁路治安情况，共编发铁路治安情况通报11期；同时要求境内9个铁路公安派出所按月将各自管内的铁路治安情况，以书面的形式向所在地的政府、综治部门通报，有效保证了沿线区、街镇护路组织对辖区铁路站、车、线突出治安问题的及时准确掌握，有针对性地协调开展整治行动。

及时准确地完成了中央护路办要求报送的各类情况数据及材料。年内，根据中央护路联防工作领导小组各时期的工作布置，针对市内铁路治安实际情况，拟发市综治委铁路护路联防领导小组文件12份，部署开展相关工作。编发反映我市各级护路联防组织工作动态的护路工作简报28期。中央护路办第7期《全国铁路护路联防工作动态》介绍了我市铁路护路联防组织协破重大拆盗案的经验。另外，按照市铁路护路联防小组领导的要求，市护路办结合各时段具体工作情况，抓住普遍性、倾向性和关键性的突出问题，编发指导具体工作的文件24份。从而有效提升了护路工作的针对性和实效性。

见义勇为奖励保护工作情况

2006年，上海市的见义勇为奖励保护工作，在市委、市政府的关心指导下，在市见义勇为评审委员会的大力倡导下，在市综治办的直接推动下，社会各界经过不懈的努力，见义勇为精神已深入人心，见义勇为行为层出不穷。全年共有153人获"上海市见义勇为先进分子"荣誉称号，其中1人获"全国见义勇为先进分子"荣誉称号，各有两人获"全国见义勇为好司机"、"全国见义勇为工作先进工作者"荣誉称号，1个单位获"全国好司机优秀单位"荣誉称号。全年有7名同志因见义勇为牺牲。

一、领导重视，制度落实

上海市每月定期召开各种形式的见义勇为先进分子表彰宣传活动，每两年召开一次见义勇为工作先进工作者和先进单位表彰大会。各区县和有关单位纷纷结合本地实际情况，不定期不间断地开展表彰宣传活动。市各部委办局和区县党政领导在节假日或见义勇为人员遇到困难时都会上门进行探望和慰问，弘扬见义勇为精神，帮助见义勇为人员排忧解难，切实列入了各级党政领导的日常工作和议事内容。

二、表彰及时，宣传有力

当见义勇为行为发生后，区(县)评审办都会在第一时间整理事迹材料，并适时授予区、街镇(乡)级见义勇为荣誉称号，对事迹突出人员会及时报市评审办,同样,市评审办会组织有关人员对上报事迹材料进行评定,对符合条件的人员及时授予市级见义勇为先进分子荣誉称号。对那些因见义勇为牺牲和受伤人员,市、区领导都会及时到他们家中和医院进行慰问。

为使见义勇为人员及时得到表彰,激励更多人民群众加入到见义勇为行列,市综治办坚持每月10日开展上海市见义勇为先进分子表彰活动,2006年,先后举行了12次表彰大会和3次座谈会,每月10日成了见义勇为先进分子们的节日。表彰活动形式丰富多样,有召开全市大会进行表彰,有到区里和市见义勇为评审委成员单位召开大会进行表彰,还有送奖上门进行表彰等。区县和市评审委成员单位积极邀请本单位领导出席表彰活动并请领导讲话,对见义勇为工作提出要求和意见。此外,各单位还将当月受表彰的见义勇为先进分子英勇事迹在本地区和本系统内广为宣传,以形成人人争当见义勇为英雄的良好舆论氛围。

为进一步加大宣传报道力度,引导市民树立社会主义荣辱观,市综治办将每月表彰的市见义勇为先进分子英勇事迹,刊登在《平安家园》画报上,发放到社区。市、区县综治办与各新闻单位密切合作,及时提供宣传报道素材。

2006年11月26日,复旦大学上海视觉艺术学院学生汪洋同学见义勇为光荣牺牲,为了弘扬汪洋同学见义勇为的高尚精神,市综治办、市见义勇为评审委员会、市科教党委、市教委、团市委、徐汇区综治委等部门先后举行"向汪洋同学学习大会"、"向汪洋同学学习座谈会"和"弘扬汪洋同学见义勇为精神座谈会"。汪洋母亲倪丽萍女士将社会各界给她的慰问金、捐赠款等40余万元全部捐给了"汪洋德育奖励基金"。

三、多方筹资,褒奖到位

市见义勇为评审办严格按照《上海市见义勇为人员奖励和保护办法》的规定,通过政府财政拨款、社会捐赠和其他合法途径筹资,目前共有见义勇为专项经费2000余万元。

一年来,本市各级组织群策群力,大力开展为见义勇为人员排忧解难送温暖活动。2006年7月,在市领导的关心下,经市综治办的积极协调,两位见义勇为牺牲人员儿女被破格录取为大学生。2006年8月,在市委副书记刘云耕同志要求和带领下,有关领导分别慰问了历年来牺牲的16位见义勇为人员的家属,向每个家庭送上了5000元慰问金。同时,刘云耕副书记还冒着酷暑特地赶到江苏省常熟市沙家浜见义勇为人员疗休养地,慰问200多名见义勇为人员及牺牲人员家属。为加大对见义勇为人员的奖励保护力度,市综治办从2006年4月起,对每月受表彰的市见义勇为先进分子,奖金由原来的2000元增加到5000元;12月1日起,见义勇为负伤人员的意外伤害医疗费报销额度从1万元提高到2万元;牺牲人员的奖励金由原来的15万元提高到25万元;伤残人员根据伤残等级可以获得1.25万元到25万元不等的伤残补助金。2006年,全市各级组织用于见义勇为人员的奖励、抚恤、医疗、帮困等费用共有200余万元。

中共上海市委办公厅　上海市人民政府办公厅
转发《市委政法委、市综治委关于本市
深入开展平安建设的意见》的通知

(2006年2月19日)

各区、县党委和人民政府,市委、市人民政府各部、委、办、局,各市级机关,各人民团体:

《市委政法委、市综治委关于本市深入开展平安建设的意见》已经市委、市人民政府领导同志同意，现转发给你们，请认真贯彻执行。

市委政法委、市综治委关于本市深入开展平安建设的意见

为贯彻落实党的十六大和十六届三中、四中、五中全会以及市委八届七次、八次全会精神，全面实施市"十一五"规划，根据《中共中央办公厅、国务院办公厅转发〈中央政法委员会、中央社会治安综合治理委员会关于深入开展平安建设的意见〉的通知》（中办发［2005］25号）精神，结合实际，现就本市深入开展平安建设提出如下意见。

一、本市深入开展平安建设的历史背景和重要意义

（一）在全面实施改革开放，加快"四个中心"建设、实现"四个率先"的历史进程中，市委、市政府高度重视社会安全稳定，始终把上海建成全国最安全的城市之一作为一项全局性工作来抓，实现了治安状况良好、市民心齐气顺、社会平稳有序，和谐稳定的社会环境已成为上海国际竞争力的重要组成部分。多年来，本市开展安全创建的基本经验是：党委统揽、协调各方，确立创建工作的核心作用；依靠群众、动员社会，形成维护稳定的政治优势；立足实际、打防结合，增强治安防控的综合效应；求真务实、重心下移，夯实安全创建的基层基础；创新理念、注重长效，拓宽社会管理的工作空间。这些成效和经验，为本市"十一五"期间深入开展平安建设打下了扎实的工作基础、牢固的群众基础和广泛的社会基础。

（二）当前，在全市社会面继续保持和谐稳定的形势下，平安建设的任务依然繁重。各种深层次的社会矛盾进一步显现，滋生和诱发违法犯罪的因素不断增多，人民群众对安全稳定的要求进一步提高，社会管理的有效办法还有待探索建立。当前和今后一个时期，仍然是人民内部矛盾凸显、刑事案件高发、对敌斗争复杂的时期，而且这三方面因素相互交织、相互作用，其中人民内部矛盾的增多和敌对势力的插手利用将是影响社会稳定的主要因素。发展是第一要务，稳定是第一责任，越是加快发展，越是需要安全和谐，越是要高度重视平安建设。

（三）平安建设是在以往安全创建工作基础上的新起点和新要求，是构建社会主义和谐城市、促进上海跨越发展的保障工程，是保护人民群众生命财产安全、确保社会安定有序的民心工程，是巩固党的执政地位、增强城市国际竞争力的基础工程。开展平安建设，对牢固树立维护社会稳定的责任意识，落实社会治安综合治理的各项措施，调动社会各方面的力量，建立完善高效的防控机制，举办一届成功、精彩、难忘的世博会，实现"十一五"规划的各项目标任务，都将起到十分重要的作用。

二、本市深入开展平安建设的指导思想、目标任务和主要形式

（四）本市深入开展平安建设的指导思想：以邓小平理论和"三个代表"重要思想为指导，贯彻落实科学发展观，按照构建社会主义和谐社会的要求，组织动员社会各方面的力量，坚持"打防结合、预防为主，专群结合、依靠群众"的工作方针，以建立健全长效机制为核心，以加强基层基础工作为重点，以落实社会治安综合治理各项措施为主线，以提高平安建设的科技含量为支撑，努力实现政治持续稳定、社会和谐有序、人民安居乐业。

（五）本市深入开展平安建设的目标任务：

1. 健全维护国家安全工作机制。积极防范、及时发现、有效控制，妥善处置敌对势力的渗透破坏活动和"法轮功邪教"等组织的非法活动，严防发生危害国家安全和政治稳定的重大事件和暴力恐怖事件的发生，全力维护社会政治稳定和城市

安全。

2. 健全和完善化解矛盾纠纷的体制、机制。组织健全、责任落实、多元化调解体系形成，正确处理和有效化解各类矛盾纠纷，努力防止严重影响社会稳定的重大群体性事件的发生，有效维护社会和谐稳定。

3. 提高社会治安防控体系建设水平。及时整治突出治安问题，严厉打击严重刑事犯罪，深化预防和减少犯罪工作，提高社会管理水平，努力防止严重影响群众安全感的重大刑事、治安案件的发生，确保社会治安形势平稳有序。

4. 深化预防和打击经济犯罪的协作机制。积极预防、严肃查处各类经济犯罪，及时消除经济领域的不安定因素，努力防止严重危害社会主义市场经济秩序和社会稳定的重大经济案件的发生，使社会主义市场经济秩序进一步规范有序。

5. 加强城市公共安全监管体系建设。增强全体社会成员的城市公共安全意识，完善应急处置机制，努力控制和减少各类重大安全事故，努力防止严重危害群众生命财产安全的群死群伤事故的发生，城市公共安全管理水平进一步提高。加强互联网和移动通讯不良信息的监控和管理，提高信息安全防护水平。

6. 创新平安建设的参与机制。力求使平安建设为社会普遍知晓，群众广泛参与，形成专群结合新优势，进一步提高群众对社会治安的满意度，不断增强群众的安全感。

（六）本市深入开展平安建设的主要形式：创建“平安小区”、“平安单位”、“平安社区”、“平安区县”。开展以加强居民住宅安全防范，及时化解各种纠纷，减少案件发生为主要内容的“平安小区”建设；以落实内部安全保卫措施，防范各类案件发生，减少各种安全事故为主要内容的“平安单位”建设；以加强区域安全防范，及时处置各类矛盾，提高社会面治安防控水平为主要内容的“平安社区”建设；以整合各种社会资源，加强整体联动，提高确保一方平安能力为主要内容的“平安区县”建设。同时，鼓励支持各地区、各部门结合实际开展形式多样的创建活动。争取通过五年时间的努力，在达标考核的基础上，使全市80%以上的小区、单位、社区、区县建成“平安小区”、“平安单位”、“平安社区”、“平安区县”。

三、本市深入开展平安建设的主要措施

（七）积极预防和有效化解各种社会矛盾。各级党委政府要按照科学发展观的要求，完善社会利益协调和社会纠纷调处机制，把维护稳定的着力点放在调节好利益关系上，让广大人民群众更充分地共享改革发展成果，真正从源头上预防和化解社会矛盾；建立社会稳定风险评估机制，分析评估重大决策、重大项目实施中相关政策规定可能带来的稳定风险，做到科学决策、民主决策、依法决策，增强工作的主动性；坚持完善矛盾纠纷排查调处机制，提高发现和解决矛盾纠纷的能力，特别要加强对大规模群体性事件、突发事件的预测评估，建立高效的应急处置机制，有效预防和及时处置群体性突发事件；探索建立多元化调解机制，创新调解手段，拓展调解领域，实现各种调解方式的优势互补，使调解逐步成为解决矛盾纠纷的主要选择；整合基层维稳工作力量，加强司法信访服务窗口建设，强化联动调处，把矛盾纠纷化解在当地、解决在基层、消除在萌芽状态，有效防止矛盾激化；认真贯彻《信访条例》，完善联席会议制度，健全信访工作机制，保障信访群众合法权益，依法处置信访过程中的违法行为，建立合法有序的信访秩序；加强法制宣传教育，引导广大群众依法维护自身合法权益，依法履行公民应尽义务。

（八）健全工作机制，全力维护政治安定。建立健全维护国家安全工作机制，加强信息会商研判，加强部门协作配合，提高维护国家安全的综合能力；把加强人民防线建设纳入综治工作考核范畴，巩固基层基础工作；增强政治敏锐性和政治鉴别力，严密防范和严厉打击敌对势力的渗透破坏活动、暴力恐怖活动、利用互联网等技术手段从事蛊惑煽动活动，以及插手我人民内部矛盾制造事端的非法活动；有效防范和严厉打击“法轮功”等邪教组织的非法活动，以及利用宗教名义进行的各种非法活动；加强社会舆论引导，加强和改进社会管理，决不允许危害国家安全和社会政治稳定的势力形成组织，决不允许危害国家安全和社会政治稳定的活动形成气候；加强宣传教育，使广大干部群众牢固树立国家安全意识，为维护政治稳定创造良好的社会环境。

（九）建立健全“严打”经常性工作机制。控制刑案高发，降低刑案增幅。严厉打击涉黑、涉恶、涉毒等犯罪活动；严厉打击抢劫、抢夺、盗窃等多发性侵财犯罪；严厉打击各种危害公共安全的犯罪；严厉打击危害金融安全、走私、制假售假等破坏市场经济秩序的犯罪；严厉打击贪污贿赂、渎职侵权等职务犯罪；严厉打击采用高科技手段进行的违法犯罪。对各类社会丑恶现象的组织者、主要敛财人和严重违法经营者、幕后保护伞，要依法严肃查处。要在侦查破案、批捕起诉、定罪量刑、监管改造等各个执法环节增强"严打"的针对性和实效性。注重贯彻宽严相济的刑事政策，对未成年人犯罪、初犯、偶犯，主观恶性较小的，在法定处罚幅度内从轻、减轻处罚或判处缓刑，最大限度地减少社会对立面，实现法律效果和社会效果的统一。

（十）健全社会治安突出问题的发现机制。规范社会治安分析评估办法，细化适应城市发展变化的治安状况评价指标，对突出治安问题和治安顽症提出有针对性的整治措施。健全和规范各类治安管理的基础数据，提高数据的准确性、科学性，发挥数据在打击犯罪、帮助决策等方面的积极作用。组建社会治安巡访团，建立和完善新闻媒体、110电话、治安专用信笺和信箱、热线电话、信访窗口、治安信息员、综治网站等各种治安信息搜集汇聚方式的作用。落实综治委成员单位重大案事件报告制度。

（十一）加强人防、巩固物防、发展技防。深化企地共建、军警民联防和党员干部义务巡逻队、社区保安队、乡村治安联防队等行之有效的群防群治工作，提高组织化程度。动员居住物业企业参与安全防范，探索保安行业的市场化、规范化发展的有效办法。奖励保护见义勇为先进。高档住宅楼、新建居民住宅小区、旧式住宅小区和居民家庭要实现防范设施分类建设。按照规划科学、布局合理、功能完备、可靠实用的要求，针对中心城区、市郊结合部和远郊的不同地理环境，建成与专门部门联网互动、有效覆盖的视频监控系统，提高系统的实用功能。治安重点保卫单位、重点单位的要害部位要全部建立24小时实时监控与记录，纳入区域联网自动报警系统。加强技防设备的日常维护，提高操作人员的业务水平。

（十二）强化重点行业、重点区域、重点物品的治安管理。加强对公共娱乐休闲服务场所的总量控制，实行保安派驻制，严肃查处卖淫嫖娼、涉毒、涉赌等违法活动。加强旧货交易市场、废旧物品收购站点、典当、拍卖等特殊行业与人员集聚场所、各类物流市场、文化出版市场以及客货营运市场等的治安管理。对久治不愈、久整不改的治安顽症，要组织专门班子、落实各方力量、集中时间进行挂牌蹲点整治。加强校园周边治安秩序的管理。加强互联网监控。加强对枪支弹药、易燃易爆、剧毒、放射性物品的管理。加强对易制毒化学品、精神药品、麻醉药品的生产、采购、运输、仓储等环节的动态监管。切实解决特殊违法对象收治不了的难题，消除工作中的盲点。

（十三）深化预防和减少犯罪工作体系建设。推进对吸毒人员、社区矫正人员、刑释解教人员和社区闲散青少年的社会化管理，做实政府购买服务事项，推动社团自主运行，提升社工的专业化服务意识和能力，提高志愿者队伍组织化程度，发挥专家委员会的指导作用。对违法犯罪情节较轻的未成年人，坚持教育、感化、挽救的方针，继续探索落实社区观护措施。普及法制宣传和公民道德教育，实施对高危人群的行为干预训导。落实职业技能培训，扩大见习就业渠道，帮助有关人员自食其力，融入社会。

（十四）落实和完善来沪人员的服务管理。按照市级综合协调、区级综合管理、社区具体实施和属地管理的原则，把来沪人员纳入城市实有人口管理。健全管理机构和工作网络，建立数量适当的管理队伍，整合综合管理信息系统，真正做到底数清、情况明。加强治安管理，实施来沪人员居住证与治安管理、劳动就业、社会保险、房屋租赁、计划生育、子女教育等整体联动的服务管理机制。坚决拆除杂乱无序、藏污纳垢的违法建筑，扩大来沪人员适度集中居住试点。建立有章可循、循者有益的政策机制，引导来沪人员与城市居民和睦共处。通过形象生动的宣传教育，在来沪人员中开展精神文明建设活动，引导知行合一、健康有益的生活方式。

（十五）提高突发公共事件的应急处置能力。拓展市应急处置指挥中心的应用领域和功能，加快市、区县两级应急处置指挥中心标准化、实战化建设，形成统一指挥、功能齐全、反应灵敏、运转高效的应急机制。提高抵御和处置自然灾害、事故灾难、公共卫生事件、社会安全事件等各类突发公共事件的能力。有针对性地加强日常演练和专项实训，确保拉得出、战得赢，使突发公共事件的危害程度及其造成的负面影响降到最低、完全可控。完善网格化街面治安动态巡逻机制，完善地面、空中立体治安管控效能，共同构建城市公共安全网络。

四、本市深入开展平安建设的保障措施

（十六）平安建设在各级党委、政府的领导下，由各级综治委组织实施。各级党政主要领导是平安建设的第一责任人，分管领导为直接责任人，其他领导承担各自职责范围内的责任。平安建设责任制要实现全覆盖，按照属地管理的原则，层层建立领导责任制和考核体系，真正落实查究制度。大力加强基层职能部门的组织建设，配足配强工作力量。把平安建设的各项任务落实到基层，落实到部门，落实到责任人。

（十七）把平安建设与社区党建相结合，与社区精神文明建设相结合，与城市管理改革相结合，与推进街镇建设相结合。各级综治委及综治委各成员单位的职能部门要紧紧围绕目标任务，发挥组织协调作用。政法部门要充分履行职能，发挥主力军作用。公安派出所、司法所、派出法庭、房地、安监、工商、城管等基层社会综合管理单位以及各类社会管理队伍要形成合力，共同推进本地区的平安建设。要加强从邻里守望到结合部联防，从跨区县合作到长江三角洲地区省市间合作的各层次区域合作。

（十八）加大对平安建设的宣传力度。各级领导干部要切实提高对开展平安建设重要性、紧迫性的认识，积极主动地将平安建设纳入规划、提出计划、摆上议程。激发社会各方参与平安建设的热情，形成平安建设的良好氛围；发动群众广泛参与平安建设的各项活动，形成共建共享的良好局面。及时宣传先进经验，大力表彰先进事迹，使平安建设成为全社会的共识。

（十九）根据治安防控形势需要和经济增长发展水平，加大平安建设的经费投入。按照地区实有人口规模和治安情况，市、区（县）两级财政分别在部门预算中安排平安建设的专项经费。把平安建设的基本建设项目纳入同级财政预算。加快平安建设信息应用网、实时图像监控网、特殊管控人员综合信息网建设。加强与治安管理职能相关的场所建设，提高收治、羁押、感教、救助场所的综合能力。及时、全额地落实政府购买服务费，支持社会化管理的延伸与深化。

（二十）平安建设是一项长期的、全局性的工作，各区县、委办局都要结合实际，提出平安建设实施意见。要编制具有操作性的平安建设标准，制定年度推进计划，落实各项保障措施，分步实施、梯次推进。2006 年，要在统一部署、广泛发动的基础上，全面开展平安建设活动，有条件的地区和单位实现重点突破，率先达标。在今后的若干年中，通过总结经验、分类指导、推广典型、整体推进，使每年都有一定比例的小区、单位、社区、区县达到平安建设的标准。

中共上海市委办公厅　上海市人民政府办公厅 转发《市综治委关于 2006 年上海平安建设实事项目安排的意见》的通知

（2006 年 4 月 3 日）

各区、县党委和人民政府，市委、市人民政府各部、委、办、局，各市级机关，各人民团体：

《市综治委关于2006年上海平安建设实事项目安排的意见》已经市委、市人民政府领导同志同意，现转发给你们，请认真贯彻执行。

市综治委关于2006年上海平安建设实事项目安排的意见

为认真贯彻市委、市政府的要求和《中共上海市委办公厅、上海市人民政府办公厅转发〈市委政法委、市综治委关于本市深入开展平安建设的意见〉的通知》（沪委办发［2006］4号）精神，深入推进上海平安建设，切实落实社会治安综合治理各项措施，本市从2006年起，把解决人民群众最为关心、反映最为强烈的社会治安突出问题，列为每年平安建设实事项目来抓。2006年上海平安建设实事项目安排如下。

一、推进社区科技防范设施建设

按照公安部城市报警与监控系统建设试点工作（“3111”工程）总体要求，今年本市再在55个派出所和街道建立社区图像监控系统，新增摄像头1000个。在全市5000幢居民住宅楼门口安装技术防范装置。

这项工作由市综治办牵头，会同市信息委、市公安局组织实施，各区县、街道乡镇和相关职能部门协办。

二、建立社会治安突出问题发现机制

建立预测分析社会治安状况的数据平台，提高日常排摸和阶段分析、评估的科学性、准确性；加强重要信息报送制度的管理，发挥110电话、110专用信笺、110信箱、信访窗口和各部门值班电话的作用；设立上海综治网站；开通市民综治举报电话；发挥地区治安信息员、出租车治安信息员、行业场所治安信息员、医院治安信息员、集贸市场治安信息员和民间信息员队伍作用；加强社会治安巡访团建设；建立和畅通与各级人大、政协、工会、共青团、妇联、新闻媒体的沟通渠道。

这项工作由市综治办牵头并组织实施，市公安局、市司法局和各区县相关职能部门协办。

三、规范公共娱乐服务场所经营活动

遏制娱乐、服务行业场所“黄、赌、毒”等非法活动蔓延，规范行业场所管理。制定公共娱乐服务场所准入标准、从业规范和租赁办法，整顿非正规就业秩序、落实日常管理措施，力争至年底使全市娱乐服务行业场所治安状况得到明显改观。

这项工作由市整顿和规范市场经济秩序领导小组办公室牵头，会同市经委、市文广影视局、市公安局、市工商局、市房地资源局、市卫生局组织实施，市劳动保障局、市质量技监局、市规划局、市社会服务局、市环保局、市文化市场行政执法总队、市政府法制办、市禁毒办和各区县协办。

四、建立来沪人员信息管理（居住证）系统

以该系统为载体，确保市政府制定的“居住证”、“租赁房屋管理”两大制度的贯彻落实，为各级政府决策管理，加强社区建设，保障城市公共安全提供信息支撑。

这项工作由市人口综合调控领导小组办公室牵头，会同市信息委、市公安局组织实施，市建设交通委、市经委、市人口计生委、市人事局、市劳动保障局、市房地资源局和各区县协办。

五、整顿非法运营车辆

整顿车站、码头、机场和城郊结合部地区客运秩序，以市场为导向，运用各种手段，对全市1.5万辆非法运营车辆进行整治，从政策和体制上研究、探索统一规范的管理办法。

这项工作由市建设交通委牵头，会同市交通局组织实施，市公安局、市市政局、市环保局和各区县协办。

六、加强单位闲置厂房出租管理

预防和消除闲置厂房租赁场所中存在的消防、治安安全隐患，防止出现群死群伤重特大事故。在2005年整治的基础上，研究制定长效管理办法，规范限制闲置厂房的出租范围，明确出租达标要求，逐步将闲置厂房的出租纳入市场化、规范化和法治化管理轨道。

这项工作由市安全生产委员会办公室牵头组织实施，市国资委、市建设交通委、市房地资源局、市公安局、市质量技监局、市工商局、市规划局、市劳动保障局、市食品药品监管局、市市政局、市民政局和各区县协办。

七、整治学校周边治安环境

切实提高校园内部治安防范能力，重点解决学校周边地区"三乱"（乱停车、乱设摊、乱堆物）以及交通标识不明显等问题，完成对各区县教育部门上报的133所中小学校周边地区治安环境的整治。

这项工作由市教委牵头，会同市学校周边治安综合治理领导小组办公室组织实施，市公安局、市市容环卫局、市工商局、市食品药品监管局、市城管执法局和各区县协办。

八、整治部分蔬菜批发市场经营管理秩序

以嘉定区江桥蔬菜批发市场为重点，对全市12个蔬菜批发市场经营管理秩序进行整治，打击黑恶势力欺行霸市，保护合法经营，维护市场秩序。12个蔬菜批发市场是：浦东新区北蔡、赵家沟、三林市场，闵行区七宝、华漕、新安市场，嘉定区江桥、胜辛市场，松江区沪淮市场，普陀区曹安市场，杨浦区盐阜市场，宝山区江杨市场。

这项工作由市工商局牵头，会同市经委、市公安局组织实施，市农委、市质量技监局、市食品药品监管局和相关区县协办。

九、取缔"零包"贩毒交易点

减少和控制街面"零包"贩毒蔓延态势。重点整治22个"零包"贩毒交易点，其中，市级重点3个：闸北区中兴路（恒丰路－大统路）、浦东新区塘桥（蓝村路周边）、杨浦区五角场（长海医院周边）；区县级重点19个：每个区县各1个（具体地址另发），采取铲、打、控、挤、管等手段，取缔"零包"毒品交易点。

这项工作由市禁毒办牵头，会同市公安局、市城管执法局组织实施，市高级法院、市检察院、市工商局、市民政局、市卫生局、市妇联和各区县协办。

十、规范废旧金属收购站点管理

按照《上海市废旧金属收购管理规定》，规范废旧金属收购活动，防范违法犯罪行为。进一步落实管理部门责任，制定设点布局规划和日常监管办法，取缔无证、无照收购废旧金属的经营活动，探索形成长效管理工作机制。

这项工作由市经委牵头，会同市公安局、市工商局、市城管执法局组织实施，市建设交通委、市市容环卫局、市环保局、市房地资源局、市消防局和各区县协办。

中共上海市委办公厅　上海市人民政府办公厅转发《市综治办、市公安局、市财政局、市劳动保障局关于进一步加强本市社区保安队伍建设的意见》的通知

（2006年4月14日）

各区、县党委和人民政府，市委、市人民政府各部、委、办、局，各市级机关，各人民团体：

《市综治办、市公安局、市财政局、市劳动保障局关于进一步加强本市社区保安队伍建设的意见》已经市委、市人民政府领导同志同意，现转发给你们，请认真贯彻执行。

市综治办、市公安局、市财政局、市劳动保障局关于进一步加强本市社区保安队伍建设的意见

为推进社区建设实体化，整合群防群治队伍，夯实社会治安综合治理的基层基础，完善社会治安防控体系，构建社会主义和谐社会，现就进一步加强本市社区保安队建设提出如下意见。

一、社区保安队的管理

社区保安队是政府出资组建的公益性群防群治组织，辅助公安机关和综治部门工作，综治部门为其主管部门。市、区县设立两级社区保安队管理办公室，办公室设在综治办。

社区保安队实行区县属地管理，统一招聘、统一培训、统一服装、持证上岗。辅助公安机关工作的社区保安队，由公安机关负责日常管理和使用；辅助综治部门工作的社区保安队，由街道、乡、镇综治委领导，综治办负责日常管理和使用，并派驻居（村）委工作。

二、社区保安队的主要职责

（一）在公安机关的组织下，协助维护治安秩序。

1. 协助开展社区、街面治安巡逻；

2. 协助驻点执勤、设卡守候；

3. 发现、扭获现行违法犯罪嫌疑人；

4. 协助开展安全防范宣传教育和检查。

（二）在综治部门的组织下，协助开展社会治安综合治理基层基础工作。

1. 协助开展地区平安建设工作；

2. 发动辖区社会力量参与社会治安综合治理；

3. 协助开展地区安全防范工作；

4. 及时发现并搜集社会治安信息。

三、社区保安队的规模

本着统一规范、精干高效的原则，整合原有社区保安队、治安联防队等治安辅助力量，统一建立社区保安队。整合后的社区保安队总体规模为3万人。其中，协助维护治安秩序的社区保安队规模为2.4万人，协助开展社会治安综合治理基层基础工作的社区保安队规模为6000人。具体核定办法为：

（一）协助维护治安秩序的社区保安队。各区县结合本地区治安状况、实有人口数、治安巡逻面积和财力保障等因素，提出本地区队伍规模，报市公安局审核，并报市综治办核定，市劳动保障局备案。

（二）协助开展社会治安综合治理基层基础工作的社区保安队。各区县按照每个居（村）委配置1名至2名社区保安队员的原则，提出本地区队伍规模，并报市综治办核定，报市劳动保障局备案。

四、社区保安队的经费保障

（一）社区保安队员的工资、社会保险参照万人就业项目中有关社会协管类从业人员的标准执行。

（二）按照事权与财权相统一的原则，社区保安队的经费保障渠道不变，实行分级管理、分级负担，通过市级财政定额补助、区县财政专项预算方式落实。

（三）市劳动保障部门按照实际从业人员（指本市的原失业人员、协保人员、农村富余劳动力）每人每月200元的标准，给予交通误餐费补贴。

各区县和街道、乡、镇要高度重视社区保安队的建设，支持市、区县社区保安队管理办公室做好队伍整合、招聘录用、培训上岗、人身意外保险办理等工作，并加强教育管理，更好地发挥社区保安队在维护一方平安中的作用。

上海市及各区、县综治委、办主任名单

地　区	综治委主任	综治办主任	地　区	综治委主任	综治办主任
上海市	刘云耕	林国平	闵行区	张路加	施炳生
黄浦区	肖堃涛	周永淦	宝山区	陆学明	尹有良
卢湾区	丁海椒	杨学鸿	嘉定区	贝晓曦	沈绍裘
徐汇区	林官良	竺琪君	浦东新区	张国洪	凌德铭
长宁区	周文贤	高晓红(女)	金山区	王美新(女)	沈德兴
静安区	沈锦生	季增强	松江区	韩顺芳(女)	曹金松
普陀区	顾顺祥	居长鸿	青浦区	李　萍(女)	陈卫国
闸北区	郑健麟	张建国	南汇区	丁大恒	王国安
虹口区	袁岳滨	范怀军	奉贤区	周林官	侯国华
杨浦区	马杰富	王海龙	崇明县	施建华	陈　鹏

（撰稿人：阮山峰
审稿人：林化宾　乐伟中　崔红星）

江　苏　省

开展平安江苏建设活动情况

2006年，江苏省在前三年平安创建活动阶段性目标基本实现的基础上，组织开展了新一轮平安江苏建设，取得了新的成效。全省刑事案件总量继续保持稳中有降，八类主要刑事案件连续第四年下降，连续四年没有发生有重大影响的群体性事件和恶性刑事案件。国家统计局抽样调查显示，2006年江苏省公众安全感认可度达96.7%。年底全省有11个市、102个县（市、区）通过考核验收，被省委、省政府批准为“社会治安安全市”、“社会治安安全县（市、区）”，分别占总数的84.6%、91.9%。

一、立足新起点，明确新目标

4月全国社会治安综合治理工作会议在江苏省苏州市召开后，省委、省政府先后于5月和9月召开全省深入开展平安江苏建设电视电话会议和平安江苏建设总结表彰暨深入推进大会，贯彻全国社会治安综合治理工作会议精神，对在全省开展新一轮平安江苏建设进行动员部署。两次会议省委、省政府主要领导均到会讲话。省委、省政府下发了《关于在全省开展新一轮平安江苏建设的意见》，提出在三年平安江苏建设的基础上，按照“标准更高、要求更严”的原则，对维护国家安全和社会政治稳定、预防和化解社会矛盾纠纷、构建现代治安防控体系、开展严打整治斗争、推进社会治安综合治理基层基础工作、加强组织领导和机制建设等各项工作措施，提出了新的要求。省委、省政府、省综治委领导多次赴全省各地进行检查督促，提出具体工作要求。省综治委加大组织推进力度，对各个层面的平安建设工作进行分类指导，促进了全省平安建设工作的整体推进和均衡发展。各市、县（市、区）、乡镇（街道）普遍制定了本地区新一轮平安建设三年规划和年度实施方案，进一步加大组织领导和保障力度。

二、推进联系点共建工程，深化齐抓共管

省综治委各成员单位按照职责分工，积极参与社会治安综合治理和平安建设。公安、司法、检察、法院、信访、建设、教育、共青团、交通等部门结合自身职能，制定本部门本系统新一轮平安建设的奋斗目标和年度综治工作要点，在做好本部门安全保卫工作的同时，部署本系统参与平安建设工作，并将平安建设责任分解落实到各职能处室。宣传、出版、工商、公安、文化等部门组织开展了文化市场、公共娱乐场所、校园及企业周边治安秩序的专项整治；纪检、组织、人事、监察等部门加大对平安建设工作的督查力度；省建设厅组织开展了平安拆迁、平安建筑工地、平安住宅小区和平安景区四项创建活动；省交通厅部署开展了平安交通创建活动，加强对车站等人员集散场所的安全检查和管理，严防发生重大安全事故。

年初，各级综治委对联系点共建工程作出重新调整和部署，省、市、县（市、区）综治委成员单位原联系点已建成社会治安安全县（市、区）、乡镇（街道）、村（社区）的，重新挂钩联系一个尚未创建达标或综治、平安建设基础薄弱的地方，开展“一帮一”共建活动。省综治委各成员单位由领导带队，多次深入联系点，与挂钩共建的县（市、区）共同制定工作方案，落实相关工作措施，并加大了对联系点的帮扶力度。省经贸委协调资金400万元帮助南京市六合区进行老小区治安防范设施改造；省劳动厅向睢宁县增拨就业资金60万元，继续实施“双岗工程”，为当地年轻下岗人员购买公益性治安岗位，取得了就业和平安的双重效益。经过各成员单位的帮扶共建，联系点的综治和平安建设工作的面貌大为改观，只有一个县（市、区）未达到平安建设标准。

三、加大保障力度，确保平安建设顺利开展

按照新一轮平安建设的工作要求，各地普遍加大经费保障力度。各市、县（市、区）普遍将综治工作经费列入财政预算并实际支付到位。县（市、区）综治办专项业务经费苏南一个县（市、区）每年60万元以上，苏中40万元以上，苏北30万元以上；对流动人口管理、预防青少年违法犯罪、刑释解教人员安置帮教、社区矫正等专项经费，新一轮平安建设都规定了保障标准。2006年全省各级财政投入综治和平安建设专项工作经费达50多亿元，投入防控体系建设的资金达43亿元，综治和平安建设奖励经费8700多万元。苏州市用于社会面技防建设的经费达1.3亿多元，外来人员管理经费1.5亿多元。徐州市在年初安排1.85亿元综治和平安建设经费的基础上，全年又追加安排经费1.3亿元。

四、大力宣传发动，营造浓厚的平安建设氛围

全省各地加强对平安建设宣传工作的组织领导，精心制定宣传方案，广泛开展宣传发动。围绕综治和平安建设工作重点，充分利用主流媒体进行宣传。在江苏电视台、省人民广播电台、《新华日报》等本地的主流媒体上开辟了一批专栏、专题节目，对综治工作进行全方位、多视角、高密度的宣传。与新华社江苏分社合作开通了江苏平安网。大力开展“综治宣传月活动”。在3月“综治宣传月”活动中，各地在各级各类媒体上发表综治宣传稿件1400多篇次，展出宣传板报4万多块，散发宣传材料12万多份，举办社会治安综合治理和平安建设讲座、咨询等1万多场次，出动宣传车1.3万车次，接待群众咨询45万多人次。统计部门调查显示，2006年江苏省群众对平安建设的知晓率达80.27%，同比上升2.36个百分点；平安建设以来群众对社会治安综合治理的参与度上升了35个百分点。认真组织综治好新闻评比活动。省综治委对各地报送的1000多件参评作品进行严格评审，评出获奖作品50件，其中5件作品获得全国社会治安综合治理好新闻奖，省综治委连续多年获得了全国社会治安综合治理好新闻组织奖。

开展重点整治和专项行动工作情况

一、严厉打击严重刑事犯罪和经济犯罪

各地围绕新一轮平安江苏建设活动确定的打击犯罪的水平位居全国前列的目标，不断加大对严重刑事犯罪的打击力度。年内，共破获刑事案件205741起，破案率达49.2%，同比上升0.8个百分点。按照中央的统一部署，及时组织开展了打黑除恶专项斗争，全省共摸排涉黑涉恶线索3074条，打掉黑社会性质组织犯罪团伙42个，打掉恶势力犯罪团伙850个。2006年，江苏省打黑除恶绩效考核位居全国第一，没有发生在全国、全省有重大影响或严重危害的黑恶势力犯罪。按照“命案必破”的总体要求，严厉打击杀人等严重暴力犯罪，破获八类主要刑事案件11367起，破案率达88.9%，同比提高1.8个百分点；破获现行命案957起，破案率达94.75%，同比提高0.21个百分点，连续三年保持全国第一。南通市公安机关发扬“特别能战斗”的南通刑侦精神，杀人案件破案率连续多年在全省保持领先。各地严厉打击严重破坏市场经济秩序、危害经济安全的各类经济犯罪特别是涉众型经济犯罪活动，全力维护市场经济秩序。先后组织开展了打击商业贿赂犯罪、非法传销和涉税违法犯罪等专项斗争，共立案查办商业贿赂案件131起，破案123起，挽回经济损失1900万元；查处传销案件127起，捣毁传销窝点2247个，解救被骗参与传销组织群众2107名，教育、规劝、遣返参与传销组织人员近3万人。年内，全省共立各类经济犯罪案件8095起，破案7734起，挽回经济损失16.4亿元。

二、扎实开展治安混乱地区和突出治安问题排查整治

各地结合实际，组织专门力量，深入到基层一线和群众之中，调查摸排本地的违法犯罪活动规律，把握影响本地治安稳定的重点问题，找准案件多发的重点地区、重点部位和重点路段，梳理出违法犯罪的高危人群和重点人头，查找打防控工作的薄弱环节和漏洞，确定治安混乱地区和突出治安问题，明确主攻方向。全省共排查出治安混乱地区和突出治安问题1716个。各地对排查出的治安混乱地区和突出治安问题进行分类，确定与之相关的职能部门，并及时召开各部门参加的协调会，成立整治小组，提出具体的整治方案，落实整治责任。经整治，有1664个改变了治安面貌，整治好转率达97%。

三、开展专项行动，强化整治措施

组织开展打击“两抢一盗”专项斗争，全省共破获“两抢一盗”案件15.4万余起，抓获犯罪嫌疑人7.2万人，20起公安部督办案件、48起省公安厅挂牌督办案件全部破获。继续深入开展“治爆缉枪”专项行动，收缴了一批流散社会的枪支、子弹和管制刀具；查处危险物品违法犯罪案件5387起，涉及6942人；取缔非法制贩窝点246个，收缴炸药19.1吨、雷管44.9万枚、烟花爆竹18.4万箱、剧毒化学品76吨。大力整治涉毒娱乐场所，继续深化“无毒社区”创建、吸毒人员收戒帮教和动态管控、易制毒化学品管理、禁毒宣传和毒品预防教育工作，形成禁毒人民战争的强大合力。全省共破获各类毒品犯罪案件3359起，抓获毒品犯罪嫌疑人2231人，查获吸毒人员7457人；查获涉毒娱乐场所183家，缴获毒品海洛因44.45千克，摇头丸、麻古7.76万粒，K粉20.952千克，铲除非法种植的毒品原植物11.2万株。继续开展贯彻公安部“八条措施”专项工作，破获侵害师生人身、财产安全的各类刑事案件2521起，抓获犯罪嫌疑人1793人；检查网吧7000余家，歌舞厅、录像厅、游戏厅、音像书刊店等文化娱乐场所1.3万家，依法取缔“黑网吧”600余家，查处违法违规经营的各类文化娱乐场所1300余家，收缴各类管制器具4800余件、淫秽物品1万余件、其他违禁物品11万余件。苏州市自3月1日起，在全市开展了重点地区、交通秩序、场所行业、外来人口等六个方面的专项整治，公安机关开展了19次“兰剑”集中打击整治行动，为全国社会治安综合治理工作会议等大型活动的顺利举办创造了良好的治安环境。

社会治安防控体系建设情况

一、加快推进技防建设

各地在加强市、县两级公安指挥中心建设的同时，把基层技防建设放在更加突出的位置，着力推进技防乡镇（街道）、智能化治安卡口、技防单位、技防一条街、技防社区（村）等“五大技防工程”。省综治办和省公安厅联合下发了《关于深入推进基层科技防范建设的意见》，根据苏南、苏中、苏北经济社会发展状况，分类规定了“五大技防工程”的建设目标、建设标准和时序进度，对技防建设应采取的主要措施和工作要求提出了指导性的意见。各地以技防镇建设为重点，不断加大电子监控、自动报警、电子巡更系统等技防设施建设力度，形成了城乡一体化的科技防控格局。全省89.8%的乡镇（街道）建成技防乡镇（街道），建成技防一条街1300多条，建成监控探头26万余个，共有自动报警用户97万多家，全省用于技防镇建设的资金达33亿多元。宿迁市在资金非常困难的情况下，大力推进技防建设，108个乡镇（街道）全部安装了监控系统。

二、加强社会面防范控制

各地进一步强化社会面巡逻控制，通过公安指挥中心对巡逻人员实行快速高效指挥，在城市推行“网格化”、“棋盘式”全天候治安巡逻，所有省、市际关卡和出入城市的主要道口查报站实行24小时监控查报，极大地压缩了犯罪分子的作案空间。年内，全省通过巡逻防控抓获“两抢一盗”犯罪嫌疑人1.7万余名，破案3.4万余起，抢劫、抢夺和入室盗窃案件同比分别下降2%、11.9%和4.8%。南京市大力改革治安巡防机制，重点加强街面专业巡防网络建设，全市专门用于巡逻防范的公安民警和专职保安达12800余人。

三、强化村(居)民居住区治安防范

全省各地在所有城市社区和交通闭塞、刑事案件高发、治安形势复杂的农村地区建立了警务室。城市社区全部达到一区一警或一区多警,并在每个社区配备专职保安。全省共有社区民警12600多名,占派出所民警总数的46%,比社区警务改革前增加了8.4%。全省85%的行政村建立了警务室,配备驻村民警7561人、专职保安31082人。加强居民住宅小区的治安防范工作,新建小区实行封闭式管理,24小时保安巡逻、图像监控、周界红外报警等防范措施一步到位。各地大力加强老小区治安防范设施改造并将其列入政府实事工程。由政府出资,加大老居民小区和散居居民楼、院的建设改造力度,能封闭的都实现了封闭管理,无法封闭的也安装了防盗门等物防设施。苏州、无锡、镇江、南京、盐城等市由政府出资,对老小区治安防护设施进行改造。常州市政府投入4500万元对分散的单幢住宅楼和"城中村"进行整治改造,并将治安防范基础设施纳入其同步建设。各地普遍在社区建立了治安协管员、治安志愿者、义务消防员、治安信息员、高危人群帮教员等群防群治队伍,组织党团员、民兵、离退休干部职工等各种社区力量参加治安防范。

四、落实单位内部防范

各地以平安建设活动为契机,广泛开展了建设"平安企业"、"平安校园"、"平安医院"等各种形式的创安达标活动。南京、镇江、无锡、扬州、南通、连云港等地根据机关、企事业单位性质和规模,分类制定单位内部人防、技防、设施防建设标准。按照"谁主管谁负责"、"谁经营谁负责"、"谁用工谁负责"的原则,落实单位内部治安防范、职工教育和治安管理的措施和责任,提升机关企事业单位自防自控能力。切实做好重点单位和要害部位的治安防范工作,防止重特大盗抢案件的发生。全省企事业单位共有专、兼职保卫人员20万多名。扬州市还加快企事业单位综治办建设,江都市列管企业已建综治办378个,建成率84%,涉及国计民生的单位已建综治办204个,建成率90.3%。

社会矛盾纠纷排查调处工作情况

一、进一步加强"大调解"制度建设

各地各部门着力完善党委政府统一领导、政法综治部门牵头协调、调处中心具体运作、司法部门业务指导、职能部门共同参与、社会各界整体联动的社会矛盾纠纷"大调解"工作机制,始终坚持把制度建设放在突出位置。省综治委、办会同有关部门出台了《关于进一步健全完善"大调解"工作机制的意见》、《关于加强乡镇(街道)社会矛盾纠纷调解工作的意见》、《关于进一步加强诉讼调解与社会矛盾纠纷"大调解"机制衔接若干问题的意见》等规范性文件,进一步完善了人民调解、行政调解、诉讼调解的衔接机制。省综治办、省司法厅深入基层调查研究,指导各地进一步完善"大调解"工作管理体制和长效工作机制。县、乡两级调处中心进一步健全了受理登记、分流移交、办结报告、领导接待督办、协调会办、听证评价、法律(心理)咨询、公示公告、督查回访、考核奖惩等一系列工作制度,使矛盾纠纷从受理、移交、调处等环节相互衔接,形成了江苏特色的易于操作、便于考核的长效管理体系。南京市还制定了《南京市社会矛盾纠纷调解工作检查考核暂行办法》、《南京市社会矛盾纠纷听证规则》、《南京市社会矛盾纠纷调解工作若干规定》,进一步规范了社会矛盾纠纷调处工作。

二、不断完善"大调解"组织网络

各地以县、乡两级调处中心建设为重点,不断健全"大调解"组织网络。加强调处中心规范化建设,将其建成机构健全、人员充足、制度完善、运转顺畅、工作规范、保障有力的工作平台。进一步加强人民调解委员会建设。全省已建立各类人民调解委员会31903个,对3790个乡镇(街道)、村(社区)和企事业单位的调解组织进行了整顿,撤换了调解人员5520人;积极培育和发展新领域人民调解组织,逐步把调解的触角延伸到城乡每一个角落。在农村村民小组、城镇居民小区、企业车间班组等广泛建立调解信息员队伍,努力获取深层次、预警性、苗头性信息,把握工作的主动权。

三、扎实开展矛盾纠纷排查调处

省社会矛盾纠纷调处联席会议办公室进一步加大了对矛盾纠纷排查分析的指导管理工作,在国庆节前后和省党代会期间,组织了全省集中排查调处活动,每季度对全省社会矛盾纠纷情况进行分析通报。各地进一步完善了"大调解"工作月报季分析制度,加强了纠纷信息收集、报告工作。以"发现早、控制住、处置好、群众满意"为工作目标,认真开展社会矛盾纠纷排查活动,村(社区)每周一排查、乡镇(街道)半月一梳理、市县每月一会办,及时掌握基层纠纷信息。"南通市"大调解指导委员会办公室与市司法局下发了《关于开展以"三预防三杜绝"为重点的社会矛盾纠纷集中排查调处工作的实施意见》,开展为期五个月的集中排查调处活动。徐州市将压降"民转刑"命案作为"大调解"机制建设的工作目标,按照"小纠纷不出组,一般纠纷不出村(社区),大纠纷不出镇(街道),疑难纠纷不出县(市、区)"的要求,落实调解责任制。2006年全省县(市、区)调处中心直接组织矛盾纠纷排查2002次;乡镇(街道)调处中心组织矛盾纠纷排查12893次。

江苏省通过健全完善矛盾纠纷"大调解"机制,及时妥善地化解了各类矛盾纠纷,有效防止了矛盾激化,减少了"民转刑"案件和群体性事件的发生。全省县乡两级调处中心和各类人民调解委员会年内共调解矛盾纠纷325405件,调解成功313472件,调解成功率达96.33%。全省群体性事件和参与人次同比分别下降44.1%、42%,进京非正常上访进一步减少,没有发生在全国有重大影响的群体性事件。

社会治安综合治理基层基础工作情况

一、进一步加强基层政法综治组织建设

3月,省综治委在扬州召开了全省社会治安综合治理基层基础工作会议,省委办公厅、省政府办公厅转发了省综治委《关于进一步加强社会治安综合治理基层基础工作的意见》,对乡镇(街道)综治组织建设提出了新的更高的要求。各地深入贯彻《意见》精神,所有乡镇(街道)均建立了综治委、办,工作机制健全、运作规范,共配备2958名专职综治工作人员,不少乡镇(街道)还增配了地方事业编制的综治专干。全省公安机关通过增加警力编制和精简机关等办法,调整充实派出所警力。全省基层派出所警力达27500多人,占总警力的35.84%。大力加强司法所建设,全省司法所人员达4104人。全省共设立人民法庭267个,区域布局和人员结构更加合理,办公、审判条件得到了较大改善。徐州市为解决基层政法机关人员不足的问题,规定县(市、区)政法机关不再执行内部离岗退养政策,挤占政法编制的通过自然减员退还到位,并有计划地增加政法专项编制。

全省各地以建立集社区警务、治安联防、矛盾纠纷排查调处、重点人群教育管理、禁毒以及情报信息搜集等多项职能于一体的村级综治办为重点,大力整合基层的综治力量,构筑了平安建设的第一道防线。全省95%的村(社区)建立了综治办,苏州、镇江等地已全部建成。大多数省辖市下发了村级综治办规范化建设的实施意见,对村级综治办人员配备、办公场所、台账资料、工作职责、经费保障等作出了明确规定,保证了村级综治办的规范运作。苏州市组织开展了村级综治办星级达标活动,进一步提升村级综治办的工作水平。镇江市村级综治办工作人员普遍达4人以上。

各地坚持综治干部分级分类定期培训制度,7月,省综治办在南京举办了全省综治干部培训班,各省辖市综治办综治处处长、各县(市、区)综治办主任共129人参加了培训。各市、县(市、区)均举办综治干部培训班，对乡镇（街道）综治办主任及专抓综治工作的党委副书记进行了轮训，全年受训人次达3500多。

二、全面落实各项基础工作措施

预防青少年违法犯罪工作力度进一步加大，青少年健康成长的社会环境得到优化，未成年人犯罪下降了15%，在校生犯罪比例连续5年下降。流动人口服务管理工作日趋规范，外来刑事作案成员占外来人口的比重比上年下降4个万分点。坚持做好刑释解教人员安置帮教工作。年内共接收本省籍回归社会刑释解教人员30510人，安置率达96.5%，帮教率为100%，重新犯罪率仅为0.74%，保持了刑释解教人员重新犯罪率连续多年下降的势头。在前几年试点的基础上，全面推进社区矫正工作，建立了社区矫正公益劳动、警示教育、文化教育、技能培训、就业安置等“五大基地”，实施分类管理。截至2006年底，全省共接收社区矫正对象35246人，按期解矫9452人，重新犯罪36人，重新犯罪率为0.1%。做好学校及周边治安综合治理工作，部署开展了“整治学校及周边环境百日集中行动”等六大专项整治工作，全省所有学校都建立了校园警务室，共派驻保安员1.9万余名，有力地维护了校园及周边的治安安全。以平安铁路区段创建活动为抓手，认真推进重点整治、基础管理、爱路护路宣传等各项工作，有效地维护了铁路沿线的稳定和铁路的安全畅通。

全省各地坚持强基固本，抓源头、抓苗头、抓薄弱环节，大力加强基础性治安管理。各地以贯彻实施《治安管理处罚法》和《娱乐场所管理条例》为契机，进一步健全落实场所行业治安管理监督和责任机制，组织开展了废旧金属收购业、旅馆业和留宿洗浴场所等一系列专项整治行动，进一步规范了对场所行业的日常管理。围绕“压事故，保安全，保畅通”的总目标，深入开展预防重特大道路交通事故专项行动，大力推进农村道路交通安全管理工作，全省道路交通安全形势平稳，没有发生特大事故，一般事故、重大事故明显减少。年内道路交通事故起数、死亡人数、直接经济损失同比分别下降13.9%、9.4%、27.5%。全面加强消防安全监督管理工作，大力推进派出所消防警务室建设，深入开展消防安全专项治理和火灾隐患排查整改活动，火灾预防和应急救援水平进一步提升。全年火灾起数、死亡人数、直接财产损失同比分别下降6.2%、45.2%、12.9%。

三、深入开展基层系列创安活动

各地积极拓展基层平安创建的领域，把创安工作向非公有制经济组织、行业系统、公共场所以及家庭全面延伸，不断提高创建标准，提升创建层次。组织开展了平安乡镇（街道）、平安村（社区）、平安单位、平安家庭、平安医院、平安校园、平安企业、平安铁道线、平安公路、平安市场、平安工地、平安景区、无毒社区、无“小耳朵”社区等形式多样的基层创建活动，覆盖全省城乡的所有基层单位，形成了“积小安为大安、以基层平安保全省平安”的良好局面。镇江市出台了《关于深入开展基层平安建设系列活动的意见》，对基层系列平安建设的标准作了明确规定。无锡市制定了《关于深入开展“平安无锡”系列创建活动的意见》，召开了系列平安创建动员大会，明确房管、建设、安监、教育、卫生等12个部门为牵头责任部门，全面开展14项基层系列创建活动，并通过组织视察、汇报会、推进会等形式，狠抓了措施落实。

预防青少年违法犯罪工作情况

一、强化教育，引导青少年健康成长

加强法制教育，增强青少年的法律意识。全省各类中小学和中等职业学校全部配备了法制副校长或法制辅导员，每学期至少对学生开展4次法制教育。各地学校将法制教育列入教学大纲，做到计划、教材、课时、师资“四落实”，并将法制教育知识列入考试内容，使在校生法制教育工作正常化。新建了一批社区青少年法律学校，全省社区青少年法律学校建设率达到80%。加强思想道德教育，引导青少年树立正确的理想信念。广泛开展了“我与祖国共奋进，‘两个率先’我奉献”等主题教育实践活动和“公民教育实践活动”。仅“公民教育实践活动”全省已有200多所中小学校、700多个班级的3.3万名学生参加。加强自护教育，提高青少年自护能力。全省所有省辖市均建立了各级各类青少年自护教育基地，其中全国级的3个，省级的20家。开展了以“参与禁毒斗争，共建和谐社会”为主题的社区青少年远离毒品行动，增强了青少年拒毒防毒的意识。

二、创新载体，着力提高预防工作实效

大力开展“青少年违法犯罪社区预防计划”，省综治委预防领导小组通过建立联系点制度，指导各省辖市的预防计划试点社区开展工作。加强专兼职社工和志愿者队伍建设，不少地方在城市街道配备了专职社工队伍，注册志愿者达120万人，为社区青少年提供专业咨询、心理辅导、技能培训等服务。扎实开展“为了明天工程”示范城市（县、区）和“未成年人零犯罪社区”创建活动，建成一大批未成年人零犯罪社区。不断深化优秀“青少年维权岗”创建活动，全省已涌现出国家级优秀岗95个，数量居全国之首，另有省级优秀岗320多个，市级1500个。在苏州市试点的基础上，推出了全省“12355”青少年综合服务平台发展规划和分步实施的4个推进子规划。

三、突出重点，做好特殊青少年群体的救助帮教工作

做好流浪未成年人的救助保护工作。2月，省综治委召开了全省预防青少年违法犯罪暨保护流浪未成年人工作会议，对全省流浪未成年人保护工作进行了专门部署。全省已开设儿童福利院6所，49所综合性社会福利院都设有儿童部，全省在儿童福利院的孤残儿童2000多名。13家省辖市救助管理站都设立了流浪未成年人保护中心，并建立了48家救助管理站，共救助流浪儿童4800多人次。做好问题青少年的帮教工作。各地普遍采取“一帮一”、“多帮一”的工作模式，使帮教工作经常化、制度化。加强和改进工读学校教育和管理模式，让一些学生自愿进入工读学校接受教育。做好服刑人员未成年子女的保护工作。基层政府、社区、居（村）委会、儿童福利机构以及社会上一些收留、代养机构，对因为经济困难而导致失学、辍学的监狱服刑人员的未成年子女，给予特殊照顾。开展了“关爱农村留守儿童行动”，做好农村留守未成年人的教育管理工作。积极实施“进城务工青年发展计划”，共培训农村青年30多万名，输出农村青年13万人。做好义务教育阶段“控辍”工作，年内安排5.2亿元资金，在全国率先实现了农村义务教育阶段学生全部免除学杂费，全省义务教育阶段的巩固率达98.6%。

四、开展整治，为青少年成长创造良好环境

加大对影响青少年违法犯罪的黑恶势力的打击力度和对文化出版等市场的管理整治力度，开展了六个“百日集中行动”，通过持续专项治理和大要案的查处，震慑犯罪分子，遏制违法行为，为维护青少年健康成长创造了良好的社会环境。继续保持对组织、强迫未成年人违法犯罪的黑恶势力的严打高压态势，开展了“打击组织操纵未成年人违法犯罪专项行动”。对网上传播淫秽色情信息和违法违规网站开展打击整治行动，建立网上信息公开巡察制度，限时处理和删除网上有害信息，及时落地查证、依法处理张贴有害信息的违法活动。在全省范围内开展了网吧和电子游戏经营场所百日整治工作，重点整治城乡结合部、农村乡镇区域“黑网吧”和网吧违规接纳未成年人情况。组织开展了以“扫黄打非百日雷霆行动”、“反盗版百日行动”为主要标志的专项治理工作，关闭取缔出版物非法店档和印刷复制企业2305个（家），查缴各类非法出版物657万件，查处行政案件328起，刑事案件9起。实施“校园净化工程”，开展了“平安校园”、“和谐校园”创建活动，全省有3100所学校通过了安全文明校园验收。

流动人口服务管理工作情况

2006年,江苏省共登记暂住人口1460万人。各地坚持寓管理于服务之中,坚持教育与维权并重,加快构建政府主导、各方参与、服务到位、管理高效的流动人口服务管理体系,维护了社会稳定,促进了经济发展。

一、进一步健全流动人口管理组织网络

切实加强流动人口管理机构建设,推进管理网络向村(社区)延伸。全省85%的乡镇(街道)建立了流动人口管理办公室,城市社区、农村村组已建立2.3万个流动人口管理服务中心(站点)。流动人口协管员队伍得到巩固和发展,全省共有专兼职协管员5.2万名。全省还物建暂住人口管理信息员29.3万余名,初步形成了覆盖暂住人口的信息收集网络。

二、做好农民进城就业的服务管理工作

积极拓展苏南、苏北劳务协作,推动劳务协作由市市挂钩向县乡挂钩延伸,形成市、县、乡三级对口挂钩格局。深入实施"百镇百万"和"千校百万"就业培训计划,促进培训与就业的有机结合。全省初步形成以10个省级就业培训基地为龙头、1251个定点培训基地为主体的覆盖城乡的就业培训网络。深入开展星级示范职业机构创建活动,推进就业服务的制度化、专业化和社会化。全面开放公共职业介绍机构,为城乡劳动者提供免费的就业服务。年内,共为农民工提供就业岗位近40万个。在苏南等外来人口较多的地方,积极推广集中住宿、集中管理、集中服务的"三集中"模式,切实改善进城就业农民的居住条件。外来人口占全省总量约80%的沿江8市"三集中"率达40.5%。认真落实进城就业农民子女接受义务教育政策。无锡市对流动人口子女就学实行不得拒收、不得歧视、不得单独编班的"三不政策",全市流动人口子女在公办学校就读的占85%,受到了联合国儿童基金会和国务院专家组的赞誉。

三、切实维护流动人口的合法权益

进一步加强和完善协调机制,深入开展清理拖欠工程款工作。各地普遍建立了农民工工资保证金制度,加强对建设、加工制造、餐饮服务等重点行业的监控。有关部门和组织通过设立"维权岗"、"维权热线"等多种途径,开辟解决拖欠农民工工资问题"快速通道"。持续开展以打击非法中介机构和中介活动为重点的专项行动,加强劳动合同管理和劳动保障监察执法,严厉查处打击坑害进城务工农民的不法行为,坚决取缔"黑中介"。年内,共检查用工单位5.9万家,为44.8万名民工补签了劳动合同,取缔非法职业中介机构1348家。加大对进城农民工法制宣传教育和法律援助服务的力度,拓展农民工法律援助申请渠道,在农民工集中的社区、劳务市场设立法律援助服务站,就近为农民工提供法律援助、法律咨询服务。加强对流动人口中妇女儿童等重点群体的保护。积极创新流浪乞讨人员救助管理方式,共救助流浪乞讨人员3.5万人次。

四、坚决打击混迹在流动人口中的不法分子

持续对流动人口聚居、治安问题突出的"城中村"以及出租房屋开展清查整治,共查获各类违法犯罪嫌疑人员1.7万人。在重点整治的基础上,进一步深化出租房屋、旅馆业治安管控和违法犯罪高危人群管控会战,强化管控措施,完善长效管理。进一步健全了流动人口、出租房屋分层次管理制度,突出对流动人口中无稳定职业、无固定住所、无身份证件等高危人员的管理,以掌握这类人员活动轨迹和现实动态为核心,积极探索完善以房管人、以人管人、以阵地管人、以网络管人"四管"模式。加大对出租房屋、旅馆等违法违规行为的查处力度,推动出租户主、旅馆业主治安责任的落实。全省共依法违法违规经营旅馆1400余家、出租房主3200余人,取缔非法旅馆、非法出租房屋1260家。各地还积极推行洗浴场所留宿人员登记制度,建立了专门的信息系统。

五、探索流动人口服务管理工作的新机制

针对一些地方外来人员违法犯罪地域性特征日益明显的情况，探索建立了流动人口流入地流出地结对管理机制。建立了流动人口网管机制，强化网上作战，提高了管控效能，针对各部门各自为政、分别采集的状况，苏州市搭建政府人口信息平台和人房一致的地理信息系统，整合各部门人财物和现有信息资源，依托电子政务网和因特网，把外来人员信息采集输入工作分解到各用人单位以及社区、物业组织、中介、房屋出租户、医疗机构和学校等，确保了外来人员信息采集的全面及时性。无锡、常州、泰州等地也进行了这方面的探索。

落实责任制、开展检查考核和评比表彰情况

一、落实社会治安综合治理责任制

在年初召开的全省政法工作会议上，省委、省政府与各省辖市、省综治委各成员单位签订了社会治安综合治理责任书，市、县（市、区）、乡镇（街道）也层层签订责任状，并通过严格落实社会治安综合治理领导责任制、部门责任制、单位责任制和一票否决制、落后警示制、责任查究制，把社会治安综合治理的各项任务分解落实到各地区、各部门、各单位，形成了一级抓一级，一级对一级负责的工作局面。全省大部分地方综治和平安建设占党政综合考核的比重达10%以上，淮安市占比达13%。

二、提高考核标准，严格检查督办

及时修订出台了《2006年对省辖市社会治安综合治理工作检查考核办法》和《平安江苏建设活动考评表彰办法》。修订后的办法增加了重点工作的考核权重，特别是把基层基础建设单独作为一个大项，且占分达22分，突出了基层基础工作在新一轮平安建设中的重要地位；在落实责任制、基层政法综治组织和群防群治队伍建设、治安防控体系建设、经费保障、公众安全感等方面提出了更为明确的要求；对群体性事件、刑事案件、治安灾害事故等制定了更为严格的限制性考核规定。各市、县（市、区）都结合实际修订了对乡镇（街道）、村（社区）及单位的考评办法。年内，省综治办两次组织人员赴13个市和111个县（市、区）进行检查指导和明查暗访，将检查情况在全省范围内通报，并列为督办整改及年度考核重要内容。各地普遍实行市对县（市、区）每季度检查督办一次，县（市、区）对乡镇（街道）每两个月检查督办一次，同时开展不定期暗查暗访活动，对有关地区存在的问题下发限期整改通知书，并跟踪督办，直至问题解决，对推诿扯皮或顶着不办的，实施领导责任查究。

三、加大表彰奖惩和责任追究力度

在平安江苏建设活动三周年之际，省委、省政府表彰了200个平安江苏建设先进集体和344名先进个人，其中记一等功100人，记二等功160人，嘉奖了74名县（市、区）党政主要领导和分管领导，对10名省辖市党政主要领导通报表扬，表彰奖励的规格和力度在江苏省综治工作历史上前所未有。年底，全省有11个市、102个县（市、区）被省委、省政府命名表彰为2006年度社会治安安全市、县（市、区）。同时，也有199个地区、部门和单位被实施社会治安综合治理“一票否决”，其中县处级单位10个。先后有144人受到领导责任查究，其中科级以上干部82人。2005年度已创建达标的8个县（市、区）、72个乡镇（街道），因工作滑坡或发生重大案件、事故被摘牌并实施综治警示，所在地党政主要领导和分管领导受到了上级的诫勉谈话。

江苏省委办公厅　省政府办公厅
转发《江苏省社会治安综合治理委员会
关于进一步加强社会治安综合治理
基层基础工作的意见》的通知

（2006 年 3 月 24 日）

各市、县（市、区）委，各市、县（市、区）人民政府，省委各部委，省各委办厅局，省各直属单位：

《江苏省社会治安综合治理委员会关于进一步加强社会治安综合治理基层基础工作的意见》已经省委、省政府领导同志同意，现转发给你们，请结合实际，认真贯彻落实。

江苏省社会治安综合治理委员会
关于进一步加强社会治安综合治理
基层基础工作的意见

为推动平安江苏建设向纵深发展，促进社会治安综合治理各项措施在基层的落实，切实增强全省维护社会政治稳定和驾驭社会治安局势的能力，全面夯实我省长治久安的根基，现就全省进一步加强社会治安综合治理基层基础工作提出如下意见。

一、进一步加强社会治安综合治理基层基础工作的指导思想和奋斗目标

（一）进一步加强社会治安综合治理基层基础工作的指导思想是：以邓小平理论、“三个代表”重要思想和科学发展观为指导，认真贯彻落实党的十六大，十六届三中、四中、五中全会精神和中共中央、国务院关于社会治安综合治理工作的方针、政策。坚持“打防结合，预防为主，专群结合，依靠群众”的方针，动员全省各级党委和政府、基层党政组织、政法综治部门、社会各方和广大人民群众积极参与社会治安综合治理和平安江苏建设。按照把基层组织做强、把基础工作做实的要求，坚持人力、物力、财力向基层倾斜。以强化基层组织建设为重点，以落实责任制为抓手，以基层平安创建为载体，全面推进社会治安综合治理各项措施在基层的落实，着力构筑基层维护社会稳定的坚实基础。

（二）进一步加强社会治安综合治理基层基础工作的奋斗目标是：经过 3 至 5 年的努力，全省政法综治基层组织建设得到全面加强，综治各项基础工作在基层得到全面推进，综治与平安建设各项措施在基层得到全面落实，各种不安定、不安全因素和隐患在基层得到及时化解，维护社会稳定长效工作机制在基层得到建立和完善，为我省实现“两个率先”、构建和谐江苏创造稳定的社会环境和公正高效的法治环境。

二、切实加强基层组织建设，为推进社会治安综合治理和平安建设工作在基层的落实提供有力的组织保证

（三）全面推进乡镇（街道）综治办规范化建设。乡镇（街道）的综合治理工作，是将社会治安综合治理各项措施落到实处的关键，是维护社会秩序和社会稳定的基础性工作。各地要进一步加强乡镇（街道）综治办建设，配齐、配强专职干部。各乡镇（街道）要明确一位党政副职领导抓综合治理工作；要配备1至2名社会治安综合治理的专职工作人员；规模较大、社会治安治理工作任务较重的乡镇（街道），可适当予以充实和加强。各地要把政治素质好、业务能力强、组织协调水平高、善于做群众工作的干部调整充实到乡镇（街道）综治办工作，也可将优秀年轻干部选调到乡镇（街道）综治办锻炼。乡镇（街道）综治办要有专门的办公用房和必要的装备设备。

（四）切实加强“两所一队一庭”建设。派出所、司法所、公路交巡警中队、人民法庭是政法机关基层实战单位，是综治基层基础工作最重要的组织保证。各级党委、政府和政法机关要高度重视“两所一队一庭”建设，新增干警要重点投向基层，确保“两所一队一庭”建设与服务改革发展的要求相适应、与新时期维护社会稳定的任务相适应。要全面加强公安派出所建设，按照精简机关、充实基层的要求，将有限的警力投放到基层公安派出所。要加强公路交巡警中队建设，使之与所承担的道路交通管理和治安防范控制任务相适应。要因地制宜推行基层公安所队勤务制度改革，着力提高实战警务和服务效能。要重视乡镇（街道）司法所建设，各地要按已核定的司法行政专项编制尽快配备到位，并确保专编专用。进一步加强基层人民法庭建设，合理调整基层人民法庭设置，配好配强人民法庭庭长，进一步充实人民法庭力量，不断提高基层人民法庭法官的政治业务素质。各级党委、政府和政法机关要高度重视和关心“两所一队一庭”建设，鼓励优秀政法干警扎根基层工作。各地在选拔任用干部时，应优先从优秀基层政法干警中选拔。各级党委、政府要努力为“两所一队一庭”提供有力的物质保障，确保人民法庭、公安派出所、公路交巡警中队和司法所均有专门的办公用房和必要的装备设备。省法院、省公安厅、省司法厅可根据苏南、苏中和苏北经济社会发展状况，会同有关部门分别制定人民法庭、派出所、公路交巡警中队、司法所人员配备，经费保障，办公及装备设备等基本建设和保障规范，由省综治委、办将其纳入全省社会治安综合治理和平安江苏建设考核。

（五）不断强化以村（社区）党支部为核心的综治基层组织建设。各地要把村（社区）组织建设摆上重要议事日程。各级组织人事部门要加强对新形势下村（社区）组织建设的调查研究，制定切实可行的工作措施。对软弱涣散、综治工作不力的村（社区）领导班子要及时进行调整和充实，选配好党支部一班人。村（社区）党支部要明确一名副书记或村（居）委会主任分管社会治安综合治理工作，要在全省所有社区、苏南地区及苏中有条件地区的行政村配备专抓社会治安综合治理工作的党支部专职副书记。村（社区）综治办主任由村（社区）党支部、村（居）委会领导或专职副书记担任，成员由社区（警务区）民警，村（社区）治保民调干部、外来人口协管员、专职保安联防队员等组成。各地党委、政府要认真研究落实村（社区）综治办人员的工资报酬和警务室、调解室、保安联防队员备勤室等基本的办公用房，配有电话、防卫器械等必要的装备。

（六）进一步加强群防群治组织建设。各地要以贯彻国务院《企业事业单位内部治安保卫条例》为契机，全面加强单位内部保卫组织和保卫力量建设。大力发展保安服务业，积极稳妥地推进改革，加强规范管理，不断提高服务质量，充分发挥保安服务在社区防范、机关企事业单位安全保卫、大型活动安全保卫、金融押运等方面的积极作用，努力提高保安服务覆盖面。要逐步将保安服务业作为新时期群防群治工作的主要实现形式，推动安全服务专业化、市场化、社会化。各地要按平安江苏建设考评标准和要求，大力发展由政府出资招聘的专职保安联防队伍和流动人口协管员队伍，严格管理，规范使用。坚持数量和质量并重，大力加强治安信息员和治安志愿者队伍建设，不断提高组织化水平，努力形成众志成城保平安的社会氛围。

三、切实加强基层工作机制建设，着力推进各项基础工作在基层的落实，全面提升基层社会治安综合治理的整体绩效

（七）进一步加强社会矛盾纠纷排查调处工作。切实加强县（市、区）、乡镇（街道）两级社会矛盾纠纷调处服务中心规范化建设，确保调处中心人员、经费、办公场所、办公设施“四到位”。进一步明确社会矛盾纠纷调处中心岗位职责，规范调解程序，健全工作机制，着力提高“大调解”工作质效。加强调解队伍的职业化、专业化建设，加强乡镇（街道）调解员，社区“首席调解员”的业务培训，严格考核奖惩，着力提高调解人员的政治业务素质和调解能力。在企业单位依法建立健全劳动争议调解委员会，协调劳动关系，及时化解劳动争议矛盾。要加强社会矛盾纠纷信息收集和分析研判，依托乡镇（街道）“大调解”组织网络和信息员队伍，广辟信息来源，提高信息质量，及时准确地掌握社会矛盾纠纷发生发展动向。定期排查调处各类社会矛盾纠纷，尤其要及时排查和化解群体性利益矛盾以及可能引发进京集访或群体性事件、严重危及社会稳定的重大矛盾纠纷，最大限度地把矛盾纠纷化解在基层，解决在萌芽状态。要探索建立人民调解、行政调解和诉讼调解的衔接机制，并积极整合上下级之间、部门之间以及全社会的调解力量，形成全社会共同参与、整体联动的工作局面。

（八）进一步加强流动人口服务管理工作。按照“公平对待，合理引导，加强管理，完善服务”的原则，全面落实流动人口服务管理各项措施。进一步完善各级流动人口管理机构和网络，完善分工负责、整体联动的部门协作机制。大力推行外来务工人员“集中住宿、集中管理”，多元化投资建设外来人员居住公寓。至2010年底，苏南地区“双集中”率力争达60%以上，苏中地区力争达40%以上，苏北外来人口较多的地区也要逐步实行“双集中”管理。在全省建立融暂住人口信息、房屋出租户信息、旅馆住宿人员信息等于一体的流动人口综合信息管理系统，逐步实现部门之间信息共享、管理相融，提高流动人口信息化服务和管理水平。严格对流动人口的治安管理，加大对流动人口落脚点以及违法犯罪高危人群的管控，不断提高发现、控制和打击流动人口犯罪的能力。按照“谁出租谁负责”和“谁用工谁负责”的原则，严格落实房屋出租户、用工单位的治安责任。全面推行市民化管理、亲情化服务，积极为外来务工人员提供居住、就业、计划生育、子女入学等方面的服务。加强劳务市场、集贸市场、建筑工地、车站码头和职业、房屋中介机构等重点场所、部位的整顿和管理，坚决预防和打击坑害外来人员的各种违法犯罪活动，切实维护外来人员的合法权益。注重发挥外来流动人员中党团员的作用，有条件的地方可建立外来人员临时党团组织，积极吸纳外来流动人员加入当地工青妇和社区管理组织，提高流动人口自我教育、自我管理、自我服务、自我保护的能力。

（九）进一步加强刑释解教人员安置帮教工作。按照“帮教社会化，就业市场化，管理信息化，职责规范化”的要求，做好刑释解教人员安置帮教工作。进一步健全刑释解教人员安置帮教组织网络。强化衔接管控和定期排查工作，最大限度地减少脱管漏控。要通过建立过渡性安置企业，基层党委、政府帮助落实就业岗位和劳务输出，落实农村籍刑释解教人员责任田，帮扶刑释解教人员自主创业和自谋职业等多种形式，积极引导和扶持刑释解教人员就业。加强就业指导和职业技能培训，不断增强刑释解教人员谋生能力。要将城镇刑释解教人员列为就业扶助对象，符合低保条件的，全部列为低保对象。广泛开展对刑释解教人员的结对帮教活动，对外出打工经商的刑释解教人员，实行跟踪帮教或委托帮教。基层安置帮教组织要定期组织人员到监狱、劳教所、看守所探望本地籍服刑在教人员。在全省建立地方安置帮教机构与监狱劳教单位延伸帮教协作机制，将帮教工作延伸至刑释解教人员回归社会之前。

（十）大力实施“为了明天——预防青少年违法犯罪工程”。进一步健全预防青少年违法犯罪组织网络，完善全社会齐抓共管的协作机制。切实加强市、县（市、区）预防办建设，确保市、县（市、区）预防办的工作有专人负责。大力实施“青少年违法犯罪社区预防计划”，在全省城市社区建设一支专职社工队伍，使之成为基层青少年教育管理和预防犯罪的骨干力量。大力开展社区青少年工作站、社区青少年法律学校和社区青少年文化阵地及活动场所建设。在社区建立由社区干部、专职社工、警务区民警、志愿者和家长组成的关爱小组，对社会闲散青少年逐一落实帮教帮扶措施。充分依靠和发挥中等职业学校的作用，组织对社会闲散青少年的职业技能培训，并为其创业、就业提供相应的政策优惠和扶持。切实加强对青少年的法制教育，并将其纳入"五五"全民法制教育规划。进一步加强中小学法制教育工作力量，配齐配强中小学校法制副校长和法制辅导员，把在校学生的法制教育纳入学校教育教学计划和课堂教学。强化义务教育法在基层的贯彻落实，严格规范大、中、小学开除、劝退学生相关措施，对处分条件和审批程序作出严格规定，遏制辍学、失学人数上升。高度重视未成年人违法犯罪预防工作，尚未建立工读学校的省辖市要根据实际需要，积极筹建一所工读学校，确保有严重不良行为的未成年人得到及时的教育矫治和挽救。认真研究和落实对服刑人员未成年子女、流浪儿童和闲散未成年人的抚养、监护、教育、管理等方面的救助政策和措施。要开展经常性的"扫黄打非"、文化市场及校园周边治安整治等专项行动，净化青少年成长的环境。切实加强对青少年合法权益的保护，推动青少年维权中心和法律援助中心建设，努力为青少年提供有力的法律保护和优质的法律服务。

（十一）扎实开展社区矫正工作。建立健全各级社区矫正工作机构，建立一支社会化的社区矫正工作队伍。依照国家法律、法规和规章，强化对社区矫正对象的监督管理，严格落实报到谈话、思想汇报、家庭走访、学习教育、公益劳动、评议考核等日常管理措施，确保国家刑罚的正确实施，预防和减少社区矫正对象重新违法犯罪。要动员和组织社会力量，帮助社区矫正对象解决工作、生活、心理等方面的困难和问题，促进他们尽快融入社会。充分发挥社区矫正志愿者对社区矫正对象的教育、疏导、监督、联系、感化等作用。省司法厅要加强对社区矫正工作的调查研究和工作指导，总结和推广各地社区矫正工作的成功做法和典型经验，积极研究解决社区矫正工作在组织建设、运行机制、保障机制等方面遇到的困难和问题，逐步使社区矫正工作走上法制化、规范化的轨道。

（十二）扎实推进基层平安创建活动。各地各部门要认真部署本地区本系统的基层平安创建活动，深入开展平安乡镇（街道）、平安社区（村）、平安企业、平安学校（零犯罪校园）、平安医院、平安市场、平安住宅小区、平安工地、平安旅游景区、平安大道、平安铁道线、平安家庭以及无毒社区（村）、无"小耳朵"社区（村）、无邪教乡镇（街道）及社区（村）等基层系列平安创建活动，并建立严格的基层平安创建考核考评、奖惩激励和动态管理机制，促进社会治安综合治理和平安建设各项措施在基层的落实。

（十三）严格基层基础性治安管理。加强对枪支弹药，剧毒、爆炸、放射性等危险物品生产、储存、运输、销售和使用等各个环节的管理，坚决防止案件和事故发生。加强对废旧金属回收站点、旧车交易市场和二手手机交易市场、网吧、娱乐服务场所的治安管理和阵地控制，努力预防和控制发生在场所行业的违法犯罪活动。加强对非法安装接收境外卫星电视设施的治理；严密防范邪教组织破坏广播电视设施和利用广播电视设施非法插播广播电视节目。加强对互联网和移动通信不良信息的监控管理，依法落实安全保护技术措施，封堵有害信息，查处涉网违法犯罪。严格落实道路交通安全管理、消防管理和安全生产监管各项措施，预防和减少重特大治安灾害事故的发生。

四、切实加强基层治安防控体系建设，认真落实各项防范措施，不断增强基层驾驭社会治安局势的能力

（十四）大力加强基层科技防范。按照"政府推动、多元投入，整体规划、分步实施"的原则，大力开展基层技防建设。省综治办、省公安厅要根据苏南、苏中和苏北经济社会发展状况，分类制定市、县（市）110指挥中心、技防乡镇（街道）、技防社区（村）、技防小区、技防一条街、技防单位建设规范和标准，并将其纳入全省综治与平安建设目标考核。到2008年底（其中苏南地区到2006年底、苏中地区到2007年底、苏北地区到2008年底），全省所有乡镇（街道）及省际、市际、县（市）际治安卡口和城市（含县城）主要出入口查报站都要建成视频监控系统，对辖区主要交通道口、重点要害部位和刑事案件多发的公共复杂场所实行24小时监控。通过3至5年的努力，实现技术防范对公安机关列管的重点单位、城市（含县城）的主要商业街道、城镇居民住宅小区、大中型集贸市场和各级各类学校、幼儿园的全面覆盖。苏南地区以及苏中、苏北有条件的地方要全面实施家庭住户技防建设工程,动员和组织城乡居民安装实用、符合标准的联网报警装置,不断扩大技术防范的覆盖面。加强科技防范系统规范化建设,按照以需求为前提、以应用为核心的要求,加强监控、报警系统管理平台建设,实现技防信息共享,为预防、打击犯罪服务。

(十五)狠抓社区治安防范。要全面深化社区警务战略,全省所有的城市(含县城)派出所要确保社区民警扎根社区抓基础工作和社区治安防范。全面落实上级政法综治部门有关社区科技防范的措施和要求,全面落实辖区机关和企事业单位治安隐患整改,全面实施老居民住宅小区和散居居民住宅治安防护设施改造,全面落实居民室外财物的保管守护措施,全面落实社区巡逻控制、单位内部防范、治安志愿者看家护院等各种形式的群防群治措施,努力把社区的刑事发案控制在最低限度。

(十六)强化农村基层治安防范。要把城市治安防控的成功做法和有效措施不断向农村地区延伸,着力构建城乡一体化的治安大防控格局。一要把科技防范向农村延伸。将科技防范的措施延伸至农村地区民营企业、种养殖专业大户、城郊结合部及案件多发的地区、线路和部位。二要把治安巡逻措施向农村延伸。在全省农村组建村级专职保安联防队伍开展巡逻,实行集镇专职治安巡逻向周边农村地区的延伸覆盖。三要把社区警务战略向农村地区延伸。依托村级综治办普遍建立农村警务室,实行公安基础工作和基础管理措施对农村的延伸。四要把卡口堵控措施向农村地区延伸。根据农村地区社会治安情况和刑事犯罪的规律特点,在案件多发地区、边远地区、水陆通道、乡镇结合部等建立治安岗亭、治安卡口和流动岗哨,不断提高对农村地区社会治安的动态控制能力。五要把群防群治工作向农村地区延伸。动员和组织农村老党员、老干部和广大群众开展治安巡逻、护村护院、邻里守望等各种形式的群防群治活动。广泛开展农村治安防范宣传,教育农民增强防范意识,落实自防措施。

(十七)强化街头路面治安防范。全省所有乡镇(街道)都应组建以专职保安联防为骨干的治安防范队伍,并将辖区分成若干个巡防责任区,严格考核,严格奖惩。省际、市际、县际、乡际交通要道、城市和县(城)主要出入口要全面建立治安卡口和查报站,实行24小时守控。案件多发路段和地区要增设明岗暗哨,强化伏击守候、化装侦察等控制措施,形成严密的防控网络。

(十八)强化单位内部治安防控。各地要根据企业事业单位规模大小和工作实际,分类制定单位内部人防、技防、设施防建设标准,切实加强单位内部保卫机构和保卫力量建设。按照“谁主管谁负责”、“谁经营谁负责”、“谁用工谁负责”的原则,全面落实单位内部治安防范、职工教育和治安管理的措施和责任。

五、加大组织领导和保障力度,努力形成齐抓共管的工作合力

(十九)在全省建立“党委政府统一领导、综治部门牵头协调、有关部门齐抓共管、社会各方大力支持、人民群众广泛参与”的社会治安综合治理基层基础工作组织领导和运行机制。各市、县(市、区)党委、政府和省政法各部门要根据本意见的精神,认真研究制定本地区、本部门加强社会治安综合治理基层基础工作的实施意见,并层层分解落实目标任务。同时,要着力研究和解决工作推进过程中遇到的突出困难和重大问题。各级综治委、办要把基层基础工作作为检查督办的重要内容,及时发现、培植、总结和推广典型经验,及时督促整改工作中存在的问题。省综治委各专门工作领导小组要加强调查研究,强化对所属专门工作的检查、督办和指导。省综治委各成员单位要认真部署本部门本系统基层基础工作,保证社会治安综合治理各项措施在本部门本系统最基层得到贯彻落实。要大力开展联系点结对帮扶活动,省综治委成员单位继续分别挂钩联系一个综治基层基础和平安建设工作相对薄弱的县(市、区),各市、县(市、区)综治委成员单位分别联系一个乡镇(街道),乡镇(街道)党政领导及机关各部门要分工与辖区的村(社区)挂钩联系,帮助基层解决综治与平安建设工作中的问题和困难。各级宣传部门和新闻媒体要进一步加强舆论引导,加大宣传力度,动员全社会力量参与基层社会治安综合治理和平安建设工作。

（二十）严格落实工作责任。要严格落实社会治安综合治理基层基础工作领导责任制、部门责任制和单位责任制，建立健全社会治安综合治理基层基础工作督查督办和奖惩激励机制。对综治基层基础工作成效显著或作出突出贡献的地区、部门、单位和个人要进行表彰奖励，对综治基础工作不落实或引发严重危害社会稳定重大问题的地方坚决实施社会治安综合治理一票否决，并严格实施领导责任查究。各级综治委、办要提高基层基础工作在综合治理和平安建设考核中的权重，大力表彰优秀基层单位和基层政法综治先进个人。政法各部门对基层的绩效考核要体现基层基础工作这一重点，并把评先评优、表彰奖励向基层单位和基层政法干警倾斜。

（二十一）要为社会治安综合治理基层基础工作提供有力的经费保障。要切实保障基层政法综治部门的正常运转经费，重点保障执法办案所需经费及干警工资津贴。对政法综治部门基础设施、装备设备、综治和平安建设专项经费的投入，各级政府要按实际需要并结合财力状况列入财政预算，切实予以保障。要切实解决警力不足、专职保安联防和外来人口协管员配备和保障不到位等问题。认真落实基层科技防范、城镇老居民住宅小区治安防范设施改造等防控体系建设所需经费。市、县（市、区）要加强对财政薄弱的乡镇（街道）的扶持，确保基层基础工作在当地得到全面落实。同时，要通过建立社会治安综合治理联合会、治安志愿者协会及采取市场化运作等多种形式和措施筹集群防群治所需经费。

中共江苏省委　江苏省人民政府
关于在全省开展新一轮平安江苏建设的意见

（2006 年 9 月 19 日）

我省自 2003 年 8 月开展的平安江苏建设活动，经过全省各地、各部门和广大人民群众的共同努力，取得了显著成效，顺利实现了平安江苏建设的三年预期目标。为巩固平安江苏建设成果，全面提升平安江苏建设质效，推进平安江苏建设向纵深发展，省委、省政府决定在全省开展新一轮平安江苏建设活动。现提出如下意见。

一、新一轮平安江苏建设的指导思想和奋斗目标

（一）指导思想：以邓小平理论、“三个代表”重要思想和科学发展观为指导，深入贯彻党的十六大以及十六届三中、四中、五中全会精神，认真落实中办发［2005］25 号文件精神和全国社会治安综合治理工作会议关于平安建设的决策部署，围绕我省“两个率先”和“十一五”发展规划目标，在党委政府的统一领导下，动员和组织政法、综治部门和社会各方面的力量，以加强社会治安综合治理基层基础工作为重点，以建立健全长效工作机制为核心，以严格落实责任制为抓手，以基层平安地区和平安单位创建为载体，扎实推进平安建设各项措施在各地各部门的落实。在三年平安江苏建设的基础上，力求推出新举措、创造新经验、取得新成效，实现新的更高的奋斗目标，努力建设一个水平更高、人民群众更加满意的“平安江苏”，为江苏的率先发展、科学发展、和谐发展创造一个更加稳定的社会环境。

（二）奋斗目标：在三年平安江苏建设的基础上，再经过三年的努力，力争全省 90% 以上的市、县（市、区）达到新的“社会治安安全市、县（市、区）”的阶段性创建标准，确保我省社会治安综合治理与平安建设工作在全国领先，确保人民群众对社会治安的满意度在全国领先，做强做实“平安江苏”品牌。具体工作绩效做到“9 个位居全国前列”、“8 个最低水平”，各市、县（市、区）努力做

到"7个不发生"。

"9个位居全国前列"是：

1. 维护国家安全和社会政治稳定工作位居全国前列，对境内外敌对势力、敌对分子和法轮功等邪教组织的渗透破坏活动发现得早、控制得住、处置得好；

2. 社会矛盾纠纷排查调处工作位居全国前列，社会矛盾纠纷排查调处工作机制健全，运作规范，各类矛盾纠纷得到及时化解；

3. 社会治安防控体系建设位居全国前列，全面建成以110指挥中心为龙头、技防为重点、人防为基础的现代治安防控体系；

4. 打击刑事犯罪以及刑事案件侦破工作位居全国前列，破案攻坚能力和水平不断提高；

5. 防范和打击经济犯罪以及整顿规范市场经济秩序工作位居全国前列，经济犯罪大要案件得到及时查处，扰乱市场经济秩序的突出问题得到及时整治；

6. 公共场所、企业和学校周边治安秩序整治工作位居全国前列，治安混乱地区和突出治安问题得到有效整治，社会治安秩序良好，黄赌毒等社会丑恶现象得到有效遏制；

7. 社会治安综合治理基层基础工作位居全国前列，基层政法综治组织网络健全，流动人口服务管理规范有序，预防青少年违法犯罪工作措施落实，社区矫正和刑释解教人员安置帮教工作落实到位；

8. 公共安全监管工作位居全国前列，火灾、交通、安全生产事故得到有效控制；

9. 公众安全感位居全国前列，社会各界和广大人民群众对社会治安的满意度保持在93%以上。

"8个最低水平"是：

1. 重大群体性事件数量在东部沿海省份中处于最低水平；

2. 因矛盾纠纷引发的杀人案件数量在东部沿海省份中处于最低水平；

3. 赴京集访、邪教组织人员赴京滋事或公开聚集案件数量在东部沿海省份中处于最低水平；

4. 杀人、爆炸、投放危险物质、放火、绑架劫持、强奸、重伤害等严重危害公共安全和人身安全案件发案率在东部沿海省份中处于最低水平；

5. 抢劫、抢夺、入室盗窃等可防性侵财案件发案率在东部沿海省份中处于最低水平；

6. 现行重大经济犯罪案件数量在东部沿海省份中处于最低水平；

7. 未成年人犯罪率、流动人口犯罪率、刑释解教人员及社区矫正对象重新犯罪率在东部沿海省份中处于最低水平；

8. 火灾、交通、安全生产等重特大事故数量及造成的人员伤亡和直接经济损失在东部沿海省份中处于最低水平。

"7个不发生"是：

1. 不发生在全省造成重大影响和严重后果的群体性事件；

2. 不发生法轮功等邪教组织顽固分子聚集进京滋事案件；

3. 不发生在全省造成重大影响的人员伤亡和巨额资财损失的重特大刑事案件；

4. 不发生在全省造成恶劣影响的涉黑涉恶团伙犯罪案件；

5. 不发生在全省造成重大影响的区域性治安混乱或突出治安问题；

6. 不发生在全省造成重大影响的群死群伤恶性治安事故；

7. 不发生敏感时期、重大活动、重要目标和要害部位安全保卫工作重大事故。

二、切实维护国家安全和社会政治稳定

（三）严密防范、严厉打击境内外敌对势力和敌对分子的渗透破坏活动。进一步加强维护国家安全和社会政治稳定领导机构、工作机构和组织网络建设，形成覆盖面广、反应灵敏、责任明确、工作效率高的组织领导和协调机制。坚持把情报信息工作放在突出位置，及时掌握影响国家安全和社会政治稳定的苗头性、倾向性问题，准确获取预警性、内幕性情报信息，把敌对势力和敌对分子的渗透破坏活动粉碎在预谋阶段。严密防范和坚决打击境内外敌对势力、敌对分子的渗透破坏活动、暴力恐怖活动、利用互联网等技术手段进行的蛊惑煽动活动，以及插手利用人民内部矛盾制造事端等非法活动。决不允许危害国家安全和社会政治稳定的势力形成组织，决不允许危害国家安全和社会政治稳定的活动形成气候。

（四）深入开展反邪教斗争。按照中央提出

的反邪教工作要做到"四个纳入"的要求，建立起防范和惩治邪教活动的长效机制，持续实现"三个确保、一个零指标"的目标。建立完善反邪教情报信息工作网络，建设一支公秘结合、专群结合的反邪教信息员、联络员队伍，提高发现能力。建立完善反邪教防范控制工作网络，落实对重点人员的侦控措施，提高控制水平。建立完善反邪教转化巩固工作网络，充分发挥基层组织和有关部门、单位的积极性，广泛开展反邪教志愿者活动，提高巩固率、降低反复率。加强反邪教学教阵地、文体阵地和舆论阵地建设，大力推广国家体育总局组织创编的四种健身新功法，深入开展形式多样、内容生动、富有实效的反邪教警示教育活动，不断挤压邪教活动的空间。

三、积极预防和有效化解社会矛盾纠纷

（五）努力从源头上预防和减少社会矛盾纠纷。各级党委、政府要正确把握改革、发展、稳定全局，牢固树立正确的政绩观，把实现好、维护好最广大人民群众的根本利益作为改革发展的根本目的，坚决防止和纠正各种损害人民群众利益的行为，着力解决关系群众切身利益的各种问题。各地各部门要努力做到科学决策、民主决策、依法决策，在出台政策、实施重大改革和重大建设项目之前，要充分发扬民主，科学论证，广泛听取社会各界和人民群众的意见，充分考虑对群众利益和社会稳定可能带来的影响。要建立完善就业服务体系、社会保障体系和社会救助体系，让人民群众共享经济社会发展成果，努力维护和实现社会公平。进一步畅通信访渠道、信息渠道以及党和政府与人民群众沟通、交流渠道。全面实施"五五"普法规划，深化法制宣传教育，着力提高广大干部群众的法律意识和法制观念；积极引导公民依据政策和法律解决矛盾纠纷。

（六）着力化解各类社会矛盾纠纷。加强对社会矛盾纠纷"大调解"工作指导管理体制的研究，进一步理顺工作关系。健全"大调解"组织网络，加强县（市、区）、乡镇（街道）社会矛盾纠纷调处服务中心规范化建设以及村（社区）、企事业单位和行业人民调解组织建设。进一步完善社会矛盾纠纷"大调解"工作机制，健全矛盾纠纷排查预警、领导接待、协调会办、督查回访、考核奖惩等一系列规章制度，使"大调解"工作逐步走上制度化、规范化的轨道。进一步完善"大调解"对接机制，拓展人民调解、司法调解、行政调解的对接范围，不断增强"大调解"的功能与实效。要利用"大调解"这一平台，定期排查调处各类社会矛盾纠纷，尤其要及时排查和化解群体性利益矛盾和可能引发群体性事件的重大矛盾纠纷。加强信息收集和分析研判，强化预警和快速反应，着力提高基层发现、控制、钝化、调处矛盾纠纷的能力，最大限度地把矛盾纠纷化解在基层，解决在萌芽状态。认真贯彻国务院《信访条例》和《江苏省信访条例》，完善信访工作机制，维护信访秩序，保护合法信访，查处违法信访。

（七）依法妥善处置群体性事件。加强对新形势下各类群体性事件的研究和分析，完善应急方案，形成统一指挥、反应灵敏、协调有序、功能齐全、运转高效的应急处置机制，确保一旦发生群体性事件，能够依法果断处置。对重大群体性事件，党政领导要亲临一线，面对面地做群众工作，切实解决群众的合理诉求，有效防止矛盾激化和事件升级。要依法严肃查处利用人民内部矛盾组织、策划和煽动群众严重扰乱社会秩序的违法犯罪，不断提高处置群体性事件的能力和水平。

四、着力构建现代治安防控体系

（八）大力推进技防建设。进一步加强公安机关110指挥中心现代化建设，着力提升快速反应能力。省综治办要牵头组织有关部门，按照苏南、苏中、苏北经济社会发展水平分类制定科技防范建设标准。各市、县（市、区）要结合当地实际，精心制定本地区科技防范建设三年规划和年度实施方案，并全力组织实施。大力开展技防乡镇（街道）、技防社区（村）、技防小区、技防一条街、技防单位创建活动，全面提升科技防范的覆盖面和利用率，全面提升全省科技防控的整体水平。

（九）强化街头路面治安防范。在全省建立和完善动态环境下有效预防和控制犯罪的巡防机制，不断增强对社会面的驾驭和掌控能力。各地要坚持数量与质量并重，大力加强专职巡防力量建设。公安机关要进一步改革警务运行机制，最大限度地把警力投向街面路面，投向案件高发的地区、路段和时段。进一步加强各级各类治安卡口和查报站建设，严格盘查堵控。深入开展铁路护路联防工作。

（十）狠抓社区治安防范。进一步深化社区警务战略，切实加强社区民警和社区专职保安建设。大力推进新建居民住宅小区的治安防范设施建设和防范措施落实。认真落实老居民住宅小区和散居居民住宅楼、院的治安防护设施改造建设工作。大力组织社区单位和居民群众开展各种形式的群防群治活动。

（十一）加强农村治安防范。各地要把农村治安防范纳入社会主义新农村建设的总体规划。大力推进村级综治办建设，重点加强村级专职保安联防、流动人口协管员等专门力量建设，把城市科技防范、治安巡逻、社区警务、卡口堵控以及群防群治等治安防控的成功做法向农村地区延伸，不断提升农村治安防范的科技化、社会化和专业化水平。

（十二）落实单位内部治安防范。各地要认真贯彻国务院《企业事业单位内部治安保卫条例》，切实加强单位内部保卫机构和保卫力量建设，不断强化单位内部自防措施，严格落实单位内部治安防范与管理的责任。

（十三）建立健全突发公共事件应急管理体制和机制。按照集中指挥、网格分布、梯次分工的要求，制定和完善全方位、多层次的各类应急预案，形成统一指挥、协调有序、职责明晰、功能齐全、反应灵敏、运转高效的应急机制，积极预防和妥善处置各类突发公共事件，增强全社会抵御风险、抗击危机的能力，维护社会公共安全。

五、深入开展严打整治斗争

（十四）依法严厉打击严重刑事犯罪。建立健全严打经常性工作机制，把严厉打击严重刑事犯罪的方针政策贯穿于侦查、起诉、审判、执行等各个环节。重点打击有组织犯罪、涉黑涉恶犯罪、杀人、爆炸、绑架、劫持人质、投放危险物质等暴力恐怖犯罪以及抢劫、抢夺、盗窃等多发性侵财犯罪。针对季节性犯罪、方面性犯罪和多发性犯罪的规律和特点，适时组织开展专项斗争和专项行动，始终保持严打高压态势。加强对刑事犯罪情报信息的收集、分析和研究，超前采取应对措施，切实增强严打的主动性、针对性和实效性。

（十五）依法严惩严重经济犯罪。严厉打击事关国家经济安全、事关群众切身利益、影响社会稳定、破坏市场经济秩序的严重经济犯罪，重点查处涉案金额大、涉及面广、危害严重的案件。政法机关要加强与海关、工商、税务、银行、证券监管等部门的联系沟通，健全信息互通、案件移送和执法衔接、协作配合等制度，切实增强预防和打击经济犯罪的合力。

（十六）深入开展治安混乱地区和突出治安问题排查整治。健全党委、政府统一领导，综治部门牵头协调，有关部门积极参与的治安混乱地区和突出治安问题排查整治工作机制。定期组织力量深入社区、村组以及重点区域、行业和场所调查摸排。对排查确定的治安混乱地区和突出治安问题，实行挂牌整治，跟踪督办，限期改变面貌。对整治好的地区要落实长效管理措施，建立长效管理机制，切实巩固整治成效。

六、扎实推进社会治安综合治理基层基础工作

（十七）大力加强基层政法综治组织建设。各地要切实加强乡镇（街道）综治办规范化建设，切实加强公安派出所、公路交巡警中队、司法所和人民法庭等基层政法组织建设，切实加强以党支部为核心的村（社区）综治办、治保和民调组织建设，切实加强保安联防、流动人口协管员、治安信息员、治安志愿者等群防群治组织建设，为推进平安江苏建设各项措施在基层的落实提供有力的组织保证。

（十八）全面加强综治基础工作和基础性治安管理。全面夯实流动人口服务管理、预防青少年违法犯罪、刑释解教人员安置帮教、社区矫正、学校及其周边治安整治等综治基础工作。严格危险物品和公共复杂场所的治安管理，严格道路交通、消防和安全生产管理，强化对互联网和移动通信不良信息的监控管理。要以平安乡镇（街道）、平安村（社区）、平安单位、平安家庭等基层平安创建为载体，推进综治各项基础工作在基层的落实。

七、切实加强组织领导和机制建设

（十九）建立健全组织领导机制。各级党委、政府要将平安江苏建设作为一项系统的社会工程，作为提高党的执政能力、巩固党的执政地位的基础工程，作为实现“两个率先”的保障工程，作为维护广大人民群众利益的民心工程，纳入本地经济社会发展的总体规划，切实加强对平安江苏建设的组织领导。各地要根据本意见的精神，结合当地实际，精心制定本地区开展新一轮平安建设的意见和年度实施计划，党政主要领导要亲自抓，分管领导要具体抓，领导班子成员要共同抓。要在全省建立健全“指挥畅通、网络健全、协调各方、反应灵敏、运作规范、保障有力”的平安建设组织领导和协调机制。各地各部门在平安江苏创建活动中建立的领导小组及其办公室履行对新一轮平安江苏建设的组织领导和协调职能，只能加强，不能削弱。各级党委政法委、综治委要充分发挥组织协调作用，切实加强调查研究和检查指导，不断总结推广典型经验，认真查找并督促整改存在的问题和薄弱环节，狠抓各项工作措施的落实。

（二十）建立健全齐抓共管工作机制。各级综治委成员单位要围绕新一轮平安江苏建设的目标要求，研究制定本部门、本系统参与平安建设的三年规划和年度工作计划，既认真履行本部门参与综合治理和平安建设的职责分工，又扎扎实实地推进本部门、本系统的平安建设工作。各级政法部门要牢固树立政治意识、大局意识和责任意识，加大执法管理力度，充分发挥职能作用，全面提升本部门、本系统参与平安建设的水平。各级综治委流动人口治安管理、刑释解教人员安置帮教、预防青少年违法犯罪、学校及周边治安综合治理、铁路护路联防等专门工作领导小组及其办公室要加强对新时期新形势下有关专门工作的研究和思考，在完善工作机制、创新工作措施、整合部门资源、增强工作实效上求突破。各级综治委要继续组织成员单位开展联系点共建工作，加大对平安建设薄弱地区和单位的指导帮扶力度，着力提升基层平安建设的整体水平。各级人大、政协要适时组织人大代表、政协委员对平安江苏建设进行视察和评议，提出建设性意见和建议，推动和促进全省平安建设工作的健康开展。各级宣传部门和新闻媒体要强化舆论引导，加大综合治理和平安建设宣传力度，努力营造平安江苏建设人人参与、人人有责的社会氛围。

（二十一）建立健全经费保障机制。要切实加强对平安建设的保障，将政法综治部门基础设施建设和装备建设纳入本地经济社会发展规划，政法机关执法办案经费、干警工资福利待遇和综治各项专门工作经费要列入财政预算，切实予以保障。要加大对社会治安防控体系建设的投入，重点解决警力不足、科技防范投入不足以及专职保安联防和流动人口协管员配备不到位等问题。积极探索市场经济体制下治安防范的社会化、市场化办法和途径，多渠道筹集群防群治经费。

（二十二）建立健全检查考核和奖惩机制。在全省建立健全“督查有力、考核严格、赏罚分明、奖惩到位”的检查考核和奖惩机制。一要建立和完善平安建设检查督办机制。将平安建设工作列为各级党委、政府的督办事项，各级纪检、组织、人事、监察、综治等部门要加强对平安建设工作的督促检查，定期不定期组织开展明查暗访，对发现的问题要及时通报，限期整改。二要完善综治和平安建设责任机制。层层建立领导责任制、部门责任制和单位责任制。从2006年起，对未获得社会治安安全县（市、区）称号的地区实行综治警示，上级党委、政府要对受警示地区的党政主要领导、分管领导实行诫勉谈话。对发生严重危害社会稳定重大问题的，要严格按规定实行综治一票否决和领导责任查究。三要建立新一轮平安江苏建设考评激励机制。2003年至2005年平安江苏创建活动中未建成社会治安安全市、县（市、区）的地区，要在新一轮平安江苏建设活动中加大工作力度，达到社会治安安全市、县（市、区）考评标准的，参照前三年考评表彰的规定和标准，继续由省委、省政府表彰奖励。对已经评定为省社会治安安全市、县（市、区）的地区，实行动态管理，每年复核评定，仍符合省社会治安安全市、县（市、区）创建标准的，由省委、省政府进行年度表彰确认。凡符合前三年平安创建表彰办法某一奖励情形的，实行动态奖励。在年度平安建设中做出突出成绩的省综治委成员单位，由省综治委评比表彰为平安建设先进部门。新一轮平安江苏建设活动结束后，省委、省政府将进行全面的总结验收和表彰奖励，对在新一轮平安江苏建设活动中连续三年保持社会治安安全市、县（市、区）称号的地区以及在三年平安建设中作出突出贡献的部门、单位及其党政领导、政法综治干部等给予表彰奖励。

江苏省社会治安综合治理委员会关于印发《平安江苏建设活动考评表彰办法》的通知

(2006年10月31日)

各市、县(市、区)综治委,省综治委各成员单位:

《平安江苏建设活动考评表彰办法》已经省综治委全体委员会议讨论通过,现印发给你们,请按照本办法考核标准和要求,认真抓好各项工作措施的落实,推进新一轮平安江苏建设的深入开展。

平安江苏建设活动考评表彰办法

第一章　总　　则

第一条　为推进平安江苏建设活动的深入开展,全面、准确、客观地考评各地各部门平安建设工作的实效,表彰奖励在平安江苏建设活动中做出突出成绩的先进集体和个人,根据省委、省政府关于在全省开展新一轮平安江苏建设活动的有关文件精神,特制定本办法。

第二条　平安江苏建设活动考评的主要内容:党委政府领导和保障力度、政法部门发挥职能作用情况、部门齐抓共管和社会参与程度、驾驭社会稳定和治安大局能力以及平安建设活动的整体绩效。

第三条　2003年平安江苏建设活动开展以来已被省委、省政府命名表彰的地区,其结果为新一轮平安建设活动考评表彰的组成部分。

第四条　按本办法规定年度考评得分在90分以上的县(市、区),由省委、省政府授予"社会治安安全县(市、区)"称号。对85%以上的县(市、区)达到平安建设标准、工作成效显著的市,由省委、省政府授予"社会治安安全市"称号。平安建设以来,已经命名的市、县(市、区),达不到新的标准的,取消资格。

第五条　平安江苏建设活动考评对象为全省各市、县(市、区)党委政府、省综治委成员单位。社会治安安全县(市、区)按本办法设定的考评内容和标准考评。对各省辖市的平安建设工作考核纳入省对省辖市社会治安综合治理年度考核办法。对省综治委成员单位的考核另行制定考评办法。各市、县(市、区)要参照本办法,结合当地实际,制定本地区平安建设活动考评表彰办法,并认真组织实施。

第六条　考评工作遵循实事求是、客观公正、注重实效、易于操作的原则。

第七条　根据经济社会发展状况,将全省分为苏南(南京、无锡、常州、苏州、镇江)、苏中(南通、扬州、泰州)、苏北(徐州、连云港、淮安、盐城、宿迁)三类地区,在考评总框架下,部分条款考核标准有所区别。

第二章　社会治安安全县(市、区)考评内容与标准

第八条　加强组织领导(11分)

1. 切实把平安建设纳入总体工作目标(2分)。党委、政府把平安建设工作纳入本地区经济社会发展总体规划并列入党政综合考核(不低于综合考核总分的10%),低于标准的扣2分;没有制定本地区平安建设整体规划和年度实施方案的分别扣2分。

2. 定期研究平安建设工作(2分)。党委每年召开常委会专题研究平安建设和综合治理工作,听取工作情况汇报,并针对工作中存在的主要问题提出具体解决意见。未开会的扣2分,对存在的主要问题没有进行研究解决的扣2分。

3. 形成各部门齐抓共管局面(2分)。县(市、区)平安建设活动领导小组(综治委)每年召开两次以上全体成员会议,研究平安建设工作中遇到的情况和问题,每年选树5个以上创安工作先进典型并召开现场会进行推广;综治委成员单位认真履行综治职责,对本系统参与开展平安建设和综治工作做出部署,建立并实行成员单位与基层单位挂钩的联系点共建制度。有一项达不到要求的扣1分。

4. 加强县(市、区)综治办(创建办)建设(1分)。县(市)、市辖区综治办专职工作人员(不含政法委副书记)分别达到3人和2人以上,综治办和创建办人员合计分别达到6人、4人以上。达不到要求的扣1分。

5. 建立平安建设和综合治理奖惩激励机制(2分)。县(市、区)制定平安建设考评表彰办法,平安建设和社会治安综合治理工作领导责任制、部门责任制、单位责任制得到落实,严格执行社会治安综合治理"一票否决"、责任查究和警示制度。有一项不落实扣1分。

6. 加强督查督办(2分)。县(市、区)对平安建设和综治工作开展2次、乡镇(街道)开展4次专项检查或明查暗访,将检查发现的问题在辖区范围内通报并落实整改。达不到要求的扣2分。

第九条　维护社会稳定(10分)

1. 建立维护稳定工作机制(1分)。县(市、区)成立维护稳定工作领导小组及其办公室,明确责任,配齐人员,落实维护稳定"四项制度"。有一项达不到要求的扣1分。

2. 健全"大调解"工作机制(2分)。县(市、区)、乡镇(街道)两级调处中心人员到位、运作规范,达不到要求的扣2分。民间纠纷调处率达98%、调处成功率达95%以上,有一项达不到要求的扣1分。民转刑杀人案件发生数高于上年扣1分,发生一次致死2人以上民转刑杀人案件的每起扣1分。

3. 有效预防和妥善处置群体性事件(2分)。群体性事件发生数较上年上升10%以内的扣1分,上升10%以上的扣2分;发生因矛盾纠纷引发的围堵铁路、公路,冲击党政机关,教师集体罢课及参与人数达300人以上的严重群体性事件的每起扣2分;发生因矛盾纠纷激化来省赴京或在当地造成重大影响的自杀、自焚、自残等事件的扣2分。

4. 重大信访案件得到有效控制(2分)。被省信访工作领导小组办公室确定为年度全省信访工作重点管理县(市、区)的扣2分,进京上访数同比上升10%以内的扣1分,上升10%以上的扣2分。发生进京集访或重点控制对象敏感时期进京上访的扣2分。被中央联席办、中央维稳办、国家信访局等部门通报的扣2分。

5. 对敌对势力渗透破坏活动发现得了、控制得住(3分)。发生境内外敌对势力危害国家安全和社会稳定并造成重大影响的案件(事件)或公开挑头组党的扣3分。发生暴力恐怖势力和"法轮功"等邪教人员组织的颠覆破坏或公开聚集等捣乱活动事件的扣3分。发生"法轮功"人员来省赴京或赴外地从事非法活动事件的扣3分。

第十条　防范控制犯罪(14分)

1. 刑事发案得到有效控制(3分)。全部刑事案件和八类主要刑事案件与上年相比每增加5个百分点和3个百分点分别扣1分;发生一次杀死3人以上的特大恶性刑事案件的每起扣3分。

2. 制定防控体系建设规划(2分)。县(市、区)制定治安防控体系建设规划和年度实施方案,并纳入当地平安建设工作考核。达不到要求的扣1分。

3. 加快公共区域监控系统建设(2分)。县

(市)公安机关110指挥中心全部实现110、119、122“三台合一”,技防乡镇(街道)苏南、苏中、苏北分别达到100%、70%和50%。城市(含县城)主要道路街面、公共复杂场所、党政首脑机关、治安保卫重点单位、各级治安卡口均应安装监控系统。有一项不达标的扣1分。

4. 合理布建治安卡口(2分)。省、市际毗邻地区合理布建治安卡口,城市和县(市)城主要出入口布建警务查报站,实行民警或专职保安24小时守控和录像监控。达不到要求的扣2分。

5. 单位内部保卫工作和防范措施落实到位(2分)。单位内部财会室、保险箱、仓库等重点要害部位人防、技防、设施防有一项不落实的扣1分,金融网点实行24小时录像监控,不落实的扣2分。单位内部发生被盗抢案件苏南30万元以上,苏中、苏北10万元以上的每起扣1分。

6. 加强居(村)民居住区防范(3分)。城市和县城所有居民住宅小区有保安或其他专职治安人员24小时巡逻守护;农村地区有专职保安联防和群防群治组织开展夜间巡逻。新建居民住宅小区专职保安、技防、设施防建设一步到位。城市(含县城)老居民住宅小区和散居居民住宅楼院治安防范设施改造列入政府规划,明确改造范围、经费保障和完成时限。有一项不落实扣2分。

第十一条 打击刑事犯罪(11分)

1. 破案水平提高(4分)。刑事案件破案率达到全省平均水平,八类主要刑事案件破案率达85%以上,杀人案件破案率达90%以上,每项每低于标准2个百分点扣1分。一次杀死3人以上以及省公安厅、公安部挂牌督办的案件全部破获,有一起未破的扣2分。

2. 有组织犯罪和黑恶势力犯罪得到严密控制(2分)。发生党政机关和执法部门充当保护伞或被上级政法部门责令查处(或直接查处)的重大涉黑涉恶案件的,有一起扣2分。

3. 追逃工作绩效显著(1分)。当年逃犯追回率达70%,历年逃犯追回率达30%。有一项达不到要求的扣1分。

4. 严厉打击经济犯罪,有效保护各类经济主体合法权益(2分)。公安机关经济犯罪案件查结率、经济损失追回率和人民法院对当事人有履行能力执行案件的执结率、实际到位率达到本地区前两年平均水平。每低3个百分点扣1分。

5. 治安重点地区和突出治安问题得到有效整治(2分)。公共场所、学校及企业周边和文化市场治安秩序混乱或存在明显治安隐患的分别扣1分,不认真组织开展治安重点地区排查整治的扣2分,发生在全省有重大影响或被上级政法部门直接查处的突出治安问题的扣2分。

第十二条 基层基础建设(23分)

1. 乡镇(街道)综治办人员(行政编制)配备到位(2分)。其中:常住人口5万人以下的乡镇(街道)配备1至2名,5万人至10万人的配备2名以上,10万人以上的配备3名以上专职工作人员,达不到要求的扣2分。乡镇(街道)综治办工作制度化、规范化。制度不健全、台账不规范的每项扣1分。

2. 公安派出所警力达到上级要求(2分)。农村乡镇公安派出所警力达6人以上,辖区常住人口5万人以上的派出所警力达人口的万分之一点五以上。城市(含县城)社区全部建立警务室,并按上年度实有人口3000:1配备社区民警。达不到要求的扣2分。

3. 司法所建设达到上级要求(2分)。乡镇(街道)司法所已核定的司法行政专项编制配备到位,并确保专编专用。达不到要求的扣2分。

4. 人民法庭建设达到省法院要求(2分)。人民法庭应至少配备8名在编干警。达不到要求的扣2分。

5. 专职保安配备到位(4分)。党委、政府积极筹资组建专职保安联防。按照辖区实有人口计算的专职保安配备标准为:城市(含县城),苏南达万分之十五、苏中达万分之十二、苏北达万分之十;农村,苏南达万分之十、苏中达万分之九、苏北达万分之八。达不到要求的扣4分。

6. 全面建立村(社区)综治办(2分)。全部建立集治保、保安联防、调解、社区警务和重点人群教育管理等多项职能于一体的村(社区)综治办,并做到人员(有1名专抓综治工作的村、社区干部;苏南达到一村一警,苏中达到两至三村一警,苏北达到三至四村一警;苏南地区有4名以上,苏中、苏北地区有2名以上专职保安联防;流动人口协管员按500:1配备)、制度、报酬落实,活动正常。有一项达不到要求的扣2分。

7. 加强重点人群教育管理(4分)。成立流动人口治安管理、刑释解教人员安置帮教、预防青少年违法犯罪、社区矫正、禁毒领导小组及办公室,工作有计划、有部署,有一项达不到要求的扣2分。按外来人口300~500∶1的标准配备协管员,达不到要求的扣2分;苏南的县(市、区)出台外来人口公寓楼建设的规范性文件,未出台的扣1分;私房出租户责任书签订率达95%以上,达不到要求的扣1分。法院判决的未成年人犯罪人数较上年同比上升10%以内的扣1分,上升10%以上的扣2分。刑释解教人员重新犯罪率高于6%的扣2分。社区矫正工作机构健全、人员落实、工作规范,达不到要求的扣1分。"无毒社区(村)"创建覆盖率达100%,达标率达80%以上,有一项达不到要求的扣2分。

8. 开展基层系列平安创建(3分)。党委、政府部署开展"平安乡镇(街道)"、"平安社区(村)"、"平安单位"、"平安学校"、"平安铁路"等各种形式的基层平安创建活动,乡镇(街道)、村(社区)没有开展创建活动的扣3分。建立基层平安创建考评奖惩机制,未建立的扣2分。辖区单位创安覆盖率达100%,群众对创安的知晓率达80%以上,有一项达不到要求的扣2分。

9. 切实加强校园及周边治安秩序整治工作(2分)。学校全部建立警务站(室)、配备专职保卫人员,校园周边治安秩序良好,中小学选配好法制副校长或辅导员,每学期至少开展一次法制教育,有一项达不到要求的扣1分。刑事作案人员中在校生比例在4%以上的扣1分。发生在校生杀人或有重大影响的暴力犯罪案件的扣2分。

第十三条　公共安全监管(8分)

1. 严格落实安全生产责任制(2分)。安全生产死亡人数较上年每上升5个百分点扣1分,发生一次死亡3人以上或直接经济损失100万元以上的每起扣1分。

2. 道路交通事故得到有效控制(2分)。交通事故发生数、死亡人数及造成经济损失数高于上年10%以内分别扣1分,高于10%以上的分别扣2分。

3. 消防安全措施得到落实(2分)。城镇消防安全设施纳入城镇总体规划、乡镇建立消防队,达不到要求的分别扣1分;火灾事故数、财物损失数、人员伤亡数与上年同比上升的有一项扣1分;发生一次死亡3人以上或造成经济损失100万元以上火灾事故的每起扣1分。公安消防队现役警力不足30名的由地方合同制队员补足,未补足的扣2分。

4. 危险物品得到依法严格管理(2分)。危险物品生产经营单位治安防范达标率达100%,达不到要求的扣1分。发生危害公共安全的剧毒、爆炸、放射等危险物品丢失、被盗或致人伤亡的刑事案件或事故的扣2分。

第十四条　落实经费保障(13分)

1. 平安建设(综治)经费得到保障(2分)。县(市、区)把社会治安综合治理、平安建设专项经费列入财政预算并每年有所增长,苏南、苏中、苏北每年分别不少于60万元、40万元、30万元。有一项达不到要求的扣2分。

2. 政法机关日常经费得到保障(2分)。政法部门执法办案等正常运转经费得到全额保障,政法干警、综治干部的工资、特岗津贴得到及时足额发放。有一项达不到要求的扣2分。

3. 基建及装备经费保障到位(2分)。县(市、区)及乡镇(街道)政法机关基础设施建设经费列入发展规划和年度财政预算,装备经费与年度财政收入同步增长,乡镇(街道)综治办、派出所、司法所、人民法庭均有专门的办公用房和必要的装备设备,人民法庭、派出所必须配备汽车。有一项达不到要求的扣2分。

4. 专项经费得到保障(2分)。预防青少年违法犯罪、"大调解"工作、刑释解教人员安置帮教、社区矫正、禁毒等专项经费以及法制宣传和法律援助资金列入政府财政预算,并实际支付到位,苏南、苏中、苏北的县(市、区)上述经费单项分别不少于6万元、3万元、2万元。有一项达不到要求的扣2分。

5. 落实群防群治队伍经费(3分)。落实专职保安、流动人口协管员、地方合同制消防队员等队伍的经费,并建立长效保障机制,县(市、区)政府专题研究并出台规范性文件。村(居)治保会、调委会人员的工资报酬得到落实。有一项不落实扣2分。

6. 落实老小区治安防范设施改造经费(2分)。县(市、区)对老居民住宅小区和散居居民楼院的治安防护设施改造经费有明文规定。无规定的扣2分。

第十五条 人民群众对社会治安的满意度(10分)

公众安全感达93%以上(10分)。每低1个百分点扣2分。

第十六条 被考评的县(市、区)具有下列情形予以加分:

社会治安综合治理工作经验被中央、省综治委以会议或文件的形式总结推广的,分别加2分、1分;被中央、省综治简报采用的每篇分别加1分、0.5分。

累计加分不超过3分。

第十七条 被考评的县(市、区)具有下列情形予以减分:

一、党委政府给政法综治部门下达职责之外的经济指标和任务的扣3分。

二、发生在省内有重大影响司法腐败犯罪案件的扣3分。

三、县(市、区)社会稳定和社会治安方面存在的突出问题被国家或省级新闻媒体曝光的,每次分别扣3分、2分。

累计减分不超过3分。

第十八条 有下列情形之一的,取消本年度社会治安安全县(市、区)评比资格:

一、发生在省内有重大影响或造成严重后果的案件、事件或事故的。

二、年内被上级综治委实施社会治安综合治理一票否决的。

三、考核数据和情况弄虚作假或隐瞒社会稳定和社会治安重要情况信息,情节严重的。

四、省考评领导小组认为需要取消社会治安安全县(市、区)评比资格的其他情形。

第三章　考评方法

第十九条 省综治与平安建设考评领导小组负责对平安建设活动考评工作的组织领导,省综治办、创建办具体组织实施。

第二十条 平安建设工作考评与社会治安综合治理年度考核同时进行。

第二十一条 考评条款扣分出现负值时,以扣完基本分为限。

第二十二条 为确保考评结果的客观真实,考评采取听汇报、查台账、随机抽查和暗查暗访的形式,随机抽查和暗查暗访的考核与年终公开检查相分离,在年终公开检查前单独组织实施。

第二十三条 社会治安安全县(市、区)按本办法第二章的规定,实行百分制考核,得分达90分以上且没有被取消本年度评比资格情形的,评定为该年度社会治安安全县(市、区)。

第二十四条 社会治安安全县(市、区)的考评实行申报制,所在县(市、区)自评申报,市平安建设活动考评领导小组组织复核,省考评领导小组组织考核审定。各市在当年12月5日前将复核初定的社会治安安全县(市、区)报省平安建设活动领导小组办公室。

第二十五条 同时评定为社会治安安全市、县(市、区)和社会治安综合治理先进市、县(市、区)的,由省委、省政府就获得的社会治安安全市、县(市、区)命名表彰,省综治委对获得的综治先进集体只授牌,不重复奖励。

第四章　附　则

第二十六条 为确保平安建设工作的质量和考评工作的客观性、公正性和严肃性,评定社会治安安全县(市、区)不搞照顾平衡,不按地区分配名额。

第二十七条 本办法中有关考评数据界定的"以上"、"以下"、"高于"、"低于"等,均包括本数在内。

第二十八条 本办法由省社会治安综合治理委员会办公室负责解释。

以人为本创平安　和谐稳定促小康

中共苏州市委　苏州市人民政府

2003年以来的3年,是苏州全面建设小康社会的3年,也是扎实开展平安创建的3年。3年来,我们以邓小平理论和“三个代表”重要思想为指导,全面贯彻落实科学发展观,把平安创建统一于以人为本这个根本出发点,统一于构建和谐社会这个总体目标,统一于提高党的执政能力这个时代要求,适应苏州经济社会发展的新形势新特点,积极探索平安创建和小康建设互动并进,取得较好成效。2003年至2005年全市地区生产总值年均递增17%,地方财政一般预算收入年均递增36.8%,城镇居民人均可支配收入年均递增15.3%,农民人均纯收入年均递增11%。省全面小康各项考核指标顺利完成,社会治安综合治理工作也得到切实加强。苏州市被江苏省委、省政府命名为首批“社会治安安全市”,连续四次被中央综治委评为全国社会治安综合治理优秀地市,并荣获“长安杯”。

一、围绕全面建设小康社会,找准平安创建在全局工作中的重要位置

“率先全面建成小康社会、率先基本实现现代化”是中央和江苏省委、省政府对苏州的殷切期望。实现“两个率先”,社会稳定是前提。我们坚持以科学发展观统领全局,把建设“小康苏州”与“平安苏州”有机结合起来,在保持社会和谐稳定中促进全面小康建设。

(一)把平安创建作为建设全面小康的实事工程。按照省全面小康建设指标,我们结合苏州实际,把平安建设纳入小康建设的重要内容,与经济建设的任务一起部署、一起实施,并制定年度工作计划,把平安创建的目标任务定量化、指标化、责任化。以抓实事工程的办法推进平安创建,市委、市政府每年确定的实事工程中都把解决社会治安突出问题列为硬任务。3年来,全市实施实事项目52项,其中涉及平安建设的有12项,群众普遍关注的小区安全、交通畅通等问题得到切实解决。多年来群众对社会治安的满意率始终保持在90%以上。

(二)把平安创建作为构建和谐社会的保障工程。按照中央和省委关于苏州不仅经济发展要走在前列,和谐社会建设也要走在前列的要求,我们坚持富民与安民相统一,把平安创建摆上构建和谐社会的突出位置。在管理社会秩序方面,一手抓社会治安“大防控”体系建设,推进治安防范的社会化,一手抓刑事案件的查处和薄弱环节的整治,2003年以来,共破获各类刑事案件6万多起,抓获犯罪嫌疑人4.6万名。在化解矛盾纠纷方面,一手抓社会公共事件特别是群体性事件的妥善处置,一手抓社会矛盾“大调解”机制的完善,着力化解因企业改制、城市拆迁、农村征地等产生的矛盾。在维护公共安全方面,一手抓境内外敌对势力渗透破坏活动的防范打击,一手抓各类事故的预防和安全生产的监管,提高保障公共安全的能力,保证平安创建的成果惠及全体人民。

(三)把平安创建作为加强社会治安综合治理的基础工程。重点构建好4个机制:一是齐抓共管机制。层层签定责任书,将平安创建的任务分解落实到各县级市、区和职能部门。充分发挥政法部门的主力军作用,实行联系点制度,推动城乡共建。二是长效管理机制。严格执行综治工作“一把手”负责制,在全市形成以领导责任制为龙头、目标责任制为抓手、部门单位管理责任制为纽带,一票否决、领导责任查究和综治警示制等相配套的责任制体系。三是投入保障机制。实行综治经费随地方财力增长而增长的制度,3年来,各级财政投入治安防控体系和群防群治队伍建设资金23亿元,用于综治和平安建设的奖励费用2800万元。四是创新创优机制。不断探索适应新形势的管理办法和工作机制,把平安创建的内容从维护传统意义上的治安稳定,扩展到预防和减少重特大安全生产事故、及时消除经济领域的不稳定因素等新领域,多层面制定各类应急预案,以平安创建的成效来促进全市的小康建设。

二、适应对外开放不断扩大的形势,增强平安创建对开放型经济的服务功能

苏州有外商投资企业超过1.7万家,常住境外人员3.4万,每年临时入境人员85万人次,入境游客150万人次。从苏州外商投资企业多、对外交往多、涉外安全保卫任务重等特点出发,我们牢固树立"亲商"、"安商"理念,强调"社会稳定是首要的投资环境"、"越是扩大开放越要抓好社会治安",做到开放型经济发展到哪里,平安创建就服务到哪里。

一是在加强开发区综治工作上下功夫。我们把15个国家级和省级开发区作为发展开放型经济的重中之重,也把它作为平安创建的重中之重,在每个开发区设立综治办,在5个国家级开发区建立公安分局,在苏州工业园区还建立法院和检察院,在10个省级开发区建立公安派出所和司法所。在此基础上,我们依托企业工会组织,建立外资企业综治工作班子,并成立保安公司,向外资企业派驻保安人员,帮助外资企业落实好治安措施。多年来,开发区的社会治安工作一直处于全市领先水平,有力地促进了开发区建设。去年,开发区实现地区生产总值、地方财政一般预算收入、进出口总额分别占全市的57.6%、40.4%和83.9%。

二是在"安商、便商"上下功夫。建立完善涉外安全保卫工作机制,加强对驻苏外资企业和境外人员的安全保卫。开展"平安外企"、"平安住地"创建,抓好外资企业和境外人员居住地的安全防范,在涉外小区全部配备红外线探头、电脑监控等技防设备,对外商公寓和散居住地全部安装自动报警装置。在全省率先开通110英语接警台,建立专兼职外事警官、外聘翻译、境外人员专管员等队伍。探索将境外人员列入实有人口管理,实行网上申报住宿登记,提高境外人员住宿登记申报率。开辟境外人员证件办理"绿色通道",建立出入境管理咨询服务网站,使境外人员感到在苏州工作生活安全、方便。2004年10月,公安部在苏州召开全国公安机关外国人管理工作会议,肯定了我市加强境外人员管理的做法。

三是在抓好涉外案件事件的处理上下功夫。建立处理涉外案件事件联席会议制度,定期交流信息,拟定对外口径,在外交交涉上争取主动。建立涉外、涉港澳台民商事纠纷高效诉讼机制,设立"假日法庭"、"巡回法庭"及"司法保障网络",为外商及时提供司法服务。严密防范境外敌对势力、敌对分子以投资经商、学术交流、宗教活动等为依托进行渗透破坏,依法打击跨国犯罪和涉外职务犯罪。严厉查处针对境外人员和外资企业的违法犯罪案件,近年来处置涉外案件事件600多起,侦破侵占外商投资财物的经济案件320多起,有力维护了良好的投资环境。苏州连续两年入选《福布斯》中国内地最佳商业城市前10名。

三、突破外来人员管理难点,探索平安创建的关键举措

近几年来,外地来苏务工经商人员急剧增加,去年全市登记外来人员达378万,超过本地户籍人口的一半。外来人员对苏州的经济发展、市场繁荣、城市建设、人力资源配置等起到了重要作用,也给社会管理带来了新的问题和压力。本着平等对待、服务为本、依法管理的原则,我们从多方面入手加强对外来人员的管理和服务。

首先,"一视同仁"服务好。强调在观念上不歧视外来人员、在待遇上不亏待外来人员、在权利上不侵犯外来人员,促进本地人与外地人和谐相处。制定实施"新苏州人计划",为外来人员在就业、培训、医疗、子女入学入托等方面提供便利,逐步使他们与本地人享受同等的公共福利。2003年以来,共为外来人员提供免费就业培训30万人次,有10.9万名外来民工子女就读公办学校。宣传"新苏州人"事迹,每年评选"十佳新苏州人",在外来人员中评选各级各类劳动模范和先进,推动他们更好地融入苏州。

第二,"动态管理"规范好。制定苏州市外来人员管理实施办法,市、县(区)和镇(街道)都建立外来人员管理办公室和管理工作站，统一协调对外来人员的管理和服务。开发建设人口信息管理系统，实现公安、卫生、社保、房管、教育、计生、工商等部门外来人口信息资源的共享，力争把所有外来人员纳入管理视野。完善外来人员违法犯罪高危地区和高危人群的分析研判机制，突出对高危人群落脚点和聚居地的管控，预防和减少外来人员违法犯罪。为弥补管理力量不足的矛盾，建立外来人员专职协管员队伍，全市现有外来人员专职协管员5000多名。

第三，“有情操作”疏导好。针对外来人员数量多、分布广、流动大、结构复杂等特点，结合苏州实际，探索外来人员集宿管理办法。以政府投资、单位出资、吸纳民资、鼓励农民出资入股等方式，建立集宿区（点）近4000处，入住外来人员170多万人，集宿率接近50%。编印《新市民法律读本》，建立“新市民”道德法律学校，成立“新苏州人法律援助工作站”、“外来人员之家”等，加强对外来人员的法制宣传教育，增强外来人员的法律意识和自我维权意识。加大对外来人员的司法保护力度，对确有困难的外来人员减、缓、免诉讼费，设立执行救助基金，依法为外来人员追讨工资，保障他们的合法权益。

四、发挥专群结合的政治优势，夯实平安创建的社会基础

面对社会矛盾多发、社会管理和执法工作任务加重等情况，在平安建设中，我们坚持走群众路线，坚持专群结合，积极探索固本强基的新路子。

一是综治网络力求全覆盖。坚持重心下移，加强基层政法部门建设，在警力配置、技术装备、职级待遇、评先评优等方面实行倾斜，激发基层工作活力。全市165个基层公安派出所中有115个达到三级以上标准，101个基层司法所中有79个达到规范化建设标准，17个基层法庭中有2个分别被评为“全国优秀法庭”和“全省最佳法庭”，张家港市检察院被评为首届“全国十佳检察院”。在全市64个镇、31个街道全部建立综治办，配备专职综治干部423人。在全市2000多个村、社区建立集综合治理、警务、治保、调解、外来人员管理与服务等五项职能于一体的综治办，各配备4～6名专职保安联防人员，整合基层综治工作力量，筑牢维护稳定的第一道防线。

二是群防群治力求广参与。重点抓好治安辅助人员、专职户口协管员、专职保安、联防和治安志愿者等5支队伍，壮大群防群治力量。由市、县（区）政府出资，在下岗失业人员中招聘1万多名治安辅助人员，协助公安民警开展巡逻执勤。利用社区组织、行业协会、物业管理等阵地，动员组织党团员、民兵、治安志愿者、离退休人员等，开展军警民联防、区域协防、联户联防、邻里守望等群防群治活动。在农村探索组织“三老”义务护村员和“护村嫂”队伍，义务开展治安巡逻。倡导弘扬见义勇为精神，形成维护治安人人有责的社会氛围。

三是基层工作力求做到位。推动专门机关与群众组织、社会成员密切合作，相互支持，共同做好基层综治各项工作。完善刑释解教人员回归社会衔接管理办法，动员社区居民、离退休干部职工、教师、在校大学生等以“一助一”、“多助一”的形式参与帮教。近3年来，全市刑释解教人员安置率和帮教率分别达到94.5%和99%，重新犯罪率不到0.5%。推进社区矫正试点工作，开发推广社区矫正信息管理系统软件，对矫正对象实行动态管理，全市共接收矫正对象3005人，已解矫985人，重新违法犯罪仅7人。实施“青少年违法犯罪社区预防计划”，建设社区青少年法律学校，加强对网吧、娱乐场所和校园周边环境的整治，开展争创“优秀青少年维权岗”活动，为青少年成长营造良好的社会环境。建立县（区）、乡镇（街道）两级社会矛盾纠纷调处中心，探索建立外资企业人民调解委员会，加强诉讼调解、诉外调解、亲情调解，去年全市各类调解机构调处矛盾纠纷2万多件，调解成功率达97%。

五、构筑城乡一体化大防控体系，提升平安创建的工作水平

我们按照“打防结合、预防为主，专群结合、依靠群众”的方针，坚持人防技防物防相结合，织密社会治安“大防控”网络，提高驾驭社会治安局势的能力。

（一）“点”上抓预防，着力提高家庭、单位和小区的技术防范水平。从2003年起，由政府出资补贴，在古城区居民住宅全面推广安装单元防盗门，使可防性案件下降22.1%，2/3的小区实现零发案。在农村实施“家庭小技防”工程，为村民住宅安装具有直接报警和二级报警功能的防盗器，去年全市已有25万户农村居民安装“智能型”红外线防盗器。加强单位内部治安防范措施，重点加强金融单位的技术防范能力，在所有金融营业网点实行电视监控向营业厅门前延伸，并建立全市金融押运网络，金融单位已连续20年未发生重大盗窃抢劫得逞案件。

（二）“面”上抓监控，着力构筑覆盖全市的现代化防控网络。从苏州经济社会发展水平和治安实际需要出发，投入2亿元，建成覆盖重点单位、要害部位、省际卡口、城市出入口、高速公路出入口、道路、场所、住宅小区的社会治安监控系统构架，形成多种形式报警、监控和卡口围堵的警务流程，实现对社会面的治安控制。全市已建成镇级路面治安监控中心73个、治安监控系统3500个，安装摄像头4万多只，对预防各类违法犯罪活动、抓捕犯罪嫌疑人发挥了重要作用。

（三）“线”上抓联动，着力完善快速反应机制和公共应急机制。高标准建设公安110指挥中心，先后建成GPS卫星定位、GIS警用地理信息、社会面图像监控等一批科技应用项目，在江苏省率先完成“110、119、120、122”四台合一。组建由20个部门参加的110社会联动体系，实现联网单位的同步运行，初步形成以110报警服务台为平台，电话报警、短消息报警、固定目标报警、移动目标报警等多种形式的全天候、多方位的综合报警系统，有效提高了快速反应、整体联动和处置突发事件的能力。去年，苏州市被公安部、科技部授予“科技强警示范城市”称号。

自1994年全国农村社会治安综合治理工作会议在苏州吴江召开以来，特别是平安创建3年来，我们按照中央的部署，在江苏省委、省政府的正确领导下，全面推进社会治安综合治理，取得了一定成绩。但是，我们在工作中也存在许多差距和不足，因对外开放度提高、外来人员急剧增加、社会信息化加快和利益主体多元化等因素带来的新矛盾新挑战不断增多，维护稳定的任务仍很繁重。这次全国综治会议在苏州召开，对我们的工作既是鼓励，更是鞭策。我们将认真贯彻这次会议中央领导同志的重要讲话精神，借鉴兄弟城市的先进经验，坚持以人为本，以落实社会治安综合治理各项措施为主线，以建立健全长效工作机制为核心，以加强基层基础工作为重点，推动平安创建向纵深发展，为建设“平安苏州”、“和谐苏州”，为实施“十一五”规划、实现“两个率先”而不懈努力！

江苏省综治委、办机构情况和负责人名单

一、省综治委机构情况和负责人

省综治委内设流动人口治安管理工作领导小组、刑释解教人员安置帮教工作领导小组、预防青少年违法犯罪工作领导小组、学校及周边治安综合治理工作领导小组和铁路护路联防工作领导小组。下设综治办。

省综治委主任：林祥国　省委常委、省委政法委书记

省综治委副主任：李佩佑　省人大常委会副主任

何　权　副省长

孙安华　省政协副主席

缪蒂生　省委政法委副书记

二、省综治办机构情况和负责人

省综治办下设综治协调处和综治指导处。

省综治办主任：缪蒂生　省委政法委副书记

省综治办专职副主任：赵志新

江苏省各市、县(市、区)综治委、办主任名单

地　区	综治委主任	综治办主任
南京市	杨　植	徐福华
玄武区	张　萍	刘　勤
白下区	徐中潞	克　宁
秦淮区	王付荣	张正贵
建邺区	庄立	张圣勇
鼓楼区	王　堡	王昆远
下关区	贺南南	王祥保
浦口区	华　静	江志树
栖霞区	李汉桥	蒋智敏
雨花台区	王国亮	娄华训
江宁区	王加法	吕克志
六合区	张福金	郭志峰
溧水县	尹昭伦	韩长乐
高淳县	戴新和	邢平贵
徐州市	陈美行	李德臣
云龙区	张明生	毕华明
鼓楼区	赵广博	吕忠堂
九里区	张孝义	李　伟
贾汪区	史孝国	周保平
泉山区	徐思群	李伯勇
邳州市	郭克荣	张宗强
新沂市	冯其谱	周其林
丰县	王庆生	张福海
沛县	邵德强	何剑锋
铜山县	丁维和	侯允柱
睢宁县	杨晓明	白夫才
开发区	魏志刚	汤文浩
连云港市	郑顺成	孙灿
新浦区	高美峰	陈新民
连云区	孙亚平	夏绍树
海州区	郝新跃	李　平
东海县	阮　冰	刘福建
赣榆县	李　翔	王召涛
灌云县	孟庆东	任其骥
灌南县	王建平	孙忠礼

地　区	综治委主任	综治办主任
宿迁市	沈　成	石忠明
宿城区	张　欣	吴光华
宿豫区	杨彩林	陆启武
泗阳县	王业珍	薛开祥
泗洪县	胡新明	冯良超
沭阳县	孙述金	赵凤林
淮安市	王友富	朱　锦
清河区	吴锦虎	顾兴高
清浦区	庄建禾	陈晓军
楚州区	孙一峰	秦耀明
淮阴区	朱从耀	金奇
涟水县	别纯海	吴华明
洪泽县	曹新军	夏文新
盱眙县	花纯艳	董翔
金湖县	吉子俊	闵宇平
盐城市	陈正邦	蔡南琳
亭湖区	刘正秀	卞子华
盐都区	穆　芹	罗国应
响水县	朱金南	魏永明
滨海县	王　斌	王崇高
阜宁县	尹金来	蒋新林
射阳县	王旭东	徐进
建湖县	李容鉴	符庆如
大丰市	王连春	倪菊平
东台市	崔　康	邹龙章
扬州市	张京霞	尤如贵
广陵区	陈博文	戴向萍
维扬区	张　建	居泽平
邗江区	徐圣龙	孙承平
仪征市	刘本义	李正涛
江都市	陈锴竑	李明和
高邮市	倪文才	王家斌
宝应县	徐乃宝	钱克华
开发区	季允丰	朱士平
泰州市	张文国	顾国祥

地　区	综治委主任	综治办主任
海陵区	叶海波	周茂松
高港区	刘时根	邱爱平
姜堰市	高永明	刘树华
泰兴市	张泽民	鲍曙境
靖江市	尤爱民	孙　群
兴化市	金厚坤	杨加安
南通市	陈　斌	赵新宁
崇川区	俞汉林	徐晓明
港闸区	许美云	苏桃宝
海安县	邵怀德	黎晓明
如皋市	陈慧宇	薛鸿健
如东县	周建飞	陈登山
通州市	明汉清	顾祖林
启东市	倪国冲	王　飞
海门市	葛志华	沈祖龙
开发区	李　俊	沈树新
镇江市	郭礼荣	陈林海
丹徒区	张国金	吴国华
京口区	孙国平	潘朝中
润州区	缪杏沛	庄正洪
丹阳市	周爱仙	朱新朝
句容市	杨庆荣	陈　恳
扬中市	马建生	殷立峰
新区	陈发祥	张红庆
常州市	于　超	黄祖明
钟楼区	孙亦莺	程中仁
天宁区	韦东生	蔡贤平
戚墅堰区	严国强	史　一
新北区	陆　敏	凌建大
武进区	臧建中	张双庆
金坛市	张建华	王新辉
溧阳市	高　峰	蒋　彤
无锡市	周解清	蒋宪平
崇安区	刘　玲	顾建平
南长区	徐　越	王国梁
北塘区	王建军	戴旭林
锡山区	朱爱勋	陶国安
惠山区	吴仲林	顾惠恩
滨湖区	王刚庆	顾天波
江阴市	吴崇翟	吕尚智
宜兴市	庄建明	吴自强
新区	张明烈	王立新
苏州市	邱岭梅	朱清义
金阊区	张曙	陶健立
沧浪区	徐文祥	张维明
平江区	周人言	张秀珍
虎丘区	缪文学	徐雪荣
吴中区	李　斌	朱五龙
相城区	王勤林	刘胜武
张家港市	李汉忠	周春峰
常熟市	杨崇华	陈兴元
太仓市	夏林祥	毛义明
昆山市	张月林	蔡秋艳
吴江市	朱民	倪永根
工业园区	程云清	印启东

（撰稿人：李三顺　周和林
审稿人：缪蒂生　田大忠）

浙　江　省

2006年社会治安综合治理工作概况

2006年，浙江省各地各部门认真贯彻中央和省委、省政府的有关指示精神，按照省委建设"平安浙江"、"法治浙江"，构建和谐社会的总体目标和要求，以创新发展"枫桥经验"、夯实平安基础工程为主线，以维护社会安定、加强社会管理为重点，坚持打防结合、预防为主，专群结合、依靠群众，大力推进社会治安综合治理，为全省经济社会协调发展创造了和谐稳定的社会治安环境。2006年，全省刑事案件、信访总量、群体性事件和安全生产事故同比分别下降2.36%、12%、30.1%、19.5%；人民群众安全感普遍增强，据国家统计局调查，全省受访群众安全感满意率达到94.8%。

一是提高认识，加强领导，各级党委政府和领导干部"保一方平安"的责任进一步落实。各级党委、政府坚持以科学发展观为指导，按照建设"平安浙江"、构建和谐社会的要求，把综治工作列入了重要议事日程，定期分析社会治安形势，经常听取情况汇报，研究部署工作，及时解决重大问题。市、县两级普遍明确党政"一把手"为综治第一责任人，同时确定2—3名党委常委分管综治工作，有关领导认真履行职责，加强调研指导，抓好工作落实。杭州、温州、台州等市明确规定，由党委副书记抓政法综治工作，兼任综治委主任。各地不断完善领导责任制和目标管理责任制，市、县、乡镇三级层层签订综治责任书，不少地方还延伸到村、社区、企事业单位和具体责任人，为综治工作各项措施的落实提供了有力保证。各地普遍建立了综治、纪检、组织、人事、监察五部门联席会议制度，加大了对各级领导干部履行综治职责情况的考察监督及责任追究力度，进一步增强了各级各部门领导抓综治工作的政治意识和责任意识。一年来，全省市、县两级共对57个单位和21名个人实行了"一票否决"。

二是整合力量，延伸网络，综治基层基础进一步巩固。各地坚持和发扬"枫桥经验"基本精神，大力抓好综治基层基础建设。结合乡镇机构改革工作，按照有关规定，合理配备综治委（办）领导和工作人员，确保基层综治力量得到加强、不被削弱。按照完善网络、健全机制、强化保障、提高效能的要求，大力加强乡镇（街道）综治工作中心规范化建设。截至2006年12月底，全省乡镇（街道）综治工作中心建成率达到98.4%，在维护基层社会和谐稳定工作中取得了显著成效。2006年5月，省委、省政府在嘉兴市召开了全省社会治安综合治理工作会议，着重就大力推进"综治进民企"工作进行了动员部署、提出了具体要求，省委办公厅、省政府办公厅及时转发了省社会治安综合治理委员会《关于大力推进企业治安综合治理工作的意见》。各地按照省委、省政府的部署和要求，认真抓好贯彻落实，大力推广"综治进民企"工作的经验和做法，以此为突破口，推进综治工作网络和机制逐步向基层单位延伸拓展。截至2006年12月，全省村、社区和200人以上企业综治工作室（站）建成率分别达到72.1%、92.4%和72.3%。

三是调防结合，完善机制，疏导化解矛盾的能力进一步提高。各地坚持经常性排查与集中排查相结合，重点抓好县（市、区）以下基层排查调处工作机制建设，最大限度地把各类矛盾纠纷和不稳定因素解决在基层，化解在萌芽状态。一年来，全省共排查出各类矛盾纠纷15万余起，调处成功14.4万余起，调处成功率达97.1%。建立多管齐下的联调体系，依托乡镇（街道）综治工作中心，认真抓好组织排查、调处化解、督查指导等各个环节的工作。注重完善科学决策机制，健全利益协调机制，切实解决社会分配不公、收入差距过大问题,加大对困难群体的直接救助和扶持力度,从源头上预防化解矛盾纠纷。各地深入开展基层民主法治建设,建立健全民主恳谈、村务监督、重大项目风险评估、"民情沟通日"等机制制度,依法、及时、合理地处理群众反映的问题。

四是突出重点,严打严治,人民群众的安全感进一步增强。各地坚持"严打"方针不动摇,始终保持对严重刑事犯罪的严打高压态势。2006 年,全省公安机关破获各类刑事案件 19.1 万余起,同比上升 7.2%,破案率提高 3.34%,其中命案破案率达到 94.1%,放火、爆炸、劫持、强奸、绑架等"五类案件"破案率达到 99.7%。检察机关依法批捕 4.2 万余人、起诉 5 万余人,法院审结一审刑事案件 5.1 万余件。加大攻坚力度,依法严厉打击有组织犯罪、黑恶势力犯罪、杀人和爆炸等严重暴力犯罪。深入开展打黑除恶专项斗争,全省摧毁带有黑社会性质的犯罪团伙 14 个。集中组织开展反"两抢"、禁毒、禁赌等专项整治工作,全省共破"两抢一盗"案件 15.5 万起,摧毁盗窃、抢劫汽车犯罪团伙 187 个,追回被盗汽车 1274 辆;破获毒品犯罪案件 3493 起,抓获毒品犯罪嫌疑人 4042 名;查处各类赌博违法犯罪案件 5677 起,打击处理涉赌违法犯罪人员 2.6 万余人。各地从实际出发开展各种形式的专项整治活动,铁路沿线各市开展了铁路沿线废旧金属收购站点清理整治活动,舟山、台州、宁波、温州等市在渔汛期集中开展海上治安专项整治,有效解决了一些区域性、行业性、多发性的突出治安问题。

五是深化创建,群防群控,基层治安防范的整体水平进一步提升。各地按照"属地管理"的原则,以城市社区和农村社区为重点,不断深化以平安村、平安社区为主要载体的系列创建活动,扎实构建社区、社会面、单位内部和边际地区四大社会治安防控网络。加强技防设施建设,全面启动社会治安动态视频监控系统建设,形成对重点场所、重点部位的有效覆盖。进一步推进巡防队伍建设,整合群防群治力量,有效发挥了群众参与平安创建和治安防范的积极作用。深入实施社区和农村警务战略,全省已建立社区、农村警务室(站)3963 个,配备社区民警和驻村民警 5877 人。

六是以人为本,加强管理,预防违法犯罪工作进一步深化。切实加强和改进社会管理,积极做好流动人口、归正人员和青少年等重点人群管理、教育和服务工作,有效预防和减少了违法犯罪现象。一年来,各级普遍成立流动人口治安管理工作领导机构,共设立流动人口管理办公室 2100 个、流动人口登记服务站 1.8 万个,配备专职协管员 1.83 万名、兼职协管员 3.34 万名。诸暨市"外警协管外口"工作模式得到主管部门的肯定,在全国范围推广。认真做好归正人员安置帮教工作,全省 11 个市 30 个县(市、区)的 410 个乡镇(街道)开展了社区矫正试点工作,建立了一批社区矫正教育基地、公益劳动基地和就业基地。认真实施"为了明天——预防青少年违法犯罪工程",全省建立永久性青少年法制教育基地 2000 多个、社区青少年法律学校 1500 多所,6500 多所中小学校全部配备了由政法部门人员担任的法制副校长。各地积极开展青少年自护安全教育系列活动,帮助广大青少年增强了道德法治观念和遵纪守法的自觉性。

七是深化宣传,强化调研,社会影响力进一步扩大。大力加强"平安浙江"在全国范围的宣传,邀请中央主要新闻单位对浙江开展平安建设情况进行宣传报道,完成了中央电视台就平安建设对省委主要领导的专访和协助拍摄专题片《平安家园——2006"平安中国"年度媒体行动》浙江篇等工作。围绕全省综治重点工作,开展"综治进民企"系列宣传活动,成功举办了"综治进民企"论坛,在《浙江日报》上向全省企业界发出了《积极参加"综治进民企"活动倡议书》,在《浙江法制报》开辟《争创和谐企业——民营企业家谈"综治进民企"》专栏,还与《浙江在线》新闻网站合作建设了《平安浙江网》,对论坛活动进行全程网上直播,解答网民提出的问题,引起广泛响应。认真组织开展"综治宣传月"活动,切实抓好"综治好新新闻"的申报、评选工作,对获奖的 35 件各类新闻作品制作者进行奖励,推荐了 12 件综治好新闻作品参加全国评选。刊发《浙江社会治安综合治理》简报 39 期。开展重点调研,省综治办会同团省委、省公安厅、省教育厅、省社科院及浙江大学等高等院校,联合开展《浙江省青少年违法犯罪问题调查及预防体系建构研究》课题研究,分析研究青少年和未成年人违法犯罪新动向、新特征、新成因,提出了对策措施。

开展平安建设情况

2006年，浙江省各级党委、政府和广大干部群众坚持以邓小平理论和“三个代表”重要思想为指导，以科学发展观为统领，根据构建社会主义和谐社会的目标要求，按照胡锦涛总书记“贵在落实、贵在坚持”的要求，认真贯彻落实省委“四位一体”的总体部署，全面推进“平安浙江”建设，取得了明显成效，有力维护了社会和谐稳定。

一、抓认识、强责任，平安建设齐抓共创的合力进一步增强

各级党委、政府坚持把建设“平安浙江”作为经济、政治、文化、社会“四位一体”建设的重要内容，作为构建和谐社会的有效载体，党政“一把手”对平安建设亲自抓，分管领导直接抓，其他领导配合抓，切实加强组织领导。许多地方在换届工作中明确规定，由党委副书记分管社会稳定工作，兼任政法委书记，从组织上保证维护稳定工作的领导力量。明确规定把平安考核结果纳入党政领导干部政绩考核体系，作为党政领导班子和领导干部实绩分析的六大类评价指标之一。建立了社会稳定形势分析制度，及时解决突出问题，牢牢把握维护稳定工作的主动权。各级人大对平安建设组织专门的督促检查，各级政协积极为平安建设建言献策。各有关部门既充分发挥职能作用，积极参与平安建设，又利用平安建设的载体，推进自身业务工作，形成了良性互动的良好局面。

二、抓排查、强调处，信访和群体性事件持续下降

坚持定期排查、随机排查和专项排查相结合，依托乡镇（街道）综治工作中心和村、社区、企业综治工作站（室），整合各方力量，综合运用人民调解、司法调解、行政调解等手段，使绝大多数矛盾纠纷解决在基层、解决在内部、解决在事发阶段。出台了《浙江省预防处置群体性事件若干规定》，并在试点的基础上，全面落实预测预警、排查化解、应急处置、责任追究、工作保障等工作机制，有效提高了预防处置能力。认真落实信访工作责任制，继续推进领导干部下访、约访等制度，组织开展突出信访问题专项整治，全省信访总量同比下降12%，赴京上访批次和人次分别下降41%和51%。预防处置群体性事件和信访工作，都受到了中央领导同志的充分肯定。

三、抓打击、强防控，刑事发案绝对数实现下降

始终坚持“严打”方针，精心组织开展打黑除恶、侦破命案、打击“两抢一盗”、打击经济犯罪、禁毒、禁赌、扫丑等专项行动，提高了打击实效。全省刑事立案数比上年下降2.36%，其中命案下降2.5%，破获各类刑事案件起数比上年上升7.2%，破案率提高3.43个百分点。坚持打防结合，不断完善社会治安防控网络，严密社会面治安管控，挤压犯罪空间。深入实施社区和农村警务战略，不断深化平安村、平安社区、平安校园、平安企业、平安市场、平安家庭、平安交通、平安铁道线、平安景区、平安边界、平安渔场、平安林区等系列创建活动，全面启动社会治安动态视频监控系统建设，扎实构建社区、社会面、单位内部和边际地区四大社会治安防控网络，形成对重点场所、重点部位的有效覆盖。

四、抓管理、强整治，安全生产三项指标连续三年实现“零增长”

加强安全生产监督管理，在5000多家企业开展了安全生产管理标准化活动。强化对重大事故隐患的排查整治，组织了道路交通、消防及危险化学品、烟花爆竹、矿山、海上捕捞、学生接送车等多项安全生产专项检查，下大力气开展“三合一”企业专项整改。全省安全生产事故的起数、死亡人数、直接经济损失，分别比上年下降19.5%、6%和9.8%，连续三年实现三个“零增长”。健全公共安全体系，制定和完善各类预警系统和应急预案，提高应急防控能力，成功抵御了强台风等自然灾害袭击。公共卫生体系不断健全，重大疫病控制水平进一步提高。坚持严格市场准入、强化市场监管与集中整治突出问题相结合，规范了市场秩序。

五、抓服务、强民生，社会保障水平进一步提高

高度重视民生问题，注重协调利益关系，努力实现基本公共服务均等化。积极推进大社保体系建设，扩大社保覆盖面，全省用于社会保障体系建设的财政资金达244亿元，比2005年增长21.8%。以大病统筹为主的农村新型合作医疗保险参保率达86%。农村“五保”和城镇“三无”人员集中供养率分别达到92.4%和97.5%。帮助32万名城镇下岗失业人员实现再就业，全省城镇登记失业率为3.51%，比2005年下降了0.21个百分点，为近几年来的最低水平。

六、抓创新、强机制，平安建设基础工程进一步夯实

不断创新发展“枫桥经验”，巩固和深化综治工作中心建设的成果，以“综治进民企”为载体，全面整合基层力量，强化了民营企业的社会责任，推进了综治工作网络向基层延伸。全面总结基层平安创建经验，完善创建工作机制，推进了基层平安建设深入发展。积极探索“民工之家”、“集中居住”等流动人口管理的新方法，总结推广了治安防控“枫桥经验”、“鹿城做法”、“义乌模式”，以及领导干部下访约访制、司法救助制度等富有创造性的做法，完善了基础建设的经常性工作机制。深入开展社会主义法治理念教育，扎实推进执法规范化建设，提高了政法队伍的整体素质。加强法制宣传和平安建设宣传工作，举办了“平安浙江”文艺汇演颁奖晚会暨“法治浙江”宣传活动，开办了平安建设网站，拓展了宣传的渠道和形式。

七、抓导向、强督查，平安建设考核体系更加科学规范

坚持平安考核重结果与平安创建重过程的有机统一，每年根据社会稳定形势的变化和平安建设的重点、难点问题，在广泛调研的基础上，修改完善考核指标，形成了以平安市、县（市、区）考核为主体，上下衔接、左右配套的考核体系，较好地发挥平安考核的导向作用。通过调整指标权重、增设考核指标，实行加倍扣分和加分等办法，有效促进了突出问题的解决，在控制进京上访、群体性事件、安全生产事故、杀人等严重刑事案件等方面都取得了明显的成效。改进平安考核的方法，采取经常性检查与专项督查、集中暗访抽查相结合，推进平安建设各项措施的落实。按照平安考核体系的要求，明确平安建设的责任分工，使每项工作都有人抓、有人管，进一步调动了各方面参与平安建设的积极性和创造性。

综合治理基层基础建设情况

一是严格标准，强化考核。以落实领导责任制为龙头，省综治委对综治目标管理责任制考核办法和评分细则进行修改完善，制定了乡镇（街道）综治工作中心和村居、社区、企业综治工作室（站）建成标准，对人员、编制、经费、工作机制和职能作用发挥等方面作了明确规定，要求各市2006年综治工作中心建成率达到90%以上，村居、社区、企业综治工作室（站）建成率分别达到40%、70%和40%以上，把各地开展综治基层基础建设工作的成效与各级党政领导的工作实绩挂钩，实行定性定量考评，确保基层综治组织建设工作有人管、有人抓。

二是延伸网络，强化功能。各地结合乡镇机构改革工作，按照中央和省里的有关规定，合理配备综治委（办）领导和工作人员，确保基层综治力量得到加强、不被削弱。温州市委常委会专门研究明确，乡镇（街道）综治委主任由党（工）委、政府（办事处）主要领导担任，综治办主任由分管副书记担任，并配备专职副主任。截至2006年12月底，全省有73.5%的乡镇（街道）配备了综治办专职副主任，平均每个乡镇（街道）有专职综治干部3.3名。同时，以乡镇（街道）综治工作中心为基点,以推进“综治进民企”为突破口,着力做好综治网络向下延伸工作,建立完善了镇村两级基层综治组织工作互动机制和工作体系,推动综治工作覆盖农村、机关、学校、市场、企事业单位等各个领域。

三是健全机制,强化运作。为保证综治工作中心规范运行,进一步明确了综治工作中心各组成部门(组织)的职责任务,建立和实行例会、首问责任、情况报告、督查督办、工作流程、基本台账等一整套工作制度。在工作运行上,重点完善“联调、联防、联勤、联治、联创”五项机制,进一步形成了党政统一领导、部门齐抓共管、各方共同参与的综合治理工作格局。各地充分发挥乡镇(街道)综治工作中心、村(社区、企业)综治工作室(站)的职能作用,定期不定期组织集中排查矛盾纠纷,按照分级负责、归口调处的要求,对矛盾纠纷和群众来信来访,实行统一受理、统一分流、统一协调、统一督办、统一归档,综合运用人民调解、司法调解、行政调解等手段进行疏导化解;定期进行治安形势分析,及时发布治安预警预报,组织开展多种形式的治安巡防活动,积极推广科技防范手段,落实各种治安防范措施;定期召开各职能部门和有关人员参加的工作例会和联席会议,总结交流工作,通报有关情况,统一组织安排工作,统一调配工作力量,处置有关突发事件;定期组织排摸、梳理治安混乱地区和突出治安问题,统一组织专项整治;组织协调各方力量,加强宣传教育,动员广大群众,深入开展基层平安创建活动。

四是加大投入,强化保障。各地根据省里的明确规定,都把乡镇(街道)综治工作经费列入同级财政预算,按照欠发达地区不少于30平方米、其他地区不少于80平方米的标准落实综治工作中心集中办公场所,配备必要的通讯、交通等办公设施,按照人均60至120元的标准落实专职综治干部的岗位津贴。宁波市政府及企事业单位投入5.3亿元、金华市投入2.2亿元落实技防物防设施建设,台州市将流动人口服务管理、预防青少年违法犯罪等五项综治专门工作经费纳入财政预算,为强化综治基层基础工作提供了有力保障。据不完全统计,2006年各地投入乡镇(街道)综治工作中心、基层综治工作室(站)建设经费达6.1亿元,用于科技防范项目建设经费达23.9亿元。

流动人口服务管理工作情况

一、加强组织领导,落实工作保障

省委、省政府把流动人口服务管理工作纳入建设“平安浙江”的总体部署,纳入创建“平安市县”的考核体系,把流动人口服务管理的实效作为考核一个地区平安建设的重要指标,落实领导责任,明确工作目标,有力地促进了各项工作措施的落实。省里成立了由省委常委、常务副省长任组长,综治、公安、劳动、计生等15个部门负责人为成员的省综治委流动人口治安管理工作领导小组。领导小组定期召开全省性工作会议,研究部署一个时期的流动人口服务管理工作,平时不定期召开联席会议,研究解决工作中遇到的重大问题。加强市、县、乡镇(街道)三级综治委建设,补充了人员经费,并且都成立了流动人口治安管理工作领导机构,组建专门班子,负责协调和实施流动人口管理工作。2006年6月,又在省公安厅专门增设流动人口服务管理处,具体负责全省流动人口服务管理的日常工作。2006年1月,省委、省政府印发了《关于进一步加强和改进对农村进城务工人员服务和管理的若干意见》,同年9月,省政府印发了《关于解决农民工问题的实施意见》,就如何加强就业保障、优化公共服务、维护合法权益、强化社会管理、加强组织领导等提出了具体工作意见,为全省进一步加强和改进流动人口服务管理工作提供了有力的政策支持。建立经费保障机制,切实解决经费、人员保障。暂住人口治安管理费取消后,省“两办”专门下发文件,明确规定流动人口管理工作所需经费,按现行财政体制由同级财政部门予以核定安排。省综治办、省公安厅、省财政厅、省地税局等单位联合下发文件,明确乡(镇、街道)按照上年流动人口登记发证数800—500: 1的比例配齐配强协管人员,协管队伍的工资、办公经费等列入财政预算予以保障,有效解决了乡镇(街道)流动人口服务管理工作经费和流动人口协管员队伍的工资、办公经费等问题。近几年全省投入流动人口服务管理专项工作经费年均在1亿元以上,2006年达2.67亿元。全省共设流动人口管理办公室2100个、流动人口登记服务站1.8万个,配备专职协管员1.83万名、兼职协管员3.34万名。

二、突出以人为本,优化维权服务

全省取消了农村劳动力进入城镇就业的限制性政策,建立城乡统一的劳动力市场。推行公安、劳动、计生三部门"一站式"办证服务,实行暂住证、计生证等证件"一证式"管理,提供求职登记、择业指导、职业介绍"三免费"服务。实施"千万农村劳动力素质培训工程"和"千校百万"进城务工青年培训活动,开办建筑业民工学校,开展流动人口就业技能培训。规范企业劳动用工管理,将劳动合同签订率列入对各级地方政府工作目标责任制考核内容。鼓励企业及民间资本建造员工宿舍、"民工公寓",推行集中住宿,实行产业化经营、市场化运作,廉价低利润出租。实行"同城待遇",确保流动人口子女平等接受义务教育。省政府专门下发通知,要求各地把流动人口子女纳入当地招生计划,以公办学校借读方式为主渠道,借读的费用按照国家有关规定收取,家庭确有困难的酌情减免,所需经费纳入教育经费预算。此外,各地还通过"国有民办"、社会力量办学等形式,创办了215所民工子弟学校。至2006年,全省入学流动人口子女已达65万人,入学率接近96%。健全农民工工资支付保障制度,开展解决农民工工资拖欠问题的专项检查。2006年,全省为农民工追回被拖欠工资3.03亿元,县(市、区)级建立建筑行业工资支付保证金15亿元和政府欠薪应急周转金5000万元。

三、依托各方资源,强化基础管理

加大创新"枫桥经验"力度,有效整合综治、信访、公安、司法行政、劳动保障、人民调解、流动人口管理等力量,建立乡镇(街道)综治工作中心,使流动人口管理力量由"五个指头"捏成了"一个拳头",流动人口管理工作由"多头管理"变成"统一管理",形成了整体合力。结合深化基层平安创建工作,在城市社区和农村综治工作室、警务室设立流动人口服务管理站,配备专职或兼职协管员,负责日常登记和管理工作。着力推广"综治进民企"的成功经验,按照"谁出租谁负责、谁经营谁负责、谁用工谁负责"的原则,通过签订综治责任状、治安协议书等形式,明确责任、强化检查,全面推行融预防犯罪、治安管理、矛盾调处、劳动用工、计划生育、卫生管理于一体的流动人口管理业主责任制,把流动人口服务管理的责任落实到用工单位、经营业主和出租房主。依照"谁受益谁出资"、自愿有偿的原则,对房东与承租人异地居住、房东难以履行责任的出租房屋,实行有偿委托管理。推进异地警务协作经常化,针对流动人口流出地相对集中的特点,积极探索建立流入地、流出地警务协作机制,聘请流出地公安机关民警到流入地协助管理流动人口,充分发挥外省籍民警人缘熟悉、地缘亲近、语言相通的优势,有效加强了当地流动人口服务管理工作,提高了发现和打击流动人口违法犯罪的能力。11月底,公安部下发《关于试行流出地公安机关派驻民警协管流动人口警务模式的通知》,要求在全国范围内选择经济比较发达和流动人口数量较多的地区试行这一做法。

四、树立管控理念,遏制违法犯罪

针对流动人口违法犯罪高发的势头,始终坚持一手抓打击、一手抓防范,大力推进打防控一体化建设,牢牢把握流动人口治安管理的主动权。突出高危流动人口管控,通过布建耳目、布建信息员、网上布控等方法,实时发现、掌控流动人口中有前科劣迹和形迹可疑的高危人员动态信息,落实相应管理措施。加强流动人口信息管理网络建设,做到暂住人口、出租房屋、旅馆业三大治安信息管理系统的关联互通,实现全省1545万暂住人口、231万户出租房屋、76万张旅馆床位信息纳入计算机管理,使之具有及时录入、自动比对、自动报警等实战功能。对网吧、典当寄售、废旧物品收购、二手手机市场等可供联络、销赃渠道实施重点监控,开发和应用相关信息管理系统,与违法犯罪人员数据库进行实时比对。2006年,全省通过暂住人口信息管理系统抓获网上逃犯1658名。实行全方位、立体化的动态管控,及时掌握流动人口的活动轨迹。对出租房屋，在排查底数的基础上，实行"定人定床、人来登记、人走注销"的旅馆式管理；对特种行业，以中小城市旅馆为重点，普遍实施旅馆住店人员实名、实人、实数、实时的"四实"登记管理，同时采取分点采集、定时报送、集中录入的方式，提高信息采集效率；对通宵营业、可供住宿的场所，参照旅馆业进行管理；对企业单位，围绕平安企业创建，加大内部技防、物防设施建设，培训保卫人员，积极指导组建治安志愿者巡逻队伍。同时，在全省县级以上城市的公共复杂场所、治安复杂地区普遍安装电子监控系统，配置专业巡逻力量，实行24小时治安动态监控。

矛盾纠纷排查调处工作情况

2006年，全省各地各部门认真贯彻中央和省委、省政府的决策部署，紧紧围绕建设"平安浙江"、"法治浙江"，构建和谐社会的总体目标和要求，大力创新发展"枫桥经验"，扎实推进矛盾纠纷排查调处工作机制和网络建设，深入细致做好预防化解矛盾纠纷各项工作，有力地维护了全省社会和谐稳定。一年来，全省共排查出各类矛盾纠纷15余万起，调处14.9万余起，调处成功14.4万余起，调处成功率达97.1%；各类群体性事件及参与人数同比分别下降了30.06%和48.64%；全省赴京上访批次和人次分别下降41%和51%，列全国第29位。

一、各级党委政府牢固树立"发展是第一要务、稳定是第一责任"理念，进一步加强了对预防化解矛盾工作的组织领导

省委、省政府对正确处理社会矛盾、维护社会和谐稳定高度重视。省委常委会多次召开会议，研究预防化解人民内部矛盾工作。全省建设"平安浙江"电视电话会议、全省政法工作会议、全省社会治安综合治理工作会议等重要会议，都对加强矛盾纠纷排查调处工作作出具体部署，提出了明确要求。各级党委、政府和各部门对处理改革发展稳定的关系有了更加全面深刻的认识，"发展是第一要务，稳定是第一责任"的理念得到不断强化，按照省委建设"平安浙江"、"法治浙江"的总体部署，把化解和处理人民内部矛盾工作摆上重要位置，加强组织领导，认真抓好落实，形成了党政领导、综治协调、部门各司其职、社会各方共同参与的良好局面。

二、建立完善多元化的矛盾纠纷调处机制，进一步拓宽了解决矛盾纠纷的正常渠道

各地各部门在运用法律手段解决矛盾纠纷的同时，积极探索多种纠纷解决方式，有效形成多元化的利益协调机制和矛盾纠纷调处机制。认真抓好基层预防化解矛盾、维护稳定工作力量的整合，坚持和完善乡镇（街道）综治工作中心的有效工作体制，着力完善联合调处等工作机制。以"综治进民企"为载体，加强村、社区、企业综治工作室（站）建设，进一步延伸网络，充分发挥基层综治组织在协调利益、化解矛盾、排忧解难等方面的重要作用。各地把人民调解、行政调解、司法调解有机结合起来，积极探索社会化联动调解工作机制，构建"大调解"的工作格局。比如，义乌市在廿三里街道开展试点工作，通过社会化联动机制成功调处矛盾纠纷55起。注重完善科学决策机制，深入开展基层民主法治建设，建立健全民主恳谈、村务监督、"民情沟通日"等机制制度，依法、及时、合理地处理群众反映的问题。进一步健全利益协调机制，切实解决社会分配不公、收入差距过大问题，加大对困难群体的直接救助和扶持力度。如，临海市全年新增企业职工基本养老保险参保人数4360名、基本医疗保险参保人数5289名，加大了农村社会保障和社会救助的力度。

三、依托开展基层平安创建系列活动，进一步扩大了矛盾纠纷排查调处工作的覆盖面

各地各部门坚持把排查调处矛盾纠纷的相关工作纳入基层平安创建的重要内容，着力协调利益关系，做好群众工作，解决社会热点难点问题，特别是高度重视解决好土地征用、房屋拆迁、企业转制、就业保障、环境保护、干部作风，以及边界纠纷、涉法信访等方面群众关切的问题。结合学习推广新时期“枫桥经验”，按照“属地管理”的原则，以城市社区和农村社区为重点，通过深入开展平安村、平安社区、平安校园、平安企业、平安市场、平安家庭、平安交通、平安铁道线、平安景区、平安边界、平安渔场、平安林区等系列创建活动，拓展化解矛盾工作内容和领域，推动阵地前移，扩大了工作覆盖面。通过开展“平安家庭”创建活动，一年来全省妥善处理妇女信访案件达20560件，为1000多人提供心理疏导和政策法律咨询服务，及时帮助妇女解决法律困惑，有效处理家庭婚姻问题。宁波市海曙区依托开展“平安社区”创建活动，建立了一支7800人的信息员队伍，聘用了一批专职调解员，开通了24小时调解热线，致力于化解社区内部矛盾纠纷，全年社区民间纠纷调解成功率达98%以上，确保了社区人和气顺。

四、充分发挥职能部门管理社会、化解矛盾的主导作用，进一步凝聚了齐抓共管的工作合力

各有关职能部门按照“谁主管谁负责”的原则，主动配合，积极协作，认真履行化解社会矛盾的工作职责。各级综治办积极统筹协调辖区内的矛盾纠纷排查调处工作，重点做好分析形势、排查隐患、落实责任、督促检查。各级维稳办积极协调重大群体性事件等影响社会稳定问题的预防和处置工作，全力维护社会和谐稳定。司法行政机关加强基层人民调解组织建设，做好法律服务和法律援助工作，调处化解家庭邻里、损害赔偿、生产经营等常见性、多发性纠纷同比增加4.23%。公安机关积极探索完善群体性事件“专案经营”机制，有效提高处置工作水平，全年全省没有发生因公安机关应对不妥、处置不当导致矛盾激化的事件。各级法院在审判工作中强化诉讼调解功能，坚持庭前、庭审和庭后调解相结合，对大量诉请法院审理的纠纷，依法进行调解或判决。检察机关切实做好涉检上访案件的调处工作，及时妥善处理集体访296批、信访件2.5万余件。纪检监察部门会同建设部门开展拖欠工程款问题专项检查工作，共清理拖欠工程款63.8亿元，清欠率达99.6%。冬季渔汛期间，省及沿海有关市县综治、公安、海洋与渔业、边防部门，在浙北渔场设立现场指挥部，有效预防和化解了一大批海上纠纷案件。工青妇等群众组织充分发挥反映诉求、维护权益、提供服务的纽带作用，积极参与做好劳动争议调处、维权服务等工作，全年全省共受理劳动争议案件3.2万余件，调解结案率达93.6%。

预防青少年违法犯罪工作情况

2006年浙江省预防青少年违法犯罪工作以“为了明天——预防青少年违法犯罪工程”为统揽，以“青少年违法犯罪社区预防计划”、创建“未成年人零犯罪社区”、“青年文明社区”等活动为载体，坚持一手抓活动开展，一手抓机制建设，努力探索构建预防青少年违法犯罪工作社会化新格局。

一、突出重点群体，扎实做好服务青少年工作

建立健全为青年办实事的长效机制，促进青少年共同发展，维护社会稳定。积极开展“为了明天——流浪儿童保护行动”，全省一半以上地市都建有流浪未成年人救助保护机构，对无家可归、生活困难、长期流浪、孤儿或无法查明家庭住址的流浪儿童进行分类管理。同时帮助流浪儿童接受义务教育，并加大黑势力操控流浪儿童的打击力度。开展“大学生助学计划”、“希望工程”和“为了明天——浙江省未成年人爱心营养工程”等形式多样、行之有效的助学帮困活动，帮助特殊困难青少年群体顺利完成学业。通过深化“手拉手”活动和农村青年中心这个平台，对农村留守儿童开展爱心帮扶。团省委会同省综治办、省司法厅举行浙江省归正青少年“导航工程”，至今，累计在10家企业安置了420名归正青少年。

二、积极实施青少年违法犯罪社区预防计划

在杭州上城区小营街道、宁波慈溪市深化实施青少年事务管理试点工作，建立公安、教育、文化、司法等有关单位参加的社区预防青少年违法犯罪工作联席会议制度。今年以来，积极开展基层安全创建活动，确定了30个社区为首批省级“未成年人零犯罪社区”争创单位。广泛开展城市青年中心建设工作，基本实现街道一级全覆盖。扎实开展社区志愿者工作，逐步走上社会化参与、项目化运作、规范化管理、品牌化发展的良性轨道。开展创建“为了明天工程”示范城市、县(区)活动。充分整合社会资源，在社区针对重点未成年人群体深入开展社区青少年违法犯罪预防工作，实行社区青少年事务管理工作“四级机构、四支志愿者队伍、四块阵地、四大项目和四套机制”新模式。

三、加强青少年普法宣传教育工作

结合“五五”普法规划，推进青少年法制宣传教育，以青年法律工作志愿者、法制副校长、校外法制辅导员为骨干，依托社区青少年法律学校等阵地，以学校、家庭为着力点，采取务实、灵活的方式，帮助青少年学法、懂法、守法、用法，培养青少年的法制观念和法律意识。全省6000多所中小学全部配备了法制副校长，定期开展各种形式的法制宣传教育活动，做到计划、教材、师资和课时的“四落实”。全省建立永久性青少年法制教育基地2000多个，社区青少年法律学校1500多所。积极探索办理未成年人刑事案件相互配套的工作机制，形成了未成年人法庭、涉及未成年人案件另案审理等一系列措施和制度，积极推动有关青少年的立法进程和青少年政策的制定，为青少年成长发展创造良好的法律政策环境。深入开展优秀“青少年维权岗”创建活动，全省已有14个行业系统全面启动维权岗创建工作，从省级部门向基层延伸，全省共有全国级优秀“青少年维权岗”65家，省级优秀“青少年维权岗”387家，基层争创单位4000多家。建立健全以“青少年维权中心”为中枢，以青少年维权服务热线、维权网站为纽带，以优秀“青少年维权岗”为阵地依托的“三位一体”、区域联动的青少年维权服务网络。

四、开展重点整治净化环境活动

深入开展“浙江青少年网络文明行动”，各地成立了100多支网络监督青年志愿服务队，深入学校、家庭、社会开展志愿服务及《网络文明公约》的宣传，加强“绿色网吧”(阳光网吧)建设，努力营造青少年健康上网的良好氛围。扎实推进“社区青少年远离毒品行动”，在各地青少年宫成立了青少年禁毒宣传教育阵地，广泛开展了内容新颖、形象生动的禁毒宣传教育活动。大力开展“青春红丝带行动”，在全省青少年中开展艾滋病预防知识的宣传教育，充分发挥青少年在防治艾滋病活动中的积极作用。进一步实施“校园净化工程”，努力配合公安、工商等职能部门，打击出版、销售、传播盗版和淫秽、色情出版物行为，配合公安机关对校园组织、强迫未成年人违法犯罪的黑恶势力进行打击，为青少年健康成长提供了良好的社会环境。

开展重点整治和专项行动情况

2006年，浙江省深入推进严打整治斗争，进一步解决群众反映的突出社会治安问题。一是加大攻坚力度。深入开展打黑除恶专项斗争，依法严厉打击有组织犯罪、杀人和爆炸等严重暴力犯罪，全省摧毁带有黑社会性质的犯罪团伙10余个，嘉兴市在“亮剑”专项斗争中摧毁恶势力犯罪团伙70余个，破获涉黑涉恶案件200余起。台州市组织开展了“打地霸、促发展”专项行动，立案查处涉霸涉恶案件1300多起。深化侦破命案专项行动，舟山市两年来快速破获了全部13起现行命案。全省集中组织开展反“两抢”、禁毒、禁赌等专项整治工作，共破“两抢一盗”案件15万余起，摧毁盗窃、抢劫汽车犯罪团伙180多个，追回被盗汽车1200多辆；破获毒品犯罪案件3000多起，抓获毒品犯罪嫌疑人4000余名；查处各类赌博违法犯罪案件5000余起，打击处理涉赌违法犯罪人员2.6万余人。台州市成功侦破涉案400余人、赌资高达10亿元的全国重点督办特大网络赌博案。绍兴市成功破获一起特大网络赌博案、收缴赌资644万元，开化县深化整治“六合彩”赌博活动。二是拓展治理领域。根据市场大省的特点，全省先后组织开展了各类专业市场、联托运行业及电力、建筑市场、集贸市场、旅游市场等专项整治活动。宁波市对出租房屋、中小旅馆、典当寄售业、修理回收业、二手手机市场等场所和行业进行全市性集中整治。杭州、宁波、嘉兴、绍兴、金华、衢州等市开展了铁路沿线废旧金属收购站点清理整治活动。舟山、台州、宁波、温州等市在渔汛期集中开展海上治安专项整治，有效解决了一些区域性、行业性、多发性的突出治安问题。三是加强协作配合。省综治委六个专门工作领导小组因时制宜，适时组织开展铁路、企业、学校及周边和文化娱乐场所、毒品重点地区的治安整治，形成了打击整治的强大合力。健全完善了由各级综治委（办）牵头协调，政法机关为主力，铁路、交通、经贸、教育、文化、建设、新闻出版、工商、海洋渔业、共青团等部门密切配合的打击整治协作机制。省综治成员单位按照各自职能，主动配合，相继组织开展了以侵犯知识产权犯罪、专业市场涉税犯罪、伪造金融票证、扫黄打非、非法卫星电视接收设施等为重点的一系列专项斗争和集中整治。

推进“综治进民企”工作情况

民营经济发达是浙江的一个显著特点。2006年，全省民营企业占全省的GDP比重达到71.5%，在财政收入中的贡献率达到65%，从业人员达到1160万人。至2006年底，全省职工人数在200人以上的规模企业建立综治工作室（站）的达到72.3%，较好地落实了“综治进民企”的工作措施。

全省推进“综治进民企”工作总体思路是：坚持以科学发展观为指导，抓住建立健全企业治安法人责任制这一关键，突出规模企业和问题较多企业两个重点，充分调动基层党政组织、企业经营者和员工三个方面的积极性，坚持扩大覆盖与提升水平并重，把社会治安综合治理的网络、机制积极引入民营企业，全面落实民营企业各项综治措施。

一、抓强化领导保障，把推进“综治进民企”纳入平安建设总体部署

省“两办”转发了省综治委《关于大力推进企业治安综合治理工作的意见》，省里还将“综治进民企”工作情况列入综治目标管理和平安建设考核内容，加大督促指导和考核奖惩力度。全省11个市通过召开现场会、下发专门文件等形式，进行专题部署，抓好工作落实。结合开展综治宣传月及平安建设系列宣传活动，大张旗鼓地宣传“综治进民企”工作。各级综治委（办）加强组织协调和督促指导，公安、司法行政、工商、安全生产、技术监督、劳动保障、环境保护、组织、宣传、文化、工会、共青团、妇联等部门发挥职能作用，加强协作配合，共同促进企业治安综合治理工作。为倡导企业主动承担社会责任，省综治办、省劳动保障厅、省总工会联合举办“综治进民企”论坛，邀请50多名知名企业家参加论坛活动，省企业家协会、省综治协会联合向全省企业界发出倡议书，与会的50多名知名企业家当场签名响应，扩大了“综治进民企”工作的社会影响，营造了浓厚的舆论氛围。各地积极探索建立市场经济条件下实施“综治进民企”工作的经费保障机制，为开展企业综治工作创造良好条件。温州市经财税部门认可，明确企业在综治方面的各项支出可纳入生产经营成本，对于获得“平安企业”或其他综治荣誉称号的，由区、镇两级给予适当的经济奖励。

二、抓完善责任体系，落实企业治安法人责任制

各地党委、政府（主要是乡镇、街道一级）定期与辖区民营企业签订综治目标管理责任书，规定企业法定代表人为企业治安综合治理的第一责任人，对企业治安综合治理负总责。各地和有关部门依据有关政策法规研究制订具体办法和措施，将企业治安综合治理情况与企业升级、信誉评估等综合性资质资格认定联系起来，与企业家的各种荣誉和实际利益挂起钩来。企业申报各类综合性先进单位和个人的，须报经综治部门审核。对综治工作成绩显著、为维护稳定作出突出贡献的企业及企业家，给予表彰奖励。对由于综治工作不落实等原因，导致企业发生严重危害社会稳定的重大案（事）件的，严肃追究有关责任人的责任，对其评先进、表彰、奖励等资格实行“一票否决”，构成犯罪的依法追究刑事责任。

三、抓构建组织网络，确保综治工作有人管、有人干

大力加强民营企业党组织、工青妇等群团组织建设，建立健全企业综治组织机构和队伍。主要包括三个层面：首先是领导层面。建立由法定代表人负总责，企业分管领导具体负责，科室、车间、班组负责人或其他有关人员参加的综治工作组织领导体制，主要负责企业综治工作的统一领导和决策部署。其次是执行层面。在职工人数200人以上的规模企业设立综治工作室（站），配备一定数量的专兼职工作人员，负责综治日常工作。第三是实施层面。根据实际需要，建立保卫、调解、帮教、法制教育、安全生产、外来务工人员管理等配套组织，加强治安信息员、专职保安队、治安巡防队、消防队等群防群治队伍建设。嘉兴市已在1868家规模企业建立综治工作室，配备专兼职工作人员，承担企业治安保卫、矛盾化解、安全生产、职工教育、权益保障等职责。温州一些规模较大的民营企业成立了由总经理任组长的综治工作领导小组，下设综治室，配备若干名综治联络员，同时设立安全生产、矛盾纠纷和劳动争议协调、劳动保护监督检查、普法依法治企及外来员工管理服务等5个工作小组，形成了较为完善的企业综治工作组织网络，推行综治工作一年多来，刑事案件、安全生产事故和治安灾害事故明显下降。

四、抓创建“平安企业”，逐步规范民营企业综治工作内容和程序

根据省综治目标管理和平安市、县（市、区）考核办法及平安乡镇（街道）评审条件，研究制定“平安企业”考核标准、考核办法，组织开展“平安企业”创建活动，把民营企业纳入区域平安创建范围。在平安创建过程中，重点是做好化解矛盾、治安防控、法律服务、预防犯罪、平安创建“五进民企”的工作，通过在企业内部建立综治工作议事、例会、报告、通报、基本台账等制度，着力构建治安防控、疏导化解、安全生产、服务维权等机制，不断提高企业综治工作的针对性和实效性。宁波余姚市积极做好工业园区非公企业治安防范、纠纷调处、安全生产等工作，全年园区刑事发案同比下降4.6%，未发生有较大影响的劳资纠纷、企地纠纷和重大安全生产事故，实现工业总值490亿元，同比增长30%。温州瓯海区300多家重点企业都组建了专业保安队、护企队，建立了40支“新温州人志愿者巡逻队”，加强企业重点部位监控系统建设，并与区域监控系统相对接，提高了社会治安整体防控水平。

五、抓工作内外衔接，形成企业与地方互动的整体合力

把企业综治工作与乡镇（街道）综治工作中心工作衔接起来，利用综治工作中心，建立企业与政府及社会之间的联系枢纽和互动平台。企业所在地综治委（办）及相关部门按照“属地管理”的原则，加强对企业综治业务的指导和管理。建立健全由乡镇（街道）和村（社区）、工业园区、企业等参加的联席会议制度，定期分析形势，研究落实治安联防措施。比如，位于嘉兴南湖区的浙江中法投资股份有限公司与驻地庄史村通过建立综治工作村企联动中心的做法，实现了综治工作资源共享，力量整合，协作互动，联动中心建立近一年来，公司无刑事治安案件发生，庄史村发案同比下降了36.4%。台州市加强企地联动工作机制建设，形成了以乡镇（街道）综治工作中心为龙头，村、企业综治工作站为依托，中小民营企业为主体，以联训、联防、联调、联管、联评为主要内容的“三级联创、五项联动”工作机制，有效维护了社会和谐稳定。

中共浙江省委办公厅　浙江省人民政府办公厅转发省社会治安综合治理委员会《关于大力推进企业治安综合治理工作的意见》的通知

（2006 年 6 月 12 日）

各市、县（市、区）党委和人民政府，省直属单位：

省社会治安综合治理委员会《关于大力推进企业治安综合治理工作的意见》已经省委、省政府领导同志同意，现转发给你们，请结合实际，认真贯彻执行。

浙江省社会治安综合治理委员会关于大力推进企业治安综合治理工作的意见

（2006 年 5 月 26 日）

近年来，各地和有关部门按照中央和省委、省政府的要求，积极探索以民营企业为重点的企业治安综合治理工作，取得了初步成效，并得到了中央领导同志的充分肯定。为进一步健全网络，完善机制，强化保障，提高实效，充分发挥各类企业特别是民营企业在建设“平安浙江”、“法治浙江”，维护社会和谐稳定中的积极作用，根据国务院《企业事业单位内部治安保卫条例》和《浙江省社会治安综合治理条例》，现就推进企业治安综合治理工作提出如下意见。

一、指导思想

坚持以邓小平理论和“三个代表”重要思想为指导，全面落实科学发展观，以创新发展“枫桥经验”为抓手，抓住建立健全企业治安法人责任制这一关键，突出规模企业和问题较多企业两个重点，充分调动基层党政组织、企业经营者和员工三个方面的积极性，不断提高全省企业治安综合治理工作水平，努力使涉及企业的违法犯罪活动得到明显遏制，群体性事件得到有效预防，安全生产和公共安全事故明显减少，企业及其周边治安环境得到明显改善，为建设“平安浙江”、“法治浙江”，构建和谐社会作出贡献。

二、基本原则

推进企业治安综合治理工作要把握以下原则：

——党政领导，协调推进。坚持“谁主管谁负责”，明确党政领导和有关部门的职责任务，努力形成党委、政府领导，综治委（办）组织协调，各部门及行业协会协作联动的工作格局。

——条块结合，属地管理。市县两级负责组织实施，乡镇（街道）具体抓好落实，村（社区）予以协助配合，有关职能部门配合做好工作。

——法人负责，落实责任。坚持“谁经营谁负责”，建立健全企业治安法人责任制和综治责任体系，充分依靠企业自身力量抓好各项综治措施的落实。

——融合互动，增强实效。找准综治工作与企业人力资源管理、生产经营管理、产品（服务）质量管理等结合点，把企业综治工作与企业组织建设、文化建设、文明创建、民主管理等各项工作结合起来，不断增强工作实效。

——突出重点，分类指导。首先抓好规模企业和治安问题较多的企业，在此基础上向其他企业延伸。注重因地制宜、因企制宜，不断探索规律，创新模式。

三、工作内容

根据企业特点，引入社会治安综合治理的网络和机制。主要包括以下内容：

（一）调处化解矛盾纠纷。建立健全企业调解组织，及时排查调处企业内部及其与周边的矛盾纠纷，落实源头治理措施，着力解决影响企业稳定的突出矛盾和问题。

（二）落实治安防控措施。定期分析企业治安情况，加强治安防控力量建设，完善重点部位的物防技防设施，建立健全内部安全保卫制度，增强企业安全防范能力。加强企地共建，认真做好区域治安联防、协防工作。

（三）加强法律宣传服务。组织开展经常性的法制宣传和法律服务活动，促进企业依法经营、诚信经营，增强员工学法守法的意识，疏导化解涉法矛盾纠纷，维护职工合法权益。

（四）预防违法犯罪现象。按照"谁用工谁负责"的原则，加强对企业员工特别是外来务工人员的教育、服务和管理，落实企业内吸毒人员、归正人员、"法轮功"人员等的帮教措施，积极预防和减少违法犯罪现象。

（五）开展平安创建活动。组织开展"平安企业"创建活动，建立健全各项安全生产和安全管理制度，积极防范环境污染、职业病、传染病、职业中毒等公共安全事故。积极参与和配合所在地的基层平安创建工作。

（六）其他有关综治工作。

四、保障措施

（一）提高思想认识，加强组织领导。推进企业治安综合治理工作，是优化企业发展环境，实现我省经济又快又好发展的有力保障；是扩大综治工作覆盖面，深化平安建设的重要举措；是完善社会管理体制，构建社会主义和谐社会的内在要求。各级党委、政府和有关部门要把这项工作摆上重要位置，纳入平安建设的总体部署，加强领导，落实保障，认真组织实施。各级综治委（办）要切实做好组织协调、业务指导和督促检查工作。公安、司法行政、工商、安全生产、技术监督、劳动保障、环境保护、组织、宣传、文化、工会、共青团、妇联等部门要发挥职能作用，加强协作配合，共同促进企业治安综合治理工作。要充分发挥企业的主体作用，动员和组织广大企业主积极投入到企业治安综合治理工作中来。

（二）健全责任体系，落实企业治安法人责任制。把开展企业治安综合治理工作情况列入基层平安创建和综治目标管理考核范围，当地党委、政府要定期与辖区企业签订综治目标管理责任书，明确企业治安综合治理目标任务和奖惩措施，加大检查考核力度。企业法定代表人为企业治安综合治理的第一责任人，对企业治安综合治理负总责。企业申报各类综合性先进单位和个人的，须报经综治部门审核。各地和有关部门可依据有关政策法规研究制订具体办法和措施，将企业治安综合治理情况与企业升级、信誉评估等综合性资质资格认定联系起来，与企业家的各种荣誉和实际利益挂起钩来。对综治工作成绩显著、为维护稳定作出突出贡献的企业及企业家，要给予表彰奖励。对由于综治工作不落实等原因，导致企业发生严重危害社会稳定的重大案（事）件的，要严肃追究有关责任人的责任，对其评先进、表彰、奖励等资格实行"一票否决"，构成犯罪的依法追究刑事责任。

（三）构建综治组织，建立健全长效工作机制。各地和有关部门要大力加强企业党组织和工青妇等群团组织建设，指导企业建立健全具有企业特点的综治组织领导机制。规模企业应设立企业综治工作室（站）负责综治日常工作，并根据需要建立保卫、调解、帮教、安全生产、外来务工人员管理等专项配套组织，以及治安信息员、专职保安队、治安巡防队、消防队等群防群治队伍，确保企业综治工作有人管、有人干。在建立企业治安法人责任制的基础上，明确企业各类综治组织及相关人员的工作职责，在企业内部建立完善议事、例会、报告、通报、检查考核、基本台账等制度，着力构建治安防控、疏导化解、安全生产、服务维权等长效机制，把综治措施落到实处。

（四）做好企业综治工作的内外衔接工作，形成企业与地方互动的整体合力。乡镇（街道）综治工作中心要加强与企业综治工作组织的联系与衔接，建立企业与政府及社会之间的联系枢纽和互动平台。建立健全由乡镇（街道）和村（社区）、工业园区、企业等参加的联席会议制度，定期分析企业及周边治安形势，组织协调有关部门和辖区企业排查企业及周边地区治安突出问题和隐患，落实治安联防措施，创造和谐稳定的社会环境。

创新发展“枫桥经验”
夯实平安建设基础工程

近年来，浙江省委政法委、综治委认真贯彻中央领导同志对浙江政法综治工作的重要指示精神，加大创新发展“枫桥经验”的力度，认真总结基层的新做法、新经验，全面推广建立乡镇（街道）综治工作中心，有力地推进了基层平安建设。两年多来的实践表明，建立综治工作中心，是创新发展“枫桥经验”的重要成果，是深化“平安浙江”建设的重要抓手，是社会治安综合治理理论在基层的具体实践，在维护全省社会和谐稳定中发挥了日益明显的作用。

一、与时俱进，创新“枫桥经验”，打造基层平安建设的平台

“枫桥经验”是浙江干部群众的一个创举，它的基本精神是党政动手、各负其责，依靠群众、化解矛盾，维护稳定、促进发展，它的灵魂是与时俱进、不断创新。浙江经济相对发达，在保持经济持续快速健康发展的同时，也更早更多地遇到一些新的影响和谐稳定的问题。比如，利益冲突引发的矛盾纠纷增多，特别是土地征用、城市拆迁、环境污染、社会保障、劳资纠纷等涉及群众切身利益的问题增多，由此引发了大量的群体性事件；刑事犯罪案件总量很大，侵财型犯罪、流动人口犯罪突出；交通、消防等安全事故多发，损失严重，等等。同时，体制机制和方法手段还不适应，尤其是乡镇（街道）的社会管理和服务职能相对滞后，存在管理缺位、多头管理、各自为战的现象。

面对维护稳定的新情况、新问题，要有效化解矛盾纠纷，遏制刑事犯罪和安全事故高发的势头，要把建设“平安浙江”的各项工作落实到基层，持之以恒地坚持下去，关键是要运用“枫桥经验”的基本精神，整合基层维护稳定的力量，强化社会管理和服务职能，进一步夯实基层基础。为此，经过深入开展调查研究，及时总结各地建立矛盾联调中心、治安联动中心、维护稳定中心等做法，因势利导，规范提高，在搞好试点的基础上，先后两次召开全省性会议，全面推广建立乡镇（街道）综治工作中心。至目前，全省乡镇（街道）综治工作中心建成率已达90%以上。综治工作中心从产生发展，到总结推广，再到规范完善，整个过程都体现了“枫桥经验”与时俱进、不断创新的灵魂。

乡镇（街道）综治工作中心是在同级党委、政府领导下，综治办牵头协调，各有关部门协作联动，集综治工作、维护稳定、平安建设为一体的工作平台。一般由综治、信访、公安、司法、人民调解等部门组成，或者由这些部门指派有关工作人员参加集中办公，有的还吸收法庭、流动人口管理等部门参与。最近，还在农村综合改革试点工作中，把综治工作中心列为乡镇（街道）的常设机构，设置综治、司法、信访调处、流动人口管理等岗位，履行社会管理和综合执法职能。通过综治工作中心这个平台，全省基层维护稳定的力量由“五个指头”捏成了“一个拳头”，解决稳定问题的方式从“单科门诊”变为“专家会诊”，维护稳定工作从“单兵种作战”发展到“集团军作战”，有效地提高了基层维护稳定的能力和水平。

二、完善机制，发挥整体效能，形成基层平安建设的合力

坚持"重在发挥部门职能作用、重在形成中心整体效能"的原则，明确综治工作中心各组成部门的职责任务，着重建立健全"五联"机制。

一是矛盾纠纷联调机制。综治工作中心定期不定期组织集中排查矛盾纠纷，按照分级负责、归口调处的要求，落实责任单位、责任人，限期解决。对矛盾纠纷和群众来信来访，实行统一受理、统一分流、统一协调、统一督办、统一归档，综合运用人民调解、司法调解、行政调解等方法进行疏导化解。重大疑难或涉及两个以上部门的纠纷案件，由综治工作中心直接调处或组织协调有关部门共同解决。

二是社会治安联防机制。综治工作中心组织协调辖区内各种治安防控力量，加强社区、社会面、单位内部和边际地区四大社会治安防控网络建设，落实人防、物防、技防各项措施。定期分析治安形势，及时发布治安预警预报，提出针对性工作意见。指导组建各种形式的群防群治队伍，组织开展治安巡防活动，并与公安"110"实行联动，充分发挥了各种资源在维护社会治安中的作用。目前，全省80%的乡镇（街道）建立了专职治安巡防队。毗邻乡镇（街道）综治工作中心之间加强信息交流、协防协控、案件协办，共同维护治安稳定。

三是值班应急联勤机制。综治工作中心定期召开各职能部门负责人参加的工作例会和联席会议，总结交流工作，通报有关情况，研究处理有关事项。按照省里《预防处置群体性事件若干规定》，完善预测预警、应急处置、责任追究、工作保障等制度，统一调配使用力量落实值班备勤。一旦发生突发性、群体性事件，在党委、政府的统一指挥下，组织协调有关部门依法妥善进行处置。

四是突出问题联治机制。综治工作中心经常组织排摸、梳理辖区的突出治安问题，确定一个阶段的整治重点，统一组织开展反"两抢"、禁毒、禁赌、道路交通秩序、铁路运输安全、海上治安秩序等专项整治工作，有效解决了一大批多发性、区域性、行业性的突出治安问题。

五是基层平安联创机制。围绕平安建设总体目标，综治工作中心组织协调有关部门发挥职能优势，加强宣传教育，动员广大人民群众，深入开展平安村、平安社区、平安校园、平安市场、平安林区、平安渔（海）区、平安路段、平安家庭等系列创建活动，以基层的平安创建推动"平安浙江"建设。

三、落实责任，加大工作力度，强化基层平安建设的保障

加强综治工作中心建设，是"平安浙江"建设的一项基础性工作，是落实社会治安综合治理措施的有力举措，摆上党委、政府的重要议事日程，加强领导，落实责任，加大投入，为基层平安建设提供了有力保障。

一是强化领导责任。省委、省政府把综治工作中心建设列入平安市、县（市、区）考核体系，作为综治目标管理考核的一项重要内容，每年提出不同的目标进行考评。各级党委、政府和综治委（办）加大组织协调、督促检查的力度，及时解决基层在工作中遇到的实际问题。各有关职能部门按照重心下移、加强基层的要求，积极支持、主动配合乡镇（街道）综治工作中心建设。

二是配齐配强人员。省委专门下发了关于加强乡镇（街道）综治工作中心建设的意见，并对乡镇（街道）综治委（办）及"两所一庭"的建设作了进一步明确规定。全省所有乡镇（街道）综治委、办主任分别由党政主要领导和分管副书记担任，73.5%的乡镇（街道）配备了综治办专职副主任，平均每个乡镇（街道）有专职综治干部3.3名。

三是加大投入力度。各地都把乡镇（街道）综治工作经费列入同级财政预算，并按照人均60至120元的标准落实了专职综治干部的岗位津贴。省里明确规定，原则上按照欠发达地区不少30平方米、其他地区不少80平方米的标准，落实综治工作中心集中办公的场所，并配备必要的通讯、交通等办公设施。

四、延伸网络，推动重心下移，扩大基层平安建设的覆盖面

以乡镇（街道）综治工作中心为基点，着力做好向上和向下延伸的工作，建立完善县（市、区）、乡镇（街道）、村（社区）三个层面立体化的工作体系，实行功能对接，整体联动。一方面，大力加强县级政法、综治组织建设，把县一级维护稳定的资源有效整合起来，形成平安建设的整体合力；另一方面，大力推动工作重心下移，将综治工作中心网络和机制逐步向基层单位延伸，消除创建工作的空白点，努力使平安建设覆盖到全社会。重点覆盖到三个方面：

一是覆盖到村（社区）。在行政村、城市社区推广建立综治工作站（室），积极推行综治工作责任制和民主恳谈、村务公开等制度，开展矛盾纠纷调解、流动人口管理、归正人员安置帮教、法制宣传、治安巡防等工作，落实群防群治措施，为群众办实事、解难事。目前，全省所有城市社区和60%的行政村建立了综治工作站（室）或综治警务室，共配备社区民警5300余名。

二是覆盖到民营企业。针对浙江民营企业发展迅猛、量大面广的实际，以规模企业和问题较多企业为重点，扎实推进“综治进民企”工作，积极落实企业治安法人责任制，强化调处化解、治安防控、法律服务、预防犯罪、平安创建等各项措施，营造企业发展的良好环境。同时，以“综治进民企”为突破口，大力推进综治工作网络和机制向大型商场、专业市场、宾馆饭店等单位延伸，拓展了平安创建的领域。

三是覆盖到民间组织。加强对社团、行业组织、社会中介组织和民办非企业单位等民间组织的培育管理，广泛建立综治协会、安置帮教协会、禁毒协会、环保志愿者协会等社团组织，充分发挥其提供服务、反映诉求、规范行为的作用。2005年全省3700多家民办非企业单位积极开展诚信建设主题活动，为包括流动人口在内的各类人员免费提供法律援助、就业培训等服务222万人次，折合服务费1750余万元。

慈溪市深化流动人口服务管理工作
着力营造和谐稳定发展环境

慈溪是典型的围垦城市和移民城市，又是新兴的工业城市，有民营企业5万余家，去年全市财政收入62亿元、生产总值454.2亿元，分别居全省县市第一位和第二位，县域经济基本竞争力和综合实力分别列全国第五位和第十四位。近年来，随着经济社会持续快速发展，慈溪市成为流动人口大量涌入的热点地区之一，目前流动人口总量达到70万人。为此，市委、市政府按照构建和谐社会的要求，把做好流动人口服务管理工作，作为全市社会建设和管理的重要内容，积极探索流动人口服务管理的新路子，有力促进了全市经济社会的稳定发展。

一、注重统筹谋划，积极构建流动人口服务管理新格局

一是在工作理念上做到“三个确立”。即确立流动人口是建设者、也是新市民的理念，体现对流动人口地位、贡献和权利的承认；确立流动人口是管理对象、也是服务对象和依靠对象的理念，把共建共享的主体，从当地群众拓展到广大流动人口，积极营造尊重、善待、关怀流动人口的社会氛围；确立流动人口服务管理工作是综治工作、也是全局性工作的理念，把它作为深化社会治安综合治理、推进和谐慈溪建设的突破口，摆到党委、政府中心工作的层面来抓。二是在机制建设上做到“三个转变”。即服务管理的主体由职能部门为主，向政府、企业、社会组织、市民“四位一体”转变，尤其注重发挥村、社区和企业在参与管理、提供服务方面的基础性作用；服务管理的内容由侧重于监管防范，向教育、管理、服务、维权并重转变，切实注重服务管理的综合性；服务管理的形式由单向为主，向流动人口与本地市民双向互动转变，更加注重相互沟通协作，共同参与管理，促进团结融合。三是在工作把握上做到“三个同步”。即流动人口服务管理工作与经济社会发展同步规划、同步保障、同步调控，把流动人口居住、就业培训、社会保障等民生问题，纳入经济社会中长期发展规划。市里建立了流动人口管理办公室，综合行使公安、劳动、计生、建设等相关职能，并把工作网络延伸到镇村，组建了4458人的社区管理队伍，承担对流动人口服务管理职责。完善流动人口管理经费保障的稳定增长机制，确保年实际增长不低于经济增速。把流动人口服务管理情况纳入平安考核体系，作为“平安慈溪”建设的重要指标。

二、注重信息化管理，不断提高流动人口动态管理水平

全面落实流动人口信息采集责任制，实施网格管理、分层采集、绩效考核，加强流动人口居住地和出租私房管理。网格管理，即把全市分成165个综治责任区，落实相应的综治干部和责任民警，并把责任区划分为若干个片，由社区保安分队包片管理。分层采集，即由社区保安采集流动人口基本信息，对有作案前科、经济来源可疑、住址变动频繁，被确认为高危列管对象的，由责任区民警采集特定信息，集中录入市镇两级联网的流动人口信息平台，为加强流动人口服务管理提供基础条件。绩效考核，即综治部门实地抽查流动人口和出租私房登记办证率，公安部门从刑事办案中倒查高危列管对象登记率，据此对责任区的综治干部和责任民警和包片责任人进行考核奖惩，使责任进一步落实到人。结合深化“综治进民企”工作，积极推广建立企业综治工作站，在全市销售额500万元以上企业中设立综治联络员，按照“谁用工、谁负责”的原则，明确企业在流动人口信息核对、法制教育、矛盾调解、集中居住管理等方面的责任，并与评比先进、享受政府扶持政策挂钩，起到了很好的效果。

三、注重市民化服务，让流动人口共享改革发展成果

一是权益上维护。出台具体政策，加强劳动保障监控与纠纷调处工作，积极构建和谐劳动关系。2006年以来，新建了市镇村企四级劳动保障监控网络，公布“12333”举报专线，实施劳资关系动态监察和分类监管，加强劳资纠纷调处，建立了应急周转基金和农民工欠薪垫付制度，最大限度保障流动人口劳动权益。四年来，共为7373名外来务工人员追讨工资930.24万元，外来务工人员参加工伤保险达10万余人，力争四年内实现工伤保险全覆盖。依托新型农民教育培训工程，实施流动人口与本地农民统筹的免费技能培训，为流动人口创造平等就业的机会。四年来共投入900多万元，对外来务工人员进行安全生产、劳动技能、法律常识等培训，累计培训70多万人次。二是生活上帮扶。着重帮助流动人口解决子女就学、医疗卫生、改善居住条件等方面的困难。通过现有学校扩招吸纳、创办民工子女学校等渠道，解决了3.04万名流动人口子女就学。把流动人口计划生育、儿童计划免疫工作纳入居住地管理，有近20万人次外来育龄妇女受益。加大对流动人口集中居住点建设的政策扶持，累计建成居住点63.4万方，流动人口集中居住率达到15%左右。三是政治上关心。加强流动人口党团组织建设和管理，支持企业成立党团组织，让广大流动党团员过上正常的组织生活。据不完全统计，2006年全市有320多名优秀外来务工人员加入党组织。建立市镇两级领导干部与外来务工人员联系交友制度，每年开展表彰百名优秀外来建设者活动。一批优秀外来务工人员被评上各类先进，有的还被评上劳动模范、当选为人大代表。

四、注重基层和谐组织建设，有效促进流动人口与本地群众的互动融合

在全市流动人口100人以上的村全面建立“和谐促进会”这一基层社会组织，着力构建与流动人口交流沟通、协调利益、团结互助的工作平台，积极探索自主自治、共建共促的管理模式，有效促进了流动人口与本地人的融合。在性质定位上，和谐促进会为社会组织，置于村党组织的绝对领导之下，由村党支部书记任会长，同时又充分体现和谐促进会的民间性、共建性、互助性、服务性的特点，重在发挥自主自治管理的职能作用。在工作导向上，重点吸引流动人口广泛参与，使他们感受到政治上平等、人格上尊重、文化上包容、权益上保护，增强流动人口对慈溪的认同感和归宿感。在工作方式上，通过经常性组织开展志愿者行动、村企共建、信息沟通、文化体育等方面的活动，推进村务共管、文明共倡、困难共帮、平安共创，积极营造和谐友爱型的邻里关系、承租关系、劳资关系和人际关系，促进和谐村居和社区建设。各地和谐促进会成立以来，共组织志愿者活动500余次、文体活动120余场，募集捐助资金110余万元，化解各类矛盾纠纷170余件，在和谐慈溪建设中发挥积极了作用。

浙江省综治委、办机构情况和负责人名单

一、省综治委

主　任：夏宝龙（省委副书记、省委政法委书记）

副主任：章猛进（省委常委、常务副省长）
王辉忠（省委常委、省公安厅厅长）
葛圣平（省人大常委会副主任）
张启楣（省法院院长）
陈云龙（省检察院检察长）
夏阿国（省委政法委副书记）

委　员：陈国平（省政府副秘书长、办公厅主任）
赵光君（省委副秘书长）
谢双成（省监察厅副厅长）
胡　坚（省委组织部副部长）
童芍素（省委宣传部常务副部长）
王　毅（省委政法委副书记）
赵　越（省委防范和处理邪教问题办公室副主任）
何　程（省信访局副局长）
陈亨光（省人大内务司法委员会副主任委员）
王平章（省政协社会法制委员会副主任）
王幼璋（省法院副院长）
吴春莲（省检察院副检察长）
凌秋来（省公安厅副厅长）
吴志强（省国家安全厅副厅长）
储雪青（省司法厅副厅长）
许德俊（省军区政治部副主任）
李建忠（省武警总队副总队长）
许永土（省经贸委纪委书记）
王冬梅（省人事厅副厅长）
俞志壮（省民政厅副厅长）
王国益（省劳动保障厅副厅长）
铁国强（省广电局副局长）
王　汐（省新闻出版局副局长）
金庚初（省文化厅副厅长）
胡玉璋（省人口计生委副主任）
赵金勇（省旅游局副局长）
钱巨炎（省财政厅副厅长）
蒋胜祥（省教育厅副厅长）
邢越生（省民宗委副主任）
杨　敬（省卫生厅副厅长）
阎　震（省交通厅副厅长）
樊剑平（省建设厅副厅长）
马柏伟（省工商局副局长）
王永民（省国土资源厅副厅长）
赵国明（省统计局副局长）
赵兴泉（省农业厅副厅长）
叶胜荣（省林业厅副厅长）
林东勇（省海洋与渔业局副局长）
周小平（省法制办副主任）
马利恰（杭州铁路办事处党工委副书记）
王利平（人民银行杭州中心支行副行长）
姚炳甫（省总工会副主席）
陈　浩（团省委副书记）
赵　玲（省妇联副主席）

二、省综治办

主　任：王　毅　省委政法委副书记

副主任：周长甬
王建新

三、省综治办内设机构

省综治办下设督导处和协调处

浙江省各市、县(市、区)综治委、办主任名单

地　区	综治委主任	综治办主任
杭州市	于辉达	翁钢粮
拱墅区	周伟新	张绪国
上城区	余　勇	尉杭新
下城区	陈卫强	王正南
江干区	金承龙	叶国良
西湖区	张　岐	陈建华
滨江区	项永丹	鲁先利
	周瑞烈	
余杭区	汪宏儿	翁建昌
萧山区	王珠瑛	周学灿
临安市	章根明	程炳贵
富阳市	朱关泉	柳士明
建德市	徐志生	邵国金
桐庐县	林国蛟	李朝杭
淳安县	蒋建安	汪孝群
湖州市	蔡圣初	蒋赖兵
吴兴区	蒋金法	顾志堂
南浔区	沈法良	冯新泉
长兴县	张建明	范淦明
德清县	朱法根	杨顺安
安吉县	刘宏伟	楼钱荣
嘉兴市	刘冬生	翁勤雄
南湖区	朱　伟	肖京生
秀洲区	胡建丰	张海强
平湖市	郭跃荣	曹龙弟
海宁市	马维江	李明华
桐乡市	顾政宇	颜正芳
嘉善县	苗伟伦	袁正平
海盐县	章　剑	张马良
舟山市	钟　达	徐　烈
定海区	车志宽	刘建明
普陀区	丁海鹰	马亮峰
岱山县	徐爱华	金跃平
嵊泗县	郑方斌	姜文国

地　区	综治委主任	综治办主任
宁波市	邵占维	陈国刚
	巫波伦	
海曙区	陈佳强	陈　伟
江东区	鲍尧品	王豹雄
江北区	干伯铨	张　瑛
北仑区	俞　雷	周象国
镇海区	林　瑶	胡立群
鄞州区	陈明志	鲁定国
慈溪市	杨胜隽	戎忠海
余姚市	孙钜昌	董友根
奉化市	王德彪	胡国华
宁海县	谢群华	王元法
象山县	胡剑辉	范保华
绍兴市	史济锡	马玉真
越城区	张阿东	马　超
诸暨市	孟法明	吕学明
上虞市	陈泉标	孟士军
嵊州市	马志龙	徐林永
绍兴县	孙云耀	金　强
新昌县	程晓帆	杜伟阳
衢州市	尚清	王湖新
	居亚平	
柯城区	胡　松	朱志宏
衢江区	周小平	孙　良
	刘祖堂	
江山市	赖瑞洪	胡立友
常山县	章金凤	陈淑卿
开化县	肖渭根	吕启明
	徐建华	
龙游县	周中民	邱开忠
金华市	陈昆忠	盛根鑫
婺城区	顾汤华	张警祥
金东区	赵　庆	周维芳
兰溪市	郑遗清	王　涛
		姚润生

地　区	综治委主任	综治办主任
永康市	张荣贵	施天祥
义乌市	杨林章	陈金才
东阳市	俞建勇	
武义县	骆瑞生	金武声
浦江县	戴建平	黄曙明
		朱深庄
磐安县	黄福良	黄叶青
台州市	朱贤良	李　斌
椒江区	张莉华	
	蒋冰风	
黄岩区	徐亦平	程　敏
路桥区	金　志	吕联生
临海市	王以琅	
	赵益春	
温岭市	王福生	杨德明
	徐友根	
三门县	章维建	金士正
	梅式苗	
天台县	翁于挺	徐友希
仙居县	周　胜	郑海平
玉环县	徐友根	刘欲忠
	吴坚冰	
温州市	陈艾华	叶朝胜
鹿城区	徐顺东	徐顺东
龙湾区	殷乐人	孔繁新
	王祖焕	
瓯海区	谢再兴	李成华

地　区	综治委主任	综治办主任
瑞安市	葛益平	戈世良
乐清市	赵乐强	许大凤
永嘉县	卢春中	潘剑永
文成县	陈作荣	蒋焕荣
平阳县	李世斌	陈上勉
	黄安波	
泰顺县	陈　浩	林春凤
洞头县	任玉明	郑灵巧
苍南县	章方璋	顾金勇
丽水市	焦光华	雷建中
	张成祖	
莲都区	项旭平	尤晓剑
	潘世敏	
龙泉市	邵戊汛	元基奶
缙云县	赵导亮	梅理强
	王小荣	
青田县	叶沙平	陈少彦
云和县	孙乐明	雷长清
遂昌县	傅保国	黄光运
	陈元龙	
松阳县	邢长勇	阙建平
		吴子仁
庆元县	柳向阳	林方海
		沈光亮
景宁县	兰良兴	柳贤列
		沈立荣

（撰稿人：周长甬
审稿人：王　毅　丁后盾）

安　徽　省

2006年社会治安综合治理工作概况

2006年，在省委、省政府的领导下，全省社会治安综合治理工作以邓小平理论和“三个代表”重要思想为指导，以科学发展观为统领，认真贯彻落实党的十六届六中全会和省第八次党代会精神，围绕构建和谐社会的目标，以“平安安徽”建设为载体，以基层平安创建为重点，广泛开展矛盾纠纷大排查大调处，进一步加大打击严重刑事犯罪的力度，切实加强和改进社会管理，大力加强社会治安防控体系建设，为推进全省跨越式发展，实现奋力崛起，创造了稳定的社会治安环境。群众安全感调查结果显示，感到有安全感的比例为92.5%。

一、切实加强组织领导，建立健全工作机制，扎实推动了基层平安创建活动的开展

全国平安建设工作会议后，省委专门听取了工作汇报，提出了工作要求。2006年11月25日，省委、省政府召开了全省平安建设工作会议，总结交流工作，部署任务。省委书记郭金龙、省长王金山到会作了重要讲话。各地把平安建设作为“一把手”工程，纳入了经济建设和社会发展的总体规划，纳入树立和落实科学发展观的重要内容，纳入构建和谐社会的目标要求，纳入党委政府主要领导的任期目标。各级、各部门、各单位都建立了由主要领导同志挂帅的平安建设组织领导协调机制，确定并加强办事机构力量，切实加强对平安建设的组织领导、协调指导、督促检查。各地都建立了平安建设领导责任制、部门责任制和单位责任制，形成了一级抓一级、层层抓落实的工作格局。各级综治委（办）都把平安建设的目标任务细化分解到综治委成员单位和有关部门（单位），进一步明确责任。

各地加大了对平安建设的经费保障力度，普遍将综治和平安建设工作经费列入本级财政预算。各市都制定出台了对县（市区）、市直单位以及基层平安创建对象的一系列考评办法和细则，在考核内容上突出组织领导、制度建设、措施落实；在考评体系上以领导责任制为龙头，目标管理为主体，有力地促进了平安建设考核奖惩工作制度化。各地普遍开展了平安乡镇（街道）、平安社区（村）、平安企业、平安校园、平安医院、平安市场、平安工地、平安景区、平安大道、平安铁道线、平安家庭以及无毒社区、无邪教乡镇（街道）等基层系列平安创建活动，并建立了严格的基层平安创建考核考评、奖惩激励和动态管理机制，促进了社会治安综合治理和平安建设各项措施在基层的落实。

二、健全完善矛盾纠纷排查调处长效机制，广泛开展大排查大调处，有效预防和化解了各类矛盾纠纷

省委办公厅、省政府办公厅先后下发了《关于在全省深入开展矛盾纠纷大调处活动的通知》和《关于建立健全社会矛盾纠纷排查调处工作长效机制的意见》，着力在全省建立“积极预防、及时发现、有效控制、妥善解决”的矛盾纠纷排查调处工作长效机制。各地坚持把排查调处的重点放在基层，建立党委、政府统一领导，维稳综治组织协调，以司法所为依托，纪检、综治、信访、派出所等职能部门共同参与，社会协同的矛盾纠纷排查调处工作体系，形成纵向到底、横向到边的工作网络。按照“排查得早、发现得了、控制得住、解决得好”的要求，坚持村（社居委）、单位每周，乡镇（街道）、系统每半月，县（市区）每月，市每季排查的定期排查制度，落实分级负责、归口办理、协调调度、领导包案、跟踪督办、定期回访和考核奖惩等制度，实现了矛盾纠纷排查调处工作的经常化、制度化和规范化。

为解决信访突出问题，省及各地开展了党政领导干部开门接访、带案下访，矛盾纠纷大排查大调处，集中整治进京非正常上访和信访老户三项工作，实现“人要回去，事要解决”、“人不出去，事要解决”、“依法信访，案结事了”的工作目标。全省信访形势明显好转，出现了信访总量下降、集体上访下降、进京上访下降的可喜局面。

三、建立健全经常性的“严打”工作机制，深化专项斗争和集中整治行动，有效遏制了刑事犯罪高发势头

一是建立了社会治安分析评估机制。省综治委制订了《安徽省社会治安评估分析办法（试行）》，每季度、每半年、全年对全省社会治安状况进行综合分析，提出评估意见和对策。县（市、区）对社会治安形势进行月通报、季分析；市每半年、每年对治安形势作出总体分析评估，并结合当地社会治安存在的主要问题，提出有针对性的治理措施。二是深化了“打黑除恶”专项斗争。根据中央要求和全国“打黑除恶”专项斗争电视电话会的精神，省里成立了由省委常委、政法委书记、省综治委主任徐立全为组长的“打黑除恶”专项斗争领导小组，及时研究部署了深化“打黑除恶”专项斗争的措施。全省各级公安机关切实增强打黑除恶的责任感和使命感，坚持打早打小、露头就打、专群结合、依靠群众的方针，深入摸排涉黑涉恶违法犯罪线索，深挖彻查黑恶势力的组织成员，铲除黑恶势力的“保护伞”，彻底摧毁黑恶势力滋生蔓延的经济依托，给黑恶势力犯罪以毁灭性打击。三是开展了对治安乱点和突出治安问题的排查整治工作。省综治委部署在全省集中开展整治治安混乱地区和突出治安问题专项活动。组织开展了全省校园周边治安集中整治活动、铁路沿线的治安集中整治和创建“平安铁路示范段”活动、全省网吧专项整治行动和打击“两抢一盗”专项斗争，确保了治安大局稳定。

四、加强和改进社会治安管理，推进综治难点工作深入开展，从源头上遏制和减少了违法犯罪的发生

一是加大了禁吸戒毒工作力度。省综治委召开了禁吸戒毒工作专题会议，研究禁吸戒毒的工作措施。省禁毒委、省公安厅、省司法厅、省综治办等部门积极筹建“安徽省强制戒毒康复中心”，探索建立集强制脱毒、身心康复、融入社会功能于一体的戒毒康复新模式。各地充分发挥禁毒委各成员单位在禁毒斗争中的职能作用，建立健全了各警种协同作战、各部门密切配合、全社会广泛参与的禁毒工作机制，全面推进“无毒社区”创建，有效遏制了毒情蔓延。二是加强了刑释解教人员的安置帮教工作。5月19日，省综治委在祁门县召开现场会，贯彻落实中央和省委领导对祁门安置帮教工作经验的重要批示精神，推广“祁门经验”，推动全省安置帮教工作深入开展。制定下发了《安徽省刑释解教人员衔接管理工作若干规定》，强化刑释解教人员的衔接管控工作，最大限度地减少脱管漏控。三是加强了流动人口管理服务工作。各地全面落实流动人口管理服务的各项措施，建立健全各级流动人口管理机构和网络，完善分工负责、整体联动的部门协作机制。初步建立了融暂住人口信息、房屋出租户信息、旅馆住宿人员信息等于一体的流动人口综合信息管理系统，实现了部门之间信息共享、管理相融，提高了流动人口信息化服务和管理水平。加大对流动人口落脚点以及违法犯罪高危人群的管控，不断提高发现、控制和打击流动人口犯罪的能力。按照“谁出租谁负责”和“谁用工谁负责”的原则，严格落实房屋出租户、用工单位的治安责任。加强了对劳务市场、建筑工地、车站码头和职业中介机构等重点场所、部位的整顿和管理。

四是强化了对青少年群体的教育管理。《安徽省预防未成年人犯罪条例》于2006年2月1日起正式颁布实施。同时，大力实施“青少年违法犯罪社区预防计划”和“为了明天——预防青少年违法犯罪工程”，开展“社区青少年远离毒品”、“青少年维权岗”活动，加强对闲散未成年人、流浪儿童、服刑在教人员未成年子女和农村“留守儿童”的教育、管理和救助，切实关爱他们的成长，有效遏制了未成年人违法犯罪的上升势头。

五、以社会治安防控体系建设为抓手，提升驾驭治安局势的整体能力，增强了治安防范的实效

各市先后出台有关治安防控体系建设的政策和相关配套措施，陆续完成了110报警服务台改造升级、扩容联网，实现了110、122、119三台合一。城区主要街道、商业繁华区、重点要害部位、治安复杂场所安装了报警设施，并建立了各警种配合联动运行机制，基本构建起了社会面治安防控、社区治安防控、单位内部治安防控、农村治安防控四张主要防控网络。加强了技防工作，全省大多数城区主要部位和主要路段都安装了电子监控系统，设立了治安卡口。多数城市的住宅小区和新建商品住宅安装了楼宇对讲系统或电视监控系统。认真贯彻落实《安徽省企业事业单位内部治安保卫办法》，建立健全了单位负责、政府监管的内防内保机制，强化了单位内部治安防范工作。进一步加强治保、帮教、调解、治安联防等基层群防群治组织建设。大力推广治安防范“信息员工程”，形成了城区由巡警和交警对主干道，公安民警、部门保安对公共场所，派出所民警、综治协管员、物业保安对社区的专职与义务相结合的群防群治网络体系。农村则从实际出发，采取治安承包、党员联户、十户联防、邻里守望等形式加强治安防范。

六、强化基层综治组织建设，进一步整合基层力量，巩固和夯实了维护稳定的根基

进一步加强乡镇（街道）综治委、办建设，配齐配强专职干部，从人员、制度、经费三个方面保障基层综治组织建设，形成了在乡镇（街道）一级，由党委一把手担任综治委主任、分管副职担任综治办主任，从政法系统等单位选派民警、干部任专职副主任，并配备若干专兼职干部的组织格局。在新一轮乡镇撤并改革中，着力整合基层综治、维稳工作力量，创新工作机制。全省多数地方在乡镇（街道）设立了维稳综治办公室，集中整合了维稳、综治、司法、调解、信访、民政等社会管理资源，办公室主任由党委副书记兼任。做到人员、办公设施、信息等资源共享，形成了一名领导负责、一套班子工作、一个场所办公、一个窗口服务的工作格局。同时，强化了以村（居）党支部为核心的综治基层组织建设。

七、进一步加强综治宣传工作，充分发挥舆论的先导作用，激发了广大群众参与综合治理的积极性

一是积极协助中央综治办做好有关工作，圆满完成了在合肥召开的全国政法综治宣传工作会议的接待、会务、考察等任务。二是开展了以“平安安徽”建设为主题的综治宣传月活动。三是开展了典型宣传。中央电视台《平安中国》栏目对我省荣获全国综治先进单位的黄山市、铜陵市、合肥市、淮南市、界首市、霍山县、马鞍山市雨山区作了专题宣传。四是表彰了综治先进。省综治办与省人事厅表彰了2001—2004年度全省社会治安综合治理先进集体40个、先进个人35名。同时，省综治委还表彰了2001—2004年度社会治安综合治理先进集体118个，先进个人178名。五是开展了2005年度全省社会治安综合治理好新闻奖评选活动。六是积极推进见义勇为工作。开展了第三届全省见义勇为“安徽移动弘扬正气奖”评选表彰活动，共评选表彰了见义勇为先进个人30名。

流动人口管理与服务工作情况

一、认真研究对策，增强工作实效

为进一步加强流动人口服务与管理工作，省委常委、省政法委书记、省综治委主任徐立全主持召开了“加强流动人口治安管理工作专题座谈会”，专门研究了加强流动人口管理与服务工作的具体措施。公安机关在狠抓“三基”建设和实有人口管理工作的同时，结合实施社区警务战略，加强暂住户口登记、房屋租赁登记备案、暂住证办理和查验等基础工作。各地将流动人口、出租房屋管理工作摆在极其重要的位置，常抓不懈。以推进社区警务战略为契机，以派出所基础信息采集为载体，落实“谁主管谁负责、谁用工谁负责、谁出租谁负责”的管理措施。强化暂住人口、出租房屋的登记、办证、通报协查、建档、查验、签订治安责任保证书等日常管理制度。集中力量进行暂住人口、出租房屋登记和信息采集工作。建立完善了包括暂住人口、出租房屋信息在内的派出所基础信息管理系统，为落实长效管理奠定基础。

全省公安机关共发放《致流动人口一封信》、《致房屋出租户一封信》120000份；采集、登记暂住人口60余万人，办理《暂住证》40多万本；采集、录入、更新出租房屋信息204613户；签订《治安责任书》182193份，基本做到了底数清、情况明。

坚持日常管理与重点整治相结合，及时打击混杂于流动人口、出租房屋中违法犯罪人员，及时消除治安隐患。6月至9月，全省公安机关开展了出租房屋清理整顿专项行动，取缔了非法出租房屋3517家，清查出租房屋147203户、清查用工单位3819个、文化娱乐场所4728个，破获各类案件9677起。

二、注重强化基础建设

充实户口协管员队伍。各地按照“精干、效能”的原则，大力加强流动人口管理队伍建设。据不完全统计，各地建立流动人口、房屋租赁管理服务站3341个，聘用专(兼)职户口协管员5722人。结合科技强警，加快暂住人口和出租房屋信息管理系统建设，使全省暂住人口和出租房屋信息基本实现微机管理。

三、管理服务并重，切实维护流动人口的合法权益

全省公安机关切实转变了执法观念，重视维护暂住人口的合法权益。在推行各项制度改革中兼顾流动人口的合法权益，实现管理与服务的统一。合肥市公安局在户籍管理中规定购买成套商品住宅房及购买门面房、厂房等可以将户口申请迁入该市，解决了外来民工子女上学难的问题。共青团、劳动保障、建设、公安等部门继续深化“千校百万”进城务工青年培训活动，向进城务工青年传授城市生活常识、文明知识和维权知识。民政部门认真贯彻《城市生活无着的流浪乞讨人员救助管理办法》，坚持以人为本、为民解困的理念，今年共救助各类城市生活无着的流浪乞讨人员15691人次。计生部门开展了农村地区流出人口违法生育的调查，探究流动人口计划生育管理服务的新思路，加快了流动人口计划生育管理信息化建设，进一步做好流动人口计划生育信息交流工作。劳动和社会保障部门积极组织开展农村劳动力转移就业工作，取得较好成效，全省共培训农村劳动力30多万人。司法行政机关大力开展流动人口的矛盾纠纷排查调处工作，加大对流动人口的法制宣传教育力度，提高农民工依法维权的意识和能力。建设部门结合行业管理职能，加强建筑施工队伍流动人口管理和城市出租房屋管理，加强外来建筑队伍备案管理和建筑队伍输出管理。在施工队伍较集中的省市设立了驻外建筑管理处，对驻外施工队伍集中管理。加强对建筑劳务队伍的培训和教育。各级劳动保障部门继续开展改善农民进城就业环境的“春风行动”等专项活动。2006年组织劳务输出140万人，推荐放心民办职业介绍机构108家，依法取缔非法职业中介201户。共查处拖欠和克扣农民工工资案件859起，涉及农民工人数2.7万人，清欠农民工工资3092万元。各级法律援助机构充分发挥职能作用，把为外出务工人员维权讨薪提供法律援助作为一项重要任务来抓。为外出务工人员开设“绿色通道”，提供便捷、有效的法律援助。工商部门开展了“全民创业红盾帮扶行动”，认真落实国家就业和再就业收费减免等优惠政策，以创业促进就业和再就业。全省民营经济的发展吸纳了464万多人就业，其中50%以上人员来自农村，实现了农村劳动力就近转移。

矛盾纠纷排查调处工作情况

2006年，省委办公厅、省政府办公厅下发了《关于在全省深入开展矛盾纠纷大排查大调处活动的通知》，省综治办下发了《关于在全省开展矛盾纠纷排查调处工作的通知》。全省共调处各类矛盾纠纷193161件，调解成功183441件，调处成功率95%，防止“民转刑”案件2877件。一是把处理信访突出问题,预防和处置群体性事件摆上更加突出的位置。在认真分析研判信访形势的基础上,确定了以贯彻国务院《信访条例》为主线,突出重点,分步施策,标本兼治,注重长效机制建设的信访工作总体思路。全省信访形势明显好转,群体性事件大幅度下降。二是围绕平安建设的主题,健全完善矛盾纠纷排查调处工作制度。三是进一步明确落实矛盾纠纷排查调处工作责任。建立健全了矛盾纠纷排查调处工作领导责任制和责任追究制,实行重大矛盾纠纷领导包案制,严格落实考核奖惩制度。各地、各部门始终坚持"谁主管谁负责"的原则,进一步明确了各级各部门矛盾纠纷排查调处的职责任务,把矛盾纠纷排查调处工作绩效纳入社会治安综合治理和信访工作目标管理考核的内容。

社会治安重点整治工作情况

2006年,全省共排查治安混乱地区和突出治安问题569个,已整治好508个,占89.3%,被整治地区治安面貌明显改观。主要做法:

一、加强领导,制定方案

为加强对排查整治工作的领导,省综治委专门下发了《关于开展排查整治治安混乱地区和突出治安问题的工作意见》,对集中排查整治工作的目标任务和工作措施等作了明确要求。根据省综治委统一部署,各市均成立了排查整治工作领导小组,并结合当地社会治安实际,认真制定了排查整治方案,精心部署,层层发动,深入开展摸排工作。

二、深入排查,突出重点

在排查中,各地坚持集中排查与经常性排查相结合、区域性排查与行业性排查相结合,深入乡镇、村、社区、厂矿、交通沿线、集贸市场、公共复杂场所等,进行深入细致地摸底排查,找准突出的治安问题。在认真排查和梳理分析的基础上,进一步突出整治重点,明确工作措施,并逐个制定有针对性的整治措施,实行集中整治。为了使摸底排查工作不留死角、不留空白,对各地开展排查整治治安混乱地区和突出治安问题活动的情况,实行零报告制度。通过摸底排查,全省确定了九类集中整治的重点区域和突出治安问题:一是刑事案件上升,治安案件高发,"两抢一盗"等侵财性案件多发的区域;二是卖淫嫖娼和吸毒贩毒等社会丑恶现象大量滋生,敲诈勒索,贩卖盗版和淫秽光碟,兜售非法书刊等治安问题突出的区域;三是无照经营、欺行霸市、抢揽工程、非法阻挠施工、制售假冒伪劣商品及黑市交易等问题突出的区域;四是非法倒卖票证、强买强卖、强讨强要及制贩假证等问题屡治不绝的区域;五是交通秩序混乱,事故多发的路段;六是铁路沿线盗抢案件高发,严重破坏铁路运输安全的区域;七是盗割输电电线、电缆以及通信设施现象严重的区域;八是具有黑社会性质有组织犯罪或恶势力犯罪严重的区域;九是存在其他突出治安问题和治安隐患,群众和新闻媒体反映强烈的区域。

三、集中整治,限期整改

对排查出的治安混乱地区和突出治安问题,各地各部门按照"属地管理"和"谁主管、谁负责"的原则,层层签订整治责任状,把整治任务落实到具体部门和单位,各负其责,齐抓共管。对那些治安状况长期混乱或经过整治又出现反复的地方,实行地方党委挂牌督办和领导包点整治,由所在地党委、政府组织强有力的整治工作组驻点整治,限期整改。对涉及面广、情况复杂、解决难度大的混乱地区和突出治安问题,由省有关部门派驻得力工作组,驻地帮助解决问题。如合肥市的步行街地区扒窃现象一度十分猖獗,是省挂牌重点整治地区,为了加强对该地区的整治,合肥市认真研究制定了专项整治方案,成立了步行街集中整治领导小组,由所在的庐阳区党委政府分管领导挂帅,抽调精兵强将,成立整治办公室,采取集中清查整顿打击和日常巡逻查控相结合的办法进行集中治理。通过集中整治,步行街地区的偷盗扒窃现象得到有效遏制,治安面貌大为改观。

在全省社会治安重点整治工作中，各地各部门先后开展了整治公共复杂场所、校园及周边、企业及周边、铁路沿线、重点工程治安秩序，整顿特种行业、文化娱乐市场等一系列专项行动。在排查整治过程中，各地把“严打”、“严防”有机结合起来，紧密结合当地实际，采取打更放哨、落实责任制等一系列强化防范工作措施，健全基层治保、调解组织并发挥积极作用，加强治安巡逻，提高对社会面的控制和应付突发事件的能力，使被整治地区的社会治安面貌迅速改观，有力维护了良好的治安秩序。

四、加强检查，注重实效

为了确保重点整治工作取得实效，省综治委制定了重点整治工作的检查考核标准，并把治安混乱状况是否明显改观，突出治安问题是否得到有效治理和解决，群众的安全感是否明显增强，排查整治工作长效机制是否建立，作为检查考核的主要标准，纳入综治工作领导责任制考核内容。各级综治部门加强检查督导，及时研究解决重点整治工作中出现的困难和问题，确保重点整治工作顺利开展。对重点整治工作不负责任，敷衍塞责走过场，弄虚作假，瞒报漏报，影响社会稳定的，在全省予以通报。

铁路护路联防工作情况

一、明确责任，平安铁路示范路段创建活动扎实推进

年初，省综治委铁路护路联防工作领导小组制定了《安徽省铁路沿线开展“平安铁路示范路段”创建活动三年规划实施方案》，从组织领导、创建目标、完善机制、协调联动、督查考核等五个方面作出具体规定。各级高度重视，成立了创建工作领导小组，切实加大了组织领导力度，扎实推动各项护路工作措施的落实。全年全省实现了“五个无”目标，路外伤亡事故同比下降60%，无群死群伤事故。据省统计局调查，社会各界对铁路平安建设成果满意度提升到94.7%。年底，先后对蚌埠、亳州、巢湖、宿州、黄山市的“平安铁路示范路段”创建活动进行全方位的考核，并隆重命名表彰了亳州市、巢湖市、黄山市辖区的三个“平安铁路示范路段”，有力地促进了铁路护路联防工作规范化、制度化。

二、打防结合，铁路治安大局持续平稳

在春运期间，组织开展了“蓝盾”行动，集中严厉打击票贩子的不法活动。查处各类倒卖火车票案件51起，抓获犯罪嫌疑人54名，缴获车票310张，折款2.3万余元。开展了以“整治安、打割盗、促防范、保安全”及“反拆盗、反盗割、打货盗”为主要内容的治安专项整治行动。4月份和10月份，以铁路两侧、沿线乡镇街道的废旧金属收购站点和小烘炉、小冶炼点为重点，两次开展集中清理行动，取缔了一批无证无照的非法经营点，清理了一批证照不全或不合要求的废旧金属收购站点，查处了一批非法出售、收购铁路器材的违法犯罪嫌疑人，堵塞了铁路器材的销赃渠道。同时，通过建立和完善属地管理责任制、联合检查、跟踪回访、调查登记等长效机制，逐步把废旧金属收购站点管理纳入了规范化轨道。针对合九铁路沿线非法采砂影响铁路运输生产安全的问题，公安、水利部门联合行动，对潜山县境内的皖水河、潜水河特大桥等重点地区非法采砂问题进行了集中整治和宣传，省电视台《新闻观察》栏目组全程跟踪采访报道。通过发放资料、张贴通告、面对面宣传和新闻媒体现场采访等形式，使群众认识到在禁采区采砂对铁路运输安全造成的巨大危害。同时，加大对非法采砂行为的打击力度，抓获了5名违法人员，有力地震撼了非法采砂行为，有效地维护了铁路运输安全。对沿线盲流闲杂人员强化社会管理，开展多次集中清查，共清理铁路沿线各类闲杂人员7800人次，清理扒乘人员2650人次，封堵废弃无人居住的空闲房间20处，拆除5处，查处治安案件2100起，把一批对铁路治安构成潜在威胁的盲流人员彻底清出铁路。年初,上海铁路局投资300万元在蚌埠东站安装了电视监控设备,使掀盗运输物资、拆盗铁路器材等危及行车安全问题得到有效遏制。

三、综合治理,构筑铁路安全屏障

2006年共化解了固镇县涵洞积水、放牧等11起冲突纠纷,及时排除了治安隐患。护路组织广泛聘用"铁路安全联络员",印制联系卡发放给治安协管员和沿线村民,注明民警联系电话和影响铁路安全需及时报告的5类治安问题,每公里铁路线安排2名村民作为"路外安全联络员",提供有价值信息的,给予奖励,提高了线路治安动态管理能力。2006年,沿线群众提供有价值的情况信息150余条,及时排除危及行车安全情况11起,有7名村民因此受到表扬,领到兑现奖金2700元,极大地提高了沿线群众参与护路联防工作的积极性。

四、深化宣传,营造良好的爱路护路环境

在综治宣传月和护路联防宣传月中,各级护路组织在火车站广场、集贸市场等重点场所,通过举办文艺演出、设立固定宣传栏和咨询台、印发宣传品等多种形式,开展了声势较大的集中宣传活动。4月份,省护路办、教育厅、团省委、上海铁路局联合组织开展了"爱路护路、关爱生命"的宣传活动,对全省中小学生进行了为期3个月的集中主题宣传,力争"教育一个孩子,带动一个家庭,确保一线平安"。蚌埠市综治办会同市教育局为铁路沿线的52所中小学配备了抓护路安全法制教育的副校长,每个中小学都组建一支"红领巾义务护路队",开展了"关爱生命,我爱铁路"征文评选活动,使沿线中小学生进一步了解护路基本常识,增强了安全防范意识,营造了良好的爱路护路环境。

维护妇女儿童合法权益工作情况

一、不断完善妇女儿童维权法律体系

先后出台了《关于市辖区一审未成年人刑事案件指定管辖的规定》、《安徽省职工生育保险规定》等一系列法规,完成《安徽省实施〈中华人民共和国妇女权益保障法〉办法》的修订工作。成立了修法领导小组和修法专家组,先后赴15个市、部分县乡和江西省进行修法调研;先后召开修订工作会、征求意见会等36次;听取并吸纳各方专家学者以及城乡妇女群众的修法意见3000多条,经省十届人大常委会第二十七次会议审议形成修订草案修改稿,即将颁布实行。

二、开展形式多样的普法宣传

省高院、省检察院、省政府法制办、省妇联等14个部门联合转发了全国《关于做好〈中华人民共和国妇女权益保障法〉宣传贯彻工作的通知》,各成员单位分别在系统内组织了宣传和培训,并相互配合,开展了有声势、有力度、有影响的妇女法制宣传教育活动。省妇联、省司法厅、省依法治省领导小组办公室联合开展了"三八"妇女维权月活动,举办了"抓维权、促发展、构和谐"法制宣传年启动仪式暨法律宣传咨询活动。维权月期间,全省送法下基层到了477个乡镇(社区),受教育人数达50多万;全省县以上妇联开展《妇女权益保障法》普法知识竞赛151场,参与人数达13.7万。省司法厅启动了"安徽普法网",设立普法讲堂、以案说法,并将新修订的《妇女权益保障法》列入"五五"普法学习内容。省高院、省检察院、省公安厅各级机关在审理案件中向涉案妇女、未成年人宣讲法律知识;联合省委宣传部、省司法厅、省广电局在全省中小学开展《安徽省预防未成年人犯罪条例》知识竞赛活动。通过选派法制副校长、建立法律信箱、开通热线电话、设立电台热线、创建电视对话栏目、播放法制教育光盘、启用模拟法庭、成立青少年犯罪研究会等方式,向广大妇女儿童宣传党和国家的法律政策。

三、加大妇女儿童维权力度

(一)全省各地成立"妇女儿童维权工作站"

45个、“未成年人法律工作站”14个，全省各级法律援助机构共为2116名妇女、1994名儿童提供了法律援助。省法律援助中心在全国率先将妇女因遭受家庭暴力而要求离婚的案件纳入法律援助范围。去年，全省检察机关共批捕侵害妇女儿童权益的犯罪案件1028件1363人；公安机关共破获强奸案件1356起，抓获犯罪嫌疑人1022名，破获拐卖妇女儿童案件91起，抓获人贩子84名，解救被拐妇女儿童85名，有效地维护了妇女儿童的合法权益。

（二）制定了《安徽省打击非法行医专项行动实施方案》，加大对非法鉴定胎儿性别和非法选择性别终止妊娠、溺弃女婴案件的查处力度。全省共查处此类案件3777件，涉案医疗机构1290所，没收医疗器械7576件，罚款近1930万元，吊销职业许可证、执业医师证书298件，行政处理和党政纪处分1740人，追究刑事责任107人。

（三）集中开展打击职业介绍领域的各种违法活动，共查处、清退童工57名，纠正了违反女职工、未成年工特殊劳动保护规定的违法行为68起，审查纠正了用人单位制定的违反女职工、未成年工特殊保护的规章制度1538件，责令用人单位与女职工补签劳动合同近12万份。

四、多种渠道加强维权服务

加大对农村妇女的技能培训，全省累计培训农村妇女约600万人次，提高了参与新农村建设的能力；对单亲、特困、留守等特殊家庭开展帮扶救助，省民政厅、省妇联、省福利彩票中心联合开展“为全省百户特困单亲家庭新年送福”活动；制定了《实施关爱农村留守儿童行动意见》、《关于做好义务教育阶段留守儿童教育工作的意见》，在全省命名了百所流动人口子女、农村留守儿童示范家长学校；在全省17个市确定了100多所进城务工农民子女就学定点学校，解决农民工子女就学问题；全省妇联系统募集春蕾捐款539.8万元，资助贫困女童1.6万名；省人口和计划生育委员会对贫困母亲和失学儿童开展救助活动，筹集400多万元，救助一万多户计生贫困母亲和失学儿童，并发放帮扶资金216万元，慰问计生困难家庭1.07万户。省司法厅积极动员社会力量参与帮教工作，救助特困女犯家庭20个，向88名女犯子女发放助学金，共发放捐款资金4万余元。

五、建立健全维权长效网络

开展了“平安家庭”创建活动。省公安厅等3家单位获得全国“平安家庭”创建先进集体荣誉称号，合肥市、蚌埠市、马鞍山市获得全国“平安家庭”创建先进市荣誉称号，绩溪县华阳镇等3个县区获得全国“平安家庭”创建优秀示范区荣誉称号。在全国“平安家庭”创建活动领导小组会议上，我省做了典型发言。

全省先后成立了省女检察官法律服务志愿者团、省女法官法律服务志愿者团、省女律师法律服务志愿者团，妇女儿童的维权队伍进一步发展壮大。有46个县（区）建立了维权联席会议；54个县（区）妇联建立了法律帮助（服务）中心。建立“110家庭暴力报警中心”122个，家庭暴力投诉点686个，家庭暴力伤情鉴定中心8个，庇护所2所，1035个乡镇（街道）建立了妇女儿童维权站，有力地维护了妇女儿童合法权益。

预防青少年违法犯罪工作情况

一、以《安徽省预防未成年人犯罪条例》宣传为主线，加强青少年法制教育

2006年2月，《安徽省预防未成年人犯罪条例》正式颁布实施。全省各级预防组织通过召开《条例》颁布实施新闻发布会、开展《条例》颁布实施日系列宣传活动、在多家新闻媒体设置专栏和专题报道以及编印《条例》宣传手册、《条例》释义读本等多种形式，向全社会宣传贯彻《条例》。全省各级预防组织注重把《条例》宣传与青少年法制教育结合起来，开展丰富多彩的未成年人法制教育实践活动。在全省中小学开展《条例》知识竞赛活动，全省共收到书面竞赛有效答题卡18万份，成功举办电视大奖赛；组织省未成年犯管教所"新生演讲团"在全省各地、各中小学校进行了巡回演讲，让广大青少年从他们的犯罪历程中汲取深刻的教训；在安徽大学等高校组建了多支法制教育志愿者队伍，定期开展法制宣传进社区、进学校活动。

二、以网吧整治为突破口，优化未成年人成长环境

全省开展"黑网吧"及网吧违规经营状况摸底调查统一行动，共发现"黑网吧"179家，281家网吧存在违规经营行为，其中接纳未成年人进入170家，提供色情、暴力、政治反动等有害信息的23家，超时经营、设在学校周边200米以内有88家。调查结果引起了省委、省政府领导的高度重视，省文化、工商、公安等成员单位开展了全省网吧整治专项行动。

三、以关注特殊青少年群体为切入点，坚持社会一般预防和社区重点预防相结合

开展了对辍学失学儿童、留守儿童、服刑人员未成年子女、流浪儿童、社区闲散未成年人和单亲家庭、困难家庭、流动人口家庭的未成年子女等重点群体的调研工作，形成《关于预防未成年人违法犯罪重点工作调研的汇报》，提出加强管理、帮扶的具体政策，探索建立和完善养育、监护、教育、管理的工作体系。针对社区闲散青少年群体，实施了"大学生志愿服务安徽基层计划社区项目"，在合肥、阜阳、安庆3个试点城市派遣了10名大学生志愿者，专门协助所在社区从事闲散未成年人的教育和管理。淮南市实施"社区青少年阳光工程"，加大经费投入，建立专职工作队伍，全面掌控社区闲散青少年群体，使该市青少年犯罪比例得到有效遏制；针对留守儿童群体，省教育厅积极规划实施农村寄宿制学校建设，共青团、少先队通过建立"代管家长"队伍、结对帮扶、举办留守儿童假期学校，开展留守儿童关爱行动；针对流浪未成年人群体，民政部门积极推进儿童救护站建设，加强对流浪儿童的救助保护。

四、以12355青少年服务台建设为基础，探索预防工作新模式

年初，省级12355青少年服务台正式开通，全省17个市也相继开设了服务台，通过对各类咨询问题进行直接解答和对一些典型个案进行跟踪处理两种方式为青少年提供服务。2006年以来，省、市两级服务台共接听各类咨询电话5400人次。热线还对58例典型个案进行跟踪处理。

各级综治委预防小组成员单位在预防青少年犯罪方面进行了探索和尝试。省高院出台了《关于市辖区一审未成年人刑事案件指定管辖的规定》，将市辖区的未成年人刑事案件指定由一个区法院集中审理，这对整合审判资源、统一司法尺度、节约诉讼成本、集中力量帮教、掌握未成年人犯罪特点和规律具有重要意义；合肥团市委和中院积极探索并在全国首创未成年人刑事案件社会调查员制度，60位社会调查员志愿者已完成调查案件30多起，涉及70多名未成年被告人，调查报告对未成年人犯罪原因全面准确地分析，对未成年人的家庭、所在学校和同伴都产生了很大的触动，起到了良好的教育感化效果。

刑释解教人员安置帮教工作情况

一是大力推广祁门县刑释解教安置帮教工作经验。3月份，召开了省综治委刑释解教人员安置帮教工作领导小组及办公室成员会议，学习中央和省领导有关祁门经验重要批示精神，研究落实批示要求和下一步工作措施。5月19日，省综治委刑释解教人员安置帮教工作领导小组、省综治办在祁门县召开现场会，深入推广祁门县安置帮教工作经验。省委常委、政法委书记、省综治委主任徐立全，中央综治办协调室副主任季勤、司法部基层司副司长田萍等领导出席会议并作重要讲话。会后，省刑释解教安置帮教工作领导小组办公室将祁门县开展安置帮教工作的做法与经验、刑释解教人员创业典型事例汇编成册，制作了祁门县刑释解教人员安置帮教工作电视专题片《风帆在这里扬起》。《资料汇编》与电视专题片 VCD 发给全省各级安置帮教工作机构、乡镇（街道）司法所、各监狱、劳教所供学习借鉴。同时，省刑释解教安置帮教办公室组织5名祁门县刑释解教人员创业典型代表，举办了“走上新生之路”巡回报告会。

二是注重加强刑释解教人员衔接管理工作。3月，省刑释解教人员安置帮教工作领导小组办公室专题研究讨论进一步加强衔接工作的具体办法。7月，会同省公安厅、省司法厅、省民政厅联合印发了《安徽省刑释解教人员衔接管理工作若干规定》，对刑释解教人员预放名单、通知书与鉴定表的填写寄发；重病重残人员的接送；监所与司法所和公安派出所对“三无”“三假”人员的信息核查反馈；外出务工人员的跟踪帮教和双列管；司法局与看守所进行名单比对；司法所与公安派出所工作例会；刑释解教人员报到登记与摸排等作出了详细规定，使衔接工作流程进一步完备、规范。为强化衔接工作的针对性、有效性，我省开发了全省安置帮教工作信息管理系统，从入监所开始到刑释解教后的相关信息通过管理系统连接，在已联通的全省司法行政系统四级网上办理。全省各地都建立健全了刑释解教人员档案，乡镇（街道）安置帮教机构形成了“一人一档、档随人动”的动态管理机制。省内各监所按要求寄发刑释解教人员通知书，各县（市、区）安置帮教办公室和乡镇（街道）安置帮教工作站接到有关文书后，及时建立个人档案，提前做好安置帮教准备工作。对于未主动报到登记的刑释解教人员，司法所采取上门、排查等方式进行登记；对情绪不稳定人员、法轮功人员刑释解教时派专人去监所接回；对回归后无依无靠人员，派人送到当地政府，落实专人开展安置帮教；对重残、精神病、有吸毒史等人员由监所派专人送回户籍地。各地还坚持落实排查制度，采取经常性排查和定期排查相结合，基本上摸清了刑释解教人员的底数，掌握了刑释解教人员思想状况及行踪去向等情况。排查衔接工作措施的落实，最大限度地减少了脱管漏管现象的发生。

三是加强对安置帮教工作的组织领导和督查考核。省综治委及时对刑释解教人员安置帮教工作领导小组及办公室成员进行了调整充实，由14个单位15位相关负责人组成领导小组，16位业务部门负责人为领导小组办公室成员。为切实加强刑释解教人员安置帮教工作，努力从源头上预防和减少违法犯罪活动，2006年8月，省委常委、政法委书记、省综治委主任徐立全主持召开省综治委刑释解教人员安置帮教工作领导小组成员单位等有关负责同志参加的专题会议，研究进一步加强安置帮教工作的措施。会议的主要精神形成了会议纪要发省综治委各成员单位、各市综治委、各市安置帮教工作领导小组贯彻落实。同时，在全省平安建设工作会议上，将刑释解教人员安置帮教工作作为“三大战役”之一进行了部署。

为加强对安置帮教工作年度考核，省综治委刑释解教人员安置帮教工作领导小组制定下发了《2006年各市刑释解教人员安置帮教工作考核办法》。年底制定下发了《关于对2006年度刑释解教人员安置帮教工作进行检查的通知》，并组织省安置帮教工作领导小组办公室成员对全省安置帮教工作进行了年度检查考核。

安徽省社会治安综合治理委员会
关于印发《安徽省社会治安综合治理委员会
工作制度(试行)》的通知

(2006年2月23日)

各市综治委,省综治委各成员单位、各专门工作领导小组:

《安徽省社会治安综合治理委员会工作制度(试行)》已经2006年2月17日省社会治安综合治理委员会全体会议审议通过,现印发你们,自2006年3月1日起执行。

安徽省社会治安综合治理委员会工作制度

省社会治安综合治理委员会(以下简称省综治委)是协助省委、省政府领导全省社会治安综合治理工作的常设机构,由主任、副主任和委员组成,下设办公室。委员会在省委、省政府的直接领导下开展工作,同时接受中央综治委的指导。为充分发挥省综治委的职能作用,进一步健全工作机制,特制定如下工作制度。

一、全体委员会议制度

(一)省综治委全体委员会议主要研究、决定、部署全省社会治安综合治理重大事项。其任务是:1. 贯彻落实党中央、国务院和省委、省政府关于加强社会治安综合治理的方针、政策、指示;

2. 研究部署一个时期全省社会治安综合治理工作,并督促实施;

3. 根据全省社会治安状况,研究提出社会治安综合治理的政策、措施,为省委、省政府决策提供依据;

4. 听取省综治办、各市综治委和省综治委各成员单位开展社会治安综合治理工作情况的汇报;

5. 听取省综治委专门工作领导小组关于综合治理重点、难点工作的汇报;

6. 听取省综治办关于各市、省综治委各成员单位社会治安综合治理领导责任制检查考核情况的汇报;

7. 讨论决定全省社会治安综合治理工作先进表彰和实施一票否决、领导责任查究等事宜。

(二)全体委员会议由省综治委主任召集,或由主任委托副主任召集,省综治委全体委员出席。委员因故不能与会的,应向召集人请假,经批准,可由该部门其他负责同志参会。省综治办负责会议记录和有关会务工作。根据需要可邀请有关部门负责同志和新闻记者列席。

(三)全体委员会议原则上每年不少于两次。如遇特殊情况,可随时召开。

(四)全体委员会议议题由省综治办负责收集,并根据全省综合治理工作情况、各成员单位意见综合拟定,送召集人确定。

(五)会议所需文件材料由省综治办和有关部门(单位)准备,于会前三天分送各委员审阅。

(六)全体委员会议决定事项由省综治办起草会议纪要。会议纪要由会议召集人签发。有关成员单位要根据会议纪要抓好落实。省综治办根据需要可就会议决定事项向承办单位发出《督办通知》。

(七)各成员单位应确定一个处室与省综治办保持经常性联系,并指定一名处室负责同志为联络员,负责信息传递、材料报送等工作。

二、专题会议制度

(一)综治委专题会议由省综治委主任或副主任召集,参加人员根据会议的内容确定。其主要任务是:

1. 听取省综治委各专门工作领导小组关于全省社会治安综合治理重点、难点工作的汇报,并就某项重要工作进行专题研究;

2. 研究分析影响社会稳定的突出问题,对全省社会治安综合治理阶段性重点工作提出指导性意见。

(二)专题会议不定期召开。

(三)专题会议的有关会务和材料准备工作由省综治办负责。

(四)专题会议议定的事项由省综治办商有关部门抓好落实。

三、专门工作领导小组工作制度

(一)在省综治委内成立的流动人口治安管理工作领导小组、刑释解教人员安置帮教工作领导小组、预防青少年违法犯罪工作领导小组、校园及周边治安综合治理工作领导小组、铁路护路治安联防工作领导小组是负责综合治理重点难点工作的议事协调机构,下设办公室。其主要任务是:

1. 传达学习中央综治委专门工作领导小组有关会议精神;

2. 研究全省社会治安综合治理重点难点工作形势,提出有针对性的对策、措施;

3. 研究制定专门工作领导小组的年度工作计划、工作要点;

4. 研究总结推广经验,探索做好社会治安综合治理重点难点工作的新路子;

5. 研究有关专门工作的检查考核和评先评优、表彰奖励、领导责任查究等工作。

(二)专门工作领导小组会议原则上每年不少于两次。如遇特殊情况,可随时召开。

(三)各专门工作领导小组对省综治委和中央综治委相应专门工作领导小组交办的事项,要认真研究、抓好落实,并按要求及时报告结果。

(四)各专门工作领导小组每年要制定工作计划,年终进行工作总结,并及时向省综治委和中央综治委相应专门工作领导小组报告。

(五)各专门工作领导小组办公室要抓好自身规范化建设,健全各项工作制度。

(六)各专门工作领导小组办公室要挂牌办公,落实办公场所、人员和经费,台帐资料规范齐全。

(七)各专门工作领导小组办公室要加强与省综治办的工作联系,沟通信息,及时报送有关材料;省综治办要加强对专门工作领导小组办公室的业务指导。

四、综治办工作制度

(一)省综治办是省社会治安综合治理委员会的办事机构(与省委政法委员会机关合署办公)。主要职责是:

1. 根据省委、省政府和省综治委的部署,研究全省社会治安综合治理的政策、措施,提出建议;

2. 了解掌握各市、各部门社会治安综合治理工作进展情况;

3. 开展调查研究,推动各市、各部门落实社会治安综合治理的各项措施;

4. 总结交流典型经验,鼓励先进,推动后进。

(二)每年年初拟定全省社会治安综合治理工作要点,提交省综治委全会审议。

(三)每半年、全年向省委、省政府和中央综治委报告工作。

(四)每年进行四次全省社会治安形势季度分析报告,报省综治委领导参阅;年中和全年的治安形势分析向中央综治委和省委、省政府报告。

(五)每月召开一次综治办办务会议,定期分析全省社会治安综合治理工作形势,确定阶段性工作重点。

(六)每季度召开一次全省市级综治办主任及专门工作领导小组办公室主任会议,研究安排阶段性重点工作。

(七)每半年召开一次省综治委成员单位联络员会议,通报工作情况,交流工作经验。

(八)每年在全省部署开展一次社会治安综合治理集中宣传和社会治安综合治理好新闻评选

活动。

（九）加强对省综治委各专门工作领导小组办公室的业务指导，畅通信息渠道，掌握工作动态。

（十）坚持正常工作指导和重点工作督查相结合，加强对各市社会治安综合治理工作的指导。

五、社会治安综合治理督办制度

（一）根据中共中央、国务院《关于进一步加强社会治安综合治理的意见》和省委、省政府《关于进一步加强社会治安综合治理的若干意见》以及实行社会治安综合治理一票否决权制、重特大案（事）件领导责任查究制度，省综治委对全省综合治理工作实行督办制度。旨在加强和规范督办工作，完善社会治安综合治理工作机制和责任查究制度，督促解决重点、难点和热点问题，推动社会治安综合治理各项措施的落实，切实维护社会稳定。

（二）督办是指对贯彻执行社会治安综合治理领导责任制和责任追究制度不力的，或工作措施不落实的，或发生重特大刑事案件、群体性事件、治安灾害事故和安全生产事故的地区或单位，制发督办文书，督促查找原因，强化工作措施，尽快改变面貌。

（三）省综治委对各市综治委、省直各单位进行督办；对重大问题也可直接对全省范围内各级综治委、中央驻皖单位和其它企事业单位进行督办。

（四）督办的程序是：

1. 省综治办对督办线索进行调查核实，提出督办意见；

2. 督办意见送省综治委主任审查决定；

3. 省综治委制发督办文书；

4. 承办单位接到督办文书后，在要求的时间内办结，并向省综治委写出书面报告；

5. 省综治办进行核查验收，并向省综治委报告结果。

（五）对督办事项办理不力的，进行黄牌警告；对同一事件在一年内被督办两次而仍无明显效果的，对承办单位实行一票否决。

安徽省社会治安综合治理委员会关于印发《安徽省社会治安评估分析办法（试行）》的通知

（2006年11月19日）

各市社会治安综合治理委员会，省社会治安综合治理委员会各成员单位：

现将《安徽省社会治安评估分析办法（试行）》予以印发，自2007年1月1日起施行。

安徽省社会治安评估分析办法（试行）

为进一步规范和推进社会治安综合治理工作，根据中央综治委和省综治委工作制度的要求，结合工作实际，制定本办法。

一、分析目的

（一）增强各级党政领导抓社会治安综合治理工作的责任意识，密切掌握全省社会治安总体状况及各市综合治理工作情况，分析社会治安发展趋势，科学决策社会治安综合治理工作。

（二）发现、解决社会治安管理的薄弱环节和突出问题，进一步增强工作的针对性、预见性，促进综合治理工作健康、顺利发展。

（三）不断增强各级党政领导"保一方平安"的政治责任意识，坚持不懈地抓好社会治安综合治理工作，保障全省社会政治稳定和治安秩序良好，促进平安和谐安徽建设。

二、分析指标

社会治安评估分析采取社会治安状况、社会治安防控和公众评价三大指标。

（一）社会治安状况指标

1. 刑事案件立案数，实有人口万人立案率、排序，同比、排序。

2. "八类"刑事案件立案数，实有人口万人立案率、排序，同比、排序。

3. 杀人案件数、排序，同比、排序。

4. 抢劫、抢夺案件立案数，实有人口万人立案率、排序，同比、排序。

5. 盗窃案件立案数，实有人口万人立案率、排序，同比、排序；入室盗窃案件占盗窃案件比例、排序，同比、排序。

6. 诈骗案件立案数，实有人口万人立案率、排序，同比、排序。

7. 治安类"110"处警数，实有人口万人治安类"110"处警率、排序，同比、排序。

8. 群体性事件数，实有人口万人发生率、排序，同比、排序。

9. 受理公安机关提请逮捕的案件数、犯罪嫌疑人数、排序，同比、排序；批准逮捕的案件数、犯罪嫌疑人数、排序，同比、排序。

10. 受理移送审查起诉案件数、犯罪嫌疑人数、排序，同比、排序。

11. 提起公诉的案件数、犯罪嫌疑人数、排序，同比、排序。

12. 审结刑事一审案件数、判决发生法律效力的各类犯罪分子人数、排序，同比、排序。

13. 判处五年以上犯罪人数、排序，重刑率、排序，同比、排序。

14. 判刑人员的身份、年龄结构，同比。

（二）社会治安防控指标

1. 刑事案件破案数。万名民警破案数排序，同比、排序。

2. "八类"刑事案件破案数。万名民警破案数排序，排序，同比、排序。

3. 命案破案数、破案率、排序，同比、排序。

4. 吸毒人员登记数，实有人口万人吸毒人员率、排序，同比、排序，新增率、排序；自戒、强戒、劳教戒毒数。

5. 青少年（18岁以下，18—35岁）违法犯罪数，万名青少年（18岁以下，18—35岁）违法犯罪率、排序，同比、排序。

6. 外来流动人员违法犯罪数、排序，同比、排序。

7. 交通事故发生数、死亡人数、经济损失额、排序，同比、排序。

8. 火灾事故发生起数、死亡人数、经济损失额、排序，同比、排序。

9. 经济犯罪侦察立案数、排序，同比、排序。

10. 矛盾纠纷排查总数、调处数、调处成功率、排序，同比、排序。

11. 全省在押罪犯数，全省劳教人员数。

12. 刑释解教人员数、安置数、安置率、排序，同比、排序；全省在册社区矫正数、排序，同比、排序；五类社区矫正对象人数。

13. 刑释解教人员重新犯罪数、重新劳教数、重新违法犯罪率，同比、排序。

14. 来省去京涉法上访数、排序，同比、排序。

15. "法轮功"案件发案数、立案数、破案数、排序，同比、排序。

16. 来省去京信访数、排序，同比、排序。

（三）公众评价指标

由省统计部门组织对全省年度公众安全感进行调查，作出综合评价，并对各市的公众安全感进行排序。

三、分析程序

（一）采集数据和初步分析。各有关职能部门的数据统计和初步分析，应分别于1、4、7、10月的上旬报送省综治办。其中，社会治安状况指标的第1—8项和社会治安防控指标的第1—9项由省公安厅提供。社会治安状况指标的第9—11项由省检察院提供，第12—14项由省法院提供。社会治安防控指标的第10—13项由省司法厅提供，第14项由省委政法委提供，第15项由省防邪办提供，第16项由省信访局提供。根据工作需要可增加有关部门提供数据项目。

（二）综合分析评估。1、4、7、10月的中旬，省综治办对各有关职能部门报送的信息资料进行综合分析或召开会议研究分析，对发现的问题提出建议和工作对策，形成社会治安状况综合评估分析报告，必要时附数据报告。

（三）分析材料的通报。1、7月的下旬，省综治办向省委、省政府、省综治委和中央综治委报告半年、全年的综合分析材料和当年度的公众安全感调查情况；向各市党政主要领导、分管领导和综治委通报半年和全年综合分析材料。4、10月的下旬向省综治委增报第一、第三季度的综合分析材料。

四、工作要求

（一）切实加强领导，精心组织实施。各有关部门要确定牵头领导、指定专人负责，按照评估分析的要求，规范本部门的数据统计工作，做到数据统计及时、准确、完整，并对情况成因、发展趋势和对策措施进行分析研究。

（二）查找突出问题，限期改变面貌。通过评估分析，找出社会治安薄弱环节和突出问题，采取针对性措施，推进综治工作；对问题突出、多次排名靠后的，省综治委（办）帮助讲评分析，研究对策措施；对一些季节性、规律性的一般治安问题，要及时发出公共预警信息，提醒有关部门和群众加强防范。

（三）正确对待评估，着力推动工作。一方面要将社会治安评估分析作为考核、评价各地社会治安综合治理工作的重要内容，另一方面要正确对待社会治安分析评估的排序，把着力点放在总结经验教训，采取对策措施，不断改进工作上。

各市可建立本地区的社会治安分析评估工作制度，省直有关部门可建立本部门的分析评估工作制度。

因地制宜　突出重点　全力打造平安绩溪

绩溪县社会治安综合治理委员会

绩溪县是安徽省一个山区小县，地处皖赣通衢。近年来，我县把规范运作矛盾纠纷排查调处机制作为打造平安绩溪的着力点，把超前防范、化解矛盾纠纷作为维护全县社会稳定的重要手段，着力构建社会矛盾纠纷排查调处工作机制，有效地维护了全县社会的稳定。我们的主要做法是：

一、着力完善矛盾纠纷排查调处工作机制

一是责任落实。县综治委每年都与乡镇、县直和企业签订社会治安综合治理目标管理责任状。乡镇与村、村与组、企业法人与车间班组之间也都签订了责任状，把矛盾纠纷排查调处融于日常工作之中，形成了责任环环相扣、职责界定明确的责任体系，避免了因工作拖拉、相互推诿而导致矛盾激化的现象，普遍增强了全民的维稳责任意识。

二是制度健全。县综治委、各乡镇、县直各单位在调查研究的基础上，制定并推行了一整套的工作制度，如每月一次的矛盾纠纷排查调处工作协调会议制度、逐级上报矛盾纠纷排查调处情况登记表制度、调处程序记录规范化制度、业务培训等一系列工作制度，要求乡村两级健全完善乡镇、村两委召开研究排查调处工作会议录、调处矛盾纠纷的调解记录、调解组织调结的矛盾纠纷登记表、排查上报未调结的重大疑难纠纷登记表等十二种台账资料。一系列制度的正常运转，促进全县矛盾排查调处工作走上规范化、程序化的科学运行轨道。

各乡镇都成立了以乡镇派出所、司法所、林

业、土管、共青团、妇联等部门负责人为成员的矛盾纠纷排查调处领导组，普遍建立了领导组成员联系村制度。各行政村（社居委）成立了以党支部和村（居）委会为核心的排查调处领导组，村两委班子成员、党员领导干部实行联片包户，对重点排调对象确定由村两委主要领导同志、治保、调解干部和综治信息员等对排调业务较为熟悉的同志重点联系，以及时掌握矛盾纠纷的苗头，一旦发现矛盾纠纷，主动及时做好矛盾化解和防范工作，尽力把矛盾纠纷控制、化解在未发状态。

为了防止矛盾纠纷拖而不决，部门相互推诿，我们建立了领导包案和督办制度，乡镇的矛盾纠纷排查调处工作由联系乡镇的县综治委成员单位督办，联系乡镇的县领导为督办领导，县直部门的矛盾纠纷由各口牵头单位领导督办，分管县领导为督办领导，纳入综治考核，对造成严重后果的，实行查究制度，领导包案和督办制度有效地推动了矛盾纠纷工作的正常开展。

三是运作有效。在11个乡镇和25个县直企业单位建立了427人综治信息员队伍。这支队伍为解决基层各类社会矛盾纠纷，预防和减少违法犯罪，维护一方安宁起到了积极作用，为有关部门及时采取对策，防止事态扩大和案件升级做出了努力。

四是保障有力。为确保矛盾纠纷排查调处工作的正常开展，县乡两级都将该项工作经费纳入了年初财政预算，县级规定每年不少于3万元，乡镇每年5000元。同时，为提高从事排调工作人员的积极性，给予适当的经济补贴，资金通过普法经费、乡镇财政、村级集体经济、企业单位或一事一议等多渠道加以解决。城区一块，实行有偿服务。在自愿及不增加群众负担的前提下，对城区居民按照每月每户2~3元的标准收取群防群治费，主要用于城区的矛盾纠纷排查调处、城区保安巡逻等工作。

二、把握矛盾纠纷排查调处的重点

第一，突出重点区域。一是把重要旅游景区作为维护稳定、树立绩溪形象的重点来抓。各景区组建了3~5人的矛盾纠纷排查调处流动队伍，注重掌握各种社会治安问题和苗头，使其消除在萌芽状态。二是重视抓好周边地区的矛盾排查调处。通过召集联调会议，加强人员来往，互通信息等形式掌握和了解周边地区不安定的因素，加以预防。

第二，突出重点部位。建立综治信息员队伍，负责企业内部员工的矛盾预防，从企业的管理、生产、销售各个环节注意掌握员工的思想动态和家庭、社会情况，一旦发现不稳定的苗头，即协同当地公安、司法等部门做好思想工作，避免各类矛盾纠纷的发生。

第三，突出重点人群。全县每年都要集中时间统一行动，对外来务工人员分类进行排查摸底，掌握情况，纳入视线之内，加强法制教育，以增强其法律意识。对刑释解教人员，不定期由乡镇司法所和公安派出所组织排查，建立帮教小组实行“一帮一”措施，跟踪帮教。

第四，突出重点时段。绩溪农特产品较为丰富，在收获季节，各乡镇村组组织力量进行摸排，有针对性地做好工作，避免了一些矛盾纠纷的激化。

三、着力提高矛盾排查调处的成效

第一，坚持“预防为主”，切实加强法制教育。利用法律宣传日、法制宣传灯箱一条街、设立148法律服务咨询专线、农村党员冬训、送法下乡、法律知识竞赛等多种形式，开展普法工作，增强了全社会的法律意识和依法行政、依法办事的能力，有效地减少各类因法律知识缺乏而导致的各类矛盾纠纷的发生。第二，坚持“谁主管、谁负责”，增强调处矛盾的合力。始终坚持“谁主管、谁负责”的原则，实行分级负责，归口调处，责任到部门、落实到单位、落实到人。第三，坚持“高效规范”，着力提高矛盾调处的成效。对排查出的矛盾纠纷，各级组织都主动介入，认真做好调解工作，以尽力化解矛盾，消除隐患。

安徽省综治委、办机构和负责人名单

省综治委

主　任：徐立全　（省委常委、政法委书记）
副主任：高福明　（省人大常委会副主任）
周　溯　（省高级人民法院院长）
柯汉民　（省人民检察院检察长）
委　员：朱　勇　（省委副秘书长、省政府副秘书长、省委省政府信访局局长）
张秋保　（省政府副秘书长）
苏泽泉　（省委政法委常务副书记、省防范和处理邪教问题办公室主任、省维稳办主任）
马大伟　（省委政法委副书记）
崔亚东　（省公安厅厅长）
夏　鹤　（武警安徽省总队总队长）
孙建新　（省司法厅厅长）
李建明　（省国家安全厅厅长）
李宏塔　（省民政厅厅长）
秦亚东　（省委组织部常务副部长）
刘飞跃　（省委办公厅副主任）
张苏洲　（省委宣传部副部长）
洪禹候　（省委政法委秘书长）
张家安　（省人大内司工委主任）
黄荣华　（省民委主任）
仲兆宁　（省纪委常委、监察厅副厅长）
毕小彬　（省财政厅副厅长）
张耀文　（省人事厅厅长、省编办主任）
李　明　（省发展和改革委员会副主任）
吴经华　（省国有资产管理委员会党委副书记、副主任）
程　艺　（省教育厅厅长）
戴　毅　（省劳动和社会保障厅副厅长）
陈素伟　（省建设厅副厅长）
宋卫平　（省交通厅厅长）
贺　凌　（省信息产业厅厅长）
王文有　（省农委副主任）
程　鹏　（省林业厅副厅长）
杨　果　（省文化厅厅长）
汤达祥　（省广播电影电视局局长）
严桂夫　（省工商局局长）
刘　苹　（省新闻出版局局长）
张武扬　（省政府法制办主任）
顾福生　（省政协社会和法制委副主任）
刘加莹　（省军区政治部副主任）
夏育才　（省总工会副主席）
方春明　（团省委书记）
邢江霞　（省妇联副主席）
饶益刚　（省统计局局长）
江　山　（省旅游局局长）
许　克　（省卫生厅纪检组长）
陶为群　（人行合肥中心支行行长）
李迎春　（中国保监会安徽监管局局长）

省综治办

省综治办下设综治督导处、综治协调处。

马大伟　省委政法委副书记、综治办主任
郑　宏　省综治办副主任

安徽省各市、县(市、区)综治委、办主任名单

地区	综治委主任	综治办主任
合肥市	吴存荣	王文涛
庐阳区	王贤泰	王前进
瑶海区	王 崧	
蜀山区	张 健	毛炎冰
包河区	夏向东	范成志
长丰县	操云河	夏明柱
肥东县	江 洪	薛卫华
肥西县	陈晓波	吴家稳
高新区	郭 超	吴连虎
经开区	李 兵	夏可政
新站区	李泽华	费广华
政务区	张维宏	喻栋林
宿州市	姜 元	李云新
埇桥区	陆 智	武时岭
砀山县	薛 峰	张君祥
肖 县	杜明达	轩庆林
灵璧县	尤家荣	戴文龙
泗 县	张 勇	吴德先
淮北市	殷光临	李化廷
相山区	王大军	李清华
杜集区	张信鹏	曹祥军
烈山区	杨清富	顾 磊
濉溪县	闫兴和	李慎军
阜阳市	孟庆银	马新华
颍州区	李士坤	丁建军
颍东区	李志伟	王子明
颍泉区	陈 雷	
界首市	刘玉建	胡子斌
临泉县	黄家胜	张国柱
太和县	王明华	刘强华
阜南县	董继安	陈宝银
颍上县	高子球	王玉坤
亳州市		王 成
谯城区	应国君	李德安
涡阳县	程修略	徐 敬

地区	综治委主任	综治办主任
蒙城县	高 川	王怀富
利辛县	骆方平	许 超
蚌埠市	张学群	乔建华
蚌山区	张 亚	石向东
龙子湖区	何承德	周 亚
禹会区	王庆国	蒋国志
淮上区	徐 超	左 佑
怀远县	吴道俊	姚克祥
五河县	徐社新	朱庆春
固镇县	王维全	徐崇武
高新区	徐朝成	黄旭彬
经济开发区	乔桂元	王苏安
淮南市	王玉成、黄爱华	吴剑华
田家庵区	唐庆明	苗怀举
大通区	张祖保	张勤书
谢家集区	杨天标	朱宗好
八公山区	姚 辉	王 涛
潘集区	谌 伟	顾月伟
凤台县	牛向阳	丁佩超
毛集试验区	蒋昌盛	纪延周
淮南矿业集团	孔令昌	张义源
滁州市	张裕发	吴守田
琅琊区	杨忠勤	朱良琪
南谯区	高泽海	赵玉河
明光市	李建宾	李月奎
天长市	严长荣	田 勇
来安县	高怀忠	魏怀德
全椒县	章光华	王 波
定远县	李 树	武孝兵
凤阳县	何开春	翟玉田
马鞍山市	李 群	范代民
雨山区	马建亭	徐跃杰
花山区	杨勇义	刘学杰
金家庄区	赵 宏	李朝荣

地 区	综治委主任	综治办主任
当涂县	骆俊卿	朱 宁
芜湖市	李 铿	
镜湖区	梁忆平	徐骏
弋江区	张兆溶	张邦胜
三山区	董张应	郏茂才
鸠江区	葛志宁	蒋斗良
芜湖县	贾贤燕	邓立武
繁昌县	王朝晖	王名华
南陵县	周卫华	陈亚峰
铜陵市	古亚伟	孙和平
铜官山区	陈昌虎	何承顺
狮子山区	刘忠法	陈伟
郊区	吕爱民	余良清
铜陵县	陈小田	曹振文
安庆市	李维勇	叶运根
迎江区	丁士甲	方世应
大观区	丁奇志	王庆四
宜秀区	王 进	郑长城
桐城市	胡 睿	李玉林
怀宁县	刘春旺	汪金林
枞阳县	章效生	许德怀
潜山县	林联盟	陈金生
太湖县	钱沙泉	王庆华
宿松县	何 谦	吴永群
望江县	张旺牛	陆松林
岳西县	殷宝龙	陈相初
黄山市	张开南	邵征航
屯溪区	张 武	胡银贵
黄山区	卢新龙	郑建农
徽州区	郑昌华	张少华
歙 县	程光华	方锦林
休宁县	方俊涛	陈永年
祁门县	吴永良	汪自修

地 区	综治委主任	综治办主任
黟 县	纪达昌	孙熙和
黄山风景区	吴积顺	许成岭
六安市	李 乔	曾庆丽
金安区	胡守炳	李道香
裕安区	郑丹竹	连 威
寿 县	陶忠贵	余茂胜
霍邱县	焦永乐	闫永山
舒城县	闻宝强	华从池
金寨县	田扬富	张 军
霍山县	许海东	王 磊
叶集试验区	吴现祥	陶立文
经济开发区	雷祖泽	张仁幼
巢湖市	张传才	刘爱勇
居巢区	靳民本	王必和、赵新宜
庐江县	尚新梅、陈军	高申稳
含山县	洪云玲、方琪	马晓毅
和 县	翟光炯	祁增东
无为县	谷业华、袁之应	钱晓云、徐皞
池州市	李祝安	汪啸平
贵池区	王玉庚	胡信民
东至县	董求安	梁 凡
石台县	桂建明	何金强
青阳县	江晓利	刘福青
九华山	王贵杰	朱书荣
宣城市	钱晓康	甘东金
宣州区	郭金友	邱业凯
宁国市	葛建荣	张斌
郎溪县	吴爱国	程家平
广德县	黄虹宁	陈晓明
泾 县	张光勇	刘爱国
旌德县	余苏谷	江小里
绩溪县	李前智	石文新

（撰稿人：张 兵 王雁山 余永东 牛金志
沈 磊 聂 冬 彭泽勇
审稿人：马大伟 郑 宏 李子顺）

福　建　省

2006年平安建设和社会治安综合治理概况

2006年,福建省平安建设和综治工作紧紧围绕构建社会主义和谐社会、服务海峡西岸经济区建设大局,以群众满意为标准,以建设"平安福建"为载体,以化解矛盾纠纷为主线,扎实推进治安防控体系建设,大力强化基层政法综治组织规范化建设,确保了全省社会政治持续稳定、治安持续平稳,刑事发案数与上年基本持平,八类严重暴力犯罪和"两抢"案件分别比降20.3%和18.7%,交通事故四项指数全面下降,群体性事件起数和人数分别下降20.3%和18.7%,居民群众对社会治安的满意率达到93.47%,认为居住地安全的达到95.33%。

一、落实综治责任,强化领导

各级党委、政府把加强综合治理、开展"平安福建"建设作为服务海峡西岸经济区建设、构建社会主义和谐社会的"一把手"工程,纳入经济社会发展总体规划,周密部署,扎实推进。年初,省委书记、省长与各设区市党政一把手连续第八年签订综治责任书,省综治委连续第二年向成员单位下达综治责任书。各级各部门也层层签订,全省共签订综治责任书4.20万份,其中由党政主要领导签订的有2.6万份,确保落实综治责任纵向到底、横向到边。进一步完善日常抽查、半年初检、年终总评的综治责任考核机制,年中组织各设区市以互查互学的形式对落实责任书情况进行交流检查,年底采取实地复核、省直部门考评及公众安全感测评等进行综合考评,并针对存在问题,下达整改通知书,督促各地限期整改。省综治委、省委组织部联合建立设区市党政领导抓综治工作实绩档案,加强对维护社会稳定绩效的考核。各地建立了干部任用奖惩征求综治部门意见的制度,把党政领导干部抓社会治安综合治理工作实效同政绩考核、晋职晋级和奖惩直接挂钩。有的地市建立健全公众安全感季度测评、通报、分析等制度,对工作落后的县区给予黄牌警告。有的地市实行平安综治责任抵押金制度,把平安综治目标管理与责任人的经济利益挂钩。各级综治委对因领导不重视、措施不落实,造成重大稳定和治安问题的单位和个人,严格实行综治一票否决和责任查究。

二、坚持"三抓三带",拓展领域

省委办公厅、省政府办公厅转发了《省委政法委、省综治委〈关于"十一五"期间深入开展"平安福建"建设的意见〉》(闽委办[2006]8号)的要求,各地各部门以提高群众知晓率、参与率、满意率为目标,以创建平安县(市、区)和平安建设先进单位为载体,继续坚持抓街道带社区、抓乡镇带村居、抓系统带单位,条块结合、上下联动、立体运作、齐抓共建。各地由党委、政府牵头,继续把平安建设列入为民办实事项目,以县(市、区)、乡镇(街道)、村居(社区)为基本创建单位,做到成熟一批、验收一批、表彰一批,不断推进基层平安创建活动;按照"激活小细胞、促进大平安"的思路,省综治委牵头协调省直有关单位结合部门实际,开展"平安家庭"、"平安校园"、"平安企业"、"平安医院"、"平安单位"、"平安库区"、"平安金融"、"平安电力"、"平安邮政"、"平安海域"、"平安铁道"等多种形式创建活动,大大拓展了平安建设领域和社会覆盖面。

三、不断创新载体,丰富内涵

省综治委把加强非公经济组织平安建设作为新时期拓展综治工作的有效载体,3月份,召开全省非公有制经济组织综治工作研讨会,制定出台《关于加强非公有制经济组织平安建设和社会治安综合治理的若干意见》,各地以开展"平安企业”创建活动为载体，指导督促非公经济组织开展矛盾纠纷排查调处、企业内部及周边治安防范等工作，泉州、莆田市积极组建综治协会，实行“厂店联防”，福州、漳州、南平市推行“保安＋保险＋技防”的群防群治模式，厦门、三明市完善企地“联管、联防、联调、联治”工作机制，取得良好效果。11月8日至9日，中央综治办在泉州召开全国非公经济组织综治工作座谈会，总结推广我省经验做法。此外，漳州市等沿海地区开展平安海岸线创建活动，推行“警官兼村官”做法，龙岩等市与相邻的粤赣等省相关地市联合开展平安边界创建活动，建立边际联防协作机制，收到了较好的成效。

四、加大宣传力度，提高“三率”

各地把宣传群众、组织群众、发动群众作为平安建设的基础来抓，以加强舆论宣传为重点，运用各种手段，广泛发动群众，充分发挥人民群众的主体作用。省委政法委、省综治办与省文联举行“迎新春、颂平安、赠春联”活动启动仪式，与省委宣传部联合召开全省平安建设、政法综治宣传工作会议，与中央电视台社会与法频道录制了《平安家园·会客厅》专题片，组织开展“平安福建”歌曲大家唱，联合省社科联组织省内有关专家学者编纂出版《“平安福建”实践与探索》，组织理论和实务部门围绕犯罪控制课题进行专题调研，积极筹备举办首届“平安福建”论坛，共收到调研文章93篇。配合中国平安网福建频道开展平安宣传，厦门、漳州、莆田等设区市和龙海、蕉城、福清等县（市、区）开通政法综治网。

五、严格考评验收，确保实效

省综治委修订完善《平安县（市、区）考评验收办法》和《平安先进单位考评验收办法》，认真做好首批平安县（市、区）的考评验收工作，在县（市、区）自评、设区市考评、省直38个部门考评，统计部门电话抽样调查和省综治办实地复核的基础上，6月14日，省委、省政府隆重召开全省综治工作暨平安建设表彰会议，鼓楼区等33个县（市、区）被省委、省政府命名为首批平安县（市、区），省直机关党工委等8个省直和中央驻闽单位，厦门、泉州、三明等3个市被评为平安建设先进单位。到年底，又有第二批共32个县（市、区）和10个省直、中央驻闽单位达标。市县两级也分别对“平安乡镇（街道）、平安村居（社区）进行考评验收和命名表彰，截至年底，全省评出平安乡镇（街道）884个，占乡镇（街道）总数的80.1%，平安村居13452个，占村居总数的81.9%。为加强对平安建设的长效管理，省综治委制定下发《平安县（市、区）滚动管理办法》，对已达标县（市、区）进行复核考评，对因工作不落实或失职渎职发生严重影响社会稳定问题的，取消平安县（市、区）称号。

维护稳定和严打整治情况

针对全省区位特殊、隐蔽敌情复杂的形势，进一步加强军地隐蔽斗争协作，深化反渗透综合治理，及时粉碎敌对势力的各种渗透、窃密和破坏活动。大力加强同“法轮功”邪教组织斗争，连续五年实现“零聚集、零进京、零插播”的工作目标。严密防范境外宗教势力的渗透破坏，加强天主教地下势力的教育转化，积极稳妥处置民间“保钓”、涉日和网上炒作等热点、敏感问题，没有发生危害国家安全和政治稳定的重大事件。加强安全保卫工作，确保了重要目标、敏感时期的安全稳定和重要警卫任务、重大会议活动的顺利进行。以开展打黑除恶、侦破命案、打击“两抢一盗”、打击经济犯罪、禁毒人民战争等一系列专项行动为重点，大力强化日常侦查破案工作，加大对有组织犯罪、严重暴力犯罪、多发性侵财犯罪的打击力度，始终保持“严打”高压态势。全省破获刑事案件数和抓获刑事作案成员分别比增5%和9.2%，打黑除恶、打击“两抢一盗”、侦破命案三个专项斗争战绩分别名列全国第二、第四、第五，全省8个设区市现行命案破案率达90%以上。一批危害严重、影响恶劣的大要案在短时间内成功破获。省综治办组织各地对刑事案件高发、黄赌毒问题突出、群体性上访严重、群众满意率低的地方和单位进行排查，全省确定300个重点整治点，其中设区市综治委挂钩联系50个。各地按照“有工作方案、有挂钩领导、有整治工作组、有检查验收总结”的工作要求，认真落实整治措施。

社会治安防控体系建设情况

认真落实《福建省社会治安防控体系建设三年规划》，按照普及人防、巩固物防、提升技防、加强协防的要求，继续抓好中心城市、县（市）城区和国道、省道、铁道经过的重点集镇、社区三个层面的治安防控网络建设。人防方面，建立以公安机关为主力、以专职保安力量为骨干、以群众性巡防队伍和治安信息员为主体的防控网络，全省共发展保安服务公司107家、保安员6.4万人，组建各类群防群治队伍2万多支近20万人，选聘治安信息员10万名。各地积极推广成立平安综治协会和“保安＋保险＋技防”的做法，有力拓宽平安建设经费保障渠道，促进了治安防范工作的社会化、职业化。物防方面，在社区普遍推行社区警务工程、小区封闭工程、车棚看护工程、道路亮灯工程，实行定点、定人管理各种机动车辆，全省新建成1100个社区警务室并投入使用，新增设警务点、报警点2000多个。技防方面，各地把以视频监控为主的技防建设纳入治安防控体系建设总体规划，列入为民办实事项目，坚持政府推动、市场运作和社会管理相结合，加大资金投入，不断扩大技防覆盖面。省公安厅、科技厅确定马尾、福清、思明、石狮、芗城、长泰、将乐、新罗、上杭、顺昌等10个县（市、区）为科技强警示范县（市、区），依托“110”指挥中心，整合已建报警监控系统资源，进一步提升了技防科技含量。协防方面，各地积极组织社会力量，因地制宜开展各种形式的联户联防、联片联保、企地协防活动。在边界联防上通过签订治安联防协议书、成立纠纷联合调解会、设立联防信息员等，实现省际、县际、乡际之间联防联调、联打联治。

基层综治组织规范化建设情况

各地把加强基层组织建设作为平安建设的战略性、根本性任务来抓，按照抓基层、建队伍、打基础的工作思路，采取多种形式整合基层维稳力量，着力加强乡镇（街道）政法综治队伍、村级综治协管员、村组平安中心户长三支队伍建设，巩固了基层第一道防线。

一、整合基层综治力量

认真落实闽委办发［2006］8号文件关于“县级政法委、综治办合署办公和政法委副书记、综治办主任按同级正职配备”的要求，县（市、区）综治办主任基本按正科职级配备到位。8月份，省综治办召开全省基层综治组织规范化建设座谈会，总结、交流试点工作经验，推广合署办公、成立综治联合党支部和联席会议三种乡镇（街道）综治组织建设模式。12月底，省综治办、人事厅、省委农办、总工会联合下发《关于在全省基层综治队伍中开展争当“十百千”先进个人活动的意见》，部署在全省评选十名先进县（市、区）综治办主任、百名先进街（镇）综治办主任、千名先进综治协管员和平安中心户长，通过树立典型、宣传先进,激发基层综治队伍和群防群治力量的工作积极性和创造性。

二、加强村级综治协管员队伍建设

年初,省委办公厅、省政府办公厅转发《省委农办等五部门关于加强农村“五大员”队伍建设意见的通知》,决定2006年起为全省村一级各增设1名综治协管员,由省财政按每人每月50元标准发放补贴。省委政法委、省综治办出台《关于建立村级社会治安综合治理协管员队伍的通知》等配套文件,进一步明确综治协管员“协助村两委抓好平安综治工作、排查调处矛盾纠纷、收集报告治安稳定信息、组织群防群治、开展法律政策宣传、协助做好特殊群体管理与服务”的职责。各地建立公开选聘、监督管理、经费保障等制度,加强综治协管员队伍规范管理。经过半年时间,综治协管员配备工作全面完成,厦门、泉州等地还在社区同步配备了综治协管员,全省共选聘综治协管员15857名。

三、加强平安中心户长队伍建设

省综治委在调研总结龙岩建立平安中心户长经验的基础上,出台《关于加强平安中心户长队伍建设的通知》,要求农村以村民小组或自然村为单位、城市社区以楼幢或相应户数为单位设立平安中心户长。各地按照“思想要过硬、业务要过关、时间要保障、工作要热情、处事要公道”的标准,通过自愿报名、群众推荐、村两委确定、乡镇(街道)综治办聘任等程序选聘平安中心户长,并明确平安中心户长调解民间纠纷、重点帮教、加强法制宣传、报送治安信息、开展治安巡逻五项职责,建立了规范管理、挂钩指导、奖惩激励等三项制度。至年末,全省共有平安中心户长15.13万名,在维护当地社会治安中较好发挥了“治安信息员、法制宣传员、民事调解员、治安巡逻员、安置帮教员”的作用。

矛盾纠纷排查调处工作情况

省综治委指导人民调解工作协调领导小组先后下发《关于2006年全省矛盾纠纷排查调处工作的意见》、《关于做好今冬明春开展矛盾纠纷集中排查调处活动的通知》、《关于在国庆前后全省开展矛盾纠纷集中大排查大调处活动的通知》、《关于做好矛盾纠纷排查调处工作考核的通知》等文件,进一步明确矛盾纠纷排查调处工作的目标任务、工作措施和具体要求。各地普遍建立党政领导、综治牵头、“三大调解”紧密衔接、相互补充的矛盾纠纷排查调处工作体系,健全社会舆情汇集和分析机制,构筑矛盾纠纷和群体性事件的社会预警体系,进一步提高了矛盾纠纷的预防、排查、化解、处置的能力和水平。福州市建立了市、县两级政府主要领导定期协调解决重大疑难矛盾纠纷制度,化解了一大批可能影响社会稳定的突出矛盾纠纷。厦门市在全国率先以立法形式出台了《关于完善多元纠纷解决机制的决定》,明确了纠纷解决的范围、方式、原则、程序、奖励处罚要求以及相关部门责任,提出综合运用和解、调解、行政处理、仲裁、诉讼等手段,高效、便捷、低成本地解决日益多样复杂的社会矛盾纠纷,莆田市把建立100个矛盾纠纷调解示范村列入为民办实事项目,加强了区域性、行业性调委会组织和农村调解员队伍建设。省司法厅以“十百千万”人民调解示范评选活动为载体,大力推进基层人民调解工作的规范化建设。在处理涉法信访工作方面,省综治委、省委政法委多次召开专题会议,部署开展联合接访、集中整治非正常上访等专项行动,省、市两级党委政法委和政法部门组织96个专项工作组,深入涉法涉诉信访案件多的重点地区,落实领导包案、责任查究、检查督导等措施,及时排查化解矛盾。

综治专门工作情况

省综治委把加强各专门工作作为推进综治工作的重要渠道，省综治办先后两次召开各专门工作领导小组办公室主任联席会议，了解工作情况，分析形势，研究措施，进一步推动齐抓共管工作格局的形成。

流动人口管理服务工作。年初，对省综治委流动人口管理工作领导小组及办公室成员作了调整充实，先后三次召开领导小组全体成员会议，研究部署加强流动人口管理服务工作。省政府下发了《贯彻国务院关于解决农民工问题的若干意见的通知》，对建立健全流动人口出租房屋管理服务站、扩大完善《暂住证》服务功能提出了具体要求。省直各部门积极发挥职能优势，各成员单位从健全流动人口信息管理系统，加强出租房屋管理，打击流窜犯罪，规范劳务市场，改善务工环境，为流动人口提供法律服务，保障合法权益等方面入手，加强流动人口管理服务。省公安厅把做好流动人口管理服务工作作为“基层基础建设年”的重中之重，全面启动流动人口信息化建设，开通“福建省流动人口信息网”，开展流动人口管理服务百日专项行动和流动人口出租房屋调研活动。全省共设立暂住人口（出租房屋）管理站4102个，暂住人口申报点7784个，聘用暂住人口专职协管员2643人，兼职协管员11140人。省委农办确定52个阳光工程示范县，培训农民工7万多人。省司法厅开展“法律服务三进”活动，简化对流动人口特别是农民工申请法律援助的审查程序，积极为维护流动人口合法权益提供法律服务。省民政厅积极指导各地健全社会救助体系，拓展救助服务功能，逐步实现流浪乞讨人员救助工作从强制性收容遣送到自愿受助、无偿救助的转变；省民政厅、公安厅等六部门联合下发了《关于进一步做好城市流浪乞讨人员中危重病人、精神病人救治工作的实施意见》。省总工会以创建“劳动关系和谐企业”为载体，积极帮助外来农民工追讨欠薪。

刑释解教人员安置帮教工作。年初，召开省综治委刑释解教人员安置帮教工作领导小组成员会议，要求按照“帮教社会化、就业市场化、管理信息化、工作职责法制化”的工作思路，从抓机构建设、责任落实、排查清理、信息管理软件试运行、就业和社会保障、宣传和调研六个方面入手做好年度安置帮教工作。从3月至7月，对近5年和3年全省刑释解教人员安置帮教工作对象进行集中排查清理，摸清了底数，将符合条件的663名对象全部纳入低保范围。认真做好管理软件试运行准备工作，开展了全省安置帮教工作理论研究活动，征集调研文章100多篇，并在厦门市召开全省刑释解教人员安置帮教工作理论研讨暨半年工作会议。在考察学习外地工作经验的基础上，在厦门、泉州、三明等地开展社区矫正试点工作。

预防青少年违法犯罪工作。省综治委预防青少年违法犯罪工作领导小组先后制定下发《2006年全省预防青少年违法犯罪工作考核办法》、《关于在全省启用全国社区青少年信息管理系统的通知》、《关于开展“为了明天工程示范县（市、区）”创建工作的通知》等系列文件，坚持以流浪未成年人、服刑人员未成年子女、闲散青少年、边缘学生群体为重点，开展“青春自护行动”、“青少年阳光工程”、“社区青少年远离毒品行动”、“健康上网拒绝沉迷——帮助未成年人戒除网瘾行动”、“青少年违法犯罪社区预防计划”和“未成年人零犯罪社区”、“青少年维权岗”等“为了明天”系列活动，积极预防青少年违法犯罪。为加强流浪未成年人救助和保护，九个设区市以及长汀、永安、石狮、邵武、漳平、武平等县（市、区）依托救助站成立了流浪未成年人救助保护中心。各地积极开展服刑人员未成年子女帮扶救助活动，协调社会慈善机构做好服刑人员未成年子女代养工作。12月份，省综治委在石狮市召开全省预防青少年违法犯罪工作经验交流会，表彰了42个先进单位和40名先进个人。

学校及周边治安综合治理工作。各地进一步充实加强“平安校园”创建领导小组和办事机构力量，以贯彻落实公安部八条措施和教育部“六条措施”为契机，组织公安、文化、司法、城管等部门开展了两次大规模的校园周边治安秩序专项整治行动，净化了校园及周边环境。9月份，省综治办、教育厅、公安厅联合召开全省“平安校园”创建工作会议，部署深化“平安校园”创建工作，并对福州大学等47所学校授予首批“平安校园”称号。年末有7592所学校达到创建标准。继续选派优秀民警、法律工作者到学校兼任法制副校长和法制辅导员，年内全省新增法制副校长和法制辅导员9734名，派驻保安员6898人。各地和学校紧密结合实际，积极创新校园及周边治安综合治理工作，如泉州市鲤城区开展“六进校园”（受理报警求助进校园、帮教感化矫正进校园、排查化解矛盾进校园、治安防范进校园、法律援助进校园、法制道德宣传进校园），福建农林大学“四移”（工作标尺上移、工作重心下移、工作关口前移、工作范围外移）等新做法，取得较好成效。

铁路护路联防工作。调整充实省综治委铁路护路联防工作领导小组及其办公室成员，为铁路沿线各设区市护路办增配一名专职副主任，沿线站点增聘60名专职护路联防队员，先后举办了8期基层护路联防队伍培训班。各级护路组织进一步完善信息联享、案件联办、治安联防、矛盾联调、宣传联动的护路联防工作机制。以领导小组名义制定下发《全省铁路沿线开展“平安铁路示范路段”创建活动三年规划》，决定从2006年起在全省铁路沿线开展为期三年的“平安铁路示范路段”创建活动。先后开展两次“三保”宣传月活动，与铁路沿线驾驶员等重点对象签订责任状14200份。9月底，以整治5个伤亡事故多发区段为重点，在全省铁路沿线开展了以“压伤亡事故，保行车安全，创建和谐平安铁路”为主题的整治活动。

省直单位参与平安建设和综治工作情况

5月16日，省综治委召开第一次全体（扩大）会议，通报工作情况，向成员单位下达2006年度综治责任书，部署推进行业系统平安创建工作。年内，先后三次召开座谈会，交流行业系统平安创建工作经验。10月20日，省直机关党工委、省综治办联合召开省直机关“平安单位”建设座谈会，8个首批平安建设先进单位联合发出《关于推进“平安单位”建设的倡议书》，号召省直和中央驻闽单位在平安建设中作表率、走前头。

省直各单位把综治工作和平安建设摆上更加突出的位置，做到与业务工作同部署、同考核。省通信管理局、总工会、建设厅、福建海事局等单位充实加强平安建设和综治工作领导小组力量，认真落实一把手负总责、分管领导具体抓的工作责任制。省交通厅、邮政局、水利厅、建设银行、工商银行等单位通过层层签订（下达）综治责任书，把平安建设责任向基层延伸拓展，与领导班子、业务绩效等综合考评直接挂钩。省纪检、监察、组织、人事、综治等部门健全完善五部委联席会议制度，认真行使检查监督和责任查究，促进平安建设和综治工作的有效落实。省委办公厅、省委编办、省经贸委、人口计生委、信息产业厅等单位认真落实联系挂钩基层综治工作制度，主要领导或分管领导多次带队深入挂钩联系的县（市、区）调研，指导帮助基层解决平安建设中遇到的困难和问题。许多成员单位自觉服从属地管理，积极参与所在地平安建设和综治工作，并在人财物方面给予大力支持，比较好地发挥了模范带头作用。

省直各单位按照“抓系统带单位”的创建思路，以创建“平安建设先进单位”为抓手，积极组织、协调、指导直属部门和基层单位开展平安创建活动，参与意识明显增强，条块结合、齐抓共建的工作格局进一步形成。40多个省直及中央驻闽单位制定了本系统（行业、部门）参与平安建设的实施意见或方案。省直机关党工委把创建“平安机关”纳入机关党建总体规划，以党建促创建。

省库区移民开发局坚持稳定与发展并抓，以实现“无矛盾纠纷积压、无矛盾纠纷激化、无群体性上访”为目标，深入推进“平安库区”创建活动，得到中央领导的批示肯定。省妇联以“激活家庭小细胞、促进社会大平安”为目标，在漳州、三明等地召开多场现场会深化“平安家庭”创建活动，全省共评出“平安家庭”470多万户，“平安家庭”示范社区(村)5000多个。省军区、武警福建总队通过开展军警民联防、创建平安驻地等活动，积极参与驻地平安建设，共同维护辖区稳定。省公安边防总队联合口岸与海防办等涉海单位，以海上“110”为运作平台，实行“警官兼村官”模式，开展“平安海域”创建活动，取得了服务海洋经济、维护台海稳定的良好效果。此外，由省政府机关事务管理局牵头的“平安楼院”、省电力公司牵头的“平安电力”、省邮政公司牵头的“平安邮政”、省铁路护路办牵头的“平安铁路”、卫生厅牵头的“平安医院”、交通厅牵头的“平安交通”、人民银行牵头的“平安金融”、通信管理局牵头的“平安通信”等行业系统创建活动不断深化，收到良好成效。

省直及中央驻闽单位以平安建设为载体，以建立健全维稳责任制为核心，着力加强矛盾纠纷排查调处、严打整治、打防控体系建设等工作，解决了一大批涉及人民群众切身利益的突出问题，提高了驾驭社会治安局势、维护社会稳定的能力。省直政法部门充分发挥主力军作用，坚持预防处置与打击控制并举，严厉打击各种严重刑事犯罪活动，妥善处置各类敏感社会问题，确保了全省社会治安的总体稳定。省文化厅组织开展“阳光系列行动”，加强网吧和音像市场整治，净化文化市场环境。省卫生厅加大公共卫生和突发事件处置能力建设，强化救灾防病措施，有效确保了“大灾之后无大疫”。省工商局在全系统组织开展“红盾行动”，开展食品安全专项整治，加强节日食品、旅游、商标、广告市场监管，维护了市场秩序。电信、移动、广电等部门发挥行业优势，积极支持、参与技防建设，提高了治安防控的科技含量。省政协运用提案、调研、视察等形式，积极组织委员为社会安定稳定建言献策。省统计局定期组织开展公众安全感调查，及时了解反映影响群众安全感的社会治安热点问题。省委统战部、省民宗厅建立维稳工作台账，制定工作预案，及时排查、掌握民族宗教领域的各种动态。省委组织部、信访局、人事厅、民政厅、劳动和社会保障厅、国土资源厅、建设厅、林业厅等单位积极做好军转干部安置和部分企业军转干部解困、被征地农民基本生活保障和社会救助服务工作，清理建设领域拖欠工程款，以及妥善解决山林权属纠纷等问题，从源头上化解了大量的不稳定因素。省司法厅大力推进基层人民调解工作的规范化建设，先后两次开展矛盾纠纷集中排查调处活动，促进了社会和谐稳定。省总工会健全完善多层次、广覆盖的劳动争议调解机构，化解了大量劳动纷争，维护了职工合法权益。

各单位坚持把加大平安宣传作为深化平安建设的重要举措来抓，采取内容丰富、形式多样的宣传形式，营造了浓厚的创建氛围。省广电局、省广播影视集团、福建日报坚持把平安建设宣传纳入日常宣传报道总体计划，通过开辟专栏、组织专版等形式，加大平安建设宣传力度。省通信管理局组织移动、电信、联通等公司以发送手机短信、设置平安语音信息留言、彩铃等形式开展平安建设宣传，提高了居民群众的知晓率。省社科联、文联发挥系统优势，组织省内知名专家学者、音乐工作者编写“平安福建”读本和创作“平安福建”歌曲。团省委、省交通厅、粮食局、建行、邮政公司、电力公司等单位通过编印平安工作指南，开设网站、专栏，举办平安知识讲座和知识竞赛、歌咏比赛、文艺演出等形式开展平安建设宣传，增强了干部职工参与平安建设的意识。

省直各单位认真贯彻国务院《企业事业单位内部安全保卫条例》，按照“管好自己的人、看好自己的门、办好自己的事、尽好自家责”的要求，建立完善单位内部安全保卫机构和值班、门卫等制度，增加经费投入，提高安全防范水平，维护了单位的安全。省政府机关事务管理局以创建“平安楼院”活动为载体，联合有关单位召开省直单位“安全保卫工作现场会”和“案情通报会”，指导加强机关单位内部防范，协调省消防总队组织省直单位开展消防安全知识学习和灭火疏散演练，增强广大干部职工的消防安全意识和能力。省财政厅、烟草专卖局、气象局、民航福建安监办等单位在重点部位安装监控设备和安全报警系统，加强了机关人防、物防、技防建设，增强了防盗、防火、防安全事故的能力。省政协、公安厅、地震局等单位的主要领导亲自检查安全保卫工作，督促防范措施落到实处。各单位在抓好内部安全防范的同时，注重加强对干部职工的思想政治教育和法制宣传教育，提高遵纪守法、严格依法办事的自觉性。

中共福建省委办公厅　省人民政府办公厅转发《省委政法委　省综治委关于“十一五”期间深入开展“平安福建”建设的意见》的通知

（2006 年 4 月 3 日）

各市、县（区）党委和人民政府，省直各单位：

《省委政法委、省综治委关于“十一五”期间深入开展“平安福建”建设的意见》已经省委、省政府领导同意，现转发你们，请结合实际认真贯彻执行。

省委政法委　省综治委关于“十一五”期间深入开展“平安福建”建设的意见

为认真贯彻《中共中央办公厅、国务院办公厅转发〈中央政法委员会、中央社会治安综合治理委员会关于深入开展平安建设的意见〉的通知》（中办发［2005］25 号）精神，全面提升我省平安建设水平，推进平安建设向纵深发展，现就“十一五”期间深入开展“平安福建”建设提出如下意见。

一、我省平安建设取得阶段性成效，为深入开展“平安福建”建设奠定了良好基础

（一）福建是全国最早开展平安建设的省份之一。2003 年底，省委、省政府作出了关于在全省开展“平安福建”建设活动的战略决策。2004 年 5 月，省委、省政府下发《关于建设“平安福建”的工作意见》（闽委发［2004］4 号），提出通过五年努力，全省 90% 以上的县（市、区）达到“平安县（市、区）”标准，努力营造团结和谐的政治环境、安定稳定的治安环境、公平竞争的经济环境、规范有序的法治环境、安居乐业的生活环境，力争实现“五个提高”、“五个下降”、“五个遏制”、“五个防止”目标。工作启动以来，各级各部门坚持以落实综治目标责任制为龙头，以实施“为民办实事”项目为抓手，以试点先行为导向，以提高群众“知晓率、参与率、满意率”为目标，加强组织领导，强化措施落实，加大保障力度，经过全省上下两年多的艰苦努力，平安创建活动取得显著成效，人民群众安全感和满意率逐年上升，为我省“十一五”期间深入开展平安建设奠定了良好的基础。

（二）两年平安建设的实践，为我省深入开展“平安福建”建设积累和提供了宝贵经验。一是必须围绕中心,服务大局。坚持以人为本,全面落实科学发展观,把平安建设作为经济社会发展的前提和基础,纳入总体规划,切实加强组织领导。二是必须立体运作,同频共振。坚持在党委、政府统一领导下,凝聚各方力量,形成平安建设的合力。三是必须广泛宣传,依靠群众。坚持以提高人民群众知晓率、参与率、满意率为目标,动员和组织人民群众积极参与平安建设,形成众志成城保平安的社会氛围。四是必须强化打击,严惩犯罪。坚持对严重刑事犯罪保持高压态势,从根本上提升打击犯罪的能力和水平。五是必须狠抓防控,标本兼治。坚持牢牢把握构建社会矛盾纠纷"大调解"机制和社会治安"大防控"体系两大工作重点,落实以防为主的措施要求。六是必须加强基层,夯实基础。坚持把工作重心放在基层,狠抓综治与平安建设各项措施在基层的落实。七是必须规范有序,依法治理。坚持平安建设在法律范围内稳步推进,依法治省各项措施与平安建设同步落实。八是必须立足长远,健全机制。坚持把建立长效机制作为平安建设的一项根本性任务,着力解决机制、体制和制度方面存在的薄弱环节和突出问题,确保长治久安。九是必须加大投入,保障到位。坚持以财政保障为基础,以市场运作为导向,切实加大人、财、物投入,为平安建设提供有力保障。十是必须扑下身子,开拓创新。坚持一切从实际出发,不断创新思路、创新措施、创新机制、创新载体,切实解决平安建设中遇到的各种新情况新问题。这十条基本经验是我们推进新一轮"平安福建"建设的宝贵财富,必须在实践中坚持、完善和发展。

(三)平安建设作为新形势下加强社会治安综合治理工作的新举措,是构建社会主义和谐社会、促进经济社会协调发展的保障工程,是维护广大人民群众根本利益、为人民群众所期盼的民心工程,是提高党的执政能力、巩固党的执政地位的基础工程。深入开展"平安福建"建设,对于我省社会治安综合治理工作拓宽领域、充实内容、提高层次、完善机制、取得实效具有重要作用。我省平安建设虽然取得阶段性成效,但我们也清醒看到,我省与全国一样,正处于对敌斗争复杂期、人民内部矛盾凸显期和刑事犯罪高发期,维护社会稳定的任务依然十分繁重艰巨。一些地方和部门对维护社会稳定重要性的认识还不够深,驾驭社会治安局势的能力还不够强,应对新情况新问题的办法还不够多,平安建设基层基础仍比较薄弱,工作机制不够完善,发展还不平衡。要建设一个具有坚实基础和人民满意的"平安福建",就必须把平安建设作为一项长期的任务,深入、持久、扎实地开展下去,提高到一个新的水平。

二、深入开展"平安福建"建设的指导思想和奋斗目标

(四)指导思想:以邓小平理论和"三个代表"重要思想为指导,深入贯彻党的十六大、十六届四中、五中全会和省委七届十次全会精神,全面落实科学发展观,围绕构建社会主义和谐社会和建设海峡西岸经济区的大局,在各级党委、政府的统一领导下,动员和组织社会各方面的力量,严格落实责任制,加强社会治安综合治理基层基础工作,建立健全长效工作机制,以基层和单位平安创建为载体,全面推进社会治安综合治理各项措施的落实,确保我省长期稳定和长治久安,确保人民群众安居乐业。

(五)奋斗目标:通过三年努力,全省90%以上县(市、区)达到"平安县(市、区)"标准;再经过两年的努力,全省95%以上县(市、区)达到"平安县(市、区)"标准,95%以上机关团体、企事业单位达到"平安单位"创建标准,100%设区的市达到平安建设先进单位标准,使我省进入全国"平安省(区、市)"行列。

三、做好处理人民内部矛盾工作,确保社会稳定

(六)抓好源头预防。各级党委、政府要正确把握改革、发展、稳定三者关系,始终坚持以人为本、统筹兼顾、协调发展,把实现好、维护好最广大人民群众的根本利益作为改革发展的根本目的,真正把科学发展观和正确政绩观落实到决策部署和实际工作中,做到科学决策、民主决策、依法决策。不断完善社会稳定风险评估、论证机制,在出台政策、实施重大改革和重大建设项目之前,要充分发扬民主、科学论证,广泛听取社会各界和广大人民群众的意见,充分考虑对群众利益和社会稳定可能带来的影响。建立完善就业服务体系、社会保障体系和社会救助体系,不断改革和完善发展模式、分配模式、保障模式,努力让改革发展成果惠及广大人民群众，努力维护和实现社会公平，有效预防矛盾和纠纷的发生。

（七）强化排查调处。进一步完善全省社会矛盾纠纷“大调解”组织网络，着力健全人民内部矛盾纠纷排查、预防、化解工作机制，充分发挥省、市、县（区）指导人民调解工作协调领导小组的职能作用，加强乡镇（街道）社会矛盾纠纷调处中心以及村、居（社区）、企事业单位和行业调解组织建设。利用“大调解”这一平台，定期排查调处各类社会矛盾纠纷，尤其要及时排查和化解可能引发群体性事件的重大矛盾纠纷。高度重视发挥各种调解手段在化解矛盾纠纷中的重要作用，引导干部群众把调解作为解决矛盾纠纷的主要选择。进一步探索建立信访接待、人民调解、行政调解、诉讼调解等相互协作的机制，形成信访制度与人民调解相联接、与行政调解相配合、与诉讼调解相衔接的工作格局，建立区域性、专业性和行业性调解网络。加强信息收集和研判，及时掌握社会动态和群众情绪的变化，有针对性地开展疏导调处工作，最大限度地把矛盾纠纷化解在基层，解决在萌芽状态。

（八）依法妥善处置。围绕“发现得早、化解得了、控制得住、处置得好”的总体目标，加强对新形势下各类群体性事件的研究和分析，进一步健全预警机制和应急处置机制，完善应急方案，建立统一指挥、运转高效、职责明确、协调一致、反应灵敏、处置有力的应急处置体系，确保一旦发生群体性事件，能够依法果断处置。对重大群体性事件，党政领导要亲临一线，面对面地做群众工作，切实解决群众的合理诉求，有效防止矛盾激化和事件升级。要善于总结经验教训，不断提高处置群体性事件的能力和水平。

四、强化对敌斗争，维护国家安全

（九）牢牢掌握对敌斗争主动权。进一步加强维护国家安全和政治稳定领导机构、工作机构和组织网络建设，形成覆盖广、反应快、责任明、效率高的组织领导和协调机制。围绕反对和遏制“台独”这个首要任务，不断完善军地隐蔽斗争协作机制，总结人民防线建设经验，加强反渗透综合治理。坚持把情报信息工作放在突出位置，及时掌握影响国家安全和社会政治稳定的苗头性、倾向性问题，准确获取预警性、内幕性情报信息。加强对情报信息的分析、研判和运用，把敌对势力和敌对分子的破坏活动粉碎在预谋阶段。有效防止各种敌对势力插手利用我社会热点问题和人民内部矛盾制造骚乱；有效防止境内外敌对势力制造恐怖破坏活动；有效防止境外间谍情报机关向我内部渗透策反活动；有效防止利用互联网组党结社进行非法活动；有效防止境外宗教势力在省内渗透发展。决不允许危害国家安全和社会政治稳定的势力形成组织，决不允许危害国家安全和社会政治稳定的活动形成气候。

（十）深入开展反邪教斗争。采取依法打击、防范控制、教育转化、宣传揭批的办法，建立起防范和惩治邪教活动的长效机制，继续保持实现“三个零”目标。建立完善反邪教工作网络，充分发挥基层组织和有关部门、单位的积极性，广泛开展反邪教警示教育活动，不断挤压邪教活动的空间。依法打击利用宗教名义进行的各种非法活动。

五、强化严打整治，保持治安平稳

（十一）依法严厉打击严重刑事犯罪。针对犯罪的规律和特点，适时组织开展专项斗争和专项行动，始终保持严打的高压态势。建立健全严打经常性工作机制，把严厉打击严重刑事犯罪的方针政策贯穿于侦查、起诉、审判、执行等各个环节。重点打击有组织犯罪、黑恶势力犯罪、暴力恐怖犯罪以及多发性侵财犯罪。加大破案攻坚力度，做到命案必破、枪案必破、爆案必破。坚决查处黑恶势力“保护伞”，进一步提高严打成效。加强对刑事犯罪情报信息的收集、分析和研究，超前采取应对措施，切实增强严打的针对性和实效性。认真贯彻宽严相济的刑事政策，既有力打击震慑犯罪，又尽可能减少社会对抗，化消极因素为积极因素。

（十二）依法从重从严打击严重经济犯罪。严厉打击危害国家经济安全、严重破坏市场经济秩序、严重危害人民群众利益和生命财产安全的案件，维护社会主义市场经济秩序。加大打击商业贿赂犯罪、侵犯知识产权犯罪、破坏自然资源犯罪、侵害“三农”利益犯罪力度，推进整顿和规范市场经济秩序工作的开展。依法查办和积极预防职务犯罪，重点查办发生在党政机关和领导干部以及重大工程、金融、土地管理、矿产开发、政府采购、医药购销等领域中的职务犯罪案件。建立经济安全预警机制,制定防范经济犯罪的管理措施,提高发现、预防、控制和打击经济犯罪的综合能力。

（十三）深入开展重点整治。健全党委、政府统一领导,综治部门牵头协调,公安机关组织实施,有关部门积极参与的治安混乱地区和突出治安问题排查整治工作机制。定期组织力量深入社区、村组以及重点区域、行业和场所调查摸排。对排查确定的治安混乱地区和突出治安问题,实行挂牌整治、挂钩联系和跟踪督办,实行党政主要领导、分管领导、派出所长和工作组长"五长"捆绑责任制,限期改变面貌。对整治好的地区要落实长效管理机制,切实巩固整治成效。

六、健全治安防控体系,提升防范能力

（十四）着力构建治安防控体系。加强省、市、县(区)三级治安防控指挥信息系统建设,加强省、市、县(区)、乡(镇)、村(居)、组六级治安防控组织建设,在全省构筑起由党委、政府统一领导,综治组织协调,公安机关为骨干,各部门齐抓共管,群防群治力量为基础,城区、农村、单位内部及周边、海上和公路铁路沿线以及案件多发的人群、区域、行业、时段为重点,点、线、面相结合,人防、物防、技防相配套,指挥高效、信息畅通、打击有力、防范严密、控制有效、管理到位的社会治安防控体系。

（十五）大力推进技防建设。加强公安机关110指挥中心现代化建设,根据实际需要,及时对系统进行更新、升级和扩容,着力提升快速反应能力。按照"整体推进、统筹兼顾、市场运作、分步实施"的要求,大力开展技防建设。经过3至5年的努力,全省重要乡镇(街道)、交通干线、重点单位、城市(县城)的主要商业街道、城镇居民住宅小区、大中型集贸市场和公共复杂场所建成视频监控系统,在此基础上不断扩大技术防范的覆盖面。

（十六）狠抓社区治安防范。城市要把防范的立足点放在社区,继续推进"11211"工程建设,全面深化社区警务战略,按有关要求和标准配备社区民警,确保社区民警有足够的时间深入社区抓防范管理。健全社区基层组织,配强综治工作人员,整合社区治安资源,推进社区群防群治力量保安化,提高社区整体防范水平;不断增强群众的法制观念和治安防范意识,弘扬见义勇为精神,动员和组织社区单位和居民群众开展各种形式的群防群治活动,形成维护治安人人有责的社会氛围;采取巡逻控制等防范措施,逐步减少可防性案件的发生,不断增强人民群众的安全感。

（十七）加大农村治安防范。治安良好是建设社会主义新农村的重要基础和内容。狠抓社会治安综合治理在农村的落实,不断提升对农村治安的动态控制能力。深入开展矛盾纠纷排查调处工作,及时发现苗头性问题,及时疏导群众情绪,防止矛盾扩大和激化,努力把问题解决在基层和萌芽状态;依法惩处各种坑农、伤农、损农、害农违法犯罪行为,切实维护农民合法利益;依法严厉打击地痞、村霸、黑恶势力和各种犯罪行为,扫除黄赌毒等社会丑恶现象,营造安定祥和的社会环境。建立健全县际区域联防,探索和建立专业联防、户户联防、警民联防、治安防范有偿服务等农村群防群治的有效途径和办法,不断提升农村群防群治的整体水平。

（十八）落实单位内部治安防范。认真贯彻国务院《企业事业单位内部治安保卫条例》,切实加强包括非公有制经济组织在内的各种所有制企事业单位内部防范措施,加强单位内部保卫机构和保卫力量建设。按照"谁主管谁负责"、"谁经营谁负责"、"谁用工谁负责"的原则,全面落实单位内部治安防范、职工法制教育、矛盾纠纷调解和治安管理的措施和责任。普遍建立厂际联防、店际联防机制,建立治安与保险的互动工作机制。

（十九）建立健全突发公共事件应急管理体系。按照以人为本、预防为主、分级负责、协调配合、依靠科学、整合资源的工作原则,建立和完善全方位、多层次的各类应急预案。形成统一领导、分级负责、职责明确、运转有序、反应迅速、处置有力、依法规范的应急处置体系,积极预防和妥善处置各类突发公共事件,增强全社会抵御风险、抗击危机的能力,维护社会公共安全。

七、加强社会管理,提高管理效能

（二十）全面落实管理责任制。建立健全党委领导、政府负责、社会协同、公众参与的社会管理格局。按照"谁主管、谁负责"的原则,把越来越多的"社会人"纳入各种组织之中,把社会管理各项工作纳入有人负责的严密管理之中。对重点场所、出租屋、特种行业，要实行业主负责制。切实加强对各类社团、民办非企业单位和新经济组织的管理，整合社会管理和社会服务资源，运用科学、民主、法治的方式，发挥城乡基层自治组织协调利益、化解矛盾、排忧解难的作用，发挥社团等民间组织提供服务、反映诉求、规范行为的作用，形成社会管理和社会服务的合力。

（二十一）坚持服务与管理并重。加强企业劳动用工管理，建立健全防止拖欠务工人员工资的长效工作机制，关心和重视劳动保护，妥善处理劳动争议案件，积极受理侵犯劳动者合法权益的纠纷，切实维护他们的合法权益；坚持寓管理于服务之中、教育与维权并重，探索新形势下流动人口管理服务新办法，深入开展各种形式的就业技能培训，普遍建立流动人口管理信息系统；扎实做好服刑人员子女、流浪儿童、闲散未成年人等群体的工作，各设区的市普遍建立"流浪儿童救助保护中心"，帮助他们解决实际困难，促进他们健康成长；加强对缺乏监护、具有不良习性青少年和吸毒人员、刑释解教人员等重点群体的教育、管理和服务工作，积极开展社区矫正试点，创办过渡性安置实体（基地），落实刑释解教人员的低保政策，预防和减少违法犯罪发生。

（二十二）切实加强重点管理。严格按照《治安管理处罚法》规定，加强枪支弹药、爆炸物品、剧毒危险品和放射性物品的管理，消除安全隐患；加强特种行业管理，加强对网吧、娱乐场所的整治和管理，加强对互联网和移动通信不良信息的监控和管理，坚决查处色情等违法网站，封堵有害信息，提高信息安全防护水平。加强道路交通安全管理和消防管理，预防和减少重特大交通事故和火灾事故的发生。加强安全生产监管，加大对安全生产违法行为的查禁力度，严肃查处安全责任事故背后隐藏的滥用职权、玩忽职守等职务犯罪，遏制重特大恶性安全生产事故的发生。

八、推进基层平安建设，夯实综治基础

（二十三）加强基层政法综治组织建设。认真贯彻中共中央《关于加强和改进党对政法工作领导的意见》（中发［2005］15 号）和《福建省社会治安综合治理纲要》精神，重点加强县级政法委、综治办规范化建设，按照政法委、综治办合署办公和政法委副书记、综治办主任按同级正职配备的要求，加强班子建设；根据当地经济发展、人口分布和治安状况，加大人、财、物的投入。认真贯彻省综治委与省编办联合转发中央综治委、中央编办《关于加强乡镇、街道社会治安综合治理基层组织建设的若干意见》的通知（闽综治委［2004］16 号）精神，切实加强乡镇（街道）综治组织建设，配齐配强专职人员，切实加强公安派出所、司法所和人民法庭等基层政法组织建设；切实加强以党支部为核心的村、居治保和调解组织建设，加强村综治协管员队伍建设，在村民小组推广平安中心户长制；切实加强平安（综治）协会、保安联防、治安志愿者群防群治组织建设，为推进平安建设各项措施在基层的落实提供有力的组织保证。

（二十四）扎实推进基层平安创建活动。各级综治委继续建立成员单位与基层挂钩联系制度，加大对基层平安创建的指导帮扶力度。各级综治委成员单位，按照抓系统带单位的要求，发挥职能作用，加强对本系统本单位平安建设的领导、指导、协调和检查。深入开展平安乡镇（街道）、平安社区（村）和平安单位、平安企业、平安校园、平安家庭等基层系列平安创建活动，结合开展无毒害、无刑事犯罪、无邪教乡镇（街道）、村、社区基层专项创建活动。建立基层平安创建考评奖惩和动态管理机制，努力扩大基层平安创建的覆盖面，全面提升基层平安创建水平。

（二十五）加强公民道德、法制宣传教育和民主法制建设。贯彻落实《公民道德建设实施纲要》，弘扬社会公德、职业道德、家庭美德，开展诚信教育，不断提高公民道德素养。认真实施依法治国基本方略，全面落实我省"五五"普法规划，广泛深入开展法制宣传教育，传播法律知识，弘扬法治精神，提高公民法律素质。重点抓好领导干部、司法和行政执法人员、企业管理人员、农村基层干部和城市社区管理人员的法制教育。深入开展优秀"青少年维权岗"创建活动。配齐配强中小学兼职法制副校长，加强青少年法制教育，以实施"为了明天——预防青少年违法犯罪工程"为契机，认真落实预防青少年违法犯罪的各项措施，完善预防青少年违法犯罪的长效工作机制。广泛开展法律进学校、进社区、进农村、进企业等活动，拓展和规范法律服务，加强法律援助工作。坚持依法行政、公正执法,防止和纠正损害群众合法权益的行为。健全民主制度,丰富民主形式,扩大公民有序的政治参与,保证人民依法实行民主选举、民主决策、民主管理、民主监督。坚持和完善政务公开、厂务公开、村务公开办事制度。

九、加强组织领导,完善机制保障

(二十六)建立健全责任机制。平安建设工作由各级党委、政府统一组织实施,纳入本地经济社会发展"十一五"规划。各级党政主要领导是平安建设第一责任人,分管领导是直接责任人,其他领导承担分管工作范围内平安建设的责任。要定期研究本地区本单位平安建设工作,解决平安建设中的突出问题,推动平安建设深入开展。各级党委政法委、综治委要在深入开展平安建设中充分发挥组织协调作用,切实加强调查研究和检查指导,不断总结推广典型经验,认真查找存在问题和薄弱环节,狠抓各项工作措施的落实,有计划、有步骤、有针对性地组织推动平安建设深入开展。各级党委组织部门要把党政领导抓平安建设的工作实绩列入干部考核范围,并建立档案,与干部晋级晋职挂钩,形成制度。

(二十七)建立健全齐抓共管工作机制。各级综治委及其成员单位要紧紧围绕深入开展平安建设的目标要求,研究制定本部门、本系统参与平安建设的工作计划,既认真履行本部门参与社会治安综合治理的职责分工,又扎扎实实地推进本部门、本系统的平安建设工作,充分发挥各自的职能作用。各级政法部门要加大执法管理力度,提升打击与防范犯罪的水平,把提高执法能力、执法水平和开展平安建设有机结合起来,充分发挥主力军作用。各级综治委专门工作领导小组及其办公室要加强对新时期新形势下有关工作的调查研究,在完善工作机制、创新工作举措、整合部门资源、增强工作实效上求突破,充分发挥牵头协调作用。

(二十八)建立健全经费保障机制。各级政府及编制、财政部门要切实加强对平安建设的人、财、物保障,将综合治理和平安建设专项经费列入当地财政年度预算,及时拨付到位,并随当地经济的发展和财力增长而逐年增加;将政法机关基础设施建设和装备建设纳入本地经济社会发展规划,政法机关执法办案经费、综治各专门工作经费要列入财政预算,切实予以保障。加大对社会治安防控体系建设的投入,重点解决警力不足以及专职保安联防和流动人口协管员配备不到位等问题。积极探索市场经济体制下治安防范的社会化、产业化、市场化办法和途径,多渠道筹集群防群治经费。

(二十九)建立健全舆论宣传工作机制。牢固树立政治意识、大局意识和责任意识,加强舆情信息工作,建立和完善相应的舆论管理机制,推动我省新闻和出版单位、网络媒体、高等学校、社科研究机构单位加强自我管理。坚持团结、稳定、鼓劲,正面宣传为主的方针,正确把握舆论导向,确保先进文化牢牢占领舆论阵地。加大"扫黄打非"工作力度,整顿和规范出版市场秩序。始终把提高群众"知晓率、参与率、满意率"作为平安建设的一项根本性任务来抓,大力宣传平安建设,树立和宣传先进典型,营造浓厚社会舆论氛围,广泛动员人民群众积极参与平安建设。

(三十)建立健全检查考核和奖惩机制。在全省建立健全"督查有力、考核严格、赏罚分明、奖惩到位"的检查考核和奖惩机制。一要建立和完善平安建设督查机制。将平安建设列为各级党委、政府的督办项目,各级纪检、组织、人事、监察、综治部门要加强对平安建设工作的督促检查,发现问题要及时通报,限期整改。二要完善社会治安综合治理和平安建设领导责任查究机制。对因平安建设工作不落实或失职渎职而发生影响稳定重大问题的,坚决实行"一票否决"和责任查究。对已被省委、省政府命名为"平安县(市、区)"和"平安建设先进单位"的,实行动态管理,每年进行复核;因工作存在严重问题经限期整改仍未达标,或被"一票否决"的,取消其继续保持该荣誉的资格,并由上级综治委实施综治警示,对相关党政主要领导和分管领导视情实行诫勉谈话或责任查究。三要健全平安建设激励机制。不断完善以"平安县(市、区)"、"平安建设先进单位"两个考评办法为基础的全省平安建设考评表彰工作。2008年仍未达标的地区和单位,要在接下来的两年中努力创建。对连续5年保持达标的地区和单位,由省委、省政府授予荣誉称号,对其党政领导、政法综治干部给予表彰奖励。

福建省社会治安综合治理委员会关于加强非公有制经济组织平安建设和社会治安综合治理的若干意见

（2006 年 4 月 20 日）

各市、县（区）社会治安综合治理委员会，省综治委各成员单位：

改革开放以来，我省非公有制经济发展迅速，成为我省社会经济发展的重要支撑。大力发展非公有制经济，对于推进我省海峡西岸经济区建设有重大现实意义。全面加强非公有制经济组织平安建设和社会治安综合治理既是服务非公有制经济发展、提升非公经济发展水平的一项重要举措，也是充实平安建设内容、拓展社会治安综合治理领域的一个重要载体。为了认真落实非公有制经济组织平安建设和综治措施要求，促进我省非公经济健康快速发展，根据《中共中央办公厅、国务院办公厅转发〈中央政法委员会、中央社会治安综合治理委员会关于深入开展平安建设的意见〉的通知》（中办发［2005］25 号）和福建省委、福建省人民政府《关于建设“平安福建”的工作意见》（闽委发［2004］年 4 号）、《关于全面提升民营经济发展水平的若干意见》（闽委发［2005］9 号）的精神，以及省委办公厅、省政府办公厅转发《省委政法委、省综治委关于“十一五”期间深入开展“平安福建”建设的意见》（闽委办发［2006］8 号）的通知精神，结合我省实际，现提出如下工作意见：

一、增强平安综治意识

（一）大力推进“平安企业”创建活动。企业包括国有企业、集体企业与三资企业、私营企业及个体工商户等非公经济组织。本意见中的“企业”，特指非公有制经济组织。认真贯彻中央、省关于深入开展平安建设的通知精神，引导非公有制经济组织增强“平安与稳定是企业发展的前提和保障”的平安综治意识，明确企业参与平安建设与综治工作的主体地位，通过深入开展“平安企业”创建活动，努力实现“无集体越级上访、无刑事案件、无重大治安案件、无重大安全生产责任事故、无员工违法犯罪”的创建目标，为非公有制经济发展创造安全有序的生产环境、和谐稳定的周边环境、良性互动的用工环境、公平正义的法治环境、文明健康的生活环境。

（二）积极开展“平安综治宣传进企业”活动。围绕提高非公有制经济组织广大员工平安建设知晓率、参与率、满意率，结合每年综治宣传月和日常宣传活动，发挥新闻媒体的主导作用，运用非公经济组织宣传阵地，拓宽宣传途径，丰富宣传内容，广泛宣传非公有制经济组织加强平安建设和社会治安综合治理的重要意义，总结推广典型经验，在全社会积极营造“势在必行、大有作为”的舆论氛围，充分调动非公有制经济组织的积极性和主动性。

（三）切实加强法律道德教育。认真贯彻落实“五五”普法的措施要求，深入开展“送法进企业”活动，大力加强“八荣八耻”社会主义荣辱观教育，把法律道德宣传教育与培育企业文化紧密结合起来，引导企业弘扬“爱国、敬业、诚信、守法、贡献”精神，建立适应社会主义市场经济要求的商业道德、价值标准、行业准则。鼓励支持有条件的非公有制经济组织成立法律宣传教育工作机构，举办法律学习培训中心，设立法制宣传教育基地，聘任政法干警担任法制教育辅导员，引导企业员工进一步树立以权利义务相统一为核心的公民法律意识，在维护自身合法权益的同时，自觉履行法律义务，依法规范自身行为。

二、健全机制措施

（四）完善综治工作运行机制。鼓励支持有

条件、上规模的非公有制经济组织成立综治工作领导小组及专门工作机构，落实综治工作经费，配备专职工作人员，建立健全工作督查、考评、奖惩等责任落实机制，完善宣传报道、信息报送、档案管理等经常性工作制度。条件尚不成熟的非公有制经济组织，可依托企业日常管理机构或党组织，指定专人负责，保证必要经费。

（五）建立内部安全保卫工作机制。根据非公经济组织性质、规模、职工人数、区域范围、安全风险防护要求和周边社会治安状况等实际情况，按照国务院《企业事业单位内部治安保卫条例》关于关系所在地区国计民生、国家安全和公共安全的治安保卫重点单位的特殊要求和其他单位的一般要求，认真落实单位内部安全保卫工作责任，设置治安保卫机构，鼓励支持有条件的非公有制经济组织组建专职保安队伍。治安保卫机构设置及人员配备情况应报所在地县级公安机关备案，保卫人员在上岗前应接受公安机关有关法律及相关专业知识的培训和考核。健全门卫、值班、巡查以及员工生活区管理制度，企业内部治安案件、涉嫌刑事犯罪案件报告制度，治安保卫工作检查、考核及奖惩制度。鼓励并支持有条件的非公有制经济组织采取签订安全责任书的形式，明确部门、科室、车间、班组的治安保卫管理责任，形成企业内部严密的治安保卫工作责任制。

（六）健全安全管理工作机制。依照《中华人民共和国安全生产法》、《机关、团体、企业、事业单位消防安全管理规定》及相关规定，企业经营者对本单位安全生产、消防安全负总责，建立健全安全管理领导责任制及岗位责任制，确定各级、各岗位的安全责任人，明确安全职责。制定安全管理规章制度和操作规程，健全工作、生产、经营、生活场所安全管理制度，落实重要物品及易燃、易爆和有毒有害物品生产、运输、使用、保管、储存等各环节的安全管理制度。非公有制经济组织可根据实际情况，自行确定本单位安全生产、消防安全管理人，负责实施和组织落实安全生产、消防安全管理措施。

（七）建立矛盾纠纷排查调处机制。鼓励支持有条件、上规模的非公有制经济组织成立调解委员会，逐步建立健全非公有制经济组织内部定期排查、及时疏导、有效化解矛盾纠纷的经常性工作机制，逐步建立健全企业信访制度。规模较小、人数较少、条件尚不具备的，可依托工会组织，发挥工会联系企业员工的桥梁纽带作用，引导员工通过工会、调解组织机构或司法途径解决矛盾纠纷，力争把矛盾纠纷化解在企业内部，消除在萌芽状态。

（八）推进治安防控机制建设。按照《福建省社会治安防控体系建设三年规划》的要求，根据“落实人防、巩固物防、提高技防、加强协防”的思路，配齐配强保卫力量，加强集防护、预警、监控为一体的物防建设，改善并加固内部重点保卫目标安全防范设施；鼓励安装报警装置、监控装置、保险装置、防火防爆技术装置；积极推行“厂店联防”、“企地联防”等有效做法，引导非公有制经济组织参与周边区域治安协防，形成群防群治、联防联保、整体联动的治安防控网络。

三、维护企业和职工的合法权益

（九）保障企业正常生产经营活动。严格执行保护合法私有财产的法律、法规和规章，依法保护企业经营者名誉、人身和财产等各项合法权益。未经法定程序，任何组织和个人不得查封其财产，不得冻结其银行账号，不得吊销其营业执照。任何单位和个人不得非法侵犯企业依法登记注册的字号、名称、商标权、版权、专利权和商业秘密，不得侵占企业合法经营场所，不得改变企业的财产权属关系。各级政法机关和行政执法部门要认真贯彻国家关于发展非公有制经济的方针政策，本着便于经营、利于发展的原则，妥善处理好打击与保护、管理与服务的关系，严格规范执法行为，依法保障非公有制经济组织的正常生产经营活动，保护平等竞争，促进建立规范有序的市场经济秩序。

（十）维护职工合法权益。企业要尊重和维护劳动者的合法权益，按照《劳动法》、《国务院关于解决农民工问题的若干意见》及相关规定，在平等协商、保证双方权利与义务对等的基础上与劳动者签订劳动合同。依法足额支付职工工资，建立完善职工工资正常增长机制。尊重和保障职工依照国家规定享有的休息休假权利，不得强制或变相强制职工超时工作，加班或延长工时必须依法支付职工加班工资或给予补休。改善职工的劳动条件和生活条件，及时缴纳社会保险费，鼓励支持职工参加养老、失业、医疗、工伤、生育社会保险。加强对职工的劳动保护，切实做好安全生产和职业危害防治工作。依法保障女职工合法权益和特殊权益，禁止使用童工。建立健全工会组织，规范企业职工民主管理制度，积极为工会开展工作创造条件，支持工会依法代表和维护员工合法权益。

（十一）鼓励支持企业自主管理。坚持“不求所有、但求所为、重在实效”原则，尊重企业在加强平安建设和综治工作中采取的各项措施，鼓励支持其依法治企、民主自治、自主管理。鼓励支持有条件的企业实行“外口自治”，组织外来务工人员“自我管理、自我服务、自我防范、自我约束”。鼓励支持企业成立同业商会（公会），通过同业商会（公会）进行行业民主自治管理。鼓励支持企业参加所在地平安建设理事会、综治（平安）协会、社区警务理事会等民间行业社团组织，重新整合民间社会资源力量，构建多方参与的群防群治组织网络。

四、落实平安综治责任

（十二）明确综治目标管理责任。引导企业自觉把创建“平安企业”、加强综治工作列入企业日常管理的重要内容，与培育企业文化同步推进，与实施企业生产经营计划同步实施。引导企业经营者服从当地党委、政府的领导，接受政法综治部门的指导、协调、监督，在“管好自家人、看好自家门、办好自家事、尽好自家责”的同时，积极参与所在地区及周边的社会治安综合治理和平安建设，鼓励并支持有条件的非公有制经济组织采取层层签订综治领导责任书的形式，建立健全综治目标管理责任制，确保综治工作与平安创建有专人抓、专人管。

（十三）建立完善考核评比奖励制度。各级综治委要把非公有制经济组织综治工作纳入当地综治工作和平安建设的总体部署，建立健全非公有制经济组织综治工作的目标考核机制，加大对非公有制经济组织平安建设和综治工作的帮扶指导力度。设区的市综治委每两年评定并公布一批“平安企业”，表彰一批在“平安企业”创建中有突出贡献的企业法人代表、综治工作负责人，并把工作绩效作为企业年终评先评优以及企业升级、信誉评估等综合性资质资格认定的重要指标。

（十四）严格执行责任查究制度。建立完善对非公有制经济组织综治工作目标考核评比机制，对措施不力、成效不好的非公有制经济组织，予以通报批评；因工作不力、责任不落实而发生影响社会稳定和突出治安问题的，给予黄牌警告，责令其限期整改，并对有关主管单位予以通报批评，限期内未完成整改的，对该主管单位予以黄牌警告；违反国家有关法律、法规、行政规章，情节严重的，建议有关部门责令企业停产停业整顿直至撤销从业资格，并对该主管单位予以综治一票否决。

五、加强组织领导

（十五）成立专门组织领导机构。在各级党委、政府的统一领导下，由综治委牵头组织，综治办具体负责非公有制经济组织平安建设和综治工作的组织、指导、协调、检查等工作。各县（市、区）综治委要根据本意见，成立工作领导小组，制定出台《关于加强非公有制经济组织平安建设和综治工作的实施意见》及方案，建立健全领导责任制和工作责任制，切实加强对非公有制经济组织平安建设和综治工作的领导。综治委相关成员单位要结合实际，制定具体措施，指定专人负责，协助配合抓好这项工作。

（十六）形成齐抓共管的整体合力。各级政法综治部门要充分发挥指导、协调、监督作用，帮助支持非公有制经济组织认真落实平安建设和综治各项措施。公安机关加大对非公有制经济组织周边环境整治力度，依法从重从快打击各种危害生产经营的违法犯罪活动。检察、审判机关依法快捕快诉快判，并针对办案中发现的突出问题，提出司法建议，督促整改。宣传部门要加大宣传力度，把握正确的舆论导向。司法行政部门要把非公有制经济组织法制教育纳入普法教育计划，提高非公有制经济组织经营管理者和广大干部职工的法律意识和法制观念。经贸部门要加强对非公有制经济组织创建“平安企业”活动的具体组织指导，协调解决困难和问题。劳动和社会保障部门要指导督促企业规范用工行为，全面落实劳动保护措施。工商行政管理部门要严厉打击无证经营、违法经营活动，治理整顿生产经营秩序。党委组织部门要帮助非公有制经济组织建立完善党组织建设，加强非公有制经济组织工会、共青团、妇联的组织建设。工商联要加强对非公有制经济组织同业商会（公会）的管理，引导非公有制经济组织依法规范经营,依法自主管理。其他综治成员单位要结合自身职能作用,引导、支持、鼓励非公有制经济组织加强综治工作和平安建设。各级综治委要结合每年下达的综治责任书,加强综治成员单位协调配合,加强督促落实。

(十七)培育试点创新发展。各级综治委(办)要结合实际,选择一批企业规模大、员工素质高、经济效益好的非公有制经济组织作为试点,加强培育,总结推广经验,不断扩大非公有制经济组织综治工作的覆盖面。建立政法综治部门挂钩联系非公有制经济组织综治工作制度,帮助协调解决工作中遇到的困难和问题,督促完善各项经常性工作制度,促进非公有制经济组织综治工作规范化建设。鼓励支持有条件的地方在非公有制经济组织相对集中的工业园区、经济开发区推行警务110进工业园区、设立治安保卫组、成立警务室等警企联动机制,开辟"法律服务热线",设立"法律咨询中心",积极为非公有制经济组织提供优质的法律服务。要从实际出发,不断创新工作方法,提高非公有制经济组织综治工作的水平。各设区市的综治委要适时组织经验交流会和工作研讨会,充分发挥先进单位的标杆示范作用,以此带动非公有制经济组织综治工作整体健康发展。

福建省社会治安综合治理委员会关于印发《平安县(市、区)滚动管理办法》的通知

(2006年9月26日)

各市、县(区)社会治安综合治理委员会:

经商省纪委、省委组织部、省人事厅、省监察厅同意,现将《平安县(市、区)滚动管理办法》印发给你们,请认真执行。

平安县(市、区)滚动管理办法

根据中共福建省委、福建省人民政府《关于建设"平安福建"的工作意见》(闽委发[2004]4号)"对已达标县(市、区)进行年度复核,实行滚动管理"的要求和中共中央办公厅、国务院办公厅《转发〈中央政法委员会、中央社会治安综合治理委员会关于深入开展平安建设的意见〉的通知》(中办发[2005]25号)、中共福建省委办公厅、省人民政府办公厅《转发〈省委政法委、省综治委关于"十一五"期间深入开展"平安福建"建设的意见〉的通知》(闽委办发[2006]8号)精神,制订平安县(市、区)滚动管理办法。

一、各地要以科学发展观为统领,进一步提高对平安建设重要性、必要性、长期性和艰巨性的认识,继续坚持"打防结合、预防为主,专群结合、依靠群众"的方针,巩固和深化平安县(市、区)建设,不断提高平安建设层次和水平,推动"平安福建"建设向纵深发展。要注意防止和克服"平安"奖牌到手、就是平安工作"到位"、可以松一口气的思想倾向,继续强化领导,落实责任,加强保障,拓宽建设领域,丰富工作内涵,创新工作举措,使

人民群众对平安建设的知晓率、参与率和满意率稳步提高，努力为建设海峡西岸经济区和构建社会主义和谐社会营造稳定良好的社会环境。

二、已被评为“平安县（市、区）”的，每年年终都要对照省里制订的本年度平安县（市、区）考评标准进行自查并将情况书面报省、设区市综治委，设区市综治委应结合年度综治领导责任制检查进行考核评分并将结果报省综治委，省综治委结合年度综治领导责任制考评进行抽查复核。

三、经省、市考评复核或测评，得分高于90分且没有下列情形的，继续保留“平安县（市、区）”荣誉称号；凡有下列情形之一的，省综治委将提请省委、省政府取消其“平安县（市、区）”荣誉称号：

（一）在当年度全省平安县（市、区）复核中得分低于90分的。

（二）公众安全感（人民群众对社会治安满意率）低于全省平均值五个百分点的。

（三）八类犯罪案件或“两抢一盗”犯罪案件的万人发案率高于本县（市、区）前三年平均数五个百分点的。

（四）发生在全国全省造成重大影响的人员伤亡和巨大经济损失的恶性案件及治安事故的。

（五）发生在全国全省造成恶劣影响的暴力恐怖犯罪案件的。

（六）发生敏感时期、重大活动、重要目标安全保卫工作重大事故的。

（七）发生“法轮功”邪教组织聚集闹事、电视插播、进京滋事事件的。

（八）发生在全国全省造成恶劣影响的执法队伍违法犯罪重大案件的。

（九）发生在全国全省造成恶劣影响的安全生产特大事故或群死群伤重特大恶性火灾、交通事故的。

（十）考评资料弄虚作假或隐瞒影响政治稳定、经济安全、社会安定的重要情况，情节严重的。

四、对连续5年保持平安建设达标的县（市、区），由省综治委提请省委、省政府授予“平安杯”荣誉称号，对其党政主要领导、分管领导给予表彰奖励。

五、对被取消“平安县（市、区）”荣誉称号的，由上级综治委实施综治警示，要求限期整改；对因平安建设工作不落实或失职渎职而发生影响稳定重大问题的，除取消“平安县（市、区）”荣誉称号外，坚决实行“一票否决”，对相关党政主要领导和分管领导视情实行诫勉谈话并查究责任。

六、本办法中有关考评数据界定的“高于”包括本数、“低于”不包括本数。

七、本办法由省社会治安综合治理委员会办公室负责解释。

推进非公经济综治工作
打造平安和谐发展环境

福建是我国非公有制经济最为活跃的地区之一。改革开放以来，全省各级党委、政府认真贯彻邓小平理论、“三个代表”重要思想和科学发展观，坚持以经济建设为中心，大力鼓励、支持和引导非公经济发展，使之呈现持续稳定快速发展的势头。至2005年底，全省非公经济组织达62.2万余户，生产总值达4188.46亿元，占全省国内生产总值的63.85%，福州、厦门、泉州等重点地区的比重达90%左右；在全省拥有的“中国名牌”、“中国驰名商标”和国家免检产品中，80%为非公经济组织创造；全省60个产业集群，均以非公经济为主体。非公经济组织已成为全省品牌创建的主力军，出口增长的新亮点，产业集群和县域经济的主要支撑，在推进经济增长、增加财政收入、优化经济结构、扩大社会就业、一提高人民生活水平、促进社会安定稳定等方面发挥了重要作用。随着非公企业在经济和社会中地位的显著提升，非公企业的治安和安全问题也日益突出：非公企业经营管理、权属问题引发的不稳定因素较多，企业外来员工违法犯罪问题比较突出，非公企业违反劳动法、税法及其它市场经济法律法规的现象普遍存在，一些非公企业安全生产事故、治安事故、消防事故频发。在此情况下，如何贯彻党的十六届三中全会关于"改进对非公有制企业的服务和监管"的要求，进一步引导和规范非公有制经济的发展，已经成为一项紧迫的社会命题。做好非公经济组织综治工作，不仅是增强党的执政能力、维护社会稳定、保一方平安的迫切需要，更是增强非公经济竞争力、促进经济持续健康快速发展的内在要求。

近年来，全省按照中央综治委关于做好非公经济组织治安综合治理工作的指示精神，以"平安福建"建设为契机，把加强非公经济组织综治工作和平安建设作为优化企业发展环境，实现海峡西岸经济区持续稳定快速发展的有力保障；作为拓展综治工作领域，深化平安建设的重要举措；作为完善社会管理体制，构建社会主义和谐社会的内在要求认真组织实施。坚持宣传引导与服务激励并重，坚持落实责任与健全机制并重，坚持维护稳定与促进发展并重，不断创新工作载体，建立长效机制，加强内部治安防范，优化外部环境，逐步走出一条"党政主导、条块结合、市场运作、企业参与、群众支持"的工作路子，有力地保障了非公有制经济快速健康发展。全省综治进非公工作的主要做法和经验有：

一、加强组织领导，稳步扎实推进

省委、省政府去年制定出台了关于全面提升民营经济发展水平的若干意见，要求各级党委政府要进一步解放思想，提高全社会对民营经济地位作用的认识，拓展民营经济发展空间，完善社会化服务体系，加大扶持力度，营造良好发展氛围。省综治委、省委政法委及政法各部门也出台了一系列保障和服务海峡西岸经济区建设、促进非公经济发展的意见和措施。在非公经济组织综治工作方面，广泛开展调查研究，结合全省实际提出"势在必行、大有可为、不求所有、但求所为"的工作思路，从加强领导、因势利导、舆论引导、示范指导、检查督导五个方面入手，在务求实效上下功夫，积极推进"综治进民企"工作。一是明确领导责任。将非公经济组织综治工作和"平安企业"创建作为"平安福建"建设的重要内容，列入责任制考评。从1999年开始，省委书记、省长连续8年与各设区市党政一把手签订综治责任书。在省里的带动下，市、县、乡也层层签订综治责任书，同时向各部门、各单位签订（下达）综治责任书，逐步建立起纵向到底、横向到边、上下联动的责任网络。2004年以来，我们将加强非公经济组织综治工作作为责任书的重要内容，将其与平安建设工作同安排部署、同检查督促、同考评验收，将综治进非公的组织、指导、协调工作职责，按照属地管理原则，落到各级党委、政府头上，形成上下联动、条块结合的工作格局。省综治委成立了"平安企业"创建工作领导小组及其办公室；各市、县、乡也相应成立了领导机构，由党委分管领导任组长，人大、政府、政协分管领导任副组长，职能部门负责人为成员，领导小组下设办公室，作为一项重要的日常工作，全力推进。二是加大平安宣传力度。各地将综治进非公经济作为平安宣传工作的重要组成部分，开展富有声势的宣传活动，通过在主流宣传媒体制作电视专题片、开辟专栏，大力宣传先进典型。通过举办座谈会、现场会、动员会、文艺晚会，发放倡议书、宣传品，设立公益广告牌等多种形式，努力营造浓厚的社会氛围。泉州鲤城区委领导与30多家纳税企业大户座谈，畅谈非公综治工作的重要性。通过广泛宣传，使越来越多的非公企业认识到，开展综治工作不仅是生产经营的现实需要，也是责无旁贷的社会责任，变要我花钱保平安为我要花钱保平安。三是抓好试点逐步推开。省综治委在2004年抓好石狮市非公企业平安综治工作试点基础上，把试点范围扩展到泉州市，通过一年多的试验培育、总结经验，于2005年出台了《关于加强非公经济组织平安建设和综治工作若干意见》。各设区市因地制宜，分别确定1—3个县（市、区）和一批企业，作为试点开展工作，然后逐步铺开，目前已遍及全省各地、各类非公经济组织。

二、搭建综治平台，延伸工作网络

我们在市、县、乡、村四级成立综治工作协会，吸收辖区内非公经济组织为理事成员单位。同时，在经济开发区、工业园区以及非公企业集中区域，建立平安建设理事会、警务理事会、军警民共建理事会、安全技术防范协会等行业协会，充分发挥平安综治平台的“四共”作用，以综治协会、理事会为桥梁和纽带，将综治、平安工作的覆盖面向非公经济组织拓展。一是共商平安建设举措。综治协会和平安建设理事会由各乡镇（街道）综治办、公安派出所（边防所）、社区居委会（村委会）发起成立，并在政法综治部门组织、指导、协调、监督下开展工作。协会（理事会）会员由区域内非公经济企业主、个体经营户、社区（村）干部、片警和社会各界代表组成，实行“面向群众，理事决策，基层干部、民警与巡防队员具体落实”的工作制度。同时，理事会通过定期召开会议，针对辖区内存在的突出问题研究对策措施，积极为区域平安建设献计献策。二是共筹平安建设经费。在自愿前提下，协会（理事会）向成员单位收取一定的群防群治经费，并接受民营工商企业主和社会各界的出资捐赠。按照“取之于民、用之于民”的原则，所筹资金主要用于区域内治安防控体系特别是技防设施建设。同时，实行专款专用、公开透明管理，协会（理事会）定期向成员单位公开经费的收支使用情况，对重大开支事项，召开全体会员大会共同研究决定。三是共组平安建设队伍。协会（理事会）在政法综治部门的指导下，协调区域内的非公经济企业、个体工商户、居民小区聘用的保安员、看场员、巡场员、值班员、护厂员、门卫，联合组建治安联防队（小组），由公安机关统一进行治安技能、消防常识、法律法规、安全生产、出租房管理等五方面的知识培训，实行统一标志、统一着装、统一防护器械、统一无线对讲系统、统一巡防勤务。治安联防队在协会（理事会）领导、派出所指导下开展巡防工作，接受全体成员单位监督。四是共保区域治安稳定。责任区片警作为协会（理事会）成员，牵头组织治安联防队开展全天候的路面巡逻，协助重点单位内部巡逻，加强夜间巡查防范，协助调解简单纠纷，接受群众求助。各成员单位在协会（理事会）的协调下，也确定一名治安联防负责人与安全管理员，在派出所指导下参与区域整体联防，克服以往各自为战、力量分散的弊端，形成区域联防联动共保平安的整体合力。目前，全省已成立2500多家平安综治协会（理事会），发展会员10万多个，其中民营企业26000多家。

三、创新工作载体，落实防控措施

非公经济组织虽然个体差异性大，经营者的思想觉悟和法治意识各不相同，对企业综治工作意义的认识也不很一致，但渴求平安、发展的愿望是一致的。我们紧紧抓住这一共同点，因势利导，在充分调研基础上，根据企业实际情况，从不同层面，以不同载体推进综治各项措施的落实。一是以创建“平安企业”为载体，落实规模企业内部安全防控措施。全省在规划部署“平安福建”建设中，将基层平安建设作为重点，提出了“抓乡镇带村居，抓街道带社区，抓系统带单位”的工作思路，将非公企业平安创建作为基层平安建设的重要组成部分，按照国务院《企业事业单位内部治安保卫条例》的有关规定，紧紧围绕“无集体越级上访、无刑事案件、无重大治安案件、无重大安全生产责任事故、无员工违法犯罪”的“五个无”创建目标，以规模以上企业为主体，建立创建领导机构，制订创建工作方案，开展“平安企业”创建活动。通过加强安全生产、治安保卫、消防安全等工作，把安全防范措施落实到每个班组、车间、科室、部门；通过落实人防、巩固物防、提高技防，推进内部治安防控网络建设；通过建立调解组织，有效化解企业内部矛盾纠纷，努力实现企业发展与安定稳定良性互动的良好效果。各地制订了“平安企业”考评验收办法，每年进行一次考评验收，并将考评结果作为企业年审的重要依据。目前全省已有9239家规模以上企业通过平安创建验收，占总数的22.2%。二是以区域联防为载体，建设平安工业园区。在企业集中的工业园区开展“平安园区”创建活动。各园区以综治协会（理事会）为龙头，设立警务室、技防监控统一指挥中心和调解中心，建立巡逻队伍，实行24小时巡防监控，取得了维护稳定与发展经济双向互动的效果。莆田、三明、厦门等地在工业园区建立平安园区协会的基础上，不断完善企业与地方、企业与企业之间的“联管、联防、联调、联治”工作机制，加强了治安防控能力，有效化解了园区内部和周边的矛盾纠纷，2年多来全省工业园区及周边的治安、刑事案件普遍下降，园区企业建设、征地等引发的矛盾得到有效处置，没有发生群体、越级上访事件。三是以“厂店联防”为载体，构筑中小企业防控网络。各地在市区和集镇组织相邻、相近的非公企业、商业店面成立治安联防小分队，落实人员、场所、装备、经费、责任，建立健全值班备勤、每月例会、巡逻守护、业务培训等经常性工作制度，落实民警回访检查、保安业绩奖惩、区域发案情况通报、治安联网协防等工作措施，形成“安全板块”，共同保障非公经济组织内部及周边社会安定稳定。石狮市选定流动人口和民营企业密集、治安状况复杂的灵秀镇彭田工业区试点运作“十厂联防”，在试点取得成功的基础上，又在个体商铺、酒店集中的凤里街道振兴路开展“十店联防”，有效整合群防群治组织力量，变各自为战为联合作战，极大地震慑违法犯罪分子，得到广大民营企业主和个体经营户的充分认可和积极响应，并逐步在全市全面推开，建立起了“十厂（店）联防”防范网络。四是以“治安风险保障”为载体，激发商贸企业参与群防群治的积极性。针对城镇街区商业发达，物资、资金、人员流通量大，易受不法侵害的特点，省综治委总结推广了罗源县“保安加保险”的工作经验，激发商贸企业参与群防群治的积极性。各地综治办、派出所协调保险公司，由治安保安巡防队伍、出资业主与保险公司签订特约保险协议，向保险公司缴纳一次性保险费，一旦出现保安人员值勤受伤或企业发生入室盗窃、抢劫、抢夺等特约理赔事项，由保险公司负责赔偿损失。福州市在此基础上，推行“保安加保险加技防”的群防群治新模式，按照自愿参与原则，店铺业主适当出资，所筹经费在用于保险的同时，用于解决保安人员的工作补贴，和安装电子监控探头，通过加强技防建设提高防范水平，做到商家、保险、群众三满意。

四、坚持关口前移，有效化解矛盾

加强矛盾纠纷排查调处，预防群体性事件的发生，是做好综治工作的重点。全省现有外来务工人员400多万，大多集中于非公经济组织。针对外来员工流动性大、劳动关系复杂的特点，我们把有效调处劳资纠纷作为服务非公经济发展的重要环节来抓。一是建立调解疏导机构。引导工业园区和上规模企业成立内部调解委员会、人民调解小组或矛盾纠纷排查调处工作机构，选聘文化素质高、懂法律政策、为人公道的工会、政工、保卫或职工代表兼任调解委员或调解员，按照“有机构、有人员、有场所、有牌子、有制度、有工作台账”的“六有”建设要求，制定工作职责，建立例会制度，完善档案管理，形成上有领导管、下有人员抓、工作有人干的调解网络。二是立足抓早、抓小。将矛盾纠纷排查调处向生产经营环节前移，通过调解员把纠纷信息触角向企业各个运行环节延伸，及时收集企业及周边治安和矛盾纠纷信息，组织排查调处，将各类矛盾纠纷化解在内部和初发状态，努力做到矛盾纠纷不出非公企业和工业园区。全省百强民营企业凤竹公司经过实践探索，总结出以“六诊”为内容的矛盾纠纷排查调处机制。即“初诊”理苗头，调解员发现苗头性、倾向性问题，提前介入，及早解决；“门诊”解人忧，实行公司主要领导定期接访，面对面地受理员工诉求，亲自协调解决；“急诊”化矛盾，矛盾纠纷处理协调小组制订工作预案，发生突发性事件或群体性事件，靠前指挥，特事特办；“出诊”抓调处，针对员工关心且容易引发矛盾纠纷的热点和难点问题，变上访为下访，主动深入员工生活场所，进行现场办公，协调解决问题；“会诊”解难题，对情况复杂、处理难度大的矛盾纠纷，由公司领导召集有关部门一起会诊，共同研究解决办法；“复诊”查落实，建立矛盾纠纷回访制度，对较为复杂的矛盾纠纷进行跟踪调查，发现可能出现反复的，及时研究解决措施。三是提供维权保障。针对一些地方拖欠农民工工资的问题，我们采取多种措施，加大对农民工合法权益保障力度。各级综治部门积极协调法庭开辟农民工维权绿色通道，开通欠薪投诉信箱和热线电话，专门受理和登记欠薪投诉，必要时对农民工给予简化法律手续和采取财产保全措施，及时会同乡镇（街道）综治办、司法所、劳动就业保障所等相关部门协调处理，切实维护好农民工的合法权益。石狮市法院成立“维护农民工合法权益合议庭”，出台欠薪投诉“双向预警”工作机制，建立农民工接待日制度，对农民工投诉企业欠薪2个月以上的，核实情况后及时启动“欠薪投诉法律预警”，深入企业宣传相关法律，督促企业整改；对涉及农民工较多、欠薪数额较大的，启动“群体性劳资纠纷预警”，简化财产保全措施，及时会同有关部门协调解决。

五、建立工作机制，巩固创建成效

在工作实践中，我们不断探索非公经济组织

综治工作规律，紧紧抓住长效机制建设这项根本性任务，通过健全三项机制促进规范管理，确保非公经济组织综治工作巩固成效、稳步发展。一是指导帮扶机制。政法综治及有关部门建立挂钩联系非公经济组织工作制度，定期深入企业进行面对面指导，协调解决困难和问题，总结推广经验和做法，促进非公经济组织综治工作逐步深入开展。开展以"安全生产进企业、调解组织进企业、法制教育进企业、治安防范进企业、党团与工会组织进企业"为主要内容的"五进企业"活动，在公安、检察、法院、司法、信访、计生、安监、劳动部门确定一名联络员，负责联系指导非公经济组织开展综治工作和平安建设。南平顺昌县选派15名政法综治部门副科级领导干部，担任4个重点建设项目和11家规模以上非公经济组织综治联络员，在工业园区所在乡镇各确定一名综治特派员，具体指导非公经济组织平安综治工作。两年来，综治联络员和特派员帮助企业排除突出治安隐患60多起，协调解决经济纠纷20多件，企业周边治安状况明显好转，刑事案件发案率下降26%。二是工作运行机制。在充分尊重企业自主经营的前提下，以平安发展为共同目标，围绕"树立一个观念、明确一个责任、健全一套制度、建立一支队伍、形成一个网络"的"五个一"要求，引导有条件的非公经济组织建立综治专门机构，做到"六个有"：有一块工作牌子、有一个专门治安室、有一套办公桌、有一套工作台账、有一块宣传栏、有一个资料柜。在较大规模的非公经济组织，认真落实综治领导责任、综治目标管理责任、人防物防技防工作、法制宣传教育、矛盾纠纷调处、重点人口管理、安全生产管理、社会联动、信息报送等九个方面工作。三是考评奖惩机制。设区市综治委每年评比并公布一批"平安企业"，表彰一批在"平安企业"中有突出贡献的企业法人代表与平安创建责任人，并把"平安企业"创建绩效与企业年终评先评优、信誉评估、企业升级等综合性资格认证的一项重要指标。同时，对综治工作成效显著的非公经济组织，参照"综治合格单位"和"平安建设先进单位"条件进行考核和命名；对成绩突出的非公经济组织的法人代表和有关负责人，授予"社会治安综合治理先进工作者"或"平安建设先进个人"称号；对措施不力、成效不明显，甚至影响社会安定稳定的，分别给予通报批评、黄牌警告，或建议有关部门责令停产停业整顿直至撤销从业资格。厦门市综治委对因工作不力，引发矛盾激化发生集体上访的四川省某建筑公司厦门分公司实行综治一票否决，该企业同时受到降低企业资质等级、限制从业资格的处罚。

总结全省非公有制经济组织综治工作和平安建设实践与探索，有几点经验与体会。第一，统一认识是前提。通过广泛宣传发动，把各级党委、政府和企业负责人的思想认识统一到中央和省委的决策上来，真正提高对非公经济组织综合治理工作极端重要性的认识，是做好"综治进非公"的先决条件。第二，加强领导是关键。贯彻"谁主管，谁负责"的原则，明确党政领导和有关部门的职责，努力形成党政主导、部门履责、各方联动的良好格局，特别要充分利用社会资源，重视发挥行业协会作用，加强协作配合，共同承担起维护企业治安稳定、促进企业健康发展的责任。第三，创建平安是载体。平安创建易被企业经营者接受，通过开展"平安企业"创建活动，加强内部的安全生产、治安保卫、消防安全等工作，加强周边的安全防范措施，推进非公经济组织的治安防控网络建设，努力实现企业发展与安定稳定良性互动的效果。第四，落实责任是重点。建立和实行具有企业特点、能有效促进工作落实的企业治安综合治理法人责任制，强化企业目标管理手段，把履行综治、安全责任与企业物质利益、政治利益、文化利益等紧密挂钩，促进各项综治措施落实到位。第五，服务发展是目的。创造和谐氛围，服务海西建设；创造良好治安环境，服务非公经济发展；创造便利、安全条件，服务外来人员就业、创业，是非公经济组织综治工作的根本目的。

福建省全面建立村级
社会治安综合治理协管员队伍

农村稳定是建设社会主义新农村的前提、基础和重要组成部分。福建省委、省政府高度重视农村稳定工作，认真贯彻落实中央十六届五中全会精神和中央政法委、中央综治委关于深入开展平安建设的意见以及中央综治委、中央编办关于加强基层综治组织建设的要求，按照建设社会主义新农村的部署，从加强农村基层综治组织建设、维护农村安定稳定、推进"平安福建"建设出发，在村级设立社会治安综合治理协管员（简称"综治协管员"），专抓维稳、综治和平安建设工作，确保了各项措施在农村基层得到落实。2006 年 1 月 13 日，胡锦涛总书记在视察福建时，对福建省建立村级农民技术员、综治协管员、计划生育协管员、国土资源和规划建设协管员、乡村医生（以下简称"五大员"）的做法给予肯定："'五大员'制度很好，有利于农村农业发展、科技推广和应用。这种做法对社会主义新农村建设可以起到很好的作用。"

一、建立综治协管员队伍具有必要性和可行性

农村稳、天下安，农村稳定是全局稳定的基础。福建省经过两年试点论证和总结推广，在全省建立村级综治协管员队伍，具有必要性和可行性。（一）建立村级综治协管员是建设社会主义新农村的要求。实现社会主义新农村"生产发展、生活宽裕、乡风文明、村容整洁、管理民主"的要求，需要一个和谐稳定的社会环境。村级综治协管员扎根农村，"来自群众、熟悉群众、服务群众"，抓综治和平安建设直接、便利，有针对性，是维护稳定第一道防线的组织者和执行者，深受群众欢迎。（二）建立村级综治协管员适应了加强基层综治组织建设的需要。2004 年以来，福建省大力加强综治基层组织建设，从省、市、县（区）到乡镇（街道）层层由党政一把手担任综治委正、副主任，乡镇配强综治副书记和综治专职干部。在村级建立综治协管员队伍，是延伸基层综治工作，解决有人抓、有人管问题的重要措施，从而使全省自上而下形成了综治工作网络，为落实综治工作、提升平安建设水平打下坚实的基础。（三）建立村级综治协管员队伍是经过试点论证可行的。2004 年省综治委在南平市光泽县开展了基层综治组织规范化建设试点工作，率先在村级组织中建立了综治协管员队伍。南平市在全市推行光泽经验后，又取得了明显成效。接着，省委政法委、省综治委于 2005 年 8 月在全省农村平安建设经验现场会上推广了南平光泽经验，并部署各设区市开展规范化建设试点工作。经过两年多实践证明，村级综治协管员队伍在宣传道德、法制，化解矛盾纠纷，加强治安防控，维护农村稳定，推进平安建设中发挥了积极的作用。

二、加强建立综治协管员队伍工作的组织部署

一是省委、省政府高度重视，直接决策。2005 年底，省委常委会决定从 2006 年起全省每个建制村增设一名综治协管员。省委办公厅、省政府办公厅立即转发了省委农办、省综治办等五部门《关于加强农村"五大员"队伍建设的意见》，进一步明确农村"五大员"的职责和地位，对规范选聘程序、加强管理监督、加大培训力度提出了具体要求。二是职能部门认真组织，精心部署。为了进一步抓好村级综治协管员队伍的建立和管理，省委政法委、省综治办把这项工作纳入省市党政领导综治责任书和全省综治工作要点作出部署，专门下发《关于建立村级综治协管员队伍的通知》，明确提出具体实施要求，并专题召开省、市综治办主任会议研究贯彻落实意见。三是各地具体实施，行动迅速。各级综治委在党委、政府的统一领导下，切实加强基层综治工作的组织指导，把建立村级综治协管员队伍作为综治工作的基础工程和重要内容来抓，认真组织、全面推行，确保全省1.4万多个建制村全部建立综治协管员，并做到管理逐步规范、作用得以发挥。

三、突出综治协管员队伍的机制建设

为确保综治协管员长期规范运作，关键在于构建长效工作机制。我们从一开始就注重机制建设，以制度保障落实，用机制促进发展。一是建立人员选聘机制。村级综治协管员的选聘由乡镇（街道）综治办组织实施。村支部、村委会根据选聘条件，本着公平、公正、公开的原则，推荐2—3名候选人，经乡镇（街道）综治办征求公安派出所、司法所的意见后，报乡镇（街道）综治委审定1名候选人在村里公示，群众无异议的，由村支部、村委会填写《村级社会治安综合治理协管员审批表》，由乡镇（街道）综治委审批聘用，报县（市、区）综治办备案。二是建立规范化管理机制。在建立之初，就明确强调村级综治协管员在村"两委"和乡镇（街道）综治委领导下开展工作，向村"两委"和乡镇（街道）综治委负责，接受乡镇（街道）综治办的日常管理和公安派出所、司法所的业务指导。县（市、区）制定具体切实可行的村级综治协管员的管理办法，规范工作、规范管理。三是建立财政保障机制。省财政从2006年1月起追加预算，每年拨出1千万元用于补助综治协管员津贴，按照每人每月50元的补贴标准全额承担所需资金。各县（市、区）综治办会同财政部门加强资金管理，专款专用，按月核发。有条件的市、县（区）根据实际情况统筹协调，适当增加协管员的补贴。四是建立任职退出机制。强调综治协管员必须专职，不得由村主干兼任。任期一般与村支部相同，一聘三年，可连选连聘。每年年终由乡镇（街道）综治办组织考核，对不能胜任工作、不能正确履行职责的，由村支部、村委会提出意见报乡镇（街道）综治委审查解聘。五是建立培训指导机制。设区市加强对村级综治协管员管理工作的指导，并开展不定期的督促检查；县（市、区）每年至少对村级综治协管员进行一次业务培训，提高其素质和水平，并对表现突出的协管员进行表彰；乡镇（街道）综治办建立每月一次工作例会制度，加强对综治协管员的业务指导和工作考评；村级建立经常性工作例会制度，确保综治协管员对上向村支部、村委会负责，对下与平安中心户长加强沟通联系。

四、发挥综治协管员队伍的职能作用

村级综治协管员在工作中认真履行以下职责：(1)协助村两委抓好本村社会治安综合治理、社会稳定和平安创建工作；(2)负责排查调处本村群众矛盾纠纷并受理投诉工作；(3)负责排查、报告全村的治安稳定信息和群众的意见、建议；(4)组织村民进行治安巡逻，开展群防群治工作；(5)配合乡（镇）、村组织开展法律法规、政策宣传和交通、消防以及安全生产知识宣传；(6)协助做好流动人口、刑释解教人员、社会闲散青少年的教育、管理和服务工作；(7)完成上级综治委、办交办的任务。综治协管员建立经常的工作制度和必要的表、簿、册等基础资料，方便群众办事，接受群众监督和上级的检查。南平市光泽县制定了协管员"12345"履职守则，即"一宗旨"：为民负责、为民服务的宗旨；"两杜绝"：杜绝违法犯罪行为，杜绝参与群体性上访；"三熟悉"：熟悉综治有关法律、政策，熟悉本辖区的治安状况，熟悉调处矛盾纠纷的程序；"四勤"：脑勤、嘴勤、手勤、腿勤；"五心"：为群众服务要有真心，处理问题要有公心，做调解工作要有耐心，同坏人坏事作斗争要有决心，干综治工作要有恒心；同时要求综治协管员的日常工作按"一表、二图、三书、四册、五薄"要求予以规范。光泽县自建立综治协管员队伍以来，由综治协管员直接调处成功的矛盾纠纷占全县总数的80%，2005年农村刑事案件也同比下降了24.6%。该县重点整治点崇仁乡曾因历史遗留问题，群体性上访突出，设立综治协管员后，由于化解矛盾工作到位，全年全乡没有发生一起群体性上访事件。综治协管员这支队伍已经显示出蓬勃的生机和活力。

福建省及各市、县(市、区)综治委、办主任名单

地　区	综治委主任	综治办主任
福建省	卢展工	鲍绍坤
福州市	袁荣祥	刘锡辉
鼓楼区	柯有民	宋依泉
台江区	马必钢	刘　宏
仓山区	范美先	萨本寿
晋安区	陈　吉	夏冬林
马尾区	郑有光	任积兴
福清市	陈瑞麒	陈德堃
长乐市	林　彬	卓国鸿
闽侯县	杜源生	陈礼木
连江县	刘嘉水	孙　旭
闽清县	池　宁	张忠健
罗源县	徐铁骏	黄　耀
永泰县	黄忠勇	郑承铨
平潭县	林义铭	张　泉
南平市	徐　谦	吴水兴
延平区	曹　聪	余金明
邵武市	梁伟新	李龙华
武夷山市	郭跃进	蔡柳顺
建瓯市	卓立筑	李立群
建阳市	刘山鹰	江建基
顺昌县	柳桂清	陈联惠
浦城县	黄建生	毛雪清
松溪县	吴荣才	游晓辉
政和县	黄建平	郑奉智
光泽县	林锦华	黄金水
三明市	叶继革	林芳叶
梅列区	吴建国	杨善言
三元区	王　庆	吴文明
永安市	江兴禄	江志诚
大田县	林梁儿	林书设
尤溪县	林昌源	詹昌春
沙　县	池秋娜	曹　凌
将乐县	林传衔	廖国财
泰宁县	曾祥辉	邓龙堂

地　区	综治委主任	综治办主任
建宁县	洪明德	刘桂盛
宁化县	陈忠杰	林　忠
清流县	纪熙全	王爱玲
明溪县	王　政	杨绍宽
莆田市	袁锦贵	黄梦龙
仙游县	林建华	郑武进
荔城区	陈国林	江庆联
城厢区	阮　军	林万春
涵江区	林庆生	梁庆龙
秀屿区	黄志强	吴国顺
湄洲岛管委会	陈　元	郭德华
泉州市	郑道溪	王育琪
鲤城区	陈荣洲	吴晓川
丰泽区	许维泽	王少容
		林世川
洛江区	陈家富	施东龙
		陈剑锋
泉港区	游祖勇	庄向阳
石狮市	黄源水	陈自然
		侯建阳
晋江市	李建国	张孙厚
	杨益民	蔡水利
南安市	骆国清	曾仁造
		赖世有
惠安县	李转生	施跃平
安溪县	尤猛军	陈桂良
永春县	陈庆宗	陈忠东
德化县	陈全顺	王建兴
		林新睿
泉州经济技术开发区	王远东	陈志慧
厦门市	何立峰	林　志
思明区	郑云峰	易　兵
湖里区	李栋梁	陈高润

地　区	综治委主任	综治办主任	地　区	综治委主任	综治办主任
集美区	黄锦坤	王在军	永定县	温锡浩	王选海
同安区	陈昭扬	朱祥甫	上杭县	张斯良	刘伟东
海沧区	钟兴国	林乌才	武平县	陈盛仪	陈启明
翔安区	吴南翔	方伟毅	长汀县	黄福清	刘则武
漳州市	刘可清	杨建平	连城县	林志坤	罗明汉
芗城区	许荣勇	陈孟春	漳平市	林兴禄	杨建樟
龙文区	蒋一婷	吴聪文	**宁德市**	朱之文	张　鼎
龙海市	吴志明	杨志强	蕉城区	陈铭生	孙细飞
漳浦县	谢毅泰	王建峰	古田县	林　鸿	汪　荣
云霄县	黄舜斌	张杉林	屏南县	陈　辉	陆修宜
东山县	黄双庆	陈良海	周宁县	张水松	陈兴明
诏安县	于南生	蔡春福	寿宁县	刘信华	应玉唐
平和县	杨彬文	曾凡条	福安市	陈家东	张增光
南靖县	吴景辉	吴庚生	柘荣县	周秋琦	林国雄
长泰县	刘文标	蔡海忠	福鼎市	唐　颐	陈顺生
华安县	陈汉夫	汤泽新	霞浦县	林建军	蔡建锋
龙岩市	刘赐贵	卢　意	东侨开发区	杨培钦	黄玉春
新罗区	郭舒帆	蔡庆新			

（撰稿人：张　琦　郑效强　钟河林
审稿人：杨丰和　丁后盾）

江 西 省

2006年社会治安综合治理工作概况

2006年,全省综治战线坚持以邓小平理论和“三个代表”重要思想为指导,以科学发展观为统领,以和谐平安建设为主线,以加强治安防控和夯实基层基础为重点,全面推进社会治安综合治理,有效保持了全省社会政治稳定。一年来,全省群体性事件得到有效控制,刑事发案平稳,杀人、爆炸等严重暴力犯罪下降,城乡治安秩序良好,人民群众的安全感进一步增强。

一、落实领导责任制情况

全省各地、各部门着力推进综治领导责任制实施制度化、规范化,在以下几个方面取得新的突破:

(一)分解量化责任。按照“属地管理”原则,进一步明确了各级党政领导班子、党政一把手、分管综治工作领导及领导班子其他成员抓综治工作的责任,在各级党政领导班子中形成了保平安、促和谐的合力。按照“谁主管谁负责”的原则,进一步明确了各部门特别是各级社会治安综合治理成员单位参与社会治安综合治理、维护社会稳定的职责任务,健全了齐抓共管的工作机制。省里把宣讲综治领导责任制纳入各级党校教育培训计划,采取举办专题讲座、专题报告会等形式,对各级党政领导干部进行宣讲。省委常委、政法委书记舒晓琴同志多次到省委党校授课,宣讲综治领导责任制。各市领导同志不仅逢会必讲综治领导责任制,而且深入基层督促检查,推动了这一制度的落实。

(二)规范操作程序。总结近几年来的实践经验,完善了社会治安综合治理领导责任制实施细则,规范了实施“一票否决权制”操作程序。进一步健全了综治、纪检、组织、人事、监察部门联席会议制度、情况通报制度和检查督办制度,以严格的制度和规范的程序,推动综治领导责任制和“一票否决权制”实施制度化、规范化。

(三)完善考评体系。依据国家《公务员法》、中组部下发的《体现科学发展观要求的地方党政领导班子和领导干部综合考核评价试行办法》、《江西省社会治安综合治理及维护社会稳定领导责任制实施意见》的有关规定,进一步完善了社会治安综合治理考评体系,制订了具体操作方法,增强考评的科学性和权威性,提高了考评实效。

(四)加大查究力度。对工作措施不落实而导致发生恶性刑事案件、重大群体性事件和群死群伤事故等严重危害社会稳定问题的地方、部门、单位,严肃认真查明原因,查清责任,坚决实行责任查究。属党政领导应当负责任的,查究党政领导的责任;属有关部门、单位领导应当负责任的,查究有关部门、单位领导的责任;属综治委、办领导应当负责任的,查究综治委、办领导的责任。2006年,省综治委直接对2个县(区)、17个省直综治责任单位分别实行了一票否决、黄牌警告、限期整改,并严肃查究了领导责任。

二、矛盾纠纷排查调处情况

各地、各部门把排查调处矛盾纠纷作为维护社会稳定的第一位工作来抓,坚持抓早、抓小、抓苗头,把大量的矛盾纠纷化解在当地,化解在萌芽状态。

(一)加大了对矛盾纠纷的联动调处力度。各地在党委、政府统一领导下,形成了综治机构牵头协调、调处中心具体运作,有关部门共同参与,集人民调解、行政调解和司法调解于一体的“大调解”工作格局。各级政法部门充分履行职责,准确掌握本地区的社情民意,协助党委、政府从源头上解决问题;运用法律手段调节社会关系,化解矛盾纠纷,避免矛盾激化、纠纷升级。各有关部门建立健全了内部矛盾纠纷的信息预警、排查调处、应急处置和责任追究等机制，提高了发现和解决矛盾纠纷的能力。全省各地在林业产权改革中化解了6万多起矛盾纠纷，确保了改革稳步推进。中央有关部门在江西召开现场会推广了这一做法。

（二）加大了基层维稳力量的整合力度。宜春、萍乡、九江、抚州、赣州等地在乡镇全面建立综治、维稳联动中心，形成了以基层党组织为核心，基层自治组织为基础，基层政法综治组织为骨干，群防群治组织为辅助力量的维稳工作网络。通过整合基层综治维稳力量，实行群众来访联接、矛盾纠纷联调、突发事件联处，对群众信访问题和反映的诉求一个窗口受理、一个中心办事、一个程序办结，实现了乡镇维稳力量由散到合的转变，促进了基层和谐稳定。一年来，全省共排查各类矛盾纠纷23万余起。针对排查出来的矛盾纠纷，落实化解责任，95%的矛盾纠纷得到有效化解，预防和减少了群体性事件的发生。

（三）加大了处理涉法涉诉信访工作力度。各级党委政法委和政法部门领导联合接待群众制度在各地全面推开，成为全省处理涉法涉诉上访问题的一项长效工作机制。在全省部署开展了涉法涉诉赴京非正常上访问题集中整治，减少了涉法涉诉赴京非正常上访。为推动对涉法涉诉赴京非正常上访问题集中整治工作，省委常委、政法委书记舒晓琴同志和省政法各部门主要负责同志选择涉法涉诉赴京非正常上访人次较多的县作为重点，带案下访，亲自指导处理涉法涉诉信访问题。省法院、省检察院、省公安厅分别在本系统开展了领导干部集中“下访月”活动，采取各级领导干部包案负责的办法，深入基层现场协调处理信访案件，有力推动了突出信访问题的解决。

三、和谐平安建设情况

各地、各部门把和谐平安建设摆上重要位置，按照加强基层、建设基层、稳定基层的思路，以基层为重点，深入推进和谐平安建设。全省和谐平安建设工作呈现重视程度越来越高、工作越来越实、氛围越来越浓、创优意识越来越强、成效越来越好的良好发展态势。

（一）始终把和谐平安建设作为“一把手”工程。年初，省委办公厅、省政府办公厅转发了《省委政法委和省综治委关于进一步推进和谐平安江西建设的意见》。全国综治工作会议后，及时召开了全省综治工作会议，对深入推进和谐平安建设进行了再动员、再部署。紧接着又召开专门会议，分别对鄱阳湖地区联谊联防、创建平安边界和加强省直单位、大专院校、大中型企业的平安创建工作进行了专题研究和部署。各地、各部门认真按照省委、省政府的要求，把开展和谐平安建设作为“一把手”工程，因地制宜确定创建工作思路，提出有操作性的措施。加大了创建经费的保障力度，省里明确创安经费列入财政预算，并从省下拨1.2亿元的政法经费补助中提取20%作为创安资金，市、县（市、区）两级财政按1:1的比例拨付配套资金，有力保障了平安创建活动的开展。

（二）始终抓住基层平安创建这个重点。以深入开展平安县（市区）、平安乡镇（街道）、平安社区（村）、平安湖区、平安边界、平安单位、平安校园、平安家庭、平安班组、平安工地等基层平安创建活动为载体，开展了丰富多彩的群众性创建活动，扩大创建覆盖面，提升创建水平。按照建设社会主义新农村的要求，深化农村安全创建，提高广大农民学法、守法的自觉性和运用法律维护合法权益的意识，促进了新农村建设。省委政法委、省综治委和省直有关部门联合举办了《平安颂》大型文艺晚会，并通过电视向全省直播，这对营造和谐平安建设氛围，调动社会各界和人民群众参与和谐平安建设的积极性，起到了积极作用。

（三）始终突出基层组织在和谐平安建设中的主导地位。进一步制定和落实从优待基层、从优待一线的政策措施，加强人民法庭、派出所、司法所和乡镇街道综治机构建设，切实解决“头重脚轻”的问题。省法院、省检察院会同省财政厅联合下发了《关于建立和完善我省县级法院检察院经费保障机制的意见》，加大了基层法院检察院经费保障力度。省公安厅开展以“抓基层，打基础，苦练基本功”为主题的“三基”工程建设活动，增强基层实力，激发基层活力，强化队伍素质，提高工作水平。司法行政机关着力抓好基层司法所建设，第一批322个司法所办公用房建设任务基本完成，第二批办公用房建设已顺利启动。县、乡换届之际，各地按照“机构要巩固、队伍要稳定、机制要健全、人员要培训”的要求，加强了基层综治机构和综治队伍建设，省、市、县三级和省直部门共举办培训班 269 期，培训综治干部 21020 人(次)，提高了综治干部的政治、业务素质。

四、严打整治情况

各级政法机关坚定不移地贯彻严打方针，始终保持了对各种严重刑事犯罪的高压态势。结合严打斗争，狠抓了治安乱点和突出治安问题的集中整治，取得了明显成效。

(一)深入开展严打专项斗争。组织开展了以“打黑除恶”为龙头的严打专项斗争，全省已组织侦办 20 起涉黑专案，其中 15 起已侦查终结，并以《刑法》294 条移送起诉；有 5 起以《刑法》294 条提起公诉，2 起已经二审判决。同时，还开展了侦破命案、打击“两抢一盗”和毒品犯罪等专项行动。全省共立现行命案 490 起，破 450 起，破案率为 91.84%，比去年同期上升 2.99 个百分点。全省 99 个县(市区)中，有 66 个命案破案率达到 100%，有 9 个无命案，破获命案积案 30 起；破获“两抢一盗”案件 35383 起，比去年同期上升 8.1%；立盗抢汽车案件 909 起，比去年同期下降 4.9%，实现了打击“两抢一盗”犯罪力度上升、盗抢汽车案件发案下降，即“一升一降”的目标；还破获各类毒品案件 1179 起，有力打击了毒品犯罪活动。2006 年，全省共立刑事案件 103539 起，同比上升 5.6%；破案 74002 起，同比上升 7.9%。在严打斗争中，认真贯彻落实宽严相济的刑事政策，最大限度地减少社会对立面，取得了良好的社会效果。

(二)大力开展治安集中整治。2006 年，全省把排查整治治安混乱地区和突出治安问题，作为推进和谐平安建设的一项重要工作，党政领导精心组织部署，有关部门密切协同配合，坚持专群结合，充分发动群众，加大对工业园区、校园周边、铁路沿线、水域治安、农村治安、道路交通安全、出租屋治安、娱乐场所等重点治安复杂地区的排查和专项集中整治，着力解决突出问题，同时跟上治本措施，建立长效管理机制，有效改变了治安乱点的面貌。据统计，全省去年共排查治安乱点 1623 个，已整治 1580 个，正在整治的 43 个；排查治安问题 5424 个，已整治 5397 个，正在整治的 27 个。凡是开展重点整治的地方，治安面貌明显改观，突出治安问题基本得到解决，大都实现了由乱到治。

五、治安防控体系建设情况

各地整合社会人力、物力、财力资源，优化配置，加大投入，按照分块实施、整体推进的思路，进一步推进治安防控体系建设，扩大了防控覆盖面，提高了防控水平。

(一)坚持专群结合。继续完善网络化巡防体系，切实把警力摆到街面、沉到社区，发挥好专业队伍的作用，不断提高对社会面的动态控制能力。积极研究市场经济条件下发动群众、依靠群众的有效方法，逐步建立适应市场经济特点和要求、群众广泛参与的社会治安防范工作机制，推动治安防范的社会化、市场化和职业化，发挥专职巡防队伍和其他群防群治队伍在维护社会治安中的作用。继续推进综治工作进企业、进校园、进村庄、进园区、进景区、进市场，逐步做到“组织全覆盖、工作全覆盖、活动全覆盖”。

(二)拓展科技防范。在城市重要商业繁华区、主要街道、重点要害部位和治安复杂场所，全面推行视频监控技术防范，并把技术防范措施推广到企事业单位和有条件的农村。全省县城以上城区以及省直综治责任单位普遍建立健全了电视监控系统，并同公安 110 指挥中心联网对接，基本实现了视频监控广覆盖，提高了防范工作的科技含量，进一步提升了发现、控制犯罪的能力。

(三)加强社会管理。以实有人口管理为重点，着力加强对高危人群、高危物品、高危行业和高危场所的治安管理。对重点行业“严管”，对重点部位“严防”，对重点人群“严控”。针对“单位人”变成“社会人”带来的管理“空档”和“盲点”，创新管理机制，推动建立政府调控机制同社会协调机制互联、政府行政功能同社会自治功能互补、政府管理力量同社会调节力量互动的社会管理网络，加强了对“社会人”的管理。

六、部门齐抓共管情况

各部门、单位充分发挥自身优势，在抓好内部安全稳定的同时，积极参与社会治安综合治理，共同维护社会稳定。

（一）充分发挥五部委作用。各级纪检、组织、人事、监察和综治委既认真履行各自职责，又相互支持，相互配合，共同推动综治工作开展。组织部门在考核领导班子和领导干部、纪检监察部门在考核领导班子和领导干部党风廉政建设情况、人事部门考核国家公务员时，都把综治、维稳责任人履行责任情况及工作能力和绩效，列入考核的重要内容。各地提拔任用干部，都事先征求同级综治委的意见。在开展综治、维稳重大工作过程中，纪检、组织、人事、监察和综治委共同对责任人进行专项考核，跟踪查效。在全省开展的和谐平安创建活动中，省五部委（厅）都派员会同综治办进行督查，推动了工作开展。对发生影响社会稳定重大问题的地区、部门、单位及其责任人，纪检、监察部门和综治委联合进行调查，并实行责任查究。

（二）充分发挥综治委成员单位和综治责任单位作用。注重发挥党的政治优势，调动各部门尤其是综治委成员单位的积极性。综治工作的重大活动，综治委成员单位积极参与、大力支持，有力地促进了全省综治工作的开展。在和谐平安创建中，各级综治委成员单位挂点县（市区）、乡镇、村（居）、社区，实行帮扶创建。

（三）充分发挥综治委专门工作小组作用。一是多措并举安置帮教刑释解教人员。各地建立了提前介入、回归接茬、出狱（所）服务、就业扶持四大工作体系，创建过渡性安置帮教基地185个。全省近3万刑满释放和解除劳教人员，帮教率达97.7%，安置率为92.8%，重新违法犯罪率控制在3%以内。洪都集团领导多年坚持定期到劳改（教）场所看望服刑在教人员，将刑释解教人员的帮教工作前移，全集团300余名刑释解教人员，无一人重新违法犯罪。二是加强流动人口治安管理和服务工作。全省已建暂住人口管理站994个，现有专兼职协管员5258人，基本形成了以公安派出所为主体，以乡镇（街道）、村（居）委会为依托，以社区民警为核心，以协管员为骨干，以治安信息员为补充的流动人口管理网络。三是积极预防青少年违法犯罪。全面实施“为了明天工程”，着力加强青少年法制教育，规范中小学校兼职法制副校长的工作方式和内容，推动流浪儿童救助保护中心建设。在社区和村开展对孤儿、辍学生、无业在家的闲散青少年、无人照料的外出务工人员留守儿童、服刑在教人员的未成年子女等特殊群体的摸底排查，并建档立卡，增强了教育和服务的效果，有效预防和减少了青少年违法犯罪。四是深入开展铁路护路联防。强化路地双方责任，建立了组织联网、信息联享、工作联手、责任联负四大机制。实行科技护路，对沿线重要桥隧及货场实行电视监控。大力开展铁路沿线治安秩序整治，着力解决突出问题，江西境内涉铁案件、路外伤亡和耕牛挡道同比分别下降15%、42%和33%，确保了铁路安全运行。五是推进学校及周边治安综合治理。在校园周边开展以“除暴、治乱、扫黄、清障”为主要内容的集中整治行动，采取部门联动、现场办公的形式，逐个解决学校及周边治安存在的突出问题。全省中小学全部配齐了法制副校长，并由各市综治办统一进行了培训。一年来，取缔校园周边黑网吧60家、无证摊点2650个、“三室二厅”460家，整治周边乱点570个，有效净化了学校及周边治安环境。江西财经大学将行政执法引入校园，成立南昌市城市管理行政执法局驻校中队，为全省高校校园及周边综合治理探索了一条新路子。

七、民办高校治安综合治理工作情况

省综治委在深入调查研究的基础上，提出了加强民办高校治安综合治理工作的措施。

（一）依法规范民办高校招生管理工作。教育行政主管部门督促民办高校严格按照《中华人民共和国民办教育促进法》和《中华人民共和国民办教育促进法实施条例》的规定，规范民办高校招生管理工作。对发生违规招生问题的民办高校，由审批机关或者其他有关部门责令其限期改正，并予以警告；有违法所得的，在退还所收费用后没收违法所得；情节严重的，责令其停止招生，吊销其办学许可证。同时，对相关责任人坚决依法查处，触犯刑律的，由司法机关依法追究刑事责任。

（二）落实民办高校治安综合治理领导责任。民办高校治安综合治理工作贯彻“属地管理”、“谁主管谁负责”、“谁办学谁负责”的原则。民办高校所在地党委、政府把民办高校治安综合治理纳入当地社会治安综合治理目标管理范围，把保校园平安与保一方平安有机统一起来，切实加强了领导。在南昌市内的民办本科高校纳入省直综治目标管理范围，由省综治委直管。其他民办高校纳入各市综治目标管理范围，由各市综治委直管。批准成立民办高校的教育行政主管部门明确一名领导分管校园治安综合治理工作，指定一个职能部门抓好此项工作，切实履行监管职责，督促和指导民办高校全面落实校园治安综合治理各项措施，创建平安校园。民办高校法定代表人和党委书记、校长为本校治安综合治理工作首要责任人，对这项工作共同负责。所有民办高校确定一名副书记或副校长分管治安综合治理工作。

（三）建立民办高校治安综合治理组织网络。在所有民办高校建立治安综合治理工作领导小组，由党委书记任组长，校长任副组长。领导小组下设综治办，与保卫处合署办公，综治办主任由分管综治工作的校领导担任。民办高校所在地公安机关建立民办高校治安管理长效机制，切实加强民办高校的治安管理，在校园内设立警务室，配备2至3名民警，协助维护校园治安秩序，指导开展治安防范工作。民办高校所在地综治机构在校园内设立综治室，从基层政法、教育等部门选派人员驻校，指导开展综治工作和平安校园创建工作。各民办高校下属院系负责人和班主任、辅导员实行一岗双责，一手抓管理，一手抓稳定。所有民办高校配齐配强法制副校长，法制副校长从所在地县（市区）政法部门领导干部中选聘。

（四）加快推进民办高校治安防控体系建设。参照公办高校治安防控体系建设标准，依据《企事业单位内保条例》的规定，贯彻“人防、物防、技防并举”的原则，构建全天候的、覆盖校园的治安防控体系。所有民办高校按照每万名学生配50名保安人员的要求，建立校园保卫队伍，保安人员由所在地县（市、区）公安机关保安公司派驻。同时，从师生员工中选拔治安信息员，建立治安信息员队伍。加大技防投入，构建红外防盗报警、视频监控等技术防范系统和“校园110”综合报警求助系统。物防设施和消防设施配套达标。所有民办高校的治安防范队伍和防范设施通过当地综治机构和公安机关验收。建立校园矛盾纠纷排查调处机制，有效化解内部矛盾纠纷。加强重点人员的管理，严防重点人员失控引发重大治安问题。制定处置突发事件预案，妥善处置影响稳定的事件。

（五）切实抓好民办高校周边治安秩序整治。民办高校周边治安秩序整治，在当地党委、政府的统一领导下，由当地综治部门牵头，教育、公安、工商、交通、文化、卫生、建设、新闻出版等各有关部门共同负责。本着什么问题突出就解决什么问题的原则，有组织、有重点地开展治安集中整治，严厉打击侵害师生人身财产安全的刑事犯罪和危害校园治安的黑恶势力，拆除违章建筑，取缔无证经营摊点，查封非法经营的网吧，关闭校园大门两侧200米以内歌舞厅、录像厅、电子游戏室、网吧、按摩室、发廊、洗脚屋等娱乐休闲场所，规范出租房屋管理，整顿校园周边交通秩序，取缔非法运营车辆。通过整治，有效遏制校园周边刑事发案，减少多发性治安案件，解决突出的治安问题，优化了教书育人环境，增强了师生的安全感。

（六）实行民办高校治安综合治理责任查究制。根据《江西省社会治安综合治理条例》的规定，对发生恶性刑事案件、重大群体性事件、群死群伤事故等影响安全稳定重大问题的民办高校，视情予以限期整改、黄牌警告、一票否决，并实行责任查究。对负有责任的民办高校法定代表人、综治责任人和负有监管责任的教育行政主管部门负责人，是中共党员和国家公务员的，由纪检、监察机关予以党纪、政纪处分；是人大代表、政协委员的，建议人大常委会、政协罢免其代表、委员；构成犯罪的，依法追究刑事责任。

中共江西省委办公厅　江西省人民政府办公厅转发《省委政法委员会、省社会治安综合治理委员会关于进一步推进和谐平安江西建设的意见》的通知

（2006 年 1 月 25 日）

各市、县（市、区）党委和人民政府，省委各部门，省直各单位，各人民团体：

《省委政法委员会、省社会治安综合治理委员会关于进一步推进和谐平安江西建设的意见》已经省委、省政府领导同志同意，现转发给你们，请结合实际认真贯彻执行。

省委政法委员会、省社会治安综合治理委员会关于进一步推进和谐平安江西建设的意见

为认真贯彻落实《中共中央办公厅国务院办公厅转发〈中央政法委员会、中央社会治安综合治理委员会关于深入开展平安建设的意见〉的通知》（中办发[2005]25 号）精神，进一步推进和谐平安江西建设，结合我省实际，提出如下意见：

一、学好文件，吃透精神，打牢和谐平安建设思想基础

中办发[2005]25 号文件深刻阐述了平安建设的重要意义，明确了平安建设的指导思想、目标任务和主要措施，是推进平安建设的重要文件，对建设和谐平安江西具有重要的指导意义。各地、各部门要从实践“三个代表”重要思想，全面落实科学发展观，维护改革发展稳定大局，确保“十一五”规划顺利实施，全面建设小康社会的高度，认真学习、深刻领会、准确把握平安建设的丰富内涵，充分认识平安建设是构建社会主义和谐社会、促进经济社会协调发展的保障工程，是维护广大人民群众根本利益、为人民群众所期盼的民心工程，是提高党的执政能力、巩固党的执政地位的基础工程；充分认识平安建设是新形势下加强社会治安综合治理工作的新举措，对于社会治安综合治理工作拓宽领域、充实内容、提高层次、完善机制、取得实效具有重要作用。要切实把思想和行动统一到中央的决策部署上来，万众一心，齐心协力，大力推进建设和谐平安江西的各项工作，为顺利实施“十一五”规划，加快江西发展，实现江西崛起，营造更加和谐平安的社会环境。

二、广泛宣传，层层发动，营造和谐平安建设浓厚氛围

开展平安建设活动，表达了人民群众的意愿，代表了人民群众的利益。人民群众既是享受平安建设成果的主体，也是参与平安建设的主体，创建工作能否取得成功，从根本上讲，取决于人民群众参与的广度和深度。各地、各部门要以提高人民

群众对平安建设工作的知晓率为切入点，以提高社会各方对平安创建工作的参与率为着力点，以提高人民群众对平安创建工作的满意率为落脚点，坚持不懈地把宣传发动贯穿和谐平安创建工作的始终。要结合当前正在开展的“建设创新创业江西，实现科学和谐发展”的主题教育活动，认真研究新形势下发动群众参与平安建设的有效途径和方法，制定宣传方案，加大宣传力度，增强宣传实效。要充分运用党报党刊和其他各种新闻媒体，广泛深入地宣传发动，做到报刊有文字、电视有图像、广播有声音。要组织社会各方面的力量，采取群众喜闻乐见的多种宣传形式，深入乡村和街道社区，开展丰富多彩的宣传活动，使和谐平安建设活动做到家喻户晓，人人皆知。

三、把握重心，突破难点，推动和谐平安建设深入开展

和谐平安建设重心在基层，难点也在夯实基础。各地、各部门要牢固树立“强基固本”的思想，从指导思想、政策导向、力量配置、经费保障等方面向基层倾斜，增强基层实力，激发基层活力，推动基层和谐平安建设活动深入开展。一是大力加强基层组织建设。不断整合基层平安创建力量，形成以基层党组织为核心，基层自治组织为基础，基层综合治理、政法组织为骨干的社会治安综合治理工作网络，筑牢维护社会治安和社会稳定的第一道防线。加强乡镇、街道社会治安综合治理委员会及其办公室建设，充分发挥其职能作用。搞好驻社区民警、综治特派员、兼职法制副校长和法制辅导员的选配工作，使其充分发挥作用。二是积极预防和有效化解各种社会矛盾。进一步健全矛盾纠纷排查调处工作机制、工作制度和工作网络，重点抓好县（市、区）以下基层矛盾纠纷排查调处工作体系建设，推动各部门、各单位建立健全内部矛盾纠纷排查调处机制，提高发现和解决矛盾纠纷的能力。三是加强治安防范工作。建立完善社会治安形势评估预警和政法部门配合制约等工作机制，坚持定期排查整治治安混乱和突出治安问题。加强城乡治安防控体系建设，提高治安防范水平。进一步巩固和发展专职治安巡防队伍，加强对这支队伍的教育和规范管理。大力加强预防青少年违法犯罪、流动人口管理和服务、铁路护路联防、刑释解教人员安置帮教、校园周边环境整治等工作，切实把影响稳定的深层次问题解决好，最大限度地预防和减少违法犯罪。四是广泛开展基层安全创建活动。重点开展好县（市、区）、乡镇（街道）、村（社区）和学校、企事业单位平安建设活动，广泛开展平安家庭创建活动，积小安为大安，积局部平安为全局平安。要不断拓宽创建范围，充实创建内容，提高创建层次和水平。

四、丰富内涵，创新形式，提高和谐平安建设工作实效

各地在创建活动中，要紧扣改革发展稳定大局，紧扣全民创业、富民兴赣主题，紧扣维护人民群众利益之本，不断丰富平安建设的内涵，创新平安建设活动形式，提高工作实效。坚持从解决突出问题入手，不等不靠，加强调查研究，勇敢地试，大胆地闯，在解决新情况、新问题中探索新思路，创造新经验，使创建工作始终体现时代性、把握规律性、富于创造性。坚决反对做表面文章、弄虚作假、敷衍应付，坚持重实际，说实话，办实事，求实效。衡量平安创建工作是否有成效，关键要看是否有效防止严重危害国家安全和政治稳定的问题发生，是否有效防止严重危害社会稳定的重大群体性事件发生，是否有效防止严重危害社会治安的恶性刑事案件发生，是否有效防止严重危害人民群众生命财产安全的群死群伤事故发生，是否有效防止严重危害社会主义市场经济秩序的经济案件发生。总之，是看人民群众满意不满意。

五、分类指导，因情施策，打造和谐平安建设特色品牌

开展平安建设，要注意从各地实际出发，因情施策，分类指导，不能搞一刀切。要尊重基层的创新探索，旗帜鲜明地鼓励创新，充分调动和保护好基层的首创精神。对基层在工作中的成功做法，上级机关和有关部门要及时给予鼓励，认真总结推广。要善于发现典型，培育典型，推广典型，使先进典型在更广的范围、更高的层次上发挥效应。当前，要大力推广组建乡镇综治联动中心、构建乡镇“和谐110”以及矛盾纠纷调处中心等在平安创建中涌现出来的好典型、好经验，努力培植一批亮点，充分发挥好典型的示范和辐射作用，努力使典型经验在全省“开花结果”，不断提升和谐平安建设水平。

六、健全机制，完善措施，强化和谐平安建设组织保障

平安建设工作由各级党委、政府统一组织实施。各级党政主要领导是平安建设第一责任人，分管领导是直接责任人，其他领导承担分管行业范围内平安建设的责任。各级社会治安综合治理委员会要充分发挥组织协调作用，狠抓工作措施落实，有计划、有步骤地组织推动平安建设开展。各部门、各系统要紧紧围绕平安建设的目标要求，制定参与平安建设的具体实施办法，在平安建设中充分发挥各自的职能作用。要建立健全经费保障机制，将应由政府承担的经费纳入同级财政预算，保证平安建设工作顺利开展。同时，还要逐步建立适应社会主义市场经济要求的群防群治经费保障机制。要建立健全考核奖惩机制，把平安建设的成果作为检验各级党政领导班子和领导干部执政能力和执政水平的重要标准，列入干部考核评价的重要内容。要加强对平安建设各项工作落实情况的督促检查，对工作扎实、成效显著的地方和单位予以表彰奖励，对因工作失职、渎职引发影响稳定重大问题的，实行一票否决，并严肃追究有关领导和相关人员的责任。

江西省社会治安综合治理委员会关于深入开展创建平安县(市、区)活动的意见

(2006年11月9日)

各市、县(市区)综治委，省综治委各成员单位：

近几年来，各地认真贯彻中央和省委、省政府关于和谐平安建设的总体部署和要求，采取有力措施，推进和谐平安建设，多种形式的创建活动在基层蓬勃开展，并取得了明显成效。为巩固已有成果，提升创建层次和水平，省综治委决定，在全省深入开展争创平安县(市区)活动，现提出以下意见。

一、指导思想

坚持以邓小平理论、“三个代表”重要思想和科学发展观为指导，以“发案少、秩序好、社会稳定、人民满意”为目标，以落实领导责任制为抓手，以基层平安建设为载体，以健全长效机制为重点，组织动员社会各方面的力量，落实社会治安综合治理各项措施，全面推进和谐平安建设，不断扩大平安创建覆盖面，提升平安创建整体水平，力争经过3—5年的努力，使大部分县(市区)达到平安县(市区)标准，为建设“和谐平安江西”打下坚实的基础。

二、创建要求

(一)加强组织领导。各级党委、政府对平安创建工作高度重视，把创建平安县(市区)列入重要工作议程，紧密结合本地实际，精心组织，周密部署，加强督导，确保创建工作取得实效。严格落实领导责任制，形成主要领导亲自抓、分管领导具体抓、班子成员共同抓的创建工作机制。建立平安创建经费保障机制，逐步加大财政投入，确保创建工作顺利开展。

(二)夯实基层基础。加强基层党组织建设，使基层平安创建工作有人抓、有人管。加强基层政法、综治组织规范化建设，做到组织落实、制度落实、经费落实，不断增强基层的管控能力。整合基层力量，实行司法调解、行政调解、人民调解有机结合，形成大调解工作格局。认真实施全民普法教育规划，做好预防青少年违法犯罪工作，加强刑释解教人员安置帮教，预防和减少犯罪。

(三)化解矛盾纠纷。正确处理改革发展稳定关系，努力解决涉及群众切身利益的问题，注重从源头上预防和减少矛盾纠纷。健全县、乡、村矛盾纠纷排查调处网络，努力把矛盾纠纷化解在基层、内部和萌芽状态。建立健全处置群体性事件

和突发事件的应急机制，及时妥善处置群体性事件，维护社会稳定。

（四）强化治安防范。实行人防、物防、技防并举，提高防范科技含量，全面提升治安防控水平。加强要害部位、公共复杂场所、城乡结合部的治安防范工作。抓好边界地区联谊联防，维护边界治安稳定。加强流动人口的管理和服务。认真落实特种行业、易燃易爆等危险物品的各项监管措施。加强群防群治队伍建设，推进治安防范工作社会化。

（五）坚持严打整治。坚持"严打"方针不动摇，严厉打击严重暴力犯罪、黑恶势力犯罪、流窜犯罪、抢劫抢夺盗窃等多发性犯罪和毒品犯罪，依法惩治各类严重危害市场经济秩序的犯罪活动，保持对刑事犯罪的高压态势。加强国家安全人民防线建设，适时打击敌对势力的破坏活动。深入开展同"法轮功"等邪教组织的斗争。定期组织治安排查和治安混乱地区的集中整治。加强铁路护路联防。狠抓学校、企业周边治安秩序的专项治理。加大"扫黄打非"力度，遏制黄赌毒等社会丑恶现象。

（六）营造舆论氛围。采取多种形式，深入进行宣传发动。加强新闻宣传，在主要媒体开设专门栏目，及时报道平安建设情况，宣传先进典型。把握正确的舆论导向，形成强有力的舆论氛围，充分调动广大人民群众参与平安建设的积极性，使平安建设得到社会各方面的配合与支持。

三、创建标准

（一）社会持续稳定。连续两年没有发生严重危害国家安全和政治稳定的问题，没有发生"法轮功"等邪教组织人员进京赴省滋事、在当地聚集闹事等非法活动，没有发生严重危害社会稳定的重大群体性事件，没有发生群众性纠纷械斗事件；在重大政治活动期间，没有发生进京非正常访事件。

（二）治安秩序良好。当年刑事发案和人口犯罪率低于设区市平均水平；没有发生黑社会性质的组织犯罪和有影响的恶性刑事案件，没有发生严重危害社会主义市场经济秩序的重大经济案件，没有发生重大公共安全事件，没有发生死亡10人以上特大群死群伤事故。

（三）治安防控严密。群防群治六支队伍健全，管理规范；城区视频监控系统覆盖面达90%以上；社区警务室设立面达100%，农村警务进村达到60%以上，落实了"一区一警"工作机制；入室盗窃、抢劫、抢夺等可防性案件发案率低于设区市平均水平。

（四）严打整治有效。当年刑事案件的破案率高于全省平均水平，八类主要案件的破案率达到80%以上，其中杀人、爆炸案件必须全破；治安混乱地区面貌明显改观，"黄赌毒"问题得到有效遏制。

（五）基层创安扎实。50%的乡镇（街道）达到平安乡镇（街道）的标准。（平安乡镇（街道）标准由设区市制定）

（六）综治工作先进。连续两年以上被评为设区市社会治安综合治理目标管理先进县（市区）。

（七）人民群众满意。公众对社会治安状况的满意率和基本满意率连续两年超过全省平均水平。

四、考核命名

（一）逐级申报。各县（市区）党委、政府在自查自评的基础上，认为达到平安县（市区）标准的，向设区市综治委申报，经设区市综治委初评合格后，向省综治办推荐。

（二）考核评定。省综治办对设区市推荐的平安县（市区），采取日常检查、定期抽查、集中暗访、组织问卷等方法，或结合年度社会治安综合治理目标管理考评进行考核，然后确定平安县（市区）候选对象。

（三）媒体公示。经省综治委审定的平安县（市区）名单，省综治办将在省有关媒体上进行公示，听取社会各界和公众的意见。

（四）命名表彰。平安县（市区）候选对象经媒体公示未发现问题的，提请省综治委审定，并正式命名，颁发奖牌奖金，嘉奖责任人。

（五）动态管理。平安县（市区）原则上每年评定一次，不搞终身制。省综治办对已命名的平安县（市区）定期进行复查，对发生重大问题的，及时报省综治委撤销平安县（市区）荣誉称号，并视情给予一票否决、黄牌警告、限期整改。

江西省社会治安综合治理委员会关于印发《关于在省直综治责任单位深入开展争创平安单位活动的实施意见》的通知

(2006 年 11 月 9 日)

省直综治责任单位党委(党组)、社会治安综合治理领导小组:

现将《关于在省直综治责任单位深入开展争创平安单位活动的实施意见》印发给你们,请遵照执行。

关于在省直综治责任单位深入开展争创平安单位活动的实施意见

近年来,平安单位创建活动在省直综治责任单位蓬勃开展,并取得初步成效,呈现出良好的发展势头。按照中央和省委、省政府关于平安建设的总体部署和要求,现就省直综治责任单位深入开展争创平安单位活动,提出以下实施意见:

一、指导思想

争创平安单位活动,要以邓小平理论、“三个代表”重要思想和科学发展观为指导,紧紧围绕改革、发展、稳定大局,坚持以落实领导责任制为龙头,以加强治安防范和夯实基层基础为重点,以“发案少、秩序好、内部稳定、群众满意”为目标,把社会治安综合治理各项措施落到基层。通过开展争创活动,进一步培养和树立创建典型,发挥典型示范作用,推进平安建设深入开展,力争经过3—5 年的努力,使省直综治责任单位大部分达到平安单位标准,为科学发展、和谐创业、加快江西崛起营造和谐稳定的社会环境。

二、评选内容和标准

(一)组织领导能力

党委(党组)高度重视,领导班子每季度听取创建工作情况汇报,分析创建工作形势,专题研究部署平安创建工作,解决创建工作中的重大问题。

制定创建平安单位活动整体规划和年度实施方案,建立创建活动奖惩机制和责任机制。

组织检查指导本系统、本部门基层单位创建工作,每年选树 2 个以上创建工作先进典型予以推广。

本系统、本部门平安创建覆盖率达 100%,干部、职工对创建工作的知晓率达 100%,对内部治安状况的满意率达 95% 以上。

积极参与和支持属地平安创建活动,每年帮扶一个地方的创建工作,并取得明显成效。

(二)维护内部稳定能力

防范敌对势力、敌对分子、邪教和有害气功组织违法犯罪活动的机制健全,重点人员底数清、不失控,内部人员未参加境内外非法组织,未参与“法轮功”等邪教组织的任何非法活动。

内部矛盾纠纷排查调处工作机制健全,工作规范,调处责任落实,按时上报排查调处情况,调处率达 95% 以上。

年内本系统、本部门无民转刑案件，无群体性事件，内部人员无进京上访、无赴省聚众上访。

（三）防范控制犯罪能力

内部未发生恶性刑事案件。

内部安全防范管理制度健全，在金库、金融网点、枪支弹药、易燃易爆物品和单位财会室、档案室、机房、重要物资仓库等重点要害部位，人防、物防、技防措施落实，技术防范覆盖面逐年提高，未发生刑事案件。

暂住人口、务工人员、躁狂性精神病人、有劣迹人员等底数清，教育管控严密，无犯罪行为。

护厂（校、院）、义务消防、专职保安、看楼护院等群防群治队伍健全，职责任务明确，管理规范，作用发挥充分。

（四）公共安全监督管理能力

道路交通事故得到有效预防和控制，未发生特大交通事故。

火灾事故得到有效预防和控制，消防设施达到规定标准，一般火灾事故减少，未发生重特大火灾事故。

剧毒、放射性等危险物品得到依法严格管理，未发生被盗、丢失等刑事案件或导致人员伤亡重大事故。

安全生产事故隐患得到及时整改，一般安全生产事故减少，重大安全生产事故得到控制，未发生特大以上安全生产事故，伤亡人数在省政府下达的控制指标内。

（五）创建活动保障能力

综治保卫组织网络健全，有综治保卫办事机构，配备专兼职综治办主任、专职副主任，落实1—2名专兼职工作人员。每年对本系统、本部门综治办人员集中教育培训不少于1次。

综治保卫组织有办公场所和档案资料室，工作台账实行计算机管理，配备或确保工作用车，添置工作必需的视听器材。

综治专项经费列入财务预算。专职保安等群防群治队伍经费保障到位，综治办人员每月60元补贴落实到位。

三、评选程序

（一）逐级申报。每年10月份省直综治责任单位对本系统、本部门平安创建工作进行自查自评，认为达到平安单位标准的，由单位综治领导小组向省综治委申报。

（二）考核审定。省综治委组织考核小组，结合年终综治考评，按照评选标准，对申报的单位进行综合考核。对拟表彰的平安单位予以登报公示1周，然后报请省综治委全体会议审定。

（三）表彰奖励。平安单位原则上每年评选表彰一次。凡符合平安单位标准的，由省社会治安综合治理委员会命名、授牌和奖励。

（四）动态管理。对已命名的平安单位，省综治办建立专门台账，实行动态管理。凡发生重大治安问题和影响稳定重大事件的，由省综治办及时报请省综治委撤销其平安单位称号，并视情实行一票否决或黄牌警告或限期整改。

四、工作要求

（一）提高认识，加强领导。从践行“三个代表”重要思想，落实科学发展观，构建社会主义和谐社会的高度，切实加强领导，精心组织，周密部署，采取过硬措施，扎实有效地开展争创活动。

（二）广泛宣传，形成氛围。充分利用多种形式，大力宣传创建平安单位活动的意义、目的，调动单位内部各职能部门的积极性，调动广大干部、职工参与创建活动的积极性，形成齐抓共创的浓厚氛围。

（三）突出重点，务求实效。根据本《意见》要求，结合本单位实际，制定具体的实施方案，突出重点，分步推进，狠抓落实，务求实效，切忌走过场，搞形式主义。

（四）大胆探索，勇于创新。以开拓创新的精神，积极探索创建平安单位的新办法、新路子，培育具有品牌效应、各具特色的先进典型。及时总结推广经验，不断扩大典型覆盖面。

（五）落实责任，强化督查。认真落实领导、职能处室的责任，把创建活动的各项任务和措施落实到基层组织、基层单位和具体人。建立激励机制，把抓创建平安单位的工作绩效，作为干部考核的重要内容。加大督查力度，及时发现和解决存在的问题，推动创建活动深入开展。

创建和谐平安服务队　加强和改进社会管理

南昌市青山湖区社会治安综合治理委员会

近年来,我们针对城市化进程快速推进带来的社会组织结构、经济结构、人员结构、利益结构的新变化,从创造和谐平安服务队入手,加强辖区社会管理服务工作,取得较好的效果。

一、适应社会管理需要,创建和谐平安服务队

我区作为典型的城乡结合部和城乡插花地区,同时作为南昌市工业化和城市化重点推进的区域,社会管理难度大,一度成为制约全区经济社会发展的瓶颈。一是治安形势复杂化。刑事发案率呈上升趋势,盗窃、抢夺等侵财性案件突出,群众越级访、重复访、缠访接连不断,辖区内民营企业、歌厅酒店、网吧游戏厅、集贸市场、建筑工地等点多面广,给社会管理工作带来了诸多隐患。二是人口流动多元化。大量"单位人"转变为"社会人",下岗工人、失业人口、农民工、大学生、"两劳"回籍人员、特殊青少年、留守人员等相互交织,流动人口的职业、文化程度、综合素质参差不齐。据统计,2006年,我区登记的流动人口达12万余人,人口管理难度越来越大。三是利益诉求多元化。因城市化推进、园区建设、企业改制、征地拆迁、区域调整等引发的补偿安置、社会医疗保障、违章建筑、边界纠纷、失地农民生活保障等问题日益突出,群体性事件增多。

为了破解社会管理服务工作难题,经多方论证,反复酝酿,在辖区塘山镇先行试点的基础上,区委、区政府决定建立和谐平安服务队,用新的机制来加强和改进社会管理工作,明确了和谐平安服务队的指导思想、组织机构、工作责任、经费筹措、时间步骤、人员招聘、工作要求。出台了《和谐平安服务队专职队员招聘工作方案》,就招聘工作的组织领导、招聘原则、中队设置及人数、招聘条件、队员待遇、招聘程序等提出了具体要求。经过历时一个多月的报名、推荐、笔试、体检、政审、审批、培训、聘用八个环节,全区共招聘和谐平安专职服务队员185人,分配到全区乡镇场、街道、园区9个大队的62个中队开展工作。

二、创新工作机制,有效加强社会管理服务

主要包括"一个规章、两级督导、三级管理、四项机制、五大职能"。

一个规章。即《青山湖区和谐平安服务队管理暂行办法》,包括总则、组织领导与管理、工作职责与任务、人员招聘与培训、考核与奖惩、工资与福利、档案管理、附则等共八章二十三条。

两级督导。即区成立领导小组,负责对各乡镇场、街道社会管理服务工作的督导;各乡镇场、街道成立督导组,负责对各村委会、社区社会管理服务工作的督导,确保社会管理服务各项工作顺利推进。

三级管理。即区和谐平安服务队在区委政法委的统一领导下开展工作。区里设立青山湖区和谐平安服务队管理办公室,办公室设在区综治办,负责社会管理服务工作的具体领导。

乡镇场、街道设立和谐平安服务大队,办公室设在乡镇场、街道综治办,负责本辖区社会管理服务工作的管理和指导。和谐平安服务大队在乡镇场、街道党(工)委和乡镇政府、农场、街道办事处的统一领导下,由乡镇场、街道和谐平安服务中心负责管理。

和谐平安服务大队在村、社区设若干个和谐平安服务中队,负责辖区内社会管理服务工作的具体事务,中队办公室设在村、社区警务室或和谐平安服务中心。

四项机制。一是联动机制。建立了"统一指挥、分级管理、立足辖区、跨片联动"的社会管理服务工作模式,做到工作有分有合,增强工作的机动性、灵活性,提高了工作实效。二是培训机制。建立了规范的培训制度，采取岗前培训、跟班轮训、中队周训、适时集训等多种方法，提高队员综合素质。三是考核机制。对和谐平安服务队队员的德、能、勤、绩，实行周小结、月考评、年考核，考核结果作为任用奖惩、续聘辞退的重要依据。四是奖惩机制。确定了奖励和处罚的具体方法，实行奖优罚劣、奖勤罚懒，对工作表现突出、成绩优异的中队和队员给予重奖，对工作严重不负责任、严重违反纪律的队员坚决予以辞退。

五大职能。一是宣传教育职能。向广大群众宣传党的路线、方针、政策、法律法规，为构建和谐社会营造积极健康的舆论氛围。二是服务群众职能。帮助群众解决生产、生活、文化等各方面的需求，积极推动基层和谐创建工作。三是排查调处职能。定期开展不稳定因素排查，及时消除影响社会稳定的矛盾和隐患。四是治安防控职能。协助当地派出所开展治安巡逻、打击违法犯罪、处置群体性事件、开展专项整治等工作，净化辖区治安环境。五是重点人员管理职能。协助基层开展刑释解教人员安置帮教、法轮功及其他邪教人员教育转化监控、青少年特殊群体帮教、流动人口服务等工作，减少社会不和谐因素。

三、发挥和谐平安服务队作用，增强社会管理服务工作实效

一是矛盾纠纷及时调处。积极配合司法、信访等职能部门，联同各村（社区）治保会开展矛盾纠纷、信访及影响社会稳定的隐患排查工作，有效地控制了群体性事件的发生。如扬子洲乡和谐平安服务大队通过排查，发现扬子洲中学建筑工地因承揽工程即将引发冲突后，该大队与派出所、村委会一起做劝阻工作，最终化解了这场可能引发群体性殴斗的隐患。半年来，和谐平安服务队共有效调处矛盾纠纷30余件，防范群体性突发事件14起。

二是群众需求及时解决。和谐平安服务队本着“以人为本、服务群众”的宗旨，针对群众提出的各方面需求，开展全方位的服务。上海路街道和谐平安服务大队根据群众要求，组织队员将办理医保的有关知识编辑成册送进千家万户。针对群众提出的赌博机严重影响学生的学习环境问题，各大队积极配合辖区民警展开统一行动，全区共取缔经营老虎机的店面46家，收缴老虎机306台。半年来，共解决群众提出的涉及生活及居住环境的需求700余件，为群众提供涉及法律知识方面的服务280次，解决治安、消防、安全生产方面的需求100余件。

三是治安形势明显好转。和谐平安服务队积极配合驻区民警，采取定点巡逻、不定时排查、便服走访、蹲坑守候、片区联动等方式，开展治安防控工作，维护了社会治安秩序。东镇和谐平安服务大队在开展流动人口排查时，抓获一名网上逃犯。塘山镇罗万中队通过定点排查和蹲坑守候的方式，配合公安机关抓获犯罪分子10余名，抓获网上逃犯2名。与去年同期相比，全区治安案件下降9.3%。

四是重点人员管理明显加强。开展了出租屋及流动人口排查摸底登记和服务工作，建立了出租层流动人口旅店式管理模式。针对八类青少年特殊群体，服务队积极配合各村（社区）开展“一帮一”结对子帮扶工作。对刑释解教人员及“法轮功”修炼人员，服务队配合各村（社区）治保会开展了定期走访。对特殊群体，服务队采取主动上门服务的方式，帮助他们解决实际困难。

五是群众安全感明显上升。向全区群众发放公众安全感调查问卷10万份。从调查的情况看，我区成立和谐平安服务队后，群众提出的影响自身安全的问题，出现了三个明显下降：一是抢劫、抢夺、入室盗窃等侵财性案件明显下降；流动人口违法犯罪案件明显下降；青少年违法犯罪明显下降。

应百姓诉求　破调解难题

九江市浔阳区委　浔阳区人民政府

2005年以来，我区积极探索和创新实践“三级网络、四大机制、五项工程”的社会矛盾纠纷排查调处工作模式，有效预防和化解了社会矛盾纠纷。仅2006年，就排查调处矛盾纠纷2017起，调处率达100%，调处成功率达97.3%，全年没有发生进京赴省上访事件，没有发生重大群体性事件，没有发生群体性纠纷械斗。

一、建立“三级网络”，着力解决“单一机构难以化解矛盾纠纷”的问题，让百姓诉求得到就近快速受理

一是设立区社会矛盾纠纷排查调处中心。中心主任由区委常委、政法委书记担任，副主任由区委常委、公安分局局长，区政府分管副区长和信访局长担任，成员由政法、信访、公安、司法、法院、监察、法制等部门负责人组成。中心与区信访局联合办公，下设办公（资料）室，登记接访室，督查督办室，工作人员由区委组织部从后备干部当中抽调补充，年度考核归口中心，工作经费由区财政单列预算。调处中心肩负着“研判、指导、督促、调度、调处”等职能任务，区直信访、综治等主要职能部门及组织人事等相关职能部门肩负着“日常管理、综合协调、反馈信息、考评业绩”等工作职责，对于权责属于“中心”的矛盾纠纷，严格要求必须在3星期内作出调处或答复。

二是设立街道社会矛盾排查调处分中心。分中心由街道信访、综治、辖区派出所、司法、巡回法庭等部门组成，分中心主任由街道党工委书记担任，副主任由街道综治办主任和派出所所长担任，分中心的专（兼）职工作人员由综治专干、派出所民警、司法所和法院干部，街道维稳信息督查员以及组织部选派的后备干部组成。对于权责属于“分中心”的矛盾纠纷，严格要求必须在1星期内作出调处或答复。

三是设立社区社会矛盾纠纷排查调解委员会。调委会主任由社区主任担任，成员由社区民警、综治专干，司法、法院干部，驻社区单位和居民代表组成。对于权责属于“调委会”的矛盾纠纷，严格要求必须3小时内作出调处或答复。

目前，我区已建成投资50万元、办公面积200平方米的区级调处中心1个、街道分中心5个、社区（村）调解委员会74个，确保了“有人干事、有址办事、有权管事、有章理事”，百姓不越级不跑远路就可反映问题。2006年，我区基层矛盾纠纷调处成功率87%，来区级信访批次和人数较上年相比分别下降了52.5%和72.1%，超级访同比下降63%。

二、创新“四大机制”，着力解决“矛盾纠纷调处效率低下”的问题，让百姓诉求得到及时有效处理

一是建立关口前移的预防机制。坚持科学决策，实行重大决策专家论证制、群众评议制和失策责任追究制，做到群众不满意的政策坚决不出台，减少因决策失误而引发的矛盾纠纷。加强文明创建，开展社会主义荣辱观、“五五普法”及“创首善浔阳，建文明城区”等创建活动，提升浔阳人的道德文明素质和浔阳城的和谐文明程度。充分发挥“干部民情日记”、“社区服务8228890（拨拨就灵）热线”、“群众遗留问题销号栏”、“政法910”等信息载体作用，做到潜在问题早发现、矛盾纠纷早知情、安全隐患早预防。2006年，区级领导下访接待群众121人次，办理“书记民声专线”、“民声通道”等反映的问题109件，帮助群众做实事332件，通过实施“应保尽保”、“造血工程”、“再就业一条街”、“再就业明星社区”活动，为16000余人解决贫困救济和再就业问题，消除重大矛盾纠纷隐患154起。

二是建立规范长效的排查机制。区调处中心坚持每半月排查情况一次,街道调处分中心和区直主要职能部门坚持每周排查一次,社区(村)调委会坚持每日排查一次。实行重点人员"逐个排查"、重点时期"拉网排查"、重点地段"反复排查"、重点事件"专项排查",切实做到不留盲点、不留死角,对可能发生的社会矛盾纠纷,坚持抓早、抓小、抓苗头,把问题解决在萌芽状态、解决在基层。2006年,区调处中心组织部门联合大调解9次,排查出256起矛盾隐患,涉及人员近500人次,均在掌控中一一妥善解决。

三是建立各方参与的调解机制。按照"属地管理、条块结合"的原则,积极动员各级组织和各界人士参与调处工作,落实包案调处、跟踪督办、责任追究,形成条块结合、齐抓共管的工作格局。对涉法性重大社会矛盾纠纷,坚持人民调解、行政调解和司法调解联合;对跨部门、跨行业、跨系统疑难社会矛盾纠纷,坚持牵头单位、责任单位、参与单位联调;对跨地区、全局性复杂社会矛盾纠纷,坚持区属调解、区间调解、区域调解联动,切实增强协调作战、联合调处的能力。市中院终审判决某寺院一次性赔偿伤残六级民工王某损失74767.98元,寺院不服,以致双方当事人做出到省城上访的准备。区综治、统战、民宗部门及市、区法院等多方积极主动协调,最终圆满解决了这一问题。

四是建立快速反应的处置机制。按照"人要回去,事要解决"的原则,对越级访、集体访、异常访等突发事件,做到信息人员第一时间报告情况,信访局长第一时间赶赴现场,中心主任第一时间拿出方案,责任单位第一时间疏导转移,调处机构第一时间向上反馈,做到及时处置突发事件,快速控制事态发展。在马狮商场改造中,80多户居民联名上访,市政府把调处任务交给我区后,我区迅速启动快速反应处置预案,使矛盾纠纷得以及时化解,工程得以顺利进行。

三、推进"五项工程",着力解决"排查调处工作保障不力"的问题,让百姓满意度得到明显提高

一是推进"人才工程"。区委定期调配区直单位分管领导到中心轮流跟班体验,分批选调优秀年轻后备干部参加街道分中心工作,安排大中专毕业生到社区调委会实习锻炼。遇到重大紧急情况,区党政主要领导到中心亲自指挥,确保潜在隐患有人查、出现难题有人解、遇到危急有人帮。2006年,全区选调区直单位分管领导及优秀年轻干部共3批18人,安排大中专毕业生91人,他们在调处矛盾纠纷中得到锻炼和成长,大多成为调处矛盾的"行家里手",有11人被提拔重用。

二是推进"信息工程"。投资300余万元,装备电子大防控体系,打造现代信息警务建设。自主研发"浔阳区矛盾调处信息系统"软件,社区(村)调委会将调处案例逐一录入加密网络,街道分中心建立分类管理台账,将案例梳理汇总上报,区调处中心建立调处信息数据库,综合分析、全面监控、及时处置收集整理网络信息,区党政主要领导、调处中心主任轻点鼠标即可全面掌握调处动态,形成了高效快捷、安全畅通的"信息绿色通道"。甘棠街道调处分中心已采集情报资料67份,流动人口、出租屋信息500余条,收集不安全不稳定隐患信息19条,利用快捷的信息及时化解矛盾纠纷120余起。

三是推进"双杯(碑)工程"。为解决好"平安创建取得成效而公众安全感有待提高"的问题,着力实施"争奖杯、赢口碑"的"双杯(碑)工程"。重拳整治社会治安,倾力化解矛盾纠纷、扎实推进基层创安,以过硬作风感动群众;建立"警民互动"载体,组织警民恳谈会、邻里一家亲、社区共建联席会活动,真情为民办实事,以民本举措密切群众;在媒体开辟"平安和谐浔阳"专栏,启用"稳定短信温馨通告",展示平安创建成果,创一流的工作"既要金杯银杯,更要群众口碑"。

四是推进"责任工程"。成立专项督查组,坚持综合督查与专项督查相结合,定期督查与突击督查相结合,限时督查与跟踪督查相结合,采取《书记督办卡》、《区长分析会》、《协查整改令》、《调处专报表》等形式,推动调处工作落到实处。区市容局接到区委书记记傅云生同志在《书记督办卡》上签署的"请市容局牵头协调相关部门,迅速解决延支山居民反映的化粪池堵塞问题"重要批示,及时协调和组织执法、物业、开发公司、建设、环保、街道、社区等单位的10余人,商量对策并立即采取措施,仅仅15天就彻底解决了延支山西坡B栋化粪池堵塞问题,辖区居民非常激动,连声感谢政府实事办得快、办得好。

五是推进"激励工程"。将处理或参与处理矛盾纠纷工作情况记录在案，作为部门评先、领导评优和责任追究的重要依据。对工作得力、成效显著的给予物质奖励，并作为提拔使用干部的重要依据之一；对履行职责不力，导致矛盾激化的单位和个人，严格按照有关规定追究其责任。2006年，我区对社会治安综合处理、化解社会矛盾纠纷工作突出的区城建局、信访局等先进单位，给予每单位5000元的奖励，并给单位责任人予以嘉奖。对矛盾纠纷调处不力并造成不良影响的某个单位进行责任追究，对单位责任人进行了戒勉谈话，真正做到"谁主管、谁负责，谁惹事、谁受罚"，有效落实了方方面面的责任，提高了工作效率。

"民情日记"记民情　为民解忧得民心

鹰潭市月湖区童家镇社会治安综合治理委员会

我镇自2004年开始，在全镇广泛、深入地开展以了"听民声、讲民情、办民事、解民忧"为主题的干部"民情日记"活动，变"群众上访"为"干部下访"，并结合每周星期四干部下村工作制度，以民情日记活动为载体，积极推进基层党组织建设和党员干部队伍建设，进一步改进工作作风，密切党群、干群关系，齐心协力推进和谐平安建设。

一、听民声，记民情，把群众的安危冷暖挂在干部心头

为了及时发现各类不稳定因素，最大限度地消除各类矛盾。同时，也为最大限度地方便群众、贴近群众、服务群众，提高工作效率，我镇统一印制工作笔记本，下发至镇干部及村委会，用于干部下村采写民情日记。久而久之，镇、村干部的记录本被群众亲切称作"民情日记"。

民情日记重点记录六个方面的内容：一是农村社会秩序、治安状况、人民内部矛盾、山林、水利等纠纷的化解调处情况；二是群众对深化改革、发展经济、产业结构调整、增加经济收入、减轻农民负担的要求；三是群众在求解决的生产生活中遇到的困难；四是群众对基层干部改进工作作风的意见和建议；五是干部下村工作、走访群众的心得体会，解决问题的典型事例，干部群众在工作实践中创造的新经验、新典型；六是群众对村务公开等热点、难点问题的意见和建议。

干部下基层后，重点围绕上述6个方面内容，真正深入到农村里去，向群众讨教；到群众中去，请他们提建议；到群众家里去，同群众广交朋友，将自己的所见、所闻、所思、所为，尤其是群众想什么、盼什么、急什么，都随时随地一一记录在随身携带的民情日记本上，做到透彻了解群众的心思，真切感受群众的情绪，真诚听取群众的呼声，如实反映群众的意愿。

二、办民事，解民忧，把党和政府的温暖送进群众心坎

开展"民情日记"活动，"记"是手段，"办"是目的。只有真正办民事、解民忧，才能见到实效，受到群众拥护。为此，我们重点抓好四个方面：

定期梳理日记。民情日记交由包村科级干部审验，定期整理、汇集。对记录的民情事项，在每周一镇党委、政府召开的民情分析会议上集中进行梳理分析。

及时研究处理。能当场答复的事项当场解决，不能当场处理的，由记录人向镇领导汇报，由一名镇领导负责协调处理，根据所记事项的不同情况，分别落实办理责任单位及责任人，属村内一般性的问题，交由该村本级负责处理，较大问题由镇里归口部门处理，重大问题提交镇党委或政府会议研究处理。确定责任单位和责任人后，以任务书形式下达交办通知单。

规定办理时限。我们规定，当场能解决的问题立即办理，一般性问题在3个工作日内办结并予以答复，较大问题在7个工作日内办结并予以答复，重大问题在15个工作日内办结并予以答复，做到件件有着落，事事有回音。

坚持回访督查。对每一个问题，在处理时限满后，镇党委办公室都要对当事人进行回访，询问当事人对办理过程及办理结果的反应和意见。对群众不满意的，及时查明原因，责成相关责任单位和责任人进行认真整改。没有处理完毕的尽快处理，处理不到位的继续处理到位，不能处理或无法处理的说明原因并提出建议，由镇党委或政府协调处理。

对民情日记所记事项的办理情况，列入镇领导、镇干部、部门、村委会的年度目标考核，作为评先评优的重要依据。

三、顺民意，得民心，把和谐平安的根基扎在干群心中

小小一本民情簿，架起了干群之间的连心桥，铺就了和谐稳定路。自活动开展以来，全镇共收到民情反馈意见584条（其中矛盾纠纷165起），处理556条，处理率达93.4%，受到了群众的广泛好评。通过开展“民情日记”活动，镇机关和镇、村干部的作风明显改善，干群关系由原来的“油水”关系变成了“鱼水”关系，党政工作好开展了，与群众更好打交道了。

党群、干群关系明显改善。开展“民情日记”活动以后，镇党委、政府服务群众的意识明显增强，对群众需要什么、渴求什么，始终做到了胸有成竹，较好地把握了工作主动权。我镇里屋、老屋等村有种植果树的传统，但因没有掌握相关种植技术，产量一直很低，农民种植的积极性受到影响，难以做大规模。了解到这一情况后，从2004年3月起，我们先后8次从高校聘请农业专家举办农业技术培训班，使广大果农不出鹰潭便免费学到了技术。随着种植技术的提升，水果亩产增长了5倍，农民的积极性明显增强。目前，该镇水果种植面积达1000多亩，产值达1600多万元，仅此一项使农民人均增收800余元。去年5月的一天，一位在外地经商的返乡青年听说镇里有个“民情日记”活动，可以记录村民对镇里发展经济的意见和建议，便抱着试试看的想法，找到了包村的镇干部，建议镇里利用地理优势，在紧邻贵溪市工业园区的老屋村建立创业园，让返乡青年有一个帮助家乡发展创业的平台。这一建议得到了区、镇两级党委、政府的高度重视，经过实地调和研科学论证，3个月后，童家镇返乡青年创业园正式挂牌成立了。该创业园建立半年多来，已有16家企业相继落户，产值达1亿多元，利税达600多万元。

群众对干部的信任度明显增强。2003年7月份，里屋孔家与罗家两村小组，因夹江洲资源权属问题双方互不相让，当时双方都不相信镇政府能公平处理。因此，双方决定以“武力”解决问题。7月13日，双方百余人持械对峙，情势一度十分危急。事发后，区、乡两级迅速派人进行处置，最终成功阻止了双方的正面冲突。实行“民情日记”后，群众对政府的信任感大大增强。2005年3月1日，东川马前村艾家与贵溪市余家乡王家坂村因村界问题产生纠纷，原因是王家坂村近些年来不断在与本村相邻的艾家村的山地上建房，侵占了艾家的土地。艾家村民向镇政府包村副镇长反映情况，副镇长带着综治办、农办、村建办等部门的负责人来到贵溪市余家乡政府，经两个乡镇协商、沟通，王家坂对侵占的已建房土地进行了适当补偿，并保证今后不再侵占，同时两村重新划定了村界，仅用3天时间，就成功解决了这一跨县区的重大纠纷。艾家村民说：没想到镇政府处理这么好、这么快，如果是我们自已解决，不一定达到如此效果，而且处理不好很有可能引发大的争端。

党委、政府的号召力明显增强。开展“民情日记”活动以来，一桩桩、一件件诉求得以圆满解决，群众看在眼里，记在心上，打心眼里拥护党委、政府。现在，再难的工作，只要党委、政府一声令下，大多数群众积极响应，齐心协力去干。去年，咀上村小组被确定为全区新农村建设示范点之一，根据建设方案，该村有20多个简易厕所、猪栏、牛栏以及8座祖坟要拆迁，工作组预感难度很大。但经过深入细致的宣传说服，所有该拆除的厕所、猪栏和牛栏短期内就顺利拆除，8座坟也在一天内全部成功迁移。咀上村被评为2006年度全市新农村建设先进单位。镇里决定在所有村小组组建护村巡逻队，在有山林的村小组组建义务巡山队，队员全部是义务巡逻。此决定得到了各村支持，各村均成立了由5名以上青壮年组成的护村巡逻队，对维护全镇稳定起了重要作用。

组建乡镇矛调中心　促进农村和谐稳定

上饶市玉山县委　玉山县人民政府

去年，我县立足建设和谐平安玉山，从构建亲民为民富民新平台入手，积极探索化解矛盾纠纷的新模式，在全县16个乡镇建起了“党政领导、综治牵头、司法为主、各方参与、制度健全、网络完善”的大调解工作平台——乡镇矛盾纠纷排查调处中心。今年以来，乡镇矛调中心共调处各类矛盾纠纷523起，避免农村“八类案件”2起，化解群体性上访事件13起，为群众挽回经济损失120余万元。

一、顺应形势，问计基层，打造“一个平台”

近年来，随着经济社会发展步伐的加快，发展中的矛盾纠纷越来越多，量大面广，错综复杂。2005年，全县共排查各类社会矛盾纠纷1108起，其中因征地拆迁、劳动保障、医疗保险、环境污染、债权债务等引发的矛盾纠纷733起。日益增多的复杂疑难矛盾纠纷，为难的是党和政府，受累的是基层干部，伤害的是群众感情，影响的是社会稳定，耽误的是区域发展。

如何顺应形势，整合资源，排查调处基层矛盾纠纷，促进社会和谐稳定？如何畅通社情民意，打造工作平台，确保群众求有应、诉有果？经过认真分析和深入调研，我们感到当前一些社会矛盾之所以没有得到及时有效的化解，归根结底在于原先调解模式单一，调解机制、手段明显滞后，不能完全适应新形势的需要，须在观念上求突破、机制上求创新、方法上求变革。基于此，我们一方面对仙岩民情恳谈机制、临湖村民理事会制度、岩瑞太平村落社区茶馆、下塘党员干部三级承诺、六都道德评议会等一系列“土特色”进行了总结完善提高；另一方面积极组织力量深入细致开展调研，问计于基层，求方于外地。经过反复酝酿、谋划和考察、调研，首先在冰溪、岩瑞、必姆、临湖、樟村等5个乡镇开展了矛盾纠纷排查调处中心建设试点工作，探索建立对各类社会矛盾纠纷实行统一受理、集中梳理、归口管理、分级办理、限期处理的新平台——矛盾纠纷排查调处中心，并在全县乡镇推开。

二、顺应实际，问需于民，做到“两个确保”

一是因地制宜布局，确保场地经费落实。各乡镇均落实了100平方米以上的中心办公用房，单独设置了接待室、谈心室、调解室和听证室。必姆、下塘、双明、怀玉等乡镇，在本辖区交通最便捷、人员最集中的区段，腾出沿街多间店面，作为调处中心办公用房，变“收租金”为“收民心”。岩瑞、冰溪、仙岩等乡镇利用兴建司法所的契机，高标准建成了中心。樟村、临湖、紫湖、横街、文成、下镇、六都、四股桥等乡镇则在政府大楼内腾出房间用作中心办公场所，保证了接访群众有窗口、调处活动有阵地、联系群众有纽带。同时，在财政并不宽裕的情况下，各乡镇均投入3—5万元不等资金用于添置中心办公设施，设立资料台账，统一外观形象。在中心设计和布置上，做到既简洁庄重，又体现亲情化和人性化，如在接待室刷写“沟通从心开始”、在调解室刷写“退一步海阔天空，让三分风平浪静”标语等，着力营造了“互敬、互谅、互让”的浓厚氛围。

二是上下联动布网，确保组织人员到位。充分整合镇、村、组综治维稳资源，建立了横向到边、纵向到底的矛盾纠纷排查调处工作网络，变“单桨出航”为“众人划船”。乡镇矛盾纠纷排查调处中心一般由分管政法综治工作副书记担任主任，综治、司法、法庭、派出所、计生、土管、工商、水利、农经等职能部门为成员单位。同时，配齐配强中心人员，选调素质高、业务强、经验足的干部，充实到中心各个岗位，提高工作效能。通过整合，实现了小调解向大调解、单一调解向综合调解、被动调解向主动调解的转变，确保对基层矛盾纠纷发现得早、处置得了、调处得好,促进了农村的和谐稳定。

三、顺应落实,问责到底,健全“三项机制”

一是围绕发现得早,建立健全了规范有序的受理机制。矛盾纠纷在中心窗口统一受理后,根据其性质和特点,分流至有关职能部门或调解组织依法处理。有关职能部门或调解组织必须在规定时间内调处,并向中心反馈结果。确因具体情况无法调处或调处无效,按规定程序反馈至中心,并说明具体的原由,再由中心直接调处或指导当事人通过法律渠道解决。在排查受理纠纷时,中心坚持“属地管理”和“谁主管、谁负责”原则,对本地区可能引发群体性事件的重大复杂矛盾纠纷,采取定责任单位、定责任领导、定调处时限的“三定”制度,实行“一个问题、一名领导、一组人马、一抓到底”,确保群众每一起诉求都得到受理,每一起纠纷都得到调处。

二是围绕处置得了,建立健全了公正高效的调处机制。一是现场调解。中心定期组织人员深入基层,及时发现矛盾纠纷和不安定因素,靠前调解,减少矛盾纠纷的转化和升级。对多发性民间纠纷当场调解,有效防止事态蔓延扩大,增强调处工作的及时性。二是庭式调解。对排查出的疑难复杂矛盾纠纷,中心将双方当事人召集到调解室,由中心主任主持并组织相关职能部门和单位、村组调解人员共同调解。同时制定了调解员守则、调解室纪律、回避制度和回访制度等等,规定与纠纷有利害关系的调解员不得参与调解;对涉及面广、影响重大的矛盾纠纷必须举行听证;调解结束,双方当事人必须签订协议,事后必须回访督查履约情况等等,以规范的程序和庄重的氛围,体现中心调解的公信力和权威性。

三是围绕调处得好,建立健全了奖惩兑现的督办机制。对于分流指派的矛盾纠纷,中心规定有关村(居)和部门必须在规定时间内调结并书面报告处理结果;对于疑难复杂的矛盾纠纷,中心派员参与处理,跟踪督办到底。建立健全了一系列的督查、考核、奖惩制度。在实际工作中,把各地的矛盾纠纷排查调处工作与评比文明单位、综治工作先进单位和先进个人挂钩,作为干部考核任用、晋职晋级、绩效报酬的重要依据。对工作能力强、成绩突出的中心干部,优先予以提拔重用,真正把中心作为锻炼干部、培养人才的阵地。在今年初的乡镇政府换届中,有3名中心主任提拔为乡镇正职,18名工作人员提为副科级干部,同时将23名后备干部充实到中心工作,进而为中心不断注入“源头活水”。

四、顺应发展,问效于终,务求“四大绩效”

一是化解矛盾效率提高。中心的建立和运行,彻底改变了过去群众话无处说、理无处讲、人无处找、事无处办的现象。许多重大疑难纠纷、历史遗留纠纷得到了妥善有效化解。据统计,仅今年1—5月份,全县16个乡镇就成功调处历史遗留矛盾纠纷31起、重大疑难矛盾纠纷19起。

二是社会稳定日益彰显。中心的建立和运行,使基层有了一个专门排查调处矛盾纠纷的综合部门,呈现出政策有人讲、不和有人劝、纠纷有人调、矛盾有人解的可喜现象。如今我县60%的矛盾纠纷在村一级得到化解,90%的矛盾纠纷在乡镇矛调中心得到调处解决,基本实现了“小纠纷不出村、大纠纷不出镇、矛盾纠纷不上交”的目标。

三是干群和谐初见端倪。中心的建立和运行,不仅使党委、政府为群众办实事、解难事、做好事的各项举措得到具体落实,而且在工作中锻炼了干部,转变了工作作风。如岩瑞镇横塘村吴某和曾某因宅基地而发生矛盾纠纷,三年多未解决,吴某和曾某对镇村干部不满。中心常务副主任召集镇综治办、司法所、土管所等部门单位联合调处,化解了这起矛盾纠纷,融洽了干群关系。

四是县域经济快速发展。中心的建立和运行,使乡镇党政领导改变了过去“上班有人等,吃饭有人跟,开会有人守,回家有人缠”的尴尬局面,能从矛盾纠纷的“漩涡”中解脱出来,集中精力搞好经济建设。“平安也能出效益”。今年1—5月,我县实现GDP11.97亿元,财政收入1.46亿元,引进外资14.67亿元,分别增长18.9%、40.6%和56.3%;农民人均现金收入1950元,净增195元。

建法制道德教育园地　创和谐平安新型农村

吉安市新干县委　新干县人民政府

近年来,我县积极探索农村综治工作的新途径,在全县134个行政村建设村民法制道德教育园地,推进"八个进村入户",促进了农村和谐稳定。在2006年度全省公众安全感测评中,我县群众对治安状况满意率达98.5%,列全省第二,全市第一。

一、理清思路,典型示范,高位推动村民法制道德教育园地建设

一是理清思路。我县曾于1992年荣获首届全国社会治安综合治理先进单位称号。如何寻求综治工作的新发展和新突破?这是摆在我们面前的一个难题。潭丘乡中洲村的老年协会多年来以村祠堂为活动阵地,大力开展群众文体活动、道德讲评活动、矛盾纠纷调解活动,用身边的人、身边的事激励教育群众,促进了村风、民风、家风的明显好转,由一个治安乱点变成了全省创建文明工作先进村和全省社会主义新农村建设示范点。这一群众自治的典型启发了我们,几经调研,并在省、市综治办的指导下,我县以潭丘乡中洲村为蓝本,完善依法治理内容,提出了建设村民法制道德教育园地,打造全县综治品牌的工作思路。二是典型示范。按照"典型引路,全面启动,边实施,边见效,边完善"的原则,选定潭丘乡中洲村、七琴镇钱塘村、大洋洲镇新市李家村、沂江乡东湖新村等四个有代表性的村进行试点,县财政专门安排了5万元园地建设试点经费。各村依托村部原有的祠堂、礼堂、小集市或新农村建设中建立的活动中心,建立了室内与室外、静态与动态相结合的法制道德教育园地,用发生在群众身边的案例警示群众,提高群众的法律水平,用革命先烈和生活在群众当中的本地优秀学子、创业精英、孝道模范来激励群众,提高群众的道德水平;用群众喜闻乐见、通俗易懂的文娱活动来教育群众,提高群众的文化水平。四个村的村民法制道德教育园地建成后,县里及时召开流动现场会,总结、推广经验,县长主持会议,县委书记作动员部署。三是高位推动。结合省、市平安建设工作部署,我们进一步确立了"乡乡建设维稳联动中心、村村建设法制道德教育园地、户户争创和谐平安家庭、人人争当诚信守法公民"的平安创建模式,将园地建设作为全县平安建设的一个重要组成部分进行部署。县里成立了由分管领导任组长的村民法制道德教育园地建设领导小组,抽调专门人员集中办公,具体负责园地建设的日常事宜;制定了实施方案,明确了园地建设的原则、目标、任务和步骤。在全县开展了"十佳法制道德教育园地"评选活动,评上"十佳"的,所在乡镇年度综治目标考核予以加分。

二、因地制宜,建管并举,充分发挥村民法制道德教育园地作用

在建好园地方面,重点是把园地建成"两个阵地"。一是村民法制道德教育阵地。园地里开辟了"法制篇"和"道德篇"两大栏目。在"法制篇"里,搜集整理了与农村、农民生产生活密切相关的一些法律法规和案例分析,起到用身边案例警示人的作用。在"道德篇"里,选取"八荣八耻"、公民基本道德、社会公德、职业道德、家庭美德等内容作为共同教育内容。同时,鼓励各村充分发掘、整理当地历史名人、革命先辈、创业精英、优秀学子、孝道模范等先进事迹,编成英烈栏、先贤栏、精英栏、风尚栏等小栏目,用先贤的事迹熏陶人,用今人的事迹鼓舞人。不少村园地内外设立了棋牌室、电教室、乒乓球桌球室、图书阅览室、宣传长廊、健身中心等娱乐设施。村里重大活动、村民农闲文体活动也都在园地进行,寓教于乐,相得益彰。潭丘乡中洲村法制道德教育宣传骨干邹茂富,是一位退休老教师,文才口才好,他编的

《孝道四字歌》、《子孝媳贤父母乐》、《火根教子有方》、《白头偕老夫妻情》、《浪子回头金不换》等歌谣登上了园地的宣传栏，在村民中广为传唱。二是民间矛盾纠纷化解阵地。各村充分发挥“五老”（老干部、老党员、老干警、老教师、老劳模）的作用，成立了综治协会、妇女禁赌协会、红白喜事理事会、安置帮教小组、义务消防队、护村队等群众自治组织，以园地为载体，积极开展民间纠纷调处和风俗道德讲评活动。潭丘乡中洲村在园地门前树了个荣辱榜，不定期将村民好的言行、取得的荣誉、成绩和不良行为公布，促使村民守法讲理，自觉规范自己的言行。村综治协会会长邹耀添老人在当地德高望重，热心从事综治工作，化解了大量家庭、邻里矛盾纠纷。

在管好园地方面，我们规范了“四有”：一是有管理制度。各村制定了各具特色的管理制度，有的规定，凡是上了园地精英榜的人员，每年至少要到园地上一堂课，并把讲稿留存在园地当作资料；有的规定，党员、村组干部要定期到园地参观学习；有的规定，中小学生寒暑假期间要到园地参观学习，并写一篇观后感；有的规定，新党员、新婚青年、育龄妇女、打工返乡青年要到园地参观学习；还有的规定，矛盾纠纷双方在调解前、刑释解教人员回乡后要到园地参观学习。二是有管理人员。每个园地都聘请了1至2名义务管理员负责园地的日常管理事务，保证群众进了园地，能受到教育。县、乡综治办还定期组织他们进行培训，不断提高他们的管理水平。三是有活动记录。县综治办为每个园地都配备了一本专门的园地活动记录本，要求园地管理人员对园地开展的各项活动记录下来，作为评选“十佳村民法制道德教育园地”的资料之一。四是有评比活动。县、乡都制订了“十佳村民法制道德教育园地评选标准”，定期组织开展评选活动。有效的管理使村民法制道德教育园地真正成为了综治工作进村的有效载体、社会主义文明新风的传播器、预防和减少违法犯罪的净化器、抵御封建迷信和非法宗教活动的堡垒，弘扬了社会正气，提高了村民遵纪守法的自觉性。

三、政府引导，群众参与，努力提升村民法制道德教育园地水平

县委明确规定，新农村建设挂点单位工作人员实行“一员双岗”，即：既抓新农村建设，又抓平安创建和村民法制道德教育园地建设。同时，建立健全了党政领导分片包干负责制度、综治委成员单位挂点共建制度和政法干警按村籍包村制度。

根据县委、县政府统一部署，各村以园地为依托，大力开展富民政策、法律道德、科技文化、纠纷化解、治安防控、扶贫济困、文明新风、平安创建等“八个进村入户”活动，确保园地各项活动常年不断，群众真正从园地活动中得实惠，受教育。县直有关单位和部门按照县委、县政府的要求，制定了相应的进村入户实施方案，对进村入户的具体内容、活动形式、工作步骤、考核标准作了进一步的细化。富民政策进村入户由宣传部牵头，农业、土管、林业等部门配合，将党和政府的一些富民政策编印成宣传小册子发放到群众手中。法律道德进村入户由普法办、文明办牵头，公安局、检察院、法院、司法局、妇联等单位配合，把近年来发生在农民身边的案例、孝道模范、反面典型，编写《新干县法律道德实例选编》，免费发放到农民手中，广泛宣传常用法律法规、基本道德规范。科技文化进村入户由科技局、文广局牵头，教育局、体育局等单位配合，大力开展科技、文化、卫生“三下乡”活动，不断提高群众的科技文化水平。纠纷化解进村入户由司法局、法院牵头，综治办、公安局、检察院等单位配合，指导、帮助各村委会推行人民调解员“村聘民选”活动，组织流动法庭、模拟法庭活动。治安防控进村入户由县公安局具体负责，将基本的治安防控常识、一般的发案规律等知识印发到群众手中，同时加强对护村队、护林队等队伍的培训和指导，使他们真正发挥在治安防控中的作用。扶贫济困进村入户由民政局牵头，财政局、司法局等单位配合，切实帮助困难群体解决生活保障问题。同时，在县内和省外设立了10个法律援助工作中心（站），积极为外出务工人员和弱势群体提供法律帮助。文明新风进村入户由文明办牵头，妇联、团委、教育局等单位配合，组织开展“和谐平安家庭”、“好婆媳”“诚信守法公民”等评选活动，促进家风、民风和村风的好转。平安创建进村入户由县综治办牵头，各乡镇综治办配合，将平安村、平安小区、平安楼院的标准及时发放到群众手中，充分调动群众参与平安创建活动的积极性和主动性。县里专门组建了13个综合工作队,8个专业工作队,实行条块结合,负责“八个进村入户”工作的组织实施。综合工作队实行“一乡一队”,由县政法部门和县综治委成员单位领导和工作人员组成,5人一队负责一个乡镇“八个进村入户”的指导、督查工作。专业工作队由业务单位的领导任队长,抽调业务能力强的工作人员组成,具体负责对每一项进村入户工作的业务指导。

江西省及各市、县(市、区)综治委、办主任名单

地　区	综治委主任	综治办主任
江西省	彭宏松	周萌(1—9月)
南昌市	王祥生	胡振正
东湖区	朱和平	万里涛
西湖区	王　敏	廖世杰
青云谱区	李小逢	张玉好
湾里区	刘　珠	袁展昭
青山湖区	胡小洪	李振洪
南昌县	熊运浪	戴　宾
新建县	易小毛	万庆金(1—2月) 黄明(代)(8—12月)
安义县	熊荣根	孙永魁
进贤县	靳世标	夏国群
经济技术开发区	胡觉荣	涂爱文
高新技术开发区	曾光辉	熊水斌
红谷滩新区	罗小平	朱康健
桑海经济技术开发区	徐美宏	张菁
英雄经济开发区	况志强	熊炎祥
九江市	张华东	周裔祥
浔阳区	傅云生	骆泽君
庐山区	刘征骅	唐从根
瑞昌市	郎小军	夏教育
九江县	程　文	张国华
武宁县	徐建平	钱学钧
修水县	徐修武	余昌德
永修县	李小林	徐　斌
德安县	李润金	李大洲
星子县	骆效农	查代杰
都昌县	刘武爱	闵建生
湖口县	唐佳华	李选林
彭泽县	凌　杰	欧阳宇
九江开发区	戴晓慧	江　勇
共青开发区	余建军	汪永剑
庐山管理局	涂　林	苏慧敏
景德镇市	刘德意	杨化冰
珠山区	施向阳	江才昌
昌江区	占子松(1—9月) 陈国清(10—　)	黄　征
乐平市	史建华	汪小策
浮梁县	郑小平(1—9月) 庄金莲(10—　)	王德元
鹰潭市	董仚生	吴文戈
月湖区	程芦山(1—6月) 卢力新(7—12月)	程保太
贵溪市	李长华	董小毛
余江县	江金街(1—6月) 陈移发(7—12月)	陈接照

地　区	综治委主任	综治办主任
龙虎山景区	李　涛	邓清雄
市工业园区	童细宏	桂希民
新余市	丛文景	罗新荣
渝水区	曾宪华	张　俊
分宜县	赖新云	肖攀峰
仙女湖景区	晏小明	敖宇平
经济开发区	贺为华	陈志坚
仰天岗管委会	敖带芽	邹卫萍
萍乡市	彭艳萍	贺忠桂
安源区	肖　锋	刘树旗
湘东区	颜小龙	
莲花县	刘绍华	王永志
上栗县	刘建萍	肖利军
芦溪县	李小勇	王文华
赣州市	李南生（1—10月） 殷金水（11—12月）	刘光华
章贡区	曾庆银	钟正喜
瑞金市	宋崇林（1—5月） 谭步华（6—12月）	张凌
南康市	刘昌鹏（1—5月） 陈　沐（6—12月）	邱启福
赣县	钟栋材（1—5月） 曾跃纲（7—12月）	王金福
信丰县	许长湖（1—5月） 阳纯普（6—12月）	殷钟明
大余县	张友海（1—5月） 曾能福（6—12月）	蔡青云

地　区	综治委主任	综治办主任
上犹县	钟　健（1—7月） 陈卫国（8—12月）	罗华志
崇义县	孔德然（1—11月） 陈金发（11—12月）	朱传坚
安远县	叶风光（1—5月） 袁志勇（6—12月）	唐涛
龙南县	李坊涛	夏命运
定南县	陈式金	袁子仁
全南县	陈　沐（1—5月） 黄立忠（6—12月）	黄洪远
宁都县	李志勇（1—5月） 赖文政（6—12月）	谢灵贵
于都县	蓝显宾	钟文华
兴国县	成德龙	肖久明
会昌县	张孝忠	刘振元
寻乌县	阳纯普（1—8月） 郭贤富（9—12月）	谢应清
石城县	袁华英（1—6月） 詹少平（7—12月）	黄顺福
上饶市	王国梁	詹裕民
信州区	吴　刚	徐启群
德兴市	胡　伟	杨惠民
上饶县	肖万松	陈家兵
广丰县	刘敏建	刘旅炉
玉山县	黄胜富	陈少剑
铅山县	高海波	黄　斌
横峰县	王德宝	徐健琛

地　区	综治委主任	综治办主任
弋阳县	应　海	张家云
余干县	王春龙	程如剑
鄱阳县	张远明	肖泽民
万年县	吴路泞	张华清
婺源县	汪培欣	郑　杰
抚州市	罗建华	祝文渊
临川区	邹裕民	邹华胜
南城县	黄耀波	饶三春
黎川县	熊远定 （1—6月） 徐小明 （6—12月）	罗建新
南丰县	卢金国 （1—8月） 邓春水 （8—12月）	揭应才 （1—3月） 周图强 （3—12月）
崇仁县	饶剑民	黄文良
乐安县	陈绍平 （1—11月） 聂小乐 （12月）	易庆东
宜黄县	方树成 （1—6月） 林旺前 （6—12月）	黄友华 （1—9月） 付胜根 （9—12月）
金溪县	符忠林 （1—6月） 贾小华 （7—12月）	陈先庭
资溪县	傅志雄 （1—6月） 黄泽清 （7—12月）	李　琳
东乡县	丁国华 （1—6月） 饶运龙 （6—12月）	李国华 （1—7月） 周志林 （7—12月）
广昌县	符忠林 （11—12月）	李国林 （9—12月）
宜春市	任桃英	余祺川
袁州区	郑声宝	李　波

地　区	综治委主任	综治办主任
丰城市	易咏春	王义和
樟树市	杨桂林	杨小鹏
高安市	黄雪刚	邓菊生
奉新县	严美根	许　平
万载县	杨富华	刘继贤
上高县	黄德刚	罗庆荣
宜丰县	张美荣	邹建美
靖安县	张勇健	万运根 （1—7月） 黄如城 （8—12月）
铜鼓县	毛炳生	聂新明
吉安市	温新华	肖　林
吉州区	郭　捷	杨炳元
青原区	彭金平	贺佩珍
井冈山	傅建华	李丛俊
吉安县	张迪俊	彭仕民
吉水县	罗定贵	邹小荣
峡江县	李发芽 （1—6月） 陈志军 （7—12月）	陈会生
新干县	刘水生 （1—6月） 李发芽 （7—12月）	邹宗生
永丰县	聂建国 （1—6月） 刘晓聪 （7—12月）	吴定高
泰和县	袁荣明 （1—6月） 刘飞跃 （7—12月）	刘先才
遂川县	宋春生 （1—6月） 王立新 （7—12月）	方有生
万安县	肖　兵 （1—5月） 胡影秋 （6—12月）	肖相信

地　区	综治委主任	综治办主任	地　区	综治委主任	综治办主任
安福县	张平亮 （1—6月） 陈寿庆 （7—12月）	刘木生	永新县	方字幕 （1—6月） 曾志华 （7—12月）	龙鸿昌 （1—7月） 旷晓文 （8—12月）

（撰稿人：黄冬生
审稿人：张传发　窦朝晖）

山 东 省

2006年社会治安综合治理工作概况

2006年,全省各级政法综治部门坚持以邓小平理论和“三个代表”重要思想为指导,以科学发展观统领全局,认真贯彻党的十六大和十六届三中、四中、五中、六中全会精神,按照胡锦涛总书记对山东工作提出的“三个走在前面”的总要求,紧紧围绕构建社会主义和谐社会这个总目标,大力推进平安山东建设,不断深化社会治安综合治理,取得明显成效。与2005年相比,全省刑事立案下降6.75%,治安案件下降8%,群体性事件下降34.1%,来省上访批次下降11.7%,安全事故起数下降17.1%,人民群众对社会治安的满意率由2004年的90.6%提高到2006年的96%。全省社会政治稳定,经济平稳快速发展,人民群众安居乐业,各项事业繁荣进步,实现了“十一五”的良好开局。

平安山东建设情况

2006年,各级各部门按照年初全省深入开展平安山东建设电视电话会议的部署要求,大力推进平安建设,狠抓维护稳定各项措施落实,平安山东建设取得明显成效,确保了全省社会持续稳定。

一是党政统一领导,层层落实责任。各级党委、政府始终把开展平安建设纳入总体布局,列入重要议程,摆到突出位置,作为一把手工程,主要领导亲自抓,分管领导靠上抓,其他领导“一岗双责”共同抓,建立健全决策目标、执行责任、考核监督“三个体系”,逐级分解和细化、量化目标任务,把保一方平安的责任落实到了各级、各部门、各单位。2006年1月,省委、省政府召开全省深入开展平安山东建设电视电话会议,省委书记、省人大常委会主任张高丽亲自动员部署,省委副书记、省长韩寓群主持会议并作总结讲话。省委办公厅、省政府办公厅转发了《省委政法委、省综治委关于贯彻落实中办发[2005]25号文件精神深入开展平安山东建设的意见》。7月份,省委、省政府召开全省综治工作会议,着重研究了平安山东建设的推进问题,张高丽书记、韩寓群省长分别作了重要指示。10月,省委、省政府又与济南军区联合召开军地共建平安山东经验交流会议,总结交流共建经验,对深化军地共建平安山东进行了研究部署。

二是广泛宣传发动,大造舆论声势。各级各部门坚持传统宣传与采用新技术新方法相结合、阵地宣传与流动宣传相结合、集中宣传与经常性宣传相结合,采取群众喜闻乐见的各种形式,大造声势,努力营造浓厚的舆论氛围;各级新闻媒体普遍开设专栏、专题,不间断地进行系列宣传报道,充分发挥了主流媒体的积极作用。全省在中央级新闻媒体发表宣传开展平安建设的稿件达到7100余篇(次),在省部级新闻媒体发表稿件2.7万余篇(次),各级开展的宣传活动达到500余场(次)。

三是实行条块结合,推动齐抓共管。各地坚

持“属地管理”和“谁主管谁负责”的原则,条块密切配合,广泛开展地方平安建设、行业平安建设、单位平安建设和平安家庭建设活动,形成了党委政府统一领导、综治机构组织协调、各个部门齐抓共管、发动群众广泛参与、全社会共同建设的强大合力。省综治委下发了《关于深入开展建设平安行业活动的通知》,加大了对各地行业平安建设的指导力度。对省综治委成员部门的组成人员进行了统一调整,新成立了省综治委企业治安、宣传、军地共建、维护妇女权益等4个专门工作领导小组,增设了2个联席会议,进一步壮大了省综治委的力量。

四是坚持多措并举,注重标本兼治。各级各部门以全面维护政治安全、社会安全、经济安全、公共安全为目标,认真开展矛盾纠纷化解、严打整治等工作,着力解决影响社会安定的突出问题,同时高度重视源头治理,建立健全长效工作机制,全面加强治安防范、社会管理、安全监管等工作,从根本上减少了各类矛盾和问题的发生。

五是推动重心下移,狠抓基层基础。各级各部门认真落实领导、力量、措施、责任“四个下移”的要求,始终把抓基层、抓基础、抓队伍作为战略性、根本性措施来抓,大力加强基层党政组织、政法综治组织、群防群治组织等基层组织建设和基础工作规范化建设,进一步夯实了平安山东建设根基,提高了预防、解决矛盾和管理社会的能力。

六是加强督导检查,促进工作落实。各级各部门领导同志认真转变工作作风,努力改进工作方式,经常深入基层,加强调查研究,进行分类指导,总结推广典型,解决实际问题,推进工作整体发展。同时,加大考核奖惩力度,对各地平安建设及领导干部履行职责情况进行全面检查考核,对先进单位和个人进行隆重表彰,对出现问题的地方和单位视情况予以通报、黄牌警告或一票否决,促进了各项工作措施的落实。2007年1月省委省政府召开平安山东建设大会,表彰了35个平安山东建设模范县(市、区)、50个先进县(市、区)、28个先进单位、20名先进个人;省综治委、省委组织部嘉奖平安山东建设基层领导干部218名,省综治委、省人事厅表彰了在平安山东建设中作出突出贡献的省直单位16个、先进基层单位216个、先进个人133名。

严打整治工作情况

2006年,公安部河南侦破命案工作会议后,山东省立即召开了全省刑侦工作会议,提出了“全省命案破案率力争达到95%,命案发生起数和死亡人数比上年分别下降10%以上,全省命案全破和无命案县市区争取达到80%以上”的目标要求。各级按照会议的部署要求,不断加大对大案、要案的侦破力度,全省共立8类命案1514起,同比下降14%,破1397起,命案现案破案率为92.3%,同比提高0.2个百分点;破命案积案200起(是2005年全年的4倍),现案加积案破案率105.7%,同比提高9个百分点;抓获外省命案逃犯240名,破获外省命案50起,分别是2005年全年的2.4倍和10倍。全省17个市的命案发案数、命案造成的死伤人数、命案逃犯数均同比下降10%以上;命案破案率均达到95%以上,无命案发生和命案全破的县市区达到70%以上。

根据中央及省委、省政府的统一部署,各级对打黑除恶斗争高度重视,层层成立了专项斗争领导小组和办事机构,先后下发了《关于积极支持和配合全国打黑除恶专项斗争严肃查处黑恶势力“保护伞”的通知》、《关于做好打黑除恶专项斗争宣传工作的意见》等文件,保证了打黑除恶专项斗争的顺利进行。各级按照“打早打小,露头就打”的原则,打掉了一批有影响的黑恶犯罪团伙。全省共打掉各类黑恶霸痞犯罪团伙30个,抓获团伙成员1800余名,破获案件4600余起,其中公安机关移诉黑社会性质组织案件18起,检察机关依法起诉8起;符合全国“打黑办”认定标准的恶势力团伙324个。期间,全国“打黑办”11次转发经验做法,对山东的打黑除恶工作给予了充分肯定。

全省积极组织开展了打击“两抢一盗”专项斗争和打击盗抢汽车犯罪“百日会战”活动，全省共出动警力2万余人次，设置盘查堵截点1500余处，检查过往车辆6万余辆，检查二手车交易市场86个，查获无牌无证、假牌假证和被盗抢嫌疑车辆2300余辆，破获刑事案件300余起，破获盗抢汽车案件410起，打掉盗抢汽车犯罪团伙56个，抓获盗抢汽车犯罪嫌疑人350名，追缴赃车725辆。共破获“两抢一盗”案件13.7万余起，同比上升4.0%。集中组织开展了侦破“两抢一盗”系列案件竞赛活动，破获系列案件1504串，个案1.8万余起，打掉团伙618个，总成绩居全国第一位。

认真贯彻落实国家禁毒委员会、公安部关于禁毒工作的总体部署，坚持“打团伙，摧网络，破大案，缴毒资，抓毒枭”的缉毒侦查思路，严厉打击各类毒品违法犯罪活动，不断强化禁毒预防教育工作，严格规范易制毒化学品管理。全省共破获毒品案件564起，抓获毒品犯罪嫌疑人925名，缴获各类枪支20支，毒资324万余元。积极组织开展了专项打击赌博违法犯罪活动，全省各级共查处各类赌博案件5091余起、20874人，破获赌博刑事案件63起；打掉赌博团伙646个，抓获团伙人员3366人。

2006年初，省综治委制定下发了《关于认真开展排查整治治安混乱地区和突出治安问题的通知》，组织开展了排查活动。排查期间，全省各级各部门从村、社区、厂矿企事业单位、学校等最基层单位入手，对群众关注的各种热点难点问题进行拉网式排查，做到乡不漏村，村不漏户，企业不漏车间，单位不漏人。排查期间，各级共组检查组、督导组1426个，组织万名党政领导干部和政法干警对5643个乡镇街道、4430个厂矿企业、学校和38960多个重点部位进行排查。共排查出9178处治安混乱地方（单位、部位）。

各级对排查出来的突出治安混乱问题，本着“哪方面的治安问题突出，就解决哪方面治安问题”的原则，坚持不懈地开展了专项整治。2006年，重点开展了以下整治活动。一是集中整治治安混乱地方（单位、部位）。各级对排查出的9178处治安混乱地方（单位、部位），进行了集中整治。期间，各级共派出工作组3883个，19600名干部，进村入户，坚持治安、经济、班子一起抓，打防结合，标本兼治，对治安混乱部位进行了彻底整治，共抓获犯罪嫌疑人13948人，刑事处罚7283人，有91.7%的治安混乱地方（单位、部位）改变的面貌。二是集中开展油区治安秩序的专项整治。省政府下发了《2006年全省整治油气田及输油气管道生产治安秩序专项行动方案》，先后5次召开全省性会议，对开展油气田整治专项整治工作作出部署，7次派出21个工作组赴重点地区检查督导，并以落实部际联席会议挂牌督办事项为重点，组织开展了鲁豫、津冀鲁省际交界地区两次联合会战，集中整治涉油突出问题。全省共查破涉油案件2056起，打掉涉油犯罪团伙126个，抓获犯罪嫌疑人792名；取缔土炼油炉等非法“三小一点”295处，清理违章占压建筑物91处，收缴油品2100余吨，挽回经济损失2200万元。其中，6起公安部挂牌督办涉油刑事案件全部侦破，部际联席会议挂牌督办的1处非法涉油厂点已彻底取缔。三是组织开展对娱乐服务场所集中整治。贯彻落实《娱乐场所管理条例》，从4月底至9月底，在全省部署开展娱乐服务场所集中整治行动，全省共登记各类娱乐场所9758家，其中，KTV歌厅2026家、夜总会403家、歌舞厅730家、电子游戏厅617家，兼营娱乐场所的宾馆、饭店、酒吧等4454家。检查娱乐场所7475家，发现隐患3556处，下达整改通知书2317份，责令停业整顿309家，对195家违法违规的娱乐场所依法予以取缔。四是组织开展了整治爆炸物品、枪支弹药、管制刀具专项行动。按照公安部的统一部署，6月至9月，在全省集中开展整治爆炸物品、枪支弹药、管制刀具专项行动。各级共对6976个涉爆单位全部进行了检查，发现各类不安全隐患1045处，下发限期整改通知书786份，责令停业整顿83家，吊销许可证件13个，整改隐患619起。五是组织开展“禁止刀具进校园”专项整治活动。9月，省公安厅和省委高校工委、省教育厅在全省大中专院校、中小学部署集中开展“禁止刀具进校园”活动，全面查禁收缴校园内的管制刀具。共收缴管制刀具22135把，处理违法犯罪嫌疑人员651人，有效减少了因学生随身携带刀具引发的各类案件，取得了良好的社会效果。

社会治安防范工作情况

各地坚持“打防结合、预防为主”的方针，严密街面、社区和单位内部防控，全面落实打、防、管、控措施，取得了明显成效。一是坚持警力下沉。省公安厅下发了《关于强力推进警力下沉的决定》，对县级公安机关机构进行精简，城市公安分局机关科室控制在8个以内，县级公安机关科室控制在11个以内。同时，要求新增加的公安编制、新考录和接收的民警一律安排到基层一线工作；市级公安机关按照机关警力总数15%的比例，省公安厅机关按10%的比例，抽调民警到县级公安机关的基层单位挂职锻炼。各级一线和实战单位警力占县级公安机关总警力的90%以上。二是大力加强对街面、社区（村庄）、单位内部巡逻防控。按照大中城市巡逻力量每10万人口200人，其他城市每10万人口150人的标准，落实专职巡逻力量。组织市、县公安机关民警参与负责一定区域、路段或时段的巡逻防范。目前全省直接参与街面巡逻的民警达4万余人。三是全面实施社区和农村警务战略。在全国率先提出“提倡以社区民警名字命名警务室、提倡机关民警联社区、提倡建立居家式警务室”，全省已建社区警务室3500余个，配备社区民警6500余名，农村警务室5100余个，配备警务室民警7700余名。派出所民警已占县级公安机关总警力的45%，社区民警占派出所民警的60%以上，真正把警力投放到最容易发案的地方和时段，提高见警率。四是加强对重点要害部位的管控力度。对公共复杂场所和特种行业，由派出所与业主签订治安管理责任书，经常进行安全检查和守法经营教育，保护合法，取缔打击违法。在旅店业开展治安管理信息系统建设，全省有50%的旅馆业纳入管理。在国道、省道和高速公路经过的省、市交界处及交通流量大、易发生事故路段，依托公路巡逻民警中队建立警务工作站408个、配备民警1870余名、协勤2500余名；在进出城区主要路口依托县（市、区）公安局建立治安检查站773个、配备民警1800余名、协勤2500余名；在城市重点部位建立了多层次治安防线，布建了4600处警务工作站、治安岗亭、检查站、堵截点，形成了信息预警、巡逻防范、查控堵截、安全保卫、快速反应工作机制，提高了对社会面的管控能力。

各级把社会治安防范工作和城市建设、社区建设紧密结合，将治安防范设施建设纳入城市基础设施建设和民用建筑建设的总体规划，进行综合设计、同步规划和独立验收。在封闭式居民区，积极推广安装小区栅栏大门、单元楼宇对讲门、居民住宅防盗门。在新建小区认真搞好治安值班室、停车场、看车棚、安全防盗门等防范设施的建设。大力加强技防监控报警系统建设。省综治委与省公安厅联合下发了《关于加强社会治安动态监控系统建设的意见》，制定了《治安动态监控系统建设指南》，在全省建立起技术先进、功能齐全、机制完善、覆盖严密的治安动态监控系统。全省共安装电视监控探头30.8万余个，为公安机关提供破案线索6550余条，协助处置群体事件1050余起，10.5万个安装监控报警设施部位实现零发案。农村地区安装简易报警装置22.7万余套，报警抓获违法犯罪嫌疑人1100余名。目前全省城区党政机关、金融、供水、供电、通讯等重点要害部门技防覆盖率达100%，宾馆、酒店、商场等公共复杂场所和重要交通路口的技防覆盖率达95%以上。

按照“党政主导、市场运作、专群结合、群防群治”的工作思路，大力加强群防群治队伍建设，在城市普遍建立健全了专职治安联防队伍、街道治安巡逻队伍、联户联防队伍、内部单位保卫队伍和治安信息员队伍，全省共发展各类群防群治力量150万余人。在农村乡镇都建有专职治安联防队，村庄建立了治保、调解、巡逻、帮教、普法“五位一体”的综治办。在不断加强治保组织建设，巩固传统群防力量的基础上，大力推广“政府出资聘保安”的做法，带动了保安服务业的发展，全省保安从业人员达15万余人；推行治安防范承包责任制，形成了5万余人的新型专职防范力量；实施“筑城行动”，治安防控志愿者队伍已发展到6万余人。

矛盾纠纷排查调处工作情况

2006年，全省各级共排查出各类矛盾纠纷111836件，调处成功105796件，调解成功率为94.6%；防止民间纠纷引起的自杀事件664起，涉及1084人；防止“民转刑”案件1710起，涉及6355人；防止群体性事件和集体上访3541起，涉及34717人。一是健全完善了县、乡、村三级矛盾排查调处工作网络。1. 在市、县建立联席会议，下设办事机构和专职工作人员。市一级依托综治办，加强对矛盾纠纷排查调处工作的组织协调和督导检查，确保各项措施落实。县（市、区）设专职工作人员，保证足够人力专司其事。2. 在乡镇（街道）及社区加强了调解中心建设。在村居、企事业等基层单位健全完善了调解组织、配齐配强了调解员。全省1938个乡镇街道全部建立了调解中心，村、社区一级建立了调解组织和调解信息员，全省共有专、兼职工作人员7000多人；在村居企事业等基层单位建立了调解组织9.9万余个，人民调解员30.9万余名，信息员30多万名。3. 在市、县两级积极推广建立有政府职能部门参加的行政调解中心。4. 在非公有制企业、新兴经济组织、大型集贸市场、工业园区和流动人口聚居区建立调解组织，做到了哪里有矛盾纠纷，哪里就有调解组织。二是健全完善矛盾纠纷排查调处工作机制。各级建立了矛盾纠纷信息定期报送制度，村居每周、乡镇（街道）每月、县（市、区），每季度、市每半年，将排查出的矛盾纠纷层层上报，有重大纠纷苗头，随时上报。乡镇（街道）和村居及社区坚持每半月集中排查一次，县级以上单位每月集中排查一次，市每季度调度一次情况，对重点矛盾纠纷及时协调解决。按照“谁主管、谁负责”和“分级负责，归口调处”的原则，明确责任，逐级调处，并及时报告调处结果。对涉及跨地域、跨行业、多部门的复杂矛盾纠纷，由分管领导出面，综治机构协调及时召开联席会议，明确牵头部门和协办单位，共同制定工作方案，各部门密切配合，协同抓好落实。实行领导干部包保责任制。市级领导班子成员分头包县（市区），县（市区）领导班子成员分头包乡镇（街道），乡镇（街道）领导班子成员分头包村（居），基层干部包户包人。对发现可能引发群体性事件、越级集体上访的苗头隐患，由包保责任区的领导干部带队，组织有关部门参加，现场办公，面对面地做工作。对措施不力、工作不落实的单位，实行挂牌督办，限期解决。三是及时化解不稳定因素，妥善解决矛盾纠纷。6月份，省综治委下发了《关于开展平安边界建设，维护边界地区社会稳定的意见》，作出了在全省范围内开展为期两个月的边界矛盾排查调处活动，全面排查调处涉及边界的各类矛盾纠纷，严防发生因边界纠纷引发的恶性刑事案件、集体上访事件和群体性械斗事件，确保我省边界长期和谐稳定。各级针对重大节日和重大活动，大力开展矛盾纠纷排查调处活动。排查工作由各级党委、政府统一领导，综治委、办组织协调，有关部门共同参与，从乡镇（街道）、村（居）、厂矿企事业单位、学校等基层单位入手，自下而上地进行拉网式排查。按照“属地管理”、“谁主管谁负责”的原则，对排查出的重大社会矛盾纠纷，认真登记，建立台账，逐一落实以定领导、定人员、定措施、定时间和包调处为内容的“四定一包”责任制，按照小事不出村、一般问题不出乡镇、矛盾不上交的要求，坚持人民调解、司法调解、行政调解相结合，认真及时地调处各类矛盾纠纷，努力把不稳定因素化解在基层、内部和萌芽状态。突出工作重点，加大对涉及土地承包经营、土地征用补偿、城市房屋拆迁、企业改制、劳务纠纷、农民工权益及生产经营等方面矛盾纠纷的排查调处力度，增强调解工作的针对性和有效性，努力预防和减少群体性事件的发生。对可能引发大规模集体上访和群体性事件的苗头、事端，坚持深入摸排；对重点地区、重点单位和重点问题，坚持严细原则，强化处理责任，确保及时把问题解决在基层和萌芽状态。

预防青少年违法犯罪工作情况

2006年，全省各级各部门切实把预防青少年违法犯罪纳入平安山东建设大局，广泛深入地开展了优秀“青少年维权岗”创建活动，全省涌现出国家级优秀“青少年维权岗”89个，省级368个。积极构建青少年违法犯罪预警监测网，社区团组织+青年中心为主体的社区组织网和社区工作队伍网，实现了对社区青少年的无缝隙覆盖。深入开展了社区志愿服务和谐行动，新增注册志愿者12万人。加强青少年思想道德教育，深入开展了以“八荣八耻”为重点内容的小公民道德建设、“雏鹰争章”、“青少年网络文明行动”等活动。围绕“两法一条例”宣传普及，把青少年法制教育列入“四五”、“五五”普法重点，深入开展了法律“三进”活动，创新开展“模拟法庭”公开赛等灵活多样的教育形式。全省20498所中小学实现法制教育“四落实”，市法制副校长、法制辅导员聘请率达到100%，建立青少年法制教育阵地5742个。积极开展“青少年自护教育行动”，有四家单位被命名首批“为了明天——全国青少年自我保护教育基地”。针对青少年“网瘾”问题，联合有关部门开展了“帮助未成年人戒除网瘾行动”，6次邀请陶宏开教授来山东举办公益讲座、咨询活动和自护训练营42场次，直接帮助600余名青少年成功戒除“网瘾”。抓住重点地区和重点人群，部署开展了“社区青少年远离毒品行动”和“青春红丝带—进城务工青年艾滋病防治宣传教育活动”。探索建立了一批“青少年启迪学校”，使问题青少年纠偏帮教工作得到有效保障。11月，召开了全省预防青少年违法犯罪工作会议，省委副书记高新亭同志亲切接见了首批“未成年人零犯罪社区”获奖代表并做了重要讲话。省委常委、政法委书记阎启俊，省人大副主任、省预防青少年违法犯罪工作领导小组组长莫振奎亲临会议并讲话。会上，举办了“为了明天·共建和谐”全省预防青少年违法犯罪大型图片展览，研究制定了《山东省预防青少年违法犯罪五年规划》，推动预防青少年违法犯罪工作向纵深发展。

基层基础建设情况

2006年，各地各部门继续把抓基层、抓基础、抓队伍作为最重要的措施来抓，以网络健全、力量充实、人员优化、保障有力和制度完善、工作规范、运转高效为目标，花大气力，狠抓了基层基础建设。一是配强力量，解决好有能人干事问题。全省村级“两委”成员中，党员达到84.8%，“双高双强”（政治素质高、群众威信高，带头致富能力强、带领群众共同致富能力强）型人才达到71%；所有乡镇（街办）全部配备了专抓综治工作的副书记、综治办专职副主任和1—2名专职工作人员；80%以上的警力下沉到了城乡基层和实战单位。乡、村两级调解、治保、巡逻、帮教、普法等各种形式的专职综治队伍得到进一步加强。二是落实报酬，解决好愿意干事问题。

全省所有农(居)"两委"成员、专职综治干部和职业化治安队伍,全部落实了报酬。其中72%的村"两委"成员、59%的村综治干部、26%的乡、村巡防队员的工资实行了县、乡两级财政统筹;30%的群防群治组织人员通过市场运作落实了报酬;对多数义务工作人员也给予了适当补贴。三是加强培训,解决好会干事问题。省综治办在去年对50%的县(市、区)综治办主任进行培训的基础上,今年又对另外50%的综治办主任进行了业务培训;多数市、县(市、区)也分别对乡镇(街道)和村(居)综治办主任进行了培训;职业化治安防范队伍先统一培训再上岗;对其他人员也都通过集中培训、以会代训等方式加强了教育。四是规范建设,解决好有章理事、有序工作问题。年初,省综治办专门召开会议,重点对加强村级综治工作规范化建设作出部署,提出了具体要求。各地以机构设置、队伍管理、工作制度、办事程序、基础设施"五规范"为重点,积极试点,逐步推开,使全省规范化建设试点村达到4076个,全省近40%的行政村初步达到了规范化建设要求。

中共山东省委　山东省人民政府关于表彰平安山东建设先进集体和先进个人的通报

(2007年1月8日)

平安山东建设工作开展以来,全省各级各部门坚持以邓小平理论和"三个代表"重要思想为指导,全面贯彻落实科学发展观,努力构建社会主义和谐社会,认真贯彻胡锦涛总书记重要批示,持之以恒狠抓落实,正确处理改革发展稳定关系,大力加强社会治安综合治理,积极推进平安山东建设,全省社会和谐稳定,治安秩序良好,人民群众安居乐业,为我省经济又好又快发展创造了良好的社会环境。

在推进平安山东建设的各项工作中,各级党委、政府切实加强组织领导,有关部门齐抓共管,社会各界和广大人民群众积极参与,涌现出一大批先进集体和先进个人。为弘扬正气,鼓励先进,推动平安山东建设深入开展,经研究确定:对35个平安山东建设模范县(市、区)、50个平安山东建设先进县(市、区)、28个平安山东建设先进单位给予通报表彰;给予20名平安山东建设先进个人记一等功奖励。

希望受表彰的单位和个人珍惜荣誉,再接再厉,与时俱进,为平安山东建设作出新的贡献。全省各级各部门各单位要以先进为榜样,从全面落实科学发展观、构建社会主义和谐社会、加强党的执政能力建设的高度,充分认识建设平安山东的重大意义,以深化平安山东建设为载体,全面落实社会治安综合治理各项措施,以更加奋发有为的精神状态、更加扎实有效的工作,最大限度地增加和谐因素,最大限度地减少不和谐因素,为建设"大而强、富而美"的社会主义新山东创造更加和谐稳定的社会环境。

附件:平安山东建设模范县(市、区)名单
　　　平安山东建设先进县(市、区)名单
　　　平安山东建设先进单位名单
　　　平安山东建设先进个人名单

附件：

平安山东建设模范县（市、区）名单

章丘市　济南市历下区　济南市天桥区　青岛市市南区　青岛市城阳区　胶南市　淄博市张店区　淄博市博山区　枣庄市市中区　曲阜市　微山县　新泰市　泰安市泰山区　荣成市　五莲县　莱芜市钢城区　临沂市罗庄区　临沭县　枣庄市山亭区　东营市东营区　广饶县　莱州市　龙口市　蓬莱市　诸城市　昌乐县　兖州市　德州市德城区　临邑县　临清市　聊城市东昌府区　博兴县　滨州市滨城区　巨野县　定陶县

平安山东建设先进县（市、区）名单

济南市历城区　济南市市中区　济南市长清区　商河县　青岛市四方区　平度市　青岛市李沧区　青岛市市北区　桓台县　高青县　沂源县　枣庄市薛城区　枣庄市台儿庄区　烟台市莱山区　潍坊市寒亭区　潍坊市奎文区　潍坊市潍城区　安丘市　嘉祥县　邹城市　鱼台县　梁山县　宁阳县　东平县　文登市　乳山市　东营市河口区　利津县　烟台市芝罘区　烟台市牟平区　栖霞市　沂南县　陵县　禹城市　平原县　齐河县　高唐县　阳谷县　日照市东港区　日照市岚山区　临沂市河东区　蒙阴县　莒南县　东阿县　惠民县　阳信县　沾化县　东明县　曹县　单县

平安山东建设先进单位名单

团省委
省妇联
保监会山东监管局
人民银行济南分行
济南铁路局
省烟草专卖局
山东电视台
省工商局公平交易局
山东大学
中国海洋大学
中国石油大学(华东)
山东师范大学
山东农业大学
曲阜师范大学
济南大学
聊城大学
烟台大学
山东商业职业技术学院
胜利石油管理局滨南采油厂
胜利石油管理局仙河社区管理中心
齐鲁石油化工公司氯碱厂
莱芜钢铁集团公司棒材厂
山东电力集团公司
淄博矿业集团公司
龙口矿业集团公司
临沂矿业集团公司
肥城矿业集团公司白庄煤矿
山东交通运输集团公司济南长途汽车总站

平安山东建设先进个人名单

（记一等功）

王　敏　济南市历下区委政法委副书记、综治办主任
肖　辉　青岛市市南区综治办主任
毕国鹏　淄博市临淄区朱台镇党委书记
庞　伟　枣庄市薛城区陶庄镇党委副书记
牟仁辉　东营市信访局接待科科长
孙秀胜　海阳市综治办主任
王云华　潍坊市滨海开发区党工委副书记
何锡明　汶上县委常委、政法委书记
张京洲　泰安市岱岳区委常委、政法委书记
张惠民　威海市委政法委副书记
李洪杰　日照市综治办主任
亓宗泉　莱芜市莱城区方下镇综治办副主任
王富光　临沂市综治办副主任
樊廷雷　德州市德城区新华街道办事处党委书记
王建鹏　临清市委副书记
于尊彦　滨州市滨城区市东街道办事处党工委书记
李　颖　定陶县仿山乡党委书记
王　健　济南铁路局政法办检查员
李培胜　胜利石油管理局玉山物业管理公司治保队长
孙庆明　齐鲁石油化工公司烯烃厂综治办主任

着力强化“双基”工作　推进平安山东建设

一、解放思想，与时俱进，解决好新形势下强化基层基础工作的思路问题

多年来，山东省历届领导班子都十分重视基层基础工作。2002年，省委、省政府组织22个部门，由5位省级领导干部牵头，分赴全省40多个不同类型的县（市、区）开展调查研究，并到8个兄弟省市学习考察，形成了3万多字的专题调研考察报告，为及时做出进一步加强新形势下基层基础工作的决策提供了充分依据。

省委、省政府认为，当前全省基层基础工作总体上是好的，但在新的形势下也遇到了许多新的情况、问题和挑战。要继续确保基层稳定、基础牢固，必须正确处理继承与发展的关系，与时俱进，勇于创新。一是随着市场经济的发展和城乡一体化进程的加快，各种经济社会组织层出不穷，“社会人”大量增加。维护社会稳定，必须坚定不移地走社会化参与之路。二是随着城乡基层机构改革步伐的加快，机构、领导及工作人员职数减少，有些基层组织特别是农村群防群治组织相对弱化，靠群众凭觉悟尽义务，又存在人员难组织、措施难落实等问题。因此，必须拓宽渠道，专群结合，坚定不移地走职业化发展之路。三是随着我国财政体制和农村税费改革的推进，农村集体积累不足的矛盾日益突出。维护基层社会稳定，全靠政府投入力不从心，集资摊派又不合法。要确保基层有人干事、有钱办事，必须顺时应势，向市场要潜力，坚定不移地走党政主导、财政支持、市场运作之路。

基于这些认识，省委、省政府认真总结、吸收近几年全省各地及兄弟省市的新经验、新做法，于2003年7月制定下发了《关于重心下移、强化基层、落实责任、为加快发展营造和谐稳定的社会环境的意见》，提出了20条强化基层基础工作的新措施。在2004年1月《关于深入开展平安山东建设的决定》和此后召开的全省深入开展平安山东建设电视电话会议上，省委、省政府又进一步提出了坚持“四个下移”（领导、力量、措施、责任）、加快“四化”进程（社会化参与、职业化发展、市场化运作、规范化管理）、确保“三个不出”（解决小的问题不出村、解决一般性问题不出乡镇、解决大的问题不出县）的思路目标和九大工作任务，并要求把抓基层、抓基础、抓队伍作为最重要的措施来抓，通过建立健全决策目标、执行责任、考核监督“三个体系”，把维护基层社会稳定的各项措施落到实处。

二、勇于探索，锐意创新，解决好新形势下基层有人干事、有钱办事的问题

省委、省政府在确定强化基层基础工作总体思路的基础上，从解决有人干事、有钱办事这一最根本、最关键、最要紧的问题入手，首先狠抓了基层组织和基层队伍的发展。在继续毫不放松地抓好基层党政组织、政法综治组织、企业内保组织和多种形式的群防群治组织建设的同时，按照社会化参与、职业化发展、市场化运作的思路，积极鼓励、支持、指导基层去创新，放手让基层去探索、去开拓。在短短几年时间里，全省各地都创出了一批各具特色的新鲜经验，涌现出了10多种体现“三化”要求的新的基层组织形式，其中在全省推开面比较广的主要有四种模式。

（一）治安防范承包责任制。就是将一定区域内治安防范工作的任务承包给一个或几个人。主要在农村推行。基本做法是：首先，由派出所指导各村制定治安防范工作职责任务，提出承包人的任用条件，确定对承包人的报酬形式、报酬数额和奖罚原则，提交村民大会或村民代表大会讨论通过。其次，按照承包人任用条件，采取自愿报名、竞争上岗的办法，公开选拔承包人，并报派出所考察审核、批准备案。第三，由村委会与承包人签订承包协议书，明确双方的权利、义务和责任。有的还请公证处进行了公证。第四，承包人按照协议规定，履行治安防范职责任务。1人承包的可以聘用他人工作，报酬由承包人支付。第五，派出所负责对承包人的工作进行指导，并协助村委会对承包人进行监督管理和考核。承包人圆满完成治安防范承包任务的，由村委会按协议规定兑现报酬；出了治安问题造成群众损失的，由承包人按协议规定给予全部或部分赔偿。第六，报酬形式由各村视情确定，有集体积累的以货币形式支付，集体积累不足的通过提供储备耕地等多种办法解决。目前，全省已有近80%的农村实行了治安防范承包责任制。

（二）民警包村、保安驻村。就是将乡镇辖区合理划分为若干警务责任区，每个责任区派驻3名以上民警，每名民警承包2—3个村庄。同时，每个村庄由保安服务公司至少派驻1名保安队员，在包村民警指导下开展工作。驻村保安由村委会按条件推荐，派出所审查，保安服务公司考核录用，经统一培训后安排上岗，其工资由县、乡财政提供。

（三）治安保险。基本做法是：在党委、政府统一领导下，由综治办组织协调，依托居（村）委会发动群众，每户向保险公司交纳一定数额的家庭财产保险费；按一定比例提取部分保险金用于聘请保安队员；保安队员在派出所指导下负责社区（农村）治安巡逻和防守；居民财产发生被盗由保险公司按规定赔付损失。这一做法既解决了部分社区（农村）治安防范无人管、没钱管的难题，又解决了居民财产损失没人赔的困境，也增强了群众的保险意识，扩大了保险公司业务，推动保险公司开始了由单纯“事后”理赔向“事中”防范与“事后”理赔一体化、全过程服务的转变，取得了互惠多赢的良好效果。

（四）派驻综治特派员。就是县（市、区）和乡镇（街道）按照一定条件，选定部分在职和退岗离岗干部、民警及保安队员作为综治特派员，经过统一培训后，派驻社会治安相对薄弱的村庄、社区、园区、企业及其他重点单位和部位，指导和协助这些地方加强治安防范、排查调处矛盾纠纷、做好重点人员管理、开展法制宣传教育。

三、统筹规划，规范建设，解决好新形势下基层工作有章理事、有序工作的问题

（一）机构设置规范。在前几年大力加强法庭、派出所、司法所规范化建设的基础上，两年多来，又对其他已有和新生的各类基层组织，从机构名称、规格、规模、人员配置等各个方面，统一进行了规范。一是全省所有乡镇（街道）综治办全部正式列编，主任由党（工）委副书记兼任，并配备一名专职副科级副主任和2—3名专职工作人员，多的达到5人以上。二是全省所有乡镇（街道）都成立了党政统一领导、综治委（办）组织协调、以司法所为依托、各有关部门派人参与的调解中心。三是加大了8个组织（党、团、工会、警务室、综治、调解、法律服务、情况信息组织）进非公有制经济组织的推进力度。四是针对近几年“三化”组织快速发展的实际，及时将这些组织加以定型和规范。

（二）队伍管理规范。按照把住“入口”、畅通“出口”的原则，分别制定了各类基层组织的人员任用条件，采取竞争上岗的办法，公开选拔任用，统一进行岗前培训，严格实行持证上岗；并对不符合条件的在职人员，及时做出组织调整。同时，加强经常性教育培训，加强日常管理，加强考核奖惩，确保人人都能干事、人人都会干事、人人都愿干事。

（三）工作制度规范。指导各类基层组织，制定完善了工作人员职责、守则、行为准则及考勤、学习、述职、考核、奖惩、会议、档案管理等各项内部管理制度和治安形势分析、矛盾纠纷排查、来访接访、承办督办、领导包案、联席会议、重大事项请示报告等各项工作制度，并将各项规章制度统一装订成册，发给工作人员学习、遵守，主要制度则装裱上墙，从而实现了工作用制度规范、人员靠制度管理。

（四）办事程序规范。在基层重点推广实行了“两个一”的“基础工作法”。一是一事一套规程。就是将基层综治组织所承担的矛盾纠纷排查调处、严打整治、治安防范、治安管理、重点人员帮教、法制宣传教育等各项工作分门别类，分别制定《工作规程》，对每项工作先干什么、后干什么、谁来干、怎么干、干到什么程度、达到什么要求，都规定得清清楚楚，做到事事都有人干、人人都按标准和程序去干，工作有条有理、忙而不乱。二是一级一本台账。就是采取逐级建账、以账管理的办法，把每一项工作从获取的预警信息，到研究的承办意见，从承办、转办、督办到办理的结果等各方面情况，全部记入台账，做到事事有登记、事后可备查。

（五）基础设施规范。分别制定了各类基层组织的硬件建设规划，规定了办公用房和设施配备标准，按照工作靠基层去做、投入向基层倾斜的要求，加大了向基层组织的经费投入力度，使各类基层组织的办公条件得到明显改善。其中：所有乡镇（街道）综治办、调解中心都配备了电脑和交通、通讯工具；都有档案室和调解庭；大部分乡镇（街道）建起了综治大院或综治大楼，实现了一站式办公、一站式服务。

四、加强领导，多措并举，解决好新形势下基层工作的动力问题

为推动平安山东建设各项措施全面落实到基层，省委、省政府和各市、县（市区）党委、政府及各主管部门普遍加强了对基层组织的领导和工作指导，采取多项措施，最大限度地调动基层组织的积极性。

（一）责任促动。坚持把平安山东建设作为各级、各部门、各单位的“一把手”工程，一级抓一级，逐级分解和细化、量化目标任务，层层签订责任书，直至把平安山东建设的责任落实到乡镇（街道）、村庄（社区）、企事业单位和人头，形成了以领导责任制为龙头、以目标管理责任制为核心、上下贯通、左右相连、越往基层越具体细致的责任制体系，增加了基层工作的责任和压力。

（二）会议推动。从2004年2月到2006年初，省委、省政府先后召开了3次深入开展平安山东建设电视电话会议，每次会议都由省委书记作动员讲话，由省长主持并作总结讲话，并一直开到乡镇（街道）。各市、县（市、区）也层层召开会议，由党政主要领导讲话，提任务，提要求，不断提高基层干部的思想认识，增强其抓好平安建设的积极性。

（三）典型带动。把抓典型作为重要的工作方法，经常深入基层，开展调查研究，加强分类指导，及时发现、培植、总结、推广先进典型，通过典型引路，推动基层工作整体推进、全面发展。

（四）考评驱动。每年都由省级或厅级领导干部带队，组织2至3次大规模的检查督导、2次暗访和1至2次人大代表、政协委员视察，并在组织各地搞好半年自查自评的基础上，从11月开始，按照“六位一体”的《检查考评办法》和《检查考评细则》，对基层平安建设情况进行全面系统的检查考评。一是基层各级、各单位对照平安建设测评标准进行自查自评；二是省委、省政府成立多个综合检查组，由厅级领导干部带队，深入基层进行全面检查考核；三是省综治办会同政法各部门和新闻单位深入基层进行暗访；四是省综治委有关成员部门分别对严打整治、治安防控、维护信访秩序、防范治安灾害事故、扫黄打非等重点工作进行专项考核；五是省统计局进行公众安全感调查测评；六是省综治委各成员部门分别对全省各地工作情况进行打分评定。“六位一体”的检查考评，各有具体的检查考评项目、内容、方法和量化标准，其中省里五种形式的考评得分各占总分（100分）的五分之一。在“六位一体”检查考评的基础上，按照有关规定，严格兑现奖惩。主要是实行三个挂钩：一是考评结果与领导班子政绩评定和领导干部任用挂钩。省里的检查考评结果及时向省委报告，并通报纪检、组织、人事等部门，作为对基层领导班子综合评定和领导干部调整、使用的主要依据。二是考评结果与表彰奖励挂钩。2004年以来，省委、省政府每年都召开一次表彰大会，两年共表彰平安山东建设先进县（市、区）75个、先进基层单位291个、先进个人114人。三是考评结果与领导责任查究挂钩。仅2005年，全省就有79个单位被挂牌督办，25个单位、48人被查究责任，25个基层单位被“一票否决”。

加强农村平安建设　促进社会和谐稳定

山东省开展“平安山东”建设以来，牢固树立大稳定、大平安理念，既坚持农村、城市切块抓，又坚持城乡一体、整体推进，农村平安建设取得了明显的阶段性成果。

一、理清思路，切实加强组织领导

在指导思想上，坚持把农村平安建设作为构建社会主义和谐社会的重要组成部分，作为社会主义新农村建设的重要内容，纳入农村经济社会发展总体布局，与农村经济、政治、文化、社会建设和党的建设同步推进。在工作重点上，坚持重心下移，强化基层，标本兼治，重在治本，着力解决农民群众普遍关心、影响农村社会稳定的突出问题，努力提高管理和服务农村社会的能力。在方式方法上，坚持党政统一领导、综治委（办）组织协调、涉农部门齐抓共管、发动群众广泛参与，真正形成全党、全民、全社会共建平安农村的强大合力。在措施保障上，建立健全决策目标、执行责任、监督考核三个体系，主要领导亲自抓，分管领导具体抓，逐级落实责任制，加强督导，采取自查自评、综合检查、专项检查、暗访、公众安全感调查、综治委成员部门测评等“六位一体”的办法，定期考评，严明奖惩。2004年以来，省委、省政府每年都召开一次总结表彰大会，共表彰平安农村建设搞得好的县（市）75个，农村基层单位195个，先进个人176人；同时，发生影响稳定问题的25个农村基层单位被“一票否决”，48人被查究责任。

二、正本清源，努力维护农民利益

一是加大对农村经济发展的扶持力度，最大限度地促进农民增收。2006年，仅省里就投入6.4亿元用于农业综合开发，投入18.3亿元用于粮农直补，共为农民人均减负102元，新增农村劳动力转移就业131.9万人。二是加快社会保障和社会救助体系建设，切实解决农民的实际困难。2006年，仅省里就投入4.35亿元用于农村义务教育；投入3.6亿元用于新型农村合作医疗试点工作，参合农民3981.06万人，居全国第一位。三是坚决纠正各种侵害农民利益的行为，努力维护农民合法权益。2006年，就清欠农民工程款8.7亿元，清欠农民工工资6810万元，农民工工资基本得到及时足额发放；全省征用农村土地15.1万亩，全部按政策规定对农民实行了补偿和安置。四是加强农村民主法制建设，深入开展“民主法制示范村”创建活动，不断完善村务公开和民主议事制度。做到凡是涉及旧村改造、宅基地审批、土地承包、集体资产处置、干部报酬、重大开支等农民关注的事项，都让村民知情，请村民参与研究，接受村民监督，切实维护了农民的民主权利。

三、综合施治，着力解决突出问题

一是深入开展矛盾纠纷排查调处工作。全省所有县（市）都建立了联席会议制度，所有乡镇都成立了调解中心，所有行政村都健全了调委会。90%以上的矛盾纠纷化解在了基层、内部和萌芽状态。二是深入开展信访专项治理。严格落实信访工作责任制，积极开展无越级、无异常上访和无信访积案活动，加大涉法涉诉上访案件集中处理力度。中央联席会议交办的农村涉法涉诉上访案件全部办结，全省因涉法涉诉问题进京上访人数由2004年列全国第17位，后移到2006年上半年全国第24位。省里控制的农村重点信访案件也全部得到及时处理。三是深入开展严打斗争。在农村重点打击杀人、爆炸、抢劫等严重暴力犯罪，乡霸、村霸等黑恶势力犯罪，纵火、投毒等报复性犯罪，盗窃牲畜、农机具等侵财性犯罪和制假贩假等坑农害农违法犯罪，起到了有效的遏制和震慑作用，全省农村发案率下降15%。四是深入开展对突出治安问题的集中整治。近三年来，山东先后在全省农村组织开展道路交通、石油产区、烟草专卖、非法传销、铁路沿线、复杂场所、边界地区治安秩序整治等专项行动10多个，并针对80%左右的治安问题发生在10%左右的后进村的实际，采取党政统一领导、相关部门参加、组织工作组进驻的办法，班子、经济、治安一起抓，对这些地方进行了综合整治。仅2006年上半年，就派出工作组978个，治理后进村和农村治安混乱部位1046个，整治有效率达到96%。

四、勇于创新，不断完善防控体系

一是县、乡两级组建政府出资、公安机关管理指导的新型治安巡防队。目前，这类巡防队已发展到14825支，总人数达到13.1万人。二是治安防范承包责任制。目前，全省已有80%多的农村实行了这一做法。三是民警包村、保安驻村。目前，全省所有乡镇派出所都下设了警务区，乡、村两级聘用的保安员达到1.9万人。四是推广治安保险。中国保监会已将这一险种正式定名为“平安家园险”。五是选派综治特派员。六是乡镇下设综治联管区。

五、重心下移，大力强化“双基”建设

一是配强力量，解决好有能人干事问题。二是落实报酬，解决好愿意干事问题。三是加强培训，解决好会干事问题。四是规范建设，解决好有章理事、有序工作问题。

创建平安家庭　共建平安山东

山东有9248万人口，2700万户家庭。山东省委、省政府高度重视社会稳定工作，2004年初作出建设平安山东的部署。家庭平安是社会平安的基础。省妇联、省综治办紧紧围绕平安山东建设总体部署，以“六防”、“六无”为目标，以宣传教育为主线，以建设载体为基础，以工作机制为保障，深入推进平安家庭创建，构筑社会稳定的家庭防线。

一、营造环境，齐抓共创

平安家庭创建涉及千家万户，需要动员全社会共同推进。山东省妇联积极营造齐抓共管、广泛参与的创建环境，整合社会力量，广泛动员群众，形成创建合力。

纳入平安建设总体规划。省委、省政府高度重视在平安建设中发挥妇女和家庭的作用，把平安家庭创建作为平安建设的细胞工程，纳入平安山东建设总体规划和全省社会治安综合治理工作体系。省委书记张高丽、省长韩寓群、省委副书记高新亭等领导先后对平安家庭创建工作作出重要批示。各级党委政府高度重视，把平安家庭创建纳入平安市、平安县、平安乡镇建设总体规划，与平安建设同规划、同部署、同落实、同考核。部分市、县党委政府下发文件，推动平安家庭创建工作。平安家庭创建成为平安建设的重要内容和一项基础工程。

构建齐抓共管的创建格局。省、市、县、乡层层建立平安家庭创建领导机构，形成党政领导，妇联、综治部门牵头，有关部门共同参与的创建格局。省创建领导小组多次召开会议，五次下发文件。全国平安家庭电视电话会议后，省9个厅局联合下发进一步深化创建活动的意见，推动创建工作巩固、创新、提高。省委综治委专门成立维护妇女权益工作领导小组，加强妇女维权和平安家庭创建工作。各级各有关部门把平安家庭创建与部门工作紧密结合，发挥优势，履行职责，协同推进。全省上下一级抓一级，层层抓落实，形成了齐抓共管的工作合力。

营造广泛参与的社会氛围。群众是平安建设的主体力量。各级加大宣传力度，广泛动员群众参与。一是面向社会广泛宣传。连续三年以“创建平安家庭，共建平安山东”为主题，在全省深入开展平安宣传教育活动。各级普遍举行启动仪式，开展签名活动，组织知识竞赛，开设专栏等，广泛宣传，营造氛围。二是进家入户深入宣传。各地采取与家庭签订创建责任书，编发《平安家庭学习手册》，制作平安挂历，在中小学生中开展“把平安带回家”活动，平安志愿者深入家庭等形式，努力使平安家庭创建家喻户晓。三是建立阵地强化宣传。各地建立平安家庭宣传一条街、宣传长廊、社区平安角等阵地，普及平安知识。组建文艺演出队、“巾帼平安剧团”等，发挥“巾帼文明队”作用，把平安家庭创建内容编成文艺节目巡回演出。广泛深入的宣传，为平安家庭创建奠定了良好的思想基础，营造了良好的舆论环境。

二、建设载体，强化基础

有效的工作载体是组织群众、服务家庭的重要基础。山东省妇联积极推进服务载体、组织载体、活动载体建设，强化基层工作，打牢创建基础。

强化服务载体，打造服务平台。积极发展基层服务站点，构建四个网络，为家庭平安创建提供服务。一是建立家庭纠纷调解网络。在村居建立家庭纠纷调解站（点），调解纠纷，化解矛盾。二是建立家庭暴力综合防控网络。县级建立家暴报警中心，派出所设立报警点，各级妇联与民政等部门建立反家暴庇护所，实行超前预防、综合干预、延伸服务，预防和制止家庭暴力。三是建立法律服务网络。在基层设立妇女法律援助联络站（点）；建立妇女维权合议庭，1500名妇联干部担任陪审员。有的市建立了婚姻家事法庭。全省开通妇女法律服务热线309条。四是建立心理咨询网络。在社区建立“心理驿站”、“温馨话室”等心理咨询站点，疏导情绪、解疑释惑。基层站点的广泛建立，为家庭提供了便捷的信访、咨询、投诉、调解、援助等服务，基本做到小事不出门、大事不出村，矛盾不上交、纠纷不激化。

强化组织载体，发展创建队伍。为广泛组织群众，实现群防群治，各地建立“五支队伍”，即巾帼调解队、巡逻队、禁赌队、帮教队和平安信息员队伍，充分发挥群众在平安家庭创建中的主体作用。目前全省5万多支巾帼平安志愿者队伍活跃基层，进家入户做思想工作，了解情况，调解纠纷，义务巡逻，成为平安稳定的信息员、法律知识的宣传员、矛盾纠纷的调解员、治安防范的督查员。巾帼调解队、巡逻队被群众誉为“百姓法官”、“山村里的110”。

强化活动载体，丰富创建内涵。根据创建活动深入推进的需要，不断深化主题、丰富内涵，开展富有特色的创建活动。2004年，围绕创建工作启动，以宣传教育为重点，广泛开展“建设平安山东，人人学法守法，普法宣传进我家”活动；2005年，围绕创建工作整体推进，开展“千万妇女学法律、千万家庭创平安”活动；2006年，深化创建工作，推进普法宣传、平安承诺、治安防范、安全措施、纠纷化解、维权服务“六进家”。注重整合各类家庭活动资源，把平安家庭创建与“美在家庭”、“五好文明家庭”、“零家庭暴力社区（村庄）”创建，“双合格”家庭教育、“不让毒品进我家”宣传教育等活动紧密结合，相互促进。各地根据创建主题，广泛开展“平安进万家”、“六无家庭”、“六到家六争创”等各具特色的活动，使平安家庭创建深入千家万户。

三、创新方式，增强实效

平安家庭创建是维护社会稳定的一项基础性工作。山东省妇联积极探索，多措并举，务求实效，不断提升创建水平。

坚持教育为先。省妇联把加强教育、提高素质贯穿创建工作始终，以社会主义荣辱观、法制、安全三项教育为重点，提高家庭成员道德法律素质和安全防范能力。

坚持预防为主。注重关口前移，积极预防、化解隐患和矛盾纠纷。发挥平安服务组织和志愿者队伍作用，定期排查分析，做到家庭隐患早发现、早介入、早处理，努力把问题化解在基层和萌芽状态。

坚持分类推进。注重因地制宜，分类指导。围绕平安建设重点，指导各地针对不同区域、不同层次、不同类型家庭，开展富有特色的活动，提高创建工作针对性和实效性。在农村，开展“建设新农村、平安进我家”活动，家家创平安，村村搞防范。在社区，倡导“出入为友、守望求安、急难相扶”，开展“创平安楼栋”、“爱我社区爱我家”等活动。在企业，以安全生产为切入点，开展“安全情系你我他，幸福温暖千万家”活动，增强安全意识，促进安全生产。在外来务工家庭集中地区，引导外来务工家庭“创平安家庭、做文明新市民”。

坚持联创共建。指导各地把平安家庭创建与邻里团结、村居平安紧密结合，采取家家签约、户户联建、村居共建等方式，使单个家庭创建成为家庭联合创建，形成家庭和村居联创共建的互动机制。

四、建立机制，规范管理

建立长效机制，是深化创建活动的重要保障。省妇联注重机制建设，加强规范管理，激发创建活力，扎实推进创建活动持续深入开展。

建立目标责任机制。围绕平安山东建设部署，确定“围绕一个目标、搞好三项教育、坚持三个倡导、增强六个意识、实现六防六无”的总体要求，提出平安家庭实现“六防”（防拐卖、防盗窃、防抢劫、防渗透、防隐患、防犯罪）、“六无”（无毒品、无赌博、无暴力、无邪教、无犯罪、无事故）的创建目标。

建立监督考核机制。省里把平安家庭创建纳入平安山东建设考核指标体系，量化管理，组织年度考核。省妇联制定平安家庭创建活动百分考核办法，坚持经常检查与年终考核相结合，对各地创建工作逐项打分。

建立创评激励机制。平安家庭创评实行省、市、县、乡、村（居）五级联动，逐级创评，动态管理，推动创评工作逐步规范化、制度化。基层实行家庭申报、群众评议、创建领导小组审核、村居表彰;建立档案,公示、复查,加强动态管理。各地结合实际,制定措施,加强激励。平安家庭创建活动适应了社会稳定大局的需要,顺应了群众想平安、盼平安的愿望,得到党委政府和社会各界充分肯定和赞誉,受到广大群众的欢迎,取得了显著成效,为深入开展平安建设做出了积极贡献。

坚持务实创新 狠抓四个强化 全力打造高标准“平安铁路示范路段”

2006年以来,根据中央综治委铁路护路联防工作领导小组关于开展“平安铁路示范路段”创建活动的部署要求,山东省突出“高起点、高标准、创一流”的总体工作思路,以“确保铁路沿线治安秩序持续稳定和铁路运输安全畅通”为主线,狠抓“四个强化”措施落实,全力打造高标准“平安铁路示范路段”,创建活动六项具体考核指标全面下降,实现了“三个没有发生”,即春运、两会、五一、专运期间,铁路沿线没有发生大的治安问题;没有发生影响恶劣的治安刑事案件;没有发生群体性冲击铁路、拦车断道事件。

一、强化组织领导,高起点规划“平安铁路示范路段”创建活动

开展“平安铁路示范路段”创建活动,思想认识是前提,组织领导是关键,必要的经费投入是保障。我们通过完善工作网络,规范运行机制,确保了创建活动“认识到位、机构健全、力量充实、保障有力、工作规范”。

(一)提高认识,健全组织。2006年初,省综治委铁路护路联防工作领导小组以《铁路护路联防工作专报》的形式,向省委副书记高新亭汇报中央关于创建“平安铁路示范路段”的部署要求。高书记指出:“平安铁路示范路段”创建活动,进一步明确了铁路护路联防工作科学化、规范化管理的发展方向,是新形势下各级党委、政府深化平安铁路建设的有效载体,是铁路治安逐渐步入有序可控、长治久安轨道的重大举措。按照省委领导的指示,省护路联防领导小组迅速召开会议,深入学习中央文件精神,研究创建工作的组织实施等问题。决定成立省创建活动领导小组,组长由省委政法委副书记、综治办主任宋新生担任,省委、省政府有关部门为成员单位。领导小组下设办公室,由济南铁路局党委副书记刘日平任主任,日常工作由省护路办负责。

(二)统筹规划,明确重点。在对全省各级护路联防组织工作现状进行充分调研的基础上,3月24日,省创建活动领导小组召开第一次全体成员会议,专题研究制定《全省“平安铁路示范路段”创建活动三年规划》问题,确定今后三年我省创建活动要重点抓好“1234”工程建设。即:一个“总抓手”,以护路联防责任制为总抓手,把护路联防领导责任和工作责任逐级落到实处。两个“依靠”,依靠铁路沿线各级党政领导的关心支持;依靠铁路沿线广大群众的关爱参与。三个“纳入”,把“平安铁路示范路段”创建活动纳入社会治安综合治理之中;纳入全省治安防控体系建设之中;纳入“平安山东”建设一体化考核之中。四个“建设”,继续搞好路地共建,组织协调路地有关部门、单位搞好联防联控;搞好预警机制建设,利用铁路沿线社会治安信息网络,建立情报信息预警机制;搞好多功能护路房建设,使之成为护路工作的执勤点、110的报警点、治安防控的堵截点;搞好护路组织建设,配齐配强护路联防专兼职工作人员,加强护路员队伍的管理。

7月27日,印发了《全省铁路沿线开展“平安铁路示范路段”创建活动的三年规划》,部署了目标任务。省综治委要求各市加快推进“平安铁路示范路段”建设,加大创建力度,年底前京沪、京九线30%以上的路段建成“平安铁路示范路段”;胶济、菏兖日线20%以上的路段建成“平安铁路示范路段”;其他各线不低于15%的路段建成“平安铁路示范路段”。

（三）落实责任，严格考核。根据全省创建“平安铁路示范路段”的目标要求，我们突出护路联防工作责任制这个核心，着力建立健全创建活动责任考核机制。一是按照“分段实施、整体推进”的原则，加强对责任区段的考核。将全省铁路护路责任里程以县为单位划分为111个区段，制定了因治安问题造成的拆盗铁路器材、石击列车、摆放路障等六项具体考核指标，凡区段内一项考核指标超标，即取消该区段中央级和省级“平安铁路示范路段”申报资格。二是按照“属地管理”原则，加强对各级党委、政府的责任考核。对发生冲击铁路、拦车断道事件的市实行社会治安综合治理一票否决制。三是按照“谁主管谁负责”的原则，加强有关职能部门责任。

二、强化典型示范，高标准推进“平安铁路示范路段”创建工作

（一）与电气化铁路开通运营和线路实行全封闭管理的新形势相结合，开展护路工作布局调整。进行护路工作布局调整，是开展“平安铁路示范路段”创建活动的规范化、基础性工作。在充分调研论证的基础上，按照“干线整合、支线承包”的原则，筹集资金240万元，在护路联防工作基础较好的京沪干线德州市、张东支线滨州市进行护路工作布局调整试点。

（二）与确定的首创重点区段目标任务相结合，积极探索护路联防工作的有效模式。抓好“平安铁路示范路段”创建工作，完成首创目标是关键。按照省创建活动总体规划，省护路办根据管内各线治安状况，确定2006年，京沪线德州至济南南段创建全国级“平安铁路示范路段”，京沪线吴村至邹城段、京九线台前至聊城北段、胶济线普通至潍坊段创建省级“平安铁路示范路段”，总长度为341.156公里，占干线营业里程的31.7%。济南、聊城市依靠铁路沿线村级组织，推行了“路村契约式联防联保”机制，将铁路沿线两侧各1000米内的村庄、学校、厂矿、市场、企事业单位纳入联防联保责任区段，实行定范围、定人员、定责任、定奖惩、包安全的“四定一包”，不管哪里出现警情，就近集结，快速行动，妥善处置，把保一线和保一方平安有机结合起来。

（三）与京沪、胶济线电气化铁路改造运营实际相结合，加强护路联防队伍教育培训。省护路办以电气化铁路基本知识和安全、防护常识为主要内容，落实办班培训、岗前培训、以会带训和技术比武等工作措施，加强护路员培训教育，先后举办护路员电气化铁路知识培训班16期，培训护路员778名，护路员的电气化基础知识和安全防护能力有了明显提高。

三、强化治安防范，拓展延伸“平安铁路示范路段”创建区域

（一）向社会面拓展延伸，积极化解调处各类矛盾纠纷。认真落实排查调处矛盾纠纷工作措施，以铁路沿线企业改制、劳资关系、福利待遇和电气化铁路施工等容易影响铁路运输安全的问题为重点，先后组织开展了4次集中的矛盾纠纷排查调处活动，调处影响铁路运输的矛盾纠纷265起。建立健全预防和处置群体性冲击铁路工作预案，加快完善畅通信息渠道，着力构建省、市、县、乡四级信息报送网络和以护路员、治安联防队员和基层治保人员为主体的情报信息员队伍，确保了涉路群体性事件苗头一经显现便纳入监控范围，先后成功化解控制了6起因地方矛盾引发的扬言冲击铁路事件。

（二）向治安重点区段拓展延伸，切实维护良好的治安秩序。2006年初，对各区段集中进行排查分析，确定滕州—南沙河、磁窑—南驿等14个区段为集中整治重点区段。针对每个重点区段治安混乱的现状，逐一明确集中整治的工作任务和考核奖惩责任目标，采取派驻工作组、跟踪检查、巡线检查、夜间抽查等方法，严密防范破坏电气化施工安全的违法犯罪行为。经过集中整治，破坏铁路设施、拆盗铁路器材案件同比下降36.2%，因治安问题造成的货赔数额同比下降24.4%，石击列车、摆放路障等治安案件下降43.6%。

（三）向城乡结合部和农村拓展延伸，努力减少影响铁路安全的不安定因素。城乡结合部和农村始终是护路联防的老大难区域。通过对铁路沿线城乡结合部和农村重点危险人物的调查摸底，掌握了两侧五华里以内的“三倌”、“五残”，以及可能对铁路治安构成威胁的重点人物的基本情况和现实表现，并逐一登记，分类排队，靠上帮教，分层落实防控监护措施，影响铁路安全的不安定因素同比下降25.8%。

（四）向沿线更广更深区域拓展延伸，大力营造良好的舆论氛围。始终把爱路护路宣传教育作为一项经常性的工作,贯穿于护路联防工作的全过程。2006年以来,以扩大爱路护路宣传覆盖面为重点,采取日常宣传和集中宣传相结合的形式,开展有声有色的电气化知识宣传活动。3月份,省护路联防领导小组在济宁市邹城举办了“纪念《铁路法》实施十五周年、《铁路运输安全保护条例》实施一周年”护路宣传月活动启动仪式,同步在全省16个市开展了声势浩大的爱路护路宣传月活动,受教育群众达100余万人次。7月份,配合京沪、胶济电气化铁路改造和开通运营,开展了“铁路电气化基础知识进万家”活动,印发《致铁路沿线广大人民群众的一封信》,组织各地护路联防队员进门入户宣传;把爱路护路宣传和学校法制宣传、社会普法宣传结合起来,运用现场授课、知识答卷等形式,加强中小学生的爱路护路意识;制作“爱路护路知路”公益广告、安全警语宣传片,集中一个月的时间在省、市、县级电视台反复播放,收到了很好的社会效果。

四、强化施工保障,确保既有线电气化施工顺利进行和运输安全畅通

中央护路办确保电气化施工安全紧急会议后,山东省迅速贯彻落实会议精神,召开济南、淄博等八个市和中铁工总电化局济南指挥部等三个施工单位负责同志参加的京沪线、胶济线电气化施工紧急安全联席会议,合议强化施工保障安全措施、组织协调、密切配合、责任落实等问题。要求各市把确保电气化施工顺利进行和铁路运输安全畅通作为重要任务,纳入议事日程,建立由党委、政府有关部门和铁路、施工单位参加的施工保障工作领导小组和组织协调工作机构,加强协调配合,做到分工明确、信息共享。

山东省综治委、办机构情况和负责人名单

一、省综治委主任、副主任名单和内设机构情况

主　任:高新亭　省委副书记

常务副主任:阎启俊　省委常委、政法委书记

副主任:莫振奎　省人大常委会副主任

李玉姝　省政府副省长

尹忠显　省高级人民法院院长

国家森　省人民检察院检察长

王宗廉　省政协副主席

戴肃军　省武警总队总队长

曲植凡　省长助理、省公安厅厅长

省综治委内设流动人口治安管理工作领导小组、刑释解教人员安置帮教工作领导小组、预防青少年违法犯罪工作领导小组、铁路护路联防工作领导小组、学校及周边治安综合治理工作领导小组、企业治安工作领导小组、宣传工作领导小组、军地共建平安山东工作领导小组、维护妇女权益工作领导小组。

二、省综治办情况

主　任:宋新生(省委政法委副书记兼任)

副主任:窦广平

副巡视员:乔华星

省综治办下设综合处、指导处

山东省各市、县(市、区)综治委、办主任名单

地　区	综治委主任	综治办主任
济南市	赵正平	李国忠
市中区	苏维泉	于忠健

地　区	综治委主任	综治办主任
历下区	李洪海	王　敏
槐荫区	郑金松	秦福贵
天桥区	吴承丙	尚玉乾
历城区	马玉星	张景芝（女）（至2006年6月） 张　勇（2006年6月任职）
长清区	周宝华	袁吉德
章丘市	李玉新	王增臣
平阴县	吴英文	孟广林
济阳县	雷卫国	徐传水
商河县	姜　涛	信师清
聊城市	申长海	唐　华
东昌府区	王新勇	程文学
临清市	王建鹏	王海军
阳谷县	关　华	张晓阳
莘　县	刘国强	于蔚东
茌平县	候　军	郭金良
东阿县	哈宝泉	张温生
冠　县	张树奎	刘怀臣
高唐县	徐启山	马秀才
开发区	王立民	龙清军
德州市	兰忠良	李洪江
德城区	张文春	朱士彦
乐陵市	王爱民	张　军
禹城市	杨　华	刘洪宽
陵　县	夏爱忠	邓洪谦
平原县	王炳虎	朱殿魁
夏津县	张安民	王明耀
武城县	高世伦	张德强
齐河县	霍玉平	谢德生
临邑县	孙书臣	闫吉民
宁津县	齐玉成	刘国瑞
庆云县	王密荣	郑　波
东营市	韩宝光	郭瑞祥
东营区	李　辉	赵树平
河口区	曲同德	宋学峰
垦利县	曹明刚	李明信
利津县	高振国	张林渠
广饶县	栾庆恩	付玉明
莱芜市	李胜玉	杨宪瑞（至2006年8月） 杨文生（2006年8月任职）
莱城区	徐延明	许宝文
钢城区	朱振波	王治光
高新区	亓京云	亓斌儒
淄博市	刘池水	陈维刚
张店区	周　明	王德臣
淄川区	孙来斌	邹　强
博山区	李继唐	翟所增
临淄区	胡博生	刘新英
周村区	任传斗	吕丕泉
桓台县	王可杰	张　明
高青县	张洪范	
沂源县	谭秀中	曾庆军
高新区	潘公仁	槐国庆
潍坊市	崔建平	张广孝
潍城区	于来刚	董勤明
寒亭区	郑立琦	郭传富
坊子区	马清民	郝跃进
奎文区	李洪勤	季运忠
安丘市	许　华	张福君
昌邑市	赵刚毅	郑瑞贤
高密市	魏志强	盛君来
青州市	刘希玉	高树贞
诸城市	刘树亮	郑明华
寿光市	王茂兴	张建文
临朐县	张增顺	陈安和
昌乐县	宋均圻	刘东兴
烟台市	张心骥	王洪涛
莱山区	季善亭	田　源
芝罘区	李月良	吕书永
福山区	郝志学	王秀平
牟平区	王智成	吕志杰
栖霞市	赵常春	于战胜
海阳市	邵文兵	孙秀胜
龙口市	杨海义	陈成泉

地　区	综治委主任	综治办主任
莱阳市	王宜清	董景清
莱州市	田　炜	桑京波
蓬莱市	宫　权	杨百成
招远市	郑俊杰	郝敬尧
长岛县	郭　强	杨　丽
开发区	谭维忠	马家兴
威海市	张　剑（至2006年3月） 姜岱敏（2006年3月任职）	张惠民
环翠区	刘德柏	冯学建
荣成市	毕复安	曹寿德
乳山市	于开禄	赵　波
文登市	姜　猛	刘　波
威海火炬高技术产业开发区	雷志敏	王建军
威海经济技术开发区	张继民（至2006年5月） 宫惠平（2006年5月任职）	孙继学
青岛市	刘建华	王学军
市南区	吴　伟	肖　辉
市北区	张　斌	邵杰功
四方区	陈立新	刘景山
黄岛区	王京文	薛维来
崂山区	吕明江	苏汶源
城阳区	林先好	李敬秋
李沧区	王铭辉	于海光
胶州市	李广功	孙志勇
即墨市	王建中	张永国
平度市	王学海	刘成爱
胶南市	韩连德	刘春成
莱西市	丁守运	于华清
日照市	黄金华	李洪杰
东港区	解学文	牟宗强
岚山区	赵树村	刘克业
五莲县	杜江涛	刘茂臣
莒　县	徐淑利	曹月波
开发区	李志华	李　斌
临沂市	朱绍阳	张殿昌
兰山区	马永印	冯华伟
罗庄区	王奎玉	赵汝江
河东区	李　民	王士欣
郯城县	郑连胜	杜　勇
苍山县	高贵金	宋加明
莒南县	林树果	赵兰国
沂水县	朱承增	牛衍涛
蒙阴县	朱崇宝	王德路
平邑县	徐化国	闫　博
费　县	祖旭东	
沂南县	周少华	贺作海
临沭县	江玉龙	徐会社
枣庄市	王建荣	李荣华
薛城区	韩惊涛	种法国
市中区	王真海	刘传稳
峄城区	侯景奇	王　伟
台儿庄区	王广部	王朝玉
山亭区	孙建民（女）	王明翰
滕州市	刘全君	刘　新
济宁市	刘景伦	柳庆春
市中区	秦存华	陈培岩
任城区	赵东升	杨德荣
曲阜市	郭庆海	林志广
兖州市	陈　方	赵杰东
邹城市	刘凡营	李建新
微山县	马汉国	吕高伟
鱼台县	杜西平	赵树运
金乡县	王　强	刘明亮
嘉祥县	颜廷洲	高修存
汶上县	刘章箭	孟宪苓
泗水县	孟昭振	尹建华
梁山县	王保清	连桂军
泰安市	黄龙华	闫远东
泰山区	郭前美	沈坤远
岱岳区	苏有森	石　蓬
新泰市	张成伟	薛宝良
肥城市	刘学宝	王瑞亮

地　区	综治委主任	综治办主任
宁阳县	戴　磊	韩庆军
东平县	李起峰	陈　敏
滨州市	吴金娃	程爱国
滨城区	魏景芳	李建祥
惠民县	康永彬	程发顺
阳信县	吕德章	赵林祥
无棣县	郭云鹰	王文东
沾化县	骆希岱	罗云雨
博兴县	王明柱	王兴民
邹平县	周　军	李中远
经济开发区	高吉坤	张多联
菏泽市	张玉佩	李龙政
牡丹区	张洪昌	苏建华
曹　县	程传政	安呈祥

地　区	综治委主任	综治办主任
定陶县	陈宝华（至2006年3月） 乔方臣（2006年3月任职）	赵玉亭
成武县	史长华	张瑞月
单　县	谷瑞灵	黄绍君
巨野县	王希亮（至2006年10月） 李　峰（女）（2006年10月任职）	程凤玲（女）（至2006年5月） 谷军传（2006年5月任职）
郓城县	孙　慧	郑汝森
鄄城县	陈庆勇	张兆顺
东明县	谭相海	苗万世
开发区	孙忠生	王　平

（撰稿人：王义军
审稿人：宋新生　李子顺）

河 南 省

2006 年社会治安综合治理工作概况

2006 年,全省各级党委、政府和政法综治战线在党中央、国务院的正确领导下,认真贯彻中央的一系列部署,以维护稳定、促进和谐社会建设为主线,以平安河南建设为载体,着力加强制度建设、长效机制建设、基层基础建设和队伍建设,各项工作取得了明显成效。没有发生在全国有重大影响的刑事治安案件、群体性事件、群死群伤安全事故、危害国家安全和政治稳定的案(事)件。全省社会政治稳定,治安大局平稳,人民群众安全感进一步增强。

一、全面贯彻平安建设纲要,努力打造平安河南

省委、省政府立足全面建设小康社会、奋力实现中原崛起的大局,作出了建设平安河南的决策,研究制定了《平安河南建设纲要(2006—2010)》,从更广的范围、更高的层次,对"十一五"时期全省平安建设作出了全面规划和部署。一是明确目标任务。提出六个"明显提高"和六个"力争不发生"。二是强化领导责任。将平安建设放在与经济发展同等重要的位置,由各级党委、政府统一组织实施,纳入党政主要领导任期目标,列为干部考核评价的重要内容,真正与晋职晋级和奖惩使用挂钩。三是促进齐抓共建。完善和落实综治委成员单位述职、联系点和联席会议制度,促使各部门强化大局意识和责任意识,完善了平安建设的措施,将平安建设纳入本部门、本系统总体工作规划,与其他业务工作同部署、同检查、同考核、同奖惩,积极主动地开展符合部门、行业特点的平安建设活动,认真负责地落实在平安建设中的职责任务,切实解决好职责范围内的问题。四是狠抓督查落实。采取全面督查、专项督查、重点督查等形式,明查暗访,推动各项措施落实。根据省委、省政府两办下发的《关于做好 2006 年度平安建设考核工作的通知》,省委政法委、省综治委组织由省直部门厅级干部带队的考核组对各省辖市、各县(市)区平安建设工作进行了实地检查考核基础上,对 7 个平安建设先进省辖市、35 个先进县(市)区、131 名先进工作者进行了表彰。

二、加强矛盾纠纷排查调处工作,有效化解人民内部矛盾

把预防和化解矛盾纠纷作为维护社会稳定、推进和谐社会建设的基础性工作,坚持预防为主、教育疏导、依法处理、防止激化的原则,完善工作网络,健全工作机制,认真解决涉及群众切身利益的问题,抓小、抓早、抓苗头,把大量的矛盾纠纷化解在基层、解决在当地、消除在萌芽状态。全年仅全省各级调委会就调处各类纠纷 42 万起,调成率达 95%。一是强化源头治理。省委、省政府出台了一系列惠民政策,连续两年开展为群众办好 10 件实事等活动,得到广大群众的衷心拥护,有效地缓解了社会矛盾。认真处理涉法涉诉信访问题,一大批案件得到正确处理,一大批群众反映强烈的问题得到妥善解决,涉法涉诉信访大幅增长的势头得到遏制。二是健全矛盾纠纷排查调处机制。建立了党委、政府统一领导,综治部门组织协调,各有关部门齐抓共管、整体联动的矛盾纠纷排查调处工作体系,坚持省每半年、市每季度、县每月、乡每半月集中排查一次矛盾纠纷,重大活动、敏感时期随时排查,对排查出的矛盾纠纷建立台账,明确责任人和工作措施,限期调处,对重大矛盾纠纷实行领导包案、挂牌督办。三是创新新形势下的群众工作。在矛盾纠纷排查调处中心的基础上,河南省义马市从贯彻党的群众路线的高度来认识和理解矛盾纠纷排查调处工作,整合相关职能和资源,积极预防矛盾、疏导矛盾、解决矛盾,从根本上维护社会稳定,取得了显著成效,得到胡锦涛、温家宝、罗干、周永康、王刚、华建敏等中央领导的充分肯定和高度评价。根据中央领导同志批示精神和中央联合调查组的要求，省委、省政府作出了学习推广“义马经验”的决定，并召开现场会进行了动员部署，确定在6个省辖市和28个县(市)区进行试点。

三、开展以“打黑除恶”为重点的严打整治斗争，严厉打击严重刑事犯罪活动

坚持突出重点、除恶务尽，加强专案力量，强化侦查破案，密切协作配合，形成了打击黑恶犯罪的高压态势。截至年底，全省共打掉黑恶犯罪团伙690个，其中涉黑团伙26个、涉恶团伙664个，抓获涉黑涉恶违法犯罪嫌疑人3599名，从中破获刑事案件2686起，打掉涉恶团伙数、抓获涉案人员数、破获案件数均接近前两年的总和。同时，大力开展“命案攻坚”、打击“两抢一盗”、“追逃”等专项行动，其中破获命案1418起，现行命案破案率达到95.88%，比2005年同期提升0.72个百分点，命案积案综合破案率为24.01%，同比提升5.71个百分点，命案侦破综合成绩继续在全国保持领先。深入开展集中查办破坏社会主义市场经济秩序渎职犯罪专项工作，立案数和大要案数均居全国前列。严厉打击敌对势力的渗透破坏活动，围绕敏感时期、社会热点问题和重大活动，密切关注敌社情动态，加强侦察控制，有效防止敌对势力利用社会热点问题制造事端。高度重视反恐斗争，加强对危险物品的管理和对重点人员的监控，加强反恐装备建设和演练，切实提高防范和处置恐怖事件的能力。深入开展同法轮功等邪教组织的斗争，有力地遏制了邪教组织在一些地方蔓延的势头，实现了“零进京、零聚集、零插播”的“三零”工作目标。

四、加强社会治安防控体系建设，有效预防和减少违法犯罪

进一步加强政法综治基层组织建设，人员进一步充实，基础设施进一步改善，经费保障机制进一步完善。全省2400多个乡镇(街道)综治办机构健全，特别是在乡镇机构改革中，基层综治工作得到进一步加强。各乡镇(街道)综治委主任由党委书记担任，综治办主任由副书记或副乡镇长担任，都有一名专职副主任和两名以上专干。专职巡防队伍建设进一步规范，大部分乡镇(街道)都组建了10人以上的专职治安巡防队，全省巡防队员人数达8.2万多人。安全创建活动进一步推进，各地广泛开展平安地区、平安系统、平安单位、平安家庭等形式多样的活动，全省城市安全创建活动覆盖面达到100%，农村达到85%以上。大多数地方和单位在完善人防、物防的基础上，大力实施科技防范，加强对内部单位和社会面重点部位的社会治安监控，提高了治安防控水平。省有关部门联合下发了加强青少年学生法制教育的若干意见，建立了一批青少年法制教育基地，举办了预防青少年违法犯罪教育展览巡展，开展了“青少年违法犯罪社区预防”等活动，对学校及周边环境和娱乐场所、互联网上网服务营业场所进行专项治理，积极预防青少年犯罪。积极安置帮教刑释解教人员，建立了乡镇(街道)安帮工作站，动员和组织社会力量参与帮教工作。全省刑满释放、解除劳教人员重新违法犯罪率低于司法部规定的标准。加强流动人口治安管理，组织召开了流动人口服务管理经验交流会，提高流动人口管理服务水平。开展铁路护路联防，保障了省内铁路的安全畅通。

五、扎实开展清理执行积案工作，着力解决人民法院“执行难”问题

按照中央政法委《关于切实解决人民法院执行难问题的通知》要求，认真开展了清理执行积案工作。一是加强组织领导。建立省、市、县三级党委政法委牵头，政法部门和其他有关单位负责同志参加的解决人民法院执行难问题工作联席会议制度，建立党委领导、人大监督、政府支持、部门联动、各界配合、政法委组织协调、法院主办的工作机制，形成了强大的执行工作合力。二是严格工作责任。明确各市、县党委政法委书记和法院院长为集中清理执行积案工作的第一责任人，并对没有按时完成任务的地方和单位，进行通报批评，责成有关责任人在全省大会上作表态发言。三是细化工作目标。提出了6月底前执结40%以上、9月底前执结60%以上、12月底前执结80%以上的“468”工作目标，明确要求到十七大召开前，全省排查出的积案基本执结，执行难问题基本得到解决。四是强化工作措施。通过媒体曝光、联动制约、强制措施、悬赏举报、挂牌督办等方式，敦促当事人履行义务，并利用新闻媒体大力宣传清理执行积案工作的重要意义和主要内容，营造良好氛围。同时，组织两次全省性的督促检查，有力推动了工作措施的落实。截至12月31日，全省排查出的17万多件历年积案已经执结89.5%，“执行难”问题得到有效缓解，受到社会各界和广大群众的普遍好评。

六、认真开展社会主义法治理念教育，着力加强政法队伍思想政治建设

坚持以政法系统各级领导干部为重点，大力开展全员培训，共举办培训班1067期，95%以上的干警直接得到培训。开展“为谁掌权、为谁执法、为谁服务”大讨论，引导干警自觉纠正错误思想、澄清模糊认识，从根本上端正执法思想。组织政法系统先进事迹报告团到全省18个省辖市进行巡回报告，引导干警对照先进找差距，净化思想灵魂。利用干警违法违纪案例开展警示教育，敲响警钟，防微杜渐。组织干警对照社会主义法治理念的要求，认真查摆执法中存在的问题，切实进行整改。针对执法工作中存在的漏洞，健全工作制度、完善工作机制、加大监督力度、推进执法规范化建设。特别是针对法院系统存在的突出问题，组织开展了以社会主义法治理念教育为主题的全省法院系统思想作风整顿活动，采取思想认识“大讨论”、征求意见“大走访”、涉诉信访案件“大接访”、重点案件“大评查”等有力措施，先后接受群众来访37000多人次，受理案件22737件，结案率达98.3%；评查案件47000多件，发现有问题案件3400多件，绝大多数已得到纠正，群众反映强烈的立案难、审判难、执行难、纠错难等突出问题得到了有效解决，审判执行工作质量和效率明显提高，法官的工作作风进一步好转，受到社会各界和广大群众的广泛好评。通过教育活动，进一步端正了执法思想，规范了执法行为，提高了执法水平，促进了执法公正，树立了政法队伍的良好形象。

七、强化制度建设，进一步加强党对政法工作的领导

为全面贯彻落实中发15号文件精神，切实加强党对政法工作的领导，河南省结合实际研究出台了《关于加强和改进党对政法工作领导的若干意见》。一是进一步规范干部协管工作程序。《意见》规定，各级政法部门领导干部的任免，按照干部管理权限，由党委组织部会同党委政法委，共同考察提出任免意见，按有关程序报批。市县两级党委政法委书记的任免，须事先征求上一级党委政法委的意见；副书记的任免，须事先向上一级党委组织部备案，并同时抄报上一级党委政法委。二是加大政法部门领导干部交流轮岗力度。《意见》规定，市县两级法院、检察院、公安局的主要领导干部、纪检书记（组长）、政治部主任和检察院反贪局长不能在原籍任职。在同一地区、同级班子任职满10年的市县两级政法部门领导班子成员必须交流，在同一职位任职5年以上的必须在政法部门或本系统内轮岗。新提任的市县两级政法部门领导班子成员易地任职。各级政法部门内设机构的领导干部要进行轮岗，在热点岗位任职5年以上的必须轮岗。三是加强对政法队伍的管理。《意见》提出，省委政法委设立政法纪律检查工作委员会，作为省纪委的派出机构，负责指导协调全省政法系统的纪检工作，查处干警重大违纪案件。四是强化对执法活动的监督。《意见》进一步明确了执法监督内容和方式，完善了执法监督措施，提出了执法监督工作制度化、规范化建设的目标任务。省委政法委还制定下发了《关于进一步加强执法监督的意见》，对执法检查、案件协调督办、执法公开、执法过错责任追究等执法监督中的关键问题进行了具体规定。

平安建设工作情况

省委、省政府立足全面建设小康社会、奋力实现中原崛起的大局，作出了建设平安河南的决策。

根据省委书记徐光春同志的提议，在深入调研、认真总结近年来工作经验的基础上，研究制定了《平安河南建设纲要（2006—2010）》，明确了平安河南建设的指导思想、奋斗目标、重点工作、主要措施和领导机制，对“十一五”时期全省平安建设作出了全面规划和部署。一是明确目标任务。提出六个“明显提高”和六个“力争不发生”，即化解矛盾纠纷、驾驭治安局势、消除安全隐患、服务经济建设、维护国家安全、严格公正执法的能力明显提高，力争不发生在全国有重大影响的群体性事件、刑事治安案件、群死群伤安全事故、经济犯罪案件、危害国家安全和政治稳定的案事件、政法干警违法违纪案件，实现社会持续稳定、人民群众安居乐业、迈入全国平安建设先进行列的目标。二是强化领导责任。将平安建设放在与经济发展同等重要的位置，由各级党委、政府统一组织实施，纳入党政主要领导任期目标，列为干部考核评价的重要内容，真正与晋职晋级和奖惩使用挂钩。省委、省政府两办制定了《关于强化平安建设工作责任制的意见》，完善了平安建设定量考核和评比奖惩制度，要求对平安建设工作成绩突出的先进集体和先进工作者大力表彰奖励；对工作落后、问题突出的地方和单位实行重点管理，督促整改；对发生影响社会稳定重大问题的地方和单位，坚决实行一票否决和责任查究。省委、省政府还决定将平安建设奖励经费由每年的600万元增加到1000万元。三是促进齐抓共建。完善和落实综治委成员单位述职、联系点和联席会议制度，促使各部门强化大局意识和责任意识，完善了平安建设的措施，将平安建设纳入本部门、本系统总体工作规划，与其他业务工作同部署、同检查、同考核、同奖惩，积极主动地开展符合部门、行业特点的平安建设活动，认真负责地落实在平安建设中的职责任务，切实解决好职责范围内的问题。加强与综治委各专门工作领导小组办公室的联系，定期沟通情况，研究部署工作，帮助解决工作中的困难，形成工作合力。四是狠抓督查落实。采取全面督查、专项督查、重点督查等形式，明查暗访，推动各项措施落实。2006年以来先后组织了三次大规模的集中调研督查，深入基层，对各地各部门贯彻《纲要》、开展平安建设的情况进行督导，发现问题及时下发通报、督促整改，对整改工作好的地方和单位提出表扬，对整改工作差的点名批评。严格实行社会治安综合治理目标管理责任制、领导责任制、一票否决权制和重大案事件责任查究制，在8月召开的全省平安建设工作会议上，对5个因工作不力、发生影响社会稳定重大问题的县（市）实施了重点管理，半年内这些县市不能获得综合性奖励，其党政主要领导、分管领导及相关责任领导不得提拔和调动，在全省引起了很大震动。目前，各地各部门抓稳定、保平安的责任感和积极性普遍增强，工作机制进一步健全，逐步形成了党委政府统一领导、政法委组织协调、职能部门各负其责、广大群众积极参与的良好局面。

严打整治工作情况

一、深入开展打黑除恶专项斗争

省委、省政府和省委政法委高度重视打黑除恶工作，将其纳入《平安河南建设纲要》，成立了打黑除恶专项斗争协调领导小组，省委常委、省委政法委书记李新民亲自担任协调领导小组组长。各地因地制宜，精心组织，突破重点案件、重点地区、重点线索和重点问题，强力攻坚，全面推进。截至2006年底，全省共打掉黑恶犯罪团伙690个，其中涉黑团伙26个、涉恶团伙664个，抓获涉黑涉恶违法犯罪嫌疑人3599名，从中破获刑事案件2686起，打掉涉恶团伙数、抓获涉案人员数、破获案件数均接近前两年的总和。河南省公安机关打黑除恶工作受到了全国打黑除恶专项斗争协调小组、公安部和省委的充分肯定。2006年11月14日至15日，全国“打黑办”主任第二片区会议在河南省召开，对河南省取得的战果和做法给予充分肯定。

二、认真组织开展打击“两抢一盗”专项斗争

各地将打击“两抢一盗”列入平安建设考核内容。全省公安机关组织开展了侦破“两抢一盗”系列案件竞赛活动，把竞赛活动战果作为年终刑侦绩效考核的重要内容。1－12月份，全省公安机关共立“两抢一盗”案件229598起，破99538起，破案率为43.35%，同比增长16.68个百分点。

三、全力侦破杀人、爆炸等重大恶性案件

省委政法委、省综治委将此项工作列入全省平安建设考核内容。全省公安机关始终把命案侦破作为工作重点，按照“命案必破、挂牌全破”的总要求，严格落实“中原卫士杯”破案追逃防控竞赛的打防刑事犯罪“十个坚定不移”工作措施，全力推动命案侦破工作。全省命案攻坚继续动态保持全国领先，现行命案破案率创造了新的历史纪录，命案积案的侦破数量也大幅上升。2006年，全省现行命案破案率为95.88%，比上年的95.16%提升0.72个百分点。破获2006年以前的命案积案352起，命案积案综合破案率为24.01%，比上年多破75起，破案率提升5.71个百分点。公安部先后3次致电祝贺河南省成功侦破大要案，8次向全国转发河南省推进命案侦防工作的做法，并于4月25日至26日在河南省召开了全国命案侦破工作现场会，总结推广河南省的经验。中央领导同志周永康专门作出批示：学习河南等地经验，认真搞好命案侦破工作，在实战中锤炼队伍，打好基础，不断提高公安机关打击犯罪的能力和水平。

四、深入开展禁毒人民战争，严厉打击毒品违法犯罪活动

按照国家禁毒委和公安部的统一部署，坚持“禁吸、禁贩、禁种、禁制‘四禁’并举，预防为本，严格执法，综合治理”的方针，紧密结合全省实际，精心组织，周密部署，以禁毒预防、禁吸戒毒、堵源截流、禁毒严打、禁毒严管五个战役为重点，以遏制毒品来源、遏制毒品危害、遏制新吸毒人员的滋生为目标，以“打团伙、摧网络、破大案、抓毒枭、缴毒资”为主攻方向，采取严打、严控、严管、严治多管齐下措施，依法严厉打击毒品违法犯罪，全面开展禁毒人民战争，取得了显著成效。2006年共破获毒品刑事案件1598起，抓获毒品犯罪嫌疑人1059人，缴获海洛因15.95千克、鸦片5.26千克、吗啡5.61千克、冰毒27.25千克、氯胺酮332.94千克、咖啡因3765.88千克、摇头丸7548粒、杜冷丁6663支，缴获毒资1170万元；强制戒毒3153人、劳教在押1112人，强制戒毒所和劳教戒毒所的吸毒人员信息录入率均达到100%。

五、集中开展打击赌博违法犯罪专项行动

在全省范围内组织开展了集中打击赌博违法犯罪活动专项行动，并从建立健全各项制度和理顺工作机制等方面入手，逐步建立全省打赌信息通报、协作机制，有效遏制了赌博违法犯罪在我省的蔓延。全省共查处涉赌案件5019起，查处违法犯罪人员21881人；仅在专项行动中就逮捕106人，刑事拘留339人，取保及监视居住90人，治安拘留5109人，罚款7009人，警告1000人；收缴各类赌博游戏机3424台，电脑151台，汽车24辆，收缴赌资1115.34万元，罚没2026.06万元。

六、深入开展整治油气田及输油气管道生产治安秩序专项行动

按照部际联席会议和省联席会议的部署，河南省各涉油地公安机关与有关职能部门密切配合，重拳施治，依法严打各类涉油违法犯罪活动；强力治乱，有效维护石油企业良好生产治安秩序；着眼长远，积极探索和完善油田企业治安保卫工作责任制和治安防范的长效机制，不断扩大专项整治行动成效。全省共破获各类涉油气案件369起，抓获犯罪嫌疑人603人，其中，侦破公安部挂牌督办我省涉油案件6起（2006年督办的4起，2005年督办的2起），侦破省联席会议挂牌督办涉油案件8起。通过集中打击，全省打孔盗油、开井盗油案件发案率大幅度下降，分别下降39%和66%，涉油违法犯罪活动的上升势头得到了有效遏制，中洛输油管道初步实现了“零打孔”的工作目标。同时，在专项整治工作中，各地共取缔非法炼油、收油炉点486处，收缴原油1200余吨，查扣非法收购、贩运、倒卖油品车辆47台，收缴电力线5.7万米，清理整治废旧物品收购站点126家；清除管道违章占压物305处，为石油企业挽回经济损失近3000万元。目前，部际联席会议挂牌督促整改的14处输油气管道违章占压物，已有13处完成清除整治任务，仅中原油田就日增原油60余吨，天然气20万立方米，减少电量损失30万千瓦时，每天为油田挽回经济损失50余万元。

对影响社会治安的突出问题开展重点整治和专项行动的情况

一、建立健全排查上报制度

全省各级综治办都建立了治安混乱地区和突出治安问题排查制度，每季度认真全面排查一次并上报上一级综治办。

二、定期进行重点整治

针对一些地方存在的突出问题，通过组织破案会战、专项斗争、派出工作队进驻治安混乱村进行重点整治等措施，组织开展集中整治行动。全省共排查出治安乱点2279个，已整治好2229个，占97.8%（其余正在整治），查处了违法犯罪问题，整顿健全了基层组织，落实了治安巡逻等防范措施，完善了长效机制，改变了这些地方的治安混乱状况。

三、坚持哪里治安混乱就重点整治哪里，什么治安问题严重就重点整治什么问题

开展了集中整治爆炸物品枪支弹药管制刀具专项行动和全省娱乐场所专项整治工作，均取得了明显成效。在集中整治爆炸物品枪支弹药管制刀具专项行动中，共查处非法制造、买卖、运输、储存、携带、私藏爆炸物品案件761起，查处非法制造、买卖、运输、储存、携带、私藏枪支弹药案件246起；打击处理涉爆涉枪违法犯罪嫌疑人3910人，其中逮捕240人、刑事拘留473人、治安处罚3107人，消除了大量治安隐患，防范、控制涉爆涉枪涉刀案件和事故的能力进一步增强。河南省专项行动在全国专项行动考核评比中位居第一，受到了公安部通报表彰。在全省娱乐场所专项整治工作中，认真组织娱乐场所开展自查自纠，及时整改各类不安全隐患和违规经营活动；加强督促检查，大力推进娱乐场所安全硬件设施整改达标；加大科技投入，不断提高娱乐场所治安管控水平；加大查处力度，集中整治娱乐场所卖淫嫖娼、赌博、吸毒等各类违法犯罪活动。全省共出动警力21000余人次，车辆6000余台次，检查场所10600余家（次），整改6940余家（次）。查处存在违规违法行为的娱乐场所8350家（次），查处娱乐场所中各类违规违法案件560余起，查获处理人员1640余人。

实施“为了明天工程”情况

2006年，全省预防青少年违法犯罪工作以服务“建设平安河南、构建和谐中原”为统揽，深入实施“为了明天——预防青少年违法犯罪工程”，切实加强青少年思想道德和法制教育，积极维护青少年合法权益，不断优化青少年成长环境，预防和减少青少年违法犯罪，各项工作取得了新成效。一是切实加强青少年思想道德教育。开展了“与伟大祖国共奋进，为中原崛起献青春”主题教育活动，认真落实加强和改进未成年人思想道德建设确定的12件实事和大学生思想政治教育的8项措施，加强青少年“三理”教育。二是大力开展社会主义荣辱观教育。以“明辨荣辱，自强奋进”为主题，开展以“八荣八耻”为主要内容的社区青少年荣辱观系列教育活动。团省委聘请自强自立的优秀大学生洪战辉、见义勇为的好青年魏青刚、当代孝子张尚昀、舍己救人的武警战士李飞四位优秀青年典型为"河南省青少年社会主义荣辱观教育辅导员",并举行了青年典型与社区青少年共话荣辱观论坛。三是深入开展青少年法制宣传教育。制定下发《关于贯彻落实"五五"普法规划在青少年中深入开展法制宣传教育的意见》,广泛宣传贯彻《未成年人保护法》、《预防未成年人犯罪法》和《河南省未成年人保护条例》。五是深化优秀"青少年维权岗"创建活动。省综治办、团省委等15家单位下发《关于深化创建优秀"青少年维权岗"活动的意见》,全省已创建国家级优秀"青少年维权岗"70个,省级339个,市级1000多个,成为依法维护青少年合法权益的重要阵地。周口市中级人民法院少年刑事审判庭等20家单位荣获国家优秀"青少年维权岗"殊荣。

加强综合治理基层基础建设
开展矛盾纠纷排查调处工作情况

按照中办[1995]28号文件要求,省综治委和省编委下发了关于加强乡镇、街道综治办机构建设方面的文件(豫综治委[2004]17号),各地已全部落实。全省2400多个乡镇、街道的专抓副职(综治办专职副主任,副科级)和综治专职工作人员已全部配齐配强(绝大多数在3人以上)。建立了市、县、乡、村四级矛盾纠纷排查调处工作网络,定期开展排查,层层上报排查情况,及时进行调处。全省的乡镇街道都成立了矛盾纠纷调处中心,充分发挥党委政府统一领导、综治部门指导协调和部门齐抓共管的优势,把人民调解、行政调解和司法调解有机地结合起来,实行"一个窗口接待、一站式管理、一条龙服务"的工作模式,健全定期排查、信息报告、受理、分流、处理、督办、答复、考核、奖惩以及归口调处、领导包案等项规章制度,完善各项工作程序,努力实现矛盾纠纷排查调处工作的规范化、制度化,整合了资源,形成了合力,提高了效率。全省调处各类纠纷101886件、调成率94.7%。及时总结基层的好经验好做法,胡锦涛、温家宝、罗干、周永康、王刚、华建敏等中央领导同志先后两次分别对河南省义马市转变群众工作理念、构建群众工作网络、破解信访稳定难题、推进和谐社会建设的做法做出批示,中央办公厅和中央处理信访问题联席会议专门发出通知,要求全国各地认真学习借鉴。妥善处置了一批群体性事件,防止了矛盾激化和事态扩大。全省群体性事件起数及参与人数分别下降36%和36.9%。

流动人口治安管理工作情况

全省各级各部门按照"公平对待、合理引导、完善管理、搞好服务"和"谁主管谁负责、谁经营谁负责、谁用工谁负责"的原则,加强流动人口治安管理工作,取得了较好的成效。一是进一步加强对流动人口治安管理工作的组织领导。省综治委多次听取全省流动人口治安管理工作情况汇报,省流动办制定出台了《2006年全省流动人口管理服务工作要点》,适时组织开展了对各省辖市公安机关流动人口治安管理工作的检查和考评。全省18个省辖市、部分经济发达的县(市、区)建立了由政府领导牵头的流动人口治安管理领导小组和办公室,公安派出所建立了流动人口管理服务站，社区设有登记站，流动人口四级管理网络已初步形成。二是强化对流动人口落脚点和活动场所的管理。按照"谁经营谁负责、谁用工谁负责、谁留宿谁负责"的原则，实行了融治安管理、计划生育、卫生管理等于一体的责任制，有效堵塞了管理漏洞，减少了治安隐患。同时，开展经常性的清理整顿专项行动，依法打击流动人口中的违法犯罪活动。组织开展了对暂住人口和出租房屋清理整顿专项行动，澄清了暂住人口和出租房屋的底数，为全省开展流动人口信息化奠定了良好基础。三是增强服务意识，做好农村剩余劳动力有序流动工作。利用多种渠道加强对外出人员的法制教育，在有组织输出的人员中建立自管组织，加强自我管理和约束，落实劳务输出机构负责人的治安管理责任，协助有关部门开展思想教育、法制宣传等工作，收到了较好成效。四是积极探索流动人口社会化管理新途径，大力开展流动人口信息化建设。在全国率先组织研发了《河南省流动人口综合信息管理服务系统》，受到了中央综治办领导同志的好评，该系统已被公安部列为2006年科技创新应用项目。

刑释解教人员安置帮教工作情况

2006年，河南省刑释解教人员安置帮教工作紧紧围绕帮教社会化、就业市场化、管理信息化、工作职责化四个目标全面推进。省综治委刑释解教人员安置帮教工作领导小组牵头省直六个单位联合下发了《关于进一步做好刑释解教人员安置帮教工作的意见》。各地积极贯彻省综治委的统一部署，把这项工作纳入社会治安综合治理领导责任制、目标管理责任制、一票否决制的考核内容，把降低重新犯罪率作为社会治安综合治理考核的重要目标。建立了"六必访"、"五清楚"、"四谈心"以及跟踪帮教等制度，明确了各部门的职责，层层落实责任制，任务到人，责任到人。全省安置帮教领导小组及其工作机构健全，除各省辖市、县（区、市）已全部建立安置帮教工作领导机构和工作机构外，许多乡（镇、街道）也建立了安置帮教工作站，大多数单位、村（居）委会和企业建立了安置帮教小组，形成了省、省辖市、县（区、市）、乡（镇、街道）、村（居）五级帮教工作网络。

铁路护路联防工作情况

省综治委铁路护路联防领导小组研究制定了《强化地铁互动护路联防工作机制规定》，坚持定期召开地铁联系办公会议，组织各有关部门互通情况，研究解决问题。省护路办和省军区结合民兵护路工作的实际，重新研究制定了《河南省民兵铁路护路执勤工作规定》和《民兵护路工作台账》，规范了护路民兵的工作程序、工作标准，有效地促进了专职护路民兵队伍的正规化建设。在全省铁路沿线乡村开展了"铁路护路安全村"创建活动，省、市、县、乡各级铁路护路联防领导小组成立了专门的创建办公室，确定了创建工作的"一个基点"、"两条主线"以及要达到"四个五"目标。目前已确定2个国家级、6个省级和20个市级平安铁路示范路段，等待检查验收。深化爱路护路宣传教育，相继开展了"爱路护路宣传月"、"平安铁路示范路段"活动，通过举办讲座、文艺演出等形势，扩大了护路宣传的覆盖面。省护路办还投资制作、购买了5000套宣传光碟、2500套宣传画和教育、永久性警示标牌3000个。

学校及周边治安综合治理工作情况

2006年，在全省各级各类学校开展以校园安全为主题的“校园安全年”活动。结合贯彻落实平安河南建设纲要的实施意见，先后制定了《平安校园建设责任目标考核办法》、《平安校园建设责任目标及考核细则》等20余份涉及学校安全稳定的文件，明确要求各级各类学校都要将强化校园安全管理作为年度工作的主要内容。省教育厅结合同期教育系统安全稳定形势，通过召开全省性会议，实地督查等形式，及时了解和掌握校园安全年和平安建设工作开展情况。省教育厅单列20万元经费，作为开展综合治理工作的专款。各级各类高校也都加大了校园治安管理的经费投入。各高等学校保卫工作办公、通讯、交通工具齐备，有条件学校还建立了校园安全电子监控网，以校园110指挥中心为枢纽，集人防、物防、技防于一体的校园治理防控体系建设进一步加强。中小学校园报警点的建设，保证了报警畅通，并有专人负责校园安全工作。

综治宣传工作情况

全省各级进一步加大综治宣传工作力度，每年3月组织开展综治宣传月活动，集中宣传中共中央、国务院和全国人大常委会以及省委、省政府、省人大常委会关于加强社会治安综合治理的《决定》、《决议》、《河南省社会治安综合治理条例》。6月，省委政法委与省委宣传部联合组织了平安河南建设集中宣传月活动的同时，重点宣传《平安河南建设纲要2006—2010》。省综治委领导李新民接受了记者专访。全省各级综治委每年组织开展综合治理好新闻评选活动。省综治办、省新闻工作者协会组织开展了2005年度全省社会治安综合治理好新闻评选，共有101件优秀作品分别获报刊、电视、广播、摄影等奖项，向中央综治办推荐河南省综治好新闻参评作品11件，有7件获得全国综治好新闻奖。积极协调省电视台完成对中央综治办、中央电视台联合录制的《平安中国》系列片的播放任务；在省电视台、法制频道，省广播电台、河南法制报等新闻媒体开设了综治和法制宣传栏，开展了综治征文大赛等活动，宣传效果好，并能及时上报宣传情况。省电视台在《河南新闻联播》、《都市报道》、《民生大参考》等各档主打新闻栏目，着力宣传报道综治方面的重大活动和法制节目，新闻频道还开设有《中原焦点》，法制频道开设有《法制时段》、《法制报道》、《法制广角》、《德与行》、《大墙内外》、《警界》、《走进法庭》、《真情帮助》等综治、法制宣传栏目。省广播电台开设有《法制30分》、《新闻观察》等栏目。据不完全统计，去年省电视台（不含法制频道每日播发节目）、广播电台（不含法制30分每日播出节目）已播发综治、法制节目、制作播出专题节目320多篇期（集）。河南日报开设的《要闻》、《特别报道》、《政教科文》等版块栏目及时报道综治工作，宣传法制。《今日安报》（原河南法制报）等报刊和省公、检、法、司的报纸杂志及各省辖市的党报、其他报刊年内组织开展了综治专题宣传，也刊发了大量综治、法制宣传稿件。

中共河南省委　河南省人民政府关于印发《平安河南建设纲要（2006—2010年）》的通知

（2006年4月26日）

各省辖市党委和人民政府，省委各部委，省直机关各单位，省管各企业和高等院校，各人民团体：

《平安河南建设纲要（2006—2010年）》已经省委、省政府同意，现予印发，请结合本地、本部门实际，认真贯彻执行。

平安河南建设纲要（2006—2010年）

平安建设是构建社会主义和谐社会、促进经济社会协调发展的保障工程，是维护广大人民群众根本利益、密切党群干群关系的民心工程，是提高党的执政能力、巩固党的执政地位的基础工程。“十一五”时期，是实现我省经济社会跨越式发展、奋力走在中部崛起前列的重要战略机遇期，也是人民内部矛盾凸显、刑事犯罪高发、对敌斗争复杂的时期，维护社会稳定、保障改革发展的任务十分艰巨。根据中央有关精神，结合我省实际，制定本纲要。

一、指导思想和奋斗目标

（一）指导思想。坚持以邓小平理论和“三个代表”重要思想为指导，深入贯彻党的十六大和十六届三中、四中、五中全会精神，全面落实科学发展观，按照构建社会主义和谐社会的要求，在各级党委、政府的统一领导下，组织动员社会各方面的力量，以建立健全长效工作机制为核心，以加强基层基础建设为重点，以落实社会治安综合治理各项措施为主线，强化领导责任制，广泛开展创建平安地区和平安单位活动，确保我省社会持续稳定，确保人民群众安居乐业，为全面建设小康社会、实现中原崛起创造良好社会环境。

（二）奋斗目标。通过创建平安乡村、平安社区、平安单位、平安系统、平安县（市）区、平安市，建设平安河南，使我省社会政治稳定，治安秩序良好，人民群众的安全感指数保持在90%以上，跨入全国平安建设先进行列。

——化解矛盾纠纷的能力明显提高，力争不发生在全国有重大影响的群体性事件。矛盾纠纷排查调处机制更加健全，信访突出问题得到有效解决，重复上访、越级上访、集体上访、赴京上访明显减少。

——驾驭治安局势的能力明显提高，力争不发生在全国有重大影响的刑事治安案件。社会治安防控体系更加完善，突出治安问题和治安乱点得到有效整治，刑事案件发案率低于全国平均水平、破案率高于全国平均水平，严重刑事犯罪和多发性犯罪得到有效遏制，命案和“两抢一盗”案件发案率明显下降。

——消除安全隐患的能力明显提高，力争不发生在全国有重大影响的群死群伤安全事故。安全生产责任制得到落实，安全生产状况稳定好转，各类安全事故明显下降，到2010年亿元GDP死亡率比2005年下降35%以上。

——服务经济建设的能力明显提高，力争不发生在全国有重大影响的经济犯罪案件。经济发展环境优化，扰乱经济健康发展的突出问题得到及时解决，贪污贿赂犯罪和危害社会主义市场经济秩序的经济犯罪案件得到及时查处。

——维护国家安全的能力明显提高，力争不发生在全国有重大影响的危害国家安全和政治稳定的案事件。对敌斗争和反恐怖工作机制进一步健全，对敌对势力的渗透破坏活动以及法轮功等邪教组织的非法活动发现得早、控制得住、处置得好。

——严格公正执法的能力明显提高，力争不发生在全国有重大影响的政法干警违法违纪案件。司法保障进一步加强，执法环境明显改善，政法队伍教育管理机制进一步完善，整体素质和战斗力进一步增强，执法质量和效率进一步提高。

围绕上述目标，2006—2007年重点加强基层基础建设，健全工作机制，强化领导责任，解决突出问题，40%以上的县（市）区达到全省平安建设先进县（市）区标准；在此基础上，进一步巩固成果，提高水平，力争2010年80%以上的县（市）区达到全省平安建设先进县（市）区标准。

二、重点工作

（一）积极预防和妥善处置群体性事件。加强执政能力建设，坚持科学发展观和正确的政绩观，把最广大人民的根本利益作为一切工作的出发点和落脚点，实现好、发展好、维护好人民群众的利益，使全体人民共享改革发展成果。牢固树立"群众利益无小事"的观念，扎扎实实为群众办好事、办实事，坚决防止和纠正各种损害群众利益的行为，从根本上、源头上预防和减少矛盾纠纷。建立健全社会稳定风险评估机制，制定政策和工作措施要正确反映和兼顾不同方面群众的利益，做到科学决策、民主决策、依法决策。推进政务公开、村务公开、厂务公开，对涉及群众切身利益的重大事项，落实公示、听证制度。完善社会保障和社会救助体系，维护城乡贫困居民等方面群众的利益，保护优抚安置对象的合法权益。加强企业劳动用工管理，健全并落实防止拖欠农民工工资的长效机制，确保农民工及时足额领到工资。执行积极的就业政策，完善就业服务体系。严格执行企业破产法律政策，防止国有资产流失，妥善安置职工生活。严禁违法占用土地，认真落实征地、城乡建设、规划管理、拆迁、移民等方面的法律政策，确保补偿到位、人员妥善安置。加大环境保护执法监管力度，严肃查处破坏生态和污染环境案事件。

健全市、县、乡、村四级矛盾纠纷排查调处网络，将人民调解、行政调解、司法调解有机结合起来，把矛盾纠纷解决在当地、解决在基层、解决在萌芽状态。对排查出来的矛盾纠纷建立工作台账，逐件明确责任、限期办结。对重大矛盾纠纷实行领导包案、挂牌督办、备案销号。认真落实信访工作责任制特别是初信初访首问责任制，深入基层解决群众反映的问题，切实提高信访案件办结率和当事人稳定率。积极化解民间纠纷，减少"民转刑"案件的发生。依法调节经济社会关系，加强民事行政审判工作，认真解决执行难问题，2006年执行案件执结率达到80%，2007年以后执行工作逐步走上良性循环轨道。

健全处置群体性事件的组织指挥、预案运作、应急处置、力量配置、装备保障等方面的工作体系。群体性事件由发生地的党委、政府负责处置。省、市、县都要制定完善处置预案。加强应急队伍建设，有针对性地开展技能培训和实战演练。严格信息报告制度，规范报告程序，确保信息及时准确。正确界定事件性质，准确判断发展趋势，坚持慎用警力、慎用武器警械、慎用强制措施，依法尽快平息事态，并做好善后工作。

（二）依法打击各种犯罪活动。建立社会治安形势评估预警工作机制，搞好打击"两抢一盗"、命案攻坚、打黑除恶等专项斗争，严厉打击有组织犯罪、黑恶势力犯罪、严重暴力犯罪、多发性侵财犯罪、毒品犯罪等，对犯罪分子形成强有力的震慑。将依法严厉打击严重刑事犯罪的方针贯彻落实到侦查破案、批捕起诉、定罪量刑、监管改造等各个环节，增强打击犯罪的针对性和实效性。加强对刑事诉讼活动的监督，防止和纠正有案不立、有罪不究、以罚代刑、重罪轻判等现象。加强监狱劳教工作规范化建设，提高教育改造质量。完善监管安全责任体系，确保监狱、劳教场所安全稳定，脱逃率低于司法部控制指标。

依法严厉打击严重经济犯罪，进一步整顿和

规范市场经济秩序。重点打击金融犯罪、偷税犯罪、商业贿赂犯罪、侵犯知识产权犯罪、生产销售伪劣商品犯罪等事关国家经济安全、影响社会稳定、破坏市场经济秩序的严重经济犯罪以及破坏环境资源保护的犯罪行为,着力抓好涉案金额大、涉及面广、危害严重案件的查处。加强对经济犯罪多发领域安全防范工作的对策研究,加强部门和区域协作,提高发现、预防、打击经济犯罪的综合能力。继续抓好市场秩序的专项整治,进一步加强产品生产和流通过程的监督和管理,严厉打击危害人民群众身体健康和生命财产安全的非法生产经营活动,切实维护市场经济秩序。

(三)加强社会治安防范控制。完善以110指挥中心为龙头的快速反应机制。加强社区警务工作。管理、使用、保障好专职治安巡防队伍。严格特种行业管理,加大对网吧、娱乐场所的管理力度,加强对互联网和移动通信不良信息的监控和管理。加强枪支弹药、剧毒、放射性等危险物品管理。加大对"黄赌毒"等丑恶现象的查禁力度。加强对公共复杂场所、暂住人口聚居区、铁路沿线、交通要道、集贸市场和企业、学校及其周边地区的治安整治。加强企事业单位的治安防范工作。解决高校公安体制改革遗留问题,充实高校保卫工作力量。发展、规范保安服务业,逐步实现机关、团体、企事业单位以及大型公共场所、居民住宅小区的保安进驻。推行物业安全管理。深入开展多种形式的群防群治活动,加强农村治安防范和消防工作,完善边际地区治安联防协作机制,推行治安防范承包。建立多渠道、多行业的治安信息员队伍。实行违法犯罪有奖举报制度。完善和落实有关法律政策,充实见义勇为专项资金,表彰奖励、救助保护见义勇为人员。以市、县为单位,逐步建成覆盖主要街道、重要路口、重点繁华地段,互联互通、资源共享的综合科技防范网络。将技术防范设施建设纳入城市基础设施和民用建筑建设的总体规划,进行综合设计、同步规划和独立验收。机关、企事业单位以及大型文体场所、居民住宅小区要安装使用技术防范设施。对关系国计民生的重点部门、单位和要害部位、高危行业强制实施技术防范工程。鼓励企事业单位为社会提供有偿技术防范服务。在有条件的农村地区逐步推行技术防范措施。

(四)强化对特殊群体的犯罪预防工作。建立流动人口管理服务网络,健全办事机构,配备专职人员,充实协管队伍,保障工作经费,实现流动人口治安管理信息化。实行流动人口管理"业主责任制",落实出租房屋登记备案和租住人员登记制度。加强对生活无着流浪乞讨人员的救助管理,查禁强讨强要行为。做好刑释解教人员的安置帮教工作,建立刑释解教人员信息管理系统,每个省辖市建立或认证一个示范性安置帮教实体。加强戒毒所建设和吸毒人员的教育管理,减少吸毒人员犯罪。建立完善流浪儿童、服刑人员未成年子女、闲散青少年、农村留守儿童等重点群体的养育、监护、教育、管理工作体系和保障机制,建立专兼职相结合的社会工作者队伍,建设流浪儿童救助保护中心。严厉打击幕后控制、操纵流浪儿童乞讨和教唆流浪儿童犯罪的团伙及黑恶势力。加强工读学校建设和管理,完善帮教违法犯罪未成年人的工作体系。实施"为了明天——预防青少年违法犯罪工程",建设各级"青少年维权服务中心"和妇女儿童法律帮助中心。

(五)严密防范和严厉打击敌对势力的渗透破坏活动。加强情报信息工作,提高预警能力。加强侦察控制,有效防止敌对势力利用社会热点问题制造事端。加强对境外非政府组织活动的管理。加强国家安全教育,发挥人民防线在对敌斗争中的作用。依法加强对宗教事务的管理,抵御境外利用宗教进行的渗透活动。严厉打击法轮功等邪教组织违法犯罪活动和利用宗教名义进行的非法活动。坚持不懈地做好教育转化工作,引导法轮功痴迷者融入正常社会。深入开展反邪教警示教育和创建"无邪教社区(街道、乡镇)"活动。加强防范和处理邪教问题工作力量,加大经费投入,完善齐抓共管的长效机制。加强反恐怖专门机构和专业力量建设,提高反恐怖工作专业化水平。加大反恐装备、经费保障和物资储备等工作力度。完善反恐预案,开展经常性培训和实战演练。加强省、市两级反恐怖信息研判机制建设,实现有关单位信息交流和资源共享。严格对各类危险物品的管理。落实重要目标和要害部位的防范措施。

(六)加强安全生产工作。完善行政首长、执法部门、业主三级安全生产工作责任和安全监管机制。强化企业法人、个体私营业主安全生产主体责任，支持生产经营单位加大安全投入，进行安全技术改造，开展安全质量标准化活动，提高安全生产水平，依法参加责任保险和意外伤害保险。加大安全生产培训力度，提高职工安全素质和安全技能。依法实行安全生产许可证制度，严格执行安全生产准入条件、标准。坚持预防为主，加大煤矿、非煤矿山、危险化学品、烟花爆竹、民爆器材等生产企业和建筑施工单位、人员密集场所的安全隐患排查整改力度，推进隐患排查治理经常化、制度化。完善重特大事故应急预案，强化演练和实施。完善消防安全责任制和执法监督制度。严格交通安全管理。加大对安全生产违法行为的查禁力度，按照“三不放过”原则，严肃查处各类安全生产责任事故，严格事故责任追究。完善安全生产控制指标体系，建立和落实安全生产问责制。到2010年，煤矿百万吨死亡率控制在1.15以下，工矿商贸企业职工10万人死亡率比2005年下降20%以上、道路交通万车死亡率下降20%以上，年均消防火灾死亡人数比“十五”时期下降4%以上。

三、主要措施

（一）加强社会管理。建立健全党委领导、政府负责、社会协同、公众参与的社会管理格局。坚持以人为本，依法管理，依法行政，完善创新管理办法和工作机制，整合社会管理和社会服务资源，提高管理成效。扎实推进农村和城市社区建设和管理。加强社团、行业组织和社会中介组织等民间组织的管理，发挥其提供服务、反映诉求、规范行为的作用。拓展和规范律师、公证、司法鉴定等法律服务工作。认真贯彻落实民族宗教政策，及时、依法、妥善处理涉及民族关系的突发事件和宗教领域的不稳定因素，在少数民族聚居区普遍开展民族团结进步创建活动，构建平等团结互助和谐的社会主义民族关系，积极引导宗教与社会主义相适应。加快构建统一指挥、反应灵敏、协调有序、功能齐全、运转高效的公共应急体系，制定和完善全方位、多层次的应急预案，积极预防和妥善处置各类突发公共事件，提高保障公共安全的能力。

（二）加强道德法制建设。贯彻落实《公民道德建设实施纲要》，弘扬社会公德、职业道德、家庭美德，倡导社会主义基本道德规范，树立以“八荣八耻”为主要内容的社会主义荣辱观，促进良好风气的形成和发展。开展诚信教育，加快诚信体系建设，弘扬文明和谐、诚信守法的新风。建立健全教育、制度、监督并重的惩治和预防腐败工作体系，突出查办贪污贿赂、渎职侵权大案要案，预防职务犯罪。加强依法治省工作，完善地方法规体系，推进依法行政、公正执法，不断扩大基层民主。制定并实施“五五”普法规划，加大法制宣传投入。广泛开展法律进机关、进学校、进社区、进村庄、进企业活动，重点抓好领导干部、司法和行政执法人员、企业管理人员、青少年、农村基层干部和城市社区管理人员的法制教育。普及安全知识，提高群众安全防范意识和能力。

（三）加强基层党组织和群众自治组织建设。深化基层党建工作，增强基层实力，激发基层活力，提高基层效率。巩固和扩大保持共产党员先进性教育成果，深入开展“三级联创”活动，大力实施“双强”工程，加强城市社区和新经济组织、新社会组织的党建工作，加强流动人员、外出务工人员中党员的教育和管理，推广农村“村情民意恳谈会”制度，继续推进城市分行业创“五好”活动，落实“十一五”基层干部培训规划，整顿软弱涣散、不能发挥作用的班子，不断提高基层党组织的创造力、凝聚力和战斗力，发挥基层党组织在平安建设中的领导核心作用。乡镇（街道）党委、政府要转变职能，把维护稳定作为主要职责之一，完善工作机制，调整充实力量，确保维护稳定工作责任落实、措施落实。加强村委会、居委会等群众自治组织规范化建设，健全治保民调组织，完善民主选举、民主决策、民主管理、民主监督，充分发挥其自我教育、自我管理、自我服务的作用，推动平安建设措施落实到基层。

（四）加强政法队伍教育管理。推进政法队伍革命化、职业化、正规化建设，深入开展思想政治教育、社会主义法治理念教育、职业道德教育，强化干警的执法为民意识，确保政法队伍永远忠于党、忠于祖国、忠于人民、忠于法律，确保严格公正执法，充分发挥其平安建设主力军作用。严格按照“政治上靠得住、工作上有本事、作风上过得硬”的要求和有关规定配备政法部门领导班子，把好班子成员特别是主要负责人的提名、考察、审批关。5年内对包括政法部门领导干部在内的全体政法干警轮训一遍，提高其政治业务素质。加大党委政法委对执法活动的监督力度，加强政法机关之间和内部的制约监督，建立干警执法档案，落实执法公开、执法责任和错案追究制度，努力预防和减少错案，使涉法涉诉信访大幅度下降。加大对政法队伍的监督力度，严肃查处干警违法违纪行为，解决群众反映强烈的耍特权、抖威风、欺压群众，执法不严、执法不公、贪赃枉法等问题，坚决把不适合做政法工作的人员清理出政法队伍。

（五）加强政法综治基层基础建设。加强司法保障，确保政法机关警力、经费与所承担的任务基本适应。政法机关警力争取5年内达到全国平均水平。完善政法部门经费保障制度，制定并落实公用经费保障标准，政法部门所需经费全部纳入财政预算。整合基层维护稳定力量，严格落实有关规定，加强政法部门基础设施、装备建设和乡镇综治办、政法基层组织建设，重点充实公安派出所、司法所、人民法庭等基层政法单位力量。加强法律援助机构建设。加快政法综治工作信息化，建成全省政法综治信息网。

（六）加强舆论引导。宣传、文化、新闻出版部门要牢固树立政治意识、大局意识和责任意识，加强对新闻媒体、出版单位、互联网站、高等学校、社科研究机构等单位的管理，确保先进文化牢牢占领舆论阵地。加大“扫黄打非”工作力度，整顿和规范出版物市场秩序，特别要防止境外政治性非法出版物流入省内。正确把握舆论导向，对社会敏感案事件的宣传报道严格把关。严格对境外新闻媒体采访的管理，制止非法采访活动。加大平安建设工作的宣传力度，树立和宣传先进典型，营造良好的舆论氛围。

四、组织领导

（一）健全责任机制。平安建设由各级党委、政府统一组织实施。各级党委政府要把发展作为第一要务，把稳定作为第一责任，确保一方平安。严格实行领导责任制，各级党政主要领导是平安建设第一责任人，分管领导是直接责任人，其他相关领导承担分管工作范围内的责任。严格落实部门和单位责任制，按照“属地管理、分级负责”和“谁主管谁负责、谁经营谁负责”的原则，层层分解目标任务，将平安建设的责任落实到基层，落实到部门（单位），落实到责任人。各级党委政法委要在党委、政府的领导下，充分发挥组织领导协调作用，加强调查研究和督促检查，总结推广典型经验，推动平安建设深入开展。

（二）强化经费保障。各级政府及其财政部门要加大对平安建设经费的保障力度，将应由政府承担的经费纳入同级财政预算，并随着经济的发展逐步增加投入，保证平安建设工作顺利开展。从2007年起，省财政过去用于补助基层政法部门的办案、车辆装备、检察机关办案用房和专业技术用房建设、审判法庭和人民法庭修缮、法庭和司法所设备购置、法律援助、网络建设、服装和武器弹药购置等项经费，集中使用，并逐年有所增加，以奖代补，鼓励基层基础建设。按照“取之于民用之于民”的原则，逐步建立适应社会主义市场经济要求的群防群治经费保障机制。

（三）坚持齐抓共建。各部门、各系统要紧紧围绕平安建设的目标要求，充分发挥职能作用，主动承担起实现群众利益、化解矛盾纠纷、减少违法犯罪、维护社会稳定的责任。要抓好本部门、本系统的平安建设工作，切实加强对内部人员的思想教育和各项管理工作，防止因工作偏差对社会稳定造成消极影响。各级各部门都要制定平安建设的具体实施意见，认真负责地解决职责范围内的问题，不能把应由本级办理的事情推给上级、把应由本部门解决的问题推向社会。各级党委、政府与维护社会稳定有关的各专门领导机构及其办公室要健全工作制度，进一步明确职责任务，充实力量，理顺关系，充分发挥职能作用。

（四）严格考核奖惩。要把平安建设工作纳入各级政府年度工作目标管理，完善检查监督、定量考核和评比奖惩制度。把平安建设的成效作为检验各级党政领导班子和领导干部执政能力和执政水平的重要标准，列入干部考核评价的重要内容，将考核结果作为干部晋职晋级和奖惩的重要依据。制定平安建设先进标准及考核奖励办法，对平安建设先进地区、系统、单位实行动态管理。大力表彰奖励平安建设工作扎实、成效显著的地方、系统、单位和人员。连续3年担任“全省平安建设先进县（市）区”党政主要领导和分管领导的，给予记功奖励；连续5年的授予荣誉称号。对平安建设工作问题突出的地方和单位实行重点管理。对因工作失职、渎职导致发生重大群体性事件、刑事治安案件和安全责任事故的，严格按照有关规定追究责任；对群体性事件、重大信访案件不及时处理造成严重后果的，严肃追究当地党政主要领导的责任。

中共河南省委办公厅　河南省政府办公厅关于强化平安建设工作责任制的意见

（2006 年 4 月 30 日）

为了认真落实《中共河南省委、河南省人民政府关于印发〈平安河南建设纲要（2006—2010 年）〉的通知》（豫发［2006］6 号），经省委、省政府同意，现就强化平安建设工作责任制提出如下意见。

一、认真考核，注重工作绩效

平安建设工作实行年度考核，采用百分制，坚持平时考核与年终考核相结合，明查与暗访相结合，注重考核工作效果。省考核工作由省委政法委组织有关部门实施，考核对象为各省辖市及其推荐的“河南省平安建设先进县（市）区”。其考核的主要内容有以下 7 个方面。

（一）预防和处置群体性事件工作（25 分）：排查化解矛盾纠纷情况，信访案件办结率和当事人稳定率，赴京上访情况，执行案件执结率，群体性事件处置情况等。

（二）打击犯罪工作（20 分）：突出治安问题和治安乱点整治情况，刑事案件发案率和破案率，打击“两抢一盗”、命案攻坚、打黑除恶等专项斗争情况等。

（三）社会治安防范工作（25 分）：治安防控体系建设情况，治安管理情况，特殊群体犯罪预防情况，公众安全感指数等。

（四）对敌斗争工作（10 分）：防范和打击敌对势力渗透破坏活动情况，反邪教、反恐怖工作情况等。

（五）安全生产工作（5 分）：亿元 GDP 死亡率，煤矿百万吨死亡率，火灾死亡人数，道路交通万车死亡率等。

（六）政法队伍教育管理工作（10 分）：涉法涉诉信访情况，政法干警教育培训情况，干警违法违纪案件查处情况，严格公正执法情况及公众评价等。

（七）基层基础建设工作（5 分）：政法部门经费保障情况，乡镇综治办和“两所一庭”建设情况，法制宣传教育情况等。

二、加强督查，实行重点管理

各地、各部门要采取全面督查、专项督查、重点督查等形式，加强对平安建设工作的督促检查，及时发现问题，认真研究解决，确保各项措施落到实处。

对平安建设工作问题突出的地方和单位实行重点管理。因工作不力发生以下 7 个方面问题之一的县（市）区，经省有关部门调查核实、省委政法委决定，列为省重点管理对象，并通报全省。

（一）发生大规模群体械斗，或者发生 30 人以上赴京集体上访，或者发生阻断铁路交通造成列车停运，或者发生阻断国道、省道、高速公路、省辖市城区主干道交通 1 小时以上，或者发生冲击、打、砸、抢、烧党政机关、企事业单位生产经营场所造成严重后果，或者发生罢工、罢课、非法游行示威造成恶劣影响的。

（二）黑恶势力犯罪活动猖獗、长期危害一方，或者突出治安问题、治安混乱地区长期得不到整治，或者发生一案死亡 5 人以上案件，或者公众安全感指数低于 70% 的。

（三）发生一次死亡 10 人以上安全生产事故、火灾、交通事故的。

（四）发生严重破坏社会主义市场经济秩序犯罪案件、严重贪污贿赂犯罪案件的。

（五）法轮功等邪教组织活动猖獗，或者发生其他严重危害国家安全和政治稳定案事件的。

（六）发生影响恶劣的行政执法人员、政法干警违法违纪案件的。

（七）发生其他在全省有重大影响社会稳定问题的。

重点管理期限为6个月。重点管理期内的县（市）区不能获得综合性奖励，其党政主要领导、分管领导及相关责任领导不得提拔和调动。列入重点管理的县（市）区党委、政府对存在的问题要专题研究，认真整改，每两个月向省、市党委政法委报告一次整改情况。重点管理期满后可提出验收申请，验收合格的解除重点管理，不合格的延长重点管理期限3个月。延期后仍然不合格的，对党政主要领导或其他责任领导进行组织调整。对重点管理的县（市）区，省、市党委政法委要加强指导。

垂直管理部门所属单位发生重点管理问题的，对该部门给予黄牌警告，处理决定抄送其具有干部管理权限的上一级主管机关。

三、严格奖惩，落实领导责任

根据平安建设年度考核结果，由省委政法委每年表彰奖励一批全省平安建设先进单位和先进工作者。

在平安建设工作年度考核中总分领先、没有省重点管理的县（市）区且未发生其他在全省有重大影响的不稳定问题的前6名省辖市，可评为"河南省平安建设先进省辖市"，采取以奖代补的形式给予物质奖励。

符合以下6个方面条件的县（市）区，经所在省辖市推荐，可评为"河南省平安建设先进县（市）区"，采取以奖代补的形式给予物质奖励。

（一）党委、政府对平安建设工作高度重视，责任机制健全，保障有力，社会政治稳定，治安秩序良好，人民群众的安全感指数在90%以上。

（二）化解矛盾纠纷工作成效显著，赴京赴省上访量低于全省平均水平。

（三）突出治安问题得到有效治理，刑事案件发案率低于所在省辖市平均水平。

（四）防范和处理邪教工作成绩突出。

（五）未发生在所在省辖市有重大影响的案事件和安全生产、交通、火灾事故。

（六）在所在省辖市平安建设工作考核中处于领先地位。

符合以下5个方面条件的机关、团体、企业事业单位等，经所在省辖市推荐，可评为"河南省平安建设先进集体"。

（一）党政主要领导对平安建设工作高度重视，责任机制健全。

（二）及时化解各种矛盾纠纷，工作生产经营秩序良好。

（三）重点要害部位治安防范措施落实，无重大刑事案件和安全事故。

（四）管理科学，制度完善，道德法制教育深入，无干部职工重大违法违纪案件。

（五）未发生工作偏差影响社会稳定的问题。

"河南省平安建设先进系统"根据省系统主管部门职能作用发挥情况和各省辖市推荐结果确定。

对"河南省平安建设先进县（市）区"实行动态管理，每年复查一次，合格的保持称号，不合格的取消称号，收回奖牌。连续3年担任"河南省平安建设先进县（市）区"党政主要领导和分管领导的，给予记二等功奖励；连续5年的由省委、省政府授予"河南省平安建设先进工作者"荣誉称号。

严格实行社会治安综合治理领导责任制和一票否决权制。发生影响社会稳定的重大问题隐瞒不报或弄虚作假的，取消年度平安建设先进评选资格，情节严重的予以一票否决并追究有关人员的责任。发生在全国有重大影响的群体性事件、刑事治安案件、群死群伤安全事故、经济犯罪案件、邪教案件、危害国家安全和政治稳定的案事件、行政执法人员和政法干警违法违纪案件，对负有领导责任的省辖市和县（市）区党政主要领导进行责任追究。

各地各部门可结合实际，制定落实平安建设责任制的具体办法。

中共河南省委政法委员会 中共河南省委宣传部关于深入开展贯彻实施《平安河南建设纲要》宣传月活动的通知

（2006 年 5 月 30 日）

各省辖市委政法委、宣传部，郑州铁路局党委政法委、宣传部，省直各新闻单位：

最近，省委、省政府印发了《平安河南建设纲要（2006—2010 年）》（豫发［2006］6 号），对我省平安建设工作进行了全面部署。为认真贯彻实施《纲要》，根据省委的要求，省委政法委、省委宣传部决定，今年 6 月在全省深入开展贯彻实施《纲要》宣传月活动。现将有关事宜通知如下：

一、充分认识深入开展《纲要》宣传活动的重要意义

当前和今后一个时期，是我省经济社会实现跨越式发展、奋力走在中部崛起前列的重要战略机遇期，省委、省政府在加快经济发展的同时，从维护社会稳定、构建和谐中原的大局出发，制定了《平安河南建设纲要（2006—2010 年）》。《纲要》的制定和实施是省委、省政府实践“三个代表”重要思想、落实科学发展观的具体体现，是为全面建设小康社会、实现中原崛起创造良好社会环境作出的重大决策，是调动全社会力量确保“十一五”时期我省持续稳定的创新举措，是指导平安河南建设和维护社会稳定的纲领性文件。因此，宣传好、落实好《纲要》具有重大现实意义。要通过广泛深入地宣传，营造浓厚的舆论氛围，使平安建设观念深入人心，充分调动社会各方面和广大群众参与平安建设的积极性，推动各项工作措施的落实。

二、宣传重点

（一）宣传深入开展平安建设对维护社会稳定，构建和谐社会，确保经济社会健康发展的重大意义。通过宣传，各地、各部门对平安河南建设重要意义的认识进一步提高，社会各界和广大群众参与平安建设的积极性进一步增强，贯彻实施《纲要》、建设平安河南的浓厚氛围进一步形成。

（二）宣传中央和省委、省政府关于平安建设的一系列方针政策和重大工作部署。宣传省委、省政府《平安河南建设纲要（2006—2010 年）》和省委办公厅、省政府办公厅《关于强化平安建设工作责任制的意见》等重要文件精神。特别是通过广泛深入地宣传《纲要》，各地、各部门和广大干部群众更加准确理解和把握平安河南建设的指导思想、奋斗目标、重点工作和主要措施，把平安建设不断引向深入。

（三）宣传各级党委、政府高度重视，加强领导，积极采取有效措施，扎实推进平安建设深入开展所取得的良好社会效果。

（四）宣传各地、各部门开展平安建设的好经验、好做法，报道平安建设工作中涌现的先进人物和先进事迹。

三、宣传安排

各地、各部门要把学习贯彻《纲要》和深入开展宣传活动结合起来，有计划地组织实施，迅速形成平安河南建设的强大舆论声势。宣传月活动大体分三个阶段进行，具体安排如下：

第一阶段（6 月 1 日—7 日）：集中开展《纲要》学习活动。各地、各部门从 6 月 1 日开始利用一个星期左右的时间，采取多种形式组织干部职工学习省委、省政府《平安河南建设纲要（2006—2010 年）》和省委办公厅、省政府办公厅《关于强化平安建设工作责任制的意见》等文件精神。各主要新闻单位要宣传报道各地、各有关部门迅速掀起学习贯彻《纲要》热潮的情况，及社会各界和广大群众对平安建设的热烈反响和大力支持。

第二阶段(6月8日—20日):集中采访报道平安建设开展情况。由省委政法委、宣传部、河南日报报业集团和省广电局共同组织,各主要新闻单位在重点栏目开辟平安河南建设专栏,要保证刊播的版面位置和时段,刊播稿件、节目的质量和节奏。通过领导访谈、专题报道、刊登署名文章等形式,宣传各地、各有关单位开展平安建设的经验做法,宣传不断创新工作取得的新成效和呈现的新局面。特别要注意报道广大群众对平安河南建设的强烈反响和创造的好做法。从6月8日起,省电视台"政府在线"栏目、省电视台卫视频道新闻联播要有选择地采访荣获全国综治优秀市的商丘、焦作、三门峡、洛阳等市的市委书,请他们结合本地实际谈平安建设;采访省公安厅、司法厅、教育厅、文化厅、安全生产监督管理局、团省委等单位的主要领导,请他们结合工作职能,分别从防范打击犯罪、排查调处矛盾纠纷、创建平安校园、预防青少年违法犯罪、净化文化市场、安全生产等方面谈平安建设。河南日报、大河报、今日安报、东方今报等可以专访的形式报道各地各单位平安建设的情况。各省辖市也要相应组织对市委政法委书记和县(市、区)及有关单位的主要领导进行采访报道。

第三阶段(6月21日—30日):开展广泛的社会宣传活动。组织各有关部门利用墙(版)报栏、广告宣传栏,采取悬挂、张贴标语、展示图片、挂图、发放宣传单、出动宣传车,以及其他群众喜闻乐见的形式,深入基层单位和乡村,走上街头,到广大群众中去广泛宣传。同时,各新闻单位做好持续深入的宣传报道,报道重心要不断向下转移、向基层转移,推出报道县(市、区)、基层单位开展平安建设的专题栏目,增加宣传的广度和深度。

四、宣传要求

(一)加强领导,精心组织。各地要切实加强对《纲要》宣传月活动的组织领导,政法委、宣传部要各明确一名领导同志具体负责,认真做好组织协调工作,研究制定开展宣传月活动的实施方案,及时召开由有关部门和主要新闻单位负责人参加的会议进行部署。各有关部门和新闻单位要制定具体的宣传报道计划,增强报道分量,加大宣传力度。各省辖市宣传方案要及时报省委政法委。

(二)深入宣传,注重实效。各地各部门要按照宣传工作"三贴近"的要求,坚持"三深入",针对广大群众关心的问题,多联系群众身边的事例,多反映来自基层、来自群众的经验,努力做到准确鲜明、形式多样、深入浅出、生动活泼,增强宣传的针对性、时效性,确保宣传活动取得实际效果。

(三)强化指导,形成合力。各级党委政法委、宣传部要加强对宣传活动的指导和协调,组织政法、综治、文化、广播电视等部门密切配合,建立宣传协作机制,上下联动,形成合力。指导各机关、团体、企事业单位和乡镇、街道有计划、有组织地开展宣传活动。同时,有关部门要按照规定对涉及重要、敏感问题的稿件严格把关。

(四)搞好总结,评优表先。各地在活动开展过程中要及时总结经验,推动宣传活动更加深入开展。要注意收集有关图文资料,为全省的宣传报道提供素材。活动结束后,要积极组织参加全国、全省"综治好新闻"评选活动,对宣传活动的成果进行评比表彰。活动开展情况请及时报省委政法委。

河南省财政厅关于印发《省级平安建设专项经费管理办法》的通知

(2006年9月25日)

省委政法委:

为贯彻落实《平安河南建设纲要》,促进全省平安建设工作深入开展，规范省级平安建设专项经费开支和管理，依据《行政单位财务规则》、《政府预算收支科目》等制度规定，结合省级政法综治工作实际，我们制定了《省级平安建设专项经费管理办法》，现印发给你们，请遵照执行。

省级平安建设专项经费管理办法

第一条 为贯彻落实《平安河南建设纲要》，促进全省平安建设工作深入开展，规范省级平安建设专项经费开支和管理，依据《行政单位财务规则》、《政府预算收支科目》等制度规定，结合省级政法综治工作实际，制定本办法。

第二条 省级平安建设专项经费是指省财政在增加安排社会治安综合治理专项经费的基础上，与其他相关资金整合使用，专项用于支持政法综治部门组织开展平安建设活动的工作经费。具体由以下八项相关资金整合组成。

（一）根据中共河南省委豫发[2003]22号文件精神，省财政每年安排的用于争创“全国综治先进省”和治安防控体系建设经费。

（二）根据省政府常务会议纪要（[2006]15号）精神，省财政增加安排的省委政法委社会治安综合治理专项经费。

（三）省财政专项安排并列入省委政法委年度部门预算的社会治安综合治理及目标考核工作经费。

（四）省财政专项安排并列入省委政法委年度部门预算的社会治安综合治理先进市奖励经费。

（五）省财政专项安排并列入省委政法委年度部门预算的见义勇为奖励及表彰经费。

（六）省财政专项安排并列入省委政法委年度部门预算的督查办案经费。

（七）省财政专项安排并列入省委政法委年度部门预算的维护稳定工作经费。

（八）从省委政法委年度部门预算安排的公用经费中调剂10%，纳入省级平安建设专项经费。

第三条 省级平安建设专项经费的管理使用原则：

（一）贯彻执行国家有关法律、法规和财务规章制度。

（二）坚持专款专用，不许挪作他用。要严格按照本办法规定的开支范围使用；不得用于弥补省委政法委机关日常行政开支和其他行政事业经费。

（三）面向基层，突出重点。采取“以奖代补”管理方式，重点加强基层基础工作，解决基层平安建设工作中的薄弱环节和突出问题。

（四）坚持勤俭节约，注重使用效益。

第四条 整合后的省级平安建设专项经费分为平安建设奖励经费、平安建设项目经费和平安建设工作经费三大项。其主要资金用途和具体开支范围是：

（一）平安建设奖励经费：主要用于对“河南省平安建设先进省辖市”、“河南省平安建设先进县（市）区”，采取以奖代补的形式给予物质奖励。

（二）平安建设项目经费：主要用于对基层综合科技防范网络建设，采取以奖代补的形式给予资金扶持；组织开展社会公众安全感统计调查经费和政法综治信息网建设经费。

（三）平安建设工作经费：主要用于平安建设责任目标考核经费，平安建设调研和暗访活动经费，全省基层综治干部培训经费，全省平安建设表彰大会经费，督办、查办中央、省委领导批办的大要案办案经费，处理影响社会稳定的突发事件工作经费，处理全省涉法涉诉信访问题经费，处理部分企业军转干部信访问题经费，以及省见义勇为基金会工作经费（包括对“河南省见义勇为先进分子”的表彰奖励费用）等。

第五条 凡确定由省财政统筹安排平安建设专项经费列支的支出项目，省委政法委应根据省委、省政府的部署和省委政法委书记办公会议的决定，按照规定的资金用途、开支范围和标准，及时编制平安建设专项经费支出预算，报省财政厅审核后，按规定的程序下达预算指标或办理支付手续。其中：实行“以奖代补”方式管理的平安建设奖励经费和平安建设项目经费，由省财政厅按照划转预算方式下达预算指标，通过市、县财政局监督拨款；其他平安建设项目经费和平安建设工作经费，由省委政法委按照国库集中支付的有关规定直接支付到收款人账户。

第六条　省委政法委对平安建设专项经费要设专账，单独核算，单独反映，确保平安建设专项经费专款专用。

第七条　省委政法委要切实加强平安建设专项经费的管理，建立健全各项财务管理制度，并认真贯彻落实；对财政部门核准的预算，要合理安排，节约使用。省委政法委应在年度终了后两个月内，对平安建设专项经费使用情况和效果进行全面总结，并按照《行政单位财务规则》规定的报表格式和本办法规定的资金用途、开支范围，归类向省财政厅报送省级平安建设专项经费支出使用情况。

第八条　省财政厅每年对省委政法委省级平安建设专项经费的使用情况进行检查，及时发现和解决经费使用中可能出现的问题。经检查，凡截留、挤占、挪用平安建设专项经费的，要如数追回资金，并按照《财政违法违规行为处罚处分条例》的规定追究有关人员的责任。

第九条　本办法由省财政厅负责解释。

第十条　本办法自2006年10月1日起施行。

整合力量资源　创新调处机制
提高基层化解矛盾纠纷的能力

去年以来，河南省在总结经验的基础上，在全省强力推进乡镇（街道）矛盾纠纷排查调处中心建设，整合基层力量资源，提高矛盾纠纷排查调处效率，取得了良好的效果。

一、整合力量，构建排查调处工作平台

在乡镇（街道）建立矛盾纠纷排查调处中心，就是在乡镇（街道）党委、政府的统一领导下，以综治办为依托，整合有关部门的力量，统一设立综合服务大厅，实行联合办公，接待群众来访，掌握社情民意，调处矛盾纠纷，落实综治措施，服务人民群众。成立政法综治党支部，由乡镇（街道）党委分管政法工作的副书记任支部书记，综治办专职副主任任支部副书记，调处中心各部门人员的党组织关系归属政法综治党支部，加强对乡镇（街道）维护社会稳定力量的组织领导和部门间的协调，形成维护社会稳定的整体合力。同时，在村（社区）以综治办为依托，以调委会为主体，建立专门的矛盾纠纷排查调处组织。从而形成了纵向到底、横向到边的基层矛盾纠纷排查调处网络。

一是整合乡镇（街道）综治力量。从“两办四所”（综治办、信访办、司法所、派出所、民政所、土管所）人员中，挑选政治素质高、业务能力强、工作经验丰富的干部，到矛盾纠纷排查调处中心，专职从事排查调处工作。同时，聘请乡镇（街道）专职治安巡防队员和治安信息员，作为调处中心的兼职调解员。全省共充实专兼职调处人员9.6万多人。各地还对这些人员进行了封闭式培训，提高了调处人员的政治业务素质和实际工作能力。

二是整合村级民调力量。村（居）委会建立矛盾纠纷排查调处室，确定2至5名调解员，自然村（居民组）确定1名信息员，负责所在村组矛盾纠纷的排查调处。

三是整合硬件资源。对有关部门办公场所、办公设施进行整合，各地共投入资金2.7亿元，新建、整修了28万多平方米的办公用房，购置了办公用具，使乡镇(街道)调处中心办公用房大都在8间以上，并设立了受理室、调解室、听证室和档案室等，达到了“有楼则楼，有院则院，无楼无院一排房”。村级调处室一般依托村室，有1到2间办公用房和必要的办公设施。

二、健全制度，规范排查调处中心运作

明确调处中心是党委、政府的职能办事机构，其主要职责是排查矛盾、化解纠纷、收集信息、分解任务、督导督办。并赋予其四项权力，即指派权、排查调处权、督办权、责任追究建议权。为了规范调处中心工作，制定了五项制度。一是统一受理、集中梳理制度。各乡镇(街道)由调处中心一个窗口对外，实行“一个窗口接待、一站式管理、一条龙服务”，集中受理和统一安排群众反映或所属单位排查的矛盾纠纷。对于通过各种途径排查的，或群众要求调处的矛盾纠纷，由调处中心根据问题性质和轻重缓急，集中梳理归类，建档立卡。二是归口办理、限期办理制度。调处中心根据矛盾纠纷的性质责成有关单位调处。因赡养、婚姻、债务等引发的矛盾纠纷，以司法所为主进行调处；因治安问题引发的矛盾纠纷，以派出所为主进行调处；因土地、环保、劳资关系等引发的矛盾纠纷，以主管部门为主进行调处。调处中心和承办单位在调处矛盾纠纷时，严格按照法律、法规和政策的规定进行。同时根据矛盾纠纷的难易程度确定调处期限，承办单位必须在确定的期限内办结。三是共同办理、联合处理制度。对涉及部门较多的矛盾纠纷，由调处中心召集有关部门共同研究解决；对跨区域的矛盾纠纷，由调处中心与有关地区沟通协调，联合调处。四是反馈回访制度。要求承办单位及时向中心反馈调处情况，并认真填写登记表。中心对调处后的矛盾纠纷及时进行回访，检查督促调解协议的执行，防止出现反复。五是责任追究制度。对在调处过程中徇私舞弊，枉法调处或失职渎职，造成严重后果的单位和个人，由有关部门视情况进行责任追究。这些制度的建立和完善，实现了调处工作的规范化、制度化。

为提高调处的实际效果，调处中心坚持“三个延伸”、采取“四种形式”。“三个延伸”就是向村组延伸，中心抽调三分之一的人员坚持在各村组巡回，了解问题，现场解决；向矛盾纠纷较多的地方延伸，对问题多的地方，中心委派专人进驻，专题专办；向信息化延伸，中心公布办公电话、主管负责人手机，群众可以通过电话或发短信的方式反映诉求，中心一一登记，认真调处。“四种形式”就是根据情况灵活采取中心调解、归口调解、听证调解和深入发生地调解等形式，把行政调解、司法调解、人民调解的手段有机结合起来，使调处工作更符合实际，更贴近群众，从而把大量的矛盾纠纷解决在基层和萌芽状态。

三、严格督查，确保排查调处工作实效

各级综治部门坚持求真务实，不断创新，狠抓乡镇(街道)排查调处各项措施的落实。一是督查暗访。全省各级综治委都建立了乡镇(街道)排查调处中心建设工作检查督导制度，各县(市、区)设立了排查调处中心指导委员会，县(市、区)综治办负责同志任主任，公检法司、民政、信访、土地等部门各一名领导同志为成员，具体负责对乡镇(街道)调处中心工作的指导和协调。同时，还采取明查暗访等形式进行督查，及时予以通报，并在新闻媒体上公布，表扬先进，鞭策后进。省综治委采取明查暗访的形式，不定期进行督查。暗访采取随机确定被查单位，随机走访群众，不与有关地区联系接触，乘公共交通工具或自带车辆、食宿自理的方式，有时利用节假日或夜间进行。仅去年，省综治委先后5次组织人员对全省乡镇(街道)调处中心建设情况进行了督查暗访，有力推动了矛盾纠纷排查调处工作的开展。二是领导督办。对一些情况复杂、沉积时间长、调处难度大的矛盾纠纷，实行乡镇(街道)党政领导包案督办责任制，要求领导亲自上阵，包案解决。对个别重大矛盾纠纷和各种疑难上访案件，由省、市综治委协调逐一分解到市、县(市、区)各级党政领导头上，由市领导包案，县(市、区)领导具体承办，使一大批久拖不决的疑难问题得到解决。并对筛选出全省有影响的重大疑难矛盾纠纷和上访案件，实行省级领导包案责任制，限期予以解决。去年以来，全省各级共对4000余起矛盾纠纷实行了领导包案，使这些可能影响社会政治稳定的矛盾纠纷得到及时有效化解。三是兑现奖惩。各地把矛盾纠纷化解调处工作作为考核党政领导的重要内容，与干部的晋职、晋级直接挂钩。对一年以上没有发生重大矛盾纠纷的地方党政主要领导和分管领导，根据德才表现和工作需要予以提拔或重用。坚持对矛盾纠纷排查调处工作取得突出成绩的单位和个人进行表彰奖励。2004 年以来，省财政先后拿出近 1000 万元对矛盾纠纷排查调处工作效果突出的县（市、区）和乡镇（街道）进行了表彰奖励。同时对因重大矛盾纠纷未得到及时化解而导致激化，造成恶劣影响的单位和责任人，给予通报批评、诫勉谈话或党政纪处分等。近两年，先后有 2 个省辖市因化解矛盾不力、发生影响恶劣的案事件而向省委作检讨，并被取消全省综治先进单位评选资格。

矛盾纠纷排查调处中心的建立和运作，取得了明显的社会效果。一是得到了党委、政府的高度重视和大力支持。矛盾纠纷排查调处中心成为党委、政府维稳工作的参谋和助手，联系群众的桥梁和纽带。据不完全统计，一年来，全省“中心”针对各种矛盾，根据有关法律、法规和政策，共提出建议 2 万多条，党委、政府采纳率达 80%。二是得到人民群众的普遍欢迎。基层群众形象地称调处中心是掌握社情民意、收集矛盾纠纷的“信息站”，是落实责任、跟踪问效的“督导站”，是疏导矛盾、化解纠纷的“稳定站”，是为党和政府分忧、为人民群众解难的“综合服务站”。“有困难找中心”已经成为群众的自觉行动。三是充实加强了基层维护稳定力量。各职能部门之间资源共享、优势互补，较好地解决了过去因条块分割而产生的部门之间协调不畅、组织不力和指挥不灵的问题，形成了工作合力，大大提高了基层排查化解矛盾纠纷的能力。四是有效维护了社会大局稳定。通过调处中心卓有成效的工作，大量的矛盾纠纷在基层得到有效化解，各类事关人民群众利益的问题得到解决，减少了群众上访事件，预防和控制了群体性事件及民转刑案件的发生。2005 年，全省基层矛盾纠纷化解率达 95%，民转刑案件、治安案事件和群体性事件较上年分别下降 43.5%、27.4% 和 70.9%，没有发生在全国有重大影响的治安案事件和群体性事件。

立足服务　加强引导
积极推进非公有制经济组织综治工作

近年来，河南省非公有制经济蓬勃发展，全省非公有制经济增加值占生产总值比重已超过一半。为了更好地服务保障经济建设大局，我们把加强非公有制经济组织治安综合治理工作作为建设平安河南、构建和谐社会的重要内容，多策并举，强力推进，努力实现“六无”目标，即“无集体越级上访，无刑事案件，无重大治安案件，无重大安全责任事故，无邪教分子滋事，无内部职工违法犯罪”，促进了非公有制经济组织持久、快速、高效地发展。主要做法是：

一、抓机构，强化责任

市、县、乡三级都成立了综治、纪检、组织、公安、司法、工商、税务等单位主要领导为成员的加强非公有制经济组织治安综合治理工作领导小组，制定了关于加强非公有制经济组织综治工作的意见，明确目标，细化任务，提出具体要求。明确各县市区依照“属地管理”原则，承担在本地开展非公有制经济组织治安综合治理工作的责任，规定法定代表人为本单位综治工作的第一责任人，分管领导为直接责任人，同时将非公有制经济组织治安综合治理工作纳入重大案事件责任查究范围，对发生重大案事件的，按照社会治安综合治理一票否决权制和重大案事件责任查究的有关规定，给予通报批评、黄牌警告或一票否决，并追究有关单位及责任人的连带责任。要求建立健全综治组织。

在规模以上经济组织中建立以企业法定代表人为主任、相关领导和部门负责人组成的综治委,下设综治办(保卫科),配备2至5名政治坚定、作风扎实、责任心强、热心综治工作的专兼职工作人员。在其他较大的经济组织中建立综治工作领导小组,设立1名专职综治联络员。在经济组织内部成立治安防范、矛盾排调、法制宣传教育、消防等专项工作领导小组,具体承担治安防范、矛盾纠纷调解、安全生产、法制教育、职工权益保障、公共安全管理和外来员工管理服务等职能。形成了上边有人管,中间有人抓,下边有人干,责任到人,层层负责的工作网络。

二、抓管理,强化制度

针对过去非公有制经济组织综治工作相对薄弱的情况,我们参照内部单位综治工作的管理模式,从建章立制入手,用制度规范工作、保障措施落实。一是综治领导责任制和目标管理责任制。规定法定代表人或主要负责人为本单位治安保卫工作第一责任人,每年与所在地党委、政府签订综治工作目标管理责任书,自觉接受当地党委、政府的统一领导、协调和监督,定期向所在地综治委报告本经济组织作出的有关综治工作的重大决策部署、重要活动开展情况和影响企业治安稳定的重大案事件及处置情况。同时,经济组织实行生产和治安责任一肩挑的“双岗双责”工作机制,综治责任落实情况与个人生产业绩挂钩、同奖同罚。二是综治工作例会制度。非公有制经济组织每季度召开一次综治工作例会,总结工作,查找问题,对内设部门履行职责情况进行通报,排查治安隐患和突出治安问题,安排部署下一阶段的工作。三是要害部位安全保卫制度。包括门卫、值班、巡逻、技防等治安防范制度,非公有制经济组织工作、生产、经营、科研等场所的安全管理制度,现金、票据、印鉴、有价证券等重要物品使用、保管、储存、运输的安全管理制度,单位内部的消防、交通安全管理制度等。四是矛盾纠纷集中排查调处制度。定期召开排查例会,对排查出的矛盾隐患,责任分包到人,限期化解。对内部一般性矛盾纠纷,由单位自行调处对涉及经济组织以外的纠纷,特别是影响当地稳定,本单位难以调处的,报请辖区综治部门协调处理。五是法制教育培训和重点人员管理制度。将非公有制经济组织综治工作人员培训纳入了综治培训总体规划,定期组织工会、劳动、土地环保、税务等职能部门进入非公有制企业进行法制培训和教育。对于用工管理,要求按照“谁用人谁负责”的原则,建立健全了外来务工人员、出租房屋、刑释解教人员工作台账、每月由驻地派出所进行一次检查,每季度由驻地综治办进行督查。

三、抓队伍,强化防范

一是建立专业治安联防巡逻队。规定职工达到1000人以上的企业,专职巡逻队员要达到20人以上;职工500名以上的规模企业,专职队员不得少于6人。队员全部面向社会招聘或聘请专业保安,主要负责门卫保安和夜间巡逻,并达到“六统一”,即统一培训、统一着装、统一装备、统一巡防勤务、统一管理考评。二是组织非公有制经济组织内部的后勤人员、退休人员等组成义务巡护队,负责对本单位的要害部位和家属区、宿舍区进行不定时巡查,监督、指导专业巡逻队员的工作。三是建立综治特派员队伍。从综治委成员单位主要是政法部门抽调干部或干警,派驻规模较大的民营企业,指导企业认真贯彻党和国家的社会治安综合治理方针政策,监督企业严格落实各项内部治安防范和安全生产管理制度措施,帮助企业处理涉法问题和纠纷,切实抓好干部职工的法制教育,急企业所急,想企业所想,及时为企业排忧解难。并规定综治特派员不得索取和收受企业的报酬和任何奖励,工作情况由辖区综治部门统一考核,对工作不负责任或企业提出建议不能胜任工作的,综治部门建议派驻单位随时撤换。三支队伍联手作战,有效维护了企业内部及周边的治安秩序,遏制了各种案事件的发生。

四、抓典型,强化引导

针对非公有制经济组织综治工作在行政上只能引导,在工作上只能指导,在推行上只能督导的特点,我们把重点放到发现和培育典型上,注重用典型经验,引导非公有制经济组织开展综治工作,初步培育了三种模式:一是大企业全面规范型。对产值亿元以上企业,由市、县综治办牵头,指导其开展工作,做到工作准确到位,资料记录齐备,人员定岗定责,制度规范健全。二是中等企业重点规范型。对中等企业，由其所在地综治办负责监督实施，分包成员单位协助。要求他们从实际需要出发，有重点地开展综治工作，做到机构健全，人员兼职，重抓治安，兼顾其他，重点制度规范。三是小企业联合治理型。这类企业实行门内保平安，门前包治安，将企业所在地的综治工作与企业的综治工作结合起来，企地联手防范。

五、抓保障，强化奖惩

对非公有制经济组织综治工作经费，各地本着不给企业增加负担的原则，按照“谁受益谁出资”和“企业拿一点、政府补一点”的办法，多渠道筹措综治经费。同时，为了克服企业综治工作责任落实难的“软肋”，各地建立健全了非公有制经济组织综治工作考核奖惩机制。将各重点企业的综治工作开展情况列入综治工作重点考核内容，加大了检查考核力度，对符合平安单位（企业）标准的，与公有制经济组织同等对待，进行命名表彰奖励；对因重视不够，管理不力，防范措施不落实，导致发生影响社会稳定重大问题或重大刑事治安案件和安全事故的，同样给予一票否决，取消有关领导和相关人员的政治待遇、评先受奖资格，直至追究法纪责任。

河南省社会治安综合治理委员会关于调整省社会治安综合治理委员会委员的通知

（2006年3月14日）

各省辖市社会治安综合治理委员会，省社会治安综合治理委员会各成员单位：

鉴于省社会治安综合治理委员会部分委员工作变动，根据工作需要，决定对委员进行调整。现将调整后的委员名单通知如下：

委　员：

陈传进	省委副秘书长
朱孟洲	省政府副秘书长
张国臣	省委政法委常务副书记
王建西	省委政法委副书记、省综治委办公室主任
李承先	省委政法委副书记、省委防范和处理邪教问题领导小组办公室主任
马修道	省综治委办公室专职副主任
王流章	省纪委副书记、省监察厅厅长
臧安民	省委组织部副部长
常法武	省委宣传部副部长
林景顺	省发展和改革委员会主任
蒋笃运	省教育厅厅长
刘世军	省民族事务委员会主任、省政府宗教事务局局长
刘国庆	省公安厅常务副厅长
孙世海	省公安厅副厅长
王旭升	省国家安全厅厅长
孙培新	省民政厅厅长
郭俊峰	省司法厅厅长
李贵基	省财政厅厅长
王　平	省人事厅厅长
孔令晨	省劳动和社会保障厅厅长
张启生	省国土资源厅厅长
查　敏	省建设厅厅长

安惠元　省交通厅厅长
苏福功　省信息产业厅厅长
张海钦　省水利厅厅长
张广智　省农业厅厅长
王照平　省林业厅厅长
郭俊民　省文化厅厅长
马建中　省卫生厅厅长
孟宪臣　省人口和计划生育委员会主任
米剑峰　省工商行政管理局局长
赵景春　省广播电影电视局局长
詹玉荣　省新闻出版局局长
包建民　省质量技术监督局局长
刘永奇　省统计局局长
李松武　省食品药品监督管理局局长
杨盛道　省旅游局局长
裴建中　省信访局局长
冯永臣　省政府外事办公室主任
余兴成　省政府法制办公室主任
王尊民　武警河南省总队总队长
于建华　省公安消防总队总队长
桑金科　省总工会常务副主席
陶明伦　共青团河南省委书记
杨　云　省妇女联合会主席
郑伯阳　郑州新郑国际机场管理有限公司党委书记
徐宜发　郑州铁路局局长
周冀中　郑州海关关长
计承江　中国人民银行郑州中心支行行长
欧　伟　中国保监会河南监管局局长

省社会治安综合治理委员会下设办公室，王建西同志任办公室主任，马修道同志任办公室专职副主任，孙世海同志兼任办公室副主任。

河南省各市、县(市、区)综治委、办主任名单

地　区	综治委主任	综治办主任
郑州市	康定军	付为民
中原区	陈纪忠	李文智
二七区	于广志	田喜增
管城区	法建强	郭新义
金水区	王铁良	王延军
上　街	赵书贤	张富贵
惠济区	梁守海	陈学敏
新　郑	刘国正	秦彩霞
登　封	郑友军	何延木
新　密	李刚良	赵　滨
巩　义	王福松	贾　全
荥　阳	王双圈	史　军
中　牟	王霄鹂	王延周
矿　区	丁建国	赵宏伟
三门峡市	赵继祥	雷振杰
湖滨区	张礼堂 (至2006.6)	张英健
义马市	苗万青	李好国
灵　宝	任晓云	王锁香
渑池县	崔优才	马文群
陕　县	李　蓓 (至2006.6) 杨青黑 (6006.6上任)	黄学成
卢　氏	王战方	骆彦定
开发区	黄来胜	张君慧

地　区	综治委主任	综治办主任
洛阳市	常振义	颛学功
西工区	李良龙	陈子彦
老城区	翟应征	董光艳
瀍河区	王成高	李玉生
涧西区	张　政	李根庆
吉利区	于建庄	王国安
洛龙区	张建慧	王保卫
偃师市	原文涛	卢建章
孟津县	杨建国	段润宏
新安县	王树仁	张壮志
栾川县	谷树森	杨保现
嵩　县	刘培中	李景朝
汝阳县	李雪峰	任三来
宜阳县	谭建忠	李万民
洛宁县	高维勋	王晓辉
伊川县	娄会峰	余新报
高新区	王忠道	李世尧
焦作市	郭国明	杨吉喜
解放区	禹进才	周保民
山阳区	陈战胜	祁永前
中站区	秦晓安	李拥军
马村区	尚在军	薛建华
孟州市	王民生	孙志刚
沁阳市	傅秋生	吕兆国
修武县	席小明	张利敏
博爱县	汤文胜	张艳萍
武陟县	刘持祥	李运来
温　县	刘同旺	樊希杰
高新区	张　岩	周宗典
新乡市	周海深	刘尽忠
卫滨区	李海有	刘卫东
	（至2006.8）	
	岳绍琪	
	（2006.8上任）	
红旗区	王天兴	陈庆全
凤泉区	李巨峰	周清云
牧野区	徐启领	王振杰
	（至2006.4）	
	闫国玺	
	（2006.4上任）	

地　区	综治委主任	综治办主任
卫辉市	刘　军	侯国忠
	（至2006.5）	
	杜家祥	
	（2006.5上任）	
辉县市	耿梦杰	赵永军
新乡县	胡建森	王　锋
	（至2006.8）	
	刘继红	
	（2006.8上任）	
获嘉县	聂玉国	李吉海
	（至2006.8）	
	陈长路	
	（2006.8上任）	
原阳县	周庆民	张春喜
	（至2006.6）	
	万荫生	
	（2006.6上任）	
延津县	高历行	周守亮
	（至2006.7）	
	王　林	
	（2006.7上任）	
封丘县	万荫奎	任学明
长垣县	马建军	吉晓东
	（至2006.4）	
	王保明	
	（2006.4上任）	
鹤壁市	余学友	崔广林
		（至2006.6）
		李传平
		（2006.6上任）
淇滨区	仝大宏	孙红军
山城区	谭北平	魏建成
鹤山区	孟建军	叶顺生
浚　县	张东奎	温俊明
淇　县	苏　哲	张朝生
经济开发区	杨　宇	马　堂
安阳市	林宪斋	李长顺
北关区	吴书太	郑汉林
文峰区	杨和法	郭瑞萍
殷都区	郑国宏	王　玉
龙安区	姬克杰	李红军

地　区	综治委主任	综治办主任
林州市	翟建周	郭江法
安阳县	唐献泰	牛用兵
汤阴县	刘树引	马建勋
滑　县	程新会	邵留顺
内黄县	郑象征	魏继飞
开发区	侯海涛	王庆峰
濮阳市	李朝聘	毛海林（至2006.5） 杨炳立（2006.5上任）
华龙区	郭德录（至2006.7） 张怀玺（2006.7上任）	韩　炜
清丰县	张海洲（至2006.7） 张润卿（2006.7上任）	田再普
南乐县	娄建广（至2006.7） 张献宇（2006.7上任）	贾玉霞
范　县	刘国连（至2006.4） 赵茂辰（2006.4上任）	王现民
台前县	张悦华	徐　军
濮阳县	曹雪生（至2006.7） 梁臣朝（2006.7上任）	宋　瑞
高新区	吴长庆	刘洪民
开封市	顾　俊	李合耕
鼓楼区	陶书杰	赵杰辉
龙亭区	张国斌	宋付根
顺河区	贾瑞琴	李喜春
禹王台区	王新军	杨汴生
金明区	王喜峰	徐　伟
杞　县	翟中州	郭　平
通许县	张胜涛	王国强
尉氏县	曹法英	刘　鹏

地　区	综治委主任	综治办主任
开封县	谷建国	王国富
兰考县	黄道功	李文清
开发区	王子全	张幸忠
商丘市	刘满仓	杜志强
梁园区	马富国	蒋　浩
睢阳区	刘　沛	朱慈杰
永城市	王建民	王玉光
虞城县	张　新	付玉璐
民权县	江文玉	赵秀文
宁陵县	刘玉杰	胡继海
睢　县	魏昭炜	姚东海
夏邑县	许家林	王晓颖
柘城县	陈　星	闫海涛
许昌市	董晋平	卢自然
魏都区	李　水	张　锏
禹州市	周庚寅	周振峰
长葛市	赵正风	张同岭
许昌县	王桂梅	周福生
鄢陵县	谢连章	张建勋
襄城县	崔国欣	黄林召
漯河市	张社魁	田林德
源汇区	熊广田	于保民
郾城区	贾全明	胡兆宏
召陵区	蒋自安	李来轩
舞阳县	杨国志	郑国安
临颍县	郭国辉	宋学迪
平顶山市	乔新国	宁富国（至2006.5） 陈聚成（2006.5上任）
新华区	陈聚成（至2006.5）	王迎辉
卫东区	付西敏	常国照
湛河区	张国晓	张平西
石龙区	典瑞宇	王墨轲
舞钢市	祝义方	南献民
汝州市	樊占营	秦和旭
宝丰县	王淑敏	陈树理
叶　县	张留华	杜进伟
鲁山县	杨红旗	李晓兰

地 区	综治委主任	综治办主任
郏 县	戴 晓（至2006.5）郭国顺（2006.5上任）	吴晓阁
南阳市	李天岑	王西敏
卧龙区	王金彪	赵英凯
宛城区	王崇龙	杨国安
邓州市	王书祥	张建民
南召县	王中华	张 昭
方城县	常 崎	杜学玺
西峡县	鄢国宾	申德生
镇平县	王宛楠	郾志勇
内乡县	胡景旭	张万东
淅川县	刘浩安	迟高平
社旗县	赵玉生	吴德恩
唐河县	韩奎生	王照宏
新野县	黄 乐	温林璞
桐柏县	刘 明	仝保展
信阳市	王道云	张传友
浉河区	李第民	叶合春
平桥区	杨成智	靳明亮
息 县	张富治	王海峰
淮滨县	周永烽	岳修林
潢川县	周海文	张彦飞
光山县	樊太明	彭传武
固始县	郭永昌	王 涛
商城县	陈 平	方 义
罗山县	杨淑萍	吴永田
新 县	詹玉锋	余仲奎
周口市	董光峰	史廷民
川汇区	杨海震	赵 辉
项城市	李明方	田 良
扶沟县	田永红	桑红军
西华县	赵新安	孙全明
商水县	张 杰	毕东来
太康县	刘庆森	贾兆选
鹿邑县	刘金志	孟海军
郸城县	黄祥利	陈连珠
淮阳县	贾书君	石荣民
沈丘县	李留心	李培民
驻马店市	宋璇涛	褚东杰
驿城区	崔允成	张彦林
确山县	王明威	董宏建
泌阳县	王复兴	赵全来
遂平县	杨汝北	王集学
西平县	王廷军	张建辉
上蔡县	李海洲	窦百灵
汝南县	崔喜成	贺应华
平舆县	刘汝生	冯兆坤
新蔡县	李宝清	杨 涛
正阳县	赵兴华	李艳梅
济源市	薛兴国	张永和

（撰稿人：李英辉
审稿人：马修道 高 欣 王雪鹏）

湖 北 省

2006 年社会治安综合治理工作概况

2006 年,全省社会治安综合治理工作坚持以"三个代表"重要思想和十六大、十六届六中全会精神为指导,按照构建社会主义和谐社会的要求,认真落实科学发展观,把维护社会稳定放在首位,深入开展严打整治斗争,大力加强平安建设,全面推进社会治安综合治理,各项综治工作取得了新的进步,有力地维护了全省社会稳定和治安大局平稳,有效地保障了全省改革开放和现代化建设的顺利进行,推动了经济持续快速增长和社会全面进步。全省没有发生影响大局的刑事案件、群体性事件和重大治安灾害事故,人民群众的安全感进一步增强。

一、各地各部门"创平安、保稳定、促发展"的责任感进一步增强,领导力度进一步加大

各地各部门认真落实科学发展观,把维护社会稳定和社会治安作为构建社会主义和谐社会的重要内容,经常研究部署,解决重点问题,切实加强保障。各级党委、政府坚持层层签订并与部门签订综治工作目标管理责任书,形成了覆盖全省、"横到边、纵到底"、一级抓一级的综治工作责任网络。加强对重大案(事)件领导责任的查究和一票否决的力度,全省市、县两级综治委共否决134 个单位,审查取消了 111 名责任人受表彰奖励和晋职晋级的资格。认真实行重点督查即"黄牌警告",全省有 168 个单位被市、县综治委给予"黄牌警告"。同时,加强表彰奖励,大部分地市对获得优胜县(市、区)的第一、第二责任人以及市直单位进行了奖励。

进一步加大综治工作和平安建设人财物的保障。一是综治经费普遍有所增加。武汉市级综治经费从 2005 年人均 0.3 元增加到 2006 年人均 0.4 元,城区由 2005 年人均 0.5 元增加到 2006 年人均 1 元,远郊城区由 2005 年人均 0.3 元增加到 2006 年人均 0.5 元。襄樊市 2006 年市、县两级财政列入预算综治经费 700 多万元,其中市级财政预算综治经费 202 万元。神农架林区综治办工作经费由 2005 年的 8 万元增至 13 万元并纳入财政预算,平安建设经费另外追加 10 万元。二是各级综治组织人员力量进一步增强。十堰市综治办配备工作人员 9 名,8 个县(市、区)综治办有工作人员 33 人,平均 4 人以上;全市 117 个乡镇(街办)全都设立了综治办,主任由同级党政副职兼任。潜江市各乡镇综治办按 3 万人以下配 2 人、3 万人以上配 3 人、城区园林办事处配 4 人的标准配齐综治干部 64 名。神农架林区综治办专职工作人员由 2005 年的 2 人增加到 4 人。

二、平安湖北建设深入开展

各地认真贯彻落实中央和省委、省政府关于深入开展平安建设的部署,把平安建设列入经济社会发展的"十一五"规划统筹安排,切实加强领导,加大保障力度。一是省委、省政府印发了《关于深入开展平安湖北建设的意见》,并召开专门会议进行动员部署。各级党委、政府结合中央和省委、省政府文件精神,进一步明确了平安建设的规划、目标、任务、措施以及领导责任、保障措施。二是充分运用电视、报纸、广播、宣传标语、法制讲座等形式,加强宣传,提高群众对平安建设的知晓率和参与率,营造平安建设的浓厚氛围。三是继续深入开展平安家庭、平安乡镇(街道)、平安大道、平安铁道线等和基层安全文明社(小)区、单位、村、学校等基层平安创建活动,打牢平安建设的工作基础。四是在创建中注意抓典型、总结推广好的经验和做法,因地制宜地创新平安建设工作机制和模式。荆州市对平安建设实行立项管理,开展特色创建,在全市大力推广以"警民联防、部门联调、社会联创"为核心内容的"平安三联"工作模式。襄樊市不断健全完善平安创建目标引导制度、季度考评公示制度、单位治安等次评定公示制度和社会治安大暗访制度等工作机制，增强了基层平安创建活力；该市于2006年8月开通了“襄樊平安建设网”，为全省市州首创，为全市平安建设起到很好的宣传作用。宜昌市积极探索“专门工作群众化、群众工作职业化、社会管理市场化”的城区社会综合管理的新路子，通过政府花钱购买社会公益岗位，以社区为平台聘请社会管理工作者协助管理部分社会事务，提高了行政效能。咸宁市全面深入推广平安户（家庭）创建活动，大大提高了群众对平安建设的知晓率和参与率，增强了群众的治安防范意识和维护社会治安的自觉性。通过开展平安创建，至2006年底，全省平安县（市、区）已达54个，占全省县（市、区）总数的50%以上。

三、矛盾纠纷和不稳定因素排查化解工作进一步加强，积极预防和妥善处置群体性事件

一是矛盾纠纷和不稳定因素排查调处网络进一步完善，情报信息反应能力和排查调处能力进一步增强。宜昌市大力加强矛盾纠纷排查调处“三级中心五级网络”建设，全市共建立县、乡、村三级矛盾纠纷排查调处中心1779个，推选民调员21921人，治调中心户26673户。荆门市继续深入开展矛盾纠纷排查调解“百千万”行动，组织律师、法律工作者和群众参与矛盾纠纷排查调处工作。恩施市农村治安中心户防控机制进一步强化，该市由市和乡镇两级财政出资，为全市3801名治安中心户长每人配备一部移动电话，每年为每名中心户长补贴120元电话费，对中心户长调解、提供有价值的信息给予10—500元的奖励。随州市推广“有话就说”工作经验，全市共成立村接待室795个，镇（办）接待室447个，为化解矛盾纠纷提供了平台。二是对排查出来的重大矛盾纠纷和不稳定因素，采取“五个一”的包保责任制，重大问题领导亲自解决，化解了一大批不稳定因素和疑难矛盾纠纷，一批群体性事件得到了妥善处理。三是精心组织，认真部署，扎实开展政法机关联合接访活动，认真处理涉法涉诉上访问题，解决了一批群众关心的涉法涉诉信访突出问题。

四、“严打”整治斗争的主动性、针对性、实效性进一步增强

全省进一步建立健全了省、市、县、乡（镇）四级社会治安形势分析预警和决策机制，加强社会治安信息的搜集分析，定期向社会公布。全省公安机关按照中央和省委、省政府和省综治委的统一部署，结合本地实际，深入开展“打黑除恶”、“侦破命案”、“反盗打抢”、“禁赌”、“禁毒”等专项斗争，切实解决群众反映突出的社会治安问题。全省共破获各类刑事案件6万余起，抓获违法犯罪嫌疑人近8万名。其中，办理黑社会性质组织案件25起，打掉恶势力团伙522个；侦破命案770起，命案破案率达91.8%，居全国前列。

加强对治安混乱地区和突出治安问题的排查整治。2006年，省综治委通报了全省市县两级排查上报的重点整治地区和突出治安问题175个，要求采取有效措施，加强整改。省综治委还对上年度检查考评和2006年年中检查中发现的突出治安问题和工作薄弱环节进行了通报。各地对省综治委通报的问题高度重视，组织专门力量进行整改，取得了明显效果。2006年11月，针对武钢及周边治安比较复杂的情况，省委、省综治委领导到武钢调研督办，武汉市成立专班，开展专项整治，效果明显。

五、社会治安防控体系进一步健全完善，对可防性案件的控制能力进一步增强

各地制定了社会治安防控体系建设规划，继续构建以“社区管控、路面巡逻、边际堵控、单位守护、农村自治”为主要内容的治安防范网络。一是加强公安专防网。各级公安机关坚持把重心放到基层，警力摆到一线，认真开展城区网格化巡逻和社区警务建设，加强对社会面的控制。全省已建成社区（农村）警务室6000余个，配置社区民警1万余名。襄樊市把市区分为三级巡区，由市公安局、区公安分局、派出所分别负责巡逻，由市公安局统一指挥调度。二是做强群防网。在城区和集镇大力发展治安巡逻队、社区保安等专业队伍。全省共组建专业巡逻队5000余支，物建治安信息员15万余人。武汉市在敞开型社区组建了7700多人的社区安保服务队，还为社区配备了1400多名外来人口协管员，每个社区专职综治骨干力量达10人以上，全市专兼职的社区综治、群防力量达到10万余人。安陆市探索实行“保安+保险”的“双保”防控模式，使专业保安公司和保险公司联手加强社区治安防控，促进城区治安防控体系的长效机制建设。三是推进技防网。在重点部位、商业门点推广视频监控、楼宇对讲等技防措施,全省共安装视频监控探头5万余个。武汉市政府决定,市级财政三年内投入9000余万元,进一步完善社区物防技防建设,其中2006年投入3250万元,同时,各区按照1:1的比例配套拨付社区物防技防建设资金;全市电子视频监控探头达3.3万个;2.8万户中小商业门点安装了简易技防设施。黄石市共建立了监控系统585套电子眼3456个,为400多辆出租车安装了卫星定位报警系统。鄂州市督促145家企业、89所学校、213个商场等重点部位、场所安装闭路电视监控或联网报警系统,目前已安装闭路电视监控的部位、场所96处,建立与保安公司等安防企业联网的报警服务点107个,切实提升了治安防控的科技水平。仙桃市制定技防建设规划,实行政府财政和单位多方投入,大力推进技防建设。

六、基层基础工作进一步加强和规范

一是加强基层综治组织和基层党组织建设。各地按规定调整配齐配强综治办主任、副主任和专职干部,加大培训力度,提高基层综治干部的素质和水平。同时,努力改善工作条件,规范台账资料。充分发挥基层党组织在综治工作和平安建设中的作用。武汉市在全市1168个社区配备了1800多名社区民警,市综治委从政法机关、教育等部门调整选派近千名干部到社区担任综治特派员。武汉市江汉区实行责任区党员民警任社区党组织副书记制度,充分发挥基层党组织和党员在平安建设中的作用。天门市委、市政府就基层治调会制度化、规范化建设作出了专门规定。二是群防群治经费保障机制进一步健全。全省不少地方在加强群防群治队伍建设的同时,结合实际,努力探索群防群治经费筹措机制。孝感市、荆州市、潜江市、恩施州等地初步建立起政府出一点、受益单位和个人出一点的群防群治经费筹措机制。三是不断完善和创新基层综治工作机制。黄冈市黄州区创办社区治安议事会,调动了基层治安积极分子的工作积极性。罗田县把村干部工资与绩效挂钩,通过“定标准,明责任,按季考评,奖惩兑现”,有效调动了基层干部维护治安和社会稳定的积极性。

七、各级综治机构充分发挥组织协调作用,各部门齐抓共管、社会各方面积极参与的综治工作机制进一步强化

各级综治委、(办)通过进一步建立健全综治委季度会议制度、五部门联席会议制度、综治委成员单位述职制度、综治工作联系点制度、公众安全感民意测评制度以及定期检查督办和年度检查考评制度,充分发挥部门在综治工作和平安建设中的作用,全省上下形成了运转有效的“抓部门、部门抓”、“一级抓一级、层层抓落实”的工作格局。不少省综治委成员单位结合本部门本系统职责任务,制定了参与综治工作和平安建设的意见建议。省综治委建立了综治委委员巡视制度,并组织部分省综治委委员对全省综治工作进行了巡视,查找突出问题,整改薄弱环节,有力促进了工作水平的提高。

各级各部门有针对性地开展预防青少年违法犯罪、刑释解教人员安置帮教、流动人口管理和服务、学校及周边治安综合治理以及铁路护路联防等社会治安综合治理专项工作,取得明显成效。十堰市为净化青少年成长环境,对全市网吧实行“零点断线”,引起社会各界强烈反响,受到家长和学生的好评。孝感市对外出务工人员留守未成年子女逐一建立档案,由机关干部、学校教师、党员结对帮扶包保。宜昌市继续深入推进“万千花蕾关爱工程”,通过加强对家庭困难子女的就业技能培训、机关干部与在校学困生、单亲家庭子女、刑释解教人员结对帮扶,促进了青少年的健康成长。

平安建设工作情况

2006年,按照省委、省政府,省综治委的统一部署,各地不断深化平安建设,取得明显成效。省委、省政府命名表彰第二批平安县(市、区)32个,使全省平安县(市、区)达到54个,共占全省县(市、区)的一半以上。

一、省委、省政府高度重视

省委、省政府把平安建设纳入领导责任制和目标管理责任制。年初,省委、省政府与市州党委、政府,省直部门签订社会治安综合治理目标管理责任书,把平安建设作为重要内容进行部署;省委办公厅、省政府办公厅下发了《关于深入开展平安湖北建设的意见》,对平安建设进行部署。省综治委专门下发通知,对各地贯彻落实目标管理责任书、《关于深入开展平安湖北建设的意见》提出了明确的要求,作为重点进行检查考评。年初,中央政治局委员、省委书记俞正声就平安湖北建设接受了中央电视台的专访,对平安湖北建设进行了总结,并进一步阐明了平安湖北建设的意义和目标任务,提出了工作要求。省综治委组织各地进行了认真收看。

二、省综治委认真部署

省综治委(办)把平安建设作为新时期综合治理工作发展的目标和必然阶段,进行认真部署。省综治委召开全省综治工作会议、第三次全体会议对平安建设工作进行了认真部署,对创建的组织领导、经费保障、人员保障、制度措施提出明确要求。省综治委积极推广荆州、咸宁等地建立领导干部综治工作和平安建设工作档案的做法,把领导干部抓综治工作和平安建设的成绩列入对干部的政绩考核。省综治委对平安创建实行分级负责,分级创建,分类指导。建立起双向互动、条块结合的综治工作和平安建设检查考评机制,由综治委委员带队检查市县,市县综治委负责人带队检查上级综治委成员单位。完善了平安县(市、区)申报和考核程序,对平安县(市、区)实行动态管理。9月份,省综治委精心拟定推荐命名表彰第二批平安县(市、区)的方案,完善平安县(市、区)的标准,下发通知,组织各地对各县(市、区)进行考评验收,并向省综治委推荐。12月,全省共申报推荐44个县(市、区),省综治委进行认真审核并征求省纪委(监察厅)、省委组织部、省公安厅等七个部门的意见,向省委、省政府提交了命名表彰建议报告。省委、省政府研究决定,命名表彰32个县(市、区)为平安县(市、区)。

三、各级党委、政府狠抓落实

各级党委、政府及主要领导把平安建设摆在重要位置,纳入经济社会发展规划,统筹部署。各地都召开了党委常委会或创建动员大会,制定了实施方案或意见,主要领导负总责统筹抓,分管领导负专责具体抓,为平安建设提供了组织保障。全省建立起"纵到底、横到边"、覆盖全省的综治工作责任网络,层层签订综治工作目标管理责任书,把平安建设的任务分解落实到村(居)和基层单位。各地认真贯彻省委办公厅、省政府办公厅《关于深入开展平安湖北建设的意见》,落实把农村地区平安建设和社会治安综合治理工作经费"按每村不少于1000元的标准保障"的要求。各级党委、政府不断加大平安建设的投入。如武汉市按照城区人口人均0.3至0.5元的标准确定综合治理和平安建设的专项经费。各地将平安建设纳入目标管理,与党政主要领导的政绩挂钩,不少地方对创建过程中发生在全省有影响的重大案件、事件(故)的,给予黄牌警告或一票否决,实行责任倒查制度。

四、部门齐抓共建,群众积极参与

各级综治委成员单位和有关部门根据本部门的职责,制定了本部门、本行业平安建设的实施意见,积极开展平安单位(行业)、平安系统创建。各地积极发挥综治委委员及成员单位的优势,加强对基层平安建设和综治工作联系点的巡视和督查。通过请人大代表视察、政协委员巡视,发动新闻媒体监督,及时发现并整改创建中的薄弱环节。湖北省发挥综治委委员和成员单位齐抓共管作用的作法受到了中央综治委的充分肯定、推广。各地在创建中,注意依靠群众,发动群众,通过采取各种形式对平安建设进行广泛的宣传造势。省综治委组织省电视台拍摄了大型纪录片《平安湖北》,在黄金时段播放,群众积极参与平安建设,参与率、知晓率大大提高。

五、坚持从群众利益出发,平安建设着力解决群众反映强烈的问题

各地在平安建设中以维护群众的利益,解决群众反映强烈的问题为出发点和立足点,健全完善矛盾纠纷排查调处工作机制,狠抓矛盾纠纷排查调解和信访工作,认真开展政法部门联合接访和集中处理涉法涉诉活动,解决了一批关系群众切身利益的突出问题。各地健全完善综治工作督办机制，坚持定期分析社会治安形势，定期开展公众安全感民意测评，定期组织暗访检查抽查，对发现的问题进行通报，督促整改。积极开展“严打”专项整治行动，加强对治安混乱地区和突出治安问题的排查整治，进一步完善社会治安防控体系建设，加大科技防范力度，遏制了刑事案件高发的势头，群众的安全感和对社会治安的满意度逐步增强。

矛盾纠纷排查调处工作情况

2006年度，全省各地各部门认真贯彻落实中央和省委省政府关于加强矛盾纠纷排查调处的一系列文件和指示精神，把深入开展矛盾纠纷排查调处作为推进“平安湖北”建设，构建“和谐湖北”的一项基础性工作，大力加强制度建设，完善长效工作机制，及时有效地排查化解了大量的矛盾纠纷和不稳定因素，为维护全省社会稳定发挥了重要作用。

2006年度，全省共排查各类矛盾纠纷71986件，排查总量与2005年度基本持平。其中，市(州)级排查1345件，同比上升73.1%；县(市、区)级排查9705件，同比上升8.3%；乡镇(街道)级排查27971件，同比下降2.1%；村(居)级排查32965件，同比下降2.0%。

共调处各类矛盾纠纷66994件，调处率为93.07%，比2005年度下降1.77个百分点。其中，市(州)级调处1175件，调处率为87.4%，同比上升2.5个百分点；县(市、区)级调处8646件，调处率为89.1%，同比下降4.1个百分点；乡镇(街道)级调处26018件，调处率为93%，同比下降1.8个百分点；村(居)级调处31155件，调处率为94.5%，同比下降1.1个百分点。从矛盾纠纷的分类比较，2006年度比2005年度的调处率均有所下降。

综治委各成员单位参与社会治安综合治理工作情况

一、及时制定好省综治委全会各次会议议程及方案

发挥好综治委成员单位的作用，关键在开好每一次综治委全会，部署好每个阶段综治工作。省综治委根据《2006年全国综治工作要点》的文件精神，并结合本省实际，在一月份向各地综治委、省直各部门单位下发了《2006年省综治委全会各次会议议题及时间安排》的通知，对全年四次会议的议题定什么主题，讨论什么议题，哪些单位述职，具体议程和时间都作出了统筹安排。并要求各地、各部门单位做好相关准备工作，围绕会议议题认真开展调查研究，增强会议计划性、针对性和实效性。为了让省综治委成员单位以外的其他省直部门单位积极参与综合治理和平安建设工作，学习先进单位的典型经验和成功做法，在积极参与综合治理和平安建设工作中，找准切入点和结合点，切实做好齐抓共管。在召开的四次综治委全会中，至少安排二至三次全体扩大会议，要求与省委、省政府签订了综治工作目标管理责任书的省直部门单位负责人全部参加会议。

二、继续以签订综治责任书的形式，进一步明确省直各部门职责任务，抓紧、抓实强化领导责任制

坚持与省直部门单位签订综合治理目标责任

书，明确、细化各部门单位参与综合治理和平安建设中的职责任务，找准切入点和结合点，将综合治理和平安建设工作任务切实落实到部门单位、领导和责任人。2006年省委、省政府决定逐步扩大省综治委成员单位和省直部门综治目标管理责任覆盖面，与省委、省政府签订综治工作目标管理责任书的成员单位和省直部门，由原定的88个单位逐步扩大120个。在制定省直各部门综治工作目标管理责任书时，根据各部门特别是省综治委成员单位承担综治工作的职能，分门别类，既有参与综合治理和平安建设的共性目标要求，又根据成员单位职能特点，就如何充分发挥职能作用“干什么”的个性目标，分别提出了综治目标管理考核的内容。使省直各部门单位有了明确具体目标，按照责任书抓落实。

2006年2月省综治委召开了第一次全体扩大会议，会上，原省副书记、省纪委书记、省综治委主任黄远志代表省委、省政府与参加大会的120个各成员单位和省直部门“一把手”和主要负责人，签订了《2006年度省直部门社会治安综合治理目标管理责任书》。进一步明确规定了各部门单位综合治理工作实行主要领导负总责，分管领导负专责的领导责任制和目标管理责任制，年终将严格按照责任书的目标要求，一把尺子量到底的考核标准，实行奖惩兑现。会后，各部门单位及时召开党委（组）扩大会议和机关各处室、直属单位负责人会议，学习传达贯彻会议精神，并根据会议精神与本部门处室、直属系统和单位主要负责人层层签订了综治目标管理责任书，将目标责任书的任务和要求逐句、逐条细化分解，落实到了每个部门单位和责任人，将综治工作与业务工作同部署、同检查、同考核、同奖惩，实行“一岗双责”。

三、坚持建立完善和落实省综治委例会制度、综治委委员述职报告制度

在召开各次综治委例会前，时常关注并及时学习、参照中央综治委各次全会主题精神，并结合本省综治工作实际，适当调整确定各次全会议题，部署阶段工作重点。在2006年2月、5月、10月、12月，分别召开了四次综治委全会，其中，有三次是扩大会议。在各次全会上，各市、州综治委负责人工作汇报发言及综治委委员述职报告侧重点均作出计划安排。在全会上，武汉、襄樊、荆州、黄冈等10个市、州综治委负责任人分别在各次全会上，汇报了进一步开展基层安全创建活动，大力推进乡镇、街道及村、社综合治理及平安建设，做好平安建设的人、财、物保障，确保平安建设的各项措施在基层落实等工作情况；省政府办公厅、省人大办公厅、省委宣传部、省公安厅、省妇联等12个成员单位及省直部门负责人，根据本部门、系统工作职能和实际，及时研究制定平安建设的规划、实施方案和意见，如何充分发挥职能作用，深入开展参与平安建设工作，齐抓共管等作了述职报告。

为提高综治委员述职文字材料的质量，增强督促指导的针对性和实效性，在每次召开综治委例会前，及时通知拟定在全会上发言和述职部门单位，要求将述职文字材料按照“两上两下”工作程序，即文字材料先经省综治委、办领导审阅和提出了意见或建议，经修改后，再正式确定在会上作述职发言和将材料印发大会。会后，省综治办为把握好指导的时效性，及时将省直部门的述职材料整理下发各地综治委、成员单位和省直各部门，供学习借鉴，并督促其按照全会上的部署和要求，抓好各地、各部门和系统的综治工作和平安建设工作。

四、进一步健全、完善和细化综治委委员综治联系点工作制度，督促做好联系点工作

为了充分地发挥和履行好综治委员在综合治理中的职能作用，在建立综治委委员综治联系点工作制度上，坚持不断地进行完善，进一步明确细化了委员指导和帮助联系点开展综合治理、平安建设的措施和要求。并规定将委员到综治联系点县（市、区）的情况作为成员单位参与综合治理工作的一项重要内容，进行年度检查考评，委员抓联系点工作的绩效与委员所在单位综合治理和平安建设工作挂钩。2006年省综治委员已确定了49个县市区，占全省县市区总数一半。各成员单位按照省综治委下发的《关于进一步落实省综治委员综治联系点工作制度的通知》要求，将联系点工作列入了部门单位的重要议事日程，综治委员多次带领有关处室负责人深入联系点，紧紧围绕改革发展稳定大局和构建和谐社会的部署，积极协助当地党委、政府认真贯彻落实中央和省委、省政府关于进一步加强社会治安综合治理、深入开展平安建设的措施，及时传达中央、及省综治委全会精神，听取基层综治工作汇报，总结推广典型经验，并帮助基层解决综合治理及平安建设中遇到困难的问题。在指导的督促综治联系点探索的建立贯彻“严打”方针经常性工作机制，建立健全打防控一体化的治安防控建设、开展安全文明创建活动等方面发挥了重要作用。2006年省综治委联系的49个县市区中，省委、省政府命名表彰的54个“平安县市区”中，有31是省综治委委员联系点。

五、实行综治委委员持证参与巡视督查制度

2006年，省综治委制定下发了《关于实行省综治委委员及联络员持证巡视、督查制度》的通知，通知明确了巡视、督查的原则、内容和方法。并规定省综治委委员、联络员持证可在全省内对各地、各部门单位社会治安综合治理、平安建设和社会维护稳定等情况进行巡视督查，针对存在的问题当场进行督查指导，并提出加强改进工作的意见。同时，要求委员认真履行职责，定期不定期开展巡视督查工作，将巡视情况及时向省综治委报告，提出工作建议。在召开的省综治委第一次全体扩大会上省综治委领导给全体综治委委员颁发了巡视证和督查证，并要求各职能部门，明确职责任务，注意工作方法，确保巡视督查质量，选准切入点，加强调研和督办检查。

六、加强对省综治委联络员培训，不断提高综治业务水平

为更好地发挥综治联络员的桥梁、纽带作用，驾驭做好综治联络员工作，为本单位及领导抓综治工作当好参谋助手。8月份，省综治办举办了第一期综治委联络员培训班，培训班上，举行了四次讲座，并认真系统学习了中共中央、国务院《关于加强社会治安综合治理的决定》的文件及近年来有关综合治理的主要文件；讲解中央和省委、省政府近期下发的关于深入开展平安建设工作的部署、要求及重大意义。省劳动和社会保障厅、省教育厅、省财政厅等单位综治委联络员在培训班上交流了工作经验。通过培训，交流了经验，综治联络员开阔了视野，为更好地充分发挥综治成员单位职能作用，形成齐抓共管的思路更清晰了。

七、积极参与综合治理工作检查考评制度，为落实奖优罚劣提供依据

充分发挥综治委委员、联络员和各市、州综治委在综治检查考评中的作用，11月份，省综治委组织抽调省综治委委员和各市、州综治委负责人，对各市州、直管市、神农架林区及省直部门贯彻落实与省委、省政府签订的2006年度《社会治安综合治理目标管理责任书》的检查考评工作。一是抽调省综治委委员带队，组成十二个检查组，分别对全省17个市州、直管市、神农架林区执行综治工作目标管理责任书的情况，进行为期十二天的暗访、检查考评和分类排队。二是组织各市、州综治委负责人带队，组成十三个检查组，对省直各部门单位执行综治工作目标管理责任书、贯彻落实省综治委工作部署情况进行检查。在对省直各部门单位检查考评之前，省综治委和省综治办分别及时下发了《湖北省2006年度省直单位综治工作检查考评办法的通知》和《关于组织检查组对省直单位2006年度综治工作进行检查考评的实施方案》，要求省直各部门单位，根据年初与省委、省政府签订的综治工作目标责任书的执行情况，先进行梳理，自查自评，总结一年来本部门单位综合治理工作情况，并形成书面材料上报省综治委。2006年受到省委、省政府表彰的有武汉市、宜昌市等5个市州；省委办公厅等59个单位，并对5个市州的综治工作第一责任人、第二责任人颁发了奖金；对59个被授予“社会治安综合治理优胜单位”的省直部门单位奖励了当年机关全体工作人员一个月工资。

“严打”整治和重点治理情况

2006年，以平安建设为目标，坚持“严打”方针，深入开展“打黑除恶”、“两抢一盗”为重点的

“严打”整治行动，切实解决治安复杂地区和突出治安问题，取得了明显成效。

一是领导重视，周密部署。年初，将“严打”整治工作作为综治工作重点，进行部署，列为省委、省政府与各地党委、政府签定的《社会治安综合治理目标管理责任书》的重要内容，重点检查督办。省委副书记、省综治委主任杨松率领相关部门深入武钢等大型国有企业及周边进行治安环境情况调研，省、市、区、街与武钢立即部署，进一步加大整治力度，解决了一批突出治安问题，提出进一步加强武钢及周边治安环境整治的意见，强化了武钢周边地区治安综合治理机制。省委常委、省委政法委书记、省综治委副主任郑少三督促深入开展学校及周边治安环境整治工作，要求各地对排查出的问题逐个整治验收，并搞春季、秋季入学时的集中排查整治工作。省委政法委副书记、省综治办主任鲁志宏多次深入武汉市、黄冈市、荆州市、天门市等地调研指导、检查、督促开展“严打”整治工作。各地党政领导、综治部门的领导都高度重视加强“严打”整治工作、切实解决群众关注的突出治安问题，加强领导，亲自部署督办，加大保障的力度，为“严打”整治工作提供了有力的领导保证。二是创新办法，推进“严打”整治工作措施全面落实。进一步健全完善省、市、县、乡四级社会治安形势分析预警和决策治理机制，治安乱点突出治安问题排查整治机制、检查考评、暗访督办机制，公众安全感暗访测评等机制。坚持每季度第一个月中旬组织省直政法部门以及教育厅、民宗委、信访局、总工会等有关省直单位和武汉市参加，召开社会治安形势分析联席会议，分析社会稳定和治安形势，提出对策意见，供领导决策参考。同时，督促有关部门、地方有针对性地加大力度，及时整治。在7月组织开展的年中暗访检查督办、10月开展的公众安全感暗访测评、12月开展的年度检查考评中，重点对“严打”整治工作进行了检查考评。年中，暗访检查督办以查找“严打”整治等工作薄弱环节和突出治安问题为主，重点检查省综治委2005年通报重点整治地区的整治情况，通报督促整改。10月开展的公众安全感暗访测评以访查黑恶势力等群众反映强烈的治安问题为重要内容，对治安混乱地区和突出治安问题通报各地党委、政府，督促整改。年底检查考评对“严打”整治工作进行了全面检查考评，对存在的问题和工作薄弱环节进行通报。对此，各地党政领导亲自主持召开会议讲评，督促综治政法部门进一步查找问题，研究整改措施，有针对性地开展整治。同时，省综治委委员及成员单位负责人先后76人次，不定期深入挂点县市区巡视督办。三是全力开展集中整治行动。按照“什么犯罪突出就重点打击什么犯罪，什么问题突出就重点解决什么问题，哪里问题突出就整治哪里”的原则，从3月9日开始，全省统一开展了“打黑除恶”、打击“两抢一盗”、查禁“六合彩”赌博、打击经济领域犯罪等专项斗争。全省共侦破黑社会性质组织25个，打掉黑恶势力犯罪团伙646个，抓获黑恶势力团伙成员4322名，由此破获各类刑事案件4139起。全省共立“两抢一盗”犯罪案件126250起，打掉盗窃团伙426个，逮捕盗抢犯罪惯犯2178名，全省大部分地区盗抢犯罪发案势头得到遏制，人民群众安全感进一步增强。四是扎扎实实地开展重点整治，解决突出治安问题。各地都把重点整治作为解决治安问题的突破口，扎扎实实地排查治安复杂地区和突出治安问题，坚持实行“一个乱点、一名领导、一个专班、一套方案、一抓底、限期整改”的包保责任制，组织精兵强将，深入开展集中整治。2006年，省综治委于年初、年中2次组织排查出175个重点整治地区、部位和单位，下发通报，要求各地逐个明确整治责任领导和专班、整治时限、实行挂账督办，逐个整治销号，并将重点整治地区名单、责任人、整治时限、举报监督电话向社会公布，发动群众和社会各界参与，接受监督。半年和年终，省综治委先后两次组织暗访检查，年底纳入综治检查考评，对限期不达标，整治不合格的实行“黄牌警告”直到一票否决。为巩固整治效果，针对少数地方年年整治、年年反弹的情况，全省各地坚持把重点整治与创建平安工作紧密结合，坚持和完善重点整治工作成效与平安单位命名表彰和年度综治工作考评奖惩紧密挂钩的制度，建立健全各项长效机制，促进重点整治工作规范化、制度化。

社会治安综合治理基层基础工作情况

一、基层组织建设进一步加强

省委、省政府高度重视社会治安综合治理基层基础工作,2006年6月,省委办公厅、省政府办公厅印发了《关于深入开展平安湖北建设的意见》。全省各级各部门认真贯彻落实文件精神,从政策导向、力量配置、经费保障、技术装备等方面向基层倾斜,增强基层实力,激发基层活力,提高基层效率,不断强化和完善由基层党政组织领导、综治组织指导协调、政法组织为骨干、群众自治组织和群防群治队伍为基础、各单位和广大群众共同参与的基层综治工作网络,完善基层综治工作制度和工作机制。各级切实加强基层党组织和居委会、村委会及治保会、调解会等群众自治组织建设。全省市县综治办主任全部由同级党委政法委副书记兼任,按照同级政府职能部门副职规格配备了1至2名专职副主任,市级综治办工作人员达到6人以上,县级综治办达到4人。乡镇(街道)都明确了一名副书记分管政法综治工作,配备了2—3名综治工作人员。同时,加强乡镇(街道)综治办建设,加强基层综治干部教育培训,积极改善工作条件。武汉市逐年提高经费保障水平,市级综治经费从2005年人均0.3元增加到2006年的0.4元,城区由2005年人均0.5元增加到2006年1元,远城区由2005年人均0.3元增加到2006年0.5元。襄樊市2006年市县两级财政共预算综治经费700多万元,其中市级财政预算202万元。十堰市切实加强综治办建设,市综治办配备工作人员9名,8个县市区综治办有工作人员33人,全市117个乡镇(街道)全部设立了综治办,主任由同级党政副职兼任,共配备综治专职干部318人。

二、狠抓"三基"工程,夯实基层基础

一是加强公安专防网。"三基"工程取得了明显成效,基层实力明显增强。省市县三级公安机关共下沉警力3543人,全省80%的县市区基层一线警力占到总警力的85%以上。全省已经建成社区(农村)警务室6000个,配备社区民警10000余名。省级财政拨付2.4亿元政策性转移支付资金解决县级公安机关经费问题。全省76个公用经费分类保障的县级公安机关中已有66个达标。全省全年公安经费总量达41.86亿元,同比增长13.8%。基础工作不断夯实。大力加强治安防控体系建设,不断深化社区警务建设,在农村推广了"农家警察"、"流动警察"等警务机制,在城区建立了五分钟控制圈,对辖区治安实现了全时空控制。全省投入2亿元加强"金盾工程"建设,10个地市和66个应建县市公安机关实现了"三台合一",2411个派出所、看守所、交警中队、刑侦中队全部接入了公安主干网。武汉市采取多种措施确保综治工作重心到基层、综治力量到基层、综治经费投入到基层,城区800多个社区全部设置了警务室,配备责任区民警1802人,社区综治特派员972人。二是做强群防网。在城区和集镇大力发展治安巡逻队、社区保安等专业队伍。全省共组建专业巡逻队5000余支,物建治安信息员15万人。武汉市已配备社区安保队员7700人,外来人口协管员1400人,每个社区有一定报酬的专职综治和群防骨干达10人以上。宜昌市建立了三级(县乡村)中心、五级(县、乡、村、村民小组、治安中心户)网络,已建立三级中心1779个,推选民调员21921人,治安中心户26673户。三是推进技防网。在重点部位、商业门店落实视频监控、楼宇对讲等技防措施,全省共安装视频监控探头5万余个。黄石市共安装监控系统585套、电子眼3456个,为400多辆出租车安装了卫星定位报警系统。

三、社区矫正和安置帮教工作全面开展

一是社区矫正全面完成试点工作。2006年5月22日,省机构编制委员会批准成立"湖北省社区矫正办公室"并规定为常设机构。2006年8月9日,召开全省扩大社区矫正试点工作电视电话会议,决定在全省开展社区矫正试点工作。现在全省17个市州的98个县市区已全部开展社区矫正试点工作。目前,全省监外执行人员共11535人,在册矫正对象3221人,解除矫正442人,仅1人重新违法犯罪,重新犯罪率为0.31%,取得了初步成效。二是安置帮教工作进一步规范。2006年3月20日,省政府常务会议通过了《湖北省安置帮助教育刑满释放、解除劳动教养人员暂行规定》。2006年全省共接收刑释解教人员112473人,安置10489人,安置率84%。重新犯罪率1.89%,脱管率1.61%。目前,全省115个市、州、县(市、区)已经全部建立了安置帮教工作领导机构和办事机构,1234个乡镇(街道)全部建立了安置帮教工作接待站,村(居)委会建立安置帮教小组35876个,占总数的99.3%,全省从事安置帮教工作的人员30万人。

四、预防青少年违法犯罪工作进一步深化

全省各级团组织坚持以教育为基础,不断加强青少年的思想道德教育、法制教育、行为规范和心理健康教育,提高青少年的综合素质;以服务为手段,深化"大学生就业创业促进行动",为大学生提供10000个勤工助学岗位、10000个就业实习岗位和10000个就业岗位。深化"青春富康行动",培训转移农村青年10000人。实施100个田园小康项目,发放创业资金30万元,帮扶100名农村青年就地创业。资助1000名农民工子女就学、组织10000名志愿者代理家长为农村留守学生开展关爱服务等等,解决实际问题,促进青少年群体全面和谐发展;以维权为保障,强化青少年维权实体建设,启动"百岗百区千千结维权行动",组织100个国家级、省级优秀"青少年维权岗"结对100个第二批"四无"创建试点社区,1000名维权岗工作人员结对1000名特殊青少年,开展"一对一"帮扶。

五、学校及周边治安综合治理工作效果明显

省委、省政府和各级党委政府高度重视学校及周边治安综合治理工作,全省建立了党委政府统筹协调、部门分工负责齐抓共管、定期排查集中整治、突出重点强化安全管理、加强检查督办及时表彰奖励的工作机制。全省共查破各类涉校刑事案件1588起、治安案件2369起,检查网吧6637户,查处违法经营户894户、吊销营业执照503户,取缔无证经营网吧499户,查封违法经营场所137处。省学校及周边治安综合治理领导小组办公室对51所高校排查出的269个问题逐个下发督办通知书,限期整改,对48个先进集体和62个先进个人进行了奖励。

六、流动人口管理工作进一步加强

一是狠抓流动人口治安管理。以实施社区和农村警务战略为载体,切实强化暂住户口登记和暂住证的办理、查验工作,及时掌握暂住人员的底数和动态情况,加强对流动人口中可能危害社会治安的高危人群的管理和控制。坚持"谁出租、谁负责"的原则,严格落实出租房主治安管理责任,完善出租房屋备案和与出租房主签订治安责任保证书制度。加强对流动人口聚集场所和部位的治安检查,定期组织开展清理整顿。二是推进流动人口社会化管理。以开展"平安社区"、"平安村居"、"平安单位"创建活动为依托,紧紧依靠乡镇、街道等基层政权组织,充分发挥城乡治保会、调解会、治安中心户等群防群治组织的作用,加强社区流动人口、出租房屋管理机构和暂住人口协管员队伍建设,共同做好流动人口治安管理工作。三是加快流动人口管理信息化建设。健全暂住人口和出租房屋信息登记制度,加快派出所综合信息系统建设,提高暂住人口、出租房屋等信息采集、管理、共享和使用的效率。

社会治安综合治理评选表彰工作情况

一是对平安县(市、区)进行命名表彰。省委、省政府对各地申报的44个县(市、区)严格进行考核验收，决定命名表彰其中的32个县（市、区）为平安县（市、区），省委、省政府制发表彰通报，并各奖励5万元，共160万元。

二是省委、省政府表彰奖励综治工作优胜单位。省委、省政府根据年初对各地、省直部门签定的目标管理责任书，对各地、省直部门严格进行检查考评，决定表彰武汉市、宜昌市、襄樊市、咸宁市、恩施州等5个市州，省委办公厅、省政府办公厅等59个单位为2006年度社会治安综合治理工作为优胜单位。对获得综治优胜单位市州的党委、政府第一责任人、第二责任人、政法委书记、综治办主任，按照省委、省政府《关于加强社会治安综合治理的意见》（鄂发[2002]13号）的规定，各奖励2000元，共6万元；对表彰为优胜单位的省直单位则奖励全体工作人员一个月的工资。

三是省综治委表彰奖励综治工作先进单位和个人。省综治委根据各地的申报，审核后表彰了200个社会治安综合治理工作先进单位，100个先进个人，对先进个人每人奖励1000元，共10万元。各地也加大表彰奖励力度，命名表彰了一大批平安乡镇（街道）、平安社区、平安家庭等，表彰了一大批先进个人。

社会治安防控体系建设情况

2006年，全省社会治安防控体系建设进一步加强。省委办公厅、省政府办公厅下发了《关于进一步深入开展平安湖北建设的意见》，对加强社会治安防控体系建设情况提出了明确要求，要求"各地各相关部门要精心制定社会治安防控体系建设五年规划，认真实施。各地要制定技术防范发展规划，有计划有步骤地推进治安技术防范工程建设，力争在'十一五'期间，初步建立起覆盖全省城镇、重点集镇、重要道路的技术防范系统框架；对主要街道、商业区、要害部位、治安复杂场所和重点单位全部实行技术防范，并逐步把技术防范措施推广到社区、单位和家庭"，进一步明确了社会治安防控体系建设的重点和方向。在全省社会治安综合治理工作会议和省综治委季度会议上，省委、省综治委领导都把加强社会治安防控体系建设作为开展平安建设、加强社会治安综合治理的重要内容进行部署。各地也都把加强社会治安防控体系建设作为平安建设的重要内容，层层抓好落实。全省进一步建立了党委、政府领导，综治机构组织协调，以公安民警为骨干，以群防群治力量为依托，以社会面治安防范为重点，以科技手段为支撑，专群结合的治安防控体系；构建了"社区管控、路面巡逻、边际堵控、单位守护、农村自治"为主要内容的治安防范网络。

一是加大投入。各级各部门社会治安防控经费进一步提高。如武汉市2006年市、区财政投入3000万元用于社区技防建设，各区按照1∶1的比例配套拨付社区物防技防建设资金；全市投入5000多万元解决社区安保队员、外来人口协管员的报酬。宜昌市2006年全市县乡两级财政共投入1000万元用于矛盾纠纷排查调处三级中心五级网络建设，夷陵、当阳、宜都、枝江等地按治调中心户每户每年100至200元的标准解决工作补贴；全市投入1311万元用于安保队伍建设；当阳市每年拿出75万元用于安保队建设和中心户补贴。襄樊市每年预算平安建设和治安防控经费202万元，对技防项目进行定向配套补贴。

二是大力加强人防。武汉、宜昌、襄樊、孝感、黄石等大中城市，组织巡警、交警、刑警、治安、武警等警种上路到区巡逻，加强社会面的治安防控。同时，把各种专职、义务的群防群治力量组织起来，积极开展社区巡逻、看楼护院、邻里守望、纠纷调解、防范宣传等多种形式的治安防范活动。襄樊市把市区按主干道、次干道和背街小巷划分为三级巡区，一级巡区由市公安局巡警支队负责巡逻，二级巡区由各区公安分局负责巡逻，三级巡区由各派出所组织巡逻，实行一线调警制，黄石市打造"城区5分钟治安控制圈"和"全市治安封锁圈"，将城区划分为23个巡控区，在全市主要道口设立18个卡点，囤警街头巡逻。宜昌市共建立县、乡、村三级矛盾纠纷排查调处中心1779个，推选民调员21921人，治调中心户26673户。十堰市大力加强人防队伍建设，全市城区及各县市城关地区专业巡逻队员达2100余人，义务及低保人员巡逻队员10355人，实行物业管理的小区有保安人员1760人，单位专职内保人员3100余人，城区保安服务人员达1400余人，十店联防片区4532个，门栋关照员16874人，形成了强大的群防群治力量。

三是进一步加强技防建设。全省进一步推广以电视监控、楼宇对讲为主的智能化技防系统。武汉市已对复杂场所和主要路段实行24小时电视监控，全市电子视频监控探头达3.3万个。宜昌市各单位近年来累计投资约8000余万元在城区主要干道、商业繁华区、金融系统及重要部位共建红外报警设施6700套、电视监控探头2656个。

四是加强企事业单位和非公有制经济组织等单位的社会治安管理。进一步健全企事业单位的治安防范机制，把单位的治安责任落实到具体责任人，不断加强单位的物防技防建设。省直单位近年来不断加强自身建设，取得良好效果，可防性案件和治安事件逐年减少，去年仅发生2起。各地认真探索加强非公有制企业管理的办法。如襄樊市在全市推行单位治安等次评定公示制度，以县(市)区为单位，依据辖区单位发案情况和平安建设措施落实情况，按照“安全”、“基本安全”和“不安全”三个等次，坚持每季度进行一次考核评定，评定结果在新闻媒体和辖区公示栏中予以公示。

五是定期督促检查。在平安县(市、区)表彰命名和年度综治工作检查考评中，把社会治安防控体系建设作为重要内容进行考核。省和部分市(州)建立了社会治安定期暗访制度，对社会治安定期进行暗访督促检查。省综治委三次从综治委成员单位抽调力量组成专班，对全省每个市州进行为期5—9天的暗访督办，采取自理食宿、不打招呼、不要陪同、不通知行程、排除干扰的方式进行，暗访主要是查找工作薄弱环节和突出治安问题，并及时通报当地党委、政府，督促整改，有力促进了社会治安防控体系的健全完善。

落实领导责任制情况

省委、省政府、省综治委对综治工作和平安建设高度重视。省委常委会多次研究政法综治和维护稳定工作，解决重要问题，加强保障措施。2006年3月，中共中央政治局委员、湖北省委书记俞正声就平安湖北建设接受中央电视台专访，在全国“两会”期间播出，全省广大党员干部认真进行了收看。省委副书记、省综治委主任杨松每次到基层都要调研综治工作和平安建设情况，亲自部署综治工作检查考评工作，听取检查考评情况汇报，督促加强综治经费保障，研究解决综治工作表彰奖励措施，还亲自到武钢督促加强对武钢及周边治安环境的整治，有力促进了全省综治工作和平安建设责任制落实。省委办公厅、省政府办公厅下发了《关于认真落实综治工作目标管理责任的通知》，要求认真落实综治工作目标管理责任，确保全年综治工作和平安建设目标任务完成。省委办公厅、省政府办公厅下发了《关于深入开展平安湖北建设的意见》，对开展平安湖北建设的目标、任务、措施提出了明确要求。在全省政法工作会议、全省综治工作会议及省综治委四次全会上，省综治委主要领导都对综治工作进行部署，对落实综治工作责任制度提出明确要求。省综治委领导、省综治委委员一年不少于两次到综治联系点调研指导综治工作，帮助基层解决实际问题。

2006年初，省委、省政府领导与各市、州、直管市、神农架林区有关领导以及省直88个部门主要负责人签订了综治工作目标管理责任书，责任书明确了各级党委、政府和各部门主要领导和分管领导加强社会治安综合治理、促进平安建设的责任，要求各级领导定期研究，加强对综治工作的指导，解决关系综治工作和平安建设的重大问题，并要求把领导干部抓综治工作的成绩与干部的晋职、晋级和奖惩挂钩。各级各部门坚持层层签订责任书，把综治责任落实到村(居)和基层单位。

各级各部门认真落实综治工作领导责任制和部门责任制，把综治工作和平安建设作为一把手工程，坚持一手抓发展、一手抓维护社会稳定，把综治工作和平安建设与经济社会发展同研究、同部署、同检查、同考核。各地层层建立了平安建设领导小组，把综治工作和平安建设的职责任务落实到部门、单位和有关责任人。各地党政领导亲力亲为，加强对综治工作和平安建设的调查研究，认真解决制约综治工作和平安建设的重大问题。襄樊、咸宁、荆州、黄冈、十堰等市委书记亲自部署综治工作和平安建设。襄樊市委书记对省综治委通报的检查考评中发现的突出治安问题，在全市综治工作会议上亲自点评，要求有关部门采取切实措施、加大力度、限期解决。

咸宁、荆州等市建立了领导干部综治工作和平安建设工作档案，把领导干部抓综治工作和平安建设的成绩列入对干部的政绩考核范畴。各级各部门在提拔任用干部和评先表优的时候，基本做到了征求综治部门意见，有力促进了各级各部门抓好综治工作和平安建设的责任感和积极性。

通过检查考评、暗访督办、公众安全感调查以及认真兑现奖惩，建立和完善综治工作激励制约机制。2006年年底，省委、省政府组织部分省综治委委员带队检查市州、市州综治委负责人带队检查省直部门，对各地各部门年度社会治安综合治理工作进行了检查考评，各地各部门也层层建立了综治工作检查考评制度。2006年7月，省综治委组织有关成员单位对各地综治工作进行了暗访检查，查找突出问题，整改薄弱环节。2006年10月，省综治委、省统计局组织综治委成员单位联络员分赴各地进行公众安全感和有关综治工作进行了民意测评。在检查考评的基础上，省委、省政府命名表彰了5个综治优胜市州和59个优胜省直单位，对优胜市州的第一、第二责任人和综治办主任各奖励2000元，对省直优胜单位全体干部职工给予一次性奖励。此外，加大一票否决的力度，2006年，各市县综治委一票否决了108个单位，其中，党政及部门19个，政法机关2个，金融单位5个，企事业单位45个，其他单位37个；对91个单位给予了“黄牌警告”，有力地促进了领导责任制的落实。

铁路护路联防工作情况

2006年，在省委省政府的领导下，按照构建社会主义和谐社会的要求，各级铁路护路联防组织充分发挥职能作用，以创建“平安铁路示范路段”活动为载体，积极排查化解涉铁矛盾纠纷和治安隐患，大力开展铁路治安突出问题和重点区段的集中整治，加强爱路护路法制宣传教育，为维护铁路治安秩序，确保铁路安全畅通和全省大局稳定作出了积极贡献，全省未发生在全国有影响的涉铁刑事案件和群体性事件，未发生因治安问题引发的重大行车事故，涉铁案(事)件同比下降13.0%，路外伤亡事故下降11.1%，货盗赔款下降31.0%。经中央综治委铁路护路联防工作领导小组综合考核，省铁路护路联防工作在全国31个省(市、区)中排名第二，跃进全国先进行列。

一、广泛开展平安铁路创建活动，有效地促进了铁路护路联防工作

中央护路办关于创建“平安铁路示范路段”的规划下发后，湖北省及时制定了全省“平安铁路示范路段”创建三年规划，明确指导思想、目标任务和方法步骤，把京广、京九、汉丹、武九、襄渝、焦柳、长荆七条铁路作为创建工作重点，要求各地层层制定平安铁路示范路段创建的实施方案，明确责任。为了有步骤、分阶段地推进创建工作，省护路办对2006年度的平安铁路创建工作进行了重点部署和分解细化，提出了阶段工作计划和达标要求。各地各部门高度重视，加强领导，精心组织，把这项工作与平安建设同部署、同检查、同落实，以保一线平安促进保一方平安；以影响铁路平安的重点问题为突破口,地铁联手对铁路站区和治安重点区段进行集中整治;在铁路沿线层层落实铁路治安包保责任制,把工作任务分解落实到基层、落实到单位、落实到人员,把铁路护路联防工作拓展到铁路沿线城乡2公里和1公里范围。我省“平安铁路示范路段”创建工作成效得到了中央综治委铁路护路联防工作领导小组的充分肯定,先后在2006年全国护路办主任会议和全国“平安铁路示范路段”创建工作经验交流会议上作典型发言。

二、积极排查化解涉铁矛盾纠纷和治安隐患,有力维护了铁路沿线政治稳定

铁路沿线各级党委、政府及护路联防组织和铁路部门按照“属地管理”和“谁主管、谁负责”的原则,坚持定期开展涉铁矛盾纠纷排查化解工作,坚持地铁双方及时互通情况,对不稳定因素做到早发现、早化解、早控制、早处置。对牵涉面大、情况复杂的群体性矛盾纠纷,实行领导包案、挂牌督办,做到“三不放过”,即情况不查清不放过、责任不追究不放过、问题不整改不放过。一旦发生突发事件,地方和铁路部门领导靠前指挥,亲自与群众对话,最大限度地把不稳定因素化解在萌芽状态和单位内部。年内,省市县三级护路联防组织协调地铁双方及时化解和妥善处置了武汉、荆门、咸宁、黄石、襄樊、天门等地因路外伤亡事故和铁路施工引发的冲击铁路的群体性事件,避免了事态扩大升级;协调处理了襄樊市铁路沿线三个乡镇因铁路工务部门喷洒除草剂发生秧田药害可能引发群访闹事的苗头;妥善解决了武汉市江夏区纸坊镇和武昌区紫荆山铁路道口的通行问题,确保全省未发生严重危害铁路运输的涉铁群体性事件,维护了铁路稳定。

三、大力开展专项斗争和重点治理,有力控制了铁路治安大局平稳

省铁路护路联防工作领导小组连续两次在全省部署为期共六个月的铁路治安整治行动,对盗窃运输物资、拆盗铁路器材、破坏铁路设施以及各类危害行车安全的违法犯罪活动进行严打整治,对城乡铁路两侧各500米和1000米范围内的流动人口、废旧物品收购站点、违章建筑进行清理整顿。2006年4月17日,按照中央有关部门紧急通知精神,以省铁路护路联防工作领导小组、省综治委、省委政法委、省法院、省检察院、省公安厅、省司法厅、省安监局和武汉铁路局等九部门的名义,在全省统一部署了为期三个月的坚决遏制危害行车安全案件上升势头的专项整治行动。6月7日,又在全省统一部署了为期三个月的铁路突出治安问题集中整治行动,将铁路公安部门排查的124个突出治安问题、139个重点区段(站场),分类分地区通报全省,要求各地按照“一个问题、一名领导、一套方案、一个专班、一抓到底”的要求进行挂牌督办,限期改变面貌。

四、加强爱路护路法制宣传教育,提高了沿线群众的安全意识

各地护路联防组织把增强铁路沿线广大群众的爱路护路意识和遵纪守法观念,作为创建平安铁路、确保铁路治安稳定的基础性工作,把铁路沿线中小学生、机动车主、大牲畜养殖户、“五残人员”等群体作为重点对象,在铁路沿线持续开展以《铁路法》、《铁路运输安全保护条例》和《治安管理处罚法》为主要内容的爱路护路法制宣传教育。注重宣传形式的多样化,讲求实效。充分发挥新闻媒体的主渠道作用,进行专题采访报道、制作电视专题片、开辟专栏;积极运用墙报、橱窗、标语、横幅、宣传单等传统手段,使宣传工作进村入户;组织宣传队深入学校、村组、社区集中宣传;利用典型案例以案说法。2006年,全省各地共开展铁路安全宣讲会、图片展1500余场次,发放宣传资料20万余份,悬挂横幅400余条,张贴标语、通告3万余张,受教育群众达100万余人次。省护路办会同湖北电视台专门摄制了《平安铁路》系列片在全省播出,社会反响良好。

五、严格规范护路联防经费管理,发挥了护路经费的积极效应

省护路办、按照《湖北省铁路护路联防经费征收和使用管理暂行办法》的要求,积极配合财政、审计部门严格检查经费征收和使用情况、规范经费管理、防止违规和超范围使用,针对审计出来的问题认真加以整改。武汉铁路局代征护路联防经费1310万元,比2005年上升5%,保证了“收支两条线”,按规定比例70%用于专职护路联防队,为护路联防工作提供了必要保障。省护路办下拨涉铁各市州、县(市、区)护路联防经费补贴近190万元,县(市、区)经费补贴经省财政直接拨到各县级专户，用于铁路沿线基层组织护路工作补贴。在地铁双方的共同努力下，护路联防经费的管理得到进一步加强，效益得到进一步发挥。

六、加强护路联防队伍建设，发挥群防群治作用

各专职护路联防队按照《全国铁路护路联防专职队伍管理工作暂行规定》的要求，以《铁路护路联防工作手册》为基本教材，加强专职管理干部和专职护路队员的业务知识和技能培训，提高队伍的执勤能力和水平。共培训专职护路联防队员5期300余人次。同时，根据不同地区的经济状况，适当提高队员工资待遇，每月进行绩效考核，调动护路队员的工作积极性。广大护路联防队员积极配合铁路公安机关开展爱路护路宣传教育、巡线护路、清站查车和重点整治工作，共协助公安机关破获刑事案件3起，抓获现行犯罪嫌疑人93名，抓获逃犯2人，提供破案线索70余起，为保障铁路安全畅通发挥了重要作用。

各地在铁路沿线的乡镇、村组普遍建立了不同形式的以民兵和治安积极分子为主体的义务护路队，在公安派出所和基层治保组织的带领下，在重点路段开展巡防守护工作。同时，采取以会代训等形式对义务护路队员进行培训，宣讲法律政策和工作要求，提高工作水平。

湖北省社会治安综合治理委员会关于实行省综治委委员及联络员持证巡视、督查制度的通知

（2006年2月9日）

省综治委各成员单位，各市、州、直管市、林区社会治安综合治理委员会：

为了充分发挥省综治委委员及综治委联络员的作用，省综治委决定，实行省综治委委员及联络员持证巡视、督查制度。现将有关事项通知如下：

一、对全省社会治安综合治理工作进行巡视、督查是省综治委委员、联络员的重要职责，也是推动综合治理工作的一项重要措施。

二、省综治委统一制发《省综治委委员巡视证》、《省综治委联络员督查证》。

三、省综治委委员及联络员持证可在全省范围内对各地、各部门（单位）社会治安综合治理、维护稳定、平安建设工作等相关情况进行巡视、督查，针对存在的问题提出建议，并报省综治委及其办公室。

四、有关地方、部门（单位）要根据省综治委委员、联络员提出的建议及时制定整改措施，认真进行整改，整改后的情况要报省综治委及其办公室，并向提出建议的省综治委委员、联络员反馈。

五、省综治委委员及联络员要认真履行职责，定期不定期的开展巡视、督查工作，并注意工作方法，保证巡视和督查质量。

六、全省各级社会治安综合治理组织、各地、各部门（单位），特别是公安及政法各部门要积极支持省综治委委员、联络员的巡视、督查工作，并提供方便。

七、省综治办对省综治委委员及联络员的巡视、督查工作进行备案管理。

八、对不支持、不重视省综治委委员及联络员的巡视、督查工作及对存在的问题不积极整改的地方、部门（单位），省综治委将视情况予以通报批评、黄牌警告，并作为社会治安综合治理年度考核的重要依据。

省委办公厅　省政府办公厅印发《关于深入开展平安湖北建设的意见》的通知

（2006年6月28日）

各市、州、县党委和人民政府，省军区党委，省委各部委，省级国家机关各委办厅局，各人民团体：

《关于深入开展平安湖北建设的意见》已经省委、省政府同意，现印发给你们，请结合实际认真贯彻落实。

关于深入开展平安湖北建设的意见

为了贯彻落实中共中央、国务院和省委、省政府关于构建社会主义和谐社会和建设和谐湖北的部署要求，根据《中共中央办公厅、国务院办公厅转发〈中央政法委员会、中央社会治安综合治理委员会关于深入开展平安建设的意见〉的通知》（中办发[2005]25号）精神，经省委、省政府同意，结合我省实际，就深入开展平安湖北建设提出如下意见。

一、平安湖北建设的指导思想、总体目标

平安湖北建设是建设和谐湖北的基础工作和重要内容，也是加强社会治安综合治理的有效载体。各级党委、政府要进一步强化“保一方平安”的政治责任感和紧迫感，按照“创平安、保稳定、促发展”的要求，进一步加强社会治安综合治理，大力开展平安湖北建设。

平安湖北建设的指导思想是：以邓小平理论和“三个代表”重要思想为指导，用科学发展观统领平安湖北建设，在各级党委、政府的统一领导下，充分发挥政法综治部门的职能作用，积极组织动员社会各方面力量，广泛开展平安地区和平安单位建设活动，着力解决关系群众切身利益的问题，排查化解矛盾纠纷和不稳定因素，排查整治治安复杂地区和突出治安问题，进一步夯实基层基础，全面落实社会治安综合治理措施，建立健全平安建设的长效机制，确保社会稳定，确保人民群众安居乐业，为改革发展提供良好的治安环境和法治秩序。

总体目标是：力争在“十一五”期间，使全省80%以上的县（市、区）达到平安县（市、区）建设要求，并深入开展平安市（州）创建，全省社会治安综合治理工作落实，群众有安全感。一是对敌对势力的渗透破坏活动以及“法轮功”等邪教组织的非法活动发现得早、控制得住、处置得好，防止严重危害国家安全和政治稳定的情况发生；二是从源头上预防和减少矛盾纠纷，努力化解不和谐因素，防止严重危害社会稳定的重大群体性事件发生；三是维护城乡社会治安秩序，使突出治安问题和治安乱点得到有效整治，防止严重危害群众安全感的重大治安问题发生；四是预防和减少重特大安全生产事故，防止严重危害人民群众生命财产安全的群死群伤事故发生；五是依法查处经济犯罪案件，及时消除经济领域的不稳定因素，防止严重危害社会主义市场经济秩序的经济案件发生。

二、平安湖北建设的主要措施

（一）积极预防和有效化解各种社会矛盾

各级党委、政府要坚持把最广大人民的根本利益作为制定政策、开展工作的出发点和落脚点，着力解决好关系群众切身利益的问题，筑牢平安建设的基础。规范收入分配秩序，完善就业服务体系、社会保障体系和社会救助体系。制定政策时进行影响稳定的风险评估，做到科学决策、民主决策、依法决策。当前要重点纠正在农村征地、城镇居民房屋拆迁、企业重组改制、企业违法排污、移民安置等方面损害群众利益的行为，开展清理拖欠进城务工人员工资等劳动保障执法检查，加强对医疗、教育等领域“乱收费”的治理。

扎实开展矛盾纠纷和不稳定因素排查化解工作。坚持定期排查化解的工作制度，及时发现、化解矛盾纠纷和不稳定因素。各地各部门要进一步完善责任制度和工作网络、工作机制。按照“分级负责、归口调处”、“谁主管、谁负责”的原则，督促及时化解。对排查出的重大矛盾纠纷和不稳定因素，坚持实行领导包保化解。综治部门要加强组织协调和指导督办，整合各方面力量，加强人民调解、行政调解和司法调解。要把问题解决在当地、解决在基层、解决在萌芽状态。

认真贯彻《信访条例》和《湖北省信访条例》，建立健全信访工作机制，进一步畅通信访渠道，建立有序合法的信访秩序。

积极预防和妥善处理群体性事件。建立健全社会舆情汇集分析机制，加强情报信息工作和重大情况报告工作，定期进行稳定形势分析研判，做好对发生大规模群体性事件、突发事件的风险评估和预测。建立健全预防和处理群体性事件的工作预案，加强演练，不断提高处理能力和水平。要坚持慎用警力、慎用警械、慎用强制措施。

（二）依法打击各类犯罪和敌对势力的破坏活动

完善贯彻“严打”方针的经常性工作机制。认真开展公众安全感测评和社会治安信息的搜集分析，把握规律，找准重点，增强打击的针对性、及时性和实效性。当前重点是要依法严厉打击有组织犯罪、黑恶势力犯罪、杀人、爆炸等严重暴力犯罪以及抢劫、抢夺、盗窃等影响群众安全感的多发性侵财犯罪，始终保持对刑事犯罪的高压态势。定期排查整治治安复杂地区和突出治安问题，建立长效机制。重点排查整治学校和企业周边、铁路沿线治安环境。开展专项整治，有效遏制涉枪、投毒、爆炸等案件的发生，坚决查禁取缔“黄、赌、毒”等社会丑恶现象，加大对盗抢机动车犯罪的打击力度。

依法严厉打击严重经济犯罪，进一步整顿和规范市场经济秩序。重点打击事关国家经济安全、影响社会稳定、破坏市场经济秩序的严重经济犯罪，整治危害群众身体健康和生命财产安全的非法生产经营活动。

严密防范和严厉打击境内外敌对势力和敌对分子的渗透破坏活动、暴力恐怖活动、利用互联网等技术手段从事蛊惑煽动活动，以及插手人民内部矛盾制造事端等非法活动。坚决取缔“法轮功”等邪教组织，有效防范和严厉打击其非法活动，以及其他利用宗教名义进行的各种非法活动。加强国家安全人民防线建设。

政法部门要强化配合制约机制，把“严打”方针贯彻落实到执法办案的各个环节，提高依法打击严重刑事犯罪的质量和水平。加强对刑事执法活动的监督，认真贯彻落实宽严相济的刑事政策。

（三）大力加强社会治安防范工作

各地各相关部门要精心制定社会治安防控体系建设五年规划，认真实施。把思想认识、工作重点、力量配置、经费投入、考核奖惩等切实转移到“预防为主”上来，因地制宜，构建专群结合、人防物防技防结合、全时段全地域覆盖、有效预防和控制各种违法犯罪活动的社会治安防控体系。按照社会化、职业化、市场化、规范化相结合的原则，建立和完善社会治安防控网络。特别要建立和完善社会面的巡防控制网络，乡镇（街道）、村（社区）治安防范控制网络，重点要害部位和特殊行业、公共复杂场所的治安管理控制网络，机关、学校、企业事业单位内部的安全防范网络，地区间的边际治安联防网络。

根据实际，大力发展城乡警民结合、有偿和义务结合的人防。在城区进行网格化巡逻防控，完善治安卡口建设，确保防控无疏漏。在城区和有条件的乡镇组建专职治安巡防队伍。在城市社区，全面落实社区警务战略，由民警组织群防群治队伍开展巡逻守护。在农村村组，可开展巡逻守护和联户联防。认真贯彻落实《企业事业单位内部治安保卫条例》，进一步加强人防、物防、技防。大力发展保安服务业。探索建立治安承包责任制，实行治安与保险的互动工作机制。加强对保安人员和群防群治队伍的管理、教育和培训，严格规范其行为。

加强治安物防和技术防范。各地要将治安防范设施建设纳入城市基础设施建设和民用建筑建设的总体规划，进行综合设计、同步规划和独立验收。要制定技术防范发展规划，有计划有步骤地推进治安技术防范工程建设，力争在"十一五"期间，初步建立起覆盖全省城镇、重点集镇、重要道路的技术防范系统框架；对主要街道、商业区、重点要害部位、治安复杂场所和重点单位全部实行技术防范，并逐步把技术防范措施推广到社区、单位和家庭。

(四)加强社会管理

建立健全党委领导、政府负责、社会协同、公众参与的社会管理格局，提高社会管理水平。通过加强城乡基层自治组织建设，形成横向到边、纵向到底的社会管理体系，消除社会管理的空白点和薄弱环节。充分发挥城乡基层自治组织、社团、行业组织和社会中介组织的作用，形成社会管理和社会服务的合力。

加强和改进对亟需社会关注群体的管理和服务。加强对流动人员的技能培训和法制教育。关心和重视农民工劳动保护、子女就学和社会保障，切实维护其合法权益。认真实施"为了明天——预防青少年违法犯罪"计划，进一步建立健全家庭、学校、社会三位一体的预防青少年违法犯罪工作机制。定期摸排贫困家庭子女、闲散青少年、失足青少年、服刑在教人员子女、流浪儿童等，落实帮助、教育、管理措施。加强对刑满释放解除劳教人员的衔接、帮教工作。认真开展对服刑在教人员的职业技能培训，落实刑满释放解除劳教人员安置政策，积极创建和扶持一批刑满释放解除劳教人员安置实体和基地。全面开展社区矫正试点工作，不断提高社区矫正质量。

加强枪支弹药、爆炸物品、剧毒危险品和放射性物品的管理和整治。加强特种行业管理，加大对网吧、娱乐服务场所的整治和管理力度，加强对互联网和移动通信不良信息的监控和管理，提高信息安全防护水平。加强道路交通安全管理和消防管理。

建立健全安全生产保障机制。通过开展创建平安(安全)企业和维权岗活动，深化安全生产专项整治，加强对重大隐患的整治和重大危险源的监控，遏制重特大恶性安全生产事故的发生。加大对安全生产违法行为的查禁力度，严肃查处安全责任事故背后隐藏的腐败问题和滥用职权、玩忽职守等犯罪。制定和完善各类应急预案，建立健全统一指挥、运转高效的应急处置机制，积极预防和妥善处置各类突发公共事件，提高保障公共安全的能力。

(五)加强社会主义民主法治建设和公民道德建设

贯彻落实《公民道德建设实施纲要》，广泛深入地开展"八荣八耻"社会主义荣辱观教育，加强未成年人思想道德建设，不断提高公民道德素质。加强社会主义政治文明建设，健全民主制度，丰富民主形式，扩大公民有序的政治参与，保证人民依法实行民主选举、民主决策、民主管理、民主监督。坚持和完善政务公开、厂务公开、村务公开、财务公开等办事公开制度。认真实施依法治国基本方略，落实普法规划，重点抓好青少年、领导干部、司法和行政执法人员、企业管理人员、农村基层干部和城市社区管理人员的法制教育，提高公民法律素质。加强和规范法律服务、法律援助工作，切实维护困难群众的合法权益。

严格公正执法，深入开展反腐倡廉工作，维护社会公平正义和良好的法治秩序。加强政法队伍思想政治建设和业务教育培训。加强政法队伍管理和纪律作风教育整顿，进一步健全完善管理制度。严肃查处执法不公、执法不严、执法不廉的行为，坚决查处损害人民群众合法权益的行为。进一步深化"规范执法行为、促进执法公正"活动，实行执法质量目标管理，严格执行执法责任制和错案追究制度。

(六)加强社会治安综合治理基层基础工作

各级党委、政府和政法部门要从政策导向、力量配置、经费保障、技术装备等方面向基层倾斜，增强基层实力,激发基层活力,提高基层效率。强化和完善由基层党组织和政府领导、综治组织指导协调、政法组织为骨干、群众自治组织为基础、各单位和广大群众共同参与的基层综治工作网络,完善基层综治工作制度和工作机制,筑牢维护社会治安和社会稳定的第一道防线。切实加强基层党组织和居委会、村委会及治保会、调解会等群众自治组织建设。乡镇(街道)明确一名副书记分管政法综治工作,在编制限额内配备2—3名综治工作人员。切实加强乡镇(街道)综治办和公安派出所、人民法庭、司法所等基层政法组织建设,加强基层综治干部教育培训,改善基层综治办的工作条件。乡镇(街道)要组织各方面力量,推动预防青少年违法犯罪、流动人口管理、刑满释放解除劳教人员安置帮教、学校及周边治安综合治理以及铁路护路联防等基础工作在基层落实。

深入开展平安县(市、区)、平安乡镇(街道)、平安村、平安社区、平安家庭、平安单位、平安道路(铁路)和安全文明校园等基层平安建设活动,不断提高平安建设的层次和水平。加强帮教、法律服务、法律援助、治安联防、社区安全保卫、治安中心户、治安信息员、综治协会等组织和队伍建设,探索完善群防群治的方式方法,整合使用群防群治力量。做好驻社区(农村片区)民警、综治特派员、兼职法制副校长和法制辅导员的选配、管理工作,充分发挥其作用。广泛动员组织共产党员、共青团员、民兵、青年志愿者、离退休人员和享受低保人员参与治安防范。大力倡导见义勇为,加大表彰奖励的力度。

三、加强领导,落实责任,确保平安建设取得实效

平安建设工作由党委、政府统一组织实施。各地要将平安建设纳入本地经济社会发展总体规划,制定专门规划和年度计划,及时研究部署,认真督促落实,切实给予保障。党政主要领导是平安建设的第一责任人,分管领导是直接责任人,其他领导承担分管工作范围内平安建设的责任。党政领导要确定联系点,开展平安地区示范建设,经常调查研究、指导督办,帮助解决问题。要按照中央和省委、省政府的要求,加强各级社会治安综合治理机构建设,配齐配强综治办领导班子,增加工作力量,确保工作落实。要把党政领导抓平安建设的实绩特别是处理信访突出问题和群体性事件的情况,列为干部考核的重要内容,并把考核结果与干部的政绩评价、晋职晋级和奖惩挂钩。对工作扎实、成效显著的予以表彰奖励;对因工作不力、失职、渎职引发影响社会稳定和社会治安重大问题的,严格实行社会治安综合治理一票否决权制和重大案(事)件领导责任查究制度,严肃追究主要领导、分管领导和相关责任人的责任。各级党委组织部门在考察党政主要领导和分管治安工作的领导干部工作实绩时,须征求所在地区、部门社会治安综合治理领导机构的意见。

各级社会治安综合治理委员会及其办公室要在党委、政府的领导下,充分发挥组织协调作用,加强调查研究、督促检查、考评奖惩,不断总结推广典型经验,查找薄弱环节,狠抓工作措施的落实,有计划、有步骤地组织推动平安建设深入开展。进一步完善综治委全体会议制度,综治委、纪委、组织、人事、监察等五部门联席会议制度和情况通报制度,综治委成员单位述职制度,对部门平安建设和综治工作实行目标管理和考评奖惩。要坚持和完善综治委委员综治工作基层联系点制度,实行综治委委员巡视和综治联络员督查制度,加强对基层平安建设的指导督促。各部门、各系统、各单位要制定参与平安建设的实施意见,充分发挥职能作用。

建立和完善平安建设工作目标管理、考评奖惩等工作制度和工作机制。平安建设考评验收必须进行公众安全感测评,听取群众意见,把评判权交给群众。对平安地区和平安单位进行表彰奖励,并实行动态管理。加大对平安建设工作和重大案件、事件、事故的督办督查力度。建立健全舆论宣传工作机制,大力开展平安建设宣传工作。

各级党委、政府要从构建社会主义和谐社会的政治高度,加大对平安建设和社会治安综合治理工作的投入,将应由政府承担的经费纳入财政预算予以切实保障,并随着经济的发展逐步增加投入。尤其是各县(市、区)要把乡镇(街道)、村(社区)平安建设和社会治安综合治理工作经费列入政府财政预算予以足额保障,农村地区要根据人口数量、地理环境和治安状况等情况,按每村不少于1000元的标准保障。同时,还要逐步建立适应社会主义市场经济要求的群防群治经费保障机制。省财政厅、省物价局和省综治办要研究提出落实群防群治经费保障、加强治安人防物防技防建设的实施意见。

宜昌市积极探索源头预防无业闲散青少年犯罪的有效机制

宜昌市社会治安综合治理委员会办公室

据宜昌市对5000多名无业闲散青少年调查发现,他们无学可上,成为文化上的“小盲人”;无业可就,成为经济上的“小穷人”;无组织关爱,成为政治上的“小矮人”;无理想信念,成为社会上的“小病人”。当前,无业闲散青少年的生存状态及引发的社会问题,已成为涉及群众切身利益,影响社会安定和谐的热点之一。

2006年以来,宜昌市把实行技能就业培训,开展潜能激发活动,从源头预防无业闲散青少年犯罪,作为社会治安综合治理的重要措施,收到了初步效果。

一、开展技能培训,让无业闲散青少年实现就业

王璨,男,1988年8月生,2004年初中毕业,家住宜昌市陶珠路,父母双双下岗,家庭生活十分困难。毕业后王璨几次求职受挫,生活信念逐步破灭,整日浑浑噩噩,家长为之忧心忡忡。2006年4月,经社区干部、民警动员,王璨参加了城区困难家庭子女技能就业培训,在市商业学校学习烹饪技术。2006年11月,经市外派劳务综合基地服务中心牵线搭桥,通过了新加坡汉斯快餐食品公司的视频面试,王璨和尹虹智二名学员取得了赴新加坡实习就业的机会。王璨的父亲王尚义说:做梦都没有想到我的孩子可以到外国去工作,感谢党和政府为我们困难家庭做了一件天大的好事!尹虹智的母亲张秀勤说:我的孩子上初中时就不爱学习,老说没有家庭作业,我经常被老师叫到学校挨训,他也不愿继续读高中。自从参加了技能就业培训,班主任席老师和他交朋友,用自己的经历鼓励他好好学习;市司法局滕科长和他结成对子,每周和他见面谈心;社区居委会刘主任也经常到家里来询问他的学习情况。当接到通知要去新加坡实习就业时,我不相信,到学校核实后才相信这是真的。这孩子通过培训变了,成人了。

从2006年起,宜昌市委、市政府决定每年拿出160万元对城区千名困难家庭子女进行技能就业培训。按照“人人掌握一门技能,人人实现就业”的目标和“政府资助、市场运作、定单培训、全程服务”的原则,由劳动部门牵头,政法、综治部门、街办、社区等单位密切配合,至2006年10月,城区已分两批招收了1065名困难家庭子女,参加为期3个月至1年的技能就业培训。目前已有129名首批入学的学员完成了学业,并取得了职业资格证书,实现了就业。同时各县市对8000余名无业闲散青少年进行了技能就业培训,其中5600多人实现了就业。

——政府资助,让无业闲散青少年有学可上。宜昌城区千名困难家庭子女技能就业培训的对象,主要是家庭生活困难、学习成绩差、考不起高中、读不起中专和缺乏劳动技能、闲散在家的无业青少年。市政法、综治、劳动等部门在调查研究的基础上,精心制定方案,由政法、综治部门组织街道、社区,动员符合条件的青少年报名入学。劳动、财政部门按照政府资助的方式,采取免息借学费助学、贴息贷款助学、奖学金奖励助学、对特别困难的家庭子女减免学费助学等方式,解决困难家庭子女入学难的问题。为了最大限度地减轻学员负担,市劳动局职业技能鉴定中心免收每位学员300元左右的职业技能鉴定费,市安监局减免了电工、焊工班学员《安全技术操作证》考核费,免费为毕业学员办理劳动资格等级证书。为了动员无业闲散青少年入学，街道、社区、派出所组成专班，配合学校深入社区，挨门挨户调查无业闲散青少年情况，释疑解惑，动员入学。

——定单培训，让无业闲散青少年有业可就。无业闲散青少年就业难的主要原因是缺乏劳动技能，就业竞争能力差。市劳动、财政部门以就业率为标准考核各培训学校、发放培训资金。各培训学校根据市场用工需要，实行定单培训，选定十家专业特色强，培训质量高，就业效果好的技校为培训机构。在专业设置上，为学员提供技术含量高、就业前景好，且与用人单位签订了用人意向和用人协议的模具制造、数控机床、调酒师等20多个专业供学员选择。为了提高培训质量，各培训学校根据学员年龄悬殊大，文化程度参差不齐等特点，调整课目设置，注重实际操作，改进教学方式，增强学员兴趣，提倡互帮互学，千方百计调动学员积极性。为确保人人实现就业，市劳动和社会保障局于2006年8月下发了《关于积极吸纳和安置城区困难家庭子女技能培训后就业的通知》，并举办专场用工招聘会，为参加培训的学员疏通就业渠道，扩大就业机会。与此同时，劳动部门和各培训学校还按照全程服务的要求，从就业后跟踪服务及二次培训等方面入手，进一步巩固提高培训就业质量。

二、开展潜能激发，让无业闲散青少年立志有为

李华东，男，现年32岁，家住西陵区望洲岗路9—16号，曾因持刀抢劫判刑15年。刑满释放后，牢友拉他去“照场子”（欺行霸市）挣大钱。正当李犹豫不决时，经市领导批准参加了第二批技能就业培训，现在市烹饪职校学习。今年元月26日，在参加市综治办、市劳动局举办的潜能激发活动中，李华东主动上台，面对300多名学员坦陈了自己的经历，告诫学员不要违法犯罪，并坚信“走光明的道路，前途将是一片美丽的天空。”他的发言，引起会场经久不息的掌声。

——潜能激发，让无业闲散青少年扬起理想风帆。预防无业闲散青少年犯罪的重点不仅在于使其有学上，有业就，更重要的是使其有理想、有信念。按照宜昌市综治委领导的要求，把“育人”放在技能就业培训的首位，要求各培训学校先教学员“做人”，再教学员“学技能”，并集中时间，集中精力，精选老师，精选内容，对学员开展“励志教育，激发潜能”。活动期间，市委常委、政法委书记、公安局长王厚军同志亲自为学员谈人生、谈理想，讲古今中外杰出人物成功的秘诀，给学员留下了刻骨铭心的印象。此外，针对学员的生活和思想实际，请“千手观音”邰丽华的启蒙老师介绍邰丽华身残志坚，刻苦奋斗的成长历程：请与学员们经历相同的成功人士讲创业的艰辛与成功的喜悦；请三峡大学知名教授讲人生与立志；安排学员到宜昌监狱、劳教所、戒毒所参观，组织服刑、劳教、戒毒人员讲生活感悟；请政法干警讲法律常识和典型案例，使其弄清好玩与犯罪的界限，做到知法、懂法、守法；请家长讲养育子女的酸甜苦辣，以丰富多彩的形式启发学员树立信心，发挥潜能，战胜困难，自尊、自信、自强、自立、自律，掌握技能，实现就业，改变命运。在社会的关心和培训机构的精心教育下，一大批无业闲散青少年振奋了精神，恢复了信念，有的主动参加义务献血，有的参加社区巡逻，有的回家为父母洗脚，以各种方式表达回报父母、回报社会的心迹。

——结对帮扶，让无业闲散青少年在关爱中感动。技能就业培训期间，市委政法委组织全市公安、法院、检察、司法干警对近千名培训学员开展结对关爱。各政法部门从了解学员的家庭情况，生活经历、兴趣、爱好入手，通过上门家访，打电话，发短信，谈心等多种方式沟通。并送钱送物，帮助解决学习、生活中的具体困难。使帮扶对象在情感上得到尊重，生活上得到关心，行为上得到引导。

市委常委会听取社会治安综合治理工作汇报后，对城区千名困难家庭子女技能就业培训工作给予了充分肯定。市委书记李佑才同志指出，要把让无业闲散青少年有学上，有业就，有理想，作为解决群众实际困难，促进社会安定和谐的重要工作来抓。市长郭有明同志强调城区千名困难子女技能就业培训取得了很好效果，我们要坚持不懈地抓下去，争取取得更大实效。

三、整合社会资源，构建源头预防无业闲散青少年犯罪新机制

近年来，全市政法、综治部门把预防无业闲散青少年犯罪作为平安宜昌建设的重要举措，努力整合社会资源，以建立“四有”（情感上有人尊重、思想上有人引导、困难上有人关心、就业上有人帮助）机制为重点，积极争取党委、政府和各级部门的支持，启动了“万千花蕾关爱行动”，预防青少年违法犯罪。2004 年，报经市委、市政府同意，注册成立了“宜昌市无业闲散青少年关爱协会”，邀请著名法学家、全国政协副主席罗豪才同志担任名誉会长，市委、市政府主要领导担任顾问，筹集资金 200 多万元，努力探索源头预防青少年违法犯罪的长效机制。

——问责通报，增强学校预防青少年违法犯罪责任感。学校是预防青少年违法犯罪的前沿阵地，市综治委要求教育部门将预防青少年违法犯罪工作纳入重要议事日程。一是与各县市区和直属学校签订了目标管理责任书，将在校生违法犯罪情况作为教育目标考核、班子考评及评先表彰的重要内容和教师评价、晋职晋级、年度考核的重要指标，实行一票否决。二是建立了在校生违法犯罪情况通报制度和问责制度，严格实行领导负责制、工作责任制和责任追究制。在“告别不良行为、争做文明小市民”等系列专题教育和德育实践活动中，参加活动的中小学生达 50 余万人次。此外市教育局还印发了《关于加强家庭教育办好家长学校的意见》，对开办家长学校提出了明确要求。提出加强学校与家庭联系，关注学生社会交往和行为偏异，提高思想道德教育的能力和水平。直属学校和县市区绝大多数学校都开办家长学校，有的还建立了网上家长学校，加强了社会教育、家庭教育和学校教育的对接。目前，全市 17 所家长学校被评为省级示范家长学校。同时教育部门积极参与“四无”社区创建，共建立市级校外德育基地 40 多个。通过三位一体的未成年人思想道德教育网络，促进了中小学生良好行为习惯的养成，据抽样调查，全市中小学生行为规范合格率达 98% 以上。

——增强青少年法制教育的实效性。2005 年来，市综治委领导先后带领市教育局、司法局、劳动局、共青团等单位领导深入看守所、劳教所、戒毒所、监狱调查研究，弄清青少年违法犯罪的社会环境和思想因素，不断改进青少年法制教育工作。2005 年 9 月市综治委转发了市教育局、市司法局、市综治办联合制定的《关于在全市青少年学生中开展“四个一”法制宣传教育活动的通知》，紧扣青少年学生中普遍存在的“抢劫与揩肥”、“犯罪与好玩”等法制盲区，有针对性地开展宣传教育。按照编写一本法制宣传册子，集中进行一次法制副校长培训，讲好一堂法制教育课，开展一次学生大讨论的要求，市司法局在公、检、法等部门的支持下，精选了近年来本市青少年犯罪的典型案例，汇编成册，发送到各法制副校长、各学校。同时组织全市法制副校长培训，结合青少年犯罪的典型案例，深刻剖析其思想社会、家庭、教育等方面的原因，增强法制教育的针对性、鲜活性，以大量生动具体的实例帮助青少年走出法制误区。各学校通过法制讲座、小广播站、升旗仪式、晨会、班会、专题讨论、模拟小法庭等丰富多彩的形式开展法制宣传教育，增强了青少年法制宣传的实效性。

——“3 + 1”模式，促进“学困生”转变。在校“学困生”（双差生）是无业闲散青少年的源头。2003 年以来，在总结市八中经验的基础上，在全市探索建立“3 + 1”关爱模式，即 1 名教师、1 名民警（社区干部）、1 名家长三方共同关爱 1 名学困生。通过班主任摸底找“1”，校教导处提名选“1”，学校、社区、家长共同确定“3 + 1”，运用三方联动、情感交流、表扬激励、结对关爱、跟踪衔接、校正偏差等方法，使 89% 的关爱对象改掉了不良习惯，提高了学习兴趣和学习成绩。

——各部门齐抓共管，推动预防青少年违法犯罪工作深入发展。今年市委《关于解决关系人民群众切身利益若干突出问题促进和谐社会建设的意见》（宜发［2007］6 号）文件下发后，各政法部门、市直综治成员单位把抓好预防青少年违法犯罪工作作为贯彻落实文件精神的重要举措，充分发挥职能作用，齐抓共管，不断推动工作向深入发展。市公安局组织开展专题调研活动，选择违法犯罪原因比较典型的违法犯罪青少年，采取与被调查对象见面谈话，对其生活、学习环境中的相关人员进行走访等方式，深挖诱发其犯罪的主观和客观原因，探究各级党政机关、社会职能部门在预防青少年违法犯罪中的具体方法。市中院组织干警结合当前青少年犯罪实例，编写《青少年犯罪警世录》，对典型案例进行法律评析，解剖青少年犯罪原因，探索预防方法。市检察院积极探索运用轻缓刑事政策办理未成年人犯罪案件，将教育、感化、挽救方针贯穿于公诉未成年人犯罪的各个环节，对其实行轻缓刑事政策，并制定具体帮教措施，努力挽救涉案未成年人。团市委组织青年志愿者深入社区、学校，为青少年提供维权、励志、技能辅导等菜单式服务。猇亭区区委、区政府高度重视预防青少年违法犯罪工作，组建工作专班，推行组建青少年法制基地、设立“青少年技能培训实习岗”、启动“爱心传递”帮扶工程等五大举措，营造青少年健康成长的良好环境。

发挥成员单位作用　推进平安荆州建设

荆州市社会治安综合治理委员会

近年来，特别是今年以来，在市委、市政府的坚强领导和高度重视下，我市综治工作始终坚持以目标管理责任制为龙头，以整治突出问题为抓手，以基层联系点为纽带，以完善机制为手段，充分发挥综治委各成员单位的职能作用，齐抓共管，有力地促进了全市平安建设的深入开展。

一、以目标管理为龙头，强化部门责任。一是纳入全局工作一同部署

市委、市政府将平安建设作为全市“六大工程”之一，与全局工作统一部署，每年都要与市直123个单位和各县（市、区）签订综合治理目标管理责任书，并要求各级各部门将责任目标进行细化分解，把任务落实到基层，落实到一线，使目标管理不留死角。二是纳入综合管理一同推进。为了增强市直各单位特别是综治委成员单位履行综治工作职责的积极性、主动性，市委在今年推行的市直机关绩效考核工作中，明确提出各单位履行综治职责的情况，将作为绩效考核是否评优的先决条件。为此，市综治委进一步提出了“目标管理责任书必学、综治工作必讲、安全保卫必查、矛盾纠纷必调、不稳定因素必报”的“五必”工作要求。三是纳入奖惩结账一同落实。为落实目标管理，强化部门责任，市直123个责任单位都建立了平安建设档案，对各单位的工作情况实行一月一录入，半年一抽查，年终一考评。

二、以“六无”创建为载体，推动平安单位建设

为了解决综治委成员单位开展平安建设的活动抓手问题，去年下半年各综治委作出了《关于在市综治委成员单位开展创建“六无单位”活动的实施意见》，狠抓了“六无单位”创建活动。一是明确目标强责任。明确提出创建目标为单位内部无盗抢、无赌毒、无重大刑事案件、无群体性事件、无重大安全事故、无法轮功等邪教组织活动的发生。并规定：凡达不到“六无”目标的单位，年终不得被评为综治工作优胜单位，对发生重大治安问题的单位，有职工习练“邪教”并滋事闹事造成一定影响的单位，发生群体性上访的单位，引发重大不稳定因素的单位，将查究单位主要领导、分管领导和直接责任人的责任。二是大员上阵抓推动。市长、市综治委主任王祥喜同志亲自动员部署和主持召开现场会推动综治委成员单位开展“六无”创建活动，并带领综治委委员到各单位检查综治工作，查看“六无”创建活动情况，进行现场指导和督办。各单位主要负责同志亲自挂帅，工作中真抓实干，有力地推动了“六无”创建活动的扎实开展。三是扶植典型树标杆。为了使创建活动迅速在各单位有效展开，市综治委选择了市教育局、交通局、财政局、公安局等代表性强、综治基础较好的10个单位作为典型，由综治办组织专人上门指导，精心培育，从制度建设，阵地建设和“三防”建设上按照“六无”创建要求进行规范化建设，为解决“六无”创建怎么抓的问题树立了一批示范典型。四是活动推进促落实。在去年“六无”创建动员部署会、现场经验推进会的基础上，今年又在荆州日报组织了综治委委员谈平安建设专访、在荆州电视台展播了综治委成员单位“六无”创建巡礼、启动了“六无”系统创建,使“六无”创建活动不断引向深入。目前,市直其它单位、荆州区及沙市区综治委成员单位都已开展“六无”创建活动。

三、以整治突出问题为抓手,推进部门齐抓共管

近些年来,我们每年都要组织相关职能部门,就一些突出治安问题,集中研究,并集中力量、集中时间开展专项整治行动。一是加强调研,增强针对性。每次重点整治活动前,市综治办和有关具体牵头的职能单位,都要对需要整治的重点问题进行深入细致的摸底排查,确定工作重点,做到有的放矢。二是细化任务,强化工作职责。特别是对反复性较大、涉及面较广的问题,我们都要提出解决问题的具体时间表,明确主要单位和相关配合单位的责任,实行倒计时抓落实,避免了职责不明和互到推荐。三是加强督办,确保工作到位。主要采取成员单位定期碰头汇报、阶段性检查讲评、重点督办和发通报等方法,由综治办或牵头部门实行督导,强化抓落实力度。四是部门联动,开展专项整治。去年以来,在市综治委的统一领导下,市教育部门牵头组织开展了市中心城区大学城及周边治安问题整治、市文化部门牵头组织开展了网吧、文化娱乐市场的集中整治、市公安局牵头开展了“护三电”(电力、电信和广播电视设施)和治理自行车被盗问题专项斗争,建立和完善了协调配合机制,强化了“校地共建”、“企地共建”和“部门联动”。此外,市公安局、团市委、市司法局、市地方铁路局等单位还在预防青少年违法犯罪、加强流动人口管理与服务、社区矫正、铁路护路联防和治理占压输油气管道设施等专门工作方面充分发挥成员单位共同参与谋划、参与政策、参与管理的作用,解决了一批突出治安问题,推进了部门齐抓共管。

四、以综治联系点为纽带,深化基层平安建设

近几年来,我市摸索了一套以“警民联防、部门联调、社会联创”为核心内容的“平安三联”工作模式,其中,以综治联系点为纽带的“社会联创”工作,深化了基层平安建设。一是上下“联姻”结对子。市综治委每个综治委委员都建有自己的综治工作联系点和结对创安的村(社区),市中心城区108个社区都有共建单位。二是携手共建创平安。各单位与联系点及结对社区(村)都制定有平安建设共建计划,不仅建立了定期联系制度,而且在人力、物力、财力等方面也给予了大力帮扶。去年以来,市直部门在荆州和沙市两区结对创安中为社区提供物质帮助达153万多元。在工作中,各单位领导带队深入基层指导创,专班工作人员蹬点基层帮助创,夯实了基层基础工作,打造了一批平安示范样板。如沙市区健康巷社区,通过结对帮扶,建起了社区活动中心、完善了民调组织、组建了“老姨妈”义务工作队,近几年来该社区无上访现象、无违法犯罪案件发生,社会治安秩序良好,民风持续好转,邻里和睦,被评为平安社区、和谐社区。三是连带管理加力度。市综治办专门建立了系统创安和结对创安考评体系,对市直和中省在荆单位由单一考评变为综合考评,将其工作实绩与其系统、联系点和结对村(居)的平安建设成效实行捆绑结账、连带管理,形成了上下负责、结对共创、一帮一、多帮一的平安创建局面。

五、以完善机制为手段,促进工作规范开展

一是完善综治委工作制度。为加强综治委工作制度化、规范化建设,先后出台了《关于执行社会治安综合治理领导责任制及其一票否决权制的实施细则》、《平安单位标准及考评办法》、《荆州市社会治安综合治理督查督办工作规定》、《五部门联系会议制度》、《关于对重大刑事案件实行责任倒查的若干规定》、《关于市综治委成员单位述职评议工作的若干规定》等一系列规范性文件,从不同角度明确了各项工作规范和具体要求。二是完善述职评议工作。每年市综治委都要指定一批综治委成员单位和部分县(市区),在市综治委全会上进行述职和汇报,开展述职评议工作。我们学习和参照省综治委的作法,每年年初都将四次全会的时间、议题及汇报单位、述职单位等内容以文件形式下发,让各部门有针对性地加强工作,做好汇报、述职准备。从今年开始,我们采取会议和书面述职两种形式,进一步扩大评议面,并将评议结果及时反馈给相关单位,督促其有针对性地改进工作。三是强化检查考评手段。我们采取平时检查与年终考评相结合、成立检查组交叉检查考评与成员单位考评打分相结合、领导机关评议与社会评议相结合的形式，每年都要对市直部门和各县市区年度综治工作进行一次全面的考评。每次集中检查考评前，我们都要对参检单位和参检人员进行为期一天的培训，明确重点检查内容，规定必须检查找出被检单位3—5个问题和不足。对于考核结果、奖励方案和处罚决定，市综治委都要坚持按程序进行研究讨论，并向市委、市政府作出专题报告，提交市委常委会讨论通过。2006年以来，市委对95个市直单位进行了表彰奖励，两年来为市直综治优胜单位干部职工发放奖金近300万元。

经过近几年的努力，我市社会治安综合治理组织网络体系进一步完善，职责任务进一步明确，各综治委成员单位参与综治工作集体谋划决策、强化检查督办、合力齐抓共管的作用进一步加强，综治治理工作取得了明显成效，全市相对平安的社会局面基本形成。

湖北省综治委、办负责人名单及机构设置情况

一、省综治委负责人名单：

杨　松　省综治委主任

郑少三　省委常委、省委政法委书记、省综治委副主任

高瑞科　省人大副主任、省综治委副主任

阮成发　副省长、省综治委副主任

吴家友　省综治委副主任、省高级人民法院院长

靳　军　省综治委副主任、省人民检察院检察长

敬大力　省综治委副主任、省人民检察院检察长

汪道胜　省综治委副主任、省政法委常务副书记

二、省综治办负责人名单：

鲁志宏　省委政法委副书记、省综治办主任

黄仕明　省综治办副主任、省铁路护路领导小组办公室主任、省维稳办副主任

程敬贵　省综治办副主任

三、机构设置：

1. 综治办内设综合协调处、基层指导处、信息督办处、社会调查处
2. 根据鄂编发（2005）46号，省铁路护路领导小组办公室牌子挂综合协调处
3. 省见义勇为基金会归口省综治办管理

湖北省各市、县（市、区）综治委、办主任名单

地　区	综治委主任	综治办主任
武汉市	胡绪鹍	孙天文
江岸区	何　艳	张　麒
江汉区	周玉珍	刘汉华
硚口区	胡勤华	纪跃辉
汉阳区	徐　晓	段满群
武昌区	吴志振	黄春香
青山区	秦　军	夏新国
洪山区	刘　涛	刘光平
江夏区	汪祥旺	柯尊金
蔡甸区	谢宗孝	刘立龙
东西湖区	李华捌	陈社德
汉南区	曹裕江	蔡明山
黄陂区	李胜桥	熊国顺
新洲区	王世益	童维厚

地 区	综治委主任	综治办主任
十堰市	王启泉	温和灿
郧 县	余立柱	徐 宏
竹山县	朱 林	周光辉
竹溪县	易先荣	王光华
张湾区	刘学华	孟德华
房 县	吴先锋	常和海
丹江口市	陈 旭	朱安涛
茅箭区	张慧莉	赵 巍
郧西县	李 跃	徐 峰
襄樊市	李德炳	徐德宪
枣阳市	汪厚安	张兆文
宜城市	朱 慧	刘振宝
老河口市	施李国	王惠斌
南漳县	李焕珍	陶常兹
谷城县	艾文金	吕 滨
保康县	叶 丛	宋克印
襄城区	丁曼珞	朱晓宁
樊城区	项晓峰	白金花
襄阳区	贾石松	段襄侨
高新技术开发区	刘金元	许元平
鱼梁洲旅游开发区	林发明	张玉志
荆门市	张良成	简 龙
京山县	胡小国	王才富
沙洋县	吴永佩	王天龙
钟祥市	陈秀生	周 勇
东宝区	何 海	朱正忠
掇刀区	郭 强	王国富
孝感市	李亚隆	
孝南区	杨军安	杨 波
汉川市	刘有年	胡四久
应城市	朱高文	叶建明
云梦县	张汉平	黄新友
安陆市	郝章新	陈祖虎
大悟县	徐玉琼	陈建华
孝昌县	刘建军	彭国元
黄冈市	刘雪荣	程贤炳
黄州区	余友斌	王良州
团风县	洪再林	杨火平
红安县	熊良霄	陈美淮

地 区	综治委主任	综治办主任
麻城市	李开寿	丁卫民
罗田县	肖燕梅	朱贤林
英山县	杨良锋	肖真强
浠水县	吴 烨	蔡 斌
蕲春县	徐和木	王国安
武穴市	吴美景	曾国凯
黄梅县	余建堂	柯国奎
龙感湖管理区	余学武	彭正凯
黄冈经济开发区	何汉斌	占才寿
鄂州市	杨世友	李明清
鄂城区	钟芝清	徐新建
华容区	汪继明	周细俭
梁子湖区	闫英姿	刘水平
黄石市	肖旭明	刘相军
大冶市	傅继成	曹加良
阳新县	孔凡新	郑清文
黄石港区	郭永红	彭建佳
西塞山区	杜水生	何 平
下陆区	张建文	童芝文
铁山区	荣绪检	熊平原
咸宁市	李 兵	左少卿
咸安区	谭海华	王自力
嘉鱼县	李鹏谋	张明松
赤壁市	王铭德	张 斌
通城县	李逸章	李 雄
崇阳县	程群林	程正刚
通山县	熊征宇	宋骄阳
荆州市	王祥喜	罗长喜
荆州区	张震龙	刘清平
沙市区	马秋平	张 斌
江陵县	蒋星华	徐方延
松滋市	张 静	杨 君
公安县	周昌俊	
石首市	张善彩	高家顺
监利县	丁凡璋	左立雄
洪湖市	幸敬华	黄鹤亭
荆州开发区	罗清洋	杨纯波
宜昌市	张建一	张树君
宜都市	庄光明	庞友春

地　区	综治委主任	综治办主任
枝江市	刘建新	
当阳市	范晓岚	李爱国
兴山县	陈　华	乔克勤
五峰县	赵吉雄	何剑锋
远安县	郑庭贵	高正堂
秭归县	刘晓华	鲁　锋
长阳县	马尚云	赵必敬
西陵区	王均成	刘　强
伍家岗区	张　鹏	徐昆平
点军区	周正英	马年祥
夷陵区	刘洪福	龚兵华
猇亭区	许志华	冯万林
随州市	李红云	万火星
曾都区	杨增能	罗俊涛
广水市	周　静	熊海东
仙桃市	陈吉学	付冷新
天门市	张爱国	龚社清
潜江市	王敦胜	樊友晶
神农架林区	谢登峰	郭崇京
恩施州	周先旺	李明轩
恩施市	张安俊	李茂君
利川市	孔祥恩	张建国
巴东县	龙世洪	吴卫平
建始县	王金维	刘红兵
宣恩县	刘兴贵	张文孟
咸丰县	张　宇	伍　明
来凤县	肖作文	张建全
鹤峰县	谭志平	陈大彬

（撰稿人：黄仕明　王秋隆　汪宗兴
审稿人：鲁志宏　胡增印）

湖　南　省

2006年社会治安综合治理工作概况

2006年，湖南省社会治安综合治理工作紧紧围绕构建社会主义和谐社会，坚持“打防结合、预防为主，专群结合、依靠群众”的方针，不断深化“平安湖南”建设，大力排查化解矛盾纠纷，夯实基层基础，强化“打防控管”，深入推进治安防控体系建设，不断探索创新工作机制，全面促进社会治安综合治理和平安建设各项措施的落实。总体来看，全省社会治安秩序良好，社会政治大局持续稳定，人民群众安全感明显增强。

一、提升创建质量，“平安湖南”建设向纵深发展

全省上下从更广的范围和更高的层次上积极开展平安创建活动，进一步形成条块结合、各方联动、齐抓共建的工作局面，取得阶段性成效。一是各级党委、政府坚持把平安建设作为构建和谐社会的重要任务来抓。年初，各市州党政主要负责同志向省委书记、省长递交了综治工作责任状；省综治委与各成员单位签订了责任状。全省层层签订责任书，形成了“横向到边、纵向到底”的责任体系。2月底，省委常委、政法委书记李江同志主持召集去年被“黄牌警告”的5个县市区党政主要负责人集中谈话。7月份，全省综治工作会议对123个县市区的社会治安状况和政法队伍形象进行了通报讲评，给市州和县市区加压，反响强烈。很多市州、县市区党政一把手带头认真查找差距，分析原因，采取有效措施强化整改。各市州、县市区进一步深入开展创建“平安市州”、“平安县市区”活动。二是平安建设向非公有制经济组织延伸。在全省普遍开展创建平安社区、平安单位、平安家庭活动的基础上，各地努力提高平安建设质量和水平、拓宽平安建设领域、丰富平安建设内涵，省综治办及时总结、推介了一批平安创建典型。平安建设开始向综治工作的薄弱环节和“死角盲点”延伸，全省开展了建设“平安民企”活动，把非公有制经济组织纳入平安建设范畴，逐步建立起“单位负责、部门督导、综治协调、齐抓共建”的长效工作机制。5月份，省综治委在湘潭市召开企业综治工作现场会，进一步推动全省平安建设向纵深发展。11月初，中央综治委召开“全国非公有制经济组织综治工作”会议，湖南省作了经验发言。三是积极开展形式多样的基层平安创建活动。全省各地牢固树立“积小安为大安”的思想，积极开展平安乡镇、平安社区、平安村组、平安校园等形式多样的基层创建活动。长沙市全面开展了“46810”工程，即在社区（村）平安建设中实行“四为主”，构建“六张网”，组织“八大员”，携手“创十无”活动，把基层平安创建任务细化量化到各个环节。各地从加强治安防范能力、自治管理能力、社会服务能力入手，创建了一批安全文明的新型社区，并紧密联系实际，积极探索适合本地治安状况的新举措、新途径。株洲市石峰区组织区公安分局社区民警向社区居民述职并接受评议，密切警民关系，推动警民共建平安社区，社会反响良好。

二、实施“三调联动”，狠抓矛盾纠纷排查调处

年初，省委常委会对人民调解工作进行了专门研究和部署，省综治办将开展矛盾纠纷排查调处工作作为重中之重。一是进一步健全人民调解组织网络体系。按照司法部《人民调解工作若干规定》的要求和“五有”、“四落实”的标准，全省所有村、居委会和企事业单位的人民调解组织进行全面整顿；人民调解员队伍得到调整充实；乡镇、街道调解组织进一步规范。年底，全省共建立调解委员会55188个，村（居）民小组普遍建立了调解小组。常德、邵阳、张家界、岳阳等地在跨省、市、县、乡的接边地区广泛建立了边界纠纷联调组织。同时,大力加强业务培训工作,全省共培训调解员20余万人次,人民调解员队伍整体素质提高。年内排查的36余万起矛盾纠纷,98%得到及时调处和化解。二是组织各级干部进村入户排查调处矛盾纠纷。省综治办、省司法厅等部门组织开展了"大力调解矛盾纠纷、建设平安湖南新农村"活动,积极调处春耕生产、清明期间、防汛抗旱等引发的矛盾纠纷。各市州和县市区相继抽调政法干警、机关干部,分片包村(社区)包组包户,深入各家各户,"访民情、解民困、帮民富、保民安",了解群众的疾苦和呼声,切实为群众特别是弱势群体解决实际困难,疏导了群众情绪。据不完全统计,全省共有20余万名干部深入基层排查调处矛盾纠纷和不稳定因素苗头,从源头上排查化解了一批拖欠农民工工资、土地征收补偿、房屋拆迁安置、土地承包流转等热点、难点纠纷和群体性纠纷。三是人民调解、行政调解、司法调解"三调联动"工作启动。省综治委积极探索"人民调解、行政调解、司法调解"对接联动工作。省综治办在长沙市试点,让基层司法员驻派出所调解室,对派出所受理的民间纠纷和轻微治安案件进行调解。有条件的地方推行政府聘用专职人民调解员,由财政负担工资、福利,常驻派出所调解纠纷,分流矛盾。全省法院逐步建立诉前人民调解机制,把人民调解作为一般民事诉讼前置程序。推行诉前调解工作后,各级法院受理的民事案件较两年前大幅下降,调解协议的履行率大幅上升,涉法涉诉上访总量及越级访、重复访逐步下降。部分县市区把原来乡镇设立的"民情110"热线,转化、提升为"三调联动"热线,建立了农村新型调解机制。7月份,全省调解工作会议总结、推广"三调联动"工作的经验和做法,"大调解"工作格局逐步形成。

三、排查治安乱源,重点整治突出"整改与帮扶"并举

省、市、县三级综治委(办)不断完善社会治安分析评估机制,坚持定期和滚动排查治安重点地区和突出治安问题,对重点地区和治安乱源的整治工作突出"整改与帮扶"并举。一是认真排查治安乱源。省综治办对"地下六合彩"问题、"两抢一盗"等影响群众安全感的侵财型犯罪、黑恶势力犯罪进行了专题调研,摸排出了一些治安重点地区。各市州通过集中部署和全面排查,发现和掌握了存在的突出治安问题,有针对性地研究整治措施。怀化市确定了21个治安重点部位,将摸排出的突出治安问题大体分为9类,逐类落实整治责任单位。永州市摸排出了16个治安重点乡村,针对存在的问题重点打击宗族恶势力、地痞地霸,加大破案追逃力度。全省各级共排查出治安重点地区、部位563个。二是挂牌整治突出治安问题和治安重点地区。省、市州、县市区综治委、办根据逐级排查上报的情况,确定重点整治对象和问题,对其中调处整治难度大,情况复杂的部位和问题实行挂牌整治,限期改变面貌。省综治委对"地下六合彩"问题严重的安化县、溆浦县、慈利县等7个县市进行挂牌整治,3月初,省纪委、省综治办、省公安厅组织5个督查组进行了明查暗访和专项督查,有效遏制了地下"六合彩"蔓延。湘潭市综治委组织了对湘潭钢铁集团有限公司、湘潭锰矿和湘潭大学、湖南科技大学、湖南工程学院及周边等治安复杂地区的专项整治,集中破获了一批涉校涉企案件,抓获了一批犯罪嫌疑人,确保了企业和高校周边的治安秩序。2006年省、市两级共挂牌整治突出治安问题、治安混乱地区、部位94个,基本都已整治到位。三是重点整治形成合力,务求实效。各级综治委、办认真研究整治措施,制订工作方案,有针对性地开展集中整治。省综治办对湘南监狱周边治安综合治理问题、湘阴县杨林寨乡集中整治和重点帮扶问题等,突出"整改与帮扶"并举,及时协调各有关部门形成合力指导整改。尤其是对杨林寨乡重点整治期间,省综治办领导多次赴湘阴县召开协调会,协助、指导当地党委、政府理顺群众情绪,落实整改措施;并多次与省直有关部门协调,争取帮扶项目,通过重点整治,杨林寨乡治安面貌、生产生活焕然一新。各市州重点整治注重形成合力,郴州市采取刑事打击、治安处罚、调处化解、法制宣传等多种措施并举,先后对北湖区永春乡部分群众聚集乡政府闹事、桂阳县子龙工业区群众哄抢企业物资等突出治安事件进行重点整治。

四、加强治安防范,不断健全完善基层治安防控体系

全省继续以社区为平台,构建城市治安防控

体系，通过落实人防、巩固物防、提高技防、加强协防，使基层治安防控水平得到整体提升。一是坚持严打整治斗争，以打击促防范。年内全省开展了以“打黑除恶”为主的严打行动，狠抓命案侦破，保持对刑事犯罪活动的高压态势。省综治委组织督查组对重大个案进行督查督办。各级公安机关摧毁涉黑团伙 29 个，涉恶犯罪团伙 317 个，抓获涉黑涉恶犯罪嫌疑人 4608 名，破获各类案件 4608 起。从 6 月中旬开始，全省开展为期半年的集中治理城区“两抢一盗”犯罪专项斗争，有力遏制了犯罪，群众安全感明显增强。长沙市全面推行持械上岗、编组步巡、路段包干的新举措，并广泛发动群众，先后 5 次召开奖励兑现大会，建立“打防控管”一体化长效工作机制，“两抢一盗”发案较去年同期下降 76.9%。二是积极开展专业治安防范和基层治安联防。各级公安机关在健全完善快速反应机制、加强 110 报警服务、巡警和治安卡口建设的基础上，进一步深化警务体制改革，强化派出所，加强社区警务建设，建立“点、线、面”相结合的立体治安防控网络。全省调整、充实了基层群防群治组织，组织开展看楼护院、邻里守望、联户联片等各种形式的治安联防活动。张家界市、湘西自治州等地从待岗教师、乡镇街道干部中抽调在职富余人员组成专业巡逻队。蓝山县、安仁县、资兴市、醴陵市等一些县市加大科技防范投入，在城区主要街道路口及重点部位建立电子监控系统，提高技防能力。三是加强对重点群体的治安管理和服务。各级综治委专门工作机构从加强社会建设与管理入手，对流动人口、刑释解教人员等重点群体坚持管理与服务并重的理念，寓管理于服务之中。省综治委通过试点，逐步探索出“政府牵头、部门协作、资源整合、信息共享”的管理路子，在街道（乡镇）成立“流动人口管理服务中心”，整合工商、税务、计生、房管等部门的管理资源。同时增加帮助流动人口就业、子女上学和维护进城务工人员合法权益等服务项目，把管理与服务有机结合起来。9 月，在衡阳市召开了全省流动人口、出租房屋管理服务工作经验交流会。全省建立健全了刑释解教人员信息管理系统，各地每半年开展一次排查，建立台账，签订帮教责任书，全省回归刑释解教人员的列管帮教率达到 98.5%，重新犯罪率控制在 3% 以内。同时，各地还加强了校园周边环境专项整治、闲散青少年重点帮教、铁路护路联防等专门工作。

五、完善考评办法，进一步加强和改进综治检查考评

全省年度综治考评工作在实践中不断完善，激励鞭策效果明显，有力推动了综治工作和平安建设。一是修订完善年度综治考评办法。针对去年我省综治考评办法中存在的问题和不足，省综治办于年初开展了调查研究，在广泛征求意见的基础上，结合工作实际进一步作了修改完善。《考评办法》规定，先由市州综治委对所辖各县市区进行考核、排队；省综治委再组织对市州进行检查，对县市区进行抽查。考核通过“省直有关部门考评、市州综治委协助考评、省综治委组织检查考评和委托统计部门进行公众测评”四种方式结合进行。二是认真开展对各市州、县市区综治工作的年度考核。10 月底，省综治委、省委政法委组织检查组赴市州、县市区，通过明查暗访，实地查询，突出考核被检查单位从事政法综治工作的同志对辖区治安状况、矛盾纠纷排查、重点人口帮教等工作的熟知程度；公众安全感调查则委托省统计局民调中心采取国际通行的电话随机调查方式进行；其他部门业务工作均由各相关业务主管部门负责考评。12 月 21 日，省委经济工作会议对考核结果进行通报，对先进单位进行了表彰。三是对省综治委成员单位上年度综治工作进行了考评。年初，省综治办、省纪委、省委组织部、省委宣传部、省人事厅牵头组织对各成员单位 2005 年度社会治安综合治理工作进行分组检查，将考评结果在省综治委 2006 年第一次全会上作了讲评，对省高院、人民银行长沙支行等 4 个先进单位进行了表彰。

六、大力营造声势，开展综治宣传和理论研究工作

全省进一步健全完善集中宣传与经常性宣传相结合的综治宣传工作机制，加大综治工作和平安建设宣传力度。一是积极开展综治宣传月活动。14 个市州相继开展了“综治宣传月”活动，在电视、报纸等开辟综治、法制专栏；并通过开展宪法讲座、法律知识竞赛、法律咨询、送法下乡、法律进社区等形式多样的法律宣传活动，不断增强群众的法律意识和遵纪守法观念，不断扩大群众对平安创建工作的知晓率、支持率和参与率。各地还注重采取群众喜闻乐见的形式开展综治宣传，湘西自治州综治委就与电信、移动公司等部门联系，通过定期免费发送手机短信的办法宣传平安创建工作，效果很好。二是认真开展综治理论研究。年内，各级综治委、办组织开展了社会治安综合治理和平安建设调研活动，各级领导带头撰写了一批优秀调研文章，为各级党委、政府科学决策提供了可靠依据。7月，省综治委、省综治理论研究会召开了"湖南省第二届社会治安综合治理理论研讨会"，从各地各部门上报的500余篇社会治安综合治理理论研究文章中评选出一等奖8篇、二等奖22篇、三等奖55篇、优秀奖33篇。这次理论研究会是对近年来全省社会治安综合治理理论研究工作的一次总结，有力促进全省政法综治调研工作向新的深度和广度发展。三是加大见义勇为工作力度。全省各级综治部门还注重抓了见义勇为的宣传、表彰工作，弘扬社会正气。省委领导同志先后看望、慰问了刘国强、韦黎、王晓春等见义勇为先进分子。11月，中宣部、中央综治委、公安部、中华见义勇为基金会评选、表彰第十届"全国见义勇为英雄"，湖南省高春娜获此殊荣，刘国强、吕曦东被授予"全国见义勇为先进分子"荣誉称号，在社会上产生了积极影响。12月23日，湖南省召开了第九次见义勇为表彰大会，表彰了李光辉等28名全省见义勇为先进个人。省、市综治办组织对这些先进个人的英雄事迹在中央、省级媒体上大张旗鼓地进行了宣传。

打击处理违法犯罪工作情况

2006年，全省公安机关共立刑事案件210689起，破113144起，摧毁犯罪团伙2494个，抓获刑事作案成员68825人，其中逮捕42448人，刑拘48751人，移诉48122人；同2005年比分别上升2.59%、4.84%、5.32%、7.89%、9.93%和10.99%。全省共查处治安案件754360起，违法人员736564人，其中劳教6573人，收教672人，治安拘留90360人。

一、以"打黑除恶"为龙头，严打严重刑事犯罪

根据中央、公安部和省委、省政府的统一部署，全省公安机关集中精干力量，采取超常规的打击措施，开展了轰轰烈烈的打黑除恶专项斗争，共打掉涉黑组织26个、恶势力犯罪团伙236个，破刑事案件3890起，抓获涉案人员2848名。公安部挂牌督办的6起涉黑组织案件，省厅挂牌督办的24起涉黑涉恶案件全部告破。一是领导重视，精心组织。省委、省政府将"打黑除恶"专项斗争作为解决当前全省社会治安突出问题、维护社会稳定、创建平安湖南的重大举措，高度重视，于3月10日，召开了全省"打黑除恶"专项斗争电视电话会议，对专项斗争进行总体部署和深入动员，成立了由孙载夫同志任组长的"打黑除恶"专项斗争领导小组，对全省"打黑除恶"专项斗争进行组织、指挥、协调。各市、州认真贯彻落实省委省政府的统一部署，党政主要领导亲自部署打黑除恶工作，亲自接待群众举报黑恶势力犯罪线索，亲自参战分析研究涉黑涉恶案件，迅速掀起严打涉黑涉恶犯罪的高潮。二是深入发动，调查摸底。各地深入组织开展宣传活动，积极营造"打黑除恶"专项斗争的浓厚氛围。将调查摸底作为打黑除恶能否取得实效的关键环节，通过发放摸底调查表，组织专门力量深入治安复杂地区、部位开展摸排，开设举报电话和网上举报信箱等方式，澄清涉黑涉恶犯罪案件和人员底数。三是全力以赴，攻破大案。各地坚持边摸排边打击的原则，组织精兵强将，采取异地用警、异地关押、异地审讯、异地办案等一系列超常规措施，全力以赴侦破黑恶案件。四是现场督查，直接督办。省委组织了5个由省级干部带队的高规格的省委专项督查组，两次赴各市州对打黑除专项斗争的整体部署和重点个案的侦办工作进行督促、检查，帮助各地深入查找打黑除恶工作中存在的问题，提出改进措施，促进专项斗争的均衡发展。同时，对于一些关系复杂、基层刑侦部门难以办结的案件，省厅按照“三个彻底”的原则，直接介入案件侦破，尽最大可能将案件办深办透。省“打黑办”两次召开全省打黑除恶新闻发布会，全省共收到涉黑涉恶案件举报电话、信件2600余个(封)，有160余名涉案人员到公安机关投案自首。全省各地共摸排呈现涉黑涉恶案件线索1600多起。

二、以“命案必破”为目标，紧紧抓住大案要案侦破不放松

2006年，全省公安机关紧盯“两降一升”目标，采取多种措施，狠抓命案侦破。全省命案破案率91.63%，破命案积案66起，抓获外省命案逃犯209人，全省16个县市区未发命案，78个县市区实现了命案全破，综合排名稳居全国前列。一是认真落实侦破命案工作长效机制，进一步深化侦破命案工作。全省各级刑侦部门认真贯彻落实公安部《侦破命案工作长效机制》和《湖南省公安厅关于实现侦破命案“两降一升”目标的工作意见》的要求，坚持命案侦破工作的“一长双责”制、挂牌督办制、破案责任制、逐级把关制、三长联席会议制和命案形势分析通报制，强化从一把手到基层侦查员在命案侦破中的各项职责任务和工作要求，力争命案发一起破一起。同时，进一步强化对命案侦破的考核、奖惩，省厅坚持每月对各市州命案发案情况进行通报排名，每季度对各市、州、县(区)命案发破情况进行通报排名，并将排名次序抄送当地党政领导。坚持对侦办得好的命案一季度一奖励，并将各地侦破命案工作情况纳入《全省县级公安机关综合考评》范围，与公安机关一把手的政绩直接挂钩。二是坚持快侦快破，抓住有力战机攻克现行命案。全省各级公安刑侦部门，快速反应，抓住案件初发现场痕迹物证未遭破坏、犯罪嫌疑人没有远逃的有利战机，集中警力、精力，综合采用多种侦查措施、手段，突破了一大批重大、有影响的现行案件。三是坚持不破不休，强化疑难积案的攻坚克难。各地刑侦部门紧紧咬住重大疑难命案不放松，坚持案件不破、专案班子不散、现场勘查不停、分析研究不止，在现场勘验、划定侦查范围和方向、审讯取证等侦破的关键环节上狠下功夫，取得显著的效果。四是坚持命案逃犯必追，着力提高命案破案率。针对命案逃犯手段残忍、不计后果，如不及时抓捕，将对社会治安带来严重隐患的情况，各地刑侦部门认真贯彻落实公安部破案追逃新机制的精神，积极开展“网上作战”，将传统追逃和高科技手段相结合，强化对命案逃犯的追捕力度，全年共抓获命案逃犯113名。

三、以打击“两抢一盗”犯罪为重点，多策并举打压多发性犯罪

2006年，全省公安机关始终坚持“什么犯罪突出就重点打击什么犯罪；哪里犯罪严重就在哪里打”的工作方针，以打击“两抢一盗”犯罪专项斗争为重点，紧盯盗抢、涉毒、涉校等多发性、突出性犯罪案件，积极开展集中打击和破案攻坚行动，沉重打击了刑事犯罪分子的嚣张气焰，有效遏制了此类犯罪的高发态势。特别是针对“两抢一盗”犯罪突出，愈演愈烈的势头，省委、省政府、省公安厅党委高度重视，于6月19日召开全省公安机关集中治理城区“两抢一盗”犯罪专项斗争电视电话会议，全面部署对“两抢一盗”犯罪问题的集中整治行动。各地公安机关以省委和省公安厅提出的“两抢一盗”犯罪发案数“三个下降”为目标，以打开路，充分发挥打击“两抢一盗”等多发性、系列性犯罪的主力军作用，组织开展了打击“两抢一盗”破案竞赛活动，取得明显成效。2006年，全省共破“两抢一盗”案件80339起，其中抢劫案件11126起，抢夺案件6826起，盗窃案件62387起，抓获犯罪嫌疑人31079名，打掉盗抢犯罪团伙3279个。全省抢劫案件同比下降13.67%、抢夺案件同比下降3.12%。

四、全警参与，全民动员，严厉打击地下“六合彩”等赌博活动

一是领导高度重视。全省对禁赌工作实行党政一把手负总责和“谁主管、谁负责”的原则，分别落实领导、部门和个人的责任。2006年以来，先后两次召开高规格的全省电视电话会议，共对20个县市区挂牌整治，限期整改。省财政厅、省公安厅联合下发了《湖南省举报赌博违法犯罪活动奖励办法》，省公检法联合下发《关于办理“六合彩”刑事案件的若干意见(试行)》等规范性文件，深入推动了禁赌工作。二是实行重点整治。建立了以溆浦、嘉禾、浏阳、常宁四县(市)为中心整治地下“六合彩”赌博活动边界协作机制。挂牌的重点县市有5个得到摘帽，15个正在强化工作措施。截至年底,全省共查处各类全省共查处地下“六合彩”赌博案件88631起,其中刑事案件2305起,治安案件6558起;共抓获各类赌博违法犯罪人员13562人,其中刑事拘留1039人,逮捕441人,判刑311人,劳教598人;教育训诫25778人;查处参与地下“六合彩”赌博活动的党员、干部、国家工作人员300余人。三是突出抓大打恶。益阳市公安局侦破了涉案金额高达千万元的“L—603”特大地下“六合彩”赌博案,共摧毁地下“六合彩”赌博窝点12个,抓获以李桂兰、郭志凌为主的上线、庄家、写单人员35人,现场收缴赌资17万余元,查扣用于赌博的车辆2台,电脑、传真机、手机等56台,依法查封冻结违法资金120万元。长沙市开展了打击“扳砣子”、“推牌九”、“斗牛”等赌博专项行动。对大型宾馆、酒店内的赌球活动进行查处,共抓获涉嫌足球赌博人员47人,收缴现场赌资24万余元。四是建立长效机制。将禁赌工作纳入了全省社会治安综合治理的考评内容,实行了“一票否决”。普遍建立了信息员、巡防员、宣教员等队伍;健全了禁赌工作责任制、责任追究制、举报奖励制度等一系列制度。如新化县委、县政府规定:凡是举报副科级以上领导干部参与买码,查证属实的,奖励2万元;举报县直机关和乡镇一般干部买码,查证属实的,给予5000元、1万元不等的奖励。

五、严厉打击经济领域内的严重犯罪活动

2006年,全省公安机关进一步强化经济犯罪案件侦查破案意识,以破大案、打团伙、端窝点、追逃犯为主要任务,综合运用各种侦查手段与谋略,努力提高攻坚克难能力,及时突破了一大批重特大经济犯罪案件。全省共破各类经济犯罪案件2085起,涉案金额18.18亿元,抓获犯罪嫌疑人1386名,挽回直接经济损失2.8亿余元。一是及时侦破了一批金融领域犯罪案件,有效地维护了我省金融安全。针对我省金融领域挪用、侵占、诈骗等犯罪高发的态势,各地经侦部门重拳出击,快侦快破,及时侦破了一批重大案件,有力地维护了湖南省正常的金融秩序。全省共破金融犯罪案件210起,涉案金额1.2亿余元。二是深查细析,侦破了一批扰乱市场秩序犯罪案件,有力地维护了全省市场经济秩序。全省各地经侦部门注重在日常侦查工作发现线索,认真分析犯罪手段和特点,切实加大侦审力度,侦破了一大批商贸领域内的犯罪案件。全省共立扰乱市场经济秩序案415起,占全部经济犯罪案件的20%,涉案金额5000余万元。三是侦办了一批涉税案件,为国家挽回了巨额税款损失。2006年,全省共破涉税案件263起,挽回税款损失8000余万元。四是侦破了一批涉众型经济犯罪案件,及时消除了社会不稳定因素,有力地维护了社会稳定。2006年7月,长沙雨花分局经侦大队民警侦破了长沙俊逸电子科技发展有限公司利用投资“足浴盆”,诈骗140余名中老年人钱财的恶性案件。石门县经侦大队破获了胡从武骗取农民种植款达350多万元,涉及农户992人的集资诈骗案。常德市武陵区经侦大队侦破了李冬集资诈骗500万元案,靖州县公安局经侦大队连续破获2起涉案金额70万元的销售假冒伪劣种子坑农害农的案件。

预防青少年违法犯罪工作情况

一、广泛开展未成年人法制宣传教育活动

2006上半年,省未保委联合省委宣传部、省文明办、团省委、省教育厅、省司法厅,在全省未成年人中开展了第二届“两法两办法”知识竞赛活动,每个市州选拔2名优秀选手组成代表队赴长沙参加了比赛,省教育电视台对比赛现场进行了录播。生动有趣的竞赛活动受到了大家的好评,在全省广大未成年人中掀起了一股学法、用法、守法的热潮。同年6月份,团省委、省依法治省领导小组办公室、省教育厅联合开展了全省青少年法律知识网上竞赛活动,竞赛内容包括《宪法》、《刑法》、《预防未成年人犯罪法》等多部与未成年人息息相关的法律法规。

二、加强对闲散青少年、服刑人员未成年子女等重点青少年群体的教育、管理和服务工作

针对闲散青少年、服刑人员未成年子女、失足青少年等重点青少年群体,开展一系列的活动,预防和减少青少年的违法犯罪。2006年3月4日,省预防领导小组、省综治办、省民政厅、省司法厅、团省委、省妇联在坪塘监狱举办了"为了明天——服刑人员未成年子女关爱行动"湖南省启动仪式,20多名志愿者和服刑人员未成年子女结成"一助一"的对子,并签订长期帮教协议。为了阻止学困生行为问题的复现及预防一般不良行为发展到严重不良行为,甚至进一步上升至违法犯罪,4月份,省预防领导小组、省司法厅、省教育厅、团省委联合在长沙市工读学校举办了"知荣辱,守法纪——学困生健康成长集训营"活动,活动收到了预期的效果,得到了学校、家庭和社会的普遍欢迎。

三、开展"未成年人零犯罪社区"创建活动

为推进"青少年违法犯罪社区预防计划"的深入实施,进一步调动有关部门和社会力量的积极性,着力构建预防青少年犯罪工作体系,全省深入开展"未成年人零犯罪社区"创建工作,创建工作着眼基层,立足社区,群防群治,通过完善社区服务内容,加强教育引导,满足未成年人的基本需要,引导社区未成年人自觉参加健康向上的业余文体活动,净化社区未成年人的成长环境,消除未成年人违法犯罪的诱因。

"扫黄打非"工作情况

2006年,在全省各级党委政府的正确领导下,全省各级"扫黄打非"工作部门严格按照《湖南省2006年"扫黄打非"行动方案》的有关要求,始终保持了"扫黄打非"的高压态势,严密封堵政治性非法出版物,积极实施"反盗版百日行动",努力探索出版物市场长效监管机制,有效遏制了出版物市场的各类非法现象,维护了出版物市场的正常秩序,净化了社会文化环境。全省各地共出动检查人员10.9万人次,检查出版物市场7514个次;查获非法出版物462.6万(册),其中查缴政治性非法出版物8574册、盗版图书91.4万册、盗版音像制品341.4万盘盒、盗版教材教辅读物34.4万册;立案查处非法出版物案件1547件,移送司法机关案件27起;处罚违规出版物店档摊点2905个,取缔关闭非法出版物店档摊点782个、印刷复制企业119家、非法网站93家,刑事处罚21人。

一、严密封堵政治性非法出版物　确保了社会文化安全

根据全国"扫黄打非"办和省委、省政府领导的指示和要求,省"扫黄打非"办先后下发了20个封堵密电,公布了66种查禁书目,明确了封堵责任,提出了具体要求,并召开3次省"扫黄打非"工作小组成员单位联席会议,对政治性非法出版物的查缴工作进行了专门研究部署,在全省布置了2次专项行动。各地查获"法轮功"邪教组织宣传品近2万册。长沙市文化市场稽查支队在树木岭货运站查获了33件音像制品,共45个品种,经鉴定有33个品种为非法出版的政治性音像制品。

二、周密部署"反盗版百日行动"沉重打击了销售盗版音像和计算机软件制品行为

按照全国"扫黄打非"办等中央十部委的要求,湖南省于7月18日在长沙市国储电脑城举行了全省"反盗版百日行动"启动仪式。各地各部门充分利用电视台、报纸、电台、网站等新闻媒体开展广泛宣传,通过开辟专版、专栏以及播报人物专访等形式组织了大量有深度的系列报道,高密度、高频率的宣传报道《关于开展反盗版百日行动的公告》的内容,广泛宣传了打击侵权盗版、保护知识产权的重要性、必要性和紧迫性。长沙、常德、邵阳、湘潭、益阳等市也举行了"反盗版百日行动”启动仪式，全省召开各类宣传座谈会40余次，加印《公告》17500多份，张贴到出版物交易市场、书店、音像、软件销售点及车站、机场、码头等主要公共区域，省市县新闻媒体共刊登各类宣传信息200余篇，使“反盗版百日行动”家喻户晓、人人皆知。全省共出动检查人员37310余人次，检查出版物市场3454个次，检查店档摊点20950个次，检查印刷复制企业5885家次；查获盗版音像制品300余万张、盗版计算机软件制品8.6万多盘（盒），非法书报刊34万余册；立案查处盗版音像和计算机软件制品案件400余起，处罚违规店档摊点1114个、印刷复制企业205家，依法吊销营业执照33家。

三、大力开展打击盗版教材教辅专项治理有效净化了教辅市场

2006年，省“扫黄打非”办先后与省教育厅、省新闻出版局、省版权局联合下发了《关于在“反盗版百日行动”中加大对盗版教材教辅读物打击力度的通知》、《关于严厉打击盗版盗印及非法销售、使用外国教材的紧急通知》，要求各级“扫黄打非”办会同有关部门，重点对民办职业技术学校、各类中小学购买、使用教材及教辅读物情况进行全面清查，依法严肃查处组织征订、使用非法盗版教材及教辅读物的行为。通过清查，全省共查获非法教材教辅30多万册，并成功查处了一批大要案件。邵阳市“扫黄打非”办联合市教育局、市监察局出台了《关于加强教学辅导类报刊教辅资料发行管理的通知》，对全市各类学校进行全面清查，共立案查处盗版教辅案件10起，收缴盗版教材教辅书籍3万多册。长沙市依法查处了岳麓区教育局教研室违反规定以“培英学校”名义编写区属小学补习班1至6年级《优秀作文选》案。娄底市查处了市教育局教育科研所在全市范围内发行自编、自印的非法出版物案。衡阳市新闻出版局成功查处了市教科所发行《2006年高考总复习第二轮·专题突破》案、祁东县民教办擅自发行幼儿教材教辅用书案，并对全市经营少儿读物为主的书店、书摊、租书屋进行了重点检查，特别是对“华中希望读书社”各分店进行了全面排查，依法查扣了有害画册、假冒言情类“口袋本”图书等各类非法出版物7722本（册）。株洲市新闻出版局对株洲市信息工程学校、湖南商业技术学院等单位发行盗版教材教辅及非法委印教学读物等行为进行了查处，共收缴各类非法教材教辅2100余册，并对9家违规学校进行了行政处罚。郴州市依法查处了一起经营盗版教材教辅读物一案，收缴盗版教材教辅2703本，对涉案的4所学校进行了行政处罚。

四、突出查处一批大案要案积极推进“扫黄打非”工作向纵深发展

全省各级“扫黄打非”工作部门把查处大案要案作为推动“扫黄打非”工作的一种重要手段，成功查处了“3·13邵东、赣州侵权盗版案”、长沙市“1·7高桥贩卖淫秽光盘案”、“陆俊峰、苟永涛经营非法光盘案”“外籍人员在长销售非法报刊案”、“邵东县盗版音像制品案”、怀化市“银河电脑城销售非法音像制品案”、常德市“法轮功地下组织案”和“非法经营淫秽音像制品案”等重大案件，沉重打击了违法犯罪分子从事非法出版活动的嚣张气焰。

五、不断创新工作思路努力构建“扫黄打非”长效监管机制

各市州在加强执法检查的同时，积极探索长效监管机制，长沙、湘潭、等市公布了举报电话，实行了24小时值班制和问责制。益阳、湘西、岳阳等地严格实行了“扫黄打非”责任制，把工作落实到了相关责任单位和个人。常德市在全市开展了“扫黄打非”“进农村、进学校、进社区”的活动。“进农村”主要是在农村构建横向到边、纵向到底的县、乡、村、组、户五级农村“扫黄打非”工作网络，在行政村、组指定治保主任、村民小组长为“扫黄打非”监督员，同时聘请乡镇人大代表、政协委员、农村干部和乡村教师担任义务监督员，进一步加强了农村“扫黄打非”工作的广度和深度。“进学校”即在各学校内成立“扫黄打非”工作办公室，制定了详细的“扫黄打非”工作职责，明确了办公室成员及各学校的“扫黄打非”工作责任，并设立了严格的考核奖惩制度。“进社区”即要求每个社区建立一个图书室，每月至少上报一篇“扫黄打非”方面的报道，并分发给社区居民，使广大人民群众认清“黄”“非”之物的危害，及时了解“黄”“非”出版物的特征和有关动态，教育引导广大经营者不经营“黄”“非”出版物，教育引导社区群众不买不看“黄”

"非"出版物。岳阳市"扫黄打非"工作小组把市城管局纳入"扫黄打非"成员单位,建立了打击游商地摊的联动机制和考核制度,将打击游商游贩与市容市貌的整治结合起来,分片、分段纳入日常监管。邵阳市把"扫黄打非"工作列入市委市政府双文明和社会治安综合治理的考核范围,深入开展"扫黄打非"信息宣传进村入户、理论教育进党课工作,并积极构筑反盗版立体防线,建立快速反映机制、依法办事机制、督办考核机制、宣传教育机制和群防群治机制,有效遏制了各种盗版行为。

铁路护路联防工作情况

一、提高认识,领导抓,护路工作的位置进一步提升

2006年1月13日召开了年度铁路护路联防工作会议。各市州县乡又层层召开会议,统一认识,增强做好工作的自觉性。进一步健全了组织领导机构。各级党委、政府都把铁路护路联防工作纳入了综治工作之中。各级政府按照"三个一点"的原则及省铁护组的规定,均投入了相当经费支持护路联防工作。各级领导的表率作用进一步凸显。他们深入基层,走沿线、察岗亭、入农家、进车站,调查研究,掌握第一手资料,面对面指导工作的开展。

二、统一思想,示范抓,平安创建工作进一步落实

省委、省政府和省综治委领导高度重视,把"平安铁路示范路段"纳入"平安湖南"的重要内容,省综治委迅速成立了高规格的创建活动领导小组,下发创建活动方案,明确创建活动的指导思想、线路范围、任务目标、具体措施、工作标准、总体规划、工作要求、考核方法。在抓好全省面上总体创建活动的同时,提出2006年向中央护路办申报推荐的平安铁路示范路段为京广线衡阳至郴州段,省办试点示范样板区段为湘黔线湘潭至胜昔桥。全省筹措60余万元专款对示范样板区段内的市、县、乡镇示范护路办、示范学校、示范单位、示范岗亭进行了维修,做到了"五统一"。

三、突出问题,重点抓,专项整治效果进一步显现

一是开展了一系列全省性的专项活动。继续开展"五好"竞赛和六化达标活动。按照中央护路办的部署,于四季度开展了压伤亡事故、保行车安全专项行动。与贯穿全年开展的"三项指标"控制活动相结合("三项指标"是指:"五类"危行案件、路外伤亡、机动车和耕牛肇事)。这三项指标一直是困扰全省护路联防工作老大难问题。为扭转被动局面,在总结吸取了前几年治安突出问题的基础上,提出以杜绝大的、控制多的、减少小的、逐年下降的原则把三项指标的控制列入目标管理责任书的主要内容;平时下去考核要过问这三项指标,年底考核主要看这三项指标。各地动脑筋、想办法,巡线、守护、物防、技防等各种措施一起上,三项指标控制活动取得了明显成效。从全省总的情况来看,全部达到了控制数以内,并且分别比去年同期下降了10%、15%和20%。

此外,各级各有关部门因地制宜地开展了各种形式的集中整治统一行动。各地护路组织集中处理了一批突出治安问题和涉路矛盾纠纷。省护路办加强指导,各地精心组织,针对溆浦春运的特殊情况,依靠当地,路地联手,协调打击炒票;较好地化解了株洲路外伤亡,浙赣线挂网施工,娄底市涟源铁路道口开通,铁路沿线施工污染水田等问题引发的纠纷,较好地维护了国家和集体的利益。

四、宣传教育,深入抓,群众爱路护路意识进一步强化

全省各地从实际出发,突出重点,注重实效,坚持"四个结合",一是把宣传教育月活动与典型案例相结合。二是把宣传教育月活动与调处解决涉铁矛盾排查隐患相结合。三是把宣传教育月活动与服务群众相结合。四是把宣传教育活动与树立爱车护路典型和事迹相结合。

五、夯实基础,基层抓,群防群治组织的作用进一步发挥

一是基层铁护机构健全。全省“五个一”的组建率达97%,其中作用发挥较好的占86%。二是狠抓有奖义务护路工作。全省推行有奖义务护路的里程达1010公里,涉及10个市(州),26个县(市、区)。三是基层铁护干部和责任户工作水平进一步提高。全省县以上机构共开展护路联防业务知识培训100余次,培训基层铁护干部和责任户3000余人次。四是义务性群众护路组织作用明显。各地采取多种形式加强防范网络建设。在铁路沿线中小学校组建了“共青团爱路护路队”、“红领巾爱路队”。发挥铁路沿线护村队、护厂队、城市治安巡防队在护路工作中的积极作用,大力弘扬义务护路,倡导护路与护村(厂、居)相结合。对涌现出来的爱路护路典型人和事由各级护路组织实行“一事一奖”。

禁毒工作情况

2006年,全省以深入开展禁毒人民战争为契机,打破警种、部门界限,多警种共同参与打击毒品犯罪,坚持打团伙、破大案和打击零包贩毒并举的策略,实施堵源截流和禁毒严打战役,全面推进禁毒“五大战役”,动员全社会、各部门、各警种全方位开展禁毒工作,多禁并举,广泛宣传,取得了良好的社会效果。全省共破获各类毒品刑事案件2077起,抓获毒品犯罪嫌疑人员2963名,打掉毒品犯罪团伙54个,瓦解团伙成员569人,缴获毒品海洛因54.01千克、摇头丸156480粒、K粉和冰毒16.89千克,铲除罂粟13814株。

一、多途径查缉内流和过境毒品

针对湖南省面临周边毒品全线渗透和毒品内流“短频快”的特点,各级禁毒部门针对性开展毒品稽查工作,加强了对往返毒品源头地区重点车次、重点航班和重点毒品通道控制,同时加大对省内物流企业的管理力度,清查往返毒品源头地区的货物批次、可疑邮件包裹,提高了对夹寄、夹运毒品犯罪活动的发现和打击能力。全省堵源截流共破获毒品案件307起,抓获毒品犯罪嫌疑人455名,缴获各类毒品13.69千克,较05年同比分别增长47%、53.3%和84%,所破案件数占全省总数的17.9%,较05年同比上升8.2%。

二、多警种参与缉毒破案

建立涉毒情报信息的交流、汇总、共享机制,在缉毒破案上“一盘棋”动作,全警参与缉毒破案;省公安厅确定了一批省级督办重点案件和逃犯,在全省组织开展缉毒破案竞赛活动;同时在全省范围内开展毒品精品案件评选。各级公安机关锁定自己的目标案件,抽调精干力量上案,全省破获百克以上毒品案件163起,同比增长39.3%,千克以上案件27起,同比增长575%。公安、检察和法院进一步修改完善了《关于办理毒品案件的暂行规定》,提高了案件移送起诉和审理判决的速度,快审快诉快判毒品犯罪分子,有效地打击和震慑了毒品犯罪,减少了毒品内流。

三、专项整治切实有力

针对省内部分市州歌舞娱乐场所吸贩新型毒品问题严重的现实,衡阳、郴州、株洲、怀化、永州等地先后开展了歌舞娱乐场所涉毒问题专项整治,强制性拆除场所内的低音炮等设施,强行安装开机提醒和警告程序,杜绝场所内类似设施和服务,先后关停娱乐场所44家,整顿457家。

学校及周边治安综合治理工作情况

一、各级领导更加重视

2006年，各级党委、政府对学校及周边治安综合治理工作更加重视，有关领导亲力亲为，对一些重点、难点问题进行实地考察和现场办公，直接推动学校及周边综治工作深入开展。省综治委调高了学校及周边治安综合治理工作在市（州）和县（市、区）社会治安综合治理年度考评中的分值，并在群众安全感测评中增加了学校及周边治安状况的项目。各地根据市、县党委换届的情况，及时调整了领导机构，增加了城管、房产等部门为成员单位，进一步加强了对学校及周边综治工作的领导。

二、整治行动成效明显

各地、各相关部门和各级各类学校按照省里的统一部署，组织开展了春、秋季学校及周边治安综合治理集中整治行动，重点打击各类侵害师生合法权益的违法犯罪活动，集中整治学校及周边违法违规经营的网吧、三室两厅、游商摊贩、出租屋等，有效地维护了学校教学、生活秩序和师生生命财产安全。据统计，在两次集中整治行动中，全省共摸排学校25713所，整治各类突出问题25852个，调处矛盾纠纷2202起，查处治安刑事案件3148起，处理违法人员2628人。

各有关部门根据各自的职责，组织开展了一系列专项整治行动。公安部门对学校周边治安、交通秩序进行了专项治理。教育部门组织开展中小学幼儿园安全管理专项检查，认真清理、规范校车和电子阅览室。文化部门、工商部门开展了上网服务场所专项整治行动。新闻出版部门重点开展了对政治性非法出版物、有害卡通画册、淫秽“口袋本”图书的专项治理和“反盗版百日行动”。卫生部门组织开展了卫生执法“春雷”行动。其他成员单位也按职责分工开展了各自承担的工作。

三、督查督办工作进一步落实

2006年，全省加大了对学校及周边治安综合治理工作的督查督办力度。省领导小组办公室先后对全省14个市州的70多个县（市、区）的320余所各级各类学校及周边综治工作情况进行了检查和督促，并先后向衡阳、邵阳、株洲、怀化等市下达了督办函，及时整治了群众反映比较强烈的问题。各市州通过下达整治交办通知书、聘请义务监管员等方式对学校周边环境进行督查，使突出问题能及时得到整治。

四、长效工作机制日趋完善

一是认真抓了考评工作。省领导小组办公室修订下发了《湖南省学校及周边治安综合治理工作考评办法》，并组织对各市（州）、县（市、区）进行了考评，有力地规范和促进了全省学校及周边治安综合治理工作。各市州根据省里的要求并结合自身实际，制定了县（市、区）、乡镇（街道）学校及周边治安综合治理工作的考评办法和实施细则。二是积极开展“安全文明校园”创建活动。省领导小组制定下发了《湖南省安全文明校园考评细则》，组织评选了第一批89个“湖南省安全文明校园”。据统计，目前全省已有安全文明校园2466所，其中省级150所，市级607所，县级1709所。三是进一步发挥了法制副校长和法制辅导员的作用。2006年各地按照省里的要求，对中心小学以上的学校都选配了法制副校长和法制辅导员，并加强了对法制副校长、法制辅导员、安全保卫人员的选聘、培训、管理、考核等工作，设立了“两公示一监督”专栏，公示法制副校长、法制辅导员、社区民警，公示近期涉校涉教的案件情况，公示聘请的群众监督员。

五、宣传表彰工作有新的亮点

2006年，省领导小组办公室狠抓了综治信息工作，创办了湖南省学校及周边治安综合治理信息网，大力推进综治工作信息化进程，刊登各类信息1000余条，网站点击超过了50000人次。全省各市（州）、县（市、区）和各级各类学校积极上报综治信息和情况，据统计，全年各地共编发工作简报80多期，向省里上报工作动态信息360多份。同时，省领导小组对近两年在学校及周边治安综合治理工作中涌现出来的先进典型进行了表彰，64个单位被评为“湖南省学校及周边治安综合治理工作先进集体”，80名同志被评为先进个人。

见义勇为工作情况

一、大力表彰奖励见义勇为人员

2006年12月23日召开全省见义勇为表彰大会上，省综治委、省委宣传部、省公安厅、省人事厅、省见义勇为基金会授予李光辉等17名同志“湖南省见义勇为先进个人”称号，其中给李光辉等5名同志记一等功；追授陈本亮等11名同志“湖南省见义勇为先进个人”称号，其中追记陈本亮等3名同志一等功。给先进个人颁发奖励证书（其中记一等功人员颁发奖章）；给李光辉等17名同志各颁发奖金1万元，给陈本亮等11名同志各追发奖金3万元。

二、及时为见义勇为者及其家属排忧解难

一是积极开展传统佳节的送温暖活动。2月，分别对李卫红等十名见义勇为者及家属进行春节慰问，发放慰问金5万元；二是及时做好见义勇为受伤人员在医院救治期间的帮扶和慰问工作。8月，省委政法委副书记、省见义勇为基金会理事长李定坤同志陪同省委副书记孙载夫同志，到医院慰问见义勇为受伤人员韦黎，送去慰问金1万元；三是切实做好见义勇为牺牲者家属的困难补助工作。4月，省综治办副主任、省见义勇为基金会秘书长陈岭同志陪同中华见义勇为基金会领导慰问见义勇为牺牲人员肖楚红家属，送去困难补助金1万元。

三、积极做好宣传报道工作，营造良好的社会氛围

一是抓好经常性的宣传工作。平时与报社和电视台、广播电台等新闻单位保持紧密联系，及时宣传报道见义勇为英雄的先进事迹及基金会的各项活动；二是狠抓专项活动的宣传报道。通过召开表彰大会等系列专门活动，及时组织电台、电视、报刊等新闻媒体对见义勇为先进事迹突出专门报道。如：11月24日全国见义勇为英雄、先进分子载誉返湘，12月23日省第九次见义勇为表彰大会等专项活动，及时组织湖南卫视、湖南经视、湖南日报等全省近十余家电视、广播、报刊新闻媒体对这次表彰大会进行报道。三是组织专题的宣传活动。由省委宣传部、省文明办、省委政法委、省见义勇为基金会联合组织开展了全省见义勇为“好男好女”典型群体宣传活动。专题出版了以见义勇为先进典型事迹为内容的《好男好女》图书，举办了“好男好女”大型广场活动，组织见义勇为先进事迹报告团进行巡回报告。省直主要新闻单位湖南日报、三湘都市报、潇湘晨报，湖南卫视、湖南经视、湖南人民广播电台、红网等从6月15日起，统一开辟了“见义勇为好男好女”专栏；四是认真编好见义勇为有关工作简报。据不完全统计，2006年共宣传报道见义勇为先进人数达60余人。

四、建立健全见义勇为奖励和保护的长效机制

一是扩大省见义勇为基金数量。一方面，积极争取省政府和各地政府将见义勇为基金纳入财政预算；另一方面，积极开展向社会各界进行募捐活动。2006年省财政拨款30万元，社会募集30万元，到2006年底省见义勇为奖励基金达1018万元。

二是加快见义勇为奖励和保护的立法进度。为切实保护见义勇为者的合法权益，湖南省于1996年由省综治委、省人事厅、省劳动厅、省民政厅、省教委（省教育厅）、省公安厅、省军区政治部、省见义勇为基金会联合下发了《关于奖励见义勇为先进个人的有关规定》。2005年起，湖南省又加大了对见义勇为工作的调查研究力度，并在征求有关部门和单位的意见的基础上，于2006年12月完成了《湖南省见义勇为奖励和保护条例(代拟稿)》的起草工作,并积极争取省人大尽快纳入立法计划。

三是建立了见义勇为“爱心账户”。根据中华见义勇为基金会《关于在全国各级见义勇为基金会(协会)设立“爱心账户”的通知》要求于10月成立了“爱心账户”,到年底已通过“爱心账户”资助3人。

流动人口管理服务工作情况

一、强化流动人口治安管理

湖南省以建立健全流动人口管理服务长效机制为突破口,制订了《流动人口治安管理工作“十一五”规划》,完善了流动人口管理基层基础工作建设内容,并争取将流动人口管理等工作纳入了综治部门的考评,引导各级人口管理部门调整工作重心,充分提升了流动人口管理服务工作的地位。2006年,全省共清理暂住人口1735444人,出租房屋166473间,用工单位21673家,发现违法犯罪线索10139条,破获刑事案件9102起,抓获犯罪嫌疑人8317人,基本澄清了全省暂住人口、出租房屋和用工单位的底数。

二、探索流动人口社会化管理

2006年,全省全面推广了“流动人口和出租房屋管理服务中心(站)”组建工作,成效显著。9月18日,全省流动人口出租房屋管理服务工作经验交流会在衡阳胜利召开。省委常委、省委政法委书记、省公安厅厅长李江,省人民政府副省长许云昭等领导应邀出席会议。会议全面总结和肯定了长沙、衡阳等地流动人口、出租房屋管理服务工作取得的成绩,分析了长沙、衡阳工作模式的特点,对全面抓好我省流动人口、出租房屋管理工作进行了深入探讨,并决定将衡阳模式作为“蓝本”,在全省全面推广。

三、加快流动人口信息化进程

年初,向省综治委报送了《关于加快湖南省社区流动人口信息管理系统立项招标的请示》,并组织相关职能部门召开了系统需求论证会。通过招、投标,最终确定湖南省天银信息产业有限公司为系统建设中标单位并签署了系统软件开发及维护合同。预计,该系统于2007年可以完成系统调试并试运行。

四、推动了流动人口治安管理服务立法步伐

积极向省委、省政府汇报,着手准备相关法律文本、立法论证报告、立法依据等前期工作,呈送主管部门,并向省政府法制局报送了立法项目书,将流动人口治安管理立法纳入了省政府2007年度立法工作计划。

五、探索建立了双向警务协作模式

按照公安部深入基层开展“外警协管外口”警务模式的调研工作,并专门下发通知,要求全省公安人口管理部门组织开展调研活动,对湖南省开展“外警协管外口”警务模式的可行性和必要性进行了深入的研究,并向公安部三局做了专题汇报。6月9日,针对广东省公安厅发函请求湖南省派驻警力协助开展流动人口管理的实际,我们向厅党委提交了《关于在湖南省开展“外警协管外口”警务模式的请示》,6月13日,应广东省公安厅的请求,与广东警方在我省进行了实地考察,联合探索“外警协管外口”警务模式,双方拟定了一系列规范性文件,同时决定以郴州市嘉禾县、衡阳市衡南县为试点单位,向东莞市石碣镇外派警力,通过依托和发挥“老乡警察”的亲情、语言和身份优势,加强对流动人口的动态管理、跟踪服务,及时调处和化解涉及流动人口的矛盾纠纷和不稳定因素,依法保障流动人口的合法权益,严密防范和严厉打击流动人口违法犯罪,切实维护了社会治安秩序,同时也进一步促进了与外省兄弟单位开展双向警务协作机制。

矛盾纠纷排查调处工作情况

一、组织开展了“大力调解矛盾纠纷，创建平安和谐湖南”活动

为贯彻落实省委、省政府关于构建和谐湖南的重大决策，充分发挥人民调解在维护社会稳定中的“第一道防线”作用，省司法厅在宁乡县正式启动“大力调解矛盾纠纷，创建平安和谐湖南”活动，省人大常委会副主任周时昌出席启动仪式并作了重要讲话。“大力调解矛盾纠纷，创建平安和谐湖南”活动分为“三大战役”：第一战役集中在2006年3月至4月，以调处“两会”、“清明”、春耕生产等引发的矛盾纠纷为主要内容；第二战役集中在5月至8月，以调处防汛抗旱、征地补偿、拆迁安置等引发的矛盾纠纷为主要内容；第三战役集中在9月至2007年2月，以调处因秋收、拖欠农民工工资、下岗职工再就业引发的矛盾纠纷为主要内容。整个活动组织领导有力，宣传动员扎实，活动内容丰富，工作成效明显。通过“三大战役”的开展，全省各级司法行政机关和人民调解组织共成功调处各类矛盾纠纷35万多件，防止群体性上访、群体性械斗、民转刑和非正常死亡等纠纷激化事件7000余件，有力地促进了社会的和谐稳定。

二、在全省部署启动了人民调解、司法调解、行政调解对接联动工作

为强化人民调解工作职能，创新人民调解工作机制，省司法厅在湘潭市、株洲攸县、郴州北湖区成功开展了“三调联动”工作试点，资兴、醴陵等地开展了把人民调解作为一般民事诉讼前置程序的试点。2006年7月，省综治委召开了全省调解工作会议，会议总结推广了各地开展“三调联动”工作的试点经验，在全省部署启动了“三调联动”工作。到年底，这项工作在全省发展势头很好。长沙市加强了人民调解与治安行政调解的衔接联动，在全市公安派出所建立了人民调解工作室，公安派出所受理的70%以上的纠纷都通过驻所人民调解工作室得到成功调处。

三、人民调解工作规范化建设取得了明显进展

为进一步加强人民调解工作规范化建设，省司法厅组织两个督查组，对长沙、岳阳、益阳、邵阳、怀化、自治州6个市州的15个县市区及26个乡镇（街道）的人民调解工作规范化建设情况进行了督查。督查显示，各地人民调解组织机构更加健全，队伍素质明显提高，工作保障措施基本得到落实，乡镇（街道）基本实现了人民调解委员会标牌、印章、人民调解标识、程序、制度、文书的“六统一”。人民调解工作质量和规范化水平的提高，极大地增强了人民调解工作服务大局、维护稳定、促进和谐社会建设的能力。

四、开展了“人民调解三湘行”宣传活动，在全省形成关心、关注人民调解的舆论氛围

为加强对人民调解工作的宣传，展现新时期全省人民调解工作的新风貌，在《湖南日报》开辟专栏，开展了“人民调解三湘行”宣传活动，“人民调解三湘行”专栏共出刊16期，集中报道了14个市州的人民调解工作，并宣传了洞口县黄桥司法所长、调委会主任谢扬标等一些基层涌现出来的先进典型，社会反响良好。

刑释解教人员安置帮教工作情况

一、召开了省安帮工作领导小组第七次全体成员会议和省安帮办公室成员会议

2006年3月,省安帮工作领导小组召开了第七次全体成员会议。会议总结了近年来全省的安置帮教工作,研究解决了增加安置帮教工作经费、安置基地建设和刑释解教人员信息库建设等几个问题,部署了今后一段时期全省安置帮教工作的主要任务,会议精神形成了纪要下发各地指导工作。副省长、省安帮工作领导小组组长许云昭出席会议并作了重要讲话。省安帮办公室也召开了全体成员会议,贯彻领导小组成员会议的精神,对安置帮教工作年度考核、刑释解教人员信息库建设、监所刑释解教人员衔接督查等几项具体工作进行了安排部署。

二、开展了刑释解教人员衔接排查活动

省安帮办组织省公安厅监管处、省监狱局刑罚执行处、省劳教局管理处,深入长沙监狱等6个监、所,开展了刑释解教人员衔接工作督查活动,指导监所在服刑在教人员刑释解教前1个月向其户籍所在地寄发安帮通知书,严格落实刑释解教人员衔接制度。指导监、所管理部门对2005年刑释解教人员的底数和基本情况进行了排查统计,共排查出2005年度刑释解教人员24000余人。各地对今年新增的安帮对象逐一建立了管理台账,落实了由司法所(安帮站)干警、基层组织(村、社区、企事业单位)、亲属"三帮一"或"二帮一"、签订帮教责任书的责任帮教制度,全省列管帮教率为98.5%。

三、促进了刑释解教人员安置就业和社会保障工作

通过积极引导刑释解教人员自谋职业、自主创业,创办过渡性安置基地,承包责任田土(山林、水面)和落实"低保"、社会救济和组织劳务输出等多形式、多途径进行过渡性安置,刑释解教人员安置率达到90%以上。把安置基地建设作为促进刑释解教人员安置就业和社会保障的重点工作来抓,省安帮工作领导小组制定下发了《关于进一步加强刑释解教人员过渡性安置基地(实体)建设的意见》,过渡性安置基地建设工作不断规范而且发展迅速,全省60%以上的县(市、区)建立了1至2个过渡性安置基地,较好地解决了"三无"人员和有重新违法犯罪倾向刑释解教人员的过渡性安置问题。

积极探索非公有制企业平安建设的有效途径

湘潭市社会治安综合治理委员会办公室

非公有制企业(以下简称"民企")是我国社会主义市场经济的重要组成部分。随着改革的不断深入,民企已获得了快速发展。指导民企加强治安防范,深化平安建设,是综治工作面临的一个新课题。近几年来,我们围绕这一新的课题进行了一些有益的探索,逐步建立起"单位负责、部门督导、综治协调、齐抓共建"的长效工作机制。2006年5月,省综治委在我市召开会议并推介这一做法。我们的主要做法是：

一、抓理念引导，形成创建"平安民企"的共识

我市是中部地区一个有280万人口的地级市，近几年来民企发展势头强劲。2004、2005年民企为3289、4140家，比上年分别增长28.2%、25.9%；经济增加值150.8亿元、173.6亿元，分别占到当年全市GDP的45.5%和46.8%。城市区的民企经济增加值，近3年来占GDP的80%以上。

民企的快速发展给我市平安建设带来了新问题，突出表现在治安管理上的缺位，导致治安防范上的"空档"。主要原因：一是不愿管。地方职能管理部门仍沿用旧的思维方式，存在"公办公管、民营民管"的观念，有意无意地放弃了对民企的管理。而部分民企则认为治安防范是党委、政府的事，与己无关，不愿承担治安管理责任。二是不服管。相对而言，民企普遍存在重经济效益、轻社会效益的问题，对治安防范工作所必需的人力、物力、财力不愿投入，对有关职能部门的指导和管理持抵触态度，工作难以落实到位。三是不会管。由于有关法律、政策相对滞后，有关职能部门对民企的治安防范研究不够，感到工作不知从何抓起。总之，从管理者到被管理者，对民企综治工作和平安建设普遍持观望态度。

针对这种情况，市综治委从2004年下半年起就组织调查研究，去年初在商业、工业、住宅等行业选定5家民企，进行加强治安防范、深化平安建设的工作试点。从抓理念引导入手，着重从三个方面统一大家的认识。一是从发展地位上看，引导大家充分认识到民企是地方经济发展的重要支柱。做好民企的治安防范工作，是一项重要的保障工程。二是从责任主体来看，为民企发展创造良好的治安环境，既是民企老板的责任，也是地方党委政府的职责。三是从社会管理的层面看，确保民企的平安稳定，既是民企老板和广大员工的殷切期盼，也是党委政府维护社会和谐稳定的迫切需要。认识的一致带来行动上的自觉。经过试点，创立了民企治安防范四种模式：以步步高湘潭购物广场为代表的"商场自控"式、以湘潭恒盾集团公司为代表的"企业自管"式、以阳光山庄为代表的"小区自防"式、以吴家巷工业园为代表的"园区自负"式。2005年8月，市综治委印发了《关于完善非公有制企业事业单位治安防范工作实施办法》；市委、市政府召开了全市加强民企治安防范工作会议，推介试点经验，大张旗鼓地宣传加强民企治安防范、深化平安创建的重要性和有效性，不断增强了各级各部门各单位的工作责任心和使命感，进一步强化了思想基础和工作氛围。经过一年多的运作，为提升领导民企治安防范工作水平，市委、市政府下发了《关于加强非公有制单位社会治安综合治理工作的意见》。及时有效的理念引导，为切实加强民企平安创建工作提供了有力保障。

二、抓责任传导，健全民企自身治理体系

抓好民企的治安防范，明确和落实单位管理责任是关键。我们根据有关法律法规和政策规定，通过层层签订治安防范责任书的形式，层层传导工作责任，建立健全单位内部治理工作体系，督促民企加强治安管理，落实防范措施。

具体从六个方面着手：一是明确工作职责。坚持"谁所有谁负责、谁主管谁负责、谁管理谁负责、谁用工谁负责、谁受益谁负责"等"五个负责制"原则，具体承担3项工作职责：法定代表人及主管负责人是本单位治安防范工作的主要责任人，对本单位发生的治安问题依法依规承担相应的法律、经济、行政责任；将治安防范责任层层分解和落实到基层各部门和各责任人；将治安防范与生产经营同安排、同检查、同奖惩。二是健全组织网络。在民企设立社会治安综合治理工作领导小组，综治办与保卫部门合署办公，配备专职或明确兼职综治保卫人员。从单位负责人到管理层、生产一线、职工生活区，形成完整的综治保卫工作网络。三是抓好矛盾排调。通过经常排查、定期排查、专题排查等方式，及时疏导和化解各类矛盾纠纷，引导员工通过内部调处纠纷或通过司法途径解决问题，预防和减少集体上访、越级上访等事件的发生。加强信息沟通，指定专(兼)职信息员，及时向有关部门反馈矛盾纠纷排查调处情况。四是加强人员管理。建立内部员工档案，实行流动人员台账管理。开展经常性法制宣传教育，增强员工的法制意识和守法观念。配合司法、公安等部门做好对刑释解教、轻微违法犯罪人员的管理、教育、挽救和转化工作，积极预防和减少重新犯罪。五是加大防范设施投入。引导企业增强"花钱买平安、投资创平安"意识，以"六防"(防盗、防抢、防火、防破坏、防泄密、防事故)为重点，逐步完善人防、物防、技防措施。六是健全工作制度。要求民企建立"十制五账"。"十制"是：建立层次责任、门卫值班、治安巡逻、消防安全、法制教育、纠纷排调、安置帮教、安全生产、宿舍管理、奖励处罚等10项管理制度。"五账"是：建立综治保卫人员、民事调解、治安巡逻、安置帮教、门卫登记等5类管理台账。

健全完善的责任体系，大大促进了民企治安防控，确保了企业内部平安。步步高商业连锁股份有限公司在省内外有56家分店，按销售业务量排名，今年位居湖南省百强民企第三。步步高湘潭购物广场则是该公司的旗舰门店，销售大楼高4层，总建筑面积2.6万平方米，是一家集购物、餐饮、休闲、娱乐于一体的大型购物中心，创立了强化群防责任、发挥防控作用、实现商场安全的"商场自控"防范模式。在落实责任制方面，该商场从经理、各课室、部门、楼层到经营户层层签订了责任书，明确9人小组督查责任制落实，实行责任追究。一次，三楼层一租赁柜台白天营业时被盗走服装10件、价值万余元，按店规即对营业员、柜台、防损员、楼层经理以及综治办工作人员分别进行了责任追究，并在内部通报。从此，全体员工的防范意识和安全责任感大大增强，促进了防范工作进一步落实。

三、抓行业指导，提升民企治安防范能力

民企治安防范工作不是孤立地存在着，必须通过行业指导，使其融入到社会管理，进而不断提升治安防范的能力和水平。在行业指导上，具体抓了三个方面工作。

履行协管职能。民企虽然没有行政主管，但有些行政主管单位和行业管理部门对民企的管理职责是明确的。因此，应当责成对民企负有行业监督管理职责的主管部门，按照"归口管理"原则，负责指导民企抓好治安防范，不断加强防范工作的制度化、规范化建设。实践证明，这样做，不但民企服管，行业管理也能及时到位。如我市物管协会根据物业管理《条例》的要求，每年坚持与76家物管企业签订《目标管理责任书》，规定在房管小区必须落实治安防范，在其"基础管理综合考评"指标中，有关治安管理的内容占了一半分值；规定对不签订责任书的企业按考评不合格处理，对不合格者责令限期整改，对整改后仍达不到要求的吊销企业《资质证书》，不得从事物业管理。去年我市新建的25个住宅小区全部按行业管理要求落实了平安建设措施，目前全市城区物业管理的覆盖面达到30%以上。凡是实行了物管的小区，其治安状况良好，居民也比较满意。

加强工作指导。把及时指导民企规范日常管理，作为社会监管部门履行职责的重要内容。建立了经常性联系制度、与法人代表工作协商制度、相关职能部门联席会议制度等，规范管理平台，落实监管措施，增强了对民企平安建设工作指导的针对性和有效性。针对民企个性差异较大，民企老板的素质参差不齐的情形，有关职能部门实行了因人而异、因地制宜的差别性工作指导。我市工商联成立了非公经济组织党委，及时指导民企成立党、群组织，通过发挥党支部的战斗堡垒作用和党员的先锋模范作用，协调劳资关系和员工纠纷，有力地促进了民企的平安稳定和健康发展。如市莲城客运公司是一家有400多名员工的股份制企业，内部人员成分复杂，其中刑释解教人员占到20%以上。今年初，公司领导层对经营管理产生较大分歧，市非公经济组织党委充分利用这个公司党支部工作平台，积极指导协调处理，使纠纷得到了及时有效解决，帮助企业很快恢复了正常运转。

保障合法权益。民企的合法权益容易受到不法侵犯。依法保护其合法权益，是行业主管部门加强工作指导的重要任务。公安、法院、工商等职能部门不断增强服务意识，寓服务于管理和执法之中，把打击犯罪与保护合法有机结合，当好民企合法权益的"保护神"，与民企共建平安和谐的发展空间。市公安局2005年8月出台了《公安机关服务公司企业八项措施》，对重点民企实行重点保护，在加大力度侦破一批职务侵占案的基础上，及时提出工作建议，帮助加强内部经营管理，堵塞违法犯罪漏洞，深受民企欢迎。

四、抓综治督导，强化平安创建保障作用

做好民企治安防范工作，充分发挥职能部门的指导作用，在很大程度上依赖于当地综治部门的组织、协调、督促、指导。这种保障作用主要体现在：一是落实属地管理责任。市、县市区、乡镇街道综治委对辖区内民企履行"属地管理"责任，分层次地与之签订治安防范责任书，通过做好"服务、管理、监督、考核、奖惩"等工作，积极推进这些单位的治安防控。二是优化周边治安环境。

由市、县市区、乡镇街道综治委牵头,建立有公安、司法、工商、城管及民企等单位参加的联席会议制度,及时研究和解决民企周边环境中反映出的具体困难和问题。近年来,针对一些企业周边治安秩序不好、盗窃抢劫案件多发等情况,及时研究部署,先后开展了反扒、反提包、反盗窃机动车等专项行动。同时,由县市区综治委组织城管、工商、交警等部门对重点场所、部位进行了集中整治,由乡镇街道综治委安排夜间治安巡逻队。通过以上措施,全市民企周边环境得到了有效净化,治安状况持续平稳。三是加强考核奖惩。以乡镇街道为最基层的管理平台,建立了平时检查、季度通报、半年讲评、年终排名等制度。严明奖惩主要是把好三关:党委政府颁发荣誉的预审关、整改落实的审查关、实施责任问责的查究关。同时,把落实民企治安防范工作情况列入了各级党政领导班子和领导干部绩效考核的内容,与评优推先和晋级提升挂钩。去年,市综治委对有影响的4家防范措施不落实的民企进行了通报批评,追究了相关人员责任,起到了较强的警示作用。

湖南省长沙市天剑社区实行“三真”推进刑释解教人员安置帮教工作

20世纪90年代初,天剑社区曾是长沙市一个有名的“闹事窝”,居民结构复杂,打架偷盗现象严重,刑释解教人员多而又缺乏管理,导致重新犯罪率居高不下,刑事案件频发,社会治安状况十分混乱。近十多年来,天剑社区全力做好144名刑释解教人员、45名涉毒人员的安置帮教工作,创造了刑释解教人员重新犯罪率连续7年为零的业绩。

一、真情感化,坚定刑释解教人员自新的决心

(一)全方位关照。一是全面落实安置帮教领导小组、治保会、栋组长三级帮教网络。在全社区形成了居委会领导、安置帮教领导小组组织实施、治保会协助、宿舍楼栋长和家庭成员配合、刑释解教人员参与的安帮工作体系;二是全面强化“回归一个、安帮一人”的工作机制。坚持“六个一”工作制度,即每回归一人安排一次见面、给予一次补贴、建立一份档案、每月召开一次安帮领导小组例会、每年召开一次安帮工作总结表彰大会、组织一次刑释解教人员思想教育活动。在此基础上,对于回归一年之内、家庭贫困、思想不稳定的刑释解教人员,由社区主任和治保主任负责重点管理,对于回归两年以上、生活思想稳定的,采取家长包子女、栋组长包宿舍的形式进行综合管理,同时细化责任,做到人人立档建册,登记台账齐全,滚动式记录现实表现。三是全面发动社区群众参与。经常召开楼栋长会、居民会,通过各种形式使辖区内企事业单位和居民住户都积极主动地配合社区做帮教工作,热情扶助刑释解教人员,在辖区形成了齐抓共管、整体帮扶的良好氛围。

(二)多渠道关心。一是随时掌握刑释解教人员的思想、生活动态。社区坚持做到“四个见面”,即帮教对象生活有困难时见面,排忧解难;思想有波动时见面,谈心引导;行为有异常时见面,疏导规劝;表现有进步时见面,表扬鼓励。二是加强对刑释解教人员的法制教育,组织他们参加市民学校的法制学习,聘请区检察院领导为法制辅导员,定期举办法律知识讲座。同时还经常组织刑释解教人员深入监狱和拘留所现身说法,引导他们自觉地运用法律来规范自己的行为。三是大力丰富刑释解教人员的文化娱乐生活,社区成立了刑释解教人员文艺队,经常组织排练节目,参加有关庆祝、接待活动。

(三)零距离关爱。社区工作人员和栋组长们经常深入到刑释解教人员家中谈心,或者邀请到家中做客,一点一滴建立感情,让他们感受到真切的关爱。逢年过节,社区都会安排对刑释解教人员进行慰问,或者组织他们开联欢会,组织生活困难的刑释解教人员到社区主任或条件较好的刑释解教人员家中聚会,让他们充分享受到家庭的温暖。

二、真心帮扶，拓宽刑释解教人员自立的渠道

（一）全力支持。一是全力提高刑释解教人员的就业技能。邀请省水工机械厂等周边企业的专家开办技能讲座，介绍刑释解教人员到有关部门和社会中介组织举办的实用技术培训班学习，使他们每人都能掌握一至两门实用技术。对于勤劳致富取得成功的刑释解教人员，社区经常邀请他们现身说法，传经送宝。二是全力办好过渡性安置基地。1995 年，社区投资 10 余万元，建立了沿街店铺及社区农贸市场，并配套设立了卫生清扫队，共安置刑释解教人员 30 余人。三是全力争取相关单位支持。社区主动与铁十四局、省经济电视台协商，在他们的支持下，建立了青龙洞、碧翠园赛马场基建工地等相对固定的过渡性安置点，安置刑释解教人员 30 余人。

（二）尽力倾斜。社区千方百计挤出资金用于刑释解教人员的就业。刑释解教人员回归后，社区发给 100 至 300 元"安心费"，逢年过节送去慰问金和物品。对于没有住房的刑释解教人员，社区免费给他们提供住处，甚至水电等一应费用全免，使他们回来后有安身立命之所。对于在社区从事小本经营的刑释解教人员，社区尽可能的给予各种政策优惠，免收摊位、卫生等费用。

（三）努力帮困。社区每年都要拿出 3000 至 5000 元，为生活困难的刑释解教人员子女代交学费，确保他们的下一代能接受良好的学校教育。在刑释解教人员失业、生病住院期间，社区及时到民政部门为他们办理低保，发动党员和干部群众为生病的刑释解教人员募捐，不让他们在突如其来的困难或灾难面前感到绝望。同时加强教育，鼓励他们奋发图强，而不是单纯依赖社区。

三、真诚相待，树立刑释解教人员自强的信心

（一）政治上一样对待。无论是社区、组干部的选举，还是社区事务的管理，都发动刑释解教人员积极参加，充分行使一个普通公民的政治权利。每年召开的社区表彰大会上，社区对作出贡献的刑释解教人员都授予"维护治安积极分子"等荣誉称号，和其他获得荣誉称号的社区居民同台领奖，同台作先进发言。社区还每年组织受表彰的刑释解教人员到外地旅游，激发他们热爱生活、追求幸福的热忱。社区对要求加入党团组织的刑释解教人员同样不歧视，积极培养，大胆发展。

（二）工作上一样信任。社区根据刑释解教人员的长处和优点，大胆启用他们参与社区自治工作，目前社区居委会委员中有 2 人是刑释解教人员，其中 1 人还担任治保会主任。社区治安巡防队的 12 名队员全部是刑释解教人员。社区还组织刑释解教人员组建了义务消防队、义务抗洪抢险队、义务卫生清扫队等，鼓励他们积极参加社区的各项公益事业。对参与社区管理的刑释解教人员，放手让他们大胆工作，即使有一些小过失，也坚持做到不翻老账，耐心劝导，共同分析，促进提高。

湖南省社会治安综合治理委员会及办公室负责人

一、省综治委负责人

主　任　孙载夫　省委副书记、省纪委书记
副主任　李　江　省委常委、省委政法委书记、省公安厅厅长
　　　　周时昌　省人大常委会副主任
　　　　许云昭　省人民政府副省长
　　　　章锐夫　省政协副主席
　　　　江必新　省高级人民法院院长
　　　　何素斌　省人民检察院检察长

二、综治办负责人

主　任　李定坤　省委政法委副书记
副主任　陈　岭

三、内设机构

省委政法委综治一室

湖南省各市、州、县(市、区)综治委、办主任名单

地　区	综治委主任	综治办主任
长沙市	谢树林	彭志一
岳麓区	赵建强	黄智勇
芙蓉区	宋晋武	刘赞乾
天心区	邓鹏宇	王　刚
开福区	柳美景	朱旭东
雨花区	肖雄飞	刘亚平
浏阳市	梁　仲	陈典平
长沙县	杨光荣	黄卫新
望城县	黄佳惠	杨超平
宁乡县	黎石秋	蔡立军
张家界市	刘力伟	陈克定
永定区	余怀民	张世双
武陵源区	杜亚玲	刘升旗
慈利县	刘　桦	向国耀
桑植县	何其雄	黄道明
常德市	武吉海	姚景平
武陵区	王孝山	陈裕坤
鼎城区	王昌义	梅其伟
津市市	何英平	黄文勇
安乡县	张开松	余　瑛
汉寿县	杨先平	张美权
澧　县	燕中炎	邓恢谊
临澧县	黄清宇	祝明海
桃源县	魏立刚	廖金松
石门县	熊大顺	刘朝晖
益阳市	张硕辅	张正才
赫山区	蔡建宇	樊冬湘
资阳区	刘亚非	张旭
沅江市	刘国腾	罗文力
南　县	詹再德	皮跃先
桃江县	王国生	肖东嵘
安化县	卢善勋	夏　亮
岳阳市	罗典苏	谢为民
岳阳楼区	刘岳华	卢斌峰
君山区	刘自远	付小勇

地　区	综治委主任	综治办主任
云溪区	沈六生	汪早生
汨罗市	张作林	何子勇
临湘市	任冒辉	蒋立建
岳阳县	龙建新	颜学进
华容县	胡光前	罗良才
湘阴县	李立峰	黄群安
平江县	陈文林	何秀奇
株洲市	刘岁文	陈招生
天元区	谢高进	曾小平
荷塘区	李　智	凌加强
芦淞区	强国跃	张　涛
石峰区	曲邵阳	文　献
醴陵市	冯建湘	李冬汉
株洲县	王建平	欧阳曦
攸　县	颜建武	周金泉
茶陵县	余明刚	刘政鸿
炎陵县	王继恩	刘友德
湘潭市	刘清林	谭菊先
岳塘区	傅博华	许志安
雨湖区	胡暑先	王永龙
湘乡市	黄建辉	周向集
韶山市	周琼芝	彭学清
湘潭县	朱少中	翁建培
衡阳市	谢恒斌	曹浩模
雁峰区	左慧玲	姚轲骅
珠晖区	胡水龙	凌　浩
石鼓区	尹培国	尹为禹
蒸湘区	李安平	汤九生
南岳区	刘丽华	戴德云
常宁市	肖长河	唐旭胜
耒阳市	刘作钦	徐望瑞
衡阳县	刘　健	高孝益
衡南县	吴旭东	罗友平
衡山县	罗东海	孙会文
衡东县	彭亚平	赵自文

地　区	综治委主任	综治办主任	地　区	综治委主任	综治办主任
祁东县	邹爱民	陈小云	洞口县	罗建南	谭国成
郴州市	王碧元	许秋生	绥宁县	黄民清	伍华仁
北湖区	李建平	曾晓勤	新宁县	王铭祥	周　尧
苏仙区	李太平	胡贵成	城步县	杨吉成	熊少华
资兴市	黄湘鄂	蒋晓明	**怀化市**	陈善美	田定国
桂阳县	李建军	欧阳继军	鹤城区	杨正坤	曾　友
永兴县	许永金	李泽林	洪江市	周基友	覃志顺
宜章县	肖　峰	黄继茂	洪江区	李玉豪	李　茜
嘉禾县	李向国	肖　雄	沅陵县	罗建章	李宗志
临武县	罗新昌	雷源胜	辰溪县	唐晓军	周福金
汝城县	范建平	朱卫华	溆浦县	舒恒生	杨道俊
桂东县	袁少雄	陈祥发	中方县	潘存福	罗明望
安仁县	刘跃平	刘爱国	会同县	蒋亚文	李文广
永州市	邓三龙	胡安平	麻阳县	谭长显	唐国钧
冷水滩区	冯德校	张贻南	新晃县	张家茂	谭　诚
零陵区	胡冬春	李之游	芷江县	唐成云	李建军
东安县	唐湘林	季　刘	靖州县	杨小京	林长万
道　县	吴昌球	朱正开	通道县	杨陵俐	杨进朝
宁远县	周国定	肖　平	**娄底市**	胡旭曦	陈光明
江永县	何绍云	周利胤	娄星区	陈明华	肖　明
蓝山县	曹文德	李解忠	冷水江市	潘二寿	曾胜利
新田县	邓成胜	乐石明	涟源市	易志祥	吴应明
双牌县	何世平	廖秀林	双峰县	袁明国	彭丰高
祁阳县	蒋明清	王干劲	新化县	刘　力	邹　林
江华县	黎世民	胡玉产	**湘西自治州**	徐克勤	龙德忠
邵阳市	石民生	徐光旗	吉首市	万波平	师明社
双清区	张荣臣	肖力丁	泸溪县	包太洋	李建阳
大祥区	李桂楚	金曲能	凤凰县	罗　明	谭　俊
北塔区	赵应国	莫振宇	花垣县	卢向荣	曾　鸣
武冈市	谭精益	郭晓清	保靖县	罗念生	张应国
邵东县	郑再堂	贺健民	古丈县	龙永金	彭继平
邵阳县	伍先明	罗建平	永顺县	田　轶	李才亮
新邵县	傅立卿	王理信	龙山县	向能武	欧昌华
隆回县	周卫臣	廖海湘			

（撰稿人：雷衍忠
审稿人：陈　岭　王雪鹏）

广 东 省

2006年社会治安综合治理工作概况

2006年,广东省坚持以邓小平理论和"三个代表"重要思想为指导,认真落实科学发展观,坚持"打防结合、预防为主"的方针,以化解社会矛盾为主线,以平安建设为载体,深入开展矛盾纠纷排查调处,不断强化"严打"整治斗争,大力推进社会治安防控体系建设,全面强化社会管理,切实加强基层基础工作,扎实落实各项综合治理措施,有效维护了全省社会稳定。

一、强化维护稳定执政理念,着力统筹经济社会科学发展

1月上旬,中共中央政治局委员、省委书记张德江同志主持召开全省市委书记座谈会,专题研究部署维护社会稳定工作。随后配套出台了《广东省社会矛盾纠纷排查调处工作办法》、《广东省集体上访处置办法》、《广东省处置群体性事件办法》、《关于预防和处置群体性事件和突发公共事件责任追究暂行办法》、《广东省突发事件新闻处理办法》、《广东省建设工程项目开工管理规定》、《关于办理"两抢"犯罪刑事案件适用法律的意见》等7个操作性很强的指导性文件,推出了征地"三条红线"(征地手续不齐全、不完备的项目,不能开工;没有与农民就征地补偿民主协商、达成协议的项目,不能开工;征地补偿款没有兑现到农民手里、各种补偿不到位的项目,不能开工)、环保"三个一律"(新建项目,凡达不到环保要求的,一律不准上马;在建项目,凡环保设施未经验收合格的,一律不准投产;已建项目,凡经过限期治理和停产整顿仍不达标的,一律关闭)、国企改革"三条准则"(凡改制、改革方案未经职代会或职工大会审议通过的,不能实施;凡职工安置、经济补偿、社会保险接续等措施不落实的,不能实施;凡职工安置方案和社会保障办法不明确、资金不落实的,不得进入破产程序)等多项硬措施,从源头上减少和杜绝影响社会稳定和治安稳定的隐患因素。4月至7月,省领导分别牵头对"关于正确认识和处理新时期社会矛盾,切实维护社会和谐稳定"问题开展专题调研。9月上旬,张德江同志又主持召开省委理论学习中心组"正确认识和处理新时期社会矛盾,切实维护社会和谐稳定"专题学习会,交流调研成果,谋划维护社会和谐稳定对策措施。省委九届九次、十次全会,对维护社会稳定工作作出全面部署。各级党委、政府和政法综治部门认真贯彻省委的部署要求,抓好发展第一要务,落实稳定第一责任,全面推进社会治安综合治理工作,进一步建立健全维护社会政治稳定和治安稳定的工作机制和领导责任制。继2005年底省委成立维护稳定工作领导小组及日常办公机构之后,2006年,全省各市、县、镇党委均陆续成立了由党委书记任组长的维稳工作领导小组及定级定编的维护稳定工作机构,同时在全省推行乡镇(街道)综治工作中心试点工作,进一步凝聚和发挥基层党委政府职能部门搞好维稳、综治工作的合力作用,健全和落实了"党政一把手负总责、分管领导直接抓"以及"属地管理"、"谁主管谁负责"的综治工作领导责任制、部门责任制和责任追究制度,初步形成了党委总揽全局、部门齐抓共管、群众广泛参与的维护社会和谐稳定工作格局。

二、积极预防调处矛盾纠纷,着力维护社会政治稳定

针对新时期社会矛盾凸显的形势和特点,各级党委、政府进一步健全了党委政府统一领导、综治机构组织协调、职能部门各负其责的矛盾纠纷排查调处机制,落实定期排查、归口调处、领导包案、个案督办等工作制度,综合运用法律、经济、行政、教育等多种手段,成功调处化解了大量社会矛盾，维护了社会的和谐稳定。一是大力加强矛盾纠纷排查调处工作。完善从省到村（居）的五级矛盾纠纷排查调处网络，所有镇（街）成立了矛盾纠纷排查调处领导小组，所有村（居）选配了调解员，建立了滚动更新的矛盾纠纷信息台账和分级分系统的分析汇总平台。落实《广东省社会矛盾纠纷排查调处工作办法》，认真做好日常排查、定期排查、专项排查和特别防护期排查。第一季度，省综治委部署在全省开展矛盾纠纷排查调处专项行动，重点对农村征地、城市拆迁、劳动纠纷、企业改制、军队退役人员待遇诉求、涉法涉诉等引发的矛盾纠纷进行排查调处，共排查出矛盾纠纷1290宗，逐一落实调处。进一步健全人民调解、行政调解、司法调解相互衔接配合的大调解工作体系，引导干部群众把调解作为化解矛盾纠纷的首要选择。年内全省共排查调处民事纠纷17.2万起，96.5%以上得到成功化解；排查涉群体性矛盾纠纷986宗，调处化解率为95.2%。二是积极预防和妥善处置各类群体性事件。建立健全群体性事件预警和应急处置工作机制，在提高发现处置能力、控制事件规模和防止事态激化等方面下功夫。加强处置突发事件专门队伍和装备建设；全省有16个市成立了特警队，总警力达3200多人，在全省首次举行了跨区域演练。完善群体性事件预警处置机制，有效提高了预防、发现和处置群体性事件的能力。依法妥善做好汕尾红海湾“12·6”严重违法事件后续工作，成功处置阳西马村事件、佛山堤田事件、三洲事件和汕头渡美水闸事件等重大群体性事件。年内全省500人以上的群体性事件15起，同比下降59.5%，参与群体性事件人次同比下降38.3%，大规模群体性事件得到较好控制。三是认真解决信访突出问题。在全国首创信访督查专员制度，进一步完善领导包案、联合接访、首办责任制等制度，引导群众依法有序上访，确保信访诉求有结果、有反馈，有效化解进入信访渠道的社会矛盾。全省信访形势呈现“三下降一好转”局面：集体上访总量下降；到省集体上访明显下降；进京上访和非正常上访明显下降；信访秩序明显好转。处理涉法涉诉信访专项行动取得了良好成效，中央交办我省进京上访案件办结率达99%。

三、深入开展严打整治，着力解决突出治安问题

各级政法综治部门把解决群众反映强烈的治安问题作为工作重点，坚持严打方针，实施重拳打击。通过建立专业队伍、采取专门手段提高精确打击能力，通过跨区域联合行动增强严打规模效应，通过加强政法部门协调配合提高依法严厉打击力度。针对各个时期突出治安问题，先后组织开展“粤鹰”系列、侦破命案、打黑除恶和禁毒人民战争等声势浩大的严打整治行动。特别是针对“两抢”犯罪高发，省公安厅、检察院、法院统一认识，出台了关于打击“两抢”犯罪的指导意见，出实招、用硬招、下狠招，强化了打击“两抢”犯罪的法律威慑力；珠三角各市相继开展治摩、限摩、禁摩行动，有效遏制了飞车抢夺犯罪。年内全省“两抢”犯罪发案下降20.25%，全省刑事立案总量同比下降5.8%，是近几年刑事发案的最低点。共摧毁重特大黑社会性质组织55个，打掉制贩毒集团154个，破获经济犯罪案件的4975起，挽回直接经济损失约8.6亿元。批捕犯罪嫌疑人1098333人，起诉105479人，同比分别上升2.82%和5.33%。审结刑事案件8.1万件，判处各类犯罪分子9.4万人，同比分别上升5.9%和6.8%。切实加强治安重点地区（部位）的整治。健全治安重点地区排查整治工作机制，省综治委共排查治安重点地区（部位）68个，各市、县也排出一批治安混乱的地区（部位），都一一实行了挂牌整治，在规定期限内改变了面貌。如广州火车站这个治安“重灾区”，通过综合整治后实现了160多天“零发案”，刑事发案同比下降50%，实现了社会治安由乱到治、由治到稳的转变。据2007年初全省各地群众安全感抽样调查显示：群众对社会治安感到安全和基本安全的占93.11%，同比上升4.8%；认为社会治安好的占88.7%。

四、加强治安防控体系建设，着力挤压违法犯罪活动空间

一是继续推进社会治安“五张网络”建设。从2002年起，省综治委部署在全省开展社会治安防范“五张网络”（社会面控制、社区治安防控、企事业单位内部管理、特种行业和重点部位管理以及学校、企业周边、铁路沿线等边远地区防控网络)建设。2006年,进一步加大人财物投入,初步建立了社会治安防范"五张网络。二是大力加强群防群治。各地继续加大力度,组建或增加专业治安联防队,目前绝大部分地市、县(市、区)和珠三角的镇街都组建了由财政统一供养的专业治安联防队,全省共有各类群防群治队伍70多万人。三是大力推进治安视频监控系统建设。2005年起,省综治委部署开展治安视频监控系统建设,省公安厅制订下发了治安视频监控系统建设的技术标准和操作规范。各地特别是广州、深圳等珠三角各市投入大量资金,大力开展治安视频监控系统建设。2006年底,珠三角八市已建成治安视频监控摄像头51万多个,其他地区也在城区和中心城镇的交通要道、重点要害部位、治安复杂场所积极推进技防设施建设,大大提高了预防、打击违法犯罪的能力,提高了城市管理、交通管理、社会管理水平。四是加强社区建设和管理,大力开展各种平安创建活动。全省各地围绕社区治安、社区精神、社区管理、社区服务、社区环境、社区和睦等内容,积极开展"安全小区"、"无毒社区"、"绿色社区"等一系列创建活动,全面推进平安和谐社区建设,建成各类安全小区5万多个,覆盖了全省80%以上的社区和人口。

五、强化社会管理,着力抓好流动人口管理服务工作

一是积极探索社会管理、城市管理、市场管理和治安管理相结合的综合治理工作路子。各地特别是珠三角地区针对城郊结合部、城中村、各种大型专业运输市场和一些文化娱乐、网吧、废旧物品收购、特种行业等行业、场所由于管理不到位,造成刑事、治安案件高发,藏污纳垢、盗销窝赃、制假贩假严重等情况,采取宣传教育、清理整顿、打击取缔等堵导结合的工作措施,进行大规模的清理整治,消除了大量危害社会秩序、城市秩序、市场秩序、治安秩序的隐患。二是进一步加强对吸毒人员、流浪乞讨儿童、有违法恶习青少年、刑释解教人员等重点人员和来粤的境外非政府组织、民间组织、新兴社会组织的管理,完善了相关管理规定,使重点人员和社会组织的管理逐步走上了规范化、制度化轨道。三是突出抓好流动人口管理服务工作。针对广东流动人口超过3000万、流动人员中违法犯罪问题突出、出租屋成为滋生违法犯罪的温床等情况,各地把流动人口和出租屋管理作为社会管理和治安管理的重中之重,不断健全管理机构和工作机制,初步构建了"政府牵头、部门参与、齐抓共管、综合治理"的流动人口、出租屋管理新格局。广州、深圳、东莞、佛山、中山等市建立了定级定编的流动人口和出租屋管理服务机构,构建了市、县(区)、乡镇、街道人居(村)委会四级管理体系,组建了3万余人的协管员队伍,建立了流动人口出租屋信息管理平台,采集流动人口信息2000多万条,将70%的流动人口纳入管理范围。对430多万间出租屋实行规范化管理,强化税收征管,推行物业小区式、散居分片式、居住中心式、旅业式和围院式的分类分层次管理。同时坚持管理与服务并重,积极为外来工解决劳动就业、社会保障、疾病防治、子女入学、法律援助等问题,切实维护他们的合法权益。

六、强化专门工作和基层基础建设,着力夯实综治根基

进一步加大对流动人口治安管理、预防青少年违法犯罪、刑释解教人员安置帮教、学校及周边地区治安综合治理、铁路护路联防等五项专门工作的力度。在前些年将禁毒、打击六合彩赌博、打传销、反邪教、国家安全人民防线建设等专项工作纳入综合治理工作范畴的基础上,2006年又将法院民事执行工作、反偷渡、反走私工作纳入我省综治检查考核范畴,有力推动了这些工作的深入开展。进一步加强基层综治办、派出所、人民法庭、司法所、调委会、治保会等综治基层组织建设,禁毒03工程、派出所03工程、法庭04工程、司法所04工程建设基本完成,全省1637个乡镇、街道全部设立了综治委员会及其办公室。2006年下半年起,在全省乡镇、街道推行综治工作中心建设,整合部门资源,构建统一规范的基层维稳和综治工作平台,至年底,全省已建立运作的乡镇综治工作中心217个。

流动人口管理和服务工作情况

一、建立了全省流动人口综合管理服务五级网络体系

一是在省、市、县(区、县级市)、镇(街道)、居(村)委会五级基本建成了“党委、政府领导,部门参与,保障有力,综合治理”的流动人口综合管理服务工作格局。广州、东莞、中山市各级政府和深圳、佛山、珠海、茂名市各级综治委成立了流动人口管理专门机构,其余市和多数县(区)综治委成立了领导协调机构和办事机构。二是加强了综合协管员队伍建设。至年底全省共有综合协管员3.8万名。广州、深圳、东莞、珠海、佛山、中山、清远等地制定了统一的综合协管员队伍管理办法,实行统一招聘、管理、培训、使用、考核。三是建立健全了领导机构工作运作机制。各地普遍建立了领导小组年会议事制度、联络员制度、部门协作配合办法和情况信息报送制度,及时编发工作简报,各项工作基本步入正轨。四是各级综治部门将流动人口和出租屋管理服务工作纳入社会治安综合治理目标考核范围。

二、推动了人口流入地与流出地双向协作机制建设

广东省公安、劳动、工会部门分别与泛珠三角地区人口流出地在治安管理、劳务协作、维权服务等方面建立了协作机制,2006年盲目进入广东的流动就业人员已经由上世纪90年代的80%下降到不足10%。省财政安排1000万元专项资金用于建设广东省与泛珠三角区域和省内珠三角与欠发达地区对口劳务帮扶的远程见工系统。省公安厅按照公安部“外警协管外口”警务模式的要求,经与湖南、广西警方充分协商,就流动人口管理警务协作达成框架协议,分别聘请了湖南省嘉禾县、广西区贵港市的民警在东莞、佛山市开展省际警务协作试点工作。省总工会与泛珠三角12个主要人口流出省份签署了《泛珠三角·省际间工会维护农民工合法权益协议书》,建立信息通报、联席会议、交流促进、劳资纠纷协调等制度,共同维护农民工合法权益。

三、加强了对流动人口的服务维权工作

全省99%的乡镇建立了公共就业服务机构,免费为流动人员提供职业指导、职业介绍、政策咨询等就业服务。省政府成立了农村劳动力转移培训阳光工程领导小组,加强对全省农村劳动力转移就业培训工作的组织领导。在全国首创行政司法联动打击欠薪逃匿工作机制和重大劳动保障违法行为社会公布制度,省劳动和社会保障厅、省公安厅联合开展打击“恶意逃薪”专项行动,共立“恶意逃薪”案件52宗,涉案金额4757多万元,破案40宗,抓获犯罪嫌疑人29人,追回逃欠工资款725万多元,全省累计向社会公布严重违法企业95户。建立了工资指导线和劳动力市场工资指导价位制度,从9月1日开始,大幅度调高企业职工最低工资标准,全省平均增长17.8%,最高增长32.6%,属历年之最。省劳动保障厅下发了《关于加强农民工劳动合同管理的通知》,推行《广东省职工劳动合同》规范文本,防止劳动合同签订中的欺诈行为。省人大修订了《广东省法律援助条例》,全省共设立370个法律援助工作站,为流动人员提供法律援助绿色通道;组建农民工困难帮扶中心640多个,创办外来女工流动学校600多间,为流动人员提供帮助。推行流动人口计划生育“属地化管理,市民化服务”,免费为流动人口提供国家规定的计划生育、生殖健康等服务项目和药具。加强对流动人口计划免疫、健康知识教育和传染病防治工作。东莞市启动外来工子弟“手拉手”读书基地建设活动和“千师访万家”活动,为流动人员子女创造良好的读书环境。广州、深圳、中山等地大力加强出租屋消防安全整治,消除火灾隐患,保障流动人口的生命财产安全。各地逐步放宽入户政策,积极解决长期在城市就业和生活的流动人口的户籍问题。

四、提高了对流动人口和出租屋的管理水平

劳动保障、人事、公安、工商部门联合开展了劳动力市场秩序整治专项行动，全省共出动检查人员3718人次，检查职业介绍机构和招用工的用人单位6626户次，处理违法案件1282件，责令退赔求职者求职费用27.44万元，全年劳动力市场违法案件数量同比减少30%。珠江三角洲地区公安机关普遍实行出租屋案件责任倒查追究制度，对管理责任不落实，出租屋漏管失控发生刑事案件或安全事故的，追究责任区民警、派出所领导和协管员的责任。省地方税务局出台了《关于进一步加强个人出租房屋税收征管的通知》，对个人出租房屋综合税率、计税依据、纳税申报、委托代征、构筑协税护税网络以及税收征管作了统一规定。省综治委于10月在广州市召开全省出租屋管理及税收征管工作现场会，明确提出出租屋管理"六不漏"、"四无"及"一降四增一提高"的目标，即做到出租屋不漏登、人口信息不漏录、税费不漏征、治安不漏管、隐患不漏除、计生不漏查；实现出租屋内无黑网吧、无黑诊所、无制贩假冒伪劣产品的窝点、无非法废旧物品收购站点；确保出租屋内刑事治安案件明显下降，租赁登记备案率、暂住证办证率、适龄妇女计生查验率和税费缴交率显著增长，出租屋规范化管理程度明显提高。

五、开展了首次流动人口管理服务综合量化考评

省综治委流动人口治安管理工作领导小组于2006年6月制定印发了《广东省地级以上市流动人口管理服务工作年度考核评比标准（试行）》和《广东省地级以上市流动人口管理服务工作年度考核评比实施办法（试行）》；2006年9月，召集省直16个成员单位有关人员组成考评工作组，对全省21个市流动人口管理机构设置、队伍建设、制度建设、经费保障、宣传工作、措施落实、工作成效、维权服务等进行了综合量化考评。考评结果显示，被评为良好以上等次的广州、深圳、东莞、珠海、佛山、中山、江门、惠州8个市现有暂住人口2578.1万人，占全省总数的94.7%；其中，被评为优秀等次的广州、深圳、东莞市现有暂住人口2005.1万人，占全省总数的73.6%。通过考评，较好地推动了全省流动人口管理服务工作深入开展。

刑释解教人员安置帮教工作情况

2006年，广东省共接收回归社会刑释解教人员18970人，其中刑满释放人员8547人，解除劳教人员10423人；帮教18458人、帮教率97.3%，安置15682人、安置率82.7%，重新犯罪215人，重新犯罪率2.5%，各项指标均优于中央安置帮教工作领导小组下达的标准。

一、加强领导，大力推动安置帮教工作深入开展

由于近年来省安置帮教工作领导小组大部分成员单位的领导和联络员有较大变动，省综治委及时进行了调整和充实，为进一步做好刑释解教人员安置帮教工作提供了组织保障。年初省安置帮教工作领导小组召开了第三次成员会议，总结和回顾了2005年全省安置帮教情况，研究和部署了全年安置帮教工作要点。12月8日，省综治委召开全省刑释解教人员安置帮教工作电视电话会议，总结了三年来的全省安置帮教工作情况，表彰了2004—2006年全省安置帮教工作先进集体和先进个人，部署了今后一段时期的工作任务。各地各部门认真贯彻落实两次会议精神，落实各项措施，有力推动了全省安置帮教工作的健康、深入开展。

二、强化措施，认真做好刑释解教人员衔接管控

针对本省籍刑释解教人员基数大、从外省籍流入的刑释解教人员多的特点，广东在衔接管控上重点强化两项措施。一是摸清底数。省安帮办下发了《关于开展刑释解教人员衔接工作情况调查的通知》，组织了全省刑释解教人员衔接工作情况调查，对调查发现的衔接环节存在的问题，责成省监狱局、省劳教局改进工作，重点规范刑释解教人员《通知书》发放工作，有效减少了脱管、失控率。二是落实“四个及时”。各级安置帮教机构继续贯彻落实中央四部委《关于进一步做好服刑、在教人员刑满释放、解除劳动教养时衔接工作的意见》，协调公安、监狱、劳教部门加强对刑释解教人员的衔接管控，做到及时建档造册、及时上门开展帮教、及时签订“安置帮教责任书”、及时制定安置帮教措施。有些地方还建立了刑释解教人员信访登记制度，多渠道了解和掌握刑释解教人员的思想和生活情况，及时开展帮教和帮助他们解决困难，减少了不稳定因素，提高了安置帮教工作的针对性和有效性。

三、积极探索，不断创新安置帮教工作模式

一是开展职业技能培训。按照市场需求动向，结合刑释解教人员和服刑在教人员的求职意向，开展电脑、烹调、电工等各种针对性强的技术培训，既促进了刑释解教人员的安置就业，又为服刑在教人员今后安置就业打下了比较好的基础。二是建立刑释解教人员资料库。把即将刑释解教人员的技术专长等信息提供给劳动就业中心，方便用人企业了解情况，提高了安置就业的针对性。三是启动“就业直通车”。各监所积极联系用人企业，在监狱、劳教所举办就业推荐会，全年有800多名服刑在教人员通过参加就业推荐会，刑释解教后迅速得到就业。四是开展创业培训。省司法厅、省劳动和社会保障厅联合启动了以“融入社会、守法创业、迈向成功”为主题的SYB创业培训项目，为劳教人员自谋生计、自主创业开辟了新的思路和新的途径。五是积极探索特色帮教活动。采取短信帮教、集中开展安置帮教工作月活动，组织社区党员、干部、工会、妇联、共青团、关工委和大专院校广泛开展志愿者活动，通过“结对子”、“一帮一”、“多帮一”、上门谈心、定期家访等形式，落实接茬帮教，特别强化对涉毒涉黑、“三无”等人员的帮教，重点对象的帮教网络不断扩大。

四、深入调研，着力解决安置帮教工作难题

为研究解决新形势下安置帮教工作的热点难点问题，省安帮办以调研交流、政策扶持为重点，在肇庆市召开了部分市、县安置帮教工作座谈会，交流了各地开展安置帮教工作的好经验、好做法，并对刑释解教人员税收优惠政策门槛高、难操作等热点难点问题进行了研究和探讨，提出了许多切实可行的好建议；以推动各地安置实体建设工作为重点，对广州市黄埔区、增城市建立刑释解教人员过渡性公置实体情况进行了调研，总结推广了两地与监狱、劳教所签订劳务合作协议、安置刑释解教人员的经验和做法；以督导落实为重点，先后到省女子劳教所、佛山劳教所、肇庆劳教所和佛山、云浮、肇庆、梅州等市对刑释解教人员的衔接、利用社会资源开展安置实体的创建、各级安置帮教机构组团到监所开展帮教等情况进行检查和指导，促进了安置帮教各项工作措施的落实。

五、加强宣传，努力营造安置帮教良好社会氛围

省安帮办组织全省各级安帮机构积极参与中国监狱学会回归社会学委员会组织的理论研讨活动，撰写了一批质量较高的论文，其中全省有5篇论文入选《中国监狱学会回归社会学研究文集》。在总结表彰三年来全省安置帮教工作先进集体、先进个人的同时，发掘各地的好经验、好做法，编印了5万多字的宣传小册子。各地市也十分注重加大宣传力度和做好培植典型工作，加大力度宣传刑释解教人员自主创业、勤劳致富、致富后回报社会等典型案例，进一步引起各级领导和全社会对安置帮教工作的重视和关注，引导社会消除歧视，正确对待刑释解教人员，正确处理好刑释解教人员生活、就业中出现的各种矛盾和问题，营造了全社会广泛支持、积极参与安置帮教工作的良好氛围。

六、齐抓共管，发挥成员单位安置帮教整体合力

在省综治委领导下，省安置帮教工作领导小组各成员单位充分履行职责，密切配合，在刑释解教人员思想转化、就业安置、巩固教育改造挽救成果等方面取得明显的效果。省公安厅积极建立安置帮教工作网络，管控、帮助及教育措施比较到位，有效预防了部分刑释解教人员重新违法犯罪。省劳动和社会保障厅积极开展对刑释解教人员的职业技术培训和职业技术鉴定，大力开展就业服务，扶持困难对象实现就业。各地劳动保障部门积极解决并落实刑释解教人员的失业保险、养老保险等社会保险问题。省地方税务局积极贯彻国家促进刑释解救人员就业有关的税收优惠政策，及时受理减免税申请，使符合条件的刑释解教人员安置实体享受了企业所得税减免优惠。省工商行政管理局积极落实促进刑释解教人员就业的措施,支持和引导刑释解教人员从事个体经营,提高了服务质量和效率。省妇联充分发挥各级妇联组织和妇女“四禁”组织的作用,开展对服刑和劳教人员“面对面”的真情帮教活动,组织“爱心工程”、“爱心爸妈”等活动,关爱和扶助服刑在教人员以及刑释解救人员的家庭和子女。省民政厅结合在全省开展创建“六好”平安和谐社区活动,指导基层民政部门协同司法所掌握本辖区内刑释解教人员工作生活情况,协助有关职能部门开展再就业服务,对符合条件的刑释解教人员落实“低保”措施。省监狱局重视并积极做好“墙内”帮教工作,积极开展服刑人员岗位技术培训和职业技能教育,全省监狱服刑人员参加技术教育达3.5万人,占应参加人数的95%。

预防青少年违法犯罪工作情况

一、广泛调研,积极推动相关政策法律出台

2006年,省预防青少年违法犯罪工作领导小组办公室联合有关职能部门,组织有关专家学者,紧紧围绕广东省第二代农民工、少年审判制度、广东省预防未成年学生违法犯罪对策、工读学校建设和管理、广东省困境儿童生存、保护与发展状况以及文化市场对未成年人负面影响等重点课题开展调研,形成了一批高质量的调研报告。在广泛调研的基础上,联合或单独制定下发了《关于进一步加强流浪未成年人救助保护工作的通知》和《关于加强少年法庭工作的指导意见》,2006年12月1日省十届人大常委会第二十八次会议审议通过了《广东省预防未成年人犯罪条例》(下简称《条例》),并于2007年1月1日起实施,这是广东省预防青少年违法犯罪工作中具有里程碑意义的一件大事,使全省预防工作有法可依,并进入规范化和法制化发展轨道。

二、注重实效,加强青少年思想道德和法制教育

一是未成年人思想道德建设取得积极成效。各地各部门认真贯彻中央8号文件,采取各种行之有效的措施,开展青少年思想道德教育活动。团省委组织了“明辨荣辱,自强奋进”专项活动,省关工委组织了“知荣明耻,共建和谐城乡、文明校园”活动,省广电部门组织了改进未成年人思想道德教育“四大工程”(“建设工程”、“净化工程”、“防护工程”和“监察工程”)等,切实帮助青少年树立正确的世界观、人生观和价值观,提高他们的公民道德水平和社会文明意识。二是法制教育针对性和实效性不断增强。《条例》颁布实施后,各地预防工作领导小组组织召开了由专家学者、相关部门领导、教师、青少年等人员参加的学习贯彻《条例》座谈会,在中小学生中间开展了一系列宣传教育活动,初步形成了宣传贯彻《条例》的浓烈氛围。各地根据青少年的身心特点和日常生活中经常遇到的法律问题,普遍开展了模拟法庭、以案说法、“送法进校园”等形式新颖的法制宣传教育活动,建立了一大批社区青少年法律学校、青少年法制教育、警示教育基地,团省委组织拍摄了“为了明天——预防未成年人犯罪”专题片。三是学校法制教育效果凸显。中小学校认真做好法制教育“计划、师资、课时、教案”四落实,保证法制教育在课堂教学主渠道中得以实现。全省中小学校法制副校长或法制辅导员基本配齐并发挥了积极作用。

三、打防结合,不断优化青少年成长环境

一方面,公安、教育、文化、广电、文化、工商、劳动保障部门联合,针对非法网吧和违规接纳未成年人现象、不健康“口袋本”图书、毒品、校园暴力等容易诱发青少年违法犯罪的突出问题,积极开展了网吧集中整治、打击淫秽色情网站、“扫黄”“打非”、收缴不健康图书、打击非法雇佣童工等专项治理行动,加强对经营性娱乐场所的规范管理,积极开展“平安校园”创建活动。全年共查处违法经营网吧3391家次,取缔无照经营网吧8967家次,查处违法接纳未成年人的网吧667

家；查处非法经营出版物645家，取缔无照经营出版物181家，立案行政处罚4563家，收缴非法音像制品7429.9万张、电子出版物180万张、书报刊696万份（张）；查处超经营范围经营出版物95家，收缴、销毁盗版音像制品265161张，盗版电脑软件438张，淫秽色情书刊1410本，六合彩等迷信资料1303份；依法处罚169个非法雇用童工的企业。共青团、妇联、关工委等群团组织组织开展了“青少年网络文明行动”、“挽救上网成瘾者行动”、青少年远离毒品和防治艾滋病宣传教育、家庭道德教育宣传实践月等活动，取得初步成效，有数万名农村青年接受了预防艾滋病培训，结对帮教青少年79万余人，帮扶戒毒出所青少年300多名。另一方面，本着重在建设、重在服务的原则，开办少儿频道，开通青少年网站，推出了一大批适合青少年身心特点的图书、报刊、影视和文学作品，丰富了青少年精神文化生活。

四、突出重点，加强对弱势青少年群体教育管理和服务

通过加强对城市无业闲散青少年的调查摸底、结对帮扶，将他们纳入正常社会管理范围，实现有效教育管理；团省委与省司法厅等部门合作，组织华南师范大学等高校青年志愿者在省未成年犯管教所开展“爱心帮教行动”，通过结对帮扶，加强对在押未成年犯的思想道德文化教育和技术培训；省民政厅牵头，继续抓好流浪未成年人救助保护机构建设，进一步规范流浪未成年人救助保护工作，实现了我省救助管理信息系统与全国的联网。省劳动厅牵头，加大对侵犯未成年合法劳动权益的打击力度，把进城务工青年纳入法律援助的重点范围，受到社会广泛关注和进城务工青年的欢迎；由省妇联牵头，加大对农村“留守儿童”的帮助管理力度，为数万多名“留守儿童”组织了丰富多彩的业余文化活动和生活帮扶活动。

五、加强建设，不断夯实预防工作基础

积极开展青少年维权阵地建设，将省12355青少年维权平台成建制地移交给广州，更好地为青少年提供快捷、全面的维权服务。年底前共有志愿者2186人，培训志愿者1164人，接收法律咨询案件3625件，心理咨询案件2813件，回复电子邮件126次，处理来信咨询案件11件。依托社区法律学校、社区家长学校、自护学校等，推进青少年自护教育，帮助青少年学会自我保护，防范侵害。根据违法犯罪青少年中无业闲散青少年占到70%的情况，重点加强社区预防工作，实施“青少年违法犯罪社区预防计划”，扎实开展“未成年人零犯罪社区”创建活动，积极开展优秀“青少年维权岗”创建活动，推动“青少年维权岗”进社区，探索闲散无业青少年社区管理办法，进行青少年事务社区试点工作，努力把工作重心、措施和人员落实到社区。

学校及周边治安综合治理工作情况

一、把握正确舆论导向，全力维护思想稳定

一是做好涉日活动的稳定工作。在4—5月发生的涉日活动中，各地各高校按照中央、省委的要求，高度重视，统一部署，有效防止局面失控。各高校学生不到校外搞签名活动，不参加各种游行示威活动。对社会上一些借机到校园和学校周边制造政治事端的，采取果断措施，配合有关部门依法处置。二是加强对“敏感期”稳定工作的管理。各高校正确把握舆论导向，加强对学生的正面教育，加强对校园网的监控，及时封堵、删除各种含有不健康情绪和煽动性言论的信息。三是抵制非法宗教势力的渗透。各地各高校积极贯彻宗教工作基本方针，严格按照国家有关法规，坚持教育与宗教相分离的原则，坚决抵制含有非法传教内容的活动，坚决制止任何组织、团体和个人以任何形式在学校及周边进行各种非法传教活动。在教师中开展宗教理论和宗教政策教育，将科学无神论教育贯穿于师德教育之中。

二、开展安全教育活动，加强学生自我保护

3月下旬，省教育厅、省安监局、省公安厅联合召开全省中小学幼儿园安全管理工作会议，积极贯彻教育部、公安部等10部委《中小学幼儿园安全管理办法》(2006第23号令)关于"对学生开展安全防范教育，使学生掌握基本的自我保护技能，应对不法侵害"的精神，交流全省中小学幼儿园安全管理工作情况，部署进一步做好全省中小学安全工作。各地各学校广泛开展以"保护生命，珍惜生命，关爱明天"为主题内容的安全教育活动，增强中小学自我安全保护意识。各类学校开展学生自我保护安全教育实行"四进"：一进课堂，把自我保护安全知识纳入安全教育课；二进教师职责，把学生自我保护安全教育列入教师工作职责；三进教材，学校安全教育教材或教案中有自我保护的安全知识内容；四进家庭，充分利用家长座谈会、家访等形式，与学生家长进行沟通交流，把家庭作为加强学生自我保护安全教育工作的第二课堂。各地各校还利用学校传播文化知识阵地的优势，积极举办中小学幼儿园校长园长安全培训班，增强中小学幼儿园校长的安全责任意识。同时，把消防和交通安全知识列入省中小学法制副校长的培训内容；增强法制副校长抓安全、管安全的观念。为加强中小学安全管理工作，省教育厅组织有关专家、教授编印《广东省学校安全工作指导手册》，免费发放全省中小学校，指导各学校加强学生安全管理工作，全方位地传播学生自我保护安全知识，提高安全防范意识。

三、强化组织领导力度，创建安全文明校园

为贯彻中央综治委、教育部、公安部关于深入开展安全文明校园创建活动的精神，省综治办、省教育厅、省公安厅先后印发了"关于进一步开展创建安全文明校园活动的通知"和"关于开展广东省安全文明校园评估申报工作的通知"。各地综治、教育、公安部门高度重视，切实加强组织领导，紧密结合实际，按照省委建设平安广东的工作部署，做好安全文明校园创建活动规划部署，狠抓各项部署措施落实。2006年评选首批"广东省安全文明校园"181所，各市评选市级安全文明校园一批。

四、组织各种专项行动，消除各类安全隐患

一是举办消防宣传送学校系列活动。4月底，省公安厅和省教育厅在惠州召开全省学校消防教育现场会，部署开展学校消防教育活动。各地各类学校结合实际，举办"消防宣传进学校系列活动"，开展消防知识讲座、消防技能演练、消防图片展览、消防知识问答、灭火逃生自救知识等活动，做到教育一个学生，影响一个家庭，推动整个社会，培养学生消防安全意识，提高自救自护能力，减少学校火灾事故和火灾危害。二是贯彻公安部颁布的八条措施，认真做好学校及周边环境综合治理工作。省公安厅、省教育厅召开视频电视电话会议，部署开展打击校园帮派等黑社会组织，清理整顿校园周边违规经营的商贩、网吧、游戏室、歌舞厅及违章建筑物等专项整治行动，不断优化育人环境。12月，省公安厅、省教育厅开展在校园内管制刀具工作行动大排查，预防校园涉刀案件发生。三是大力开展校车专项整治行动。省公安厅、省教育厅、省交通厅密切配合，联合部署在全省开展普通的校车整治行动，督促各地各学校对不符合规范的校车进行大规模的清理、整改；同时学生交通安全教育，提高学生交通安全意识，减少学生的交通事故。四是开展打击传销专项工作。9月中旬，省打传办、省工商局、省教育厅、省公安厅等部门在广州大学城举办万名学子"拒绝传销、从我做起"签名活动，教育广大青年学生远离传销、挽救受传销迷惑的学生，遏制传销和变相传销向学校的蔓延，营造有利于打击传销和变相传销专项整治的社会氛围。五是加大力度做好"网吧"的规范管理工作。9月，省教育厅、省文化厅、省工商局、省公安厅联合开展了整治"网吧"专项行动，重点清理校园周边违规"网吧"，同时加强校园网的管理，有力堵塞有害信息，进一步规范校园网的安全管理。

铁路护路联防工作情况

一、深入开展安全文明铁道线创建活动

（一）落实铁路护路联防工作责任制。一是把铁路护路联防工作纳入社会治安综合治理目标管理。铁路沿线市、县（市、区）、乡镇（街道）都做到将铁路护路联防工作纳入当地社会治安综合治理目标管理，同部署、同落实、同检查、同考核、同奖惩。二是沿线各级党委、政府非常重视铁路运输安全。特别是在春运、暑运及“五一”、“十一”等铁路运输繁重期间，各级领导亲自主持研究、部署安全保卫工作，亲自深入铁路沿线检查、指导。省、市领导和地方公安机关领导多次亲临广州站区视察，暗访治安专项整治情况，加强协调，共商整治方略，推动路地互动。三是层层签订维护铁路治安秩序承包责任书或安全协议。各级护路联防组织之间层层签订维护铁路治安秩序承包责任书；铁路公安机关与沿线学生家长、病残人员监护人、耕牛户主、机动车驾驶人员、废旧物品收购人员签订各类安全协议，不仅与责任人签约，还与重点对象逐一见面，落实安全防护措施。

（二）开展“平安铁路示范路段”创建活动。根据中央护路办《全国铁路沿线开展“平安铁路示范路段”创建活动三年规划》的部署和要求，自2006年起在全省铁路沿线开展为期三年的“平安铁路示范路段”创建活动。7月21日，省综治委铁路护路联防工作领导小组印发了《全省铁路沿线开展“平安铁路示范路段”创建活动工作方案》和《全省“平安铁路示范路段”创建活动考核验收办法》，并确定京广线坪石至山子背和高桥至飞来峡、京九线上陵至东水、广深线广州东至仙村、广茂线热水洞至茂名东等5个路段为全年创建工作的重点区段。各地市迅速行动，制定下发开展“平安铁路示范路段”创建活动工作方案，并认真组织实施。广州、韶关、河源、清远、茂名市为切实加强创建工作，组织开展“平安铁路示范路段创建活动”试点工作，并以点带面，推动整个创建活动。东莞市把平安站区、平安区段、平安单位、平安村镇、平安学校的创建有机结合，通过创建铁路沿线治安安全走廊为当地的政治稳定和经济发展提供良好的社会治安环境。韶关、河源、清远市护路办领导亲自带队，组织路地有关部门到辖区铁路沿线清理私搭乱建的窝棚、废旧金属收购站点，净化了沿线治安环境。肇庆、湛江市大力整治道口，取缔非法设置道口，有效地减少了人身伤亡和道口交通肇事。

（三）抓好“压路外伤亡，保行车安全，创建和谐平安铁路”活动。根据中央护路办统一部署，9月29日，省综治委铁路护路联防工作领导小组决定从10月1日至年底，在全省铁路沿线开展为期三个月的“压伤亡事故，保行车安全，创造和谐平安铁段”活动。铁路沿线各级党委、政府及有关部门高度重视，及时研究并制定具体落实措施，确定将多次发生路外伤亡事故和危及行车安全治安案件的路段列为重点区段，实行挂牌督办整治，限期三个月改变治安面貌。广州铁路（集团）公司为此专门部署“压伤亡事故，保行车安全，创建和谐平安铁段”活动；广州铁路公安局开展了为期3个月的以清理整治铁路沿线废旧金属收购站点为重点的“天鹰2号行动”。据统计，10至12月全省铁路共发生路外伤亡事故84起，较前三个月下降10.7%。特别是挂牌督办的重点区段京广线黄岗至韶关、京九线白田至埔前、广茂线三水至走马营、平南线坂田至西丽等路段实现了拆盗路村、轨面放置障碍物和耕牛挡道案件的零发生，路外伤亡事故较前三个月分别下降66.7%、50%、25%、100%。

（四）路地积极配合开展专项整治行动。各级公安机关、工商、广播、电视宣传等部门与铁路公安机关密切配合，分工合作，在铁路沿线开展了“天鹰2号行动”、站车线路治安集中整治、提速攻坚战等一系列专项整治行动。特别在为期3个月的“天鹰2号行动”中，全省路地加强协作，密切配合，共出动各种力量10900余人次，清理整治

废品收购站2557个次，其中取缔39个，停业整顿29个，罚款17个，收缴非法收购铁路器材1.214吨；签订责任状1884份，发放张贴宣传品2.6万余份；破获拆卸、偷盗刑事案件6起，打掉团伙3个，抓获犯罪嫌疑人12人。

（五）积极化解涉路矛盾纠纷，构建和谐铁路。铁路沿线各地市进一步健全了涉路矛盾纠纷排查调解工作机制，坚持定期排查，发现问题及时调解，尽量将矛盾纠纷解决在萌芽状态，预防了涉路群体性事件的发生，维护了铁路沿线治安稳定。年内，全省共排查涉路矛盾纠纷61起，调处化解55起。

二、加强火车站及周边地区治安秩序的综合整治

为深入贯彻落实周永康同志的重要批示，全省铁路、地方各级公安机关会同护路联防组织、城管、工商、物价、卫生防疫等有关部门，采取治安综合治理手段，加强对影响火车站及周边地区的突出治安问题开展集中整治。东莞市常平镇针对东莞站、东莞东站出入口经常有一些小四轮和摩托车搭客司机争抢客源，堵塞交通的实际，派出公安、城监与铁路派出所多次联合行动，加大监管力度，有效整治了当地的治安秩序；针对车站及周边地区"黑公话"经常对旅客敲诈勒索的突出情况，组织公安、工商、电信等部门采取专项整治行动，依法取缔了24家超范围经营的商户，收缴了电话机100台，广告牌80多个及电话亭等设备一批，有效打击了车站及周边地区"黑公话"乱收费问题。广州火车站复杂的治安问题，一直是社会各界关注的热点和难点。年内，在各级党政、公安机关的高度重视和大力支持下，路地联手开展了长达5个多月的专项整治，始终保持凌厉攻势，实施"严打、严防、严管、严控"的"四严"措施，真正跳出了过去屡治屡反复、恶性循环的"怪圈"，实现了广州站"发案少、秩序好、群众满意"的目标。据统计，广州火车站刑事、治安案件分别比上年同期下降了51.67%、51.78%。

三、广泛开展对广大群众的法制教育和爱路护路宣传活动

一是采取经常宣传教育与集中宣传教育相结合、面上宣传教育与上门宣传教育相结合。利用铁路站车广播、喇叭和文字、图片宣传，沿线驻站民警、护路联防队员和在线路作业、施工的铁路员工对行走铁路的行人和沿线居民现场宣传，在线路两侧的护坡、围墙以及电杆，悬挂、喷刷横幅、标语宣传。在6月"爱路护路宣传月"活动期间，全省各地共出动力量近3万人次，召开专题会议、举办宣传教育活动、上法制课1580场次，散发各种宣传资料41万份，进行广播、电视宣传3310余次，在交通要道、公共场所以及铁路沿线挂横幅、张贴挂图、书写标语3万余张（条），出动宣传车180余辆次，省护路办投入宣传经费50多万元。二是将中小学生、外来务工人员、病残人员作为宣传重点。各地定期到附近学校、厂矿企业给学生、外来务工人员上法制教育课、派发宣传资料，普及铁路安全常识，与病残人员监护人签订安全协议。惠州铁路公安处针对管内沿线外来工及外来工子弟有频繁上铁路肇事的苗头，会同广梅汕铁路公司安监部门组成宣传小分队，专门印制了1万份《致外来务工朋友的一封公开信》，连同省护路办下发宣传资料，深入京九铁路沿线5个重点路段的工厂、学校、村庄，采取广播宣讲、案例讲解、召开座谈会等方式，开展爱路护路宣传教育活动。通过开展宣传教育，铁路沿线群众的法制观念、安全意识明显增强，爱路护路自觉性明显提高。

四、大力加强护路联防队伍建设

一是加强专职护路队伍规范化建设。按照《全国铁路护路联防专职队伍管理工作暂行规定》要求，强化管理教育，加强督促检查，从护路队员的勤务状态、言行举止、着装仪表和护路队的业务台账、营区环境、内务卫生等基础建设入手，狠抓各项制度落实。二是加强护路队员的教育培训。全省共有专业护路联防队33个、护路队员431名，义务护路队627个，有队员4732名。各级护路联防队伍管理机构重点加强护路队员的岗前教育和培训，共举办各种培训班41期，培训1027人次，同时组织学习《铁路法》、《铁路运输安全保护条例》和《护路联防工作手册》等，不断提高了队员素质。三是充分调动广大护路队员工作积极性。在2005年为专职护路队员增加工资的基础上，2006年省护路办又从有限的经费中抽资30余万元新建5个护路岗营，并对部分岗营进行修缮、更换设备。粤北山区遭受洪灾期间，省护路办和广州铁路公安局领导亲自到重灾区韶关市、乐昌市慰问护路办全体同志和护路队员，送上慰问金。据不完全统计，年内，专业和义务护路队员共协助公安机关破获刑事案件154宗，抓获犯罪嫌疑人156名，协助查、处治安案件210起，查获违法人员223名；防止耕牛挡道263起，防止路外伤亡113起，防止机动车肇事5起，清理线路上闲杂人员34744人，有力地打击了、危害铁路运输安全的违法犯罪活动，成为公安机关维护铁路治安秩序稳定的重要辅助力量。

中共广东省委办公厅　广东省人民政府办公厅关于印发《广东省社会矛盾纠纷排查调处工作办法》的通知

（2006年1月27日）

各地级以上市党委、人民政府，各县（市、区）党委、政府，省委各部委，省直各单位，省各人民团体，中直驻粤各单位：

《广东省社会矛盾纠纷排查调处工作办法》已经省委省政府同意，现印发给你们，请认真贯彻执行。

广东省社会矛盾纠纷排查调处工作办法

第一章　总　　则

第一条　为建立健全社会矛盾纠纷排查调处工作机制，及时化解不稳定因素，推进和谐广东建设，根据《中共中央办公厅、国务院办公厅关于转发〈中央社会治安综合治理委员会关于进一步加强矛盾纠纷排查调处的意见〉的通知》（中办发［2000］17号）精神和有关法律法规、政策规定，制定本办法。

第二条　本办法所称社会矛盾纠纷，是指社会各领域、各层面、各群体发生的可能引发群体性事件的具体矛盾纠纷。

第三条　社会矛盾纠纷排查调处工作以“三个代表”重要思想和科学发展观为指导，贯彻“立党为公、执政为民”、以人为本的执政理念，努力为维护社会稳定、构建和谐社会服务。

第四条　社会矛盾纠纷排查调处工作应遵循以下基本原则：

（一）属地管理。各市、县、乡镇（街道）党委、政府负责领导、组织、实施本辖区内的社会矛盾纠纷排查调处工作。

（二）各负其责。各级党政部门按照“谁主管、谁负责”和归口调处的原则，对口排查调处本部门主管领域的矛盾纠纷，各机关、团体、企事业单位和各类市场主体按照“谁主管、谁负责”、“谁经营、谁负责”的原则，负责排查调处本单位内部的矛盾纠纷。

（三）积极防范。坚持贯彻标本兼治、预防为主和立足于“抓早、抓小”的工作方针。

（四）依法调处。严格依照法律、法规、规章办事，坚持当调则调，该判则判，调判结合，解决问题。

（五）综合治理。充分运用经济、教育、行政、法律、政策等各种手段和综合措施；充分发挥人民调解、司法调解、行政调解和社会组织调解的积极作用，维护当事人的合法权益。

第五条 社会矛盾纠纷排查调处工作的总体目标是，建立健全党委政府统一领导，综治工作机构具体组织协调，各主管职能部门、基层组织和单位充分履行职责，社会组织和群众共同参与的长效工作机制；不断完善、创新适应社会转型期社会矛盾新情况新特点的工作体制和手段方式；构建覆盖全社会的社会矛盾纠纷排查调处工作网络，确保大多数社会矛盾纠纷化解在基层单位、消除在萌芽状态，有效防止各类社会矛盾纠纷演变为群体性事件或刑事犯罪案件，维护社会和谐稳定。

第二章 排　　查

第六条 排查是指通过调查、检查等方式发现、掌握各种社会矛盾纠纷的活动。

第七条 排查范围包括各地区、各行业、各部门单位各种可能影响社会稳定的社会矛盾纠纷，重点是城乡基层地区和利益关系复杂、矛盾纠纷活跃的领域、行业和群体。

第八条 排查分地区排查、部门排查、单位排查三类。

（一）地区排查按“属地管理”的原则，由各级党委政府组织排查本行政区域内可能引发群体性事件、影响社会稳定的社会矛盾纠纷。

（二）部门排查按“谁主管、谁负责”的原则，由各级党政部门组织排查本部门主管领域可能发群体性事件、影响社会稳定的社会矛盾纠纷。

（三）单位排查按“看好自己的门、管好自己的人、办好自己的事”的要求，由各机关、团体、企事业单位和各类市场主体，主动排查本单位存在的可能发群体性事件、影响社会稳定的矛盾纠纷。

第九条 排查方式主要有日常排查、定期排查、专项排查和特别防护期排查。

（一）日常排查是各级党委政府、各部门、各单位在日常工作中，随时了解、发现、收集、掌握各种社会矛盾纠纷的经常性排查活动。日常排查掌握的重大情况应及时向上级机关或同级党委、政府和综治工作机构报告。

（二）定期排查是各级党委政府、各部门和各单位在规定的期限内，分别对本地区、本系统、本单位存在的矛盾纠纷进行全面排查和汇总上报的活动。镇（乡、街）每10天、县（市、区）每月、地级以上市每季度向上一级汇总上报一次排查情况。

（三）专项排查是针对特定地区或特定领域存在影响社会稳定的倾向性突出问题开展的排查活动。专项排查由各级党委政府、各部门根据实际情况决定组织开展，或根据上级通知要求具体部署进行。

（四）特别防护期排查是指临近重大活动、重要节庆日、社会政治敏感期，集中力量组织开展的预防性全面排查活动。特别防护期排查由各地根据本地实际情况自行组织开展，或者根据上级统一部署进行。

第十条 建立矛盾纠纷信息台账和报告制度，对排查出来的矛盾纠纷逐件按诱因、发生地点、涉及人数、重点人员、事态发展预测、组织调处工作情况等要素登记造册，建立台账。其中重大问题（个案）应逐级上报备案，并及时补报最新情况，实行动态化跟踪管理。

第三章 调　　处

第十一条 调处是指对排查出来的社会矛盾纠纷，落实调处责任主体和工作措施，进行教育疏导、解决源头性问题、化解矛盾纠纷的工作过程。

第十二条 调处工作必须贯彻严格依法办事和按照政策办事的方针，实行分级负责、归口办理，做到责任不落实不放过，工作不到位不放过，隐患不排除不放过，确保农村发生的问题解决不出乡镇，城市发生的问题解决不出街道，企事业单位内部发生的问题解决不出单位，系统内部发生的问题解决不出系统。

第十三条 调处工作实行地方、部门和单位责任制。地区性问题由当地党委政府负责调处，行业性问题由主管部门负责调处，单位内部问题由单位负责人负责调处；跨地区、跨行业、跨单位的矛盾纠纷，由其共同的上一级党委、政府或主管部门负责组织调处。

第十四条 社会矛盾纠纷调处实行领导包案责任制。

(一)属于地区性问题由属地党政领导负责包案调处;

(二)属于行业性问题由主管部门领导负责包案调处;

(三)属于单位内部问题由单位负责人或法人负责调处;

(四)对可能引发群体性事件的矛盾纠纷,采取“五个一”(一个问题、一名责任领导、一个调处班子、一个调处方案、一个解决期限)包案责任制进行调处。

第十五条　调处社会矛盾纠纷,针对不同情况,综合运用法律、政策、经济、行政等手段和教育、协商、听证、调解、仲裁等方法。

(一)及时了解掌握矛盾纠纷产生的原因、涉及人数、主要诉求、重点人员和当前动态等情况;

(二)掌握和运用相关法律、法规和政策依据,制定解决问题的工作方案和防止事态扩大升级的处置预案,并明确答复口径;

(三)做好一般群众的思想教育和政策、法制教育工作,耐心细致地进行说服、劝导,同时对重点人员组织落实重点教育管理措施;

(四)组织落实工作措施或协调有关部门依法妥善解决问题,消除隐患。

第十六条　建立健全社会矛盾纠纷调处的立案、交办、承办、督办、销案制度。

(一)立案。各地区、各部门和各单位负责对需要调处的矛盾纠纷进行立案。

(二)交办。立案的地区、部门和单位除直接进行调处工作外,可向下一级单位下发交办通知书,将问题和个案交下一级单位进行调处。

(三)承办。各责任主体对上级交办的个案要认真负责地落实调处工作措施,及时依法、依理解决问题,并向交办单位书面报告办理工作进展情况和结果。

(四)督办。上级机关可根据矛盾纠纷排查情况或直接掌握的情况,列出重点问题和个案,向下级单位挂牌督办;对在规定期限内未办结的问题和个案,应通过督办通知书等方式进行督办,并要求承办单位报告工作进展情况。

(五)销案。矛盾纠纷解决后,立案单位应及时销案;属于承办上级交办、督办的问题和个案办结后,应及时向交办、督办的上级机关报告情况、申请销案;上级交办、督办机关应及时核实并向承办单位下发销案通知书。

第四章　组织领导和责任主体

第十七条　各级党委、政府统一组织领导本地区的社会矛盾纠纷排查调处工作。各级党委、政府主要领导是第一责任人,分管综治工作的党政领导是主要责任人,班子其他成员是所分管领域矛盾纠纷排查调处工作的直接责任人。

各乡镇、街道应建立健全党委、政府领导,综治工作机构牵头,各职能部门参加的矛盾纠纷调处工作机制,组织、指挥、协调辖区内矛盾纠纷调处工作。

第十八条　各级社会治安综合治理委员会办公室,是协助同级党委、政府具体组织、指导、督促本地区、各部门和各单位开展社会矛盾纠纷排查调处工作的协调机构。

第十九条　各级党政部门是其主管领域、行业内矛盾纠纷排查调处工作的责任主体。具体职责是:

(一)因城镇房屋拆迁、建筑工程质量和工程款结算、物业管理引发的矛盾纠纷,由建设部门牵头,协调有关部门和建设单位、施工单位、物业管理企业、街道办事处、居民委员会等相关单位负责处理;

(二)因征地补偿和土地、矿山、山林、水源和滩涂权属等引发的矛盾纠纷,分别由国土资源、林业、水利、海洋管理等部门牵头,协调民政等相关部门、单位负责处理;

(三)因农民负担以及乱收费、乱集资、乱摊派等问题引发的矛盾纠纷,由农业部门牵头,协调纪检监察、法制办等相关部门单位负责处理;

(四)因违反劳动保障法律、法规的规定,拖欠工资、欠缴社会保险费等侵害劳动者合法权益,国有企业转制解除劳动合同经济补偿等问题引发的矛盾纠纷,由劳动保障部门牵头,协调国资委、财政、工会等相关部门、单位负责处理;

(五)因传销、制假售假等问题引发的矛盾纠纷,分别由工商行政管理、质量技术监督部门分别根据职能分工牵头,公安、通信管理等部门配合处理;

(六)因集资、证券、储蓄、保险等引发的矛盾纠纷，由金融办牵头，协调人行、银监、证监、保监和财政等相关部门负责处理；

（七）因新闻出版、广播影视引发的矛盾纠纷，由文化、工商、广播影视、出版等政府相关部门负责依法处理；涉及多个部门的，由党委宣传部牵头协调；

（八）因基层组织和领导干部工作方法、工作作风问题引发的矛盾纠纷，由组织部门牵头，协调纪检监察、民政、人事等相关部门负责处理；涉嫌违反政策、违法乱纪问题，交由纪检监察、审计、检察等相关部门依法处理；

（九）因行政执法引发的矛盾纠纷，由引发矛盾纠纷的行政执法机关归属的本级政府或其上级行政机关处理；

（十）因政法机关执法司法引发的矛盾纠纷，由党委政法委牵头，协调相关执法机关负责处理；

（十一）因军转干部、大中专学生就业安置引发的矛盾纠纷，由人事部门牵头，协调相关部门单位负责处理；

（十二）因退伍兵就业安置、自然灾害事故引发的矛盾纠纷，由民政部门牵头，协调相关部门、单位负责处理；

（十三）因大中专院校、中小学校引发的矛盾纠纷，由教育部门牵头，协调相关部门、单位负责处理；

（十四）因民族、宗教问题引发的矛盾纠纷，由统战部门牵头，协调民族宗教、民政等相关部门、单位负责处理；

（十五）因环保污染、生态破获引发的矛盾纠纷，由环保部门牵头，协调公安、国土资源、建设、林业、海洋与渔业等相关部门、单位负责处理；

（十六）因其它问题引发的矛盾纠纷，根据部门职能分工，由相关责任部门处理；难以界定主管部门的矛盾纠纷，由党委、政府指定牵头部门，协调相关部门、单位负责处理。

第二十条 城乡基层党组织和居（村）民自治组织是本辖区内民间矛盾纠纷排查调处工作的责任主体。

第二十一条 各机关、团体、企事业等部门和单位是本部门和单位内部矛盾纠纷排查调处工作的责任主体。

第五章 责任追究

第二十二条 各级综治办会同维稳办对本地区及各部门、各单位开展社会矛盾纠纷排查调处工作情况进行检查考核，对因制度不健全、工作不落实、措施不得力导致社会矛盾纠纷突出的地区、部门和单位，应给予通报批评，或按照有关规定给予社会治安综合治理“黄牌警告”或“一票否决”。

第二十三条 对未能及时排查掌握社会矛盾纠纷或调处化解不力，导致矛盾纠纷激化升级，引发群体性事件的，应区分情况，按照《广东省预防和处置群体性和突发公共事件责任追究办法》（粤办发[2006]3号）的有关规定追究责任。对涉嫌渎职犯罪的，移交司法机关依法追究法律责任。

第六章 附则

第二十四条 本办法由省社会治安综合治理委员会办公室负责解释。

第二十五条 本办法自印发之日起施行。

广东省社会治安综合治理委员会组成人员

主　任：王华元　省委副书记

副主任：梁国聚　省委常委、省委政法委书记、省公安厅长

汤维英　省人大常委会副主任

李容根　副省长

许德立　省政协党组副书记、副主席

吕伯涛　省高级人民法院院长

张学军　省人民检察院检察长

郑　红　省委政法委秘书长
委　员：曹南才　省委副秘书长
杨自胜　省纪委常委、监察厅副厅长
郑　红　省人大常委会办公厅副主任
朱明健　省人大常委会内司委副主任
周炳南　省政府副秘书长
邵　忠　省政协副秘书长
李凤英　省政协社会与法制委员会副主任
许光超　省委组织部副部长
胡中梅　省委宣传部副部长
黄福春　省委统战部常务副部长
陈少波　省委政法委副秘书长、省综治办主任
朱穗生　省公安厅副厅长
徐　安　省国家安全厅厅长
陈伟雄　省司法厅厅长
黄声云　广州军区政治部保卫部部长
唐朝转　省军区副政委
牛志忠　省武警总队总队长
孔祥鸿　省总工会副主席
邓海光　团省委书记
赵东花　省妇联主席
罗坚生　省经贸委副主任
时述花　省政府副秘书长、计生委主任
翁宗勇　省对外经济贸易合作厅副厅长
房庆方　省建设厅副厅长
郑人豪　省民政厅副厅长
蓝佛安　省财政厅副厅长
谭璋球　省人事厅厅长
方潮贵　省劳动和社会保障厅厅长
陈自昌　省交通厅副厅长
曾超鹏　省信息产业厅纪检组长
黄德发　省国土资源厅副厅长
杜佐样　省文化厅副厅长
李小鲁　省教育厅厅长
张寿生　省卫生厅副厅长
欧　斌　省地方税务局副局长
王　辉　省广播电视局纪检组长
林　林　省物价局副局长
卢炳辉　省工商行政管理局党组书记、局长
杨兴华　省新闻出版局纪检组长
徐代明　省旅游局纪检组长、监察专员
肖锦哲　省外办副主任
古伟中　省通信管理局副局长
匡建国　中国人民银行广州分行副行长
周毅洲　民航中南管理局党委副书记
张祥海　海关总署广东分署副主任
何玉华　广州铁路集团公司党委书记、政法委书记
张桂芳　广州市委副书记、政法委书记

综治办主任：陈少波（兼）

广东省各市、县（市、区）综治委、办主任名单

地　区	综治委主任	综治办主任
广州市	林树森/朱小丹（10月起）	钟健平
越秀区	周庆强/贡儿珍（10月起）	郭建章
荔湾区	向东生	魏太贵

地　区	综治委主任	综治办主任
海珠区	曹鉴燎/邓伟强(9月起)	沈维平
天河区	杨建城	陈　明
白云区	谷文耀	李胜国
黄埔区	谢宝怀/陈小钢(11月起)	顾晓斌/陈建安(12月起)
番禺区	徐金海/谭应华(12月起)	陈树桐
花都区	潘　潇	吴志金
南沙区	陈明德	林鸿校
罗岗区	凌伟宪	谭均乐
增城市	朱泽君	钟保超
从化市	梁嘉炽	刘润光
清远市	陈家记	黎月林
清城区	贝　冰	卢锦泉
英德市	谢杰斌	吴　江
连州市	林文钊	毛玉坤
佛冈县	严小康	钟华光
阳山县	李玉楷	黄庆坚
清新县	欧国伟	李友荣
连山县	何作为	朱前勇
连南县	李伟陆	陈　斌
韶关市	覃卫东	杨泽福
浈江区	胡云清	黄南梅
武江区	邬学新	赖　德
曲江区	谭章明	张福青
乐昌市	何伟清	邓国民
南雄市	林楚欣	陈逢正
始兴县	何正平	刘良稼
仁化县	邹永松	洪家贵
翁源县	邓小杰	叶俊桓
新丰县	张　平	王洪卫
乳源县	段宇飞	刘靖海
河源市	梁伟发	张月泉
源城区	黎意勇	邝伟明
紫金县	李为民	刘少基
龙川县	彭定邦	黄龙辉
连平县	陈建青	谢运福
和平县	李扬达	杨月常
东源县	蔡松贵	欧可俊
梅州市	刘日知	林委青

地　区	综治委主任	综治办主任
梅江区	彭耀新	张国庆
兴宁市	陈桂光	曾仿云
梅　县	骆裕根	姚国新
大埔县	张远方	邬小康
丰顺县	李忠良	孙宝顺
五华县	张光明	甘桂源
平远县	丘小宏	沈登桂
蕉岭县	李俊夫	谢志铭
潮州市	骆文智	马儒生
湘桥区	刘建伟	谢　然
潮安县	张如文	谢秋榆
饶平县	张传胜	吴江波
枫溪区	陈　央	陆俊卿
汕头市	蔡宗泽	黄小扬
金平区	陈文毓	郑江荣
濠江区	黄世进	周国祥
龙湖区	李耿坚	郑向平
潮阳区	林　平	张少晖
潮南区	杨勤华	林欣跃
澄海区	曾保友	陈镇毅
南澳县	刘瑞华	陈璋柳
揭阳市	万庆良	王开腾
榕城区	黄耿城	杨培明/郑万欢(11月起)
普宁市	柯群坚	蔡妙群
揭东县	黄水利	王镇升
揭西县	黄陇章	陈卓锐
惠来县	黄少宽	林轶伦
试验区	陈定雄	王定七
东山区	章俊杰/方振元(11月起)	魏怀亮
普宁华侨管理区	吴章鹏/方赛妹(11月起)	李俊文
大南山华侨管理区	陈桂茨	方荣洲
汕尾市	刘金生	许永烈
市城区	朱显棠	邝文泉
陆丰市	李汉流	林　煜
海丰县	叶向冲	陈铁民
陆河县	马智华	叶佐雄
红海湾区	陈继炮	刘世参

地　区	综治委主任	综治办主任
华侨管理区	黄义丞	周珠松
惠州市	柳锦州	徐南生
惠城区	李选民	刘夏元
惠阳区	杨灿培	董佛强
博罗县	邓庆忠	谭宇杰
惠东县	朱挺青	赖文龙
龙门县	许国安	陈　英
大亚湾区	邓木林	周德昌
东莞市	佟星/刘志庚(4月起)	陈　波
莞城街	王俭养	吴　晓
东城街	游其晃	陈柱杰
南城街	钱　超	谢锦波
万江镇	陈志超	颜伟儿
石龙镇	冼周恩	周年友
虎门镇	钟淦泉	梁文荣
中堂镇	袁东平	黎志辉
望牛墩镇	邓流文	伦楚能
麻冲镇	陈志伟	李杰雄
石碣镇	刘始团	游振强
高埗镇	郭惠良	罗有通
洪梅镇	王建周	叶沛森
道滘镇	李柏林	陆宝军
沙田镇	陈志明	陈成枝
长安镇	欧林高	陈卫江
寮步镇	殷焕明	刘沛声
大岭山镇	梁荣业	陈锦波
大朗镇	祁沛全	祁沛全
黄江镇	伦锦洪	袁俊森
樟木头镇	张俊阳	张　健
凤岗镇	任焕林	邓金祥
塘厦镇	张国平	稿汉糠
谢岗镇	卢贯纪	罗树华
清溪镇	陈浩林	殷子胜
常平镇	梁海卫	万卓培
桥头镇	谭全安	邓　辉
横沥镇	李满堂	叶可阳
东坑镇	杨礼权	丁寿均
企石镇	麦广钦	温志均
石排镇	翟崇碧	袁万田
茶山镇	卢少雄	李中文

地　区	综治委主任	综治办主任
松山湖镇	张广英	张广英
深圳市	李鸿忠	陈志新
福田区	许德森	许才华
罗湖区	刘学强	李庆祝
南山区	叶民辉	吴克宁
宝安区	周林祥	张建国
龙岗区	李　铭	陶新华
盐田区	陈治华	叶　健
珠海市	钟世坚	李开主
香洲区	尤镇城	陈培宗
斗门区	郭汉源	郑木水
金湾区	覃文国	李壬贵
万山区	严锦谦	何小莉
高新区	吴　轼	林华健
中山市	崔国潮	李　君
开发区	冯梳胜	霍启超
石岐区	谢克球	肖必超
东　区	徐小路	林植濠
西　区	李锡华	肖焯仪
南　区	赖挺辉	郑树安
小榄镇	黄标泉	何渭楷
古镇镇	吴润富	林润洪
横栏镇	陈伟伦	黄桂兴
东升镇	欧万洪	陈汝枝
港口镇	张锦宏	李志权
沙溪镇	胡永康	彭文辉
大涌镇	汤亮怡	李定嘉
黄圃镇	黄永林	李溥彰
南头镇	卢铨枝	何程枝
东凤镇	贺振章	许环英
阜沙镇	黄劲东	黄木炎
三角镇	郑均源	陈执华
民众镇	林庆和	霍卫棠
南朗镇	何锦池	黄坤洪
五桂山街	廖华荣	许振辉
三乡镇	梁　欣	郑华标
坦洲镇	李伟健	杨和斌
板芙镇	谢中凡	冯锦群
神湾镇	吕东玲	黄师安
江门市	王南健	黄日光
江海区	冯立坚	区铮森

地　区	综治委主任	综治办主任
蓬江区	秦有朋	欧顺贤
新会区	宋　波	陈志明
恩平市	伍国占	苏锦达
台山市	郭　伟	钟健潮
开平市	赵瑞彰	黄福强
鹤山市	向　斌	吕渭旗
肇庆市	黄平方	黄　鸿
端州区	李　天	何伟南
鼎湖区	梁　驹	李　六
高要市	武临黔	英汉良
四会市	董树海/徐敏坚(6月起)	卢泽英
广宁县	梁超进	冯火贤
怀集县	梁广枝	卢全标
封开县	梁志强	陈富文
德庆县	谭培安	何汉雄
高新区	陈少强	徐权谦
佛山市	吴志强	徐　南
禅城区	叶　良	张杰华
南海区	赵崇剑	杜均亮/梁润辉(8月起)
顺德区	陈云贤	马智荣
三水区	袁　璐	汝文/林耀强(6月起)
高明区	黄　坚	李汉华
云浮市	郑利平	左　强
云城区	袁锦权	李金强
罗定市	梁伟豪	彭天平
云安县	崔逢池	伍石明
新兴县	黄伙有	欧建强
郁南县	金繁丰	张锦源
阳江市	翁汉涛	梁　海
江城区	冯桂雄	林沃溪
阳春市	周乐荣	黎运成
阳西县	许培业	林　四
阳东县	李日芳	曾传植
海陵岛区	关泳芬	
茂名市	周镇宏	潘章林
茂南区	邓振新/何俊海(12月起)	符　强
茂港区	钟火明	陈昌兴
化州市	成济荣	李振浩
信宜市	朱育英	罗本森(代主任)
高州市	卢方圆	陈东生
电白县	潘　本	黄华光/陈运(9月起)
湛江市	徐少华	易华亮
赤坎区	麦教猛	黄　迅
霞山区	张小刚	郑秋儒
坡头区	周车平	陈土银
麻章区	陈　吴	林开仁
吴川市	高永元	梁　春
廉江市	伍杰忠	陈　良
雷州市	李昌梧	符　国
遂溪县	湛岳登	吴江平
徐闻县	黄心强	张耀乐
湛江开发区	余堪发	陈汉强
东海岛试验区	胡海运	林海源

（撰稿人：邓少君
审稿人：陈少波　李子顺）

广西壮族自治区

2006年社会治安综合治理工作概况

一、平安建设工作情况

2006年,全区各地各有关部门认真贯彻落实《中共中央办公厅、国务院办公厅转发〈中央政法委员会、中央社会治安综合治理委员会关于深入开展平安建设的意见〉》精神,进一步统一各级各部门抓好平安建设的思想,明确工作的目标和任务。自治区党委把建设平安广西作为构建和谐广西的重要组成部分,摆在了基础性的战略地位,纳入经济社会发展"十一五"规划。全区14个市和所辖县(区)都层层把平安建设纳入"十一五"规划,做出总体部署。年内,自治区先后在桂林、南宁、崇左、玉林、梧州、百色等市召开平安建设工作现场会,选择不同角度进行分类指导,全方位推进以基层组织建设、化解矛盾纠纷、群防群治、信息网络建设、提高技防水平为重点的平安建设。进一步深化平安县(市、区)、平安乡镇、平安村创建活动,明确目标,突出重点,丰富内容,增强实效。广泛深入开展了"平安校园"、"平安车站"、"平安景区"、"平安家庭"等多种形式的基层平安创建活动。至2006年底检查验收,全区有76个县(市、区)成为平安县(市、区),占总数的69.7%,有986个乡镇成为平安乡镇,占总数的83.2%。在4月召开的全国综治工作会议上,广西区抓平安建设基层基础工作的做法和经验被大会推广,另有崇左市实施跨国联防的经验、玉林市组建五支队伍编织五张网络的经验、阳朔县创建"甲天下"平安的经验、平南县排查化解矛盾纠纷"七字诀"经验被编入《全国社会治安综合治理经验交流材料》印发与会代表。

二、预防和化解人民内部矛盾工作情况

2006年,广西坚持把预防和化解人民内部矛盾作为维护社会稳定的重中之重来抓,逐步探索建立起党委、政府统一领导,有关部门分工负责、协作联动的工作机制,不断强化各级党委、政府和部门排查调处矛盾纠纷的责任。对排查出来的重点问题,各地普遍实行一个问题落实一名责任领导、一个工作班子、一套工作方案、一个解决期限的措施,把大量的矛盾纠纷及时妥善地化解在基层、消除在萌芽状态。年内全区人民调解委员会调解民间纠纷209617件,调解成功199136件,成功率达95%。其中乡镇、街道司法所调处"三大纠纷"、生产经营性纠纷、移民安置纠纷、城镇征地拆迁纠纷和婚姻、家庭、邻里纠纷16499件,调处成功率96%。制止群体性械斗2173件,防止群体性上访2677件87296人。与此同时,有关部门深入开展集中处理涉法涉诉信访工作,年内全区共排查出涉法涉诉信访案件和中央联席会议交办的案件3988件,已办结3922件,办结率达98.35%。经过依法处理和深入细致的思想工作,罢访息诉3767件,罢访息诉率为96.28%。各级法院积极开展清理执行积案的专项活动。共排查清理出历年积案共26446件,标的额1577357.54万元;执结积案17085件,标的额689738万元,占历年积案总件数64.60%,占标的额43.73%。各市群众到自治区集体上访298批,同比下降10%;全国"两会"期间,全区进京上访人数60人,是全国进京上访人数最少的省份之一。

三、"严打"整治斗争工作情况

全区各级政法机关坚持严打方针不动摇,始终保持对刑事犯罪的高压态势。先后组织开展了命案必破、打击赌博、打击盗窃破坏电力设施、打击经济犯罪、打击"两抢一盗"、打黑除恶、禁毒人民战争和校园周边治安整治等一系列专项斗争和整治行动,取得了显著战果。2006年,全区公安机关打掉犯罪团伙2016个7407人,抓获各类作

案成员44106名。司法机关认真贯彻宽严相济的刑事司法政策,促进了社会和谐。全区检察机关受理公安机关提请批准逮捕犯罪嫌疑人40829人,经审查批准逮捕35327人,提起公诉33803人。全区审判机关共受理一审刑事案件23284件,审结23149件,判决发生法律效力的被告人30957人。自治区高级人民法院、自治区人民检察院紧密配合,认真抓好死刑案件二审开庭各项准备工作,从2006年1月1日起在全区范围内开始实行部分死刑二审案件开庭审理,从7月1日起顺利实现了全部死刑二审案件开庭审理。司法行政机关大力加强狱所管理,实现了无罪犯劳教人员脱逃、无狱所内重大案件、无罪犯劳教人员非正常死亡、无重大安全生产事故的"四无"目标,取得历史最好成绩。武警部队在确保部队内部安全稳定的同时,积极参与社会治安综合治理活动,确保了警卫、守卫、守护和看押目标安全,实现了连续九年执勤无事故目标。

在保持"严打"高压态势的同时,认真组织开展对治安混乱地区和突出治安问题的排查整治活动。各地各有关部门加大"扫黄打非"力度,组织开展了"禁娼禁赌",严厉打击卖淫嫖娼、赌博等违法犯罪活动,清查爆炸、剧毒物品和烟花爆竹、枪支弹药,整治有关的生产治安秩序及校园和周边环境秩序等专项活动,认真做好流动人口、出租房屋、娱乐场所等治安管理,缴获各种物资折款及毒资、赌资累计29805.4万元,有效扫除社会丑恶现象,净化了社会环境,维护了社会治安秩序。年内全区各地共排查治安混乱地区1302个,经过整治有1276个治安面貌明显改观,占总数的98%。

2006年,自治区统计局在全区开展的"社会公众安全感"调查几项指标结果对比显示:群众对"安全感"、"警民关系"、"村(居)委会作用"、"当地治安状况"、"治安状况与去年比"5项指标的满意和基本满意率同比有所提高。

四、基层基础建设工作情况

一是乡镇综治机构建设得到加强。到2005年底,全区已设立乡镇街道综治办1396个,占实有乡镇街道总数的100%,配备乡镇街道综治专干1563人,同比增加20.88%,配兼职人员2124人,同比增加24.07%。二是基层政法组织建设得到加强。全区已建立6900个警务区,建警务室2320个,实行警务前移,警力下沉,至2006年底统计,全区社区警力绝对数增加了830人;全区1396个乡镇街道已全部建立了司法所,89%的司法所建成了规范所。三是村级治保会、调解会建设得到加强。到2006年底统计,全区已建治保会15746个,占应建数99.91%;已建调解会15731个,占应建数99.92%。四是综治协会建设步伐加快。全区已建基层综治协会8667个,有综治信息员77278人。五是乡村调解庭、室和治安岗亭取得长足发展。全区已建乡级调解庭、室7897个;已建村级调解室11134个;建治安岗亭1485个。六是治安巡防队伍普遍建立。全区已建立各级专业治安巡防队2012个19198人,建立义务治安巡防队19995个170527人。七是大力推进以治安视频监控网络为重点的防控体系建设。全区把科技防范作为推动平安建设工作上新台阶的重要手段,在县城以上的城市,逐步安装电子视频监控系统。截止2006年底,全区有7个市71县(市、区)完成治安电子视频监控系统建设任务,分别占总数的64.3%和65%。

五、实行领导责任制和目标管理责任制情况

2006年,各地各部门严格实行社会治安综合治理责任制,层层建立领导责任制、部门责任制和单位责任制。自治区召开综治委全会及五部门联席会议各3次,各市召开综治委全会86次,围绕平安建设目标,完善社会治安综合治理责任状;各市召开五部门联席会议103次,进一步健全和完善督查制度,有针对性、有重点地对331个工作不太有力、存在一定治安问题的地方、部门和单位进行督查,督促他们加强治安整治和防范,改变治安面貌。同时,对存在治安问题较多的16个单位进行了查究,对14个单位行使一票否决权,其中县处级单位3个,追究了47名有关责任人的责任。自治区综治委对14个市、21个成员单位进行了表彰奖励。

六、第三届中国—东盟博览会期间维稳和安全保卫工作情况

2006年10月31日至11月3日,第三届中国—东盟博览会、中国与东盟建立对话关系15周年纪念峰会、中国—东盟投资贸易洽谈会和南宁国际民歌艺术节(简称"三会一节")在自治区首府南宁市召开，特别是中国与东盟建立对话关系15周年纪念峰会，在全国只有北京和上海两个大城市举办过这样高规格的国际会议，因此，广西深感责任重大。根据中央提出的安全保卫工作做到“滴水不漏、万无一失”的要求和自治区党委、政府提出的“一流活动组织，一流形象宣传，一流安全保卫，一流经贸成效，一流配套服务”的工作目标，全区各级政法、综治部门以高度的政治责任感，把维护“三会一节”期间社会稳定和安全保卫工作作为全区社会治安综合治理的头等大事来抓，采取有力措施深入开展对不稳定因素的排查和处置，强化对社会面的控制，强化对与会警卫对象、重要外宾、重要嘉宾和住地及重要活动场所的安全保卫，做到重点突出，责任明确，信息畅通，预案周全，保障有力，防范严密，万无一失，确保了“三会一节”的圆满成功，受到了中央领导同志和中央有关部门的高度评价。

七、各级综治委成员单位参与综治工作情况

自治区综治办重新修订《广西壮族自治区社会治安综合治理委员会成员单位职责任务》，进一步明确成员单位的职责任务。自治区综治委各成员单位根据自己的职责任务，制定了参与平安建设工作的具体方案，并结合县域经济帮扶工作，与县（市、区）建立了平安建设工作联系点制度，帮助和指导县（市、区）开展平安建设活动。

在全国“两会”、中国—东盟博览会等敏感期，自治区综治委各成员单位都派员参加自治区维护稳定工作组，到全区各地进行维护稳定督查工作，还另外派出工作组，到存在稳定隐患的所属单位做好缓解和控制工作。自治区纪委、自治区监察厅等6个单位出台了参与综治工作和平安建设的文件，把职责任务细化分解落实给相关部门和单位，把职责任务落到实处。年终，自治区综治委各成员单位都向自治区综治委办公室提交年度工作述职报告，自治区综治委办公室根据述职报告的情况和平时了解掌握的情况，评选表彰了20个年度先进成员单位。

八、社会治安综合治理宣传工作情况

广西高度重视宣传工作对推动平安建设的重要作用，坚持把政法综治宣传工作作为社会治安综合治理的经常性工作常抓不懈。在抓好《长安》杂志、《法制日报》发行工作的同时，努力办好《法治快报》，在《法治快报》开辟了“建设平安广西”宣传专栏，年内刊发300期；开通了“平安广西网”，已发布平安建设工作信息20000多条，策划组织了系列宣传报道，充分发挥了《法治快报》在全区政法综治宣传工作中的主阵地、主渠道作用。自治区综治办编发“综治动态”简报25期，其中有5期被中央“综治动态”采用转发，自治区平安办编发“平安建设专报”5期。在2005年度全国综治优秀新闻作品评选中，自治区取得较好成绩，共有5篇作品获奖，荣获评选活动组织奖。

中央新闻媒体对广西区综治和平安建设工作特别关注，今年以来多次派记者到自治区各地采访，对广西区综治和平安建设工作进行了全方位报道。自治区主要新闻媒体都安排相当版面和时段，对自治区平安建设工作进行了多角度、全方位的集中宣传报道。广西电视台开设了《法治最前线》法制宣传节目，并安排播出中央综治办和中央电视台联合录制的大型政论专题片《平安之路》。法制日报网广西频道“综治时讯”和“铁路护路”栏目，采编发布了广西区政法综治、平安建设和铁路护路联防工作信息6000多条，在全区乃至全国收到很好的宣传效果。

为了加强与宣传、新闻单位的沟通联系，年初自治区党委常委、政法委书记彭祖意同志和自治区党委常委、宣传部部长沈北海同志专门主持召开了全区政法综治新闻宣传工作迎春座谈会，与宣传部门以及新闻界的朋友座谈进一步做好政法综治和平安建设宣传工作的办法和措施。3月份，自治区综治办和平安办在北海市召开了平安建设宣传工作现场会，总结交流了全区各地平安建设宣传工作经验，同时，在全区组织开展综治和平安建设宣传月活动，以各种形式对平安建设活动进行了大张旗鼓的集中宣传。8月份，自治区党委政法委、自治区综治办召开全区政法、综治宣传工作会议，对全区政法、综治宣传工作进行检查和部署。9月，举办全区政法、综治宣传信息员培训班，提高宣传信息员的工作效率和水平。全区继续实行见义勇为保险制度，共慰问抚恤见义勇为人员19名，共赔付保险金23万多元。

九、各项专门工作情况

（一）铁路护路联防工作情况。年内，全区铁路护路联防工作，以创建平安铁路示范路段活动为载体,在铁路沿线大力开展创建护路安全示范村、社区、学校活动。年内,广西和柳州铁路局管内共建成10个"平安铁路示范路段",其中4个为国家级,6个为自治区级平安铁路示范路段,总长度为859.514公里,占全线总长度的27.8%。命名表彰第二批自治区级50个护路安全村(社区),10个护路安全示范村,10所护路安全示范学校,使全区自治区级护路安全示范村、社区、学校达到120个,市级护路安全示范村、社区、学校达到230个。通过组织开展各种形式的安全创建活动,促进了铁路护路联防工作各项措施的落实,全面提升了铁路护路联防工作质量,维护了铁路治安稳定和运输安全畅通。柳州铁路管内全年各类刑事案件发生数同比下降%,治安案件同比下降72.8%,其中货盗案件同比下降53.9%,危及行车安全的"五类"案件同比下降84%,路外伤亡事故同比下降10.54%,耕牛上铁道事件同比下降51.49%。全年没有发生一次死伤3人以上的案事件,没有发生因治安问题中断行车的重大案事件,实现了"不发生爆炸铁路重特大刑事案件,不发生冲击铁路拦截列车中断运输的群体性事件,不发生影响铁路安全的群死群伤事故"的目标。

(二)刑释解教人员安置帮教工作情况。2006年,广西区继续把刑释解教人员安置帮教工作作为社会治安综合治理和维护社会稳定的一项基础性工作,按照"帮教社会化、就业市场化、管理信息化、职责规范化"的要求,认真抓好落实。一是进一步加强工作网络建设,健全机构网络体系。使全区初步形成横向到边,纵向到底的安置帮教工作网络。二是强化衔接管理,落实帮教措施。完善衔接制度、登记制度、档案制度、回访制度、动态管理制度、排查摸底制度等。三是拓宽安置渠道,积极为刑释解教人员排忧解难。四是建立了安置帮教经费保障机制,年内自治区财政专门拨款40万元用于安置帮教工作的开展,各市、县的财政均不同数目地将安置帮教工作经费列入了财政预算,保障了工作的开展。五是切实抓好过渡性安置实体(基地)建设,加强对回归社会的刑释解教人员进行劳动技能培训,提高就业能力。全区已建立较为稳定的安置实体(基地)15个,安置刑释解教人员226名。自治区劳教局成立了绿城职业技能培训学校,开设电脑、美容、摩托车维修等实用技术课程,全年共开设培训班25期,参加培训的劳教人员1350人,培训率达到劳教人员总数的30%,有986人获得职业资格证书,获证率达73%。自治区劳动和社会保障厅按《广西刑释解教人员安置优惠政策》的文件精神,对参加培训的劳教人员减免了部分鉴定考评费,全年共减免鉴定考评费达5万多元。据统计,2006年全区帮教率达到97.6%;就业安置率达到92.3%;重新犯罪率为1.6%。

(三)流动人口治安管理工作情况。2006年广西流动人口治安管理工作以平安建设为载体,以"三会一节"即第三届中国—东盟博览会、中国与东盟建立对话关系15周年纪念峰会、中国—东盟投资贸易洽谈会和南宁国际民歌艺术节(简称"三会一节")安全保卫工作为重点,突出流动人口中农民工的管理和服务,按照"公平对待,合理引导,完善管理,搞好服务"的方针,深化流动人口的各项管理和服务措施,积极引导人口合理有序流动,较好地完成流动人口管理工作各项任务。据统计,年内共有登记在册的暂住人口137.9万人,出租房屋16.2万间。发放暂住证71.8万张;全区通过加强对暂住人口和出租房屋的日常管理,列管重点人口,建立治安耳目,共破获刑事案件396起,查处治安案件1316起。据劳动保障部门统计,2006年春运期间平安运送民工583.5万人;民政部门共接待求助人员26141人,为25605人提供了救助;教育部门共接受进城务工人员子女入学21.3万人,占总数的66.5%。

(四)学校及周边治安综合治理工作情况。一是继续组织开展创建"平安校园"活动,推动全区教育系统平安建设活动的深入开展。二是开展校园及周边治安综合治理,整治校园及周边存在的突出治安问题。全区各地教育行政部门和学校积极配合公安部门,继续认真贯彻落实教育部有关专项整治"六条措施"和公安部的"八条措施",重点是严厉打击各种针对师生违法犯罪活动;清理整顿校园及周边非法经营的网吧和娱乐场所;整治校园及周边的交通秩序;加强校园安全保卫制度和门卫管理制度,严格制定和落实学校门卫值班和保卫人员管理工作制度,加强对进校人员的检查和管理,坚决防止无业人员进入校园,开展校园安全大检查。有关部门在学校及周边设治安岗亭563个，向学校派驻保安员1186名，政法部门向学校选派法制副校长1971人，交警部门在复杂路段和上学、放学时段派员维护交通秩序12365人次，设置交通标志和交通设施962个；消防部门到学校开展消防检查2786次。年内，各地公安机关共破获发生在校园及周边的刑事案件332起，查处治安案件587起，有效预防了针对学生的绑架和伤害事故等校园暴力事件的发生，维护了广大师生的生命财产安全。三是广泛开展“安全文明校园”建设活动。有关部门继续在全区范围内组织开展以确保治安安全、食品卫生安全、消防安全、交通安全等为主要内容的“安全文明校园”创建活动。

（五）预防青少年违法犯罪工作情况。一是全面推动12355青少年维权和心理服务信息平台建设，加强青少年维权服务。全区14个市都开通12355青少年服务热线，共接到咨询电话20000多个，为20000多名青少年提供了服务。二是继续组织开展创建“优秀青少年维权岗”活动，推动青少年违法犯罪社区预防计划的深入实施。年内共命名147个自治区级“优秀青少年维权岗”，有意推动维权岗进社区，有力促进青少年违法犯罪社区预防计划的深入实施。三是开展创建“为了明天—全国预防青少年违法犯罪工作示范城市”活动。以南宁市为创建工作试点，通过建立预防机构，完善信息调查机制、青少年事务协调处理机制和跟踪帮教机制，开展未成年人零犯罪社区创建、校园净化工程等系列活动，推动试点工作全面开展，共建立社区、村家长学校4196所，青少年法律学校100个，“青少年维权岗”服务点220个，未成年人物品交换站62个。四是广泛动员和组织青少年开展禁毒宣传教育活动。在进城务工青年中组织开展“广西进城务工青年禁毒宣传教育”活动，与越南胡志明共青团谅山省委、高平省委联合举办“中越青少年手拉手，共建边关无毒路”为主题的中越边境青少年“手拉手”禁毒系列活动。

自治区党委政法委员会　自治区社会治安综合治理委员会关于印发《自治区党委政法委员会　自治区社会治安综合治理委员会关于加强平安建设基层基础工作的意见》的通知

（2006年4月10日）

各市、县党委政法委和综治委，柳州铁路局党委政法委和综治委，自治区直各部门，中直驻桂各单位：

为了更好地贯彻落实党中央、国务院关于开展“平安建设”的部署和自治区党委、自治区人民政府《关于建设平安广西的决定》，经自治区党委领导同志同意，现将自治区党委政法委员会、自治区社会治安综合治理委员会《关于加强平安建设基层基础工作的意见》印发你们，请结合实际认真贯彻落实。

自治区党委政法委员会
自治区社会治安综合治理委员会
关于加强平安建设基层基础工作的意见

（2006 年 3 月 22 日）

为了更好地贯彻落实党中央、国务院关于开展“平安建设”的精神和《自治区党委、自治区人民政府关于建设平安广西的决定》，加强平安建设基层基础工作，扎实推进平安建设，大力推动社会治安综合治理的各项措施落实到城乡基层单位，把广西建设成为全国最稳定的省（区）之一，为加快富民兴桂新跨越步伐，构建和谐社会营造良好的社会治安环境，现就加强平安建设基层基础工作提出如下意见。

一、加强平安建设基层基础工作的重要意义

自贯彻《中共中央、国务院关于加强社会治安综合治理的意见》以来，特别是全区实施社会治安综合治理“三十百千”工程以后，我区各地社会治安综合治理工作取得了很大成绩，对维护社会治安和社会稳定起到了重要促进作用。各地和有关部门在加强社会治安综合治理基层组织建设和基础工作方面做了大量卓有成效的工作，探索总结出一些行之有效的经验。但就全区而言，目前社会治安综合治理的基层基础建设仍然存在一些薄弱环节。主要表现在：有的地方和部门的领导同志对基层组织建设不太重视，基层组织不够健全，工作无人抓；有的基层组织工作开展不力，有的综治成员单位参与意识不强，齐抓共管的局面尚未完全形成；有的地方动员和组织社会力量不够，广大群众参与社会治安综合治理的积极性没有充分发挥出来；一些工作措施的落实还缺乏组织、机制、物质等方面的有效保障，影响了平安建设和社会治安综合治理工作的开展。

去年下半年以来，自治区党委、自治区人民政府把“平安广西”与“富裕广西”、“文化广西”、“生态广西”一并列为广西现代化发展战略目标，对平安建设提出了新的更高的要求。加强平安建设基层基础工作，有利于巩固社会治安综合治理“三十百千”工程取得的成果，有利于推动平安建设，有利于全面推进社会治安综合治理，有利于建立维护社会稳定的长效机制，有利于提高构建和谐社会的能力，有利于促进依法治桂进程和“三个文明”建设的协调发展。只有把基层组织建设好了，基础工作做扎实了，才能实现基层稳则全区稳、基层安则全区安，才能为加快富民兴桂新跨越步伐、全面建设小康社会营造良好的社会环境。

二、加强平安建设基层基础工作的指导思想

加强平安建设基层基础工作的指导思想是：以邓小平理论和“三个代表”重要思想为指导，认真贯彻落实中共中央办公厅、国务院办公厅转发中央政法委、中央综治办《关于深入开展平安建设的意见》（中办发 2005 年 25 号）和自治区党委、自治区人民政府《关于建设平安广西的决定》，用科学发展观，推动平安建设。以落实领导责任制为龙头，进一步加强和改进各级党委、政府对平安建设工作的领导，坚持“打防结合、预防为主，专群结合、依靠群众”的方针，坚持“谁主管谁负责”和“属地管理”的原则，边境地区要结合开展实施“爱民固边”战略活动，以抓基层打基础为重点，坚持人力、物力、财力向基层倾斜，真正做到层层有人负责，层层有人办事，层层建立工作机制，层层真抓实干，层层有物质保障，推进平安建设深入开展，推动社会治安综合治理上新台阶。

三、加强平安建设基层基础工作的主要任务

加强平安建设基层基础工作的主要任务是：按照自治区党委、自治区人民政府关于加快推进“平安广西”建设的战略部署和要求，巩固发展社会治安综合治理“三十百千”工程成果，努力推进领导认识上新台阶，基层组织建设上新台阶，排查调处人民内部矛盾工作上新台阶，群防群治工作上新台阶，保障机制上新台阶。

(一)努力推进领导认识上新台阶。

全区各级党政领导要从巩固党的执政地位、巩固人民政权、保持国家长治久安、落实科学发展观、构建和谐社会的高度，充分认识加强平安建设基层基础工作的重要性，不断增强责任感和紧迫感，牢固树立基层稳则全局稳、基层安则全局安的意识，把基层基础工作摆到各级党委、政府工作的重要议事日程。

各级党委、政府一把手是平安建设的第一责任人，对平安建设工作要负总责，亲自部署、定期检查、具体指导，解决实际问题。各级党委、政府和各部门，尤其是县(市、区)和乡镇基层党委、政府，要经常分析社会治安形势和平安建设工作的进展情况，要成立平安建设活动领导小组和办公室。各级领导干部要带头抓点示范，以点带面推动工作。各地要分别在主要交通沿线或大中城市的城区选择一批乡镇、街道作为平安建设基层基础工作的示范点，全区共抓300个乡镇(街道)为示范点。

县(市、区)和乡镇、街道两级党(工)委、政府(办事处)对加强乡镇、街道平安建设基层基础负有重要的责任，要严格实行平安建设基层基础工作责任制，把乡镇、街道平安建设基层基础建设的情况作为县(市、区)和乡镇、街道党政主要领导、分管领导干部政绩考核的重要内容，加强检查与考评。把工作任务、工作实效和责任人的奖惩紧密结合起来，做到考评更科学，督查有结果，追究有实效。对基层组织建设成效明显、基础工作扎实、连续三年被评为平安的县(市、区)、乡镇、街道的主要领导、分管领导要给予奖励；对平安建设组织薄弱，基础工作不强的地方要加强督查，限期整改。

积极推进基层依法治理活动，把平安建设工作的要求，体现在村规民约、居民守则等基层群众自律性的章程之中，形成自我教育、自我约束、自我管理的机制，广泛开展建设“平安乡镇”、“平安村”、“平安社区”、“平安单位”、“平安家庭”等平安建设活动，积小平安为大平安，推动平安建设工作。在巩固2005年平安建设成果的基础上，到2006年底，平安乡镇街道要达到70%以上；平安社区(村)要达到75%以上，平安县(市、区)要达到55%以上；到2007年底，建设平安广西活动全面实现三年奋斗目标。

(二)努力推进基层组织建设上新台阶。

在平安建设中，要增强县(市、区)、乡镇、街道综治办的力量，健全乡镇、街道社会治安综合治理委员会机构，由乡镇党委书记担任综治委主任，党委一名副书记兼任综治办主任，每个乡镇要配一名以上专干负责平安建设的日常工作，加大对平安建设的组织协调和督促检查的力度。同时要充分整合公安派出所、司法所、人民法庭等部门的人力资源，充分发挥作用。切实加强对公安派出所、司法所、人民法庭等政法基层组织建设，有关的编制、人员必须落实到位。加强教育培训，提高人员素质。

加强社会治安信息队伍建设，在2006年6月底前，每个乡镇都要有社会治安信息特派员，由县委组织部、政法委从乡镇领导班子的后备干部中选定，业务工作受县委政法委直接指导和管理，列席所在乡镇的党政领导联席会议。

加强以党支部为核心的基层组织建设。要加强党的基层组织建设，发挥党的基层组织在社会治安综合治理和平安建设中的核心作用；基层党(委)支部主要负责人是平安建设主要责任人，主要领导要亲自抓，分管领导要具体抓，及时研究解决本地社会治安的突出问题。要教育、组织党员积极参与平安建设并发挥模范带头作用。加强城市社区和农村村委等基层组织建设，村、社区、企事业单位负责人要抓好社会治安综合治理和平安建设工作措施在社区、村、单位的落实，组织开展本地、本单位平安建设工作。治保会、调解委是维护基层治安和平安建设的重要力量，要健全组织，特别要加强乡镇(街道)、村(居)社区人民调解委员会的建设，按照中央有关部门的规定，做到组织、人员、工作、报酬四落实。共青团、妇联、民兵组织要在平安建设中发挥骨干作用。

(三)努力推进人民内部矛盾纠纷排查调处工作上新台阶。

要全面开展矛盾纠纷排查调处工作，深刻分析现阶段人民内部矛盾的成因，高度重视人民群众反映的每一个问题,主动及时解决人民群众提出的合理要求,注重从源头上预防和化解由人民内部矛盾引发的群体性事件。

进一步健全矛盾纠纷排查调处工作机制,落实各有关部门的职责任务,对排查出来的每一个问题,都要落实责任,有领导负责,有专人处理,有调处方案,限时妥善解决。充分发挥人民调解、行政调解、司法调解的作用,努力把矛盾纠纷化解在基层,化解在萌芽状态。基层调解要突出重点,充分发挥乡镇、村屯、社区、厂矿企事业党组织队伍的作用。中直、区直的农林场、企事业各单位要建立各种有效工作机制,组织力量专人抓。要特别注意排查调处可能影响社会稳定的重大矛盾纠纷,预防和减少群体性事件的发生。

对已发生的集体上访和群体性事件,要按照"人要回去"、"事要解决"的原则和要求,党政一把手要亲自过问,指定领导干部率领有关部门组成的工作组深入群众倾听意见,调查研究,依照有关法律、政策切实解决问题。

(四)努力推进群防群治工作上新台阶。

整合群防群治力量,加强帮教、法律援助、治安联防、保安等群防群治网络建设。各种群防群治队伍,在党委、政府的领导下,由社会治安综合治理机构协调,公安机关指导开展工作。村、社区、企事业单位要建立社会治安综合治理领导小组或综治协会,由村、社区、党(委)支部书记担任组长或会长。建立起多渠道、多行业的治安信息员队伍,形成全方位、多时段的治安信息员网络。人口较多的自然村要建立信息员工作站,每个村屯、社区选定 1 至 2 名社会治安信息员,由党支部、村(居)委会选报乡镇(街道)综治委备案。村、社区、企事业单位、机关学校要因地制宜建立治安巡逻、看楼护院护村组织,严格管理,加强教育,不断提高巡防队伍人员素质,确保辖区平安。

要坚持抓点带面,强力推进全区城乡基层群防群治网络建设。积极开展安全防范,严格社会面的控制。大力开展各种形式的治安联防工作,完善区域防范机制。要强化以公安干警为骨干,以警务室、治安岗(亭)为依托,以专职、义务巡逻队为主体的多层次治安联防网络,加强动态管理,在社区楼群街巷、平房村落进行巡逻,看门护院护村。强化居民住宅小区的治安防范工作。新开发住宅区,有关部门要按职责及时建立基层组织,命定街名,钉挂门牌,加强管理。住宅小区要逐步实行封闭管理,建设相应的治安防范设施。保险公司要开办家庭财产保险业务,积极支持居民住宅小区的治安防范工作。各种物业管理公司要把安全防范纳入工作范围,有效防范入室盗窃等多发性案件的发生。

建立安全技术防范网络。要深入开展科技防范工作,建立起以公安机关指挥中心为依托的,覆盖社会各行各业和重点部位、路段、场所的电子视频监控网络系统。力争到 2007 年底,全区所有市和 70% 以上县(市、区)完成重点部位电子视频监控网络系统的建设任务。在开展科技防范工作中要明确部门责任,理顺各方关系,增加经费投入,落实管理措施。坚持人防、物防、技防相结合,充分发挥科学技术在治安防范工作中的作用,走出一条科技建安的新路子。

进一步充实完善群防群治组织的管理机制。专职群防群治队伍必须健全管理制度,从队伍的职责任务到队员的招聘录用、教育训练、值勤备勤、奖励惩处等要作出明确规定,严格管理;其他形式的群防群治队伍也要规范管理。公安机关应加强对群防群治队伍的指导,加强对保安服务行业的管理和业务指导,督促保安服务公司加强保安员的教育训练和管理,完善各项管理制度,对在群防群治工作中负伤、牺牲的人员、应给予相应的政治荣誉和一定的经济补偿。

要全面提高基层预防、发现、控制、打击违法犯罪的能力,认真排查整治治安混乱地区和突出治安问题。针对存在的突出问题,要组织、协调有关部门开展"严打"专项斗争和治理整顿。对治安混乱地区和突出治安问题,要坚持滚动排查、滚动治理,对整治后又出现反复的地区和治安问题,要认真分析原因,有针对性地采取措施,加大工作力度,巩固整治成效,有效解决群众关注的治安热点、难点问题,增强群众的安全感。

认真开展社会治安综合治理各项专门工作。按照各项工作小组的规定,认真做好流动人口治安管理、铁路护路联防、预防青少年违法犯罪、刑满释放解除劳教人员安置帮教、学校及周边治安综合治理等各项工作;协助有关部门做好吸毒人员和受邪教影响人员的帮教工作;做好保护流浪未成年人的工作,不断增强工作效果,减少影响社会治安的不安定因素,提高社会治安防控能力。

指导、配合有关部门做好铁路、公路、航道等安全防范。县(市、区)和乡镇(街道)、党(工)委、政府(办事处)及社会治安综合治理委员会要指导、配合有关部门做好辖区内的铁路、公路、航道和要害部位、特种行业的安全防范工作,以及对枪支弹药、爆炸物品、有毒物品的管理工作。对铁路、公路、航道等治安混乱和交通事故多发的区段进行重点治理。在公路、航道和通讯线路沿线逐步建立防护体系,有效地预防和打击破坏交通、军事设施、盗割通讯线路等犯罪活动和交通安全违法行为。

(五)努力推进保障机制上新台阶。

各级政府要把平安建设活动经费列入同级财政预算,保证平安建设活动的正常开展,并随着经济的发展和财政收入的增长逐步加大投入。严格按照《中共中央、国务院关于进一步加强社会治安综合治理的意见》的要求,多渠道地筹集群防群治经费,除上级和当地财政随经济的增加投入外,按照市场化方式,坚持"谁受益、谁出资"和"取之于民、用之于民"的原则,由受益单位和群众适当投入一定的人力、物力、财力,保障群防群治工作的正常开展。

深入开展法制宣传教育。各级党委宣传部门要运用群众喜闻乐见的形式,加大全民法制宣传教育的力度。要把青少年法制教育摆到突出位置。充分发挥乡镇、街道文化馆、站和村(居)委会文化活动室的作用。强化图书、报刊、音像、网吧、电子出版物市场的管理。要聘好法制副校长。把对在校青少年学生法制教育与对社区青少年法制教育特别是辍学生的法制教育紧密结合起来,大力加强青少年的法制、道德教育,切实提高青少年的法制和道德水平。

做好平安建设的宣传工作。各级宣传部门和新闻媒体要大力宣传平安建设的措施和工作成效,动员广大群众积极参与平安建设,推广基层单位的先进经验,促进平安建设的深入开展。宣传、表彰见义勇为的英雄模范人物,弘扬正气,努力形成营造和维护平安人人有责的舆论社会环境。

各地、各部门要按照上述意见,结合实际情况,提出本地区、本部门加强平安建设基层基础工作的具体意见和措施,并认真组织实施。

自治区社会治安综合治理委员会关于兑现2006年度市级社会治安综合治理目标管理奖励的决定

(2006年5月20日)

2006年,在自治区党委、政府的正确领导下,各级各部门在开展社会治安综合治理工作中,坚持以邓小平理论和"三个代表"重要思想为指导,以强化领导责任制为龙头,以加强基层组织建设为依托,以增强治安防范网络建设为重点,以推进平安建设为载体,坚持"打防结合、预防为主,专群结合、依靠群众"的方针,依法严厉打击各种严重刑事犯罪,大力加强防控体系建设,努力提高社会防控能力,及时排查调处各种矛盾纠纷,化解社会不安定因素,促进社会治安的进一步好转,保持了全区社会治安的持续稳定,为建设富裕文明和谐新广西、全面建设小康社会营造了良好的治安环境,取得了显著的成绩。根据《广西市级社会治安综合治理工作考核评比标准》进行考核验收,全区14个市2006年度社会治安综合治理工作都达到目标管理要求。为了激励工作,进一步推动全区社会治安综合治理和平安建设的深入开展,自治区社会治安综合治理委员会决定,给全区

14个市兑现2006年度社会治安综合治理目标管理奖励。

一、给下列市兑现2006年度社会治安综合治理目标管理一等奖

南宁市、玉林市、钦州市、桂林市

二、给下列市兑现2006年度社会治安综合治理目标管理二等奖

崇左市、河池市、柳州市、梧州市、防城港市、百色市、贺州市

三、给下列市兑现2006年度社会治安综合治理目标管理三等奖

来宾市、贵港市、北海市

自治区综治委决定，给获得2006年度社会治安综合治理目标管理一等奖的市兑现5万元人民币奖金，给获得2006年度社会治安综合治理目标管理二等奖的市兑现4万元人民币奖金，给获得2006年度社会治安综合治理目标管理三等奖的市兑现3万元人民币奖金。

自治区综治委希望各市再接再厉，不断发扬成绩，努力开创工作新局面。

广西壮族自治区社会治安综合治理委员会关于兑现2005年度市级社会治安综合治理目标管理责任奖和表彰奖励2005年度自治区综治委先进成员单位的决定

（2006年6月3日）

2005年，在自治区党委、政府的正确领导下，各级各部门在开展社会治安综合治理工作中，坚持以邓小平理论和“三个代表”重要思想为指导，以强化领导责任制为龙头，以加强基层组织建设为依托，以增强治安防范网络建设为重点，以推进平安建设为载体，坚持“打防结合、预防为主，专群结合、依靠群众”的方针，依法严厉打击各种严重刑事犯罪，大力加强防控体系建设，努力提高社会防控能力，及时排查调处各种矛盾纠纷，化解社会不安定因素，促进社会治安的进一步好转，保持了全区社会治安的持续稳定，为全区大开放、大发展，加快“富民兴桂新跨越”步伐、全面建设小康社会营造了良好的治安环境，取得了显著的成绩。为了表彰先进，激励工作，进一步推动全区社会治安综合治理和平安建设的深入开展，自治区社会治安综合治理委员会决定，给全区14个市兑现2005年度社会治安综合治理目标管理责任奖，并对2005年度工作成绩突出的21个自治区综治委成员单位给予表彰奖励。

一、给桂林市、玉林市、贵港市、崇左市、南宁市、钦州市、河池市、贺州市、柳州市、防城港市评为2005年度社会治安综合治理目标管理一等奖。

二、给梧州市、来宾市、百色市、北海市评为2005年度社会治安综合治理目标管理二等奖。

三、给自治区公安厅、自治区司法厅、武警广西总队、自治区财政厅、自治区纪委、自治区党委组织部、自治区党委宣传部、自治区统计局、自治区民政厅、自治区农业厅、共青团区委、自治区妇联、自治区信访局、柳州铁路局、自治区水利厅、自治区卫生厅、自治区教育厅、自治区劳动和社会保障厅、自治区林业局、自治区人事厅、自治区编办评为2005年度自治区社会治安综合治理委员会先进成员单位。

自治区综治委希望受表彰的单位，再接再厉，不断发扬成绩，努力开创工作新局面，为推动全区社会治安综合治理跃上新台阶，作出新贡献。同时，号召全区各地各单位向受表彰的单位学习，以他们为榜样，扎实工作，开拓进取，勇于创新，不断把我区社会治安综合治理工作推上新台阶，为实现全区社会的长治久安而努力奋斗！

广西壮族自治区社会治安综合治理委员会成员单位职责任务

（2006年10月19日广西壮族自治区社会治安综合治理委员会全体会议审议通过）

自治区党委办公厅　负责将全区社会治安综合治理工作的重要情况和信息及时报送自治区党委领导，为领导决策、指导社会治安综合治理工作当好参谋助手，并按照自治区党委要求，传达自治区党委领导对社会治安综合治理工作的指示、意见，并负责督办落实；负责自治区党委机关大院和宿舍区社会治安综合治理和安全防范工作，建立健全各种安全管理制度，加强防范措施，定期组织安全检查，发现隐患，采取措施，及时整改，堵塞漏洞，确保领导办公地点和机密、要害部位的安全，维护自治区党委机关正常的工作和生活秩序。

自治区人民政府办公厅　负责将全区社会治安综合治理工作的重要情况和信息及时报送自治区人民政府领导，为自治区人民政府领导决策、指导社会治安综合治理工作当好参谋助手；督促、检查自治区人民政府领导对社会治安综合治理工作的重要批示的执行和落实情况；督促、指导和协调政府各部门抓好社会治安综合治理工作；配合做好全区信访突出问题和群体性事件的处理工作和矛盾纠纷排查调处工作；负责自治区人民政府领导办公地点、机关和宿舍区的安全防范工作，维护自治区人民政府机关正常工作和生活秩序。

自治区纪委、自治区监察厅　负责从反腐和廉政、勤政建设与社会治安综合治理的结合上提出建设性的意见和建议；会同有关部门，加强对同级党委、政府各部门和下一级党委、政府贯彻执行社会治安综合治理方针、政策、规定、决定情况的监督检查，保证中央和自治区社会治安综合治理领导责任制的实施；严肃查处下一级党委、政府和同级党委、政府各部门及其领导干部严重官僚主义、失职渎职导致发生重特大群体性事件、重特大安全生产和治安灾害事故、重特大刑事案件的违纪违法行为，严厉查处党员和监察对象为违法犯罪分子特别是黑恶势力充当保护伞的违纪违法案件，依照党纪政纪追究有关人员的责任。

自治区党委组织部　负责抓好基层党支部建设。通过加强基层党支部建设，带动和促进基层政权建设以及各种群防群治队伍建设；贯彻落实中组发[2003]25号《关于党委组织部门在参与社会治安综合治理工作中进一步发挥好职能作用的意见》，把党政领导干部抓社会治安综合治理的能力和实绩列为干部考核的重要内容，并把考核结果作为向党委提出干部任免奖惩建议的重要依据，与晋职晋级和奖惩直接挂钩。协同有关部门加强对各级党委、政府及有关部门贯彻落实社会治安综合治理方针、政策、规定、决定情况和执行社会治安综合治理领导责任制情况的监督检查，为全面落实社会治安综合治理的各项措施提供组织保证。

自治区党委宣传部　负责组织、协调、指导、推动各宣传部门和新闻单位做好社会治安综合治理舆论宣传和思想教育工作；会同有关部门深入开展法制宣传教育，努力提高全社会的法制观念和法律意识；宣传和表彰社会治安综合治理和平安建设工作的先进典型以及为维护社会治安作出突出贡献的先进单位和先进个人,创造扶正驱邪、惩恶扬善的社会舆论环境;会同有关部门组织开展"扫黄打非"斗争,清除各种诱发违法犯罪行为的文化垃圾;加强对社会主义精神产品生产的指导,坚持把社会效益放在第一位,努力为人民群众提供丰富多彩、健康有益的精神食粮。

自治区党委政法委员会 根据党中央的路线、方针、政策和自治区党委的部署,统一政法各部门的思想和行动,确保政法部门的执法活动坚持正确的政治方向;对一定时期内的政法工作做出全局性部署,抓好社会治安综合治理工作,并督促检查落实;支持和严格监督政法各部门依法行使职权,指导和协调政法各部门在依法相互制约的同时,密切配合,督促推动大案要案的查处工作,研究和协调有争议的重大疑难案件;研究和加强全区政法队伍建设和领导班子建设的措施,协助组织部门考察、管理政法部门的领导班子,协助纪检、监察部门查处政法部门领导干部违法违纪的案件。

自治区直属机关工委 组织自治区直属机关单位搞好普法教育工作,增强干部职工社会主义法治理念。通过组织开展各项文体活动,培养干部职工积极向上的精神风貌和遵纪守法的良好习惯,最大限度减少违法犯罪行为的发生。

自治区信访局 贯彻落实《信访条例》,进一步推进信访工作法制化、规范化建设,全面推行群众逐级信访工作制度,建立和完善各项信访制度;负责处理群众来信,接待群众来访,保证信访渠道畅通;综合分析信访信息,及时、准确地向自治区党委、政府反映群众信访中提出的重要问题;加强调查研究,提出制定有关方针、政策的建议;承办中央、国务院和自治区党委、政府及领导同志交办的信访事项,向自治区党政部门和市、县(区)党政部门转办或交办信访案件,并负责督查督办;负责协调处理全区跨地区、跨部门的重要信访事项;负责对全区矛盾纠纷进行定期排查,分析研究全区稳定势态,牵头协调各地方、各部门正确处理人民内部矛盾,积极防范和妥善处理群体性上访事件,维护社会稳定。

自治区社会治安综合治理委员会办公室 根据中央社会治安综合治理委员会和自治区社会治安综合治理委员会的工作部署及有关领导指示,积极主动提出全区社会治安综合治理的重大措施及实施方案;负责统计、收集全区各市、自治区综治委各成员单位的日常工作动态,定期出简报,实施年度考核;负责调查研究全区社会治安综合治理和平安建设工作,提出意见和建议,及时向中央和自治区综合治理委员会报告;负责督促各地进行矛盾纠纷排查调处工作,维护社会稳定;负责指导、协调各地各部门落实综合治理的各项措施和"谁主管谁负责"的原则,总结推广经验,督促发生严重危害社会稳定重大问题的地方和单位对有关责任人进行查处;协调各级综治部门落实"属地管理"原则,研究解决实际工作中出现的新情况、新问题;承办社会治安综合治理委员会会议决策的督查落实工作;负责政法、综治工作的对外宣传报道和对综治先进的评比表彰;组织开展社会治安综合治理理论研究;承办见义勇为基金会的日常工作;办理中央社会治安综合治理委员会和自治区社会治安综合治理委员会交办的各项工作。

自治区防范和处理邪教问题办公室 负责防范和处理邪教问题和有害气功组织问题的调查研究,分析形势,总结工作经验;反映防范和处理邪教问题工作中的重要情况,研究邪教发展规律,提出有针对性的政策建议;协调、指导防范处理邪教和有害气功组织问题的工作;承担自治区防范处理邪教问题领导小组的日常工作,督促与协调会议决定事项的落实;完成自治区防范处理邪教问题领导小组交办的其他事项。

自治区人大内务司法委员会 协助自治区人大常委会依法行使对内务司法部门的监督职权,听取和审议有关部门关于社会治安综合治理工作的汇报,加强对有关社会治安综合治理方面的法律法规的贯彻实施情况的检查监督;协助自治区人大常委会制定有关社会治安综合治理的法规和决议、决定;对有关社会治安综合治理方面的问题进行调查研究,提出建议;及时办理人大代表提出的关于社会治安综合治理工作的议案、建议、批评和意见。

自治区政协社会和法制委员会 围绕社会治安综合治理工作不同时期的重点,建议组织委员结合有关专题进行视察、考察和调查研究,积极反映社会治安综合治理方面的社情民意，提出议案、意见和建议；对各级党委、政府及有关部门贯彻执行社会治安综合治理的法律和方针、政策、规定的情况实行民主监督，促进社会治安综合治理各项措施的落实。

自治区高级人民法院　通过刑事审判工作，依法严惩严重危害社会治安的刑事犯罪分子和严重经济犯罪分子；巩固和加强少年法庭工作，坚持对犯罪的未成年人实行教育、感化、挽救工作；贯彻"宽严相济"原则；依法办理减刑、假释案件，稳定监管秩序，促进罪犯改造，预防和减少重新犯罪；加强民商事、行政审判、国家赔偿审判和执行工作，加强对人民调解委员会的业务指导，依法调整各种法律关系，及时妥善地处理各种纠纷，防止矛盾激化；搞好立案、申诉和审判监督工作，处理涉诉来信来访，为群众排忧解难，纠正冤假错案，减少社会不安定因素；完善执行工作机制，加大执行工作力度，进一步解决"执行难"问题。

自治区人民检察院　充分发挥检察职能，落实检察环节社会治安综合治理的各项措施。抓住人民群众反映强烈的执法不严、司法不公等突出问题，加大法律监督力度，促进依法行政和公正司法。要严厉打击严重刑事犯罪，严惩贪污贿赂、渎职等职务犯罪，切实加强执法监督。分析掌握各个时期、各个行业的职务犯罪、经济犯罪以及其他刑事犯罪特点，提出预防犯罪的建议；推动有关部门建立健全规章制度，堵塞漏洞，完善防范机制；开展法制宣传教育，扩大办案效果。搞好审判监督，做好息诉工作；做好对不批捕犯罪嫌疑人和不起诉人员的回访考察，加强对罪犯监外执行的检察监督，预防和减少重新犯罪。做好未成年人犯罪的专门检察工作，坚持对其中的初犯、偶犯进行教育、感化和挽救。运用检察职能为群众排忧解难，通过处理群众来信来访和受理控告申诉，注意发现和化解社会矛盾。

自治区经济委员会　组织制定经济领域的综合性政策、法规，建立与完善公平竞争的经济秩序；制定并组织实施近期工业经济运行调控目标和措施，协调解决经济运行中的有关重大问题，做好全区经济运行调节工作；配合有关部门做好国有企业下岗职工基本生活保障和再就业的具体实施工作；指导企业法制工作，促进企业依法经营管理和依法维护自身合法权益；指导和督促直属企业认真落实社会治安综合治理的各项工作任务和措施。

自治区教育厅　加强对师生员工的思想政治工作和法制宣传教育，加强对学生日常行为的教育和管理，会同有关部门加强校园及周边的治安综合治理及安全保卫工作、创建"安全文明校园"。在高等学校要加强邓小平理论和党的基本路线教育，爱国主义、集体主义和社会主义思想教育以及理想、道德、纪律和民主法制教育。在中小学和职业学校要遵循青少年身心发展规律，坚持对学生进行日常行为规范教育和思想道德教育；积极争取社会和学生家庭的配合，做好品德偏差学生的转化工作。

自治区民族事务委员会　协助做好国家民族政策的落实，正确处理各类影响民族团结的事件，做好全区各民族县、各民族乡的社会维稳工作，会同有关部门处理涉及民族关系的矛盾和纠纷，维护民族团结，向党委、政府提出搞好民族地区治安和稳定工作的建议和意见。

自治区公安厅　承担社会治安工作主管部门的责任。通过加强侦察破案和办案，严厉打击严重刑事犯罪活动，特别是要重点打击严重危害社会治安和国家经济建设的犯罪活动；查禁卖淫嫖娼、赌博、制作贩卖传播淫秽物品、拐卖妇女儿童、私种吸食制贩毒品、利用封建迷信图财害命等各种危害社会治安的违法犯罪活动；加强人口包括流动人口的登记和管理；加强枪支弹药、爆炸物品、剧毒物品、管制刀具等危险物品的管理以及特种行业和公共复杂场所等方面的治安管理，堵塞漏洞，消除隐患，维护社会治安秩序；加强公安消防、交通管理，努力预防和减少火灾、交通事故，维护公共安全；加强边海防治安整治和管理，组织指导边海防地区实施"爱民固边"战略，打击各种跨国犯罪活动，维护边海防地区社会稳定；加强安全防范和技术防范的技术指导和管理，加强对内部保卫机构、治保会等基层治保组织的检查指导，组织群众和各种治安保卫力量，建立多层次的群防群治和治安控制体系，增强全社会的预防和控制能力，及时掌握社会动态，维护社会稳定；加强公安基层基础工作；加强对管制、缓刑、监外执行、假释、保外就医人员和看守所羁押人员的监禁、教育以及改造工作。

自治区国家安全厅 大力开展《中华人民共和国国家安全法》和《国家安全法实施细则》的宣传活动,不断提高公民的国家安全意识,增强公民维护国家安全、荣誉和利益的责任感;广泛组织、动员有关单位和人民群众维护国家安全,构建牢固的反奸防谍人民防线;充分发挥国家安全机关的职能作用,密切注视和掌握境外间谍情报机关和境内外敌对势力危害我国国家安全的动向,防范和打击境外间谍情报机关和境内外各种敌对势力的渗透、颠覆等破坏活动;与公安部门密切配合、互通情况、协同作战,共同维护国家安全。

自治区民政厅 组织各级民政部门深入贯彻村(居)民委员会组织法,加强村(居)民委员会建设,建立和完善村(居)民会议、村(居)民代表会议制度,推行村(居)务公开,全面推进以民主选举、民主决策、民主管理、民主监督为主要内容的村(居)民自治活动,充分发挥基层群众自治组织在协调利益、化解社会矛盾维护社会稳定方面的作用。加强对救助管理站的规范化建设,会同有关部门做好流浪乞讨人员的救助管理工作,协同其他部门做好民工的有序流动工作。准确掌握灾情,及时发放救灾款物,督促检查救灾救济有关政策的执行情况,保障灾民基本生活权益,维护灾区稳定,促进灾区经济发展。积极协助有关部门做好边界争议调处工作,抓好日常边界联检工作,维护边界地区的社会稳定。深入学习、宣传《社会团体登记管理条例》,《民办非企业单位登记管理暂行条例》、《基金会管理条例》,依法加强对民间组织的管理及境外非政府组织在我区活动情况的统计、监测和指导;依法查处非法社团和民间组织的违法乱纪行为,维护政治稳定。

自治区司法厅 与党委宣传部门共同做好开展法制宣传教育的动员组织、实施工作,具体组织协调、指导检查地方行业和基层的依法治理工作;加强人民调解工作,疏导民间纠纷,防止矛盾激化;加强对律师、公证行业的监管,引导社会法律工作者参与和谐社会的构建,形成和谐文化氛围;认真贯彻执行监狱、劳教工作方针,提高改造质量;组织指导协调街道、乡镇、所在单位和有关部门共同做好刑满释放、解除劳教人员的安置帮教工作,组织开展社区矫正工作,减少重新犯罪;通过公证、律师等各项法律服务工作,为群众排忧解难,保护其合法权益,减少纠纷,制止违法行为。

自治区财政厅 根据社会治安综合治理工作的需要和财力可能,指导各级财政主管部门,做好政法、综治、平安建设经费保障工作。对本级政法、综治、平安建设等工作经费,给予财力上的支持和保障。

自治区人事厅 与有关部门一道,严格实施《中华人民共和国公务员法》,按照法律法规的要求,开展公务员的录用、考核、职务任免、职务升降、奖励、惩戒等一系列工作;积极稳妥地推进事业单位人事制度改革,加强研究改革中出现的问题,并提出解决的对策和措施;积极协调有关部门,妥善解决企业军转干部生活困难问题。采取有效措施,预防和处理部分企业军转干部群体性上访活动;组织和协调有关部门,妥善处理人事制度改革中的遗留问题,预防和减少群体性上访活动。配合组织部门,建立健全社会治安综合治理的奖励和惩处机制,配合有关部门对社会治安综合治理领导责任制的执行情况进行监督。

自治区劳动和社会保障厅 全面贯彻落实就业再就业政策,在重点解决体制转轨遗留的下岗失业人员再就业问题和重组改制关闭破产企业职工安置问题的同时,积极促进城镇新增劳动力和大中专技工学校毕业生的就业以及农村劳动力的转移就业工作;加强对各类职业培训机构和职业技能鉴定机构的管理,根据就业市场的需要,围绕提高劳动者就业能力,做好职业培训、创业培训与职业技能鉴定方面的服务工作;加强劳动力市场建设,推行"以人为本"的就业服务,完善公共就业服务制度;加强对企业中部分人群的利益诉求的专题研究并提出工作对策;做好养老、医疗、失业社会保险工作,特别是离休干部的医疗保障工作,保证社会参保人员的基本医疗待遇支付;及时调解和处理劳动争议;加强对企业的劳动用工管理,强化劳动保障监察检查。

自治区国土资源厅 严格按照国家政策把好国家土地资源和矿产资源的开发利用关,做好土地和矿产资源权属的勘界和认定,牵头做好土地和矿产资源纠纷的调处化解工作。

自治区建设厅 根据维护社会治安的需要,将涉及公众安全需要的公安派出所、消防站、交通管理中心、人民法庭等基础设施列入城市建设规划；将必要的治安防范设施纳入住宅设计要求并严格监督；加强市政设施建设，将城市规划建设管理和治安管理结合起来，减少违法犯罪的空隙。加强对城市拆迁工作的指导，减少不和谐因素。指导物业管理，加强小区治安防范工作，参与基层安全创建活动，指导直属单位的社会治安综合治理工作。

自治区交通厅　加强对水路客运、货运的治安管理和内部的治安防范工作，打击危害水运安全的违法犯罪行为，维护好港口和船舶的治安秩序。加强对道路、航道的危险地段的治理，提高安全等级。协助地方有关部门，加强对公路客运、货运的治安管理，做好内部安全保卫工作。加强对农村、山区的客运交通工作，方便农村出行，提高出行安全保障水平。

自治区水利厅　牵头做好水资源权属的勘界，与有关部门配合，牵头做好水利纠纷案件的调处和化解工作，指导本系统做好社会治安综合治理各项工作。

自治区农业厅　认真抓好农业系统及下属企业事业单位社会治安综合治理工作，把综合治理与业务工作同部署、同检查、同总结、同奖惩。大力引导农民群众开展“绿色环保农业”，提高农副产品的安全水平。在大力发展农村经济、促进农民收入增长的同时，积极配合有关部门加强以乡镇党委和村党支部建设为核心的基层组织配套建设，加强农村基层干部培训，努力提高农村工作干部维护治安秩序的意识和及时化解复杂矛盾纠纷的能力。

自治区商务厅　督促所属单位抓好广大职工的思想政治工作，加强“四职”教育和法制教育，提高法制观念，文明经商、文明服务；做好有轻微违法犯罪行为职工的帮教转化工作；发动和依靠广大职工群众，以防火、防盗、防诈骗、防治安灾害事故为重点，认真落实大型购物场所、各类“超市”、物资仓库、现金库柜的防范措施，确保经营、流通过程的安全；教育职工自觉抵制假冒伪劣商品的销售，堵塞销赃渠道，严格宾馆、饭店、旅社、废旧物资回收点、商贸市场的管理，主动配合政法部门坚决打击和取缔卖淫嫖娼、窝赃销赃、诈骗等违法犯罪活动。

自治区文化厅　负责加强对文化市场的管理，组织开展健康有益的文化活动，丰富人民群众的文化生活；加强对文化娱乐市场、演出市场、电影市场、艺术品市场以及互联网上网服务营业场所、互联网文化经营和对外文化交流等活动的监督管理、经营秩序建设，按法律和规章对文化经营活动进行检查并对违法行为进行处理。会同有关部门加强对音像市场的管理，依法查处音像制品经营活动中走私、盗版等违法行为。

自治区卫生厅　与有关部门配合，做好禁止吸食毒品工作和吸食毒品人员的治疗和康复工作，开展对毒品滥用的预防宣传教育工作；做好性病和艾滋病人的监测、检查和治疗工作（不包括进出口岸）；做好精神病人的治疗和康复工作；做好社会食品卫生的监管工作，防止重大卫生突发事件。

自治区人民政府国有资产监督管理委员会　研究拟定国有企业改革的方针、政策和企业体制改革方案，推进现代企业制度的建立；指导国有企业实施战略性改组，指导国有企业的管理工作。起草和拟订企业国有资产监管的地方性法规政策，制定有关规章制度及进行有关协调工作，并负责组织实施、监督检查；组织实施兼并破产工作，配合有关部门实施再就业工程；研究拟定分离企业办社会职能的政策和措施，分流安置富余人员；协调处理分离企业办社会工作中的重大问题；协助排查国有企业改制、兼并、破产所引发的不稳定因素。

自治区环境保护局　负责指导、监督全区环保系统开展环境安全工作。组织全区环保系统对企业的环保设施进行安全检查，督促责任单位及时排除事故隐患。履行全区放射性物品和重大化学危险品的安全监督管理职责。负责放射性物品生产、储存、运输、使用安全的统一监管；指导、监督有关单位严格执行建设项目环境影响评价和环境保护“三同时”制度；履行全区“三废”排放的安全监督管理职责，依照国家和自治区有关环境保护的法律法规，依法查处污染和破坏环境的行为。加强环保法律法规的宣传，积极处理因环境污染引发的群众上访和群体性事件，切实维护社会稳定。

自治区广播电影电视局　充分发挥广播、电视和电影等传播手段的优势，经常进行社会主义思想、道德和法制宣传教育；积极宣传社会治安综合治理工作的先进典型；组织制作、播放健康有益的音像节目，丰富人民群众的文化生活；加强播出安全的管理工作，严防“法轮功”等不法分子非法攻击广播电视系统；坚决制止反动、色情、淫秽、暴力、凶杀、封建迷信等电影、电视和音像节目的制作和播放；打击和取缔非法安装、使用卫星电视广播地面接收设施行为。

自治区统计局 负责搞好公众安全感的调查和评估，为自治区党委、政府和治安管理部门了解实情、做出决策提供客观真实依据。

自治区工商行政管理局 加强对市场的监督管理，维护良好的交易秩序，配合有关部门维护好市场的治安秩序；加强对私营企业、个体工商户的监督管理，制止非法经营活动，配合有关部门积极引导、鼓励、扶持下岗失业人员特别是刑满释放、解除劳教人员从事各种正当的生产经营活动；依法查处不正当竞争、垄断经营等经济违法案件，重点打击倒卖国家专营、专卖物品，贩卖走私物品，制售假冒伪劣商品，骗买骗卖等扰乱社会主义市场经济秩序的行为；加强经济合同监督管理，依法打击合同欺诈行为，调解合同争议；加强对文化娱乐场所和服务业的监督管理；配合有关部门开展“扫黄”、“打非”、“缉毒”斗争；依法整顿、取缔无证无照经营。

自治区新闻出版局 在贯彻、执行国家新闻出版、版权方面的法律、法规和方针、政策的同时，负责制定全区新闻出版、版权方面的管理规章和措施，引导、鼓励和推动出版物的健康发展；加强对图书、报纸、期刊和音像制品等出版单位的日常监督管理，制止反动、色情、淫秽、暴力、凶杀、封建迷信等违禁出版物的出版；加强印刷业的管理工作，制止非法印刷活动，坚决查处印刷非法出版物和违禁出版物的行为；加强书报刊市场和电子出版物市场的管理，与有关部门密切合作，加强对文化市场的管理和“扫黄”、“打非”工作，依法查处音像制品生产中的制黄、盗版等违法行为，坚决取缔思想反动、低级庸俗的书报刊和音像制品，减少诱发犯罪的因素；加强著作权管理，严厉打击制作、发行盗版出版物及计算机软件的行为。

自治区林业局 牵头做好涉林纠纷的调处化解工作，做好国有林场与周边农民群众在涉林方面的矛盾排查处置事宜。做好森林资源和野生动植物资源的保护工作。积极做好林业系统干部和企业职工的法制教育工作，增强法制观念，提高法律意识，做到知法守法和依法用法；指导和督促直属单位认真落实社会治安综合治理的各项工作任务和措施。

自治区质量技术监督局 负责全区生产加工领域食品安全监管任务落实到位，责任辖区内无造成严重危害的食品质量安全问题；加强特种设备安全监管工作。及时消除重大事故隐患，遏止事故的发生，保障人民群众生命财产安全。加强对全区产品质量的监督和执法检查工作，依法查处生产和经销假冒伪劣商品活动中的质量违法行为。建立联动机制，把质量安全建设纳入本地区平安建设体系，列入社会治安综合治理领导责任制和目标责任制考核范围。

自治区食品药品监督管理局 做好全区药品、医疗器械安全的专项执法监督活动；根据自治区人民政府授权，组织协调开展食品、保健品、化妆品安全的专项执法监督活动；打击制售假冒伪劣食品、药品、医疗器械、保健品、化妆品的行为。依法履行全区药品、医疗器械的研究、生产、流通、使用环节的质量安全监督管理职责，指导食品、药品、医疗器械、保健品、化妆品生产经营单位严格执行国家有关法律法规，建立健全食品药品安全责任制，防范食品、药品、医疗器械、保健品、化妆品中毒和伤害事故的发生。组织协调和配合有关部门开展食品、药品、医疗器械、保健品和化妆品重大事故的应急救援工作；依法组织或参加有关重特大安全事故的调查处理。依法监管放射性药品、麻醉药品、毒性药品、精神药品及特种药械。

自治区安全生产监督管理局 负责全区安全生产综合监督管理工作，指导协调自治区有关部门和各地级市人民政府履行安全生产工作职责，组织全区安全生产大检查和专项督查，依法对工矿商贸企业的安全生产工作进行监督检查，督促有关部门和单位开展重大危险源监控和重大事故隐患的整治工作，依法施行安全生产行政许可，严肃查处不具备安全生产条件的生产经营单位，建立健全安全生产事故应急救援机制，组织调查处理重特大安全生产事故，配合有关单位开展基层安全创建活动。加强对重点行业和单位的监督检查力度，认真做好事故隐患排查和专项治理工作，预防重大安全生产事故的发生。

自治区旅游局　配合公安部门加强对旅游宾馆（饭店）、旅行社、星级游船、旅游景区（景点）以及其它旅游设施和场所的治安管理，落实治安责任制，防止发生危害公共安全，破坏治安秩序等违法犯罪活动；积极配合公安机关防范和查禁卖淫嫖娼等社会丑恶现象，及时发现通缉在案的犯罪嫌疑分子，协助有关部门和单位处理重大旅游安全事故和开展旅游紧急救援工作。

自治区信息产业管理局　配合自治区安全生产监督管理部门指导全区信息产业行业安全生产工作。做好无线电频率资源管理及维护空中无线电波秩序，采取积极措施及时排查有害的无线电干扰；按照职能，制止擅自设置、使用无线电台（站）或者擅自占用频率的违法行为。协助公安等有关职能部门，制止违反国家规定，故意干扰无线电业务正常进行，或对正常运行的无线电台（站）产生有害干扰的违法犯罪行为，或利用无线电进行犯罪的其他犯罪行为。积极配合有关部门打击各种网上犯罪活动。配合有关部门负责全区信息网络资源的统一管理，依法对信息服务市场进行监管、实行必要经营许可制度，进行服务质量监督，保障公平竞争，化解矛盾纠纷，保证服务，维护国家和用户利益。指导电子信息产品质量监督与管理。

自治区法制办公室　为自治区人民政府把好各项政策法规的法律关，避免因政策法规制定和实行不当引发各种治安和影响社会稳定的问题。

自治区农垦局　负责健全农垦企业社会保障体系，维护垦区稳定。依法组织或参加农垦系统特大灾害事故的应急救援和调查处理。与有关部门处理好地方群众与垦区企业的山林、土地、水利纠纷。处理好群众上访和矛盾纠纷调解工作。

自治区库区移民开发局　负责与水利水电工程移民工作安置相关的部门进行协商沟通，提出解决水库水电移民安置问题的意见和建议，切实做好库区社会稳定工作。强化移民工作责任制，加强对移民工作的领导，做好移民安置工作，为库区移民创造基本的生存和发展条件。履行水利水电工程建设征地补偿、移民安置工作职责，积极处理水利水电工程移民后期扶持问题，努力解决水库移民遗留问题，防止库区社会矛盾激化。组织办理移民来访来信工作，认真排查各种不稳定因素，及时化解各种矛盾纠纷。做好移民后期扶持政策的宣传、解释工作，确保库区社会稳定。

广西军区　积极协助地方政府组织民兵参与维护社会治安；组织城市和沿海、沿边地区的驻军参加军、警、民联防；开展各种形式的军民共建安全文明单位活动，支持和配合地方搞好社会治安；严格行政管理，加强武器、弹药和物资仓库的安全管理工作，严防被盗被抢；加强部队内部的思想政治工作，密切官兵关系，发现矛盾及时化解，防止激化，严防恶性事故、案件的发生。

武警广西总队　严密组织经常性内卫执勤工作，落实各项安全防范措施，确保国家重要目标安全和重大临时勤务万无一失，加强战备工作、及时稳妥地处置突发事件；积极配合公安干警进行治安防范工作，打击各种违法犯罪行为；广泛开展警民共建文明单位活动，搞好与地方有关部门的联系联防工作；严格行政管理，加强部队的思想政治工作，保证内部安全稳定。

自治区工商业联合会　负责引导会员积极参加国家经济建设，推动社会主义市场经济体制逐步完善。加强对非公有制经济人士的“团结、帮助、引导、教育”，做好思想政治工作，提高会员素质，促进非公有制经济健康发展和非公有制经济人士健康成长。引导非公有制制经济人士做到“爱国、敬业、诚信、守法、贡献”，积极组织非公有制经济人士投身光彩事业和社会公益事业。鼓励引导非公有制经济人士采取兼并、租赁、托管等形式，参与深化国有企业改革的攻坚战；积极引导他们参与下岗职工再就业工程。维护会员合法权利，帮助会员改进经营管理，完善财会管理，照章纳税，提高生产技术和产品质量。引导会员先富帮后富，走共同富裕的道路。提高会员对治安防范的认识，搞好会员内部治安管理。配合有关单位，做好本系统的各种矛盾纠纷和调处工作。

自治区总工会　加强对职工的思想政治工作和法制宣传教育；做好职工内部矛盾的疏导和劳动争议的调解工作；协助企业党政领导，及时处理集体上访及其他突发事件，制定、推行各种形式的安全保卫责任；配合治安保卫部门，组织群防群治队伍，维护内部治安秩序和社会治安；动员职工积极同各种违法犯罪行为作斗争；协同有关部门做好失足职工和刑满释放、解除劳教人员的教育和安置工作。

共青团广西区委员会 针对青少年特点开展理想、道德和纪律教育，重视加强青少年法制宣传教育工作，提高青少年的自身素质；树立社会治安综合治理战线上的青年先进典型，组织青少年开展学雷锋、学先进人物活动；开展丰富多彩的文化科技体育活动，充实青少年的精神生活；实施"千校百万"培训计划，加强对城市外来务工青年的教育、管理和服务；配合有关部门开展"扫黄"、除"六害"斗争，做好失足青少年的教育、感化、挽救工作，预防和减少青少年犯罪；进一步宣传、贯彻《中华人民共和国未成年人保护法》，维护未成年人的合法权益，促进未成年人健康成长。

自治区妇女联合会 宣传贯彻《中华人民共和国妇女权益保障法》，努力推进男女平等基本国策的全面贯彻落实。提倡尊重妇女、依法保障妇女合法权益的社会风尚；加强对妇女"自尊、自信、自立、自强"教育和法制宣传教育，开展创建"平安家庭"和"法律援助"等活动，树立文明新风，教育妇女抵制包办买卖婚姻，大操大办红白喜事等不良社会风气。帮助妇女提高依法保护自身合法权益的能力；主动参与调解和疏导婚姻家庭纠纷，协调法院及政府有关部门，解决妇女的劳动权益、财产权益、婚姻权益受侵犯问题，依法维护妇女儿童合法权益；配合公安、工商、文化等部门，与赌博、卖淫嫖娼、拐卖妇女儿童、吸食毒品、封建迷信等社会丑恶现象作斗争；组织指导基层妇女组织和妇女群众自治组织配合有关部门做好群防群治和安置帮教失足妇女的工作；在国家和社会事务的管理中发挥妇联民主参与、民主监督作用，切实做好维护妇女合法权益工作。

柳州铁路局 加强对火车站、列车的治安管理，维护站、车秩序；坚决打击抢劫、盗扒货运物资，抢劫、盗窃旅客财物，倒卖车票等违法犯罪活动；配合地方公安机关，打击流窜犯罪；加强对铁路系统内部职工的教育管理，严密内部治安防范制度，严防监守自盗、内外勾结盗窃铁路器材和运输物资；严禁未经批准的易燃易爆等危险物品进站上车；消除各种隐患，防止发生治安灾害事故；协同地方政府整顿铁路沿线治安秩序，深入开展铁路沿线平安村创建活动，打击和查处危害铁路治安的违法犯罪活动，搞好护路联防，共同维护铁路运输安全。

南宁海关 加强进出境物品监督管理，严厉打击走私违法犯罪活动，维护进出口秩序，严密查缉各种反动、淫秽印刷品、音像制品和包含上述内容的计算机存储介质以及其它国家禁止进出境的物品。与有关部门密切配合，促进社会稳定。

中国保险监督管理委员会广西监管局 负责指导和监督全区保险系统开展社会治安综合治理工作。加强保险系统内部安全稳定工作，坚持"预防为主，确保重点，维护稳定，保障安全"的方针，落实内部责任制；加强保险监管，会同公、检、法等部门，严厉打击保险诈骗等违法犯罪活动。指导保险系统发挥保险作用，参与平安建设，统筹城乡养老、医疗保险发展，稳定人民群众生活预期；运用保险机制加强灾害事故防范，保障人民群众生命财产安全；发挥保险的补偿功能，积极参与灾后救助，保障群众切身利益；推广"治安保险"的经验，把居民财产保险与治安管理工作有机结合起来，切实提高社区治安防范水平。

自治区通信管理局 负责协调基础电信运营企业加强对电信通信的安全保卫工作，维护好党的电信通信秩序，与地方有关部门密切配合，防范和打击盗窃破坏通信线路、通信设施及盗码并机等违法犯罪活动。协调基础电信运营企业加强对因特网的管理，配合公安、安全部门打击利用因特网违法犯罪的行为。

中国人民银行南宁中心支行 认真贯彻执行国家货币政策，防范和化解金融风险，维护本地区金融稳定；严格内部安全管理，落实治安责任制，加强发行库和运钞的安全防范；协调自治区级各银行机构做好社会治安综合治理工作；会同银行业各金融机构开展预防金融诈骗、盗窃、抢劫等违法犯罪活动，配合政法机关依法严厉打击金融洗钱和制售假币等犯罪活动，确保银行资金安全运行。

广西壮族自治区建设平安广西活动领导小组
中共广西壮族自治区委员会政法委员会
广西壮族自治区社会治安综合治理委员会
关于表彰2005年自治区平安县(市、区)的决定

(2006年4月11日)

自治区党委、自治区人民政府在2005年2月作出《关于建设平安广西的决定》以来,各市、县(市、区)党委、政府及有关部门党政领导,按照自治区的部署,紧紧围绕工作目标,狠抓建设平安广西各项工作措施的落实,在平安建设工作中做出了较大贡献,取得了显著成果。为了表彰先进,按照自治区党委办公厅、自治区人民政府办公厅关于《建设平安广西活动考评办法》和《广西壮族自治区平安县(市、区)评分标准》的规定,我们组织力量对全区各县(市、区)的平安建设情况进行了验收、考核、评比,自治区建设平安广西活动领导小组、自治区党委政法委、自治区综治委决定,对南宁市青秀区等59个被评为自治区平安县(市、区)的县级单位进行表彰。

希望受表彰的单位,再接再厉,巩固和发展平安建设活动的工作成果,希望全区各市、县(市、区)认真组织学习获得自治区平安县(市、区)的先进经验,在建设平安广西活动中,创造新的业绩,把我区平安建设工作推上新台阶,为全区经济社会更快更好的发展做出新的更大的贡献!

附件:2005年自治区平安县(市、区)名单

附件:

2005年自治区平安县(市、区)名单

南宁市

青秀区　良庆区　兴宁区　横　县　宾阳县

柳州市

柳江县　柳城县　鹿寨县　融水县　融安县

三江县

桂林市

秀峰区　七星区　阳朔县　临桂县　灵川县

全州县　兴安县　灌阳县　龙胜县　资源县

荔浦县

梧州市

岑溪市　藤　县　蒙山县　苍梧县

北海市

海城区

防城港市

港口区　东兴市

钦州市

浦北县　钦北区

贵港市

平南县　港北区　港南区

玉林市

玉林区　福绵区　容　县　陆川县　兴业县

百色市

平果县　那坡县　凌云县

贺州市

八步区　钟山县　昭平县

河池市

金城江区　宜州市　都安县　大化县　东兰县　巴马县　凤山县

来宾市

忻城县　金秀县　合山市

崇左市

扶绥县　宁明县　凭祥市　大新县

广西壮族自治区玉林市
组建五支队伍编织五张网络

广西玉林市树立“警力有限、民力无穷”的理念，整合现有警力，深挖社会资源，组建了“五支队伍”：一是每个县（市）区都成立了一支30人以上的交警巡警联合执法巡逻队伍。强化查缉、堵截、打击等各种手段，形成以110快速反应机制为龙头，以派出所为依托，点线面结合，立体化、全天候的社会治安动态控制网络。二是全市7个县（市）区都成立了一支由财政保障的城区专业治安联防队，每支不少于30人。仅玉林城区的专业治安联防队就达372人；全市119个乡镇都建起了专职或兼职治安联防队，共119支11850人。三是按照有关规定，对现有的保安队伍进行了整顿和规范，把发展保安服务业作为推进治安工作社会化的重点工程来抓。严格实行归口管理，对任何企事业单位、机关、娱乐服务场所、商场、市场等使用的保安人员一律纳入保安服务公司归口管理，保安人员持证上岗。四是按照“谁主管、谁负责”的原则，把单位内部安全保卫责任落实到单位法定代表人和经营者，进一步巩固和发展单位内部保卫组织以及护厂、护校等队伍。五是在城市社区，组织治安积极分子、单元楼长和退休老职工、老党员组成义务看护队，开展看门望铺、守家护院等联楼联防活动，同时组织青年志愿者积极配合公安机关开展治安巡逻工作。在农村，经济条件好的村屯组织了专职护村队或村企合一的治安巡逻队；经济条件较差的村，则组织青壮年村民轮流开展义务巡逻工作。全市共建立了各种义务治安联防队伍256支12157人。

为搞好农村的治安防控工作，玉林市着重建设好“五个网络”：一是基层政法网络。采取有力措施，健全公安派出所、人民法庭、司法所的联动工作机制，为其配齐配强领导，抓好政法队伍建设。二是市、县（市）区、乡镇（街道）、村（社区）四级综治组织网络建设。玉林市从2003年以来，市、县（市）区、乡镇（街道）的党委一把手都亲自担任同级综治委主任，把综治工作作为“一把手”工程来抓。全市119个乡镇（街道）全部建立了综治委，1440个村都成立了综治领导小组。乡镇（街道）综治委都配齐了综治专职副主任和专干，并全部享受了从优待警津贴，确保了综治工作在基层有人抓、有人管、有钱办事。三是基层人民调解网络。玉林市完善了基层人民调解四级网络建设，包括县（市）区、乡镇（街道）、村（社区）、村民小组，共建立了人民调解委员会1217个，并做到了“五有”，即有房子、有牌子、有人员、有制度、有台账。其中，7个县（市）区119个乡镇共成立了570个6000多人的调解工作小组。四是村级治保网络。全市1440个村都配备了治保主任，充分发挥他们在广大农村治安防范的作用。五是城乡治安信息网络。全市建起了以派出所、乡镇综治办为骨干，以村（社区）综治工作小组为点，以治保人员、巡防队员、流动人口协管员、出租车司机以及送报工、送水工等为线的城乡治安信息网络。

由于五支队伍和五张网络发挥积极作用，近年来，玉林市社会治安状况逐年好转，刑事案件逐年下降。

广西壮族自治区平南县排查化解矛盾纠纷“七字诀”

一、面对问题，要有一个“敢”字

一是敢于面对问题和困难。历史遗留问题、改革发展过程中出现的许多问题，是无法避免的，一定要以积极主动的态度去面对。

二是敢于面对群众。土地、山林、水利、坟山“四大纠纷”牵涉大量群众的利益，要调处好这些矛盾纠纷，就要敢于与群众面对面做工作。

三是敢于立案调处。对排查出来的矛盾纠纷，主动立案处理，坚决克服久拖不决的现象。

四是敢于拍板定案。参与调处矛盾纠纷的干部在严格依照政策、分清是非、弄清实情的前提下，敢于拍板断案。

五是敢于承担责任。县委、县政府和有关部门，对自己的错误，敢于向群众承认，敢于承担责任。

二、排查摸底，弄清一个“明”字

一是弄清矛盾纠纷的性质，根据不同性质的矛盾，采取不同的处理方法。

二是弄清矛盾纠纷的特点和规律，采取化解和预防措施。

三是弄清矛盾纠纷调处的原则。就是要坚持“以事实为依据，以法律为准绳”和着重调解原则。

四是弄清矛盾纠纷的“底数”。每年初，全县组织开展矛盾纠纷大排查行动，每月各乡镇（含县直单位）自查一次，把所有排查出的矛盾纠纷归类汇总，在此基础上制订详细周到的调处方案。

五是弄清调处矛盾纠纷的法律和政策。严格依照法律和政策办事。

六是弄清矛盾纠纷情况的变化发展，实行动态把握，跟踪处理。

七是弄清矛盾纠纷调处的方法。主要方法有查明事实，分清是非，不和稀泥；重在疏导，重在调解，重在教育；重在源头化解，实现矛盾纠纷化解在基层，化解在萌芽状态；重点案件派得力干部处理。

三、真抓实干，突出一个“实”字

一是领导带头抓落实。把排查出来的矛盾纠纷列表，逐一落实到县四家班子领导和县直部门领导身上，从县委书记、县长做起，所有领导成员都有调解任务，限期调结。这项工作作为全县“三个文明”建设的一项硬任务，每年在全县三级干部大会上以文件形式印发公布，做到人有定事，事有定人。

二是健全组织机构，落实有人抓，有人管问题。全县各乡镇综治委主任由乡镇党委书记兼任，综治委办公室主任由乡镇分管领导兼任，每个乡镇还配备一名综治专干。建立和完善调解组织网络体系，284 个村都建立了调解组织，形成了横到边、纵到底的矛盾纠纷调处网络。

三是建立工作制度，落实长效措施。建立了立案、结案、干部培训、检查汇报和紧急案件限时报告等工作制度，对矛盾纠纷排查调处工作进行规范管理。

四、以人为本，体现一个“情”字

“情”就是带着深厚感情做好矛盾纠纷调处工作。首先做到不厌其烦，耐心做好调解工作。其次是不怕艰苦。三是设身处地为群众着想，换位思考，站在群众的角度看问题，努力维护群众的利益，对群众的补偿做到依法、合情合理。四是为群众办实事好事。

五、依法调处，遵循一个“法”字

“法”就是运用法律，依法调处，不留“尾巴”。坚持重事实、重法律。在查明事实、分清是非的基础上，做到有法律规定的严格依法办事，法律没有规定的，就按政策办；政策没有明确规定的，就依据大多数的意见和习惯办，保证矛盾纠纷调处的质量。

六、齐抓共管，凝成一个“合”字

“合”就是齐心协力，齐抓共管。一是解决有关人员待遇，调动工作积极性。全县公安系统二层机构的科所室队正职领导和司法所所长享受副科级待遇。二是实现部门和乡镇、村工作互相配合。公、检、法、司、土地、林业、农业、财政等矛盾纠纷调处的有关部门和矛盾纠纷所在乡镇、村做到了既分工,又合作,形成了党政重视、部门配合、齐抓共管的工作格局。三是矛盾纠纷调处工作与基层组织建设"三级联创"结合,与"依法治镇"、"依法治村"相结合,形成了科学的基层调处机制。

七、搞好保障,落实一个"钱"字

舍得花钱买平安,把调处矛盾纠纷的经费纳入财政预算。2003 年以来县财政用于矛盾纠纷调处工作经费 600 多万元。县从财政中拿出资金,解决矛盾纠纷调处工作人员的补贴,为调解人员开展工作提供经济保障。积极改善矛盾纠纷调处工作条件。

自治区党委关于调整
自治区社会治安综合治理委员会成员的通知

(2006 年 8 月 4 日)

各市党委,自治区农垦局党组,自治区党委各部委,自治区级国家机关各委办厅局党组(党委),各人民团体党组,各高等学校党委:

根据工作需要和人员变动情况,自治区党委决定对自治区社会治安综合治理委员会部分组成人员进行调整。调整后的委员会组成人员名单如下:

主　任:马铁山　自治区党委副书记

副主任:彭祖意　自治区党委常委、政法委书记

韦家能　自治区人大常委会副主任

吴　恒　自治区副主席

覃日飞　自治区高级法院院长

郭永运　自治区检察院检察长

李先明　自治区党委政法委副书记

刘耀龙　自治区党委政法委副书记

黄　克　自治区党委政法委副书记

陆炳华　自治区公安厅厅长

委　员:谭　勇　自治区党委副秘书长

郭文强　自治区人民政府副秘书长

余海燕　自治区纪委常委、监察厅副厅长

李志鹏　自治区党委组织部副部长

唐　华　自治区党委宣传部副部长

李少英　自治区直属机关纪工委书记

黄宇群　自治区信访局局长

刘发敏　自治区综治办副主任

张振贤　自治区防范和处理邪教问题办副主任

魏祖锦　自治区人大内务司法委员会主任委员

岑鸿平　自治区政协社会和法制委员会主任

黄列格　自治区高级法院副院长

陈普生　自治区检察院副检察长

蒋维玗　自治区经委纪检组组长

潘　晔　自治区教育厅副厅长、高校工委副书记

龙　毅　自治区民委副主任

于娃宪　自治区公安厅副厅长

雷明好　自治区国家安全厅副厅长

黄瑞平　自治区民政厅副厅长

卫福喜　自治区司法厅副厅长

张忠国　自治区财政厅副厅长

何利顺　自治区人事厅副厅长

雷　震　自治区劳动保障厅副厅长

张勤铭　自治区国土资源厅副厅长

朱家枢　自治区建设厅纪检组组长

陈富芳　自治区交通厅纪检组组长

韩庆东　自治区水利厅副厅长
曾　东　自治区农业厅副厅长
张留现　自治区商务厅纪检组组长
李格训　自治区文化厅副厅长
许亚南　自治区卫生厅副厅长
段伟庆　自治区国资委副主任
张　英　自治区环保局副局长
何　丹　自治区广电局副局长
张澄汉　自治区统计局纪检组组长
张剑波　自治区工商局副局长
严纯佑　自治区新闻出版局副局长
罗永魁　自治区林业局副局长
秦　开　自治区质监局副总工程师
杨永峰　自治区食品药监局副局长
何辛幸　自治区安监局副局长
康天保　自治区旅游局副局长
甘向群　自治区信息产业局副局长
陆瑞华　自治区法制办副主任
陈锦祥　自治区农垦局副局长
李凡宁　自治区库区移民开发局副局长
杨观胜　广西军区副参谋长
肖恒光　广西军区政治部副主任
黄湘闽　武警广西总队副总队长
郑远芳　自治区工商联副会长
杨建新　自治区总工会副主席
李东兴　团区委副书记
谭和平　自治区妇联副主席
张柳胜　柳州铁路局党委副书记
李依谦　南宁海关副关长
文德旺　广西保监局副局长
唐毓彪　自治区通信局副局长
罗跃华　中国人民银行南宁中心支行副行长

自治区社会治安综合治理委员会办公室主任由黄克同志兼任，副主任由刘发敏同志兼任。

广西壮族自治区各市、区(市、县)综治委、办主任名单

地　区	综治委主任	综治办主任
南宁市	谢寿堂	张栋源
	赵　波	谭尚武
青秀区	黄润斌	袁　海
	黄丽娟	
兴宁区	刘为民	陈云舫
江南区	魏凤君	岑常军
	黄建宁	
西乡塘区	吕　洁	徐国初
	廖俊云	
良庆区	温守荣	黄焕幼
	孙志强	
邕宁区	温达勤	乐巨温
	黄　宁	
武鸣县	黄隆鸣	何生龙
横　县	黄国健	黄宗旭
宾阳县	李宝臣	温又积
	马勇军	吴宝初
上林县	李永华	蔡修文
隆安县	李荣干	石文西
	甘强忠	
马山县	覃思源	李向民
桂林市	黎　志	蒋汉学
象山区	刘桂林	刘钰清
叠彩区	蒋汉平	文昌雄
秀峰区	陈德军	谢寿庭
七星区	宾泽文	陈锦瑞
雁山区	苑　兆	陈玉明
阳朔县	秦金敏	杨声才
临桂县	陆良弟	粟振平
灵川县	张小玲	罗程远
全州县	黄尚华	黄德鸿
兴安县	唐建林	易永强
永福县	莫建平	李小安
灌阳县	覃　澍	蒋海浪

地　区	综治委主任	综治办主任
资源县	蒋海平	唐昌炬
平乐县	赖焕斌	韦　峰
荔浦县	胡贵生	张卫民
龙胜县	谭兴元	杨正熙
恭城县	李庆才	许增魁
柳州市	尹　彤	潘义祥
城中区	牛　勇	罗　涛
鱼峰区	朱德增	罗敏卓
柳南区	张　云	吴少娟
柳北区	韦开翔	周其彦
	刘　芳	
柳江县	何有成	韦显乐
柳城县	张业荣	覃振堂
鹿寨县	覃建波	覃　友
融安县	张善强	谢　康
三江县	韦　刚	谢永安
融水县	潘爱国	韦树青
梧州市	汤竹庭	岑志强
	刘　剑	曾一戈
万秀区	肖明基	陈焕棣
蝶山区	古志芳	谭　学
	张　平	李俊华
长洲区	肖谋健	欧炼标
岑溪市	李　健	邓灿强
	黎华道	
苍梧县	白健辉	黄北水
	周　峰	
藤　县	胡振钊	陆贵忠
	陈　均	
蒙山县	杨铁庄	李汉雄
	李　龙	
贵港市	韦均林	黄富宁
港北区	宁德林	曾腾生
	曾海燕	
港南区	陈锦秀	梁院禧
	罗振明	
覃塘区	谢朝慰	覃　铁
桂平市	吴　飞	张振勇
平南县	许华明	黄信全
玉林市	刘胜福	顾兴春
玉州区	江贵成	李致辉

地　区	综治委主任	综治办主任
北流市	庞标益	莫寿勤
兴业县	沈　强	陈　林
容　县	杨家庆	何一宁
陆川县	满昌学	黄增元
博白县	苏建中	李庆良
福绵管理区	李　文	梁桂全
钦州市	肖军忍	叶爱深
	刘长林	
钦南区	农彦昌	黄昌雄
钦北区	陈源强	梁国强
灵山县	庞　治	陈光权
	黄正荣	
浦北县	劳　兵	宁　进
钦州港区	施扬新	韦隆云
北海市	段文道	张　旭
海城区	祝小东	麦运庄
	廖自强	
银海区	邓昌达	黄开辉
	罗远富	陈英荣
铁山港区	冯卓武	谢余红
	刘志明	
合浦县	方庆山	庞学强
防城港市	倪耀中	李　真
港口区	陈海源	邓钧泽
防城区	黄　耿	马富强
东兴市	周世军	陈宇伟
上思县	李健全	苏大煜
崇左市	蒙　结	陆振刚
江州区	黄　巧	荷新锋
凭祥市	班忠柏	黄继杰
		王建华
扶绥县	廖应灿	朱茂胜
	钟海光	
大新县	农集勇	潘宜建
	赵恒镇	
天等县	吕光哲	梁立虎
宁明县	陆伟宁	农干英
	邱　东	
龙州县	钟海光	韦思昌
	程汉任	

地　区	综治委主任	综治办主任
百色市	石卫武	林启明
右江区	黄　健	韦建辉
		陈松民
田阳县	黄云龙	黄　兴
田东县	施治忠	廖善文
平果县	陆大模	苏世新
德保县	黄卫贤	李克省
靖西县	黄如松	黄其臣
	许　祥	
那坡县	黄绍伟	黎光飘
	黎仕兴	
凌云县	黎清堂	李显章
乐业县	朱洪飞	李景明
田林县	陆泽昌	农　华
西林县	谭邦敏	杨宏新
隆林县	姚敦双	杨兴德
河池市	邬弘辉	莫志明
金城江区	李承嵘	韦继敏
宜州市	万忠孝	宋作禧
	廖昌师	
南丹县	潘巧隆	廖卡宁
天峨县	李祖斌	黄少峰
凤山县	李求让	黄英德

地　区	综治委主任	综治办主任
东兰县	覃建军	韦明山
	梁孟益	
巴马县	韦茂才	黄寿宁
都安县	毛光君	潘力扬
大化县	肖禧硕	陆　峰
罗城县	韦俊辉	戴阳生
环江县	覃克江	覃学敏
来宾市	吴俊明	毛正军
兴宾区	覃辉很	涂全坤
合山市	黄炳友	贾海忠
象州县	谢大研	左存华
武宣县	覃胜文	罗道成
忻城县	黄旭升	黄如希
金秀县	赵庆国	韦荣泉
贺州市	杨声东	李精才
八步区	韦升安	周泰桥
昭平县	刘中奇	吴耀强
钟山县	姚增庚	莫光辉
	潘家和	
富川县	黄和甫	毛志林
	张江帆	
柳州铁路局	张柳胜	谭国庆
		龙　因

（撰稿人：蓝平生
审稿人：黄　克　王雪鹏）

海 南 省

2006年社会治安综合治理工作概况

2006年,海南省各级党委政府和综治部门以“三个代表”重要思想为指导,全面贯彻科学发展观,以平安海南建设为载体,以构建和谐海南为目标,以落实领导责任制为抓手,以基层基础工作为重点,全面落实社会治安综合治理各项措施,社会治安综合治理工作取得了新的成绩。特别是全省连续七年保持了在敏感时期、重要节日和重大活动期间全省无重大政治事件、无重大治安事件和无集体进京上访事件的“三个零”指标,连续两年保持刑事立案下降好势头,全省社会政治稳定,治安秩序良好,为保障和促进全省经济和社会发展做出了积极的贡献。

一、2006年主要工作

(一)大力开展平安建设活动,着力构建平安海南

海南省把平安建设作为2006年政法综治工作的主题,省委先后召开两次全省社会治安综合治理工作会议,研究部署综治工作和平安建设,省委原书记汪啸风,省委书记卫留成等领导同志亲自对平安海南建设进行动员部署,研究解决工作中存在的突出问题,有力地推动了平安海南建设的深入开展。各级党委、政府坚持统筹兼顾、因地制宜、区别对待、分类指导,充分发挥各部门的职能作用,广泛动员社会各方面力量积极参与,综合运用多种手段齐抓共管,大力推进平安海南建设的深入开展。

1. 建立健全综治目标管理责任制和平安建设考评机制。在2月份召开的全省社会治安综合治理工作会议上,汪啸风、卫留成、钟文同志与各市县委书记、市县长、政法委书记签订了《2006年社会治安综合治理目标管理责任书》。各市县(区)迅速召开会议,层层签订责任书,明确任务,落实责任。省综治委广泛征求有关单位意见,先后出台了《海南省平安建设活动实施方案》和《海南省平安市县(区)和平安乡镇(街道)考评办法(试行)》、《海南省平安市、县(区)标准》、《平安乡镇(街道)、国营农场标准》、《平安村、社区、单位标准》等文件,健全考评机制,规范和推动平安海南建设。

2006年10月23日至11月10日,省综治委从省纪委、省委组织部、省公安厅、省人劳厅抽调有关负责同志,组成四个检查组,分赴全省各市县(区)对《2006年社会治安综合治理目标管理责任书》执行情况进行检查验收。经全面检查验收,全省18个市县和洋浦经济开发区管理局2006年综治工作全面达标。结合2006年《责任书》执行情况,海南省开展了两年一度的社会治安综合治理先进集体和先进个人评选活动,省综治委决定分别授予13个市县、6个市县综治办、66个单位、66名个人社会治安综合治理工作“先进市县”、“先进综治办”、“先进单位”、“先进个人”荣誉称号。

2. 建立健全平安建设的领导机构和办事机构。2006年3月,省委成立以省委副书记、省综治委主任蔡长松为组长的海南省平安建设领导小组,下设平安建设领导小组办公室,并配备专职副主任和专职工作人员,从有关成员单位抽调人员,具体负责健全工作机制,推动平安建设措施落实。省平安建设领导小组制定《平安建设领导小组办公室工作职责》,对全省综治办、平安办主任和基层平安建设示范点负责人进行平安建设业务培训。各市县相继成立平安建设领导机构和办事机构,推进平安市县、平安乡镇(街道)、平安村(居)、平安社区建设,为平安建设深入开展提供了必要的组织机构保障。

3. 大力健全平安建设、维护稳定和综合治理

“三位一体”等综合创建工作机制。按照社会治安综合治理、平安建设和维护稳定工作“三位一体”工作思路，各级党委政府和综治部门把平安建设作为维护稳定、构建和谐社会的前提和基础，作为综治和维稳工作的新举措、新载体，大力开展综合创建工作，不断把平安建设推向深入。一是健全“三位一体”的领导体制，整合综合治理、平安建设和维护稳定工作，建立党委领导下的综合工作平台；二是坚持统筹兼顾，健全“三位一体”的运行机制，将平安建设与经济建设、文化建设和社会建设一起抓，统一部署、统一运行，统筹各方力量，明确职责任务，发挥职能作用，健全奖惩激励机制，形成各单位各部门齐抓共管的工作格局；三是坚持政府投入为主，健全“三位一体”的经费保障机制；四是坚持弘扬主旋律，健全“三位一体”的舆论宣传机制。各市县在平安创建工作中，高度重视将创安工作与依法治县（市）相结合，与精神文明建设相结合，与“严打”整治相结合，与加强基层组织建设相结合。在基层农村创安工作中，把平安建设与文明生态村建设、社会主义新农村建设紧密结合起来，深入开展“安全文明生态村”和安全文明社区创建活动，使平安创建活动在基层农村更加深入人心，创建内涵更加丰富，平安创建质量和水平进一步提高。全省划分14121个农村安全文明小区开展平安创建，达标12021个，达标率达85%。

4. 大力推进平安建设试点示范和平安建设联系点工作。2006年，省平安建设领导小组办公室重点部署在海口市龙华区、美兰区以及文昌、琼海、澄迈、琼中等市县开展平安建设试点工作。各市县结合本地实际，确定辖区内的平安建设试点单位，制定工作方案，成立平安建设领导小组，层层明确任务，逐项落实责任，扎实开展平安建设试点工作。2006年，全省共确定平安建设示范点119个，其中乡镇49个、街道10个、国营农场18个、居委会9个、村委会10个、自然村5个、学校8个、企事业单位8个、景区2个。省平安建设领导小组建立平安建设联系点制度，每个成员单位联系试点市县内的一个乡镇、街道或农场，与联系点共同研究、开展平安建设工作。省平安建设领导小组31个成员单位设立乡镇、街道、农场、学校、企业、景区等不同类型的联系点31个，有效地发挥了成员单位的职能作用，形成了齐抓共管的整体合力。省平安建设领导小组还多次召开成员单位联络员会议，对联系点工作作出具体部署，明确了成员单位和联系点指导、帮扶、沟通、协调、共建等职责，进一步推动和规范了平安建设联系点工作。

5. 大力开展各种形式的基层创安活动。各市县、各部门在平安创建活动中，因地制宜，大胆创新，不断探索行之有效的基层创安模式。海口、三亚等中心城市以构建治安防控体系为着力点，加强社区治安防范，全面落实人防、技防、物防措施，全力构建平安城市。各市县把平安建设纳入文明生态村这个农村综合创建载体，大力开展平安村、平安集镇等基层创安活动，全力构建平安农村。临高等沿海市县以“平安渔船”创建活动为内容，全力构建“海上平安”，有力地维护了沿海地区社会稳定。三亚等市县把整顿旅游市场秩序，改善治安环境，作为平安建设的一项重要内容，以打击旅游市场“三宰四黑”（出租车宰客、娱乐场所宰客、海鲜排档宰客；黑社、黑导、黑车、黑店）以及利用色情敲诈勒索、抢劫他人财物等违法犯罪行为为重点，推进平安景区建设示范点工作，规范旅游市场，构建平安旅游。妇联等部门以“四防”（防拐卖、防盗窃、防抢劫、防隐患）和“四无”（无毒品、无赌博、无暴力、无犯罪）为目标，组织开展“平安家庭”创建活动，全省涌现出6个省级“平安家庭”创建先进集体、10个优秀示范区、63个示范户，其中三亚市河西区儋州村社区居委会、文昌市东阁镇宝芳办事处、琼海市博鳌镇朝烈村委会南强村荣获全国“平安家庭”创建活动优秀示范区称号。2006年6月，全国“平安家庭”创建活动领导小组调研组来琼调研时，对该省“平安家庭”创建工作给予了高度评价。10月18日至19日，省综治办、省妇联在海口市龙华区召开全省“平安家庭”创建活动现场推进会，进一步推动了“平安家庭”创建工作。

（二）大力开展“严打”整治斗争，着力遏制刑事案件高发势头

全省各市县把解决治安突出问题作为综合治理和平安建设的切入点和着力点，进一步健全严打整治长效机制，继续保持对各种严重刑事犯罪活动的高压态势，坚持“严打”方针，紧紧抓住群

众反映强烈的“两抢一盗”犯罪、毒品犯罪和黑恶势力犯罪，大力开展“飓风行动”、命案必破、打黑除恶等专项打击整治行动，取得了明显成效，有力地遏制了刑事案件的高发势头。2006 年，全省共立各类刑事案件 18989 起（现案），同比上升 3.3%，破案 7956 起（现案），同比增加 2.6%；涉枪、绑架、毒品犯罪、诈骗等刑事案件立案数分别下降 13.3%、15.4%、47.3%、8.4%；查获犯罪集团 331 个成员 1352 人，涉案 1296 起；抓获各类犯罪嫌疑人 6714 人，同比增加 14.1%。

1. 深入开展“打黑除恶”专项斗争。省打黑除恶领导小组进一步建立健全打黑除恶明察暗访机制、倒查机制、挂牌督办机制、奖惩机制和签定责任状机制，深入开展“打黑除恶”专项斗争。全省共成功摧毁涉黑涉恶犯罪团伙 70 个，其中黑社会性质组织 3 个，达到全国打黑办“双五”标准的恶势力团伙 26 个，抓获涉黑涉恶团伙成员 380 名，其中逮捕 213 名（已判决 12 名、起诉 130 名）、其他处理 6 名，有力地推动了打黑除恶专项斗争的深入开展。

2. 深入开展打击“两抢一盗”犯罪专项斗争。各市县始终把“两抢一盗”犯罪作为打击的重点，组织开展专项斗争和集中整治，进一步遏制了“两抢一盗”案件上升的势头。2006 年，全省共立盗窃、抢劫、抢夺、诈骗等多发性侵财案件 14511 起，占全部刑事案件总数的 76.4%；共侦破“两抢一盗”犯罪案件 4683 起，占侵财类案件的95.2%，抓获“两抢一盗”作案成员 2516 人。

3. 深入开展禁毒人民斗争。省委、省政府高度重视禁毒工作，把禁毒工作作为社会治安综合治理的一项基础工程来抓，提出要深入开展禁毒人民战争，全面推进“无毒岛”建设。2006 年 9 月，汪啸风同志带领省委政法委、省综治办、省发改厅、省财政厅、省卫生厅、省公安厅等有关部门负责同志，视察了省公安厅安康医院和省公安厅强制戒毒所，现场解决安康医院和强制戒毒所建设中存在的困难和问题。各级党委、政府和政法部门按照“大宣传、大发动、大普查、大收戒、大帮教、大情报、大打击、大整治”的总体思路，落实“两个一律”措施（吸毒的一律强制戒毒，复吸的一律劳动教养），深入开展禁毒人民战争。大力加强戒毒康复农场建设，全面开展戒毒康复工作，积极推进康复、学习、就业、成家立业一体化，受到罗干、周永康同志的充分肯定，在深入推进全国禁毒人民战争电视电话会议上，该省就加强戒毒康复农场建设、全面开展戒毒康复工作作了典型经验发言。2006 年，全省禁毒人民战争取得较大成绩，共破获毒品犯罪案件 1481 起，抓获 964 人，其中破获重、特大毒品案件 49 起；省边防总队 5 月 16 日侦破的特大贩毒案，缴获海洛因 1700 克，为近年来最大贩毒案；查处毒品违法案件 6194 起，处理 7339 人，强制戒毒 7001 人，劳教戒毒 3851 人。目前全省已创建“无毒市县（区）”6 个、“无毒社区”167 个。

4. 深入开展打击杀人、爆炸等严重刑事犯罪专项斗争。2006 年，全省共立命案 181 起，破获 153 起，命案破案率 84.5%，有 7 个市县（文昌、琼海、屯昌、保亭、儋州、昌江、洋浦）实现了命案发一破一，一个市县（定安县）未发生命案。严厉打击涉枪涉爆等各类严重暴力犯罪活动，涉枪、放火案件下降。全省共立涉枪案件 39 起、放火案件 11 起，同比分别下降 13.3% 和 52.17%，立爆炸案件 12 起，同比下降 7.7%。

5. 扎实深入地开展打击赌博违法犯罪专项斗争。各级党委、政府特别是公安机关对查禁赌博活动态度坚决、立场坚定、旗帜鲜明，建立打击赌博活动的排查责任追究制、重点案件和重点地区挂牌督办制、举报有奖制度、党政机关和公安机关领导干部以及责任人员失职渎职责任追究制度，坚持不懈地开展打击赌博违法犯罪专项斗争。2006 年，全省共查处赌博案件 1944 起，同比下降 41.6%。坚持不懈地开展打击“私彩”违法犯罪专项斗争，全省共取缔“私彩”摊点 531 个，抓获涉赌人员 572 人，查处“私彩”赌博刑事案件 10 起，其中治安拘留 228 人、刑事拘留 23 人、单处罚款 302 人，教育 19 人，没收“私彩”赌资 73.6 万元。

（三）大力开展矛盾纠纷排查调处工作，着力化解影响社会稳定的突出问题

2006 年，全省进一步加强矛盾纠纷排查调处工作的规范化、制度化建设，建立健全矛盾纠纷定期排查制度、挂牌督办制度、领导责任查究制度、处理信访突发问题和群体性事件联席会议制度。省委明确提出，全国性的群体性事件不能在海南

发端起事，市县的问题必须在市县范围内解决。组织召开全省人民调解工作现场会，对万宁市和乐镇开展人民调解工作“民调”奏“和乐”的经验进行推广，对建立健全矛盾纠纷排查调处工作机制和工作网络作出了新的部署。各级党委、政府坚持以人为本，深入开展矛盾纠纷排查调处工作，切实维护人民群众的根本利益。

1. 建立健全矛盾纠纷预防化解责任机制。按照“属地管理”和“谁主管、谁负责”相结合的原则，把预防化解矛盾纠纷的任务、目标、责任下沉到部门、单位和具体人员，对维稳工作失职造成严重后果的党政干部启动问责制。建立县（市、区）、乡（镇、街道、农场）、村（社区、场队）三级矛盾纠纷排查调处工作网络，努力构建“党委领导、综治协调、联席督导、部门联动、依托基层、各方参与”的矛盾纠纷排查调处工作格局。

2. 建立健全矛盾纠纷排查调处工作机制。深入开展矛盾纠纷大排查、大调处活动，落实“五个一”要求（一个问题、一个领导、一套班子、一个方案、一抓到底），妥善解决了一批影响社会稳定的突出问题。针对全省农村土地问题引发上访占上访总量40%左右的实际，按照保护农民利益和坚持法制的原则，从加强普法调处、加快土地确权、规范土地流转等方面着手，对土地纠纷问题进行了重点整治。2006年，全省共排查土地权属纠纷6223宗，总面积133.6万亩；处理4435宗，总面积63.9万亩，处理结案率达71.3%。在博鳌亚洲论坛年会、两岸农业合作论坛等重大会议以及各个敏感时期、重要节日期间，各级党委、政府认真落实重要敏感时期排查调处矛盾纠纷的工作制度，加强对重点部位、重点人员的防范控制，落实各项安全保卫措施，把各种隐患解决在萌芽状态，保持了在敏感时期、重要节日和重大活动期间全省无重大政治事件、无重大治安事件和无集体进京上访事件的“三个零”指标，罗干同志在视察海南期间对此多次给予充分肯定。

3. 建立健全挂牌督办工作机制。省委对部分企业军转干部、城镇和农村退伍兵、复员干部等少数军队退役人员问题和工商分流人员问题等11件突出问题进行挂牌督办，目前已解决4件，基本稳定3件，其余问题正在解决之中，但均未发生集体上访等群体性事件。省委、省政府加大对农场闹退场问题的处置协调力度，成立处置农场并场队问题稳定工作协调小组和西培农场改革试点工作协调小组。汪啸风、卫留成、蔡长松等省领导多次深入一线进行指导，提出坚持改革、维护法制、坚持为群众谋利益的指导思想，为从根本上彻底解决好闹退场问题奠定了坚实基础。各有关部门和市县坚持一手抓改革、一手抓稳定，迅速采取坚决果断的措施，有力地遏制了闹退场风波，维护了垦区社会治安稳定和生产生活秩序，得到罗干、周永康同志以及农业部的充分肯定。省委多次召开会议专题研究军队退役人员问题和工商分流人员问题，明确处置工作的要求和政策界限。在全国率先对少数上访组织者和重点人员采取“五包”工作措施，汪啸风、卫留成、蔡长松等省委、省政府领导“一对一”地做重点人员的思想教育工作，起到了明显的效果。各市县、各职能部门加大政策宣传、政治思想教育和法制教育力度，对少数重点人员进行训诫谈话和警告谈话，全力疏导和劝阻到省聚集上访，严密防止进京上访。2006年，全省3010名企业军转干部困难补助兑现率、养老医疗保险率和“三拖欠”清欠率均为100%。全省共接收在册的城镇退伍兵10778人，已安置9302人，安置率为86.3%，未安置的大都接受了“自谋职业，发放一次性经济补助费”等解决办法。

4. 建立健全涉法涉诉信访工作机制。继续开展党委政法委和政法系统“一把手”联合大接访和联合大回访活动，提出深入开展联合接访活动的总体思路和具体意见，强调“要在深化思想认识、解决实际问题和建立长效机制上下工夫，把大接访活动做大、做实、做深。在形式上，从联合接访到联合回访，再向联合下访发展；在内容上，从联访到联席，再向联动发展”。各级党委政法委和政法部门建立联合接访下沉工作机制，创新工作思路、接访方式、处访措施和接访责任，在新、沉、实上下功夫，实行领导、案件、责任“三下沉”，完善案件挂牌督办制度、联动制度，形成全省各级政法部门横向联合、上下同步的接访格局。省委政法委成立联合接访下沉工作领导小组。2006年3月份，由省委政法委牵头，组织人事、民政、国土、城建、公安等部门140人，分14个工作组，深入开展接访下沉活动，重点解决17个信访突出问题,并深入基层,回访有关信访当事人,帮助他们解决各种实际问题。6月9日,再次组织开展涉法涉诉联合接访下沉活动。通过开展联合接访下沉活动,全省涉法涉诉信访问题得到了有效治理,因涉法涉诉问题到省上访的事件明显减少。截止12月底,全省共办理各类信访案件1239件。其中办理中央和省委、省政府及省委政法委领导批办案件207件,办结率100%;接待群众来信来访450余件,办结率100%;开展联合接访下沉活动中受理的信访案件582件,已办结450件,办结率77.3%。

5. 建立健全调解工作机制。各级党委、政府整合司法调解、行政调解和民间调解的力量,加强市县、乡镇、村人民调解组织体系建设,综合运用经济、教育、行政、法律等手段化解矛盾纠纷。全省已建立各级各类人民调解委员会3377个,其中村(居)委会人民调解委员会2950个,厂矿企业等各类调解会186个,乡镇(街道)人民调解委员会220个、市县(区)人民调解委员会21个,形成了遍布全省城乡的人民调解组织网络体系。2006年,全省共调解民间纠纷10225宗,调解成功9734件,调解成功率达95.1%,防止民间纠纷激化为刑事案件150件1120人,防止民间纠纷引起自杀53件75人。

各市县高度重视健全制度机制,创新工作思路,在形成特色,树立品牌上狠下工夫。万宁市和乐镇以人民调解庭为阵地,不断强化社会联动调处,将人民调解、行政调解和司法调解有机地结合起来,全力推行"大调解"模式,开创"民调"奏"和乐"的新路子。文昌市坚持"标本兼治,预防为主"的工作方针,将这项工作纳入政府日常工作,制定工作计划,充分发挥乡镇"两所一庭"在化解矛盾,促进社会和谐稳定方面的积极作用,矛盾纠纷排查常态化、制度化。琼中县先后出台《矛盾纠纷排查调处工作及责任追究实施办法》、《维护稳定情况信息搜集上报制度》、《综合治理定期汇报工作制度》等一系列制度,加强责任分解、考核和责任追究,本着重心下移、关口前移、便民利民的要求,采取经济、法律、行政等各种手段,把矛盾纠纷解决在基层,解决在萌芽状态,做到"小事不出村,大事不出乡镇,矛盾不上交"。琼海市从市机关抽调专人组成工作组到农村和农场,专门调处土地纠纷案件,并层层设立调处民事纠纷的专门机构,防止民转刑案件的发生。省洋浦开发区管理局坚持召开基层综治和创安工作月例会制度,加强舆情分析研判,积极化解矛盾纠纷,维护社会治安稳定。

(四)大力加强基层基础工作,着力构建社会治安防控体系

1. 加强乡镇、街道、农场综治机构建设。全省现有乡镇202个,街道办事处18个,国营农场101个,全部设立了综治委及办公室,共配备专抓综治工作领导414人。各市县大力加强"两所一庭"建设,充分发挥其在社会治安防控工作中的基础和核心作用。全省现设有基层公安派出所509个4046人(其中公安行政派出所322个2282人,农垦派出所90个614人,边防派出所97个1150人),现有司法所240个435人,法庭39个205人。洋浦管理局各办事处按规定做到机构、人员、场所、制度、经费、计划、措施、效果"八落实";各居委会健全支部,组建联防队,充实治保会和调解委员会,做到机构健全、人员落实、制度上墙、台账整齐、措施到位;所有社区都设立警务室,落实民警包片。

2. 加强以党组织为核心的基层组织建设。构筑起以基层党组织为核心、群众自治组织为基础、基层政法组织为骨干的工作网络。重点抓好居(村)委会、治保会、调解会等群众性自治组织建设,全省共建立治保会4547个,治保员22396人;建立调解会3377个,调解员19495人。三亚市建立以公安派出所、交警、巡警、刑警为主体,社会辅助力量为补充的联动配合工作格局,加强对重大庆典活动、敏感期以及重点部位、繁华地段、案件多发区的治安防范工作;各区、镇、农场成立社区、居(村)委会、作业区综治领导小组,由党支部书记或村委会主任任组长,配备治安信息员,强化基层治保、调解工作。洋浦区管理局建立三级联防、三级调解、四位一体的社会治安防控体系。万宁市充分发挥"两会"作用,全市18个镇、农场都建立了人民调解庭。保亭县在城镇实行警务区防务和安全文明小区相结合的防范机制,在农村推行民警驻村包片,健全农村治保会、调解会、保安队、治安联防队、护村队、护厂队、护校队、内部单位保卫组织等群防群治组织,形成基础工作网

络;把农村治安联防经费纳入村级财政转移支付,将小组干部纳入村级治安联防组织,有效解决了农村治安联防经费问题。临高县健全责任制和考核追究机制,大力开展大接访、大排查、大调处活动,消除不稳定因素,开展治安整治、基层群防群治网络建设等重点工作,以点带面,促进综治各项措施在基层全面落实。

3. 加强综治各项基础工作。各市县加强基层综治组织档案资料建设、信息系统建设、防范设施建设,建立健全形势分析、治安防范、矛盾化解、重点人员管理、安全检查、法制教育等工作机制,进一步夯实了综合治理工作的根基。深入开展送法下乡、民主法治示范村、法律进社区等基层普法依法治理工作。各市县(区)加强群防群治队伍的规范化建设,积极探索适应市场经济要求的群防群治经费保障机制。海口、三亚等经济条件较好的市县,政府承担了大部分群防群治经费。澄迈、东方等市县把群防群治经费列入财政预算,以人口总数为依据,将群防群治经费统一下拨综治办统筹安排。各市县按照"取之于民、用之于民"和"谁出资谁受益"的原则,采取多种形式积极筹措经费,有效地保障了群防群治工作的顺利开展。

(五)大力加强五个专门领导小组的工作,着力解决社会治安综合治理工作中的突出问题

1. 积极做好预防青少年违法犯罪工作。省综治委及时召开2006年预防青少年违法犯罪工作领导小组会议,传达全国预防青少年违法犯罪工作会议精神,安排部署全省2006年预防青少年违法犯罪工作。领导小组加强指导和督促,各成员单位和各市县按照任务分解表认真抓好落实,有力地推进了预防青少年违法犯罪工作。一是深入实施社区预防计划,构建预防青少年违法犯罪基层防控体系。在海口、三亚、东方等市创建"青年文明社区"示范城的基础上,依托这些社区青少年活动基地,积极推进"青少年违法犯罪社区预防计划",开展"为了明天工程示范市县"和"未成年人零犯罪社区"创建活动,推动街道和社区建立联席会议制度,加强社区预防工作专兼职队伍建设,推进预防青少年违法犯罪各项措施的落实。二是加强对特殊青少年群体的教育、服务和帮扶工作。加大进城务工青年服务力度,做好闲散青少年和违法犯罪青少年的帮教工作,开通12355服务热线,为青少年提供心理、法律等各方面的日常服务。三是大力开展社会主义荣辱观和主题教育活动,深入开展"维护社会治安青年志愿者筑城行动",动员组织青年投身"打黑除恶"、校园及周边治安综合整治。省综治办牵头组织团省委、民政厅有关人员,深入海口、三亚等市县对流浪未成年人工作进行调研,提出了加强流浪未成年人工作的意见。目前,海口、三亚已建立流浪未成年人救助中心,其他市县流浪未成年人救助中心建设正在加快进行。

2. 积极做好预防在校学生违法犯罪和整治学校周边秩序。省综治委制发《2006年学校及周边治安综合治理工作要点》、《海南省学校及周边治安综合治理工作考核指标》。各市县结合本地实际,制订《学校及周边治安综合治理工作实施方案》,制作任务分解表,建立考核指标体系。各级教育部门和各大中小学校明确工作重点,层层落实责任。充分发挥各级综治委学校治安综合治理工作领导小组组织协调作用以及教育、文体、公安、团委等部门的职能作用,建立和完善联席会议制度、整治项目台账制度、限期治理承诺制度、执法联动制度、社会参与监督机制。开展形式多样的校园及周边治安综合整治以及经常性的治安、安全大检查,及时发现和整改学校及周边各种安全隐患,净化校园周边环境,全面推进"平安校园"和"安全文明生态学校"建设。各级各类学校将治安窗口前移,设立大学校园"110"指挥中心和中小学校园报警点,构建信息预警、安全保卫、巡逻防控"三大网络"。省综治办先后多次组织省公安厅、教育工委、文体厅、团省委等部门对网吧进行了暗访,并及时组织整改。2006年,通过大力加强制度建设,开展校园及周边治安集中整治和安全文明生态学校创建,全省上下初步形成"党政重视,城乡联手,师生共建,社会支持,群众参与"的平安校园创建格局,校园及周边治安案件发案明显下降,校园及周边环境进一步净化,得到社会广泛认可。

3. 积极做好刑释解教人员的安置帮教工作。根据中央综治委刑释解教人员安置帮教工作领导小组《关于印发〈2006年省、自治区、直辖市刑释解教人员安置帮教工作考核办法〉的通知》要求,迅速召开省综治委刑释解教人员安置帮教工作领

导小组会议,研究部署刑释解教人员安置帮教工作。各级司法行政机关和公安机关加强协调沟通,对刑释解教人员力争做到底数清、情况明、不漏管、不失控。建立和完善对"三无"人员(无家可归、无亲可投、无业可就)和没有彻底改造好、有重新犯罪倾向的刑释解教重点人员的监测评估机制,对重点帮扶对象进行动态管理。着力抓好刑释解教人员职业技能培训工作,正确引导帮助刑释解教人员实现就业,全省各市县帮教及就业机构接收刑释解教人员 2892 人,为 1883 个农村籍的刑释解教人员落实了责任田,原单位接收就业 77 人,在街道社会就业 200 人,自谋职业 103 人,办理低保 19 人,刑释解教人员安置率和帮教率分别达到 95.8% 和 100%,圆满完成中央综治委《刑释解教人员安置帮教工作考核办法》规定的刑释解教人员安置率和帮教率分别到达 80% 和 95% 以上指标。

4. 积极探索新形势下流动人口管理服务的新办法、新措施。省综治委召开 2006 年流动人口治安管理工作领导小组会议,研究部署流动人口治安管理工作,积极推进管理服务工作的规范化、制度化。各市县把对流动人口的管理作为社会治安综合治理目标管理责任书的重要内容,推进管理服务工作的规范化、制度化,尤其是将暂住人口的登记办证率作为平安市县(区)、平安乡镇(街道)考评的一项重要指标,加强监管。大力推广三亚市儋州村居委会的管理经验,督促各部门、各市县按照"公平对待、合理引导、规范管理、搞好服务"的要求,坚持以人为本,不断改进管理服务措施,有效地保护了广大外来务工者的合法权益。

5. 积极做好铁路沿线专项整治工作。深入开展铁路模范路段、模范站区建设,推进"创建安全文明铁道线活动",组织打击拆卸、偷盗、非法收购铁路器材违法犯罪专项工作,坚持不懈地打击危害铁路运输安全的违法犯罪行为,进一步提高铁路沿线人民群众法制观念和爱路护路意识,确保铁路运输安全。省公安厅重点抓好海口和西环、东环铁路沿线市县的社会治安工作,及时破获一批盗窃、哄抢、非法收购铁路路材路料案件,打击处理一批破坏重点建设工地措施的违法犯罪分子,依法取缔一批非法收购站、点,使涉及铁路建设的案件明显下降,有效净化了全省社会治安环境。

(六)大力加强社会治安综合治理宣传工作,着力构建长效工作机制

2006 年,各级党委政府和综治部门高度重视综治宣传工作,坚持以人为本,形成了人人参与社会治安综合治理和平安海南建设的良好工作氛围。省委书记汪啸风亲自接受了中央电视台关于平安海南建设的专访。

1. 制定平安建设宣传方案,加强对平安建设宣传工作的领导。省委宣传部、省委政法委联合下发《关于建设平安海南活动宣传方案》,对 2006 年平安建设宣传工作做出了部署,明确了宣传工作的主要形式、内容和具体要求:一是通过电视宣传中央媒体就平安建设对省委书记汪啸风的专访;二是在《海南日报》、《南国都市报》、《法制时报》、《海南特区报》上进行宣传报道;三是全省共设置固定式平安建设宣传标语牌 300 多块,电子屏幕、宣传栏 220 多处,宣传横幅 3300 条。

2. 开展平安建设宣传月活动,大力宣传平安市县建设经验。省委宣传部、省委政法委、省综治办下发《平安海南行——与市县委书记面对面系列访谈节目策划方案》,组织省电视台等媒体对三亚、琼海、临高、万宁市县委书记进行了平安建设专访,并协调组织海南日报、南国都市报、法制时报等有关新闻媒体进行同步系列报道。节目播出、报道后,社会反映良好,为平安海南建设营造了十分有利的社会舆论环境。

3. 大力宣传见义勇为,鼓励人民群众积极参与综合治理和平安建设。2006 年,见义勇为各项事业取得长足进步,为弘扬社会正气营造了积极向上的舆论氛围。省综治委、省委宣传部、省公安厅、省见义勇为基金会召开海南省第八次见义勇为先进分子表彰大会,表彰奖励了在与违法犯罪分子作斗争和抢险救灾中英勇牺牲人员和见义勇为有功人员 20 人。省政府拨付见义勇为专项资金 100 万元,极大地鼓励和推动了见义勇为工作。各市县认真贯彻落实《海南省见义勇为人员奖励和保障规定》以及《海南省见义勇为基金会关于评选表彰、奖励抚恤暂行办法》,纷纷设立见义勇为专项基金,列入年度预算。2006 年,省级财政和各市县政府、洋浦管理局已拨出见义勇为专项基金总计 340 万元。

（七）大力加强普法宣传，着力树立社会主义荣辱观和社会主义法治理念

2006年，海南省坚持将普法宣传作为社会治安综合治理的一项基础工作来抓，并结合实际，着力树立和培养政法综治干部的社会主义荣辱观和社会主义法治理念。重点加强有关“严打”整治斗争和扫除黄、赌、毒等专项斗争方面的法律法规的宣传。以“6·26”国际禁毒日为契机，以《海南省禁毒条例》为重点内容，在全省开展了签名宣誓等系列活动。加强对农民群众、青少年学生等重点对象的法制宣传教育，以海口市为重点，在全省大、中专院校和中小学校集中开展以“增强法制观念，预防违法犯罪，构建和谐校园”为主题的校园法制宣传教育活动。全面开展以“提高居民法律素质，推进社区依法治理”为主题的法律进社区活动。依托“文明生态村”建设，深入开展“民主法治示范村”创建工作。组织开展“法律进社区”、“法律进校园”、“法律下乡”活动，在农村、乡镇、街道社区广泛开展法制讲座、图片长廊、音像视听、法律咨询、法律援助等形式多样的法制宣传教育和法律服务。对干部群众，尤其是青少年、在校学生等重点对象集中开展社会主义荣辱观教育宣传活动，通过在青年学生中大力开展学唱“八荣八耻”歌活动，提高其知荣明耻、遵纪守法的自觉性和主动性。认真组织政法综治干部学习《规范执法行为，促进执法公正》、《八荣八耻》、《社会主义法治理念教育读本》，紧紧围绕“依法治国、执法为民、公平正义、服务大局、党的领导”五个专题，扎实开展社会主义法治理念教育活动，增强了广大政法综治干部的社会主义荣辱观和社会主义法治理念。

2006年海南省社会治安综合治理目标管理责任书

为深入贯彻党的十六届五中全会和省委四届七次会议精神，全面落实科学发展观，以建设平安海南活动为载体，全面推进治安防控体系建设，扎扎实实地把社会治安综合治理的各项措施落到实处，为又快又好发展海南创造和谐稳定的社会环境，根据中央和省委、省政府有关文件精神，按照中办发[2005]25号、琼办发[2005]22号和《海南省社会治安综合治理条例》的有关规定，由省委、省政府与各市县委、政府以及洋浦经济开发区管理局签订2006年社会治安综合治理目标管理责任书。

一、社会治安综合治理主要任务和目标

（一）党委、政府对社会治安综合治理工作的领导力度不断增强。各级党委、政府要将社会治安综合治理工作列入重要议事日程，作为本地区、本部门经济社会发展的总体规划和年度工作计划的重要内容，作为“保障工程、民心工程、基础工程”和“一把手”工程来抓。各市县、各部门结合本地区、本部门实际，制定实施意见或方案，保障经费纳入财政预算，落实到位。健全和落实综治委全会制度、五部委联席会议制度、成员单位参与综治工作联系点制度、述职制度、综治工作领导责任制、目标管理责任制、重大问题查究制、综治工作检查督导制度、治安形势分析和公共安全感调查制度等。按时完成省委、省政府及省综治委、办交办的各项工作任务，并上报有关工作情况。严格执行一票否决制度。经随机抽查或问卷调查，群众对治安状况感到满意和基本满意率达90%以上。

（二）各级社会治安综合治理领导机构和办事机构健全。坚决贯彻落实省综治委、省编委联合下发的琼综治委[2003]17号文件精神，乡镇、街道、国营农场综治办有专抓综治工作的副职领导和专职副主任，配齐配强专职干部。基层派出所、司法所、人民法庭、国土资源所、基层治保会、调解会和治安联防队健全，做到“组织、人员、制度、工作”四落实，全部解决基层派出所无房、无车、无电话和正常工作经费短缺等问题。建立综治干部定期培训制度，培训工作扎实有效。

（三）维护社会和谐稳定的“第一责任”履行

到位。各级维稳工作领导班子和办事机构健全，制定并细化维稳工作责任制、处置群体性事件工作方案、情报信息收集、研判工作机制、重大敏感时期防范备勤工作制度。对影响社会稳定的事端苗头做到早发现、早报告、早控制、早解决，排查率达100%，对重大突出问题及省挂牌督办问题，做到有效控制，限期解决，省、市（县）两级当年挂牌督办问题基本解决，稳定率达到80%以上。在全年敏感时期、重大活动和重要节日期间，实现不发生影响全省稳定的重大政治事件、重大社会治安事件、集体进京上访事件的“三个零”指标。

（四）严重危害国家安全和政治稳定的情况得到有效控制。健全完善国家安全人民防线的领导体制和工作机制，充分发挥国家安全人民防线“三级网络”的作用，及时准确收集上报有关国家安全和社会政治稳定方面的情况信息。对境内外“三股势力”等敌对势力的渗透破坏和暴力恐怖活动发现得早、控制得住、处置得好。完成省委国家安全工作领导小组交办的各项任务。深入开展同“法轮功”等邪教组织的斗争，落实防范控制和教育转化责任制，实现“全年不发生邪教组织成员进京滋事，在省内不发生邪教组织聚集闹事和插播广播电视事件”的目标，“法轮功”痴迷者的教育转化巩固率达95%以上。坚决阻止境外宗教组织和省外非法宗教组织及其成员对我省进行渗透破坏活动，遏制非法宗教活动的蔓延势头。

（五）“严打”整治工作不断进步。从实际出发，适时组织“严打”集中统一行动，什么犯罪突出就重点打击什么犯罪，效果显著。公安机关对构成刑事犯罪的案件，有报必立，不能隐瞒不报。严重暴力犯罪、涉毒犯罪、“两抢”、盗抢机动车辆和盗窃等群众反映强烈的案件，及时组织打击，效果明显。爆炸、投毒、杀人、绑架等严重暴力犯罪比上年下降，有效遏制“两抢一盗”高发势头。及时铲除涉黑涉恶犯罪集团，落实“命案必破”要求，当年命案的破案率达到85%以上。所有在逃人员及时实行网上追逃，追捕历年网上在逃犯达20%以上；追捕当年网上在逃犯达60%以上；追捕命案逃犯达到75%以上；利用网上系统信息破案达到30%以上。治安案件查处率达95%以上。人民法院要完善案件质量评查制度和群众来信来访制度，当年判决执行案件率达85%以上，不发生由于错判引发的群体性事件。制定和落实未成年人犯罪帮教措施。检察机关要积极开展预防职务犯罪工作，引导干部群众积极参与职务犯罪的预防宣传教育，建立举报和预防职务犯罪有效工作机制，遏制职务犯罪。建立经济案件预警、防控、协作“三大机制”，建立防范和查处经济案件信息共享或网络联动系统，建立反洗钱机制和社会信用体系，提高打击和预防经济犯罪的水平，防止严重危害社会主义市场经济秩序的经济案件发生。坚持排查治安混乱地区和突出治安问题，确定公共复杂场所、学校和企事业单位周边、铁路沿线、交通要道、暂住人口聚居区、集贸市场、旅游景点等重点地区、单位，开展专项整治活动，社会治安秩序混乱的地区和单位得到有效整治，社会治安环境明显好转，人民群众普遍有安全感。铁路沿线市县要加强铁路护路联防工作，开展创建安全文明铁道线活动，做好重点区段的排查整治，确保铁道线的畅通安全。坚决打击盗窃破坏电力线缆和通讯线缆的犯罪行为，有效维护电力和通讯正常运行。预防和减少重特大安全生产事故，安全事故发生率有所下降，不发生有较大影响的重特大人员伤亡事故。重大道路交通事故得到有效控制，交通事故死亡人数不超过省安全生产委员会下达的交通事故控制考核指标，不发生一次死亡10人以上的特大交通事故。重大火灾事故得到有效控制，不发生群死群伤特大恶性火灾事故，重大火灾隐患整改率达100%，火灾事故责任追究处理率达100%。

（六）“毒、赌、黄”得到有效控制。全面完成省禁毒委下达的各项工作任务，建立禁毒长效工作机制，辖区内有吸毒史人员底数清楚，毒品犯罪得到遏制。坚持“两个一律”，对吸毒人员落实收戒措施和“四位一体”帮教措施，提高吸毒人员的收戒率，降低复吸率，控制住新增吸毒人数不超过3%。“无毒社区”在原来的基础上有所增加。坚决打击公开和隐藏的色情及赌博行为。

（七）社会管理和治安管理工作得到加强。建立健全党委领导、政府负责、社会协同、公众参与的治安管理的机制。社会救助体系工作机制落实。发挥社团、行业组织和社会中介组织的作用，加强特种行业管理，大力整治无牌无证车辆，整治通讯市场、废旧物品收购站、首饰加工店等重点场所和部位,成效显著。加大对网吧、娱乐场所的整治和管理力度,加强对互联网和移动通信不良信息的监控和管理。加强实有人口管理,辖区内实有人口底数清楚,常住人口、暂住人口、人户分离人口、境外居留人员全部造册归档,纳入管理。流动人口管理的领导机构和办事机构落实,管理制度健全,措施得力;流动人口计划生育、职业培训教育、维护合法权益等工作到位,成效显著;流动人口违法犯罪率下降。特种行业列管率达100%;出租屋登记率达100%;流动人口列管率达95%以上。枪支弹药、易燃易爆和剧毒等危险物品管理规范化,不发生任何事故。非法传销和私彩活动得到有效控制。建立健全护林保胶工作长效机制,对毁林偷胶案件及时查处,偷胶毁林违法犯罪活动得到有效控制。

(八)预防青少年违法犯罪工作得到加强。预防青少年违法犯罪工作领导和办事机构健全,各项工作措施落实。实施“为了明天——预防青少年违法犯罪工程”,加强未成年人思想道德建设和青少年法制教育。完善中小学校聘请法制副校长的工作制度,中小学校配备兼职法制副校长达到100%。执行“青少年违法犯罪社区预防计划”和“未成年人零犯罪社区”创建工作。中心城市建立预防未成年人违法犯罪工作网络和工作机制,有效预防和减少未成年人违法犯罪。学校及周边治安综合治理领导机构健全,校内教学、科研、生活秩序正常,发生在校园及周边的案件能迅速侦破,发案率明显下降,教师与学生的安全感增强。加大打击非法出版物、非法网站和淫秽音像制品的力度,进一步净化青少年成长的社会环境。青少年(25周岁以下)犯罪案件比上年有所下降。

(九)刑释解教人员的帮教安置措施得到落实。建立健全刑释解教人员帮教安置工作领导及其办事机构。各乡镇、街道、国营农场、村(居)委会建立相应的工作机构,对刑释解教人员做到底数清,去向明,落实三包(包管理、包教育、包转化)责任制。2004年以来刑释解教人员接茬帮教、安置工作落实,重新犯罪率控制在6%以内。

(十)矛盾纠纷排查调处机制不断健全。完善村(居)委会调解组织,充实乡镇、街道调解组织,建立市县(区)一级人民调解工作指导委员会,形成市县(区)、镇、村三级联动机制。坚持定期排查,市县每月集中排查一次矛盾纠纷,重要会议、重大活动期间和敏感时期,视情况组织矛盾纠纷集中排查调处活动。落实调处责任,矛盾纠纷调处率和调处有效率分别达到100%和90%以上,做到大事不出镇、小事不出村、矛盾不上交。建立矛盾纠纷排查调处台账,每月按时向省综治办上报矛盾纠纷排查调处工作情况。贯彻《信访条例》,建立健全信访工作机制,落实归口办理信访制度,落实接访下沉方案,做到农村发生的问题,解决不出乡镇;城市发生的问题,解决不出社区;企业事业单位内部发生的问题,解决不出单位;部门内出现的问题,解决不出系统。重大矛盾纠纷,主要领导要亲自带头调处。防范和处置群体性事件的工作机制完善,处置工作及时,措施得当。集体到省上访的规模、激烈程度和起数比上年下降,有效控制集体进京上访。

(十一)基层基础建设和社会治安防控体系建设不断推进。整合基层维护社会治安和社会稳定力量,形成以基层党组织为核心,基层自治组织为基础,基层综合治理、政法组织为骨干的社会治安综合治理工作网络,并发挥其在社会治安综合治理和平安建设中的作用。全面实施“社区警务战略”,在城市社区、国营农场作业区,全部设立警务室和开展消防建设活动。完善社会治安防控体系,全面建立“点、线、面、片、块”的网络,加强社会面控制,可防性案件得到有效遏制。各级群防群治组织健全,形成网络,并能发挥治安防范作用。在农村,逐步推行民警驻村试点,力争有25%的村落实消防安全管理和建立义务消防队组织。将社会治安防范设施纳入城市基础设施建设、社区民用建筑建设的总体规划,进行综合设计、同步规划和独立验收。加强居民户、单元门、停车场、治安室相配套的物防建设。在内部单位特别是首脑机关、供水供电供气部门、金融系统、邮政电信、旅游景点等重点要害部位,安装紧急报警装置。在居民小区逐步安装电视监控系统、周界报警系统、家庭防盗报警系统等技防设施。加强宣传建设平安海南活动力度,利用各种媒体宣传综治工作方针、政策、措施和平安建设先进经验,调动广大干部群众参与平安建设的积极性。开展公民道德和法制宣传教育工作，弘扬社会正气，设立见义勇为专项基金，开展见义勇为评选表彰活动。普法教育面：机关达100%，城镇达90%以上，农村达80%以上；对轻微违法人员的法制教育率达100%。在基层创安活动的基础上，紧密结合地区、行业特点，各市县(区)选择3至5个不同类型的乡镇、街道、农场，各乡镇、街道、农场选择3至5个不同类型的村、社区、厂矿、学校等基层单位，作为平安建设示范点，深入开展不同层次的平安建设活动。市县(区)有30%以上的乡镇(街道)达到平安标准，乡镇(街道)有35%以上的社区、村委会达到平安标准。

二、责任期与责任人

(一)本责任书责任期从2006年1月1日起至12月31日止。

(二)各市县党委、政府主要领导为本地区社会治安综合治理和平安建设第一责任人，对本地区的社会治安负总责；分管政法工作的领导为直接责任人，具体负责本地区的社会治安综合治理和平安建设工作。

(三)本责任书因特殊情况需要变更，由省委、省政府决定；责任期内因责任人变动，由继任人和原任人对责任书的执行承担相应责任。

三、考核与奖惩

责任期满后，由省社会治安综合治理委员会与平安建设领导小组、省纪委、省委组织部、省委政法委、省人事劳动保障厅、省监察厅联合组织考核验收和审议，征求省直有关部门评价意见，以登报公示，书面报告省委、省政府，作为考核干部政绩的重要内容之一。

(一)省综治委对各市县的综治工作按优秀、达标、基本达标、不达标四类考评排队。年终考核被评定为优秀市县的，由省委、省政府给予表扬和奖励。评为不达标的，进行批评警告，限期整改，并由省综治委提请省委、省政府进行通报批评。

(二)按照社会治安综合治理“一票否决权制”和“领导责任制”的规定，加强对社会治安综合治理与平安建设工作落实情况的督促检查，对因责任人工作不负责、综治工作措施不落实，以及因工作失职、渎职引发影响社会稳定的重大问题的，对责任人和有关单位实行责任倒查和一票否决。

(三)省综治委建立重大问题报告制度和档案管理制度。凡发生重特大刑事案件、群体性治安事件和灾害事故的市县、部门及单位，要及时以书面形式向省综治办报告，隐瞒不报或作虚假报告的，追究责任人的责任。

本责任书一式三份，签订双方和省社会治安综合治理委员会各执一份。

海南省2006年开展平安建设活动实施方案

为深入开展建设平安海南活动，全面推进全省社会治安综合治理工作，全力构建稳定、和谐、平安海南，特制定本方案。

一、指导思想

以邓小平理论和“三个代表”重要思想为指导，坚持和落实科学发展观，深入贯彻中办发[2005]25号、琼办发[2005]22文件和全省社会治安综合治理工作会议精神，全面落实《2006年全国社会治安综合治理工作要点》(中央综治委[2006]4号)，坚持“打防结合、预防为主，专群结合、依靠群众”的方针，紧紧围绕构建和谐海南的战略目标，统筹兼顾，因地制宜，突出重点，分类指导，广泛深入开展建设平安海南活动，推动全省社会治安综合治理工作不断深入开展，为保障和促进“十一五”规划顺利实施，保障和促进海南又快又好发展，全面建设小康社会，创造稳定、和谐、平安的社会环境。

二、工作措施

按照《2006年全国社会治安综合治理工作要点》的八项工作目标要求，广泛深入开展建设平安海南活动，重点推进基层平安建设和社会治安防控体系建设，加大平安建设宣传力度，建立健全平安建设长效工作机制，推动社会治安综合治理各项措施全面落实，确保全省治安秩序持续稳定。

各有关部门要根据各自职能，明确分工，落实责任，认真组织实施。各市、县、自治县和洋浦要根据本实施方案，制订本市县（区）2006年开展平安建设的具体工作方案，并认真组织实施。

（一）广泛深入开展基层平安建设活动

1. 全力抓好平安建设试点工作。2006年，省平安建设领导小组办公室重点抓好海口市龙华区、美兰区以及文昌、琼海、澄迈、琼中等市县平安建设试点工作。试点市县（区）要按照先行一步的思路，在省平安建设领导小组办公室和省综治委各成员单位的指导协调下，全面动员，确保率先实现平安市县的目标，为全面推进平安海南建设提供经验，打下坚实基础。其他市县要按照琼办发［2005］22号文件和平安建设标准的要求，抓紧制定建设平安市县的规划，建立健全目标体系、责任体系、监督体系和保障体系。各市县要确定本市县平安建设的试点单位，大力开展平安乡镇、平安农场、平安村、平安校园、平安社区、平安家庭建设活动。

今年下半年，省社会治安综合治理委员会、省平安建设领导小组将召开现场会，总结推广各市县平安建设的经验。

（省综治办、省平安办牵头，省平安建设领导小组成员单位参与配合）

2. 结合社会主义新农村建设，以文明生态村建设为综合载体，建设平安农村。各级党委、政府要把平安建设、“无毒村”建设等纳入“文明生态村”创建活动，组织机关干部下乡驻村，推进农村平安建设。注重抓好乡镇综治委（办）规范化建设。建立健全治保、调解、普法、巡逻、帮教“五位一体”的村级综治组织，发挥第一道防线作用。通过平安农村创建工作，提高群众整体素质和生活质量，推动农村物质文明、政治文明和精神文明共同进步。

（省精神文明办牵头，省综治办、省平安办协调，省农业厅、省司法厅、省公安厅、省民政厅配合）

3. 加快社会治安防控体系建设步伐，建设平安城市。按照立足长远、量力而行、重点实施、先急后缓的原则，以城镇和案件多发、治安混乱地区为重点，科学规划，分步实施，构建起党委政府领导，综治机构组织协调，以公安机关为骨干，以群防群治力量为依托，以社会面治安防范为重点，以科技手段为支撑，各部门联动，专群结合，点线面结合，人防物防技防配套的治安防控体系，提高社会治安整体防范水平。坚持专群结合，充分发挥居委会、治安积极分子的作用，构建群防群治网络。坚持科技强警，加快科技和信息防控网络建设，提高防范控制体系的科技含量。对海口等地方建立的网格化防控体系、视频监控系统等经验，认真研究，全力推广。开展多种形式的“平安街道”、“平安社区”、“平安单位”建设活动，推进平安城市建设。

（省公安厅牵头，省综治办、省平安办协调，省财政厅、省建设厅、省民政厅、省信息产业局配合）

4. 深入开展“平安渔船”建设试点工作，建设“海上平安”。结合海南四面环海的特点，按照省委、省政府建设“海洋经济强省”的发展战略，加强渔船防范组织建设，对渔船定期安全检查和雇佣船员的审查，实行“海上平安陆上抓，海陆并治创平安”活动，把创建“海上平安”作为建设平安海南的一项重要内容。在总结临高县“平安渔船”建设试点经验基础上，再选择几个沿海市县、乡镇作为试点，探索“海上平安”建设的特点，适时召开“海上平安”建设经验交流会，在各沿海市县全面推进“海上平安”建设。

（省海洋与渔业厅牵头，省综治办、省平安办协调，省边防总队、海南海事局、省海上搜救中心、省公安厅配合）

（二）大力加强平安海南建设的宣传

省委政法委、省综治办和省委宣传部要建立沟通协调机制，制定切实可行的平安海南建设宣传方案。充分发挥报纸、广播电视、网络媒体的强大宣传攻势，紧紧围绕建设平安海南活动这个主题，营造全社会支持、参与平安建设的良好舆论氛围：一是组织对中央媒体专访省委书记江啸风的报道；二是组织对部分市县委书记及有关部门主要领导专访报道；三是开展“平安海南行采访宣传月活动”；四是设置、悬挂宣传标语牌；五是开展建设平安海南活动现场会报道，坚持以正面报道为主，重点宣传平安海南建设的新经验、新做法、新成果。各市县要组织协调好辖区内的平安宣传工作，积极配合、协助新闻媒体开展采访报道活动；六是进一步加强社会治安综合治理和平安建设的理论研究。尤其是新形势下如何结合海南实际开展平安建设的理论研究，省综治委成员单位、各市县组织专门力量通过专题调研、座谈讨论等多种形式重点研究社会治安综合治理和平安建设地位与作用、制度化和规范化建设等课题，着力研究海南社会新情况，解决平安建设新问题。各成员单位、市县撰写一篇论文上报省综治办，届时组织评选奖励活动。

（省委宣传部、省委政法委、省综治办、省平安办牵头，省综治委成员单位和有关新闻媒体配合）

（三）建立健全平安建设长效工作机制

1. 结合“十一五”规划制定平安建设五年规划，制定平安标准和评定方法。按照中办发[2005]25号文件提出的“三个纳入”的要求，结合我省“十一五”国民经济和社会发展规划，制定平安建设总体和年度规划。认真组织各市、县、区切实抓好目标管理责任书落实，确保平安建设年度规划的顺利实施。结合海南实际，制定平安市县（区）和平安乡镇（街道、农场）的标准和评定方法。

（省综治办、省平安办负责）

2. 建立和完善省直和各市县综治委委员述职制度。认真落实中央综治委要求，各成员单位委员每年底都要在综治委全会上进行述职，述职内容要以开展平安建设情况为主。这项工作要形成制度并建立长效机制，每年认真检查落实。

（省综治委负责）

3. 进一步完善综治、纪检、组织、人事、监察部门联席会议制度和情况通报制度。每年召开二次联席会议，通报情况，兑现奖惩，加强督查。认真落实部门责任制，增强各部门特别是各级社会治安综合治理委员会成员单位参与平安建设的责任感。

（省综治委负责）

4. 建立和完善责任机制和奖惩激励机制。认真贯彻执行中央综治委和中央组织部联合下发的《关于党委组织部门在参与社会治安综合治理工作中进一步发挥好职能作用的意见》，进一步健全和落实社会治安综合治理领导责任制和目标管理责任制，把各级领导干部抓平安建设纳入社会治安综合治理工作目标考评之中，把社会治安综合治理工作考核结果同党政领导干部的政绩考核、晋职晋级和奖惩直接挂钩。对于党政主要领导干部和分管领导干部的晋职晋级，“须征求所在地区、部门社会治安综合治理领导机构的意见”。各市县综治委、办要与党委组织部门建立起有效的工作机制，制定规范化程序。严格执行责任制，对因领导干部工作不力而导致发生严重危害社会稳定和社会治安问题的地方、单位及部门，加大责任查究力度，坚决实施一票否决，追究有关领导的责任。

（省委组织部、省综治办牵头，省纪委、省人事劳动保障厅、省监察厅配合）

（四）大力开展矛盾纠纷排查调处工作

1. 充分发挥各级综治办特别是乡镇、街道综治办职能作用，健全和完善矛盾纠纷排查调处工作机制。加强组织协调，整合基层政法综治和有关部门的力量，完善工作机制，加强排查调处工作制度化、规范化建设。

（省综治办牵头协调，省司法厅、省民政厅、省信访局、省维稳办配合）

2. 充分发挥人民调解、司法调解、行政调解的作用，多方面、多层次化解矛盾纠纷。总结推广万宁市和乐镇人民调解工作经验，加强市县、乡镇、村人民调解组织体系建设。把可能引发重大治安问题、群体性事件的矛盾纠纷作为重点，加大调处力度，做好深入细致的思想政治工作，做到“小事不出组、一般事不出村、大事不出乡镇、矛盾不上交”。

（省司法厅牵头，省民政厅、省信访局、省农垦总局配合）

3. 落实“属地管理”和“谁主管谁负责”相结合的原则，增强调处工作效果。按照“属地管理”和“谁主管谁负责”相结合的原则，建立健全矛盾纠纷定期排查制度、党政领导定期研究综治工作制度、接待群众工作日制度和群体性事件联席会议制度。分工负责,归口调处,把调处责任落实到各部门、各单位和个人。督促各级党委、政府加强源头治理,完善利益协调机制,完善决策风险评估机制,做好矛盾纠纷的排查调处工作。对影响全省社会和谐稳定的突出问题,进行挂牌督办,限期解决,真正把这些问题化解在萌芽状态,化解在初始阶段,化解在基层。

(省信访局牵头,省综治办协调,省司法厅、省维稳办配合)

4. 落实接访下沉工作责任,积极化解人民群众反映强烈的突出问题。认真落实《中共海南省委政法委员会、海南省处理信访突出问题及群体性事件联席会议接访下沉工作方案》,组织开门接访、主动下访和带案下访等活动,深入基层处理群众诉求,做好现场疏导、劝返进京上访等工作,坚决遏制住越级上访不断上升的势头,尽可能防止发生群众集体进京和到省委、省政府、省人大及其他省级机关上访情况的发生。

(省委政法委、省处理信访突出问题及群体性事件联席会议办负责实施)

(五)大力开展"严打"整治斗争,严厉打击各种严重刑事犯罪活动

1. 大力开展"打黑除恶"专项斗争,不断巩固和扩大"打黑除恶"斗争成果。认真贯彻全国打黑除恶专项斗争电视电话会议精神,建立健全"打黑除恶"工作机制,彻底摧毁全省浮在面上的黑恶势力,严惩一批黑恶势力犯罪团伙,铲除滋生黑恶势力的土壤,遏制黑恶势力的滋生蔓延。

(省打黑除恶专项斗争领导小组办公室负责)

2. 重点打击"两抢一盗"等多发性侵财犯罪活动。在海口、三亚等重点区域和重点部位坚持不懈地开展打击"两抢一盗"犯罪专项斗争,在充分调研基础上,加大对"两抢一盗"等严重刑事犯罪的打击力度,增强实效性。各市县要组织优势力量,加强破案攻坚,开展集中整治,强化综合治理。打击毁林偷胶等多发性侵财犯罪,维护社会治安秩序,切实增强群众的安全感。

(省公安厅牵头,省高级人民法院、省人民检察院配合)

3. 深入开展禁毒人民战争和禁赌、"打黄扫非"斗争。大力开展禁毒人民战争,加大打击毒品违法犯罪力度,加强堵源截流,严密口岸检查;按照省政府"两个一律"(即:吸毒的一律强制戒毒,复吸的一律劳动教养)的要求,充分发挥戒毒场所的作用,加大集中收押收戒力度;积极开展"百万妇女手拉手,不让毒品进我家"等形式多样的禁毒宣传活动;全面推进创建"无毒岛"、"无毒市县"、"无毒社区"活动,坚决遏制新增吸毒人员和新型毒品的蔓延。在城乡结合部和其他重点地区、部位开展"打黄扫非"和禁赌斗争,加强整治娱乐场所,严格娱乐场所管理,扫除社会丑恶现象。

(省综治办、省禁毒办、省"打黄扫非"办负责组织实施)

4. 严厉打击严重经济犯罪活动。严厉打击扰乱金融秩序、合同诈骗、涉税、妨害公司企业管理秩序、侵犯知识产权、扰乱市场秩序等严重经济犯罪活动,重点整治市场秩序混乱、经济犯罪案件多发的领域和地区。

(省公安厅牵头,省人民检察院、省高级人民法院、省纪委、省监察厅、省科技厅配合)

(六)进一步加强群防群治组织建设

1. 进一步贯彻落实中央综治委和中央编办下发的《关于加强乡镇、街道社会治安综合治理基层组织建设的若干意见》,配齐配强乡镇综治办专职副主任、专职干部,增强基层力量,提高工作水平。

(省人事劳动保障厅负责,省综治办协调)

2. 进一步加强农村基层党组织和村委会、治保会、调解会等村民自治组织建设。把平安建设与建设社会主义新农村和保持党的先进性教育活动结合起来,大力加强农村党支部建设,充分发挥党的先进性和先锋作用。进一步推进"三所一办一会"(即派出所、司法所、国土所,综治办,调解委员会)建设和农村治安防范体系建设,建设和谐、稳定、平安的社会主义新农村。

(省委组织部牵头,省民政厅、省公安厅、省司法厅、省国土资源厅配合)

3. 加强对群防群治队伍的教育、管理和培训,提高政治业务素质和法律水平。明确工作职责和纪律要求。积极发展保安服务业,加强保安服务市场管理和规范化建设。完善社区警务工

作,加强社区治保、调解组织建设,推动社区法制宣传,落实社会治安综合治理各项措施。

(省公安厅负责)

(七)加强对犯罪多发人群的教育管理

1. 全面实施"为了明天——预防青少年违法犯罪工程"。建立和完善中小学校兼职法制副校长制度,规范工作方式方法。推进流浪儿童救助保护中心建设,力争各市县都尽快建立这一中心,今年重点推进海口、三亚市的救助保护中心建设。建立专兼职相结合的社会工作者队伍,以社区和村(居)委会为单位,对孤儿、辍学生、无业在家的闲散青少年、服刑在教人员、外出务工人员留守在家的未成年子女进行摸底排查,建档立卡,制订和完善在教育、管理、抚养、监护和救助等方面的政策措施。继续开展"青少年维权岗"、"未成年人零犯罪社区"和"为了明天工程示范单位"创建活动,大力推进"青少年违法犯罪社区预防计划",重点抓好典型,在全省进行推广。加强校园及周边治安环境的综合治理,加强校园及周边治安防控体系建设,大力开展"平安校园"创建活动。

(省综治委预防青少年违法犯罪工作领导小组和省综治委学校及周边治安综合治理工作领导小组分别负责实施)

2. 加强刑释解教人员安置帮教工作。进一步贯彻落实中央综治委、司法部等八部门联合下发的《关于进一步做好刑满释放、解除劳教人员促进就业和社会保障工作的意见》,做好刑释解教人员的就业指导和职业培训工作,总结办好过渡性安置企业和基地的经验,树立典型,宣传先进人物的优秀事迹。做好刑释解教人员信息管理软件的启用和推广工作,加强衔接和管理。继续做好社区矫正试点工作。

(省综治委刑释解教人员安置帮教工作领导小组负责实施)

3. 创新和完善工作机制,加强对流动人口的管理与服务。搞好宏观调控和信息交流,引导流动人口合理有序流动。加强对流动人口的服务工作,继续做好进城务工青年培训工作,重点抓好法制教育和技能培训。认真解决流动人口的困难,依法维护他们的合法权益。推动"流动人口维护社会治安志愿者筑城行动"的深入开展。大力加强流动人口日常登记管理工作,完善出租房屋管理协作机制,强化协管员队伍的教育和管理。加快暂住人口信息系统和出租房屋信息系统建设,提高工作效率。认真贯彻执行《治安管理处罚法》和有关法律法规,依法严格管理,加大对流窜作案的打击力度。

下半年,在充分调研的基础上,召开全省流动人口管理服务工作经验交流会。

(省综治委流动人口治安管理工作领导小组负责实施)

三、实施步骤

为明确重点,提高针对性和实效性,在抓社会治安综合治理工作全局的基础上,将2006年平安海南建设工作分为四个阶段:

(一)宣传发动阶段(1—5月):以全省社会治安综合治理工作会议召开和中央电视台专访省委汪啸风书记为契机,制定建设平安海南宣传方案,落实平安海南宣传工作各项活动。

(二)组织实施阶段(4—12月):省平安建设办制定并下发全省2006年综治工作方案、平安市县(区)和平安乡镇(街道、农场)的标准和评定方法。省综治委各成员单位制定具体实施意见。各市县制定平安建设年度实施方案以及平安社区、平安村、平安单位的标准和评定方法。认真组织实施平安建设各项措施。

(三)总结推广阶段(7—10月):在总结试点示范经验的基础上,各部门、各市县认真总结推广本系统本地区平安建设创建活动经验,及时召开现场会,总结推广平安建设经验。

(四)检查验收阶段(10—12月):由省平安建设领导小组、省综治委组织专门工作组检查验收市县(区)社会治安综合治理目标责任书和平安建设落实情况,按照平安市县(区)评选标准,组织平安市县(区)评选工作。

四、组织领导

各级党委政府要切实把平安建设作为"保障工程、民心工程、基础工程"和"一把手"工程来抓,总揽全局,协调各方,分类指导,落实责任,充分发挥各部门的职能作用,广泛动员社会力量积极参与,建立健全目标体系、责任体系、监督体系和保障体系,构建全社会共同建设平安海南的工作格局。各级党委政法委、综治委要加强对平安建设活动的督促指导。各部门要各负其责，齐抓共管。

（一）成立平安建设领导机构和办事机构。省委已成立平安建设领导小组，下设省平安建设领导小组办公室，从综治委成员单位抽调专门人员组成，在省综治办的指导下，具体负责平安建设工作的组织实施。全省各市县（区）要建立相应的工作机构和工作制度。

（二）建立平安建设督办制度。省平安建设领导小组办公室要建立平安建设督办制度，组织工作组深入市县，加强指导、督促和协调，及时总结、推广经验。各市县要建立相应的平安建设督办制度，确保平安建设各项措施落到实处。

（三）建立综治委成员单位平安建设联系点制度。省综治委各成员单位要密切配合建设平安市县（区）试点工作，建立联系点制度，在试点市县范围内，根据各自职能和主管关系，抓好相应的平安单位建设试点，开展建设平安村、平安农场、平安社区、平安学校、平安景区、平安企业、平安工地、平安医院等多种形式的基层创安活动，形成平安建设的整体合力。

各市县（区）四套班子成员要联系一个乡镇（街道、农场），加强指导、督促和检查，解决工作中存在的突出问题，抓点带面，促进平安建设各项措施落到实处。各市县（区）综治委成员单位要参照省综治委成员的做法，建立相应的平安建设联系点制度。

（四）进一步建立和完善保障机制。将应由政府承担的经费纳入当地当年财政预算，并随着经济的发展逐步增加投入，建立适应社会主义市场经济要求的群防群治经费保障机制。加强社会治安综合治理工作规范化建设，抓好教育和培训，努力提高社会治安综合治理干部队伍的素质。

（五）继续抓好对全省综治干部的教育培训工作。有计划、有重点地举办各种形式的培训班，加大政法综治干部队伍教育培训力度，全面落实岗前必训、职务晋升必训、一线干警必训制度，不断提高基层综治干部执行法律和政策的能力、化解矛盾的能力、服务群众的能力和解决自身问题的能力。上半年和下半年举办两期全省综治干部培训班，不断提高全省综治干部的能力和水平。

海南省综治委关于表彰 2005—2006 年度全省社会治安综合治理先进市县和先进单位、先进工作者的决定

（2007 年 2 月 11 日）

2005 年以来，在省委、省政府的正确领导下，各市县、各部门认真学习贯彻党的十六届六中全会和省委四届九次全会精神，按照全国政法综治工作会议的部署，紧紧围绕创建“平安海南”、全面建设“和谐海南”的主题，坚持“打防结合，预防为主”的方针，深入开展“严打”整治斗争和矛盾纠纷排查调处工作，大力加强治安防范，推进治安防控体系建设，强化基层基础工作，推动社会治安综合治理各项措施的落实，全力维护社会稳定，为我省经济发展和社会进步创造了良好的治安环境。各市县、各部门和广大综治工作者，紧密结合自身实际，充分发挥职能作用，创造性地开展工作，出色地完成了各项综治工作任务，为维护我省政治安定和社会稳定做出了突出贡献，涌现出了一批先进单位和先进个人，受到各级党委、政府和广大人民群众的广泛赞誉。为表彰先进，弘扬正

气，推动社会治安综合治理工作再上新的台阶，省社会治安综合治理委员会决定：授予琼海市等13个市县2005—2006年度海南省社会治安综合治理先进市县荣誉称号；授予文昌市综治办等6个综治办2005—2006年度海南省社会治安综合治理先进市、县综治办荣誉称号；授予海口市美兰区等69个单位2005—2006年度海南省社会治安综合治理先进单位荣誉称号；授予苏长文等65名同志2005—2006年度海南省社会治安综合治理先进工作者荣誉称号，予以表彰。

省综治委号召全省综治系统、广大党员、干部和群众向受表彰的先进单位和先进个人学习。学习他们自觉实践"三个代表"重要思想，全面贯彻落实科学发展观，紧紧围绕政法综治工作，为"加快海南发展、富民强省"服务的大局意识；学习他们与时俱进，真抓实干，争创一流业绩的进取精神；学习他们扎扎实实，艰苦奋斗，敢于攻坚克难的工作作风；学习他们爱岗敬业，无私奉献，全心全意为人民服务的高尚情操。

省综治委希望受表彰的先进单位和先进个人，谦虚谨慎，戒骄戒躁，发扬成绩，再创佳绩。全省各级综治部门和单位要大力宣传先进单位、先进个人的事迹，形成学先进、赶先进、比贡献、争创一流业绩的浓厚氛围，团结奋进，顽强拼搏，把综治工作提高到一个新的水平，为维护我省政治安定和社会稳定，促进经济发展作出新的贡献。

附件：2005—2006年度海南省社会治安综合治理先进市县名单
2005—2006年度海南省社会治安综合治理先进市、县综治办名单
2005—2006年度海南省社会治安综合治理先进单位名单
2005—2006年度海南省社会治安综合治理先进工作者名单

附件：

2005—2006年度海南省社会治安综合治理先进市县名单

（13个）

琼海市
万宁市
三亚市
文昌市
澄迈县
昌江县
琼中县
洋浦经济开发区
保亭县
临高县
白沙县
定安县
海口市

2005—2006 年度海南省
社会治安综合治理先进市、县综治办名单

（6 个）

文昌市综治办
三亚市综治办
海口市美兰区综治办
琼海市综治办
洋浦经济开发区综治办
万宁市综治办

2005—2006 年度海南省
社会治安综合治理先进单位名单

（69 个）

海口市
美兰区
市公安局
秀英区永兴镇
琼山区大坡镇
美兰区和平南街道
三亚市
市公安局
河西区儋州村社区居委会
河西区管理委员会
国营南滨农场
文昌市
市公安局
抱罗镇
东阁镇宝芳办事处
琼海市
嘉积镇
塔洋镇
国营东太农场
儋州市
雅星镇
和庆镇
国营龙山农场
万宁市
万城镇
和乐镇
国营新中农场
五指山市
市农业局
市邮政局
中国人民银行五指山市支行
东方市
新龙镇
国营广坝农场
八所镇高排村委会

定安县

县公安局

县妇联

雷鸣镇

屯昌县

坡心镇

国营中坤农场

中国移动通信集团海南有限公司屯昌分公司

澄迈县

桥头镇

国营和岭农场

老城镇白莲工作站富豪村委会

临高县

县公安局

波莲镇

国营红华农场

昌江县

县公安局

十月田镇

国营红田农场

乐东县

莺歌海镇

国营福报农场

莺歌海镇边防派出所

陵水县

县委政法委员会

三才镇

国营南平农场

白沙县

荣邦乡

邦溪农场

省公路管理局白沙分局

保亭县

县公安局

保城镇

国营金江农场

琼中县

湾岭镇

县公安局县城派出所

国营乌石农场

洋浦经济开发区管理局

干冲办事处

干冲办事处儒兰居委会

新英湾办事处五山居委会

省综治委成员单位

省委组织部

海南日报社

省教育工委办公室

省公安厅治安管理处

省司法厅法制宣传处

省劳动保障监察总队

团省委权益部

省妇联权益部

省文化市场稽查总队

2005—2006 年度海南省社会治安综合治理先进工作者名单

（65 名）

海口市

苏长文　美兰区区委常委、政法委书记

王业天　秀英区区委常委、政法委书记

周忠海　龙华区区委政法委副书记、区综治办主任

蒋传盂　琼山区区委政法委副书记、区综治办主任

陆庆前　市公安局美兰分局副局长

三亚市

王少山　市委政法委书记、市公安局局长
朱永盛　市中级人民法院副院长
刘海燕　市人民检察院副检察长
彭隆荣　国营南田农场场长

文昌市

符淑亮　重兴镇镇委书记
王康强　东阁镇宝芳办事处副书记、副主任
符越凡　市公安局东阁镇派出所所长

琼海市

王春平　阳江镇副镇长
卢志明　万泉镇镇委副书记
何　亮　市公安局国保大队大队长

儋州市

侯启江　雅星镇镇委书记
赵民乐　和庆镇镇委书记
古振康　省木排热作场场长

万宁市

符　平　市公安局局长
许信清　和乐镇镇委副书记、人大主席
文　强　三更罗镇镇委书记

五指山市

周泄辰　市委政法委副书记、市公安局局长
王培朝　五七〇储备处处长
王端盛　农垦通什实验中学校长

东方市

赵承海　市司法局局长
袁　斌　大田镇镇委书记
金唐辉　市综治办副主任

定安县

谢镇兴　县委政法委常务副书记、县综治办主任
郑义博　龙河镇镇委书记
辜秀文　新竹镇镇委副书记、镇长

屯昌县

陈　东　县司法局局长
吴多东　县公安局副局长
陈运明　国营中建农场党委副书记、纪委书记

澄迈县

符　进　加乐镇镇委书记
王仕军　县公安局巡警大队大队长
王锡祥　金江镇博潭村党支部书记、村委会主任

临高县

刘海志　县公安局局长
符　洲　波莲镇镇委书记
庞　彪　皇桐镇镇委副书记

昌江县

张永清　县委政法委副书记
谭琼雄　七叉镇镇委书记
钟海东　县公安局刑警大队副大队长

乐东县

文　海　县公安局局长
孙　钦　莺歌海镇镇委书记
符　天　县委政法委科员

陵水县

谭泽卡　县委政法委常务副书记、县综治办主任
郑见民　新村镇九所党支部书记、村委会主任
卢　韦　县公安局刑侦大队中队长

白沙县

符文凯　金波乡党委书记
李美南　县供销联社主任
张永北　国营大岭农场场长

保亭县

周　霖　县委政法委办公室主任
林凯学　新政镇镇委副书记
王　文　县城管局环卫站站长

琼中县

陈　强　县人民法院纪检监察室主任
魏琼华　县委政法委主任科员
吴　彦　县公安局黎母山派出所指导员

洋浦经济开发区管理局

李元保　干冲区办事处副主任、综治办主任
王茂琪　新英湾办事处党委副书记
陈学经　新都区办事处联防大队副教导员

省综治委成员单位

王样国　省高级人民法院刑事审判庭副庭长
云杨宇　省人民检察院海南分院审判监督处办案一科科长
林明影　省国家安全厅十二处副处长
陈奕诚　省农垦总局综治委副主任、公安局局长
李海璇　团省委权益部部长

海南省社会治安综合治理委员会组成人员

主　任：蔡长松（省委副书记、省纪委书记）
副主任：于　迅（省委常委、省政府副省长）
钟　文（省人大常委会副主任、省委政法委书记）
秦醒民（省人大常委会副主任）
曾浩荣（省委政法委副书记、省高级人民法院院长）
张德利（省委政法委副书记、省人民检察院检察长）
委　员：李立新（省委副秘书长）
王焕明（省委组织部副部长）
毕志强（省委政法委副书记、秘书长）
周立民（省委政法委副秘书长）
蔡兴教（省委政法委副秘书长）
李红梅（省教育工委专职副书记）
钟　雄（省委宣传部助理巡视员）
许前飞（省政府副秘书长、省法制办主任）
贾东军（省公安厅厅长）
熊方明（省国家安全厅厅长）
施　文（省司法厅厅长）
傅　勤（省监察厅副厅长）
陈永明（省人事劳动保障厅副厅长）
黄栋国（省民政厅副厅长）
隋枝叶（省卫生厅副厅长）
王炳林（省文化广电出版体育厅副厅长）
傅信平（省财政厅副厅长）
周文雄（省交通厅副厅长）
向多银（省建设厅副厅长）
严之尧（省国土环境资源厅副厅长）
夏文亮（省工商行政管理局副局长）
全孝华（省农垦总局党委副书记）
梁定民（省旅游局巡视员）
李　萍（省人口和计划生育局副局长）
韩　勇（省工业经济与信息产业局副局长）
麦正华（省地方税务局副局长）
郝振声（省总工会副主席）
许振凌（团省委副书记）
何云霞（省妇联副主席）
吴中杰（海口海关副关长）
刘　新（省军区政治部副主任）
赵福成（省武警总队副总队长）

省社会治安综合治理委员会下设办公室，主任由毕志强同志兼任，副主任由蔡兴教同志兼任，专职副主任：孙荣日、侯建民。

海南省各市、县（区）综治委、办主任名单

地　区	综治委主任	综治办主任	地　区	综治委主任	综治办主任
海口市	高锦全	李新富	东方市	王河山	朱海峰
三亚市	杨时云	詹兴智	儋州市	林生茂	张振明
文昌市	周经海	王　敏	临高县	符　永	符朝雄
琼海市	陈列雄	周仕贵	澄迈县	张作荣	王定隆
万宁市	胡光辉	林国雄	定安县	杨树岷	谢振兴

地　区	综治委主任	综治办主任	地　区	综治委主任	综治办主任
屯昌县	范高净	周真奇	乐东县	吴井光	邢益春
昌江县	关进平	张永清	洋浦经济开发区	官宏伟	宋顺勇
白沙县	王积权	刘　批			
琼中县	曾　平	王礼忠			
陵水县	杨海洋	谭泽卡			
保亭县	王尤华	高政贤			

（撰稿人：侯建民
审稿人：毕志强　张恒斌）

重 庆 市

2006年社会治安综合治理工作概况

2006年,在全市上下的共同努力下,重庆市"创建平安区县,建设平安重庆"工作扎实推进,取得显著成效。到2006年底,全市36个区县及开发区实现了"两降三无"(无造成严重影响国家安全和政治稳定的重大事件,无造成严重影响和严重后果的重大群体性事件,无引发社会恐慌的重特大恶性案件和社会治安案件。)的目标,占区县总数的85.7%,圆满实现了市委、市政府提出的阶段性目标,有力维护了全市社会的和谐稳定。人民内部矛盾得到有力疏导和有效化解,社会更加稳定。群体性事件在2005年同比下降38.9%的基础上,2006年又同比下降13.4%。社会治安形势明显好转,社会更加安全。刑事发案2006年同比下降5.7%,总量降到9万件以下。服务经济社会发展的能力明显增强,发展环境有所改善。随着一大批服务经济发展、优化和改进社会管理的措施推出和落实,发展环境得到了改善。从社会各界,特别是外来投资者的反映评价看,治安环境已不再是影响其投资重庆的重要因素。人民群众安全感不断增强,社会更加安康。据调查,全市公众安全感指数逐年上升,人大代表、政协委员反映社会治安问题的提案、议案明显减少。

一、始终把平安重庆建设作为构建和谐社会的重要内容和抓手,强力组织推动

全市各级党委、政府以"创建平安区县,建设平安重庆"主题活动,统揽综治、政法、维稳工作,统筹全市力量,统一市民思想,建立四大推动体系,四举并进,强力推动和保障建设平安重庆主题活动的实施。一是建立组织领导体系,实施"一把手"工程。各级党委、政府切实做到"三个纳入"和"四同",即:切实纳入社会经济发展总体规划、切实纳入党委、政府的重要议事日程、切实纳入综合目标考核;与经济发展工作"同安排、同部署、同检查、同考核"。层层成立了由主要领导或分管领导任组长,相关单位为成员的平安建设领导机构和办事机构。市委、市政府主要领导多次深入基层调查研究、检查指导平安建设工作。各区县针对创建工作的问题和薄弱环节,适时做出部署,召开工作会、现场会推动工作;对工作打不开局面,问题比较多的地区和部门,强化重点督查、专案督办;对存在的不稳定问题,出实招、办实事、求实效,扎实推进了平安建设活动的开展。二是建立目标责任体系,实行"四级联创,三级验收"。建设平安重庆,落实责任是关键。市委、市政府制定了《重庆市"创建平安区县、建设平安重庆"工作考评暂行办法》,确立了"两降三无三确保"阶段性建设任务和责任目标,严格实行年度检查考核。各地结合实际,相应出台了考核办法和奖惩规定。全市各级党委、政府,各有关部门逐级签定责任书,分级落实"块块"(地区)和"条条"(部门)创建目标和任务,全面建立了一级抓一级、一级向一级负责和"抓系统、系统抓",横到边、纵到底的责任机制,形成了从市、区县、乡镇、村社(单位)四级联创,三级验收的责任体系和创建格局。同时,严格落实了领导责任制、责任查究制和一票否决制,普遍采取党政领导联系"片"、"包案",部门(单位)领导联系"点"等措施,强化责任落实,推动了创建工作的开展。三是建立保障体系,加大投入。各级党委政府将政法、维稳部门所需经费列入财政预算并逐年有所增长。全市建立了公安政法部门最低保障标准和增量机制。2006年市级财政落实配套资金2992万元,各区县落实配套资金1229万元,加上中央政法补助资金17555万元,资金总量达21982万元,进一步改善了基层政法部门的工作条件。不少区县还实行了政法维稳部门适当高于财政收入增长幅度的保障机制,加大了专项工作经费保障力度。不断充实了机构、人员编制,增加了政法综治维稳部门力量。四是建立队伍建设体系,不断提高驾驭能力和服务水平。全市深入开展了"大练兵"、"大接访"、"大培训""大学法"等一系列活动,切实加强了政法、综治、维稳队伍的能力建设和思想建设。2006年以来,深入组织开展了以社会主义法治理念教育为主要内容的"大学法"活动,按照"干什么、学什么,缺什么、补什么"的原则,成建制分期分批对全市政法部门科、所、队、庭、室以上领导、一线执法干警和50岁以下的政法干警,集中进行脱产轮训。同时,结合市委"执政为民、服务发展"学习整改活动,深入组织开展了"为谁执法、为谁服务"的思想大讨论活动。通过学习教育,政法、综治、维稳队伍中存在的一些模糊认识得到澄清,"为谁执法、为谁服务"的问题基本解决;执法司法行为进一步规范;思想观念与时俱进,大局意识明显增强;工作作风明显转变,服务发展意识不断增强,战斗力明显提高。重庆市政法系统建立并全面实施了纠防超期羁押的"一证通"制度,在全国进行了推广。在开县天然气井喷事件、天源化工厂氯气泄漏事件和2006年百年不遇的特大旱灾等危机面前,充分展示了政法队伍忠于党、忠于人民、作风顽强、能打硬仗、勇于牺牲的本色,涌现了一大批先进典型,树立了政法队伍的良好形象。

二、始终坚持群众路线,努力扩大群众基础,积极营造氛围

全市把抓好宣传发动工作作为深化创平安工作的重要措施,组织开展了多种形式的平安建设宣传发动工作。一是精心组织,努力营造创建氛围。制定《在全市迅速掀起建设"平安重庆"宣传工作高潮的通知》和《平安重庆宣传工作的"十个一"活动方案》,提出了明确的宣传工作目标。各地、各部门紧密结合实际,精心组织、周密策划,切实加强了宣传工作的组织实施。市创建办、公安、交委等部门共同在出租车开辟"流动宣传线",近7000辆出租车张贴了宣传标语,每天流动宣传。江北区建立10条"平安创建"绿色信息通道,培养10000名平安创建工作宣传员,广泛发动群众参与平安创建。沙坪坝区组织10支"大学生综治义务宣传队",与社区接"对子",开展法律政策服务,为群众解难释惑,收到了很好的效果。通过宣传,平安重庆建设进一步成为各级领导、各个部门、人民群众的共识和共同行动。二是切实法制宣传教育,强化全民法制意识。全面完成"四五"普法任务,积极推动"五五"普法工作。广泛开展法律进机关、进乡村、进社区、进学校、进企业、进单位"法律六进"活动。组建"普法志愿者服务队","新农村法律服务团",开展送法、送温暖活动。有针对性地组织开展以青少年法制教育和社会主义荣辱观为主要内容的"希望从这里放飞"大型主题教育实践活动。开展"关爱农民工"大型法制宣传活动。广泛开展"民主法治村"和"民主法制社区"创建宣传活动,促进了管理有序、文明祥和的新农村、新社区建设。

三、始终以创新和完善工作机制为突破口,不断深化创建措施

一是创新和完善维稳工作机制,切实化解人民内部矛盾。坚持"做减法"的稳定工作思路,建立完善了预防化解人民内部矛盾的"六道防线"(政策源头防线、群众工作防线、人民调解工作防线、排查调处防线、司法解决防线、依法处置防线)、"四大机制"(预警机制、矛盾纠纷排查机制、快速处置机制和责任追究机制)。全市对移民安稳治富、涉法上访、国有企业热点难点、农村土地征用、城镇房屋拆迁、进京上访和老上访户、原8023部队退役人员等8个方面进行专项治理和集中处理,按照"事情要解决"的要求,落实"五个一"措施(一个矛盾纠纷、一个处置班子、一个处置方案、一个处置时限、一个处置台账)和"四定四包"(定领导、定专人、定方案、定时限,包复查、包处理、包息诉、包稳控)责任制,制定出台了一批恶及面广的解困政策,维护了群众的切身利益,从源头上有效化解了人民内部矛盾。一些地区结合实际,因地制宜地建立了"说事"制度,成立重点工程法制保障组等新机制和措施,推动了维护稳定工作的有力开展。二是创新和完善严打工作机制。建立完善了治安形势分析研究、治安突出问题定期排查、治安局势预警和问责等制度,探索了具有重庆特色的"打黑除恶"、"命案必破"、"破案追逃"、"举报有赏"、"监所深挖"等严打工作机制。本着"什么犯罪突出,就重点打击什么犯罪;什么治安问题严重,就重点解决什么问题;哪里治安混乱，就重点整治哪里”的原则，适时组织开展“打黑除恶”、“禁种铲毒”、“禁赌禁毒”、“反盗打抢”等一系列专项斗争和整治行动，始终保持高压的打击态势，有力地维护了治安大局平稳。重庆市的“打黑除恶”工作得到了中央的肯定，全国“打黑办”将重庆市《关于办理黑社会性质组织犯罪案件若干问题的意见》作为范例向全国推广。三是创新和完善对敌斗争工作机制。积极防范和严厉打击境内外敌对势力的渗透破坏活动，加强了预警机制和情报、侦查、秘密力量、社会调查、重点对象控制等“五大体系”建设。坚持“旗帜鲜明、态度坚决、有效处置”的工作方针，加大对“法轮功”、“门徒会”等邪教组织的滋事破坏活动的打击防控力度，建立了未破案件“一把手”通报、情报信息互通共享、跨区协作和广播电视安全播出防范机制等工作机制，积极防范和打击敌对势力、敌对分子和“法轮功”等邪教组织的破坏活动，牢牢掌握对敌斗争主动权。2006年，全市邪教活动出现了大幅度下降的良好态势，在抗击百年不遇的旱灾期间，实现了“三个决不”的目标，保证了社会政治稳定。四是创新和完善服务机制，为发展创造良好环境。全市各级政法部门从服务全市发展的大局出发，按照执政为民、服务发展的要求，进一步加大了依法调节经济、法律和社会关系的工作力度。深入开展打击经济领域犯罪专项斗争，积极参与市场经济秩序整顿。2006年，全市法院充分发挥审判职能，妥善处理国有企业破产案件21件，处置破产财产6亿多元，协助政府安置破产企业职工10万余人；精心审理涉及库区移民搬迁的各类民商事、行政案件，为建设经济繁荣、产业结构合理、人与自然和谐相处的三峡生态经济区提供了司法保障；制定出台了保障非公有制经济发展的意见，促进了全市非公有制经济的发展；完成了“现代广场”和“华音大厦”等“四久工程”司法处置工作。检察机关结合检察职能，提出了为社会主义新农村建设和新库区建设的服务措施，依法办理了一批影响农村稳定、危害农业发展、侵害农民利益，危害库区社会稳定和产业发展的犯罪案件。公安交通畅通工程连续四年保持了A类城市优秀交通管理水平，连续8年无群死群伤重大火灾事故。法律援助“民心工程”强势推进，法律援助网络进一步扩大。2006年，全市已办理法律援助11923件。司法部门深化监狱体制改革，实行监企分开，做到了收得下、管得住、改造好，有效解决了管理不规范的问题。

四、始终坚持以基层基础为重点，不断增强创建实力

坚持重心下移、力量下沉、保障下倾，不断筑牢维护社会稳定和平安根基。着力加强了群防群治队伍建设。市委、市政府专门出台了加强治安协勤队伍建设的意见，市、区县财政出资大力组建了“精干、高效、有保障”治安协勤队伍，2006年，治安协勤队伍已发展壮大到近万人，成为了我市群防群治队伍的中坚力量。着力改革和加强警务机制，强化了主力军作用。公安政法部门不断推行警力下沉、警务前置的工作机制，大力实施了社区警务战略，努力将更多的警力摆在社会面，贴近人民群众，积极发挥了主力军的防控作用。大力推进科技防范，拓展防控领域。市政府颁布《重庆市社会公共安全视频图像信息系统管理办法》（渝府令第196号），强力推进社会公共安全视频图像系统建设，促进了社会管理、治安控制工作科技化、信息化。各地将公共安全视频图像信息系统纳入公共基础设施建设的重要内容，纳入发展规划，列入财政计划，多渠道投入巨资，大力实施。

重点整治和专项行动情况

一、进一步完善严打经常性机制

通过命案侦破专项行动和侦破命案攻坚会战，建立起侦破命案“一长双责”制度，2006年共破获涉命案473起。依托打黑除恶专项斗争，健全“打黑除恶”机制，共摧毁黑社会性质犯罪组织15个，恶势力犯罪组织65个，打击处理723人。全面推进布控缉捕本地籍外省上网逃犯机制，2006年共抓获上网逃犯5091名，其中部级逃犯21名、外省逃犯1193名。继续深入实施“有奖举报”制度，共接报线索27258条，从中破案3840起，同比上升23.2%。

二、针对突出犯罪，适时开展专项严打行动

从不同时期治安特点出发，坚持“什么犯罪突出，就重点打击什么犯罪”。按照公安部部署，开展打击“两抢一盗”和盗抢机动车犯罪专项行动，共破获侵财案件34158起，抓获犯罪分子9379名，追回被盗抢车辆520台。针对群众反映强烈的街头扒窃活动，及时开展反扒突击行动和“安民三号”反扒专项行动，共破获扒窃案件1092起，打掉扒窃团伙51个。同时，依据各地不同时期发案情况，建立“三色预警通报制度”，督促发案高、破案打击滞后地区适时开展集中打击行动，刹风压势。通过强力严打，先后破获了长寿“2005·12·30”持枪抢劫案、高新区“2006·9·18”持枪杀人案、渝中区“2006·12·13”抢劫台胞案等一批重大案件，公安队伍攻坚克难能力切实增强。

三、深入推进禁毒人民战争

以“打团伙、摧网络、破大案、抓毒枭、缴毒资”为目标，深入开展禁毒预防、禁毒严打、禁毒严管和禁种铲毒、禁吸戒毒五大战役，全年共破获毒品案件5686起，摧毁贩毒集团13个，缴获海洛因47.4千克、冰毒2.5千克、氯胺酮26.35千克、摇头丸7468粒，成功破获了公安部督办的“2·18”贩毒专案和渝滇第一号跨境贩毒案。以渝东六县一区为重点，集中踏查铲除罂粟13043株，保持了禁种铲毒“零目标”。集中整治涉毒娱乐场所167家，萎缩新型毒品消费市场，建立起防范娱乐场所涉毒问题的长效管理机制。扎实推进毒品犯罪嫌疑人数据库建设，实行吸毒人员动态管控。扎实推进全市禁毒宣传月、中国禁毒志愿者汽车万里行等活动，营造起全民参与禁毒的良好氛围。

四、严厉打击经济犯罪，确保经济秩序正常

加强与工商、税务、海关、技监等经济管理部门配合，先后开展了打击侵犯知识产权犯罪的“山鹰二号”、打击假币犯罪、打击非法传销和变相传销、打击商业欺诈等一系列专项斗争，并与检察机关共同启动侦诉协作长效机制试点，形成了对经济犯罪的凌厉攻势。全年共破获经济犯罪案件732起，挽回损失1.08亿元，公安部督办的张仲成、张仲文虚报注册资本11.3亿元案，陈有帆违法发放贷款1.77亿元案，张良宾挪用资金数10亿元案和中央领导批示的重庆亿霖木业公司非法经营案等一系列大案成功破获，维护了正常经济秩序。

五、大力开辟监所打击犯罪“第二战场”

全市监管部门进一步健全深挖配侦和情报信息工作机制，修订完善了《深挖犯罪考核评比办法》，综合运用深挖犯罪、有奖举报、网上追逃、监所配侦等工作手段，积极投入各类专项行动，全年共深挖破案6885起（其中命案25起），占全市破案量的10.2%，打击处理2989人，占全市打击数的10.8%，深挖破获了市局挂牌督办的“11·9”袭警案等一批大要案件。监管总队被公安部评为全国“深挖犯罪工作先进组织单位”。在此基础上，深入开展监所勤务模式改革，监所管理实现“精细化”和“流程化”，在全市看守所推行“一证通”制度，全年实现羁押“零超期”目标，杜绝了重大恶性事故发生。重庆市第二看守所被公安部确定为“全国公安监管民警实战训练基地”，监管总队编写的《看守所基础工作规范》被公安部确定为全国规范予以推行。

六、强力整治各种突出治安问题

突出维护治安主力军作用，对各种突出问题予以不间断重拳整治。大力开展校园及周边地区治安秩序整治，在学校周边设立治安岗亭1566个，向校内派驻保安9493名，整改安全隐患1977处，得到广大师生的广泛欢迎。开展打击盗窃、破坏电力设施犯罪专项整治，打掉犯罪团伙34个，打击处理犯罪分子186人，外力破坏故障同比下降19.3%。按照公安部统一部署，深入开展爆炸物品、枪支弹药和管制刀具专项整治行动，共检查涉爆单位5480家，整改隐患1854起，收缴炸药43990公斤、雷管125938枚、各类非法枪支2586支、子弹11504发、管制刀具17349把，并取缔涉爆非法厂点36个，捣毁4个非法制造、买卖枪支窝点，依法处理涉爆涉枪违法人员1948人。深入整治道路客运市场秩序，共出动警力15600人次，查扣非法营运车辆68台,净化了出租汽车窗口行业的形象。

矛盾纠纷排查调处工作情况

2006年,按照中央关于稳定工作的方针和部署,全市各级党委政府突出以体制建设、制度创新推动矛盾纠纷排查调处工作,矛盾纠纷发现、预警、化解等工作机制不断健全,形成了较完善的工作体制。2006年全年共排查重点矛盾纠纷7044件,比2005年(4099件)上升72%,其中,有效化解5917件,调处率84%。

(一)建立健全工作机制和各项工作制度

1. 领导机制

(1)各级领导经常性分析矛盾。2006年,市委、市政府更加关注社会矛盾的化解工作,先后召开10余次全市性稳定工作会议,分析稳定形势,解决实际问题。市委书记汪洋亲自两次主持召开全市性稳定工作会议,市长王鸿举等市领导也主持或参加稳定工作会,共同分析稳定形势和解决影响稳定的突出问题。各级区县党委、政府也转变思维观念,牢固树立"抓发展是政绩、保稳定也是政绩"的责任意识,坚持一手抓快速发展经济,一手抓促进社会和谐稳定的方针,把维稳工作摆上全局更重要的位置。各级各部门党政领导按照要求牵头本地区矛盾纠纷排查调处工作,有的地方还由主要领导牵头开展工作。据初步统计,全年全市区县和市级部门召开常委会、常务会、党组会专题研究稳定问题达252次。

(2)健全矛盾纠纷工作格局。按照中央和市委、市政府有关要求,各级各部门进一步建立和完善党委、政府共同领导,维稳、综治、信访、公安部门综合协调,各部门、单位共同参与的矛盾纠纷排查调处工作体制。一年来,各级党委政府不断充实各级综治、维稳、公安、信访部门的力量,特别是在乡镇机构改革中整合维稳资源,增强综治办的职能,增强了对各级矛盾纠纷排查调处工作的领导力度。

(3)落实责任制。全市各级党委政府、各部门通过责任书、领导包案、责任追究等形式落实矛盾纠纷排查调处工作责任制,一级抓一级,确保责任落实到单位、人头。一是严格考核创建责任书执行情况。2006年底,彭水、铜梁两个县的党委、政府由于工作滞后被确定为"创平安、保稳定"不达标单位。二是推广"领导"包案解决矛盾的制度。各级各部门对存在的突出问题普遍按"五个一"要求落实领导调处责任,对特别突出的问题实行一把手负责制。2006年,市委、市政府新挂牌督办的信访突出问题一般都确定由各区县、各单位党委书记负责解决。三是完善责任追究和考核办法。市委、市政府办公厅联合印发了《重庆市信访稳定责任制和责任追究制暂行办法》,对区县党政信访稳定工作继续纳入综合目标管理,其中,矛盾纠纷排查调处工作作为重要考核内容。

2. 矛盾纠纷源头化解机制

(1)信访处理机制继续完善。全市各级各部门继续贯彻《信访条例》,加强对信访问题的处理。一是畅通信访渠道。党政信访部门继续拓宽信访渠道,开通电话、网络等新的诉求渠道,建设新的市委、市政府信访接待大厅也纳入日程;市教委、市国资委、市经委等一些市级部门增加信访工作力量,不断完善接访制度和办法;继续坚持和完善军队退役人员等特定群体每月定期上访接待制度,市维稳办派一名处长每月到场统筹协调。二是交办、复查、复核等工作制度继续完善。各级各部门受理群众的信访绝大多数信访事项通过转办、交办、督办后得到有效解决;全年,全市对约3万件信访案件进行了复查,对600多件信访案件进行了复核;市政府撤销复查案件34件,责成重新处理11件。三是多数区县和部门通过信访听证、律师介入、行政调解、处理结果公示等方式,创新信访问题的处理,提高了信访工作的效率和可信度。

(2)增强基层调处矛盾能力。全市继续健全村(居委会)、乡镇(街道)等基层的排查调处矛盾纠纷体系。各级通过充实基层基础力量，全市每个村（居）委会都已设立了调委会，乡镇、街道调解组织也得到加强，特别是乡镇机构改革中赋予综治办、信访办的督查、交办等维稳工作权限，切实增强了基层化解矛盾纠纷的能力。全年，全市共排查重点矛盾纠纷7044件次，绝大部分矛盾在区县、乡镇（街道）一级得到化解和处理。同时，基层治保会、调委会、公安派出所等机构积极调解大量各类民间纠纷，防止了“民转刑”案件的发生和普通纠纷发展为群体性事件。

（3）适时调整政策措施、从宏观层面减少矛盾。一是对群众反映强烈的共性问题，出台政策缓解矛盾。2006年，通过市维稳办、市民政局、市劳动社保局、市人事局等单位共同努力，渝府发［2006］92号、93号等文件出台，复员退伍老战士、原8023部队人员的生活困难初步缓解，有关群体上访压力明显减小。二是完善措施，超前化解矛盾。在民工工资方面，主管部门在清欠时着力完善民工工资保证金制度，较好促进民工工资按时足额发放，年底没有如往年发生民工上访潮。三是将稳定措施融入改革工作中，实现同制定、同部署，同实施，减少矛盾产生。2006年一些重大改革出台前均认真听取维稳部门意见，在改革同时制定稳定工作措施。2006年10月，市政府实施主城区公交体制改革，部分民营企业和个体公交车辆经营者将退出市场，市领导和有关部门研究改革工作时，认真听取维稳部门意见，由于工作对头，在2007年1月1日未达标车辆停止营运前后，没有发生1起不稳定事件。

3. 重点矛盾督办机制

（1）加大重点问题督办力度。各级党委政府和有关部门加强对突出问题的督办，防止矛盾拖大、拖爆，促进问题化解在萌芽状态。一是健全挂牌督办全市性重点矛盾制度。市维稳办会同市委、市政府督查室共同开展工作，积极筛选重点问题报请市委、市政府挂牌督办，定期进行通报和催办，协助主办单位解决现实难题，大大加快问题的解决进度。全年，市委、市政府新挂牌督办了10个重点矛盾，挂牌督办了17件移民重点矛盾，多数得到解决。原北碚区荣事达洗衣机公司职工封堵厂门、龙寰超市业主要求清退投资等一批长期困绕全市的“老大难”问题基本得到解决。二是健全联席会议督办制度。在已有的6个专项工作组基础上，2006年增设了移民信访问题工作组，7个工作组继续深化突出矛盾督查督办工作，处理了大量突出问题；市联席会议办公室2006年挂牌了34件重点信访问题，30件得到解决，成效明显。

（2）建立非正常上访和群体性事件督查和通报制度。一是加强督查。市联席办加大了到市集访和进京上访交办案件的督查力度，对案件办理进展情况实行定期通报，并由督查专员带队深入区县、部门实地督促检查。一年里，市联席办先后开展了6次督查活动。二是加强通报。市委办公厅、市政府办公厅对到市进京上访情况实行每季度通报，市联席办每月对发生的非正常上访进行专项通报，市维稳办每月对发生群体性事件，而事前没有排查和妥善处置的区县进行通报，促进了重视问题的后续解决和责任单位加大控制矛盾的力度。

4. 不稳定事件处置机制

（1）健全预警机制。一是完善体系。维稳、公安、国安以及各级党政和有关部门单位完善自身的情报信息系统，建立了纵到底、横到边的完整体系。市公安局继续加强新成立的情报信息处建设，大多数区县局（分局）在2006年建立了情报信息科，完善公安情报体系。各社区、街道、厂矿等基层单位和组织推广设立维稳工作信息员，聘请或落实社区干部、低保对象、治保人员等收集维稳信息。由于基层信息体系加强，许多上访和闹事苗头信息被基层信息员及时掌握，迅速发出处置的“第一信号”。二是畅通信息渠道。各级、各单位在报送维稳信息时，在向党委政府报告同时，要通报给维稳部门。维稳部门在维稳信息的收集、交换中发挥了重要的枢纽作用，及时将重要信息报告上级和通报有关部门，为早发现、早处置、早决策提供有利条件，仅市维稳办全年收集处理的各类不稳定因素信息就达在3000条以上。公安、国安等部门发挥自身优势，进一步加强人民内部矛盾维稳信息的收集、处理，获取了大量预警性、行动性的信息和深层次情报。各区县和有关部门也在自身职能和辖区范围内积极发现和报告不稳定因素苗头，及时开展处置工作。三是不断完善信息报送制度。以往行之有效的维稳信息报送制度得到坚持，市委、市政府制定《移民稳定信息报送办法》，重点强化移民稳定信息的报送。

(2)健全稳控机制。一是建立重点人台账。市人事局、市公安局等各级责任部门和有关单位通过经常性、全景式的扫描，摸排掌握重点人的情况，不断将新出现的重点人纳入关注视野，充实健全重点人台账，做到情况清、人头明。二是认真落实工作责任制。通过“四定四包”(定领导、定专人、定方案、定时限，包调查、包处理、包息诉、包稳定)等责任制度做好稳控工作。有的单位采取“一帮一”、“多帮一”等措施帮助重点人解决生活困难，一些库区县在做移民重点上访人工作时，认真帮助其发展生产走上致富道路。三是依法处理违法行为。公安等部门做维稳工作时，积极开展法制教育、训诫、收集取证等工作，对违法行为和人员坚决进行处理。2006 年，全市对进京非正常上访人员拘留 10 例、劳教 1 例。市公安局还专门根据《治安处罚法》制定处理非正常上访和群体闹事的有关规定，于 2007 年初出台。

(3)健全处置机制。一是完善工作预案。各有关单位按照市里处置公共突发事件的总要求，在敏感时期和重大政治活动期间，有针对性地完善稳定工作预案，实现“一事一案”、“案在事前”。二是坚持领导靠前指挥。在处置工作中，市维稳办根据事态，明确要求责任单位、责任地区的相应层级领导亲自牵头处置事宜，对处置不力的进行通报批评；对全市稳定造成影响的事端，市领导和市维稳办领导还亲自到场协调处置工作。三是坚持思想疏导为主。坚持“三个慎用”等基本原则，各级干部、民警坚持以做思想疏导为主，强制驱离(带离)为辅，尽可能地劝说群众自动离开。在进行思想疏导和政策解释时，认真回应群众诉求，拟订专门答复提纲印发给群众。对一些可能经常引发闹事的问题，一些单位研究出台文件统一口径和政策，如对部分群众要求享受渝府发[2005]121 号文件规定待遇问题，市联席办会同有关部门专门出台了会议纪要，逐一厘清群众反映的问题。四是增强处置工作力量。各级党委政府普遍将预防和处置群体性事件工作办公室设在维稳办，并增加维稳办的人员和权限；市公安局、市政府驻京办也增加了维稳工作力量，部分区县还设置了非正常上访处置工作队。

(二)健全矛盾纠纷排查调处工作网络

在各级党委、政府的统率下，由各级维稳、综治、信访、公安部门牵头组织有关部门单位定期开展辖区内矛盾纠纷的排查调处，定期从基层单位开始逐级排查，建立台账，逐层分析，汇总上报，牵头单位并对各项制度和措施执行情况进行检查。在重大政治活动、重要假日前两周，各地、各有关部门、各有关单位都及时进行矛盾排查。

矛盾纠纷排查调处工作主要采取协调会方式进行，各单位在会上通报情况，梳理矛盾，研究改进工作。市级协调会参加单位为市维稳办、市综治办、市信访办、市公安局，由市维稳办召集，根据需要邀请相关地区和部门参会；各区县(自治县、市)和矛盾纠纷较多的市级部门、单位的矛盾纠纷排查协调会，每月召开一次，由当地党委政府分管领导召集，维稳、综治、信访、公安等部门参加，市级部门(单位)一般由信访或保卫部门牵头开会；乡镇、街道每半月召开一次协调会，由分管领导组织，综治办具体实施；居委会、村则由居委会(村)主任、治保委员、调委会等有关机构人员进行排查调处。

全市矛盾纠纷排查调处工作网络，特别是基层的调解组织继续得到完善，至 2006 年底，全市在乡镇(街道)、村社(居委会)一级共建立了 14379 个调委会，其中乡镇(街道)1058 个，村社(居委会)11712 个，企事业单位 1228 个，区域性和行业性调解组织 64 个。

(三)及时妥善解决矛盾纠纷，有效防止“民转刑”案件和群体性事件发生

1. 人民调解化解大量纠纷。全年各级调委会参与调解民间纠纷 231696 件，调解成功 225491 件，成功率 97.3%；防止群体性上访 1814 件次，防止自杀事件 653 件次，防止“民转刑”案件 1891 件次。

2. 信访问题得到及时处理。全市妥善处置群众进京上访 601 件次、1149 人次，全市两级党政信访部门共受理群众来信来访 10.1 万件次、24.6 万人次，其中，市信访办接待处理群众到市委、市政府集访 1141 批、3 万余人次，没有引发不稳定事端。

3. 重点问题处理有力。全市办结市级挂牌督办重点矛盾事件 16 件，其他未处理完结的矛盾得到有效控制。全市发生的 793 件群体性事件均得到有效处置，没有恶性事件发生，其中规模最大

的合川区"6·30"事件中,由于处置得当,虽然聚集人群规模大,但没有造成人员伤亡。

加强基层基础建设情况

2006年,重庆市坚持重心下移、力量下沉、保障下倾,不断筑牢维护社会稳定和平安根基。一是加强基层综治维稳机构建设。在乡镇机构改革中规范了综治办的设置,明确了包括维稳、综治、信访、安全监管等职责,增加了人员编制,增加了工作人员,强化了基层综治力量,提高了综治办在维护农村稳定中的地位和作用。在村社着力推广江津、璧山等地派"综治特派员"、建"综治工作站"的试点经验,扩大了基层综治工作覆盖面。二是加强阵地建设。市委、市政府把"两所一庭"建设纳入社会经济发展规划,制定了《关于全面推进乡镇综合改革切实加强和改进乡镇工作的意见》,出台了进一步加强全市派出所、司法所建设的意见,明确了全市按照"一乡一所"的原则设置派出所、司法所。到2006年底,市和区县(市)两级政府已投入10多亿元加强公安基础设施建设,基本"消灭了"五人以下派出所和"五无"派出所,城镇社区普遍建立了社区警务室。全市第一批194个司法所基本建设任务全面完成,第二批360个司法所建设进展顺利。三是加强基层力量建设。公安机关积极推动优秀警力向基层投放,通过精简机关、增加编制、新进民警下基层和设置中心派出所等措施,不断充实基层警力,做大做强派出所。全市派出所总警力占公安机关总警力的50.4%,高于全国平均水平。

加强基层基础工作取得了显著成效,一是着力改革和加强警务机制,强化了主力军作用。公安政法部门不断推行警力下沉、警务前置的工作机制,努力将更多的警力摆在社会面,贴近人民群众,积极发挥了主力军的防控作用。从当前治安的动态性特征出发,以公安指挥中心为龙头,以主城、近郊、远郊"三圈"防范体系为骨架,构建起科技防控、街面防控、社区单位防控、治安管理防控、情况信息防控"五张网"。全市"110"报警服务台全年共接警164.6万余起,现场抓获违法犯罪人员34139名。在城区积极推行电子巡更,科学设置必巡点、必巡线,落实派出所配备20%巡逻警力制度,增强街面有警时间和密度,并与设立武装检查站点紧密结合,全年共出动巡逻警力180多万人次,检查车辆7.6万台次,抓获嫌疑人员40435人,收缴赃款赃物总计583万元。各级公安机关广泛借助民力,加强对保安行业和各种群防群治力量管理,在34个区县组建了专职治安协勤队,抓获扭送嫌疑人员24887人,预防制止各类案件14291起,并进一步推动省际警务联勤工作,与重庆周边省市公安机关联合开展整治行动20余次,使防控网络的外延不断扩大。全年全市抢劫、抢夺和入室盗窃三类可防性案件分别同比下降13%、2.8%和19.7%。

南岸区坚持以打防"两条腿"协调迈步,在全市率先开展了全警大巡逻工作,采取突破部门、突破警种,突破职位高低、年龄大小、机关基层的办法,每天组织1/5的警力(160人)摆上街面,开展巡逻防范,开展治安管理和服务,让警力走近治安乱点、走到群众身边,有力地加强了社会面的控制,有效地预防和减少了案(事)件的发生,深受人民群众好评,据抽样调查,群众对这项工作的满意度达到95.6%。

二是着力加强了群防群治队伍建设。市委、市政府专门出台了加强治安协勤队伍建设的意见,市、区县财政出资大力组建了"精干、高效、有保障"治安协勤队伍,2006年,治安协勤队伍已发展壮大到近万人,成为了群防群治队伍的中坚力量。城镇每个社区普遍组建了社区治安巡逻队,广泛开展了遍布城乡的治安信息员队伍建设,加强了基层治保、调解队伍建设,江津等地解决了治保、调解人员报酬,不断筑牢维护社会治安的第一道防线。

三是大力推进科技防范,拓展防控领域。市政府颁布《重庆市社会公共安全视频图像信息系统管理办法》（渝府令第196号），强力推进社会公共安全视频图像系统建设，促进了社会管理、治安控制工作科技化、信息化。各地将公共安全视频图像信息系统纳入公共基础设施建设的重要内容，纳入发展规划，列入财政计划，多渠道投入巨资，大力实施。主城各区已普遍投入500万—1000万元加强公共安全视频图像系统建设，已初具规模。2006年落实专项资金1000万元，完成了第一期目标建设。通过人防、物防、技防的大力建设，全市初步形成了“空中有监控、地面有巡逻、路上有卡点、社区有守护、室内有技防”的立体复合型治安防控体系，确保对重点地区、重点部位、重点场所“24小时不眨眼、24小时不断人”，推动“平安重庆”建设向纵深发展。

中共重庆市委办公厅　重庆市人民政府办公厅关于成立重庆市打黑除恶专项工作协调小组的通知

（2006年3月2日）

各区县（自治县、市）党委和人民政府，市委有关部委，市级国家机关有关部门：

市委、市政府决定成立重庆市打黑除恶专项工作协调小组，协调小组组成人员如下：

组　长：

朱明国　市委常委、市委政法委书记

副组长：

周慕冰　市政府副市长

张　轩　市高级人民法院院长

余　敏　市人民检察院代检察长

林育均　市委政法委副书记

成　员：

艾智泉　市委副秘书长

艾　扬　市政府副秘书长

张　伟　市纪委常委

钟旭秋　市委组织部副部长、老干部局局长

周　勇　市委宣传部副部长

黄明耀　市委政法委副书记

李元鹤　市高法院副院长

于天敏　市检察院副检察长

王云生　市公安局副局长

赵立华　市国安局副局长

王永武　市民政局副局长

张立维　市司法局副局长

刘　伟　市财政局副局长

陈　泯　市市政委副主任

梁培军　市交委副主任

程武彦　市文化广电局副局长

吴希平　市地税局副局长

陈文渝　市工商局副局长

孙逸民　市旅游局副局长

廖战明　长航重庆代表处副代表

李世成　人行重庆营管部副主任

段哲帆　重庆海关副关长

常树明　成铁重庆办事处党工委副书记

邓晓帆　民航重庆监管办主任

协调小组的主要职责：负责协调全市打黑除恶专项斗争工作，分析、研判斗争形势，有针对性地提出对策建议；研究解决专项工作中的重大问题及重大事项，协调处理重大涉黑涉恶案件；督促检查各项工作措施的落实；总结交流工作的成功经验，推动打黑除恶工作深入开展。

协调小组下设办公室，办公室设在市委政法委，办公室主任由林育均同志兼任，副主任由黄明耀、李元鹤、于天敏、王云生、赵立华、张立维同志兼任。

办公室的具体职责：承担协调小组的日常工

作,并受协调小组委托协调处理专项斗争工作中所涉相关重大事项及重大案件。

各区县(自治县、市)党委和市级政法部门也成立由主管领导为组长的打黑除恶专项工作协调小组,集中力量抓好本部门、本地区的打黑除恶专项工作。

重庆市社会治安综合治理委员会关于切实维护抗旱救灾期间社会稳定确保全市抗旱救灾取得全面胜利的紧急通知

(2006年8月28日)

各区县(自治县、市)综治委、经开区、高新区综治委:

今年5月中旬以来,全市遭受了50年一遇的特大旱灾。旱灾给全市工农业生产造成巨大损失,给人民群众生活造成严重影响。在党中央、国务院的亲切关怀和正确领导下,全市各级党委、政府,以抗旱救灾作为当前工作的重中之重,积极组织带领灾区广大干部群众奋力抗旱救灾,军民团结战斗,取得了抗旱救灾的阶段性胜利。抗灾中,广大政法、综治、维稳干部,战高温、抗酷暑、恪尽职守,认真履行职责,在大灾大难中全力维护了全市社会政治稳定,成绩和战斗力是值得充分肯定的。但目前抗旱救灾形势依然十分严峻,极端高温天气卷土重来。据市气象部门测报,旱情将持续至9月中旬。随着旱情加剧,灾情将更加严重,维护正常社会治安秩序和社会稳定的任务将更加艰巨。各级政法、综治、维稳部门一定要有高度的政治责任感和使命感,按照市委、市政府"五个确保"的要求,切实做好当前抗旱救灾期间的社会稳定工作,确保夺取全市抗旱救灾的全面胜利。现就进一步抓好当前抗旱救灾期间社会稳定工作紧急通知如下:

一、切实把维护抗旱救灾期间的社会稳定,保障抗旱救灾有序顺利进行作为当前工作的重中之重,全力以赴

市委、市政府发出了全面动员,打好抗旱救灾战役的号令。全市各级政法、综治、维稳部门要从实践"三个代表"重要思想和立党为公、执政为民的高度,充分认识做好当前抗旱救灾期间社会稳定工作和保障抗旱救灾工作有序顺利进行的极端重要性,把保障抗旱救灾工作有序顺利进行和维护社会稳定作为当前政法、综治、维稳工作的首要任务,保持高度的敏锐性和责任感,切实加强领导,做好各项工作的安排部署和措施的到位落实,切实防止影响社会稳定、影响抗旱救灾工作顺利进行的各种事(案)件的发生,确保抗旱救灾工作顺利进行。

二、切实加大社会治安和社会稳定问题的排查和处理工作,严密防范和妥善处理因抗旱救灾引发的各种影响社会稳定和社会治安的案(事件)发生

各级政法、综治、维稳部门要切实加强矛盾纠纷的排查调处工作和社会治安问题的排查整治工作,切实掌握抗旱救灾中社会的动态信息,针对性地加强工作。特别是要切实加大农村地区争水、争水源、争水土和争水利设施等方面矛盾纠纷排查调处工作。当前,全市各地正全力以赴,通过各种渠道和途径进行抗旱救灾,各地要采取切实措施,保障抗旱救灾工作有序顺利进行,切实防止因抗旱救灾引发各种事(案)件发生,切实防止群众性械斗事件的发生,维护社会稳定。

三、严密防范和严厉打击影响抗旱救灾顺利进行的各种违法破坏活动，维护正常的社会治安秩序

各地政法部门要严密防范和严厉打击影响人民生产、生活和抗旱救灾的各种违法犯罪活动。特别是要严厉打击破坏水利设施、电力设施等影响抗旱救灾工作的违法犯罪活动。要严密防范和打击在灾区造谣惑众、哄抬物价、欺行霸市、纵火毁林等违法犯罪行为，切实维护灾区的社会稳定。

四、严防死守，抓好城乡安全和防火工作

各地要按照全市紧急电视电话会议要求，切实加强安全和防火的检查，严格落实各种安全和防火各项措施，切实防止各种安全事故和特别是火灾事故的发生。

重庆市社会治安综合治理委员会关于加强社会公共安全视频图像信息系统建设和管理工作的意见

（2006 年 8 月 28 日）

为了维护公共安全和社会治安秩序，保障公民人身和财产安全，服务经济社会发展，构建平安和谐社会，按照《重庆市社会公共安全视频图像信息系统管理办法》的要求，现就加强视频图像信息系统建设和管理工作提出如下意见：

一、充分认识社会公共安全视频图像信息系统建设的重要性和紧迫性

各类公共突发事件时有发生。建设和使用视频图像信息系统，将有效提高维护公共安全，妥善应对各类公共突发事件的能力，最大限度地保障公民的人身和财产安全，预防和减少损失。

建设视频图像信息系统是服务社会，增强群众安全感的需要。视频图像信息系统，能够起到维护社会秩序，震慑和控制违法犯罪，保障人身和财产安全，增强群众安全感的重要作用。视频图像信息系统是“不倦的卫兵、不眨的眼睛”，作为技术防范重要措施之一，它可以有效弥补人防、物防的不足，并与人防、物防相结合，组成立体的，全天候的，一体化的治安防控体系，时刻保护公民的人身和财产安全。

建设视频图像信息系统是发现违法犯罪线索、获取相关证据，提高破案打击效力的需要。随着以人为本理念的牢固树立和证据意识的不断强化，对破案打击质量的要求越来越高，而违法犯罪手段花样翻新，隐蔽性越来越强。证据无疑成为了破案打击的关键

随着改革开放和现代化建设事业迅猛发展，人、财、物大量流动，信息化浪潮冲击着社会生活的方方面面。在这样的时代背景下，过去一些被动的静态的公共管理模式和服务方式，已经不能适应形势发展的需要。整合社会资源，构建覆盖广泛、灵通高效的视频图像信息系统，实施动态的公共管理和服务，成为公共行政重要而紧迫的任务。

建设视频图像信息系统是整合资源，提高行政服务效能的需要。各级政府在市政、交通、环卫、建设、治安、疾控等行政管理的诸多方面，愈来愈需要实施现场监督管理或实时收集信息。统一建设和规范使用视频图像信息系统，就能避免重复投资和建设，有效整合公共资源，实现资源共享，提高公共管理和服务的质量和效率。

建设视频图像信息系统是维护公共安全，妥善处置各类公共突发事件的需要。和平与发展是当今世界的主题，但是传统和非传统领域的不安全因素不同程度地威胁着公共安全；自然灾害事件、治安灾害事故视频图像信息系统，不仅可以及时提供违法犯罪线索，而且可以依法、有效地固定证据，确保对违法犯罪实施稳、准、狠的打击。

二、社会公共安全视频图像信息系统建设和管理工作的基本原则和目标要求

视频图像信息系统的建设和使用、管理应当遵循整合资源、节约成本、合法利用、提高效率的原则。

社会公共安全视频图像信息系统建设和管理工作的目标要求是：通过新建扩建、资源整合、技术集成和技术提升，建立和完善覆盖面广、资源共享、综合应用、条块结合的两级城市图像信息系统和技术平台，增强公共行政的管理和服务能力；通过制度创新，建立健全城市图像信息系统的管理机制，提高工作效率和工作效益，构建打、防、控一体化，全时空的社会治安防控体系，全面推进平安和谐建设。

三、落实责任，加强社会公共视频图像信息系统的建设

“保一方平安”是各级党委、政府的首要政治责任，实施并不断完善公共管理和服务，是各级政府及其职能部门的应尽职责。《重庆市社会公共安全视频图像信息系统管理办法》明确指出，县级以上人民政府要加强对视频图像信息系统管理工作的组织领导，并将视频图像信息系统的建设、使用和管理情况纳入社会治安综合治理目标管理。

各级社会治安综合治理委员会及其办公室要当好党委、政府的参谋和助手，特别是要把公共场所视频图像信息系统建设作为“十一五”期间综治工作和平安建设的主要任务之一，积极主动地协调、督促好视频图像信息系统的规划、建设和使用、管理各项工作的落实，强化社会公共场所视频图像信息系统的建设。

各级社会治安综合治理委员会及其办公室要督促相关单位，结合治安问题突出地区的排查、按照公共突发事件处置预案的要求、根据群众安全感的反馈等多方面的情况，指导相关部门拟定出当前应当安装视频图像信息系统的重点公共场所，并在此基础上向同级政府提出由地方财政出资、公安机关管理使用的社会公共视频图像信息系统建设的年度计划和五年规划。政府批准后，各区县（自治县、市）社会治安综合治理委员会及其办公室要协调和督促有关成员单位积极作为，确保建设进度，同时，要将此项工作绩效作为对成员单位年度综治工作的重要考核依据。

市综治委各成员单位，应当按照《重庆市社会公共安全视频图像信息系统管理办法》的规定，协调统一，各司其职，积极支持社会公共视频图像信息系统的建设。市综治委将把社会公共视频图像信息系统的建设和使用、管理情况，纳入对各地和市综治各成员单位的社会治安综合治理和平安建设年度工作考评。

四、积极发动，大力推进社会单位和社区（小区）视频图像信息系统的建设

各级社会治安综合治理委员会及其办公室要广泛宣传建设视频图像信息系统的重要意义，要及时总结和推广视频图像信息系统规划建设和管理使用的好做法、好经验、好效果，鼓励社会单位和基层社区主动安装和规范使用视频图像信息设施。

各级综治委成员单位要按照《重庆市社会公共安全视频图像信息系统管理办法》的规定，在治安保卫重点部位，建设和使用视频图像信息设施。同时，要督促下属单位建设和使用视频图像信息设施，特别是对管理疏漏、多次发案的下属单位要下硬任务，限期安装视频图像信息设施。

各级社会治安综合治理委员会办公室要督促有关部门把治安情况复杂、群众反映强烈的地段作为工作推动的重点，鼓励和帮助城市社区、物管小区、农村场镇安装和使用视频图像信息设施，并按照规定接入区县（自治县、市）公共视频图像信息系统。

五、严格管理、依法使用，确保社会公共安全视频图像信息系统充分发挥作用

各级社会治安综合治理委员会及其办公室和相关成员单位，要认真学习《重庆市社会公共安全视频图像信息系统管理办法》，对已经安装并投入使用的视频图像信息系统，按照“整合资源、严格管理、依法使用、保护合法权益”的原则，使用图像信息资源，确保充分发挥作用。

各地财政出资建设的社会公共视频图像信息系统由公安机关负责管理和使用，按照《重庆市社会公共安全视频图像信息系统管理办法》在各级政府公共管理和服务范围内实施资源共享，各社会单位自行安装的视频图像信息系统由各单位负责日常管理和使用，按照《重庆市社会公共安全视频图像信息系统管理办法》接受公安机关的监督和管理。公安机关和有关执法部门有权依法调取相关视频图像资料。按照《重庆市社会公共安全视频图像信息系统管理办法》的规定,公安机关可以直接使用相关的视频图像信息系统,也可以将该系统接入公安机关指定的视频图像信息系统。任何单位和个人,使用视频图像信息系统采集的信息,不得泄漏国家秘密和商业秘密,不得侵犯公民的隐私权、肖像权及其他合法权益。

各地综治委要按照《重庆市社会公共安全视频图像信息系统管理办法》的规定和本意见,制定具体的实施意见和办法并认真督促落实。

中共重庆市委办公厅
重庆市人民政府办公厅
关于对区县(自治县、市)党政信访
稳定工作实行目标考核的通知

(2006年11月13日)

各区县(自治县、市)党委和人民政府,市委各部委,市级国家机关各部门,各人民团体:

为全面贯彻党的十六届六中全会精神和党中央、国务院关于信访稳定工作的决策部署,认真落实《信访条例》,畅通民意诉求渠道,维护群众合法权益,维护社会稳定,促进和谐重庆建设,经市委、市政府同意,决定对区县(自治县、市)党政信访稳定工作实行目标考核。现将有关事项通知如下:

一、充分认识实行区县(自治县、市)信访稳定目标考核工作的重要性和必要性

(一)对区县(自治县、市)党政信访稳定工作实行目标考核,是全面贯彻落实党的十六届六中全会精神,健全信访工作责任制的需要。六中全会作出了全面构建社会主义和谐社会的重大战略部署,信访工作是构建社会主义和谐社会的基础性工作。实行信访稳定工作目标考核,是各级党政树立和落实科学发展观、正确政绩观的必然要求,是落实稳定工作“第一责任”的重要保证。

(二)对区县(自治县、市)党政信访稳定工作实行目标考核,是充分调动基层积极性,有效预防和化解社会矛盾的需要。产生信访问题的源头在基层,解决信访问题的关键也在基层。实行信访稳定工作目标考核,将引导信访工作重心下沉、阵地前移,加强信访工作基层基础建设,建立完善信访问题的预防和处置工作体系,努力将矛盾化解在基层、解决在萌芽状态。

(三)对区县(自治县、市)党政信访稳定工作实行目标考核,是贯彻落实《信访条例》,推进信访工作规范化、制度化和法制化的需要。实行信访稳定工作目标考核,对建立健全信访工作制度,规范信访工作程序和工作行为,规范群众信访秩序;对建立完善形成科学有效的利益协调机制、诉求表达机制、矛盾调处机制和权益保障机制;对构建统一领导、部门协调,统筹兼顾、标本兼治,各负其责,齐抓共管的信访工作格局,都有极大的促进作用。

二、明确信访稳定目标考核的基本要求

(一)目标考核的内容。重点考核区县(自治县、市)党政信访工作业务指标完成情况和保障措施落实情况。

1. 业务指标方面主要考核:进京上访,到市上访,重复信访,群体性事件,矛盾纠纷的排查调处等情况。

2. 保障措施方面主要考核:党委、政府定期研究信访稳定工作制度的执行情况;党政“一把手”

信访稳定“第一责任人”及领导班子成员“一岗双责”责任制的执行情况；领导包案制度及责任追究制度的执行情况；信访工作制度建设及落实情况；信访工作保障措施落实情况等。

（二）目标考核的方式。按年度实行百分制量化评分，并按优秀、达标、基本达标和不达标四档评定等次。

（三）考核结果的运用。信访稳定目标考核结果经市委、市政府审核后，由市委组织部纳入区县（自治县、市）党政领导班子和领导干部年度考核。对辖区责任范围内发生重大群体性事件并对社会稳定造成严重影响的，实行“一票否决”制。

三、其他事项

（一）市信访办要依据本《通知》精神，制定对区县（自治县、市）党政信访稳定工作目标考核细则并组织实施。

（二）各区县（自治县、市）党委、政府要对照信访稳定工作目标考核的要求，制定落实具体的工作方案；并建立完善对乡镇、部门的信访稳定工作考核办法。

（三）对市级部门信访稳定工作的考核，由市信访办参照本《通知》精神制定实施。

（四）本《通知》自 2007 年度起实施，原渝委办［2001］180 号文件停止执行。

中共重庆市委办公厅　重庆市人民政府办公厅关于开展2006年度建设平安重庆暨社会治安综合治理保稳定保平安责任书执行情况检查考评的通知

（2006 年 12 月 5 日）

各区县（自治县、市）党委和人民政府，市委有关部委，市级国家机关有关部门，各人民团体：

根据《中共重庆市委办公厅、重庆市人民政府办公厅关于印发〈重庆市“创建平安区县、建设平安重庆”工作考评暂行办法〉的通知》（渝委办［2004］87 号）文件要求，经市委、市政府同意，决定对全市《2006 年度建设平安重庆暨社会治安综合治理保稳定保平安责任书》执行情况进行检查考评。现将有关事宜通知如下：

一、检查考评时间

2006 年 12 月 15 日至 12 月 20 日，具体时间由市综治办另行通知。

二、检查考评对象

（一）各区县（自治县、市）党委、人民政府，经开区、高新区党工委、管委会；

（二）对部分市综治委成员单位进行抽查。

三、检查考评的主要内容和依据

（一）《中共重庆市委办公厅、重庆市人民政府办公厅关于印发〈重庆市“创建平安区县、建设平安重庆”工作考评暂行办法〉的通知》（渝委办［2004］87 号）；

（二）《2006 年度建设平安重庆暨社会治安综合治理保稳定保平安责任书》、《2006 年度重庆市社会治安综合治理委员会成员单位保稳定保平安责任书》。

四、检查考评方法

由市综治委牵头，从市级有关部门抽调人员组成工作组，对区县（自治县、市）和部分市综治委成员单位进行检查，检查采取听取情况汇报，查阅资料，实地走访基层单位和群众，召开基层现场座谈会等形式进行。检查结束后，市委、市政府将根据检查结果及有关工作、业务开展情况的综合资料进行考评。

五、检查考评工作的组织领导

检查考评工作在市委、市政府领导下，由市综治委具体组织实施。

六、有关准备工作

各地和市级有关部门要认真自查和总结工作情况，并形成书面材料，做好迎接检查的准备工作。各区县（自治县、市）务必在12月10日前完成年度平安建设暨综治工作的自查和总结工作，并书面报告市综治委（材料中使用的有关数据截至2006年11月）；各综治成员单位务必在12月20日前完成年度综治工作自查和总结工作，并以书面报告的形式报市综治委。

军地携手“六联六共”预防犯罪构建和谐

重庆江津市

江津，是一座具有1500多年历史的文化名城，是共和国开国元勋聂荣臻元帅的故乡，是具有70多年历史的红军师——步兵第37师师部所在地，是闻名全国的“双拥模范城”，是重庆市唯一一个连续九年被评为重庆市社会治安综合治理工作先进单位和连续两届跻身全国综治工作先进的区县（市）。近年来，江津市委、市政府和驻津部（分）队把抓好军地预防犯罪联防共治工作作为建设平安江津、构建和谐军营、开展双拥共建工作的重要内容，密切合作，切实按照“三下降、三确保”的目标要求（即军地纠纷下降、互涉案件下降、突发事件下降，确保国家军事利益和部队安全、确保社会和谐稳定、确保治安大局平稳），认真落实各项工作制度，初步摸索出“六联六共”的预防犯罪联防共治工作新模式，为建设平安工作注入了新的活力和生机，为军地共建活动提供了一个良好的平台，实现了军地“双赢”的目标，谱写了一曲军地携手共创平安江津、构建和谐社会的新乐章。

一、工作机制联建，共搭联防共治平台

为了进一步加强军地之间的协作，共同构建和谐稳定的新江津，根据重庆市综治委、重庆市委政法委、重庆警备区政治部《关于开展军地预防犯罪联防共治活动的意见》精神，江津市委、市政府高度重视，成立了以市综治委、市委政法委、市人武部、成都军区13集团军步兵第37师、市公安局、几江街道办事处、成都军区江津油料仓库、成都军区通信装备技术大队二分库、武警江津消防大队、武警江津中队为成员的军地预防犯罪联防共治协作机构，并将协作小组办公室设在市人武部政工科，做到了机构落实、人员到位、职责明确、制度健全。协作小组还分别与各成员单位签订了《军地预防犯罪联防共治协议书》，各驻津部队所在镇（街）也相应成立了“军地预防犯罪联防共治工作站”3个，分别是几江街道办事处与步兵第37师通信营成立了联防共治工作站、德感街道办事处与成都军区通信装备技术大队二分库成立了联防共治工作站、广兴镇与成都军区江津油料仓库成立了联防共治工作站，并与当地党政签订了联防共治协议。联防共治协作小组坚持每半年召开一次例会制度，相互交流情况，掌握第一手信息。通过联防协作制度，使军地双方在预防和打击犯罪方面建立了良好的协作关系，初步形成了预防犯罪信息资源共享、预防措施共抓、隐患问题共治，互涉案件共办、隐蔽斗争情报互通、线索查证互助、重大任务互帮的良好局面。

二、思想教育联抓，共同树立文明新风

加强思想政治教育，是强化军政军民道德观念和法制意识的有效途径，是抓好预防犯罪工作的前提和关键。江津市在军地联防共治工作中，利用“双拥共建”活动打下的良好基础，坚持把思想政治教育工作放在突出位置抓紧抓好。

一是以优良的传统激励人。江津市军地领导高度重视革命传统教育和国防教育，充分利用聂荣臻元帅纪念馆、革命烈士陵园、兵器演示场、步兵第37师师史馆等7个永久性爱国主义和国防教育基地进行教育，每年受教育的群众达20万余人(次)。市人武部积极协调驻津各部队每年对2万余名高中生进行军训，组织学生参观师史馆，开展“走聂帅道路，做聂帅传人”的野营拉练活动，进一步弘扬了聂帅精神，激发了广大学生的爱国热情。

二是以浓厚的氛围感染人。每到春节、建军节，军地双方相互开展不同层面的慰问联欢活动。江津市四大班子的领导先后3次率团，不远千里赴云南马龙、四川西昌等地慰问外训官兵。军地双方还共同开展了丰富多彩的知识竞赛活动和文化交流活动，在娱乐中进一步加深了友谊，增进了感情。通过相互之间的交流，大大减少了军地纠纷案件，充分体现了军民一家人的鱼水情深。

三是以典型的事例教育人。军地双方联手开展了一系列普法教育活动，特别是一些典型的案例对广大官兵触动很深。通过普法教育，进一步增强了官兵学法用法的积极性，军人违法犯罪案件明显减少。同时部队还坚持在薄弱环节上下功夫，确保安全预防工作形成有效机制。在内部管理上，部队做到盯住“盲区”、关注“边缘”、防止反复，确保人人都在严格的管理教育之中。对休假、外出人员实行严格管理，离队前由单位领导给其家长或外训单位出具介绍信，并跟踪回访其离队后的表现。对转业待安置人员，实行“两定三包”制度，即定人负责、定时走访，包上级精神传达、包思想教育、包预防工作。在做好战士思想工作方面，坚持做到会议常开、教育常抓、个别帮教。通过这些措施的开展，收到了明显成效，大家遵纪守法的意识明显增强。

三、重要信息联通，共享稳定信息资源

针对当前信息量大、传播快，对官兵思想影响广泛的实际，江津市军地预防犯罪联防共治协作小组办公室将信息来源、信息分析和信息利用等纳入规范内容。协作小组办公室坚持每季度召开一次信息综合分析会，每半年与成员单位进行一次信息交流。此外，37师保卫科每季度还要到市公安局国保大队、治安大队和市防范和处理邪教问题办进行一次走访，及时了解掌握驻地“法轮功”等邪教活动、群体性事件、社会治安、“三资”企业、海(境)外人员活动等情况，指导部队有针对性地做好教育和预防工作。市人武部充分发挥军地协作牵头部门作用，及时将新情况和新问题通报驻津各部队，不仅让广大官兵熟悉“兵情”，还要收“国情”、知“社情”、明“世情”，结合社会大环境切实增强预防工作的针对性和实效性。驻津各部队为了解决安全预防工作监督难的问题，还规范了组织监督、群众监督、家庭监督等形式，明确了政治思想、道德作风、社会交往、廉洁自律、婚恋家庭等方面的监督内容，做到常抓不懈，有效防止了军人犯罪案件的发生。如2006年8月26日，37师机关收发员在市邮局分发报纸中发现一份“法轮功”反动传单，当即向该师保卫科报告，并上交了反动宣传品，同时，师保卫科及时与市防范和处理邪教问题办取得联系，请求地方组织力量协查侦破，通过军地协作查证，有效预防和遏制了邪教组织对部队的渗透破坏活动。

四、互涉案件联办，共同打击违法犯罪

江津市联防共治协作小组充分发挥军地联防共治工作的牵头协调作用，积极主动地为地方公安机关和部队保卫部门查处案件牵线搭桥，使军地办案部门之间达成共识，相互支持，密切协作，成功查处了军地互涉案件、治安案件数起。在处理这些案件上，军地双方都能事前沟通，意见统一，妥善处理。在打击军人违法犯罪方面，部队始终坚持依法严处，决不护短。如2006年5月，部队某连一名战士盗走部队枪支后逃跑，接到报告后，部队保卫部门迅速将此情况通报了当地公安机关，并配合公安机关查清外逃人员的动向，最后，在军地双方的共同努力下，这名外逃战士在永川落网。通过军地双方的共同协作配合，有力地打击了涉军违法犯罪活动

五、社会治安联防，共同维护一方平安

部队和地方在预防犯罪联防共治工作中努力做到群策群防，建立和发挥“三线”、“两站”、“一网络”在维护安全稳定中的作用。“三线”是指发挥各级党组织、政法部门、群众组织在预防工作中的作用；“两站”是指法律咨询站和心理咨询站；“一网络”，就是军地联防共治网络。如江津市继维律师事务所1997年和驻津37师汽车营二连结

成军民共建单位以来，坚持送法律到军营，赠送法律书籍，开展法律知识竞赛，上法制课，开模拟法庭，培训法律骨干，开展普法宣传，提供法律帮助；市人武部指导各镇（街）武装部把一批政治可靠、遵纪守法、作风正派、身体健康、在群众中有威信并热爱治安工作的复退军人和民兵、预备役人员充实到基层治保会、治安巡逻队和保安协助队伍中，专门从事社会治安防范工作；广兴镇与成都军区江津油料仓库结成友好单位，每逢节假日，部队派出力量与当地派出所民警一道参加治安巡逻，部队有紧急任务，地方政府派出警力和应急民兵担负外围的安全保卫工作，有效地防止了违法犯罪案件的发生；通过"三线"、"两站"、"一网络"的建立，逐渐形成了案件事故苗头一出现就有人防、异常情况一露头就有人抓、违法违纪问题一发现就有人管的良好局面。

六、军事设施联管，共同保卫国家安全

军事设施保护工作事关国家利益、长远利益、战略利益，关系到国家和部队的安全。为此，江津市委、市政府高度重视军事设施保护工作，并把这项工作纳入党管武装的重要内容，纳入社会治安综合治理和"双拥"工作的重要组成部分，并在议军会、驻军联席会、国防动员委员会中常议常抓。驻津各部队和当地党委政府军地联手，充分利用新闻媒体、重大节日、双拥共建等活动，深入镇（街）、厂矿（企业），扎实开展"军事设施保护法"的宣传教育，大大增强了广大公民的国防观念和法律意识，营造了全民参与保护军事设施的良好氛围。同时，江津市还建立了军、警、民联防的长效共管机制，确保军事设施安全。37师新建部队营区，市委、市政府提供了几江主城区琅山新城最好的土地，并严格要求周围的楼盘开发不得超过部队营房的高度，以确保军事设施的保密和安全。市公安局把军事设施周边地区的社会治安作为执勤巡逻的重点，驻津各部队从严抓好军事设施的日常管理，地方各级组织和广大群众积极做好协管工作，通过三方共管共护，逐步强化了依法保护、严格执法的意识，提高了军事设施的完好率。近10年来，没有发生一起军事设施被盗、被毁的案件。

重庆市社会治安综合治理委员会组成人员

主　任：朱明国　市委常委、政法委书记、市公安局局长（后调离）

刘光磊　市委常委、政法委书记、市公安局局长（2006·11·24）

副主任：周慕冰　市政府副市长

林育均　市委政法委副书记

委　员：

李　斌　艾智泉　艾　扬　林蜀鲁　杨分友
张　鸣　任　杰　李元鹤　于天敏　文　强
王　勇　陈明辉　李承基　冯　跃　陈永翔
李学亭　彭智勇　袁天长　刘　伟　吕经建
王安石　丛　钢　梁培军　雷太惠　向泽映
方明金　简　丽　欧会书　刘有恒　陈文渝
陈　扬　孙逸民　谢金峰　李　军　王志杰
余桂芳　邢海英　吴　光　蒙　毅　李世成
常树明　孙孝义　陈胜军　尹长征

市社会治安综合治理委员会办公室主任由林蜀鲁同志兼任

重庆市各区、县综治委、办主任名单

地区	综治委主任	综治办主任	地区	综治委主任	综治办主任
万州区	刘新宇	张平	大足县	宋彬	夏国彬
黔江区	龙大奇	张鹏	荣昌县	王光强	张晓玲
涪陵区	黄士焱	秦大伦	璧山县	毛发木	舒朝勇
渝中区	王福清	王岸立	梁平县	唐廷国	尹祖国
大渡口区	刘本荣	陈志强	城口县	何雄东	牟能双
	龙华		南川市	蒋宜茂	熊代森
江北区	董小平	余晓薇	丰都县	涂远扬	赵麟蓉
沙坪坝区	张敏	张炜	垫江县	冉隆兴	皮华玺
九龙坡区	秦敏	龙兴淮	武隆县	罗勇	孔正波
南岸区	洪世忠	杜孝群	忠县	雷树成	冉崇政
北碚区	黄波	汪仕权	开县	曾军	贺代龙
万盛区	李明清	贺卫凯	云阳县	付凯	周祥文
双桥区	邱斌	彭天华	奉节县	马洪平	熊志荣
渝北区	向先全	包季伟	巫山县	黄天亮	王子安
巴南区	陶长海	曹光德	巫溪县	侯宗权	徐世保
江津区	李德良	施昌林	石柱县	谭本志	肖义明
合川区	何勇	陈晓平	秀山县	田庆补	张鲁秀
永川区	郑向东	钟同明	酉阳县	刘毅	董金华
綦江县	陈智	苏维刚	彭水县	孟德华	冉隆川
长寿区	游智明	马万超	高新区	王小若	胡伟
潼南县	李平	龙英	经开区	谢克毅	谭兴万
铜梁县	马平	张仁强			

（撰稿人：钟泽军
审稿人：林蜀鲁　张恒斌）

四　川　省

2006年社会治安综合治理和平安创建工作概况

2006年，全省社会治安综合治理工作在省委、省政府的正确领导下，认真贯彻党的十六届五中、六中全会精神，坚持落实科学发展观，大力推进平安创建，着力加强矛盾纠纷联动排查调处工作机制和网络建设，深入开展以“打黑除恶”为龙头的专项斗争，狠抓治安问题的源头治理，强化整体联动防控体系建设，全面落实综合治理各项措施，有力维护了全省社会稳定和治安大局平稳，刑事发案稳中有降，治安秩序进一步好转，人民群众安全感进一步增强，为构建“和谐四川”和实现全省经济社会又好又快发展创造了良好的社会治安环境。

一、平安建设已成为全社会共识，创建活动广泛深入，呈现出良好的发展态势

一是党政高度重视，强化组织领导。各地党委、政府切实把平安创建作为构建和谐社会的民心工程和“一把手”工程来抓，纳入当地经济社会发展规划，做到了同部署、同检查、同考核、同落实。绵阳、宜宾、德阳、资阳、泸州、内江、阿坝、甘孜等地党政主要领导亲自部署、亲自动员，及时研究解决工作中的困难和问题，有力地推动了平安创建活动的深入开展。二是认真落实责任，强化督促检查。年初，省委、省政府向各市州党委、政府下达年度综治工作目标；3月，省委目标办向各市州委下发《关于下达2006年度保证目标的通知》，将社会治安综合治理工作纳入市州保证目标，分值6分。各地按照省委、省政府下达的年度综治工作目标和省综治委制发的《平安县（市、区）测评体系（试行）》，层层细化分解，通过签订《责任书》或下达工作目标的形式，把责任层层落实到县（市、区）、乡镇（街道）、村（社区）和机关、企事业单位，使全省基本形成了横向到边、纵向到底的责任制网络，落实创建责任。内江市对每名新任领导干部实行任前平安创建责任谈话；泸州、广元认真组织综治成员单位进行年度述职，进一步强化其职责意识。加大督查力度，省综治办于4月、9月，先后两次组织对101个县（市、区）平安创建实效暗访督查，组织省综治成员单位进行交叉检查。成都市聘请综治督查员对全市平安创建进行督查和暗访，并对乡镇（街道）的创建工作实行月考评通报制度；绵阳、宜宾、资阳、眉山等地组织督查组和驻村工作队深入基层，对创建工作既检查又帮扶，成效明显；攀枝花、凉山等地严格落实“五部委”责任查究制，对因领导不力引发重大刑事、治安案件和安全事故的7个责任单位予以“一票否决”，给予34名责任人党纪、政纪处分。10月初和11月中旬，省综治委组织各市州综治委领导、综治办主任和省综治成员单位有关同志，对各市州及省综治成员单位执行《2006年度综治工作目标》的情况和各市州申报的省级平安县（市、区）进行了交叉检查验收，共检查102个县（市、区）、313个乡镇（街道）、637个村（社区）、548个单位（机关、企业事业单位、学校），走访各界干部群众3000多人次。为使检查考核工作更加客观、科学，年初省综治委制定下发了《四川省社会治安综合治理工作目标考核细则》和《四川省平安县（市、区）测评体系（试行）》，综治办对检查验收方式作了较大的改进和调整，采取了市州交叉检查、省级有关职能部门考核评分、省统计局暗访测评，并结合省综治办日常暗访检查情况，进行综合考核评定，对考核合格的县（市、区）进行了公示。2007年初，省委、省政府命名表彰了70个省级平安县（市、区），表彰了执行《四川省2006年度社会治安综合治理工作目标》的12个优秀、7个良好市州党委、政府和33个优秀、15个良好省综治委成员单位。三是着力基层基础，强化人财物保障。平安创建注重从基层抓起，广泛深入开展平安乡镇、平安街道、平安社区、平安单位、平安村、平安家庭、平安铁道线、平安校园、平安景区、平安寺庙、平安市场等基层创建活动，筑牢平安四川的基础。截止2006年底，各级已命名平安乡镇（街道）2640个、平安单位13336个，还命名了一大批平安村、平安学校、平安企业，覆盖面进一步扩大。各地认真贯彻落实省委、省政府两办文件要求，重心下移，从政策导向、力量配置、经费保障向基层倾斜，进一步完善人财物保障机制。目前，全省县（市、区）综治办共有专职人员573人，5004个乡镇（街道）都健全了综治组织机构，配有专抓综治工作的副职4474人，专职综治工作人员5398人。投入综治专项经费和平安创建经费2.378亿元，群防群治经费1.004亿元，见义勇为基金资金4033万元。宜宾市采取授予知名企业冠名权的方式筹集见义勇为奖励资金500万元。同时，还加大了对综治干部的培训力度。6月，省综治委召开了平安创建现场推进暨综治干部培训会，对各市州综治办主任和拟申报的82个平安县（市、区）党委分管综治工作领导干部、综治办主任进行了培训。据不完全统计，全省各地共举办各种形式的培训班1817期，培训人数达15万余人次。

二、着力完善联动调处机制，积极预防和化解矛盾纠纷，有效维护全省社会稳定

在平安创建中，各地把排查调处矛盾纠纷、维护社会稳定作为首要任务，进一步加强了县（市、区）、乡镇（街道）、村（社区）三级矛盾纠纷联动排查调处机制和网络建设。目前，全省95%以上的乡镇（街道）均建立了由党政领导负责，综治机构牵头，基层乡镇司法所、调委会、派出所、法庭、信访、民政等部门参与的矛盾纠纷联动调处中心，整合了调处资源，增强了调处实效。各地对排查出的矛盾纠纷进行归类分析，实行领导督办，限期解决。资阳市在基层广泛推行了“说事”制度，使群众的难事、怨气在充分的沟通交流中得到化解，把大量矛盾纠纷解决在萌芽状态。同时，各地始终坚持把土地征用、城市建设拆迁、企业改制兼并、移民安置等涉及群众切身利益、可能引发重大治安问题和群体性事件的矛盾纠纷作为排查调处的重点，建立和完善社会稳定风险评估制度，注重从源头预防和治理。1—12月，全省各级各类调解组织共集中排查矛盾纠纷隐患9.22万件，调解矛盾纠纷43.29余万件，调解成功41.84万件，调解成功率达96.65%。发生的群体性事件，均在各地党委、政府的统一领导下，得到妥善处置，确保了社会稳定。

三、深入开展严打整治斗争，切实解决突出治安问题，保持了全省治安大局平稳

各地始终保持对严重刑事犯罪活动的高压态势，进一步健全了严打整治工作机制。深入组织开展了“打黑除恶”、打击“两抢一盗”、禁毒等专项斗争，严厉惩处了一大批严重刑事犯罪分子。1—12月，全省共打掉涉黑团伙10个，涉恶团伙423个；全省共立刑事案件179051起，同比下降5.7%，八类主要刑事案件同比下降9.8%，保持了治安大局的平稳。与此同时，强化对治安混乱地区和突出治安问题的排查整治，加大对重大工程周边、大型企事业单位周边、学校周边、旅游景区周边等重点整治。2006年全省各级共排查治安混乱地区（部位、场所、路段）586处，挂牌督治226处，通过集中整治、综合整治、滚动整治，使治安面貌明显改观。

四、充分发挥各综治成员单位和专门工作小组职能，齐抓共管，强化社会管理

省综治委各成员单位按照省综治委下达的责任目标，进一步加强了本部门、本单位、本系统的平安创建工作，认真指导联系县的平安创建，积极参与辖区平安创建，绝大部分成员单位被辖区命名为平安单位，起到了模范带头作用。在省综治委七个专门工作小组的领导下，全省各级综治委专门工作小组切实发挥综合协调职能，促进了各种治安难点问题的解决，有力推进了全省创建活动的深入开展。一是加强流动人口的管理和服务。省综治委总结推广成都市金牛区从加强人口信息登记入手，对出租房屋实行旅店式管理的经验，推动了大中城市流动人口管理工作取得新进展，全省各地共设立流动人口协管站5325个，配备协管员11288名。同时，加大对流动人口中流浪乞讨者、患疾流浪者等弱势群体救助管理力度。成都、宜宾、遂宁等地设立流浪儿童救助保护中心。二是继续深化“为了明天——预防青少年违法犯罪工程”。认真落实预防青少年违法犯罪各项措施,组织开展“未成年人维权行动月”活动和“关爱流浪儿童和服刑人员子女”活动,深化“青少年违法犯罪社区预防计划”,强化对青少年的思想道德和法制宣传教育,全省共聘请19581名政法干部担任法制副校长,开通了“12355青少年维权和心理咨询服务热线”,加强对青少年的权益保护和法律服务。三是认真做好刑释解教人员安置帮教工作。广泛动员社会各方面力量参与安置帮教工作。成都、绵阳、德阳、达州、内江等地积极推行街道、派出所、家庭三合一的社区矫正帮教模式。进一步加强过渡性安置实体的建设,到年底已建成安置帮教基地1908个。坚持将安置帮教工作向高墙内延伸,省司法厅会同省总工会组织刑释解教人员到企业进行现身说法,开展了服刑人员未成年子女生存状况的调研,提出了救助意见,使服刑人员感受到了社会的关心。2006年,全省共安置刑释解教人员28009人,安置帮教率为93%,减少了重新犯罪。四是校园及周边治安综合治理进一步加强,“平安铁道线”(车站)创建活动成效明显,国家安全人民防线工作深入开展。集中开展了校园周边整治专项活动,大力实施青少年“绿色上网”工程。成都、泸州、绵阳、眉山市专门组织了“网吧义务监督队”,对青少年上网进行群众监督。德阳市在平安创建活动中,创造出了“警校共育”工作模式,现已在全省广泛推开。深入开展平安铁道线(车站)创建活动,各地把保一线平安与一方平安有机结合起来,进一步落实护路联防承包责任制。省护路办分四片召开创建平安铁道线(车站)现场会,总结推广绵阳、宜宾、达州、眉山、凉山等地平安铁道线创建经验,培训县级以上护路干部。12月,省综治委命名21个区段、8个车站为省级平安铁道线(车站),表彰了一批爱路护路的先进集体和个人,营造了铁路沿线持续稳定的良好治安环境。进一步建立健全国家安全人民防线机构和网络,广泛开展国家安全宣传教育,增强了广大人民群众维护国家安全的意识和自觉性。

五、加大平安创建宣传,营造了浓厚的舆论建氛围

2月,省综治委、省委宣传部联合发文,对全省平安创建宣传工作作出部署。各地以“深化平安创建、构建和谐社会”为主题,以创建平安县(市、区)为重点,大力营造平安创建的浓厚氛围。在综治宣传月期间,省委书记、省人大常委会主任张学忠就四川平安创建工作接受了中央电视台记者采访,对全省平安创建及综治工作取得的成绩给予了充分肯定。《四川日报》随后发表《深入开展基层平安创建活动》的评论员文章,各市州党政主要领导也都在当地媒体发表电视讲话和署名文章。各地综治委(办)对宣传月活动精心组织,周密部署,通过开辟综治频道、综治专栏、制作展板、散发资料、文艺表演、知识竞赛、张贴标语、义务法律咨询等丰富多彩的形式,掀起平安创建宣传的新热潮。《四川法制报》为配合今年省级平安县(市、区)的评比表彰,开辟专栏,对各地申报的82个县(市、区)创建情况进行深度报道。同时,各地还注重及时宣传表彰在维护社会治安中涌现出来的见义勇为先进典型,组织广大群众收看全国见义勇为英雄事迹,并为英雄候选人投票,极大地弘扬了社会正气。据统计,全省各地在宣传工作中,共设立宣传站点22657处,出动宣传车34742台次,印发宣传资料1.5亿份,有65%以上的县(市、区)平安创建知晓率达到85%以上,促进了平安创建活动日益深入人心、家喻户晓。

为促进全省综治新闻宣传报道工作的深入发展,5月,省综治委对评选出的30件2005年度全省社会治安综合治理好新闻作品的作者进行了表彰奖励,对省纪委等17个组织好新闻评选工作成绩突出的单位进行了表彰。12月,省综治委对在宣传工作中组织有力、工作扎实和成绩突出的80个先进单位和50名先进个人进行了通报表彰。

重点整治和专项行动情况

2006年,通过不断深化“打黑除恶”、“命案侦破”、打击“两抢一盗”、禁毒人民战争等专项斗争,加大社会治安综合治理工作力度,全省刑事案件发案数、治安案件受理数持续下降,保持了治安形势的总体平稳。全年,全省共立刑事案件179051起,与2005年相比下降5.7%,破案84020起,破案率46.9%;共发现受理治安案件179694起,与2005年相比下降42.6%,查处147107起,查处率81.9%。

一、深入开展打黑除恶专项斗争

打黑除恶专项斗争开展以来,在省委、省政府、省委政法委的坚强领导下,全省各级、各部门全力以赴,紧密配合,重拳出击,依法打击,全省打黑除恶专项斗争取得了阶段性明显成效。截止2006年底,全省共摸排出涉黑涉恶犯罪线索826条,其中省重点督导线索108条。全省公安机关共移诉黑社会性质组织案22起,检察机关公诉12起,人民法院判决黑社会性质组织案2起;共打掉恶势力团伙396个;共查处国家工作人员11名,缴获枪支65支,追缴黑金1.3亿余元。全省打黑除恶专项斗争成绩名列全国前列,受到公安部的充分肯定。通过开展打黑除恶专项斗争,带动和促进了打击犯罪整体工作的开展,有效地维护了全省社会治安大局的稳定。

(一)抓组织领导,持续推进全省打黑除恶专项斗争。3月3日,省委、省政府召开全省打黑除恶专项斗争会议,并下发了斗争实施意见,成立了高规格的领导小组。全省各地党委、政府和省政法各部门也相继召开贯彻会议,迅速启动专项斗争。5月19日,省委常委、政法委书记欧泽高召开领导小组会议,听取政法各部门汇报,就集中打击工作进行安排部署。随后,全省公安机关召开了深化打黑除恶专项斗争会议。9月12日省公安厅再次召开全省公安机关深入推进打黑除恶专项斗争会议。9月30日,省委政法委下发了《关于进一步深化全省打黑除恶专项斗争的工作意见》。同时,各级党委、政府下拨经费,各地陆续投入专项经费1400余万元,新增车辆60余台,全力保障斗争顺利开展。

(二)抓责任落实,不断增强斗争的责任感和紧迫感。省委、省政府明确要求政法各部门实行一把手责任制,并严格责任追究制,并在省政府打黑除恶新闻发布会上明确提出请广大群众予以监督。省委、省政府将打黑除恶工作情况纳入四川省社会治安综合治理工作目标考核。省公安厅明确提出:对打黑除恶工作不力的干部要坚决调整和交流,同时要在打黑除恶的战场上发现和选任干部。省、市、县三级公安机关直至派出所,层层签订了斗争责任书。南充、绵阳发文明确了各成员单位的工作职责,乐山、广元、都江堰等地还明确了基层乡镇党委、政府的斗争责任。在落实责任的基础上,各级、各部门狠抓工作督导,在全省形成了一级抓一级,全警动员、全力以赴的良好工作局面。6月、10月,省委李崇禧副书记、张作哈副省长先后率工作组赴宜宾、泸州、雅安、绵阳调研基层公安工作,专门对打黑除恶专项斗争进行了督导。省“打黑办”先后于3月、5月和9月派出工作组分赴各地,对斗争启动、线索摸排和案件办理进行专项督导。省公安厅党委成员实行分片督导制。攀枝花、眉山、内江、广安、雅安、乐山、成都、自贡、德阳等地党政领导深入基层检查指导,南充、阿坝两地党委、政府派出联合工作组逐县检查,有力地推动了斗争深入开展。

(三)抓关键环节,务求打黑除恶专项斗争打击实效。为强化打击实效,斗争中狠抓了四个关键环节。一是抓摸排环节,确保精确打击。全省各级公安机关坚持“摸排十法”,突出与黑恶相关的人员、场所(行业)、案件(事件)三个方面,再次深入摸排,力争做到对黑恶势力的组织情况、成员状况、犯罪事实“三个清楚”。5月进入集中打击阶段以后,坚持边打边摸,把线索摸排贯穿斗争始终。全省共摸排涉黑涉恶线索699条,为斗争持续发展提供了具体的打击目标。二是抓侦办环节,确保办案质量。为强化案件侦破,全省继续坚持“案件挂牌”、“线索督导”、“督捕逃犯”和“四定、两确保”的成功作法,省有关部门陆续确定了36起挂牌案件、108条重点线索和28名督捕逃犯。经各级公安机关艰苦努力,截至目前已移诉33起省挂案件,抓获25名省督捕逃犯,通过对108条重点线索的督导,已打掉58个恶势力团伙。为确保办案质量,全省各地坚持案件上挂一级的“两级办案”制度,并要求涉黑案件必须填写、使用省“打黑办”制发的《黑社会性质组织案件证据册》,并由省“打黑办”逐案审核把关。三是抓诉讼环节,确保办案效率。全省检察机关不断完善提前介入机制,组织精兵强将,适时介入,引导侦查,提前把好证据关、事实关,做到了依法快捕快诉,先后批捕黑恶势力案件120件598人,起诉34件162人。全省各级审判机关坚持“两个基本”的原则,对涉黑案件实行内审请示制度,集中精力加快案审进程,先后审理涉黑案件6起35人(包括二审及上年起诉的案件)。四是抓督导环节,确保办案力度。省委书记张学忠多次对雅安“卜国全”、眉山“李强”、武胜县“4·03”等重大黑恶案件作出重要批示。省委副书记李崇禧,省委常委、政法委书记欧泽高同志亲自督战。省委政法委领导和省政法各部门主要领导、分管领导先后多次赴办案地实地督导。省“打黑办”通过发督办通知、定期通报进行日常督导的同时,先后组织专家组,逐一全案调阅全省涉黑案件卷宗,进行办案指导;同时派出工作组,分赴各地对公安部、省挂牌案件和重点线索逐一进行案侦督导。省法院和省检察院也定期搜集各地案件办理进展情况,及时进行通报。全省各级、各部门以案件督导为抓手,形成了内部层层加压的斗争局面。

(四)抓协同作战,形成打击黑恶犯罪的整体合力。一是各警种密切配合。全省禁毒部门将打击毒品犯罪的“破案会战”与打黑除恶紧密结合起来,全省监管部门通过对监管场所羁押人员的深挖积极开辟打黑除恶的“第二战场”,全省治安部门通过实施《娱乐场所管理条例》强化线索摸排,分别向刑侦部门提供涉黑涉恶线索110余条。全省行动技术和网监部门充分运用内线侦查手段推进案侦工作,抓获了一大批黑恶在逃人员。二是各部门协同作战。省“打黑办”先后三次召开办公室正副主任参加的协调会议,确定联络员,建立了情报沟通的工作机制。省公安厅和省检察院实行了共同挂牌制度,先后确定了36起挂牌案件。省纪委下发通知,要求结合反腐工作,加大对黑恶势力“保护伞”的深挖力度。全省审判机关坚持两个“基本原则”,实行全省涉黑案件的内审请示制度,确保“稳、准、狠”地惩处黑恶势力。全省检察机关提前介入,加快办案进度,依法快捕快诉。全省司法系统加强对律师辩护工作的监督指导。全省监狱系统将打黑除恶与“维护监管安全集中整治活动”有机结合,及时收押黑恶势力罪犯180名,通过狱内深挖获取线索36条,同时对黑恶人员作出从严管控的规定。三是充分发动人民群众。7月26日,省政府召开全省打黑除恶专项斗争新闻发布会,印发了40000份《通告》,拟定了20条标语,张贴到全省2898个派出所、3467个乡、镇政府和近2万个专业市场。各市、州也相继召开新闻发布会,在全省营造了浓厚的斗争氛围。截至年底,省“打黑办”已接处各类举报线索553条,其中涉黑涉恶线索104条,全省共有70名涉黑涉恶人员投案自首或被群众扭送。

(五)抓机制建设,不断强化打黑除恶专业队伍。省政法各部门联合出台了《关于办理黑社会性质组织案件若干问题的意见》。成都、德阳、乐山、攀枝花、南充、绵阳等地就办案程序、工作协作、深挖保护伞、黑恶人员管控等方面出台了工作意见。在各级党委、政府的高度重视下,中央下拨的100名公安机关打黑除恶专项编制已全部落实到省公安厅和6个治安复杂地区的有组织犯罪侦查队。德阳、自贡、泸州、广元等地市级公安机关和成都、宜宾、达州、内江、泸州、巴中、眉山等地部分县级公安机关也正式成立了有组织犯罪侦查队,其他地区也成立了临时专业队,全省共有专业队队员938人。全省检察机关和审判机关抽调业务骨干,全力强化案件诉讼和审理工作。省法院和省公安厅举办了全省打黑除恶业务培训班和首任刑警大队长培训班,汇编下发了学习手册。全省各地结合实际,举办培训班。全省侦办的25起涉黑案件均由市一级公安机关专业队牵头,全省已打掉的396个恶势力团伙也大多由各级专业队直接侦办。

二、对治安混乱地区和突出治安问题进行重点整治情况

省和各级综治委坚持治安形势定期分析制度，半年对治安形势进行分析。2月，省综治委下发了《关于对治安混乱地区和突出治安问题进行排查整治的通知》，要求各地在认真分析治安形势的基础上，组织公安机关和基层组织对本地治安混乱地区、部位和场所进行一次深入细致的排查，摸清情况，找准问题，制定方案，强力整治。各地按照省综治委的部署要求，对本地治安乱点和突出治安问题进行认真排查，特别是重大工程周边、企事业单位周边、学校周边、铁路沿线、旅游景点周边等作为排查整治的重中之重。在全面摸排的基础上，各级都确定了一批重点地方，实行挂牌督治，切实解决人民群众反映强烈的治安问题。

各地对排查出的治安混乱地区和突出治安问题逐一进行分析，查找存在问题的根源，制定有针对性的整治方案，增强了整治工作的针对性和实效性。加强了源头治理，着力建立治安防范长效工作机制，巩固整治成果。同时，各地把排查整治作为平安创建的重要内容，把排查整治与"打黑除恶"专项斗争紧密结合，把黑恶势力问题突出的地方作为排查整治的重中之重，采取有力措施，推动了整治工作的有效开展。各级综治委加强了督促检查和分类指导，建立了排查整治责任倒查制度。4月和9月，省综治委对各地重点整治工作情况进行了明察暗访。据统计，2006年全省各级共排查治安混乱地区（部位、场所、路段）586处，挂牌督治226处，通过集中整治、综合整治、滚动整治，有569处治安面貌明显改观，改变面貌率达97.1%。

社会治安管理和防范工作情况

一、强化整体联动防范体系建设，加大科技投入，增强了治安防控实效

一是加大了技防投入。各地结合城乡规划改造，进一步加大了技术防范的投入，全省共投入技防建设资金5.39亿元，广泛在城区主要街道、商业繁华区、重点要害部位、治安复杂场所和主要街道、车站及高速公路出入口等重点部位安装电子监控设备和报警设施，在长途客车、运钞车及其他特种专业车辆安装了GPS全球卫星定位系统。成都市实施"天网"工程建设，投入2.9亿元资金，在六城区安装监控探头3300余个，全面提升城市街面的防控能力；德阳、宜宾、南充、遂宁等一些大中城市新装移动、固定报警系统1.5万余套，技防设施16万余处；凉山州投入788万元，建成了城市应急指挥中心；一些农村也广泛推广了安警铃、设防攀爬网等因地制宜的物防技防措施。二是强化了重点区域防范。各地认真落实机关、企事业单位内部安全防范措施，不断完善军地协作防范工作机制，巩固边际协作防范、深化平安边界创建，省综治委与西藏自治区签订了《加强流动人口管理、预防打击非法出入境活动共建平安边界协议书》。成都、宜宾、达州等地综合社区职能，整合社区力量，建立社区综治工作服务站，提高了社区防范能力。结合社会主义新农村建设，大力开展平安乡镇、平安村等创建活动，推行民警驻村联户，坚持落实院坝联防、山湾联防、户户联防等防范措施，健全了村、社、院坝、户四级治安防范机制，积极探索强化农村治安防范管理的新途径。绵阳市涪城区由财政每年每村补助1000元，落实了农村巡逻守护制度。1—12月，全省各类可防性案件同比下降了8.3%。三是加强了群防群治队伍建设。各地积极在城区和有条件的乡镇着手建立由政府出资、综治办管理、公安机关业务指导的专职治安巡逻队。同时，组织兼职巡逻队、低保巡逻队、义务巡逻队，广泛开展多种形式的群防群治活动。全省已建立专职治安巡逻队22465支133046人，保安队伍5267支85764人，义务巡逻队54002支324167人，民兵应急分队10307支141469人。各地在城区积极组建"四车多员"（出租车、公交车、营运车、人力三轮车和环卫清洁员、邮递员、商铺从业人员、特种行业从业人员、娱乐场所从业人员、物业管理人员等)治安信息员队伍,制定配套奖励办法,建立长效机制。截止2006年底,全省已组建"四车多员"治安信息员队伍50余万人,2006年群众共举报线索18773条,通过举报破获案件10126件,扭送犯罪嫌疑人7845人。各地还按照治安防范社会化、职业化的要求,积极探索治安与保险互动、治安防范承包制等新的工作机制。泸州、资阳等地推行了市场、商铺、保安、保险公司四方联合的保安保险赔付制,取得了好的效果。

二、深入开展"扫黄""打非"专项斗争

(一)加强组织领导,精心部署安排。全省各级党委、政府和各成员单位切实加强领导,巩固和健全了"扫黄打非"工作领导机构及办事机构。各级各部门将"扫黄打非"工作列入重要议事日程,纳入到整顿和规范市场经济秩序、社会治安综合治理、精神文明创建活动、预防青少年违法犯罪等工作的总体计划中进行部署安排和考核评比。2月,全省召开了2006年"扫黄打非"工作电视电话会议,全面贯彻落实第十九次全国"扫黄打非"工作电视电话会议精神,部署2006年全省"扫黄打非"任务。省委、省政府办公厅转发了省"扫黄打非"工作领导小组《关于贯彻实施中央宣传部、中央政法委、新闻出版总署关于2006年"扫黄打非"行动方案》的意见,要求各地各部门结合实际,认真贯彻执行。

(二)加强市场监管,开展专项治理。在开展"扫黄打非"斗争中,全省全年共出动执法人员12.22万余人(次),检查市场3.25万余个次,检查店摊6.16万余个次,检查印刷复制企业2.4万余家次;处罚违规店摊1377个、印刷复制企业376家、网吧195家;取缔关闭点摊1333个、印刷复制企业63家、非法网站59家。同时,各地把对出版物市场的日常监管和开展各项专项治理工作有机结合起来,以专项治理推进市场监管深入进行,以日常监管巩固专项治理成果,确保工作落到了实处,收到了实效。

一是开展重大节假日和全国、全省"两会"期间市场检查。年初至3月,全省开展了元旦、春节和全国、全省"两会"期间的出版物市场集中检查行动。对重点地区、重点部位的市场开展高密度地巡查暗访,针对发现的问题,提出专项整治方案,及时进行整治。二是开展打击侵权盗版出版物专项行动和专项查缴行动。全年查缴侵权盗版出版物503.5万余件,其中,盗版图书类79万余件、盗版音像制品类395万余件、盗版软件及电子出版物类16万余件。上半年全省各地开展了以打击盗版光盘为主要对象的打击侵权盗版出版物的专项行动;4—6月,省扫黄打非办、省教育厅、团省委、省综治委预防青少年违法犯罪工作领导小组办公室在全省开展了"从我做起,远离盗版,拒绝有害出版物,保护知识产权"活动。三是开展"反盗版百日行动"。7月下旬开始,全省开展了为期3个多月的"反盗版百日行动"。据统计,在行动中,全省开展检查8780余次,出动检查人员2.9万余人次,出动检查车辆6000余辆次,检查出版物市场1万余个次,检查店摊1.67万个次,检查印刷复制企业6950余家次;共收缴各类非法出版物140万余件;共处罚违规店档摊点500余个、印刷复制企业140余家,取缔关闭店档摊点141个、印刷复制企业11家、非法出版物批销窝点26个。吊销音像制品等出版物经营许可证110余个。通过此次行动,使音像和计算机软件制品经营业主普遍受到了一次深刻教育,守法经营意识明显增强,全社会抵制盗版制品的自觉性有明显提高,全省正版音像制品的销售额逐步增长,音像和计算机软件市场得到明显净化,市场秩序总体健康有序。四是开展打击盗版教材、教辅读物等市场监管专项行动。全年查缴盗版教材教辅读物29万余件。

(三)查办大要案件,打击不法活动。各地继续坚持打源头、端窝点、破网络的方针,把查办大案要案作为突破口,在开展专项行动、特别是"反盗版百日行动"中,组织查办非法出版物案件900余起,其中,查处淫秽色情出版物案件139起,查处侵权盗版案件562起,查处较大的盗版教材教辅读物案件10余起;实施行政处罚案件1203起,移送司法机关处理案件41起。受理群众举报案件和办理全国"扫黄打非"办移送案件27起。打掉刻录复制盗版音像制品窝点2个,处罚印刷复制企业376家,取缔关闭印刷复制企业63家、非法网站59家。通过查办大要案件,有力地打击了非法出版活动,净化了出版物市场。

（四）探索建立长效机制。一是积极开展“扫黄打非”社区试点工作。8月，省“扫黄打非”工作领导小组制发了《关于开展“扫黄打非”进社区试点工作的意见》，要求各地、各部门将“扫黄打非”纳入社区整顿和规范市场经济秩序、精神文明创建、平安创建活动和纠正行业不正之风的总体工作中进行统一部署安排，统一检查考核，充分发挥基层党政组织和居委会、治保会、调委会等基层组织的作用，确保“扫黄打非”工作任务和责任落实到基层。二是加大舆论宣传力度。各地以主要反映我省“扫黄打非”工作部署、专项行动、市场监管和案件查处等为主要内容，加强了宣传工作，扩大了舆论监督和社会影响。2月下旬和9月中旬，全省开展了集中销毁非法出版物活动，部分市州还于当天开展了大规模的法制宣传活动。2月23日和9月16日，省和成都市联合举办了集中销毁现场活动。据统计，全省两次共集中销毁各类非法出版物共计240万余件。

三、道路交通事故、火灾事故情况

2006年，全省共发生交通事故24317起，死亡4087人，受伤29315人，直接经济损失8277.81万元，与2005年相比，四项指数分别下降17.65%、7.43%、5.15%和22.96%，但造成重大人员伤亡的恶性交通事故仍时有发生。2006年，全省共发生火灾事故14138起，死亡133人，伤106人，直接经济损失4225.37万元，与2005年相比，事故起数上升31.4%，死亡人数上升16.7%，受伤人数下降4.5%，直接经济损失下降5.7%。

刑释解教人员安置帮教工作情况

2006年，全省刑释解教人员安置帮教工作继续按照“帮教社会化、就业市场化、管理信息化、工作职责规范化”的要求，采取有效措施，以“平安创建”促进安置帮教工作，强化工作职能。全年全省共3万余人刑满释放、解除劳动教养回归社会，实现了安置率80%，帮教率90%，重新违法犯罪率控制在3%以内的安置帮教工作目标任务，为预防和减少刑释解教人员重新违法犯罪，维护社会稳定起到了积极作用。

一、加强领导，进一步强化了领导小组作用

各级党委、政府对刑释解教人员安置帮教工作高度重视，把这项工作作为社会治安综合治理的重要组成部分，作为“平安创建”、维护社会稳定的重要内容来抓，实行一票否决，推动了工作有效开展。同时，各级刑释解教人员安置帮教工作领导小组进一步发挥作用，充分协调各成员单位，强化领导，明确责任，使全省安置帮教工作再上新台阶。3月下旬，省刑释解教人员安置帮教工作领导小组召开工作会议，认真总结了2005年的工作成绩，分析了存在问题的原因，研究和讨论了2006年的工作要点。各地都及时召开了小组会议，研究部署本地工作。各级综治委和领导小组还经常听取工作汇报，协调解决工作中的热点和难点问题，为刑释解教人员安置帮教工作提供了强有力的组织保障。

二、完善和落实制度，促进安置帮教工作规范化发展

（一）进一步完善安置帮教工作目标管理方法。为落实省刑释解教人员安置帮教工作领导小组会议要求，从安置帮教工作的法律政策、制度规定上进行规范，省综治委安置帮教工作领导小组制定下发了《全省2006年安置帮教工作目标考核有关事项的通知》、《2006年市、州刑释解教人员安置帮教工作目标考核标准》。对安置帮教工作目标管理，在上年的基础上做了积极改进和完善，将考核分值细化分解，并定期通报工作情况。通过目标考核，将安置帮教工作渗透到各部门，贯穿到基层，很好地发挥了目标管理的作用，使安置帮教工作得到进一步加强，有力地促进了全省安置帮教工作的新发展。

（二）继续落实衔接制度，巩固衔接工作成果。2006年，省司法厅和省公安厅联合下发了《关于对2006年上半年服刑在教人员刑满释放、解除劳教时衔接工作检查的通知》，加大了对刑满释放、解除劳教时衔接工作的检查指导力度，巩固了全省刑释解教人员衔接工作。全省共检查29个监狱，共释放人员8044人，发放《通知书》到县（市、区）司法局、公安局为100%；检查6个劳教所（含戒毒所），共解除劳教人员3002人，发放《通知书》到县（市、区）司法局、公安局为100%；检查公安看守所、拘役所106个，共释放人员2761人，发放《通知书》到县（市、区）司法局为99.7%、公安局为99.8%。全省各县（市、区）司法局收到刑释解教人员《通知书》17014份（含外省监所发《通知书》），建档17007份，转送基层司法所16870份，转送率为99.9%；公安局收到《通知书》18348份（含外省监所发《通知书》），建档17513份，转送公安派出所18136份，转送率为98.8%，比上年同期高1个百分点。县（市、区）级司法行政部门和公安部门建档率分别达到了99.9%，95.9%。全省基层司法所接到《通知书》16451份，建档率达到了99.1%，到司法所报到人数为13341人，报到率为81%；公安派出所接到《通知书》17799份，建档率达到了98.8%，到公安派出所报到人数为15935人，报到率为89%。

（三）积极做好安置帮教工作管理软件的订购工作。为落实中央综治委刑释解教人员安置帮教工作领导小组《关于启用刑满释放、解除劳教人员安置帮教工作管理软件的通知》要求，各级安帮办积极协调有关成员单位做好征订工作。省安置帮教工作领导小组下发了《关于做好刑释解教人员安置帮教工作管理软件订购和试运行的准备工作的通知》（川综治委安帮小组字［2006］9号），并将该项工作纳入省综治委刑释解教人员安置帮教工作目标考核内容之一。截至年底，全省司法行政部门订购软盘1199张，监所193张，其中公安看守所140张、监狱43张、劳教所10张。以安置帮教工作软件管理启用，进一步促进全省安置帮教工作网络的建设，使全省安置帮教组织机构更加完善，进一步巩固了安置帮教工作成果。

（四）继续抓好刑释解教人员过渡性安置基地（企业）、帮教协会，就业技能培训基地建设。为进一步落实省有关部门《关于加强刑释解教人员过渡性安置基地（企业）建设的意见》、《关于成立刑释解教人员社会帮教志愿者协会的通知》和《关于进一步做好服刑在教人员和刑释解教人员就业技能培训工作的通知》要求，积极推动全省安置帮教基地、安置帮教协会和就业技能培训建设进程，2006年，重点加强了刑释解教人员培训基地和帮教自愿者协会建设，对全省帮教协会的数量、性质、帮教等情况和培训基地的培训情况进行了全面普查。据统计，截至年底，全省共建帮教协会103个，自愿者人数8285人，帮教刑释解教人员19346人次；建培训基地95个，培训刑释解教人员共2449人，进一步加强了职业技能培训基地建设，使回归社会人员有机会接受教育，掌握了一技之长，提高了谋生的技能，增强了他们参与社会竞争的能力，有效促进了社会稳定。

三、组织基层司法所与基层公安派出所开展交流

年初，省司法厅、省公安厅联合下发《关于组织基层司法所与公安派出所就安置帮教工作开展交流的通知》。全省各地按照《通知》要求，集中对刑满释放五年内、解除劳动教养三年内的刑释解教人员进行了核查登记；对未报到落户的脱管失控人员进行了查找；对有可能参与黑社会组织和恶势力人员，积极发动基层组织和当事人的亲属积极做好转化工作；对在外务工人员较集中的地区，指定一名帮教员或信息员，及时掌握他们的情况，并适时开展帮教活动；对辖区内的工地和餐饮娱乐、农贸市场等重要部位进行摸底排查。同时，各地加强了思想教育工作和法律法规的宣传教育工作，并积极鼓励刑释解教人员揭发、检举涉嫌黑恶势力和人员的事实和线索。据统计，全省各级安置帮教组织在打黑除恶专项斗争中共开展法制宣传10802场次，受教育人数11069435人次；开展涉黑线索排查2241次，向公安机关提供线索1104件，涉及人数2077人；接受登记刑释解教人员总数116555人，其中刑满释放95256人，解除劳教21299人；查找下落不明刑释解教人员4535人；动员向公安机关投案自首226人，向上级司法行政机关报告信息718件，有力地配合公安机关开展的打黑除恶专项斗争，为维护社会治安稳定做出了积极贡献。

四、整合社会资源，促进安置帮教工作社会化发展

（一）组织刑释解教人员到企业开展现身说

法活动。9月至11月，省司法厅、省总工会联合在全省范围内组织刑释解教人员中的典型人员到企业开展法制教育和预防犯罪现身说法专项活动。各市(州)紧密结合各地实际，积极组织有突出贡献的刑释解教人员和优秀律师，深入214个企业，宣讲268场次，对91761名职工开展了现身说法，刑释解教人员宣讲287人次，律师点评说法和法律咨询服务341人次。在现身说法活动中，刑释解教人员宣讲的内容和律师的点评与广大职工生活密切相关，宣传形式更贴近实际，更具有针对性和实效性，更注重法制宣传教育的效果，广大职工易于接受，增强了法制宣传的影响力和感染力，有力地推动了法制宣传教育深入开展，为全省的"五五"普法开好了头。

(二)利用社会力量，加强对服刑在教人员的创业培训。2006年，省司法厅联合北京光华慈善基金会，分别对川西监狱、女子监狱、德阳监狱、绵阳监狱、女子劳教所、沙坪劳教所等6个监所300余名刑期和劳教期还余半年左右时间的服刑在教人员开展免费创业培训。培训老师就如何识别和分析商业机会，如何进行市场调研、营销和销售，如何记账、计算盈亏并分析，如何承担社会责任等20个课题进行深入浅出讲解，使学员系统、全面地学习并掌握了创业知识和技能，为他们回归后进行就业和创业打下了一定的基础，帮助服刑在教人员树立正确的人生观、价值观，同时促进了监所的教育改造工作，进一步提升了教育改造质量。

(三)积极倡导做好服刑在教人员未成年子女的救助工作。2月至6月，省司法厅、省安帮办、省关心下一代工作委员会就服刑在教人员未成年子女生存状况，在全省范围内作了深入细致的专项调查。据专项调查统计，全省服刑在教人员未成年子女人数达32793人，其中绝大多数服刑在教人员未成年子女生存条件极差，不少孩子无人监护；不少孩子无法上学；不少孩子流落街头，有的已误入歧途。服刑在教人员未成年子女的问题，已成了一个社会相当严重问题。为此，省委、省政府非常重视，由省刑释解教人员安置帮教工作领导小组、省高级人民法院、省司法厅、省民政厅、省教育厅、团省委、省妇联、省关工委等八个部门联合制定并下发了《关于做好服刑在教人员未成年子女救助工作的通知》，动员全社会共同关爱和帮助他们，促进他们健康成长。

流动人口服务和管理工作情况

2006年，全省共登记暂住人口3311521人，办理暂住证943832人，登记出租房屋311294户，通过暂住人口信息自动比对报警，抓获网上逃犯196名；通过暂住人口管理提供治安信息28421条，破获刑事案件1522件，抓获违法犯罪嫌疑人1637名，查处治安案件3245起，抓获违法人员3457名。

一、以创建平安四川为统揽，认真做好流动人口管理服务工作

一是建立完善流动人口管理制度。各地通过近几年的实践，在原有管理制度的基础上，进一步建立和完善了暂住人口分类管理制度，协查通报制度，违法犯罪信息通报制度，治安管理责任书签订制度，户籍民警下社区办公制度，日常管理和集中清查相结合的制度，资料收集、整理、建档制度。二是加强出租房屋的管理和清理整顿。针对一些地方刑事案件犯罪嫌疑人落脚于出租房屋，当前出租房屋登记难度大，漏登漏管的现象特别严重的实际情况，各地公安、建设、房管、税务等相关部门紧密配合，落实措施，认真做好出租房屋管理工作，主动上门登记，签订治安管理责任书，落实治安管理责任制，通过集中清理整顿，整治了一批藏污纳垢场所，抓获了一批违法犯罪人员，促进了重点地区、重点部位治安秩序转好。三是加大农民工普法宣传力度。为切实加强暂住人口管理，增强群众法制意识，各地公安机关紧密结合当前形势，充分利用广播、电视、报刊、宣传单、标语，设立宣传点等形式广泛宣传。绵阳市公安局累计召开各种会议923次，出动宣传车187台次，印发《四川省暂住人口管理条例》、《租赁房屋治安管理规定》和有关平安创建、综合治理等各类资料50000余份。德阳市利用2006年3月1日正式实施《治安管理处罚法》这一有利时机，出动警力2000人次，在街道、广场、乡村发放宣传资料150000余份，为加强暂住人口管理打下坚实基础。四是积极协调做好进城务工子女入学教育。各地根据教育部进城务工农民子女接受义务教育以公办学校为主，收费"一视同仁"等政策，安排进城务工人员子女入学近5万人。成都市2006年帮助1.5万名流动人口子女在市区接受义务教育，切实解决了广大农民工后顾之忧。

二、转变观念，明确思路，突出管理服务工作重点

一是转变观念，牢固树立执法为民意识。农村富余劳动力向城市转移，是工业化和现代化的必然趋势，是解决"三农"问题的重要途径，是促进城乡一体化建设，促进城乡经济协调发展，创造和谐社会的重要决策。各地在流动人口服务管理工作中适应形势，转变观念，坚决贯彻中央提出的"公平对待，完善管理，搞好服务"的原则，在切实做好服务保护工作的同时，规范管理，牢固树立执法为民意识，明确执法的首要目的是保护包括流动人口在内的广大群众的合法利益，明确公平对待，确保对流动人口与本市居民一视同仁，同等对待，不得歧视；明确守法意识，必须依法行政、文明执法，切实做到执法公正。要把这些思想贯穿流动人口管理工作的始终。二是强化暂住人口的登记。坚持"来有登记，走有注销"，"谁出租，谁负责"的原则，做好对用工单位和出租房的登记发证工作，签订治安责任书，做到情况清、底数明。成都市公安局制定修改了《成都市暂住人口治安管理条例》，已经市人大常委会讨论通过，并报省人大审议。成都市在高新分局肖家河派出所试点和深入调查研究，积极探索实有人口管理工作的主体模式和途径，率先制定了《成都市公安局人口管理工作通则》，创新了新形势下人口管理主体工作模式，探索对不同居住类型人口管理工作方法，较好地破解了全国同等城市公安机关共同面临的人口管理难题，使全市人口管理工作步上正轨。三是突出人口管理工作的重点。各地在流动人口管理工作中，抓住重点，突破难点。成都市继续推行以出租房屋，用工单位管理为龙头的流动人口管理服务工作模式，将流动人口日常管理和治安防范有机结合的管理服务工作模式，由派出所民警带领协管员深入出租房屋和用工单位广泛宣传流动人口法规，采集信息，督促办理暂住证，将工作落到实处。乐山市建立流动人口出租房屋管理登记站386个，聘用协管员1764人，强化了流动人口管理，为旅游地区创造了安定的社会治安环境。绵阳市为配合打击"两抢一盗"专项斗争，全市共组织大规模暂住人口清理整顿34次，出动警力15370次，社会力量26399人次，查获违法犯罪的231人，重点人口17人。南充市通过暂住人口清理整顿，在微机中储存有信息10000多条，为"严打整治"、"追逃"提供重要信息20000多条（次），协助抓获网上逃犯326人，利用微机协助外地公安机关破获违法犯罪案件117起，打击处理237人。

三、依法行政、落实责任，维护农民工的合法权益

一是严厉打击以职业介绍为名拐卖妇女儿童的违法犯罪活动。据统计，2006年查处拐卖妇女儿童的案件124起，解救拐卖妇女儿童237名。二是依法查处职业介绍中介组织侵害农民工钱财的违法犯罪活动，对以介绍为名，欺骗、坑害农民工财物的案件发现一起，查处一起。三是为流动人口提供法律咨询和服务，积极配合有关部门为外来人员追索劳动报酬，对恶意用工、拖欠工资者，坚决依法强制处理，对外来人员的交通事故、医疗事故，工伤事故或其他人身伤害人，追索医疗费用和提供法律帮助，以维护流动人口的合法权益。据统计，南充市2006年清理拖欠农民工工资5000万元，协助处理劳务、伤亡事故300余件，挽回经济损失1000万元。四是切实加强培训，提高暂住人口素质。据统计，全省156个职业培训机构，每个机构每年培训农民工15—18万人次。如南充市共培训农民工30万人次，其中劳务品牌培训3.02万人，技能、法制培训26

万人次。

四、强化暂住人口信息采集应用，狠抓流动人口重点管控工作，服务现实斗争

为不断提升流动人口智能化管理水平，增强工作的科技含量，2006年，全省各地紧密围绕"三基"工程和实施三大警务，进一步强化基础工作，强化暂住人口信息采集应用，狠抓流动人口重点管控工作，收到实效。一是明确信息采集目标。成都、德阳、绵阳、乐山、南充、内江、泸州等地对暂住人口信息采集工作提出了具体要求，把任务分到派出所和社区民警，工作落到实处。二是强化了信息采集的指导督促检查工作。各地加强了对县(市、区)工作的指导、督促和检查考评，做到有部署、有安排、有检查落实。三是完善暂住人口信息采集及自动化系统的比对应用，对比对结果跟踪检查，对各派出所采集的暂住人口信息与在逃人员、案件嫌疑人，重点人口信息逐个筛选，同步监测，同时，及时完善暂住人口录入工作，拓展暂住人口信息拥有量。成都市2006年暂住人口登记1700000人，通过暂口信息自动化比对报警抓获网上逃犯54名，提供治安信息2582条，破获刑事案件700件，抓获嫌疑人1874人，其中，逮捕418人，劳教86人，治安处罚1034人，其他处理341人。

预防青少年违法犯罪工作情况

2006年，全省预防青少年违法犯罪工作以"平安创建"活动为统揽，围绕"为了明天——预防青少年违法犯罪工程"，广泛开展青少年思想法制宣传教育，深入开展专项整治，努力营造青少年成长的良好社会环境，在一定程度上有效地预防和减少了青少年违法犯罪。初步统计，2006年全省21个市(州)未成年人犯罪率上升的仅有3个市(州)，大部分地区未成年人犯罪率呈下降趋势，下降幅度最大的是巴中，下降了22.9个百分点。

一、广泛开展青少年思想法制宣传教育，增强青少年的道德意识和法治意识

(一)广泛开展青少年社会主义荣辱观教育。2006年，团省委联合宣传部、教育厅等部门启动四川省青少年社会主义荣辱观教育实践活动，成立荣辱观教育实践志愿服务队，组建讲师报告团，举办书信大赛、征文演讲比赛、荣辱观系列讲座，命名一批教育实践基地，组织出版荣辱观参考读物——青春励志《中国精神》，制定出台《关于建立四川省青少年社会主义荣辱观教育活动长效机制的意见》，在青少年中大力倡导"八荣八耻"社会主义荣辱观。

(二)广泛开展青少年法制教育。一是强化学校法制教育。2006年，全省各级中小学校切实加强中小学生法制教育，把法制教育工作纳入对学校教育质量和学生综合素质评估体系。在公、检、法、司等部门的共同参与下，截止2006年底，全省所有的中小学校都已配备了法制副校长和法制辅导员，11个市(州)、87个县(市、区)建立了专门的青少年法制教育基地。依托教育基地，通过法制讲座、警示教育、模拟法庭等喜闻乐见的方式，加深中小学生对违法犯罪的认识。2006年，团省委联合教育厅等部门组织专业人员编写、排演了警示教育青春歌舞剧《迟来的忏悔》。二是强化社会法制教育。6月，全省开展声势浩大的"未成年人维权月活动"，工、检、法、司等部门的"青少年维权岗"广泛开展"让法制进校园，让法制进家庭、让法制进社区"等法制宣传教育活动。采取"以案说法"、"模拟法庭"、悬挂宣传画等形式向青少年、家长、居民广泛宣传法律知识。初步统计，维权月期间，全省共举行青少年法制宣传教育活动435次，开办各类讲座近2000场次。

二、深入开展关爱特殊青少年群体行动，强化特殊预防

(一)深入开展"留守学生关爱行动"。针对全省近300万的留守学生群体，2月21日，团省委、省委宣传部、省教育厅、省财政厅、省妇联、省劳务开发办、省关工委共同启动四川省"留守学生关爱行动”，在全省广泛开展关爱农村留守学生工作。截至年底，全省已招募10万余名文化高、素质好、热心公益事业的志愿者与留守学生“一助一”结对；建设了1500余所“留守学生之家”，集中解决留守学生课外学习辅导、课余文化生活、心理教育等方面的问题；设立四川省留守学生爱心基金，累计筹集资金1100余万元；制定《关于在全省开展“留守学生关爱行动”的实施意见》、《四川省“留守学生关爱行动”志愿者招募管理办法》、《四川省“留守学生”爱心基金管理办法》、《四川省“留守学生关爱行动”联席会议制度》，逐步健全和完善了关爱留守学生的工作机制。1月30日，香港华人置业有限公司一次性捐款500万元支持省“留守学生之家”建设。

（二）加强对流浪儿童的救助和管理。1月19日至22日，省综治办、省综治委预防青少年违法犯罪工作领导小组、团省委、省民政厅成功承办了中央五部委在四川召开的“为了明天—全国保护流浪未成年人”工作会议。会后，全省各级民政、公安等部门迅速行动，全面贯彻落实会议精神：一是进一步加大了流浪儿童救助保护机构建设力度。成都、乐山、广元等救助站加大了流浪儿童生活、学习、培训、医疗等设施的投入，改善了流浪儿童接受救助保护的环境和条件。自贡市流浪儿童救助保护中心综合大楼工程也已批准立项。二是进一步完善了流浪儿童救助保护工作机制。各救助站、救助中心根据流浪儿童的身心特点，借鉴郑州、成都模式，建立健全了流浪儿童管理的值班制度、考评制度、安全制度、回访制度、应急事件处理等制度。三是进一步加大了对操纵流浪儿童犯罪的幕后黑手的打击力度。各级公安机关在街面巡查中，严密监控、打击利用流浪儿童偷窃、抢劫等违法犯罪行为，及时解救受操控的儿童，帮助他们重返家园。初步统计，仅2006年1—6月，四川省各级民政部门和救助管理站、流浪儿童救助保护中心救助流浪儿童6407人次。

此外，各地还结合实际开展各具特色的刑释解教青少年、罪错青少年帮教工作。如成都中级人民法院试点设立了综合审判庭模式，对未成年犯罪案件设置调查、考察官，聘任工、青、妇、教等青少年教育工作专业人员为特邀审判员，参加未成年人犯罪案件的审判；宜宾翠屏区建立了未成年被告人社区矫正听证制度，通过“一听二调”，让社会各方面力量都参与到挽救罪错未成年人的行动中来。

三、整治与建设相结合，净化青少年的成长环境

（一）广泛开展“未成年人维权行动月”活动。2006年6月是全省第5个“未成年人维权行动月”，全省各地紧紧围绕“明辨荣辱，关爱未来，共创和谐”主题，广泛开展了加强未成年人法制教育的“普法行动”、关爱未成年人弱势群体的“关爱行动”、关注未成年人身心健康的“12355集中接访行动”、净化未成年人成长环境的“专项整治行动”，进一步增强了未成年人的法制意识，营造了未成年人成长的良好社会环境，有力促进了全省预防青少年违法犯罪工作全面深入地开展。维权月期间，共开展各类专项整治500余次，查处、清理网吧747家，收缴非法出版物69400多册。

（二）深入推进“警校共育”。全省各级公安机关、教育部门认真贯彻落实公安部、教育部制定的“八条措施”和“六条措施”，加强中小学法制副校长、辅导员的配备，规范制度，落实责任，定期开设法制课；加大对学校上学、放学和晚自习下课等重要时段及多发案、易发案路段的巡逻力度，在治安状况复杂的学校周边设置治安报警点。通过一系列行之有效的工作措施，增强了中小学生的法制观念，使涉校案件大幅下降，有效改善了校园及周边的治安环境。4月，公安部在德阳市召开贯彻落实“八条措施”现场会，向全国公安系统推广德阳“警校共育”模式。

四、创新地开展基础建设和调研，增强预防工作的时代性和针对性

（一）初步建立“12355”青少年服务台。2006年，通过“抓资源、抓制度、抓队伍、抓宣传”，初步建立了全省12355青少年服务台。目前，全省21个市（州）的12355热线已全部开通。据初步统计，截至年底，共招募了1000余名心理、法律人士，组建了12355志愿者服务队；共接听热线16万余人次，提供咨询服务8万余人次，救助青少年2万余人次。为扩大12355青少年服务台的社会影响，团省委、省预防办先后制作了两部公益广告在四川电视台等主流媒体播放，并定期向省内主要新闻媒体通报 12355 的工作情况以及部分典型事件的处理情况，有效提升了 12355 的社会知名度。

（二）广泛开展社会闲散青少年调研。2006 年，依托四川省青少年犯罪研究会，开展了全省社会闲散青少年专题调研，对全省社会闲散青少年情况进行了全面摸底。通过对 19 个市（州）150 个县（区）的 231 个乡镇、社区、街道抽样调查和统计分析显示：全省社会闲散青少年数量庞大，处于“失学、失业、失控”状态的社会闲散青少年总数约计为 50 万左右，占青少年总数的 7.7%。这些详实的数据已引起了省委、省政府和中央综治委预防青少年违法犯罪工作领导小组的高度重视，为今后一段时期加强全省闲散青少年管理工作提供了科学的决策参考。

校园及周边治安综合治理工作情况

2006 年，全省学校及周边治安综合治理工作紧紧围绕创建“平安和谐校园”这一目标，坚持分工负责、各司其职，齐抓共管、整体推进的工作体制，坚持教育、整治、打击和建设相结合，各项工作都取得新的进展，学校及周边治安秩序进一步好转，育人环境进一步优化。

一、总结推广德阳“警校共育”经验，深入推进“平安和谐校园”创建活动

德阳市在贯彻落实公安部关于《公安机关维护校园及周边治安秩序八条措施》和教育部关于《进一步做好中小学幼儿园安全工作六条措施》工作中，积极探索创新，逐渐形成“警校共育”，创建平安和谐校园的先进经验，得到公安部、教育部和省委、省政府的高度评价。为了推广德阳“警校共育”经验，大力推进学校及周边环境建设，4 月和 5 月，公安部、省政府先后在德阳召开现场会，省政府转发了《公安厅　教育厅关于开展学习德阳“警校共育”经验，创建平安和谐校园活动的意见》。各级党委、政府认真贯彻德阳会议精神，从本地实际出发积极推进“警校共育”活动。据统计，全省有 18 个市州派出考察团到德阳学习取经，多数市州召开了“警校共育、创建平安和谐校园”工作会议，下发了实施意见。“警校共育”经验的推广，有力地促进学校及周边治安综合治理，有效地维护学校正常的教学秩序。截止 2006 年底，各市州 50% 以上学校达到“平安校园”创建标准，其中自贡、德阳 70% 以上学校达到“平安校园”创建标准。

二、加强学校安全稳定工作，确保校园平安

各级教育行政部门采取有力措施，维护校园安全稳定，取得明显成效。一是严格实行责任制。年初，厅长与高校校长和市（州）教育局长签订安全稳定责任书；年终目标考核安全稳定分值 8 分，占 8%，发生重大安全稳定责任事故，实行一票否决。各市（州）教育局与县（市、区）教育局签订责任书，县（市、区）教育局与学校签订责任书，形成层次分明、责任细化、落实到校的安全稳定工作责任体系。二是适时对安全稳定工作提出要求。每学期开学前以省政府名义召开学校安全稳定工作会议，开学后由厅领导带队对开学工作进行检查已成为制度。凡是重要节日、敏感时期、重大事件发生以及季节变化，结合学校实际对安全稳定工作提出要求已经成为常规。2006 年共召开 4 次全省学校安全工作会议，3 次全省高校稳定工作会议。三是加强思想动态分析和信息工作。坚持开学初和敏感期师生思想动态分析制度，坚持安全稳定信息 24 小时报送制度和重要节日和敏感时期 24 小时领导带班制度。对迟报、漏报和瞒报重要信息的给予通报及纪律处分。2006 年结合民办高校发生不稳定事件，组织高校对招生、教学管理、后勤服务、党建、思想政治教育、周边治安环境等方面存在的问题进行排查，并制定相应的改进措施。四是加强专项治理。对容易导致群死群伤事故的校舍建筑安全、食品卫生安全、消防安全、集体活动安全、交通安全进行专项治理，对 D 级危房和食品卫生进行重点监控，保持 3 年全省未发生校舍和食品卫生安全事故,2006年未发生重(特)大安全责任事故。五是完善应急预案。修订《教育系统突发公共事件应急预案》,各高校和市(州)教育局据此进一步完善应急预案,同时加强应急队伍和条件保障建设。

三、大力整治学校周边环境,努力创造良好育人环境

(一)打击涉校违法犯罪,整顿校园周边交通秩序。各级公安机关对校园及周边侵害师生人身财产权利案件实行专案专人办理,并结合开展“两抢一盗”专项斗争,严厉打击盗窃、抢劫师生财物的违法犯罪活动。据统计,2006年共破获涉校刑事案件1086起,查处涉校治安案件1981起。加强学校周边交通管理,强化中小学、幼儿园门前和周边道路巡逻管控和疏导,开展集中整治。2006年在学校周边增划人行横道线约13万米,增设交通标志及交通安全设施9811个、人行横道信号灯168处、临时停车位1.5万个。

(二)加强学校周边文化娱乐场所监管。省文化厅制定了《2006年学校及周边文化市场监管工作要点》,出台了《文化市场巡查制度暂行规定》,要求各级文化管理部门加大学校周边文化市场监管和整治力度。同时,省关工委组织开展以老干部、老战士、老教师、老专家、老模范组成的万名“五老”志愿者义务监督网吧活动,探索建立加强网吧管理,保护未成年人的社会防控体系。据统计,1—3季度,全省共检查互联网服务营业场所2.07万家(次),立案3822件,其中接纳未成年人1659件,超时经营517件;关闭中小学周边200米内网吧8家,吊销《网络文化经营许可证》15家,停业整顿381家,警告3161家。检查音像经营单位16531家次,收缴违法音像制品150万张,其中色情、淫秽光盘2万张,黄色卡通光盘800余张。

(三)加强学校周边出版物市场监管。各级新闻出版部门在加强学校周边出版物市场日常监管的同时,结合开展扫除淫秽色情出版物,打击盗版教材教辅资料等专项行动,净化学校周边出版物市场。据统计,2006年全省共出动执法人员11.22万余人次,检查市场2.88万余次、店铺5.54万余次;查缴非法出版物504万余件;查办案件835件,行政处罚案件1169件,移送司法机关处理案件40余件,结案率达85%以上。

(四)加强学校周边经营场所监管。各级工商行政管理部门以治理学校周边影响师生身心健康、公共安全的经营摊点为重点,严把经营主体“准入关”,坚持日常巡查和专项整治相结合,努力为师生营造良好的学校周边经营环境。

(五)加强学校及周边食品卫生监管。各级卫生部门高度重视学校食品卫生及周边餐饮摊点卫生,加强日常监管,规范经营行为。如成都市认真落实“一校一组一周”制度,组织100名医务人员与市卫生执法监督人员组成51个驻点小组,对城区51所学校的56个食堂实行驻点检查。2006年全市累计出动执法车辆526台次、卫生执法监督人员3813人次;检查各级各类学校食堂、学校周边餐饮点2002个、从业人员1.8万余人,生活饮用水单位65户、抽取水样52件。内江市对中小学生喜爱的食品进行重点检查,查处制售假冒伪劣食品案件11件,罚没金额2.1万元。广元市严管学校店铺进货渠道,建立经营户进货验收制度和质量承诺制度。

(六)加强学校及周边建设工程监管。各级建设部门将学校及周边治安、消防、交通基础设施列入城市建设规划,将安全设施纳入学校建筑设计标准,并严格监督实施。积极会同教育行政部门定期对校舍进行安全检查,消除事故隐患;加强学校周边建筑工地施工监管,保证学校教学秩序不受影响。如泸州市对学校周边建筑进行清理,责令3所学校周边8处违章建筑进行整改或拆除。资阳市定期对学校建筑物进行安全检查,对过期和不符合要求的消防器材责成及时更换。达州市加强学校D级危房监控,改造D级危房13万余平方米,对检验不合格的B、C级危房设立警示标志和警戒线。

四、坚持不懈开展安全法制教育,增强学生自我防范意识

(一)充分发挥课堂教学主渠道作用,普及安全法律知识。2006年秋季开学,全省高校26万新生开设了“思想道德修养与法律基础”新课程。中小学把安全法制教育纳入基础教育课程改革,在“思想品德”课设法律基础知识章节,做到“教材、课时、师资、考核”四落实;把安全教育纳入教学计划、列入课表。如遂宁市在所有中小学开设

"法律常识"课。内江市把开学第一周定为学生安全法制教育周,做到新学期安全法制教育先行。

(二)开展多种形式的教育活动,强化学生安全法制观念。一是开展社会主义荣辱观教育活动。3月,胡锦涛总书记发表关于树立社会主义荣辱观的重要讲话后,教育厅、团省委分别制定在教育系统和青少年中开展社会主义荣辱观教育的实施意见。各级各类学校积极响应,开展多种形式的学习教育活动,引导青少年学生自觉实践社会主义荣辱观。二是开展法制宣传教育活动。司法厅、教育厅在教育系统启动"五五"普法教育,继续组织刑释解教人员报告团到中小学现身说法。团省委广泛开展"未成年人维权月活动"、"青少年维权岗活动",通过"法制进校园、法制进家庭、法制进社区"等宣传教育活动,向青少年、家长和群众宣传法律知识。据统计:仅"维权月"期间,各级团组织共组织法制宣传教育435次,讲座近2000场。三是开展主题教育活动。在全省中小学继续开展"校园拒绝邪教"、"拒绝诱惑,远离网吧"、"珍爱生命,远离毒品"等教育活动。各地从实际出发组织开展多种形式的主题教育活动。如成都市开展"预防校园侵害,加强食品卫生安全,提高青少年自我保护能力"以及"平安校园,成都百万师生消防大行动"等主题教育活动。资阳市以"关注安全、关爱生命"为主题,组织文艺演出158场,治安、消防、交通、食品安全防范演练330余次,悬挂宣传标语3480幅,办专栏、板报8200余期,发动禁毒签名10万人次。

(三)加强安全法制教育师资队伍建设。一是加强专职教师队伍建设。为了确保高校《思想道德修养与法律基础》课开课质量,教育厅邀请全国知名专家对500余名高校专职教师进行三天集中培训。利用高校师资培训中心,对分管安全工作的教育行政部门干部和校长、教师进行为期一周培训。对中小学"思想品德"课教师分级进行安全法律知识培训。二是加强兼职教师队伍建设。全省95%以上中小学配备兼职法制副校长或兼职法制辅导员,部分市对兼职法制副校长或法制辅导员开展专题培训。

(四)动员组织家长、社会共同关心青少年成长,切实保障青少年的合法权益。充分发挥家长和社会各界的作用,加强对学生的教育管理,逐渐形成学校、家庭、社会"三位一体"的教育管理机制,有效预防青少年违法犯罪行为的发生。甘孜州建立学校—家长联系制度,各学校通过家长会、家长学校加强与家长的联系,争取家长的支持和配合。如要求家长教育子女不进网吧、游戏机室,不吃流动摊点的不洁食品,放学按时回家等。自贡市通过建立学校与社区联系会,加强学校与社区、街道、派出所、片区民警的联系和沟通,共商青少年教育管理和校园周边环境建设工作。

铁路护路联防工作情况

一、严格实行一体化管理,狠抓责任制落实

一是省委、省政府将护路联防工作作为社会治安综合治理和"平安四川"建设的重要内容,作为"一把手工程",逐级签订了《铁路护路联防工作目标》责任书,层层明确任务,严格执行领导干部责任追究制和"一票否决制",构建起了党政领导负总责,综治委主抓,路地联动、村社(学校、车站)为基础、分段定责,一级抓一级、逐级抓落实,纵向管理到底、上下贯通的工作机制。省综治委铁路护路联防工作领导小组成员多次深入重点区段实地调研,检查指导。二是按照"谁主管、谁负责"的原则,将综治委成员单位的考核目标与包保联系单位的工作成效挂钩,制定细化分解工作指标,各司其职,充分发挥职能作用,主动参与,形成了综治委牵头,成员部门联手行动,横向管理到边、密切协作的工作机制。各地将护路联防工作成效与县(市、区)党政主要领导干部、分管领导干部、政法委书记、综治办主任、公安局长和综治成员单位党政一把手的个人晋级、评先、受奖资格挂钩,严格查究,责任共担。三是按照"属地管理、条块结合”的原则，将铁路车站纳入所在地的护路联防工作的总体规划，纳入平安县（市、区）建设的整体考核中，与铁路部门的年度生产安全经营目标挂钩，同检查、同部署、同考核、同奖惩，形成了路地齐抓共管、步调一致、共同参与的良好局面。12月，经检查考核和综合评定，省综治委对攀枝花市综治委铁路护路联防工作领导小组等完成2006年度铁路护路联防工作目标成绩突出的21个单位进行了通报表彰。

二、强化突出治安问题整治，维护铁路治安大局平稳

全省坚持“什么问题突出就重点整治什么问题，哪里问题突出就整治哪里”的原则，抓住危及铁路运输安全畅通、影响全省铁路治安大局稳定的突出治安问题不放松，综治、护路、公安、工商、铁路等部门联手行动，持续开展了“平安一号”、“平安二号”治安专项整治、“铁盾、利剑、天网”行动等区域性专项整治行动，在铁路沿线2.5公里范围内形成了一道维护铁路治安的屏障。一是强化铁路沿线废旧金属收购站点的管理。全省大力推广了绵阳市运用“综治委参与、政府主导、市场化运作、行业自主经营、规范化管理”的新模式，在铁路沿线建立了一批专业市场，统一管理原有分散式、流动性的废旧金属收购站点，巩固和发展了集中清理整治成果。凉山州综治委、公安局、工商局和西昌铁路公安处联合制定了《凉山州铁路沿线废旧金属站（点）管理实施办法》，规定铁路沿线乡村2500米、城镇200米作为禁设区，逐级规范“审批、管理、监督、宣传、处罚”等措施，明确职责，从源头上堵住了销赃渠道。二是强化重点区段的专项治理。全省推广了成昆线路地联防联动的作法，集中治理了重点区段、重点车站和重点列车的货盗、掀盗铁路运输物资犯罪活动。省综治委护路办组织力量对部分线路、区段和车站的治安状况和防范情况进行了暗访，对治安乱点和突出治安问题进行了督查，投入了100万重点整治经费，组织沿线党委、政府和路地公安机关集中开展了区域性专项整治行动。铁路公安机关坚持人防、物防、技防多管齐下，主动与沿线市（州）、县（市、区）护路办实施车站“一站三警制”警务模式和区段巡逻守护互签确认模式，落实预警通报制度，从建立货车破封问责考核机制入手，将清查货物列车破封被盗纳入民警、联防队员的工作范畴，将防控责任分解到每一个区段、车站、警组、人头，实现了当日定责、每日通报、及时考核的动态治安管理模式，增强了民警、护路联防队员的责任意识，形成了铁路与地方、车站与车站、车站与所队、所队与公安处、护路办共同掌控货物列车治安状况的局面，全天候、多方位地加强了站、车、线的治安防控，提高了铁路治安管理能力，促进了打、防、控措施的落实。对沿线车站出租、经营、闲置及违章搭建等房屋，路地有关部门进行了集中清理，修建了围墙，实行了封闭式管理，截流堵源，有效地净化了车站及周边治安环境，使沿线车站周边治安秩序得到了根本性改变。路地公安机关坚持“露头就打”的原则，保持高压严打态势，加大各类案件的侦破查处力度，狠刹了违法犯罪分子的嚣张气焰。全省铁路车站货物列车破封数已经从原来的日均30枚下降到现在的日均8枚左右。三是以预防和减少摆放路障、耕牛上道、路外伤亡、围车叫卖为重点，强化铁路沿线治安管理。省综治委铁路护路联防工作领导小组与流动人口治安管理领导小组携手，推广了眉山市加强铁路沿线流动人口管理的作法，重点解决了流动人口和“三无人员”、吸毒人员、刑释解教人员等滋扰铁路治安稳定的隐患。广安市借鉴煤矿驻矿员、林区护林员、江河码头船管员的管理和建设机制，把防止路外伤亡事故列为安全防范工作的重点，在铁路沿线广泛开展了“争创零伤亡事故单位”竞赛活动，严格责任、严格管理、严格监督、严格考核，落实各项措施，使境内路外伤亡事故大幅下降。眉山市彭山县综治、护路部门将创建“无耕牛县”作为加强护路联防工作，预防和减少危行案件的重要举措，相关职能部门联手成立了专项工作小组，坚持“宣传教育、专项补偿、配套政策”三结合，政府按照每处置一头耕牛补偿500元（其中对6月龄以上的孕牛，按每头600元的标准补偿）；农机部门对耕牛处置户购置农机，按购机价格的50%给予补贴；农技部门积极引导农民调整产业结构，大力推广免耕作业等新技术；税务部门对耕牛宰杀相关税费适当给予优惠，取得了很好的效果，铁路沿线逐步实现了“无耕牛目标”，彻底解决了耕牛上道对铁路运输安全构成的威胁。2006年,省综治委铁路护路联防工作领导小组拨专款表彰奖励了50个强化铁路沿线治安管理工作先进集体。

三、深化平安铁道线建设,努力增强铁路治安防控能力

中央护路办部署《在全国铁路沿线开展"平安铁路示范路段"创建活动三年规划》后,省综治委铁路护路联防工作领导小组召开会议,专题研究制定了贯彻实施意见,提出了年内全省50%以上的路段建成省级平安铁道线(车站)的创建目标。省财政投入150万元作为专项经费,以推动创建活动的深入开展。6—8月,省综治委分别召开了4次创建"平安铁路示范路段"现场推进会,总结、交流、推广了平安铁道线(车站)创建工作经验,推动了全省平安铁道线(车站)创建工作广泛深入开展。一是落实矛盾纠纷排查调处机制。全省以铁路沿线企业改制、征地拆迁、劳资关系等容易影响铁路运输安全的问题为重点,将杜绝冲击铁路站车、阻断运输安全畅通作为护路联防工作的重要目标来抓,严格按照《矛盾纠纷排查调处工作规程》,把"组织建设走在工作前,预测工作走在预防前,预防工作走在调解前,调解工作走在激化前"的"四前"工作机制引入了涉路矛盾纠纷排查调处中,坚持了"三优先"制度(即优先排查、优先受理、优先调处),着力构建"三个"网络(畅通完善的信息网络、高效运转的调处网络、快速反应的"处突"网络),在铁路沿线形成了信息灵敏、覆盖全面、运作顺畅、反应快捷的预防化解矛盾纠纷工作格局,将各类涉路矛盾纠纷化解在萌芽状态。2006年,全省境内没有发生一起冲击阻断铁路、拦截列车等群体性事件。二是强化爱路护路宣传教育。各地始终将宣传教育工作作为经常性的工作常抓不懈、持之以恒,不断改进宣传方式、创新宣传方法,充分发挥电视、广播、报刊等新闻媒体的舆论引导作用,宣传《铁路运输安全保护条例》和铁路安全常识,宣传平安铁道线(车站)创建的重要意义,充分发动沿线人民群众积极参与,提高了沿线群众爱路护路意识和维护铁路治安的自觉性。在路地公安系统,推广了重庆铁路公安处宜宾南车站派出所以"护路宣传进农家,法制服务进农家,警情沟通进农家,急困救助进农家"为主要内容的"四进农家"宣传实践活动,进一步密切了警民关系,丰富了治安管理工作的内容,畅通了信息渠道,共创平安铁道线。在沿线中小学校,推广了眉山市"八个一"工程活动,按照"成立一个组织机构、组建一支红领巾小分队、配备一名法制副校长、办好一个宣传专栏、签订一份承诺书和倡议书、每季度开展一次义务活动、每学期开展一次演讲比赛、每学年评选表彰一批铁道小卫士"的要求,统一编印了爱路护路"七字歌"和"不字歌",广泛开展了"爱路护路示范(先进)学校"和铁道小卫士创建活动,掀起了爱路护路宣传教育的热潮,形成了"小手拉大手,一人带一家,一家带全村"的良好创建氛围。年底,省综治委铁路护路联防工作领导小组表彰了爱路护路宣传教育30个先进集体和100名先进个人,并命名了20所"爱路护路宣传教育示范学校"和200名"铁道小哨兵",有力地推动了"平安铁路示范路段"创建工作的发展。三是规范考核命名机制。省护路办把创建活动的常态、机制、效果作为重点,修订完善了《四川省平安铁道线(车站)命名表彰暂行办法》和《四川省平安铁道线(车站)测评体系》,坚持明查暗访、交叉检查和委托统计部门综合测评等相结合,加大了考核力度,不断提升了全省平安创建的水平和质量。年底,省综治委护路办根据《四川省平安铁道线(车站)测评体系》,组织对各市、州及铁路部门申报的52个区段和31个车站进行了检查考核和综合评定。经公示后,省综治委命名广元市朝天区段等21个区段和峨嵋车站等8个车站为2006年度省级平安铁道线(车站),予以表彰奖励。

四、狠抓基层基础建设,提高护路联防工作水平

全省坚持"以人为本"思想,狠抓了队伍建设、经费管理、后勤保障、自身建设和基础建设。一是实现了护路联防队伍的整体转型。为有效减少护路联防队伍中出现的劳务纠纷,全省推广了宜宾市的作法,充分运用社会治安综合治理群防群治工作机制,按照"人民铁路人民护和以尽义务为主,适当给予误工补贴"的原则,以县(市、区)为单位,由铁路沿线的乡(镇、街道)采取"面向社会,就近铁路、本人自愿、一年一选"的办法,将原有的护路专职队员变更为群防群治护路队员,护路联防承包劳务费改为误工补贴费;将过去逐年每人分段签订承包合同,更改为由当地护路联防组织下达护路工作责任目标，并在铁路沿线组建了一批由村社干部为主的群防群治义务护路协理员，负责对村（居）民的爱路护路宣传教育，防止危及行车安全的案件和事故发生。两支队伍在当地护路联防组织和路地公安机关的组织领导下开展护路工作，加强重点路段、时间、部位的巡守，做到了线上有人巡、点上有人守、面上有人管。二是健全了铁路治安情况通报机制。全省建立了省护路办与成都铁路公安局、市（州）护路办与铁路公安处、县（市、区）护路办与铁路公安派出所的三级定期联系通报制度，互通铁路区段拆盗、货物列车破封、被盗、旅客列车发案及沿线周边治安复杂区域、特种行业、重点人口分布及活动规律等治安情况。对重大突发事件，及时通报。三是加强护路联防经费管理。9 月，省护路办专门召开了全省联防办主任会议暨财会人员培训会，通报了 2005 年度以来铁路护路联防经费管理情况，培训了财会人员。全省各级护路联防组织按照省委、省政府《关于开展财政专项资金使用管理情况清理检查的通知》的要求，加大了护路联防经费管理的清理检查力度，及时整改护路联防经费管理中存在的问题，制定完善了规章制度，进一步规范了护路联防经费管理和使用。四是加大保障机制建设。为进一步夯实铁路护路联防系统基础设施建设，改善护路联防队伍的办公、生活条件，省综治委护路办统一购置了一体机、计算机等现代化办公设备，拿出专款维修了成昆铁路凉山、攀枝花段和襄渝铁路达州段等区段的护路执勤点，为护路联防队员制作了执勤服装、强光电筒等装备，极大地调动了护路联防队员的工作积极性，推动了全省铁路护路联防工作再上新台阶。

四川省社会治安综合治理主要会议和活动

一、省综治委会议

（一）4 月 24 日，省委常委、政法委书记、省综治委主任欧泽高主持召开了省综治委 2006 年第一次全委会。省检察院、省民委、省妇联、省中小企业局等 4 个成员单位介绍了开展平安创建工作的经验；成都市青羊区及少城街道办事处、区妇联分别介绍了开展平安创建活动的主要情况和经验。欧泽高同志对 2005 年以来全省开展平安创建活动的主要情况进行了总结，对下一步开展平安创建活动作了强调：一是进一步增强责任感和紧迫感，强力推进平安创建活动深入开展；二是突出重点，解决难点，大力提升平安创建实效；三是各综治成员单位要进一步明确工作职责，健全工作制度，发挥模范带头作用。省军区副政委、省综治委副主任肖明惠，省法院院长、省综治委副主任李少平，省检察院检察长、省综治委副主任陈文清出席会议。成都市综治委负责同志列席了会议。

（二）6 月 20 日至 22 日，省综治委在成都召开了平安创建现场推进暨综治干部培训会。各市州综治委主任、综治办主任，82 个拟申报省级平安县（市、区）的党委分管综治工作领导、综治办主任参加了会议。省委常委、政法委书记、省综治委主任欧泽高出席会议并作了重要讲话。省法院院长、省综治委副主任李少平，省检察院检察长、省综治委副主任陈文清，省军区副政委、省综治委副主任肖明惠出席了会议。会上，省委政法委副书记、省综治办主任王萍传达了全国社会治安综合治理会议精神，并与省委政法委副巡视员陈元善对综治干部进行了培训。成都、绵阳、宜宾，成都市武侯区、金牛区、双流县、营山县，双流县公安局等市（县、区）、单位分别介绍了开展平安创建的做法和经验。

（三）9 月 14 日，省综治委召开了 2006 年第二次委员会。会议听取了省委政法委副书记、省综治办主任王萍同志就我省推荐第十次全国见义勇为英雄、先进分子和第二次全国见义勇为工作先进单位、先进工作者候选对象的先进事迹、各地推荐工作的情况介绍，审议了我省推荐第十次全国见义勇为英雄、先进分子和第二次全国见义勇为工作先进单位、先进工作者候选对象。同时，对进一步加强未成年人思想道德建设，大力弘扬见义勇为精神提出要求。会议由省法院院长、省综治委副主任李少平主持，省见义勇为主要工作部门以及省综治办、省委宣传部、省公安厅、省教育厅、省民政厅、省人事厅、省劳动和社会保障厅、省卫生厅、省保险公司等负责同志参加了会议。

（四）10 月 12 日，在西藏拉萨市召开了川、青、滇、甘、藏等 8 省（区、市）共建平安边界座谈会，省委政法委副书记、省综治办主任王萍同志参加了会议。四川省综治委与西藏自治区综治委签订了《加强流动人口管理、预防打击非法出入境活动共建平安边界协议书》。

（五）12 月 29 日，省委常委、政法委书记、省综治委主任欧泽高主持召开了省综治委 2006 年第三次全委会。会议通报了各市州和省综治委成员单位执行《2006 年社会治安综合治理工作目标》情况，对 2006 年全省开展平安创建情况进行了总结，审议了拟报省委、省政府表彰的执行《2006 年社会治安综合治理工作目标》优秀、良好市州和省综治成员单位；审议了通过公示的省级平安县（市、区）。欧泽高同志作了重要讲话，强调：一要按照构建社会主义和谐社会的本质要求，进一步深化对平安创建重要性的认识；二要积极预防和有效化解各种矛盾，最大限度地增加和谐因素，最大限度地减少不和谐因素；三要切实改进和加强社会管理，促进社会安定有序；四要充分发挥各部门的职能，进一步形成齐抓共建的工作局面。省政府副省长、省综治委副主任张作哈，省政协副主席、省综治委副主任冯崇泰出席了会议。

二、省综治委重要活动

2 月 11 至 24 日，中央电视台摄制组到四川省采访制作《省委书记话平安》（四川专辑）节目，省委书记、省人大常委会主任张学忠就四川平安创建工作接受了中央电视台记者采访，对全省平安创建及综治工作取得的成绩给予了充分肯定。该节目于 3 月 14 日在中央电视台播出。

3 月 1 日至 4 日，中央综治委、解放军总政治部工作组一行 4 人，到四川省调研总结军地预防犯罪共建平安工作。工作组一行深入到成都市新都区、乐山市夹江县的乡、镇（街道），走访群众、召开座谈会了解基层军地共建情况。

三、省综治办重要会议及活动

3 月 15 日，省综治办召开省综治委各专门工作领导小组办公室联席会，听取各工作领导小组办公室 2006 年重点工作，讨论研究工作目标考核办法。省委政法委副书记、省综治办主任王萍主持会议。省综治办副主任陈元善、朱时顺，基层处副处长付晓军参加了会议。

3 月 16 日，成都市 6 城区举行了声势浩大的平安创建集中宣传活动。省委常委、省政法委书记、省综治委主任欧泽高，省委政法委副书记、省综治办主任王萍视察了宣传活动。

3 月 22 日至 25 日，省综治办召开制定《平安县（市、区）测评体系》和《社会治安综合治理目标考核细则》调研会，成都、德阳、宜宾、广安、乐山市及其部分县（市、区）政法委、综治办领导和省财政厅、省统计局部门负责同志参加了会议。

4 月 4 日和 6 日，省综治办分别召开省综治委成员单位联络员会，听取各部门开展平安创建工作主要情况。会议由省综治办副主任陈元善主持。省委政法委副书记、省综治办主任王萍到会并讲话。会上，各单位联络员分别介绍了本单位分解落实省综治委年初下达的《2006 年度省综治委成员单位工作目标》和本单位、本系统开展平安创建的主要情况，分析了当前在平安创建工作中存在的主要问题，提出了进一步加强工作的措施。

4 月 20 日至 30 日，省综治办 5 名同志与抽调的部分综治委成员单位联络员，组成 10 个工作组，对全省 19 个市（州）（不含甘孜、阿坝）申报的 68 个县（市、区）的平安创建工作进行了重点抽查。

8 月 7 日，省综治办召集省法院、省检察院、省公安厅、省国安厅、省司法厅等有关部门负责同志及部分县区综治和政法部门负责同志，召开了治安形势分析座谈会，对当前全省社会治安形势进行了分析，研究提出了对策建议。

8 月 7 日至 11 日，省综治办从省综治委成员单位抽调联络员组成工作组，对省综治委各成员单位执行《2006 年社会治安综合治理工作目标》情况及平安创建工作情况进行了交叉检查。

8 月 22 日，省综治办在成都市金牛区召开了省综治委成员单位联络员综治业务知识培训会。省委政法委副巡视员陈元善围绕社会治安综合治理及平安创建作了专题辅导。

8月29日至9月15日，省综治办组织了由部分省综治成员单位干部组成的20个工作组，对全省21个市州的101个县（市、区）的社会治安状况和防范措施落实情况进行了暗访督查。

10月初和11月中旬，省综治办组织省综治成员单位和各市州综治委负责同志对21个市州执行省委、省政府《2006年度社会治安综合治理工作目标》的情况进行交叉检查，对申报的省级平安县（市、区）进行验收。

四川省社会治安综合治理委员会及办公室组成人员情况

2006年3月31日，原省综治委部分副主任（原省人大副主任、省综治委副主任张宗源，原省政府副省长、省综治委副主任陈文光，原省军区副司令员、省综治委副主任胡昌政）因工作变动，经省委同意，对省综治委副主任进行了调整。4月5日，因省综治委成员单位有关领导工作变动，省综治委对省综治委委员进行了调整。调整后名单如下：

主　任：欧泽高　省委常委、省委政法委书记

副主任：陈文光　省人大常委会副主任
张作哈　省政府副省长
冯崇泰　省政协副主席
李少平　省高级人民法院院长
陈文清　省人民检察院检察长
肖明惠　省军区副政委

委　员：王东州　省政府秘书长、办公厅主任
刘功勋　省委办公厅副主任
陶生元　省人大常委会副秘书长
赵　勇　省政协副秘书长
秦　刚　省纪委常委、省监察厅副厅长
王　川　省委组织部副部长
殷建中　省委宣传部副部长
李敦伯　省委政法委副书记
刘作明　省委政法委副书记
张建魁　省委政法委副书记
王　萍　省委政法委副书记、省综治办主任
刘永剑　省直机关工委副书记
张玉山　省经济委员会副主任
唐小我　省教育厅副厅长
曲木车和　省民族事务委员会副主任
曾省权　省公安厅厅长
孙继昌　省国家安全厅厅长
李　钢　省民政厅副厅长
刘道平　省司法厅厅长
谢维勤　省财政厅副厅长
陈其金　省人事厅副厅长
陈　璞　省劳动和社会保障厅副厅长
谭新亚　省建设厅副厅长
吴果行　省交通厅厅长
刘伟华　省信息产业厅副厅长
傅志康　省农业厅副厅长
戴柏阳　省林业厅副厅长
窦维平　省文化厅副厅长
赵万华　省卫生厅副厅长
何天谷　省人口和计生委副主任
徐　进　省国有资产监督管理委员会副主任
陈原祥　省广播电影电视局副局长
黄国芹　省统计局副局长
沈　健　省工商行政管理局副局长

周国良　省新闻出版局局长
胡　斌　省旅游局副局长
曾本发　省安全生产监督管理局机关党委书记
王文义　省乡镇企业局(省中小企业局)局长
林建祥　省通信管理局副局长
敬宗泉　省邮政局副局长
张智勇　民航西南管理局党委副书记
窦志民　成都海关副关长
张家林　省总工会副主席
谭红杰　团省委副书记
马小玲　省妇联副主席
刘廷辉　中国人民银行成都分行副行长
王国成　四川银监局纪委书记
何雪红　中国人民保险公司四川省分公司副总经理
齐文超　成都铁路局局长
王顺龙　成都军区司令部动员部副部长
包汉武　成都军区政治部保卫部副部长
吴万锦　武警四川省总队副政委

四川省社会治安综合治理委员会办公室与省委政法委机关合署办公。省综治办下设综合处和基层处,处长由综治办副主任兼任。负责人名单如下:

办公室主　任:王　萍(女)
副主任:陈元善(兼综合处处长)
朱时顺(兼基层处处长)
基层处副处长:傅晓军

四川省社会治安综合治理委员会国家安全人民防线建设工作领导小组及办公室组成人员情况

组　长:陈文清　省检察院检察长、省综治委副主任
副组长:王　萍(女)　省委政法委副书记、省综治办主任
张　蜀　省国家安全厅副厅长
成　员:刘云夏　省委组织部副部长
赵　英(女)　省委宣传部外宣办主任
周光富(女)　省委教育工委委员
岳德松　省公安厅副厅长
谢维勤　省财政厅副厅长
陈桂生　省外事办公室副主任

领导小组办公室设在省国家安全厅。组成人员如下:

主　任:张　蜀(兼)
副主任:鲁成学　省国家安全厅涉外联络处处长
成　员:王预文　省委组织部办公室副主任
吕齐夏　省委宣传部外联处处长
苏　萍(女)　省教育厅思想政治工作处副处长
徐　承　省公安厅国保总队副总队长
邹积立　省财政厅行政政法处处长
张　维　省外办领事处处长
罗　广　省综治办调研员

四川省军地预防犯罪共建平安工作领导小组及办公室组成人员情况

组　长：肖明惠　四川省军区副政委

副组长：王　萍(女)　省委政法委副书记、省综治办主任

秦建辉　成都军区空军政治部副主任

成　员：唐其良　四川省军区政治部副主任

何　平　成都军区政治部保卫部部长

吴万锦　武警四川省总队副政委

邓修明　省人民法院副院长

郭　彦　省人民检察院副检察长

汤留生　省公安厅副厅长

赵　坚　省国家安全厅副厅长

三郎益西　省司法厅副厅长

领导小组下设办公室，办公室设在省军区政治部，其组成人员如下：

主　任：唐其良(兼)

副主任：张友森　四川省军区政治部宣保处处长

罗　广　省综治办调研员

成　员：陶建华　成都军区司令部直工部宣保处处长

张海涛　成都军区政治部办公室直工和副处长

李继茂　成都军区联勤部政治部宣保处处长

王卫红　成都军区装备部直工部政工处处长

葛振中　成都军区空军政治部保卫处处长

方家齐　武警四川省总队政治部保卫处处长

姜培杰　省人民法院保卫科科长

赵　华　省人民检察院侦检处副处长

徐　胆　省公安厅办公室副主任

吴　川　省公安厅国保总队副总队长

刘　进　省公安厅治安总队副总队长

浦　鸽　省国家安全厅指挥中心副主任

李贵洪　省司法厅办公室副主任

四川省各市、州、县(市、区)综治委、办主任名单

地　区	综治委主任	综治办主任	地　区	综治委主任	综治办主任
成都市	邓　川	李创江	金牛区	黄友竹	陶德清
青羊区	宫宝林	胡远萍	武侯区	彭光辉	马泮友
锦江区	梁健民	李小松	成华区	边蜀南	王　帆

地 区	综治委主任	综治办主任
龙泉驿区	谢瑞金	何卫金
青白江区	杨林兴	程 森
新都区	屈建宏	
温江区	周道富	刘德全
都江堰市	森 林	李安平
彭州市	杨英军	姚世云
邛崃市	王一田	李华明
崇州市	郭建平	余 林
金堂县	罗兴国	钟 斌
双流县	胡天成	何志革 （上半年） 张义平 （下半年）
郫 县	张云祥	张 骏
大邑县	陈殿豫	且化成
蒲江县	唐章昭	
新津县	周晓平	杨 斌
高新区	高 峰	卢哲平
广元市	贯开柱	杜成华
利州区	任志春	赵维超
元坝区	赵天禄	徐显荣
朝天区	刘克德	
旺苍县	何社元	杜兴荣
青川县	何 勇	赵继红
剑阁县	李伯伟	苏登海
苍溪县	张 喁	李凤润
市经济开发区	罗成甲	王荣东
绵阳市	陈友学	柳 锐
涪城区	段 扬	廖松柏
游仙区	苗 平 向地平	杨庆斌
江油市	冯 钢	李 明
三台县	王言庆	张宣忠
盐亭县	黄加伦	胥建勋
安 县	王 黎 张学民	曾荣国
梓潼县	羊 群	王志君
北川县	经大忠	崔代全
平武县	尤 珠	唐天奇
科学城	杨 雪	
科创区	刘文榜	杨乾慧

地 区	综治委主任	综治办主任
仙海区	李 炜	
高新区	黄 琦	
农科区	胡 精	张永堂
德阳市	马 华	龙维斌
旌阳区	邓 平	黄孟海
什邡市	冯 卫	覃华权
广汉市	宋方德	周光华
绵竹市	荣炳忠	余图军
罗江县	黄 亮	刘武贵
中江县	刘应刚	邓忠富
南充市	李志杰	杨明新
顺庆区	陈修鹏	于晓阳
高坪区	杨天武	杨玉文
嘉陵区	王秀国	赵承勇
阆中市	任 伟	钟颖博
南部县	杨光松	张 琼
西充县	史 焱	袁 铧
营山县	刘本良	陈建民
蓬安县	黄成立	王兴敏
仪陇县	张险峰	姚建国
广安市	付清民	明 亮
广安区	胡彦军 （1—9 月） 魏全元 （9—12 月）	杨人俊 （1—9 月） 熊鸿波 （9—12 月）
华蓥市	欧太元	杨晓东
岳池县	屠明春	刘 虹
武胜县	甘用德	张科京 （1—9 月） 余海舟 （9—12 月）
邻水县	李茂军	孔 毅 （1—8 月） 陈明平 （8—12 月）
遂宁市	杨云明	李 劲
船山区	蒲体德	牟菊修
安居区	王 俊	朱昌建
蓬溪县	丁学光	冯目准
射洪县	谢代银	梁 怡
大英县	张继明	马荣中

地　区	综治委主任	综治办主任
内江市	王志平	罗代金
市中区	林　锋	熊泽谦
东兴区	蒋学东	
威远县	张晓亮	邹红云
资中县	王　敏	吴耀峰
隆昌县	唐才华	梁绍金
乐山市	罗建安	张根尧
市中区	陈忠义 （1—6月） 赖淑芳 （7—12月）	黄　智 （1—8月） 周　帆 （9—12月）
沙湾区	陈　昆	王志明
五通桥区	王万锟	陈德祥
金口河区	先　平	张　燕
峨眉山市	王毕泉	杨永贵
井研县		巫惠平
夹江县	罗新礼	赵学富
沐川县	叶三强	毛志勇
峨边彝族自治县	徐　林	阿罗咯咯
马边彝族自治县	廖　敏	陈　华
自贡市	高先敏	朱新华
自流井区	明崇荣	吴建程
大安区	詹　勇	梁静燕
贡井区	罗长明	江义春
沿滩区	毛　碧	曾　泉
荣　县	周　颜	杨尚权
富顺县	张乾华	林立卡
泸州市	卫　是	
江阳区	张奎生	刘志勤
纳溪区	曾建雄	马德凤
龙马潭区	牛　波	熊开荣
泸　县	李林涛	刘世章
合江县	雷长文	税　政
叙永县	邵晓强	曾祥志
古蔺县	张永建	罗　祥
宜宾市	江金河	周　涛
翠屏区	杨朝康	任永奎
宜宾县	颜永祥	李德金
南溪县	朱　强	蒋玉友
江安县	熊林海	李开文
长宁县	刘光远	吴茂春

地　区	综治委主任	综治办主任
高　县	严　建	彭万强
珙　县	田文平	蒋　懿
筠连县	凌生平	彭　均
兴文县	黄泽江	高旭东
屏山县	余　湛	阳旭东
攀枝花市	谢道全	李昌华
东　区	孙　超	庞靖杰
西　区	叶　勇	吴顺友
仁和区	唐晓华	唐秋平
米易县	王永祥	唐光荣
盐边县	陈计全	王　鑫
巴中市	何长洋	杨玉兴
巴州区	刘青宁	周　进
通江县	刘显卫	曾庆安
南江县	王　政	何绍民
平昌县	向诚明	周　彬
达州市	胥　健	喻　东
通川区	刘应春	汪　霞
万源市	王乐钢	钟代平
达　县	杜　勇	冉茂富
宣汉县	米　谷	李汉瑜
开江县	赵大立	丁宣林
大竹县	黄生国	蒲贤云
渠　县	段建辉	徐　佳
资阳市	唐永良	钟映海
雁江区	段成武	唐远祥
简阳市	毛绍君	陈兴久
安岳县	封　安	袁荣祥
乐至县	刘明根	熊柱康
眉山市	苏　灿	张燕斌
东坡区	黄　怡	张兴安
仁寿县	冉登祥	杨久文
洪雅县	李　康	徐瑞洪
彭山县	袁世金	张志春
丹棱县	杨　健	胡忠武
青神县	陈万忠	王学清
雅安市	王　平	赵雅泉 （1—11月） 赵昌林 （11—12月）
雨城区	李　荣 （1—7月） 杨年毅 （8—12月）	彭　晞

地　区	综治委主任	综治办主任
名山县	李　川	李正军
天全县	董大志	李朝碧
	（1—11 月）	（1—11 月）
	高　平	高井江
	（11—12 月）	（11—12 月）
芦山县	王大武	程小秋
宝兴县	张顺昌	肖　云
	（1—10 月）	（1—10 月）
	张　晶	杨志全
	（10—12 月）	（10—12 月）
荥经县	肖灵梅	郑跃辉
	（1—10 月）	（1—7 月）
	刘志新	段平波
	（11—12 月）	（8—12 月）
汉源县	岑　刚	郑际屏
	（1—11 月）	（1—10 月）
	杨晓勇	郝建全
	（11—12 月）	（10—12 月）
石棉县	邱德勇	王欣荣
	（1—9 月）	
	李权易	
	（9—12 月）	
阿坝州	杨德寿	朱湘平
马尔康县	李义德	陈光富
汶川县	余朝荣	郑福泉
理　县	蒲兴璋	王　平
茂　县	祁寿清	王永康
松潘县	黄芝林	帕　戈
九寨沟县	赵　平	林绪平
金川县	王德海	冯大清
小金县	聂兆容	何其云
黑水县	洪成明	陈　敏
壤塘县	陈友明	况　荣
阿坝县	龙　刚	邓永华
若尔盖县	秋　生	何　毅
红原县	张树亮	杨　军
甘孜州	阿基彭措	李友才

地　区	综治委主任	综治办主任
康定县	王建国	冯　俊
泸定县	黄　文	袁　奎
丹巴县	王兴丽	张定清
九龙县	杨庆华	高学明
雅江县	唐永孝	江水蓉
道孚县	益西达瓦	唐光荣
炉霍县	陈德贵	文　献
甘孜县	陈洪暴	黄永波
新龙县	杨树龙	胡　江
德格县	吴忠贵	呷马清培
白玉县	张胜权	陈永胜
石渠县	段毅君	兰朝华
色达县	杨建军	小尼马
理塘县	拉尔布	蒋　强
巴塘县	肖志超	罗绒益西
乡城县	多　吉	多　登
稻城县	桑郎泽仁	思子热太
得荣县	曲　批	建　新
凉山州	罗凉清	米色尔海
西昌市	余明良	温先林
盐源县	瓦西亚夫	林茂秋
德昌县	陈　家	张苏华
会理县	李启元	李　华
会东县	伍　松	周廷聪
宁南县	刘　农	
普格县	海来日古	罗祖寿
布拖县	比曲吾色	余友凉
金阳县	勒尔伍哈	蒋古体
昭觉县	王　东	杨安民
喜德县	宋国平	吴又一
冕宁县	拉一哈古	苏正武
越西县	沙马伟古	赵　涛
甘洛县	吴仲海	唐炳强
美姑县	阿木布沙	易　峰
雷波县	苦卫东	刘兴伟
木里县	杨二车	赵国富

（撰稿人：陈元善　郭　宇
审稿人：王　萍　窦朝晖）

贵 州 省

2006 年社会治安综合治理工作概况

2006 年,贵州省社会治安综合治理工作坚持以邓小平理论和“三个代表”重要思想为指导,以科学发展观为统领,认真贯彻落实党的十六届五中、六中全会精神和全国政法、综治工作会议精神,在省委、省政府的正确领导下,全省各级各部门按照中央、省委关于加强社会治安综合治理工作的一系列指示和要求,紧紧围绕全省经济社会发展大局,坚持“打防结合、预防为主,专群结合、依靠群众”的工作方针,紧扣平安贵州建设,构建和谐贵州,加强基层基础工作,整体推进治安防范体系建设,深入开展矛盾纠纷排查调处,建立健全和完善社会治安综合治理长效工作机制,推动社会治安综合治理各项措施的落实,有效维护了社会治安和社会政治的稳定,为全省经济社会跨越式发展创造了和谐稳定的社会环境。

一、深入开展平安建设,大力创建“平安贵州”和“和谐贵州”

2006 年,按照中共中央办公厅、国务院办公厅转发《中央政法委员会、中央社会治安综合治理委员会关于深入开展平安建设的意见》(中办发[2005]25 号)的通知精神,把社会治安综合治理和平安建设工作纳入全省经济社会发展第十一个五年规划,提出了建设“平安贵州”和“和谐贵州”的总体目标任务。8 月,省委、省政府下发了《全省社会治安综合治理第四个五年规划》及《全省社会治安综合治理第四个五年规划实施方案》(黔党发[2006]17 号),明确了指导思想、组织领导、总体目标、主要措施、保障条件和实施方法。决定从 2006 年到 2010 年,全省社会治安综合治理工作以深入开展平安创建活动为重点,通过广泛深入地开展平安建设,积极预防和有效化解各种社会矛盾,大力推进治安防控体系建设,加强基层基础工作,努力防止和减少严重危害国家安全和政治稳定的事件、严重危害社会稳定的重大群体性事件、严重危害人民群众生命财产安全的重大治安事件和重特大安全生产事故的发生,全面推进社会治安综合治理各项措施的落实,使全省社会治安综合治理工作整体水平得到提升,维护稳定工作和社会治安工作取得新的进步。到 2010 年,全省 85% 的县(市、区、特区)达到平安建设标准。

全省九个市(州、地)和部分企事业单位相继制定了综治“四五”规划及实施方案,作出了深入开展平安建设的决定,启动了平安建设工作。各地各单位精心组织,加强领导,采取“抓典型、以点带面”和“以块为主、抓条条、全面推进向纵深发展”的办法,以创建平安县(市、区、特区)、平安乡镇、平安单位等为重点,扎实推动平安建设。

3 月,省综治委在平坝县召开全省社会治安综合治理基层平安建设现场会议,总结了近年来各地以县(市、区)为重点推进平安创建、结合实际抓好乡镇、村的基础工作,创建平安的经验,全面部署了全省基层平安建设工作。各地在开展平安建设中,着力抓好典型示范引路,深入推动平安建设的开展。贵阳市创建“平安贵阳”,以突出创建“平安市(县、区)”和“平安街道(乡镇)”为重点,已命名 115 个街道(乡镇)为市级“平安街道(乡镇)”;遵义市城乡以“四在农家”、“四民社区”为内容,不断拓展和深化平安创建工作,推动全市综治工作的全面发展,全市已创建平安村寨 1746 个,覆盖率达27.2%,其中,余庆县的覆盖率达到 59.5%。安顺市在农村以“七个到位”和创建“十无”模范村建设,健全防范网络,完善工作机制,全面推进平安建设。六盘水市开展“七有七无”平安和谐村创建,推进创建“平安六盘水”工程,并专门制定下发了《社会治安综合治理暨

“平安六盘水”工程领导责任查究办法(试行)》。黔南州围绕“平安黔南”建设的总体目标开展工作,取得一定效果。黔东南州突出“四个长效防范机制”建设,扎实推进社会治安综合治理和平安建设工作。黔西南州构建以社区民警为轴心,以社区治安联防队员、保安员、自愿者巡防队、楼院守护人员等为主体的治安防范网络。铜仁地区紧紧围绕重在基层、重在基础、重在实效、重在创新的“四重”理念,广泛开展“平安铜仁”创建工作。毕节地区以完善三个机制、强化四项保障、加强五网建设、健全六大体系为重点,抓好社会治安综合治理和平安建设工作。

二、加强矛盾纠纷排查调处工作机制建设,积极预防和化解矛盾纠纷,维护了全省社会大局稳定

一是建立健全矛盾纠纷排查调处的各项工作责任和制度。各地各部门始终高度重视预防和减少矛盾纠纷,并作为服务群众和维护稳定的一件大事来抓,健全完善工作责任制和工作制度。加大对企业改制、城市征地拆迁、农村山林水土权属、水库移民等引发的矛盾纠纷排查化解力度,避免和减少了因人民内部矛盾引发的群体性事件的发生。二是重点做好基层矛盾纠纷排查调处,规范基层矛盾纠纷排查工作制度,坚持“四查四报”,及时了解群众关注的热点和难点问题,及时发现和疏导化解各类矛盾纠纷,努力把各类矛盾纠纷解决在当地、解决在基层、解决在萌芽状态,做到了发现得早,化解得了。各地不断完善信访工作制度,提高信访工作效率,畅通群众诉求渠道,化解了各个方面信访案件所反映出来的矛盾纠纷,形成了“源头控访、服务减访、责任化访、综合治访”的信访工作格局和“公开接访、联合接访、依法导访、下访、陪访、约访、寻访、回访”的信访工作“八访”制度,积极引导群众依法有序地提出自己的合理诉求,有效地遏制了集体、越级和重复上访,2006年全省非正常进京上访和信访总量都呈下降趋势,没有发生严重影响社会稳定的重大群体性事件。2006年,全省共排查出各种矛盾纠纷74758件,调处纠纷72769件,调处率达到97.3%。

三、加强严打整治斗争的针对性,依法严厉打击各类严重刑事犯罪活动

坚定不移地贯彻“严打”方针,始终保持对刑事犯罪的高压态势。全省各级政法部门在党委、政府的领导下,加强“严打”经常性工作机制建设,不间断地开展“命案必破”、“重案必破”、“逃犯必追”和“打黑除恶”、打击“两抢一盗”和“赌博”、“扫黄打非”、整治校园周边治安环境等专项斗争,刑事案件的高发态势得到有效控制。2006年,全省刑事案件同比下降0.5%,其中“两抢一盗”案件同比下降2.4%。刑事案件致死、致伤人数同比分别下降2.4%和5.1%。各级公安机关已打掉和正在侦办的涉黑涉恶犯罪案件共计30宗,其中黑社会性质组织犯罪案件8宗。

全省各级综治部门把排查和整治治安混乱地区和突出治安问题作为一项基础性工作来抓,坚持定期分析治安形势,定期排查治安乱点和治安突出问题,适时组织专项整治,限期改变治安面貌。对群众反映学校及周边的治安问题,组织专门力量进行整治,收到较好的效果。在此基础上,切实抓好稳定校园及周边良好治安秩序的巩固提高工作,对贵阳地区17所高校及周边的治安现状进行深入调研,8月份,组织召开了全省学校及周边治安综合治理工作会议,明确提出了全省学校及周边综合治理工作的要求,同时,省委办公厅、省政府办公厅下发了《关于进一步加强高校安全稳定工作的意见》和《关于进一步加强中小学(幼儿园)安全保卫工作的意见》,对解决影响学校及周边的安全稳定工作起到了重要作用,深受社会、学校、家庭的欢迎。

四、全面加强“四类群体”的教育管理和服务,提高社会管理的实效性

一是认真开展预防青少年违法犯罪工作。全省各级各部门围绕“青少年违法犯罪社区预防计划”,积极开展“预防未成年人违法犯罪零社区”创建活动,以实施“为了明天——预防青少年违法犯罪工程”,加强社区青少年法律学校建设,大力开展“青少年网络文明”活动,“社区青少年远离毒品行动”和“青春自护行动”,深化创建优秀“青少年维权岗”,进一步完善预防青少年违法犯罪的工作机构、机制和经费三大保障体系,着力构建了社会、学校和家庭三位一体的预防网络,落实了管理、帮教、保护三项措施,深入推动了预防青少年违法犯罪工作的开展。全省共聘请1000余名“青少年安全放心网吧”志愿监督员，对“网吧”进行监督检查，净化了青少年健康成长的社会环境。二是加强流动人员管理，把服务和管理有机结合起来，有效预防和减少流动人口中的违法犯罪。各地各部门认真开展流动人口和出租屋普查登记工作，搞好摸底排查、登记办证，运用遵义市桐梓县“以房找人，以房管人”的做法，加强对流动人口管理与服务。各地积极探索新形势下加大对流动人口的服务工作力度，遵义县与浙江省诸暨市共同探索并实施“外警协管外口”的警务协作模式，得到公安部的充分肯定。三是认真做好刑释解教人员的安置帮教工作。各级安置帮教协调领导小组按照“帮教社会化、就业市场化、管理信息化、工作职责规范化”的总体工作目标，认真落实《关于进一步做好服刑、在教人员释放解教时的衔接工作的意见》，组织开展排查登记，加大与监狱、劳教所等部门的衔接管控，基本做到了底数清、情况明。四是进一步加大禁毒工作的力度。2006年，以遏制毒品来源、遏制毒品危害、遏制新吸毒人员滋生为目标，深入开展“禁毒预防、禁吸戒毒、堵源截流、禁毒严打、禁毒整顿”的禁毒人民战争，坚持“打团伙、破大案、摧网络、缴毒资、抓毒枭”和“打零包”相结合，强化侦查破案，开展了打击外流毒贩的“猎狐”行动和整治歌舞娱乐场所毒品违法犯罪等专项行动。

五、提升技防科技含量，强化治安防控体系建设

一是在城镇着力强化对社会面的防范控制。全省88个县（市、区、特区）都成立了人数不等的由政府出资为主、单位筹资为辅的专职治安巡防队伍，目前，全省现有专职巡防队2278支18180人，在公安机关的带领下，对城区、重点乡镇、主要街道、要害部位和易发案路段进行巡查守护。各地建立完善了“三级巡逻、四级防范”的工作机制，对预防和减少社会面上的违法犯罪发挥了积极作用。全省县（市、区、特区）总数的80%都在城区主要街道、商业繁华区、重点要害部位、治安复杂场所和重点单位安装电子视频监控设备，对面上社会治安实行动态监控，提升了科技防范的水平。遵义市、毕节地区在所辖的全部县（市、区）城区落实了视频监控技术防范措施。金沙县还在乡镇所在地安装了视频监控设施。黔西南州兴义市由政府投资498万元，中国电信公司和贵州东冠科技有限安防专业公司投入960万元，整合社会资源60余万元，总投资1518万元，建成了城市报警监控系统，被公安部列为全国22个“3111”试点工程示范城市之一。探索出一条经济欠发达地区推广科技防范的新路子。二是在农村因地制宜开展群防群治。采取“十户联防”、“治安中心户长制”、“农户和村寨联防、轮流值守”、“大牲畜集中圈养”等防范守护措施开展治安防范工作，解决农村群防群治、落实防范责任的问题，逐步完善了群防群治工作机制。

六、突出重点、注重实效，认真开展社会治安综合治理宣传工作

2006年，贵州省下发了《贵州省2006年社会治安综合治理宣传工作要点暨宣传月活动安排意见》，全面部署了全省综治宣传工作。各市（州、地）、县（市、区）的领导充分运用各种媒体，撰写文章、接受记者采访、发表电视讲话等宣传综治工作和平安建设，扩大了人民群众对综治工作的知晓面，提高了全民对平安建设重要性的认识，促进了综治工作各项措施的进一步落实。省综治委成员单位结合工作职责，不断加大综治宣传力度。省直各部门领导与机关各处室和所属事业单位负责人签订了社会治安综合治理和消防安全目标责任书；纷纷召开专题会议，对综治宣传工作提出具体要求，领导亲自带队参加综治宣传咨询和安全生产宣传活动；专门制定工作计划，明确分工，落实综合治理工作经费保障措施，做到领导组织、宣传经费到位。各级综治委开展送法下乡活动，举办“弘扬民族精神，增强法制观念”、“安全伴我在校园，我把安全带回家”等为主题的演讲比赛，增强了综治宣传工作的针对性和实效性。

七、强化目标管理，明确领导责任，促进社会治安综合治理各项措施的落实

一是制定完善综治领导责任制的相关工作制度，将社会治安综合治理工作纳入了全省和各地经济和社会发展的总体规划，与三个文明建设一起抓，同部署、同检查、同落实。把社会治安综合治理工作的成效，作为检验各级党政领导班子和领导干部执政能力和执政水平的重要标志，列入干部政绩考核的重要内容，并将考核结果作为干部政绩评定、晋职晋级和奖惩的重要依据。

二是层层签订社会治安综合治理目标管理责任书，明确工作责任。

三是严格检查考评和兑现奖惩，强化责任追究。根据目标责任书的要求，省综治办制订下发了《贵州省2006年度市州地社会治安综合治理目标检查考核标准》。12月，组织12个检查组，对九个市(州、地)、23个建强县、16个县(市、区)和91个省直机关单位的社会治安综合治理工作目标进行了检查考核，经综合评定，将考核结果报送了省建强办、省目标办，贵阳市、遵义市、铜仁地区被评为2006年度全省社会治安综合治理目标考核一等奖。各地也相继制定考核标准，对辖区单位进行检查考核并兑现奖惩，严格实行"一票否决"，强化了各级各部门领导干部抓综治工作的责任，有力促进了综治工作各项措施的落实。

开展重点整治和专项行动情况

2006年，全省各级综治部门继续按照《关于报送治安混乱地区和突出治安问题排查整治情况及治安形势分析报告的通知》要求，把排查治安混乱地区和突出治安问题作为一项基础性工作来抓，进一步建章立制，普遍建立起了定期不定期的治安形势分析会、综治例会各定期排查制度，组织政法综治部门坚持定期排查治安混乱地区和突出治安问题，力求找准问题症结，适时组织专项打击和治理。乡镇(街道)每月向县市区、县市区每季度向市州地综治办，市州地每半年向省综治办报送一次当地治安混乱地区和突出治安问题排查整治情况。各地从治安形势和工作实际出发，认真组织力量，对排查出来的治安混乱地区和突出治安问题，进行列表造册，制定工作方案，及时采取有效措施，逐一研究排查、整治，把治安乱点和突出治安问题解决在初发阶段。2006年省综治委在深入贵阳地区17所高校及周边调研的基础上，组织召开了全省学校及周边工作会议，对全省学校及周边治安综合治理工作提出了明确要求；省委、省政府两办转发了《关于进一步加强高校安全稳定工作的意见》和《关于进一步加强中小学(幼儿园)安全保卫工作的意见》，对于解决影响学校及周边的安全稳定问题进行了系统的安排。贵阳市在高校、中小学校园及周边治安突出问题的综合整治中，采取突出治安问题滚动摸排，建立完善整治台账，实行"一校一表"，逐月销账、年底总结等方式，切实加强了学校周边网吧、文化娱乐场所、各种店铺和流动摊贩的规范管理和清理整顿。2006年，全省共排查出治安地区和突出治安问题1074个，已经整治好的956个，整治好转率为89%。

2006年，全省侦破了一大批危害大、影响恶劣、群众反映强烈的大要案件，抓获了一大批危害社会治安稳定的犯罪嫌疑人，整治了一大批治安混乱地区和治安突出问题，全省社会治安明显好转。一是打黑除恶专项斗争取得明效果，打掉了一批黑社会性质犯罪组织，其中包括全国"打黑办"第一批督办的贵阳市严郁华、遵义市湄潭县吴宗福两起黑社会性质组织犯罪案件；第三批督办的安顺市"双堡帮"涉黑案件。二是全省各地结合实际，不间断地开展了规模不等的打击多发性犯罪的区域性专项行动，开展全省性为期半年的"秋风行动"等专项行动，有力地打击了多发性犯罪高发势头。三是开展打击毒品违法犯罪专项斗争。2006年，全省以遏制毒品来源、遏制毒品危害、遏制新吸毒人员滋生为目标，深入开展以禁毒预防、禁吸戒毒、堵源截流、禁毒严打、禁毒整顿为主要内容的禁毒人民战争。四是开展打击赌博违法犯罪专项斗争。2006年，全省在做好宣传和调查摸底工作的基础上，结合"打黑除恶"专项行动，严厉打击各种赌博违法犯罪活动。

开展平安建设，加强社会治安防控体系建设情况

一是省委、省政府部署，有规划、有方案、有措施。省委、省政府认真贯彻落实中央深入开展平安建设的精神，结合全省国民经济与社会发展第十一个五年规划的总体要求，于2006年8月，以黔党发[2006]17号文印发了《全省社会治安综合治理第四个五年规划》及《全省社会治安综合治理第四个五年规划实施方案》，明确了综治平安建设的指导思想、组织领导、总体目标、主要措施、保障条件和实施方法。决定从2006年到2010年，全省社会治安综合治理工作以深入开展平安创建活动为重点，全面推进社会治安综合治理各项措施的落实，到2010年，力争使全省85%的县市区（特区）达到平安建设标准。2006年11月7日省委第九届九次全会通过的《中共贵州省委关于认真学习贯彻党的十六届六中全会精神大力构建"和谐贵州"的若干意见》，提出了"加强社会治安综合治理，推进'平安贵州'建设"，为构建"和谐贵州"创造稳定的社会环境的具体要求，将我省的平安建设提升到一个更高的层次。到2006年末，各市州地和大部分县市区（特区）党委、政府按照中央"中办发[2005]25号"和我省《综治"四五"规划》及实施方案的精神和要求，结合本地实际，制定下发了相应的"社会治安综合治理第四个五年规划及实施方案"，安排部署本地的平安建设工作。二是平安建设领导机制健全，责任到位，人员落实、经费保障到位。截止2006年末，全省9个市州地，90%的县市区（特区）、95%的乡镇（街道）都先后由党委、政府制定下发了开展"平安市州地"、"平安县市区"、"平安乡镇街道"建设的决定、意见或实施方案，对平安建设的目标任务、组织领导、工作措施、经费保障等作出具体规定。地、县、乡三级都成立了以党政主要领导挂帅的平安建设领导小组，下设办公室抽调专人办公，财政拨出创安专项经费。各地认真执行中央和我省实行社会治安综合治理领导责任制、一票否决权制的有关规定，各级党委、政府或综治、纪检、组织、人事等五部委还制定了平安建设工作领导责任制的相关规定和办法，明确职责任务，实行领导干部包片，成员单位挂帮的办法，形成了各部门共同创建平安的工作格局。各地都把综治创安工作与经济、计生等工作一道，纳入综合目标考核，并实行一票否决。三是基层平安创建活动覆盖面广且效果好，社区发案减少。全省对平安建设工作采取"先试点、以点带面、典型引路"的办法，逐步推开平安建设工作。各地在创建"平安家庭"、"平安社区"、"平安村寨"、"平安校园"、"平安企业"等的基础上，进而创建"平安乡镇"、"平安县市"、"平安市州地"。截止2006年底，全省各市州地、县市区共命名平安乡镇（街道）144个，平安村3511个，平安企业120个，平安学校320个。四是平安建设宣传力度大，群众知晓率、参与率高。在平安建设的不断深入开展过程中，各级各部门积极参加综治平安建设的宣传活动，充分运用各种媒体，撰写文章、接受记者采访、发表电视讲话等宣传平安建设，提高了人民群众对平安建设重要性的认识。六盘水市在市电视台设立"平安访谈录"栏目，市及各县区领导先后就平安建设接受专访，举办三场"平安凉都行"大型综治文艺宣传演出活动。

治安防控体系建设情况：一是提出治安防控体系建设的具体规定和要求。2006年，贵州省委、省政府印发的《全省社会治安综合治理第四个五年规划》和《全省社会治安综合治理第四个五年规划实施方案》（黔党发[2006]17号）中规定：要大力加强社会治安防范工作，预防和减少违法犯罪，建立和完善治安防控网络；有效提升技术防范水平；推进社会治安防范的社会化、职业化；加强城市社区和农村村寨的社会治安防范工作；

把社会治安防控体系建设纳入经济社会发展的总体规划，将社会治安防范工作经费列入各级政府财政预算。二是加强群防群治队伍建设。全省各级各部门坚持“专群结合、依靠群众”的工作方针，大力加强群防群治队伍建设。在城镇着力强化对社会面的防范控制。第一组建专职治安巡防队伍。到目前为止，全省 88 个县市区（特区）都成立了人数不等的由政府出资为主、社会筹资为辅的专职治安巡防队伍。全省有专职巡（联）防队 2823 支 24065 人，全年经费支出上亿元。在农村因地制宜开展群防群治。按照建设社会主义新农村的要求，采取“上下结合，基层为主，乡镇村结合，村寨为主”的工作思路，组织广大村民着力开展群防群治，广大农村普遍成立了以村组干部、民兵为骨干的义务治安联防队，实行以自然村寨为单位开展“联户联防”、轮流传牌巡逻守护，大牲畜集中圈养等防范措施；有的地方经村民大会或代表大会同意，对治安防范采取有偿服务、损害赔偿的承包模式，开展基层治安防范工作；许多农村在治安防范中推行乡镇干部包村连带责任制。第二在机关单位和楼群院落广泛开展值班守护。各地各部门按照“谁主管谁负责”的原则，在机关单位广泛推行保安服务人员定点守护；在新建住宅区、一些条件好的老住宅区和机关企事业单位的职工住宅楼院逐步推行物业管理，使治安防范工作社会化、市场化；在不成规模的楼院和难以开展物业管理的住宅区，有关街道（乡镇）、社区居委会和基层派出所组织和发动辖区离退休干部职工、党团员、治安积极分子开展义务巡逻防范，组织有能力的低保人员、下岗职工巡逻值班，或采取由财政出一点、社区居民集资一点的办法聘请专人值班守护。全省有各种义务群防群治队伍 25963 支 354641 人，普遍建立起了以公安机关为骨干，以专职治安巡防队伍为重点，以群防群治为依托的治安防范队伍；逐步健全完善了社区、村寨、单位、公共场所的治安防控网络。第三物防、技防措施落实到位。全省各地积极推进物防措施的落实，在城镇主要是通过建治安岗亭、社区警务室、出城卡点，在机关单位、楼群院落设置专门的值班室，加固铁门铁窗，落实物防措施。在有条件的地方广泛推行视频监控，提高科技防范水平。毕节地区 8 个县市共投入 1450 余万元，率先在全省实现了全区 8 个县市城区全部建立城市报警与视频监控系统，同时有 20 个乡镇的主要街道、126 个机关企事业单位、168 个重点复杂场所、29 个院落安装了视频监控设备，868 个村寨安装了红外防盗报警器；贵阳市由市、区两级出资 8700 余万元在建的城市报警与监控系统 1761 个监控点的建设任务正分批完成。

加强综合治理基层基础建设，开展矛盾纠纷排查调处工作情况

一是狠抓“五落实”，加强基层政法委、综治办建设。各地按照省委政法委的部署和要求，以贯彻黔政法[2002]21 号文件为契机，实现了县、乡两级政法委（综治办）“五落实”，即机构落实，人员落实，场所落实，待遇落实，经费落实。全省 1540 个乡镇办事处都设立了政法委员会，并明确为常设机构，与综治办合署办公。多数乡镇（街道）配一名党委（党工委）委员专任政法委书记、综治办主任，并配专职干部 2—3 人，部分大的乡镇（街道）配备了综治办专职副主任，部分不到 2000 人的乡镇由党委副书记或任党委委员的副乡（镇）长兼任政法委书记、综治办主任，配专职干部 1—2 人。截至 2006 年上半年，全省 1543 个乡镇（街道）政法委和综治办组织机构建立健全，共配备专职干部 2932 人，平均达 1.9 人。二是加强基层派出所、法庭、司法所建设。全省各级党委、政府把基层“两所一庭”建设作为十件实事之一抓紧抓好，加大基础设施投入，改善办公条件，

省委、省政府还解决了派出所所长(指导员)、法庭庭长的副科级待遇,基层派出所、法庭、司法所建设有了长足发展。全省公安机关共抽调警力2000余人下沉到一线实战单位,全省县级公安机关已达到一线警力占总警力85%以上、派出所警力占50%以上的要求。全省88个县均建立了巡逻队,共有巡逻民警3400余人,已建立社区和农村警务室4500余个,派驻民警4600余人。三是结合基层党建创先、新农村建设等工作,夯实基层基础工作。全省各地在切实加强社区、村党的建设基础上,通过调整社区居委会规模,加强居委会硬件建设,配备专职干部,优化干部结构,提高待遇,居委会工作人员的工作积极性增强,居委会和社区建设取得突破性进展。结合重点整治,大力整顿农村后进班子,社区和农村基层组织得到进一步加强。全省各地在村委会都有一名村干或配备一名综治信息员专抓综治工作。安顺市委、市政府实施村级组织建设"四有"工程,即"村党支部有活动阵地,村干部有工作报酬,业务开展有工作经费,提高村干部素质有远程教育",解决了村干部每月不低于200元的报酬和每个村每年2000—3000元不等的办公经费,明确综治、治保、调解主任由享受报酬的村干部担任。同时,明确西秀区、开发区两城区社区干部每月工资不低于500元,各县区社区干部每月不低于400元的报酬,并明确1名定补干部专管综治工作,对居民小组长每月实行100元的补贴,确保基层综治平安建设工作有人抓、有人管。四是强化专职巡防,推广义务联防,落实群防群治工作。目前,全省有专职巡防队2278支18180人。五是建立基层平安建设工作帮扶机制,解决基层组织机构在工作中的实际困难。各地各部门普遍实行党政领导分片包干制度,特别是县(市、区、特区)一级,把社会治安综合治理工作列入包片领导和包村干部的年度工作目标进行考核,与干部的政绩、晋职晋级和经济利益挂钩,促使各级各部门主要领导主动思稳定,抓稳定,保稳定。各市、州、地还采取政法委委员联系县和综治成员单位联系乡镇的办法,实行责任分解,把联系点的平安建设效果与部门绩效挂起钩来。一些单位每年帮助基层解决一、两个实际问题,有力地推动了基层的平安创建。六是结合社会主义新农村建设,深入开展农村平安建设。省委、省政府把创建平安村寨摆到建设社会主义新农村的总体目标中来谋划,对加强农村社会治安防范体系建设,开展平安村寨创建工作提出了明确的要求和目标。遵义市在广大农村开展了以"四在农家"(富在农家、学在农家、乐在农家、美在农家)为载体的"平安村寨"创建。2006年仅发生7起刑事案件。

全省各级各部门建立了党政统一领导,维稳综治部门负责排查调处矛盾纠纷的工作制度,不断完善矛盾纠纷排查调处的各项工作制度。一是建立了定期排查和集中排查工作制度。各地每月对矛盾纠纷进行一次普遍排查,针对排查出来的问题,分轻重缓急,采取有针对性循措施逐一解决。对重大矛盾纠纷,按照"三定一包"方案要求,明确责任,落实人员,限期解决。二是建立了督办机制。各级综治、维稳部门对当月突出矛盾纠纷进行督办的同时,对上月突出矛盾纠纷办理情况进行通报。对重大不稳定因素,细化成责任分解表,明确责任单位和处置时间,实行滚动排查,建立工作台账,切实落实各项措施,把矛盾纠纷和不稳定因素解决在基层,化解在萌芽状态,基本做到了小事不出村,大事不出乡镇。三是建立健全了人民群众来信来访接待工作制度。形成了全方位、立体式的"大排查"、"大调解"格局。各级各部门在矛盾纠纷排查中坚持"四查四报"(常规排查每月一报,预警性排查随查防报,应急性排查即查即报、专项排查专查专报),每月对矛盾纠纷进行一次普遍排查,针对排查出来的问题分轻重缓急,采取有针对性的措施逐一解决。全省未发生严重影响社会稳定、造成重大人员伤亡和财产损失的群体性事件,没有发生影响大局稳定的问题,群体性事件发生及参与人数呈下降的态势。

落实责任制情况

2005年12月28日，在全省政法工作会议期间，省委副书记、省综治委主任曹洪兴同志分别与九个市(州、地)党政领导签订了《2006年度市州地社会治安综合治理工作目标责任书》，各市(州、地)与县(市、区、特区)，各县与乡镇街道及其所在辖区的各级种类单位又都层层签订综治目标责任书，明确各级各部门党政领导在社会治安综合治理工作中的责任。各级党委、政府认真贯彻落实中央和我省的文件要求，切实把社会治安综合治理的工作成效，作为检验各级党政领导班子和领导干部执政能力和执政水平的重要标志，列入干部政绩考核的重要内容，并将考核结果作为干部政绩评定、晋职晋级和奖惩实施的重要依据，在领导干部提拔任用工作上，年终工作综合考核电组织部门和有关部门能够书面征求综治部门的意见。在干部的各种评先、受奖、晋级时各级人事部门都要书面征求同级综治部门的意见。去年，各地因抓社会治安综合治理工作成绩突出，被提拔晋升的有154人。

中共贵州省委　贵州省人民政府
关于印发《全省社会治安综合治理第四个五年规划》和《全省社会治安综合治理第四个五年规划实施方案》的通知

(2006年8月30日)

各市、自治州、县(市、区、特区)常委和人民政府，各地区党委和行署，省委各部委，省级国家机关各部门，省军区、省武警总队常委，各人民团体：

省委、省政府同意《全省社会治安综合治理第四个五年规划》和《全省社会治安综合治理第四个五年规划实施方案》，现印发给你们，请结合本地区部门实际，认真贯彻执行。

贵州省社会治安综合治理第四个五年规划

(2006—2010年)

当前和今后一段时期，经济社会发展面临的矛盾和问题可能更复杂、更突出，人民内部矛盾增多，刑事犯罪高发，对敌斗争复杂，社会治安综合治理工作任务日趋繁重。要抓住机遇、深化改革、扩大开放、加快发展，实现全面建设小康社会的宏伟目标，需要一个和谐稳定的社会环境。为适应新形势新任务对社会治安综合治理工作提出的新要求，根据《中共中央办公厅国务院办公厅转发〈中央政法委员会、中央社会治安综合治理委员会关于深入开展平安建设的意见〉的通知》精神，结合我省实际，特制定贵州省社会治安综合治理第四个五年规划（2006 年—2010 年）。

一、指导思想

以邓小平理论和"三个代表"重要思想为指导，全面落实科学发展观，按照构建社会主义和谐社会的要求，紧紧围绕实施我省国民经济和社会发展第十一个五年规划，组织动员社会各方面力量，以促进社会和谐为目标，以加强基层基础工作为重点，以广泛开展平安建设活动为主线，落实社会治安综合治理各项措施，确保我省社会治安秩序稳定，确保人民群众安居乐业，促进全省经济社会协调发展，为构建社会主义和谐社会打下良好基础。

二、总体目标

通过广泛深入地开展平安建设，积极预防和有效化解各种社会矛盾，大力推进治安防控体系建设，加强基层基础工作，努力防止和减少严重危害国家安全和政治稳定的事件、严重危害社会稳定的重大群体性事件、严重危害人民群众生命财产安全的重大治安事件和重特大安全生产事故的发生，使全省社会治安综合治理工作整体水平得到提升，维护稳定工作和社会治安工作取得新的进步。

三、主要措施

（一）积极预防和有效化解各种社会矛盾，努力维护社会大局稳定

——加强矛盾纠纷预防工作。各级党委、政府要妥善处理不同利益群体关系，认真解决人民群众最关心、最直接、最现实的利益问题，加强就业服务、社会保障和社会救助工作，使全省人民共享改革发展成果，有效防范和坚决纠正各种损害群众利益的行为。在制定政策和采取行政管理措施之前，要对可能影响社会稳定的问题进行充分调研、分析，进行风险评估，努力从源头上预防和减少矛盾纠纷的发生。

——完善矛盾纠纷排查调处的工作责任制度。各级各部门都要建立完善矛盾纠纷定期排查工作制度，明确责任，及时调处，提高发现和解决矛盾纠纷的能力。要加强县（市、区、特区）、乡镇（街道）的维护稳定工作，充实和整合基层维护稳定工作力量，利用基层社会治安综合治理工作网络，及时发现和调处各种社会矛盾。

——建立健全群体性事件的处置工作机构和工作制度。市（州、地）、县（市、区、特区）都要建立健全统一指挥、反应灵敏、协调有序、功能齐全、运转高效的处置突发事件的应急工作机制，努力把突发事件产生的负面影响减小到最低程度。

——各职能部门要充分发挥作用。将人民调解、行政调解、司法调解有机结合起来，形成社会联动的矛盾纠纷调处工作机制，防止矛盾激化，努力预防和减少"民转刑"案件的发生，防止极少数人采取极端手段报复社会，切实维护社会和谐稳定。

——健全信访工作机制。认真贯彻国务院《信访条例》，畅通诉求渠道，建立理性、有序、合法的信访秩序。

（二）加强对敌斗争，维护国家安全

——严密防范和严厉打击境内外敌对势力、敌对分子的渗透破坏、暴力恐怖活动，利用互联网和图书、音像出版等手段从事蛊惑煽动活动，以及利用人民内部矛盾制造事端等违法犯罪活动，努力获取内幕性、预警性的情报信息，提高斗争水平，牢牢掌握斗争的主动权。

——严密防范和严厉打击"法轮功"等邪教组织的各种违法犯罪活动。加大对"法轮功"痴迷人员的教育转化工作力度。深入持久地开展反邪教警示教育。

——加强国家安全人民防线建设，开展国家安全宣传教育，健全国家安全工作长效机制，进一步做好新形势下的涉外国家安全和保密工作。

（三）依法打击各类犯罪，始终保持对严重刑事犯罪的高压态势

——坚决贯彻对严重刑事犯罪依法从重从快进行严厉打击的工作方针和宽严相济的刑事政策，有效遏制刑事案件高发的态势。要重点打击有组织犯罪，黑恶势力犯罪，杀人、爆炸等严重暴力犯罪和抢劫、抢夺、盗窃等影响群众安全感的多发性犯罪。

——建立对治安形势的定期分析制度，逐步建立和完善对治安形势的评估预警工作机制。建立健全对治安混乱地区和突出治安问题的排查、整治工作制度。

——进一步加大禁毒工作力度。全面贯彻落实党中央、国务院和省委、省政府提出的禁毒工作方针政策和任务要求，深入开展预防毒品的知识教育、禁吸戒毒工作和打击毒品犯罪活动，不断推动禁毒人民战争深入发展。

——依法打击破坏社会主义市场经济秩序的各种犯罪活动，加大对制贩伪劣产品、侵犯知识产权、破坏扰乱金融秩序、商业贿赂等严重破坏社会主义市场经济秩序的违法犯罪活动的查处力度。进一步完善经济活动的管理监督工作机制，把防范与打击、教育与惩治有机结合起来。

——加强社会治安管理，加大对“黄、赌、毒”等社会丑恶现象的查禁和打击力度。要依法加强对出租房屋和“城中村”的治安管理，加强对机场、车站、码头等地段的管理和整治，加强对文化市场、校园及周边和大中型企业、重点工程建设工地及周边环境的管理和整治，净化社会环境。

（四）大力加强社会治安防范工作，预防和减少违法犯罪

——建立和完善治安防控网络。建立和完善社会面的治安防控网络，重点要害部位和特殊行业、公共复杂场所的治安管控网络，乡镇（街道）、村（社区）的治安防控网络，机关、学校、企事业单位内部的安全防范网络和各地区间的边际治安联防网络。认真贯彻落实国务院《企事业单位内部治安保卫条例》，进一步加强企事业单位的治安防范工作，全面建立单位负责、政府监管的工作机制。

——有效提升技术防范水平。各地要在主要街道、商业繁华区、重点要害部门、治安复杂场所和重点单位广泛实行技术防范，不断增强治安防范工作的科技含量，不断提升治安防控水平。

——推进社会治安防范的社会化、职业化。各县（市、区、特区）要巩固加强专职治安巡防队伍。有条件的乡镇（街道）都要组建专职治安巡防队伍。大力发展保安服务业，加强完善对保安行业的管理，进一步明确和规范物业管理公司在治安防范工作中的职责任务，充分发挥其积极作用。

——加强城市社区和农村村寨的社会治安防范工作。要把社会治安防范工作和城市建设、社区建设和社会主义新农村建设紧密结合起来。治安防范设施建设要纳入城市基础设施建设和民用建筑建设的总体规划，进行综合设计、同步规划和独立验收。进一步落实铁路护路村级承包，切实抓好铁路护路工作。要以社区和村寨为基础工作单位，抓好治安防范措施的落实。要在社区和村寨切实抓好流动人口管理，抓好吸毒人员、刑释解教人员、服刑人员子女、闲散青少年、有不良行为青少年等特殊群体的教育、管理和服务工作。不断完善社区矫正组织体系，积极开展社区矫正工作。努力减少社区和农村可防性案件的发生。

——大力弘扬见义勇为精神。建立见义勇为奖励机制，落实见义勇为经费，规范见义勇为奖励审批程序，完善对见义勇为行为人的保护措施。通过大力弘扬见义勇为精神，努力形成维护治安人人有责的社会氛围。

（五）加强社会管理，提高保障公共安全的能力

——建立健全党委领导、政府负责、社会协同、公众参与的社会管理格局。各级党委、政府要扎实推进城市社区建设和社会主义新农村建设，建设管理有序、治安良好的平安社区、平安村寨。充分发挥城乡基层自治组织协调利益、化解矛盾、排忧解难的作用；充分发挥社团、行业组织和社会中介组织提供服务、反映诉求、规范行为的作用，营造人际和睦氛围，增强社会和谐基础。

——高度重视涉及社会公共安全的工作。各级党委、政府要加强安全生产监管，加大对煤矿、交通运输、消防等重点领域的治理力度，有效遏制严重危害人民群众生命财产安全的群死群伤事故发生，努力实现国家下达的安全生产控制指标。加强枪支弹药、爆炸物品、剧毒危险品的管理，消除安全隐患。加强特种行业管理，加大对网吧、娱乐场所的整治和管理。

——加快构建公共安全应急工作体系，建立健全社会预警体系和应急救援、社会动员机制，有效预防和妥善处置各类公共安全突发事件，提高保障公共安全的能力。

（六）加强社会治安综合治理基层基础工作

——进一步整合基层维护社会治安和社会稳定的工作力量，建立健全社会治安综合治理工作

网络。加强党的基层组织建设,充分发挥基层党组织在社会治安综合治理工作中的领导核心作用。加强各级社会治安综合治理委员会及办公室建设,充分发挥其组织协调各方的职能作用。加强公安派出所、司法所、人民法庭建设,发挥他们在基层维护社会稳定工作中的骨干作用。推进警务改革,发挥驻社区、村寨民警的作用,做好基层安全防范。加强城市社区组织、农村村委会、基层治保、帮教、调解、法律援助、治安联防等组织建设,促进社会治安综合治理各项措施在基层的落实。加强群防群治队伍的管理和培训工作,明确职责,严明纪律,确保各种群防群治队伍充分发挥作用。

——广泛深入地开展基层安全创建活动。广泛深入地在各县(市、区、特区)、乡镇(街道)、村(社区)和学校、企事业单位、风景区、车站(码头)等基层单位和家庭开展平安创建活动,推动平安建设各项工作措施在城乡基层单位的落实。

(七)加强公民道德、法制宣传教育和民主法制建设工作

——贯彻落实《公民道德建设实施纲要》,弘扬社会公德、职业道德、家庭美德,开展诚信教育。大力加强以"八荣八耻"为主要内容的社会主义荣辱观教育,不断提高公民道德素养。

——认真实施依法治国方略,落实"五五"普法规划。广泛深入开展法制宣传教育,传播法律知识,弘扬法治精神,提高公民法律素质。重点抓好领导干部、司法和行政执法人员、企业管理人员、农村基层干部和城市社区管理人员的法制教育。政法机关要广泛深入地开展社会主义法治理念教育。

——加强青少年法制教育工作,以实施"为了明天——预防青少年违法犯罪工程"为契机,认真落实预防青少年违法犯罪的各项措施,重点搞好兼职法制副校长和法制辅导员的选配工作,并使其充分发挥作用。

——健全民主制度,丰富民主形式,扩大公民有序的政治参与,保证人民依法实行民主选举、民主决策、民主管理、民主监督。坚持和完善政务公开、厂务公开、村务公开等办事公开制度。积极推广在综治"三五"规划期间探索出来的城市"五进社区"、"四民社区"创建,在农村开展"四在农家"、"十无"模范村创建活动等有效做法。

四、保障条件

(一)各级党委、政府要提高认识,加强领导,把平安建设作为落实社会治安综合治理措施的有效载体,纳入当地经济社会发展总体规划,纳入党政主要领导任期目标。党政主要领导要把平安建设工作作为"一把手"工程来抓,严格履行保一方平安、维护一方稳定的政治责任,定期听取工作汇报,及时研究解决工作中的重大问题,在人、财、物等方面提供必要的支持,确保平安建设扎实有效开展。要进一步加强各级社会治安综合治理组织机构建设,在乡镇、街道机构改革中,社会治安综合治理力量只能加强,不能削弱。要坚持一级抓一级,层层抓落实,推动社会治安综合治理工作深入发展。

(二)各级社会治安综合治理委员会及办公室要在党委、政府的领导下,充分发挥组织协调作用,加强调查研究和检查督促,不断总结推广典型经验,查找薄弱环节,狠抓工作措施的落实,有计划、有步骤地组织推动平安建设的深入发展。

(三)各级各部门要紧紧围绕规划的目标任务,制定参与平安建设的具体实施意见,加强协作配合,充分发挥职能作用。要按照"属地管理"和"谁主管谁负责、谁经营谁负责"的原则,层层建立领导责任制、部门责任制和单位责任制,把社会治安综合治理各项措施落实到基层,落实到部门(单位),落实到个人。

(四)努力建立适应社会主义市场经济要求的社会治安综合治理工作经费保障机制。各级政府要高度重视社会治安综合治理的经费保障工作,将社会治安综合治理工作经费列入财政预算,在社会治安综合治理"三五"规划期间工作经费的基础上适当增加,并随着经济发展和工作实际需要逐步增加。

(五)各级纪检、监察和组织、人事部门要积极参与社会治安综合治理的考核工作。要把社会治安综合治理工作的成效作为检验各级党政领导班子和领导干部执政能力和执政水平的重要标准,列入干部实绩考核评价的重要内容,并将考核结果作为干部政绩评定、晋职晋级和实施奖惩的重要依据。

五、实施办法

本规划在省委、省政府的领导下,由省社会治安综合治理委员会制定实施方案组织实施。

全省社会治安综合治理第四个五年规划实施方案

（2006—2010年）

为实现《贵州省社会治安综合治理第四个五年规划》确定的目标和任务，决定从2006年到2010年，以在全省广泛深入扎实地开展平安建设活动为载体，全面推进社会治安综合治理各项措施的落实。为此，特制定本实施方案。

一、组织领导

平安建设活动由各级党委和政府统一组织实施。各级党委和政府要切实把平安建设纳入本地经济社会发展总体规划，定期研究平安建设工作，解决平安建设中的突出问题，推动平安建设深入发展。各级社会治安综合治理委员会及办公室要在党委和政府的领导下，充分发挥组织协调作用，加强调查研究和督促检查，不断总结推广典型经验，查找薄弱环节，狠抓工作措施的落实，有计划、有步骤地组织推动平安建设深入开展。各级社会治安综合治理委员会专门工作领导小组及其办公室要认真解决影响社会治安和社会稳定的重点、难点问题。

各级社会治安综合治理委员会成员单位和有关部门要积极主动承担本部门、本系统平安建设的职责任务，形成平安建设齐抓共建的工作机制。各级政法部门要充分发挥主力军作用，把深入开展平安建设作为当前和今后一个时期的重点工作抓紧抓好。

各级党委、政府主要领导是平安建设第一责任人，分管领导是直接责任人，其他领导承担分管工作范围内平安建设的责任。各地、各部门各单位要按照"属地管理"和"谁主管谁负责、谁经营谁负责"的原则，层层建立领导责任制、部门责任制和单位责任制，把平安建设的各项任务落实到基层，落实到部门（单位），落实到个人。

二、工作目标

通过平安建设活动的开展，力争使全省85%的县（市、区、特区）达到平安建设标准，总体上达到五个方面的目标。

（一）维护社会稳定和社会公共安全的工作水平明显提高，形成有效化解社会矛盾和保障社会公共安全的长效机制，加强基层基础工作，切实增强化解矛盾纠纷的能力，努力营造安居乐业的生活环境。

（二）维护国家安全的工作水平明显提高，形成健全的国家安全防范制度和深化对敌斗争的长效机制，切实增强对敌斗争、维护国家安全的能力，努力营造安定团结的政治环境。

（三）维护社会主义市场经济秩序的工作水平明显提高，形成有效预防和依法打击经济犯罪的长效机制，切实增强服务经济建设、促进改革发展的能力，努力营造公平竞争的经济环境。

（四）社会治安综合治理工作水平明显提高，形成预防和打击刑事犯罪的长效机制，切实增强打击预防犯罪、驾驭治安局势的能力，努力营造安全稳定的治安环境。

（五）政法队伍建设工作水平明显提高，形成政治建警、依法治警、从严治警的长效机制，切实增强政法机关严格公正执法、保障社会公平正义的能力，努力营造规范有序的法治环境。

三、工作要求

（一）党委、政府重视。把平安建设工作纳入本地经济社会发展的总体规划，制定本地平安建设工作规划和方案，平安建设工作目标明确，重点突出，有总体目标和阶段目标要求，做到对平安建设工作有部署、有检查、有总结、有奖惩。层层签订社会治安综合治理年度目标责任书，将社会治安综合治理工作作为一项重要内容纳入本地年度目标考核并兑现奖惩。

（二）社会政治安定。境内外敌对势力、"法轮功"等邪教组织和冒用宗教名义进行的各种非法活动得到有效防控，对危害国家安全的犯罪活动能及时发现和有力打击;不发生暴力恐怖性事件和敌对势力破坏性事件,不发生较大规模的"法轮功"等邪教组织聚集滋事和反动宣传事件;群众识别抵御邪教的能力提高。

(三)社会治安稳定。刑事发案总体平稳,群众反映强烈的"两抢一盗"等突出治安问题得到有效控制,严重暴力犯罪受到及时打击。不发生在全省有影响的重特大恶性案件,不发生严重危害群众安全感的重大治安事件,群众安全感达92%以上。

(四)社会秩序稳定。矛盾纠纷排查调处机制健全,对群体性事件的预防能力和处置能力进一步提高。建立人民调解、司法调解、行政调解三位一体的矛盾纠纷调解体系和市(州、地)、县(市、区、特区)、乡镇(街道)、村(社区)四级矛盾纠纷排查调处工作网络,人民内部矛盾纠纷得到及时化解,群众集体上访总量得到有效控制,社会公众依法解决矛盾纠纷的意识明显增强,越级上访、特别是进京非正常上访事件减少,突出、重点信访案件得到妥善处理,息诉罢访率逐年提高。

(五)投资环境优良。及时打击各种扰乱社会主义市场经济秩序的犯罪,认真落实服务经济建设的各项措施,政法机关及行政执法部门窗口单位服务态度好、办事效率高,整顿和规范市场经济秩序工作成效显著,各类市场经济主体合法权益得到切实保护,外来投资者对当地投资环境满意率达95%以上。

(六)管理规范有序。特种行业和公共复杂场所治安秩序良好,各类文化市场规范有序,"黄、赌、毒"等社会丑恶现象明显减少。禁毒专项斗争成效显著,形成较为完善的禁毒教育、禁吸戒毒、打击毒品犯罪的工作体系,新滋生吸毒人员增长势头得到有效遏制,17个重点毒情县要在省政府规定的时间内完成禁毒工作任务。食品、药品安全监管措施到位,不发生重大群体性食物中毒和药物伤害事件。出租房屋和"城中村"治安管理措施落实,机场、车站、码头等地段管理措施落实,学校及周边和大中型企业、重点工程建设工地及周边区域得到有效整治。

(七)公共安全有保障。公共安全防控能力加强,道路交通、消防和安全生产各项责任制度落实到位,道路交通事故、火灾事故、安全生产事故发生数、致死、致伤人数和财产损失数均控制在国家规定的指标内,不发生在全省有影响的重大治安灾害性事故,不发生影响公共安全的重大突发性事件。

(八)治安防控体系严密。着力构建人防、物防、技防相结合的治安防控体系。建立和完善社会面上以公安机关为骨干,专职治安巡防人员为依托的治安防控网络。重点要害部位和特殊行业、公共复杂场所和机关、学校、企事业单位落实值班守护制度,市(州、地)、县(市、区、特区)所在城区楼群院落防范守护率达90%以上。2010年,全省所有县(市、区、特区)县城所在地主要街道、商业繁华区、重点要害部位、治安复杂场所和重点单位要广泛推行视频监控等技术防范措施。农村村寨要按照建设社会主义新农村的要求,因地制宜采取"互助联防"、"十户联防"、"边界联防"等多种形式落实防范措施。

(九)基础工作扎实。以党支部为核心的社区(村)级组织健全,办公场所、人员报酬、工作制度得到全面落实。治安防范、法制宣传、民间纠纷调解、重点人口管理、刑释解教人员安置帮教、预防青少年违法犯罪等基础性工作有效开展。暂住人口登记管理率达80%,出租房屋登记管理率达100%,对重点人口双向控制发(复)函率达90%。吸毒人员、刑释解教人员等重点人口建档立卡率达100%,与有关责任人和单位签订责任书,有针对性的落实帮教措施。有计划地逐步推进社区矫正工作,社区矫正对象在矫正期间重新犯罪率为零。

(十)综治机构强化。配齐配强各级综治办事机构,在切实保证人员素质的前提下,市(州、地)、县(市、区、特区)综治办事机构均不得少于3名专职工作人员,乡镇(街道)要根据其辖区人口和行政编制明确不少于2人的综治专职工作人员,工作经费和办公装备要切实保障。各社区(村)应配备专抓综治工作的人员并落实报酬。公安派出所、人民法庭、司法所力量进一步加强。各级综治机构加强干部培训工作,层层举办各种形式的教育培训活动,提高队伍的思想政治素质和工作水平。社会治安综合治理工作形成规范的管理体制和工作制度,组织健全,特别是基层组织做到有领导管、有人员抓。省、市(州、地)、县(市、区、特区)直机关单位要明确一名专职或兼职干部负责本单位社会治安综合治理工作。

（十一）工作经费保障有力。各级政府要建立平安建设经费保障制度，市（州、地）按人均不低于0.5元的标准，县（市、区）按人均不低于1元的标准将社会治安综合治理工作经费列入同级财政预算，并随着当地经济的发展和工作实际需要逐步增加。要多渠道筹集群防群治队伍建设所需的经费，除政府财政适当补贴以外，应根据“谁受益谁出资”、“取之于民、用之于民”的原则，由受益单位和个人适当投入一定的人力、物力、财力，建立适应社会主义市场经济要求的群防群治经费保障机制。

（十二）专群结合，齐抓共管。在农村建立治安中心户长、综治协管员、治安信息员队伍，在城市组建专职社工队伍、治安志愿者队伍，构筑基层群防群治网络。大力开展综治进企业、进学校，督促非公有制经济组织落实治安防范责任。明确社会治安综合治理委员会成员单位和有关部门在平安建设中的职能和责任。各级社会治安综合治理委员会及办公室要充分发挥组织协调作用，建立健全各部门协作配合、齐抓共建的工作机制，加强联系沟通、分类指导和督促检查，共同推动社会治安综合治理各项措施的落实。各级社会治安综合治理委员会专门工作领导小组及其办公室要充分发挥作用，认真解决影响社会治安和社会稳定的涉及流动人口管理、出租房屋管理、刑释解教人员安置帮教、有不良行为青少年教育、铁路护路、吸毒人员管理教育等工作重点、难点问题。

（十三）政法干部队伍素质明显提高。认真贯彻落实中央和省委关于加强政法干部队伍建设的文件精神，通过开展社会主义法治理念教育和规范执法行为专项整改活动，搞好岗位练兵，提高干警的政治业务素质，提高执法水平。辖区内或监狱劳教系统政法干部年违法违纪率不超过0.8%，对违法违纪干部查处率达100%。政法部门的装备、工作条件要在社会治安综合治理“三五”规划期间的基础上得到进一步改善。

四、工作措施

（一）大力加强隐蔽战线的斗争。切实增强国家安全意识，重视维护国家安全的基础性工作，加强国家安全人民防线建设，建立维护国家安全的有效组织网络和机制，积极支持、配合国家安全机关开展工作，坚决防范和抵御境外敌对势力的政治、文化渗透，坚决防范和打击各种敌对势力、敌对分子和“法轮功”等邪教组织的破坏活动。

（二）全面推进打防控一体化的治安防控体系建设。坚定不移地贯彻“严打”方针，重点打击有组织犯罪，黑恶势力犯罪，杀人、爆炸等严重暴力犯罪和抢劫、抢夺、盗窃等影响群众安全感的多发性犯罪。同时加大对复杂区域的整治力度，增强严打实效。着力巩固扩大专职治安巡防队伍，发展壮大管理规范的保安服务队伍，发挥好物业管理公司在治安防范中的作用，同时要最大限度地组织发动城乡群众参加义务治安防范。大力推行公安机关警务改革，加强“一巡两驻”（一巡是指城镇民警武装巡逻，二驻是指民警驻社区、驻村寨），力争把更多的警力投入社区（村寨）治安防范和群防群治工作中。加强重点人口管理、刑释解教人员安置帮教和预防青少年违法犯罪工作，严密控制高危群体，努力减少犯罪因素。大力加强人民调解工作，充分发挥基层调解组织的作用，及时调处各种民间纠纷，有效防止“民转刑”案件的发生。

（三）扎实推进依法治省工作。抓好“五五”普法规划的实施，加强以《宪法》为核心的各项法律法规的宣传和普及，不断增强公民的法制观念，提高公民的法律素质。认真贯彻实施《行政许可法》及专业法律法规，真正做到有法必依、执法必严、违法必究，切实增强各级各部门依法行政、依法执政的能力，把经济、文化及社会各项事业的管理活动纳入法制化轨道。切实提高依法治理整体水平。扎实推进民主法治示范村（社区）的建设，加快社会主义民主法制建设进程。

（四）积极化解各种社会矛盾。进一步完善矛盾纠纷排查调处工作网络和机制，逐级落实调处纠纷化解矛盾领导责任制，分级负责归口办理，最大限度地把问题解决在基层，解决在当地，解决在初始阶段。认真贯彻《信访条例》，加强和改进信访工作，把群众的意愿和要求真实、迅速、全面地反映到决策机构和有关部门，及时有效地缓解和化解矛盾，努力防止越级集体上访、特别是进京非正常上访等事件的发生。积极预防和妥善处置群体性事件，建立灵敏高效的预警和处置机制，落实严密的控制措施，一旦发生群体性事件，要严格按照中央和省委确定的方针和原则处置，正确运用法律武器维护社会稳定。

（五）切实加强安全监督管理。深入宣传贯彻《道路交通安全法》、《消防法》、《安全生产法》，增强全民安全意识，逐级落实控制事故的目标和责任，切实加大执法监督检查的力度和事故隐患整改的力度，严肃查处涉及安全生产责任事故的滥用职权、玩忽职守等职务犯罪，千方百计地减少事故，保障安全。加强对自然灾害事故的预防工作，提高防灾减灾工作水平。要加强安全生产应急救援体系建设，提高重特大事故应急处理能力，最大限度地减少人员伤亡和财产损失。加强公共卫生和疾病防控体系建设，提高有效预防和应急处置公共卫生突发性事件的能力，确保公共安全。

（六）深入推进平安创建工作。要按照全省总体部署，重点抓好市（州、地）和县（市、区、特区）的平安建设，城市、农村的平安建设各有侧重，结合实际整体推进。各地、各部门和各单位要紧密结合实际，从大处着眼小处着手，扎实开展建设平安县（市、区、特区）、平安乡（镇）、平安街道、平安村寨、平安社区、平安校园、平安单位、平安商场、平安景区、平安车站（码头）和平安家庭活动，不断提高覆盖率，积小平安为大平安，以局部平安促进全局平安，以各县（市、区、特区）、各单位、各系统、各行业的平安保证全省平安。要加强对平安建设活动的分类指导，市（州、地）社会治安综合治理委员会每年应召开一次以上工作经验交流会议，总结推广不同层面的典型经验，带动和促进本地平安建设活动的深入开展。

（七）充分发挥各部门的职能作用。政法部门是平安建设的主力军。要通过社会主义法治理念教育和规范执法行为专项整改活动，通过岗位练兵，提高干警的政治业务素质，提高执法水平，尤其要提高干警在新形势下做好群众工作的能力，充分发挥政法部门在平安建设中的作用。社会治安综合治理委员会成员单位是平安建设的骨干。要在当地党委和政府的统一领导下，进一步明确分工，落实责任，调动各成员单位的积极性和主动性，完善齐抓共建的工作机制，形成各部门齐心联手创平安的局面。人民群众是平安建设的主体。政法综治等部门要牢固树立平安建设为人民的思想观念，把人民群众的需要作为平安建设的出发点，把人民群众的满意程度作为平安建设成效的评价标准，把人民群众的安危时刻放在心上。不搞花架子，不做表面文章，为群众办实事、做好事、解难事，以创安为民的实际行动赢得人民群众的支持和参与。

（八）大力营造平安建设的良好社会氛围。要充分利用广播、电视、报刊、网络等新闻传媒和板报等阵地，着力营造有利于工作的舆论氛围。加大“五月综治宣传月”活动的工作力度，大张旗鼓地宣传平安建设，提高平安建设的知晓率、参与率。要采取各种有效方式广泛深入地做好发动群众工作，充分调动广大群众关心治安、维护稳定、参与平安建设的积极性，要把开展平安建设活动与群众性精神文明创建活动结合起来，同步推进，相得益彰，努力提高平安建设工作整体水平。

五、检查考评

（一）社会治安综合治理“四五”规划以市（州、地）、县（市、区、特区）和省直部门为单位实施，省社会治安综合治理委员会（以下简称省综治委）及办公室负责对“四五”规划实施情况进行督促、指导、检查考核。

（二）省综治委及办公室按本方案所列内容制定检查考核标准（其中国家安全工作由省国家安全厅制定检查考核标准；安全生产工作由省安全生产监督管理局制定检查考核标准；道路交通、消防工作由省公安厅制定检查考核标准；流动人口管理、刑释解教人员安置帮教、有不良行为青少年教育、铁路护路、学校及周边综合治理工作分别由省综治委各专门领导小组及办公室制定检查考核标准；禁毒工作由省禁毒办制定检查考核标准）。省直有关单位和省综治委各专门领导小组及办公室制定的检查考核标准报省综治委办公室，由省综治委办公室审核后与其联合下发执行。

（三）对平安建设的检查考核工作采取分级负责的办法，考评结果分平安创建工作先进单位、合格单位、不合格单位三个等次。省综治委办公室每年对市（州、地）的平安建设进行一次检查考核（其中国家安全工作由省国家安全厅检查考核；安全生产工作由省安全生产监督管理局检查考核；道路交通、消防工作由省公安厅检查考核；流动人口管理、刑释解教人员安置帮教、有不良行为青少年教育、铁路护路、学校及周边综合治理工作分别由省综治委各专门领导小组及办公室检查考核；禁毒工作由省禁毒办检查考核），省综治委办公室综合省直有关单位和省综治委各专门领导小组及办公室的考评意见，提出考评建议报省综治委全会审定。各市（州、地）对所属县（市、区、特区）及辖区内的省直单位进行检查考核，考评意见报省综治委办公室，由省综治委办公室组织复核后报省综治委全会审定。

（四）省综治委及办公室根据社会反映、重大事件发生、平时掌握的情况以及日常工作安排，有针对性、有重点地对社会治安综合治理工作不力、治安问题较多的地方、部门和单位进行督促检查，对不合格的地方、部门和单位视情况予以黄牌警告、限期改正或通报批评。对治安状况混乱、群众反映强烈以及发生严重危害社会稳定并造成重大影响的刑事案件、治安灾害事故和重大群体性事件的，实行一票否决，并按国家和省的有关规定，严肃追究主要领导和有关领导的责任。

六、实施步骤

2006年，各地各部门要结合实际，制定本地本部门具体工作计划及方案和年度目标，分步实施。

2007年—2009年，根据各地各部门的实施情况，由各级社会治安综合治理委员会及办公室分级分批进行检查考核。

2010年，省综治委对全省各市（州、地）、各县（市、区、特区）和省直单位实施社会治安综合治理"四五"规划的工作情况进行全面总结，对成绩特别突出的地方、单位和个人，按程序报批后进行表彰奖励。

中共贵州省委办公厅 贵州省人民政府办公厅 转发《省委政法委、省综治办关于进一步加强高校安全稳定工作的意见》的通知

（2006年10月31日）

各市、自治州党委和人民政府，各地区党委和行署，省委各部委，省级国家机关各部门，省军区、省武警总队党委，各人民团体：

《省委政法委、省综治办关于进一步加强高校安全稳定工作的意见》已经省委、省政府领导同志同意，现转发给你们，请认真贯彻执行。

省委政法委、省综治办 关于进一步加强高校安全稳定工作的意见

高校安全稳定是社会稳定的重要方面，是高校正常的教学、科研和生活秩序的重要保证。长期以来，各级党委、政府高度重视高校安全稳定工作，有关部门及高校充分发挥职能作用，很好地维护了高校的安全稳定，为我省高校的健康发展提供了有力保障。但是，由于受校内外各种因素的影响，高校的安全稳定面临许多新情况新问题。为进一步做好高校的安全稳定工作，现提出如下意见。

一、充分认识加强高校安全稳定工作的重要意义

（一）加强高校安全稳定工作是促进高校健康发展、营造和谐稳定的校园及周边环境的需要。当前，我省部分高校校园及周边治安问题比较突出，侵害教工、学生的违法犯罪时有发生，交通秩序比较混乱，网吧、出租屋由于缺乏管理引发一些治安问题，个别校区由于历史遗留问题引发一些不稳定因素，影响高校安全稳定的隐患不同程度存在。在高校办学规模扩大、后勤体制改革中也出现了一些影响安全稳定的新情况新问题。各级党委、政府及有关部门要从国家和民族未来的战略高度出发，充分认识加强高校安全稳定工作的特殊重要性和紧迫性，进一步明确职责任务，统筹抓好高校安全稳定各项措施的落实，切实改善高校的育人环境和办学环境。

（二）加强高校安全稳定工作是实施科教兴国战略、构建社会主义和谐社会的需要。高校是青年学生集中的地方，个体行为容易群体化，矛盾容易激化，安全稳定问题如不及时妥善处理，可能引发大的事端，波及和影响社会稳定。加强高校安全稳定工作，维护良好的校园及周边治安环境，保障教工、学生的人身财产安全，有利于保护青年学生健康成长，有利于培养社会主义事业建设者和接班人、培养高素质的人才，有利于维护社会的和谐稳定，促进高校教学、科研等各项工作正常开展，更好地发挥高校在加强社会主义精神文明和物质文明建设中的积极作用，为实施科教兴国战略、全面建设小康社会提供强有力的智力支持和人才保障。

二、高校要按照“校内问题学校为主”的要求，大力加强校园安全稳定工作

（三）强化学校内部管理工作。加强校园秩序管理，严格进出校门、校舍使用、校内交通安全及重点要害部位等管理制度。加强对学生在外租房、校内经营活动的管理，禁止将校内教工住房用于经营活动，严格控制引进校外经济实体、出租校内用房和土地使用权。要对在校内从事务工、经商等活动的外来人员加强管理和教育，开展经常性的普查登记，及时清理不符合相关规定的暂住人员。要及时研究高校管理工作中的新情况，解决好学生在外租住以及结婚等可能引发或产生的各种新问题。

（四）抓紧研究解决好后勤社会化出现的新情况新问题。要重点研究解决后勤体制改革中管理不适应的问题，对于涉及多个部门的问题，高校要及时提请教育行政部门及有关部门研究，建立责任明确、各负其责、相互配合的监管机制。要明确后勤机构在安全稳定工作中的职责任务，加大责任查究力度，层层落实治安责任。

（五）加强校园治安防控体系建设。要对校园内教学区、教工宿舍区、学生宿舍区及各重点要害部位实行分类管理，落实人防、物防、技防措施，加强学生治安服务队、教工治安联防队等群防群治队伍建设。要逐步建立覆盖全校的视频监控系统，组建集报警、调度、救助、维修服务为一体的校园综合服务平台，提高校园治安防控能力。

（六）加强大学生思想政治工作。加强班主任及辅导员队伍建设，强化其在学生管理和思想政治工作中的责任。大力开展社会主义理想信念和荣辱观教育，改进马克思主义理论课和思想品德课教材、教法，使广大学生牢固树立正确的世界观、人生观和价值观。加强法治教育和安全教育，充分发挥校报校刊、广播、电视、网络、宣传栏等校内媒体的积极作用，在学生中普及法律知识和安全知识，组织开展灭火、自救、紧急情况疏散等安全演习和救护演练，不断增强学生的法治观念，提高学生的自我保护能力。加强对学生校纪、校规和行为规范的教育，引导学生模范遵守《高等学校学生行为准则》，自觉维护良好的教学、工作和生活秩序。

三、高校所在地党委、政府要按照“校外问题地方为主”的要求，抓好校园周边治安整治工作

（七）高校所在地各级党委、政府要确立支持高校、依托高校、服务高校、校地共赢的整体工作思路，把高校发展真正放在本地区发展的大格局中去。要把城镇建设、新农村建设（小康村建设）、商业网点农贸市场建设、安全保卫设施建设及有关服务设施建设与高校发展紧密结合起来，搞好高校周边建设规划，规范经营行为，处理好居（农）民就业与高校建设的关系，为高校创造教书育人的良好环境。

（八）各级公安、教育、交通、文化、卫生、工商、建设、城管等部门要切实履行职责，加强对校园周边网吧、酒吧、歌舞厅、游戏厅、麻将室、台球室、流动摊点、餐馆、诊所、旅社等经营场所的监管，坚决取缔违规、违法经营，坚决拆除违章建筑。要合理设置校园及周边的公交站点、营运线路和班次，规范校区道路交通警示标志，加强对校区机动车辆管理，打击处理校区及周边"摩的"、"面的"等非法营运活动。对涉及师生安全的违法犯罪活动，要依法严厉打击。

四、切实加强对高校安全稳定工作的领导，建立健全高校安全稳定工作长效机制

（九）建立健全高校安全稳定工作领导机制。各级党委、政府要切实把加强高校安全稳定工作纳入重要议事日程，进一步加强领导，积极研究解决工作中的重点难点问题，努力形成全社会共同参与、各部门齐抓共管的工作格局，把高校安全稳定工作落到实处。教育行政部门要把高校安全稳定列为一项重要工作，主要领导要亲自抓，同时要有相应的办事机构、人员从事安全稳定工作。高校的党政主要领导是学校安全稳定工作的第一责任人，对学校安全稳定工作负全面责任，分管领导要具体负责，切实把安全稳定工作放在重要位置抓好抓实。为切实加强高校安全稳定工作，要按照"属地管理"和"谁主管谁负责"的原则，建立由高校所在市（州、地）分管政法工作的党政领导和高校领导牵头，综治、教育、公安、交通、文化、卫生、工商、建设、城管等职能部门、高校所在县（市、区）及街道（乡镇）负责人参加的高校校园及周边治安综合治理工作联席会议制度，及时研究解决高校安全稳定工作中的具体问题。

（十）建立健全预警机制。各级各有关部门和高校要坚持预防与应急处置相结合，紧紧依靠教工、学生特别是后勤管理人员，建立多层次、多渠道、全方位的信息网络，建立健全安全隐患检查、矛盾纠纷和其他不稳定因素排查等工作机制，及时消除各种诱发重大安全事故和群体性事件的隐患。要完善工作预案，坚持抓早、抓小、抓苗头，对危害学校安全稳定、危害国家安全等重大案情和重要情报信息，及时发现、及时掌握、及时报告、及时处置。

（十一）健全适应高校安全稳定工作的内部安全保卫机制。高校要加强内部安全保卫工作，加强综治、保卫机构建设。建立完善各校区的综治、保卫工作网络。加强安全保卫装备建设，配置必要的设备、装备，提高工作效率和处置校园突发事件的快速反应能力。省公安厅、省教育厅要根据当前高校安全稳定和治安形势的实际需要，积极商请有关部门研究建立适应高校安全稳定工作的内部安全保卫体制。

（十二）加强高校安全保卫队伍建设。高校要把安全保卫工作作为检验教工管理能力、考核教工实绩的一项重要措施，高度重视安全保卫队伍建设，配齐配强综治、保卫干部。保卫处长按学校中层正职配备，保卫工作人员按有关规定和实际工作需要核定，配备比例不低于师生员工总数的3‰。要加强综治、保卫人员的教育培训和管理，不断提高综治、保卫队伍的综合素质。努力改善综治、保卫干部的工作、生活条件。

（十三）完善高校安全稳定工作目标检查考核机制。各级党委、政府和教育行政部门要把高校安全稳定工作纳入有关单位和部门社会治安综合治理领导责任制和目标管理考核的重要内容，把高校安全稳定、治安整治工作的成效与责任人的政绩考核和单位的年度目标绩效考核、评优评先等紧密挂钩，加强经常性的检查、考核和督促，严格兑现奖惩。

（十四）妥善处理好历史遗留问题。对于历史原因形成的规划、土地、建筑、交通等方面的矛盾，高校所在城市各级党委、政府要进一步明确相关部门责任，制定工作计划，在兼顾学校和当地群众利益的基础上统筹解决好。对于"校中村"、"校中公路"、"校村混杂"、"商贸与学校功能混杂"等问题，可研究采取土地由学校征用，搬迁费由地方政府统筹安排等措施，逐步解决。对历史形成的过往校园的民用通道，能封堵的坚决封堵，暂不能封堵的要予以修缮或改造，落实安全防范措施。对一时难以搬迁的"校中村"、权属有争议的地段及管辖交叉的地带，要落实治安管理措施。

中共贵州省委办公厅 贵州省人民政府办公厅 转发《省综治办、省公安厅、省教育厅关于进一步加强中小学幼儿园安全保卫工作的意见》的通知

（2006年10月31日）

各市、自治州、县（市、区、特区）党委和人民政府，各地区党委和行署，省委各部委，省级国家机关各部门，省军区、省武警总队党委，各人民团体：

《省综治办、省公安厅、省教育厅关于进一步加强中小学幼儿园安全保卫工作的意见》已经省委、省政府领导同志同意，现转发给你们，请结合实际，认真抓好中小学幼儿园安全保卫工作，切实保障广大师生的生命财产安全，不断优化青少年成长的环境。

省综治办、省公安厅、省教育厅关于进一步加强中小学幼儿园安全保卫工作的意见

为加强中小学幼儿园（以下统称学校）的安全稳定工作，切实维护学校及周边良好的治安秩序，保障广大师生的人身财产安全及正常的教学、生活秩序，努力营造安全、和谐、文明的教学环境，按照公安部《公安机关维护校园及周边治安秩序八条措施》、教育部《关于进一步做好中小学幼儿园安全工作六条措施》的要求，现提出如下意见。

一、统一思想，提高认识，进一步增强做好学校安全保卫工作的责任感和使命感

学校是教书育人的重要场所，是社会主义精神文明建设的重要阵地。营造安全、和谐、文明的校园及周边环境，对保障青少年儿童快乐、健康、安全地成长，培育社会主义事业建设者和接班人，实施科教兴国战略，全面建设小康社会，具有十分重要的现实意义和深远的历史意义。各级各有关部门要从全面贯彻落实科学发展观、构建社会主义和谐社会的战略高度出发，充分认识新形势下加强学校安全保卫工作的特殊性和重要性，进一步增强责任感和使命感，牢固树立“校园安全无小事”的责任意识，切实做好学校的安全保卫工作。

二、明确职责，密切配合，努力形成齐抓共管的工作格局

校园及周边治安环境整治工作，是一项社会系统工程。要按照“党委、政府推动，公安、教育互动，学校，社会联动”的要求，在党委、政府领导

下，综治部门牵头，公安、教育部门负责，工商、文化、卫生、建设、城管等职能部门和学校密切配合，形成齐抓共管的工作格局，搞好校园及周边治安环境整治，共同做好学校的安全保卫工作。

综治部门要协调、指导、督促综治成员单位和有关部门共同抓好校园内外的社会治安综合治理，开展法制宣传教育活动，推进学校治安防控体系建设；指导学校开展校园及周边的治安整治，有针对性地提出平安校园创建工作的任务和措施；组织兼职法制副校长和法制辅导员的教育培训工作；定期分析、摸清重点地区和学校存在的安全隐患，研究、制定方案，协调有关部门进行整治，加强督促检查；将学校安全保卫工作长效机制建设纳入社会治安综合治理目标考核。

公安机关要把维护学校治安秩序作为一项重要工作，与学校建立联席会议制度，经常与学校共商校园安全保卫工作；积极参加当地党委、政府组织开展的学校治安综合治理活动；认真贯彻落实公安部“八条措施”，及时查处学校及周边涉及师生的治安、刑事案件，严厉打击危害校园治安的违法犯罪活动；对所有寄宿制学校定期进行全面的消防安全大排查，发现重大火灾隐患要责令限期整改；对地处国（省）道，城市主（次）干道沿线的学校及周边道路，以及学生和儿童往返校园通行较多的道路，要不定期进行交通秩序集中专项整治，严厉查处超速、不按规定让行等交通违法行为；指导督促学校做好内部保卫工作，加大治安防范工作力度，维护好校园及周边治安秩序。

教育部门要认真贯彻落实教育部“六条措施”，将学校的管理列为一项重要工作，纳入社会治安综合治理目标管理，加强指导、管理和督促检查；定期分析研究解决校园治安整治工作中遇到的困难和问题，及时做出工作安排；定期检查学校开展社会治安综合治理工作的情况，发现问题及时解决；及时向当地党委、政府汇报工作，争取支持，加强与有关部门配合协作，共同抓好校园治安综合治理工作。

工商行政管理部门要加大对学校及周边各类市场和经营行为的整顿、规范力度，确保学校及周边各类市场和经营行为健康文明、规范有序。

文化部门要加强对学校及周边歌舞厅、游戏室等文化娱乐场所的整治，彻底取缔校园周边200米（含200米）以内的网吧，营造良好的校园周边文化环境。

建设部门要切实加强对校园内及周边违章建筑的整治，加大学校及周边环境保护工作力度。

卫生、城管等部门要加大学校及周边公共卫生安全整治力度，切实解决校园及周边脏乱差问题。

学校要认真抓好治安防控，落实好防范措施；认真落实社会治安综合治理任务，加强对师生员工的安全教育，维护好校园内治安秩序和教育秩序；及时向党委、政府报告发现的治安隐患，配合有关部门搞好校园及周边安全保卫工作。

各级各有关部门要以实施“为了明天——预防青少年违法犯罪工程”为载体，大力加强青少年法治教育和以“八荣八耻”为主要内容的社会主义荣辱观教育，重点加强对社会闲散青少年、流浪未成年人、吸毒和服刑人员未成年子女的教育和管理，改善他们的成长环境，预防违法犯罪。

三、夯实基础，突出重点，进一步加强安全保卫队伍建设

搞好学校的安全保卫工作，加强队伍建设是关键。学校要配齐配强专（兼）职保卫人员，履行校园内部治安保卫和安全管理工作职责。各级党委、政府要充分发挥学校安全保卫队伍的作用，建立专群结合、人防物防技防结合的治安防控体系。学校保卫人员及基层治保组织要在公安机关的指导下开展工作，加强对校园及校内宿舍等重点部位的治安巡逻，严密社会面的控制，严防违法犯罪分子伺机破坏；对在校园居住、活动的外来人员进行认真清查，规范对外来人员的管理；学校要逐步在重点部门和关键部位配置监控设备，并安排专人负责校园内学生宿舍和儿童住所的安全保卫工作。

公安机关要在学校相对集中的地方建立治安派出所、警务室或110报警点，保证处置学校及周边刑事、治安案件的警力，大力推进警务进校园。学校可聘请保安，增强学校保卫力量，保安的聘用与管理要在公安机关的监督指导下，经培训合格后，持证上岗。学校要加强保卫人员的培训教育和管理，不断提高保卫工作队伍的综合素质，并将经费纳入学校工作预算，保障安全保卫工作必要的经费，妥善解决保卫工作条件和人员待遇。

四、加强宣传教育，提高师生员工的自我保护能力

各级教育行政部门和学校要加大对师生员工安全教育工作力度，重点加强法治教育和自防自救教育。要在学校普及安全知识，加强安全知识与技能实践演练，重点是灭火演练、自救演练、紧急情况下疏散演练等，提高师生的安全防范意识、逃生自救能力和对各种紧急情况的应对能力，尽可能减少安全事故的发生。农村学校要以防火、防盗、防食物中毒、防危房（险墙）倒塌、防滑坡泥石流等地质灾害和其他自然灾害为演练活动重点。城市学校要加强防拥挤踩踏、防煤气中毒、防交通事故、防传染病、防恐怖事件等内容的演练。要积极推进法治教育、安全教育进教材、进课堂的工作，提高安全文化素质，营造浓厚的校园安全文化氛围。要对师生开展经常性的安全教育，入校新生的安全教育覆盖率要达到100%。

省综治办、省公安厅、省教育厅每半年要联合召开一次新闻发布会，各市（州、地）综治、公安、教育部门每季度要联合召开一次新闻发布会，向社会通报校园治安形势和公安机关贯彻“八条措施”、教育部门贯彻“六条措施”的工作成效。各县（市、区、特区）综治、公安、教育部门要经常深入学校走访，召开有学校领导、师生和家长代表参加的座谈会，了解情况，征求意见。要把宣传公安部“八条措施”、教育部“六条措施”作为一项业务工作来抓，制定专门宣传方案，通过宣传画、宣传栏、法制讲座等多种形式广泛宣传，在全社会形成共同关注、共同支持、共同监督的良好舆论氛围。

五、加强领导，落实责任，建立健全安全保卫工作长效工作机制

各级党委、政府要高度重视学校治安秩序状况，把学校安全保卫作为维护社会稳定的一项重要工作来抓，加强对学校安全保卫工作的领导，建立重点检查和平时督查制度，将学校及周边治安综合治理工作纳入年度考核内容，确保各项工作落到实处。教育行政部门和学校要承担起学校安全保卫工作的主要责任，主要领导对校园安全保卫工作负总责，分管领导负直接责任，要加强督促检查，确保各项安全保卫工作落到实处。要加强校地协作配合，开展好地方与校园的联防、联治、联动工作，齐抓共管，形成合力，消除校园及周边的安全隐患。

各级各有关部门和学校要创新工作方式，积极探索建立健全安全保卫工作的长效机制。坚持预防与治理相结合的原则，增强工作的预见性，防患于未然。紧紧依靠广大师生员工，形成群防群治的安全保卫工作机制。学校要建立健全安全隐患检查、矛盾纠纷排查分析等工作机制，及时化解诱发重大安全事故的各种因素。对危及学校及师生员工安全、涉及恐怖行为的有关情况，要抓早、抓小、抓苗头，及时发现、及时掌握、及时报告、及时处置。要结合实际，加强治安、消防、交通、户籍、流动人员、重点要害部位和危险品等方面的管理制度建设，建立完整规范、简洁实用的校园安全管理制度，促进安全保卫工作制度化、规范化，确保各项安全管理措施落到实处。

贵州省综治委、办机构情况和负责人名单

省综治委主任：曹洪兴　省委副书记、纪委书记

省综治办主任：栗先惠　省委政法委副书记

省综治办下设综治工作处

贵州省各市、县(市、区)综治委、办主任名单

地　区	综治委主任	综治办主任
贵阳市	袁　周	胡维林
乌当区	李志鹏	任晓远
南明区	张　曦	卢云生
云岩区	丁旭东	董有新
花溪区	田　平	田景文
白云区	董兰杵	
小河区	韦鸿宁	钱正良
清镇市	刘　军	王家友
开阳县	李　泽	卢仕怀
修文县	石　洪	包仕富
息烽县	黄秋斌	袁昌鸿
高新区	季　泓	苏志忠
六盘水市	刘一民	王树利
钟山区	高玉林	杨友奎
盘　县	罗资湘	杨连忠
六枝特区	舒　勇	黄万林
水城县	刘　睿	朱国忠
遵义市	慕德贵	屈欧亚
红花岗区	舒存水	吴　旭
汇川区	王晓东	张晓颖
仁怀市	娄　冰	刘公侠
遵义县	陈光强	罗立华
桐梓县	王　忠	王先美
绥阳县	覃儒芳	
正安县	宋　霖	黎安初
凤冈县	廖海泉	李志新
湄潭县	肖发君	张晓静
余庆县	宋晓路	孙跃强
习水县	李　凌	徐先富
道真县	江朝伦	马远斌
务川县	陈　实	周建国
安顺市	申晓庆	武卫国
西秀区	张本强	杨跃刚
平坝县	张富杰	郝　淼
普定县	庞　琨	何应超
关岭县	杨开华	陈　兵
镇宁县	罗桂荣	邓克祥
经济技术开发区	毛连辉	罗成玉
黄果树风景区	袁德刚	王建平
毕节地区		
毕节市	龙泽玉	谭学明
大方县	李玉平	廖昌曦
黔西县	蒋从跃	邓林春
金沙县	韩　平	杨昌友
织金县	朱应德	曹德智
纳雍县	郭　华	卢启成
威宁县	吴学军	鄢占龙
赫章县	王洪全	谢仁淑
铜仁地区	谌贻琴	杨菁华
铜仁市	熊光奎	杨德昌
江口县	杨　彪	钱　进
石阡县	杨德华	杨　林
思南县	代　亮	廖洪亮
德江县	夏　虹	王　强
玉屏侗族自治县	刘云友	杨能宇
印江土家族苗族自治县	肖　洪	代传志
沿河土家族自治县	安启洪	崔德新
松桃县	龙　海	周胜华
万山特区	王开禄	朱清林
黔东南州	李飞跃	孙建军
凯里市	洪金洲	王雄忠
黄平县	李文昌	何运生
施秉县	彭世平	钟胜兰
三穗县	樊昌林	吴祖辉
镇远县	李吉科	刘爱国
岑巩县	李昌能	张　敏

地　区	综治委主任	综治办主任	地　区	综治委主任	综治办主任
天柱县	文松波	杨绍基	平塘县	唐官莹	徐光武
锦屏县	袁尚勇	彭大良	罗甸县	彭贤伦	董泽荣
剑河县	杨建平	陶通岳	长顺县	沙先贵	柏怀瑾
台江县	杨昌彪	张　勇	龙里县	吴　俊	林卫国
黎平县	闵启华	田景树	惠水县	向忠雄	时敏勇
榕江县	肖　克	吴兴力	三都县	杨德勇	陆仁慧
从江县	王之政	梁　兵	**黔西南州**	班程农	刘民能
雷山县	王润华	向琪玲	兴义市	夏开益	幸芝珍
麻江县	陈晓琼	吴道广	兴仁县	文建刚	张兴华
丹寨县	龙先金	宋福勋	普安县	万高山	陈明进
黔南州	杨启义	马建平	晴隆县	王　林	施家明
都匀市	胡晓剑	韦　娅	贞丰县	张国华	余忠彬
福泉市	张仕雄	朱德全	望谟县	刘兴吉	韦学智
荔波县	陈稠彪	董豫荔	册亨县	陆光华	陈光学
贵定县	兰昌福	孙　逊	安龙县	周玉仁	罗智龙
瓮安县	王　勤	王登华	龙里县	吴　俊	林卫国
独山县	严　肃	杨建彪			

（撰稿人：韩　俊
审稿人：栗先惠　饶昌贵　李子顺）

云　南　省

平安云南建设情况

2006年,全省共确定平安创建重点县(市、区)46个、重点乡镇657个、重点村(居)委会2116个、重点单位1928个。为加强对平安建设工作的领导,省、市、县三级都实行了领导联系点制度,省委领导和省级政法各部门领导确定了13个县市区作为挂钩联系点。各地创建办针对不同的创建主体,制定了“平安乡镇(街道)”、“平安社区(村寨)”、“平安单位”、“平安校园”、“平安楼院”、“平安市场”、“平安铁道线”、“平安景区”、“平安林区”、“平安农家乐”和“平安家庭”的创建标准,实行分类指导。5月,省综治维稳委在瑞丽市召开全省平安建设工作会议,总结推广平安建设工作经验,分析研究平安建设工作中的重点、难点问题,对平安创建工作进行了再动员、再部署。各地按照部署和要求,进一步采取措施,加大力度,突出重点,扎实开展了平安创建活动,创建范围不断拓宽,创建内容不断充实,创建层次不断提高。

一、创建力度大

各地把平安建设作为构建和谐社会的一项基础工程、保障工程和民心工程来抓,做到四个到位:一是思想认识到位。各级各部门充分认识到开展平安建设是贯彻落实科学发展观的重要内容,是构建社会主义和谐社会的基础工程,是提高党的执政能力、巩固党的执政地位的现实需要,把平安创建列入重要议事日程、纳入总体工作布局。二是组织领导到位。各级党委、政府把平安建设作为“一把手工程”来抓,普遍成立了由一把手挂帅,各有关部门牵头负责的平安创建工作领导小组,形成了党政领导负总责、各部门齐抓共管、全社会广泛参与的平安创建工作格局。三是宣传发动到位。普遍制定了宣传规划,全方位、大范围、高密度地开展宣传,做到了报刊有版面、电视有图像、电台有声音、街道有标语,人民群众对平安创建的知晓率、参与率、满意率不断提高。四是经费保障到位。各地按照州市人均不低于0.2元,县市区人均不低于0.3—0.5元的标准把综治经费列入财政预算,保证平安建设的顺利开展。

二、创建措施硬

各县市区都制定了思路清晰、目标明确、措施具体的《工作意见》和《实施办法》,有针对性地提出了一系列切实可行的工作措施,有力地推动了平安创建工作的深入开展。一是建立完善齐抓共管机制。即建立健全了党委、政府领导,综治部门协调,以公安为骨干,以群防群治力量为依托,以社会面治安防范为重点,以科技手段为支撑,多警联动,专群结合,齐抓共管的治安防控体系。省委防范和处理邪教问题办、省公安厅、省交通厅、省公安消防总队等部门还结合各自职能制定下发了平安创建实施意见。二是建立完善治安防控机制。各地认真落实人防、物防、技防措施,特别是大力加强科技防控网络建设,不断提高治安防控的科技含量。在城市主要街道、商业繁华区、重点要害部位和治安复杂场所广泛实行了技术防范;在单位内部实行了人防、物防、技防;在广大农村建立了村组“十户联防”、“十户长”责任制和邻里守望为主要形式的村民小组联防机制。三是建立完善安全生产管理机制。各地各部门强化宣传教育,增强全民安全意识,上下配合,部门联动,开展安全生产大检查,排查隐患,落实整改措施。特别是针对上半年重特大交通事故多发的势头,开展了以预防重特大交通事故为目标的道路交通安全专项整治,有效减少了群死群伤重大交通事故的发生。四是建立完善突发公共事件应急救援机制。各地各有关部门进一步完善了统一指挥、反应灵敏、协调有序、行动迅速、运转高效、保障有力的突发公共事件应急救援机制,加强了公安、消防、卫生等处突救急队伍的培训,应对突发公共事件的能力得到进一步提高。五是建立完善考核奖惩机制。各地各部门组织开展了各种不同层次、不同形式的督促检查活动,把一些好的做法、好的经验及时形成制度,用以指导创建工作实践,提升了创建工作的整体水平。

三、创建效果好

全省平安创建工作取得了显著成效:一是预防和打击犯罪的能力不断增强,群众安全感进一步提高。各地因地制宜地开展专项斗争和重点整治,及时解决群众反映强烈的突出治安问题,群众安全感不断增强。全省26个平安县和46个创安重点县中,有61个县的刑事案件下降,群众对社会治安的总体满意度普遍在90%以上。二是基层创建经验得到总结推广,推动了创建工作的深入开展。2006年5月,在德宏州瑞丽市召开的全省平安建设工作会议上,昆明市盘龙区、昭通市彝良县、曲靖市麒麟区、玉溪市华宁县、德宏州瑞丽市、省妇联、省公安边防总队、云南华能澜沧江水电有限公司等八家单位交流了工作经验。会后,各地总结提炼出一批好的经验和做法,用以指导工作实践。楚雄市建立了"以户为基础、五级联创、四级评审、逐级申报、两级命名、动态管理"的平安创建模式,把创建工作的重心放在基层,平安建设活动真正做到进社区、进单位、进村组、进家庭,使平安建设与千家万户见面,在千家万户扎根,让千家万户受益。三是严格考评验收,隆重表彰奖励。11月1日至12月20日,省平安创建领导小组组织3个复查组、9个考评组,对2005年省委、省政府命名的首批26个平安县市区和2006年46个平安创建重点县市区进行了复查和考评验收。

社会治安防控体系建设情况

2006年,按照省委办公厅、省政府办公厅转发《云南省社会治安综合治理委员会关于县(市、区)实施社会治安综合治理整体联动防范工程的意见》要求,各地加强社会治安防控体系建设。一是将八大防控体系建设纳入经济社会总体规划。普遍建立完善了街面治安防范体系、重点部位治安防范体系、社区治安防范体系、单位内部治安防范体系、农村"四级"治安防范体系、行政区域和边境一线的边际协作治安防范体系、矛盾纠纷排查调处工作体系和公路、铁路护路联防体系等八大治安防范体系,对社会面、居民区、公共复杂场所、重点要害部位治安的打、防、管、控措施严密到位。二是层层建立群防群治队伍。各地充分发掘、整合和有效利用社会治安资源,建立健全了治保会、调委会、法律援助、安置帮教、保安服务等群防群治队伍。截止2006年11月底,全省组建群防群治组织63934个530745人,设置调委会13749个103557人,设置治保会13229个92263人。三是物防、技防措施落实到位。在城市主要街道、商业繁华区、重点要害部位和治安复杂场所广泛实行技术防范;在单位内部实行人防、物防、技防;在广大农村建立了村组"十户联防"、"十户长"责任制和邻里守望为主要形式的村民小组联防机制。

综合治理基层基础建设情况

一、规范基层组织建设

对各类基层综治组织，从机构设置、人员配备、经费保障、管理体制等方面，统一进行了规范。一是建立完善了县、乡、村三级综治组织网络，全省所有乡镇（街道）全部建立了综治办，综治办主任由党政副职担任，并配备了专职工作人员。截止2006年11月底，全省配备综治专干1108名，设置综治联络员18959人。二是全省所有乡镇（街道）都成立了党政统一领导、综治委（办）组织协调、以司法所为依托、各有关部门共同参与的调解中心，对矛盾纠纷统一受理、集中梳理、归口办理，最大限度地整合调解资源，有效提高了调解工作质量。三是在条件成熟的州市推行"综治中心（室）"，有效整合乡镇综治力量，确保了各个层面都有人管事、有人干事、有钱办事。

二、壮大治安防范队伍

一是抓好以公安机关为主的专业防范队伍建设，加强对"面"上的治安防控。主要以县（市、区）公安交警、巡警为骨干，基层派出所民警紧密配合，组成专职巡逻队，重点负责城区、重点部位和辖区内国道、省道的治安防范，全省有三分之一以上的交巡警力量投入路面巡逻。二是抓好以乡镇干部为主的专职防范队伍建设，加强对"线"上的治安防范。在全省范围内推广德宏州的做法，从乡镇机关抽调精干力量，组成专职巡逻队，小乡镇5—7人，大乡镇7—10人，负责辖区内支、干道及重点部位的治安巡逻。三是抓好以治安中心户长为主的群防群治力量建设，加强"点"上的治安防范。在大力加强基层治保、调解组织建设的同时，切实抓好农村中心户长队伍建设，充分发挥其法制教育宣传员、社会治安信息员、矛盾纠纷调解员、刑释解教帮教员和农民致富引导员的作用，有效预防和减少违法犯罪。

三、强化经费保障建设

各地按照州市人均不低于0.2元，县市区人均不低于0.3—0.5元的标准把综治经费列入财政预算；并根据"谁受益、谁出资"、"取之于民，用之于民"的原则，通过治安防范社会化、产业化、市场化等形式广泛筹集群防群治经费，有力地促进了综治工作的深入开展。据统计，2006年全省州市一级共投入综治工作经费45760.55万元，县市区一级共投入综治工作经费24914.17万元，乡镇街道一级共投入综治工作经费6018.76万元，行政村一级共投入综治工作经费5425.27万元。

开展重点整治和专项行动情况

一、深入开展禁毒人民战争

全面推进禁种除源、堵源截流和禁吸戒毒工作，有效遏制了境外海洛因、鸦片对我的渗透势头，超额完成禁吸戒毒任务，新发现吸毒人员大幅度减少。一是加大毒品查缉力度。组织开展"天网三号"扫毒行动和"拔钉子"专项行动，全省共查破毒品违法犯罪案件17399起，抓获毒品违法犯罪嫌疑人19912人，缴获各类毒品10.2吨，缴获易制毒化学品79.85吨，抓获35名列捕毒枭、毒贩和重大涉案在逃犯罪嫌疑人。二是积极落实全员收戒。加快强制戒毒所改扩建步伐，全省收戒容量增至31960人，全省收戒吸毒人员59953人。三是加强禁毒国际合作，除源工作取得进展。进一步完善各级公安机关与"金三角"周边国家边境禁毒执法合作机制，深入开展禁毒会谈会晤和联合扫毒行动；不断促进省内企业参与替代发展，境外罂粟种植得到有效遏制。四是禁毒宣传教育工作扎实深入，群众反毒意识增强。以“6·26”禁毒宣传活动为重点，扩大禁毒宣传教育的覆盖面，组织开展了一系列针对农村、学校、重点行业和高危人群的禁毒宣传教育活动，加强了禁毒师资力量培训和志愿者队伍建设，发展禁毒志愿者10.5万人，在全省建立1052所“毒品预防教育示范学校”和在边境一线及毒情较严重地区建立了100个“禁毒宣传教育点”；突出重点行业和高危群体的禁毒宣传教育；进一步规范群众举报毒品违法犯罪工作。

二、开展集中整治爆炸物品、枪支弹药、管制刀具专项行动

通过集中整治专项行动，共收缴民用枪支11991支、军用枪支112支，查处涉枪案件441起，涉爆案件322起，逮捕犯罪嫌疑人207人，刑事拘留135人，治安处罚393人；收缴军用枪弹422510发、民用枪弹268031发、炮弹、手榴弹1220枚、炮弹引信142个、手雷13枚、地雷510枚；查获14个制、贩枪支窝点，收缴各类仿制枪支47支、制造枪支的枪管、枪托等零配件484件、制枪工具5台，收缴管制刀具54124把；收缴炸药79317公斤、雷管215415枚、导火索113661.76米；对全省11327家涉爆单位进行检查累计32500余次，发现隐患4128起，发出限期整改通知书2387份，督促整改落实2811起，发出勒令停业整顿通知书91份，吊销许可证2家。

三、积极参与整顿和规范市场经济秩序工作，严厉打击制假贩假违法犯罪活动

全省公安机关治安部门围绕群众反映强烈、社会影响大的假冒伪劣案件，重点查获了一批生产、销售假冒伪劣商品、坑蒙拐骗、侵犯知识产权、扰乱市场经济秩序案件，查扣假劣商品货值4600余万元，捣毁制假售假窝点344个，维护了市场经济秩序。

四、打击传销专项行动

按照省政府打传领导小组的统一部署，全省公安经侦部门开展打击传销专项行动，取得了显著成效，有力地维护了社会政治和经济稳定。2006年，立传销案107起，驱散团伙数1229个，涉案总人数5514人，教育遣返（散）传销人数13840人，解救被禁锢人数121人，抓获各级传销头目366人，刑拘147人，逮捕127人，判刑42人，收缴赃款、赃物折合人民币共计262万余元。

五、开展“山鹰二号”打击侵犯知识产权犯罪专项行动

2006年3月至10月，在全省开展“山鹰二号”打击侵犯知识产权犯罪专项行动。全省共立侵犯知识产权案件256起，破案213起，挽回经济损失1300万元，抓获犯罪嫌疑人505人。其中以非法经营罪、制售伪劣产品等罪名处理的案件236起，占总数的92.2%，破案199起，其余为假冒注册商标案9起、销售假冒注册商标的商品案10起、非法制造、销售注册商标标识案1起。

六、打击涉烟犯罪情况

2006年，全省共侦办涉烟违法犯罪案件328起，破265起，抓获犯罪嫌疑人689人，刑事拘留484人，逮捕195人，协办和移送烟草专卖行政处罚4283起。打掉大小网络41个，捣毁制假窝点96个，缴获各类制假烟机设备115台，查获假、私、非卷烟商标标识1997万张、滤嘴棒1782.7万支、卷烟盘纸93.8吨、烟丝230余吨、烟叶3143.5吨以及卷烟锡箔纸、卷烟封签一批，案值超1.2亿元。

七、打击涉众型犯罪情况

2006年，全省公安经侦部门共立集资诈骗案28起，涉案金额1571万余元，挽回损失51万余元；立非法集资案2起，涉案金额1959万余元，挽回损失278万元；立非法吸收公众存款案10起，涉案金额5840万余元，挽回损失1339万余元；立合同诈骗案165起，涉案金额1292万余元，挽回损失46万余元。

八、侦破命案专项行动

2006年，全省现行命案破案率为91.13%；立案同比下降9.69%，破案率同比提高2.65个百分点；综合破案率为100.44%。命案致死、致伤人数同比分别下降5.4%和2.8%；全省有56个县级公安机关实现命案全破，2个县未发命案。全省侦破命案工作继续取得了“发案数、命案逃犯数、造成人员死伤数持续下降，破案率、命案全破县市区数持续上升”的成效。经公安部考核，2006年全省侦破命案工作综合成绩排名居全国第9名，继续保持在全国先进行列。

九、精心组织“打黑除恶”专项斗争

2006年，根据中央政法委的统一部署，在省委省政府和省委政法委的组织指挥下，省打黑除恶领导小组在全省范围内组织开展了打黑除恶专项斗争。先后打掉黑恶势力犯罪团伙51个（涉黑团伙1个，被公安厅列为督办的涉恶团伙案件31个），抓获犯罪嫌疑人781名，逮捕600名，移送起诉501名（以涉黑犯罪移送审查起诉22人），劳动教养10人，破获各类案件777起（刑事案件708起，治安案件69起），收缴各类枪支33支。

十、深化打击“两抢一盗”等多发性侵财犯罪专项行动

（一）打击“两抢一盗”犯罪专项斗争。2006年，全省多发性侵财犯罪案件高发势头得到控制，“两抢一盗”犯罪案件立案数近两年来首次下降，“两抢一盗”案件立案同比下降1.1%，“两抢”案件立案同比下降6.9%。

（二）打击盗窃破坏电力电信设施犯罪专项行动。2006年，全省公安机关积极推进州、市涉电违法犯罪分中心建设。截至2006年年底，16个州、市分中心成功组建，90个县级公安机关建立了办公室。通过建立联合机制，有效地整合了警力资源，有力打击了破坏电力设施违法犯罪。2006年11月至2007年1月，全省公安机关开展了打击盗窃破坏电力电信设施犯罪专项行动，破获涉电案件3459起，破案率同比上升84.8%。

（三）打击组织操纵未成年人违法犯罪专项行动。2006年6月至11月，全省8个重点地州开展了打击组织操纵未成年人违法犯罪专项行动。通过扎实有效的工作，共破获新疆籍人员作案的“两抢一盗”犯罪案件128起，抓获230名新疆籍犯罪人员，打处3名幕后操纵人员，解救遣返新疆籍未成年人4名。

（四）开展打击窃电违法犯罪专项行动。2006年6月23日至7月23日，在全省范围内组织开展代号为“雷电行动”的打击窃电违法犯罪活动。期间，全省共出动车辆760台次，人员3312人次，检查户数66446户，查处窃电违章用电351起，为电网公司挽回经济损失181.29万余元。

十一、打击拐卖妇女儿童犯罪工作

2006年，全省拐卖妇女儿童案件立案同比下降51.6%，破案同比上升8.1%，解救被拐妇女110名、儿童149名，抓获犯罪嫌疑人399名。

开展矛盾纠纷排查调处工作情况

各级各部门高度重视和正确处理新形势下的人民内部矛盾，进一步明确“各级党委、政府及各部门（单位）领导班子的正职为本地区、本部门（单位）维护稳定工作的第一责任人，对维护稳定工作负总责”。通过狠抓维稳工作“一规定三制度”和领导责任制的落实，各级各部门（单位）党政主要领导“保一方平安”的政治意识和“一把手负总责”的责任意识不断增强，全省维稳工作形成了党政领导、部门负责、全社会齐抓共管的工作格局。一是加强领导，完善机制。各级党委、政府及相关部门高度重视矛盾纠纷排查调处工作，把这项工作摆上重要位置，主要领导作为维稳工作的第一责任人，对重大矛盾和突出问题亲自过问，身体力行加以解决。加强矛盾纠纷排查调处工作规范化、制度化建设，建立健全了通报制度、归口办理制度、领导包案和挂牌督办制度、零报告制度及排查调处考核制度。二是落实责任，齐抓共管。各地各有关部门按照“属地管理”和“谁主管谁负责”的原则，充分发挥职能作用，积极主动地做好本系统、本部门、本单位的矛盾纠纷排查调处工作，力争做到矛盾不上交、不出门，妥善化解在内部。三是加强排查，及时疏导。各州市严格执行《云南省矛盾纠纷排查调处工作制度》，坚持日常排查、专项排查、重点排查相结合，坚持做到各乡镇（街道）每半月排查一次，县（区）每月排查一次，州市每季度排查一次，对有可能影响社会稳定的重大事件做到及时疏导化解。四是突出重点，化解矛盾。各级维稳机构突出排查重点，围绕因国有企业改革、拖欠工资、拖欠民工工资及企业经营困难引发的不稳定因素；因征地拆迁，山林、土地、水利、矿产资源纠纷、环境污染引发的不稳定因素；部分军队退役人员、伤残战士、原民办教师、原支前民工中存在的不稳定因素；民族宗教问题引发的不稳定因素；“两案”人员上访引发的不稳定因素等，进行全面彻底排查，严格按照责任制落实责任人，确定牵头部门和相关部门共同负责调处，把大量矛盾纠纷解决在基层。确保了元旦、春节和全省、全国“两会”、国庆节等时期的社会稳定。

落实责任制　开展综治评先表彰情况

一是层层签订责任书。省综治维稳委下发《2006年度云南省州市和成员单位社会治安综合治理工作目标责任》和《关于2006年度重点在40个县（市、区）深入开展平安创建活动的通知》，部署综治和平安创建任务。各州市、县（市、区）、乡镇（街道）党委政府领导与各地层层签订责任书。二是将社会治安综合治理工作纳入各级党政领导干部的政绩考核内容。各地严格执行省委组织部下发的《云南省县（市、区）党政领导班子和成员政绩考核评价方法（试行）》。在对党委领导班子考评内容中，将社会稳定和社会治安综合治理作为考评的一项具体内容；在对政府领导班子考评内容中，将群体性事件下降率和处置情况，刑事发案下降率和破案增长率作为考评的一项具体内容；在对政府领导班子主要负责人考评内容中，将协调解决热点、难点问题作为考评的一项具体内容。三是建立并落实检查督导制度。2006年5月至6月，省综治维稳委派出工作组分赴40个重点县（市、区）督促检查平安创建工作；11月至12月，省综治维稳委派出工作组分赴26个“平安县（市、区）”和40个重点县（市、区）复查、验收平安创建工作，分赴62家成员单位检查考评综治维稳工作；省综治办不定期对部分县（市、区）综治及平安创建工作进行检查督导。各地各部门也组织开展了各种不同层次、不同形式的督促检查活动。四是表彰奖励综治工作成绩突出的地方、单位和个人。2007年1月，省委、省政府命名表彰了45个“平安县（市、区）”，省综治维稳委对16个州市和62家成员单位兑现2006年度综治目标责任奖。五是对发生重大影响案（事）件进行查究，实行一票否决。

实施“为了明天工程”情况

一、开展宣传调研

一是积极做好《未成年人保护法》和《预防未成年人犯罪法》等法律法规的宣传普及工作。如昆明市通过发放宣传资料、解答群众咨询、放映禁毒宣传片、千人签字、青少年禁毒宣誓、让戒吸学员现身说法等形式，在全市营造了预防青少年违法犯罪的良好环境。二是省综治委预防青少年违法犯罪工作领导小组办公室通过对云南省未成年人犯罪和流浪儿童现状进行调研，撰写了《云南省未成年人犯罪现状、原因及对策》和《对云南省流浪儿童现状的调研报告》。

二、做好青少年维权工作

一是认真开展青少年普法维权"七个一"活动。昭通市组成12个青少年普法维权宣讲团,确定14家青少年维权律师事务所,聘任144名司法工作人员为"青少年维权联络员",向56000名外出务工青年发放了维权服务卡。二是继续推广绥江县发放"青少年维权卡"的成功经验。绥江县累计发放青少年维权卡2000余张,公布6部青少年维权电话,为青少年提供维权咨询1600余人次,协调处理10余起工伤事故纠纷,让广大青少年看到了维权服务的实际效果。三是组织州市和省属厅局公司团委动员城市团员青年与未成年犯开展结对帮教"共树荣辱观共建和谐文化"活动。思茅团市委与景东团县委组织了32家青年文明号集体的青年到景东监狱对服刑青年开展爱心帮扶活动,通过文艺演出、图书捐赠、形势教育、解决服刑青年家庭问题等形式,达到"安其身、稳其心、正其本、育其人"的帮教目的。

三、积极参与禁毒防艾人民战争

一是修改完善《禁毒防艾人民战争青少年读本》和《预防青年犯罪教育读本》(即将由中央党校出版社出版)。二是组织实施禁毒防艾"十百千万工程"。思茅团市委制定下发了《思茅市推动禁毒志愿者行动工作方案》,组织了5000多名青年志愿者到学校、工厂、农村、社区以及戒毒所里开展声势浩大的禁毒防艾知识宣传,收到了极好的效果。目前,全省登记在册的禁毒防艾青年志愿者达10万余人。

四、开展"参与志愿服务,共建和谐社会"社区志愿服务和谐行动主题活动

全省社区注册志愿者的数量质量有明显提升,发展了一大批社区法人志愿者,社区志愿服务合作伙伴的数量有明显上升,社区志愿服务的影响面、参与面和受益面更大扩展。

五、积极开展"爱心圆梦大学"活动

团省委共筹集资金981.3万元人民币,资助2450名贫困大学生上大学。省青企协青年企业家叶波为我省7种较少民族贫困学生捐款302000元结对1000名小学生。

开展"平安家庭"创建活动情况

一是省妇联下发了《云南省妇联2006年动员妇女参与创建平安云南的工作通知》,成立以省妇联主席、党组书记任组长、各部室负责人为成员的"云南省妇联平安单位创建领导小组",创建活动办公室设在省妇联权益部。二是省妇联、省综治办等六家单位联合发文《关于开展"拒绝毒品、抗击艾滋、保护家园、共创平安"主题活动的通知》,推动州(市)和相关单位开展"平安家庭"创建活动。三是各级妇联对全省农村家庭基本情况进行摸底调查,了解各州市妇联参与禁毒防艾工作的现状与经验,掌握毒品和艾滋病重度地区妇女儿童生存现状,并有针对性地制定和实施了"四五六工程"(即:着力提高农村妇女的"四种能力"、开展"五送"行动和采取"六种方式")。四是全省各级妇联共开展各种宣传咨询活动3080场次;发放禁毒防艾知识小册子等宣传资料513万余份(册);展出图片、展板51978幅;播放《田野上的红丝带》、《艾滋病启示录》、《不让艾滋病进我家》等禁毒防艾影视教育片10256场次;广播宣传14384次;免费发放安全套323865只;使300多万户家庭受到了教育,女性接受禁毒防艾知识宣传教育总人数达到926万人次。五是培训了一大批"平安家庭"创建活动妇女骨干。截止2006年年底,全省已有妇女志愿者4.74万人,在社区成立"妇女禁毒协会"、"母亲劝戒队"、"妇女攻心队"等群众自治组织4248个,帮教问题家庭26415户、人员65748名,组织、宣传、发动110万人次参加各类活动。六是各级妇联积极争取国内外项目,建立多部门合作的工作机制,帮助受毒品和艾滋病影响的家庭生产自救,组织艾滋病致孤儿童社区寄养关怀活动,帮助农村妇女预防拐卖、安全就业,促进家庭健康发展。

流动人口治安管理工作情况

一是建立健全省、州(市)、县(市、区)、乡镇(街道)四级流动人口管理机构和机制。2006年,全省共建立流动人口协调领导小组1399个,办公室1885个,工作人员6199人;办证管理站(点)1801个,工作人员4909人。二是积极稳妥地推进户籍制度改革。省政府下发《关于解决农民工问题的实施意见》,公安厅起草并正在修改《深化户籍制度改革若干意见》。三是建立农民工工作联席会议制度。省政府下发了《关于解决农民工问题的实施意见》和《关于建立云南省农民工工作联席会议制度的通知》,由29家相关单位组成联席会议,办公室设在省劳动和社会保障厅,负责处理农民工问题的日常工作。四是落实出租房屋治安管理措施。省公安厅出台了《关于加强公安机关"以房管人"工作的指导意见》,在全省建立了"以房管人"的工作机制。五是认真开展流动人口计划生育管理服务。及时对《云南省流动人口计划生育管理规定》进行了修订,认真落实流动人口"奖、优、免、补"政策,对全省省、州(市)、县(市、区)、乡镇(街道)四级信息交换平台操作人员进行了培训。六是建立劳动力市场秩序清理整顿长效机制。全省各级劳动保障、公安、人事、工商等部门共出动检查人员2067人次,检查各类职业介绍机构和用人单位7055户,责令592户职业介绍机构和用人单位限期整改,依法取缔非法从事职介活动的组织或个人138户,责令职业介绍机构退还非法收取的求职者费用5.5万元。

刑释解教人员安置帮教工作情况

一是就业安置各项措施进一步落实。监狱系统年内对5万余名服刑人员开展岗位劳动技能培训,培训面达80%以上;劳动和社会保障部门把未就业的刑释解教人员纳入"下岗再就业工程",为所有办理失业登记的刑释解教人员提供就业优惠政策;民政部门将4986名生活困难、家庭收入低于当地最低生活保障水平的刑释解教人员纳入低保范围,支出低保资金539.4万元;工商部门为1568户从事个体生产经营的刑释解教人员减免各种收费7万元;基层安置帮教工作机构为11246名农村籍刑释解教人员落实了责任田和房屋宅基地。2006年,全省新增刑释解教人员16444人,安置14547人,安置率达88.46%;重新犯罪46人,重新犯罪率为0.38%。二是社会化帮教活动效果明显。党政部门、人民团体和社会组织通过到监狱、劳教所"送亲情、送乡情、送教育"的方式,开展帮教活动。监狱采取"走出去"的方式,组织符合条件的服刑人员到社会参观,感受形势的变化或离开监狱回家探亲接受社会家庭帮教。2006年,全省共帮教刑释解教人员15010名,帮教率达91.23%。

学校及周边治安综合治理工作情况

一是省教育厅修订了《教育系统安全工作管理办法》和《省教育厅重大突发事件报告制度》，下发了《云南省教育系统突发公共事件应急预案》（试行）。二是各院校认真排查校园内及周边的不稳定和不安全因素。楚雄师范学院对学生宿舍、食堂、教室、实验室、图书馆、礼堂、会议室、印刷厂等人群集中的场所进行了认真细致的检查，并投入资金20余万元，对存在的安全隐患进行整改。三是各成员单位积极发挥职能作用。司法行政部门开展校内法制宣传教育，参与调解学校及周边地区存在的矛盾纠纷；文化部门和信息产业部门加强对学校及周边地区文化、娱乐场所的监督管理，坚决取缔中小学校周围200米以内的网吧、电子游戏经营场所；建设部门严格监督学校周边的市政及治安防范设施建设，积极参与安全文明校园创建活动；新闻出版部门加强对文化市场和“扫黄打非”工作的管理，坚决取缔各类非法出版物，减少诱发犯罪的因素；工商行政管理部门加强对学校周边文化娱乐和服务行业的监督管理，配合公安机关维护治安秩序；共青团加强学校和社区团、队组织的建设，配合学校开展道德、法制教育，提高青少年的自身素质，预防和减少青少年犯罪，维护未成年人的合法权益。四是开展校车及驾驶人员专项整治行动。全省共投入警力15957人次，出动警车4721辆次，排查中小学校12087所，排查校车1693辆，检查合格1679辆，受教育人数280多万人，教育校车驾驶人员1688人，查处超员32起，查处超速行驶137起，查处非法营运车913辆，查处其他违法行为1481起。

铁路护路联防工作情况

一是以创建“平安铁路示范路段”活动为载体，继续深化“创安”工作。省护路领导小组制定下发了《云南省创建“平安铁路示范路段”活动实施办法》，确定了2006至2008年工作目标。沿线各州、市结合辖区实际，制定了创建“平安铁路示范路段”推进计划和实施办法。二是认真组织宣传月活动，不断提高沿线村民爱路护路和自我防护意识。全省各级护路组织共出动宣传车400多台次，张贴标语口号、标牌横幅11802块（幅），制作黑板报、专栏1480多期，表彰“爱路护路光荣户”家庭百余户、先进学生2600多名，发放宣传资料206600份。铁路沿线受教育人民群众达100余万人。三是适时开展重点治理，维护沿线治安秩序。省护路办对铁路沿线废旧金属收购站点整治长效机制的建立实施等情况进行跟踪回访、检查考核。各级护路组织对辖区内各种流动收购人员、盗窃、破坏铁路设施违法犯罪活动进行适时的专项整治活动。四是加强涉路矛盾纠纷排查调处，保持沿线社会稳定。全省各级护路组织共排查涉路矛盾纠纷52件，已调处31件（化解13件上路拦车事件），正在调处8件。省护路领导小组和办公室直接参与调处16件。五是严厉打击涉路违法犯罪，护路工作成效明显。2006年1月1日至12月25日，全省共立涉路刑事案件1460起（破1286起），同比下降23.8%（其中货盗23起，同比下降20.7%；拆盗器材46起，同比持平；破坏铁路设施1起，同比下降75%）；受理治安案件4937起（破4862起），同比下降52.7%；货物赔款4.214万元，同比下降47.8%。全省铁路沿线七个州（市）、46个县（市、区）中，有17个县（区）实现“四无”（无群体性上道拦车事件、无涉路刑事案件、无路外伤亡事故，无大牲畜上道与火车相撞事故）。

中共云南省委　云南省人民政府
关于命名“云南省平安县（市、区）”的决定

（2006年1月19日）

2005年，全省各地区各部门在各级党委、政府的领导下，以邓小平理论和“三个代表”重要思想为指导，认真贯彻落实科学发展观，按照构建社会主义和谐社会的要求，组织动员社会各方面的力量，按照中央、国务院和省委、省政府有关文件精神，深入开展平安创建工作，认真落实社会治安综合治理各项措施，“平安县（市、区）”创建试点工作取得了明显成效，确保了人民群众安居乐业，有力地维护了全省社会政治稳定，保障了经济社会协调健康发展。为进一步推动“平安云南”建设的深入开展，省委、省政府决定对五华区等26个县（市、区）授予“云南省平安县（市、区）”称号并予以表彰。

希望上述县（市、区）继续发扬成绩，再接再厉，认真贯彻党的十六届五中全会和省委七届七次全委会精神，切实加强社会治安综合治理工作，全面推进“平安云南”建设，为保障人民群众安居乐业和“十一五”规划的实施，全面建设小康社会和构建社会主义和谐社会作出新的更大的贡献！

附件：云南省平安县（市、区）名单

附件：

云南省平安县（市、区）名单

五华区	安宁市	晋宁县	威信县	西盟县	勐腊县	漾濞县	祥云县
沾益县	澄江县	峨山县	双柏县	龙陵县	潞西市	华坪县	泸水县
南华县	姚安县	蒙自县	屏边县	香格里拉县	双江县		
河口县	麻栗坡县	翠云区	景谷县				

云南省综治维稳委关于加强行政边际地区社会治安综合治理协作与治安联防工作的意见

（2006 年 1 月 28 日）

为加强我省与相邻省（市、区）行政边际地区的社会治安综合治理协作与治安联防工作，增强相邻地区社会治安防控能力，形成打击和预防犯罪合力，维护行政边际地区社会政治稳定，促进行政边际地区经济和社会事业发展，现针对我省实际，就加强我省与相邻省（市、区）行政边际地区的社会治安综合治理协作与治安联防工作提出如下意见：

一、指导思想

加强边际协作共建平安边界，要坚持以“三个代表”重要思想为指导，以平安创建为载体，认真执行有关法律法规，按照“尊重历史、面向未来，联动防范、共建平安，毗邻友好、共谋发展”的原则，共同搞好行政边际区域社会治安综合治理协作与治安联防工作，增强行政边际地区社会治安防控能力，形成打击和预防犯罪的合力，维护行政边际地区社会政治稳定，增进行政边际地区干群团结，促进相邻省（市、区）行政边际地区经济和社会事业的发展。

二、建立健全各项工作机制

建立健全领导协调机制。毗邻省（市、区）、市（州）、县（市、区）党委、政府和综治维稳委要加强共建平安边界工作的领导，把这项工作作为社会治安综合治理工作和开展平安创建的重要内容，纳入重要议事日程，加强指导、协调和督促检查工作，促进各项工作措施落到实处。毗邻省（市、区）的市（州）、县（市、区）要按照两省（市、区）综治协作和治安联防协议的内容，进一步建立和完善行政边际地区协作联防措施，健全协作联防制度，形成协作联防工作机制，使边界地区的协作联防工作逐步形成规范化、制度化。毗邻各市（州）、县（市、区）党委、政府主要领导对边界地区发生的重大矛盾、群体性事件及突出治安问题等要亲自研究解决，切实做好各项工作，共同维护好边际地区社会稳定和良好社会治安秩序。

建立信息交流机制。一是建立沟通联络制度。毗邻市（州）、县（市、区）要建立联络员制度，明确职责，加强双方沟通和工作联络。二是建立联席会议制度。毗邻市（州）、县（市、区）之间要定期召开联席会议，共商加强边际协作联防措施。三是建立信息交流制度。毗邻双方对涉及需要相互配合的一些重大工作部署，特别是对各自掌握的边际矛盾纠纷动态和突出治安问题等，要及时通过简报等材料进行交流，做到信息共享，情况互明。

建立矛盾纠纷联动调处机制。一是要加强法制宣传教育和法律服务工作。通过在边界地区双方群众中开展多种形式的普法教育，增强边际地区广大干部、群众的法律意识，增强广大群众依法保护合法权益能力。要深入开展法律服务工作，引导群众依法解决矛盾纠纷。二是坚持矛盾纠纷定期排查制度。相邻边界村（社区）对边际矛盾纠纷要坚持每月排查一次，相邻乡镇每季度排查分析一次，相邻县（市、区）每半年检查一次，相邻市（州）每年组织各边界县（市、区）召开一次联席会议，研究分析一年来的联动调处工作。对排查出的边界矛盾纠纷要逐一制定工作方案，落实责任领导，明确部门职责，共同调处解决，使矛盾纠纷及时解决在萌芽状态。三是毗邻地区出现跨行政区域的矛盾纠纷，毗邻双方的县（市、区）、乡（镇）责任部门要本着团结、谅解、友好、互让的原则，共同协商，相互配合，及时对矛盾双方进行调解，力争将矛盾解决在发生地。矛盾纠纷一旦演变为群体性事件，要按照属地管理原则，由事件发生地党委、政府和责任部门立即组织人员赶赴现场处置，并尽快通知毗邻的对方有关部门及时配合做好各项工作。要坚决防止在处置工作中，因协调配合不得力、组织措施不当引发重大治安事件及群体性事件。

建立联动防范机制。要进一步建立健全行政区域治安联防体系。在有关部门的组织协调下，充分发挥政法部门及综治成员单位、基层组织、人民群众在共建平安边界工作中的作用。通过在边际地区建立卡点，组建治安联防队伍、召开治安联防工作会议、案件通报协查、联合打击跨界犯罪和联合开展边际地区的重点整治工作等形式，有效维护边际地区的社会治安秩序。

建立责任机制。各级党委、政府要把行政边际地区综治协作与治安防范协作工作及共建平安边界工作纳入年度综治工作目标内容，严格进行考核，建立健全奖惩激励机制。对因防范措施不落实、责任不到位、发生情况不报告或协调不得力、处置不妥当等原因，导致发生影响边界地区社会稳定的重大群体性事件或重大治安问题，造成严重后果和不良影响的，由双方按照有关规定，严肃查处，追究责任。

三、加强宣传教育，营造齐抓共管治安氛围

各地要利用节庆、会议、图片展览、物资交流等时机经常性地开展法制宣传教育活动，使边际地区群众掌握了解政府的各项政策，教育边际地区群众遵纪守法。同时，动员群众积极参与社会治安综合治理和“平安创建”工作，在边际地区营造齐抓共管的氛围。

行政边际地区社会治安综合治理协作与治安联防工作是一项系统工程，各级党委、政府特别是边际地区的上一级党委、政府要切实加强领导，要通过深化行政区域边际协作防范体系建设，建立健全边际协作防范机制，为我省“十一五”计划的顺利实施和“平安建设”创造更加稳定和谐的社会环境。

云南省社会治安综合治理维护稳定委员会关于印发《云南省“平安单位”创建标准（试行）》的通知

（2006 年 5 月 22 日）

各州市综治维稳委、省综治维稳委各成员单位：

现将《云南省“平安单位”创建标准（试行）》印发，请结合实际，认真贯彻执行。

此通知

云南省“平安单位”创建标准（试行）

为了充分发挥机关单位在“平安云南”建设中的带头表率和组织指导作用，全面推动落实“平安云南”建设的各项目标要求，根据省委办公厅、省政府办公厅转发的《省委政法委、省综治委关于开展创建“平安县（市、区）”活动的意见》和省综治维稳委《云南省“平安县（市、区）”创建活动实施办法》等有关文件精神，特制定本标准。

一、具体目标

按照《意见》和《办法》提出的总体要求，我省"平安单位"的具体创建目标是：

（一）本单位无危害国家安全的违法犯罪案件。

（二）本单位无刑事案件。

（三）本单位无重大治安案件。

（四）本单位无5人以上群体性事件。

（五）本单位无重大火灾、交通、责任事故和安全生产事故。

（六）本单位无"法轮功"等邪教组织的违法犯罪活动。

（七）本单位无群众反映强烈的"黄赌毒"等社会丑恶现象。

二、主要措施

（一）坚持"两手抓、两手硬"，促进社会公平正义。坚持一手抓业务工作，一手抓维护稳定，正确处理改革发展稳定的关系，切实把改革的力度、发展的速度和社会可承受的程度统一起来，注重维护和实现社会公平，妥善处理好收入分配、利益调节、民权保障、政府施政、司法公正等问题，真正做到在稳定中求发展，在发展中保稳定。

（二）落实维稳工作机制，维护社会政治稳定。建立健全对敌对势力、"法轮功"邪教组织及非法宗教组织的发现、防范、打击和教育转化工作制度，防止单位及直属部门发生危害国家安全的案件，防止本单位工作人员（含临时工作人员）参加敌对组织、"法轮功"邪教组织及有害气功组织、非法宗教组织，防止本单位发生"法轮功"练习者滋事活动。

建立健全单位及系统内部矛盾纠纷排查调处机制和社会治安情况收集、分析、报送制度。紧紧围绕企业重组改制、城镇拆迁、土地征用、拖欠民工工资、涉法涉诉等热点、难点问题，加大矛盾纠纷排查调处力度，及时发现影响社会稳定尤其是可能引发群体性事件的倾向性、苗头性问题，对排查出来的问题，按照"谁主管谁负责"的要求，落实调处责任，坚决防止本单位及直属部门工作人员集体到省委、省政府上访和进京上访。建立健全本单位、本系统处置突发性和群体性事件工作制度或工作预案，及时发现、疏导、化解和妥善处置本单位发生的突发性和群体性事件。

（三）整治突出治安问题，及时消除治安隐患。本着"什么犯罪突出就重点打击什么犯罪，什么治安问题严重就集中解决什么治安问题，哪里治安混乱就重点整治那里"的原则，对涉及本单位、本系统的突出治安问题特别是群众反映强烈的"黄赌毒"等社会丑恶现象，做到经常排查、经常整治，及时消除隐患，净化社会空气。

（四）推进防控体系建设，预防减少违法犯罪。始终坚持把单位内部治安防范体系建设作为平安建设的一项基础工程和保障措施来抓，建立健全单位内部安全保卫管理制度和责任追究制度，落实单位要害部位安全防范责任和措施。加强和规范单位内部保卫组织建设，建立值班（保卫）机制和配备专（兼）职人员，加大守楼护院力度，预防和减少入室盗窃等多发性案件的发生。

（五）建立健全应急救援机制，有效应对突发公共事件。按照《云南省人民政府突发公共事件总体应急预案》的要求，建立健全突发事件应急机制和社会动员机制，提高保障公共安全和处置突发事件的能力。认真做好处置自然灾害、事故灾难、公共卫生事件和社会安全事件等4类突发公共事件的应急预案，提高应对突发公共事件的能力。建立完善安全生产监管体系，进一步落实安全生产责任制，坚决防止发生影响社会稳定的重大治安灾害事故和安全生产责任事故。

三、工作要求

（一）组织机构健全。各单位要把"平安单位"创建工作纳入经济社会发展总体规划，切实加强领导，精心组织，统筹安排。要及时成立创建领导小组，确定专门的工作机构和人员（含联络员），具体负责这项工作。各单位党政一把手作为维护稳定的第一责任人，对平安建设工作要亲自抓，分管领导作为直接责任人，要具体抓。要明确分工，确保领导责任落到实处。

（二）工作部署落实。要按照省委、省政府提出的"五个更加"的总体要求，结合职能和实际，研究制定本单位、本系统"平安单位"建设规划和实施方案，把"平安单位"创建工作纳入年度工作计划，切实加强研究部署和督促检查。要区分机关、企业、校园等不同范围的创建工作，确定不同的目标和任务，加强分类指导，讲究实际效果。

（三）宣传工作扎实。要根据全省平安建设

宣传工作的总体部署,联系本单位、本部门的工作实际,制定平安建设和综治工作宣传计划,采取开展综治宣传月活动、电视宣传报道、播放录音录像、举办文艺晚会、有奖知识竞赛等群众喜闻乐见的形式,宣传社会治安综合治理和维护稳定的方针、政策,着力提高群众对平安建设的知晓率、参与率,营造良好的氛围。

(四)经费保障到位。要将平安建设的日常工作经费及人防、物防、技防经费列入单位财务年度预算,保证创建工作的顺利开展。

云南省社会治安综合治理维护稳定委员会关于进一步加强命案侦防工作的意见

(2006年11月30日)

近年来,全省公安机关按照省委、省政府及公安部的部署和要求,紧紧围绕“构建和谐社会、建设平安云南”的总体目标,大力开展命案侦破工作,全省命案发案数和造成人员死伤数逐年下降,破案率和抓获命案逃犯数逐年上升,初步实现了命案侦破“两降一升”的奋斗目标,为维护我省社会治安大局的平稳发挥了重要的作用。但从近年来我省命案侦防工作情况看,也存在着重打轻防、命案侦防工作比较薄弱等问题,命案高发且危害严重,特别是因民间矛盾纠纷引发的命案比重较大,已成为我省命案高发的一个重要原因。为贯彻落实省委、省政府及公安部的部署和要求,进一步提升我省命案侦防工作水平,深入推进平安云南建设,现提出如下意见:

一、进一步提高对命案侦防工作重要性和必要性的认识

命案是一种对社会治安和人民群众生命安全危害最为严重的犯罪。综合运用各种手段,最大限度地防控可防性命案的发生,及时侦破已发命案,实现“两降一升”目标,既是公安机关打击刑事犯罪、驾驭治安局势能力的体现,也是各级党委、政府执政能力的体现和构建和谐社会的迫切需要。各级党委、政府和公安机关要从构建和谐社会的高度,进一步提高对命案侦防工作重要性和必要性的认识,坚持“打防结合,预防为主”的方针,牢固树立“命案必防、命案可防”的意识,切实把命案防范工作作为平安云南建设的重要内容,加强组织领导,实行综合治理,重点解决因民间矛盾纠纷引发命案的问题,力争从根本上扭转我省命案高发的现状。要以平安云南建设为载体,建立健全党委政府统一领导,综治部门组织牵头,司法部门具体指导,职能部门共同参与的命案防范工作机制,有组织、有计划、有步骤地、开展防范命案综合治理工作。要结合本地实际,制定防范措施,确定防范目标,明确防范要求,落实防范责任,充分运用政治、经济、文化、行政、法律、教育、管理等手段,最大限度地防范各类可防性命案的发生,确保人民群众安全感不断提高,确保平安云南建设各项目标的顺利实现。

二、坚持“打防结合,预防为主”,努力预防“民转刑”、“刑转命”案件的发生

各级综治部门要在现有矛盾纠纷排查调处机制的基础上,建立完善防范命案矛盾纠纷排查调处专项工作机制,紧紧围绕土地、山林、水源、矿产、婚恋、邻里、债权等问题,全面深入地开展矛盾纠纷排查调处工作,努力防止“民转刑”、“刑转命”案件的发生。一是建立健全由乡镇综治委牵头,派出所、司法所、基层法庭及民政等部门共同参与的基层矛盾纠纷联调机制,实行乡、村、组三级矛盾纠纷调解工作制度,按照“小纠纷不出组、大纠纷不出村、民间矛盾纠纷解决在基层”的原则,对排查出来的矛盾纠纷进行分级调解。对可能引发“民转刑”、“刑转命”案件的重大矛盾纠纷,要按照“四定”、“三包”(即定牵头领导、定责任单位、定责任人、定办结时限，包调处、包落实、包反馈）的要求，及时发现，就地调处，就地化解；公安机关要进一步增强防控命案的主动性，切实落实矛盾纠纷定期排查和报告制度。责任区民警要经常深入辖区，认真排查梳理可能引发命案的各类矛盾纠纷及敏感问题，在党委、政府的统一领导下，主动协同综治、司法、控申等部门开展矛盾纠纷的调解疏导工作，最大限度地预防“民转刑”、“刑转命”案件的发生；治安部门要通过专业手段强化深层次、内幕性情报信息的收集掌握。对发现可能“民转刑”、“刑转命”的矛盾纠纷重点线索，要及时通报刑侦部门，有针对性地采取侦控措施，及时将犯罪活动制止在预谋阶段。二是建立健全处理信访及群体性事件联席会议制度。公、检、法、司等部门要高度重视涉法涉诉上访案件的处理工作，依法开展案件调查和回告，切实做好息诉罢访工作，有效防止极端事件的发生。三是结合社会主义新农村建设活动，积极开展农村法制宣传和道德教育工作。要按照“五五”普法规划，在农村广泛开展法制宣传教育活动，促进公民依法行使权利和义务，自觉用法律规范行为，形成遵守法律、崇尚法律、依法办事的社会风尚。同时，要采取开拓和规范法律服务、积极开展法律援助及“民转刑”、“刑转命”典型案例的警示教育等措施，引导公民依法维权，依法解决各种矛盾纠纷；要结合社会主义荣辱观教育活动，采取群众喜闻乐见的形式，在农村开展社会主义精神文明宣传教育活动，倡导良好的乡风民俗，树立知荣明耻观念，保持人民群众的健康心态，预防和减少刑事犯罪的发生。

三、加强基层基础建设，牢牢掌握命案侦防工作的主动权

一是大力推进社会治安防控体系建设。要按照中办发[2002]26号和云办发[2003]5号文件要求，大力推进社会治安防控体系建设，重点抓好八大防控体系建设。要加强群防群治工作，充分依靠和发挥治保组织、单位内部保卫组织、保安队伍等“三支队伍”的作用，广泛调动社会各方力量，积极参与治安防范工作，筑牢防范命案的“第一道防线”。二是建立防控命案情报信息预警机制。要把命案信息研判作为科学制定命案防控措施的重要依据，进一步加强相关部门的情报信息交流，定期排查、研究、分析可能引发命案的倾向性、苗头性问题，做到提前预警，提前防范，牢牢把握命案防控工作的主动权。三是不断提高命案侦破能力。各级公安机关要坚定“命案必破”的信心，以“三基”工程建设为契机，进一步加强刑侦基层基础工作，努力提高命案攻坚能力。切实抓好公安部《侦破命案工作机制》和省公安厅贯彻意见的落实；不断强化“信息导侦”和科技强警意识，充分运用现代科技手段，提高命案破案效能；进一步规范命案侦破勘查，提高现场勘查质量；继续强化命案追逃工作，切实提高“严打”斗争的实效；加大业务培训力度，努力提高刑侦民警的整体素质。四是建立公安指挥中心（110报警服务台）与医院、救护站（中心）联动抢救命案受伤人员的“绿色通道”，设立定点医院和命案抢救基金，完善急救预案，对命案伤员实行快速诊治，最大限度地减少刑事案件致死人数，切实保护人民群众的生命安全。

四、切实加强督促检查，落实各项保障措施

各级综治部门要把命案侦防工作纳入综治目标考核和平安创建考核，真正做到一起部署、一起考核、一起奖惩。要加强对防控命案工作的督促检查，由综治维稳委牵头，组织有关部门对防控命案工作的各个环节开展多种形式的经常性督查，及时发现问题和解决问题，确保命案防控工作措施的落实。对因防范工作不落实，矛盾纠纷排查调处工作不力，导致“民转刑”、“刑转命”案件发生的，要按照中央五部委《关于对发生严重危害社会稳定重大问题的地方实施领导责任查究的通知》要求，严肃追究有关领导和相关人员的责任。对命案发案长期居高不下，或因排查调处民间矛盾纠纷不认真而导致连续发生命案的地方，本年度不得申报“平安乡镇”、“平安县（市、区）”。对已经命名的“平安县（市、区）”，要定期组织复查，若发现命案问题突出，应视情况责令其限期整改，直至建议取消其荣誉称号。

各级政府及其财政部门要继续加大对命案侦破工作的经费和物质保障力度，将应由政府承担的经费纳入同级财政预算，及时为公安刑侦部门装备DNA测序仪、病理检验设备、气质联用仪、比对显微镜、指/掌纹比对系统、文检仪、心理测试仪及紫外观察照相系统、现场勘验取证车和现场勘查车等设备，努力提高刑事案件现场勘查的装备水平。

云南省综治机构设置情况表

综治委

姓 名	综治委职务	党政领导职务
王学仁	综治委主任	省委副书记
李明朝	综治委副主任	省委常委 省委政法委书记
江巴吉才	综治委副主任	省人大副主任
李汉柏	综治委副主任	省政府副省长
和占钧	综治委副主任	省政协副主席
刘廷贵	综治委副主任	省军区副司令
李定达	综治委副主任	省委政法委副书记

综治办

姓 名	综治委职务	党政领导职务
李继平	综治办主任	省委政法委委员
马远武	综治办副主任	
郭 品	综治办副主任	

综治办无内设机构情况

云南省各市、县(市、区)综治委、办主任名单

地 区	综治委主任	综治办主任
昆明市	田云翔 海文达	
盘龙区	李昆敏 魏建军	周红玉 赵安琪
五华区	刘建卿 苏天福	张 强
官渡区	杨 凡	李文会
西山区	张志强	
东川区	周芳华	张加强
安宁市	祝崇祯 张维勇	
呈贡县	王有祥 肖向飞	晋凤祥 刘本贵
晋宁县	戚永宏 吕天云	郑建华
富民县	郭继先	段德忠
宜良县	张富强 朱靖文	严坤崇
嵩明县	吴军	李学乾
石林县	李兴国	
禄劝县	蔡永福	黄正辉
寻甸县	张国友 马慈明	马良能
曲靖市	陈世贵	李映昌 罗世雄
麒麟区	汤跃宏	李 德
宣威市	陈世禹	张远惠
马龙县	张石飞	段培永
沾益县	宋建平	金春德
富源县	张晓国	曹国稳 万将先

地　区	综治委主任	综治办主任	地　区	综治委主任	综治办主任
罗平县	朱德光	李保明	威信县	何丛龙	熊有龙
师宗县	梁志强	郑永武		王国斌	
陆良县	李卫科	陈留建	水富县	安治强	雷跃林
	太云生			王国庆	
会泽县	马玉聪	杜玉敏	**丽江市**	何金平	赵明华
	毕尚鹏		古城区	和红卫	和春立
开发区	王晓忠	冯俊华	永胜县	关鼎武	唐以明
玉溪市	葛　平	李矿生	华坪县	王国忠	宁登志
红塔区	王文平	张国友	玉龙县	杨福红	和建装
江川县	张跃伟	赵　华	宁蒗县	吉宏·龙佳	杨文成
澄江县	张同安	张利祥	**思茅市**	谢丕坤	李佳维
通海县	钱润光	沈荣选	翠云区	李春荣	石卫东
华宁县	吴伯平	张仁耀	普洱县	杜益学	杨振宇
易门县	许绍鸿	汤明华	墨江县	黄显学	沙云平
峨山县	夏黎明	申有强	景东县	李笪玮	张　雄
新平县	刘振华	李　军	景谷县	何国新	邱继元
元江县	李　泓	陈立发	镇沅县	李　荣	马维勇
保山市	肖　卓	刘庆云	江城县	李志学	张　植
隆阳区	石明智	李军林	孟连县	杨嘉才	孙遗贵
施甸县	李成斌	陈建康	澜沧县	魏文生	蒋余生
腾冲县	普建辉	赵德荣	西盟县	唐　耀	魏永明
龙陵县	李维用	赵世明	**临沧市**	郭金富	陈清林
昌宁县	岳黎松	段校邦	临翔区	李文勇	雷怀生
昭通市		肖　波	凤庆县	肖天瑞	杨桂芳
昭阳区	周维彬	撒兰斌	云　县	董万春	李　帆
	保　剑		永德县	杨世吉	杨志军
鲁甸县	保明康	锁才本	镇康县	俸　明	杨文明
	王富泰		双江县	姚永卫	王天德
巧家县	方宗辉	邓怀祥	耿马县	田志高	陈秀芳
	李亚杰	刁维恩	沧源县	李繁荣	周云峰
盐津县	张朝东	胡明华	**德宏州**	王兴明	夏　阳
	李忠海		潞西市	克明亮	杨爱军
大关县	宋福照	杨志银	瑞丽市	赵科丁	杨兴才
	林　松		梁河县	闫信能	侯永晓
永善县	吴文富	卢世涛	盈江县	罗详荣	荣金海
	李善雄		陇川县	张开家	林　红
绥江县	杨光成	邓永才	瑞丽市	金依凹	杨秉周
镇雄县	田　勇	杨正昆	畹町经济开发区		
		岳廷禹			
彝良县	晏登武	邓平怀	**怒江州**	王仕宗	伍华三
	姚　勇	苟占东	泸水县	李永平	和建昌

地区	综治委主任	综治办主任
福贡县	胡荣才	波邓子
贡山县	李善荣	车鸿英
兰坪县	羊 明	李鹏飞
迪庆州	李邑飞	李仕光
香格里拉县	马文龙	赵国军
德钦县	格桑朗杰	白玛吾堆
维西县	董品汉	和玉福
大理州	袁爱光	李 勇
大理市	杨 晓	张文伟
祥云县	李庆元	王 勇
宾川县	李建业	李文忠
弥渡县	李郁华	刘 杰
永平县	字韶军	茶名荣
云龙县	张国雄	杨怀东
洱源县	李国侯	赵汝恭
剑川县	张开泰	杨顺荣
鹤庆县	李六八	黄维庚
漾濞县	李华荣	靳谊清
南涧县	周本森	吴加尧
巍山县	茶兴培	杨锡彬
楚雄州	卢显林	周红华
楚雄市	李 彦	张正明
双柏县	李雪峰	张秀兰
牟定县	李光彪	易连栋
南华县	鲁 伟	秦玉兰
		杨春洪
姚安县	刘 凯	张 诚
大姚县	刘建云	李少敏
		孙凤新
永仁县	吴玉斌	孙玉明
		徐景荣
元谋县	雷 波	杨绍华
武定县	胡友邦	严朝华
		余士宏
禄丰县	钟继辉	李志远

地区	综治委主任	综治办主任
红河州	和 建	许 翔
蒙自县	李国疆	王志学
个旧市	王 伟	杜 健
开远市	蒋文革	岑 伟
绿春县	张 文	石然思
建水县	白富强	邹志军
石屏县	陈俊峰	佟忠亮
弥勒县	刘卫明	饶晓华
泸西县	张智俊	张正友
元阳县	赵壮云	杨 彪
红河县	李宝军	何祖善
金平县	李国民	曹文武
河口县	邓洪彬	陈光新
屏边县	黄大斌	全 波
文山州	王承才	董松林
	吴俊明	
文山县	彭正兴	杨子恒
	冯在跃	
砚山县	冯在跃	郭家祥
	侯自明	
西畴县	彭 斌	李正谦
	芍开波	
麻栗坡县	付永刚	陶友文
	张荣卫	
马关县	单志友	陈树坤
	蒋升华	
丘北县	张仁茂	单汝泽
	罗涌铭	
广南县	陆维智	盘贵荣
	陈仕祥	
富宁县	玉 荣	杜刚亮
	韦胜辉	
西双版纳州	胡志寿	陈跃平
景洪市	张 淳	唐建明
勐海县	李向元	曹 辉
	岳滇勇	
勐腊县	王志能	保永能
	杨 辉	

（撰稿人：马远武
审稿人：李继平　丁后盾）

西藏自治区

2006年社会治安综合治理工作概况

2006年,西藏自治区社会治安综合治理工作在中央综治委和自治区党委、政府的正确领导下,始终以邓小平理论和“三个代表”重要思想为指导,积极贯彻党的十六大、十六届五中、六中全会、区党委六届七次全委会及全国政法、综治工作会议精神,认真落实党中央《关于进一步做好新时期西藏发展稳定工作的意见》和中共中央办公厅、国务院办公厅转发的《中央政法委员会、中央社会治安综合治理委员会关于深入开展平安建设的意见》精神,牢固树立科学发展观,按照构建社会主义和谐社会的总体要求,紧紧围绕维护社会稳定,始终坚持“打防结合、预防为主,专群结合、依靠群众”的工作方针,严密防范达赖集团的分裂破坏活动,全面落实社会治安综合治理各项工作措施,积极开展建设平安西藏活动,努力营造稳定和谐的社会治安环境,维护了全区社会政治局势稳定,确保了青藏铁路顺利通车和安全运营。

一、全面落实社会治安综合治理领导责任制

各级党政主要领导高度重视社会治安综合治理和平安建设工作,积极落实“一把手”工程,综治工作责任感和使命感明显增强。1月17日,在全区经济工作会议上,自治区党委书记张庆黎同志和自治区主席向巴平措同志亲自与七地(市)委书记、行署专员(市长)签订了《2006年社会治安综合治理目标管理责任书》,自治区党委、政府主要领导的高度重视有力地推进了全区综合治理和平安建设工作。各级党委、政府进一步加强“一把手”工程,根据自治区党委、政府的具体要求,一把手对一把手层层签订《社会治安综合治理目标管理责任书》,把综治责任目标落实到领导肩上。促使各级各部门主要领导从思想上高度重视综合治理和平安建设工作,工作中亲力亲为,把社会治安综合治理工作和平安建设工作作为执政为民和实践“三个代表”重要思想的实际行动,作为加强党的执政能力建设的具体举措,狠抓综合治理和平安建设各项措施的落实,切实研究和解决综合治理和平安建设工作中问题和困难。由于领导重视,综合治理工作经费投入力度明显加大,基层综治组织建设力度进一步加强,有力促进了各项综治工作措施的落实,确保全区社会治安秩序持续稳定。

二、深入开展反分裂斗争,确保社会政治局势稳定

各级党委、政府以及政法综治部门高度重视维护社会稳定工作,始终坚定不移地贯彻执行党中央和区党委、政府确定的反分裂斗争方针,深化反分裂斗争的各项工作措施,牢牢把握“旗帜鲜明、针锋相对、主动治理、强基固本”和“堵源截流、打头断线、堵防结合、依法打击”的反分裂斗争工作方针,坚持专门工作与群众路线相结合,有效打击达赖集团的各种分裂破坏活动,采取有效措施严密防范达赖集团分裂分子潜入潜出。一是针对反分裂斗争出现的新情况、新问题不断研究、调整反分裂斗争策略。进一步加强反分裂斗争的组织领导和协调,深入开展调研活动,主动掌握反分裂斗争的第一手材料,认真研究“后达赖”时期对敌斗争策略,积极深化反分裂斗争的各项工作措施,不断提高对敌斗争、维护国家安全的能力。二是加强对重点寺庙等宗教活动场所的管理和防范工作,严格落实寺庙各项安全防范措施,确保宗教活动的顺利开展。继续深入开展寺庙爱国主义教育工作,认真落实“四个对待”政策,积极开展综合治理进寺庙工作。各地市结合实际制定了平安寺庙建设工作方案,不断推进寺庙综治工作的深入开展。三是继续加大对现行危害国家安全案件的预防、侦破工作力度,严密防范境内外“法轮功”等邪教组织的渗透、破坏，密切关注境内外“法轮功”分子的活动动向，确保社会政治稳定。四是继续加强边境管理工作，严格贯彻“封边、控边、稳内”的精神，有效遏制非法出入境，抵制达赖集团的各种渗透。各边境地区以公安机关、边防部队为主，依靠治安联防队员和边民群众积极开展军警民联防，加强边境巡逻和查控工作，有效挫败了达赖集团的派遣、渗透、破坏等活动，有力地维护了边境地区的长期稳定。

三、严厉打击各类刑事犯罪活动，创造良好的社会治安环境

各级政法机关、综治部门始终按照“什么犯罪突出就打击什么犯罪，哪里治安混乱就重点整治哪里”的原则，有重点、有步骤地开展了侦破命案、打击“两抢一盗”和“打黑除恶”等专项行动。并把部署专项行动和建立长效工作机制有机结合起来，把强化打击职能的着力点放在讲求打击质量和打击效果上。各级公安机关把排查整治治安混乱地区和突出治安问题作为一项基础性、经常性的重要工作，突出重点，加强督促和检查，增强实效，狠抓落实。各地进一步加大对重点地区、要害部位、特种行业、枪支弹药、爆炸物品的管理力度，认真落实安全防范措施，严厉打击毒品犯罪，深入开展“扫黄、打非”斗争，加大对流动人员聚居地、出租房及公共场所消防安全、危险物品的清查和管理。通过成立整治工作领导小组、落实了整治责任、确定了整治目标，制定了奖惩措施。加强对易燃易爆物品的管理和对非法枪支弹药的收缴工作力度。通过开展一系列的集中整治工作，社会治安状况有普遍好转，人民群众的安全感明显增强。

四、全面推动平安建设工作，进一步加强社会治安综合治理

按照中央《关于深入开展平安建设的意见》和自治区党委、政府《关于建设平安西藏的决定》精神，自治区综治委及时制定下发了《平安西藏建设工作总体实施方案》，对平安建设各项工作提出了具体要求，进一步明确了各地市和各有关部门在平安建设工作中的职责和任务。一是进一步强化平安建设宣传工作。自治区党委宣传部、自治区党委政法委和自治区综治委联合下发了《建设平安西藏宣传工作规划》和《建设平安西藏宣传提纲》，对各级、各部门在平安建设宣传工作中的职责任务，提出了明确的要求。二是进一步强化综治目标责任和考评工作。通过层层签订责任书的形式，进一步明确一把手抓社会治安综合治理工作的职责和任务，把各项工作任务落实到责任人。进一步修改和完善了考评办法，使各项考评工作更公平、公正、合理和更具有可操作性。在考评工作中，不断规范安全感测评工作，达到真正体现民意，了解民意，真正掌握当前最关心的热点、难点问题。三是认真总结推广平安建设工作经验，整体推进平安建设工作。9月5日至11日，自治区党委政法委、自治区综治委在拉萨市、林芝地区、昌都地区采用流动现场的形式召开了全区平安建设经验交流会议。会议对各地市及相关部门在平安建设工作中所取得的成功经验进行了广泛交流，对一年来的平安建设工作进行了全面回顾，对下步平安建设工作进行了总体部署。会议期间还将《西藏自治区综治委流动人口治安管理工作领导小组关于进一步加强我区流动人口治安管理服务工作的意见》印发各参会代表，广泛征求意见。四是进一步加强青藏铁路护路联防工作，确保铁路安全运营。自治区党委政府主要领导高度重视青藏铁路安全保卫和护路联防工作，多次深入铁路沿线开展调研工作，多次亲临铁路沿线督促指导，多次召开专题会议研究部署。积极组建护路联防工作组织机构和联防队伍，为铁路护路联防工作提供了坚强有力的领导和组织保障。积极落实冬春护路应急活动营房建设，为2006—2007年冬春护路联防工作提供必要的基础性保障。修建冬春护路营房大小共14个，作为冬春护路人员临时住宿用房，确保了冬春护路联防工作的顺利开展。五是进一步深化平安边界工作，健全和完善各项工作制度。为了进一步维护边界地区和谐稳定，促进边界地区经济繁荣发展，改善和提高广大农牧民群众生产生活水平，为平安建设创造良好的外部环境。10月12日，自治区党委政法委、自治区综治委在拉萨召开了八省(区、市)共建平安边界座谈会。会议签订了《加强流动人口管理、打击非法出入境活动、共建平安边界协议书》，进一步加强了相互之间的沟通与协作，促进了各项工作制度的建立和完善，为我区平安建设工作创造了良好的外部环境。六是加大社会治安防控体系建设。各地市、各部门根据全区平安建设的总体部署和《责任书》的具体要求，相继建立了社区综合治理服务站，按照服务社会、方便群众和进一步遏制犯罪的原则，坚持为民、利民、便民思想，高度重视社区综合治理服务工作，把社区综合治理服务工作作为树立党和政府形象的重要窗口，形成各部门齐抓共管、协同作战的工作方式，全方位、多角度地服务广大人民群众。形成全民参与、齐抓共管、构建网络、积极预防、打击犯罪的有效工作机制，促进建设平安西藏工作在基层的有效开展。通过不断推行社区警务战略，最大限度地整合各方面的力量，社会治安防控能力得到明显提高，各类治安案件、刑事案件得到有效控制。

五、深入开展排查调处工作，预防减少矛盾纠纷

以着力化解各类矛盾纠纷为工作重点，努力推动全区矛盾纠纷排查调处工作的有效开展。各地市、各有关部门认真贯彻落实自治区党委办公厅、自治区政府办公厅转发的《西藏自治区矛盾纠纷排查调处工作机制》文件精神，层层成立了领导小组，制定完善工作机制，加强排查调处工作制度化、规范化建设，使全区的矛盾纠纷排查调处工作进入了一个新阶段。为了进一步规范冬虫夏草的采集秩序，维护和改善草原生态环境，确保经济效益、环境效益和社会效益的有机统一，自治区出台了《西藏自治区冬虫夏草采集管理暂行办法》(以下简称《暂行办法》)。各级党委、政府严格按照《暂行办法》的有关规定和相关法律法规的具体要求，制定地方性资源管理办法和实施细则，规范虫草采挖管理工作，加大宣传教育力度，在虫草采挖期矛盾纠纷多发季节，各地市综治委适时组织人员和民警提前进入草场，对可能发生的矛盾纠纷做到早介入、早教育、早调处、早处置，有效防范和减少各类资源纠纷和群体性事件。各地各部门始终按照“抓早、抓小、抓苗头”的方针，加大工作力度，增强整体合力，力争把问题和苗头化解在基层，解决在事发地，消灭在萌芽状态。各级、各部门始终把矛盾纠纷排查调处工作作为社会治安综合治理的重要内容，纳入重要议事日程，认真安排部署，督促各项工作措施的落实，切实把各类矛盾纠纷解决在基层、化解在萌芽状态。

六、充分发挥各职能部门的作用，着力解决社会治安突出问题

随着青藏铁路通车运营，流动人口大量增加，有力促进我区经济社会发展的同时，也给我区的社会管理工作带来一定的难度，按照中央领导和自治区党委政府主要领导的批示精神，各地各部门始终坚持管理与服务并重，进一步加大了对流动人口治安服务和管理等工作力度，全力维护我区社会治安秩序。一是进一步落实了流动人口治安管理工作措施，不断强化各项管理工作力度。按照“公平对待、合理引导、完善管理、搞好服务”的工作方针，有关部门采取有效措施，进一步探索和建立加强动态条件下我区流动人口管理的新途径、新制度、新方法，按照引导好、组织好、管理好、服务好的要求，不断提高了流动人口管理和服务工作的水平。各有关部门密切配合，共同做好流动人口的管理和服务工作。二是认真贯彻落实中央八部委《关于进一步做好刑满释放、解除劳教人员促进就业和社会保障工作的意见》，召开专题会议，制定帮教工作制度，明确工作职责。按照“帮教社会化、就业市场化、管理信息化、工作职责法制化”的要求，各地市充分发挥刑释解教人员安置帮教工作领导小组的作用，积极做好刑释解教人员安置帮教工作。三是认真贯彻落实中央综治委《关于深化预防青少年违法犯罪工作的意见》，加大预防青少年违法犯罪工作，以加强学校法制副校长规范化建设为突破口，不断完善预防青少年违法犯罪工作领导小组工作机制，大力开展“为了明天——预防青少年违法犯罪”和创建“优秀青少年维权岗”等活动，积极预防青少年特别是未成年人犯罪。四是进一步加强学校周边治安综合治理工作，深入开展对学校周边治安环境的清理整治工作。通过继续对违规经营网吧、网站和不健康“口袋书”等进行整治，开展各级各类学校安全管理的督促检查工作，进一步优化了青少年成长环境，维护了青少年合法权益。

七、切实加大综合治理和平安建设宣传工作力度，认真组织开展社会治安综合治理宣传活动

各级党委、政府和综治部门以正确的舆论宣传为导向，十分重视对综合治理工作的宣传。各地政法综治部门积极组织公、检、法、司、宣传等综治工作骨干部门，在地区所在地繁华地带广泛开展每年一度的综治宣传月、平安西藏宣传周、平安西藏宣传日活动。各地(市)、各部门、各县(市、区)按照自治区综治委(办)有关宣传活动的具体要求,结合本地、本单位、本部门具体工作实际,通过制作大型宣传广告牌、张贴宣传标语、悬挂横幅、散发宣传单(册)、出动宣传车、播放音像制品等方式广泛宣传建设平安西藏的重大意义、指导思想、目标任务和工作要求等,为平安西藏建设活动深入人心,平安创建活动赢得广大人民群众和社会的普遍支持营造了良好的舆论氛围。林芝地区波密县不仅把平安建设宣传工作深入到农牧区一线和寺庙,而且还在县电视台开设了"平安波密"宣传专栏,这是全区第一个在县电视台开设平安宣传专栏进行广泛宣传平安工作的县。各地市、各部门通过开展广泛、深入的宣传活动,在全区各地营造了建设平安西藏的浓厚氛围,使平安建设活动做到家喻户晓、人人皆知。

流动人口管理工作情况

一、进一步提高对做好流动人口管理和服务工作的认识

随着青藏铁路通车运营,我区流动人口大量增加,这进一步促进了西藏经济社会的发展,同时也给西藏的社会治安管理工作带来了一定的难度,中央领导同志对此高度关注。为进一步贯彻落实中央领导指示精神,切实做好西藏的流动人口管理和服务工作,各级党委、政府及综治委流动人口治安管理工作机构充分认识到做好流动人口治安管理和服务工作,对于我区的经济发展和社会稳定的重大意义,切实把流动人口治安管理和服务工作列入重要议事日程,切实加强领导,密切协作配合,采取有力措施,努力推动各项工作的落实。

二、加强流动人口治安管理工作的规范化、制度化建设

一是建立健全组织领导机制。自治区综治委和各地市均成立了综治委流动人口治安管理工作领导小组及办公室,各县(市、区)也逐步建立健全了工作组织,全面开展各项工作。各级党委、政府把流动人口管理服务工作纳入平安建设的总体部署,纳入平安建设考核体系,把流动人口管理服务工作作为考核一个地区平安建设的重要指标,落实领导责任,明确工作目标;二是建立完善管理工作制度。逐步建立和完善流动人口协管员制度,积极探索协管员管理办法,明确职责任务,理顺工作关系。逐步完善社区综治服务站点、出租屋管理站点等协同管理工作,建立齐抓共管的协作机制;三是建立流动人口治安管理工作检查、督促、指导制度。自治区综治委制定了《西藏自治区综治委流动人口治安管理工作领导小组关于进一步加强我区流动人口治安管理服务工作的意见》,进一步明确了各级各部门在流动人口治安管理和服务工作的职责和任务,根据各部门的职责和任务要求,随时开展检查、督促和指导工作;四是逐步完善信息管理系统,提高管理效率。各级党委、政府在原来管理系统的基础上,逐步建立新的出租屋综合管理信息网络系统。按照房户合一、以房查人的办法进行登录,实行全部联网,随时掌握流动人口动态,对录入的暂住人口信息进行异地比对查询,为公安部门提供网上追逃服务。

三、加强社会治安综合治理基层基础建设,打牢流动人口管理服务工作的基础

各级党委、政府及综治部门以服务基层、强化基层为目标,花大力气、下真功夫研究解决基层基础工作中的重大问题,从政策导向、力量配置、经费保障、技术装备等方面向基层倾斜,增强基层实力,激发基层活力,提高基层工作效率,切实推动流动人口治安管理服务工作各项措施的落实。在流动人口管理工作中真正做到引导好、组织好、管理好、服务好,把管理寓于服务之中,更好地发挥流动人口在我区经济发展和社会稳定工作中的积极作用。各级、各部门以平安建设为载体,在强化基层基础工作中,积极发挥乡(镇)、街道和村

(居)委会等基层政权组织和城乡治保会、调委会、单位保卫组织、治安联防队,特别是流动人口协管员等群防群治组织和队伍的作用,进一步提高了流动人口管理与服务水平。在有条件的地方,逐步实行对流动人口进行统一管理、统一服务、统一培训、统一收费、统一办证的"五统一"服务模式,鼓励和支持流动人口参与社区的管理和服务,激发流动人口维护社会治安、投身社区建设的意识和活力,提高了他们的自我管理、自我服务的能力。

四、落实属地管理工作原则,强化流动人口治安管理工作

各级党委、政府按照"属地管理"的原则,把以出租屋为重点的流动人口落脚点和活动场所的治安管理工作纳入当地平安建设活动的重要内容,实行专门工作责任制,分类推进治安防范管理工作的落实。建立工作责任制,抓好"属地管理"原则的落实,流动人口集中地党委、政府负责、关注流动人口的治安管理,行政辖区内的公安派出所及其他有关部门对当地的治安整治负责。抓好"谁主管谁负责"、"谁经营谁负责"原则的落实,做到"管好自己的人,看好自己的门,办好自己的事",真正把落实综合治理各项措施同主要工作业务的开展有机地结合起来,落实责任制,加强责任追究力度。一是加强对出租房屋的治安管理。按照"谁出租谁负责"的原则,督促有关部门逐个与出租房主签订治安管理责任书,落实房主的治安责任,加大处罚力度,狠抓制度落实。加强经常性监督检查工作力度,适时组织开展对出租房屋的全面清理整顿,做到底数清,情况明;二是狠抓旅馆业治安管理。公安机关对旅馆业日常登记情况开展经常性的督促检查,狠抓各项管理措施的落实。有重点地加强对旅馆尤其是小旅馆业主和从业人员的治安业务培训,严格入住人员的信息化管理,提高发现违法犯罪活动的能力;三是加强对用工单位、建筑工地、集贸市场、文化娱乐场所的管理。按照"谁用工谁负责、谁经营谁负责"的原则,依法落实用工单位和建筑工地负责人、文化娱乐场所的治安管理责任。切实加强辖区建筑工地、集贸市场、文化娱乐场所及城乡结合部等流动人口聚集的场所和部位的治安检查,消除治安隐患。同时,本着"什么治安问题突出就重点整治什么问题,哪里治安问题严重就重点整治哪里"的原则,定期开展清理整顿;四是全面开展集中整治,切实抓好劳动力市场集中整治专项行动,清理违章经营行为,整治城郊结合部等重点地区的脏、乱、差现象,为服务管理工作打下基础。

五、加大法制宣传教育工作力度,增强流动人口的法制观念

各级、各部门充分利用新闻媒体,加大对流动人口管理和服务工作的宣传力度,动员全社会力量共同做好流动人口的管理和服务工作。一是各级宣传、劳动部门在党委、政府的统一领导下,充分发挥职能作用,积极开展宣传工作。认真研究当地外来务工人员的特点,制定切合实际的宣传教育计划,编印藏、汉文对照宣传教育材料,发放外来务工人员学用。通过编印宣传提纲、开展咨询服务等多种形式进行广泛宣传教育,使外来务工人员全面、正确地了解我区的各项政策、地方性法律和规章;二是充分发挥基层组织的作用,指定相对固定人员负责外来务工人员的管理服务工作。深入群众宣传法律法规和自治区各项政策措施,做好外来务工人员的思想工作;丰富他们的精神文化生活,多做理顺情绪,化解矛盾工作;三是各用工单位和外来务工人员居住相对集中的居委会、房屋出租单位,坚持谁主管谁负责的原则,指定专人,有针对地做好宣传教育工作,坚持教育为先、依法用人、依法管理;及时掌握外来务工人员的思想动态,增强宣传教育的针对性、实效性。在重要节日期间,积极组织外来务工人员开展健康有益的文化体育活动,寓教于乐,在服务中引导;四是各级新闻单位坚持正面宣传为主,引导广大人民群众,特别是外来务工人员学法、守法,积极投身我区构建社会主义和谐社会的实践,激发外来务工人员建设平安西藏的积极性和创造性,努力营造依法信访、依法做好信访工作的舆论氛围。

六、充分发挥各部门的职能作用,形成齐抓共管的工作局面

在加强流动人口管理和服务工作中,各相关职能部门切实履行自身的职责任务。公安机关进一步加强暂住人员信息登记、查验等基础工作,及时掌握暂住人口的底数和有关情况,及时掌控和发现可疑人员,认真落实流动人口和出租房屋管理工作措施,在流动人口居住集中、治安复杂的地方加强治安整顿和管理工作，特别注意加强对“社会人”的管理。工商行政管理部门进一步加强对外来人员从事个体经营活动进行有效管理，核发营业执照，对外来个体从业人员进行职业道德和遵纪守法的宣传教育，配合有关部门落实流动人口管理的各项措施。财政部门对流动人口协管员等群防群治工作经费给予大力支持和保障，充分保障流动人口治安管理服务工作的顺利开展。劳动与社会保障部门切实加强对流动人口就业人员的劳动管理与就业服务工作，为流动人口求职人员提供就业信息、职业介绍、职业指导等服务，建立流动人口求职人员职业培训机制。对用人单位和职业介绍机构遵守国家劳动法律和法规的情况进行监督检查，依法维护劳动者的合法权益。建设部门加强对承建施工队伍和工地的管理，协助有关部门落实流动人口管理的各项措施。民政部门积极协助公安、城管等部门依法做好城市流浪乞讨人员的救助管理工作，成立流浪儿童救助教育保护中心，落实各项救助保护措施，逐步探索社区对流浪乞讨人员的有效管理和服务方式。交通部门在民工流动高峰期，采取措施及时调整运力进行疏导，确保民工出行便捷与安全，积极协助公安机关打击违法犯罪活动。司法行政部门加强对流动人口的法制宣传和法律服务工作，大力宣传与广大流动人口务工人员切身利益相关的法律法规知识，教育流动人口自觉学法、守法、用法，用法律武器维护自身权益。在流动人口聚居地建立法律援助中心、维权中心、人民调解等服务机构，依法为流动人口中困难人员提供司法救助。党、团组织协助有关部门加强对流动青少年的政治思想、爱国主义、民主法制、科学文化教育，维护流动青少年的合法利益。

青藏铁路护路联防工作情况

2006年，自治区综治委在自治区党委、政府的正确领导下，在中央综治委和中央护路办的大力支持下，进一步落实社会治安综合治理各项措施，全面开展铁路护路联防工作，为7月1日青藏铁路的全面试运营创造了良好的社会治安环境，为青藏铁路试运营后的安全畅通奠定了坚实的基础，确保了铁路沿线社会治安秩序良好，确保了青藏铁路安全运行，确保了青藏铁路万无一失。

一、领导重视、落实责任制，确保各项工作措施落到实处

青藏铁路是党中央、国务院实施西部大开发战略的一项标志性工程，它的建成通车，对于促进西藏青海两省区的社会经济发展、加强与内地省区的交流协作、维护社会政治稳定、推动民族团结进步、巩固国防建设都具有重大意义。党中央、国务院，自治区党委、政府高度重视，主要领导多次做出重要批示，要高度重视青藏铁路的安全保卫和护路联防工作，确保通车庆典的绝对安全，确保通车后的安全运营。自治区综治委按照中央和自治区的重要指示精神，认真落实各项工作措施，将铁路护路工作切实纳入重要议事日程，年初将西藏段铁路护路联防工作纳入综治目标管理责任范围，与拉萨、那曲签订了青藏铁路社会治安综合治理目标管理责任书。那曲、拉萨两地市和铁路沿线各级党委政府把铁路护路联防工作作为综治工作中的重中之重，以领导目标管理责任书为龙头，以护路联防工作承包责任书为抓手，以护路联防工作基层基础工作为重点，以尽其所能切实解决护路联防工作突出问题为突破口，高度重视，大力支持。通过在铁路沿线普遍实行护路联防工作责任制，逐级签订责任书，一级抓一级，把护路联防任务分解到各基层单位，落实到了人头。为确保铁路的安全运行，沿线各级党委政府充分发动乡（镇）、村（居）区域广大人民群众，动员基层综治组织网络发动治保员、调解员等综治骨干和群众进行群防群治，为铁路的平安运行奠定了良基。

二、加大宣传工作力度，为青藏铁路安全运行创造了良好的舆论环境

为深入广泛开展爱路护路宣传教育活动，确保青藏铁路安全畅通，各级党政主要领导进一步提高了对铁路护路宣传教育工作重要性的认识，把护路和护路宣传工作纳入维护稳定责任制和综合治理责任制中，做到同部署、同检查、同考核。在具体宣传教育活动中，精心规划、周密组织，采取形式多样、易于接受，分清对象、对症下药的方式，坚决避免空洞说教、泛泛而谈和蜻蜓点水、华而不实的表面宣传方式，在全区形成了全方位、多层次的“立体宣传”新格局。通过宣传教育，进一步增强了沿线群众的政治责任感，提高了爱路护路的自觉性，为青藏铁路的安全运行奠定了良好的社会基础。

三、及时申请护路联防专项经费，为青藏铁路的安全运行提供必要的物质保障

按照自治区主要领导的指示精神和中央综治委护路办的具体要求，自治区综治办多次商请财政厅、发改委、公安厅等部门和拉萨市、那曲地区，对青藏铁路西藏段护路联防工作经费具体支出项目进行了认真研究与测算，并由自治区政府分别向国家财政部和国家发改委进行专项申请。取得了财政部、国家发改委等有关部委的大力支持。

四、开展大量调研工作，深入分析影响青藏铁路安全运行的一切不利因素，积极采取措施，有效应对

自治区领导多次率调研组赴青藏铁路沿线实地调研、视察指导。自治区综治委将青藏铁路的护路联防工作纳入综治工作重要内容，提早进行调研，提早进行部署。及时组织公安厅、拉萨市综治办、那曲地区综治办等有关部门反复开展青藏铁路护路联防调研，在摸清底数、借鉴周边省区护路联防工作经验的基础上，积极筹备组建铁路护路联防工作领导小组及其办公室，积极协调有关部门开展青藏铁路护路联防工作。通过实地调研或召开座谈会、研讨会等形式，系统研究和分析，研究制订对策和工作措施。通过加强调研工作，掌握了大量第一手资料和较充分的信息资源，以超前性、主动性、系统性为目标，为建立分析评估、工作决策有效机制打下了基础。通过调研，按抓小、抓早、抓苗头的要求，建立铁路沿线排查整治长效工作机制；按信息化、网络化、动态化的方向，为建立违法犯罪分析、评估和预警机制，建立快速反应机制打下了较好的基础；提出优化路地双方政法部门协作机制建议，改进办案方式，使路地双方在工作部署上突出重点，力求实效，优化配置办案资源，提高执法的质量和效率，增强执法的社会效果。

五、集中时间、集中力量开展整治工作，确保铁路安全畅通

为将社会治安综合治理各项工作措施落到实处，自治区综治委充分发挥其职能作用，5月29日，下发了《西藏自治区社会治安综合治理委员会关于大力开展社会治安集中整治活动的紧急通知》，要求各地市、各部门紧紧围绕建设平安西藏，构建和谐社会这一主线，从6月1日起，集中一个月的时间，在全区开展“迎七一，促畅通，保平安”社会治安集中整治活动。全区各地市综治委、办和区直各综治成员单位立即对治安专项整治工作进行了全面、细致的安排部署，制定具体工作方案，通过采取各种有效措施，切实加大治安整治工作力度，积极推动治安整治各项工作措施的落实。

针对青藏铁路通车后牛羊上道问题比较突出这一现象，自治区综治委护路办及时下发了《关于有效杜绝牛羊上道的紧急通知》，成立专门工作组，于8月7日至9日对青藏铁路西藏段进行了专项调研和全面检查，对牛羊上道问题提出了综合整治方案。在检查、调研工作中，重点察看了牛羊上道发生被撞事故现场，与放牧群众和乡镇干部进行了面对面的交谈，对护路工作中存在的问题进行了全面分析，对有关工作进行了安排部署，提出了具体要求。

六、积极组建铁路护路联防机构和护路队伍

（一）建立健全了三级铁路护路联防工作机构。在自治区党政主要领导的高度重视和关心下，在组织、人事和财政等有关部门的积极支持下，及时成立了由综治、铁道、公安、军事等有关单位领导为成员的自治区和相关地市、县三级综治委铁路护路联防工作领导小组及其办公室。自治区护路办为自治区党委政法委、自治区综治办处级机构，配备公务员行政编制，各地市、县也相继成立了由行政编制组成的护路办机构，为铁路护路联防工作提供了坚强有力的领导和组织保障。

（二）组建了铁路护路联防队伍。那曲、拉萨两地市按照政治上严格把关的要求，经政审、体验，按每1公里1人的配备标准，以退伍军人和基干民兵为主，从当地招聘了护路专职联防队员，通过在政治、体能、队列、纪律、法律等方面的业务培训，建立铁路护路联防共17个大队44个小队，有专职护路联防队员746人（其中当雄143人，堆龙91人，安多350人，那曲162人），铁路沿线四县有关乡村还都成立了义务护路联防队伍。逐步形成以人防为主，技防为辅；以专职为主，义务为辅；以专职民兵护路联防队伍主要护线，以武警内卫部门为主要管点；以铁路沿线各级党政组织、政法部门和企事业单位参与、主要管面的齐抓共管、共同开展爱路护路工作的三位一体的铁路护路联防网络。

（三）召开全区铁路护路联防工作会议。根据目前青藏铁路护路联防工作的实际，6月19日召开了全区铁路护路联防工作会议。会议认真学习贯彻了中央铁路护路联防工作方针、政策和自治区主要领导关于加强青藏铁路护路联防工作的重要指示精神，对全区铁路护路联防工作进行进一步动员、部署，对各级各部门齐抓共管开展铁路护路联防工作提出进一步要求。自治区党委常委、区政法委书记、区铁路护路联防工作领导小组组长王宾宜同志和自治区副主席、区政法委副书记、区铁路护路联防工作领导小组副组长白玛赤林同志分别代表自治区党委、政府，就进一步做好铁路护路联防工作和安全保卫工作在会上作了重要讲话。

七、学习借鉴新疆护路联防工作经验，完善青藏铁路护路联防工作体制

为进一步规范青藏铁路护路联防工作，建立健全各项护路联防工作制度，自治区综治委护路办成立了以自治区党委政法委副书记、自治区铁路护路联防工作领导小组办公室主任洛桑旦巴同志为组长的赴疆铁路护路联防工作考察组，组织拉萨市、西藏军区、那曲地区和青海省护路办的同志于7月9日至15日对新疆铁路护路联防工作情况进行了全面考察学习，深入了解新疆铁路护路联防工作情况和护路体制建设，充分借鉴他们好的经验和成功做法。通过认真学习和充分借鉴新疆护路工作经验，结合青藏铁路护路具体工作实际，积极组建专业护路民兵队伍，使我区的护路联防工作走向专业化、规范化的轨道。

八、积极开展活动营房建设，为冬春护路联防工作提供必要的基础保障

为认真贯彻落实张庆黎书记、向巴平措主席的重要批示精神，结合青藏铁路西藏段具体护路工作实际，真正管好、用好、护好青藏铁路这条造福西藏人民的经济线、生态线、幸福线和民族团结路，确保今冬明春青藏铁路安全运行，在中央专项护路经费未落实之前，从护路应急工作实际出发，从9月中旬开始动工建设10个活动房作为护路营区用房，作为冬春护路人员临时住宿用房。其中，那曲地区安多县境内346公里共建立4个活动营房；那曲地区那曲县境内166公里共建立2个活动营房；拉萨市当雄县境内138公里共建立4个活动营房（其中包括羊八井1号隧道和2号隧道之间建立一个活动营房）。这些应急活动营房，在冬春期间青藏铁路护路联防工作中发挥了极大重要的作用。

平安建设工作情况

一、健全组织，切实加强对平安建设工作的组织和领导

为深入贯彻落实中共中央办公厅、国务院办公厅下发的《中央政法委员会、中央社会治安综合治理委员会关于深入开展平安建设的意见》和自治区党委、政府作出的《关于建设平安西藏的决定》精神，切实把平安建设工作作为构建和谐社会、促进经济社会协调发展的重要工程，把平安建设作为"一把手"工程来抓。经自治区党委批准，成立了以自治区党委书记张庆黎同志为组长，自治区主席向巴平措同志为第一副组长，自治区党委副书记、自治区常务副主席、区综治委主任杨松同志为常务副组长和自治区党委常委、区综治委第一副主任、区公安厅党委书记、厅长王宾宜，区人大副主任、区综治委副主任白钊，自治区副主席、区综治委副主任白玛赤林，西藏军区副司令员、区综治委副主任金毅明，区高级人民法院党组书记、院长、区综治委副主任尼玛占堆，区人民检察院党组书记、检察长、区综治委副主任张培中为副组长的平安建设工作领导小组及其办公室。切实加强对平安建设工作的组织和领导，全面推进平安西藏各项工作的有效开展。

二、深入开展反分裂斗争，努力维护社会治安局势稳定

各级党委、政府针对当前反分裂斗争出现的新情况、新特点，始终保持高度的政治敏锐性和政治鉴别力，坚决贯彻执行“旗帜鲜明、针锋相对，主动治理、强基固本”的对敌斗争方针，紧紧围绕实现“维护祖国统一，维护藏区稳定，维护有利的国际环境”目标，充分发挥基层社会治安综合治理组织和群防群治工作网络在维护稳定工作中的基础作用，严密防范和严厉打击达赖集团、敌对势力、民族分裂势力、暴力恐怖势力和“法轮功”等邪教组织的种种分裂破坏活动，深入开展“严打”整治斗争，有效遏制各类刑事案件上升的势头。一是进一步加强反分裂斗争的组织领导和协调，深入开展调研活动，密切注视敌情动态，充分发挥各专门机关和群防群治组织的重要作用，专群结合、依靠群众，指导、督促反分裂斗争各项措施的落实，形成整体合力，严密防范和坚决打击达赖集团及分裂主义分子的各种破坏活动；二是进一步加强综合治理进寺庙工作，积极稳妥地开展寺庙内部综治力量建设，严格落实安全防范措施，在重大佛事活动期间，组织公安、安全、统战、民宗等部门，加强情报信息工作，确保宗教活动的正常开展。认真研究部署并积极推动“平安寺庙”建设，进一步削弱、挤压达赖集团的社会基础和活动空间；三是加大对危害国家安全现行案件的侦破、打击工作力度，高度防范境内外“法轮功”等邪教组织的渗透、破坏活动，确保社会局势稳定；四是加大边境治安管理工作力度，发挥军警民联防、齐抓共管的优势，严格贯彻“封边、控边、稳内”的精神，有效遏制非法出入境活动，严厉打击达赖集团情报人员的渗透破坏活动；五是深入开展“严打”整治斗争，有效打击各类刑事犯罪活动。各级党委、政府统一思想认识，紧紧抓住影响社会稳定和人民群众反映强烈的突出治安问题，本着“什么犯罪突出就打击什么犯罪，哪里治安混乱就重点整治哪里”的原则，有重点、有步骤地开展侦破命案、打击“两抢一盗”、有组织犯罪等严重影响群众安全感的多发性案件的专项行动。把部署专项行动和建立长效工作机制有机结合起来，把强化打击职能的着力点放在讲求打击质量和打击效果上。加大对重点地区、要害部位、特种行业、枪支弹药、爆炸物品的管理力度，认真落实安全防范措施。严厉打击毒品犯罪，深入开展“扫黄、打非”斗争，坚决扫除“黄、赌、毒”等社会丑恶现象；六是继续把排查整治混乱地区和突出治安问题作为一项基础性、经常性的重要工作，突出重点，加强督促和检查，增强实效，狠抓落实。

三、积极预防和有效化解各类社会矛盾，保障社会良好的管理秩序

准确把握新形势下人民内部矛盾的规律和特点，依靠人民群众，发挥各部门的作用，有效预防和化解人民内部矛盾。积极构建人民调解、行政调解、司法调解联动的社会矛盾纠纷调解工作体系。在加强人民调解、司法调解的同时，强化行政调解，摒弃重管理、轻服务，重裁决、轻调解，重处罚、轻教育的错误观念，增强调解意识，充分发挥人民调解、行政调解和司法调解的作用，使它们相互衔接配合，及时有效地解决各种矛盾纠纷。建立县、乡、村三级矛盾纠纷排查调处工作网络，健全和完善矛盾纠纷排查调处工作制度，把可能引发群体性事件的重点人群、重点问题搞清楚，对排查出的问题要明确责任，依靠党委、政府和基层组织，实行社会联动调处。提高处置群体性事件的能力和水平，增强政治敏锐性和洞察力，严密防范和严厉打击达赖集团、敌对势力、民族分裂势力、暴力恐怖势力和“法轮功”等邪教组织的种种分裂破坏活动。切实加强情报信息工作，掌握斗争的主动权，把握先机，争取主动，依法果断处置。

四、大力加强治安防控体系建设，努力提高驾驭社会治安局势的能力

各地市从实际出发，在依法严厉打击影响当地治安的各种严重刑事犯罪活动，深入推进打黑除恶专项斗争的同时，切实加强治安防范工作，建立和完善社会治安防控体系，把治安防范措施落到实处，把社区治安防控体系建设和城市建设、社区建设结合起来，将治安防范设施建设纳入城市基础设施建设和民用建筑建设的总体规划。健全社区基层组织，整合社区治安资源，提高社区治安防范水平。建立和完善治安防控网络，特别是重点做好城市繁华地区、城乡结合部、"城中村"等公共复杂场所、治安复杂地区的治安防范工作，构筑社会面、企事业单位、重点部位、社区等全方位的治安防控网络。各地逐步建立和完善以基层警务建设为主线、村(居)组织为依托，以治安员、治安联防人员为主体，以基层一线民警、保安队伍为骨干，集村(居)组织、综治防控站(点)、物业管理部门"三位一体"的基层安全管理和警民联动、多种防范力量巡逻、治安堵卡配套的打、防、控一体化治安防控模式。逐步推进技防建设，有重点地扩大技防覆盖面，确保对重要目标、治安卡口、交通要道、公共复杂场所特别是机场、火车站点等重点部位实行全面监控，并把技术防范措施逐步推广落实到社区、企事业单位。

五、加强和改进社会管理，努力解决影响社会治安的突出问题

深入研究社会管理规律，加强社会管理体制建设和创新，把社会管理提高到一个新的水平。在治安管理工作中，始终坚持以人为本，把管理和服务结合起来，在管理中体现服务，在服务中强化管理。更加注重对犯罪多发群体的教育管理，最大限度地预防和减少违法犯罪。

以实施"为了明天——预防青少年违法犯罪工程"为载体，大力加强青少年法制教育和以"八荣八耻"为主要内容的社会主义荣辱观教育，重点加强对闲散青少年、流浪乞讨人员、吸毒和服刑人员未成年子女的教育和管理工作。针对吸毒人员建立和完善戒毒社会帮教机制，努力降低复吸率，遏制涉毒违法犯罪的蔓延势头。加强和改进刑释解教人员安置帮教工作，进一步强化刑释解教人员回归社会的衔接管理，做好刑释解教人员的就业指导和职业培训工作，增强安置帮教的效果。加强对网络信息和移动通信不良信息的监控和管理，坚决查处色情、违法网站，封堵有害信息，提高信息安全防护水平。加快构建公共应急体系，制定和完善全方位、多层次的各类预警预案，积极预防和妥善处置各类公共突发事件，提高处置突发事件的能力和保障公共安全的能力。

六、进一步夯实社会治安基层基础工作

各地市切实加强基层基础工作，狠抓基层综治机构建设，有效整合基层维护社会治安和社会稳定的各种力量，形成以基层党组织为核心，基层群众自治组织为基础，基层政法综治组织为骨干的社会治安综合治理工作网络，筑牢维护社会治安的第一道防线。一是进一步健全基层综治机构和人员配备。各级党委、政府认真贯彻落实中央编办和中央综治委下发的《关于加强乡镇、街道社会治安综合治理基层组织建设的若干意见》，进一步加强乡镇(街道)综治委、办建设，不断充实和加强基层群防群治组织，乡镇(街道)综治委、办配备专职干部专抓综治工作。按照自治区编办所提出的"两年内基层综治组织健全、人员落实到位"的具体要求，抓紧落实。各地市、各县(市、区)对乡镇(街道)综治办的机构设置和人员编制的落实情况进行检查和督导。加强对社区治保、联防队伍，调解、帮教队伍，流动人口协管员以及兼职法制副校长等基层综治工作队伍的建设、管理和教育。积极探索农牧区、社区居委会综治组织的有效运作方式和工作制度，建立村(居)综治服务室，大力推广基层综治服务站工作；二是提高综治干部的组织协调能力和依法办事能力。各地、各部门、各单位加大对基层综治干部的教育、培训工作力度，努力提高他们的政治素质、业务水平和工作能力，充分发挥基层政法综治组织在平安建设中的骨干作用。深入开展社会主义法治理念教育，加强基层政法综治队伍思想政治建设，进一步牢固树立执法为民的思想，更好地发挥职能作用，维护社会治安和社会稳定；三是深化基层安全创建活动。基层安全创建活动是落实社会治安防范措施的有效载体。各级党委、政府继续推动各种形式基层安全创建活动的深入开展，扩大安全创建活动的覆盖面。充分尊重和大力倡导基层在平安建设中大胆探索、勇于创新。通过深入开展平安乡镇(街道)、平安社区(村)、平安单位、平安学校、平安家庭等各种基层创建活动，有声有色地推动各项工作措施在城乡基层单位的落实；四是大力加强群防群治队伍规范化建设。完善适应社会主义市场经济要求的群防群治队伍经费保障机制。加强群防群治队伍的管理和培训工作，明确职责，严明纪律，确保各种群防群治队伍充分发挥作用。

七、充分发挥各部门的职能作用，进一步形成齐抓共建的工作局面

各地各部门进一步增强政治意识、责任意识和大局意识，进一步明确本部门、本系统在平安建设中的职责任务，并纳入本部门、本系统总体工作规划，制定具体实施意见，与其他各项业务工作同部署、同检查、同考核，积极主动地承担起预防和减少违法犯罪、维护社会治安和社会稳定的任务。各级政法部门充分发挥主力军作用，把深入开展平安建设作为当前和今后一个时期的重点工作抓紧抓好。各级社会治安综合治理委员会及其办公室充分发挥组织协调作用，进一步建立健全各部门协作配合、齐抓共建的工作机制，加强联系沟通、分类指导和督促检查，不断总结推广典型经验，共同推动平安建设各项措施的落实。发挥好各级社会治安综合治理委员会专门工作领导小组及其办公室的作用，认真解决影响社会治安和社会稳定的重点、难点问题。

八、进一步明确责任、严格奖惩

各地市、各部门严格实行社会治安综合治理责任制，层层建立领导责任制、部门责任制和单位责任制。围绕平安建设的目标任务，完善社会治安综合治理责任制，真正把平安建设的各项任务落实到基层，落实到部门（单位），落实到责任人。进一步健全和完善督查督办制度，有针对性、有重点地对社会治安综合治理工作不力、治安问题较多的地方、部门和单位加强督促和检查。认真总结近几年社会治安综合治理考评的经验，进一步完善考评标准，使之更加科学、合理、简便易行，建立健全平安建设绩效考评和奖惩激励机制。进一步建立健全社会治安综合治理奖励和责任追究机制，认真落实督查和责任查究制度，严格实行“一票否决权制”。强化责任意识，着眼于改进工作，促进工作措施的落实。

九、及时总结推广经验，加大平安建设宣传力度

1月，自治区党委宣传部、自治区党委政法委和自治区综治委联合下发了《建设平安西藏宣传工作规划》和《建设平安西藏宣传提纲》，对各级、各部门在平安建设宣传工作中的职责任务进行了进一步明确，提出了新的更高的要求。为了进一步贯彻落实今年4月在江苏召开的全国社会治安综合治理工作会议精神，总结推广我区平安建设工作经验，研究解决平安建设工作中的难点、热点问题，进一步加强我区社会治安综合治理工作，全面推进平安西藏建设。9月5日至11日，自治区党委政法委、自治区综治委在拉萨市、林芝地区、昌都地区采用流动现场的形式召开了全区平安建设经验交流会议。会议对各地市及相关部门在平安建设工作中所取得的成功经验进行了广泛交流。各地市认真总结平安建设中的好做法、好经验，充分结合工作实际，学习和借鉴这些好的做法、好的经验，同时从实际出发，创造性地开展工作，在实践中总结出更好的经验。充分发挥各新闻媒体主渠道、主阵地的作用，采取多种方式，加强正面宣传和舆论引导，调动、激发各方面做好社会治安综合治理工作的积极性，广泛动员广大人民群众和社会各界大力支持、积极参与平安建设，形成为人民群众安居乐业、全面建设小康社会创造和谐稳定社会环境的良好社会氛围。

共建平安边界工作情况

一、进一步深化平安边界工作，健全和完善各项工作制度，有效巩固边界稳定成果

为加强与相邻行政边界地区社会治安综合治理协作治安联防工作，进一步维护边界地区和谐稳定，促进边界地区经济繁荣发展，改善和提高广大农牧民群众生产生活水平，为平安建设创造良好的外部环境。7月22日，西藏、四川两省区综治委在拉萨召开了两省区平安边界联防协作座谈会，会议形成了两省区毗邻地区的综治协作与治安联防工作机制。10月12日，自治区党委政法委、自治区综治委在拉萨召开了八省（区、市）共建平安边界座谈会，建立了“跨界协作、联调互动、共保平安"的工作体系和沟通联络制度、联席会议制定、信息交流制度以及矛盾定期排查制度。会议还签订了《加强流动人口管理、打击非法出入境活动、共建平安边界协议书》,进一步加强了相互之间的沟通与协作,促进了各项工作制度的建立和完善,为我区平安建设工作创造了良好的外部环境。

二、进一步建立和完善共建平安边界各项工作机制

(一)建立健全了信息交流机制。一是进一步建立和完善了沟通联络制度。对涉及毗邻双方的边界矛盾纠纷或事件,真正做到了及时向对方通报,确保了双方信息畅通。对涉及边界稳定的重大事件能随时通报。二是进一步建立和完善了联席会议制度。毗邻地区之间始终坚持定期召开联席会议,共商解决边界矛盾纠纷的措施。如遇紧急情况,双方或多方联席会议随时召开。三是进一步建立和完善了信息交流制度。毗邻双方对各自掌握的边界矛盾纠纷动态、矛盾纠纷预防和调解工作经验及存在的问题等,能及时通过简报等材料进行交流。

(二)建立健全了矛盾纠纷排查调处协调工作机制。一是进一步加强了法制宣传和法律服务工作,积极引导群众依法解决矛盾纠纷。通过在边界地区双方群众中开展普法教育、发放勘界宣传材料、召开群众大会、举办法律知识培训班、组织典型案例图片展、在边界结合部制作大型宣传牌等形式,切实增强毗邻地区广大干部、群众的法律意识。二是进一步完善了矛盾纠纷定期排查调处制度。对排查出的边界矛盾纠纷逐一制定工作方案,由双方共同调处,使矛盾纠纷及时解决在萌芽状态。三是毗邻地区出现跨行政区域的矛盾纠纷时,双方责任部门本着团结、谅解、友好、互让的原则,共同协商,相互配合,及时进行调解,将矛盾解决在发生地。矛盾纠纷一旦激化为群体性事件,按照属地管理原则,由事件发生地责任部门立即组织人员赶赴现场处置,毗邻地区有关部门积极配合、认真做好各项工作。有效防止了因协调不得力、组织不严引发重大治安案件及群体性事件的发生。

(三)建立了边界治安防范协调工作机制。在当地党委政府的组织协调下,充分发挥政法部门及综治成员单位、基层组织、人民群众在共建平安边界工作中的作用,通过组建治安联防队伍、召开治安联防工作会议、案件通报协查和联合打击跨界犯罪等形式,联合开展了边界地区的重点整治工作,有效维护了边界地区的社会治安秩序。

(四)建立健全了协调督促工作机制,共同维护边界稳定。毗邻地区严格按照《加强流动人口管理、打击非法出入境活动、共建平安边界协议书》的具体要求,结合各地实际,进一步细化了各项工作措施,把维护边界地区社会稳定作为双方的共同目标,纳入议事日程,认真抓好各项工作措施的分解落实,使边界地区的联防联调工作逐步走上了解规范化、制度化轨道。针对边界地区社会矛盾和治安问题的新情况,积极探索新形势下边界地区维护社会治安稳定的新办法、新途径,不断创新工作思路,改进工作方法。建立了定期联合督查工作制度,共同维护边界地区的社会稳定和治安大局的平稳。边界地区各级党政组织切实加强共建平安边界地区工作的领导,对因防范措施不落实、责任不到位、发生情况不报告或配合协调不力、处置不妥当等原因,导致发生影响边界地区社会稳定的重大群体性事件或治安问题,造成严重后果或不良影响的,由双方按照有关规定,严肃查处,追究责任。

三、整体推进全区平安边界创建工作

(一)深入推进反分裂斗争。切实强化边界地区反分裂、反渗透功能,把维护边界稳定作为综治考评和平安边界创建的重要内容。边界地区各级党委、政府针对当前反分裂斗争出现的新情况、新特点,坚决贯彻执行中央确定的对敌斗争方针,充分发挥基层综治网络和群防群治工作力量在维护稳定工作中的基础作用,进一步加强反分裂斗争的组织领导和协调,深入开展专项整治活动,密切注视敌情动态,充分发挥各专门机关和群防群治组织的重要作用,专群结合、依靠群众,指导、督促反分裂斗争各项措施的落实,形成整体合力,严密防范和坚决打击达赖集团及分裂主义分子的各种破坏活动。切实加强情报信息工作力度,进一步削弱、挤压达赖集团的社会基础和活动空间,确保边界地区社会治安和社会稳定。

(二)依法打击、严厉惩处非法偷渡活动。各级各部门针对反分裂斗争形势的新变化,积极探索、研究非法出入境活动的规律和特点,重点打击派遣特嫌、组织偷渡的蛇头以及企图外逃的国内刑事犯罪分子。进一步通力合作、形成合力，加大了边境治安管理工作力度，充分发挥堵源截留、齐抓共管的优势，严格贯彻“封边、控边、稳内”的精神，有效遏制了非法出入境活动。

（三）进一步加强基层矛盾纠纷排查调处工作。边界地区党委政府及有关部门始终坚持“预防为主”的方针，进一步落实中共中央办公厅、国务院办公厅下发的《关于进一步加强矛盾纠纷排查调处工作的意见》和有关矛盾纠纷排查调处工作的一系列规定，大力加强经常性的矛盾纠纷排查调处工作。进一步健全矛盾纠纷情况信息网络，完善早发现、早报告和及时调处的信息反馈和预警机制，重点排查涉及民族宗教问题、性质错综复杂的矛盾纠纷，避免被分裂势力插手利用，酿成事端。努力把各种社会矛盾调节在可以控制的范围内，把不安全因素解决在初发状态，切实改进作风，深入群众、深入实际，体察社情民意，为群众排忧解难，增强疏导化解矛盾纠纷的针对性、及时性和有效性，有效地维护边界地区和谐稳定。

（四）深入开展“严打”整治斗争。建立健全边界地区“严打”整治长效工作机制，进一步加强组织领导，加大打击违法犯罪活动力度，始终保持“严打”的高压态势，有效遏制边界地区各类刑事案件攀升的势头。对于新产生的或已经整治又出现反复的治安乱点，及时排查，迅速整治；对经过整治尚未改变面貌的，彻底摸清问题，找准原因，调整完善整治方案，有针对性地加大整治力度，做到整治一处，巩固一处，维护边界地区社会治安的长期稳定。进一步强化边界地区寺庙等重要部位和场所的反分裂、反渗透功能，及时提出、采取有针对性的斗争策略与具体措施，在边界地区牢牢抓住打击这个环节不放松，严密防范措施，真正做到边界区域统一思想、统一行动，共创边界平安，形成反分裂、反渗透，维护国家统一、维护民族团结的良好氛围。

（五）进一步加强基层基础建设。大力加强了以基层党支部为核心的基层组织建设，充分发挥村（居）委会、治保会、调委会的作用。结合开展重点整治，切实加强基层政法、综治组织建设，确保基层有人抓、有人管、有人干，对基层综治干部认真进行教育培训，提高他们的政策水平和业务能力，充分发挥基层干部在维护边界稳定工作中的职能作用。通过深化基层安全创建活动，做好流动人口治安管理、刑释解教人员安置帮教和预防青少年违法犯罪等各项基础性工作，加强对重点群体人员的教育、管理和服务、引导工作，预防和减少违法犯罪，进一步夯实了维护边界地区社会稳定的社会基础。重点加强了群防群治工作，加快建立和完善了适合农牧区地域情况的群防群治组织形式、工作机制，充分发挥群防群治队伍在维护边界社会治安和社会稳定中的积极作用，为解决边界地区各种复杂矛盾提供了重要的前提条件。

中共西藏自治区委员会宣传部
中共西藏自治区委员会政法委员会
西藏自治区社会治安综合治理委员会
关于印发《建设平安西藏宣传工作规划》和《建设平安西藏宣传提纲》的通知

（2006年1月24日）

各地（市）委宣传部、政法委，各地市社会治安综合治理委员会：

为深入贯彻《中共中央办公厅、国务院办公厅转发〈中央政法委员会、中央社会治安综合治理委员会关于深入开展平安建设的意见〉的通知》和《中共西藏自治区委员会西藏自治区人民政府关于建设平安西藏的决定》精神，结合我区实际，特制定《建设平安西藏宣传工作规划》和《建设平安西藏宣传提纲》，现印发你们，请结合本地市、本单位实际，认真组织实施。

建设平安西藏宣传工作规划

为深入贯彻《中共西藏自治区委员会西藏自治区人民政府关于建设平安西藏的决定》和《中共中央办公厅、国务院办公厅转发〈中央政法委员会、中央社会治安综合治理委员会关于深入开展平安建设的意见〉的通知》，积极营造建设平安、和谐社会的舆论氛围，根据《西藏自治区社会治安综合治理委员会关于建设平安西藏工作总体实施方案》，制定建设平安西藏五年宣传规划如下：

一、指导思想

以邓小平理论和“三个代表”重要思想为指导，树立和落实科学发展观，全面贯彻党的十六大和十六届三中、四中、五中全会及中央第三、四次西藏工作座谈会和中央政治局会议精神，紧紧围绕“一加强、两促进”历史任务和全面建设小康社会这条主线，按照构建社会主义和谐社会的要求，通过开展广泛深入、丰富多彩的宣传活动，充分调动全区各族各界群众参与建设平安西藏的积极性和创造性，为保证我区建设平安西藏工作“七个更加”和“两个提高”目标的顺利实现营造浓厚的舆论氛围，提供强大的精神力量。

二、基本目标

从2005年起至2010年，力争通过五年的强势宣传，最大限度地调动社会各族各界积极参与平安西藏创建的积极性，营造人人想平安、促平安的良好氛围，使建设平安西藏活动家喻户晓、人人皆知，成为各族群众的共同理想和一致行动。

三、宣传步骤

(一)2006年为建设平安西藏宣传造势年。从现在到2006年底，着重宣传建设平安西藏的重大意义，宣传自治区党委政府关于建设平安西藏的总体工作部署，宣传中央《关于进一步维护西藏稳定工作的意见》、《中共两办关于〈深入开展平安建设的意见〉的通知》精神，宣传各地各部门落实中央、区党委政府工作部署及开展建设平安西藏活动的情况。各新闻媒体要开辟专题专栏，组织相关文章，有分量、有影响地加强舆论引导。各地市、各部门要在乡以上中心城镇的商业闹市区、主要交通路口、金融网点等繁华地带，通过设置建设平安西藏大型宣传广告，悬挂宣传横幅，制作宣传橱窗(栏)等形式，加强平安西藏建设的宣传。各部门、各级综治成员单位要紧密结合本部门工作职能和特点，通过散发宣传单、张贴宣传画等形式，将建设平安西藏宣传到本部门、本单位干部职工当中。

(二)2007年—2008年为建设平安西藏宣传鼓劲年。紧密结合创建平安行业、平安单位、平安学校、平安家庭、平安企业、平安县城、平安乡镇等各种创建活动，大力宣传各地、各部门在平安创建实施过程中的具体举措、进展情况，大力宣传平安西藏建设活动中好的做法、成功经验和先进典型，形成团结、稳定、鼓劲的舆论氛围。

(三)2009年—2010年为建设平安西藏成果宣传年。各级宣传文化部门要以成就展览、文艺汇演等活动为载体，大力宣传五年来我区在建设平安西藏工作中取得的成效，宣传各族干部群众在建设平安西藏中得到的实惠，宣传建设平安西藏活动在促进建设团结、民主、富裕、文明、和谐的社会主义新西藏中取得的成效。

四、宣传工作重点

(一)加强建设平安西藏宣传阵地建设

建立完善以家庭为细胞，以社区为重点，以单位为支撑，以新闻媒体为主导的宣传阵地建设。

认真策划，周密部署三月平安建设宣传月、5月第一周平安建设宣传周、“9·16”平安建设宣传日活动，使平安建设宣传工作做到周周有活动，月月有举措，全方位、多角度地加大宣传力度，努力营造声势大、气势足的舆论氛围。

（二）加强对重点群体的宣传

按照“打防结合、预防为主，专群结合、依靠群众”的综治工作方针，在宣传政法部门打击犯罪和扫除社会丑恶现象，震慑犯罪，鼓舞群众的同时，要加强对防范、教育、管理、建设、改造等综合治理各方面工作的宣传。一是要加强对广大青少年的宣传教育工作。全区各类大、中小学校要结合青少年思想道德建设工作，将建设平安西藏的宣传教育列入课堂教学内容，通过开设法制教育课、平安西藏建设专题讲座等形式，引导广大青少年学生学法、知法、懂法，做遵纪守法的公民。各有关部门要把居民社区和基层农牧区闲散青少年的教育管理作为平安西藏建设的一项重要内容，通过开展法律知识竞赛等丰富多彩的主题宣传教育活动，切实增强平安西藏建设工作对广大社会青年的感染力和影响力；二是要加强对刑释解教人员的宣传教育工作。各有关方面要在做好对刑释解教人员帮教、服务、思想转化工作的同时，向他们宣传建设平安西藏的方针政策，鼓励他们洗心革面、重新做人，为建设平安西藏，共享平安家园作出自己的贡献。三是做好对流动人员的宣传教育工作。要通过宣传，提高流动人员对平安西藏建设的知晓率和参与率，增强流动人员遵纪守法、诚信经营的意识。

（三）加强对重点内容的宣传

1. 加强对建设平安西藏的重大意义的宣传。要大力宣传建设平安西藏，是实现跨越式发展和全面建设小康社会宏伟目标的必然要求，是实现社会长治久安的必然要求，是加强党的执政能力建设和先进性建设的必然要求，使建设平安西藏成为广大干部群众的基本共识，成为大家追求的共同目标。

2. 加强对建设平安西藏的基本内涵和基本要求的宣传。要大力宣传社会主义和谐社会的基本内涵，宣传社会主义和谐社会同“三个文明”建设的关系，宣传构建和谐西藏、平安西藏的原则要求，引导广大干部群众积极投身于建设平安西藏的活动之中。

3. 加强对建设平安西藏工作要求的宣传。要深入宣传建设平安西藏的工作目标、主要任务和工作要求等内容的宣传，使广大干部群众知道干什么、怎么干。

4. 加强对各项创建工作及先进典型的宣传。大力宣传各地、各部门落实平安建设“一把手”工程，积极开展社会治安综合治理，认真解决突出治安问题的情况；大力宣传各地各部门认真落实平安创建各项措施，积极开展平安创建活动的进展情况、取得的成效；大力宣传各地各部门相互配合，齐抓共建，切实解决平安建设工作中遇到的具体问题和困难的情况；大力宣传全区各族各界群众共同参与，群策群力建设平安西藏情况；大力宣传平安西藏建设过程中涌现出的先进事迹、先进人物、典型经验和工作成果，为平安建设营造良好的舆论氛围，奠定坚定的思想基础。

5. 加强对群众关心的社会治安热点、难点问题整治情况的宣传报道。各地、各部门要紧密结合本地、本部门社会治安综合治理工作实际，加强对社会治安重点治理工作的进展情况的宣传报道。要正确把握社会敏感问题的舆论导向，加强舆情信息工作，建立和完善相应的舆论引导机制。对人民群众关心的大案、要案和与百姓生活贴近的热点、难点问题的处理情况，在不影响大局工作的前提下，要有选择地通过新闻媒体及时让群众知晓。同时，对不重视重点治理工作，治安问题十分严重，或由于渎职行为而发生重大刑事案件和重大治安事故的反面典型，要通过新闻媒体予以曝光。

五、具体措施

（一）层层建立建设平安西藏宣传工作机制

各级党委、政府要牢固树立政治意识、大局意识和责任意识，把建设平安西藏宣传工作摆上重要议事日程，推动新闻媒体、出版单位、互联网站、高等学校、社科研究机构等单位加强管理，确保先进文化牢牢占领舆论阵地。各地、各部门要明确一名主要领导主抓平安建设宣传工作，落实专抓宣传的工作人员，确保平安建设宣传工作有人抓，有人干。

（二）建立建设平安西藏宣传工作经费保障机制

各地市要积极协调有关部门，在切实将综合治理和建设平安西藏工作经费列入财政预算的基础上，为建设平安西藏宣传工作提供必要的专项经费，确保平安建设宣传工作顺利开展。

（三）建立建设平安西藏宣传工作联席会议制度

各地、各部门要结合本地、本部门实际认真开展建设平安西藏宣传工作，要将建设平安西藏宣传工作贯穿于建设平安西藏活动的全过程。各级综治部门与宣传部门要建立建设平安西藏宣传工作联席会议制度，制定具体宣传措施，使建设平安西藏宣传工作有计划、有步骤、有重点地开展。

六、宣传形式

一是党政推动。各地、各部门的宣传工作要在党委、政府的统一领导下，在各级综治部门和宣传部门的具体指导下，有计划，有步骤地开展建设平安西藏宣传活动。

二是各方互动。各级综治部门要组织协调有关部门工作人员深入基层、深入第一线、深入农牧民群众，开展建设宣传。各新闻媒体要通过开办专题专栏等形式，使平安西藏各项创建活动的宣传在报刊上有文、广播上有声、电视屏幕上有影，以行动带宣传，以宣传促行动。

三是载体联动。各有关部门要积极整合各类宣传资源，通过电视、广播、报纸、互联网等各种宣传载体，形成宣传声势，扩大建设平安西藏宣传面。

四是典型带动。各地、各部门要及时发现、总结和推广创建工作典型经验，适时召开现场会、推动会、促进会，通过宣传典型经验，以点带面，不断将建设平安西藏工作引向深入。

建设平安西藏宣传提纲

2005年6月18日，自治区党委、政府向全区各族人民发出了建设平安西藏的工作号召，形成了《中共西藏自治区委员会西藏自治区人民政府关于建设平安西藏的决定》，对我区建设平安西藏工作作出了总体部署，明确了指导思想、总体目标、主要任务和基本要求。2005年10月21日，中共中央办公厅、国务院办公厅转发了《〈中央政法委员会、中央社会治安综合治理委员会关于深入开展平安建设的意见〉的通知》，提出了平安建设的指导思想和目标任务、“六大措施”和“五大机制”。切实落实中央和自治区党委政府关于开展平安建设的决策部署，是贯彻落实党的十六大、十六届三中、四中、五中全会精神，落实科学发展观，实现全面建设小康社会宏伟目标，构建社会主义和谐社会的必然要求，是加强新形势下社会治安综合治理工作，保证我区“一加强，两促进”历史任务顺利实现的必要途径。

开展平安建设是构建社会主义和谐社会、促进经济社会协调发展的保障工程，是维护广大人民群众根本利益、为人民群众所期盼的民心工程，是提高党的执政能力、巩固党的执政地位的基础工程。深入开展平安建设，对于社会治安综合治理工作拓宽领域、充实内容、提高层次、完善机制、取得实效具有重要作用。全区各级党组织、各级政府、广大党员和各族干部群众，要积极行动起来，认真落实党中央《关于深入开展平安建设的意见》和自治区党委、政府关于建设平安西藏的工作部署，万众一心、同心同德，为建设平安西藏，构建和谐社会，实现全面建设小康社会宏伟目标而努力奋斗。

一、建设平安西藏的重大意义

（一）建设平安西藏是实现跨越式发展和全面建设小康社会宏伟目标的必然要求

经过20多年的改革开放，特别是西藏历经“一个转折点、两个里程碑”的光辉历程和丰富实践，在中央关心、全国支援下，经济社会迅速发展，改革开放不断深入，各项事业蓬勃发展，呈现出一派生机勃勃、欣欣向荣的景象，进入了历史上发展与稳定的最好时期。但是，由于特殊的地理环境和历史原因，西藏仍属于我国欠发达地区，与全国平均发展水平有较大差距。实现跨越式发展和全面建设小康社会宏伟目标，与全国一道实现现代化，我们面临的挑战严峻，任务繁重。

当前，我们正处在经济社会加快发展的重要时期，各种矛盾凸现期和发展黄金期结伴而至。随着改革的深入推进和经济的快速发展，经济社会结构、利益关系和居民收入水平的调整变化，不可避免地带来各种新的矛盾和社会问题。我们要不断研究新情况、解决新问题，妥善协调各方面的利益关系，正确处理各种社会矛盾，大力促进社会和谐，实现经济社会更快更好地发展，建设平安西藏就显得十分重要和紧迫。这既是全面建设小康社会的重要内容，也是实现全面建设小康社会宏伟目标的重要前提。

（二）建设平安西藏是实现长治久安和构建社会主义和谐社会的必然要求

稳定是西藏工作的大局，维护西藏稳定，建设平安西藏，既是我们的政治责任，又是构建社会主义和谐社会的重要内容。当前，我区经济发展、社会进步、局势稳定、民族团结、边防巩固、人民安居乐业，社会局势呈现出持续稳定和更加平稳有序的良好局面。但是，影响我区稳定的因素仍然存在。西藏处于同达赖集团及支持他们的国际敌对势力斗争的前沿。达赖集团图谋“西藏独立”、分裂祖国的立场没有改变，不断调整策略，变换手法，推动所谓“西藏问题”国际化，加紧对我区的渗透活动。我们同达赖集团及支持他们的国际敌对势力的斗争仍然处于尖锐复杂的时期。我们只有旗帜鲜明地反对分裂，遏制西方反华势力和敌对势力的侵蚀，才能在西藏实现长治久安、构建社会主义和谐社会。

同时，我们还要清醒地看到，因人民内部矛盾引发的群体性事件明显增多，重特大刑事犯罪案件居高不下，对我们维护社会秩序、确保局势稳定提出了新的挑战和更高要求。我们要通过建设平安西藏，有效化解社会矛盾，确保西藏局势长治久安。

（三）建设平安西藏是加强党的执政能力建设和先进性建设的必然要求

从我们党在西藏肩负的使命看，建设平安西藏，是我们党坚持立党为公、执政为民的必然要求，是巩固党在西藏的执政基础、实现执政使命的必然要求，是实现好、维护好、发展好西藏最广大人民根本利益的必然要求。在西藏，我们党肩负着推进跨越式发展、全面建设小康社会的繁重任务。在各种纷繁复杂的条件下，建设平安西藏，构建一个全体人民各尽所能、各得其所的和谐社会，这既是对党的执政能力的重大考验，也是对党的先进性的重大考验。只有最大限度地调动一切积极因素，有效协调好各方面的利益关系，不断解决人民群众生产生活中的突出问题和困难，在发展中满足人民群众日益增长的物质文化和精神文化需求，才能更好地巩固党执政的阶级基础，扩大群众基础，永远保持党同人民群众的血肉联系；才能切实抓好发展这个党执政兴藏的第一要务，切实保障人民群众的经济利益、政治利益和文化利益，使全体人民共享改革发展的成果。

二、建设平安西藏的基本内涵和基本要求

（四）建设平安西藏的基本涵义

建设平安西藏的基本内涵是经济社会全面发展、人民生活极大改善的社会，是民主法治有序运行、人民当家作主权利得到充分保证的社会，是安定有序、局势日益稳定的社会，是充满活力、各民族共同团结进步的社会。

第一，平安西藏应该是经济社会全面发展、人民生活极大改善的社会。建设平安西藏，促进社会局势长期稳定和谐，目的在于安民、利民、富民、乐民，让各族群众过上富裕幸福的好日子。发展才是硬道理，发展才能有变化，发展才能有平安，发展才能有和谐，发展才能有活力。经济社会不发展，人民难富裕，人心难稳定。只有经济社会的全面发展，人民生活的极大改善，建设平安西藏才有坚实的物质基础。

第二，平安西藏应该是民主法治有序运行、人民当家作主权利得到充分保证的社会。民主法治首先要保证人民当家作主。建设平安西藏，就必须充分发扬民主，尊重人民群众的民主权利，在民主得到充分发扬的基础上，使社会各方面积极因素得到广泛调动。同时，坚持把民主与法治相结合，坚定不移地走中国共产党和中国人民自己选择的政治发展道路，使依法治国基本方略得到切实落实，建设社会主义政治文明。

第三，平安西藏应该是文化氛围健康向上、人民文化生活不断丰富的社会。建设平安西藏，必

须把建设社会主义先进文化，不断提高各族人民的思想道德素质和科学文化素质作为重要内容，为建设社会主义新西藏提供强大的精神动力和智力支持。建设平安西藏很大程度上取决于人们思想道德素质的提高。没有全社会思想觉悟和道德素质的提高，没有先进文化的引导，就难以建设平安西藏。建设平安西藏，就是马克思主义在意识形态领域的指导地位得到进一步巩固，民族优秀传统文化得到尊重和发展，人类的一切文明成果得到充分吸收，各族人民的整体素质得到进一步提高，符合时代发展要求的思想观念和生产生活方式得到积极倡导，文化事业和文化产业得到大力发展，群众文化生活不断丰富，群众性精神文明建设创建活动全面深入发展。

第四，平安西藏应该是安定有序、局势日益稳定的社会。建立和维护良好的社会秩序，加强民族团结，维护祖国统一，确保社会稳定，是建设平安西藏的必然要求。只有在稳定有序的社会环境中建设平安西藏，才能促使各族人民为共同理想而不懈追求，为共同目标而不懈奋斗，为共同事业而不懈努力，使人民群众安居乐业，社会保持安定团结。

第五，平安西藏应该是充满活力、各民族共同团结进步的社会。建设平安西藏，就必须发展先进生产力，深化改革，为社会充满活力提供制度支撑；必须推动各族人民共同团结奋斗、共同繁荣发展，为建设平安西藏注入新的活力；必须坚持尊重劳动、尊重知识、尊重人才、尊重创造的方针，开发人才资源，大力营造鼓励人们干事业、支持人们干成事业的社会氛围；必须始终坚持“三个离不开”的原则，加强各民族之间以及各方面的团结，不断巩固和发展平等、团结、互助、和谐的社会主义民族关系，最广泛地团结一切可以团结的力量，调动一切可以调动的积极因素，共同致力于建设社会主义新西藏的伟大实践。

三、建设平安西藏的指导思想

（五）建设平安西藏的指导思想

坚持以邓小平理论和“三个代表”重要思想为指导，全面贯彻党的十六大和十六届三中、四中、五中全会及中央第四次西藏工作座谈会、中央政治局会议精神，全面落实科学发展观，紧紧围绕“一加强、两促进”历史任务和全面建设小康社会这条主线，按照构建社会主义和谐社会的要求，在各级党委和政府的统一领导下，组织动员社会各方面的力量，以建立健全长效工作机制为核心，以加强基层基础工作为重点，以落实社会治安综合治理各项措施为主线，广泛深入开展平安地区和平安单位建设，着力调动各方面的积极因素、化解各种消极因素，更好地维护社会治安和社会稳定，不断发展我区的大好形势，加快推进和谐社会建设进程确保人民群众安居乐业，确保社会稳定和国家长治久安。

（六）建设平安西藏的工作目标

总体目标：扎实推进平安西藏建设，进一步促进我区政治更加稳定、社会更加团结、法制更加健全、管理更加完善、治安更加良好、秩序更加井然，人民生活更加安康，管理社会事务的本领、协调利益关系的本领、处理人民内部矛盾的本领、维护社会稳定的本领明显提高，切实推动物质文明、政治文明、精神文明与和谐社会建设协调发展。

具体目标：通过5年的平安建设，维护国家安全的能力进一步提高，严重危害国家安全的犯罪活动和重大暴力恐怖活动得到有效防范和打击；预防、控制和打击刑事犯罪的能力进一步提高，刑事发案率特别是严重暴力犯罪案件和盗窃、抢夺、抢劫等多发性侵财案件发案率明显低于全国平均水平，严重暴力犯罪案件破案率达到80%以上，刑事案件起诉、审结率高于全区近3年的平均值；处理人民内部盾的能力进一步提高，“民转刑”案件和重大群体性事件明显下降；服务经济发展的能力进一步提高，破坏市场经济秩序的犯罪明显下降，治安灾害事故上升势头得到遏制；司法工作机制逐步规范和科学，公正公平执法和执法为民的思想得到进一步深入贯彻；普法教育进一步落实，全民法律意识和道德素质进一步提高：遵纪守法的自觉性和社会公德意识明显增强；社会治安秩序良好，人民群众的安全感明显增强。

（七）建设平安西藏的主要任务

根据自治区党委、政府《关于建设平安西藏的决定》的工作部署，建设平安西藏要着重抓好五个方面的主要任务。一是切实做好维护局势稳定的工作，深入开展反分裂斗争，维护国家安全和社会稳定；二是全面强化社会治安综合治理，坚持“严打”方针不动摇，大力加强社会治安防控体系建设，认真做好人民内部矛盾的排查调处工作，及时妥善处理群体性事件和突发事件，努力营造和谐安定的社会环境；三是高度重视社会公共安全问题，切实加强安全生产管理和公共安全工作，提高安全保障能力；四是努力提高全体公民遵纪守法意识，提高公民的道德素质，弘扬社会正气；五是切实加强诚信建设，构建诚信社会。

（八）建设平安西藏的工作步骤

建设平安西藏活动从 2005 年起到 2010 年，三年创建，两年巩固，按照科学规划、抓住重点、分步实施、逐步提高的原则稳步推进，分三个阶段组织实施。

第一阶段：建设平安西藏启动阶段。其主要任务一是大力宣传。开展形式多样、丰富多彩、声势浩大的宣传活动，掀起建设平安西藏的宣传热潮，提高全区各族群众对建设平安西藏的认识，为建设平安西藏营造浓厚的舆论氛围和社会支撑。二是科学规划。制定科学合理的建设规划，有计划、有步骤、有重点地推进建设平安西藏活动。三是抓好试点。通过整合防范资源，结合实际启动建点、设卡、布网等试点工作，为全面启动平安西藏建设活动打基础。

第二阶段：2006—2008 年为建设平安西藏活动全面实施阶段。其主要任务是大力推进建设平安西藏的“六大工程”，即龙头工程、文化工程、保障工程、强基工程、屏障工程、安民工程，全面落实社会治安综合治理各项措施，全面加强基层政法、综治组织和职能建设，建立健全社会治安防控体系，为构建平安西藏夯实根基。

第三阶段：2009 年至 2010 年为平安西藏建设的检查验收和巩固提高阶段。其主要任务是根据全区建设平安西藏活动开展情况，对全区的平安建设工作进行考核验收。

（九）建设平安西藏的主要措施

建设平安西藏实施六大工程，建立两大机制。实施龙头工程，“一把手”抓落实；实施文化工程，努力营造平安建设的良好文化氛围；实施保障工程，加大经费投入，保障平安建设工作有效开展；实施强基工程，打牢社会治安综合治理工作的基础；实施屏障工程，构建社会治安防控体系；实施安民工程，妥善调处化解各类矛盾。建立健全“严打”整治长效工作机制，严厉打击各类刑事犯罪；建立健全平安建设齐抓共建机制，确保各职能部门作用的发挥。

四、立足实际，突出重点，加强领导，为建设平安西藏共同奋斗

（十）坚定不移地抓发展，打牢建设平安西藏的基础

建设和谐社会，归根结底要靠发展，要靠生产力水平的不断提高和社会物质财富的日益丰富。建设平安西藏，首先必须抓住发展、做好发展这篇大文章。没有发展，没有雄厚的物质基础，建设平安西藏就会变成海市蜃楼。西藏是欠发达的地区，只有更快更好地发展，才能创造更丰富的物质和精神财富，不断提升整体实力，不断提高人民群众的生活水平，从而为，建设平安西藏奠定更为坚实的基础。我们要以科学发展观为指导，始终抓住发展这个党执政兴藏的第一要务不动摇，不断更新发展理念，创新发展思路，丰富发展内涵，坚定不移地推进科学发展、加快发展、跨越式发展。

（十一）旗帜鲜明地抓稳定，巩固建设平安西藏的前提

社会稳定是社会和谐的前提，没有社会稳定也就没有平安社会。在西藏，影响社会稳定的最大因素是达赖集团的干扰破坏。旗帜鲜明地反对分裂、坚定不移地维护祖国统一，是我区各族人民的根本利益之所在，也是压倒一切的政治任务。我们一定要把维护祖国统一、维护社会稳定的工作放在突出位置来抓。要始终保持清醒头脑，增强政治敏锐性和政治鉴别力，增强工作的预见性和主动性，审时度势，做好自身工作，牢牢把握反分裂斗争的主动权；始终认清达赖集团玩弄“两手”伎俩的本质，坚决贯彻中央确定的对达赖集团的斗争方针和策略，抓好以“两手”对“两手”工作措施的落实，严密防范和严厉打击达赖集团的各种分裂破坏活动，坚决维护社会稳定，坚决维护国家安全，坚决维护国家主权和领土完整。

（十二）始终加强思想道德建设，为建设和谐西藏提供思想保证

伟大的事业需要伟大的精神。一个社会是否平安、和谐，一个国家能否实现长治久安，很大程度上取决于全体社会成员的思想道德素质。没有共同的理想信念，没有良好的道德规范，就无法实现社会稳定。要坚持用马克思列宁主义、毛泽东思想、邓小平理论和“三个代表”重要思想武装全

党、教育人民，用发展着的马克思主义指导新的实践、引领多样化的社会意识，巩固马克思主义在意识形态领域的指导地位，巩固全区各族人民团结奋斗的共同思想基础。坚持用西藏50多年的发展成就、"一个转折点、两个里程碑"的光辉实践鼓舞人心，用"一加强、两促进"的历史任务和全面建设小康社会的宏伟目标凝聚人心，努力营造积极健康向上的舆论氛围。要在全社会倡导爱国守法、明礼诚信、团结友善、勤俭自强、敬业奉献的基本道德规范，培养良好的道德品质和文明风尚，在全社会形成团结互助、平等友爱、共同团结奋斗、共同繁荣进步的社会氛围和人际关系。

（十三）注重社会公平与正义，加强和谐社会的机制建设

促进社会公平和正义，是社会主义制度的本质要求，也是建设平安西藏的重要内容。只有切实维护和实现社会公平和正义，人们的心情才能舒畅，各方面的社会关系才能协调，人们的积极性、主动性、创造性才能充分发挥出来。社会公正不仅表现为收入分配的公平，而且表现为人们在社会经济生活中地位的公平、机会的公平以及整个社会规则和机制的公平。要从法律上、制度上努力营造公平的社会环境，逐步建立以权利公平、机会公平、规则公平、分配公平为主要内容的社会公平保障体系，从收入分配、利益调节、社会保障、公民权利保障、政府施政、执法司法等方面采取切实措施，逐步做到保证社会成员都能够公平接受教育、进行劳动创造、参与市场竞争、参与社会活动、依靠法律和制度维护自己的正当权益。

（十四）注重增强全社会的创造活力，为建设平安西藏提供不竭动力

建设平安西藏，必须最广泛、最充分地调动一切积极因素，发挥各方面的创造活力，不断推进经济社会发展。社会主义社会的发展活办表现为经济、政治、文化和人本身等方面，集中表现在社会成员主动性、积极性、创造性的充分发挥和切实保障上。我们要从政策上支持、制度上保证社会充满活力，全面贯彻尊重劳动、尊重知识、尊重人才、尊重创造的方针，尊重和保护一切有益于人民和社会的劳动，尊重群众的首创精神，激发全区各行各业人们的创造活力，营造鼓励人们干事业、支持人们干成事业的社会环境，使社会各阶层的人们人尽其才、才尽其用，使一切劳动、知识、技术、管理和资本的活力竞相迸发，一切创造社会财富的源泉充分涌流。

（十五）加强民族团结，正确贯彻党的民族宗教政策，增强建设平安西藏的合力

我们必须始终高举加强民族团结的旗帜，坚持"三个离不开"的原则，深入持久地开展加强民族团结的思想教育，使广大干部群众进一步懂得民族团结、社会稳定是各族人民之福，民族分裂、社会动乱是各族人民之祸，增强维护祖国统一和民族团结的自觉性。要把民族团结建立在深厚的祖国之情、民族之情、同志之情的基础上，做到不利于团结的话坚决不说，不利于团结的事坚决不做，像爱护自己的眼睛一样爱护民族团结，努力在各族人民中形成同心同德、荣辱与共的手足之情。我区的大部分群众都信仰宗教，要高度重视宗教工作，全面正确地贯彻区党委提出的"划清两个界限、尽到一个责任"的政策原则和工作要求，积极引导宗教与社会主义社会相适应。要加强对信教群众的教育引导，把信教和不信教的群众团结起来，共同建设平安西藏。

（十六）坚持以人为本，确保各族人民共享发展成果

建设平安西藏，是要通过经济社会的全面发展，使各族群众共享发展成果，实现共同富裕。我们必须妥善处理社会各方面的利益关系，正确反映和兼顾不同方面群众的利益。在我们的生产力尚不发达的情况下，必须坚持效率优先、兼顾公平，初次分配注重效率，再次分配注重公平。当前尤其要注意做到"五个兼顾"，一要在推进国企改革和推进城镇化的进程中，兼顾国家、企业、群众三者利益；二要着力做好推动创业和扩大就业两篇文章，兼顾发展能力强的群体和发展能力弱的群体；三要坚持把发展经济同造福百姓统一起来，兼顾改革发展中得益较多群体与得益较少群体的利益；四要兼顾社会中先富群体与后富群体的利益；五要兼顾不同行业群体之间的利益，努力使工人、农牧民、知识分子和其他社会群体共享发展成果。

（十七）加强协调，齐抓共管，形成合力

各级社会治安综合治理委员会要在党委、政府领导下，组织协调各部门和社会各方面力量共

同参与建设平安西藏工作，为建设平安西藏工作献计献策，贡献力量。各地区、各部门、各单位、各人民团体要充分履行职责，齐抓共管，共同建设平安西藏。社会治安综合治理各成员单位在建设平安西藏工作中承担着重要责任，要充分发挥职能作用，尽职尽责，做好相关工作。各机关、团体、企事业单位要在本部门、本单位创建办的统一领导下，进一步加强单位内部的人防、物防、技防工作，为建设平安西藏添砖加瓦。

（十八）加强领导，提高本领，扎实工作

建设平安西藏是一项艰巨复杂的系统工程。各级党委、政府一定要增强责任感和紧迫感，把建设平安西藏作为一项重大任务，纳入经济社会发展总体规划，提上重要议事日程，建立有效的领导体制和工作机制，进一步明确工作任务和目标，实行"一把手"工程，党政主要领导亲自抓、直接抓，分管领导重点抓、具体抓，其他领导协同抓、配合抓，切实加强对建设平安西藏各项工作的领导。认真研究解决重大问题和突出问题，不断认识和把握新形势下建设平安西藏工作的特点和规律，把建设平安西藏同抓发展、抓稳定结合起来，把谋划长远同抓好当前的重点工作结合起来，把抓布局、抓规划同打基础结合起来，把解决具体问题同创新体制机制结合起来，把实践探索同理论研究结合起来，不断提高激发社会创造活力的本领，不断提高管理社会事务的本领，不断提高协调利益关系的本领，不断提高处理人民内部矛盾的本领，不断提高开展群众工作的本领，不断提高维护社会稳定的本领，把建设平安西藏的具体工作落到实处。

全区广大共产党员、各族干部群众，要积极响应中央和党委政府关于深入开展平安建设的号召，更加紧密地团结在以胡锦涛同志为总书记的党中央周围，高举邓小平理论和"三个代表"重要思想伟大旗帜，在自治区党委、政府的坚强领导下，开拓进取，扎实工作，积极投身建设平安西藏的生动实践，为建设团结、民主、富裕、文明、和谐的社会主义新西藏而努力奋斗。

西藏自治区及各市、县（市、区）综治委、办主任名单

地　区	综治委主任	综治办主任
自治区	王宾宜	洛桑旦巴
拉萨市	杨万福	尼玛次仁
城关区	赤列多吉	胡安和
林周县	金美多吉	雒晓斌
当雄县	穷　达	王占辉
尼木县	柴林峰	刘罗山
曲水县	周正权	左永忠
堆龙德庆县	卓　嘎	嘎玛扎西
达孜县	潘早云	唐　忠
墨竹工卡县	朱志宏	边巴次仁
那曲地区	扎西同珠	扎西同珠
那曲县	扎　南	李顺华
嘉黎县	何　灵	童晓冬
比如县	德吉卓嘎	才旺旦巴
聂荣县	谢　军	侯仕明
安多县	达尔地	刘发林
申扎县	张德之	郝贵明
索县	次仁罗布	罗　琼
班嘎县	嘎　达	张希宪
巴青县	白次仁	何　林
尼玛县	多吉次仁	拉巴次仁
双湖特别区	珠　巨	那　木
昌都地区	龙志刚	索朗群培
昌都县	其美旺堆	江　波
江达县	多　塔	丁增多加
贡觉县	向巴江村	唐玉生
类乌齐县	索　珠	温云春
丁青县	扎西多加	宝　邓
察雅县	石安清	夏　冰
八宿县	松吉江措	李　端
左贡县	成　嘎	吴积辉
芒康县	旺　修	陶德斌

地 区	综治委主任	综治办主任
洛隆县	姚甲河	阿 嘎
边坝县	巩树鸣	胡宗斌
林芝地区	琼 巴	张一丁
林芝县	李利东	达 瓦
工布江达县	格 桑	扎 桑
米林县	曾东生	郑 明
墨脱县	张海波	杨继红
波密县	薛忍贤	李惠民
察隅县	陈海利	贡 布
朗 县	李 桑	拉 姆
山南地区	边 巴	桑杰群培
乃东县	古桑曲杰	索朗欧珠
扎囊县	普 布	达娃索朗
贡嘎县	周新年	扎西杰布
桑日县	马超英	陆华平
琼结县	索朗曲巴	岳燕妮
曲松县	卫色顿珠	平措索朗
措美县	洛桑次仁	次仁加措
洛扎县	安丰年	王瑜瑾
加查县	平 措	白玛索朗
隆孜县	阿旺江村	刘然京
错那县	松 嘎	次 仁
浪卡子县	尼玛扎西	次 多
日喀则地区	吴卫国	普 布
日喀则市	次旦久美	扎西顿珠
南木林县	拉巴平措	次仁加布

地 区	综治委主任	综治办主任
江孜县	次 旺	次 央
定日县	赤烈坚参	米玛次仁
萨迦县	顾云飞	达娃罗布
拉孜县	赵 杰	西 洛
昂仁县	次仁多吉	扎西顿珠
谢通门县	普 顿	达 娃
白朗县	次仁旺堆	巴桑普尺
仁布县	达 次	次 罗
康马县	魏玉峰	旦 晓
定结县	次仁央宗	何正晴
仲巴县	江 措	米玛旦增
亚东县	梁海虹	次仁罗布
吉隆县	扎 多	董昆红
聂拉木县	衣凤凰	牛振庄
萨嘎县	旦 尼	同 珠
岗巴县	赵红阳	次 旦
阿里地区	多吉次珠	格桑加措
噶尔县	温江成	巴拉桑布
普兰县	郑小东	次仁多吉
札达县	郭文良	郭志良
日土县	索南才旦	扎西罗布
革吉县	任建春	益西次仁
改则县	次 珠	欧阳帮华
措勤县	格桑朗杰	扎西

（撰稿人:李 炜
审稿人:洛桑旦巴 徐龙刚）

陕西省

2006年社会治安综合治理工作概况

2006年，全省社会治安综合治理暨平安创建工作，在中央综治办的指导下，在省委、省政府的直接领导下，以邓小平理论和“三个代表”重要思想为指导，深入贯彻党的十六大和十六届三中、四中、五中全会精神，全面贯彻落实科学发展观，按照构建社会主义和谐社会的要求，坚持“打防结合、预防为主，专群结合、依靠群众”的方针，以深入开展平安创建为载体，以建立长效工作机制为核心，以加强基层基础工作为重点，以排查调处矛盾纠纷为手段，以增强人民群众安全感为目标，全面落实社会治安综合治理各项措施，为全省经济又好又快发展营造了和谐稳定的社会环境。据2006年底省综治办委托省统计信息咨询中心进行的公众安全感调查结果显示，全省平安建设的知晓率达40.21%，比2005年提高了14.23个百分点；公众对社会治安状况的满意率达85.72%，同比上升了1.06个百分点。

省综治委(办)的主要会议和活动情况

1月初，省综治办对全省的社会治安综合治理和平安创建工作进行了全面总结，并向中央综治办和省委、省政府起草了《2006年度全省社会治安综合治理暨平安创建工作总结报告》。

1月25日，受省委常委、省委政法委书记宋洪武同志委托，省综治办副主任、省见义勇为协会副会长王永明等同志前往西安市红华仪器厂看望、慰问了因见义勇为牺牲的王振环(2001年曾受到中华见义勇为基金会的表彰)同志的遗属肖林莉同志，并向她赠送了5000元慰问金。

2月9日，省综治办起草并下发了《关于开展创建“平安陕西”宣传活动的通知》，对全省开展创建“平安陕西”活动的宣传进行了具体安排。

3月初，省综治办为了加大对创建“平安陕西”活动的宣传力度，专门在《陕西日报》开辟“践行‘三个代表’，创建‘平安陕西’”活动专板，每周一期，定期反映创建“平安陕西”活动的有关情况和动态。

4月28日，省委常委、省委政法委书记、省综治委副主任宋洪武同志，在全国社会治安综合治理工作会议上，代表省综治委作了题为《构筑农村社会治安防控体系，努力实现创建“平安陕西”目标》的经验交流发言。

5月19日，省委召开常委会议，听取了省综治委的工作汇报。会议对创建“平安陕西”活动给予了充分肯定。

5月21至23日，省委、省政府在西安市召开全省社会治安综合治理工作会议。会上，省委副书记、省综治委主任董雷同志就深入开展平安创建活动作了重要讲话，省委常委、省委政法委书记、省综治委副主任宋洪武同志作了总结讲话。

6月28日，省委政法委召开全省政法系统创建“平安陕西”党员代表座谈会。会上，省委常委、省委政法委书记、省综治委副主任宋洪武要求政法系统党员领导干部以社会主义法治理念为指导，充分发挥先锋模范作用，引导和带动广大干部、团员青年和社会各界群众积极投身到“我为平安陕西作贡献”主题活动中来，努力形成“人人呼唤平安、人人创建平安”的良好格局。

7月中旬，省综治办组织人员，分5个检查组，对全省10个市及杨凌示范区上半年开展创建“平安陕西”活动的情况进行检查督查。

9月上旬，省综治办先后组织部分市、县（市、区）政法、综治领导干部，分两批赴西欧考察预防青少年违法犯罪工作，交流了经验，开阔了视野，促进了工作。

9月至10月份，省综治办先后两次组织全省107个县（市、区）综治办主任和各市综治办的科长共计120多人，采取集中授课、省内参观和外省考察学习相结合的方法进行了培训。

10月份，省综治办与省统计局联合开展了全省公众安全感调查。经过一个多月的不懈努力，完成了3万人次的电脑辅助电话抽样调查。之后，省综治办与省统计咨询中心共同起草了《2006年陕西省公众安全感调查报告》和《2006年全省公众安全感调查情况分析报告》。

10月中旬，省综治办与省委政法委联合抽调中央驻陕新闻单位和省级各新闻媒体17名记者，组成“‘平安陕西’三秦行”新闻采访团，历时20天，深入到全省11个市（区）、46个县（市、区）和200多个基层单位，对开展平安建设工作情况进行了采访宣传，先后发表、播放新闻稿件近150篇，收到了良好效果。

11月6日，省委副书记、省综治委主任董雷代表陕西省在中央综治委第二次全体会议上介绍了题为《不断完善农村社会治安防控体系，建设平安和谐社会主义新农村》的做法，受到好评。

11月中下旬，省综治办组织力量，分五个检查考核组对2006年度全省各市及杨凌示范区的社会治安综合治理及平安创建工作进行了检查，并对本年度申报的平安县（区）进行了考核验收，发现和总结了典型经验，查找了工作中存在的问题，有力地推动了全省平安建设工作的深入开展。

12月13日，省综治办在西安召开了全省各市综治办主任座谈会，总结交流了各地今年开展平安创建的经验，研究部署了下半年度综合治理和平安建设工作，进一步推动了全省平安创建工作的深入开展。省委政法委副书记、省综治办主任郭明同志作了重要讲话。

12月份，省综治办起草了《关于2006年度全省社会治安综合治理先进县（区）考核验收情况的报告》、《关于2006年度全省社会治安综合治理工作自评情况的报告》和《2006年度全省社会治安综合治理工作情况总结报告》，对2006年度全省社会治安综合治理工作进行了客观公正地评价。

社会治安综合治理暨平安创建宣传工作情况

一、做好宣传活动安排，开展形式多样的宣传

早在2月初，省综治办与省委宣传部就联合制定了《关于开展创建“平安陕西”活动的宣传计划》，充分利用广播、电视、报纸、网络等新闻媒体及群众喜闻乐见的形式，开办专版或专栏，大力开展综合治理和平安创建宣传活动。接着，省综治办又下发了《关于开展创建“平安陕西”宣传活动的通知》，对全省开展综治宣传月活动进行了全面部署。2至3月，在全省范围内组织开展了以“创建平安陕西，构建和谐社会”为主题的综治宣传月活动，采取集中宣传、巡回宣传、阵地宣传和媒体宣传等形式，收到了良好的社会效果。

二、领导带头宣传，收到宣传实效

省综治办先后在《长安》杂志和《陕西日报》分别刊登了省委书记李建国，省委常委、省委政法委书记宋洪武同志的署名文章，题目分别是《深入开展创建“平安陕西”活动，促进经济社会又快又好发展》、《全面落实创建“平安陕西”的重大决策》。还在《陕西日报》上刊登了省委办公厅、省政府办公厅转发省委政法委、省综治委《关于深入开展创建“平安陕西”活动的实施意见》，在全省上下引起了强烈反响。各市先后组织了上万名党政、政法和综治领导干部，深入农村、社区、企业和学校等基层单位，开展上门入户的实地宣传活动，营造了平安创建活动的良好舆论氛围。

三、组建新闻宣传采访团，有针对性地做好宣传工作

10月中旬，省综治办与省委政法委联合组织中央驻陕和地方主流媒体17名记者组成新闻采访团，开展了“平安陕西‘三秦行’”系列采访宣传活动。采访团历时20多天，深入到11个市（区）46个县（市、区）和200多个基层单位进行了实地采访，共发表、播放新闻稿件近150篇，为深化“平安陕西”创建活动营造了良好的舆论氛围。

四、积极参与并圆满完成了中央有关新闻媒体组织的宣传活动

一是省综治办积极向中央政法委机关刊物《长安》杂志撰写和推荐各类平安创建稿件约10多篇，加大了《长安》杂志在陕西的宣传力度；二是编写了2006年度《中国社会治安综合治理年鉴·陕西文稿》，并尽力做好《中国社会治安综合治理年鉴》在陕西的发行工作；三是协助中央电视台记者采访了宝鸡、安康两市见义勇为先进人物的先进事迹，弘扬了见义勇为良好风尚；四是参加了2006年度全国社会治安综合治理好新闻评选活动，向中央综治办推荐好新闻作品16篇（盘、盒），其中有4篇（盘、盒）分别荣获了全国二、三等奖，扩大了陕西省在全国的影响，收到了良好的宣传效果。

开展创建“平安陕西”活动情况

一年来，全省各级党委、政府认真贯彻执行《中共中央办公厅、国务院办公厅转发〈中央政法委员会、中央社会治安综合治理委员会关于深入开展平安建设的意见〉的通知》精神，按照“第一要务抓发展、第一责任保稳定”的要求，进一步统一思想、提高认识，加强领导、精心部署。在各级党委、政府的领导下，充分发挥组织协调作用，明确各部门、各单位在平安建设工作中的职责，建立健全了各项工作机制和制度，加强协作配合，形成了条块结合、专群结合、各方联动、齐抓共建的工作局面。

一、认真学习贯彻中央文件精神，扎实推进创建“平安陕西”活动

中央关于深入开展平安建设的文件下发后，省委、省政府、省综治委领导高度重视，及时作出批示，要求认真学习，全面领会文件精神，联系陕西实际，抓紧落实。省综治委在认真分析总结全省近两年来开展创建“平安陕西”活动经验的基础上，深入开展平安建设专题调研，组织起草了《关于深入开展创建“平安陕西”活动的实施意见》，以省委办公厅、省政府办公厅的名义转发。在此基础上，省委还召开专题常委会议，对开展创建“平安陕西”活动作出具体部署。之后，全省各级党委、政府和政法部门高度重视平安创建活动，坚持将平安创建活动作为“一把手”工程来抓，摆上重要议事日程，层层落实创建责任。

二、对“平安陕西”创建活动进行再动员、再部署，进一步夯实平安创建工作责任

2006年4月在苏州召开的全国社会治安综合治理工作会议后，省综治委于5月19日向省委常委会作了专题汇报，于5月21至23日，省委、省政府在西安市召开了全省社会治安综合治理工作会议。会上，省委副书记、省综治委主任董雷就进一步深化“平安陕西”创建活动作了重要讲话，省委常委、省委政法委书记、省综治委副主任宋洪武作了总结讲话。在此基础上，省综治办制定了《陕西省平安建设领导责任制实施办法》和《陕西省社会治安综合治理警示制度》，进一步夯实了各级党委、政府抓社会治安综合治理、平安建设和保一方平安的工作责任。

三、重点做好县以下平安建设工作，使平安建设活动在基层扎实有效地开展

根据全省平安创建工作的实际，省综治委要求平安建设工作面向基层，做到重心下移，在基层开花结果。全省各地广泛深入地开展了平安县(市、区)、平安乡镇(街道)、平安村(社区)、平安校园、平安企业、平安单位和平安家庭等基层安全创建活动，并将“平安农村”创建活动作为社会主义新农村建设的一项重要内容，不断推广西安市高陵县农村警铃入户的治安防范措施，进一步强化了社会治安综合治理的基层基础工作，推进了社会治安防控体系建设，形成了全民参与、共创平安的良好社会氛围。

4月28日，在全国社会治安综合治理工作会议上，省委常委、省委政法委书记、省综治委副主任宋洪武代表陕西省综治委作了题为《构筑农村社会治安防控体系，努力实现创建“平安陕西”目标》的经验交流发言。5月19日，省委常委会在听取省综治委的工作汇报后，对全省的创建活动给予了充分肯定，概括为“起步顺利，开局良好，亮点颇多，成效明显。”11月6日，省委副书记、省综治委主任董雷代表陕西省在中央综治委第二次全体会议上介绍了题为《不断完善农村社会治安防控体系，建设平安和谐社会主义新农村》的做法。

依法严厉打击各种严重刑事犯罪活动情况

2006年，按照中央综治委、公安部和省综治委以及省公安厅的统一部署，全省及时排查治安混乱地区和突出治安问题，加强组织协调，适时开展治理整顿，特别是集中开展了以打击“两抢一盗”为主要内容的创建“平安陕西”第一战役和打黑除恶专项斗争、侦破命案专项行动，加强了对治安混乱地区的整治，抢劫、抢夺、盗窃和黑恶势力犯罪等影响群众安全感的问题基本得到了解决，确保了社会治安大局的持续稳定。据统计，全年全省共破获刑事案件39326起，抓获刑事作案人员33158人，同比分别上升3%和1.3%；刑事拘留78490人，逮捕13699人，同比分别上升28.9%和1.9%。爆炸、放火、杀人、强奸等案件明显下降，同比分别下降了23.1%、26.2%、14.2%和3.7%；共受理治安案件95983起，同比下降15.6%；查处87681起，同比下降16%。

一、严打“两抢一盗”，打响第一战役

根据省委关于把严厉打击“两抢一盗”等多发性侵财犯罪作为创建“平安陕西”活动第一战役的要求，省综治委、省公安厅在一、二季度，精心组织，周密部署，集中力量，在全省范围内开展了以打击“两抢一盗”为主的违法犯罪活动。据统计，在第一战役期间，全省共破获抢劫案件524起、抢夺案件80起、盗窃案件2515起，同比分别增加70%、5%和55%；打掉抢劫团伙60个，盗窃团伙96个，抓获抢劫犯罪嫌疑人765人、盗窃犯罪嫌疑人2269人，同比分别增加71%、45%、74%和47%。

二、严厉打击各类黑恶势力犯罪，有力地打击了犯罪分子的嚣张气焰

全省各级政法综治领导机构和公安部门，根据各地黑恶势力不同程度存在并严重泛滥的实际，采取果断措施，深入开展了“打黑除恶”专项斗争。先后成功摧毁了商洛市“2004·10·25”陈氏兄弟黑社会性质组织犯罪团伙、商洛市原山阳县公安局副局长何奇等人涉嫌黑社会性质组织犯罪团伙2个，抓获涉案成员43人。据统计，全年全省共摸排黑恶势力犯罪线索360条，其中重点线索190条，公安机关立案侦查274起，侦办、起诉、审判6起，黑社会性质组织案件4个，抓获涉案成员72名，破获刑事案件120起，侦查终结、移送起诉黑恶势力团伙44个，抓获涉案成员469人，移送起诉犯罪嫌疑人353名，破获刑事案件297起。

三、对治安混乱地区和突出治安问题进行集中整治，社会治安环境明显好转

全省各级党委、政府和政法综治部门，坚持把整治治安混乱地区和解决突出治安问题作为平安创建工作的重点，坚持定期分析排查当地的治安问题，特别是大中城市着重对当地城中村、城郊结合部等治安复杂、治安问题突出的场所和部位进行了治理整顿，使一些治安混乱点有了明显改观。据统计，全年全省共排查出治安混乱地区747个、突出治安问题823个，经过整治取得明显进步的分别为734个和807个，整治率分别为98.2%和98.1%，有效地维护了社会治安秩序。

加强社会治安防范工作情况

2006年，全省在创建“平安陕西”活动中，各级党委、政府始终坚持“打防结合，预防为主”的方针，突出抓好社会治安防范工作。在城市突出抓了以视频监控为主的技防设施建设，在农村大力推广了警铃入户措施，重点构筑了“六大网络”：

一是构建街面治安防控网络。全省各地均建立了以110指挥系统为依托，以公安巡警、交警、派出所民警和各种群防群治巡逻队伍为主体的街面治安防控网络，提高了驾驭街面治安的能力。西安市在2005年投入6000万元加强技防设施建设的基础上，2006年又投资了17398万元完善技防设施建设。城六区及临潼区已经建成二级监控平台13个，三级监控平台32个；在东大街、南大街、和平路、长安路等82条主要大街安装了视频监控探头21082个；在金融网点、宾馆饭店等重大场所建成技防设施364个，重点单位建成技防设施949个。全年全市公安机关利用视频监控提供线索，先后破获各类重特大刑事案件215起，抓获犯罪嫌疑人457人，有力地打击和震慑了犯罪。

二是构建社区（居民小区）治安防控网络。全省各市城区均以街道综治办、公安派出所为责任单位，选聘人员组建了社区（居民小区）治安联防队，加强治安防范工作。据不完全统计，全省社区共组建专职治安巡逻队1045支4587人，组建义务治安巡逻队1987支8973人，基本做到了院有人守、楼有人护，晚上有巡逻、白天有值勤，为社区（居民小区）广大群众营造了良好的社会治安环境。

三是构建单位内部治安防控网络。全省各地普遍以机关、团体、企事业单位内部保卫组织和保安队伍为主体，加强了单位内部的治安防范工作。全省各级党政机关、社会团体、企事业单位内部基本建立健全了保卫组织和保安队伍，加强组织管理，强化了责任落实，较好地发挥了“看好自己的门，管好自己的人，办好自己的事”的作用。

四是构建农村治安防控网络。全省各地不断完善了由乡镇综治办协调，以农村基层党组织为核心，以基层政权组织为基础，以基层公安机关为骨干，以农村治保会、调委会及治安中心户长等基层群防群治组织为主体的多层面农村社会治安防控网络，使其在维护农村社会稳定中发挥了积极作用。为了提高农村技防水平，省综治办在全省广大农村大力推广了西安市高陵县“警铃入户”防控措施。截至年底，西安市1818个村家家户户都安装了警铃，形成了组织严密、反应快捷的治安防范体系，提高了农村的治安防控能力。省内其他地市在搞好试点的基础上，警铃入户工作也正在全面推广。

五是构建铁路护路联防网络。据省铁路护路联防办公室统计，全省已经建立健全了专职铁路护路联防队伍89支，队员773名，民兵26人，义务联防队员1338名，铁路与地方密切配合，初步形成了以铁路部门为主，地方为辅，向铁路沿线辐射的铁路护路联防网络，充分发挥了铁路和地方两个积极性的工作格局。

六是构建行政边际地区治安防控网络。针对陕西、四川、甘肃三省行政边际地区社情复杂、犯罪分子流窜作案多、治安防范网络相对薄弱的状况，经三省综治办协商，达成了建立行政边际地区治安联防网络的共识。汉中市在2005年度，成功举办了陕西、四川、甘肃三省毗邻七市政法综治工作协作会，签订了联防工作协议，积极开展跨省行政边际地区的治安防范工作。

开展矛盾纠纷排查调处工作情况

2006年，全省各级党委、政府从改革、发展、稳定的大局出发，认真贯彻落实"一控制、两下降"（所谓一控制，就是控制群体性事件上升；两下降，指集体访、进京访下降）的目标要求，进一步完善了"三大工作机制"（矛盾纠纷预防工作机制、排查工作机制和调处工作机制），使矛盾纠纷排查调处工作得到了进一步加强，集体访、进京访和大的群体性事件得到了有效控制。尤其是省综治办在全省积极推广了吴起县在乡镇（街道）建立综治、信访、司法、安监"四位一体"的工作模式后，有效地提高矛盾纠纷排查调处的及时性、实效性，将大量的矛盾纠纷解决在基层，消除在萌芽状态，做到未雨绸缪、防患于未然。

按照中央的统一部署，1至3月，省综治办、省委维稳办在全省集中开展了为期三个月的矛盾纠纷排查调处活动。省维稳办制定了《关于落实"一控制、两下降"的实施意见》，明确了实现"一控制、两下降"的具体措施。各地、各部门将落实"一控制、两下降"作为硬指标、硬任务，普遍制定了实施方案。省维稳办、省联席办、省信访局还坚持每月对全省"一控制、两下降"情况进行月通报制度。

据统计，全省全年发生群体性事件同比下降31.66%；赴省集体访951批次27644人次，同比批次下降10.54%，人次下降17.13%。为了有效解决涉法涉诉主访问题，按照中央政法委的统一部署，在全省政法机关开展了"大接访"活动。同时，在县以下政法部门开展了制止越级访、异常访的"零上访"活动。据初步了解，在大接访期间，全省共有1977名政法领导干部和干警，组成291个联合接访组，接访群众5705人次，接访涉法涉诉案件3389件，已办结2411件。

社会治安综合治理基层基础建设情况

2006年，全省各级综治委（办）大力加强社会治安综合治理基层基础工作，各地（市）都将平安创建工作的重点放在基层，切实加强了基层基础工作的规范化建设，收到了实效。

一是加强了乡镇（街道）、村（社区）社会治安综合治理委员会及其办公室建设，从机构、人员、场所、制度、经费等方面做到了进一步落实。

二是加大了对创建工作的经费投入，省、市（区）、县（市、区）都按照人均不低于0.15元的标准核定综合治理工作经费，并列入财政预算，实行专户管理，确保专款专用。有的市、县还结合实际，提高了标准。

三是省、市（区）、县（市、区）普遍制定了平安创建工作实施意见、基层平安创建标准及具体考核办法，进一步规范并指导了基层的创建活动。

四是大力培养创建典型，进一步推动基层创建活动。各县（市、区）结合当地实际，制定了创建规划，突出了地方特色，出了不少典型亮点，推动了平安创建活动的开展。

五是大力开展创建平安县（区）、平安社区、平安乡村、平安企业、平安市场、平安校园、平安家庭、平安景区等各种类型的平安创建活动，不断推动平安创建工作在部门、基层的具体落实。

六是表彰先进典型，推动创建工作。2006年，省委、省政府表彰命名了5个平安县（区）（各奖励人民币10万元），省综治委表彰奖励了9个平安创建工作先进县（区）（各奖励人民币5万元）。各市和县（区）也对达标的平安乡镇（街道）、平安村（社区）分别进行了表彰奖励。

七是不断加强干部培训，努力提高政治业务水平。为了提高基层政法、综治干部的综合素质，特别是其开展平安创建工作的能力，省综治办于9月、10月，两次对全省107个县（市、区）的政法、综治领导干部120多人进行了全面培训，进一步提高了政治业务水平。

全省铁路护路联防工作情况

一、围绕“平安陕西”建设，推进平安铁路创建活动

省护路办紧紧抓住创建“平安陕西”和全国开展平安铁路示范路段创建活动的有利机遇，及时召集地铁有关部门进行专题研究，结合省内西安至宝鸡火车提速和线路封闭（西部铁路网唯一开行时速200公里动车组的区段）的实际，迅速制定了实施方案，确定以陇海线为重点，完成中央级“示范路段”及襄渝线、阳安线省级路段的创建任务。省综治办、护路办先后两次部署，铁路沿线各级综治部门高度重视，制定规划，成立机构，地铁配合，整体联动，将创建“平安铁路示范路段”活动作为创建“平安陕西”的一项重要内容，迅速掀起了创建工作的热潮。

一是依靠铁路沿线地方各级党委、政府的力量，将创建“平安铁路示范路段”的工作纳入各级党委、政府建设平安县（区）活动之中，努力形成路地齐抓共管的良好局面。

二是依靠各级综治部门的力量，把创建“平安铁路示范路段”的工作纳入社会治安综合治理目标管理责任制之中，与社会治安综合治理工作同部署、同检查、同奖惩，形成各部门齐抓共建，整体联动，全员参与的良好格局。

三是依靠沿线群防群治力量，将护路联防纳入当地的治安防控体系之中，建立起以农村基层党组织为核心，以基层政权组织为基础、以基层公安机关和专职护路队伍为骨干、以基层群防群治组织为主体的多层面铁路沿线治安防控网络，在维护铁路治安和沿线农村稳定中发挥了积极作用。

四是加大经费保障力度。省护路办从护路联防经费中拿出30多万元，按线路繁忙程度，以每年每公里100至300元的标准下拨各市（区），有力地保证了创建“平安铁路示范路段”工作的深入开展。

五是将陇海干线的创建与“西安—宝鸡”提速改造区段的安全保卫工作有机结合。细化创建方案，制定了周密的创建工作计划表，扎实工作，稳步推进，确保创建活动落到实处，保证了运输生产安全畅通。

二、加大铁路护路宣传力度，营造良好的创建氛围

一是在铁路沿线各市，县（区）广泛开展了创建铁路平安示范路段的宣传教育活动，提高了沿线广大群众对创建铁路示范路段的知晓率，增强了爱路护路意识和维护铁路治安的自觉性。

二是西安铁路局护路办组建了一支约有30人组成的警乐宣传工作队，深入到陇海等干线附近的村镇、学校进行宣传。

三是针对西宝区段路外伤亡等铁路交通事故

问题多发的实际，有针对性地做好宣传工作，扩大爱路护路宣传效果。

四是积极开展送法进校上课堂活动。继续深入开展了争创“爱路护路模范学校”等活动，铁路沿线不少中小学都聘请了公安民警、护路人员当学校法制教育副校长、辅导员，开展以案说法、爱路护路征文竞赛等活动。

五是突出重点加大宣传力度。省护路办规范了《铁路沿线中小学校安全责任书》、《铁路沿线废旧收购站点、小冶炼厂安全协议书》和《“五残”人员监护安全签认书》，深入辖区对耕牛养殖户、机动车驾驶员、“五残”人员、“两劳”刑满释放人员、顽劣孩童、废旧金属收购从业者等重点人员，逐人宣讲、签订责任协议。

三、继续坚持严打整治斗争，努力维护铁路沿线治安稳定

首先，深入开展了清理取缔非法废旧金属收购站点专项行动。在清理取缔过程中，共签订协议书182份，取缔6家，加大了对铁路禁设区以外废旧金属收购站点的清理整治力度，与辖区外的废旧金属收购站点签订协议书34份，收到了实效。

其次，坚持危行案件必破的原则。在危行案件侦破过程中，把破大案、打团伙作为专项整治的重点，对辖区线路特别是西宝区段发生的各类危行案（事）件进行认真分析，归类梳理，组织精干力量，全力攻坚，打掉4个割盗、拆盗的犯罪团伙，抓获犯罪嫌疑人22人，深挖其他线路割盗、拆盗积（隐）案19起，缴获贯通地线937米，补偿电容器连接线12根，及时消除了治安隐患。

再次，建立问题信息库系统，准确打击违法犯罪活动。对近两年来发生的盗窃铁路设施、铁路交通事故、防护网破损、涵洞积水等各类影响行车安全的案（事）件，以及内部单位安全防范、重点部位安全管理等方面存在的问题，分门别类建立了问题库，收录问题103个，明确责任单位、责任人，限期销号，定期回访。同时，建立辖区违反治安管理人员信息管理系统，实现信息资料共享，全面提高预警发现、准确打击能力。

四、实行专门机关和群众路线结合的方针，不断提高线路治安防控水平

一是充分发挥了地铁公安机关的主力军作用。地铁公安机关联手，定期召开联席会议，线面结合、以面促线、线面控制能力大幅提高；二是抓好以乡镇干部为主的治安防控队伍建设，切实搞好铁路沿线各村的治安防范工作；三是抓好铁路沿线以治安中心户长为主的群防群治队伍建设，充分发挥其法制教育宣传员、社会治安信息员、矛盾纠纷调解员、刑释解教人员帮教员和农村致富引导员的作用，有效地减少和预防涉路违法犯罪的发生，维护了农村治安秩序和铁路安全；四是抓好铁路内部治安防控体系建设，充分发挥了专职护路队伍的职能作用。

据统计，全年通过接力通报查获扒乘人员50多人，辖区掀盗同比下降88.9；在护路巡线中，对联防队员实行定人员、定时间、定区段、定责任、定目标的“五定”措施，与民警交叉巡线，增加线路的有警时间，并将徒步巡线与骑电动自行车巡线相结合，与夜间蹬乘机车往返巡视相结合，变单一的白天巡线为24小时全天候有警力巡查。同时，西安铁路局加大投入，为陇海线治安复杂的潼关、华山等16个较大站场全部安装了电子监控探头，大大提高了对辖区治安的综合查控能力。

五、进一步加强政治业务培训，不断提高队伍的战斗力

据统计，全年共办各类教育培训班155次，其中培训专职干部248人（次），专职队员、民兵942人（次），兼职队员110人（次）。通过强化培训，岗位练兵，落实各项规章制度，加大目标考核，奖优罚劣的力度，队伍的凝聚力、战斗力不断增强。同时，立足岗位，热情为旅客、货主服务，办好事8836件，收到表扬、感谢信30多封、锦旗25面，共有10名队员荣立个人三等功，166人次受到嘉奖及通报表彰。

六、严格护路经费管理，保证工作顺利开展

全年全省各级护路组织严格按照中央护路办《关于全国铁路护路联防经费管理暂行规定》、陕西省财政厅、西安铁路局《关于陕西省铁路护路联防费征收使用管理暂行办法》等有关规定，坚持收支两条线管理和经费审批制度，做到了专款专用，并自觉接受上级有关审计部门的检查，确保了70%以上的经费用于工作一线，保证了护路工作和队伍建设的稳健发展。

预防青少年违法犯罪工作情况

2006年，省综治委（办）全面实施“为了明天——预防青少年违法犯罪工程”，进一步加大了预防青少年违法犯罪工作的力度，组织政法、综治领导干部赴西欧考察交流预防青少年违法犯罪工作情况，采取了一系列行之有效的工作措施，收到了良好的社会效果。

一、根据青少年自身特点，搞好预防毒品教育工作

为了进一步加强中小学生毒品预防教育工作，省综治办会同省教育厅、团省委、省禁毒委在联合转发教育部、司法部、中央综治办、团中央《关于加强青少年学生法制教育工作的若干意见》和国家禁毒委、中央综治办、教育部、团中央《关于进一步加强中小学生毒品预防教育工作的通知》的基础上，要求各有关部门充分发挥职能作用，根据不同学龄阶段学生的生理、心理特点和接受能力，继续有针对性地开展毒品预防教育工作，提高了广大青少年的免疫力，增强了拒毒防毒意识。

二、采取多种行之有效的措施，搞好预防青少年违法犯罪工作

一年来，省预防青少年违法犯罪领导小组办公室，全面推进青少年违法犯罪社区预防计划，制定了《陕西省实施〈预防未成年人犯罪法〉办法》，开展了“青少年绿色上网活动”和“未成年人零犯罪社区”活动，着力构建学校、家庭、社会“三位一体”的预防犯罪工作体系，提高了青少年自我保护的法制意识。在此基础上，深入开展了以宣传《未成年人保护法》、《预防未成年人犯罪法》等普法宣传教育活动，使未成年人的法制观念进一步增强。

三、大力开展青少年维权岗活动，保护青少年的合法权益

在全省广大青少年中继续开展了“青少年维权岗在行动”活动，持续开展打击制售不良“口袋本”图书、有害卡通画册及不良游戏软件行动，查处“黑网吧”和违法违规经营的网站，有力地净化了文化环境。同时，支持和巩固了省内两个回归“儿童村”的工作，收养了因父母犯罪服刑而生活、学习无着落的150余名儿童，为他们创造了良好的学习、生活环境，在国内外引起了强烈反响，受到了全社会的好评。

刑释解教人员安置帮教工作情况

一、进一步建立健全了各级安置帮教工作组织机构

据了解，全省各级均建立健全了由综治委牵头，司法、公安、民政、工商、妇联、共青团与劳动和社会保障等部门负责人组成的刑满释放和解除劳教人员安置帮教工作协调小组及其办公室。截止2006年底，全省11个市（区）107个县（市、区）近2500多个乡镇（街道、社区）都建立并完善了安置帮教领导小组及其办事机构，广大农村普遍建立并完善了安置帮教工作站，为安置帮教工作的开展提供了强有力的组织保障。

二、狠抓了刑释解教人员的就业安置和社会保障工作

全省各地认真贯彻落实中央社会治安综合治理委员会等八部（委、局）《关于进一步做好刑释解教人员促进就业和社会保障工作的意见》,不断拓宽刑释解教人员安置就业渠道,鼓励刑释解教人员转变观念,支持其自主创业、自谋职业。通过实施优惠政策,鼓励企业吸纳刑释解教人员就业。各级安置帮教组织积极协调有关部门,努力帮助刑释解教人员解决就业和生活问题,解除其后顾之忧,促使其顺利融入社会。据初步了解,通过多种渠道、不同形式,全省有60%以上的“两劳”刑满释放人员得到了妥善安置,重新违法犯罪率呈不断下降趋势。

三、适应社会发展新形势,不断探索安置帮教工作的新方法、新途径

省监狱、劳教部门积极探索对罪犯、在教人员的分类改造和社会化帮教的新路子、新途径,大力开展职业技术教育,保证每一个服刑、在教人员掌握一至两门实用技术,以适应回归社会后谋生就业之需要。各级安置帮教组织充分利用各种社会资源,积极动员干部职工、党团员、离退休人员以“一助一”、“多助一”等形式,参加对刑释解教人员的帮教工作,探索和创新各项安置帮教措施和办法,从而增强了工作的针对性和实效性。

学校及周边治安综合治理工作情况

2006年学校及周边社会治安综合治理工作按照“第一责任保稳定”、“稳定压倒一切”的方针,不断增强政治敏锐性和责任感,努力做好维护学校稳定和确保师生安全的各项工作,完成了全年的各项工作任务。

一、建立健全矛盾纠纷排查调处机制,努力将各类矛盾纠纷消除在萌芽状态

一是定期召开治安、维稳工作有关会议。认真分析研究高等学校的治安情况和稳定形势,对这方面的工作做出安排部署,发现不安定苗头和不稳定因素及时化解。

二是认真开展矛盾纠纷排查调处工作。每季度都能进行一次矛盾纠纷排查调处活动,并建立工作台账,落实整改措施。

三是加强信息的收集、整理和上报工作。省教育系统全年向省委、省政府和教育部报送信息100多期,专题上报送阅件5期,为上级领导机关决策提供了信息依据。

二、建立健全治安、维稳工作责任制和责任追究制,将治安和维稳工作责任落到实处

全省各级教育行政部门、各学校都建立了党政一把手负总责的稳定安全工作责任制,省教育厅与各市教育行政部门、各学校都层层签订了目标责任书,将稳定安全责任逐级、逐条细化,分解、落实到各个部门、单位和个人,建立起横向到边、纵向到底的责任制体系,加强了目标责任管理。

对出现不稳定、不安全苗头的部门和学校,省教育厅领导及时与其负责人进行诫勉谈话,对出现重大不稳定、不安全问题的部门和学校,严格追究有关人员的责任,并实行“一票否决”。

三、建立健全应急管理机制和突发性事件处置机制,确保教育系统的稳定大局

一是制定下发了《省委教育工委、省教育厅关于进一步加强教育系统稳定安全工作的若干意见》,对稳定安全工作的指导思想、工作重点、目标任务、保障措施等作了明确规定。

二是制定了《陕西省教育系统突发公共事件应急预案》,对各种突发事件的等级划定、组织指挥、响应程序、处置措施、预警信息收集报送等作了详细规定。

三是多次召开应急管理工作会议,进一步加强了对应急工作的管理。与此同时,还迅速果断处置了影响稳定的突发性群体性事件,有力地维护了学校的正常秩序和教育系统的基本稳定。

四、筹备了以省委名义召开的全省维护高校稳定工作会议,安排部署教育系统的维稳工作

起草了《关于陕西高校稳定工作的情况汇报》,省委常委会对全省高校的稳定工作进行了专题研究。其次,以省委名义召开了全省维护高校稳定工作会议。会议分析了全省高校稳定工作的形势，进一步明确了维护全省高校稳定的指导思想、工作原则和工作任务，对于维护全省高校的稳定具有重要意义。

五、进一步加强日常稳定安全管理和安全教育工作，确保教育系统的稳定和平安

一是安排部署学校稳定安全工作。省厅先后下发了80多份稳定安全方面的文件，加强日常稳定安全管理。

二是对校园及其周边治安环境进行了集中治理。省厅配合省公安厅对全省学校及其周边环境进行了两次大规模治理；配合省文化厅对全省校园及其周边网吧进行了专项整治；与省交警总队共同开展了对校车安全排查的整治工作；配合省公安厅对全省校园刀具进行了专项收缴工作。经过一系列的整治活动，校园及其周边治安环境有了明显改善。

三是大力推进了警务进校园活动。警务进校园这一活动开展以来，西安、铜川、咸阳、渭南等市已经由点到面进行推广，取得了比较好的效果，师生安全感明显增强，校园不安全事故明显下降。

四是建立健全了学校安全隐患检查整改机制。开展了两次大规模的检查活动，各市和各高校全年安全专项检查均在三次以上。对在检查中发现的问题，各级教育行政部门和学校都建立了台账，限期进行整改，限时销账。

五是狠抓了对学生的安全教育。先后召开了大专院校学生安全教育工作会议、各市教育局安全工作负责人会议，专题研究和落实国务院、省政府、教育厅关于加强学生安全教育工作的有关要求，有力地推动了安全教育进计划、进课堂、进教材工作。

六、大力开展"平安校园"创建活动，为广大师生营造了良好的教学和学习环境

省教育厅、省综治办、省公安厅联合下发了《关于印发陕西省"平安校园"创建活动实施办法（试行）的通知》，制定了《陕西省高等学校"平安校园"创建评估指标体系》，在全省各级各类学校全面开展了"平安校园"创建活动。"平安校园"创建活动的开展，有力地维护了学校的治安和教学秩序。

落实社会治安综合治理责任制情况

2006年以来，为了加强各地、各部门对平安建设的创建责任，省平安创建活动领导小组和省综治委按照"谁主管、谁负责"的原则，先后制定了《创建"平安陕西"活动工作任务分解表》和《陕西省平安县（市、区）考核命名办法及标准》，进一步明确了各相关部门的工作责任。

一、开展检查督促工作，促进工作措施落实

从4月份开始，省综治办先后对各市及省综治委成员单位贯彻落实创建"平安陕西"情况进行了一次督查。7月份，省综治办组织五个检查组，对各市上半年开展创建"平安陕西"活动的情况进行了全面检查。11月份，又对各市全年的综合治理及平安创建工作进行了检查，并对申报的平安县（市、区）进行了考核验收，发现和总结典型经验，查找工作中存在的问题，督促措施落实，推动了全省平安建设的深入开展。为了充分发挥政法系统党员干部的带头作用，省委政法委于6月28日召开了全省政法系统创建"平安陕西"党员代表座谈会，要求政法系统党员干部以社会主义法治理念为指导，充分发挥先锋模范作用，引导和带动广大职工、团员青年和社会各界群众积极投身到"我为'平安陕西'作贡献"主题活动中来，努力形成"人人呼唤平安，个个创建平安"的良好格局。

二、继续开展社会治安综合治理责任制考评和公众安全感问卷调查工作

根据往年社会治安综合治理责任制考评过程中发现的问题和各市（区）在公众安全感问卷调查中所反映的情况，省综治办按照中央综治委下发的《关于省、自治区、直辖市社会治安综合治理工作考核评比标准》，从全省实际出发，有针对性地对以往的综治责任制考核验收细则和公众安全感问卷调查内容等进行了修改、充实,使之更加切合实际、更加科学合理、更加具有可操作性。从10月下旬至11月底,省综治办委托省统计局在全省范围内开展了公众安全感问卷调查活动。调查结果显示:全省社会治安大局基本稳定,平安建设的知晓率达到40.21%,同比提高了14.23百分点;个人民群众对社会治安状况的满意率为85.72%,同比上升了1.06个百分点。

见义勇为工作情况

2006年,省社会治安综合治理委员会、省见义勇为协会,十分重视弘扬社会正气,加大见义勇为工作力度,努力做好见义勇为工作。

一、积极做好慰问工作,关心见义勇为者生活

按照"公宣[2006]585号文件"和"中义字[2006]6号文件"要求,省综治办、省公安厅和省见义勇为协会联合下发了通知,对全省春节前开展慰问见义勇为人员活动进行了部署。省见义勇为协会在收到中华见义勇为基金会拨付的5万元慰问金的基础上,又自筹资金1.8万元拨付各市,用于慰问见义勇为人员。1月25日,受省委常委、省委政法委书记宋洪武同志委托,省综治办副主任、省见义勇为协会副会长王永明等同志,前往西安市红华仪器厂看望并慰问了因见义勇为牺牲的王振环(2001年受到中华见义勇为基金会的表彰)同志的遗属肖林莉同志,并为她送去了5000元慰问金。

二、大力弘扬社会正气,扎实做好"评先"表彰工作

按照中华见义勇为基金会《关于推荐第十次全国人民群众见义勇为先进分子评选表彰工作的通知》和《关于推荐"第三届全国见义勇为好司机"人选的通知》要求,省综治办与省见义勇为协会联合下发通知,并按照要求认真完成了评选推荐和有关宣传工作。平林(牺牲)、郭宏林同志被中华见义勇为基金会评为"全国见义勇为先进分子",甘世杰、张力同志被评为"全国见义勇为先进工作者",郁帅军、吴斌、赵恒被授予第三届"昆仑润滑油奖"全国见义勇为好司机荣誉称号,西安市公安局治安管理局公交分局荣获先进单位奖,受到中央表彰。

三、积极做好见义勇为人员的帮扶工作,努力为其解决后顾之忧

为了弘扬社会正气,鼓励公民见义勇为,奖励和保护见义勇为人员,维护社会治安秩序,促进社会主义精神文明建设,根据中华见义勇为基金会《关于填报"见义勇为帮扶人员登记表"的通知》(中义字[2006]47号文件)要求,省综治办与省见义勇为协会联合下发了《关于及时填报"见义勇为帮扶人员登记表"的通知》,在全省各市推荐的基础上,经省见义勇为协会认真审核,为中华见义勇为基金会推荐郑军、张铁成等7名同志为全省帮扶对象。全国见义勇为先进分子平林同志的女儿平丽莎,2006年在宝鸡市参加了高考,她的成绩离理科二本录取分数线有19分之差。省综治办与省见义勇为协会主动将此情况向省委领导作了汇报,并多次与省招生办公室联系协调,最终将其录取到了渭南师范学院,为其家庭解决了实际困难,得到了广大人民群众的好评。

社会治安综合治理理论研究情况

2006年,省综治委十分重视社会治安综合治理和平安创建理论研究工作。在具体工作中,充分利用中央政法委主管、中央综治委主办的《长安》杂志、《法制日报》和陕西省委政法委主办的《政法天地》、《西部法制报》等报刊以及《陕西省社会治安综合治理简报》、《陕西政法》等宣传舆论阵地，积极组织全省各地开展社会治安综合治理和平安创建理论研究工作。尤其是对各级党政主要领导撰写的有关社会治安综合治理和平安创建理论性文章，重点刊登。省委常委、省委政法委书记、省综治委副主任宋洪武同志曾多次在中央和省级有关报刊上发表社会治安综合治理和平安创建方面的理论性文章，省综治委委员和各市、县（区）分管政法、综治工作的领导也都积极撰写综合治理和平安创建方面的理论文章，形成了良好的综合治理、平安创建理论研究氛围，为不断提高全省的社会治安综合治理和平安创建工作水平提供了良好的理论依据。与此同时，省综治办还大力开展综治理论和平安创建调研活动，全年组织人员多次赴全省各市、县（区）进行调查研究，尤其对新形势下综合治理和平安创建工作面临的新情况、新问题开展了深入细致的调研，撰写了一些专题调研报告，认真分析了当前和今年一个时期社会治安面临的复杂形势，提出了工作对策，对全省的综合治理和平安创建工作起到了很好的推动作用。

陕西省综治委（办）内设机构情况和负责人名单情况

省综治委是省委、省政府领导社会治安综合治理和平安创建工作的一个常设议事机构，其主任由省委副书记董雷兼任，副主任分别由省委常委、省政府常务副省长赵正永，省委常委、省委政法委书记宋洪武，省人大常委会副主任潘连生、省政协副主席石学友兼任。省综治委各委员分别由省高级人民法院院长赵郭海、省人民检察院检察长胡太平和省委、省政府以及省级社会团体等40余个成员单位的有关领导担任。省综治委下设办公室，主任由省委政法委副书记郭明兼任，王培文、王永明分别任副主任。办公室内设综合处与基层处两个处室，处长分别由张社政、霍永库担任，在编工作人员为8人。

另外，省综治委内还设有7个指导、协调领导小组及其办公室：一是全省流动人口管理领导小组，小组下设的办公室设在省公安厅内，负责全省流动人口的管理工作；二是全省刑释解教人员安置帮教工作领导小组，小组下设的办公室设在省司法厅内，负责全省刑释解教人员的安置帮教工作；三是全省预防青少年违法犯罪领导小组，小组下设的办公室设在团省委，负责预防全省青少年违法犯罪工作；四是全省铁路护路联防领导小组，小组下设的办公室设在省综治办内，负责全省铁路护路联防工作；五是全省学校及其周边地区治安综合治理领导小组，领导小组下设的办公室设在省教育厅内，负责学校及其周边地区的综治工作；六是全省反窃电领导小组，小组下设的办公室设在省电力公司，负责全省的反窃电工作；七是全省见义勇为协会，协会秘书处设在省综治办，负责全省的见义勇为工作。

陕西省及各市、县(市、区)综治委、办主任名单

地　区	综治委主任	综治办主任	地　区	综治委主任	综治办主任
陕西省	董　雷	郭　明	新区	靳贤孝	刘三刚
西安市	王成文	陈广善	**渭南市**	韩武孝	贾俊海
莲湖区	王　强	李引民	临渭区	张普选	盛来运
新城区	张　雷	张　兵	华阴市	高江宏	杨　忠
碑林区	董劲威	侯怀奇	韩城市	周甲午	牛立学
灞桥区	汪　涛	乔芬利	华县	孙建升	孙国庆
未央区	吴智民	马荣国	潼关县	王智锋	翟永生
雁塔区		郭树怀	大荔县	杨社盈	郭　剑
阎良区	李西安	井　利	蒲城县	李新功	王建荣
临潼区	杨振堂	周志强	澄城县	吴蟒成	孙宇铭
长安县		李新良	白水县	张喜成	秦孝泉
蓝田县	刘双虎	樊民杰	合阳县	张均州	张胜德
周至县	李堪社	李引中	富平县	朱福俊	刘卫东
户县	施利民	程振亚	**咸阳市**	裴育民	白登友
高陵县	王碧辉	宋耀文	秦都区	魏　琦	李爱民
延安市	张学凯	呼延江	渭城区	杨晓宇	罗　民
宝塔区	李炳治	张安平	兴平市	陈肖坪	高晓玲
延长县	贺国庆	卫学武	三原县	上官亚强	朱明亮
延川县	李满套	郭长春	泾阳县	何新春	高广进
子长县	惠　阳	薛高成	乾县	任　杰	胡亚哲
安塞县	韩振民	郭宝军	礼泉县	习智万	赵　利
志丹县	雷　宵	张志清	永寿县	陈希文	王新社
吴起县	白文庭	尚恩江	彬县	吴若阳	张廷琛
甘泉县	党春明	王殿云	长武县	李福民	尚　煦
富县	史发罗	雷继峰	旬邑县	樊自斌	
洛川县	任晓林	胡永斌	淳化县	郑富超	韩显明
宜川县	李　霞	赵海峰	武功县	薛　岩	邵　力
黄龙县	张晓玲	茹官林	**宝鸡市**	黄　龙	甘世杰
黄陵县	白安定	尹德印			杨建成
铜川市	刘选民	邓小澎	渭滨区	阎小明	唐晓业
耀县	马秉寅	杜铁民		苏国宝	
	刘玉强		金台区	马保民	
王益区	宋金明	李茂盛	陈仓区	杜长生	刘　柳
印台区	张崇华	马颜彪	凤峡县	张　辉	李一平
宜君县	郑振峰	陕永辉	岐山县	霍铁桥	王关军

地　区	综治委主任	综治办主任	地　区	综治委主任	综治办主任
扶风县	黄广谋	孙建斌	佳县	王乃延	张宏亮
眉县	王兴怀	李治平	吴堡县	惠大方	薛利民
陇县	魏武生	康拴平	清涧县	邵成兴	韩作平
千阳县	阎拴太	苏靖芳	子洲县	赵贵祥	薛茂德
麟游县	王建利	郑海林	**安康市**	彭随义	王　超
凤县	陈智清	柏淑群	汉滨区	刘全生	万安家
太白县	任小康	张宏民	汉阴县	刘　郡	龚文炳
汉中市	何振基	付德华	石泉县	范先进	陈世家
汉台区	王孟智	苗海田	宁陕县	刘彬智	柯增强
	刘德力		紫阳县	李大明	万绪宏
南郑县	王利雅	陈庆祥	岚皋县	唐天舜	
城固县	刘西民	李　华	平利县		王　强
洋县	杜家才	刘　辉	镇坪县	田延国	张　鹏
西乡县	宋兴东	张积林	旬阳县	王道祥	屈善耀
勉县	路颜平	徐建光	白河县	武大明	龚一凤
宁强县	杨　健	彭安甫	**商洛市**	辛继先	杨宝珍
略阳县	周振鹏	张洪敬	商州区	艾贤宗	田建平
留坝县	徐　斌	何江林	洛南县	许玉仪	吉进胜
佛坪县	吴崇林	李明杰		朱春青	
榆林市	王玉虎	王东峰	丹凤县	王志民	贺云龙
榆阳区	王成继		商南县	陆帮柱	赵同军
神木县	白少峰	袁如生		屈传明	
府谷县	白生凯	高永机	山阳县	胡竹兰	毛加利
横山县	崔　波	戴世耀	镇安县	张颜锋	刘云科
靖边县	李长瑞	金光亮	柞水县	王书善	张生智
定边县	贺子明	丁兆有	**杨凌示范区**	周耀生	
绥德县	王文斌	韩玉亮			
米脂县	李自川	李守健	杨凌区	杨艺园	邓毅伟

（撰稿人：张茂青
审稿人：宋洪武　路志强
郭　明　徐龙刚）

甘 肃 省

2006年社会治安综合治理工作概况

2006年,甘肃省社会治安综合治理工作在省委、省政府的正确领导下,坚持科学发展观,紧紧围绕促进社会和谐稳定,深入开展平安建设,深化完善社会治安防控体系,扎实开展矛盾纠纷排查调处,严厉打击各类违法犯罪活动,大力整治治安突出问题和复杂区域,有效维护了全省社会治安大局的持续稳定。

一、狠抓矛盾纠纷排查调处工作,积极维护社会稳定

各地、各有关部门坚持把矛盾纠纷排查调处作为深入开展平安建设、维护社会治安大局持续稳定的首要任务,积极开展工作,把大量矛盾纠纷排查调处在基层、解决在萌芽状态。一是坚持经常性矛盾纠纷排查调处制度。市州每季度、县(市区)每两月、乡镇(街道)每一月开展一次矛盾纠纷排查调处工作,2006年共排查各类矛盾纠纷32841件,调处27361件,调处率为83.8%,排查出重大矛盾纠纷917件,对其中270件实行领导包案和挂牌督办,办结率为85.9%。二是组织开展矛盾纠纷集中排查调处工作。省综治委、省维稳领导小组在全省部署开展了为期三个月的矛盾纠纷集中排查调处活动,重点排查解决了企业改制、城市拆迁、征地补偿、涉法涉诉上访等方面的矛盾纠纷3700起,调处3367起。三是开展民间纠纷排查调处工作。省综治委、省高级人民法院、省司法厅、省公安厅联合下发《关于进一步加强民间矛盾纠纷排查调处工作的意见》,强化县乡两级党政领导、政法综治部门和各级调解组织的工作责任,明确工作目标和排查重点,在各县乡普遍开展对婚姻家庭、邻里关系、土地水事、生产经营等方面民间矛盾纠纷排查调处工作,有效遏制了一些命案和大量“民转刑”案件的发生。2006年,全省命案发案同比下降5.8%,“民转刑”案件也明显下降。在排查调处矛盾纠纷工作的同时,一些地方整合调解资源、完善工作机制,建立“调解中心”、“三所联动”等,在建立长效工作机制方面做了积极的探索。

二、大力推进平安建设,切实提高平安创建水平

省委、省政府把平安建设作为构建和谐社会的重要工作,着力抓了县及县以下单位的平安建设。2006年1月,全省政法工作会议和2006年全省综治工作要点都对这项工作进行了具体部署安排。2006年10月,省委书记陆浩同志发表了《围绕构建和谐社会,深入开展平安建设》的署名文章,对进一步提高各级领导干部的认识,推动全省平安建设深入开展起到了重要作用。2006年11月,召开了全省社会治安综合治理工作会议,总结、交流和推广了各地平安建设工作经验,并对深化全省平安建设工作进行了部署。各地都认真贯彻中央和省委、省政府的部署和要求,把平安建设纳入经济社会发展规划,列入领导干部政绩考核体系,进一步加强了对这项工作的组织领导和保障力度,积极开展了“平安县(市区)”、“平安乡镇(街道)”、“平安社区”、“平安乡村”、“平安学校”、“平安大道”、“平安单位”等多形式、多层次的平安创建活动。省综治委(办)充分发挥职能作用,进一步加大检查指导工作的力度,先后三次派出工作组对各地的创建活动进行了检查督促,有针对性地进行工作指导;省交通厅、省建设厅、省妇联、人行兰州中心支行、保监局等省综治委成员单位制定了参与平安建设的意见,省委宣传部、省发改委、省财政厅、省建设厅、省教育厅等省综治委成员单位就本系统参与平安建设提出工作要求。同时还采取多种形式狠抓平安建设的宣传活动,把平安建设作为综治宣传月活动和日常宣传的重要内容，在甘肃法制报、省电视台举办专题宣传，协调各级媒体开展平安建设典型经验系列采访报道，提高了社会各界、特别是各级党政领导干部的认识，有力推动了平安建设各项工作。2006年，全省已建成一批平安乡镇（街道）、平安社区（村）及其他平安单位，相当一些县市区平安单位覆盖面已达到了25%以上。省综治办研究制定了《平安县（市区）考核标准》和《平安县（市区）考核办法》，组织开展平安县（市区）申报评选工作，审查确定9个县区为全省第一批平安县（市区），进行了命名表彰。

三、继续加强社会治安防控体系建设，努力提高预防控制违法犯罪能力

立足建立长效机制、促进治安防控体系建设上层次、上水平，研究制定了《甘肃省社会治安防控体系建设2006—2008三年工作规划》，提出了深化社会治安防控体系的指导思想、工作目标和主要任务。省上已把社会治安防控体系建设作为社会公共安全管理项目纳入了经济社会发展规划，将其建设经费列入了财政预算。一是巩固和壮大群防群治队伍。全省各大中城市普遍建立专职综治员队伍或专兼结合的群防群治队伍，其中专职群防群治队伍2.2万余人、各种形式的群防群治队伍4万多支40多万人，巡逻防范和楼院看护工作得到进一步加强，城区联店联防和农村联户联防模式在各地普遍推开。二是技防建设得到普遍重视，技术防范功能大幅度提升。截止2006年年底，全省已有30多个县（市区）城区建起了“三台合一”指挥中心，32个县级公安机关建立了城市监控系统；全省城区安装4929个闭路电视监控探头，对375个交通要道、2857个重点部位、148个治安卡口实施全天候监控；全省城区164个街道、4407个机关企事业单位、403个社区、2333个商业场所、604个公共娱乐场所和农村451个乡镇、3079个行政村近30万户农户安装了技防设施。2006年，全省共立“两抢一盗”多发性侵财犯罪案件20702起，同比下降2.81%。统计资料表明，技防建设有效遏制和减少了刑事发案、特别是“两抢一盗”多发性侵财犯罪案件。三是警务改革稳步推进，社区警务战略进一步落实。省上积极探索下沉警力的办法和措施，在金昌市进行了城市警务改革试点，从工作需要和当地的实际出发，撤并了市公安局和金川公安分局的部分内设机构，调整了各部门的工作职责，整合警力资源，下放部分职能，在派出所建立了“两队一室”（即治安民警队、社区民警队和内勤室），实现了警务前移、警力下沉。一些地方合理划分责任区、下放职能，在基层派出所设立刑警中队、推行“两队一室”工作模式；一些地方把政工、纪检、监察部门人员统一调配使用，把基层工作经历作为新录用人员和干部晋职晋升的基本条件，精简机关，充实一线，有效推进了警力下沉。截止2006年底，全省建成警务室4461个，其中城市社区警务室947个，农村3514个；2006年全省共新增基层队所警力511人，精简内设机构201个，有2626名民警下沉到一线实战单位，使一线实战单位警力占到了县级公安机关总警力的86.4%。四是积极推进发展保安服务业的改革试点工作，进一步强化了物业管理机构的治安防范功能。截止2006年底，全省保安总人数达到16820名，派驻单位达4748个。各地大力整顿和规范社区物业管理机构，强化物业管理机构的治安防范功能，居民楼院看护和物业管理进一步加强，多发性案件得到有效控制。五是加强省际综治协作，在共创平安边界上迈出了新的一步。2006年，积极推进与周边省区的治安协作，分别与陕西、四川、新疆、青海、宁夏、内蒙古签署了《加强省际综治协作，创建平安边界协议》，抓好协议内容的落实。同时，根据工作需要，指导有关市州、县乡与毗邻市州、县乡之间也签署了《加强治安联防、化解边际纠纷》协议，有效维护了省内边界（边际）地区的治安稳定。

四、深入开展“严打”和重点整治，认真解决突出治安问题

一是深入开展“严打”斗争。及时部署开展了“打黑除恶”、“陇原风暴”、打击“两抢一盗”多发性侵财犯罪、打击严重暴力犯罪和侦破命案等专项行动，始终保持了对刑事犯罪的高压态势。二是对治安混乱地区和突出治安问题进行了重点整治。针对一些地方刑事发案高位运行、刑事案件连续上升、万人发案率较高等实际，对近三年来各县（市区）和乡镇（街道）刑事发案情况进行统计分析，确定了万人发案率较高或近年来刑事发案连续上升的10个县市区、3个重点区域及54

个乡镇(街道)作为省综治委监督整治的重点地区,制定《关于下半年社会治安重点整治工作的安排意见》,进行监督整治。在整治中,督促有关市州、县市区和乡镇街道以“压发案、抓防范”为目标,把解决流动人口犯罪、青少年犯罪、刑释解教人员重新犯罪等作为突出问题,党委、政府主要领导亲自研究部署,确定重点整治的目标和方案,采取派驻工作组等方式,重点加强对车站、广场、大型集贸市场、大型商场、公共娱乐场所、城乡结合部以及出租屋、个体私营旅店等场所的整治,有针对性地加强各种治安防范力量,落实人防、物防、技防措施,取得了明显成效。三是以省综治委监督整治为契机,指导各地确定除省上监督整治之外各自监督整治的重点区域和突出治安问题,及时进行整治。

五、充分发挥五个专项办公室的职能作用,进一步加强综治基础性工作

一是流动人口管理服务工作得到加强和改进。推进流动人口管理服务的组织和专门力量建设,全省共建立流动人口管理服务站1326个,聘用协管员2898人;制定下发《市州流动暂住人口管理服务工作年度考核评比标准》,开展出租房屋和流动人口社会化管理试点,积极探索出租房屋流动人口管理新机制;加强对流动人口相对集中的城郊结合部、中小旅馆、建筑工地等重点部位的管理和集中整治,组织开展流动暂住人口和出租房屋调查登记专项行动。2006年,登记出租房屋79949户,登记流动人口392427人,办理暂住证115637人,流动人口管理基本做到了底子清、情况明;破获流动人口所作刑事案件1115起,查处治安案件5023起,对1300多名不履行治安责任、导致案件发生的出租房主依法实施了处罚。二是突出刑释解教人员安置帮教关键环节,安置帮教各项措施得到较好落实。督促各级把刑释解教人员安置帮教工作经费列入财政预算,大力推进刑释解教人员安置帮教工作信息化建设;狠抓《刑释解教人员安置帮教工作责任制》、《关于加强刑释解教人员衔接工作的通知》、《甘肃省刑释解教人员安置帮教工作考核办法(试行)》等的落实,进一步完善出狱出所后的衔接工作制度,加大了安置力度;按照《甘肃省刑释解教人员过渡性安置实体认定办法(暂行)》,努力推动创办和认证过渡性安置帮教实体,共创办、认证过渡性安置实体(基地)31个,组织召开了全省刑释解教人员安置帮教工作经验交流会。2006年,全省共衔接刑释解教人员7803人,安置6246人,占衔接人数的80%;落实帮教措施7461人,占衔接人数的95.6%。三是预防青少年违法犯罪工作深入推进,青少年违法犯罪得到有效遏制。四是进一步加强了学校及校园周边治安综合治理工作。认真贯彻中央综治委、教育部、公安部《关于深入开展安全文明校园创建活动的意见》,广泛开展平安校园创建活动,认真排查校园及周边存在的突出治安问题,组织协调有关部门进行重点整治。省教育厅、省高校工委和省综治委校园及周边治安综合治理领导小组办公室及时召开会议,安排部署维护稳定、学校安全和校园周边治安综合治理工作,组织专门巡查组深入34所高校对学生安全管理等工作进行了督查。2006年,在校学生犯罪同比下降5.78%。五是铁路护路联防工作稳步推进,护路联防水平进一步提高。制定《平安铁路创建活动三年规划》,深入开展平安铁路示范路段创建活动;认真落实铁路护路联防责任制,与有关市县乡村层层签订了责任书;加大巡逻检查力度,及时发现和处置了一些行车安全隐患;制定《电子监控系统设计方案》,组织开展治安专项整治,提高了铁路护路技防水平;调整护路队布局,加强了护路队伍建设。2006年,全省共破获有关铁路刑事案件9起,抓获犯罪人员43名;排查化解各类纠纷78起,排查各类影响铁路安全运行的隐患157次,危害行车安全的案件和货赔损失案件继续下降。

六、改进和创新综治工作方法,加大协调指导工作的力度

一是狠抓了社会治安形势分析。2006年6月和2006年9月召开了两次全省社会治安形势分析会议,分析全省社会治安形势,查找各地社会治安工作中存在的突出问题,并就发案部位、发案时段以及治安防范中暴露出的薄弱环节一一通报各地,及时进行了整改。二是进一步加大了督查督导工作的力度。根据各地工作中反映出的各种治安问题,2006年有针对性地向有关市州先后发出10余件督查通报监督整改,较好地解决了工作中存在的问题。针对兰州、酒泉、白银、金昌、定西街头发案较多,抢劫、抢夺案件多发的实际,先后分别发出督查通报；针对陇南、平凉等市发生的一次杀死多人的恶性案件，督促当地综治部门专门进行调研，并派出记者赴当地采访调查，及时提出了改进工作的意见；针对兰州地区一些单位防范工作不落实、发案突出的问题，及时派人检查，并督促市、区两级加大综治执法力度，对发生重大治安问题的单位实行了“一票否决”或“黄牌警告”。三是加强专题调研部署，推动各地倾向性问题的解决。2006年，在突出抓好对全省社会治安形势、民转刑案件调研分析，并有针对性地加强工作部署指导的同时，还针对打击犯罪过程中打击处理率偏低的问题，组成工作组赴各地进行了专题调研分析，提出了工作对策；就全国政法工作会议精神贯彻落实情况、涉法涉诉信访工作情况、社会主义法治理念教育工作情况、综治工作情况进行了调研，为领导决策提出了相关意见和建议，有力促进了各项工作的开展。四是大力倡导见义勇为，弘扬社会正气。2006年11月，召开了全省第三次见义勇为英雄和先进分子表彰大会，表彰奖励全省见义勇为英雄和先进分子26名；组织参加全国见义勇为评选活动，8名个人、2个集体受到全国表彰；组织全省见义勇为英雄事迹报告团赴各地巡回演讲11场，直接受众达12000多人；解决见义勇为人员一些实际困难，春节期间一次拿出6万多元，慰问了19名见义勇为人员，为见义勇为伤残人员或其家属发放22辆轮椅；多渠道募集见义勇为资金，2006年共筹资300万元，累计已达770余万元，为基金会开展见义勇为各项工作提供了资金保证。五是开展责任查究，推动了领导责任制的落实。督促各地把五部委联席会议情况和“一票否决权制”执行情况列入了责任书考核范围，多途径、多形式督促有关地方和部门对存在治安混乱地区和突出治安问题的地方和单位进行了“一票否决”或“黄牌警告”，促进了社会治安综合治理各项措施的落实。2006年，会同有关部门对43个单位进行了“一票否决”，对106个单位进行了黄牌警告，追究了17名处及处以上干部和70名科及科以下干部的责任。

重点整治工作情况

2006年，甘肃省各级党委、政府和综合治理部门把社会治安重点整治工作作为维护治安稳定的关键措施来抓，年内各地普遍部署开展了两次以上的重点整治，全省共排查治安乱点和各类突出治安问题728个(处)，其中治安乱点494处，突出治安问题234个，整治完成684个(处)，整治率达到93%，市州和县市区挂牌督办163个，有效改变了这些地方的治安面貌，为保持全省治安大局的持续平稳发挥了重要作用。

一、高度重视，切实加强组织领导

2006年1月，全省政法工作会议对全年的重点整治工作作了全面部署，省委分管领导、省委政法委主要领导也多次对重点整治工作作出指示，省综治委《2006年综治工作要点》中对社会治安重点整治工作提出了明确要求。重点整治工作列入省委、省政府与各市州签订的责任书，并加大了考核力度。2006年7月，省综治委专门制定下发了《关于下半年社会治安重点整治工作的安排意见》，对全省重点整治工作进行再部署。各地党委、政府和政法、综治部门把重点整治工作与平安建设、社会治安防控体系建设、加强基层基础工作紧密结合起来，深入分析当地治安形势，对存在的问题进行梳理，从中确定一批连年刑事发案居高不下、治安问题较多、群众反映大的地方作为重点整治的对象，制定了切实可行的方案，提出明确目标要求，认真开展整治工作。有的地方还成立了重点整治工作领导小组，分管领导亲自安排部署、指导协调工作，建立了领导联系点制度，并进行严格的检查验收。全省市、县都成立了由分管领导任组长，有关部门负责人为成员的重点整治工作小组，深入重点整治区域，检查指导重点整治工作。白银市成立了整治督查小组，由市上四大班子分管领导和市委政法委主要领导带队，深入现场督促指导工作。庆阳市先后召开7次油区治理专题会议，制定出台了一系列文件，与涉油各县区签订了目标管理责任书。天水市实行综治成员单位联系包抓整治责任制，对包抓整治不过关的成员单位进行责任追究。兰州市把校园及周边环境作为重点整治突破口，由市长亲自牵头，投入上亿元，对校园周边环境进行了综合整治。嘉峪关、武威等市针对一段时间内两抢一盗案件高发的形势，市、区主要领导亲自深入基层调研，安排整治工作，切实扭转了治安局面。各级综治委严格执行社会治安综合治理一票否决权制，对治安长期混乱、发生重大治安问题，整治工作领导不力、治安秩序没有明显好转、主要问题没有得到较好解决甚至出现反弹的地方和部门、单位，实行"一票否决"和"黄牌警告"，并严肃追究领导责任。

二、认真分析排摸，落实整治措施

各地和各部门对本地区、本部门、本系统的治安混乱地区和突出治安问题反复进行了排查，本着什么问题突出就重点整治什么问题，哪个地区治安问题突出就重点整治哪个地区的原则，深入排摸治安混乱地区和突出治安问题。平凉市、定西市抽调专门力量，通过现场调查、召开座谈会，走访村(居)民、学生家长等方式，了解社情民意，查找治安隐患，准确掌握了辖区存在的治安突出问题及根源，研究制定了切实可行，易于操作的整治方案。静宁县城关镇被列为省市重点整治区域后，县上有关部门对近年来刑事案件发案情况进行了认真调研分析，针对盗窃案件多、楼院发案多、出租门店发案多的"三多"问题，确定了压发案、抓防范的重点整治工作方案；对部分问题突出地方的整治，指定专人负责，组成工作组，进驻蹲点整治，确保把重点整治的各项措施和工作要求落到实处。通渭县平襄镇在重点整治中，一路由县委分管领导带领政法部门成员走访各界人士，发放《治安调查问卷》，另一路由县公安局联合综治办对全镇社会治安状况进行拉网式排查，调研、排查结束后全面客观分析治安形势，制定整治方案。天祝县先后抽调各部门70多名工作能力好、责任心强的干部，组成法律宣传、打击处理、矛盾纠纷排查调处、基层组织建设整顿四个工作组，划分责任范围，深入重点整治区域集中开展整治活动。2006年，全省各级共成立重点整治工作组469个，抽调工作人员5693人(次)；适时开展专项行动，把重点整治工作与命案侦破工作、"打黑除恶"专项斗争、打击"两抢一盗"专项行动、校园周边治安秩序整治结合起来，抓住一些治安秩序不好的重点地区、行业、部位和突出治安问题，组织协调有关部门大力开展治理整顿。兰州市在重点整治中，结合"城中村"改造工作，组织公安、司法、工商、文化、城管、交通、房管等职能部门，制定具体工作方案，抽调精干工作力量，联合开展集中整治活动。同时，与相关部门积极协调，定期召开联席会议、新闻发布会，互通情况信息，共商整治工作对策，确保了重点整治工作取得实效；搞好宣传，营造氛围。结合社会治安综合治理宣传月活动和日常宣传工作，把重点整治融入平安建设和治安防控体系宣传安排，采取在媒体上分别发表动员讲话，组织有关部门在广场、人口密集地采取发放宣传材料、悬挂横幅、召开群众大会、出动宣传车、书写墙壁标语等形式，宣传"严打"整治成果，宣传法律知识，赢得了广大群众的积极支持，为重点整治工作提供了强大的舆论支持。各地通过重点整治，进一步建立健全了治安防范管理组织，对可能存在的安全隐患进行整改，切实堵塞漏洞，当地社会治安防控体系得到加强。

三、省综治委对治安问题突出的地方实行监督整治

针对全省一些地方刑事发案高位运行、刑事发案连续上升、万人发案率较高的实际，省综治办在对近三年来各县(市区)和乡镇(街道)刑事发案情况进行统计分析的基础上，制定下发了《关于下半年社会治安重点整治工作的安排意见》，确定了万人发案率较高或近年来刑事发案连续上升的10个县(市区)、3个重点区域和54个乡镇(街道)作为省综治委(办)监督整治的重点地区，实行监督整治。各市州、县(市区)和有关乡镇(街道)高度重视，认真贯彻省综治委工作部署，由党委、政府主要领导亲自主持研究，确定重点整治方案，认真开展整治。张掖市对省上监督整治的甘州区下发了重点整治通知，要求做到整治方案、目标任务、整治措施、领导力量、工作力量、实绩效果"六落实"。甘州区也制定了整治方案，确定了承办单位，明确了责任主体，有针对性地开展了重点整治。为了保证工作实效，省综治办制定下发了《乡镇、街道重点整治工作验收标准》，提出了10个方面的具体要求,并在2006年年终检查时全部到点进行了检查。各整治县、乡向省综治委专门写出了整治报告。经2006年年终考核验收,凡列入省综治委(办)监督整治的重点地区,刑事犯罪高发或连年上升的势头都得到了明显遏制或下降;万人发案率较高的现象得到有效控制,治安防控体系建设得到了进一步加强,群众比较满意。

实施"为了明天工程"情况

一、健全组织机构,夯实工作基础

2006年省综治委预防青少年违法犯罪工作领导小组建立了成员单位联络员制度,各成员单位指定专门处室负责人为预青工作联络员,及时上报工作开展情况,省预青领导小组办公室定期通报、交流各成员单位预青工作的开展情况,总结成功经验,共同研究和解决存在的突出问题。同时督促各成员单位建立健全工作机制,把预青工作列入重要议事日程,与本部门、本单位的工作同安排、同部署、同考核。

二、加强宣传教育,提升青少年素质和能力

一是深入开展青少年法制教育。省综治委预青办、省青年法律工作者协会组织青少年思想道德和法制教育宣讲团分别赴武威、金昌、张掖等地开展了校园暴力、未成年人保护、心理健康等知识讲座;在全省12355维权热线正常运行的基础上成立了全省学生心理咨询培训中心;2006年12月省预防青少年违法犯罪工作领导小组与教育厅、卫生厅、省心理卫生协会联合开通了1606666青少年心理健康咨询服务热线,同时在甘肃省电视台开播了《青少年与法》栏目。二是加强青少年禁毒宣传。2006年6月,团省委、省禁毒办、省广播电影电视总台(集团)、省青年志愿者协会和省学联共同发起"甘肃省大学生抵制毒品爱心传递行动"。在活动期间全省大学生相继开展了"爱心传递,手相牵"、"一助一,多助一帮扶结对"、"爱心传递,万人百所宣传行"、"爱心传递,志愿宣教进工地"、"爱心传递,社会实践调研"、"爱心传递,远离毒品"六项主题活动,直接参与学生1.5万人,共有430多支大学生志愿者小分队参加活动。涉及全省35所大中专院校,30多万学生。三是深入开展社区预青工作。2006年全省各高校开展了"区校联建"工作,把预防青少年违法犯罪工作作为"区校联建"工作的一部分纳入青年文明社区、青年中心建设之中。

三、发挥成员单位作用,优化青少年成长环境

一是积极做好校园及周边地区治安秩序整治工作。省预青成员单位在全省范围内集中开展了清理整顿校园及周边地区环境行动,按照有关法律法规的要求对学校周边的各种娱乐场所进行清理和整治,严厉打击危害学校正常秩序、侵害青少年学生的各类违法犯罪活动,保障学生有一个安全、和谐、健康的学习环境。结合《互联网上网服务营业场所管理条例》实施,倡议未成年人自觉告别网吧、游戏厅、歌舞厅等不宜进入的娱乐服务场所,并呼吁青少年朋友自觉遵守《青少年网络文明公约》,积极推进"青少年安全放心网吧"创建活动。二是大力开展文化专项整治集中行动。各地针对"黑网吧"、淫秽非法"口袋本"图书、音像光盘、毒品等容易诱发青少年犯罪的突出社会问题,积极开展专项治理斗争,取得了明显成效。全省各级文化行政部门共出动人员21539人次,检查经营场所14013家次,责令停业整顿140家,取缔无证经营户38家,主动上缴盗版音像制品3.5万张(盘),查缴非法音像制品78万余张/盘,罚款31万多元,集中销毁非法音像制品33万余张/盘,有力地打击了违法违规经营行为,营造了良好的社会文化环境。

四、积极开展创新工作,探索预青工作新思路

一是开展预青试点工作。为了探索适合全省青少年生存和发展实际的预青工作新思路、新途径,省综治委预青办经过深入专题调研,选定地方党委政府重视、工作基础扎实的武威市凉州区和兰州市安宁区开展全省预青工作示范点创建活动,并指导试点区制定了《创建省级预青工作示范区实施方案》，成立了创建预青工作试点领导小组。凉州区还将创建工作列入社会治安综合治理的考核内容，明确提出对工作不力、青少年违法犯罪问题突出、造成恶劣影响事件的单位实行"黄牌警告"或"一票否决"，增强了基层预青工作的主动性和责任感。二是开展未成年重点人群的帮教工作。2006年3月开始，省综治委预青办、省青年法律工作者协会积极探索对未成年人的结对帮教工作。并在6月27日组织了未成年重点人群的帮教见面会，省青年法律工作者协会部分常务理事和理事，与38名重点未成年人及其家长就如何更好地开展结对帮教进行了深入的谈心和交流，了解掌握帮教对象在思想、生活等方面的具体情况和突出问题，确立了"一对一"长期稳固的帮教关系。

五、推进阵地建设，加大维权工作力度

一是加强"青少年维权岗"创建。2006年1月，省综治委预青办联合各成员单位评选表彰了甘肃省第三批优秀"青少年维权岗"创建活动先进单位和先进个人。评选表彰调动了基层创建优秀"青少年维权岗"的积极性，进一步推动了全省青少年维权工作。经省综治委预青办的推荐，两名政法系统的青少年维权工作者被评为全国优秀"青年卫士"。二是成立甘肃省法律援助中心团省委工作站。甘肃省法律援助中心团省委工作站成立后，按照《法律援助条例》、《工作站章程》和法律援助规章制度开展工作，在省法律援助中心的监督和指导下，依托各级共青团组织、预青工作领导小组办公室的网络优势和省青年法律工作者协会现有会员的人力资源优势，积极为省内18周岁以下经济困难的未成年人，在人身权等方面受到侵害，以及刑事诉讼的辩护、代理等方面2006年为6起未成年人案件提供无偿的法律援助。三是开展了理论调研工作。组织省青年法律工作者协会开展了兰州市中小学生犯罪调研、全省大学生禁毒调研、全省大学生思想道德方面的调研。形成调研报告200多篇，经甘肃省综治委预青办、预青工作调研奖评选小组认真评审，评选出37篇获2006年度全省预青工作调研奖，其中一等奖10篇，二等奖12篇，三等奖15篇。进一步加大了预青工作的宣传力度，推动了预青各项工作的深入开展。

社会治安防控体系建设情况

一、加强组织领导，加大工作力度，把治安防控体系建设的各项措施落到实处

一是在完成《甘肃省社会治安防控体系建设2003至2005年工作规划（即第一个"三年规划"）》的基础上，2006年3月，省委、省政府紧接着制定下发了2006—2008年工作规划（即第二个"三年规划"）。通过第一个"三年规划"的实施，全省基本建成了覆盖城乡的治安防控体系，各类案件全面下降，人民群众对社会治安的满意和基本满意率达到94%。第二个"三年规划"，立足巩固深化、全面建设、提高层次的工作目标，把发展壮大专职群防群治队伍、全面改革发展保安服务业、大力推进技术防范和强化长效机制建设作为工作重点，经过不懈的努力，社会治安防控体系更加趋于完善，工作的层次和水平有了更大的提升。

二是分阶段抓点示范，持续不断地推动治安防范工作。2006年，在庆阳市召开的全省社会治安综合治理工作会议上，总结推广的该市围绕深化治安防控体系，以基层阵地、基础建设、基本保障为主要内容的综治"三基"工程建设经验，对全省各地进一步夯实综治工作基础发挥了重要作用。

三是加大考核权重，建立有效的工作激励机制。始终把社会治安防控体系建设作为落实社会治安综合治理责任制的重点内容，2006年在与各地、各部门签订的责任书中增大了分值，加大了考核权重，凡是治安防控体系建设不能达到考核要求的，在年度综治工作考评中就不能评先受奖。对因防范工作不落实导致可防性案件多发或发生重大刑事案件的地方和单位，则坚决实行"黄牌警告"或"一票否决"。2006年全省就"黄牌警告"单位

120多个,“一票否决”单位60多个、乡镇20多个,对90多名干部实行了责任追究,其中县处级以上干部20名。对治安防控体系建设抓得有力、工作成效显著的地方和单位,在政法专项和综治专项经费的分配上给予倾斜支持。对6个市州、13个县(市区)都给予了10万元以上的专项补助,其中定西、金昌两市的专项补助共达80多万元。

二、有效整合各种治安防范力量,着力构建专群结合的防范工作网络

一是积极实施社区警务战略,推动警力下沉和警务前移,增强公安机关的防范能力。实施社区警务战略以来,全省公安机关共向基层下派警力3000多名,使社区和农村警务区的总警力达到5100多名,实现了“一区一警”,大多数城市社区都达到了“一区双警”或“一区多警”。此外,全省还组织公安专职巡逻队368支、3200多人,使一线防范警力得到了很大加强,在组织动员基层治安防范中充分发挥了骨干带动作用。

二是广泛组织动员社会力量,大力发展各种类型的群防群治队伍。社区专职综治员工作队、农村“十户联防”、城区“联店联防”以及义务巡逻队、看楼护院队、护庄护村队、护厂护校队等治安联防队伍得到迅速发展壮大。仅兰州市专职综治员队伍就达1.2万多人。城市的每一个社区和公共复杂场所、主要街区都有一支专职群防群治队伍常年坚持工作,平均每个社区达到10人以上,其中兰州、白银、金昌、武威等市每个社区的专职综治员达到20—30人。

三是大力发展保安力量,努力提高保安服务业在治安防控工作中的地位和作用。通过加大政府引导扶持力度、优化市场环境、整顿规范内部管理、积极拓展服务领域等措施,有效促进了保安事业的改革发展,全省共组建保安公司77家,有专职保安2万多人,较好地承担了金融网络、重点单位、宾馆饭店、娱乐场所、大型公共场所、商贸文化活动场所的治安保卫和防范管理工作,并在推进技术防范和报警服务等方面有效地拓展了业务,增强了社会防范功能。

四是整顿规范企事业单位内保组织,积极发展内保工作力量。各级公安机关和综治办认真落实国务院内保条例,组织开展了对机关和企事业单位内部组织的整改,规范了机构设置,增强了内保力量,落实了教育培训,制定完善了各项规章制度,严格了工作责任,加大了检查考核力度,从而有力地推动了单位内部的治安防范工作,减少了内部发案和职工违法犯罪。全省共建有各种内保机构9200多个,内保力量达32000多人,成为一支重要的防范力量。

四、坚持从实际出发,因地制宜地推进技术防范

省综治办协调建设部门把新建小区的技防设施纳入设计规划,作为工程验收的重要标准,强化城镇物业小区的技术防范功能;在大中城市积极推行街面、交通要道、重点部位和治安卡口点的闭路电视监控系统建设,加强城市动态治安管理,并通过设置电子巡更系统,实行对各种治安巡护队伍的有效监督管理;在机关、学校、企事业单位内部以安装红外线电子报警装置为主,逐步提升技防水平,通过人防、技防的有机结合,增强安全防范保卫能力,努力实现单位内部长期不发案的目标;对城镇楼群院落、商业门店和居民住宅区别不同情况,安装闭路电视监控、红外线报警等技防设施;在广大农村,相当多的村庄通过无线报警系统,实现了多户相联或整村相联,一家有警八方支援,使联户联防工作得到了全面提升,较好地发挥了技防设施的整体效能。

矛盾纠纷排查调处工作情况

一、高度重视,周密安排部署

省委、省政府始终高度重视维护社会和谐稳定的工作,把矛盾纠纷排查调处工作作为开展平安建设、深化社会治安防控体系的一项重要内容,作为全年政法、综治工作的首要任务进行了部署，并列入社会治安综合治理责任书的重要内容，加大检查考核的力度。省委分管领导、省委政法委主要领导多次提出明确要求，在基层调研时亲自检查乡、村矛盾纠纷排查调处的落实情况，查阅排查档案和调处记录，指导基层工作。2006 年 1 月专门召集维稳、综治、信访三部门联席会议，就全年工作进行安排部署。省综治委在 2006 年终责任书考核评估中，都要征求省维稳办的意见，对维护稳定、化解矛盾纠纷工作处于全省后列的从严扣分，并就工作网络、制度机制建设、工作效果分别进行严格考核。省综治委《关于乡镇、街道综治委、办规范化建设的意见》把矛盾纠纷排查调处作为综治委、办的重要任务之一。省综治办、省维稳办认真贯彻联席会议精神，制定下发了《关于开展影响社会稳定重大隐患和突出问题集中排查调处活动的通知》，要求各地把经常性排查调处和集中、专项排查调处相结合，有针对性地开展集中行动。市州、县乡区党委、政府充分认识矛盾纠纷排查调处的重要意义，认真组织开展了这项工作。

二、健全网络，狠抓制度落实

全省各地建立起党委、政府统一领导、综治组织督查协调、职能部门共同参与、市县乡村整体联动的工作格局，基本形成了以司法行政部门为主的覆盖全面、信息灵敏、运作顺畅、反应快捷的民事调解网络，较好地发挥了各级民调组织在解决各类矛盾纠纷中“第一道防线”的作用。特别是在乡镇、街道综治委、办规范化建设中，各地大力整合调解资源，探索建立新型调解工作机制，开创了调解工作新局面。兰州市制定下发了《关于建立健全基层社会矛盾纠纷调解中心及其工作网络的意见》，对在全市推广建立以乡镇（街道）社会矛盾调解中心为龙头的城乡矛盾纠纷调解网络建设工作进行了部署，还专门召开全市基层矛盾纠纷调解中心建设现场会，总结推广试点单位的经验和做法；兰州、张掖、甘肃矿区等地定期召开矛盾纠纷排查调处交办会议，协调处理有关问题；甘南州专门制定下发《关于严格实行矛盾纠纷三级挂牌督办制度的通知》，对重大矛盾严格实行州、县（市）、乡镇（街道）三级矛盾纠纷挂牌督办制度；一些地方在整合调解资源、完善工作机制方面创造推广了建立“调解中心”、“三所联动”等工作经验，在建立长效工作机制方面做了积极的探索。全省各地普遍落实了矛盾纠纷排查调处工作例会、信息报告、定期排查、情况通报、挂牌督办等制度，将经常性排查与重点排查、专项排查有机结合起来，在加强日常排查调处的同时，有针对性地组织开展集中排查调处和专项排查调处，及时化解带有普遍性和倾向性大的矛盾纠纷，重大矛盾纠纷做到了挂牌督办和领导包案。市（州）每季度、县（市区）每两月、乡镇（街道）每一个月上报排查调处情况的制度得到很好落实，省综治办、省维稳办进一步加强了对矛盾纠纷的统计汇总和通报制度。

三、突出重点，加大督办力度

2006 年，省、市两级综治、维稳部门普遍加强了对重大矛盾纠纷的督办和协调力度，针对影响社会稳定因素增多的实际，各地坚持抓早抓小、超前预防，在对倾向性、苗头性矛盾纠纷进行分析、研判的基础上，进一步明确工作重点。2006 年 4—6 月，部署开展了为期三个月的矛盾纠纷集中排查调处活动。兰州市针对确定的国企改革、征地拆迁、涉法涉诉、民族宗教、复转军人安置、拖欠农民工工资、民间家庭邻里纠纷、村务财务管理等八个方面重点矛盾隐患和突出问题，在三个月的专项行动中，共排查各类矛盾纠纷 985 件，调处化解 919 件，化解率 93.3%；白银市组织开展了 4 次重大矛盾纠纷和突出问题的集中排查调处和 2 次专项检查活动；平凉市先后开展了 4 次拉网式的大排查、大调处活动；张掖市年内召开了 4 次矛盾纠纷排查会议，采取挂牌督办的方式，对 46 件重大矛盾纠纷进行了交办处理，大多数都已得到处理；武威市筛选了 2005 年以来 30 人以上的 44 起群体性事件，逐一进行了专题调研，从中分析成因，总结特点规律，提出对策建议，对做好今后工作提供了很好的指导性意见。

针对“70% 的命案发生在农村，70% 的命案属于民转刑案件”的实际，突出抓了农村民间矛盾纠纷的排查调处工作。省综治委联合省高级人民法院、省司法厅、省公安厅三部门专门制定下发了《关于进一步加强民间纠纷排查调处工作的意见》，把排查调处矛盾纠纷作为密切干群关系、增进群众团结、维护社会稳定、促进社会主义新农村建设的重要措施，进一步强化了县乡两级党政领导、政法综治部门和各级调解组织的工作责任，明确了工作目标和排查重点，对做好民间纠纷排查调处工作，有效预防"民转刑"案件和群体性事件进行了要求和部署。各地普遍加大了对婚姻家庭纠纷、邻里纠纷、生产经营性纠纷等民间矛盾纠纷的排查调处，大多数矛盾纠纷做到了早发现、早控制、早解决，实现了"小事不出村社、大事不出乡镇、矛盾不上交"，有效预防和减少了"民转刑"案件的发生。2006 年 1—11 月，全省命案发案同比下降 5.8%，其中杀人案件下降 19.03%，民间矛盾纠纷的排查调处工作对于控制命案的发生发挥了重要作用。

甘肃省人事厅　甘肃省社会治安综合治理委员会关于表彰全省社会治安综合治理先进集体和先进工作者的决定

（2006 年 1 月 10 日）

近几年来，在各级党委和政府的领导下，全省政法机关和社会治安综合治理部门坚持以邓小平理论和"三个代表"重要思想为指导，全面贯彻科学发展观，积极发挥职能作用，组织全社会和广大人民群众大力开展平安建设，认真落实社会治安综合治理各项措施，努力推动社会治安综合治理工作深入健康发展，有力地促进了社会和谐和治安大局的持续稳定，涌现出了一大批先进集体和先进工作者。

为了表彰先进，树立榜样，经省社会治安综合治理委员会、省人事厅共同研究，决定授予兰州市城关区综治委等 66 个单位"全省社会治安综合治理先进集体"荣誉称号；授予高兴贵等 105 名个人"全省社会治安综合治理先进工作者"荣誉称号，各颁发奖金 1000 元。希望受到表彰的先进集体和先进工作者，珍惜荣誉，再接再厉，充分发挥带动、示范作用，在开展平安建设、加强社会治安综合治理工作中不断取得更加优异的成绩。

当前，我们面临的发展机遇前所未有，面对的挑战也前所未有。深入开展社会治安综合治理，大力推进平安建设，保障和促进社会和谐稳定，是顺利推进改革发展和社会主义各项建设事业的需要，是广大人民群众的殷切期盼。全省各地、各部门都要以先进为榜样，紧紧围绕构建社会主义和谐社会这个大目标和总要求，坚持以邓小平理论和"三个代表"重要思想为指导，深入贯彻党的十六大和十六届六中全会精神，全面落实科学发展观，进一步组织全社会力量和广大人民群众，以化解社会矛盾为主线，继续深化社会治安综合治理工作，加强社会管理能力建设，以和谐社会建设者的姿态全面促进和谐社会建设，最大限度地增加和谐因素，最大限度地减少不和谐因素，为党的十七大胜利召开，为全省实现重要战略机遇期的顺利发展创造和谐稳定的社会环境！

附件：1. 全省社会治安综合治理先进集体名单

2. 全省社会治安综合治理先进工作者名单

附件1：

全省社会治安综合治理先进集体名单

（66个）

兰州市

市公安局治安管理支队
市教育局
城关区综治委
七里河区委政法委
安宁区综治办
榆中县综治办

嘉峪关市

酒钢集团综治办

酒泉市

肃州区西南街道办事处
玉门市玉门镇
敦煌市吕家堡乡综治办
金塔县人民检察院
金塔县城关街道东北街社区

张掖市

甘州区北街街道办事处
甘州区三闸镇
山丹县位奇镇芦堡村
临泽县倪家营乡

金昌市

金川区桂林路街道宝林里社区
永昌县第一高级中学

武威市

市国土资源局
凉州区永昌镇
民勤县人民政府

白银市

市综治办
市公安局白银分局
靖远县东湾镇

定西市

安定区中华路街道办事处
通渭县公安局
陇西县马河镇
临洮县林业局
漳县水利水保局

天水市

市民政局
市劳动保障监察大队
秦州区大城街道办事处
麦积区综治办
清水县公安局

平凉市

崆峒区东关街道办事处
中共华亭县委员会
庄浪县水洛镇
静宁县公安局八里派出所
泾川县飞云乡

庆阳市

市综治办
市公安局刑警支队
西峰区综治办
庆城县司法局
宁县焦村乡
环县耿湾乡

陇南市

市广播电影电视局
成县公安局
西和县汉源镇
文县堡子坝乡
徽县城关镇

临夏州

临夏市综治办
临夏县刁祁乡
广河县城关镇司法所

和政县综治办

甘南州

合作市公安局城南派出所

玛曲县尼玛镇

夏河县科才乡综治委

临潭县人民法院冶力关法庭

兰州铁路局

省综治委铁路护路联防领导小组办公室

甘肃矿区

矿区公安局

省综治委成员单位

省广播电影电视总台

省军区政治部保卫处

武警甘肃省总队兰州市支队

团省委权益部

人行兰州中心支行保卫处

甘肃法制报社

附件2：

全省社会治安综合治理先进工作者名单

（105人）

兰州市

高兴贵　市委政法委副书记、综治办主任

陈志刚　市中级人民法院刑二庭庭长

王东升　市人民检察院公诉一处副处长

陈元强　市司法局基层工作处处长

陈福祥　西固区委政法委副书记

张世岩　红古区委政法委副书记、综治办主任

包永红　永登县上川镇党委书记

童贤东　皋兰县综治办副主任

嘉峪关市

刘兆坤　市委政法委综治协调指导科科长

肖爱云　（女）胜利路街道福民第二社区居委会主任

酒泉市

陈加俊　肃州区委常委、政法委书记

段亚虹　（女）玉门市维稳办副主任

李永强　肃北县党城湾镇司法所所长

张万江　金塔县金塔镇综治办副主任

张　才　敦煌市肃州镇综治办主任、派出所所长

王　辉　瓜州县河东乡党委书记

杨继忠　阿克塞县综治办主任

张掖市

宋学明　甘州区人民检察院副检察长

曾　顺　甘州区小满镇党委书记

郑光海　临泽县公安局倪家营派出所所长

白登江　高台县黑泉乡党委书记

周元柏　山丹县委常委、政法委书记

鲁国雄（回）肃南县委常委、政法委书记

王泉善　民乐县人民法院新天法庭庭长

金昌市

杨学祥　市委政法委副书记、综治办主任

魏志新　金川区委政法委科员

赵兴样　永昌县委常委、政法委书记

武威市

杨永年　市综治办副主任

王建华（女）市司法局法律援助中心副科长

康　威　市公安局凉州分局政委

张福才　天祝县人民法院松山法庭副庭长

蒲纪元　古浪县公安局政委

白银市

贾勤贤　市委政法委综治协调科科长

王继甫　白银区委政法委副书记、综治办主任

孙明礼　平川区电力路街道党委书记

魏兴科　靖远县委政法委副书记、综治办主

任
陈致斌　会宁县委政法委副书记
张发祖　景泰县综治办副主任

定西市

宋　涛　安定区永定路街道综治办副主任
裴少锋　通渭县委常委、政法委书记
李志君　临挑县委政法委副书记、综治办主任
曹登铭　渭源县委政法委副书记、综治办主任
焦耀武　陇西县公安局副局长
赵举文　岷县司法局局长
冯东荣　漳县殪虎桥乡党委书记

天水市

裴国栋　市委政法委副书记、综治办主任
于爱国　市司法局基层科科长
李　萍　（女）团市委青少部副部长
雷　鸣　清水县委书记
马　进　武山县委常委、政法委书记
衡　彬　原甘谷县委常委、政法委书记
肖　勇　（回）张家川县公安局局长

平凉市

赵晶利　市综治办副主任
乔维新　崆峒区西郊街道武装部部长、综治办主任
李　强　灵台县委政法委副书记、综治办主任
刘晓进　静宁县界石铺镇党委书记
郭小虎　庄浪县南湖镇综治办副主任
郝拴福　泾川县劳动和社会保障局局长
梁济洲　崇信县锦坪镇党委书记

庆阳市

刘俊峰　市委政法委副书记、综治办主任
王书文　市中级人民法院信访室主任
刘小平　市人民检察院公诉处助理检察员
常玉海　原华池县委常委、政法委书记
苟广缠　镇原县委政法委副书记
王文武　合水县综治办主任
麻　平　庆城县委政法委副书记
曹惠民　正宁县委政法委副书记

陇南市

李录顺　武都区城关镇党委书记
张世权　礼县政法委副书记、综治办主任
何　诚　西和县综治办副主任
胡毓林　成县政法委副书记
蒲小华　文县政法委副书记、综治办主任
武继承　两当县委政法委副书记、综治办主任
杨财录　宕昌县贾河乡党委书记
何　斌　徽县江洛镇党委书记
蒲治银　康县大堡镇党委书记

临夏州

马玉花　（女、东乡）州中级人民法院刑二庭书记员
蒲国强　（藏）州人民检察院公诉处助理检察员
马效华　（回）州公安局禁毒办综合科副科长
马成玉　（回）州司法局基层科科长
孔令东　永靖县委政法委科员
魏守如　康乐县委政法委副书记、综治办主任
马如云　（东乡）东乡县委常委、政法委书记
马进贵　积石山县委政法委副书记、综治办主任

甘南州

贾　平　（藏）合作市伊合昂街道党委副书记
周海荣　（藏）迭部县电尕镇司法所科员
才　白　（藏）玛曲县尼玛镇民间调解委员会主任
高尚宗　碌曲县委政法委副书记、综治办主任
拉高杰　（藏）夏河县牙利吉乡尼玛龙治安联防巡逻队队长
周雪海　（藏）舟曲县峰迭乡原党委副书记
张红兵　卓尼县公安局副局长
田国忠　（藏）临潭县人民检察院办公室科员

兰州铁路局

郭在礼　综治办副主任
董智俊　兰州铁路公安局治安处主任科员

甘肃矿区

苏继忠　综治办政法科科长

省综治委成员单位

祁建邦　省财政厅行政政法处处长
李东新　省发展和改革委员会投资处处长
武永强　省公安厅禁毒总队调研员
张武功　省公安厅治安总队流动人口管理科科长
李组织　省司法厅基层处副处长、省刑释解教人员安置帮教办副主任
刘　宏　省文化市场稽查队队长
包　宇　省交通厅团委书记、副调研员
李建军　省工商行政管理局市场监督管理处处长
董晓玲　（女）省妇联权益部部长
崇祖强　武警甘肃省总队第三支队二大队大队长

甘肃省社会治安综合治理委员会关于命名表彰“平安县（市区）”的决定

（2007 年 1 月 15 日）

近年来，全省各级党委、政府和政法及社会治安综合治理组织认真贯彻中央和省委、省政府工作部署，紧紧围绕构建社会主义和谐社会这个总体目标，积极开展多种形式的平安建设活动，创建了一批“平安乡镇（街道）”、“平安社区（村）”、“平安单位”、“平安学校”。平安建设在城乡基层单位的普遍开展，有力地推动了社会治安综合治理各项措施的落实，对维护全省社会稳定、保障人民群众安居乐业，发挥了十分重要的作用。通过几年的努力，已有一些县（市区）的平安建设工作取得明显成效，并达到了省上制定的平安县（市区）创建工作标准。为充分发挥典型带动作用，进一步推动平安建设活动在全省广泛深入开展，经过认真组织考核验收，省社会治安综合治理委员会决定，命名兰州市安宁区、酒泉市瓜州县、阿克塞县、张掖市高台县、平凉市华亭县、庆阳市华池县、天水市秦安县、临夏回族自治州和政县、甘南藏族自治州碌曲县等 9 个县（区）为“全省平安县（区）”，各奖励 5 万元人民币。

希望受到命名表彰的县（区）珍惜荣誉，再接再厉，进一步巩固和发展工作成果，不断把平安建设工作引向深入，推动社会治安综合治理工作再上新台阶。

当前，我省正处于改革的攻坚阶段和发展的关键时期，搞好平安建设、维护社会和谐稳定的任务十分艰巨繁重。全省各级党委、政府要坚持以邓小平理论和“三个代表”重要思想为指导，全面落实科学发展观，深入贯彻党的十六大和十六届六中全会精神，充分认识平安建设工作的重大意义，认真贯彻落实省委、省政府关于深入开展平安建设的意见，进一步加强组织领导，充分动员社会各界和广大人民群众积极参与平安建设，为促进我省改革发展和构建社会主义和谐社会做出新的更大的贡献。

中共甘肃省委办公厅
甘肃省人民政府办公厅
关于印发《甘肃省社会治安防控体系建设2006至2008年工作规划》的通知

（2006年3月2日）

各市、州委，各市、州人民政府，省直各部门：

《甘肃省社会治安防控体系建设2006至2008年工作规划》已经省委、省政府同意，现印发给你们，请认真贯彻执行。

甘肃省社会治安防控体系建设2006至2008年工作规划

在省委、省政府的领导下，2003至2005年我省制定并有效实施了社会治安防控体系建设的第一个三年规划，有效遏制了刑事犯罪高发的势头，确保了社会治安大局的持续稳定。为进一步巩固深化工作成果，为我省重要战略机遇期的改革发展创造良好的治安秩序和和谐稳定的社会环境，特制定2006至2008年工作规划。

一、指导思想

以邓小平理论和“三个代表”重要思想为指导，认真贯彻科学发展观，按照构建社会主义和谐社会的要求，坚持“打防结合、预防为主，专群结合、依靠群众”的方针，以健全和完善领导管理体制、组织协调体系、工作运行机制和保障机制为重点，大力推进人防、物防、技防和公民道德法制教育等各项措施的全面落实，切实形成长效工作机制，把全省预防、控制、打击违法犯罪的能力提高到一个新的水平，为我省改革发展创造良好的社会治安环境。

二、工作目标

通过三年努力，在全省城乡基本建成人防、物防、技防有机结合的社会治安防控体系，绝大多数地方达到“一控三降两提高”的目标：即刑事犯罪高发的势头得到有效控制，多发性案件、机关企事业单位发案和因民间纠纷引起的“民转刑”案件下降，驾驭社会治安局势的能力明显提高，广大人民群众的安全感明显提高，努力实现“发案少，秩序好，社会稳定，群众满意”的要求。

（一）各种治安防范力量发展壮大，作用发挥充分。

1. 有效组建了各种形式的群防群治队伍，人员数量足以适应看楼护院、治安巡逻、重点目标及场所护卫等防范工作的需要。职业化群防群治队伍形成一定规模。

2. 保安服务业有长足发展，保安人员的数量、素质能够满足当地治安工作需要。三年内全省保安人数达到3万人以上。党政机关、企事业单位以及宾馆饭店、大型商场、公共场所、文化娱乐场所派驻率均有明显提高。

3. 机关和企事业单位内部保卫组织健全，制度完善，工作落实，职工违法犯罪和单位发案明显下降。

4. 物业管理机构的治安功能得到进一步强化，物业小区案件明显减少。

（二）技术防范广泛运用，物防措施落实到位，覆盖面逐步扩大。市、县、乡三级政府所在地大多数单位落实了以红外线等智能报警系统、闭路电视监控系统为主的技术防范设施；市县两级公安机关实现“三台合一”，并有城市动态监控系统和电子巡更系统设施；农村居民居住集中的地方，普遍安装了电子报警装置，形成了有效的联户联防机制。因地制宜地采取了封闭、亮化、安装防盗门和护栏等各种物防措施。

（三）社会治安防控体系的指挥协调和工作运行机制建立健全，并有效发挥作用。辖区治安资源得到有效整合，各种治安防控力量职责明确、管理有效、协调配合有力，形成严密的工作网络和整体合力，治安防范的组织形式和工作模式不断得到创新发展。

（四）预防控制违法犯罪的能力明显增强，社会治安秩序良好。刑事案件高发势头得到有效遏制，治安混乱地区、场所、单位的面貌明显改观；盗窃、抢劫、抢夺等多发性案件得到有效控制，力争实现稳中有降。

（五）影响社会稳定的矛盾纠纷得到及时排查调处，各种群体性事件、“民转刑”案件和重大治安责任事故得到有效预防和控制，并逐步有所减少。

（六）治安防控体系建设工作所需经费列入当地财政预算，形成了有效的经费保障机制。

（七）按照统计部门调查，群众对社会治安的满意和基本满意率达到90%以上。

三、主要任务

（一）围绕建立和谐社会，扎实深入地开展矛盾纠纷排查调处工作。把建立健全矛盾纠纷排查调处的工作网络体系作为社会治安防控体系建设的一个重要组成部分来抓，进一步加强工作力量建设和制度建设，健全完善工作机制，有效化解社会矛盾，减少违法犯罪的诱因。要突出加强乡镇、街道调解组织建设，整合力量，配强人员，充分发挥第一道防线的作用。把民间矛盾纠纷的排查调处工作作为建设社会主义新农村的一项重要措施来落实，重点排查调处婚姻家庭、邻里关系、土地水事、经营活动等方面的矛盾纠纷，有效防止和减少“民转刑”案件的发生，切实降低农村发案率。

（二）着眼长远，进一步探索完善治安防控的指挥协调机制和工作运行机制。

1. 突出强化乡镇、街道党政组织和综治委（办）在社会治安防控工作中的组织领导、指挥协调职能，使之真正发挥好整合力量、加强管理、督促指导、检查考核等作用。

2. 切实确立社区和村（组）在治安防控体系中的基础地位，以社区和村级组织为依托，组织协调基层各种治安防控力量有效开展工作，各自形成相对完善的治安防控工作网络，以此为基本单位，构建覆盖全省的社会治安防控体系。

3. 进一步强化各级公安机关的职责任务，不断增强工作积极性、主动性，充分履行其在治安防控工作中的组织指导、检查监督等职能，发挥好骨干带动作用。

4. 合理划分和明确各种治安力量的职责任务、工作范围、工作时段，实现“守点”、“巡线”和“控面”的有机结合，在时间空间上紧密衔接，堵塞防范漏洞，减少“死角”、“盲点”。建立科学合理的检查监督和考核奖惩制度，并严格落实，确保各方面工作责任和措施的落实。

（三）大力推进警务改革，积极实施社区警务战略。公安机关要积极进行警务改革和职能调整，完善机构设置和警力配置，抓紧建立健全有利于警力下沉的激励机制。精简机关，充实一线，加强派出所、刑警队、交警队和巡警队等基层各实战单位的警力，从根本上解决基层警力缺乏、基础工作薄弱的状况，基层所队实有警力原则上要占所在公安机关或部门、警种总警力的85%以上。要把落实社区警务战略，加强公安基层基础工作作为极其重要的任务来抓，制定具体的实施方案和措施办法。按照“一区一警”和重点社区“一区多警”的要求，将思想素质好、业务能力强、有群众工作经验的民警配置到社区，社区民警要确保在社区工作。研究制定社区民警工作制度和绩效考核办法，通过建立健全考核奖惩机制，明确派出所、社区民警组织指导、检查监督辖区内各部门、各单位以及居民群众开展治安防范工作的职责，落实培训、指导和组织带领群防群治队伍有效开展工作的任务。积极探索社区警务与社区管理服务职能有机结合的途径,派出所长应按中央和省上的要求兼任乡镇、街道综治办副主任,加强协作配合,确保社区治安防范、流动人口管理服务、重点人员帮教等各项工作的落实。要进一步加强乡镇公安派出所的规范化建设,建立健全农村、牧区警务机制,完善民警驻村、巡访、包片等工作制度,密切警民关系,组织指导群众搞好治安防范。

(四)适应动态治安管理工作需要,加强快速反应机制建设。以加强和完善公安机关指挥中心接处警系统和治安卡口点建设为重点,在大中城市抓紧建立"点线面结合、警民联防、多警联动、打防控一体化"的动态治安防控网络,形成以110报警服务台为龙头,交巡警为骨干,派出所等一线警力为基础,区域内公安、武警、保安、社区联防、单位内保、治安积极分子等各种治安力量为依托,统一指挥、统一调度、协同作战的快速反应机制,及时有效地打击犯罪和处置各类突发事件。

(五)立足优化、巩固、提高,进一步加强群防群治队伍建设。继续坚持专群结合、依靠群众的方针,按照职业化和志愿者队伍相结合,有偿服务与义务巡逻相结合,政府组织与群众自防自护相结合的思路,进一步发展壮大群防群治力量,增强维护社会治安的群众基础。各地都要从当地经济社会的发展水平和社会治安形势的实际出发,因地制宜地确定群防群治队伍的数量、组织形式和工作模式,真正达到养得起、管得了、巩固得住、作用发挥得好的目的。着力在提高素质、优化人员结构、加强管理、落实待遇、稳定队伍上下功夫。大中城市和治安重点区域要坚持走群防群治队伍职业化的道路,建立起足够数量的职业治安巡防队伍,使之成为一支重要的辅警力量。铁路沿线各市、县要把"平安铁道线"建设纳入治安防控体系建设规划,落实护路联防措施,确保省内铁路沿线和重点城市、旅游城市车站治安秩序持续稳定。

(六)大力发展保安服务业,切实重视和发挥其在治安防控工作中的职能作用。各级党委、政府和公安机关要充分认识保安服务业在治安防控体系建设中的地位和作用,提高扶持保安服务业发展的主动性和自觉性。要研究制定促进保安服务业发展的政策措施和工作规划,有针对性地解决发展中的困难和问题,通过政府扶持引导、市场运作、自主发展,培育和壮大适应我省经济社会发展需要的保安力量。改革保安服务管理体制,逐步改变目前政府职能部门独资办保安的现状,探索尝试开放保安服务市场,打破垄断局面,引入竞争机制,实行优胜劣汰,通过竞争提高服务质量,促进保安服务业发展。改组改造保安服务企业,完善公司法人治理结构,实现政府职能部门与现有保安服务企业在经营上彻底脱钩。要进一步拓展保安服务领域,尽快改变目前保安服务领域窄、规模小、人员少的状况。在业务范围上,除进一步加强人力守卫看护工作外,要积极在武装押运、技术防范、报警服务等领域拓展业务,进一步扩大保安服务工作的覆盖面。党政机关、事业单位要按照"谁受益、谁出资"的原则,尽力提高派驻率;金融机构、重点单位、重点部位、服务行业和娱乐场所、旅游风景区、大型公共场所、商贸文化活动场所要由政府组织推动,主管机关要加大派驻力度。要进一步清理整顿保安服务市场,加强人员教育培训和管理,依法规范运行,健康发展。

(七)采取有效措施,强化物业管理企业的治安防范功能。一是加强对物业机构的管理,各级公安机关、综治办要与建设部门共同研究,制定具体办法,明确物业管理企业在维护社会治安中的职责任务,建立和完善有效的考核奖惩制度,促使物业管理企业落实好治安防范措施;二是积极探索行业管理的有效制度和机制,加强行业自律,组织推动物业管理企业开展治安防范工作;三是大力开展"平安小区"建设活动,通过评比表彰,充分调动物业管理在维护社会治安中的积极性、主动性。

(八)坚持从实际出发,大力推进技术防范。要切实提高对技术防范重要性的认识,因地制宜地制定加强技术防范的总体规划,分步实施,扩大技防设施的覆盖面。各级政府要保障技术防范设施所必需的经费。技防建设总的原则是"经济、简便、实用、易行"。在具体工作中要坚持把政府推动和市场运作有机结合起来,把当地经济发展状况与治安防范工作实际有机结合起来,把长远规划与短期目标有机结合起来,分步骤、分层次加以推进。建设部门要按照建设部、公安部《关于做好〈安全防范工程技术工作规范〉宣传贯彻工作的通知》,严格按现行标准规范对安全防范的要求,强化城镇物业小区的技术防范功能。综治部门要与建设部门协商,抓紧制定验收标准和办法。大中城市要全面推行街面、交通要道、重点部位和治安卡口的闭路电视监控系统,加强城市动态管理。机关、学校、企事业单位内部要以红外线电子报警装置为主,逐步提升技防水平。居民楼院、家庭要区别不同情况推行简便实用的技防设施。技防建设既要量力而行,又要充分考虑现代科技发展更新的速度,防止使用落伍或淘汰的设施。要实现110接处警系统、社会面监控系统、各类防盗报警系统之间的互联互通、资源共享,改变各自为政、分散孤立的状况,追求社会效果的最大化。

(九)整顿规范机关和企事业单位内部治安保卫工作,努力减少内部发案。认真落实国务院《企事业单位内部治安保卫条例》和我省《实施意见》。在各级党委、政府的统一领导下,整顿、规范机关和企事业单位的内部治安保卫工作,健全组织机构,加强对单位内部治安保卫人员的教育、培训和管理,提高素质。综治委各成员单位要严格按《条例》和《实施意见》的有关要求和"归口管理"的原则,切实推进本系统企事业单位内部治安保卫工作制度化、规范化。机关和企事业单位都要健全、完善内保工作的规章制度,加强组织领导,落实工作责任,提高安全保卫的能力和水平,减少职工违法犯罪和内部发案。

(十)加强公民道德法制教育,从根本上预防减少违法犯罪。要把教育人的工作放在重要位置来抓,通过卓有成效地深化公民道德法制教育,增强法制观念和道德观念,提高依法办事、依法维权以及自我教育、自我管理、自我约束的能力和水平,筑牢预防违法犯罪的思想防线。要有针对性地加强对社会公众的安全防范意识教育,增强其自防自护意识,减少受违法犯罪侵害的几率。采取有效措施,加强对流动人口、进城务工人员、私营企业职工的法制教育,做好刑释解教人员、受"法轮功"等邪教蛊惑人员、吸毒人员、有不良行为以及闲散青少年的帮教管理工作。农村要普遍制定符合时代要求的乡规民约,结合建设社会主义新农村,在建立自防自护机制的同时,形成良好的公序良俗。

四、组织领导

进一步加强和完善社会治安防控体系不仅是全面落实社会治安综合治理各项措施,保持全省社会治安大局持续稳定的现实需要,也是推进全省平安建设和构建社会主义和谐社会的重要内容。各级党委、政府一定要从落实科学发展观和构建社会主义和谐社会的高度,充分认识做好这项工作的重要性,增强主动性和责任感。党政主要领导要经常听取汇报,提出要求,协调解决重大问题,关心和支持这项工作,分管领导要切实负起责任,亲自组织实施,加强检查督促和协调指导,并深入开展调查研究,不断创新完善工作思路,在难点重点问题上求得突破,推动工作的深入发展。各级政法委、综治委(办)要不断加大动员部署、组织协调和督查指导力度,推动各项措施的有效落实。各级都要从履行政府社会管理职能的要求上去认识问题,把治安防控体系建设纳入当地经济社会发展的整体规划,把治安防控体系建设经费列入本级财政预算。

要把治安防控体系建设作为社会治安综合治理领导责任制考核的重要内容,进一步严格各级党政领导和各部门的工作责任。对社会治安防控体系建设工作除加强平时检查、抽查外,每年要结合社会治安综合治理责任书考核一并进行考核评估。重点检查考核组织领导的力度、阶段性工作进展情况、关键性措施的落实情况以及多发性案件的发案情况。三年规划完成后进行全面考评验收。各级综治部门都要制定考核的标准和办法,并在实践中加以完善,提高检查考核的针对性和科学性。平时工作中要适时组织检查督导,及时通报工作情况,总结推广经验,激励先进,鞭策后进,促进工作深入开展。对工作成效显著、治安防控能力有明显增强、突出治安问题得到有效解决的地区和部门要给予表彰奖励;对治安防控体系建设长期不能取得成效或完不成三年规划任务的地方和单位的党政主要领导和分管领导,要按照有关规定严肃追究责任。

甘肃省社会治安综合治理委员会 甘肃省高级人民法院 甘肃省司法厅 甘肃省公安厅 关于进一步加强民间纠纷排查调处工作的意见

（2006年8月16日）

体制转轨、社会转型时期，也是各种利益关系复杂、人民内部矛盾凸显的时期。民间纠纷是人民内部矛盾的重要方面，近年来呈不断增多之势，且表现出主体多元化、形式多样化、内容复杂化、涉法纠纷多、矛盾易激化等特点，对全省治安和社会稳定产生着重要的影响。做好民间纠纷的排查调处工作，有效预防和减少“民转刑”案件和群体性事件，对于维护社会治安、增进人民团结、促进社会和谐以及保障社会主义新农村建设的顺利进行都具有重要意义。为此，就进一步加强民间矛盾纠纷排查调处工作提出如下意见。

一、各级党委、政府要高度重视，把做好民间矛盾纠纷排查调处工作作为推进平安建设和构建和谐社会的重要任务来抓

民间纠纷的大量增多，影响人民群众和睦相处，影响正常的生产和生活秩序，影响和谐社会建设。一些地方因民间纠纷调处化解不及时，导致矛盾激化，酿成恶性刑事案件，甚至引发群体上访或械斗事件，给人民生命财产造成重大损失，也给改革、发展、稳定大局带来不利影响。认真调处化解民间矛盾纠纷，为人民群众排忧解难，最大限度地消除不和谐不稳定因素，是我们“治国理政”的重要职责，是各级党委、政府贯彻“三个代表”重要思想，体现“执政为民”本质要求的重要方面，也是维护社会大局稳定，建设和谐社会必须致力抓好的工作。党中央历来高度重视民间纠纷的排查调处工作，上世纪六十年代就总结推广了“枫桥经验”。在改革开放的历史条件下，又反复强调要把矛盾纠纷的排查调处工作作为维护社会稳定的重要措施来落实，并进一步创新“枫桥经验”，赋予新的内涵，充分发挥其在新的历史时期的重要作用。省委、省政府在维护社会稳定、构建治安防控体系和推进平安建设等工作中，都把排查调处民间纠纷作为很重要的内容来要求。从近年来社会治安工作的实践来看，大量的民间纠纷发生在基层，而且主要集中在广大农村地区，农村地区近70%的案件是因民间纠纷激化而引发的，而且70%的命案发生在农村，70%的命案属于“民转刑”案件。各级党委、政府要充分认识新形势下做好民间矛盾纠纷排查调处工作的重要意义，真正把它摆上重要位置，适时研究部署，提出工作要求，并督促指导基层组织和有关职能部门认真加以落实，切实做到早发现、早调处、早化解，有效预防和减少因矛盾纠纷调处不及时而引发的各种影响社会治安和社会稳定的案件和事件。特别是县、乡两级党委、政府在民间纠纷排查调处中负有重大职责，一定要把这项工作作为重要的、经常性的任务来抓。县（市区）党委、政府要定期听取有关部门的汇报，有针对性地进行研究部署。乡镇党委、政府是民间矛盾纠纷排查调处工作的具体组织者和实施者，要切实负起责任，坚持把民间纠纷排查调处工作作为保稳定、促和谐、谋发展和建设社会主义新农村的一项长期而重要的工作，与经济发展、公共服务、计划生育等工作摆在同等重要位置，同安排，同部署，同检查。并要组织动员基层党政、政法、综治组织和群众自治组织齐抓共管，共同预防化解民间纠纷，为农村经济社会发展和广大群众安居乐业创造良好社会环境。

二、进一步整合调解力量，明确职责任务，健全完善工作机制

各地要认真分析民间矛盾纠纷调解工作面临的形势和调解组织的现状，进一步建立健全各级各类调解组织，调整充实工作力量，明确各有关部门的职责任务，建立起党委、政府统一领导、综治组织督查协调、职能部门共同参与、市县乡村整体联动的工作格局。

各级行政机关要进一步增强群众观念、法制观念和服务意识，切实依法行政，充分维护行政相对人的切身利益，从源头上减少矛盾纠纷。要充分发挥行政调解的重要作用，特别是土地、矿产、林业、农牧、水利、环保、计生、工商、城管等部门，要认真受理和认真调解涉及本部门管辖的矛盾纠纷，能够调解的要抓紧调解，应当裁决的要依法作出裁处，及时有效化解矛盾。基层党委、政府和司法行政部门要大力加强人民调解组织和调解员队伍建设，并通过强化培训，严格检查考核等办法，督促指导基层司法所和乡村调委会认真履行职责，做好民间纠纷的预防调处工作，把大量的矛盾纠纷解决在基层，解决在萌芽状态；各级法院特别是各基层法院和人民法庭在司法审判活动中，要更加注重调解，按照“能调则调，当判则判”的原则，力争使大量的纠纷通过司法调解的方式来解决，以利于当事人增进谅解，修复关系，减少诉累。同时要积极协助司法行政部门，加强对人民调解工作的指导；基层公安机关及其派出所，在日常治安管理工作中要十分注意采取调解的办法处理有关纠纷和一般治安案件，并通过加强对当事人的思想教育和法制教育，有效预防和减少纠纷，切忌简单草率、一罚了之，给双方当事人埋下积怨，或导致矛盾激化。同时，要在侦破民转刑案件特别是命案的过程中，注意发现问题，及时提出合理建议，督促有关地方和部门有针对性地加强民间纠纷调解工作。

搞好民间矛盾纠纷的排查调处工作，必须充分调动和整合各种调解资源，通过建立有效的工作制度和运行机制，把人民调解、司法调解、行政调解各方面的积极作用都充分发挥出来，增强工作整体合力，形成“大调解”的工作格局。建立“大调解”机制的关键在乡镇（街道）。各乡镇（街道）要由一名分管副书记亲自负责，综治办、司法所、法庭、派出所、调委会、土地、林业、计生、民政、工商、税务等有关组织和人员参加，建立民间矛盾纠纷调解工作联席会议制度，每月召开一次会议，分析问题，部署工作，分解任务，研究解决重点矛盾纠纷，检查责任落实情况，并将情况报告县（市区）综治办，以便监督落实。乡镇（街道）综治办要充分发挥职能作用，协调、指导、督促各有关方面及时认真地做好民间纠纷的排查调处工作。乡镇（街道）的党政主要领导要经常关心过问这项工作，对各有关单位提出工作要求，协调解决有关问题。对重大复杂的矛盾纠纷要亲自出面调处，及时加以解决。

要进一步建立健全矛盾纠纷排查调处的领导责任制、部门单位责任制以及治保、调解组织的工作责任、目标任务。坚持定期排查、信息报告、挂牌督办、案件回访等工作制度，尤其要严格责任追究制度，加大查究力度，敢于查究，及时查究，以促使各有关方面真正把民间矛盾纠纷排查调处的工作任务落到实处，有效减少不和谐、不稳定因素。

三、深入开展法制道德教育，从根本上预防减少矛盾纠纷

各种民间纠纷的发生，既有利益因素，也与当事者的法制观念淡薄、思想道德水平不高有着直接关系。各级党委、政府，各有关职能部门和基层党政组织，都要紧紧结合正在开展的“五五”普法和社会主义荣辱观教育，大力开展对广大群众的法制教育和思想道德教育，切实提高他们的法制观念、守法意识、依法维权意识以及思想道德水平，培养团结友爱、互谅互让的社会风尚，从根本上预防和减少矛盾纠纷。对矛盾纠纷多发的农村地区，当地党委、政府和有关部门要在坚持搞好日常法制宣传和思想道德教育的基础上，利用农闲或容易发生矛盾纠纷的季节，组织力量，采取有效形式，开展集中宣传教育活动，并结合实际认真整顿当地社会风气，树立良好民风村风，弘扬正气，遏制歪风邪气。对少数经常惹是生非、无理取闹的人，要通过批评与自我批评的方式进行重点帮教，促其改正。要积极动员引导基层群众自治组织采取有效办法，在社区和乡村开展各种形式的评先评优活动，大力树立和表扬邻里和睦、团结互助、遵纪守法、尊重社会公德的先进个人、先进村（组）、社区以及模范家庭，倡导文明向上的社会风气。要积极总结推广我省一些地方组织开展的"法德进家"活动的经验,进一步建立和完善各种形式的乡规民约,增强群众自我管理、自我约束的能力,努力减少不文明、不道德、不守法等行为。

四、加强组织领导,加大检查考核力度

各地、各有关部门要切实加强对民间矛盾纠纷排查调处工作的组织领导,在研究社会治安综合治理工作时要突出民间纠纷排查调处这个重点,党政主要领导要亲自过问,解决工作中遇到的困难和问题。各级社会治安综合治理委员会及其办公室要抓好指导协调、督查督办和总结经验的工作。要不断加大对民间矛盾纠纷排查调处工作的考核力度,促使各地、各单位把相关措施和要求落实到位,取得实效。要把检查考核的重点放在基层,尤其要突出对乡、村两级党政领导、政法基层组织、人民调解组织以及有关部门和单位落实排查调处工作责任的考核。考核的重点是各级党政领导重视程度、研究部署和抓工作的力度,组织建设和工作制度、工作机制建设的情况,尤其要看因民间纠纷引起的信访案件是否减少,"民转刑"案件是否得到有效预防控制,有无因民间纠纷激化酿成恶性刑事案件等。考核由各级综治办牵头,组织法院、公安、司法行政、信访等部门参与,共同评定。对那些民间纠纷大幅度上升,"民转刑"案件增多的地方,在单项考核和综合评估时都要严格扣分。对因民间纠纷激化导致发生恶性杀人、投毒、伤害案件,或引发重大群体上访、械斗事件,造成严重后果的,相关地方不得在年度综合治理考评中评先受奖,对有关乡镇要实行"黄牌警告"或"一票否决",并要实行责任倒查,严肃追究党政领导和相关责任人的责任。

加强省际综治协作　建立长效工作机制
维护边界地区和谐稳定

甘肃省现有14个市州、86个县市区,其中有12个市州、50个县市区分别与四川、陕西、宁夏、内蒙、青海和新疆6省区接壤,省际边界线长9807公里,是全国省际边界线最长的省份之一。全省各地十分注意加强省际综治协作,建立长效工作机制,努力创建平安边界,有力地维护了边界的稳定和谐。主要做法是:

一、以加强领导为前提,为创建平安边界提供有力的组织保障

省上主要领导、分管领导和省委政法委、省综治委主要领导多次对这项工作作出重要指示和批示,省综治办专门确定一名领导负责抓具体事项。从2003年开始,全省就实行了边界地区治安目标管理责任制,从省上到市州、县区、乡镇层层签订责任书,各级综治办认真检查考核,确保责任落实。涉边市州及县市区主要领导和分管领导经常深入边界地区调查研究,认真做好群众的思想教育工作,积极参与协调处理边界地区矛盾纠纷。此外,还坚持不懈地狠抓边界地区综治组织建设,夯实基层基础,涉边县区及乡镇全部建立了治安联防工作领导机构,制定完善了边界维稳及平安创建等工作方案和制度,明确工作职责,加强组织领导。位于边远地区的酒泉市阿克塞哈萨克族自治县还特别成立了由县委书记任组长的边界综治工作领导小组,定期研究解决影响边界稳定的各种问题,确保了边际地区平安创建工作有人抓、有人管。

二、以建立和完善省际综治协作工作机制为重点,狠抓工作合力的形成

一是建立和完善维稳工作联席会议制度。全省与外省区接壤的12个市州、54个县市区普遍建立了省际综治协作信息互通和工作协商机制,每年双方不定期召开联席会议,通报情况,互通信息,协商解决边界地区出现的各种问题。位于甘肃东南部的陇南市专门与毗邻的陕、川六市建立了边界地区定期通报治安和社会稳定情报联席会议制度，同时根据治安形势的变化，适时开展联防联治、联手打击刑事犯罪、重大事件共同协调处置等活动，形成了强有力的工作合力。张掖市肃南、武威市天祝等县与毗邻县共同制定了边界地区治安联防、案件协查、护林防火和落实村规民约联席会议制度，共同落实社会治安综合治理的各项措施，形成了边界地区治安大联防格局。二是建立和完善矛盾纠纷联合排查调处机制。坚持把排查化解边界地区矛盾纠纷作为创建平安边界、构建和谐社会的重中之重来抓。普遍在矛盾纠纷多发的省际边界县乡建立矛盾纠纷联合调处机构，共同制定切实有效的措施，及时联合分析排查调处各类影响边界稳定的矛盾纠纷。庆阳、甘南、临夏等市州的县乡两级政府成立了由主要领导任主任、分管领导任副主任，有关部门负责人任成员的边界综治协调委员会，切实加强了对边界地区矛盾纠纷排查调处工作的组织领导和具体实施。建立和完善边界地区矛盾纠纷排查调处网络和工作体系。针对边界地区矛盾纠纷背景复杂、涉及面广、处置难度大的实际，全省边界地区建立了县、乡、村三级边界综治联络员制度，按照“超前分析，超前安排，超前介入和积极处置”的工作原则，主动掌握影响边界地区社会稳定的各种问题、动态、信息和苗头，及时沟通情况，对潜在不稳定因素随时上报。尤其对边际地区草原、土地、水事、矿山企业、退耕还林、退牧还草等方面的问题，深入进行摸排和调查研究，及时与有关部门和乡镇沟通情况，提出解决意见，落实领导责任，限期调处和解决。对可能影响本地区社会稳定的重大矛盾和突出问题，做到早发现、早控制、早处置，确保不发生严重影响边界地区稳定的重大事件。对跨地区、跨部门的矛盾纠纷，通过沟通协商，由双方派出精干力量，共同妥善调处。对涉及多部门的矛盾纠纷，针对主要矛盾的类别，确定牵头部门，协调有关部门积极配合，共同调处，有效化解。三是建立和完善治安防范协作机制。按照全省社会治安防控体系建设工作总体要求，边界地区坚持“通力协作、密切配合、互通信息、相互支持、相互联动”的原则，积极组织县、乡、村开展各类治安联防协作活动。通过与相邻市州及县区签订治安联防协作协议，建立良好的工作机制。甘南州玛曲、迭部、舟曲、卓尼、碌曲等县综治委、公安局相继与四川省九寨沟、阿坝、若尔盖等县签订了边界地区治安联防协作协议，陇南市文县与四川省九寨沟县、平武县、青川县签订了《边界地区社会治安综合治理整体联动防范工程和平安建设协议书》，张掖市肃南县政府与青海省门源县政府签订了《关于加强睦邻友好关系，共同开展民族团结进步创建活动的协议》，加强了边界地区的治安协作，使边界治安联防工作进一步制度化、规范化。结合平安建设和社会治安防控体系建设，构建起了多层次、宽领域的治安防范网络。各地普遍在边界地区交通要道建立治安卡口，组建治安巡逻队伍，加大联合巡查力度，形成了“纵横相交”的治安联防网络。通过开展治安专项联合行动，有效防范和依法打击边界地区的违法犯罪活动。针对边界地区存在的突出治安问题，各涉边市州与相邻地区公安机关通力协作，密切配合，共同防范和打击违法犯罪。特别是在缉枪治爆、强化交通管理、打击盗窃牲畜犯罪、处置各类突发事件和群体性事件等工作中，双方公安机关牢固树立边界治安工作一盘棋的思想，加强协作，采取坚决措施，取得了明显成效。四是建立和完善督查督办和考核机制。为确保各项工作措施在边界地区得到落实，相继制定出台了《甘肃省维护社会政治稳定领导责任制》、《甘肃省社会治安综合治理督查督办工作制度》。多数市州和县市区也出台相关规定，如肃南县委、县政府先后制定了《在维护社会稳定中基层党组织和共产党员必须做到“十带头”、“十不准”的规定》和《肃南县边界维稳工作制度》、《肃南县维护边界稳定工作职责》。全省各级不断加大督查督办力度，严格社会治安综合治理责任制考核，严格责任追究，对工作不落实，责任不到位引发重大问题的单位或个人，按照有关规定，由综治、组织、纪检、监察、人事部门联合进行查处。

三、以沟通交流为手段，促进双方团结共进

在边界社会治安综合治理工作中，把解决边界纠纷和促进沟通发展有机结合起来，以建立友好乡镇为载体，积极开展“四联四促”活动，即县与县之间加强联络促发展，乡与乡之间加强联防促稳定、村与村之间加强联谊促团结，部门之间加强联系促工作。通过这些活动，边界县市区进一步加强沟通交流，加深了解，理顺关系，形成和谐友好的工作氛围。2006年底,已在边界地区建成了一大批友好乡镇,进一步密切了睦邻关系。陇南市两当县杨店乡和陕西省凤县双石铺镇,武威市天祝县毛藏、哈溪镇、赛拉隆乡分别与青海省门源县朱固、仙朱乡、互助县嘉定乡建立了边界友好乡镇关系,双方亲如一家。还有许多县市区,如肃南县每年春节前后,主要领导都要带领有关人员及县歌舞团到相邻县开展交流座谈和演出活动,双方相邻乡镇、村也定期开展走访慰问活动。庆阳市环县毛井乡领导每年都带领村干部主动到毗邻地区交流工作、化解隔阂,该乡黄寨柯村戏楼落成典礼时,毗邻的宁夏干城子乡领导带队贺喜,还捐了款。如今,全省边界地区"与人为善、以邻为伴"的良好氛围已经形成。

四、以解决重大治安问题为着力点,努力维护边界和谐稳定

在平安边界创建工作中,全省各级党委、政府、人大、政协和政法综治部门、人民团体、宗教组织等社会各界积极参与,齐抓共管,始终坚持以解决重大治安问题为着力点,努力维护了边界的和谐稳定。从1997年开始,甘南州玛曲县欧拉秀玛乡与青海省河南县宁木特乡部分群众,因草场边界争议发生多次冲突流血事件,给双方群众的生命财产造成了很大损失,严重影响了当地群众的生产生活和经济发展。2000年国务院对两县争议裁决后,由于善后等各种问题,双方仍磨擦不断。对此,各级领导进一步统一思想认识,积极主动深入到群众家中,通过开展大量耐心细致的宣传教育,消除群众的抵触情绪,解开思想疙瘩。经过双方的共同努力,两省达成了一系列处理边界争议善后协议,终于使长达八年的草山边界纠纷得到圆满解决。从上世纪50年代末开始,甘南州夏河县甘加乡与青海省循化县岗察乡边界地区就存在着草山、草场纠纷,直至到2004年9月10日,双方群众终于爆发了放牧冲突和大规模的械斗事件,造成2死6伤的严重后果。在解决善后工作中,双方群众还多次发生不测事件。对此,省委政法委、省综治委、办主要领导冒着生命危险,亲临现场,亲自督办,两县党委、政府也积极配合,狠抓有关措施的落实,从共同维护边界地区和谐稳定的高度出发,实事求是,互谅互让,友好协商,同时拉卜楞寺管会也主动出面,大力进行协调,终于使双方达成了处理退赔事宜协议,并结成民族团结友好县,结束了46年的边界争议。这些重大问题的解决,有力地维护了边界地区的和谐稳定和良好的治安秩序。

五、以宣传教育为基础,提高群众的法治意识

全省各级党委、政府和政法综治部门牢牢掌握思想宣传和法制宣传的主动权,在边界地区进行了形式多样的宣传教育活动。各地充分利用"四五"、"五五"普法、综治宣传月等时机,采取张贴宣传标语、开办宣传栏、召开村民会议等形式,对行政区域管理的法律法规、边界管理办法及平安建设的有关文件精神进行广泛宣传,多数地方还结合各种类型的培训学习,切实加强对基层干部和广大农牧民的教育,进一步提高群众的思想认识和法治意识。有的涉边市州还组织人员深入边界地区田间地头、草原牧场宣传法律法规,教育农牧民群众树立良好的社会道德风尚,提高法律意识,正确处理邻里、邻边关系,坚决同违法犯罪行为作斗争,边界地区群众依法维权、自觉维护地区稳定的意识进一步增强,为边界地区的长治久安奠定了良好基础。

甘肃省社会治安综合治理委员会
组成人员名单

省社会治安综合治理委员会是协助省委、省政府领导全省社会治安综合治理工作的议事协调机构。省社会治安综合治理委员会办公室与省委政法委合署办公。综治办主任由政法委秘书长兼任。

省综治办内设综合治理基层建设指导处、综合治理协调处、省见义勇为基金会秘书处。

省社会治安综合治理委员会负责人名单：

主　任：陈学亨　省委副书记

副主任：洛桑灵智多杰　省委常委、政法委书记

李德奎　省人大常委会副主任

罗笑虎　省政府副省长

蔚振忠　省政协副主席

郝洪涛　省高级人民法院院长

蔡　宁　省人民检察院检察长

委　员：王润康　省纪委副书记、省监察厅厅长

王耀东　省委组织部副部长

张生桢　省委宣传部副部长

庞　波　省委政法委副书记

王新中　省人大内司委副主任

孙公平　省政府办公厅副秘书长

张　忠　省政协法制委副主任

李文卿　省发展和改革委员会副主任

白继忠　省教育厅党组书记、厅长、高校工委书记

赵聚忠　省公安厅厅长

王　幸　省公安厅副厅

石允蒲　省国家安全厅厅长

冯玉祥　省纪委常委

黄绫祖　省民政厅厅长

阎正芳　省司法厅党委书记　厅长

吴仰东　省财政厅副厅长

杨　诚　省人事厅党组书记、厅长、编办主任

朱志良　省劳动和社会保障厅厅长

屠锦敏　省建设厅厅长

徐拴龙　省交通厅党组书记、厅长

马少青　省文化厅厅长

侯生华　省卫生厅厅长

刘维忠　省人口委主任

卢有治　省政府国有资产监督管理委员会副主任

张家昌　省广播电影电视局局长

朱同心　省工商局党组书记、局长

武敬东　省质量技术监督局局长

周德祥　省新闻出版局局长

樊怀玉　省统计局局长

王建中　省安全生产监督管理局局长

张守莘　省旅游局党组副书记、副局长

赵宝生　省总工会主席

王　锐　共青团甘肃省委书记

崔玉琴　省妇联主席

杨明基　中国人民银行兰州中心支行行长

何　伟　银监会甘肃监管局纪委书记

梅建生　省邮政局局长

乔绪富　省通信管理局局长

卢志宏　移动通信集团甘肃有限公司副总经理

秦卫东　省军区政治部副主任

赵长才　甘报社总编

赵国民　武警甘肃总队副总队长

刘　敏　省社科院副院长

郭务民　民航甘肃省管理局党委副书记

朱仪仁　兰州海关党组书记、关长

郭廷瑞　兰州铁路局党委常委、纪委书记

王积宁　中国人民保险公司甘肃分公司党委成员、副总经理

王福祥　中国人寿保险公司甘肃分公司党委委员、纪委书记副经理

王虎林　保监会甘肃监管局局长

拓守强　省委防范和处理邪教问题办副主任

办公室主任：

牛纪南　省委政法委秘书长（兼）

办公室副主任：李玉清

甘肃省各市(州)、县(市、区)综治委、办主任名单

地 区	综治委主任	综治办主任	地 区	综治委主任	综治办主任
兰州市	哈全玉	高兴贵	天祝县	李生海	王守宽
城关区	俞成辉	张盛明	**酒泉市**	张克勤	王保家
七里河区	高 星	何建军	肃州区	陈柱邦	张万忠
西固区	王习军	陈福祥	玉门市	张立东	王成龙
安宁区	王永生	苗承礼	敦煌市	张文全	展洪斌
红固区	程 华	张世岩	金塔县	李世英	闫辉国
永登县	王玉宝	杨东红	瓜州县	董生录	师 军
皋兰县	钱承文	郁建文	肃北县	周兴仁	宋志礼
榆中县	田 明	韩悌勇	阿克塞县	雷生成	马德胜
嘉峪关市	李慎滨	许慧清	**张掖市**	王 军	钟联社
城区工委	李玉杰	刘鸿博	甘州区	王洁岚	纪向军
郊区工委	郑建国	王玉珉	民乐县	陈兴荣	白瑞珍
酒钢(集团)公司	梁传密	何有山	临泽县	刘文兴	鲍德敏
			高台县	甄广波	桑国瑜
金昌市	康 坚	杨学祥	山丹县	蔺学锋	谭多相
金川区	徐 峰	王奎文	肃南县	秦学仁	胡延文
永昌县	蒲有文	毛志成	**庆阳市**	马 平	刘俊峰
白银市	丁军年	周文全	西峰区	张怀壁	刘晓龙
白银区	曾 源	王继甫	庆城县	张刚宁	李振剑
平川区	杜世润	雷光前	环 县	白振海	王 剑
靖远县	雒联奎	魏兴科	华池县	何文堂	徐国渊
会宁县	詹登龙	张维信	合水县	谢守成	王文武
景泰县	薛生杰	张发祖	正宁县	阎焕智	高 飞
天水市	韩岱成	裴国栋	宁 县	李百选	朱一民
秦州区	杨虎林	王利民	镇原县	罗君伟	席 罡
麦积区	张克强	赵 宏	**平凉市**	李志勋	朱有成
清水县	李宽余	毛爱民	崆峒区	李晓林	马辉军
秦安县	郑建民	何增福	泾川县	吕鹏举	张贵义
甘谷县	王振宇	李全文	灵台县	薛继雄	李 强
武山县	李景春	张富定	崇信县	王颖弘	李树勋
张川县	李肖峰	马建平	华亭县	张 弘	侯 科
武威市	焦天成	贾永英	庄浪县	章进录	柳志福
凉州区	马国荣	王世英	静宁县	葛会荣	王勤学
民勤县	洪元涛	白雪峰	**定西市**	王仲勤	宋世豪
古浪县	赵国祥	姚开云	安定区	郭景虎	安永林

地　区	综治委主任	综治办主任	地　区	综治委主任	综治办主任
通渭县	杨水涛	冉双升	临夏县	曾祥林	韩效忠
临洮县	陈永寿	李志君	康乐县	沙世玉	魏守如
漳　县	闫粉棠	包宏祥	永靖县	乔跃俭	李良云
岷　县	马育德	年小平	广河县	马福荣	马向荣
渭源县	罗小平	曹登铭	和政县	田永新	马廷玉
陇西县	包志宏	董岐山	东乡县	马旭林	汪海涛
陇南市	李学春	王　惠	积石山县	韩学刚	马进贵
武都区	朱宝莹	赵　峰	**甘南州**	刘志明	崔庆春
成　县	王　均	杨　青	合作市	李世忠	周新民
宕昌县	杨新林	王　沛	临潭县	牛汝霖	冯辅荣
康　县	蒲胜录	梁彦琦	卓尼县	马志援	张晓明
文　县	徐世林	蒲晓华	舟曲县	杨永海	虎建军
西和县	苏正清	成解问	迭部县	仁青东珠	王凤娥
礼　县	张　力	张世权	玛曲县	尕尔项	王建国
两当县	夏建华	武继承	碌曲县	杨尕让	高尚宗
徽　县	王瀚东	唐维正	夏河县	山可亮	拉毛当智
临夏州	史志明	康　健			
临夏市	王晓林	黄　海			

（撰稿人：惠　强　雷虎林
审稿人：牛纪南　田大忠）

青 海 省

2006年社会治安综合治理工作概况

2006年,全省综治工作紧紧围绕构建社会主义和谐社会的总体要求,深入开展“平安青海”创建活动,狠抓基层基础组织建设,进一步落实各项工作措施,严厉打击处理各种违法犯罪,有力地维护了社会政治稳定。

一、深入开展平安建设

各级党委政府把平安建设作为构建和谐社会和维护社会稳定的总抓手,切实将创建工作纳入社会经济发展的总体规划、年度综治考核目标和领导责任制考核内容,狠抓各项工作措施的落实,推进了全省基层平安建设活动的深入开展。

省综治委根据“平安青海”建设的总体目标,经过深入调研,制定了“平安县(市、区)标准及命名办法”;充实完善了平安乡镇(街道)、社区(村)、平安单位、平安企业、平安校园、平安商(市)场、平安寺院等基层平安创建活动内容,指导各地全面开展平安创建活动。

各综治成员单位按照职责分工,积极组织开展行业平安创建活动。“平安寺院”、“平安家庭”、“平安校园”、“平安商(市)场”、“平安大道”、“平安铁路”等创建活动全面展开。

省平安建设领导小组制定下发《关于做好平安建设宣传工作的意见》,细化了宣传工作要求。各地以平安建设为主题,开展了形式多样、内容丰富的宣传月活动。《青海日报》、《青海法制报》、青海人民广播电台、青海电视台开辟了平安建设专栏,青海政法在线网站对“平安青海”建设进行全方位的宣传报道,各地方新闻媒体也通过不同形式加大了对平安建设的宣传力度。

二、全力抓好矛盾纠纷排查调处

从建立机制、规范制度、明确责任、落实措施入手,建立健全了州、县、乡、村四级矛盾纠纷排查调处工作体制。

积极开展各类边界、草山、征地拆迁矛盾纠纷的预防化解工作,指导有关地区做好虫草采挖期间的社会稳定工作。加强了省际边界地区矛盾纠纷的预防化解工作,积极开展与西藏、四川、甘肃等周边省区的交流合作,建立了共同维护边界地区社会稳定工作机制。

加强了综合治理法制化建设,制定颁布了《青海省社会治安综合治理条例》和《青海省人民调解工作条例》。

三、着力构建社会治安防控体系

按照“打防结合,预防为主,专群结合,依靠群众”的方针,全面落实人防、物防、技防各项防范措施,驾驭社会治安局势的能力进一步提高。在人防上,城镇积极推广社区警务战略,不断完善区域防范机制,发展壮大保安服务,努力推进治安防范市场化、社会化;农村广泛推行治安室、治安中心户长制和十户联防制,组织民兵、群众开展治安联防;牧区开展分片联防、跟群放牧、边界地段巡山护牧等加强安全防范。部分县乡还成立了草原骑警队、民兵摩托应急连,在巡山护牧、治安巡逻、防火防盗工作中发挥了重要作用。在物防上,各地根据不同实际,通过推广单元电子门锁、摩托车防盗锁、车库门锁和居民院落门锁改造等,有效预防了盗窃案件的发生。在技防上,各级政府加大资金投入,提高科技防控能力,红外智能报警和视频监控等设施已逐步从城市向州县普及。目前,全省已有30个县(市、区)安装了覆盖主要街道、交通要道和重点部位的视频监控系统,占全省县(市、区)总数的65.2%。

四、深入开展“严打”整治斗争

2006年,在全省范围内先后组织开展了打黑除恶、打击“两抢一盗”、打击制贩枪支、打击盗抢机动车辆、打击毒品犯罪、打击赌博活动等一系列专项斗争,破获了一批危害严重、影响恶劣的大案要案,惩治了一批严重刑事犯罪分子,保持了对刑事犯罪的高压态势,有效地维护了社会治安稳定。省综治委通过定期排查分析,对省内9个治安问题突出秩序混乱的地区进行了综合整治,使4个地区治安面貌明显好转,5个地区治安面貌有所改观,人民群众对社会治安的满意度进一步提高。

五、切实加强社会管理工作

以预防青少年违法犯罪为重点,深入开展“为了明天—预防青少年违法犯罪工程”宣传教育活动,积极推进青少年违法犯罪社区预防计划,加强对服刑人员未成年子女、社会闲散青少年、流浪儿童等重点群体的教育、管理和服务。西宁、海东、海西、海南、海北、黄南及所属各县成立了未成年人法律援助工作站和法律援助中心。

以落实各项安置帮教措施为重点,在排查、衔接、安置、帮教四个环节上下功夫,切实做好后续教育管理工作。通过开展排查登记,落实帮教措施,制定安置审批制度等,进一步巩固了省、州、县、乡、村五级安置帮教工作网络。挂牌成立了全省第一家安置帮教过渡基地。年内,刑释解教人员安置率达84%,帮教率达95%,重新犯罪率控制在3%以内。

以加强流动人口管理为重点,初步建立起以派出所为龙头,社区居(村)委会为依托,流动人口、出租房屋协管人员为基础的服务管理体系。

以净化学校及周边治安环境为重点,结合“平安校园”创建活动的开展,加大对学校及周边治安秩序的治理力度,进一步促进了治安秩序的好转。

以开展创建平安铁路示范段为重点,对沿线影响铁路安全运输的问题及隐患进行了平推式检查,集中整治了牛羊上道、击打列车、土道口等突出问题。组建专职铁路护路队伍,落实护路联防责任,建立保障工作机制,确保了青藏铁路的安全畅通。

六、进一步强化对敌斗争

省反恐领导小组及公安、安全部门,加强了对情报信息的搜集研判,及时做出安排部署,严密防范和打击各种敌对势力在全省的渗透颠覆活动。

省综治委制定出台了《关于进一步将防范和处理邪教问题纳入基层社会治安综合治理工作的意见》,将防范和处理邪教工作纳入到综治工作当中,进一步完善了长效工作机制。

七、健全完善综治工作机制

建立了领导责任机制。省委、省政府下发文件明确规定:“社会治安综合治理评为良好以下的,领导班子年度目标考核不得评为优秀”。同时,提高了社会治安在考评中的分值。把“平安建设”列入各级党政领导班子和领导干部工作目标考核内容,明确“一把手”是第一责任人,分管领导是主要责任人,层层落实了领导责任。加强了“一票否决”和责任查究力度。年终,对29个不达标单位实行了一票否决,14名个人进行了责任追究。

建立了齐抓共管工作机制。制定分工实施方案,将综合治理和平安建设目标任务分解到各综治成员单位。坚持例会制度、联席会议制度、委员定期述职制度和联系点制度,密切了部门间的工作联系和信息交流,形成了党、政、工、青、妇齐抓共建平安青海的工作格局。

建立了三级督导机制。为推动平安创建活动基础年各项工作措施的贯彻落实,省、州、县三级建立起督导检查机制,并逐步展开工作。2006年,省综治办组织对全省43个县(市、区)进行了督导检查;各州(地、市)综治办组织对全省396个乡镇(街道)进行了督导检查;各县(市、区)综治办组织对所辖50%的(约2240个)村、社区进行了督导检查,有力地推进了基层平安创建工作的深入开展。

建立了工作保障机制。全省乡镇(街道)均配齐了分管综治工作的党政副职和综治专干,村级综治组织建设得到进一步加强。大部分州(地、市)、县(市、区)增加了基层政法综治经费,保障了综合治理和平安创建各项工作的顺利开展。

八、加大业务培训和学习交流

针对换届后州、县两级新任政法委书记、综治办主任较多的实际,省委政法委举办了为期一周的全省州县政法委书记、综治办主任培训班,85名州、县两级政法委书记、综治办主任得到了上岗培训。

省委政法委、省综治办组织部分州(地、市)

政法综治干部，赴综治工作基础较好，开展平安建设较早的省市进行考察，开阔思路，学习引进了先进的经验做法。

省综治委及时总结省内平安创建工作成功的做法，开展学习交流，组织现场观摩，促进了全省平安创建活动的深入开展。

九、严格综合治理考核评比

省综治委制定下发《2005 年度全省州地市社会治安综合治理暨平安建设工作考评标准》、《2005 年度省综治成员单位参与综合治理暨平安建设考评标准》，制定出考评方案和考评细则。

由省综治委领导带队，组织业务处室干部，分别对各州、地、市及省直各部门年度综治工作和平安创建情况进行全面检查考评。

通过检查验收，分析研究存在的问题，提出改进意见，达到了理清思路、明确责任、落实措施、促进工作的目的。

开展平安建设、实施“为了明天工程”和社会治安防控体系建设情况

一、深入开展平安建设

（一）按照省委省政府“加强组织领导，落实工作责任”的要求，省、州、县、乡均成立起了由党政主要领导挂帅的平安建设工作领导小组，下设办公室，与同级综治机构合署办公，具体负责组织协调、检查指导、推广经验和考核验收工作；明确党政“一把手”为平安建设第一责任人，对本地区平安建设开展情况负总责，分管领导具体抓，班子成员协助抓，共同承担责任；省综治委制定了《省综治委成员单位参与平安建设的分工方案和保障机制》，将创建工作中的具体任务分解到 26 个成员单位，促进了部门和行业创建活动的全面开展。

（二）按照省上提出的“基层基础年”建设要求，各地、各部门把平安建设纳入到经济、社会发展的总体规划，列入年度计划、年度综治考核和领导责任考核目标内容，狠抓平安建设各项基层基础措施的落实，推进了活动的深入开展。

（三）制定“平安县（市、区）标准及命名办法”和“平安乡镇（街道）、平安社区（村）、平安单位、平安企业、平安校园、平安商（市）场、平安寺院”等基层平安创建活动内容，规范了创建标准，指导各地各部门全面开展创建活动。海南、黄南、海北州还结合实际组织开展了“平安边界”、“平安家庭十星竞赛”等基层平安创建活动，丰富了创建活动内容。

（四）省综治成员单位按照职责分工，进一步加大了行业平安创建力度。省委统战部、省民委统筹安排部署，提升了“平安寺院”创建力度，省妇联在全省全面推行“平安家庭”创建，省教育厅积极推进“平安校园”创建，省工商局组织开展了“平安商（市）场”创建，省交通厅组织实施了“平安大道”创建，青藏铁路公司组织开展了“平安铁路”创建活动，其中，“平安寺院”创建活动成效显著，有力地维护了民族地区的社会政治稳定。

（五）全省上下积极开展平安创建的宣传发动，大力营造共创氛围，宣传工作突出了“两个重点”，抓好了“三个阵地”，建立了“四个机制”，落实了“五项制度”。即：突出对平安建设的宣传，制定下发了《关于做好平安建设宣传工作的意见》，与省委宣传部专门下发了《关于做好“平安青海”宣传报道工作的意见》，明确了开展平安建设宣传工作的 7 项具体指标；突出对政法队伍建设的宣传，以塑造好政法队伍公正执法的整体形象，提高整体战斗力为目标，宣传公正执法的先进典型。以青海新闻网为依托，办好“青海政法在线”网站；以青海日报等主流报刊为依托，开设“平安青海”建设专栏；以广播电视为依托，制作“平安建设”专栏、录制“平安青海”节目。建立宣传经费保障机制、宣传工作奖励激励机制、宣传工作考评机制和部门沟通协作机制。落实政法综治

宣传工作联席会议制度、定期向新闻媒体通报情况和听取意见制度、重大事件通报会制度、联络员通讯员工作制度和重要新闻稿件审查制度。

二、积极推进预防青少年违法犯罪工作

(一)加强了机制建设。省预防青少年违法犯罪活动领导小组对小组成员进行了调整,加强组织领导,补充有生力量,进一步完善工作机制,形成了省、州、县三级预防工作组织体系。

(二)加强了宣传教育。在青少年中,开展了以“八荣八耻”为主题的社会主义荣辱观教育,采取多种形式,开展“我与祖国共奋进”等主题实践活动,大力弘扬爱国主义思想。开展法制教育,组织学习《中华人民共和国未成年人保护法》、《中华人民共和国预防未成年人犯罪法》等法律常识,正确引导青少年树立学法、懂法、守法、用法的意识。在社会面上,构建起了学校、社会、家庭三位一体的思想道德宣传教育网络。

(三)加强了重点管理。1. 对无人抚养、监护的服刑人员未成年子女,积极发动社会力量进行认领、收养和捐助,确保这一部分少年儿童有人养、有人管、有学上。2. 出台下发了《关于切实做好流浪未成年人工作的意见》,在全省9个地区建立救助管理站,加强了对流浪儿童的救助管理。3. 在2005年全省8个地区28个县建立未成年人法律援助工作中心、工作站的基础上,新增设了18个法律援助工作站(中心),逐步扩大对未成年人的法律援助和维护范围。4. 在部分地区实行结对帮教。聘用招募专业志愿者、社会工作者,组建社区闲散青少年工作队伍,通过普查、建档、立卡、专人联系等方法,与社区闲散青少年结对子,开展帮教活动,有效预防了青少年违法犯罪活动的发生。

(四)加大了治理力度。1. 开展专项行动,集中整治清理学校及周边地区的网吧、电子游戏厅、录像厅、歌舞厅、出租房屋和暂住人口,为中小学生营造良好的学习环境。2. 严厉打击涉毒、涉赌、涉黄违法犯罪活动,严防毒品、赌博、黄色淫秽流氓犯罪等危及青少年。2006年共破获涉校刑事案件3起,查处治安案件17起。3. 专业部门加大了对校园、社区和特种行业治安秩序的管理,向学校、社区派驻保安员和法制副校长,设置治安岗亭,增强了应急机动能力,推进了预防青少年违法犯罪活动的深入开展。

三、加强社会治安防控体系建设

(一)在城市、城镇以公安机关为主,通过警力下沉和积极推进社区警务战略,开展了治安防控工作的网络化建设,初步形成了以社区、街道、内部单位等点、线、面相结合的防范工作格局。

(二)在农村牧区,依靠基层党组织和综治组织力量,积极发动群众组建治安联防队、民兵巡逻队及建立实行中心户长制,联户联防,邻里守望等有效形式,防范工作迈出了新的步伐。

(三)在工业企业较多地区,积极探索并完善企地共建治安防范机制,联手整治突出治安问题,企业内部及周边地区治安面貌发生了新的变化。

(四)在城市重点部位、卡口、县府城镇、企业内部、居民小区积极推广技防设施建设,全省30个县城安装了电子视频监控系统,科技手段在治安防范工作中的作用日益明显。

加强综合治理基层基础建设及开展矛盾纠纷排查调处工作情况

一、社会治安综合治理基层组织建设情况

(一)加强了以党支部为核心的基层组织建设。以党支部为单位,在村委会、社区居委会设立综合治理领导小组,充分调动和发挥治保会、调委会、帮教组织、治安联防组织的作用,从最基层抓起,筑好第一道防线,提高了预防、发现和控制违法犯罪的能力。

(二)加强了以乡镇(街道)为骨干的基层组织建设。全省429个乡镇(街道)均配齐了主抓综治工作的党政副职和专职干部,选拔了一批年轻乡镇干部充实基层综治组织，保证了基层综治工作有人抓、有人干。同时，加强完善了派出所、司法所、人民法庭和社区警务室等基层政法组织的建设。

（三）进一步建立完善了以群众自治组织为基础的社会治安工作防控网络。在城镇进一步落实了门卫值班、保安服务、看楼护院、护厂、护校等制度，建立企地联防、校地联防、路地联防等工作机制。在农村、牧区设立治安室，组建民兵巡逻队、村（牧）民护村（护场）队、民兵应急队，建立中心户长制，联户联防开展群防群治工作，扩大了防范控制面。

（四）建立了工作经费保障机制。按照省委、省政府“落实乡镇（街道）综治平安建设工作经费和配套经费，并随经济的发展逐步增加”的要求，从2005年起省财政每年按照每人0.20元的标准，给全省429个乡镇（街道）列支平安建设专项经费107万元。各级综治部门积极协调同级财政，解决了大部分地区基层综治经费问题。海西州按人均0.8的比例划拨，海东地区按人均0.6的比例划拨，海南、黄南、海北州按人均0.4的比例划拨，果洛州分别按县、乡各10000和2000的标准，拨出了平安建设专项经费。海北州还做出计划，明确规定：从2005年到2010年，每年以10%的比例递增综治经费。综治经费保障机制逐步得到完善。

二、开展矛盾纠纷排查调处工作情况

（一）省综治委制定了《关于进一步做好矛盾纠纷排查调处工作的意见》，从建立工作机制，规范工作制度，明确工作责任，落实工作措施入手，建立健全了州、县、乡、村四级矛盾纠纷排查调处工作体制。

（二）加强了县级矛盾纠纷排查调处指导协调中心和乡镇矛盾纠纷排查调解中心建设，严格落实矛盾纠纷排查调处工作例会、情况报告、归口调处、责任查究制度，充分运用人民调解、司法调解、行政调解的手段，全力将矛盾纠纷化解在当地和基层。实行重大矛盾纠纷党政部门主要领导负责制，逐级落实了领导包案调处、部门挂牌督办、跟踪回访等制度。

（三）积极开展各类边界、草山、征地拆迁矛盾纠纷的预防化解工作，指导有关地区做好虫草采挖期间的社会稳定工作。加强了省际边界地区矛盾纠纷的预防化解工作，积极开展与西藏、四川、甘肃等周边省区的交流合作，建立了共同维护边界地区社会稳定工作机制。

（四）加强了综合治理法制化建设，制定颁布了《青海省社会治安综合治理条例》和《青海省人民调解工作条例》，推动了全省综治工作和人民调解工作的健康发展。

（五）及时上报工作情况。省综治办对各地定期上报的排查调处情况及时进行汇总分析，每半年向中央综治办和省委、省政府报告一次排查调处情况。

2006年，全省共排查出各类突出矛盾纠纷187起，调处解决89起，占排查总数的47.6%。全年群体性事件发生数同比2005年上升9.3%，参与人数下降24.1%。基层人民调解组织共调处各类矛盾纠纷27810起，成功率为96.4%。

开展重点整治和专项行动情况

一、对影响社会治安突出问题的整治情况

按照省综治委要求，各级综治部门定期对治安混乱地区和突出治安问题进行排查，按月上报省综治办。省综治办集中汇总分析后，确定重点，指导各地开展整治。

2006年1至12月，全省共排查出社会治安秩序混乱和问题突出地区9个，通过集中整治，4个地区治安面貌得到明显好转，5个地区治安面貌有所改观。

二、专项行动情况

（一）加大了命案侦破工作力度。2006年，全省共立命案206起，破获179起，未破27起，破案率为86.9%，较上年同期相比，破案率提高了2.7个百分点。海南、海北、黄南三个州命案破案率为100%，全省命案全破县33个，未发生命案县5个。

（二）加大了“打黑除恶”工作力度。2006年，全省共摸排出黑恶势力违法犯罪线索60条，打掉涉恶犯罪团伙31个，抓获犯罪嫌疑人201名，破获各类刑事案件260起。挂牌督办的5起涉恶团伙犯罪案件已全部侦破。

（三）按照省委、省政府统一安排部署，组织开展了打击“两抢一盗”专项行动。2006年1至12月，全省共立“两抢一盗”案件8979起，破获3948起，破案率为43.97%，较上年同期提高了0.9个百分点，打掉犯罪团伙223个，抓获违法犯罪成员2891人。

（四）打击非法制贩枪支违法犯罪取得明显成效。各级公安机关机关按照省委、省政府提出的“三年工作目标”，有重点、分步骤地深入开展打击整治行动。全年共破获制贩枪支案件25起，抓获犯罪嫌疑人48人。缴获各类自制枪支52支，枪支零部件1207件，子弹10187发，各类制枪工具3003件，捣毁制枪窝点10处。与2005年相比，非法制贩枪支案件下降58%，涉案犯罪嫌疑人减少65%，造枪窝点明显减少，实现了省委、省政府治理“枪患”的工作目标。

（五）开展打击盗窃破坏电力、电信设施犯罪专项斗争。共立盗窃破坏电力设施案229起，立盗窃破坏电信设施案183起，分别破获118起和81起，分别比2005年同期多破104起和50起。

（六）严厉打击各类经济犯罪活动。组织开展了打击整治假币犯罪专项行动、打击侵犯知识产权犯罪“山鹰二号”专项行动、治理商业贿赂、打击传销及打击合同诈骗犯罪专项行动，进一步整顿和规范了市场经济秩序。

（七）开展打击毒品违法犯罪专项斗争。以“遏制毒品来源，遏制毒品危害，遏制新吸毒人员滋生”为目标，以“堵源截流、扫除零星贩毒、整治娱乐场所、防止易制毒化学品流入非法渠道”为重点，加大了对毒品违法犯罪的打击力度。2006年1至12月，全省共破获毒品案件155起，抓获犯罪嫌疑人134名；缴获海洛因2935克，摇头丸746粒，易制化学品3900克。全年共强制戒毒1271人，劳教戒毒276人，自愿戒毒91人。2006年，全省已有21个县成为“无毒县”，海北、果洛、玉树3个州成为“无毒州”。

（八）组织开展了集中整治公共娱乐场所，打击赌博违法犯罪活动专项行动，共取缔非法设立的娱乐场所117家，停业整顿53家，查获各类案件508起，查处违法犯罪人员2824名，收缴赌资171万余元。

（九）开展整治枪爆刀具专项行动，取得明显成效。据统计，全省共检查整治涉爆单位581家，清除隐患105处，收缴炸药4554公斤，雷管19429枚，导火索6333米，手榴弹3枚，各类非法枪支805支，管制刀具13848把；破获非法运输等涉爆案件4起，抓获犯罪嫌疑人7名。

（十）组织开展了整治青藏铁路沿线突出治安问题、青海油气田区域治安秩序、反盗版百日行动、打击虚假违法广告、全国卷烟打假等专项行动，取得良好效果。

落实责任制和开展综治评先表彰情况

一、责任制落实情况

（一）按照“谁主管，谁负责”的原则，把综治工作和平安建设列入各级党政领导班子和领导干部工作目标考核内容，明确“一把手”是第一责任人，分管领导是主要责任人，层层建立和落实了领导责任制、部门责任制、单位责任制。

（二）制定综治成员单位工作分工方案，将综合治理和平安建设工作任务目标分解到各单位，各部门，形成全社会齐抓共管的工作格局。

（三）坚持综治委例会制度、联席会议制度、委员定期述职制度和联系点制度，密切各成员单位间的工作联系和信息交流。

（四）加大督导检查，推动综治及平安建设各项措施的贯彻落实。全省实行三级督导，省综治委（办）完成了对全省43个县（市、区）的督导检查。州（地、市）、县两级综治委（办）完成了对全省50%约2240多个村（社区）的督导检查。

（五）严格考核评比。省综治委在年终考评中，严把考核关，对出现重大治安问题和综治责任不到位的单位、地区，坚决实行责任查究和一票否决。2006年，共有29个单位被一票否决，一个单位和14名个人受到责任查究。

（六）将综治工作目标责任同干部任用相结合。各级组织人事部门将"平安青海"建设和综治工作目标作为考核任用干部的一条重要标准，对任务完成不达标的单位和地区，班子不予评为优秀，党政主要领导、分管领导不予考虑提拔重用，增强了综治考核结果的实际应用力度。

二、开展综治评先表彰情况

2006年，省综治委对完成目标任务优秀的海南、海西、西宁和海北四个地区进行了表彰，颁发了"2005—2006年度全省社会治安综合治理及平安建设优秀地区"奖牌，并按照基数3万元乘以各地考评得分百分数，分别予以了奖励。

向中华见义勇为基金会推荐见义勇为人员2名，其中2名同志受到表彰奖励，1名同志荣获"全国十大见义勇为好司机"称号，2名同志荣获"全国见义勇为先进分子"称号。

青海省社会治安综合治理条例

（2006年5月26日青海省第十届人民代表大会
常务委员会第22次会议通过）

第一章　总　　则

第一条　为了加强社会治安综合治理，维护社会治安秩序和社会稳定，促进社会和谐，根据《全国人民代表大会常务委员会关于加强社会治安综合治理的决定》和有关法律规定，结合本省实际，制定本条例。

第二条　本条例适用于本省区域内的机关、团体、企业事业单位以及其他组织和公民。

第三条　社会治安综合治理是坚持人民民主专政的一项重要工作，是解决社会治安问题的根本途径。对社会治安进行综合治理，必须作为全社会的共同任务，动员和组织全社会的力量，运用政治的、法律的、行政的、经济的、文化的、教育的等多种手段，预防和减少违法犯罪，维护社会治安秩序，保障社会稳定。

第四条　社会治安综合治理坚持打防结合、预防为主，专群结合、依靠群众的方针，实行谁主管谁负责和条块结合、以块为主的属地管理原则。

第五条　社会治安综合治理工作的主要任务是：

（一）依法打击各种危害社会的违法犯罪活动，严惩严重危害社会治安的刑事犯罪分子；

（二）依法打击分裂国家和破坏民族团结的违法犯罪行为、维护国家统一和民族团结；

（三）加强行政管理，落实治安防范措施，建立和完善治安防控体系；

（四）建立健全矛盾纠纷排查调处工作机制和制度，化解及时排查调处各类矛盾纠纷，消除不安定因素；

（五）加强对公民尤其是青少年的法制和道德教育，预防和减少违法犯罪；

（六）做好流动人口的管理、教育与服务工作，引导人口有序流动，保护流动人口的合法权益，预防和控制违法犯罪。

（七）教育、改造和挽救违法犯罪人员，做好刑满释放、解除劳教人员的安置帮教工作，预防和减少重新违法犯罪；

（八）深入开展平安创建活动，加强基层基础建设，落实社会治安综合治理各项措施；

（九）动员和组织公民参与社会治安综合治理，开展群防群治活动；

（十）法律、法规规定的其他社会治安综合治理工作。

第六条　社会治安综合治理工作由各级人民政府统一领导，社会治安综合治理机构组织协调，各机关、团体、企业事业单位以及其他组织各负其责，齐抓共管。

人民法院、人民检察院，公安、国家安全、司法行政管理等部门，特别是公安机关，应当在社会治安综合治理中发挥骨干作用。

第七条　社会治安综合治理按行政区域、部门、单位确立责任范围，建立并实行社会治安综合治理目标管理责任等制度，严格考评，兑现奖惩。

各级人民政府、各团体、企业事业单位以及其他组织的主要负责人或者法定代表人，对本辖区、本团体、本单位、本组织的社会治安综合治理工作负责。

第八条　各级人民代表大会常务委员会对社会治安综合治理工作应当经常进行监督检查。

第二章　组织机构与职责

第九条　省、州（市、地）、县（市、区）设立社会治安综合治理委员会，下设办公室负责日常工作；乡（镇、街道）设立社会治安综合治理委员会，健全办事机构，配备或者指定专人负责日常工作；居民委员会、村（牧）民委员会设立社会治安综合治理组织，并由一名负责人分管；机关、团体、企业事业单位和其他组织设立社会治安综合治理组织或者指定专人负责日常工作。

第十条　各级社会治安综合治理委员会是协助本级人民政府领导本行政区域社会治安综合治理工作的常设机构，其主要职责是：

（一）贯彻执行有关社会治安综合治理的法律、法规和方针、政策及决定；

（二）部署本行政区域的社会治安综合治理工作并监督实施；

（三）指导、协调、推动本行政区域的机关、团体、企业事业单位和其他组织落实社会治安综合治理的各项措施；

（四）对本行政区域的社会治安综合治理目标管理责任制等各项制度的执行情况进行监督检查、考核评比，决定或者建议奖励与处罚；

（五）总结推广典型经验，表彰先进；

（六）办理社会治安综合治理的其他事项。

第三章　社会责任

第十一条　公安机关应当依法严厉打击严重危害社会治安的各种犯罪行为，及时查处治安案件；加强重点人群、重点行业、重点场所、重点物品的治安管理工作，加强消防、交通管理，预防和减少火灾、交通事故；加强对内部保卫机构、治保会等基层治保组织的检查指导，建立多层次的群防群治和治安防控体系；加强对保安服务机构的管理和流动人口、出租房屋的治安管理；加强对管制、剥夺政治权利、缓刑、假释、暂予监外执行等人员的管控、教育和改造工作，协助、指导有关部门做好有轻微违法犯罪行为的未成年人的教育、感化和挽救工作；积极配合有关部门妥善处置突发事件，维护社会稳定。

第十二条　人民法院应当依法惩处危害社会治安的犯罪分子；教育、感化、挽救失足青少年和轻微违法犯罪人员；加强对人民调解委员会工作的指导，积极化解矛盾纠纷；做好告诉、申诉接访工作；结合办案提出司法建议，促进有关单位加强管理，消除治安隐患。

第十三条　人民检察院应当充分发挥检察职能，落实检察环节社会治安综合治理的各项措施，依法严厉打击危害社会治安的违法犯罪活动，加强对管制、剥夺政治权利、缓刑、假释、暂予监外执行等刑罚执行工作的检查监督；结合办案提出检察建议，促进有关单位加强治安防范工作。

第十四条　国家安全机关应当依法查处危害国家安全的违法犯罪行为，加强国家安全教育，动员和组织人民群众防范和制止危害国家安全的违法犯罪。

第十五条 司法行政机关应当开展法制宣传教育，推进依法治理；管理、指导人民调解工作，防止矛盾激化；加强监狱和劳教场所的管理，做好对服刑、劳教人员的管理、教育和改造工作，提高改造、教育质量；协调有关部门、单位，共同做好对刑满释放人员和解除劳教人员的帮教、就业和再就业工作，预防和减少重新违法犯罪。

第十六条 行政监察机关应当会同有关部门加强对行政机关及其工作人员贯彻执行社会治安综合治理方针、政策、规定、决定情况的监督检查，参与对社会治安综合治理领导责任制落实情况的监督、检查、考评工作；参与社会治安重大恶性案件和事故的调查，重点查处领导干部严重失职、渎职行为。

第十七条 人事部门应当会同有关部门将社会治安综合治理工作纳入领导干部考核的内容，严格监督社会治安综合治理领导责任制的执行情况，完善社会治安综合治理的奖励与惩处机制。

第十八条 劳动和社会保障部门应当加强劳动力市场管理，依法落实社会保障各项措施，加大劳动和社会保障监察力度，及时调解和处理劳动争议。

第十九条 民政部门应当加强基层政权和群众性自治组织建设，将社会治安综合治理纳入社区建设内容；指导居民、村（牧）民自治章程、村规民约、居民公约的制定和执行；加强对民间组织的监督和管理；建立和完善城乡社会救助体系，做好救灾、社会救济、优抚安置和流浪乞讨人员的救助管理工作；及时调处行政区域界线争议。

第二十条 各级国家机关的信访工作机构应当依法受理和妥善处理群众来信来访，及时、就地解决问题，化解社会矛盾和纠纷。

第二十一条 民族宗教事务管理部门应当加强民族、宗教方面的法律、法规和政策的宣传教育，会同有关部门及时疏导和调处民族、宗教方面的矛盾纠纷。

第二十二条 教育部门和各级各类学校应当把思想品德教育和法制教育列入教学内容，加强校风校纪建设，教育师生遵纪守法；加强学生活动场所的管理，组织、指导学生的校外活动，预防和减少学生违法犯罪；配合有关部门做好学校及周边地区社会治安综合治理工作，加强安全防范，创建平安校园。

第二十三条 文化、体育、广播电视、新闻出版等管理部门应当采取多种形式进行道德、纪律、法制和社会治安综合治理的宣传教育，依法加强文化及相关市场管理，加强对互联网、广播电视传输设施的安全管理；会同公安机关、工商行政管理部门依法查处制作、出版、销售和播放含有反动、暴力、淫秽、迷信等内容的读物、电子信息和音像制品以及网吧和娱乐场所的违法犯罪行为。

第二十四条 卫生、食品和药品监督管理部门应当加强医疗秩序和药品市场的管理，取缔非法行医；做好吸毒人员和传染病的监测、检查和治疗工作。做好精神病人的医疗和康复工作；依法管理麻醉品和精神药品的生产、经营和使用，查禁有毒有害食品、假冒伪劣药品和医疗卫生器械。

第二十五条 工商行政管理、质量技术监督、税务及价格管理部门应当依据各自的法定职责依法维护市场秩序，依法查处不正当竞争、传销、价格欺诈、强买强卖、欺行霸市、生产和销售假冒伪劣商品等经济活动中的违法行为。

第二十六条 建设部门应当将公共场所、城镇社区、公益建筑物的治安防范设施和政法部门的基础设施建设纳入城市建设规划，并加强实施过程中的监管；配合有关部门加强对建筑工程施工人员的治安管理。

第二十七条 交通、铁路、民航管理部门应当维护公路、铁路、航路、车站、机场的运输秩序和治安秩序；预防劫机、劫车、劫船事件发生；做好枪支弹药、管制刀具、易燃易爆、剧毒、放射等违禁物品的查堵工作；防范公共交通场所和运输途中的抢劫、盗窃、诈骗等违法犯罪行为；协助公安机关打击抢劫、盗窃以及破坏交通运输设施、运输安全和利用交通工具进行违法犯罪的行为。

第二十八条 通信、电力管理部门应当加强对通信、电力设施的安全管护工作，协助公安机关打击盗窃、破坏通信、电力设施和利用通信设施违法犯罪的行为。

第二十九条　金融管理部门应当指导、推动各金融机构的安全防范工作，监督金融单位严格内部安全管理，会同公安机关监督、检查、指导金融机构预防金融诈骗、盗窃、抢劫等违法犯罪行为，协助公安、司法机关依法打击侵害金融安全和制售假人民币、洗钱等犯罪行为。

第三十条　国土资源、农牧、林业、水利部门应当按照各自职责，会同公安机关做好土地、矿产资源、草场、山林、水利、水域等方面的治安防范工作，消除治安隐患；依法做好相关权属争议和纠纷的调处工作，防止矛盾激化。

第三十一条　安全生产监督管理部门应当监督企业严格遵守安全生产法律法规，防止和减少生产安全事故。

第三十二条　旅游管理部门应当协助有关部门加强旅游服务机构、设施和场所的管理，配合公安机关防范和查禁危害公共安全、破坏治安秩序等违法犯罪行为。

第三十三条　海关应当加强对进出境运输工具、货物、物品的监督管理，依法打击进出境环节的走私及其他违法犯罪行为。

第三十四条　县（市、区）、乡（镇）人民武装部应当组织民兵和预备役人员参与社会治安综合治理。

第三十五条　工会、共青团、妇联等群众团体应当根据自身特点，加强对职工、青少年、妇女的法制和道德教育，做好有轻微违法行为的职工、青少年和妇女的教育、感化和挽救工作，预防和减少违法犯罪。

第三十六条　居民委员会、村（牧）民委员会在社会治安综合治理中的主要责任是：

（一）建立健全治安保卫组织和人民调解组织，做好治安防范工作和民间纠纷排查调处工作；

（二）依法制定居民、村（牧）民自治章程、村规民约、居民公约，并监督执行；

（三）对居民、村（牧）民进行法制、道德和社会治安综合治理宣传教育；

（四）协助有关部门做好流动人口和出租房屋的治安管理工作；

（五）协助公安、司法机关查处各类案件，组织居民、村（牧）民参加各种形式的群防群治活动；

（六）组织开展各种形式的平安创建活动；

（七）协助公安机关对管制、剥夺政治权利、缓刑、假释、暂予监外执行等人员进行监督考察；

（八）配合做好刑满释放、解除劳教人员和其他轻微违法犯罪人员的帮教安置工作；

（九）做好社会治安综合治理的其他工作。

第三十七条　各机关、团体、企业事业单位及其他组织应当加强内部的治安综合治理工作，参与所在行政区域内的社会治安综合治理工作，维护社会治安和社会稳定。

第三十八条　保安、物业管理等服务机构应当按照法律、法规、规章的规定和合同的约定，履行安全服务职责，协助有关部门维护其责任区的治安秩序。

第三十九条　家庭成员应当维护家庭和睦，禁止家庭暴力，增进邻里和谐，做好安全防范。

监护人员应当履行对无行为能力和限制行为能力的被监护人的监护责任。

第四十条　公民应当遵守法律，自觉维护社会治安秩序，勇于同违法犯罪行为作斗争，发现违法犯罪行为应当及时检举揭发，依法履行作证的义务。

第四章　社会保障

第四十一条　各级人民政府应当把社会治安综合治理工作纳入经济社会发展的总体规划和年度计划并组织实施。

第四十二条　社会治安综合治理工作经费由各级人民政府列入财政预算，专款专用，并随着国民经济和社会事业的发展不断增加。逐步建立适应社会主义市场经济要求的群防群治经费保障机制。

单位内部的治安综合治理工作经费由本单位承担。

第四十三条　省、州（市、地）设立见义勇为奖励基金。

鼓励公民和组织为见义勇为人员和奖励基金提供捐赠。

第四十四条　公民为维护社会治安同违法

犯罪行为作斗争牺牲的,比照因公牺牲的规定予以抚恤或者照顾。符合《革命烈士褒扬条例》规定的革命烈士条件的,授予革命烈士称号,其家属享受烈属待遇。

第四十五条 公民同违法犯罪行为作斗争误工的,按照出勤对待;致伤致残的,由民政部门按照国家有关规定评定伤残等级,并享受相应待遇。其医疗费、生活补助费等费用,依法由侵害人或者侵害人的监护人承担。侵害人或者侵害人的监护人下落不明或者确实无力承担的,由公民所在单位按工伤处理。没有工作单位的,由民政部门按照国家有关规定进行抚恤。有受益人的,由受益人给予补偿。

第四十六条 公安机关和有关单位应当采取措施保护因与违法犯罪行为作斗争生命财产安全受到威胁的公民。对同违法犯罪行为作斗争的公民打击报复的,应当依法惩处。

公民同违法犯罪行为作斗争致伤的,医疗单位必须无条件及时救治。其医疗费按照本条例第四十五条规定办理。

第五章 奖励与处罚

第四十七条 符合下列条件之一的单位或个人,由各级社会治安综合治理委员会、上级主管部门或者所在单位给予表彰、奖励:

(一)落实社会治安综合治理目标管理责任制成绩显著的;

(二)见义勇为,同违法犯罪分子作斗争或者检举、揭发违法犯罪行为事迹突出的;

(三)教育、挽救、改造违法犯罪人员或者帮教刑满释放、解除劳教人员成绩显著的;

(四)调解民间纠纷成绩突出的;

(五)预防、制止违法犯罪行为或者治安灾害事故成绩突出的;

(六)协助公安、司法机关侦破重、特大案件的;

(七)在社会治安综合治理工作中有其他突出贡献的。

第四十八条 对不认真履行社会治安综合治理责任的单位,由辖区社会治安综合治理委员会督促其履行,提出整改建议或者给予通报批评;对不履行整改建议的,可建议其上级主管部门、行政监察机关对单位责任人、直接责任人给予批评教育或者依法给予行政处分。接到建议的机关应当在两个月内将调查、处理情况送交提出建议的社会治安综合治理委员会。

第四十九条 经社会治安综合治理委员会考核,没有达到规定的社会治安综合治理目标的地区或者单位,由县级以上社会治安综合治理委员会给予通报批评,并可以建议其上级主管部门或者行政监察机关对该地区、单位的主要领导、主管领导和直接责任人给予批评教育或者依法给予行政处分。

第五十条 社会治安综合治理实行一票否决权制。一票否决的内容包括:县(区、市、)、乡(镇、街道)以及机关、团体、企业事业单位年内评选综合性荣誉称号;上述单位主要领导、主管领导或治安责任人年内评先受奖、晋职晋级的资格。

一票否决权由县级(含县及相当于县级的单位)以上社会治安综合治理委员会行使。乡(镇、街道)和部门所属的县级以下单位的社会治安综合治理领导机构有一票否决的建议权。

第五十一条 违反本条例规定,有下列情形之一的,予以一票否决:

(一)因领导不重视,社会治安综合治理机构不健全,造成本地区或者本单位治安秩序严重混乱的;

(二)对不安定因素或者内部矛盾化解不及时、处置不力,以致发生集体上访、非法游行、聚众闹事、停工、停产、停课等问题造成严重后果,危害社会稳定的;

(三)因主管领导、治安责任人工作不负责任,发生重特大案件或者恶性事故,造成严重损失或者恶劣影响的;

(四)因管理不善、防范措施不落实,发生刑事案件或治安灾害事故,使国家、集体财产遭受损失,又不认真查处、改进工作的;

(五)存在发生治安问题的重大隐患,经上级主管部门、有关部门或者社会治安综合治理机构提出警告、司法建议、检察建议、整改建议,限期改进而无有效措施和明显效果的;

(六)因教育管理工作不力,本单位职工中违法犯罪情况比较严重的;

（七）发生刑事案件或者重大治安问题隐瞒不报或者作虚假报告的；

（八）上级社会治安综合治理委员会认为其他需要予以否决的。

第五十二条　对一票否决决定不服的，被否决者或者其上级主管部门可以在收到决定书之日起一个月内向作出否决决定的机构的上一级社会治安综合治理领导机构提请复议。受理复议的机构应在接到提出复议要求的一个月内复查完毕，作出是否变更的决定，并答复要求复议的单位或者个人。复查期内否决决定暂不执行。对复查决定仍然不服的，由受理复议的机构提交同级人民政府决定。

第五十三条　发生严重危害社会稳定，造成恶劣影响的重大刑事案件、治安灾害事故和重大群体性事件的地区、单位及部门，对负有责任的领导干部实施领导责任查究，由县级（含县级）以上社会治安综合治理委员会会同有关部门具体实施。

第五十四条　从事社会治安综合治理工作的人员，在社会治安综合治理工作中玩忽职守、徇私舞弊的，依法给予行政处分；构成犯罪的，依法追究刑事责任。

第五十五条　公安、司法机关对公民或者组织报案和反映其他治安问题不及时受理，对公民或者组织申请人身、财产保护而不履行法定职责的，由县级以上社会治安综合治理委员会建议其上级主管部门或者行政监察机关对直接责任人依法给予行政处分；构成犯罪的，依法追究刑事责任。

第五十六条　机关、团体、企业事业单位以及其他组织和公民在社会治安综合治理工作中弄虚作假、骗取荣誉的，由批准机关撤销荣誉称号，并追究主管责任人和直接责任人的责任。

第六章　附　　则

第五十七条　本条例自2006年7月1日起施行。

青海省社会治安综合治理委员会关于印发《青海省“平安县（市、区）”标准及命名办法（试行）》的通知

（2006年3月1日）

各州（市、地）、县（市、区）综治委：

现将《青海省“平安县（市、区）”标准及命名办法（试行）》印发给你们，请结合实际，认真贯彻执行。

青海省“平安县（市、区）”标准及命名办法（试行）

为扎实推进“平安青海”建设，根据省委、省政府《关于开展“平安青海”建设的意见》（青发

[2005]12号)精神,特制定"平安县(市、区)"标准及命名办法。

一、"平安县(市、区)"标准

(一)平安建设活动纳入本地经济社会发展总体规划,党委、政府每年对平安建设作出安排部署。

(二)成立由党政主要领导负总责的平安建设活动领导小组,能够及时协调解决平安建设中存在的问题。

(三)平安建设列入本地领导班子和领导干部年度目标责任考核,作为对领导班子和领导干部奖惩的重要依据。

(四)综治委成员单位充分发挥作用,形成齐抓共建的工作格局。

(五)坚持五部委联席会议制度,严格实施"一票否决"和重大案(事)件责任追究制。

(六)维护国家安全的能力明显提高,做到决不允许危害国家安全和社会稳定的人员形成组织,决不允许危害国家安全和社会稳定的活动形成气候。

(七)驾驭治安局势的能力明显提高,能够及时掌握社会治安情况,正确应对治安变化,治安形势实现良性发展。

(八)化解矛盾纠纷的能力明显提高,对人民内部矛盾和群体性事件做到发现得早、化解得了、控制得住、处置得好。

(九)保障社会公平正义的能力明显提高,基本形成公正高效的法治环境。

(十)促进改革发展的能力明显提高,形成和谐稳定的社会环境。

(十一)刑事案件总量保持平稳,刑事案件高发势头得到有效遏制。

(十二)群众反映的治安问题和治安混乱地区及时整治,突出治安问题得到有效遏制。

(十三)落实"加强领导、综合治理、打防并举、堵源截流"的工作要求,制贩枪支问题得到有效遏制。

(十四)形成严厉打击查处黄赌毒行为的工作机制,黄赌毒等社会丑恶现象得到有效遏制。

(十五)加强对公共安全的监管,公共安全重大事故得到有效遏制。

(十六)没有发生在全国、全省造成重大影响的敌对势力分裂破坏活动和暴力恐怖事件。

(十七)没有发生在全国、全省造成重大影响的群体性事件。

(十八)没有发生在全国、全省造成重大影响的群死群伤恶性治安灾害事故。

(十九)没有发生在全国、全省造成重大影响的涉黑涉恶团伙犯罪案件。

(二十)没有发生敏感时期、重大活动、重要目标和要害部位安全保卫工作的重大事故。

(二十一)群众参与平安建设有关活动达到90%以上。

(二十二)本地区社会治安人防、物防、技防等综合防控体系覆盖面达到90%以上。

(二十三)经统计部门调查测评,群众对本地政法队伍的满意率和基本满意率达到90%以上。

(二十四)经统计部门调查测评,群众对本地社会治安的满意率和基本满意率达到90%以上。

(二十五)经上级考评认定,本地基层单位平安建设创建率达到90%以上。

(二十六)平安建设活动做到家喻户晓,形成良好的舆论氛围。

(二十七)县(市、区)、乡镇(街道)综治组织健全,乡镇(街道)专职干部落实。

(二十八)县(市、区)、乡镇(街道)综治经费及时到位,并随经济发展逐步增长。

二、命名办法

(一)"平安县(市、区)"由省综治委负责考评,省委、省政府命名,每年进行一次。

(二)县(市、区)连续两年自查达到本标准,可向省综治办提出命名申请。

(三)经省综治委组织考评合格后,在省级有关新闻媒体进行公示。

(四)公示中没有发现影响命名标准的,报请省委、省政府命名。

(五)"平安县(市、区)"命名后,发现不符合本标准的,撤销"平安县(市、区)"称号。

青海省社会治安综合治理委员会关于印发《全省“平安乡镇(街道)”“平安村”“平安社区”“平安单位”“平安商(市)场”“平安校园”“平安寺院”创建主要内容》的通知

(2006年3月1日)

各州(市、地)、县(市、区)综治委:

为进一步加强对基层平安建设工作的指导,规范基层平安创建活动,夯实“平安青海”建设基础,现将《全省“平安乡镇(街道)”、“平安村”、“平安社区”、“平安单位”、“平安商(市)场”、“平安校园”、“平安寺院”创建主要内容》印发给你们,请遵照上述创建内容要求,结合各自实际,认真研究制定本地区乡镇(街道)等基层平安建设标准及考核办法,并报经省综治办审核后贯彻执行。

全省“平安乡镇(街道)”“平安村”“平安社区”“平安单位”“平安商(市)场”“平安校园”“平安寺院”创建主要内容

一、“平安乡镇(街道)”创建主要内容

(一)综治领导组织和办事机构健全,有办公场所,委(办)领导和工作人员配备按照中央和省有关要求落实到位,工作经费按照要求列入财政预算,按时足额拨付并保证专款专用,政法基层组织达到上级业务部门建设要求。

(二)综治工作制度健全落实,每年与辖属单位签订综合治理责任书,严格考评、兑现奖惩。

(三)群防群治组织建设适应需要,乡镇(街道)、村(社区)普遍建立适应本地区治安需要的专(兼)职治安巡防队伍并有效发挥作用,重点乡镇(街道)落实必要的技防设施;内部单位按规定建立保卫机构、配备保卫力量;村级治保、民调、帮教等群众自治组织建设进一步规范,组织、人员、工作、报酬落实,作用发挥得好。

(四)刑事发案总量平稳,突出治安乱点和问题得到及时整治,多发性案件得到有效控制,不发生重大恶性刑事案件、重大治安灾害事故和重大安全生产事故。

(五)矛盾纠纷排查调处及时,乡镇(街道)建立矛盾纠纷排查调解中心并发挥作用,本地区矛盾纠纷调解率达100%,不发生在全州(市、地)、全县(市、区)造成重大影响的群体性事件。

(六)暂住流动人口底数清、情况明,出租房屋纳入管理,刑释解教人员安置帮教、“问题”青

少年矫正措施落实。

（七）深入开展平安建设宣传教育工作，群众治安防范参与率达到90%以上。

（八）群众对社会治安的满意和基本满意率达到90%以上。

（九）本辖区平安村（社区）创建率达到90%以上。

二、“平安村”创建主要内容

（一）村“两委”班子在平安创建活动中作用发挥得好，切实将平安建设纳入工作计划，有专人负责，积极开展工作。

（二）治保、民调、帮教、流动人口管理等组织健全并运转良好，工作有记录，有台账。建立治安状况告知制度，定期向村民公布治安情况。

（三）有专（兼）职护村巡防队伍，治安联防中心户长制、联户联防、联片联防等群防群治措施落实，村民积极参与治安防范。

（四）及时排查调处和上报各类矛盾纠纷，民间纠纷调处率达到100%，无民间纠纷引发的刑事案件，不发生群体性械斗和集体上访事件。

（五）村务公开民主管理制度建立健全，村民自治章程和村规民约完善，经常开展道德法制教育，村风民俗良好，不发生赌博、封建迷信、卖淫嫖娼、种毒吸毒、制贩枪支、非法宗教和邪教等违法犯罪活动。

（六）社会治安状况良好，无重大刑事案件和治安灾害事故及安全生产事故，治安案件明显减少，村民对村内治安满意度达到90%以上。

三、“平安社区”创建主要内容

（一）社区综治及平安建设领导机构建立，工作责任落实，工作制度健全。

（二）治保、民调、帮教、流动人口管理等组织健全并运转良好，工作有记录，有台账。建立治安状况告知制度，定期向社区居民公布治安情况。

（三）居民积极参与社区治安防范，有专兼职的治安巡逻队伍和看门护院力量，社区警务室健全，居民对社区民警工作满意和基本满意率达到90%以上。

（四）社区楼院有必要的技术防范设施，社区公共部位照明设施齐全，环境整洁有序。

（五）及时排查调处和上报各类矛盾纠纷，民间纠纷调处率达到100%，无民间纠纷引发的刑事案件，不发生集体上访等群体性事件。

（六）建立健全居务公开和社区居民自治制度，居民公约完善，社区风气良好，不发生赌博、封建迷信、卖淫嫖娼、种毒吸毒、制贩枪支、非法宗教和邪教等违法犯罪活动。

（七）社区治安状况良好，无重大刑事案件和治安灾害事故，可防性案件明显减少，居民对社区治安满意度达到90%以上。

四、“平安单位”创建主要内容

（一）认真贯彻国务院颁布的《企业事业单位内部安全保卫条例》，逐级落实治安保卫责任制，对平安创建工作有部署、有检查、有考核、有总结。

（二）单位内部设有专兼职安全保卫机构和保卫人员，治安保卫管理制度健全并落实到位。

（三）内部治安防范措施完备，人防、物防、技防措施有效发挥作用，制定和落实单位治安突发事件处置预案，及时排查整改治安隐患和问题。

（四）积极开展矛盾纠纷排查调处工作，注重从源头上预防和化解矛盾纠纷，切实维护职工权益，防止发生突出信访问题和重大群体性事件。

（五）配合公安机关掌握各类重点人口基本情况，落实相应工作措施；对暂住本单位的流动人口有登记制度，对内部出租房屋认真落实监管责任，定期进行安全检查。

（六）认真贯彻落实安全生产的有关政策和工作制度，无重大安全事故。

（七）深入开展平安创建宣传活动，广泛动员干部职工积极参与平安创建活动，参与面达到90%以上。

（八）单位内部治安秩序良好，无重大刑事犯罪和突出治安案件，无重大经济犯罪案件，无涉毒、邪教人员，干部职工对单位内部治安的满意度达到90%以上。

五、“平安商（市）场”创建主要内容

（一）平安创建活动纳入商（市）场目标管理和企业标准化管理内容，逐级落实治安防范责任，层层抓好检查落实。

（二）商（市）场治安保卫机构完善，内部治安防范制度健全落实，配备与经营规模相当的专职治安保卫力量，根据需要建立健全群众性治安保卫组织，员工、商户参与平安创建面达到90%以上。

(三)积极开展内部治安防范工作,重点部位人防、物防、技防措施齐全有效,消防、报警等安全设施符合有关规定,醒目位置有安全提示,为消费者提供安全的购物环境;制定和落实商(市)场内部突发事件处置预案,及时排查整改治安隐患。

(四)配合公安机关加强对经营商户的登记和管理,签定《治安责任书》,落实监管责任。

(五)积极开展矛盾纠纷排查调处工作,及时受理顾客投诉,有效化解各类纠纷。

(六)经营管理规范,做到买卖公平、明码标价、文明经营,杜绝假冒伪劣商品的生产和销售,无侵害消费者权益的行为,无欺行霸市等问题。

(七)商(市)场内部治安秩序良好,无重大刑事案件和突出治安案件,无火灾事故和重大责任事故,防止发生突出信访问题和重大群体性事件。群众和商户对治安满意度达到90%以上。

六、"平安校园"创建主要内容

(一)将平安创建活动纳入学校工作规划,对创建工作有部署、有检查、有考核、有总结。

(二)层层落实学校安全工作责任制,完善学校保卫机构,配备专职保卫干部和必要的保安力量,健全安全管理制度,定期排查和解决各类治安隐患,制定学校治安突发事件应急处置预案并组织演练。

(三)学校内部管理严格,人防、物防落实,重要部位、危险物品实施技防措施得到重点防护,教学、生活、消防、交通等设施符合安全要求,报警求助、应急处置设备和标识齐全有效,组织学生参加大型集体活动和社会实践活动时安全管理工作到位。

(四)配合公安机关及时掌握各类重点人口的基本情况,落实工作措施;对暂住学校内部的流动人口有登记管理制度,对内部出租房屋认真落实监管责任,定期进行安全检查。

(五)认真做好矛盾纠纷排查调处工作,防止发生师生罢课和越级上访等重大群体性事件。

(六)深入开展平安创建宣传活动,学生思想道德、法制和安全防范教育纳入教学内容,法制副校长和法制辅导员配备到位,通过家长学校等渠道形成学校与家庭预防减少未成年人违法犯罪的合力,有效预防在校学生违法犯罪和安全事故的发生。

(七)学校内部治安秩序良好,无重大刑事犯罪和突出治安案件,无重大安全事故,在校生无违法犯罪现象,师生对学校治安的满意度达到90%以上。

(八)校园周边治安综合治理效果好,中小学校园周边200米范围内无网吧、游戏厅,无治安乱点,无非法经营的报刊点、音像摊点、饮食摊点等影响学校教学秩序和学生身心健康的营业场所,交通秩序良好,侵害师生人身财产安全的案件能得到及时处置。

七、"平安寺院"创建主要内容

(一)拥护中国共产党的领导,拥护社会主义制度,独立自主自办教务,维护祖国统一和民族团结,坚决抵御境内外敌对势力的分裂、渗透活动。

(二)遵守国家宪法、法律法规和政策,在宪法、法律法规和政策允许的范围内开展宗教活动。无利用寺院进行非法、违法活动现象。

(三)寺院民主管理组织健全,内部管理制度齐备并认真落实,自觉接受政府的管理和群众的监督。僧侣对民管会民主管理、依法管理的满意度达到90%以上,无违规聘用宗教教职人员和僧侣非法出境现象。

(四)认真学习有关法律法规、政策规定和文化知识,潜心研修宗教,遵守教义教规,专心操持宗教事业。

(五)各宗教、宗教内部各教派之间,寺院之间友好团结、互相尊重;寺院内部互助友爱、和睦相处;配合政府积极参与调解宗教和民间纠纷。

(六)积极开展多种形式的自养业务,勤俭办寺,减轻信教群众经济负担,积极扶贫济困。

(七)寺院内部治安秩序良好,寺容整洁,无重大刑事案件和治安灾害性事故,教职人员对寺院治安的满意度达到90%以上。

青海省社会治安综合治理委员会关于印发《2005—2006年度省综治委成员单位参与综合治理暨平安建设考评标准》的通知

（2006年8月10日）

省综治委各成员单位：

经省综治委领导同意，现将《2005—2006年度省综治委成员单位参与综合治理暨平安建设考评标准》印发给你们，请按《标准》认真做好相关工作。

2005—2006年度省综治委成员单位参与综合治理暨平安建设考评标准

为推动省综治委成员单位积极参与社会治安综合治理暨平安建设工作，特制定本考评标准。

一、共性考评指标（30分）

（一）参与平安建设工作列入本单位重要议事日程，党组（党委）每年至少研究一次参与平安建设工作；10分。

（二）有参与平安建设的方案、措施和组织机构；10分。

（三）认真落实参与平安建设的方案、措施，做到有督促、有检查、有成效；10分

二、重点考评指标（70分）

省委组织部：将平安建设纳入年度目标责任考核内容，并进行严格考核和运用考核结果；积极参与五部委联席会议工作。

省委宣传部：制定平安建设宣传方案，组织指导协调新闻单位开展平安建设宣传工作。

省委统战部：协调有关部门防范和打击达赖集团的分裂渗透破坏活动；组织开展“平安寺院”创建活动。

省纪委（监察厅）：积极参与五部委联席会议工作，严格执行重大案（事）件责任查究制。

省法院：依法严惩严重危害社会治安的刑事犯罪分子和严重经济犯罪；加强司法调解工作，妥善处理和化解各种矛盾纠纷。

省检察院：严厉打击严重刑事犯罪和认真查办贪污贿赂、渎职等职务犯罪；加强法律监督，促进社会公平正义。

省公安厅：建立和完善治安形势评估预警机制；组织开展打击“两抢一盗”、打黑除恶、打击制贩枪支、命案侦破等专项斗争，加大对黄赌毒犯罪的打击力度；做好流动人口治安管理和出租房屋管理工作；加强对社会治安防控网络建设的指导督促；加强交通和消防安全工作和易燃易爆、剧毒有害物质、危险化学品等物品的管理。

省司法厅：组织开展“五五”普法活动；加强监狱劳教工作；加强人民调解组织建设和人员培

训；做好刑释解教人员安置帮教工作；做好法律服务和法律援助工作。

省安全厅：防范和打击各种敌对势力的分裂破坏活动，防止发生在全国有重大影响的敌对势力分裂破坏活动和暴力恐怖事件。

省财政厅：落实平安建设专项经费，建立随经济发展增加平安建设经费的保障机制。

省人事厅：积极参与五部委联席会议工作，严格执行重大案（事）件责任查究制。

省经贸委：组织开展"平安企业"创建活动。

省民委：积极预防和妥善处理民族宗教方面的矛盾纠纷。

省民政厅：组织开展"平安社区"创建活动。

省教育厅：组织开展"平安校园"创建活动，加强校园及周边治安秩序整治工作。

省交通厅：组织开展"平安大道"创建活动。

省文化厅：加强对文化娱乐市场的监管。

省工商局：组织开展"平安商（市）场"创建活动。

省广电局：在省广播电台、电视台开办平安建设专题节目，做好平安建设经常性宣传报道工作。

青海日报社：在青海日报、青海法制报开设平安建设专栏，加大平安建设宣传力度。

省新闻出版局：组织开展"扫黄打非"工作。

省统计局：开展全省公众安全感和群众对政法队伍满意度调查统计。

省信访局：做好预防和处置突出信访问题及群体性事件工作。

省妇联：组织开展"平安家庭"创建活动。

团省委：做好预防青少年违法犯罪工作。

青藏铁路公司：参与并做好青藏铁路安全保卫工作。

青海省社会治安综合治理委员会关于印发《2005—2006年度全省州市地社会治安综合治理暨平安建设工作考评标准》的通知

（2006年8月10日）

各州市地综治委：

现将《2005—2006年度全省州市地社会治安综合治理暨平安建设工作考评标准》印发给你们，请按照《考评标准》，做好自查、自评工作，查找不足，及时整改完善，不断推动工作深入发展。

2005—2006年度全省州市地社会治安综合治理暨平安建设工作考评标准

为推进全省社会治安综合治理暨平安建设工作，特制定2005—2006年度考评标准。

一、矛盾纠纷排查调处工作（10分）

（一）州市地建立矛盾纠纷排查调处联席会

议制度，并每半年召开一次会议；2分。

（二）县市区成立矛盾纠纷排查调处指导协调中心，并每三个月召开一次会议；2分。

（三）乡镇街道成立矛盾纠纷排查调解中心，并每月召开一次会议；2分。

（四）州、县、乡建立矛盾纠纷排查工作信息网络，并做到州市地每季度、县市区每月上报工作情况；2分。

（五）及时化解各类矛盾纠纷，本地区没有发生在全省有重大影响的群体性事件；2分。

二、"严打"整治斗争情况（15分）

（一）建立"严打"经常性工作机制，本地区刑事案件高发势头得到有效遏制；5分。

（二）组织开展"两抢一盗"专项斗争，"两抢一盗"案件得到有效控制；2分。

（三）组织开展打黑除恶专项行动，本地区没有发生在全省有重大影响的涉黑涉恶团伙犯罪案件；2分。

（四）组织开展打击制贩枪支工作，制贩枪支犯罪活动得到有效遏制；2分。

（五）严厉打击黄赌毒等违法犯罪行为，本地区黄赌毒等社会丑恶现象得到有效遏制；2分。

（六）定期排查整治治安混乱地区和突出治安问题，本地区突出治安问题得到有效整治；2分。

三、构建治安防控体系（15分）

（一）制定社会治安防控体系建设规划，防控体系覆盖面达到85%以上；2分。

（二）建立落实人防的规划和措施，城乡群众广泛参与各种群防群治活动；2分。

（三）建立巩固物防的规划和措施，可防性侵财案件得到有效控制；2分。

（四）制定发展技防的规划和措施，不断提高技防的质量与水平；2分。

（五）开展平安边界共建活动，边界地区社会治安良好；2分。

（六）依据公众安全感问卷调查，群众对社会治安满意和基本满意的达到85%以上；5分。

四、维护社会政治稳定（5分）

（一）建立对敌斗争工作机制，加大打击和防范工作力度，本地区没有发生在全省有重大影响的敌对势力分裂破坏活动和暴力恐怖事件；3分。

（二）深入开展同"法轮功"等邪教组织的斗争，严密防范"法轮功"等邪教的发展蔓延，"法轮功"等邪教没有形成组织和气候；2分。

五、落实重点工作（20分）

（一）制定基层单位平安创建活动规划及标准，广泛开展平安乡镇（街道）、平安村（社区）、平安单位、平安校园、平安市场、平安企业、平安寺院、平安家庭等创建活动；8分。

（二）落实流动（暂住）人口治安管理措施，流动人口犯罪得到有效控制；2分。

（三）落实预防青少年违法犯罪工作措施，未成年人犯罪得到有效遏制；2分。

（四）落实刑释解教人员安置帮教措施，重新犯罪率控制在3%以下；2分。

（五）落实学校及周边治安环境整治措施，校园及周边治安秩序良好；2分。

（六）落实铁路护路联防措施，没有因治安问题导致发生有重大影响的铁路行车安全事故；2分。

（七）落实公共安全管理措施，没有发生在全省有重大影响的群死群伤事故；2分。

六、加强组织领导（6分）

（一）平安建设列入党委政府重要议事日程，党委政府每年专题研究平安建设工作；2分。

（二）成立平安建设领导机构，制定开展平安建设整体规划，及时协调解决平安建设中存在的问题；2分。

（三）开展平安建设督导工作，认真总结交流平安建设工作情况；2分。

七、坚持齐抓共建（6分）

（一）建立综治委成员单位参与平安建设责任制、年度述职制度、考核制度，充分发挥成员单位职能作用；2分。

（二）坚持综治委例会制度，每年至少召开全体会议3次；2分。

（三）落实五部委（局）联席会议制度，严格实施"一票否决"和重大问题责任查究制；2分。

八、加强政法综治队伍建设（10分）

（一）全面抓好政法队伍思想政治建设，群众对政法队伍的满意度和基本满意度达到82%以上；4分。

（二）州县乡按要求健全综治机构组织，落实综治干部配备;4分。

（三）州县建立综治干部定期培训制度,综治干部全年培训时间不少于3天;2分。

九、开展宣传发动工作(8分)

（一）重视平安建设宣传工作,建立宣传工作机制,制定宣传工作计划;2分。

（二）报刊、电视、电台等新闻媒体开设平安建设专栏或专题,做好经常性的宣传工作;3分。

（三）县、乡、村按要求设置平安建设永久性宣传牌、宣传橱窗和黑板报,形成平安建设浓厚氛围;3分。

十、落实平安建设经费保障机制(5分)

（一）州、县、乡综治工作经费列入财政预算并落实到位;3分。

（二）建立随经济发展增加综治经费的保障机制;1分。

（三）从实际出发,探索多渠道筹措群防群治工作经费;1分。

开展“平安寺院”建设　促进民族地区和谐稳定

青海省社会治安综合治理委员会

青海是一个多民族、多宗教的省份,省内聚居着汉、藏、回、土、撒拉、蒙古族等54个民族,少数民族人口占全省总人口的46.32%;全省98%以上的地区为民族自治地区,居住在民族自治地区的少数民族群众基本上全民信教。宗教在全省有着深厚的群众基础,具有较大的社会影响力。目前,全省建有各类寺院2130座(所),基本形成了藏族地区乡乡有佛教寺院,回族地区村村有清真寺院。寺院是宗教活动的主要场所,寺院稳定,宗教活动正常,有助于民族地区的安定,有助于信教群众的团结。在开展平安建设活动中,坚持从青海多民族多宗教的实际出发,组织开展“平安寺院”建设活动,促进了民族地区和谐稳定。主要做法是:

一、加强组织领导

“平安寺院”建设活动涉及宗教事务的各个方面,政治性、政策性强,方方面面关注、敏感度高。为积累经验、稳妥开展,首先在去年选择一个州进行了试点。在试点取得明显成效和基本经验的基础上,省委、省政府办公厅转发了《关于开展“平安寺院”建设活动的意见》,召开了全省“平安寺院”建设活动动员大会,确定了“平安寺院”的总体目标和评价标准。总体目标是:爱国爱教,教务自办,宗教活动正常,宗教人员心情舒畅,内部管理规范、团结开寺,社会关系和睦,把寺院建设成为一个平安祥和、环境优美、服务社会的场所。评价标准是:爱国爱教,遵纪守法,制度健全,勤学精修,宗教和睦,自养自富,寺容整洁。按照省委的部署,各级党委把开展“平安寺院”建设活动作为加强民族宗教工作、建设平安和谐社会的重要任务,加强领导,统筹安排,明确统战部门是“平安寺院”建设的责任部门。各级统战部门充分发挥职能作用,加强综合协调,精心组织落实,重视发挥爱国宗教团体、寺院和宗教人员的主体作用,共同搞好“平安寺院”建设活动。为了务求实效,我们坚持突出重点、分批推进的原则,争取全省每年有三分之一的寺院达到“平安寺院”标准,力争三年内全省所有寺院达标。同时,建立表彰奖励机制,每年表彰一批“平安寺院”建设活动中涌现出来的模范寺院和先进个人,树立一批社会认可、群众称赞、经得起考验的先进典型。

二、加强宣传教育

在开展“平安寺院”建设活动中,始终抓住宣传发动这一关键,组织工作组,深入各寺院宣传“平安寺院”建设活动的重大意义和具体内容,消除广大僧侣的思想疑虑,取得活佛、阿訇、教职人员的理解和支持,引导他们积极投身“平安寺院”建设活动。始终坚持正面教育为主,重点加强对活佛、寺管会成员和年轻僧人的宣传教育，广泛深入地开展维护祖国统一、反对民族分裂教育，开展社会主义民主法治教育，开展民族团结和民族宗教政策教育，开展宗教与社会主义社会相适应的教育。全省各地普遍举办了以“三爱教育”和“四个维护教育”为主要内容的培训班，采取正面教育与自我教育相结合，学习材料与个人写心得体会相结合，组织讨论与个别谈心相结合，寺院教育与周边群众教育相结合等方法，帮助宗教人员增强祖国意识、政府意识、公民意识、法律意识，进一步提高广大僧侣参与“平安寺院”建设的自觉性，为深入开展“平安寺院”建设工作打下坚实的思想基础。

三、加强综合治理

开展“平安寺院”建设活动，加强寺院社会治安综合治理是重点。采取以下措施：一是营造寺院良好的治安环境。把寺院治安防范纳入社会治安防控体系建设总体规划，建立健全寺院社会治安综合治理领导小组和治保会、调委会、治安联防队、义务消防队等组织；制定《寺院综合治理管理办法》，落实寺院综治责任制，并与寺院签订综治目标责任书；加强寺院教职人员的户籍管理；建立僧侣学法档案，督促广大僧侣学法、懂法、守法；把对刑释解教教职人员帮教措施落实到寺院、落实到家庭、落实到个人，帮助他们成为爱国、爱教、爱社会主义的教职人员。二是落实重点工作措施。在重点寺院建立公安派出所；依法取缔伊斯兰教非法经文班；严厉打击“蛇头”私自组织穆斯林群众朝觐及僧侣非法出入境。三是加强矛盾纠纷排查调处。重点查摆并解决一些寺院民管会内部不团结、活佛座次纠纷以及寺院内部和教派之间、寺院和信教群众关系中存在的突出问题。四是重视发挥宗教人士在维护稳定中的积极作用。坚持在党委、政府领导下，引导宗教人员在宗教活动中，对宗教教义作出符合社会主义荣辱观和国家法律法规的解释，引导信教群众抵制制贩枪支、吸毒贩毒等违法犯罪活动，发挥宗教上层人士在解决边界纠纷等矛盾冲突中的积极作用。

四、加强制度建设

坚持把建章立制、落实责任作为“平安寺院”建设的基础性工作，促进寺院管理制度化、规范化。一是认真落实“属地管理”原则。进一步完善了县乡领导干部联寺院、联活佛、联阿訇制度，落实了乡（镇）党政领导分管宗教工作责任制，各乡（镇）、村与寺院层层签订责任书，民族宗教部门和公安部门定期派干部到寺院蹲点，协助寺管会开展工作。通过采取一系列措施，建立起了加强寺院管理工作的责任制，有效克服了一些领导干部对宗教不愿管、不会管、不敢管现象。二是健全完善寺院自我管理制度。各地依据有关法律、法规，结合教规戒律，帮助寺院完善或制定了民管会职责、政治学习、教务管理、财务管理、文物管理、僧人入寺审批、治安保卫、生产自养等规章制度，有的还修订了寺院戒律，初步建立起自我教育、自我管理、自我解决问题的有效机制。

通过开展“平安寺院”建设活动，进一步实现了寺院管理组织健全、制度规范、责任明确、宗教矛盾及时处理、僧侣违法犯罪和非法出入境明显减少，有力地维护了国家安全和社会稳定，也得到了宗教界、信教群众的广泛欢迎和较高评价。全省的“平安寺院”建设刚刚起步，还存在许多不足和问题。今后将不断总结经验，深化各项工作，推动“平安寺院”建设活动取得新的成效，把民族地区的平安建设引向深入，促进民族地区和谐稳定。

青海省综治委、办机构情况和负责人名单

一、省综治委主任、副主任名单

主　任：宋秀岩　省委副书记、省长

副主任：白　玛　省委副书记、省纪委书记

沈　何　省委常委、政法委书记

张玉林　省人大常委会副主任

赵永忠　省政府副省长

陈瑞珍　省政协副主席

二、省综治委、办机构设置情况及负责人名单

（一）省社会治安综合治理委员会办公室，下设两个处，在编9人。

办公室主　任：沈　何　省委常委、政法委书记

副主任：程　斌　省政法委副书记

副主任：高　煜　省政法委副书记

副主任：李东平　省政法委副书记

副主任：王爱民　省政法委副书记

（二）省综治委下设5个专门工作领导小组

1. 省综治委铁路护路联防领导小组，领导小组下设办公室，办公室设在青藏铁路公司。2006年7月1日，青藏铁路全线通车，为加强对青藏铁路护路工作的组织领导，省综治委对铁路护路联防领导小组及其办公室进行了调整，调整后，领导小组办公室设在省综治办。

组　长：沈　何　省委常委、政法委书记

副组长：赵永忠　省综治委副主任、省政府副省长

成　员：钟通蛟　省政府副秘书长

李东平　省政法委副书记、省综治办副主任

张海江　省军区副参谋长

姚海瑜　省发改委副主任

彭玉林　省财政厅副厅长

陆元庆　省公安厅副厅长

孟保成　武警青海总队副总队长

王建明　青藏铁路公司副总经理

办公室主任：李东平　省政法委副书记、省综治办副主任

2. 省综治委安置帮教刑释解教人员工作领导小组，领导小组下设置办公室，办公室设在省司法厅。

组　长：赵永忠　省综治委副主任、省政府副省长

副组长：李东平　省政法委副书记、省综治办副主任

庞顺泽　省司法厅副厅长

陆元庆　省公安厅副厅长

办公室主任：庞顺泽　省司法厅副厅长

3. 省综治委流动人口治安管理工作领导小组，领导小组下设办公室，办公室设在省公安厅。

组　长：赵永忠　省综治委副主任、省政府副省长

副组长：李东平　省政法委副书记、省综治办副主任

陆元庆　省公安厅副厅长

宋令文　省劳动和社会保障厅副厅长

办公室主任：陆元庆　省公安厅副厅长

4. 省综治委预防青少年违法犯罪工作领导小组，领导小组下设办公室，办公室设在团省委。

组　长：赵永忠　省综治委副主任、省政府副省长

副组长：李东平　省政法委副书记、省综治办副主任

钱桂仑　省综治委委员、团省委书记

办公室主任：申红兴　团省委副书记

5. 省综治委学校及周边治安综合治理工作领导小组，领导小组下设办公室，办公室设在省教育厅。

组　长：杜小明　省综治委委员、教育厅长

副组长：李东平　省政法委副书记、省综治办副主任

李鲁会　省委教育工作委员会专职副书记

陆元庆　省公安厅副厅长

办公室主任：杨全韦　教育厅副厅长

青海省各市(州)、县(市、区)综治委、办主任名单

地 区	综治委主任	综治办主任
西宁市	骆玉林	陈义明
城中区	金九辰	张海红
城东区	韩生才	马万福
城西区	张启光	孟庆根
城北区	张治军	居文斌
大通县	洪 涛	戴德辉
湟源县	蔡成勇	岳启胜
湟中县	白民德	董启华
海东地区	陈兴龙	李广林
平安县	赵 雄	王 全
乐都县	王朵云	王元合
民和县	马成龙	郭忠云
互助县	张宗寿	李永寿
化隆县	冶成海	徐景辉
循化县	韩永东	塞吾杰
海北州	严金海	杨新民
海晏县	熊万森	才 仁
祁连县	更 藏	王成孝
刚察县	公保扎西	史国林
门源县	马应寿	康秀莲
海南州	更藏加	万玛多杰
共和县	万玛当周	李秉福
同德县	杨海龙	秦海成
贵德县	蒋树成	魏成前
兴海县	尹 明	贺玉祥
贵南县	才让太	更 登
黄南州	多杰才让	毛吉寿
同仁县	更 太	梁海凌
尖扎县	拉结加	廖有财
泽库县	周加才让	果 多
河南县	关却加	李全昌
果洛州	南 杰	冯世耀
玛沁县	才让多杰	哈学军
班玛县	才让扎西	许 康
甘德县	昂 秀	黄金彪
达日县	石占果	曹建刚
久治县	托 巴	王小红
玛多县	当 周	白依斗
玉树州	王玉虎	更尕昂江
玉树县	才仁公保	李春平
杂多县	文江才	牟永明
称多县	李 毅	扎西东周
治多县	马生堂	江文格斗
囊谦县	马 玉	詹生奎
曲麻莱县	尕 桑	更 恰
海西州	诺卫星	张西海
德令哈市	张纪元	毛健琪
格尔木市	朱建平	巩胜利
乌兰县	呼和巴拉	李永斌
都兰县	哈斯巴图	刘 军
天峻县	索南东智	陈 一
冷湖行委	栾风江	崔志雄
茫崖行委	刘传河	陈 平
大柴旦行委	邹立民	朱 青

(撰稿人:问金榜
审稿人:李东平　王爱民　翟惠敏)

宁夏回族自治区

平安宁夏建设工作开展情况

2006年,全区各级党委、政府牢固树立"发展是第一要务,稳定是第一责任"的思想,精心组织,周密部署,加强领导,加大监督考核力度,通过开展基层平安创建活动,不断完善治安防控体系建设,整体推动"平安宁夏"建设深入健康发展。平安县区、平安乡镇(街道)、平安村庄(社区)、平安单位、平安校园、平安大道(铁路线)、平安市场、平安景区、平安家庭等基层平安创建活动全面展开,覆盖面达100%。年初,自治区综治委主任、副主任分别确定一个市为平安建设联系点,调查研究,检查指导工作,抓点带面,推动平安创建工作扎实开展。6月20日,自治区综治委召开全区社会治安综合治理暨平安建设现场会,总结交流了11个基层单位平安建设工作的典型经验,实地观摩了4个基层单位的创建工作,深入分析当前存在的问题,明确提出年内在动员全社会广泛参与、整合治安防控力量、建立长效工作机制、弘扬先进典型、营造创建工作氛围和对基层加强工作指导等六个方面有新的突破,进一步推进自治区平安创建工作健康、有序发展。2006年,通过各级党委、政府和综治部门共同努力,全区有14个县(市、区)通过考核验收,达到创建标准,被自治区综治委命名为"平安县(市、区)"。截至2006年底,全区共有19个县(市、区)进入平安县(市、区)行列,创建达标率为86.4%。

一、治安防范网络建设情况

自治区把构筑严密的治安防范网络作为加强平安建设、维护社会稳定的重中之重,因地制宜,加大投入,强化措施,狠抓落实,有效预防和减少了各类违法犯罪。一是城市社会面治安防范网络:全区实现"110、119、122"三警合一,有效整合各警种力量,强化社会面防控措施。在繁华街区、公共复杂场所、城乡结合部等案件高发区域和易发案时段,采取车辆巡逻和徒步巡逻相结合的方式,开展由公安民警、武警官兵、专职治安联防队员、保安人员、出租车司机"义务110"参加的城市大巡防活动,加强对社会面有效控制。内部单位、大中型企业健全了内保组织和护厂、护校、护院队伍,完善值班守护等规章制度,做到"看好自己的门,管好自己的人"。在社区,以街道、社区居委会为依托,建立治安室、警务室,实施警务进社区战略,整合治安员、联防队、保安等防范力量,建立以居民区为点、社区为块、街道为面,居委会、警务室、物业管理部门相互协调,联防联动的治安防范网络,实现24小时治安巡逻,做到时间上不断档、区域上不遗漏。青铜峡市划拨10万元专项经费,组织开展"社区百日无案件"、"小区全年零发案"平安创建竞赛活动,以奖代补,推动基层治安防范措施落实,增强防范能力。车站、机场、医院、大型商场、中心商贸区等公众聚集场所设立治安室,配备治安员,安装电子监控设备,强化防范。对旅店业、美容美发厅、歌舞厅和网吧等公共娱乐服务场所建立业主实名档案,实行"户籍化"管理。兴庆区针对银河社区酒吧较为集中,治安状况复杂的特点,成立"酒吧巡逻队",由经营业主出资,雇佣专职巡防员晚间巡逻,有效维护了娱乐场所及周边区域治安秩序。二是农村治安防范网络:以乡镇为重点,行政村为基础,实施警务进村战略,推行民警驻村制、巡防制、责任区包片制和建立治安中心户长等做法。农村种植、养殖专业村(户)普遍安装经济实用的红外线报警装置,提升了农村治安防范能力。海原县因地制宜,实施"巡路护村岗亭辐射工程",在交通沿线建立治安岗亭,形成以岗亭为点、道路为线、村(居)为面,点、线、面相结合的治安防控网络，推动了“平安村庄”、“平安大道”创建工作。

二、群防群治队伍建设情况

在城市社区、街道、公共复杂场所、商业网点、城乡结合部等重点区域，建立以巡警、交警、武警、社区民警、保安、专业治安巡防、护厂（校、院）等七支专业队伍为主，享受低保人员、4050人员、离退休老党员和治安志愿者等为辅助力量，形成交警管线、巡警和武警管面、社区民警管片、保安管点、群防群治队伍看楼护院的城市治安防范格局。在农村，加强“三基”建设，突出基层治安管理和防范的主导地位，实行警务进村庄，推行民警驻村包片责任制。每个乡镇都组建了专群结合的治安巡防队，村、组由中心户长负责，组织村民联户联防，广泛开展“我为大家巡一夜，大家为我保一月”、“五户一长”、“十户一长”、轮流传牌值更等农村协防联控活动。在机关、企事业内部单位，以内保组织为依托，立户列编，实行“保安进企业（单位）”制度，组建自防自护队伍，落实人防、物防、技防措施，使其充分发挥作用。

三、经费保障机制建立情况

按照自治区党委、人民政府《关于建设“平安宁夏”的工作意见》要求，“要把创建平安宁夏的工作经费列入各级财政预算，专项解决，并随地方财政增长，相应加大防控体系建设、基础设施建设、科技强警建设的投入”。2006年，各地进一步加大综治经费投入力度，依据当地经济增长情况，川区综治专项经费由原来的人均0.2元提高到0.5元以上，山区由原来人均0.05元提高到0.2元以上，确保各级综治组织工作的有效开展；全年各级财政共投入平安创建经费6800万元，比上年增加1500万元。自治区党委、人民政府《关于进一步加强社会治安综合治理的意见》明确提出，按照“政府财政适当补贴，受益单位和个人适当承担”的原则，各县（市、区）专业联防队和协管人员工资待遇由同级财政负责解决；川区城镇向受益单位和个人收取一定比例的费用，用于补充群防群治经费不足；在部分城市社区，综治部门协调指导，物业公司负责治安防范，所需经费按照“谁受益，谁承担”的原则，由业主缴纳，走市场化的道路。按照这一思路，初步建立起了专业化、市场化和社会化相结合的治安防控经费保障机制。目前，全区列入各级政府财政出资建立的专业巡防队有36支3100人，为巡防队员缴纳了“三金”，稳定了队伍。2006年，自治区人民政府出资购买1000个公益岗位，其中950个用于基层治安协理员，全年全区治安防范队伍建设经费投入总计达到2200万元。

四、治安防范措施落实情况

自治区建设厅和综治办联合下发《关于加强新建改建居民小区治安防范基础配套设施建设等通知》，对城市居民小区物防、技防措施作出硬性规定。要求把社区治安防范设施建设纳入城市建设和民用建筑建设总体规划，整体推进物防、技防措施落实，提高社区治安防范水平。居民小区全部实行物业化管理，建设一定面积的治安室专业用房，安装报警电话，配备专职保安人员，有专人看护的自行车棚和机动车停车场，单元楼层安装电子对讲门铃，主要出入通道安装影像监控设施，对新建和改建小区如达不到上述标准，工程不予办理竣工备案手续。2006年，依托公安机关“3111”工程，加大技防建设力度，全面启动城市报警和监控系统建设，在内部单位、集贸市场、金融网点、工业园区、企业生产区和文化娱乐、旅店宾馆、机场车站等公共复杂场所，以及重要目标、治安卡口、交通要道，建立治安室，配备治安员，安装红外报警、电子视频监控等装置，并与110报警台联网，基本形成以监控系统为平台、路面动态巡防力量为基础、无线通讯工具为辅助的立体型技防网络。农村试点推广治安中心户长制，种植、养殖和加工企业大户，实行联户联防，签订治安防范协议书，安装无线遥控警铃和简易电子、红外线报警装置，有效提高了农村技防水平。

矛盾纠纷排查调处工作情况

2006年，自治区共排查出各类矛盾纠纷2万件，调处成功19140件，调处成功率为95.7%。及时预测，妥善处理了一批群体性事件，群体性事件起数和参与人数同比分别下降33.9%和35.1%。其中，百人以上的事件同比下降63.2%。防止民间纠纷引起的自杀案件和防止民间纠纷转化为刑事案件同比减少40件。有力地维护了全区的社会稳定，为“平安宁夏”建设筑牢了第一道防线。

一、抓源头治理，积极预防

各地、各部门在矛盾纠纷排查调处工作中，注重源头上预防治理，最大限度地减少矛盾纠纷的发生，以实现和维护广大人民群众的根本利益为出发点和落脚点，把让人民群众共享改革发展成果作为制定政策、出台措施的主要依据，进一步改进工作方法，转变工作作风，认真开展矛盾纠纷排查工作，准确掌握社情民意和带有倾向性、苗头性的问题，不断加大调解力度，使大量的纠纷化解在基层，消除在萌芽状态。在坚持“定期排查、定期报告、定期通报、协调会议、挂牌督办、领导包案、信息报送”等行之有效的制度的基础上，积极探索人民调解、行政调解、司法调解三种调解手段相互联动协调配合的调解工作机制。银川市针对征地拆迁、合同债务、婚姻家庭、村务管理等方面的纠纷突出这一特点，逐一落实责任单位和责任人。自治区“两会”期间，主管领导亲自带队6次进行集中摸排，对摸排出的30个不稳定因素，实施定领导、定专人、定措施、定时限、包解决的“四定一包”责任制，确保了“两会”期间的社会稳定。石嘴山市指导各乡镇、街道调委会建立健全了《纠纷调解承诺制度》和《调解回访制度》。并结合实际开展了以开展一次法制宣传、一次法律服务和援助、一次矛盾纠纷集中排查、一次“回访”活动，建立重大矛盾调处预案制和矛盾纠纷首接负责制，保障矛盾纠纷信息渠道畅通为主要内容的“四二一”矛盾纠纷大排查调处活动，集中调处了一批重大、疑难及久拖不决的矛盾纠纷。吴忠市建立健全了矛盾纠纷管辖责任制、矛盾纠纷排查调处工作协调会议制、矛盾纠纷调处移送卡制，把人民调解工作纳入社会治安综合治理目标责任制考核等七项行之有效的工作制度，使化解矛盾纠纷工作由“软任务”变成了“硬指标”。固原市坚持多发性矛盾集中调处，突出性矛盾重点调处，季节性矛盾提前调处，经常性矛盾随时调处，开展了送法下乡、以案释法教育的“四调处一开展”活动，调解矛盾纠纷总数、集体上访、群体性上访事件，同比分别下降了18.8%、21.6%、5.6%。中卫市以解决经济结构调整、城市建设拆迁、下岗职工再就业、防治禽流感等群众关注的热点、难点问题为重点，制定了《关于在行业、部门、企事业单位、集贸市场、工业园区、种养园区建立人民调解组织的意见》、《关于进一步建立矛盾纠纷“大调解”工作机制的实施意见》。

二、整合资源，形成合力

按照“分级负责，归口办理”的原则，全区进一步优化整合资源，构筑“党政统一领导、综治部门协调指导、有关部门分工负责、各级组织积极参与”的矛盾纠纷排查调处工作格局，形成排查调解矛盾纠纷的合力。自治区综治办、司法厅、信访办等部门不定期地通过明察暗访进行督查，组织五部委（厅）在半年和年终检查考核时，对各级党委政府以及主要领导履行职责情况进行评定，并与目标责任制挂钩。对各类跨地区、跨部门、跨行业、跨所有制等非传统性的、涉及多领域的矛盾，通过召开协调会议，协调有关各方联动，及时进行化解调处。对重大疑难且可能引发群体性事件的矛盾纠纷，严格落实“四定一包”责任制，逐一把责任落实到有关部门、有关单位和个人，切实做到责任不落实不放过、工作不到位不放过、矛盾不化解不放过。始终坚持村（居）每周一次、乡镇（街道）每半月一次、县（市、区）每月一次、市上每季度一次、自治区季度汇总分析一次的信息报送制度。全区238个乡镇、街道全部由综治办组织协调，依托司法所，公安派出所、人民法庭等基层政法组织，成立了矛盾纠纷调解中心，3020个村（居）委会依托调委会、治保会设立排查调处小组，与乡镇、街道调解中心工作密切衔接；区直各部门成立了办公室，设1—2名调解信息员。各级政法部门集中开展了“大接访”活动，共接待来访群众1176人（次），受理纠纷1034起，息诉率为95.7%。各级司法行政部门充分发挥基层民调组织的作用，开展矛盾纠纷大排查3556次，处理矛盾纠纷3054件。各级公安机关以预防和处置群体性事件为重点，有效处置了一批群体性事件。各级人民法院坚持“能调则调，当判则判，调判结合，案结事了”的原则，调处了一大批民商事案件。各级人民检察院结合检察业务工作，不断加大调解力度。各级城建、交通、劳动和社会保障等部门深入一线，调解因城市拆迁、土地征用、拖欠农民工工资等方面发生的各类矛盾纠纷，确保了重点工程的顺利进行。

三、立足实际，不断创新

自治区及5个地级市先后召开了5次有关综合治理和平安建设的工作会、现场观摩会、经验交流会，及时对一些地方和部门的新举措，好经验、好做法进行了总结推广。一是总结推广了红寺堡开发区等县（市、区）设立首席调解员，推行“以案定补”激励机制。立足基层特别是农村实际，进一步规范调委会建设，对受聘的人民调解员进行等级评定，建立首席调解员制度，授予首席调解员跨区域调解权。由政府拨出专款，按照矛盾纠纷难易程度及调解成功的数量和质量，每件给予20元至50元不等的补助，充分调动了人民调解员的积极性，增强调解工作活力，确保了调处质量和调解队伍的稳定。二是总结推广了贺兰等县（市、区）充分发挥民族宗教人士的作用，积极邀请宗教人士参与纠纷调解的典型经验。在回族相对聚居的村（组），选择清真寺建立起人民调解委员会，由有威望的阿訇和寺管会主任等担任调解员，形成宗教人士调解和行政调解配合联动的调解工作机制，提高矛盾纠纷的排查、调处和疏导能力。三是在城市社区，试点推广了警司联调和“三级代言、分级联调”机制。在派出所建立治安纠纷和民间纠纷联合调处接待室，从派出所、司法所、街道人民调解委员会抽调专门力量，合署办公。依据各自职责分工和所适用法律依据的不同，对属于职责范围内的纠纷给予及时调处。挑选热爱社区工作、关心社区建设、积极参与社区活动、群众基础好的居民担任楼栋长、居民小组长或居民代表，作为第一级代言人，社区居委会的全体成员为第二级代言人，街道办事处全体干部为第三级代言人。二级代言人每周听取一次一级代言人的情况反映，三级代言人每月听取一次二级代言人的情况反映，街道办事处每月召开一次矛盾纠纷排查调处分析会。以此畅通群众诉求渠道，及时发现矛盾，及早理顺情绪，并进行梳理归类，认真分析，制定预案，落实责任，最终实现化解。四是总结推广了吴忠、固原等市的跨区域联调机制。以“联心”为前提，以“联动”为基础，实行市级、县级、乡级之间联防联动联调。各相邻的市、县（市、区）、乡镇（街道）突发重大矛盾纠纷，辖区内的司法所、公安派出所、人民法庭联合行动，联合调解，“出门一把抓，进门再分家”，以治促调，以调促治，形成化解和处置重大矛盾纠纷、维护社会稳定的合力。固原市还与甘肃平凉市建立了跨区域民族宗教纠纷预防调处定期通报和联席会议制度。五是总结推广了银川市兴庆区实行“化整为零、化冷为热、化权为责、化堵为疏、化人治为法治、化上访为下访”的“六化法”。六是结合市、县、乡（镇）党委换届，选派市、县（市、区）、乡（镇）中青年干部到农村担任指导员，驻村入户、察民情、解民忧，解决群众在征地拆迁、村务管理、农民工工资等方面的热点、难点问题。灵武市崇兴镇选派12名镇干部驻村任特派员，变“堵”为“疏”、变“坐门等访”为“出门下访”、变被动调处为超前预防、变单一接访为联合接访，从而使本地区各类矛盾纠纷同比大幅下降。隆德县委派法院法官担任全县13个乡镇的人民调解指导员，协助、指导乡村开展矛盾纠纷排查调处。

开展重点整治和专项行动情况

全区各地坚持严打方针不动摇，以“打黑除恶”专项斗争为龙头，组织开展了“命案必破”、打击“两抢一盗”专项行动、禁毒人民战争，严厉打击严重影响群众安全感的杀人、抢劫、强奸等严重暴力犯罪和入室盗窃、盗抢机动车等多发性侵财犯罪，有力打击了犯罪分子的嚣张气焰。2006年，全区公安机关共破获各类刑事案件9507起，查处治安案件18976起，抓获查处各类违法犯罪嫌疑人28481人。全区检察机关共受理报捕案件3538件5820人，批准逮捕3127件5033人；受理审查起诉案件4183件6996人，提起公诉3422件5523人。全区法院共受理各类刑事案件4528件，审结4461件，判处犯罪分子5165人。

打黑除恶专项斗争工作情况

一、高度重视，加强领导

全区各级党委、政府从维护社会稳定的高度，组织开展打黑除恶专项斗争。自治区党委书记陈建国同志明确要求：“各级公安机关要进一步加大对重点线索的侦查力度，对重点案件实行专案专办，决不允许任何一个黑恶势力为非作歹危害群众，办案经费各地财政予以保证。”自治区及各市、县（市、区）成立了由党委、政府分管政法工作领导为组长、有关部门参加的打黑除恶专项斗争领导小组，强化组织领导，形成了党委、政府统一领导，以公安机关为主力军，政法各部门协同作战，人民群众广泛参与的工作格局。各级党政主要领导专门听取工作汇报，深入基层检查指导，并在经费保障上给予大力支持。全区各级政府划拨打黑除恶专项经费150余万元，保证了打黑除恶专项斗争的顺利开展。

二、精心组织，层层落实责任制

自治区打黑办和公安厅下发了《关于建立打黑除恶工作协作机制》、《宁夏回族自治区公安机关打黑除恶工作责任制》、《全区公安机关涉黑涉恶犯罪线索摸底调查工作指导意见》和《摸排黑恶线索的基本渠道》，明确打黑除恶工作的职责任务和要求。各级公安机关严格按照工作要求，落实责任民警、派出所长、公安局长三级责任制，对调查摸排的涉黑涉恶犯罪线索统一建档，全区共摸排涉黑涉恶线索210多条，确定重点线索54条，逐一查办。

三、广泛宣传发动，营造打黑除恶氛围

始终坚持走群众路线，广泛发动群众，营造全民参与的浓厚氛围。各地通过开通举报电话、设立举报信箱、悬挂横幅、张贴标语、印发《“打黑除恶”专项斗争通告》和召开新闻发布会、公开逮捕大会等多种宣传方式，大力开展宣传活动，广泛发动群众，形成了强有力的宣传发动攻势。自治区公安厅召开新闻发布会，通报了全区公安机关打黑除恶专项斗争情况，展示了打黑除恶的战果，进一步激发全社会同黑恶势力作斗争的主动性、积极性。据不完全统计，全区共开通举报电话51部，张贴标语2000余条，悬挂横幅200余条，张贴《通告》2万余张，散发宣传材料6万余份，召开打黑除恶公开逮捕大会6场次。通过广泛宣传发动，共接到群众举报线索252条。

四、组建专业队伍，重拳打黑除恶

全区公安机关为适应打黑除恶专项斗争的需

要，从各个警种中选拔抽调207名业务精通、作风优良的民警专门从事打黑除恶工作，专营涉黑涉恶案件。自治区公安厅和银川市公安局分别组建了有组织犯罪侦查支队和大队，成立打黑除恶专业队伍。成功侦破了公安部挂牌督办的银川市刘新革黑社会性质组织案、石嘴山市方占锋黑社会性质组织案，打掉4个涉黑犯罪团伙，摧毁44个涉恶犯罪团伙，抓获涉案成员404人，破获各类刑事案件249起，扣押非法资产近91万元。

五、深入开展侦破命案专项行动

建立命案侦破经费保障机制和命案侦破奖惩机制，落实侦破命案的领导责任，实行挂牌督侦、重案奖励、案情通报、并案分析、破案考核等措施，推进命案必破专项工作向纵深发展。2006年，宁夏共发命案145起，破案132起，破案率达到了91%。

打击“两抢一盗”专项斗争情况

各地积极探索建立打击、防范、控制“两抢一盗”案件的长效工作机制，制定下发了《全区公安机关打击“两抢一盗”犯罪专项斗争方案》，切实加大侦破力度，破获了一批抢劫、盗窃案件，抓获了一批违法犯罪人员，为减少发案、稳定治安起到了积极的促进作用。2006年，全区各级公安机关共立“两抢一盗”案件12803起，同比下降4.4%。其中，抢劫案件1099起、抢夺案件315起、盗窃案件11389起，分别同比下降14.6%、16.2%、0.29%；共破获“两抢一盗”案件6326起，破案率49.4%，同比提高2.1%。

一、大力推进多发性侵财案件防控体系建设，不断提高防范打击能力

全区各级公安机关着力推行多发性侵财案件跨区域办案协作机制，切实提高对多发性侵财案件的破案率和打击处理力度，并通过整合资源、采取新的作战方式，逐步解决以较少警力应对“两抢一盗”犯罪发案量大的难题。一是以转变破案方式为抓手，实现侦查破案专业化。银川市探索专业队伍打击系列性侵财案件手段与方法，协调、指导县（市、区）成功地破获了一批影响重大的跨区域系列性案件，打击处理了一大批犯罪分子，遏制了当地系列性侵财案件高发趋势。二是坚持传统与科技相结合，侦查模式向科技化转变。各级刑侦部门及时运用技侦、网侦等科技手段，最大程度地使获取的线索转化为现实破案力。在加强刑事犯罪情报信息工作、秘密侦查工作和技术侦查工作的基础上，强化由人到案、由案到人的两种侦查方式的交叉运用。三是加强信息研判，使侦查工作向信息化转变。各级公安机关充分利用网上情报信息，对系列性侵财型犯罪实施精确打击，取得了显著效果。四是加强巡逻力度，进一步提高打击现行犯罪能力和对街面犯罪动态的控制能力。银川市公安局在银川市各重要交通要道和重点区域开展了夜间“百车巡逻”活动，形成了一支街面控制和快速反应的专门力量，其间，银川市街面犯罪明显减少，人民群众安全感增强。

二、加快建立以信息为主导的现代警务模式，进一步转变传统侦查理念，节约侦查成本

一是强化综合信息系统建设。二是强化情报信息采集工作，采用统一、规范的填写方式，细化案件的各种特征，提高案件分析的准确性。三是强化案件信息的分析，通过建立“两抢一盗”案件信息库，实现案件信息共享，及时进行案件串并，从而使侦查工作有的放矢，反应迅速，精确打击。

三、充分利用被盗抢汽车信息平台，严厉打击盗抢汽车犯罪

一是多警种协作，加强防范。刑警、交警、治安警等多警种互相配合，交警部门加强在公路盘查和车辆入户、转户等方面从严把关，及时发现可疑车辆和侦破线索。治安部门加强对汽修业、旧车市场等特种行业进行严格管理和控制，有效的堵塞和减少犯罪分子的销赃渠道。二是提高技术防范能力。针对被盗抢车辆的“改头换面”和车辆发票、合格证、牌照的伪造呈现专业化、职业化的特点，各地培养专门人才，提高识别被盗抢机动车的能力。三是采取多种措施，堵源截流。采取网上作战与地面作战相结合，提高网上比对发现线索的意识和能力。四是开展集中统一行动。在全区范围组织开展了两次打击盗窃汽车犯罪区域联手破案行动。2006 年，侦破公安部挂牌的特大系列盗抢汽车案件，追缴被盗抢汽车 15 辆，挽回损失百万元，全区公安机关追缴赃车数量位于西北五省第 3 位。

打击赌博违法犯罪专项斗争情况

一、因地制宜，突出重点，有的放矢地开展禁赌工作

全区各级公安机关按照自治区禁赌办的统一要求，结合实际，本着“哪里赌博问题严重就重点整治哪里”的原则，围绕重点地区、重点场所的重点问题，深入细致摸排，广辟信息来源，采取有效措施，稳、准、狠地打击赌博违法犯罪。各地普遍将群众举报赌博活动线索集中的电子游戏厅、棋牌室、茶社等休闲娱乐服务场所列为整治的重点场所，将这些场所内的赌博活动列为重中之重，有的放矢地开展禁赌工作。2006 年全区公安机关共发现、受理赌博案件 829 起，查处 817 起，刑事拘留 28 名、逮捕 7 名、移送起诉 7 名、劳动教养 2 名。打击处理各类聚众赌博、参赌违法犯罪人员 5079 人。

二、重拳出击，狠抓大案，确保禁赌斗争取得实效

在禁赌工作中，全区各级公安机关均把有组织聚众赌博、网络赌博等赌博案件作为重点打击对象。2006 年 3 月 21 日，宁夏公安厅治安管理总队捣毁一聚众赌博窝点，当场抓获涉嫌参赌人员 65 人（其中有网上逃犯 3 人），查缴赌资 128 万余元。这是新中国成立以来公安机关查获的赌资最大的一起聚众赌博案。10 月 14 日，根据群众举报在盐池县查处了一起聚众赌博案，当场抓获涉赌人员 26 人，收缴赌资 33 万余元。

三、严格执法，严肃查处涉赌国家公职人员

2006 年 9 月 9 日，公安厅治安管理总队根据群众举报，在宁夏泾源县查处一起国家公职人员参与赌博案，当场查获聚众赌博人员 14 名（其中，国家公职人员 9 人），扣缴赌资 28686 元。涉案的 9 名公职人员在受到法律处罚的同时，受到了党纪政纪处理。

四、落实责任制，巩固禁赌成果

一是建立宁夏回族自治区举报赌博奖励机制。二是建立多部门协作制度和联席会议制度，定期通报工作进展情况，实现信息共享，加强协同配合，形成禁赌工作合力。三是建立执法办案工作机制、串并案和办案协作机制、线索转递和案件移送机制。

开展禁毒专项行动情况

全区各级禁毒部门充分发挥职能作用，以预防教育、禁吸戒毒、堵源截流、禁毒严打、禁毒管理“五大战役”为主线，广泛动员全社会力量深入开展禁毒人民战争，取得显著成绩。2006 年，全区共破获毒品违法犯罪案件 4086 起，抓获毒品违法犯罪人员 4331 人，缴获毒品海洛因 15.22 千克，“K 粉”、“摇头丸”、冰毒等新型毒品 2.53 余千克，铲除大麻原植物 27 万余株，有力打击了各类毒品违法犯罪活动。

一、加强组织领导，全力推动禁毒人民战争深入开展

全区各级党委、政府、禁毒委认真贯彻中央及自治区领导关于禁毒工作的一系列重要指示，深入组织开展禁毒人民战争。5月30日，自治区禁毒委召开会议，分析研究全区禁毒工作形势，对深入开展禁毒人民战争进行了再部署。8月22日，自治区禁毒委召开全区深入推进禁毒人民战争电视电话会议，贯彻落实6月26日国家禁毒委深入推进全国禁毒人民战争电视电话会议精神，对全面推进全区禁毒人民战争，加强戒毒康复场所建设提出新要求、做出新部署。自治区禁毒委各成员单位按照其工作职责，积极组织本单位、本系统开展禁毒工作。自治区禁毒委定期对禁毒人民战争各大战役、专项行动及后勤保障进行督导检查。

二、强化宣传教育，广泛动员全社会力量参与禁毒斗争

年初，自治区禁毒委制定印发了《宁夏回族自治区禁毒委员会关于禁毒预防教育工作指导意见》，明确全区禁毒预防教育工作指导思想和责任、目标，对禁毒预防教育工作作出长远规划。全区建成市（县）级禁毒教育基地5个，组织禁毒教育工作队伍28支。“6·26”国际禁毒日期间，自治区禁毒办联合自治区党委宣传部、文化厅、教育厅、司法厅、妇联、共青团等部门、团体，在同心县开展了为期一周的集中宣传教育活动。固原市结合宣传“中央一号”文件和科技、文化、卫生、法律“四下乡”活动，组织人员深入基层开展禁毒预防教育宣传；吴忠市注重发挥民族地区宗教优势，通过统战、伊斯兰教协会等部门，组织宗教人士利用“主麻日”等信教群众集会日宣传毒品危害；银川市、石嘴山市、中卫市采取多种形式开展预防教育，进一步深化“学生不吸毒、校园无毒品”、“职工拒绝毒品零计划行动”等活动。

三、保持高压态势，严厉打击毒品违法犯罪活动

各级禁毒部门充分发挥整体优势和禁毒主力军作用，强化打击措施，打总体仗、打联手仗，不间断开展专项打击行动，始终保持对毒品违法犯罪的严打高压态势。一是加强堵源截流工作力度，严厉打击外流贩毒活动。全区公安机关以“打团伙、摧网络、破大案、抓毒枭、缴毒资”为目标，加强与安全、海关等部门的协作配合，在立足区内强化堵源截流措施的同时，主动出击开展打击外流贩毒行动。年初，自治区公安厅组织20名禁毒民警赴云南省开展打击外流贩毒专项行动，协同云南省公安禁毒部门查破毒品案件9起，缴获毒品海洛因8.29公斤，打掉、打散了一批长期滞留云南的宁夏籍吸贩毒人员，有效遏止了我区外流贩毒活动；12月份，又组织40名民警以同心县为主战场，在同心、云南两地对外流贩毒形成“两头夹击”的态势，内外联动开展了“铁流行动”。二是大力加强公共娱乐场所吸贩新型毒品整治力度。各级公安机关积极加强与文化、工商等部门的协作配合，与公共场所责任人签订禁毒责任书，不断加大对娱乐场所吸贩新型毒品的打击力度。2006年，全区共查破吸贩新型毒品案件122起，抓获违法犯罪人员165人，缴获“K粉”、“摇头丸”、冰毒等新型毒品2.53余千克，对11家涉毒场所限期整改，关停违法场所3家，有力遏止了新型毒品违法犯罪活动。三是大力开展禁种铲毒活动，坚决杜绝发生非法种植毒品原植物活动。自治区禁毒办先后多次部署禁种毒品原植物宣传教育和禁种铲毒工作。全区连续3年保持罂粟“零种植”成果。2006年，全区共查破非法种植大麻案件5起，铲除大麻原植物27万余株。四是严厉打击贩卖毒品零包违法犯罪。各级公安机关积极组织开展以“破获一批毒品案件、摧毁一批零包贩毒网络”为主要内容的“扫毒行动”。行动期间，全区共破获10克以下贩卖毒品零包案件107起，抓获贩毒人员129人。

四、深化整治措施，狠抓毒品问题重点整治工作

自治区党委、政府高度重视同心县毒品整治工作，将同心县毒品问题重点整治与禁毒人民战争“五大战役”同部署、同落实。自治区禁毒委、禁毒办先后印发了《关于对同心县开展毒品问题重点整治的指导意见》和《具体意见》，加强对同心县毒品整治工作的指导力度。同心县党委、政府按照国家禁毒委重点整治地区“摘帽”五条标准，举全县之力开展整治工作。年初，同心县组织600余名党政干部组成工作组，开展了为期五个月的集中整治。年末，又组织1000余名干部深入各乡镇，包村包户开展集中整治“百日会战”。3月20日至6月20日，自治区公安厅抽调60名民警在同心县开展了以“侦破一批案件、打掉一批贩毒团伙、收戒一批吸毒人员、严惩一批贩毒分子”为主要内容的“春雷行动”，破获毒品犯罪案件20起，缴获海洛因6056克，抓获犯罪嫌疑人35名，查获吸毒人员33名，收缴毒资44万元，查扣运毒车辆5辆，有力推动了同心县毒品重点整治工作。

五、强化禁吸戒毒，大力开展“无毒社区”创建工作

一是认真开展“大普查、大收戒、大帮教”。全区各级禁毒部门坚持普查与收戒相结合，对现有吸毒人员进行全面调查摸底，严格执行“三个一律”原则，2006年全区强制收戒吸毒人员2973人次，劳教戒毒896人，对戒毒出所人员实行“四位一体”的社会化帮教。二是加强吸毒人员动态管控机制建设。9月份，全区开展了对吸毒人员的排查和信息采集工作。公安厅禁毒总队先后培训基层一线民警700余名，为261个单位建立了禁毒信息系统用户名，对全区劳教戒毒人员信息集中采集，统一编录。全区共采集录入吸毒人员信息4059条，强制戒毒人员信息录入率达100%。三是加快推动“无毒社区”创建。各地都逐级建立了由党委、政府主要领导任组长的创建工作领导小组，建立健全了工作责任制，形成创建工作层层有责任、逐级有人抓的工作机制。全区创建“无毒乡镇（街道办事处）”122个，其中2006年新增“无毒乡镇”29个。四是加强易制毒化学品、精神药品、麻醉药品管理。各地开展了对易制毒化学品、精神药品、麻醉药品管理秩序专项治理行动，对全区生产、经营、使用单位逐个排查，对854家涉及易制毒化学品的企业和单位，进行了严格的检查登记，帮助建章立制，依法加强管理，严防易制毒化学品流入非法渠道。

整治油气田及输油管道生产治安秩序专项行动工作情况

2006年全国整治油气田及输油气管道生产治安秩序专项行动开展以来，自治区党委、政府及有关部门高度重视，精心组织，周密部署，先后组织开展了打击涉油违法犯罪、取缔土炼油、清理输油气管道占压等行动。在集中整治土炼油行动中，共出动执法人员318人次，出动警力164人次，出动各种车辆86台次，取缔土炼油炉26座；清除马惠宁线（宁夏段）占压管道违章建筑85处，取缔原油脱水厂5家。

一、加强协调领导

全区油气田及输油气管道安全保护工作厅级联席会议加强了对全区整治油气田专项行动的组织领导、检查督导，结合宁夏实际制定下发了专项行动工作方案，并召开专门会议，进行部署。灵武、盐池、同心、中宁、红寺堡等涉油重点市县政府也成立相应的整治领导小组和办事机构，并制定具体方案，层层动员部署，确保专项行动领导到位，部署到位，落实到位。

二、加大对涉油案件侦破力度，及时打击违法犯罪活动

成功破获了公安部挂牌督办的“2·11”破坏易燃易爆设备案和“4·6”、“4·9”、“4·27”盗窃原油案及“5·21”非法运输易燃易爆物品（土炼成品油）案，抓获12名主要违法犯罪嫌疑人。全年共查处涉油案件20起，其中查处治安案件4起，治安罚款6人；破获刑事案件9起，共抓获犯罪嫌疑人37人，其中逮捕1人，刑事拘留17人；摧毁抢劫原油犯罪团伙1个，抓获成员10人。

三、清理违章建筑，确保输油安全

在中宁、盐池等地方政府的大力支持下，投入资金178万元，对我区境内马惠宁线的85处输油气管道占压物进行了全面清理，实现了宁夏段的“零占压”。中宁县5处附属民宅的违章占压物，在宁夏厅际联席会议的督导下，中宁县抽调专人，采取有力措施，全部予以清理，确保了居民的人身财产安全和管道的安全。

四、继续保持高压态势，清理取缔土炼油炉

7月25日，自治区公安厅治安管理总队与灵武市公安局、长庆油田采油三厂公安局联合对灵武市永利乡、大阳旗乡、马家滩镇周边地区内的土炼油炉进行了集中清理取缔，共出动警力21人，车辆6辆，取缔土炼油炉15座。专项行动开展以来，全区共清理和取缔土炼油炉26座。

五、加强路检路查，严厉打击非法贩运原油的违法行为

在与甘肃省交界211国道和302省道原油出入路口和输油管道沿线地设立两处原油检查卡点，加强对运油车辆的检查，对流入、流出的"黑油"、赃油坚决予以查处；对非法贩运原油的坚决查扣或移交有关部门查处，对构成犯罪的，坚决追究其刑事责任。先后查获各类涉油案件4起，端掉了以丁某为首的非法贩运原油团伙1个，缴获各种袋子油400余袋，非法运输原油200余吨。

六、继续加强输油气管道巡护工作

宁夏境内共有两条输油管道全长254公里，我区八个县(市、区)，涉及14个派出所辖区，管道大部分在偏僻的荒山野地，地形复杂，巡防工作难度大。各级公安机关坚持"预防为主，打防结合"的方针，层层落实责任制，聘请沿线群众参与巡线护线，在管线附近村庄设立报警点，公布举报电话；加强与管道沿线输油站、巡线人员的信息沟通和协调配合，形成合力，确保输油管线安全畅通。

实行社会治安综合治理领导责任制情况

一、各级党委、政府加强领导，真抓实干，切实担负起"保一方平安"的政治责任

全区各级党委、政府把加强社会治安综合治理，深入开展"平安宁夏"创建活动，作为提高党的执政能力，落实科学发展观，构建社会主义和谐社会的一项重要内容和具体措施，摆上了重要议事日程，投入大量时间、精力和资金。自治区党委、政府带头履行维护社会稳定领导责任，党委常委会、政府常务会经常听取政法综治工作情况汇报，切实解决制约综合治理工作的实际问题。2006年5月，自治自治区党委会议听取了全国社会治安综合治理工作会议情况汇报，讨论研究了进一步加强全区社会治安综合治理工作和"平安宁夏"创建工作意见。自治区党委书记陈建国同志在听取汇报后明确要求，一定要充分认识平安建设工作的极端重要性，采取有力措施，把这项事关全局的好事办实，实事办好。到2008年自治区成立50年大庆时，确保90%以上的县(市、区)达到平安创建标准，把宁夏区建成全国社会治安综合治理先进省区之一，把全区社会治安综合治理工作提高到一个新的水平。按照自治区党委、政府的工作部署和陈建国书记的要求，自治区综治委提出了围绕"一个目标"，突出"两个重点"，实施"三基工程"，建立"四大机制"，力争在"六个方面有新的突破"的工作思路。自治区党委常委、政法委书记李顺桃，自治区人大副主任陈守信、政府副主席郑小明、高级人民法院院长黑俊英，人民检察院检察长师梦雄等分别联系一个县(区)平安创建工作，深入基层检查指导，及时解决平安创建工作中的实际问题。按照自治区综治委的要求，各市、县、区党委、政府领导都确定了平安创建工作联系点。灵武市组织84名乡镇干部任农村综治特派员，泾源县派出100多名乡镇干部担任综治指导员，明确任务，责任到人，努力推动平安创建工作各项措施落到实处。2006年，全区各市、县(市、区)拨付社会治安综合治理专项经费104万元，比上年增加10万元，平安创建经费710万元，比上年增加了160万元。

二、层层签订综合治理目标管理责任书，党政"一把手"抓综治的责任意识进一步强化

2006年1月6日，自治区党委常委、政法委书记李顺桃，自治区人民政府副主席郑小明代表

学校及周边治安综合治理工作情况

全区各级党委、政府和教育行政部门及各级各类学校高度重视学校及周边治安综合治理工作，建立健全工作机构，集中整治学校及周边治安秩序，积极开展创建“安全文明校园”活动，营造了良好的教书育人环境，促进了教育事业持续、快速、健康的发展。

一、加强领导，健全制度，确保学校及周边治安综合治理工作顺利开展

全区各级教育行政部门和中小学校都健全完善了安全工作的组织机构和责任体系，300 人以下的学校有专兼职综治、保卫人员，300 人以上的学校设综治、保卫组织，把校园划分成责任区，每个责任区实行责任人制度，做到了目标明确，重点突出，分工具体，责任到位，形成了“一级抓一级、层层抓落实”的格局。

一是制定了《宁夏回族自治区教育系统突发公共事件应急预案》，并下发全区教育系统执行；二是建立自治区、市、县、校四级信息报送工作网络，进一步疏通信息上报下达的传递渠道，确保安全事故能够在第一时间报送、在第一时间得到处理；三是建立定期对学校内外安全情况检查的工作制度，采取上下结合的办法，对校园及周边治安情况进行检查，针对存在的问题及时制定对策；四是建立并完善集体活动安全防范机制，形成有效的检查、监督和制约体系，确保不发生任何问题。

二、突出重点，全面排查，加大学校及周边治安整治力度

全区各级教育行政部门和学校普遍加强了学校内部管理，突出了工作重点，强化了校园封闭式管理，坚持出入校门登记制度，加强了对学校实验室、宿舍、食堂等重点部位及教学活动关键环节的管理，提高了应对突发性安全事件的水平，增强了校园安全防范能力。

全面排查影响学校稳定的突出问题，加大学校及周边治安整治力度。各地公安机关对本地区校园及周边的治安状况进行排查、梳理，在摸清重点地区和突出问题的基础上，集中时间和警力开展专项整治行动。公安机关在校园周边设立治安执勤点 327 个，开展安全检查 700 次，及时消除各类隐患 300 处，清理各类娱乐服务场所 512 家、游戏厅 71 家、非法出租房 400 家、违章临时摊点 100 家，校园及周边治安秩序明显好转。

三、开展学校周边平安建设和“安全文明校园”创建活动，提高校园及周边治安防控水平

全区各地广泛开展了“安全文明校园”创建工作。2006 年 4 月在宁夏长庆石油高级中学组织召开了全区“安全文明校园”创建暨现场观摩经验交流会，通过命名表彰安全文明示范学校，促进了全区各级各类学校扎实开展“安全文明校园”创建工作，全区共创建“安全文明校园”43 个。

社会治安综合治理宣传教育工作情况

各地、各部门按照自治区的总体要求，精心组织，周密部署，在全区范围内开展了以建设“平安宁夏”为主题的社会治安综合治理宣传活动。

自治区综治办开展了“六个一”的宣传活动。即：在主流媒体开辟专栏，进行一次《市、县委书记话平安》系列访谈节目，对基层政法综治干部进行一次集中业务培训，举办一台以“平安宁夏”创建活动为主题的文艺晚会，进行一次社会治安综合治理好新闻评选活动，开展一次“平安宁夏”创建活动的专题调研，在区直机关进行一次社会治安综合治理报告会。并注重把宣传活动与保持共产党员先进性教育活动相结合、与社会主义新农村建设相结合、与深化“严打”整治斗争相结合。以舆论为先导，抓宣传、促工作，深化了宣传活动的内容，为促进综合治理各项措施的落实，推进平安创建工作的深入开展发挥了重要作用。

充分发挥电视、广播、报刊等主流新闻媒体覆盖面广、公信力强的优势，形成了强大的舆论声势。自治区党委宣传部、自治区综治办组织宁夏日报、宁夏电视台、宁夏广播电台、新消息报、华兴时报、法治新报、银川晚报、共产党人杂志、宁夏新闻网等新闻媒体对“平安宁夏”建设工作成果进行集中宣传展示。采访录制了“市、县委书记话平安”专题访谈节目（栏目）。深入实地集中采访报道银川市、兴庆区、西夏区、石嘴山市、大武口区、青铜峡市、中卫市、固原市原州区在综合治理工作中涌现出来的先进人物和先进经验。《宁夏日报》开设了“建设平安宁夏——社会治安综合治理宣传”专栏，《共产党人》开设了“建设平安宁夏，构建和谐社会”专题，《新消息报》以“建设平安宁夏”为主题，进行系列报道。宁夏广电总台《新闻同期声》连续10天播出了平安建设专题节目，宁夏新闻网开辟了“建设平安宁夏”专栏。五市党报、电视台、电台以及县级有线广播电视台也都开办专栏、制作专题，对当地平安建设取得的成果和典型经验及先进人物事迹进行集中展示。通过“警情播报”、“温馨提示”等小栏目及发放《市民平安手册》等形式，对与群众工作、生活息息相关的预防犯罪和自护自救知识进行普及宣传教育，提高居民的安全防范意识。2006年，全区各大媒体共开辟综合治理宣传专栏、专版27个，各类报纸杂志共发表新闻稿件540篇。宁夏电视台及各市、县电视台制作综合治理新闻节目270条。

利用文艺汇演等群众喜闻乐见的形式，增强宣传活动的吸引力和感染力。自治区综治委、自治区党委宣传部联合14家区直综治成员单位共同举办了以“创建平安宁夏，共建和谐社会”为主题的社会治安综合治理文艺汇演。各地也通过广场文化和社区文化、校园文化等形式，开展了贴近生活、贴近群众的综治宣传。

利用横幅、标语、橱窗、展板、专题讲座、知识竞赛等载体，进一步拓宽了社会宣传渠道。贺兰、永宁、灵武等县（市）开展了“综治宣传赶大集，法律知识进万家”活动。石嘴山市大武口区组织辖区学校开展了“争创全国和自治区安全文明校园”活动，将平安创建分解到各年级、班组中。惠农区举办了“平安杯”社会治安综合治理知识竞赛，并通过电视转播扩大了宣传影响。吴忠市出动流动宣传车进行流动法律宣传。中卫市海原县、固原市原州区组织开展了千人上街游行宣传活动。2006年，全区各地、各部门共计发放各类宣传材料100多种80余万份，制作展板2680块，橱窗760期，墙报1952期，张贴标语3950条，悬挂横幅1698条，举办讲座540场，文艺演出5场，宣传教育群众达百万余人次。

全区各级综治成员单位纷纷走上街头，深入群众之中，突出宣传主题，结合行业特色，有针对性地开展综合治理宣传活动。社会各界参与社会治安综合治理工作的积极性进一步提高，广大人民群众的法制意识、防范意识明显增强，涌现出了梁浩江、徐建、汤建军等一批见义勇为先进个人。

自治区社会治安综合治理委员会关于命名“平安县(市、区)”和表彰“平安创建工作先进县”的决定

(2006年1月4日)

各市、县(区)党委、政府,社会治安综合治理委员会:

按照自治区党委、人民政府《关于建设“平安宁夏”的工作意见》的总体部署,全区各地以“政治安定、社会稳定、治安秩序良好、文化环境健康、人民群众满意”为目标,加强领导,明确责任,抓点带面,全民参与,结合地区特点,广泛深入地开展了“平安县(市、区)”的创建活动。在创建活动中,精心构筑治安防控体系,健全、完善矛盾纠纷排查调处工作机制,进一步规范综治组织建设,夯实基层基础工作,推动了社会治安综合治理各项措施的落实,人民群众的安全感明显增强,创建了一批平安县(市、区)、乡镇(街道)、单位(小区、学校),涌现出了一批平安创建工作先进单位。为了树立典型,表彰先进,进一步推动“平安宁夏”建设活动向纵深发展,自治区社会治安综合治理委员会决定:命名银川市兴庆区、西夏区,石嘴山市大武口区,吴忠市青铜峡市,固原市彭阳县为“平安县(市、区)”;银川市贺兰县、永宁县,吴忠市盐池县,固原市隆德县,中卫市海原县为“平安创建工作先进县”,予以表彰。

自治区社会治安综合治理委员会号召全区各级党委、政府认真贯彻党的十六届五中全会精神,按照自治区党委、政府《关于建设“平安宁夏”的工作意见》要求,加大力度,因地制宜,创新工作,进一步深化平安创建活动,全力维护社会稳定。希望被命名的“平安县(市、区)”要巩固成绩,开拓进取,不断丰富创建内容,扩大创建领域,提升创建水平,总结推广经验,切实发挥示范带动作用。希望受表彰的“平安创建工作先进县”进一步完善工作机制,强化工作措施,继续深入扎实地开展“平安县(市、区)”的创建工作,为建设“平安宁夏”作出新的贡献!

宁夏回族自治区社会治安综合治理委员会 宁夏回族自治区教育厅 宁夏回族自治区公安厅 关于命名表彰全区“安全文明校园”的决定

(2006年3月23日)

各市、县(区)社会治安综合治理委员会、教育局、公安局,各大中专院校、教育厅直属学校:

2005年全区“安全文明校园”创建工作启动以来，我区各级教育行政部门和各级各类学校高度重视，积极开展创建活动，各学校都成立了创建工作领导小组，制定了创建实施方案，把此项工作作为一项确保学校稳定和发展的重要基础性建设工程来抓，不断强化学校安全管理工作，精心营造育人环境，抓出了成效。根据自治区“安全文明校园”创建标准，在市、县(区)验收的基础上，经过自治区安全文明校园创建领导小组的复查验收，现决定命名宁夏长庆高级中学等43所学校为自治区级安全文明校园；推荐宁夏长庆高级中学等14所学校申报国家级安全文明校园。

希望受表彰的学校要珍惜荣誉，发挥示范引领作用，不断提高创建水平。全区各级各类学校要以他们为榜样，认真总结经验，切实做好“安全文明校园”的创建工作，为全区的精神文明建设、经济发展、构建和谐社会做出积极的贡献。

经自治区综治委、自治区教育厅、自治区公安厅共同协商，被命名为自治区级“安全文明校园”的学校，比照《宁夏区直“文明机关”创建管理办法》(宁直文明委发[2003]02号)之规定，当年在职职工可享受多发一个月的基本工资，作为奖励(资金自筹)。

附件：1. 自治区级“安全文明校园”名单

2. 推荐国家级“安全文明校园”名单

附件1：

自治区级“安全文明校园”名单

(43个)

银川市

1. 宁夏长庆高级中学
2. 银川一中
3. 银川唐徕回民中学
4. 宁夏六盘山高级中学
5. 银川第二十四中学
6. 贺兰县第三中学
7. 永宁县回民中学
8. 宁夏大学附属中学
9. 灵武第二小学
10. 西夏德胜小学
11. 金凤区丰登回民小学
12. 西夏区第九小学
13. 贺兰县回民小学
14. 兴庆区第十六小学

固原市

15. 原州区头营中学
16. 西吉县和平中学
17. 西吉县实验中学
18. 西吉中学
19. 西吉县第二中学
20. 隆德二中
21. 原州区头营小学
22. 彭阳县第一小学
23. 原州区第二幼儿园

石嘴山市

24. 石嘴山第三中学
25. 石嘴山第九中学
26. 石嘴山第二中学
27. 石嘴山第二十六小学
28. 石嘴山第九小学

吴忠市

29. 吴忠高级中学
30. 吴忠市利通一小
31. 吴忠市朝阳小学
32. 盐池县长城希望小学

33. 红寺堡镇中心小学

中卫市

34. 中卫中学
35. 中卫市第一中学
36. 中宁中学
37. 张洪中学
38. 中卫市幼儿园

大学

39. 宁夏大学
40. 宁夏职业技术学院

中专

41. 宁夏体育运动学校
42. 宁夏机电工程学校
43. 银川市光华英豪职业中专学校

附件 2：

推荐国家级“安全文明校园”名单

（14 个）

1. 宁夏长庆高级中学
2. 宁夏银川一中
3. 宁夏六盘山高级中学
4. 银川唐徕回民中学
5. 银川第二十四中学
6. 吴忠市利通一小
7. 吴忠市朝阳小学
8. 石嘴山三中
9. 西吉县和平中学
10. 隆德二中
11. 中卫中学
12. 中宁中学
13. 宁夏大学
14. 宁夏体育运动学校

自治区社会治安综合治理委员会关于成立宁夏回族自治区见义勇为基金会的决定

（2006 年 4 月 27 日）

为了进一步贯彻落实党中央《关于进一步加强社会治安综合治理的意见》，充分调动广大人民群众参与社会治安综合治理工作的积极性，大力弘扬见义勇为精神，经自治区党委同意，自治区社会治安综合治理委员会研究决定，同意成立宁夏回族自治区见义勇为基金会。基金会的业务主管部门为自治区社会治安综合治理委员会办公室，具体工作由自治区综治办组织协调，抓好落实。

构筑六大防控网络　健全六个运行机制

银川市社会治安综合治理委员会

近年来,我们立足首府市的特点,严密构筑治安防控体系,全力打造“平安银川”。具体做法是:

一、严密构筑“六大治安防控网络”

一是严密构筑城市治安防范网络。我们依托110接处警指挥系统这一平台,以“110、119、122”三警合一为中枢,组织开展了由500多名公安民警、武警官兵和出租车司机参加的“百车巡防”活动,在繁华街区、公共复杂场所、城乡结合部等案件高发的重点区域和事端,采取设卡堵截、昼夜巡逻、便衣跟踪、蹲坑守候等方法,加大巡逻盘查力度,重点防范和控制抢劫、抢夺和入室盗窃等侵财性犯罪的发生。并且在5个出入主要交通干道的枢纽地段设立出城登记备案,查验司乘人员有效证件,以防止不法分子对司乘人员的侵害,及时发现查处各类违法犯罪案件,从而在市区范围内形成了整体联动、反应快捷、覆盖面广的治安防控网络。

二是严明构筑农村治安防范网络。针对农村居住分散、容易发生盗窃案件的特点,我们以乡镇为重点,以行政村为基层,因地制宜地推广民警驻村制、巡防制和包片制等办法,广泛开展了“我为大家巡一夜,大家为我保一月”、“十户一长制”、“农户轮流传牌”等群防群治活动,进行区域性治安义务巡逻防范。

三是严密构筑社区治安防范网络。我们大力开展了以物防为主的封闭式管理、以技防为主的监控式管理和以人防为主的开放式管理的创建活动。在各小区、商业网点以街道和居委会为依托,组织保安员、下岗职工、低保户、离退休人员、志愿者等群防群治力量,开展了“十店联警、楼单元联防”等联片共建安全社区活动。各居民区推行楼长、单元组长挂牌制,使责任人的责任更加明确。并且将科技手段引入到治安防范工作中,在新建小区普遍安装了电子、电视可视系统、电子控制门、单元电子对讲门等。

四是严密构筑内部单位治安防范网络。各机关、团体、学校和企事业单位在创建活动中成立了护厂、护校、护院队伍,组织常年巡逻守护工作,加强内部保卫力量,落实防范措施。特别是在党政机关、重点要害部位、金融商业网点,普遍安装了闭路电视监控、红外线报警装置等设备,24小时与“110”指挥中心联网。

五是严密构筑公共复杂场所治安防范网络。我们在集贸市场、商业网点、文化娱乐、旅店宾馆、机场车站等重点地区和部位,增加了巡逻警力,增设了治安室和报警点。对旅店业、桑拿房、美容美发厅、歌舞厅、网吧等服务和娱乐场所,实行了“户籍化管理”,签订自防互防协议,规范其经营行为,建立长效管理机制。

六是严密构筑重点人群治安防范网络。我们按照“户口管理为基础,治安管理为重点,劳动管理为辅助,其他管理相配套”的原则,明确了全市外来人口管理由党委领导,政府牵头,以公安为主,各方参与,统一管理的模式,将管理权限下放到乡镇(街道),由乡镇(街道)负责对辖区出租房屋、用工单位、劳务市场等流动人口落脚点和活动场所,定期不定期地进行清理清查,强化流动人口登记、办证和管理等基础性工作,严厉打击藏匿其中的违法犯罪人员;为了减少刑释解教人员的重新犯罪率,全市各级帮教小组多渠道、多形式的落实帮教措施,使刑释解教人员的重新犯罪率一直控制在3%以下。

二、建立健全“六个防控运行机制”

一是建立健全了严打整治长效机制。多年来,我们把“严打”整治斗争作为打击犯罪、维护治安的首要环节,“本着什么犯罪严重;哪里治安问题突出,就集中整治哪里”的原则,始终保持对各种犯罪活动高压态势不放松,全市每年至少组织开展6次以上的集中统一行动,有力地打击了犯罪分子的嚣张气焰。与此同时,我们把治安混乱地区和突出治安问题的集中整治,作为维护治安秩序、增强群众安全感的一项长期任务。通过每月定期分析治安形势,找准和把握发展规律,梳理排查出一些治安混乱地区存在盗窃、抢劫、抢夺、打架斗殴、欺行霸市等突出治安问题,集中时间,集中力量及时予以整治,做到了整治一处、见效一处。

二是建立健全了矛盾纠纷排查调处机制。我们在三个区辖街道有效整合派出所、司法所和调委会三种力量,建立了治安纠纷和民间纠纷联合调处接待室,形成“四包”(区包面、镇街包片、部门包点、村居包人);“三抓”(抓早、抓快、抓反复);“两朝前”(超前排查、超前疏导)为主要内容的警司联调工作机制,使大批矛盾纠纷被化解在了基层,各类影响社会稳定的苗头被消除在了萌芽状态。在两县一市各乡镇成立了“大调解中心”,由综治办、派出所、司法所等有关部门在固定地点,共同接待群众来信来访,调解各种矛盾纠纷,提供法律咨询服务。并且按照发现得早、化解得了、控制得住、处置得好的要求,坚持村(居)委会每周排查一次;乡镇(街道)每半月排查一次;县(区、市)每月排查一次;市上每季度召开一次联席会认的自下而上四级矛盾纠纷排查调处制度。对排查出的矛盾纠纷,按照“谁主管、谁负责”的原则,实行分级负责,归口管理,逐一落实责任单位和责任人,集中力量一个一个解决,有效地消除了诸多不稳定因素。

三是建立健全了推进工作保障机制。为了确保社会治安工作的正常开展,我们随时调整财政支出结构,建立健全了治安防控经费保障机制。在财政十分困难的情况下,不断加大经费投入力度,优先保证政法、综治工作所需。每年初,市委、市政府要求市财政按全市人口总数每人每年0.2元、三区按辖区人口总数每人每年0.4元、两县一市按辖区人口总数每人每年0.3元的标准将社会治安经费列入两级财政预算,由各级行政一把手负责落实,保证及时拨付到位。

四是建立健全了加强队伍管理机制。为了确保社会治安工作上边有人抓,中间有人管,下面有人干,我们建立健全了社会治安综合治理基层组织,全市52个乡镇(街道)、3个农场全部成立了综治机构,充实调整了专抓综治工作的党政副职,配备了专职工作人员,明确职责任务,完善了各项规章制度,严格监督考核,切实加强日常管理,做到了组织机构、分管领导、工作人员、办公场所、基础台账、规章制度、经费保障七落实,促进了基层综治组织正规化建设。

五是建立健全了法制宣传教育机制。多年来,我们广泛开展“法律进企业、法律进社区、法律进村庄、法律进校园、法律进工地”等活动,加强对公民的道德和法制教育,并且在每年3月份综治宣传月、“6·26”禁毒日、“12·4”法制宣传日活动期间,通过文艺演出、典型案例、演讲比赛、发送短信等多种手段,区别对待、分清层次地开展一系列内容丰富、形式多样的宣传教育活动,重点突出了领导干部、司法和行政人员、青少年、企业经营管理者、外来流动人口等学法、用法教育,从而使全市各级令到干部依法行政、依法管理水平得到提高,广大群众维护自身合法权益的意识明显增强。

六是建立完善了督导检查考评机制。我们完善了重点督导、随机抽查、半年检查、年终评比的督导检查考评机制。专门成立了由市委、人大、政府、政协分管领导为正、副组长,综治、纪检、监察、组织、人事等有关部门负责人为成员的督导检查组,在每月随机抽查的基础上,就各地在具体工作中遇到的重大疑难问题,及时进行调查研究,提出可行性意见,帮助解决。每年分半年和年终,由市委、人大、政府、政协分管领导带队,对各县(市、区)和各有关部门的《社会治安综合治理目标管理责任书》完成情况进行严格的检查考核,评出等次,进行奖惩。通过考核验收,对在平安创建过程中成绩突出的给予命名表彰。对已经命名授牌的每年进行一次回访复查,如果发现有工作滑坡、发生案件和事故,及时做出取消称号、摘掉牌匾的处理,其主要领导和直接责任人两年内不能评先受奖、晋级晋职,真正把“一票否决”制充分运用到治安防范工作中的各个环节。通过有效地督导检查考评机制的建立,极大地增强了各级领导和各部门做好社会治安工作的责任感，有力地促进了各项工作的全面落实。

宁夏回族自治区及各市、县(市、区)综治委、办主任名单

地　区	综治委主任	综治办主任	地　区	综治委主任	综治办主任
自治区	李顺桃	冀晓军	盐池县	石瑞林	马俊义
银川市	汪　敬	郝战江	同心县	张　沛	杨文宏
兴庆区	王广智	马建军	红寺堡开发区	陈任新	马家明
金凤区	罗志刚	宋敏达	**固原市**	李耀松	张文远
西夏区	陈学忠	许宗金	原州区	刘志安	陈学伟
永宁县	朱文国	赵和平	彭阳县	王凤刚	李忠仓
贺兰县	哈宁东	马建民	西吉县	张　荣	李存仓
灵武市	倪天福	王占全	泾源县	张树仁	秦志钦
石嘴山市	韩胜利	程东风	隆德县	樊建华	李　溥
大武口区	杨中华	白广军	**中卫市**	刘　云	林茂星
惠农区	金少荣	胡金明	海原县	马　力	李存福
平罗县	李德胜	杨连俊	中宁县	田海福	张若望
吴忠市	郑歌平	周东波			
青铜峡市	杨少清	任　兴			

(撰稿人：王敬元
审稿人：冀晓军　胡增印)

新疆维吾尔自治区

2006年社会治安综合治理工作概况

2006年，自治区社会治安综合治理工作以邓小平理论和"三个代表"重要思想为指导，认真贯彻落实党的十六届五中、六中全会精神，按照中央综治委《2006年社会治安综合治理工作要点》和《中共新疆维吾尔自治区委员会、新疆维吾尔自治区人民政府关于加强社会治安综合治理的决定》的要求，紧紧围绕新疆稳定与发展的大局，坚持"打防结合，预防为主"的方针，始终把维护稳定工作放在首位，严厉打击、严密防范境内外"三股势力"的各种破坏活动。各地以落实领导责任制为龙头，以建立健全社会治安综合治理长效工作机制为纽带，以加强基层基础工作为重点，以落实社会治安综合治理各项措施为主线，认真排查治安突出问题，开展对治安混乱区域的集中整治，积极开展平安建设活动，努力化解人民内部矛盾，全力构建和谐社会，有力地维护了我区社会政治大局的稳定。

一、积极开展平安建设，努力构建和谐社会

自治区党委、人民政府高度重视平安建设，认真贯彻落实中央政法委员会、中央社会治安综合治理委员会《关于深入开展平安建设的意见》精神，迅速在全区开展平安建设工作，社会治安防控体系建设得到进一步加强，刑事犯罪和群体性事件高发的势头得到有效遏制，一些矛盾纠纷得到疏导和化解，社会管理和公共服务体系得到进一步强化，社会治安秩序持续平稳，人民群众的安全感普遍增强。目前，平安建设已基本形成"党委领导、政府负责、综治牵头、各部门齐抓共管、群众参与"的创建格局。

（一）加强组织领导，规范创建标准。2005年12月23日，自治区党委下发了《关于在全区深入开展平安县（市、区）建设的意见》，成立了"自治区平安县（市、区）建设领导小组"，对全区平安建设工作进行了安排部署。自治区综治委及时制定下发了《新疆维吾尔自治区平安县（市、区）考核办法（试行）》、《新疆维吾尔自治区平安县（市、区）考核评分标准（试行）》、《新疆维吾尔自治区平安建设重大事项界定（试行）》、《新疆维吾尔自治区平安乡（镇、街道）基本标准》、《新疆维吾尔自治区平安社区基本标准》、《新疆维吾尔自治区平安村基本标准》、《新疆维吾尔自治区平安单位基本标准》等一系列文件和标准，自治区综治办先后在乌鲁木齐市和阿勒泰地区召开了3次经验交流观摩会。各地党委、政府把平安建设列入重要议事日程，实施"一把手"工程，建立和完善了地（州、市）、县（市、区）、乡（镇、街道）、村（社区）平安建设的领导机构，制定了一系列规章制度和措施，各级"一把手"都担任领导小组组长，党委书记亲自作动员部署，并专题研究解决了办公地点、人员编制和待遇补助等问题。阿克苏地区投入10万元启动资金用于平安建设，并对41名县乡两级政法书记和综治办主任进行了培训。吐鲁番地委、行署年初下发了《关于深入开展平安建设的实施意见》，地区综治办出台了《关于在平安建设中建立八大工作体系和五大保障机制的意见》，明确提出要建立"严打"整治、治安防范、治安管理、矛盾调处、法制和道德教育、宗教管理、安全生产、文化阵地建设等工作体系，建立领导、队伍、经费、舆论宣传、考核奖惩等保障机制。哈密地区根据自治区党委文件要求，结合本地实际，成立了六项专门工作领导小组、提出了五项目标任务和十一项具体工作措施。和田、喀什地区和伊犁、昌吉州把平安建设纳入当地经济建设和社会发展总体规划，做到了与党建工作、经济工作和精神文明建设同部署、同检查、同考核，各地州村级以上单位全部签订了平安建设责任书。

（二）加大宣传力度，辐射千家万户。各地利用“综治宣传月”和“民族团结教育月”活动机会，采取举办培训班、组织文艺演出、领导发表电视讲话、板报评展、悬挂横幅、制定大幅固定标语、张贴横幅上签字等多种形式，大力开展平安建设宣传活动。鄯善县在41辆公交车上和687辆出租车上彩喷平安建设标语或口号。新源县拨付平安建设专项经费15万元，完成了《平安新源》的专题片和40余万字的《平安新源》专辑。阿克苏地区库车县投入54万元，在主要路段和场所刷写标语、悬挂横幅、制作宣传栏，还印制了8万本《平安库车》，达到户均一册。有的县市还通过手机和小灵通每月向用户发送一条平安建设短信、宣传口号。哈密地区在政法系统举办了首届“平安杯”篮球赛，展示了广大干警、武警官兵敢争上游、锐意进取、协作拼搏的精神风貌。昌吉市大西渠镇建成了平安建设宣传一条街。额敏县的“马搭子”宣传教育形式，被中央电视台12频道“平安家园”栏目以专题片形式进行了报道，受到社会各界好评。

（三）采取多种措施，打造平安建设。各地、各单位因地制宜，不断创新，进一步建立和完善了开展平安建设的各项制度、方案、措施和办法，大张旗鼓地开展平安建设。乌鲁木齐市制定和完善了《关于开展平安首府建设活动的意见》和《创建平安首府、平安区（县）、平安街道（乡镇）、平安社区（村）活动的实施方案》。喀什、和田地区制定了《开展平安县市创建活动实施意见》，并建立了成龙配套的各种创建标准。巴州轮台县加强综治、专职治安联防队员、农村治保会、民兵、信息员“五支队伍”力量建设，有效地维护了当地治安稳定。克拉玛依市出台了《关于建设平安克拉玛依的实施意见》，下发了《平安克拉玛依创建任务分解运行大表》，制订了《克拉玛依市平安（小区、单位、校园、乡镇、街道、村）创建的内容和标准（试行）》。塔城地区与各县市签订了《塔城地区平安建设目标管理责任书》。昌吉州出台了《自治州关于开展打造平安昌吉，构建和谐社会的意见》，各县市按照州《意见》要求，逐级、逐年分解各项目标和任务，周密安排部署各个阶段的平安创建工作。

（四）抓好典型试点，不断开拓创新。各地普遍确定了1至2个县市区作为平安建设的试点，通过典型示范，以点带面，整体推进。全区共确定21个试点县（市、区），这些地方起步早，行动快，工作扎实，已成功地推出了一批典型经验，为全区广泛深入地开展平安建设起到了示范作用。克拉玛依区把“拆烂点、治乱点、抓重点、树典型、大调解、堵源头”作为平安建设切入点，积极推行“邻里守望”和“楼寓自治”等平安建设新举措，建立完善了楼栋长、单元长、社区治安员、义务联防队和社区保安队伍责任制，实施了“社区综合警务区”的新型社区警务工作模式，提高了发现、预防、打击和控制违法犯罪活动的能力和水平。伊宁市制定了《平安建设公约》，从社会治安、村风民俗、邻里关系、婚姻家庭、文化教育等五个方面提出了35条约束性规定和惩罚性措施。

二、建立矛盾纠纷排查调处机制，有效化解人民内部矛盾纠纷

各级党委、政府高度重视矛盾纠纷和群体性事件的排查调处工作，把此项工作当作维护社会政治稳定的重要内容来抓，着眼于建立长效机制，着眼于从深层次上解决问题，努力从源头上预防和减少可能引发突发事件的各种因素。各地引导干部群众把调解作为解决矛盾纠纷的主要选择，引导群众通过合法的手段和渠道诉求、解决问题，及时了解群众关注的热点和难点问题，及时发现和化解了大量的矛盾纠纷。2006年，我区共排查矛盾纠纷12279起，其中已化解9331起，占排查总数的76%。从矛盾纠纷的成因看，主要集中在四个方面：一是涉及农业和农村方面占近30%，如基层换届选举、经济、财务、土地纠纷、争水源、草场等；二是企业改制、破产后，涉及职工的工资待遇、劳保、医疗和养老等方面占22%；三是涉法涉诉类案件占20%左右；四是因城市拆迁改造、补偿安置等方面占11.5%左右。针对以上成因，各地、各部门采取多种有效措施，积极开展矛盾纠纷排查调处工作，取得了一定成效。乌鲁木齐市针对近年来在企业改制、土地征迁、撤村建居、拖欠民工工资等方面产生和遗留下来的涉及群众利益和影响大局稳定的问题，落实了领导包案查办制度，逐步完善和发挥社会稳定预警机制、矛盾纠纷排查调处机制、应急处置机制和责任追究机制的作用，充分发挥信息搜集、信访接待、人民调解的作用，不断加大对矛盾纠纷的排查调处力度，努力化解人民内部矛盾，妥善调处群体性事件，全年共排查矛盾纠纷796件，已化解719件。2006年3月，市委政法委历时2个月，顺利完成了团结路向阳坡老坟园墓地迁移协调工作，迁坟2386座，发放补偿款173.9万元，未引发群体性事件。哈密地区充分发挥基层人民调解组织的作用，全年调解各类民间纠纷1793件，有效地维护了社会大局的稳定。精河县大河沿子镇在人民调解工作中推行“公议庭”制度，有效化解了各类矛盾纠纷（公议庭制就是在村“两委”班子领导下，组织部分村里德高望重的老人、宗教人士参加的，调解纠纷化解矛盾的一种组织形式，保证了人民调解工作的公开、公平、公正、民主）。克拉玛依市整合资源，建立了民间调解、行政调解和司法调解于一体的“大调解”格局，集中解决了“五七工”等多年缠访的老大难问题，群众上访案件大幅度下降。

三、深入开展集中整治工作，努力解决突出的治安问题

各地坚持“哪里社会治安混乱，就集中整治哪里；哪些问题突出，就解决哪些问题”的原则，对社会治安混乱的地区和突出问题进行集中整治，特别是一些地方在巩固农村集中整治成果的同时，加大了对城镇和城乡结合部的集中整治力度。一是制定整治方案，精心组织安排。各地成立了集中整治领导机构，专题研究集中整治工作，有针对性制定集中整治工作方案，并召开专门工作会议，安排部署此项工作。和田、喀什、阿克苏、克州和伊犁等重点地区实行领导责任制，各级领导与重点地区和单位签订责任书，并定期不定期地进行督促检查，发现问题，及时处理，确保集中整治的质量。二是搞好摸底调查，整治重点问题。和田地区把非法宗教活动作为重点，开展了治理非法宗教活动的专项斗争，捣毁了一大批地下讲经点、太比力克活动黑窝点，取得了明显成效。乌鲁木齐市把天山区的二道桥、黑甲山、赛马场片区、沙区的雅山、西山片区和水磨沟区的苇湖梁作为重点，进行了专项治理。还针对火车南站治安、交通、市场秩序、违章建筑、基础设施脏乱差等问题，筹集资金近200万元进行了改造，建立了火车南站劳务市场，修建了出租车专用车道，安装了视频监控探头，建立了电子监控系统，刑事发案与去年同期相比下降了39%，特别是“两抢”案件下降了43%，基本改变了南站地区治安混乱状况。三是组建工作队，进驻重点地区。2006年，各地（州、市）共组建集中整治工作队1168个，抽调工作队员11950人，确定重点（区域、乡镇、单位、治安乱点）1162个，成效显著。喀什地区通过集中整治，有效遏制了“伊斯兰解放党”等民族分裂和宗教极端势力的滋生蔓延。巴州先后对“文化市场、废旧物品收购网点、流动人口及出租房屋、零散朝觐、交通秩序、突出信访”等问题进行了专项清理整顿行动，使一大批群众关心的热点、难点问题得到解决。四是摸底排查问题，集中力量整治。工作队进驻后，充分发动群众，摸排问题。塔城地区对一些地方“教派纷争不断、社会治安混乱、群众经常上访、城乡结合部敌社情复杂和青少年违法犯罪现象严重”等5个突出问题进行整顿，收到了明显成效。呼图壁县针对汽车站经常有打架斗殴、小偷小摸、社会治安混乱、乘客没有安全感等问题，派驻工作队，开展集中整治，并投入4万元资金，装配了电子监控系统，把人防和技防各项措施落到实处，发案率较2005年下降77%，彻底改变了汽车站治安秩序混乱的局面。

四、加强基层基础工作，打牢维护稳定工作的基础

各地把打基础、强基层作为综合治理和平安建设的重点，在工作实效上狠下功夫，各项措施得力，基础材料齐全。一是综治机构健全，人员配备到位。我区基层乡（镇、街办、场）一级综治办编制和人员基本配备到位，各级综治委主任均由同级党委政府主要领导担任，各级综治办主任由同级党委分管政法工作的副书记担任，其他党政机关、社会团体、企事业单位、厂矿和学校也都建立健全了综治委和领导小组，确保综合治理工作有人抓、有人管。二是实行群防群治，夯实基础工作。克拉玛依市投入500万元在重要地段和重点单位安装了治安报警监控设施，配备小区治安员1000多人，有50个社区落实了小区治安员巡逻制度，并对社区家属院实行全封闭管理。昌吉州建立健全了各种群防群治组织，共有1459个治保会，1244个帮教小组，798个治安联防队和民兵应急小分队，126个社区全部建立了警务室，配备协警员385名，专业治安联防队87支854人，群防群治组织714个816人。三是积极探索,筹措资金。博州博乐市贝林哈日莫墩乡推行“三个一元钱”的群防群治措施,以三个村为试点,采取乡政府向试点村按每户每月1元钱进行补助、村委会按每户每月出资1元、村民每户每月1元钱的办法,将三方资金集中起来用于村队专职治安员的报酬,既提高了村民对社会治安的关注程度,又解决了村队有钱、有人办事的问题。阿克苏地区各县市共投入591万元,为基层公安干警和村治保主任配备了693辆摩托车。四是整合力量,重点防范。乌鲁木齐市把重点放在加强社区警务建设和公益性治安联防力量的整合,加大“三网”建设(巡逻网、社区网、治安网),初步形成市、区、街道、社区、单位五级治安防范网,对重点地段和要害部位进行巡逻防范。全市现有治安联防巡逻队128支,大联防1341人,公益性治安联防队员2572人,共整合社区主要防控力量4100多人,辅助力量2万余人。这些力量协助配合公安机关查破案件148起,抓获犯罪嫌疑人260人,为公安机关提供各类案件线索220余条,调解民事纠纷252宗,为群众办好事213件。

五、构建电子信息网络平台,强化治安防控体系建设

各地采取有力措施,加大技防投入,一些地方建立了地(市)、县(市、区)、乡镇(街道)三级联网指挥平台,无论哪个地方发生影响社会稳定的事件(案件),都能快速地反映到信息指挥中心,领导可以在大型视屏上分析现场情况,并通过电脑联网指挥行动。阿勒泰地区把重点放在城镇居民楼、商业网点、企业、学校等易盗部位,覆盖面达90%以上。他们实施“技防入户”工程,投资引进红外线报警或可视监控设备,推广适合农牧民家庭使用的经济型电子防盗报警器,仅哈巴河和福海县就安装“气死贼”电子防盗器7700多个,有效降低了农牧区牲畜盗窃案的发生。2006年,阿勒泰地区刑事案件和治安案件分别比去年同期下降30%和19.6%。盗窃案件比去年同期下降36%。其中入室盗窃案件下降46%、牲畜盗窃案下降72%。哈密地区的技防建设已投资经费近200万元,有80个地、市级单位完成技防建设任务,基本上完成了哈密市区范围内的五个三级平台建设。塔城地区及各县(市)全年投入了300多万元资金,用于群防群治和平安建设工作,沙湾县公安机关投入250万元建立了县城监控设施。巴州注重抓好“五防”建设,他们在人防、物防和技防的基础上,把“事防”和“制防”作为构筑平安建设防线的重要内容,积极化解矛盾纠纷,妥善处理人民内部矛盾,建立了19项平安建设规章制度。博州阿拉山口口岸逐步完善“口子堵、路上查、面上控、重点清”的治安防控体系,有效提升了技术防范水平。

六、落实目标管理责任制,充分发挥职能部门的作用

2006年,自治区按照“谁主管谁负责”的原则,层层签订了社会治安综合治理责任书,各成员单位都制定了具体的考核标准和实施办法。自治区综治办经常召开综治成员单位主管领导和联络员会议,对每个阶段的综治工作提出具体要求。各成员单位在抓好本单位、本部门、本系统社会治安综合治理工作的同时,大部分都能积极参与辖区的社会治安综合治理工作,主动承担起保一方平安的责任,基本形成了齐抓共管的工作机制。一是严厉打击严重刑事犯罪活动。各级政法机关始终把打击“三股势力”作为首要任务来抓,坚持“主动进攻、露头就打,先发制敌”的方针,严厉打击、严密防范境内外“三股势力”的破坏活动,打掉了一批暴力恐怖和“伊扎布特”团伙,抓获了一批涉案人员。各级公安机关按照“命案必破、黑恶必除、两抢必打、逃犯必抓”的要求,开展了严打专项行动,及时破获了一大批危害大、影响恶劣的刑事案件。2006年,全区共立各类刑事案件11.3万起,同比上升1.9%,共破获各类刑事案件5.5万起,同比上升3.8%;共查处治安案件12.7万起,同比下降16.9%,查处涉案人员10.1万人,同比下降23%。二是加强流动人口服务管理工作。全区共登记流动人口156万人,对10万多名外来务工人员进行了技能和法制与道德的教育培训。我区还集中半年时间对境外流动人口进行了摸底排查,基本摸清了流动人口和境外人员的活动规律和特点。克孜勒苏柯尔克孜自治州阿图什市筹集资金68万建立了可以容纳500人食宿的新劳动力市场,为外来务工人员创造了较好的生活条件。乌鲁木齐市天山区投资200多万元建设了出租房屋和流动人口管理服务信息系统。实现了对流动人口进行服务、查询、统计、分析的现代化电子管理网络。三是加强刑释解教人员的帮教工作。各地把危害国家安全违法犯罪人员安置帮教工作作为重中之重，紧抓不放，设立专门帮教组织和得力人员进行帮助教育。喀什地区对目前常住在本地的刑释解教危安人员建立了基本情况电子档案，把这些人全部纳入监控视线，做好安置帮教工作。四是做好预防青少年违法犯罪工作。自治区综治办先后两次组织《预防青少年违法犯罪宣讲团》赴各地对青少年学生进行集中教育，受到各族师生家长和社会各界的高度评价和赞扬。各中小学校还配备了法制副校长，并设立了法制教育课，聘请一些法律专家或学者对青少年学生进行法制教育。自治区综治办还起草了《对社会闲散青少年进行法制教育的实施意见》，并把此项内容列入自治区“五五”普法中去。开展了救助新疆籍内地流浪少年儿童活动，通过摸底排查，深挖细找，先后赴内地救助486名新疆籍流浪少年儿童，并建立健全流浪少年儿童救助机制。五是开展铁路护路工作。自治区护路办以深入开展平安铁道建设为载体，以实施多元护路全面优化铁路周边环境为重点，坚持长期护路、精兵护路、科技护路、节俭护路，在点上抓优化，在线上抓创安，在难点抓包保，在整体抓示范，全面推进铁路沿线治安防控体系建设，提升了新疆铁路护路联防水平，确保了“大动脉”的安全畅通。六是抓好学校及周边治安综合治理工作。各地高度重视学校及周边治安环境，认真贯彻落实中央综治委《关于省、自治区、直辖市学校及周边治安综合治理工作考核的通知》精神，建立各项规章制度，层层签订责任状，把“扫黄打非”作为治理重点，对学校周边书店、网吧、报刊摊点、电子出版物、游戏软件销售点、印刷单位和出租房屋进行清理整顿，治理了治安乱点，净化了学校及周边环境，为师生创造了一个优良的内外空间。

综治宣传工作情况

一、各级党委、政府高度重视，从构建和谐新疆的大局，充分认识在新的历史条件下广泛深入地开展综治和平安建设宣传工作的重要性

始终把宣传工作作为开展综治工作和开展平安建设创建活动的前提、基础工作来抓，始终把综治及平安建设宣传工作纳入到构建和谐新疆的实践中去。各级综治部门都成立了领导机构，制定了宣传方案，明确了目标责任，已经形成了各级党委、政府统一领导、各级综治委、办牵头协调、各级综治部门齐抓共管、全社会共同参与的工作机制。年初，自治区综治办结合贯彻全国政法、综治宣传工作会议精神，制定下发了《2006年新疆维吾尔自治区社会治安综合治理宣传工作要点》，对全区开展综治和平安建设宣传工作作出安排部署，要求各地、各部门着眼于建设和谐新疆的大局，充分认识在新的历史时期深入开展平安建设活动的重要性，把平安县（市、区）建设和维护社会稳定工作作为2006年和今后一个时期宣传工作的重点，加大宣传报道力度，形成强有力的舆论声势，最广泛地动员人民群众积极投身到平安建设工作中去，真正形成人人关心、爱护、支持平安建设事业，真正形成家喻户晓、人人皆知，全民参与、共创平安的良好社会氛围。各级党政领导、综治部门和综治各成员单位高度重视宣传工作，结合本地、本部门实际，紧紧围绕“大宣传、大平安、大稳定”的工作思路，以加强综治、平安建设宣传教育为抓手，以增强基层群众知晓率和参与率为切入点，不断改进宣传方式，增加宣传投入，扩大宣传范围，收到了良好的宣传效果。巴州、阿勒泰、伊犁、克拉玛依、博尔塔拉、塔城、阿克苏等地区在财政十分困难的情况下，少则投入数十万，多则投入数百万元资金用于开展综治和平安建设宣传工作，取得了显著成效。

二、丰富载体，广泛宣传，形成了家喻户晓、人人皆知，全民参与、共创平安的良好社会氛围

2006年，自治区综治办按照全国政法、综治宣传工作会议和自治区党委、自治区人民政府提出的平安建设宣传年的要求，制定下发了《关于切实加强政法、综治宣传工作的通知》。各级综治委、办和综治基层组织，各级宣传、文化、教育等综治成员单位和新闻媒体按照《通知》要求，认真履行职责，以开展社会治安综合治理宣传月为契机，把平安建设宣传作为2006年的宣传工作重点，坚持以群众喜闻乐见为主旨，以贴近群众生活为要求，以家喻户晓为目标，结合本地实际，突出本地特点，充分利用电台、电视台、报纸杂志、互联网等多种媒体，加大宣传、报道力度，创新形式、创新内容，以群众参与的互动形式，通过召开座谈会、举办专题讲座、知识竞赛、演讲比赛、制作专题片、专题板报、开展法律咨询、印发宣传材料、悬挂宣传标语、社会公益广告、文艺晚会等丰富多彩、群众喜闻乐见的形式，在城镇、街道、乡村、牧区、社区、单位、企业、学校广泛开展平安建设宣传教育，形成强有力的宣传舆论声势，掀起了宣传平安建设的新高潮，为深入开展平安建设、构建和谐新疆营造了良好的舆论氛围，提供了强有力的思想保证和精神动力。巴州综治办积极整合各种宣传资源，在州、县两级电视台、广播电台和报社开辟平安建设宣传专栏，精心制作电视访谈、专家解读平安建设、领导和群众对话平安等专题节目，利用政务公开电子显示屏和政府信息网等新型宣传平台，发布各类综合治理（平安建设）工作信息，在黄金时段播放《平安中国之平安巴音郭楞》专题片，举办平安建设暨社会治安综合治理专场文艺晚会，开展平安建设知识“五进”（进社区、进农村、进校园、进企业、进市场）活动。喀什地区综治办把平安宣传作为平安建设的基础性工作来抓，通过联系乡村领导干部做形势报告，出动宣传车走门串户，举办图片展、设立法律咨询台，在街道设置“平安建设宣传栏”等多种方式大力开展平安建设宣传活动，先后制作永久性宣传牌752块，悬挂横幅17399条，发放各种宣传材料285600份。博尔塔拉州两县一市一口岸刷写永久性标语143条，召开村民动员会97次，利用集市日发放宣传材料6200余份，印制下发《平安家庭手册》20000余册。自治区优秀县市新源县、自治区平安建设试点阿勒泰地区哈巴河县、福海县以及工作成效显著的乌鲁木齐市、克拉玛依市、阿克苏地区等都给平安建设宣传工作赋予活力，宣传工作开展得有声有色，营造了浓厚的宣传舆论氛围，将群众参与平安建设的积极性充分地调动起来，有力地推动了平安建设的深入开展。

三、积极探索宣传工作新途径，加强网上舆论宣传工作，提高互联网宣传工作水平

2006年，自治区综治办利用《法治新疆》互联网络，和自治区依法治区联办了《综合治理》栏目，为进一步宣传综治工作和平安建设提供了一个很好的宣传、学习、交流的平台，大大增强了宣传的新闻性、时效性。截止11月30日，已先后在《法治新疆》网站播发综治、平安建设信息250余条。在自治区依法治区办每月信息更新的综合评价（共分四个等级：好、较好、一般、差）中一直保持较好、好的成绩。二是自治区综治办利用互联网传播信息的方便、快捷、广泛性，启动了自治区与各地、各部门综治工作非涉密信息互联网传输机制，建立了自治区综治办和各地（州、市）综治办公用免费邮箱，实现了区、地两级综治办非涉密信息互联网传递，确保了区、地两级非涉密信息当天传递、当天编发，大大提高了信息传递的时效性。近一年来，共收发各类综治、平安建设相关内容的邮件千余份。三是建立了区、地两级综治、平安建设信息员互联网工作群，改变了非涉密信息的传输方式。目前已经有18个地（州、市）综治办、自治区综治成员单位的信息员加入工作群，实现了群中信息员间即时通话，不仅为传播、收集、上传、下达综治信息提供了方便快捷的工作方式，大大提高信息工作效率，也大大地节约文电信息传输费用。

四、充分发挥综治宣传的主阵地、主渠道作用，积极宣传在综合治理和平安建设活动中涌现出的先进典型和成功经验，制作出精品节目，使一些有新疆特色的典型，走出新疆，走向全国

2006年，自治区综治办继续把宣传典型作为工作重点，通过指导、协调各级新闻媒体，加大对见义勇为典型人物的宣传力度，成功地推出了王福荣、贾红旗、胡小波、梁占平、高斌等全国见义勇为先进分子。王福荣和贾红旗等英雄群体的事迹通过自治区、乌鲁木齐两级综治办见义勇为基金会和新疆法制报的强势宣传报道，引起了央视的关注，央视《社会与法》频道“平民英雄”栏目记者

办综合考核相结合的办法进行。

职能部门考核是指:自治区各有关职能部门依照《新疆维吾尔自治区平安县(市、区)考核评分标准(试行)》,根据本部门职能对所申报县(市、区)的平安建设工作进行初步考评并打分;

社会体系评估是指:社会各有关专门机构、民间团体、专家、学者、权威人士根据考查、分析、评判对所申报县(市、区)的平安建设工作进行评估;

新闻媒体测评是指:通过新闻媒体以民意调查、社会公示等形式,对所申报县(市、区)的平安建设工作进行评估。

综合考核是指:自治区平安办依照《新疆维吾尔自治区平安县(市、区)考核评分标准(试行)》,在充分参考各方面意见的基础上,对所申报县(市、区)的平安建设工作进行全面检查验收并做出综合评价。

第七条　县(市、区)自查自评符合申报条件的,可向所在地(州、市)平安建设领导小组申报;地(州、市)平安建设领导小组审核后认为符合申报条件的,向自治区平安建设领导机构申报。

第八条　自治区平安建设领导机构接到申报后,由自治区平安办责成各相关部门对申报县(市、区)进行日常考查和考核,并依照《新疆维吾尔自治区平安县(市、区)评分标准(试行)》对申报县(市、区)的平安建设工作进行量化打分。考查、考核和量化打分情况及时报自治区平安办。

第九条　自治区平安办根据各相关部门考查、考核和量化打分情况,对申报县(市、区)组织检查验收活动。经检查验收合格的,在自治区级主要新闻媒体进行公示,并报自治区平安建设领导机构审批,由自治区党委、自治区人民政府命名和授牌。

第十条　自治区平安办设立专门的举报电话和信箱,对举报属实的人员给予适当奖励。

第十一条　地(州、市)对本辖区已经命名的平安县(市、区)要加强跟踪管理和监督考查,每年进行全面的审验,并将审验结果报自治区平安办。自治区平安办对地(州、市)审验情况进行抽查,经审验发现不合格的,按程序撤销其平安县(市、区)称号。

三、奖　惩

第十二条　自治区对命名的平安县(市、区)予以通报表彰和奖励。

第十三条　命名后发现当年有第五条第一款所列事项隐瞒不报或弄虚作假的,按程序撤销平安县(市、区)称号,取消下一年度的申报资格,并按有关规定追究相关人的责任。

四、附　则

第十四条　本办法所指的"以上"含本数。

第十五条　本办法由自治区平安办负责解释。

第十六条　本办法自下发之日起试行。

新疆维吾尔自治区平安县(市、区)考核评分标准(试行)

一、政治安定(200分)

(一)基层组织坚强有力(60分)

1. 党的基层组织健全,作风优良,战斗力强,在改革开放、经济建设和维护稳定中充分发挥领导核心作用、模范带头作用和战斗堡垒作用(20分,自治区党委组织部考核打分)。

党的基层组织建设薄弱,乡(镇、街道)、社区、农村、单位基层组织不能充分发挥领导核心作用,扣5－10分。

2. 基层政权组织和综治组织健全有力。机构、人员、经费三落实，组织作用切实得到发挥(20分，自治区民政厅、自治区综治办考核打分)。

基层政权组织和综治组织建设薄弱，乡(镇、街道)、社区、农村、单位基层政权组织和综治组织机构、人员、经费不落实，扣5－10分。

3. 城乡群防群治组织健全，工作经费、人员报酬有保障，社会治安防治作用明显有效，切实加强县、乡两级专业联防队伍建设(20分，自治区综治办考核打分)。

城乡街道、社区、单位、农村群防群治组织不健全，工作经费、人员报酬无保障，社会治安防范作用不明显的，扣5－10分。

(二)有效防范、控制和严厉打击境内外"三股势力"及其他敌对势力、"法轮功"等邪教组织的渗透、破坏活动(140分)

1. 加强国家安全信息建设和对出国(境)人员的管理。及时、准确掌握并报告危害社会政治稳定和国家安全的情报信息，有效防范和杜绝人员出走、叛逃、政治避难、滞外不归等事件发生(20分，自治区安全厅、公安厅考核打分)。

由于国家安全信息建设薄弱和对出国(境)人员管理不严，发生人员出走、叛逃、政治避难、滞外不归等事件的，每起扣5分。

2. 有效防范和处置境外敌对势力向我区进行人员、武器弹药、反动宣传品渗透，或境外宗教势力在我区建立秘密渗透据点(20分，自治区安全厅、公安厅考核打分)。

未及时发现并造成严重危害的，每起扣5分。

3. 确保国家重点建设项目、军事设施和民用要害目标的绝对安全(20分，自治区安全厅、公安厅考核打分)。

发生国防、铁路、民航、邮电、电力、石油等重要设施被破坏事件的，每起扣5分。

4. 保密工作领导重视，措施得力，严密有效，群众保密意识强(20分，自治区保密局、安全厅考核打分)。

发生机密级以上国家秘密失、泄密事件，造成后果的，每起扣5－10分。

5. 有效防范和处置境内"三股势力"及其他敌对势力秘密建立组织或非法活动点，制造或私藏武器弹药，张贴散发反动标语、传单等非法活动(20分，自治区公安厅考核打分)。

未及时发现并造成影响和后果的，每起扣5－10分。

6. 对本辖区重点人员和在控对象底数清，情况明，措施严密，有效防范和处置危害国家安全的违法犯罪活动(20分，自治区安全厅、公安厅考核打分)。

对危害国家安全的违法犯罪活动发现不及时，造成危害或影响的，每起扣5－10分。

7. 有效防范和处置"法轮功"等邪教组织的违法犯罪活动，认真做好"法轮功"等邪教参与者的教育转化工作(20分，自治区"防范和处理邪教问题办"考核打分)。

发生本地"法轮功"等邪教组织成员3人以上串联、聚集、煽动、滋事的，每起扣5分，未到3人的，每起扣2分；发生"法轮功"等邪教组织干扰破坏广播电视正常播出事件的，每起扣5分；一年内每新增1名"法轮功"等邪教组织成员扣2分。

二、社会稳定(410分)

(一)矛盾纠纷得到有效化解，赴乌进京集体上访及群体性事件上升势头得到有效遏制(96分)

1. 当年矛盾纠纷调处成功率达到90%以上(12分，自治区综治办考核打分)。

低于90%的，每降低1个百分点扣2分。

2. 及时调处和有效化解民间纠纷(12分，自治区公安厅考核打分)。

因民间纠纷调处不及时和方法不当激化为刑事案件或发生自杀事件的，每起扣5分。

3. 切实加强学校及周边治安治理(12分，自治区学校及周边治安治理领导小组办公室考核打分)。

由于学校及周边治安混乱，严重影响教学、校园秩序或引发群体性事件的，每起扣5分。

4. 高度重视并有效应对因利益冲突引发的各类矛盾纠纷和群体性事件(12分，自治区"维稳办"考核打分)。

由于当地政府在企业转制、城市拆迁、土地征用等过程中措施不当，或者对土地、山林、水利、军政军民等纠纷调处不力，引发重大群体性事件，造成恶劣影响的，每起扣5－10分。

5. 有效预防和处置堵塞交通、拦截铁路、冲击党政机关等重大群体性事件的发生(12分,自治区"维稳办"考核打分)。

发生堵塞交通、拦截铁路、冲击党政机关,未达到《新疆维吾尔自治区平安建设重大事项界定(试行)》程度的,每起扣5分。

6. 高度重视信访工作,认真贯彻、落实国务院《信访条例》,及时妥善处理群众信访问题(12分,自治区信访局考核打分)。

发生5人以上集体赴乌上访的,每起扣3分;发生5人以上集体进京上访的,每起扣5分。

7. 制定各系统、部门、单位处置重大突发性、群体性应急预案并认真演练(12分,自治区"维稳办"考核打分)。

未制定处置重大突发性、群体性应急预案的,分别扣3分;虽制定预案但未认真演练的,分别扣2分。

8. 有效预防未成年人外出流浪(12分,自治区公安厅考核打分)。

因防范措施不力,导致未成年人外出流浪的,查实1人扣1分。

(二)刑事案件上升势头得到有效遏制(50分,自治区公安厅考核打分)

1. 当年刑事案件增幅不超过前三年刑事案件平均增幅的10%(12分)。

每超过1个百分点扣2分。

2. 当年八类严重刑事犯罪案件增幅同比下降(12分)。

每上升1个百分点扣1分。

3. 当年盗窃案件增幅同比下降(14分)。

每上升1个百分点扣1分。

4. 深入开展"打黑除恶"专项斗争,有效杜绝黑社会性质组织和流氓恶势力犯罪案件的发生(12分)。

当年发生黑社会性质组织和流氓恶势力犯罪案件,被自治区级以上部门查处的,每起扣5分。

(三)开展"严打"整治斗争成效显著(60分,自治区公安厅考核打分)

1. 当年刑事案件警均破案起数高于前三年平均数(12分)。

低于前三年平均数的,每低0.1起扣1分。

2. 当年八类严重刑事犯罪案件破案率达到70%以上,其中杀人案件(含伤害致死案件)破案率达到95%以上(12分)。

未达到上述标准的,每项每降低1个百分点扣2分。

3. 严厉打击和严密防范境内外"三股势力"及其他敌对势力进行的暴力恐怖犯罪活动(12分)。

当年发生"三股势力"及其他敌对势力进行的暴力恐怖犯罪案件,重大武器弹药、反动宣传品走私案件,境外"三股势力"武装人员渗透入境案件以及黑社会性质组织和流氓恶势力犯罪案件,年内未破案的,每起扣5分。

4. 严厉打击和严密查禁毒品犯罪活动(12分)。

当年发生重特大毒品犯罪案件,年内未破案的,每起扣5分。

5. 深入开展治安混乱地区的集中整治,有效治理各类突出治安问题(12分)。

当年出现治安混乱地区或突出治安问题被中央或自治区主要新闻媒体曝光,影响恶劣,并被上级机关查证属实的,每起扣5分。

(四)治安防控体系建设明显加强,对社会面、居民区、公共复杂场所、重点要害部位治安的打、防、管、控等措施严密到位(96分)

1. 治安防控体系健全,网络、设施、机制齐全,公安机关建立110、119、122"三台合一"工作机制并有效运转,社会治安防控体系覆盖面达到90%以上(12分,自治区公安厅考核打分)。

治安防控体系不健全,网络、设施、机制不完善,公安机关未建立110、119、122"三台合一"工作机制的,扣5分;社会治安防控体系覆盖面低于90%的,每低1个百分点扣1分。

2. 积极探索、推广群防群治组织形式,充分发掘、整合和有效利用社会治安资源,形式多样,措施有力,做法、经验突出,效果明显(12分,自治区综治办考核打分)。

未有效发动和依靠社会力量参与治安,群防群治组织力量薄弱的,扣5-10分。

3. 加强警务室(司法警务室)建设。城镇社区设立警务室(司法警务室)达到100%;农村行政村(包括一些有必要设置警务室的自然村)设置警务室(司法警务室),2006年底达到30%,2007年底达到60%,2008年底达到80%,2009年底达到100%。每个责任区(社区)警务室(司法警务室)至少配备一名民警,配置必要的办公设施和常用的便民物品,工作运转正常,发挥作用良好(12分,自治区公安厅、司法厅考核打分)。

警务室(司法警务室)设置每低1个百分点扣1分;责任区(社区)民警配备不足,警务室(司法警务室)作用发挥不好的,扣5-10分。

4. 按照《中华人民共和国娱乐场所管理条例》和《公安部关于开展城市报警与监控技术系统建设工作的意见》的规定和要求,落实和完善治安复杂场所、公共娱乐场所的视频监控录像设施建设(12分,自治区公安厅考核打分)。

未建或不符合国家有关行业技术标准的,每场所扣5分。

5. 按照《中华人民共和国企事业单位内部治安保卫条例》规定,完善和落实重点要害单位、部位的技防设施建设(12分,自治区公安厅考核打分)。

未建或不符合国家有关行业技术标准的,每单位、部位扣5分。

6. 建立民用爆炸物品管理信息系统,对民用爆炸物品实行标识管理,有效监控民用爆炸物品流向(12分,自治区公安厅考核打分)。

未建立民用爆炸物品管理信息系统和监控机制的,分别扣5分。

7. 加强武器、弹药、枪支的安全管理。各项管理制度、措施完备(12分,自治区公安厅考核打分)。

发生武器、弹药、枪支被盗或丢失案(事)件,每起扣5分,当年破案的,减半扣分。

8. 加强消防、边防、交通治安管理,有效防止各类安全事故和涉外事件的发生(12分,自治区消防局、边防局、公安厅考核打分)。

发生重特大火灾、交通事故、重大涉外事件及其他重大公共安全事故的,每起扣5分。

(五)依法加强宗教事务管理,宗教活动健康有序(48分,自治区民宗委考核打分)

1. 基层宗教事务管理组织机构、人员、制度、措施落实(12分)。

每一项不落实,扣5分。

2. 领导干部联系宗教场所和宗教人士制度落实,有定期检查和谈话记录(12分)。

未建立领导干部联系制度的扣5分;有制度不落实的扣2-4分。

3. 积极开展平安宗教活动场所创建活动(平安宗教活动场所标准由自治区民宗委制定),平安宗教活动场所达到90%以上(12分)。

平安宗教活动场所达标率低于90%的,每降低1个百分点扣1分。

4. 依法加强宗教事务管理,及时发现并有效查处各类非法宗教活动(12分)。

因宗教事务管理不严,发生非法讲经、习武、传教或以“太比力克”等形式进行非法宗教活动,造成严重危害并且未及时发现查处的,每起扣3分。

(六)平安建设深入、广泛、扎实,成效显著(60分,自治区平安办考核打分)

1. 平安建设有规划、有方案、有措施(8分)。

其中任何一项不落实、不完善,扣1分。

2. 领导重视、机构健全、人员落实、经费保障(12分)。

其中任何一项不落实、不完善,扣2分。

3. 平安建设宣传力度大,范围广,氛围浓厚,群众参与率高(10分)。

达不到上述要求的,扣3-5分。

4. 参与平安建设各单位职责、任务、目标明确,切实发挥职能作用,积极广泛参与,工作配合协调(10分)。

达不到上述要求的,扣3-5分。

5. 各系统、各部门、各行业注重培养典型,总结经验,全面推进(10分)。

达不到上述要求的,扣3-5分。

6. 平安乡(镇、街道)、单位创建达标率分别达到85%以上(10分)。

达不到上述标准的,每项每降低1个百分点扣1分。

三、经济运行安全(140分)

(一)经济持续稳定发展,人民群众生活水平不断提高(40分,自治区发改委考核打分)

1. 国内生产总值连续三年较快增长,年均增速与所在地(州、市)其他县(市、区)相比,处于中上水平(10分)。

国内生产总值近三年增速低于所在地(州、市)平均值的,扣5-10分。

2. 城镇居民人均可支配收入、农民人均纯收入连续三年稳步增长，年均增速与所在地（州、市）其他县（市、区）相比，处于中上水平（10分）。

城镇居民人均可支配收入、农民人均纯收入近三年年均增速低于所在地（州、市）平均值的，分别扣5分。

3. 当年城乡贫困人口同比下降（10分）。

同比持平或增长的，扣5－10分。

4. 当年城镇就业再就业人数稳步提高，城镇登记失业率控制在计划之内（10分）。

当年城镇就业再就业人数同比下降或未完成自治区就业再就业宏观调控指标的，扣5－10分。

（二）社会主义市场经济秩序良好（60分）

1. 加强市场工商管理，杜绝欺行霸市、黑市交易及制售假冒伪劣商品等非法活动（10分，自治区工商局考核打分）。

因欺行霸市、黑市交易及制售假冒伪劣商品造成恶劣影响，被中央或自治区主要新闻媒体曝光，并被上级机关查证属实的，每起扣5分。

2. 加强金融市场监管，有效防范各类非法金融活动（10分，自治区银监局考核打分）。

发生总额100万元以上非法集资等非法金融活动，并由此引发群体性事件的，每起扣5－10分。

3. 深入开展打击经济领域犯罪活动专项斗争，有效预防、制止和严厉打击各类严重经济犯罪活动（10分，自治区检察院考核打分）。

发生重大经济犯罪案件，造成严重经济损失的，每起扣5分；被上级政法机关查处的，每起扣10分。

4. 加强环境保护工作，有效防止环境污染事故（10分，自治区环保局考核打分）。

发生严重环境污染责任事故，造成伤亡的，每死亡1人扣3分，每重伤1人扣1分；造成中毒的，每中毒1人扣0.3分；同时，造成直接经济损失的，每10万元扣1分。

5. 加强食品、药品监管，有效防止生产、销售伪劣食品、药品案件（10分，自治区食品、药品监管局考核打分）。

发生重大生产、销售伪劣食品、药品案件，每死亡1人扣3分，每重伤1人扣1分。

6. 加强土地资源监管，有效防止违法批地、乱占滥用耕地以及非法买卖土地等活动（10分，自治区土地管理局考核打分）。

发生违法批地、乱占滥用耕地以及非法买卖土地，经上级主管部门立案查处的，每起扣5分；涉及基本农田的，每起扣10分。

（三）加强安全生产监督管理，确保生产安全（40分，自治区安全生产监督管理局考核打分）

1. 定期组织安全检查和专项整治，及时发现和治理各类安全隐患（10分）。

未适时组织安全检查和专项整治，致使出现重大安全生产隐患的，分别扣5分。

2. 对重大危险源实施有效监控，制定重特大事故应急救援预案并定期组织演练（10分）。

未对重大危险源实施有效监控、未制定重特大事故应急救援预案的，每项分别扣3分；虽有预案但未组织演练的，扣1分。

3. 切实加强安全生产监督管理，严格落实安全生产领导责任制（10分）。

安全生产领导责任制不落实，发生重大安全生产责任事故的，每起扣10分。

4. 对重大安全生产事故及时查处并认真整改（10分）。

重大安全生产事故发生后，未按“四不放过”原则进行查处、未按时结案、重大事故隐患未得到有效整改的，分别扣3－5分。

四、文化活动健康（60分）

（一）当年精神文明建设考评达到自治区及所在地（州、市）精神文明建设指导委员会的要求（15分，自治区精神文明建设指导委员会考核打分）

未达到自治区及所在地（州、市）精神文明建设指导委员会要求的，扣5－10分。

（二）民族团结教育活动深入扎实（15分，自治区民宗委考核打分）

当年发生严重影响民族团结的群体性事件或者发生重大民族纠纷，造成社会影响的，每起扣5－10分。

（三）群众文化娱乐活动健康有序（15分，自治区文化厅、体育局考核打分）

当年县（市、区）发生“三股势力”及其他敌对势力利用群众文体活动进行宣传、煽动、闹事或其他影响社会稳定事件的，每起扣5－10分；发生

10人以上群体性封建迷信活动或严重淫秽色情等精神污染事件的，每起扣5分。

（四）文化出版及销售市场监管有力（15分，自治区文化厅、新闻出版局考核打分）

在上级有关部门组织的专项检查中，查出盗版书刊、音像制品以及政治性非法出版物、非法宗教书刊和音像制品、“法轮功”等邪教、伪科学出版物、各种淫秽、色情出版物的，每起扣5－10分。

五、法制健全（60分）

（一）普法和依法治理工作组织机构健全，人员落实，经费有保障（12分，自治区普法和依法治理工作领导小组办公室考核打分）

其中任何一项不落实扣4分。

（二）法律宣传教育深入广泛

领导干部带头学法、自觉守法意识增强，公民法律、道德意识全面提高。当年领导干部普法考试参与率达到100%，优秀率达到95%；国家机关工作人员普法考试参与率达到95%，优秀率达到90%（12分，自治区普法和依法治理工作领导小组办公室考核打分）。

低于上述指标的，每低1个百分点扣2分。

（三）加强青少年法制教育，中小学配设法制副校长、开设法制课率达到100%（12分，自治区预防青少年违法犯罪领导小组办公室考核打分）

低于上述指标的，每项每低1个百分点扣2分。

（四）法律援助工作有机构、有制度、有保障，切实发挥作用（12分，自治区司法厅考核打分）

其中任何一项不落实扣3分。

（五）机关、学校、社区、企业、农村民主管理机制健全，民主选举、民主决策、民主管理、民主监督的各项制度、措施得到贯彻落实，社会成员民主参与意识不断提高（12分，自治区民政厅考核打分）

达不到上述要求的酌情扣分。

六、政法队伍建设不断加强（60分）

（一）当年政法机关领导班子民主测评满意率达到95%以上，领导班子成员民主测评满意率分别达到90%以上（10分，自治区党委组织部考核打分）

低于上述指标的，每低1个百分点分别扣2分。

（二）政法机关干警政治、业务素质全面提高，人民群众对政法队伍的满意率（含基本满意率）达到80%以上（10分，根据国家统计局新疆调查总队调查结果打分）

低于上述指标的，每低1个百分点扣2分。

（三）政法机关开展公正执法活动效果明显，当年政法机关错案率控制在2%以内（10分，自治区党委政法委考核打分）

超过上述指标的，每超1个百分点扣2分。

（四）政法机关开展行业树新风活动效果明显（10分，自治区“纠风办”考核打分）

当年政法机关因行风不正被中央或自治区有关部门查处的，每起扣5－10分。

（五）政法机关反腐败斗争成效显著（10分，自治区纪检委考核打分）

当年政法机关干警发生违法违纪行为，受党纪政纪记过以上处分的，每起每人扣2分，构成犯罪的，扣10分。

（六）政法机关办案效率不断提高

当年政法机关办理的案件在审限内审结率不低于85%，人民法院案件执结率达到中央和自治区规定的指标（10分，自治区党委政法委考核打分）。

低于上述指标的，每低1个百分点分别扣2分。

七、群众满意（70分）

经国家统计局新疆调查总队抽样调查，辖区内人民群众对社会治安满意率（含基本满意率）达到90%以上（70分）。

低于90%的，每低1个百分点扣2分；低于60%的不得分。

说明：

1. 考评总分为1000分，合格为800分；

2. 扣分时，每款项以扣完基本分为限；

3. 同一事件有不同扣分标准的，适用扣分高的款项。

4. 本标准中“以上”含本数。

新疆维吾尔自治区平安建设重大事项界定(试行)

一、严重危害国家安全的事件

(一)民族分裂主义分子或其他敌对势力组织的群体性暴乱或政治骚乱,造成重大影响或严重危害的事件;

(二)"三股势力"或其他敌对势力、恐怖分子实施的爆炸、放火、投毒、杀人、绑架、抢劫、暴狱等严重暴力恐怖活动,造成重大影响或严重后果的事件;

(三)"三股势力"或其他敌对势力、恐怖分子武装袭扰边境、哨卡、重要军事目标或对我党政首脑机关、机场、铁路、桥梁、重要工业设施等实施破坏,造成重大影响或严重后果的事件;

(四)党政干部及人员被境外间谍情报组织收买、策反,或参加境内外敌对组织,造成重大影响或严重危害的事件;

(五)"法轮功"组织或其他敌对势力利用播放、调制设备,将非法电视信号接入我有线电视传输系统,造成严重政治影响的事件。

二、重大涉外事件

(一)外国人在我区受到人身、财产伤害,造成重大国际影响的事件;

(二)涉外经济、民事案件久拖不决,造成重大国际影响的事件;

(三)由于经济纠纷,当事人、法人非法扣留外国人护照或非法限制外国人人身自由,处理不及时,造成重大国际影响的案(事)件;

(四)非法冲击外国政府驻疆机构或外国驻疆商贸机构,造成重大国际影响的事件;

(五)非法冲击外国人住宅,造成重大国际影响的事件;

(六)其他因当地政府处置不力,对我造成重大影响的事件。

三、重大群体性事件

(一)聚众拦截汽车、列车等交通工具,阻塞铁路、公路、桥梁等交通线路,冲击铁路等行业调度机构,致使铁路、公路等交通运输中断的事件;

(二)上访群众50人以上冲击党政机关,实施打砸抢,严重影响机关正常工作秩序的事件;

(三)因企业转制、城市拆迁、土地征用或草场、山林、水利以及军政、军民等矛盾纠纷引发的50人以上的群体性械斗事件。

四、特大恶性刑事犯罪案件

(一)一次杀死5人以上的杀人案件或在本县(市、区)致死5人以上的系列杀人案件;

(二)盗抢金融机构现金100万元以上的案件;

(三)被中央有关部门立案查处,在全国造成重大影响的其他严重刑事犯罪案件。

五、严重影响社会主义市场经济秩序,在全疆或全国造成恶劣影响的案件

(一)在经济管理中违反有关法律法规,严重影响社会主义市场经济秩序,被中央国家机关立案查处的案件;

(二)生产销售假冒伪劣商品,造成死亡5人以上或重伤10人以上的案件。

六、特大安全生产事故

一次造成死亡10人以上的各类安全生产事故。

七、重大公共安全事件

(一)群众性文化、体育、展览、展销等大型活动中发生安全事故,造成5人以上死亡的事件;

(二)发生重大食物中毒(一次性死亡5人以上或急性中毒50人以上)或职业中毒(一次性死亡5人以上或中毒10人以上),严重影响社会稳定的事件;

3. 剧毒危险化学品、放射性物质等泄漏,造成5人以上死亡或100人以上中毒的事件。

说明:本界定所称"以上"含本数。

新疆维吾尔自治区平安乡(镇、街道)基本标准

1. 乡(镇、街道)组织建设坚强有力。党政领导班子团结好,作风正派,战斗力强;综合治理领导、办事机构健全,人员到位,经费有保障;基层政法组织健全,各项工作制度化、规范化,在行业评比和年度考核中绩效优良。

2. 民兵组织和治安联防队伍健全,装备、经费落实,训练严格,素质过硬,作用明显;辖区党政机关、企事业单位保卫机构人员措施到位,无重大安全事故和治安问题。

3. 认真开展社会治安集中整治。对突出治安问题和重点地区的整治抓得紧,力度大,效果好,成果巩固。经过集中整治的地方发案减少,秩序良好,群众满意。

4. 辖区道路交通、公共复杂场所和重点区域的治安秩序良好,无重大恶性案件、事故,基本杜绝黄、赌、毒等社会丑恶现象。

5. 矛盾纠纷排查调处工作组织健全、制度落实、机制完善。排查调处及时、深入、扎实,调处率和成功率分别达到95%和90%以上,有效预防和减少集体上访、群体性事件及"民转刑"案件。

6. 人口管理工作规范扎实。流动人口和出租房屋管理组织机构、工作制度、管理人员落实,暂住人口办证率达到90%以上。流动人口和常住人口犯罪率不超过上年。

7. 刑满释放、解除劳教人员安置帮教措施落实,重新犯罪率分别不超过2%和3.5%;重点人口列管率达到95%以上,不脱管、不失控。

8. 依法加强宗教事务管理。宗教事务管理各项制度健全,人员落实,措施到位;对各种非法宗教活动做到严密控制,及时发现,严肃查处;对以宗教为掩护的民族分裂破坏活动及时给予严厉打击。

9. 加强民主法制建设,推进依法行政。政务公开的各项制度健全,财务收支纳入政府管理渠道,农村派工筹款、计划生育、土地使用、承包合同等有章可循,群众关心的热点难点问题及时得到妥善解决,政法机关公正、廉洁、文明执法。

10. 大力推进社会主义新农村建设,深入开展平安建设。乡、镇经济发展,基础设施完善,乡风、村风文明。本辖区平安村(社区、单位)创建率达到90%以上。

新疆维吾尔自治区平安社区基本标准

1. 社区管理组织健全,综合治理工作任务明确,制度齐全,工作有记录、有档案。

2. 治安秩序实现"五无":无重大刑事案件,无重大治安灾害事故,无集体上访、闹事等群体性事件,无非法宗教活动,无黄、赌、毒等社会丑恶现象。

3. 防范措施严密有效。看楼护院人员落实,责任明确,重点要害部位"三防"措施到位。

4. 人口管理严密扎实。暂住人口办证率达到95%以上,租赁房屋办证率达到100%。刑满释放、解除劳教人员无重新违法犯罪,流动人口和常住人口犯罪率不超过上年。

5. 法制宣传教育深入扎实,《居民公约》成为居民自觉行为,社区风气良好。

6. 民间纠纷调处及时。调处率和成功率分别达到95%和90%以上,无集体上访、群体性事件和"民转刑"案件。

7. 积极组织开展就业安置工作和扶贫帮困活动。对贫困居民的帮扶措施具体有效;下岗职工和刑满释放、解除劳教人员再就业率达到95%以上。

8. 积极组织开展违法青少年帮教工作。有帮教组织、帮教制度、帮教措施、帮教记录,帮好率达到95%以上。

9. 深入开展民族团结教育活动,贯彻落实《公民道德建设实施纲要》。社区民族团结、邻里和谐、家庭和睦。

10. 深入开展"平安单位"、"平安家庭"创建活动。"平安单位"、"平安家庭"创建率达到90%以上。

新疆维吾尔自治区平安村基本标准

1. 村党支部、村委会凝聚力、战斗力强,旗帜鲜明地反对民族分裂和非法宗教活动。基层治保、调解、普法、帮教、联防"五位一体"的综治组织健全,做到"四有"(有办公场所、有牌子、有专人、有制度)、"五落实"(人员、任务、责任、制度、报酬落实)。

2. 治安秩序实现"四无":无重大刑事案件,无重大治安灾害事故,无村民犯罪,无集体上访、闹事事件。

3. 民间纠纷调处及时。调处率和成功率分别达到95%和90%以上,无群体性事件和"民转刑"案件。

4. 刑满释放、解除劳教人员安置帮教工作组织、人员、责任、措施"四落实",重点人口列管率达到95%以上,不脱管、不失控。

5. 暂住人口管理严密。房屋租赁底数清楚,暂住人口办证率达到100%,无刑事犯罪。

6. 深入开展依法治村工作,政务公开、财务公开、干部廉政等规章制度健全。村民遵守《村规民约》、参与村务管理和当家做主的意识强。

7. 法制和民族团结教育深入扎实。村民法制观念增强,各民族团结友爱,和睦相处。

8. 认真落实宗教事务管理规定。加强对宗教场所和宗教人士的管理,对各种非法宗教活动做到严密控制,及时发现,严肃查处,同民族分裂破坏活动进行坚决有力的斗争。

9. 全面开展和分步实施社会主义新农村建设的各项任务目标。

10. 深入开展"平安家庭"创建活动。"平安家庭"达标率在95%以上。

新疆维吾尔自治区平安单位基本标准

1. 领导班子团结,办事公道。单位环境整洁,秩序良好,群众满意率达到95%以上。

2. 单位内部治安保卫工作有专人负责,组织机构健全,各项制度落实。

3. 单位内部层层签订治安保卫工作责任书,各项治安保卫工作分工明确,责任到人,奖罚严明。

4. 加强值班制度和治安巡逻。值班和巡逻人员尽职尽责,单位保卫组织对本单位治安情况掌握全面。

5. 单位内部治安防控网络符合有关规定。重点部位“三防”措施到位,无案件和事故发生。

6. 治安秩序良好,无打架斗殴、盗窃、抢夺等案件发生。各种矛盾纠纷及时有效化解,无人员上访、闹事等现象发生。单位内“平安家庭”创建率达到95%以上。

7. 各民族团结友爱,“三个离不开”深入人心,无影响民族团结的问题发生。

8. 精神文明建设成效显著,《公民道德建设实施纲要》贯彻落实。同事、邻里、上下级之间关系和谐。

9. 重点人口管理措施到位。对刑满释放、解除劳教人员、吸毒人员、违法青少年、外来流动人口的管理严格,登记齐全。

10. 加强保密和安全教育,无失、泄密和重大人员伤亡等事故发生。

新疆维吾尔自治区及各市(州)、县(市、区)综治委、办主任名单

地　区	综治委主任	综治办主任
新疆维吾尔自治区	张秀明	刘新胜
乌鲁木齐市	殷宇霖	彭寿山
天山区	魏生军	王　灏
沙区	王　军	翟　铭
新市区	李新生	张天虎
水磨沟区	何新国	张文玉(女)
头屯河区	周风日	董至善
达坂城区	赵树海	唐光煦
米东新区	张承义	陈寿南
乌鲁木齐县	张新友	李军
高新区	李复东	李秀峰
开发区	朱建平	李春生
克拉玛依市	宋友立	赵德军
克拉玛依区	张国栋	吕卫国
独山子区	董　明(女)	樊拥军
白碱滩区	孙振江	郭　明
乌尔禾区	王　荣	罗　文
喀什地区	张　健	
喀什市		郭丽华(女)
疏附县	郑　重	李增峰
疏勒县	苏向东	托乎提马木提(维)
英吉沙县	徐继明	吴建平
泽普县	肖鹏飞	彭新国
莎车县	沈　毅	陈东林
叶城县	张宏强	崔泽长
麦盖提县	董　建	赵奇飞
岳普湖县	朱雪冰	李　斌
伽师县	刘新平	刘春林
巴楚县	刘喀生	
塔什库尔干县	王富友	苏利民
阿克苏地区	闫国灿	张礼清
阿克苏市	牛学兴	马　水
温宿县	张新卫	吴学文
库车县	张新建	晁贵福(回)
沙雅县	王新革	王求斌
新和县	刘宝升	刘跃光
拜城县	郭太军	黄晓明
乌什县	张新成	陈　征
阿瓦提县	陈　刚	赵瑞泰
柯坪县	张晓东	戴　群
和田地区	车玉平	李阳辉
和田市	张智德	陈宝利
和田县	刘建军	薛洪庆
墨玉县	张廷强	贾天成
皮山县	刘文河	买买提明·吾买尔(维)
洛浦县	庞永明	郭　宝

地区	综治委主任	综治办主任
策勒县	阿力甫·阿不都力米提(维)	刘羲
于田县	肉孜巴克·肉孜(维)	杨宇林
民丰县	许凯	姜安新
吐鲁番地区	郑强	王旭东
吐鲁番市	吴勇	崔业龙
鄯善县	何远新	张志伟
托克逊县	钱昊亮	裴建伟
哈密地区	顾和玉	俞占海
哈密市	刘曙光	张赛宏(女)
巴里坤县	杨兆明	李国强
伊吾县	陈志江	邢明强
克孜勒苏柯尔克孜自治州	孙建峰	
阿图什市	唐志荣	唐志荣
阿克陶县		阿吉
乌恰县	李文清	黄岩
阿合奇县	潘世宁	托尔托呼提(柯)
博尔塔拉蒙古自治州	丁怀山	朱同增
博乐市	潘君庆	崔博
精河县	陈洪	陈国军
温泉县	王忠	丁胜泉
阿拉山口口岸	赵德强	李新社
昌吉回族自治州	原军	张树华
昌吉市	刘焕君(女)	韩胜利
阜康市	杨有曾	
呼图壁县	徐晖林	丁玉
奇台县	王文有	潘竞存
吉木萨尔县	苏建国	蔺世民
木垒县	王新亮	黄玉琴(女)
玛纳斯县	王立新	廖风会
准东工委	吴希华	杜炜
巴音郭楞蒙古自治州	贾春林	陈金明
库尔勒市	廖军攻	张玉忠
轮台县	张正荣	完志强

地区	综治委主任	综治办主任
尉犁县	朱玉成	王平
若羌县	杨银林	赵卫东
且末县	王志华	汪基
和静县	徐长峰	赵树群
和硕县	韩志富	艾尔肯·阿吾提(维)
博湖县	濮玉东	宁志品
焉耆县	魏远基	刘伟
伊犁哈萨克自治州		
伊宁市	吐尔干·皮达(维)	刘卫平(锡伯)
奎屯市	沈风岐	田小平
伊宁县	阿布都沙拉木·沙德克(维)	穆塔力甫·吐尔逊(维)
霍城县	孔令胜	王新科
巩留县	石宝忠	刘登林(副主任)
新源县	涂林	陈兆雪
昭苏县	胡亚生	秦鸣
特克斯县	葛国	王照辉
尼勒克县	李世民	巴卫东(副主任,锡伯)
察布查尔县	陈治华	哈尔木拉提阿依布坚(维)
霍尔果斯口岸	胡春贵	魏跃龙、汉族、男
塔城地区	王江	李万忠
塔城市	吕笃功	陈世忠
乌苏县	李克龙	李宗芳
额敏县	张卫平	张林青
沙湾县	宿召兵	方如果
托里县	朱春峰	周立军
裕民县	梁浩	罗向农
和布克赛尔县	杨玉年	韩慧贤(女,回)
阿勒泰地区	刘颂东	田浩
阿勒泰市	刘新利	罗青(女)
布尔津县	姚永利	张正才
富蕴县	罗戈湘	孙春光

地　区	综治委主任	综治办主任	地　区	综治委主任	综治办主任
福海县	王永超	程炳祥	吉木乃县	武海跃	李亚强
哈巴河县	张献诚	徐哨前	喀纳斯景区管委会		魏同德
青河县	王建江	窦　平			

（撰稿人：富晓蓉　陈朝中
审稿人：刘新胜　戴和平　崔红星）

新疆生产建设兵团

2006年社会治安综合治理工作概况

一、大力开展平安建设

2006年,兵团创安达标的连队、小区(社区)覆盖面已达80%以上,为开展平安建设打下了良好基础。在一、四、八、十师建设治安防控体系的基础上,在基层开展了"平安团场"、"平安连队"、"平安社区"、"平安校园"、"平安企业"、"平安家庭"等创建活动。

二、建立矛盾纠纷排查调处工作机制,积极开展矛盾纠纷排查调处工作,维护了社会大局稳定

一是领导带头抓。二是抓制度、抓责任。三是抓信息。四是抓协调、抓参与。2006年,兵团基层共排查出各类矛盾纠纷6197件,调处6061件,调处成功率97.81%,防止民转刑案件25起31人。基层司法所受理民事纠纷4272起,调解4256起,调解成功率99.63%。兵团各级法院充分发挥职能作用,依法调处各类民事纠纷案件2903件,同比下降2%。各级政法部门排查调处涉法涉诉信访案件693件,息诉罢访507件。同时,积极妥善处理了一批由各种社会矛盾引发的群体性上访事件。2006年,兵团共发生群体性上访事件起数同比下降11%。

三、积极组织开展各种专项整治行动,严厉打击"三股势力"、"法轮功"等邪教组织的渗透破坏活动和各类刑事犯罪,遏制了犯罪的高发势头

兵团各级政法机关立足兵团实际,建立了"严打"整治斗争的长效机制,连续不断地开展"严打"斗争和各类专项治理。一是持续开展集中整治斗争,维护了垦区稳定。在重点垦区和重点团场开展重点集中整治斗争,始终保持了对"三股势力"和非法宗教活动的高压态势,有效维护了垦区稳定。二是积极开展"严打"和专项斗争,治安形势明显好转。针对案件高发态势,适时组织开展打击"两抢一盗"、"打黑除恶"等一系列专项行动,加大侦破杀人、爆炸等重大恶性案件力度,在侦察、破案、批捕、起诉、判决等各个环节体现"严打"精神,刑事、治安案件上升势头得到遏制。2006年共立刑事案件9151起,与2005年同期比(简称同比)下降2.83%,破案4842起,同比下降5.5%;共立治安案件8614起,同比下降22.56%,查处6057起,同比下降25.57%。八类主要刑事案件发案数略有上升,命案破案率显著提升。2006年共立八类严暴案件964起,同比增加110起,破案869起,同比上升8.32%。截至10月底,在"命案必破"专项行动中,共立各类命案82起,同比上升30.0%,共破获命案75起,破案率为91.46%,同比上升3.74%。有18个垦区实现命案全破,7个垦区未发生命案。在侵财类案件中可防性案件全面走低,呈现下降趋势。共立盗窃案6754起,同比下降8.47%,其中入室盗窃案件同比下降0.39%,抢夺案件同比下降25.71%。抓获刑事案件作案成员绝对值下降。共抓获刑事案件作案成员3206人,同比下降7.69%;三是进一步加大了打击处理"法轮功"等邪教的力度。2006年兵团共立"法轮功"案件18起,破获17起,同比分别下降14.3%和10.5%,抓获违法犯罪人员43人;立"门徒会"等其他邪教案件8起,破获8起。基层监控、教育、转化工作进一步加强,"法轮功"等邪教活动得到全面控制。四是认真开展治安乱点排查整治,治安面貌得到改观。采取"治安问题抓相对(相对本地区、本单位)"、"有大抓大,无大抓小,无小抓防范"的办法,每季度进行一次排查整治工作。各师排查出有相对治安问题的地区(单位)6个(一师阿拉尔市、三师小海子垦区、四师62团、六师五家渠地区、九师朝阳区、十四师皮山农场)。突出治安问题主要有4类:即入室盗窃、农资被盗、打架滋事、流动人口犯罪等。在认真梳理的基础上，分析原因，提出整治对策，制定整治方案，列出整治工作时间表，通过整治都基本得到了解决。

四、狠抓了社会治安综合治理基层基础工作，工作基础进一步夯实

五、大力开展治安防控体系建设，增强了基层治安防控能力

六、认真做好五项“专门工作”，促进了社会治安综合治理各项措施在基层落实

平安建设工作情况

2006年5月11日，兵团党委常委会作出了“创建平安团场，建设平安兵团”的决策，同时提出了把创建平安团场与建设屯垦戍边新型团场有机结合起来，努力降低发案率，提高破案率的要求。兵团于2006年5月成立了兵团平安建设活动领导小组，并于同年6月制定下发了《兵团平安建设活动领导小组关于贯彻落实〈兵团党委、兵团关于在兵团深入开展平安建设活动的意见〉的实施意见》（新兵平安建设[2006]1号），对兵团如何开展平安建设活动作出了详细部署。并把平安建设任务分解到个部门。各师、团场也相继成立了平安建设领导小组，对平安建设活动作出了规划和部署，并将各职能部门的职能进行了量化，平安建设的经费按照“本级保障、上级补贴”的原则给予保障。2006年兵团又拿出了160万元给12个技防设施建设单位补贴了10万—50万元。做到了平安建设领导机构健全、责任到位、人员落实、经费保障到位。

社会治安防控体系建设情况

兵团于2004年初制定了《兵团社会治安防控体系建设规划》，按照这个规划基本建立起了以连队（社区）防控网络、单位内部防控网络、社会面防控网络、重点人员防控网络、信息化防控网络和边际查控网络六大网络为主要内容的治安防控体系。各师坚持“打防结合，预防为主，专群结合，依靠群众”方针，按照“人防抓落实，物防抓巩固，技防抓提高”的要求，在人防上，进一步整顿、规范和加强了治保会、调委会、治安联防队、义务巡逻队、看家护院队等基层群防群治组织，筑牢了基层维护社会治安第一道防线；在物防上，各师、团场针对职工居住情况和重点部位情况，基本落实了铁门、铁窗、铁柜等物防设施，对小四轮拖拉机、摩托车、自行车等实行入库（棚）管理，对牲畜采取封闭式圈舍管理，有效预防和减少了入室盗窃和交通工具、牲畜被盗。在技防上，积极推进红外线报警装置和可视化技防监控系统建设，科技防控水平提高，强化了对重点要害部位的安全防范工作，2006年兵团认真落实《兵团社会治安防控体系建设规划》，加大了物防、技防的力度，尤其加大了技防的力度。到2006年年底，在以前完成65个团场“社会治安视频监控系统”的基础上，今年又完成了11个团场的“社会治安视频监控系统”建设。占团场总数的43.43%。另外，兵团90%以上重点要害部位安装了红外线报警器。运用该系统破案160余起，团场平均发案下降40%左右，重点要害部位发案为零。

矛盾纠纷排查调处工作情况

一是建立健全工作机制和各项工作制度。结合兵团实际，及时提出并实施了《兵团关于进一步加强矛盾纠纷排查调处工作的意见》。建立了每月一排查一报告、“零报告”、化解矛盾纠纷分析会、工作例会、领导包案、督导、检查等预防化解矛盾纠纷工作制度，明确了矛盾纠纷排查调处的工作责任和领导责任。二是健全矛盾纠纷排查工作网络。在兵团党委、兵团的领导下，发挥综治组织的网络优势，广泛建立了综治信息员队伍，狠抓矛盾纠纷排查信息工作，做到早发现、早化解，大大减少了矛盾纠纷；同时抓协调、抓参与，形成了“党政挂帅、综治协调、部门联动、依托基层、各方参与”的矛盾纠纷排查调处工作格局，建立起了经常性的矛盾纠纷排查调处工作机制，预防化解矛盾纠纷工作取得了一定成效。2006 年以来，兵团基层共排查出各类矛盾纠纷 6197 件、基层司法所受理民事纠纷 4272 起、兵团各级法院充分发挥职能作用，依法调处各类民事纠纷案件 2987 件、各级政法部门排查调处涉法涉诉信访案件 693 件，基本上做到了各种矛盾纠纷能够得到及时发现。三是及时妥善解决矛盾纠纷，有效防止矛盾激化，减少“民转刑”案件和群体性事件。2006 年，兵团基层共排查出各类矛盾纠纷 6197 件，调处 6061 件，调处成功率 97.81%；基层司法所受理民事纠纷 4272 起，调解 4256 起，调解成功率 99.63%；兵团各级法院充分发挥职能作用，依法调处各类民事纠纷案件 8923 件；各级政法部门排查调处涉法涉诉信访案件 693 件，息诉罢访 507 件。同时，积极妥善处理了一批由各种社会矛盾引发的群体性上访事件。

开展严打整治专项斗争情况

一、开展打黑除恶专项斗争

2006 年 2 月 22 日，中央政法委召开全国打黑除恶专项斗争电视电话会议后，兵团迅速成立了以兵团党委常委、副政委王继亮任组长的兵团打黑除恶专项斗争领导小组，并成立了以政法委、纪委、公、检、法等部门组成的打黑除恶办公室，为推动兵团打黑除恶专项斗争深入开展，3 月 17 日，兵团公安局召开了兵团公安机关打黑除恶工作动员部署电视电话会议，确定了兵团打黑除恶专项斗争的原则：“打早打小、有黑打黑、无黑除恶、无恶治邪”。各级党委、各级政法机关和有关部门已逐级签订了责任书。兵团八师石河子市共查出涉嫌带有黑恶性质的犯罪团伙 3 个，成员数十名，涉嫌抢劫、伤害、爆炸、组织容留妇女卖淫、赌博、非法垄断市场等多种犯罪。

二、开展“两抢一盗”专项斗争

截至 10 月，全兵团共破“两抢一盗”案件 3548 起，其中破获盗窃案件 3370 起，破获抢劫案件 178 起；破获盗抢机动车案件 67 起，其中破获盗抢汽车案件 10 起，破获盗抢摩托车案件 57 起；起诉抢劫 21 案 47 人、抢夺 2 案 4 人、盗窃 208 案 308 人。

11 月，兵团公安机关按照公安部的部署开展为期三个月的打击盗窃破坏电力电信设施犯罪专项行动的要求，梳理出一批未破的盗窃、破坏电力电信的重大案件作为此次专项行动的工作重点。八师石河子市公安机关破获盗窃破坏电力电信设施案件 63 起、摩托车被盗案 9 起，直接经济损失价值80余万元；十三师公安局破获19起涉电、盗窃摩托车案件，涉案价值3万余元，有力地维护了辖区的治安稳定。

三、侦破杀人、爆炸等重大恶性案件

2006年，兵团各级公安机关坚持"命案必破"努力方向和"两降一升"的奋斗目标，紧紧围绕"一长双责制"，继续保持侦破命案的强劲态势，严厉打击杀人、爆炸、投毒、放火、抢劫、强奸、绑架等严重暴力犯罪活动。截至10月31日，兵团共发各类命案82起，破获75起，破案率为91.46%，为历年最高。其中，立故意杀人案件58起，破52起，破案率为89.66%；故意伤害致死案件24起，破23起，破案率为95.83%。共抓获网上命案在逃人员31人，其中抓获外省命案逃犯27人。兵团有7个师现行命案破案率均达到100%；2个师未发生命案；有18个垦区命案全破，7个垦区未发生命案。2006年，兵团共立现行抢劫案件289起，较2005年184起增长57.07%，破获136起，破案率为47.06%，较2005年提高了14.99个百分点；立现行强奸案件105起，较2005年119起下降11.76%，破获87起，破案率为82.86%，较2005年降低1.17个百分点；立现行绑架案件1起，较2005年6起下降83.33%，破获1起，破案率为100%，较2005年提高33.33个百分点；立现行纵火案件16起，较2005年19起降低15.79%，破获11起，破案率为68.75%，较2005年降低4.93个百分点；2006年未发生爆炸案件。

四、开展打击毒品违法犯罪专项斗争

2006年，一是认真开展对吸毒人员的排查、劝戒工作，以派出所为基本单位，深入基层，责任到人，层层抓落实，做到不漏一名吸毒人员。通过排查，兵团现登记在册吸毒人员621人，占兵团256万人口的万分之二点四，其中吸食海洛因435人，吸食大麻186人。二是充分利用广播、电视等传媒，调动各方面的力量和资源，紧紧抓住全民、青少年，开展禁毒预防战役，全力推广兵团两所全国禁毒师范学校的先进经验，以点带面，推进青少年毒品预防教育的开展。全年共发放宣传单10万余份，禁毒宣传册3000册，张贴宣传画2000余张，广播电视宣传800余次，禁毒专题教育会40场次，受教育群众达80万人。并会同团委、教育等部门举办了主题为"远离毒品、构建和谐兵团"的大型宣传活动。三是开展禁种铲毒战役，兵团各级公安机关会同其他部门与辖区派出所、团场治保部门密切配合，认真对辖区内毒品原植物进行踏查，对田间、地头、庭园以及种在偏僻田间的毒品原植物进行了踏查，做到不留死角，共铲除毒品原植物7万余株。四是打击娱乐场所新型毒品战役。全面开展对歌舞娱乐场所贩卖摇头丸、氯胺酮（K粉）等新型毒品的整治，突出重点，有效打击。抓获吸食新型毒品人员47人。五是对毒情相对严重的三、四、六、八等师着力打击零包贩毒，萎缩毒品消费市场。三、六师相继破获了贩卖海洛因200余克的特大案件。1至11月，兵团共破获毒品案件14起，打掉贩毒团伙1个，抓获贩毒嫌疑人41人，缴获海洛因522克、大麻45.1克、氯胺酮166克、摇头丸24粒、铲除大麻原植物68882铣，罂粟原植物1393株。六是大力推进"无烟团场"的建设，本着"有毒肃清、无毒防毒、齐抓共管、综合治理"的工作原则，通过多年努力"无烟团场"的覆盖率达到95%以上，58个边境团场均无毒品问题，有效的防范了境外毒品渗透。

五、开展打击赌博违法犯罪专项斗争

打掉赌博团伙2个、摧毁赌博窝点8个，查获赌博案件60起，核查群众举报线索6起，缴获用于赌博的"啤酒机"40台，显示器26台，接送参赌人员车辆24辆。刑事拘留3人，行政拘留58人，批评教育32人、查缴赌资5000余元。

综合治理基层基础建设情况

一是加强农牧团场社会治安综合治理基层组织建设。兵团拥有师级社会治安综合治理委员会

16个，成员287名，下设办公室16个，专职工作人员42人；175个农牧团场和275个团处级企事业单位均设有综治委，并下设办公室，有专（兼）职工作人员1321人；独立营级单位及农牧连队有综合治理领导小组6460个，下设综治办，有专（兼）职工作人员19234人。群防群治队伍健全，各基层单位共有调委会7216个、34086人，治保会6980个、33034人，治安联防队2020支、12650人，专（兼）职治安员6057人，专（兼）职警卫11263人，“三老队”看家护院队4122个、29944人。二是加强综治组织规范化建设。2006年各师、团场在兵团综治委制定的《兵团农牧团场综治办建设基本内容和标准》、《兵团农牧团场治安联防队管理暂行规定》、《兵团单位内部保安组织建设和管理工作暂行规定》以及基层治保、调委会工作条例等一系列文件的基础上，积极开展综治组织规范化建设，通过基层综治办达标、“两会三化”建设和治安员公开招聘等活动，增强了基层实力。同时，加强制度建设，各级都建立了综治工作半年报和年报制度、公众安全感调查制度、对敌斗争形势和治安形势分析制度、工作检查督导制度、“双排查”制度、“零报告”制度和综合治理领导责任制、目标管理责任制、重大问题责任查究制、一票否决权制等工作制度，并狠抓制度落实，促进了工作的规范化。三是狠抓综治干部培训。层层举办综治干部培训班，一大批基层综治干部得到不同层次培训。各级还把社会主义法治理念教育列入综治干部培训教育计划，与政法部门同步进行。兵团综治办于11月12日至19日，组织举办了一期兵团团场综治办主任培训班，培训团场综治骨干73人，提高了基层综治干部队伍素质。

专项工作情况

一、流动人口治安管理工作

2006年兵、师、团三级都成立了流动人口治安管理领导及办事机构，在基层用人单位设立了流动人口登记管理服务站。以户籍管理为基础，治安管理为重点，出租房管理为突破口，用工管理为手段，其他管理相配套的流动人口治安管理服务机制已经形成，对流动人口的治安管理服务步入了制度化、规范化的轨道。流动人口违法犯罪上升的势头得到遏制。2006年，抓获的全部作案成员中流动人员1279人，占全部作案成员总数的39.89%，同比减少了17.7个百分点。

二、刑释解教人员安置帮教工作

2006年兵团兵、师、团层层成立了刑释解教人员安置帮教工作领导及办事机构，明确了职责任务，建立了相关制度，刑释解教人员安置帮教措施基本落实。有关部门和基层安置帮教组织及社会各界群众广泛开展“真情助你上新岗”、“帮教送进大墙内”等多种形式的结对帮教活动。积极帮助刑释解人员转变就业观念，动员社会力量扩大就业安置渠道。全兵团有三年内刑释解教人员1154人，截止10月底重新犯罪4人，重新犯罪率为0.34%。

三、预防青少年违法犯罪工作

一是各级结合青少年特点，以深入宣传贯彻《未成年人保护法》为重点，依托各类青少年法制教育阵地，采取举办展览、法律知识竞赛、开展模拟法庭等青少年喜闻乐见的形式，进行生动活泼的法制宣传教育和法律实践活动。二是以制度为保障，以维权为主导，以法律学校为依托，以创建工作为联结，不断完善优秀“青少年维权岗”创建活动运行机制，扩大了维权工作的覆盖面。三是围绕优化社区秩序，深化实施了“青少年违法犯罪社区（连队）预防计划”，深化实施了创建“青年文明社区（连队）”活动。四是通过深入开展“青少年维权岗在行动”，积极配合有关部门做好对非法“口袋书”、光碟、网吧的专项整治行动，净化文化环境，积极优化了青少年成长成才的环境。2006年，抓获的作案成员中35岁以下14岁以上青少年2570人，同比下降6.55%；18岁以下未成年人906人，同比下降8.21%，占全部作案成员的28.26%,同比下降了16个百分点。遏制了青少年违法犯罪上升的势头。

四、铁路护路联防工作

2006年兵团党委、综治委高度重视铁路护联防工作,把维护铁路治安,确保国家经济大动脉的安全畅通,作为履行"屯垦戍边"使命、维护新疆大局稳定的一件大事来抓。各级综治组织把爱路护路宣传纳入到综治宣传大格局中,集中宣传与经常性宣传相结合,积极营造浓厚的爱路护路氛围,增强铁路沿线团场、连队干部职工群众和学生的爱路护路意识。兵团5个师9个团场160名民兵组成的9个铁路护路联防分队,较好地完成了所担负的全疆铁道线上4个车站、1个车辆换装库、4座大桥(638米)、162公里铁道线、100多个桥涵等目标的守卫巡护任务。

五、学校及周边治安综合治理工作

2006年,各级教育部门积极配合公安等有关部门,本着"什么问题突出就整治什么问题"的原则,紧紧抓住影响学校教学秩序和师生员工反映强烈的突出问题,开展集中整治,基本清除了兵团辖区学校周边200米以内的网吧、录像厅、电子游戏厅、歌舞厅等,影响学校和周边的治安问题基本得到解决,治安秩序明显好转,师生安全感增强。同时,以平安校园、和谐校园创建为切入点和抓手,进一步健全和完善各种规章制度,在大部分中小学校都聘请了法制副校长或法制辅导员,发动师生广泛参与,内外结合,联手联治,有力推动了学校及周边治安综合治理工作开展。

兵团平安建设活动领导小组关于贯彻落实《兵团党委、兵团关于在兵团深入开展平安建设活动的意见》的实施意见

(2006年6月)

为认真贯彻落实中办发25号文件和兵团党委、兵团下发的《关于在兵团深入开展平安建设活动的意见》文件精神以及兵团党委提出的"创建平安团场、建设平安兵团"的要求,深入推进平安建设活动,为加快建设屯垦戍边新型团场,构建和谐兵团,实现兵团在西北地区率先全面建设小康社会营造和谐稳定的社会环境,特提出如下实施意见。

一、指导思想、总体目标和基本原则

平安建设活动的指导思想是:坚持以邓小平理论和"三个代表"重要思想为指导,认真贯彻落实党的十六大和十六届三中、四中、五中全会精神,以加强党的执政能力建设为根本,以加快建设屯垦戍边新型团场,构建和谐兵团,实现兵团在西北地区率先全面建设小康社会为目标,坚持"打防结合,预防为主"的方针,在各级党政的领导下,组织和动员社会各方面的力量,以建立健全长效工作机制为核心,以加强基层基础工作为重点,以落实社会治安综合治理各项措施为主线,广泛开展平安团场和平安单位建设,确保职工群众安居乐业,确保兵团、自治区社会稳定和长治久安。

平安建设活动的总体目标是:从2006年开始,力争用5年左右的时间,通过开展平安创建活动,使兵团90%的连队(社区)、80%的团场(企事业单位)和70%的师(市)达到相应的"平安建设"标准,从而实现建设平安兵团的目标。

"创建平安团场、建设平安兵团"是兵团党委、兵团作出的重大战略部署,是构建和谐兵团重要组成部分,也是建设屯垦戍边新型团场重要内容,是社会治安综合治理工作质的飞跃。因此,平安建设活动必须坚持"党政组织实施,业务部门指导"、"重心下移,重在基层"、"继承与创新相结合,重在创新"的原则,分步实施,扎实推进。

二、主要任务和责任分工

(一)建立"严打"经常性工作机制,保持"严打"高压态势。严密防范和打击"三股势力"和非法宗教的渗透破坏活动,与"法轮功"等邪教组织的斗争取得成效;建立健全社会治安形势分析评估、预警、工作决策部署、运用刑事政策和政法部门配合制约机制;积极预防和严厉打击各类刑事犯罪和职务犯罪;刑事案件破案绝对数比上年上升,重大刑事案件破案率比上年提高,现行命案破案率不低于公安部门规定的指标;严厉查处"黄赌毒"等社会丑恶现象,社会风气明显好转;加强公共安全管理体系建设。

责任单位:各师(市)党政、兵团党委政法委、兵团综治办、兵团公安局、兵团检察院、兵团法院、兵团司法局、兵团防范和处理邪教问题办、兵团民宗局、兵团文化局、兵团新闻出版局。

(二)正确处理影响改革发展稳定的热点、难点问题。重视解决易引发人民内部矛盾和群体性事件的热点、难点问题,切实帮助职工群众解决实际困难。

责任单位:各师(市)党政、兵团劳动与社会保障局、兵团民政局、兵团信访局、兵团军转办。

(三)正确区分和妥善处理人民内部矛盾。加强矛盾纠纷排查调处制度建设和工作网络建设,使基层矛盾纠纷调处率达到98%以上;重视信访工作,畅通涉法信访渠道。

责任单位:各师(市)党政、兵团信访局、兵团法院、兵团司法局、兵团党委政法委。

(四)建立健全妥善处置群体性事件和突发事件的应急机制。严格重大情况报告制度,坚持慎用警力、慎用武器警械、慎用强制措施;对插手群体性事件的敌对分子、幕后操纵者和实施打砸抢烧的犯罪分子,坚决依法打击。

责任单位:各师(市)党政、兵团党委政法委、兵团公安局。

(五)大力实施治安防范专业化、提高治安防范的科技含量。

1. 推行"物业安全管理、有偿保安服务、机动车看护管理"等市场经济条件下的治安管理和防范新举措,健全治安防范体系。

责任单位:各师(市)党政、兵团公安局、兵团建设局、兵团综治办。

2. 完善以110报警服务为龙头的现代化指挥网络系统和信息网络安全防控系统建设。师(市)、团场党政机关驻地、金融单位、供水(电、气)站、加工厂、油库、物资库、重要公共场所、卡口等重点要害部位红外线报警、视频监控设施安装率达到100%。农牧团场要积极推广使用大型农机具、摩托车、大牲畜防盗报警器等经济实用的技防产品。加强居民区防范工作,有效遏制入室盗窃、"双抢"等可防性案件发生。

责任单位:各师(市)党政、兵团公安局、兵团发改委、兵团财务局、兵团综治办。

(六)加强对特殊人群的教育管理。实行流动人口人性化服务和规范化管理,实行流动人口与常住人口同宣传、同服务、同管理;强化租赁房屋管理,出租屋的办证率达到95%以上;流动人口登记率、办证率达到95%和90%以上;加强对生活无着的流浪乞讨人员和流浪未成年人救助、管理。做好刑释解教人员的安置帮教工作,安置率和帮教率分别达到85%和95%以上,重新犯罪率控制在1%以下。加强对闲散青少年的法制教育,加强社区矫正工作,青少年犯罪率控制在全国平均水平以下。

责任单位:各师(市)党政、兵团公安局、兵团计生委、兵团民政局、兵团司法局、兵团团委、兵团法院、兵团财务局。

(七)严格治安管理,加强人员密集的公共娱乐服务等治安复杂场所的治安管理,严格枪支弹药和爆炸、剧毒、放射性物品等危险物品管理,落实安全生产责任制,防止发生重大爆炸、投毒、中毒等案件和事故。

责任单位:各师(市)党政、兵团公安局、兵团教育局、兵团文化局、兵团安监局、兵团综治办。

(八)加强公共消防设施建设,杜绝发生群死群伤恶性治安灾害事故。

责任单位:各师(市)党政、兵团发改委、兵团公安局、兵团建设局、兵团安监局。

(九)大力加强诚信守法教育。认真贯彻公民道德建设实施纲要;推进"五五"普法教育;认真开展反邪教警示教育;开展社会治安综合治理和治安防范集中宣传活动;做好对见义勇为有功人员的表彰、奖励、抚恤工作。

责任单位:各师(市)党政、兵团党委宣传部、兵团司法局、兵团民政局、兵团纪检委、兵团工会、兵团团委、兵团防范和处理邪教问题办、兵团综治办。

（十）探索新形势下基层安全文明创建的有效方式。深入开展争创“平安团场”、“平安单位”、“平安连队（社区）”、“平安学校”、“平安家庭”以及“优秀青少年维权岗”、“零暴力家庭”、“无毒社区”、“零发案社区”等活动。扎实推进“送法律进社区”、“送法律进校园”以及“警校共建”等活动的开展。加强大型设备检测和食品质量安全监督工作，促进社会和谐稳定。

责任单位：各师（市）党政、兵团综治办、兵团团委、兵团妇联、兵团公安局、兵团司法局、兵团教育局、兵团质监局。

（十一）加强基层组织建设。抓好党的基层组织、政法组织、群防群治组织建设，加强和完善团场（企事业单位）、连队（社区）社会治安综合治理基层组织建设，确保治保、调解、巡逻、普法、帮教等措施在基层的落实。

责任单位：各师（市）党政、兵团党委组织部、兵团编办、兵团民政局、兵团司法局、兵团公安局、兵团综治办。

（十二）树立政法队伍的良好形象。坚持政治建警、素质强警、从严治警、从优待警。广泛深入开展“公正执法树形象”和“规范执法行为、促进执法公正”活动，政法干警社会主义法治理念更加牢固，违法违纪现象减少。

责任单位：各师（市）党政、兵团党委政法委、兵团公安局、兵团检察院、兵团法院、兵团司法局、兵团监狱管理局、兵团统计局。

（十三）师（市）团场（企事业单位）建立平安建设活动领导及办事机构，把平安建设活动作为各级党政的任期目标之一。建立健全决策目标、责任、考核、监督机制，把平安建设活动的目标任务层层分解、落实责任，加强对平安建设活动的投入。

责任单位：各师（市）党政、兵团综治委、兵团纪检委、兵团党委组织部、兵团人事局、兵团监察局、兵团财务局。

三、总体安排和实施步骤

兵团的平安建设活动共分三个阶段：

（一）启动实施阶段（2006年）

2006年平安建设活动全面启动实施，不留死角。兵团各师（市）、团场（企事业单位）和兵团综治委成员单位都要按照中央和兵团党委、兵团的要求，结合各自实际，制定“平安建设”实施方案，提出具体意见，并付诸实施。要通过组织发动、舆论宣传等各种方式，提高干部群众对平安建设工作必要性和重要性的认识，营造平安建设活动的良好舆论氛围。要利用新闻媒体，开辟专题专栏、动态报道、言论引导、领导访谈、群众建议等，加大宣传力度和报道密度。在坚持正面宣传为主的同时，对群众反映强烈的治安混乱地区和突出问题进行限期整改。提高兵团广大职工群众的安全感。

（二）全面创建阶段（2007年至2008年）

各级要围绕平安建设活动的目标任务，按照高起点筹划、高标准创建和分工负责、分线作战、重点突破、整体推进的原则，结合实际，创造性地开展工作，深入持久地抓好落实。并根据不同时期社会治安的规律特点和暴露出的突出问题，由各牵头单位负责组织，相关部门密切配合，动员广大群众参与，打好几个重点战役，使平安建设活动的各项措施真正落到实处。力争在规定的时限内完成平安建设任务。通过师（市）、团场（企事业单位）、连队（社区）和各系统各单位层层开展平安建设活动，达到政治安定、社会稳定、经济运行安全、文化活动健康、法制健全、群众满意的工作目标。使80%的连队（社区）达到“平安连队（社区）”标准，70%的团场（企事业单位）达到“平安团场（企事业单位）”标准。

（三）巩固提高阶段（2009年至2010年）

开展平安建设活动先进团场（企事业单位）、先进师（市）评选表彰工作，全面提高平安建设水平。在此期间，要及时总结推广平安建设活动中的先进经验，各级领导要亲自抓典型，各师（市）都要力争在全兵团推出一批先进典型。召开不同规模、不同层次的经验交流会，组织现场观摩、理论研讨，发现一批平安建设典型，总结一批平安建设经验，推出一批平安建设品牌，提升兵团平安建设活动的整体水平。对在全面创建阶段已经达到平安建设标准的单位进行回访检查，查缺补漏，巩固提高。对未达到标准的单位区分不同情况进行整治，帮助开展工作，解决存在的问题。这一阶段的后期，要对全兵团平安建设活动进行认真总结，表彰先进，推广典型，同时明确下一步工作方向和思路。全兵团要有70%的师（市）达到“平安师（市）”的标准；80%的团场（企事业单位）达到“平安团场（企事业单位）”标准；90%的连队（社区）达到“平安连队（社区）”标准。同时要研究建立平安建设活动的长效工作机制，规范、完善各项规章制度，巩固平安建设活动成果。

四、平安团场、单位、师（市）建设标准

（一）平安团场建设标准

1. 社会政治稳定。有效防范和打击境内外敌对势力和民族分裂势力在当地的活动；依法查处和取缔“法轮功”和其他邪教组织及非法宗教活动；不使危害国家安全和社会稳定的人和事形成气候。

2. 治安秩序良好。建立和完善“严打”经常性工作机制，严厉打击各类刑事犯罪活动；整治治安重点部位和突出治安问题，无涉黑、涉恶势力；侵财类犯罪下降；破案攻坚能力进一步提高，实现“命案”全破、“挂牌案”全破；群防群治网络健全，治安防控水平明显提高，不发生影响社会稳定的重大可防性案件。职工群众对社会治安的满意率在90%以上。

3. 市场经济环境明显改善。政法部门，尤其是公安派出所等窗口服务单位有公开承诺制度和工作措施；整顿和规范市场经济秩序工作全面加强，扰乱市场经济秩序的突出问题得到及时整治；依法审理各类经济主体民商案件，各类市场经济主体的合法权益得到保障。

4. 人民内部矛盾妥善调处。在各级党政统一领导下，形成信息灵敏、覆盖全面、运作顺畅、反应快捷的预防和化解矛盾纠纷的工作格局，对各类矛盾纠纷和群体性事件做到及时发现、及时疏导、及时化解；不发生影响社会稳定的重大群体性事件和民转刑案件；开展经常性法制宣传教育，干部职工的法制意识普遍增强。

5. 公共安全管理规范有序。公共场所和特种行业治安秩序良好，各类市场（有管辖权的）管理有序，“黄赌毒”等社会丑恶现象明显减少；食品、药品安全卫生监督管理有力，不发生群体性食品中毒和药物伤害事件；全面落实消防和安全生产管理责任制，治安灾害和安全生产事故预防及应急处置能力显著提升，不发生重大群死群伤事故和火灾、安全生产责任事故。

6. 基层创建工作整体推进。以创建“平安团场”、“平安单位”建设为切入点，大力开展基层安全文明创建活动，使各创建载体之间相互联动，整体推进；治安防范措施落实，预防青少年违法犯罪工作深入开展并取得明显效果；以基层党组织为核心的配套组织建设加强，基层综治组织和群防群治网络健全，在全社会形成维护治安、人人有责的良好氛围。

7. “法轮功”等邪教活动始终控制在我视线之内，做到“三个为零”，即“法轮功”分子进京闹事为零；在当地聚集闹事和广播电视插播为零；在学习班和羁押场所自杀、自残为零，其他邪教活动得到有效控制和处理。

8. 各类文化娱乐活动健康有序，做到“五无、一安全”，即无政治性非法出版物；无非法宗教书刊和音像制品；无“法轮功”等邪教、伪科学出版物；无淫秽色情出版物；无政治性非法宣传和违背社会主义道德的演出行为；网吧健康安全。

9. 加强舆论宣传工作，通过各种有效方式和途径，广泛发动和组织群众积极参与平安建设创建活动，创造良好的舆论氛围、职工对创建活动知晓率达98%以上，参与率达95%以上。

（二）平安企事业单位建设标准

1. 综治机构健全，治安防范制度完善。单位综治和治保、调解、普法、安置帮教、矛盾纠纷排查调处、“法轮功”人员防控帮教，看楼护院等组织职责明确，各项安全保卫制度公布上墙、落实；配备专兼职综治工作人员，群防群治网络健全；积极开展平安建设活动，有规划、有安排、有检查、有总结。

2. 认真落实社会治安综合治理领导责任制和目标管理责任制。坚持“谁主管、谁负责”的原则，切实做到“看好自己的门，管好自己的人，办好自己的事”，承担起治安防范的社会责任；建立和完善24小时值班制度、安全生产责任制度和消防安全制度，加强治安防范工作。对外来务工人员和刑释解教等重点人员管理规范，各类民事纠纷化解及时，开展多种形式的道德教育和法制宣传教育，干部群众的政策观念、法制观念和参与治安防范意识增强。

3. 社会治安秩序良好,职工群众满意。单位内无重大刑事案件;无重大火灾、交通事故;无重大安全生产事故;无封建迷信、拐卖人口、卖淫嫖娼、制黄贩黄等社会丑恶现象;无制贩毒品案件;无"法轮功"和其他邪教组织人员活动;生产、工作、教学科研和生活秩序良好,无群体性事件。职工群众普遍有安全感,对社会治安的满意率达90%以上。

4. 各类文化娱乐活动健康有序,做到"五无",即无政治性非法出版物;无非法宗教书刊和音像制品;无"法轮功"等邪教、伪科学出版物;无淫秽色情出版物;无政治性非法宣传和违背社会主义道德的演出行为。

5. 加强舆论宣传工作,通过各种有效方式和途径,广泛发动和组织群众积极参与平安建设创建活动,创造良好的舆论氛围、职工对创建活动知晓率达98%以上,参与率达95%以上。

(三)平安连队(社区)建设标准

平安连队(社区)建设参照《兵团社会治安综合治理委员会关于开展创建"安全文明小区"、"安全文明连队"活动的实施意见(试行)》(新兵党办发[1998]20号)及《兵团安全文明小区、安全文明连队考核评分标准》(兵社综办字[1998]09号)执行。

(四)平安师(市)建设标准

1. 90%的团场(企事业单位)和95%的连队(社区)达到相应的平安建设标准。

2. 职工群众对平安建设的知晓率达到98%以上、参与率达到95%以上。

3. 职工群众对社会治安的满意率达到90%以上(以兵团统计局抽样调查结果为依据)。

4. 不发生影响当地社会政治稳定的重大案(事)件。

五、组织领导及保障措施

(一)切实加强对平安建设活动的组织领导

各师(市)、团场(企事业单位)都要成立由党政一名主要领导为组长,分管领导为副组长,党委政法委、综治委成员单位和有关单位负责人为成员的平安建设活动领导小组及办公室。制定本地区、本单位平安建设活动整体规划,安排部署阶段性工作,协调解决平安建设活动工作中遇到的重大问题,及时总结推广典型经验。领导小组办公室设在综治办,掌握平安建设活动进展情况,对平安建设活动进行指导、协调和督查,负责平安建设活动的考核验收等工作。同时,综治委专门工作领导小组及其办公室要在以往工作的基础上,按照新兵党发[2005]17号文件要求,结合自身业务特点,积极做好职责范围内的工作。

要进一步落实综治、纪检、组织、人事、监察五部门联席会议制度,对平安建设活动进行监督检查和考核。按照中央五部委《关于对发生严重危害社会稳定重大问题的地方实行领导责任查究的通知》和兵团五部委《关于实行重大治安问题追究领导责任制度的规定》,对发生影响社会稳定的重特大案(事)件的地方和单位,行使一票否决权,并追究责任。

(二)坚持重心下移,强化基层基础工作

充分认识基层基础工作的重要性,坚持工作重心下移,把抓基层、打基础作为开展平安建设活动的重中之重,筑牢维护社会稳定的第一道防线。坚持一级对一级负责,凡是应由团场(企事业单位)解决的问题不能到师(市),凡是应由师(市)解决的问题不能到兵团,努力把问题解决在基层、化解在萌芽状态。

进一步建立和完善工作重心下移的制度和机制。对关系到社会稳定的各项基础工作,要建立健全责任制度,按照"谁主管、谁负责"和"属地管理"的原则,各负其责,密切配合,齐抓共管。属于哪个部门的问题,哪个部门就要切实负起责任,及时有效地加以解决。

支持基层工作,加强基层力量。要建立各级领导干部基层挂钩联系点制度,经常深入基层挂钩联系点,采取蹲点、走访、调查研究的方法,掌握基层情况,指导基层工作,解决基层困难。加强领导和协调,最有效地发挥各类基层组织的整体作用。加强基层政权建设,提高管理社会和依法行政水平。尤其要认真抓好连队(社区)、团场(企事业单位)和其他经济社会组织中党的基层组织和群众自治组织建设,使之成为平安建设活动的有力组织者、推动者和实践者。要切实加强团场(企事业单位)、连队(社区)社会治安综合治理机构建设,充分发挥其组织协调的职能作用。在机构改革中,社会治安综合治理力量只能加强,不能削弱。要充分发挥基层政法综治组织在平安建设中的骨干作用，加大对基层政法综治干部的教育、培训力度，深入开展社会主义法治理念教育，加强基层政法综治队伍思想政治建设，努力提高政治素质、业务水平和工作能力，切实解决基层基础工作有人抓、有人管、有人干、干得好的问题。要从政策指导、力量配置、经费保障等方面切实向基层倾斜、向一线倾斜，增强基层实力，激发基层活力，提高基层的控制管理能力。

（三）建立目标责任制

各级各部门各单位都要根据新兵党发[2005]17号文件精神，结合各自实际，制定具体的贯彻落实意见。要层层建立目标管理责任制，将活动的内容、任务量化、细化、具体化，层层分解到部门、单位。加强督促检查，建立行之有效的监督检查制度，采取综合检查与专项检查相结合，定期检查与经常检查相结合，明查与暗访相结合的方法，定期公布督查结果，并把督察结果作为对部门、单位一把手政绩考核的重要依据之一。

各级各部门各单位要紧紧围绕平安建设活动的目标任务，认真研究参与平安建设活动的各项工作，既要有长远规划，又要有阶段性任务；既要抓好本部门、本单位、本系统的平安建设工作，又要立足本职，强化职能，积极参与各级平安建设活动的整体创建工作，形成工作合力。

（四）确保投入，提供保障

各级党、政要统筹规划，周密安排，按照中发[2001]14号、中发[2005]25号和新兵党发[2005]17号文件要求，从维护兵团和新疆社会政治稳定大局出发，将社会治安综合治理和平安建设活动纳入国民经济发展总体规划，将平安建设活动基层基础设施建设项目和科技强警建设项目列入“十一五”规划和屯垦戍边新型团场建设。将社会治安综合治理工作和平安建设活动所需经费列入同级财务预算，保证正常工作需要，并随着经济发展逐年增加。同时，应根据“谁受益、谁出资”和“取之于民、用之于民”的原则，由受益单位和个人适当投入一定的人力、财力、物力，建立起适应社会主义市场经济要求和兵团实际的群防群治经费保障机制。要根据经济发展和财力水平认真解决好政法机关经费不足的问题，努力做到防控体系建设、技术装备条件与当地经济社会发展水平相适应。

（五）大力加强政法队伍建设

各级政法机关要认真履行职能，充分发挥平安建设活动主力军作用。要加强各级政法机关领导班子建设，重点是领导干部思想政治建设和素质能力建设。要认真开展社会主义法治理念教育，明确执法思想，继续深入开展“规范执法行为、促进执法公正”活动，坚持严格教育、严格管理、严格监督、严格纪律。进一步抓好廉洁自律教育，切实解决少数人员存在的作风粗暴、欺压群众、特权思想等问题。严肃查处执法犯法、徇私舞弊、滥用职权等严重违法违纪案件，加强政法队伍革命化、职业化、正规化建设，确保政法队伍的纯洁性。

（六）建立激励机制，严格兑现奖惩

平安建设是新时期社会治安综合治理的重要举措，各级要将平安建设活动纳入社会治安综合治理百分考核，每年考核一次。兵团对各师（市）的考核依照兵团综治委当年下发的《社会治安综合治理、平安建设考核细则》进行，并根据平安建设进展情况，每年对《社会治安综合治理、平安建设考核细则》做出必要的调整，以突出工作重点。

从2008年开始，兵团将按照综治委、兵团平安建设活动领导小组下发的《社会治安综合治理、平安建设考核细则》及平安师（市）的四个条件进行考核、命名和表彰。考核分在90分以上，并符合平安师（市）四个条件的，经兵团综治委、兵团平安建设活动领导小组确认，由兵团命名、表彰和奖励其前三名并授予“兵团社会治安综合治理先进单位”称号。对到2010年仍未达到平安师（市）标准的师（市），兵团综治委将查明原因，予以通报。

各师（市）综治委及平安建设活动领导小组应参照本实施意见中“平安团场”、“平安单位”标准，结合实际，进一步细化，制定具体考核验收细则。“平安团场（企事业单位）”由所在师（市）综治委及平安建设活动领导小组考核和命名。各师（市）综治委及平安建设活动领导小组对已经命名的“平安团场”（企事业单位）要实行动态管理和监督考察，纳入综合治理重点考核内容，每年进行全面的资格审验，合格的保留称号，不合格的取消称号。

附件1. 特别重大、重大事件界定

2. 2006年兵团社会治安综合治理及平安建设工作考核细则

附件 1：

特别重大、重大事件界定

根据有关法律、法规并结合实际，特制定本标准，作为各地区、各部门报送特别重大、重大突发公共事件信息的标准和按照突发公共事件总体应急预案、专项应急预案规定进行分级处置的依据。

一、自然灾害类(略)

二、事故灾难类

(一)安全事故

特别重大安全事故包括：

1. 造成30人以上死亡(含失踪)，或危及30人以上生命安全，或1亿元以上直接经济损失，或100人以上中毒(重伤)，或需要紧急转移安置10万人以上的安全事故；

2. 国内外民用运输航空器在我国境内发生的，或我民用运输航空器在境外发生的坠机、撞机或紧急迫降等情况导致的特别重大飞行事故；

3. 危及30人以上生命安全的水上突发事件，或水上保安事件，或单船10000吨以上国内外民用运输船舶在我境内发生碰撞、触礁、火灾等对船舶及人员生命安全以及港口设施安全造成严重威胁的水上突发事件；

4. 铁路繁忙干线、国家高速公路网线路遭受破坏，造成行车中断，经抢修48小时内无法恢复通车；

5. 重要港口瘫痪或遭受灾难性损失，长江干线或黑龙江界河航道发生断航24小时以上；

6. 造成区域电网减供负荷达到事故前总负荷的30%以上，或造成重要政治、经济中心城市减供负荷达到事故前总负荷的50%以上；或因重要发电厂、变电站、输变电设备遭受毁灭性破坏或打击，造成区域电网大面积停电，减供负荷达到事故前的20%以上，对区域电网、跨区电网安全稳定运行构成严重威胁；

7. 多省通信故障或大面积骨干网中断、通信枢纽遭到破坏等造成严重影响的事故；

8. 因自然灾害等不可抗拒的原因导致支付、清算系统国家处理中心发生故障或因人为破坏，造成整个支付、清算系统瘫痪的事故；

9. 城市5万户以上居民供气或供水连续停止48小时以上的事故；

10. 造成特别重大影响或损失的特种设备事故；

11. 大型集会和游园等群体性活动中，因拥挤、踩踏等造成30人以上死亡的事故。

重大安全事故包括：

1. 造成10人以上、30人以下死亡(含失踪)，或危及10人以上、30人以下生命安全，或直接经济损失5000万元以上、1亿元以下的事故，或50人以上，100人以下冲毒(重伤)，或需紧急转移安置5万人以上、10万人以下的事故；

2. 国内外民用运输航空器在我国境内，或我民用运输航空器在境外发生重大飞行事故；

3. 危及10人以上、30人以下生命安全的水上突发事件或水上保安事件；3000吨以上、10000吨以下的非客船、非危险化学品船发生碰撞、触礁、火灾等对船舶及人员生命安全造成威胁的水上突发事件；

4. 铁路繁忙干线、国家高速公路网线路遭受破坏，或因灾严重损毁，造成通行中断，经抢修24小时内无法恢复通车；

5. 重要港口遭受严重损坏；长江干线或黑龙江界河等重要航道断航12小时以上、24小时以内；

6. 造成跨区电网或区域电网减供负荷达到事故前总负荷的10%以上、30%以下，或造成重要政治、经济中心城市减供负荷达到事故前总负荷的20%以上、50%以下；

7. 造成重大影响和损失的通信、信息网络、特种设备事故和城市轨道、道路交通、大中城市供水、燃气设施供应中断，或造成3万户以上居民停水、停气24小时以上的事故；

8. 大型集会和游园等群体性活动中，因拥挤、踩踏等造成10人以上、30人以下死亡的事故；

9. 其他一些无法量化但性质严重，对社会稳定、经济建设造成重大影响的事故。

(二)环境污染和生态破坏事故

特别重大环境污染和生态破坏事故包括：

1. 发生30人以上死亡，或100人以上中毒(重伤)，或因环境事件需疏散、转移群众5万人以上，或直接经济损失1000万元以上，或区域生态功能严重丧失，或濒危物种生存环境遭到严重污染，或因环境污染使当地正常的经济、社会秩序受到严重影响，或1、2类放射源失控造成大范围严重辐射污染后果的；

2. 因环境污染造成重要城市主要水源地取水中断的污染事故；

3. 因危险化学品(含剧毒品)生产和贮运中发生泄漏，严重影响人民群众生产、生活的污染事故；

4. 核设施发生需要进入场外应急的严重核事故，或事故辐射后果可能影响邻省和境外的，或按照"国际核事件分级(INES)标准"3级以上的核事件；

5. 高致病病毒、细菌等微生物在实验室研究过程中造成的特大污染事故；

6. 转基因生物对人类、动物、植物、微生物和生态系统构成严重威胁，或造成高度侵袭性、传染性、转移性、致病性和破坏性的灾害；

7. 台湾省和周边国家核设施中发生的按照"国际核事件分级(INES)标准"属于4级以上的核事故；

8. 盗伐、滥伐、聚众哄抢森林、林木数量达5000立方米(幼树25万株)以上的事件，毁林开垦、乱占林地、非法改变林地用途属防护林和特种用途林林地1500亩以上，属其他林地3000亩以上的事件。

重大环境污染和生态破坏事故包括：

1. 发生10人以上、30人以下死亡，或50人以上、100人以下中毒，或区域生态功能部分丧失或濒危物种生存环境受到污染；或因环境污染使当地经济、社会活动受到较大影响，疏散转移群众1万人以上、5万人以下的；或1、2类放射源丢失、被盗或失控；

2. 因环境污染造成重要河流、湖泊、水库及沿海水域大面积污染，或县级以上城镇水源地取水中断的污染事故；

3. 盗伐、滥伐、聚众哄抢森林、林木数量达1000—5000立方米(幼树5万—25万株)的事件，毁林开垦、乱占林地、非法改变林地用途属防护林和特种用途林林地500—1500亩，属其他林地1000—3000亩的事件；

4. 对国家级自然保护区和风景名胜区造成重大直接经济损失的环境污染事故，或资源开发造成严重环境污染和生态破坏，可能导致主要保护对象或其栖息地遭受毁灭性破坏，或直接威胁当地群众生产、生活和游客安全的事故；

5. 由于自然、生物、人为因素造成国家重点保护野生动(植)物种群大批死亡或可能造成物种灭绝事件；

6. 核设施和铀矿冶炼设施发生的，达到进入场区应急状态标准；

7. 进口再生原料严重环保超标和进口货物严重核辐射超标或含有爆炸物品的事件；

8. 非法倾倒、埋藏剧毒危险废物事件。

三、公共卫生事件类(略)

四、社会安全事件类

(一)群体性事件(略)

(二)金融突发事件

特别重大金融突发事件包括：

1. 具有全国性影响的金融(含证券、期货)突发事件；

2. 金融行业已出现或将要出现连锁反应，需要各有关部门协同配合共同处置的金融突发事件；

3. 国际上出现的，已经影响或极有可能影响国内宏观金融稳定的金融突发事件。

重大金融突发事件包括：

1. 对金融行业造成影响，但未造成全国性影响的金融突发事件；

2. 所涉及省(区、市)监管部门不能单独应对，需进行跨省(区、市)或跨部门协调的金融突发事件。

(三)涉外突发事件(略)

（四）影响市场稳定的突发事件

特别重大突发事件包括：

1. 2个以上省（区、市）出现群众大量集中抢购、粮食脱销断档、价格大幅度上涨等粮食市场急剧波动的状况，以及超过省级人民政府处置能力和国务院认为需要按照国家级粮食应急状态来对待的情况；在直辖市发生重要生活必需品市场异常波动，供应短缺；

2. 在2个以上省会城市或计划单列市发生重要生活必需品市场异常波动，供应短缺；

3. 在相邻省份的相邻区域有2个以上市（地）发生重要生活必需品市场异常波动，供应短缺；

4. 在数个省（区、市）内呈多发态势的重要生活必需品市场异常波动，供应短缺。

重大突发事件包括：

1. 在1个省（区、市）较大范围或省会等大中城市出现粮食市场急剧波动状况；

2. 在1个省会城市或计划单列市发生重要生活必需品市场异常波动，供应短缺；

3. 在1个省（区、市）内2个以上市（地）发生重要生活必需品市场异常波动，供应短缺。

（五）恐怖袭击事件

1. 利用生物战剂、化学毒剂进行大规模袭击或攻击生产、贮存、运输生化毒物设施、工具的；

2. 利用核爆炸、核辐射进行袭击或攻击核设施、核材料装运工具的；

3. 利用爆炸手段，袭击党政军首脑机关、警卫现场、城市标志性建筑物、公众聚集场所、国家重要基础设施、主要军事设施、民生设施、航空器的；

4. 劫持航空器、轮船、火车等公共交通工具，造成严重危害后果的；

5. 袭击、劫持警卫对象、国内外重要知名人士及大规模袭击、劫持平民，造成重大影响和危害的；

6. 袭击外国驻华使领馆；国际组织驻华代表机构及其人员寓所等重要、敏感涉外场所的；

7. 大规模攻击国家机关、军队或民用计算机信息系统，构成重大危害的。

（六）刑事案件

特别重大刑事案件包括：

1. 一次造成10人以上死亡的杀人、爆炸、纵火、毒气、投放危险物质和邮寄危险物品等案件，或在公共场所造成6人以上死亡的案件，或采取绑架、劫持人质等手段，造成恶劣社会影响或可能造成严重后果的案件；

2. 抢劫金融机构或运钞车，盗窃金融机构现金100万元以上的案件；

3. 在国内发生的劫持民用运输航空器、客轮和货轮等，或国内民用运输航空器、客轮和货轮等在境外被劫持案件；

4. 抢劫、走私、盗窃军（警）用枪械10支以上的案件；

5. 危害性大的放射性材料或数量特大的炸药或雷管被盗、丢失案件；

6. 走私危害性大的放射性材料，走私固体废物达100吨以上的案件；

7. 制贩毒品（海洛因、冰毒）20公斤以上案件；

8. 盗窃、出卖、泄露及丢失国家秘密资料等可能造成严重后果的案件；

9. 攻击和破坏计算机网络、卫星通信、广播电视传输系统等，并对社会稳定造成特大影响的信息安全案件；

10. 在我国境内发生的涉外、涉港澳台侨重大刑事案件。

重大刑事案件包括：

1. 一次造成公共场所3人以上死亡，或学校内发生的造成人员伤亡、危害严重的杀人、爆炸、纵火、毒气、绑架、劫持人质和投放危险物质案件；

2. 抢劫现金50万元以上或财物价值200万元以上，盗窃现金100万元以上或财物价值300万元以上，或抢劫金融机构或运钞车，盗窃金融机构现金30万元以上的案件；

3. 有组织团伙性制售假劣药品、医疗器械和有毒有害食品，对人体健康和生命安全造成威胁的案件；

4. 案值数额在2000万元以上的走私、骗汇、逃汇、洗钱、金融诈骗案，增值税发票及其他票证案，面值在200万元以上的制贩假币案件；

5. 因假劣种子、化肥、农药等农用生产资料造成大面积绝收、减产的坑农案件；

6. 非法猎捕、采集国家重点保护野生动植物和破坏物种资源致使物种或种群面临灭绝危险的重大案件；

7. 重大制贩毒品（海洛因、冰毒）案件；

8. 涉及50人以上，或者偷渡人员较多，且有人员伤亡，在国际上造成一定影响的偷渡案件。

对一些比较敏感或发生在敏感地区、敏感时间，或可能演化为特别重大、重大突发公共事件的信息报送和分级处置，不受上述标准限制。

附件2：

2006年兵团社会治安综合治理及平安建设工作考核细则

共31个小项　　满分100分

一、安全感调查结果（标准分8分）

根据2005年兵团统计局调查结果打分。（由兵团统计局打分）

二、严打整治，最高分3分。（由兵团公安局打分）

1. 开展打击“两抢一盗”专项斗争效果好，最高得1分；

2. 杀人、爆炸等重大恶性案件侦破效果好的，最高得1分；现行命案破案率在85%以下，不得分；

3. 开展打击赌博专项斗争效果好的，得1分；

4. 打击“三股势力”和非法宗教活动效果不明显，问题突出的，酌情减分，最高减0.5分。

三、排查治安混乱地区和突出治安问题（标准分2.8分）

1. 建立健全制度的，得0.5分；

2. 排查情况好的，最高得1分；

3. 治安混乱地区和突出治安问题整治效果好的，得1分；

4. 按照兵团综治办的要求每季度上报结果的，得0.3分；少报一次减0.2分。（由兵团综治办打分）

四、矛盾纠纷排查调处和“边界创安”工作（标准分4.5分）

1. 建立制度和工作机制的，得1.5分；

2. 基层排查组织健全，定期开展排查，得1.5分；

3. 排查调处效果好的，得1.5分；

4. 发生重大群体性事件的，酌情减分，最高减3分（由兵团信访局打分）。

五、群防群治工作（标准分2分）

1. 群防群治队伍健全的，得0.5分；

基本健全的，得0.3分；

2. 连队、社区及企事业单位群防群治队伍巡逻效果好，力度大的，酌情得分，最高得1分。

3. 连队、社区发案下降，“两抢一盗”等可防性案件明显减少，得0.5分。

基层创建活动开展基本正常的，得0.3分；

六、治安防控体系建设（标准分4.5分）

1. 当年规划建设防空体系的团场技防监控建设，

全部建成使用的，得4.5分；

正在施工的，得3分；

已签订合同的，得2分；

尚未启动的，减3分。

2. 上年规划建设仍未完成的，减1.5分。

3. 可防性案件上升幅度大，如入室盗窃、抢劫案件、社区发案上升，酌情减分，最高减3分（由兵团公安局打分）。

七、平安建设工作（标准分6分）

1. 按照兵团党委、兵团要求，结合实际，制定平安建设实施方案，得2分；

2. 师（市）成立“平安建设”工作领导机构和办事机构，得1分；

3. 基层平安建设活动经费落实，得1分；

4. 职工群众对平安建设工作的知晓率达

90%以上,参与率达到85%以上(以问卷调查结果为准),得2分。

八、综治工作创新(标准分5.5分)

1. 综治工作经验得到上级肯定:

在全国会议上交流的,得3分;

在兵团综治工作会议上做典型发言的,得2分;

2. 兵团综治动态采用的,每采用一期得0.1分,最高得0.5分;

3. 兵团召开综治工作会议,现场会等形式推广典型经验的,得2分;

4. 中央综治动态采用的,每采用一次加0.5分(可累加)。

九、发生影响较大的案(事)件,被兵团综治委书面查究的(最高减5分)

十、流动人口治安管理工作规范,流动人口违法犯罪率低(标准分4.5分)

由兵团综治委流动人口治安管理工作领导小组办公室打分。

十一、刑释解教人员安置帮教工作规范,重新犯罪率低(标准分3分)

由兵团综治委刑释解教人员安置帮教领导小组办公室打分。

十二、预防青少年违法犯罪工作好,青少年违法犯罪率低(标准分4.5分)

由兵团综治委预防青少年违法犯罪工作领导小组办公室打分。

十三、铁路护路联防工作在自治区达标(标准分2分)

由兵团综治委铁路护路联防工作领导小组办公室参照自治区护路办考核结果打分。(无此项任务的师按其他师得分的平均数得分)

十四、学校周边治安综合治理工作开展得好,学校周边环境净化、秩序好(标准分3分)

由兵团综治委学校周边治安综合治理工作领导小组办公室打分。

十五、打击处理"法轮功"等邪教工作成效显著(标准分3分),由兵团防范和处理邪教问题办打分。

十六、监(所)管理改造工作达标(标准分3分),由兵团监狱局打2分、劳教局打1分。(无此项任务的师按其他师得分的平均数得分)

十七、民族宗教管理工作开展得好(标准分2分),由兵团民族宗教事务管理局打分。

十八、"扫黄打非"出现重大问题的,减1分(由兵团文化局打分)

十九、非法卫星电视接收设施整治效果差,问题突出的,减1分(由兵团广电局打分)。

二十、坚持综治委会议制度(标准分1分)

坚持例会制度,每年至少开3次综治委全委会的,得1分;每少1次减0.3分。

二十一、综治委成员单位尽职尽责(标准分2分)

建立述职制度、联系点制度,联席会议制度、签订责任书的,各得0.5分。

二十二、责任制落实(标准分7.5分)

1. 制度健全的,得0.5分;

2. 在单位第一、二责任人提拔时征求综治部门意见(有组织部门征求意见函)的,得3分[由兵团综治办打分];

3. 师党政主要领导与各团场、单位签订责任书的,得1分;

没有签订责任书的减1分;

4. 兑现奖罚的,得1分。

5. 师综治委针对发生重大影响案事件进行查究,且效果好的,最高得2分;

6. 发生影响重大的案事件该查究没有查究的,最高减2分。

二十三、建立检查督导制度(标准分2分)

1. 师、团建立综治工作检查督导制度的,得1分;

2. 每年至少开展1次综治工作全面检查,效果好的,得1分。

二十四、开展治安形势分析(标准分3分)

1. 每年至少开展两次治安形势分析的,得1分;

2. 按时向兵团综治办报送分析报告的,得1分;(由兵团综治办打分)

3. 每年开展群众安全感调查,并及时上报结果的,得1分。

未上报群众安全感调查结果的,减0.5分。

二十五、师、团综治经费落实及建立基层群防群治经费机制(标准分3分)

1. 师、团场(单位)综治工作经费列入财务预算,得3分。

二十六、综治干部培训(标准分2.5分)

1. 师级举办综治干部培训班的，视情最高得1.5分；

2. 团场（单位）举办综治干部培训的，得1分。

二十七、各级综治办机构设置和人员配备（标准分6.5分）

1. 配齐师综治办主任、副主任的，得1.5分；

2. 配齐中心团场和一般团场综治办（政法办）、企事业单位主任、副主任的，得1.5分；

每少配一人减0.2分；

3. 进入团场配齐专职综治干部的，得1.5分；

4. 配齐中心团场和一般团场综治办（政法办）、企事业单位综治办工作人员的，得2分。

每少配一人减0.2分。

二十八、完成兵团综治委办交办的各项任务（最高6.2分）（由兵团综治办打分）

1. 按照要求将全师各团场综治机构名单上报的，得1分；

2. 按时上报综治月报表（案件及矛排情况）的得2.4分，每少报一个月减0.2分；补报的不得分；

3. 按时上报综治半年报、年报表的得1分，少报一次减0.5分；

4. 兵团综治办视各师落实交办的业务工作，酌情得分，最高1.8分；

5. 不能按时完成任务被兵团综治办发督办函督办，每督办一次减0.5分。

二十九、综治宣传工作（标准分4分）

1. 经常在师（市）电视、报纸上宣传综治工作的，得1.5分；

2. 每年定期开展综治工作宣传月活动的，得1.5分；

3. 按照兵团综治办要求及时提供好新闻稿件的，得1分（由兵团综治办打分）；

4. 获得全国综治好新闻奖的加分（可累加）

一等奖得1.2分；

二等奖得1分；

三等奖得0.8分。

5. 获得兵团综治好新闻奖的加分（可累加）

一等奖得1分；

二等奖得0.8分；

三等奖得0.6分。

三十、设立见义勇为基金（标准分1分）

1. 师（市）设立见义勇为基金，组织健全的，得1分；

2. 涌现社会治安见义勇为集体并予以表彰的，加0.5分（只加一次）；

3. 涌现社会治安见义勇为个人并予以表彰的，加0.5分（只加一次）。

三十一、获得全国、自治区和兵团综治奖励，可加分

1. 获得全国综治奖励（须出具证明）的，加1.5分（只加一次）；

2. 获得自治区综治奖励（须出具证明）的，加1分（只加一次）；

3. 获得兵团综治奖励的，加1分（只加一次）。

兵团及各师级综治委、办主任名单

单位	综治委主任	综治办主任	单位	综治委主任	综治办主任
兵团	王继亮	李进广	2团	蔡新国	陶中华
一师	刘向松	初钊仁		孙猛军	
	王平海		3团	王社会	
1团	蒲必明			姜国政	
	田长青				

单位	综治委主任	综治办主任
4团	康小平	张甘中
	孙玉良	
5团	王建明	刘金明
	李秋生	
6团	王庆安	樊新明
	岳海波	
7团	王玉春	郑西疆
	马承刚	
8团	吴国丰	张利民
	邱生	
10团	张建华	董华平
	候春生	
11团	樊　凉	朱文杰
	艾先林	
12团	史海英	张新场
	文　刚	
13团	张利平	张建伟
	杜文全	
14团	徐　明	张景平
	李世胜	
16团	王洪运	陈　伟
	朱　维	
二师	梅桂萍	
		任德军
21团	张新生	彭建国
22团	黎明强	戴灯银
24团	范筱芹	唐玉林
25团	尤益民	马殷刚
27团	梅述江	陈　辉
29团	陈新奉	肖英端
30团	王春瑞	周　伟
31团	张永平	李振翔
33团	曹护林	姜志强
34团	杨从伟	赵秀龙
36团	丰正林	郑晓兰
223团	游　民	赵文军
三师	孙发基	王仁武
41团	周建坤	轩小强
	杨明超	

单位	综治委主任	综治办主任
42团	张爱国	张建东
	曹开军	
44团	潘玉斌	赵孟才
	郑胜学	
45团	邹玉明	戴照远
	冉春旺	
46团	冶爱玲	雷学宾
	侯新华	
48团	胡斌	蒋新平
	王木森	
49团	何文森	陈春江
	王建虎	
50团	杨建新	王建国
	宋向东	
51团	艾斯卡尔·卡的尔	付万祥
	赵玉昌	
53团	侯林山	吐逊
	葛统一	
伽师总场	鲁维龙	买买提明
	阿不都克里木·阿不都热衣木	
工建集团	李　可	邓富喀
	丁再涛	
小海子水管处	王同新	张汉春
	夏贵生	
前进水库	李建平	万玉喜
	龙天亮	
东风农场	李　明	霍静
红旗农场	秦　炎	海力力·买素木
叶城牧场	王学义	林计良
托云牧场	王　剑	库热西·买买依沙
四师	王建民	尹振南
61团	温明海	孙小华
62团	陈　锋	水西红
63团	吴国光	
64团	阿不都热依木	从培发
66团	杨成义	邢新疆
67团	努尔赛提	

单位	综治委主任	综治办主任
68 团	张世礼	
69 团	林文华	徐克荣
70 团	傅启军	陈勇
71 团	冷畅勤	窦迎新
72 团	李 斌	
73 团	司桂兰	
74 团	尹 文	
75 团	邓新文	张胜
76 团	周新华	周江生
77 团	朱谊星	于安国
78 团	袁新中	杨德全
79 团	戴远见	杜本茂
五师	刘新	杨建民
	张永乐	
81 团	张恪军	田治军
	张华东	
83 团	吴建国	薛红林
	尤义伟	
84 团	杨建国	杨太原
	宋守林	
86 团	李杏军	秦强
	杜平	
87 团	张成鑫	何永贵
	刘自发	
88 团	周志江	褚烈云
	王汝钦	
89 团	龙利金	左昌明
	王盛	
90 团	曹建国	姜卫东
	李富强	
91 团	刘 祈	芮海峰
	刘建平	
六师	孔星隆	余保军
	张勇	
101 团	宋光华	齐炳耀
	李金平	
102 团	高华生	严生平
	干水牛	
103 团	王明生	张献忠
	王守云	

单位	综治委主任	综治办主任
105 团	曹 阳	轩宝林
	甘应枝	
106 团	胡晓江	宫平
	魏继光	
新湖农场	甘润明	张明清
	李鹏	
芳草湖农场	李光明	陶玉军
	梁国民	
军户农场	陈治权	赵广兴
	王显车	
共青团农场张	静 曹	袁家东
	董现荣	
六运湖农场	李武斌	赫全江
	杨阜正	
土墩子农场	马新中	马金刚
	王晓明	
红旗农场	王永信	袁洪波
	王勇福	
奇台农场	徐秀玲	周吉祥
	杨忠军	
北塔山牧场	杨玉贵	夏国富
	扎马斯	
七师	曹天星	史国栋
	刘德峰	
123 团	苏利民	杨玉山
	王宗洪	
124 团	王登科	夏海毅
	刘 孟	
125 团	钟芳杰	陈富强
	黄少军	
126 团	田中华	张黎明
	王 洋	
128 团	李新平	李国旗
	易正江	
129 团	张国运	杨 阳
	田 文	
130 团	程文瑞	游书金
	葛金生	
131 团	包建刚	王老常
	李庆龙	

单位	综治委主任	综治办主任
137 团	武廷军	汤胜民
	王国恩	
奎管处	邵文志	甘文福
	姜新海	
水利二处	程　伟	胡　勇
	刘文利	
天北新区	李永春	王崇安
九建	张广林	刘爱清
八师	宋志国	韩全国
	余继志	
121 团	李　慧	周建新
133 团	杨建武	阿布来提
134 团	黄宗胜	王新利
136 团	叶金国	王志民
141 团	王惠林	万世宽
142 团	陈　旺	杨靖宇
143 团	周新仁	王建豪
144 团	张新宁	陈　卫
145 团	王新明	丁全海
147 团	王　武	赵国标
148 团	范新文	梁社忙
149 团	向炬光	康　杰
150 团	王建彬	朱　耘
152 团	吴　敏	钱元春
巴管处	洪绍军	汤言立
石河子		
玛管处	关嫦娥	
九师	焦明启	
	丁颂国	薛玉胜
161 团	陈毅民	张天石
	巍建山	
163 团	张荣	
	张建雄	蔡景生
164 团	朱体森	
	李新民	易宗成
165 团	孙尔祥	
	马道忠	张新立
166 团	宋文广	
	马新疆	张鑫平
167 团	刘希尧	
	翟刚成	李大军

单位	综治委主任	综治办主任
168 团	何忠明	
	种广虎	成立兵
170 团	亚特	
	李保山	郭跃新
团结	张冬梅	
	朱海安	王晓亮
十师	李文英	鲁统宣
	黄金忠	
181 团	梁邦国	罗阳星
	陈光荣	
182 团	姜文斌	钟智勇
	刘林	
183 团	杨小屯	李虎乾
	秦进木	
184 团	潘海元	张国爱
	石勇	
185 团	王建军	王志业
	赵传光	
186 团	杨发勇	邓　峰
	周凤山	
187 团	钟爱霞	赵建东
	宴忠诚	
188 团	刘永智	崔建红
建工师	朱宁宁	
建工集团	赵文艺	刘齐鲁
减咨集团	吴江	吴宏斌
兵团一建	史全喜	杨振林
兵团四建	爱新河	宋德联
兵团五建	李　禾	
兵团六建	王　星	孙宝林
兵团路桥公司	李忠民	张海山
兵团八建	李昌民	于明理
十二师	刘珍祥	王瑞勤
	赵轶平	
三坪农场	王全德	唐建军
	秦筱枫	
五一农场	张小一	李新林
	付国清	
104 团	李新军	冯建江
	赵玉新	

单位	综治委主任	综治办主任
头屯河农场	鲜学琪	潘国新
	于永飞	
西山农场	柴鲜瑞	罗会文
	张礼余	
221 团	薛东	刘健
	景占斌	
十三师	吴慧泉	姜瑞良
	徐志新	
红星一场	李丽峰	吴江勇
	马济宇	
红星二场	李进明	
火箭农场	阿瓦汗·热吉甫	任振泽

单位	综治委主任	综治办主任
红星四场	王新敏	王建江
红山农场	吴江京	刘泽
黄田农场	朱广超	董玉山
柳树泉农场	伊明·依布拉音	
淖毛湖农场	吴思顺	
十四师	何玮	
皮山农场	艾白·阿不拉白迪(维)	司马义·吐尼牙孜(维)
47 团	董　强	梁晓春
一牧场	陈万平	张永进
224 团	蒙忠战	鲁成帆
国资公司	杨德昌	沈世华

（撰稿人：丁筱玲　艾克拜尔·阿不都克里木
审稿人：李进广　苗塔河　田大忠）